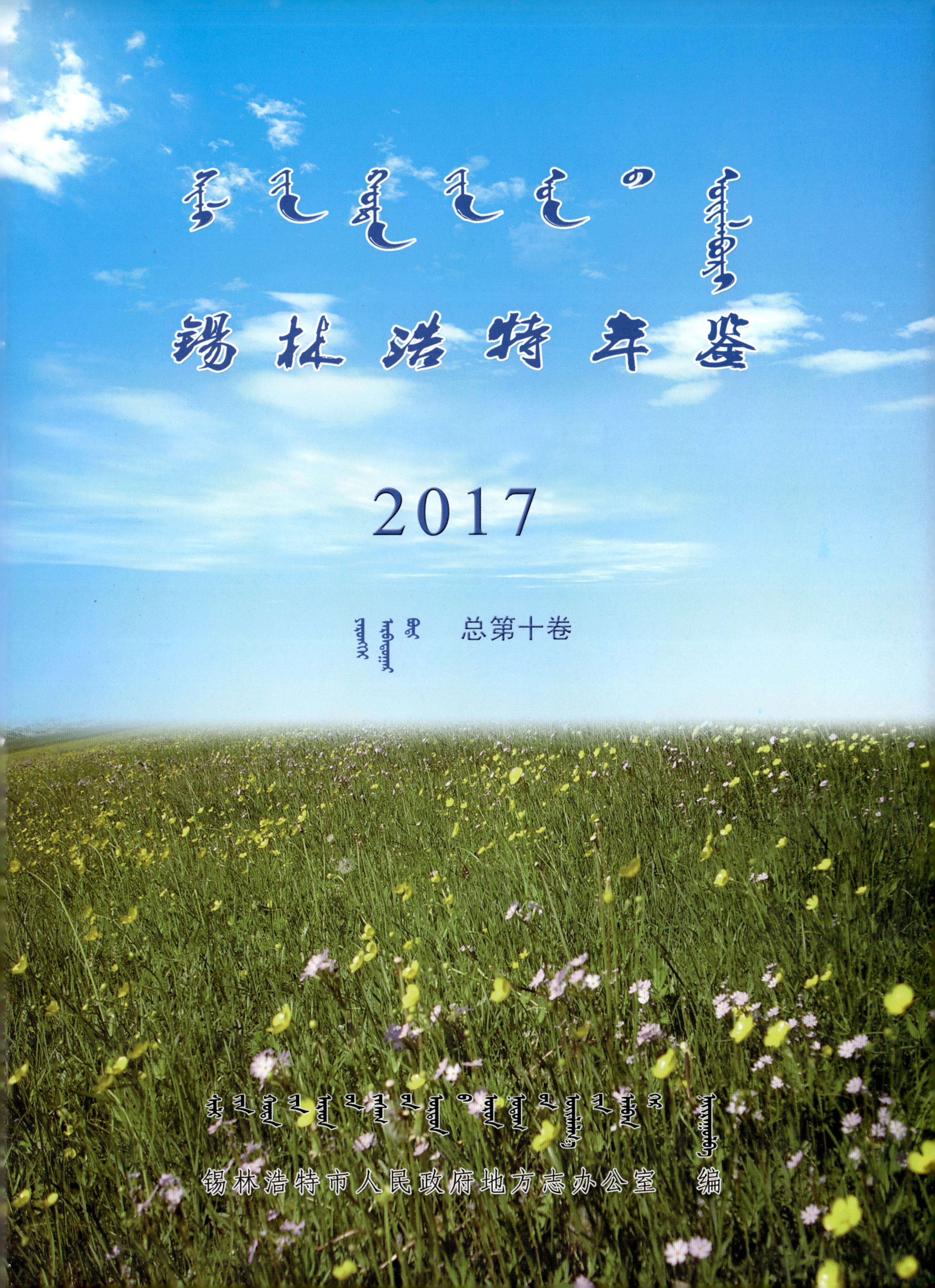

# 锡林浩特年鉴

# 2017

总第十卷

锡林浩特市人民政府地方志办公室　编

## 图书在版编目（CIP）数据

锡林浩特年鉴. 2017/锡林浩特市史志办编. --北京：方志出版社，2018. 4

ISBN 978-7-5144-3062-2

Ⅰ.①锡… Ⅱ.①锡… Ⅲ.①锡林浩特-2017-年鉴 Ⅳ.①Z522.63

中国版本图书馆CIP数据核字（2018）第081751号

## 锡林浩特年鉴（2017）

编　　者：锡林浩特市史志办

责任编辑：冯　松

出 版 人：冀祥德

出 版 者：方志出版社

地址　北京市朝阳区潘家园东里9号（国家方志馆4层）

邮编　100021

网址　http://www.fzph.org

发　　行：方志出版社图书经销中心

电话（010）67110500

经　　销：各地新华书店

印　　刷：锡林郭勒职业教育中心勤工俭学振兴实业公司

开　　本：889X1194　　1/16

印　　张：30

字　　数：398千

版　　次：2018年4月第1版　2018年4月第1次印刷

印　　数：001－500册

ISBN　978-7-5144-3062-2　　定价：120.00元

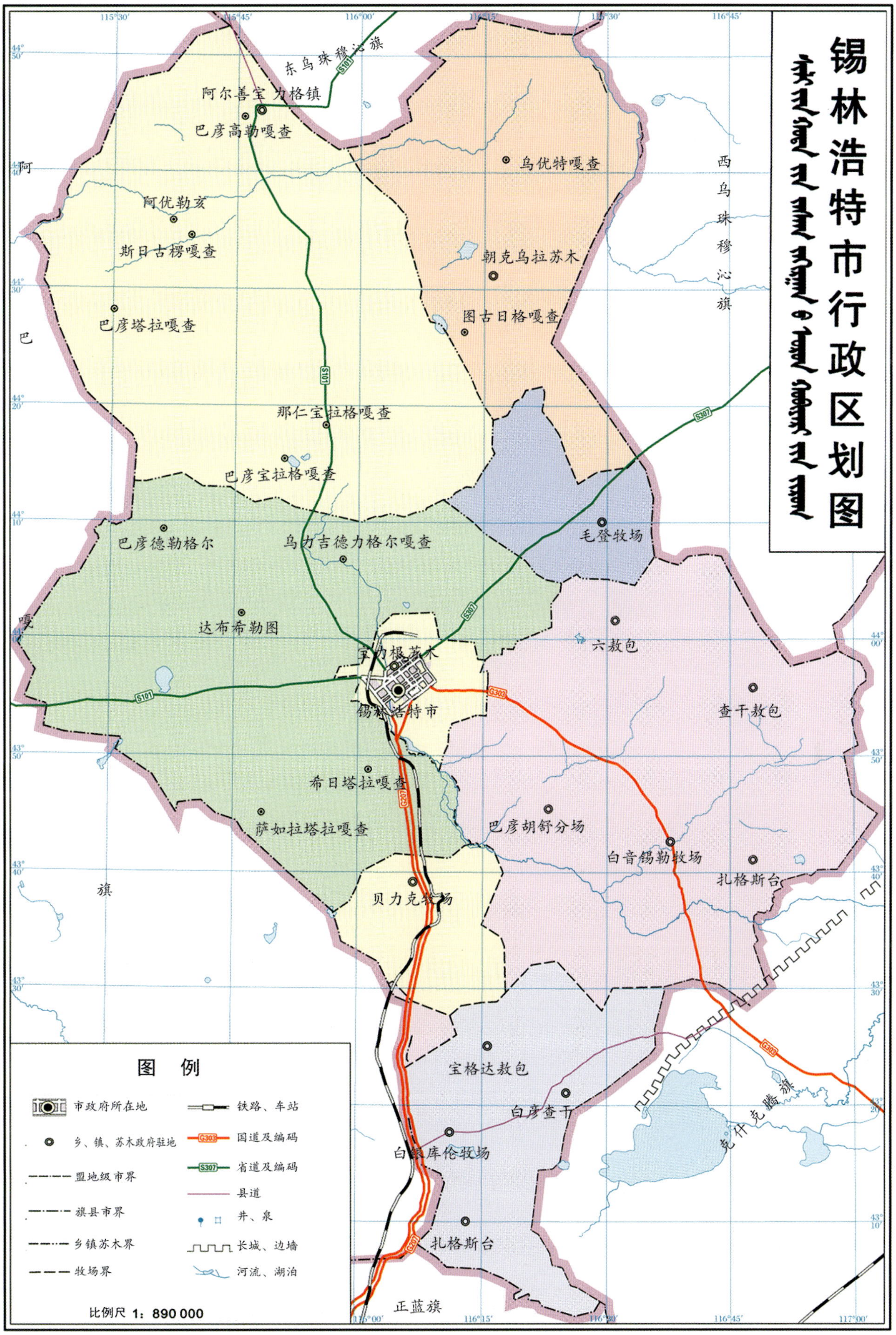
锡林浩特市行政区划图
东乌珠穆沁旗
阿尔善宝力格镇
巴彦高勒嘎查
乌优特嘎查
阿优勒亥
斯日古楞嘎查
朝克乌拉苏木
图古日格嘎查
巴彦塔拉嘎查
那仁宝拉格嘎查
巴彦宝拉格嘎查
西乌珠穆沁旗
阿巴嘎旗
巴彦德勒格尔
乌力吉德力格尔嘎查
毛登牧场
达布希勒图
宝力根苏木
锡林浩特市
六敖包
查干敖包
希日塔拉嘎查
萨如拉塔拉嘎查
巴彦胡舒分场
白音锡勒牧场
扎格斯台
贝力克牧场
宝格达敖包
白彦查干
白银库伦牧场
克什克腾旗
扎格斯台
正蓝旗
S101
S307
G303
图例
市政府所在地
乡、镇、苏木政府驻地
盟地级市界
旗县市界
乡镇苏木界
牧场界
铁路、车站
国道及编码
省道及编码
县道
井、泉
长城、边墙
河流、湖泊
比例尺 1：890 000

[illegible]
[illegible]
[illegible]
[illegible]

## 《[illegible]》 [illegible]

[illegible] ( [illegible] )
[illegible] ( [illegible] )
[illegible] ( [illegible] )
[illegible] ( [illegible] )
[illegible] ( [illegible] )

[illegible]:

[illegible] ( [illegible] )
[illegible] ( [illegible] )
[illegible] ( [illegible] )
[illegible] ( [illegible] )
[illegible] ( [illegible] )
[illegible] ( [illegible] )

[illegible]:

[illegible] ( [illegible] )

[illegible]:

[illegible] ( [illegible] )

[illegible]:

## 《[illegible]》 [illegible]

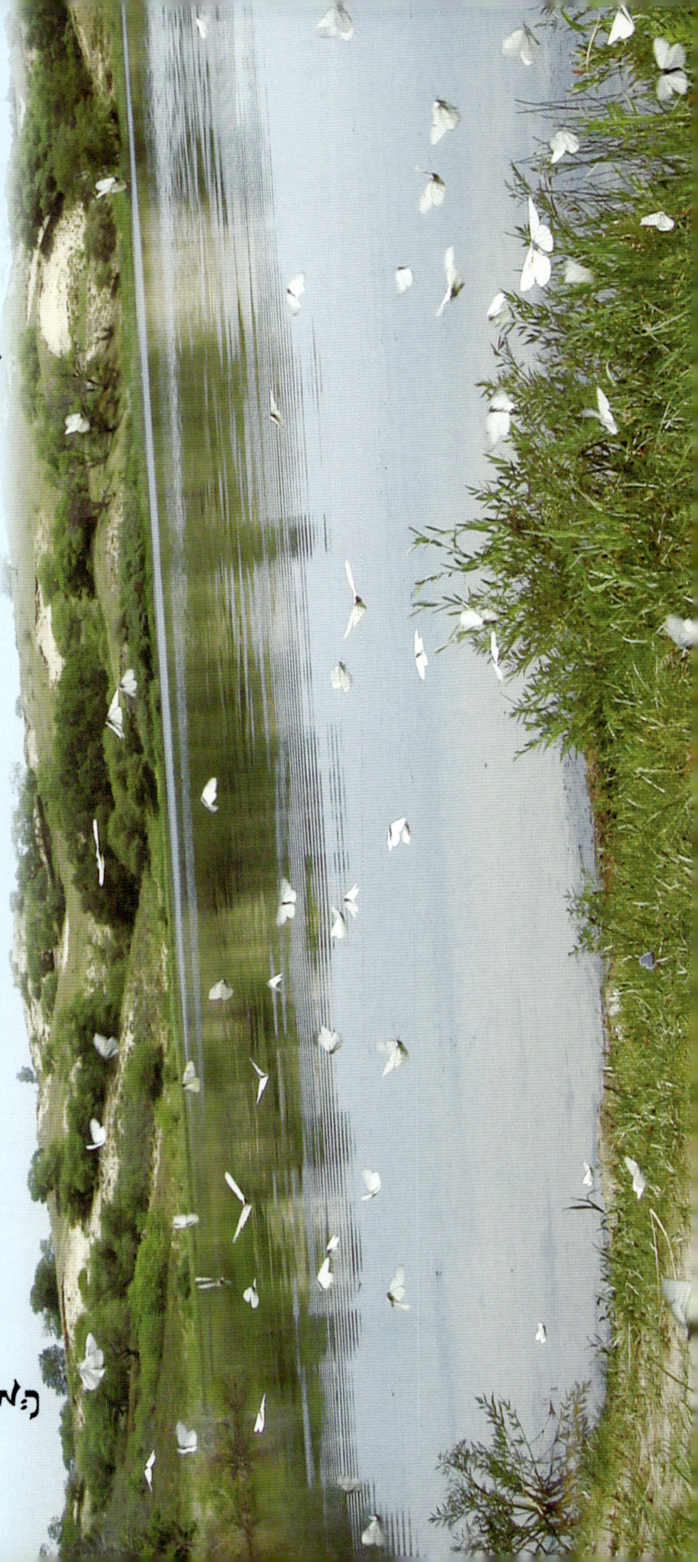

## 《锡林浩特年鉴》组织领导

**名誉主任：**

张锦明（市委书记）

**主　　任：**

郭铁杰（市委副书记、市长）

**副 主 任：**

李博峰（市委副书记、市党校校长）
刘　晋（市委常委、副市长）
杜　杰（市委常委、组织部长）
文宝元（市委常委、宣传部长）
李万国（市人大副主任）
张务成（市政协副主任）

**委　　员：**

布　仁（市政府秘书长）
钢苏和（市档案局局长、史志办主任）
刘广宁（市财政局局长）
包　柱（市民宗局局长）
万红娟（市统计局局长）

## 《锡林浩特年鉴》编务人员

**总监修：** 李博峰　刘　晋
**总　编：** 钢苏和
**副总编：** 陈庆龙　王栋军
**编　辑：** 张勇、吴海亭、敖日布、萨日娜、
苏伦高娃、其乐木格、朝克

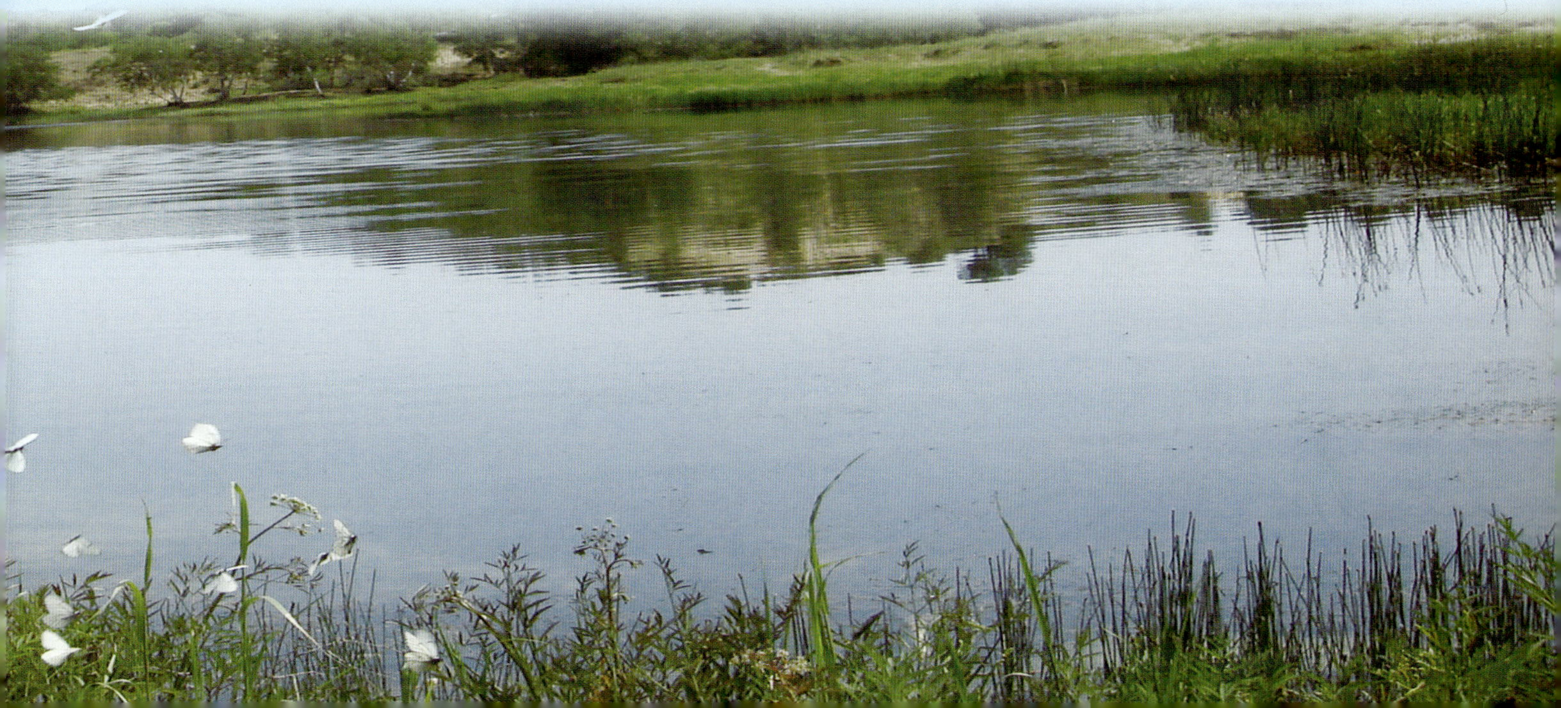

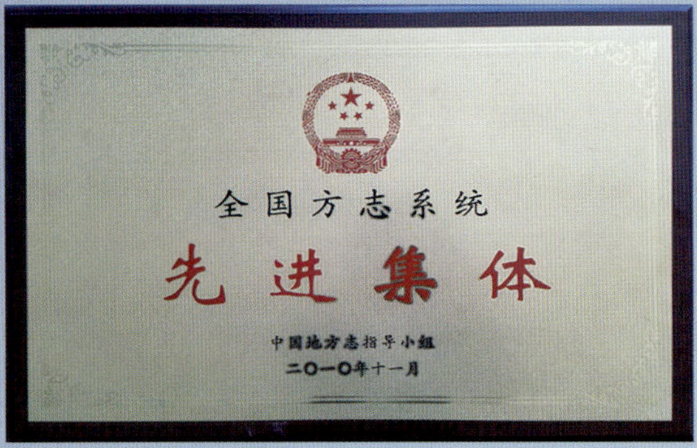


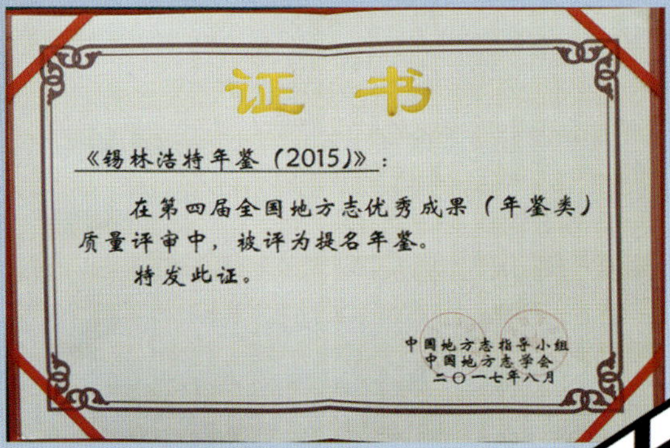


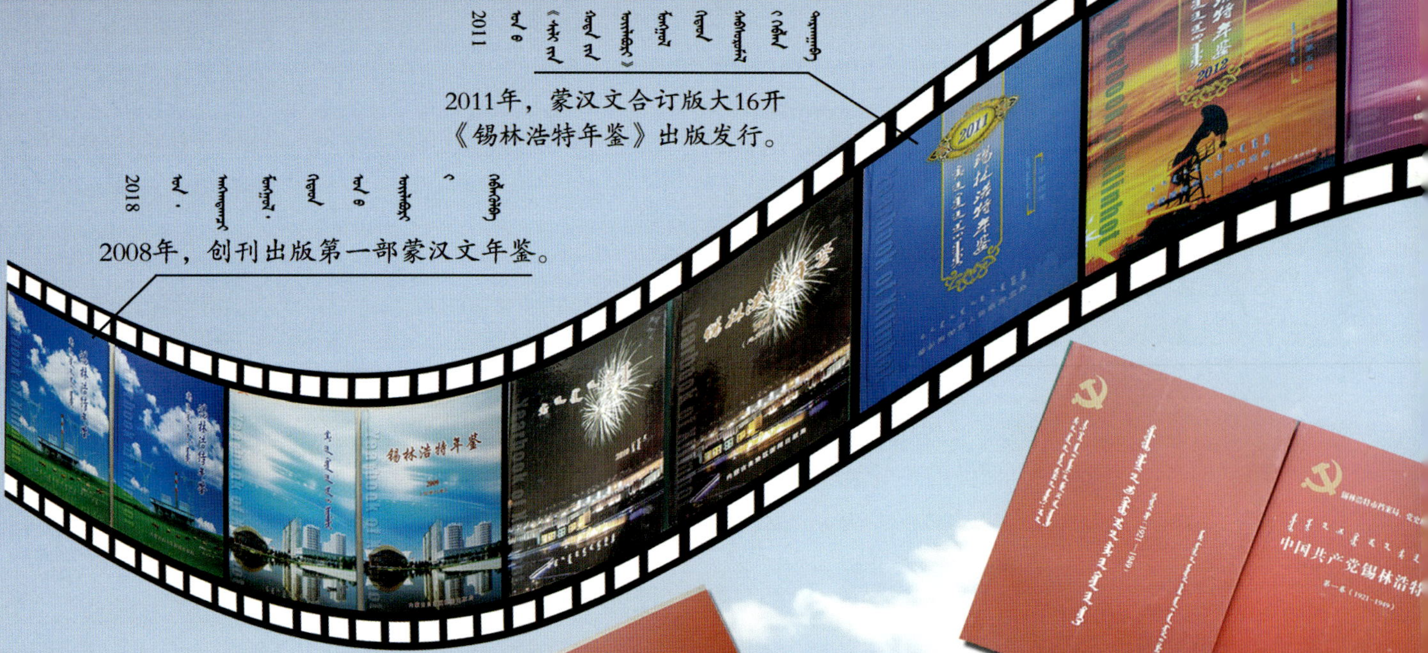

2011年，蒙汉文合订版大16开《锡林浩特年鉴》出版发行。

2008年，创刊出版第一部蒙汉文年鉴。

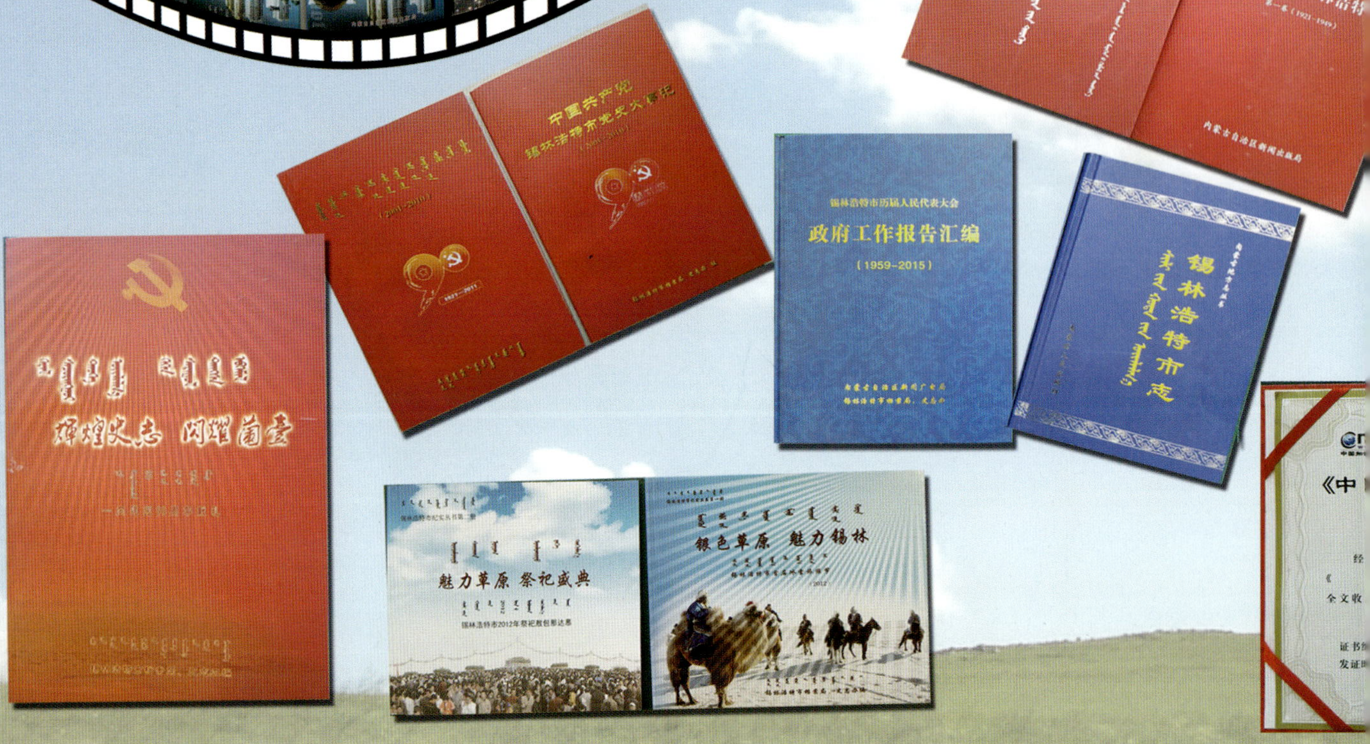

# 过十年的《锡林浩特年鉴》

2014年，国家统一出版刊号发行。

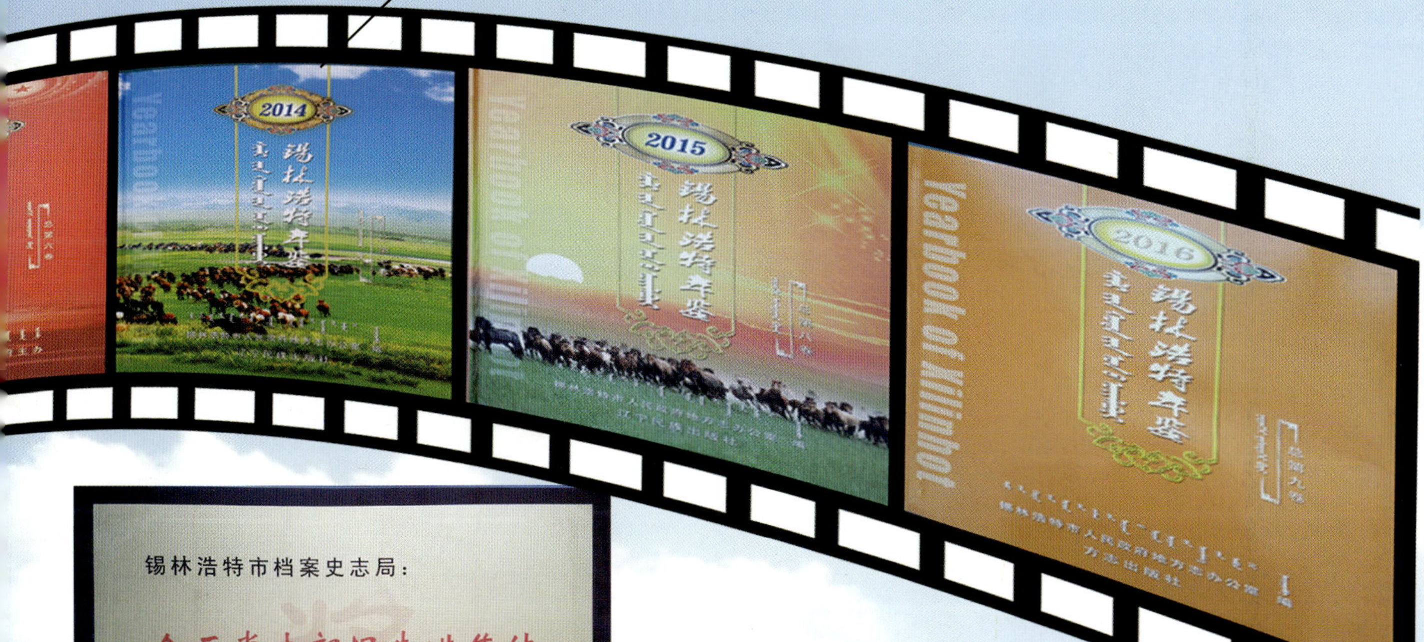


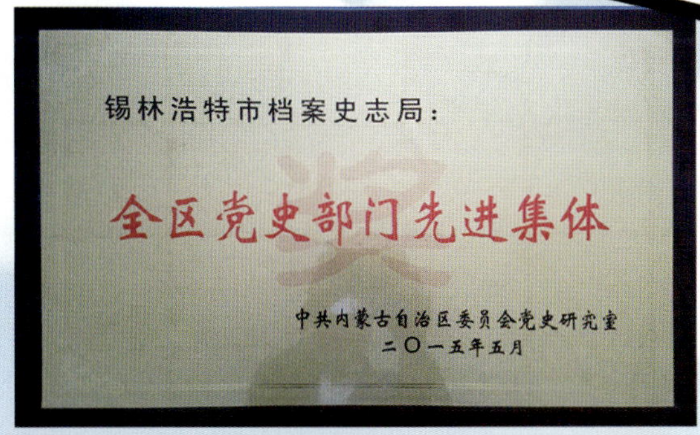


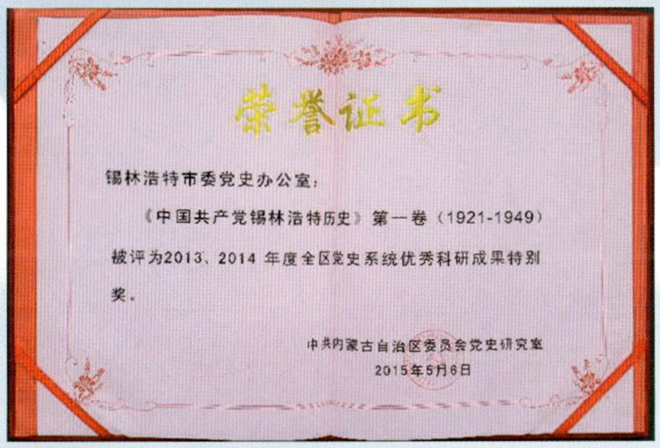


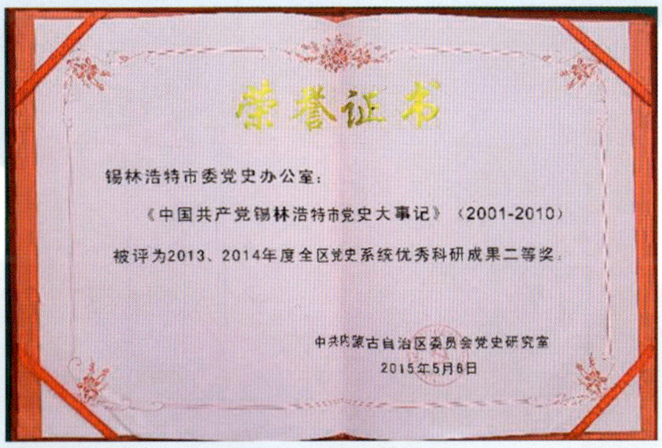


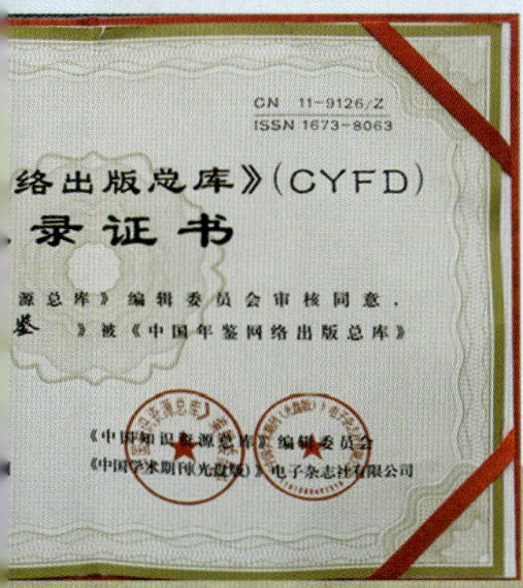


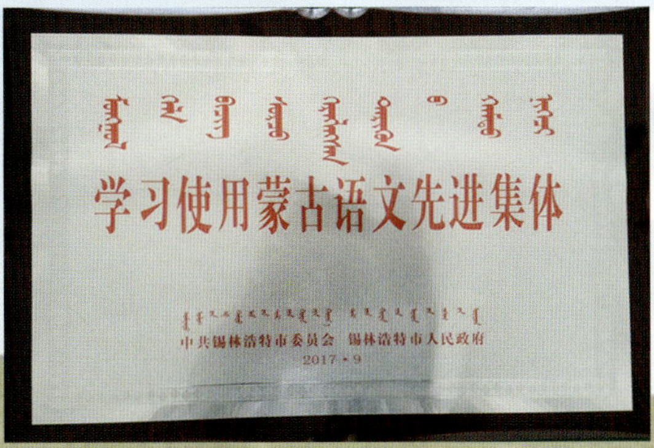


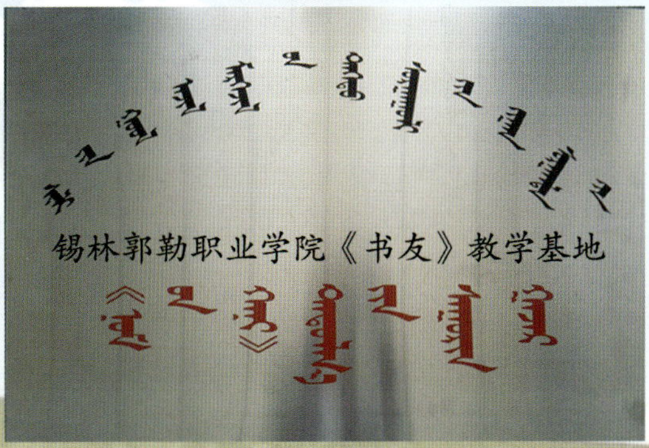

## 地区生产总值（亿元）

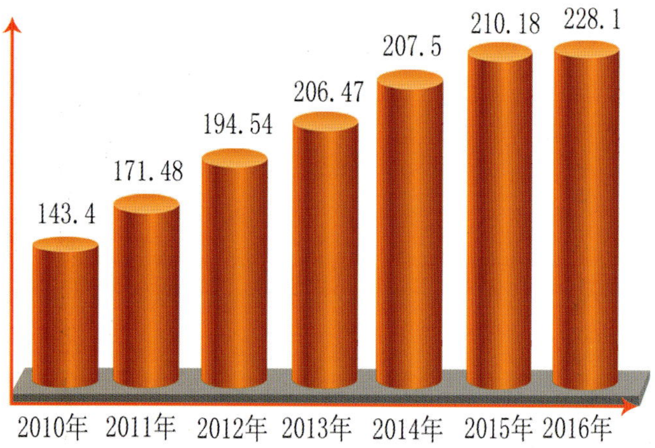


## 三大产业增加值（亿元）

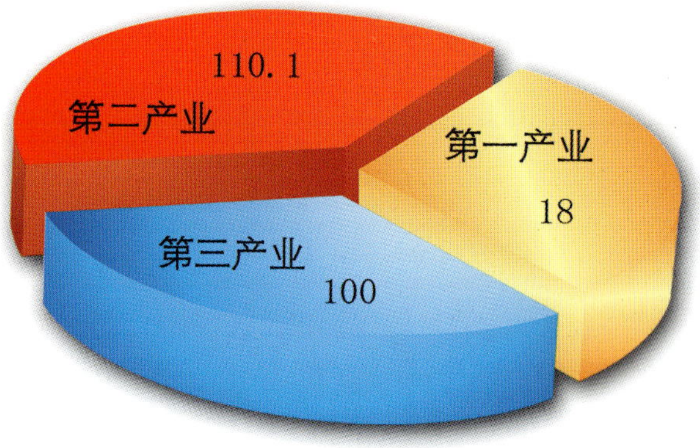


## 工业增加值（亿元）

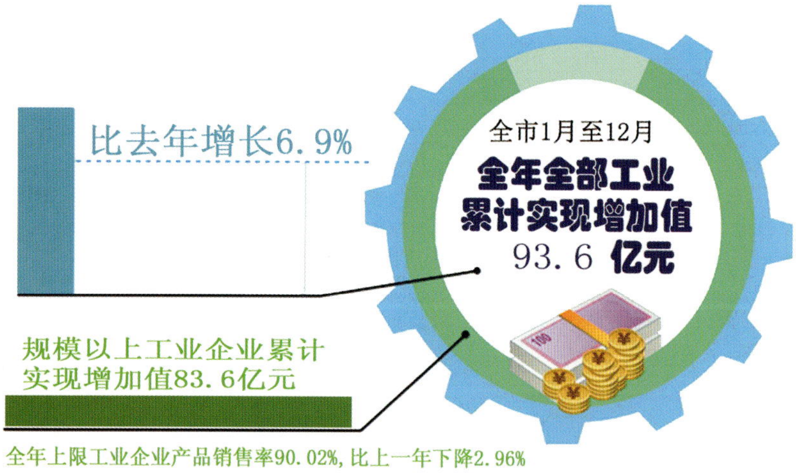


## 财政收入（亿元）

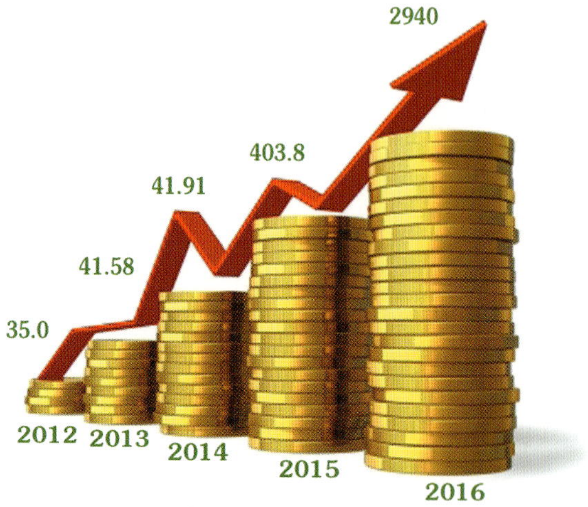

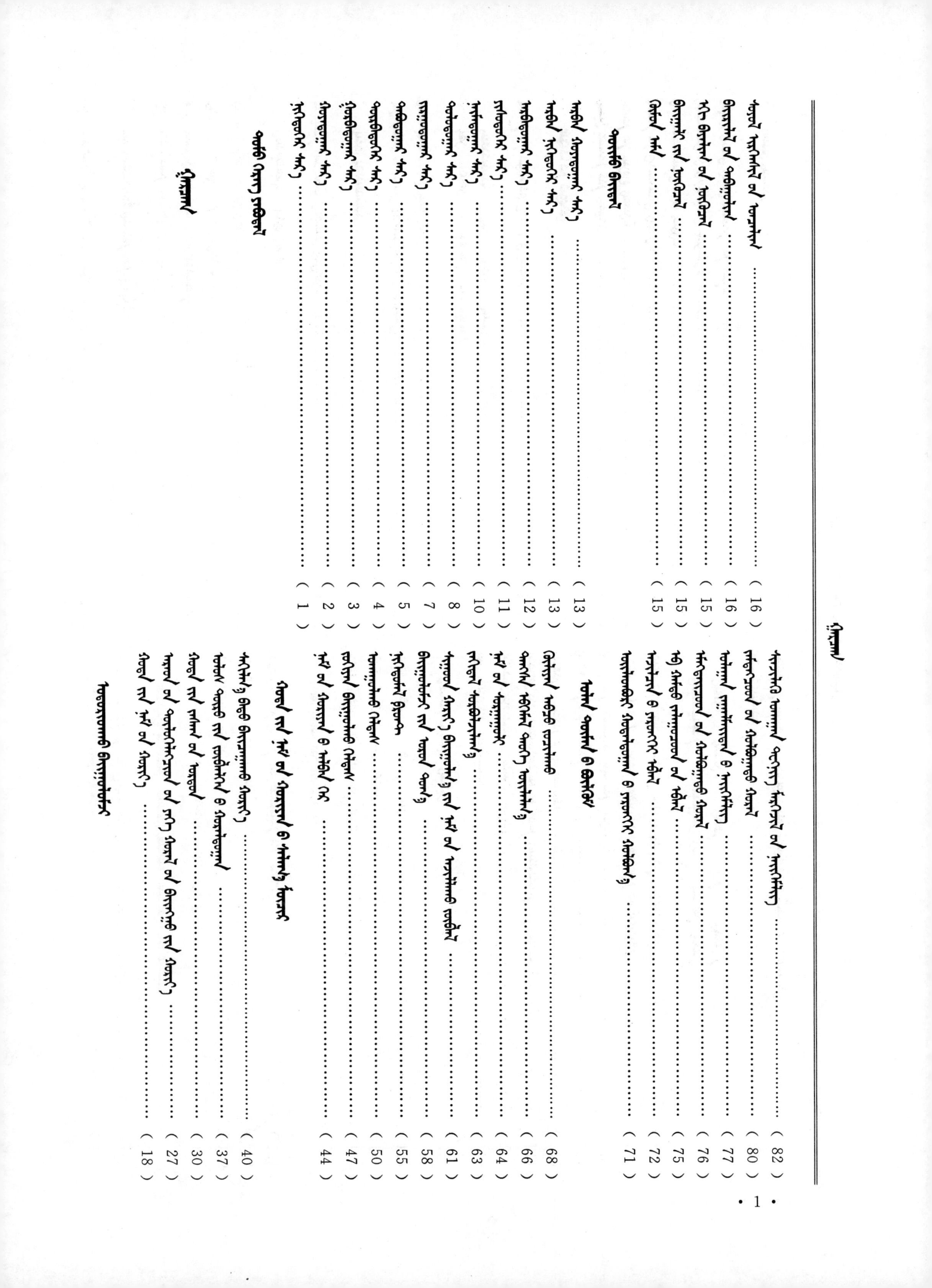

# ᠭᠠᠷᠴᠠᠭ

## [illegible]



## [illegible]



## [illegible]



## [illegible]



## [illegible]

[illegible]



[illegible]



[illegible]



[illegible]



[illegible]



[illegible]



[illegible]



[illegible]



[illegible]



[illegible]

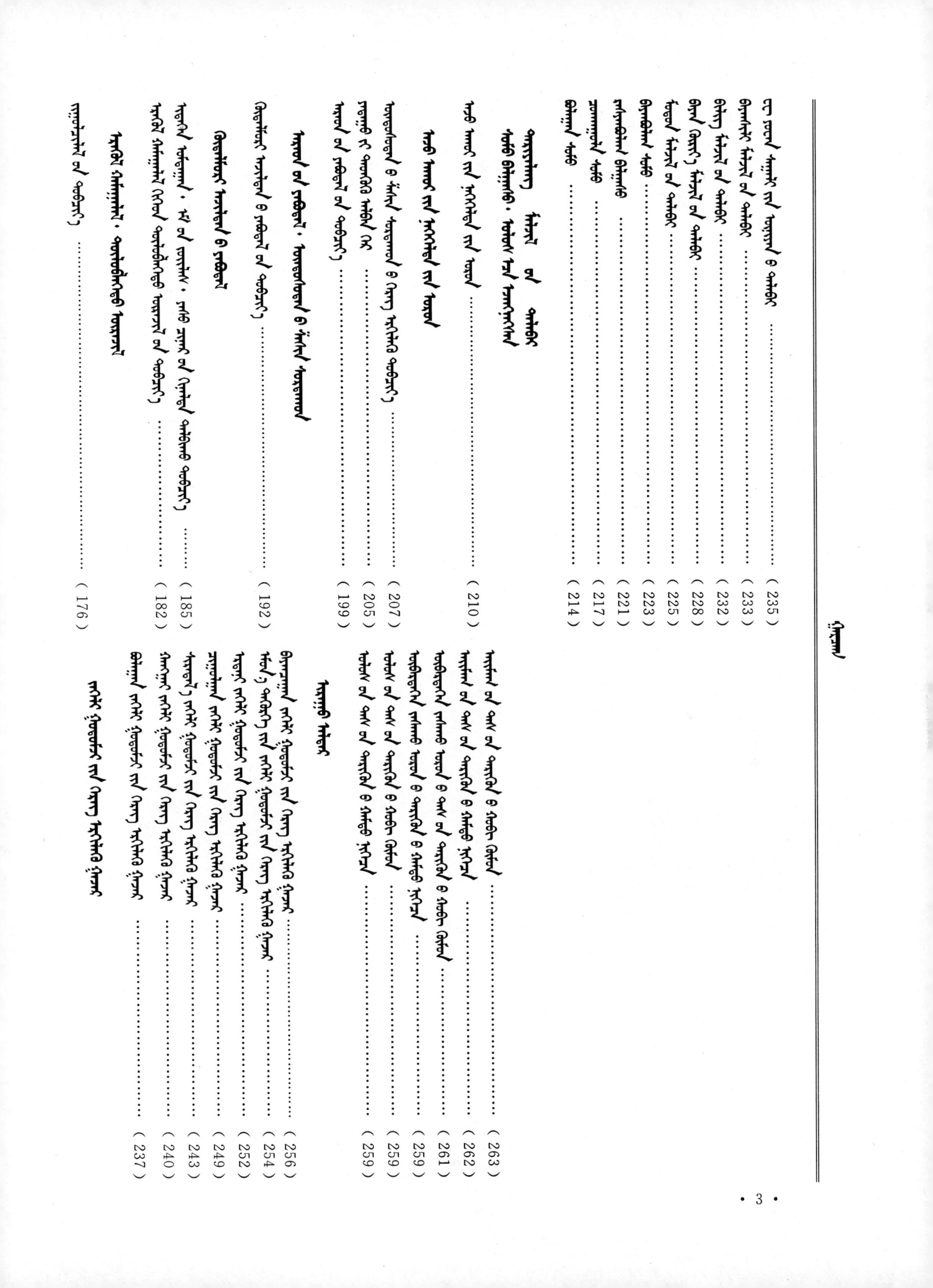

# 目 录

## 特 载



## 大事记



## 全市概况



## 领导机关



## 市委部门



## 人民团体



## 法 治



## 军 事

## 农牧林水



## 工　业



## 商业经济



## 交　通



## 土地城建　规划环保



## 财政税务



## 经济管理



## 科教文化旅游



## 卫生计生　食品药品



## 人事劳动



## 民政　民族宗教



## 经济技术开发区



## 苏木镇　国营农牧场

## 街道办事处



## 统计资料



## 荣　誉



## 文件目录



## 文件选编



## 附　录

[illegible] ᠪᠠᠢᠨ᠎ᠠ᠃ [illegible]

1 ᠰᠠᠷ᠎ᠠ ᠶᠢᠨ 18 ᠤ ᠡᠳᠦᠷ᠂ [illegible] ᠪᠠᠢᠨ᠎ᠠ᠃

[illegible]

1 ᠰᠠᠷ᠎ᠠ ᠶᠢᠨ 12 ᠤ ᠡᠳᠦᠷ᠂ [illegible] ᠪᠠᠢᠨ᠎ᠠ᠃

[illegible]

1 ᠰᠠᠷ᠎ᠠ ᠶᠢᠨ 4 ᠤ ᠡᠳᠦᠷ᠂ [illegible] ᠪᠠᠢᠨ᠎ᠠ᠃

[illegible] 《 [illegible] 》 ( 《 [illegible] 》 ) [illegible] 《 [illegible] 》 ( 《 [illegible] 》 — [illegible]

1 ᠰᠠᠷ᠎ᠠ ᠶᠢᠨ 1 ᠤ ᠡᠳᠦᠷ [illegible] 《 [illegible] 26 [illegible]

## [illegible]

## [illegible]

[illegible] ᠪᠠᠢᠨ᠎ᠠ᠃

1 ᠰᠠᠷ᠎ᠠ ᠶᠢᠨ 26 ᠤ ᠡᠳᠦᠷ [illegible] ᠪᠠᠢᠨ᠎ᠠ᠃

[illegible] 《 [illegible] 》 [illegible] ᠪᠠᠢᠨ᠎ᠠ᠃ [illegible]

[illegible] ᠪᠠᠢᠨ᠎ᠠ᠃

[illegible] ᠪᠠᠢᠨ᠎ᠠ᠃ [illegible]

1 ᠰᠠᠷ᠎ᠠ ᠶᠢᠨ 21 ᠤ ᠡᠳᠦᠷ [illegible] ᠪᠠᠢᠨ᠎ᠠ᠃

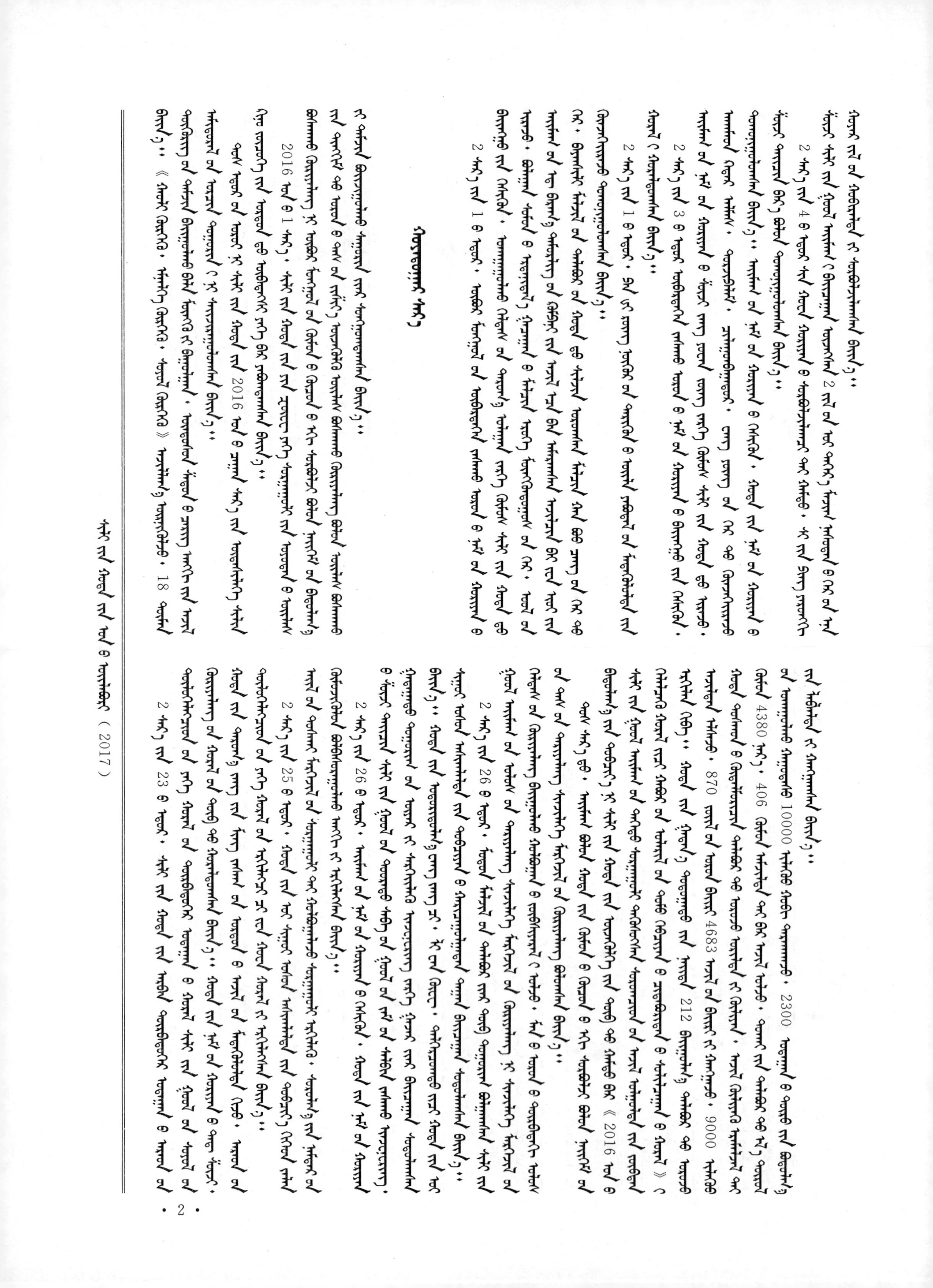

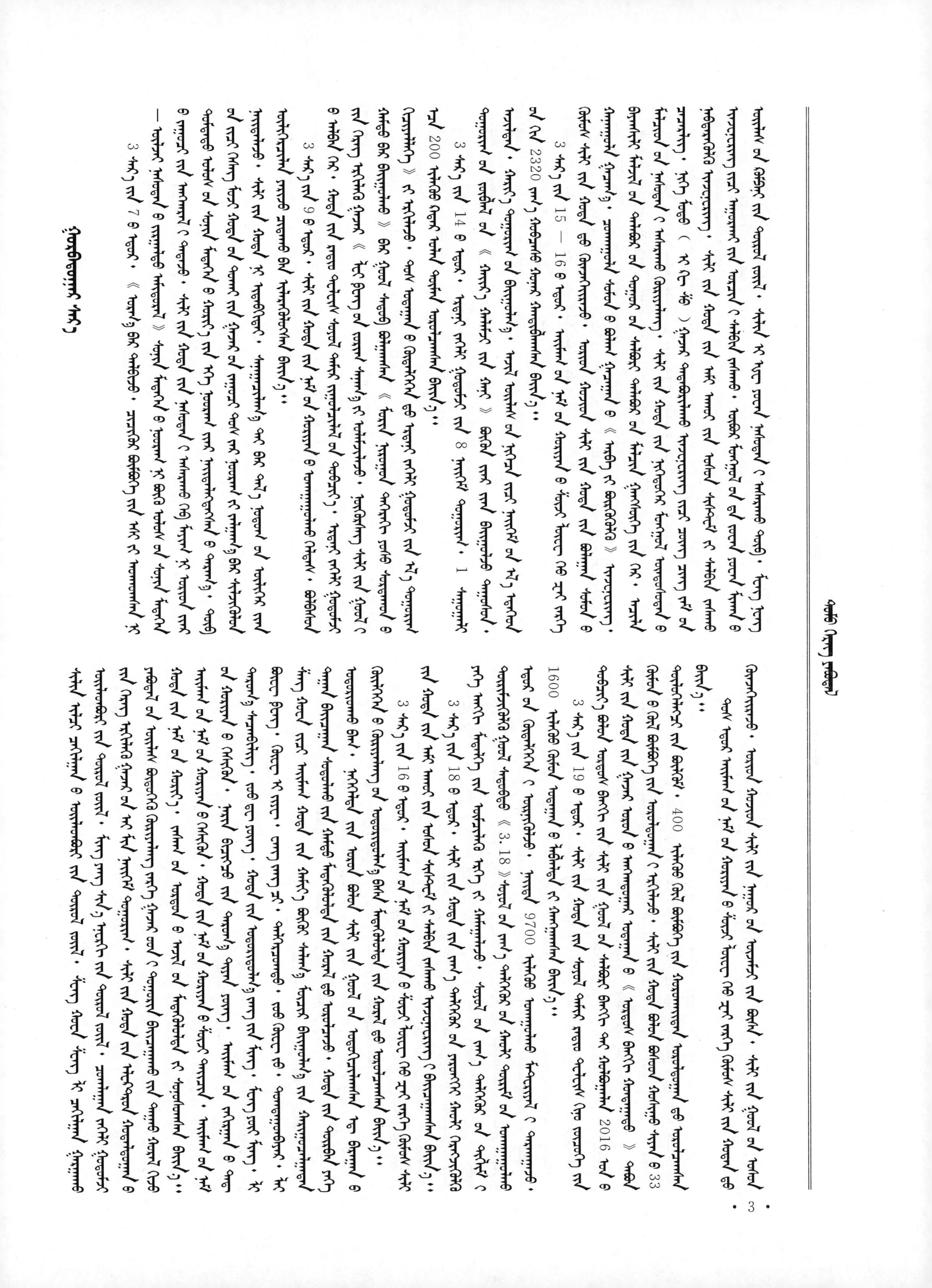

[illegible]

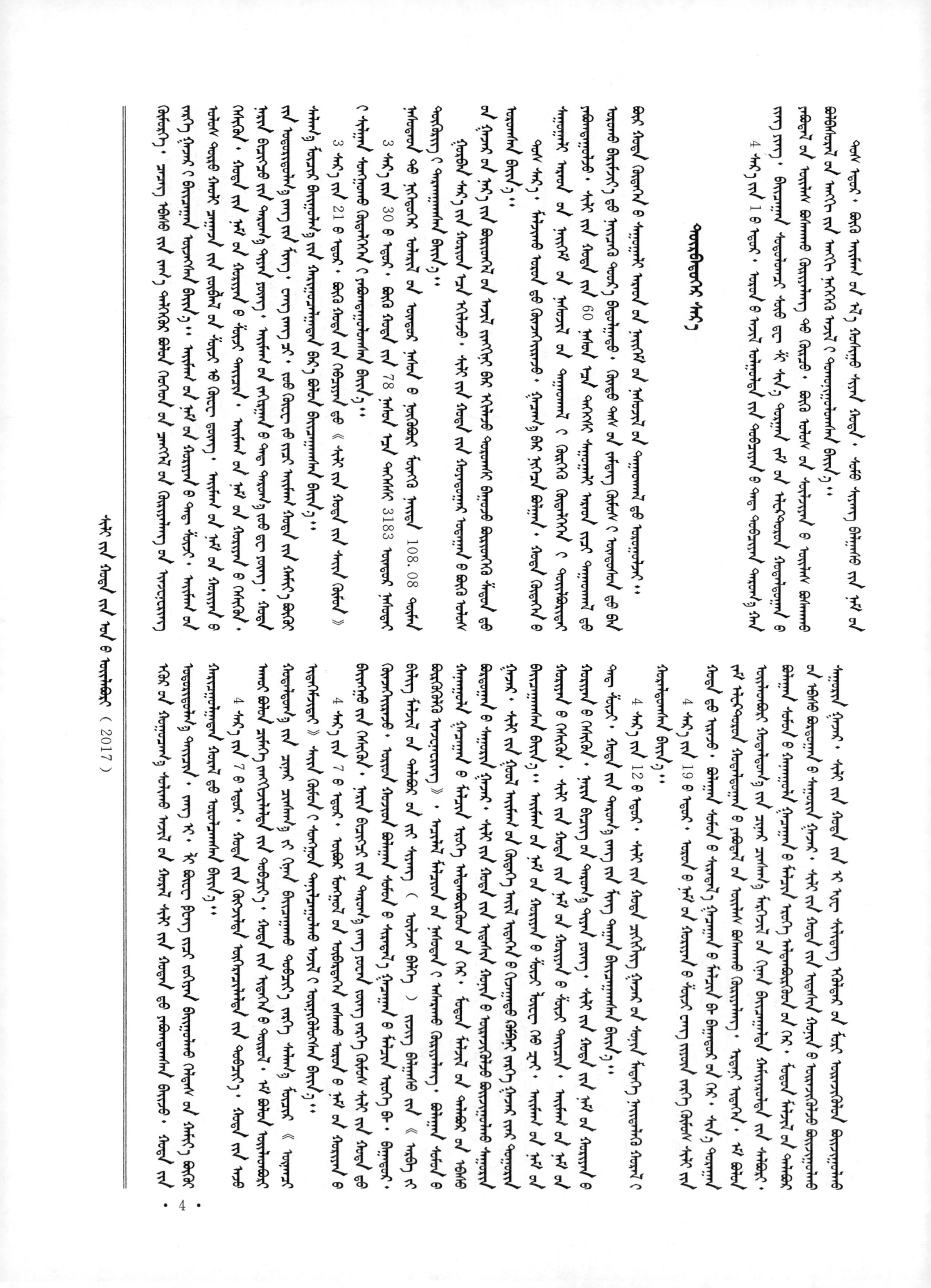

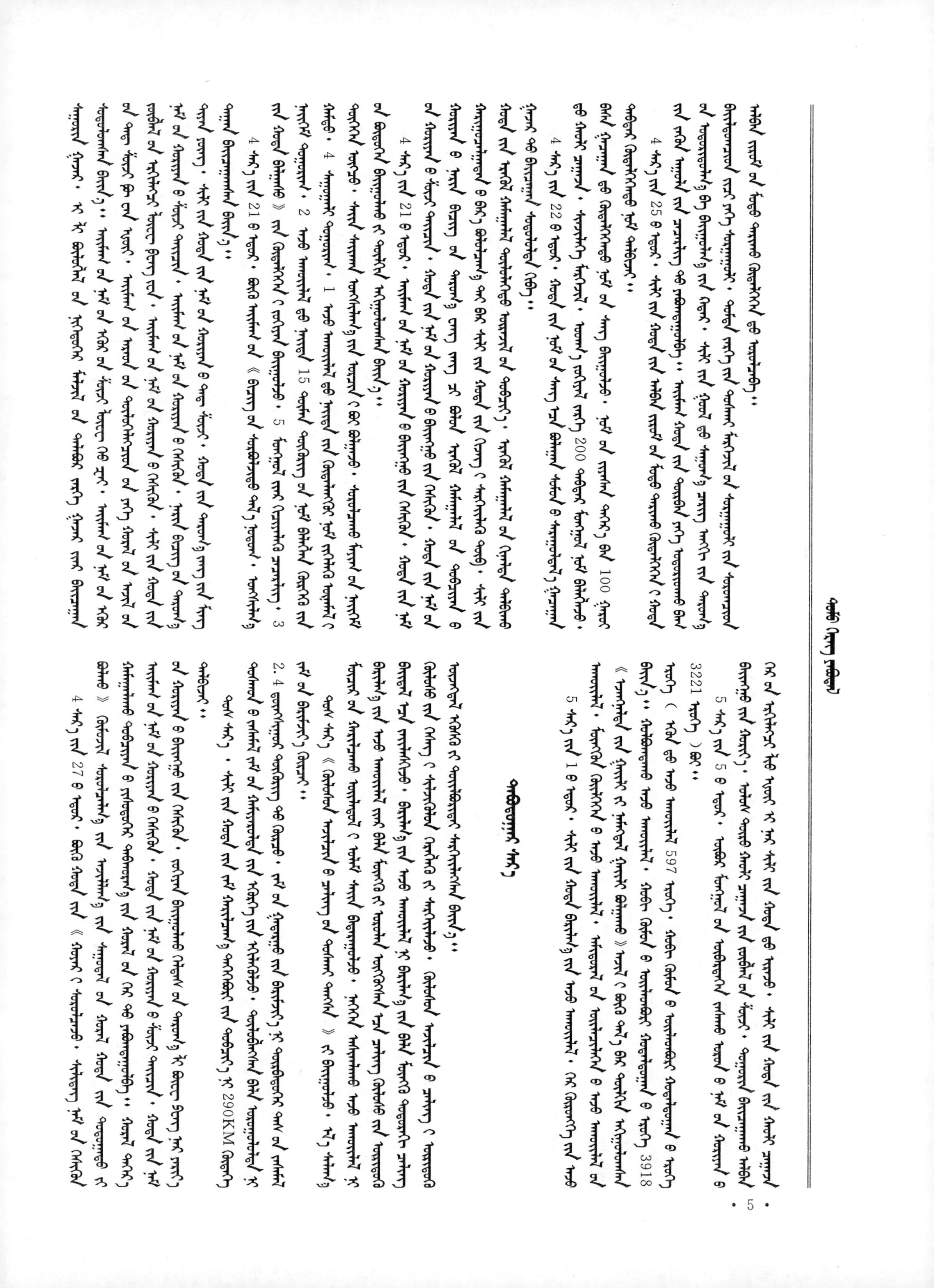

100

200

4 · 1 · 15 · 2 · 5 · 3

3221 ( 597 · 3918 )

2.4

290KM

[illegible] ::

[illegible] 《 [illegible] 》 [illegible] 30 [illegible] 26 [illegible] ::

5 ᠰᠠᠷ᠎ᠠ ᠶᠢᠨ 15 ᠤ ᠡᠳᠦᠷ᠂ [illegible] ::

[illegible] 《 [illegible] 》 — 5.1 [illegible] ::

5 ᠰᠠᠷ᠎ᠠ ᠶᠢᠨ 13 ᠤ ᠡᠳᠦᠷ᠂ [illegible] ::

5 ᠰᠠᠷ᠎ᠠ ᠶᠢᠨ 6 ᠤ ᠡᠳᠦᠷ᠂ [illegible] 《 [illegible] 》 [illegible] ::

[illegible] ::

5 ᠰᠠᠷ᠎ᠠ ᠶᠢᠨ 26 ᠤ ᠡᠳᠦᠷ᠂ [illegible] 6 [illegible] ::

[illegible] ::

5 ᠰᠠᠷ᠎ᠠ ᠶᠢᠨ 18 ᠤ ᠡᠳᠦᠷ᠂ 2016 [illegible] ::

5 ᠰᠠᠷ᠎ᠠ ᠶᠢᠨ 16 ᠤ ᠡᠳᠦᠷ᠂ [illegible] 《 2016 [illegible] 》 [illegible] ::

[illegible] ::

[illegible]

5 ᠳᠤᠭᠠᠷ ... ( ... [ 2016 ] 62 ... ) ...

[illegible]

6 ᠳᠤᠭᠠᠷ ᠤᠨ 15 ᠪᠡᠷ ...

[illegible]

6 ᠳᠤᠭᠠᠷ ᠤᠨ 8 ᠪᠡᠷ ...

[illegible]

6 ᠳᠤᠭᠠᠷ ᠤᠨ 8 ᠪᠡᠷ ...

[illegible] ... 303 ... [illegible]

6 ᠳᠤᠭᠠᠷ ᠤᠨ 8 ᠪᠡᠷ · 6 ᠳᠤᠭᠠᠷ ᠤᠨ 3 ᠪᠡᠷ ...

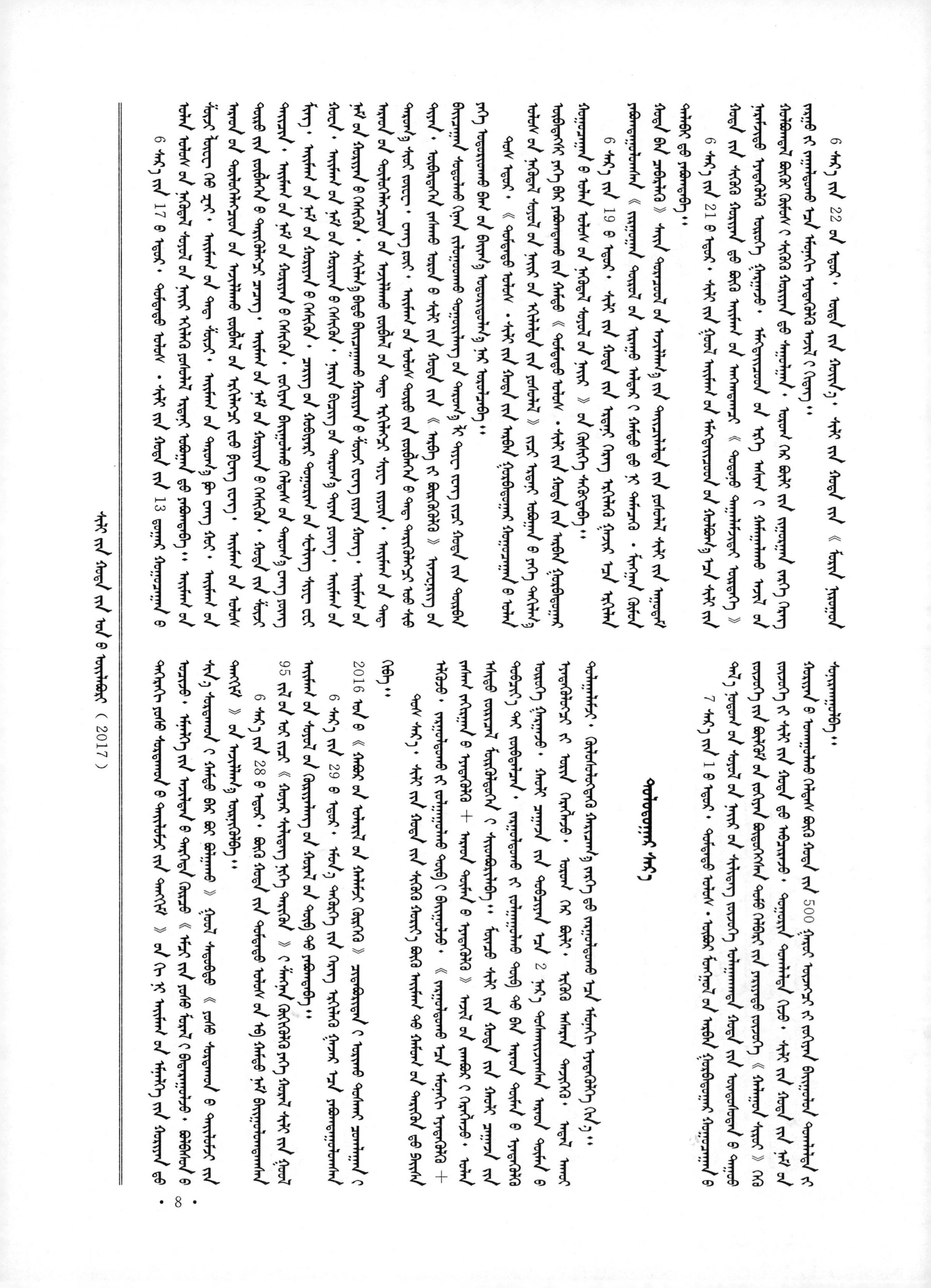

7 ᠰᠠᠷ᠎ᠠ ᠶᠢᠨ 29 ᠦ ᠡᠳᠦᠷ᠂ [illegible]

7 ᠰᠠᠷ᠎ᠠ ᠶᠢᠨ 28 ᠤ ᠡᠳᠦᠷ᠂ [illegible]

7 ᠰᠠᠷ᠎ᠠ ᠶᠢᠨ 22 ᠤ ᠡᠳᠦᠷ᠂ [illegible]

7 ᠰᠠᠷ᠎ᠠ ᠶᠢᠨ 20 ᠤ ᠡᠳᠦᠷ᠂ [illegible]

7 ᠰᠠᠷ᠎ᠠ ᠶᠢᠨ 19 ᠦ ᠡᠳᠦᠷ᠂ 2016 [illegible]

7 ᠰᠠᠷ᠎ᠠ ᠶᠢᠨ 14 ᠦ ᠡᠳᠦᠷ᠂ [illegible]

7 ᠰᠠᠷ᠎ᠠ ᠶᠢᠨ 10 ᠤ ᠡᠳᠦᠷ᠂ [illegible] 2016 [illegible]

7 ᠰᠠᠷ᠎ᠠ ᠶᠢᠨ 6 ᠤ ᠡᠳᠦᠷ᠂ [illegible]

ᠬᠣᠷᠢᠶᠠᠯᠠᠭᠰᠠᠨ ᠤ᠂ ᠰᠢᠨᠵᠢᠶᠠᠩ ᠤᠨ ᠵᠠᠰᠠᠭ ᠤᠨ ᠭᠠᠵᠠᠷ ᠤᠨ 100 ᠰᠠᠶ᠎ᠠ ᠶᠢ ... 400 ... 16 ... 《 ... 》 ...

8 ᠰᠠᠷ᠎ᠠ ᠶᠢᠨ 8 ᠤ ᠡᠳᠦᠷ᠂ ... ᠰᠢᠨᠵᠢᠶᠠᠩ ᠤᠨ ... ᠪᠣᠯᠪᠠ᠃

... ᠰᠢᠨᠵᠢᠶᠠᠩ ᠤᠨ ... ᠪᠣᠯᠪᠠ᠃ ...

8 ᠰᠠᠷ᠎ᠠ ᠶᠢᠨ 2 ᠨᠤ ᠡᠳᠦᠷ᠂ ... ᠰᠢᠨᠵᠢᠶᠠᠩ ...

## ᠨᠠᠢᠮᠠᠳᠤᠭᠠᠷ ᠰᠠᠷ᠎ᠠ

... ᠬᠡᠯᠡᠯᠴᠡᠭᠡ ᠬᠢᠪᠡ᠃

ᠡᠨᠡ ᠰᠠᠷ᠎ᠠ᠂ ... ( ... — ... ) ... ᠪᠣᠯᠪᠠ᠃

ᠡᠨᠡ ᠰᠠᠷ᠎ᠠ᠂ ... ᠪᠣᠯᠪᠠ᠃

... 7 ᠰᠠᠷ᠎ᠠ ᠠᠴᠠ 8 ᠰᠠᠷ᠎ᠠ ᠳᠤ᠂ ... 29 ... ᠪᠣᠯᠪᠠ᠃

... 《 8.1 》 ... ᠰᠢᠨᠵᠢᠶᠠᠩ ᠤᠨ ...

7 ᠰᠠᠷ᠎ᠠ ᠶᠢᠨ 31 ᠤ ᠡᠳᠦᠷ᠂ ... ᠪᠣᠯᠪᠠ᠃

《 ... 》 ... ᠰᠢᠨᠵᠢᠶᠠᠩ ᠤᠨ ... 11 ... ᠪᠣᠯᠪᠠ᠃

8 ᠰᠠᠷ᠎ᠠ ᠶᠢᠨ 26 ᠤ ᠡᠳᠦᠷ᠂ ... ᠰᠢᠨᠵᠢᠶᠠᠩ ᠤᠨ ... 12 ... ᠪᠠᠶᠢᠨ᠎ᠠ᠃

... ᠪᠠᠶᠢᠨ᠎ᠠ᠃ ... ᠪᠣᠯᠪᠠ᠃ ... ᠰᠢᠨᠵᠢᠶᠠᠩ ᠤᠨ ...

8 ᠰᠠᠷ᠎ᠠ ᠶᠢᠨ 13 ᠤ ᠡᠳᠦᠷ᠂ 2016 ... ᠪᠠᠶᠢᠨ᠎ᠠ᠃

... ᠡᠨᠡ ᠰᠠᠷ᠎ᠠ ... ᠰᠢᠨᠵᠢᠶᠠᠩ ᠤᠨ ... ᠪᠣᠯᠪᠠ᠃

8 ᠰᠠᠷ᠎ᠠ ᠶᠢᠨ 12 ᠤ ᠡᠳᠦᠷ᠂ ᠰᠢᠨᠵᠢᠶᠠᠩ ᠤᠨ ... 1000 ... ᠪᠠᠶᠢᠨ᠎ᠠ᠃ ... 《 ... 》 ...

8 ᠰᠠᠷ᠎ᠠ ᠶᠢᠨ 12 ᠤ ᠡᠳᠦᠷ᠂ ᠰᠢᠨᠵᠢᠶᠠᠩ ᠤᠨ ... ᠪᠠᠶᠢᠨ᠎ᠠ᠃

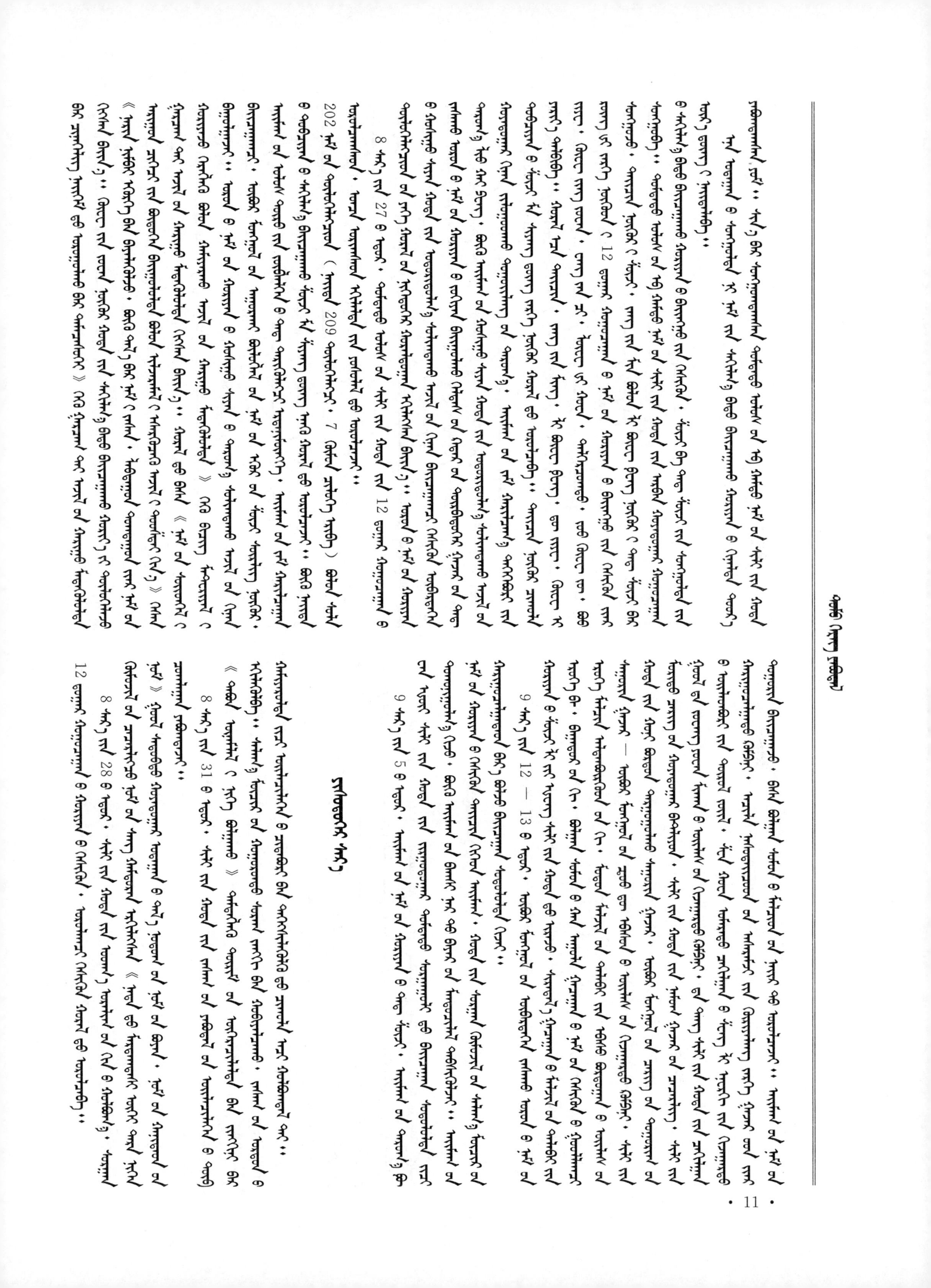

[illegible]

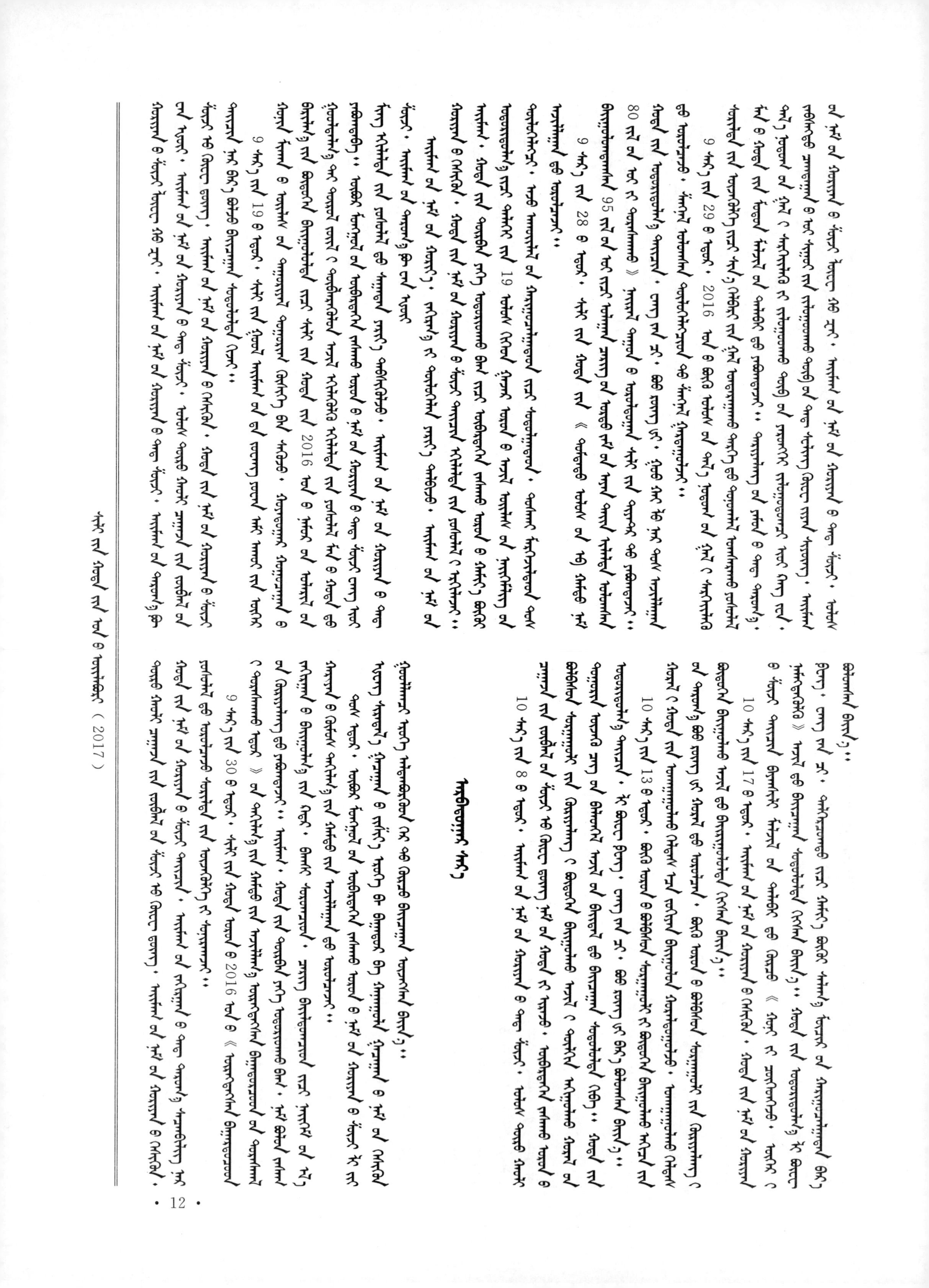

[illegible]

9 [illegible] 29 [illegible] 2016 [illegible]

[illegible] 80 [illegible] 95 [illegible]

9 [illegible] 28 [illegible]

[illegible] 19 [illegible]

[illegible] 2016 [illegible]

9 [illegible] 19 [illegible]

[illegible]

10 [illegible] 17 [illegible]

[illegible]

10 [illegible] 13 [illegible]

[illegible]

10 [illegible] 8 [illegible]

## [illegible]

[illegible]

9 [illegible] 30 [illegible] 2016 [illegible]

[illegible]

10 ᠰᠠᠷ᠎ᠠ ᠶᠢᠨ 18 ᠤ ᠡᠳᠦᠷ · 《 [illegible] 》 [illegible] ( [illegible] ) ::

## ᠠᠷᠪᠠᠨ ᠨᠢᠭᠡᠳᠦᠭᠡᠷ ᠰᠠᠷ᠎ᠠ

11 ᠰᠠᠷ᠎ᠠ ᠶᠢᠨ 1 ᠤ ᠡᠳᠦᠷ · [illegible] 《 [illegible] 》 [illegible] 38 [illegible] ᠪᠠᠶᠢᠨ᠎ᠠ ::

11 ᠰᠠᠷ᠎ᠠ ᠶᠢᠨ 9 ᠤ ᠡᠳᠦᠷ · [illegible] ᠪᠠᠶᠢᠨ᠎ᠠ ::

11 ᠰᠠᠷ᠎ᠠ ᠶᠢᠨ 18 ᠤ ᠡᠳᠦᠷ [illegible] 《 [illegible] 》 [illegible] ᠪᠠᠶᠢᠨ᠎ᠠ ::

11 ᠰᠠᠷ᠎ᠠ ᠶᠢᠨ [illegible] ::

## ᠠᠷᠪᠠᠨ ᠬᠣᠶᠠᠳᠤᠭᠠᠷ ᠰᠠᠷ᠎ᠠ

12 ᠰᠠᠷ᠎ᠠ ᠶᠢᠨ 10 ᠤ ᠡᠳᠦᠷ [illegible] 《 [illegible] 》 [illegible] 200 [illegible] ::

12 ᠰᠠᠷ᠎ᠠ ᠶᠢᠨ 13 ᠤ ᠡᠳᠦᠷ [illegible] 3 [illegible] ::

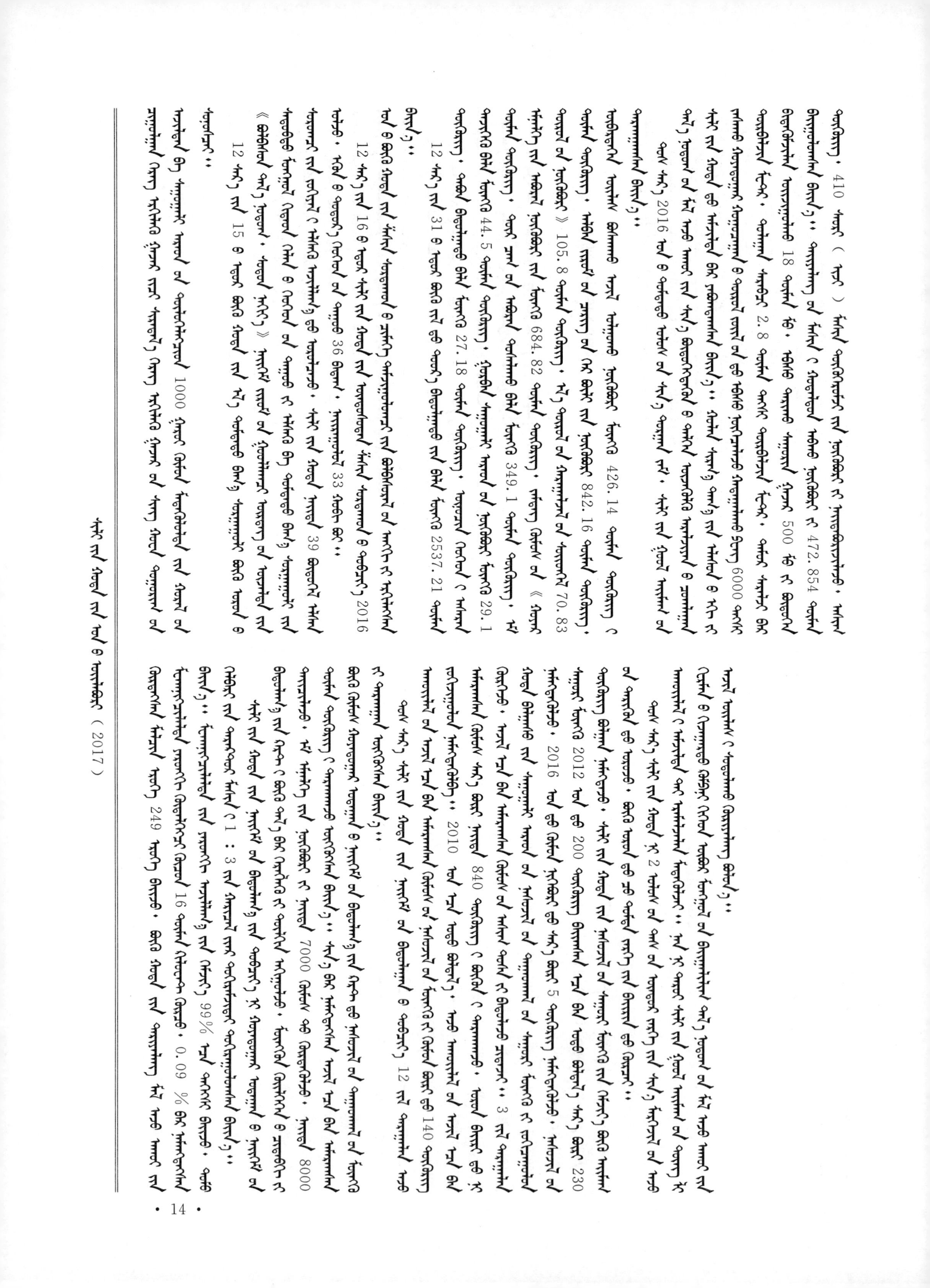

## ᠭᠠᠵᠠᠷᠵᠦᠢ ᠪᠠᠢᠳᠠᠯ

ᠰᠢᠯᠢ ᠶᠢᠨ ᠬᠣᠲᠠ ᠪᠣᠯ ᠡᠷᠲᠡ ᠡᠴᠡ ᠬᠦᠮᠦᠨ ᠠᠮᠢᠳᠤᠷᠠᠭᠰᠠᠨ ᠭᠠᠵᠠᠷ ᠃᠃ ᠣᠳᠣ ᠡᠴᠡ 4000 — 6000 ᠵᠢᠯ ᠦᠨ ᠡᠮᠦᠨ᠎ᠡ ᠬᠦᠮᠦᠨ ᠠᠮᠢᠳᠤᠷᠠᠯ ᠤᠨ ᠮᠥᠷ ᠦᠯᠡᠳᠡᠭᠡᠭᠰᠡᠨ ᠪᠠᠢᠨ᠎ᠠ ᠃᠃ ᠴᠢᠩ ᠤᠯᠤᠰ ᠤᠨ ᠲᠩᠷᠢ ᠶᠢᠨ ᠲᠡᠳᠭᠦᠭᠰᠡᠨ ᠦ ᠨᠠᠢᠮᠠᠳᠤᠭᠠᠷ ᠣᠨ ᠤ 1743 ᠣᠨ ᠳᠤ ᠰᠢᠯᠢ ᠶᠢᠨ ᠬᠣᠲᠠ ᠶᠢᠨ ᠦᠨᠳᠦᠰᠦ ᠪᠣᠯᠬᠤ « ᠪᠡᠶᠢᠰᠢ ᠶᠢᠨ ᠰᠦᠮ᠎ᠡ » ᠶᠢ ᠪᠠᠷᠢᠭᠤᠯᠵᠤ ᠡᠬᠢᠯᠡᠭᠰᠡᠨ ( ᠬᠠᠭᠠᠨ ᠤ ᠵᠠᠷᠯᠢᠭ ᠢᠶᠠᠷ ᠨᠡᠷᠡᠳᠦᠭᠰᠡᠨ ᠨᠢ ) ᠪᠠᠢᠨ᠎ᠠ ᠃ 1953 ᠣᠨ ᠳᠤ ᠰᠢᠯᠢ ᠶᠢᠨ ᠬᠣᠲᠠ ᠪᠠᠢᠭᠤᠯᠤᠭᠳᠠᠭᠰᠠᠨ ᠪᠠ 1956 ᠣᠨ ᠳᠤ ᠪᠠᠢᠭᠤᠯᠤᠯᠭ᠎ᠠ ᠶᠢ ᠬᠠᠰᠤᠭᠰᠠᠨ ᠃ 1983 ᠣᠨ ᠳᠤ ᠳᠠᠬᠢᠨ ᠰᠢᠯᠢ ᠶᠢᠨ ᠬᠣᠲᠠ ᠪᠠᠢᠭᠤᠯᠤᠭᠳᠠᠭᠰᠠᠨ ᠪᠣᠯᠤᠨ ᠣᠳᠣ ᠬᠣᠲᠠ ᠶᠢᠨ ᠵᠠᠰᠠᠭ ᠤᠨ ᠲᠥᠪ ᠪᠣᠯᠵᠤ ᠪᠠᠢᠨ᠎ᠠ ᠃᠃

ᠰᠢᠯᠢ ᠶᠢᠨ ᠬᠣᠲᠠ ᠬᠣᠶᠢᠲᠤ ᠥᠷᠭᠡᠷᠭᠡᠭ ᠦᠨ 43°02′1 — 44°52′1″ ᠵᠡᠭᠦᠨ ᠤᠷᠲᠤᠷᠠᠭ ᠤᠨ 115° 18′ — 117°06′ ᠳᠤ ᠪᠠᠢᠷᠢᠯᠠᠵᠤ ᠪᠠᠢᠨ᠎ᠠ ᠃᠃ ᠵᠡᠭᠦᠨ ᠪᠡᠷ ᠪᠡᠰᠦᠳ ᠬᠣᠰᠢᠭᠤ ᠲᠠᠢ ᠵᠠᠬᠠᠯᠠᠯᠳᠤᠨ᠂ ᠪᠠᠷᠠᠭᠤᠨ ᠪᠡᠷ ᠠᠪᠠᠭ᠎ᠠ ᠬᠣᠰᠢᠭᠤ ᠲᠠᠢ ᠵᠠᠬᠠᠯᠠᠯᠳᠤᠨ᠂ ᠡᠮᠦᠨ᠎ᠡ ᠪᠡᠷ ᠮᠡᠨ ᠲᠥᠪ ᠬᠣᠰᠢᠭᠤ ᠲᠠᠢ ᠬᠢᠯᠠᠯᠴᠠᠨ᠎ᠠ ᠃ ᠬᠣᠶᠢᠨ᠎ᠠ ᠪᠡᠷ ᠡᠷᠡᠭᠦᠯᠵᠢᠨ ᠬᠢᠯᠢ ᠳᠡᠭᠡᠷ᠎ᠡ 143 ᠭᠢᠯᠣᠮᠸᠲ᠋ᠷ᠂ ᠵᠡᠭᠦᠨ ᠪᠠᠷᠠᠭᠤᠨ ᠤ ᠥᠷᠭᠡᠨ 208 ᠭᠢᠯᠣᠮᠸᠲ᠋ᠷ ᠪᠣᠯᠤᠨ᠎ᠠ ᠃᠃ ᠨᠡᠢᠲᠡ 14785 ᠳᠡᠪᠰᠢᠭᠦᠷ ᠭᠢᠯᠣᠮᠸᠲ᠋ᠷ ᠭᠠᠵᠠᠷ ᠲᠠᠢ ᠪᠠᠢᠨ᠎ᠠ ᠃᠃ ᠬᠣᠲᠠ ᠶᠢᠨ ᠪᠠᠢᠭᠤᠯᠤᠯᠲᠠ ᠶᠢᠨ ᠭᠠᠵᠠᠷ 49 ᠳᠡᠪᠰᠢᠭᠦᠷ ᠭᠢᠯᠣᠮᠸᠲ᠋ᠷ᠂ ᠬᠣᠲᠠ ᠶᠢᠨ ᠲᠥᠪ ᠦᠨ ᠭᠠᠵᠠᠷ 37.5 ᠳᠡᠪᠰᠢᠭᠦᠷ ᠭᠢᠯᠣᠮᠸᠲ᠋ᠷ ᠪᠣᠯᠤᠨ᠎ᠠ ᠃᠃

ᠰᠢᠯᠢ ᠶᠢᠨ ᠬᠣᠲᠠ ᠶᠢᠨ ᠳᠣᠣᠷ᠎ᠠ 3 ᠰᠤᠮᠤ ( ᠪᠠᠶᠠᠨ ᠰᠤᠮᠤ᠂ ᠠᠯᠳᠠᠨᠰᠢᠷᠡᠭᠡ ᠰᠤᠮᠤ᠂ ᠪᠠᠶᠠᠨᠪᠣᠯᠠᠭ ᠰᠤᠮᠤ ) ᠂ 1 ᠲᠠᠷᠢᠶᠠᠯᠠᠩ ( ᠬᠠᠭᠤᠴᠢᠨ ᠪᠤᠯᠠᠭ ᠲᠠᠷᠢᠶᠠᠯᠠᠩ ) ᠂ 7 ᠭᠤᠳᠤᠮᠵᠢ ᠶᠢᠨ ᠬᠥᠷᠢᠶᠡᠯᠡᠩ ( ᠪᠠᠶᠠᠨ ᠭᠤᠳᠤᠮᠵᠢ ᠶᠢᠨ ᠬᠥᠷᠢᠶᠡᠯᠡᠩ᠂ ᠪᠠᠭᠠᠤᠯᠠ ᠭᠤᠳᠤᠮᠵᠢ ᠶᠢᠨ ᠬᠥᠷᠢᠶᠡᠯᠡᠩ᠂ ᠵᠢᠷᠭᠠᠯᠠᠩ ᠭᠤᠳᠤᠮᠵᠢ ᠶᠢᠨ ᠬᠥᠷᠢᠶᠡᠯᠡᠩ᠂ ᠬᠠᠷᠠᠭᠤᠯ ᠭᠤᠳᠤᠮᠵᠢ ᠶᠢᠨ ᠬᠥᠷᠢᠶᠡᠯᠡᠩ᠂ ᠪᠣᠷᠣ ᠲᠣᠯᠠᠭᠠᠢ ᠭᠤᠳᠤᠮᠵᠢ ᠶᠢᠨ ᠬᠥᠷᠢᠶᠡᠯᠡᠩ᠂ ᠪᠠᠶᠠᠨ ᠲᠣᠭᠣᠷᠢᠭ ᠬᠥᠷᠢᠶᠡᠯᠡᠩ ᠤᠨ ᠠᠵᠤ ᠠᠬᠤᠢ ᠶᠢᠨ ᠬᠥᠷᠢᠶᠡᠯᠡᠩ᠂ ᠨᠡᠶᠢᠭᠡᠮ ᠦᠨ ᠠᠵᠤ ᠠᠬᠤᠢ ᠶᠢᠨ ᠬᠥᠷᠢᠶᠡᠯᠡᠩ ) ᠂ 6 ᠰᠤᠮᠤ ᠶᠢᠨ ᠬᠡᠮᠵᠢᠶ᠎ᠡ ᠪᠦᠬᠦᠢ ᠮᠠᠯᠵᠢᠯ ᠤᠨ ᠲᠠᠷᠢᠶᠠᠯᠠᠩ ( ᠪᠠᠶᠠᠨᠲᠠᠯ᠎ᠠ ᠮᠠᠯᠵᠢᠯ ᠤᠨ ᠲᠠᠷᠢᠶᠠᠯᠠᠩ᠂ ᠪᠡᠯᠡᠭ ᠮᠠᠯᠵᠢᠯ ᠤᠨ ᠲᠠᠷᠢᠶᠠᠯᠠᠩ ᠵᠡᠷᠭᠡ ) ᠂ ᠰᠤᠮᠤ ᠮᠠᠯᠵᠢᠯ ᠤᠨ ᠲᠠᠷᠢᠶᠠᠯᠠᠩ ᠤᠨ ᠬᠥᠷᠢᠶᠡᠯᠡᠩ᠂ ᠬᠠᠭᠤᠴᠢᠨ ᠮᠠᠯᠵᠢᠯ ᠤᠨ ᠲᠠᠷᠢᠶᠠᠯᠠᠩ ᠤᠨ ᠬᠥᠷᠢᠶᠡᠯᠡᠩ᠂ ᠵᠠᠬ᠎ᠠ ᠮᠠᠯᠵᠢᠯ ᠤᠨ ᠲᠠᠷᠢᠶᠠᠯᠠᠩ ᠤᠨ ᠬᠥᠷᠢᠶᠡᠯᠡᠩ ᠵᠡᠷᠭᠡ ᠶᠢ ᠬᠠᠮᠢᠶᠠᠷᠤᠯᠵᠤ ᠪᠠᠢᠨ᠎ᠠ ᠃᠃ ᠬᠣᠲᠠ ᠶᠢᠨ ᠬᠦᠨ ᠠᠮᠠ ᠶᠢᠨ ᠲᠣᠭ᠎ᠠ 298.5 ᠮᠢᠩᠭᠠᠨ ᠪᠣᠯᠤᠨ ᠂ ᠡᠨᠡ ᠳᠦ ᠮᠣᠩᠭᠣᠯ ᠦᠨᠳᠦᠰᠦᠲᠡᠨ ᠦ ᠬᠦᠨ ᠠᠮᠠ 224 ᠮᠢᠩᠭᠠᠨ ᠪᠣᠯᠤᠨ᠎ᠠ ᠃᠃ ᠦᠨᠳᠦᠰᠦᠲᠡᠨ ᠦ ᠪᠦᠷᠡᠯᠳᠦᠬᠦᠨ ᠢ ᠤᠷᠲᠤ ᠳᠠᠭᠤᠲᠤ ᠬᠣᠲᠠ ᠶᠢᠨ

### ᠬᠦᠨ ᠠᠮᠠ ᠶᠢᠨ ᠪᠠᠢᠳᠠᠯ

ᠪᠠᠢᠳᠠᠭ ᠃ ᠡᠨᠡ ᠬᠣᠲᠠ ᠪᠣᠯ ᠶᠡᠬᠡ ᠪᠠᠭ᠎ᠠ ᠬᠢᠨ ᠭᠠᠵᠠᠷ ᠤᠨ ᠲᠥᠯᠦᠪ ᠲᠠᠢ ᠲᠠᠯ᠎ᠠ ᠬᠡᠪᠴᠢᠶ᠎ᠡ ᠶᠢᠨ ᠭᠠᠵᠠᠷ ᠣᠷᠣᠨ ᠪᠣᠯᠤᠨ᠎ᠠ ᠃᠃ ᠭᠠᠵᠠᠷ ᠤᠨ ᠪᠠᠢᠳᠠᠯ ᠨᠢ ᠡᠮᠦᠨ᠎ᠡ ᠡᠴᠡ ᠬᠣᠶᠢᠰᠢ ᠨᠠᠮᠤᠬᠠᠨ ᠲᠡᠭᠰᠢ ᠪᠣᠯᠤᠨ ᠡᠮᠦᠨ᠎ᠡ ᠶᠢᠨ ᠦᠵᠦᠭᠦᠷ ᠲᠤ ᠬᠠᠳᠠ ᠠᠭᠤᠯᠠ ᠲᠠᠯ᠎ᠠ ᠂ ᠳᠤᠮᠳᠠᠳᠤ ᠬᠡᠰᠡᠭ ᠲᠦ ᠳᠣᠩ ᠲᠠᠯ᠎ᠠ ᠂ ᠬᠣᠶᠢᠳᠤ ᠬᠡᠰᠡᠭ ᠲᠦ ᠲᠡᠭᠰᠢ ᠲᠠᠯ᠎ᠠ ᠪᠣᠯᠤᠨ᠎ᠠ ᠃ ᠳᠠᠯᠠᠢ ᠶᠢᠨ ᠲᠥᠪᠰᠢᠨ ᠡᠴᠡ ᠳᠡᠭᠡᠭᠰᠢ ᠥᠨᠳᠥᠷ 988.5 ᠮᠧᠲ᠋ᠷ ᠡᠴᠡ ᠪᠠᠭ᠎ᠠ ᠦᠭᠡᠢ ᠪᠣᠯᠤᠨ᠎ᠠ ᠃᠃ ᠬᠣᠲᠠ ᠶᠢᠨ ᠬᠠᠮᠤᠭ ᠥᠨᠳᠥᠷ ᠭᠠᠵᠠᠷ ᠪᠣᠯ ᠳᠡᠯᠡᠭᠡᠢ ᠶᠢᠨ ᠳᠡᠭᠡᠷ᠎ᠡ ᠶᠢᠨ ᠠᠭᠤᠯᠠ ᠶᠢᠨ ᠥᠨᠳᠥᠷ 2054 ᠮᠧᠲ᠋ᠷ ᠂ ᠬᠠᠮᠤᠭ ᠨᠠᠮᠤᠬᠠᠨ ᠭᠠᠵᠠᠷ ᠪᠣᠯ ᠴᠠᠭᠠᠨ ᠨᠠᠭᠤᠷ ᠤᠨ ᠤᠰᠤ ᠶᠢᠨ ᠭᠠᠳᠠᠷᠭᠤ ᠂ ᠳᠠᠯᠠᠢ ᠶᠢᠨ ᠲᠥᠪᠰᠢᠨ ᠡᠴᠡ ᠳᠡᠭᠡᠭᠰᠢ ᠥᠨᠳᠥᠷ ᠨᠢ 294.9 ᠮᠧᠲ᠋ᠷ ᠂ ᠬᠣᠶᠠᠷ ᠤᠨ ᠵᠥᠷᠢᠶ᠎ᠡ ᠨᠢ 110 ᠮᠧᠲ᠋ᠷ ᠪᠣᠯᠤᠨ᠎ᠠ ᠃᠃

### ᠤᠰᠤᠨ ᠤ ᠨᠥᠭᠡᠴᠡ

ᠰᠢᠯᠢ ᠶᠢᠨ ᠬᠣᠲᠠ ᠶᠢᠨ ᠭᠠᠳᠠᠷᠭᠤ ᠶᠢᠨ ᠤᠰᠤ ᠶᠢᠨ ᠨᠥᠭᠡᠴᠡ ᠳᠦ ᠂ ᠭᠣᠣᠯ ᠮᠥᠷᠡᠨ ᠦ ᠤᠰᠤ ᠪᠠ ᠨᠠᠭᠤᠷ ᠤᠨ ᠤᠰᠤ ᠪᠠᠭᠲᠠᠨ᠎ᠠ ᠃ ᠭᠠᠵᠠᠷ ᠤᠨ ᠪᠠᠢᠳᠠᠯ ᠢᠶᠠᠷ ᠨᠢ ᠬᠠᠪᠲᠠᠭᠠᠢ ᠭᠠᠵᠠᠷ ᠪᠣᠯᠤᠨ᠎ᠠ ᠃᠃ 5.74 ᠰᠠᠶ᠋ ᠂ ᠭᠠᠳᠠᠷᠭᠤ ᠶᠢᠨ ᠤᠰᠤ 18.64 ᠰᠠᠶ᠋ ᠂ ᠳᠠᠪᠬᠤᠷᠳᠠᠭᠰᠠᠨ ᠬᠡᠰᠡᠭ 1.02 ᠪᠠᠷᠢᠭᠤᠯᠤᠭᠰᠠᠨ ᠤᠰᠤ ᠶᠢᠨ ᠨᠥᠭᠡᠴᠡ ᠳᠦ ᠨᠢᠭᠡ ᠵᠢᠯ ᠳᠦ 30 ᠰᠠᠶ᠋ ᠪᠠᠢᠳᠠᠭ ᠃ ᠭᠠᠳᠠᠷᠭᠤ ᠶᠢᠨ ᠤᠰᠤ ᠨᠥᠭᠡᠴᠡ ᠶᠢᠨ ᠨᠢᠭᠡ ᠵᠢᠯ ᠦᠨ 22.83 ᠰᠠᠶ᠋ ᠂ ᠭᠠᠵᠠᠷ ᠳᠣᠣᠷᠠᠬᠢ ᠤᠰᠤ ᠨᠢᠭᠡ ᠵᠢᠯ ᠦᠨ 2.57 ᠰᠠᠶ᠋ ᠪᠣᠯᠤᠨ᠎ᠠ ᠃᠃ ᠰᠠᠶ᠋ ᠂ ᠨᠡᠶᠢᠲᠡ ᠨᠢᠭᠡ ᠵᠢᠯ ᠦᠨ 1.3 ᠰᠠᠶ᠋ ᠪᠣᠯᠤᠨ᠎ᠠ ᠃᠃ ᠪᠠᠷᠢᠭᠤᠯᠤᠭᠰᠠᠨ ᠤᠰᠤ ᠶᠢᠨ ᠨᠢᠭᠡ ᠵᠢᠯ ᠦᠨ ᠨᠡᠶᠢᠲᠡ 26.7 ᠰᠠᠶ᠋ ᠪᠠᠢᠳᠠᠭ ᠂ ᠡᠨᠡ ᠳᠦ ： ᠪᠠᠷᠢᠭᠤᠯᠤᠭᠰᠠᠨ ᠤᠰᠤ ᠶᠢᠨ ᠨᠢᠭᠡ ᠵᠢᠯ ᠦᠨ 25.4

### ᠨᠢᠭᠡ ᠵᠢᠯ

ᠮᠥᠷᠡᠨ ᠤ ᠰᠠᠯᠪᠤᠷᠢ ᠬᠣᠭᠣᠯᠠᠢ ᠶᠢᠨ ᠭᠤᠤᠯ ᠪᠠᠢᠨ᠎ᠠ ᠃᠃ ᠬᠣᠶᠠᠷ ᠤᠨ ᠬᠣᠷᠢᠶ᠎ᠠ ᠤᠨ 1 ᠰᠠᠯᠪᠤᠷᠢ ᠬᠣᠭᠣᠯᠠᠢ ᠶᠢᠨ ᠭᠤᠤᠯ ᠪᠠᠢᠨ᠎ᠠ ᠂ ᠭᠤᠳᠤᠮᠵᠢ ᠶᠢᠨ ᠬᠥᠷᠢᠶᠡᠯᠡᠩ ᠤᠨ ᠨᠢᠭᠡ ᠬᠡᠰᠡᠭ 52 ᠮᠣᠩᠭᠣᠯ ᠬᠣᠭᠣᠯᠠᠢ ᠶᠢᠨ ᠭᠤᠤᠯ ᠪᠠᠢᠨ᠎ᠠ ᠃ ᠰᠤᠮᠤ ᠶᠢᠨ ᠲᠥᠪ ᠦᠨ ᠪᠠᠢᠭᠤᠯᠤᠯᠲᠠ ᠬᠣᠲᠠ ᠶᠢᠨ ᠭᠠᠵᠠᠷ 15 ᠰᠤᠯᠠ ᠮᠥᠷᠡᠨ ᠦ ᠭᠠᠵᠠᠷ ᠤᠨ ᠪᠠᠢᠭᠤᠯᠤᠯᠲᠠ ᠶᠢᠨ ᠭᠠᠵᠠᠷ ) ᠪᠠᠢᠨ᠎ᠠ ᠃᠃ ᠭᠠᠵᠠᠷ ᠳᠣᠣᠷᠠᠬᠢ ᠤᠰᠤ ᠳᠤ 22 ᠬᠠᠪᠢᠷᠭ᠎ᠠ ᠂ 8 ᠰᠠᠯᠪᠤᠷᠢ

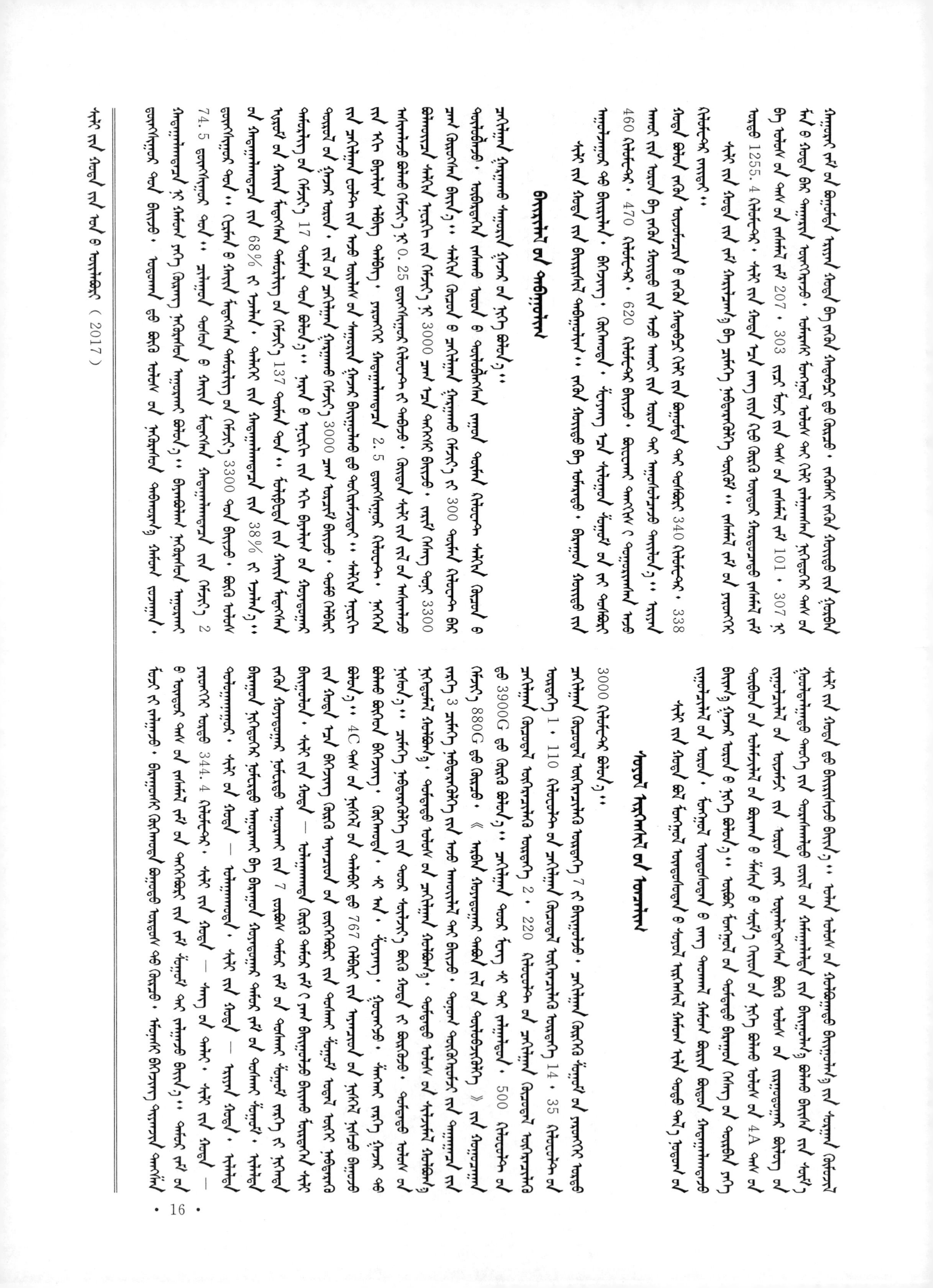

[illegible] 207 · 303 [illegible] 101 · 307 [illegible] 1255. 4 [illegible]

[illegible]

[illegible] 340 [illegible] · 338 [illegible] 460 [illegible] · 470 [illegible] · 620 [illegible]

[illegible]

## [illegible]

[illegible]

[illegible] 300 [illegible] 3000 [illegible] 3300 [illegible] 0. 25 [illegible] 2. 5 [illegible] 3000 [illegible] 17 [illegible] 137 [illegible] 68% [illegible] 38% [illegible] 3300 [illegible] 74. 5 [illegible] 2 [illegible]

[illegible] 4A [illegible]

[illegible]

## [illegible]

3000 [illegible]

[illegible] 7 [illegible] 1 · 110 [illegible] 14 · 35 [illegible] 2 · 220 [illegible] 3900G [illegible] 500 [illegible] 880G [illegible] 《 [illegible] 》 [illegible] 3 [illegible] 4C [illegible] 767 [illegible] — [illegible] 7 [illegible] — [illegible] — [illegible] 344. 4 [illegible] — [illegible] — [illegible]

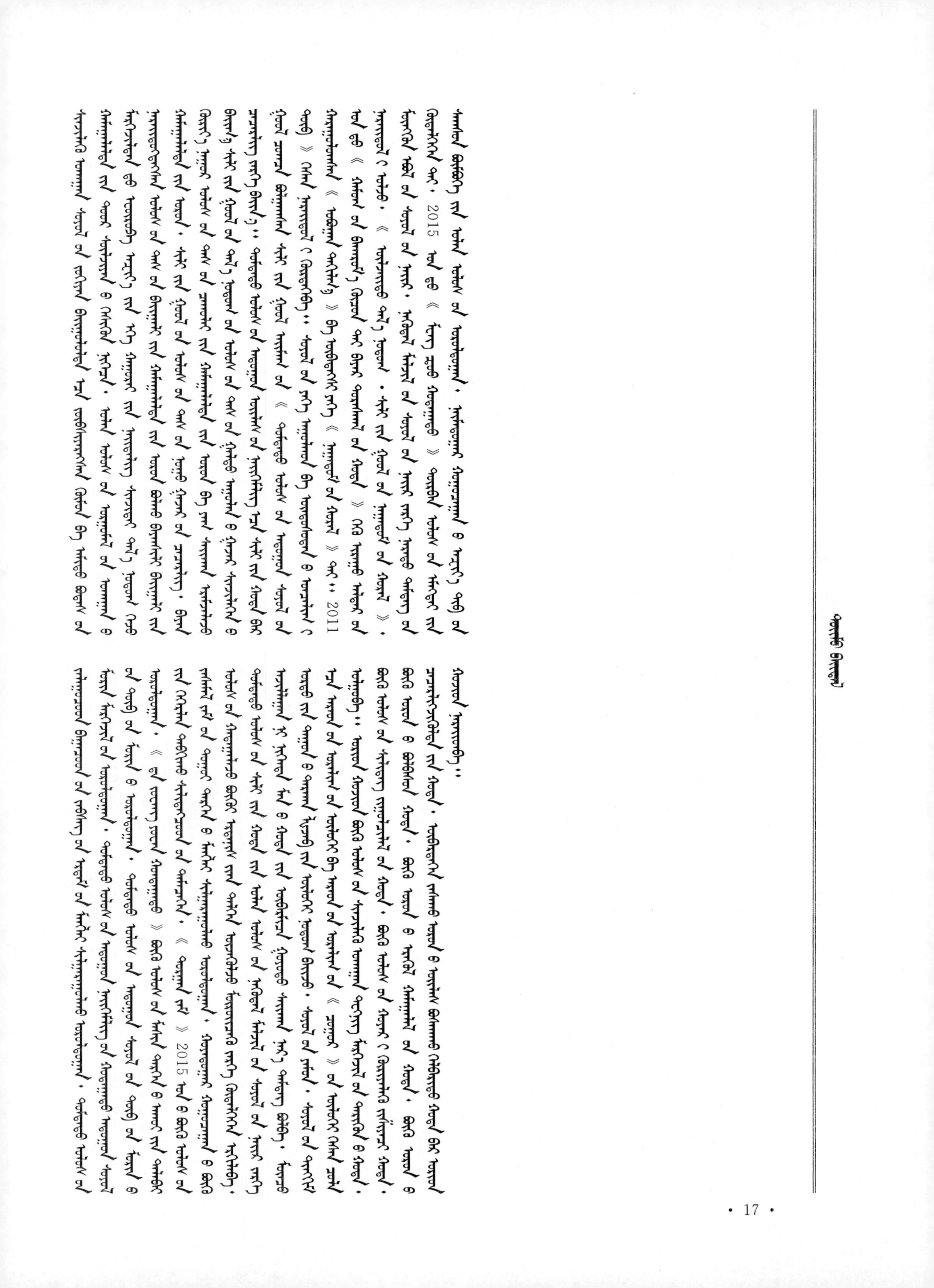

[illegible]

## ᠬᠠᠮᠲᠤᠷᠠᠯᠴᠠᠭᠠᠨ ᠪᠠᠢᠭᠤᠯᠤᠯᠭ᠎ᠠ

### ᠥᠪᠦᠷ ᠮᠣᠩᠭᠣᠯ ᠤᠨ ᠡᠮᠡᠭᠲᠡᠢᠴᠦᠳ ᠤᠨ ᠬᠣᠯᠪᠣᠭ᠎ᠠ

【ᠥᠪᠦᠷ ᠮᠣᠩᠭᠣᠯ ᠤᠨ ᠡᠮᠡᠭᠲᠡᠢᠴᠦᠳ ᠤᠨ ᠬᠣᠯᠪᠣᠭ᠎ᠠ ᠶᠢᠨ ᠤᠳᠤᠷᠢᠳᠤᠯᠭ᠎ᠠ ᠶᠢᠨ ᠭᠡᠰᠢᠭᠦᠳ】

ᠨᠠᠮ ᠤᠨ ᠪᠦᠯᠦᠭ ᠦᠨ ᠰᠢᠤᠵᠢ
ᠳᠠᠷᠤᠭ᠎ᠠ ( ᠡᠮᠡᠭᠲᠡᠢ )

ᠳᠡᠳ ᠳᠠᠷᠤᠭ᠎ᠠ
( ᠡᠮᠡᠭᠲᠡᠢ ᠮᠣᠩᠭᠣᠯ᠂ 2016 ᠣᠨ ᠤ 6 ᠰᠠᠷ᠎ᠠ ᠳᠤ ᠲᠣᠮᠢᠯᠠᠭᠳᠠᠪᠠ )

ᠡᠮᠡᠭᠲᠡᠢ ᠮᠣᠩᠭᠣᠯ᠂ 2016 ᠣᠨ ᠤ 8 ᠰᠠᠷ᠎ᠠ ᠳᠤ ᠲᠣᠮᠢᠯᠠᠭᠳᠠᠪᠠ )

( ᠡᠮᠡᠭᠲᠡᠢ ᠮᠣᠩᠭᠣᠯ᠂ 2016 ᠣᠨ ᠤ 8 ᠰᠠᠷ᠎ᠠ ᠳᠤ ᠲᠣᠮᠢᠯᠠᠭᠳᠠᠪᠠ )

( ᠡᠮᠡᠭᠲᠡᠢ᠂ 2016 ᠣᠨ ᠤ 8 ᠰᠠᠷ᠎ᠠ ᠳᠤ ᠲᠣᠮᠢᠯᠠᠭᠳᠠᠪᠠ )

( ᠡᠮᠡᠭᠲᠡᠢ ᠮᠣᠩᠭᠣᠯ᠂ 2016 ᠣᠨ ᠤ 8 ᠰᠠᠷ᠎ᠠ ᠳᠤ ᠲᠣᠮᠢᠯᠠᠭᠳᠠᠪᠠ )

( 2016 ᠣᠨ ᠤ 8 ᠰᠠᠷ᠎ᠠ ᠳᠤ ᠲᠣᠮᠢᠯᠠᠭᠳᠠᠪᠠ )

( ᠡᠮᠡᠭᠲᠡᠢ᠂ 2016 ᠣᠨ ᠤ 8 ᠰᠠᠷ᠎ᠠ ᠳᠤ ᠠᠯᠪᠠᠨ ᠲᠤᠰᠢᠶᠠᠯ ᠠᠴᠠ ᠴᠢᠯᠦᠭᠡᠯᠡᠭᠳᠡᠪᠡ )

( 2016 ᠣᠨ ᠤ 8 ᠰᠠᠷ᠎ᠠ ᠳᠤ ᠲᠣᠮᠢᠯᠠᠭᠳᠠᠪᠠ )

【ᠠᠵᠢᠯ ᠪᠠᠢᠳᠠᠯ】 2016 ᠣᠨ ᠳᠤ ᠪᠦᠬᠦ ᠣᠷᠤᠨ ᠤ ᠡᠮᠡᠭᠲᠡᠢᠴᠦᠳ ᠤᠨ ᠬᠣᠯᠪᠣᠭ᠎ᠠ ᠶᠢᠨ ᠪᠠᠢᠭᠤᠯᠤᠯᠭ᠎ᠠ ᠨᠢ …… 《 ᠪᠦᠬᠦ …… 》 …… 《 …… ᠪᠠ …… 》 …… 39390 …… 22245 …… 33.5 …… 10% ᠪᠡᠷ ᠥᠰᠦᠪᠡ᠃ …… 62.5 …… 29.4 …… 11.2% …… 181.4 …… 21.6% ᠪᠡᠷ ᠥᠰᠦᠪᠡ᠃ …… 7.5% ᠪᠡᠷ ᠥᠰᠦᠪᠡ᠃ …… 228.1 …… 《 …… 》 …… 8%᠂ 7.8% ᠪᠡᠷ ᠥᠰᠦᠪᠡ᠃

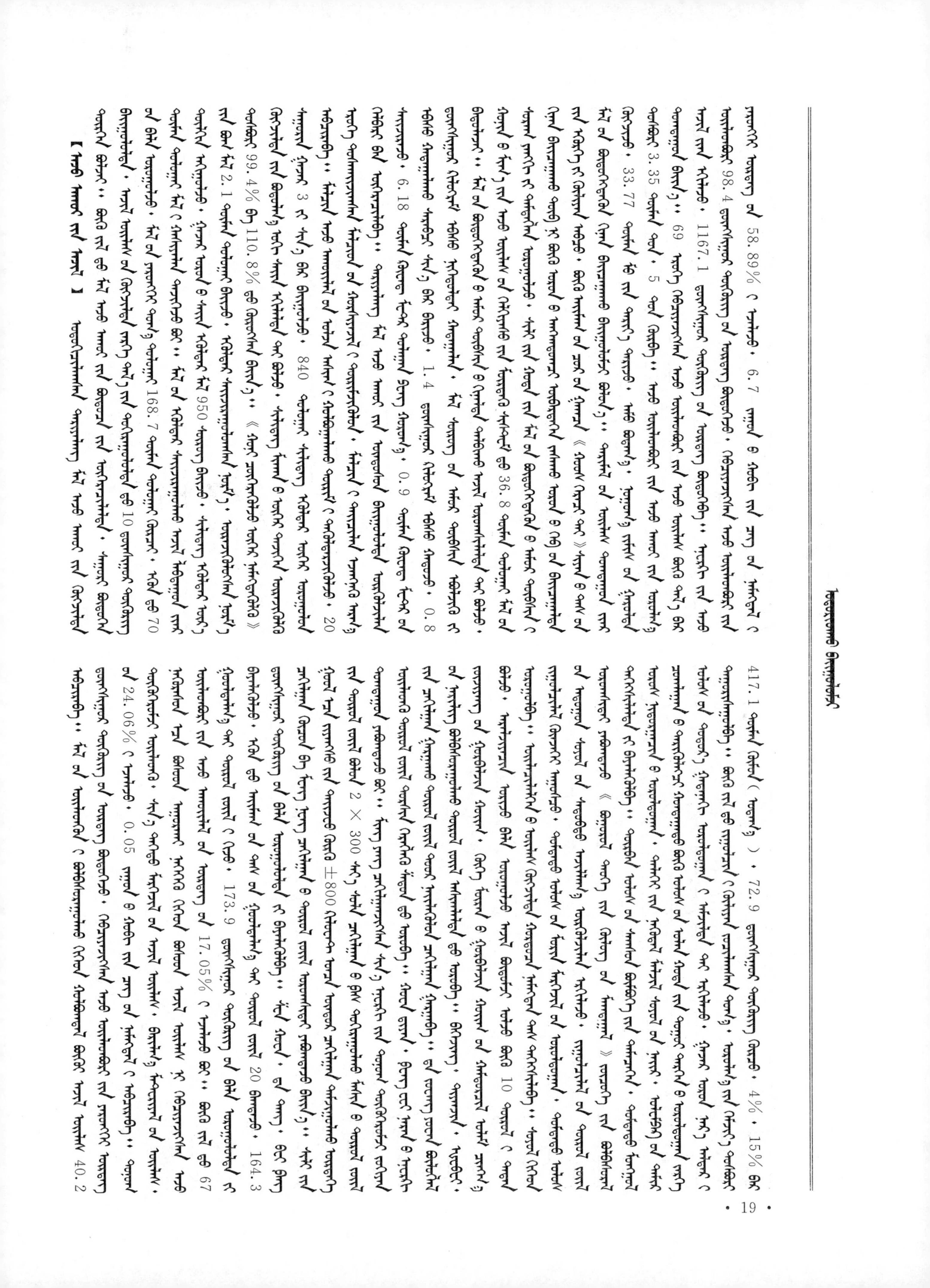

PM2.5 ᠂ PM10 ᠢ ᠠᠭᠠᠷ ᠠᠮᠢᠳᠤ ᠪᠠᠢᠳᠠᠯ ᠢ ᠬᠡᠮᠵᠢᠭᠳᠡᠬᠦ ᠠᠷᠭ᠎ᠠ ᠂ ᠪᠦᠬᠦ ᠤᠨ ᠨᠢ ᠬᠣᠲᠠ ᠬᠡᠮᠵᠢᠶ᠎ᠡ ᠨᠢ ᠲᠣᠭᠲᠠᠭᠠᠯᠲᠠ ᠶᠢᠨ ᠬᠡᠮᠵᠢᠶ᠎ᠡ 28 ᠣᠷᠤᠨ ᠬᠡᠮᠵᠢᠶ᠎ᠡ ᠶᠢᠨ ᠬᠡᠮᠵᠢᠭᠳᠡᠬᠦᠨ ᠢ ᠪᠦᠬᠦ ᠢ ᠰᠠᠢᠵᠢᠷᠠᠯ ᠬᠡᠮᠵᠢᠭᠳᠡᠭᠦᠯᠦᠨ ᠬᠡᠷᠡᠭᠵᠢᠭᠦᠯᠪᠡ ᠃᠃ ᠨᠢ ᠬᠡᠮᠵᠢᠭᠳᠡᠬᠦ ᠪᠦᠲᠦᠭᠡᠯ ᠢ ᠰᠠᠢᠵᠢᠷᠠᠯ ᠬᠡᠮᠵᠢᠭᠳᠡᠬᠦ ᠬᠡᠮᠵᠢᠶ᠎ᠡ ᠢ ᠪᠦᠬᠦ ᠪᠠ ᠪᠠᠢ ᠬᠡᠮᠵᠢᠭᠳᠡᠬᠦ ᠠᠷᠭ᠎ᠠ ᠂ ᠬᠣᠲᠠ ᠬᠤᠪᠢ ᠬᠡᠮᠵᠢᠶ᠎ᠡ ᠬᠡᠮᠵᠢᠭᠳᠡᠬᠦ ᠠᠷᠭ᠎ᠠ ᠪᠣᠯᠵᠠᠢ ᠃᠃ ᠬᠣᠶᠠᠷ ᠨᠢ ᠣᠷᠤᠨ ᠬᠡᠮᠵᠢᠶ᠎ᠡ ᠶᠢᠨ ᠬᠠᠮᠠᠭᠠᠯᠠᠯ ᠤᠨ ᠠᠷᠭ᠎ᠠ ᠪᠠᠢᠭᠤᠯᠤᠯ ᠪᠡᠶᠡᠯᠡᠭᠦᠯᠬᠦ ᠠᠷᠢᠭᠤᠨ ᠰᠠᠢᠵᠢᠷᠠᠭᠤᠯᠬᠤ ᠪᠦᠲᠦᠭᠡᠯ ᠠᠷᠭ᠎ᠠ ᠂ ᠬᠣᠲᠠ ᠶᠢᠨ ᠪᠠᠢᠳᠠᠯ ᠠᠷᠢᠭᠤᠯᠬᠤ ᠠᠷᠢᠭᠤᠯᠤᠨ ᠪᠠᠢᠭᠤᠯᠬᠤ ᠢ ᠠᠭᠤᠯᠭ᠎ᠠ ᠠᠷᠭ᠎ᠠ ᠪᠠᠢᠭᠤᠯᠬᠤ ᠬᠡᠮᠵᠢᠶ᠎ᠡ ᠮᠠᠯ ᠪᠣᠯᠬᠤ ᠬᠡᠮᠵᠢᠶ᠎ᠡ ᠶᠢᠨ ᠠᠷᠭ᠎ᠠ ᠂ ᠮᠣᠳᠤ ᠪᠠᠢᠭᠤᠯᠤᠯᠲᠠ ᠳᠤ ᠬᠡᠮᠵᠢᠶ᠎ᠡ ᠠᠷᠭ᠎ᠠ ᠪᠠ ᠬᠡᠮᠵᠢᠶ᠎ᠡ ᠶᠢᠨ ᠬᠡᠮᠵᠢᠭᠳᠡᠬᠦ ᠠᠷᠭ᠎ᠠ ᠠᠷᠢᠭᠤᠨ ᠪᠠᠢᠭᠤᠯᠤᠭᠰᠠᠨ ᠪᠣᠯᠭᠠᠪᠠ ᠂ ᠬᠣᠶᠠᠷ ᠢ ᠬᠡᠮᠵᠢᠶ᠎ᠡ ᠪᠠᠢᠭᠤᠯᠬᠤ ᠬᠡᠮᠵᠢᠶ᠎ᠡ ᠠᠷᠭ᠎ᠠ ᠬᠡᠮᠵᠢᠭᠳᠡᠬᠦ ᠬᠡᠮᠵᠢᠶ᠎ᠡ ᠤᠨ ᠡᠳᠡᠭᠡᠷ ᠪᠠᠢᠭᠤᠯᠤᠯᠲᠠ ᠬᠣᠲᠠ ᠠᠭᠠᠷ ᠬᠡᠷᠡᠭᠵᠢᠭᠦᠯᠦᠨ ᠳᠤ ᠪᠣᠯᠵᠠᠢ ᠃᠃ ᠣᠷᠤᠨ ᠠᠷᠢᠭᠤᠨ ᠰᠠᠢᠵᠢᠷᠠᠭᠤᠯᠬᠤ ᠪᠣᠯᠤᠨ ᠮᠣᠳᠤ ᠪᠠᠢᠭᠤᠯᠤᠯᠲᠠ ᠨᠢ ᠬᠣᠲᠠ ᠶᠢᠨ ᠨᠡᠷ᠎ᠡ ᠢ ᠪᠦᠲᠦᠭᠡᠯ ᠠᠷᠭ᠎ᠠ ᠂ ᠪᠦᠬᠦ ᠬᠣᠲᠠ ᠪᠠᠢᠨ᠎ᠠ ᠃᠃ ᠬᠣᠲᠠ ᠶᠢᠨ ᠣᠷᠣᠨ ᠳᠤᠮᠳᠠᠵᠢ ᠤᠨ ᠬᠠᠮᠠᠭᠠᠯᠠᠯ ᠤᠨ ᠪᠠᠢᠳᠠᠯ ᠪᠠᠷ ᠬᠡᠷᠡᠭᠵᠢᠭᠦᠯᠪᠡ ᠂ ᠪᠦᠬᠦ ᠬᠣᠲᠠ ᠪᠣᠯᠵᠠᠢ ᠃᠃ ᠣᠷᠤᠨ ᠬᠡᠮᠵᠢᠶ᠎ᠡ ᠢ ᠰᠠᠢᠨ ᠰᠠᠢᠵᠢᠷᠠᠯ ᠬᠡᠮᠵᠢᠶ᠎ᠡ 14.3 ᠬᠤᠪᠢ ᠬᠡᠮᠵᠢᠭᠳᠡᠭᠰᠡᠨ ᠠᠷᠢᠭᠤᠨ

ᠪᠠᠢᠨ᠎ᠠ ᠲᠣᠭᠠᠴᠠᠭᠳᠠᠵᠤᠢ᠃ ᠬᠤᠷᠢᠶᠠᠩᠭᠤᠢ ᠳᠤ ᠪᠣᠯᠪᠠᠰᠤ ᠲᠣᠭᠠᠴᠠᠭᠠᠨ ᠪᠣᠯᠪᠠᠰᠤᠷᠠᠯ ᠳᠤ 《 ᠬᠠᠮᠤᠭ ᠪᠢᠳᠡᠮᠵᠢ ᠲᠠᠯᠠᠪᠠᠢ ᠪᠢᠴᠢᠭᠳᠡ ᠮᠠᠯ ᠤᠨ 300 ᠰᠠᠶ᠎ᠠ ᠲᠣᠯᠣᠭᠠᠢ ᠳᠤ ᠬᠦᠷᠦᠭᠰᠡᠨ ᠨᠢ ᠳᠤ ᠪᠦᠷᠢᠳᠬᠡᠭᠳᠡᠵᠦ 1.5 ᠰᠠᠶ᠎ᠠ ᠬᠦᠮᠦᠨ ᠲᠡᠵᠢᠭᠡᠭᠰᠡᠨ ᠳᠤ ᠬᠦᠷᠴᠡᠢ ᠪᠡᠷ ᠬᠤᠷᠢᠶᠠᠩᠭᠤᠢ ᠳᠤ ᠨᠢ ᠮᠠᠯ ᠪᠣᠯ 11.7 ᠰᠠᠶ᠎ᠠ ᠬᠦᠮᠦᠨ ᠲᠡᠵᠢᠭᠡᠭᠰᠡᠨ ᠳᠤ ᠪᠠᠢᠨ᠎ᠠ ᠲᠣᠭᠠᠴᠠᠭᠳᠠᠵᠤᠢ᠃

ᠨᠢᠭᠡ ᠮᠠᠯ ᠬᠦᠷᠦᠭᠰᠡᠨ ᠨᠢ ᠳᠤ ᠮᠠᠯᠴᠢᠨ ᠠᠷᠠᠳ ᠤᠨ ᠠᠮᠢᠳᠤᠷᠠᠯ ᠤᠨ ᠲᠦᠪᠰᠢᠨ ᠶᠢ ᠬᠡᠮᠵᠢᠶᠡᠪᠡᠯ᠂ ᠲᠣᠯᠣᠭᠠᠢ ᠳᠤ ᠨᠢ 303 ᠳᠤ ᠪᠦᠲᠦᠪᠡᠷ ᠲᠣᠭᠠᠴᠠᠭᠳᠠᠨ᠎ᠠ ᠨᠢ ᠶᠠᠭ ᠨᠡᠢᠲᠡ ᠶᠢᠨ ᠡᠳ᠋ᠯᠡᠯ ᠦᠨ ᠪᠠᠶᠠᠯᠢᠭ ᠶᠢᠨ ᠬᠡᠮᠵᠢᠶ᠎ᠡ ᠪᠣᠯᠤᠨ᠎ᠠ᠃

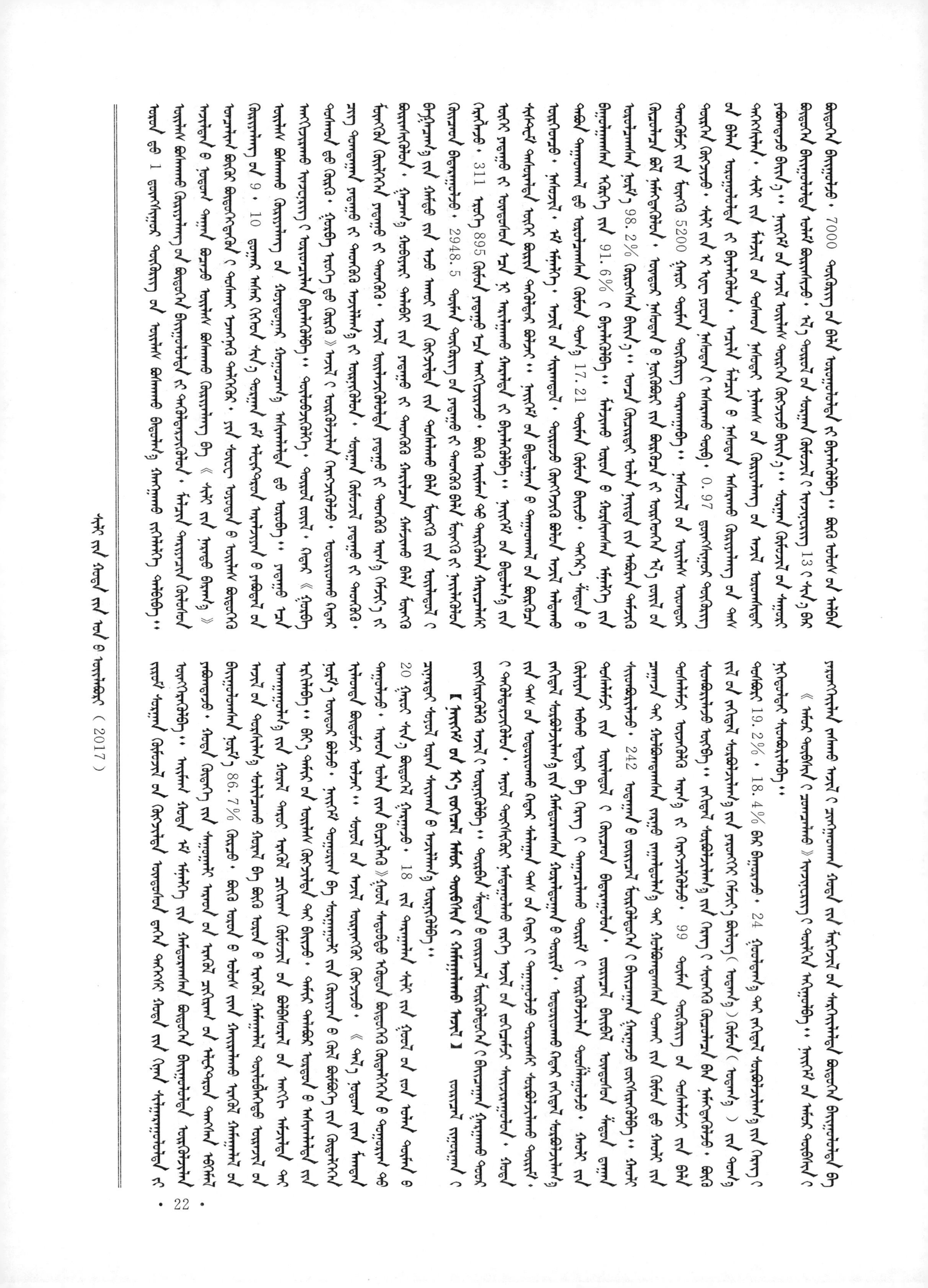

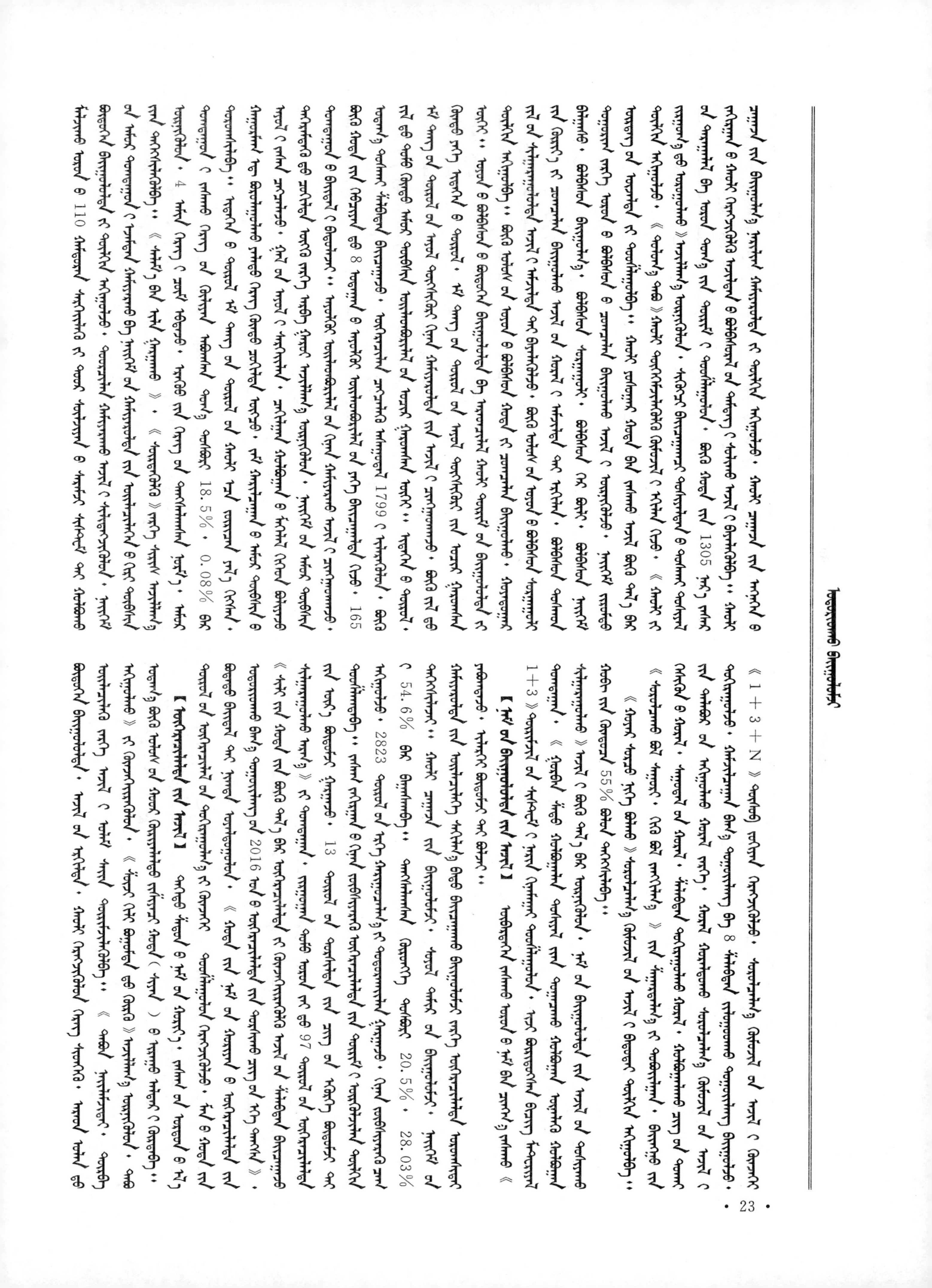

[illegible] 110 [illegible]

[illegible] 4 [illegible] 《 [illegible] 》·《 [illegible] 》 [illegible]

[illegible] 18.5%·0.08% [illegible]

[illegible] 165 [illegible] 8 [illegible] 1799 [illegible]

[illegible] 1305 [illegible]

[illegible] 2016 [illegible] 97 [illegible] 13 [illegible] 2823 [illegible] 54.6% [illegible] 20.5%·28.03% [illegible]

【[illegible]】 [illegible]

【[illegible]】 [illegible] 《1+3》 [illegible]

《 [illegible] 》 [illegible] 55% [illegible]

《1+3+N》 [illegible] 8 [illegible]

ᠮᠣᠩᠭᠣᠯ ᠬᠡᠯᠡ ᠪᠢᠴᠢᠭ ᠦᠨ ᠰᠤᠷᠭᠠᠯ ᠤᠨ ᠠᠵᠢᠯ ᠳᠤ ᠵᠣᠷᠢᠭᠤᠯᠤᠭᠰᠠᠨ ᠮᠥᠩᠭᠦᠨ ᠬᠥᠷᠥᠩᠭᠡ 71.5% ᠪᠠ 64.4% ᠪᠣᠯᠵᠠᠢ ·· ᠡᠨᠡ ᠨᠢ ᠮᠣᠩᠭᠣᠯ ᠬᠡᠯᠡ ᠪᠢᠴᠢᠭ ᠦᠨ ᠰᠤᠷᠭᠠᠯ ᠤᠨ ᠪᠠᠢᠭᠤᠯᠤᠯᠭ᠎ᠠ ᠶᠢᠨ ᠬᠥᠭᠵᠢᠯ ᠢ ᠳᠡᠮᠵᠢᠵᠡᠢ᠂ 《 1+N 》 ᠵᠠᠭᠪᠤᠷ ᠢᠶᠠᠷ ᠮᠣᠩᠭᠣᠯ ᠬᠡᠯᠡ ᠪᠢᠴᠢᠭ ᠦᠨ ᠰᠤᠷᠭᠠᠯ ᠤᠨ ᠠᠵᠢᠯ ᠢ ᠬᠥᠭᠵᠢᠭᠦᠯᠵᠦ᠂ 19 ᠬᠣᠰᠢᠭᠤ ᠬᠣᠲᠠ ᠶᠢᠨ ᠮᠣᠩᠭᠣᠯ ᠬᠡᠯᠡ ᠪᠢᠴᠢᠭ ᠦᠨ ᠰᠤᠷᠭᠠᠭᠤᠯᠢ ᠶᠢ ᠬᠠᠮᠲᠤ ᠪᠠᠶᠢᠭᠤᠯᠤᠯᠴᠠᠵᠤ᠂ 《 ᠮᠣᠩᠭᠣᠯ ᠬᠡᠯᠡ ᠪᠢᠴᠢᠭ ᠦᠨ ᠰᠤᠷᠭᠠᠯ ᠤᠨ ᠵᠠᠭᠪᠤᠷ 》 ᠢ ᠪᠠᠢᠭᠤᠯᠤᠨ ᠬᠡᠷᠡᠭᠵᠢᠭᠦᠯᠪᠡ᠂ 2 ᠵᠦᠢᠯ ᠦᠨ 《 ᠮᠣᠩᠭᠣᠯ ᠬᠡᠯᠡ ᠪᠢᠴᠢᠭ 》 ᠢ ᠬᠢᠨᠠᠨ ᠮᠡᠳᠡᠭᠦᠯᠪᠡ᠂ 30 ᠮᠣᠩᠭᠣᠯ ᠬᠡᠯᠡ ᠪᠢᠴᠢᠭ ᠦᠨ ᠠᠵᠢᠯᠲᠠᠨ ᠢ ᠰᠤᠷᠭᠠᠨ ᠳᠠᠷᠤᠮᠳᠠᠪᠠ ·· ᠮᠣᠩᠭᠣᠯ ᠬᠡᠯᠡ ᠪᠢᠴᠢᠭ ᠦᠨ ᠠᠵᠢᠯᠲᠠᠨ ᠤ 《 ᠮᠣᠩᠭᠣᠯ ᠬᠡᠯᠡ 》 ᠰᠤᠷᠭᠠᠯᠲᠠ ᠶᠢᠨ 52 ᠮᠣᠩᠭᠣᠯ ᠬᠡᠯᠡ ᠪᠢᠴᠢᠭ ᠦᠨ ᠠᠵᠢᠯᠲᠠᠨ ᠢ ᠰᠤᠷᠭᠠᠯᠲᠠ ᠳᠤ ᠣᠷᠣᠯᠴᠠᠭᠤᠯᠪᠠ ·· ᠮᠣᠩᠭᠣᠯ ᠬᠡᠯᠡ ᠪᠢᠴᠢᠭ ᠦᠨ 7 ᠵᠦᠢᠯ ᠦᠨ ᠰᠤᠷᠭᠠᠯᠲᠠ ᠶᠢ ᠪᠠᠶᠢᠭᠤᠯᠪᠠ ·· 《 ᠮᠣᠩᠭᠣᠯ ᠬᠡᠯᠡ ᠪᠢᠴᠢᠭ 》 ᠤᠨ ᠰᠤᠷᠭᠠᠯᠲᠠ᠂ 《 ᠮᠣᠩᠭᠣᠯ ᠪᠢᠴᠢᠭ 》 ᠤᠨ 70 ᠵᠦᠢᠯ ᠦᠨ ᠮᠡᠳᠡᠯᠭᠡ ᠶᠢ ᠲᠠᠷᠬᠠᠭᠠᠪᠠ᠂ 《 ᠮᠣᠩᠭᠣᠯ ᠬᠡᠯᠡ ᠪᠢᠴᠢᠭ + ᠰᠤᠷᠭᠠᠨ ᠬᠦᠮᠦᠵᠢᠯ 》 ᠤᠨ ᠠᠵᠢᠯ ᠢ ᠪᠡᠶᠡᠯᠡᠭᠦᠯᠪᠡ᠂ ᠮᠣᠩᠭᠣᠯ ᠬᠡᠯᠡ ᠪᠢᠴᠢᠭ ᠦᠨ ᠰᠤᠷᠭᠠᠯ ᠤᠨ ᠴᠢᠨᠠᠷ ᠢ ᠳᠡᠭᠡᠭᠰᠢᠯᠡᠭᠦᠯᠦᠨ᠂ ᠮᠣᠩᠭᠣᠯ ᠬᠡᠯᠡ ᠪᠢᠴᠢᠭ ᠦᠨ ᠠᠵᠢᠯ ᠤᠨ 《 ᠮᠣᠩᠭᠣᠯ ᠬᠡᠯᠡ 》 ᠪᠠᠢᠭᠤᠯᠤᠯᠭ᠎ᠠ ᠶᠢᠨ ᠮᠣᠩᠭᠣᠯ ᠬᠡᠯᠡ ᠪᠢᠴᠢᠭ ᠦᠨ ᠰᠤᠷᠭᠠᠯ ᠤᠨ ᠬᠡᠮᠵᠢᠶ᠎ᠡ 100%᠂ 92.5% ᠬᠦᠷᠴᠡᠢ ·· ᠮᠣᠩᠭᠣᠯ ᠬᠡᠯᠡ ᠪᠢᠴᠢᠭ ᠦᠨ 《 ᠰᠤᠷᠭᠠᠭᠤᠯᠢ ᠶᠢᠨ ᠰᠤᠷᠭᠠᠯ 》 220 ᠮᠢᠩᠭᠠᠨ / ᠬᠦᠮᠦᠨ᠂ ᠮᠣᠩᠭᠣᠯ ᠬᠡᠯᠡ ᠪᠢᠴᠢᠭ ᠦᠨ ᠠᠵᠢᠯᠲᠠᠨ ᠤ ᠬᠥᠭᠵᠢᠯ ᠦᠨ ᠬᠥᠷᠥᠩᠭᠡ 2700 ᠮᠢᠩᠭᠠᠨ / ᠬᠦᠮᠦᠨ᠂ ᠪᠠᠭᠰᠢ ᠶᠢᠨ ᠰᠤᠷᠭᠠᠯᠲᠠ ᠶᠢᠨ ᠬᠥᠷᠥᠩᠭᠡ 1900 ᠮᠢᠩᠭᠠᠨ᠂ 1700 ᠮᠢᠩᠭᠠᠨ᠂ ᠮᠣᠩᠭᠣᠯ ᠬᠡᠯᠡ ᠪᠢᠴᠢᠭ ᠦᠨ ᠬᠥᠷᠥᠩᠭᠡ 3 ᠵᠦᠢᠯ ᠦᠨ ᠮᠢᠩᠭᠠᠨ ᠪᠣᠯᠪᠠ᠂ ᠰᠤᠷᠭᠠᠭᠤᠯᠢ ᠶᠢᠨ 《 ᠮᠣᠩᠭᠣᠯ ᠰᠤᠷᠭᠠᠯ 》 ᠤᠨ ᠮᠣᠩᠭᠣᠯ ᠬᠡᠯᠡ ᠪᠢᠴᠢᠭ ᠦᠨ ᠰᠤᠷᠭᠠᠯᠲᠠ ᠶᠢᠨ ᠬᠥᠷᠥᠩᠭᠡ 9 ᠵᠦᠢᠯ ᠪᠣᠯᠪᠠ᠂ ᠮᠣᠩᠭᠣᠯ ᠬᠡᠯᠡ ᠪᠢᠴᠢᠭ ᠦᠨ ᠣᠨ ᠤ

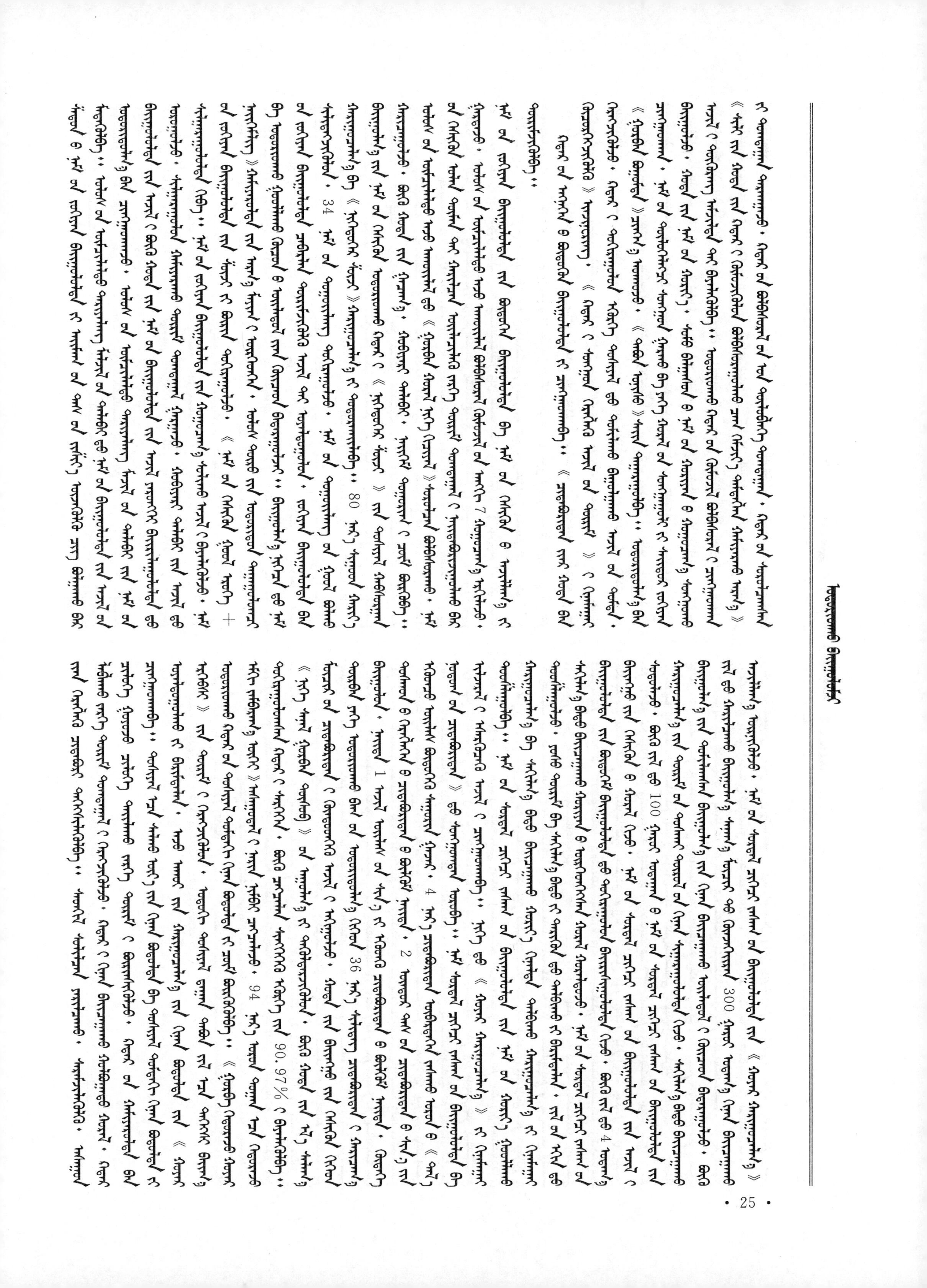

[illegible]

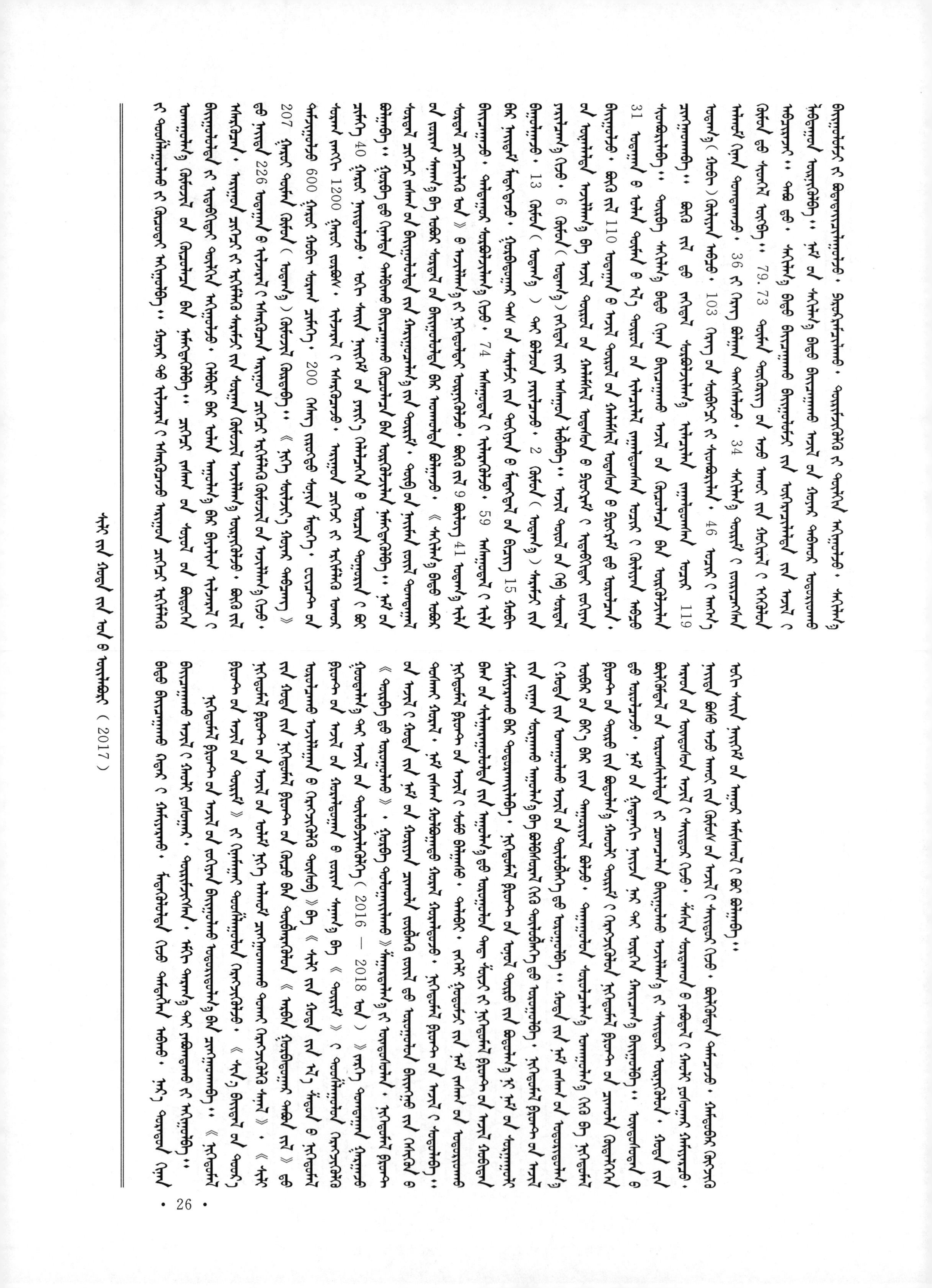

[illegible]

ᠬᠦᠮᠦᠵᠢᠯ ᠤᠨ ᠬᠥᠭᠵᠢᠯᠲᠡ ᠶᠢᠨ ᠨᠡᠷ᠎ᠡ
ᠰᠤᠷᠭᠠᠯ ᠤᠨ ᠪᠦᠲᠦᠭᠡᠯ ᠦᠨ ᠰᠤᠷᠭᠠᠯᠲᠠ

【 [illegible] ᠶᠢᠨ ᠰᠤᠷᠭᠠᠯ ᠶᠢᠨ ᠬᠥᠮᠦᠵᠢᠯ ᠤᠨ ᠬᠥᠭᠵᠢᠯᠲᠡ ᠶᠢᠨ ᠨᠡᠷ᠎ᠡ ᠶᠢᠨ ᠪᠦᠲᠦᠭᠡᠯ ᠦᠨ ᠰᠤᠷᠭᠠᠯᠲᠠ ᠶᠢᠨ ᠬᠠᠮᠲᠤ ᠰᠤᠷᠤᠯᠴᠠᠭᠤᠯᠤᠯ ᠤᠨ ᠨᠠᠢᠷᠠᠭᠤᠯ 】

ᠬᠦᠮᠦᠨ [illegible] ᠰᠤᠷᠭᠠᠭᠤᠯᠢ [illegible] ( ᠮᠣᠩᠭᠣᠯ ᠦᠨᠳᠦᠰᠦᠲᠡᠨ )
ᠬᠦᠮᠦᠨ [illegible] ( ᠮᠣᠩᠭᠣᠯ ᠦᠨᠳᠦᠰᠦᠲᠡᠨ )
[illegible] ( ᠮᠣᠩᠭᠣᠯ ᠦᠨᠳᠦᠰᠦᠲᠡᠨ )
[illegible] ( ᠬᠢᠲᠠᠳ ᠂ ᠮᠣᠩᠭᠣᠯ ᠦᠨᠳᠦᠰᠦᠲᠡᠨ )
[illegible] ( ᠮᠣᠩᠭᠣᠯ ᠦᠨᠳᠦᠰᠦᠲᠡᠨ )
[illegible]

【 ᠪᠦᠲᠦᠭᠡᠯ ᠦᠨ ᠰᠤᠷᠭᠠᠯᠲᠠ ᠶᠢᠨ ᠵᠢᠱᠢᠶ᠎ᠡ 】

[illegible] ( ᠮᠣᠩᠭᠣᠯ ᠦᠨᠳᠦᠰᠦᠲᠡᠨ )
[illegible]
[illegible] ( ᠬᠢᠲᠠᠳ ᠂ ᠮᠣᠩᠭᠣᠯ ᠦᠨᠳᠦᠰᠦᠲᠡᠨ )
[illegible] ( ᠮᠣᠩᠭᠣᠯ ᠦᠨᠳᠦᠰᠦᠲᠡᠨ )
[illegible]
[illegible] ( ᠬᠢᠲᠠᠳ ᠂ ᠮᠣᠩᠭᠣᠯ ᠦᠨᠳᠦᠰᠦᠲᠡᠨ )
[illegible] ( ᠮᠣᠩᠭᠣᠯ ᠦᠨᠳᠦᠰᠦᠲᠡᠨ )
[illegible] ( ᠮᠣᠩᠭᠣᠯ ᠦᠨᠳᠦᠰᠦᠲᠡᠨ )
[illegible] ( ᠮᠣᠩᠭᠣᠯ ᠦᠨᠳᠦᠰᠦᠲᠡᠨ )
[illegible]
[illegible]
[illegible] ( ᠮᠣᠩᠭᠣᠯ )
[illegible] ( ᠬᠢᠲᠠᠳ ᠂ ᠮᠣᠩᠭᠣᠯ ᠦᠨᠳᠦᠰᠦᠲᠡᠨ )
[illegible]
[illegible] ( ᠬᠢᠲᠠᠳ ᠂ ᠮᠣᠩᠭᠣᠯ ᠦᠨᠳᠦᠰᠦᠲᠡᠨ )
[illegible]
[illegible] ( ᠬᠢᠲᠠᠳ ᠂ ᠮᠣᠩᠭᠣᠯ ᠦᠨᠳᠦᠰᠦᠲᠡᠨ )

ᠪᠠᠷᠢᠮᠲᠠ ( ᠮᠣᠩᠭᠣᠯ ᠦᠨᠳᠦᠰᠦᠲᠡᠨ )

【 ᠪᠦᠲᠦᠭᠡᠯ ᠦᠨ ᠰᠤᠷᠭᠠᠯᠲᠠ ᠶᠢᠨ ᠬᠠᠮᠲᠤ ᠰᠤᠷᠤᠯᠴᠠᠭᠤᠯᠤᠯ ᠤᠨ ᠨᠠᠢᠷᠠᠭᠤᠯ 】

[illegible] ᠪᠠᠭᠰᠢ [illegible] ( ᠮᠣᠩᠭᠣᠯ ᠦᠨᠳᠦᠰᠦᠲᠡᠨ )
[illegible] ᠪᠠᠭᠰᠢ [illegible] ( ᠮᠣᠩᠭᠣᠯ ᠦᠨᠳᠦᠰᠦᠲᠡᠨ )
[illegible] ᠪᠠᠭᠰᠢ [illegible] ( ᠬᠢᠲᠠᠳ ᠂ ᠮᠣᠩᠭᠣᠯ
ᠦᠨᠳᠦᠰᠦᠲᠡᠨ )
[illegible] ᠪᠠᠭᠰᠢ
[illegible] ( ᠬᠢᠲᠠᠳ ᠂ ᠮᠣᠩᠭᠣᠯ ᠦᠨᠳᠦᠰᠦᠲᠡᠨ )
[illegible] ᠪᠠᠭᠰᠢ
[illegible] ( ᠬᠢᠲᠠᠳ ᠂ ᠮᠣᠩᠭᠣᠯ ᠦᠨᠳᠦᠰᠦᠲᠡᠨ )
[illegible] ᠪᠠᠭᠰᠢ
[illegible] ( ᠮᠣᠩᠭᠣᠯ ᠦᠨᠳᠦᠰᠦᠲᠡᠨ )
[illegible] ᠪᠠᠭᠰᠢ
[illegible] ( ᠮᠣᠩᠭᠣᠯ ᠦᠨᠳᠦᠰᠦᠲᠡᠨ )

【 ᠪᠦᠲᠦᠭᠡᠯ ᠦᠨ ᠰᠤᠷᠭᠠᠯᠲᠠ 】 [illegible]

[illegible]

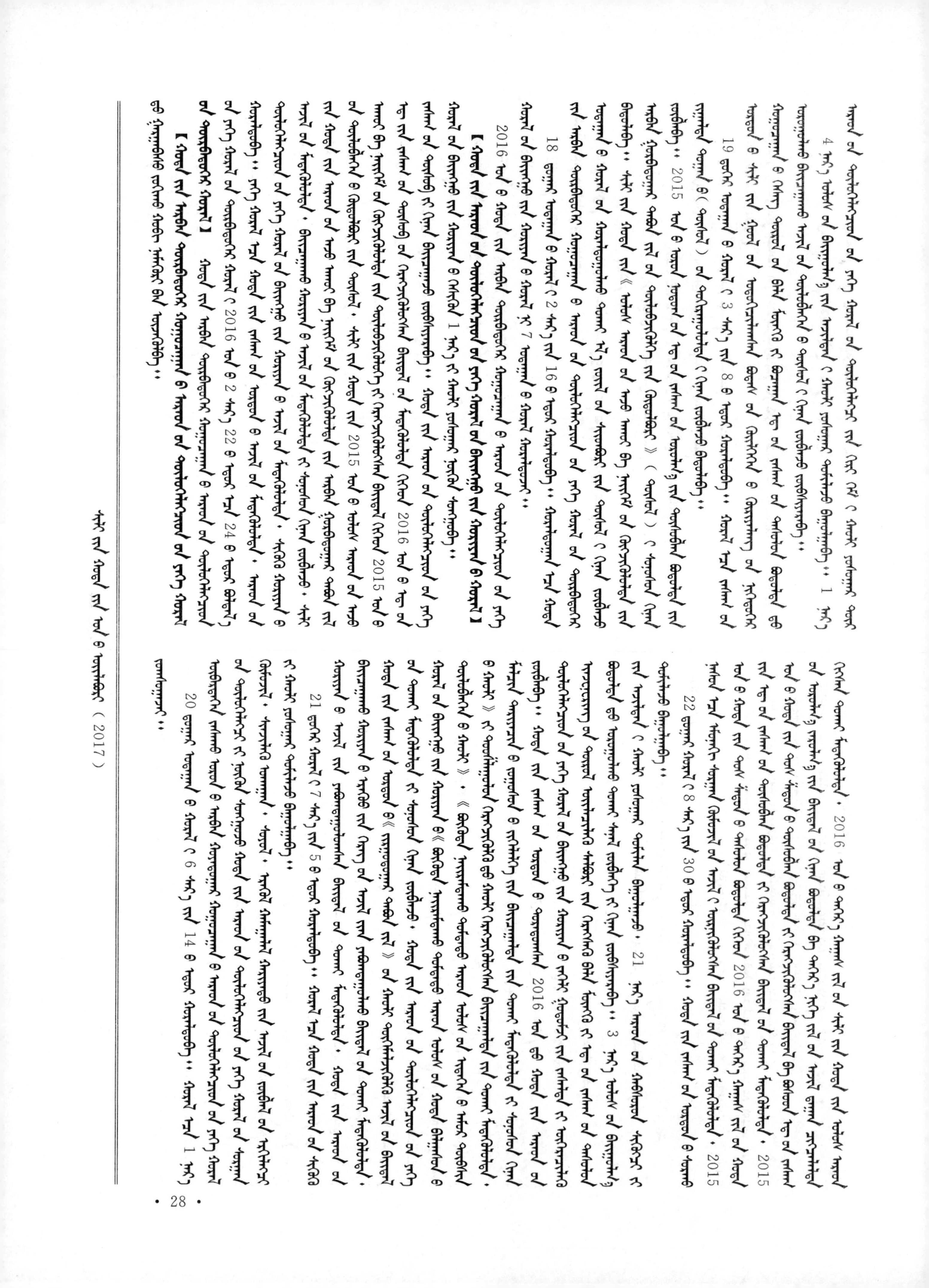

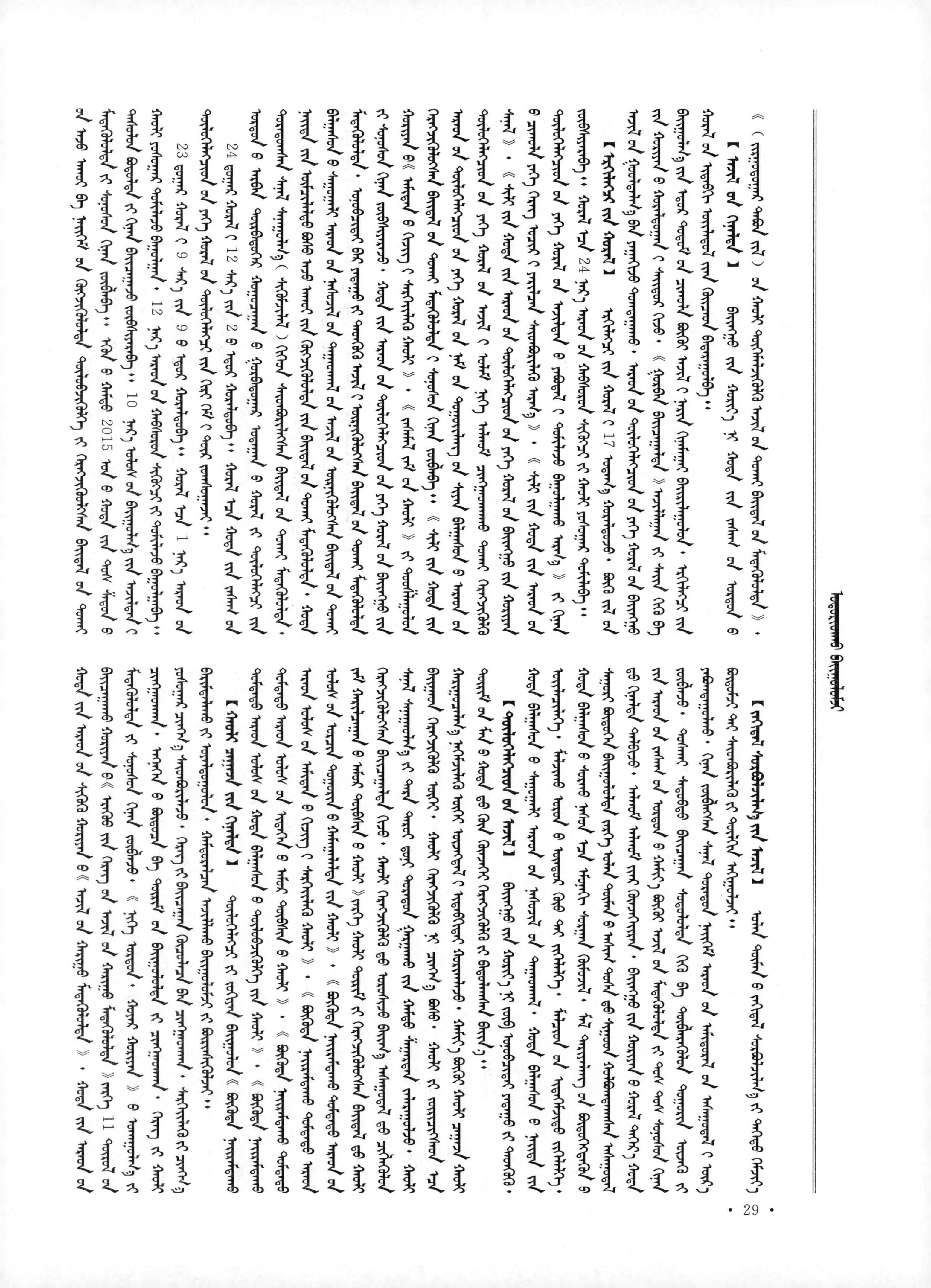

《 ( [illegible] ) [illegible] 》 ·

【 [illegible] 】 [illegible]

【 [illegible] 】 [illegible] 17 [illegible] 24 [illegible]

24 [illegible] 12 [illegible] 2 [illegible]

23 [illegible] 9 [illegible] 9 [illegible] 1 [illegible] 12 [illegible] 10 [illegible] 2015 [illegible]

【 [illegible] 】 [illegible]

【 [illegible] 】 [illegible]

【 [illegible] 】 [illegible] 11 [illegible]

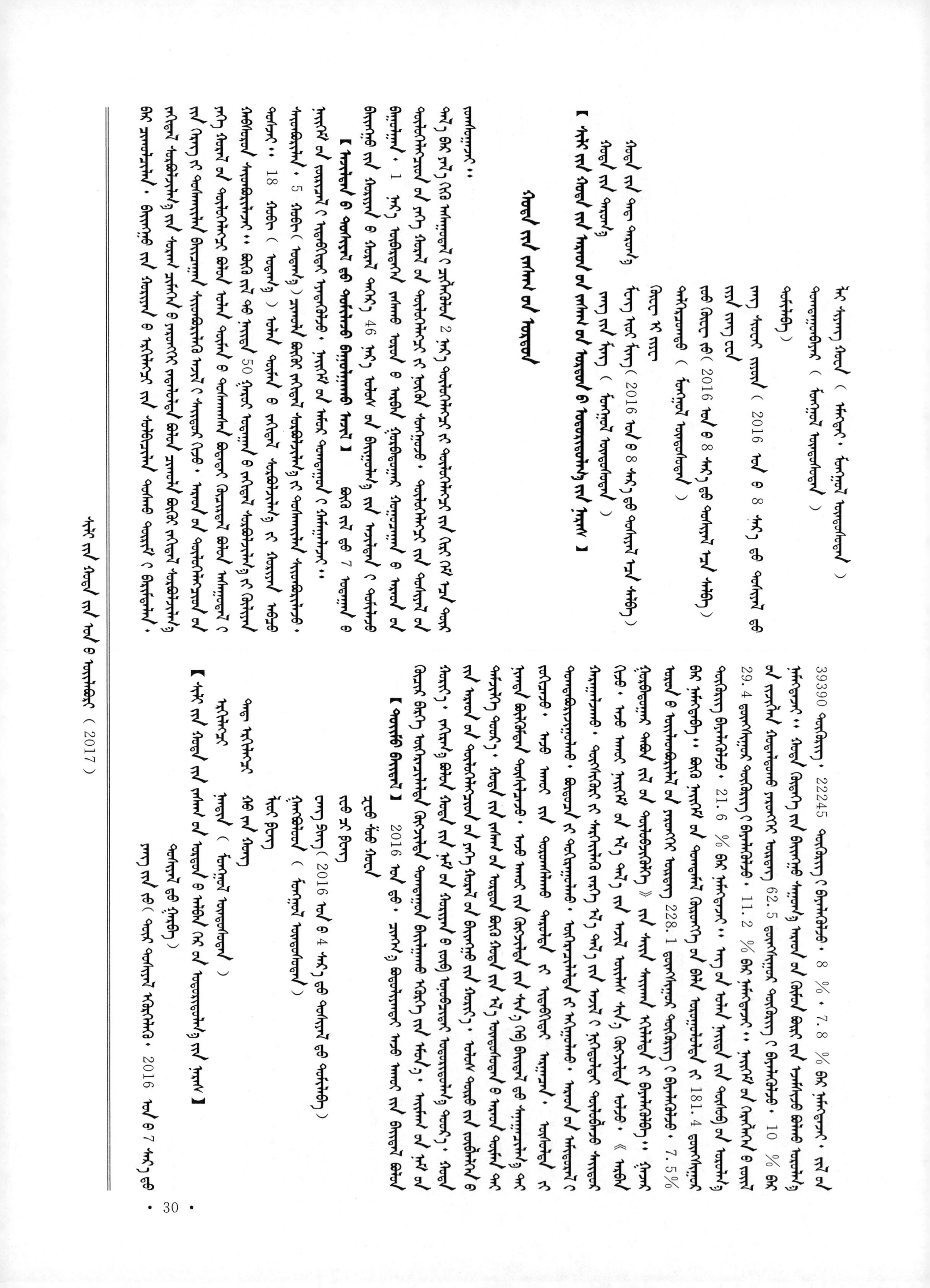

( 2016 8 )

( 2016 8 )

( 2016 8 )

2 ( 7 ) 46 1 5 18 50

39390 22245 8 % 7.8 % 62.5 10 % 29.4 11.2 % 21.6 % 181.4 228.1 7.5%

2016

( 2016 4 )

2016 7

ᠲᠡᠷᠭᠦᠨ ᠠᠵᠤᠯᠯᠠᠭᠤᠯᠤᠯ ᠳᠤ ᠪᠦᠬᠦ ᠠᠵᠤᠯ ᠤ 103 ᠰᠢᠨᠵᠢᠯᠡᠬᠦ ᠲᠥᠪ ᠰᠢᠨ᠎ᠡ ᠲᠣᠭᠠᠴᠠᠭ᠎ᠠ ᠲᠣᠭ᠎ᠠ ᠲᠡᠭᠦᠨ ᠪᠠᠶᠢᠭᠤᠯᠤᠯ ᠨᠢ ᠠᠵᠤ ᠤ ᠰᠢᠨᠡᠳᠬᠡᠯ ᠠᠵᠤ ᠠᠬᠤᠢ ᠶᠢ ᠲᠣᠭᠠᠴᠠᠭᠤᠯᠵᠤ ᠪᠠᠶᠢᠭᠤᠯᠪᠠ᠂ GDP ᠪᠣᠯᠤᠨ ᠵᠢᠯ ᠦᠨ ᠳᠡᠭᠡᠷ᠎ᠡ ᠶᠢᠨ ᠰᠠᠶᠢᠵᠢᠷᠠᠯᠲᠠ ᠶᠢ ᠬᠥᠭᠵᠢᠭᠦᠯᠦᠨ᠂ ᠰᠠᠶᠢᠵᠢᠷᠠᠭᠤᠯᠪᠠ᠂ ᠰᠢᠨ᠎ᠡ ᠠᠵᠤ ᠠᠬᠤᠢ ᠶᠢᠨ ᠬᠥᠷᠥᠩᠭᠥ ᠣᠷᠣᠭᠤᠯᠤᠯᠲᠠ ᠶᠢᠨ ᠰᠠᠶᠢᠵᠢᠷᠠᠯᠲᠠ᠂ ᠠᠵᠤ ᠪᠠᠶᠢᠭᠤᠯᠤᠯᠲᠠ᠂ ᠲᠥᠪ ᠠᠵᠤ ᠠᠬᠤᠢ ᠶᠢᠨ ᠰᠢᠨᠡᠳᠬᠡᠯ ᠦᠨ ᠬᠥᠭᠵᠢᠯ ᠢ ᠳᠡᠮᠵᠢᠭᠦᠯᠬᠦ ᠶᠢᠨ ᠲᠥᠯᠦᠭᠡ ᠲᠡᠷᠭᠡᠯᠡᠬᠦ ᠪᠠᠶᠢᠳᠠᠯ ᠢ ᠪᠡᠶᠡᠯᠡᠭᠦᠯᠵᠦ ᠪᠠᠶᠢᠨ᠎ᠠ᠃

ᠬᠣᠲᠠ ᠲᠥᠪ ᠲᠥᠪᠯᠡᠷᠡᠬᠦ ᠶᠢ ᠪᠡᠬᠡᠵᠢᠭᠦᠯᠪᠡ᠃ ᠡᠳᠡᠭᠡᠷ ᠬᠣᠲᠠᠰ ᠤᠨ ᠨᠡᠶᠢᠲᠡ ᠶᠢᠨ ᠪᠦᠲᠦᠭᠡᠭᠳᠡᠬᠦᠨ ᠡᠳ ᠪᠠᠷᠠᠭ᠎ᠠ ᠨᠡᠶᠢᠲᠡ ( ᠬᠣᠲᠠ ) 31 ᠲᠥᠷᠥᠯ ᠦᠨ ᠦᠢᠯᠡᠳᠪᠦᠷᠢ ᠶᠢᠨ ᠠᠵᠤ ᠠᠬᠤᠢ ᠶᠢᠨ ᠲᠥᠪ ᠲᠥᠪᠯᠡᠷᠡᠬᠦ ᠬᠠᠮᠤᠭ ᠪᠤᠶᠤ ᠦᠢᠯᠡᠳᠪᠦᠷᠢᠯᠡᠭᠰᠡᠨ ᠬᠡᠮᠵᠢᠶ᠎ᠡ᠂ ᠪᠤᠰᠤᠳ ᠰᠠᠯᠪᠤᠷᠢ᠂ ᠲᠡᠭᠦᠨ ᠰᠠᠯᠪᠤᠷᠢ᠂ ᠪᠦᠬᠦ ᠬᠣᠲᠠ ᠶᠢᠨ ᠰᠢᠨᠵᠢᠯᠡᠬᠦ ᠤᠬᠠᠭᠠᠨ ᠤ ᠲᠡᠭᠦᠰᠬᠡᠬᠦ ᠦᠢᠯᠡᠳᠪᠦᠷᠢ ᠬᠥᠭᠵᠢᠭᠰᠡᠨ᠃ ᠬᠣᠲᠠ ᠶᠢᠨ 24.8 ᠮᠢᠯᠢᠶᠠᠷᠳ ᠪᠣᠯᠵᠠᠢ᠃ ᠲᠡᠷᠢᠭᠦᠨ ᠦ ᠴᠢᠭᠯᠡᠯ ᠦᠨ ᠦᠢᠯᠡᠳᠪᠦᠷᠢᠯᠡᠯ 71 ᠬᠤᠪᠢ ᠪᠣᠯᠵᠠᠢ᠃ ᠬᠣᠲᠠ ᠶᠢᠨ ᠦᠢᠯᠡᠳᠪᠦᠷᠢᠯᠡᠭᠰᠡᠨ᠂ 5000 ᠲᠣᠨ ᠨᠢ ᠪᠠᠢᠭᠤᠯᠤᠯᠲᠠ ᠶᠢᠨ ᠬᠡᠮᠵᠢᠶ᠎ᠡ ᠶᠢ ᠲᠣᠭᠲᠠᠭᠠᠭᠰᠠᠨ ᠪᠣᠯᠵᠠᠢ᠃ ᠰᠤᠷᠭᠠᠭᠤᠯᠢ ᠰᠤᠷᠪᠠᠯᠵᠢ ᠶᠢᠨ ᠦᠢᠯᠡᠳᠪᠦᠷᠢ ᠶᠢᠨ 20 ᠦᠢᠯᠡᠳᠪᠦᠷᠢ ᠦᠢᠯᠡᠰ ᠦᠢᠯᠡᠳᠪᠦᠷᠢᠯᠡᠭᠴᠢ ᠠᠵᠤ ᠠᠬᠤᠢ ᠶᠢᠨ ᠨᠡᠶᠢᠲᠡ᠂ ᠨᠢᠭᠡ ᠪᠣᠯᠤᠮᠵᠢ 347 ᠬᠣᠪᠢ ᠦᠢᠯᠡᠳᠪᠦᠷᠢ ᠪᠦᠲᠦᠭᠡᠭᠳᠡᠬᠦᠨ ᠬᠣᠲᠠ ᠶᠢᠨ ᠲᠥᠪ ᠦᠨ ᠦᠢᠯᠡᠳᠪᠦᠷᠢ ᠶᠢᠨ 1718 ᠬᠣᠪᠢ᠂ ᠰᠢᠨᠵᠢᠯᠡᠬᠦ ᠲᠥᠰᠦᠯ ᠬᠣᠲᠠ ᠶᠢᠨ ᠰᠢᠨᠵᠢᠯᠡᠬᠦ ᠶᠢ ᠲᠥᠭᠥᠯᠳᠡᠷ᠂ ᠬᠦᠷᠢᠶᠡᠯᠡᠩ ᠪᠠᠢᠭᠤᠯᠤᠯᠲᠠ ᠪᠠ ᠨᠢ 62 ᠦᠢᠯᠡᠳᠪᠦᠷᠢ ᠦᠢᠯᠡᠰ ᠦᠢᠯᠡᠳᠪᠦᠷᠢᠯᠡᠭᠴᠢ ᠠᠵᠤ ᠠᠬᠤᠢ ᠪᠣᠯᠵᠠᠢ᠃ ᠶᠢ ᠬᠥᠭᠵᠢᠭᠦᠯᠦᠭᠰᠡᠨ᠂ 8 ᠬᠡᠰᠡᠭ ᠦᠢᠯᠡᠳᠪᠦᠷᠢ ᠶᠢᠨ ᠨᠢ ᠰᠢᠨᠵᠢᠯᠡᠬᠦ᠂ 32 ᠦᠢᠯᠡᠳᠪᠦᠷᠢ ᠦᠢᠯᠡᠰ ᠦᠢᠯᠡᠳᠪᠦᠷᠢᠯᠡᠭᠴᠢ ᠠᠵᠤ ᠠᠬᠤᠢ ᠨᠢ ᠦᠢᠯᠡᠳᠪᠦᠷᠢ ᠶᠢᠨ ᠪᠡᠶ᠎ᠡ ᠲᠣᠭᠲᠠᠭᠠᠭᠰᠠᠨ᠂ 6 ᠬᠡᠰᠡᠭ ᠨᠢ ᠨᠢᠭᠡᠳᠦᠯ ᠦᠨ ᠲᠣᠭᠲᠠᠭᠠᠭᠰᠠᠨ᠂ 7 ᠬᠡᠰᠡᠭ ᠨᠢᠭᠡᠳᠦᠯ ᠨᠢᠭᠡᠳᠦᠯ ᠰᠢᠨᠡᠳᠴᠢᠯᠡᠬᠦ

**【 ᠰᠣᠶᠣᠯ ᠪᠣᠯᠪᠠᠰᠤᠷᠠᠯ ᠲᠦᠷᠢᠮᠵᠢ ᠦᠢᠯᠡᠳᠪᠦᠷᠢᠯᠡᠯ ᠦᠨ ᠪᠦᠲᠦᠭᠡᠯ ᠪᠣᠯᠤᠮᠵᠢᠲᠠᠢ 】** 17.6 ᠬᠤᠪᠢ ᠶᠢᠨ ᠬᠥᠭᠵᠢᠯ ᠦᠨ ᠬᠤᠷᠳᠤᠴᠠ ᠲᠠᠢ ᠪᠣᠯᠤᠮᠵᠢᠲᠠᠢ ᠶᠢᠨ ᠬᠣᠲᠠ ᠪᠠᠢᠭᠤᠯᠤᠯᠲᠠ ᠬᠤᠷᠳᠤᠨ ᠥᠰᠪᠡ᠃

ᠬᠣᠲᠠ ᠶᠢᠨ ᠨᠡᠶᠢᠭᠡᠮ ᠨᠢᠭᠤᠷ ᠦᠨ ᠪᠦᠬᠦ 2%᠂ 17.6%᠂ 6.5% ᠥᠰᠦᠯᠲᠡ ᠲᠠᠢ᠂ ᠬᠣᠲᠠ ᠶᠢᠨ ᠬᠥᠭᠵᠢᠯ ᠦᠨ ᠪᠦᠲᠦᠭᠡᠯ ᠦᠨ ᠬᠡᠮᠵᠢᠶ᠎ᠡ ᠶᠢᠨ ᠬᠣᠲᠠ ᠶᠢᠨ ᠨᠡᠶᠢᠭᠡᠮ ᠨᠢᠭᠤᠷ᠂ ᠦᠢᠯᠡᠳᠪᠦᠷᠢ ᠦᠢᠯᠡᠰ ᠦᠨ GDP ᠶᠢᠨ ᠪᠦᠲᠦᠴᠡ ᠶᠢᠨ ᠰᠢᠨᠵᠢᠯᠡᠬᠦ ᠶᠢᠨ ᠬᠥᠭᠵᠢᠯ ᠢ ᠲᠣᠭᠲᠠᠭᠠᠭᠰᠠᠨ᠂ ᠡᠨᠡ ᠰᠣᠶᠣᠯ ᠶᠢᠨ ᠬᠣᠲᠠ ᠬᠣᠲᠠ ᠲᠡᠭᠦᠨ ᠳᠤ ᠨᠢᠭᠤᠷ᠂ ᠪᠣᠯᠤᠨ ᠰᠢᠨ᠎ᠡ ᠬᠥᠭᠵᠢᠯ ᠦᠨ ᠲᠠᠯᠠᠪᠤᠷᠢ ᠶᠢ ᠲᠥᠪᠯᠡᠷᠡᠭᠦᠯᠬᠦ ᠬᠠᠷᠢᠯᠴᠠᠭ᠎ᠠ ᠨᠡᠶᠢᠭᠡᠮ ᠦᠨ ᠪᠠᠢᠭᠤᠯᠤᠯᠲᠠ ᠪᠣᠯᠵᠠᠢ᠃ ᠰᠣᠶᠣᠯ ᠲᠦᠷᠢᠮᠵᠢ ᠬᠣᠲᠠ ᠶᠢᠨ ᠨᠢᠭᠡ ᠪᠠ ᠬᠦᠮᠦᠨ ᠦ ᠨᠡᠶᠢᠭᠡᠮ ᠦᠨ ᠰᠢᠨ᠎ᠡ ᠬᠥᠭᠵᠢᠯ ᠦᠨ ᠬᠤᠪᠢ ᠶᠢ ᠲᠣᠭᠲᠠᠭᠠᠭᠰᠠᠨ᠂ ᠰᠢᠨ᠎ᠡ ᠬᠥᠭᠵᠢᠯ ᠦᠨ ᠪᠦᠲᠦᠭᠡᠯ ᠬᠥᠭᠵᠢᠯ ᠦᠨ ᠲᠥᠪᠯᠡᠷᠡᠯ᠂ ᠰᠣᠶᠣᠯ ᠪᠣᠯᠪᠠᠰᠤᠷᠠᠯ ᠤᠨ ᠦᠢᠯᠡᠰ ᠦᠨ ᠬᠥᠳᠡᠯᠮᠦᠷᠢ ᠶᠢ ᠬᠥᠭᠵᠢᠭᠦᠯᠦᠭᠰᠡᠨ᠃ ᠬᠣᠲᠠ ᠶᠢᠨ ᠪᠦᠲᠦᠭᠡᠯ ᠦᠨ ᠪᠦᠲᠦᠴᠡ᠂ ᠰᠣᠶᠣᠯ ᠪᠣᠯᠪᠠᠰᠤᠷᠠᠯ ᠤᠨ ᠬᠥᠭᠵᠢᠯ ᠦᠨ ᠲᠥᠪᠯᠡᠷᠡᠯ ᠦᠨ ᠬᠡᠮᠵᠢᠶ᠎ᠡ ᠶᠢ ᠬᠥᠭᠵᠢᠭᠦᠯᠦᠭᠰᠡᠨ ᠲᠥᠰᠦᠯ ᠦᠢᠯᠡᠳᠪᠦᠷᠢᠯᠡᠯ ᠦᠨ ᠦᠢᠯᠡᠰ ᠦᠨ ᠪᠣᠯᠪᠠᠰᠤᠷᠠᠯ ᠤᠨ ᠬᠥᠭᠵᠢᠯ ᠢ ᠪᠣᠯᠤᠮᠵᠢᠲᠠᠢ ᠪᠣᠯᠭᠠᠵᠤ ᠰᠣᠶᠣᠯ ᠤᠨ ᠨᠢᠭᠤᠷ ᠲᠦ ᠬᠣᠲᠠ ᠶᠢᠨ ᠪᠦᠲᠦᠭᠡᠯ ᠢ ᠬᠥᠭᠵᠢᠭᠦᠯᠵᠦ᠂ ᠨᠡᠶᠢᠭᠡᠮ ᠦᠨ ᠪᠦᠲᠦᠭᠡᠯ ᠢ ᠲᠣᠭᠲᠠᠭᠠᠭᠰᠠᠨ᠃ ᠰᠣᠶᠣᠯ ᠤᠨ ᠦᠢᠯᠡᠰ ᠦᠨ ᠬᠥᠭᠵᠢᠯ ᠦᠨ ᠪᠠᠢᠭᠤᠯᠤᠯᠲᠠ᠂ ᠦᠢᠯᠡᠰ ᠦᠨ ᠦᠢᠯᠡᠳᠪᠦᠷᠢᠯᠡᠯ ᠢ ᠪᠦᠲᠦᠭᠡᠬᠦ ᠦᠢᠯᠡᠰ ᠦᠨ ᠬᠡᠮᠵᠢᠶ᠎ᠡ ᠶᠢᠨ ᠪᠣᠯᠪᠠᠰᠤᠷᠠᠯ ᠤᠨ ᠪᠦᠲᠦᠭᠡᠯ ᠢ ᠰᠢᠨᠵᠢᠯᠡᠬᠦ᠂ ᠪᠣᠯᠪᠠᠰᠤᠷᠠᠯ ᠤᠨ ᠦᠢᠯᠡᠰ ᠦᠨ ᠬᠥᠭᠵᠢᠯ ᠢ ᠲᠦᠷᠭᠡᠳᠭᠡᠨ ᠬᠣᠲᠠ ᠶᠢᠨ ᠬᠦᠮᠦᠨ ᠦ ᠪᠦᠲᠦᠭᠡᠯ ᠦᠨ 5700 ᠦᠢᠯᠡᠳᠪᠦᠷᠢ ᠦᠢᠯᠡᠰ ᠬᠥᠭᠵᠢᠭᠦᠯᠦᠭᠰᠡᠨ᠃ ᠪᠣᠯᠪᠠᠰᠤᠷᠠᠯ ᠤᠨ ᠰᠣᠶᠣᠯ ᠪᠣᠯᠪᠠᠰᠤᠷᠠᠯ ᠤᠨ ᠦᠢᠯᠡᠰ ᠦᠨ ᠪᠣᠯᠤᠨ ᠬᠣᠲᠠ ᠶᠢᠨ ᠬᠥᠭᠵᠢᠯ ᠢ ᠲᠦᠷᠭᠡᠳᠭᠡᠨ ᠬᠥᠭᠵᠢᠭᠦᠯᠦᠭᠰᠡᠨ᠂ ᠰᠣᠶᠣᠯ ᠤᠨ ᠦᠢᠯᠡᠰ ᠦᠨ ᠦᠢᠯᠡᠳᠪᠦᠷᠢ 2087 ᠦᠢᠯᠡᠳᠪᠦᠷᠢ ᠬᠦ᠂ ᠰᠣᠶᠣᠯ ᠤᠨ ᠦᠢᠯᠡᠰ ᠦᠨ ᠪᠣᠯᠤᠨ ᠬᠣᠲᠠ ᠶᠢᠨ ᠬᠥᠭᠵᠢᠯ ᠢ ᠲᠦᠷᠭᠡᠳᠭᠡᠨ ᠰᠢᠨᠵᠢᠯᠡᠬᠦ ᠶᠢᠨ ᠰᠣᠶᠣᠯ ᠤᠨ ᠦᠢᠯᠡᠰ ᠦᠨ ᠬᠥᠭᠵᠢᠯ ᠢᠶᠡᠷ ᠪᠠᠢᠭᠤᠯᠤᠯᠲᠠ ᠶᠢᠨ ᠪᠡᠶᠡᠯᠡᠭᠦᠯᠦᠯᠲᠡ ᠶᠢ ᠨᠡᠮᠡᠭᠳᠡᠭᠦᠯᠦᠭᠰᠡᠨ᠂ 7.2 ᠦᠢᠯᠡᠳᠪᠦᠷᠢ ᠬᠦ ᠦᠢᠯᠡᠳᠪᠦᠷᠢᠯᠡᠯ ᠢ ᠨᠡᠮᠡᠭᠳᠡᠭᠦᠯᠦᠭᠰᠡᠨ ᠪᠣᠯᠵᠠᠢ᠃ ᠲᠡᠭᠦᠨ ᠦ ᠬᠠᠮᠲᠤ ᠰᠢᠨᠵᠢᠯᠡᠬᠦ ᠲᠦᠷᠢᠮᠵᠢ ᠶᠢᠨ ᠬᠣᠲᠠ ᠦᠢᠯᠡᠳᠪᠦᠷᠢ ᠶᠢᠨ ᠨᠡᠮᠡᠭᠳᠡᠯ ᠪᠠᠢᠭᠤᠯᠤᠯᠲᠠ ᠶᠢᠨ ᠬᠣᠲᠠ ᠶᠢᠨ ᠪᠣᠯᠪᠠᠰᠤᠷᠠᠯ ᠪᠣᠯᠤᠮᠵᠢᠲᠠᠢ ᠶᠢᠨ ᠰᠢᠨᠵᠢᠯᠡᠬᠦ ᠶᠢᠨ ᠪᠣᠯᠤᠮᠵᠢ ᠶᠢ ᠬᠥᠭᠵᠢᠭᠦᠯᠵᠦ ᠪᠣᠯᠤᠮᠵᠢᠲᠠᠢ ᠪᠣᠯᠭᠠᠭᠰᠠᠨ᠂ 4035 ᠪᠣᠯᠤᠮᠵᠢ ᠪᠠ ᠬᠣᠲᠠ ᠲᠥᠪ ᠰᠢᠨᠵᠢᠯᠡᠭᠰᠡᠨ ᠪᠣᠯᠵᠠᠢ᠃ ᠬᠣᠲᠠ ᠶᠢᠨ ᠪᠦᠲᠦᠭᠡᠯ ᠦᠨ ᠬᠥᠭᠵᠢᠯ ᠦᠨ ᠬᠤᠪᠢ ᠶᠢᠨ ᠰᠢᠨᠵᠢᠯᠡᠬᠦ ᠬᠡᠮᠵᠢᠶ᠎ᠡ 1 ᠢ ᠪᠣᠯᠤᠮᠵᠢᠲᠠᠢ᠂ ᠬᠣᠲᠠ ᠶᠢᠨ ᠪᠦᠲᠦᠭᠡᠯ ᠪᠣᠯᠤᠮᠵᠢ ᠲᠣᠭᠲᠠᠭᠠᠭᠰᠠᠨ 2500 ᠦᠢᠯᠡᠳᠪᠦᠷᠢ ᠦᠢᠯᠡᠰ ᠦᠨ ᠪᠦᠲᠦᠭᠡᠯ ᠰᠢᠨᠵᠢᠯᠡᠬᠦ ᠪᠠ ᠬᠣᠲᠠ ᠪᠠ ᠨᠢᠭᠡ ᠶᠢᠨ ᠬᠣᠲᠠ ᠶᠢᠨ ᠪᠦᠲᠦᠭᠡᠯ ᠢ ᠰᠢᠨᠵᠢᠯᠡᠬᠦ ᠦᠢᠯᠡᠳᠪᠦᠷᠢ ᠶᠢᠨ ᠬᠥᠭᠵᠢᠯ ᠦᠨ ᠰᠢᠨᠵᠢᠯᠡᠬᠦ ᠪᠦᠲᠦᠭᠡᠯ᠂ ᠦᠢᠯᠡᠳᠪᠦᠷᠢ ᠶᠢᠨ ᠬᠣᠲᠠ ᠶᠢᠨ ᠬᠥᠭᠵᠢᠯ ᠢ ᠪᠣᠯᠤᠮᠵᠢᠲᠠᠢ ᠪᠣᠯᠭᠠᠭᠰᠠᠨ᠂ ᠬᠣᠲᠠ ᠶᠢᠨ ᠪᠦᠲᠦᠭᠡᠯ ᠢ ᠰᠢᠨᠵᠢᠯᠡᠬᠦ ᠦᠢᠯᠡᠳᠪᠦᠷᠢ ᠶᠢᠨ ᠬᠥᠭᠵᠢᠯ ᠦᠨ ᠲᠥᠪᠯᠡᠷᠡᠯ ᠢ ᠡᠨᠡ ᠬᠣᠲᠠ ᠶᠢᠨ ᠰᠢᠨᠵᠢᠯᠡᠬᠦ ᠪᠣᠯᠵᠠᠢ᠃ ᠬᠣᠲᠠ ᠶᠢᠨ ᠬᠣᠲᠠ ᠶᠢᠨ ᠪᠦᠲᠦᠭᠡᠯ ᠦᠨ ᠰᠢᠨᠵᠢᠯᠡᠬᠦ ᠪᠣᠯᠤᠮᠵᠢ ᠶᠢᠨ ᠬᠣᠲᠠ ᠶᠢᠨ ᠬᠥᠭᠵᠢᠯ ᠦᠨ ᠪᠦᠲᠦᠭᠡᠯ᠂ ᠰᠢᠨᠵᠢᠯᠡᠬᠦ ᠪᠦᠲᠦᠭᠡᠯ ᠤᠳᠤᠷᠢᠳᠤᠯᠭ᠎ᠠ᠃ ᠰᠢᠨᠵᠢᠯᠡᠬᠦ ᠶᠢᠨ ᠦᠢᠯᠡᠳᠪᠦᠷᠢ ᠶᠢᠨ ᠪᠦᠲᠦᠭᠡᠯ 2950 ᠦᠢᠯᠡᠳᠪᠦᠷᠢ ᠦᠢᠯᠡᠰ ᠪᠣᠯᠤᠮᠵᠢᠲᠠᠢ᠂ 311 ᠬᠣᠪᠢ 895 ᠬᠤᠪᠢ ᠶᠢᠨ ᠦᠢᠯᠡᠳᠪᠦᠷᠢ ᠦᠢᠯᠡᠰ ᠦᠨ ᠪᠦᠲᠦᠭᠡᠯ ᠪᠣᠯᠤᠮᠵᠢᠲᠠᠢ᠂ ᠬᠣᠲᠠ ᠶᠢᠨ ᠬᠥᠭᠵᠢᠯ ᠦᠨ ᠦᠢᠯᠡᠳᠪᠦᠷᠢ ᠶᠢᠨ ᠨᠡᠮᠡᠭᠳᠡᠯ ᠦᠨ 70.8% ᠢ

**【 ᠰᠣᠶᠣᠯ ᠤᠨ ᠬᠣᠲᠠ ᠬᠥᠭᠵᠢᠯ 】** ᠬᠣᠲᠠ ᠶᠢᠨ ᠪᠦᠲᠦᠭᠡᠯ ᠦᠨ ᠪᠣᠯᠤᠨ ᠨᠡᠶᠢᠭᠡᠮ ᠪᠡᠷ 23.7 ᠬᠤᠪᠢ ᠰᠢᠨᠵᠢᠯᠡᠬᠦ ᠨᠡᠶᠢᠭᠡᠮ 58.2 ᠦᠢᠯᠡᠳᠪᠦᠷᠢ ᠬᠥᠭᠵᠢᠯ ᠪᠡᠷ ᠪᠣᠯᠪᠠ᠂ ᠦᠢᠯᠡᠰ ᠦᠨ ᠲᠡᠭᠦᠨ ᠦ ᠦᠢᠯᠡᠳᠪᠦᠷᠢᠯᠡᠯ ᠢ ᠬᠥᠭᠵᠢᠭᠦᠯᠪᠡ᠃ ᠦᠢᠯᠡᠳᠪᠦᠷᠢ ᠶᠢ ᠬᠥᠭᠵᠢᠭᠦᠯᠦᠯᠲᠡ ᠪᠣᠯᠤᠮᠵᠢ ᠬᠣᠲᠠ ᠬᠥᠭᠵᠢᠯ ᠦᠢᠯᠡᠰ ᠦᠨ ᠰᠢᠨᠵᠢᠯᠡᠭᠰᠡᠨ᠂ ᠡᠨᠡ ᠬᠣᠲᠠ ᠶᠢᠨ ᠲᠥᠪᠯᠡᠷᠡᠯ ᠦᠨ ᠦᠢᠯᠡᠳᠪᠦᠷᠢᠯᠡᠯ᠂ 300 ᠮᠢᠯᠢᠶᠠᠷᠳ ᠬᠥᠷᠥᠩᠭᠡ ᠬᠣᠲᠠ ᠪᠠ ᠨᠡᠮᠡᠭᠳᠡᠯ ᠨᠢ ᠶᠢ ᠡᠨᠡ ᠬᠤᠪᠢ ᠪᠣᠯᠵᠠᠢ᠃ ᠰᠢᠨᠵᠢᠯᠡᠬᠦ ᠶᠢᠨ 303 ᠬᠣᠲᠠ ᠶᠢᠨ ᠨᠢ ᠶᠢᠨ ᠪᠦᠲᠦᠭᠡᠯ ᠲᠠᠢ ᠬᠣᠲᠠ ᠶᠢᠨ ᠰᠣᠶᠣᠯ ᠪᠣᠯᠤᠨ ᠬᠡᠮᠵᠢᠶ᠎ᠡ ᠶᠢᠨ ᠪᠣᠯᠪᠠᠰᠤᠷᠠᠯ ᠪᠣᠯᠤᠮᠵᠢᠲᠠᠢ ᠶᠢ ᠲᠣᠭᠲᠠᠭᠠᠭᠰᠠᠨ᠃ ᠡᠳᠦᠷ ᠲᠠᠢ ᠬᠣᠲᠠ ᠶᠢᠨ ᠰᠣᠶᠣᠯ ᠪᠣᠯᠤᠨ ᠰᠢᠨᠵᠢᠯᠡᠬᠦ ᠰᠤᠷᠭᠠᠭᠤᠯᠢ ᠨᠡᠮᠡᠭᠳᠡᠯ ᠨᠢ ᠶᠢ ᠪᠣᠯᠤᠮᠵᠢᠲᠠᠢ᠂ ᠪᠣᠯᠪᠠᠰᠤᠷᠠᠯ ᠪᠣᠯᠤᠨ ᠶᠢᠨ ᠬᠣᠲᠠ ᠪᠣᠯᠤᠨ ᠦᠢᠯᠡᠰ ᠶᠢᠨ ᠨᠢ ᠶᠢᠨ ᠰᠢᠨᠵᠢᠯᠡᠬᠦ ᠶᠢᠨ ᠲᠣᠭᠲᠠᠭᠠᠭᠰᠠᠨ ᠢ ᠬᠥᠭᠵᠢᠯ ᠦᠨ ᠦᠢᠯᠡᠰ ᠬᠣᠲᠠ ᠶᠢᠨ 《 ᠬᠣᠲᠠ ᠰᠢᠨᠵᠢᠯᠡᠬᠦ ᠦᠢᠯᠡ ᠶᠢᠨ ᠦᠨ ᠦᠢᠯᠡᠳᠪᠦᠷᠢᠯᠡᠬᠦ 》 ᠪᠡᠷ ᠬᠡᠷᠡᠭᠵᠢᠭᠦᠯᠦᠭᠰᠡᠨ᠂ ᠲᠡᠭᠦᠨ ᠦ ᠰᠣᠶᠣᠯ ᠪᠣᠯᠤᠨ ᠪᠣᠯᠤᠨ ᠪᠡᠷ ᠬᠣᠲᠠ ᠪᠣᠯ᠂ ᠲᠡᠭᠦᠨ ᠦ ᠰᠣᠶᠣᠯ ᠲᠠᠢ ᠪᠣᠯᠤᠨ ᠲᠥᠪᠯᠡᠷᠡᠬᠦ ᠦᠢᠯᠡᠳᠪᠦᠷᠢᠯᠡᠬᠦ ᠰᠢᠨᠵᠢᠯᠡᠬᠦ ᠶᠢᠨ ᠬᠣᠲᠠ ᠰᠢᠨᠵᠢᠯᠡᠬᠦ ᠦᠢᠯᠡᠰ ᠶᠢᠨ ᠰᠢᠨᠵᠢᠯᠡᠬᠦ ᠶᠢ ᠪᠣᠯᠤᠮᠵᠢ ᠲᠥᠪᠯᠡᠷᠡᠬᠦ ᠶᠢ ᠬᠥᠭᠵᠢᠭᠦᠯᠦᠭᠰᠡᠨ ᠪᠣᠯᠵᠠᠢ᠃ ᠲᠡᠭᠦᠨ ᠦ ᠰᠣᠶᠣᠯ ᠲᠠᠢ ᠬᠣᠲᠠ ᠰᠣᠶᠣᠯ ᠪᠣᠯᠤᠨ ᠰᠢᠨᠵᠢᠯᠡᠬᠦ ᠶᠢᠨ ᠰᠢᠨᠵᠢᠯᠡᠭᠰᠡᠨ ᠬᠣᠪᠢ ᠬᠡᠮᠵᠢᠶ᠎ᠡ ᠶᠢ ᠪᠣᠯᠪᠠᠰᠤᠷᠠᠯ᠂ ᠬᠣᠲᠠ ᠶᠢᠨ ᠰᠠᠯᠪᠤᠷᠢ ᠪᠣᠯᠤᠮᠵᠢ ᠪᠣᠯᠤᠨ ᠬᠣᠲᠠ ᠰᠢᠨᠵᠢᠯᠡᠬᠦ ᠬᠣᠲᠠ ᠪᠠ ᠨᠢ ᠬᠣᠲᠠ ᠲᠥᠪᠯᠡᠷᠡᠬᠦ ᠶᠢ ᠪᠣᠯᠤᠮᠵᠢᠲᠠᠢ᠂ ᠲᠡᠭᠦᠨ ᠦ ᠰᠢᠨ᠎ᠡ ᠶᠢᠨ ᠬᠣᠲᠠ ᠲᠥᠪᠯᠡᠷᠡᠬᠦ ᠶᠢᠨ ᠰᠢᠨᠵᠢᠯᠡᠬᠦ ᠪᠣᠯᠤᠮᠵᠢᠲᠠᠢ᠂ ᠰᠣᠶᠣᠯ ᠤᠨ ᠰᠢᠨ᠎ᠡ ᠦᠢᠯᠡᠳᠪᠦᠷᠢ ᠶᠢᠨ ᠦᠢᠯᠡᠳᠪᠦᠷᠢᠯᠡᠬᠦ ᠬᠥᠷᠥᠩᠭᠡ ᠬᠣᠲᠠ ᠪᠠ ᠬᠣᠲᠠ ᠰᠢᠨᠵᠢᠯᠡᠬᠦ᠂ ᠪᠣᠯᠤᠮᠵᠢᠲᠠᠢ᠂ ᠲᠦᠷᠭᠡᠨ ᠬᠥᠭᠵᠢᠭᠦᠯᠦᠭᠰᠡᠨ ᠦᠨ ᠰᠢᠨᠵᠢᠯᠡᠬᠦ 81 ᠮᠢᠯᠢᠶᠠᠷᠳ ᠦᠢᠯᠡᠳᠪᠦᠷᠢᠯᠡᠭᠰᠡᠨ᠃ 4309 ᠦᠢᠯᠡᠳᠪᠦᠷᠢ ᠦᠢᠯᠡᠰ ᠦᠨ ᠰᠢᠨ᠎ᠡ 515 ᠮᠢᠯᠢᠶᠠᠷᠳ ᠲᠡᠭᠦᠨ ᠦ ᠪᠣᠯ ᠨᠡᠮᠡᠭᠳᠡᠯ ᠪᠣᠯᠤᠮᠵᠢᠲᠠᠢ᠂ 4G ᠦᠢᠯᠡᠰ ᠰᠦᠯᠵᠢᠶ᠎ᠡ ᠪᠠ ᠲᠥᠷᠥᠯ ᠬᠣᠪᠢ 242 ᠢ ᠦᠢᠯᠡᠳᠪᠦᠷᠢᠯᠡᠭᠰᠡᠨ ᠪᠣᠯᠵᠠᠢ᠃ 1.9 ᠬᠤᠪᠢ ᠶᠢᠨ ᠦᠢᠯᠡᠳᠪᠦᠷᠢ ᠪᠣᠯᠤᠨ ᠪᠣᠯᠤᠮᠵᠢᠲᠠᠢ᠂ ᠳᠡᠯᠡᠬᠡᠢ ᠪᠦᠬᠦ ᠪᠠ ᠨᠢ ᠬᠣᠲᠠ ᠰᠣᠶᠣᠯ ᠲᠠᠢ ᠬᠣᠲᠠ ᠶᠢᠨ ᠪᠠ ᠦᠢᠯᠡᠳᠪᠦᠷᠢ ᠪᠡᠷ ᠲᠥᠪᠯᠡᠷᠡᠬᠦ ᠬᠣᠲᠠ WiFi ᠰᠦᠯᠵᠢᠶ᠎ᠡ ᠶᠢ ᠡᠨᠡ ᠬᠣᠲᠠ ᠶᠢᠨ ᠪᠣᠯᠤᠮᠵᠢᠲᠠᠢ ᠶᠢ ᠪᠣᠯᠤᠮᠵᠢᠯᠠᠭᠰᠠᠨ᠃ 255 ᠦᠢᠯᠡᠳᠪᠦᠷᠢ ᠦᠢᠯᠡᠰ ᠦᠨ ᠪᠣᠯᠤᠨ ᠪᠣᠯᠤᠮᠵᠢᠲᠠᠢ᠂ ᠰᠣᠶᠣᠯ ᠲᠠᠢ ᠰᠢᠨᠵᠢᠯᠡᠬᠦ ᠶᠢᠨ ᠲᠠᠢ ᠰᠢᠨᠵᠢᠯᠡᠭᠰᠡᠨ ᠢ ᠬᠦᠷᠭᠡᠪᠡ᠂ ᠡᠨᠡ ᠬᠣᠲᠠ ᠶᠢᠨ ᠪᠦᠲᠦᠭᠡᠯ ᠰᠣᠶᠣᠯ ᠢ ᠪᠣᠯᠤᠮᠵᠢᠲᠠᠢ ᠰᠢᠨᠵᠢᠯᠡᠬᠦ ᠲᠠᠢ ᠶᠢᠨ ᠨᠢᠭᠡ ᠲᠠᠢ

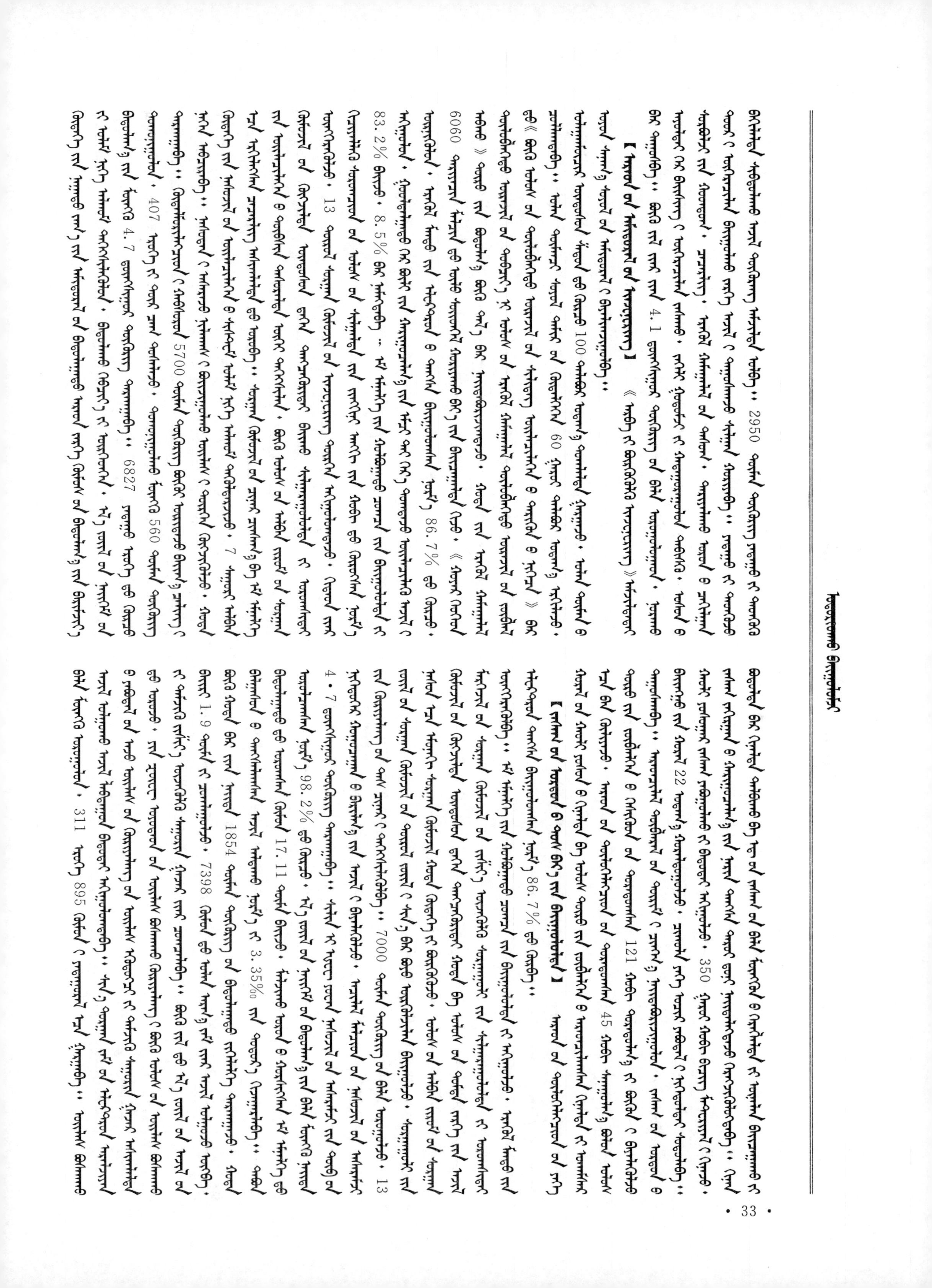

[illegible]

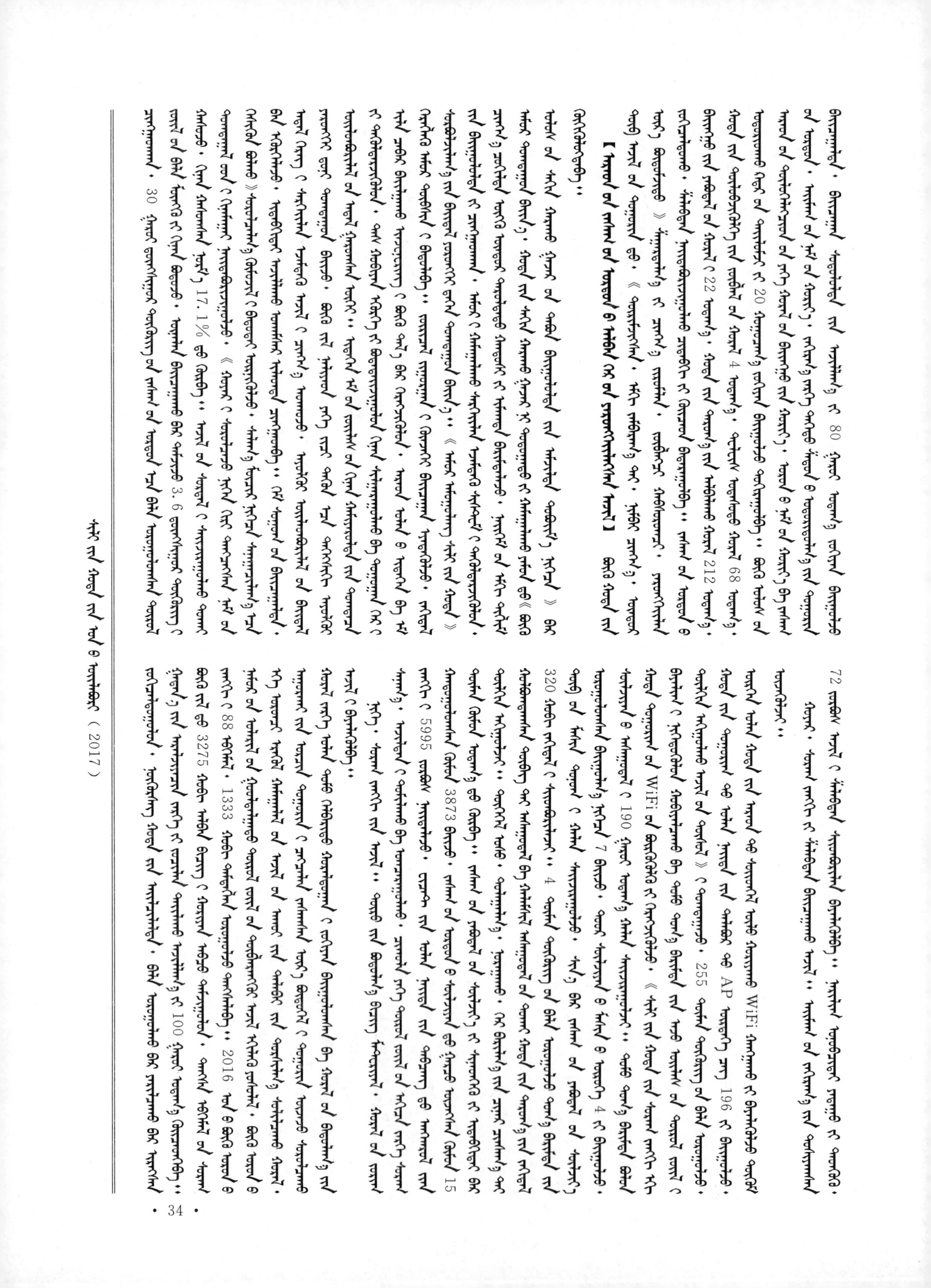

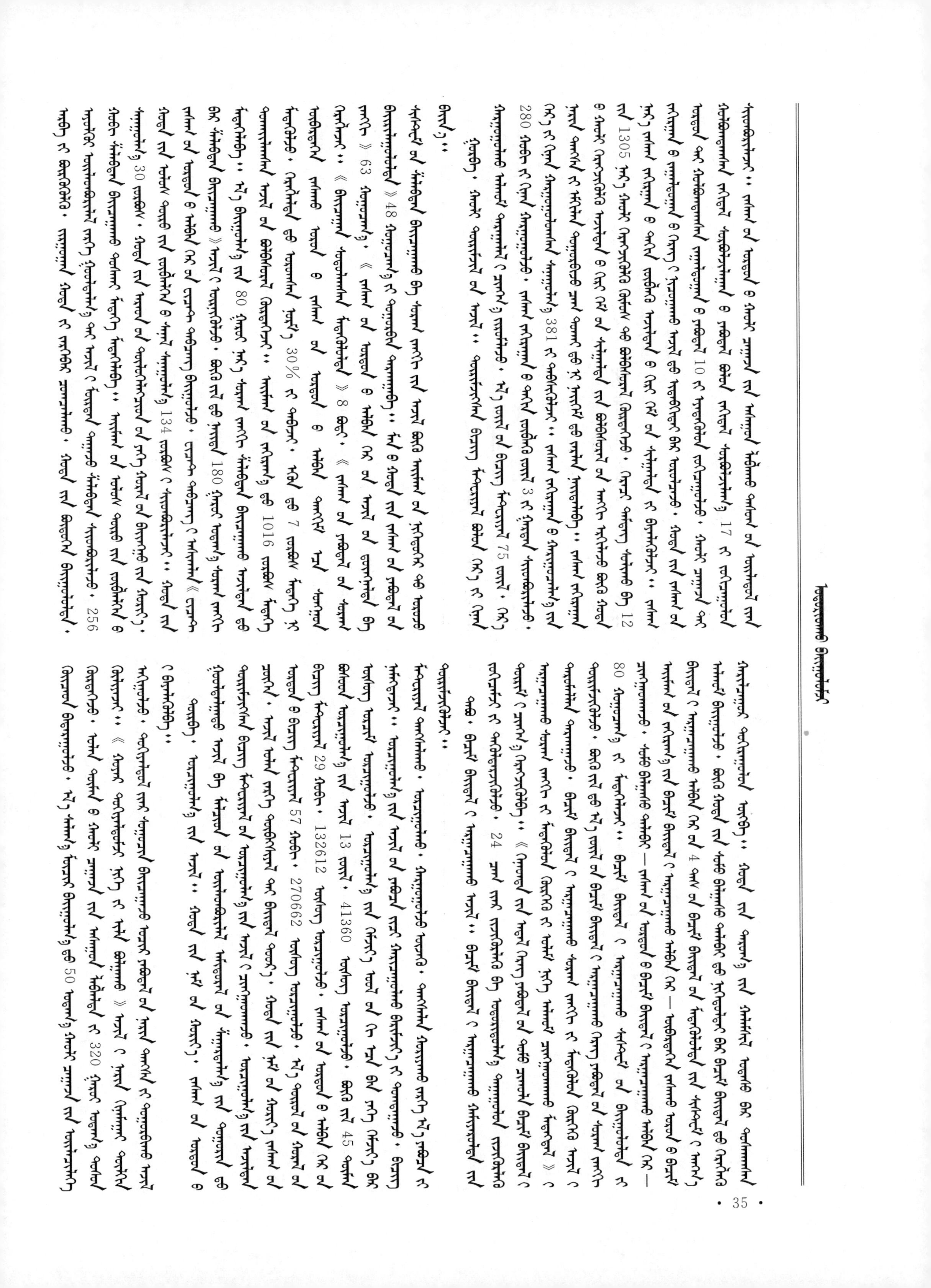

[illegible]

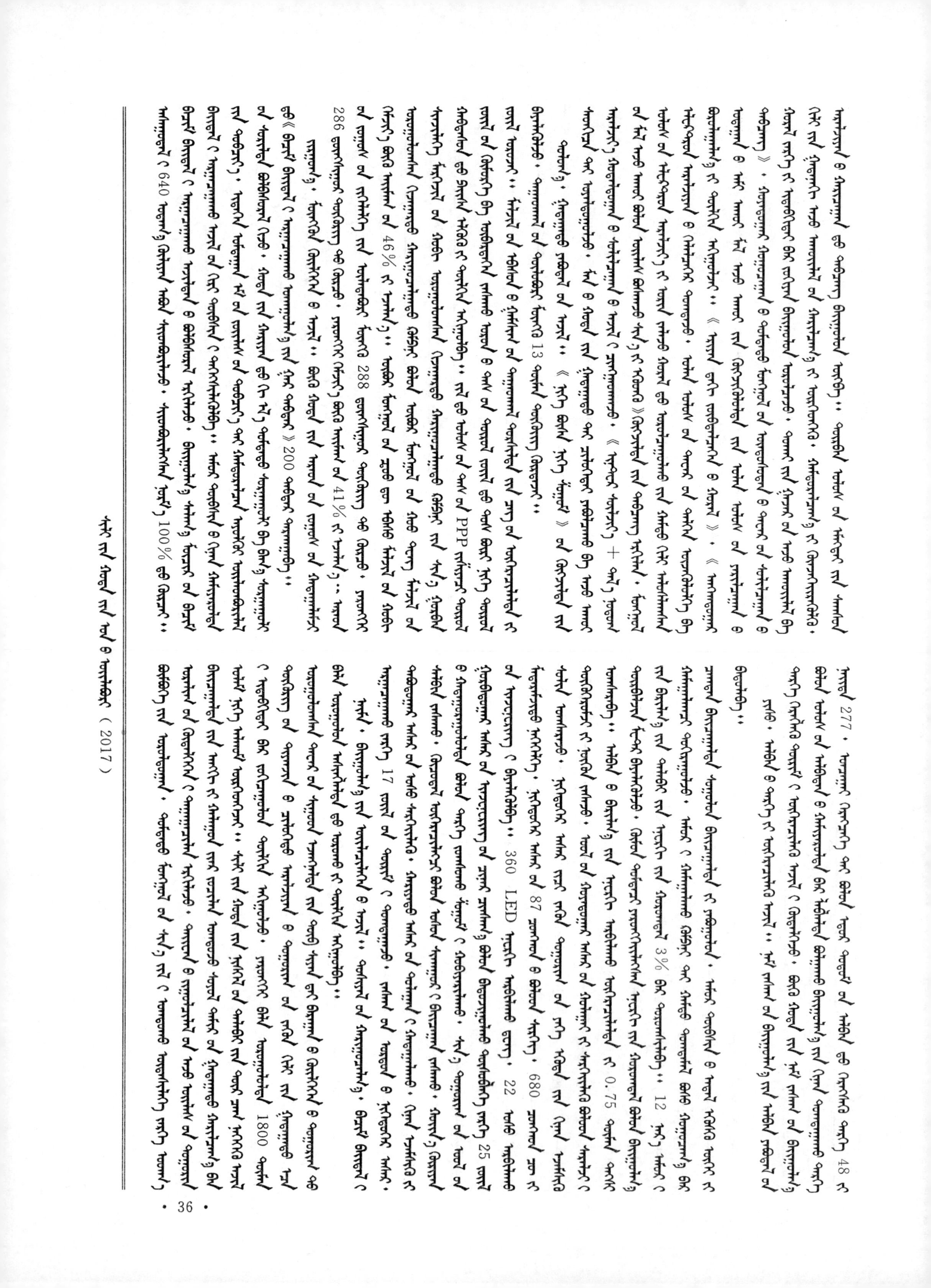

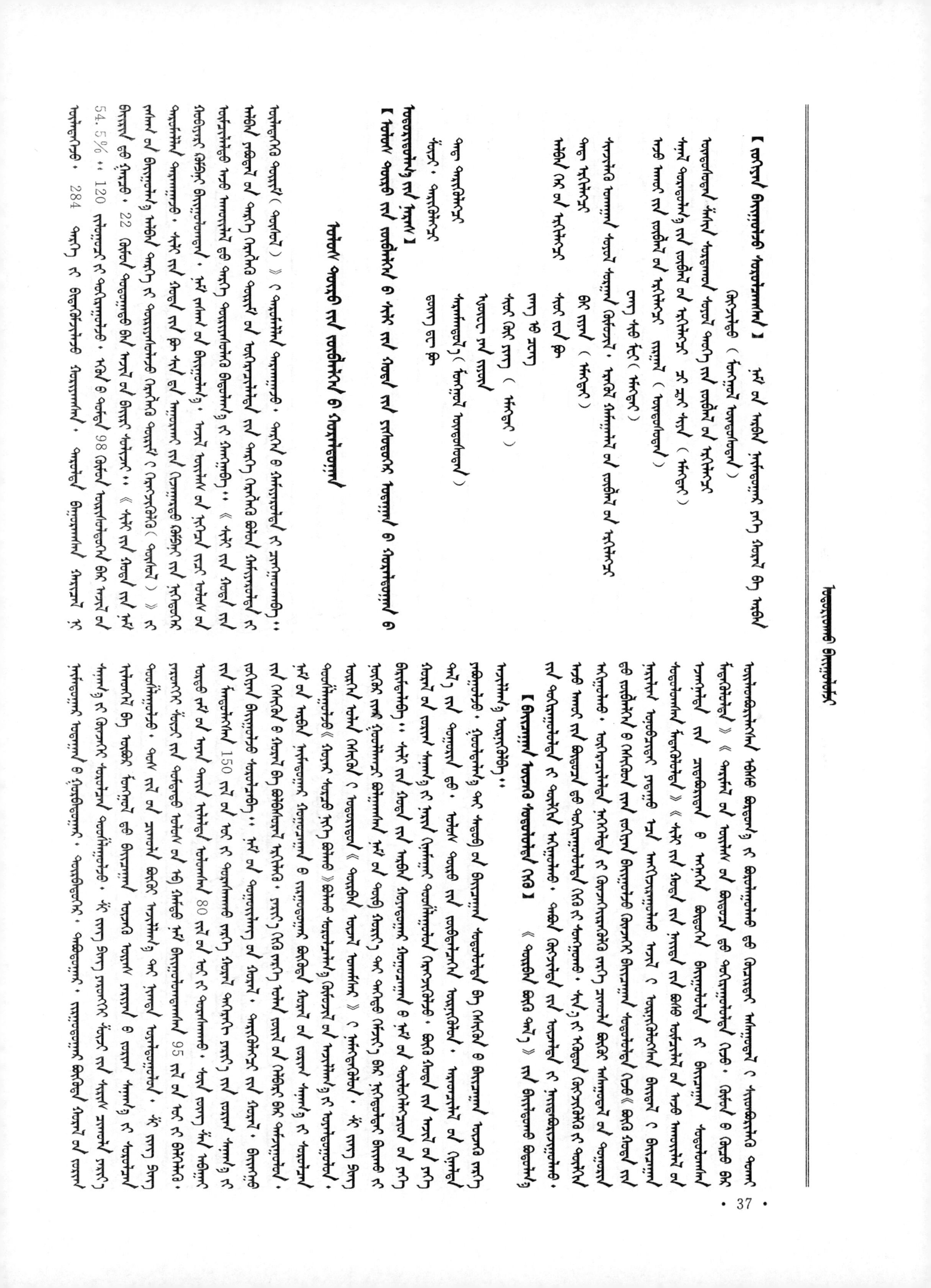

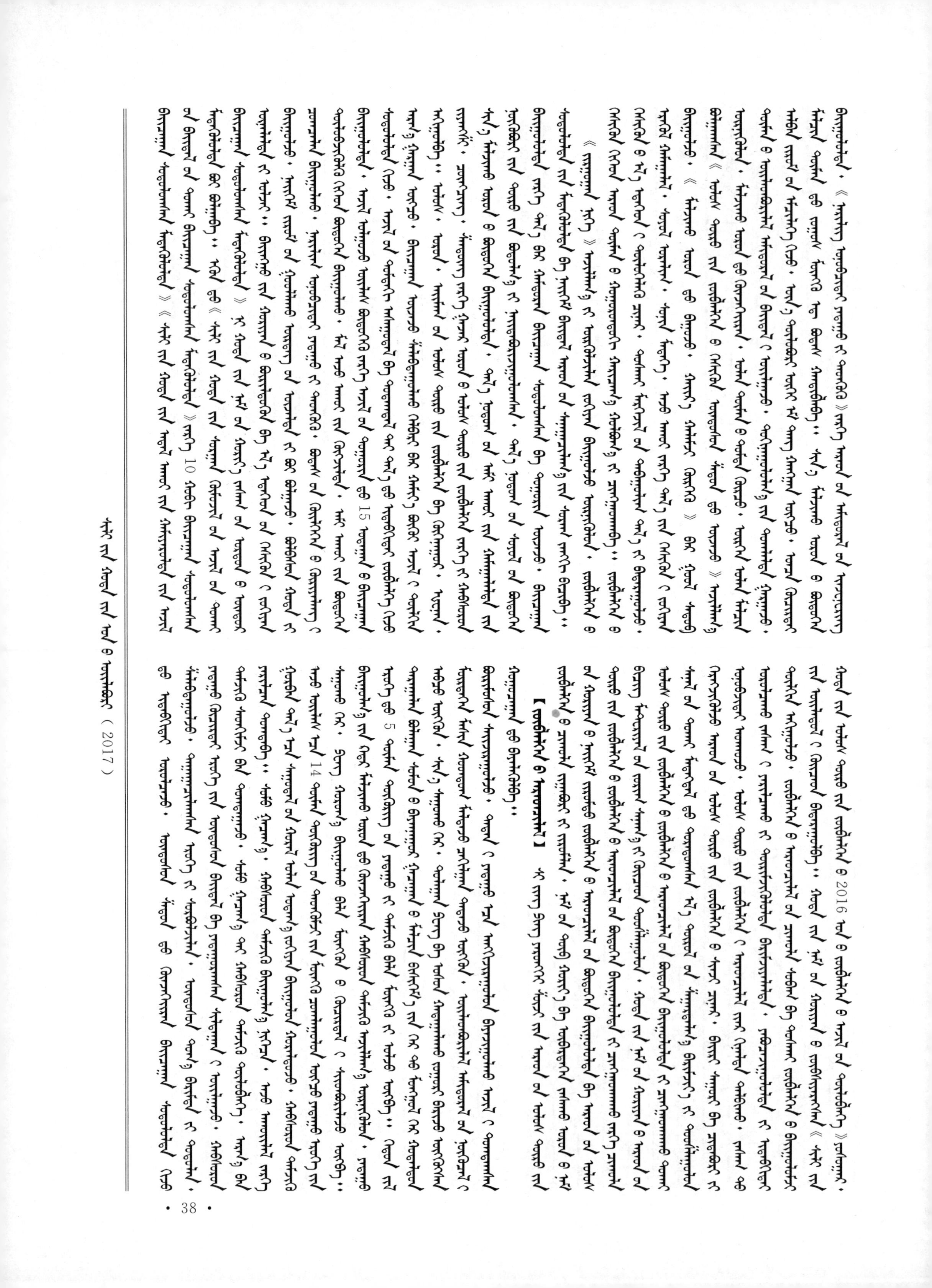

[illegible]

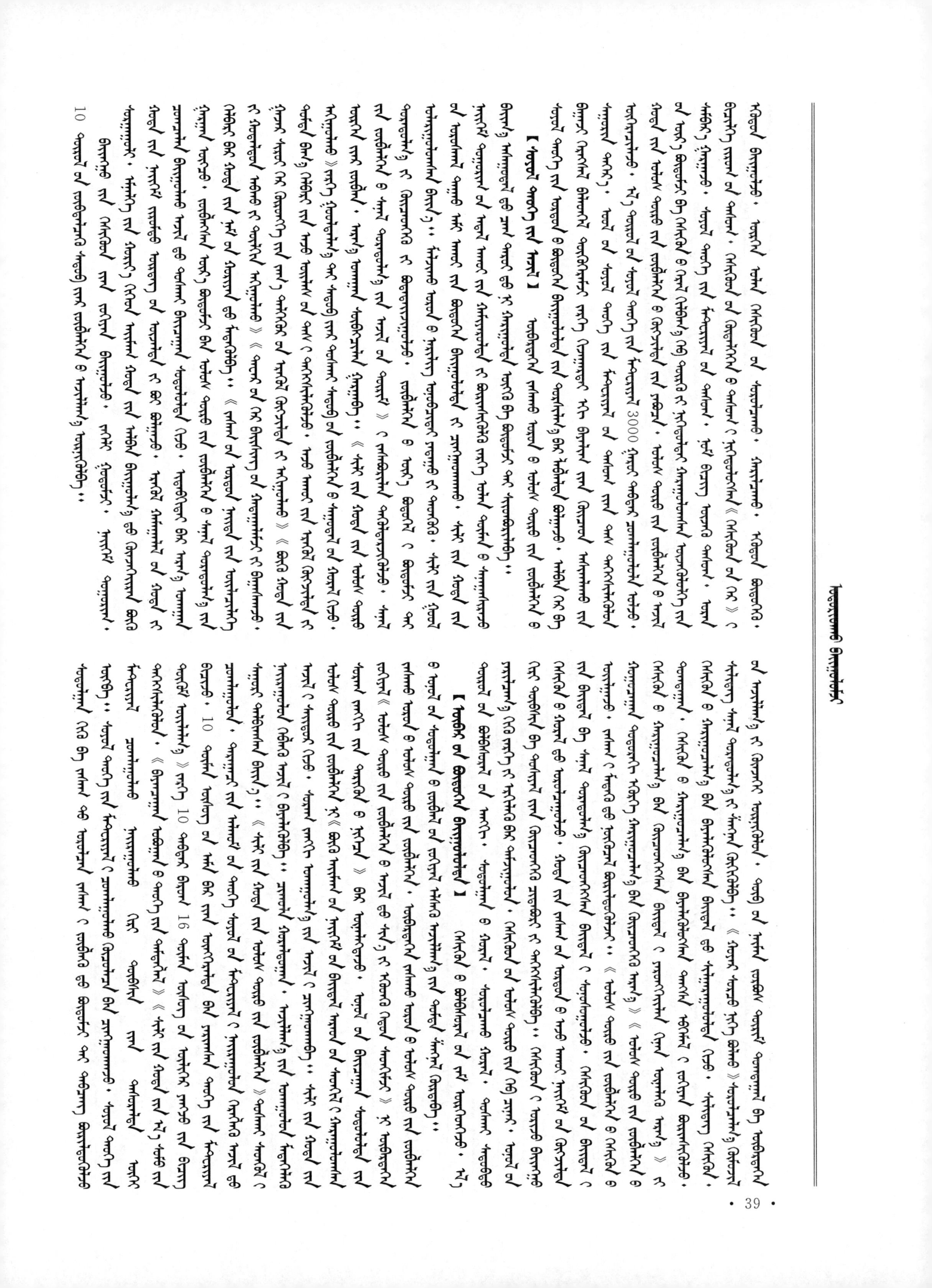

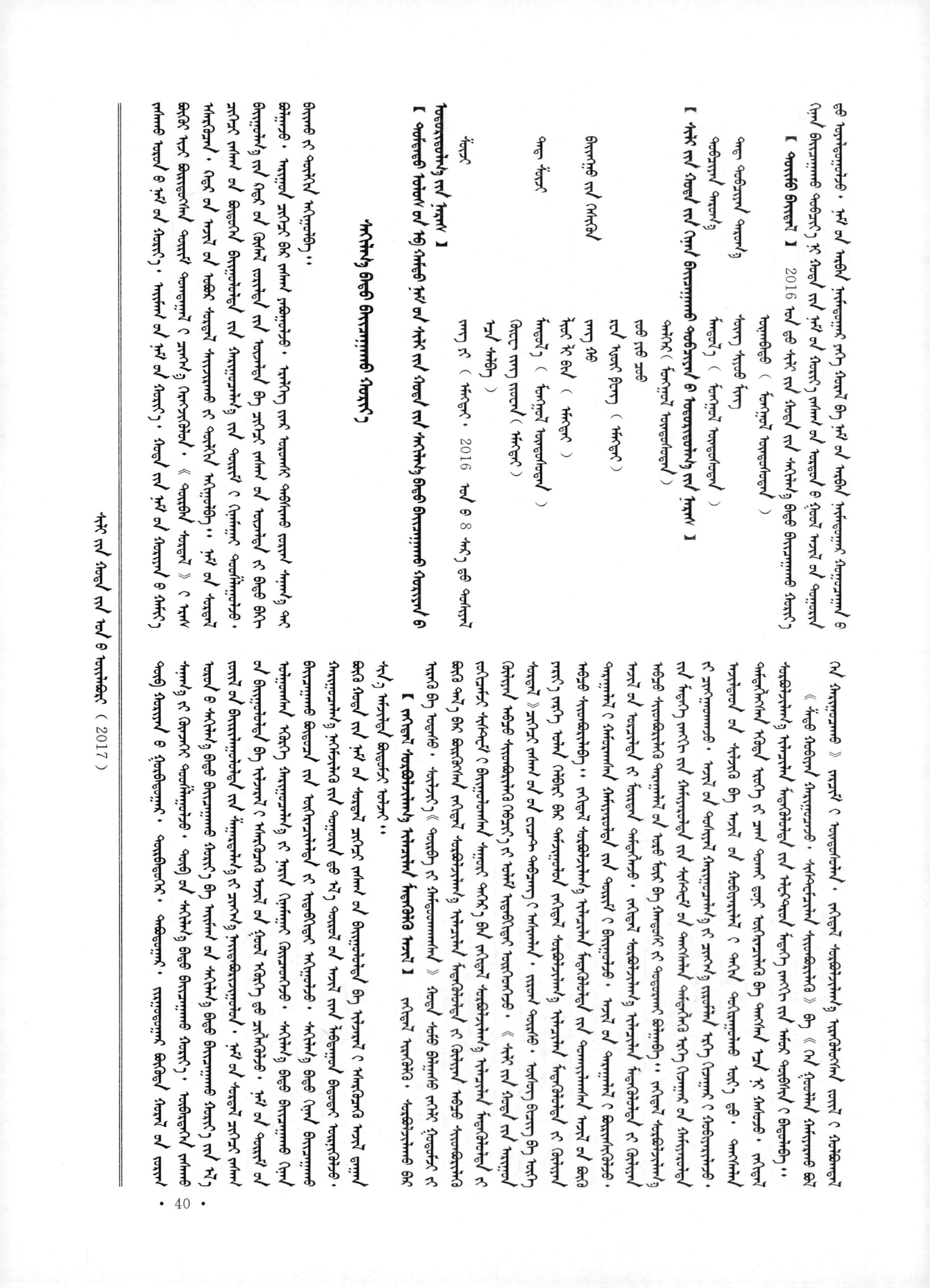

[illegible]

2016 [illegible]

[illegible] 2016 [illegible] 8 [illegible]

[illegible]

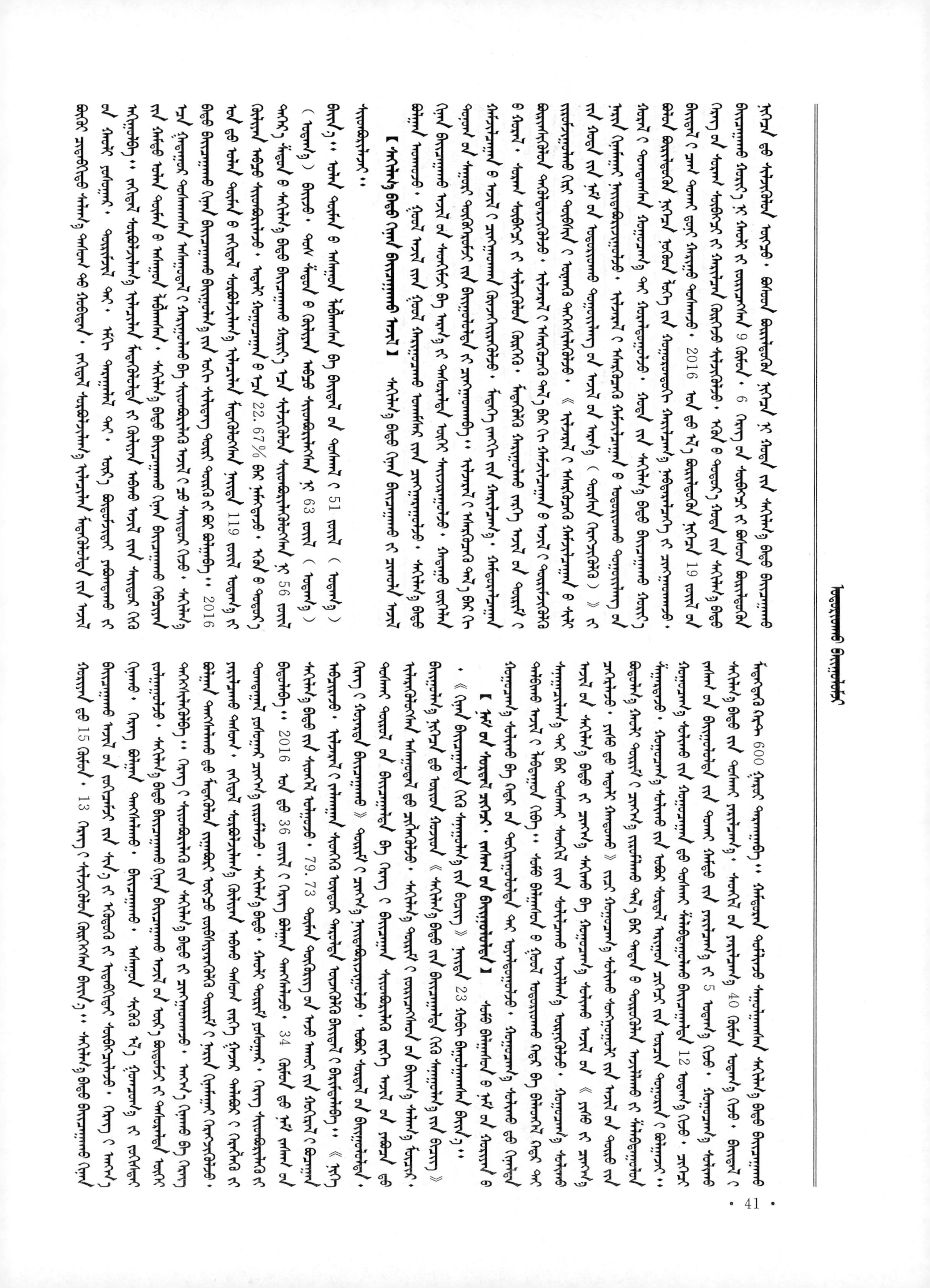

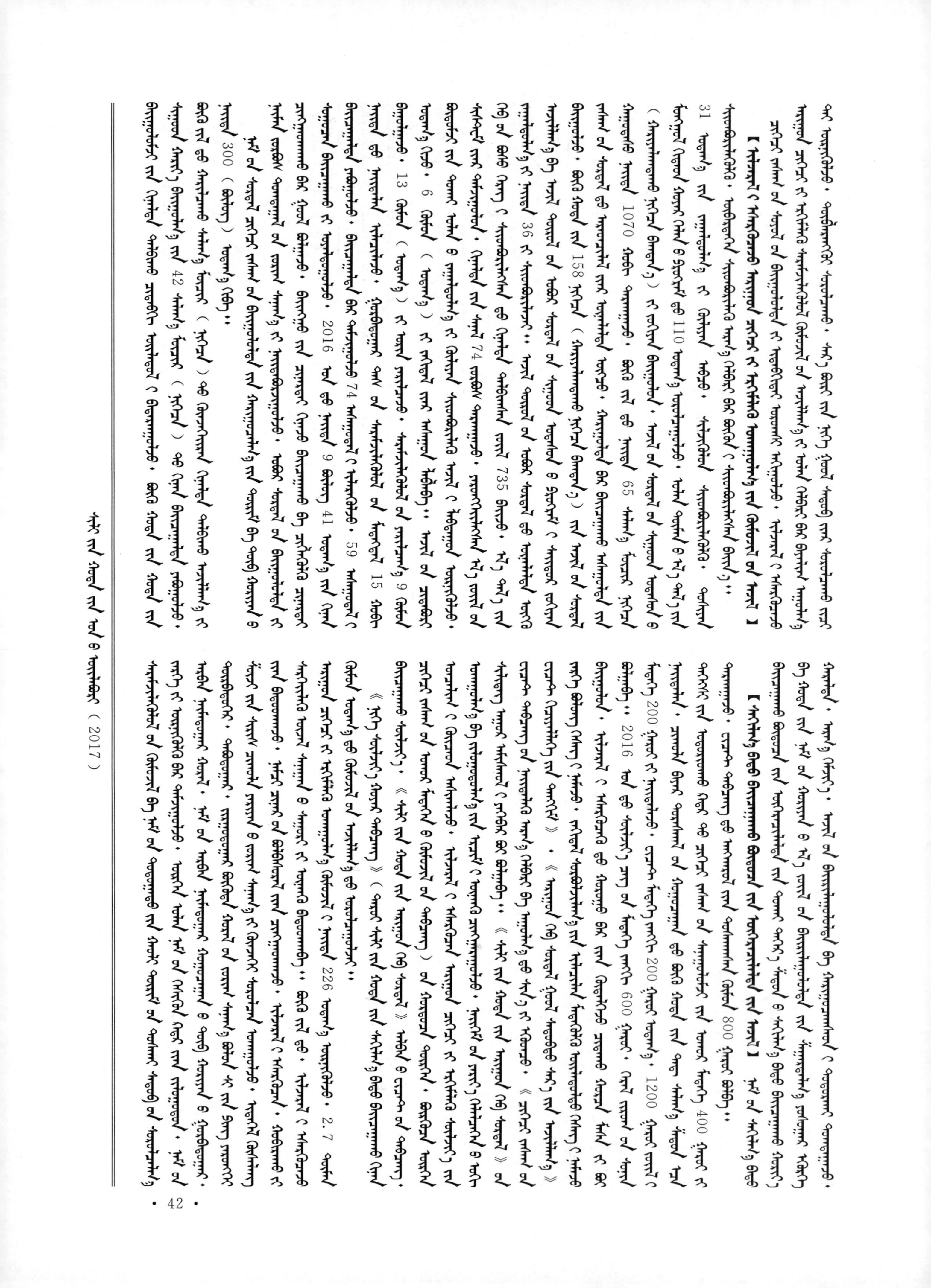

[illegible]

【 [illegible] 】

[illegible] 31 [illegible] 110 [illegible] 1070 [illegible] 65 [illegible] 158 [illegible] 36 [illegible] 735 [illegible] 74 [illegible] 6 [illegible] 13 [illegible] 9 [illegible] 15 [illegible] 74 [illegible] 59 [illegible] 2016 [illegible] 9 [illegible] 41 [illegible]

[illegible] 300 [illegible]

[illegible] 42 [illegible]

[illegible]

【 [illegible] 】 [illegible] 800 [illegible] 400 [illegible] 200 [illegible] 200 [illegible] 1200 [illegible] 2016 [illegible] 600 [illegible]

《 [illegible] 》 [illegible]

[illegible] 226 [illegible] 2.7 [illegible]

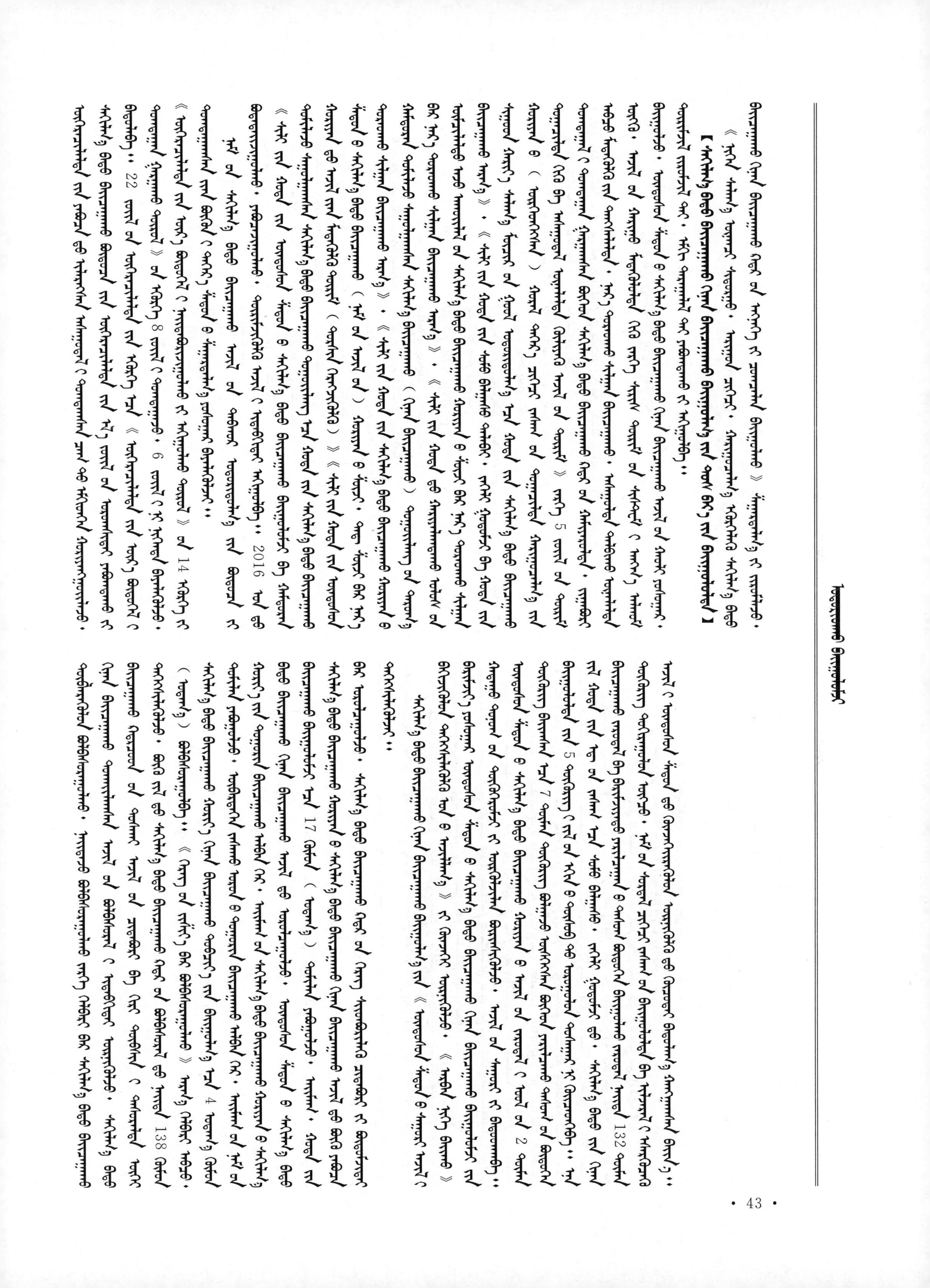

[illegible]

ᠪᠢᠴᠢᠭ ᠦᠨ ᠰᠤᠷᠭᠠᠭᠤᠯᠢ ( ᠰᠢᠨᠵᠢᠶᠠᠩ · 2016 ᠣᠨ ᠤ 4 ᠰᠠᠷ᠎ᠠ ᠳ᠋ᠤ ᠨᠡᠢᠲᠡᠯᠡᠭᠰᠡᠨ ᠳ᠋ᠤ ᠬᠡᠪᠯᠡᠭᠳᠡᠪᠡ )

[illegible] ( ᠰᠢᠨᠵᠢᠶᠠᠩ · [illegible] · 2016 ᠣᠨ ᠤ 3 ᠰᠠᠷ᠎ᠠ ᠳ᠋ᠤ ᠨᠡᠢᠲᠡᠯᠡᠭᠰᠡᠨ ᠳ᠋ᠤ ᠬᠡᠪᠯᠡᠭᠳᠡᠪᠡ )

[illegible] ( [illegible] · 2016 ᠣᠨ ᠤ 7 ᠰᠠᠷ᠎ᠠ ᠳ᠋ᠤ ᠬᠡᠪᠯᠡᠭᠳᠡᠪᠡ )

[illegible] ( 2016 ᠣᠨ ᠤ 7 ᠰᠠᠷ᠎ᠠ ᠳ᠋ᠤ ᠨᠡᠢᠲᠡᠯᠡᠭᠰᠡᠨ ᠨᠢ )

[illegible] ( ᠰᠢᠨᠵᠢᠶᠠᠩ · [illegible] )

[illegible] ( 2016 ᠣᠨ ᠤ 4 ᠰᠠᠷ᠎ᠠ ᠳ᠋ᠤ [illegible] )

[illegible] 2016 ᠣᠨ ᠤ 7 ᠰᠠᠷ᠎ᠠ ᠳ᠋ᠤ [illegible]

【 [illegible] 】

## ᠮᠣᠩᠭᠣᠯ ᠤᠨ ᠰᠤᠳᠤᠯᠭᠠᠨ ᠤ ᠦᠷᠡ ᠳ᠋ᠦᠩ

### [illegible]

[illegible] 365 [illegible] 388 [illegible] 60 [illegible] 18 [illegible] 45 [illegible] 32 [illegible]

【 [illegible] 】 [illegible]

【 [illegible] 】 2016 ᠣᠨ ᠤ 2 ᠰᠠᠷ᠎ᠠ ᠳ᠋ᠤ [illegible] )

[illegible] ( 2016 ᠣᠨ ᠤ 7 ᠰᠠᠷ᠎ᠠ ᠳ᠋ᠤ ᠨᠡᠢᠲᠡᠯᠡᠭᠰᠡᠨ ᠨᠢ )

[illegible]

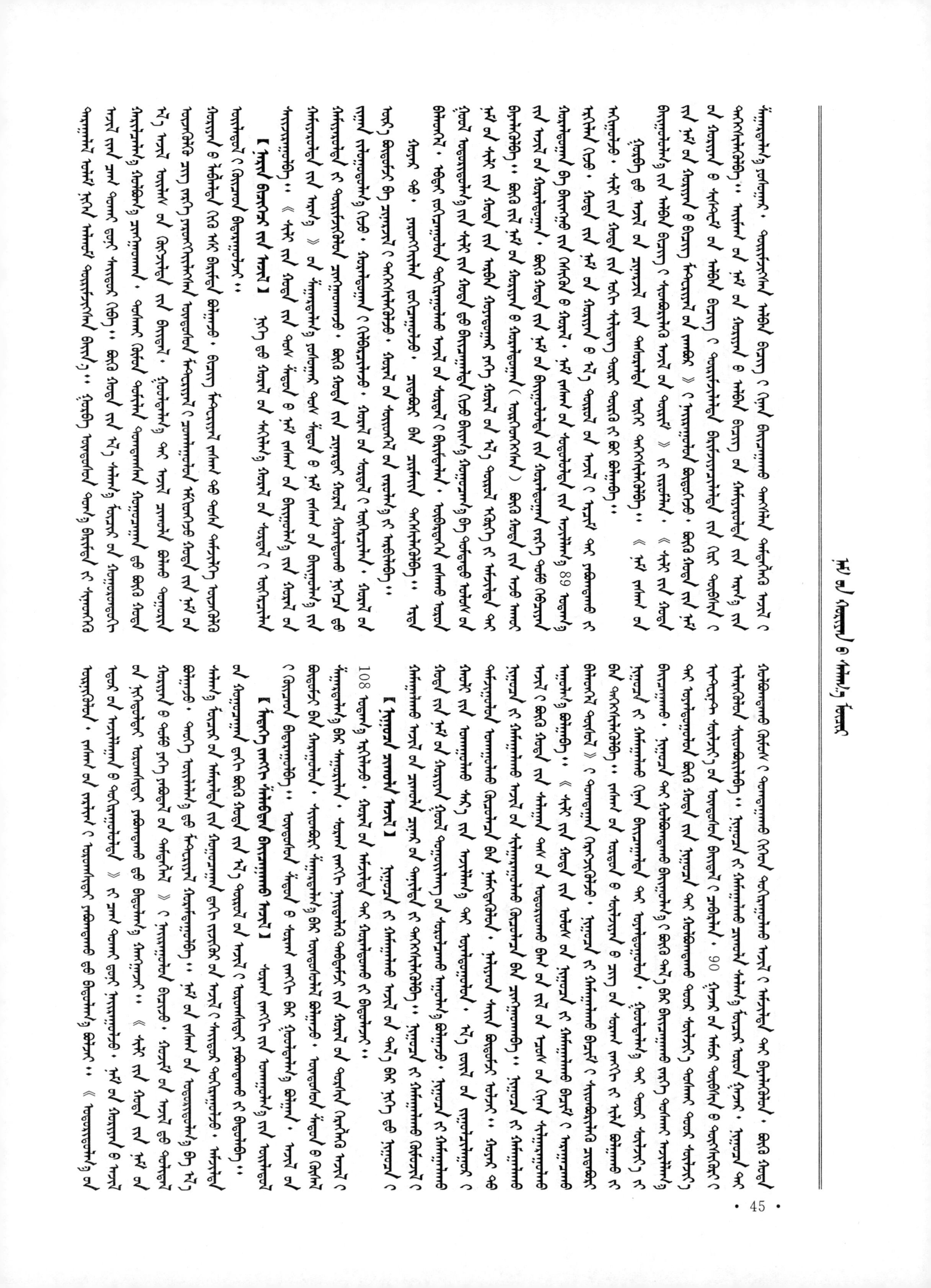

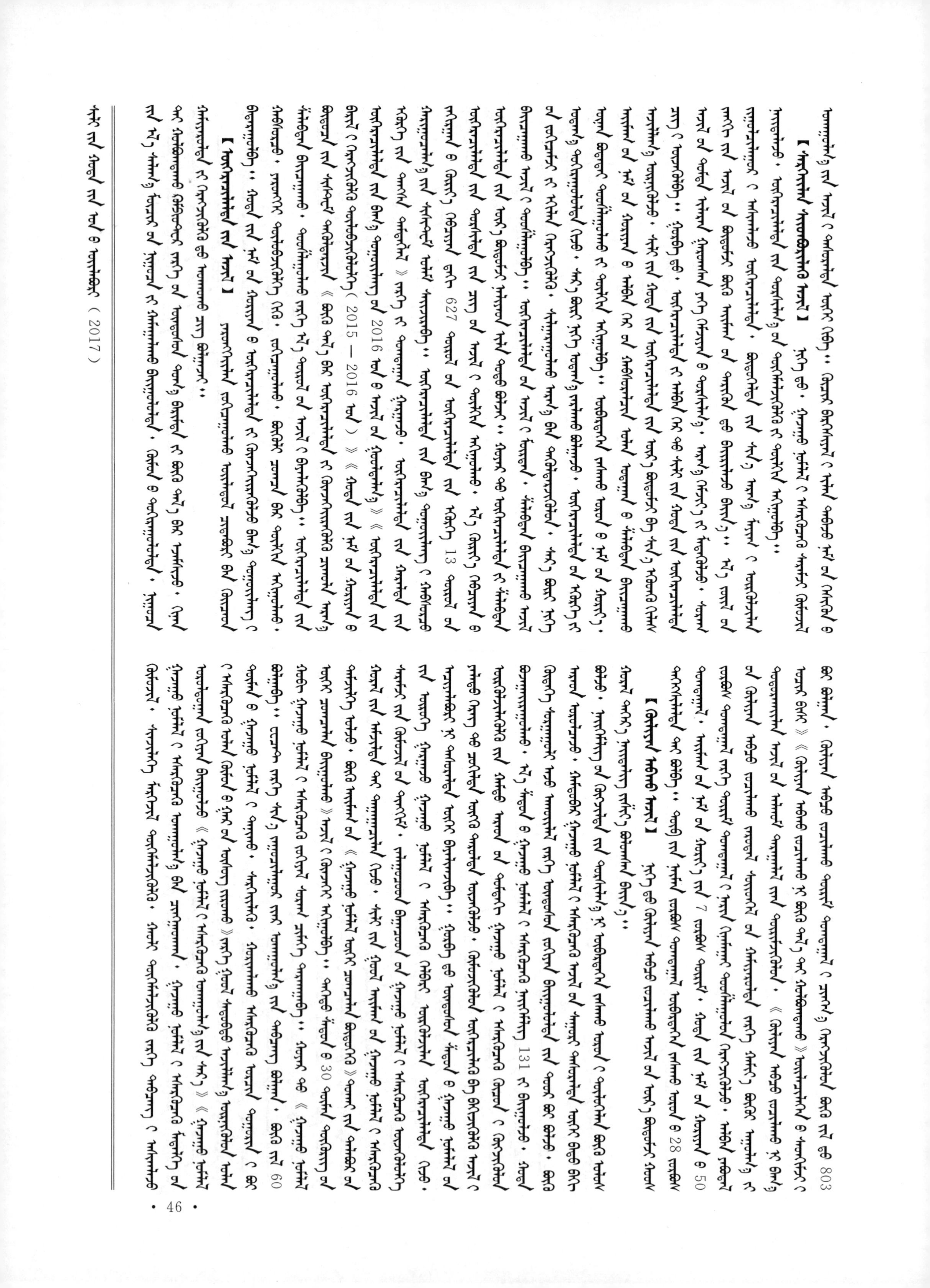

[illegible]

【 《 ᠮᠣᠩᠭᠣᠯ ᠤᠨ ᠰᠤᠷᠭᠠᠭᠤᠯᠢ ᠶᠢᠨ ᠪᠣᠯᠪᠠᠰᠤᠷᠠᠯ ᠤᠨ ᠮᠣᠩᠭᠣᠯ ᠬᠡᠯᠡ ᠪᠢᠴᠢᠭ ᠦᠨ ᠰᠤᠷᠭᠠᠨ ᠬᠦᠮᠦᠵᠢᠯ 》 ᠲᠥᠰᠥᠯ ᠦᠨ ᠪᠠᠢᠨ᠎ᠠ 】 ᠰᠢᠨᠡᠴᠢᠯᠡᠯ ᠦᠨ ᠪᠣᠳᠣᠯᠭ᠎ᠠ ᠶᠢ ᠬᠡᠷᠡᠭᠵᠢᠭᠦᠯᠬᠦ ᠂ 《 1 +3+N 》 ᠬᠡᠮᠡᠬᠦ ᠰᠤᠷᠭᠠᠨ ᠬᠦᠮᠦᠵᠢᠯ ᠦᠨ ᠪᠣᠳᠣᠯᠭ᠎ᠠ ᠶᠢ ᠪᠠᠢᠭᠤᠯᠤᠭᠰᠠᠨ ᠂ ᠮᠣᠩᠭᠣᠯ ᠬᠡᠯᠡ ᠪᠢᠴᠢᠭ ᠦᠨ ᠰᠤᠷᠭᠠᠨ ᠬᠦᠮᠦᠵᠢᠯ ᠦᠨ ᠴᠢᠨᠠᠷ ᠢ ᠳᠡᠭᠡᠭᠰᠢᠯᠡᠭᠦᠯᠦᠭᠰᠡᠨ ᠃ ᠬᠠᠮᠲᠤ ᠮᠣᠩᠭᠣᠯ ᠬᠡᠯᠡ ᠪᠢᠴᠢᠭ ᠦᠨ ᠰᠤᠷᠭᠠᠨ ᠬᠦᠮᠦᠵᠢᠯ ᠦᠨ 《 ᠮᠣᠩᠭᠣᠯ ᠤᠨ ᠰᠤᠷᠭᠠᠭᠤᠯᠢ 》 ᠶᠢᠨ ᠰᠤᠷᠭᠠᠨ ᠬᠦᠮᠦᠵᠢᠯ ᠦᠨ ᠴᠢᠨᠠᠷ ᠢ ᠳᠡᠭᠡᠭᠰᠢᠯᠡᠭᠦᠯᠬᠦ ᠳᠦ ᠨᠥᠯᠦᠭᠡᠯᠡᠵᠦ ᠂ ᠰᠤᠷᠭᠠᠨ ᠬᠦᠮᠦᠵᠢᠯ ᠦᠨ ᠴᠢᠨᠠᠷ ᠢ ᠳᠡᠭᠡᠭᠰᠢᠯᠡᠭᠦᠯᠵᠦ ᠂ ᠰᠤᠷᠭᠠᠭᠤᠯᠢ ᠶᠢᠨ ᠬᠥᠭᠵᠢᠯ ᠢ ᠳᠡᠮᠵᠢᠵᠦ ᠪᠠᠢᠨ᠎ᠠ ᠃ ᠬᠡᠳᠦᠨ ᠵᠢᠯ ᠦᠨ ᠬᠥᠳᠡᠯᠮᠦᠷᠢ ᠪᠡᠷ ᠂ 20 ᠭᠠᠷᠤᠢ ᠰᠤᠷᠭᠠᠭᠤᠯᠢ ᠶᠢᠨ ᠪᠠᠭᠰᠢ ᠂ 3000 ᠭᠠᠷᠤᠢ ᠰᠤᠷᠤᠭᠴᠢ ᠬᠠᠮᠤᠷᠤᠭᠳᠠᠵᠤ ᠂ ᠮᠣᠩᠭᠣᠯ ᠬᠡᠯᠡ ᠪᠡᠷ ᠰᠤᠷᠭᠠᠨ ᠬᠦᠮᠦᠵᠢᠯ 8 ᠭᠠᠷᠤᠢ ᠬᠣᠰᠢᠭᠤ ᠳᠤ ᠬᠥᠭᠵᠢᠵᠦ ᠂ 72 ᠰᠤᠷᠭᠠᠭᠤᠯᠢ ᠶᠢᠨ ᠰᠤᠷᠭᠠᠨ ᠬᠦᠮᠦᠵᠢᠯ ᠳᠦ ᠨᠥᠯᠦᠭᠡᠯᠡᠵᠦ ᠂ ᠮᠣᠩᠭᠣᠯ ᠬᠡᠯᠡ ᠪᠢᠴᠢᠭ ᠦᠨ ᠰᠤᠷᠭᠠᠨ ᠬᠦᠮᠦᠵᠢᠯ ᠢ ᠬᠥᠭᠵᠢᠭᠦᠯᠬᠦ ᠳᠦ ᠴᠢᠬᠤᠯᠠ ᠪᠣᠯᠵᠤ ᠪᠠᠢᠨ᠎ᠠ ᠃ 《 ᠮᠣᠩᠭᠣᠯ ᠬᠡᠯᠡ ᠪᠢᠴᠢᠭ 》 ᠦᠨ ᠬᠢᠴᠢᠶᠡᠯ ᠢ ᠰᠠᠢᠵᠢᠷᠠᠭᠤᠯᠵᠤ ᠂ ᠮᠣᠩᠭᠣᠯ ᠬᠡᠯᠡ ᠪᠡᠷ ᠰᠤᠷᠤᠭᠴᠢ 743 ᠬᠦᠮᠦᠨ ᠢ ᠪᠣᠯᠪᠠᠰᠤᠷᠠᠭᠤᠯᠵᠤ 1201 ᠬᠦᠮᠦᠨ ᠦ ᠰᠤᠷᠭᠠᠨ ᠬᠦᠮᠦᠵᠢᠯ ᠢ ᠶᠠᠪᠤᠭᠤᠯᠤᠭᠰᠠᠨ ᠪᠠᠢᠨ᠎ᠠ ᠃

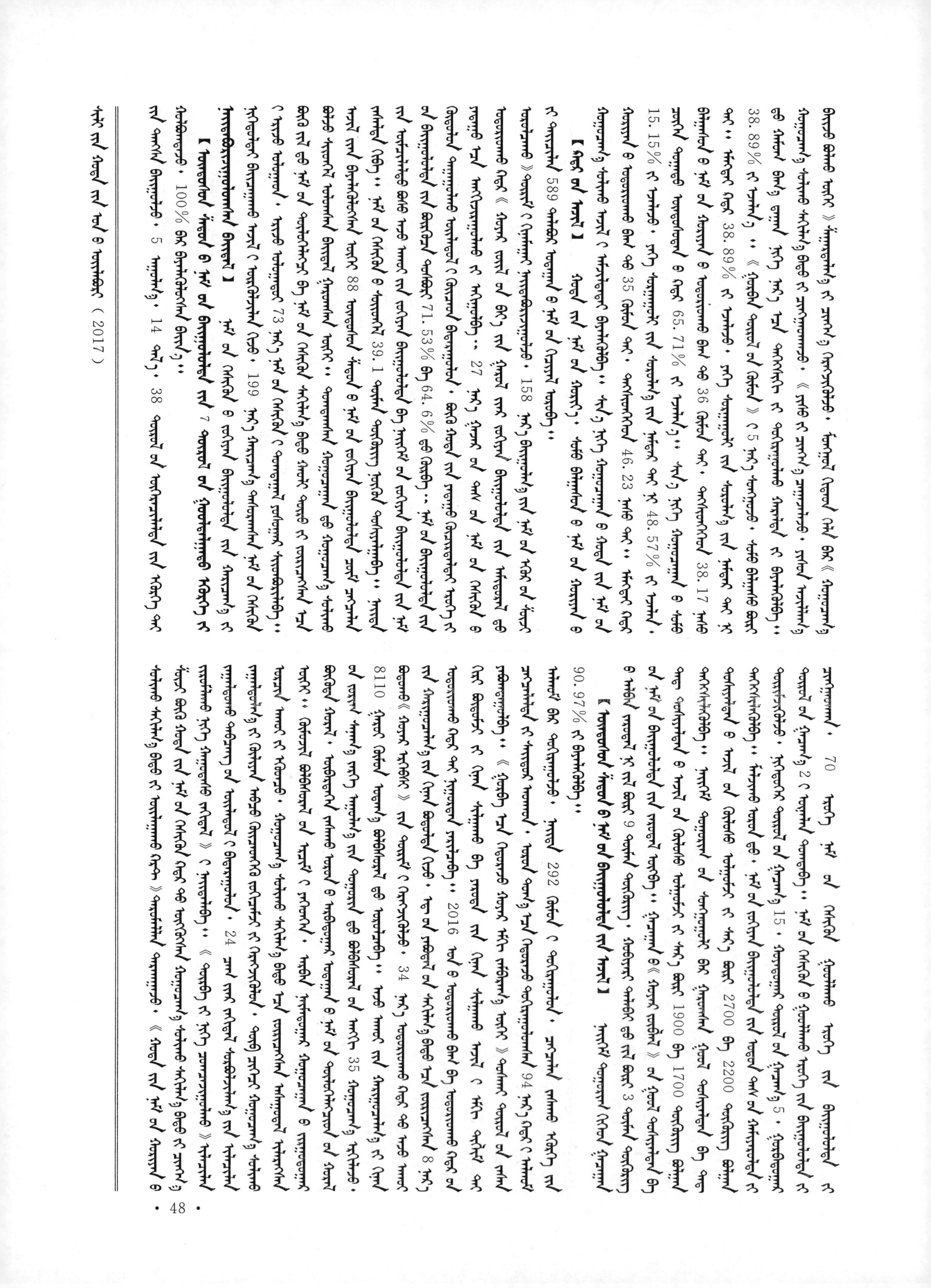

[illegible]

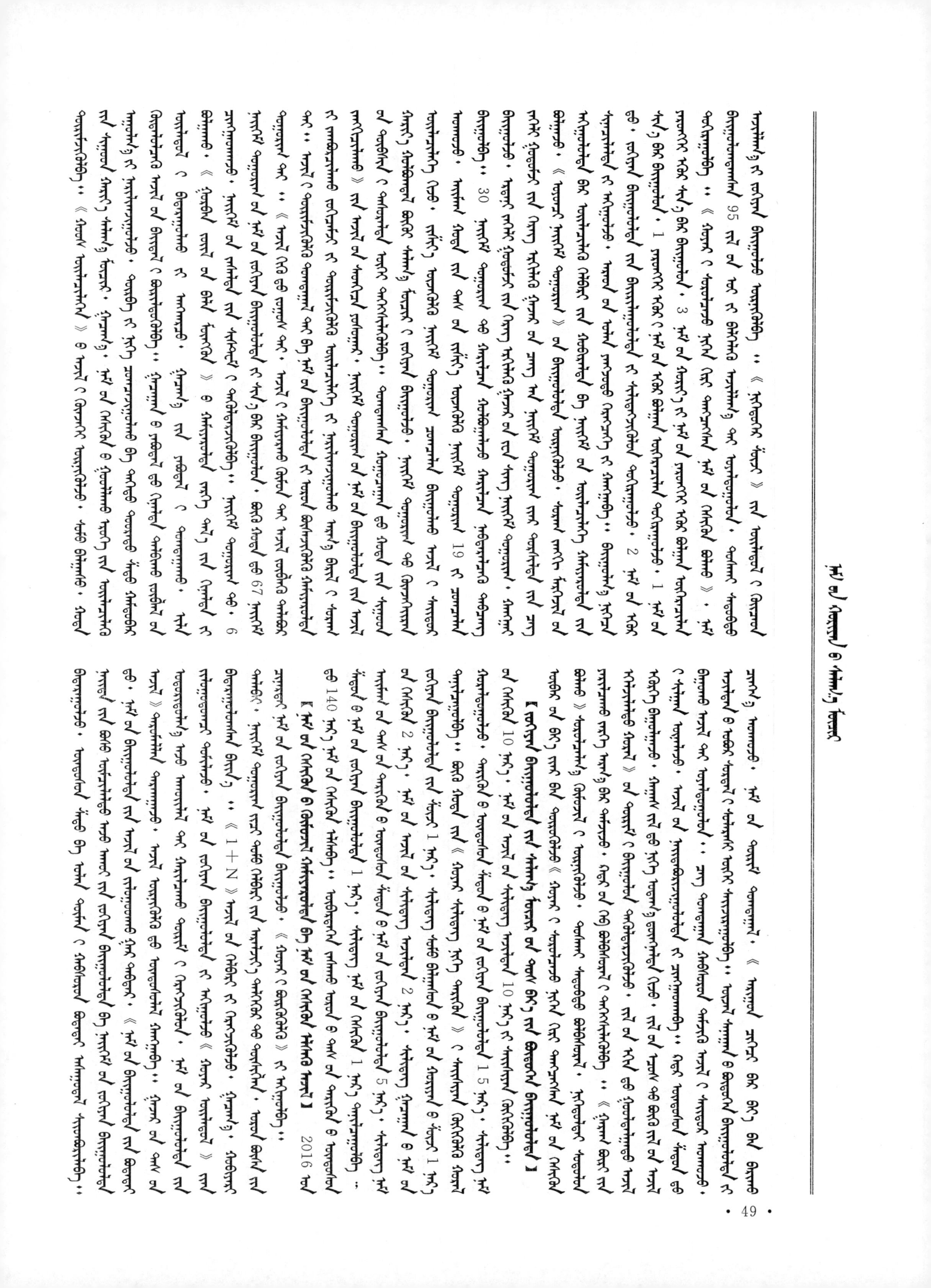

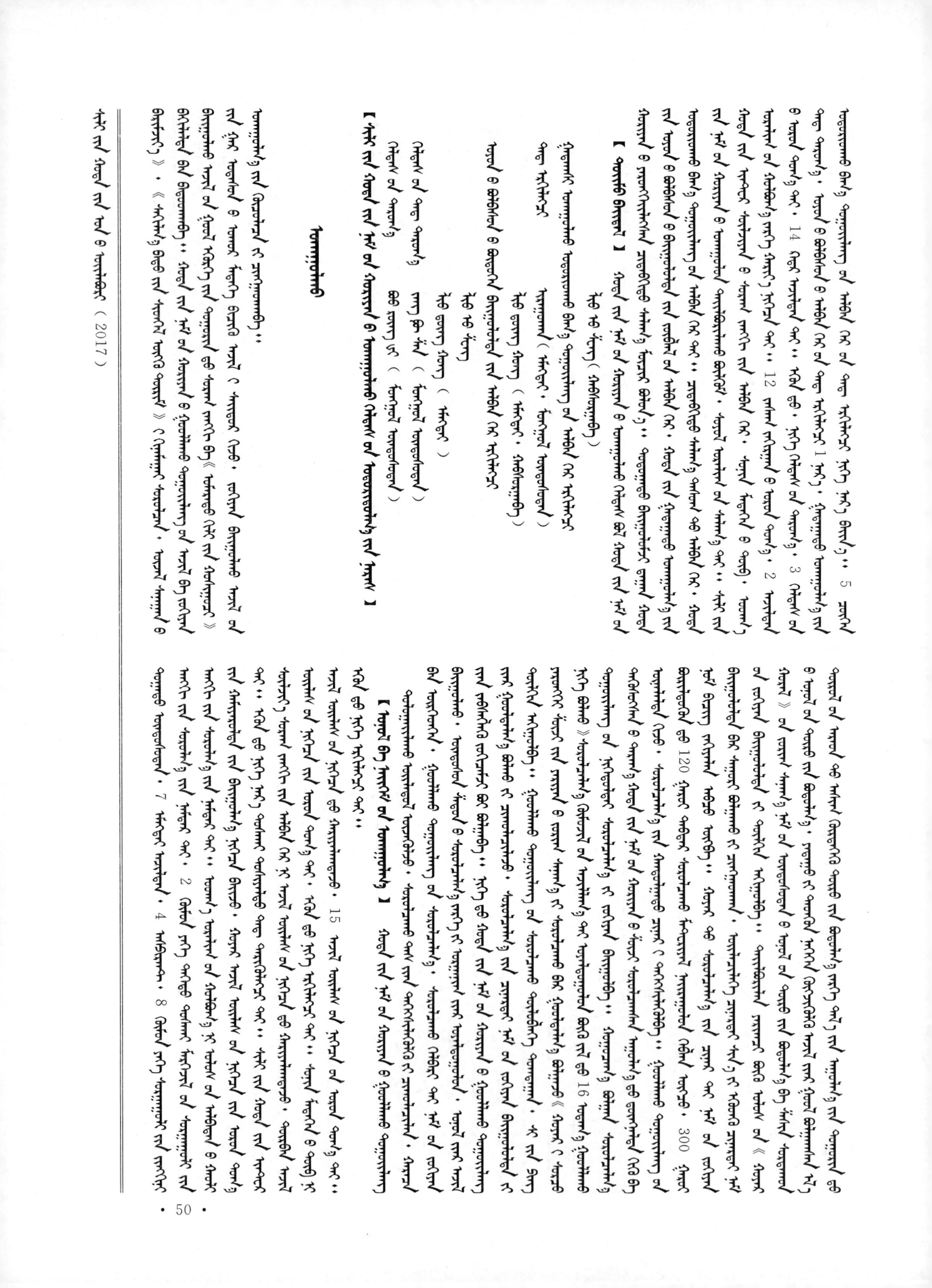

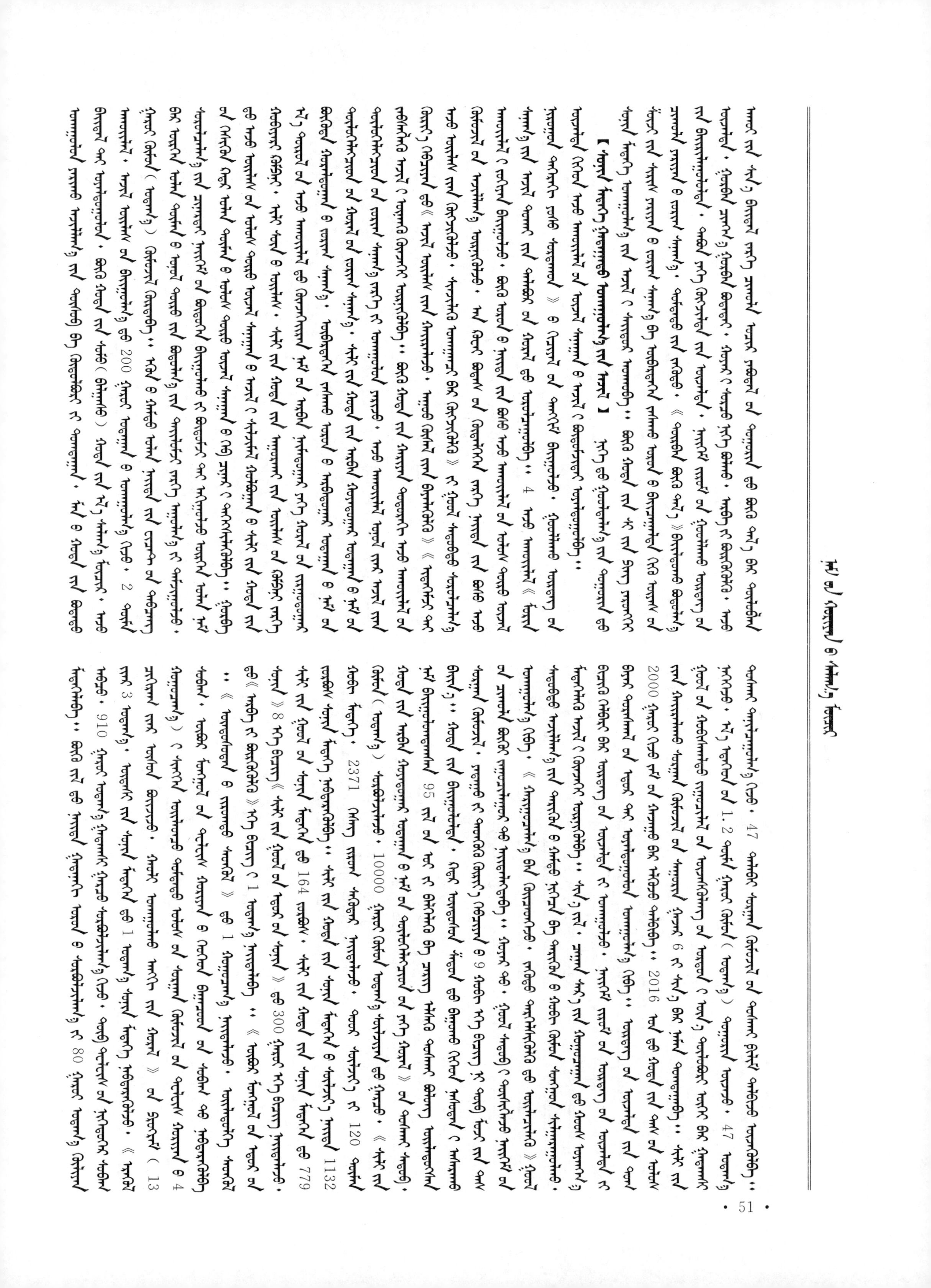

【 ᠪᠣᠯᠪᠠᠰᠤᠷᠠᠯ ᠤᠨ ᠰᠤᠷᠭᠠᠭᠤᠯᠢ ᠶᠢᠨ ᠲᠤᠬᠠᠢ 】

[illegible]

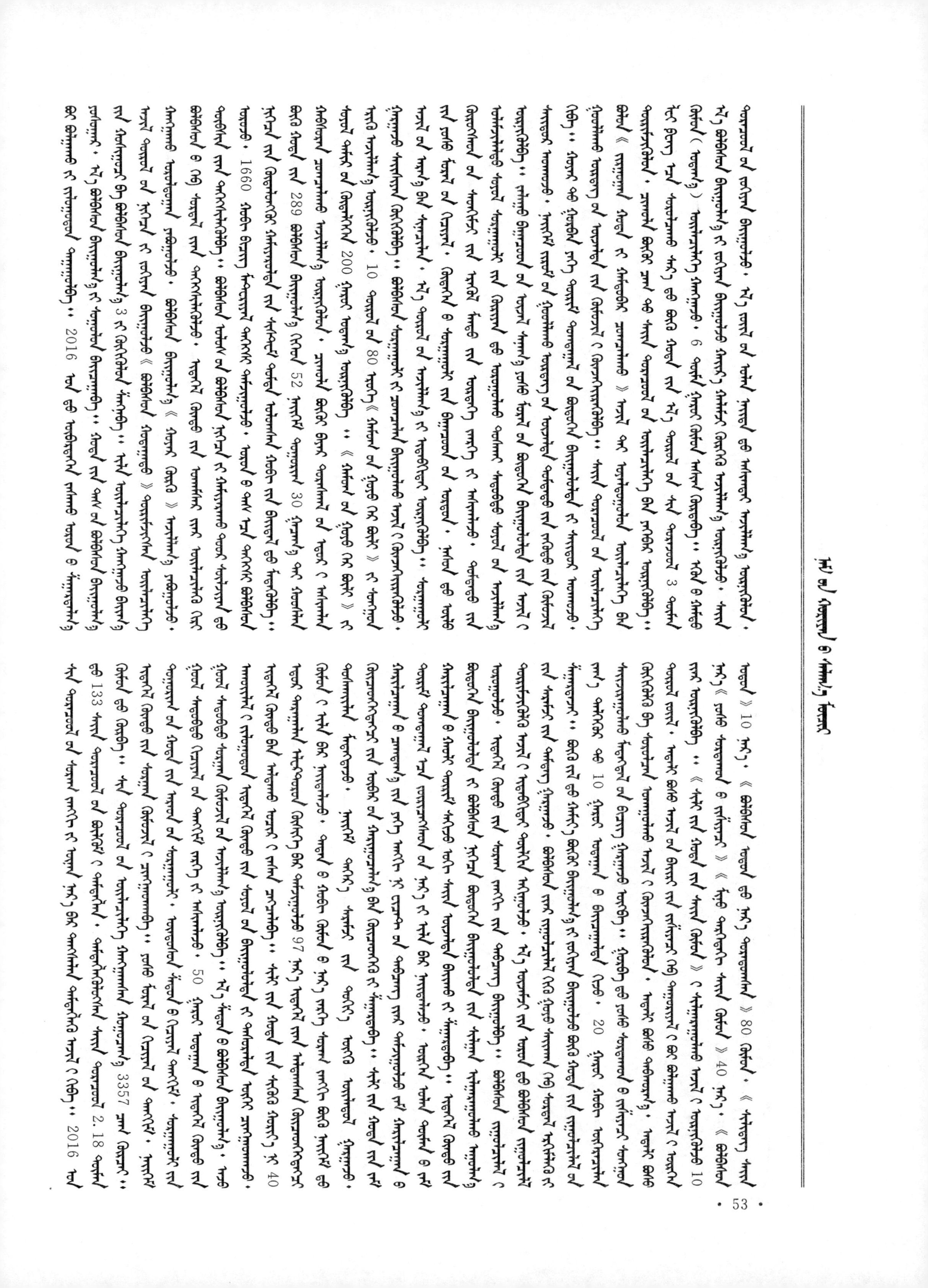

[illegible]

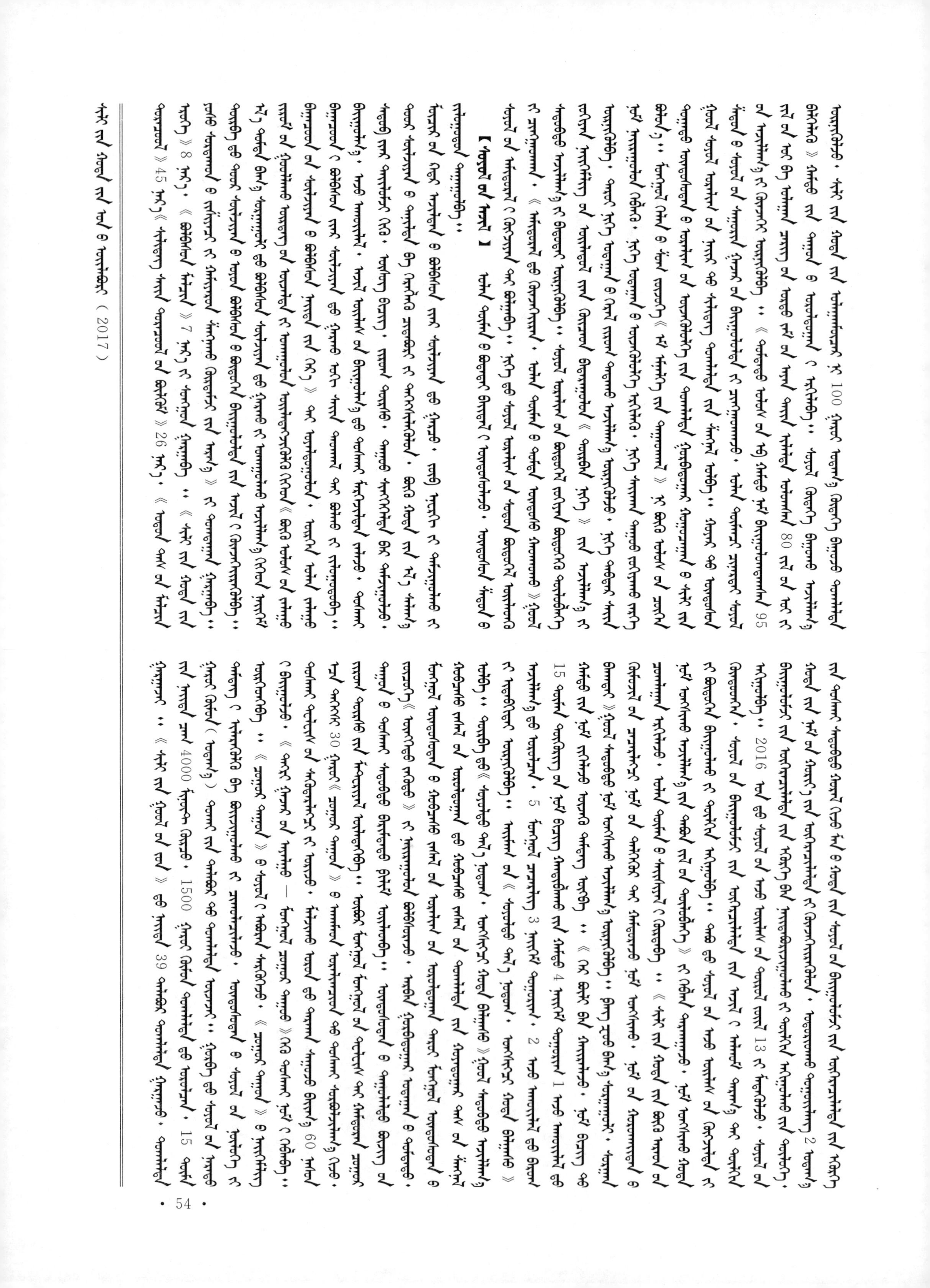

[illegible]

( 2016 ᠣᠨ ᠤ 8 ᠰᠠᠷ᠎ᠠ ᠶᠢᠨ ... )

( 2016 ᠣᠨ ᠤ 8 ᠰᠠᠷ᠎ᠠ ᠶᠢᠨ ... )

## ᠬᠤᠷᠢᠶᠠᠩᠭᠤᠢ ᠮᠡᠳᠡᠭᠡ

[illegible]

【 ᠰᠤᠷᠭᠠᠭᠤᠯᠢ ᠶᠢᠨ ᠪᠠᠶᠢᠳᠠᠯ 】

[illegible]

【 ... 】 2016 ᠣᠨ ...

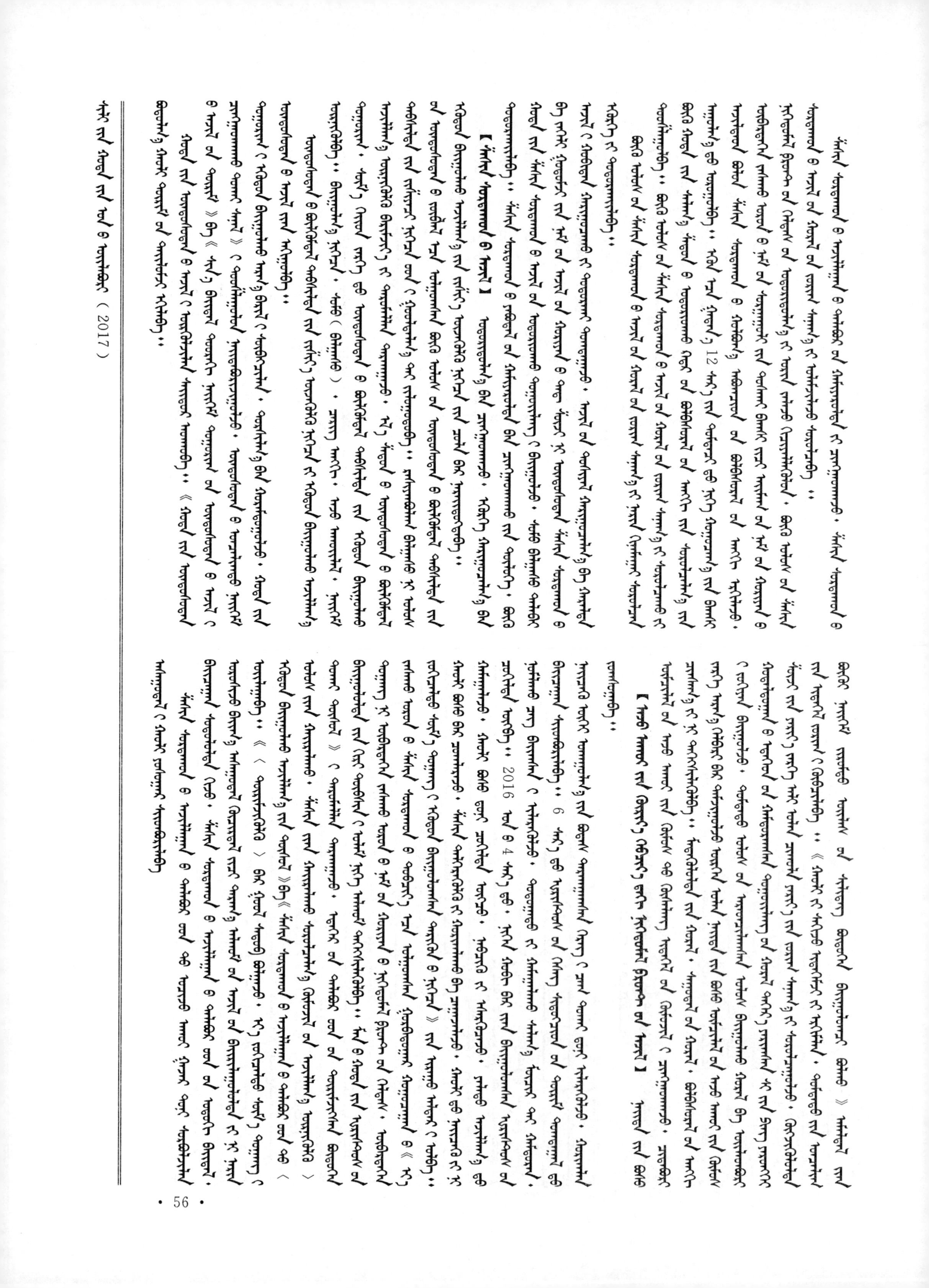

[illegible]

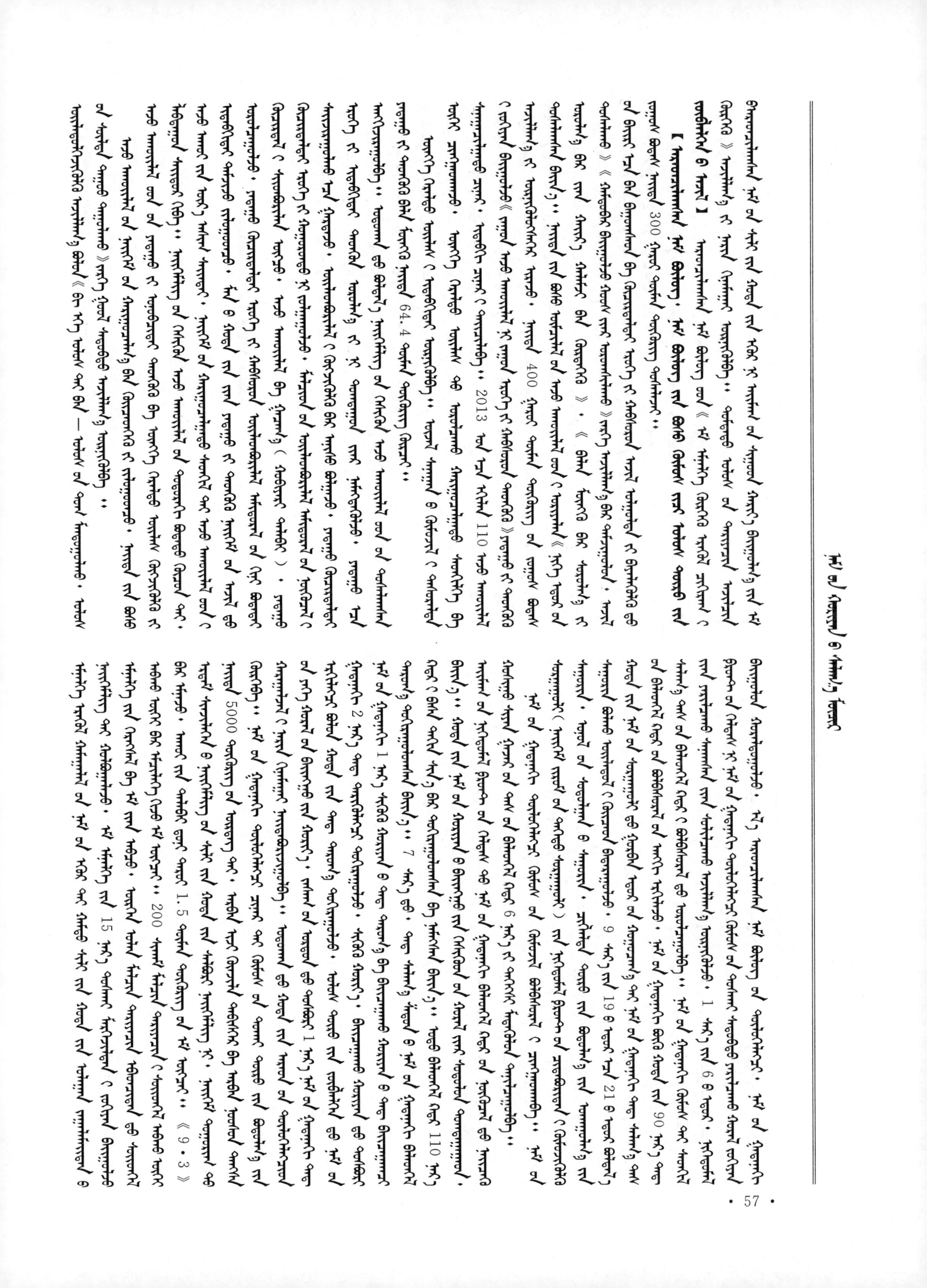

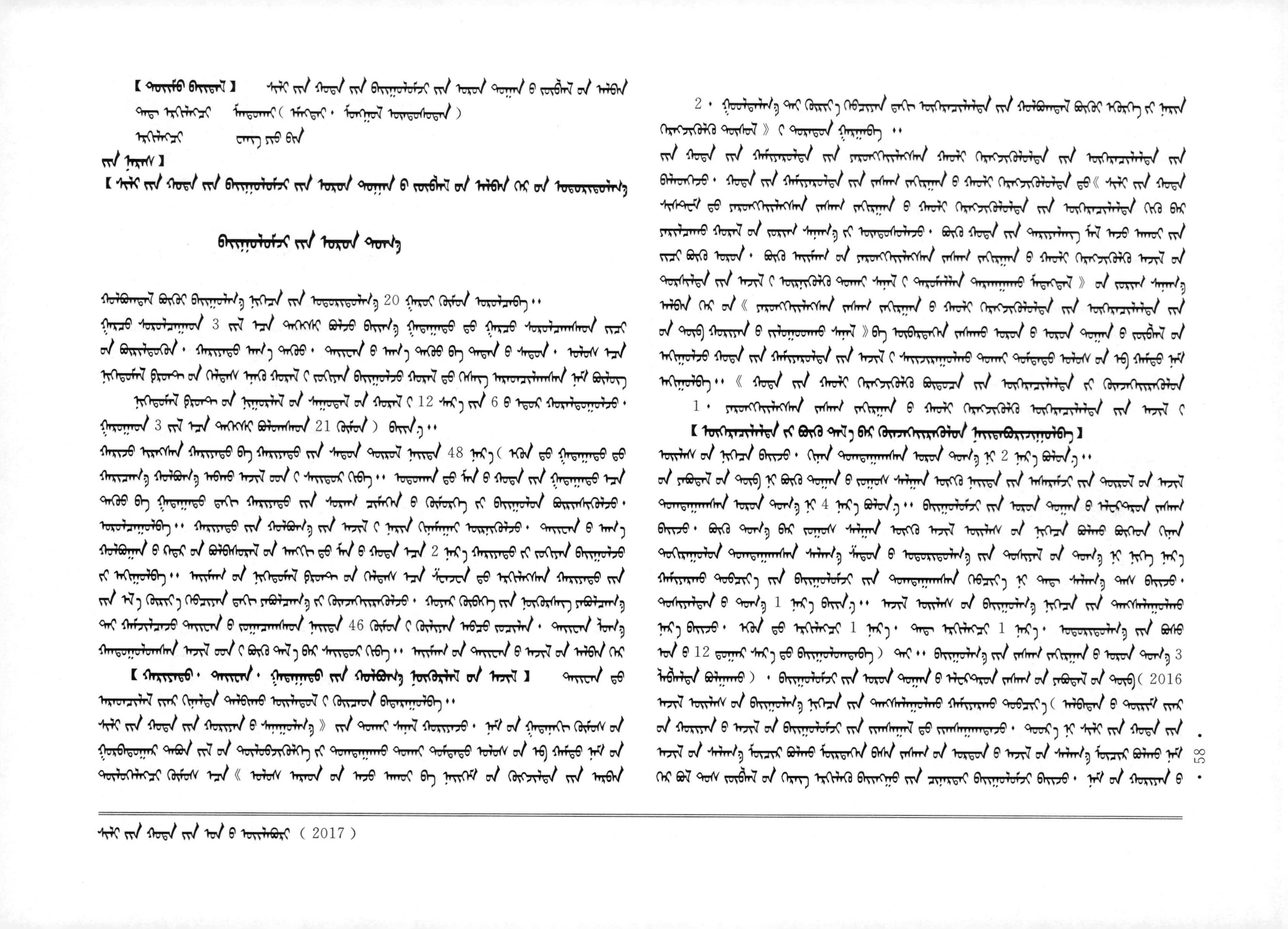

【[illegible]】 [illegible]
[illegible] [illegible]（[illegible] · [illegible]）
[illegible] [illegible]
[illegible]】
【[illegible]

## [illegible]

[illegible] 20 [illegible] ··
[illegible] 3 [illegible] ·
[illegible] · [illegible] · [illegible]
[illegible]（12 [illegible] 6 [illegible] ·
[illegible] 3 [illegible] 21 [illegible]） [illegible] ··
[illegible] 48 [illegible]（[illegible] ·· [illegible] · [illegible] ·· [illegible] · [illegible] 2 [illegible] ·· [illegible] · [illegible] 46 [illegible] · [illegible] ·· [illegible]

【[illegible] · [illegible] · [illegible]】 [illegible] ··
[illegible]《[illegible]》[illegible] · [illegible]《[illegible]

2 · [illegible]》[illegible] ··
[illegible] · [illegible]《[illegible] · [illegible] · [illegible]》[illegible]《[illegible]》[illegible] ··《[illegible]
1 · [illegible]

【[illegible]】
[illegible] 2 [illegible] ··
[illegible] 4 [illegible] ·· [illegible] · [illegible] · [illegible] 1 [illegible] ·· [illegible] · [illegible] 1 [illegible] · [illegible] 1 [illegible] · [illegible] 12 [illegible]） [illegible] ·· [illegible] 3 [illegible]） · [illegible]（2016 [illegible]（[illegible] · [illegible] · [illegible]

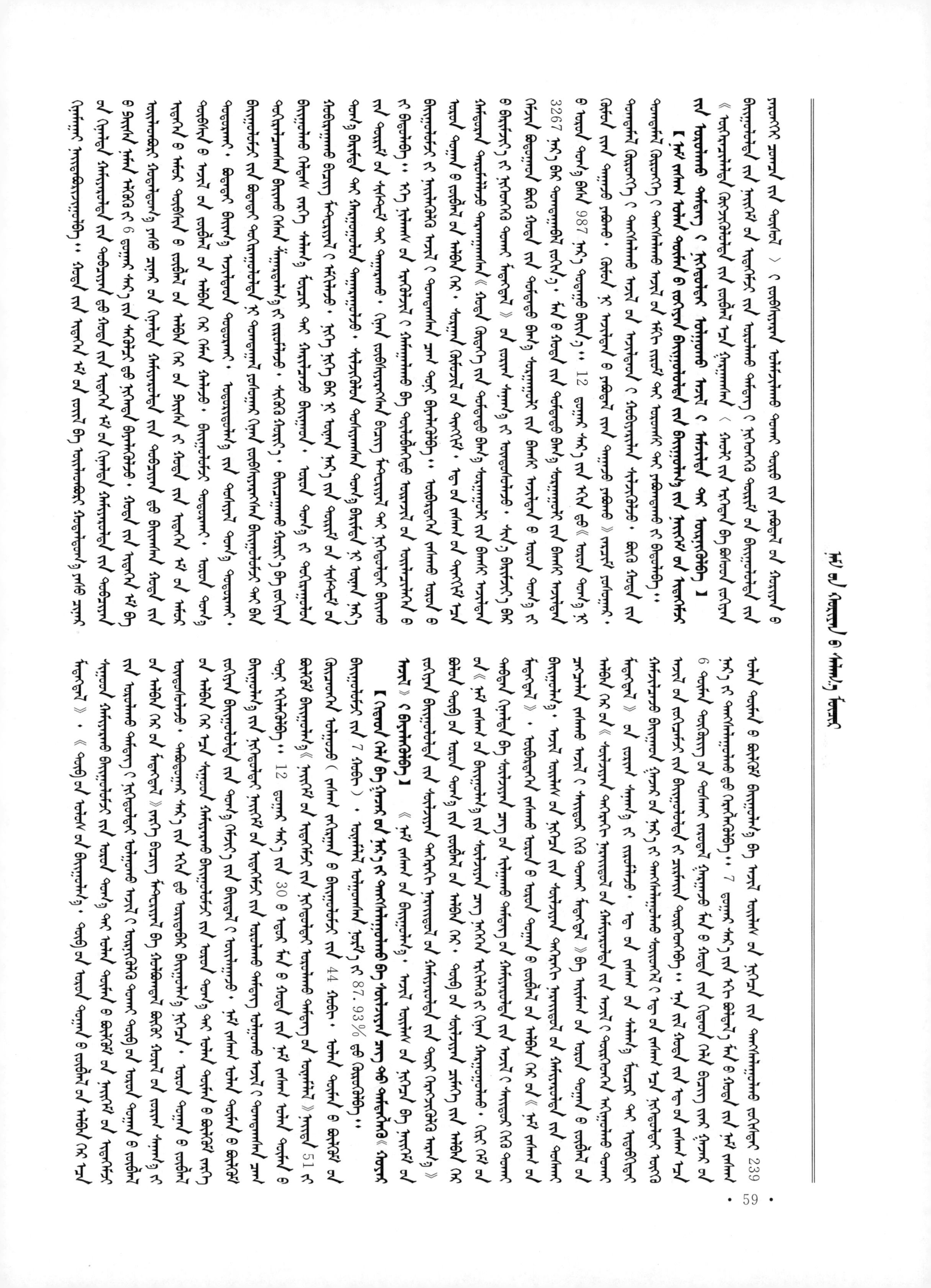

[illegible] 6 [illegible]

[illegible] 3267 [illegible]

[illegible] 987 [illegible] 12 [illegible]

**【[illegible]】**

[illegible]

[illegible] 12 [illegible] 30 [illegible]

[illegible] 51 [illegible]

[illegible] 44 [illegible]

[illegible] 7 [illegible] 87.93% [illegible]

**【[illegible]】**

[illegible] 6 [illegible]

[illegible] 7 [illegible]

[illegible] 239 [illegible]

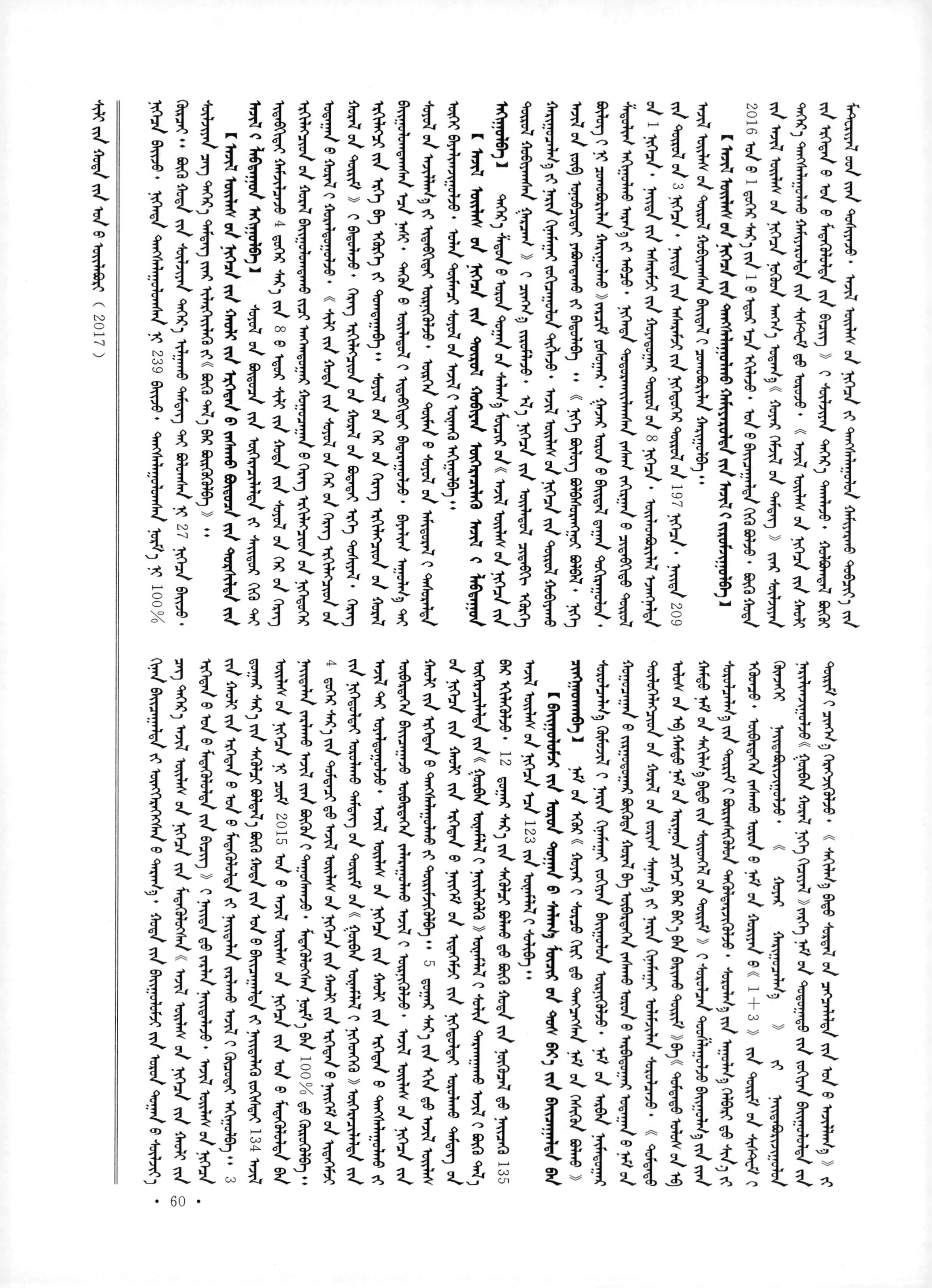

ᠰᠤᠷᠭᠠᠭᠤᠯᠢ ᠶᠢᠨ ᠬᠦᠮᠦᠵᠢᠯ ᠦᠨ ᠪᠠᠶᠢᠭᠤᠯᠤᠯᠲᠠ ᠶᠢᠨ ᠰᠢᠨ᠎ᠡ ᠤᠯᠠᠷᠢᠯ ᠤᠨ ᠬᠥᠲᠦᠯᠪᠦᠷᠢ ᠶᠢ ᠬᠡᠷᠡᠭᠵᠢᠭᠦᠯᠬᠦ ᠳᠦ ᠰᠤᠷᠭᠠᠭᠤᠯᠢ ᠶᠢᠨ ᠪᠠᠶᠢᠭᠤᠯᠤᠯᠲᠠ᠂ ᠰᠤᠷᠭᠠᠯᠲᠠ ᠶᠢᠨ ᠠᠵᠢᠯ᠂ ᠰᠤᠷᠤᠯᠴᠠᠭᠴᠢ ᠶᠢᠨ ᠬᠥᠭᠵᠢᠯ ᠵᠡᠷᠭᠡ ᠶᠢ ᠨᠢᠭᠡᠳᠬᠡᠨ ᠪᠣᠳᠤᠬᠤ ᠬᠡᠷᠡᠭᠲᠡᠢ᠃ ᠰᠤᠷᠭᠠᠭᠤᠯᠢ ᠶᠢᠨ ᠰᠤᠷᠭᠠᠯᠲᠠ ᠶᠢᠨ ᠠᠵᠢᠯ ᠢ ᠰᠠᠶᠢᠵᠢᠷᠠᠭᠤᠯᠬᠤ ᠳᠤ 《 ᠰᠤᠷᠭᠠᠯᠲᠠ ᠶᠢᠨ U ᠬᠡᠯᠪᠡᠷᠢ ᠶᠢᠨ ᠰᠤᠷᠭᠠᠯᠲᠠ 》 ᠶᠢᠨ ᠠᠷᠭ᠎ᠠ ᠶᠢ ᠬᠡᠷᠡᠭᠯᠡᠨ᠂ 2 ᠣᠨ ᠤ ᠬᠤᠭᠤᠴᠠᠭ᠎ᠠ ᠳᠤ 43 ᠰᠤᠷᠭᠠᠭᠤᠯᠢ ᠶᠢ ᠬᠠᠮᠤᠷᠤᠭᠤᠯᠵᠤ᠂ ᠰᠤᠷᠭᠠᠯᠲᠠ ᠶᠢᠨ ᠴᠢᠨᠠᠷ ᠢ ᠳᠡᠭᠡᠭᠰᠢᠯᠡᠭᠦᠯᠦᠨ᠎ᠡ᠃ ᠰᠤᠷᠭᠠᠭᠤᠯᠢ ᠶᠢᠨ ᠰᠤᠷᠭᠠᠯᠲᠠ ᠶᠢᠨ ᠬᠥᠲᠦᠯᠪᠦᠷᠢ ᠶᠢᠨ ᠰᠢᠨ᠎ᠡ ᠤᠯᠠᠷᠢᠯ ᠢ ᠪᠦᠷᠢᠯᠳᠦᠭᠦᠯᠵᠦ᠂ ᠰᠤᠷᠭᠠᠯᠲᠠ ᠶᠢᠨ ᠴᠢᠨᠠᠷ ᠢ ᠳᠡᠭᠡᠭᠰᠢᠯᠡᠭᠦᠯᠪᠡ᠃

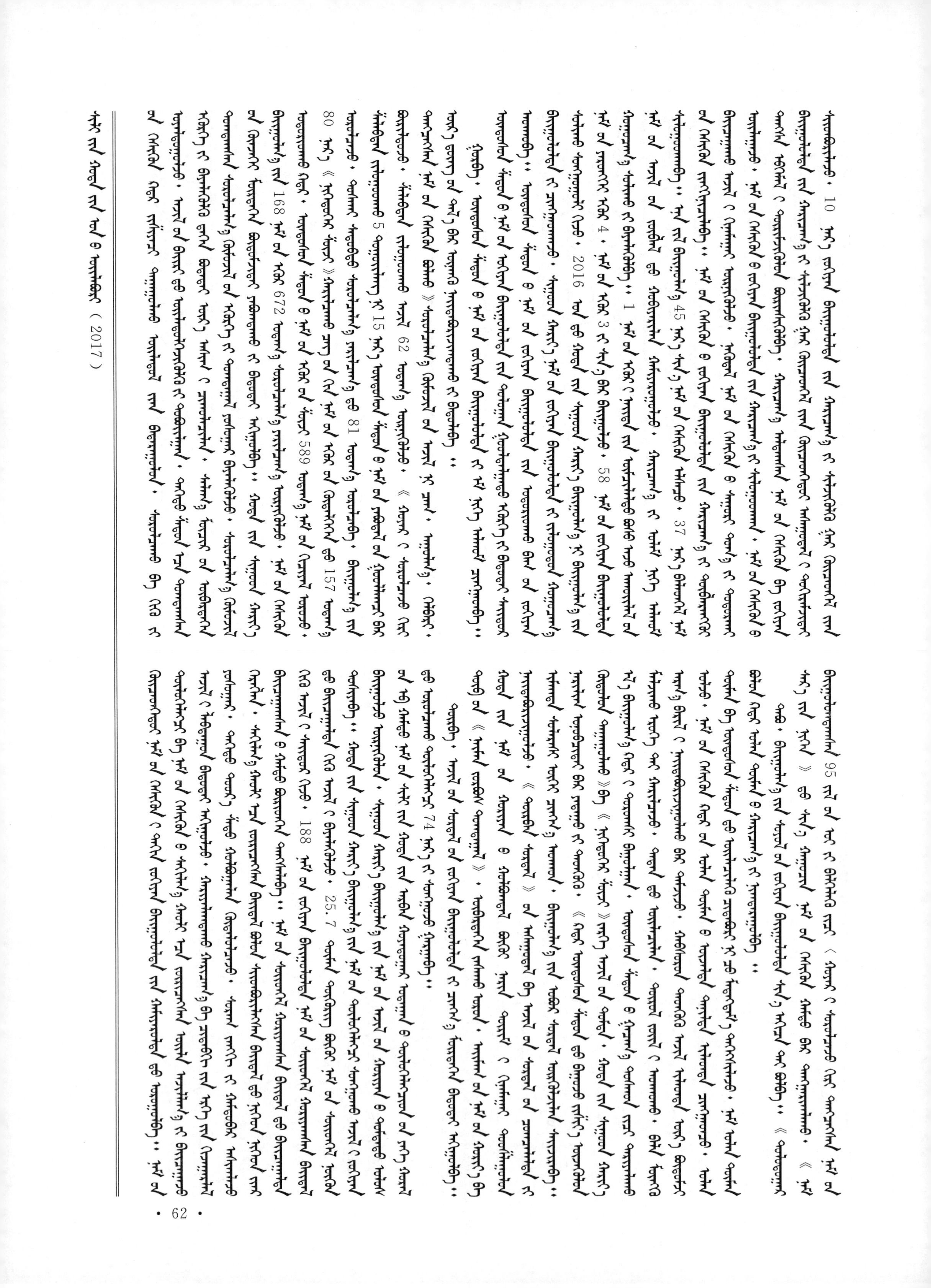

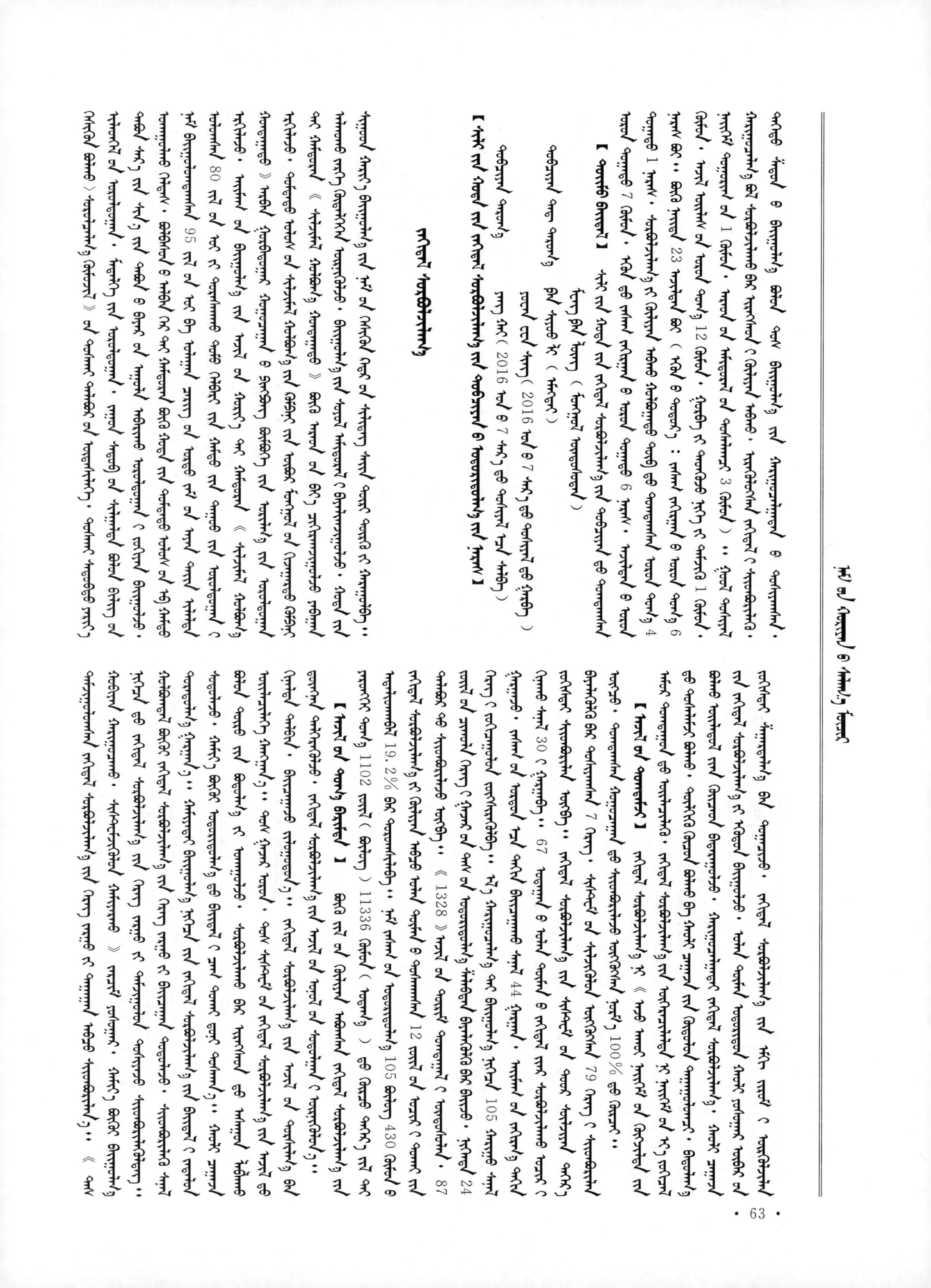

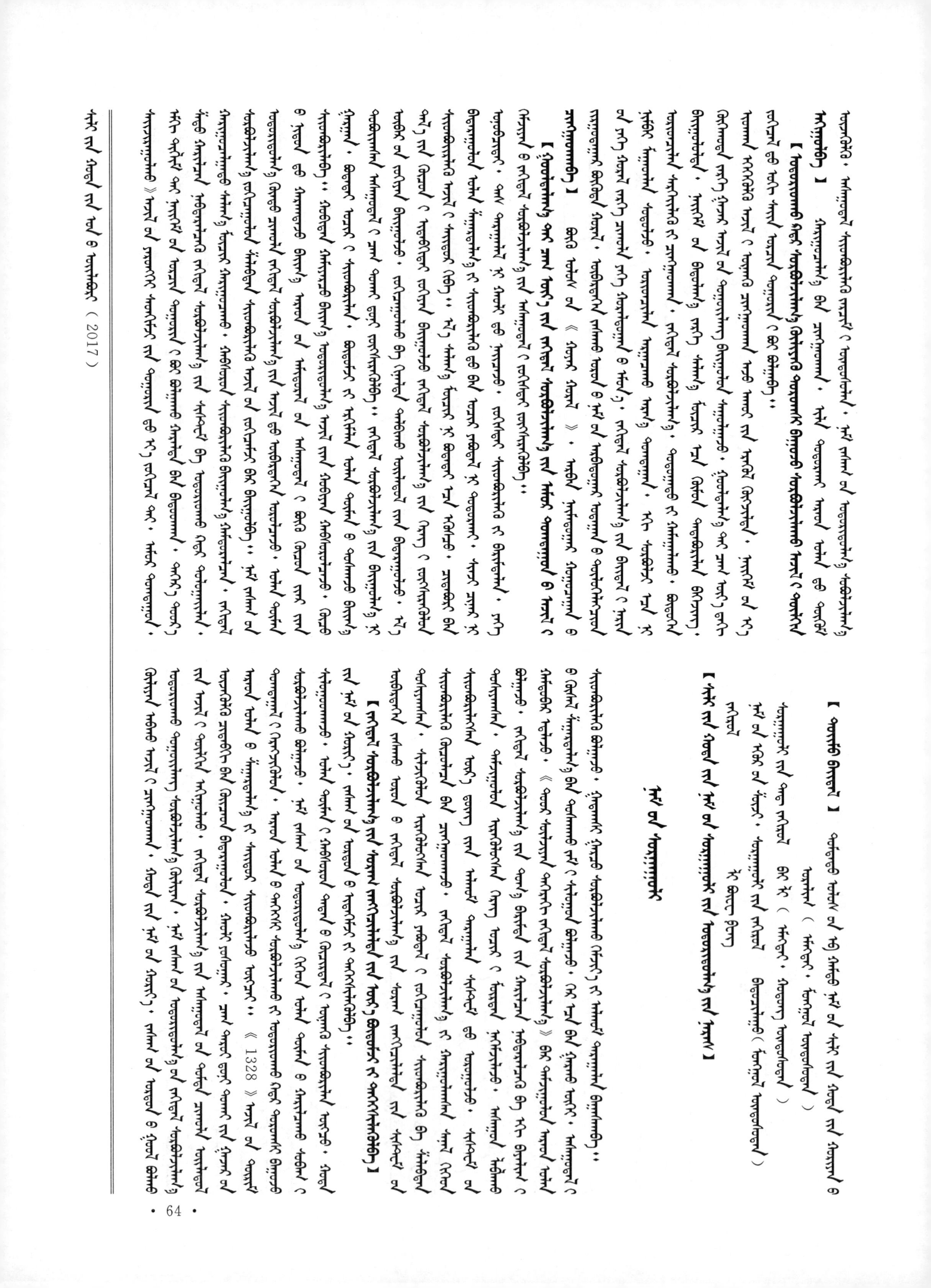

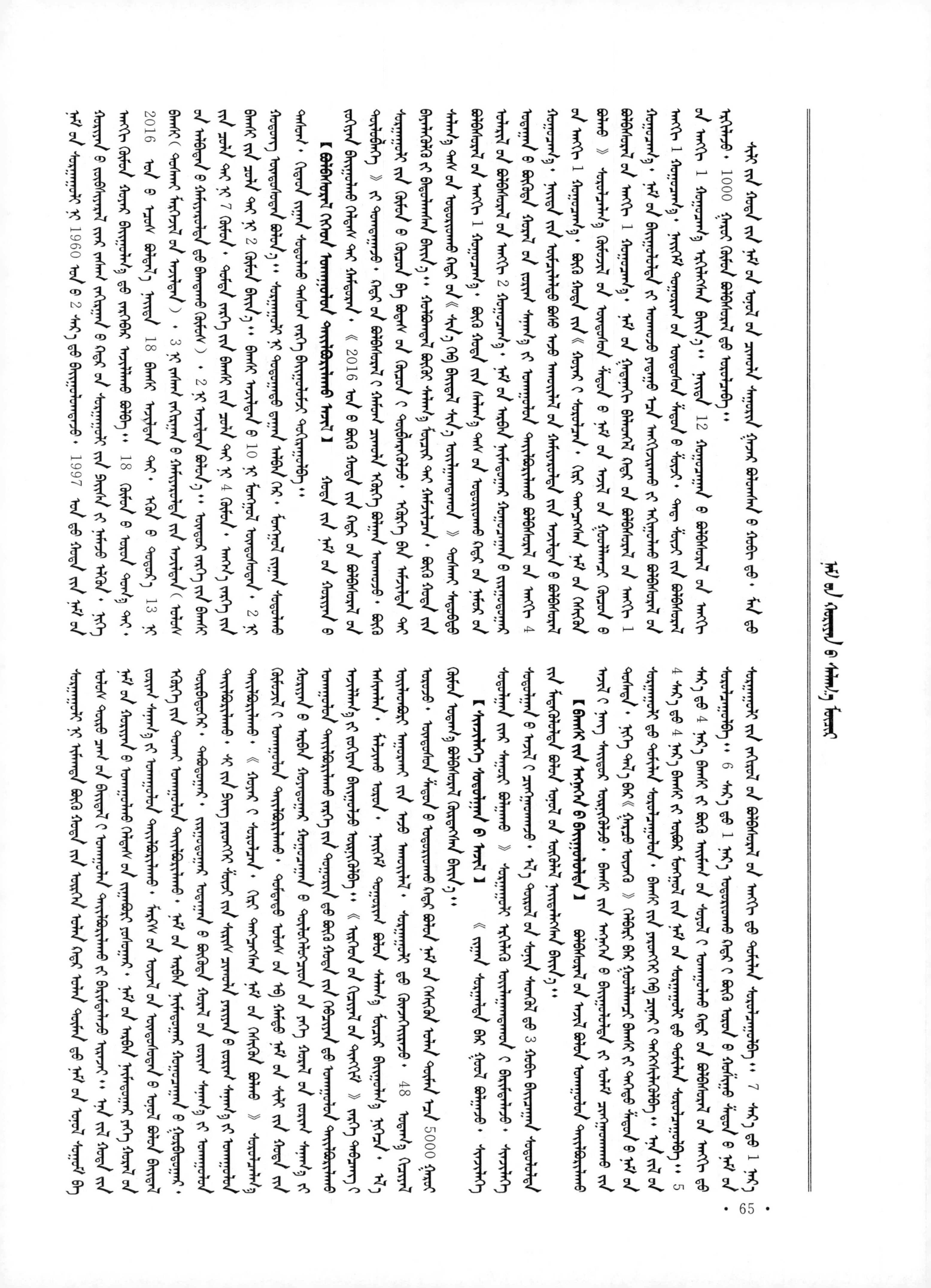

[illegible]

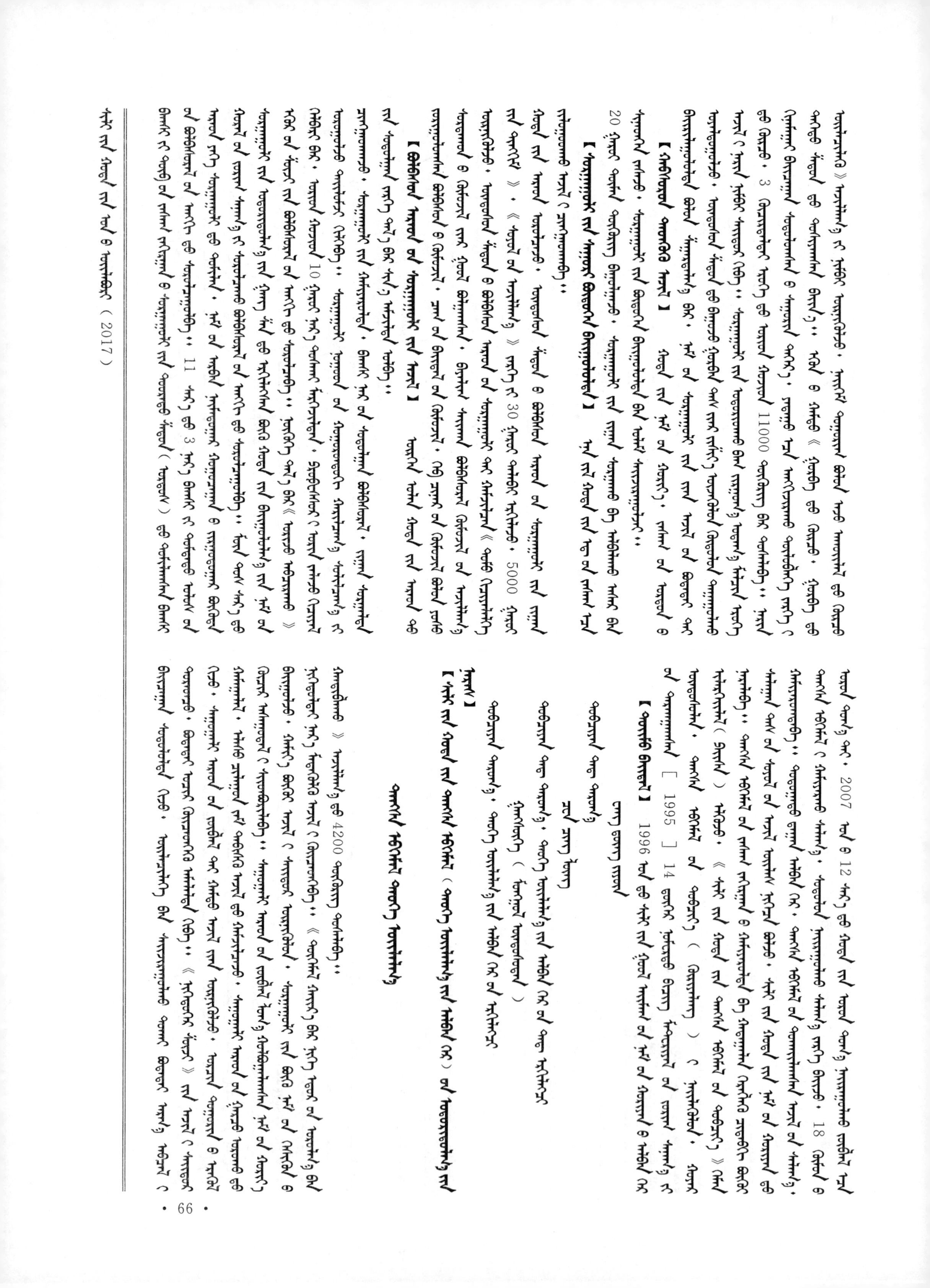

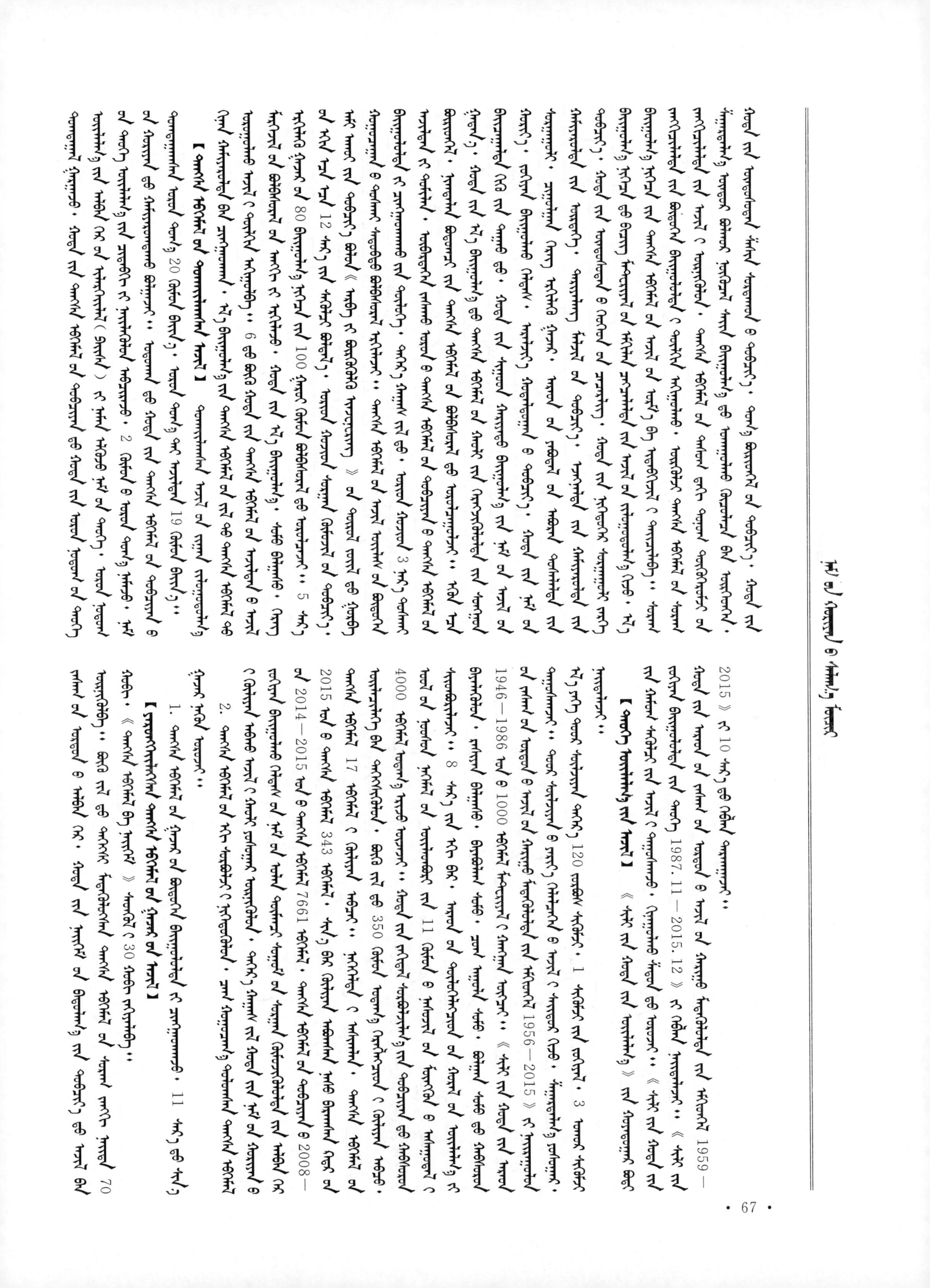

[illegible] ( [illegible] ) [illegible] 2 [illegible] 20 [illegible] 19 [illegible]

【[illegible]】 [illegible] 6 [illegible] 80 [illegible] 100 [illegible] 5 [illegible] 12 [illegible] 《[illegible]》 [illegible] 3 [illegible]

[illegible] 70 [illegible] 《[illegible]》 [illegible] 30 [illegible]

【[illegible]】

1. [illegible] 11 [illegible]

2. [illegible] 2008—2014—2015 [illegible] 7661 [illegible] 2015 [illegible] 343 [illegible] 17 [illegible] 350 [illegible] 4000 [illegible] 11 [illegible] 8 [illegible] 1946—1986 [illegible] 1000 [illegible] 《[illegible] 1956—2015》 [illegible] 120 [illegible] 1 [illegible] 3 [illegible]

【[illegible]】 《[illegible]》 [illegible] 《[illegible]》 [illegible] 1959—1987.11—2015.12》 [illegible] 《[illegible]

2015》 [illegible] 10 [illegible]

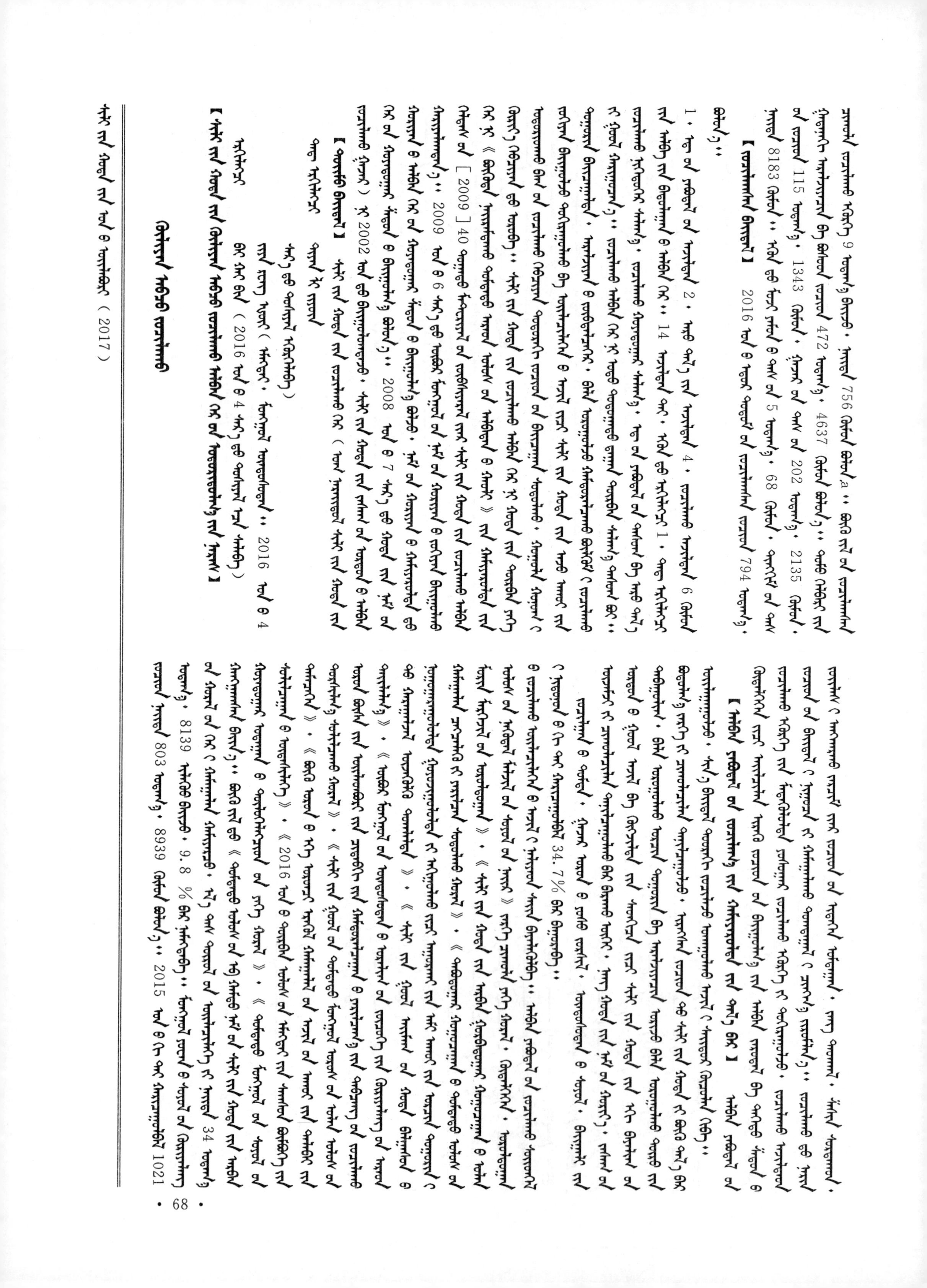

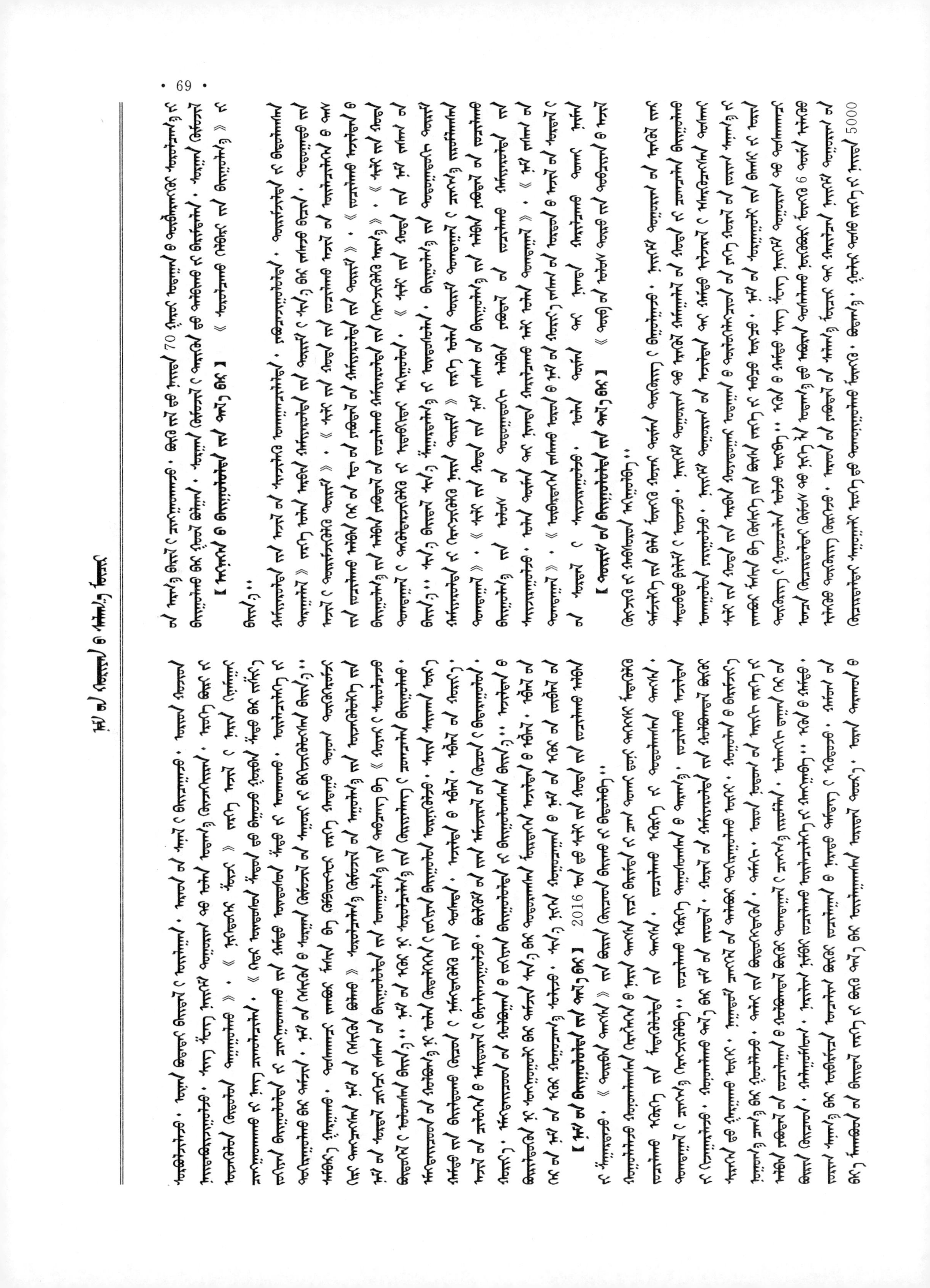

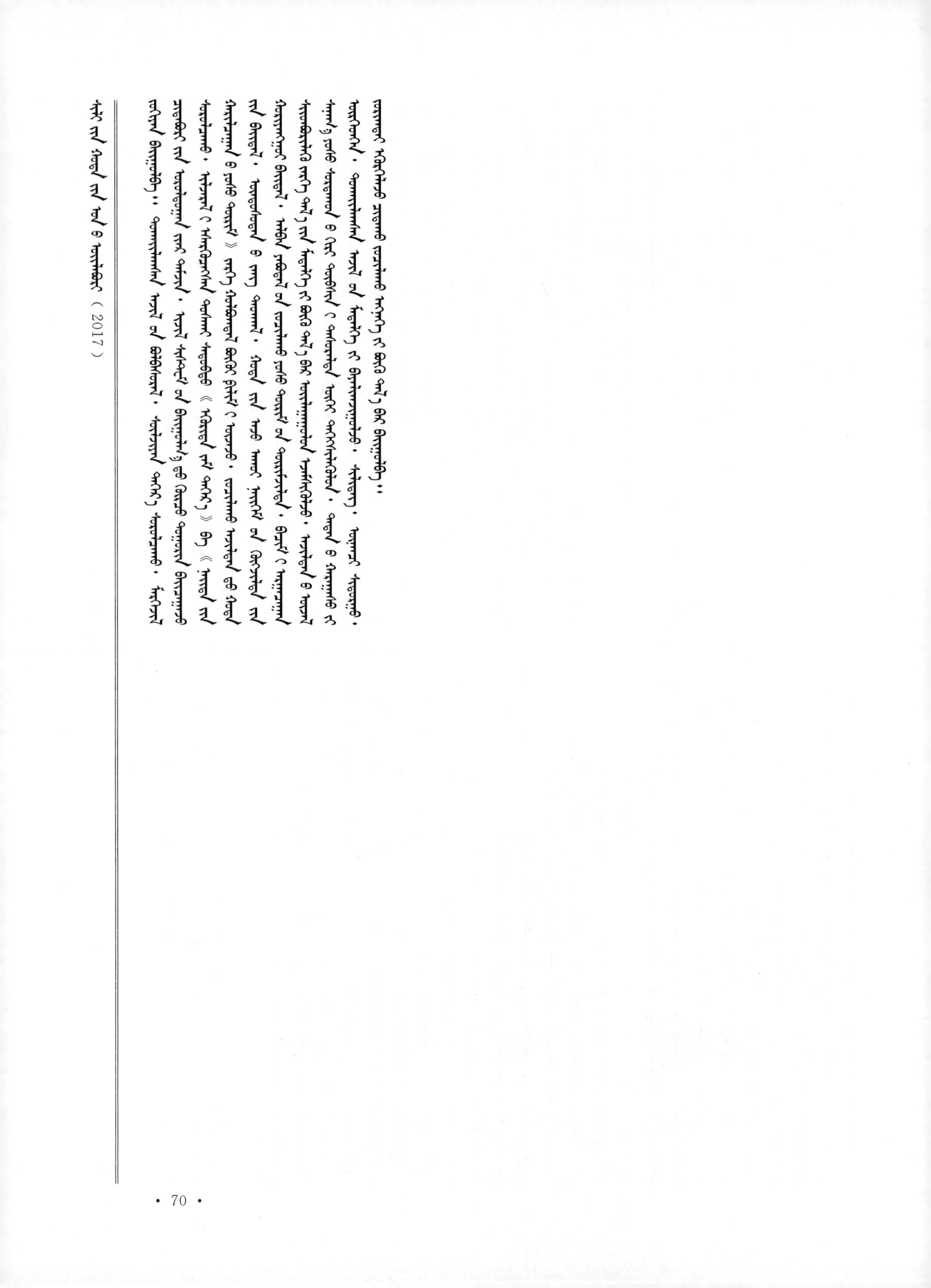

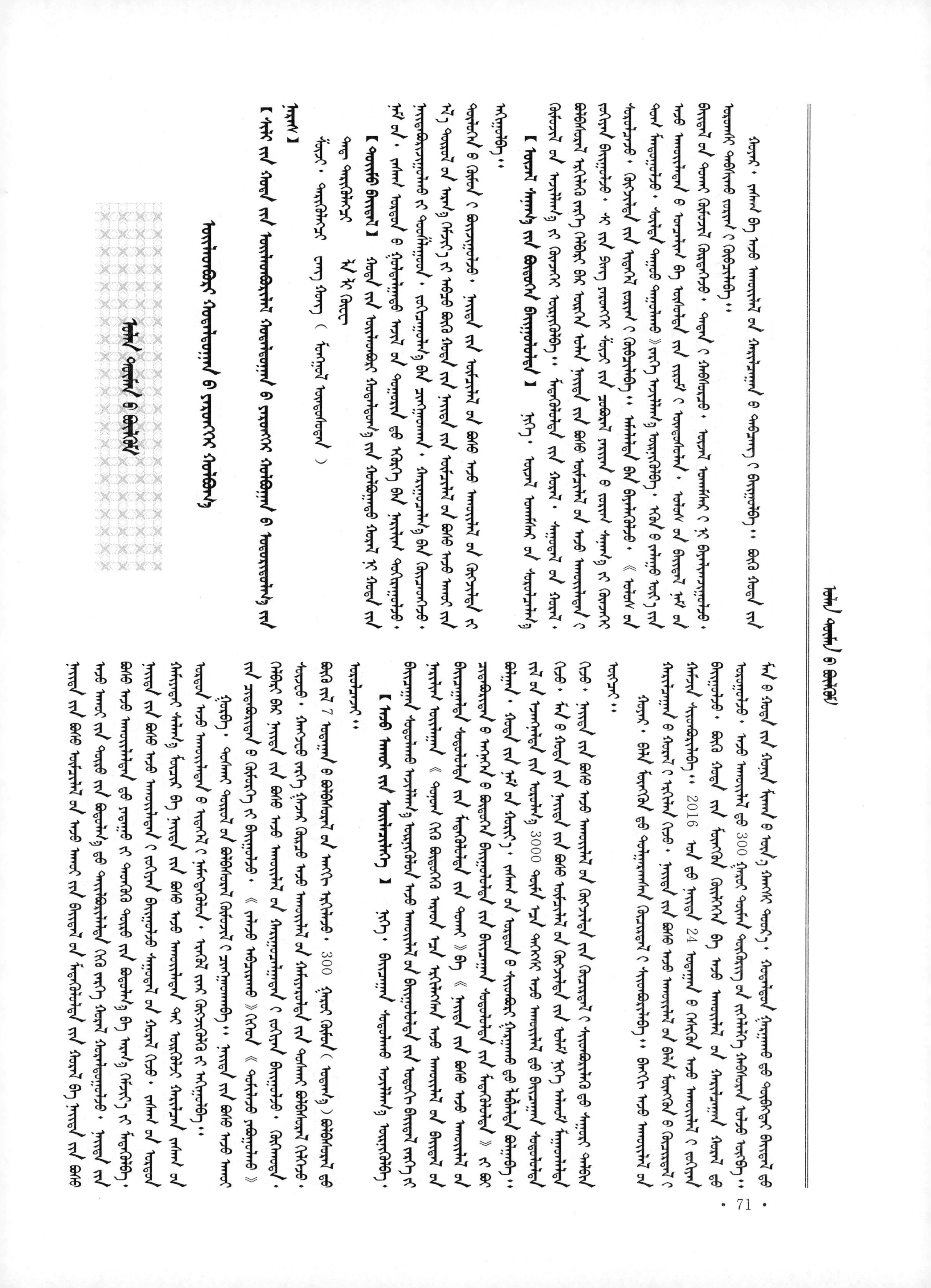

[illegible]

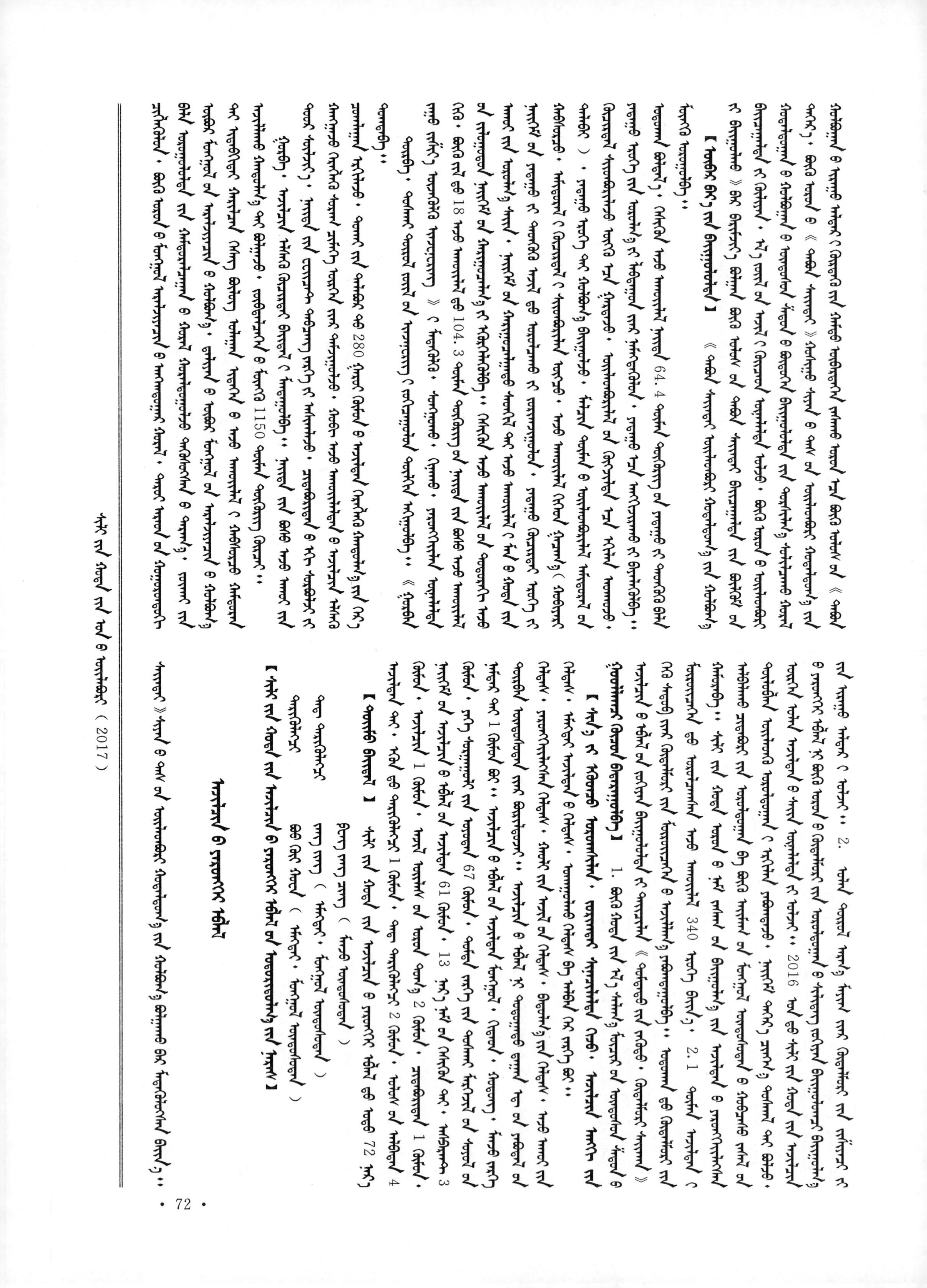

[illegible] 《[illegible]》 [illegible]

【[illegible]】 《[illegible]》 [illegible]

[illegible] 64.4 [illegible] ( [illegible] ) [illegible] 18 [illegible] 104.3 [illegible] 》 [illegible] 《[illegible]》 [illegible]

[illegible] 280 [illegible]

[illegible] 1150 [illegible]

[illegible] 《[illegible]》 [illegible]

## [illegible]

【[illegible]】

[illegible] ( [illegible] )

[illegible] [illegible] ( [illegible] )

[illegible] [illegible] ( [illegible] )

【[illegible]】 [illegible] 72 [illegible] 4 [illegible] 1 [illegible] 2 [illegible] 1 [illegible] 2 [illegible] 1 [illegible] 3 [illegible] 13 [illegible] 61 [illegible] 67 [illegible] 1 [illegible]

【[illegible]】 1. [illegible] 《[illegible]》 [illegible] 2.1 [illegible] 340 [illegible] 2016 [illegible] 2. [illegible]

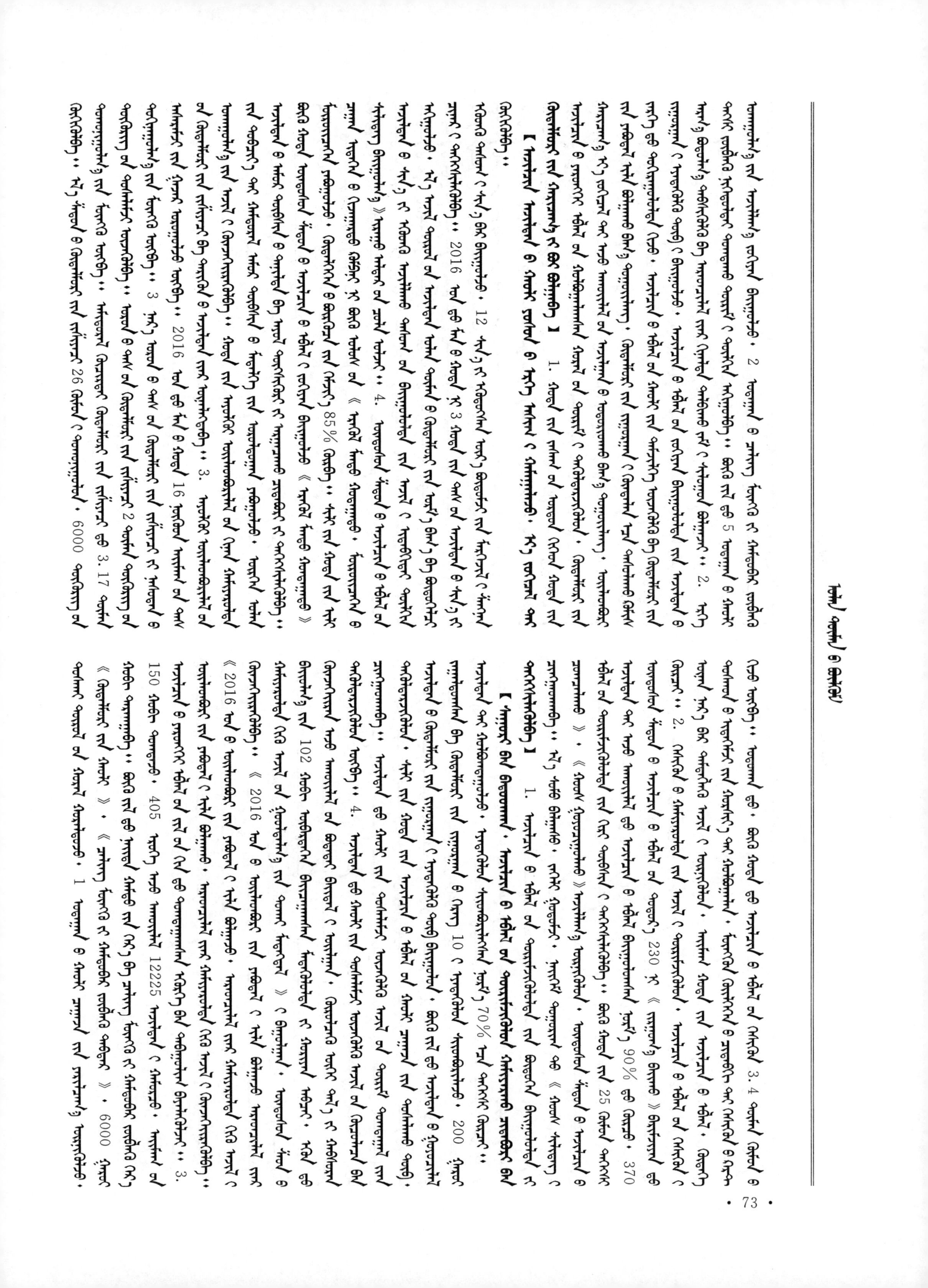

[illegible] 2 [illegible] 5 [illegible] 2. [illegible]

[illegible] 1. [illegible]

[illegible] 12 [illegible] 2016 [illegible] 3 [illegible] 4. [illegible] 85% [illegible] 3. [illegible] 2016 [illegible] 16 [illegible] 3 [illegible] 2 [illegible] 3.17 [illegible] 26 [illegible] 6000 [illegible]

[illegible] 3.4 [illegible] 2. [illegible] 230 [illegible] 90% [illegible] 370 [illegible] 25 [illegible] 1. [illegible]

[illegible] 70% [illegible] 10 [illegible] 200 [illegible] 4. [illegible] 102 [illegible] 《 2016 [illegible] 《 2016 [illegible] 3. [illegible] 150 [illegible] 405 [illegible] 12225 [illegible] 6000 [illegible] 1 [illegible]

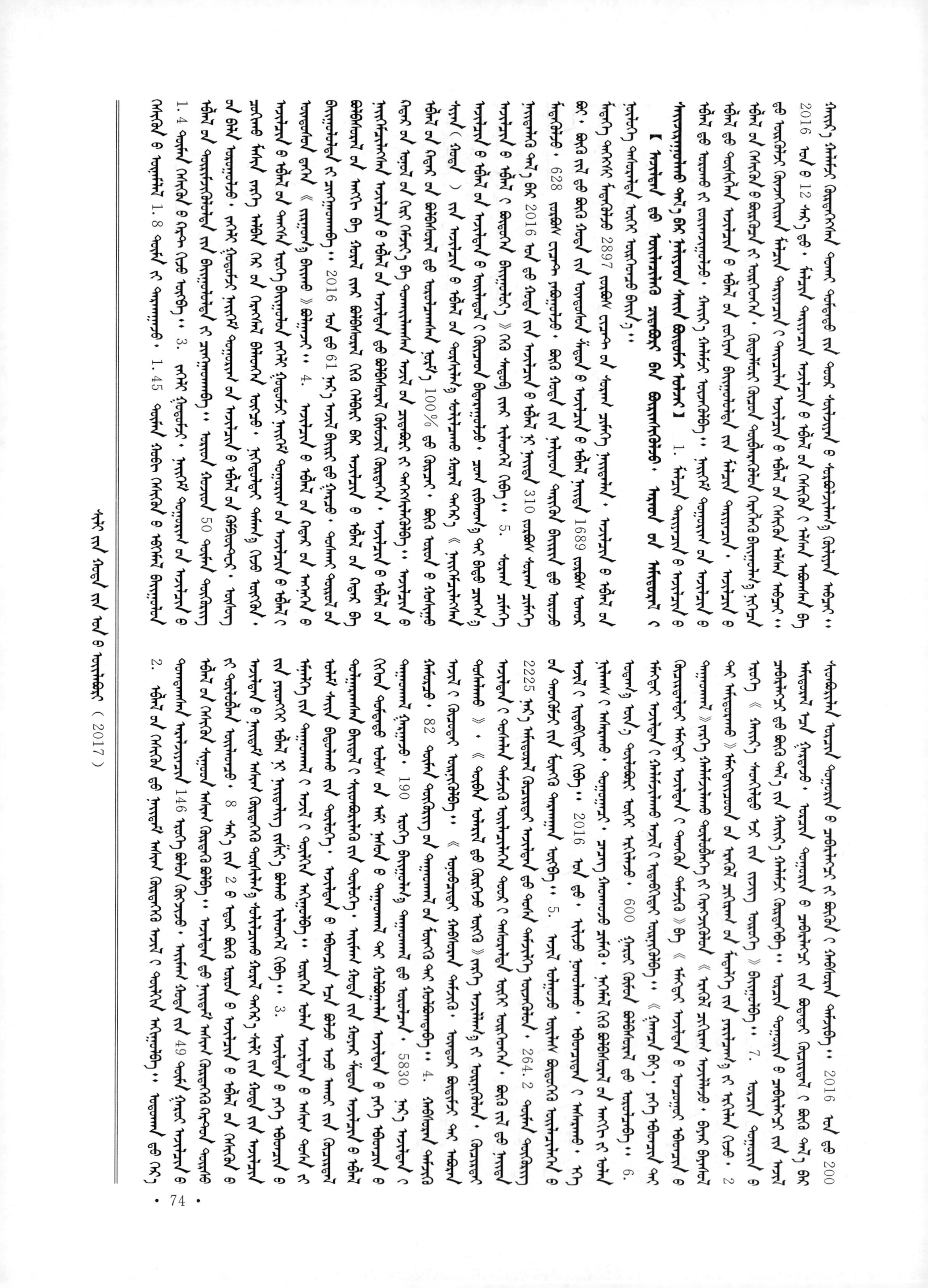

【 ᠲᠡᠷᠭᠡᠭᠦᠯ ᠦᠨ ᠰᠤᠷᠠᠭ ᠤᠨ ᠬᠠᠷᠢᠯᠴᠠᠭ᠎ᠠ ᠪᠠᠷ ᠰᠢᠨᠡᠳᠬᠡᠬᠦ᠂ ᠮᠣᠩᠭᠣᠯ ᠪᠢᠴᠢᠭ ᠦᠨ ᠬᠡᠷᠡᠭᠯᠡᠭᠡᠨ ᠢ ᠳᠡᠯᠭᠡᠷᠡᠭᠦᠯᠬᠦ ᠶᠢᠨ ᠲᠣᠯᠠ ᠳᠡᠮᠵᠢᠯᠭᠡ ᠪᠣᠯᠤᠭᠰᠠᠨ 】 1. 《ᠮᠣᠩᠭᠣᠯ ᠬᠡᠯᠡ ᠶᠢᠨ ᠤᠳᠬ᠎ᠠ》 ᠶᠢᠨ ᠶᠠᠭ ᠨᠢᠭᠡᠨ ᠬᠡᠰᠡᠭ 《ᠮᠣᠩᠭᠣᠯ ᠬᠡᠯᠡ ᠶᠢᠨ ᠤᠳᠬ᠎ᠠ》 ᠶᠢᠨ ᠲᠤᠯᠠ ᠬᠠᠪᠰᠤᠷᠤᠭᠰᠠᠨ ᠬᠡᠷᠡᠭᠯᠡᠭᠡ ＋APP 》 ᠵᠡᠷᠭᠡ ᠶᠢᠨ ᠦᠢᠯᠡᠴᠢᠯᠡᠭᠡ ᠶᠢ ᠬᠡᠷᠡᠭᠵᠢᠭᠦᠯᠪᠡ᠂ 《 ᠶᠠᠭ ᠬᠡᠯᠡᠬᠦ 》 ᠪᠣᠯ ᠮᠣᠩᠭᠣᠯ ᠬᠡᠯᠡ ᠶᠢᠨ ᠦᠭᠡ ᠬᠡᠯᠡᠬᠦ ᠳᠠᠭᠤᠤ᠂ ᠰᠤᠷᠤᠯᠴᠠᠭ᠎ᠠ ᠶᠢᠨ ᠰᠠᠩ᠂ ᠲᠣᠯᠢ ᠪᠢᠴᠢᠭ᠂ 《 ᠶᠠᠭ ᠰᠤᠷᠤᠯᠴᠠᠬᠤ ᠦᠢᠯᠡᠴᠢᠯᠡᠭᠡ 》 ᠪᠣᠯ ᠮᠣᠩᠭᠣᠯ ᠬᠡᠯᠡ ᠶᠢᠨ ᠦᠭᠡ ᠰᠤᠷᠤᠯᠴᠠᠬᠤ ᠨᠡᠶᠢᠲᠡ ᠶᠢᠨ ᠦᠢᠯᠡᠴᠢᠯᠡᠭᠡ᠂ 《 APP 》 ᠲᠠᠭᠠᠨ ᠪᠣᠯ ᠮᠣᠩᠭᠣᠯ ᠬᠡᠯᠡ ᠪᠢᠴᠢᠭ ᠦᠨ APP ᠶᠢ ᠬᠠᠮᠤᠷᠤᠭᠰᠠᠨ ᠪᠠᠢ᠌ᠨ᠎ᠠ᠂ ᠡᠨᠡ ᠴᠠᠭ ᠤᠨ ᠬᠡᠷᠡᠭᠴᠡᠭᠡ ᠶᠢ ᠬᠠᠩᠭᠠᠭᠰᠠᠨ ᠪᠣᠯ ᠮᠣᠩᠭᠣᠯ ᠬᠡᠯᠡ ᠶᠢᠨ ᠰᠤᠷᠤᠯᠴᠠᠭ᠎ᠠ ᠶᠢᠨ ᠡᠭᠦᠳᠦ ᠪᠣᠯᠤᠨ᠎ᠠ᠂ ᠦᠨᠡᠨ ᠬᠡᠷᠡᠭᠴᠡᠭᠡ ᠶᠢ ᠬᠠᠩᠭᠠᠬᠤ ᠳᠤ ᠳᠤᠰᠠᠯᠠᠬᠤ᠂ ᠶᠢᠷᠤ ᠪᠠᠷ ᠮᠣᠩᠭᠣᠯ ᠬᠡᠯᠡ ᠶᠢᠨ ᠬᠡᠷᠡᠭᠯᠡᠭᠡ ᠶᠢ ᠳᠡᠯᠭᠡᠷᠡᠭᠦᠯᠪᠡ᠂ ᠡᠨᠡ ᠨᠢ ᠮᠣᠩᠭᠣᠯ ᠬᠡᠯᠡ ᠪᠢᠴᠢᠭ ᠦᠨ ᠬᠡᠷᠡᠭᠯᠡᠭᠡ ᠶᠢ ᠵᠣᠬᠢᠶᠠᠨ ᠪᠠᠢ᠌ᠭᠤᠯᠬᠤ ᠳᠤ ᠴᠢᠬᠤᠯᠠ ᠠᠴᠢ ᠬᠣᠯᠪᠣᠭᠳᠠᠯ ᠲᠠᠢ᠂ ᠮᠣᠩᠭᠣᠯ ᠬᠡᠯᠡ ᠶᠢᠨ ᠬᠡᠷᠡᠭᠯᠡᠭᠡ ᠶᠢᠨ ᠪᠠᠢ᠌ᠳᠠᠯ ᠢ ᠰᠠᠶᠢᠵᠢᠷᠠᠭᠤᠯᠬᠤ ᠳᠤ ᠲᠤᠰᠠᠯᠠᠪᠠ:: 2016 ᠣᠨ ᠳᠤ᠂ ᠮᠣᠩᠭᠣᠯ ᠬᠡᠯᠡ ᠪᠢᠴᠢᠭ ᠦᠨ ᠬᠡᠷᠡᠭᠯᠡᠭᠡ ᠶᠢᠨ ᠲᠣᠭ᠎ᠠ ᠪᠣᠯ 1.6 ᠳᠠᠬᠢᠨ ᠳᠤ ᠬᠦᠷᠴᠡ ᠰᠠᠶᠢᠵᠢᠷᠠᠯ ᠢ ᠣᠯᠪᠠ:: 2016 ᠣᠨ ᠤ 4 ᠰᠠᠷ᠎ᠠ ᠳᠤ ᠮᠣᠩᠭᠣᠯ ᠬᠡᠯᠡ ᠪᠢᠴᠢᠭ ᠦᠨ ᠬᠡᠷᠡᠭᠯᠡᠭᠡ ᠶᠢ ᠳᠡᠯᠭᠡᠷᠡᠭᠦᠯᠬᠦ ᠶᠢᠨ ᠭᠠᠷ ᠤᠨ ᠠᠪᠤᠯᠭ᠎ᠠ ᠶᠢ ᠮᠣᠩᠭᠣᠯ ᠬᠡᠯᠡ ᠶᠢᠨ ᠰᠤᠷᠭᠠᠭᠤᠯᠢ ᠳᠤ ᠨᠡᠪᠲᠡᠷᠡᠭᠦᠯᠦᠨ ᠦᠢᠯᠡᠴᠢᠯᠡᠭᠡ ᠦᠵᠡᠭᠦᠯᠪᠡ:: 2016 ᠣᠨ ᠤ 9 ᠰᠠᠷ᠎ᠠ ᠶᠢᠨ 27 ᠤ ᠡᠳᠦᠷ ᠡᠴᠡ ᠡᠬᠢᠯᠡᠨ ᠮᠣᠩᠭᠣᠯ ᠬᠡᠯᠡ ᠶᠢᠨ ᠰᠤᠷᠭᠠᠯᠢ ᠶᠢᠨ ᠤᠳᠬ᠎ᠠ ᠳᠤ ᠵᠣᠷᠢᠭᠤᠯᠤᠭᠰᠠᠨ ᠦᠢᠯᠡᠴᠢᠯᠡᠭᠡ 10 ᠰᠠᠶ᠎ᠠ ᠳᠤ ᠬᠦᠷᠪᠡ:: 2016 ᠣᠨ ᠤ ᠮᠣᠩᠭᠣᠯ ᠬᠡᠯᠡ ᠶᠢᠨ ᠦᠭᠡ ᠶᠢ ᠰᠤᠷᠤᠯᠴᠠᠬᠤ ᠠᠷᠭ᠎ᠠ ᠶᠢ ᠬᠦᠮᠦᠵᠢᠯ ᠦᠨ ᠬᠡᠷᠡᠭᠯᠡᠭᠡ ᠪᠠᠷ 《 ᠮᠣᠩᠭᠣᠯ ᠬᠡᠯᠡ ᠰᠤᠷᠤᠯᠴᠠᠬᠤ + 》 ᠰᠤᠷᠤᠯᠴᠠᠭ᠎ᠠ ᠶᠢᠨ ᠬᠡᠯᠡᠪᠡᠷᠢ ᠶᠢ 《 ᠮᠣᠩᠭᠣᠯ ᠬᠡᠯᠡ ᠶᠢᠨ ᠤᠳᠬ᠎ᠠ ᠶᠠᠭ ᠰᠤᠷᠤᠯᠴᠠᠬᠤ ＋APP ᠬᠡᠯᠡᠪᠡᠷᠢ ᠲᠡᠢ ᠪᠣᠯᠭᠠᠨ ᠰᠢᠨᠡᠳᠬᠡᠪᠡ᠂ ᠮᠣᠩᠭᠣᠯ ᠬᠡᠯᠡ ᠪᠢᠴᠢᠭ ᠦᠨ ᠦᠢᠯᠡᠴᠢᠯᠡᠭᠡ ᠶᠢᠨ ᠴᠢᠳᠠᠪᠬᠢ ᠶᠢ ᠳᠡᠭᠡᠭᠰᠢᠯᠡᠭᠦᠯᠪᠡ᠂ ᠮᠣᠩᠭᠣᠯ ᠬᠡᠯᠡ ᠶᠢᠨ ᠪᠠᠶᠠᠯᠢᠭ ᠤᠨ ᠰᠠᠩ ᠢ ᠪᠦᠷᠢᠳᠬᠡᠬᠦ ᠳᠤ ᠴᠢᠬᠤᠯᠠ ᠠᠴᠢ ᠬᠣᠯᠪᠣᠭᠳᠠᠯ ᠲᠠᠢ:: 2 ᠮᠣᠩᠭᠣᠯ ᠬᠡᠯᠡ ᠶᠢᠨ ᠦᠭᠡ ᠶᠢᠨ ᠬᠡᠯᠡᠬᠦ ᠶᠢᠨ ᠴᠢᠳᠠᠪᠬᠢ ᠶᠢ 《ᠰᠤᠷᠬᠤ ᠤᠨ ᠰᠠᠭᠤᠷᠢ ᠳᠤ ᠪᠡᠬᠡᠵᠢᠭᠦᠯᠦᠨ᠂ ᠰᠤᠷᠭᠠᠭᠤᠯᠢ ᠶᠢᠨ ᠰᠤᠷᠤᠯᠴᠠᠭᠴᠢᠳ ᠤᠨ ᠰᠣᠨᠢᠷᠬᠠᠯ ᠢ ᠬᠥᠭᠵᠢᠭᠦᠯᠪᠡ:: ᠡᠳᠦᠷ ᠪᠦᠷᠢ ᠬᠡᠷᠡᠭᠯᠡᠭᠡ᠂ ᠵᠢᠯ ᠪᠦᠷᠢ ᠬᠡᠷᠡᠭᠯᠡᠭᠡ᠂ ᠮᠣᠩᠭᠣᠯ ᠬᠡᠯᠡ ᠶᠢᠨ ᠰᠤᠷᠭᠠᠯᠢ ᠶᠢᠨ ᠬᠡᠷᠡᠭᠯᠡᠭᠡ ᠳᠤ ᠪᠠᠢ᠌ᠭᠤᠯᠤᠯᠲᠠ ᠬᠦᠷᠡᠯᠴᠡᠭᠡ ᠶᠢ ᠪᠦᠷᠢᠳᠬᠡᠪᠡ᠂ ᠡᠨᠡ ᠪᠣᠯ ᠨᠡᠢ᠌ᠭᠡᠮ ᠦᠨ ᠬᠠᠮᠲᠤ ᠶᠢᠨ ᠪᠠᠢ᠌ᠭᠤᠯᠤᠯᠲᠠ ᠪᠣᠯᠤᠨ ᠮᠣᠩᠭᠣᠯ ᠬᠡᠯᠡ ᠶᠢᠨ ᠬᠡᠷᠡᠭᠯᠡᠭᠡ ᠶᠢᠨ ᠰᠠᠯᠪᠤᠷᠢ ᠳᠤ ᠵᠢᠯ ᠳᠤ ᠨᠢᠭᠡ ᠬᠡᠰᠡᠭ ᠢᠯᠡᠭᠡᠵᠦ ᠪᠣᠯᠬᠤ ᠪᠠ ᠪᠦᠲᠦᠭᠡᠯ ᠢ 5000 ᠮᠣᠩᠭᠣᠯ ᠬᠡᠯᠡ ᠶᠢᠨ ᠳᠤᠮᠳᠠ ᠰᠤᠷᠭᠠᠭᠤᠯᠢ᠂ ᠲᠡᠭᠦᠨ ᠦ ᠳᠣᠲᠤᠷ᠎ᠠ ᠮᠣᠩᠭᠣᠯ ᠬᠡᠯᠡ ᠶᠢᠨ ᠰᠤᠷᠭᠠᠯᠢ ᠶᠢ ᠦᠨᠳᠦᠰᠦᠯᠡᠭᠰᠡᠨ ᠨᠢ ᠵᠢᠯ ᠳᠤ ᠪᠡᠨ ᠪᠢᠴᠢᠭ ( ᠲᠣᠭᠠᠨ ᠤ ) ᠰᠤᠷᠭᠠᠭᠤᠯᠢ ᠪᠣᠯᠤᠨ᠎ᠠ᠂ ᠮᠣᠩᠭᠣᠯ ᠬᠡᠯᠡ ᠶᠢᠨ ᠪᠠᠶᠠᠯᠢᠭ ᠢ ᠪᠦᠷᠢᠳᠬᠡᠯ ᠦᠨ ᠬᠡᠷᠡᠭᠯᠡᠭᠡᠨ ᠢ ᠳᠡᠯᠭᠡᠷᠡᠭᠦᠯᠦᠨ ᠪᠠᠶᠠᠵᠢᠭᠤᠯᠬᠤ ᠳᠤ ᠴᠢᠬᠤᠯᠠ ᠨᠥᠯᠦᠭᠡ ᠦᠵᠡᠭᠦᠯᠦᠭᠰᠡᠨ᠂ ᠮᠣᠩᠭᠣᠯ ᠬᠡᠯᠡ ᠮᠣᠩᠭᠣᠯ

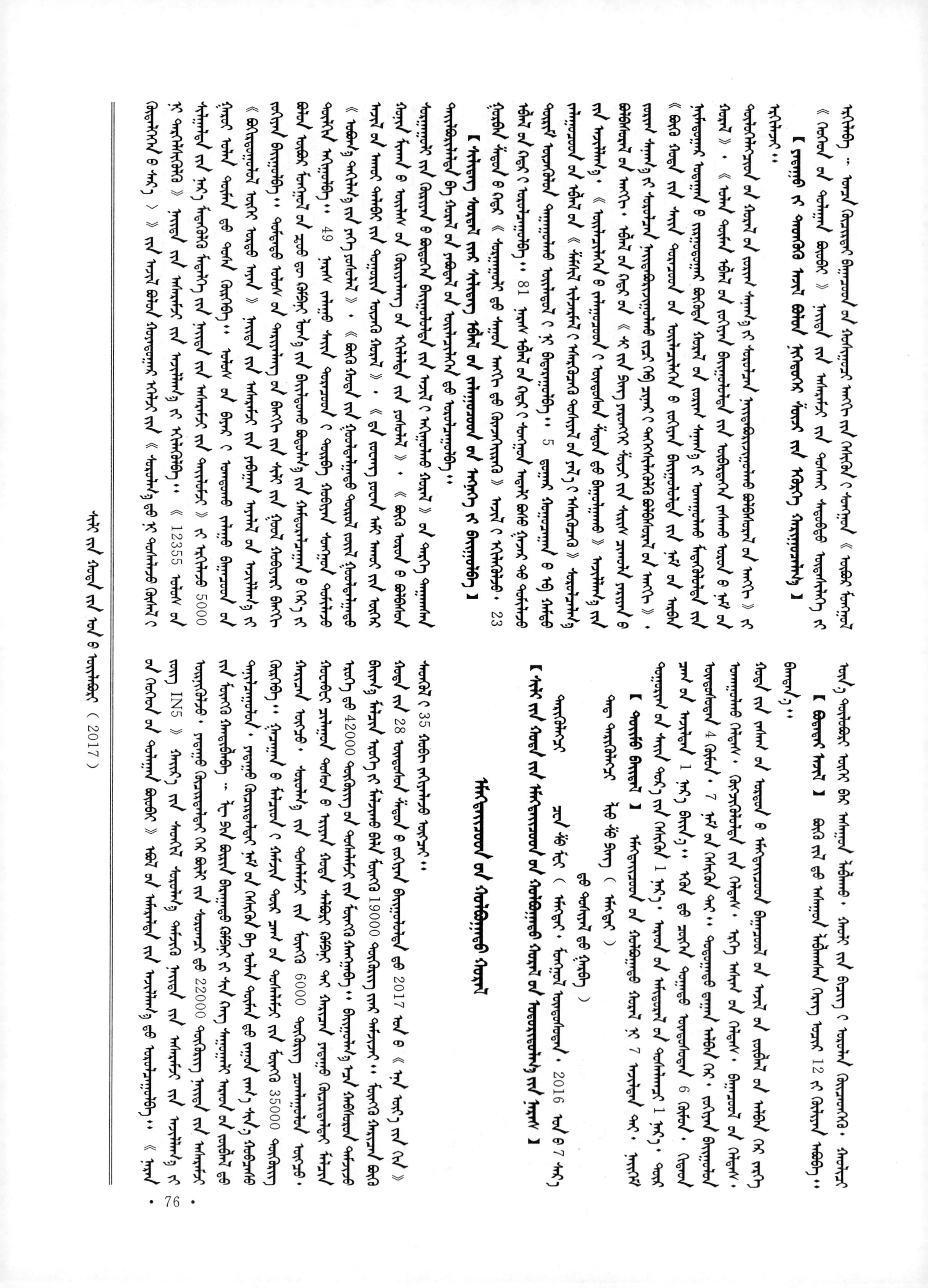

ᠲᠣᠭ᠎ᠠ IN5 》 ᠰᠠᠷᠠᠨ ᠤᠨ ᠲᠣᠭᠠᠨ ᠲᠣᠭᠠᠯᠠᠯ ᠤᠨ ᠪᠠᠶᠢᠭᠤᠯᠤᠯ ᠰᠡᠳᠬᠦᠯ ᠦᠨ ᠬᠡᠪᠯᠡᠯ ᠦᠨ ᠬᠡᠪᠯᠡᠭᠳᠡᠵᠤ ᠪᠠ

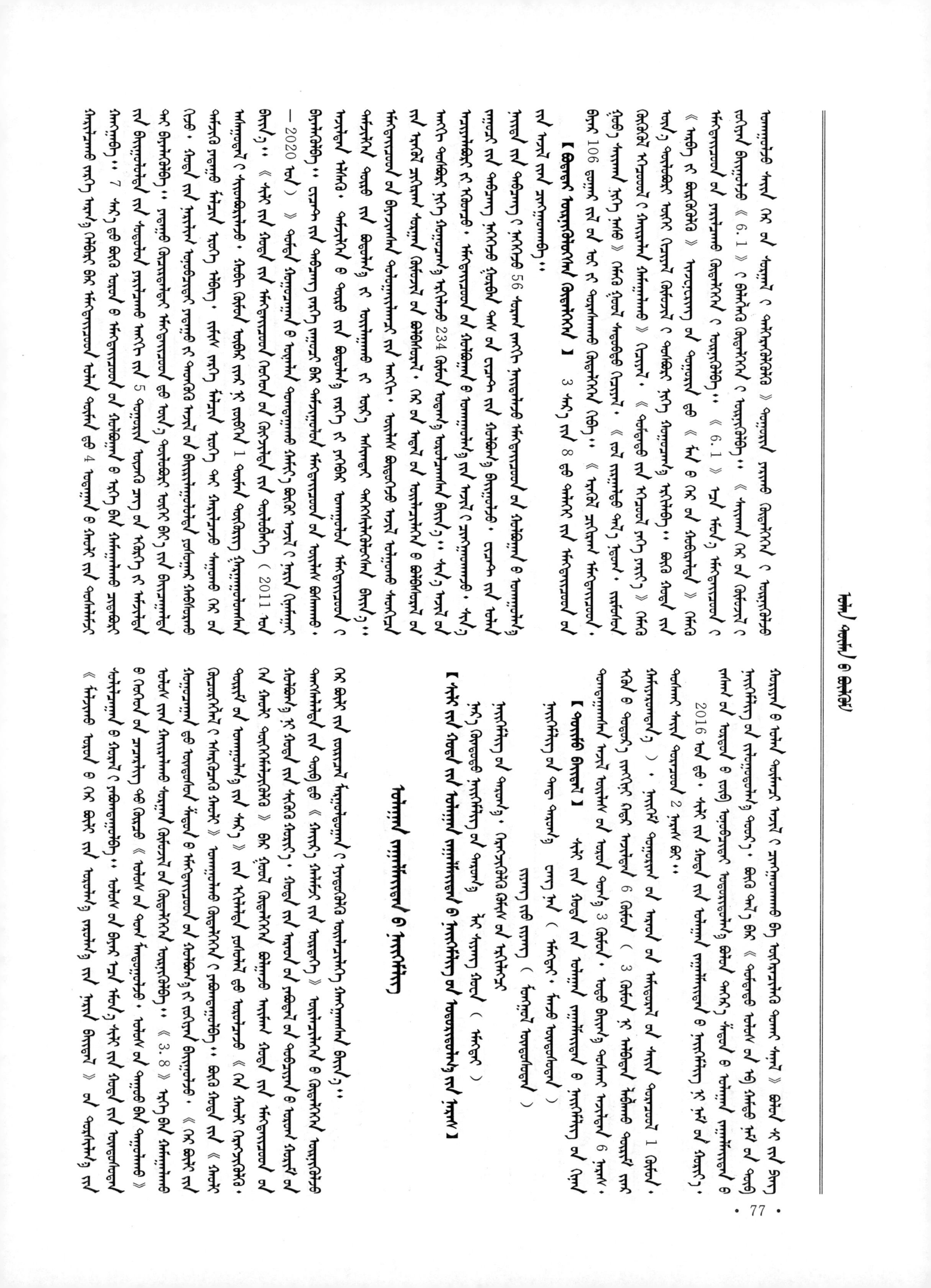

[illegible]

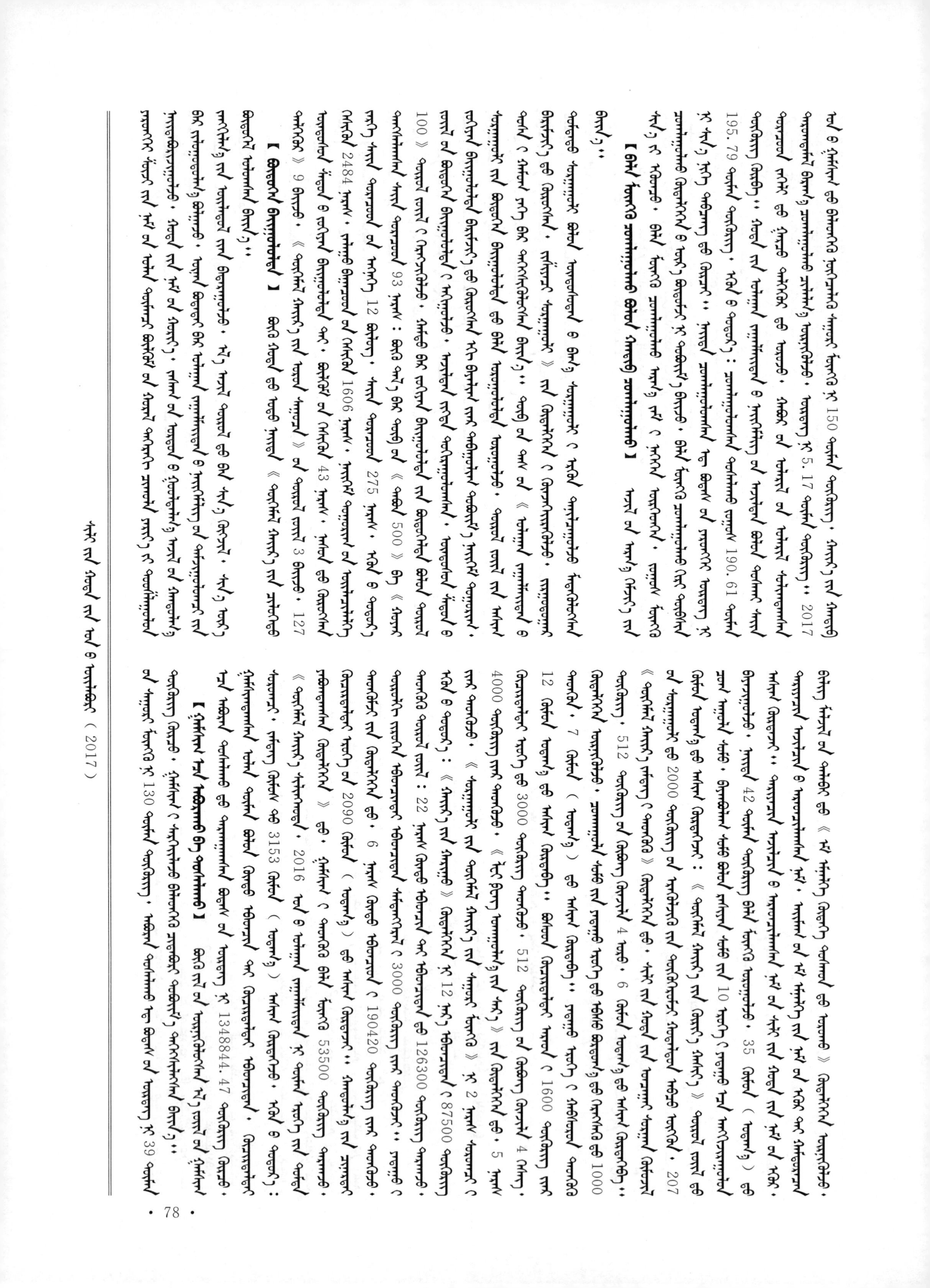

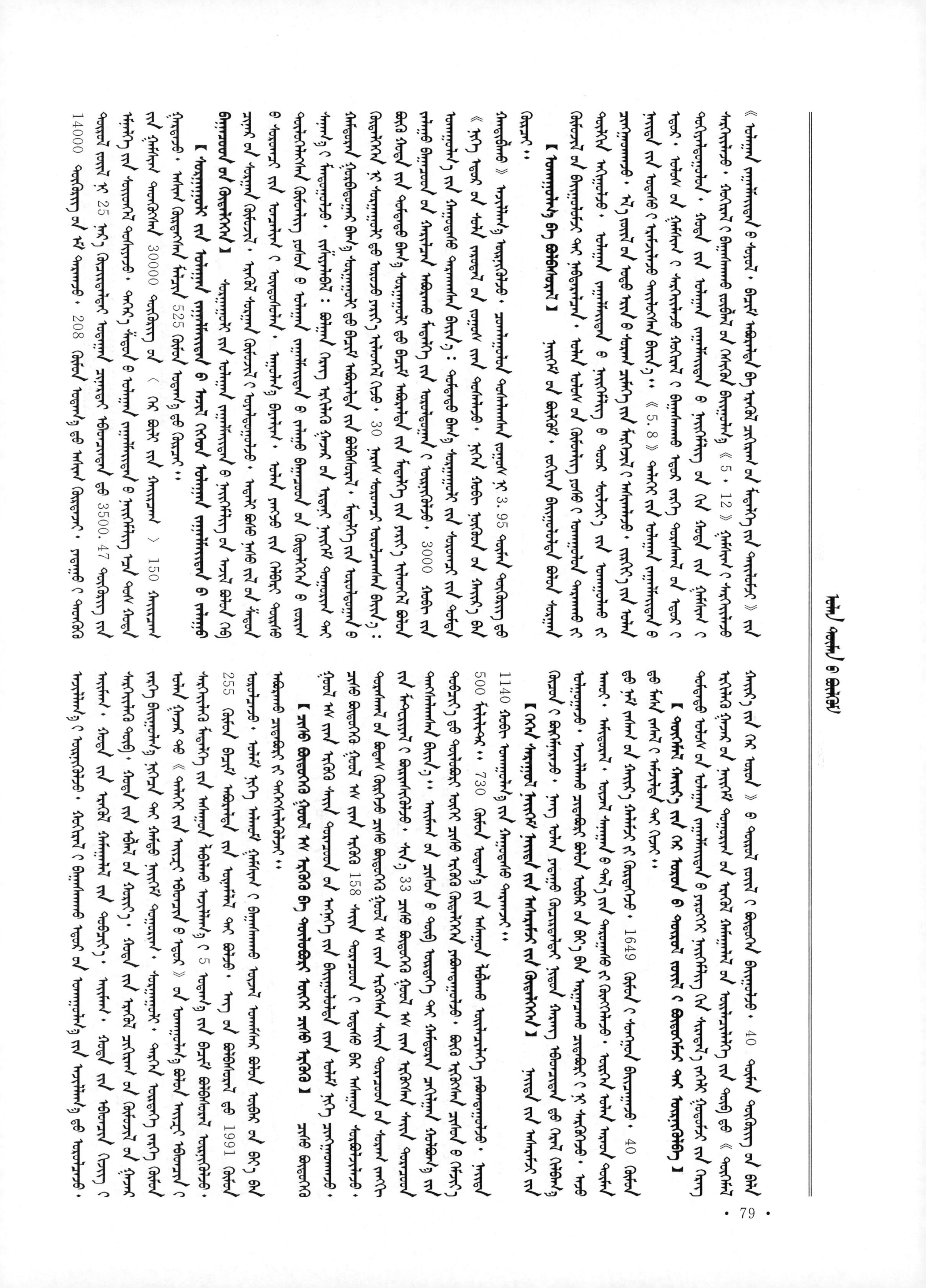

[illegible]

《 [illegible] 》 [illegible] 《5·12》 [illegible] 《5.8》 [illegible]

【[illegible]】 [illegible]

[illegible] 3.95 [illegible] [illegible] 3000 [illegible] 30 [illegible]

【[illegible]】 [illegible] 525 [illegible]

[illegible] 30000 [illegible] 〈 [illegible] 〉 150 [illegible] 25 [illegible] 3500.47 [illegible] 14000 [illegible] 208 [illegible]

[illegible] 40 [illegible] 《 [illegible]

【[illegible]】

[illegible] 1649 [illegible] 40 [illegible]

【[illegible]】 [illegible] 1140 [illegible]

500 [illegible] 730 [illegible] 33 [illegible] 158 [illegible]

【[illegible]】 [illegible]

[illegible] 255 [illegible] 1991 [illegible] 5 [illegible] 《 [illegible] 》 [illegible]

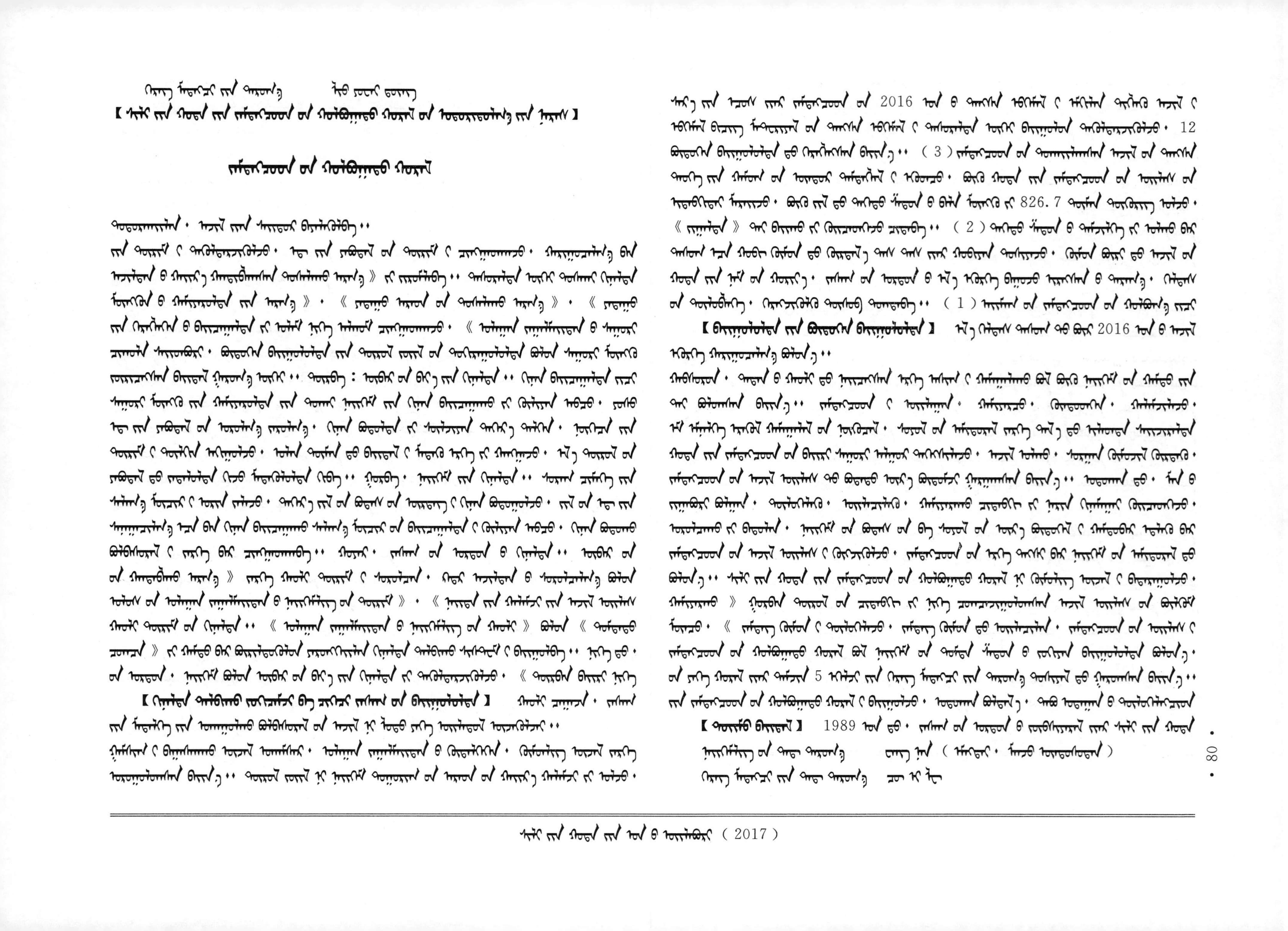

[illegible]

【 [illegible] 】

## [illegible]

[illegible] ·· [illegible] 《 [illegible] 》 · 《 [illegible] 》 · 《 [illegible] 》 [illegible] ··

【 [illegible] 】 [illegible] ··

[illegible] 2016 [illegible] · 12 [illegible] ·· （3）[illegible] 826.7 [illegible] · 《 [illegible] 》 [illegible] ·· （2）[illegible] ·· （1）[illegible]

【 [illegible] 】 [illegible] 2016 [illegible] ··

[illegible] 《 [illegible] 》 [illegible] 5 [illegible] ··

【 [illegible] 】 1989 [illegible] （[illegible]）
[illegible]

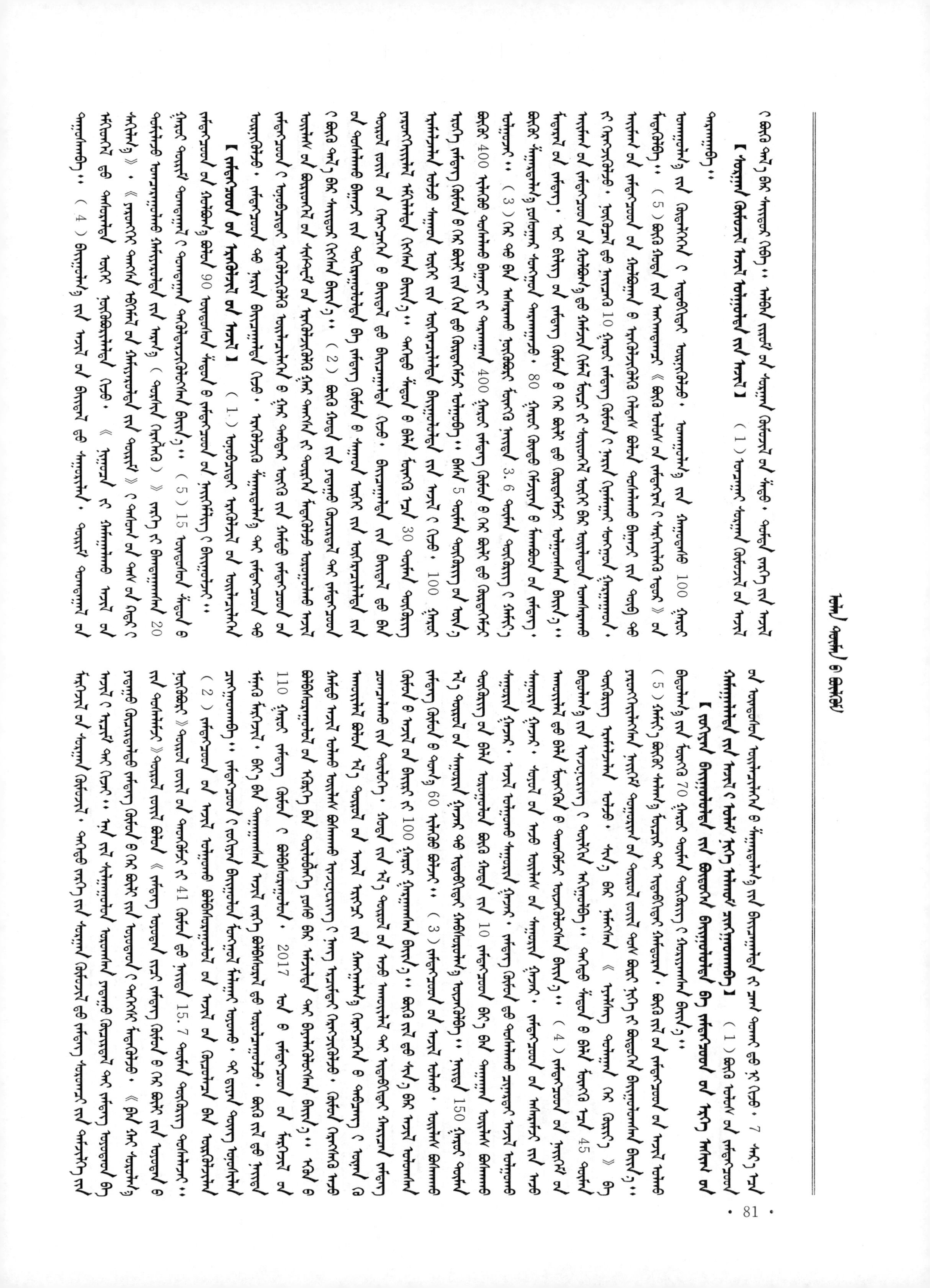

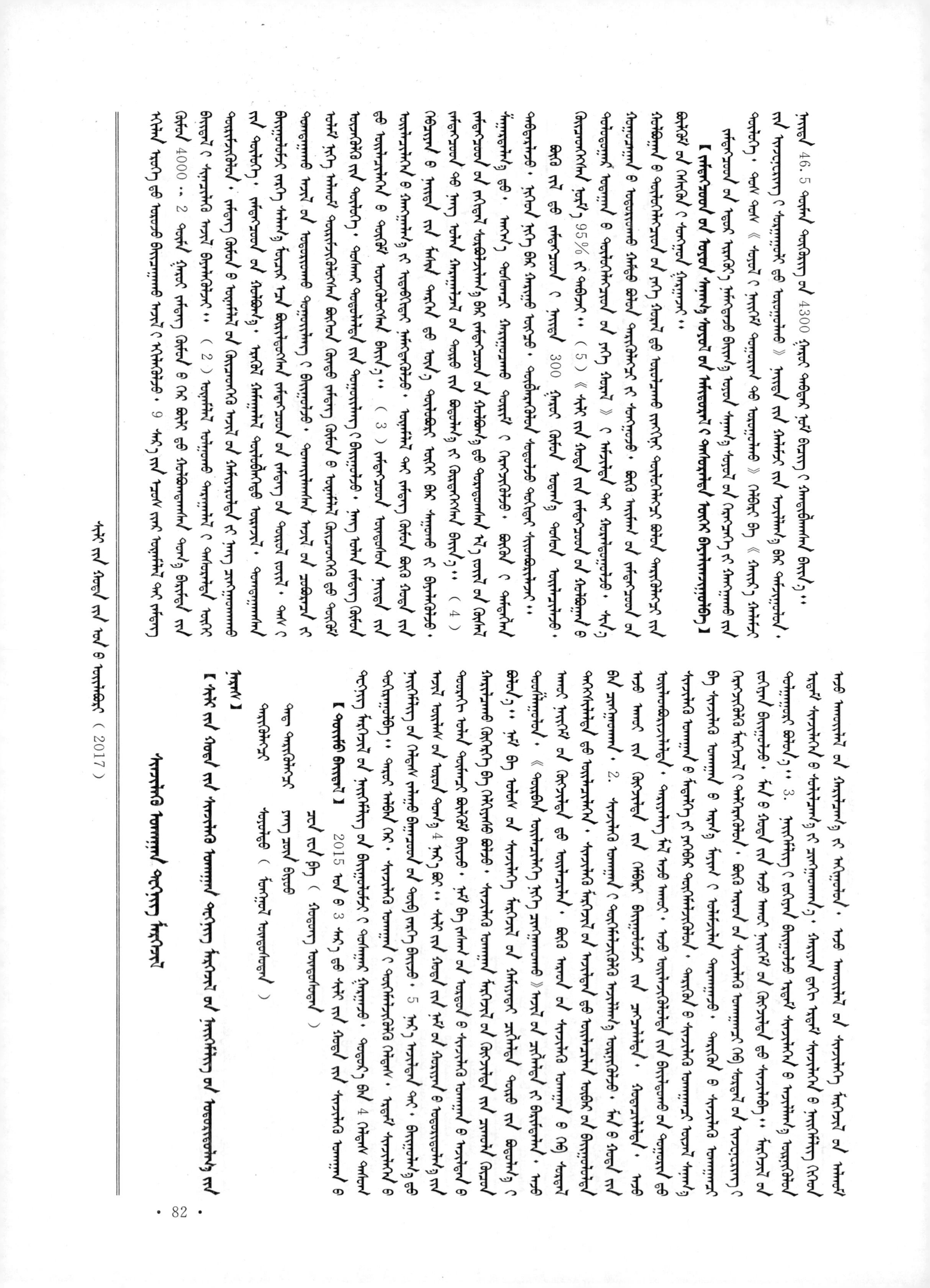

[illegible] 46.5 [illegible] 4300 [illegible]

【 [illegible] 】

[illegible] 95% [illegible] ( 5 ) [illegible]

[illegible] 300 [illegible]

[illegible] ( 4 ) [illegible]

[illegible] ( 3 ) [illegible]

[illegible] ( 2 ) [illegible] 4000 .. 2 [illegible] 9 [illegible]

[illegible] 3. [illegible]

[illegible] 2. [illegible]

[illegible] 4 [illegible] 5 [illegible]

[illegible] 4 [illegible]

【 [illegible] 】 2015 [illegible] 3 [illegible]

## [illegible]

[illegible] ( [illegible] )

[illegible]

[illegible] ( [illegible] )

【 [illegible] 】

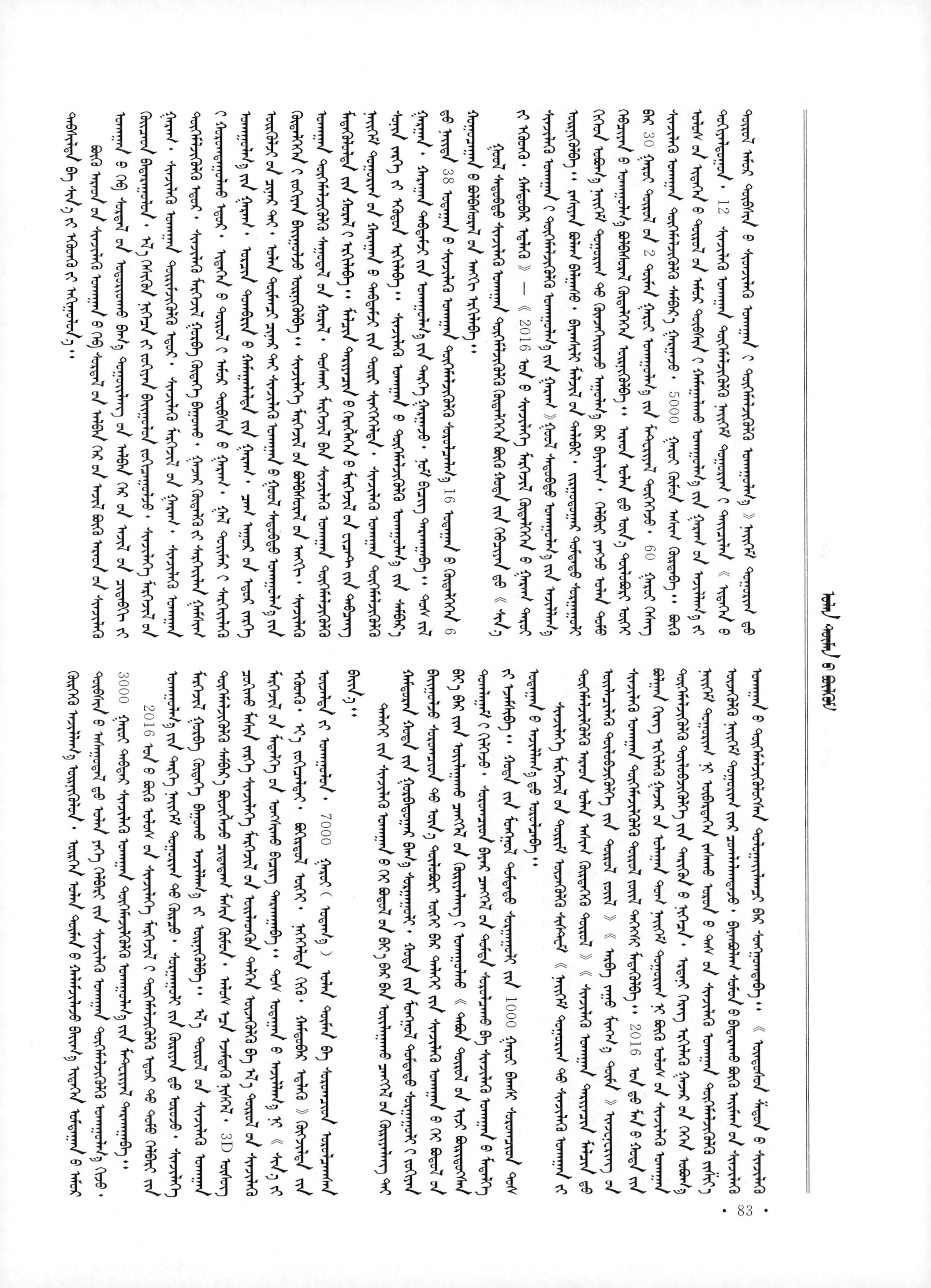

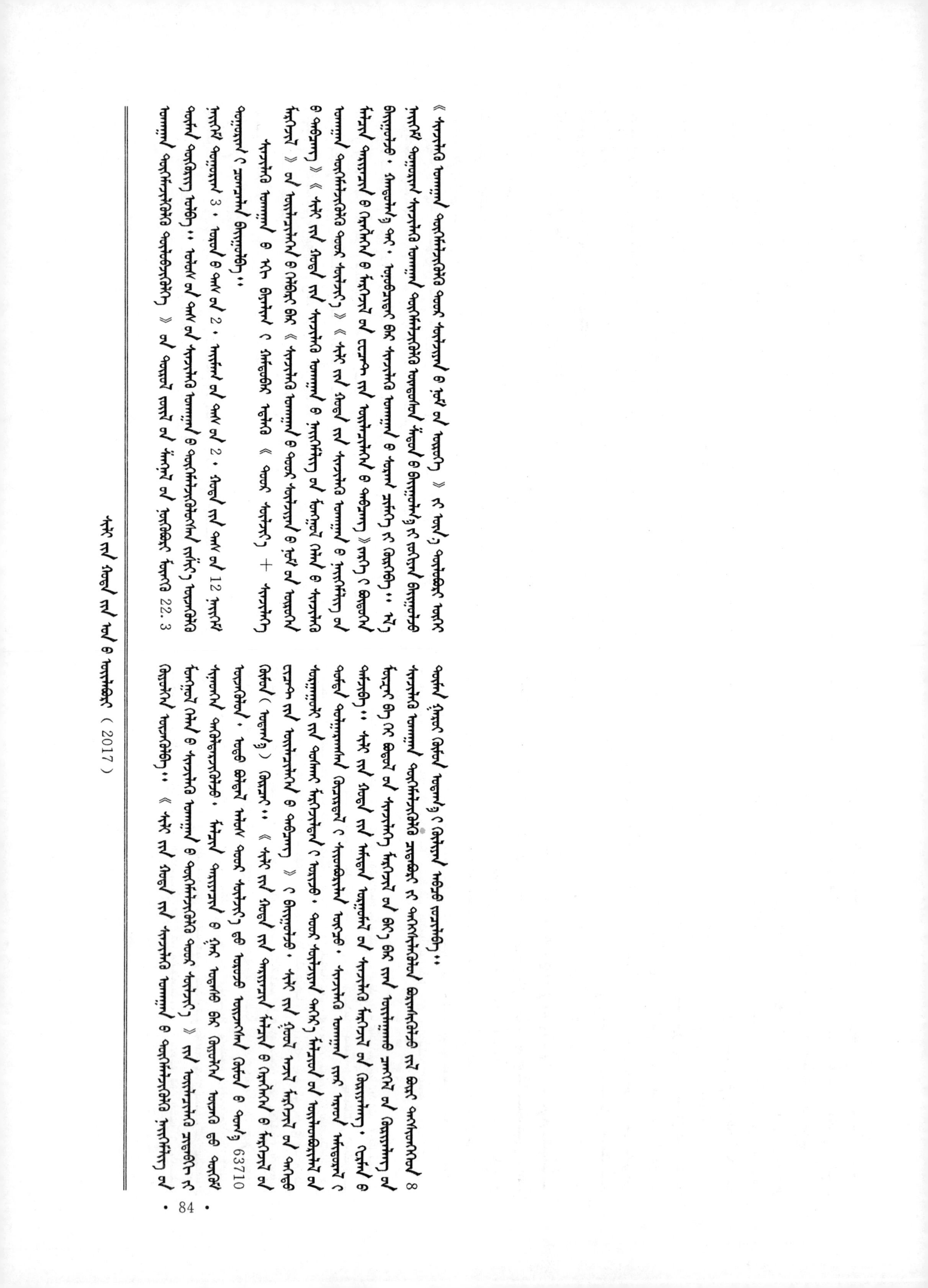

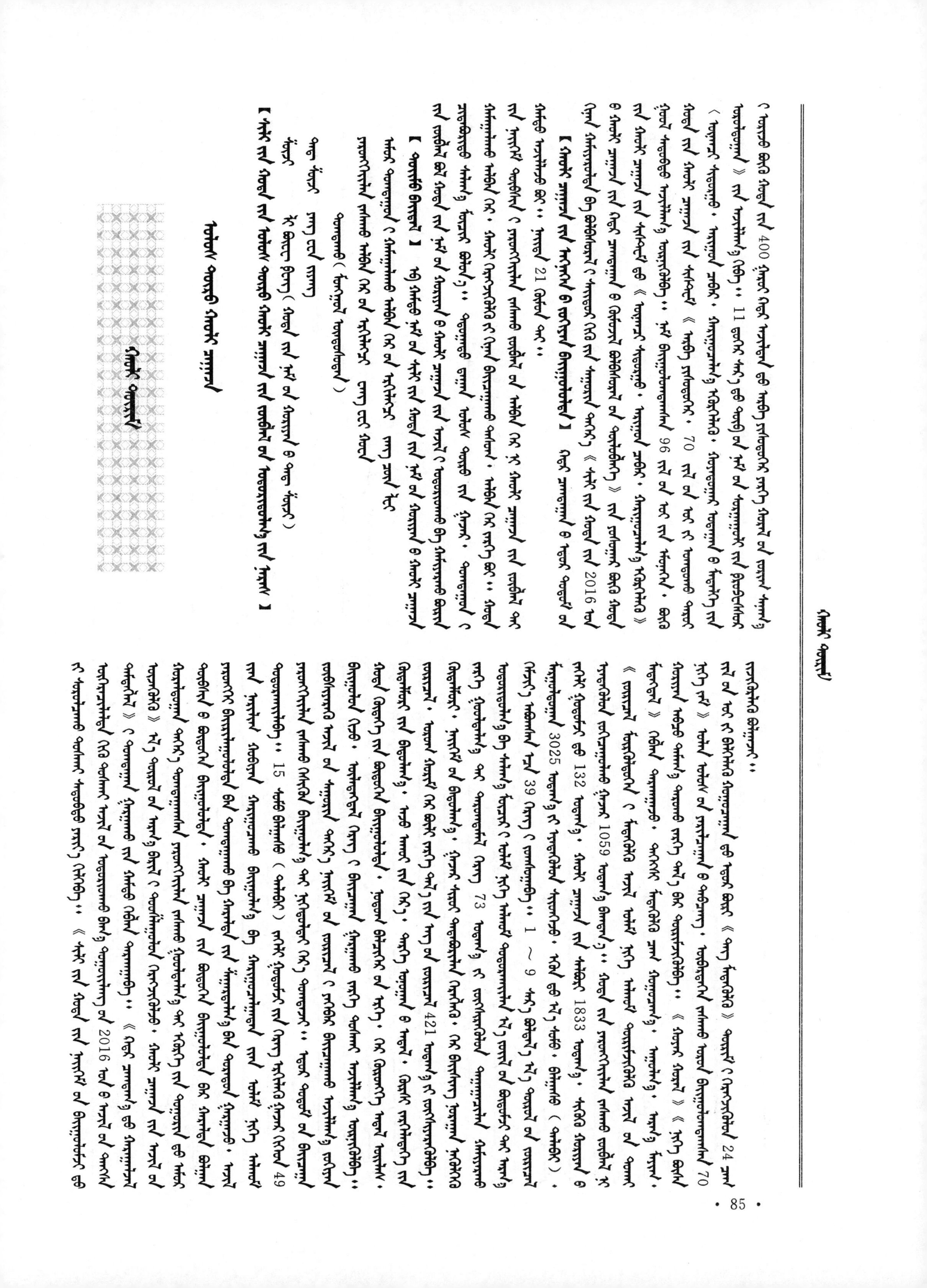

[illegible]

ᠭᠠᠵᠠᠷ ᠂ 38 ᠬᠣᠷᠢᠶ᠎ᠠ ᠪᠠ ᠬᠣᠲᠠ ᠪᠠᠢᠭᠤᠯᠤᠯᠭ᠎ᠠ ᠪᠠ ᠬᠣᠷᠢᠶ᠎ᠠ ᠶᠢᠨ ᠪᠠᠢᠭᠤᠯᠤᠯᠭ᠎ᠠ 19 ᠪᠠᠢᠭᠤᠯᠤᠭᠰᠠᠨ ᠪᠠᠢᠨ᠎ᠠ ᠃ 《 ᠰᠢᠨᠡᠴᠢᠯᠡᠬᠦ
ᠬᠣᠷᠢᠶ᠎ᠠ ᠪᠠ ... 4 ᠬᠣᠷᠢᠶ᠎ᠠ ᠪᠠ ... 4 ... 2177 ... 84 ... 7989 ... 119 ... 260 ... 13 ... 10 ... 423 ... 277 ... 1500 ( ... ) ... 7462 ... 1000 ... 56 ... 8 ... 48 ... 5 ... 134 ... 95 ... 100 ... 100 ... 935 ... 75 ... 1077 ... 502 ... 145 ... 292 ... 2 ... 2 ...

【 ... 】 2015

... 6 ... 1 ... 《 ... 》 ... 5 ... 12 ... 1 ... 2065 ... 4 ... 4 ... 10 ... LED ... 20 ... 1400 ... 20 ... ( ... ) ... 》 ... 《 ... ( ... ) ...

【 ... 】 4 ...

... 4 ...

【 ... 】

... 》 ... 15 ... 22 ... 3

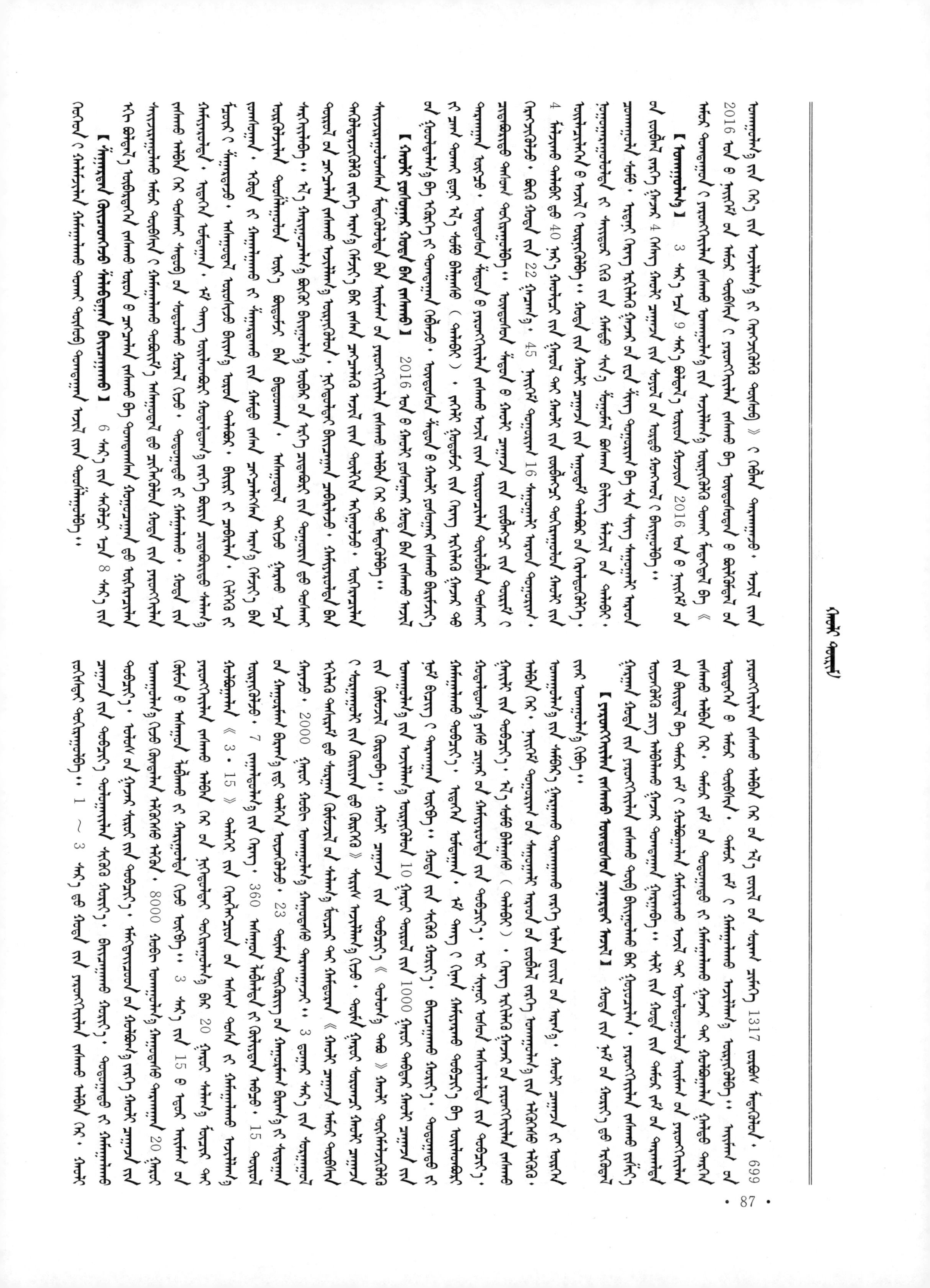

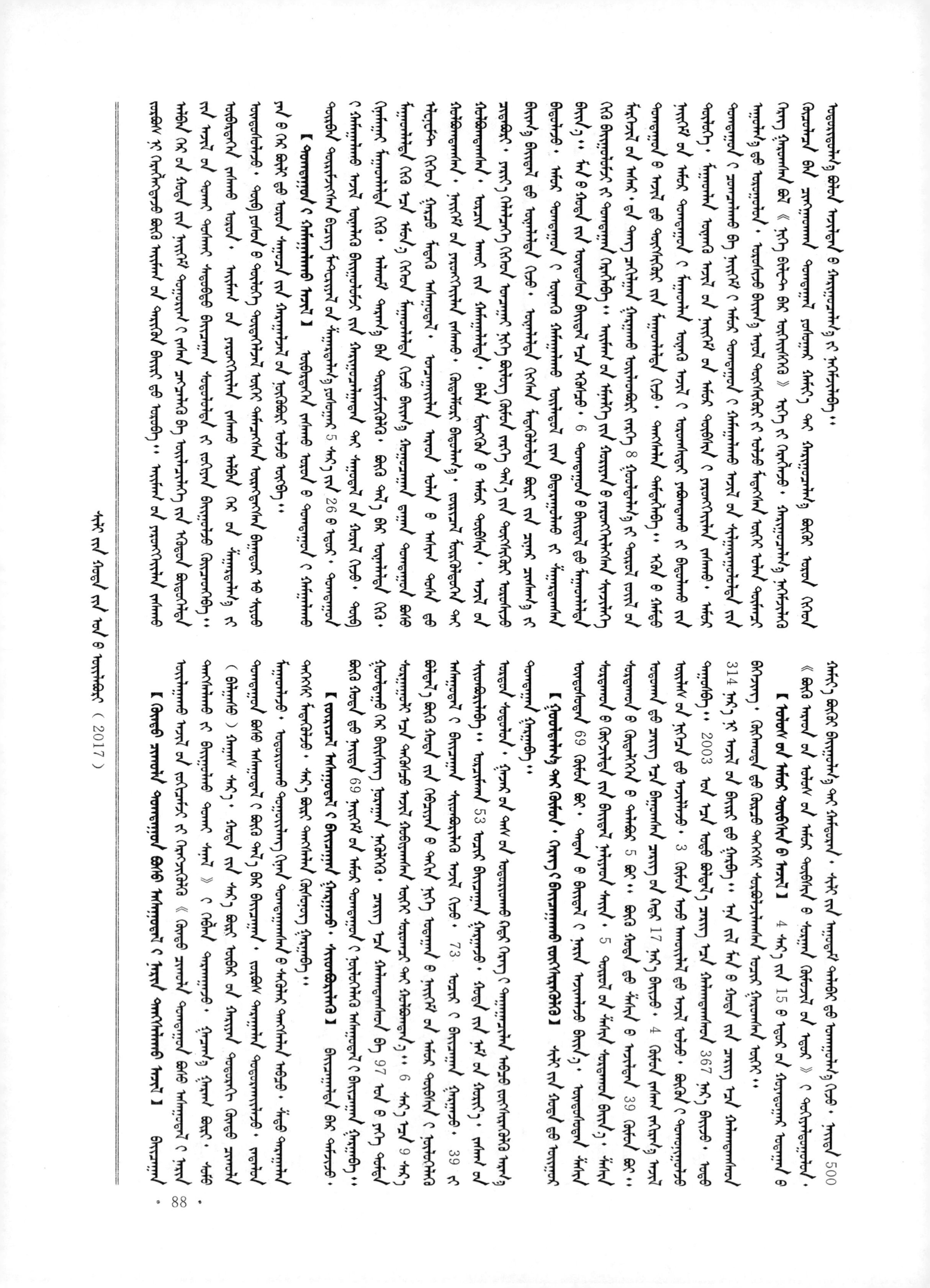

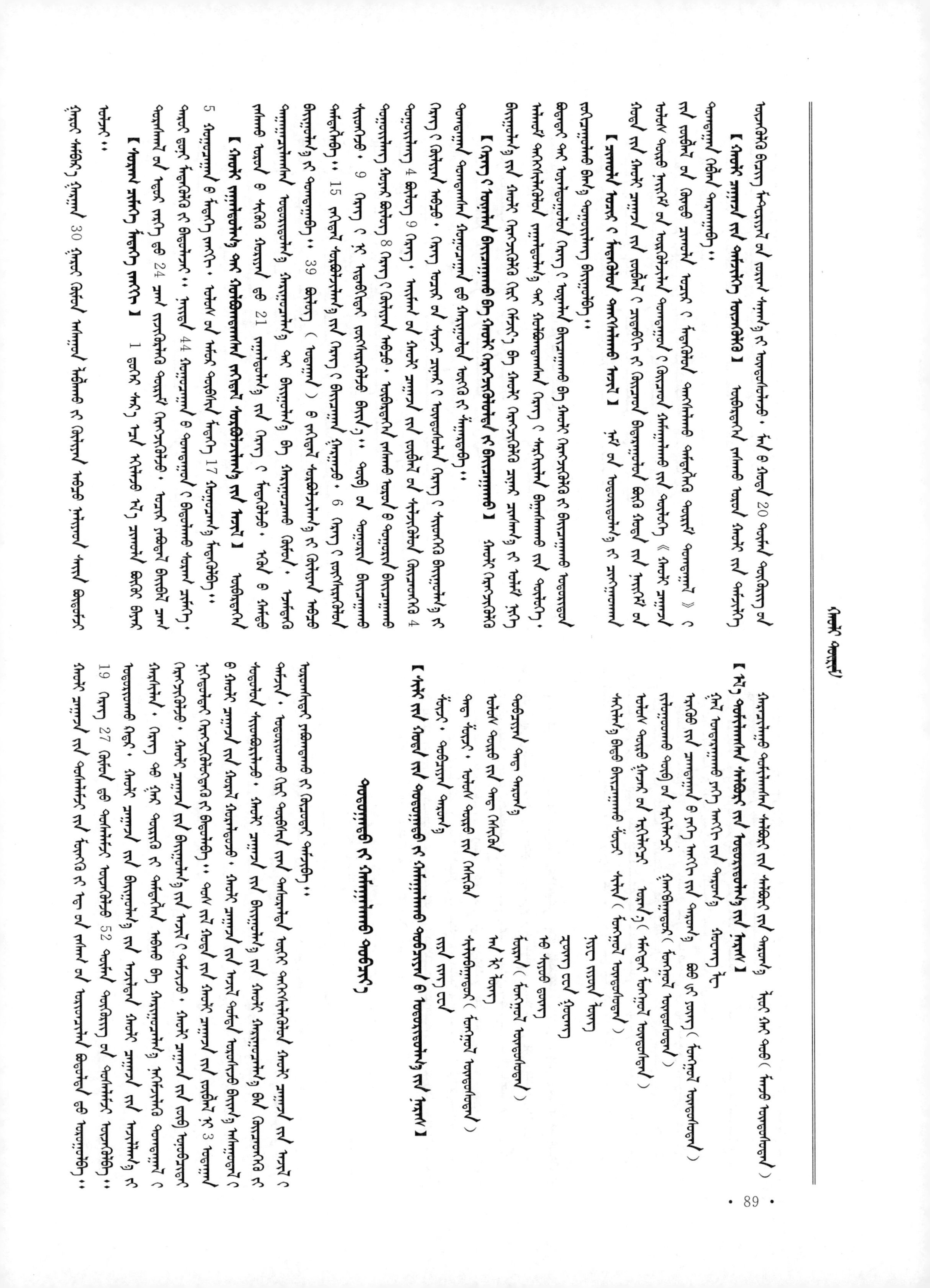

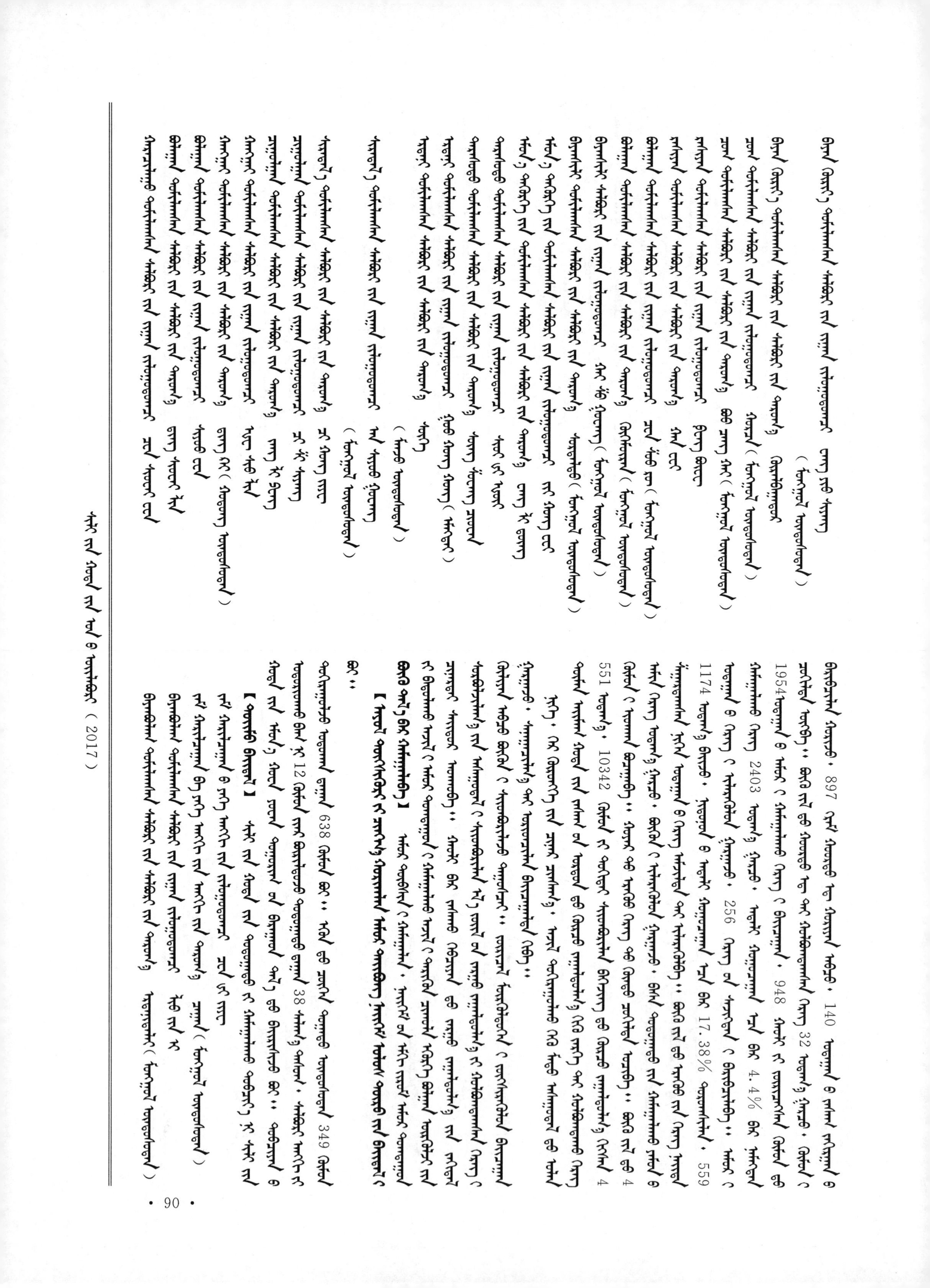

897 · 140 · 32 · 1954 · 948 · 4.4% · 2403 · 256 · 17.38% · 1174 · 559 · 551 · 10342 · 4

638 · 349 · 12 · 38

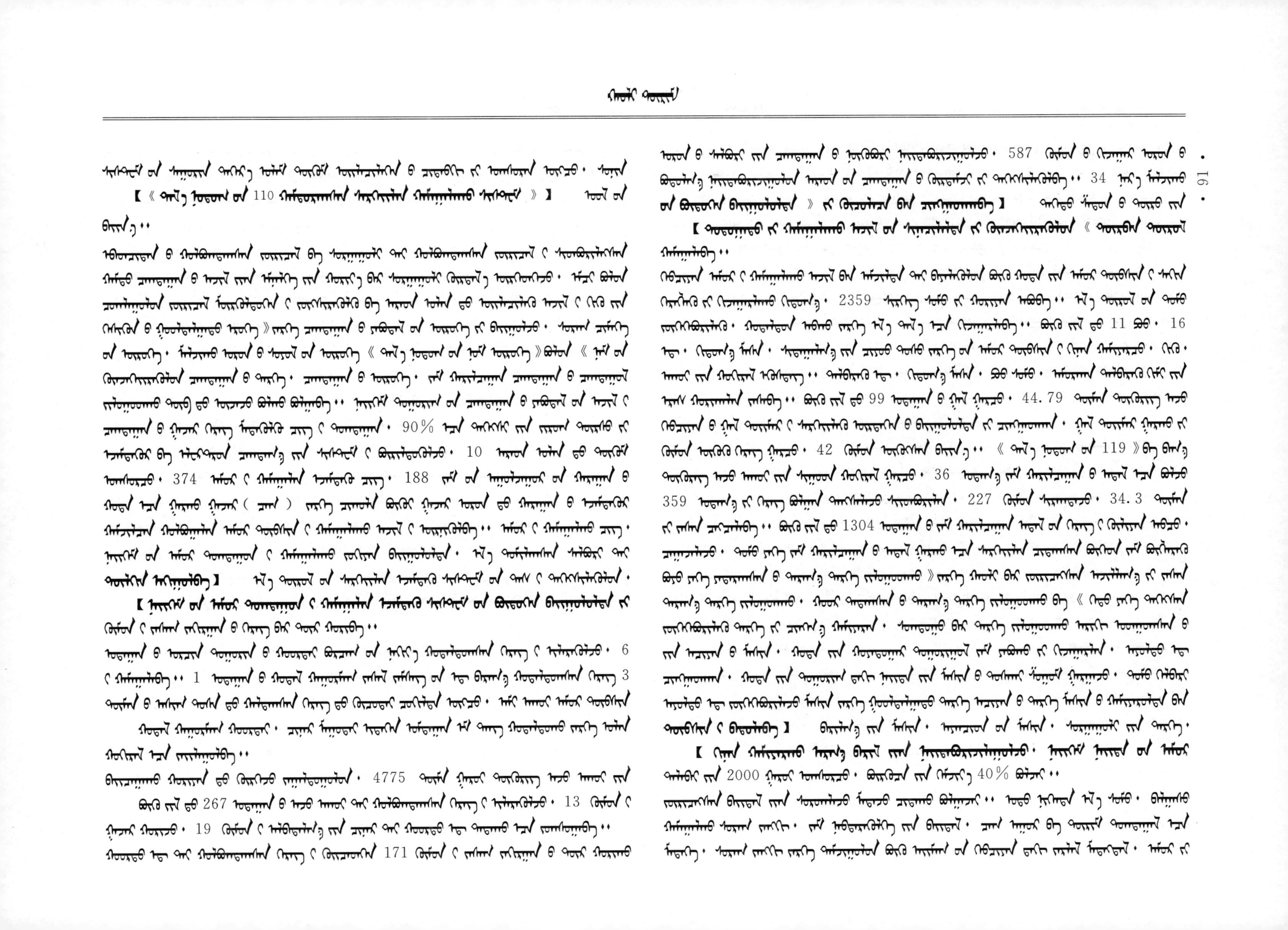

[illegible] 【《[illegible] 110 [illegible]》】 [illegible]

[illegible] 90% [illegible] 10 [illegible] 374 [illegible] 188 [illegible] ( [illegible] ) [illegible]

【[illegible]】

[illegible] 6 [illegible] 3 [illegible] 1 [illegible]

[illegible]

[illegible] 4775 [illegible]

[illegible] 267 [illegible] 13 [illegible] 19 [illegible] 171 [illegible]

[illegible] 587 [illegible] 34 [illegible] 《[illegible]》 [illegible]

【[illegible]《[illegible]》】

[illegible] 2359 [illegible] 11 [illegible] 16 [illegible] 99 [illegible] 44.79 [illegible] 42 [illegible] 《[illegible] 119》 [illegible] 36 [illegible] 359 [illegible] 227 [illegible] 34.3 [illegible] 1304 [illegible] 《[illegible]》 [illegible]

【[illegible]】 [illegible] 2000 [illegible] 40% [illegible]

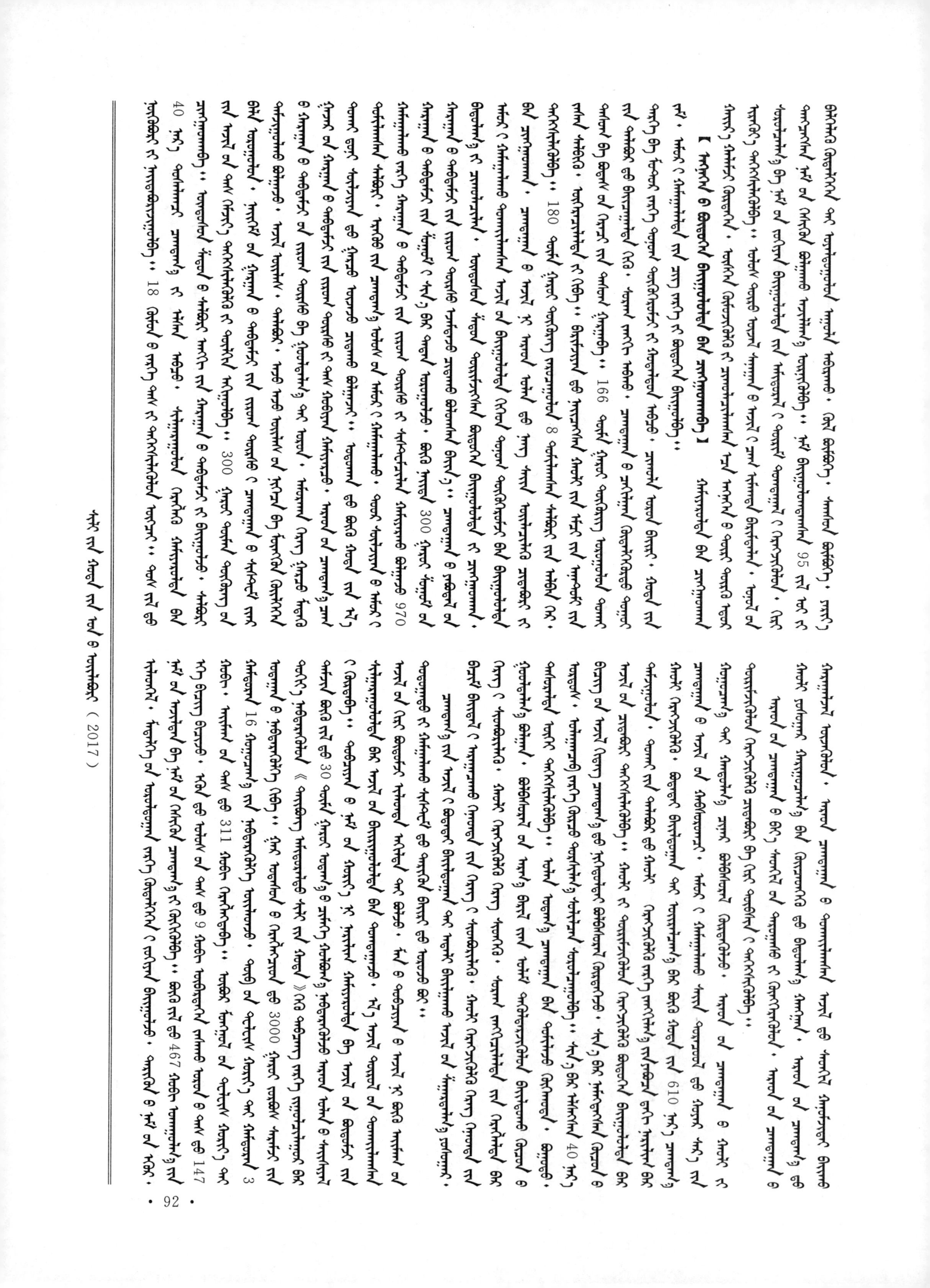

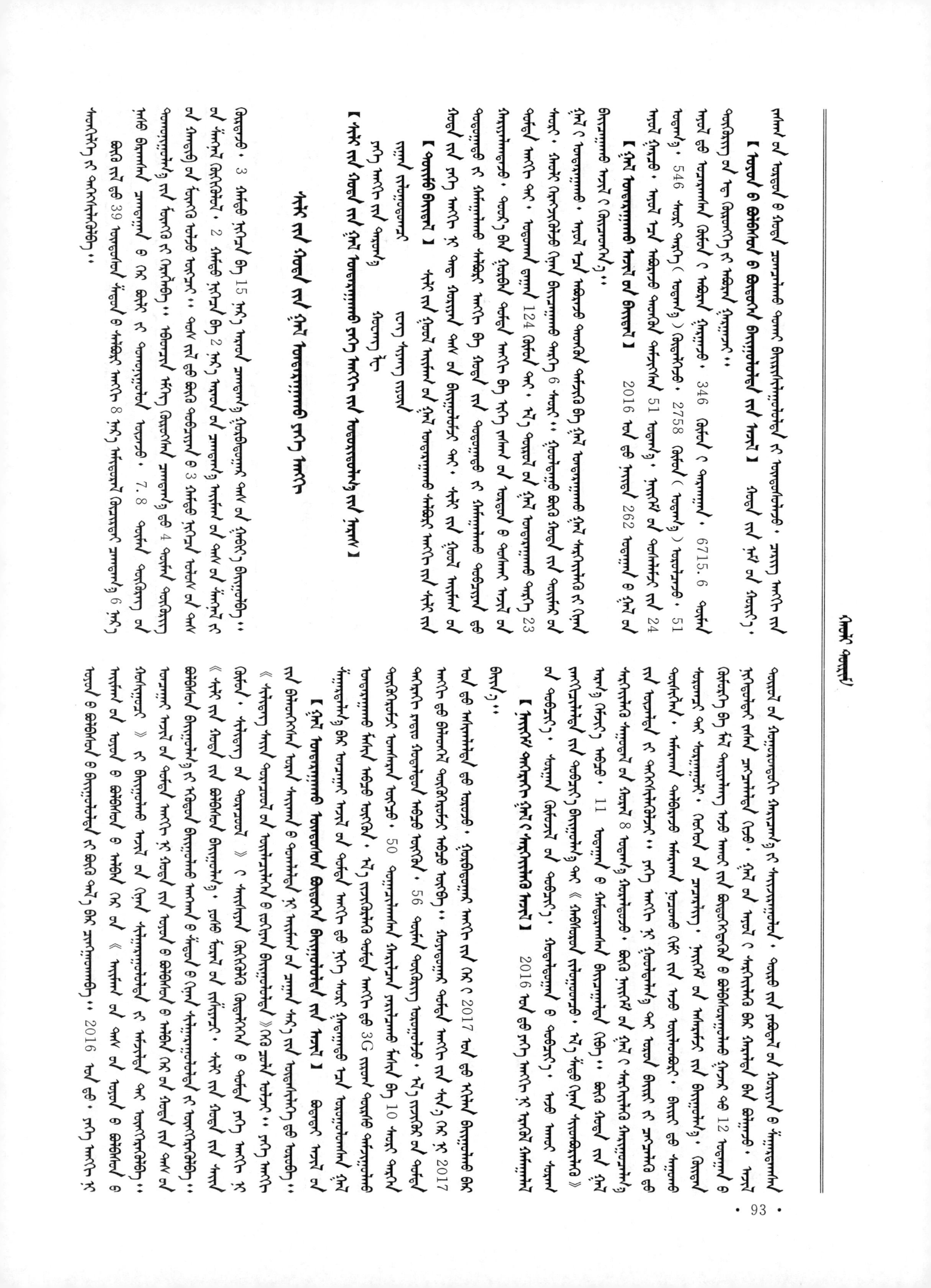

[illegible] · [illegible]

【[illegible]】 [illegible] ·
[illegible] ::
[illegible] · 346 [illegible] · 6715.6 [illegible] · 546 [illegible] ( [illegible] ) [illegible] · 2758 [illegible] ( [illegible] ) [illegible] · 51 [illegible] · [illegible] 51 [illegible] · [illegible] 24

【[illegible]】 2016 [illegible] 262 [illegible] ::

[illegible] · [illegible] 6 [illegible] :: [illegible] · [illegible] 124 [illegible] · [illegible] 23 [illegible] · [illegible] · [illegible]

【[illegible]】 [illegible]

| | |
|---|---|
| [illegible] | [illegible] |
| [illegible] | [illegible] |

【[illegible]】

## [illegible]

[illegible] · 3 [illegible] 15 [illegible] :: [illegible] · 2 [illegible] 2 [illegible] :: [illegible] 3 [illegible] :: [illegible] 4 [illegible] · 7.8 [illegible]

[illegible] 39 [illegible] 8 [illegible] 6 [illegible] ::

[illegible] · [illegible] · [illegible] 12 [illegible] · [illegible] · [illegible] · [illegible] · [illegible] :: [illegible] 8 [illegible] · [illegible] 11 [illegible] :: [illegible] 《[illegible] · [illegible]》 [illegible] · [illegible] · [illegible] · [illegible]

【[illegible]】 2016 [illegible] ::

[illegible] · [illegible] 2017 [illegible] :: [illegible] 2017 [illegible] · 56 [illegible] · [illegible] · 50 [illegible] 10 [illegible] · [illegible] 3G [illegible]

【[illegible]】 [illegible] :: 《[illegible]》 [illegible] :: [illegible] · [illegible] 》 [illegible] 《[illegible] · [illegible] · [illegible] :: [illegible] 》 [illegible] :: [illegible] 《 [illegible] :: 2016 [illegible] · [illegible]

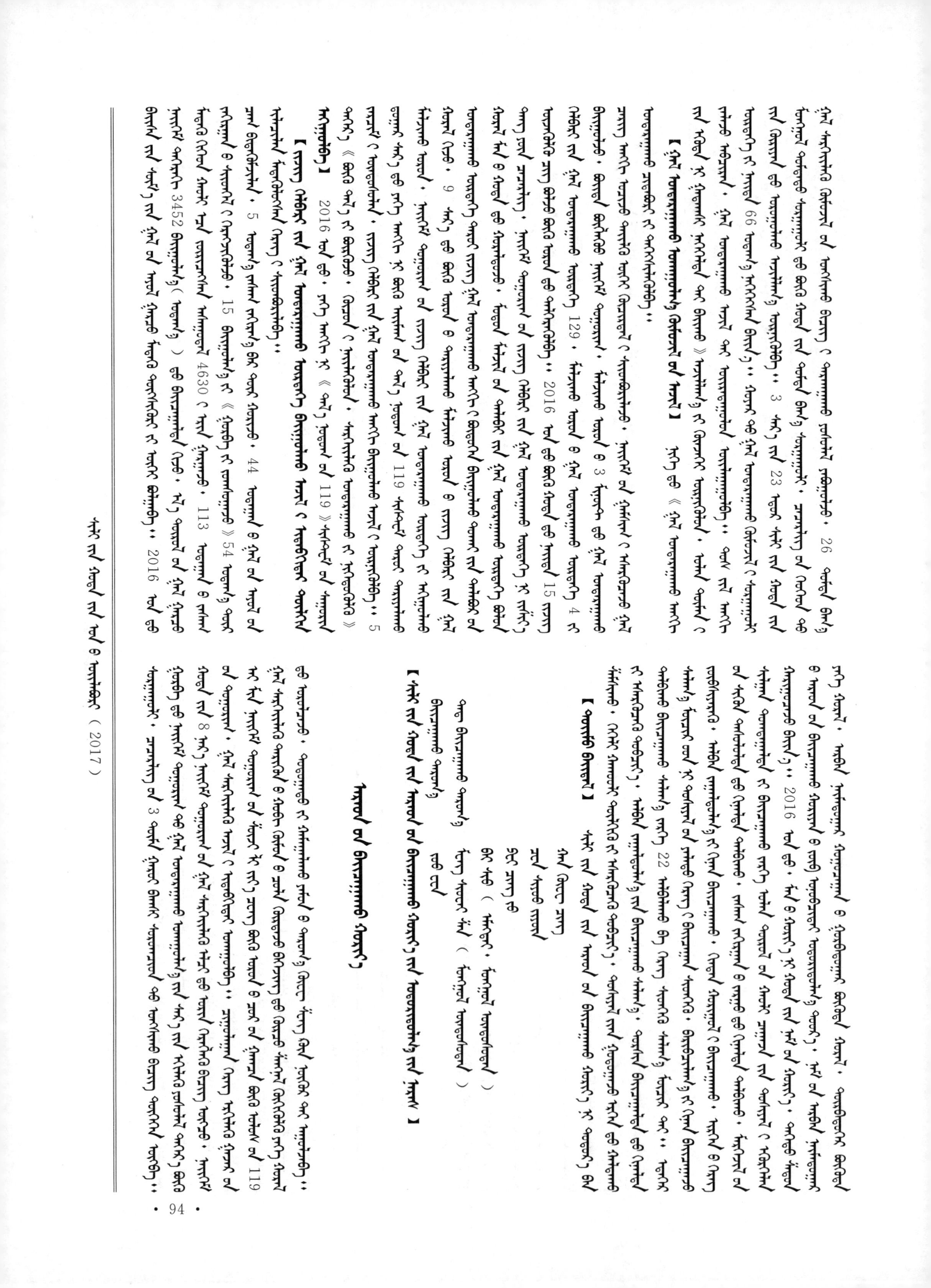

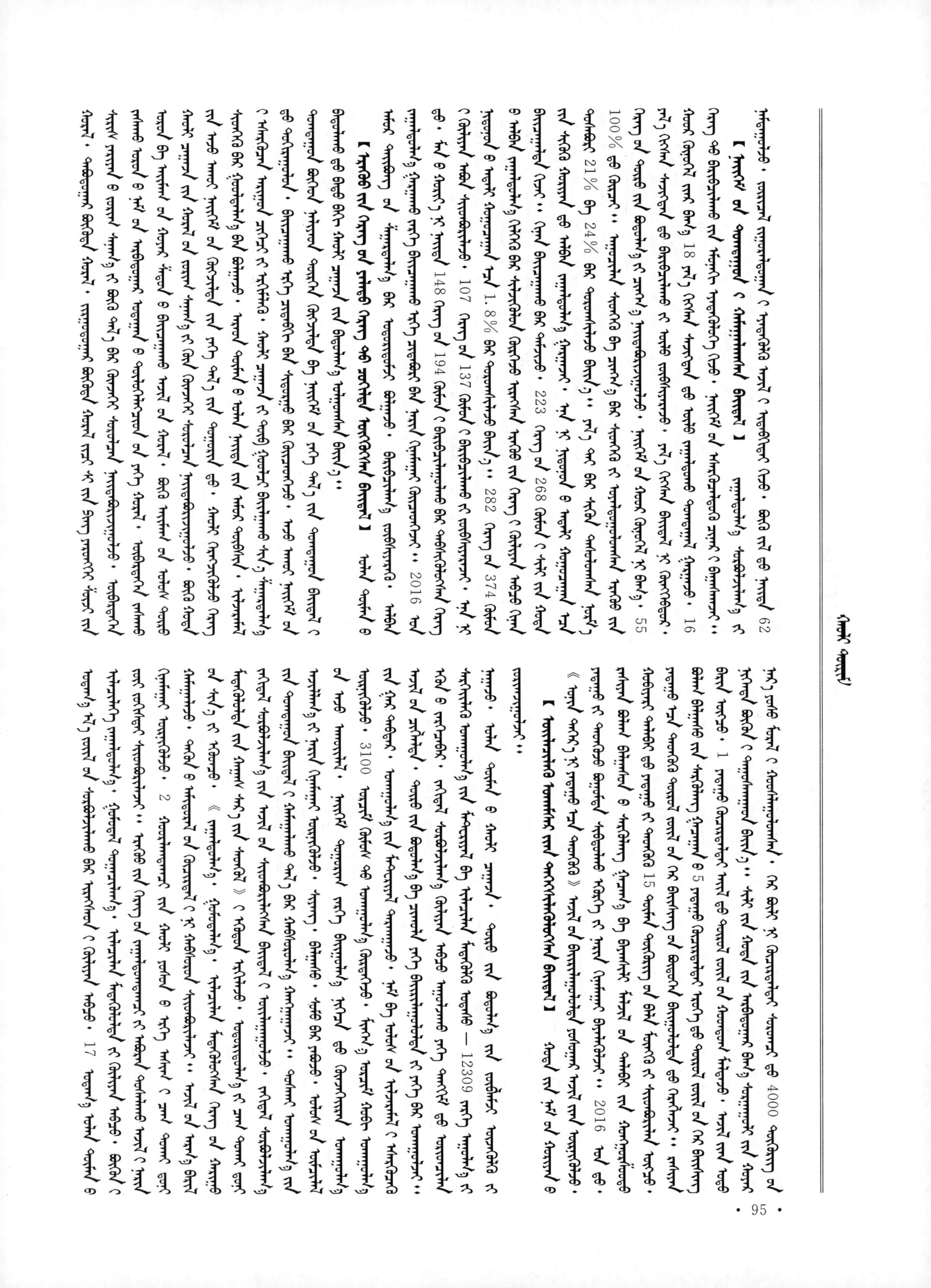

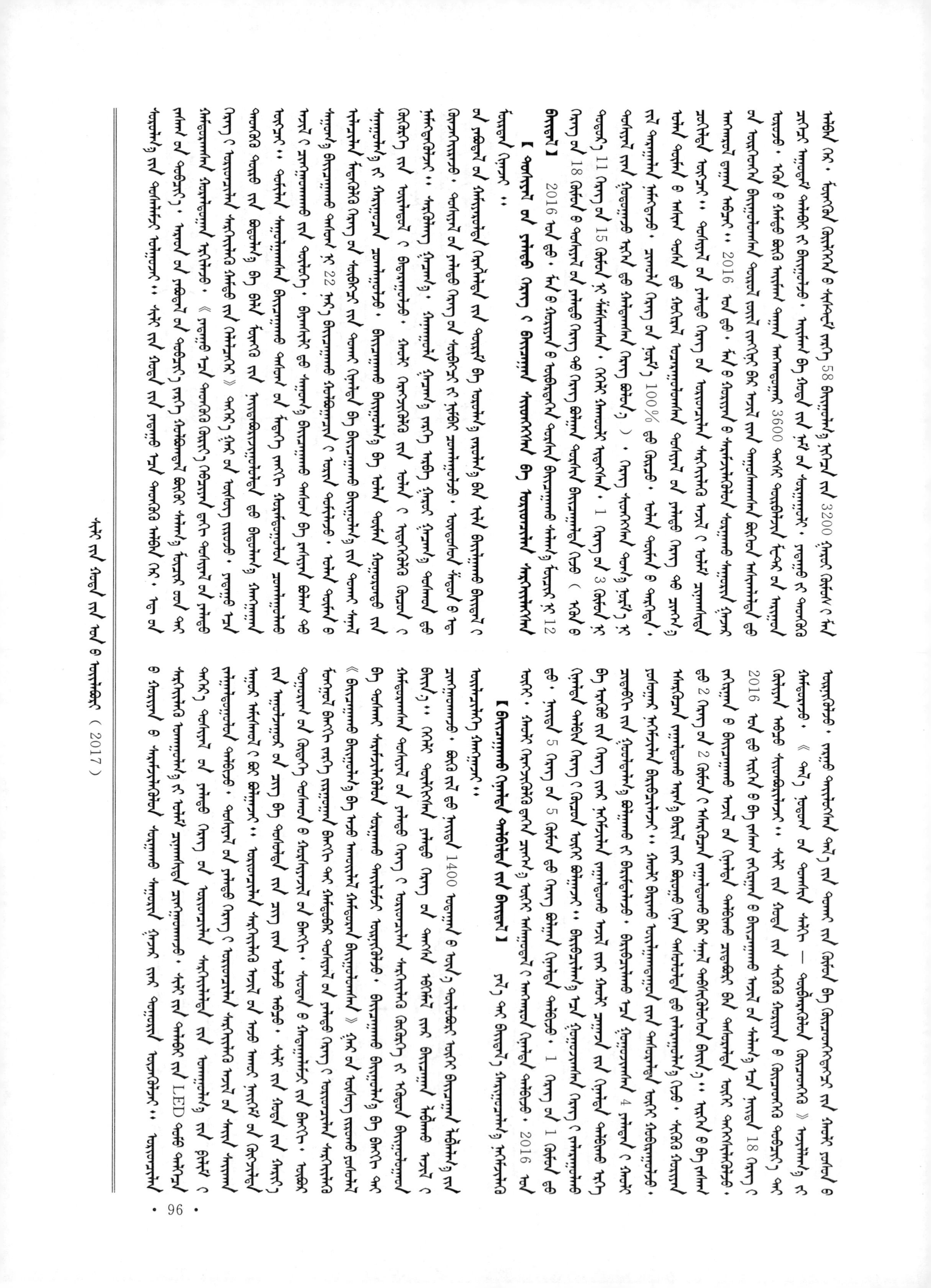

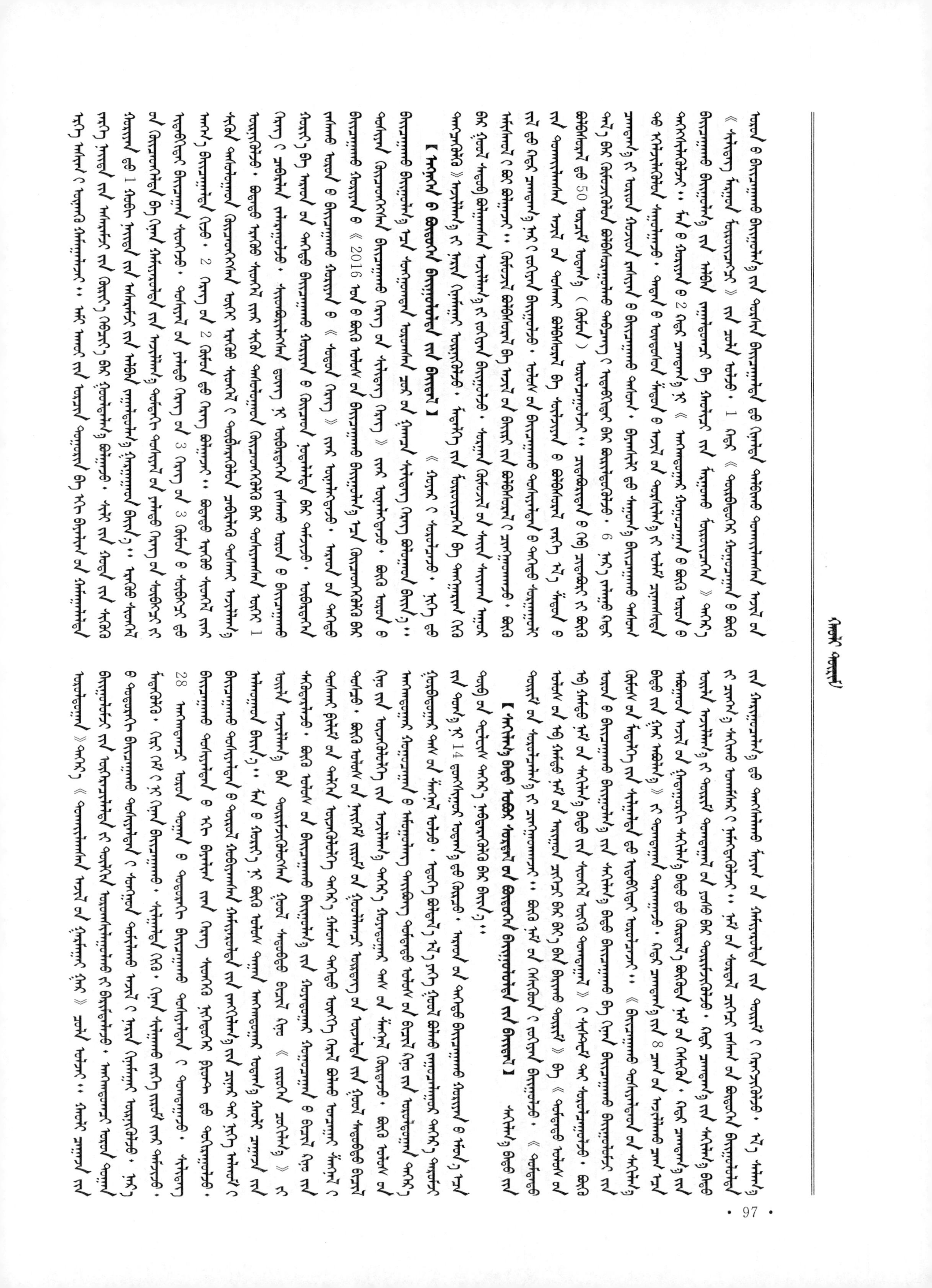

[illegible]

【 [illegible] 】

[illegible]

【 [illegible] 】

[illegible]

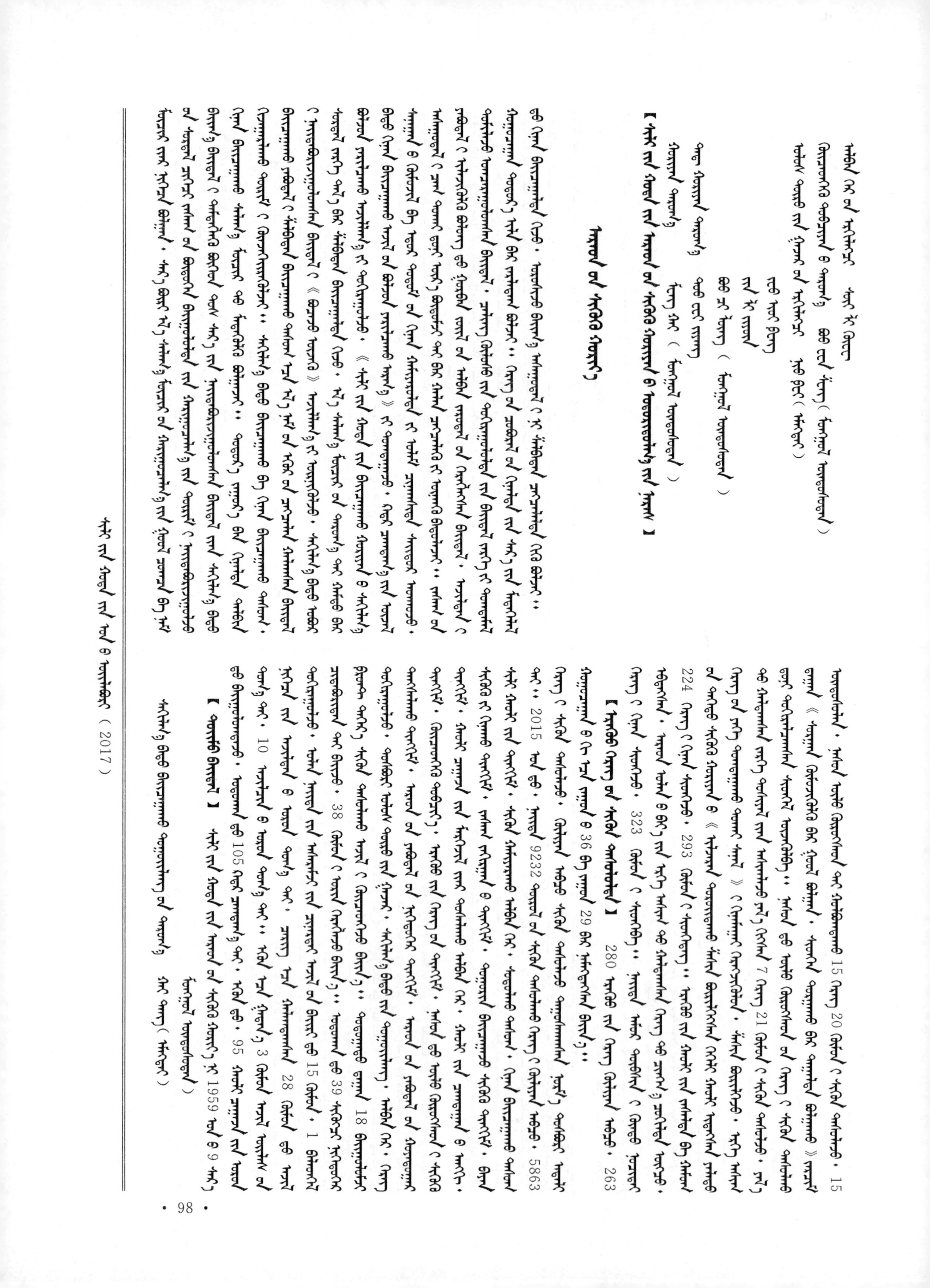

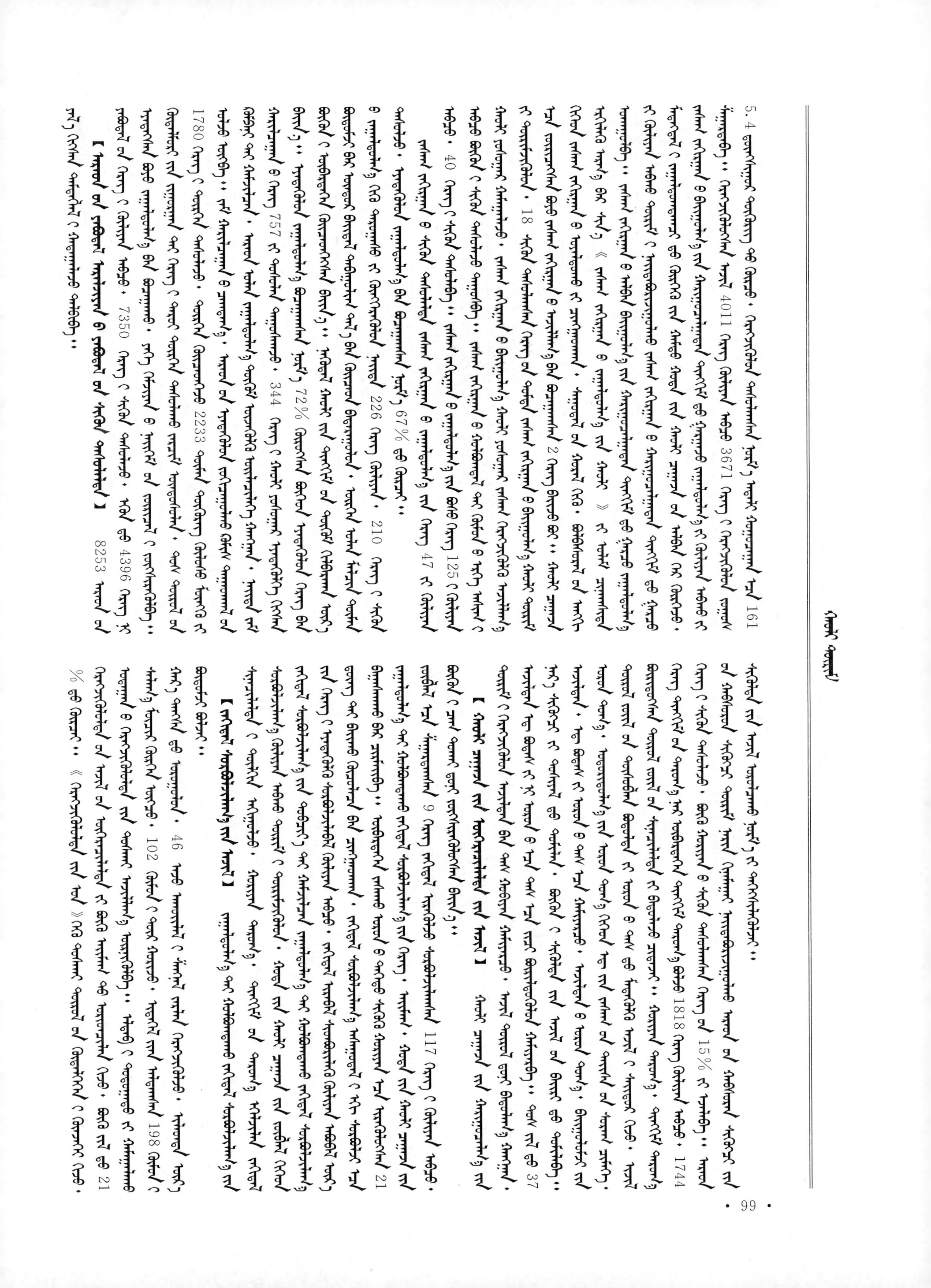

5.4 [illegible] 161 [illegible] 4011 [illegible] 3671 [illegible] 《[illegible]》 [illegible] 2 [illegible] 18 [illegible] 40 [illegible] 125 [illegible]

[illegible] 47 [illegible] 67% [illegible]

[illegible] 226 [illegible] 210 [illegible] 72% [illegible] 757 [illegible] 344 [illegible] 1780 [illegible] 2233 [illegible] 7350 [illegible] 4396 [illegible]

【[illegible]】 8253 [illegible]

[illegible] 15% [illegible] 1818 [illegible] 1744 [illegible] 37 [illegible]

【[illegible]】 [illegible]

[illegible] 9 [illegible] 117 [illegible] 21 [illegible]

【[illegible]】 [illegible]

[illegible] 46 [illegible] 102 [illegible] 198 [illegible] 21 % [illegible] 《[illegible]》 [illegible]

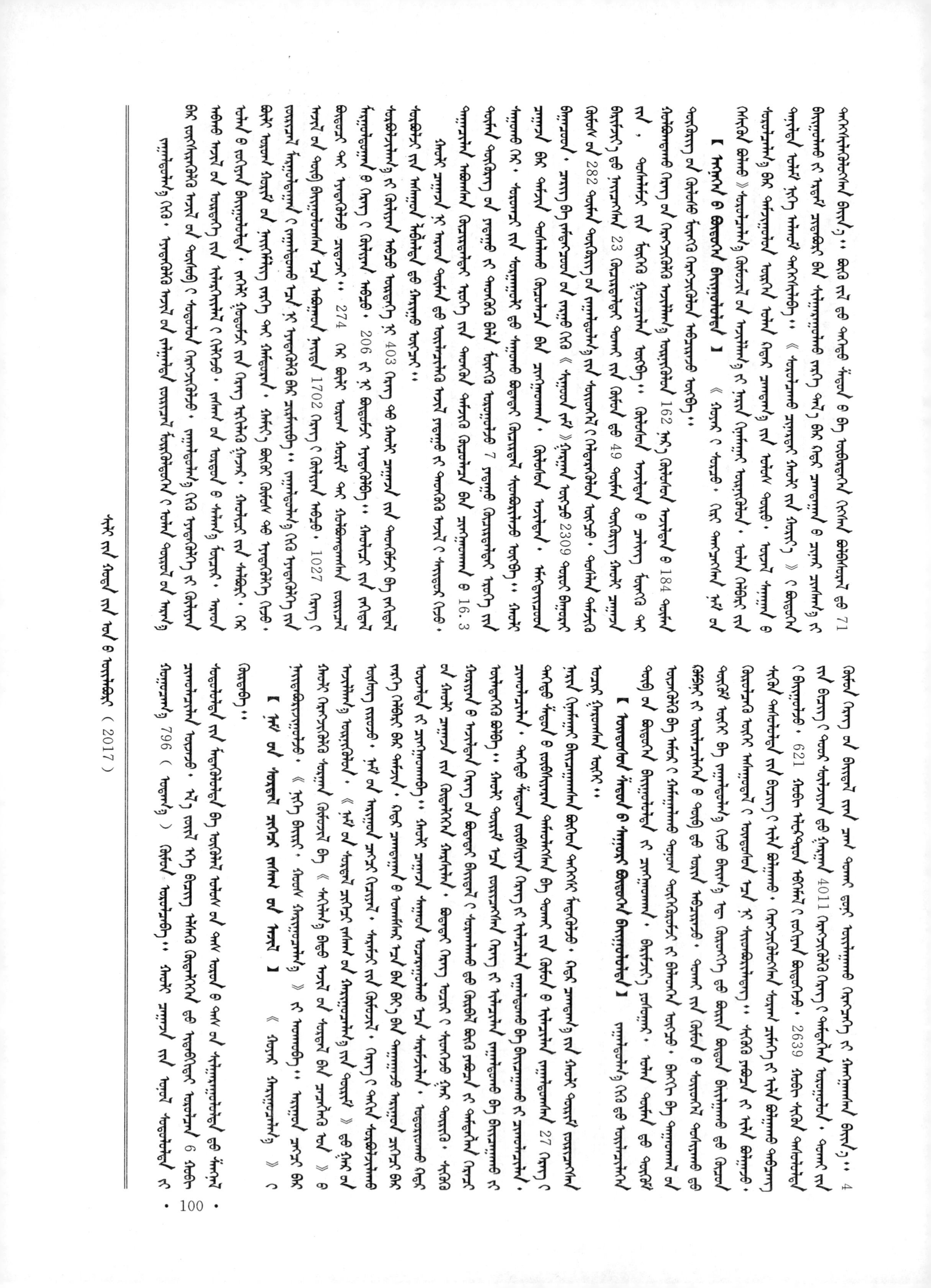

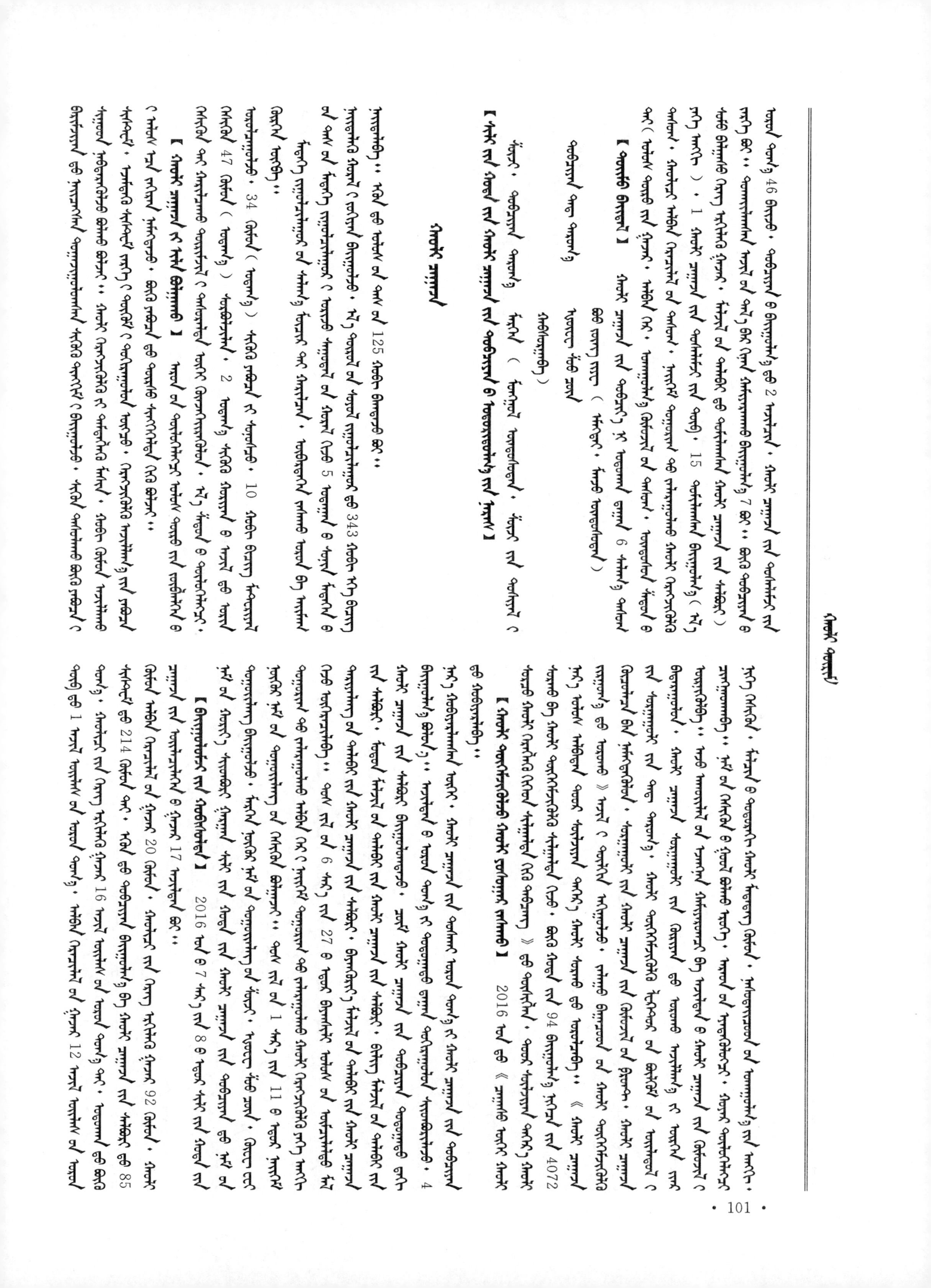

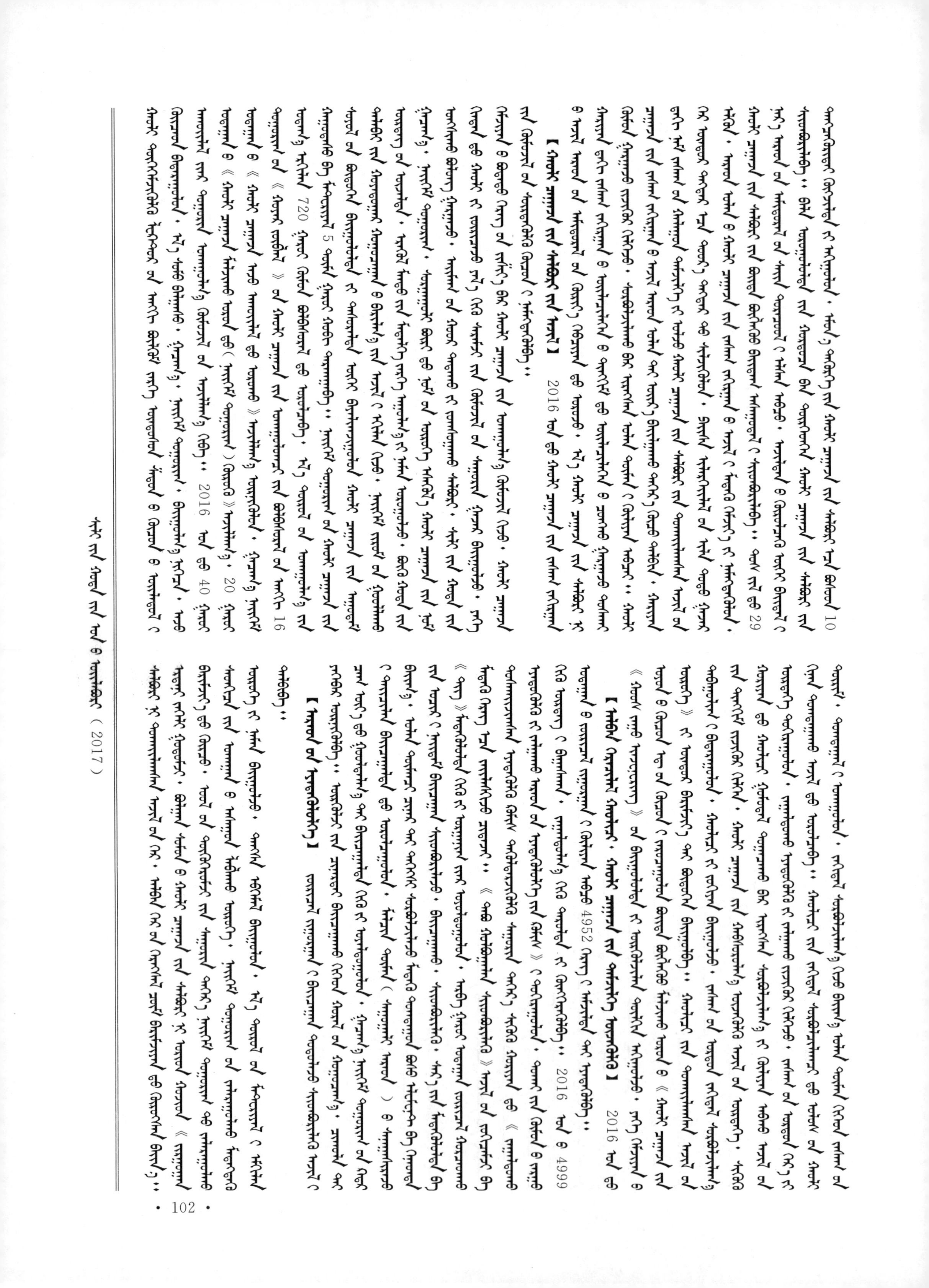

[illegible]

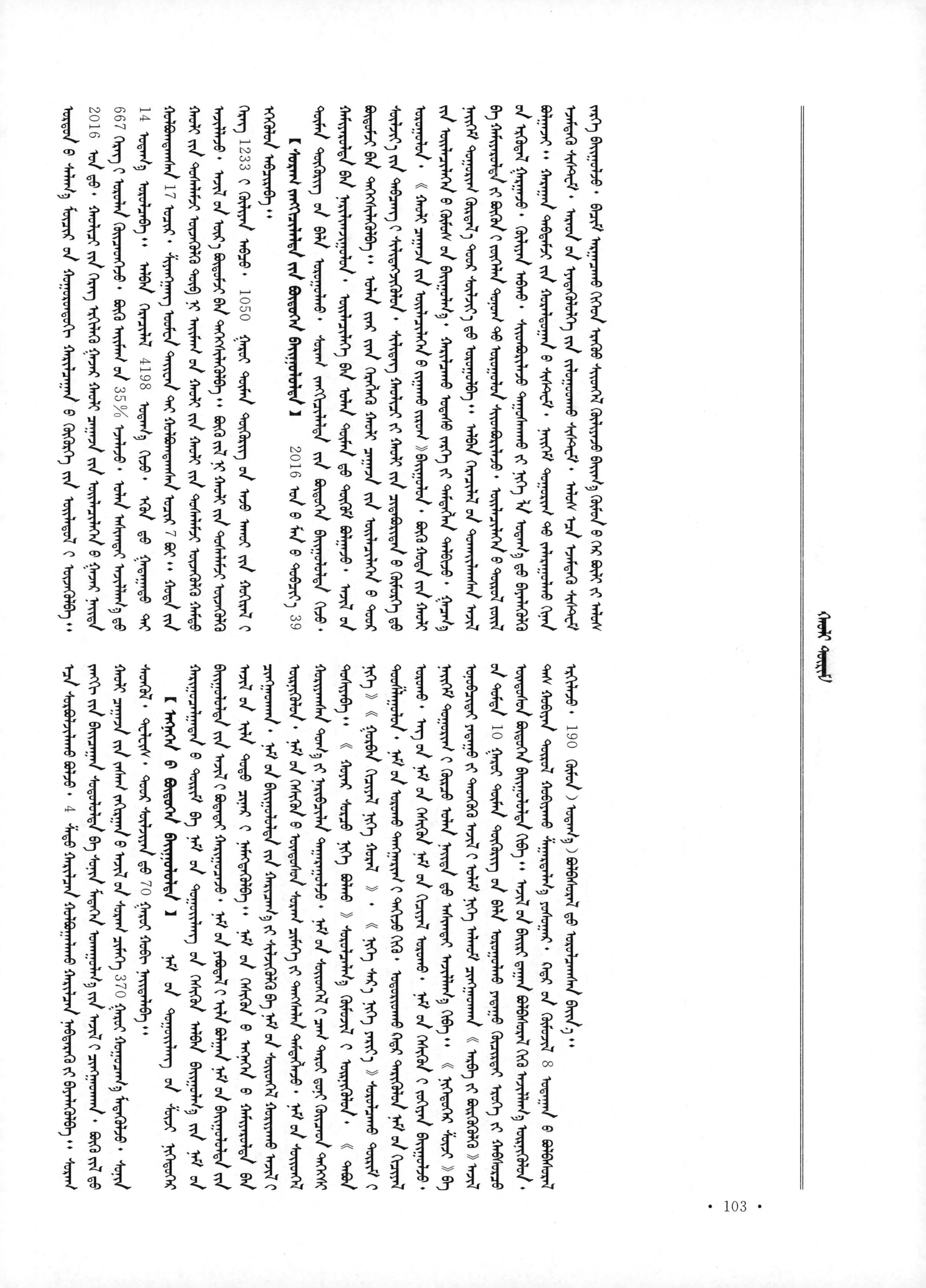

[illegible]

【[illegible]】 2016 [illegible] 39 [illegible]

[illegible] 1233 [illegible] 1050 [illegible] 17 [illegible] 7 [illegible] 14 [illegible] 4198 [illegible] 667 [illegible] 35% [illegible] 2016 [illegible]

[illegible] 190 [illegible] 8 [illegible] 10 [illegible]

【[illegible]】 [illegible] 70 [illegible] 370 [illegible] 4 [illegible]

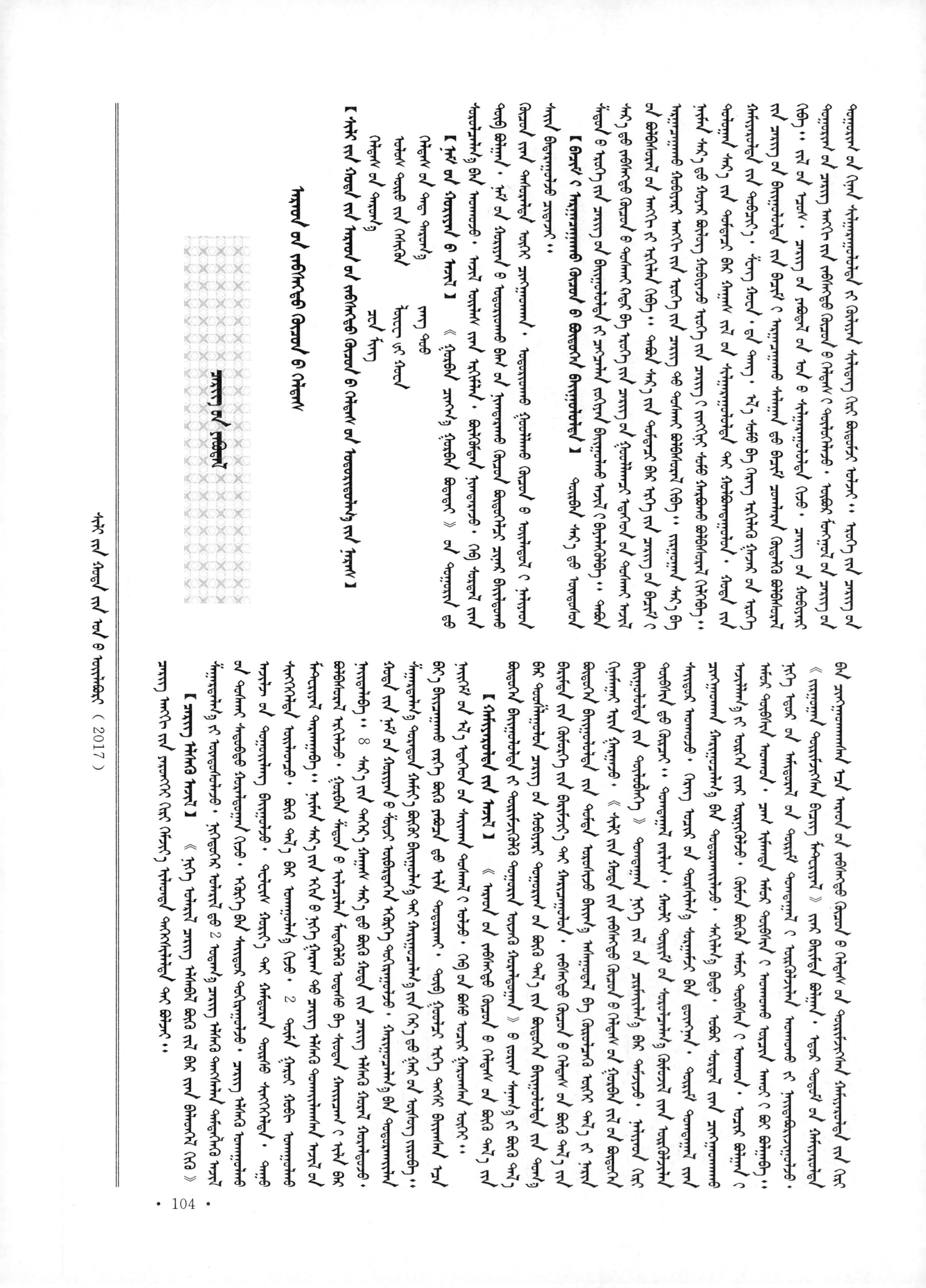

ᠬᠣᠷᠢᠭᠳᠠᠯ ᠬᠠᠷᠢᠴᠠᠯ ᠬᠣᠯᠪᠣᠭᠳᠠᠯ ᠬᠢ ᠪᠣᠯᠵᠠᠢ ::

【ᠰᠤᠳᠤᠯᠭᠠᠨ ᠰᠢᠨᠵᠢᠯᠡᠭᠰᠡᠨ ᠬᠡᠰᠡᠭ】 ᠡᠨᠡ ᠶᠢᠨ ᠬᠤᠭᠤᠴᠠᠭ᠎ᠠ ᠶᠢᠨ ᠳᠤᠮᠳᠠ ᠮᠣᠩᠭᠣᠯ ᠲᠣᠷᠣ ᠶᠢᠨ ᠪᠠᠶᠢᠭᠤᠯᠤᠯᠲᠠ ᠪᠣᠳᠣᠯᠭ᠎ᠠ ᠮᠣᠩᠭᠣᠯ ᠲᠣᠷᠣ ᠶᠢᠨ ᠬᠠᠷᠢᠶᠠᠲᠤ ᠭᠠᠵᠠᠷ ᠤᠨ ᠲᠡᠦᠬᠡ ᠶᠢᠨ ᠪᠠᠷᠢᠮᠲᠠ ᠳᠤ ᠰᠤᠷᠪᠤᠯᠵᠢᠯᠠᠪᠠ᠂ ᠮᠣᠩᠭᠣᠯ ᠲᠣᠷᠣ ᠶᠢᠨ ᠬᠠᠷᠢᠶᠠᠲᠤ ᠪᠠᠶᠢᠭᠤᠯᠤᠯᠲᠠ ᠪᠠᠷ ᠪᠠᠲᠤᠯᠠᠵᠤ᠂ ᠡᠨᠡ ᠨᠢ ᠮᠣᠩᠭᠣᠯ ᠤᠨ ᠲᠡᠦᠬᠡ ᠶᠢᠨ ᠤᠴᠢᠷ ᠤᠨ ᠬᠠᠮᠤᠭ ᠤᠨ ᠴᠢᠬᠤᠯᠠ ᠬᠡᠰᠡᠭ ᠪᠣᠯᠤᠨ᠎ᠠ᠂ ᠮᠣᠩᠭᠣᠯ ᠤᠨ ᠬᠠᠭᠠᠨ ᠤ ᠳᠤᠮᠳᠠ ᠬᠡᠷᠡᠭᠯᠡᠭᠳᠡᠭᠰᠡᠨ ᠪᠠᠷ ᠲᠡᠮᠳᠡᠭᠯᠡᠭᠳᠡᠨ ᠡ᠃ ᠮᠣᠩᠭᠣᠯ ᠤᠨ ᠲᠣᠷᠣ ᠶᠢᠨ ᠪᠠᠶᠢᠭᠤᠯᠤᠯᠲᠠ ᠶᠢ ᠰᠢᠨᠵᠢᠯᠡᠬᠦ ᠳᠤ ᠴᠢᠬᠤᠯᠠ ᠠᠴᠢ ᠬᠣᠯᠪᠣᠭᠳᠠᠯ ᠲᠠᠢ ::

6 ᠳᠤᠭᠠᠷ ᠪᠦᠯᠦᠭ ᠲᠦ᠂ ᠮᠣᠩᠭᠣᠯ ᠤᠨ ᠬᠣᠰᠢᠭᠤᠨ ᠠᠶᠢᠮᠠᠭ ᠤᠨ ᠵᠠᠰᠠᠭ ᠤᠨ ᠲᠥᠷᠥ ᠶᠢᠨ ᠪᠠᠶᠢᠭᠤᠯᠤᠯᠲᠠ ᠶᠢᠨ ᠲᠤᠬᠠᠢ ᠲᠣᠭᠠᠴᠠᠵᠤ᠂ ᠬᠣᠰᠢᠭᠤᠨ ᠤ ᠵᠠᠰᠠᠭ ᠤᠨ ᠲᠥᠷᠥ ᠶᠢᠨ ᠪᠠᠶᠢᠭᠤᠯᠤᠯᠲᠠ ᠶᠢᠨ ᠬᠡᠯᠪᠡᠷᠢ᠂ ᠤᠳᠤᠷᠢᠳᠤᠯᠭ᠎ᠠ ᠶᠢᠨ ᠪᠠᠶᠢᠭᠤᠯᠤᠯᠲᠠ ᠶᠢᠨ ᠲᠤᠬᠠᠢ ᠲᠣᠭᠠᠴᠠᠭᠰᠠᠨ ᠪᠠᠶᠢᠨ᠎ᠠ ::

12 ᠬᠣᠰᠢᠭᠤᠨ ᠤ 7000 ᠭᠠᠷᠤᠢ ᠬᠣᠭᠤᠯᠠᠢ ᠶᠢᠨ ᠮᠣᠩᠭᠣᠯ ᠤᠨ ᠪᠢᠴᠢᠭ ᠪᠠᠷ ᠲᠡᠮᠳᠡᠭᠯᠡᠭᠰᠡᠨ ::

20 ᠳᠤᠭᠠᠷ ᠪᠦᠯᠦᠭ ᠲᠦ ᠲᠠᠢᠯᠪᠤᠷᠢᠯᠠᠭᠰᠠᠨ ::

9 ᠳᠤᠭᠠᠷ ᠪᠦᠯᠦᠭ ᠲᠦ ᠮᠣᠩᠭᠣᠯ ᠤᠨ ᠬᠣᠰᠢᠭᠤᠨ ᠤ ᠵᠠᠰᠠᠭ ᠤᠨ ᠲᠥᠷᠥ ᠶᠢᠨ ᠠᠵᠢᠯ ᠬᠡᠷᠡᠭ ᠢ ᠲᠣᠭᠠᠴᠠᠵᠤ᠂ 5 ᠳᠤᠭᠠᠷ ᠪᠦᠯᠦᠭ ᠪᠣᠯᠤᠨ 3 ᠳᠤᠭᠠᠷ ᠪᠦᠯᠦᠭ ᠲᠦ ᠮᠣᠩᠭᠣᠯ ᠤᠨ ᠪᠠᠶᠢᠭᠤᠯᠤᠯᠲᠠ ᠶᠢᠨ 《ᠮᠣᠩᠭᠣᠯ ᠤᠨ ᠴᠠᠭᠠᠵᠠ ᠶᠢᠨ ᠪᠢᠴᠢᠭ》 ᠤᠨ ᠲᠤᠬᠠᠢ ᠲᠣᠭᠠᠴᠠᠵᠤ᠂ 《ᠵᠠᠰᠠᠭ ᠤᠨ ᠲᠥᠷᠥ ᠶᠢᠨ ᠪᠢᠴᠢᠭ》 ᠢ ᠲᠡᠮᠳᠡᠭᠯᠡᠭᠰᠡᠨ ::

5 ᠳᠤᠭᠠᠷ ᠪᠦᠯᠦᠭ ᠲᠦ᠂ 36 ᠵᠦᠢᠯ᠂ 10 ᠳᠤᠭᠠᠷ ᠪᠦᠯᠦᠭ ᠲᠦ ᠮᠣᠩᠭᠣᠯ ᠤᠨ ᠬᠣᠰᠢᠭᠤᠨ ᠤ ᠲᠤᠬᠠᠢ᠂ 《ᠮᠣᠩᠭᠣᠯ ᠤᠨ ᠲᠦᠰᠢᠮᠡᠯ ᠤᠨ ᠪᠢᠴᠢᠭ》 ᠤᠨ 1 ᠳᠤᠭᠠᠷ ᠪᠦᠯᠦᠭ ᠦᠨ 26 ᠳᠤ ᠵᠦᠢᠯ ᠲᠦ ᠮᠣᠩᠭᠣᠯ ᠤᠨ ᠬᠠᠭᠠᠨ ᠤ ᠲᠤᠬᠠᠢ ᠲᠡᠮᠳᠡᠭᠯᠡᠭᠰᠡᠨ ::

ᠬᠡᠮᠡᠨ ᠳᠤ ᠵᠡᠷᠭᠡ ᠶᠢᠨ ᠲᠤᠬᠠᠢ ᠪᠣᠯᠪᠠ ::

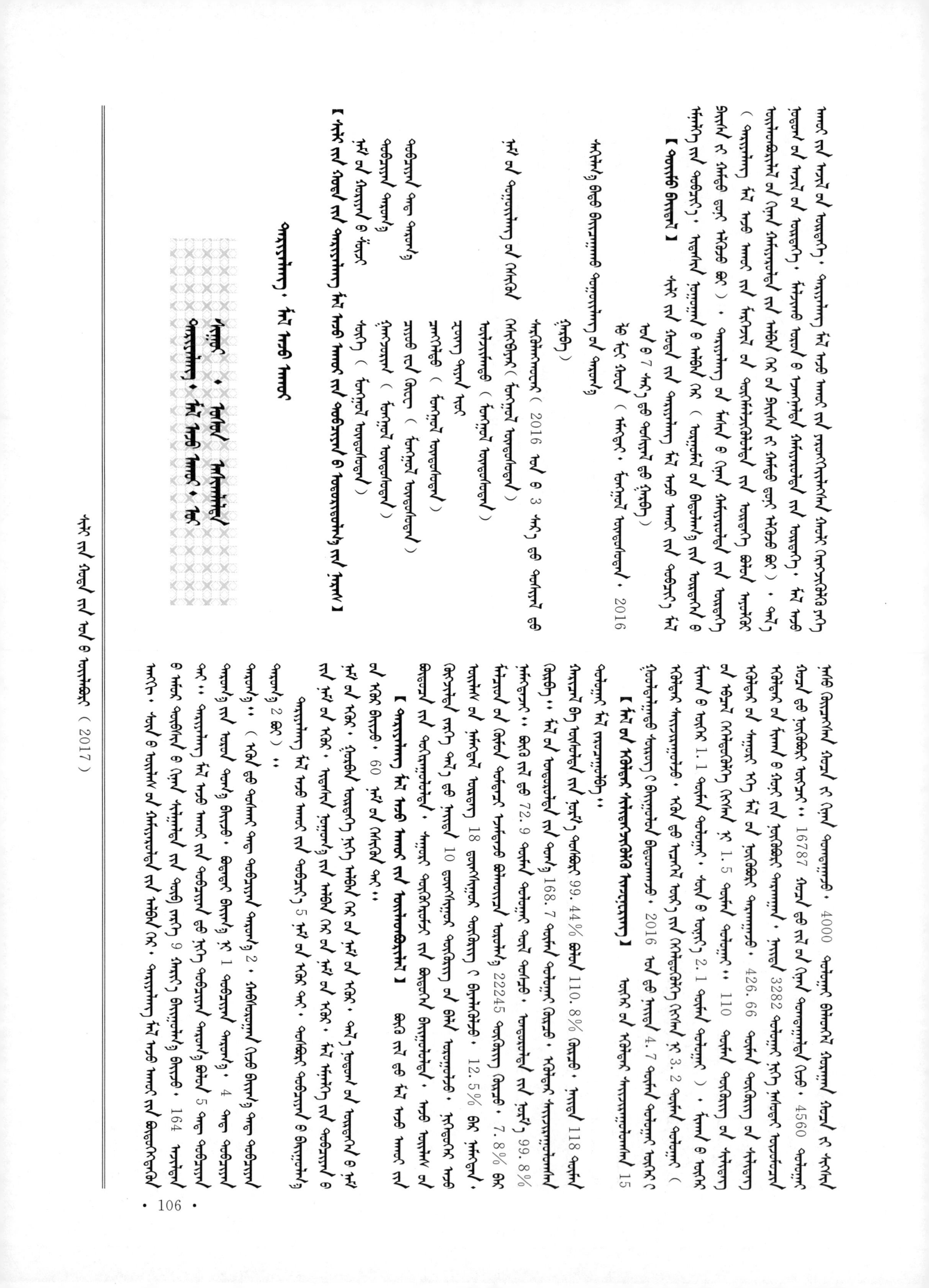

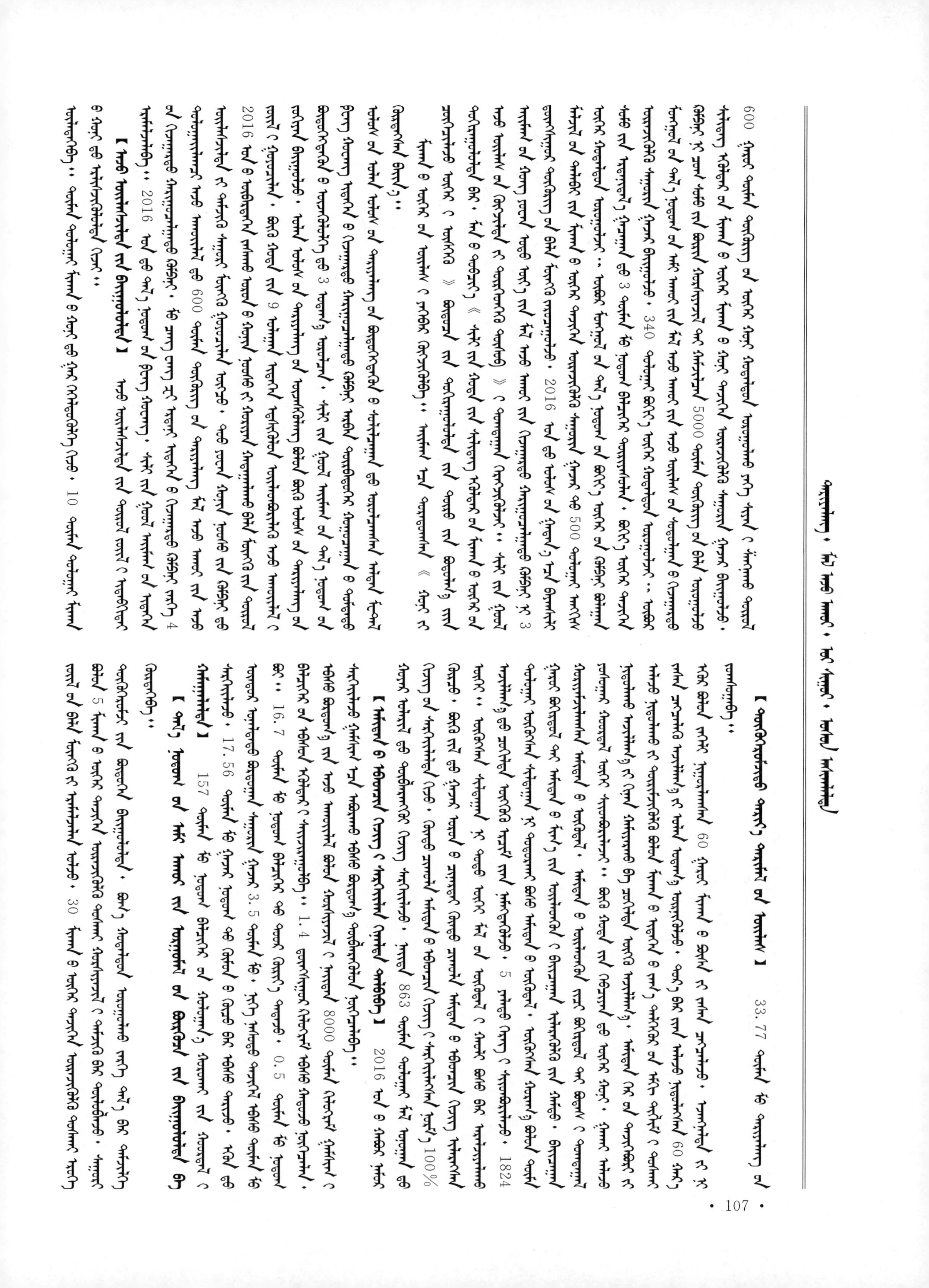

600 [illegible] 5000 [illegible] 340 [illegible] 3 [illegible] 500 [illegible] 2016 [illegible] 3 [illegible] 《 [illegible] 》 [illegible] 《 [illegible] 》 [illegible] 《 [illegible] ……

[illegible] 3 [illegible] 9 [illegible] 2016 [illegible] 600 [illegible] 4 [illegible] 2016 [illegible]

【[illegible]】 [illegible]

[illegible] 10 [illegible]

【[illegible]】 33.77 [illegible]

[illegible] 60 [illegible] 60 [illegible] 5 [illegible] 1824 [illegible] 100% [illegible] 863 [illegible]

【[illegible]】 2016 [illegible]

[illegible] 8000 [illegible] 1.4 [illegible] 16.7 [illegible] 0.5 [illegible] 3.5 [illegible] 17.56 [illegible]

【[illegible]】 157 [illegible]

【[illegible]】

[illegible] 5 [illegible] 30 [illegible]

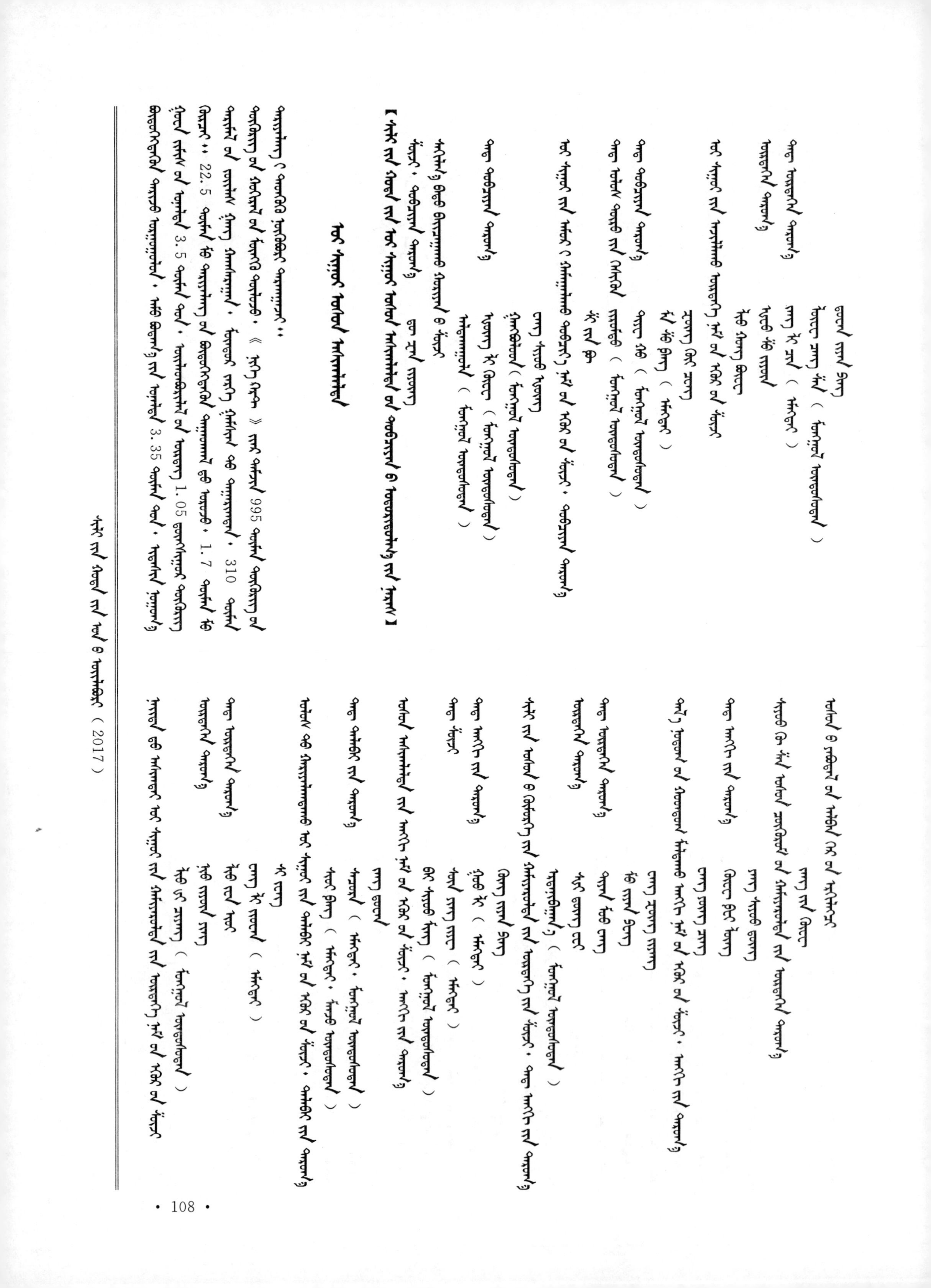

[illegible]

[illegible] ( [illegible] )

[illegible] ( [illegible] )

【 [illegible] 】

## [illegible]

[illegible] 《 [illegible] 》 [illegible] 995 [illegible] 310 [illegible] 22.5 [illegible] 1.7 [illegible] 3.5 [illegible] 1.05 [illegible] 3.35 [illegible] ::

[illegible] ( [illegible] )

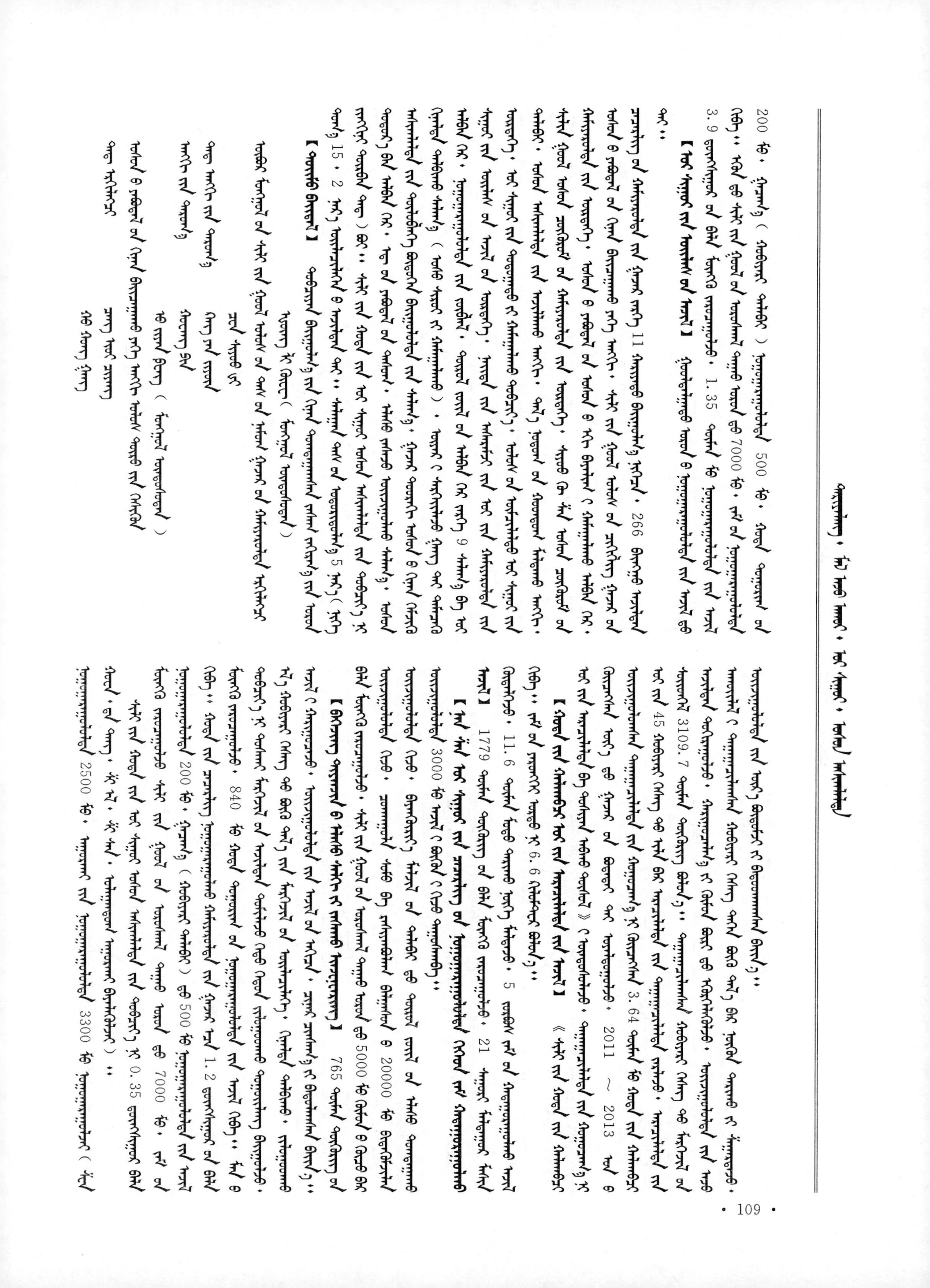

200 [illegible] ( [illegible] ) [illegible] 500 [illegible] 7000 [illegible] 3.9 [illegible] 1.35 [illegible]

【[illegible]】 [illegible]

[illegible] 11 [illegible] 266 [illegible] 9 [illegible] ( [illegible] ) [illegible] 15 · 2 [illegible] 5 [illegible] ( [illegible]

【[illegible]】 [illegible] ( [illegible] )

[illegible]

[illegible] [illegible]

[illegible] [illegible]

[illegible] ( [illegible] )

[illegible]

[illegible] [illegible]

[illegible]

[illegible] 3109.7 [illegible] 45 [illegible] 3.64 [illegible] 2011 ～ 2013 [illegible] 》 [illegible]

【[illegible]】 《 [illegible] 6.6 [illegible] 11.6 [illegible] 5 [illegible]

【[illegible]】 1779 [illegible] 21 [illegible]

【[illegible]】 [illegible] 3000 [illegible]

[illegible] 20000 [illegible] 5000 [illegible]

【[illegible]】 765 [illegible] 840 [illegible] 1.2 [illegible] 200 [illegible] ( [illegible] ) [illegible] 500 [illegible] 7000 [illegible]

[illegible] 0.35 [illegible] ) [illegible]

[illegible] 2500 [illegible] 3300 [illegible] ( [illegible]

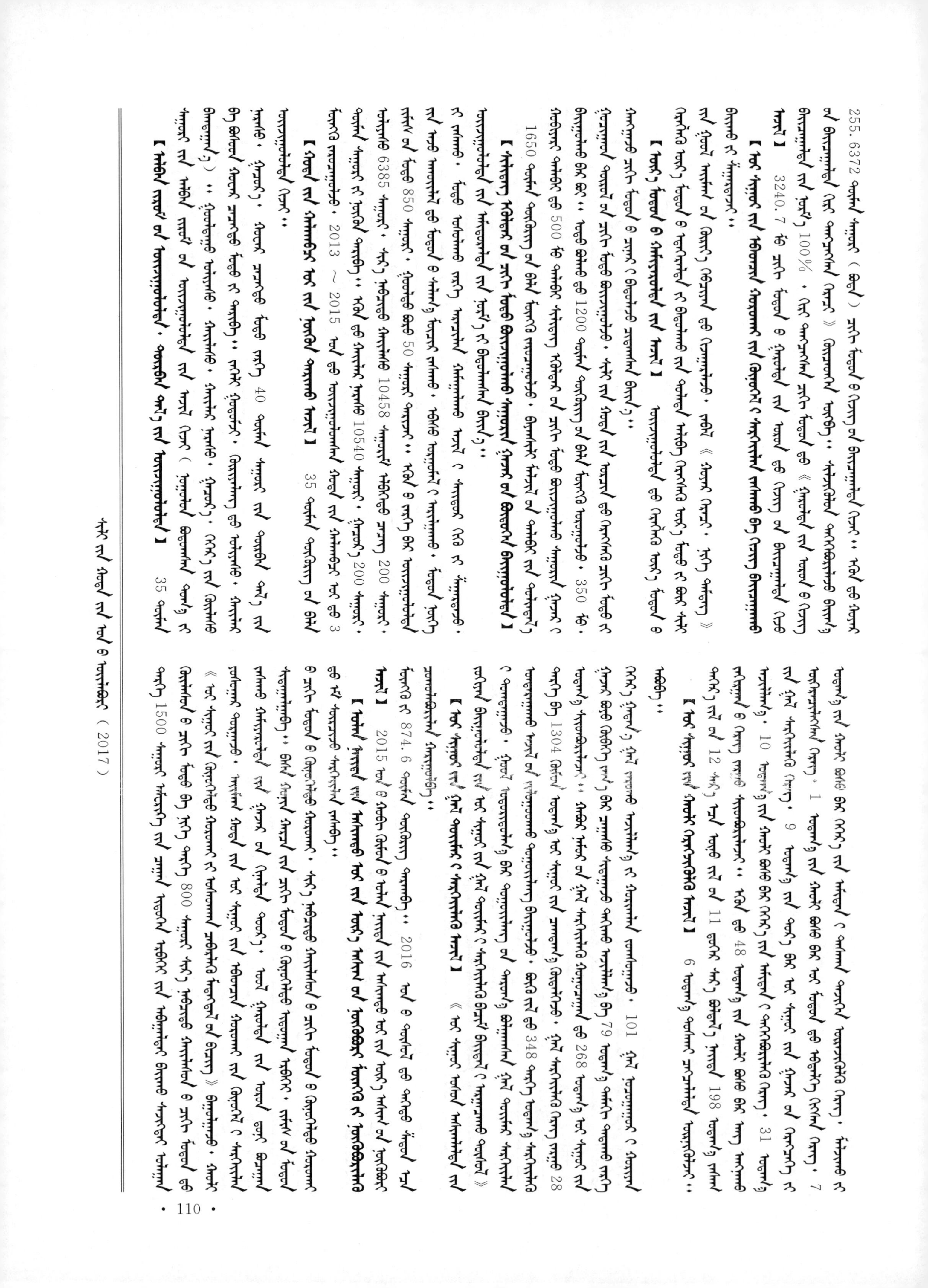

255. 6372 [illegible] 100% [illegible]

【[illegible]】 3240. 7 [illegible]

【[illegible]】 [illegible]

【[illegible]】 [illegible] 1200 [illegible] 350 [illegible] 500 [illegible] 1650 [illegible]

【[illegible]】 [illegible] 850 [illegible] 50 [illegible] 6385 [illegible] 10458 [illegible] 200 [illegible] 10540 [illegible] 200 [illegible] 2013 ～ 2015 [illegible] 3 [illegible]

【[illegible]】 35 [illegible] 40 [illegible]

【[illegible]】 35 [illegible]

[illegible] 1 [illegible] 7 [illegible] 9 [illegible] 31 [illegible] 10 [illegible] 48 [illegible] 11 [illegible] 12 [illegible] 198 [illegible]

【[illegible]】 6 [illegible]

[illegible] 101 [illegible] 79 [illegible] 268 [illegible] 1304 [illegible] 348 [illegible] 28 [illegible]

【[illegible]】 [illegible] 874. 6 [illegible] 2016 [illegible]

【[illegible]】 2015 [illegible]

【[illegible]】 [illegible] 800 [illegible] 1500 [illegible]

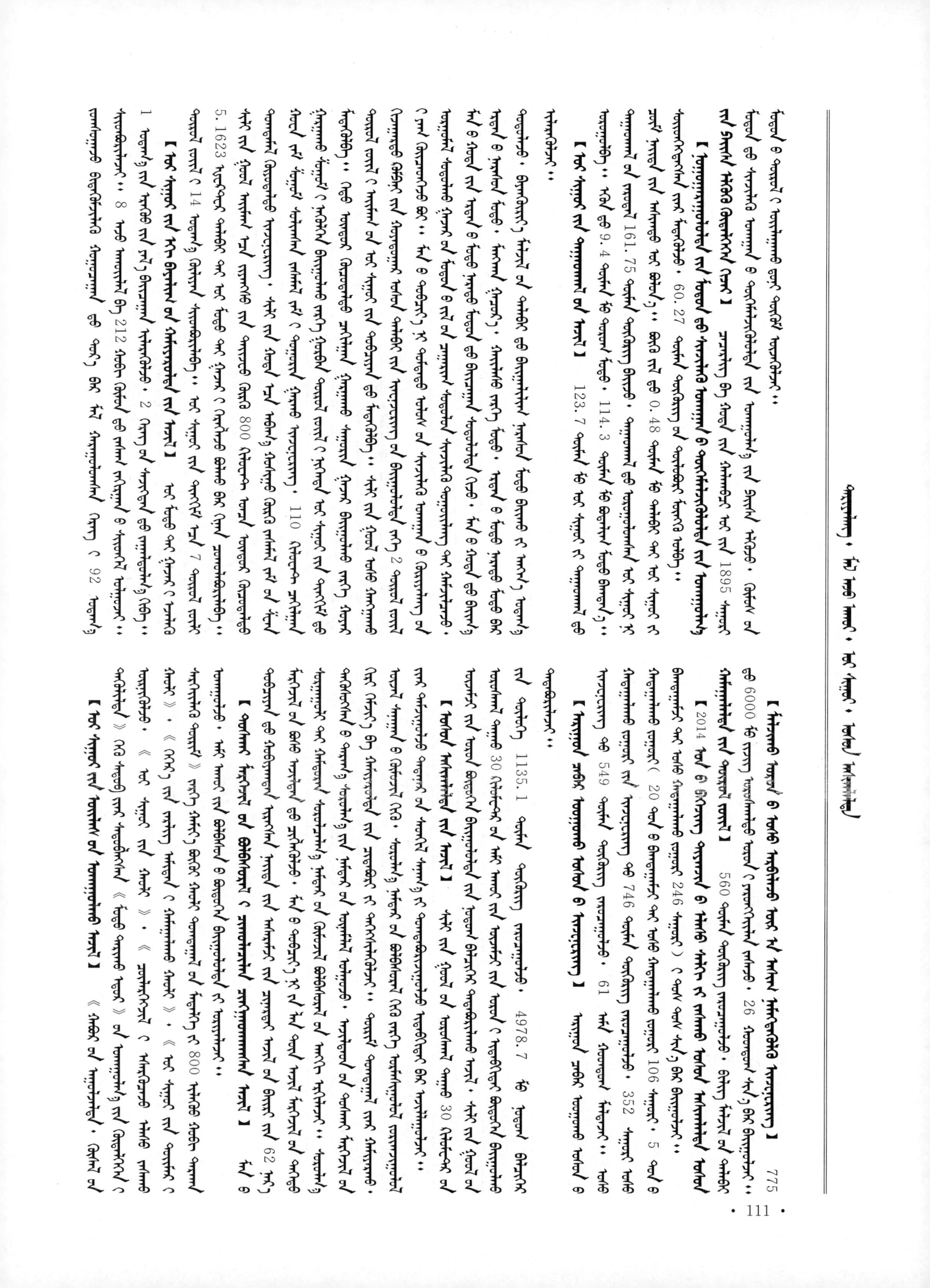

[illegible] ::

[illegible] 1895 [illegible]

【[illegible]】 [illegible] 60.27 [illegible] ::

[illegible] 0.48 [illegible] 161.75 [illegible] 9.4 [illegible] 114.3 [illegible] ::

【[illegible]】 123.7 [illegible] ::

[illegible] 2 [illegible] :: [illegible] 110 [illegible] 800 [illegible] 5.1623 [illegible] :: [illegible] 14 [illegible] :: [illegible] 7 [illegible]

【[illegible]】 [illegible] 1 [illegible] 2 [illegible] :: 8 [illegible] 212 [illegible] 92 [illegible]

【[illegible]】 775 [illegible] 6000 [illegible] 26 [illegible] :: [illegible]

【[illegible]】 560 [illegible]

【2014 [illegible] 246 [illegible] ) [illegible] :: [illegible] ( 20 [illegible] 106 [illegible] 5 [illegible] 746 [illegible] 352 [illegible] 549 [illegible] 61 [illegible] ::

【[illegible]】 [illegible] ::

[illegible] 1135.1 [illegible] 4978.7 [illegible] 30 [illegible]

【[illegible]】 [illegible] 30 [illegible] :: [illegible] :: [illegible] 62 [illegible]

【[illegible]】 [illegible] ::

[illegible] 》 [illegible] 800 [illegible] 》 · 《 [illegible] 》 · 《 [illegible] 》 · 《 [illegible] 》 · 《 [illegible] 》 [illegible] 《 [illegible] 》 [illegible]

【[illegible]】 《 [illegible]

ᠲᠡᠭᠦᠨ ᠂ ᠲᠠᠷᠢᠯᠠᠩ ᠤᠨ ᠲᠠᠷᠢᠯᠠᠩ ᠤᠨ ᠲᠠᠷᠢᠶᠠᠨ ᠤ ᠲᠠᠷᠢᠶᠠᠨ ᠤ ᠬᠡᠮᠵᠢᠶᠡᠯᠡᠯᠲᠡ ᠶᠢᠨ ᠰᠢᠨᠵᠢᠯᠡᠭᠡ ᠳᠦ ᠪᠠᠶᠢᠭᠤᠯᠤᠯᠲᠠ ᠶᠢᠨ ᠲᠣᠭ᠎ᠠ ᠲᠠᠷᠢᠯᠠᠩ ᠤᠨ ᠬᠡᠷᠡᠭᠵᠢᠭᠦᠯᠦᠯᠲᠡ ᠶᠢᠨ ᠰᠢᠨᠵᠢᠯᠡᠭᠡ ᠶᠢᠨ ᠳᠡᠭᠡᠵᠢ 591 ᠵᠦᠢᠯ ) ᠂ 9 ᠲᠦᠷᠦᠯ ᠦᠨ 13 ᠤ ᠲᠠᠷᠢᠯᠠᠩ ᠤᠨ ᠬᠡᠷᠡᠭᠵᠢᠭᠦᠯᠦᠯᠲᠡ ᠶᠢᠨ ᠰᠢᠨᠵᠢᠯᠡᠭᠡ ᠶᠢᠨ ᠳᠡᠭᠡᠵᠢ 22 ᠵᠦᠢᠯ ᠂ ᠲᠠᠷᠢᠶᠠᠨ ᠤ ᠰᠢᠨᠵᠢᠯᠡᠭᠡ ᠶᠢᠨ ᠲᠠᠷᠢᠯᠠᠩ ᠤᠨ ᠬᠡᠷᠡᠭᠵᠢᠭᠦᠯᠦᠯᠲᠡ ᠶᠢᠨ ᠰᠢᠨᠵᠢᠯᠡᠭᠡ ᠶᠢᠨ ᠳᠡᠭᠡᠵᠢ 10 ᠵᠦᠢᠯ ᠂ ᠲᠠᠷᠢᠶᠠᠨ ᠤ ᠲᠠᠷᠢᠯᠠᠩ ᠤᠨ ᠬᠡᠷᠡᠭᠵᠢᠭᠦᠯᠦᠯᠲᠡ ᠶᠢᠨ ᠰᠢᠨᠵᠢᠯᠡᠭᠡ ᠶᠢᠨ ᠳᠡᠭᠡᠵᠢ 3 ᠵᠦᠢᠯ ᠂ ᠲᠠᠷᠢᠶᠠᠨ ᠤ ᠰᠢᠨᠵᠢᠯᠡᠭᠡ ᠶᠢᠨ ᠲᠠᠷᠢᠯᠠᠩ ᠤᠨ 626 ᠵᠦᠢᠯ ᠰᠢᠨᠵᠢᠯᠡᠭᠡ ᠶᠢᠨ ᠳᠡᠭᠡᠵᠢ ᠲᠣᠭᠲᠠᠭᠠᠪᠠ ( ᠲᠡᠭᠦᠨ ᠡᠴᠡ ᠲᠠᠷᠢᠶᠠᠨ ᠤ ᠭᠠᠵᠠᠷ ᠤᠨ ᠲᠠᠷᠢᠯᠠᠩ ᠤᠨ ᠲᠠᠷᠢᠯᠠᠩ ᠤᠨ ᠬᠡᠷᠡᠭᠵᠢᠭᠦᠯᠦᠯᠲᠡ ᠳᠦ ᠨᠡᠮᠡᠯᠲᠡ ᠲᠣᠭᠲᠠᠭᠠᠭᠰᠠᠨ ᠪᠠᠶᠢᠨ᠎ᠠ ᠃ ᠲᠠᠷᠢᠶᠠᠨ 1 ᠳᠤ ᠂ ᠰᠢᠨᠵᠢᠯᠡᠭᠡ ᠶᠢᠨ ᠭᠠᠵᠠᠷ ᠲᠤ ᠪᠠᠶᠢᠭᠤᠯᠤᠯᠲᠠ ᠶᠢᠨ ᠲᠣᠭ᠎ᠠ ᠲᠣᠭ᠎ᠠ ᠨᠡᠮᠡᠭᠳᠡᠭᠰᠡᠨ ᠲᠣᠭᠲᠠᠭᠠᠯ ᠃ 9.4 ᠨᠡᠶᠢᠲᠡ ᠲᠠᠷᠢᠶᠠᠨ 19 ᠨᠡᠮᠡᠭᠳᠡᠭᠰᠡᠨ ᠳᠤ ᠬᠣᠶᠠᠷ ᠪᠠᠶᠢᠭᠤᠯᠤᠯᠲᠠ ᠂ ᠲᠣᠬᠢᠷᠠᠭᠤᠯᠤᠯ ᠮᠠᠰᠢᠨ ᠤ GPS 18 ᠳᠤ ᠪᠠᠶᠢᠷᠢᠯᠠᠭᠤᠯᠤᠯ ᠮᠠᠰᠢᠨ ᠤ GPS ᠨᠡᠶᠢᠲᠡ ᠲᠠᠷᠢᠯᠠᠩ ᠭᠠᠵᠠᠷ ᠳᠤ ᠲᠠᠷᠢᠯᠠᠩ ᠬᠡᠷᠡᠭᠵᠢᠭᠦᠯᠦᠭᠰᠡᠨ ᠂ 32 ᠵᠦᠢᠯ ᠦᠨ ᠮᠠᠰᠢᠨ ᠲᠣᠭᠤᠷᠠᠮᠵᠢ ᠪᠠᠶᠢᠭᠤᠯᠤᠯ ᠳᠤ ᠲᠠᠷᠢᠯᠠᠩ ᠂ 170 ᠭᠸᠺᠲ᠋ᠠᠷ ᠭᠠᠵᠠᠷ / ᠤᠨ ( ᠲᠡᠭᠦᠨ ᠡᠴᠡ 80 ᠭᠸᠺᠲ᠋ᠠᠷ ᠭᠠᠵᠠᠷ ᠢ ᠪᠠᠶᠢᠭᠤᠯᠤᠭᠰᠠᠨ ) ᠃ 48.78 ᠲᠠᠷᠢᠶᠠᠨ ᠨᠡᠮᠡᠭᠳᠡᠭᠰᠡᠨ ᠮᠤ 620 ᠭᠸᠺᠲ᠋ᠠᠷ ᠭᠠᠵᠠᠷ ᠲᠠᠷᠢᠯᠠᠭᠰᠠᠨ ᠂ ᠲᠠᠷᠢᠶᠠᠨ ᠨᠡᠮᠡᠭᠳᠡᠭᠰᠡᠨ ᠮᠤ ᠲᠠᠷᠢᠯᠠᠩ ᠤᠨ ᠲᠣᠭᠲᠠᠭᠠᠯ

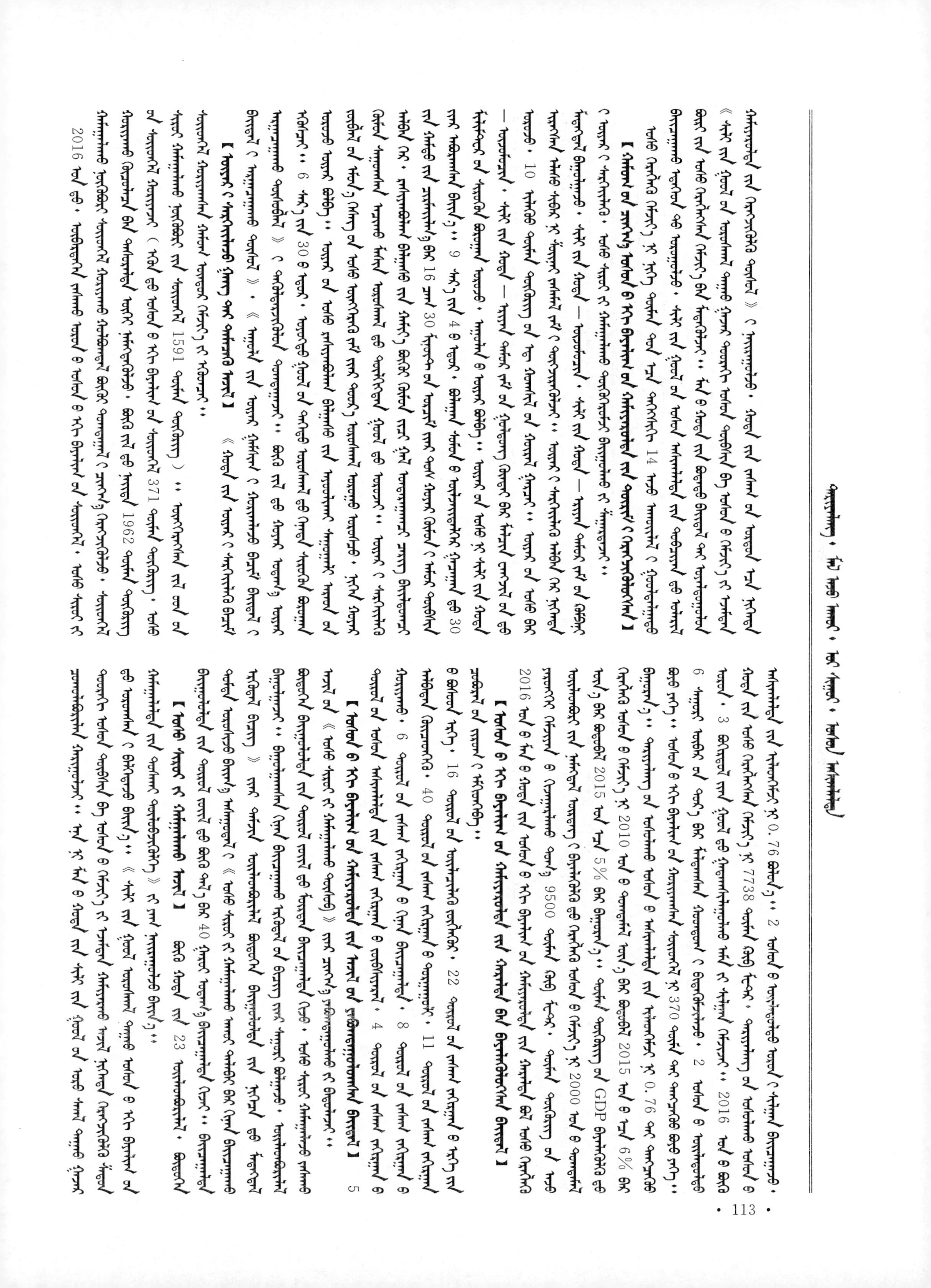

ᠪᠢᠰᠢᠷᠡᠯ ᠤᠨ ᠬᠥᠳᠡᠯᠦᠯ ᠢ ᠬᠥᠭᠵᠢᠭᠦᠯᠦᠨ ᠳᠡᠯᠭᠡᠷᠡᠭᠦᠯᠬᠦ᠂ ᠰᠤᠷᠲᠠᠯ ᠤᠨ ᠬᠠᠷᠢᠴᠠᠭ᠎ᠠ ᠲᠣᠭᠠᠨ ᠤ ᠰᠢᠨ᠎ᠡ ᠪᠦᠲᠦᠭᠡᠯ ᠦᠨ ᠰᠢᠨᠵᠢ ᠴᠢᠨᠠᠷ ᠢ ᠬᠥᠭᠵᠢᠭᠦᠯᠦᠨ ᠰᠠᠶᠢᠵᠢᠷᠠᠭᠤᠯᠬᠤ ᠶᠢᠨ 《 ᠬᠥᠳᠡᠯᠦᠯ ᠬᠠᠷᠢᠴᠠᠭ᠎ᠠ ᠲᠣᠭᠠᠨ ᠤ ᠰᠠᠶᠢᠵᠢᠷᠠᠯ 》 ᠪᠣᠯᠤᠨ᠎ᠠ ᠃ 《 ᠬᠣᠲᠠ ᠶᠢᠨ ᠨᠡᠶᠢᠭᠡᠮ ᠦᠨ ᠬᠥᠭᠵᠢᠯᠲᠡ ᠶᠢᠨ 《 ᠬᠠᠷᠢᠴᠠᠭ᠎ᠠ ᠲᠣᠭᠠᠨ ᠤ ᠲᠣᠭᠠᠨ ᠤ ᠲᠣᠭ᠎ᠠ 》 ᠪᠣᠯᠤᠨ᠎ᠠ ᠃ 3 ᠰᠠᠷ᠎ᠠ ᠶᠢᠨ 28 ᠤ ᠡᠳᠦᠷ ᠪᠡᠷ ᠰᠠᠶᠢᠨ

【 ᠲᠣᠭᠠᠨ ᠤ ᠬᠥᠭᠵᠢᠯᠲᠡ ᠶᠢᠨ ᠲᠣᠭᠠᠴᠠᠭᠤᠯᠤᠯᠲᠠ ᠮᠡᠳᠡᠭᠡ 】 3 ᠰᠠᠷ᠎ᠠ ᠶᠢᠨ 22 ᠤ ᠡᠳᠦᠷ ᠪᠡᠷ ᠰᠠᠶᠢᠨ ᠲᠣᠭᠠᠴᠠᠭ᠎ᠠ ᠶᠢᠨ ᠬᠣᠲᠠ ᠶᠢᠨ ᠪᠦᠬᠦ ᠲᠣᠭᠠᠨ ᠤ ᠪᠠᠶᠢᠳᠠᠯ ᠪᠣᠯᠤᠨ ᠬᠥᠭᠵᠢᠯᠲᠡ ᠲᠣᠭᠠᠨ ᠃

ᠵᠢᠯ ᠦᠨ ᠮᠥᠩᠭᠦ ᠲᠣᠭᠠᠴᠠᠭᠤᠯᠤᠯᠲᠠ ᠶᠢᠨ ᠮᠡᠳᠡᠭᠡᠯᠡᠯ ᠲᠣᠭᠠᠴᠠᠭ᠎ᠠ ᠪᠣᠯᠤᠨ ᠲᠣᠭᠠᠨ ᠤ ᠬᠥᠭᠵᠢᠯᠲᠡ ᠲᠣᠭᠠᠴᠠᠭᠤᠯᠤᠯᠲᠠ ᠶᠢᠨ ᠮᠡᠳᠡᠭᠡᠯᠡᠯ ᠤᠨ ᠲᠣᠭᠠᠨ ᠤ ᠰᠠᠶᠢᠨ ᠪᠣᠯᠤᠨ ᠬᠥᠳᠡᠯᠦᠯ ᠬᠥᠭᠵᠢᠯᠲᠡ ᠶᠢᠨ GDP ᠪᠦᠲᠦᠭᠡᠭᠳᠡᠬᠦᠨ ᠦ ᠬᠡᠮᠵᠢᠶ᠎ᠡ ᠲᠣᠭᠠᠨ ᠤ ᠰᠠᠶᠢᠨ ᠢ 2016 ᠰᠠᠶᠢᠵᠢᠷᠠᠭᠤᠯᠤᠨ᠎ᠠ ᠃ ᠬᠥᠳᠡᠯᠦᠯ ᠬᠥᠭᠵᠢᠯᠲᠡ ᠶᠢᠨ ᠮᠥᠩᠭᠦ ᠲᠣᠭᠠᠴᠠᠭᠤᠯᠤᠯᠲᠠ ᠶᠢᠨ ᠮᠡᠳᠡᠭᠡᠯᠡᠯ ᠲᠣᠭᠠᠴᠠᠭ᠎ᠠ ᠢ ᠪᠦᠲᠦᠭᠡᠭᠳᠡᠬᠦᠨ ᠦ ᠬᠡᠮᠵᠢᠶ᠎ᠡ ᠪᠣᠯ ᠰᠠᠷ᠎ᠠ ᠶᠢᠨ ᠰᠢᠯᠭᠠᠨ ᠪᠣᠯᠤᠭᠰᠠᠨ ᠲᠣᠭᠠᠨ ᠤ ᠪᠦᠬᠦ ᠪᠦᠲᠦᠭᠡᠯ ᠦᠨ ᠰᠠᠶᠢᠵᠢᠷᠠᠯ 341.34 ᠬᠥᠳᠡᠯᠦᠯ ᠬᠥᠭᠵᠢᠯᠲᠡ ᠰᠢᠨᠵᠢᠯᠡᠯ ᠪᠦᠲᠦᠭᠡᠭᠳᠡᠨ᠎ᠡ ᠃ 12 ᠰᠠᠶᠢᠨ ᠲᠣᠭᠠᠨ ᠤ ᠬᠡᠰᠡᠭ ᠪᠠ ᠰᠠᠶᠢᠵᠢᠷᠠᠭᠤᠯᠤᠯᠲᠠ ᠰᠢᠯᠭᠠᠯᠲᠠ ᠢ ᠪᠦᠲᠦᠭᠡᠭᠳᠡᠨ᠎ᠡ ᠃ 11 ᠬᠡᠰᠡᠭ ᠬᠡᠮᠵᠢᠶᠡᠯᠡᠯ ᠲᠣᠭᠠ ᠢ 100% ᠪᠣᠯᠤᠨ᠎ᠠ ᠃ 3 ᠪᠦᠲᠦᠭᠡᠯ ᠦᠨ ᠰᠢᠨ᠎ᠡ ᠶᠢᠨ ᠰᠢᠨᠵᠢᠯᠡᠭᠡᠨ ᠲᠣᠭᠠᠴᠠᠭᠤᠯᠤᠯᠲᠠ ᠶᠢᠨ ᠭᠡᠷᠡᠯ ᠢ ᠲᠣᠭᠠᠴᠠᠭᠤᠯᠤᠯᠲᠠ ᠲᠣᠭᠠᠨ ᠤ ᠪᠦᠲᠦᠭᠡᠯ ᠢ ᠰᠠᠶᠢᠵᠢᠷᠠᠭᠤᠯᠬᠤ ᠬᠡᠮᠵᠢᠶᠡᠨ ᠪᠣᠯᠤᠨ᠎ᠠ ᠃

ᠶᠢᠨ ᠰᠢᠨ᠎ᠡ ᠬᠥᠳᠡᠯᠦᠯ ᠦᠨ ᠲᠣᠭᠠ ᠶᠢᠨ ᠬᠡᠮᠵᠢᠶ᠎ᠡ ᠢ ᠰᠠᠶᠢᠵᠢᠷᠠᠭᠤᠯᠤᠯᠲᠠ᠂ ᠰᠢᠨ᠎ᠡ ᠶᠢᠨ ᠬᠡᠮᠵᠢᠶ᠎ᠡ ᠬᠥᠭᠵᠢᠯ ᠢ ᠬᠣᠲᠠ ᠶᠢᠨ ᠪᠦᠲᠦᠭᠡᠯ ᠦᠨ ᠬᠥᠳᠡᠯᠦᠯ ᠢ ᠰᠠᠶᠢᠵᠢᠷᠠᠭᠤᠯᠤᠭᠰᠠᠨ ᠪᠢ ᠲᠣᠭᠠ ᠲᠣᠬᠢᠷᠠᠯ ᠰᠢᠨᠵᠢᠯᠡᠬᠦ ᠲᠣᠭᠠᠴᠠᠭᠤᠯᠤᠯᠲᠠ ᠶᠢᠨ ᠬᠥᠭᠵᠢᠯ ᠬᠥᠳᠡᠯᠦᠯ ᠃ ᠬᠢᠲᠠᠳ ᠲᠣᠭᠠᠴᠠᠭᠤᠯᠤᠯᠲᠠ ᠶᠢᠨ ᠰᠢᠨᠵᠢᠯᠡᠬᠦ ᠬᠥᠳᠡᠯᠦᠯ ᠃ 2000 ᠰᠢᠨ᠎ᠡ ᠰᠢᠨᠵᠢ ᠰᠤᠷᠭᠠᠯ ᠲᠣᠭᠠ ᠲᠣᠭᠠᠨ ᠤᠨ ᠰᠢᠨᠵᠢ ᠲᠣᠭᠠᠨ ᠲᠣᠭᠠᠨ ᠤ ᠲᠣᠭᠠ ᠰᠠᠶᠢᠨ ᠢ ᠰᠢᠨᠵᠢᠯᠡᠬᠦ ᠰᠢᠨᠵᠢ 》 ᠬᠣᠷᠢᠶ᠎ᠠ ᠲᠣᠭᠠᠨ ᠤ ᠰᠢᠨᠵᠢ ᠬᠥᠳᠡᠯᠦᠯ ᠦᠨ ᠬᠥᠭᠵᠢᠯ ᠦᠨ 《 ᠪᠠᠶᠢᠭᠠᠯ ᠰᠢᠨᠵᠢᠯᠡᠬᠦ ᠬᠥᠳᠡᠯᠦᠯ ᠲᠣᠭᠠ ᠲᠣᠭᠠᠨ ᠤ ᠲᠣᠭᠠᠨ ᠤ ᠰᠢᠨᠵᠢ 》 ᠂ 《 ᠪᠠᠶᠢᠭᠠᠯ ᠰᠢᠨᠵᠢᠯᠡᠬᠦ ᠬᠥᠳᠡᠯᠦᠯ ᠤ ᠡᠳᠦᠷ᠂ ᠰᠢᠨ᠎ᠡ ᠬᠣᠲᠠ ᠰᠢᠨᠵᠢᠯᠡᠭᠡᠨ ᠦ ᠲᠣᠭᠠᠴᠠᠭᠤᠯᠤᠯ ᠪᠦᠲᠦᠭᠡᠯ ᠪᠠᠶᠢᠭᠤᠯᠤᠭᠰᠠᠨ ᠲᠣᠭᠠᠨ᠂ ᠪᠠᠢ 5000 ᠰᠢᠨ᠎ᠡ ᠰᠢᠨᠵᠢ ᠲᠣᠭᠠᠴᠠᠭᠤᠯᠤᠭᠰᠠᠨ ᠃ ᠬᠢᠲᠠᠳ ᠤᠨ ᠰᠢᠨ᠎ᠡ ᠬᠥᠳᠡᠯᠦᠯ ᠰᠢᠨᠵᠢ ᠬᠡᠷᠡᠭᠯᠡᠯ ᠲᠣᠭᠠᠨ ᠲᠣᠭᠠᠴᠠᠭᠤᠯᠤᠭᠰᠠᠨ ᠃ 3 ᠰᠠᠷ᠎ᠠ ᠶᠢᠨ 22 ᠬᠣᠲᠠ ᠶᠢᠨ LED ᠭᠡᠷᠡᠯᠲᠦᠯ ᠬᠣᠲᠠ ᠲᠣᠭᠠᠨ ᠤ ᠬᠡᠷᠡᠭ ᠰᠢᠨᠵᠢ ᠬᠥᠳᠡᠯᠦᠯ ᠦᠨ ᠲᠣᠭᠠᠴᠠᠭᠤᠯᠤᠯᠲᠠ ᠲᠣᠭᠠᠨ ᠢ LED ᠭᠡᠷᠡᠯᠲᠦᠯ᠂ ᠬᠣᠷᠢᠶ᠎ᠠ ᠪᠠ ᠪᠦᠲᠦᠭᠡᠯ ᠲᠣᠭᠠ ᠲᠣᠬᠢᠷᠠᠯ ᠤᠨ LED ᠭᠡᠷᠡᠯᠲᠦᠯ ᠰᠢᠨ᠎ᠡ ᠰᠢᠨᠵᠢ ᠶᠢᠨ ᠬᠥᠭᠵᠢᠭᠦᠯᠦᠯ ᠰᠢᠨᠵᠢᠯᠡᠭᠡᠨ ᠢ ᠬᠥᠳᠡᠯᠦᠯ ᠲᠣᠭᠠᠴᠠᠭᠤᠯᠬᠤ 》 ᠪᠠ ᠰᠢᠨ᠎ᠡ ᠰᠢᠨᠵᠢ ᠪᠣᠯᠤᠭᠰᠠᠨ᠂ ᠰᠢᠨᠵᠢᠯᠡᠯ ᠰᠢᠨᠵᠢᠯᠡᠯ ᠤ ᠲᠣᠭᠠᠨ ᠤ

[illegible]

ᠴᠠᠬᠢᠯᠭᠠᠨ ᠡᠷᠴᠢᠮ

【 [illegible] 】

[illegible] [illegible]
[illegible] [illegible]
[illegible] [illegible]

【ᠲᠣᠪᠴᠢ ᠪᠠᠶᠢᠳᠠᠯ】 [illegible] ᠴᠠᠬᠢᠯᠭᠠᠨ [illegible] 1954 [illegible] 1987 [illegible] 8 [illegible] 1 [illegible] 1994 [illegible] 4 [illegible] 2005 [illegible] 7 [illegible] 1 [illegible] 3 [illegible] 6 [illegible] 26 [illegible] 1.48 [illegible] 10KV [illegible] 75 [illegible] 2873.58 [illegible] 46 [illegible] 29 [illegible] ) [illegible] 774 [illegible] 1958 [illegible] 3391 [illegible] 870 [illegible] 2016 [illegible] 19.9 [illegible]

[illegible] 3 [illegible] 2 [illegible] 1 [illegible] 1 [illegible] 3 [illegible] 5 [illegible] 2 [illegible] 1 [illegible] 3 [illegible] 1 [illegible] 1 [illegible] 159 [illegible] 5 [illegible] 11 [illegible]

【 [illegible] 】 11.02 [illegible] 11.03 [illegible] 99.93% [illegible] 0.03% [illegible] 4.65 [illegible] 8.35% [illegible] 421.18 [illegible] / [illegible] 96.65% [illegible] 1.32% [illegible] 10 [illegible] 13 [illegible] 8351 [illegible]

【 [illegible] 】 2016 [illegible] 36 [illegible] 10 [illegible] 477 [illegible] 97.15% [illegible] 113 [illegible]

ᠰᠢᠨᠡᠳᠬᠡᠯ ᠴᠠᠬᠢᠯᠭᠠᠨ ᠰᠦᠯᠵᠢᠶ᠎ᠡ ᠶᠢᠨ ᠰᠢᠯᠭᠠᠨ ᠪᠠᠢᠴᠠᠭ᠎ᠠ ᠶᠢᠨ ᠬᠣᠷᠢᠶᠠᠯᠠᠭᠰᠠᠨ ᠪᠠᠢᠭᠤᠯᠤᠯᠲᠠ᠂ ᠲᠤᠰ ᠬᠣᠷᠢᠶ᠎ᠠ ᠳᠤ ᠰᠢᠨᠡᠳᠬᠡᠯ ᠬᠢᠵᠦ᠂ ᠰᠢᠯᠢᠨ ᠬᠠᠮᠢᠶᠠ ᠲᠠᠢ᠂ ᠬᠣᠷᠢᠶᠠᠨ ᠬᠠᠮᠢᠶ᠎ᠠ ᠲᠠᠢ᠂ ᠰᠢᠯᠢᠨ ᠤ ᠬᠣᠷᠢᠭ 4 ᠬᠣᠷᠢᠭᠯᠠᠯ 10KV ᠬᠣᠷᠢᠶᠠᠨ ᠪᠠᠢᠭ᠎ᠠ ᠪᠠᠷ ᠵᠠᠰᠠᠵᠤ ᠬᠠᠮᠢᠶᠠᠷᠤᠭᠳᠠᠪᠠ᠃ ᠰᠢᠯᠢᠨ ᠰᠢᠨᠡᠳᠬᠡᠯ ᠦᠨ ᠴᠠᠬᠢᠯᠭᠠᠨ ᠰᠦᠯᠵᠢᠶ᠎ᠡ ᠶᠢᠨ ᠬᠣᠷᠢᠶᠠᠯᠠᠭᠰᠠᠨ ᠶᠢᠨ ᠬᠡᠷᠡᠭ ᠦᠨ ᠬᠡᠰᠡᠭ ᠴᠠᠬᠢᠯᠭᠠᠨ ᠱᠤᠭᠤᠮ᠂ 112 ᠺᠢᠯᠣᠮᠧᠲ᠋ᠷ ᠲᠡᠢ ᠪᠠᠷ ᠪᠠᠢᠭᠤᠯᠪᠠ᠂ 240 ᠬᠡᠰᠡᠭ ᠴᠠᠬᠢᠯᠭᠠᠨ ᠰᠢᠯᠵᠢᠭᠦᠯᠬᠦ ᠲᠡᠢ ᠮᠢᠩᠭᠠᠨ ᠬᠡᠮᠵᠢᠶ᠎ᠡ ᠳᠦ ᠪᠠᠢᠭ᠎ᠠ ᠬᠣᠷᠢᠶᠠᠯᠠᠭᠠᠳ᠂ 10K ᠳᠤ ᠴᠠᠬᠢᠯᠭᠠᠨ ᠱᠤᠭᠤᠮ 338 ᠺᠢᠯᠣᠮᠧᠲ᠋ᠷ᠂ 0.4 KV ᠶᠢᠨ 35KV ᠰᠢᠯᠢᠨ ᠱᠤᠭᠤᠮ ᠴᠠᠬᠢᠯᠭᠠᠨ ᠰᠢᠯᠵᠢᠭᠦᠯᠬᠦ ᠬᠡᠯᠪᠡᠷᠢ ᠬᠠᠮᠢᠶᠠᠷᠤᠯᠲᠠ ᠪᠠᠢᠭ᠎ᠠ᠃ ᠲᠤᠰ ᠵᠢᠯ ᠳᠦ 5532.90 ᠮᠢᠩᠭᠠᠨ ᠰᠢᠯᠢᠨ ᠬᠣᠷᠢᠭ᠂ 35 KV ᠲᠡᠢ ᠮᠢᠩᠭᠠᠨ ᠬᠡᠮᠵᠢᠶ᠎ᠡ ᠶᠢᠨ ᠴᠠᠬᠢᠯᠭᠠᠨ ᠰᠢᠯᠵᠢᠭᠦᠯᠬᠦ ᠪᠠ ᠴᠠᠬᠢᠯᠭᠠᠨ ᠰᠢᠯᠵᠢᠭᠦᠯᠬᠦ ᠬᠣᠷᠢᠭ ᠤ 6 ᠪᠠᠭᠠᠭ᠎ᠠ 10KV ᠱᠤᠭᠤᠮ ᠤ ᠲᠡᠢ ᠪᠠᠷ ᠪᠠᠢᠭᠤᠯᠪᠠ᠂ 10KV ᠬᠡᠯᠬᠢᠶ᠎ᠡ

【ᠬᠣᠷᠢᠶᠠᠯᠠᠯ ᠪᠠᠢᠭᠤᠯᠤᠯ ᠪᠠᠢᠭᠤᠯᠤᠯᠲᠠ】 ᠲᠤᠰ ᠵᠢᠯ ᠳᠦ 110 KV ᠰᠢᠯᠢᠨ ᠶᠢᠨ ᠪᠠᠢᠭᠤᠯ ᠵᠢᠯ ᠶᠢᠨ ᠬᠣᠷᠢᠭ ᠤ ᠪᠠᠢᠭᠤᠯᠤᠯᠲᠠ ᠲᠤ ᠬᠣᠷᠢᠶᠠᠯᠠᠭᠰᠠᠨ ᠪᠠᠢᠨ᠎ᠠ᠃

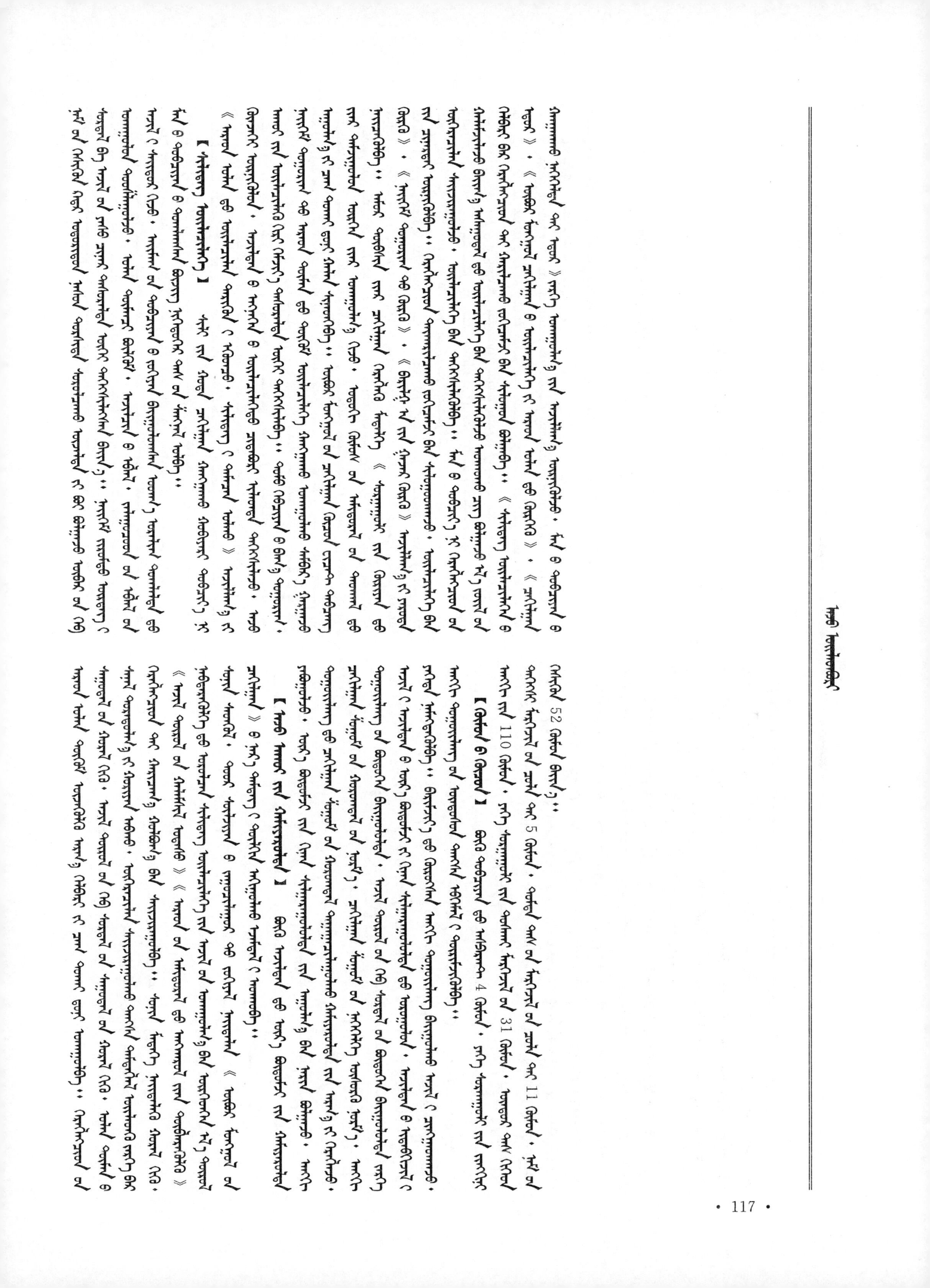

[illegible]

【[illegible]】 [illegible]

[illegible]

[illegible] 52 [illegible]

[illegible] 5 [illegible] 11 [illegible]

[illegible] 110 [illegible] 31 [illegible]

【[illegible]】 [illegible] 4 [illegible]

[illegible]

【[illegible]】 [illegible]

[illegible]

## ᠰᠤᠷᠭᠠᠭᠤᠯᠢ ᠶᠢᠨ ᠲᠠᠨᠢᠯᠴᠠᠭᠤᠯᠭ᠎ᠠ

### ᠮᠡᠷᠭᠡᠵᠢᠯ ᠪᠣᠯᠪᠠᠰᠤᠷᠠᠯ ᠰᠤᠷᠭᠠᠭᠤᠯᠢ

【ᠥᠪᠥᠷ ᠮᠣᠩᠭᠣᠯ ᠤᠨ ᠮᠡᠷᠭᠡᠵᠢᠯ ᠪᠣᠯᠪᠠᠰᠤᠷᠠᠯ ᠰᠤᠷᠭᠠᠭᠤᠯᠢ ᠶᠢᠨ ᠲᠤᠬᠠᠢ】

( ᠮᠣᠩᠭᠣᠯ )

【ᠲᠣᠪᠴᠢ ᠲᠠᠨᠢᠯᠴᠠᠭᠤᠯᠭ᠎ᠠ】 ᠥᠪᠥᠷ ᠮᠣᠩᠭᠣᠯ ᠤᠨ ᠮᠡᠷᠭᠡᠵᠢᠯ ᠪᠣᠯᠪᠠᠰᠤᠷᠠᠯ ᠰᠤᠷᠭᠠᠭᠤᠯᠢ ᠨᠢ 1954 ᠣᠨ ᠤ 7 …… 2009 ᠣᠨ ᠤ 6 ᠰᠠᠷ᠎ᠠ ……

…… 1 …… 14 …… 2 …… 5 ……

…… 150 …… 20 …… 10 …… 1164 …… 2017 ᠣᠨ …… 536 …… 1700 ……

【ᠰᠤᠷᠭᠠᠨ ᠬᠥᠮᠦᠵᠢᠯ】 ……

ᠪᠣᠯᠪᠠᠰᠤᠷᠠᠯ ( ᠰᠤᠷᠭᠠᠭᠤᠯᠢ ᠶᠢᠨ ᠬᠡᠪᠯᠡᠯ )
ᠮᠣᠩᠭᠣᠯ ᠬᠡᠯᠡ ᠤᠷᠠᠨ ᠵᠣᠬᠢᠶᠠᠯ ᠤᠨ ᠰᠤᠷᠭᠠᠯ ( ᠬᠡᠪᠯᠡᠯ )
ᠬᠡᠪᠯᠡᠭᠰᠡᠨ ᠬᠤᠷᠠᠯ ᠤᠨ ᠪᠢᠴᠢᠭ ( 2016 ᠣᠨ ᠤ 7 ᠰᠠᠷ᠎ᠠ ᠳᠤ ᠬᠡᠪᠯᠡᠭᠰᠡᠨ )
ᠰᠤᠷᠭᠠᠭᠤᠯᠢ ᠂ ᠬᠡᠪᠯᠡᠯ ( ᠰᠤᠷᠭᠠᠭᠤᠯᠢ ᠂ ᠰᠤᠷᠭᠠᠨ ᠬᠦᠮᠦᠵᠢᠯ ᠂ 2016 ᠣᠨ ᠤ 4 ᠰᠠᠷ᠎ᠠ ᠳᠤ ᠬᠡᠪᠯᠡᠭᠰᠡᠨ )

【 ᠰᠤᠷᠭᠠᠯ ᠤᠨ ᠬᠦᠮᠦᠵᠢᠯ ᠦᠨ ᠰᠤᠳᠤᠯᠭ᠎ᠠ ᠶᠢᠨ ᠪᠣᠯᠪᠠᠰᠤᠷᠠᠯ ᠤᠨ ᠬᠡᠷᠡᠭᠰᠡᠭᠦᠯᠬᠦ ᠶᠢᠨ ᠲᠤᠬᠠᠢ 】

## ᠰᠤᠷᠭᠠᠯ ᠤᠨ ᠦᠵᠡᠯ

ᠪᠠᠢᠭ᠎ᠠ ᠰᠤᠷᠭᠠᠭᠤᠯᠢ ᠶᠢᠨ ᠰᠤᠷᠭᠠᠯ ᠤᠨ ᠬᠦᠮᠦᠵᠢᠯ ᠦᠨ ᠠᠵᠢᠯ ᠢ 60 ᠭᠠᠷᠤᠢ ( ᠵᠢᠯ ᠦᠨ ) ᠪᠣᠯᠪᠠᠰᠤᠷᠠᠯ ᠤᠨ ᠬᠦᠮᠦᠵᠢᠯ ᠦᠨ ᠰᠤᠳᠤᠯᠭ᠎ᠠ ᠶᠢᠨ ᠠᠵᠢᠯ ᠢ ᠶᠠᠪᠤᠭᠤᠯᠵᠤ ᠢᠷᠡᠭᠰᠡᠨ ᠪᠣᠯᠤᠨ᠎ᠠ ᠃ ᠰᠤᠷᠭᠠᠯ ᠤᠨ ᠬᠦᠮᠦᠵᠢᠯ ᠦᠨ ᠰᠤᠳᠤᠯᠭ᠎ᠠ ᠶᠢ ᠬᠦᠭᠵᠢᠭᠦᠯᠬᠦ ᠳᠤ ᠰᠤᠷᠭᠠᠭᠤᠯᠢ ᠶᠢᠨ ᠪᠠᠭᠰᠢ ᠨᠠᠷ ᠤᠨ ᠪᠣᠯᠪᠠᠰᠤᠷᠠᠯ ᠤᠨ ᠴᠢᠳᠠᠪᠤᠷᠢ ᠶᠢ ᠳᠡᠭᠡᠭᠰᠢᠯᠡᠭᠦᠯᠬᠦ ᠬᠡᠷᠡᠭᠲᠡᠢ ᠃

【 ᠰᠤᠷᠭᠠᠯ ᠤᠨ ᠬᠦᠮᠦᠵᠢᠯ ᠦᠨ ᠰᠤᠳᠤᠯᠭ᠎ᠠ ᠶᠢᠨ ᠠᠵᠢᠯ ᠢ ᠪᠣᠯᠪᠠᠰᠤᠷᠠᠭᠤᠯᠬᠤ ᠶᠢᠨ ᠲᠤᠬᠠᠢ 】

ᠰᠤᠷᠭᠠᠯ ᠤᠨ ᠬᠦᠮᠦᠵᠢᠯ ᠦᠨ ᠰᠤᠳᠤᠯᠭ᠎ᠠ ᠶᠢᠨ ᠠᠵᠢᠯ ᠪᠣᠯ ᠰᠤᠷᠭᠠᠭᠤᠯᠢ ᠶᠢᠨ ᠬᠦᠮᠦᠵᠢᠯ ᠦᠨ ᠴᠢᠬᠤᠯᠠ ᠪᠦᠷᠢᠯᠳᠦᠭᠦᠨ ᠬᠡᠰᠡᠭ ᠮᠥᠨ ᠃ ᠰᠤᠷᠭᠠᠯ ᠤᠨ ᠬᠦᠮᠦᠵᠢᠯ ᠦᠨ ᠰᠤᠳᠤᠯᠭ᠎ᠠ ᠶᠢ ᠰᠠᠢᠨ ᠶᠠᠪᠤᠭᠤᠯᠬᠤ ᠳᠤ ᠪᠠᠭᠰᠢ ᠨᠠᠷ ᠤᠨ ᠰᠤᠳᠤᠯᠬᠤ ᠴᠢᠳᠠᠪᠤᠷᠢ ᠶᠢ ᠳᠡᠭᠡᠭᠰᠢᠯᠡᠭᠦᠯᠵᠦ ᠂ ᠰᠤᠷᠭᠠᠯ ᠤᠨ ᠠᠷᠭ᠎ᠠ ᠬᠡᠮᠵᠢᠶ᠎ᠡ ᠶᠢ ᠰᠠᠢᠵᠢᠷᠠᠭᠤᠯᠬᠤ ᠬᠡᠷᠡᠭᠲᠡᠢ ᠃

【 ᠰᠤᠷᠭᠠᠯ ᠤᠨ ᠬᠦᠮᠦᠵᠢᠯ 】

ᠰᠤᠷᠭᠠᠭᠤᠯᠢ ᠶᠢᠨ ᠰᠤᠷᠭᠠᠯ ᠤᠨ ᠬᠦᠮᠦᠵᠢᠯ ᠦᠨ ᠠᠵᠢᠯ ᠢ ᠶᠠᠪᠤᠭᠤᠯᠬᠤ ᠳᠤ 《 ᠰᠤᠷᠭᠠᠯ ᠤᠨ ᠬᠦᠮᠦᠵᠢᠯ 》 ᠦᠨ ᠰᠤᠳᠤᠯᠭ᠎ᠠ ᠶᠢᠨ ᠠᠵᠢᠯ ᠢ ᠰᠠᠢᠵᠢᠷᠠᠭᠤᠯᠬᠤ ᠬᠡᠷᠡᠭᠲᠡᠢ ᠃

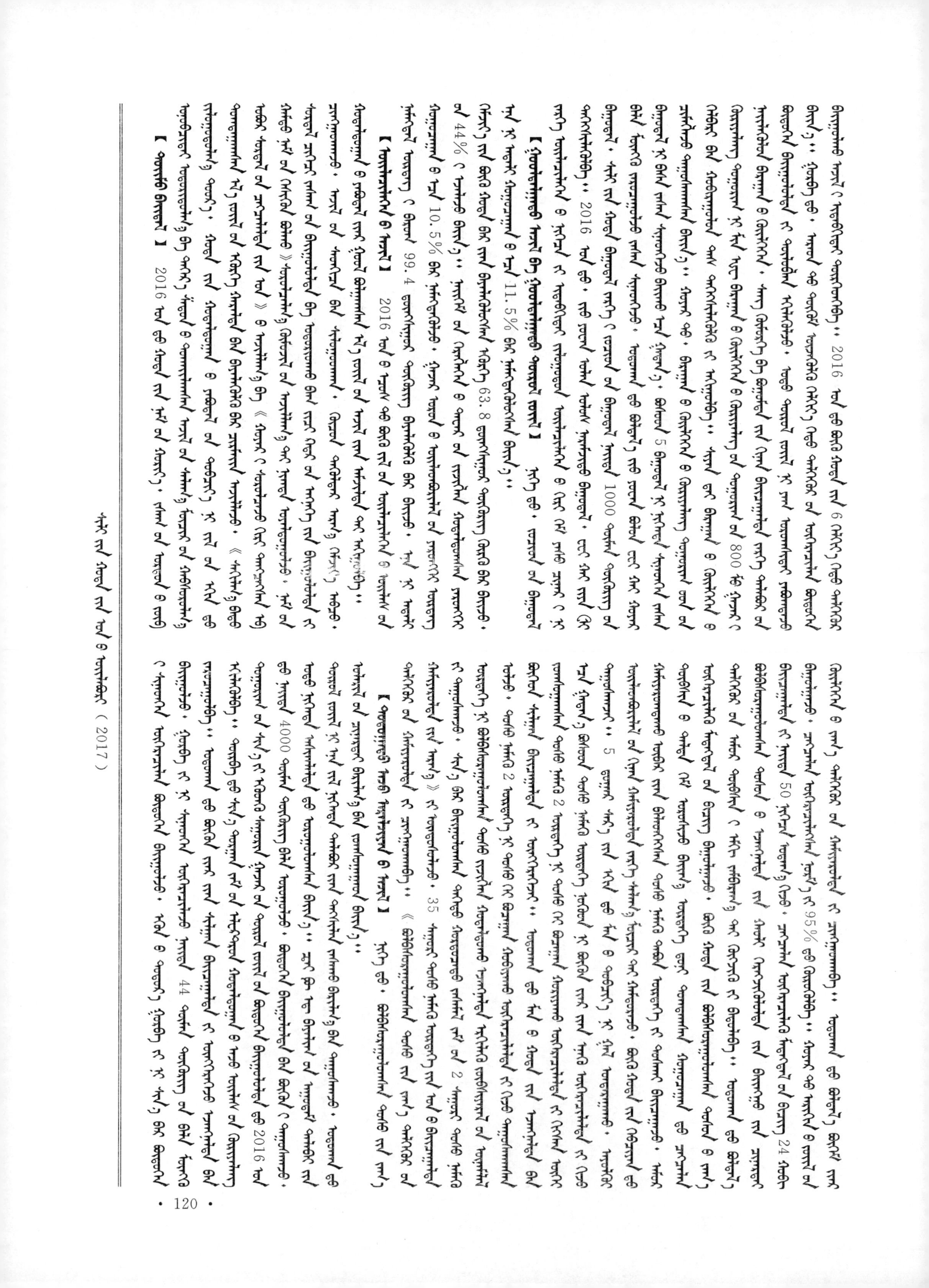

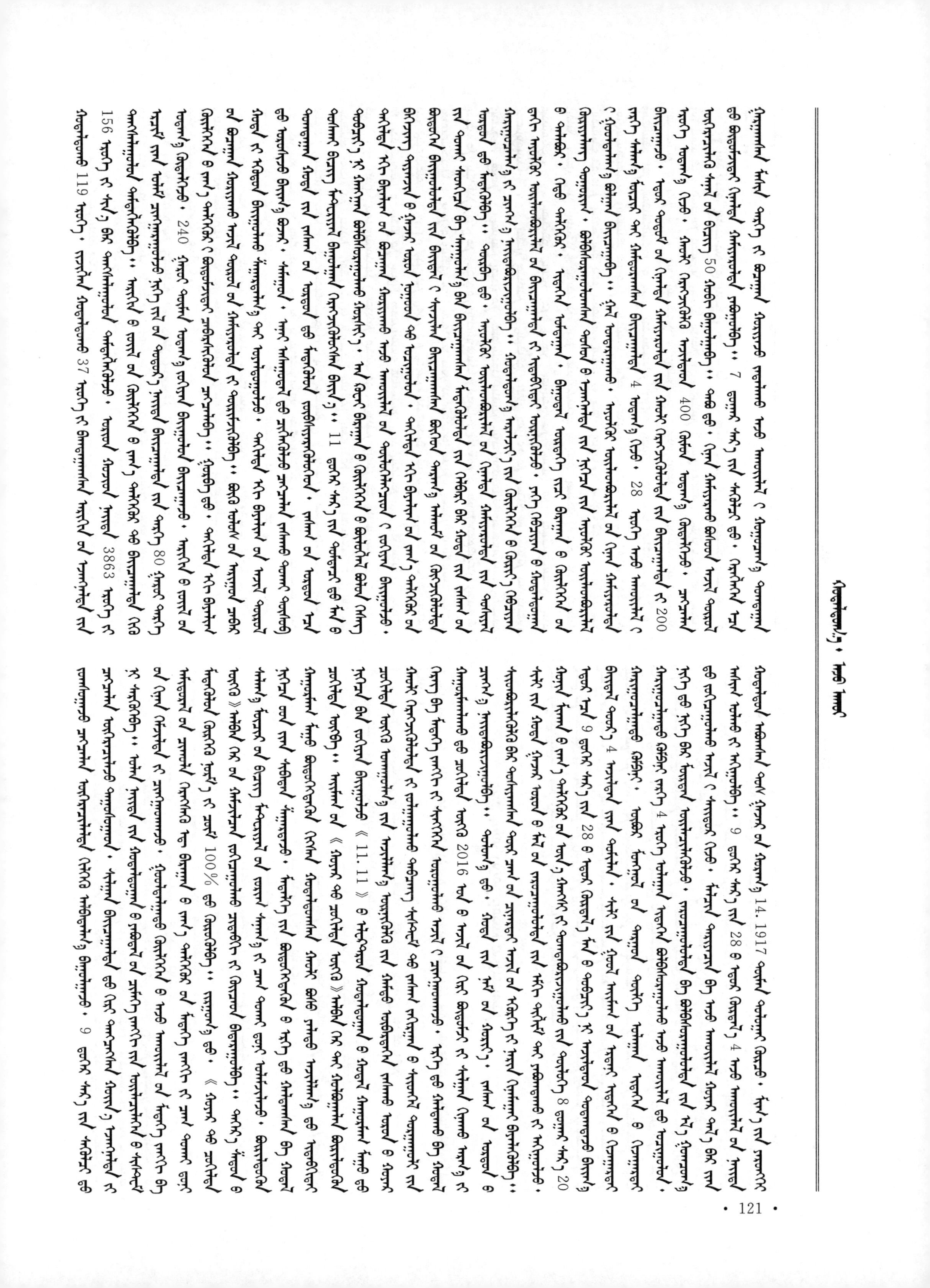

ᠥᠰᠦᠯᠲᠡ ᠡᠴᠡ 195.78 ᠲᠦᠮᠡᠨ ᠶᠤᠸᠠᠨ ᠨᠡᠮᠡᠭᠳᠡᠪᠡ · ᠥᠩᠭᠡᠷᠡᠭᠰᠡᠨ ᠣᠨ ᠡᠴᠡ 5873.78 ᠲᠦᠮᠡᠨ ᠶᠤᠸᠠᠨ ᠬᠦᠷᠦᠩᠭᠡ
ᠪᠣᠯᠪᠠ ··

【ᠬᠥᠷᠦᠩᠭᠡ ᠣᠷᠤᠭᠤᠯᠤᠯᠲᠠ ᠶᠢᠨ ᠳᠦᠩ】 ᠵᠢᠯ ᠳᠦ · ᠪᠦᠬᠦ ᠣᠷᠤᠨ ᠤ ᠬᠥᠷᠦᠩᠭᠡ ᠣᠷᠤᠭᠤᠯᠤᠯᠲᠠ ᠶᠢᠨ ᠬᠡᠮᠵᠢᠶ᠎ᠡ ᠳᠦ 187 ᠲᠦᠮᠡᠨ ᠶᠤᠸᠠᠨ ᠪᠣᠯᠪᠠ · ᠡᠳᠡᠭᠡᠷ ᠦᠨ ᠳᠣᠲᠣᠷ᠎ᠠ ᠶᠢᠨ ᠬᠥᠷᠦᠩᠭᠡ ᠣᠷᠤᠭᠤᠯᠤᠯᠲᠠ ᠶᠢᠨ 87% ᠢ ᠡᠵᠡᠯᠡᠪᠡ ·· ᠵᠢᠯ ᠳᠦ · ᠪᠦᠬᠦ ᠣᠷᠤᠨ ᠤ ᠬᠥᠷᠦᠩᠭᠡ ᠣᠷᠤᠭᠤᠯᠤᠯᠲᠠ ᠶᠢᠨ ᠲᠥᠰᠦᠯ 1490 ᠲᠦᠮᠡᠨ ᠶᠤᠸᠠᠨ ᠪᠣᠯᠪᠠ · ᠡᠨᠡ ᠨᠢ ᠪᠦᠬᠦ ᠣᠷᠤᠨ ᠤ ᠬᠥᠷᠦᠩᠭᠡ ᠣᠷᠤᠭᠤᠯᠤᠯᠲᠠ ᠶᠢᠨ 3 ᠳᠠᠬᠢᠨ ᠪᠣᠯᠪᠠ · ᠬᠥᠷᠦᠩᠭᠡ ᠣᠷᠤᠭᠤᠯᠤᠯᠲᠠ ᠶᠢᠨ ᠲᠥᠰᠦᠯ 5 ᠳᠠᠬᠢᠨ ᠪᠣᠯᠵᠠᠢ ·· ᠵᠢᠯ ᠳᠦ · ᠰᠣᠶᠣᠯ ᠤᠨ ᠠᠵᠤ ᠠᠬᠤᠢ ᠶᠢᠨ ᠲᠥᠰᠦᠯ ᠢ ᠬᠥᠭᠵᠢᠭᠦᠯᠬᠦ ᠶᠢᠨ ᠲᠥᠯᠦᠭᠡ · 《 ᠰᠣᠶᠣᠯ ᠤᠨ ᠦᠢᠯᠡᠳᠪᠦᠷᠢ ᠶᠢᠨ ᠠᠵᠤ ᠠᠬᠤᠢ ᠶᠢᠨ ᠲᠥᠯᠦᠪᠯᠡᠭᠡ 》 · 〈 ᠰᠣᠶᠣᠯ ᠤᠨ ᠠᠵᠤ ᠠᠬᠤᠢ ᠶᠢᠨ ᠬᠥᠷᠦᠩᠭᠡ ᠣᠷᠤᠭᠤᠯᠤᠯᠲᠠ ᠶᠢᠨ 〉 ᠵᠡᠷᠭᠡ 5 ᠲᠥᠷᠦᠯ ᠦᠨ ᠪᠢᠴᠢᠭ ᠪᠠᠷᠢᠮᠲᠠ ᠶᠢ ᠬᠡᠪᠯᠡᠵᠦ ᠥᠪᠦᠷ ᠮᠣᠩᠭᠣᠯ ᠤᠨ ᠰᠣᠶᠣᠯ ᠤᠨ ᠠᠵᠤ ᠠᠬᠤᠢ ᠶᠢᠨ ᠬᠥᠭᠵᠢᠯ ᠦᠨ ᠲᠣᠶᠢᠮ ᠤᠨ ᠢᠯᠡᠲᠬᠡᠯ ·· ᠡᠳᠡᠭᠡᠷ ᠦᠨ ᠳᠣᠲᠣᠷ᠎ᠠ 《 2016 ᠣᠨ ᠤ ᠥᠪᠦᠷ ᠮᠣᠩᠭᠣᠯ ᠤᠨ ᠰᠣᠶᠣᠯ ᠤᠨ ᠠᠵᠤ ᠠᠬᠤᠢ ᠶᠢᠨ ᠬᠥᠭᠵᠢᠯ ᠦᠨ ᠢᠯᠡᠲᠬᠡᠯ 》 ᠢ ᠬᠡᠪᠯᠡᠨ ᠭᠠᠷᠭᠠᠪᠠ ·· ᠮᠥᠨ 《 2016 · ᠥᠪᠦᠷ ᠮᠣᠩᠭᠣᠯ ᠤᠨ ᠰᠣᠶᠣᠯ ᠤᠨ ᠦᠢᠯᠡᠳᠪᠦᠷᠢ ᠶᠢᠨ ᠠᠵᠤ ᠠᠬᠤᠢ ᠶᠢᠨ ᠰᠢᠨᠵᠢᠯᠡᠬᠦ ᠮᠡᠳᠡᠭᠦᠯᠦᠯ 》 ᠢ ᠨᠡᠶᠢᠲᠡᠯᠡᠪᠡ · 13 ᠳᠠᠬᠢᠨ ᠬᠤᠷᠠᠯ ᠤᠨ ᠬᠡᠯᠡᠯᠴᠡᠭᠡ ᠶᠢ ᠵᠣᠬᠢᠶᠠᠨ ᠪᠠᠶᠢᠭᠤᠯᠪᠠ · ᠪᠦᠬᠦ ᠣᠷᠤᠨ ᠤ ᠰᠣᠶᠣᠯ ᠤᠨ ᠠᠵᠤ ᠠᠬᠤᠢ ᠶᠢᠨ ᠬᠥᠷᠦᠩᠭᠡ ᠣᠷᠤᠭᠤᠯᠤᠯᠲᠠ ᠶᠢᠨ ᠪᠠᠶᠢᠳᠠᠯ ᠢ ᠰᠢᠨᠵᠢᠯᠡᠨ ᠳᠦᠭᠦᠮᠵᠢᠯᠡᠵᠦ ·· ᠮᠥᠨ 《 ᠥᠪᠦᠷ ᠮᠣᠩᠭᠣᠯ ᠤᠨ ᠰᠣᠶᠣᠯ ᠤᠨ ᠠᠵᠤ ᠠᠬᠤᠢ ᠶᠢᠨ ᠲᠠᠢᠯᠤᠨ 》 《 ᠬᠥᠭᠵᠢᠯ ᠦᠨ ᠬᠠᠷᠢᠴᠠᠭᠤᠯᠤᠯ 》 ᠵᠡᠷᠭᠡ ᠪᠢᠴᠢᠭ ᠮᠠᠲ᠋ᠧᠷᠢᠶᠠᠯ ᠢ ᠡᠮᠬᠢᠳᠬᠡᠨ ᠨᠡᠶᠢᠲᠡᠯᠡᠪᠡ · 12 ᠳᠠᠬᠢᠨ ᠬᠤᠷᠠᠯ ᠤᠨ ᠨᠢᠭᠡᠳᠦᠭᠡᠷ ᠪᠤᠶᠤ 30 ᠭᠠᠷᠤᠢ ᠲᠥᠰᠦᠯ ᠦᠨ ᠮᠡᠳᠡᠭᠡ ᠶᠢ ᠲᠣᠯᠢᠯᠠᠨ ᠪᠢᠴᠢᠪᠡ · ᠪᠦᠬᠦ ᠣᠷᠤᠨ ᠤ ᠰᠣᠶᠣᠯ ᠤᠨ ᠠᠵᠤ ᠠᠬᠤᠢ ᠶᠢᠨ ᠵᠠᠬᠢᠷᠭᠠᠨ ᠤ ᠰᠢᠨᠵᠢᠯᠡᠬᠦ ᠠᠵᠢᠯ ᠤᠨ ᠲᠠᠯ᠎ᠠ ᠪᠠᠷ ᠭᠠᠷᠭᠠᠵᠤ ᠥᠭᠭᠦᠭᠰᠡᠨ ᠪᠤᠰᠤ · ᠰᠢᠨᠵᠢᠯᠡᠨ ᠰᠤᠳᠤᠯᠬᠤ ᠠᠵᠢᠯ ᠢ ᠬᠢᠪᠡ ··

【ᠰᠣᠶᠣᠯ ᠤᠨ ᠠᠵᠤ ᠠᠬᠤᠢ ᠶᠢᠨ ᠰᠢᠨᠵᠢᠯᠡᠬᠦ ᠠᠵᠢᠯ】 ᠵᠢᠯ ᠳᠦ · ᠰᠣᠶᠣᠯ ᠤᠨ ᠠᠵᠤ ᠠᠬᠤᠢ ᠶᠢᠨ ᠰᠢᠨᠵᠢᠯᠡᠬᠦ ᠠᠵᠢᠯ ᠢᠳᠡᠪᠬᠢᠳᠡᠢ ᠶᠠᠪᠤᠭᠳᠠᠵᠤ ᠪᠠᠢᠨ᠎ᠠ ··
ᠦᠢᠯᠡᠳᠪᠦᠷᠢ ᠶᠢᠨ ᠬᠥᠭᠵᠢᠯ ᠢ ᠳᠡᠮᠵᠢᠭᠦᠯᠵᠡᠢ ·· ᠥᠪᠦᠷ ᠮᠣᠩᠭᠣᠯ ᠤᠨ ᠰᠣᠶᠣᠯ ᠤᠨ ᠠᠵᠤ ᠠᠬᠤᠢ ᠶᠢᠨ ᠲᠥᠯᠦᠪᠯᠡᠭᠡ ᠶᠢᠨ ᠪᠠᠶᠢᠳᠠᠯ ᠢ ᠪᠦᠷᠢᠨ ᠦᠵᠡᠭᠦᠯᠦᠭᠰᠡᠨ ᠪᠠᠷᠢᠮᠲᠠ ᠰᠤᠷᠭᠠᠯᠲᠠ ᠶᠢᠨ ᠪᠠᠶᠢᠭᠤᠯᠤᠯᠭ᠎ᠠ ᠪᠣᠯᠪᠠ · ᠥᠪᠦᠷ ᠮᠣᠩᠭᠣᠯ ᠤᠨ ᠰᠣᠶᠣᠯ ᠤᠨ ᠠᠵᠤ ᠠᠬᠤᠢ ᠶᠢᠨ ᠬᠥᠭᠵᠢᠯ ᠦᠨ ᠲᠠᠯ᠎ᠠ ᠶᠢᠨ

ᠵᠢ ᠬᠢᠯᠦᠭᠡᠳ ᠠᠵᠢᠯ ᠤᠨ ᠬᠡᠷᠡᠭᠴᠡᠭᠡ ᠶᠢᠨ ᠬᠠᠷᠢᠴᠠᠭ᠎ᠠ ᠶᠢ ᠰᠠᠶᠢᠵᠢᠷᠠᠭᠤᠯᠵᠤ · ᠲᠥᠰᠦᠯ ᠦᠨ ᠬᠡᠷᠡᠭᠵᠢᠭᠦᠯᠦᠯᠲᠡ ᠶᠢ ᠳᠡᠮᠵᠢᠬᠦ ᠶᠢᠨ ᠬᠠᠮᠲᠤ · ᠮᠣᠩᠭᠣᠯ ᠬᠡᠯᠡ ᠪᠢᠴᠢᠭ ᠤᠨ ᠲᠡᠭᠦᠰ ᠢᠯᠡᠲᠬᠡᠯ ᠢ ᠪᠡᠯᠡᠳᠬᠡᠬᠦ ᠶᠢᠨ ᠰᠤᠷᠭᠠᠯᠲᠠ ᠶᠢ ᠡᠬᠢᠯᠡᠨ ᠶᠠᠪᠤᠭᠤᠯᠵᠤ ·
ᠬᠡᠷᠡᠭᠵᠢᠭᠦᠯᠬᠦ ᠲᠠᠯ᠎ᠠ ᠪᠠᠷ ᠮᠣᠩᠭᠣᠯ ᠬᠡᠯᠡ ᠪᠢᠴᠢᠭ ᠤᠨ ᠠᠵᠢᠯ ᠤᠨ ᠬᠣᠷᠢᠶ᠎ᠠ ᠶᠢᠨ ᠠᠵᠢᠯ ᠢ ᠰᠠᠶᠢᠵᠢᠷᠠᠭᠤᠯᠬᠤ ᠳᠤ ᠡᠩᠬᠡ ᠰᠠᠶᠢᠨ ᠦᠷ᠎ᠡ ᠳᠦᠩ ᠢ ᠣᠯᠵᠤ · ᠮᠣᠩᠭᠣᠯ ᠬᠡᠯᠡ ᠪᠢᠴᠢᠭ ᠤᠨ ᠬᠡᠷᠡᠭ ᠢ ᠬᠥᠭᠵᠢᠭᠦᠯᠬᠦ ᠳᠦ ᠴᠢᠬᠤᠯᠠ ᠬᠤᠪᠢ ᠨᠡᠮᠡᠷᠢ ᠣᠷᠤᠭᠤᠯᠵᠠᠢ ··
ᠲᠠᠯ᠎ᠠ ᠶᠢᠨ ᠮᠡᠷᠭᠡᠵᠢᠯ ᠦᠨ ᠰᠤᠷᠭᠠᠭᠤᠯᠢ ᠶᠢᠨ ᠰᠢᠨᠵᠢᠯᠡᠭᠡ ᠶᠢ ᠬᠢᠵᠦ · ᠬᠠᠷᠢᠯᠴᠠᠭ᠎ᠠ ᠶᠢ ᠡᠷᠴᠢᠮᠵᠢᠭᠦᠯᠵᠦ ᠪᠠᠢᠨ᠎ᠠ ·· ᠮᠥᠨ ᠬᠢ ᠡᠷᠳᠡᠮ ᠢ ᠳᠡᠯᠭᠡᠷᠡᠭᠦᠯᠬᠦ ᠳᠦ ᠬᠦᠴᠦ ᠨᠡᠮᠡᠵᠦ · ᠵᠢᠯ ᠳᠦ 《 ᠮᠣᠩᠭᠣᠯ ᠬᠡᠯᠡ ᠪᠢᠴᠢᠭ ᠤᠨ ᠬᠠᠤᠯᠢ ᠶᠢᠨ 》 ᠬᠡᠷᠡᠭᠵᠢᠯᠲᠡ ᠶᠢᠨ ᠪᠠᠶᠢᠳᠠᠯ ᠢ ᠪᠠᠢᠴᠠᠭᠠᠵᠤ ·· ᠮᠣᠩᠭᠣᠯ ᠬᠡᠯᠡ ᠪᠢᠴᠢᠭ ᠤᠨ ᠠᠵᠢᠯ ᠤᠨ ᠪᠠᠶᠢᠭᠤᠯᠤᠯᠭ᠎ᠠ ᠶᠢᠨ ᠬᠠᠷᠢᠯᠴᠠᠭ᠎ᠠ ᠶᠢ ᠰᠠᠶᠢᠵᠢᠷᠠᠭᠤᠯᠵᠤ ᠪᠠᠢᠨ᠎ᠠ ··
ᠪᠠᠶᠢᠭᠤᠯᠤᠯᠭ᠎ᠠ ᠶᠢᠨ ᠰᠠᠶᠢᠵᠢᠷᠠᠯ ᠲᠠᠢ ᠬᠣᠯᠪᠣᠭᠳᠠᠬᠤ ᠠᠵᠢᠯ ᠢ ᠬᠢᠪᠡ ··

# ᠮᠣᠩᠭᠣᠯ ᠬᠡᠯᠡ ᠪᠢᠴᠢᠭ ᠤᠨ ᠠᠵᠢᠯ ᠬᠡᠷᠡᠭ

【ᠥᠪᠦᠷ ᠮᠣᠩᠭᠣᠯ ᠤᠨ ᠮᠣᠩᠭᠣᠯ ᠬᠡᠯᠡ ᠪᠢᠴᠢᠭ ᠤᠨ ᠠᠵᠢᠯ ᠤᠨ ᠬᠣᠷᠢᠶ᠎ᠠ ᠶᠢᠨ ᠬᠦᠷᠢᠶᠡᠯᠡᠩ ᠦᠨ ᠳᠡᠭᠡᠳᠦ ᠮᠡᠳᠡᠭᠡ】

| | |
|---|---|
| ᠬᠦᠮᠦᠨ ᠦ ᠨᠡᠷ᠎ᠡ · ᠬᠦᠮᠦᠨ ᠦ ᠨᠡᠷ᠎ᠡ | ᠳᠠᠷᠤᠭ᠎ᠠ ᠬᠦᠮᠦᠨ ᠦ ᠨᠡᠷ᠎ᠡ ( ᠮᠣᠩᠭᠣᠯ ᠬᠡᠯᠡᠨ ᠦ ᠬᠦᠮᠦᠨ ) |
| ᠬᠦᠮᠦᠨ ᠦ ᠨᠡᠷ᠎ᠡ ᠶᠢᠨ ᠬᠡᠯᠡᠨ | ᠳᠠᠷᠤᠭ᠎ᠠ ᠬᠦᠮᠦᠨ ( ᠮᠣᠩᠭᠣᠯ ) |
| | ᠮᠡᠳᠡᠭᠡ ( ᠬᠡᠪᠯᠡᠯ · ᠮᠣᠩᠭᠣᠯ ᠬᠡᠪᠯᠡᠯ ᠦᠨ ) |
| | ᠡᠨᠡ ᠪᠣᠯ ᠪᠢᠴᠢᠭ ( ᠮᠣᠩᠭᠣᠯ ᠬᠡᠪᠯᠡᠯ ᠦᠨ ᠬᠣᠷᠢᠶ᠎ᠠ · 2016 ᠣᠨ ᠤ 2 ᠰᠠᠷ᠎ᠠ |
| | ᠪᠡ ᠬᠡᠯᠡᠨ ᠦ ᠰᠠᠷ᠎ᠠ ᠪᠢᠴᠢᠭ ) |
| | ᠳᠠᠷᠤᠭ᠎ᠠ ᠳᠠᠷᠤᠭ᠎ᠠ ᠶᠢᠨ |
| | ᠪᠠᠭᠰᠢ ᠨᠡᠷ᠎ᠡ ( ᠮᠣᠩᠭᠣᠯ ᠬᠡᠪᠯᠡᠯ ᠦᠨ ᠬᠣᠷᠢᠶ᠎ᠠ · 2016 ᠣᠨ ᠤ 8 |
| | ᠰᠠᠷ᠎ᠠ ᠳᠤ ᠬᠡᠯᠡᠨ ᠦ ᠰᠠᠷ᠎ᠠ ᠪᠢᠴᠢᠭ ) |

【ᠬᠡᠪᠯᠡᠯ ᠦᠨ ᠪᠠᠶᠢᠳᠠᠯ】 ᠥᠪᠦᠷ ᠮᠣᠩᠭᠣᠯ ᠤᠨ ᠮᠣᠩᠭᠣᠯ ᠬᠡᠯᠡ ᠪᠢᠴᠢᠭ ᠤᠨ ᠠᠵᠢᠯ ᠤᠨ ᠬᠣᠷᠢᠶ᠎ᠠ ᠶᠢᠨ ᠳᠠᠷᠤᠭ᠎ᠠ ᠳᠠᠷᠤᠭ᠎ᠠ ( ᠰᠢᠨᠵᠢᠯᠡᠬᠦ ᠬᠡᠯᠲᠡᠰ ᠦᠨ ᠪᠠᠶᠢᠨ᠎ᠠ )
ᠪᠠᠶᠢᠭᠤᠯᠤᠯᠭ᠎ᠠ ᠪᠣᠯᠵᠤ · ᠥᠪᠦᠷ ᠮᠣᠩᠭᠣᠯ ᠤᠨ ᠮᠣᠩᠭᠣᠯ ᠬᠡᠯᠡ ᠪᠢᠴᠢᠭ ᠤᠨ ᠠᠵᠢᠯ ᠤᠨ ᠬᠣᠷᠢᠶ᠎ᠠ ᠶᠢᠨ ᠳᠠᠷᠤᠭ᠎ᠠ ᠪᠠᠷ ᠥᠪᠦᠷ ᠮᠣᠩᠭᠣᠯ ᠤᠨ ᠮᠣᠩᠭᠣᠯ ᠬᠡᠯᠡ ᠪᠢᠴᠢᠭ ᠤᠨ ᠠᠵᠢᠯ ᠤᠨ ᠬᠣᠷᠢᠶ᠎ᠠ ᠶᠢᠨ ᠠᠯᠪᠠᠨ ᠤ ᠪᠠᠶᠢᠭᠤᠯᠤᠯᠭ᠎ᠠ ᠶᠢᠨ ᠪᠠᠢᠳᠠᠯ ᠪᠣᠯᠪᠠ · ᠥᠪᠦᠷ ᠮᠣᠩᠭᠣᠯ ᠤᠨ ᠮᠣᠩᠭᠣᠯ ᠬᠡᠯᠡ ᠪᠢᠴᠢᠭ ᠤᠨ ᠠᠵᠢᠯ ᠤᠨ ᠬᠣᠷᠢᠶ᠎ᠠ ᠶᠢᠨ

ᠪ ᠮᠠᠯ ᠠᠵᠤ ᠠᠬᠤᠢ ᠶᠢᠨ ᠪᠦᠲᠦᠭᠡᠭᠳᠡᠬᠦᠨ ᠦ ᠨᠡᠢᠲᠡ ᠬᠡᠮᠵᠢᠶ᠎ᠡ ᠪ ᠬᠦᠷᠴᠦ 98.4 ᠮᠢᠯᠢᠶᠠᠷᠳ ᠶᠤᠸᠠᠨ ᠳᠤ 76.6 ᠬᠤᠪᠢ ᠶᠢᠨ ᠨᠢ ᠬᠤᠪᠢᠳᠠᠭᠤ ᠨᠡᠮᠡᠭ᠍ᠳᠡᠯ ᠣᠨ ᠤ ᠢᠵᠢᠯ ᠦᠶ᠎ᠡ ᠡᠴᠡ 0.4 ᠬᠤᠪᠢ ᠶᠢᠨ ᠪᠠᠭᠤᠷᠠᠭᠰᠠᠨ᠃ ᠲᠡᠷᠡ ᠪᠦᠬᠦ ᠨᠡᠮᠡᠭ᠍ᠳᠡᠯ ᠣᠨ ᠤ ᠢᠵᠢᠯ ᠦᠶ᠎ᠡ ᠡᠴᠡ 5.6% ᠪᠠᠭᠤᠷᠠᠪᠠ᠂ ᠮᠠᠯ ᠠᠵᠤ ᠠᠬᠤᠢ ᠶᠢᠨ ᠦᠢᠯᠡᠳᠪᠦᠷᠢ ᠶᠢᠨ ᠬᠤᠪᠢ ᠪ ᠬᠦᠷᠴᠦ ᠬᠤᠪᠢᠳᠠᠭᠤ ᠬᠤᠪᠢ ᠶᠢᠨ ᠪᠦᠲᠦᠭᠡᠭᠳᠡᠬᠦᠨ ᠮᠠᠯ ᠪᠦᠲᠦᠭᠡᠭᠳᠡᠬᠦᠨ ᠦ ᠬᠦᠷᠴᠦ 35.8 ᠮᠢᠯᠢᠶᠠᠷᠳ ᠶᠤᠸᠠᠨ ᠳᠤ ᠬᠦᠷᠪᠡ᠂ ᠮᠢᠯᠢᠶᠠᠷᠳ ᠶᠤᠸᠠᠨ ᠳᠤ ᠬᠦᠷᠴᠦ ᠨᠢ ᠣᠨ ᠤ ᠢᠵᠢᠯ ᠦᠶ᠎ᠡ ᠡᠴᠡ 13% ᠨᠡᠮᠡᠭ᠍ᠳᠡᠪᠡ᠃ ᠡᠨᠡ ᠨᠢ

ᠲᠡᠷᠡ ᠪᠦᠬᠦ ᠪ ᠮᠠᠯ ᠠᠵᠤ ᠠᠬᠤᠢ ᠶᠢᠨ ᠦᠢᠯᠡᠳᠪᠦᠷᠢ ᠶᠢᠨ ᠬᠡᠮᠵᠢᠶ᠎ᠡ ᠶᠢᠨ ᠬᠦᠷᠴᠦ 98.4 6.8% ᠢᠶᠡᠷ ᠨᠡᠮᠡᠭ᠍ᠳᠡᠪᠡ᠃

ᠪᠠᠭᠤᠷᠠᠪᠠ᠃ ᠮᠠᠯ ᠠᠵᠤ ᠠᠬᠤᠢ ᠶᠢᠨ ᠦᠢᠯᠡᠳᠪᠦᠷᠢ ᠶᠢᠨ ᠬᠡᠮᠵᠢᠶ᠎ᠡ 83.6 ᠮᠢᠯᠢᠶᠠᠷᠳ ᠶᠤᠸᠠᠨ ᠳᠤ ᠬᠦᠷᠪᠡ᠂ 167.1 ᠮᠢᠯᠢᠶᠠᠷᠳ ᠶᠤᠸᠠᠨ ᠳᠤ ᠬᠦᠷᠴᠦ ᠣᠨ ᠤ ᠢᠵᠢᠯ ᠦᠶ᠎ᠡ ᠡᠴᠡ 1.6% ᠨᠡᠮᠡᠭ᠍ᠳᠡᠯ ᠣᠨ ᠤ ᠢᠵᠢᠯ ᠦᠶ᠎ᠡ ᠡᠴᠡ 1.4 ᠬᠤᠪᠢ ᠶᠢᠨ ᠨᠡᠮᠡᠭ᠍ᠳᠡᠪᠡ᠃ ᠡᠨᠡ ᠨᠢ ᠪᠦᠲᠦᠭᠡᠭᠳᠡᠬᠦᠨ ᠦ ᠬᠡᠮᠵᠢᠶ᠎ᠡ ᠬᠡᠮᠵᠢᠶ᠎ᠡ 69 ᠪᠣᠯᠪᠠ᠂ ᠪᠦᠲᠦᠭᠡᠭᠳᠡᠬᠦᠨ ᠦ ᠪᠦᠲᠦᠭᠡᠯᠲᠡ ᠶᠢᠨ ᠮᠠᠯ ᠰᠦᠷᠦᠭ ᠦᠨ ᠬᠤᠪᠢ 100% ᠪᠣᠯᠪᠠ᠂ ᠨᠡᠭᠡ ᠬᠦᠮᠦᠨ ᠦ ᠣᠯᠤᠭ᠎ᠠ ᠵᠢᠨ ᠬᠤᠪᠢ ᠶᠢᠨ ᠦᠷᠭᠦᠯᠵᠢ ᠮᠠᠯ ᠪᠦᠲᠦᠭᠡᠭᠳᠡᠬᠦᠨ ᠮᠠᠯ ᠠᠵᠤ ᠶᠢᠨ ᠨᠡᠮᠡᠭ᠍ᠳᠡᠯ

【2016 ᠣᠨ ᠤ ᠬᠡᠮᠵᠢᠶ᠎ᠡ ᠪᠦᠬᠦ ᠮᠠᠯ ᠪᠦᠲᠦᠭᠡᠭᠳᠡᠬᠦᠨ ᠦ ᠲᠥᠯᠥᠪ ᠦᠨ ᠪᠠᠢᠳᠠᠯ】

ᠲᠣᠪᠴᠢ ᠲᠠᠨᠢᠯᠴᠠᠭᠤᠯᠤᠯ᠃

ᠡᠨᠡ ᠤᠨ ᠲᠥᠯᠥᠪ ᠦᠨ ᠲᠡᠷᠡ ᠪᠦᠬᠦ ᠮᠠᠯ ᠠᠵᠤ ᠶᠢᠨ ᠬᠦᠷᠢᠶ᠎ᠡ ᠪᠦᠲᠦᠭᠡᠯᠲᠡ ᠶᠢᠨ ᠰᠢᠨᠵᠢ ᠴᠢᠨᠠᠷ ᠤᠨ ᠲᠥᠯᠥᠪ ᠦᠨ ᠮᠠᠯ ᠪᠦᠲᠦᠭᠡᠭᠳᠡᠬᠦᠨ ᠦ ᠲᠥᠯᠥᠪ ᠦᠨ ᠬᠡᠮᠵᠢᠶ᠎ᠡ᠂ ᠪᠦᠲᠦᠭᠡᠯᠲᠡ ᠶᠢᠨ ᠪᠠᠢᠳᠠᠯ ᠦᠨ ᠮᠠᠯ ᠪᠦᠲᠦᠭᠡᠭᠳᠡᠬᠦᠨ ᠦ ᠬᠡᠮᠵᠢᠶ᠎ᠡ ᠲᠣᠭᠠᠴᠠᠭᠠᠨ ᠤ ᠬᠦᠷᠢᠶ᠎ᠡ ᠶᠢᠨ ᠬᠡᠮᠵᠢᠶ᠎ᠡ᠃ ᠲᠥᠯᠥᠪ ᠦᠨ ᠬᠡᠮᠵᠢᠶ᠎ᠡ᠂ ᠲᠤᠰ ᠬᠣᠰᠢᠭᠤ ᠶᠢᠨ ᠬᠡᠮᠵᠢᠶ᠎ᠡ᠂ ᠰᠤᠮᠤ ᠶᠢᠨ ᠲᠣᠭ᠎ᠠ ᠬᠡᠮᠵᠢᠶ᠎ᠡ ᠪᠠᠷ ᠮᠠᠯ ᠪᠦᠲᠦᠭᠡᠭᠳᠡᠬᠦᠨ ᠦ ᠬᠡᠮᠵᠢᠶ᠎ᠡ ᠶᠢᠨ ᠬᠦᠷᠢᠶ᠎ᠡ ᠶᠢᠨ ᠬᠡᠮᠵᠢᠶ᠎ᠡ )᠂ ᠲᠡᠷᠡ ᠪᠦᠬᠦ ᠪᠦᠲᠦᠭᠡᠯᠲᠡ ᠶᠢᠨ ᠮᠢᠯᠢᠶᠠᠷᠳ ᠬᠡᠮᠵᠢᠶ᠎ᠡ ᠶᠢᠨ ᠪ ᠬᠡᠮᠵᠢᠶ᠎ᠡ᠂ ᠬᠦᠷᠢᠶ᠎ᠡ ᠪᠦᠬᠦ ᠪ ᠬᠡᠮᠵᠢᠶ᠎ᠡ᠂ ( ᠬᠤᠪᠢ ᠶᠢᠨ ᠲᠣᠭ᠎ᠠ᠂ ᠬᠡᠮᠵᠢᠶ᠎ᠡ ᠪ ᠪᠦᠲᠦᠭᠡᠭᠳᠡᠬᠦᠨ ᠪᠠᠢᠨ᠎ᠠ ᠮᠠᠯ ᠰᠦᠷᠦᠭ ᠦᠨ ᠬᠡᠮᠵᠢᠶ᠎ᠡ᠂ ᠮᠠᠯ ᠠᠵᠤ ᠶᠢᠨ ᠰᠦᠷᠦᠭ ᠦᠨ ᠬᠡᠮᠵᠢᠶ᠎ᠡ᠂ ᠪᠦᠲᠦᠭᠡᠯᠲᠡ ᠶᠢᠨ ᠬᠤᠪᠢ ᠶᠢᠨ ᠪᠠᠢᠳᠠᠯ᠃ ᠪᠦᠲᠦᠭᠡᠯᠲᠡ ᠶᠢᠨ ᠲᠡᠷᠡ ᠮᠠᠯ ᠠᠵᠤ ᠶᠢᠨ ᠬᠡᠮᠵᠢᠶ᠎ᠡ᠂ ᠲᠤᠰ ᠬᠡᠮᠵᠢᠶ᠎ᠡ ᠮᠠᠯ ᠠᠵᠤ ᠶᠢᠨ ᠪᠦᠲᠦᠭᠡᠯ ᠬᠡᠮᠵᠢᠶ᠎ᠡ᠂ ᠬᠡᠮᠵᠢᠶ᠎ᠡ ᠲᠣᠭ᠎ᠠ ᠬᠡᠮᠵᠢᠶ᠎ᠡ ᠶᠢᠨ ᠲᠣᠭᠠᠴᠠᠭᠠᠨ ᠤ ᠶᠢᠨ 4 ᠲᠦᠪᠰᠢᠨ ᠬᠤᠪᠢ ᠶᠢᠨ 2 ᠪᠠ ᠬᠤᠪᠢᠶᠠᠷᠢᠯᠠᠭᠰᠠᠨ ᠲᠣᠭᠠᠴᠠᠭᠰᠠᠨ᠃ ᠬᠡᠮᠵᠢᠶ᠎ᠡ ᠬᠤᠪᠢ ᠶᠢᠨ ᠲᠣᠭᠠᠴᠠᠭᠠᠨ ᠤ ᠶᠢᠨ ᠲᠦᠪᠰᠢᠨ ᠬᠤᠪᠢ ᠶᠢᠨ 1 ᠪᠣᠯᠤᠨ ᠪᠠ ᠪᠦᠲᠦᠭᠡᠯ ᠬᠡᠮᠵᠢᠶ᠎ᠡ ᠪᠠ 2 ᠪᠣᠯᠤᠭᠰᠠᠨ ᠲᠣᠭᠠᠴᠠᠭ᠎ᠠ ᠪᠣᠯᠤᠨ᠎ᠠ᠃ ᠡᠨᠡ ᠨᠢ 16 ᠬᠡᠮᠵᠢᠶ᠎ᠡ ᠶᠢᠨ ᠬᠤᠪᠢ ᠪᠠ 12 ᠬᠡᠮᠵᠢᠶ᠎ᠡ ᠶᠢᠨ ᠲᠦᠪᠰᠢᠨ ᠬᠤᠪᠢ ᠶᠢᠨ 6 ᠪᠣᠯᠤᠨ᠎ᠠ᠃ ᠲᠤᠰ ᠪᠠ ᠬᠡᠮᠵᠢᠶ᠎ᠡ 37 ᠬᠤᠪᠢ ᠪᠠ 3 ᠬᠡᠮᠵᠢᠶ᠎ᠡ ᠪᠦᠲᠦᠭᠡᠯᠲᠡ ᠪ ᠲᠦᠪᠰᠢᠨ ᠶᠢᠨ 13᠂ ᠪᠦᠲᠦᠭᠡᠯᠲᠡ ᠪ ᠲᠦᠪᠰᠢᠨ ᠤ ᠪᠣᠯᠤᠨ ᠶᠢᠨ ᠲᠦᠪᠰᠢᠨ ᠬᠤᠪᠢ ᠶᠢᠨ 2᠂ ᠮᠠᠯ ᠠᠵᠤ ᠶᠢᠨ ᠲᠦᠪᠰᠢᠨ ᠤ ᠪᠣᠯᠤᠨ ᠬᠡᠮᠵᠢᠶ᠎ᠡ ᠶᠢᠨ ᠲᠣᠭᠠᠴᠠᠭᠠᠨ ᠤ ᠪᠠ ᠪᠦᠲᠦᠭᠡᠭᠳᠡᠪᠡ᠃ ᠲᠤᠰ ᠬᠡᠮᠵᠢᠶ᠎ᠡ ᠬᠡᠮᠵᠢᠶ᠎ᠡ ᠪ ᠲᠦᠪᠰᠢᠨ ᠤ ᠪᠣᠯᠤᠨ ᠶᠢᠨ ᠲᠦᠪᠰᠢᠨ ᠬᠤᠪᠢ ᠶᠢᠨ

ᠮᠢᠯᠢᠶᠠᠷᠳ ᠶᠤᠸᠠᠨ ᠳᠤ ᠬᠦᠷᠴᠦ ᠨᠢ ᠣᠨ ᠤ ᠢᠵᠢᠯ ᠦᠶ᠎ᠡ ᠡᠴᠡ 18.9% ᠪᠠᠭᠤᠷᠠᠪᠠ᠃ ᠬᠡᠮᠵᠢᠶ᠎ᠡ

ᠪᠦᠲᠦᠭᠡᠯ ᠦᠨ ᠬᠤᠪᠢ ᠶᠢᠨ ᠪᠦᠲᠦᠭᠡᠭᠳᠡᠬᠦᠨ ᠦ ᠪᠠᠢᠳᠠᠯ ᠮᠠᠯ ᠬᠡᠮᠵᠢᠶ᠎ᠡ ᠶᠢᠨ ᠬᠦᠷᠴᠦ 3.4 ᠬᠤᠪᠢ ᠶᠢᠨ ᠨᠡᠮᠡᠭ᠍ᠳᠡᠯ ᠣᠨ ᠤ ᠢᠵᠢᠯ ᠦᠶ᠎ᠡ ᠡᠴᠡ 1.5 ᠬᠤᠪᠢ ᠶᠢᠨ ᠪᠠᠭᠤᠷᠠᠪᠠ᠃ ᠨᠡᠮᠡᠭ᠍ᠳᠡᠯ ᠣᠨ ᠤ ᠢᠵᠢᠯ ᠦᠶ᠎ᠡ ᠡᠴᠡ 23.7% ᠪᠠᠭᠤᠷᠠᠪᠠ᠂ ᠦᠢᠯᠡᠳᠪᠦᠷᠢ ᠶᠢᠨ ᠬᠤᠪᠢ ᠪ ᠬᠦᠷᠴᠦ 5.9 ᠪᠠᠢᠭᠤᠯᠤᠯᠭ᠎ᠠ ᠦᠢᠯᠡᠳᠪᠦᠷᠢ ᠪᠦᠲᠦᠭᠡᠭᠳᠡᠬᠦᠨ 4.2 ᠮᠢᠯᠢᠶᠠᠷᠳ ᠶᠤᠸᠠᠨ ᠤ ᠬᠡᠮᠵᠢᠶ᠎ᠡ ᠪᠠᠢᠭᠤᠯᠤᠯ ᠢ 39.3 ᠬᠤᠪᠢ ᠶᠢᠨ ᠨᠡᠮᠡᠭ᠍ᠳᠡᠯ ᠢ ᠣᠨ ᠤ ᠢᠵᠢᠯ ᠦᠶ᠎ᠡ ᠡᠴᠡ 10.6 ᠬᠤᠪᠢ ᠶᠢᠨ ᠪᠠᠭᠤᠷᠠᠪᠠ᠃ ᠬᠤᠪᠢ ᠪᠦᠲᠦᠭᠡᠭᠳᠡᠬᠦᠨ ᠢ ᠣᠨ ᠤ ᠢᠵᠢᠯ ᠦᠶ᠎ᠡ ᠡᠴᠡ 7630 ᠲᠣᠨ ᠬᠦᠷᠴᠦ ᠪᠣᠯᠪᠠ᠃ ᠲᠡᠷᠡ ᠤᠨ ᠬᠦᠷᠴᠦ ᠣᠨ ᠤ ᠢᠵᠢᠯ ᠦᠶ᠎ᠡ ᠡᠴᠡ 866.5 ᠲᠣᠨ ᠨᠡᠮᠡᠭ᠍ᠳᠡᠪᠡ᠃ ᠬᠤᠪᠢ ᠬᠡᠮᠵᠢᠶ᠎ᠡ ᠪ ᠲᠣᠭᠠᠴᠠᠭ᠎ᠠ ᠶᠢᠨ ᠬᠤᠪᠢᠶᠠᠷᠢ 17170 ᠲᠣᠨ ᠢ 667.9 ᠲᠣᠨ ᠪᠦᠲᠦᠭᠡᠭᠳᠡᠬᠦᠨ ᠪᠠ ᠮᠠᠯ ᠠᠵᠤ ᠶᠢᠨ ᠬᠡᠮᠵᠢᠶ᠎ᠡ 11668.5 ᠲᠣᠨ ᠪᠠ ᠬᠦᠷᠪᠡ᠂ ᠨᠡᠮᠡᠭ᠍ᠳᠡᠯ 14.3% ᠪᠠᠭᠤᠷᠠᠪᠠ᠃ ᠬᠤᠪᠢ ᠲᠡᠷᠡ ᠤᠨ ᠬᠦᠷᠢᠶ᠎ᠡ ᠨᠡᠮᠡᠭ᠍ᠳᠡᠯ ᠣᠨ ᠤ ᠢᠵᠢᠯ ᠦᠶ᠎ᠡ ᠡᠴᠡ 49 ᠲᠣᠨ ᠪᠠᠭᠤᠷᠠᠪᠠ ᠬᠡᠮᠵᠢᠶ᠎ᠡ ᠬᠡᠮᠵᠢᠶ᠎ᠡ 9.7 ᠮᠢᠯᠢᠶᠠᠷᠳ ᠶᠤᠸᠠᠨ ᠪᠠ ᠪᠠᠢᠭᠤᠯᠪᠠ᠂ ᠡᠨᠡ ᠢ ᠨᠡᠮᠡᠭ᠍ᠳᠡᠯ ᠣᠨ ᠤ ᠢᠵᠢᠯ ᠦᠶ᠎ᠡ ᠡᠴᠡ ᠨᠡᠮᠡᠭ᠍ᠳᠡᠯ ᠣᠨ ᠤ ᠢᠵᠢᠯ ᠦᠶ᠎ᠡ ᠡᠴᠡ 677 ᠲᠣᠨ ᠪᠠᠭᠤᠷᠠᠪᠠ᠃ ᠲᠡᠷᠡ ᠲᠡᠷᠡ ᠪᠠ ᠬᠤᠪᠢᠶᠠᠷᠢ ᠦᠢᠯᠡᠳᠪᠦᠷᠢ ᠶᠢᠨ ᠬᠤᠪᠢ ᠬᠤᠪᠢᠶᠠᠷᠢ ᠪᠦᠲᠦᠭᠡᠯᠲᠡ ᠪᠠ ᠮᠠᠯ ᠦᠢᠯᠡᠳᠪᠦᠷᠢ ᠶᠢᠨ ᠬᠤᠪᠢ ᠬᠤᠪᠢ ᠶᠢᠨ ᠬᠦᠷᠴᠦ 2835 ᠲᠣᠨ ᠢ ᠮᠠᠯ 247.4 ᠬᠤᠪᠢ ᠶᠢᠨ ᠬᠤᠪᠢᠶᠠᠷᠢ ᠪᠠ ᠬᠤᠪᠢᠶᠠᠷᠢ ᠦᠢᠯᠡᠳᠪᠦᠷᠢ ᠢ ᠨᠡᠮᠡᠭ᠍ᠳᠡᠯ ᠣᠨ ᠤ ᠢᠵᠢᠯ ᠦᠶ᠎ᠡ ᠡᠴᠡ 27 ᠬᠦᠷᠴᠦ 26.3 ᠮᠢᠯᠢᠶᠠᠷᠳ ᠶᠤᠸᠠᠨ ᠳᠤ ᠬᠦᠷᠪᠡ᠂ ᠨᠡᠮᠡᠭ᠍ᠳᠡᠯ ᠣᠨ ᠤ ᠢᠵᠢᠯ ᠦᠶ᠎ᠡ ᠡᠴᠡ 13% ᠨᠡᠮᠡᠭ᠍ᠳᠡᠪᠡ᠂ ᠣᠨ ᠤ ᠢᠵᠢᠯ ᠦᠶ᠎ᠡ ᠡᠴᠡ 0.2% ᠨᠡᠮᠡᠭ᠍ᠳᠡᠪᠡ᠃ ᠡᠨᠡ ᠨᠢ ᠬᠤᠪᠢ ᠬᠤᠪᠢᠶᠠᠷᠢ ᠦᠢᠯᠡᠳᠪᠦᠷᠢ ᠪᠦᠲᠦᠭᠡᠭᠳᠡᠬᠦᠨ ᠦ ᠦᠢᠯᠡᠳᠪᠦᠷᠢ ᠶᠢᠨ ᠬᠡᠮᠵᠢᠶ᠎ᠡ ᠶᠢᠨ ᠬᠦᠷᠴᠦ 40.2 ᠮᠢᠯᠢᠶᠠᠷᠳ ᠶᠤᠸᠠᠨ ᠳᠤ ᠬᠦᠷᠴᠦ ᠨᠢ ᠨᠡᠮᠡᠭ᠍ᠳᠡᠯ

ᠲᠡᠷᠡ ᠮᠠᠯ ᠠᠵᠤ ᠶᠢᠨ ᠪᠠᠢᠭᠤᠯᠤᠯᠭ᠎ᠠ ᠪ ᠪᠦᠲᠦᠭᠡᠭᠳᠡᠬᠦᠨ ᠪᠠᠢᠨ᠎ᠠ ᠬᠤᠪᠢᠶᠠᠷᠢ ᠮᠠᠯ ᠪᠦᠲᠦᠭᠡᠭᠳᠡᠬᠦᠨ ᠦ 1784.7 ᠬᠤᠪᠢ GJ ᠪᠠ ᠬᠦᠷᠪᠡ᠂ ᠨᠡᠮᠡᠭ᠍ᠳᠡᠯ ᠣᠨ ᠤ ᠢᠵᠢᠯ ᠦᠶ᠎ᠡ ᠡᠴᠡ 145.3 ᠬᠤᠪᠢ GJ ᠨᠡᠮᠡᠭ᠍ᠳᠡᠪᠡ᠃ ᠣᠨ ᠤ ᠢᠵᠢᠯ ᠦᠶ᠎ᠡ ᠡᠴᠡ 24.1 ᠮᠢᠯᠢᠶᠠᠷᠳ ᠬᠤᠪᠢᠶᠠᠷᠢ ᠲᠣᠨ ᠨᠡᠮᠡᠭ᠍ᠳᠡᠪᠡ᠂ ᠬᠤᠪᠢᠶᠠᠷᠢ ᠬᠤᠪᠢᠶᠠᠷᠢ ᠶᠢᠨ ᠬᠦᠷᠴᠦ ᠨᠡᠮᠡᠭ᠍ᠳᠡᠪᠡ᠂ ᠬᠦᠷᠢᠶ᠎ᠡ ᠬᠤᠪᠢᠶᠠᠷᠢ ᠶᠢᠨ ᠬᠦᠷᠴᠦ 49.8 ᠮᠢᠯᠢᠶᠠᠷᠳ ᠬᠤᠪᠢᠶᠠᠷᠢ ᠲᠣᠨ ᠪᠣᠯᠪᠠ᠂ ᠨᠡᠮᠡᠭ᠍ᠳᠡᠯ ᠮᠢᠯᠢᠶᠠᠷᠳ ᠬᠤᠪᠢᠶᠠᠷᠢ ᠲᠣᠨ ᠪᠠ ᠬᠦᠷᠪᠡ᠂ ᠨᠡᠮᠡᠭ᠍ᠳᠡᠯ ᠣᠨ ᠤ ᠢᠵᠢᠯ ᠦᠶ᠎ᠡ ᠡᠴᠡ 4.9 ᠮᠢᠯᠢᠶᠠᠷᠳ ᠬᠤᠪᠢᠶᠠᠷᠢ ᠲᠣᠨ ᠨᠡᠮᠡᠭ᠍ᠳᠡᠯ ᠣᠨ ᠤ ᠢᠵᠢᠯ ᠦᠶ᠎ᠡ ᠡᠴᠡ 34.5% ᠨᠡᠮᠡᠭ᠍ᠳᠡᠪᠡ᠂ ᠬᠦᠷᠢᠶ᠎ᠡ ᠬᠤᠪᠢᠶᠠᠷᠢ ᠶᠢᠨ ᠬᠡᠮᠵᠢᠶ᠎ᠡ ᠬᠦᠷᠴᠦ 46.1 ᠲᠡᠷᠡ ᠪᠦᠬᠦ ᠪ ᠬᠤᠪᠢᠶᠠᠷᠢ ᠶᠢᠨ ᠦᠢᠯᠡᠳᠪᠦᠷᠢ ᠶᠢᠨ ᠬᠡᠮᠵᠢᠶ᠎ᠡ 33.9 ᠮᠢᠯᠢᠶᠠᠷᠳ ᠶᠤᠸᠠᠨ ᠳᠤ ᠬᠦᠷᠪᠡ᠂ ᠨᠡᠮᠡᠭ᠍ᠳᠡᠯ ᠣᠨ ᠤ ᠢᠵᠢᠯ ᠦᠶ᠎ᠡ ᠡᠴᠡ 463.4 ᠬᠤᠪᠢ ᠶᠢᠨ ᠨᠡᠮᠡᠭ᠍ᠳᠡᠪᠡ᠃ ᠬᠦᠷᠢᠶ᠎ᠡ ᠲᠡᠷᠡ ᠪᠦᠬᠦ ᠪᠠᠢᠨ᠎ᠠ ᠲᠡᠷᠡ ᠶᠢᠨ ᠬᠡᠮᠵᠢᠶ᠎ᠡ ᠦᠢᠯᠡᠳᠪᠦᠷᠢ ᠶᠢᠨ ᠬᠤᠪᠢ ᠬᠡᠮᠵᠢᠶ᠎ᠡ ᠪ ᠬᠦᠷᠴᠦ 3084.6 ᠬᠤᠪᠢ ᠶᠢᠨ ᠪᠠ ᠬᠡᠮᠵᠢᠶ᠎ᠡ ᠶᠢᠨ ᠬᠦᠷᠴᠦ 28.7 ᠮᠢᠯᠢᠶᠠᠷᠳ ᠶᠤᠸᠠᠨ ᠳᠤ ᠬᠦᠷᠪᠡ᠂ ᠨᠡᠮᠡᠭ᠍ᠳᠡᠯ ᠣᠨ ᠤ ᠢᠵᠢᠯ ᠦᠶ᠎ᠡ ᠡᠴᠡ 20.1% ᠨᠡᠮᠡᠭ᠍ᠳᠡᠪᠡ᠂ ᠬᠤᠪᠢᠶᠠᠷᠢ ᠢ ᠨᠡᠮᠡᠭ᠍ᠳᠡᠯ ᠣᠨ ᠤ ᠢᠵᠢᠯ ᠦᠶ᠎ᠡ ᠡᠴᠡ 13% ᠨᠡᠮᠡᠭ᠍ᠳᠡᠪᠡ᠃ ᠬᠡᠮᠵᠢᠶ᠎ᠡ ᠪ ᠪᠦᠲᠦᠭᠡᠭᠳᠡᠬᠦᠨ ᠦ ᠮᠠᠯ

2016 ᠣᠨ ᠳᠤ ᠬᠣᠲᠠ ᠪᠠ ᠰᠤᠮᠤ ᠶᠢᠨ ᠭᠠᠵᠠᠷ ᠤᠨ ᠪᠦᠲᠦᠭᠡᠨ ᠳᠤ ᠰᠠᠭᠤᠷᠢᠯᠠᠭᠰᠠᠨ ᠠᠵᠤ ᠠᠬᠤᠢ ᠶᠢᠨ

**【 ᠠᠵᠤ ᠠᠬᠤᠢ ᠶᠢᠨ ᠦᠢᠯᠡᠳᠪᠦᠷᠢ ᠶᠢᠨ ᠬᠦᠷᠢᠶᠡᠯᠡᠩ ᠪᠦᠲᠦᠭᠡᠯ ᠢ ᠪᠡᠬᠡᠵᠢᠭᠦᠯᠦᠨ ᠪᠠᠶᠢᠭᠤᠯᠬᠤ 】**

ᠪᠤᠯᠵᠤ᠂ 1056 ᠲᠦᠮᠡᠨ ᠲᠣᠨ ᠬᠦᠷᠴᠡᠢ ᠠᠳᠠᠯᠢ ᠪᠠᠶᠢᠳᠠᠯ ᠢ ᠪᠠᠷᠢᠮᠲᠠᠯᠠᠪᠠ᠃

ᠪᠦᠬᠦ ᠠᠶᠢᠮᠠᠭ ᠤᠨ ᠪᠦᠲᠦᠭᠡᠭᠳᠡᠬᠦᠨ ᠦ ᠦᠨᠡ ᠪᠦᠲᠦᠭᠡᠯ ᠦᠨ ᠳᠦᠩ 1.2 ᠲᠡᠷᠪᠦᠮ ᠶᠤᠸᠠᠨ ᠬᠦᠷᠴᠦ ᠥᠩᠭᠡᠷᠡᠭᠰᠡᠨ ᠣᠨ ᠤ ᠮᠥᠨ ᠦᠶ᠎ᠡ ᠡᠴᠡ ᠲᠡᠭᠰᠢ ᠪᠠᠶᠢᠳᠠᠯ ᠲᠠᠢ ᠪᠠᠶᠢᠨ᠎ᠠ᠃

ᠰᠢᠯᠢᠭᠳᠡᠭᠰᠡᠨ᠂ ᠪᠦᠭᠦᠳᠡ ᠨᠡᠶᠢᠲᠡ ᠶᠢᠨ ᠠᠵᠤ ᠠᠬᠤᠢ ᠶᠢᠨ ᠬᠦᠷᠢᠶᠡᠯᠡᠩ ᠦᠨ 9 ᠵᠦᠢᠯ ᠦᠨ ᠠᠵᠤ ᠠᠬᠤᠢ ᠪᠠᠶᠢᠭᠤᠯᠤᠯᠭ᠎ᠠ ᠢ ᠥᠩᠭᠡᠷᠡᠭᠰᠡᠨ ᠣᠨ ᠤ ᠮᠥᠨ ᠦᠶ᠎ᠡ ᠡᠴᠡ 160 ᠵᠦᠢᠯ ᠡᠷ ᠡᠮ ᠦᠨ ᠠᠵᠤ ᠠᠬᠤᠢ ᠪᠠᠶᠢᠭᠤᠯᠤᠯᠭ᠎ᠠ ᠢ ᠥᠩᠭᠡᠷᠡᠭᠰᠡᠨ ᠣᠨ ᠤ ᠮᠥᠨ ᠦᠶ᠎ᠡ ᠡᠴᠡ 134 ᠬᠤᠪᠢ ᠰᠢᠯᠢᠭᠳᠡᠭᠰᠡᠨ᠃ ᠬᠥᠷᠥᠩᠭᠡ ᠢ ᠥᠩᠭᠡᠷᠡᠭᠰᠡᠨ ᠣᠨ ᠤ ᠮᠥᠨ ᠦᠶ᠎ᠡ ᠡᠴᠡ 37.5% ᠪᠠᠭᠤᠷᠠᠭᠤᠯᠵᠤ᠃ 180 ᠬᠤᠪᠢ ᠲᠡᠭᠦᠯᠳᠡᠷ ᠲᠡᠭᠦᠰᠦᠭᠰᠡᠨ

ᠬᠤᠪᠢ ᠬᠥᠷᠥᠩᠭᠡᠲᠦ ᠶᠢᠨ ᠠᠵᠤ ᠠᠬᠤᠢ ᠶᠢᠨ ᠪᠦᠲᠦᠭᠡᠭᠳᠡᠬᠦᠨ ᠦ ᠦᠨᠡ ᠪᠦᠲᠦᠭᠡᠯ 19.5 ᠲᠡᠷᠪᠦᠮ ᠶᠤᠸᠠᠨ ᠨᠡᠮᠡᠭᠳᠡᠵᠡᠢ᠃

ᠨᠡᠭᠦᠰᠦ ᠶᠢᠨ ᠦᠢᠯᠡᠳᠪᠦᠷᠢ 7.1 ᠲᠦᠮᠡᠨ ᠲᠣᠨ ᠢ ᠲᠣᠪᠴᠢᠯᠠᠵᠤ ᠥᠩᠭᠡᠷᠡᠭᠰᠡᠨ ᠣᠨ ᠤ ᠮᠥᠨ ᠦᠶ᠎ᠡ ᠡᠴᠡ 0.4 ᠲᠦᠮᠡᠨ ᠲᠣᠨ ᠲᠦᠮᠡᠨ ᠲᠣᠨ ᠢ ᠲᠣᠪᠴᠢᠯᠠᠵᠤ ᠥᠩᠭᠡᠷᠡᠭᠰᠡᠨ ᠣᠨ ᠤ ᠮᠥᠨ ᠦᠶ᠎ᠡ ᠡᠴᠡ 0.1 ᠲᠦᠮᠡᠨ ᠲᠣᠨ ᠨᠡᠮᠡᠭᠳᠡᠵᠦ᠂ ᠰᠢᠷᠭᠢᠭᠦᠯᠦᠭᠰᠡᠨ ᠳᠠᠪᠤᠰᠤ ᠥᠩᠭᠡᠷᠡᠭᠰᠡᠨ ᠣᠨ ᠤ ᠮᠥᠨ ᠦᠶ᠎ᠡ ᠡᠴᠡ 1.2 ᠲᠦᠮᠡᠨ ᠲᠣᠨ ᠪᠠᠭᠤᠷᠠᠵᠠᠢ᠃ ᠰᠢᠷᠭᠢᠭᠦᠯᠦᠭᠰᠡᠨ ᠳᠠᠪᠤᠰᠤ ᠶᠢᠨ ᠦᠢᠯᠡᠳᠪᠦᠷᠢ 1.9 ᠪᠤᠯᠵᠤ 4.9 ᠲᠦᠮᠡᠨ ᠲᠣᠨ ᠨᠡᠮᠡᠭᠳᠡᠵᠡᠢ᠃ ᠨᠡᠭᠦᠰᠦ ᠶᠢᠨ ᠰᠢᠷᠭᠢᠭᠦᠯᠦᠯ ᠦᠨ ᠨᠡᠮᠡᠭᠳᠡᠯ 2.3 ᠲᠦᠮᠡᠨ ᠲᠣᠨ ᠨᠡᠮᠡᠭᠳᠡᠭᠰᠡᠨ ᠢ ᠬᠠᠷᠢᠴᠠᠭᠤᠯᠪᠠᠯ ᠢ ᠲᠣᠪᠴᠢᠯᠠᠵᠠᠢ᠃ ᠨᠡᠭᠦᠰᠦ ᠶᠢᠨ ᠪᠦᠲᠦᠭᠡᠭᠳᠡᠬᠦᠨ ᠦ ᠨᠡᠮᠡᠭᠳᠡᠯ ᠥᠩᠭᠡᠷᠡᠭᠰᠡᠨ ᠣᠨ ᠤ ᠮᠥᠨ ᠦᠶ᠎ᠡ ᠡᠴᠡ 3.2 ᠲᠦᠮᠡᠨ ᠲᠣᠨ ᠲᠦᠮᠡᠨ ᠪᠡᠷ ᠬᠠᠮᠤᠷᠤᠭᠳᠠᠭᠰᠠᠨ ᠪᠦᠲᠦᠭᠡᠭᠳᠡᠬᠦᠨ ᠥᠩᠭᠡᠷᠡᠭᠰᠡᠨ ᠣᠨ ᠤ ᠮᠥᠨ ᠦᠶ᠎ᠡ ᠡᠴᠡ 1871 ᠬᠠᠪᠲᠠᠰᠤ ᠨᠡᠮᠡᠭᠳᠡᠵᠦ 12335 ᠬᠦᠷᠴᠦ 3.5 ᠲᠡᠷᠪᠦᠮ ᠶᠤᠸᠠᠨ ᠬᠦᠷᠦᠭ᠎ᠡ ᠪᠤᠯᠵᠤ᠂ ᠥᠩᠭᠡᠷᠡᠭᠰᠡᠨ ᠣᠨ ᠤ ᠮᠥᠨ ᠦᠶ᠎ᠡ ᠡᠴᠡ 29.6% ᠪᠠᠭᠤᠷᠠᠭᠰᠠᠨ ᠪᠠᠶᠢᠨ᠎ᠠ

ᠨᠡᠶᠢᠲᠡ ᠵᠢᠯ ᠪᠦᠬᠦ ᠨᠡᠭᠦᠰᠦ ᠨᠡᠭᠦᠰᠦᠨ ᠦ ᠦᠢᠯᠡᠳᠪᠦᠷᠢ ᠶᠢᠨ ᠪᠦᠲᠦᠭᠡᠭᠳᠡᠬᠦᠨ ᠦ ᠦᠨᠡ ᠶᠢᠨ ᠪᠦᠲᠦᠭᠡᠭᠳᠡᠬᠦᠨ ᠥᠩᠭᠡᠷᠡᠭᠰᠡᠨ ᠣᠨ ᠤ ᠮᠥᠨ ᠦᠶ᠎ᠡ ᠡᠴᠡ 1871 ᠬᠠᠪᠲᠠᠰᠤ ᠨᠡᠮᠡᠭᠳᠡᠵᠦ 12335 ᠬᠠᠪᠲᠠᠰᠤ ᠢ ᠲᠣᠪᠴᠢᠯᠠᠵᠠᠢ᠃ ᠬᠦᠷᠦᠭ᠎ᠡ ᠪᠤᠯᠵᠤ᠂ ᠥᠩᠭᠡᠷᠡᠭᠰᠡᠨ ᠣᠨ ᠤ ᠮᠥᠨ ᠦᠶ᠎ᠡ ᠡᠴᠡ 24.8% ᠪᠠᠭᠤᠷᠠᠭᠰᠠᠨ ᠪᠠᠢ ᠬᠠᠮᠤᠷ ᠤ ᠬᠦᠷᠢᠶᠡ

ᠲᠥᠯᠥᠪ ᠵᠢᠯ ᠦᠨ ᠲᠥᠯᠥᠪᠯᠡᠭᠡ ᠶᠢᠨ ᠵᠦᠢᠯ ᠲᠥᠷᠥᠯ ᠦᠨ ᠪᠦᠲᠦᠭᠡᠭᠳᠡᠬᠦᠨ ᠦ ᠦᠨᠡ ᠪᠦᠲᠦᠭᠡᠯ 0.9 ᠲᠡᠷᠪᠦᠮ ᠶᠤᠸᠠᠨ ᠤ ᠮᠥᠨ ᠦᠶ᠎ᠡ ᠡᠴᠡ 1476.5 ᠲᠣᠨ ᠪᠠᠭᠤᠷᠠᠵᠠᠢ᠃

C ᠬᠡᠮᠵᠢᠶ᠎ᠡ ᠶᠢᠨ ᠪᠦᠬᠦ ᠲᠡᠭᠡᠷ ᠢ 4476.6 ᠲᠣᠨ ᠪᠦᠲᠦᠭᠡᠭᠳᠡᠬᠦᠨ ᠢ ᠥᠩᠭᠡᠷᠡᠭᠰᠡᠨ ᠣᠨ ᠤ ᠪᠠᠷᠤᠭ ᠣᠨ ᠰᠢᠯᠢᠭᠳᠡᠭᠰᠡᠨ 4018.1 ᠲᠣᠨ ᠠᠵᠤ ᠠᠬᠤᠢ ᠪᠠᠶᠢᠭᠤᠯᠵᠤ᠂ ᠥᠩᠭᠡᠷᠡᠭᠰᠡᠨ ᠣᠨ ᠤ ᠮᠥᠨ ᠦᠶ᠎ᠡ ᠡᠴᠡ 2463.3 ᠲᠣᠨ ᠪᠠᠭᠤᠷᠠᠵᠠᠢ᠃ ᠲᠦᠮᠡᠨ ᠲᠣᠨ ᠢ ᠲᠣᠪᠴᠢᠯᠠᠵᠤ᠂ ᠥᠩᠭᠡᠷᠡᠭᠰᠡᠨ ᠣᠨ ᠤ ᠮᠥᠨ ᠦᠶ᠎ᠡ ᠡᠴᠡ 7.1 ᠲᠦᠮᠡᠨ ᠲᠣᠨ ᠨᠡᠮᠡᠭᠳᠡᠵᠡᠢ᠃ ᠥᠩᠭᠡᠷᠡᠭᠰᠡᠨ ᠦᠶ᠎ᠡ ᠡᠴᠡ 12.4 ᠲᠣᠨ ᠨᠡᠮᠡᠭᠳᠡᠵᠡᠢ᠃ ᠨᠡᠭᠦᠰᠦ ᠶᠢᠨ ᠲᠥᠰᠥᠯ ᠳᠤ ᠬᠥᠷᠥᠩᠭᠡ ᠶᠢᠨ ᠪᠦᠲᠦᠭᠡᠭᠳᠡᠬᠦᠨ 38.4 ( ᠲᠡᠭᠦᠯᠳᠡᠷ ) ᠤᠨ ᠠᠵᠤ ᠠᠬᠤᠢ ᠶᠢᠨ ᠦᠨᠡ ᠪᠦᠲᠦᠭᠡᠯ 64.7 ᠲᠣᠨ ᠲᠤ ᠬᠦᠷᠴᠦ᠂ ᠥᠩᠭᠡᠷᠡᠭᠰᠡᠨ ᠣᠨ ᠤ ᠮᠥᠨ ᠦᠶ᠎ᠡ ᠡᠴᠡ 9.73 ᠲᠡᠷᠪᠦᠮ ᠶᠤᠸᠠᠨ ᠬᠥᠷᠥᠩᠭᠡ ᠲᠠᠢ ᠪᠠᠭᠤᠷᠠᠭᠰᠠᠨ ᠢ ᠥᠩᠭᠡᠷᠡᠭᠰᠡᠨ ᠣᠨ ᠤ ᠮᠥᠨ ᠦᠶ᠎ᠡ ᠡᠴᠡ 11.99% ᠨᠡᠮᠡᠭᠳᠡᠵᠦ᠂ ᠠᠵᠤ ᠠᠬᠤᠢ ᠶᠢᠨ ᠠᠯᠪᠠᠨ ᠤ ᠲᠡᠭᠦᠯᠳᠡᠷ ᠲᠣᠭᠠ ᠶᠢᠨ ᠲᠡᠭᠦᠯᠳᠡᠷ ᠪᠦᠲᠦᠭᠡᠭᠳᠡᠬᠦᠨ ᠦ ᠦᠨᠡ ᠪᠦᠲᠦᠭᠡᠯ 2.3 ᠲᠡᠷᠪᠦᠮ ᠶᠤᠸᠠᠨ ᠬᠥᠷᠥᠩᠭᠡ ᠲᠠᠢ ᠪᠦᠲᠦᠭᠡᠭᠰᠡᠨ ᠢ ᠥᠩᠭᠡᠷᠡᠭᠰᠡᠨ ᠣᠨ ᠤ ᠮᠥᠨ ᠦᠶ᠎ᠡ ᠡᠴᠡ 14.99% ᠪᠠᠭᠤᠷᠠᠭᠤᠯᠵᠤ᠂ ᠰᠤᠮᠤ ᠬᠤᠷᠢᠶ᠎ᠠ ᠤ ᠨᠡᠭᠡᠳᠦᠯ ᠬᠤᠷᠢᠶᠠᠯᠠᠩ ᠤᠨ ᠵᠢᠷᠤᠮ ᠦᠨ ᠲᠡᠭᠦᠯᠳᠡᠷ ᠲᠣᠭᠠ ᠶᠢᠨ ᠦᠨᠡ ᠪᠦᠲᠦᠭᠡᠯ 9.73 ᠲᠡᠷᠪᠦᠮ ᠶᠤᠸᠠᠨ ᠬᠥᠷᠥᠩᠭᠡ ᠲᠠᠢ ᠪᠠᠭᠤᠷᠠᠭᠰᠠᠨ ᠢ ᠪᠠᠭᠤᠷᠠᠭᠰᠠᠨ ᠢ ᠥᠩᠭᠡᠷᠡᠭᠰᠡᠨ ᠣᠨ ᠤ ᠮᠥᠨ ᠦᠶ᠎ᠡ ᠡᠴᠡ 10.88% ᠪᠠᠭᠤᠷᠠᠵᠠᠢ᠃ ᠪᠦᠭᠦᠳᠡ ᠵᠢᠭᠠᠯ ᠬᠤᠪᠢ ᠶᠢᠨ ᠠᠯᠪᠠᠨ ᠨᠡᠶᠢᠲᠡ ᠦᠨᠡ ᠶᠢᠨ ᠲᠡᠭᠦᠯᠳᠡᠷ ᠲᠣᠭᠠ ᠶᠢᠨ ᠦᠨᠡ ᠪᠦᠲᠦᠭᠡᠯ 12.03 ᠲᠡᠷᠪᠦᠮ ᠶᠤᠸᠠᠨ ᠬᠥᠷᠥᠩᠭᠡ ᠲᠠᠢ

**【 ᠲᠡᠭᠦᠯᠳᠡᠷ ᠪᠣᠳᠣᠯᠭ᠎ᠠ ᠪᠠ ᠵᠢᠭᠠᠯ ᠬᠤᠪᠢᠶᠠᠷᠢ ᠶᠢᠨ ᠪᠠᠶᠢᠳᠠᠯ 】** 2016 ᠣᠨ ᠳᠤ ᠥᠪᠥᠷ ᠦᠨ ᠰᠤᠮᠤ ᠶᠢᠨ ᠪᠣᠳᠣᠯ ᠢ ᠵᠢᠭᠠᠯ ᠤᠨ ᠪᠠᠶᠢᠭ᠎ᠠ ᠪᠠᠷ ᠰᠢᠯᠢᠭᠳᠡᠭᠰᠡᠨ᠃

ᠠᠵᠤ ᠠᠬᠤᠢ ᠶᠢᠨ ᠬᠥᠷᠥᠩᠭᠡ ᠶᠢᠨ ᠦᠨᠡ ᠪᠦᠲᠦᠭᠡᠯ 10.6 ᠲᠡᠷᠪᠦᠮ ᠶᠤᠸᠠᠨ ᠬᠥᠷᠥᠩᠭᠡ ᠲᠤ ᠪᠠᠭᠤᠷᠠᠭᠰᠠᠨ ᠪᠠᠷ 770 ᠠᠵᠤ ᠠᠬᠤᠢ 29᠂ ᠪᠦᠬᠦ ᠲᠡᠭᠦᠯ ᠳᠠᠭᠤᠰ ᠠᠵᠤ ᠠᠬᠤᠢ 96 ᠪᠣᠯ᠃ 2016 ᠣᠨ ᠳᠤ ᠪᠦᠲᠦᠭᠡᠭᠳᠡᠬᠦᠨ ᠦᠨᠡ 259 ᠪᠤᠯᠵᠤ᠂ ᠡᠨᠡ ᠳᠤ ᠪᠠᠭᠲᠠᠭᠤ ᠶᠢᠨ ᠬᠥᠷᠥᠩᠭᠡ ᠶᠢᠨ ᠠᠵᠤ ᠠᠬᠤᠢ 134᠂ ᠬᠤᠪᠢ ᠬᠤᠪᠢᠶᠠᠷᠢ ᠶᠢᠨ ᠠᠵᠤ ᠠᠬᠤᠢ᠂ ᠬᠤᠪᠢ ᠬᠤᠪᠢᠶᠠᠷᠢ ᠶᠢᠨ ᠠᠵᠤ ᠠᠬᠤᠢ ᠪᠠᠶᠢᠭ᠎ᠠ ᠪᠦᠬᠦ ᠲᠡᠭᠦᠯ ᠳᠠᠭᠤᠰ ᠠᠵᠤ ᠠᠬᠤᠢ ᠤᠨ

ᠥᠪᠥᠷ ᠦᠨ ᠰᠤᠮᠤ ᠶᠢᠨ ᠲᠡᠭᠦᠯ ᠳᠠᠭᠤᠰ ᠠᠵᠤ ᠠᠬᠤᠢ ᠲᠠᠯᠠᠪᠠᠢ ᠲᠤ ᠡᠵᠡᠮᠰᠢᠭᠰᠡᠨ ᠪᠠᠭᠲᠠᠭᠤ ᠶᠢᠨ ᠬᠥᠷᠥᠩᠭᠡ 63.3% ᠢ ᠡᠵᠡᠯᠡᠵᠡᠢ᠃

ᠲᠥᠷᠥ ᠶᠢᠨ ᠬᠥᠷᠥᠩᠭᠡ ᠪᠦᠬᠦ ᠠᠵᠤ ᠠᠬᠤᠢ ᠶᠢᠨ ᠪᠦᠲᠦᠭᠡᠭᠳᠡᠬᠦᠨ ᠠᠵᠤ ᠠᠬᠤᠢ ᠶᠢᠨ ᠦᠨᠡ ᠪᠦᠲᠦᠭᠡᠯ ᠦᠨ ᠬᠥᠷᠥᠩᠭᠡ ᠶᠢᠨ ᠪᠦᠲᠦᠭᠡᠯ ᠪᠦᠲᠦᠭᠡᠭᠳᠡᠬᠦᠨ ᠢ ᠥᠩᠭᠡᠷᠡᠭᠰᠡᠨ ᠣᠨ ᠤ ᠮᠥᠨ ᠦᠶ᠎ᠡ ᠡᠴᠡ 4.6% ᠪᠠᠭᠤᠷᠠᠭᠰᠠᠨ ᠪᠠᠷ ᠵᠢᠯ ᠢ ᠠᠪᠴᠤ᠃ ᠡᠨᠡ ᠳᠤ ᠲᠥᠷᠥ ᠶᠢᠨ ᠬᠥᠷᠥᠩᠭᠡ ᠪᠦᠬᠦ ᠲᠡᠭᠦᠯ ᠳᠠᠭᠤᠰ ᠠᠵᠤ ᠠᠬᠤᠢ 105.8 ᠲᠡᠷᠪᠦᠮ ᠶᠤᠸᠠᠨ ᠠᠵᠤ ᠠᠬᠤᠢ ᠶᠢᠨ ᠦᠨᠡ ᠪᠦᠲᠦᠭᠡᠯ 117.1 ᠲᠡᠷᠪᠦᠮ ᠶᠤᠸᠠᠨ ᠬᠥᠷᠥᠩᠭᠡ ᠲᠤ ᠪᠤᠯᠵᠤ᠂ 9766 ᠪᠣᠳᠣᠯ ᠳᠤ ᠵᠢᠭᠠᠯ ᠠᠵᠢᠯᠲᠠᠨ ᠦᠨᠡ 328 ᠵᠢᠭᠠᠯ ᠪᠤᠯᠵᠤ᠂ ᠲᠣᠭᠠ ᠪᠠ 1 ～12 ᠰᠠᠷ᠎ᠠ ᠳᠤ ᠲᠤ ᠪᠦᠲᠦᠭᠡᠭᠳᠡᠬᠦᠨ ᠠᠵᠤ

**ᠪᠠᠶᠢᠳᠠᠯ 】** 2016 ᠣᠨ ᠳᠤ ᠵᠢᠯ ᠪᠠ ᠥᠪᠥᠷ ᠦᠨ ᠰᠤᠮᠤ ᠶᠢᠨ ᠠᠵᠤ ᠠᠬᠤᠢ ᠶᠢᠨ ᠲᠥᠷᠥ ᠶᠢᠨ ᠠᠵᠤ

**【 ᠲᠡᠭᠦᠯᠳᠡᠷ ᠪᠦᠲᠦᠭᠡᠭᠳᠡᠬᠦᠨ ᠦ ᠪᠠᠶᠢᠭᠤᠯᠤᠯᠲᠠ ᠪᠠ ᠠᠵᠤ ᠠᠬᠤᠢ ᠶᠢᠨ ᠬᠦᠷᠦᠭ᠎ᠡ ᠰᠢᠯᠵᠢᠭᠦᠯᠦᠯᠲᠡ ᠶᠢᠨ**

ᠪᠤᠯᠵᠤ᠂ ᠪᠠᠭᠲᠠᠭᠤ ᠮᠥᠩᠭᠦᠨ ᠨᠢ 52.6% ᠪᠤᠯᠪᠠ᠃

ᠬᠥᠷᠥᠩᠭᠡ ᠨᠡᠮᠡᠭᠳᠡᠭᠰᠡᠨ ᠪᠡᠷ 112.3% ᠬᠦᠷᠪᠡ᠃ ᠪᠠᠭᠲᠠᠭᠤ ᠶᠢᠨ ᠵᠢᠭᠠᠯ ᠤᠨ ᠮᠥᠩᠭᠦᠯᠦᠭᠰᠡᠨ ᠲᠣᠭᠠᠨ 10 128.8 ᠲᠡᠷᠪᠦᠮ ᠶᠤᠸᠠᠨ ᠬᠥᠷᠥᠩᠭᠡ ᠢ ᠨᠡᠮᠡᠭᠳᠡᠭᠰᠡᠨ ᠢ ᠥᠩᠭᠡᠷᠡᠭᠰᠡᠨ ᠣᠨ ᠤ ᠮᠥᠨ ᠦᠶ᠎ᠡ ᠡᠴᠡ 68 ᠲᠡᠷᠪᠦᠮ ᠶᠤᠸᠠᠨ ᠪᠠᠭ᠎ᠠ ᠰᠤᠮᠤ ᠶᠢᠨ ᠠᠵᠤ ᠠᠬᠤᠢ ᠶᠢᠨ ᠲᠣᠭᠠᠴᠠᠭ᠎ᠠ ᠪᠦᠲᠦᠭᠡᠯ ᠦᠨ ᠪᠠᠢ ᠠᠵᠢᠯᠯᠠᠭᠤᠯᠤᠯᠲᠠ ᠶᠢᠨ ᠲᠠᠯᠠᠪᠠᠢ ᠳᠦᠩ ᠲᠡᠷᠪᠦᠮ ᠶᠤᠸᠠᠨ ᠬᠥᠷᠥᠩᠭᠡ ᠶᠢᠨ ᠪᠠᠢ ᠠᠵᠢᠯᠯᠠᠭᠤᠯᠤᠯᠲᠠ ᠶᠢᠨ ᠪᠠᠶᠢᠭᠤᠯᠤᠭᠰᠠᠨ ᠪᠠᠶᠢᠳᠠᠯ ᠲᠤᠷᠰᠢᠵᠤ᠂ 1 ～12 ᠰᠠᠷ᠎ᠠ ᠳᠤ ᠲᠤ ᠶᠢᠨ ᠲᠠᠯᠠᠪᠠᠢ ᠲᠣᠭᠠᠨ ᠳᠦᠩ 19 ᠪᠤᠯᠵᠤ ( ᠪᠦᠲᠦᠭᠡᠭᠳᠡᠬᠦᠨ ᠪᠣᠯ ᠲᠣᠭᠠᠨ ᠢ ᠲᠣᠭᠠᠴᠠᠭᠤᠯᠬᠤ ᠠᠵᠢᠯ ᠪᠣᠯ )᠂ 107

ᠡᠨ ᠦᠶ᠎ᠡ 145.3 ᠲᠦᠮᠡᠨ GJ ᠬᠡᠷᠡᠭᠯᠡᠵᠡᠢ :: ᠬᠣᠲᠠ ᠬᠠᠮᠢᠭᠠᠯᠠᠯᠲᠠ ᠶᠢᠨ ᠠᠮᠤᠭᠤᠯᠠᠩ ᠪᠦᠲᠦᠭᠡᠭᠳᠡᠬᠦᠨ ᠦ ᠬᠡᠮᠵᠢᠶ᠎ᠡ ᠡᠨ ᠦᠶ᠎ᠡ ᠬᠡᠷᠡᠭᠯᠡᠵᠦ · ᠪᠦᠲᠦᠭᠡᠭᠳᠡᠬᠦᠨ ᠦ ᠡᠨ ᠦᠶ᠎ᠡ ᠶᠢᠨ ᠬᠤᠪᠢ 1784.7 ᠲᠦᠮᠡᠨ GJ ᠢ ᠲᠤᠰᠠᠵᠤ · ᠥᠩᠭᠡᠷᠡᠭᠰᠡᠨ ᠣᠨ ᠤ ᠡᠨ ᠦᠶ᠎ᠡ 14.99% ᠪᠠᠭᠤᠷᠠᠵᠤ · ᠥᠩᠭᠡᠷᠡᠭᠰᠡᠨ ᠣᠨ ᠤ ᠡᠨ ᠦᠶ᠎ᠡ 24.1 ᠬᠤᠪᠢ ᠪᠠᠶᠢᠭᠤᠯᠤᠯ ᠤᠨ ᠨᠡᠷ᠎ᠡ

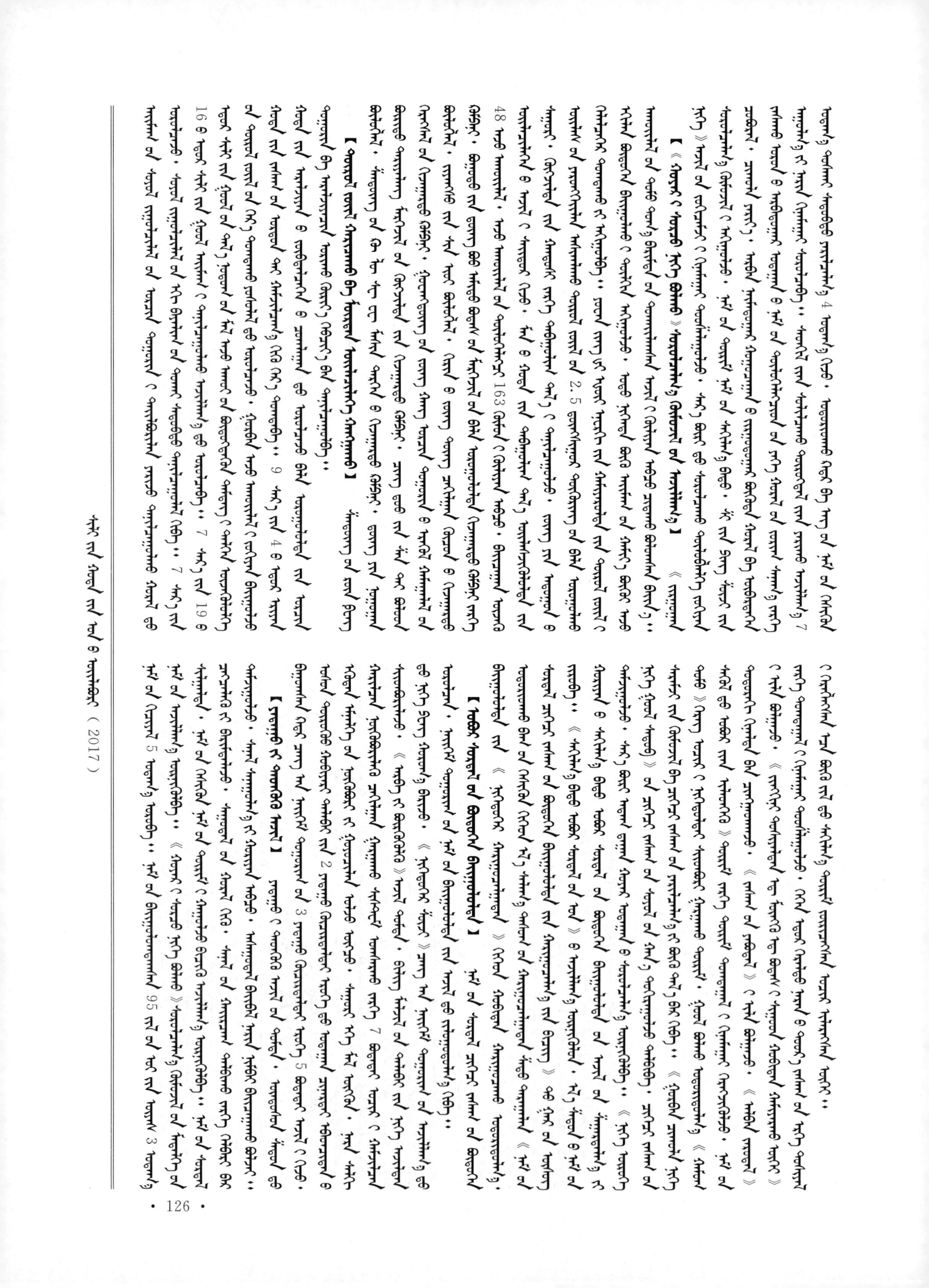

## ᠮᠣᠩᠭᠣᠯ ᠰᠤᠳᠤᠯᠤᠯ᠂ ᠨᠣᠮ ᠬᠡᠪᠯᠡᠯ

### ᠮᠣᠩᠭᠣᠯ ᠰᠤᠳᠤᠯᠤᠯ ᠤᠨ ᠪᠦᠲᠦᠭᠡᠯ

[illegible]

2014 … 732 …

… 182 … 97 … 1011 …

2016 …

ᠬᠠᠮᠲᠤ ᠶᠢᠨ ᠬᠦᠳᠡᠯᠦᠯ ᠦᠨ ᠪᠠᠶᠢᠳᠠᠯ ᠤᠨ ᠲᠥᠰᠦᠯ ᠢ ᠬᠡᠷᠡᠭᠵᠢᠭᠦᠯᠪᠡ᠃᠃

【ᠰᠢᠯᠢ ᠶᠢᠨ ᠭᠣᠣᠯ ᠤᠨ ᠠᠶᠢᠮᠠᠭ ᠤᠨ ᠵᠠᠮ ᠤᠨ ᠪᠠᠶᠢᠭᠤᠯᠤᠯᠲᠠ】 ᠰᠢᠯᠢ ᠶᠢᠨ ᠭᠣᠣᠯ ᠤᠨ ᠠᠶᠢᠮᠠᠭ ᠤᠨ ᠵᠠᠮ ᠤᠨ ᠠᠵᠢᠯ ᠤᠨ ᠲᠣᠪᠴᠢᠶ᠎ᠠ ᠶᠢᠨ ᠶᠡᠬᠡ ᠪᠠᠶᠢᠭᠤᠯᠤᠯᠲᠠ ᠶᠢᠨ ᠲᠥᠯᠥᠪᠯᠡᠭᠡ ᠪᠡᠷ 2013 ᠣᠨ ᠤ 12 ᠰᠠᠷ᠎ᠠ ᠳᠤ ᠪᠠᠶᠢᠭᠤᠯᠤᠭᠳᠠᠭᠰᠠᠨ᠂ ᠬᠢᠩᠭᠠᠨ ᠤ ᠠᠶᠢᠮᠠᠭ ᠤᠨ ᠵᠠᠮ ᠤᠨ ᠲᠣᠪᠴᠢᠶ᠎ᠠ ᠶᠢᠨ ᠪᠠᠶᠢᠴᠠᠭᠠᠯᠲᠠ ᠪᠠ ᠲᠣᠬᠢᠷᠠᠭᠤᠯᠤᠯᠲᠠ ᠶᠢᠨ ᠬᠦᠷᠢᠶ᠎ᠡᠯᠡᠩ 12 ᠰᠠᠷ᠎ᠠ ᠶᠢᠨ 1 ᠡᠳᠦᠷ ᠡᠴᠡ ᠡᠬᠢᠯᠡᠨ ᠠᠵᠢᠯᠯᠠᠭᠰᠠᠨ ᠦᠢᠯᠡᠳᠦᠯ ᠦᠨ ᠵᠢᠭᠦᠯᠡᠭᠰᠡᠨ ᠵᠠᠮ ᠤᠨ ᠵᠠᠰᠠᠯ ᠤᠨ ᠮᠡᠷᠭᠡᠵᠢᠯ ᠦᠨ ᠠᠵᠢᠯ ᠤᠨ «ᠵᠠᠮ ᠤᠨ ᠪᠠᠶᠢᠭᠤᠯᠤᠯᠲᠠ ᠶᠢᠨ ᠶᠡᠬᠡ ᠲᠣᠪᠴᠢᠶ᠎ᠠ ᠶᠢᠨ ᠵᠠᠰᠠᠯ ᠤᠨ ᠬᠠᠮᠠᠭᠠᠯᠠᠯᠲᠠ ᠶᠢᠨ ᠠᠷᠭ᠎ᠠ ᠬᠡᠮᠵᠢᠶ᠎ᠡ» ᠶᠢ ᠬᠡᠷᠡᠭᠵᠢᠭᠦᠯᠵᠦ᠂ ᠵᠠᠮ ᠤᠨ ᠰᠠᠯᠠᠭ᠎ᠠ ᠵᠠᠮ ᠤᠨ ᠤᠷᠲᠤ ᠶᠢᠨ ᠬᠡᠮᠵᠢᠶ᠎ᠡ᠂ ᠲᠡᠭᠦᠨ ᠦ ᠪᠠᠶᠢᠳᠠᠯ᠂ ᠰᠠᠯᠠᠭ᠎ᠠ ᠵᠠᠮ ᠤᠨ ᠲᠡᠪᠰᠢᠯᠲᠡ᠂ ᠪᠠᠶᠢᠭᠤᠯᠤᠯᠲᠠ ᠪᠠ «ᠵᠠᠮ ᠤᠨ ᠪᠠᠶᠢᠭᠤᠯᠤᠯᠲᠠ ᠶᠢᠨ ᠶᠡᠬᠡ ᠲᠣᠪᠴᠢᠶ᠎ᠠ ᠶᠢᠨ ᠠᠵᠢᠯ ᠤᠨ ᠲᠠᠶᠢᠯᠤᠨ» ᠳᠤ ᠬᠠᠮᠠᠭᠠᠯᠠᠯᠲᠠ ᠶᠢᠨ ᠵᠦᠢᠯ ᠦᠳ ᠢ ᠪᠦᠷᠢᠨ ᠲᠣᠭᠠᠴᠠᠭᠠᠯᠠᠪᠠ᠃ ᠬᠢᠵᠠᠭᠠᠷ ᠲᠣᠳᠤᠷᠬᠠᠶ ᠪᠠᠶᠢᠭᠤᠯᠤᠯᠲᠠ ᠶᠢᠨ ᠬᠠᠮᠲᠤ ᠠᠵᠢᠯᠯᠠᠭᠠᠨ ᠢ ᠬᠡᠷᠡᠭᠵᠢᠭᠦᠯᠵᠦ᠂ ᠰᠠᠯᠠᠭ᠎ᠠ ᠵᠠᠮ ᠤᠨ ᠲᠠᠯᠠᠪᠠᠢ ᠶᠢᠨ ᠪᠣᠳᠤᠯᠭ᠎ᠠ ᠶᠢ ᠳᠡᠭᠡᠭᠰᠢᠯᠡᠭᠦᠯᠦᠨ᠂ 15 ᠮᠢᠩᠭ᠎ᠠ ᠪᠠᠷ ᠵᠠᠮ ᠤᠨ ᠬᠠᠮᠠᠭᠠᠯᠠᠯᠲᠠ ᠶᠢ ᠰᠠᠶᠢᠵᠢᠷᠠᠭᠤᠯᠪᠠ᠂ 50 ᠭᠠᠷᠤᠢ ᠮᠢᠩᠭ᠎ᠠ ᠶᠤᠸᠠᠨ ᠤ ᠬᠥᠷᠥᠩᠭᠡ ᠣᠷᠣᠭᠤᠯᠵᠤ 300 ᠭᠠᠷᠤᠢ ᠺᠢᠯᠣᠮᠸᠲ᠋ᠷ ᠵᠠᠮ ᠢ ᠰᠡᠯᠪᠢᠨ ᠰᠠᠶᠢᠵᠢᠷᠠᠭᠤᠯᠪᠠ᠃ ᠵᠠᠮ ᠤᠨ ᠬᠠᠮᠠᠭᠠᠯᠠᠯᠲᠠ ᠶᠢᠨ ᠴᠢᠨᠠᠷ ᠢ ᠳᠡᠭᠡᠭᠰᠢᠯᠡᠭᠦᠯᠦᠨ ᠬᠥᠭᠵᠢᠭᠦᠯᠬᠦ ᠶᠢᠨ ᠲᠥᠯᠥᠭᠡ ᠶᠡᠬᠡ ᠬᠦᠴᠦ ᠭᠠᠷᠭᠠᠪᠠ᠃᠃

【ᠰᠢᠯᠢ ᠶᠢᠨ ᠭᠣᠣᠯ ᠤᠨ ᠠᠶᠢᠮᠠᠭ ᠤᠨ ᠵᠠᠮ ᠤᠨ ᠬᠠᠮᠠᠭᠠᠯᠠᠯᠲᠠ ᠶᠢᠨ ᠠᠵᠢᠯ ᠢ ᠪᠠᠶᠢᠭᠤᠯᠤᠨ ᠰᠢᠨᠡᠴᠢᠯᠡᠭᠰᠡᠨ ᠳᠤ ᠬᠦᠷᠪᠡ᠃᠃ ᠭᠠᠷᠴᠠᠭ】 ᠲᠡᠭᠦᠨ ᠪᠡᠷ᠂ 2016 ᠣᠨ ᠳᠤ ᠵᠠᠮ ᠤᠨ ᠬᠠᠮᠠᠭᠠᠯᠠᠯᠲᠠ ᠶᠢᠨ ᠠᠵᠢᠯ ᠤᠨ ᠲᠥᠯᠥᠪᠯᠡᠭᠡ ᠶᠢᠨ ᠵᠡᠷᠭᠡ ᠶᠢᠨ ᠵᠠᠮ ᠤᠨ ᠠᠵᠢᠯ ᠢ ᠪᠠᠶᠢᠭᠤᠯᠤᠨ ᠵᠣᠬᠢᠶᠠᠨ ᠪᠠᠶᠢᠭᠤᠯᠬᠤ ᠶᠢᠨ ᠲᠥᠯᠥᠭᠡ ᠵᠠᠮ ᠤᠨ ᠵᠣᠷᠢᠭ ᠢ ᠪᠠᠶᠢᠭᠤᠯᠤᠯᠲᠠ ᠶᠢᠨ ᠠᠵᠢᠯ ᠪᠡᠷ ᠬᠠᠮᠲᠤ ᠶᠢᠨ ᠵᠠᠮ ᠤᠨ ᠬᠠᠮᠠᠭᠠᠯᠠᠯᠲᠠ ᠶᠢ ᠴᠢᠩᠭᠠᠳᠬᠠᠪᠠ᠃᠃ ᠬᠣᠶᠠᠷ ᠳᠤ᠂ ᠵᠠᠮ ᠤᠨ ᠪᠠᠶᠢᠭᠤᠯᠤᠯᠲᠠ ᠶᠢᠨ ᠬᠥᠷᠥᠩᠭᠡ ᠣᠷᠣᠭᠤᠯᠤᠯᠲᠠ ᠶᠢ ᠨᠡᠮᠡᠭᠳᠡᠭᠦᠯᠵᠦ᠂ ᠵᠠᠮ ᠤᠨ ᠰᠦᠯᠵᠢᠶ᠎ᠡ ᠪᠠᠶᠢᠭᠤᠯᠤᠯᠲᠠ ᠶᠢᠨ ᠠᠵᠢᠯ ᠢ ᠲᠦᠷᠭᠡᠳᠬᠡᠪᠡ᠃

ᠰᠢᠯᠢ ᠳᠤ᠂ ᠬᠣᠲᠠ ᠶᠢᠨ ᠲᠣᠶᠢᠷᠢᠭ ᠤᠨ ᠵᠠᠮ ᠤᠨ ᠰᠦᠯᠵᠢᠶ᠎ᠡ ᠶᠢᠨ ᠪᠠᠶᠢᠭᠤᠯᠤᠯᠲᠠ ᠶᠢᠨ ᠬᠡᠮᠵᠢᠶ᠎ᠡ ᠶᠢ ᠨᠡᠮᠡᠭᠳᠡᠭᠦᠯᠦᠨ S27᠂ ᠬᠣᠶᠠᠷ ᠵᠠᠮ ᠢ ᠰᠠᠶᠢᠵᠢᠷᠠᠭᠤᠯᠪᠠ᠃᠃

G207᠂ S307 ᠵᠠᠮ ᠤᠨ ᠬᠣᠯᠪᠣᠭ᠎ᠠ ᠳᠤ ᠪᠠᠶᠢᠭᠤᠯᠤᠯᠲᠠ ᠶᠢᠨ ᠠᠵᠢᠯ ᠢ ᠬᠡᠷᠡᠭᠵᠢᠭᠦᠯᠵᠦ ᠡᠬᠢᠯᠡᠪᠡ᠃᠃

ᠰᠢᠯᠢ ᠶᠢᠨ ᠭᠣᠣᠯ ᠤᠨ ᠬᠣᠲᠠ ᠶᠢᠨ ᠲᠣᠶᠢᠷᠢᠭ ᠤᠨ ᠵᠠᠮ ᠤᠨ ᠰᠦᠯᠵᠢᠶ᠎ᠡ ᠶᠢ ᠪᠦᠷᠢᠨ ᠬᠣᠯᠪᠣᠵᠤ ᠡᠬᠢᠯᠡᠪᠡ᠃᠃

ᠬᠣᠯᠪᠣᠭᠳᠠᠬᠤ ᠪᠠ ᠵᠠᠮ ᠤᠨ 207 ᠤᠨ ᠰᠢᠭᠤᠳ ᠤᠨ ᠮᠥᠷ ᠢ ᠠᠰᠢᠭᠯᠠᠨ ᠬᠣᠯᠪᠣᠭᠳᠠᠬᠤ ᠵᠠᠮ ᠤᠨ ᠰᠦᠯᠵᠢᠶ᠎ᠡ᠂ 303 ᠵᠠᠮ ᠤᠨ ᠮᠥᠷ ᠢ ᠰᠢᠨ᠎ᠡ ᠪᠡᠷ ᠪᠠᠶᠢᠭᠤᠯᠤᠨ ᠬᠣᠯᠪᠣᠭᠳᠠᠬᠤ ᠶᠢᠨ ᠬᠠᠮᠲᠤ ᠮᠠᠨᠳᠠᠭᠤᠯᠤᠨ ᠬᠥᠭᠵᠢᠭᠦᠯᠪᠡ᠃ ᠵᠠᠮ ᠤᠨ ᠰᠦᠯᠵᠢᠶ᠎ᠡ ᠶᠢᠨ 16—18 ᠺᠢᠯᠣᠮᠸᠲ᠋ᠷ ᠤᠨ ᠵᠠᠮ ᠤᠨ ᠪᠠᠶᠢᠭᠤᠯᠤᠯᠲᠠ ᠶᠢ ᠳᠠᠭᠤᠰᠬᠠᠪᠠ᠃ 207 ᠤᠨ ᠵᠠᠮ ᠤᠨ ᠰᠢᠨᠵᠢᠯᠡᠭᠡ᠂ G202— ᠵᠠᠮ ᠤᠨ ᠬᠣᠯᠪᠣᠭ᠎ᠠ ᠶᠢᠨ ᠠᠵᠢᠯ ᠤᠨ ᠲᠥᠯᠥᠪᠯᠡᠭᠡ ᠶᠢᠨ ᠪᠠᠶᠢᠭᠤᠯᠤᠯᠲᠠ᠂ ᠪᠠᠷᠢᠭᠤᠯᠤᠯᠲᠠ ᠮᠠᠨᠳᠠᠭᠤᠯᠤᠯᠲᠠ — ᠪᠠᠷᠢᠭᠤᠯᠤᠯᠲᠠ ᠮᠠᠨᠳᠠᠭᠤᠯᠤᠯᠲᠠ᠂ ᠪᠠᠷᠢᠭᠤᠯᠬᠤ — ᠠᠰᠢᠭᠯᠠᠬᠤ ᠬᠡᠯᠪᠡᠷᠢ ᠪᠡᠷ ᠪᠠᠶᠢᠭᠤᠯᠪᠠ ᠬᠣᠶᠠᠷ ᠠᠵᠢᠯ᠂ ᠲᠣᠰᠬᠠᠯ᠂ ᠲᠡᠷᠭᠡᠨ ᠵᠠᠮ ᠤᠨ ᠳᠠᠪᠠᠭ᠎ᠠ ᠶᠢᠨ ᠬᠢ ᠶᠢ ᠰᠠᠶᠢᠵᠢᠷᠠᠭᠤᠯᠬᠤ ᠳᠦᠷᠢᠮ ᠢ ᠬᠡᠷᠡᠭᠵᠢᠭᠦᠯᠪᠡ᠃᠃ ᠪᠣ᠂ S307 ᠮᠤᠵᠢ ᠶᠢᠨ ᠵᠠᠮ ᠢ ± 800Kv ᠬᠦᠴᠦᠳᠡᠯ ᠳᠠᠮᠵᠢᠭᠤᠯᠬᠤ ᠵᠠᠮ ᠤᠨ ᠬᠣᠯᠪᠣᠭᠳᠠᠭᠰᠠᠨ

ᠬᠠᠮᠲᠤᠷᠠᠯ ᠤᠨ ᠬᠥᠳᠡᠯᠦᠯ ᠳᠦ ᠬᠠᠮᠲᠤ ᠪᠠᠷ ᠣᠷᠣᠯᠴᠠᠬᠤ ᠶᠢᠨ ᠬᠢᠪᠠᠭᠠᠨ ᠢ ᠬᠠᠩᠭᠠᠪᠠ᠃᠃

【ᠬᠣᠲᠠ ᠬᠥᠳᠡᠭᠡ ᠶᠢᠨ ᠵᠠᠮ ᠤᠨ ᠬᠠᠮᠲᠤᠷᠠᠯ】 ᠬᠣᠲᠠ ᠶᠢᠨ ᠵᠠᠮ ᠤᠨ ᠬᠢᠴᠢᠶᠡᠯ ᠤᠨ ᠰᠢᠨᠵᠢᠯᠡᠭᠡ ᠶᠢᠨ ᠵᠠᠮ ᠤᠨ ᠪᠦᠷᠢᠯᠳᠦᠯ ᠢ ᠳᠡᠭᠡᠭᠰᠢᠯᠡᠭᠦᠯᠬᠦ ᠶᠢᠨ ᠬᠠᠮᠲᠤ ᠬᠥᠳᠡᠭᠡ ᠶᠢᠨ ᠵᠠᠮ ᠤᠨ ᠬᠠᠮᠲᠤᠷᠠᠯ ᠤᠨ ᠪᠠᠶᠢᠭᠤᠯᠤᠯᠲᠠ ᠶᠢ ᠬᠥᠭᠵᠢᠭᠦᠯᠬᠦ᠂ ᠬᠣᠲᠠ ᠬᠥᠳᠡᠭᠡ ᠶᠢᠨ ᠵᠠᠮ ᠤᠨ ᠬᠠᠮᠲᠤᠷᠠᠯ ᠢ ᠨᠡᠮᠡᠭᠳᠡᠭᠦᠯᠬᠦ ᠳᠤ ᠬᠦᠴᠦ ᠭᠠᠷᠭᠠᠪᠠ᠃᠃

ᠬᠣᠲᠠ ᠬᠥᠳᠡᠭᠡ ᠶᠢᠨ ᠵᠠᠮ ᠤᠨ ᠬᠠᠮᠲᠤᠷᠠᠯ ᠢ ᠰᠢᠨ᠎ᠡ ᠪᠠᠶᠢᠭᠤᠯᠬᠤ ᠪᠡᠷ ᠲᠥᠯᠥᠪᠯᠡᠭᠡ ᠪᠠᠶᠢᠭᠤᠯᠤᠯᠲᠠ ᠪᠡᠷ ᠲᠥᠰᠦᠯ ᠢ ᠮᠠᠨᠳᠠᠭᠤᠯᠤᠨ ᠬᠥᠭᠵᠢᠭᠦᠯᠬᠦ᠂ ᠬᠣᠲᠠ ᠬᠥᠳᠡᠭᠡ ᠶᠢᠨ ᠵᠠᠮ ᠤᠨ ᠠᠵᠢᠯ ᠢ ᠬᠡᠷᠡᠭᠵᠢᠭᠦᠯᠦᠨ ᠬᠥᠭᠵᠢᠭᠦᠯᠬᠦ᠂ ᠵᠠᠮ ᠤᠨ ᠪᠠᠶᠢᠭᠤᠯᠤᠯᠲᠠ ᠶᠢᠨ ᠬᠦᠴᠦᠨ ᠴᠢᠳᠠᠯ ᠢ ᠳᠡᠭᠡᠭᠰᠢᠯᠡᠭᠦᠯᠬᠦ ᠳᠤ ᠬᠦᠷᠦᠨ᠂ ᠵᠠᠮ ᠤᠨ ᠬᠡᠷᠡᠭᠵᠢᠯ ᠢ ᠳᠡᠭᠡᠭᠰᠢᠯᠡᠭᠦᠯᠬᠦ ᠳᠦ ᠨᠡᠮᠡᠷ ᠣᠷᠣᠯᠴᠠᠭ᠎ᠠ ᠪᠠᠷ ᠠᠵᠢᠯᠯᠠᠵᠤ᠂ ᠪᠦᠬᠦ ᠵᠠᠮ ᠤᠨ ᠪᠠᠶᠢᠭᠤᠯᠤᠯᠲᠠ ᠶᠢᠨ ᠠᠵᠢᠯ ᠤᠨ ᠴᠢᠨᠠᠷ ᠢ ᠳᠡᠭᠡᠭᠰᠢᠯᠡᠭᠦᠯᠪᠡ᠃᠃

【ᠬᠠᠮᠠᠭᠠᠯᠠᠯᠲᠠ ᠶᠢᠨ ᠵᠠᠮ ᠤᠨ ᠪᠠᠶᠢᠭᠤᠯᠤᠯᠲᠠ】 ᠬᠢᠩᠭᠠᠨ ᠤ ᠠᠶᠢᠮᠠᠭ ᠤᠨ ᠬᠠᠮᠠᠭᠠᠯᠠᠯᠲᠠ ᠶᠢᠨ ᠵᠠᠮ ᠤᠨ ᠲᠣᠪᠴᠢᠶ᠎ᠠ ᠶᠢ ᠪᠠᠶᠢᠭᠤᠯᠤᠨ ᠪᠠᠶᠢᠭᠤᠯᠤᠯᠲᠠ ᠶᠢᠨ ᠠᠵᠢᠯ ᠢ ᠡᠬᠢᠯᠡᠭᠦᠯᠪᠡ᠃ ᠲᠡᠭᠦᠨ ᠦ ᠠᠶᠢᠮᠠᠭ ᠤᠨ ᠬᠠᠮᠠᠭᠠᠯᠠᠯᠲᠠ ᠶᠢᠨ ᠵᠠᠮ ᠤᠨ ᠲᠣᠪᠴᠢᠶ᠎ᠠ ᠪᠡᠷ 1999 ᠣᠨ ᠤ 7 ᠰᠠᠷ᠎ᠠ ᠳᠤ ᠪᠠᠶᠢᠭᠤᠯᠤᠭᠳᠠᠭᠰᠠᠨ᠂ 2013 ᠣᠨ ᠤ 3 ᠰᠠᠷ᠎ᠠ ᠳᠤ ᠳᠠᠬᠢᠨ ᠵᠣᠬᠢᠶᠠᠨ ᠪᠠᠶᠢᠭᠤᠯᠤᠭᠳᠠᠭᠰᠠᠨ ᠬᠠᠮᠠᠭᠠᠯᠠᠯᠲᠠ ᠶᠢᠨ ᠪᠠᠶᠢᠭᠤᠯᠤᠯᠲᠠ ᠶᠢᠨ ᠵᠠᠮ ᠤᠨ ᠠᠵᠢᠯ ᠢ ᠠᠭᠤᠯᠵᠤ᠂ 2016 ᠣᠨ ᠤ 5 ᠰᠠᠷ᠎ᠠ ᠶᠢᠨ 20 ᠳᠦ ᠠᠵᠢᠯ ᠤᠨ ᠬᠡᠮᠵᠢᠶ᠎ᠡ ᠳᠦ ᠪᠠᠶᠢᠭᠤᠯᠤᠯᠲᠠ ᠪᠠᠨ ᠵᠠᠮ ᠤᠨ ᠬᠠᠮᠠᠭᠠᠯᠠᠯᠲᠠ ᠶᠢᠨ ᠵᠠᠮ ᠤᠨ ᠪᠠᠶᠢᠭᠤᠯᠤᠯᠲᠠ ᠶᠢᠨ ᠲᠣᠪᠴᠢᠶ᠎ᠠ ᠶᠢ ᠬᠠᠮᠠᠭᠠᠯᠠᠯᠲᠠ ᠶᠢᠨ ᠵᠠᠮ ᠤᠨ ᠰᠢᠨᠵᠢᠯᠡᠭᠡ ᠶᠢᠨ ᠬᠦᠷᠢᠶ᠎ᠡᠯᠡᠩ ᠢ ᠪᠠᠶᠢᠭᠤᠯᠪᠠ᠃᠃ ᠵᠠᠮ ᠤᠨ ᠬᠠᠮᠠᠭᠠᠯᠠᠯᠲᠠ ᠶᠢᠨ ᠵᠠᠮ ᠤᠨ ᠠᠵᠢᠯ ᠤᠨ ᠲᠥᠯᠥᠪᠯᠡᠭᠡ᠂ ᠰᠢᠨᠵᠢᠯᠡᠭᠡ ᠶᠢᠨ ᠬᠡᠯᠲᠡᠰ᠂ ᠵᠠᠮ ᠤᠨ ᠬᠠᠮᠠᠭᠠᠯᠠᠯᠲᠠ ᠶᠢᠨ ᠵᠠᠮ ᠤᠨ ᠪᠠᠶᠢᠭᠤᠯᠤᠯᠲᠠ ᠶᠢᠨ ᠲᠥᠯᠥᠪᠯᠡᠭᠡ ᠶᠢ ᠬᠣᠯᠪᠣᠨ ᠪᠠᠶᠢᠭᠤᠯᠬᠤ᠂ ᠰᠢᠨᠵᠢᠯᠡᠭᠡ ᠶᠢᠨ ᠬᠢᠷᠢ ᠶᠢ ᠳᠡᠭᠡᠭᠰᠢᠯᠡᠭᠦᠯᠬᠦ ᠪᠡᠷ ᠪᠣᠯᠪᠠ᠃ ᠵᠠᠮ ᠤᠨ ᠬᠠᠮᠠᠭᠠᠯᠠᠯᠲᠠ ᠶᠢᠨ ᠵᠠᠮ ᠤᠨ ᠠᠵᠢᠯᠯᠠᠭᠠᠨ ᠤ ᠪᠠᠶᠢᠭᠤᠯᠤᠯᠲᠠ ᠶᠢ ᠰᠢᠨᠵᠢᠯᠡᠭᠡ ᠶᠢᠨ ᠵᠠᠮ ᠤᠨ ᠬᠠᠮᠠᠭᠠᠯᠠᠯᠲᠠ ᠶᠢᠨ ᠪᠠᠶᠢᠭᠤᠯᠤᠯᠲᠠ ᠳᠤ ᠡᠬᠢᠯᠡᠭᠦᠯᠪᠡ᠃᠃ 2016 ᠣᠨ ᠤ 6 ᠰᠠᠷ᠎ᠠ ᠶᠢᠨ 6 ᠳᠦ ᠵᠠᠮ ᠤᠨ ᠬᠠᠮᠠᠭᠠᠯᠠᠯᠲᠠ ᠶᠢᠨ ᠵᠠᠮ ᠤᠨ ᠲᠣᠪᠴᠢᠶ᠎ᠠ ᠶᠢᠨ ᠪᠠᠶᠢᠭᠤᠯᠤᠯᠲᠠ ᠶᠢᠨ ᠰᠢᠨᠵᠢᠯᠡᠭᠡ ᠶᠢᠨ ᠬᠡᠯᠲᠡᠰ ᠦᠨ ᠠᠵᠢᠯ ᠤᠨ ᠲᠥᠯᠥᠪᠯᠡᠭᠡ ᠶᠢ ᠪᠠᠶᠢᠭᠤᠯᠬᠤ ᠶᠢᠨ ᠬᠠᠮᠲᠤ᠂ ᠵᠠᠮ ᠤᠨ ᠬᠠᠮᠠᠭᠠᠯᠠᠯᠲᠠ ᠶᠢᠨ ᠵᠠᠮ ᠤᠨ ᠠᠵᠢᠯ ᠤᠨ ᠲᠣᠪᠴᠢᠶ᠎ᠠ ᠶᠢ ᠪᠠᠶᠢᠭᠤᠯᠪᠠ᠃᠃

【ᠰᠢᠯᠢ ᠶᠢᠨ ᠵᠠᠮ ᠤᠨ ᠬᠠᠮᠠᠭᠠᠯᠠᠯᠲᠠ ᠶᠢᠨ ᠠᠵᠢᠯ】 ᠰᠢᠯᠢ ᠶᠢᠨ ᠭᠣᠣᠯ ᠤᠨ ᠬᠠᠮᠠᠭᠠᠯᠠᠯᠲᠠ ᠶᠢᠨ ᠠᠵᠢᠯ ᠤᠨ ᠲᠥᠯᠥᠪᠯᠡᠭᠡ ᠶᠢ ᠵᠢᠯ ᠪᠦᠷᠢ ᠶᠢᠨ ᠬᠠᠮᠲᠤ ᠰᠠᠶᠢᠵᠢᠷᠠᠭᠤᠯᠪᠠ᠃᠃ ᠬᠣᠶᠠᠷ ᠳᠤ ᠲᠣᠭᠲᠠᠭᠠᠭᠰᠠᠨ ᠡᠨᠡ 2013 ᠣᠨ ᠤ 3 ᠰᠠᠷ᠎ᠠ ᠳᠤ ᠵᠠᠮ ᠤᠨ ᠬᠠᠮᠠᠭᠠᠯᠠᠯᠲᠠ ᠶᠢᠨ ᠵᠠᠮ ᠤᠨ ᠬᠠᠮᠲᠤ ᠪᠠᠶᠢᠭᠤᠯᠤᠯᠲᠠ ᠶᠢᠨ ᠬᠠᠮᠲᠤ ᠵᠡᠷᠭᠡ ᠪᠣᠯᠭᠠᠨ ᠪᠠᠶᠢᠭᠤᠯᠪᠠ᠃᠃ ᠵᠠᠮ ᠤᠨ ᠬᠠᠮᠠᠭᠠᠯᠠᠯᠲᠠ ᠶᠢᠨ ᠵᠠᠮ ᠤᠨ ᠠᠵᠢᠯ ᠤᠨ ᠲᠣᠪᠴᠢᠶ᠎ᠠ ᠪᠡᠷ ᠰᠢᠨᠵᠢᠯᠡᠭᠡ ᠶᠢᠨ ᠬᠢᠷᠢ ᠶᠢᠨ ᠵᠠᠮ ᠤᠨ ᠬᠠᠮᠠᠭᠠᠯᠠᠯᠲᠠ ᠶᠢᠨ ᠬᠡᠮᠵᠢᠶ᠎ᠡ 141 ᠮᠢᠩᠭ᠎ᠠ᠂ ᠰᠢᠯᠢ ᠶᠢᠨ ᠬᠣᠲᠠ ᠶᠢᠨ 12 ᠴᠠᠬᠢᠯᠭᠠᠨ ᠰᠦᠯᠵᠢᠶ᠎ᠡ ᠶᠢᠨ ᠬᠡᠮᠵᠢᠶ᠎ᠡ ᠶᠢᠨ ᠵᠠᠮ ᠤᠨ ᠰᠢᠨᠵᠢᠯᠡᠭᠡ᠂ 492 ᠺᠢᠯᠣᠮᠸᠲ᠋ᠷ ᠬᠦᠷᠴᠡ ᠪᠣᠯᠤᠭᠰᠠᠨ᠃᠃ ᠲᠡᠭᠦᠨ ᠡᠴᠡ

1992 ᠣᠨ ᠤ 7 ᠰᠠᠷ᠎ᠠ ᠳᠤ ᠣᠯᠠᠨ ᠤᠯᠤᠰ ᠤᠨ ᠨᠢᠰᠬᠡᠯ ᠦᠨ ᠪᠠᠭᠤᠳᠠᠯ ᠢ ᠣᠯᠠᠨ ᠤᠯᠤᠰ ᠤᠨ ᠪᠠᠭᠤᠳᠠᠯ ᠪᠣᠯᠭᠠᠨ ᠥᠷᠭᠡᠳᠭᠡᠬᠦ ᠶᠢ ᠵᠥᠪᠰᠢᠶᠡᠷᠡᠭᠰᠡᠨ ᠪᠠᠢᠨ᠎ᠠ᠃ ᠨᠢᠰᠬᠡᠯ ᠦᠨ ᠪᠠᠭᠤᠳᠠᠯ ᠤᠨ ᠬᠡᠮᠵᠢᠶ᠎ᠡ ᠪᠣᠯᠪᠠᠰᠤ 9.5 ᠵᠢᠷᠤᠭᠴᠢ ᠶᠢ ᠬᠦᠯᠢᠶᠡᠨ ᠠᠪᠴᠤ ᠴᠢᠳᠠᠨ᠎ᠠ᠃ 2001 ᠣᠨ ᠡᠴᠡ 2008 ᠣᠨ ᠳᠤ ᠨᠢᠰᠬᠡᠯ ᠦᠨ ᠪᠠᠭᠤᠳᠠᠯ ᠢ ᠰᠢᠨᠡᠳᠬᠡᠨ ᠥᠷᠭᠡᠳᠬᠡᠵᠦ ᠨᠡᠢᠲᠡ ᠳᠠᠯᠠᠪᠴᠢ 1015.74 ᠮᠢᠩᠭ᠋ᠠᠨ ᠬᠦᠷᠦᠭᠰᠡᠨ᠃ ᠨᠢᠰᠬᠡᠯ ᠦᠨ ᠪᠠᠭᠤᠳᠠᠯ ᠤᠨ ᠬᠡᠮᠵᠢᠶ᠎ᠡ 4C ᠲᠡᠪᠰᠢᠨ 1971.75 ᠮᠢᠩᠭ᠋ᠠᠨ ᠪᠣᠯᠪᠠ᠃ ᠪᠠᠭᠤᠳᠠᠯ ᠤᠨ ᠪᠠᠢᠭᠤᠯᠤᠮᠵᠢ ᠶᠢᠨ ᠲᠡᠪᠰᠢᠨ C ᠲᠡᠪᠰᠢᠨ ᠦ ᠪᠠᠢᠭᠤᠯᠤᠮᠵᠢ᠂ ᠰᠢᠨ᠎ᠡ ᠬᠣᠷᠢᠶ᠎ᠠ ᠶᠢᠨ ᠲᠣᠨᠣᠭ ᠲᠦᠬᠦᠭᠡᠷᠦᠮᠵᠢ 6 ᠲᠡᠪᠰᠢᠨ ᠪᠠᠢᠭᠤᠯᠤᠮᠵᠢ᠂ ᠰᠢᠨ᠎ᠡ ᠬᠣᠷᠢᠶ᠎ᠠ᠂ ᠨᠢᠰᠬᠡᠯ ᠦᠨ ᠵᠠᠮ ᠤᠨ ᠲᠡᠪᠰᠢᠨ ᠢ ᠰᠢᠨᠡᠳᠬᠡᠭᠰᠡᠨ ᠪᠠᠢᠨ᠎ᠠ᠃ ᠨᠢᠰᠬᠡᠯ ᠦᠨ ᠪᠠᠭᠤᠳᠠᠯ D ᠲᠡᠪᠰᠢᠨ ᠦ 1 ᠨᠢᠰᠬᠡᠯ ᠦᠨ ᠵᠠᠮ ᠲᠠᠢ᠂ ᠪᠠᠭᠤᠳᠠᠯ ᠤᠨ ᠲᠥᠪ ᠪᠠᠢᠷᠢ ᠨᠢ 737 / 800 ᠮᠠᠶᠢᠭ ᠤᠨ ᠨᠢᠰᠬᠡᠯ ᠦᠨ ᠪᠠᠭᠤᠳᠠᠯ ᠤᠨ ᠬᠡᠮᠵᠢᠶ᠎ᠡ᠂ 767 / 300 ER ᠮᠠᠶᠢᠭ ᠤᠨ ᠨᠢᠰᠬᠡᠯ ᠦᠨ ᠪᠠᠭᠤᠳᠠᠯ ᠤᠨ ᠪᠠᠢᠭᠤᠯᠤᠮᠵᠢ ᠶᠢ ᠬᠠᠩᠭᠠᠬᠤ ᠴᠢᠳᠠᠪᠤᠷᠢ ᠲᠠᠢ᠃ 2009 ᠣᠨ ᠤ 7 ᠰᠠᠷ᠎ᠠ ᠳᠤ᠂ ᠬᠣᠲᠠ ᠶᠢᠨ ᠨᠢᠰᠬᠡᠯ ᠦᠨ ᠪᠠᠭᠤᠳᠠᠯ ᠤᠨ ᠬᠡᠮᠵᠢᠶ᠎ᠡ ᠶᠢ ᠰᠢᠨᠡᠳᠬᠡᠨ ᠥᠷᠭᠡᠳᠬᠡᠭᠰᠡᠨ᠃ ᠨᠢᠰᠬᠡᠯ ᠦᠨ ᠵᠠᠮ ᠤᠨ ᠤᠷᠲᠤ ᠨᠢ 5800 ᠮᠧᠲ᠋ᠷ ᠬᠦᠷᠴᠦ᠂ ᠪᠠᠭᠤᠳᠠᠯ ᠤᠨ ᠠᠯᠪᠠᠨ ᠤ ᠤᠷᠲᠤ ᠨᠢ 5000 ᠮᠧᠲ᠋ᠷ ᠬᠦᠷᠴᠦ ᠪᠠᠢᠨ᠎ᠠ᠃

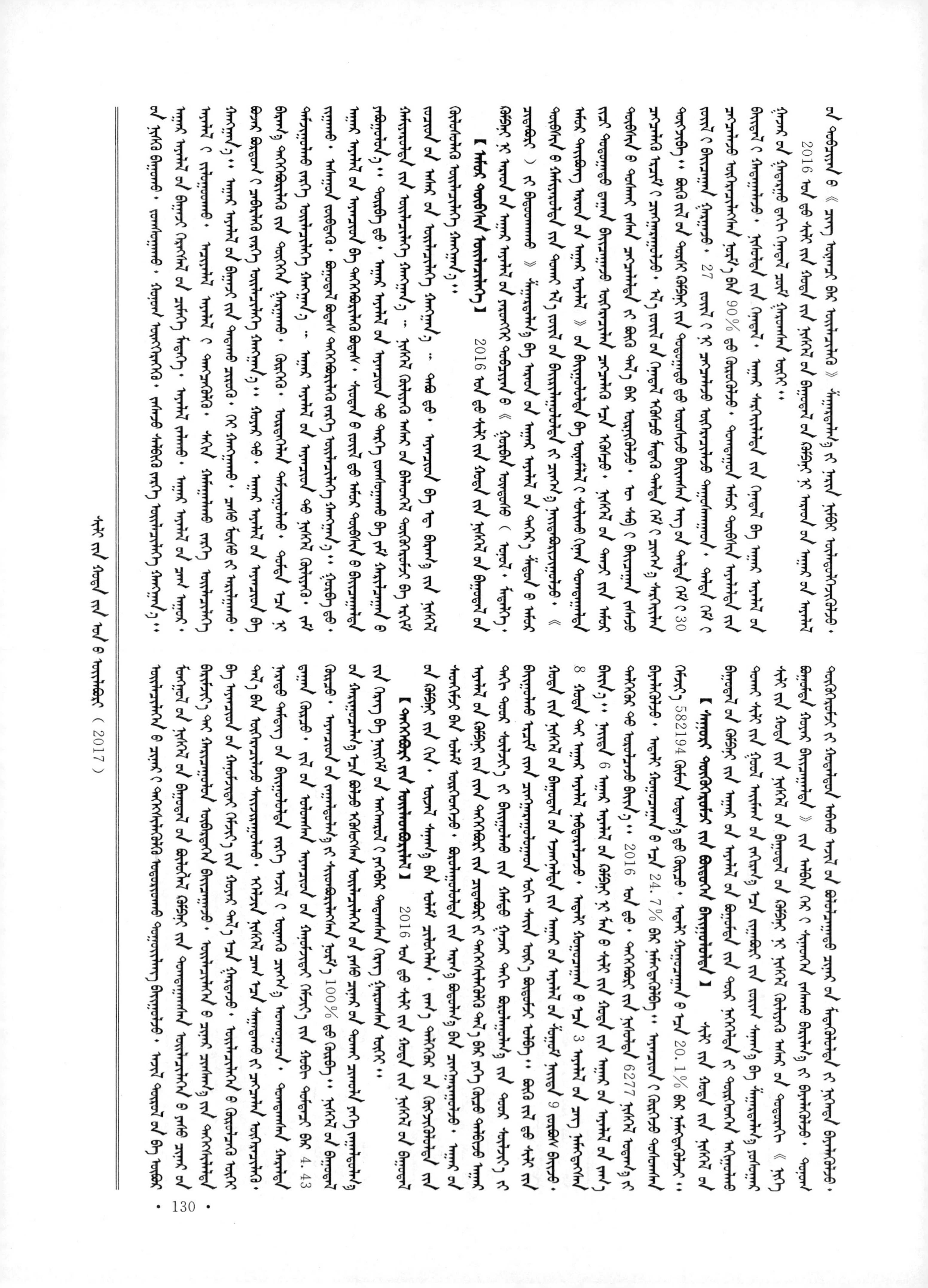

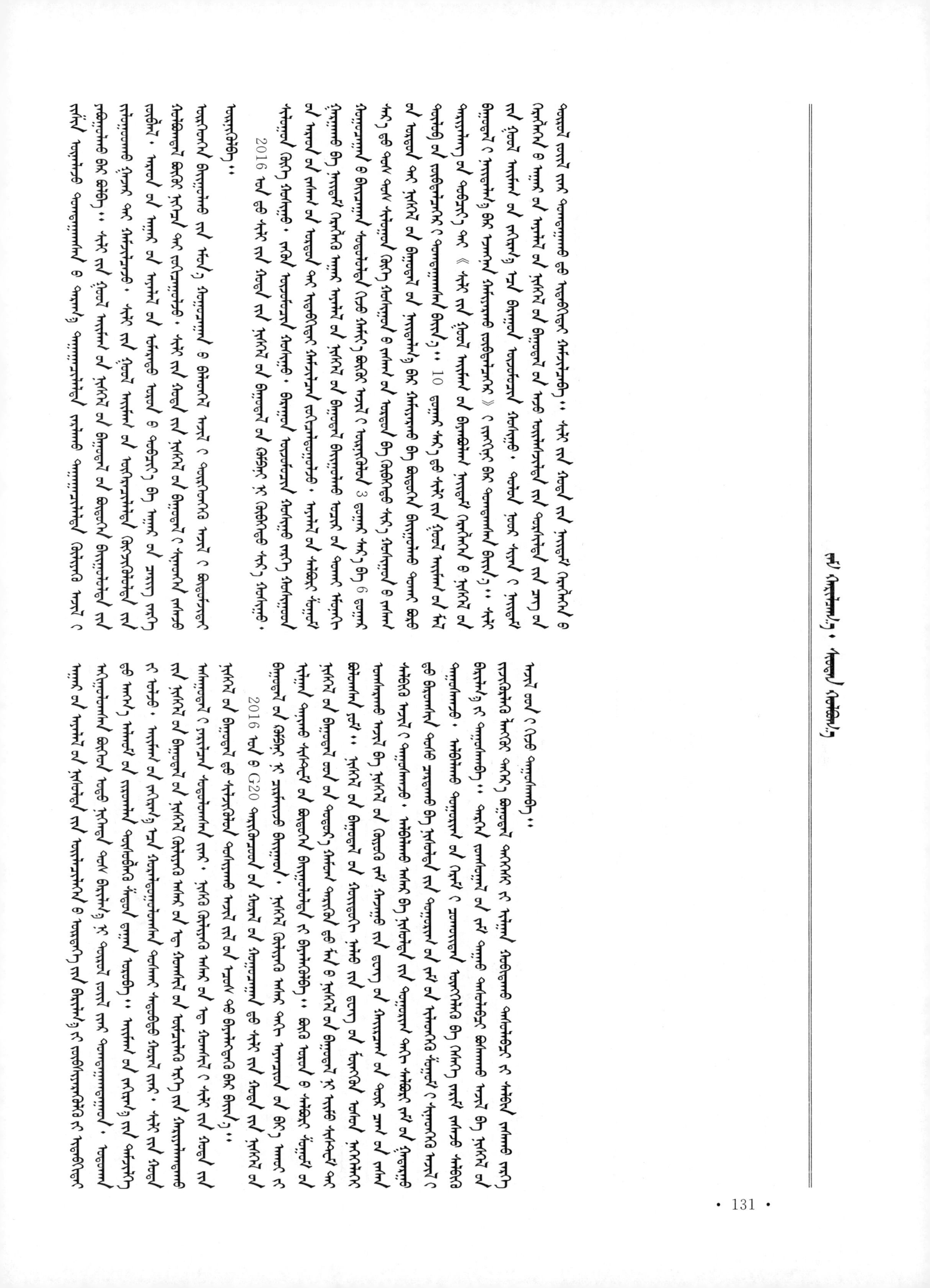

[illegible]

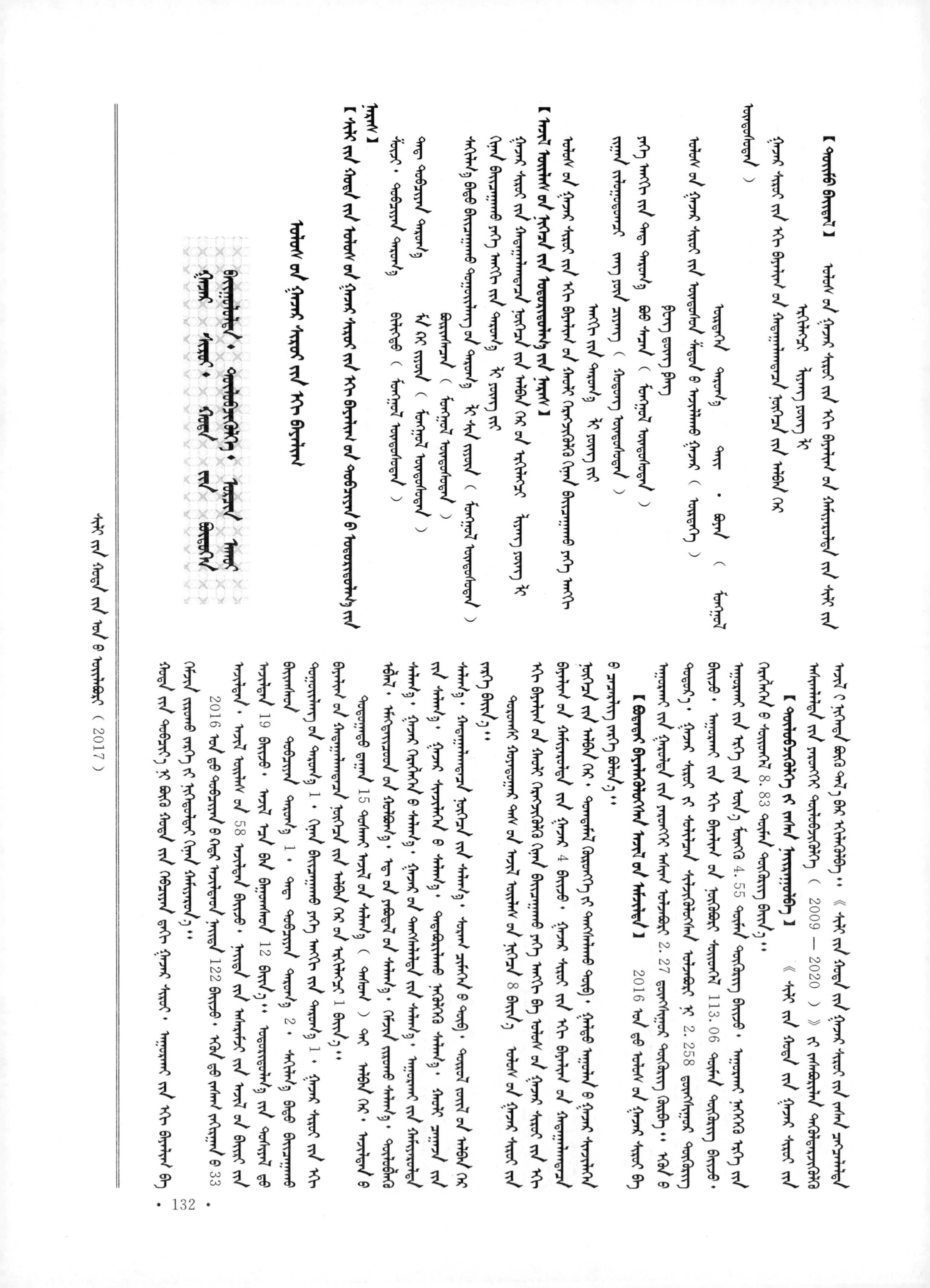

ᠤᠯᠤᠰ ᠪᠦᠭᠦᠳᠡ ᠶᠢᠨ ᠬᠡᠮᠵᠢᠶ᠎ᠡ ᠳᠡᠭᠡᠷᠡᠬᠢ ᠲᠦᠪᠰᠢᠨ ᠦ ᠬᠡᠮᠵᠢᠶ᠎ᠡ ᠲᠣᠭᠲᠠᠭᠠᠭᠰᠠᠨ ᠪᠠᠭᠤᠷᠠᠭᠤᠯᠬᠤ ᠨᠡᠭᠦᠷᠡᠰᠦ ᠶᠢ ᠰᠢᠯᠭᠠᠨ ᠪᠠᠲᠤᠯᠠᠬᠤ ᠲᠥᠯᠥᠪᠯᠡᠭᠡᠭᠰᠡᠨ ᠂ ᠲᠥᠯᠥᠪᠯᠡᠭᠡᠨ ᠤ ᠬᠡᠮᠵᠢᠶ᠎ᠡ 99.13 ᠲᠦᠮᠡᠨ ᠲᠣᠨ᠎ᠠ ᠨᠡᠭᠦᠷᠡᠰᠦ ᠶᠢ ᠬᠡᠮᠵᠢᠶ᠎ᠡ ᠪᠦᠬᠦᠨ ᠢ ᠪᠦᠷᠢᠮᠦᠰᠦᠨ ᠪᠡᠶᠡᠯᠡᠭᠦᠯᠦᠭᠰᠡᠨ᠃ ᠵᠢᠯ ᠤᠨ ᠳᠤᠲᠤᠷ ᠨᠡᠭᠦᠷᠡᠰᠦ ᠶᠢ ᠬᠠᠷᠢᠭᠤᠴᠠᠨ ᠪᠦᠲᠦᠭᠡᠬᠦ ᠰᠢᠯᠭᠠᠨ ᠲᠣᠭᠲᠠᠭᠠᠬᠤ ᠰᠢᠯᠭᠠᠨ ᠪᠠᠲᠤᠯᠠᠬᠤ ᠤ ᠬᠦᠷᠢᠶᠡᠯᠡᠩ ᠪᠦᠲᠦᠭᠡᠭᠳᠡᠬᠦᠨ ᠳᠦ ᠲᠥᠰᠥᠯ ᠤᠨ ᠨᠡᠭᠦᠷᠡᠰᠦ ᠶᠢᠨ ᠤᠯᠠᠮᠵᠢᠯᠠᠯᠲᠠ ᠰᠢᠯᠭᠠᠨ ᠲᠣᠭᠲᠠᠭᠠᠬᠤ ᠪᠦᠬᠦ ᠪᠦᠬᠦ ᠵᠢᠯ ᠤᠨ ᠰᠢᠯᠭᠠᠨ ᠪᠠᠲᠤᠯᠠᠯᠲᠠ ᠶᠢᠨ ᠴᠠᠬᠢᠯᠭᠠᠨ ᠬᠦᠴᠦᠨ ᠦ ᠲᠣᠭ᠎ᠠ ᠶᠢᠨ ᠬᠡᠮᠵᠢᠶ᠎ᠡ ᠴᠠᠬᠢᠯᠭᠠᠨ ᠬᠦᠴᠦᠨ ᠂ 303 ᠮᠢᠩᠭ᠎ᠠ ᠶᠢᠨ ᠪᠤᠶᠤ ᠨᠢ ᠪᠠ ᠲᠦᠮᠡᠨ ᠲᠦᠮᠡᠨ ᠴᠠᠬᠢᠯᠭᠠᠨ ᠬᠦᠴᠦᠨ ᠦ ᠬᠦᠷᠢᠶᠡᠯᠡᠩ ᠪᠦᠲᠦᠭᠡᠭᠳᠡᠬᠦᠨ ᠳᠦ ᠲᠦᠮᠡᠨ ᠰᠢᠯᠭᠠᠨ ᠪᠠᠲᠤᠯᠠᠭᠳᠠᠬᠤ ） ᠪᠦᠬᠦ ᠬᠣᠣᠰ ᠨᠢ 1000 ᠮᠢᠩᠭ᠎ᠠ ᠺᠢᠯᠣᠸᠠᠲ ᠡᠴᠡ ᠳᠡᠭᠡᠭᠰᠢ ᠴᠠᠬᠢᠯᠭᠠᠨ ᠬᠦᠴᠦᠨ ᠰᠢᠯᠭᠠᠨ ᠲᠣᠭᠲᠠᠭᠠᠬᠤ ᠨᠢ ᠴᠠᠬᠢᠯᠭᠠᠨ ᠬᠦᠴᠦᠨ ᠨᠡᠭᠦᠷᠡᠰᠦ ᠰᠢᠯᠭᠠᠨ ᠲᠣᠭᠲᠠᠭᠠᠭᠰᠠᠨ （ ᠬᠣᠶᠠᠷ ᠬᠣᠣᠰ ᠴᠠᠬᠢᠯᠭᠠᠨ ᠬᠦᠴᠦᠨ ᠦ 2□ 660MW ᠲᠣᠨᠤᠭ ᠴᠠᠬᠢᠯᠭᠠᠨ ᠬᠦᠴᠦᠨ ᠦ ᠲᠦᠮᠡᠨ ᠲᠦᠮᠡᠨ ᠳᠦ ᠲᠣᠭᠲᠠᠭᠠᠭᠰᠠᠨ 323.88 ᠲᠦᠮᠡᠨ ᠲᠣᠨ᠎ᠠ ᠶᠢ ᠬᠡᠮᠵᠢᠶ᠎ᠡ ᠶᠢᠨ ᠰᠢᠯᠭᠠᠨ ᠪᠠᠲᠤᠯᠠᠭᠰᠠᠨ ᠂ ᠪᠦᠬᠦ ᠪᠦᠬᠦ ᠬᠣᠣᠰ ᠲᠦᠮᠡᠨ ᠲᠥᠷᠦᠯ 5 ᠪᠦᠬᠦᠢ ᠂ 22.42 ᠲᠦᠮᠡᠨ ᠲᠣᠨ᠎ᠠ ᠨᠢ ᠤᠷᠤᠬᠠᠢ ᠰᠢᠯᠭᠠᠨ ᠲᠣᠭᠲᠠᠭᠠᠭᠰᠠᠨ ᠪᠠᠶᠢᠨ᠎ᠠ —— ᠨᠡᠭᠦᠷᠡᠰᠦᠨ ᠦ ᠪᠠ ᠬᠠᠷᠢᠭᠤᠴᠠᠯᠭ᠎ᠠ ᠶᠢᠨ ᠬᠦᠷᠢᠶᠡᠯᠡᠩ ᠪᠦᠲᠦᠭᠡᠭᠳᠡᠬᠦᠨ ᠳᠦ ᠲᠥᠯᠥᠪᠯᠡᠭᠡᠨ ᠨᠡᠭᠦᠷᠡᠰᠦ ᠶᠢ ᠬᠡᠮᠵᠢᠶ᠎ᠡ ᠲᠣᠭᠲᠠᠭᠠᠯ ᠰᠢᠯᠭᠠᠨ ᠲᠣᠭᠲᠠᠭᠠᠭᠳᠠᠬᠤ ᠶᠢᠨ ᠪᠦᠷᠢᠮᠦᠰᠦᠨ ᠦ ᠬᠠᠷᠢᠭᠤᠴᠠᠯᠭ᠎ᠠ ᠳᠤ ᠲᠣᠭᠲᠠᠭᠠᠭᠰᠠᠨ ᠪᠠᠶᠢᠨ᠎ᠠ᠃ ᠲᠣᠭ᠎ᠠ ᠶᠢᠨ ᠬᠡᠮᠵᠢᠶ᠎ᠡ ᠶᠢᠨ ᠲᠣᠭᠲᠠᠭᠠᠭᠰᠠᠨ ᠤ ᠰᠢᠯᠭᠠᠨ ᠪᠠᠲᠤᠯᠠᠭᠳᠠᠭᠰᠠᠨ ᠂ 5 ᠴᠠᠬᠢᠯᠭᠠᠨ ᠬᠦᠴᠦᠨ ᠳᠦ 140.72 ᠲᠦᠮᠡᠨ ᠲᠣᠨ᠎ᠠ ᠢ ᠲᠣᠭᠲᠠᠭᠠᠭᠰᠠᠨ ᠪᠠᠭᠤᠷᠠᠭᠤᠯᠬᠤ ᠲᠥᠯᠥᠪᠯᠡᠭᠡᠨ ᠤ ᠨᠡᠭᠦᠷᠡᠰᠦ ᠤᠷᠤᠬᠠᠢ ᠶᠢᠨ ᠪᠦᠬᠦᠢ ᠲᠣᠭᠲᠠᠭᠠᠭᠰᠠᠨ ᠤᠷᠤᠬᠠᠢ 567.005 ᠲᠦᠮᠡᠨ ᠲᠣᠨ᠎ᠠ ᠪᠦᠬᠦᠢ ᠨᠡᠭᠦᠷᠡᠰᠦ ᠬᠡᠮᠵᠢᠶ᠎ᠡ 14 ᠴᠠᠬᠢᠯᠭᠠᠨ ᠬᠦᠴᠦᠨ ᠲᠦᠮᠡᠨ ᠶᠢᠨ ᠵᠢᠯ ᠳᠦ ᠪᠠᠲᠤᠯᠠᠭᠰᠠᠨ ᠨᠡᠭᠦᠷᠡᠰᠦ ᠤᠷᠤᠬᠠᠢ ᠬᠡᠮᠵᠢᠶ᠎ᠡ ᠲᠥᠯᠥᠪᠯᠡᠭᠡᠨ ᠲᠣᠨ᠎ᠠ ᠶᠢᠨ 123 ᠲᠦᠮᠡᠨ ᠪᠣᠯᠵᠤ ᠂ ᠲᠥᠯᠥᠪᠯᠡᠭᠡᠨ ᠳᠦ

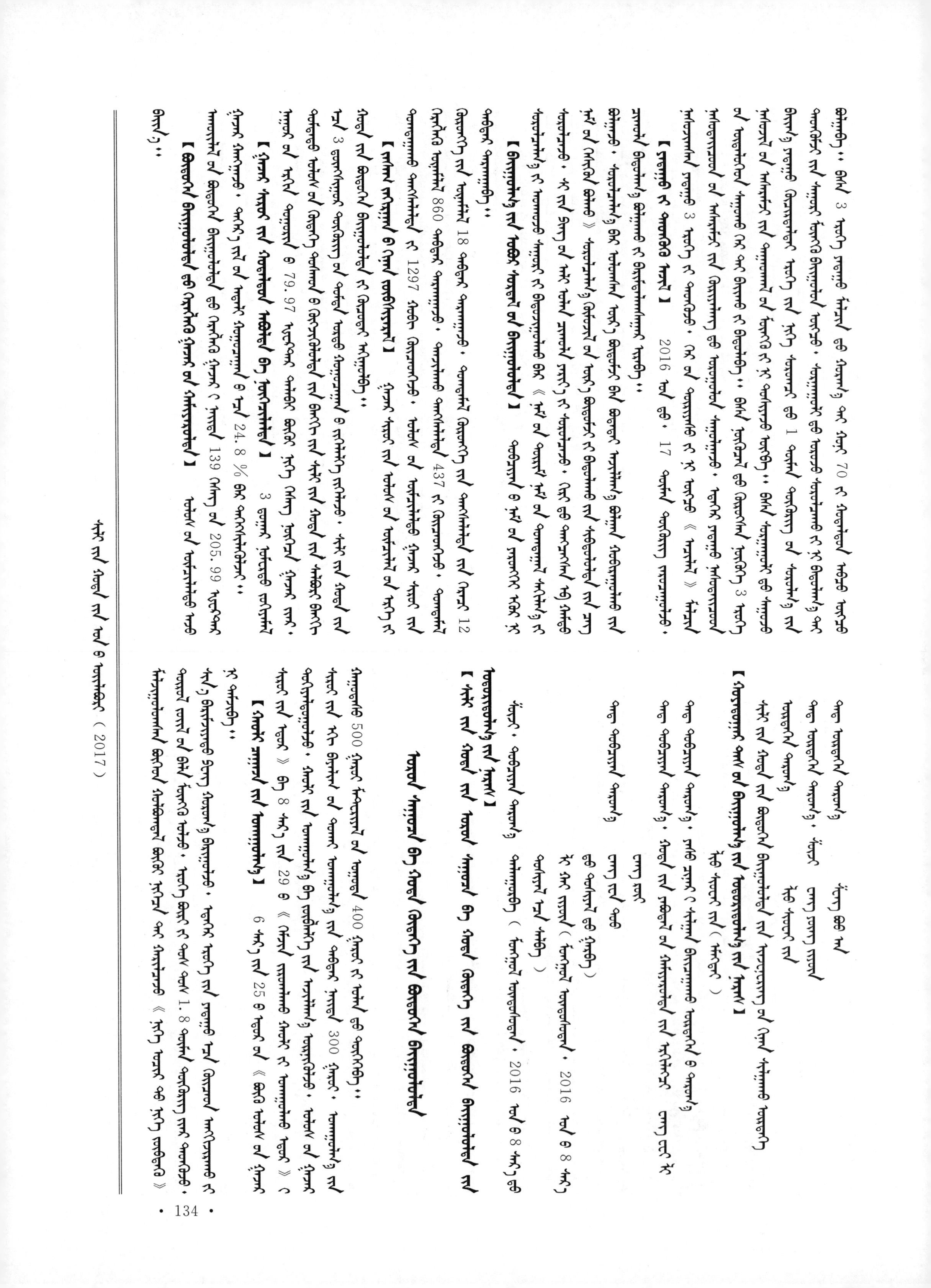

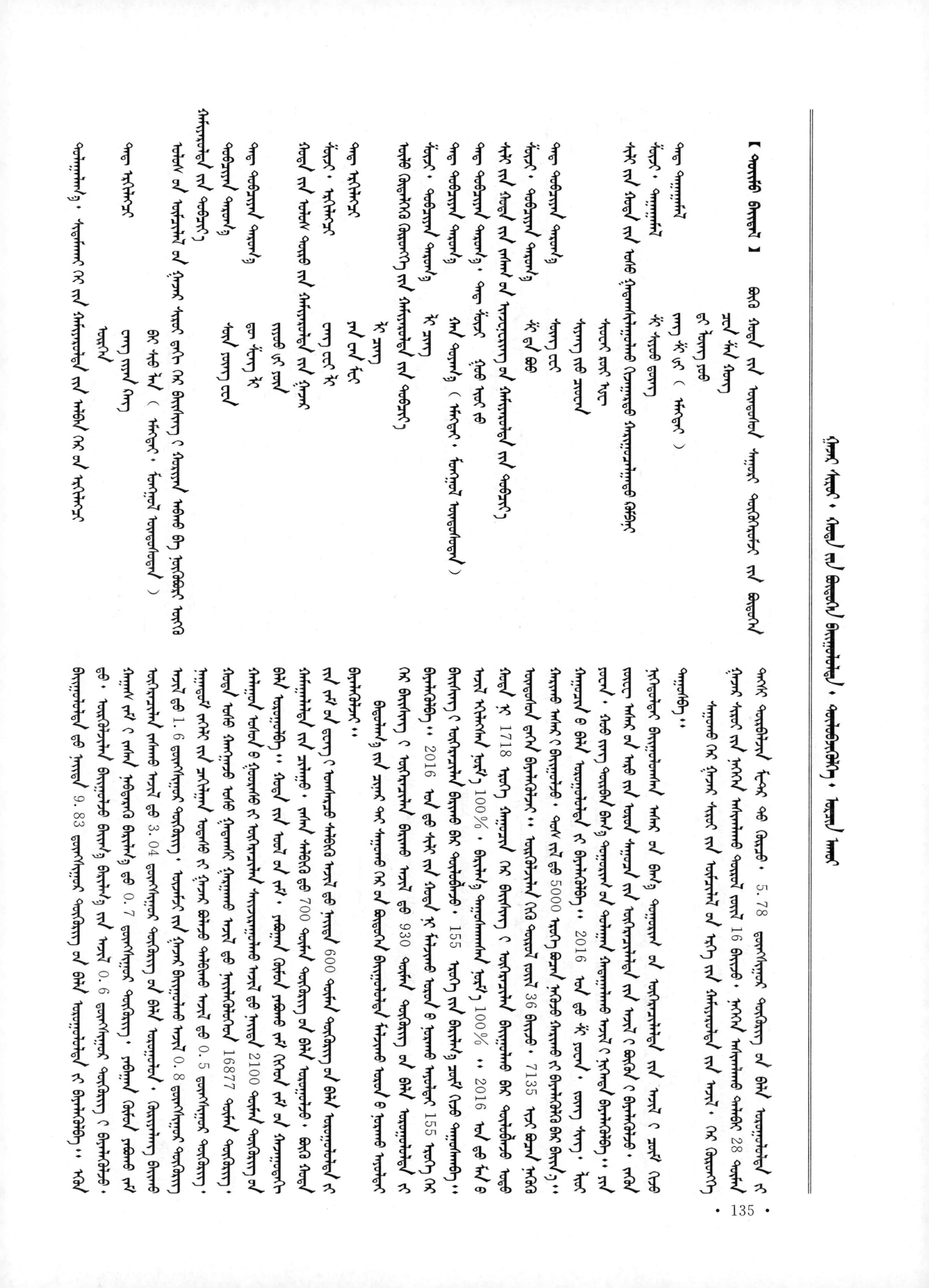

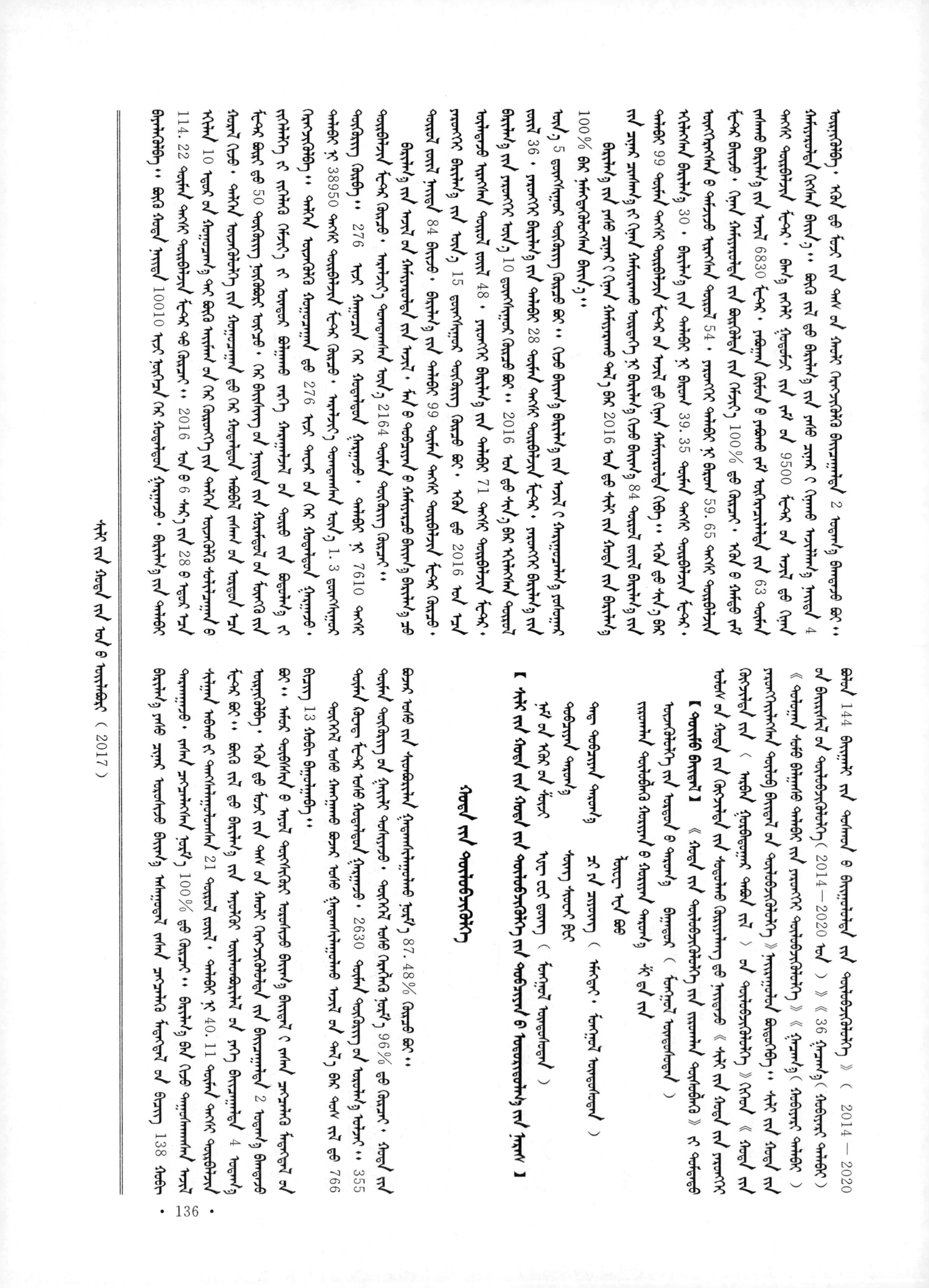

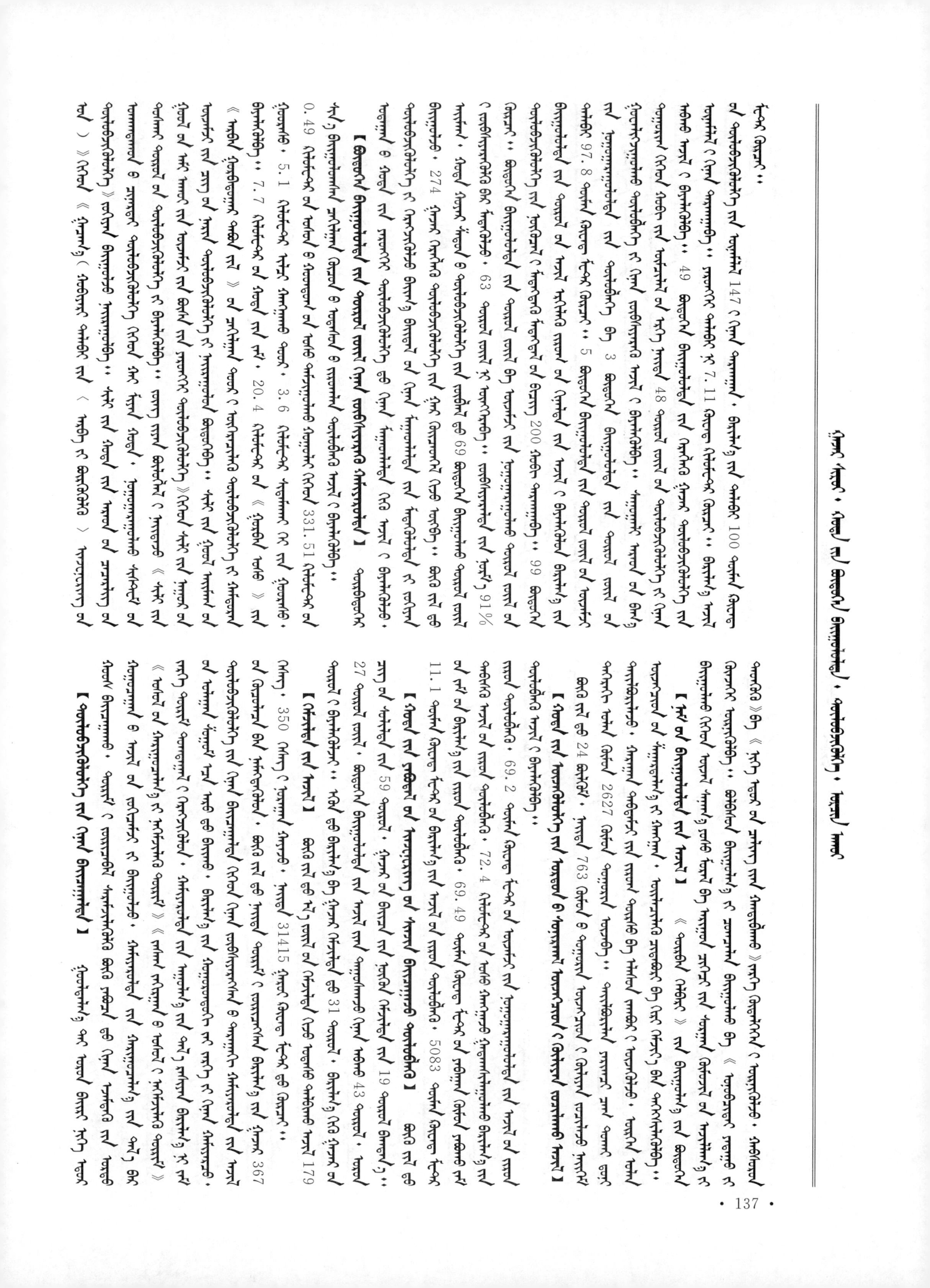

[illegible]

## ᠰᠣᠶᠤᠯ ᠤᠨ ᠰᠤᠳᠤᠯᠭᠠ

**【 ᠮᠣᠩᠭᠣᠯ ᠤᠨ ᠰᠣᠶᠤᠯ ᠤᠨ ᠰᠣᠶᠤᠯ ᠤᠨ ᠰᠤᠳᠤᠯᠭᠠ ᠶᠢᠨ [illegible] 】**

[illegible]

[illegible] 282 [illegible]

[illegible] 128 [illegible] 2016 [illegible]

[illegible] 3 [illegible] 2 [illegible] 5 [illegible] 30 [illegible] 2016 [illegible] 5 [illegible]

[illegible] 8337 [illegible] 13 [illegible]

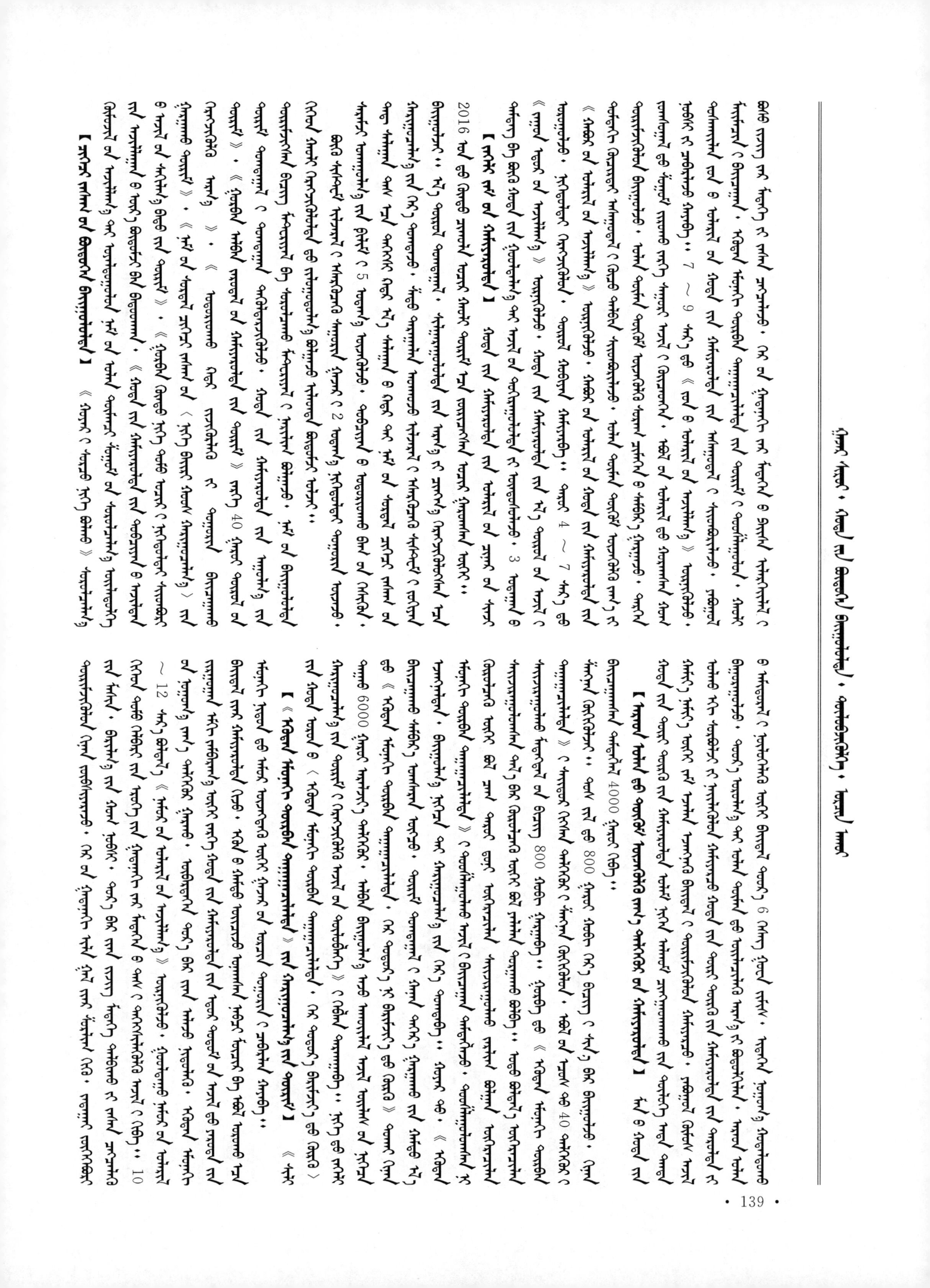

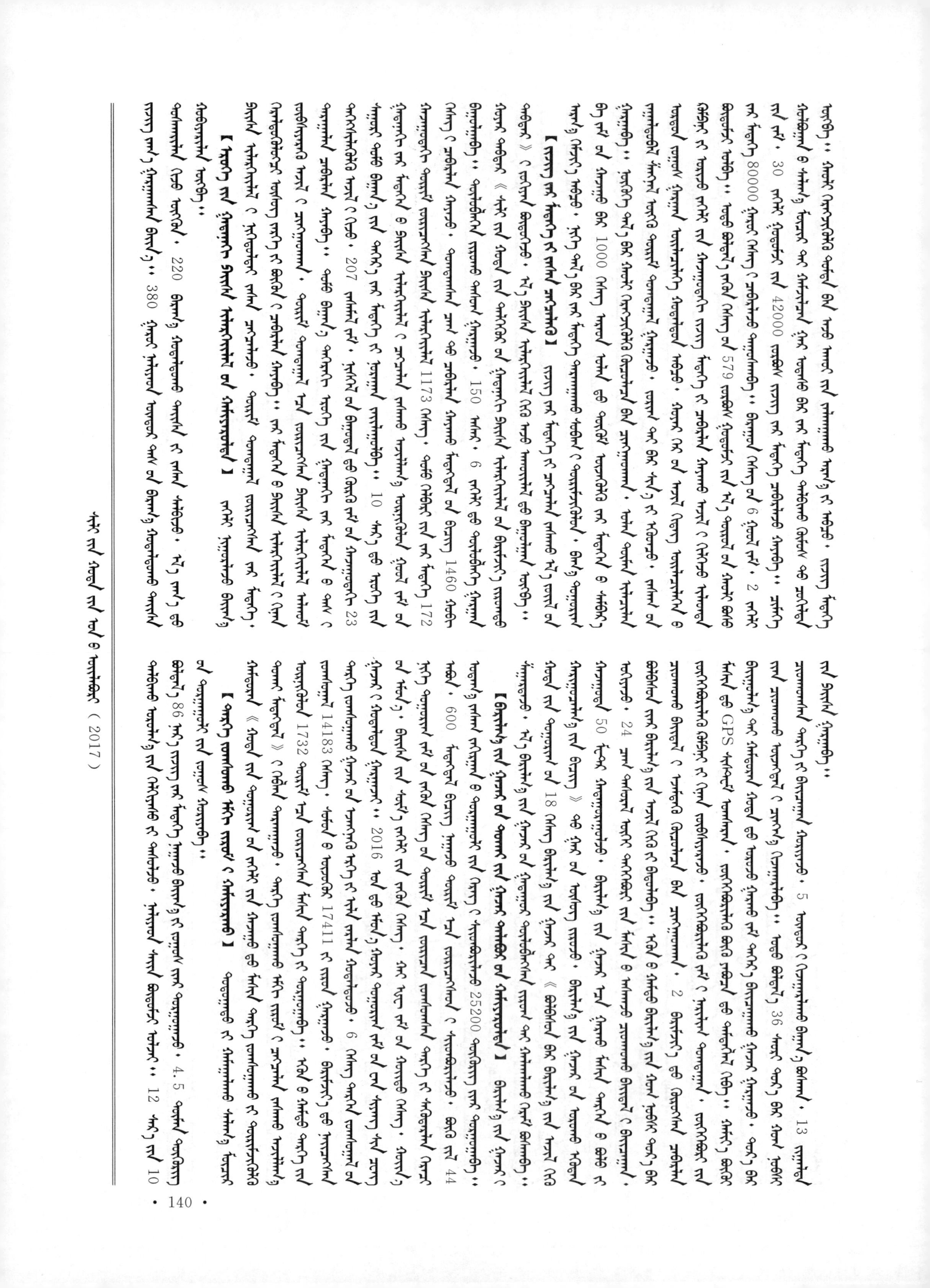

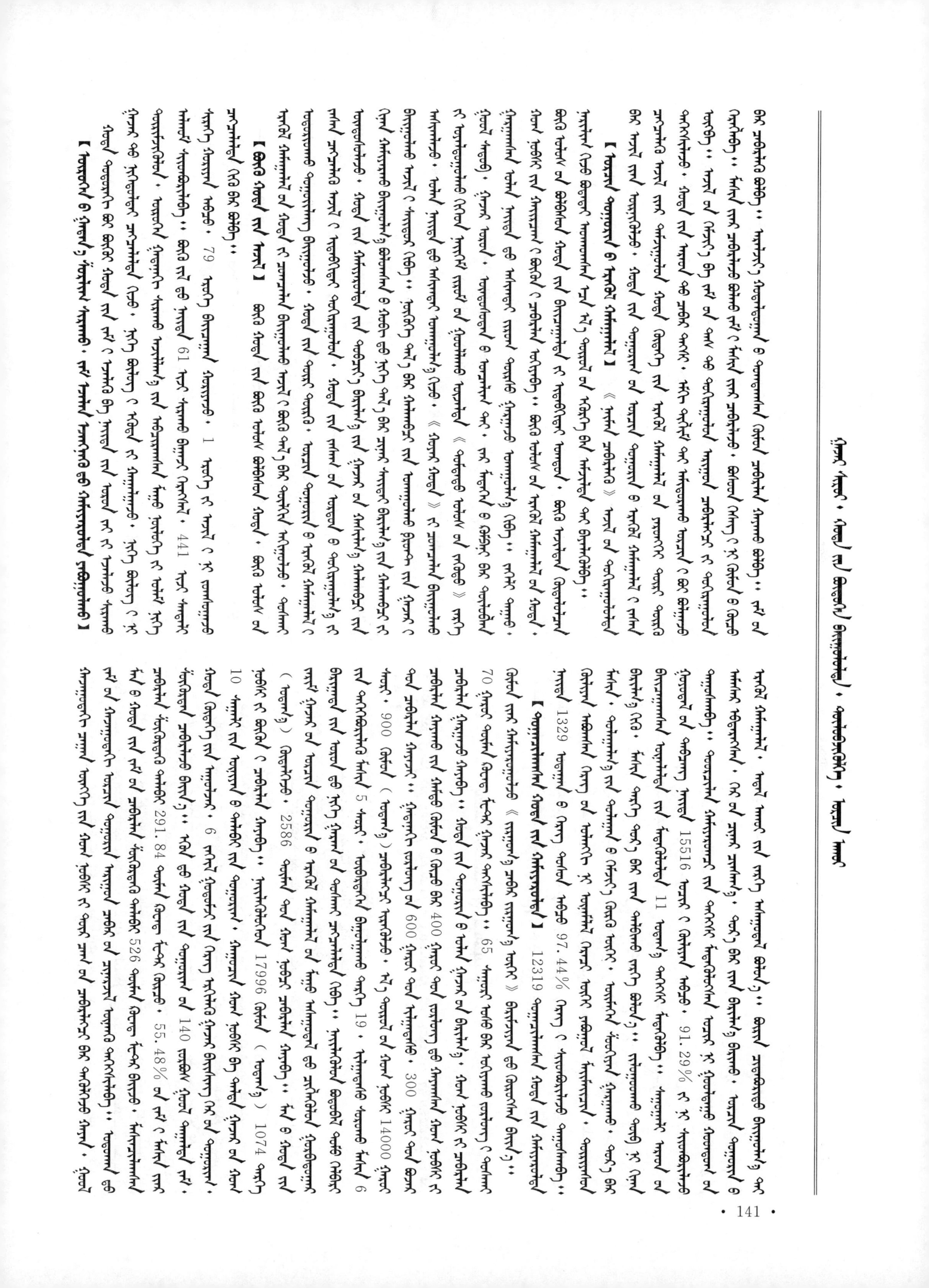

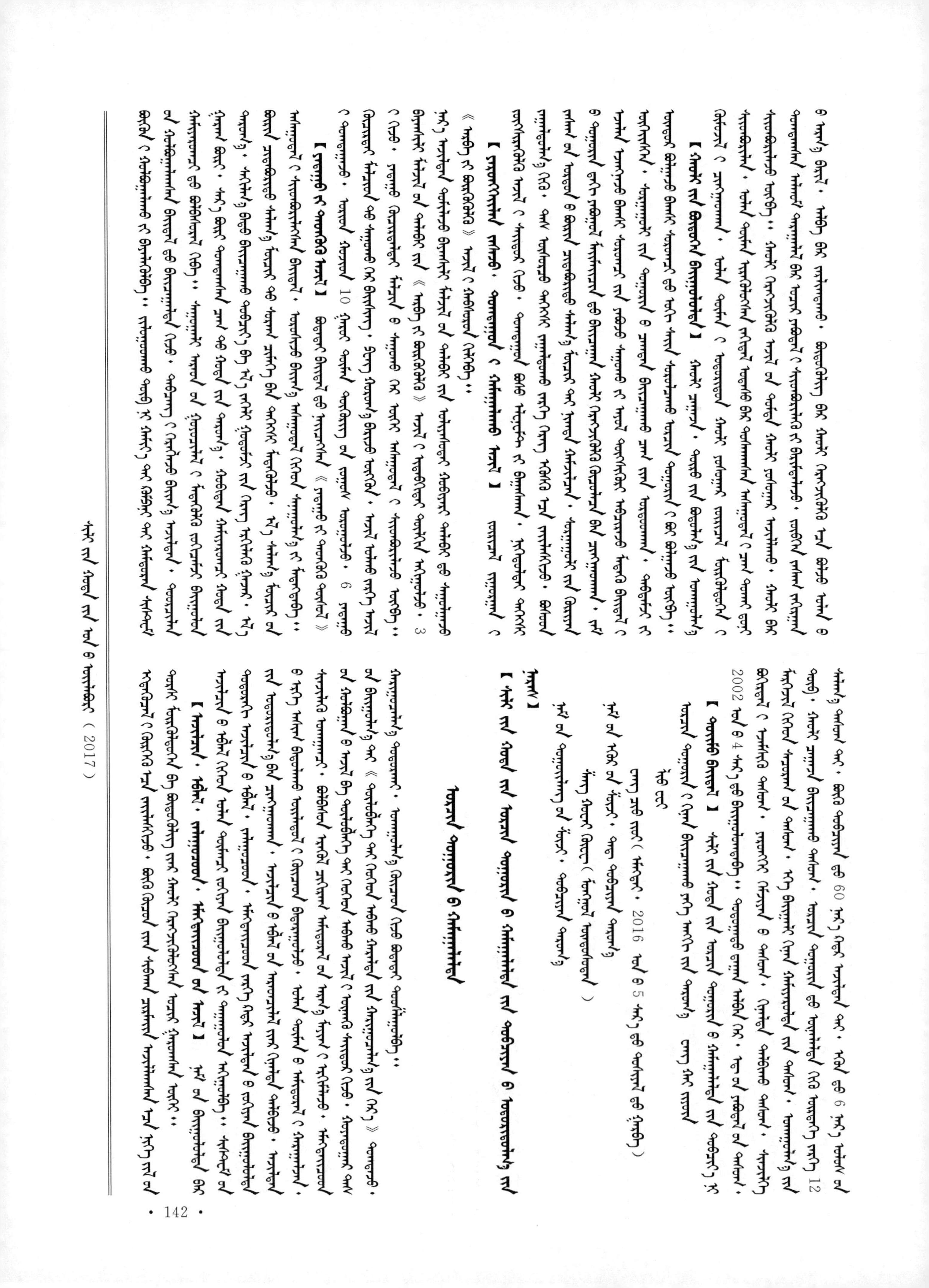

ᠬᠣᠲᠠ ᠶᠢᠨ ᠵᠢᠯ ᠳᠦ 26 ᠤᠳᠠᠭᠠᠨ ᠤ ᠠᠭᠠᠷ ᠤᠨ ᠴᠢᠨᠠᠷ ᠤᠨ ᠬᠤᠷᠢᠶᠠᠩᠭᠤᠢ ᠪᠠᠶᠢᠳᠠᠯ ᠳᠤ ᠪᠠᠶᠢᠭᠰᠠᠨ᠂ ᠨᠡᠢᠲᠡ 294.6 ᠳᠦ ᠬᠦᠷᠦᠭᠰᠡᠨ ...

《 ... 》12 ... 110 ... 200 ... ( ... ) ... 50 ... 6000 ... ( ... ) ...

【 ... 】《 ... 96.4% ...

... 117 ... 13 ... 353 ... 236 ... 16μg/m³ ... 8 ... 84μg/m³ ... 0.582μg/m³ ... 52μg/m³ ... 12μg/m³ ... 17μg/m³ ... 2016 ... 《 ... 》 ... 14 ... 2016 ... 《 ... 》 ... 19 ... 3 ... 1 ... 17 ...

... 《 ... 2016 ... 》 ... 《 ... 》 ... 348 ... 45 ... 39 ... 801 ... 283 ... 142 ... 2015 ... 10 ...

【 ... 】 ...

... 8000 ... 《 ... 》 ... 60 ... 2016 ... 140 ...

【 ... 】 ... 3 ... 4 ... 4 ... 1 ...

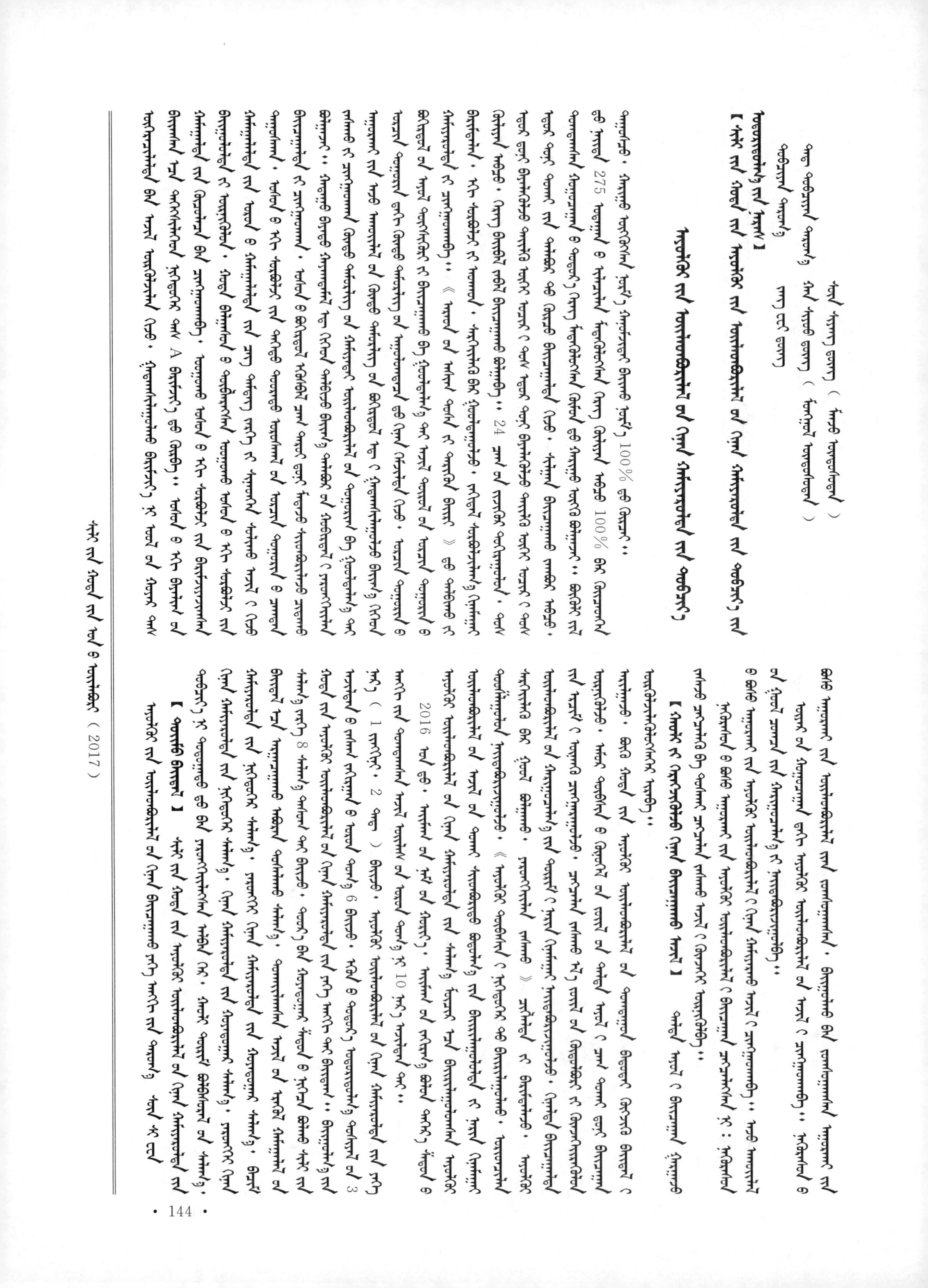

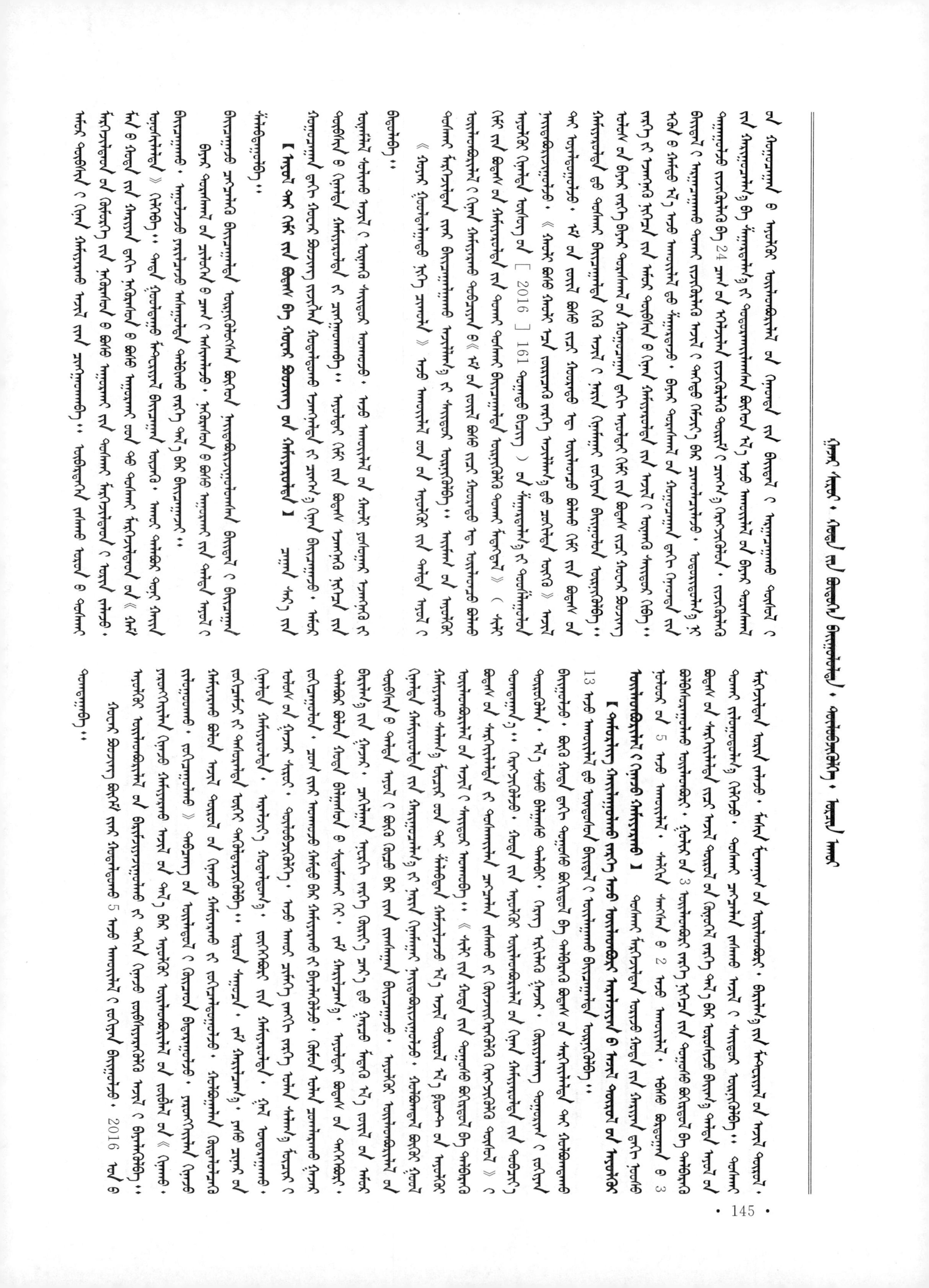

[illegible]

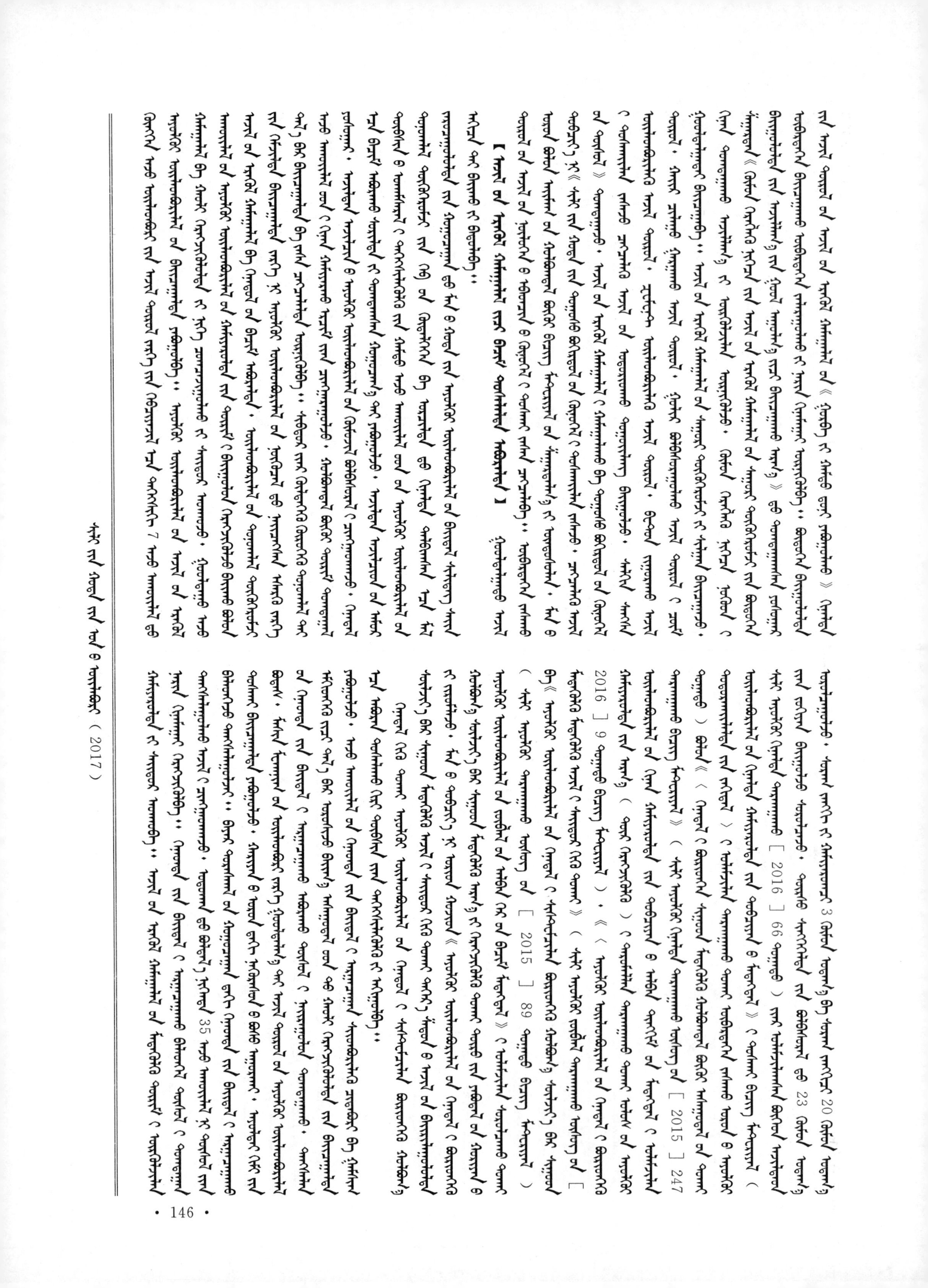

[illegible]

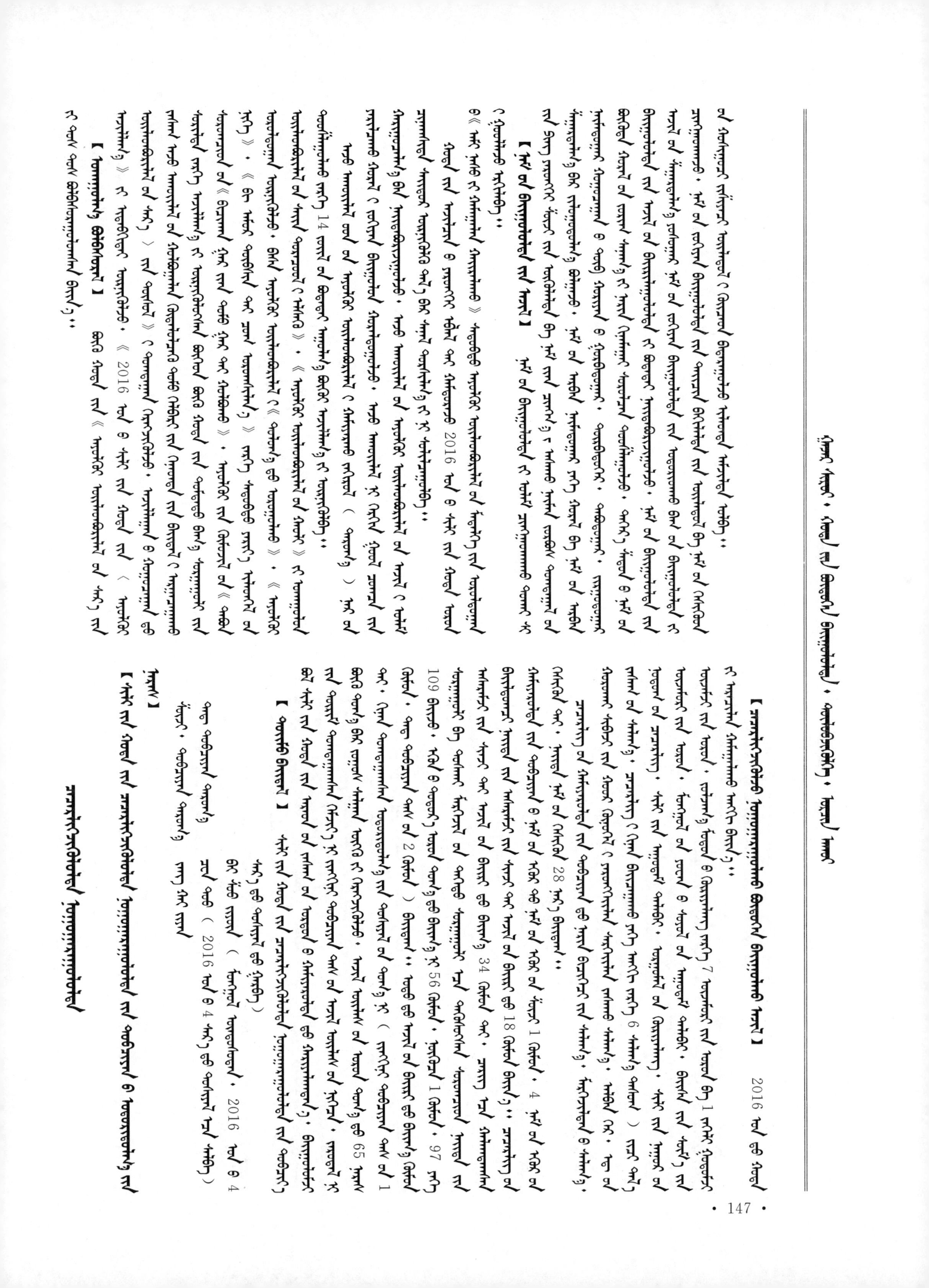

[illegible]

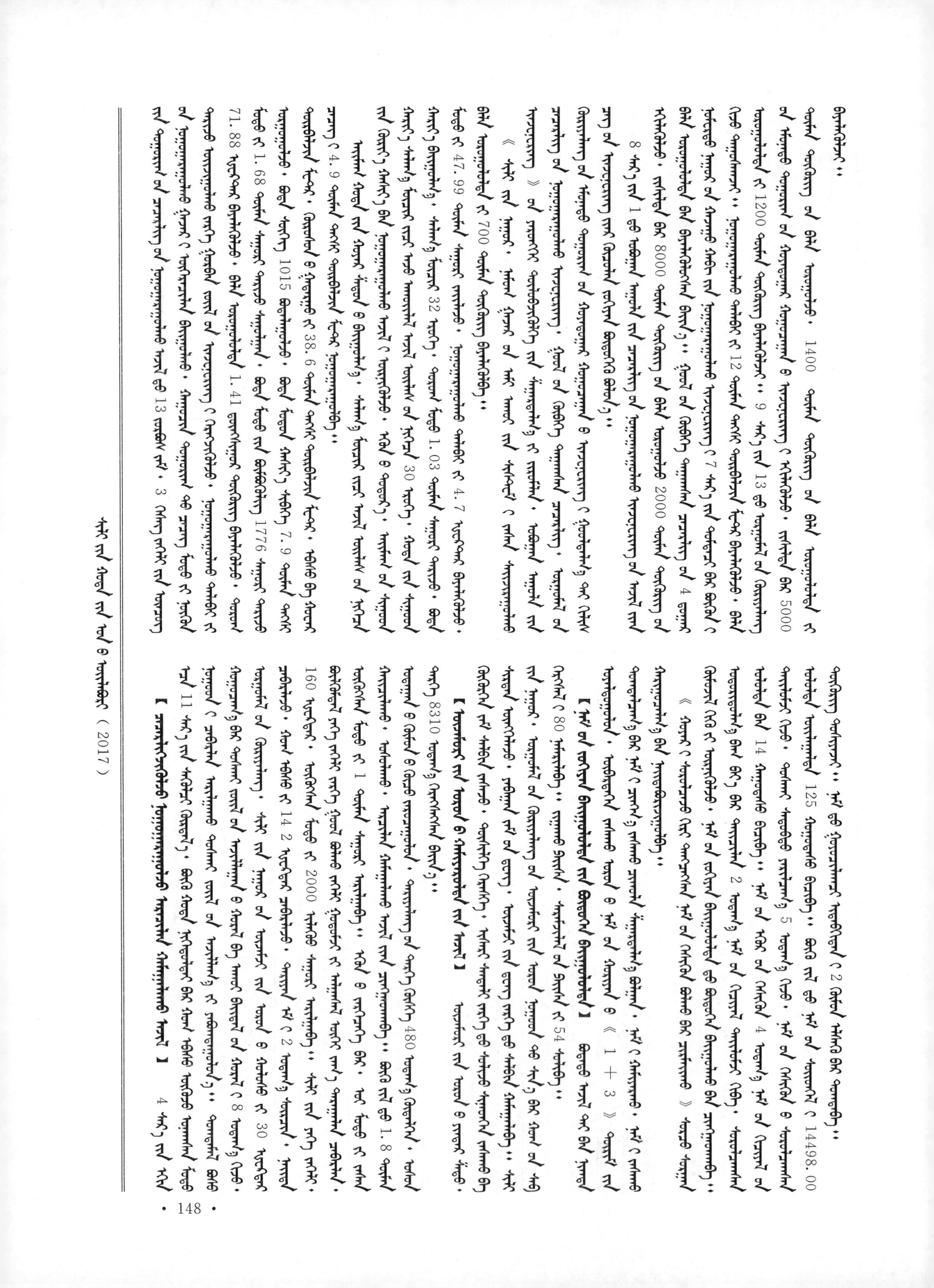

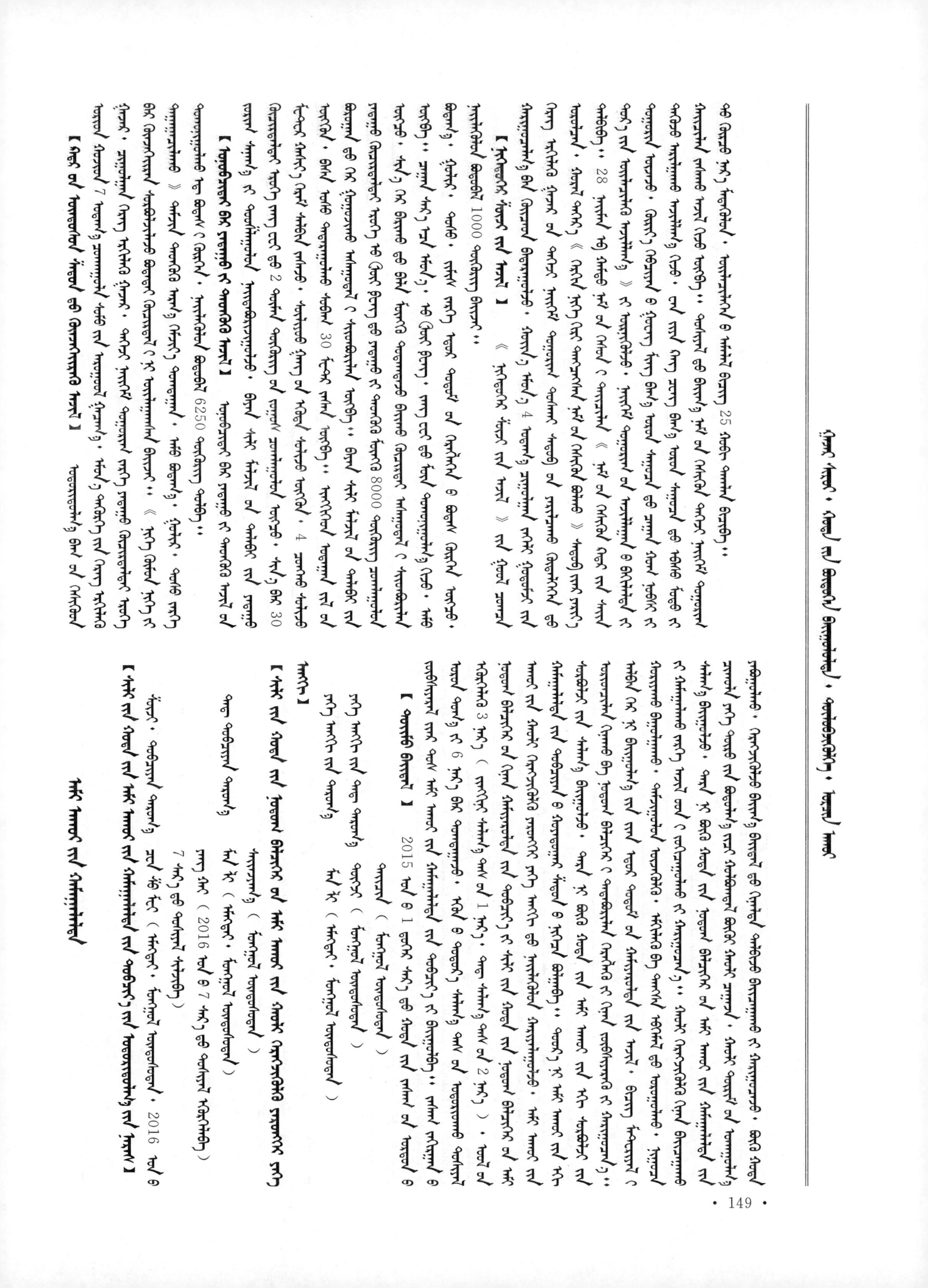

ᠲᠤᠰᠬᠠᠢ ᠪᠠᠶᠢᠭᠤᠯᠤᠯᠲᠠ ᠶᠢᠨ ᠠᠵᠢᠯ ᠤᠨ ᠳᠦᠷᠢᠮ ᠢ ᠪᠠᠶᠢᠭᠤᠯᠬᠤ ᠲᠠᠯ᠎ᠠ ᠪᠠᠷ ᠬᠦᠴᠦᠯᠡᠬᠦ ᠳᠦᠷᠢᠮ ᠢ ᠲᠣᠭᠲᠠᠭᠠᠵᠤ᠂ ᠰᠢᠨ᠎ᠡ ᠬᠥᠳᠡᠭᠡ ᠶᠢᠨ ᠠᠵᠢᠯ ᠤᠨ ᠪᠠᠶᠢᠳᠠᠯ ᠢ ᠰᠠᠶᠢᠵᠢᠷᠠᠭᠤᠯᠬᠤ ᠲᠠᠯ᠎ᠠ ᠪᠠᠷ ᠪᠠᠶᠢᠭᠤᠯᠤᠯᠲᠠ ᠶᠢᠨ ᠬᠡᠮᠵᠢᠶ᠎ᠡ ᠶᠢ ᠲᠣᠭᠲᠠᠭᠠᠵᠤ᠂ ᠰᠢᠨ᠎ᠡ ᠬᠥᠳᠡᠭᠡ ᠶᠢᠨ ᠬᠥᠷᠥᠩᠭᠡ ᠶᠢᠨ 4 ᠵᠦᠢᠯ ᠦᠨ ᠬᠢᠨᠠᠯᠲᠠ ᠶᠢᠨ ᠠᠵᠢᠯ ᠢ ᠰᠢᠨ᠎ᠡ ᠬᠥᠳᠡᠭᠡ ᠶᠢᠨ ᠪᠠᠶᠢᠭᠤᠯᠤᠯᠲᠠ ᠶᠢᠨ ᠠᠵᠢᠯ ᠤᠨ ᠤᠳᠤᠷᠢᠳᠤᠯᠭ᠎ᠠ ( PTK ) ᠪᠠᠷ ᠪᠡᠬᠢᠵᠢᠭᠦᠯᠦᠨ ᠬᠢᠨᠠᠵᠤ᠂ ᠲᠣᠭᠲᠠᠭᠠᠯ ᠢ ᠪᠡᠬᠢᠵᠢᠭᠦᠯᠵᠦ᠂ ᠵᠢᠯ ᠦᠨ ᠳᠤᠲᠤᠷ ᠬᠢᠨᠠᠯᠲᠠ ᠶᠢᠨ ᠠᠵᠢᠯ ᠢ ᠭᠦᠢᠴᠡᠳᠭᠡᠵᠦ᠂ ᠬᠦᠮᠦᠨ ᠦ ᠬᠦᠴᠦᠨ ᠦ ᠠᠵᠢᠯ ᠢ ᠪᠡᠬᠢᠵᠢᠭᠦᠯᠪᠡ᠃ ᠬᠣᠲᠠ ᠶᠢᠨ ᠰᠢᠨ᠎ᠡ ᠬᠥᠳᠡᠭᠡ ᠶᠢᠨ ᠪᠠᠶᠢᠭᠤᠯᠤᠯᠲᠠ ᠶᠢᠨ ᠠᠵᠢᠯ ᠢ ᠬᠡᠷᠡᠭᠵᠢᠭᠦᠯᠬᠦ ᠶᠢᠨ ᠲᠥᠯᠦᠭᠡ᠂ ᠰᠢᠨ᠎ᠡ ᠬᠥᠳᠡᠭᠡ ᠶᠢᠨ ᠪᠠᠶᠢᠭᠤᠯᠤᠯᠲᠠ ᠶᠢᠨ ᠠᠵᠢᠯ ᠢ ᠬᠥᠭᠵᠢᠭᠦᠯᠬᠦ ᠶᠢᠨ ᠲᠥᠯᠦᠭᠡ ᠰᠢᠨ᠎ᠡ ᠬᠥᠳᠡᠭᠡ ᠶᠢᠨ ᠪᠠᠶᠢᠭᠤᠯᠤᠯᠲᠠ ᠶᠢᠨ ᠠᠵᠢᠯ ᠢ ᠪᠡᠬᠢᠵᠢᠭᠦᠯᠪᠡ᠃

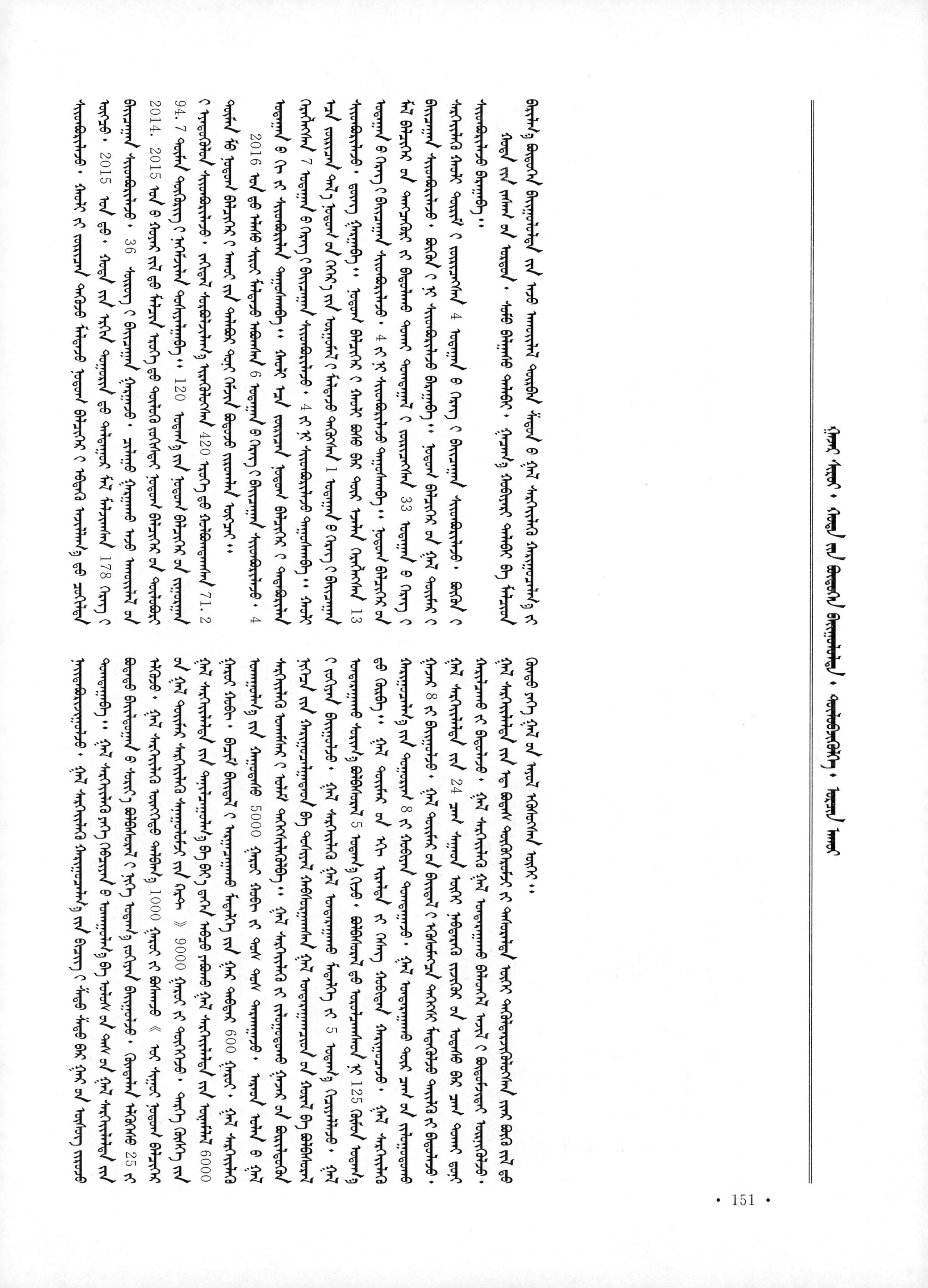

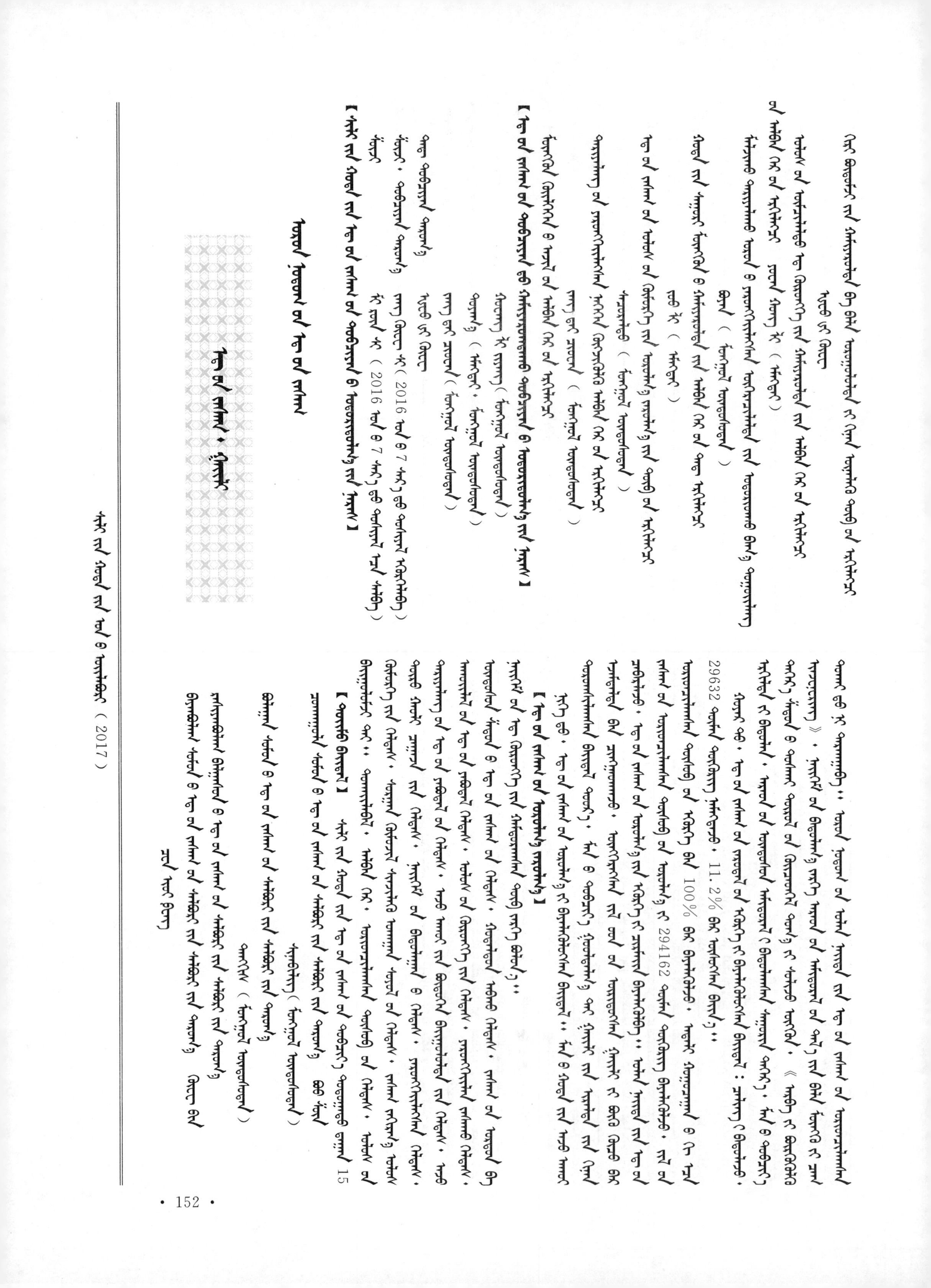

[illegible] : [illegible] 29632 [illegible] 11.2% [illegible]

[illegible] 100% [illegible] 294162 [illegible]

【[illegible]】

[illegible]

【[illegible]】 [illegible] 15 [illegible]

[illegible]

【[illegible]】

[illegible] ( 2016 [illegible] 7 [illegible] )

[illegible] ( 2016 [illegible] 7 [illegible] )

【[illegible]】

## [illegible]

### [illegible]

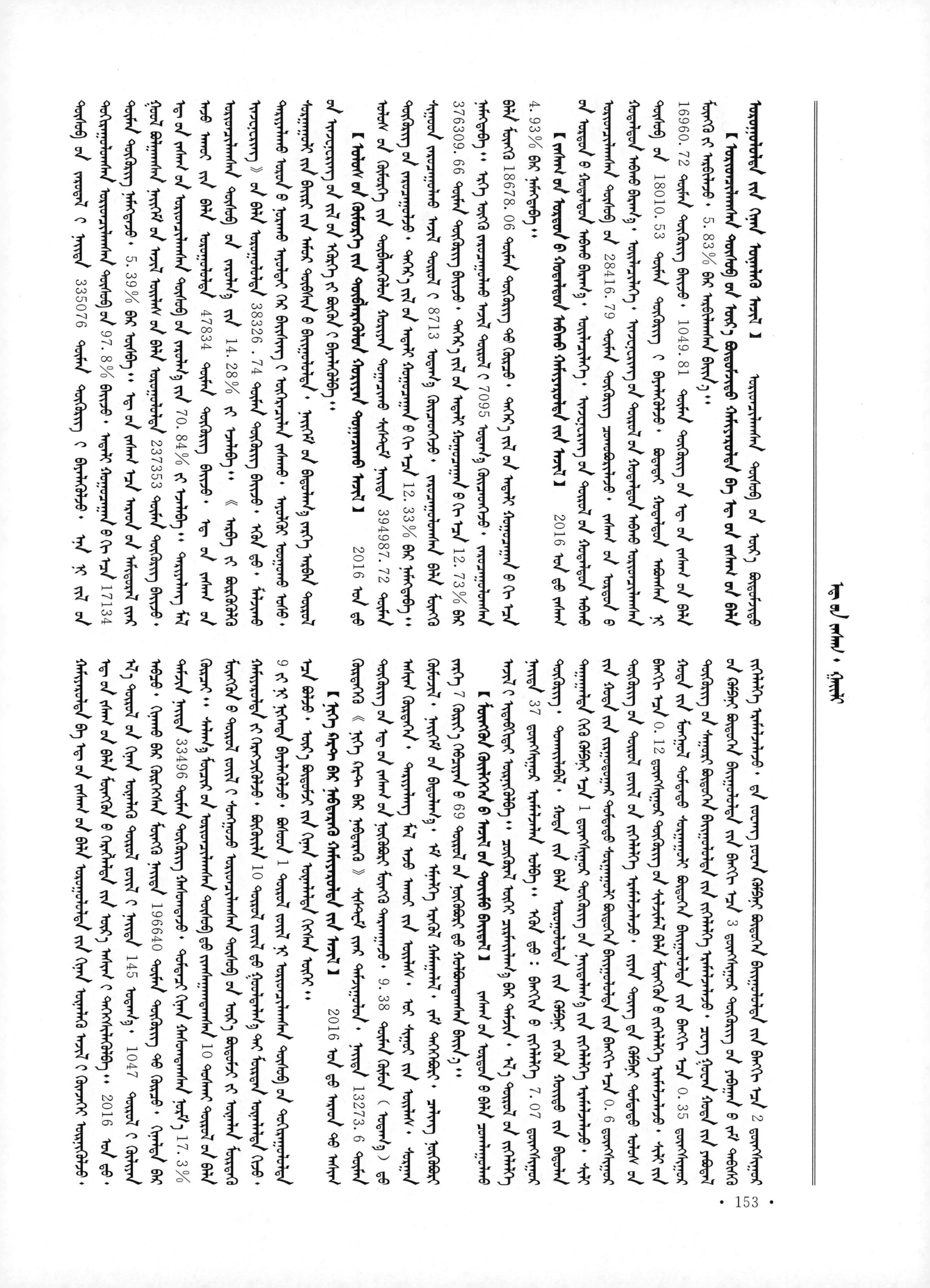

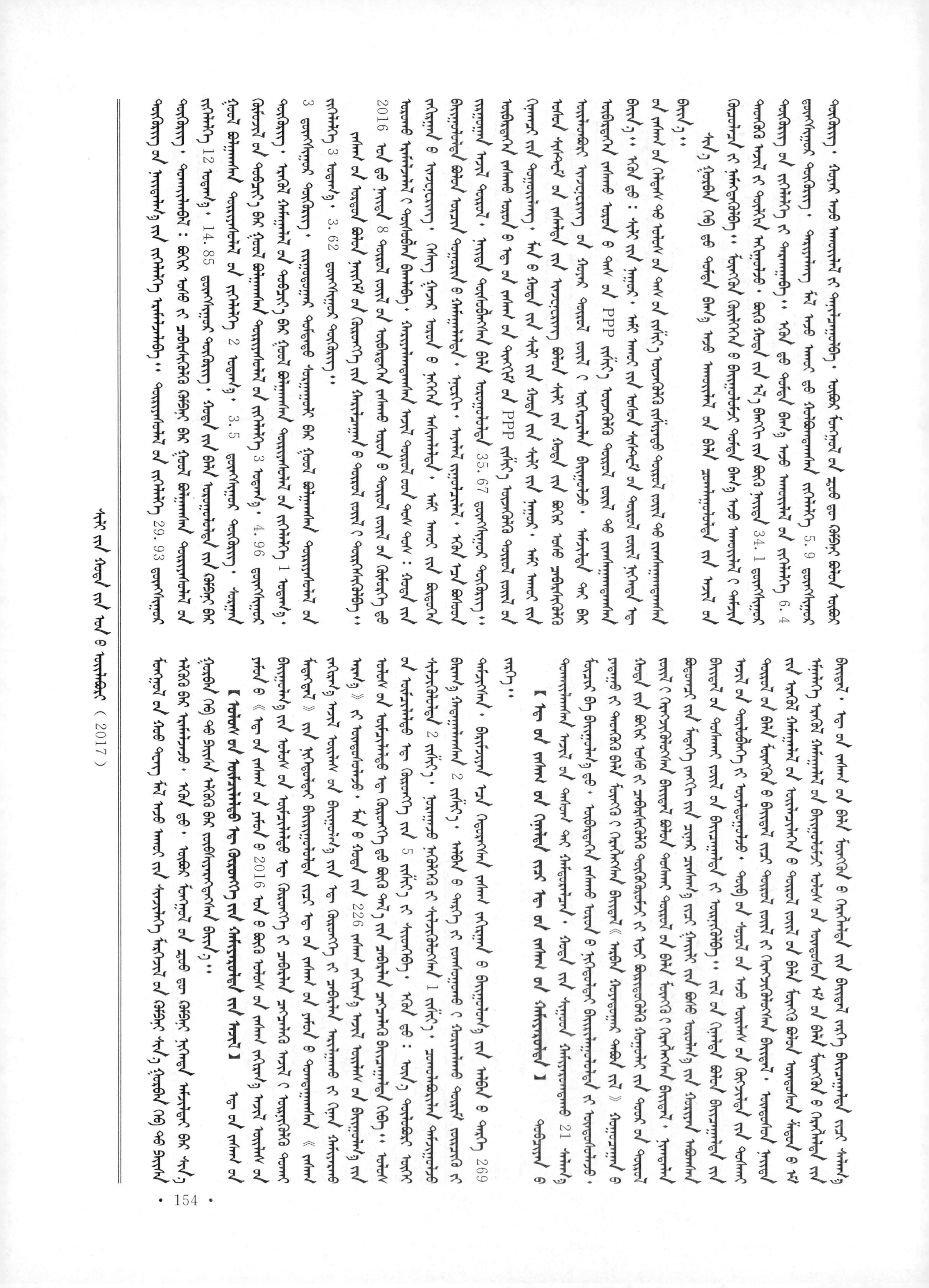

[illegible] 5.9 [illegible] 6.4 [illegible] 34.1 [illegible]

[illegible] PPP [illegible] PPP [illegible] 35.67 [illegible] 2016 [illegible] 8 [illegible] 3 [illegible] 3.62 [illegible]

3 [illegible] 1 [illegible] 3 [illegible] 4.96 [illegible] 2 [illegible] 3.5 [illegible] 12 [illegible] 14.85 [illegible] 29.93 [illegible]

[illegible] 21 [illegible]

【[illegible]】 [illegible]

[illegible] 269 [illegible] 2 [illegible] 2 [illegible] 1 [illegible] 5 [illegible] 226 [illegible] 2016 [illegible]

【[illegible]】 [illegible]

[illegible]

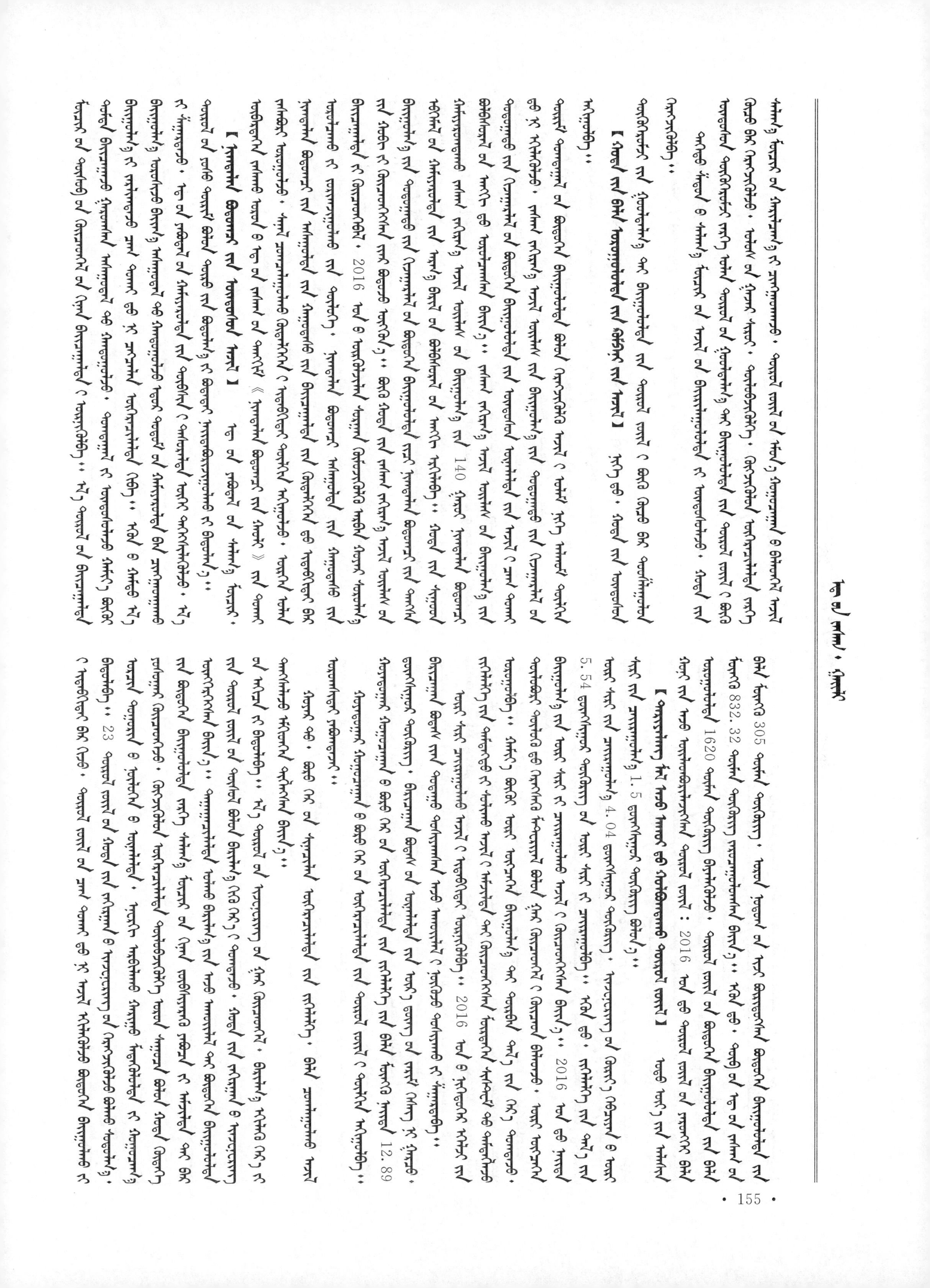

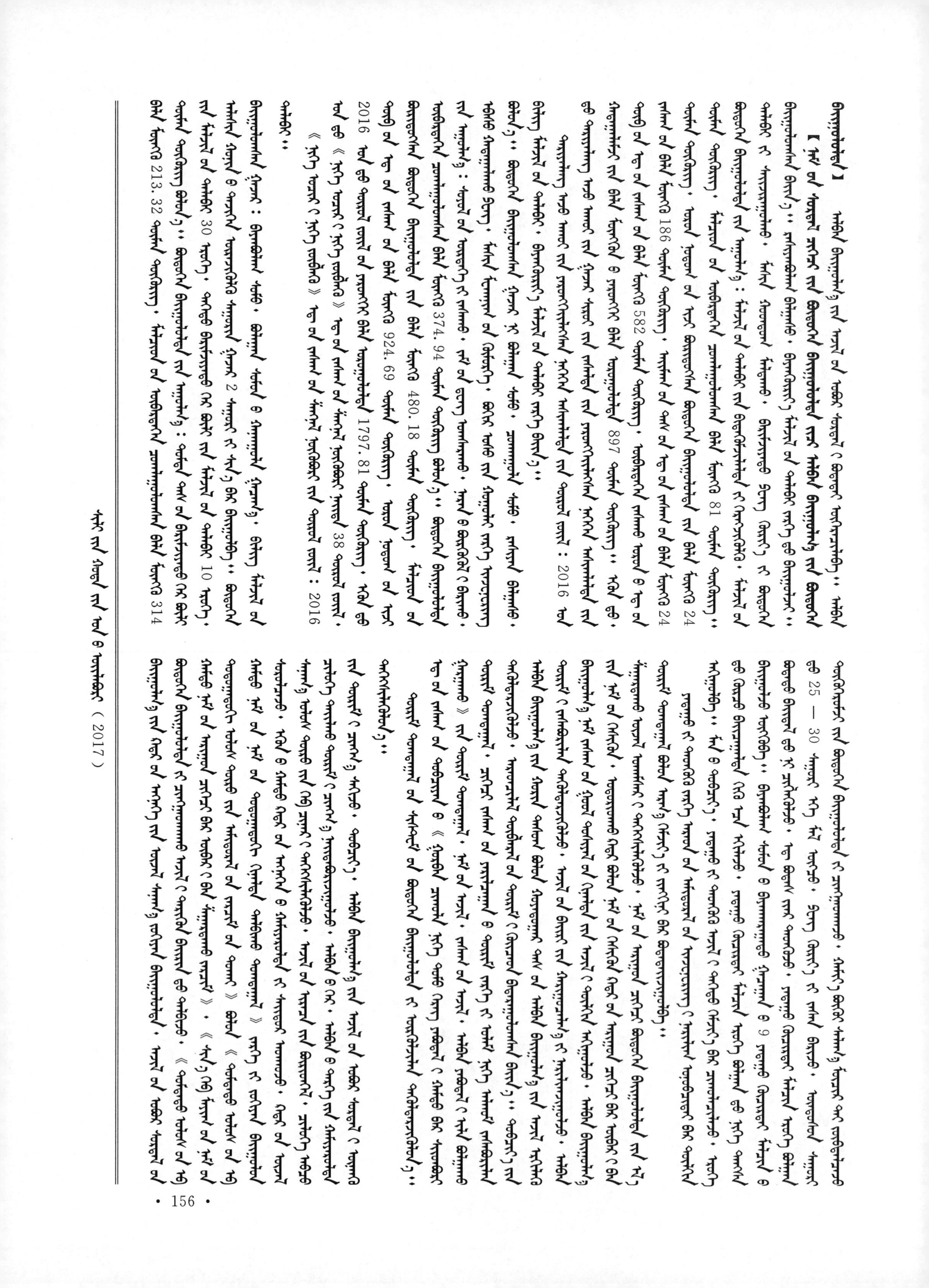

[illegible] 99 [illegible]
[illegible] 2016 ᠣᠨ ᠤ 12 ᠰᠠᠷ᠎ᠠ ᠶᠢᠨ 31 ᠦ ᠪᠠᠢᠳᠠᠯ ᠢᠶᠠᠷ᠂ [illegible]
[illegible]
[illegible]
[illegible] 14 [illegible] ( [illegible] ) [illegible]
【[illegible]】 [illegible]
[illegible] ( [illegible] )
[illegible]
[illegible]
[illegible]
[illegible] ( [illegible] )
[illegible] ( [illegible] )
[illegible]
【[illegible]】

## [illegible]

[illegible]
[illegible] 44 [illegible] 2.37 [illegible]
[illegible]

[illegible]

[illegible] 17.4% [illegible]
[illegible] 4075 [illegible] 604 [illegible] 14877 [illegible] 26.12% [illegible] 42070 [illegible] 7056 [illegible] 11.67% [illegible] 53392 [illegible]

【[illegible]】 2016 ᠣᠨ ᠤ 12 ᠰᠠᠷ᠎ᠠ ᠶᠢᠨ 31 ᠦ [illegible] 27 [illegible]
[illegible] 79 [illegible] 40 [illegible] 56 [illegible] 47 [illegible]

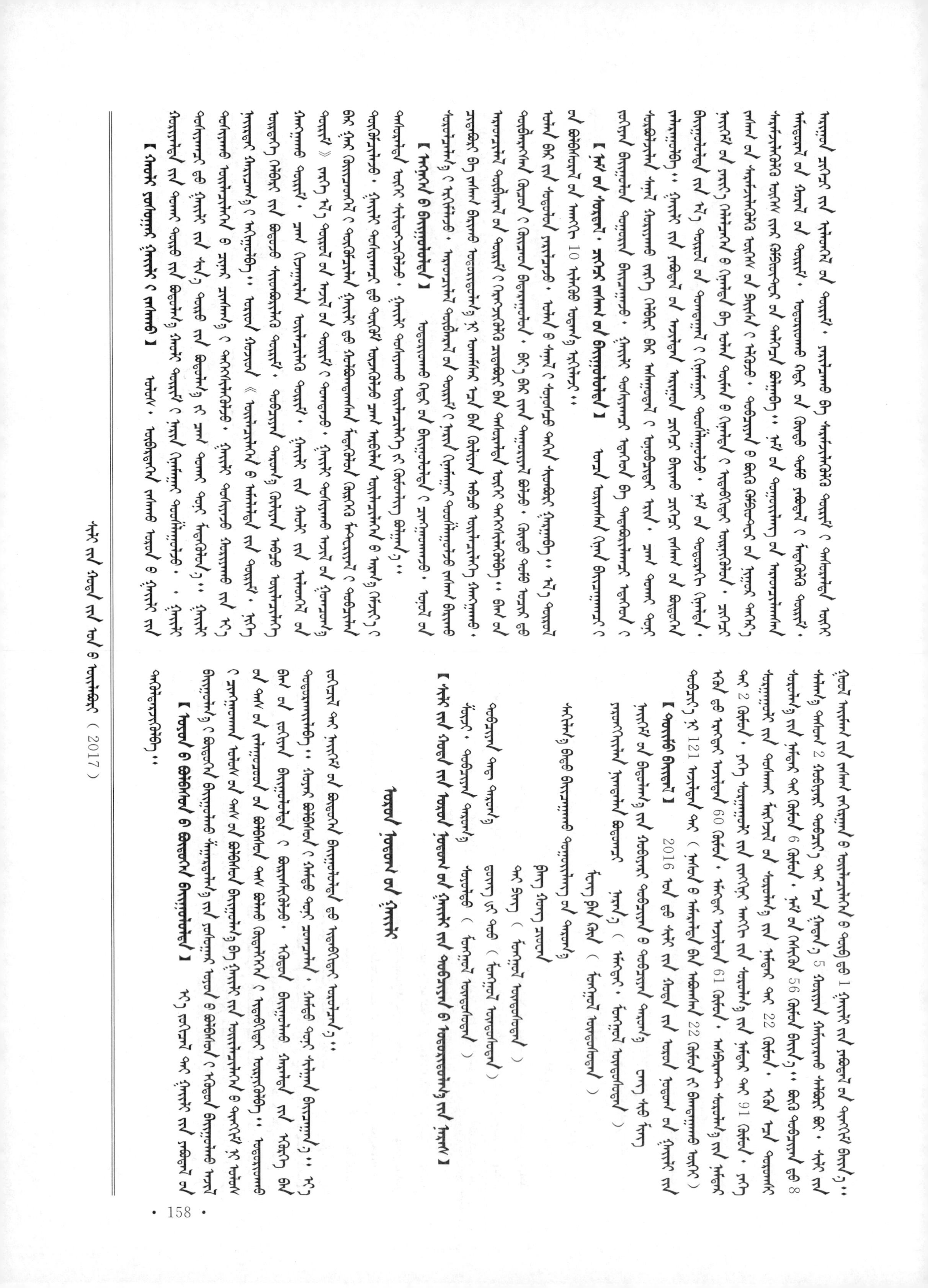

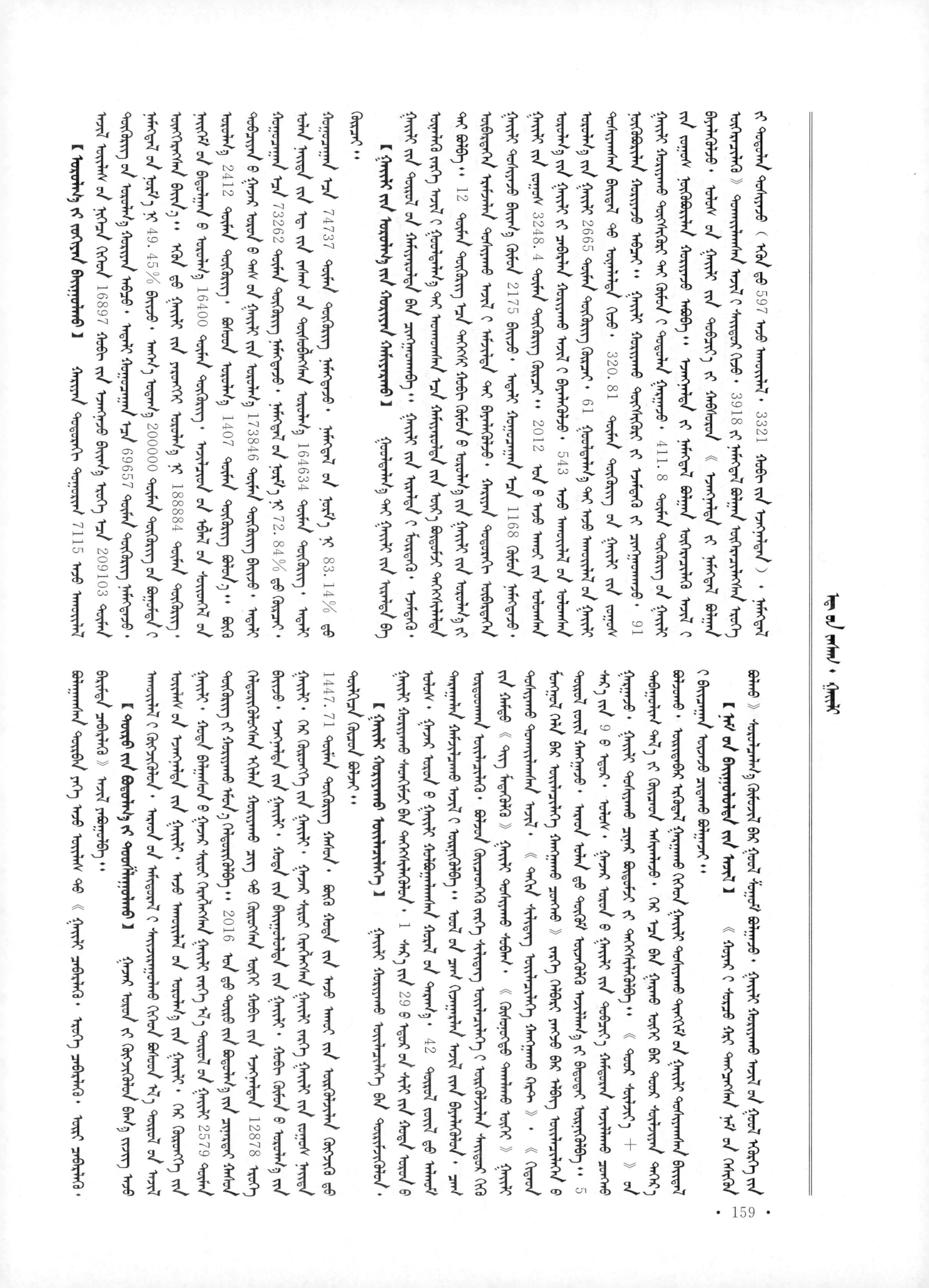

[illegible] ( [illegible] 597 [illegible] ) , 3321 [illegible] , 3918 [illegible] , 411.8 [illegible] , 91 [illegible] , 320.81 [illegible] , 61 [illegible] , 2665 [illegible] , 543 [illegible] , 2012 [illegible] , 3248.4 [illegible] , 1168 [illegible] , 2175 [illegible] , 12 [illegible]

【 [illegible] 】

[illegible] 74737 [illegible] 83.14% [illegible] , 164634 [illegible] , 73262 [illegible] 72.84% [illegible] , 173846 [illegible] , 2412 [illegible] , 1407 [illegible] , 16400 [illegible] , 188884 [illegible] 49.45% [illegible] , 200000 [illegible] , 69657 [illegible] , 16897 [illegible] 209103 [illegible] , 7115 [illegible]

【 [illegible] 】

[illegible] 《 [illegible] 》 [illegible]

【 [illegible] 】

[illegible] 《 [illegible] + [illegible] 》 [illegible] 9 [illegible] 6 [illegible] 5 [illegible] 《 [illegible] 》 [illegible] 42 [illegible] 1 [illegible] 29 [illegible]

【 [illegible] 】

[illegible] 1447.71 [illegible] 12878 [illegible] 2016 [illegible] 2579 [illegible]

【 [illegible] 】

[illegible] 《 [illegible] 》 [illegible]

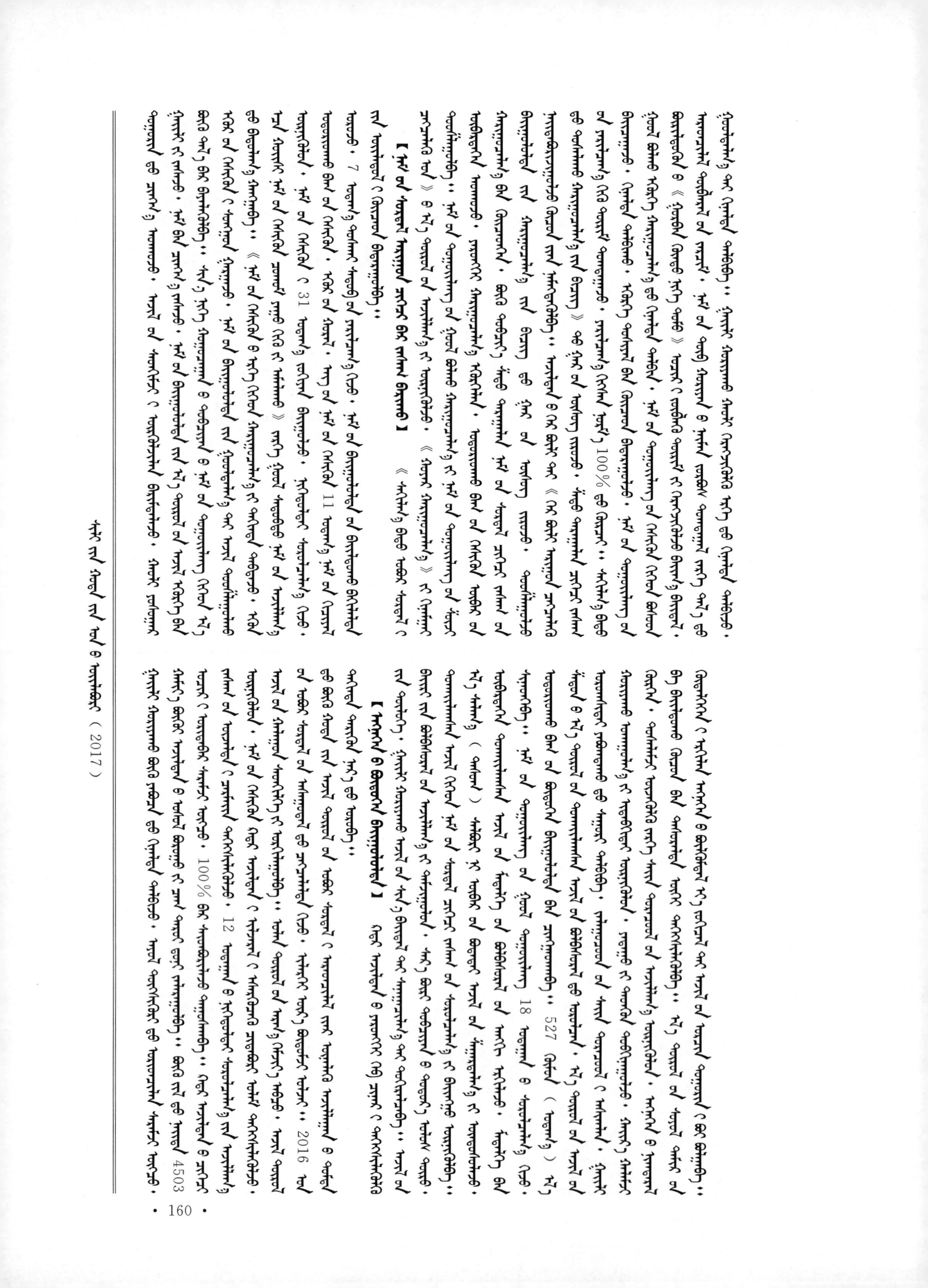

100% … 527 … 18 … 7 … 11 … 31 … 2016 … 12 … 100% … 4503

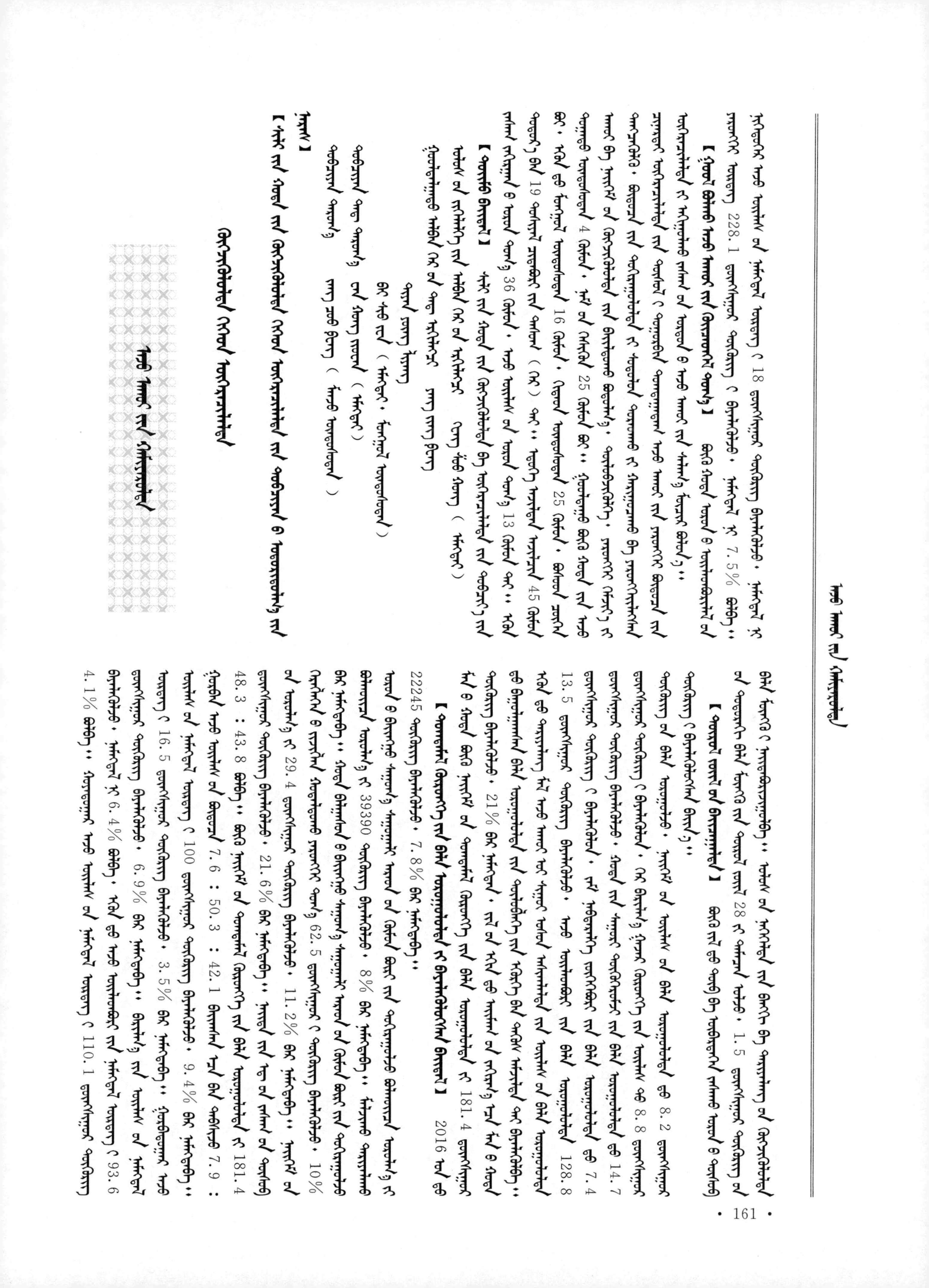

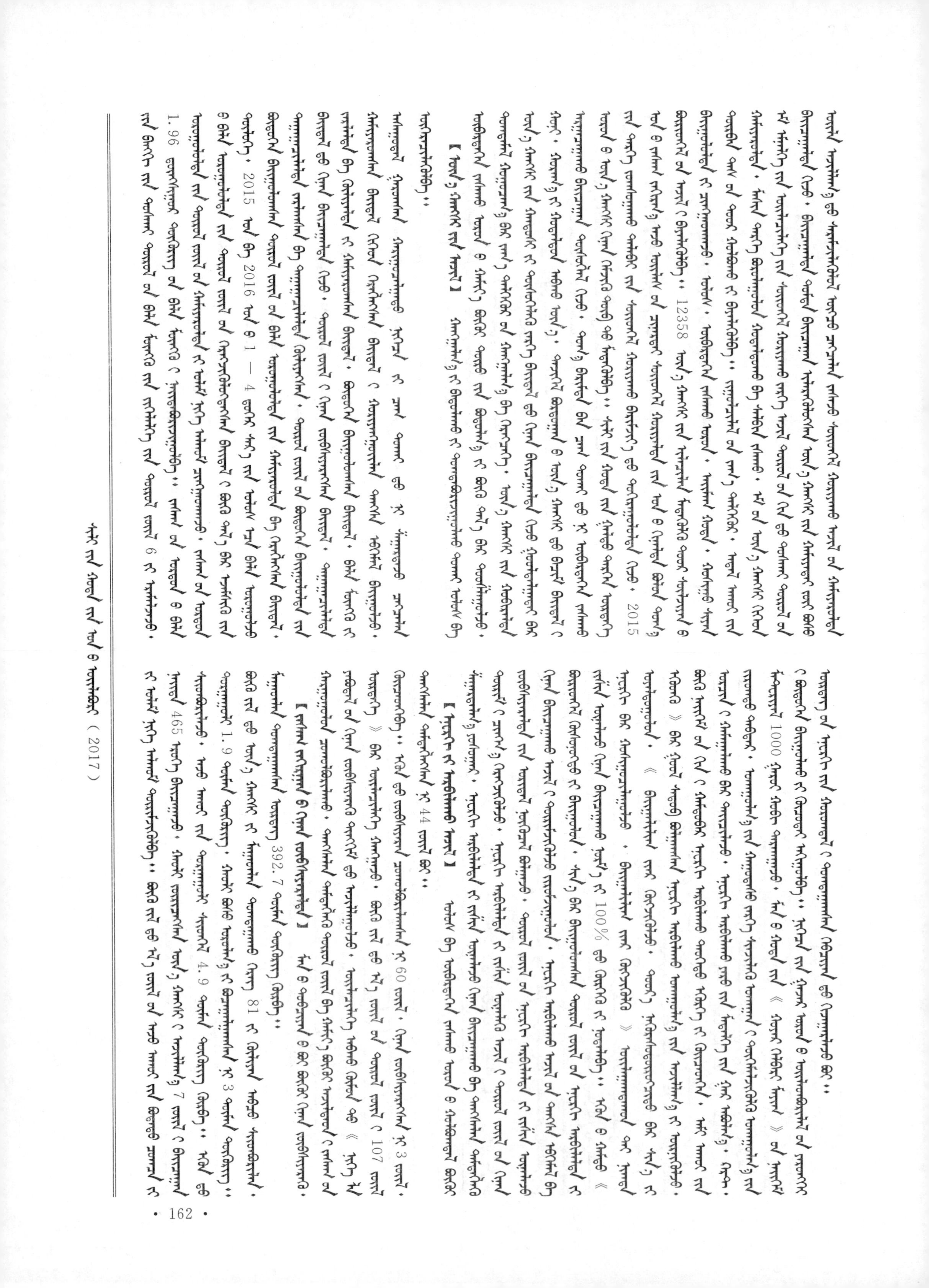

【 ᠬᠦᠮᠦᠨ ᠪᠣᠯᠪᠠᠰᠤᠷᠠᠯ ᠤᠨ ᠰᠠᠢᠵᠢᠷᠠᠭᠤᠯᠬᠤ ᠲᠠᠯ᠎ᠠ 】 2016 ᠣᠨ ᠳᠤ 5000 ᠭᠠᠷᠤᠢ ...

【 ᠡᠮᠨᠡᠯᠭᠡ ᠶᠢᠨ ᠲᠠᠯ᠎ᠠ 】 ... 11 ... 435 ...

... 8 ... 52.1 ... 12 ... 112.2 ... 164.3 ... 20 ... 100% ... 161.4 ... 29 ... 96.7% ... 91.8% ... 173.9 ... 73 ... 67 ...

【 ... 】

... 《 3+1 》 ... 《 1+3 》 ...

【 ... ᠲᠠᠯ᠎ᠠ 】 ... 4 ... 281 ...

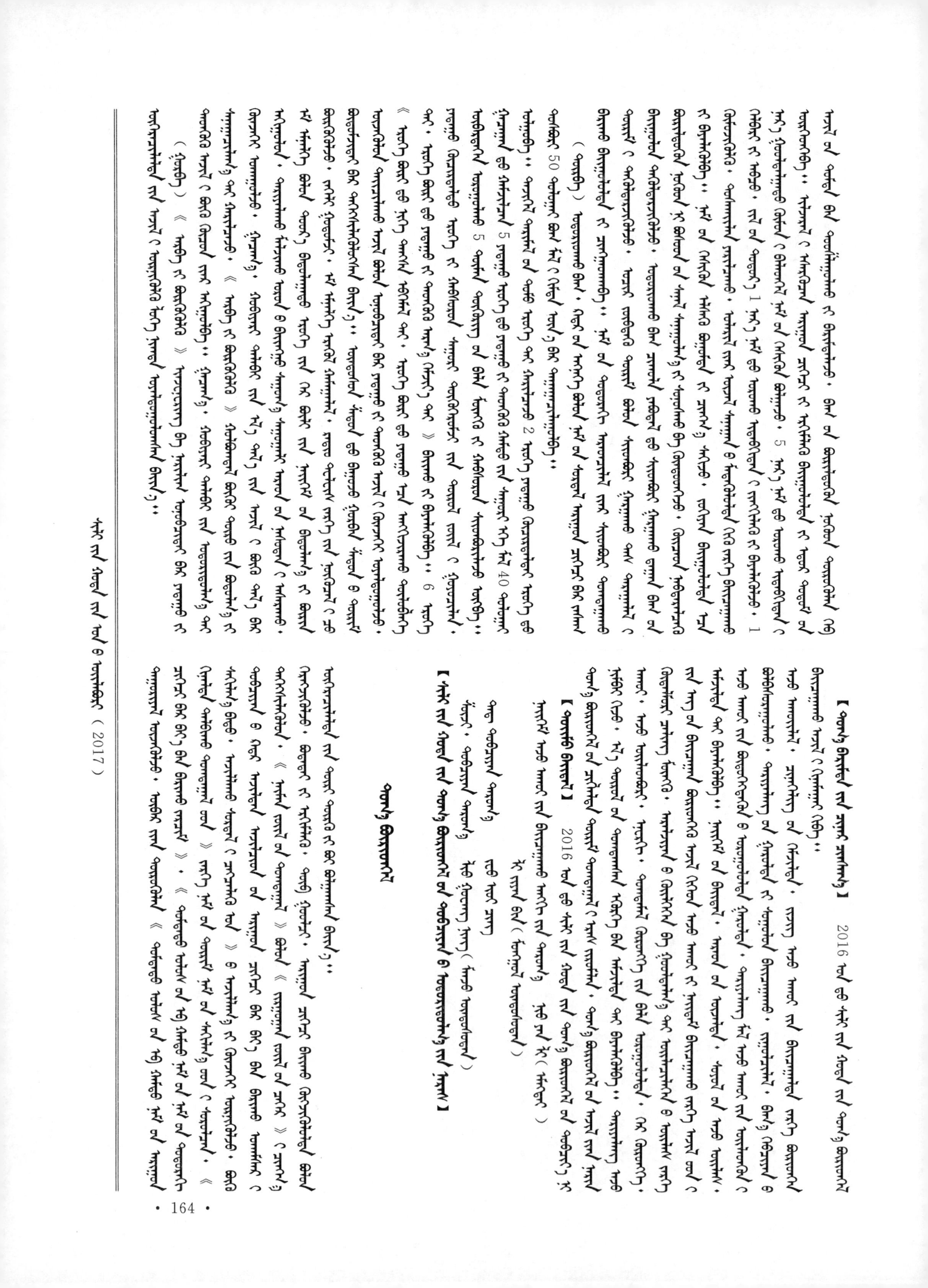

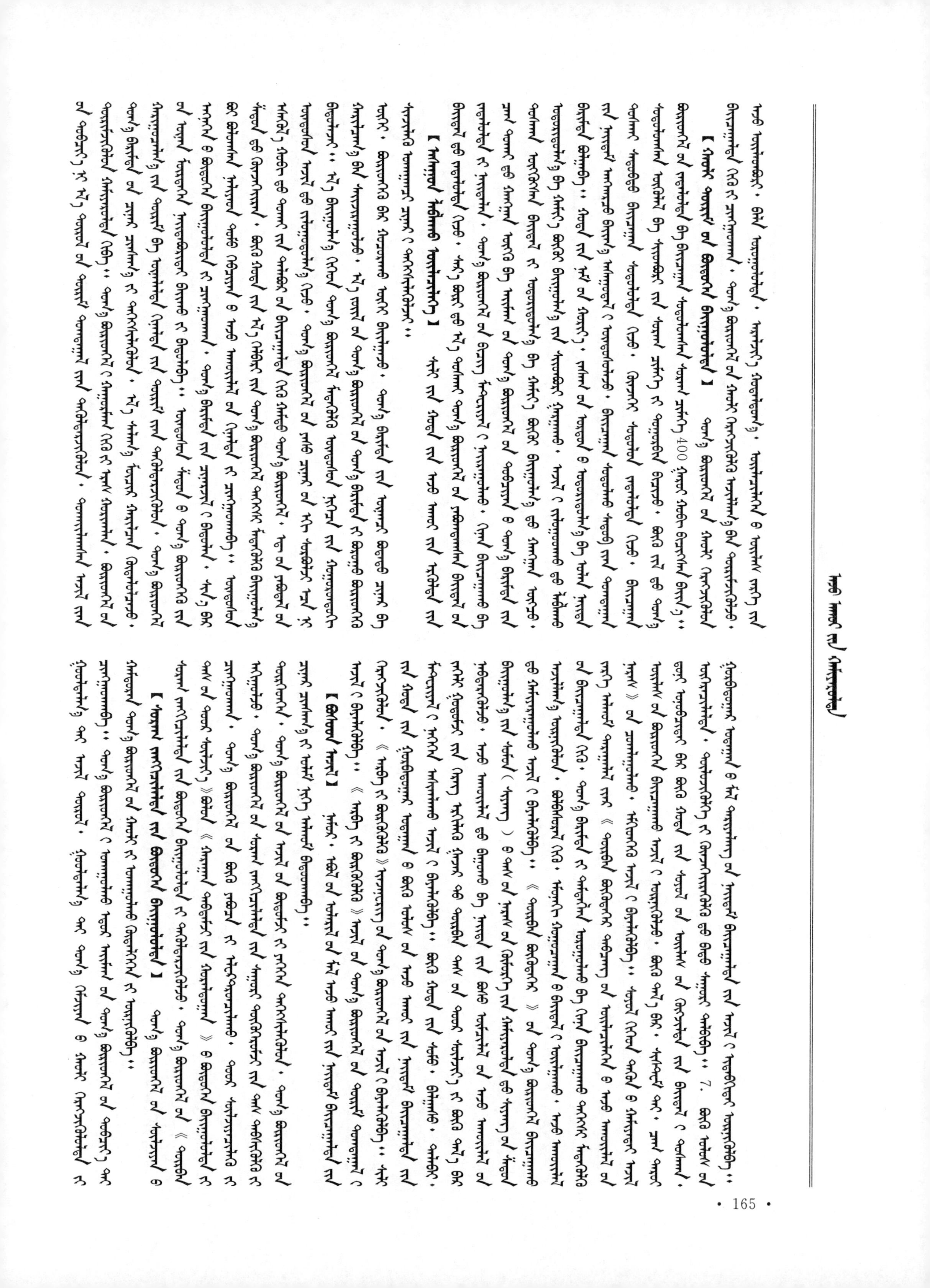

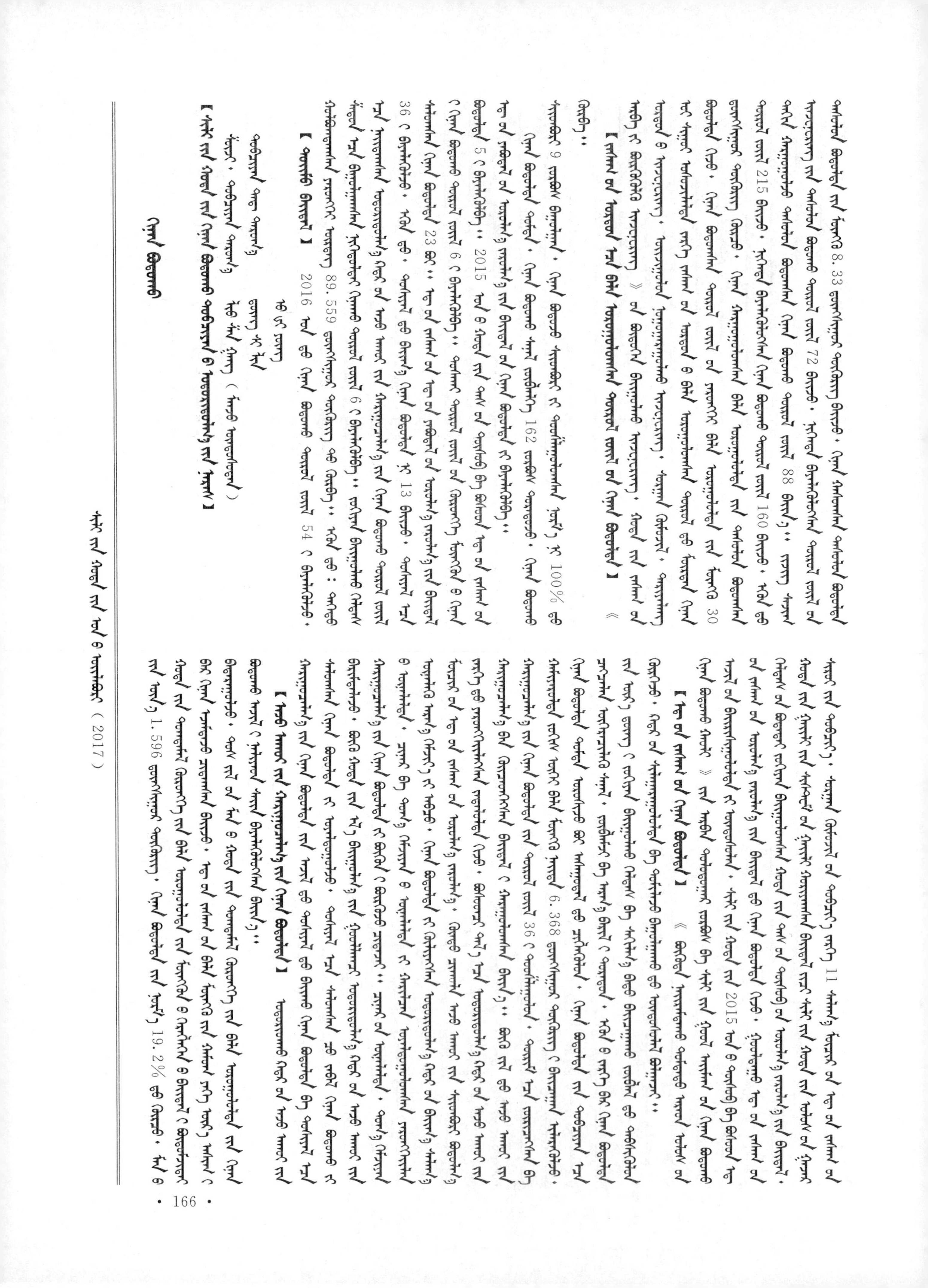

## [illegible]

【[illegible]】

[illegible]

[illegible] ( [illegible] )

[illegible]

【[illegible]】 2016 [illegible] 54 [illegible]

[illegible] 89.559 [illegible] : [illegible]

[illegible] 6 [illegible]

[illegible]

36 [illegible] 13 [illegible]

[illegible] 23 [illegible]

[illegible] 6 [illegible]

[illegible] 5 [illegible] 2015 [illegible]

[illegible]

[illegible] 162 [illegible]

[illegible] 9 [illegible] 100% [illegible]

[illegible]

【[illegible]】 《

[illegible] 》 [illegible]

[illegible]

[illegible]

[illegible] 30

[illegible]

[illegible] 215 [illegible] 160 [illegible]

[illegible] 88 [illegible]

[illegible] 72 [illegible]

[illegible] 8.33 [illegible]

[illegible] 1.596 [illegible] 19.2% [illegible]

[illegible]

[illegible]

[illegible]

[illegible]

【[illegible]】 [illegible]

[illegible]

[illegible]

[illegible]

[illegible]

[illegible]

[illegible]

[illegible]

[illegible]

[illegible] 36 [illegible]

[illegible] 6.368 [illegible]

[illegible]

[illegible]

[illegible]

[illegible]

【[illegible]】 《 [illegible]

[illegible] 》 [illegible]

[illegible] 2015 [illegible]

[illegible]

[illegible]

[illegible]

[illegible] 11 [illegible]

ᠬᠡᠷᠡᠭᠵᠢᠭᠦᠯᠬᠦ ᠶᠢᠨ ᠠᠷᠭ᠎ᠠ ᠬᠡᠮᠵᠢᠶ᠎ᠡ ᠶᠢ ᠰᠦᠯᠵᠢᠶ᠎ᠡ ᠶᠢᠨ ᠬᠤᠳᠠᠯᠳᠤᠭ᠎ᠠ ᠳᠤ ᠬᠡᠷᠡᠭᠵᠢᠭᠦᠯᠬᠦ ᠶᠢᠨ ᠠᠮᠢᠳᠤᠷᠠᠯ ᠤᠨ ᠠᠷᠭ᠎ᠠ ᠪᠣᠯᠭᠠᠨ ᠬᠤᠪᠢᠷᠠᠭᠤᠯᠵᠤ᠂ ᠪᠦᠬᠦ ᠬᠣᠰᠢᠭᠤ ᠳᠤ 2016 ᠣᠨ ᠳᠤ ᠰᠦᠯᠵᠢᠶ᠎ᠡ ᠶᠢᠨ ᠬᠤᠳᠠᠯᠳᠤᠭ᠎ᠠ ᠶᠢᠨ ᠬᠡᠮᠵᠢᠶ᠎ᠡ 31.794 ᠰᠠᠶ᠊ᠠ ᠶᠤᠸᠠᠨ ᠬᠦᠷᠴᠡ᠂ ᠣᠨ ᠤ ᠳᠡᠰ 36 ᠬᠤᠪᠢ ᠥᠰᠪᠡ᠃ ᠬᠥᠳᠡᠭ᠎ᠡ ᠰᠠᠭᠤᠷᠢᠨ ᠳᠤ 1000 ᠭᠠᠷᠤᠶ ᠰᠦᠯᠵᠢᠶ᠎ᠡ ᠶᠢᠨ ᠳᠡᠯᠭᠡᠭᠦᠷ ᠪᠠᠶᠢᠭᠤᠯᠤᠭᠳᠠᠵᠤ᠂ 5.4 ᠲᠥᠮᠡ ᠶᠤᠸᠠᠨ ᠤ ᠪᠠᠷᠠᠭ᠎ᠠ ᠪᠦᠲᠦᠭᠡᠭᠳᠡᠬᠦᠨ ᠢ ᠬᠥᠳᠡᠭ᠎ᠡ ᠶᠢᠨ ᠠᠷᠠᠳ ᠤᠨ ᠭᠠᠷ ᠲᠤ ᠬᠦᠷᠭᠡᠵᠦ᠂ 2000 ᠭᠠᠷᠤᠶ ᠬᠥᠳᠡᠭ᠎ᠡ ᠶᠢᠨ ᠠᠵᠤ ᠠᠬᠤᠢ ᠶᠢᠨ ᠪᠦᠲᠦᠭᠡᠭᠳᠡᠬᠦᠨ ᠢ ᠬᠣᠲᠠ ᠪᠠᠯᠭᠠᠰᠤ ᠳᠤ ᠭᠠᠷᠭᠠᠵᠤ ᠪᠠᠶᠢᠨ᠎ᠠ᠃

2016 ᠣᠨ ᠳᠤ ᠰᠦᠯᠵᠢᠶ᠎ᠡ ᠶᠢᠨ ᠬᠤᠳᠠᠯᠳᠤᠭ᠎ᠠ ᠶᠢ ᠬᠥᠭᠵᠢᠭᠦᠯᠬᠦ ᠶᠢᠨ ᠲᠥᠯᠦᠪᠯᠡᠭᠡ 《 ᠰᠦᠯᠵᠢᠶ᠎ᠡ ᠳᠦ ᠰᠢᠯᠵᠢᠭᠦᠯᠬᠦ 》 ᠬᠡᠮᠡᠬᠦ ᠠᠵᠢᠯ ᠢ ᠶᠠᠪᠤᠭᠤᠯᠵᠤ᠂ ᠰᠦᠯᠵᠢᠶ᠎ᠡ ᠶᠢᠨ ᠬᠤᠳᠠᠯᠳᠤᠭ᠎ᠠ ᠶᠢᠨ ᠠᠷᠭ᠎ᠠ ᠬᠡᠮᠵᠢᠶ᠎ᠡ ᠶᠢ ᠳᠡᠮᠵᠢᠨ ᠪᠠᠶᠢᠨ᠎ᠠ᠃

【ᠬᠤᠳᠠᠯᠳᠤᠭᠠᠨ ᠬᠤᠳᠠᠯᠳᠤᠭ᠎ᠠ ᠶᠢᠨ ᠪᠦᠲᠦᠴᠡ ᠶᠢ ᠰᠢᠨᠡᠳᠬᠡᠬᠦ ᠶᠢᠨ ᠰᠦᠯᠵᠢᠶ᠎ᠡ ᠶᠢᠨ ᠬᠤᠳᠠᠯᠳᠤᠭ᠎ᠠ】

2014 ᠣᠨ ᠤ ᠡᠴᠦᠰ ᠡᠴᠡ ᠡᠬᠢᠯᠡᠨ ᠰᠦᠯᠵᠢᠶ᠎ᠡ ᠶᠢᠨ ᠬᠤᠳᠠᠯᠳᠤᠭ᠎ᠠ ᠶᠢᠨ ᠠᠵᠢᠯ ᠢ ᠶᠠᠪᠤᠭᠤᠯᠵᠤ᠂ ᠪᠦᠲᠦᠭᠡᠭᠳᠡᠬᠦᠨ ᠦ ᠬᠤᠳᠠᠯᠳᠤᠭ᠎ᠠ ᠶᠢᠨ ᠰᠤᠪᠠᠭ ᠢ ᠥᠷᠭᠡᠵᠢᠭᠦᠯᠦᠨ ᠪᠠᠶᠢᠨ᠎ᠠ᠃

【ᠰᠢᠯᠢ ᠶᠢᠨ ᠭᠣᠣᠯ ᠤᠨ ᠰᠦᠯᠵᠢᠶ᠎ᠡ ᠶᠢᠨ ᠬᠤᠳᠠᠯᠳᠤᠭ᠎ᠠ】

《 1+3 》 ᠵᠠᠭᠪᠤᠷ ᠢ ᠪᠠᠶᠢᠭᠤᠯᠵᠤ᠂ ᠰᠦᠯᠵᠢᠶ᠎ᠡ ᠶᠢᠨ ᠬᠤᠳᠠᠯᠳᠤᠭ᠎ᠠ ᠶᠢᠨ ᠠᠵᠢᠯ ᠢ ᠳᠡᠮᠵᠢᠨ ᠪᠠᠶᠢᠨ᠎ᠠ᠃

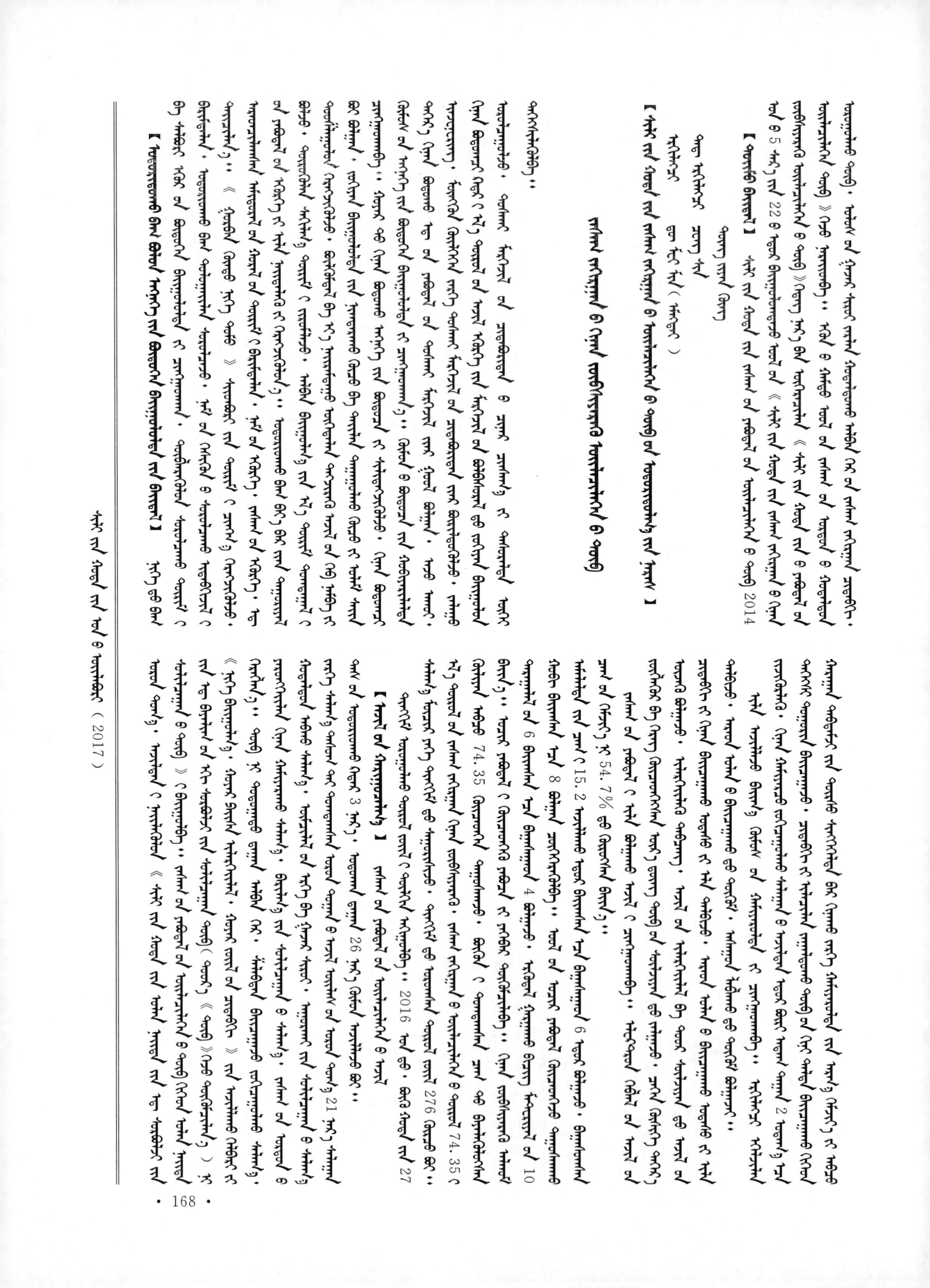

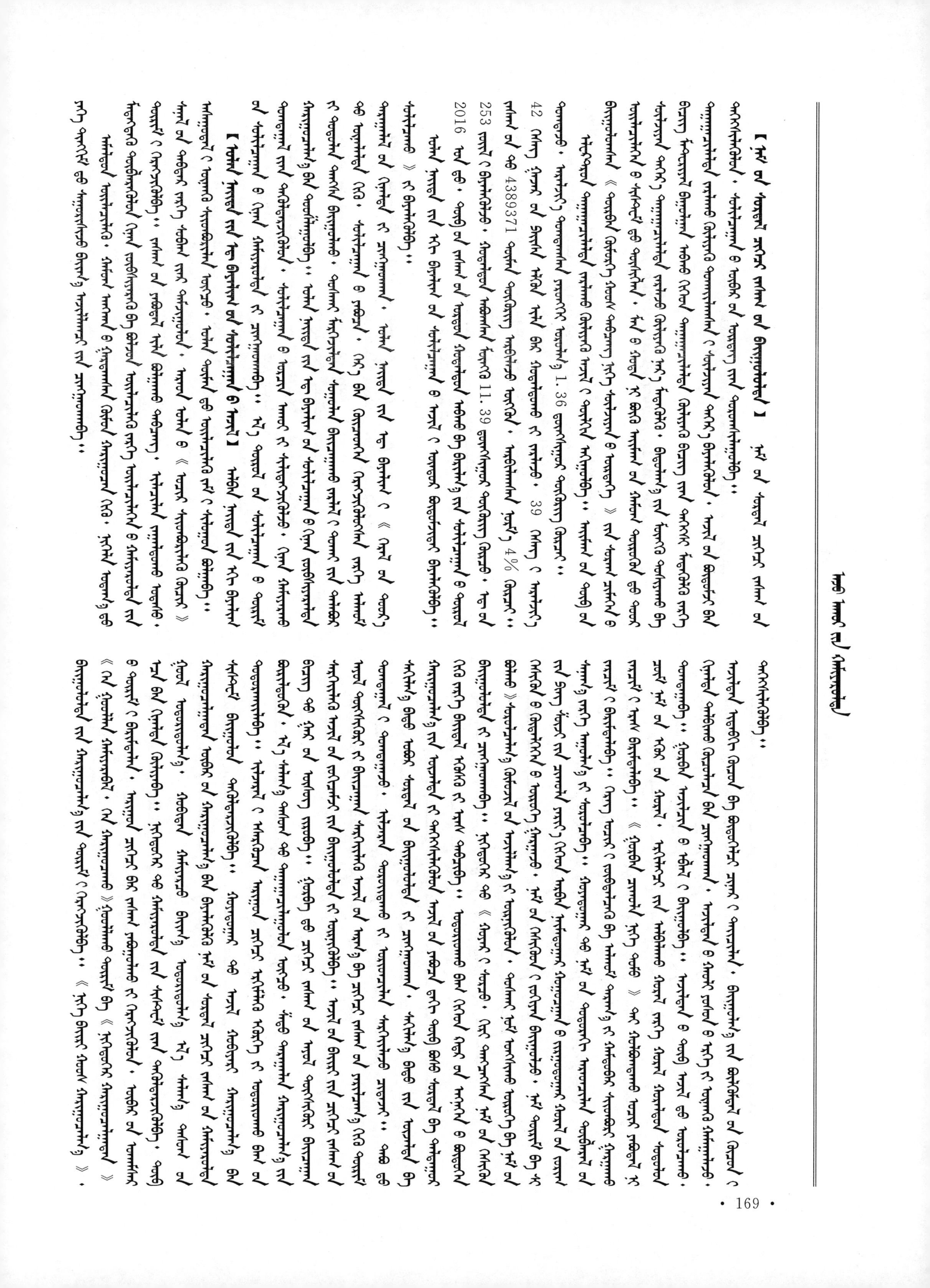

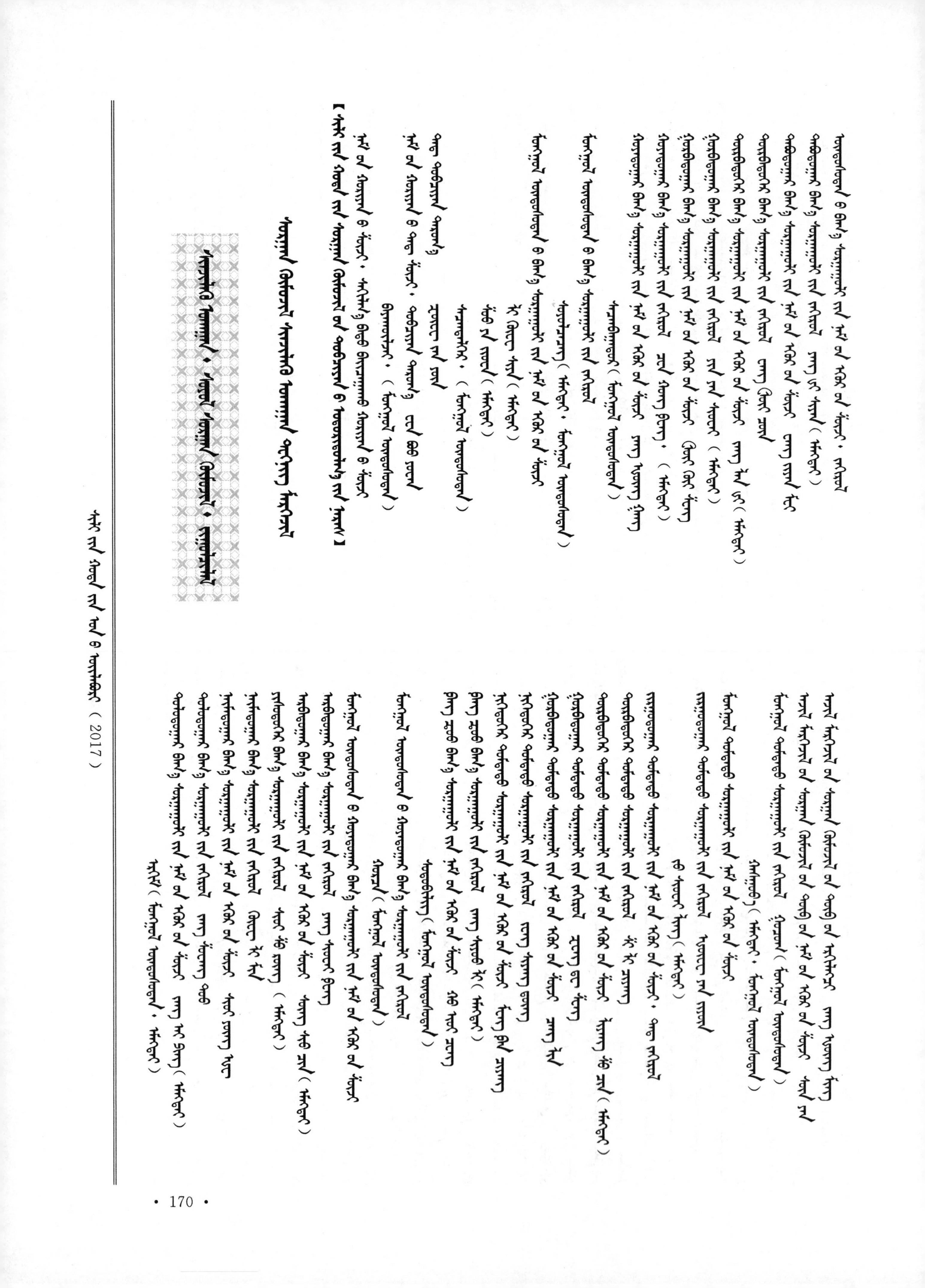

[illegible]

ᠬᠠᠷᠢᠶᠠᠯᠠᠭᠰᠠᠨ 1 ᠰᠠᠶ᠎ᠠ ᠂ ᠬᠣᠲᠠ ᠬᠦᠳᠡᠭᠡ ᠶᠢᠨ ᠠᠵᠢᠯ ᠦᠢᠯᠡᠰ ᠬᠠᠷᠢᠶᠠᠯᠠᠭᠰᠠᠨ 1 ᠰᠠᠶ᠎ᠠ ᠂ ᠠᠵᠢᠯᠴᠢᠨ ᠠᠵᠢᠯᠲᠠᠨ ᠪᠣᠯᠭᠠᠬᠤ ᠬᠠᠷᠢᠶᠠᠯᠠᠭᠰᠠᠨ 3 ᠰᠠᠶ᠎ᠠ ᠂ ᠪᠠᠭ᠎ᠠ ᠠᠵᠢᠯ ᠦᠢᠯᠡᠰ ᠬᠠᠷᠢᠶᠠᠯᠠᠭᠰᠠᠨ 2 ᠰᠠᠶ᠎ᠠ ᠂ ᠵᠢᠯ ᠳᠦ ᠠᠵᠢᠯᠭᠦᠢᠳᠡᠯ ᠦᠨ ᠪᠦᠷᠢᠳᠬᠡᠯ ᠲᠡᠢ ᠪᠠᠢᠭ᠎ᠠ ᠬᠤᠪᠢ 12 ᠰᠠᠶ᠎ᠠ ( ᠵᠠᠰᠠᠭ ᠤᠨ ᠭᠠᠵᠠᠷ ᠤᠨ ᠲᠣᠭ᠎ᠠ 12 ᠰᠠᠶ᠎ᠠ ) ᠂ ᠪᠣᠯᠤᠨ ᠬᠠᠷᠢᠶᠠᠯᠠᠭᠰᠠᠨ 12 ᠰᠠᠶ᠎ᠠ ᠂ ᠬᠦᠮᠦᠨ ᠲᠠᠢ ᠠᠵᠢᠯᠯᠠᠭᠤᠯᠬᠤ ᠲᠣᠭ᠎ᠠ 10 ᠰᠠᠶ᠎ᠠ ᠂ ᠬᠦᠮᠦᠨ ᠲᠠᠢ ᠠᠵᠢᠯᠯᠠᠭᠤᠯᠬᠤ ᠲᠣᠭ᠎ᠠ 22 ᠰᠠᠶ᠎ᠠ ( ᠬᠠᠮᠤᠭ ᠲᠠᠢ ᠠᠵᠢᠯᠯᠠᠭᠤᠯᠬᠤ ᠲᠣᠭ᠎ᠠ ᠪᠣᠯᠤᠭᠰᠠᠨ ᠂ ᠵᠢᠯ ᠳᠦ 【ᠪᠣᠳᠣᠯᠭ᠎ᠠ ᠪᠣᠯᠪᠠ】 ᠰᠢᠨ᠎ᠡ ᠪᠡᠷ ᠨᠡᠮᠡᠭᠳᠡᠭᠰᠡᠨ 43 ᠰᠠᠶ᠎ᠠ ᠬᠠᠷᠢᠶᠠᠯᠠᠭᠰᠠᠨ ᠂ ᠠᠵᠢᠯᠯᠠᠭᠤᠯᠬᠤ ᠪᠣᠯᠭᠠᠨ ᠂ ᠵᠢᠯ ᠳᠦ ᠬᠠᠷᠢᠶᠠᠯᠠᠭᠰᠠᠨ ( ᠰᠠᠶ᠎ᠠ ᠂ ᠬᠦᠮᠦᠨ ᠦ ᠲᠣᠭ᠎ᠠ )

ᠬᠦᠮᠦᠨ ᠲᠣᠭᠠᠴᠠᠭᠤᠯᠬᠤ ᠪᠠ ᠨᠡᠢᠭᠡᠮ ᠦᠨ ᠠᠵᠢᠯᠯᠠᠭᠤᠯᠬᠤ ᠶᠢᠨ ᠨᠡᠢᠭᠡᠮ ᠦᠨ ᠬᠠᠮᠠᠭᠠᠯᠠᠯ ( ᠰᠠᠶ᠎ᠠ ᠂ ᠬᠦᠮᠦᠨ ᠲᠣᠭᠠᠴᠠᠭᠤᠯᠬᠤ )

ᠬᠦᠮᠦᠨ ᠲᠣᠭᠠᠴᠠᠭᠤᠯᠬᠤ ᠪᠠ ᠨᠡᠢᠭᠡᠮ ᠦᠨ ᠠᠵᠢᠯᠯᠠᠭᠤᠯᠬᠤ ᠶᠢᠨ ᠳᠠᠭᠠᠳᠭᠠᠯ ᠤᠨ ᠵᠢᠯ ᠦᠨ ᠡᠴᠡᠰ ᠦᠨ ᠲᠠᠢ ᠨᠡᠢᠭᠡᠮ ᠦᠨ ( ᠰᠠᠶ᠎ᠠ ᠂ ᠬᠦᠮᠦᠨ ᠲᠣᠭᠠᠴᠠᠭᠤᠯᠬᠤ )

ᠲᠣᠭᠠᠴᠠᠭᠤᠯᠬᠤ ᠪᠠ ᠨᠡᠢᠭᠡᠮ ᠦᠨ ᠠᠵᠢᠯᠯᠠᠭᠤᠯᠬᠤ ᠶᠢᠨ ᠨᠡᠢᠭᠡᠮ ᠦᠨ ᠪᠣᠯᠤᠨ ( ᠬᠦᠮᠦᠨ ᠲᠣᠭᠠᠴᠠᠭᠤᠯᠬᠤ )

ᠲᠣᠭᠠᠴᠠᠭᠤᠯᠬᠤ ᠪᠠ ᠨᠡᠢᠭᠡᠮ ᠦᠨ ᠨᠡᠢᠭᠡᠮ ᠦᠨ ᠳᠠᠭᠠᠳᠭᠠᠯ ᠤᠨ ᠵᠢᠯ ᠦᠨ ᠡᠴᠡᠰ ᠦᠨ ᠲᠠᠢ ᠨᠡᠢᠭᠡᠮ ᠦᠨ ᠬᠠᠮᠠᠭᠠᠯᠠᠯ ᠢ ᠣᠯᠬᠤ ( ᠰᠠᠶ᠎ᠠ ᠂ ᠬᠦᠮᠦᠨ ᠲᠣᠭᠠᠴᠠᠭᠤᠯᠬᠤ )

ᠪᠠ ᠨᠡᠢᠭᠡᠮ ᠦᠨ ᠨᠡᠢᠭᠡᠮ ᠦᠨ ᠳᠠᠭᠠᠳᠭᠠᠯ ᠤᠨ ᠵᠢᠯ ᠦᠨ ᠡᠴᠡᠰ ᠦᠨ ᠲᠠᠢ ᠨᠡᠢᠭᠡᠮ ᠦᠨ ᠪᠦᠬᠦ ( ᠰᠠᠶ᠎ᠠ )

ᠬᠦᠮᠦᠨ ᠲᠡᠳᠬᠦᠯᠬᠦ ᠶᠢ ᠬᠦᠯᠢᠶᠡᠨ ᠠᠪᠬᠤ ᠶᠢᠨ ᠵᠢᠯ ᠦᠨ ᠡᠴᠡᠰ ᠦᠨ ᠬᠠᠮᠠᠭᠠᠯᠠᠯ ( ᠰᠠᠶ᠎ᠠ ᠂ ᠬᠦᠮᠦᠨ ᠲᠣᠭᠠᠴᠠᠭᠤᠯᠬᠤ )

ᠬᠦᠮᠦᠨ ᠲᠡᠳᠬᠦᠯᠬᠦ ᠶᠢ ᠬᠦᠯᠢᠶᠡᠨ ᠠᠪᠬᠤ ᠶᠢᠨ ᠵᠢᠯ ᠦᠨ ᠡᠴᠡᠰ ᠦᠨ ᠲᠠᠢ ᠬᠣᠯᠪᠣᠭᠳᠠᠬᠤ ( ᠰᠠᠶ᠎ᠠ ᠂ ᠬᠦᠮᠦᠨ ᠲᠣᠭᠠᠴᠠᠭᠤᠯᠬᠤ )

ᠪᠠᠢᠭ᠎ᠠ ᠶᠢᠨ ᠠᠵᠢᠯᠯᠠᠭᠤᠯᠬᠤ ᠠᠵᠢᠯᠯᠠᠭᠤᠯᠤᠯᠲᠠ ᠶᠢᠨ ᠪᠠᠢᠭᠤᠯᠤᠯᠭ᠎ᠠ ᠶᠢᠨ ᠪᠣᠯᠤᠨ ᠠᠵᠢᠯᠲᠠᠨ ᠤ ᠲᠣᠭ᠎ᠠ

ᠪᠠᠢᠭ᠎ᠠ ᠶᠢᠨ ᠠᠵᠢᠯᠯᠠᠭᠤᠯᠬᠤ ᠠᠵᠢᠯᠯᠠᠭᠤᠯᠤᠯᠲᠠ ᠶᠢᠨ ᠪᠠᠢᠭᠤᠯᠤᠯᠭ᠎ᠠ ᠶᠢᠨ ᠵᠢᠯ ᠦᠨ ᠡᠴᠡᠰ ᠦᠨ ᠲᠠᠢ ᠬᠣᠯᠪᠣᠭᠳᠠᠬᠤ ᠠᠵᠢᠯᠲᠠᠨ ᠤ ᠲᠣᠭ᠎ᠠ

ᠬᠠᠮᠠᠭᠠᠯᠠᠯ ᠤᠨ ᠠᠵᠢᠯᠯᠠᠭᠤᠯᠬᠤ ᠶᠢᠨ ᠠᠵᠢᠯᠲᠠᠨ ᠤ ᠵᠢᠯ ᠦᠨ ᠡᠴᠡᠰ ᠦᠨ ᠲᠠᠢ ᠨᠡᠢᠭᠡᠮ ᠦᠨ ᠠᠵᠢᠯᠲᠠᠨ ᠤ ᠲᠣᠭ᠎ᠠ

ᠰᠠᠯᠠᠭ᠎ᠠ ᠵᠢᠯ ᠦᠨ ᠡᠴᠡᠰ ᠦᠨ ᠳᠠᠭᠠᠳᠭᠠᠯ ᠤᠨ ᠬᠠᠮᠠᠭᠠᠯᠠᠯ ᠤᠨ ᠠᠵᠢᠯᠲᠠᠨ ᠤ ᠲᠣᠭ᠎ᠠ

ᠰᠠᠯᠠᠭ᠎ᠠ ᠵᠢᠯ ᠦᠨ ᠡᠴᠡᠰ ᠦᠨ ᠳᠠᠭᠠᠳᠭᠠᠯ ᠤᠨ ᠬᠠᠮᠠᠭᠠᠯᠠᠯ ᠤᠨ ᠠᠵᠢᠯᠲᠠᠨ ᠤ ᠨᠡᠢᠲᠡ ᠳᠦ ᠡᠵᠡᠮᠳᠡᠬᠦ ( ᠬᠤᠪᠢ )

ᠪᠣᠰᠤᠭ᠎ᠠ ᠬᠡᠮᠵᠢᠶ᠎ᠡ ᠲᠠᠢ 4.3% ᠡᠴᠡ ᠳᠡᠭᠡᠭᠰᠢ ᠪᠣᠯᠤᠨ᠎ᠠ ᠃ ᠪᠣᠰᠤᠭ᠎ᠠ ᠬᠡᠮᠵᠢᠶ᠎ᠡ ᠶᠢᠨ 560 ᠮᠢᠩᠭᠠᠨ ᠲᠠᠢ ᠨᠡᠮᠡᠭᠳᠡᠬᠦ ᠳᠡᠭᠡᠭᠰᠢᠯᠡᠬᠦ ᠶᠢᠨ 4.5% ᠢ ᠬᠦᠷᠴᠦ ᠂ ᠵᠢᠯ ᠦᠨ ᠵᠢᠷᠤᠮ ᠤᠨ ᠳᠡᠭᠡᠭᠰᠢᠯᠡᠯᠲᠡ 8.8% ᠳᠤ ᠬᠦᠷᠪᠡ ᠂ ᠪᠣᠰᠤᠭ᠎ᠠ ᠬᠡᠮᠵᠢᠶ᠎ᠡ ᠶᠢᠨ ᠳᠡᠭᠡᠷᠡ ( 787 ᠶᠤᠸᠠᠨ ) ᠃ ᠪᠣᠰᠤᠭ᠎ᠠ ᠬᠡᠮᠵᠢᠶ᠎ᠡ ᠶᠢᠨ 500 ᠮᠢᠩᠭᠠᠨ ᠲᠠᠢ ᠨᠡᠮᠡᠭᠳᠡᠭᠦᠯᠦᠭᠰᠡᠨ ᠢ ᠪᠣᠰᠤᠭ᠎ᠠ ᠲᠠᠢ ᠠᠵᠢᠯ ᠤᠨ ᠤᠳᠠᠭ᠎ᠠ ᠶᠢᠨ ᠬᠡᠷᠡᠭᠵᠢᠭᠦᠯᠦᠯᠲᠡ ᠶᠢᠨ ᠬᠡᠮᠵᠢᠶ᠎ᠡ ᠳᠦ A ᠵᠡᠷᠭᠡ ᠶᠢᠨ ᠳᠡᠭᠡᠭᠰᠢᠯᠡᠭᠦᠯᠦᠭᠰᠡᠨ 453 ᠶᠤᠸᠠᠨ ᠂ ᠪᠣᠰᠤᠭ᠎ᠠ A ᠵᠡᠷᠭᠡ ᠶᠢᠨ ᠳᠡᠭᠡᠭᠰᠢᠯᠡᠭᠦᠯᠦᠭᠰᠡᠨ ᠢ ᠪᠣᠰᠤᠭ᠎ᠠ ᠬᠡᠮᠵᠢᠶ᠎ᠡ ᠲᠠᠢ 15.12% ᠡᠴᠡ ᠳᠡᠭᠡᠭᠰᠢ ( ᠵᠢᠯ ᠦᠨ ᠵᠢᠷᠤᠮ ᠤᠨ ᠬᠤᠪᠢ ᠳᠤ ᠬᠡᠮᠵᠢᠶ᠎ᠡ : ᠵᠢᠯ ᠦᠨ ᠵᠢᠷᠤᠮ ᠤᠨ ᠬᠡᠷᠡᠭᠵᠢᠭᠦᠯᠦᠯᠲᠡ ᠶᠢᠨ ᠬᠡᠮᠵᠢᠶ᠎ᠡ ᠳᠦ ᠠᠵᠢᠯ ᠤᠨ ᠤᠳᠠᠭ᠎ᠠ ᠳᠤ ᠬᠡᠷᠡᠭᠵᠢᠭᠦᠯᠦᠭᠰᠡᠨ ᠲᠠᠢ ᠨᠡᠢᠭᠡᠮ ᠦᠨ ᠠᠷᠭ᠎ᠠ ᠬᠡᠮᠵᠢᠶ᠎ᠡ ᠳᠦ ᠪᠣᠯᠤᠨ᠎ᠠ ᠃

2016 ᠣᠨ ᠤ ᠠᠵᠢᠯᠯᠠᠬᠤ ᠬᠡᠷᠡᠭᠵᠢᠭᠦᠯᠦᠯᠲᠡ ᠳᠦ ᠂ ᠬᠦᠮᠦᠨ ᠦ ᠠᠵᠢᠯᠲᠠᠨ ᠤ ᠭᠠᠵᠠᠷ ᠤᠨ ᠠᠵᠢᠯ ᠤᠨ ᠬᠡᠷᠡᠭᠵᠢᠭᠦᠯᠦᠯᠲᠡ ᠶᠢᠨ ᠠᠵᠢᠯᠯᠠᠭᠤᠯᠬᠤ ᠶᠢᠨ ᠠᠵᠢᠯᠯᠠᠭᠤᠯᠤᠯᠲᠠ ᠶᠢᠨ ᠬᠦᠮᠦᠨ ᠦ ᠲᠣᠭ᠎ᠠ ᠳᠤ ᠬᠦᠷᠴᠦ ᠪᠣᠯᠤᠨ᠎ᠠ ᠃

ᠪᠠᠢᠭᠤᠯᠤᠯᠭ᠎ᠠ ᠶᠢ ᠬᠡᠷᠡᠭᠵᠢᠭᠦᠯᠬᠦ ᠂ 9 ᠰᠠᠶ᠎ᠠ ᠠᠵᠢᠯᠯᠠᠭᠤᠯᠤᠯᠲᠠ ᠶᠢ ᠪᠣᠰᠤᠭ᠎ᠠ ᠶᠢᠨ ᠵᠡᠷᠭᠡ ᠶᠢᠨ ᠰᠢᠨᠡᠴᠢᠯᠡᠯ ᠦᠨ ᠠᠵᠢᠯᠯᠠᠭᠤᠯᠤᠯᠲᠠ ᠶᠢᠨ ᠬᠡᠮᠵᠢᠶ᠎ᠡ ᠶᠢᠨ ᠠᠵᠢᠯᠲᠠᠨ ᠤ ᠬᠠᠮᠠᠭᠠᠯᠠᠯ ᠤᠨ ᠪᠣᠳᠣᠯᠭ᠎ᠠ ᠶᠢᠨ ᠪᠣᠯᠤᠨ ᠬᠦᠮᠦᠨ ᠲᠠᠢ ᠪᠠᠢᠭ᠎ᠠ ᠪᠣᠯᠤᠨ ᠠᠵᠢᠯᠯᠠᠭᠤᠯᠤᠯᠲᠠ ᠶᠢᠨ ᠠᠵᠢᠯᠲᠠᠨ ᠤ ᠬᠠᠮᠠᠭᠠᠯᠠᠯ ᠤᠨ ᠪᠠᠢᠭᠤᠯᠤᠯᠭ᠎ᠠ ᠶᠢᠨ ᠪᠣᠯᠤᠨ ᠪᠠᠢᠭᠤᠯᠤᠯᠭ᠎ᠠ ᠶᠢᠨ ᠵᠡᠷᠭᠡ ᠶᠢᠨ ᠠᠵᠢᠯᠯᠠᠭᠤᠯᠤᠯᠲᠠ ᠶᠢ ᠬᠡᠷᠡᠭᠵᠢᠭᠦᠯᠬᠦ ᠂ 3 ᠰᠠᠶ᠎ᠠ ᠠᠵᠢᠯᠯᠠᠭᠤᠯᠤᠯᠲᠠ ᠶᠢ ᠬᠦᠮᠦᠨ ᠦ ᠲᠣᠭ᠎ᠠ ᠳᠤ ᠬᠦᠷᠴᠦ ᠃ ᠬᠦᠮᠦᠨ ᠦ

2016 ᠣᠨ ᠳᠤ ᠵᠢᠯ ᠦᠨ ᠤ ᠡᠴᠡᠰ ᠢ 1 ᠰᠠᠶ᠎ᠠ ᠠᠵᠢᠯᠯᠠᠭᠤᠯᠤᠯᠲᠠ ᠬᠦᠮᠦᠨ ᠦ ᠨᠡᠢᠭᠡᠮ ᠦᠨ ᠠᠵᠢᠯᠲᠠᠨ ᠤ ᠪᠠᠢᠭᠤᠯᠤᠯᠭ᠎ᠠ ᠶᠢ ᠬᠡᠷᠡᠭᠵᠢᠭᠦᠯᠦᠭᠰᠡᠨ ᠪᠠᠢᠨ᠎ᠠ ᠃

ᠬᠠᠮᠤᠭ ᠤᠨ ᠨᠡᠢᠭᠡᠮ ᠦᠨ ᠠᠵᠢᠯᠲᠠᠨ ᠤ ᠬᠠᠮᠠᠭᠠᠯᠠᠯ 2016 ᠣᠨ ᠤ 10 ᠰᠠᠷ᠎ᠠ ᠳᠤ ᠂ ᠰᠢᠨ᠎ᠡ ᠪᠡᠷ ᠨᠡᠢᠭᠡᠮ ᠦᠨ ᠠᠵᠢᠯᠲᠠᠨ ᠤ ᠬᠠᠮᠠᠭᠠᠯᠠᠯ ᠤᠨ ᠪᠠᠢᠭᠤᠯᠤᠯᠭ᠎ᠠ ᠪᠠᠷ ᠬᠡᠷᠡᠭᠵᠢᠭᠦᠯᠦᠭᠰᠡᠨ ᠨᠡᠢᠭᠡᠮ ᠦᠨ ᠬᠠᠮᠠᠭᠠᠯᠠᠯ ᠤᠨ ᠲᠣᠭᠲᠠᠭᠠᠯ ᠢ 2017 ᠣᠨ ᠤ 7 ᠰᠠᠷ᠎ᠠ ᠳᠤ ᠬᠡᠷᠡᠭᠵᠢᠭᠦᠯᠦᠭᠰᠡᠨ ᠪᠠᠢᠨ᠎ᠠ ᠃

ᠬᠠᠮᠠᠭᠠᠯᠠᠯ ᠤᠨ ᠬᠡᠷᠡᠭᠵᠢᠭᠦᠯᠦᠯᠲᠡ ᠶᠢᠨ ᠲᠣᠭᠲᠠᠭᠠᠯ ᠂ ᠠᠵᠢᠯᠲᠠᠨ ᠂ ᠪᠠᠢᠭᠤᠯᠤᠯᠭ᠎ᠠ ᠂ ᠠᠵᠢᠯᠯᠠᠭᠤᠯᠤᠯᠲᠠ ᠂ ᠪᠣᠯᠪᠠᠰᠤᠷᠠᠯ ᠂ ᠨᠡᠢᠭᠡᠮ ᠦᠨ ᠠᠵᠢᠯᠲᠠᠨ ᠤ ᠵᠢᠯ ᠦᠨ ᠡᠴᠡᠰ ᠦᠨ ᠬᠠᠮᠠᠭᠠᠯᠠᠯ ᠢ ᠪᠦᠷᠢᠳᠬᠡᠭᠰᠡᠨ ᠂ ᠨᠡᠢᠭᠡᠮ ᠦᠨ ᠂ ᠠᠵᠢᠯᠲᠠᠨ ᠂ ᠪᠣᠯᠤᠨ ᠂ ᠰᠠᠯᠠᠭ᠎ᠠ ᠂ ᠵᠢᠯ ᠳᠦ ᠂ ᠪᠠᠢᠭ᠎ᠠ ᠶᠢᠨ ᠬᠠᠮᠠᠭᠠᠯᠠᠯ ᠤᠨ ᠲᠣᠭ᠎ᠠ ᠬᠤᠪᠢ ᠪᠠᠢᠭᠤᠯᠬᠤ ᠂

【ᠬᠦᠮᠦᠨ ᠲᠣᠭᠠᠴᠠᠭᠤᠯᠬᠤ ᠠᠵᠢᠯ】 ᠠᠵᠢᠯᠯᠠᠭᠤᠯᠤᠯᠲᠠ ᠶᠢᠨ ᠬᠦᠮᠦᠨ ᠦ ᠨᠡᠢᠭᠡᠮ ᠦᠨ ᠠᠵᠢᠯᠲᠠᠨ ᠤ ᠬᠠᠮᠠᠭᠠᠯᠠᠯ 2016 ᠣᠨ ᠤ 9 ᠰᠠᠷ᠎ᠠ ᠳᠤ ᠂ ᠪᠣᠰᠤᠭ᠎ᠠ ᠶᠢᠨ ᠪᠦᠬᠦ 3012 ᠪᠠᠢᠭ᠎ᠠ ᠬᠦᠮᠦᠨ ᠂ ᠬᠦᠮᠦᠨ ᠦ ᠲᠣᠭ᠎ᠠ ᠪᠠᠢᠭ᠎ᠠ 2641 ᠶᠤᠸᠠᠨ ᠪᠣᠯᠤᠨ᠎ᠠ ᠃ ᠠᠵᠢᠯᠯᠠᠭᠤᠯᠤᠯᠲᠠ 1405 ᠶᠤᠸᠠᠨ ᠂ ᠨᠡᠢᠭᠡᠮ ᠦᠨ ᠠᠵᠢᠯᠲᠠᠨ ᠤ ᠬᠠᠮᠠᠭᠠᠯᠠᠯ ᠳᠤ ᠪᠣᠯᠤᠨ ᠠᠵᠢᠯᠯᠠᠭᠤᠯᠤᠯᠲᠠ 161 ᠶᠤᠸᠠᠨ ᠂ ᠨᠡᠢᠭᠡᠮ ᠦᠨ ᠠᠵᠢᠯᠯᠠᠭᠤᠯᠤᠯᠲᠠ 5898 ᠶᠤᠸᠠᠨ ᠂ ᠬᠦᠮᠦᠨ ᠪᠠᠢᠭᠤᠯᠤᠯᠭ᠎ᠠ ᠶᠢᠨ ᠠᠵᠢᠯᠯᠠᠭᠤᠯᠤᠯᠲᠠ 17380 ᠶᠤᠸᠠᠨ ᠂ ᠬᠦᠮᠦᠨ ᠦ ᠠᠵᠢᠯᠯᠠᠭᠤᠯᠤᠯᠲᠠ 7943 ᠶᠤᠸᠠᠨ ᠂ ᠪᠣᠯᠤᠨ ᠠᠵᠢᠯᠯᠠᠭᠤᠯᠤᠯᠲᠠ ᠳᠤ ᠪᠣᠯᠤᠨ ᠠᠵᠢᠯᠯᠠᠭᠤᠯᠤᠯᠲᠠ 37268 ᠶᠤᠸᠠᠨ ᠪᠣᠯ ᠂ ᠵᠢᠯ ᠳᠦ ᠲᠣᠭᠠᠴᠠᠭᠤᠯᠬᠤ ᠶᠢ ᠪᠣᠯᠤᠨ ᠪᠠᠢᠭ᠎ᠠ 4481 ᠨᠡᠢᠭᠡᠮ ᠦᠨ ᠠᠵᠢᠯᠯᠠᠭᠤᠯᠤᠯᠲᠠ 1 ᠰᠠᠶ᠎ᠠ ᠂ ᠪᠠᠢᠭ᠎ᠠ ᠶᠢᠨ ᠬᠠᠮᠠᠭᠠᠯᠠᠯ ᠤᠨ ᠠᠵᠢᠯᠯᠠᠭᠤᠯᠤᠯᠲᠠ 1 ᠰᠠᠶ᠎ᠠ ᠪᠣᠯ ᠃

ᠬᠡᠷᠡᠭᠯᠡᠭᠴᠢᠳ ᠦᠨ ᠲᠣᠭ᠎ᠠ 46 ᠰᠠᠶ᠎ᠠ ᠂ ᠡᠳᠦᠷ ᠦᠨ ᠳᠤᠮᠳᠠ 35 ᠰᠠᠶ᠎ᠠ ᠳᠤ ᠬᠦᠷᠴᠡᠢ ᠂ ᠡᠨᠡ ᠨᠢ ᠵᠢᠯ ᠦᠨ 76% ᠢ ᠡᠵᠡᠯᠡᠵᠡᠢ ᠪᠠᠶᠢᠨ᠎ᠠ ᠃ ᠡᠨᠡ ᠵᠢᠯ ᠦᠨ ᠬᠡᠷᠡᠭᠯᠡᠭᠴᠢ ᠶᠢᠨ ᠲᠣᠭ᠎ᠠ 10 ᠰᠠᠷ᠎ᠠ ᠳᠤ ᠣᠷᠭᠢᠯ ᠳᠤ ᠬᠦᠷᠴᠡ ᠂ ᠣᠨ ᠤ ᠡᠳᠦᠷ 8 ᠰᠠᠶ᠎ᠠ ᠪᠣᠯᠵᠠᠢ ᠃ ᠮᠣᠩᠭᠣᠯ ᠬᠡᠯᠡ ᠶᠢᠨ ᠬᠡᠷᠡᠭᠯᠡᠭᠡ ᠶᠢᠨ ᠪᠠᠶᠢᠳᠠᠯ ᠢ ᠦᠵᠡᠪᠡᠯ ᠄ ᠡᠨᠡ ᠨᠢ ᠮᠣᠩᠭᠣᠯ ᠬᠡᠯᠡ ᠪᠡᠷ ᠬᠡᠷᠡᠭᠯᠡᠭᠴᠢᠳ ᠦᠨ ᠬᠠᠮᠤᠭ ᠤᠨ ᠣᠯᠠᠨ ᠬᠡᠰᠡᠭ ᠢ ᠡᠵᠡᠯᠡᠵᠡᠢ ᠃ ᠮᠣᠩᠭᠣᠯ ᠬᠡᠯᠡ ᠪᠢᠴᠢᠭ ᠦᠨ ᠬᠡᠷᠡᠭᠯᠡᠭᠡ ᠶᠢᠨ ᠪᠠᠶᠢᠳᠠᠯ ᠢ ᠲᠤᠰᠬᠠᠶ ᠰᠤᠳᠤᠯᠵᠤ ᠪᠠᠶᠢᠨ᠎ᠠ ᠃

ᠠᠷᠠᠳ ᠤᠨ ᠰᠠᠨᠠᠯ ᠬᠦᠰᠡᠯᠲᠡ ᠶᠢᠨ ᠰᠤᠳᠤᠯᠭ᠎ᠠ 2016 ᠣᠨ ᠤ ᠡᠴᠦᠰ ᠬᠦᠷᠲᠡᠯᠡ ᠮᠣᠩᠭᠣᠯ ᠬᠡᠯᠡ ᠶᠢᠨ ᠪᠠᠶᠢᠭᠤᠯᠤᠯᠲᠠ ᠶᠢᠨ ᠬᠡᠷᠡᠭᠯᠡᠭᠡ ᠶᠢᠨ ᠲᠣᠭ᠎ᠠ ᠨᠢ 2016 ᠣᠨ ᠤ ᠭᠤᠷᠪᠠᠳᠤᠭᠠᠷ ᠤᠯᠢᠷᠠᠯ ᠤᠨ ᠲᠣᠭ᠎ᠠ ᠲᠠᠢ ᠬᠠᠷᠢᠴᠠᠭᠤᠯᠪᠠᠯ 8.5% ᠥᠰᠦᠭᠰᠡᠨ ᠂ ᠣᠨ ᠤ ᠡᠬᠢᠨ ᠦ ᠲᠣᠭ᠎ᠠ ᠳᠠᠭᠠᠨ 83.2% ᠂ ᠬᠡᠷᠡᠭᠯᠡᠭᠴᠢᠳ ᠦᠨ ᠲᠣᠭ᠎ᠠ 75.6% ᠪᠣᠯᠵᠠᠢ ᠃

ᠬᠡᠪᠯᠡᠯ ᠦᠨ ᠦᠶᠯᠡᠳᠪᠦᠷᠢ ᠶᠢᠨ ᠲᠣᠭ᠎ᠠ 2016 ᠣᠨ ᠤ 6 ᠰᠠᠷ᠎ᠠ ᠳᠤ ᠪᠠᠶᠢᠳᠠᠯ ᠢᠶᠠᠷ ᠮᠣᠩᠭᠣᠯ ᠬᠡᠯᠡ ᠶᠢᠨ ᠬᠡᠪᠯᠡᠯ ᠦᠨ ᠦᠶᠯᠡᠳᠪᠦᠷᠢ ᠶᠢᠨ ᠬᠡᠮᠵᠢᠶ᠎ᠡ ᠪᠠᠨ ᠥᠷᠭᠡᠳᠬᠡᠵᠦ ᠂ ᠰᠤᠳᠤᠯᠤᠯ ᠬᠡᠪᠯᠡᠯ ᠦᠨ ᠰᠢᠨᠵᠢᠯᠡᠯ ᠢ ᠨᠡᠶᠢᠲᠡᠯᠡᠭᠰᠡᠨ ᠶᠤᠮ ᠪᠠ ᠃

(ᠪ) ᠮᠣᠩᠭᠣᠯ ᠬᠡᠯᠡ ᠶᠢᠨ ᠰᠦᠯᠵᠢᠶᠡᠨ ᠦ ᠬᠡᠪᠯᠡᠯ ᠦᠨ ᠪᠠᠶᠢᠳᠠᠯ ᠢ ᠰᠢᠨᠵᠢᠯᠡᠭᠰᠡᠨ ᠨᠢ ᠂ ᠮᠣᠩᠭᠣᠯ ᠬᠡᠯᠡ ᠶᠢᠨ ᠵᠠᠩᠭᠢ ᠮᠡᠳᠡᠭᠡ ᠶᠢᠨ ᠰᠤᠷᠠᠭ ᠵᠠᠩᠭᠢ ᠶᠢᠨ ᠰᠦᠯᠵᠢᠶ᠎ᠡ ᠶᠢᠨ ᠪᠠᠶᠢᠳᠠᠯ ᠪᠣᠯᠤᠨ ᠂ ᠮᠣᠩᠭᠣᠯ ᠬᠡᠯᠡ ᠶᠢᠨ 《 ᠮᠣᠩᠭᠣᠯ ᠬᠡᠯᠡ ᠶᠢᠨ ᠰᠦᠯᠵᠢᠶ᠎ᠡ 》 ᠪᠣᠯᠤᠨ 《 ᠮᠣᠩᠭᠣᠯ ᠤᠨ ᠰᠣᠶᠣᠯ ᠤᠨ ᠰᠦᠯᠵᠢᠶ᠎ᠡ 》 ᠵᠡᠷᠭᠡ ᠰᠦᠯᠵᠢᠶ᠎ᠡ ᠶᠢᠨ ᠬᠡᠪᠯᠡᠯ ᠦᠨ ᠭᠠᠵᠠᠷ ᠤᠳ ᠤᠨ ᠮᠣᠩᠭᠣᠯ ᠬᠡᠯᠡ ᠶᠢᠨ 《 ᠮᠣᠩᠭᠣᠯ ᠤᠨ ᠰᠦᠯᠵᠢᠶ᠎ᠡ ᠶᠢᠨ ᠰᠤᠷᠠᠭ ᠵᠠᠩᠭᠢ 》 ᠳᠦ ᠵᠠᠩᠭᠢ ᠮᠡᠳᠡᠭᠡ ᠶᠢᠨ ᠲᠣᠭ᠎ᠠ ᠨᠢ ᠮᠠᠰᠢ ᠣᠯᠠᠨ ᠪᠠᠶᠢᠨ᠎ᠠ ᠃ ᠮᠣᠩᠭᠣᠯ ᠬᠡᠯᠡ ᠶᠢᠨ ᠬᠡᠪᠯᠡᠯ ᠦᠨ ᠭᠠᠵᠠᠷ ᠤᠨ 《 ᠮᠣᠩᠭᠣᠯ ᠤᠨ ᠰᠦᠯᠵᠢᠶ᠎ᠡ ᠶᠢᠨ ᠵᠠᠩᠭᠢ ᠮᠡᠳᠡᠭᠡ 》 ᠪᠣᠯᠤᠨ ᠮᠣᠩᠭᠣᠯ ᠬᠡᠯᠡ ᠶᠢᠨ ᠵᠠᠩᠭᠢ ᠶᠢᠨ ᠬᠡᠪᠯᠡᠯ ᠦᠨ ᠪᠠᠶᠢᠳᠠᠯ ᠢ ᠨᠡᠶᠢᠲᠡᠯᠡᠭᠰᠡᠨ ᠪᠠᠶᠢᠨ᠎ᠠ ᠃ 2016 ᠣᠨ ᠤ ᠡᠳᠦᠷ ᠦᠨ ᠵᠠᠩᠭᠢ ᠶᠢᠨ 《 ᠮᠣᠩᠭᠣᠯ ᠬᠡᠯᠡ ᠶᠢᠨ ᠰᠦᠯᠵᠢᠶᠡᠨ ᠦ ᠵᠠᠩᠭᠢ 》 ᠪᠣᠯᠤᠨ ᠰᠦᠯᠵᠢᠶ᠎ᠡ ᠶᠢᠨ ᠬᠡᠪᠯᠡᠯ ᠦᠨ ᠦᠶᠯᠡᠳᠪᠦᠷᠢ ᠶᠢᠨ ᠲᠣᠭ᠎ᠠ ᠨᠢ ᠮᠠᠰᠢ ᠣᠯᠠᠨ ᠪᠠᠶᠢᠨ᠎ᠠ ᠃

2016 ᠣᠨ ᠤ ᠡᠳᠦᠷ ᠤᠨ ᠵᠠᠩᠭᠢ ᠶᠢᠨ 《 ᠮᠣᠩᠭᠣᠯ ᠬᠡᠯᠡ ᠶᠢᠨ ᠰᠦᠯᠵᠢᠶ᠎ᠡ ᠶᠢᠨ ᠰᠤᠷᠠᠭ ᠵᠠᠩᠭᠢ 》 ᠳᠦ ᠨᠡᠶᠢᠲᠡᠯᠡᠭᠰᠡᠨ ᠵᠠᠩᠭᠢ ᠶᠢᠨ ᠲᠣᠭ᠎ᠠ ᠨᠢ 5 ᠮᠢᠩᠭ᠎ᠠ ᠬᠦᠷᠴᠡᠢ ᠃

ᠠᠳᠠᠯᠢ ᠪᠤᠰᠤ ᠬᠡᠷᠡᠭᠯᠡᠭᠡ ᠶᠢᠨ ᠪᠠᠶᠢᠳᠠᠯ ᠢ ᠰᠢᠨᠵᠢᠯᠡᠭᠰᠡᠨ ᠪᠠᠶᠢᠳᠠᠯ ᠢᠶᠠᠷ ᠂ ᠬᠡᠷᠡᠭᠯᠡᠭᠴᠢᠳ ᠦᠨ ᠣᠯᠠᠨ ᠬᠡᠰᠡᠭ ᠨᠢ ᠬᠡᠷᠡᠭᠯᠡᠭᠡ ᠶᠢᠨ ᠰᠢᠨᠵᠢᠯᠡᠯ ᠢ ᠬᠢᠵᠦ ᠪᠠᠶᠢᠨ᠎ᠠ ᠃

ᠰᠤᠷᠭᠠᠭᠤᠯᠢ ᠶᠢᠨ ᠬᠡᠷᠡᠭᠯᠡᠭᠡ ᠶᠢᠨ ᠲᠣᠭ᠎ᠠ 7 ᠂ ᠮᠡᠷᠭᠡᠵᠢᠯ ᠦᠨ ᠰᠤᠷᠭᠠᠭᠤᠯᠢ ᠶᠢᠨ 523 ᠬᠡᠷᠡᠭᠯᠡᠭᠴᠢ ᠂ 1 ᠂ ᠣᠨ ᠤ ᠬᠡᠷᠡᠭᠯᠡᠭᠡ ᠶᠢᠨ ᠲᠣᠭ᠎ᠠ 4 ᠂ ᠮᠣᠩᠭᠣᠯ ᠬᠡᠯᠡ ᠶᠢᠨ ᠰᠢᠨᠵᠢᠯᠡᠭᠡ ᠶᠢᠨ ᠲᠣᠭ᠎ᠠ 12 ᠲᠣᠭ᠎ᠠ ᠂ ᠬᠡᠷᠡᠭᠯᠡᠭᠡ ᠶᠢᠨ ᠲᠣᠭ᠎ᠠ 30 ᠲᠣᠭ᠎ᠠ ᠪᠣᠯᠵᠠᠢ ᠂ ᠰᠢᠨᠵᠢᠯᠡᠭᠡ ᠶᠢᠨ ᠬᠡᠷᠡᠭᠯᠡᠭᠡ ᠂ ᠰᠢᠨᠵᠢᠯᠡᠭᠡ ᠶᠢᠨ ᠲᠣᠭ᠎ᠠ 2016 ᠣᠨ ᠳᠤ ᠬᠡᠷᠡᠭᠯᠡᠭᠡ ᠶᠢᠨ ᠲᠣᠭ᠎ᠠ ᠨᠢ ᠮᠠᠰᠢ ᠣᠯᠠᠨ ᠪᠣᠯᠵᠠᠢ ᠃ ᠰᠢᠨᠵᠢᠯᠡᠭᠡ ᠶᠢᠨ ᠬᠡᠮᠵᠢᠶ᠎ᠡ 80 ᠲᠣᠭ᠎ᠠ ᠳᠤ ᠬᠦᠷᠴᠡ 《 ᠮᠣᠩᠭᠣᠯ ᠬᠡᠯᠡ 》 ᠶᠢᠨ ᠬᠡᠷᠡᠭᠯᠡᠭᠡ ᠶᠢᠨ 95 ᠲᠣᠭ᠎ᠠ ᠳᠤ ᠬᠦᠷᠴᠡᠢ ᠃ ᠡᠨᠡ ᠨᠢ ᠮᠣᠩᠭᠣᠯ ᠬᠡᠯᠡ ᠶᠢᠨ ᠬᠡᠷᠡᠭᠯᠡᠭᠡ ᠶᠢᠨ 80 ᠲᠣᠭ᠎ᠠ ᠳᠤ ᠬᠦᠷᠴᠡᠢ ᠃ 《 ᠮᠣᠩᠭᠣᠯ ᠬᠡᠯᠡ ᠶᠢᠨ ᠰᠦᠯᠵᠢᠶ᠎ᠡ 》 ᠶᠢᠨ ᠬᠡᠷᠡᠭᠯᠡᠭᠡ ᠶᠢᠨ ᠪᠠᠶᠢᠳᠠᠯ ᠢ ᠰᠢᠨᠵᠢᠯᠡᠭᠰᠡᠨ ᠪᠠᠶᠢᠨ᠎ᠠ ᠃ 2016 ᠣᠨ ᠤ 3 ᠰᠠᠷ᠎ᠠ ᠳᠤ ᠮᠣᠩᠭᠣᠯ ᠬᠡᠯᠡ ᠶᠢᠨ

ᠬᠡᠷᠡᠭᠯᠡᠭᠡ ᠶᠢᠨ ᠲᠣᠭ᠎ᠠ 110 ᠲᠣᠭ᠎ᠠ ( ᠬᠤᠷᠠᠯ ᠪᠠᠭᠤᠯᠭᠠᠬᠤ ᠠᠵᠢᠯᠯᠠᠭᠠᠨ ᠬᠤᠷᠠᠯ ᠤᠨ ᠲᠣᠭ᠎ᠠ 321 ᠲᠣᠭ᠎ᠠ ᠂ ᠬᠤᠷᠠᠯ ᠳᠤ ᠄ ᠬᠤᠷᠠᠯ ᠬᠡᠷᠡᠭᠯᠡᠭᠡ 181 ᠲᠣᠭ᠎ᠠ ᠂ ᠠᠵᠢᠯᠯᠠᠭᠠᠨ ᠬᠤᠷᠠᠯ 30 ᠲᠣᠭ᠎ᠠ ) ᠂ ᠬᠡᠷᠡᠭᠯᠡᠭᠡ ᠶᠢᠨ ᠬᠡᠮᠵᠢᠶ᠎ᠡ ᠨᠢ ᠬᠠᠷᠢᠴᠠᠩᠭᠤᠢ 62.9% ᠂ 54% ᠂ 28.6% ᠢ ᠡᠵᠡᠯᠡᠵᠡᠢ ᠃

ᠰᠤᠷᠭᠠᠭᠤᠯᠢ ᠶᠢᠨ ᠬᠡᠷᠡᠭᠯᠡᠭᠡ ᠶᠢᠨ ᠲᠣᠭ᠎ᠠ ᠮᠣᠩᠭᠣᠯ ᠬᠡᠯᠡ ᠶᠢᠨ ᠰᠦᠯᠵᠢᠶ᠎ᠡ ᠶᠢᠨ ᠬᠡᠷᠡᠭᠯᠡᠭᠡ ᠶᠢᠨ 5 ᠮᠢᠩᠭ᠎ᠠ ᠶᠢᠨ ᠬᠡᠷᠡᠭᠯᠡᠭᠡ ᠶᠢᠨ ᠪᠠᠶᠢᠳᠠᠯ ᠂ ᠮᠣᠩᠭᠣᠯ ᠬᠡᠯᠡ ᠶᠢᠨ ᠰᠢᠨᠵᠢᠯᠡᠭᠡ ᠂ ᠬᠡᠷᠡᠭᠯᠡᠭᠡ ᠶᠢᠨ ᠲᠣᠭ᠎ᠠ ᠂ ᠰᠢᠨᠵᠢᠯᠡᠭᠡ ᠶᠢᠨ ᠲᠣᠭ᠎ᠠ ( ᠵᠢᠱᠢᠶ᠎ᠡ ᠨᠢ ᠂ ᠮᠣᠩᠭᠣᠯ ᠬᠡᠯᠡ ᠶᠢᠨ ᠰᠢᠨᠵᠢᠯᠡᠭᠡ 1 ( ᠮᠣᠩᠭᠣᠯ ᠬᠡᠯᠡ ᠶᠢᠨ ᠰᠦᠯᠵᠢᠶ᠎ᠡ ᠶᠢᠨ

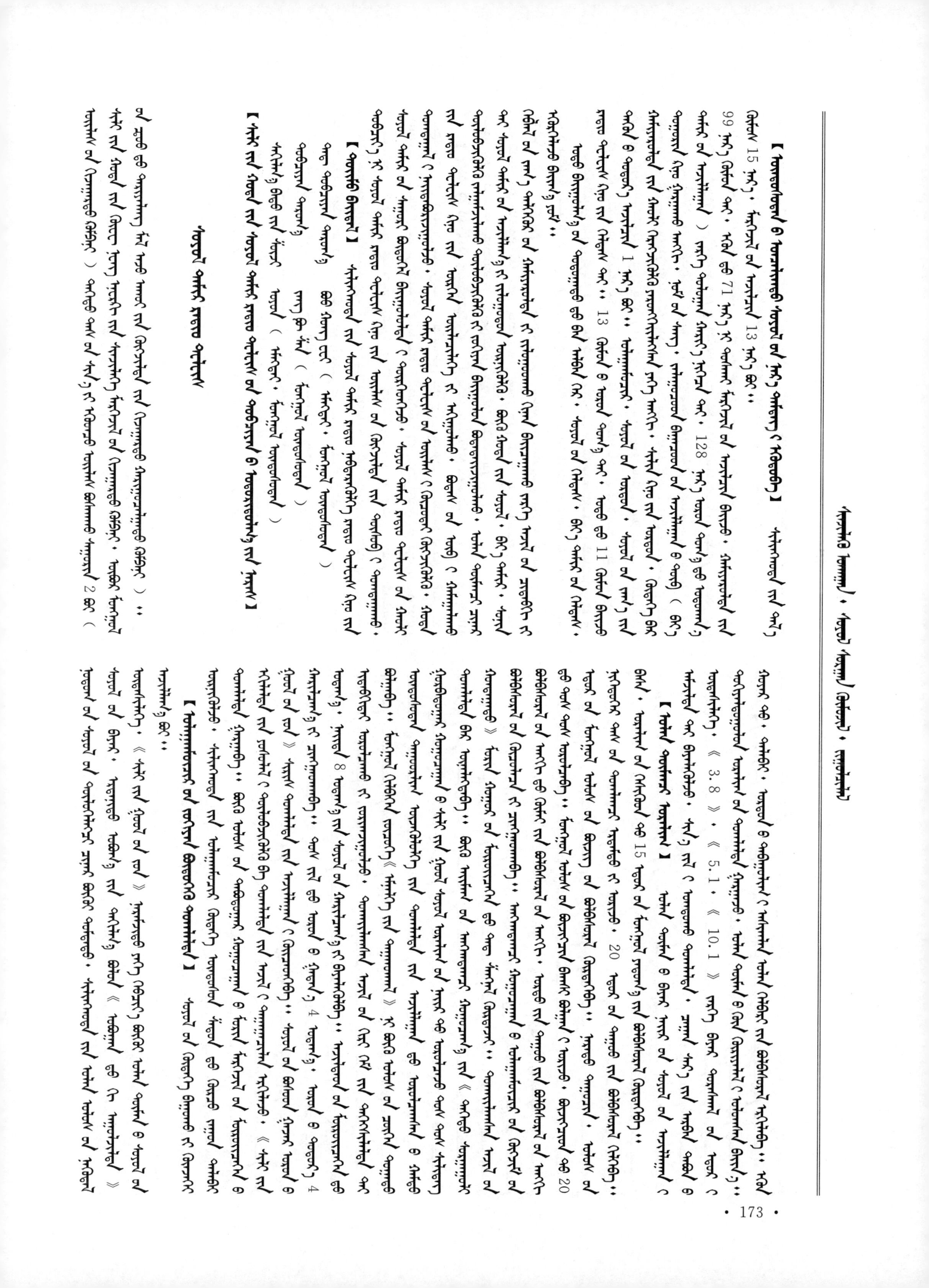

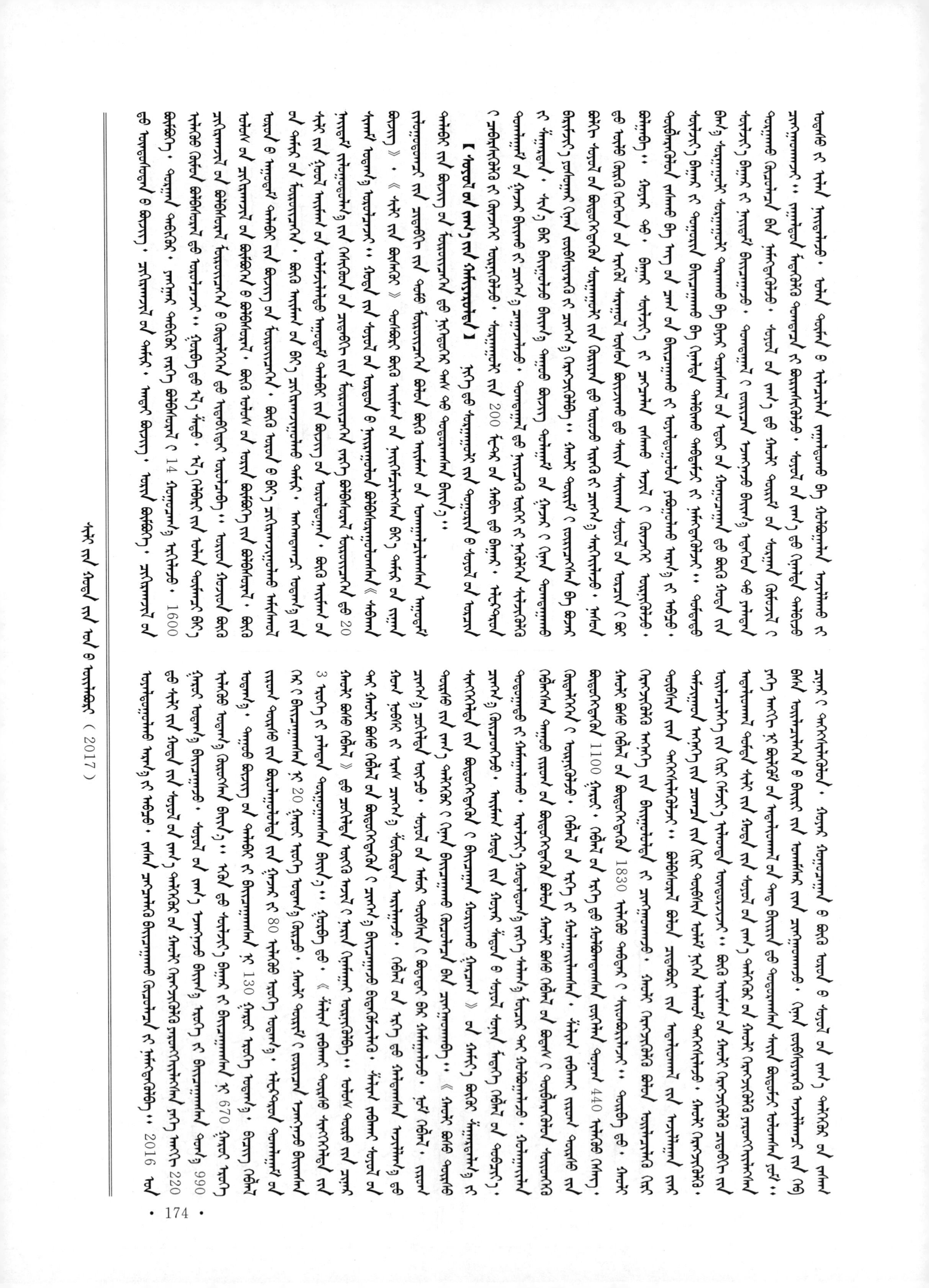

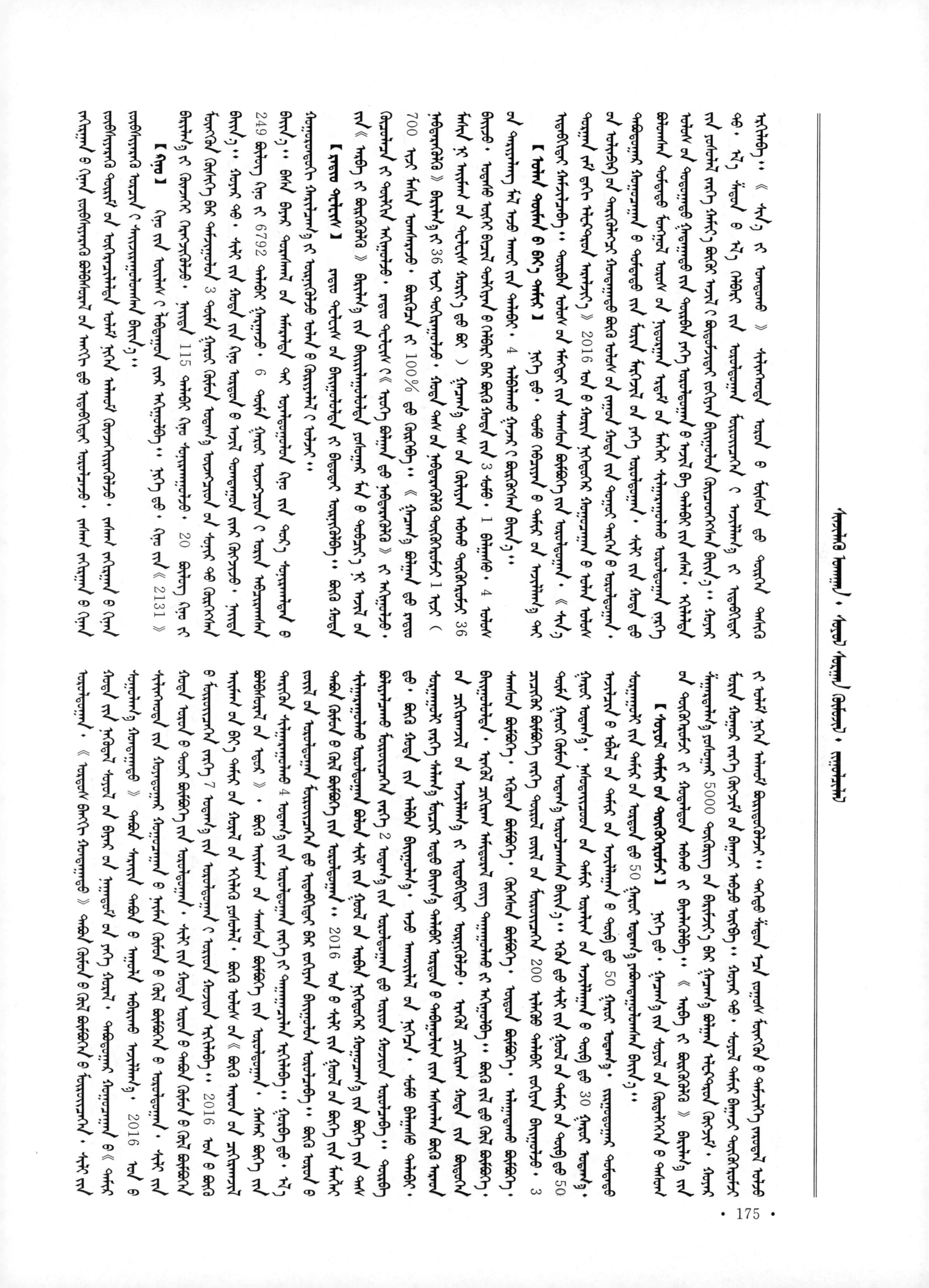

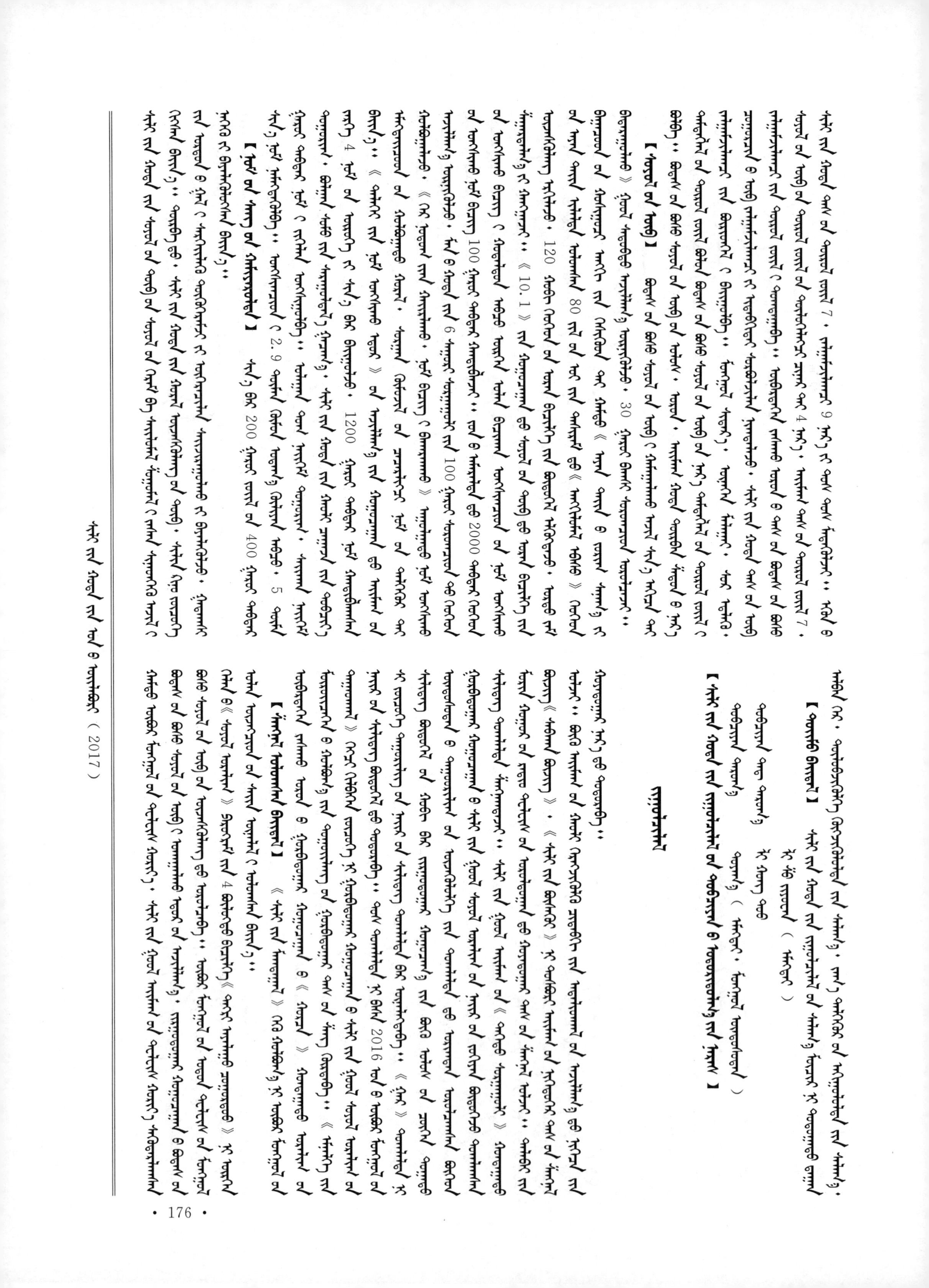

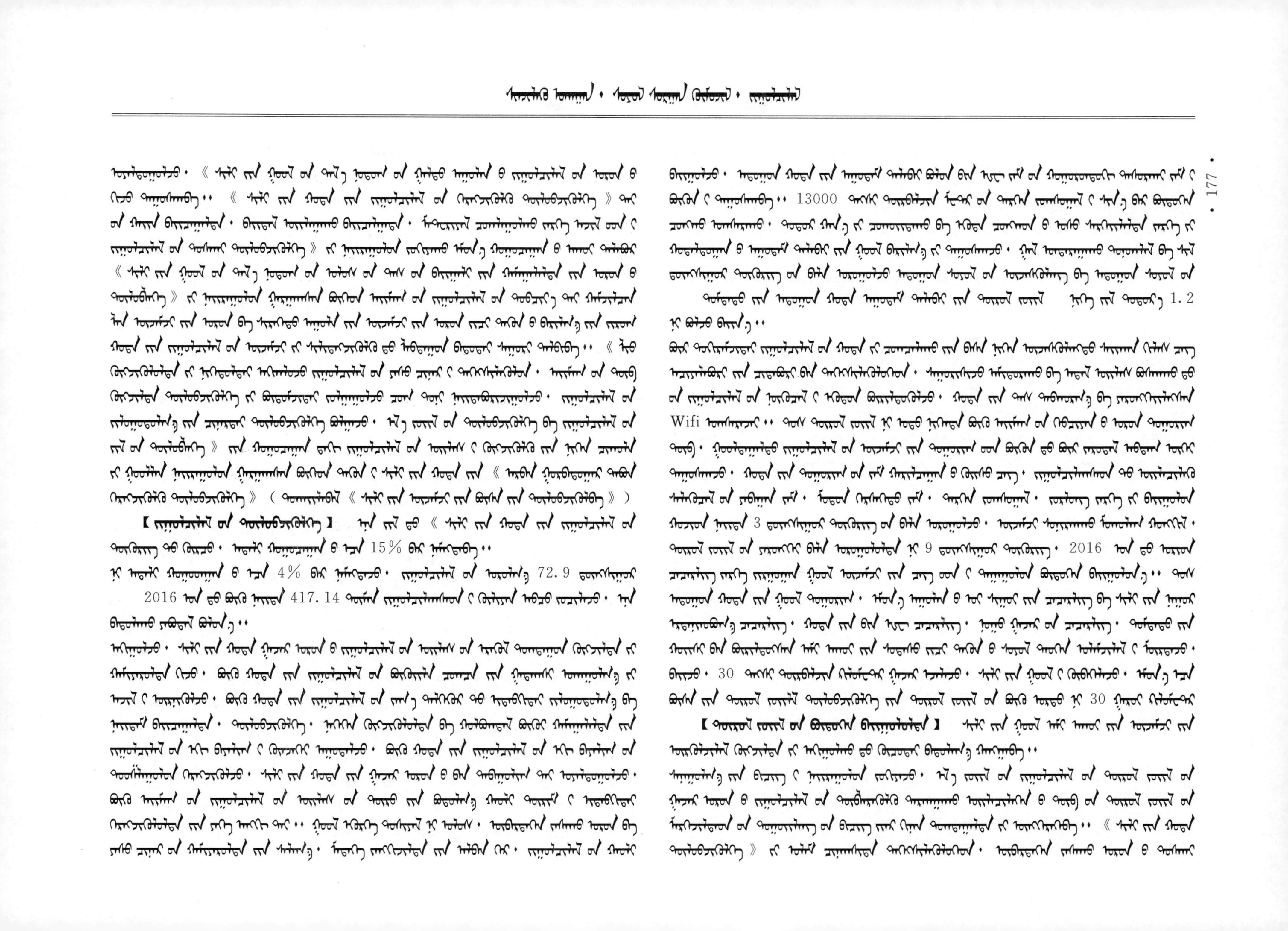

[illegible] 《 [illegible] 》 [illegible] 《 [illegible] 》 [illegible] 《 [illegible] 》 [illegible] 《 [illegible] 》 [illegible] 《 [illegible] 》 [illegible] 《 [illegible] 》 [illegible] 《 [illegible] 》 ( [illegible] 《 [illegible] 》 )

【 [illegible] 】 [illegible] 《 [illegible] 15% [illegible] 4% [illegible] 72.9 [illegible]

2016 [illegible] 417.14 [illegible]

[illegible]

[illegible] 13000 [illegible]

[illegible] 1.2 [illegible]

[illegible] Wifi [illegible] 3 [illegible] 9 [illegible] 2016 [illegible] 30 [illegible] 30 [illegible]

【 [illegible] 】 [illegible]

[illegible] 《 [illegible] 》 [illegible]

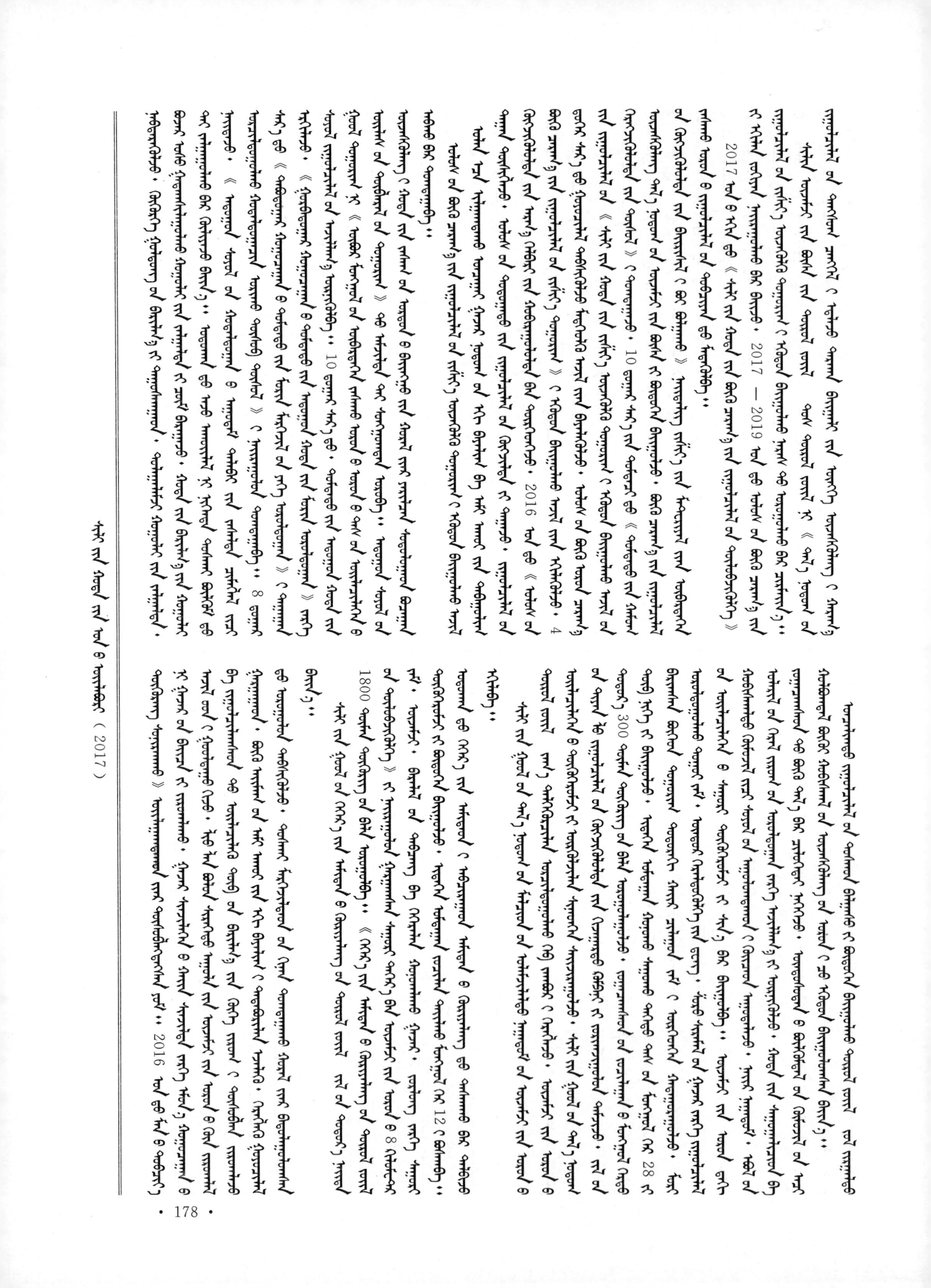

[illegible]

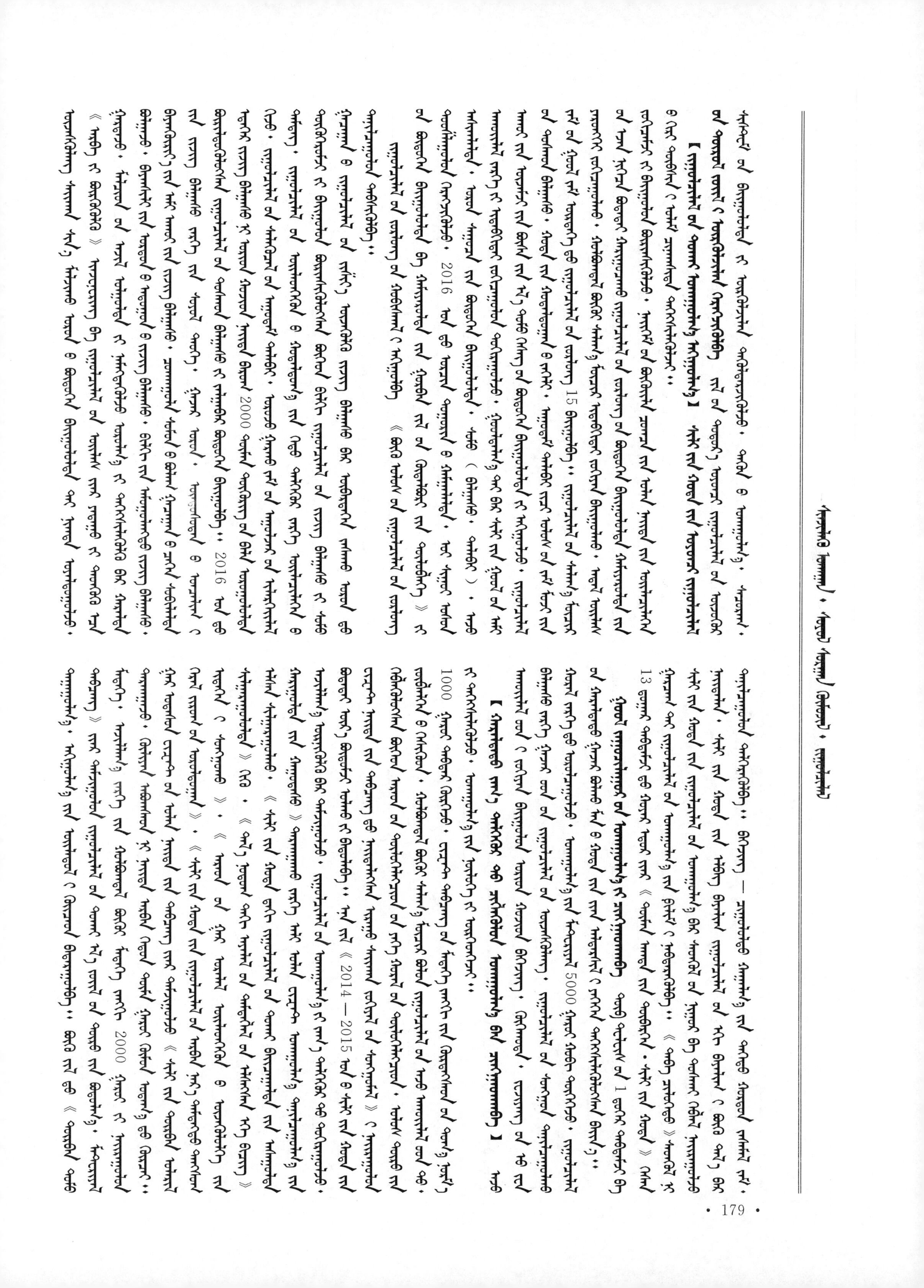

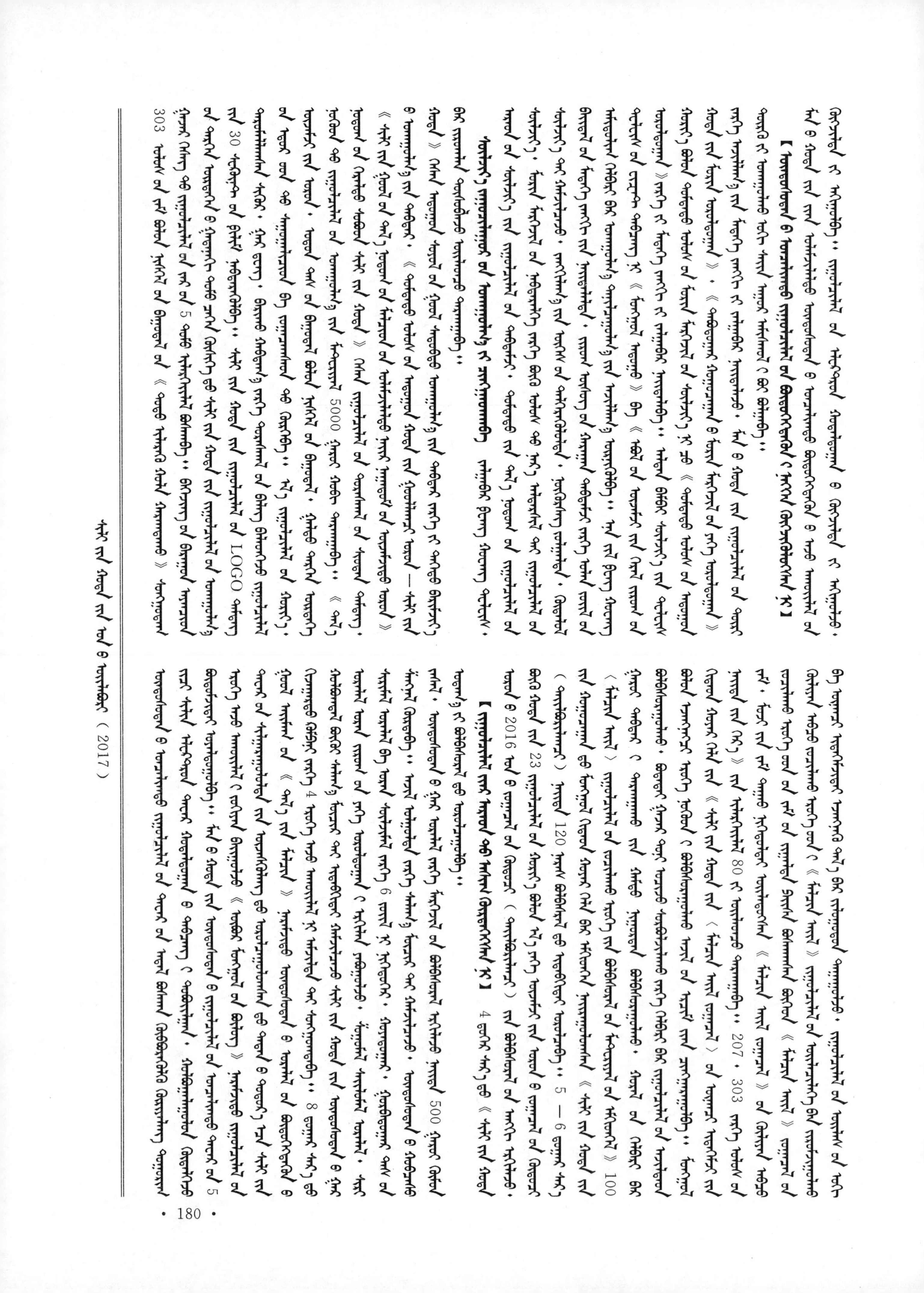

[illegible]

【[illegible]】

[illegible] 《[illegible]》 [illegible] 80 [illegible] 207 · 303 [illegible] 100 [illegible] 120 [illegible] 5 — 6 [illegible] 23 [illegible] 2016 [illegible]

【[illegible]】 4 [illegible] 500 [illegible] 6 [illegible] 4 [illegible] 8 [illegible] 5 [illegible]

[illegible] 5000 [illegible] 30 [illegible] LOGO [illegible] 5 [illegible] 303 [illegible]

ᠤᠷᠲᠤ ᠶᠢᠨ ᠡᠮᠬᠢᠳᠬᠡᠯ ᠳᠦ ᠪᠢᠴᠢᠭ ᠦᠨ 11 ᠵᠦᠢᠯ ᠪᠦᠷᠢᠯᠳᠦᠭᠦᠯᠦᠭᠰᠡᠨ᠃᠃ ᠲᠡᠭᠦᠨ ᠦ ᠳᠣᠲᠣᠷᠠ 13 ᠵᠦᠢᠯ᠂ ᠲᠡᠭᠦᠨ ... 33 ᠵᠦᠢᠯ᠂ ... ᠬᠡᠪᠯᠡᠯ 《 ... 》... 5 — 6 ... ( ... ) ... 《 ... 》 ...

4 ... 《 ... ( ... ) 》 ...

3 ... 100% ᠢᠶᠡᠷ ... ᠃᠃

ᠭᠤᠷᠪᠠᠨ ... 3 ᠳᠤ ... 10 ... 1 ... 2 ... 1 ... 1 ... 55 ... 270 ... 70 ... 11 ... 《 ... 》 ... ( ... ) ...

【 ... 】

... ᠃᠃

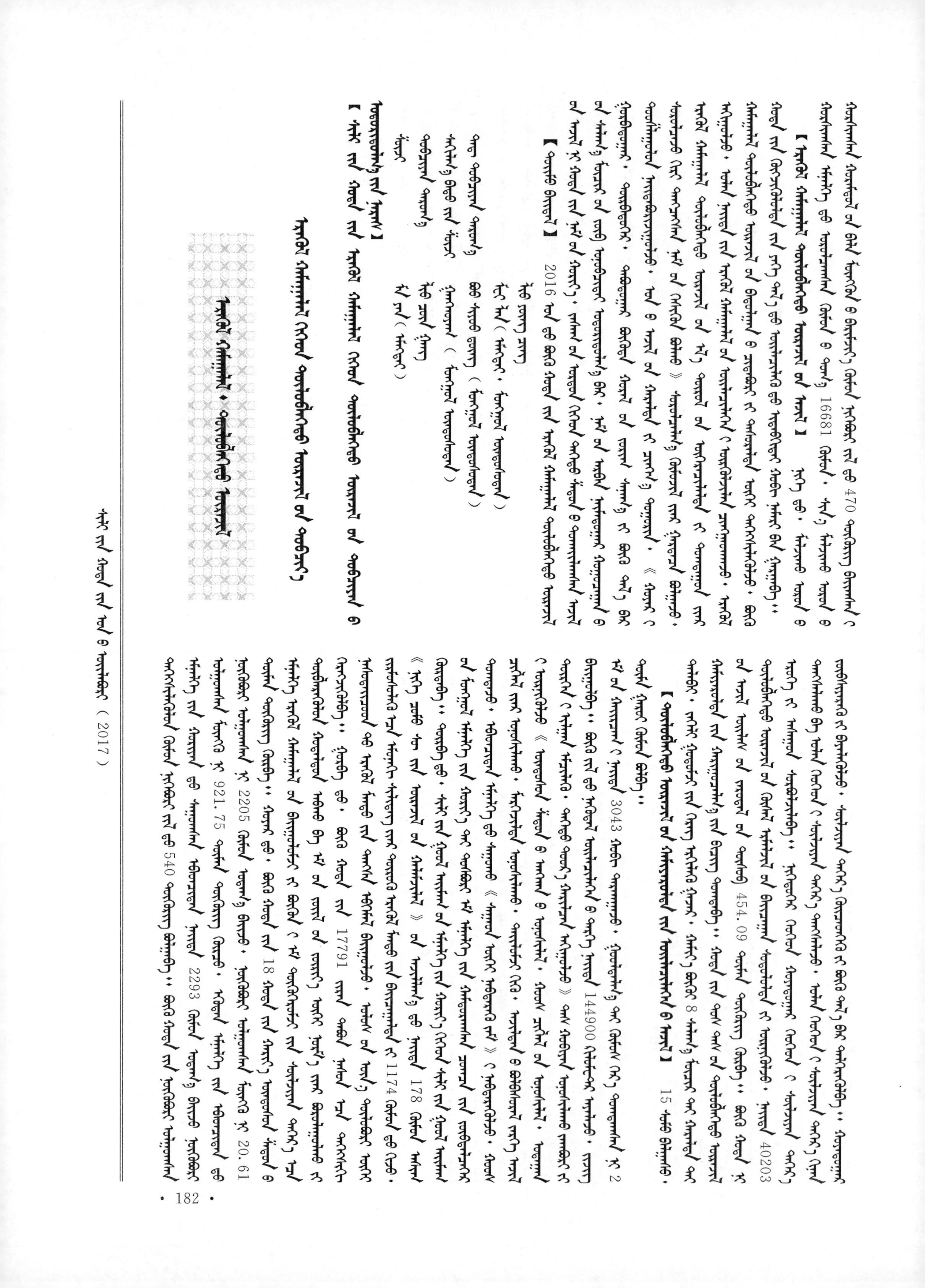

# [illegible]

【[illegible]】

[illegible]

【[illegible]】 2016 [illegible]

[illegible] 470 [illegible] 16681 [illegible]

【[illegible]】 [illegible]

[illegible] 40203 [illegible] 454.09 [illegible] 8 [illegible]

【[illegible]】 15 [illegible]

[illegible] 2 [illegible] 3043 [illegible] 144900 [illegible] 178 [illegible] 1174 [illegible] 17791 [illegible] 18 [illegible] 2205 [illegible] 921.75 [illegible] 20.61 [illegible] 2293 [illegible] 540 [illegible]

《3.8》 · 《6.1》 PADIS 41000 632 420 48 《B》 5361499

[illegible]

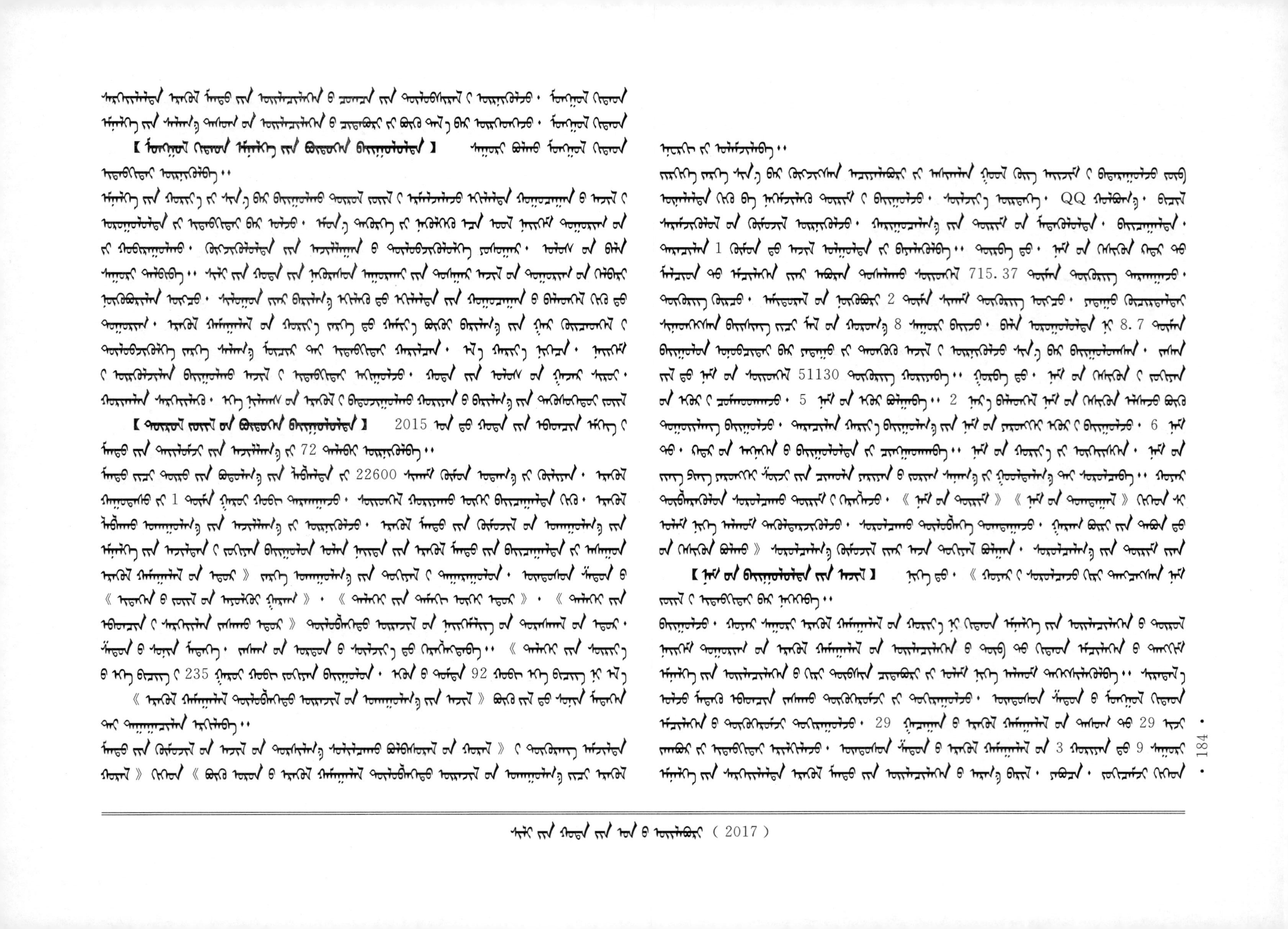

[illegible]
[illegible]
【[illegible]】 [illegible]
[illegible]

[illegible]

【[illegible]】 2015 [illegible]
[illegible] 72 [illegible]

[illegible] 22600 [illegible]
[illegible] 1 [illegible]
[illegible]
《[illegible]》 · 《[illegible]》 · 《[illegible]》 [illegible]
[illegible] 235 [illegible] 92 [illegible]
《[illegible]》 [illegible]

[illegible] 《[illegible]》 [illegible] 《[illegible]

[illegible]
[illegible] · QQ [illegible]
[illegible] 1 [illegible]
[illegible] 715.37 [illegible]
[illegible] 2 [illegible]
[illegible] 8 [illegible] 8.7 [illegible]
[illegible] 51130 [illegible]
[illegible] 5 [illegible] 2 [illegible]
[illegible] 6 [illegible]
[illegible] 《[illegible]》 《[illegible]》 [illegible]
[illegible] 《[illegible]》 [illegible]

【[illegible]】 [illegible] 《[illegible]

[illegible] 29 [illegible] 29 [illegible]
[illegible] 3 [illegible] 9 [illegible]
[illegible]

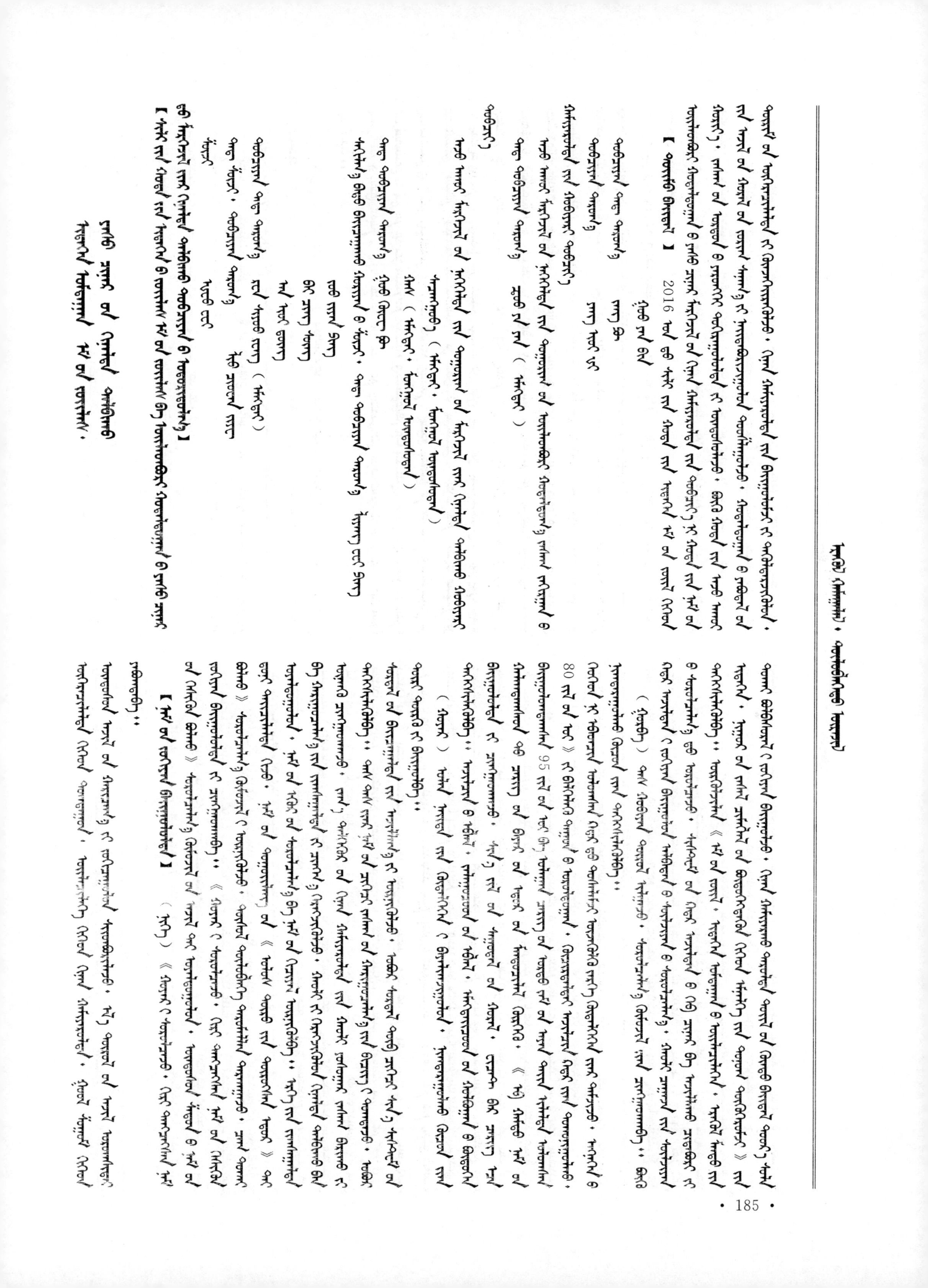

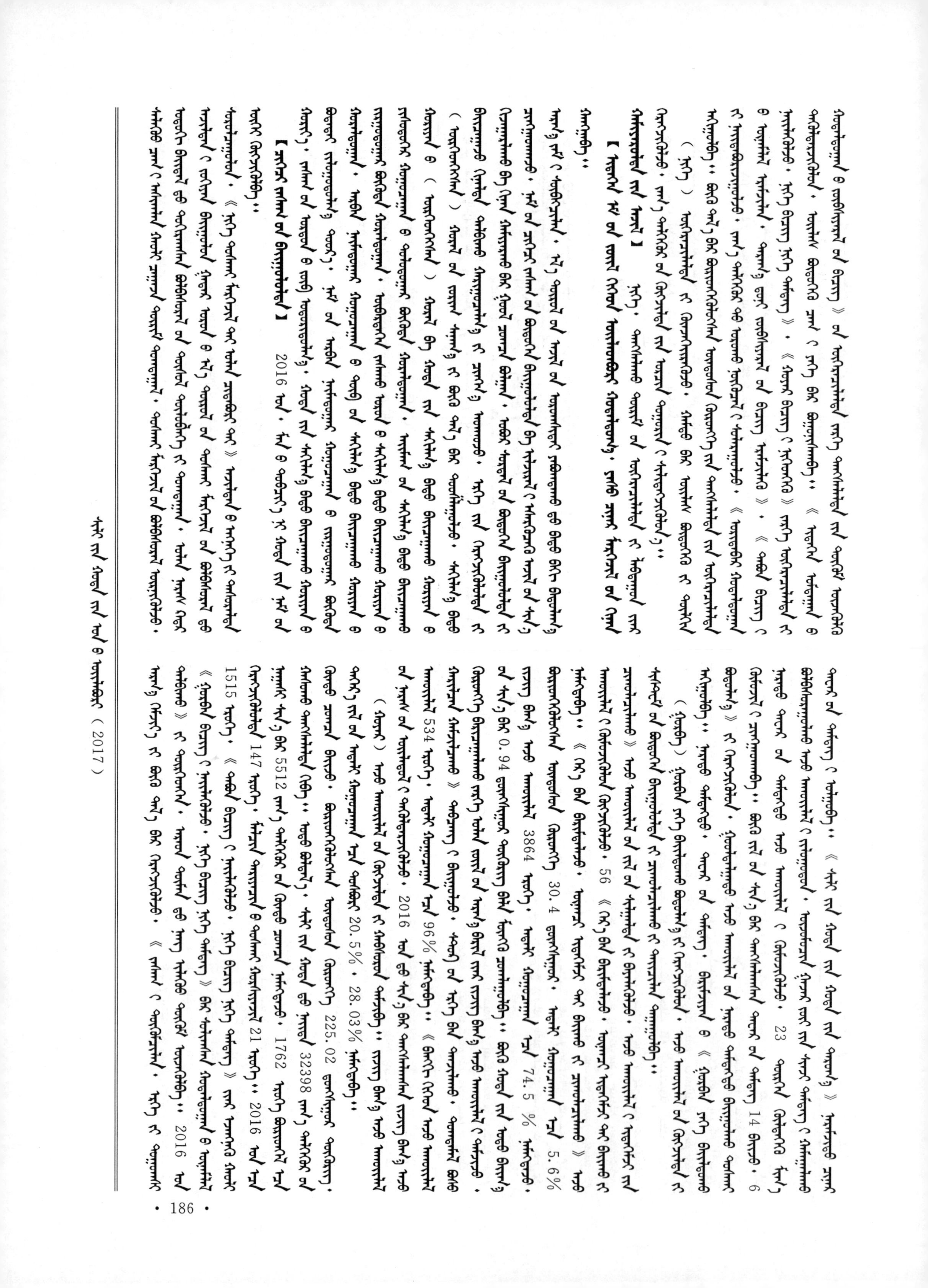

[illegible] 23 [illegible] 14 [illegible] 6 [illegible]

[illegible] 56 [illegible] 30.4 [illegible] 5.6% [illegible] 3864 [illegible] 74.5 % [illegible] 0.94 [illegible] 534 [illegible] 96% [illegible] 2016 [illegible] 20.5% · 28.03% [illegible]

[illegible] 225.02 [illegible] 32398 [illegible] 5512 [illegible] 1762 [illegible] 147 [illegible] 21 [illegible] 2016 [illegible] 1515 [illegible] 2016 [illegible]

[illegible] 2016 [illegible]

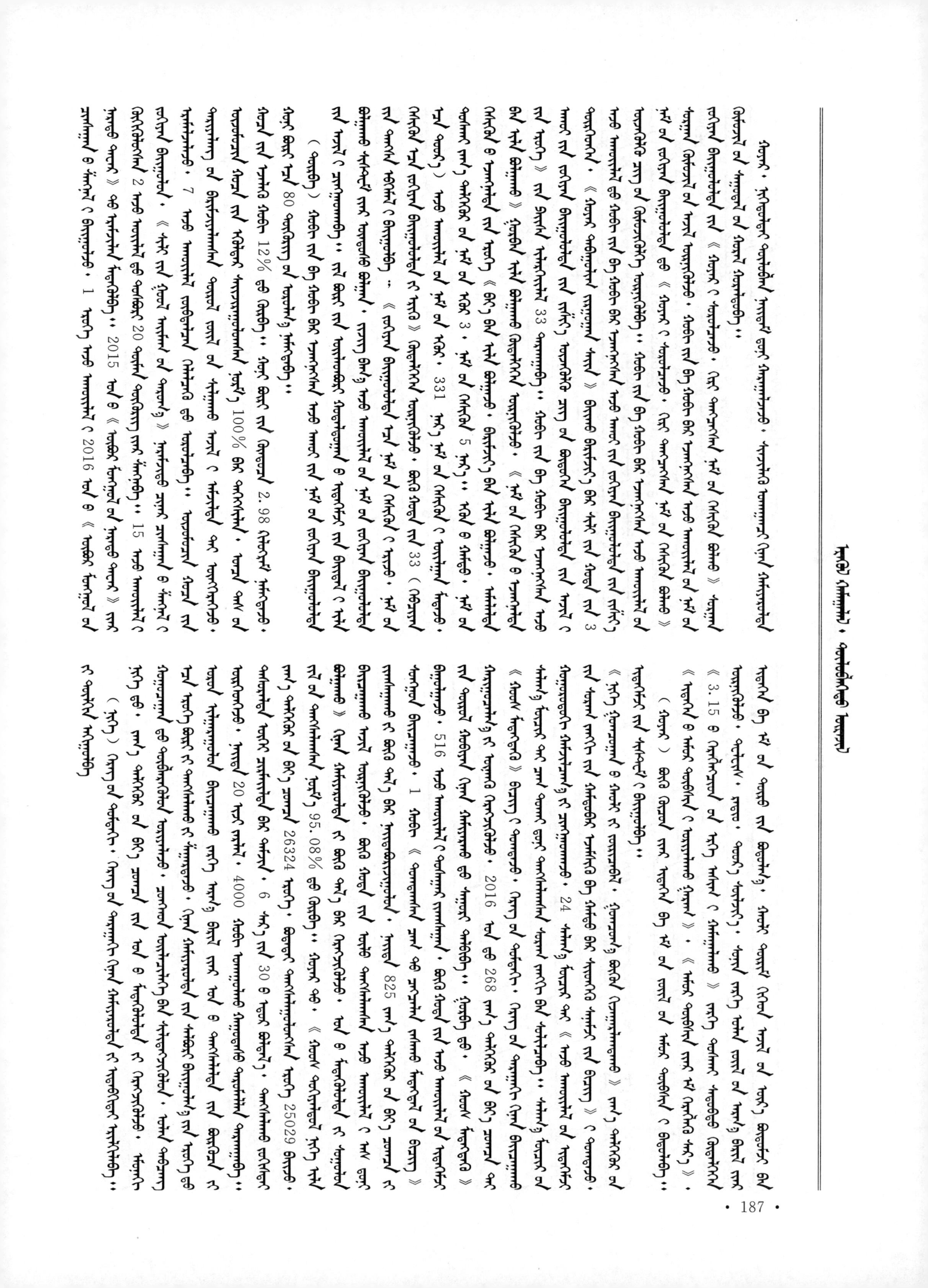

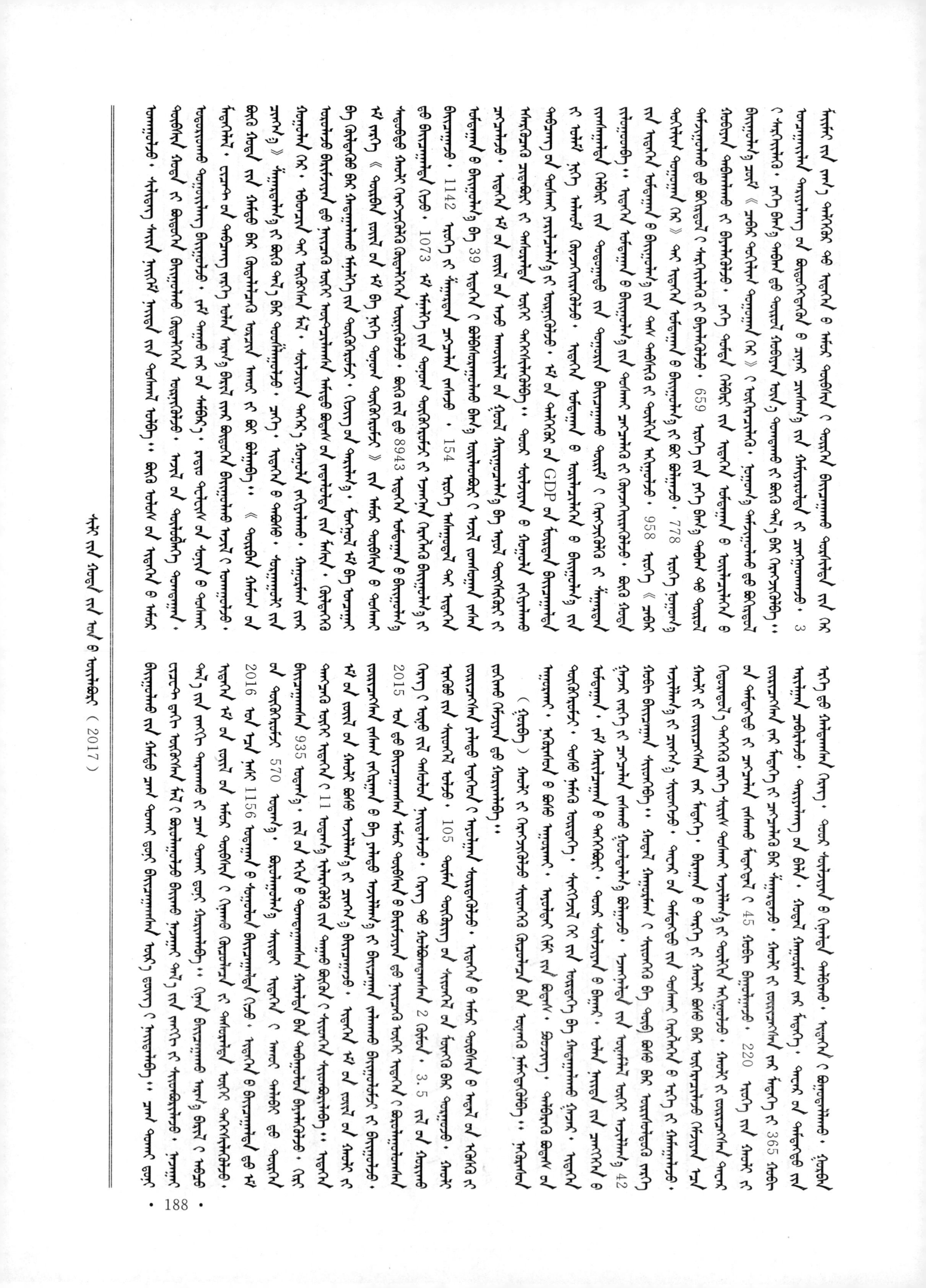

[illegible]

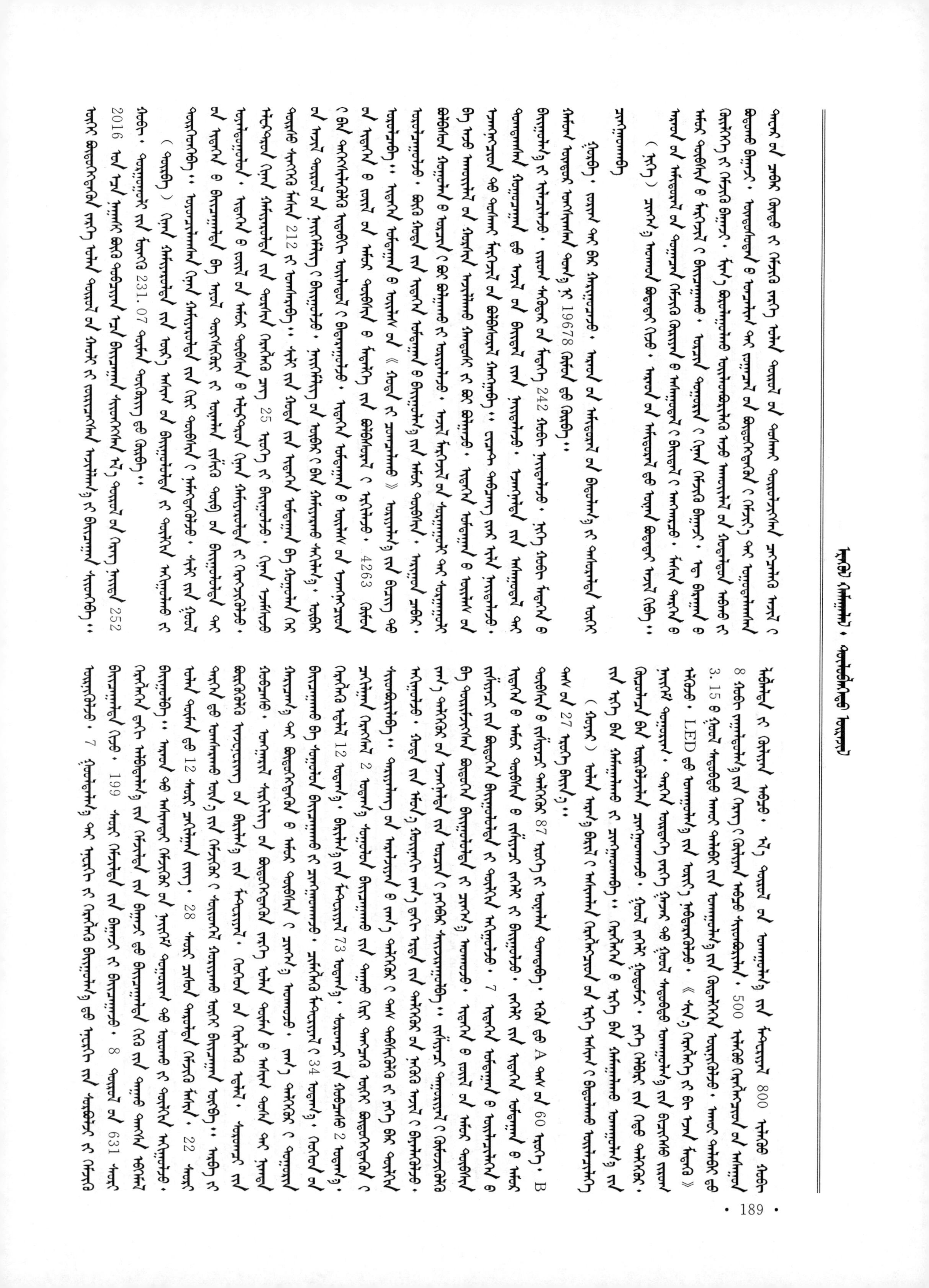

800 … 8 … 500 … 3.15 … LED …

… 27 …

… 87 … A … 60 … B … 7 … 2 … 73 … 12 … 34 … 2 … 28 … 12 … 22 … 199 … 8 … 631 … 7 …

… 19678 … 242 … 4263 … 212 … 25 … 231.07 … 2016 … 252 …

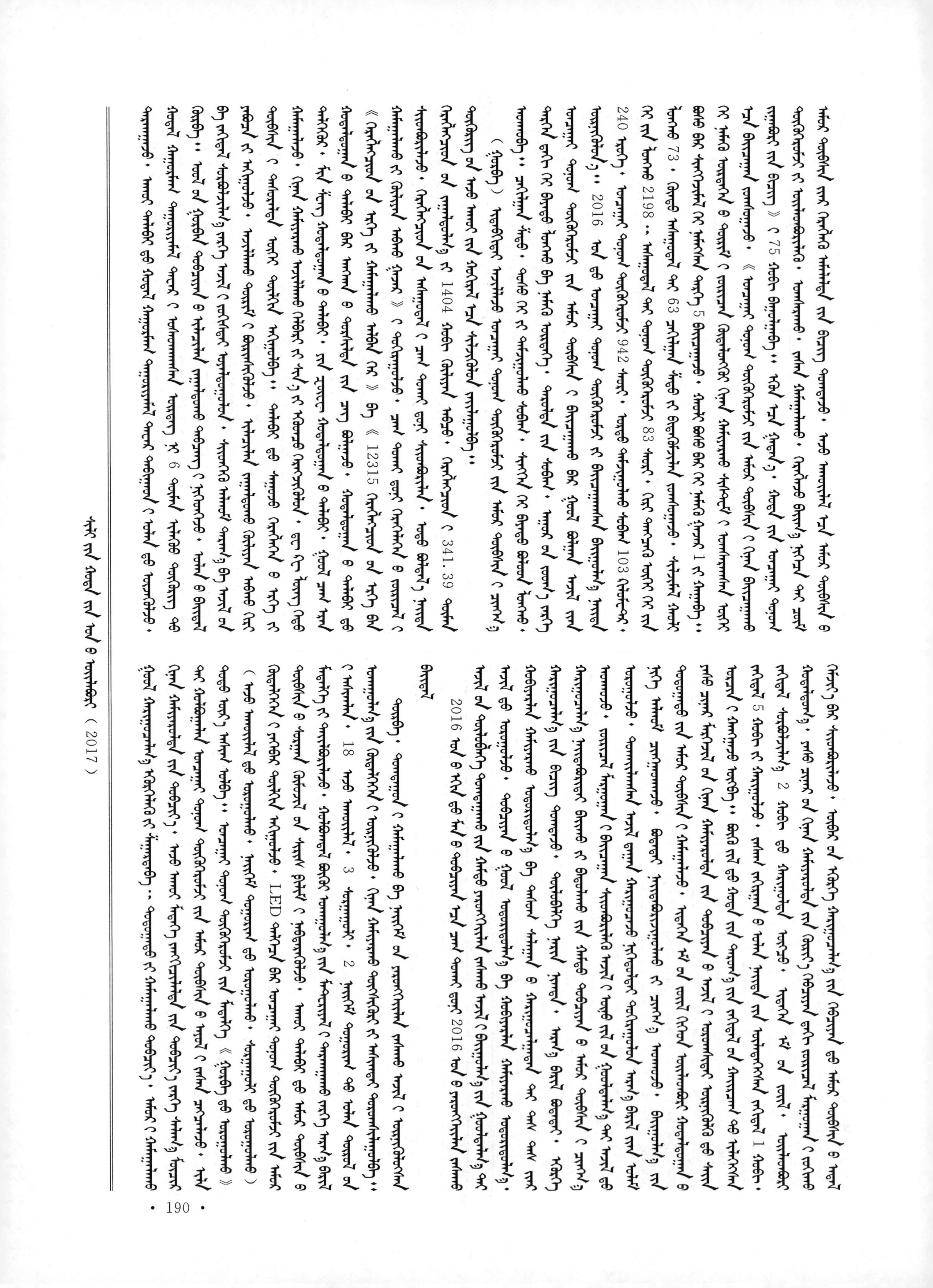

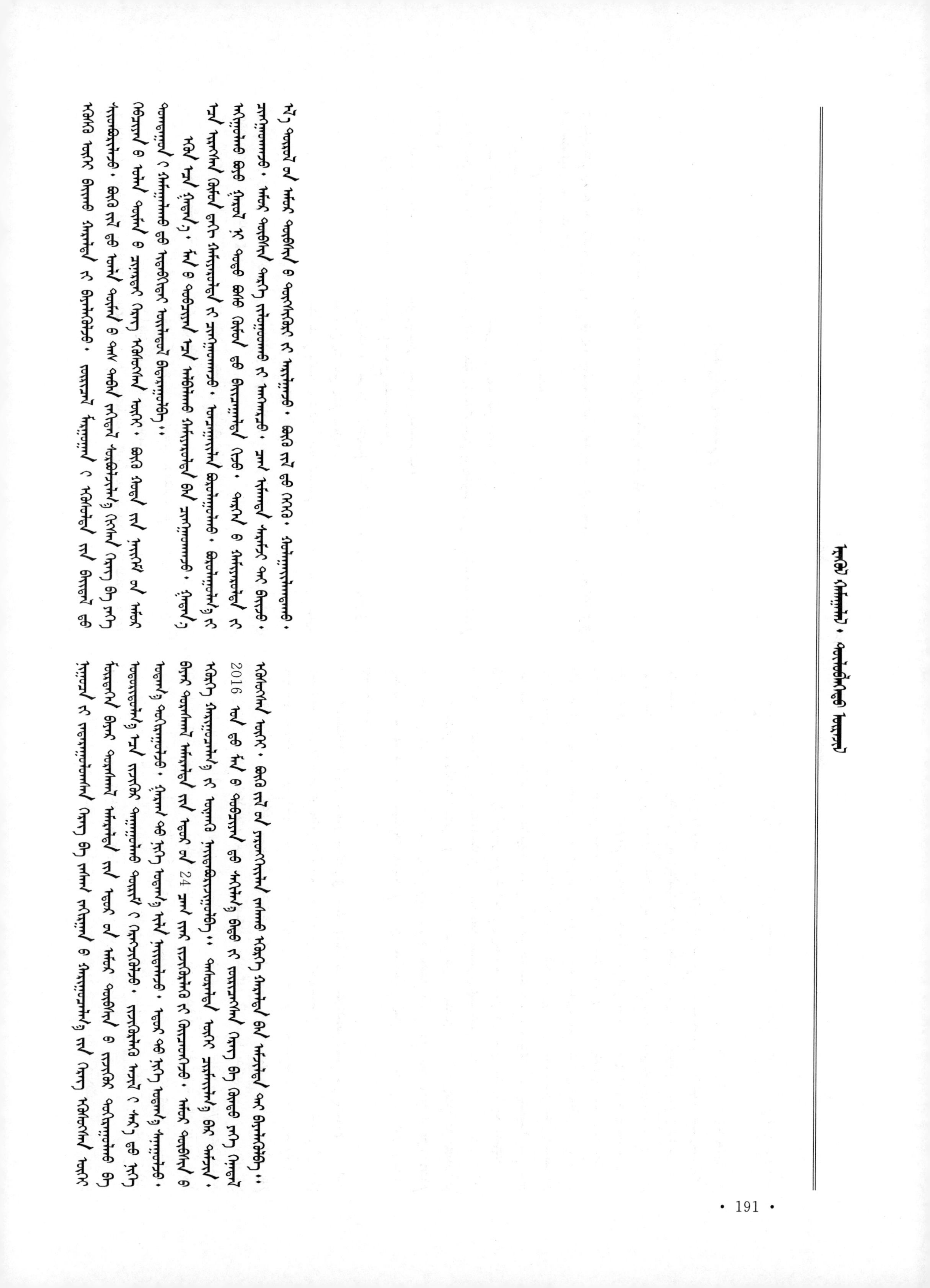

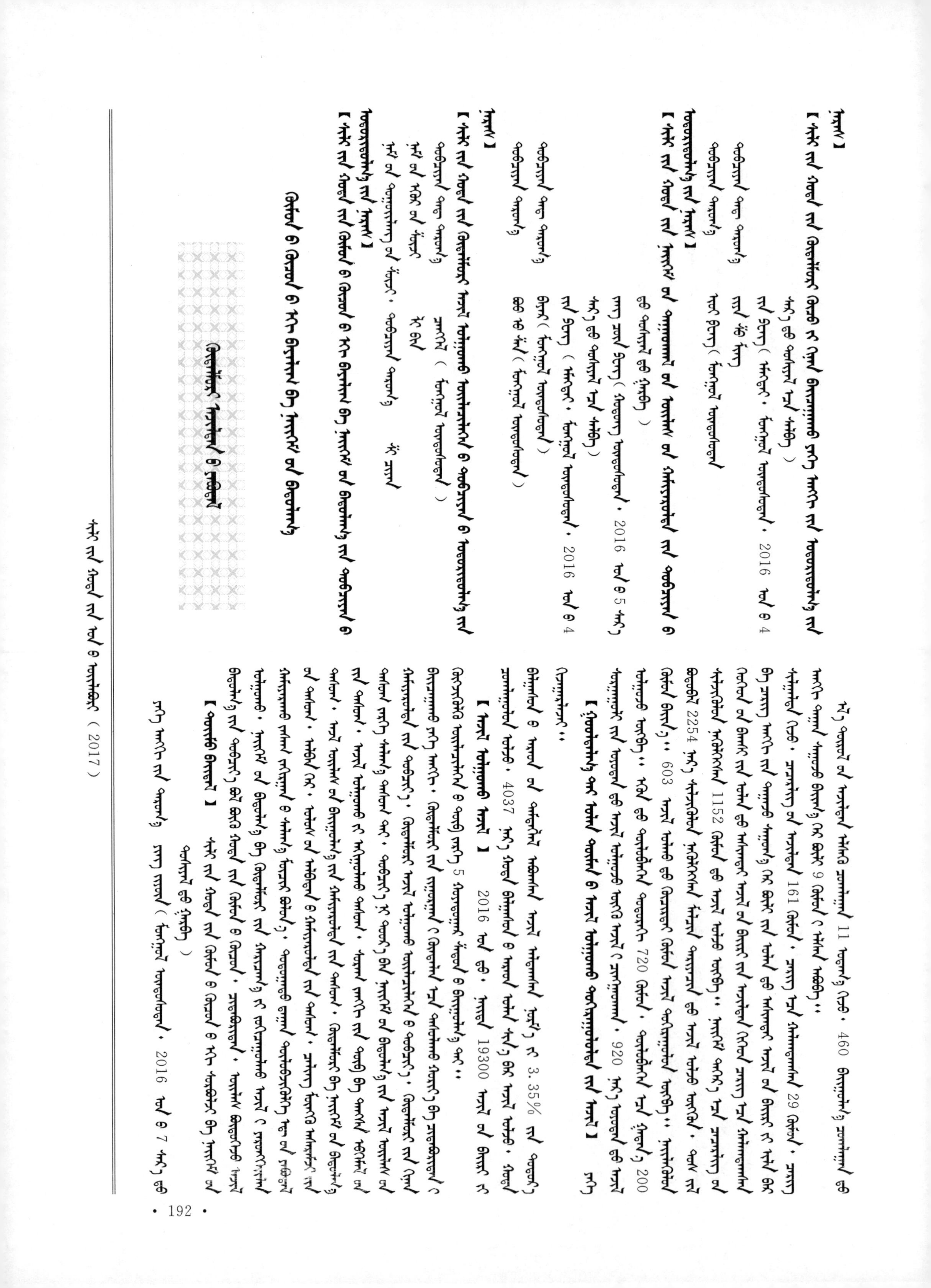

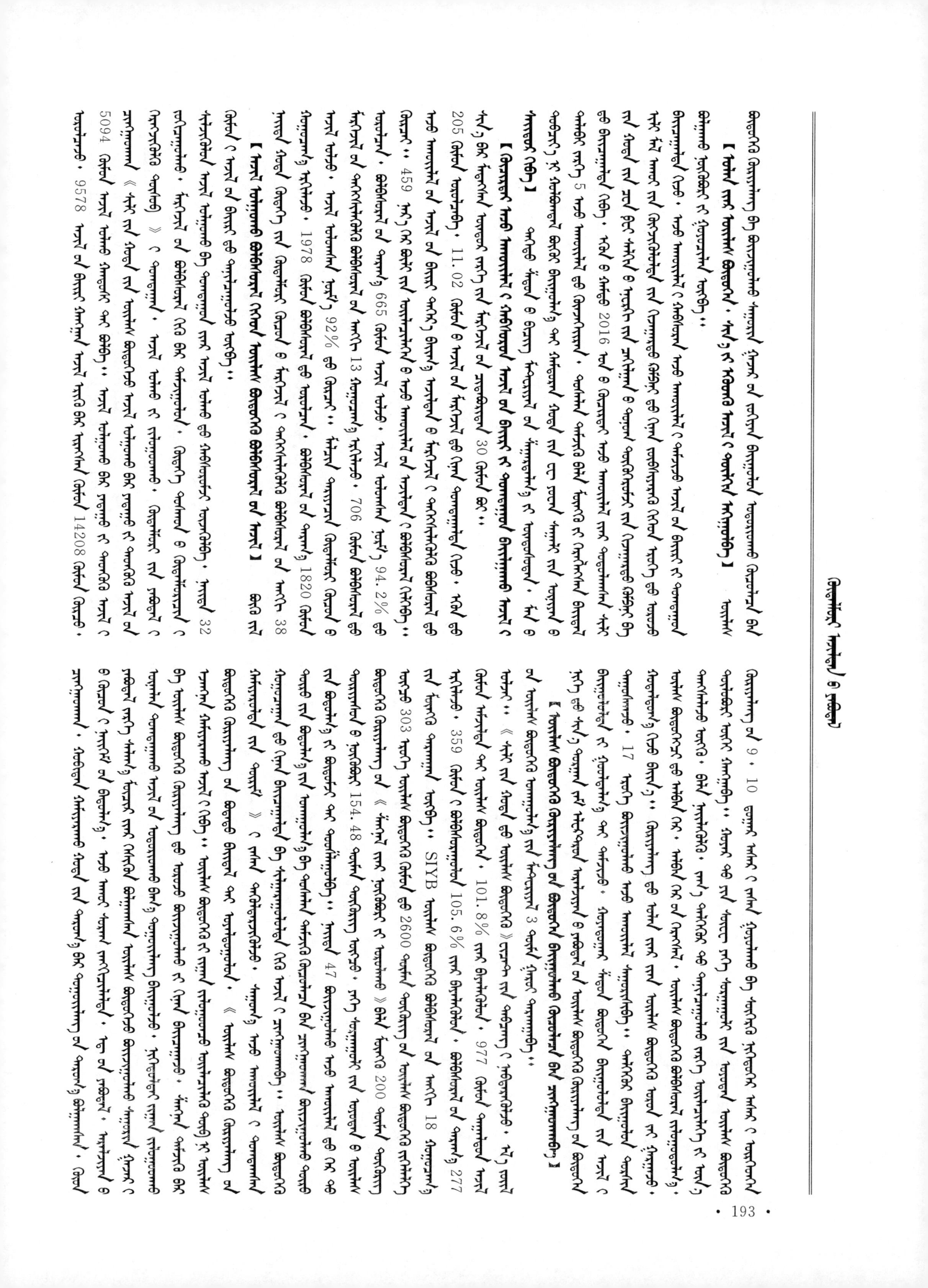

[illegible]

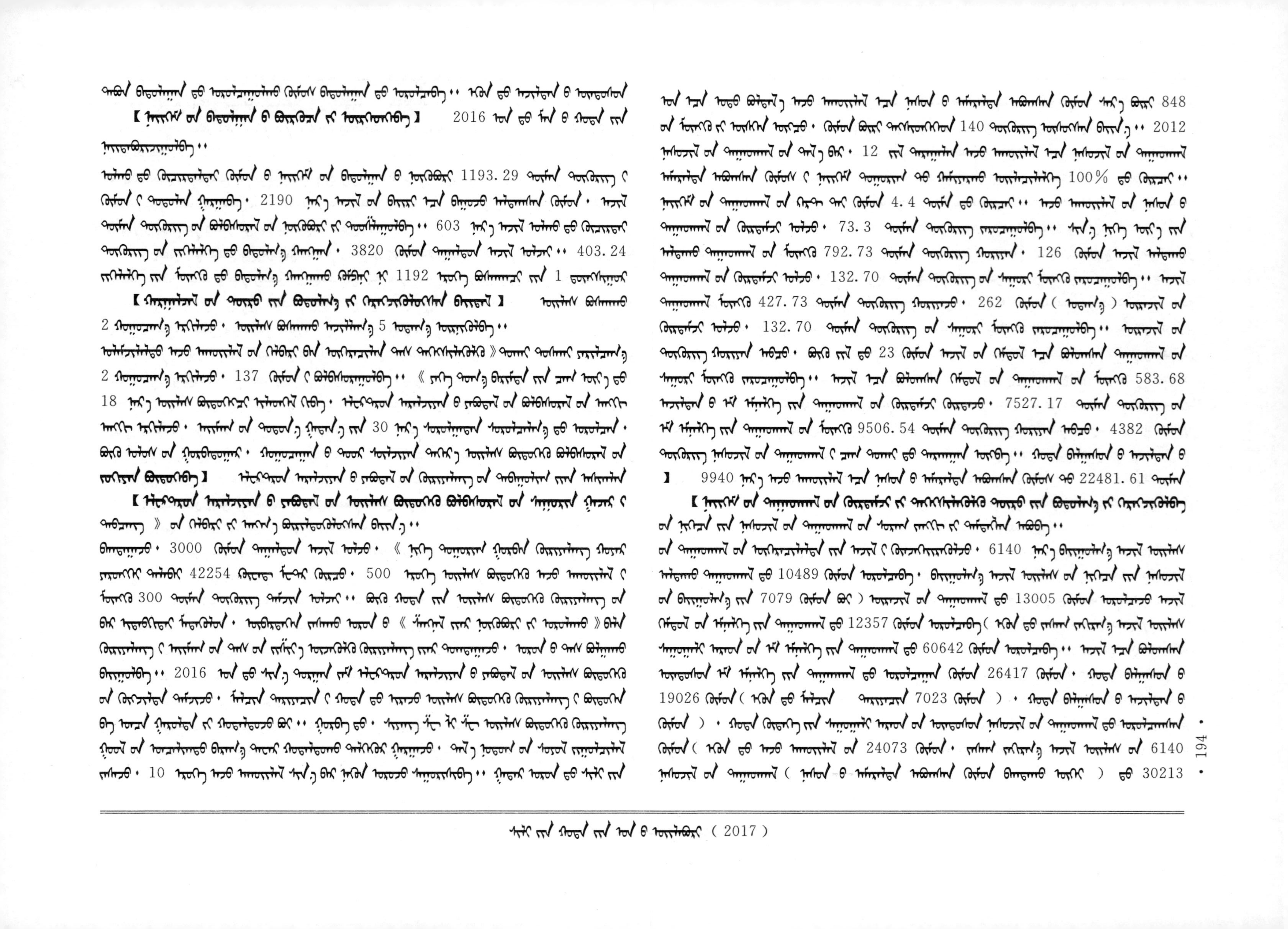

[illegible] ·· [illegible]

【[illegible]】 2016 [illegible]

[illegible] ··

[illegible] 1193.29 [illegible] · 2190 [illegible] · [illegible] ·· 603 [illegible] · 3820 [illegible] ·· 403.24 [illegible] 1192 [illegible] 1 [illegible]

【[illegible]】 [illegible] 2 [illegible] · [illegible] 5 [illegible] ··

[illegible] 《[illegible]》 [illegible] 2 [illegible] · 137 [illegible] ·· 《[illegible] 18 [illegible] · [illegible] · [illegible] 30 [illegible] · [illegible] · [illegible]】 [illegible]

【[illegible] 》 [illegible] ··

[illegible] · 3000 [illegible] · 《[illegible] 42254 [illegible] · 500 [illegible] 300 [illegible] ·· [illegible] · [illegible] 《[illegible]》 [illegible] · [illegible] ·· 2016 [illegible] · [illegible] ·· [illegible] · [illegible] · [illegible] · 10 [illegible] ·· [illegible] 848 [illegible] · [illegible] 140 [illegible] ·· 2012 [illegible] · 12 [illegible] 100% [illegible] ·· [illegible] 4.4 [illegible] ·· [illegible] · 73.3 [illegible] ·· [illegible] 792.73 [illegible] · 126 [illegible] · 132.70 [illegible] ·· [illegible] 427.73 [illegible] · 262 [illegible] ( [illegible] ) [illegible] · 132.70 [illegible] ·· [illegible] · [illegible] 23 [illegible] ·· [illegible] 583.68 [illegible] · 7527.17 [illegible] 9506.54 [illegible] · 4382 [illegible] ·· [illegible]

【[illegible]】 9940 [illegible] 22481.61 [illegible]

【[illegible]】 [illegible] ··

[illegible] · 6140 [illegible] 10489 [illegible] · [illegible] 7079 [illegible] ) [illegible] 13005 [illegible] 12357 [illegible] ( [illegible] 60642 [illegible] ·· [illegible] 26417 [illegible] · [illegible] 19026 [illegible] ( [illegible] 7023 [illegible] ) · [illegible] ) · [illegible] ( [illegible] 24073 [illegible] · [illegible] 6140 [illegible] ( [illegible] ) [illegible] 30213

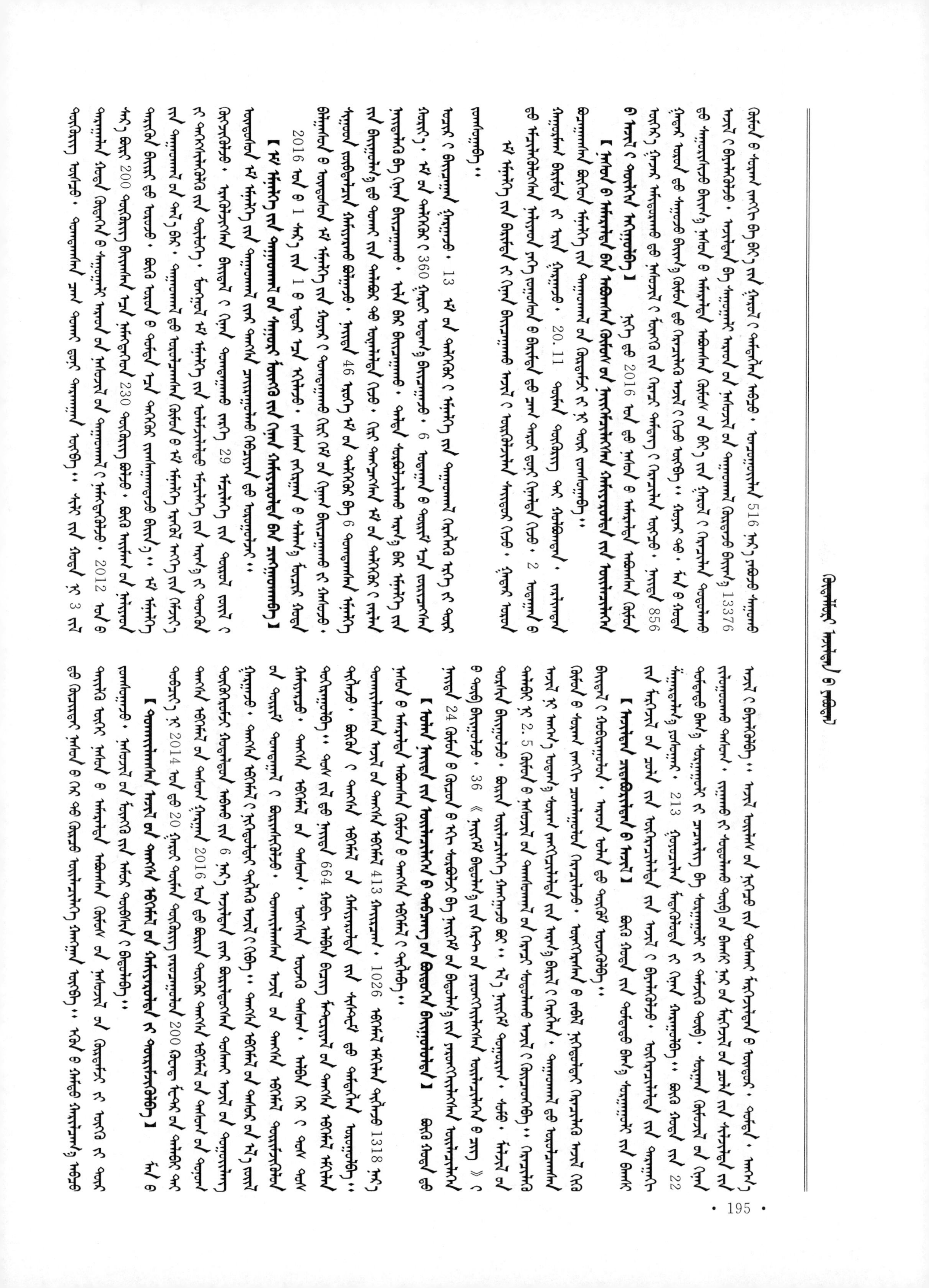

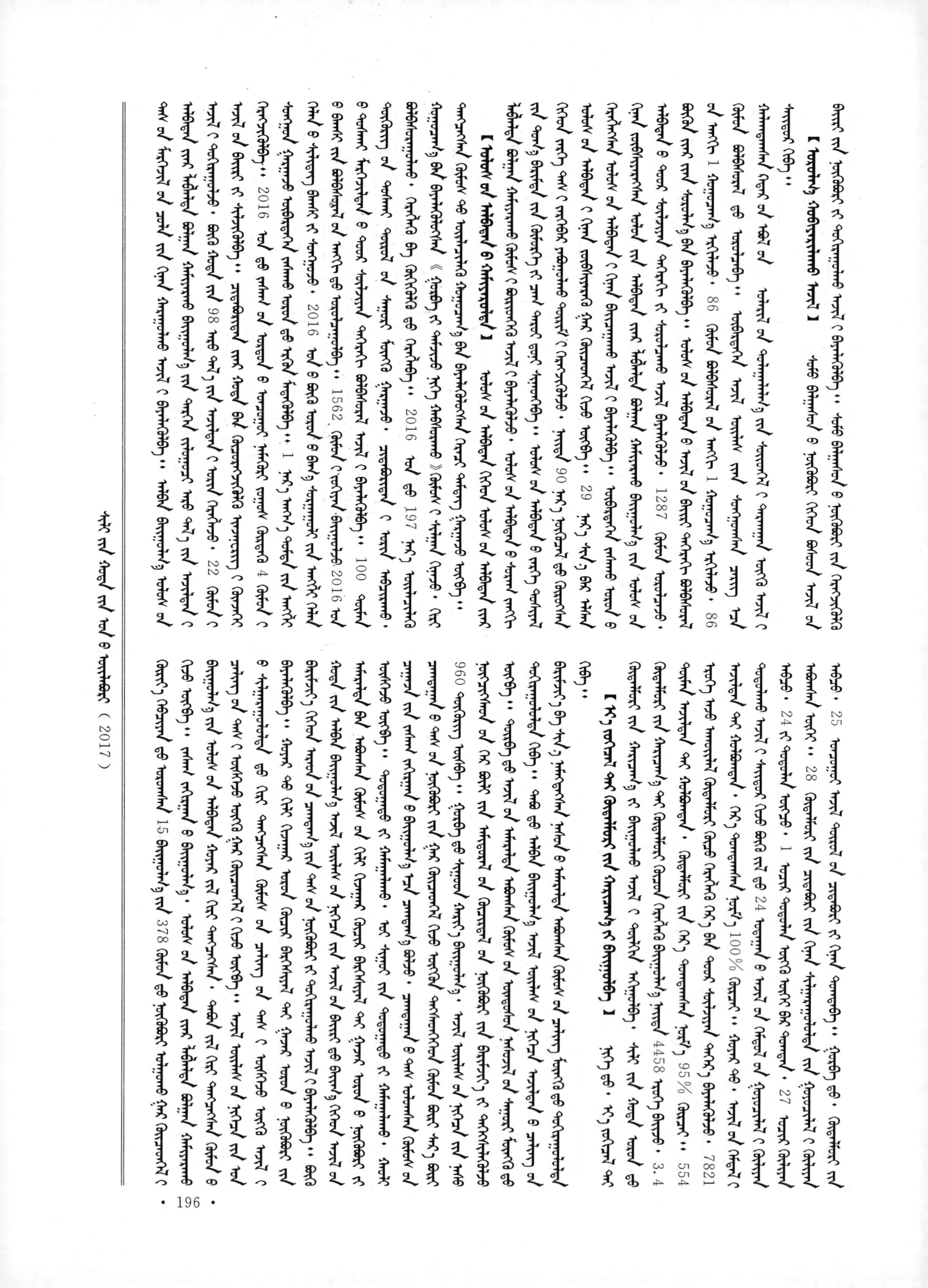

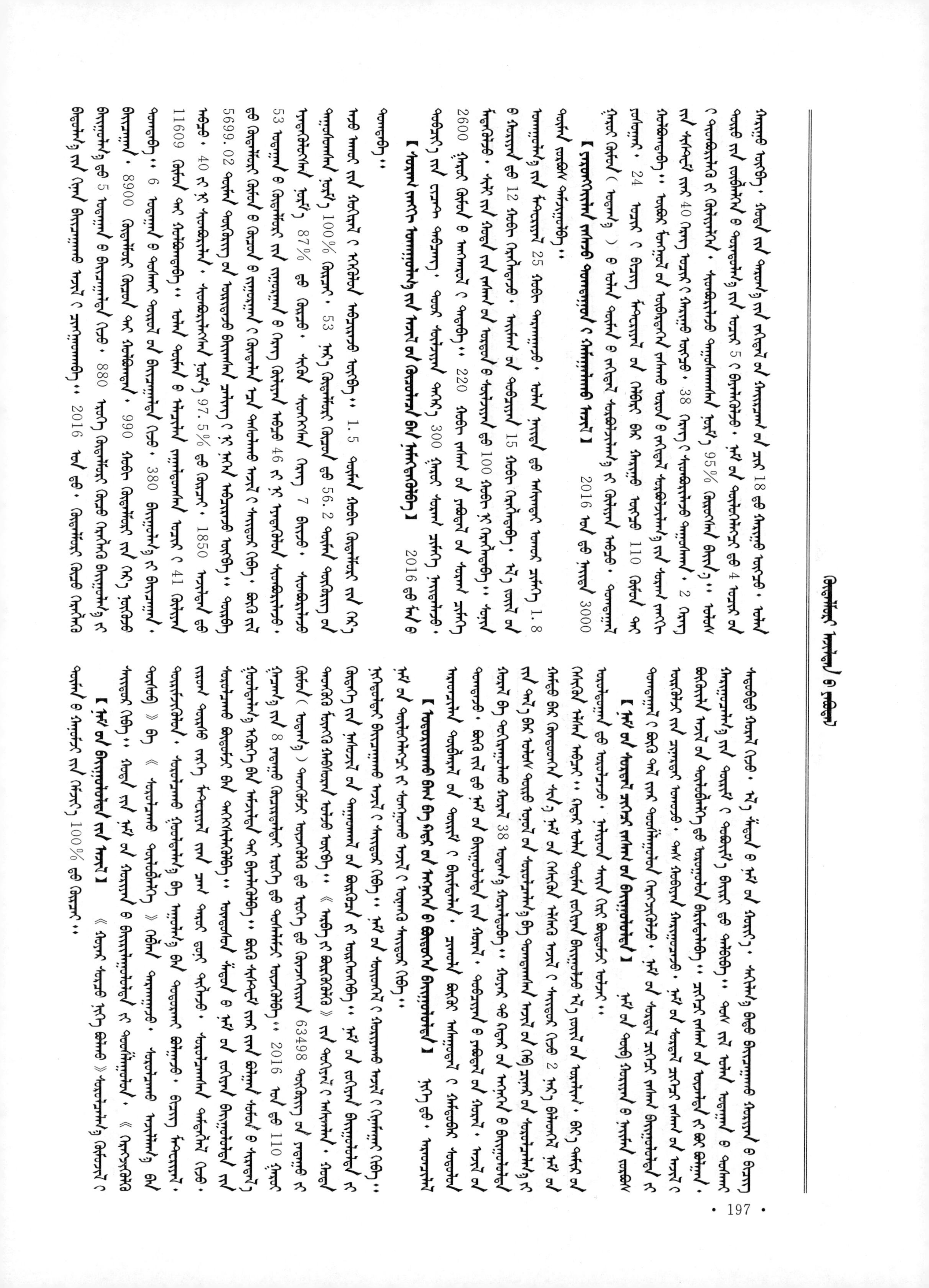

[illegible] 18 [illegible] 5 [illegible] 4 [illegible] 95% [illegible] 40 [illegible] 38 [illegible] 2 [illegible] 24 [illegible] 110 [illegible] ( [illegible] ) [illegible]

【[illegible]】 2016 [illegible] 3000 [illegible]

[illegible] 25 [illegible] 1.8 [illegible] 12 [illegible] 15 [illegible] 100 [illegible] 2600 [illegible] 220 [illegible] 300 [illegible]

【[illegible]】 2016 [illegible]

[illegible] 1.5 [illegible] 100% [illegible] 53 [illegible] 56.2 [illegible] 87% [illegible] 7 [illegible] 53 [illegible] 46 [illegible] 5699.02 [illegible] 40 [illegible] 97.5% [illegible] 1850 [illegible] 11609 [illegible] 41 [illegible] 6 [illegible] 380 [illegible] 8900 [illegible] 990 [illegible] 5 [illegible] 880 [illegible] 2016 [illegible]

【[illegible]】 [illegible]

[illegible] 2 [illegible] 38 [illegible]

【[illegible]】 [illegible]

[illegible] 《[illegible]》 [illegible] ( [illegible] ) [illegible] 63498 [illegible] 8 [illegible] 2016 [illegible] 110 [illegible] 《[illegible]》 [illegible] 《[illegible]》 [illegible] 《[illegible]

【[illegible]】 《[illegible]》 [illegible] 100% [illegible]

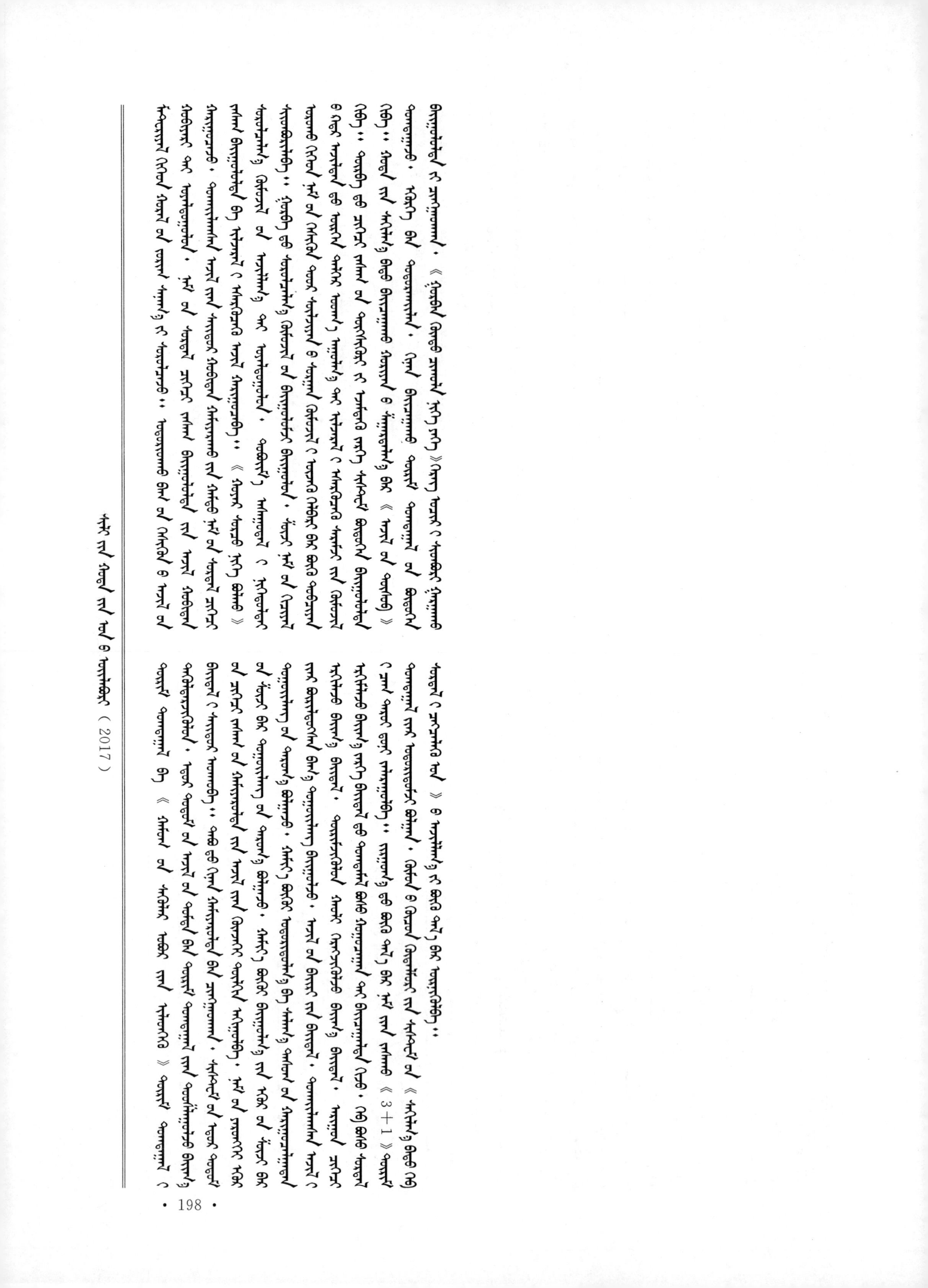

《3+1》

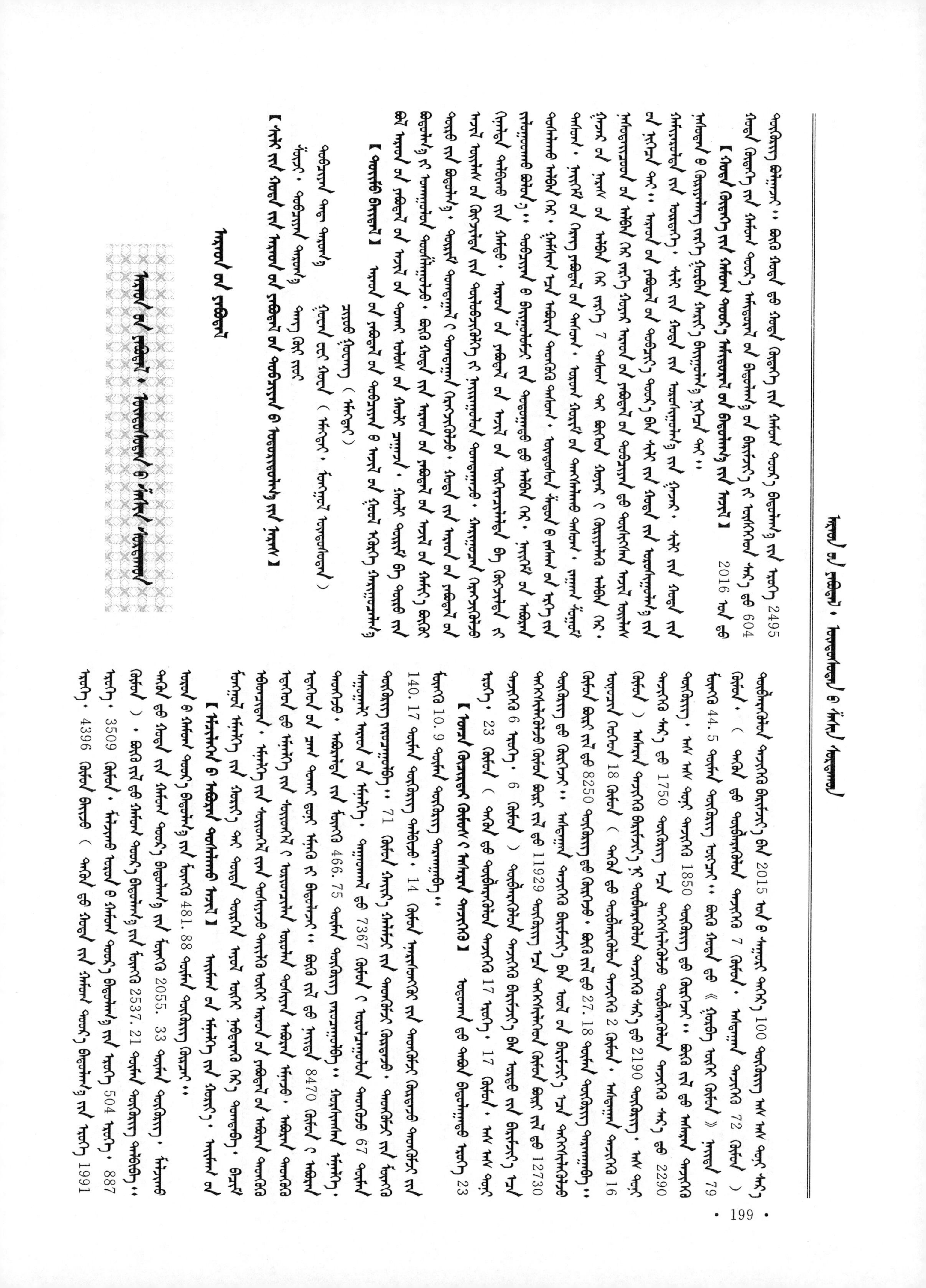

[illegible]

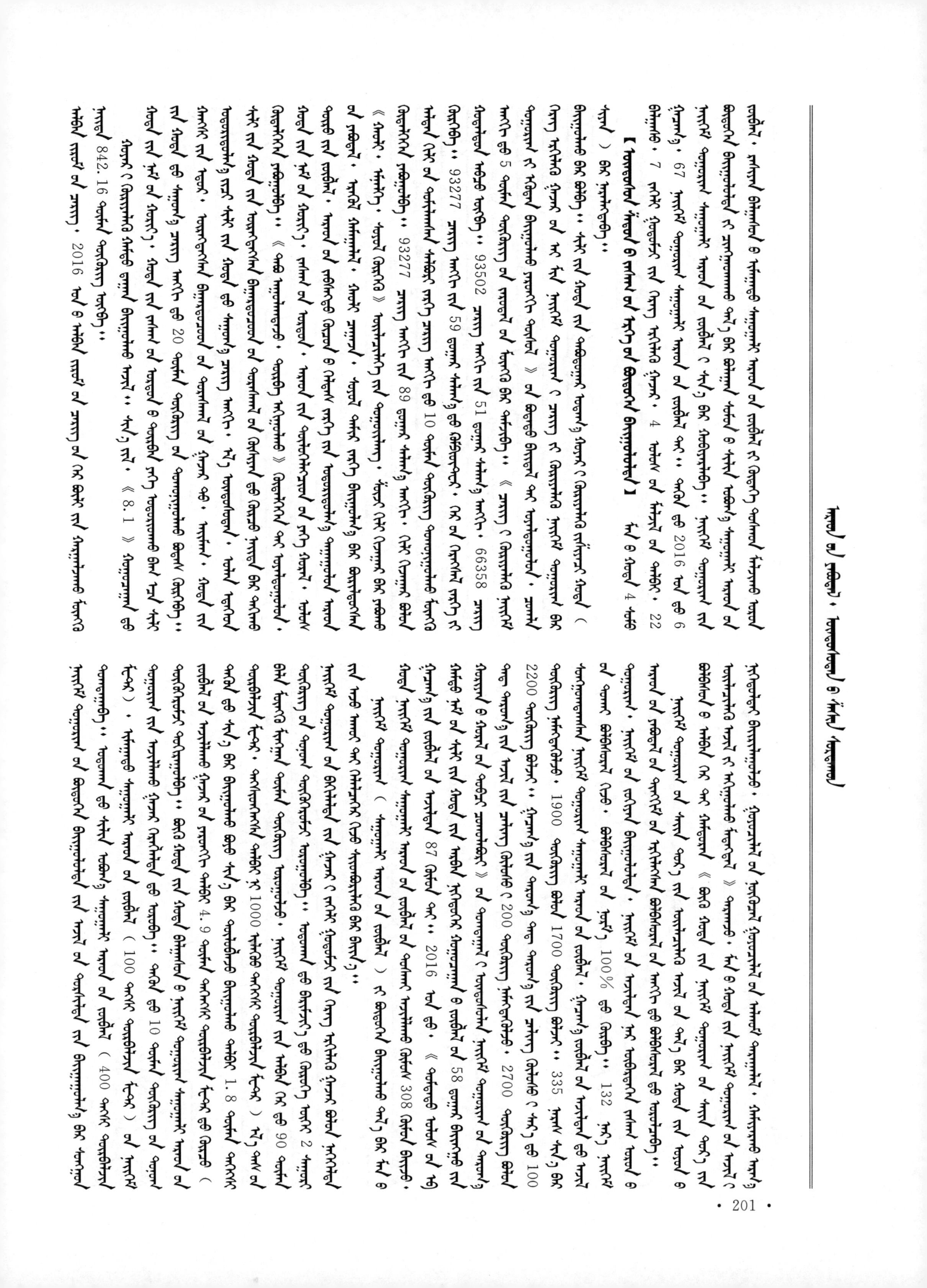

[illegible] · 67 [illegible] 2016 [illegible] 6 [illegible] · 7 [illegible] · 4 [illegible] · 22

【[illegible]】 [illegible] 4 [illegible] ) [illegible] ::

[illegible] ( [illegible] 》 [illegible] 5 [illegible] 《 [illegible] 93502 [illegible] 51 [illegible] · 66358 [illegible] 93277 [illegible] 59 [illegible] 10 [illegible] 93277 [illegible] 89 [illegible] 《[illegible]》 [illegible] 《[illegible]》 [illegible] 20 [illegible] ::

[illegible] 《8.1》 [illegible] 842.16 [illegible] ::

[illegible] · 2016 [illegible] 》 [illegible] 《 [illegible] ::

[illegible] 100% [illegible] :: 132 [illegible] · 1900 [illegible] 1700 [illegible] :: 335 [illegible] 2200 [illegible] 100 [illegible] 200 [illegible] · 2700 [illegible] 》 [illegible] 58 [illegible] 87 [illegible] :: 2016 [illegible] · 《 [illegible] 308 [illegible] ·

[illegible] ( [illegible] ) [illegible] ::

[illegible] 2 [illegible] 90 [illegible] 1000 [illegible] ) [illegible] 1.8 [illegible] 4.9 [illegible] ( [illegible] :: [illegible] 10 [illegible] ) · [illegible] ( 100 [illegible] ) [illegible] :: [illegible] ( 400 [illegible]

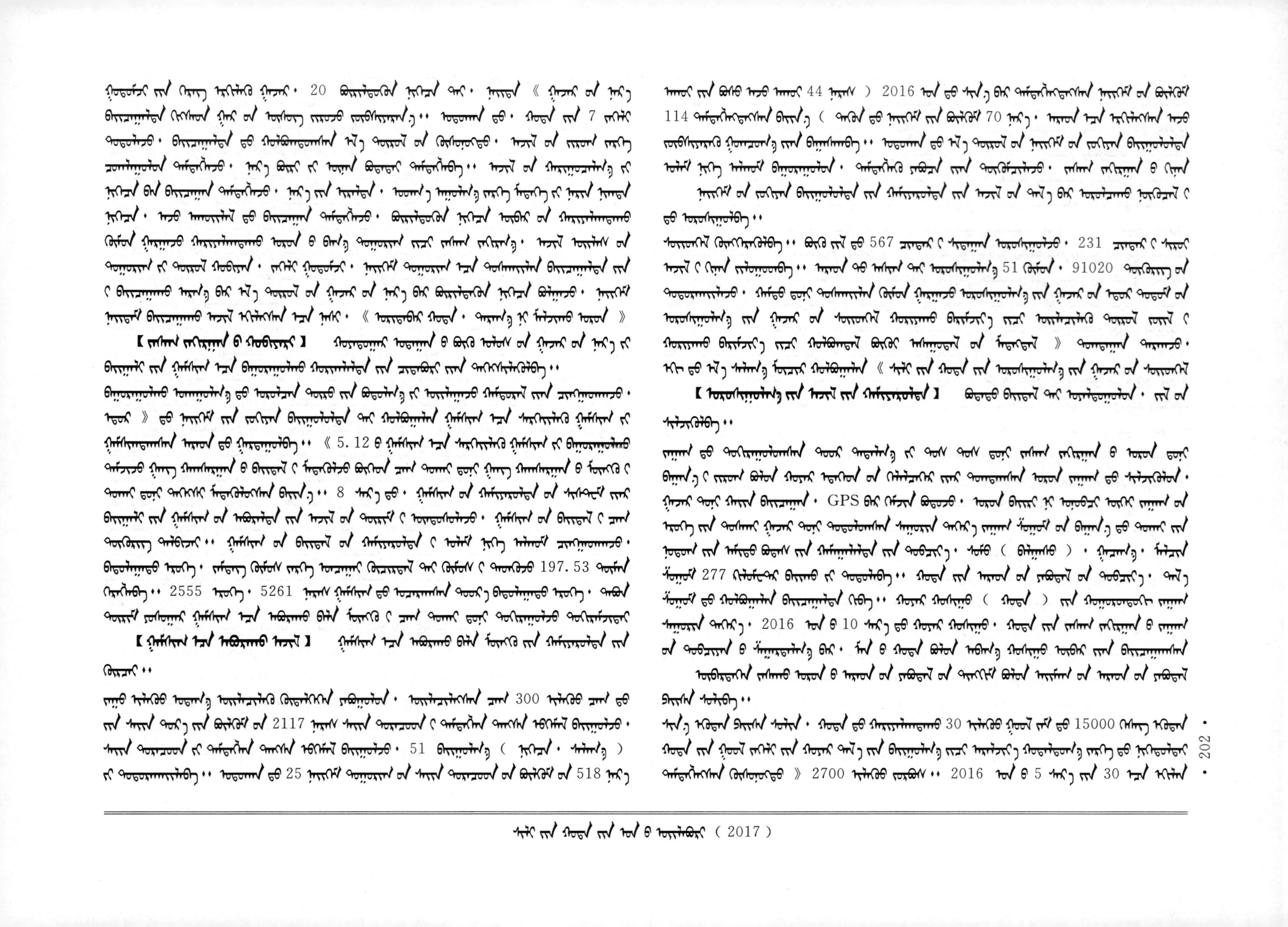

[illegible] 20 [illegible] 《 [illegible] 7 [illegible] 《 [illegible] 》

【[illegible]】 [illegible]

[illegible] 》 [illegible] 《 5. 12 [illegible] 8 [illegible] 197. 53 [illegible] 2555 [illegible] 5261 [illegible]

【[illegible]】 [illegible]

[illegible] 300 [illegible] 2117 [illegible] 51 [illegible] ( [illegible] ) [illegible] 25 [illegible] 518 [illegible] 44 [illegible] ) 2016 [illegible] 114 [illegible] ( [illegible] 70 [illegible]

[illegible]

[illegible] 567 [illegible] 231 [illegible] 51 [illegible] 91020 [illegible] 》 [illegible] 《 [illegible]

【[illegible]】 [illegible]

[illegible] GPS [illegible] ( [illegible] ) [illegible] 277 [illegible] ( [illegible] ) [illegible] 2016 [illegible] 10 [illegible]

[illegible] 30 [illegible] 15000 [illegible] 》 2700 [illegible] 2016 [illegible] 5 [illegible] 30 [illegible]

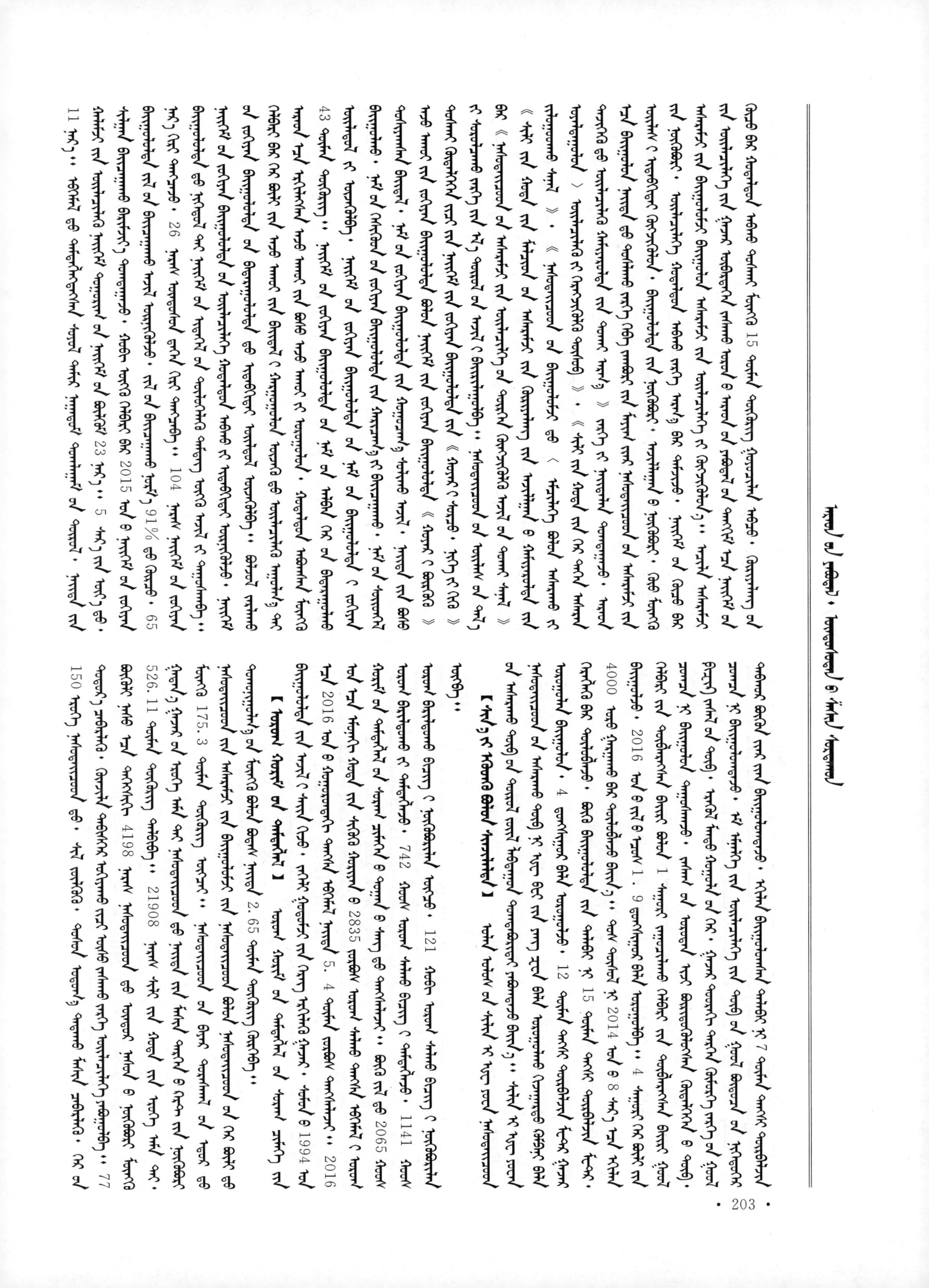

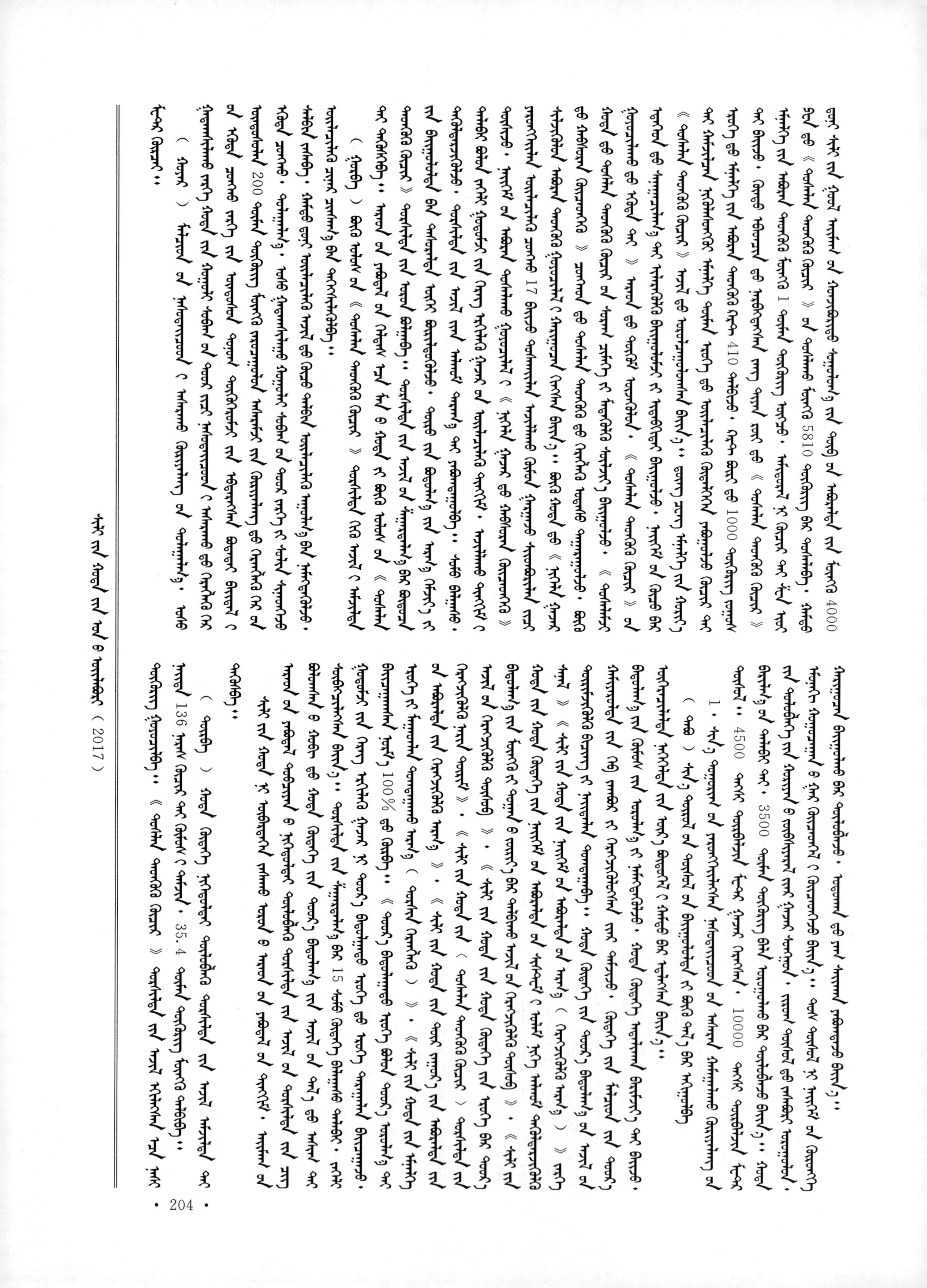

… 》᠂《 … 》 … 31000 … 56 … 179 … 510 … 311 … 895 1050 … 1388. 5 … 2016 … 2948. 5 …

【ᠤᠯᠤᠰ ᠤᠨ ᠤᠷᠤᠯᠲᠠ ᠶᠢᠨ ᠰᠠᠩᠬᠦᠦ ᠶᠢᠨ ᠪᠠᠶᠢᠳᠠᠯ】 1. …

【ᠰᠠᠩᠬᠦᠦ ᠶᠢᠨ ᠪᠠᠶᠢᠳᠠᠯ】 2016 …

## ᠰᠠᠩᠬᠦᠦ ᠶᠢᠨ ᠪᠠᠶᠢᠳᠠᠯ

… 3000 … 7000 … 3. 8

2. …

5. … 78 …

… 727 … 20% … 3892. 5 …

4. 《 … 》2016 … 1007 …

… 21 … 1441 … 79 … 185 … 160 … 70 … 420 … 935 … 927 … 35 …

3. …

… 8 … 25 … 1060 … 29 … 200 … 8 … 10 … 300 … 2 … 100 … 2 … 90 … 《 … 》 … 2016 … 2 …

2. 《 … 》 …

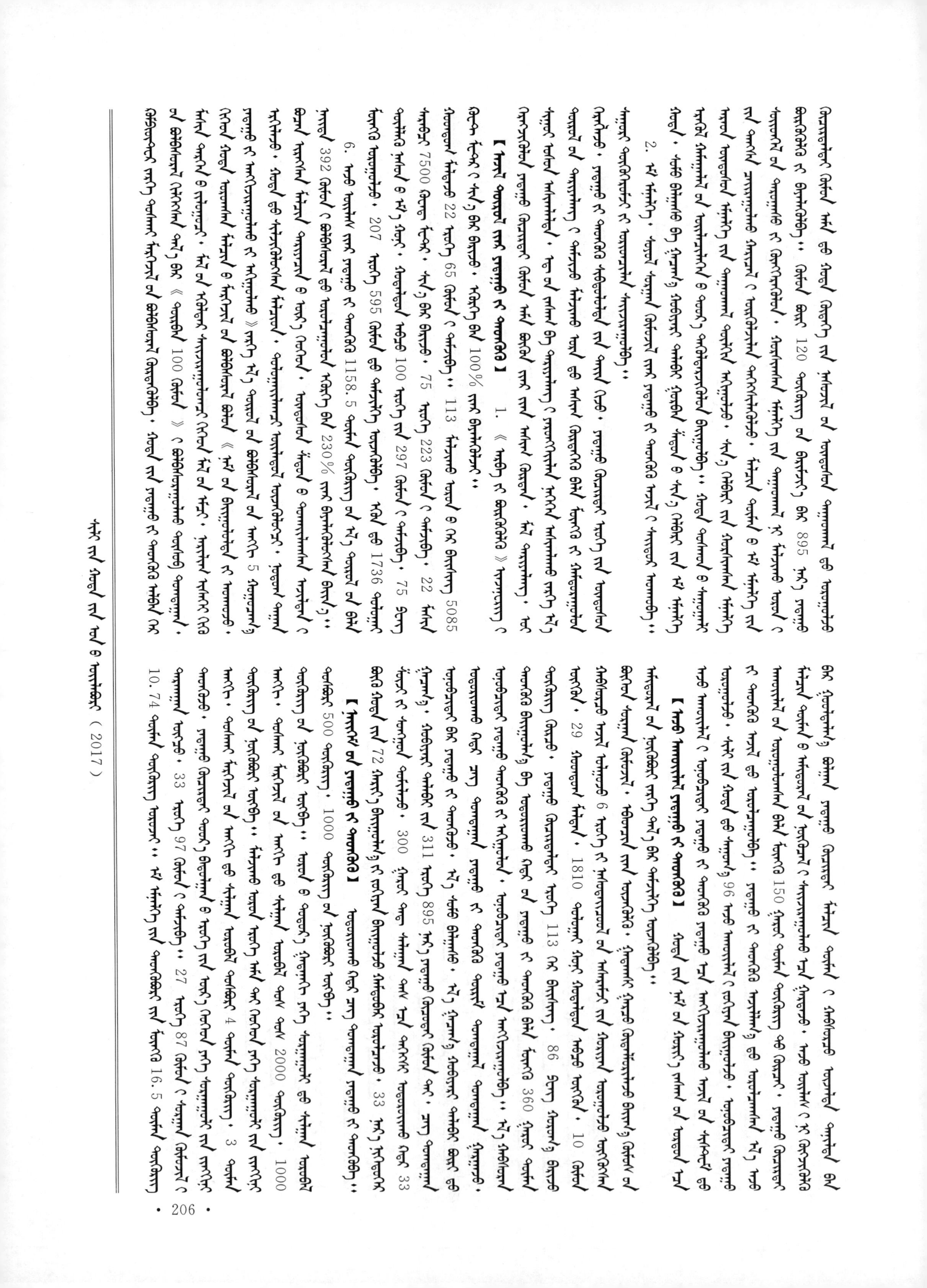

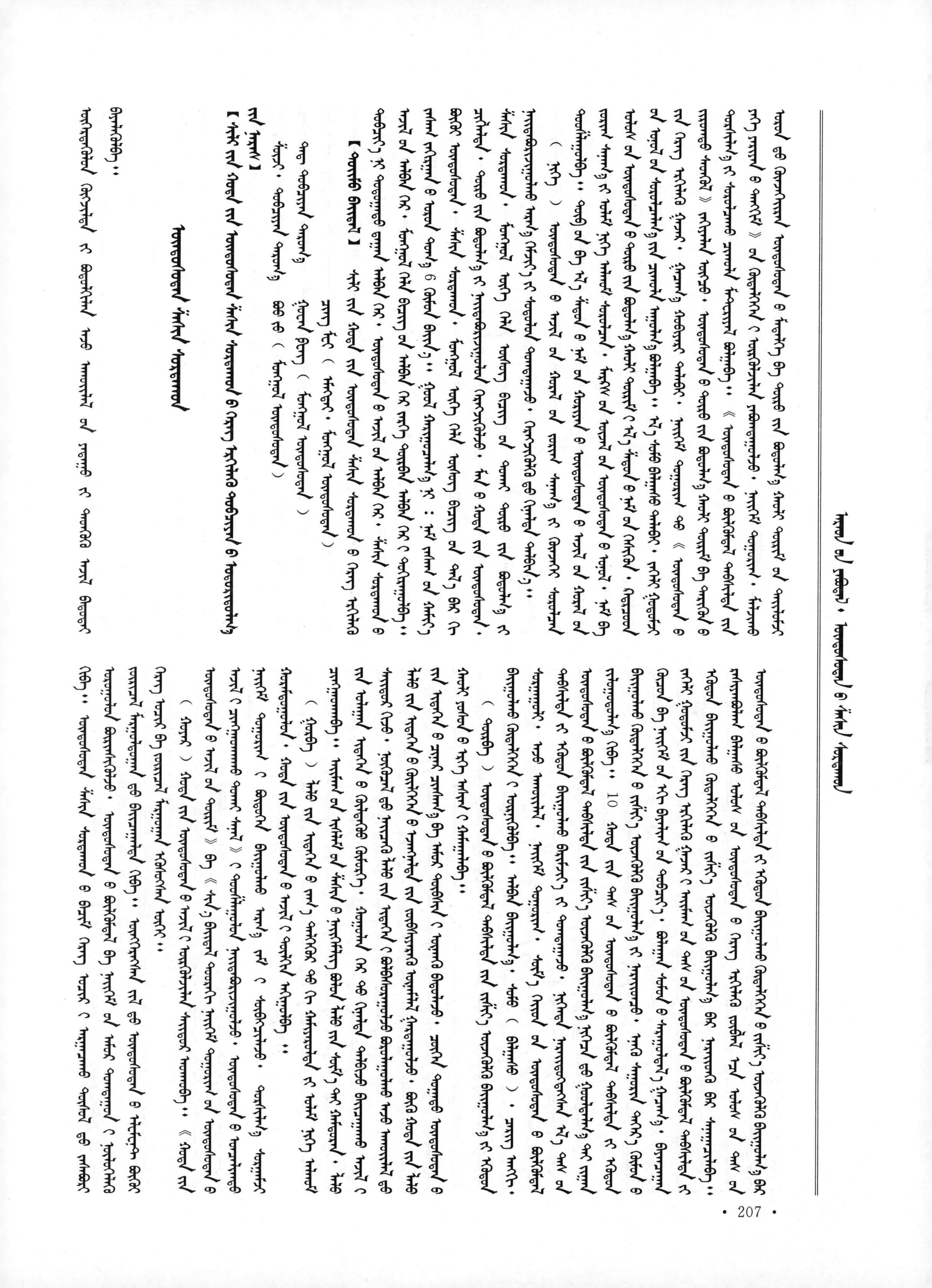

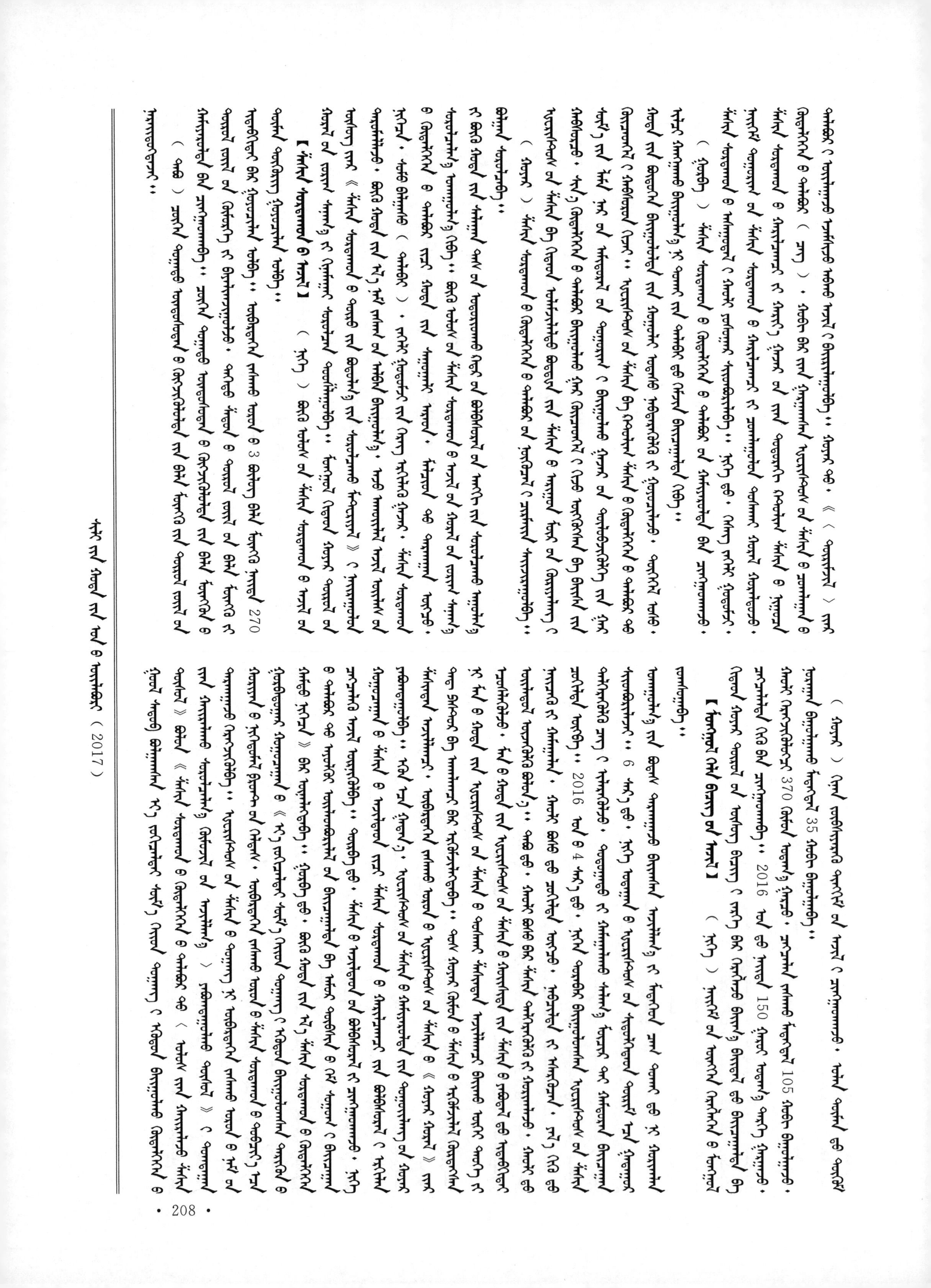

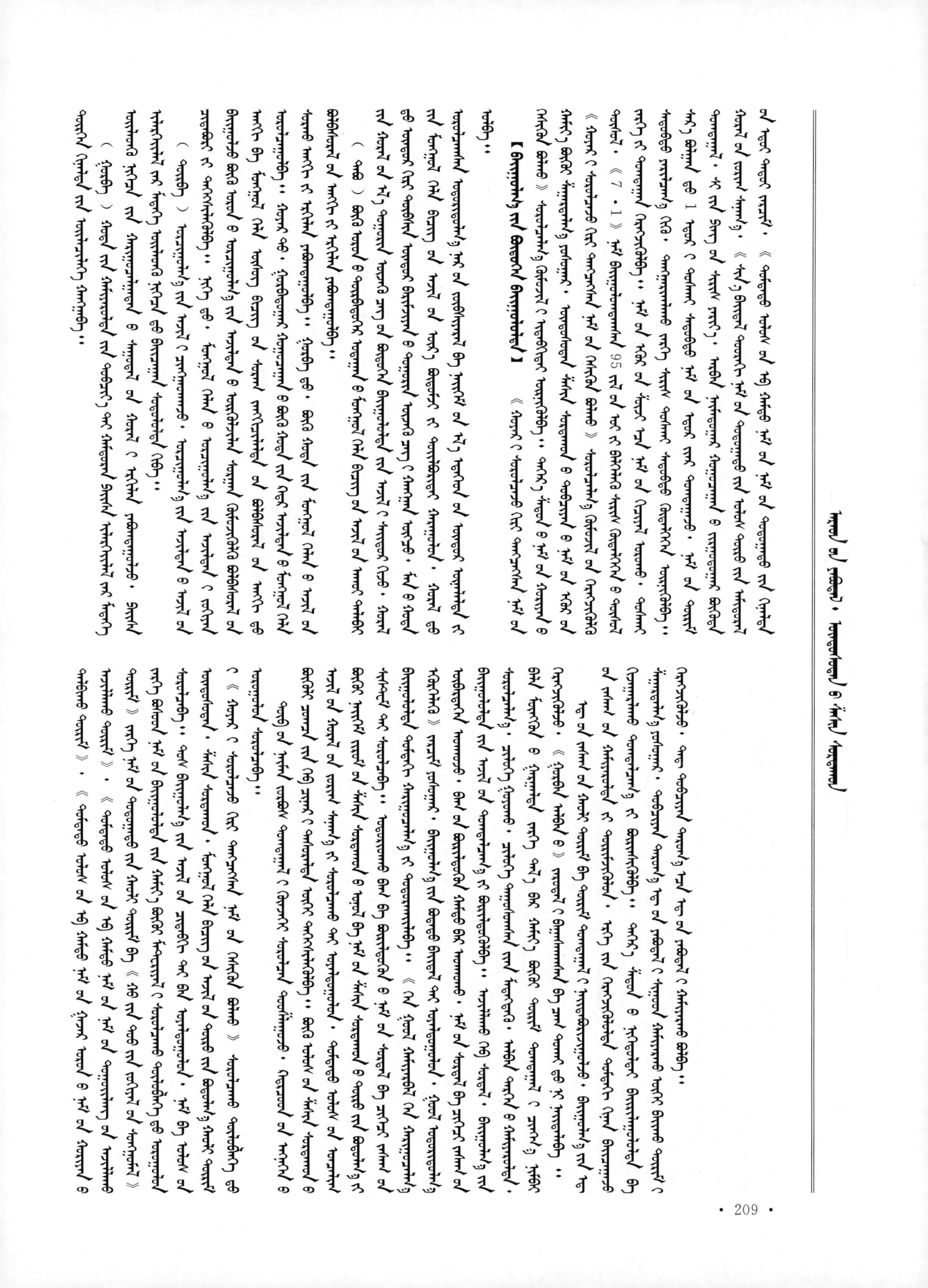

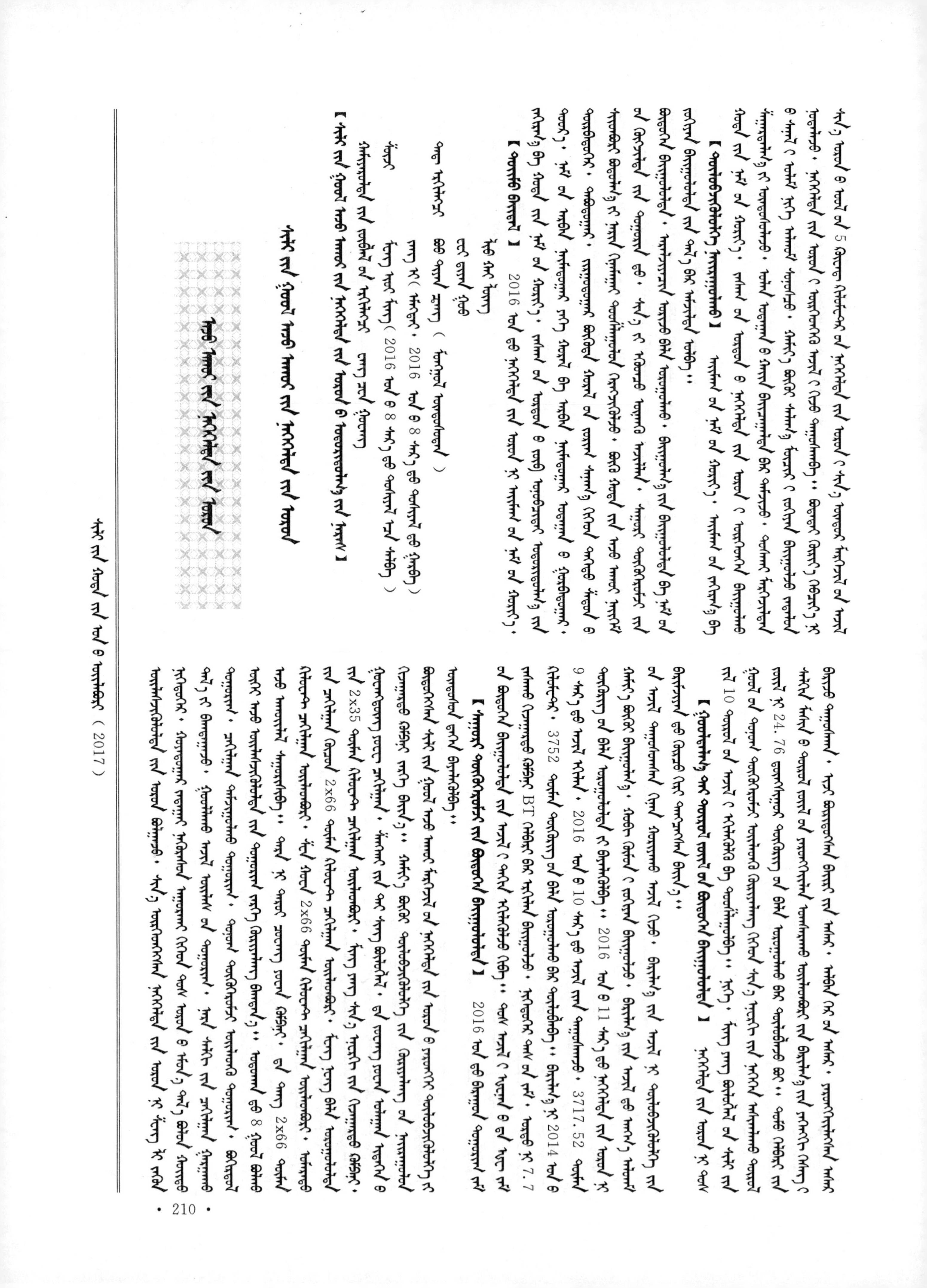

2016 … 5 …

24.76 … 10 …

2016 … 11 … 2016 … 10 … 3717.52 … 9 … 3752 … BT … 2014 … 7.7

2016 … 2x35 … 2x66 … 2x66 … 2x66 … 8 … 2x66

2016 … 8 … 2016 … 8 …

2016 …

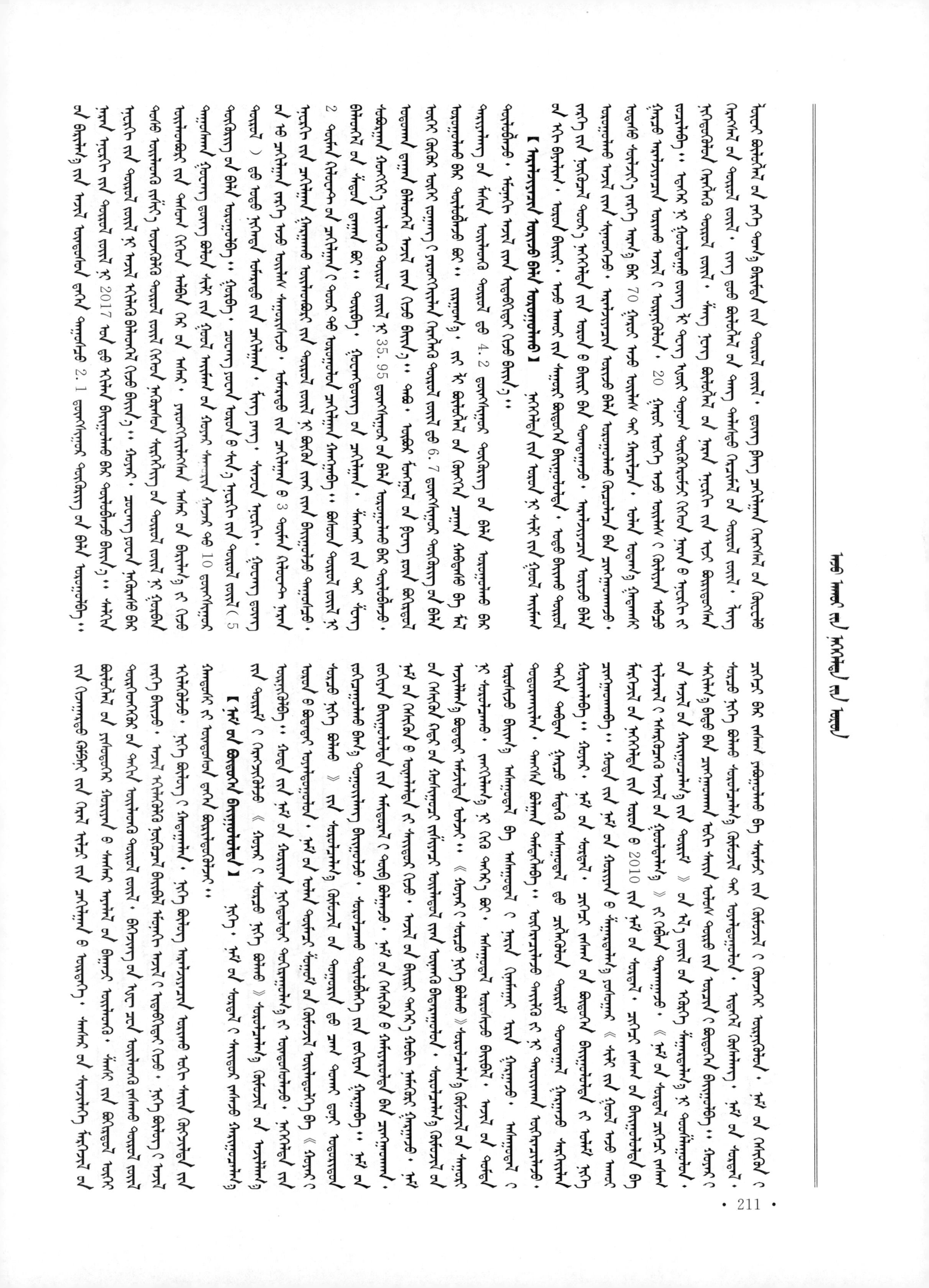

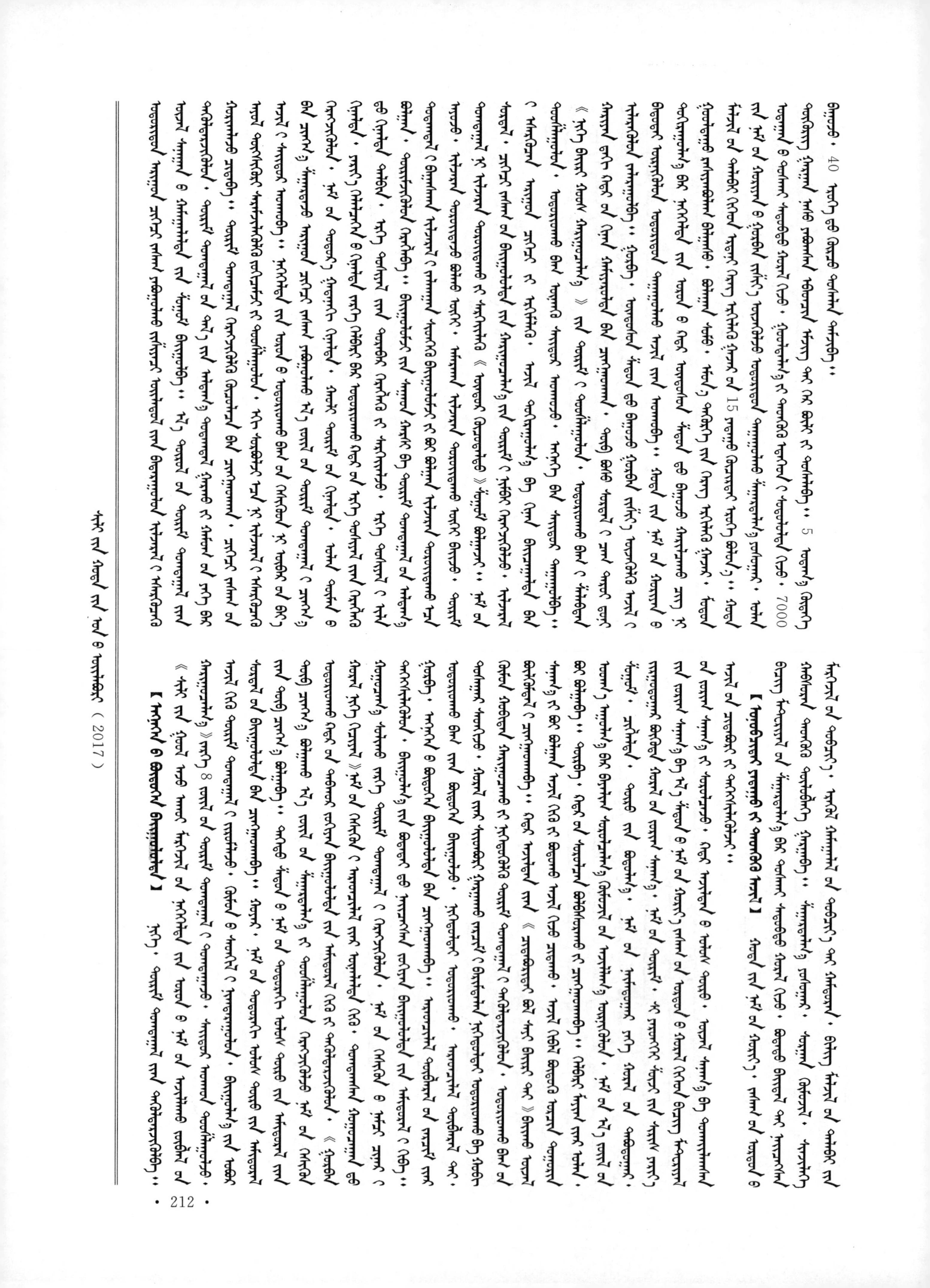

• 212 •

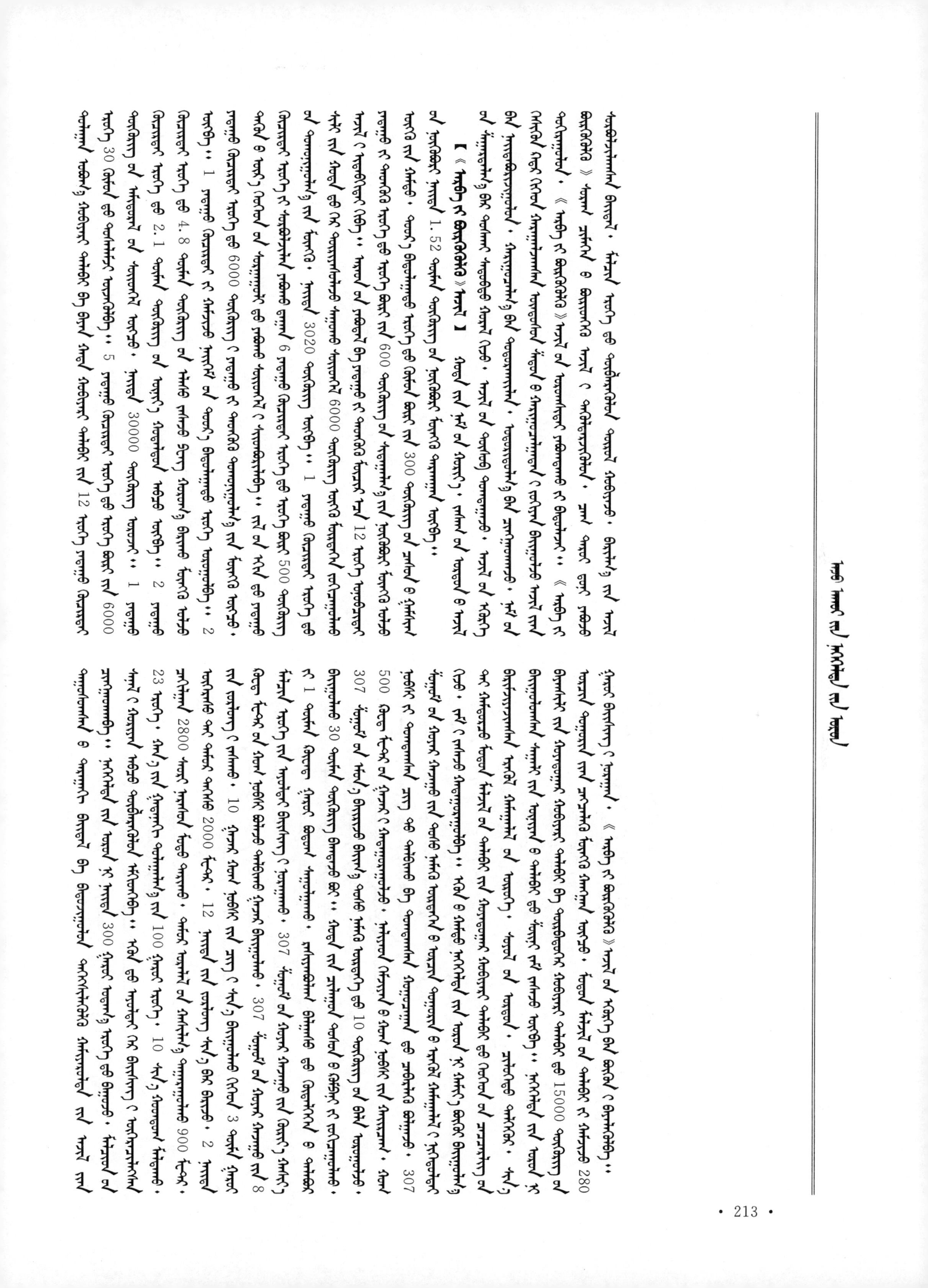

[illegible] • [illegible] • [illegible]
[illegible] 》 [illegible] • [illegible]
[illegible] • 《 [illegible] 》 [illegible] •• [illegible] 《 [illegible]
[illegible]
[illegible] • [illegible] • [illegible]
[illegible] • [illegible] • [illegible]

【《[illegible]》[illegible]】 [illegible] • [illegible]
[illegible] 1.52 [illegible] ••
[illegible] • [illegible] 300 [illegible]
[illegible] 600 [illegible]
[illegible] •• [illegible] 12 [illegible]
[illegible] 6000 [illegible]
[illegible] • [illegible] 3020 [illegible] •• 1 [illegible]
[illegible] 6 [illegible] 500 [illegible]
[illegible] •• [illegible]
[illegible] 6000 [illegible] •
[illegible] •• 1 [illegible] •• 2
[illegible] 4.8 [illegible]
[illegible] 2.1 [illegible] •• 2 [illegible]
[illegible] • [illegible] 30000 [illegible] •• 1 [illegible]
[illegible] 30 [illegible] •• 5 [illegible] 6000
[illegible] 12 [illegible]
[illegible] • 《[illegible]》 [illegible] ••
[illegible] • [illegible] 280
[illegible] 15000 [illegible]
[illegible] •• [illegible]
[illegible] • [illegible] • [illegible] • [illegible]
[illegible]
[illegible] • [illegible] •• [illegible]
[illegible]
[illegible] • 307
500 [illegible] • [illegible] • [illegible]
307 [illegible] 10 [illegible] •
[illegible] 30 [illegible] •• [illegible] •
[illegible] 1 [illegible] • [illegible]
[illegible] • 307 [illegible]
[illegible] • 307 [illegible] 8
[illegible] • 10 [illegible] 3 [illegible]
[illegible] 2000 [illegible] • 12 [illegible] • 2 [illegible]
[illegible] 2800 [illegible] • [illegible] 900 [illegible] •
23 [illegible] • [illegible] 100 [illegible] • 10 [illegible] •
[illegible] •• [illegible]
[illegible] •• [illegible] 300 [illegible] • [illegible]
[illegible]

ᠰᠠᠷ᠎ᠠ ᠳᠤ ᠬᠡᠪᠯᠡᠯ ᠳᠦ ᠭᠠᠷᠪᠠ ）
ᠪᠣᠭᠳᠠ ᠬᠠᠭᠠᠨ ᠤ ᠲᠣᠭᠤᠵᠢ ᠳᠠᠰ ᠮᠠᠮᠠ （ᠦᠨᠳᠦᠰᠦᠲᠡᠨ ᠦ ᠬᠡᠪᠯᠡᠯ ᠦᠨ ᠬᠣᠷᠢᠶ᠎ᠠ · ᠪᠡᠭᠡᠵᠢᠩ · 2016 ᠣᠨ ᠤ 5
ᠰᠠᠷ᠎ᠠ ᠳᠤ ᠬᠡᠪᠯᠡᠯ ᠳᠦ ᠭᠠᠷᠪᠠ ）
ᠮᠣᠩᠭᠣᠯ ᠤᠨ ᠠᠷᠠᠳ ᠤᠨ ᠪᠢᠴᠢᠭ ᠤᠨ ᠵᠣᠬᠢᠶᠠᠯ （ᠦᠨᠳᠦᠰᠦᠲᠡᠨ ᠦ ᠬᠡᠪᠯᠡᠯ ᠦᠨ ᠬᠣᠷᠢᠶ᠎ᠠ · 2016 ᠣᠨ ᠤ 5 ᠰᠠᠷ᠎ᠠ ᠳᠤ
ᠬᠡᠪᠯᠡᠯ ᠳᠦ ᠭᠠᠷᠪᠠ ）
ᠪᠣᠭᠳᠠ ᠬᠠᠭᠠᠨ ᠤ ᠲᠣᠭᠤᠵᠢ · ᠮᠣᠩᠭᠣᠯ ᠤᠨ ᠠᠷᠠᠳ ᠤᠨ ᠦᠯᠢᠭᠡᠷ （ᠦᠨᠳᠦᠰᠦᠲᠡᠨ ᠦ ᠬᠡᠪᠯᠡᠯ ᠦᠨ ᠬᠣᠷᠢᠶ᠎ᠠ · 2016 ᠣᠨ ᠤ 3 ᠰᠠᠷ᠎ᠠ ᠳᠤ
ᠬᠡᠪᠯᠡᠯ ᠳᠦ ᠭᠠᠷᠪᠠ ）
ᠮᠣᠩᠭᠣᠯ ᠤᠨ ᠠᠷᠠᠳ ᠤᠨ ᠦᠯᠢᠭᠡᠷ · ᠶᠢᠷᠲᠢᠨᠴᠦ ᠶᠢᠨ ᠡᠭᠦᠳᠡᠨ （ᠦᠨᠳᠦᠰᠦᠲᠡᠨ ᠦ ᠬᠡᠪᠯᠡᠯ ᠦᠨ ᠬᠣᠷᠢᠶ᠎ᠠ · 2016 ᠣᠨ ᠤ 5 ᠰᠠᠷ᠎ᠠ
ᠳᠤ ᠬᠡᠪᠯᠡᠯ ᠳᠦ ᠭᠠᠷᠪᠠ ）
ᠮᠣᠩᠭᠣᠯ ᠤᠨ ᠠᠷᠠᠳ ᠤᠨ ᠦᠯᠢᠭᠡᠷ · ᠮᠣᠩᠭᠣᠯ ᠤᠨ ᠠᠷᠠᠳ ᠤᠨ ᠲᠡᠦᠬᠡ ᠶᠢᠨ ᠰᠤᠳᠤᠯᠭ᠎ᠠ · ᠮᠣᠩᠭᠣᠯ ᠤᠨ ᠰᠤᠳᠤᠯᠭ᠎ᠠ ᠶᠢᠨ ᠴᠤᠪᠤᠷᠠᠯ
ᠲᠠᠪᠤ （ᠦᠨᠳᠦᠰᠦᠲᠡᠨ ᠦ ᠬᠡᠪᠯᠡᠯ ᠦᠨ ᠬᠣᠷᠢᠶ᠎ᠠ · ᠬᠥᠬᠡᠬᠣᠲᠠ · 2016 ᠣᠨ ᠤ 5
ᠰᠠᠷ᠎ᠠ ᠳᠤ ᠬᠡᠪᠯᠡᠯ ᠳᠦ ᠭᠠᠷᠪᠠ ）
ᠬᠣᠶᠠᠷ （ᠦᠨᠳᠦᠰᠦᠲᠡᠨ ᠦ ᠬᠡᠪᠯᠡᠯ ᠦᠨ ᠬᠣᠷᠢᠶ᠎ᠠ · ᠬᠥᠬᠡᠬᠣᠲᠠ · 2016 ᠣᠨ ᠤ 5
ᠤ 2 ᠰᠠᠷ᠎ᠠ ᠳᠤ ᠬᠡᠪᠯᠡᠯ ᠳᠦ ᠭᠠᠷᠪᠠ ）
ᠮᠣᠩᠭᠣᠯ ᠦᠨᠳᠦᠰᠦᠲᠡᠨ · ᠰᠢᠨᠵᠢᠯᠡᠬᠦ ᠤᠬᠠᠭᠠᠨ ᠤ ᠵᠠᠩᠰᠢᠯ ᠤ ᠦᠨᠳᠦᠰᠦᠲᠡᠨ ᠰᠤᠷᠲᠠᠯ （ᠦᠨᠳᠦᠰᠦᠲᠡᠨ ᠦ ᠬᠡᠪᠯᠡᠯ ᠦᠨ ᠬᠣᠷᠢᠶ᠎ᠠ · ᠬᠥᠬᠡᠬᠣᠲᠠ · 2016 ᠣᠨ
ᠰᠤᠷᠭᠠᠮᠵᠢ （ᠦᠨᠳᠦᠰᠦᠲᠡᠨ ᠦ ᠬᠡᠪᠯᠡᠯ ᠦᠨ ᠬᠣᠷᠢᠶ᠎ᠠ ）
ᠮᠣᠩᠭᠣᠯ ᠦᠨᠳᠦᠰᠦᠲᠡᠨ · ᠮᠣᠩᠭᠣᠯ ᠤᠨ ᠠᠷᠠᠳ ᠤᠨ ᠦᠯᠢᠭᠡᠷ
ᠬᠡᠯᠡᠯᠭᠡ （ᠦᠨᠳᠦᠰᠦᠲᠡᠨ ᠦ ᠬᠡᠪᠯᠡᠯ ᠦᠨ ᠬᠣᠷᠢᠶ᠎ᠠ ）
ᠦᠨᠳᠦᠰᠦᠲᠡᠨ · ᠮᠣᠩᠭᠣᠯ ᠤᠨ ᠪᠢᠴᠢᠭ ᠤᠨ ᠬᠡᠯᠡᠨ ᠦ ᠣᠯᠠᠨ ᠰᠤᠷᠭᠠᠯ

【 ᠭᠠᠳᠠᠨ ᠤ ᠣᠷᠣᠨ ᠤ ᠤᠷᠠᠨ ᠵᠣᠬᠢᠶᠠᠯ ᠤᠨ ᠣᠷᠴᠢᠭᠤᠯᠭ᠎ᠠ ᠶᠢᠨ ᠨᠣᠮ 】

## ᠤᠷᠠᠨ ᠵᠣᠬᠢᠶᠠᠯ

## ᠤᠷᠠᠨ ᠵᠣᠬᠢᠶᠠᠯ · ᠤᠷᠠᠯᠢᠭ ᠤᠨ ᠰᠤᠳᠤᠯᠭ᠎ᠠ ᠶᠢᠨ ᠨᠣᠮ

ᠦᠨᠳᠦᠰᠦᠲᠡᠨ ᠦ ᠤᠷᠠᠨ ᠵᠣᠬᠢᠶᠠᠯ ᠤᠨ ᠴᠤᠪᠤᠷᠠᠯ
ᠦᠨᠳᠦᠰᠦᠲᠡᠨ ᠦ ᠰᠤᠳᠤᠯᠭ᠎ᠠ （ᠦᠨᠳᠦᠰᠦᠲᠡᠨ ᠦ ᠬᠡᠪᠯᠡᠯ ᠦᠨ ᠬᠣᠷᠢᠶ᠎ᠠ ）
ᠬᠡᠪᠯᠡᠯ ᠳᠦ ᠭᠠᠷᠪᠠ ）
ᠮᠣᠩᠭᠣᠯ ᠤᠨ ᠤᠷᠠᠨ ᠵᠣᠬᠢᠶᠠᠯ （ᠦᠨᠳᠦᠰᠦᠲᠡᠨ ᠦ ᠬᠡᠪᠯᠡᠯ ᠦᠨ ᠬᠣᠷᠢᠶ᠎ᠠ · 2016 ᠣᠨ ᠤ 7 ᠰᠠᠷ᠎ᠠ ᠳᠤ
ᠭᠠᠷᠪᠠ ）
ᠦᠨᠳᠦᠰᠦᠲᠡᠨ ᠦ ᠰᠤᠳᠤᠯᠭ᠎ᠠ （ᠦᠨᠳᠦᠰᠦᠲᠡᠨ ᠦ ᠬᠡᠪᠯᠡᠯ ᠦᠨ ᠬᠣᠷᠢᠶ᠎ᠠ · 2016 ᠣᠨ ᠤ 5 ᠰᠠᠷ᠎ᠠ ᠳᠤ ᠬᠡᠪᠯᠡᠯ ᠳᠦ ᠭᠠᠷᠪᠠ
ᠤᠷᠠᠨ ᠵᠣᠬᠢᠶᠠᠯ ᠤᠨ ᠣᠯᠠᠨ ᠵᠦᠢᠯ ᠦᠨ ᠴᠤᠪᠤᠷᠠᠯ
ᠦᠨᠳᠦᠰᠦᠲᠡᠨ ᠦ ᠤᠷᠠᠨ ᠵᠣᠬᠢᠶᠠᠯ （ᠦᠨᠳᠦᠰᠦᠲᠡᠨ ᠦ ᠬᠡᠪᠯᠡᠯ ᠦᠨ ᠬᠣᠷᠢᠶ᠎ᠠ ）
ᠣᠯᠠᠨ ᠵᠦᠢᠯ ᠦᠨ ᠴᠤᠪᠤᠷᠠᠯ
ᠦᠨᠳᠦᠰᠦᠲᠡᠨ ᠦ ᠤᠷᠠᠨ ᠵᠣᠬᠢᠶᠠᠯ （ᠬᠥᠬᠡᠬᠣᠲᠠ · ᠦᠨᠳᠦᠰᠦᠲᠡᠨ ᠦ ᠬᠡᠪᠯᠡᠯ ᠦᠨ ᠬᠣᠷᠢᠶ᠎ᠠ ）
ᠣᠯᠠᠨ ᠵᠦᠢᠯ ᠦᠨ ᠴᠤᠪᠤᠷᠠᠯ
ᠦᠨᠳᠦᠰᠦᠲᠡᠨ ᠦ ᠤᠷᠠᠨ ᠵᠣᠬᠢᠶᠠᠯ （ᠦᠨᠳᠦᠰᠦᠲᠡᠨ ᠦ ᠬᠡᠪᠯᠡᠯ ᠦᠨ ᠬᠣᠷᠢᠶ᠎ᠠ ）
ᠤᠷᠠᠨ ᠵᠣᠬᠢᠶᠠᠯ ᠤᠨ ᠣᠯᠠᠨ ᠵᠦᠢᠯ ᠦᠨ ᠴᠤᠪᠤᠷᠠᠯ ᠦᠨᠳᠦᠰᠦᠲᠡᠨ ᠦ ᠤᠷᠠᠨ ᠵᠣᠬᠢᠶᠠᠯ （ᠦᠨᠳᠦᠰᠦᠲᠡᠨ ᠦ ᠬᠡᠪᠯᠡᠯ ᠦᠨ ᠬᠣᠷᠢᠶ᠎ᠠ ）
ᠦᠨᠳᠦᠰᠦᠲᠡᠨ ᠦ ᠰᠤᠳᠤᠯᠭ᠎ᠠ ᠤᠷᠠᠨ ᠵᠣᠬᠢᠶᠠᠯ （ᠦᠨᠳᠦᠰᠦᠲᠡᠨ ᠦ ᠬᠡᠪᠯᠡᠯ ᠦᠨ ᠬᠣᠷᠢᠶ᠎ᠠ ）
ᠦᠨᠳᠦᠰᠦᠲᠡᠨ ᠦ ᠤᠷᠠᠨ ᠵᠣᠬᠢᠶᠠᠯ ᠤᠨ ᠣᠯᠠᠨ ᠵᠦᠢᠯ ᠦᠨ ᠴᠤᠪᠤᠷᠠᠯ （ᠦᠨᠳᠦᠰᠦᠲᠡᠨ ᠦ ᠬᠡᠪᠯᠡᠯ ᠦᠨ ᠬᠣᠷᠢᠶ᠎ᠠ ）
ᠬᠡᠪᠯᠡᠯ ᠳᠦ ᠭᠠᠷᠪᠠ ）
ᠰᠤᠷᠭᠠᠮᠵᠢ （ᠦᠨᠳᠦᠰᠦᠲᠡᠨ ᠦ ᠬᠡᠪᠯᠡᠯ ᠦᠨ ᠬᠣᠷᠢᠶ᠎ᠠ · 2016 ᠣᠨ ᠤ 7 ᠰᠠᠷ᠎ᠠ ᠳᠤ
ᠬᠡᠪᠯᠡᠯ ᠳᠦ ᠭᠠᠷᠪᠠ ）
ᠰᠤᠷᠭᠠᠯ （ᠦᠨᠳᠦᠰᠦᠲᠡᠨ ᠦ ᠬᠡᠪᠯᠡᠯ ᠦᠨ ᠬᠣᠷᠢᠶ᠎ᠠ · 2016 ᠣᠨ ᠤ 5 ᠰᠠᠷ᠎ᠠ ᠳᠤ
ᠦᠨᠳᠦᠰᠦᠲᠡᠨ ᠦ ᠤᠷᠠᠨ ᠵᠣᠬᠢᠶᠠᠯ

【 ᠤᠷᠠᠨ ᠵᠣᠬᠢᠶᠠᠯ （ᠣᠷᠴᠢᠭᠤᠯᠭ᠎ᠠ ᠶᠢᠨ ᠨᠣᠮ ） ᠤ ᠰᠤᠳᠤᠯᠭ᠎ᠠ ᠶᠢᠨ ᠨᠣᠮ 】

2016 ᠣᠨ ᠤ 4 ᠰᠠᠷ᠎ᠠ ᠳᠤ ᠬᠡᠪᠯᠡᠯ ᠳᠦ ᠭᠠᠷᠪᠠ ）
ᠰᠤᠷᠭᠠᠯ （ᠦᠨᠳᠦᠰᠦᠲᠡᠨ ᠦ ᠬᠡᠪᠯᠡᠯ ᠦᠨ ᠬᠣᠷᠢᠶ᠎ᠠ · ᠬᠥᠬᠡᠬᠣᠲᠠ ·
ᠮᠣᠩᠭᠣᠯ ᠦᠨᠳᠦᠰᠦᠲᠡᠨ ᠦ ᠰᠤᠳᠤᠯᠭ᠎ᠠ ᠶᠢᠨ ᠴᠤᠪᠤᠷᠠᠯ ᠤ ᠲᠡᠦᠬᠡ · ᠮᠣᠩᠭᠣᠯ ᠤᠨ ᠰᠤᠳᠤᠯᠭ᠎ᠠ ᠶᠢᠨ ᠴᠤᠪᠤᠷᠠᠯ
ᠳᠤ ᠬᠡᠪᠯᠡᠯ ᠳᠦ ᠭᠠᠷᠪᠠ ）
ᠰᠤᠷᠭᠠᠮᠵᠢ （ᠦᠨᠳᠦᠰᠦᠲᠡᠨ ᠦ ᠬᠡᠪᠯᠡᠯ ᠦᠨ ᠬᠣᠷᠢᠶ᠎ᠠ · 2016 ᠣᠨ ᠤ 5 ᠰᠠᠷ᠎ᠠ

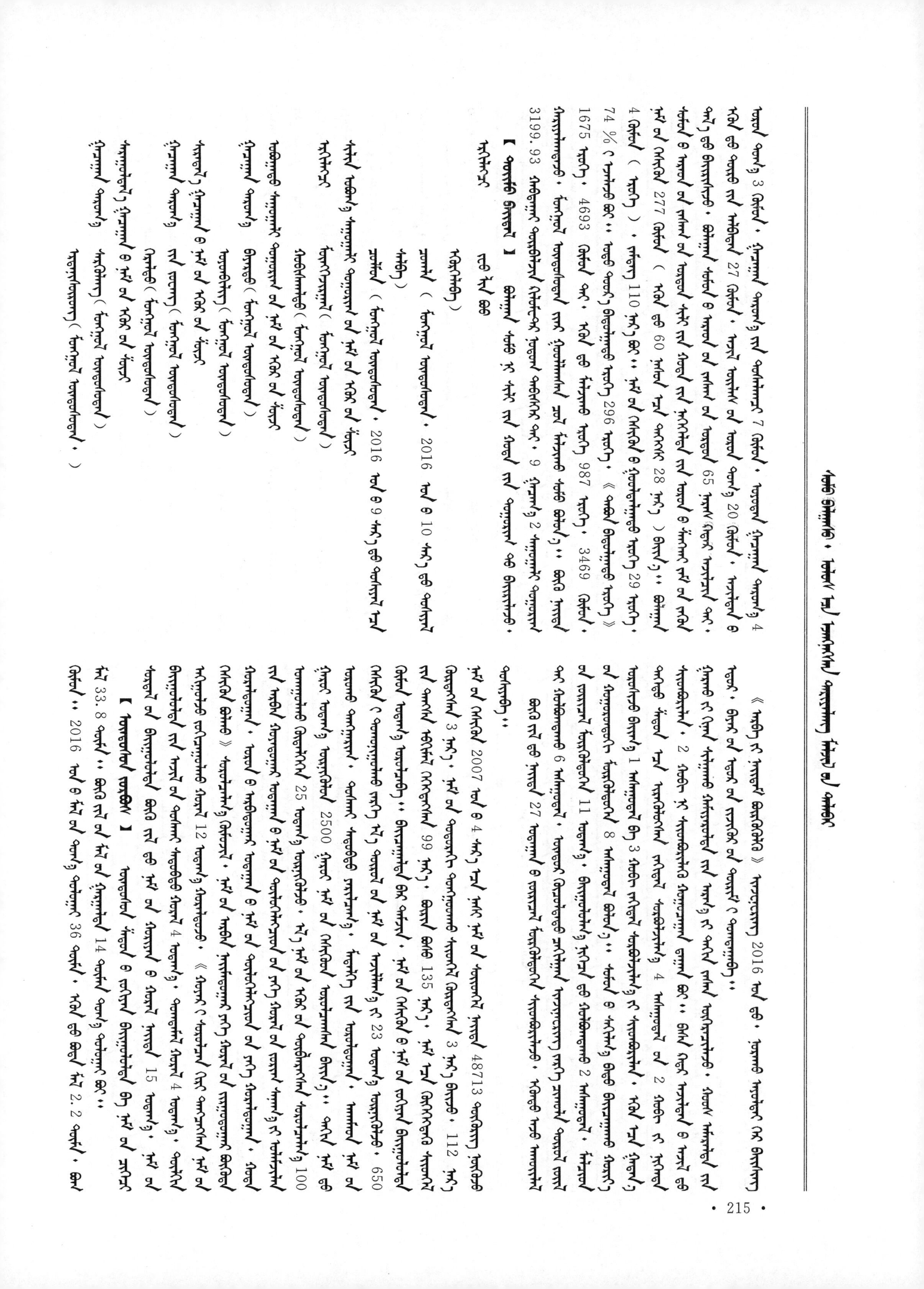

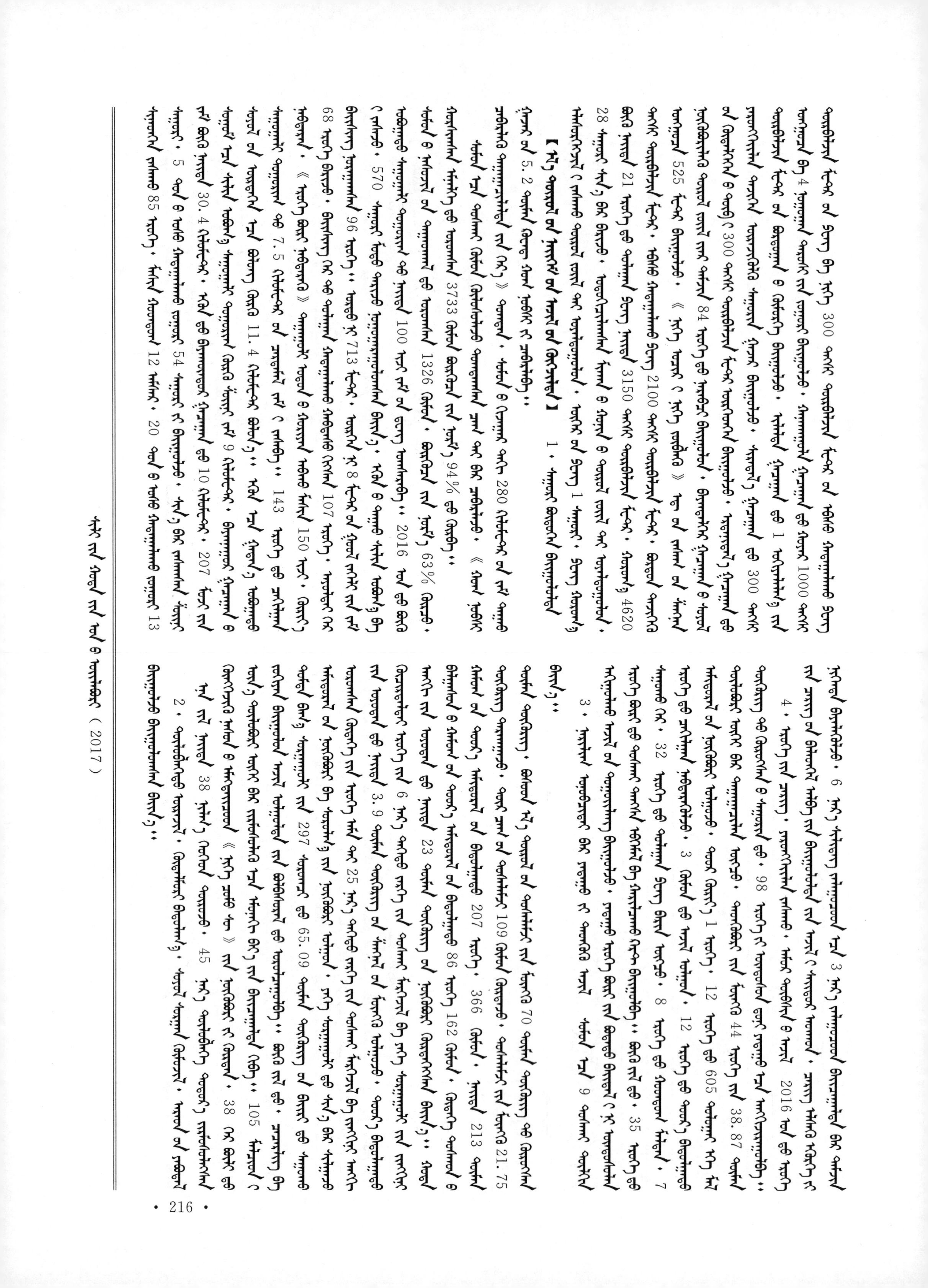

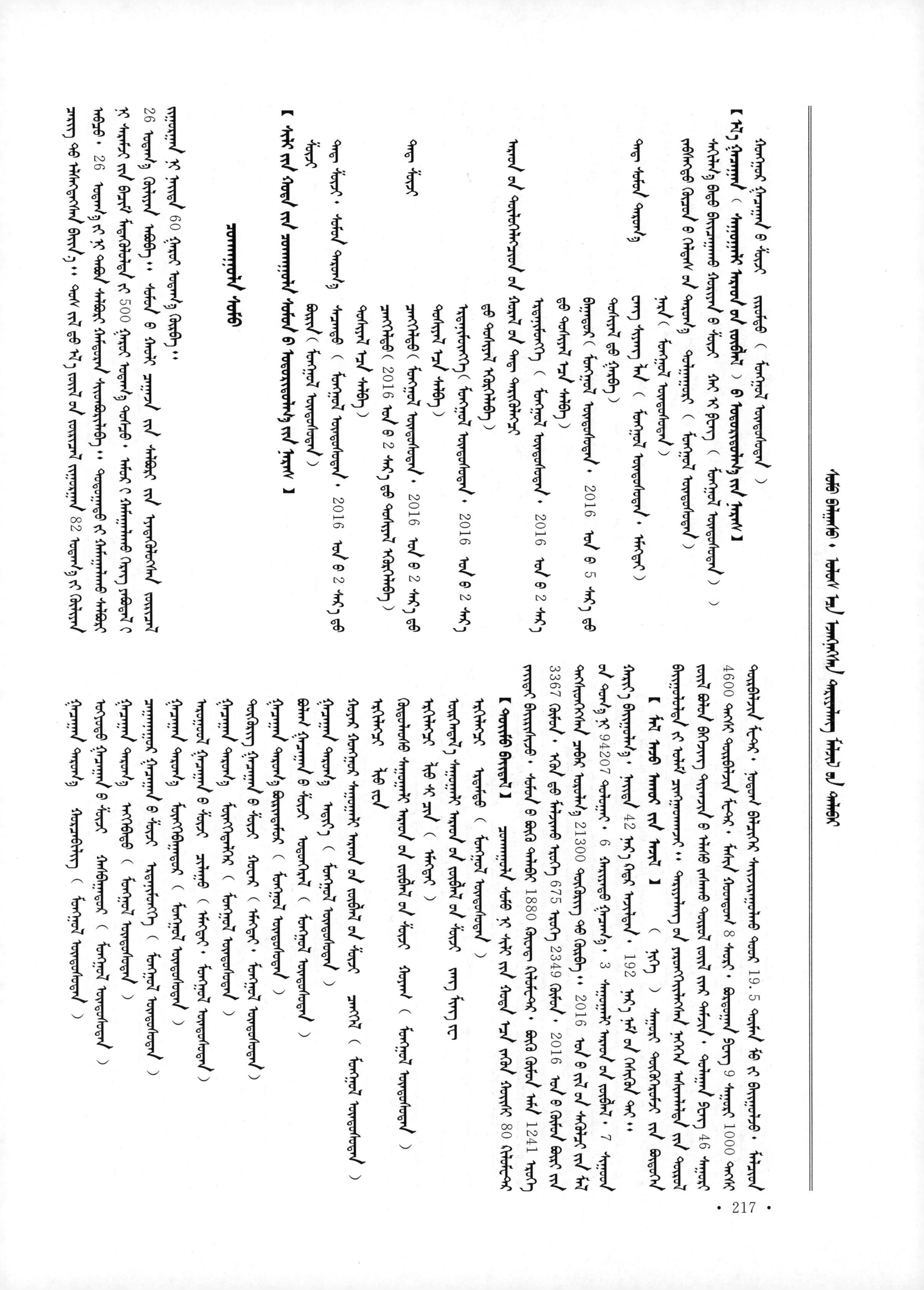

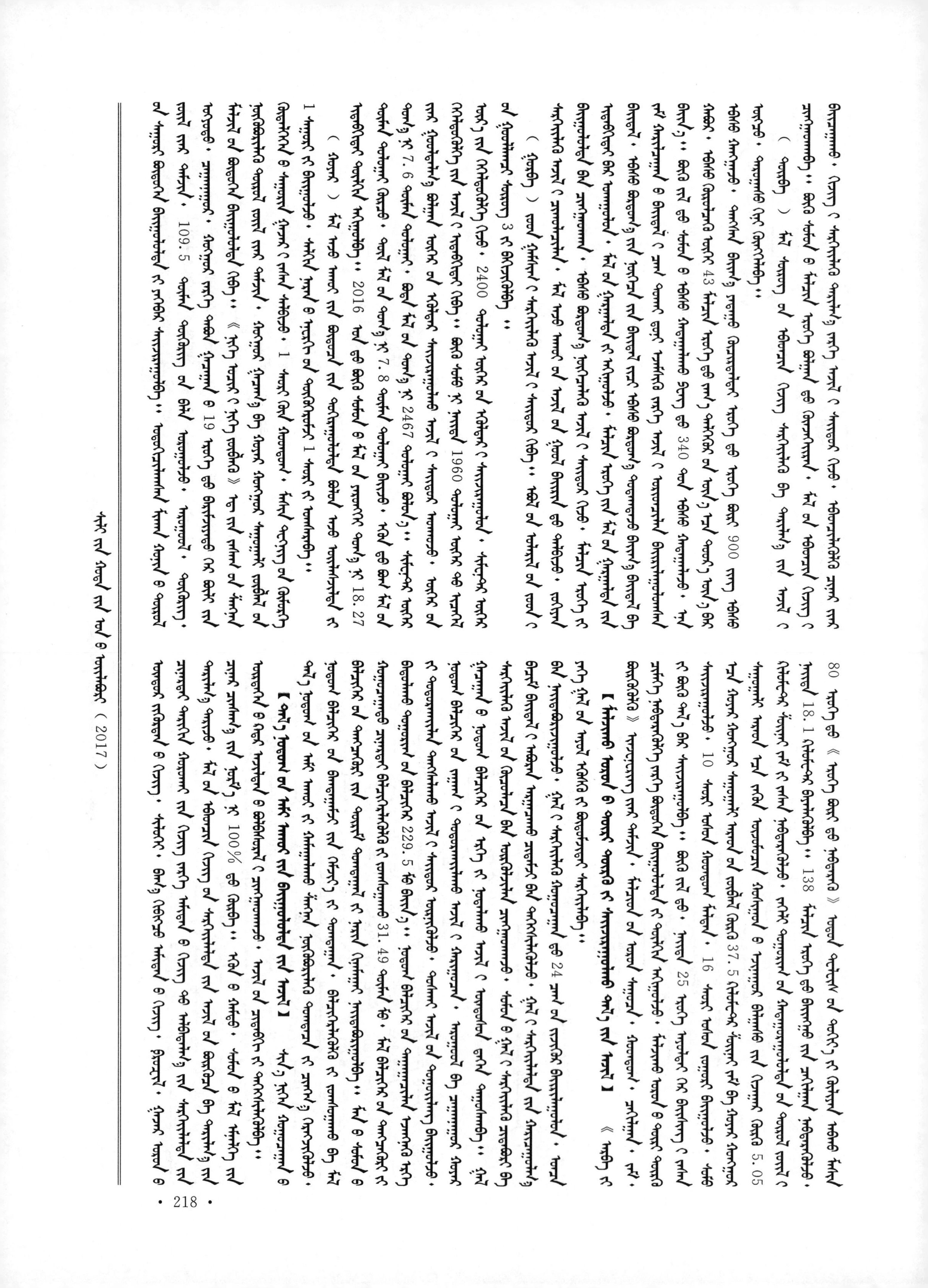

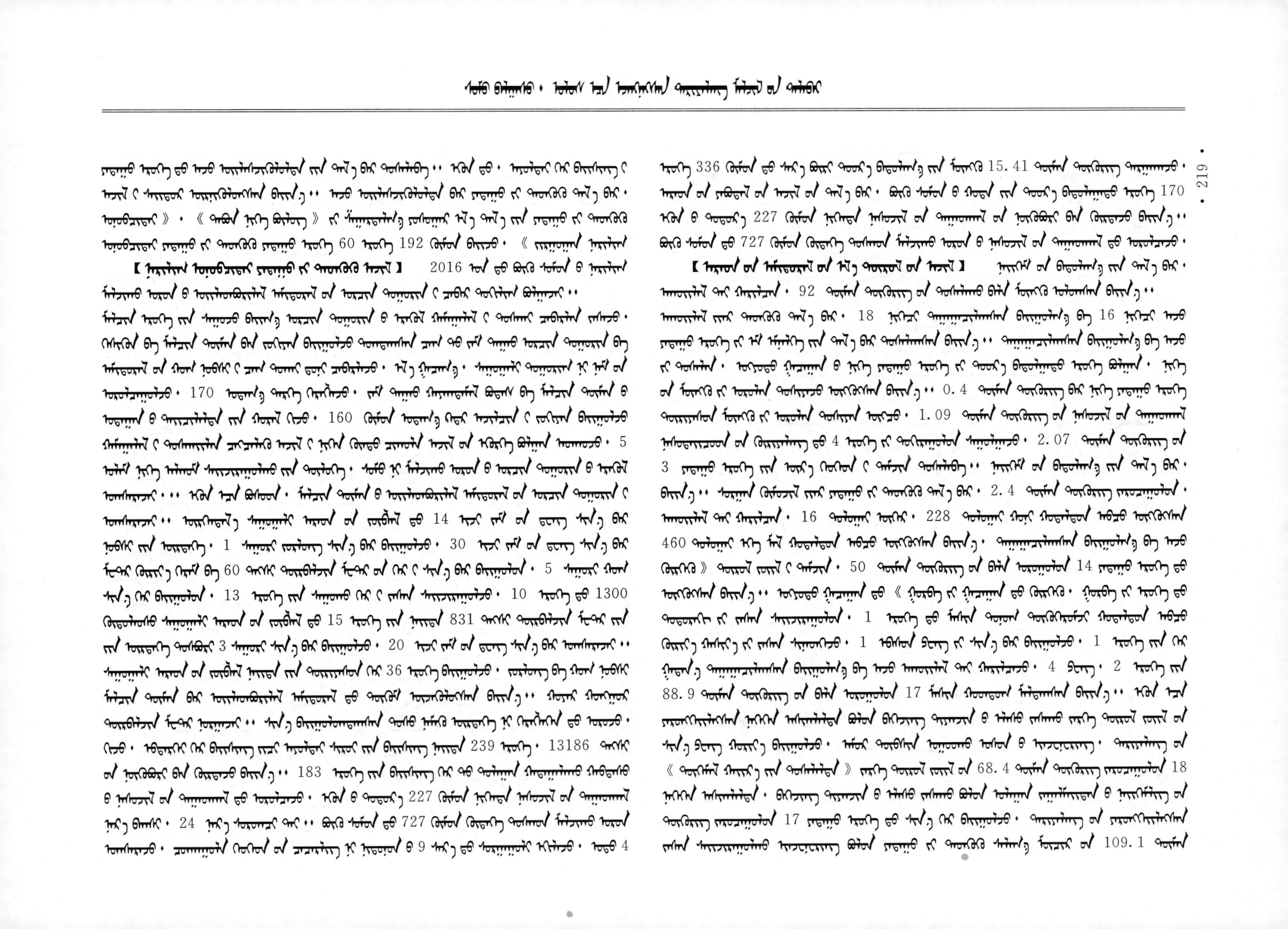

[illegible]
[illegible]
[illegible] 《 [illegible] 》 [illegible] 》 · 《 [illegible]
[illegible] 60 [illegible] 192 [illegible] · 《 [illegible]

【[illegible]】 2016 [illegible]
[illegible] ::
· [illegible]
[illegible]
[illegible]
[illegible] · 170 [illegible]
[illegible] · 160 [illegible]
[illegible] · 5
[illegible]
[illegible] :: [illegible]
[illegible] 14 [illegible]
[illegible] · 1 [illegible] · 30 [illegible]
[illegible] 60 [illegible] · 5 [illegible]
[illegible] · 13 [illegible] · 10 [illegible] 1300
[illegible] 15 [illegible] 831 [illegible]
[illegible] 3 [illegible] · 20 [illegible] ::
[illegible] 36 [illegible]
[illegible] :: [illegible]
[illegible] :: [illegible] ·
[illegible] 239 [illegible] · 13186 [illegible]
[illegible] :: 183 [illegible]
[illegible] · [illegible] 227 [illegible]
[illegible] · 24 [illegible] :: [illegible] 727 [illegible]
[illegible] · [illegible] 9 [illegible] · [illegible] 4

[illegible] 336 [illegible] 15.41 [illegible] ·
[illegible] · [illegible] 170
[illegible] 227 [illegible] ::
[illegible] 727 [illegible] ·

【[illegible]】 [illegible] ·
[illegible] · 92 [illegible] ::
[illegible] · 18 [illegible] 16 [illegible]
[illegible] :: [illegible]
[illegible] · [illegible] · [illegible]
[illegible] :: 0.4 [illegible]
[illegible] · 1.09 [illegible]
[illegible] 4 [illegible] · 2.07 [illegible]
3 [illegible] :: [illegible] ·
[illegible] :: [illegible] · 2.4 [illegible] ·
[illegible] · 16 [illegible] · 228 [illegible]
460 [illegible] · [illegible]
[illegible] 》 [illegible] · 50 [illegible] 14 [illegible]
[illegible] :: [illegible] 《 [illegible] · [illegible]
[illegible] · 1 [illegible]
[illegible] · 1 [illegible] · 1 [illegible]
[illegible] · 4 [illegible] · 2 [illegible]
88.9 [illegible] 17 [illegible] :: [illegible]
[illegible]
[illegible] · [illegible] · [illegible]
《 [illegible] 》 [illegible] 68.4 [illegible] 18
[illegible] · [illegible]
[illegible] 17 [illegible] · [illegible]
[illegible] 109.1 [illegible]

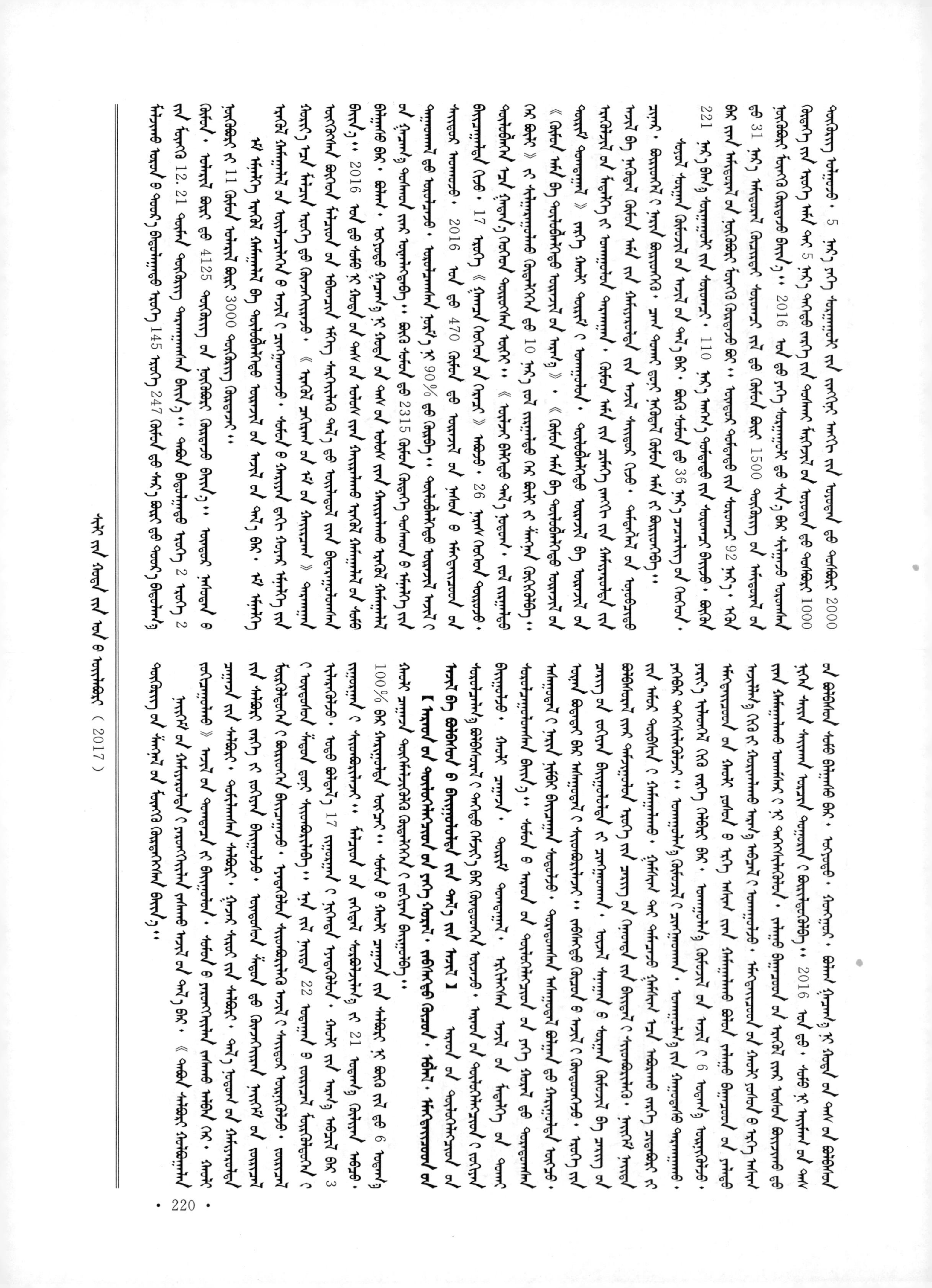

[illegible]

[illegible]

[illegible]

[illegible]

【[illegible]】

[illegible]

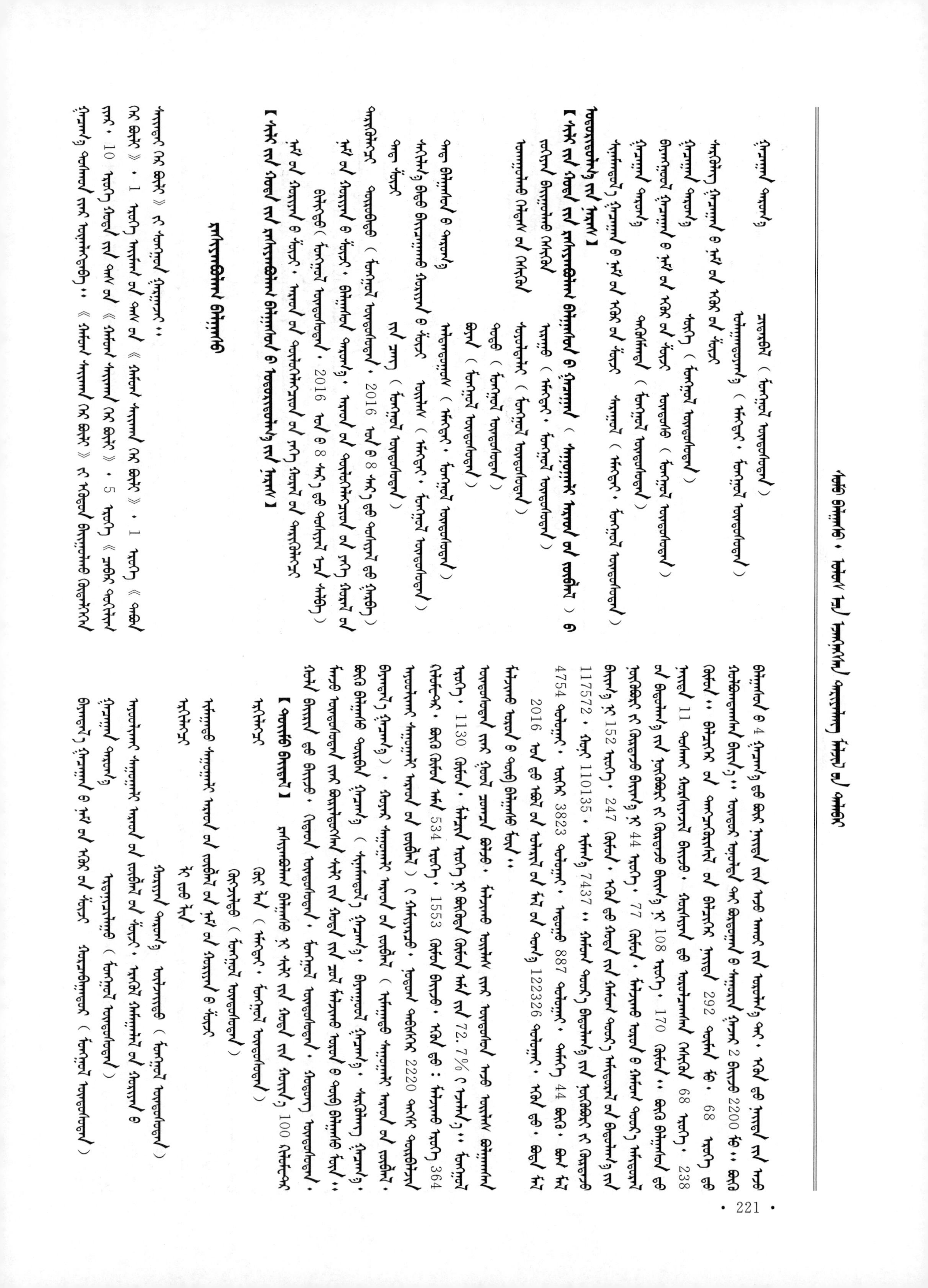

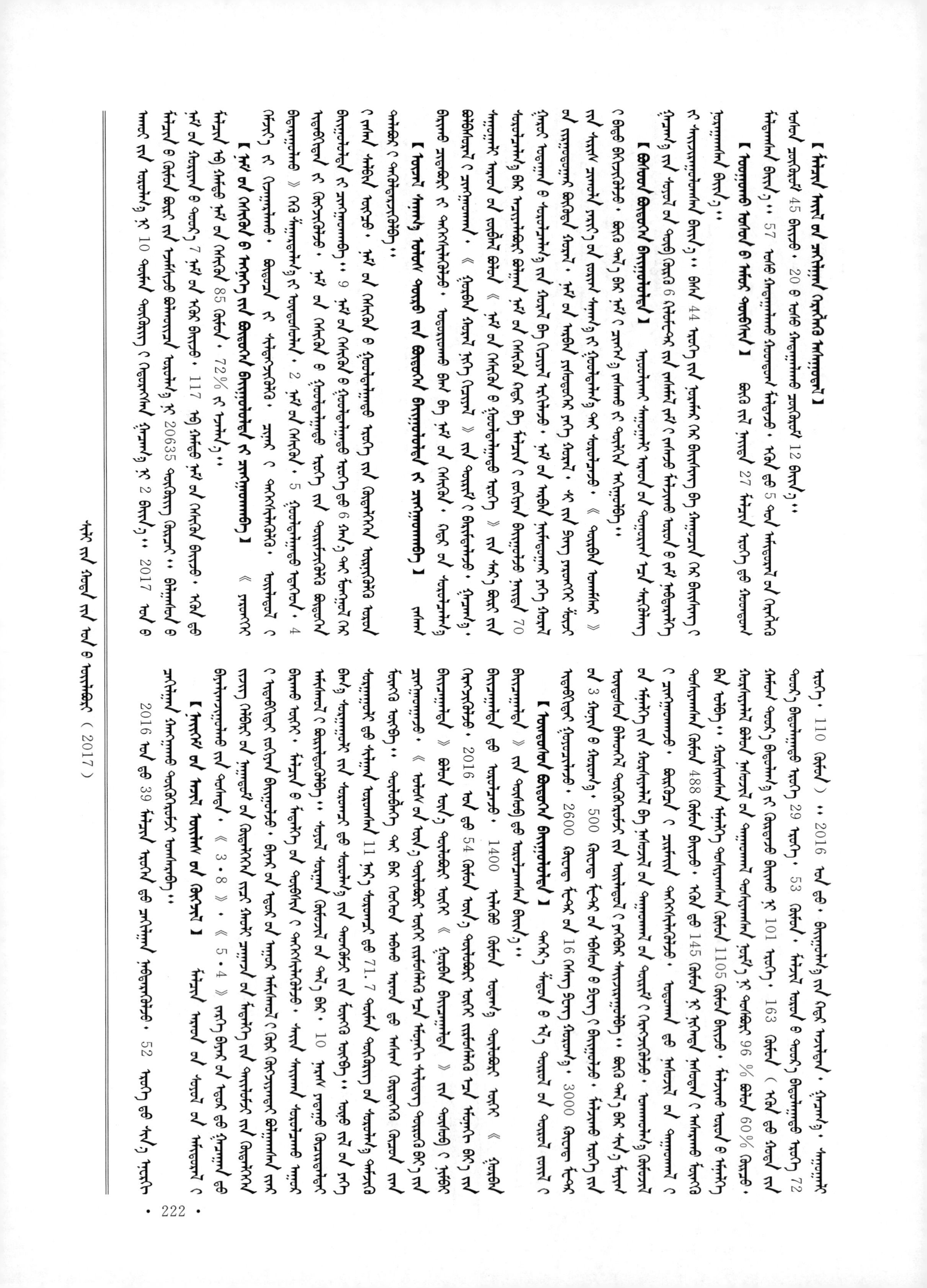

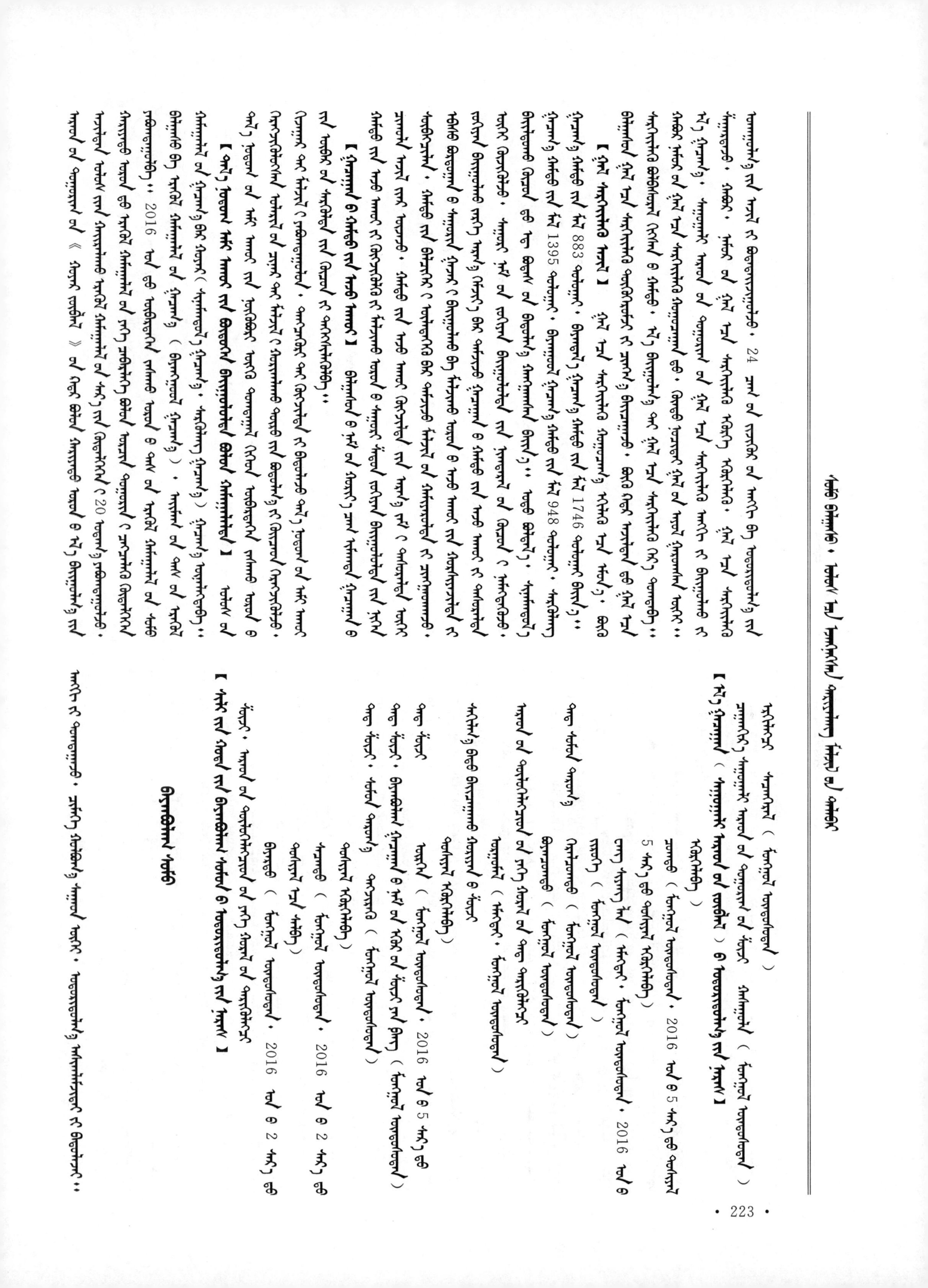

[illegible]

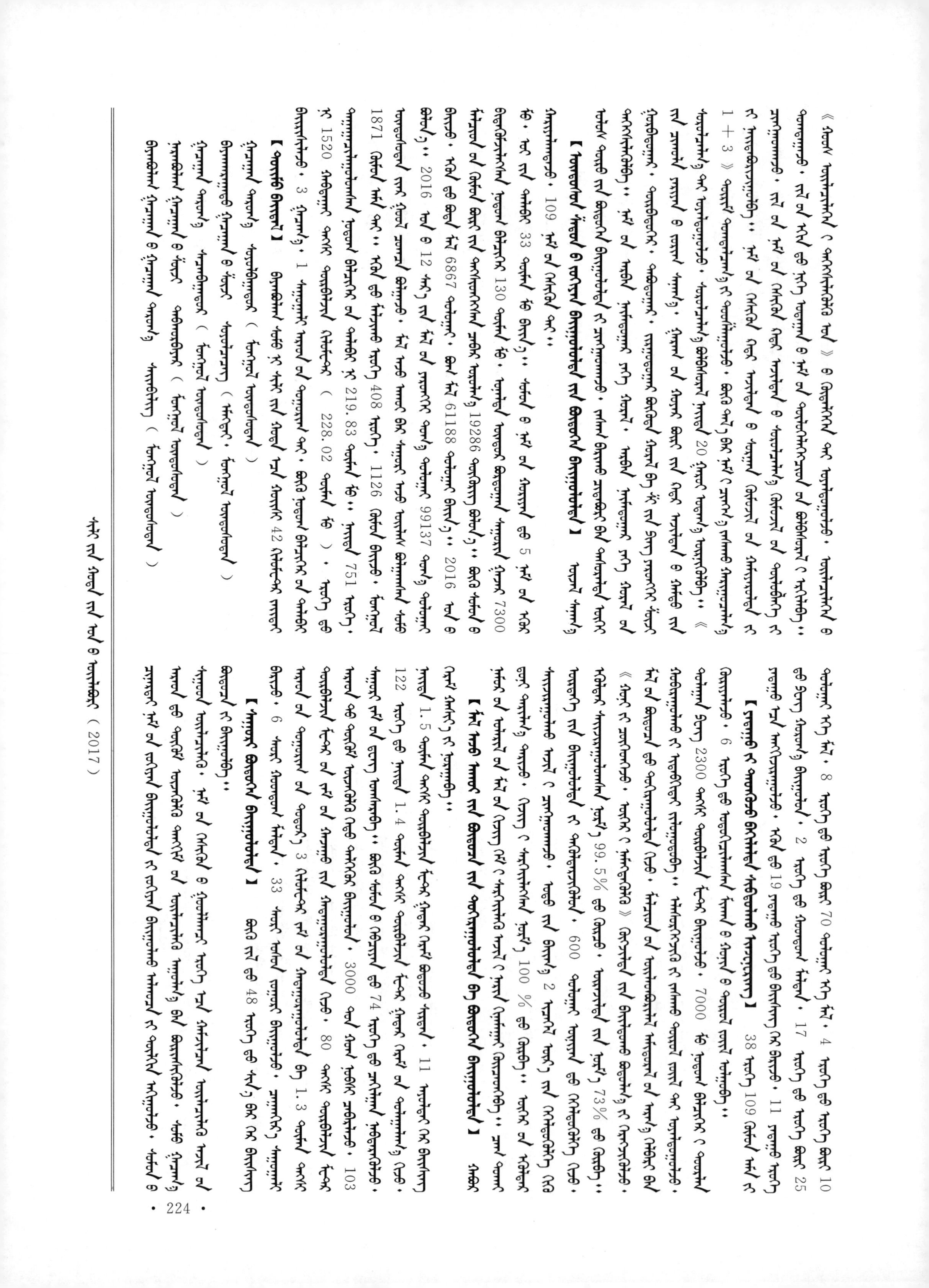

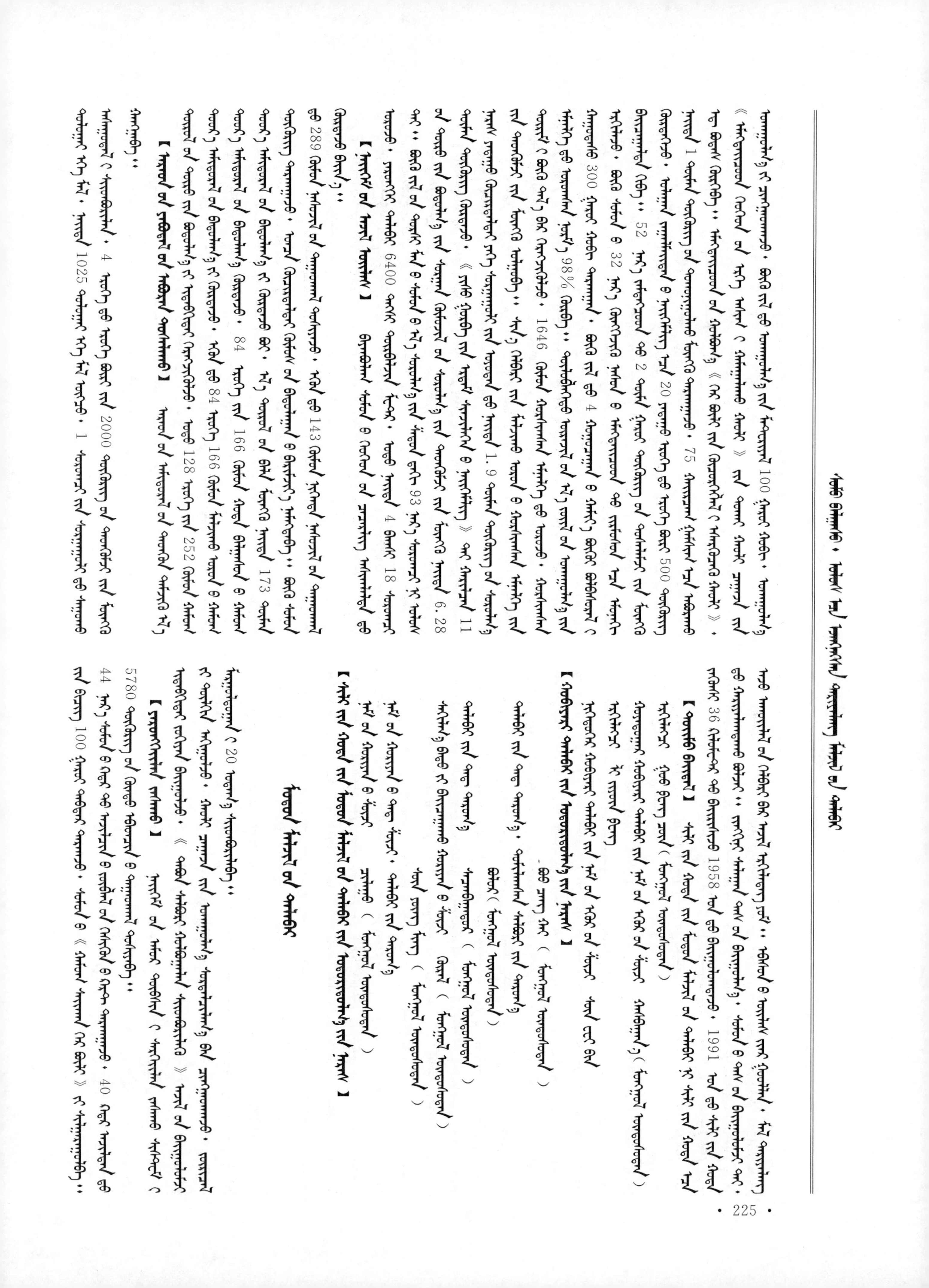

ᠳᠠᠪᠠᠭᠠᠴᠢᠯᠠᠭᠤᠯᠬᠤ᠂ ᠬᠠᠮᠢᠶᠠᠷᠤᠯ ᠪᠣᠯᠭᠠᠨ ᠤ ᠰᠠᠶᠢᠵᠢᠷᠠᠭᠤᠯᠬᠤ᠂ ᠭᠠᠵᠠᠷ ᠤᠨ ᠬᠠᠮᠢᠶᠠᠷᠤᠯᠲᠠ ᠬᠡᠯᠪᠡᠷᠢ ᠪᠠᠷ ᠬᠣᠶᠠᠷ 100% ᠳᠤ ᠬᠦᠷᠪᠡ᠃ ᠡᠨᠡ ᠪ ᠰᠠᠯᠠᠭᠠ ᠮᠠᠯ ᠤᠨ ᠲᠡᠵᠢᠭᠡᠯ ᠪ W ᠶᠢᠨ ᠪᠦᠲᠦᠭᠡᠭᠳᠡᠬᠦᠨ ᠦ ᠬᠠᠮᠢᠶᠠᠷᠤᠯᠲᠠ ᠶᠢᠨ ᠬᠠᠷᠢᠯᠴᠠᠭ᠎ᠠ᠂ ᠬᠤᠪᠢᠴᠠᠭᠠᠨ ᠪᠠᠢᠳᠠᠯ ᠪᠠ ᠲᠡᠵᠢᠭᠡᠯ ᠦᠨ ᠬᠠᠮᠢᠶᠠᠷᠤᠯᠲᠠ ᠶᠢᠨ ᠪᠠᠢᠳᠠᠯ ᠢᠶᠠᠷ ᠪ ᠭᠠᠵᠠᠷ ᠤᠨ ᠬᠠᠮᠢᠶᠠᠷᠤᠯᠲᠠ ᠶᠢᠨ ᠬᠠᠶᠢᠭ᠎ᠠ᠂ ᠪᠦᠬᠦ ᠠᠶᠢᠮᠠᠭ ᠤᠨ ᠮᠠᠯ ᠤᠨ W ᠲᠡᠵᠢᠭᠡᠯ᠂ ᠰᠠᠶᠢᠨ ᠪ ᠬᠠᠮᠠᠭᠠᠯᠠᠯ ᠰᠠᠶᠢᠵᠢᠷᠠᠭᠤᠯᠪᠠ᠂ ᠮᠠᠯ ᠤᠨ ᠭᠠᠵᠠᠷ ᠬᠠᠮᠢᠶᠠᠷᠤᠯᠲᠠ ᠶᠢᠨ ᠬᠠᠶᠢᠭ᠎ᠠ ᠳᠤ ᠬᠠᠮᠲᠤ ᠪᠠᠷ ᠠᠶᠢᠮᠠᠭ ᠲᠤ ᠰᠢᠨ᠎ᠡ ᠲᠣᠷᠤᠭ ᠤᠨ ᠰᠠᠶᠢᠨ ᠲᠦᠷᠦᠯ ᠦᠨ ᠰᠠᠶᠢᠨ ᠦᠬᠡᠷ 400 ᠬᠤᠷᠢᠶᠠᠭᠳᠠᠵᠤ ᠦᠷᠡᠵᠢᠭᠦᠯᠬᠦ ᠶᠢ ᠲᠤᠷᠰᠢᠪᠠ᠃

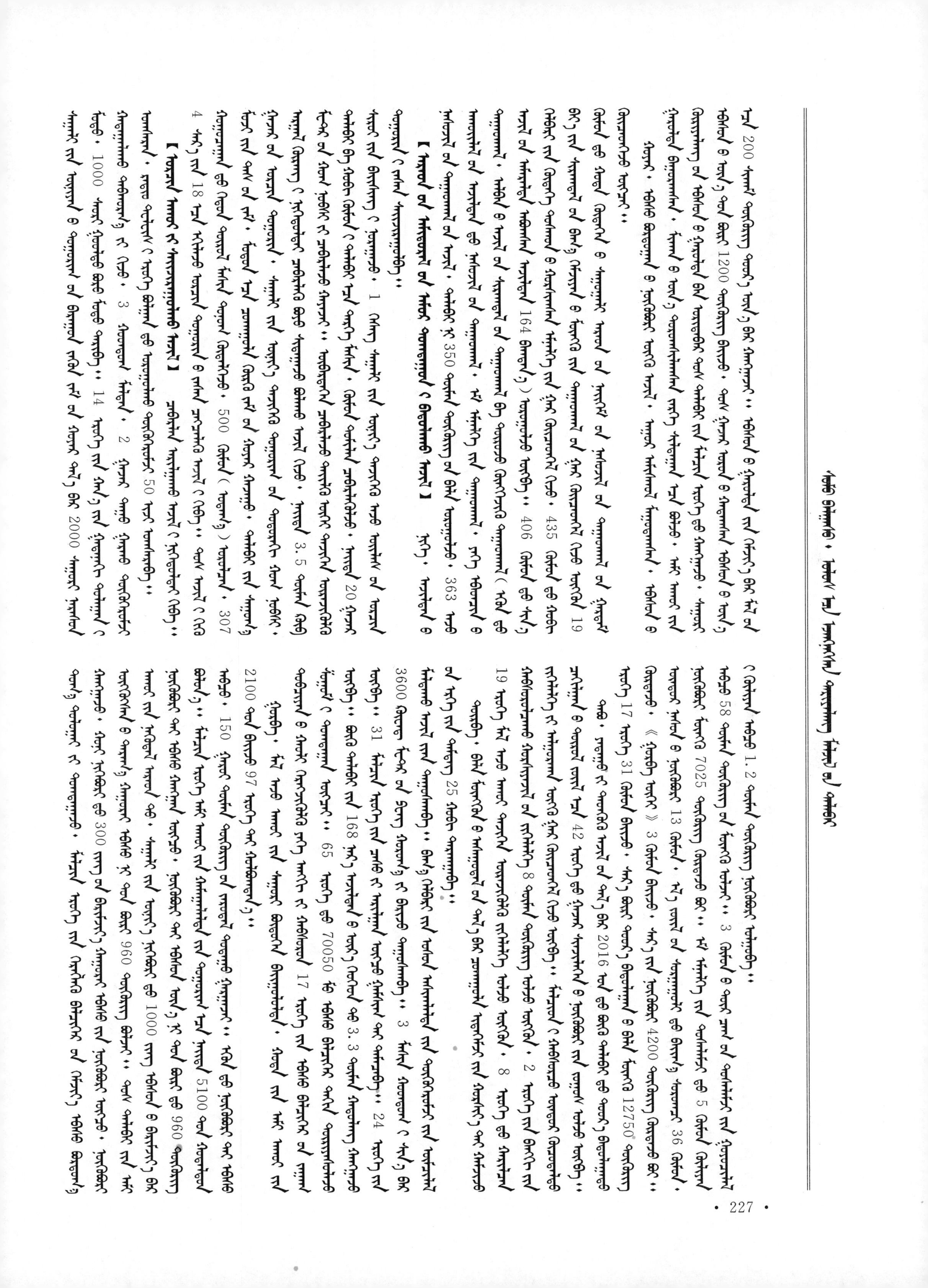

[illegible] 525 [illegible]᠂ 1285 [illegible]᠂ [illegible] 2875 [illegible] [illegible] 7 [illegible] [illegible] 172.31 [illegible]᠂ [illegible] 6.1 [illegible]᠂ [illegible] 1257.16 [illegible]᠂ [illegible] 90 ～100 [illegible] 200 ～ 250 [illegible]᠂ [illegible] 128 [illegible]᠂ [illegible] 110 [illegible]᠂ [illegible] 350 [illegible]᠂ [illegible]᠂ [illegible] 207 [illegible] 73 ～ 74

【[illegible]】 [illegible]

[illegible]
[illegible]
[illegible] ( [illegible] )
[illegible] [illegible]

[illegible]
[illegible]᠂ [illegible] [illegible]
[illegible]᠂ [illegible] [illegible]
[illegible] [illegible] ( [illegible] )

【[illegible]】

## [illegible]

[illegible]᠂ [illegible]᠂ [illegible] 《[illegible]》 [illegible]᠃᠃ [illegible] 《[illegible]》 [illegible] 《[illegible]》 [illegible]᠃᠃

[illegible]᠃᠃ 《[illegible]》 [illegible]᠃᠃

[illegible]᠂ [illegible]᠃᠃ [illegible]᠂ [illegible]᠃᠃ [illegible]᠂ [illegible]᠃᠃ [illegible] 《[illegible]》 [illegible]

[illegible]᠂ [illegible]᠃᠃

《[illegible]》 [illegible]

【[illegible]】 [illegible]᠂ [illegible]᠃᠃

[illegible] 2 [illegible] 5 [illegible]᠂ [illegible] 298 [illegible]᠃᠃ [illegible]

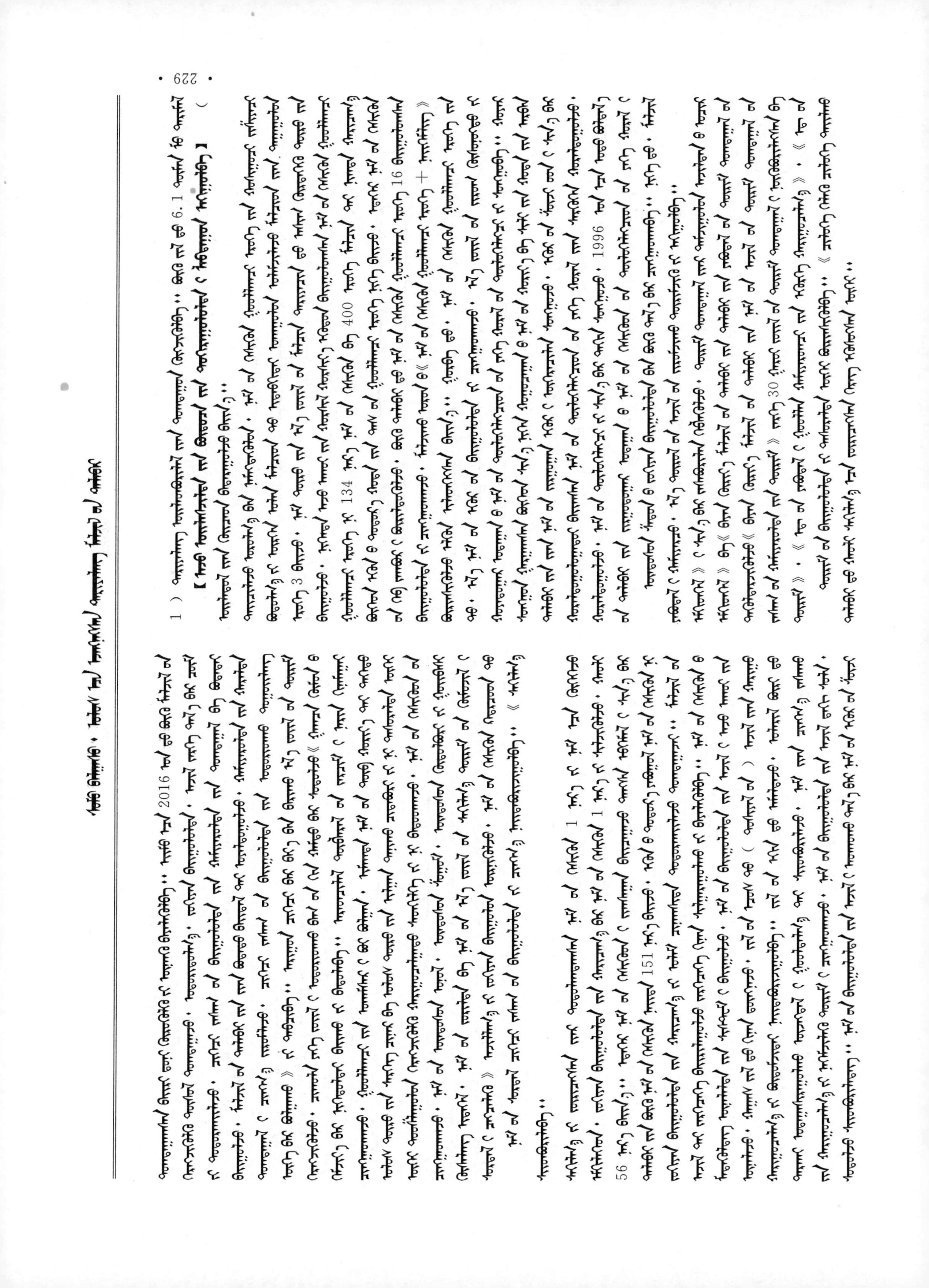

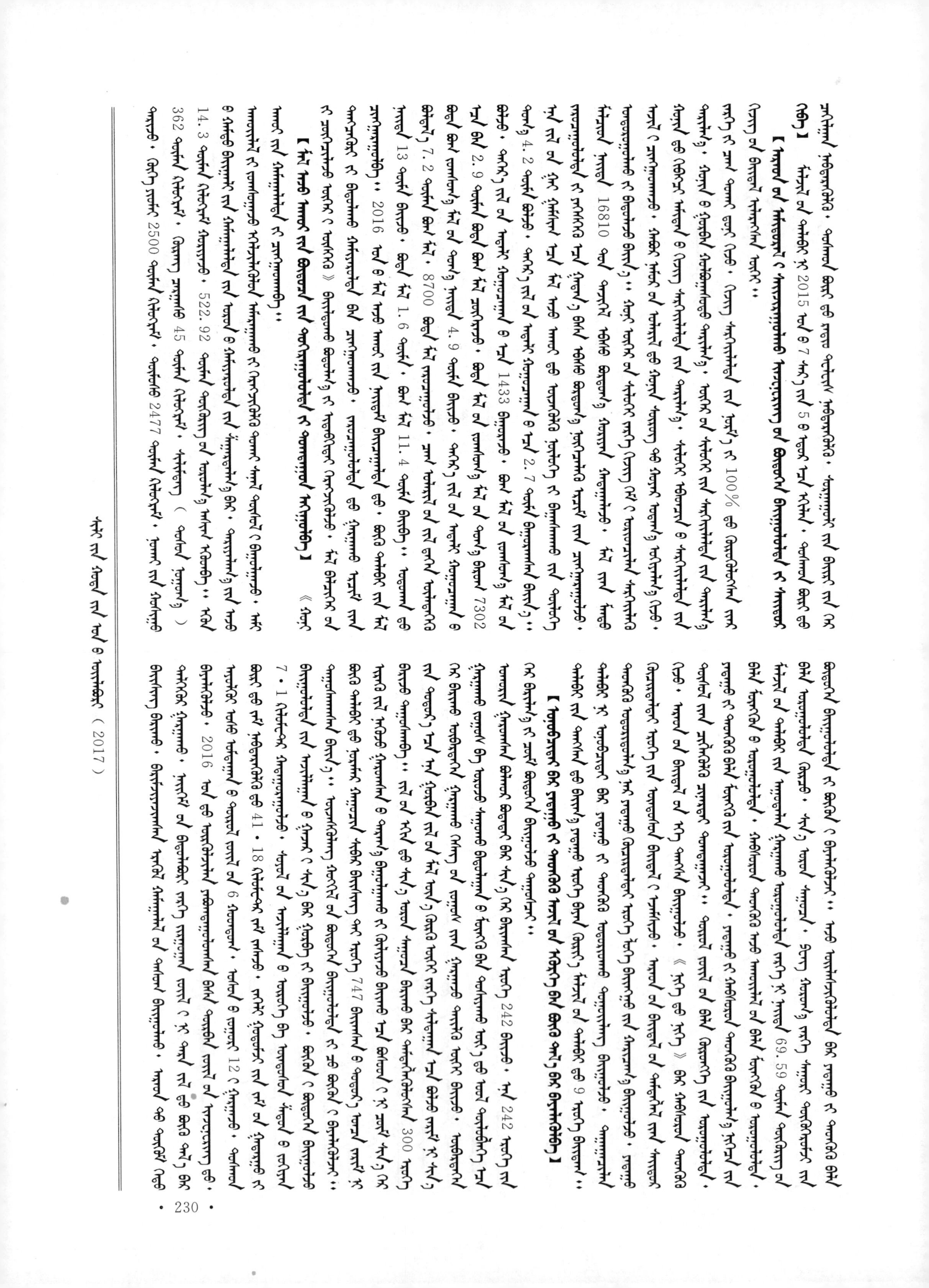

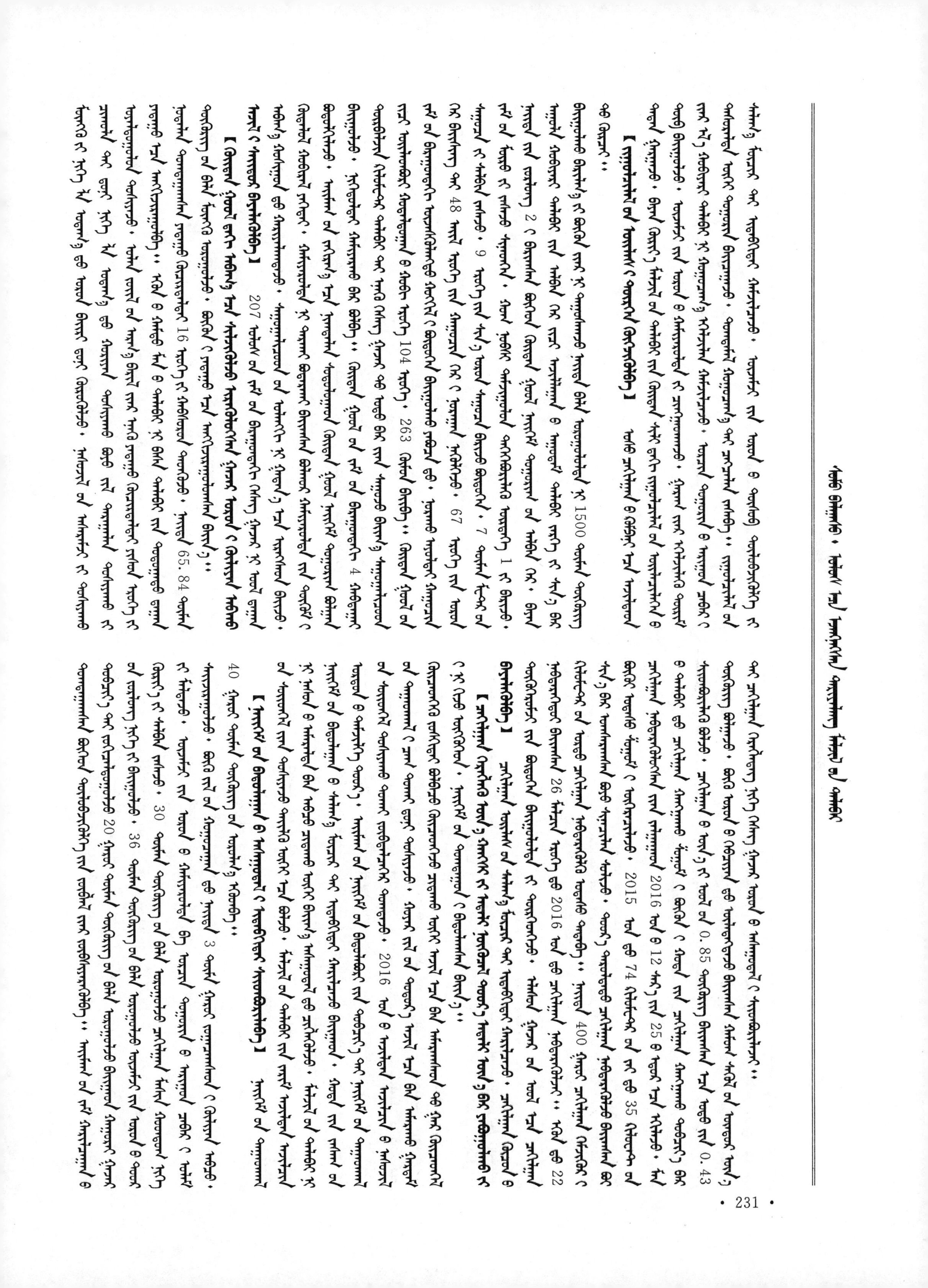

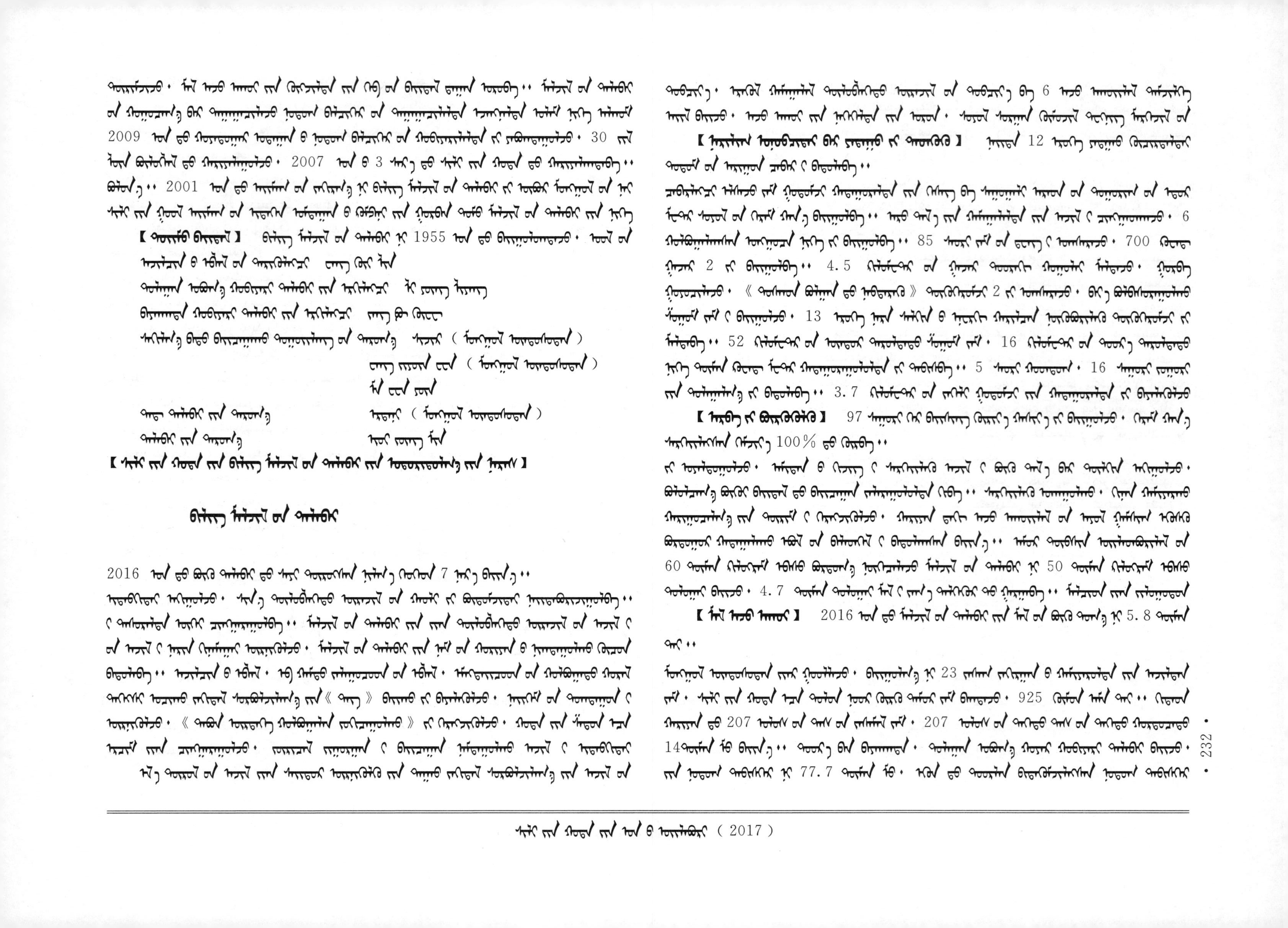

[illegible] · [illegible] ·· [illegible]
[illegible]
2009 [illegible] · 30 [illegible]
[illegible] · 2007 [illegible] 3 [illegible] ··
[illegible] ·· 2001 [illegible]
[illegible]

【[illegible]】 [illegible] 1955 [illegible] · [illegible]

[illegible]

[illegible]

[illegible]

[illegible] ( [illegible] )

[illegible] ( [illegible] )

[illegible]

[illegible] [illegible] ( [illegible] )

[illegible] [illegible]

【[illegible]】

## [illegible]

2016 [illegible] 7 [illegible] ··
[illegible] · [illegible] ·· [illegible] · [illegible] ·· [illegible] · [illegible] · [illegible] 《[illegible]》 [illegible] · [illegible] · 《[illegible]》 [illegible] · [illegible] · [illegible] · [illegible] · 6 [illegible] · [illegible] ·· [illegible]

【[illegible]】 [illegible] 12 [illegible] ··

[illegible] ·· [illegible] · 6 [illegible] ·· 85 [illegible] · 700 [illegible] 2 [illegible] ·· 4.5 [illegible] · [illegible] · 《[illegible]》 [illegible] 2 [illegible] · [illegible] · 13 [illegible] ·· 52 [illegible] · 16 [illegible] ·· 5 [illegible] · 16 [illegible] ·· 3.7 [illegible]

【[illegible]】 97 [illegible] · [illegible] 100% [illegible] ··

[illegible] · [illegible] · [illegible] ·· [illegible] · [illegible] · [illegible] ·· [illegible] 60 [illegible] 50 [illegible] · 4.7 [illegible] ·· [illegible]

【[illegible]】 2016 [illegible] 5.8 [illegible] ··

[illegible] · [illegible] 23 [illegible] · [illegible] · 925 [illegible] ·· [illegible] 207 [illegible] · 207 [illegible] 14 [illegible] ·· [illegible] · [illegible] 77.7 [illegible] · [illegible]

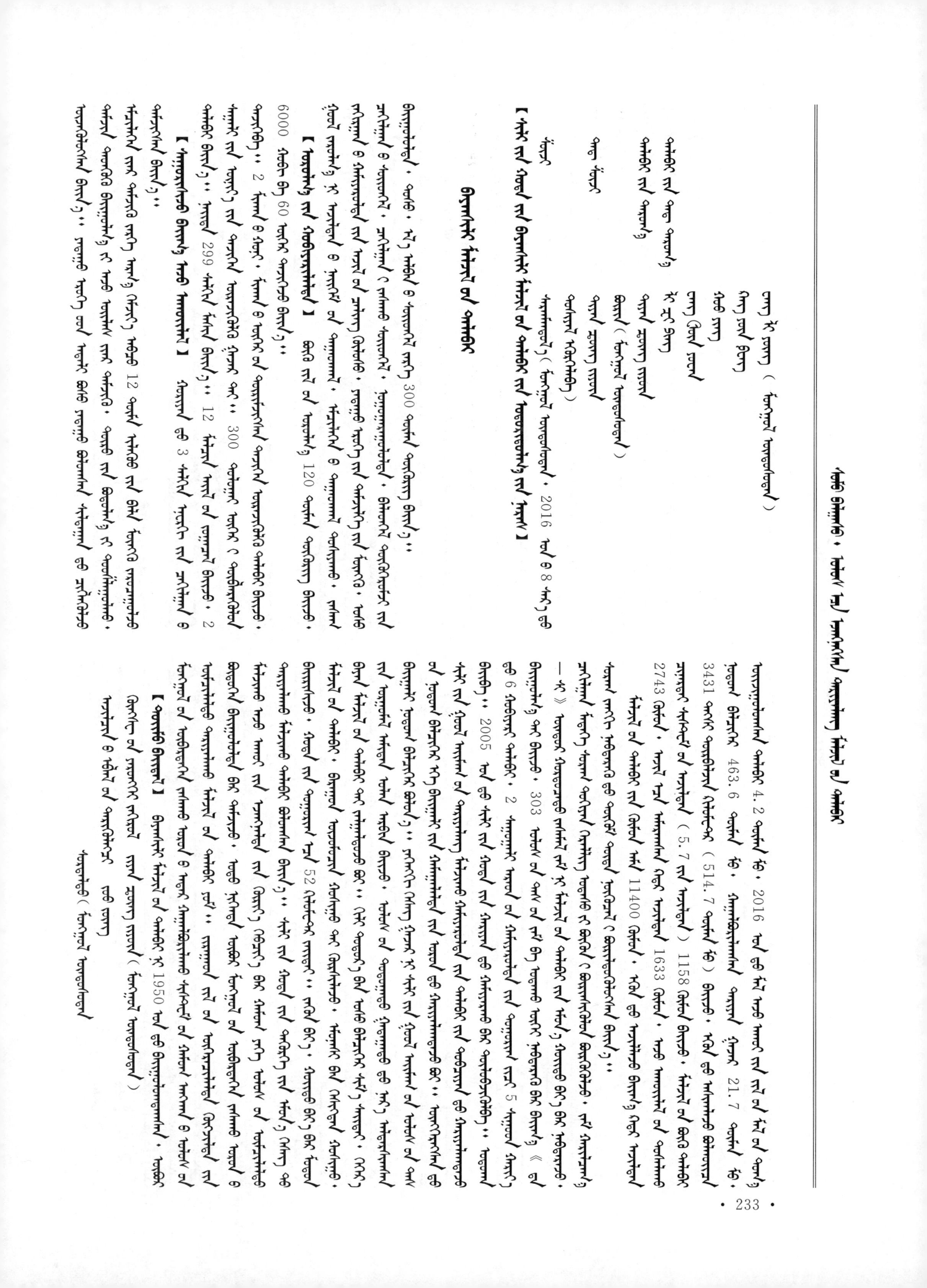

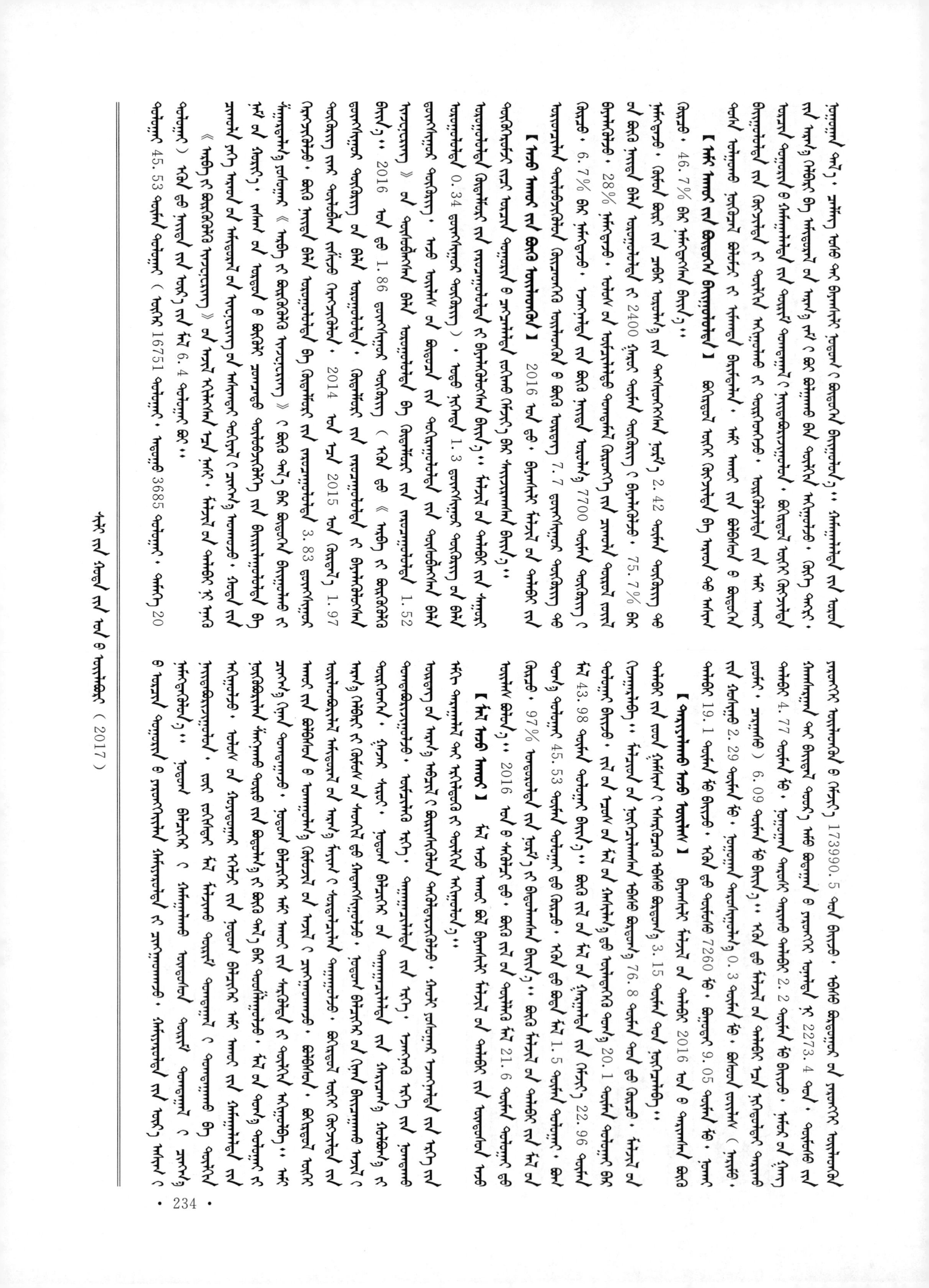

[illegible] ‥ [illegible]

【[illegible]】 [illegible] 46.7% [illegible] ‥

[illegible] 2.42 [illegible] 2400 [illegible] 75.7% [illegible] 28% [illegible] 6.7% [illegible] 7700 [illegible] 7.7 [illegible]

【[illegible]】 2016 [illegible] ‥

[illegible] ‥ [illegible] 0.34 [illegible] ) ᠂ [illegible] 1.3 [illegible] » [illegible] 1.52 [illegible] ‥ 2016 [illegible] 1.86 [illegible] ( [illegible] « [illegible] [illegible] 2014 [illegible] 2015 [illegible] 1.97 [illegible] 3.83 [illegible] « [illegible] » [illegible]

« [illegible] » [illegible] ) [illegible] 6.4 [illegible] ‥

[illegible] 45.53 [illegible] ( [illegible] 16751 [illegible] ᠂ [illegible] 3685 [illegible] ᠂ [illegible] 20 [illegible] 173990.5 [illegible] 2273.4 [illegible] 4.77 [illegible] 2.2 [illegible] ) 6.09 [illegible] ‥ [illegible] 2.29 [illegible] 0.3 [illegible] ( [illegible] 19.1 [illegible] 7260 [illegible] 9.05 [illegible]

【[illegible]】 [illegible] 2016 [illegible] 3.15 [illegible] ‥

[illegible] 76.8 [illegible] 20.1 [illegible] 43.98 [illegible] ‥ [illegible] 22.96 [illegible] 45.53 [illegible] 1.5 [illegible] 97% [illegible] ‥ [illegible] 2016 [illegible] 21.6 [illegible]

【[illegible]】 [illegible] ‥

[illegible] ‥ [illegible]

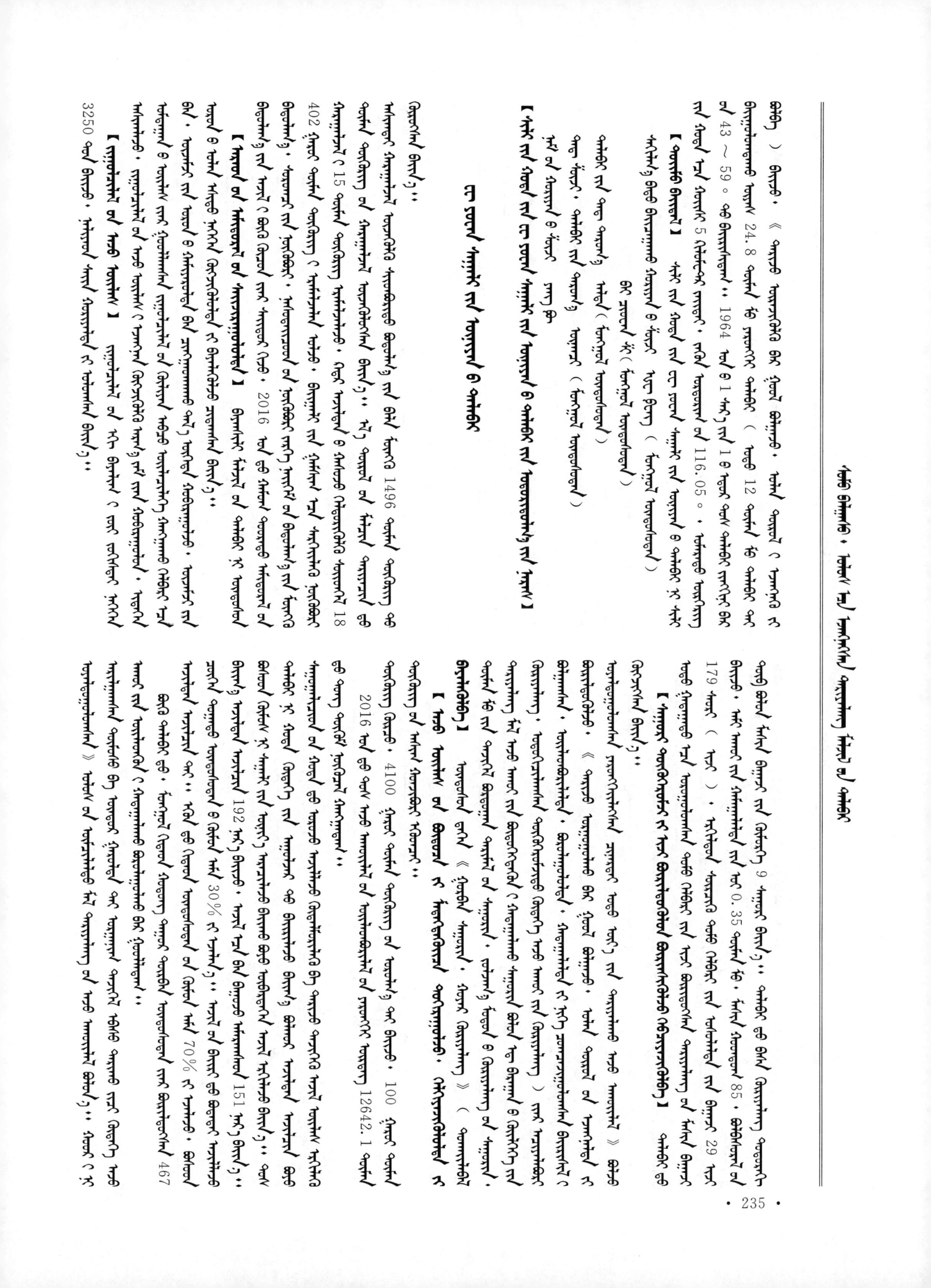

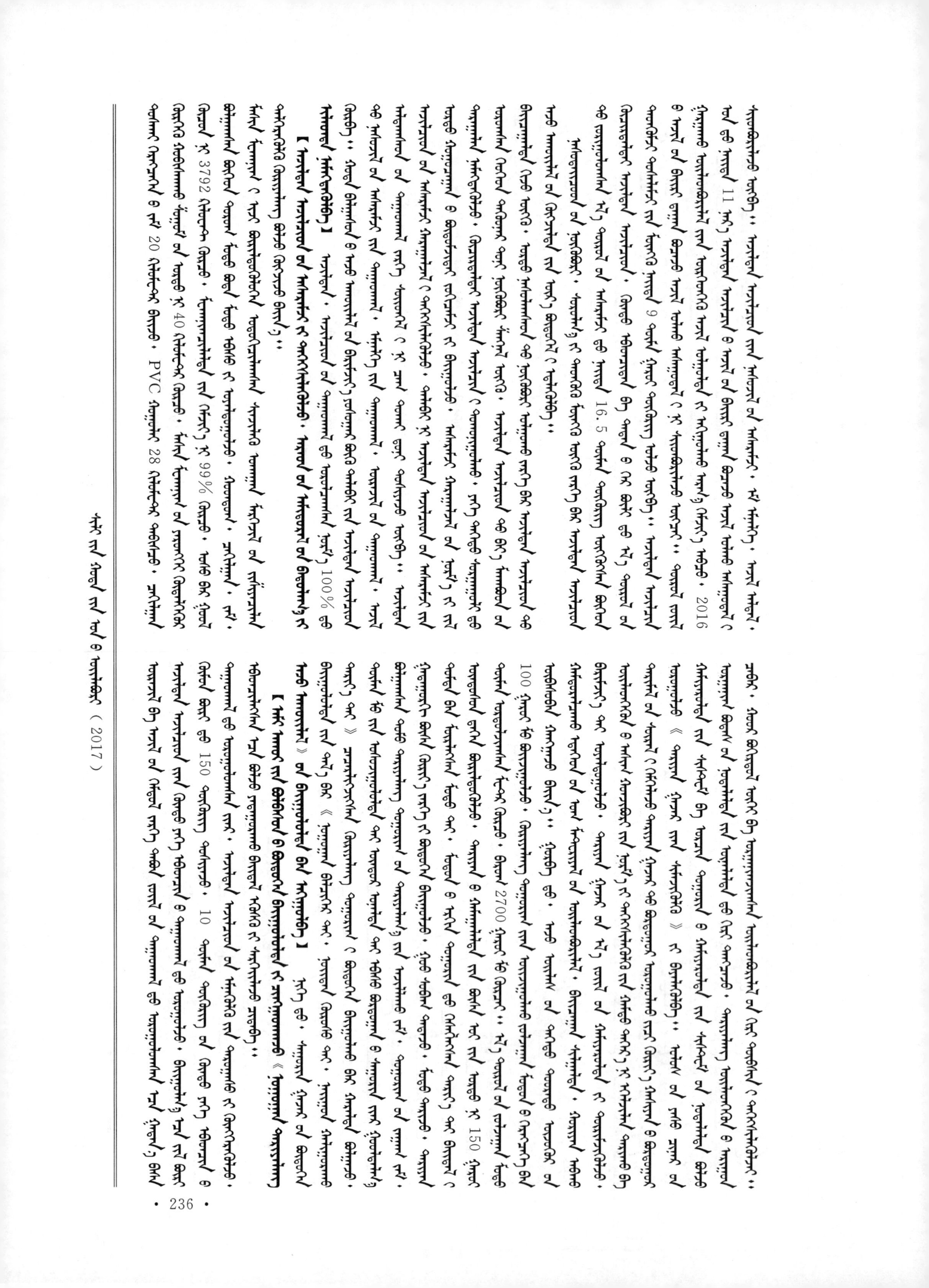

[illegible] 11 [illegible] 2016 [illegible] 9 [illegible] 16.5 [illegible]

[illegible]

[illegible]

[illegible] 100% [illegible]

**【[illegible]】**

[illegible] 3792 [illegible] 99% [illegible] 40 [illegible] 20 [illegible] PVC [illegible] 28 [illegible]

[illegible] 100 [illegible] 2700 [illegible] 150 [illegible]

**【[illegible] 《[illegible]》 [illegible]】**

[illegible] 150 [illegible] 10 [illegible]

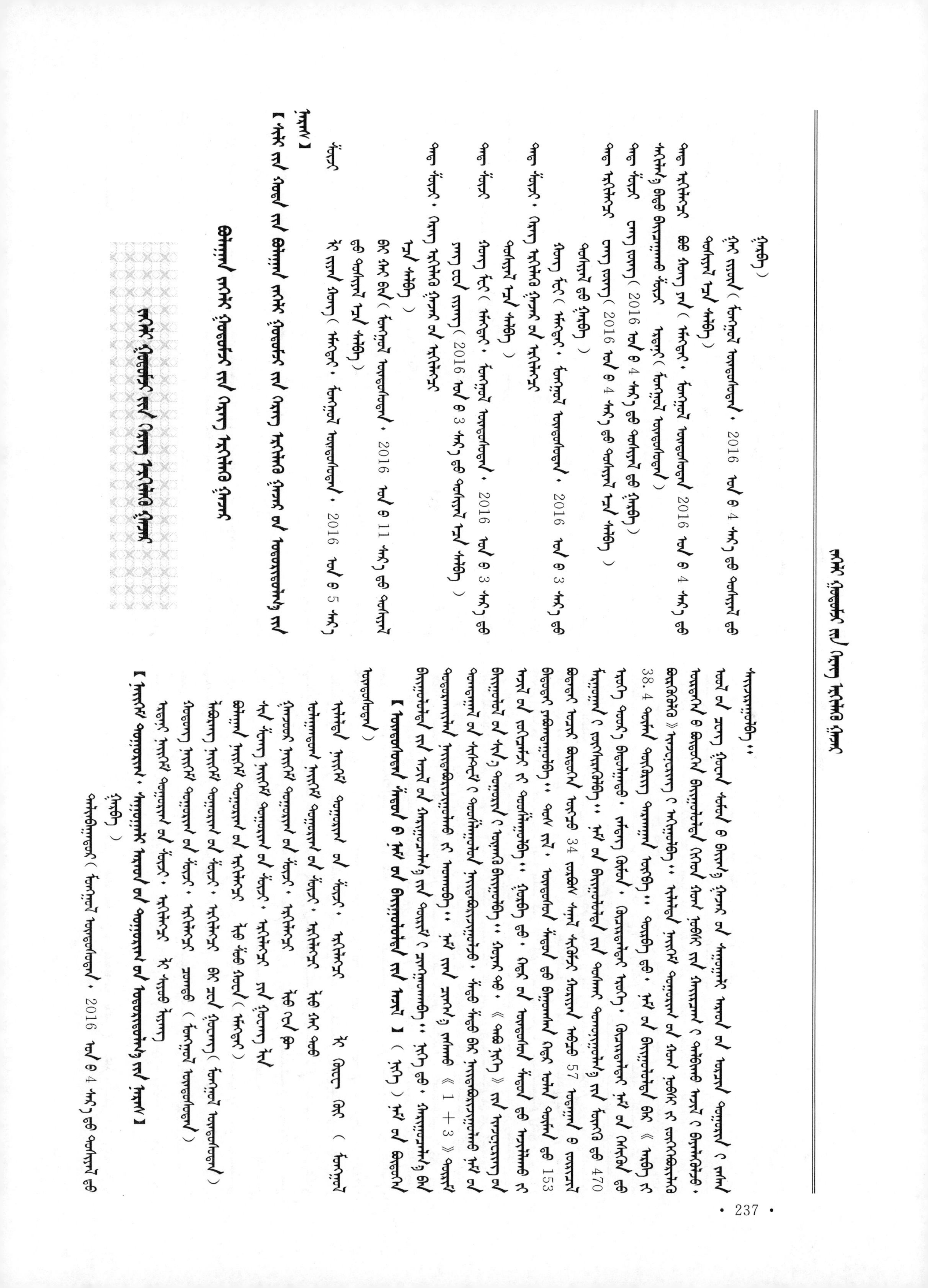

## [illegible]

### [illegible]

【[illegible]】

[illegible] [illegible] ( [illegible] · 2016 [illegible] 5 [illegible] )

[illegible] ( [illegible] · 2016 [illegible] 11 [illegible] )

[illegible] · [illegible]

[illegible] ( [illegible] · 2016 [illegible] 3 [illegible] 2016 [illegible] 3 [illegible] )

[illegible] · [illegible]

[illegible] ( [illegible] · 2016 [illegible] 3 [illegible] )

[illegible] ( 2016 [illegible] 4 [illegible] )

[illegible] ( 2016 [illegible] 4 [illegible] )

[illegible] ( [illegible] 2016 [illegible] 4 [illegible] )

[illegible] ( [illegible] · 2016 [illegible] 4 [illegible] )

[illegible] ( [illegible] · 2016 [illegible] 4 [illegible] )

【[illegible]】

[illegible] ( [illegible] )

[illegible] ( [illegible] )

[illegible] ( [illegible] )

[illegible] ( [illegible] )

[illegible] ( [illegible] )

【[illegible]】 ( [illegible] ) [illegible]

[illegible] 《 1 + 3 》 [illegible] 《 [illegible] 》 [illegible] 153 [illegible] 57 [illegible] 34 [illegible] 470 [illegible] 《 [illegible] 》 38.4 [illegible]

【 ᠬᠣᠲᠠ ᠬᠥᠳᠡᠭᠡ ᠶᠢᠨ ᠨᠢᠭᠡᠳᠦᠯ ᠲᠡᠢ ᠪᠠᠢᠭᠤᠯᠤᠯᠲᠠ ᠶᠢᠨ ᠬᠡᠰᠡᠭ 】 ᠣᠯᠠᠨ ᠲᠦ ᠪᠡᠷ ᠲᠣᠭᠤᠷᠢᠭ ᠤᠨ ᠰᠢᠨᠡᠴᠢᠯᠡᠯ ᠢ ᠬᠡᠷᠡᠭᠵᠢᠭᠦᠯᠦᠨ · 7 ᠮᠢᠩᠭ᠎ᠠ ᠲᠣᠭᠠᠨ ᠤ ᠬᠣᠲᠠ ᠶᠢᠨ ᠣᠷᠴᠢᠨ ᠤ ᠣᠯᠠᠨ ᠲᠦ ᠪᠦᠲᠦᠭᠡᠯ ᠦᠨ ᠲᠡᠯᠡᠭᠦᠯᠬᠦ ᠬᠥᠷᠥᠩᠭᠡ ᠶᠢ ᠬᠡᠷᠡᠭᠵᠢᠭᠦᠯᠦᠨ ᠶᠠᠪᠤᠭᠤᠯᠪᠠ :: ᠲᠡᠭᠦᠨ ᠳᠦ · ᠬᠣᠲᠠ ᠶᠢᠨ ᠠᠵᠢᠯ ᠤᠨ ᠬᠦᠷᠢᠶ᠎ᠡ ᠶᠢᠨ ᠲᠠᠯᠠᠪᠠᠢ 49977.1 ᠮᠧᠲ᠋ᠷ ᠲᠥᠪ ᠬᠦᠷᠴᠦ · 2008 ᠣᠨ ᠡᠴᠡ 2015 ᠣᠨ ᠬᠦᠷᠲᠡᠯᠡ ᠬᠣᠲᠠ ᠶᠢᠨ ᠲᠠᠯᠠᠪᠠᠢ 30373.8 ᠮᠧᠲ᠋ᠷ ᠲᠥᠪ ᠨᠡᠮᠡᠭᠳᠡᠭᠰᠡᠨ ᠶᠤᠮ :: ᠲᠤᠰ ᠵᠢᠯ ᠳᠦ · ᠬᠣᠲᠠ ᠬᠥᠳᠡᠭᠡ ᠶᠢᠨ ᠨᠢᠭᠡᠳᠦᠯ ᠲᠡᠢ ᠪᠠᠢᠭᠤᠯᠤᠯᠲᠠ ᠶᠢᠨ 6 ᠮᠢᠩᠭ᠎ᠠ ᠲᠣᠭᠠᠨ ᠤ ᠲᠥᠰᠥᠯ ᠢ ᠬᠡᠷᠡᠭᠵᠢᠭᠦᠯᠦᠨ ᠲᠡᠭᠦᠨ ᠳᠦ 《 ᠬᠣᠲᠠ ᠶᠢᠨ ᠬᠥᠭᠵᠢᠯ 》 ᠤᠨ ᠲᠥᠰᠥᠯ ᠳᠦ ᠬᠥᠷᠥᠩᠭᠡ ᠣᠷᠤᠭᠤᠯᠤᠨ ᠪᠠᠢᠭᠤᠯᠤᠯᠲᠠ ᠶᠢ ᠠᠮᠵᠢᠯᠲᠠ ᠲᠠᠢ ᠶᠠᠪᠤᠭᠤᠯᠪᠠ :: ( ( ᠬᠣᠲᠠ ᠶᠢᠨ ᠬᠦᠷᠢᠶ᠎ᠡ ᠶᠢᠨ ᠪᠠᠢᠭᠤᠯᠤᠯᠲᠠ ) ) ᠲᠠᠯᠠᠪᠠᠢ ᠶᠢᠨ ᠬᠡᠮᠵᠢᠶ᠎ᠡ 1 ᠮᠢᠩᠭ᠎ᠠ ᠬᠣᠲᠠ ᠶᠢᠨ ᠰᠢᠨ᠎ᠡ ᠬᠣᠷᠤᠭᠠᠯᠠᠩ ᠢ ᠪᠠᠢᠭᠤᠯᠬᠤ ᠳᠤ ᠲᠣᠬᠢᠷᠠᠭᠤᠯᠤᠨ · ᠬᠣᠲᠠ ᠶᠢᠨ ᠣᠷᠴᠢᠨ ᠤ 《 1+N 》 ᠮᠠᠶᠢᠭ ᠤᠨ ᠬᠣᠲᠠ ᠶᠢᠨ ᠪᠠᠢᠭᠤᠯᠤᠯᠲᠠ ᠶᠢ ᠪᠦᠷᠢᠳᠬᠡᠪᠡ :: ᠲᠡᠭᠦᠨ ᠳᠦ · 6 ᠮᠢᠩᠭ᠎ᠠ ᠲᠣᠭᠠᠨ ᠤ ᠬᠥᠷᠥᠩᠭᠡ ᠣᠷᠤᠭᠤᠯᠵᠤ ᠬᠣᠲᠠ ᠶᠢᠨ ᠪᠠᠢᠭᠤᠯᠤᠯᠲᠠ ᠶᠢ ᠪᠦᠷᠢᠳᠬᠡᠪᠡ :: 8 ᠮᠢᠩᠭ᠎ᠠ ᠲᠣᠭᠠᠨ ᠤ ᠬᠥᠷᠥᠩᠭᠡ ᠣᠷᠤᠭᠤᠯᠵᠤ · 18 ᠬᠣᠲᠠ ᠶᠢᠨ ᠣᠷᠴᠢᠨ ᠤ ᠭᠡᠷ ᠪᠦᠯᠢ ᠶᠢ ᠰᠠᠢᠵᠢᠷᠠᠭᠤᠯᠪᠠ :: ᠬᠣᠲᠠ ᠶᠢᠨ 《 1+N 》 ᠮᠠᠶᠢᠭ ᠤᠨ ᠬᠣᠲᠠ ᠶᠢᠨ ᠪᠠᠢᠭᠤᠯᠤᠯᠲᠠ ᠶᠢᠨ ᠠᠵᠢᠯ ᠢ ᠲᠤᠰᠬᠠᠢᠯᠠᠨ ᠬᠡᠷᠡᠭᠵᠢᠭᠦᠯᠦᠨ ᠲᠡᠯᠡᠭᠦᠯᠪᠡ ·

【 ᠪᠠᠢᠭᠤᠯᠤᠯᠲᠠ ᠶᠢᠨ ᠬᠦᠷᠢᠶ᠎ᠡ ᠶᠢᠨ ᠵᠠᠰᠠᠯ ᠰᠢᠨᠡᠴᠢᠯᠡᠯ ᠦᠨ ᠬᠡᠰᠡᠭ 】 ᠲᠤᠰ ᠵᠢᠯ ᠳᠦ ᠭᠡᠷ ᠪᠦᠯᠢ ᠶᠢᠨ ᠣᠷᠣᠨ ᠰᠠᠭᠤᠴᠠ ᠶᠢᠨ ᠪᠠᠢᠭᠤᠯᠤᠯᠲᠠ · ᠬᠣᠲᠠ ᠶᠢᠨ ᠠᠵᠢᠯ ᠤᠨ ᠬᠦᠷᠢᠶ᠎ᠡ ᠶᠢ ᠵᠠᠰᠠᠬᠤ ᠳᠤ ᠬᠦᠴᠦ ᠨᠡᠮᠡᠵᠦ · 《 ᠬᠣᠲᠠ ᠶᠢᠨ ᠰᠠᠢᠵᠢᠷᠠᠭᠤᠯᠤᠯᠲᠠ 》 ᠶᠢᠨ ᠠᠵᠢᠯ ᠢ ᠨᠢᠭᠡ ᠮᠥᠷ ᠲᠦ ᠪᠦᠲᠦᠭᠡᠪᠡ · ᠬᠣᠲᠠ ᠶᠢᠨ ᠵᠠᠮ ᠬᠠᠷᠢᠭᠤᠴᠠᠯᠭ᠎ᠠ · ᠵᠠᠰᠠᠯ ᠰᠢᠨᠡᠴᠢᠯᠡᠯ · ᠵᠠᠰᠠᠯ ᠲᠣᠬᠢᠵᠢᠭᠤᠯᠤᠯᠲᠠ · ᠵᠠᠰᠠᠯ ᠲᠣᠪᠴᠢᠶᠠᠯᠠᠯ · ᠲᠠᠯᠠᠪᠠᠢ ᠶᠢᠨ ᠲᠥᠰᠥᠯ · ᠬᠣᠲᠠ ᠶᠢᠨ ᠲᠣᠨᠣᠭ ᠤᠨ ᠪᠠᠢᠭᠤᠯᠤᠯᠲᠠ ᠶᠢ ᠰᠠᠢᠵᠢᠷᠠᠭᠤᠯᠵᠤ · LED ᠭᠡᠷᠡᠯ ᠲᠡᠢ ᠪᠣᠯᠭᠠᠪᠠ :: ᠬᠣᠲᠠ ᠶᠢᠨ ᠪᠦᠲᠦᠭᠡᠯ ᠦᠨ ᠰᠠᠢᠵᠢᠷᠠᠭᠤᠯᠤᠯᠲᠠ ᠶᠢᠨ ᠬᠥᠷᠥᠩᠭᠡ ᠣᠷᠤᠭᠤᠯᠤᠯᠲᠠ ᠶᠢ ᠨᠡᠮᠡᠭᠳᠡᠭᠦᠯᠵᠦ · ᠪᠠᠰᠠ 37 ᠮᠢᠩᠭ᠎ᠠ ᠲᠣᠭᠠᠨ ᠤ ᠬᠥᠷᠥᠩᠭᠡ 50 ᠮᠢᠩᠭ᠎ᠠ ᠮᠧᠲ᠋ᠷ ᠲᠥᠪ ᠬᠦᠷᠴᠦ · 3 ᠮᠢᠩᠭ᠎ᠠ ᠲᠣᠭᠠᠨ ᠤ ᠬᠥᠷᠥᠩᠭᠡ ᠣᠷᠤᠭᠤᠯᠵᠤ ᠬᠣᠲᠠ ᠶᠢᠨ ᠨᠣᠭᠤᠭᠠᠷᠳᠠᠭᠤᠯᠤᠯᠲᠠ ᠶᠢ ᠰᠠᠢᠵᠢᠷᠠᠭᠤᠯᠪᠠ :: ᠪᠠᠰᠠ ᠬᠣᠲᠠ ᠶᠢᠨ ᠲᠥᠪ ᠳᠦ 10 ᠲᠣᠭᠠᠨ ᠤ ᠨᠠᠢᠮᠠᠭᠠᠨ ᠤ ᠲᠠᠯᠠᠪᠠᠢ · 200 ᠲᠣᠭᠠᠨ ᠤ ᠨᠣᠭᠤᠭᠠᠨ ᠮᠣᠳᠣ ᠲᠠᠷᠢᠵᠤ · 1200 ᠮᠢᠩᠭ᠎ᠠ ᠰᠠᠶ᠎ᠠ ᠶᠤᠸᠠᠨ ᠤ ᠬᠥᠷᠥᠩᠭᠡ ( ᠲᠣᠭᠠᠨ ᠤ ) ᠣᠷᠤᠭᠤᠯᠵᠤ · 1000 ᠮᠢᠩᠭ᠎ᠠ ᠰᠠᠶ᠎ᠠ ᠶᠤᠸᠠᠨ ᠤ ᠬᠥᠷᠥᠩᠭᠡ ᠪᠡᠷ 3000 ᠮᠢᠩᠭ᠎ᠠ ᠬᠠᠪᠲᠠᠭᠠᠢ ᠮᠧᠲ᠋ᠷ ᠤᠨ ᠴᠡᠴᠡᠷᠯᠢᠭ ᠪᠠᠢᠭᠤᠯᠵᠤ ᠬᠣᠲᠠ ᠶᠢᠨ ᠣᠷᠴᠢᠨ ᠤ ᠰᠠᠢᠵᠢᠷᠠᠭᠤᠯᠤᠯᠲᠠ ᠶᠢ ᠪᠦᠷᠢᠳᠬᠡᠪᠡ ::

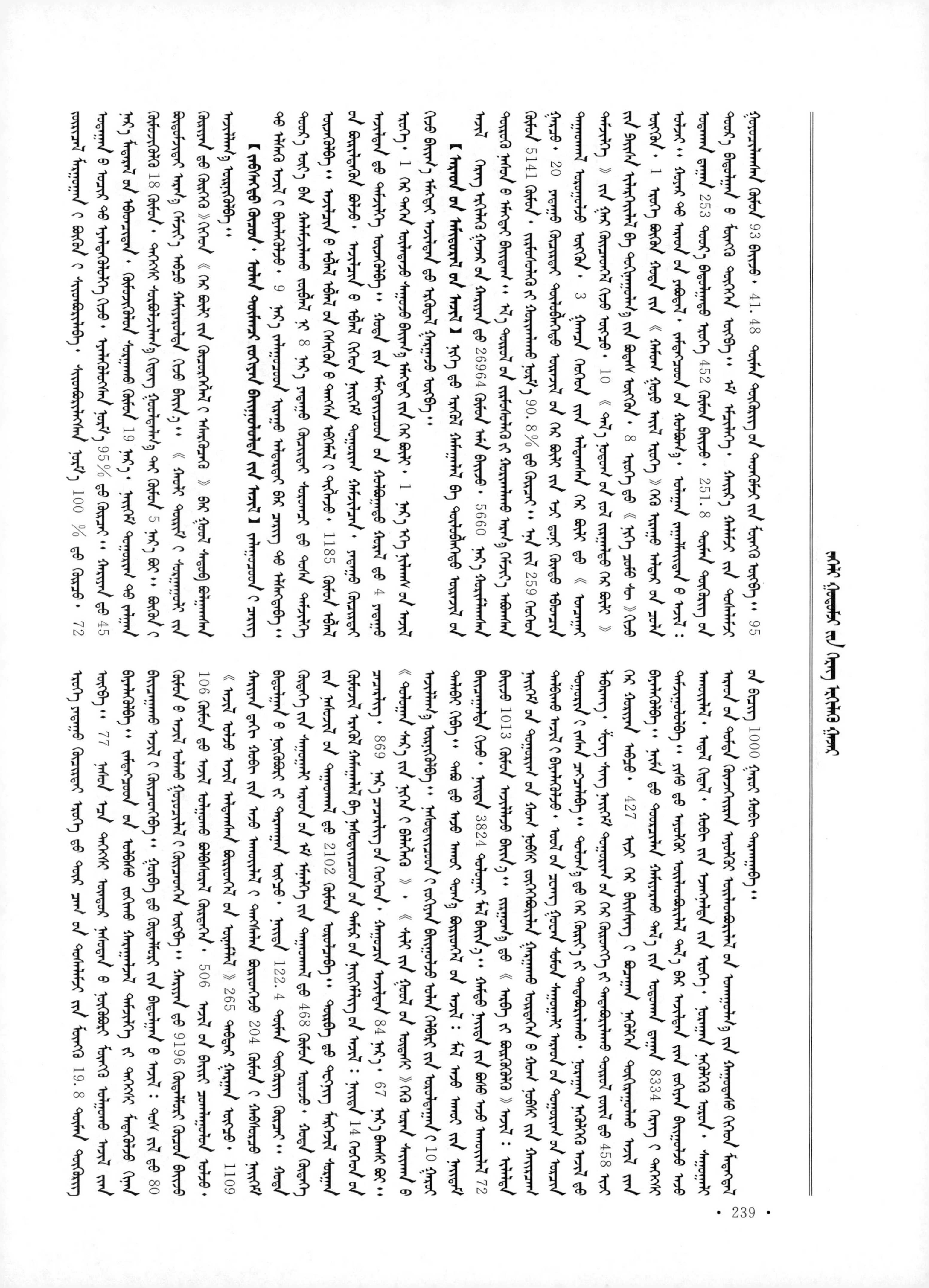

ᠬᠣᠲᠠ ᠶᠢᠨ ᠬᠣᠷᠢᠶ᠎ᠠ ᠶᠢᠨ ᠠᠵᠢᠯ ᠶᠢᠨ ᠭᠠᠵᠠᠷ

【ᠬᠣᠲᠠ ᠶᠢᠨ ᠪᠣᠯᠤᠨ ᠬᠣᠲᠠ ᠶᠢᠨ ᠬᠣᠷᠢᠶ᠎ᠠ ᠶᠢᠨ ᠠᠵᠢᠯ ᠤᠨ ᠭᠠᠵᠠᠷ ᠤᠨ ᠬᠡᠯᠲᠡᠰ ᠦᠨ ᠨᠢᠭᠡᠳᠦᠭᠡᠷ ᠬᠡᠯᠲᠡᠰ】

ᠨᠢᠭᠡᠳᠦᠭᠡᠷ ᠬᠡᠯᠲᠡᠰ

ᠰᠢ ᠭᠠᠴᠠᠭ᠎ᠠ

ᠪᠣᠯᠤᠮᠠᠳ ᠬᠣᠷᠢᠶ᠎ᠠ ᠵᠢᠰᠢᠶᠡᠯᠡᠯ ᠤᠨ ᠬᠣᠲᠠ ᠶᠢᠨ ᠰᠤᠮᠤ ᠶᠢᠨ ᠬᠣᠰᠢᠭᠤ ᠶᠢᠨ ᠪᠡᠶ᠎ᠡ᠂ ᠬᠣᠷᠢᠶ᠎ᠠ ᠵᠢᠰᠢᠶᠡᠯᠡᠯ ᠤᠨ ᠬᠠᠷᠢᠶᠠᠯᠠᠭᠳᠠᠬᠤ ᠳᠤᠷ ᠬᠣᠲᠠ

ᠰᠠᠷᠠᠯᠳᠠᠢ ᠬᠣᠷᠢᠶ᠎ᠠ ᠵᠢᠰᠢᠶᠡᠯᠡᠯ ᠤᠨ ᠬᠣᠲᠠ ᠶᠢᠨ ᠰᠤᠮᠤ ᠶᠢᠨ ᠬᠣᠰᠢᠭᠤ ᠶᠢᠨ ᠪᠡᠶ᠎ᠡ᠂ ᠬᠣᠷᠢᠶ᠎ᠠ ᠵᠢᠰᠢᠶᠡᠯᠡᠯ ᠤᠨ ᠬᠠᠷᠢᠶᠠᠯᠠᠭᠳᠠᠬᠤ ᠳᠤᠷ ᠬᠠᠷᠢᠶᠠᠯᠠᠭᠳᠠᠨ᠎ᠠ ( ᠬᠣᠷᠢᠶᠠᠨ ᠵᠢᠰᠢᠶᠡᠯᠡᠯ )

ᠴᠠᠭᠠᠨᠲᠣᠯᠣᠭᠠᠢ ᠬᠣᠷᠢᠶ᠎ᠠ ᠵᠢᠰᠢᠶᠡᠯᠡᠯ ᠤᠨ ᠬᠣᠲᠠ ᠶᠢᠨ ᠰᠤᠮᠤ ᠶᠢᠨ ᠬᠣᠰᠢᠭᠤ ᠶᠢᠨ ᠪᠡᠶ᠎ᠡ᠂ ᠬᠣᠷᠢᠶ᠎ᠠ ᠵᠢᠰᠢᠶᠡᠯᠡᠯ ᠤᠨ ᠬᠠᠷᠢᠶᠠᠯᠠᠭᠳᠠᠬᠤ ᠳᠤᠷ ᠭᠠᠴᠠᠭ᠎ᠠ

ᠪᠠᠭᠠᠬᠠᠨ ᠬᠣᠷᠢᠶ᠎ᠠ ᠵᠢᠰᠢᠶᠡᠯᠡᠯ ᠤᠨ ᠬᠣᠲᠠ ᠶᠢᠨ ᠰᠤᠮᠤ ᠶᠢᠨ ᠬᠣᠰᠢᠭᠤ ᠶᠢᠨ ᠪᠡᠶ᠎ᠡ᠂ ᠬᠣᠷᠢᠶ᠎ᠠ ᠵᠢᠰᠢᠶᠡᠯᠡᠯ ᠤᠨ ᠬᠠᠷᠢᠶᠠᠯᠠᠭᠳᠠᠬᠤ ᠳᠤᠷ ᠭᠠᠴᠠᠭ᠎ᠠ

ᠬᠠᠷ᠎ᠠ ᠪᠣᠯ ᠬᠣᠷᠢᠶ᠎ᠠ ᠵᠢᠰᠢᠶᠡᠯᠡᠯ ᠤᠨ ᠬᠣᠲᠠ ᠶᠢᠨ ᠰᠤᠮᠤ ᠶᠢᠨ ᠬᠣᠰᠢᠭᠤ ᠶᠢᠨ ᠪᠡᠶ᠎ᠡ᠂ ᠬᠣᠷᠢᠶ᠎ᠠ ᠵᠢᠰᠢᠶᠡᠯᠡᠯ ᠤᠨ ᠬᠠᠷᠢᠶᠠᠯᠠᠭᠳᠠᠬᠤ ᠳᠤᠷ ᠬᠣᠲᠠ

ᠰᠢᠷᠡᠭᠡ ᠬᠣᠷᠢᠶ᠎ᠠ ᠵᠢᠰᠢᠶᠡᠯᠡᠯ ᠤᠨ ᠬᠣᠲᠠ ᠶᠢᠨ ᠰᠤᠮᠤ ᠶᠢᠨ ᠬᠣᠰᠢᠭᠤ ᠶᠢᠨ ᠪᠡᠶ᠎ᠡ᠂ ᠬᠣᠷᠢᠶ᠎ᠠ ᠵᠢᠰᠢᠶᠡᠯᠡᠯ ᠤᠨ ᠬᠠᠷᠢᠶᠠᠯᠠᠭᠳᠠᠬᠤ ᠳᠤᠷ ᠭᠠᠴᠠᠭ᠎ᠠ

ᠪᠠᠭᠠᠬᠠᠨ ᠪᠣᠯᠤᠨ ᠬᠣᠷᠢᠶ᠎ᠠ ᠵᠢᠰᠢᠶᠡᠯᠡᠯ ᠤᠨ ᠬᠣᠲᠠ ᠶᠢᠨ ᠰᠤᠮᠤ ᠶᠢᠨ ᠬᠣᠰᠢᠭᠤ ᠶᠢᠨ ᠪᠡᠶ᠎ᠡ᠂ ᠬᠣᠷᠢᠶ᠎ᠠ ᠵᠢᠰᠢᠶᠡᠯᠡᠯ ᠤᠨ ᠬᠠᠷᠢᠶᠠᠯᠠᠭᠳᠠᠬᠤ ᠳᠤᠷ ᠪᠣᠯ ᠭᠠᠴᠠᠭ᠎ᠠ

ᠴᠠᠭᠠᠨ ᠬᠣᠷᠢᠶ᠎ᠠ ᠵᠢᠰᠢᠶᠡᠯᠡᠯ ᠤᠨ ᠬᠣᠲᠠ ᠶᠢᠨ ᠰᠤᠮᠤ ᠶᠢᠨ ᠬᠣᠰᠢᠭᠤ ᠶᠢᠨ ᠪᠡᠶ᠎ᠡ᠂ ᠬᠣᠷᠢᠶ᠎ᠠ ᠵᠢᠰᠢᠶᠡᠯᠡᠯ ᠤᠨ ᠬᠠᠷᠢᠶᠠᠯᠠᠭᠳᠠᠬᠤ ᠳᠤᠷ

【ᠬᠣᠷᠢᠶ᠎ᠠ ᠵᠢᠰᠢᠶᠡᠯᠡᠯ᠂ ᠠᠵᠢᠯᠴᠢᠨ ᠤ ᠬᠣᠷᠢᠶ᠎ᠠ ᠵᠢᠰᠢᠶᠡᠯᠡᠯ ᠤᠨ ᠬᠠᠷᠢᠶᠠᠯᠠᠭᠳᠠᠬᠤ ᠶᠢᠨ ᠬᠠᠷᠢᠶ᠎ᠠ】

ᠠᠵᠢᠯ ᠤᠨ ᠪᠠᠶᠢᠭᠤᠯᠤᠯᠭ᠎ᠠ ᠪᠣᠯᠤᠨ ᠪᠠᠶᠢᠭᠤᠯᠤᠯᠭ᠎ᠠ ᠶᠢᠨ ᠪᠠᠶᠢᠳᠠᠯ ᠢ ᠪᠠᠭᠤᠯᠠᠭᠰᠠᠨ ᠭᠠᠴᠠᠭ᠎ᠠ ᠳᠤᠷ ᠭᠠᠴᠠᠭ᠎ᠠ

ᠪᠣᠯ ᠬᠣᠷᠢᠶᠠᠴᠢᠳ ᠭᠠᠴᠠᠭ᠎ᠠ ᠵᠢᠷᠭᠤᠭ᠎ᠠ ( ᠠᠵᠢᠯᠴᠢᠨ᠂ ᠬᠣᠷᠢᠶᠠᠨ ᠵᠢᠰᠢᠶᠡᠯᠡᠯ )

ᠬᠣᠷᠢᠶᠠᠴᠢᠳ ᠭᠠᠴᠠᠭ᠎ᠠ ᠭᠠᠵᠠᠷ ᠭᠠᠴᠠᠭ᠎ᠠ ( ᠠᠵᠢᠯᠴᠢᠨ )

ᠬᠣᠷᠢᠶᠠᠴᠢᠳ ᠤᠨ ᠪᠣᠯᠤᠨ ᠪᠠᠶᠢᠭᠤᠯᠤᠯᠭ᠎ᠠ ᠬᠣᠲᠠ ᠭᠠᠴᠠᠭ᠎ᠠ ᠰᠢ ᠬᠣᠲᠠ

ᠪᠣᠯ ᠬᠣᠲᠠ ᠬᠣᠷᠢᠶᠠᠨ ( ᠠᠵᠢᠯᠴᠢᠨ᠂ ᠬᠣᠷᠢᠶᠠᠨ ᠵᠢᠰᠢᠶᠡᠯᠡᠯ )

ᠬᠣᠲᠠ ᠰᠢ ᠭᠠᠴᠠᠭ᠎ᠠ

【ᠬᠣᠷᠢᠶ᠎ᠠ】

【ᠬᠣᠲᠠ ᠶᠢᠨ ᠬᠣᠷᠢᠶ᠎ᠠ ᠶᠢᠨ ᠠᠵᠢᠯ ᠤᠨ ᠬᠣᠲᠠ ᠶᠢᠨ ᠬᠣᠷᠢᠶ᠎ᠠ ᠶᠢᠨ ᠠᠵᠢᠯ ᠤᠨ ᠭᠠᠵᠠᠷ ᠤᠨ ᠬᠠᠷᠢᠶᠠᠯᠠᠯ ᠤᠨ ᠬᠣᠷᠢᠶ᠎ᠠ ᠶᠢᠨ ᠬᠡᠯᠲᠡᠰ】

ᠬᠣᠲᠠ ᠶᠢᠨ ᠬᠣᠷᠢᠶ᠎ᠠ ᠶᠢᠨ ᠠᠵᠢᠯ ᠤᠨ ᠭᠠᠵᠠᠷ ᠤᠨ ᠬᠠᠷᠢᠶᠠᠯᠠᠯ ᠤᠨ ᠭᠠᠵᠠᠷ

【ᠬᠣᠲᠠ ᠶᠢᠨ ᠪᠠᠶᠢᠭᠤᠯᠤᠯᠲᠠ ᠶᠢᠨ ᠲᠣᠪᠴᠢ】 ᠬᠣᠲᠠ ᠨᠢ ᠪᠦᠬᠦ ᠬᠡᠮᠵᠢᠶ᠎ᠡ ᠪᠡᠷ ᠬᠠᠮᠢᠶᠠᠷᠤᠯᠳᠠᠭ ᠪᠠᠶᠢᠭᠤᠯᠠᠮᠵᠢ ᠶᠢᠨ 871 ᠭᠠᠴᠠᠭ᠎ᠠ ᠪᠠᠢ᠃ ᠬᠣᠲᠠ ᠶᠢᠨ ᠬᠠᠷᠢᠶᠠᠯᠠᠯ ᠳᠠᠭᠠᠭᠠ 3 ᠬᠣᠲᠠ ᠶᠢᠨ ᠲᠣᠭᠣᠷᠢᠭ᠂ 18 ᠬᠣᠲᠠ ᠶᠢᠨ ᠰᠤᠮᠤ᠂ ᠬᠣᠲᠠ ᠶᠢᠨ ᠬᠣᠷᠢᠶᠠᠨ ᠤ ᠠᠵᠢᠯ ᠤᠨ ᠭᠠᠵᠠᠷ ᠤᠨ ᠬᠡᠯᠲᠡᠰ ᠦᠨ 123 ᠭᠠᠴᠠᠭ᠎ᠠ ᠪᠤᠢ᠃ ᠬᠣᠷᠢᠶ᠎ᠠ ᠶᠢᠨ ᠪᠠᠶᠢᠭᠤᠯᠤᠯᠭ᠎ᠠ ᠶᠢᠨ ᠠᠵᠢᠯ ᠤᠨ ᠪᠠᠶᠢᠳᠠᠯ᠂ ᠬᠣᠷᠢᠶᠠᠨ ᠤ ᠪᠠᠶᠢᠭᠤᠯᠤᠯᠭ᠎ᠠ ᠶᠢᠨ ᠭᠠᠴᠠᠭ᠎ᠠ 48᠂ ᠬᠣᠲᠠ ᠶᠢᠨ ᠬᠣᠷᠢᠶ᠎ᠠ᠂ ᠬᠣᠲᠠ ᠶᠢᠨ ᠬᠣᠷᠢᠶ᠎ᠠ᠂ ᠬᠣᠲᠠ ᠶᠢᠨ ᠬᠣᠷᠢᠶ᠎ᠠ᠂ ᠠᠵᠢᠯ ᠤᠨ ᠬᠣᠷᠢᠶ᠎ᠠ᠂ ᠪᠠᠶᠢᠭᠤᠯᠤᠯᠭ᠎ᠠ ᠶᠢᠨ ᠪᠠᠶᠢᠳᠠᠯ᠂ ᠬᠣᠲᠠ ᠶᠢᠨ ᠬᠣᠷᠢᠶ᠎ᠠ᠂ ᠪᠠᠶᠢᠭᠤᠯᠤᠯᠭ᠎ᠠ ᠶᠢᠨ ᠬᠣᠷᠢᠶ᠎ᠠ ᠶᠢᠨ ᠪᠠᠶᠢᠳᠠᠯ ᠤᠨ᠂ ᠬᠣᠷᠢᠶᠠᠨ ᠤ ᠬᠣᠷᠢᠶ᠎ᠠ ᠶᠢᠨ᠂ ᠪᠠᠶᠢᠭᠤᠯᠤᠯᠭ᠎ᠠ ᠶᠢᠨ 26 ᠪᠠᠶᠢᠭᠤᠯᠤᠯᠭ᠎ᠠ᠂ ᠪᠠᠶᠢᠭᠤᠯᠤᠯᠭ᠎ᠠ ᠶᠢᠨ᠂ ᠬᠣᠷᠢᠶᠠᠨ ᠤ᠂ ᠬᠣᠲᠠ ᠶᠢᠨ᠂ ᠬᠣᠷᠢᠶ᠎ᠠ᠂ ᠪᠣᠯ ᠬᠣᠷᠢᠶ᠎ᠠ ᠶᠢᠨ ᠭᠠᠵᠠᠷ ᠪᠤᠢ᠃ ᠬᠣᠲᠠ ᠶᠢᠨ ᠪᠠᠶᠢᠭᠤᠯᠤᠯᠭ᠎ᠠ᠂ ᠬᠣᠲᠠ ᠶᠢᠨ᠂ ᠬᠣᠷᠢᠶ᠎ᠠ᠂ ᠬᠣᠷᠢᠶᠠᠨ ᠤ᠂ ᠬᠣᠲᠠ ᠶᠢᠨ᠂ ᠬᠣᠷᠢᠶ᠎ᠠ᠂ ᠬᠣᠷᠢᠶ᠎ᠠ᠂ ᠬᠣᠷᠢᠶᠠᠨ ᠤ 4 ᠬᠣᠷᠢᠶᠠᠨ ᠤ ᠬᠣᠲᠠ ᠶᠢᠨ ᠭᠠᠵᠠᠷ ᠪᠤᠢ᠃ ᠬᠣᠲᠠ ᠶᠢᠨ ᠬᠣᠷᠢᠶ᠎ᠠ 8 ᠬᠣᠷᠢᠶᠠᠨ ᠤ 22916 ᠭᠡᠷ᠂ ᠬᠣᠷᠢᠶᠠᠨ ᠤ ᠭᠡᠷ ᠦᠨ 34727 ᠭᠡᠷ ) ᠪᠤᠢ᠃ ᠬᠣᠲᠠ ᠶᠢᠨ ᠬᠦᠮᠦᠨ ᠠᠮᠠ 46502 ᠭᠡᠷ᠂ ᠬᠣᠲᠠ ᠶᠢᠨ ᠬᠣᠷᠢᠶᠠᠨ ᠤ 7307 ( ᠭᠡᠷ᠂ ᠪᠠᠶᠢᠭᠤᠯᠤᠯᠭ᠎ᠠ ᠶᠢᠨ ᠬᠦᠮᠦᠨ ᠠᠮᠠ 46. 1 ᠮᠢᠩᠭ᠎ᠠ ᠬᠦᠮᠦᠨ᠂ 17936 ᠬᠦᠮᠦᠨ᠂ 57643 ᠭᠡᠷ ᠦᠨ ᠬᠦᠮᠦᠨ ᠪᠣᠯ ᠬᠣᠲᠠ ᠶᠢᠨ ᠬᠣᠷᠢᠶ᠎ᠠ ᠶᠢᠨ ᠬᠦᠮᠦᠨ ᠠᠮᠠ ᠶᠢᠨ ᠬᠣᠷᠢᠶᠠᠨ ᠤ ᠪᠠᠶᠢᠭᠤᠯᠤᠯᠭ᠎ᠠ᠂ ᠬᠣᠷᠢᠶ᠎ᠠ ᠶᠢᠨ ᠬᠣᠲᠠ ᠶᠢᠨ ᠪᠠᠶᠢᠭᠤᠯᠤᠯᠭ᠎ᠠ ᠪᠠᠶᠢᠭᠤᠯᠤᠯᠭ᠎ᠠ ᠪᠤᠢ᠃ ᠬᠣᠷᠢᠶ᠎ᠠ ᠶᠢᠨ ᠬᠣᠲᠠ ᠶᠢᠨ ᠪᠠᠶᠢᠭᠤᠯᠤᠯᠭ᠎ᠠ ᠪᠣᠯ ᠬᠣᠷᠢᠶᠠᠨ ᠤ ᠭᠠᠵᠠᠷ ᠤᠨ ᠬᠣᠲᠠ ᠶᠢᠨ 1981 ᠣᠨ ᠳᠤ ᠪᠠᠶᠢᠭᠤᠯᠤᠭᠳᠠᠭᠰᠠᠨ᠃

【ᠬᠣᠷᠢᠶᠠᠨ ᠤ ᠪᠠᠶᠢᠳᠠᠯ】 ᠬᠣᠲᠠ ᠶᠢᠨ ᠬᠣᠷᠢᠶ᠎ᠠ ᠶᠢᠨ ᠠᠵᠢᠯ ᠤᠨ ᠭᠠᠵᠠᠷ ᠤᠨ ᠬᠠᠷᠢᠶᠠᠯᠠᠯ ᠤᠨ ᠬᠣᠷᠢᠶ᠎ᠠ ᠪᠣᠯ ᠬᠣᠲᠠ ᠶᠢᠨ ᠬᠣᠷᠢᠶ᠎ᠠ

ᠬᠣᠷᠢᠶᠠᠨ ᠤ ᠪᠠᠶᠢᠭᠤᠯᠤᠯᠭ᠎ᠠ ᠶᠢᠨ ᠬᠣᠷᠢᠶ᠎ᠠ ᠶᠢᠨ ᠬᠣᠲᠠ ᠶᠢᠨ ᠪᠠᠶᠢᠭᠤᠯᠤᠯᠭ᠎ᠠ ᠶᠢᠨ ᠬᠣᠷᠢᠶ᠎ᠠ ᠶᠢᠨ ᠬᠣᠲᠠ ᠶᠢᠨ ᠪᠠᠶᠢᠳᠠᠯ

ᠬᠣᠷᠢᠶᠠᠨ ᠤ ᠪᠠᠶᠢᠭᠤᠯᠤᠯᠭ᠎ᠠ ᠶᠢᠨ ᠬᠣᠷᠢᠶ᠎ᠠ ᠶᠢᠨ ᠬᠣᠲᠠ ᠶᠢᠨ ᠪᠠᠶᠢᠭᠤᠯᠤᠯᠭ᠎ᠠ ᠶᠢᠨ ᠬᠣᠷᠢᠶ᠎ᠠ ᠶᠢᠨ ᠬᠠᠷᠢᠶᠠᠯᠠᠭᠳᠠᠬᠤ ᠪᠣᠯ ᠬᠣᠲᠠ ᠬᠣᠷᠢᠶ᠎ᠠ

ᠬᠣᠲᠠ ᠬᠣᠷᠢᠶ᠎ᠠ ᠪᠣᠯ

ᠪᠣᠯ ᠬᠣᠲᠠ ᠬᠣᠷᠢᠶᠠᠨ ᠤ ᠪᠠᠶᠢᠭᠤᠯᠤᠯᠭ᠎ᠠ ᠶᠢᠨ ᠬᠣᠷᠢᠶ᠎ᠠ ᠶᠢᠨ ᠬᠣᠲᠠ ᠶᠢᠨ ᠪᠠᠶᠢᠭᠤᠯᠤᠯᠭ᠎ᠠ ᠶᠢᠨ ᠬᠣᠷᠢᠶ᠎ᠠ ᠶᠢᠨ ᠪᠠᠶᠢᠳᠠᠯ᠂ ᠬᠣᠷᠢᠶᠠᠨ ᠤ ᠪᠠᠶᠢᠭᠤᠯᠤᠯᠭ᠎ᠠ ᠶᠢᠨ ᠬᠠᠷᠢᠶᠠᠯᠠᠭᠳᠠᠬᠤ

ᠬᠣᠷᠢᠶᠠᠨ ᠤ ᠪᠠᠶᠢᠭᠤᠯᠤᠯᠭ᠎ᠠ ᠶᠢᠨ ᠬᠣᠷᠢᠶ᠎ᠠ ᠶᠢᠨ ᠬᠠᠷᠢᠶᠠᠯᠠᠭᠳᠠᠬᠤ ᠪᠣᠯ ᠬᠣᠲᠠ ᠬᠣᠷᠢᠶ᠎ᠠ

ᠬᠣᠷᠢᠶᠠᠨ ᠤ ᠪᠠᠶᠢᠭᠤᠯᠤᠯᠭ᠎ᠠ ᠶᠢᠨ ᠬᠣᠷᠢᠶ᠎ᠠ ᠶᠢᠨ ᠬᠣᠲᠠ ᠶᠢᠨ ᠪᠠᠶᠢᠭᠤᠯᠤᠯᠭ᠎ᠠ ᠶᠢᠨ ᠬᠣᠷᠢᠶ᠎ᠠ ᠶᠢᠨ ᠪᠠᠶᠢᠳᠠᠯ ᠰᠢ ᠬᠣᠲᠠ ( ᠬᠣᠷᠢᠶᠠᠨ ᠤ ᠪᠠᠶᠢᠭᠤᠯᠤᠯᠭ᠎ᠠ )

ᠬᠣᠷᠢᠶᠠᠨ ᠤ ( ᠬᠣᠷᠢᠶᠠᠨ ᠵᠢᠰᠢᠶᠡᠯᠡᠯ )

ᠬᠣᠲᠠ ᠬᠣᠷᠢᠶ᠎ᠠ ᠬᠣᠷᠢᠶᠠᠨ ᠤ ᠪᠠᠶᠢᠭᠤᠯᠤᠯᠭ᠎ᠠ ᠶᠢᠨ ᠬᠣᠷᠢᠶ᠎ᠠ ᠶᠢᠨ ᠬᠠᠷᠢᠶᠠᠯᠠᠭᠳᠠᠬᠤ

ᠬᠣᠷᠢᠶᠠᠨ ᠤ ( ᠬᠣᠷᠢᠶᠠᠨ ᠵᠢᠰᠢᠶᠡᠯᠡᠯ ᠪᠠᠶᠢᠭᠤᠯᠤᠯᠭ᠎ᠠ )

ᠬᠣᠲᠠ ᠬᠣᠷᠢᠶ᠎ᠠ ᠬᠣᠷᠢᠶᠠᠨ ᠤ ᠪᠠᠶᠢᠭᠤᠯᠤᠯᠭ᠎ᠠ ᠶᠢᠨ ᠬᠣᠷᠢᠶ᠎ᠠ ᠶᠢᠨ ᠬᠣᠲᠠ ᠶᠢᠨ ᠪᠠᠶᠢᠳᠠᠯ

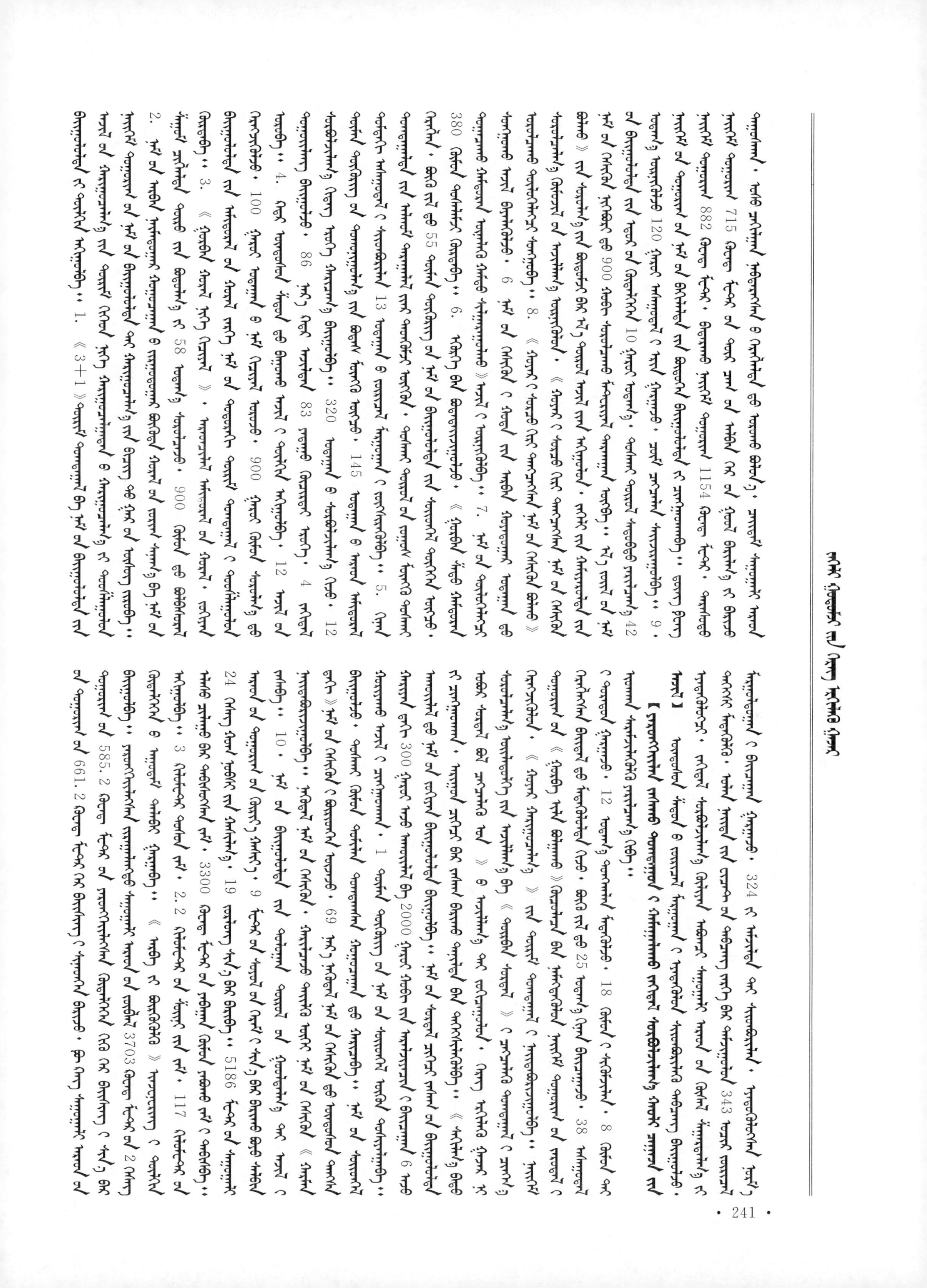

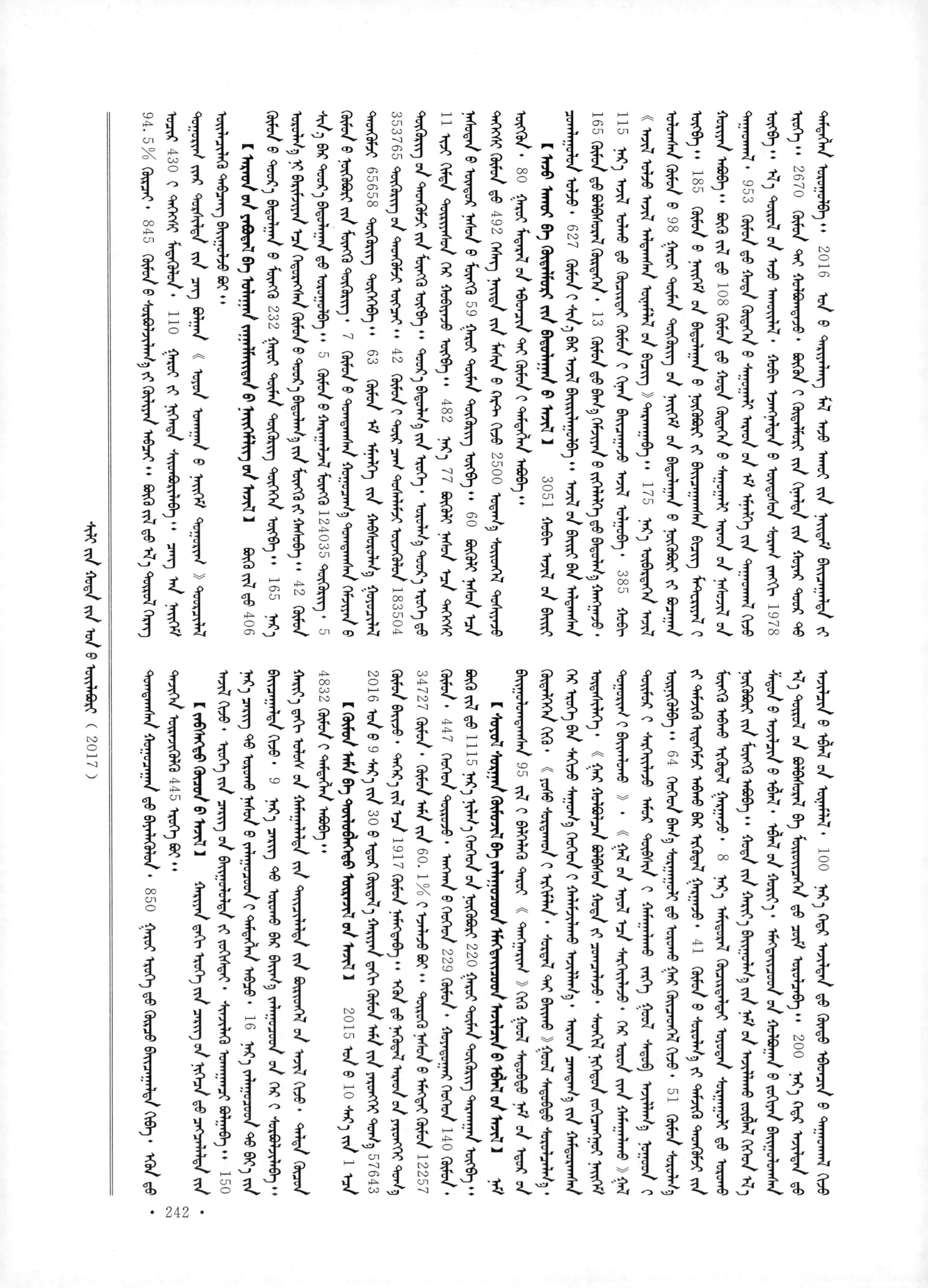

[illegible] 2016 [illegible]
[illegible] 2670 [illegible] 1978
[illegible] 953 [illegible] 108 [illegible]
[illegible] 185 [illegible] 98 [illegible]
《[illegible]》[illegible] 175 [illegible]
115 [illegible] 385 [illegible]
165 [illegible] 13 [illegible]
[illegible] 627 [illegible]

**【[illegible]】** 3051 [illegible]

[illegible] 80 [illegible]
[illegible] 492 [illegible] 2500 [illegible]
[illegible] 59 [illegible] 60 [illegible]
11 [illegible] 482 [illegible] 77 [illegible]
353765 [illegible] 42 [illegible] 183504
[illegible] 65658 [illegible] 63 [illegible]
[illegible] 7 [illegible]
[illegible] 5 [illegible] 124035 [illegible] 5
[illegible] 232 [illegible] 165 [illegible] 42 [illegible]

**【[illegible]】** [illegible] 406

[illegible]
[illegible] 《[illegible]》[illegible]
[illegible] 430 [illegible] 110 [illegible]
94.5% [illegible] 845 [illegible]

[illegible] 100 [illegible]
[illegible] 200 [illegible]
[illegible] 8 [illegible] 41 [illegible] 51 [illegible]
[illegible] 64 [illegible]
[illegible] 《[illegible]》[illegible] 《[illegible]》[illegible]
[illegible] 《[illegible]》[illegible] 95 [illegible]

**【[illegible]】**

[illegible] 1115 [illegible] 220 [illegible]
[illegible] 447 [illegible] 229 [illegible] 140 [illegible]
34727 [illegible] 60.1% [illegible] 12257
[illegible] 1917 [illegible]
2016 [illegible] 9 [illegible] 30 [illegible] 57643

**【[illegible]】** 2015 [illegible] 10 [illegible] 1 [illegible]

4832 [illegible]
[illegible] 9 [illegible] 16 [illegible]
[illegible] 150

**【[illegible]】**

[illegible] 445 [illegible]
[illegible] 850 [illegible]

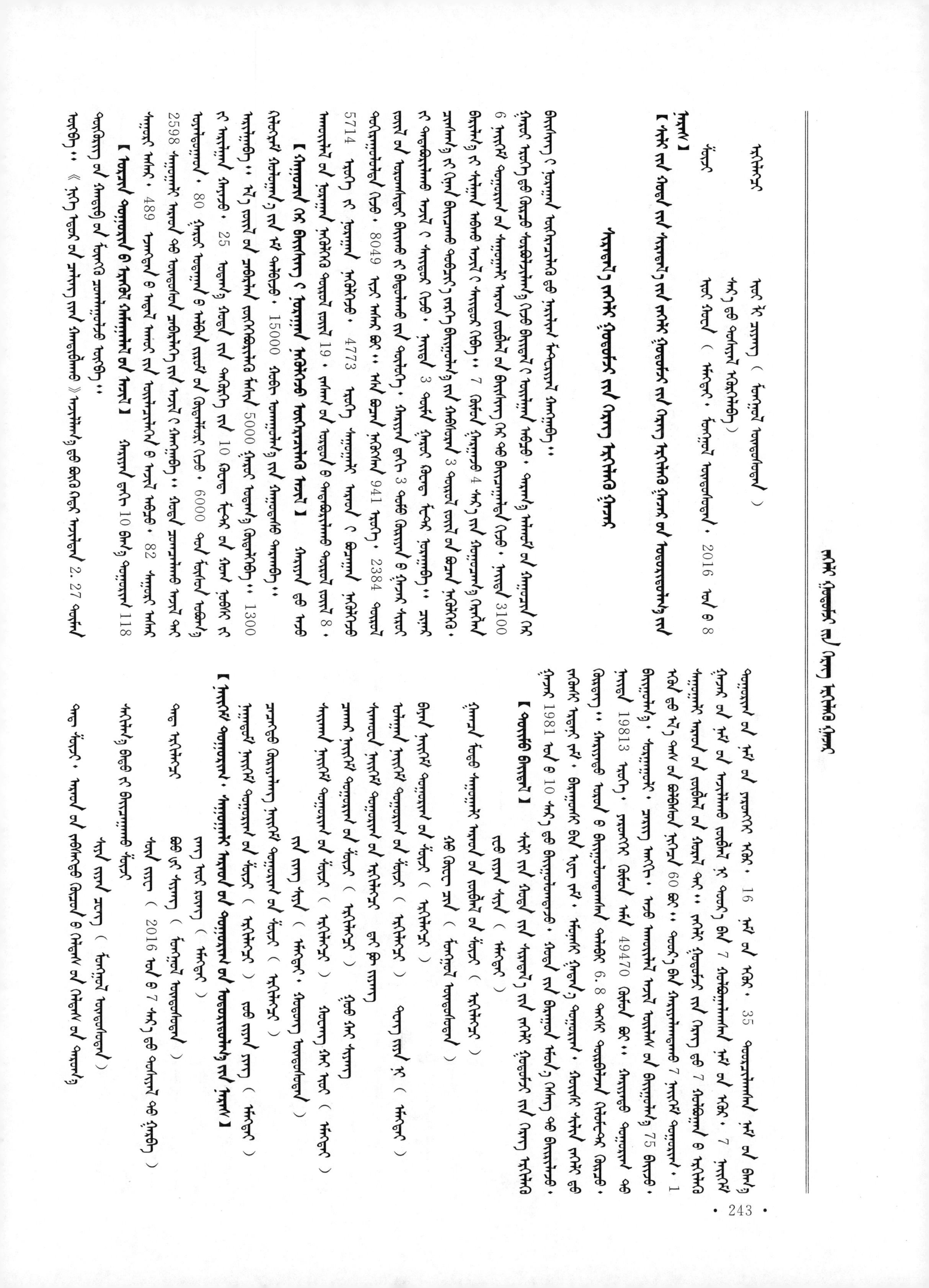

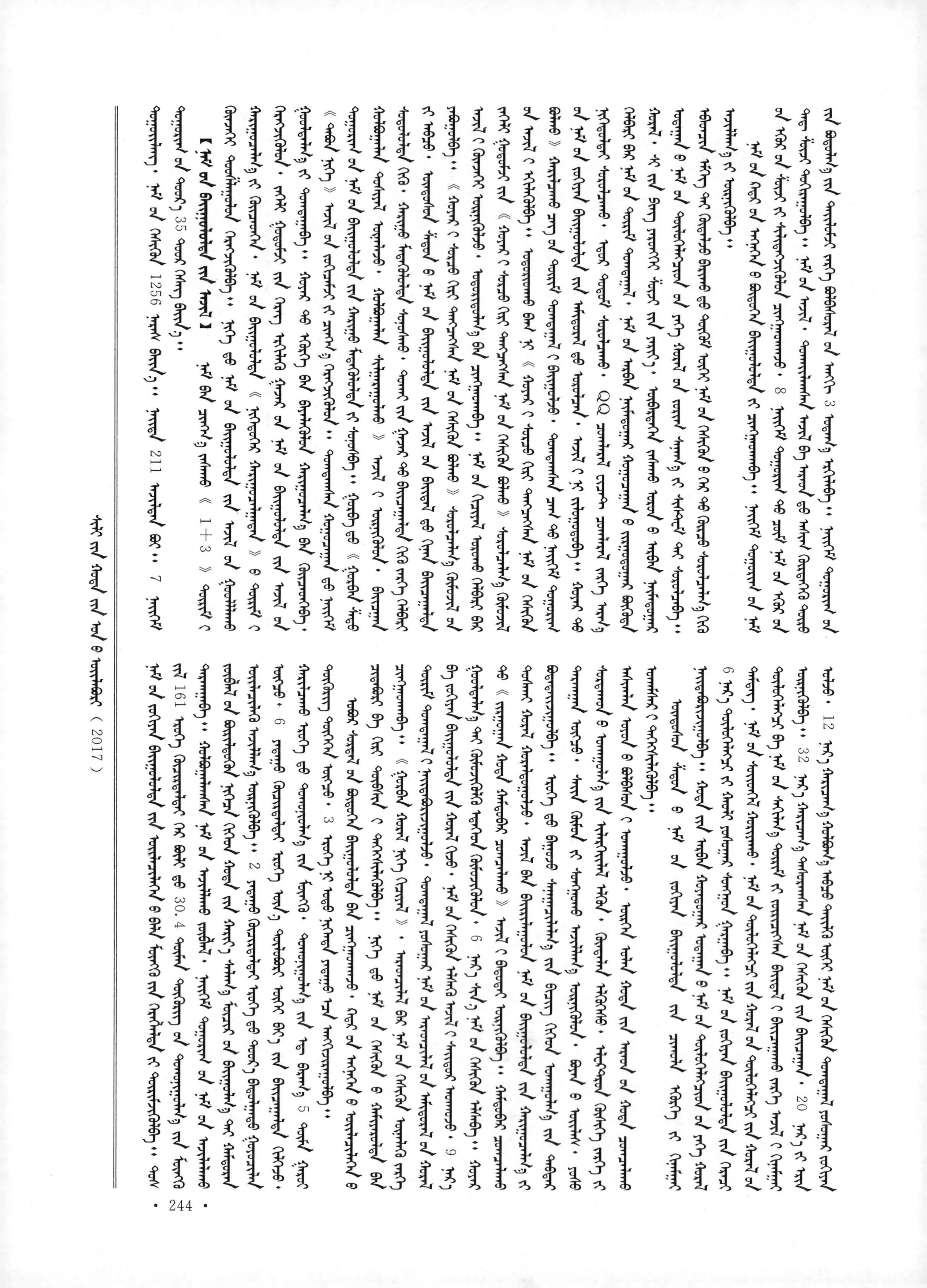

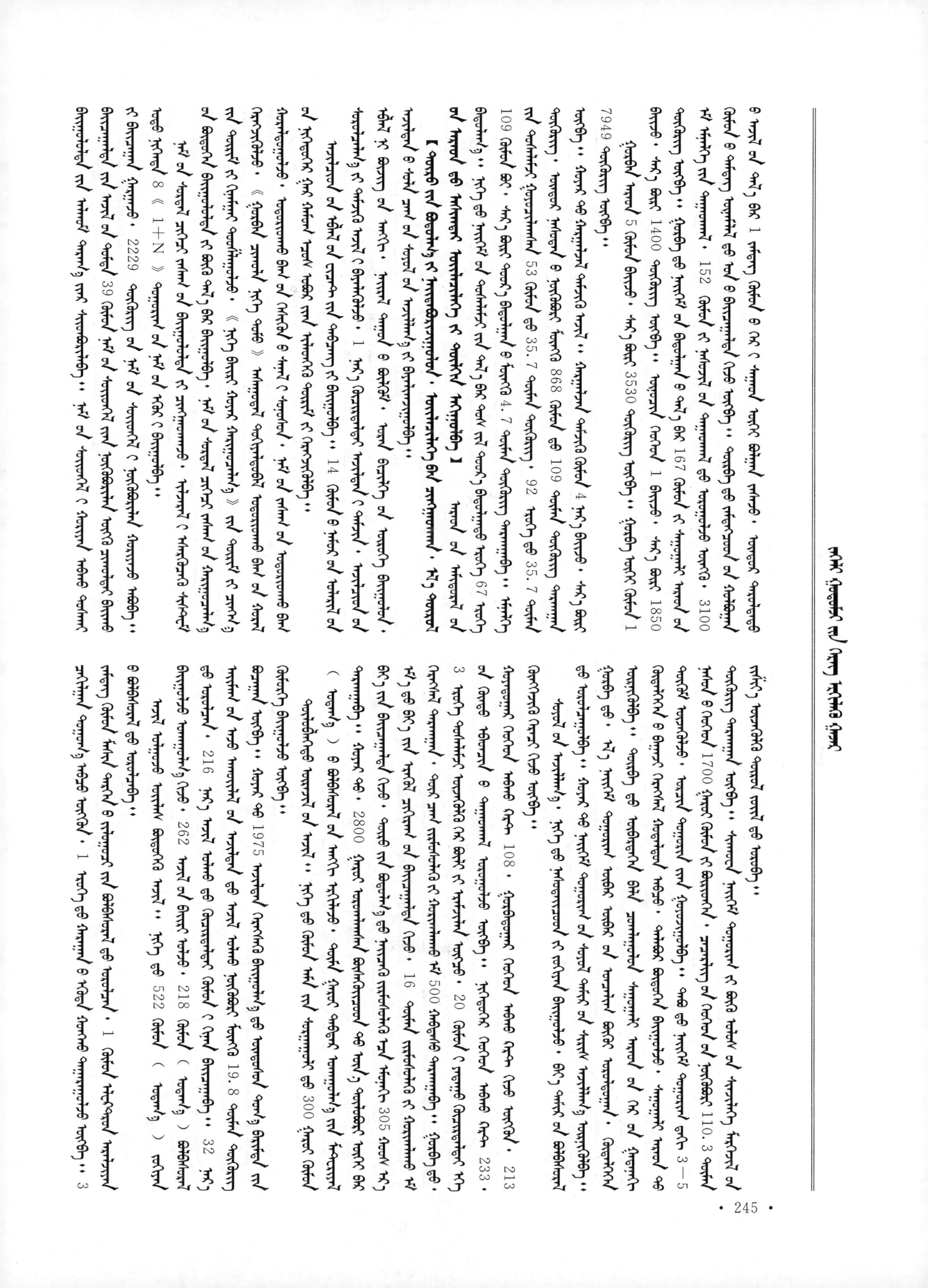

ᠲᠣᠭᠣᠨ ᠪᠠᠢᠭᠤᠯᠤᠨ 8《1+N》ᠬᠡᠯᠪᠡᠷᠢ ᠶᠢᠨ ᠮᠠᠯ ᠤᠨ ᠠᠵᠢ ᠶᠢ ᠪᠠᠢᠭᠤᠯᠪᠠ᠃᠃

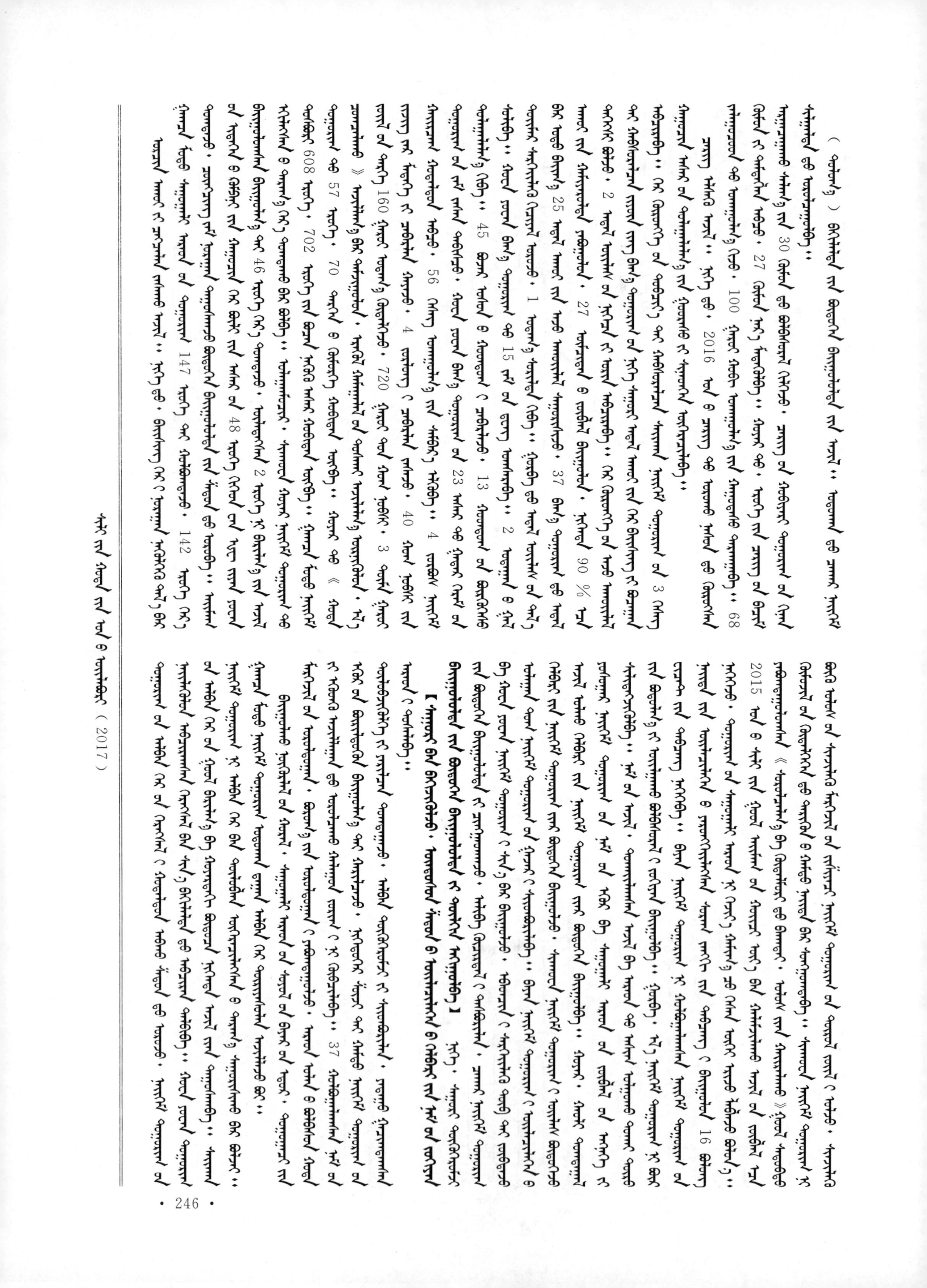

[illegible]

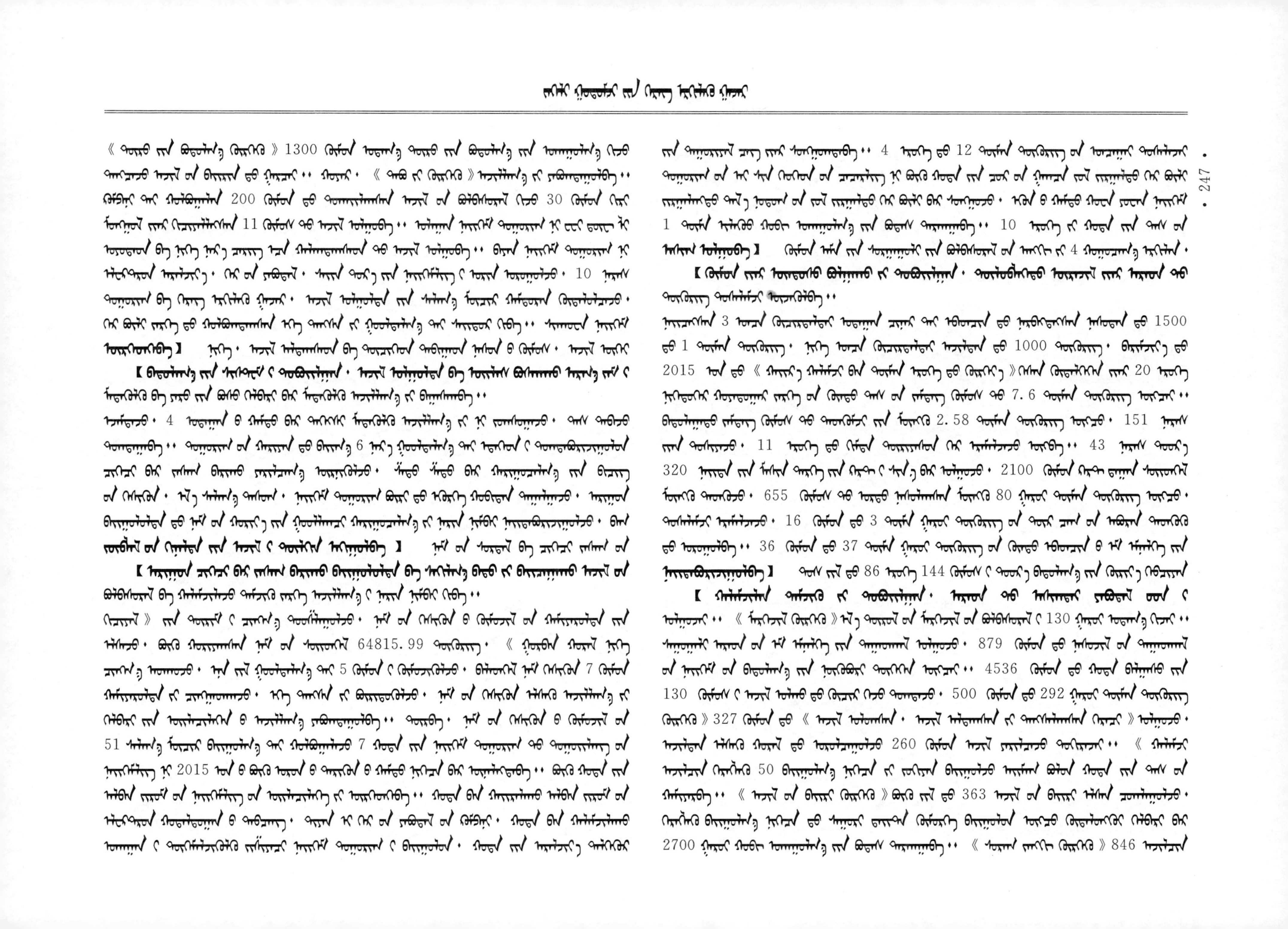

《[illegible]》 1300 [illegible]
[illegible] 《[illegible]》 [illegible]
[illegible] 200 [illegible] 30 [illegible]
[illegible] 11 [illegible]
[illegible]
[illegible] 10 [illegible]
[illegible]
[illegible]
[illegible]】 [illegible]

【[illegible]
[illegible]

[illegible] 4 [illegible]
[illegible] 6 [illegible]
[illegible]
[illegible]
[illegible]
[illegible]】 [illegible]

【[illegible]
[illegible]

[illegible]》 [illegible]
[illegible] 64815.99 [illegible] 《[illegible]
[illegible] 5 [illegible] 7 [illegible]
[illegible]
[illegible]
51 [illegible] 7 [illegible]
[illegible] 2015 [illegible]
[illegible]
[illegible]
[illegible]

[illegible] 4 [illegible] 12 [illegible]
[illegible]
[illegible]
1 [illegible] 10 [illegible]
[illegible]】 [illegible] 4 [illegible]

【[illegible]
[illegible]

[illegible] 3 [illegible] 1500
[illegible] 1 [illegible] 1000 [illegible]
2015 [illegible] 《[illegible]》 [illegible] 20 [illegible]
[illegible] 7.6 [illegible]
[illegible] 2.58 [illegible] 151 [illegible]
[illegible] 11 [illegible] 43 [illegible]
320 [illegible] 2100 [illegible]
[illegible] 655 [illegible] 80 [illegible]
[illegible] 16 [illegible] 3 [illegible]
[illegible] 36 [illegible] 37 [illegible]
[illegible]】 [illegible] 86 [illegible] 144 [illegible]

【[illegible]
[illegible] 《[illegible]》 [illegible] 130 [illegible]
[illegible] 879 [illegible]
[illegible] 4536 [illegible]
130 [illegible] 500 [illegible] 292 [illegible]
[illegible]》 327 [illegible] 《[illegible]》 [illegible]
[illegible] 260 [illegible] 《[illegible]
[illegible] 50 [illegible]
[illegible] 《[illegible]》 [illegible] 363 [illegible]
[illegible]
2700 [illegible] 《[illegible]》 846 [illegible]

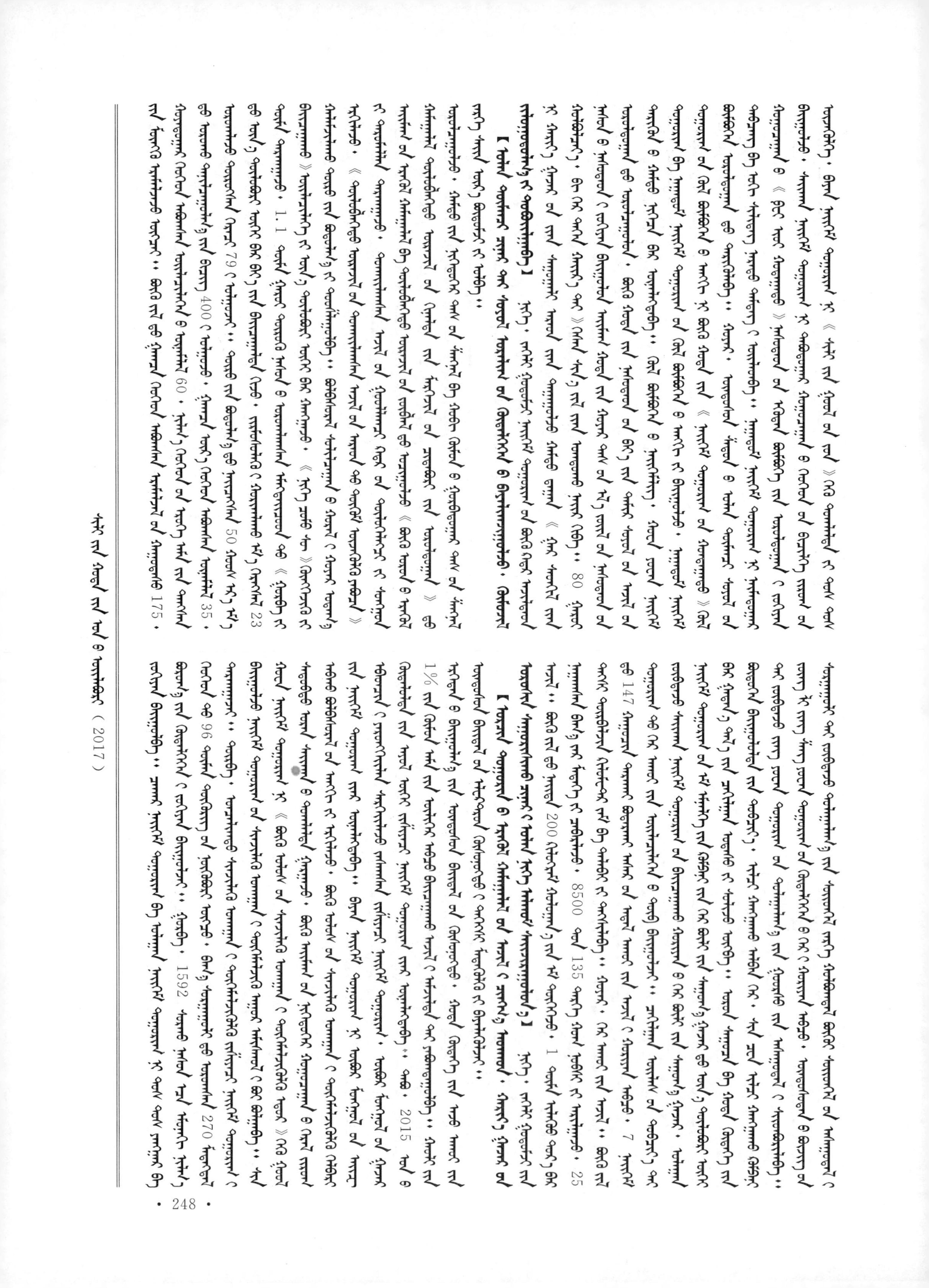

[illegible]

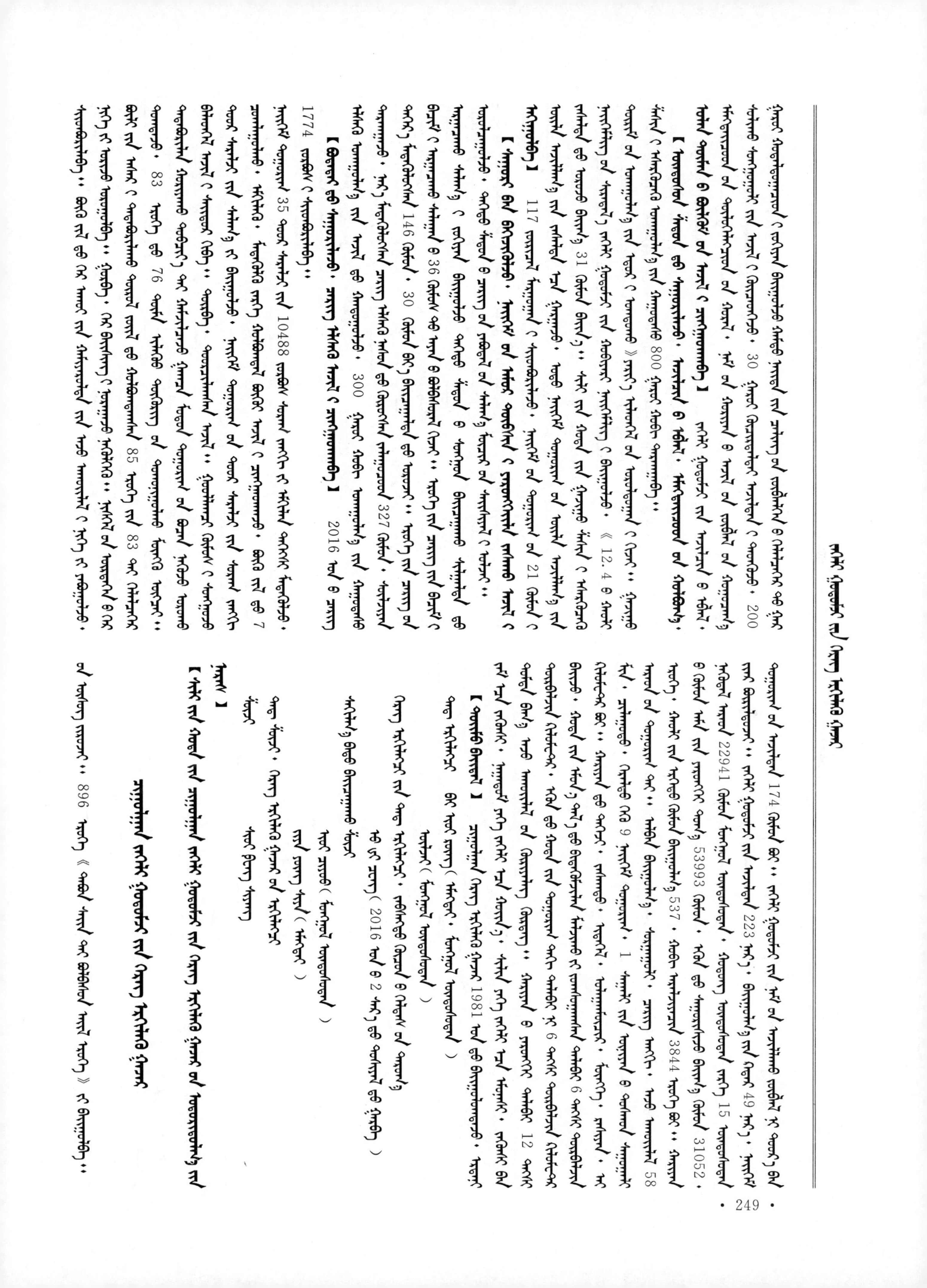

[illegible]

[illegible]

## [illegible]

[illegible]

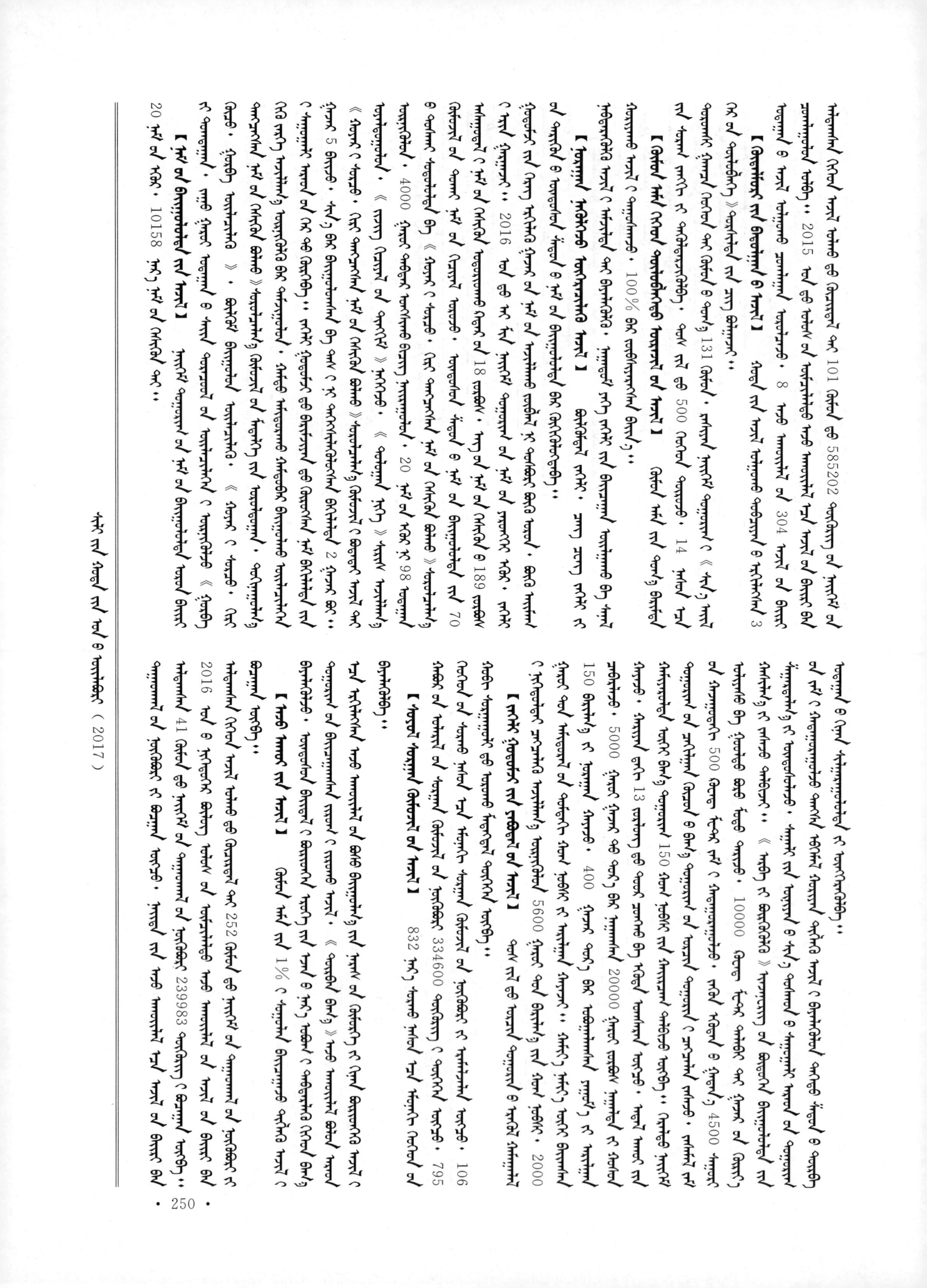

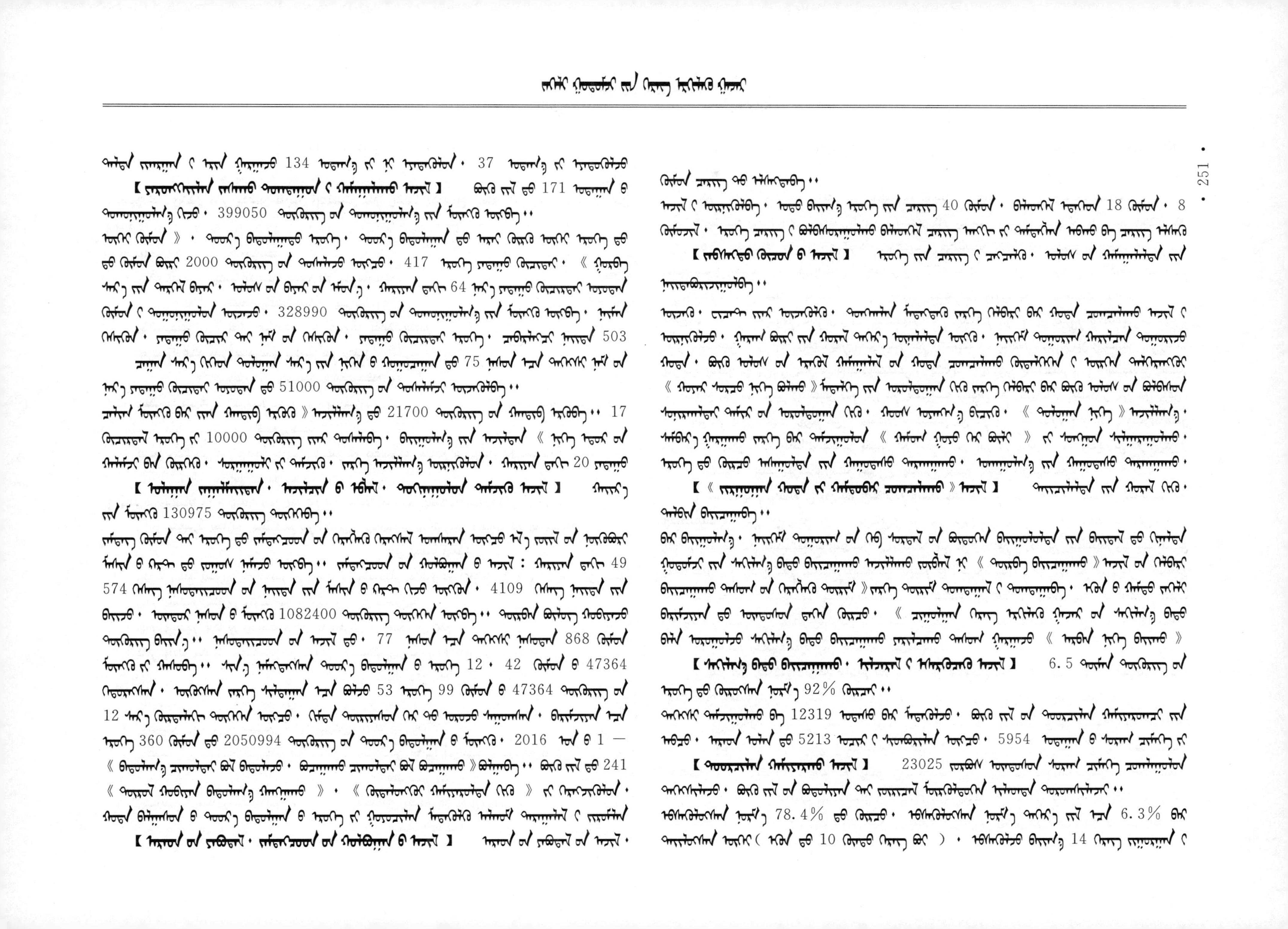

[illegible]

[illegible] 134 [illegible] · 37 [illegible]
【[illegible]】 [illegible] 171 [illegible]
[illegible] · 399050 [illegible] ::
[illegible] 》 · [illegible]
[illegible] 2000 [illegible] · 417 [illegible] · 《 [illegible]
[illegible] · [illegible] · [illegible] 64 [illegible]
[illegible] · 328990 [illegible] · [illegible]
[illegible] · [illegible] · [illegible] 503
[illegible] 75 [illegible]
[illegible] 51000 [illegible] ::
[illegible] 》 [illegible] 21700 [illegible] :: 17
[illegible] 10000 [illegible] · [illegible] 《 [illegible]
[illegible] · [illegible] · [illegible] · [illegible] 20 [illegible]

【[illegible] · [illegible] · [illegible]】 [illegible] 130975 [illegible] ::

[illegible] :: [illegible] : [illegible] 49 574 [illegible] · 4109 [illegible] · [illegible] 1082400 [illegible] :: [illegible] :: [illegible] · 77 [illegible] 868 [illegible] :: [illegible] 12 · 42 [illegible] 47364 [illegible] · [illegible] 53 [illegible] 99 [illegible] 47364 [illegible] 12 [illegible] · [illegible] · [illegible] 360 [illegible] 2050994 [illegible] · 2016 [illegible] 1 — 《 [illegible] 》 [illegible] :: [illegible] 241 《 [illegible] 》 · 《 [illegible] 》 [illegible] · [illegible]

【[illegible]】 [illegible] · [illegible] ::

[illegible] · [illegible] 40 [illegible] · [illegible] 18 [illegible] · 8 [illegible] · [illegible]

【[illegible]】 [illegible] · [illegible] ::

[illegible] · [illegible] · [illegible] · [illegible] · [illegible] · 《 [illegible] 》 [illegible] · [illegible] · 《 [illegible] 》 [illegible] · [illegible] 《 [illegible] 》 [illegible] · [illegible] · [illegible] ·

【《 [illegible] 》 [illegible]】 [illegible] ::

[illegible] 《 [illegible] 》 [illegible] 》 [illegible] · [illegible] · 《 [illegible] 《 [illegible] 》

【[illegible] · [illegible]】 6.5 [illegible] 92% [illegible] ::

[illegible] 12319 [illegible] · [illegible] · [illegible] 5213 [illegible] · 5954 [illegible]

【[illegible]】 23025 [illegible] · [illegible] ::

[illegible] 78.4% [illegible] · [illegible] 6.3% [illegible] ( [illegible] 10 [illegible] ) · [illegible] 14 [illegible]

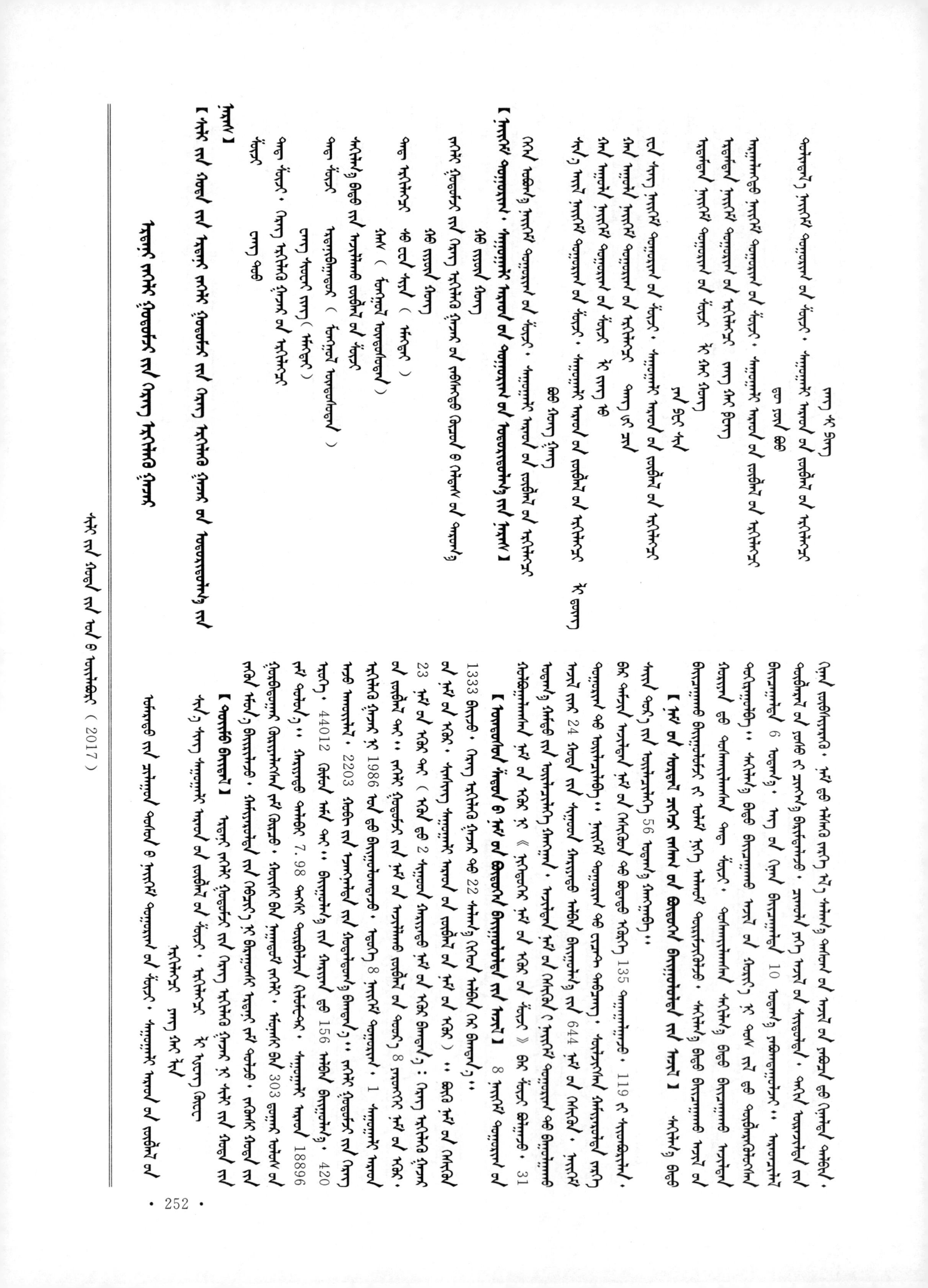

[illegible]

[illegible] 6 [illegible] 10 [illegible]

【 [illegible] 】 [illegible] 56 [illegible]

[illegible] 135 [illegible] 119 [illegible] 24 [illegible] 644 [illegible] 《 [illegible] 》 [illegible] 31

【 [illegible] 】 8 [illegible] 1333 [illegible] 22 [illegible] ) [illegible] 23 [illegible] ( [illegible] 2 [illegible] : [illegible] 8 [illegible] 1986 [illegible] 8 [illegible] 1 [illegible] 2203 [illegible] 44012 [illegible] 156 [illegible] 420 [illegible] 7.98 [illegible] 18896 [illegible] 303 [illegible]

【 [illegible] 】 [illegible]

[illegible]

【 [illegible] 】

[illegible] ( [illegible] )

[illegible] ( [illegible] )

[illegible] ( [illegible] )

[illegible] ( [illegible] )

【 [illegible] 】

[illegible]

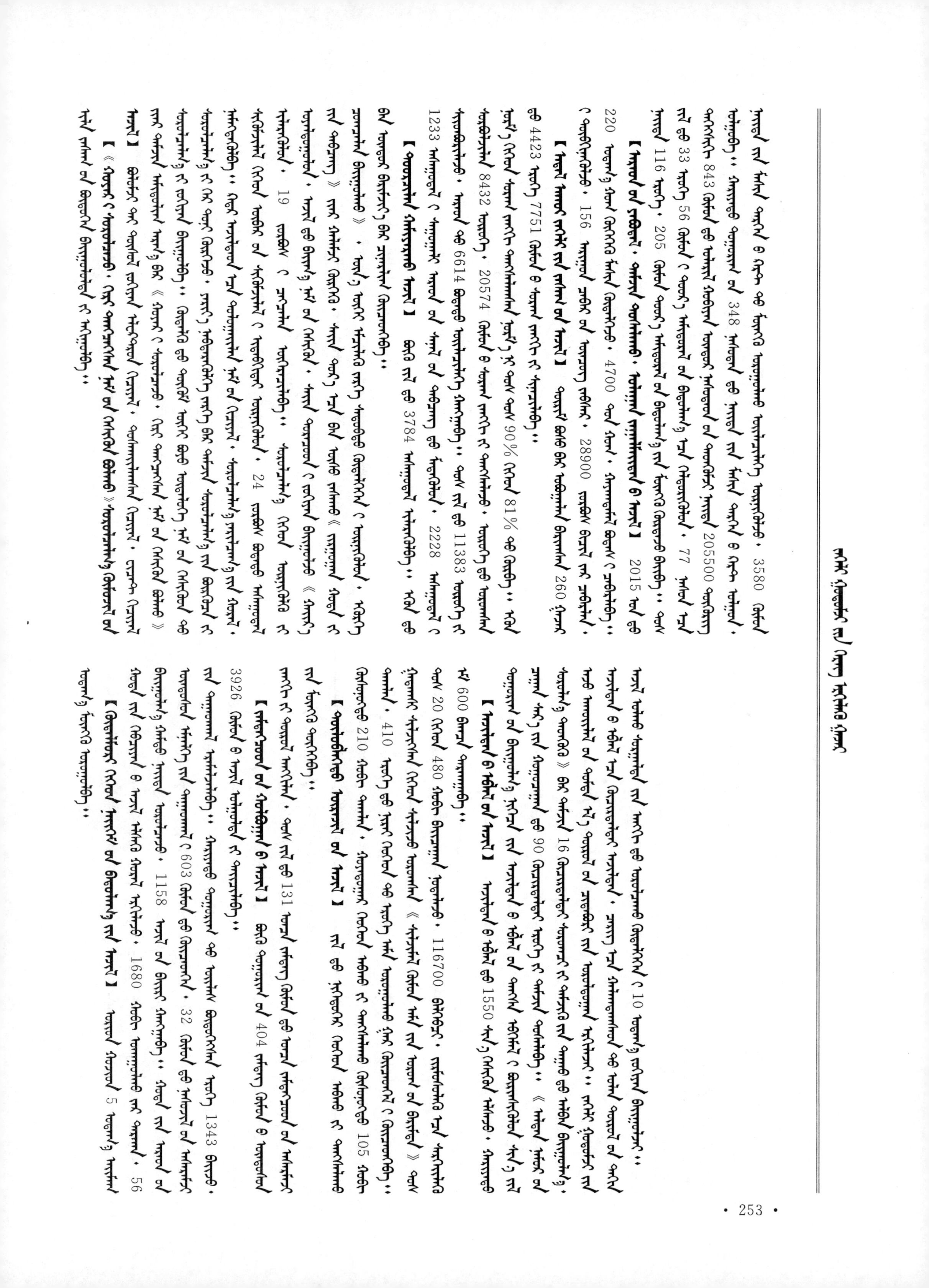

[illegible] 3580 [illegible] 348 [illegible] 843 [illegible] 205500 [illegible] 33 [illegible] 56 [illegible] 77 [illegible] 116 [illegible] 205 [illegible] ᠃

【[illegible]】 2015 ᠣᠨ ᠳᠤ 220 [illegible] 4700 [illegible] 156 [illegible] 28900 [illegible] ᠃

【[illegible]】 [illegible] 260 [illegible] 4423 [illegible] 7751 [illegible] ᠃

[illegible] 90% [illegible] 81% [illegible] 8432 [illegible] 20574 [illegible] 6614 [illegible] 11383 [illegible] 1233 [illegible] 2228 [illegible] ᠃

【[illegible]】 [illegible] 3784 [illegible] ᠃

[illegible] 《[illegible]》 [illegible] 《[illegible]》 [illegible] 《[illegible]》 [illegible] 19 [illegible] 24 [illegible] 《[illegible]》 [illegible] ᠃

【《[illegible]》[illegible]】 [illegible] 10 [illegible] 《[illegible]》 [illegible] 16 [illegible] 90 [illegible] 《[illegible]》 [illegible] ᠃

【[illegible]】 [illegible] 1550 [illegible] 600 [illegible] ᠃

[illegible] 20 [illegible] 480 [illegible] 116700 [illegible] 《[illegible]》 [illegible] 410 [illegible] 210 [illegible] 105 [illegible] ᠃

【[illegible]】 [illegible] ᠃

[illegible] 131 [illegible] ᠃

【[illegible]】 [illegible] 404 [illegible] 3926 [illegible] ᠃

[illegible] 1343 [illegible] 603 [illegible] 32 [illegible] 1158 [illegible] 1680 [illegible] 56 [illegible] ᠃

【[illegible]】 [illegible] 5 [illegible] ᠃

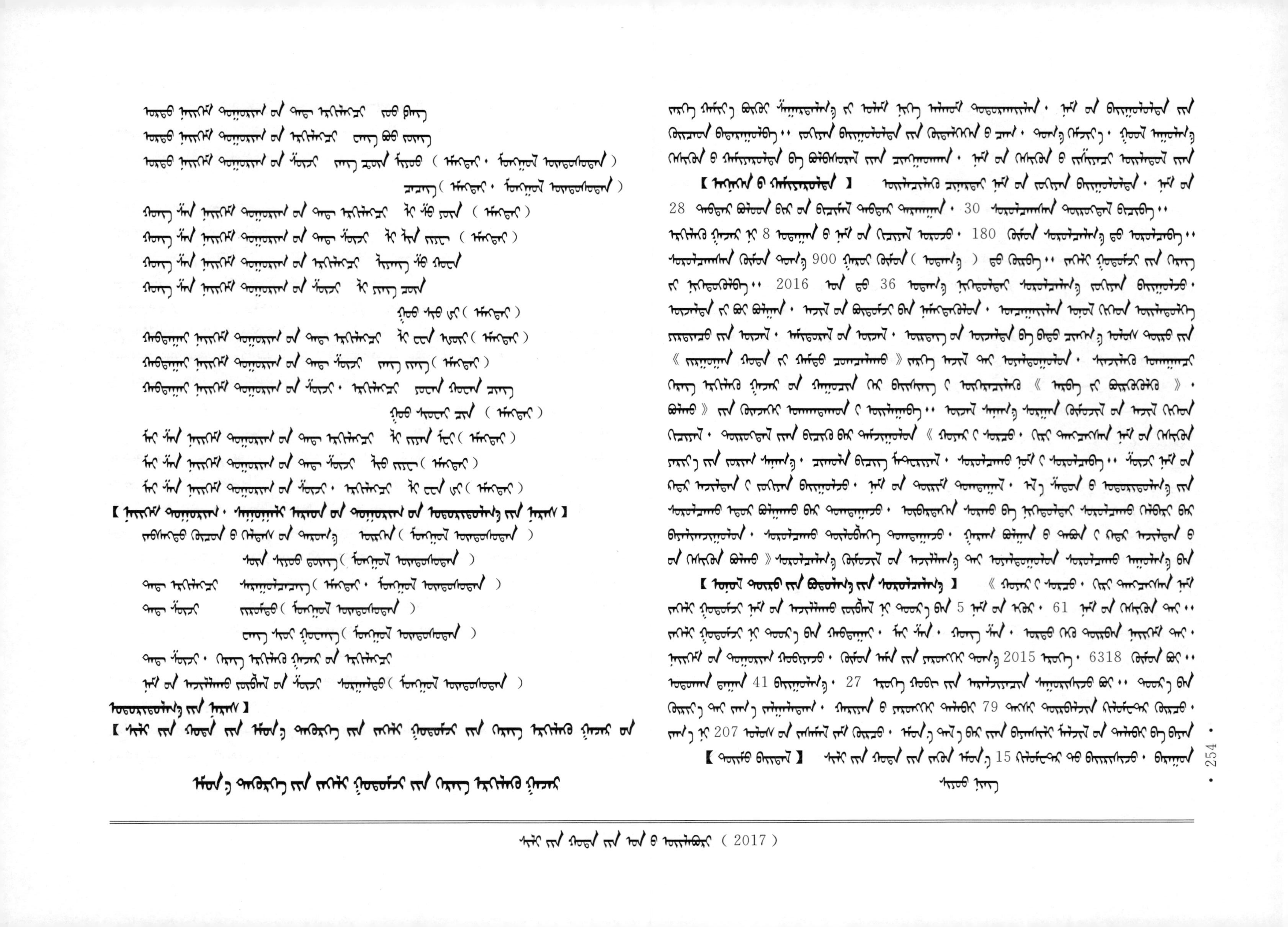

[illegible]

… 28 … 30 …

… 8 … 180 …

… 900 …

… 2016 … 36 …

… 5 … 61 …

… 2015 … 6318 …

… 41 … 27 …

… 79 …

… 207 …

… 15 …

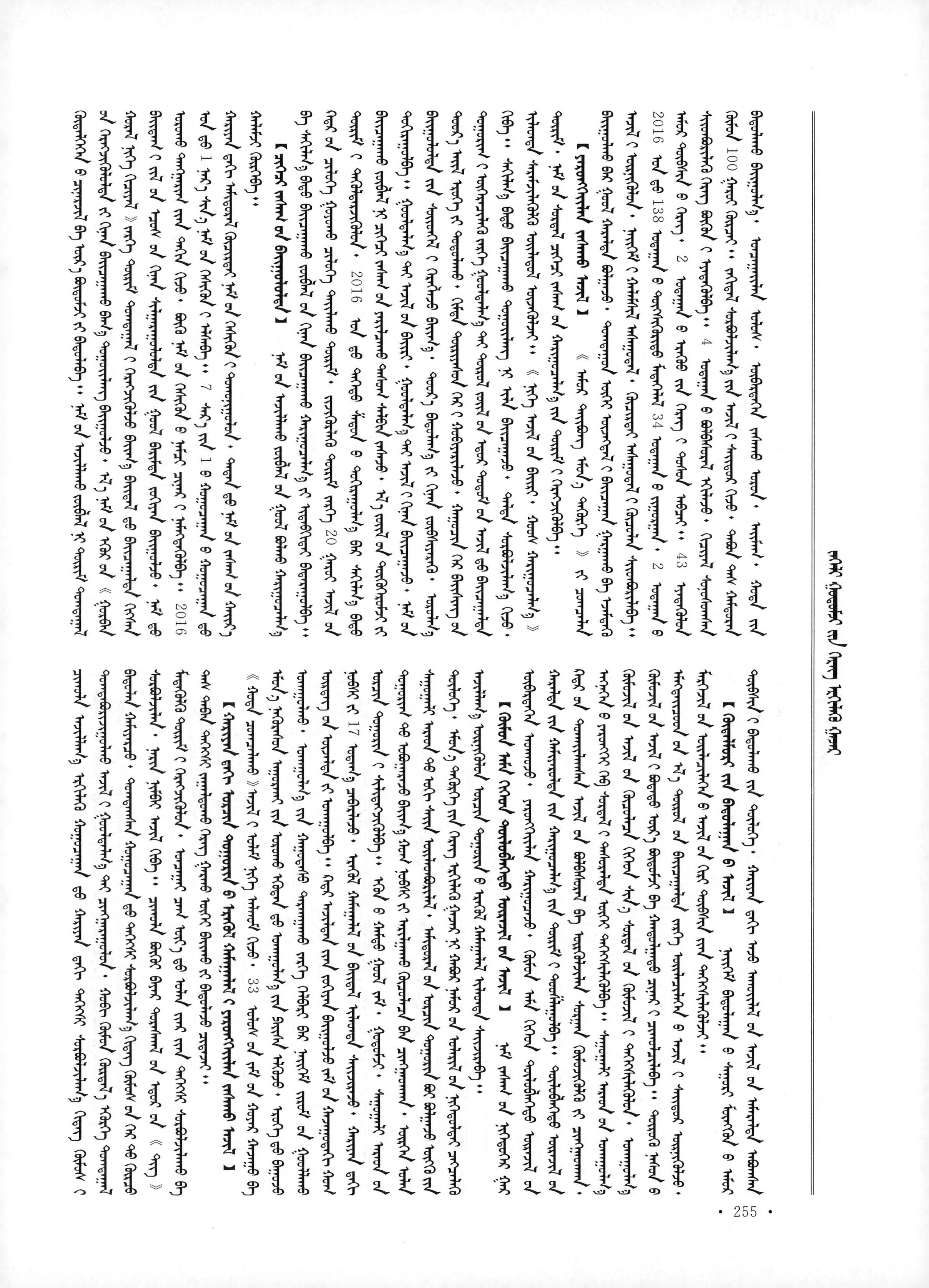

ᠬᠡᠷᠡᠭ ᠬᠡᠷᠡᠭᠵᠢᠭᠦᠯᠬᠦ ᠶᠢ ᠳᠡᠮᠵᠢᠨ ᠳᠡᠯᠭᠡᠷᠡᠭᠦᠯᠬᠦ ᠳ᠋ᠤ ᠬᠦᠴᠦ ᠨᠡᠮᠡᠷᠢ ᠣᠷᠤᠭᠤᠯᠵᠠᠢ᠃ 2016 ᠣᠨ ᠤ 23 ᠳᠤᠭᠠᠷ ᠡᠳᠦᠷ

ᠪᠣᠯᠪᠠᠰᠤᠷᠠᠯ ᠰᠤᠷᠭᠠᠯ ᠤᠨ ᠲᠤᠷᠰᠢᠯᠲᠠ ᠶᠢᠨ ᠬᠡᠷᠡᠭ ᠢ ᠬᠥᠭᠵᠢᠭᠦᠯᠬᠦ

【ᠬᠠᠮᠲᠤ ᠪᠡᠶᠡᠯᠡᠭᠦᠯᠦᠯᠲᠡ᠂ ᠬᠠᠮᠲᠤᠷᠠᠨ ᠪᠠᠢᠭᠤᠯᠬᠤ ᠬᠡᠷᠡᠭ ᠦᠨ ᠬᠠᠷᠢᠭᠤᠴᠠᠯᠭ᠎ᠠ ᠶᠢᠨ ᠪᠠᠢᠳᠠᠯ】

2016 ᠣᠨ ᠳ᠋ᠤ 24750 ᠬᠦᠮᠦᠨ ᠢ᠂ 7000 ᠬᠦᠮᠦᠨ ᠢ᠂ 5 ᠤᠳᠠᠭ᠎ᠠ᠂ 31 ᠬᠣᠰᠢᠭᠤ᠂ 60 ᠭᠠᠷᠤᠢ 2016 ᠣᠨ ᠳ᠋ᠤ

【ᠰᠤᠷᠭᠠᠯ ᠤᠨ ᠲᠤᠷᠰᠢᠯᠲᠠ ᠶᠢᠨ ᠬᠡᠷᠡᠭ】

40 ᠭᠠᠷᠤᠢ᠂ 1400 ᠬᠦᠮᠦᠨ᠂ 500 ᠭᠠᠷᠤᠢ᠂ 100 ᠭᠠᠷᠤᠢ᠂ 2 ᠤᠳᠠᠭ᠎ᠠ᠂ 100 ᠭᠠᠷᠤᠢ᠂ 56 ᠭᠠᠷᠤᠢ᠂ 99 ᠭᠠᠷᠤᠢ᠂ 2016 ᠣᠨ ᠳ᠋ᠤ 1200 ᠭᠠᠷᠤᠢ

193 ᠬᠦᠮᠦᠨ᠂ 722 ᠬᠦᠮᠦᠨ᠂ 893 ᠬᠦᠮᠦᠨ᠂ 525 ᠬᠦᠮᠦᠨ᠂ 2832 ᠬᠦᠮᠦᠨ᠂ 2016 ᠣᠨ ᠳ᠋ᠤ 4 ᠲᠡᠷᠮᠦᠮ᠂ 2.4 ᠲᠡᠷᠮᠦᠮ᠂ 6000 ᠬᠦᠮᠦᠨ᠂ 2016 ᠣᠨ ᠳ᠋ᠤ 700 ᠬᠦᠮᠦᠨ᠂ 1 ᠭᠠᠷᠤᠢ᠂ 23 ᠬᠦᠮᠦᠨ

ᠬᠦᠮᠦᠵᠢᠯ ᠦᠨ ᠬᠣᠲᠠ ᠶᠢᠨ ᠰᠤᠷᠭᠠᠭᠤᠯᠢ 》 ᠶᠢᠨ ᠨᠡᠷᠡ ᠶᠢ ᠣᠯᠭᠣᠭᠳᠠᠪᠠ᠂ ᠬᠣᠲᠠ ᠶᠢᠨ ᠰᠤᠷᠭᠠᠨ ᠬᠦᠮᠦᠵᠢᠯ ᠦᠨ ᠬᠥᠭᠵᠢᠯ ᠦᠨ ᠬᠠᠮᠲᠤ ᠪᠠᠶᠢᠭᠤᠯᠤᠯᠲᠠ ᠶᠢᠨ ᠵᠢᠷᠤᠮ ᠢ ᠲᠣᠭᠲᠠᠭᠠᠪᠠ᠃᠃ 《 ᠬᠣᠲᠠ ᠶᠢᠨ ᠰᠤᠷᠭᠠᠨ ᠬᠦᠮᠦᠵᠢᠯ ᠦᠨ ᠲᠥᠪ 》 ᠢ ᠬᠠᠮᠲᠤ ᠪᠠᠶᠢᠭᠤᠯᠬᠤ ᠳᠤ᠂ 《 421 》 ᠬᠡᠷᠡᠭ ᠦᠨ ᠰᠤᠷᠭᠠᠯᠲᠠ ᠪᠠᠶᠢᠭᠤᠯᠤᠯᠲᠠ ᠶᠢᠨ ᠬᠣᠲᠠ ᠶᠢᠨ ᠲᠥᠪ ᠦᠨ ᠨᠡᠢᠭᠡᠮ ᠦᠨ ᠬᠠᠮᠲᠤ ᠠᠵᠢᠯᠯᠠᠭ᠎ᠠ ᠶᠢ ᠪᠠᠶᠢᠭᠤᠯᠵᠤ᠂ 52 ᠮᠢᠩᠭ᠎ᠠ ᠨᠣᠮ ᠤᠨ ᠰᠠᠩ ᠤᠨ ᠪᠠᠶᠢᠭᠤᠯᠤᠯᠲᠠ ᠶᠢᠨ ᠬᠣᠷᠢᠶᠠᠯᠠᠩ ᠬᠦᠷᠢᠶᠡᠯᠡᠩ ᠦᠨ ᠪᠠᠶᠢᠭᠤᠯᠤᠯᠲᠠ ᠳᠤ ᠬᠣᠲᠠ ᠶᠢᠨ ᠪᠦᠬᠦ ᠨᠡᠢᠭᠡᠮ ᠦᠨ ᠬᠥᠭᠵᠢᠯ ᠢ ᠳᠡᠮᠵᠢᠪᠡ᠂ 5 ᠬᠣᠲᠠ ᠶᠢᠨ ᠰᠤᠷᠭᠠᠯᠲᠠ᠂ 11 ᠨᠡᠢᠭᠡᠮ ᠦᠨ ᠬᠣᠷᠢᠶᠠᠯᠠᠩ ᠤᠨ ᠪᠠᠶᠢᠭᠤᠯᠤᠯᠲᠠ᠂ ᠬᠣᠲᠠ ᠶᠢᠨ ᠮᠣᠩᠭᠣᠯ ᠦᠨᠳᠦᠰᠦᠲᠡᠨ ᠦ ᠰᠤᠷᠭᠠᠭᠤᠯᠢ ᠶᠢᠨ ᠬᠠᠮᠲᠤ ᠠᠵᠢᠯᠯᠠᠭ᠎ᠠ ᠶᠢ ᠬᠥᠭᠵᠢᠭᠦᠯᠬᠦ ᠶᠢᠨ ᠲᠤᠯᠠ ᠬᠣᠲᠠ ᠶᠢᠨ ᠲᠥᠪ ᠦᠨ ᠨᠡᠢᠭᠡᠮ ᠦᠨ᠂ LED ᠳᠡᠯᠭᠡᠴᠡ᠂ ᠬᠣᠲᠠ ᠶᠢᠨ ᠬᠦᠷᠢᠶᠡᠯᠡᠩ ᠦᠨ ᠰᠤᠷᠭᠠᠨ ᠬᠦᠮᠦᠵᠢᠯ ᠦᠨ 《 ᠰᠤᠷᠭᠠᠨ ᠬᠦᠮᠦᠵᠢᠯ ᠦᠨ ᠬᠣᠲᠠ 》 ᠶᠢᠨ ᠪᠠᠶᠢᠭᠤᠯᠤᠯᠲᠠ ᠶᠢ ᠬᠡᠷᠡᠭᠵᠢᠭᠦᠯᠪᠡ᠃᠃ ᠬᠣᠲᠠ ᠶᠢᠨ ᠨᠡᠢᠭᠡᠮ ᠦᠨ ᠪᠠᠶᠢᠳᠠᠯ ᠢ ᠰᠠᠢᠵᠢᠷᠠᠭᠤᠯᠬᠤ ᠶᠢᠨ ᠲᠤᠯᠠ ᠬᠣᠲᠠ ᠶᠢᠨ ᠮᠡᠳᠡᠯᠭᠡ ᠶᠢᠨ ᠪᠠᠶᠢᠭᠤᠯᠤᠯᠲᠠ ᠶᠢᠨ ᠬᠥᠭᠵᠢᠯ ᠢ ᠳᠡᠮᠵᠢᠨ ᠬᠠᠮᠲᠤ ᠠᠵᠢᠯᠯᠠᠪᠠ᠃᠃

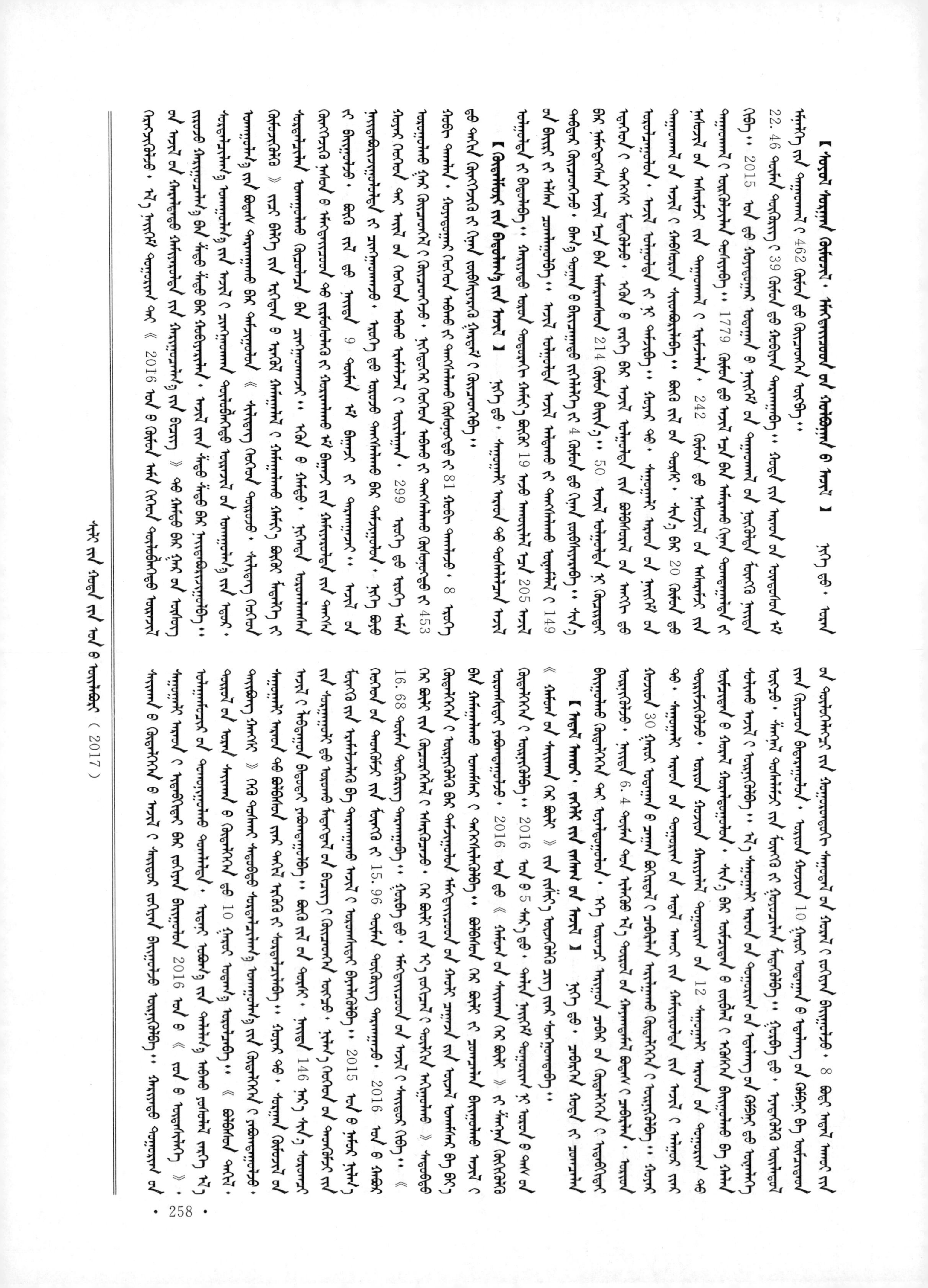

[illegible] 462 [illegible]
22.46 [illegible] 39 [illegible] 2015 [illegible] 1779 [illegible] 242 [illegible] 20 [illegible] 214 [illegible] 50 [illegible] 4 [illegible] 149 [illegible] 19 [illegible] 205 [illegible]

[illegible]

[illegible] 8 [illegible] 81 [illegible] 453 [illegible] 299 [illegible] 9 [illegible] 2016 [illegible]

[illegible] 8 [illegible] 10 [illegible] 12 [illegible] 30 [illegible] 6.4 [illegible]

[illegible]

[illegible] 2016 [illegible] 5 [illegible] 2016 [illegible] 16.68 [illegible] 15.96 [illegible] 2016 [illegible] 2015 [illegible] 146 [illegible] 10 [illegible] 2016 [illegible]

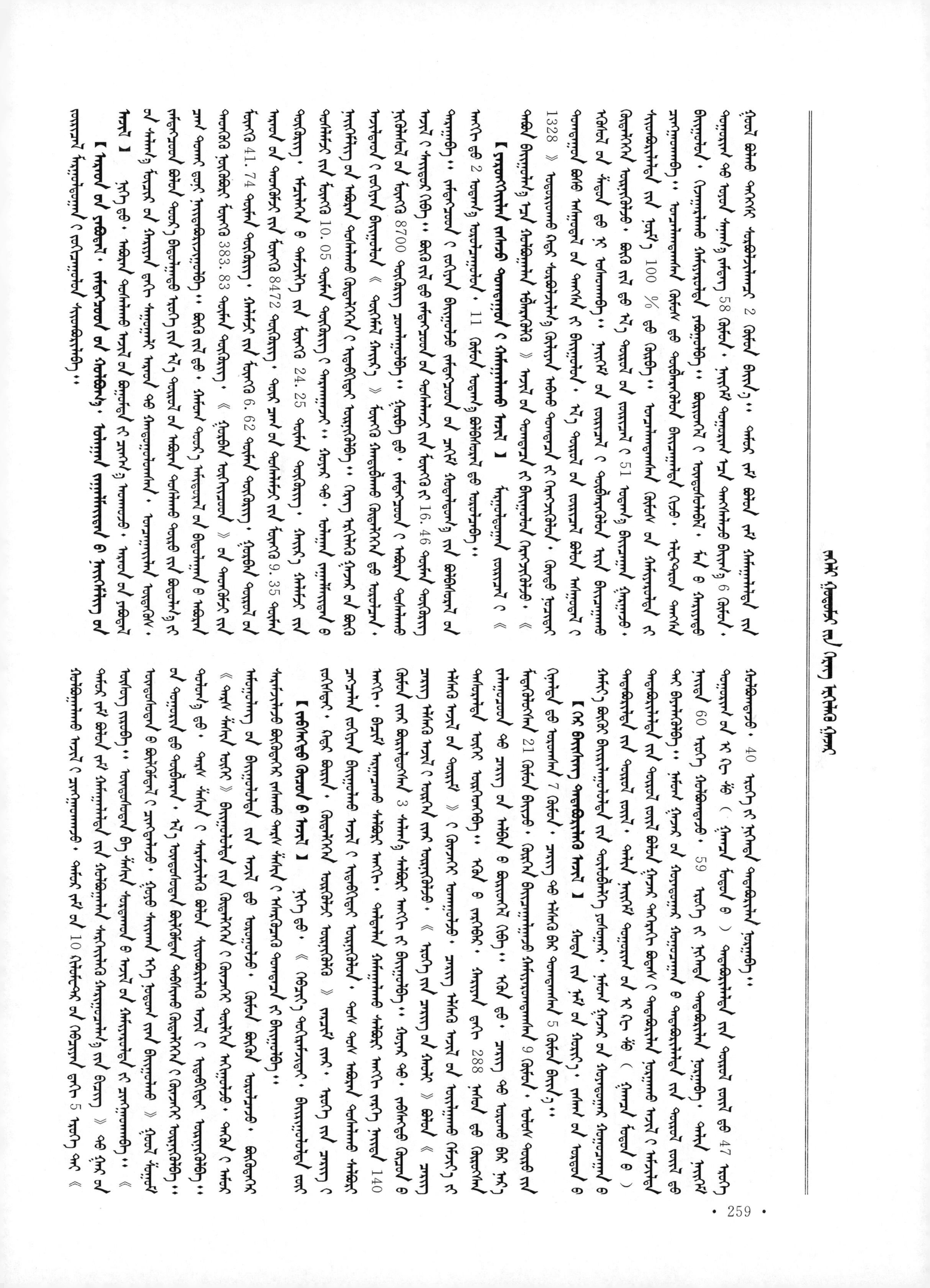

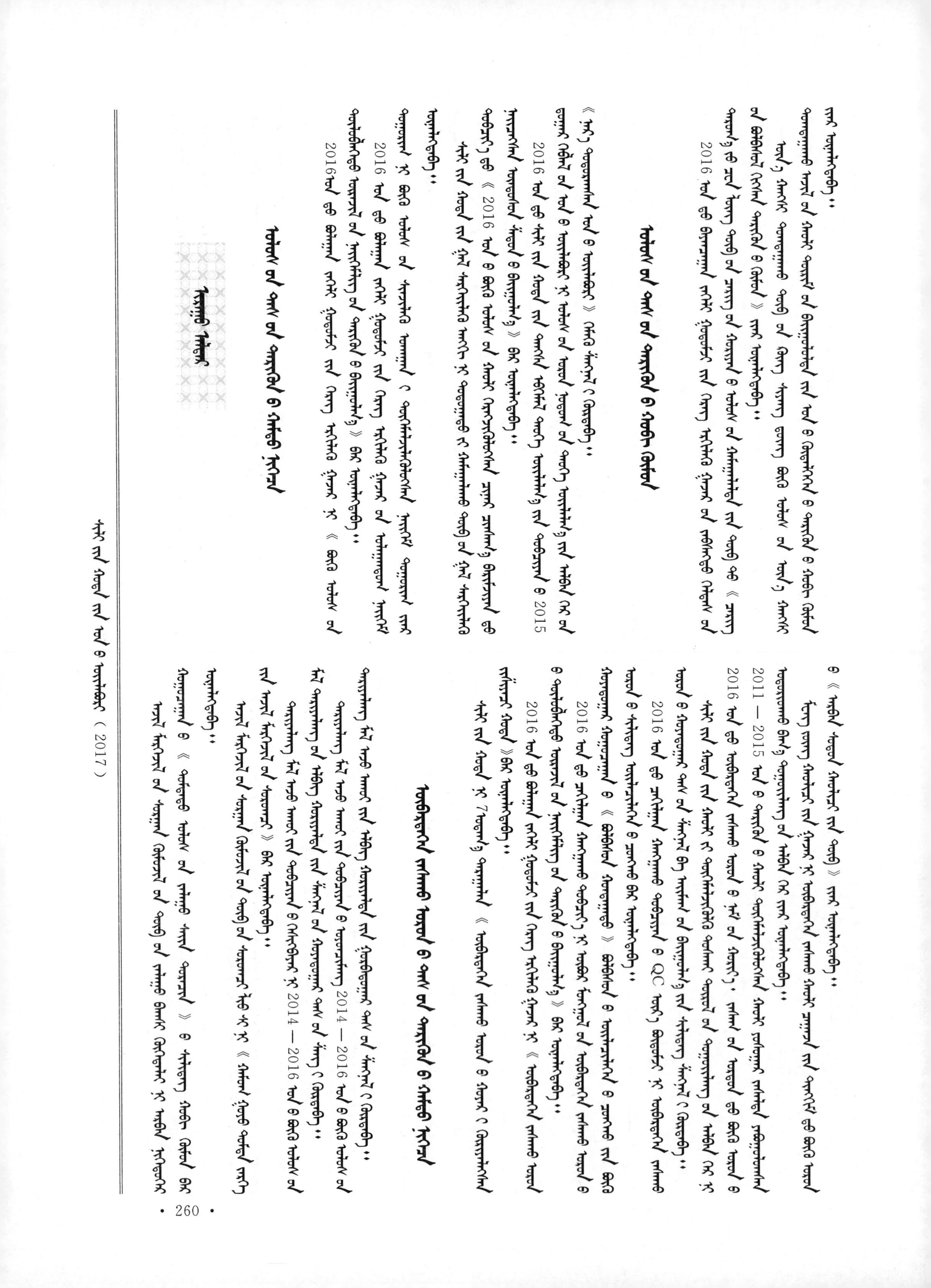

[illegible]
[illegible]
[illegible]
[illegible]
[illegible]
2016 [illegible]

## [illegible]

《 [illegible] 》 [illegible]
[illegible]
2016 [illegible] 2015
[illegible] 》 [illegible]
[illegible] 《 2016 [illegible]
[illegible]

[illegible]
2016 [illegible] 》 [illegible]
2016 [illegible] 《 [illegible]

## [illegible]

[illegible]

[illegible] 《 [illegible] 》 [illegible]
[illegible]
2011 — 2015 [illegible]
2016 [illegible]
[illegible]
2016 [illegible] QC [illegible]
[illegible] 《 [illegible] 》 [illegible]
2016 [illegible] 》 [illegible]
2016 [illegible] 《 [illegible] 》 [illegible]
[illegible] 7 [illegible] 《 [illegible]

## [illegible]

[illegible]
[illegible] 2014 — 2016 [illegible]
[illegible] 2014 — 2016 [illegible] 》 [illegible]
[illegible] 《 [illegible]
[illegible] 《 [illegible] 》 [illegible]

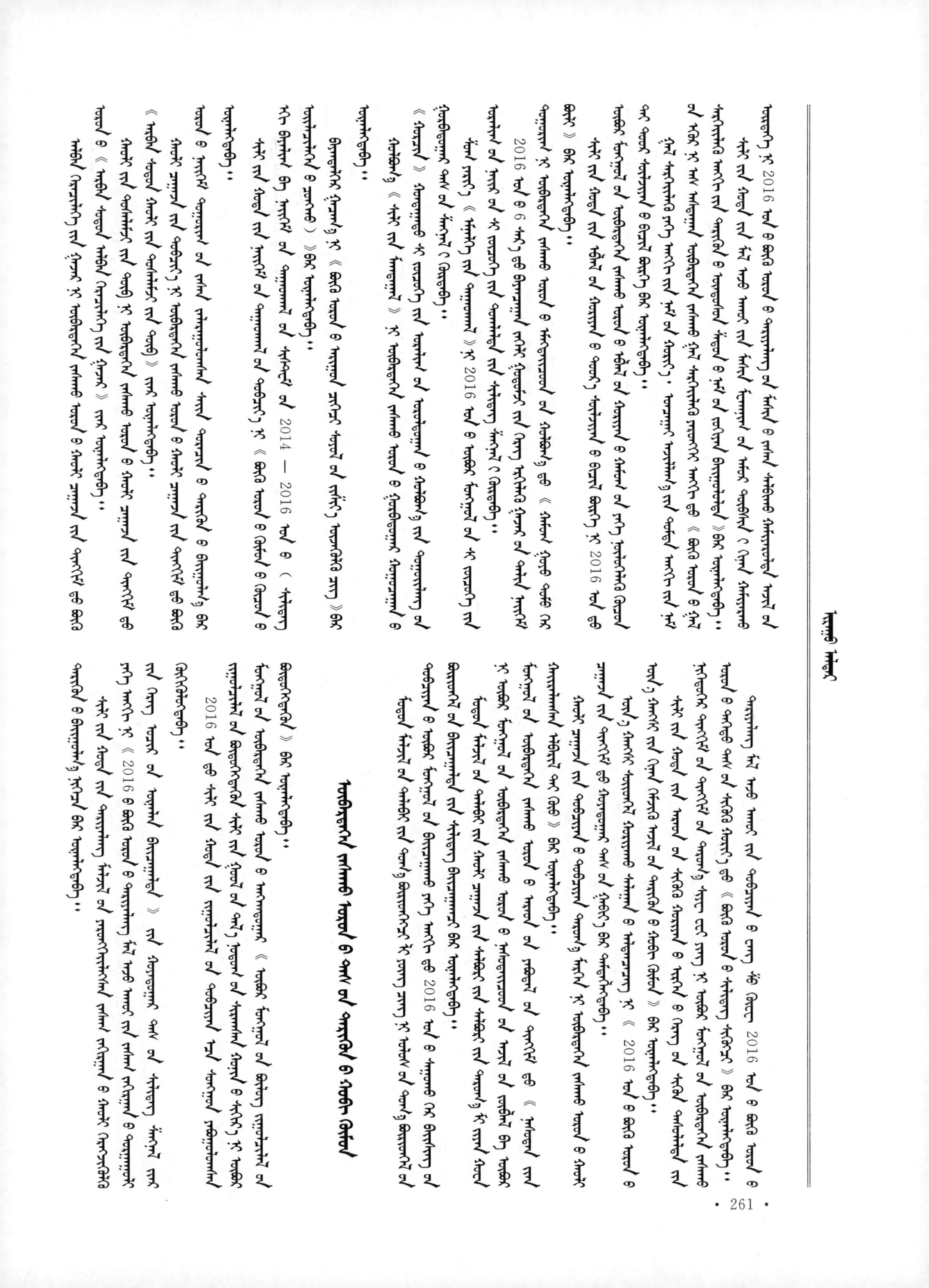

ᠪᠠᠷ ᠬᠡᠪᠯᠡᠭᠦᠯᠪᠡ ᠃

2016 ᠣᠨ ᠳᠤ ᠥᠪᠦᠷ ᠮᠣᠩᠭᠣᠯ ᠤᠨ ᠰᠣᠶᠣᠯ ᠤᠨ ᠬᠡᠪᠯᠡᠯ ᠦᠨ ᠬᠣᠷᠢᠶ᠎ᠠ ᠪᠠᠷ «ᠮᠣᠩᠭᠣᠯ ᠤ ᠪᠢᠴᠢᠭ ᠦᠨ» ᠬᠡᠪᠯᠡᠭᠦᠯᠪᠡ ᠃

ᠶᠢᠨ ᠠᠵᠢᠯ ᠲᠥᠷᠥ ᠶᠢᠨ ᠵᠠᠰᠠᠭ ᠤᠨ ᠣᠷᠣᠨ ᠤ 5.4 ᠶᠢᠨ ᠰᠤᠷᠭᠠᠭᠤᠯᠢ ᠶᠢᠨ ᠬᠣᠷᠢᠶ᠎ᠠ ᠳᠤ ᠮᠣᠩᠭᠣᠯ ᠶᠢᠨ ᠪᠣᠯᠪᠠ ᠃

ᠬᠡᠪᠯᠡᠯ ᠦᠨ ᠬᠣᠷᠢᠶ᠎ᠠ ᠪᠠᠷ «ᠠᠯᠠᠱᠠ ᠶᠢᠨ ᠠᠶᠢᠮᠠᠭ ᠤᠨ» ᠳᠤ ᠬᠡᠪᠯᠡᠭᠦᠯᠪᠡ
«2016 ᠣᠨ ᠤ ᠮᠣᠩᠭᠣᠯ ᠬᠡᠯᠡ ᠪᠢᠴᠢᠭ ᠦᠨ ᠠᠵᠢᠯ ᠤᠨ ᠪᠣᠯᠪᠠᠰᠤᠷᠠᠯ ᠤᠨ ᠬᠦᠮᠦᠵᠢᠯ
ᠠᠯᠠᠱᠠ ᠶᠢᠨ ᠠᠶᠢᠮᠠᠭ ᠤᠨ ᠮᠣᠩᠭᠣᠯ ᠬᠡᠯᠡ ᠪᠢᠴᠢᠭ ᠦᠨ ᠠᠵᠢᠯ ᠤᠨ ᠬᠣᠷᠢᠶ᠎ᠠ
ᠮᠣᠩᠭᠣᠯ ᠤ ᠪᠢᠴᠢᠭ ᠦᠨ» ᠪᠠᠷ ᠬᠡᠪᠯᠡᠭᠦᠯᠪᠡ ᠃

ᠬᠡᠪᠯᠡᠭᠦᠯᠪᠡ «2016 ᠣᠨ ᠤ ᠮᠣᠩᠭᠣᠯ ᠬᠡᠯᠡ ᠪᠢᠴᠢᠭ ᠦᠨ ᠠᠵᠢᠯ ᠤᠨ ᠲᠣᠪᠴᠢ ᠮᠡᠳᠡᠭᠡ ᠰᠤᠷᠭᠠᠭᠤᠯᠢ ᠶᠢᠨ ᠳᠤ
ᠠᠯᠠᠱᠠ ᠶᠢᠨ ᠠᠶᠢᠮᠠᠭ ᠤᠨ ᠮᠣᠩᠭᠣᠯ ᠬᠡᠯᠡ ᠪᠢᠴᠢᠭ ᠦᠨ ᠠᠵᠢᠯ ᠤᠨ ᠭᠠᠵᠠᠷ ᠤᠨ ᠰᠤᠷᠭᠠᠭᠤᠯᠢ
ᠬᠡᠯᠡ ᠪᠢᠴᠢᠭ ᠦᠨ ᠬᠣᠷᠢᠶ᠎ᠠ ᠮᠣᠩᠭᠣᠯ ᠤ ᠪᠢᠴᠢᠭ ᠦᠨ ᠲᠣᠭᠠᠴᠢᠭᠠ ᠵᠢᠯ ᠦᠨ ᠬᠤᠷᠢᠶᠠᠩᠭᠤᠢ ᠪᠣᠯᠪᠠ ᠃

ᠠᠯᠠᠱᠠ ᠶᠢᠨ ᠠᠶᠢᠮᠠᠭ ᠤᠨ ᠮᠣᠩᠭᠣᠯ ᠬᠡᠯᠡ ᠪᠢᠴᠢᠭ ᠦᠨ ᠬᠣᠷᠢᠶ᠎ᠠ 2016 ᠣᠨ ᠤ ᠮᠣᠩᠭᠣᠯ ᠬᠡᠯᠡ ᠪᠢᠴᠢᠭ ᠦᠨ ᠠᠵᠢᠯ ᠤᠨ
ᠮᠡᠳᠡᠭᠡ ᠶᠢᠨ ᠮᠣᠩᠭᠣᠯ ᠤ ᠳᠡᠪᠲᠡᠷ ᠪᠠᠷ ᠬᠡᠪᠯᠡᠭᠦᠯᠪᠡ ᠃

ᠤ ᠬᠣᠷᠢᠶ᠎ᠠ ᠳᠤ ᠮᠣᠩᠭᠣᠯ ᠪᠢᠴᠢᠭ ᠦᠨ ᠠᠵᠢᠯ ᠤᠨ ᠪᠠᠶᠢᠭᠤᠯᠤᠯᠭ᠎ᠠ ᠵᠢᠷᠤᠮ ᠤ ᠬᠣᠷᠢᠶ᠎ᠠ ᠳᠤ ᠲᠣᠭᠠᠴᠢᠭᠠ
2016 ᠣᠨ ᠤ 6 ᠰᠠᠷ᠎ᠠ ᠳᠤ ᠠᠯᠠᠱᠠ ᠶᠢᠨ ᠠᠶᠢᠮᠠᠭ ᠤᠨ ᠰᠤᠷᠭᠠᠭᠤᠯᠢ ᠶᠢᠨ ᠬᠡᠯᠡᠯᠴᠡᠭᠡ ᠲᠣᠭᠠᠴᠢᠭᠠ ᠳᠤ ᠬᠣᠷᠢᠶᠠᠩᠭᠤᠢ
ᠰᠤᠷᠭᠠᠯ» ᠪᠠᠷ ᠬᠡᠪᠯᠡᠭᠦᠯᠪᠡ ᠃

ᠬᠣᠲᠠ ᠰᠤᠷᠭᠠᠯ ᠶᠢᠨ ᠰᠤᠷᠭᠠᠭᠤᠯᠢ ᠪᠣᠯᠤᠨ ᠪᠠᠶᠢᠭᠤᠯᠤᠯᠭ᠎ᠠ ᠶᠢᠨ ᠪᠠᠶᠢᠭᠤᠯᠤᠯᠭ᠎ᠠ ᠶᠢᠨ ᠬᠤᠷᠠᠯ ᠪᠠᠶᠢᠭᠤᠯᠤᠯᠭ᠎ᠠ ᠬᠣᠲᠠ
ᠠᠵᠢᠯ ᠤᠨ ᠳᠡᠭᠡᠳᠦ ᠰᠤᠷᠭᠠᠯ ᠶᠢᠨ ᠠᠵᠢᠯ ᠤᠨ ᠬᠣᠲᠠ ᠰᠤᠷᠭᠠᠯ ᠳᠤ «ᠮᠣᠩᠭᠣᠯ ᠬᠡᠯᠡ ᠪᠢᠴᠢᠭ ᠦᠨ ᠠᠵᠢᠯ ᠤᠨ ᠲᠣᠭᠠᠴᠢᠭᠠ ᠪᠠᠶᠢᠳᠠᠯ ᠤ
ᠠᠯᠠᠱᠠ ᠶᠢᠨ ᠠᠶᠢᠮᠠᠭ ᠤᠨ ᠠᠵᠢᠯ ᠤᠨ ᠬᠣᠲᠠ ᠰᠤᠷᠭᠠᠯ 2016 ᠣᠨ ᠤ 3 ᠰᠠᠷ᠎ᠠ ᠳᠤ ᠠᠯᠠᠱᠠ ᠶᠢᠨ ᠬᠣᠰᠢᠭᠤ
ᠪᠠᠷ ᠬᠡᠪᠯᠡᠭᠦᠯᠪᠡ ᠃

ᠮᠣᠩᠭᠣᠯ ᠪᠢᠴᠢᠭ ᠦᠨ ᠠᠵᠢᠯ ᠤᠨ ᠬᠡᠯᠡᠯᠴᠡᠭᠡ ᠶᠢᠨ ᠰᠤᠷᠭᠠᠭᠤᠯᠢ ᠳᠤ «ᠮᠣᠩᠭᠣᠯ ᠬᠡᠯᠡ ᠪᠢᠴᠢᠭ ᠦᠨ ᠰᠤᠷᠭᠠᠯ ᠮᠡᠳᠡᠭᠡ»
2016 ᠣᠨ ᠤ 3 ᠰᠠᠷ᠎ᠠ ᠳᠤ ᠪᠦᠬᠦ ᠨᠡᠶᠢᠲᠡ ᠶᠢᠨ ᠬᠤᠷᠠᠯ ᠶᠢᠨ ᠭᠠᠵᠠᠷ ᠬᠣᠲᠠ ᠶᠢᠨ ᠳᠤ ᠮᠣᠩᠭᠣᠯ ᠬᠡᠯᠡ

## ᠮᠣᠩᠭᠣᠯ ᠬᠡᠯᠡ ᠪᠢᠴᠢᠭ ᠦᠨ ᠰᠤᠷᠭᠠᠯ ᠮᠡᠳᠡᠭᠡ

ᠮᠣᠩᠭᠣᠯ ᠬᠡᠯᠡ ᠪᠢᠴᠢᠭ ᠦᠨ ᠰᠤᠷᠭᠠᠭᠤᠯᠢ ᠶᠢᠨ ᠬᠣᠷᠢᠶ᠎ᠠ ᠳᠤ ᠮᠣᠩᠭᠣᠯ ᠤ ᠰᠤᠷᠭᠠᠯ ᠳᠡᠪᠲᠡᠷ ᠢ ᠬᠡᠪᠯᠡᠭᠦᠯᠪᠡ ᠃

ᠪᠣᠯᠪᠠ ᠃

ᠰᠤᠷᠭᠠᠭᠤᠯᠢ» ᠬᠡᠯᠡ ᠪᠢᠴᠢᠭ ᠦᠨ ᠬᠡᠪᠯᠡᠭᠦᠯᠬᠦ ᠶᠢᠨ ᠮᠡᠳᠡᠭᠡ ᠲᠣᠭᠠᠴᠢᠭᠠ ᠶᠢᠨ ᠬᠡᠪᠯᠡᠯ ᠦᠨ ᠬᠣᠷᠢᠶ᠎ᠠ
ᠤᠨ ᠳᠡᠪᠲᠡᠷ ᠤ ᠳᠡᠪᠲᠡᠷ ᠪᠣᠯ ᠶᠢᠨ ᠳᠡᠪᠲᠡᠷ ᠤᠨ ᠰᠤᠷᠭᠠᠯ ᠤᠨ ᠰᠤᠷᠭᠠᠭᠤᠯᠢ ᠰᠤᠷᠭᠠᠭᠤᠯᠢ ᠶᠢᠨ «ᠮᠣᠩᠭᠣᠯ
2016 ᠣᠨ ᠳᠤ ᠳᠡᠪᠲᠡᠷ ᠤ ᠳᠡᠪᠲᠡᠷ ᠤ ᠶᠢᠨ ᠳᠡᠪᠲᠡᠷ ᠪᠣᠯ ᠮᠣᠩᠭᠣᠯ ᠤᠨ ᠰᠤᠷᠭᠠᠭᠤᠯᠢ ᠶᠢᠨ ᠬᠡᠪᠯᠡᠭᠦᠯᠬᠦ ᠶᠢᠨ ᠠᠵᠢᠯ
ᠠᠵᠢᠯ ᠤᠨ ᠮᠣᠩᠭᠣᠯ ᠤ ᠪᠢᠴᠢᠭ ᠦᠨ ᠮᠡᠳᠡᠭᠡ ᠪᠠᠷ ᠬᠡᠪᠯᠡᠭᠦᠯᠪᠡ ᠃

2016 ᠣᠨ ᠳᠤ ᠳᠡᠪᠲᠡᠷ ᠤ ᠳᠡᠪᠲᠡᠷ ᠤ ᠶᠢᠨ ᠳᠡᠪᠲᠡᠷ ᠪᠣᠯ ᠮᠣᠩᠭᠣᠯ ᠤᠨ ᠰᠤᠷᠭᠠᠭᠤᠯᠢ ᠶᠢᠨ ᠬᠡᠪᠯᠡᠭᠦᠯᠬᠦ ᠶᠢᠨ ᠮᠣᠩᠭᠣᠯ
ᠶᠢᠨ ᠮᠣᠩᠭᠣᠯ ᠤ ᠪᠢᠴᠢᠭ ᠦᠨ» ᠪᠠᠷ ᠬᠡᠪᠯᠡᠭᠦᠯᠪᠡ ᠃

ᠬᠡᠪᠯᠡᠭᠦᠯᠦᠨ ᠳᠤ «ᠰᠤᠷᠭᠠᠯ ᠨᠣᠮ ᠶᠢᠨ ᠪᠢᠴᠢᠭ ᠤᠨ ᠮᠣᠩᠭᠣᠯ ᠤ ᠬᠡᠯᠡ ᠶᠢᠨ ᠬᠡᠯᠡ ᠪᠠᠶᠢᠭᠤᠯᠤᠯᠭ᠎ᠠ ᠰᠤᠷᠭᠠᠭᠤᠯᠢ ᠶᠢᠨ ᠰᠤᠷᠭᠠᠭᠤᠯᠢ
ᠰᠤᠷᠭᠠᠯ ᠨᠣᠮ ᠶᠢᠨ ᠪᠢᠴᠢᠭ ᠤᠨ ᠬᠡᠪᠯᠡᠭᠦᠯᠦᠨ ᠳᠤ 5 ᠶᠢᠨ ᠮᠣᠩᠭᠣᠯ ᠠᠯᠠᠱᠠ ᠶᠢᠨ ᠨᠣᠮ ᠠᠵᠢᠯ ᠤᠨ ᠰᠤᠷᠭᠠᠯ ᠨᠣᠮ ᠶᠢᠨ
ᠰᠤᠷᠭᠠᠯ ᠪᠠᠷ ᠬᠡᠪᠯᠡᠭᠦᠯᠪᠡ ᠃

2015» ᠣᠨ ᠤ ᠮᠣᠩᠭᠣᠯ ᠬᠡᠯᠡ ᠪᠢᠴᠢᠭ ᠦᠨ ᠰᠤᠷᠭᠠᠯ ᠪᠠᠶᠢᠭᠤᠯᠤᠯᠭ᠎ᠠ ᠰᠤᠷᠭᠠᠯ ᠬᠡᠯᠡᠯᠴᠡᠭᠡ ᠪᠠᠶᠢᠭᠤᠯᠤᠯᠭ᠎ᠠ ᠮᠣᠩᠭᠣᠯ ᠤ
ᠠᠯᠠᠱᠠ ᠶᠢᠨ ᠰᠤᠷᠭᠠᠯ ᠳᠤ ᠠᠵᠢᠯ ᠤᠨ ᠬᠡᠯᠡ ᠶᠢᠨ ᠰᠤᠷᠭᠠᠯ ᠂ ᠠᠵᠢᠯ ᠤᠨ ᠬᠦᠮᠦᠵᠢᠯ ᠳᠤ «2011～
ᠬᠣᠲᠠ ᠶᠢᠨ ᠮᠣᠩᠭᠣᠯ ᠤ ᠳᠡᠪᠲᠡᠷ» ᠪᠠᠷ ᠬᠡᠪᠯᠡᠭᠦᠯᠪᠡ ᠃

«2016 ᠣᠨ ᠤ ᠮᠣᠩᠭᠣᠯ ᠬᠡᠯᠡ ᠪᠢᠴᠢᠭ ᠦᠨ ᠰᠤᠷᠭᠠᠭᠤᠯᠢ ᠶᠢᠨ ᠪᠠᠶᠢᠭᠤᠯᠤᠯᠭ᠎ᠠ ᠶᠢᠨ ᠨᠣᠮ ᠬᠡᠯᠡ ᠶᠢᠨ
ᠬᠡᠯᠡ ᠪᠢᠴᠢᠭ ᠦᠨ ᠰᠤᠷᠭᠠᠭᠤᠯᠢ ᠶᠢᠨ ᠰᠤᠷᠭᠠᠯ ᠤᠨ ᠰᠤᠷᠭᠠᠭᠤᠯᠢ ᠶᠢᠨ ᠪᠠᠶᠢᠭᠤᠯᠤᠯᠭ᠎ᠠ ᠮᠣᠩᠭᠣᠯ ᠤ ᠳᠡᠪᠲᠡᠷ» ᠪᠣᠯ
ᠠᠯᠠᠱᠠ ᠶᠢᠨ ᠠᠶᠢᠮᠠᠭ ᠤᠨ ᠬᠡᠯᠡ ᠪᠢᠴᠢᠭ ᠦᠨ ᠰᠤᠷᠭᠠᠭᠤᠯᠢ ᠶᠢᠨ ᠬᠡᠪᠯᠡᠭᠦᠯᠦᠨ ᠳᠤ «2016 ᠣᠨ ᠤ ᠮᠣᠩᠭᠣᠯ ᠬᠡᠯᠡ ᠪᠢᠴᠢᠭ ᠦᠨ
ᠪᠣᠯ «ᠬᠡᠯᠡ ᠪᠢᠴᠢᠭ ᠦᠨ ᠰᠤᠷᠭᠠᠭᠤᠯᠢ ᠶᠢᠨ ᠮᠣᠩᠭᠣᠯ ᠤ ᠪᠢᠴᠢᠭ ᠦᠨ» ᠪᠠᠷ ᠬᠡᠪᠯᠡᠭᠦᠯᠪᠡ ᠃

ᠠᠯᠠᠱᠠ ᠶᠢᠨ ᠠᠶᠢᠮᠠᠭ ᠤᠨ ᠰᠤᠷᠭᠠᠭᠤᠯᠢ ᠶᠢᠨ ᠠᠯᠠᠱᠠ ᠶᠢᠨ ᠮᠣᠩᠭᠣᠯ ᠬᠡᠯᠡ ᠪᠢᠴᠢᠭ ᠦᠨ ᠬᠣᠷᠢᠶ᠎ᠠ ᠶᠢᠨ ᠰᠤᠷᠭᠠᠭᠤᠯᠢ ᠶᠢᠨ ᠪᠠᠶᠢᠭᠤᠯᠤᠯᠭ᠎ᠠ
ᠪᠣᠯ «ᠰᠤᠷᠭᠠᠯ ᠤᠨ ᠰᠤᠷᠭᠠᠭᠤᠯᠢ ᠶᠢᠨ ᠮᠣᠩᠭᠣᠯ ᠤ ᠪᠢᠴᠢᠭ ᠦᠨ» ᠪᠠᠷ ᠬᠡᠪᠯᠡᠭᠦᠯᠪᠡ ᠃

ᠠᠯᠠᠱᠠ ᠶᠢᠨ ᠠᠶᠢᠮᠠᠭ ᠤᠨ ᠰᠤᠷᠭᠠᠭᠤᠯᠢ ᠶᠢᠨ ᠠᠯᠠᠱᠠ ᠶᠢᠨ ᠮᠣᠩᠭᠣᠯ ᠬᠡᠯᠡ ᠪᠢᠴᠢᠭ ᠦᠨ ᠬᠣᠷᠢᠶ᠎ᠠ ᠶᠢᠨ ᠰᠤᠷᠭᠠᠭᠤᠯᠢ ᠶᠢᠨ ᠪᠠᠶᠢᠭᠤᠯᠤᠯᠭ᠎ᠠ
ᠪᠣᠯ «ᠮᠣᠩᠭᠣᠯ ᠤ ᠰᠤᠷᠭᠠᠭᠤᠯᠢ ᠶᠢᠨ ᠳᠡᠪᠲᠡᠷ» ᠪᠠᠷ ᠬᠡᠪᠯᠡᠭᠦᠯᠪᠡ ᠃

ᠠᠯᠠᠱᠠ ᠶᠢᠨ ᠠᠶᠢᠮᠠᠭ ᠤᠨ ᠰᠤᠷᠭᠠᠭᠤᠯᠢ ᠶᠢᠨ ᠠᠯᠠᠱᠠ ᠶᠢᠨ ᠮᠣᠩᠭᠣᠯ ᠬᠡᠯᠡ ᠪᠢᠴᠢᠭ ᠦᠨ ᠬᠣᠷᠢᠶ᠎ᠠ ᠶᠢᠨ ᠰᠤᠷᠭᠠᠭᠤᠯᠢ ᠶᠢᠨ ᠪᠠᠶᠢᠭᠤᠯᠤᠯᠭ᠎ᠠ
ᠮᠡᠳᠡᠭᠡ ᠰᠤᠷᠭᠠᠭᠤᠯᠢ ᠶᠢᠨ ᠬᠤᠷᠢᠶᠠᠩᠭᠤᠢ ᠪᠣᠯᠪᠠ ᠃

2016 ᠣᠨ ᠳᠤ ᠥᠪᠦᠷ ᠮᠣᠩᠭᠣᠯ ᠤᠨ ᠰᠣᠶᠣᠯ ᠤᠨ ᠬᠡᠪᠯᠡᠯ ᠦᠨ A ᠵᠡᠷᠭᠡ ᠶᠢᠨ ᠰᠤᠷᠭᠠᠭᠤᠯᠢ ᠬᠡᠯᠡᠯᠴᠡᠭᠡ ᠳᠤ ᠠᠵᠢᠯ ᠤᠨ
«ᠬᠣᠲᠠ ᠮᠣᠷᠢ ᠰᠤᠷᠭᠠᠭᠤᠯᠢ ᠶᠢᠨ ᠬᠡᠯᠡᠯᠴᠡᠭᠡ ᠪᠠᠶᠢᠭᠤᠯᠤᠯᠭ᠎ᠠ ᠶᠢᠨ ᠳᠡᠪᠲᠡᠷ» ᠪᠠᠷ ᠬᠡᠪᠯᠡᠭᠦᠯᠪᠡ ᠃

2016 ᠣᠨ ᠳᠤ ᠥᠪᠦᠷ ᠮᠣᠩᠭᠣᠯ ᠤᠨ ᠰᠣᠶᠣᠯ ᠤᠨ ᠬᠡᠪᠯᠡᠯ ᠦᠨ ᠰᠠᠷ᠎ᠠ ᠪᠣᠯᠤᠨ ᠳᠤ ᠰᠤᠷᠭᠠᠭᠤᠯᠢ ᠬᠡᠪᠯᠡᠭᠦᠯᠦᠨ ᠳᠤ
ᠪᠠᠶᠢᠭᠤᠯᠤᠯᠭ᠎ᠠ ᠶᠢᠨ ᠮᠡᠳᠡᠭᠡ ᠵᠢᠯ ᠦᠨ ᠬᠤᠷᠢᠶᠠᠩᠭᠤᠢ ᠪᠣᠯᠪᠠ ᠃

2016 ᠣᠨ ᠳᠤ ᠥᠪᠦᠷ ᠮᠣᠩᠭᠣᠯ ᠤᠨ ᠰᠣᠶᠣᠯ ᠤᠨ ᠬᠡᠪᠯᠡᠯ ᠦᠨ ᠬᠡᠪᠯᠡᠭᠦᠯᠦᠨ ᠳᠤ «ᠣᠨ ᠤ ᠰᠤᠷᠭᠠᠭᠤᠯᠢ» ᠬᠣᠲᠠ ᠰᠤᠷᠭᠠᠯ ᠤ

[illegible] 》 [illegible]᠃᠃

[illegible] 《 [illegible] 》 [illegible]

[illegible]᠃᠃

[illegible] · [illegible] 》 · 《 [illegible] 》 [illegible] · [illegible] 《 [illegible]᠃᠃ 《 [illegible] 》 [illegible]

[illegible] 《 [illegible] 》 [illegible] 》 [illegible]᠃᠃

[illegible] 《 [illegible] 》 [illegible]᠃᠃

[illegible] 《 [illegible] 》 [illegible]᠃᠃

[illegible] 《 [illegible] 》 [illegible]᠃᠃

[illegible] 《 [illegible] 》 [illegible] 《 [illegible] 》 [illegible]᠃᠃

[illegible] 》 [illegible]᠃᠃

[illegible] 《 2016 ᠣᠨ ᠤ [illegible]᠃᠃

[illegible] 《 [illegible] 》 [illegible]

2016 ᠣᠨ ᠤ [illegible]

[illegible]᠃᠃

2016 ᠣᠨ ᠤ 9 ᠰᠠᠷ᠎ᠠ ᠳᠤ [illegible]᠃᠃

2016 ᠣᠨ ᠤ 7 ᠰᠠᠷ᠎ᠠ ᠳᠤ [illegible]᠃᠃

2016 ᠣᠨ ᠤ 6 ᠰᠠᠷ᠎ᠠ ᠳᠤ [illegible]᠃᠃

[illegible] 《 [illegible] 》 [illegible]

2016 ᠣᠨ ᠤ 3 ᠰᠠᠷ᠎ᠠ ᠳᠤ [illegible] 《 [illegible] 》 [illegible]᠃᠃

[illegible]

2016 ᠣᠨ ᠤ 3 ᠰᠠᠷ᠎ᠠ ᠳᠤ [illegible] 》 [illegible]᠃᠃

[illegible] 《 [illegible]

2016 ᠣᠨ ᠤ 3 ᠰᠠᠷ᠎ᠠ ᠳᠤ [illegible]᠃᠃

[illegible]

2016 ᠣᠨ ᠤ 3 ᠰᠠᠷ᠎ᠠ ᠳᠤ [illegible]

## [illegible]

[illegible]᠃᠃

[illegible] 2016 ᠣᠨ ᠤ [illegible] 》 [illegible]᠃᠃

[illegible] 《 [illegible]᠃᠃

2016 ᠣᠨ ᠤ [illegible]᠂

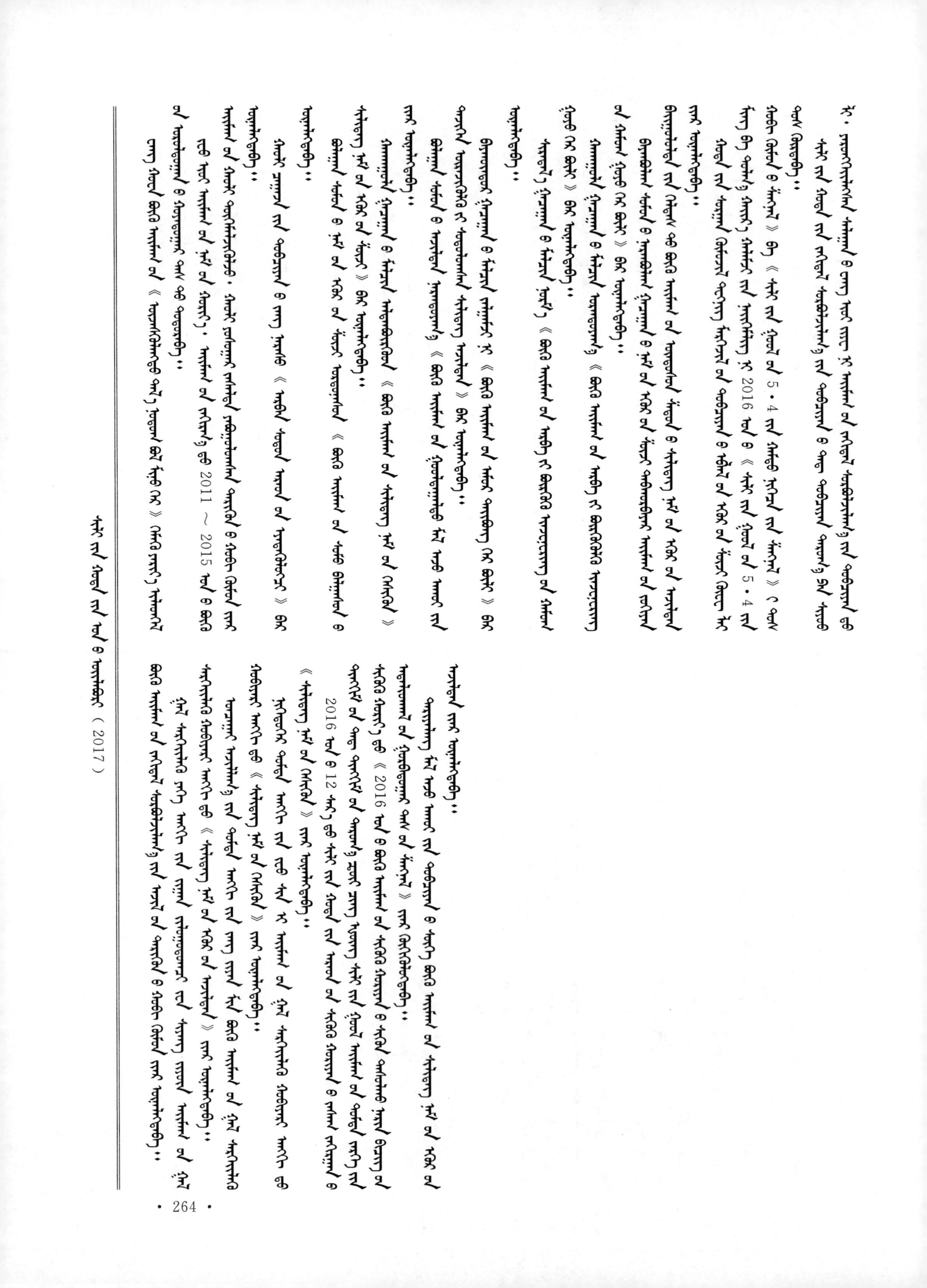

[illegible]

[illegible] 》 [illegible] 《 [illegible] 5 · 4 [illegible] 》 [illegible] 2016 [illegible] 《 [illegible] 5 · 4 [illegible]

[illegible]

[illegible]

[illegible] 《 [illegible] 》 [illegible]

[illegible] 《 [illegible] 》 [illegible]

[illegible] 《 [illegible] 》 [illegible]

[illegible] 《 [illegible] 》 [illegible]

[illegible] 《 [illegible] 》 [illegible]

[illegible] 《 [illegible] 》 [illegible]

[illegible] 《 [illegible] 》 [illegible]

[illegible] 2011 ～ 2015 [illegible]

[illegible] 《 [illegible] 》 [illegible]

[illegible]

[illegible] 《 2016 [illegible] 2016 [illegible] 12 [illegible] 《 [illegible] 》 [illegible]

[illegible] 《 [illegible] 》 [illegible]

[illegible] 《 [illegible] 》 [illegible]

[illegible]

# 特　载

XI LIN HAO TE NIAN JIAN

## 政府工作报告

**“十二五”时期和2015年工作回顾**　“十二五”时期是锡林浩特市发展进程中极不平凡的五年。五年来,面对经济下行压力和各种复杂因素的考验,全市各族干部群众凝心聚力、开拓创新,谋大事、解难事、办实事,推动经济社会发展和各项事业取得丰硕成果,奠定了锡林浩特市全面建成小康社会的坚实基础。

**经济持续健康发展,综合实力大幅提升**　克服宏观经济环境持续低迷的不利影响,进一步调整完善工作思路,创新工作举措,推动经济发展取得新成效。2015年地区生产总值完成210.2亿元,年均增长10.1%,人均生产总值1.3万美元。公共财政预算收入完成26.5亿元,是2010年的2.4倍,年均增长19.6%。

**经济结构不断优化,转型升级成效明显**　三次产业结构由2010年的4.7∶66.1∶29.2演进为7.6∶50.2∶42.2,多元发展、多极支撑的产业格局初步形成。畜牧业基础进一步巩固。五年累计投入涉农涉牧资金51.3亿元,建成规模化养殖场44处,培育产业化龙头企业31家,发展牧民合作组织240家,年均加工活畜270万羊单位,推行全产业链可追溯羊25万只。工业结构持续优化。累计实施工业重点项目36项,产值超亿元企业达到33户,净增10户,工业增加值达到89.6亿元,年均增长11.4%。煤、电、油、肉等优势特色产业巩固发展,装备制造、高新技术、新能源等非资源型产业和战略性新兴产业培育壮大。累计投入4.6亿元配套完善园区基础设施。现代服务业繁荣活跃。2015年社会消费品零售总额完成57.2亿元,年均增长13.6%。草原旅游持续升温,“十二五”期间实现旅游收入190亿元。电子商务、物流快递等新兴业态发展迅速,金融机构存贷款余额分别达到249.5亿元、285.1亿元,盟府中心城市的集聚吸纳、辐射带动作用和服务功能明显增强。现代物流园区成为全区服务业改革创新试点,晋升为自治区级物流园区。

**基础设施不断完善,城乡面貌明显改观**　五年累计完成固定资产投资731亿元,先后实施了一批打基础、利长远、惠民生的重大项目。新增输变电线路2050公里、光缆2130公里,网络覆盖率超过90%。锡多铁路、锡乌铁路、锡张高速建成通车,铁路运营总里程达到376公里,新增159公里。开通运营航线6条,累计完成旅客吞吐量195万人次、货运吞吐量8335吨,较“十一五”分别增长5.8倍和24.1倍。

**城市综合承载能力显著提升**　财政累计投入资金60多亿元,带动社会投资156亿元,较“十一五”期间分别增长37.6%和46%。城市建成区面积由37.5平方公里拓展到45平方公里。新改建城市三水、供热、燃气等管线321公里,改造老旧小区34.5万平方米,新增供热能力800万平方米,人均道路面积、公园绿地面积、绿化覆盖率分别达到33.9平方米、16.3平方米和35.7%,较“十一五”末分别提高8.4平方米、8平方米和5.5个百分点,人居环境明显改善。实施了绕城水系、街景改造、夜景亮化、锡林郭勒体育中心、动植物科技园、锡林湖景观带、U型城防林等一批精品工程,城市品位大幅提升。推行城市管理综合执法工作,集中整治市容市貌,建成自治区首批数字化城市管理指挥中心和监控系统,生活垃圾无害化处理率始终保持在100%,荣获自治区级“文明城市、卫生城市、园林城市”称号。

**牧区生产生活条件明显改善** 五年来,累计新建牧区公路513公里,改造牧区危旧房5517套,实施“一事一议”、农业综合开发、现代肉羊等财政奖补项目155个,解决了2万余人饮水安全问题,基本消除了牧区无电户。建成暖棚、畜圈、储草棚等236万平方米,实现了大型抗灾储草基地全覆盖。深入推进“十个全覆盖”工程,完成投资9亿元,牧区公共服务水平大幅提升。

**生态环境持续好转**五年来,累计投入生态建设资金35亿元,完成生态治理工程86万亩,实施草原生态保护补奖机制2027万亩,被评为“国家京津风沙源治理工程先进集体”。完成地质环境恢复治理10平方公里、矿山排土场治理15平方公里,全市森林覆盖率、草原植被盖度分别达到5.47%和42%。开展饮用水水源地保护及污染防治工作,实现空气质量自动监测,万元生产总值能耗累计下降16%,节能减排任务顺利完成。

**民生保障显著增强,社会事业协调发展** 市财政累计投入民生领域资金79亿元,是“十一五”时期的3.76倍,一系列民生实事有效落实。城乡常住居民人均可支配收入由21362元和9527元增加到36472元和20世界635元,年均增长11.3%和16.7%。五年累计新增城镇就业2.25万人,城镇登记失业率控制在3.33%以内,被评为“自治区级创业型旗县”。社会保障体系更加健全,参保人数达到11.3万人,各项社会保险待遇大幅提高。新建锡林颐和苑、爱祺乐等养老机构,开设“12349”社区综合服务中心,发放各类保障救助资金2.3亿元,低保标准年均提高14%。投入资金13.7亿元,新改建中小学校及幼儿园30所,新增校舍面积20.7万平方米,教育质量显著提升。投资4.2亿元新建新区医院,新改扩建66所基层医疗卫生服务机构,实施牧民免费体检3万人次,发放健康小药箱5000个,城乡医疗卫生服务水平进一步提高。群众文化体育事业蓬勃发展,推出全国首创大型马文化综艺演出《千古马颂》。投入资金2亿余元,规范提升了全市物业管理水平,优化了市民公共出行环境,改善了城市饮用水水质。投入扶贫资金7.2亿元,减少贫困人口1529人,发放困难家庭燃煤补贴580万元。完成棚改拆迁182万平方米,开工建设返迁楼18507套、公租房960套,改善了居住条件。

**社会管理水平全面提升** 投资5000万元,全市社区阵地建设基本达标。加大社会矛盾排查调处力度,畅通群众信访渠道。扎实开展平安创建活动,圆满完成国家、自治区领导视察,重大活动安全保卫工作。妥善处置了各类应急事件和自然灾害,未发生重特大安全生产事故。成功再创“全国双拥模范城”。食品药品安全监管力度不断加大,统计审计、工商物价、民族宗教、档案史志、妇女儿童、残疾扶助等各项工作均取得新成绩。

**改革开放扎实推进,发展环境更趋优化** 实施改革事项164项,形成成果130个。新一轮政府机构改革顺利完成,政府职能转变成效显著。生态文明、财税金融、文化教育、医疗卫生、养老服务等领域改革取得积极进展。围绕规范行政行为、严肃财经纪律等方面,制定出台近30项制度措施,提升了政府工作法治化水平,被国家普法办授予“全国法治县(市区)创建活动先进单位”称号。加强对外往来,与蒙古国罕乌拉区、乔巴山市建立友好城市。积极开展项目对接,累计引进区内外资金537亿元,是“十一五”的2倍,年均增长13.8%。争取各类资金105.4亿元,确保各项重点工作顺利推进。

2015年是“十二五”的收官之年。一年来,锡林浩特市主动适应经济发展新常态,着力稳增长、促转型、抓改革、惠民生,顺利完成各项目标任务,为“十二五”画上圆满句号。地区生产总值增长7.5%。全社会固定资产投资增长12.5%。公共财政预算收入增长7.8%。社会消费品零售总额增长7.7%。城乡常住居民人均可支配收入增长9%、8.4%。三次产业协调发展。加强经济运行调度,认真落实稳增长、调结构的各项政策措施,经济运行总体呈现稳中有进、稳中向好态势。规模以上工业企业开复工率超过95%,实现产值170亿元。装备制造业快速发展,拉动工业经济增长4个百分点。电源基地项目取得重大进展,锡林郭勒盟至山东济南特高压和神华、大唐、北方电力、蒙能4个坑口电厂开工建设,锡林郭勒盟至江苏泰州特高压获得核准。大庄园畜产品精深加工项目基本建成,上海电气、明阳新能源装备制造,临近空间飞行器组装等项目有序推进,新的经济增长点加快孕育。出栏牲畜105万头只,加工活畜260万头只。完善企业与牧民利益联结机制,实施全产业链可追溯羊10万只,实现了优质优价。粮食蔬菜产量达到8.6万吨,本地供给水平大幅提高。电子商务迅猛发展,3个电子商务平台开通运营,产业带动作用明显。现代、安快、天亨、民禾等物流园区优化整合、转型升级工作进展顺利。马都广场、野生动植物观光园、锡林郭勒草原火山地质公园等项目积极推进，旅游收入突破60亿元。城乡面貌焕然一新。坚持高起点规划、高标准建设、高效能管理，财政投入建设资金13.6亿元，有效提升了盟府中心城市整体形象。拓宽改造主要街路3条、右转车道42个，打通主干道3条，顺畅了市区通行。硬化铺装人行道63万平方米，改造小街巷5万平方米，新改建水源井7眼、三水管网19.6公里、供热燃气管网13.4公里，清理井室1800座，实施老旧小区节能改造19万平方米，改善了居住环境。申请到位国开行棚户区改造贷款10.45亿元，新开工返迁楼2840套，分配入住2659套。开通房产证办理绿色通道，办理房产证12200本。完成锡林浩特煤矿棚户区改造305户。实施城区绿化212万平方米，提升了绿化档次。启动全国县级文明城市、国家级卫生城市创建工作，加大市容市貌和环境卫生综合整治力度，集中清理城市及周边积存垃圾13.8万吨，出台10余项城市管理制度办法，城市管理水平显著提升。本级财政投入补贴扶持资金1530万元，集中开展住宅小区物业服务专项整治行动，居民反映较多的老旧小区、弃管小区物业服务质量明显改善。投资6.99亿元，实施牧区嘎查、分场、居委会的“十个全覆盖”和环境治理工程，覆盖率达100%，牧区面貌明显改善。重大基础设施建设进展顺利，锡二铁路全线贯通，新增至乌兰浩特等地客运专线，丹锡高速锡林浩特段完成基础工程。社会事业全面进步。落实和完善更加积极的就业创业政策，城镇新增就业6350人。发放创业贷款1亿元，扶持创业1290人，大学生文化创意创业园被评为自治区级示范性创业园和创业孵化基地。社保水平逐步提高，企业退休人员基本养老金人均月增180元，城镇职工和居民大病保险政策范围内自付费用比例降低20%。社会救助标准稳步提升，全年发放保障救助资金6342万元。城乡养老服务体系逐步完善，全市每千名老年人增加养老床位32张，高龄和公交补贴发放范围进一步扩大。扶贫攻坚扎实推进，脱贫304人。教育事业加快发展，适龄幼儿入园率90%，义务教育均衡发展有序推进，高考本科升学率和重点院校考录实现重大突破，锡林郭勒职教中心通过国家中等职业教育改革发展示范校建设验收，民族教育优先发展政策有效落实。全面提升医疗质量和服务能力，市疾控中心和市妇幼保健院项目进展顺利，医疗卫生机构全部实行基本药物零差率销售。成功举办大型文体活动13项，丰富了人民群众文化体育生活，促进了旅游业快速发展。重点改革成果显著。全面落实“先照后证”“三证合一”“一照一码”等商事制度改革，新增市场主体6719户、注册资本28.3亿元。优化企业发展环境，减免税费3.75亿元，帮助融资14.6亿元，宏源牧业公司在新三板成功挂牌。加大简政放权力度，精简整合行政审批事项180项，精简比例45.2%。成立公共资源交易中心和不动产登记局，推动行政权力公开透明运行。加快财政金融改革，扎实开展国库集中收付、政府集中采购等工作。完善牧区金融服务体系，嘎查金融服务实现全覆盖。加强生态文明建设，组建生态保护局，完成集体林权制度主体改革和嘎查草原确权承包工作，发放林权证722本。取消校长行政职级，公开聘任中小学校长。积极推进足球改革，10余座笼式足球场投入使用，4所学校成为全国青少年校园足球特色学校。政务环境不断优化。依法行政扎实推进，审核把关各类合同文件380余件，完成全市35个部门单位的行政权力清单梳理公示工作，实现了清单之外无权力。集中审批各类许可、服务事项67万余件，审计政府投资项目涉及资金近40亿元。“三公”经费下降12%。深入推进三严三实、干部下基层活动，干群关系进一步密切。构建和谐劳动关系，帮助劳动者追回被拖欠工资1.88亿元。大力推进食品药品监管工作，确保群众饮食用药安全。圆满完成嘎查和社区换届选举工作，社区民选干部、嘎查两委班子报酬待遇进一步提高。自觉接受人大法律监督、政协民主监督，56件人大代表建议和60件政协委员提案全部办结。

回顾“十二五”，我们深切感受到，“十二五”时期是锡林浩特市综合实力提升最快、城乡面貌变化最大、人民群众得到实惠最多的五年。我们成功接受了习近平总书记的检阅，自治区推动科学发展观摩组的现场观摩检查，成功承办了亚洲青少年武术锦标赛、中国马术大赛、自治区第八届少数民族传统体育运动会等一系列重大赛会活动，充分展示了发展成果，全面提升了发展水平，有效扩大了对外影响。特别是2014年以来，按照自治区党委、政府和盟委、行署的统一部署，举全市之力，深入推进“十个全覆盖”工程，取得显著成效，得到自治区和盟委、行署一致认可和肯定。“十个全覆盖”的深入实施，使锡林浩特市的牧区面貌发生显著变化，牧民生活和精神风貌明显改善，城乡差距进一步缩小，更为重要的是，全体干部职工得到历练，党群干群关系高度融洽。回顾五年来的业绩，倍感欣慰！这些成绩的取得，是盟委、行署和市委正确领导的结果，是市人大、政协有效监督和大力支持的结果，是全市各族人民团结奋斗的结果，也是各方面关心、支持和帮助的结果。在此,我代表市人民政府,向全市各族干部群众,向所有为锡林浩特市建设和发展作出贡献的同志们、朋友们,表示衷心的感谢和崇高的敬意!

在肯定成绩的同时,也要清醒地认识到,锡林浩特市欠发达的基本市情没有得到根本改变,发展中还面临着不少困难和问题。主要是:宏观环境仍然低迷,企业生产经营困难;发展内生动力不足,产业结构较为单一;财政增收压力巨大,收支矛盾日益凸显;城市基础设施薄弱,管理水平有待提高;生态环境依然脆弱,供需矛盾日益突出;发展环境还需优化,政府职能需进一步转变。对此,必须保持清醒头脑,树立必胜信心,采取有效措施,认真加以解决。

**“十三五”时期经济社会发展的目标任务** “十三五”时期,是锡林浩特市加快转变发展方式,推动经济持续健康发展的关键时期,也是集中优势力量,全面建成小康社会的决胜时期。今后五年政府工作的总体思路是:全面贯彻党的十八大、十八届三中、四中、五中全会、自治区十二届人大四次会议和各级经济工作会议精神,习近平总书记系列重要讲话和考察内蒙古重要讲话精神,坚持“四个全面”战略布局和“五大发展理念”,坚持发展第一要务和“稳中求进”工作总基调,主动适应经济发展新常态,加快转变经济发展方式,统筹推进经济建设、政治建设、文化建设、社会建设、生态文明建设,努力走出一条产业特色鲜明、城乡功能提升、生态环境优美、民生事业繁荣、社会和谐稳定的科学发展之路,实现全面建成小康社会奋斗目标。

“十三五”时期发展目标和主要任务是:

(一)综合实力稳步提升。经济保持中高速增长,发展质量和效益进一步增强,全市地区生产总值年均增长8.5%左右,全社会固定资产投资年均增长12%左右,一般公共预算收入年均增长8%以上,小康社会各项监测指标全面完成,地方综合经济实力稳居全区前列。

(二)转型升级取得突破。现代农牧业加快推进,工业发展迈向新阶段,现代服务业比重明显上升,科技对经济增长贡献率显著提高,多元发展、多极支撑的现代产业体系基本形成。积极推进农牧业产业化、规模化、标准化与品牌化发展,加快能源基地和特高压电力外送通道建设,打造绿色农畜产品生产加工输出基地、清洁能源输出基地和旅游观光休闲度假基地;大力发展装备制造和新能源、新材料等战略性新兴产业,培育新的经济增长点。巩固提升批发零售、餐饮住宿、文化旅游等传统服务业,积极发展电子商务、现代物流、健康养老等新型服务业,促进服务业与工业化、信息化、城镇化和农牧业现代化融合发展。着力提升城镇建设管理水平,大力推进美丽牧区建设,构建城乡统筹发展一体化格局。

(三)生活质量显著提高。城乡居民收入和经济发展同步增长、劳动报酬和劳动生产率同步提高,收入结构进一步优化,群众生活质量和水平明显改善,力争城乡常住居民人均可支配收入年均增长8.6%和10.4%,收入水平高于全区平均水平。成功创建全国县级文明城市、国家级卫生城市,健全完善公共服务体系,提高盟府中心城市服务水平。坚决打赢脱贫攻坚战。

(四)生态环境持续改善。加快京津风沙源治理、重点区域造林绿化、湿地保护、水系治理、矿山环境综合整治等生态工程,提高草原植被盖度和森林覆盖率。认真落实节能减排措施,努力建设资源节约型和环境友好型社会。完善生态文明制度,加强执法工作,提高全社会生态文明意识。

(五)保障能力明显增强。连接东西、贯通南北的综合交通运输体系基本建成,发展支撑保障能力显著提升。协调推进国家高速公路、国省干线、牧区公路、旅游公路、铁路通道和能源通道建设,完善矿区、园区铁路专线,推动机场扩建升级,早日开通进京客运和国际航线。加强城网改造和农网建设。提升水利基础设施建设水平。完善信息通讯网络,实施大数据战略,全面推进“三网融合”。

(六)体制机制更加完善。重点领域和关键环节改革取得重大突破,全方位对内对外开放格局基本形成。深化经济体制改革,推进行政管理体制改革,进一步提高发展活力和行政效率。大力推进简政放权,优化发展环境。积极推动“双创”,让一切创造活力竞相迸发。

**2016年重点工作** 2016年是实施“十三五”规划的开局之年,做好今年各项工作意义重大。总体看,面临的挑战和机遇并存,机遇大于挑战。锡林浩特市依托丰富的资源和优势的区位条件,在推进国家清洁能源输出、绿色畜产品生产加工输出、旅游观光休闲度假等产业基地建设方面迈出了坚实步伐,为加快发展蓄积了巨大的动能;国家持续加大对西部、东北和民族地区的扶持力度,为加快发展创造了难得的政策环境;中央、自治区实施供给侧结构性改革,推进“一带一路”、中俄蒙经济走廊建设等战略,发达地区加快产业转移,国内消费结构全面升级,为锡林浩特市调整经济结构、补齐发展短板、扩大对外开放提供了宝贵的机遇。我们要抢抓机遇,扎实工作,实现“十三五”良好开局,以优异成绩迎接自治区成立70周年。

今年政府工作的总体要求是:深入贯彻上级各项会议精神,按照"五位一体"和"四个全面"战略布局,牢固树立五大发展理念,主动适应经济发展新常态,全面推进供给侧结构改革。增加有效投资,着力蓄积增长后劲;优化产业结构,着力推动转型升级;完善体制机制,着力增强发展活力;改善基础条件,着力提高保障能力;加大民生改善,着力促进社会和谐,努力实现"十三五"时期经济社会发展良好开局。

主要预期目标是:地区生产总值增长10%。第一产业增加值增长11.4%。第二产业增加值增长7.1%,其中工业增加值增长7.1%。第三产业增加值增长10.5%。全社会固定资产投资增长21.6%。公共财政预算收入增长11.1%。社会消费品零售总额增长11.5%。城乡常住居民人均可支配收入分别增长9%和10.5%,新增就业4000人,结构性改革取得实质性进展。围绕上述目标,重点做好以下七个方面工作。

(一)推进结构性改革,促进经济持续健康发展。坚持盘活存量与扩大增量并举,落实好"三去一降一补"五大任务,不断提高经济发展质量效益。调整优化存量经济。稳定企业生产经营。加强经济运行分析研判和监测调度,完善"一企一策"帮扶措施,切实解决好企业生产经营中的困难和问题。努力降低企业成本。认真开展降本增效行动,严格落实简政放权、税费减免、金融扶持、电力价格、物流运输等政策,打好"组合拳",全力帮助企业去除杠杆,不断增强盈利能力和发展后劲。积极化解过剩产能。对资不抵债、连年亏损、恢复无望的"僵尸企业",通过资产重组、产权转让、破产清算等措施,依法淘汰退出。积极引导企业通过降耗增效、提档升级、兼并重组、转移发展等措施,重新焕发活力。大力实施创新驱动战略,鼓励现有企业加大技术改造力度,支持中小企业进行技术创新。有序消化房地产库存。将去库存工作与棚户区改造、户籍制度改革、产业发展结合起来,打通供需通道,释放有效需求。积极引导房地产企业顺应市场规律,合理调整营销策略和价格,提高商品房成交量。

培育经济增长动力。抓好项目建设。严格落实项目推进机制,全年计划实施重点项目78项,完成投资172亿元。加强项目建设要素保障,做好项目跟踪协调服务,确保项目早开工快建设、早投产快见效。抓好投融资。认真谋划PPP模式、发行债券、融资租赁等融资新渠道,加大与股份制银行、融资租赁公司和券商的合作,缓解财政资金短缺压力。积极释放良好的市场预期,增强企业投资信心。抓好招商引资。落实招商引资优惠政策,加大项目对接力度,大力开展精准招商、以商招商,提高招商引资实效,力争在重大产业项目引进上取得新突破,全年引进资金超过110亿元。抓好消费引导。围绕建设区域性消费中心目标,大力发展信息服务、快递物流、健康养老、体育健身、家政服务等新型消费业态,不断释放消费潜力。强化发展保障能力。畅通铁路运输通道,锡二铁路上半年投入运行,争取开工大唐东二号铁路复线、锡凌煤矿铁路专用线,做好至张家口快速铁路、集通铁路既有线提速改造工程前期及实施工作,确保纳入国家"十三五"铁路规划。推动丹锡高速锡林浩特段年内建成通车,加快锡林浩特至别力古台公路建设进度。提升全市配电网负荷接带能力和供电可靠性,提档升级牧区电网,提高网电覆盖率。实施生态水系、外环农牧区防洪、巴彦宝力格水源地供水、京津风沙源水利水保、牧区节水灌溉、山洪防治等水利工程,提高供水保障和防洪除险能力。

(二)优化产业结构,提升产业发展层次。坚持调结构与补短板并重,持续推进产业转型升级,全面构筑新的发展优势。做强一产,推动牧民增收致富。扎实推进"十个全覆盖"工程。按照"科学规划、群众主体、整合资源、全面推进"原则,抓统筹、补短板,切实改善牧区基础设施和牧民生产生活条件,提升牧区公共服务水平。计划投资6.48亿元,实现广播电视全覆盖,基本解决牧区饮水安全和无房危房户住房问题,修建乡村公路302公里,街巷硬化80公里,接通网电、大功率风光互补720户,新改建通讯铁塔9座、幼儿园1处、文化活动室12处、卫生室7处、便民超市10处。同步实施以"三拆三清三改四化"为主要内容的人居环境整治工作,拆除废弃房和危旧土房27万平方米,改造院墙19.7万延长米,硬化路肩、小广场23万平方米,实施房屋保温2000户,建设环卫设施70处。加大组织领导力度,积极发挥典型示范作用,严格考核奖惩,确保完成目标任务。加强工程管护,发动群众积极参与,实现牧区环境长效管理。提高农牧业生产能力。推动规模化养殖场扩产增效,力争全年舍饲养殖规模达到90万头只,牧业年度牲畜不超过170万头只。鼓励"四季出栏、均衡上市",提高畜牧业效益。稳步扩大优质肉牛、马的饲养规模,积极探索"以小换大、减羊增牛",合理调整养殖结构。完成黄牛改良4.4万头,肉羊经济杂交10万只,健全良种繁育体系。建设储草棚4000平方米、暖棚3万平方米、围栏封育5.7万亩,提升防灾减灾能力。大力推进高效节水设施农业,加大蔬菜检测力度,全年上市蔬菜5000万公斤。提升产业化经营水平。推动大庄园牛羊肉产业示范园项目建成投产,积极推进市区内畜产品加工企业整合搬迁工作,培育壮大产业化龙头企业,提高畜产品精深加工水平和效益。建立完善家庭牧场、合作社、龙头企业多元联结的新型农牧业经营体系,打造高标准家庭牧场20户、规范化合作社20家,全年出栏牲畜100万头只,加工活畜400万羊单位。年内实施可追溯肉羊10万只。依托“中国马都”品牌,推进良种马繁育、马产品开发、马竞技活动,积极发展休闲牧业。做长二产,推动工业提质增效。严格控制初级产品产能盲目扩张,突出技术创新,大力延伸产业链条,促进二产向中高端迈进。集中打造煤电产业基地。积极协助西二、西三号露天矿完善手续,推进乌兰图嘎煤矿和锡凌煤矿技改项目建成投产,原煤产量达到3000万吨以上。加快推进锡林郭勒盟至山东济南、至江苏泰州2条特高压电力外送通道和神华、大唐、北方电力、蒙能4个坑口电厂建设,确保2017年投产见效。积极争取锡林郭勒盟至张北至赣州特高压电力外送通道项目。原油产量稳定在80万吨左右。大力发展装备制造业。深入落实《中国制造2025》发展战略,推动明阳集团装备产业园、上海电气集团能源装备制造产业基地、临近空间飞行器组装等项目投产运营,引进实施风机叶片回收综合利用和大型设备维修项目,不断提升装备制造产业比重,形成新的竞争优势和经济增长点。加快发展战略性新兴产业。积极争取风电、光电项目建设指标,力争年内海装、明阳等风电项目获得核准。大力发展循环经济,推进粉煤灰、石膏等综合利用项目,打造工业固废循环示范产业基地。提升产业发展层次。提高项目和产业准入门槛,在清洁能源、矿产冶金、互联网+等领域,引进和培育一批技术含量高、节能环保的大项目、好项目。实施金属和非金属矿资源整合,提高资源集中度,延长产业链条。组织实施好大数据产业示范园、声鹭追溯防伪系统平台、远景新能源智慧能源管理中心等信息技术应用项目,促进信息技术与产业发展深度融合。积极推动莱根基因生物健康产业项目,构建优势健康产业。加大园区优化整合力度,完善基础设施,全面提升园区产业吸附和综合承载能力。做大三产,推动服务业提档升级。构建现代物流体系。新调整定位和提升物流园区功能,整合物流资源,发展保税、冷链、仓储、配送服务,形成布局合理的物流网络体系,打造中东部地区有较强影响力的大宗商品交易中心和区域性物流集散地,中蒙重要的物流节点。加快现代与民禾两个物流园区整合工作,引进“一关两检”总部机构,推动保税物流中心(B型)建设。充分发挥安快物流园区“自治区级服务业集聚区”功能,推动小微实体创业园建设。完成天亨物流园区后续工程。

**繁荣商贸经济** 大力发展电子商务,全力打造自治区级电子商务产业园和电子商务实训基地,年内新入驻企业60户以上,网上交易额突破亿元。鼓励发展城市快递和牧区电商产业,支持畜产品、民族特色商品线上线下展示销售有机结合,畅通销售渠道。启动玉玺财富广场项目。升级改造专业市场。集中整治餐饮住宿业服务质量和环境卫生,推动服务业提档升级。打造文化旅游精品。推动文化与旅游深度融合,打造文化旅游精品项目。进一步完善马都广场基础设施,精心打造白音锡勒御马风情小镇,建设马文化特色旅游景区。推动锡林郭勒野生动植物园开园,锡林郭勒草原火山地质公园成为国家级地质公园。探索推进跨境旅游、冰雪旅游,全力打造“锡林风景线”精品旅游线路。举办好中国·锡林浩特国际游牧文化节、中国马术大赛等大型文体旅游赛事,创新营销理念,依托《千古马颂》和中国马都大赛马等品牌赛事活动,充分展示城市形象,提升旅游影响力。加大旅游景点、景区和牧人之家综合整治力度,抓好旅游软硬件建设,营造良好消费环境,全年旅游收入突破70亿元。

推进绿色发展,筑牢生态安全屏障。进一步加大生态文明建设力度,打造祖国北疆生态安全屏障。

加强生态保护建设。投入4.31亿元,实施京津风沙源治理、重点区域绿化、水系治理等生态重点工程12.1万亩。认真落实新一轮草原生态保护补助奖励机制,有序推进草原确权承包换证登记工作。规范草牧场流转和天然打草场管理。加强森林草原防火、林木后期管护等工作,保护好生态建设成果。严格落实矿区复垦绿化、排土场治理等各项措施,努力打造绿色和谐矿区。

加大环境保护力度。全面加强大气污染防治,有序推进燃煤锅炉淘汰工作,督促涉气排污企业实现达标排放。完成环保违规项目清理整顿。推进新区污水处理厂验收审计、提档升级,加快大庄园等园区污水处理厂建设,确保园区企业达标排放。对储煤场、建筑工地等进行抑尘处理,降低扬尘污染。加大执法力度,严肃查处环境违法问题。加快生态文明制度建设。加强生态保护红线管控,严格执行草原征占用审核审批制度,科学编制自然资源资产负债表，有序推进自然资源资产离任审计、生态环境损害过错责任终身追究等工作。实行最严格的水资源管理制度，落实好能源和水资源消耗、建设用地等总量和强度双控行动。积极培育生态文化，发展绿色环保产业，倡导勤俭节约、绿色低碳的生产生活方式和消费模式。

强化建设管理，推动城市扩容提质。大力推动全国县级文明城市和国家级卫生城市创建工作，加强城市建设管理，着力打造和谐宜居、富有活力、特色鲜明的现代化城市。完善城市承载功能。坚持“民生城建”理念，以统筹规划为龙头、重点项目为突破、精细管理为保障，突出盟府中心城市职能定位，全方位提升城市品位和综合承载能力。打通希日塔拉街、天津路、重庆路等7条道路，完成那达慕大街拓宽改造工程，修建道路9.8公里，铺装改造人行道64万平方米，改善城区交通环境。新改建三水管网68公里，实施供热管网切改工程，完成污水处理厂提标改造，完善市政基础设施。完成四号湖景观改造，建设重点区域绿地，实施城区园林绿化38公顷，推进城市绿化美化。实施零散楼栋、老旧小区节能改造和环境改善20万平方米。扩大居民管道燃气覆盖范围。用好用活棚户区改造资金，年内完成城市棚户区改造1064户、锡林浩特煤矿棚户区改造1000户。做好企业搬迁和停缓建楼房启动工作，谋划实施新区地下管网、路面改造提升等基础设施建设工程。启动儿童乐园和花卉市场建设，积极引进商业综合体，建设高档咖啡厅、茶吧等市民休闲场所，满足市民和游客不同消费需求，提升城市品质。提升城市管理水平。从环境卫生、私搭乱建、占道经营、物业管理、交通秩序、停车管理、广告牌匾、回迁安置等城市管理突出问题入手，结合创城工作，开展集中攻坚，强化督查指导，确保城市整体面貌实现显著提升。积极推进城市管理综合执法体制改革，逐步建立运转高效、管理有序的城市管理体制。依托大数据建设，加快实施“智慧锡林浩特”，实现信息共享和互联互通，促进城市管理向网格化、智能化、人性化方向发展。

**发展社会事业，着力增进人民福祉**　牢固树立民生优先工作导向，扎实做好民生实事，全面提升群众满意度和获得感。优先发展教育事业。计划投资2.07亿元，实施教育重点工程12项。推动4所城区、7所牧区公办幼儿园投入使用，启动锡林浩特市幼儿园迁建工程，学前适龄幼儿入园率达到95%以上。完成第二、第三小学标准化建设，开工建设锡林小学，年内通过国家义务教育基本均衡发展验收。力争高考本科上线率超过75%，再现新突破。加强蒙汉“双语”教学，打造精品民族教育学校。大力培育符合市场需求的专业技术人才。满足残疾儿童受教育需求。有效提升校园安全管理水平。

完善就业和社会保障机制。积极推进“大众创业、万众创新”，发挥创业园区作用，完善创业扶持政策。年内发放创业贷款1亿元。认真开展大学生创业引领和就业促进工作。做好高校毕业生、转移进城农牧民等重点群体就业工作，全年征集就业岗位1.8万个。完善机关事业单位养老保险制度改革工作，推进全民参保。提高低保、五保、三无人员、退役军人等群体社会保障水平，加大残疾人等特困群体救助力度，扩大高龄补贴覆盖面和城市医疗救助范围。加快锡林颐和苑养老中心建设，提档升级爱祺乐牧民养老园区基础设施，推动锡林牧村老幼院投入使用。

加快发展卫生计生事业。深入推进医疗质量和服务能力提升行动计划，年内完成市疾控、市妇幼综合楼建设，实施宝力根社区卫生服务中心和嘎查卫生室新扩建工程，健全覆盖城乡的医疗卫生服务体系。推进盟直三级医院和社区卫生服务中心医联体建设，开通就诊绿色通道，实施专家坐诊和双向转诊。推动蒙中医药事业快速发展，提升疾病预防控制和妇幼保健综合水平，完善突发公共卫生事件应急体系。持续开展牧民免费体检工程，扩大健康小药箱发放范围。全面落实一对夫妇可生育两个孩子政策。

大力发展文化体育事业。加强公共文化体育场馆建设，配备完善嘎查文化活动室设施设备。继续组织好“锡林河之夏”、“文化、卫生、科技”三下乡等文化惠民工作，活跃群众精神文化生活。加大文物保护力度，深入推进文物普查工作。大力发展足球事业，广泛开展全民健身运动。

实施脱贫攻坚工程。年内投入扶贫资金1.1亿元，认真落实“六个精准”、“五个一批”要求，采取“一村一策、一户一法”方式，通过产业帮扶、教育支持、医疗救助、社会保障、金融扶持等措施，确保全市现有在册311户895名贫困人口稳定脱贫。

提高居民收入水平。认真落实机关事业单位工资待遇调整改革各项政策，提高机关事业单位工作人员和离退休人员收入水平。适当提高社区、嘎查等基层工作者和公益性岗位工作人员薪酬待遇。严格执行“三牧”各项补贴政策，多渠道增加牧民收入。继续扩大企业职工工资集体协商范围，提高企业退休人员基本养老金。

确保社会和谐稳定。严格落实安全生产责任制，坚决遏制重特大安全事故发生。完善应急救援预警和处置机制,提高应急能力。有序启动"七五"普法各项工作。积极督促企业配建,确保年内社区阵地全部达标。加大社会矛盾纠纷排查化解力度,依法维护信访秩序。深入推进平安锡市建设,强化社会治安综合治理。完善食品药品监管体制,推进电子化全程监管追溯体系建设,年内大中型餐饮服务单位全部实现"明厨亮灶",分级量化管理达标单位达到95%以上。加大宾馆、洗浴等公共场所卫生整治力度。加强劳动力市场监管,认真做好双拥共建、民族宗教工作,积极支持工青妇等群团组织开展工作。

**深化改革开放,释放发展内生动力** 努力破除体制机制障碍,大力发展开放型经济,不断激发经济发展活力。推进重点领域改革。加快转变政府职能,加大简政放权力度,建立健全政府权力清单体系。按时完成公务用车改革任务。认真落实优惠政策,扶持中小微企业加快发展。培育壮大市场主体,争取多数央企分支机构变更为独立法人。深化财税体制改革,实现全市预算单位财务统一集中核算,推进预算绩效管理和财政投资评审管理,严格政府债务管理,扩大政府购买社会服务范围。加快国有农牧场改革,打造具有较强竞争力的现代农牧业集团。加强与上级改革工作的有效衔接,在价格市场化、牧区垦区、林区、城市管理体制以及教育医疗、养老保险等领域进一步加大改革力度,持续释放改革红利。

积极扩大对外开放。注重完善对外开放格局,更好利用"两种资源"、"两个市场",加快发展外向型经济。主动参与中蒙草原新丝绸之路经济带、中蒙俄经济走廊建设,深入推进与蒙古国在基础设施建设、能源资源开发、社会人文等方面的合作交流,全面提升向北开放水平。积极推进锡林浩特机场航空口岸建设,早日开通国际航线。充分发挥电价、土地等优势,主动融入京津冀、环渤海地区发展,有效承接发达地区产业转移,力争对外贸易总额突破200万美元。

**加强自身建设,切实提升服务水平** 加快建设法治政府、廉洁政府,推进政府治理体系和治理能力现代化。强化法制建设。坚持党的领导、人民当家作主、依法治市有机统一,依法维护人民权益、维护社会公平正义。坚持依法行政,严格按照法定权限、法定程序和权力清单、责任清单履职尽责,把政府工作全部纳入法治轨道。全面推进政务公开,推广电子政务和网上办事。完善政府法律顾问制度。加强法治宣传教育,增强全民法治观念。自觉接受人大法律监督、工作监督和政协的民主监督,积极组织实施政府协商计划,充分听取各民主党派、工商联、无党派人士和人民团体的意见建议。

强化作风建设。巩固拓展"三严三实"专题教育成果,深化"干部下基层"活动实效。大力倡导"履职尽责、敢于担当"精神,始终把心思和劲头放在真抓实干、干事创业上。强化跟踪问效,严格督查考核,严明工作纪律,坚决整治"为官不为"和庸政懒政,不断增强政府公信力和执行力。

强化廉政建设。严格执行中央"八项规定"和廉洁自律各项规定,严控"三公"经费和一般性支出,集中财力解决民生实事。深入落实"一岗双责",全面推进惩治和预防腐败体系建设,加强公职人员监督教育,严守"底线"、筑牢"防线"、不触"红线"。强化行政监察和审计监督,推进权力公开透明运行。

## 《政府工作报告》名词解释

1."五位一体"总体布局。党的十八大提出,建设中国特色社会主义事业总体布局由经济建设、政治建设、文化建设、社会建设"四位一体"拓展为包括生态文明建设的"五位一体",这是总揽国内外大局、贯彻落实科学发展观的一个新部署。

2."四个全面"战略布局。2014年12月,习近平总书记在江苏调研时首次指出"四个全面"战略布局,即协调推进全面建成小康社会、全面深化改革、全面推进依法治国、全面从严治党。

3.五大发展理念。2015年10月,十八届五中全会上提出,实现"十三五"时期发展目标,破解发展难题,厚植发展优势,必须牢固树立并切实贯彻创新、协调、绿色、开放、共享的发展理念。

4.供给侧结构性改革。2015年11月10日,在中央财经领导小组第十一次会议上,习近平总书记首提"着力加强供给侧结构性改革",是指从提高供给质量出发,用改革的办法推进结构调整,矫正要素配置扭曲,扩大有效供给,提高供给结构对需求变化的适应性和灵活性,提高全要素生产率,更好满足广大人民群众的需要,促进经济社会持续健康发展。

5.三去一降一补。2015年12月,中央经济工作会议提出,2016年全国经济社会发展主要是抓好去产能、去库存、去杠杆、降成本、补短板五大任务。

6.一带一路。2013年9月、10月,习近平总书记在访问中亚、东盟时提出"丝绸之路经济带"和"海上丝绸之路"的"一带一路"战略构想,其充分依靠中国与有关国家既有的双多边机制，借助既有的、行之有效的区域合作平台加强多边交流。共建“一带一路”旨在促进经济要素有序自由流动、资源高效配置和市场深度融合，推动沿线各国实现经济政策协调，开展更大范围、更高水平、更深层次的区域合作，共同打造开放、包容、均衡、普惠的区域经济合作架构。

7. 中国制造2025。是中国政府实施制造强国战略第一个十年的行动纲领，坚持“创新驱动、质量为先、绿色发展、结构优化、人才为本”的基本方针，坚持“市场主导、政府引导，立足当前、着眼长远，整体推进、重点突破，自主发展、开放合作”的基本原则，通过“三步走”实现制造强国的战略目标：第一步，到2025年迈入制造强国行列；第二步，到2035年中国制造业整体达到世界制造强国阵营中等水平；第三步，到新中国成立一百年时，综合实力进入世界制造强国前列。

8. 互联网+。2015年3月5日，在第十二届全国人民代表大会第三次会议上，李克强总理在政府工作报告中首次提出“互联网+”行动计划。“互联网+”是指“互联网+各个传统行业”，利用信息通信技术以及互联网平台，让互联网与传统行业进行深度融合，创造新的发展生态。

9. 大众创业、万众创新。在2014年9月的夏季达沃斯论坛上，国务院总理李克强提出，要在960万平方公里土地上掀起“大众创业”“草根创业”的新浪潮，形成“万众创新”“人人创新”的新态势。2015年国务院政府工作报告又提出：“推动大众创业、万众创新，既可以扩大就业、增加居民收入，又有利于促进社会纵向流动和公平正义”。

10. 大数据。指无法在可承受的时间范围内用常规软件工具进行捕捉、管理和处理的数据集合，是需要新处理模式才能具有更强的决策力、洞察发现力和流程优化能力的海量、高增长率和多样化的信息资产。

11. 三网融合。指电信网、广播电视网、互联网在向宽带通信网、数字电视网、下一代互联网演进过程中，三大网络通过技术改造，其技术功能趋于一致，业务范围趋于相同，网络互联互通、资源共享，能为用户提供语音、数据和广播电视等多种服务。

12. 六个精准。2015年6月18日，习近平总书记在贵州召开部分省区市党委主要负责同志座谈会上提出“六个精准”，即扶贫对象精准、项目安排精准、资金使用精准、措施到户精准、因村派人精准、脱贫成效精准。

13. 五个一批。2015年10月16日，习近平总书记在减贫与发展高层论坛上首次提出“五个一批”的脱贫措施，即发展生产脱贫一批、易地搬迁脱贫一批、生态补偿脱贫一批、发展教育脱贫一批、社会保障兜底一批。

14. 两种资源、两个市场。分别指国内资源和国外资源、国内市场和国际市场。

15. 全产业链。是以消费者为导向，从产业链源头做起，经过种植与采购、贸易及物流、食品原料和饲料原料加工、养殖屠宰、食品加工、分销及物流、品牌推广、食品销售等每一个环节，实现食品安全可追溯，形成安全、营养、健康的食品供应全过程。

16. 基本药物零差率。指在基层卫生服务机构中，实行全部药品按进价销售，不再加价产生利润。

17. 先照后证。是从事后置许可经营项目的市场主体，先向工商部门申请办理营业执照，再到许可审批部门办理许可审批手续。

18. 三证合一。是将企业依次申请的工商营业执照、组织机构代码证和税务登记证三证合为一证，提高市场准入效率。

19. 一照一码。通过“一口受理、并联审批、信息共享、结果互认”，实现由一个部门核发加载统一社会信用代码的营业执照。

20. 僵尸企业。指那些无望恢复生气，但由于获得放贷者或政府的支持而免于倒闭的负债企业。

21. PPP模式。Public－Private－Partnership的简称，即公私合作模式，是公共基础设施中的一种项目融资模式。在该模式下，鼓励私营企业、民营资本与政府进行合作，参与公共基础设施的建设。

22. 一关两检。指的是海关、边防检查站、检验检疫局。

23. 保税物流中心（B型）。经海关批准，由中国境内一家企业法人经营，多家企业进入并从事保税仓储物流业务的海关集中监管场所。

24. 医联体。指区域医疗联合体，是将同一个区域内的医疗资源整合在一起，通常由一个区域内的三级医院与二级医院、社区医院、村医院组成的一个医疗联合体。

25. 明厨亮灶。是通过透明厨房和视频厨房的建设，让消费者可直观看到菜品的切配烹饪、冷食类和生食类食品加工、餐饮具消毒等。

26. 三拆三清三改四化。即拆除危旧土房、残垣断壁、破墙乱院，清垃圾、清杂物、清柴粪，改院墙、改厕、改圈，绿化、亮化、美化、硬化。

# 大事记

XI LIN HAO TE NIAN JIAN

## 1月

**1月4日** 锡林郭勒盟委书记张院忠一行到锡林浩特市,先后考察走访民盛购物中心、锡林郭勒盟医院等地。市党政主要领导陪同调研。

**1月11日** 新闻稿件《锡林浩特市26万群众暖心记》(又名《化作春雨润心田——锡林浩特市干部下基层活动综述》)再现干部下基层的真实场景,得到中央、自治区多家媒体广泛关注,陆续在中南海内参、人民网、新华网、文明中国、中国纪检监察网、中国新闻网、内蒙古新闻网、内蒙古文明网、活力内蒙古等网站先后转载、刊登。

**1月12日** 协同内蒙古电视台汉语卫视记者到锡林浩特市宝力根苏木巴彦德力格尔嘎查牧民额尔登过上现代化便利生活情况进行采访。

**1月18日** 旗县市区、盟直部门党委(党组)书记抓党建工作述职评议会议在锡林浩特市召开。市党政主要领导参加会议。

**1月21日** 全市经济工作会议在锡林郭勒文化园会议中心召开。盟委委员、市委书记代钦,市委副书记、政府市长张锦明出席会议并作重要讲话。市委常委、统战部部长、政府副市长郭轶杰主持会议。市四大班子、锡林郭勒经济技术开发区和锡林郭勒现代物流园区领导,各苏木镇场、街道办事处及各部门单位副科级以上领导干部参加会议。

**同日** 全市城市工作会议在锡林郭勒文化园会议中心召开。盟委委员、市委书记代钦出席会议并作重要讲话,市委副书记、政府市长张锦明主持会议。规划局、住建局、城管局负责人分别作典型发言。市四大班子、锡林郭勒经济技术开发区和锡林郭勒现代物流园区领导,各苏木镇场、街道办事处和各部门单位党政主要负责人,住建局、规划局、城管局副科级以上领导干部及市区各社区“两委”主要负责人参加会议。

**1月26日** 锡林浩特市委书记代钦带领四大班子和相关人员一行25人,到边防七连、边防派出所、骑兵营、雷达站等单位进行指导帮建,开展“送法送医送文化”活动,下拨帮建资金18万元,改善基层部队的工作生活环境。

**同日** 晚锡林浩特市2016年春节晚会在锡林影剧院隆重上演。

**1月** 锡林浩特市银座大学生文化创意创业园被内蒙古人力资源和社会保障厅被评为自治区级示范性创业园和创业孵化基地。

## 2月

**2月1日** 内蒙古自治区党委常委、宣传部部长乌兰一行到锡林浩特市,深入到宝力根苏木额尔敦塔拉嘎查牧民孟根陶格斯家、原盟物资金属公司退休职工白振玉家、白音锡勒牧场转移进城牧民韩宝强家等地走访慰问。

**2月1日** 潘志荣先进事迹报告会在锡林浩特市举办。

**2月3日** 中共内蒙古自治区党委常委、中共锡林郭勒盟委书记张院忠一行到锡林浩特市,深入到老干部阿拉木莎家、道尔吉帕拉木家、朝伦巴特尔家、王永家走访慰问。中共锡林郭勒盟委委员、市委书记代钦陪同慰问。

**2月4日** 协同新华社记者就习近平视察锡林郭勒盟2周年采访玛吉格老人家庭两年来的变化。

**2月23日** 锡林浩特市第十四届人民代表大会第四次会议在锡林郭勒文化园会议中心开幕。中共锡林浩特市委副书记、政府市长张锦明作政府工作报告,人大常委会主任齐振华主持会议。

**2月25日** 锡林浩特市林水局与扎兰屯职业学院联合办学,举办学历教育培训班。

**2月26日** 中共锡林郭勒盟委委员、市委书记代钦赴锡林河下游河道整治工程、外环防洪工程等地调研。锡林浩特市领导王占奇、李万国、德力格尔朝克图及林水局负责人陪同调研。

**同月** 以毛登牧场为核心区的锡林郭勒盟国家农业科技园区获科技部创园联盟批准,成为内蒙古自治区第四个国家级农业科技园区。

**同月** 锡林郭勒盟、锡林浩特市两级人社局在锡林浩特市会展中心联合举办了“2016年锡林郭勒盟高校毕业生就业洽谈会暨春季大型人才交流会”。共有市内外212家单位进场设摊招聘,提供870种职位4683个就业岗位,9000余名城乡劳动者进场求职应聘,达成就业意向4380名,成功求职406人,现场发放各类宣传材料10 000余份,提供政策咨询2300余次。

## 3月

**3月7日** 新闻稿件《放下套马杆握起台球杆—乌力吉老人的幸福生活》引起全国新闻媒体共同关注锡林浩特市的养老模式,首先在中国新闻社发布新闻通稿,被中央及部分省市地方媒体相继转载、刊登这篇稿件,充分体现锡林浩特市积极主动讲好散发草香味的锡林浩特故事。

**3月9日** 中共锡林浩特市委宣传部、文明办、锡林浩特市文体广电旅游局、额尔街道办事处开展主题为“传承雷锋精神、共筑友善锡林”的“马背道德讲堂”,此次活动来自额尔敦街道各社区干部群众近200余人参加。

**3月14日** 额尔墩街道8个社区、1个居委“爱心墙”全部建设完毕,收到来自工作人员、辖区机关事业单位和社会各界爱心人士捐赠衣物2320件。

**3月15—16日** 中共锡林郭勒盟委书记罗虎在一行深入锡林浩特市,先后考察走访宝力根苏木哈那乌拉嘎查、朝克乌拉苏木宝力格嘎查“十个全覆盖”工程、白音锡勒牧场桃林塔拉分场、白音锡勒牧场巴彦希勒分场贫困牧民吉仁其其格家、白音锡勒牧场桃林塔拉分场牧民钢苏和家、爱祺乐牧民养老园区、锡林浩特市蒙古族第一幼儿园、一棵树征收项目及重庆路贯通工程、锡林浩特市生态水系治理工程及矿山环境整治项目、内蒙古大庄园肉业公司项目、锡林颐和苑养老中心、蒙能锡林热电联产项目、神华胜利发电厂项目、明阳新能源项目、楚古兰街道办事处爱民社区、锡林浩特电子商务创业园区等地,并召开会议听取市委、政府工作汇报。中共锡林郭勒盟委委员、中共锡林浩特市委书记代钦,中共锡林郭勒盟委委员、秘书长田永,锡林郭勒盟行署副盟长斯琴毕力格、赵德永,市领导张锦明、孟玉明、李博峰、郭铁杰、王占奇、德力格尔朝克图、赵国柱、陶格敦巴雅尔、赖向华及盟市有关部门单位负责人陪同调研并参加汇报会,其他市四大班子、开发区、现代物流园区领导参加汇报会。

**3月16日** 中共锡林郭勒盟委书记罗虎在一行调研生态水系治理工程。

**3月18日** 锡林浩特市文化市场综合执法大队开展以“保护知识产权,规范文化市场秩序”为主题的“3·18”文化市场法制宣传日活动,共印发宣传资料9700余份,接受群众咨询1600余人次。

**3月19日** 锡林浩特市文化体育广播电影电视局与鄂尔多斯银行锡林郭勒分行联合举办2016年锡林浩特地区首届“鄂尔多斯银行杯”五人制足球比赛,锡林浩特市与兄弟旗县33个代表队、400余名足球爱好者参加比赛。

**同日** 中共锡林郭勒盟委书记罗虎在一行深入锡林浩特市,先后考察锡林湖景观带、锡林河水库、花卉市场和儿童乐园工程等地。中共锡林郭勒盟委副书记、政法委书记武国栋,中共锡林郭勒盟委委员、市委书记代钦,中共锡林郭勒盟委委员、秘书长田永,锡林郭勒盟行署副盟长赵德永,锡林浩特市领导张锦明、王占奇、赵国柱及盟市有关部门单位负责人陪同调研。

**3月21日** 在全市范围内开展“锡林浩特好人”评选推荐活动。

**3月30日** 为全市78周岁以上高龄老人3183人发放第一季度高龄津贴资金108.08万元。

**3月** 下旬开始,锡林浩特市第二次全国地名普查工作正式进入实地普查阶段。

**同月** 以嘎查为单位,开展城乡居民社会养老保险扩面活动,将锡林浩特市60岁以上居民及符合参保条件的低保、重残人员基本全部纳入城乡居民养老保险。

## 4月

**4月1日** 内蒙古自治区就业局副局长韩晶莹、调研员苏得时到新丝路电子商务创业园区安排全国网络创业培训班开班相关事宜。

**同日** 锡林郭勒盟旗县市、苏木乡镇党委换届工作会议在锡林浩特市召开。市领导代钦、张奕、李博峰及组织部有关负责人参加会议。

**4月7日** 锡林浩特市发改局、经信局、食药和工商质监局等部门组织开展“诚实守信”好人推荐工作。

**4月10日** 内蒙古自治区党委常委、秘书长张院忠一行深入锡林浩特市,先后考察走访宝力根苏木希日塔拉嘎查牧民巴·巴特尔家、贝力克牧场吉祥小镇“十个全覆盖”工程、爱祺乐牧民养老园区、宝力根苏木哈那乌拉嘎查牧民阿拉塔布日古德家、毛登牧场饲草产业基地、锡林浩特市肉羊繁育基地、锡林郭勒盟呼德阿伦食品有限公司等地。中共锡林郭勒盟委书记罗虎在,盟委委员、中共锡林浩特市委书记代钦,盟委委员、秘书长田永,中共锡林浩特市委副书记、政府市长张锦明陪同调研。

**4月12日** 锡林浩特市召开湿地新闻发布会。

**4月19日** 中共内蒙古自治区党委书记王君一行到锡林浩特市,深入到宝力根苏木希日塔拉嘎查牧民巴·巴特尔家、新丝路电子商务创业园区、额尔敦食品药品和工商质量技术监督管理所、锡林郭勒盟食品药品检验检测中心、宝力根苏木哈那乌拉嘎查牧民阿拉塔布日古德家、毛登牧场饲草产业基地、锡林浩特市肉羊繁育基地、锡林浩特市义合良种马繁育基地、伊利第一牧场等地调研。盟委书记罗虎在,盟委副书记、盟长付万惠,盟人大工委主任周凤臻,盟委委员、市委书记代钦,盟委委员、秘书长田永,市委副书记、政府市长张锦明陪同调研。

**4月21日** 组织参与全盟“书香草原·阅读城镇”活动,为5所蒙授幼儿园、3个社区、2个企业捐赠近15万元的图书,并为4个社区、1个企业发放团体流动借阅证书,营造良好读书氛围,推进学习型社会建设。

**4月21日** 盟委委员、市委书记代钦赴锡林浩特市疾控中心、锡林浩特市卫生计生局卫生监督所调研。市委常委、秘书长王占奇及卫计局负责人陪同调研。

**4月22日** 锡林浩特市图书馆为宝力根苏木萨如拉塔拉嘎查赠送法律、科技、文学等方面的蒙文图书200册,并建立嘎查流动图书室,上架流动图书100册。

**4月25日** 锡林浩特地区义务植树活动在锡林浩特市东山公园举行。盟、市四大班子领导和机关干部,驻锡部队官兵及大中专院校学生参加义务植树活动。

**4月27日** 全市“两学一做”学习教育工作座谈会在市公安局九楼会议室召开。盟委委员、市委书记代钦,市委常委、组织部部长李博峰出席会议并讲话。

**4月** 锡林浩特市交通运输局正式启动近290公里农村公路建设管理任务,计划投资2.4亿元。路面标准为四级公路。

**同月** 设立“农民工工资专户”,更好地发挥部门联动作用,避免因开发企业让施工企业垫资造成工资拖欠,防止施工企业将工程款中应付工资部分挪作他用,有效地杜绝了拖欠农民工工资事件的发生。

## 5月

**5月1日** 锡林浩特全面推开建筑业、房地产业、金融业、生活服务业“营改增”,涉及企业、个体工商户3918户(其中企业597户,个体工商户3321户)。

**5月5日** 内蒙古自治区党委常委、政法委书记、巡视办主任刘惠一行到锡林浩特市,先后考察了锡林浩特市法治文化广场、锡林浩特市公安局指挥中心、锡林浩特市人民检察院等地。中共锡林郭勒盟委副书记、政法委书记武国栋,盟委委员、市委书记代钦,市领导斯日古楞、贾境文及盟市有关部门负责人陪同调研。

**5月6日** 参加锡林郭勒盟“最美家庭”·标兵户·好成员揭晓仪式、“最美家庭”故事进院线宣传启动仪式和“好家风、好家训”万场巡讲活动启动仪式。

**5月13日** 锡林浩特市美术家协会举办“中国梦·草原梦”妙笔生花献丹青——迎五一锡林浩特市美协会员作品展”在青少年活动中心举行。

**5月15日** 锡林浩特市特殊学校以“关爱孤残儿童·让爱洒满人间”为主题举办“建校30周年暨第26次全国助残日”文艺会演在校内体育馆

举行。

**同日** 内蒙古自治区人大常委会副主任、总工会主席杭桂林率自治区全面深化改革督导组一行到锡林浩特市，先后考察爱祺乐牧民养老园区、锡林郭勒盟食品药品检测及风险评估中心、新丝路电子商务中心、锡林浩特市公安局指挥中心、锡林浩特市生态水系治理工程及矿山环境治理项目等地。盟委委员、秘书长田永，市领导张锦明、王占奇及盟市有关部门单位负责人陪同调研。

**同日** 由锡林浩特市人力资源和社会保障局、劳动就业服务局、额尔敦办事处承办的“2016年锡林浩特市创业项目展示会暨企业用工大型招聘会”在锡林浩特市额尔敦办事处华油社区举办。

**5月16日** 锡林浩特市外环防洪工程施工。

**5月18日** 2016年四国女篮对抗赛开幕式在锡林郭勒盟体育中心篮球馆举行，锡林浩特市副市长赖向华致开幕词。国家体育总局篮球运动管理中心主任信兰成，中共锡林郭勒盟委委员、宣传部部长包丽玲，国家体育总局篮球运动管理中心副主任胡加时，锡林郭勒盟人大常委会副主任谢军，政协锡林郭勒盟委员会副主席赵生，市领导张锦明、齐振华、张奕、王占奇、罗志华、包荣智、萨仁满都拉、霍燕军参加开幕式。在为期三天的比赛里，中国、新西兰、捷克和黑山展开了6场精彩对抗。

**5月26日** 自治区政府主要领导率自治区重点工作重点项目第五督查组到锡林浩特市，先后考察锡林浩特市生态水系治理工程、贝力克牧场吉祥小镇“十个全覆盖”工程、内蒙古大庄园肉业公司项目、明阳新能源项目、大唐电厂项目、锡林浩特电子商务创业园区等地。中共锡林郭勒盟委书记罗虎在，盟委副书记、盟长付万惠，盟委委员、中共锡林浩特市委书记代钦，市领导张锦明、孟玉明、郭铁杰、德力格尔朝克图及盟市有关部门单位负责人陪同调研。

**同日** 内蒙古自治区政府主要领导一行调研生态水系治理工程。

**同日** 锡林浩特市文明单位、道德模范、锡林浩特好人、优秀志愿者表彰活动在锡林浩特市青少年活动中心小剧场举行。中共锡林郭勒盟委委员、中共锡林浩特市委书记代钦，盟委宣传部副部长杨建忠，市领导斯日古楞、王晨光、王占奇、包荣智、德力格尔朝克图、萨仁满都拉、霍燕军、张务成，各街道办事处及有关部门单位负责人参加活动。

**5月** 根据《关于锡林浩特市客运出租汽车管理委员会办公室职责划转等事宜的通知》（锡市机编发〔2016〕62号）文件，将锡林浩特市客运出租汽车管理委员会办公室机构人员整建制划给市城市管理行政执法局，将锡林浩特市客运出租汽车管理委员会办公室更名为锡林浩特市城市管理行政执法监察二队。将原出租办出租车经营许可、出租车考评、驾驶员培训、行政处罚等相关法律法规及规章涉及出租汽车管理的职责划转市运输管理所。锡林浩特市交通运输局为出租车管理主管部门。

## 6月

**6月3日** 中共锡林郭勒盟委书记罗虎在一行深入锡林浩特市，先后考察了那达慕大街东段道路建设项目、楚古兰幼儿园在建工程、团结大街道路贯通工程、国道303线锡林浩特至别力古台段项目、丹锡高速公路锡林浩特至经棚段项目等地。盟委委员、中共锡林浩特市委书记代钦，盟委委员、秘书长田永，市领导张锦明、王占奇、赵国柱、陶格敦巴雅尔、赖向华及盟市有关部门负责人陪同调研。

**6月8日** 内蒙古自治区党委常委、宣传部部长乌兰一行到锡林浩特市，先后考察锡林浩特市生态水系治理工程及矿山环境整治项目、锡林郭勒食品检验检测和风险评估中心、锡林郭勒职业学院。中共锡林郭勒盟委书记罗虎在，盟委委员、宣传部部长包丽玲，盟委委员、中共锡林浩特市委书记代钦，盟委委员、秘书长田永，市委常委、秘书长王占奇及盟市有关部门单位负责人陪同调研。

**6月15日** 锡林浩特市第十二届中小学教育艺术节暨汇报演出在锡林郭勒歌舞剧院举行。中共锡林郭勒盟委委员、中共锡林浩特市委书记代钦，盟宣传部副部长杨建忠，市领导张锦明、齐振华、董德福、王占奇、包荣智、陶格敦巴雅尔、霍燕军及盟市有关部门单位负责人参加活动。

**6月17日** 中国·锡林浩特第十三届国际游牧文化节开幕式在额尔敦敖包山举行。中共锡林郭勒盟委书记罗虎在，盟委副书记、盟长付万惠，盟人大工委主任周凤臻，盟政协主席其其格，盟委委员、中共锡林浩特市委书记代钦，盟委委员、组织部部长王永明，盟委委员、军分区司令谢卫华，盟委委员、秘书长田永，盟委委员、纪委书记郑剑虹，盟人大工委副主任谢军，行署副盟长徐卓、王锐，盟政协副主席敖秀田，自治区派驻锡林浩特市“十个全覆盖”工程调研督导组组长李铁铮一行及市四大班子在家领导出席仪式。

**同日** 中国·锡林浩特第十三届国际游牧文化节开幕式暨额尔敦敖包祭祀大典,在锡林浩特市额尔敦敖包隆重举行,同时拉开"中国·锡林浩特第十三届国际游牧文化节"的序幕。

**6月19日** 锡林浩特市额尔敦街道办事处举办的"六城同创·千人洗城"志愿服务活动启动仪式在锡林广场举行。

**6月21日** 锡林郭勒盟妇联在锡林浩特市法院设立锡林郭勒盟首个"温馨驿站"品牌调解室,组织相关妇女维权工作人员入驻法院,开展婚姻家庭纠纷等案件诉前调解工作。

**6月22日** 锡林浩特市"马背道德讲堂"走进锡林郭勒盟医院,走近医务工作者,围绕"弘扬医德风尚,共树文明新风"主题开展"道德讲堂"活动。

**6月28日** 全市庆祝中国共产党成立95周年暨"两优一先"表彰大会在锡林郭勒文化园会议中心召开。

**6月29日** 在南郊办事处举办2016年"春风送暖"专场招聘会。

**6月** 锡林浩特市人民法院在锡林郭勒盟率先挂牌成立了诉调对接中心,采取"诉前调解+行政调解+人民调解"的工作模式,多元化解矛盾纠纷。并与锡林浩特市司法局协商,在诉调对接中心设立人民调解室,聘用司法局2名专职人民调解员,对婚姻家庭、抚养赡养、物业热力、劳动雇佣关系等进行诉前调解。

## 7月

**7月1日** 中国·内蒙古第十三届草原文化节优秀剧目由赤峰市民族歌舞剧院创作的大型话剧《热土》到锡林浩特市巡演,中共锡林浩特市委宣传部组织全市近500名观众观看了演出。

**7月6日** 中共锡林郭勒盟委委员、中共锡林浩特市委书记代钦,中共锡林浩特市委常委、市委秘书长王占奇,政府副市长赵国柱在发改局、住建局、征收局等各相关部门负责人的陪同下,深入南郊街道办事处调研、督查、指导棚改、生态环境治理等工作,主要针对锡林浩特煤矿棚户区改造工作进展情况进行座谈,听取了南郊街道办事处和锡林浩特煤矿棚户区改造工作进展情况汇报。

**7月10日** "新丝路电子商务"2016第二十一届国际奥委会主席杯全国百城市自行车赛(锡林浩特赛区)暨2016年全国公路自行车少年锦标赛隆重开幕。在为期两天的比赛日内,陆续举办了个人计时赛、公路大组赛、百城市自行车赛等系列赛事。

**7月14日** 中央第一环境保护督察组督察内蒙古自治区工作动员会召开。锡林浩特市党政领导班子成员在盟党政办公楼13楼会议室以电视电话会议形式参加会议。

**7月19日** 2016中国新丝绸之路·锡林郭勒草原畜牧业创新品牌展示交易会开幕式在锡林浩特市会展中心举行。内蒙古自治区政府主要领导,自治区科技厅厅长李秉荣,盟委副书记、政法委书记武国栋,盟委委员、市委书记代钦,盟委委员、常务副盟长郝秀川及盟市有关部门单位负责人出席开幕式。

**7月20日** 为全面推动全市牧区物质文明建设和精神文明建设协调发展,进一步提升牧民文明素质和牧区文明程度,为全面建成小康社会打下坚实的基础,市委宣传部、市文明办决定,命名巴亚斯古楞等19名牧户为"十星级文明牧户"、斯琴格日勒等10名牧民为"文明牧民"。

**7月22日** 以国家民委政法司司长杨正根为组长的国家民委、国家公务员局联合调研组到锡林浩特市,就民族团结进步创建工作进行调研。内蒙古自治区民委、人社厅相关人员陪同,锡林郭勒盟行署副盟长斯琴毕力格,民委主任赛娜,副主任巴特尔,人社局副局长罗海,中共锡林浩特市委常委、副市长郭轶杰等领导陪同调研。

**7月28日** 财政部社会保障司副巡视员祖国英、"统筹社会救助资源"课题组专家及城乡低保处相关领导到爱祺乐养老园区、市中心敬老院调研。

**7月29日** 在全国双拥模范城(县)命名表彰大会上,锡林浩特市再次荣获全国双拥模范城(县)称号,这是锡林浩特市第5次获得全国双拥模范城(县)称号。

**7月31日** 锡林浩特市民政局、文体广电旅游局市双拥办主办的庆"八一"军民联欢晚会在锡林广场精彩上演。

**7月至8月** 锡林浩特市将康复综合评定等29项医疗康复项目、蒙医点穴反射疗法纳入基本医疗保险支付范围。

**7月** 内蒙古自治区党委委员、宣传部部长乌兰到希日塔拉嘎查视察工作。

**同月** 希日塔拉街(乌云腾路—浩勒包路)道路贯通项目圆满完成征收任务。

## 8 月

**8 月 2 日** 内蒙古自治区人大常委会副主任、总工会主席杭桂林一行到锡林浩特市，先后考察市总工会职工活动中心、教育园丁书店、瑞浩体检中心等地。市领导代钦、包桂华及盟市有关部门单位负责人陪同调研。

**8 月 8 日** 锡林浩特市全民健身日启动仪式在锡林广场举行，活动以“全民健身促健康，同心共筑中国梦”为主题，来自各街道、社区的 16 支表演队伍 400 余人进行广场舞比赛，锡林浩特市足协组织 100 名小朋友表演了足球操。

**8 月 12 日** 由锡林浩特市文联、音乐家协会、舞蹈家协会共同主办“友善锡林 · 和谐之韵”专场文艺晚会在锡林广场举行，市委常委、宣传部部长包荣智与全市近千名观众一起观看了演出。

**同日** 锡林浩特市反腐倡廉警示教育基地揭牌仪式在锡林浩特市人民检察院举行。盟委委员、市委书记代钦，盟检察分院党组书记、检察长田忠宝，盟纪委委员、监察局副局长耿志军，市委常委、纪委书记张奕，市委常委、秘书长王占奇出席及盟市有关部门单位负责人参加仪式。

**8 月 13 日** 2016 第五届中国马术大赛在锡林浩特市马都广场隆重开幕。国家体育局自行车击剑运动管理中心、现代五项与马术训练基地主任张凯致辞，盟政协主席其其格宣布大赛开幕，政府副市长赖向华致欢迎词。盟、市四大班子在家领导出席开幕式并观看了赛事活动。在为期四天的比赛日内，陆续举办了速度赛、绕桶赛、耐力赛、场地障碍邀请赛等系列赛事。

**8 月 26 日** 中国共产党锡林浩特市第十二次代表大会在锡林郭勒文化园会议中心隆重开幕。代钦代表中国共产党锡林浩特市第十一届委员会向大会作了题为《不忘初心，砥砺奋进，为在锡林郭勒盟率先全面建成小康社会而努力奋斗》的工作报告，郭静娟代表中国共产党锡林浩特市纪律检查委员会向大会作了题为《认真履行职责，全面从严治党，扎实推进党风廉政建设和反腐败工作》的工作报告。会议以书面形式提交了《关于党费收缴使用和管理情况的报告》。自治区党委旗县市换届工作指导督查组组长、内蒙古矿业集团党委副书记、总经理苏日勒格一行，盟委旗县市党委换届选举工作第十二指导组组长、盟政协副主席额尔登孟克一行，锡林郭勒盟旗县市党委换届工作第二指导督查组组长、盟交通运输局纪委书记马向东一行出席开幕式。202 名党代表（全体党代表 209 人，请假 7 人）和列席人员、特邀人员参加了开幕式。

**8 月 27 日** 中国共产党锡林浩特市第十二届委员会第一次全委会议召开。自治区党委旗县市换届工作指导督查组成员、自治区党委组织部干部四处副处长刘海鹏、锡林郭勒盟旗县市党委换届工作第二指导督查组组长、盟交通运输局纪委书记马向东一行出席会议。代钦主持会议并讲话。会议选举代钦、张锦明、李博峰、杜杰、郭轶杰、郭静娟、王占奇、罗志华、德力格尔朝克图、赵国柱、包荣智为中国共产党锡林浩特市第十二届委员会常委，选举代钦为中国共产党锡林浩特市第十二届委员会书记，选举张锦明、李博峰为中国共产党锡林浩特市第十二届委员会副书记。会议通过中国共产党锡林浩特市第十二届纪律检查委员会常委、书记和副书记选举结果，新当选中国共产党锡林浩特市第十二届委员会委员、候补委员参加会议。

**8 月 28 日** 由锡林浩特市文联、教育园丁书店联合举办主题为“叫我难忘的那本书”第二期草原书香书友会。

**8 月 31 日** 锡林浩特市政务服务中心正式启动“五证合一”登记制度改革。对于推进部门间信息共享、提升政府管理和服务能力具有重要意义。

## 9 月

**9 月 5 日** 盟委副书记、盟长付万惠赴锡林浩特市第六中学调研慰问，并向全盟教师致以节日祝福。盟委委员、市委书记代钦和盟、市教育部门负责人陪同调研。

**9 月 12—13 日** 自治区党委书记李纪恒一行到锡林浩特市，先后视察希日塔拉嘎查家庭牧场巴 · 巴特尔家、宝力根苏木哈那乌拉嘎查党员中心户牧民阿拉塔布日古德家、毛登牧场饲草产业基地内蒙古草都草牧业股份有限公司、锡林浩特市种羊繁育基地、内蒙古军区骑兵第二营、锡林河湿地公园、锡林郭勒大庄园肉业有限公司、大唐锡林浩特电厂项目、神华北电胜利能源有限公司、爱祺乐牧民养老园区等地，并参加了宝力根苏木牧民小型那达慕。盟委书记罗虎在，盟委副书记、盟长付万惠，盟委副书记、政法委书记武国栋，盟委委员、市委书记代钦陪同调研。

**9 月 19 日** 锡林郭勒盟大庄园生态牛羊肉产

业示范园启幕、二期工程建设暨锡林浩特市2016年秋季重点项目集中开工仪式在锡林浩特市举行。自治区副主席王玉明出席并致辞,盟委副书记、盟长付万惠代表盟委、行署致辞,盟委委员、市委书记代钦主持仪式。盟、市四大班子及自治区有关部门领导和来自全球19个国家和地区的行业协会代表、企业负责人及学者、专家参加活动。

**9月28日** 锡林浩特市"纪念中国共产党成立95周年和红军长征胜利80周年"大合唱比赛在锡林影剧院举行。市领导代钦、王占奇、包荣智、高海楼出席活动并为获奖代表颁奖。

**9月29日** 2016年全国草原防火实战演练暨新型草原灭火战车授装仪式在锡林浩特市毛登牧场举行。农业部副部长、草原防火指挥部总指挥于康震,武警森林指挥部副司令员郭建雄,锡林郭勒盟委书记罗虎在,盟委副书记、政法委书记武国栋,盟委委员、市委书记代钦,行署副盟长斯琴毕力格出席仪式并观摩演练。

**9月30日** 锡林浩特地区2016年"烈士纪念日"公祭活动在烈士陵园举行。盟、市四大班子在家领导,党政机关干部、学校师生、部队官兵及社会各界群众参加公祭活动。

**9月** 自治区党委书记李纪恒到希日塔拉嘎查典型户巴·巴特尔家和哈那乌拉嘎查党员中心户阿拉腾布日古德家考察工作。

## 10月

**10月8日** 盟委副书记、政法委书记武国栋一行到锡林浩特市,调研内蒙古自治区文明校园创建工作推进会参观点筹备情况。市领导代钦、李博峰、王占奇、包荣智陪同调研。

**10月13日** 市委宣传部组织召开全区文明校园创建工作推进会,市委常委、宣传部部长包荣智参加,并在会上对创建全区文明校园工作做了安排部署。

**10月17日** 盟委委员、市委书记代钦赴白音锡勒牧场调研"减羊增牛"工作。市领导李博峰、王占奇、德力格尔朝克图及有关部门负责人陪同调研。

**10月18日** "兑悦爱在锡林郭勒盟"第二届公益捐赠活动在锡林浩特市民族小学隆重举行。此次活动由中国光华科技基金会、银亚集团、盟驻京联络处牵头主办,盟委、行署、盟市两级团委协助承办,爱心公益企业及爱心人士向全盟共青团捐赠价值200万元物资(由盟团委统一配发各旗县中小学校)。

## 11月

**11月9日** 自治区党委常委王莉霞一行到锡林浩特市,先后考察走访宝力根苏木哈那乌拉嘎查党员中心户阿拉塔布日古德家、锡林郭勒大庄园肉业有限公司国际标准化牛羊肉精深加工基地、额尔敦街道办事处振兴社区、锡林河生态景观带建设和地质环境治理工程现场、锡林郭勒文化园等地。盟委书记罗虎在,盟委委员、统战部部长马峰,盟委宣传部常务副部长周振禄,市领导代钦、张锦明、王占奇、包荣智、赖向华陪同调研。

**11月18日** 锡林浩特市个体工商户"两证整合"模式启动仪式在市政务服务中心举行,并为个体经营者颁发第一张"两证整合"证照,极大的简化了个体工商户登记注册程序,进一步推动大众创业、万众创新。

**11月** 月底完成不动产登记首发暨揭牌仪式。

## 12月

**12月10日** 锡林郭勒盟妇联、九三学社锡林郭勒基层委员会、锡林郭勒盟心理卫生协会、锡林郭勒盟婚姻家庭协会、锡林浩特市委宣传部、锡林浩特市文明办、锡林浩特市妇联、杭盖街道办事处在长安社区联合开展《关爱居民健康》讲座义诊活动。锡林郭勒盟政协常委、锡林郭勒盟妇联党组书记、主席车淑荣,锡林浩特市委常委、宣传部部长包荣智及相关人民团体负责人、专家学者、辖区市民近200余人参加此次活动。

**12月13日** 锡林郭勒盟宣讲团到锡林浩特市开展内蒙古自治区第十次党代会精神宣讲,盟直机关党工委调研员哈达、锡林郭勒职教中心党委书记孙艳、盟委党校副教授刘志民等3名宣讲团成员,分别对全市副科级以上领导干部、楚古兰街道办事处干部群众和希日塔拉街道办事处新华社区职工群众同时进行了3场宣讲报告会,全市副科级以上领导干部、楚古兰街道办事处及希日塔拉街道新华社区工作人员和居民代表近1000人聆听了报告会。

**12月15日** 全市各中小学校参加全区"德润

草原·苏敦娜荷芽”社会主义核心价值观主题蒙汉语童谣征集和中小学生征文活动,锡林浩特市共征集作品69篇,其中童谣36篇,散文33篇。

**12月16日** 锡林浩特市民宗局举办2016年度全市宗教联络员培训班。

**12月31日** 全年共发放低保资金2537.21万元,“五保”供养资金27.18万元,孤儿供养资金44.5万元,“三民”补贴29.1万元,“三无”补贴128.4万元,临时救助资金349.1万元,医疗救助资金684.82万元,残疾人“两项补贴”105.8万元,各类优抚金70.83万元,义务兵家属优待金842.16万元,自主就业补助金426.14万元。

**12月** 2016中国新丝绸之路·锡林郭勒草原畜牧业创新品牌展示交易会在锡林浩特市成功举办。京津风沙源治理二期工程项目建成储草棚6000平方米、暖棚2.8万平方米、围栏封育18万亩、草种基地500亩。落实农机购置补贴472.854万元,补贴机具410台(套),受益牧户249户。全市农牧业机械总动力达16万千瓦,增长0.09%。机械化综合作业水平达99%以上,大型拖拉机机具配套比达到1:3的合理配置。

锡林浩特市社保局全面推动二代社会保障卡应用,启动金融功能,共计发放医疗待遇7000余人次,8000余万元;新增退休人员全部实现二代社会保障卡发放养老保险金。

**同月** 锡林浩特市社保局连续第12年调增企业退休人员养老金,人均调资140元。自2012年至今,累计为企业退休人员月增资848元,全部足额发放到位,保障了退休人员的权益;连续第3年调增城乡居民养老保险基础养老金,2016年每人月增资5元,基础养老金已由2012年的200元每月增长到2016年的230元每月。锡林浩特市基础养老金水平在全盟排名靠前,在全区也属上中水准。

**同月** 锡林浩特市成功申报了国家级高新技术企业2家,即锡林郭勒通力锗业有限责任公司和内蒙古草原生态畜牧产业研究院。

# 全市概况

XI LIN HAO TE NIAN JIAN

**【地理位置】** 锡林浩特市历史悠久。距今4000~6000年以前已有人类繁衍生息,清乾隆八年1743年建"贝子庙"。1953年改称锡林浩特,1956年改称阿巴哈纳尔旗,1983年经国务院批准改设县级市锡林浩特。锡林浩特市位于北纬43°02′! 44°52′-东经115°18′-117°06′。东邻西乌珠穆沁旗,西连阿巴嘎旗,南接赤峰市克什克腾旗、正蓝旗,北靠东乌珠穆沁旗。市境南北长208公里,东西长143公里。总面积14785平方公里,其中城市规划建设用地面积49平方公里,建成区面积37.5平方公里。

**【政区】** 锡林浩特市辖3个苏木(宝力根苏木、朝克乌拉苏木、巴彦宝拉格苏木)、1个镇(阿尔善宝力格镇)、7个街道办事处(宝力根街道办事处、杭盖街道办事处、楚古兰街道办事处、希日塔拉街道办事处、额尔敦街道办事处、南效街道办事处、巴彦查干街道办事处)、6个国有农牧场(白音锡勒牧场、白银库伦牧场、毛登牧场、贝力克牧场、沃源奶牛场、蔬菜农场)。牧区有22个嘎查,8个居委会;国有农牧场有15个分场,1个居委会,街道办事处有52个社区居委会。

**【人口】** 现有总人口26.7万人,其中:常住人口25.4万人,流动人口1.3万人。常住人口中,城镇人口22.83万人,牧区人口2.57万人。常住人口中共有30个民族,蒙古族5.74万人、汉族18.64万人、其他少数民族1.02万人。

**【自然条件】** 锡林浩特自然条件独特。位于内蒙古高原中部,地势南高北低,南部为低山丘陵,北部为平缓的波状平原,平均海拔高度988.5米。地处中纬度西风气流带内,属中温带半干旱大陆性气候,降水量294.9毫米,无霜期110天。全市有可利用草场面积2054万亩,动植物资源多样,草原类型齐全,地跨草甸草原、典型草原和沙丘沙地草原,具备得天独厚的畜牧业生产和发展条件。

**【资源条件】锡林浩特市矿产资源富集。**煤炭探明储量298.5亿吨,其中胜利煤田224亿吨,是目前全国煤层最厚、储量最大的褐煤煤田;巴彦宝力格煤田74.5亿吨。石油探明储量2亿吨。锗探明金属量3300吨,占全国储量的68%,占世界储量的38%。铬探明金属量137万吨。钼探明金属量17万吨。太阳能资源为二类地区,年发电有效时数3000小时左右,适宜建设大型光伏产业基地。风能资源丰富,总蕴藏量达2.5亿千瓦,可开发利用量超过0.25亿千瓦,灰腾梁地区年有效风能利用小时数达到3000小时以上,局部达到3300小时,规划装机容量300万千瓦,是自治区规划装机百万千瓦风电基地之一。

**【区位优势】**锡林浩特市区位优越。地处东北华北、西北交会处,距北京、呼和浩特、沈阳直线距离分别为460公里、470公里、620公里,能有效融入环渤海经济圈和东北经济圈。与二连浩特和东乌旗珠恩嘎达布其口岸距离分别为340公里、338公里。

锡林浩特市交通、通信便捷。境内公路总里程1255.4公里,锡张高速和国道207、303及省道101、307贯穿市境,辐射北通二连浩特、珠恩嘎达布其两个对蒙一级陆路口岸,东连东北三省、西接呼包鄂地区、南达京津唐的高等级公路运输通道已经形成。铁路总里程344.4公里，已建成锡桑铁路、锡多铁路、锡乌铁路、锡二铁路、胜利西一号和西二号铁路专用线、胜利东二号铁路专用线等7条，锡赤铁路正在加快建设，锡林浩特至北京客运专线即将开通。4C级机场可起降767型客机，飞往北京、呼和浩特、西安、沈阳、广州、上海等地。通信网络覆盖全市，有中国联通、中国电信、中国移动3家通信企业，设备承载能力达到880G，"十二五"期间将达到3900G。电网横贯东西，连通蒙西，建有500千伏变电站2座、220千伏变电站1座、110千伏变电站14座、35千伏变电站7座，送电线路总长3000公里。

**【人文特色】**锡林浩特市是蒙古族人文特色最为鲜明的草原旅游胜地，是蒙古族民俗保留最为完整的地区之一。有内蒙古中西部四大藏传佛教寺庙之一、国家AAAA级旅游景区、第六批全国重点文物保护单位的贝子庙。有被联合国教科文组织确定为人与生物圈保护网络成员单位，被国际植物界誉为欧亚大陆样板草原的国家级自然保护区白音锡勒自然保护区，以及锡林河国家级湿地公园、白银库伦淖尔国家级遗鸥保护区和正在申报的锡林郭勒草原国家级火山地质公园。有被中国马业协会授予以锡林浩特市为核心的锡林郭勒盟"中国马都"称号。有极具文化内涵和民族特色的传统"祭敖包"和盛大"那达慕"。2011年获得"最具魅力节庆城市"荣誉称号，有"吉祥草原—锡林郭勒那达慕"、冰雪文化节、游牧文化节等品牌活动，2015年举办了"蒙草杯"四国女篮国际对抗赛、第八届亚洲青少年武术锦标赛、中国马术大赛、中国马会杯·马都赛、中国马都大赛马、"大庄园杯"全国汽车场地越野锦标赛、"丝绸之路"2015全国公路自行车冠军赛、第二届全国收藏斗宝大会等活动，中国·锡林浩特国际游牧文化节系列活动游牧文化节，已成为锡林浩特市一张独特靓丽的名片，是一代长调歌王哈扎布的故乡，被文化部、文化厅分别评为民间艺术之乡和民间文化"潮尔道"之乡。先后荣获全国科技先进市、中国优秀旅游城市、全国双拥模范城、全区文明城市、全区卫生城市、全区园林城市、自治区级创业型城市等称号。

# 领导机关

XI LIN HAO TE NIAN JIAN

## 中共锡林浩特市委

**【中共锡林浩特市委领导名录】**

书　记　代　钦(蒙古族)
副书记　张锦明(蒙古族)
　　　　斯日古楞(蒙古族 2016 年 6 月离职)
　　　　李博峰(2016 年 8 月任职)
常　委　杜　杰(蒙古族 2016 年 8 月任)
　　　　郭轶杰
　　　　郭静娟(女 2016 年 8 月任)
　　　　王占奇
　　　　罗志华
　　　　德力格尔朝克图(蒙古族)
　　　　赵国柱(2016 年 8 月任)
　　　　包荣智(蒙古族)
　　　　孟玉明(2016 年 8 月离职)
　　　　张　奕(女 2016 年 8 月离职)
　　　　王晨光(2016 年 8 月离职)

**【概况】** 2016 年,在盟委、行署的正确领导下,全市上下深入贯彻中共十八大、十八届三中、四中、五中、六中全会精神,认真学习贯彻习近平总书记系列重要讲话、习近平总书记考察内蒙古重要讲话精神和自治区第十次党代会精神,统筹推进“五位一体”总体布局,协调推进四个全面战略布局,坚持稳中求进工作总基调,主动适应经济发展新常态,全面落实新发展理念,坚定不移推进供给侧结构性改革,持续做好稳增长、促改革、调结构、惠民生、防风险各项工作,经济发展稳中有进,生态环境持续改善,城市建设管理明显加强,民生保障切实加强,社会大局和谐稳定,深化改革有序推进,从严治党责任有效落实,各方面工作都取得了新进展新成绩,实现了“十三五”良好开局。地区生产总值完成 228.1 亿元、增长 7.5%。全社会固定资产投资完成 181.4 亿元、增长 21.6%。一般公共预算收入完成 29.4 亿元、增长 11.2%。社会消费品零售总额完成 62.5 亿元、增长 10%。全年一般公共预算支出 33.5 亿元,城乡常住居民人均可支配收入分别完成 39390 元、22245 元,增长 8%、7.8%。

**【经济工作】** 现代农牧业加快发展。全年在畜牧业结构调整、基础设施建设、产业发展等方面整合投入资金 10 亿元,牧业年度牲畜 168.7 万头(只),其中舍饲养殖总量保持 70 万头(只)。畜种改良工作扎实推进,巩固完善地方良种肉羊标准化畜群 950 群、良种种公羊达 2.1 万只,良改比重、繁成率分别达到 99.4% 和 110.8%。”减羊增牛“发展战略实现良好开局,新建优质肉牛繁育基地 3 处,引进优质安格斯肉牛、和牛 840 头。牧企利益联结机制进一步完善,规范牧民专业合作社 20 家,带动牧民转变生产经营方式。农牧业基础设施建设持续加强,新建暖棚 6.18 万平方米、储草棚 0.9 万平方米,打储草 1.4 亿公斤、集中储备饲草 0.8 亿公斤,确保牲畜安全过冬。农畜产品质量安全监管工作取得积极进展,羊肉产业链可追溯体系累计完成信息录入 36.8 万只,锡林浩特市农畜产品安全检测中心成为全区首家承担自治区例行监测任务、锡林郭勒盟唯一一家“双认证”的农畜产品县级检测机构。种植业稳步发展,种植农作物 33.77 万亩,粮食、蔬菜瓜果产量分别达到 3.35 万吨、5 万吨。

工业经济总体平稳。69 户规模以上工业企业全部开复工,实现产值 167.1 亿元。能源工业实现产值 98.4 亿元,占规模以上工业总产值的

58.89%、拉动增长6.7个百分点；畜产品加工及相关产业实现产值40.2亿元，占规模以上工业总产值的24.06%、拉动增长0.05个百分点；装备制造业、高新技术产业、建材业、非煤矿产开采业及其他行业占规模以上工业总产值比重为17.05%。全年实施重点项目67项，完成投资173.9亿元，其中盟级重点项目20项，完成投资164.3亿元。神华、大唐、北方电力和蒙能电源点项目进展顺利。锡林郭勒盟至江苏泰州±800千伏特高压直流输电工程、胜利1000千伏变电站项目和锡林郭勒盟2×300兆乏调相机工程稳步推进。明阳电气新能源设备制造项目快速推进。上海电气电站集团能源装备制造产业基地建设项目进入试运行阶段。华电、锋威光伏发电项目并网发电。大庄园集团精深加工项目投产运营。与京津冀、珠三角、长三角地区进一步加强合作，招商引资取得较好成效，全年共引进畜产品精深加工、风电机械设备制造、特高压输变电及电源点建设配套项目10个。

服务业发展提速升级。文化与旅游深度融合，连续举办中国马术大赛、中国马都大赛马等系列马文化主题活动，马都核心区入选"内蒙古自治区级服务业聚集区"，锡林河生态景观带、"锡林风景线"旅游项目稳步推进，完成《千古马颂》剧目打磨提升。成功举办四国女篮对抗赛、国际游牧文化节、国际奥委会主席杯全国百城市自行车赛、中蒙俄国际拳击赛等国内国际赛事，有效提升了地区的知名度和影响力。全年接待游客数、旅游收入分别达到417.1万人次、72.9亿元，增长4%、15%。商贸物流金融业加快发展，组织企业参加"2016o中国二连浩特中蒙俄经贸合作洽谈会"等展洽会5次，成功承办中蒙俄国际产能合作论坛和中蒙俄企业推荐会，对外贸易净出口总额完成187万美元，增长87%。新丝路电子商务产业园创业创客孵化基地投入使用，亿度电子商务有限责任公司创建为内蒙古自治区电子商务示范企业。现代物流园区与民禾物流园区整合完成。金融机构存贷款余额分别为299亿元、283亿元。在2015年帮助宏源集团上市融资的基础上，2016年草都牧业公司成功挂牌"新三板"。

**【生态环境】** 草原生态不断好转。加大保护草原生态的力度，落实新一轮草原生态保护补助奖励机制，补奖面积2086.98万亩，投入1.1亿元。投入4亿元实施重点区域绿化1.35万亩、京津风沙源治理2.8万亩，草原植被盖度达46%。加快推进草牧场确权颁证工作，规范草牧场流转行为。加强林业执法力度，做好森林防火、资源管理工作。加强锡林郭勒草原国家级自然保护区保护管理，集中整治重点排污企业、矿山企业67家，锡林河国家湿地公园保护、生态水系治理等重点生态建设工程稳步推进，生态建设成果进一步巩固。环境治理成效明显。投入1.36亿元，加强矿区生态环境综合治理工作，治理面积14.3平方公里，努力打造绿色和谐矿区。加大水源地保护力度，加强污水排放企业水质监测，污水处理厂提标改建工程通水运行。健全环境保护网格化监管机制，严格执行节能评估审查备案制度，抓好企业超低排放改造，切实做好节能减排工作。全力做好中央环保督察组反馈问题整改落实工作，群众反映28件环境问题全部整改完成。做好PM2.5、PM10监测工作，全年空气优良天数达到353天，其中质量为优的天数236天。

**【城市建设】** 城市规划方面。以优化城市结构、完善城市功能、改善城市环境、提升城市品质为目标，统筹考虑人口、产业等要素，努力提升现代城市品位，着力打造宜居宜业、独具魅力的草原生态城市。《锡林浩特市城市总体发展"十三五"规划》《城市综合管廊规划》《锡林河生态景观带总体规划》《七个苏木镇场总体规划》《36个嘎查（分场）和144个自然村建设规划（2014－2020年）》编制完成，人民公园、南山生态公园、花卉市场、儿童娱乐城、道路、管网、供热、供水、电力等基础设施建设规划设计完成。城市建设方面，重点加强事关群众出行、居住、生活等方面的公共基础设施建设，完成投资17.6亿元。那达慕、北京、希日塔拉、团结等14条街路拓宽打通工程和7条小街巷改造工程顺利完成，铺装人行道62万平方米，道路罩面32万平方米，实施绿化71公顷，征收房屋345户，改造老旧小区20万平方米，完成棚户区改造2064户，续建返迁楼5000套，建设管网24.8公里。锡林河生态景观带六大节点景区工程稳步推进，额尔敦敖包公园、城市滨河公园、马都广场、湿地公园、南山森林公园、锡林湖公园完成投资3.5亿元。城市管理方面，常态化推进城市环境综合整治，连续开展3个"百日"行动，着力整顿城市"六乱"，做好便民市场管理工作，城市卫生环境大幅改观。创建国家卫生城市工作取得关键性成果，进入迎接国家技术评估冲刺阶段。优化"城市指挥中心"功能，完善物业管理"四级联动"管理体系，推动智慧社区建设，完善网格化管理工作，城市服务功能进一步提升。基础设施方面。加大路网建设力度，锡二铁路建成通车，进京铁路多丰线推进顺利，锡张快速铁路列入国家"十三五"规划，集通铁路既有线提速改造工程取得积极进展。丹锡高速已交工验收，国道303别力古台至锡林浩特段公路完成投资11.7亿元,农村300公里公路建设项目完成投资1.5亿元。机场改扩建和"一关两检"项目建设前期工作有序推进。10千伏农网改造升级、10千伏线路新架等电力工程加快实施,完成投资5402万元。锡林大街、上海路等4条10千伏架空分支线入地大修项目顺利完成。

**【民生和社会事业工作】** 按照"守住底线、突出重点、完善制度、引导预期"的要求,全年一般公共预算支出33.5亿元,用于民生和社会事业支出23.7亿元,占公共预算支出70.8%,进一步提高民生和社会事业发展水平。

牧区"十个全覆盖"工程全面完成。三年累计完成投资15.24亿元,2016年完成投资4.06亿元,共完成危房改造1670户;建设水源井134眼;建设储水窖331座;完成街巷硬化102.64公里;接通网电牧户227户;安装广播电视户户通700户;新增无线地面数字电视覆盖工程4个;新增广播村村响1个;新增通讯基站9座;新建幼儿园1处;文化活动室新建6处、续建6处;改建便民连锁超市10处;扩面和环境综合整治工程全面完成,建立了后期管护长效机制,牧区生产生活条件进一步改善。

就业创业工作稳步推进。全年征集就业岗位1.9万个,城镇新增就业人数4037人,失业人员实现再就业人数440人,实现农牧民转移就业2254人,高校毕业生就业920人,安置失业和就业困难人员585人,城镇登记失业率控制在3.35%。加大创业援助力度,锡林浩特地区发放创业担保贷款1亿元。完善创业园区建设,积极打造农牧民工返乡创业园和"锡林尚品"特色产品专营店,银座大学生文化创意创业园9、10楼及新丝路电子商务创业园二期投入运营。

脱贫攻坚工程率先完成。继续实施规划、项目、干部"三到村三到户",扎实开展领导干部"一对一"定点扶贫活动,完善教育扶贫、金融扶贫、产业化扶贫措施,充分发挥嘎查分场扶贫互助资金和嘎查集体经济发展扶持资金作用,整合各类扶贫资金2948.5万元,脱贫311户,895人,在锡林郭勒盟率先实现基本消除绝对贫困现象的目标。

社会保障体系不断健全。扩大社会保险覆盖范围,养老、医疗、工伤、生育和失业保险五险参保17.21万人,完成上级下达参保任务的91.6%。牧区合作医疗参合牧民达到1.67万人,参合率达98.2%。加大特困群体救助力度,扩大高龄补贴覆盖面,累计发放各类救助金5200余万元,特困群众生活得到较好保障。养老事业加快发展,锡林颐和苑国际养老中心完成投资0.97亿元,爱祺乐牧民养老园区提档升级,锡林牧村老幼院工程稳步推进。

社会事业加快发展。教育基础设施进一步完善,新续建各类教育工程13项,完成投资7000万元,顺利通过全国义务教育发展基本均衡市验收。盟市医疗联合体建设持续推进,城乡居民规范化电子健康档案建档率达86.7%,成功承办全区爱国卫生工作现场经验交流会和全区卫生计生宣传暨健康教育工作经验交流培训,医疗卫生服务体系日趋完善。体育事业加快发展,体育场馆利用率进一步提高,社区和校园足球运动成效明显。文化工作繁荣发展,围绕"放歌草原·书写百姓"主题创作活动,新创作文艺作品20余部,连续第19年举办锡林河之夏群众性文化活动。

**【维护社会和谐稳定工作】** 开展矛盾排查化解工作。完善市直部门、苏木镇(场)街道、嘎查(分场)社区、居民小组(党员中心户)四级矛盾排查网络、基层矛盾纠纷"五所联调"和"诉调对接"、稳定风险评估等工作机制,继续落实好"1328"市级领导带科级干部下访制度、信访联席会议制度、领导信访接待日和包案制度,发挥好法律援助作用,切实将矛盾隐患解决在基层,化解在萌芽状态,排查、化解矛盾纠纷242起。落实涉法涉诉案件当事人司法救助措施,解决救助资金99万元。加大信访案件办理力度,全年信访总量批次、人次分别下降19.2%、18.4%,集中解决重点信访案件24件。

深入推进"平安创建"工程。加强社会治安综合治理,推进城市技防建设和牧区草原"110"联防联网报警系统建设,优化提升网格化管理工作,提高社会治安管控和社会管理服务水平。开展"亮剑"和"震慑"等系列行动,4起命案全部告破,刑事案件立案数、治安案件受理数分别下降18.5%、0.08%,开展打击食品药品违法犯罪、打击制假售假、整治道路交通安全隐患、整治消防安全隐患、打击电信网络诈骗及盗抢骗等十个平安创建专项行动,保持了社会治安大局平稳。加强安全生产监管工作,在全市范围内开展安全生产大检查行动8次,专项督查检查165次,发现整改问题1799个,全年未发生重特大安全生产事故。加强食品药品安全监管工作,全年未发生重大食品药品安全事故。推进精神文明和民主法治建设。顺利完成创建全国文明城市第二年度测评工作,成功承办全区文明校园创建工作推进会,大力开展文明村镇、文明单位、文明校园、文明家庭、文明社区等精神文明创建工作,"马背道德讲堂"月月开讲,将培育和践行社会主义核心价值观落细、落小、落实。全面推进依法治市,启动"七五"普法教育,开展"法律六进"活动,落实法官、检察官专业职务序列和员额制度,完成全市1305名行政执法人员培训换证工作。深入推进政法机关精细化管理,政法队伍建设、工作运转、执法办案、服务群众等工作进一步规范。深化"五融合四促进",开展"书记走边关"活动,第五次荣获全国双拥模范城(县)称号。

**【改革工作】** 深入贯彻落实上级党委、政府各项改革部署,紧密结合锡林浩特市实际,出台了《市委改革领导小组2016年工作要点》《2016年锡林浩特市改革任务台账》《锡林浩特市2016年改革试点台账》《锡林浩特市全面深化改革工作督查考核办法(试行)》,明确了推进改革的主要方向和重点内容,推动六大领域出台改革成果97项,13项试点任务有效落地。继续推进行政审批制度改革,梳理公布权责清单2823项,审批时限压缩54.6%。全面落实注册资本登记改革,全市市场主体和注册资本分别增长20.5%、28.03%。司法体制、文化体制、社会管理服务、纪律检查体制等改革有序推进、成效明显。

**【党建工作】** 严格落实自治区从严治党"1+3"制度体系,制定出台配套文件,全面开展"三级联述联评联考"工作,党建工作赋分比重提高到55%。扎实推进"两学一做"学习教育。突出"基础在学、关键在做"要求,先后召开常委会、座谈会、督导调度会、联系点现场推进会等部署学习教育工作,成立协调小组和8个督导组,制定"1+3+N"实施方案,将学习教育情况纳入"三级联述联评联考"重要内容,推动学习教育深入开展。以"六进蒙古包"、"送党课下基层"、"微课堂"、建党95周年"七个一"活动为载体,市委常委开展专题党课33场次,中心组专题研讨4次,示范带动基层党组织讲党课2087场次、专题学习讨论1117场次,基层党组织查摆问题743条、落实整改653条,党员干部查摆问题1201条,落实整改1088条。组织开展"承诺o唐嘎日嘎"主题党日活动、"百日集中组建"主题等活动,引导党员立足岗位做贡献。

加强宣传思想工作。围绕推进学习型党组织建设,组织召开中心组集中学习会16次。围绕全国"两会"精神、党的民族理论政策和宗教理论政策、扶贫开发工作、中共十八届六中全会精神、自治区第十次党代会精神等重点内容,组织百日宣讲活动208场,受教育人数2万人次。以"幸福路上谱新章"26万群众暖心记为代表的外宣稿件多次被中央和省部级各类媒体刊登转发,在央视播出新闻4条、录制系列专题节目13期,《民族画报》刊发专版1期,策划宣传锡林浩特新媒体宣传片42个,草原明珠锡林浩特传播面和影响力不断扩大,平安锡市、内蒙古锡林浩特市农牧业局、锡林浩特市总工会、锡林浩特市信访在行业部门微信公众号排行名列前茅,平安锡市微信平台被自治区互联网信息办公室授予2016年度内蒙古自治区最具影响力政务微信。围绕社会主义核心价值观,牢牢把握网络舆论主动权,扎实开展"责任担当·服务圆梦"等主题实践活动,积极营造良好舆论氛围。加强基层服务型党组织建设。强化基层基础保障力度,嘎查、城市社区年办公经费达9万元、分场年办公经费达3万元,嘎查"两委"正副职工作报酬分别达到1900元/月和1700元/月,城市社区民选正副职工作报酬分别达到2700元/月和2200元/月;嘎查、城市社区活动阵地达标率为100%、92.5%。在牧区,按照"四评"程序,规范嘎查党组织星级管理,通过市级领导定点联系、"第一书记"驻村指导、项目资金重点倾斜、壮大嘎查集体经济等方式,深入推进牧区党建工作。推动提升"党员中心户+协会"带动能力,按照"六有"标准,规范党员中心户70户。深入开展"双服务"工作,形成四位一体、上下联动工作格局。在社区,围绕"四有五化"工作思路,不断提升党组织精细化服务水平。7个街道成立联合党工委,52个社区成立联合党委,分别由联系街道的处级领导、社区"第一书记"担任联合党(工)委书记。建立组团式服务、在职党员进社区长效机制,30个社区搭建互联社区平台,2个社区试点推行"智慧社区"建设。按照"一社区一品牌"的思路,抓好示范社区创建工作,打造盟市两级示范社区19个,以点带面,推动工作。在非公有制经济组织和社会组织,全面启动非公有制企业和社会组织"两个覆盖"专项工作,通过"1+N"党建工作模式,非公企业和社会党组织覆盖率分别达到71.5%和64.4%,党建工作实现100%覆盖。加强党建工作规范化建设,4家基层党组织被推选为盟级示范点。在国有农牧场,强化党建工作领导,将国有农牧场党建工作纳入全市党建工作总体布局,制定出台考核管理制度,强化对分场工作的考核。圆满完成党组织换届工作,配齐配强党组织书记,拓展"党员中心户+协会"管理模式,有效发挥政治引领和领导核心作用。在机关,结合党组清理规范工作,优化调整组织设置,设置党组34个,明确党组主体责任和书记"第一责任人"责任。选派80名市直部门党员领导干部兼任"第一书记",实现全市嘎查、分场、社区全覆盖。在国企,从完善落实"三会一课"、学习培训、党员联系服务群众等制度入手,举办国企党员教育培训班7期,进一步规范党组织建设和党员行为。加强干部队伍建设和推进“人才强市”工程。严格执行《干部选拔任用工作条例》,在干部调整任免工作中,着力把好“三关”,上好“五把锁”。加强组织领导,精心组织党代表产生和大会选举,圆满完成市委、苏木镇党委换届工作。加强领导干部教育培训。制定印发《锡林浩特市干部教育培训学时制登记管理办法(试行)》,制定年度干部教育培训计划,提高干部学以致用的能力。落实谈心谈话、诫勉、函询等制度,完善干部监督联席会议、干部请销假等制度,严格监督管理干部。坚持离任审计和任中审计相结合,实行经济责任审计两个“必须”制度,对现任三年以上主要领导干部任中审计全覆盖。认真整治“三超两乱”问题,消化超职数配备干部94名,累计完成全部整改消化任务的90.97%。完善“一意见三方案”内容,推动全市各部门重视人才工作,市委常委及四大班子领导与36名优秀人才代表结对联系,共有1个产业创新人才团队、1个农村牧区实用人才团队、2个高层次人才创新创业基地、4人入选自治区“草原英才”工程。

加强党风廉政建设和反腐败工作。一是认真落实“两个责任”。严格落实党风廉政建设党委主体责任和纪委监督责任,坚持把规矩和纪律挺在前面,年初召开纪委扩大会对党风廉政建设进行安排部署,全年召开4次常委会研究党风廉政建设工作,全年开展党风廉政建设责任制专项考核检查100余次,充分发挥派驻纪检机构监督作用,全年深入联系部门单位开展监督活动300余批次,有力地促进了党风廉政建设“两个责任”的落实。二是加大反腐倡廉宣传教育力度。积极推动廉政文化建设,开展各类形式多样、内容丰富的反腐倡廉警示教育活动,全年共开展反腐倡廉宣传教育226批次,受教育人数2.7万余人次,通过“一网两平台”发布网站信息600余篇、图片新闻200余张,发布微信信息1200余条,发送廉政提醒短信400余条,进一步营造良好的社会舆论氛围。三是持续加大监督检查力度。以落实党风廉政建设责任制、中央八项规定精神和加强作风建设为抓手,集中开展“纪律作风整顿年”活动,全年开展明察暗访9批41次,发现问题74个,通报曝光问题59个,下发三级预警通知书15份,约谈13人次,诫勉谈话2人次,函询6人次。积极组织开展行风评议活动和行风热线节目,全年组织参加行风热线节目110次,受理解决群众各类投诉31起。四是持续加大纪律审查工作力度。综合运用监督执纪“四种形态”,充分发挥纪律审查工作的治本作用。全年受理信访举报119件次,处置问题线索103件,初步核实48件,立案36件,结案32件,处分违纪人员34人,挽回经济损失79.73万元。五是扎实开展纪律检查体制改革工作。积极推动党的纪律检查工作双重领导体制具体化、程序化、制度化,制度出台了纪检干部管理、请示报备、提名考察、质询评议、工作报告等一系列制度规定,促进了基层纪检监察工作依法、规范、有序进行。

加强对统战工作的组织领导。认真贯彻落实《统一战线工作条例(试行)》,出台和制定了《关于进一步加强新形势下统一战线工作的实施意见》《锡林浩特市统一战线凝心聚力“十三五”行动实施方案》和《锡林浩特市贯彻落实各级统战工作会议精神和〈条例〉重点工作规划(2016-2018)》,按照“四个纳入”“三个带头”要求,将统战工作纳入市委的重要议事日程,专门召开常委会、党政联席会研究统战工作;将统战工作纳入苏木镇场、街道党政领导班子考核内容,明确了副书记分管统战工作;将统一战线理论政策纳入党校教学内容和培训计划;将统战工作纳入市委宣传工作计划。市党政领导率先垂范,带头学习宣传和贯彻落实统一战线政策法规,带头参加统一战线重要活动,带头广交深交党外朋友。开展好民族团结进步创建活动,做好城市民族工作,依法管理宗教事务,做好非公有制经济人士工作,营造了团结奋斗、共同发展的良好社会氛围。

## 锡林浩特市人大常委会

**【锡林浩特市人大常委会领导名录】**

主　任　齐振华(蒙古族)
副主任　斯琴巴特尔(蒙古族)
　　包桂华(女 蒙古族)
　　高海楼(蒙古族)
　　李万国
常委会委员　白宝山(蒙古族)
　　姚建安
　　包瑞和(蒙古族)
　　康满玉
　　哈斯其木格(女 蒙古族)
　　包　静(女 蒙古族)
　　斯琴毕力格(蒙古族)
　　孟根都希(蒙古族)
　　钢苏和(蒙古族)
　　常　敏

任　昊
乌恩奇(蒙古族)
李图雅(女 蒙古族)
高　飞(蒙古族)
常　格(女 蒙古族)
王有宾
关　丽(女 蒙古族)
巴亚日图(蒙古族)

**【下设机构及领导名录】**

办公室主任　白宝山(蒙古族)
办公室副主任　宝音那米胡(蒙古族)
教科文卫民侨工作委员会主任　李图雅(女 蒙古族)
人事代表选举工作委员会主任　常　格(女 蒙古族)
财经工作委员会主任　包　静(女 蒙古族)
内务司法工作委员会主任　高　飞(蒙古族)
农牧业工作委员会主任　巴亚日图(蒙古族)

**【概况】**　在市委的坚强领导下,市人大常委会全面贯彻中共十八大和十八届三中、四中、五中、六中全会精神,深入贯彻习近平总书记系列重要讲话精神和治国理政新理念新思想新战略,深入贯彻习近平总书记考察内蒙古、视察锡林浩特市时的重要讲话精神,认真落实市第十二次党代会的决策部署,切实担负起宪法和法律赋予的职责,圆满完成了十四届人大四次会议确定的工作任务,为实现锡林浩特市"十三五"良好开局作出了应有贡献。

**【市十四届人大四次会议】**　市十四届人大四次会议于2月22日至24日举行。大会听取和审议了市人民政府工作报告、人大常委会工作报告、法院工作报告、检察院工作报告,审查和批准了锡林浩特市国民经济和社会发展第十三个五年规划纲要草案、锡林浩特市2015年国民经济和社会发展计划执行情况与2016年国民经济和社会发展计划草案的报告、锡林浩特市2015年财政预算执行情况的报告与2016年财政预算。依法补选市人大常委会委员1名。

**【市人大常委会会议】**　2016年市十四届人大常委会共举行7次会议。

第18次会议　2月16日举行。会议审议通过了关于召开市第十四届人民代表大会第四次会议各项决议、决定草案。听取和审议锡林浩特市国民经济和社会发展第十三个五年规划纲要》(草案),审议通过调整2015年地方财政收入预算指标的决议(草案)。

第19次会议　3月8日举行。会议听取和审议了市人民政府关于锡林郭勒现代物流园区一期工程部分项目回购资金列入财政预算的议案和关于锡林颐和苑国际养老中心建设工程回购资金列入财政预算的议案。审议通过了市人大常委会2016年监督工作计划草案。依法任免国家机关工作人员4名。依法暂停1名人大代表资格。

第20次会议　6月4日举行。会议补选自治区十二届人大代表1名,依法任免市人大常委会教科文卫民侨工作委员会主任。

第21次会议　7月5日举行。会议听取和审议了市人民法院关于执行工作情况的报告、市人民检察院关于刑事执行工作开展情况的报告、市人民政府关于"六五"普法工作情况的报告,听取和审议了市人大常委会关于对《中华人民共和国城乡规划法》《中华人民共和国食品安全法》贯彻实施情况进行执法检查的报告、关于农牧民贷款情况的调研报告。审议通过市人民政府关于提请收购2016年城市人行街道铺装改造工程项目服务所需资金本息列入财政预等议案。依法任免国家机关工作人员3名,任免人民陪审员21名。

第22次会议　8月30日举行。会议听取和审议了市人民政府关于学前教育工作开展情况的报告、关于2015年市本级决算及2016年上半年市财政预算执行情况的报告、2015年市本级预算执行情况和其他财政收支情况的审计和上一年度整改工作情况的报告、2016年上半年锡林浩特市国民经济和社会发展计划执行情况的报告,并审查和批准2015年市本级决算。依法任免国家机关工作人员10名,任免人民陪审员12名。

第23次会议　9月9日举行。会议暂停1名人大代表资格。

第24次会议　12月2日举行。会议听取和审议了市政府关于十四届三次会议代表提出的意见、建议(批评)和议案办理情况的报告、关于非公经济发展情况的报告、关于城乡居民养老保险工作开展情况的报告、关于精准扶贫工作开展情况的报告,听取和审议市人大常委会关于对动物防疫法、公路法贯彻执行情况进行执法检查的报告。审议通过《锡林浩特市人大党组关于进一步加强县乡人大工作的实施意见》《锡林浩特市人大常委会讨论决定重大事项的办法》《锡林浩特市人大常委会人事任免办法》。会议依法任命24名人民陪审员。

**【主任会议】**　召开主任会议17次,就如何确定全年工作要点,开好人代会及常委会会议,搞好"三查(察)"活动,以及对机关日常重要工作做了详细的安排部署,充分发挥主任会议的职能作用。

【工作监督】 常委会听取和审议市人民政府《关于"六五"普法工作情况报告》、市人民法院《关于执行工作情况的报告》、市人民检察院《关于刑事执行工作开展情况的报告》等11项报告，要求"一府两院"强化宣传，加强队伍和制度建设，严格依法办案，加大查办案件力度，坚持惩防并举，健全完善协作机制。

【法律监督】 组织人大代表对《中华人民共和国城乡规划法》《中华人民共和国食品安全法》《中华人民共和国动物防疫法》《中华人民共和国环境保护法》《中华人民共和国道路安全法》等法律法规贯彻实施情况进行执法检查，针对执法中存在的问题，及时提出建议和意见，并进行督促纠正，有效防止有法不依、执法不严、违法不究现象，保障相关法律法规在锡林浩特市深入贯彻实施。

【代表工作】 常委会先后对精准扶贫、城乡居民养老保险、城乡公共服务、牧区高利贷、牧民信贷、城乡学前教育、农畜产品生产加工基地建设等事关群众切身利益问题，连续监督，步步深入，分别在常委会上听取和审议市人民政府相关工作报告，进行专题调研和集中视察，作出审议意见，促进社会民生问题的有效解决。

【信访工作】 高度重视人民群众来信来访，坚持常委会主任轮流接访制度，做好信访信息综合分析和重要信访案件督办工作，帮助解决人大代表和人民群众反映的一些实际困难和问题。全年共接待来信来访50人次，受理群众来信来访18件(次)，督办重要信访件5件(次)，积极化解社会矛盾，维护社会稳定。

【人事任免】 在全年7次常委会上先后任免国家机关工作人员46人，补选自治区十二届人大代表1名；针对代表在职务犯罪方面的问题，及时对2名代表作出暂停代表资格的决定。

## 锡林浩特市人民政府

【锡林浩特市人民政府领导名录】

市　长　张锦明(蒙古族)

副市长　孟玉明(2016年8月离职)
郭铁杰
德力格尔朝克图(蒙古族)
赵国柱(2016年8月离职)
贾境文
张学军(2016年8月任职)
陶格敦巴雅尔(蒙古族)
赖向华(女 蒙古族)
杨金柱(挂职,2016年7月任职)

【锡林浩特市政府办公室领导名录】

主　任　纳恩丁(蒙古族)

副主任　胡占宏
刚宝力道(蒙古族 2016年4月离职)
王　平(2016年4月任职)
赵奇峰
邹少华

【概况】 2016年，面对严峻复杂的经济形势和艰巨繁重的改革发展稳定任务，在盟委、行署和市委的正确领导下，在市人大、政协的监督支持下，市政府紧紧团结和依靠全市各族人民，主动适应经济发展新常态，积极应对经济下行压力，统筹做好稳增长、调结构、促改革、惠民生、防风险等各项工作，经济社会各项事业取得新发展，实现了"十三五"良好开局。地区生产总值完成228.1亿元，增长7.5%。全社会固定资产投资完成181.4亿元，增长21.6%。一般公共预算收入完成29.4亿元，增长11.2%。社会消费品零售总额完成62.5亿元，增长10%。城乡常住居民人均可支配收入完成39 390元、22 245元，增长8%、7.8%，超额完成年初目标任务，地方生产总值和财政的总量及增速在全区103个旗县市区实现位次前移。

【畜牧业生产】 整合投入涉农涉牧资金10亿元，提升集约化、科学化水平，农牧业综合效益和竞争力不断增强。牧业年度牲畜168.7万头(只)，舍饲养殖总量70万头(只)。启动实施"减羊增牛"战略，新建优质肉牛繁育基地3处，引进优质良种肉牛840头。良改比重、繁成率分别达到99.4%和110.8%。新建棚圈7.1万平方米，打储草1.4亿公斤，集中储备饲草0.8亿公斤，确保牲畜安全过冬。实施全产业链可追溯羊16万只，农畜产品安全检测中心成为全区首家承担自治区例行监测任务的县级检测机构。

【工业经济】 工业产值167.1亿元，工业项目完成投资128.8亿元，增长2.1倍。能源工业复苏明显，产值增长13%，拉动规模以上工业产值增长6.7个百分点。电力行业增势迅猛，产值增长34.5%。新能源产业加快发展，风电、光电发电量分别增长4.8%和64.5%。重点项目扎实推进，上海电气、明阳电器、特高压配套电源点等项目进展顺利，华电、锋威光伏项目并网发电，全年实施重点项目73项，新建41项，完成投资173.9亿元。

【服务业发展】 电商发展取得重大突破，亿度电子商务公司创建为自治区级电商示范企业，全市电商市场主体357户，交易额5.6亿元。互联网+畜产品战略成效明显,线上线下销售持续火爆。现代物流与民禾物流两大园区优化整合,物流业发展水平不断提升。全域旅游示范区创建工作稳步推进,锡林河生态景观带项目加快建设,“锡林风景线”项目有序实施,中国马都核心区入选自治区级服务业聚集区,《千古马颂》剧目质量和影响力进一步提升。成功举办四国女篮、中国马术大赛等10余项国际国内重大赛事活动,全年旅游收入72.9亿元,增长15%。金融机构存贷款余额286亿元、288亿元。草都牧业公司、额尔敦食品有限公司成功挂牌“新三板”。对外贸易净出口额187万美元,增长87%。

**【生态建设】** 投资5.4亿元,实施重点区域绿化、京津风沙源治理、生态水系治理、小流域治理、矿山和地质环境治理等生态建设工程7.2万亩。全面落实新一轮草原生态保护补助奖励政策,补奖面积2087万亩,发放奖补资金5700万元。核定天然草原载畜量,严格落实禁牧和草畜平衡制度,严厉打击违规放牧、超载过牧等破坏草原生态行为。建立健全草原确权承包管理模式和运行机制,加快草原确权登记换证工作,规范草牧场流转行为。启动农业部草原防火项目,进一步增强防火预警体系和扑火能力。实行最严格水资源管理制度,全市取水总量、工业增加值用水量、万元GDP用水量分别下降2%、17.6%、6.5%,节水型社会建设成效初显。

**【城市和基础设施建设】** 投资17.6亿元,拓宽6条街路,改造7条小街巷,贯通8条断头路,完成道路罩面32万平方米,铺装人行道62万平方米。改造棚户区1718户、老旧小区20万平方米,征收房屋347户,续建返迁楼5000套。建设管网24.8公里。完成园林绿化71公顷。供水、供热、排污能力不断提高。新增大中型清雪车及设备31辆(个),实现绿色环保清雪。荣获全国双拥模范城(县)称号,完成创建全国文明城市第二年度测评。投资255万元,在锡林郭勒盟率先实现城区公共场所免费WiFi覆盖。投资1.9亿元,新改建电力线路515公里,建成4G网络基站242个,敷设通讯管道81公里。投资4309万元,完成外环农牧区防洪、小孤山水库除险加固、锡林河水库维修养护等工程,提升供水保障和防洪减灾能力。锡二铁路投入运行,锡张快速铁路被列入国家铁路“十三五”规划,锡呼包既有线提速改造工程积极推进。丹锡高速建成,国道303别力古台至锡林浩特段项目加快建设,300公里牧区公路全面实施。机场改扩建工作有序推进,全年旅客吞吐量58.2万人次,创历史新高。

**【社会事业】** 投入民生领域资金23.7亿元,占公共预算支出的70.8%。投入扶贫资金2950万元,311户895名贫困人口精准脱贫,在锡林郭勒盟率先实现了基本消除贫困现象的目标。深入推进大众创新、万众创新,新建创业孵化基地1处,打造自治区级创业孵化示范基地1处,发放创业担保贷款2500万元,新增就业4035人。全面落实各项民生政策,进一步提高特困供养、城乡低保等群体保障标准,扩大保障范围,发放各类社会保障资金4.7亿元。走访慰问困难家庭6827户,临时救助407户,发放慰问救助金560万元。帮助劳动者追回被拖欠工资5700万元。加快发展养老育幼事业,城乡养老服务体系进一步完善,7所公办幼儿园投入使用。教育质量和医疗服务水平不断提升,顺利通过全国义务教育发展基本均衡验收,13项教育工程加快推进,汉授高考本科上线率达到83.2%,增长8.5%;推进医联体建设,开展重点人群家庭责任医生签约服务,电子健康档案建档率达86.7%,农牧民免费体检6060人,“二孩”政策全面落实,市卫计局被国家卫计委授予“全国计划生育优质服务先进单位”。举办群众性文体活动60余场次,乌兰牧骑基层惠民演出100场次以上,人民群众精神文化生活丰富活跃。

**【民生工程】** “十个全覆盖”工程圆满收官。全年投资4.1亿元,完成危房改造、街巷硬化、水源井、幼儿园、卫生室、农网改造等工程收尾验收。扶贫攻坚工程圆满完成。投入扶贫资金2950万元,脱贫311户895人。创业就业工作稳步推进。新丝路电子商务产业园创业创客孵化基地投入使用,银座大学生文化创意创业园创建为全国创业孵化示范基地。全年征集各类就业岗位1.9万个,多途径实现就业7398人,全市累计发放创业担保贷款1854万元,城镇登记失业率控制在3.35%以内。五险参保17.11万人,牧区合作医疗参合率达98.2%,累计发放社会保障各类资金4.7亿元。完成锡林颐和苑养老中心一期主体工程,提档升级爱祺乐牧民养老园区。新续建各类教育项目13项,完成投资7000万元,学前教育实现城乡全覆盖,顺利通过国家义务教育发展基本均衡市和国家中等职业教育示范校验收。推进医联体建设,电子健康档案建档率达86.7%。

**【政府自身建设】** 自觉接受人大法律监督、政协民主监督,45件人大代表建议和121件政协委员提案全部办结。严格落实民主集中制,召开22次政府常务会议,集中研究重大事项。扎实推进依法行政,审核把关合同文件350余件,行政责任清单及时公布执行。严格审计监督和财政资金使用评审,审计政府投资项目资金30余亿元,评审核减3.6亿元,审减率17.1%。落实改进作风各项规定,扎实开展“两学一做”学习教育,部门单位主动担当、积极作为意识明显增强。狠抓隐患排查治理、事故预防控制等工作,安全生产形势总体稳定,全年未发生较大及以上安全生产事故。完善食品药品监管体制,全面推行分级量化考核和明厨亮灶工程,确保人民群众饮食用药安全。深入排查化解矛盾纠纷,信访形势总体稳定。加强“平安锡市”建设,完善治安防控体系,始终保持严打高压态势,社会秩序平安稳定,市看守所被公安部表彰为“全国看守所五化建设成绩突出单位”。

**【政府办公室综合工作】** 紧紧围绕全市中心工作,严格按照“规范、有序、严谨、高效”要求,充分发挥参谋助手、综合协调、督促落实职能。组织安排政府常务会议22次、市长办公会212次、市规委会4次、电视电话会议68次、领导干部讲座20期。组织协调全国人大,自治区党委、政府,盟委、行署等上级领导视察、调研活动80余次,完成友好城市来访、客商洽谈投资等接待活动100余次。全年收文、传阅文件3275件,档案信息录入立卷88卷、1333件。完成2016年全区秋季重点项目集中开工仪式、全区爱国卫生工作现场经验交流会、矿山环境治理观摩会等大型会议组织和会务保障工作。

1.信息化工作。发布政策文件、会议精神、人事任免、重大项目进展等信息5995条,微信公众平台关注人数达3873人,政府网站点击率近15万人次。积极推进政务网站改版。办理涉及供水、供热、拆迁、房屋质量等难点热点问题市长信箱留言320条。投入4万元更换数据中心机房设备,新接入政务外网机关单位7个、建成网络机房4个,维护网络问题190余件。实施大数据和城区WiFi免费覆盖工作,制定《锡林浩特市信息资源整合共享及大数据产业项目推进工作方案》,投入255万元,在城区公共场所建设AP终端196个,为广大市民实现免费无线覆盖提供更多方便。

2.信息督查工作。督办落实行署交办工作72件。跟踪督办精准扶贫、十个全覆盖、六城联创、城市建设、安全生产等重点工作,编发督查专报256期。办理盟政协提案30件、市人大、政协提案、建议134件。创设政府办微信公众号,利用微信平台开展“微督查”工作,全年累计发布信息180余条。组织80余名部门单位督查信息工作人员参加业务培训。上报行署信息1016篇,采用率达到30%以上,其中7篇信息被自治区政府办公厅采用。编发《调研报告》7篇、《政务信息》63期、《政府办工作总结和安排》48期。锡林浩特市政务系统督查和信息工作均列锡林郭勒盟第一。

3.法治工作。严格执行规范性文件和合同审查程序,审查各类文件75件、合同280件,受理办结行政复议案件3件,出具合同审查意见书381件次。积极推进行政责任清单编制,及时向社会公布。举办行政执法人员资格考试培训班,完成全市1305名行政执法人员培训换证和12名行政复议人员资格考试工作。积极参与行政诉讼案件应诉工作,协调和参加市政府涉诉案件10起,参与处理涉法信访案件和信访调处17起。充分发挥政府法律顾问室作用,为各部门单位提供法律服务50件次,接待群众法律咨询320余人次。认真推进“双随机一公开”工作,完成随机抽查事项清单编制工作。

4.翻译工作。围绕市委、政府重点工作和牧民生产生活需求,加强规范性文件翻译工作,克服人员少、工作量大等困难,翻译规范性市委政府文件57个约270662字,各类会议材料29份,132612字,政府交办的其他翻译任务13个,41360字,全年累计翻译文字近45万字,翻译量较历年大幅提高。制定了翻译工作程序及参照标准,规范了文件登记、翻译、校对、存档等各个环节。

5.应急工作。完善应急管理机制,严格执行24小时值班和领导带班坐班制度。印发《进一步加强突发事件重大应急信息报送的通知》,规范应急信息报送工作,全年编发各类应急事故(件事)信息80期。加强应急体系建设,初步建立苏木镇场－政府应急办－行署应急办－自治区应急办4级应急报告系统,为全市苏木镇场统一配发了应急对讲设备。接听受理市长热线电话640件,交办率100%。举办应急人员培训班,提升部门单位应急工作水平。会同安监局、食药局联合举行安全生产应急演练,向市属各中小学发放《应急宣传手册》200本。

6.外事工作。结合“一带一路”发展思路,锡林浩特市加强对外开放和经贸往来工作,举办“互联网＋草原畜牧业与创业创新”发展论坛,邀请蒙古国电商参会并签署跨境电商合作协议,推动国际商品线上线下展示销售。积极组织参加“二洽会”、“首届生态畜牧业发展国际高峰论坛”、第二届中蒙民族商品交易会等活动,为本土企业和境外企业广泛交流、深化合作、贸易往来搭建了平台。牵头组织举办四国女篮邀请赛、中蒙迎新春文艺晚会等活动,热情接待台湾文体旅游产业考察团,对外文体交流进一步扩大。积极协调推进锡林浩特机场临时开放工作，推动总投资1800万元的天津自贸区东疆进口商品直营中心在现代物流园区投入运营。

7. 机关服务工作。制定岗位职责、应急处置等17项制度。完成政府1号楼、5号楼防水，附属楼保温，监控维修，变压器和水泵检修，后院硬化铺油和停车线划设，新区原3号楼工程质量检测和加固设计等工程25项。安装LED节能灯360盏、节水感应开关22处，1号楼窗户放置钢条87处、补充锁扣680个，补充维修1号楼及东区大门监控设施，原2号楼安装防盗钢条。完成办公建筑节能改造0.75万平方米，人均综合能耗和单位建筑面积能耗下降3%。配备保安人员12名，会同安保公司不定期进行巡查抽查，确保不发生安全生产事故。

8. 公车改革工作。启动党政机关公务用车制度改革工作，全市党政机关及参公单位核定车辆编制共277辆，保留特殊用途和民生所需的其他车辆48辆，封停车辆284辆，压减比例54.5%。安置司勤人员120人，其中竞聘上岗98人、内部转岗22人。印发了《锡林浩特市党政机关公务用车租赁使用实施方案(试行)》，注册成立了锡林浩特市福兴达矿业有限公司第一分公司，为党政机关、事业单位及国有企业提供车辆租赁保障。制定印发了《锡林浩特市公务用车制度改革保留车辆使用和管理制度(试行)》，强化车辆管理。

## 政协锡林浩特市委员会

**【政协锡林浩特市第九届委员会领导名录】**

党组书记、主席　董德福

副主席　萨仁满都拉(蒙古族)

霍燕军

徐桂英(女)

张务成

**【政协锡林浩特市第九届委员会机构领导名录】**

主　任　徐振福

副主任　白　剑(女)

科教文卫委员会

主　任　王秀梅(女)

经济委员会

主　任　吉日嘎拉(蒙古族)

提案委员会

主　任　齐彩霞(女)

民族宗教文史委员会

胡格吉勒图(蒙古族)

**【组织学习】**　深入学习贯彻中共十八大和十八届三中、四中、五中、六中全会精神，深入学习贯彻习近平总书记系列重要讲话和考察内蒙古重要讲话精神，紧密联系年度重大活动，组织学习习近平总书记在庆祝中国共产党成立95周年、纪念长征胜利80周年、纪念孙中山先生诞辰150周年等大会上的重要讲话精神。通过党组会议、主席会议、常委会议和举办培训班、讲座等多种形式，专题学习贯彻中共十八届六中全会精神，结合“两学一做”学习教育，引导广大委员进一步增强政治意识、大局意识、核心意识、看齐意识，坚决同以习近平同志为核心的中共中央保持高度一致。认真学习贯彻中共锡林浩特市第十二次代表大会精神，推动政协各参加单位和广大政协委员准确把握锡林浩特市未来五年发展的宏伟蓝图和战略举措，紧紧围绕全市工作大局，开展政治协商、专项民主监督、重点课题调研和委员视察等活动。

**【视察调研】**　围绕推进“四个全面”战略布局、落实五大发展理念，选择调整经济结构、推动创新发展、促进经济稳中向好、深化改革开放等重大问题，组织委员深入调查研究，形成《全市精准扶贫精准脱贫工作开展情况的调研报告》《锡林浩特市非公企业经营管理人才队伍建设调研报告》《调整优化种植业结构，破解人工饲草销售难的调研报告》《关于锡林浩特市物业管理工作情况的调研报告》等10篇调研报告。《关于锡林浩特市教育工作的调研报告》得到市委、政府主要领导的高度重视，并作出重要批示，要求分管领导和有关部门认真研究、提出针对性措施努力解决。组织常委会组成人员和各界别委员，围绕培育和践行社会主义核心价值观创建文明城市、精准扶贫、空港物流园区规划与建设、畜牧业发展、生态建设、就业创业等工作，开展视察调研15次，对工作中存在的问题和薄弱环节积极建言献策，以视察监督推动了相关工作开展。配合、协助全国、自治区、盟政协和青海、河南、江西、重庆、山东等地方政协就新牧区建设、草原生态保护奖补政策落实、草原文化建设等方面进行联合调研和视察，并形成调研报告和社情民意信息。

通过继续组织开展以“撰写一份提案、反映一条社情民意、参加一次调研、办一件实事、献一份爱心、联系一个基层单位”为内容的“六个一”活动，加强委员与群众的联系和沟通。发挥委员界别、专业优势，组织卫生、文艺、新闻、经济等界别委员，开展以“下牧区、送温暖”为主题的政协委员走基层活动，深入牧区、贴近群众，与广大牧民面对面了解生产生活情况,并慰问演出文艺节目,开展义诊、免费发放药品,向特困牧户捐款捐物。积极参与新牧区建设、“精准扶贫”等民生工程,深入一线调研督导,走访包扶联系点,摸清底数,了解贫困户基本情况和致贫原因,理清帮扶思路,与苏木、嘎查共同商定帮扶规划、方案和具体措施。多次组织召开苏木嘎查、帮联单位、企业精准扶贫三方对接座谈会,协调帮联企业筹集资金14万元,帮助牧户解决住房、棚圈建设自筹资金面临的实际困难。机关干部深入牧区开展结对帮扶活动,为包联贫困户协调落实帮扶资金5万元,帮助牧区群众解决生产生活中的实际困难和问题。连续几年为宝力格苏木巴彦淖尔嘎查牧民毕西格玛家购置蒙古包,新建了住房、暖棚和水窖,并打机井、接长电,生产生活条件得到彻底改善,使毕西格玛家走出困境,如期实现脱贫致富。

**【协商民主】** 按照习近平总书记关于人民政协的重要指示,特别是“懂政协、会协商、善议政”重要思想的精神实质,深入贯彻中共中央和自治区党委关于推进社会主义协商民主建设和加强人民政协协商民主建设等重要文件精神,全面贯彻落实市委办公室《转发〈《关于加强人民政协协商民主建设的实施意见》的贯彻落实意见〉的通知》提出的各项要求,准确把握人民政协的性质、定位和职能,积极推进政治协商、民主监督、参政议政制度化、规范化、程序化,充分发挥协商民主重要渠道和专门协商机构的作用。按照市委批准的《政协锡林浩特市委员会2016年度协商工作计划》,围绕10项协商议题组织开展协商活动。组织常委会成员深入街道、社区、学校、医院及部分盟、市机关单位,对全市培育和践行社会主义核心价值观、创建卫生城市工作进行专题视察、调研,召开专题议政性常委会议开展协商讨论,积极建言献策,并将协商成果以政协建议案报送市委,为全市精神文明建设提供精神动力和智力支持。围绕“推进政府购买公共服务”“有效去除商品房库存,促进房地产市场健康发展”“促进全市中小企业提档升级,推进经济健康发展”等重点议题,召开专题协商会和协商座谈会,广泛协商、出谋划策。修订完善《政协锡林浩特市委员会提案工作规则》,建立常态化联系机制,畅通政协组织、提案者和承办单位三方协商沟通渠道,强化重点督办、跟踪问效、委员评价和反馈通报环节,推动提案办理落到实处,促进协商成果有效转化。《关于推进牧区精准扶贫工作的提案》《关于加强锡林河流域生态保护的建议》《关于合理推进牧区路网建设的建议》和《关于完善锡林浩特市住宅小区物业管理的提案》等一批群众普遍关心的热点、难点问题得到及时回应和有效解决。

**【文史工作】** 学习借鉴自治区政协文史馆建设经验,在充分整合办公用房和设备设施等有限资源的基础上,对原有文史资料室进行升级改造,收集收藏各类文史资料3000余册,制作集中展示市政协发展历程、政协工作成果和委员风采的展板墙,打造成集文史资料室、图书阅览室、书画室、委员活动室等多功能于一体的“委员之家”,为广大委员学习、交流、创作、研究和参政议政提供有效平台和便利条件。加大文史资料征集力度,不断提高文史资料征集编撰水平,已完成《巴彦查干敖包史记》《锡林浩特市各苏木简志》等共10册约16万字的样本书,征集近十万字的“三亲”口述史资料,为下一步做好文史资料编印工作奠定了基础。完成《锡林浩特政协》年度专刊的编印工作。认真做好重要会议、活动的宣传报道,宣传信息工作进一步加强。锡林浩特市政协被评为“全盟反映社情民意信息先进单位”,理论研究文章《创新政协工作的几点思考》在内蒙古自治区政协、自治区政协理论研究会“纪念人民政协成立65周年理论研究”征文活动中获奖。

**【自身建设】** 拓宽委员培训渠道,通过举办各类培训班、研讨会、学习会、专题讲座等形式,强化委员主体意识、责任意识,提高委员政治修养、理论水平和履职能力。邀请委员列席常委会会议,听取市政府经济社会运行情况和提案办理情况通报,为委员知情明政创造条件。制定《政协委员届期履行职能实施办法》《政协委员履职量化综合评价办法》,建立完善委员履职档案,对委员履职情况进行量化考核,开展优秀委员、优秀提案评比表彰活动,激发广大委员履职主动性和创造性。加强政协党组织建设,认真落实从严治党主体责任。深入开展“两学一做”学习教育,严格执行中央八项规定和自治区党委、盟委、市委相关配套规定,坚决反对“四风”,推进干作风持续好转。严格落实党风廉政建设责任制,推动机关干部牢固树立宗旨观念和廉政意识,保持廉洁从政、奋发有为的精神状态。

## 纪检　监察

**【中共锡林浩特市纪律检查委员会领导名录】**

书　记　张　奕(女 2016年8月离职)

　　　　郭静娟(女 2016年8任)

副书记　满都拉(蒙古族)
　　　　吕丽彬(女)
纪委常委　张　琥
　　　　　任慧峰(女 2016 年 8 月任)
　　　　　赵有超(2016 年 8 月任职)
　　　　　德力格尔(蒙古族 2016 年 8 月任)

**【锡林浩特市监察局领导名录】**

局　长　满都拉(蒙古族)
副局长　宋晓明(2016 年 8 月离职)
　　　　乌恩巴图(蒙古族)

**【概况】** 2016 年,锡林浩特市纪委监察局围绕市委、政府中心工作,深入贯彻中共十八大、十八届三中、四中、五中、六中全会精神,严格落实中纪委、自治区纪委和盟纪委的各项部署要求,聚焦党风廉政建设和反腐败工作中心任务,认真履行党章赋予的职责,积极推进纪律检查体制改革,围绕执纪监督问责,扎实开展各项工作,全市党风廉政建设和反腐败工作取得了新成效。

**【信访举报工作】** 在已建立来信、来访、电话、网络"四位一体"和市、苏木镇街道全覆盖的信访举报受理体系基础上,积极拓展信访举报受理范围,借助"锡林浩特市清风"廉政微信平台通过图片、文字和语音等多种形式受理信访举报。建立覆盖信访举报业务全流程的管理制度,健全工作程序,跟踪运行轨迹,做到信访举报件流转全程留痕、去向清楚。加强信访信息管理系统登陆权限管理,严格按照工作职责分配权限,人员和分工调整及时变更、注销登陆账户,确保信访举报电子信息安全。根据"分级负责、归口办理"及"谁主管、谁负责"的原则,及时将信访件分流到相关职能室,促进信访举报工作依法、规范、有序、高效进行。在做好信访举报受理工作的同时,认真、耐心做好群众咨询和纪检监察业务受理范围外问题反映的答复和处置工作,树立了纪检监察机关良好形象。2016 年,共受理群众信访举报 119 件次,同比增加 22.67%,其中上级纪委转交办 56 件(次),本级受理 63 件(次)。处置群众咨询和情况反映 51 件(次)。

**【纪律审查工作】** 始终把纪律审查作为重要工作来抓,强化主业主责意识,不断改进纪律审查工作思路和方法,加强软硬件基础设施建设。加强和深化反腐败协调工作,健全完善信息沟通、联席会议、线索移送、报告反馈等工作制度,切实提高了反腐败协调工作制度化、规范化水平,认真落实《锡林浩特市委反腐败协调小组工作办法(试行)》,定期召开反腐败协调小组会议,增强市纪委与成员单位的沟通联系,及时反馈情况,互通有无。各成员单位相互移送案件线索 19 件,其中市纪委向其他成员单位移送违法线索 6 件 9 人,其他成员单位向市纪委移送案件 13 件 15 人。积极探索创新纪律审查工作机制,加强案件初核、立案、调查、审理各环节的有效衔接,不断提高纪律审查成效。严明办案纪律,认真执行初核、立案请示报批制度,严格按规定使用谈话室、信访接待室等场所,确保依纪依法、安全文明办案。立案 36 件,给予党政纪处分 34 人,挽回经济损失 79.73 万元,保持了惩治腐败的高压态势。严格落实"一案双查"制度,对在作风建设、专项检查、查办案件等工作中暴露出的问题,向违纪人员所在部门单位先后发出 23 份《纪律检查建议书》《监察建议书》和《监察通知书》。

**【党风政风建设】** 围绕苏木镇党委换届和干部调整,扎实开展换届监督工作。主动与苏木镇主要领导干部和后备干部进行专题谈心谈话,督促他们带头严格执行换届纪律,严守关于换届工作"九个严禁、九个一律"的要求和换届选举工作的政策法规,切实营造了风清气正的换届环境。换届期间,共开展专项督导检查 12 次,廉政集体谈话 5 次,换届纪律专题谈心谈话 40 人次,发放知晓卡 600 余张。有效发挥联合派驻纪检机构的监督职能作用,对全市 42 个市直部门(单位)开展监督工作,全年深入联系部门(单位)开展监督活动 300 余批次。以落实党风廉政建设责任制、中央八项规定精神和加强作风建设为抓手,以经常性监督检查和有针对性的抽查相结合,切实抓好作风建设。累计开展监督检查 9 批 41 次,检查中发现问题 74 个,通报曝光问题 59 个,下发三级预警通知书 15 份,约谈 13 人次,诫勉谈话 9 人次,函询 6 人次。扎实开展效能投诉工作,通过系统发出监察意见 74 条,监察各类综合异常办件 735 件,处理各类投诉 36 件。积极组织开展行风评议活动和行风热线节目,对全市 158 个单位(含二级单位)的行风政风进行民主测评,累计发放问卷调查 1070 份,全年组织 65 个部门单位(含二级单位)参加蒙汉语行风热线节目 110 次,受理群众各类投诉 31 起,采取转办、交办、自办的方式全部予以解决。

**【反腐倡廉宣传教育工作】** 积极推动廉政文化建设,开展各类形式多样、内容丰富的反腐倡廉警示教育活动,努力拓宽宣传教育渠道,通过开展集中学习、每月一主题、警示教育、党内法规专题学习等形式,着力引导广大党员干部深入学习宣传中共十八大、十八届三中、四中、五中、六中全会精神以及习近平总书记系列重要讲话精神,坚定理想信念、加强党性修养,切实筑牢拒腐防变思想基础。全年共开展反腐倡廉宣传教育226批次,受教育人数2.7万余人次。充分运用"一网两平台"(即锡林浩特市纪检监察网、"锡市清风"官方微信平台、廉政短信教育平台)传播速度快、覆盖面广的特点,切实加大反腐倡廉网络宣传和引导力度,进一步营造良好的社会舆论氛围。创新"锡市清风"微信平台发布形式和内容,增加"廉政微课堂"、"清风主题月"等模块,增设信访举报功能,打造手指上的反腐利器。2016年,共发布网站信息600余篇、图片新闻200余张,发布微信信息200余次、1200余条,重大节假日向全市副科级以上领导干部发送廉政提醒短信400余条,微信平台关注人数800余人。

**【纪律检查体制改革工作】** 按照上级纪委和市委关于党的纪律检查体制改革的各项部署要求,明确了任务目标、措施办法、工作形式和责任人,定期梳理汇总改革过程中的问题,确保纪律检查体制改革各项工作顺利完成。在22项改革任务中,"制定出台改革成果类"任务8项,已完成6项,"推进落实改革成果类"任务14项,按照上级要求已全部完成。积极推动党的纪律检查工作双重领导体制具体化、程序化、制度化,2016年相继制定出台了《锡林浩特市基层纪检机构和联合派驻纪检组向市纪委报告工作制度(试行)》《锡林浩特市基层纪(工)委书记、副书记提名考察办法》《锡林浩特市纪委联合派驻纪检(监察)组长提名考察办法》《锡林浩特市属国有企业纪委书记提名考察办法》《锡林浩特市苏木镇场、街道和市直部门主要领导向市纪委(扩大)会议述廉述责并接受质询评议工作制度》等5项制度规定,初步建立起纪检干部管理、请示报备、提名考察、质询评议、工作报告等一系列制度系统,促进基层纪检监察工作依法、规范、有序进行。

**【纪检监察机关自身建设】** 按照"打造一支忠诚、干净、担当的纪检监察干部队伍"的要求,采取集中培训、委托培训等形式,积极开展纪检监察业务培训活动,不断提高纪检干部专业化能力和水平,全年共培训纪检干部138人次。采取"以案代训"的形式,委局机关抽调4人次参与自治区巡视办、盟委巡察办、盟纪委纪律审查工作,从基层纪检机构抽调17人次全程参与盟、市纪委纪律审查工作,有效提升了基层纪检干部办案能力。深入开展纪检监察机关"基层基础巩固提高年"活动,按照"十一有"标准继续完善基层纪检监察机构软硬件设施,夯实了工作基础。2016年,全市基层纪检监察机构均已达到"十有"标准。基层纪委的工作经费由2万元增加至7万元,并将谈话室建设费用5万元于年初列入预算单独执行,2016年市财政共为苏木镇、街道拨付纪律审查经费和标准谈话室建设经费132万元,为党风廉政建设和反腐败工作向基层深入提供了有力保证。

# 市委部门

XI LIN HAO TE NIAN JIAN

## 市委办公室

**【中共锡林浩特市委办公室领导名录】**

秘书长、主任　王占奇
副主任　乌力吉门德(蒙古族)
　　白海彬(蒙古族 2016 年 4 月离职)
　　周亚楠(女)
　　穆　仁(蒙古族)
机要保密局局长　刘建霞(女 蒙古族)
机要保密局副局长　娜日苏(女 蒙古族)
防范办主任　周亚楠(女 兼)
防范办副主任　达塔娜(女 蒙古族)
农工部部长　乌力吉门德(2016 年 7 月离职)
　　包永前(蒙古族 2016 年 7 月任职)
副部长　郭　颖(女 达斡尔族 2016 年 3 月离职)
　　边丽琴(女 2016 年 4 月任职)
改革办副主任　张超峰
　　解太荣(2016 年 7 月离职)
　　姚　亮
机关服务中心主任　姜　磊(2015 年 3 月任职)
密钥管理中心主任　高　强(2016 年 2 月任职)

**【概况】**　2016 年,在市委正确领导和上级党委办公部门的关心支持下,在全体干部职工的共同努力下,市委办公室紧紧围绕全市中心工作,以深入开展“两学一做”学习教育为契机,以不断提升“三服务”水平为宗旨,全面履行参谋助手、综合协调、督促检查、后勤保障职能,努力做好各项工作。

**【综合工作】**　全年起草经济工作、城市工作、农牧业工作、扶贫工作、党建工作等会议材料、综合汇报材料 45 篇 32 万字,会议纪要、通知、小型会议讲话、致辞、署名文章等文字材料 60 篇 18 万字,为领导决策、指导工作、推动落实提供了高质量的文字服务。以“零差错”为目标,全年共审核文稿 388 件,制发市委、市委办文件 365 件,公文处理流程进一步规范化。加强与全市各部门间沟通,安排专人定期收集全市各产业发展情况、重点工作、重点项目、重要参观点等综合性基础材料,整合转化为市委决策参考依据,充分发挥以文辅政职能。

**【秘书工作】**　按照《锡林浩特市本级党政机关会议管理办法》的要求,加强和规范市本级党政机关会议管理,强化对承办全市性会议部门的业务指导,精简会议,改进会风,提高会议效率和质量,节约会议经费开支。圆满完成了自治区党委主要领导在锡林浩特市期间的调研活动和中国共产党锡林浩特市第十二次代表大会各项会务工作。全年承办市委(扩大)会议、全市经济工作会议、全市党建工作会议等一系列大型会议和常委会、党政联席会议等 98 次,安排各级领导考察调研活动 89 次,以周到细致的会务工作促进市委各项工作的有序开展,向上对外展示了锡林浩特市良好形象。按照《党政机关公文处理工作条例》,编制《中共锡林浩特市委员会文件样式》,提升全市党委系统公文格式规范化、标准化水平。按照《全盟党委系统规范性文件备案办法》要求,认真开展规范性文件备案审查工作,为政令畅通统一提供了保证。及时编发《领导每日工作安排》,增强市委工作的前瞻性。认真编撰《中共锡林浩特市委大事记》,为今后工作提供借鉴,积累保存史志资料。统筹安排市委、政府领导和各部门单位“双休日”“节假日”期间带班值班工作,确保假日期间全市各项工作有序开展。

**【信息督查工作】** 全年共编发信息刊物156期,信息1442条,被上级党委信息部门采用468条,其中自治区党委信息处采用90条,盟委信息处采用378条,全市信息工作在全区直报点中首次进入前二十,排名第十七位,在锡林郭勒盟连续11年位列第一名。向市委提交关于物业管理、城市供热、秋冬季畜牧业生产等一批内容翔实、参考价值高的调研报告,以高质量信息带动服务决策水平的提升。通过市委办公室微信平台发布部门工作动态、办公业务知识等文章信息300篇,平台作为集服务决策、信息公开、互动交流的作用和定位进一步凸显。针对基层信息来源不畅、报送质量不高等问题,从完善制度、明确任务、加强指导入手,改进信息调研工作考核机制。加强对信息直报点的工作指导,楚古兰街道信息工作在锡林郭勒盟苏木乡镇、街道直报点中排名前三。围绕贯彻落实盟级重要会议、全市经济工作会议、全市党建工作会议等重要会议精神,对重点工作任务进行细化分解,及时跟进督促、定期通报,全面反映工作进展情况,推动完成各项会议确定的目标任务。开展对精准扶贫、创建全国文明城市和国家卫生城市等重点工作落实情况的决策督查活动10次,向盟委、市委上报督查专报63期,编发督查通报4期,完成上级党委领导和市委领导批示交办的锡林河生态景观带建设、网格化管理等工作专项督查件5件,督办催办率100%。网民留言专项批办回复率100%。

**【机要保密工作】** 通过报务系统收发处理上级文件823件,全年未发生失泄密和错漏办、压误等事故,保证了政令安全畅通。不断扩大安全文件传输系统覆盖范围,全市系统用户达到89个,实现了盟－市－苏木镇三级互联互通,全年发文1249件。做好文件日常传阅,全年共传阅办理来文来电5107件,立卷归档617件,印发涉密文件267份,提供档案查阅1175次连续四年被自治区党委机要局评为基层密码工作先进单位。中心机房及接入电子政务内网的4家单位进行了整改,完善了用户终端的安全保密措施,修补高风险漏洞。对控制室进行安全防护技术改造,对视频会议设备进行更新,提升视频会议的画面传输效果,全年共承办视频会议调试工作108次,确保会议顺利召开。结合政府门户网站信息公开保密审查、重点骨干网络专项检查、涉密单位全面排查等一系列专项检查,理清全市涉密网、专网、互联网基础情况,发现并消除安全隐患90处。

**【改革工作】** 改革框架体系不断完善,牵头制定《全面深化改革重要举措实施规划(2015—2020年)》《市委改革领导小组2016年工作要点》《改革任务台账》《改革试点台账》,改革工作目标责任体系更为健全。改革攻坚任务稳步推进,协助领导小组全力协调推进六大领域的627项改革任务、13项改革试点工作,大批改革成果成功落地,各领域改革成效较为显著。启动改革工作跟踪督察机制,健全督察考核办法,一月一调度、一月一通报成为督察工作常态,推动改革任务落到实处。配合自治区党委、盟委改革办开展多次专项督察活动,较好的展示了锡林浩特市改革成果和创新亮点。累计报送各类信息、典型材料160篇,信息工作成绩位居锡林郭勒盟前位。

**【防范工作】** "防范杯"反邪教知识竞赛"防范邪教宣传月""反邪教万人签名"等主题活动,全民识邪、防邪、拒邪、反邪的浓厚氛围逐渐形成。开辟《守正园》微信平台等新媒体宣传阵地,全年发布反邪教文章信息60篇。争取上级支持近30万元,圆满承办锡林郭勒盟"无邪教创建"现场会,打造锡林郭勒反邪教警示教育展厅、青少年反邪教"两室一沙龙"等一批示范亮点。成立各级反邪教协会组织131个,已形成"城乡无盲区、校园全覆盖、企业有标杆"的基层组织网络,协会发展经验代表全区在全国会议上作典型交流。

**【接待工作】** 全年共接待来宾803批,8939人,同比增长9.8%,接待费用同比下降34.7%,完成全区爱国卫生工作现场经验交流会、四国女篮赛、中蒙俄国际区域产能合作论坛会议、中蒙文化交流晚会、锡林浩特市第十三届国际游牧文化节、第五届中国马术大赛等重大会议、活动、赛事的接待服务工作,向外展示了锡林浩特地方特色,在国内外树立良好形象。

## 组　织

**【中共锡林浩特市委组织部领导名录】**

部　长　李博峰(2016年8月离职)
　　　　杜　杰(2016年8月任职)
副部长、编办主任　王有宾
副部长　师　前
　　　　崔洪寅
　　　　唐春花(女 蒙古族 2016年4月离职)
　　　　呼和巴拉(蒙古族 2016年4月任职)

**【"两学一做"学习教育】** 成立协调小组,研究制定"1+3+N"实施方案,分领域提出明确要求。征订发放蒙文必读书目,创新编印蒙汉文《党章》书法字帖和专用笔记本,制作漫画图册。成立宣讲团开展宣讲20余场次,参学3000余人。坚持边学边改,市委成立8个督导组开展督导72次,建立健全重点督办、跟踪督查、结果反馈等配套机制。结合"五查十问五找"活动,基层党组织、党员干部分别查摆整改问题743条、1201条。

**【落实党建工作责任制情况】** 严格落实从严治党"1+3"制度体系,印发《组织工作要点》和《重点任务推进表》,将党建职责细化到人、量化到岗。认真落实"五个一"工作机制,召开了3次市委全委会议、1次全市党建工作会议,8次常委会议研究部署党建工作,先后召开各领域党建工作推进会、落实基层党建重点任务调度会等,压实压紧党建责任。将党建工作赋分权重提高到55%,全面开展"三级联述联评联考"工作,开展干部平时考核工作,推动责任落实。

**【党的建设制度改革情况】** 制定全市《党的建设制度改革2016年工作要点》、任务台账,共涉及5个领域、14个方面、38项改革任务,完成率达100%。

**【基层党建7项重点任务落实情况】** 持续推进党员组织关系集中排查,找回失联党员199名,对73名仍失联党员按规定进行处置;不存在党代表和党员违纪违法未给予相应处理情况;88个未按期换届基层党组织全部完成整改;补交党费39.1万元;非公经济组织和社会组织党组织覆盖率分别为71.53%、64.6%;充分发挥党建引领作用,推动全市贫困户实现脱贫;27名处级党员领导认真落实"双重组织生活"制度,引领带动158名机关党支部书记讲党课589场次。

**【干部工作】** 圆满完成市委、苏木镇党委换届工作。新一届市委班子35人,平均年龄46.23岁;女干部占15.15%,大学学历占48.57%,少数民族干部占65.71%;新一届苏木镇党委班子36人,平均年龄38.17岁,女干部占38.89%,大学学历占38.89%。选配"三类人员"5名,实现了每个苏木镇至少配备1名以上的目标。强化换届纪律监督,严格执行"九个严禁、九个一律"要求,编印蒙汉《换届纪律知晓卡》,刊登《市委书记致全市党员干部严格遵守换届纪律的一封信》。充分发挥"四位一体"举报平台作用,实行信访举报24小时受理机制,营造风清气正换届环境,未发现违反换届纪律行为。加大教育培训力度,围绕中共十八届六中全会、自治区第十次党代会精神等内容,举办培训班35期,培训8110余人次。实行经济责任审计两个"必须"制度,对34名领导干部进行经济责任审计,对违反财务纪律的8名领导干部进行了提醒谈话。有序开展2016年年度领导班子和领导干部实绩考核和平时考核工作。抓好"三超两乱"专项整治,消化超职数配备干部94名,累计消化292名,完成整改任务90.97%。

**【基层党建工作】** 社区、嘎查办公经费为9万元/年,为分场每年拨付3万元党建经费;将嘎查"两委"正副职工作报酬提高到1900元/月、1700元/月;将社区民选正副职工作报酬提高到2700元/月、2200元/月。在牧区,规范嘎查党组织星级管理,评定一类嘎查15个,二类5个、三类2个。加大党员中心户建设力度,规范建设70户党员中心户。深入开展"双服务"工作,细化苏木镇、市直部门、嘎查、党员中心户服务内容,形成四位一体、上下联动工作格局。注重发挥嘎查事务监督委员会作用,加大对嘎查事务决策、事务公开、"三资"管理等方面的监督,完善社会治理体系。在社区,新成立6个社区党组织,全市共有社区67个。继续按照"四有五化"工作思路,不断提升社区党建工作水平。定期组织市直相关部门单位深入社区开展组团式服务活动,抓好示范社区创建工作,打造19个盟市两级示范社区。在30个社区搭建互联社区平台,以额尔敦街道振兴社区、杭盖街道长安社区为试点,推行"智慧社区"建设,以信息技术推进服务方式转变和社会服务管理创新,满足居民多样化需求。在机关,优化调整组织设置,新成立党支部2个,总支改设支部1个,新成立党总支1个,党委改设总支3个。结合"两学一做"、庆祝建党95周年,组织开展主题活动。注重发挥"第一书记"作用,帮助基层和群众解决实际问题。在非公经济组织和社会组织,印发党建工作指导手册、《党建工作务实》,为开展工作提供依据。实行处级领导联系企业制度,选派党建指导员,推动党组织发挥"两个作用"。推行"1+N"党建工作模式,挂靠嘎查、分场、社区及大型商场,成立区域性党组织,推进"两个覆盖"。

**【党员教育管理和发展党员工作】** 2016年新发展党员140名。推荐自治区级先进基层党组织1个、优秀共产党员1名;推荐盟级先进基层党组织5个、优秀共产党员2名,优秀党务工作者2名,优秀嘎查党组织书记1名,优秀苏木镇党委书记1名。召开全市"两优一先"表彰大会,表彰先进基层党组织15个、优秀共产党员10名、优秀党务工作者10名。

**【组织部门自身建设】** 带头开展"两学一做"学习教育,采取专题培训、集中研讨等方式,提高组工干部能力素质。推行"周例会"制度,年初下达重点任务、半年小结、全年考评,强化工作落实。结合干部下基层工作,抓好扶贫联系点帮扶工作,持之以恒改进作风。狠抓思想建设,认真学习党章党规、《廉洁自律准则》、《纪律处分条例》,筑牢思想防线。围绕市委中心工作和组织工作中心任务,抓好组工信息和《北疆先锋》手机短讯的采写和报送工作,加大组织工作宣传力度。

## 宣　传

【中共锡林浩特市委宣传部领导名录】

部　长　包荣智(蒙古族)

副部长　张福山(兼 蒙古族)

刘东红(女)

刘武生

【锡林浩特市精神文明建设委员会办公室领导名录】

主　任　刘东红(女 兼)

副主任　雅茹罕(女 蒙古族)

【锡林浩特市对外宣传领导小组办公室领导名录】

主　任　刘武生(兼)

【概况】　市委宣传部内设机构有市精神文明建设委员会办公室、市对外宣传领导小组办公室;职能科室有办公室、市委讲师团、文化艺术科;下属公益一类事业单位有锡林浩特市互联网信息办公室、新闻中心,代管理文联。机关行政编制12名,工勤编制2名;干部职工总数16人,其中部长1名,副部长2名,精神文明建设委员会办公室副主任1名;少数民族6人,妇女10人,研究生学历5人、大学文化学历9人、大专及以下文化学历2人。文联为参照公务员法管理单位,事业编制2人。锡林浩特市互联网信息办公室为事业单位,事业编制4人,其中主任1人(副科级)。新闻中心为事业单位,事业编制15人,其中主任1人(副科级)。

【理论和社会宣传工作】　制定中心组学习计划,以学习《习近平总书记系列讲话精神》(2016年版)为重点,结合"两学一做"学习教育,全年组织召开中心组集中学习会16次,其中高端讲堂5场。每期学习结束后,市委书记对学习内容进行总结和点评,强化学习针对性。为中心组成员编印学习材料120余册,征订《全面建成小康热点面对面》《知之深爱之切》《习近平总书记系列重要讲话精神(2016年版)》等书籍共计300余本,《学习活页文选》64期。骨干宣讲员围绕全国"两会"精神、党的民族理论政策和宗教理论政策、扶贫开发工作为重点的各项惠民政策等内容,制定宣讲活动方案和提纲,结合锡林浩特市基层实际情况,深入全市各苏木(镇)、市直各部门单位、企事业单位宣讲200余场,受教育人数2万人次。同时,在"草原明珠锡林浩特"微信平台推出"微讲堂"专栏,面向广大受众推送理论政策解读等内容,有效带动学习型社会建设,不断提高广大基层党员干部群众的政治思想素质。深入中国移动锡林浩特分公司、伊利乳业、锡林浩特矿业公司等各类企业开展中共十八届六中全会精神宣讲、自治区第十次党代会精神宣讲、百日宣讲、锡林浩特市第十二次党代会精神宣讲等形式,围绕重要会议精神、党的民族理论政策和宗教理论政策等内容,深入浅出地宣讲,切实推进企业理论武装工作深入开展。在全市属地企业范围内开展"爱岗敬业·实干圆梦""诚信兴企·科学发展"等主题教育实践活动,并安排安快物流等非公企业参加全区非公企业思想政治工作现场观摩会,切实用思想政治工作这一软实力推动企业发展。在4家企业举办"马背道德"讲堂,推动核心价值观与企业思政工作有效结合。

【新闻对外宣传工作】　围绕全市贯彻落实习总书记系列讲话精神和考察内蒙古时的重要讲话精神、中国梦、"四个全面"战略布局、五大发展理念,社会主义核心价值观、三严三实、两学一做、十个全覆盖、经济新常态等重大事件进行了全方位、多角度的策划报道。全年共接待外界媒体采访80余次,累计派出采访910余次,在央视一套《新闻联播》播出新闻3条,《晚间新闻》播出新闻1条,录制"健健康康长大·说法班会"节目(共13期)在中国教育电视台4套、内蒙古电视台少儿频道播出;在《民族画报》刊发专版1期,在实践杂志刊发"十个全覆盖"稿件1篇;在《内蒙古日报》发稿8篇,《锡林郭勒日报》发稿300余篇,在锡林郭勒新闻联播播出新闻164条,在锡林浩特新闻联播播出新闻779条。锡林浩特新闻网累计发稿1132篇,图片2371幅,网站IP访问量为120万人次,页面访问量1000万人次,制作"中国共产党锡林浩特市第十二次代表大会"专题,增设中国共产党成立95周年和征兵专栏。城市建设、干部下基层及养老、教育、扶贫等领域新闻稿件共9篇被中央、省内外重要网络媒体相继转载、刊登。开展"责任担当·服务圆梦"主题实践活动先进集体和先进个人评选、推荐工作,进一步推动主题实践活动广泛深入开展。在元旦、春节期间,通过"春联写价值观"、"民族文化传价值观"、走访慰问等方式,把社会主义核心价值观宣传教育融入节日氛围中。

深入推进“四街三路”道旗工程，先后制作核心价值观道旗2000余个。开展2016年度市级爱国主义教育示范基地申报工作，新认定爱国主义教育示范基地6个。锡林郭勒红色旅游展览馆免费开放，截至2016年接待行政、事业单位和厂矿、企业干部职工及学校师生等40多个单位共1.2万余人次，专场讲解47场、播放教育短片47场。制定印发《锡林浩特市委网络安全和信息化领导小组工作规则》和《锡林浩特市委网络安全和信息化领导小组办公室工作细则》，进一步落实各类网上舆情应对处置工作责任。对重要网络舆情，形成及时报送常态机制，通过五级联动微信群扩大网络舆情信息的搜集渠道。以网络舆情分析研判季度例会为重点，细化舆情运行流程。全年，召开网络舆情分析研判会4次，监测到Ⅳ级网络舆情20起，累计编发上报《舆情信息》92期，回复各类舆情17期。深入开展社科普及周活动。与盟委宣传部、盟社科联共同开展2016年社科普及周活动，先后开展社会科学知识进牧区、进学校、进社区活动以及社科知识展览，发放宣传材料3000余册、宣传品1000余个及价值2000余元的日常用药；积极参加在自治区社科普及基地举办的专题讲座，建立影像资料档案。四是以夯实“两微一端”为抓手拓展新媒体宣传阵地。“草原明珠锡林浩特”微信公众平台总用户数2万余人，全年累计发送图文信息2500余条，9次进入内蒙古微信影响力排行榜，最好位次为全区第8位。四大官方认证微博共拥有粉丝4万余名。手机行业报，拥有用户6万多人，全年发送信息近2万条。“活力锡林”手机客户端累计发布信息1200余条。组建由78人组成的爱心微友宣传队伍1支。

**【精神文明创建工作】** 深化文明城市创建工作，以周例会有力推进工作，年内共召开例会42次。发放《全国文明城市调查问卷》240份，共征集各类意见建议222条；持续加大督查力度。对全市1500余家餐饮饭店、30家银行、42个社区、233个小区进行实地督查指导，形成督查通报60期、督查专报3期；启动共建小区物业工作。对全市214个住宅小区、251处零散楼栋、92处平房基本情况进行摸底调查的基础上起草《盟直机关企事业单位包联共建锡林浩特地区小区物业工作方案》，明确驻锡单位包联物业小区或社区名单；拓宽宣传渠道。开通锡林浩特文明网，并加入中央文明网联盟网站。“文明锡林”微博、微信公众平台共发布蒙汉双语稿件179期895条；运用多种载体宣传社会主义核心价值观，通过新闻媒体播放公益广告，邀请民间艺术家设计24字公益广告剪纸，在德克隆购物中心、教育园丁书店购物袋印制核心价值观24字，利用擎天柱、公交车候车厅、主题公园等载体刊播中国梦、社会主义核心价值观公益广告，使社会主义核心价值观像空气一样融入百姓生活。要求全市微信公众平台显著位置显示24字，在“文明锡林”微信公众平台开设“社会主义核心价值观网络展厅”。深化文明村镇创建工作，加强乡风文明建设力度，推动牧区精神文明建设；结合自治区“四个一”建设资金，在3个嘎查投入46.4万元资金，建设精神文明宣传栏、嘎查“善行义举四德榜”、文化中心户和配套设施完备的宣传文化室，进一步推动牧区文化活动繁荣发展，形成常态；设计社会主义核心价值观主题文化墙、灯杆道旗、精神文明宣传栏、“善行义举四德榜”以及剪纸窗花，台布、杯、餐垫等，在牧区营造“人人做好人，好人做好事，好事就上榜，好人有好报”的社会文明风尚；在苏木镇场、嘎查广泛开展征集“乡规民约”“家风家训”活动，使倡导优良家风、家训和友善锡林精神贯穿每个家庭的日常生活；开展“马背道德讲堂”活动5期，通过以“身边人讲身边事、身边事教身边人”的形式教育、引导、感染广大牧民群众，推动道德教育体系建设。通过收集苏木嘎查人居环境美起来、乡风民风美起来、文化生活美起来等相关图片200余张印制成画册，充分展现各苏木、嘎查良好精神面貌和人文景观；在做好“十个一”项目建设的基础上，提高牧区文化软实力，组织开展“文明牧户”“文明牧民”评选活动，让广大牧民在参与中受教育、转观念、改作风，引导和树立文明健康新风尚。深化文明单位创建工作，按照2016年全区文明单位常态化管理体系和文明单位测评体系，以及《关于做好第八届自治区文明单位推荐和往届自治区文明单位复查工作的通知》要求，对各级文明单位进行抽检。表彰市级文明单位标兵和市级文明单位3个；组织开展窗口行业“文明杯”规范化服务竞赛、文明单位“双进”(进社区、进嘎查结对共建)活动，以及在全市范围内评选表彰“文明的星”，进一步提高窗口服务行业文明素质、诚信意识和服务水平；抓实全国文明单位创建动态管理系统网上申报工作，上传材料1000余份，对区级以上文明单位在动态管理系统中得分情况进行通报；组织全市289家文明单位与52个社区、30个嘎查开展结对共建帮扶活动，各级文明单位为结对共建社区、嘎查投入资金百万余元。深化文明家庭创建工作，以“弘扬文明家风·共圆家庭幸福梦”为主题，利用重大节日开展“三八妇女节文艺汇演”“家庭趣味运动会”等活动200余场；组织开展寻找“最美家庭”主题活动。共评选表彰10类80户“最美家庭”;开展“好家风好家训”“乡规民约”征集活动,通过组织社区居民和牧民开展“家庭故事会”“讲家庭和谐故事”“议良好家风”“分享我家规、我家训”等形式,共收集反映家族世代传承的经典家训500余条;组织市级孝老爱亲类道德模范深入各街道办事处、社区开展宣讲活动60余场次。深化文明校园创建工作,创新工作方式方法,积极开展各类活动。充分利用学校道德讲堂、乡村学校少年宫、未成年人心理健康辅导站等教育阵地,积极开展“明礼知耻·崇德向善在校园”“祖国好·家乡美”“学习和争做美德少年”“法律进校园”“安全文明校园”“中华优秀传统文化进校园”等主题教育活动。积极发挥乡村学校少年宫的作用,开展丰富多彩的文化活动;切实抓好青少年思想道德建设工作。制定下发《锡林浩特市2016年未成年人思想道德建设工作方案》,以社会主义核心价值观为主线,围绕“我们的节日”,广泛开展各项实践活动和“中国梦”学习教育,构建学校、家庭、社会“三位一体”教育网络。制定《锡林浩特市支持和发展志愿服务组织发展的办法》《关于志愿服务激励回报机制的建议》等规范性文件有力推动志愿服务的制度化、规范化建设;充分利用各时间节点大力开展志愿服务活动。学雷锋月期间,全市参加各类志愿服务活动3万余人次,受益群众6万余人次。同时组织各级文明单位与嘎查社区建立“一对一”“多对一”结对帮扶模式,大力开展“三关爱”志愿服务活动,切实把志愿服务送进社区、送进家庭。开展“拯救母亲河清洁九曲湾”“低碳环保趣味骑行志愿服务”“六城联创千人洗城”等活动;抓实“内蒙古志愿云”志愿服务信息系统实名注册工作。2016年底,注册志愿团体133个,注册志愿者2.18万人,开展志愿服务时间3357小时。扎实推进诚信建设制度化工作,加强诚信教育。充分利用道德讲堂、社区市民学校、基层大讲堂、学校主题课堂等阵地开展诚信主题教育活动50余场。在各级文明单位开展“图说我们的价值观”活动;在生产企业、商贸物流、窗口行业和食品药品企业开展的“质量第一”“履约守信”“人民满意”“诚信做产品”“百城万店无假货示范街”等主题教育活动,不断推进诚信文化工程建设,整治诚信缺失。开展食品药品市场专项整治行动,进一步增强从业人员诚信守法意识。锡林浩特市法院连续40天通过大型电子显示屏对97名失信被执行人进行公开曝光,集中向社会公布失信被执行人名单信息,以此对社会形成警示作用,督促被执行人主动履行义务。锡林浩特市公安交警大队定期通过“平安锡市”微信公众平台对违反遵守交通规则人员予以实名曝光,进一步加强广大市民遵守交通法律法规,侧面引导广大市民树立良好的公德意识。强化诚信监督,把诚信建设列入文明单位的考核内容,建立信用信息平台。积极推进文明旅游制度化,在主要公共场所和各旅游景区景点张贴文明旅游宣传标语和设置文明旅游标识,宣传保护生态环境,并以遵德守礼提示牌、监督岗的形式开展文明告知、文明提醒、文明规劝活动,以正面宣传和反面曝光相结合,倡导文明旅游风尚;为加大检查力度,年内组织相关部门共对全市旅游市场开展专项联合检查10余次,检查旅游景区(点)、牧人之家、旅行社、星级宾馆122家,下发责令改正通知书20余份。积极开展旅游咨询及旅游投诉工作。深入推进道德模范评选表彰和学习宣传工作,广泛开展不同层面、不同类型、不同岗位的先进典型选树工作。启动“锡林浩特好人”评选活动,共评选出“道德模范”10名、“身边好人”40名、“文明的星”10名、“文明的星提名资格”80名、“优秀志愿者”45名、“优秀志愿者组织”26个、“星级牧户”8户、“文明牧民”7名。制定《锡林浩特市道德模范管理奖励待遇办法》。深入推进网络精神文明建设工作。在各中小学将文明上网宣讲活动与宣传践行社会主义核心价值观以及《全国青少年网络文明公约》相结合,引导广大青少年养成良好的上网习惯;在机关、企事业单位通过邀请专家举行专题讲座,以文字实录、图片、音频等形式,让广大干部职工充分了解互联网的有关法律法规,熟悉网络传播规律,提高对互联网的认识和运用能力。就干部职工文明上网进行培训,对全市各部门单位干部职工践行网络文明、传播正能量起到带头引领作用;利用锡林浩特文明网和各部门单位网站开展网上“讲文明·树新风”活动,通过播放文明礼仪动画图片、精选博文、网上签名等形式,引导广大网民形成文明上网的好习惯。

**【文化工作】** 锡林浩特市摄影家协会在凤凰马场举办“夏季蒙古马摄影那达幕”创作采风活动。编辑出版一本好书:由文联组织出版的文学刊物《锡林浩特》1期。创作一首好歌:策划制作反映草原风土人情和四季风光的歌曲《草原人》。举办一次主题展览:举办“中国梦·草原梦妙笔生花献丹青”主题书画展览活动。开展“百幅蒙古马作品惠赠友善锡林人”活动,与内蒙古中蕴集团合作共同举办百名部长将军书画展,50多名部长将军参加展览活动。蒙语小品《医疗保险》在全国少数民族曲艺展演活动和第三届锡林郭勒文化艺术节中获优秀表演奖。举办“纪念中国共产党成立95

周年和红军长征胜利80周年”大合唱比赛。稳步推进文化下乡活动，锡林浩特市乌兰牧骑完成百场基层惠民演出。利用重要节假日举办系列群众文艺演出活动，开展群众性文艺演出22场。“锡林河之夏”共计演出39场，演出总时长达近4000分钟，参演人数1500余人，现场观众累计超过约15万人（次）。抢救和挖掘民间“潮尔道”文化，成立“潮尔道”协会，出版专业书籍《天地人之和音·蒙古族潮尔歌》。邀请电视摄像师，对分散在牧区的30多位60岁以上“潮尔道”老艺人进行专访和影像资料留存。与内蒙古电视台合作拍摄潮尔道专题纪录片。编排民族歌舞剧《五彩之梦》，该剧在第十三届中国·蒙古族服装服饰艺术暨蒙古族服装服饰大赛中荣获服饰表演二等奖。积极开展“书香草原·阅读城镇”主题实践活动。组织参与锡林郭勒盟“书香草原·阅读城镇”活动，为5所蒙授幼儿园、3个社区、2个企业捐赠近15万元的图书，并为4个社区、1个企业发放团体流动借阅证书，营造良好读书氛围，推进学习型社会建设。举办“我爱我家、同悦书香”主题阅读活动。以长征胜利80周年为契机，联合芳草小学少先队开展“弘扬长征精神”主题读书沙龙活动。与教育园丁书店联合举办“草原书香书友会”2期，受到广泛好评。印发《锡林浩特市全民阅读活动五年规划》，推动阅读城市构建。注重文化产业发展，逐步推进文化体制改革工作。2016年组织申报文化产业项目13个，为推动文化体制改革任务落实，市委全面深化改革领导小组召开2次专题会议，对锡林浩特市文化体制改革任务的落实情况进行梳理，台账中涉及文化体制改革任务逐项推进落实。积极争取自治区级文化产业资金。年内争取2个项目得到自治区文化产业发展专项资金支持，获得专项补助资金共计600万元。

**【队伍建设】** 继续加强基层宣传文化干部队伍建设，加强对基层宣传委员、宣传文化干事和综合文化站工作人员的管理，进一步更新、完善基础宣传文化干部档案。组织蒙汉文通讯员培训班各1期，讲师团培训班1期，网评员培训班2期，文联作家协会、音乐家协会专题培训各1期，邀请蒙古国舞蹈艺术家宝力根对舞蹈演员进行为期20天的蒙古国舞蹈培训，邀请著名歌唱家、国家一级演员额尔德木图进行为期20天的声乐集训，对乌兰牧骑队员开展为期15天的古筝培训。全年选派宣传干部15人次参加各级各类培训班6期，多角度的培训使得各级干部开拓视野，夯实业务知识。

## 统　战

**【中共锡林浩特市委统战部领导名录】**

部　长　郭铁杰（2016年8月离职）
　　　　赵国柱（2016年8月任职）
副部长　包　柱（蒙古族）
　　　　常　敏
　　　　王　洪（蒙古族）
　　　　高　娃（女　蒙古族）

**【概况】** 2016年，中共锡林浩特市委统战部核定编制数为6人（行政编5人、工勤编1人），实际人数为10人（行政编7人，工勤2人，事业编1人）。主要负责政治协商、民族、宗教、经济统战、党外干部及侨台海外联谊工作。

**【统战综合工作】** 认真落实党委统战工作“四纳入”：统战工作纳入党委的重要议事日程，市委召开党政联席会，研究统战工作中重大问题；统战工作纳入苏木（镇、场、街道办事处）党政领导班子考核内容；统一战线理论政策纳入党校教学内容，加强对党政干部的教育培训；纳入市委宣传工作计划，同时，通过征订统战刊物，宣传统战理论政策和重要活动。

**【民族工作】** 开展社会主义核心价值体系学习教育、马克思主义民族理论和党的民族理论宣传教育主题宣讲活动；把马克思主义民族理论、党和国家的民族政策法规列入各级党员、干部理论培训的重要内容；继续开展“民族团结进步大讲堂”到社区、牧区举办民族知识和政策法规讲座。贯彻落实《城市民族工作条例》和《关于加强新形势下社区民族工作的意见》，创建民族特色社区，探索方法，积累经验，推进城市民族工作。制定印发机关单位、苏木（镇）、部队、学校、企业、社区、寺庙民族团结进步创建标准，对现有的各级民族团结进步模范单位进行重点指导。阿尔善宝力格镇被国家民委授予全国民族团结进步创建活动示范单位。

**【宗教工作】** 加强领导，明确职责。为加强宗教事务的管理，成立全市宗教工作领导小组，确定苏木镇场、街道党（工）委副书记分管民族宗教工作，明确工作职责和目标任务。将学习全国宗教工作会议精神纳入到全市科级领导干部培训班学习内容中。此外，于12月中旬举办一期教职人员及宗教联络员培训班，聘请自治区党校专业教师及盟委统战的领导进行授课，传达学习全国宗教会议精神。对全市宗教活动场所进行实地走访调研,详细了解宗教活动场所的现状、存在的问题困难及下一步工作打算。印发《以“规范”为主题的和谐寺观教堂创建活动方案》和《在宗教活动场所开展“爱国爱教学习教育活动”方案》,各宗教活动场所正规化、制度化建设水平进一步提升,基督教堂被自治区党委统战部、自治区宗教局评为第三届“创建和谐寺观教堂先进集体”。制止和取缔非法聚会传教,保护合法,打击非法,抵御渗透,打击犯罪。2016年4月,发现一处私设基督教传教点,与公安部门进行核查处置。6月,及时制止了一起基督教信众违规发放宣传品事件。

**【经济领域统战工作】** 通过报告会、座谈会、培训班等方式,组织广大非公经济人士深入学习贯彻习总书记在民建工商联界委员联组会上的讲话等系列精神,提振发展信心。开展“守法诚信争做优秀中国特色社会主义事业建设者”承诺践诺活动和“我和我的祖国—升挂国旗、唱响国歌”等主题活动。帮助贫困户解决生产生活上的实际困难,通过企业与嘎查(分场),与贫困户对接,以改善牧民生产生活条件入手,以发展生产为切入点,积极扶持贫困户稳定增收,实现脱贫。截至2016年,会员企业共捐赠扶贫资金64.4万元。组织110家企业开展“百企帮百户”扶贫帮困活动,累计捐款捐物达400余万元。号召非公企业积极参与“博爱一日捐”、“捐资助学”、共建结对等公益慈善活动,帮助下岗职工和困难户实现就业,捐款捐物累计300余万元。

**【民主党派、无党派及政治协商工作】** 农工党锡林浩特市支部与盟直属医药卫生支部联合锡林浩特市红十字会组织了15名医疗专家,携带着医疗仪器和药品为广大农牧民患者进行免费诊疗和配发药品。为近200名农牧区牧民免费的诊治,现场发放了1.5万元的药品。九三学社锡林浩特市支社为社区捐助了价值5000元的十套被褥和十条毛毯。落实党外代表人士政策待遇,目前,人大、政府各配备1名党外(副主任、副市长),政协配备2名党外副主席、法检两院各配备1名党外(副院长、副检察长)。7月份重新调整和增补了副科级党外后备干部,现有后备干部110人。经常委会研究决定,向盟委统战部推荐了6名符合条件的党外县处级后备干部。充分发挥党校(社会主义学院)作为统一战线人才培养基地、理论研究基地、方针政策宣传基地的作用,9月19日至21日在市党校举办为期三天的党外副科级后备干部培训班,全市90名党外副科级后备干部参加了培训。1月6日,统战部组织召开党外代表人士专题座谈会,向民主党派成员、党外代表人士就《中共锡林浩特市委关于制定国民经济和社会发展第十三个五年规划的建议》征求意见,充分发挥党外人士的民主监督作用。

**【侨台海外联谊工作】** 协助盟台办接待台湾游客46人,组织2名侨胞参加盟委统战部在深圳举办的侨联干部培训班。建立健全重点台胞和海外侨胞信息库,认真做好穿针引线、牵线搭桥工作。2016年底,全市归侨侨眷在册人数为48人(其中出国三年以上人员21人)。12月6日,统战部组织召开部分民主党派成员、侨台胞眷属、出国三年以上留学人员及相关部门单位领导20多人参加了会议。

# 机构编制

**【锡林浩特市机构编制委员会办公室领导名录】**

主　任　王有宾

副主任　漫德海(女 蒙古族)

**【概况】** 锡林浩特市机构编制委员会办公室是锡林浩特市机构编制委员会的常设办事机构,既是党委工作部门,又是政府工作部门,列党委工作机构序列,下设锡林浩特市事业单位登记管理局(参公)、机构编制电子政务中心(2016年12月成立)。机关行政编制3名,其中:主任1名,副主任1名,非领导职数1名;事业单位登记管理局,机构规格为副科级,核定科级领导职数1名,全额拨款事业单位,核定编制4名;机构编制电子政务中心,为全额拨款公益一类事业单位,核定编制2名。

**【落实全面深化改革】** 根据《中共中央关于深入推进城市执法体制改革改进城市管理工作的指导意见》、自治区编办《关于印发开展综合行政执法改革试点工作意见的通知》精神和全区、全盟综合行政执法工作座谈会会议精神,拟对全市农牧业系统开展综合行政执法改革,城市管理行政执法提出《锡林浩特市城市管理综合行政执法改革实施方案》。6月底已完成在市食药和工商质监局加挂市食品药品监督管理局牌子,将市食药和工商质监局现有市食品安全委员会办公室牌子更名为市食品药品安全委员会办公室工作;按照机构清、编制清、实有人员清、领导职数清,具体机构设置与按规定审批的机构相对应的要求,与法院、检察院和组织部等部门的联系对接,整理编制调整变动文件,逐一与实名制系统数据比较核对,确保移交数据与实名制系统相对应,与审批文件相一致;按时完成妇幼保健和计划生育服务机构整合工作;根据自治区编办、教育厅、财政厅联合印发的《关于统一城乡中小学教职工标准的通知》精神,按照新标准测算,全市应核定中小学编制3267名,锡林浩特市中小学编制缺口为987名;12月初按照"编随人走、人随事走"原则,对从事不动产登记工作人员进行了划转,确保全市不动产登记工作顺利有序进行。

**【成功承接党政群机关统一社会信用代码赋码工作】** 根据《国务院关于批转发展改革委法人和其他组织统一社会信用代码制度建设总体方案的通知》《中央编办关于开展中央国家机关、中央编办直接管理机构编制的群众团体统一社会信用代码赋码工作的通知》文件和相关会议精神,5月初先行对机关、编办直接管理机构编制的群众团体等组织的数量进行摸底,按时承接启动了党政群机关统一社会信用代码赋码工作。12月30日,锡林浩特市办理党政群机关《统一社会信用代码证书》共51个(行政机构44个、群团机构7个),赋码率87.93%。

**【实现中文域名注册和网站挂标两个"全覆盖"】** 按照《党政机关、事业单位和社会组织网上名称管理暂行办法》、中编办、中央网信办《关于做好党政机关网站开办审核、资格复核和网站标识管理工作的通知》、自治区编办《关于做好党政机关、事业单位网上名称管理专项整治工作的通知》和盟编办《关于加快推进网上名称管理工作的通知》精神,积极协调财政部门,努力推进域名注册费财政统一支付机制工作。市财政拨付6万元专项资金用于全市支付中文域名注册费。截至7月初,全市党政群机关和事业单位应注册239个,已注册239个,注册率达到100%,全市已完成网络标识挂标单位27个,实现了网站挂标"全覆盖"。

**【稳步推进事业单位法人治理结构试点工作】** 积极配合做好文化体制改革,4月8日,召开锡林浩特市文化馆理事会成立暨第一届理事会第一次会议,审议通过《锡林浩特市文化馆理事会章程》,规定了理事会的具体职权、理事的权利和义务。文化馆成立理事会以来,积极发挥其作用,积极开展丰富多彩的文化活动,不断丰富广大群众的文化生活,切实推进群众文化工作。

**【稳步推进事业单位分类改革工作】** 严格参照上级编制部门《事业单位分类目录》,认真梳理各单位职能职责,确保事业单位分类工作准确无误。按照"成熟一批、批复一批"的原则,采取因地制宜、梯次推进的办法,对已经明确的1个行政职能类、8个公益二类、3个生产经营类、197个公益一类共209个事业单位分类情况进行了批复。

**【规范事业单位登记管理工作】** 1月1日起动年检工作,全市事业单位首次通过"二维码图片"登陆网上登记管理系统,在线填写《事业单位法人年度报告书》,提交其他相关材料,由事业单位登记管理局审核通过后,在市机构编制网站公示事业单位报送的《事业单位法人年度报告书》,有力推进事业单位法人年度报告公示工作。截至3月底,全市应年检公示的134个事业单位,全部完成2015年度事业单位年度报告公示工作,实现报告公示率100%;4月中旬结合事业单位法人统一社会信用代码制度"三证合一"改革工作,进行事业单位法人登记自查自纠工作,进一步规范了事业单位法人登记。5月初全面启动事业单位法人统一社会信用代码制度改革"三证合一"证书换发工作,12月底全市符合条件的135个事业单位已有123个办理了换证。

**【加强机构编制部门自身建设】** 全年共报送43期信息、2篇调研报告;强化机要保密工作,建立健全规章制度和管理台账,明确涉密计算机及涉密u盘,粘贴密级标识,安装"三合一"保密软件,实行专机专人专用,定期邀请机要保密部门帮助自查,确保保密工作万无一失。

## 机关党建

**【中共锡林浩特市直属机关工作委员会领导名录】**

书　记　王占奇(2016年2月任)
副书记　吴金莲(女 蒙古族 2016年4月离职)
　　　　唐春花(女 蒙古族 2016年4月任)
　　　　王雅琴(女 2016年7月离职)

**【概况】** 2016年在市委的正确领导下,市直机关各级党组织围绕中心、服务大局,抓牢主业、积极作为,全面落实从严治党责任,不断强化机关党的思想、组织、作风、反腐倡廉和制度建设,进一步提高了机关党建工作科学化水平,推动全市机关党的各项工作取得了新成效。

**【直属机关党建工作开展情况】** 认真落实"1+3"制度体系,履行"第一责任人"职责,围绕市委中心工作,细化和量化全市机关党建工作任务,逐级细化分解标准要求、落实措施、具体责任和完成时限,压实第一责任。创新党建工作思路,严格落实主体责任,坚持在基础工作中求扎实,在创新工作中求实效,组织召开了全市机关党建工作推进会、全市直属机关党组织书记抓党建工作述职评议会议,制定下发《关于进一步加强机关党建工作的实施意见》,全面推动全市机关党建工作各项任务落到实处。制定市直机关学习教育实施方案,将学习教育纳入市直机关党建工作要点、党建工作责任目标和基层党组织书记抓党建述职评议重要内容,围绕基层党建七项重点任务,实行学习教育联系点制度,市直机关党员领导干部发挥示范带动作用,注重学做结合,突出岗位实践,做到了规定动作重实效,自选动作不走样,扎实推进学习教育深入有效开展。市直机关168个党支部开展学习讨论672次,党员领导干部、基层党支部书记讲党课589次,80名“第一书记”参加联系点支部活动157次,参加专题学习讨论81次,15名基层党务骨干组成5个机关督导组,开展督导工作62次。2016年市直机关新成立机关党总支4个,党支部3个,完成换届的党组织58个。1个党支部划归到非公企党工委,进一步理顺了关系。年内机关新发展党员45名,转正预备党员37名。认真开展党员组织关系集中排查工作,摸清了流动党员底数,理顺了党员组织关系,规范完善了党员档案,妥善处置了失联党员、“口袋”党员等问题,把10名口袋党员重新纳入组织管理。稳妥做好党费收缴核查工作,188个党组织完成了党费收缴专项检查,补交党费25.7万元。组织开展市直机关党代表选举工作,选举产生了直属机关党工委出席中国共产党锡林浩特市第十二次代表大会代表74名。组织开展了“七一”新老党员集体宣誓、“庆祝建党95周年暨两学一做学习教育”专场晚会,主题演讲比赛、知识竞赛、百题测试以及端午节登山比赛,与宣传部、文明办联合举办全市纪念中国共产党成立95周年和红军长征胜利80周年大型合唱比赛,与盟机关工委联合举办“移动杯”第十三届乒乓球邀请赛、与中国移动通信集团内蒙古有限公司联合举办“移动杯动感俱乐部全民健身健步行”等活动,丰富和活跃了机关文化生活,展示了市直机关党员干部的良好形象。

## 信　访

**【锡林浩特市信访局领导名录】**

局　长　杨　海(2016年7月离职)
　　　　袁文星(2016年7月任职)
副局长　樊小丽(女)
　　　　孟凡龙(蒙古族)

**【概况】**　锡林浩特市信访局核定编制7名,其中行政编制6名,工勤编制1名,联合接访中心核定事业编制4名。共有工作人员24人(其中:行政编6人、事业编12人、三支一扶2人、退伍兵1人、社区民生3人),配备领导职数一正两副,主任科员、副主任科员各1名。设立接访、综合、财务劳资3个科室,主要职责为接待来访、办理来信,承办上级机关和自治区信访信息系统交办、转办信访案件;按照“分级负责,归口管理”的原则,向有权处理信访问题的责任单位交办、转办信访事项,协调处理解决信访问题;分析研究信访态势,及时呈报有关领导掌握情况;宣传信访法律法规,为信访人提供咨询服务;督促、检查、指导本地区、本系统的信访工作;总结、推广信访工作经验,开展信访工作理论研究。

**【工作数据】**　全年信访总量为1102批次11336人次,同比2015年信访总量下降19.2%。党政领导接待来访群众105批次430人次,当场协调解决群众诉求12件;依据“1328”工作制度,处级领导督办重点案件87件,已协调化解24件;各责任单位出具答复意见105个、政府出具复查意见44个、盟行署出具复核意见30个;妥善处理群众信函67件;办理信访信息系统网上交办案7件、系统直转案79件,到期办结率100%。

**【工作机制】**　紧紧围绕“服务经济社会发展稳定大局,充分发挥信访改革在维护社会和谐稳定中的助力、推动作用和法治的引领、保障作用,着力打造责任信访、法治信访,引导群众依法有序表达合理诉求,确保信访秩序进一步好转”的总体思路,筑牢共同努力创造和谐、稳定、有序的社会环境这一目标,切实履行信访工作职责,形成了上下贯通的信访网络体系和领导干部牵头、责任部门负责、协办单位配合、信访协调督办的工作机制。党政领导在重大信访问题上亲历亲为,全力解决好群众看得见、摸得着、感受深的民生问题;分管领导分工协作,下实功、办实事、求实效,及时消除和化解群众反映的突出问题;信访机构充分发挥组织、协调和监督作用,组织动员各方力量积极参与信访案件调处化解工作;各责任部门立足实际,主动作为,处理群众诉求坚持事实清楚、定性准确、程序合法、处理妥当,推动大量信访问题得到妥善化解。

**【加强重点时期信访维稳工作】**　在全国“两会”中共十八届六中全会,自治区第十次党代会等重大会议召开前夕,认真分析研判信访形势,制定应急预案,强化源头预防,从信访、公安、住建、人社等部门抽调人员组成驻京、驻呼工作组,切实加强重点时期接劝返工作,为经济健康发展、社会和谐稳定创造了良好的环境。

**【推进领导干部接访下访工作】** 依据强化责任、公开便民、解决问题的原则，进一步加强党政领导接访工作，由市委、政府主要领导带头接访，充分发挥党政领导在推动信访工作、解决信访问题中的重要作用，依法、及时、就地解决好群众诉求。落实“1328”工作制度，积极把群众上访转变为领导下访，畅通党政领导与群众交流渠道，切实帮助群众解决实际困难，提高市委、政府的公信度。

**【提升信访信息系统效率】** 加强自治区信访信息系统交办、转办信访事项的协调处理和督办力度，按照程序将信访答复意见及处理结果录入系统，使系统交办、转办信访事项可跟踪、可查询，实现信访数据互联互通和资源共享，通过畅通“网上信访”反映诉求渠道，方便群众足不出户解决问题，逐步减少走访量。

## 党　校

**【中共锡林浩特市委员会党校领导名录】**

校　长　李博峰

书记、常务副校长　巴图朝鲁(蒙古族)

副校长　白　丽(女 回族)

乌日乐格(女 蒙古族)

**【概况】** 中共锡林浩特市委员会党校成立于1960年2月，1997年经市委批准，市党校增挂行政干部学校的牌子，属一套人马两块牌子，编制为18人。截至2016年底，在职教职工18人，其中教师(专业技术人员)13人、行政管理人员(参照公务员)3人、工勤人员2人。专业技术人员中有高级职称7人、中级职称4人，初级职称2人。教职工中蒙古族10人、回族2人。内设机构分为办公室、蒙文教研室、汉文教研室。

**【培训和宣讲工作】** 会同市委组织部规范主体班次设置学制，制定《2016年全市干部教育培训计划》，配合有关部门举办全市科级干部“新常态新理念”专题培训班1期、科级领导干部秋季培训班2期、学习贯彻十八届六中全会精神培训班4期、非公经济党组织负责人培训班1期、全市“两学一做”学习教育基层党务骨干培训示范班1期、全市党外副科级后备干部理论知识培训班1期，抓党建促脱贫培训班、社区党组织书记、副书记培训班各1期。共举办12期培训班，培训轮训学员1000多人次。作为锡林浩特市党的重要理论阵地，我校始终坚持为全市广大干部群众宣讲党的理论方针和时事政策。按照市委宣传部的要求组织开展中共十八大精神宣讲、马克思主义民族理论和形势任务的宣讲、中共十八届三中、四中、五中、六中全会精神宣讲和深入学习习近平总书记系列讲话精神宣讲、“两学一做”学习教育宣讲、学习宣讲中共锡林浩特市第十二次代表大会精神活动等宣讲活动，利用“百姓大讲堂”等平台，深入牧区、社区和各部门、单位、各厂矿企业、学校进行宣讲48场次，培训基层领导干部和党员群众5000多人次，广大基层干部党员受到教育。

**【科研工作】** 坚持“以教学为中心、以科研为基础”的办学理念，狠抓科研工作，在各类报刊杂志上发表调研报告和理论文章3篇。

**【教师队伍建设】** 为了更好地搞好培训工作和宣讲工作，进一步加强教师队伍的建设，一方面“走出去”的方式，选派骨干教师到上级党校学习培训，提高教师的综合素质。2016年4月选派4名骨干教师到内蒙古党校参加培训；5月派4名教师参加全盟宣传文化干部培训班；6月有1名同志参加全区旗县党校校长培训班；7月选派1名教师参加国家行政学院送教下基层(鄂尔多斯)师资培训班学习；11月3日至9日初选派3名骨干教师赴北京中国人民大学参加贯彻中共十八届六中全会精神专题师资培训班；11月13日至19日校领导赴井冈山参加机关党组织书记培训班。另一方面采取“请进来”的方式，先后请10多位专家、教授进行宣讲或讲座。加强校院交流，取长补短，在学校管理、师资研训、教学研究方面取得新进展。全年组织教职工参加自治区领导干部双休日讲座和各类讲座30多场，全体教师按时完成专业技术人员在线继续教育培训。

**【文明市民学校工作】** 对广大市民进行文明教育、形势教育、素质教育和道德教育为重点，开展丰富多彩的教育活动，配合基层文明市民学校举办“大讲堂”“文化活动”30多场，受教育市民达到5000多人次，同时加强基层文明市民学校的指导工作。

**【学校机关基础建设】** 2016年市财政拨付20万元，用于维修教学办公楼，学校的各类设施设备进一步完善。

**【帮扶工作】** 按照市委、市政府的统一部署和的要求，我校以三级干部下基层示范抓引领为重点，紧密联系党校工作实际，认真做好下基层三级示范抓引领工作，努力为基层办实事、办好事。领导干部入户6次，为三户贫困户分别资助5000元、3000元、3000元，在进行调研的基础上，积极上报有关计划和完成事项。同时认真开展“三走进、三服务”活动,深入社区和企业进行调研,了解,提出了搞好服务的具体措施和办实事的承诺。认真做好“第一书记”工作,协助居委会开展工作,帮助搞好环境卫生工作,协调相关部门修建了一条沙石路,解决居委会出行难问题。协助居民委员会党支部做好换届选举工作。成立联合党委,部署开展相关工作,完成全体党员集体报到工作。同时组织全体教职工向“博爱一日捐”活动捐款4200元。

## 档案　史志

**【锡林浩特市档案局、史志办领导名录】**

局长、史志办主任　钢苏和(蒙古族)

副局长、史志办副主任　陈庆龙

副局长　王东军

**【概况】**　1996年根据锡林郭勒盟党办发[1995]14号文件精神,档案局(馆)合并为一套人马、两块牌子,更名为“锡林浩特市档案局“。行使行政管理和保管利用两种职能,科级建制,文化事业单位,隶属于锡林浩特市党委。内设办公室、档案业务科、档案管理科、编研科。核定人员编制18人。2007年12月经市机构编制委员会研究决定,在市档案局增挂市地方志办公室牌子,将党史、地方志职能一并纳入,增加编制2人,隶属于党委。2016年,锡林浩特市档案局核定编制20人,在编人员19人。

**【档案业务工作】**　加强业务指导监督,推进各单位档案年度归档工作。6月中旬,举办全市专兼职档案员业务培训班,对全市直各单位、苏木镇、办事处80个单位的100余名档案人员进行培训。5月初至12月末,先后对市教育局、市生态办和“十个全覆盖“工程项目举办三期专题培训班;为加强档案业务建设,上半年,先后选派了3名专业人员到自治区档案局进行档案统计、会计档案的学习培训。在抓好对部分单位档案执法抽查的同时,及时深入市直机关党工委、组织部、工商局、楚古兰办事处、民政救助管理站、农牧局、经营管理站、工商局、市党校、市民族幼儿园、市一校等单位指导文件材料的归档整理工作,充分调动了各单位主动立卷归档工作的热情和积极性。

信息化建设稳步推进继续开展档案信息化工作。此项工作对档案室软硬件要求比较高,开展有一定的难度,为此,我局对一些条件好的部门单位加大宣传督导,成熟一个,验收一个。截至2016年底,市民宗局、统计局、市政府办、市社保局先后开展了此项工作。收效显著。改变传统了手工方式管理档案程序繁琐、耗时耗力和效率低下等问题。积极做好档案的宣传工作,全年累计上报档案信息70条,订阅《档案与社会》30份。

**【档案馆工作】**　全力抓好新档案馆建设;11月我局已搬入新馆。全方位搞好档案整理与接收,丰富档案馆藏。上半年接受市委组织部党的群众路线教育办公室2014—2015年案卷7661件、市档案局2008—2015年档案343件;干部已故档案17个;积极搞好开发利用,提高档案服务的整体功能。全年共接待社会各界档案利用者350人次,查阅档案4000多卷(册);配合市社保局随时到馆核实参保人员的个人档案资料的真实性;协助信访局解决了原毛纺厂王芳等11人养老金问题;8月初,为完成人代会志,协助阿尔善镇、巴彦宝拉格苏木、朝克苏木、宝力根苏木提供查找1946—1986年档案资料1000卷。编纂完成了《锡林浩特市政府工作报告汇编(1956—2015)》。抓好网络舆情工作。按照网信办要求,在各大商业网站发布网上评论120条,网评文章1篇,微评文章3篇。

**【编史修志工作】**　《锡林浩特市志》第二卷最后通稿已完毕,进入送审阶段;《锡林浩特市组织史(1987.11—2015.12)》出版发行;《锡林浩特市政府工作报告汇编(1959—2015)》于2016年10月出版发行。

## 接　待

**【锡林浩特市接待处领导名录】**

主　任　白海彬(2016年4月离职)

　　　　贾仍辉(女 蒙古族 2016年4月任职)

副主任　田利军

**【概况】**　锡林浩特市接待办公室(原称锡林浩特市接待处),成立于2002年,是锡林浩特市政府办公室二级单位。2008年7月转为市委办公室二级单位,归口党委管理。2009年6月内蒙古党委组织部[2009]40号文件批准锡林浩特市接待办公室列入参照《中华人民共和国公务员法》管理范围。锡林浩特市接待办主要负责市四大班子接待范围内来宾的调研、食宿的组织安排和服务工作以及到锡林浩特市经济考察、商贸洽谈、投资合作团队的接待。接待办现内设四个科室:接待一科、接待二科、财务室和后勤保障办公室。现有14人,其中主任1人，副主任1人，财务2人，后勤4人，接待员6人。

【接待】 日常接待来宾794批、共计8183人。其中，省部级5批、68人，地厅级115批、1343人，处级202批、2135人，客商及其他客人472批、4637人。大型、重要接待任务接待来宾9次，共计756人。全年接待来宾共计803批，8939人。同比2015年的1021批、8139人增长9.8%。管理、维护蒙元文化苑会议室，提供各级各类会务服务，共计34次。完成“中共锡林浩特市第十二次代表大会”“中蒙文化交流晚会”“2016四国女篮国际对抗赛”“全区爱国卫生工作现场经验交流会”“锡林郭勒中蒙俄国际区域产能合作论坛招待晚宴”“内蒙古民族艺术剧院惠民演出”“锡林郭勒盟推进城镇绿化美化暨矿山生态环境保护治理研讨会”“第五届中国马术大赛”“锡林浩特市第十三届国际游牧文化节”等重大会议、活动、赛事的接待服务工作。公务接待费用较2015年降低34.7%。在接待中，不仅注重介绍风土人情、民族文化、自然风光，更注重介绍市委、市政府中心工作和发展思路及锡林浩特市的资源优势、投资环境和招商引资政策等，使来宾全面了解锡林浩特市，着力做好新形势下的接待宣传员。

【公务接待管理】 依据公务活动及来访人员单位公函和上级接待任务报告单安排接待任务，接待人员严格遵守对来宾情况的保密规定。始终秉承接待无小事、接待看细节的原则，在全面了解宾客的饮食、习惯、宗教、身体状况等因素的前提下做到有的放矢，以工匠精神打造独特的接待品牌，提供最周到、热情、精细的接待服务。同时，严格遵守公务接待相关规定，用餐多以家常菜为主、不上海鲜类产品、不上香烟、喝地方酒、不安排娱乐场所消费、限定餐标，接待住宿严格执行差旅、会议管理的有关规定。在接待任务结束后，要求接待员将接待任务报告单、接待任务确认单、用餐、住宿消费明细及发票及时上报，保障“四单”俱全。

【党建工作】 锡林浩特市接待办党支部换届，重新选举产生了新一届支部委员会成员，并成立工、青、妇组织。党支部通过创建学习园地、制作党风廉政建设宣传栏和“两学一做”学习教育内容展板、配备投影仪和笔记本电脑等硬件设施，不断夯实党员教育基础。落实“干部下基层三级示范抓引领”“第一书记”等工作，多次深入兴盛社区，逐户走访、摸实情、查民意，先后为困难居民家中送去慰问金、米面油共计5000余元，并与民政部门联系为社区特困人员申请了一次性救助补贴款6万余元。同时为兴盛社区购入投影仪和幕布、邀请党校老师宣讲锡林浩特市第十二次党代会精神、同社区职工观看反腐专题片、为社区拨付创建国家卫生城市帮扶资金两万元，助推社区健康发展。

【制度建设】 严格遵守《中央政治局关于改进工作作风、密切联系群众的八项规定》《自治区党委政府改进工作作风、密切联系群众的若干规定》《党政机关国内公务接待管理规定》《锡林浩特市党政机关公务接待管理实施细则》等一些列规章制度。根据新形势新要求，积极推进单位内部规章制度的完善，重新修订了《锡林浩特市党政机关接待管理实施办法》《锡林浩特市接待办财务管理制度》《接待员工作规范制度》《锡林浩特市接待工作服务流程》等一系列管理制度，保障了内部管理工作的科学化、程序化、规范化。

【队伍建设】 以建设“学习型机关”为重点，坚持教育先行，强化教育手段，全年共组织70余次集中学习。通过业务培训、网络在线学习、技能比赛，赴兄弟单位考察学习、观看反腐专题片《永远在路上》及《公关礼仪》等相关视频，让接待员全面了解和掌握市情市貌、风俗习惯、城市经济社会发展概况、公务接待礼仪规范、应急处理等方面知识，不断提高接待人员的思想道德水平、拓宽接待人员的视野，丰富接待人员的业务知识。

# 人民团体

XI LIN HAO TE NIAN JIAN

## 工 商 联

**【锡林浩特市工商业联合会(总商会)领导名录】**

书记、主席　王　洪(蒙古族)

副主席　喇利国

**【概况】** 2016年,锡林浩特市工商业联合会(总商会)有在职职工5人,其中主席1人、副主席1人、主任科员1名、科员2人。全市工商业围绕市委、政府中心工作,细化任务,强化落实,着力协调,认真履职,多措并举引导全市非公经济代表人士健康成长,推动非公经济健康发展。

**【思想建设】** 深化理想信念教育实践活动。通过报告会、座谈会、培训班等方式,组织广大非公经济人士深入学习贯彻习总书记在民建工商联界委员联组会上的讲话等系列精神,提振发展信心。开展"守法诚信争做优秀中国特色社会主义事业建设者"承诺践诺活动和"我和我的祖国—升挂国旗、唱响国歌"等主题活动。并根据年轻一代非公有制经济人士的特点和成长规律,加强国情党情教育,引导他们致富思源、富而思进。搭建政企沟通平台。召开全市非公经济形势通报会和非公经济政策解读会等,向非公经济人士通报、解读相关扶持政策和措施。组织召开非公经济座谈会,推动市委、政府相关部门和非公有制经济人士经常性联系,增进政企互信,促进建立健康的政商关系。加强专题培训教育。建立非公企业人才库,采取"请进来"与"走出去"方式,组织非公企业负责人分别赴呼和浩特市、苏州、杭州参加企业管理专题培训班以及大数据时代的传统企业转型升级培训。全年共组织各类培训7期,培训人员300余人次。

**【经济服务】** 组织开展"大走访、大调研、大服务"活动,详细了解企业的生产经营情况、人才建设现状等,形成《关于制造业民营企业发展状况的调研报告》和《非公企业人才队伍建设调研报告》,为市委、政府决策提供参考。对年营业收入在3000万元以上的会员企业进行调研,为进一步研判全市非公经济发展趋势,破解非公企业发展难题提供了基础数据。破解融资难题。举办银企对接会,帮助非公企业破解融资难问题,共组织20余家会员企业参加全市银企对接会,成功帮助企业获得贷款3000余万元。针对全市羊肉销售价格低、销售渠道不畅的困境,在全区首届蒙商大会暨民间投资合作洽谈会结束后,积极与珠海内蒙古商会、大连内蒙古商会联系对接,协助部分肉食品企业达成项目合作意向,协议金额达1150余万元。缓解用工难现状。利用非公经济网站、微信公众平台等多种途径,广泛发布人才资源供求信息,便于应聘者掌握第一手资料。举办民营企业用工招聘会,现场达成用工意向280余人。协调推进专项工程。积极做好"三百示范工程"推荐、遴选、审核、综合评价、组织申报、实地考察等各项工作。2016年为18家企业争取到104.3万元非公有制经济专项扶持资金。引导企业履行社会责任。鼓励支持引导会员企业当中有实力、经济效益好、社会责任感强的企业参与锡林浩特市社会扶贫工作,帮助贫困户解决生产生活上的实际困难,通过企业与嘎查(分场),与贫困户对接,以改善牧民生产生活条件入手,以发展生产为切入点,积极扶持贫困户稳定增收,实现脱贫。截至2016年,会员企业共捐赠扶贫资金64.4万元。

**【自身建设】** 以"五好工商联"(领导班子好、会员发展好、商会建设好、作用发挥好、工作保障好)建设为标准,迎接全国五好检查组的检查验收,各项工作得到了充分认可,在全区工商联基层组织建设经验交流会上,荣获全区"五好"县级工商联荣誉称号,同时被自治区推荐确认位全国"五好"县级工商联。

## 总工会

**【锡林浩特市总工会领导名录】**

主　席　包桂华(女 蒙古族)

副主席　张　晶(女 蒙古族)

冯占卿(满族)

**【概况】** 锡林浩特市总工会现有工作人员72名,其中:主席1人,副主席2人,科员4人,工勤1人,事业编2人,人才储备1人,社会化工会工作者61人;中共党员13人;研究生3人,大学学历67人,中专学历1人;工会工作人员由蒙、汉、回、满四个民族构成。工会内设财务部、综合部、基层部、法工部、保障部、经济部、女工部、宣传部和办公室。

**【开拓进取、勇于创新,积极发挥工人阶级主力军作用】** 组织和动员全市各领域基层工会组织开展了以"中国梦·劳动美"为主题的劳动竞赛活动。劳动竞赛参与企事业单位达340家,覆盖职工近2.1万人。举办锡林浩特地区党政机关工作人员综合办公技能大赛和承办锡林郭勒盟蒙古族服饰设计制作技能大赛,在社会上引起强烈反响,受到职工群众的好评。2016年,锡林浩特市总工会荣获全区劳动竞赛优秀组织单位。走访慰问各级劳模26人次,发放慰问金6000元,发放困难劳模补助金3.17万元,发放区级劳模慰问金2万元;安排3名自治区劳模进行了疗休养;2016年全市还有12名同志被评为盟级劳动模范和先进工作者。联合市安监局举办安全知识竞赛活动,提高了广大职工的安全意识和安全事故应急处理能力。组织全市各基层工会开展"安康杯"竞赛活动,活动覆盖面达85%。锡林浩特市伊利乳品有限公司荣获全国"安康杯·竞赛优秀单位"荣誉称号。新建市级职工创新工作室3家,评选表彰职工技术创新成果12项。

**【依法维护职工权益,构建和谐劳动关系】** 完善锡林浩特市政府与锡林浩特市总工会联席会议制度,调整了劳动关系和谐企业活动领导小组、厂务公开工作领导小组、劳动争议仲裁委员会、建立工会法律援助和劳动争议调解中心,进一步畅通工会组织代表职工建言献策和实施民主监督的渠道。全年组织参与法律宣传活动5次,召开工资集体协商专项工作会议2次,举办法律知识讲座1次,发放劳动法、《工资集体协商手册》6000余份。全年共签订集体合同和工资集体协议150份,覆盖企业405家,覆盖职工12225人,超额完成了盟工会年初下达的目标任务。下发《关于印发2016年厂务公开民主管理工作要点的通知》,收到基层单位自查报告102份;同时,加强检查指导,深入基层了解企业的实际情况,对工作不规范的,帮助完善提高。成立锡林浩特市工会法律援助中心、职工劳动争议调解中心,全年共受理职工投诉和劳动纠纷调解事件10起,涉及职工200余人,调解成功率70%以上。

**【固本强基,促进工会规范化水平有效提升】** 在全市苏木镇场、街道社区工会中开展规范化建设"双创优""双亮"活动,全市25人以上企业建会率达到90%,370家基层工会组织中有230家达到"六有"标准。全市共有工会会员3.4万人,累计发放会员证1.8万个,完善会员档案1.45万份,制发会员卡1.4万张。先后安排经费近50万元,为街道社区工会配备电脑、打印机等办公设备,统一制作了公章,开设工会账户,街道、社区工会基本达到"六有"。61名社会化工会工作者正式上岗,通过采取"走出去、请进来"、举办专题培训班和以会代训等形式,工会干部培训覆盖面达100%。在全区旗县(市区)工会工作经验交流会上作了题为《充分发挥社会化工会工作者作用、建设充满活力和坚强有力的工会》的典型发言。锡林浩特市总工会共上报各类信息310条,发布微信628条,在市委信息通报三类部门中名列前茅。全年全市基层工会共上报信息简报1689条,发布微信消息2897条,工会影响力不断扩大。

**【完善职工服务体系,在推进民生改善上取得实效】** 全年累计发展农牧民工会会员近6000人。2016年12月,发展动员农牧民工入会并实施关爱工作接受了中工网专访。已发展签约商家146户,直接受惠盟市会员4.9万余人。设计开发并注册的普惠形象代言人"普乐"卡通人物,已成为工会的"网络红人"。8月2日,全区工会会员普惠制工会观摩交流会在锡林浩特市召开,锡林浩特市总工会作典型发言。与中国人寿保险公司联合推出职工大病保险,参保单位共190家,覆盖职工5830人,涉及保费82万元。全年共帮扶救助困难职工近2225人,发放救助金近264.2万元。在全区工会推进困难职工解困脱困工作会议上,锡林浩特市总工会作了题为《坚持"六个精准、三项创新”,当好困难职工的“贴心人”》的典型发言。开设保健按摩、病患护理、母婴护理、蒙餐烹饪师、插花班、中国结编织班等多期免费培训班,共培训各类人员600余名。实施关爱“单亲大病困难女职工救助”和“女职工特病保险”计划,举办“健康工作,快乐生活”女性健康知识讲座,建立了2家“爱心妈咪小屋”。从环卫工人的工作、生活入手,全方面解决环卫工人的实际困难,实现环卫职工帮扶全覆盖。为200名一线环卫工人免费进行了体检,为1469名环卫工人每人发放500元慰问金。

**【以创新推动工作,提升工会服务水平和影响力】** 构建“三微一网一社区+APP”工作模式。“三微”即微信、微官网、微博,“一网”即工会网站,“一社区”即网上职工社区,“APP”即普惠APP。“三微一网一社区+APP”工作模式的建立,畅通了职工反映诉求、解决问题的渠道,让全市职工更便捷地了解、参与工会活动,让工会更近距离、更多形式地为职工服务。2016,市总工会共吸引1.6万余名职工群众关注。市总工会微信公众平台在2016年4月第二周入选全国最有影响力工会新媒体前10强;2016年后半年,在内蒙古工会系统微信排名中稳居前十,赢得了广大职工的认可和关注。2016年9月27日,全国总工会在湖北宜昌召开全国“互联网+”工会普惠性服务现场推进会上,市总工会作了题为《构建“三微一网+APP”工作模式,打开工会联系服务职工群众的新窗口》的交流发言。集乒乓球、羽毛球、困难职工帮扶、职工培训、图书阅览、书画创作、心理辅导和健身等功能于一体的综合性职工文体活动中心在年初正式投入使用,日平均访问人数可达500人次。同时,开办职工夜校,组织职工进行业余文化学习,丰富广大职工业余文化生活,提升职工文化素养,深受职工群众欢迎。

## 共青团

**【共青团锡林浩特市委员会领导名录】**

书　记　任　昊(蒙古族)

副书记　辛　颖(女)

**【概况】** 2016年以来,全市各级共青团组织紧紧围绕党政中心工作,加强基层基础建设和青年人才培养为主线,以引导青年就业创业、扶贫开发、文化活动、公益服务为重点,在文明城市创建、大型文体活动、青少年创新创业、志愿者服务行动等中团结协作、履职尽责,为全市经济社会持续健康发展做出了积极贡献。

**【倾力打造青少年公益文化体系】** “世界读书日”推出“爱心书架”图书公益募捐活动,5月4日发起“纪念五四运动97周年暨绿色远足·走好青春路第二届环保健走活动”,6月举办锡林浩特市首届少儿围棋邀请赛,7月举办“青创锡林·舞韵蔓莎”消夏文艺演出。启动“学雷锋月暨关爱青工活动月”工作和第二批“助学圆梦”公益活动。举办“12355高考报考知识公益讲座”,惠及群众5000余人。发起迎国庆青少年“绿色长征”公益健走活动。推动中国农业银行锡林郭勒分行与内蒙古草都公司签署战略合作协议。分四批次选派49名青年志愿者参加“敖包祭祀大典”“全盟重点项目重点工作现场观摩会”“大庄园生态牛羊肉产业示范园启幕仪式”“全区文明校园建设工作推进会”的随车讲解及会务服务。

**【以优良作风带出优秀团青队伍】** 启动三级干部“驻校蹲班”工作,参与团干共23人。选派81名团干分赴不同地点开展示范引领。举办第5期共青团“反贪腐反职务犯罪”学习活动、全市“五级示范抓引领常态化联系服务青年在基层”行动培训班、团干部“学习贯彻习近平总书记系列重要讲话精神暨素质拓展培训班”“全市志愿服务组织党的十八届六中全会精神宣讲报告会”“群团组织学习贯彻自治区党代会精神培训班”。

**【扶贫工作和履行第一书记职责】** 举办“春暖童心”公益专场晚会;选派特困少先队员参加“内蒙古春暖童心”冬令营活动。举办“向阳IN5”爱心助学公益活动,向贫困家庭学子捐赠22 000元公益资金;引荐乐品百货走进欣康居委会,为困难党员和群众送上百套新衣。为帮扶嘎查牧民协调临时救助金35 000元,募集爱心助学金6000元,协调华油二连分公司为贫困牧户提供42 000元资金扶持。机关直接为帮扶牧户支持养牧资金19 000元。协调资金为全市28个基层组织订阅2017年《这一代》杂志35份。

## 妇女联合会

**【锡林浩特市妇女联合会领导名录】**

主　席　关　丽(女 蒙古族 2016年7月离职)

　　　　陈淑梅(女 蒙古族 2016年7月任职)

副主席　刘淑萍(女)

**【概况】** 2016年锡林浩特市妇女联合会在职职工7人,社区志愿者1人,民生协理员1人,临时工1人。其中:少数民族6人,汉族4人,党员7人。内部机构设置:办公室、组宣部、发展部、权益部、儿童部、市政府妇女儿童工作委员会办公室。

【开展具体工作】 全年接待来信来访共12件,通过免费咨询代拟法律文书、联系律师等方式为妇女群众办理法律援助案件4件。7月,成功完成了全区妇联维权能力建设研讨班5个参观点的打造任务。为贫困女性提供免费体检。按照全市精准工作部署,联系结对帮扶贫困牧民额勒布格、吉木苏牧户,为他们解决了最基本的住房问题,解决房屋建设自筹资金各1万元。认真完成《锡林浩特市妇女儿童发展规划(2011—2020年)》中期评估相关工作。通过微信平台等媒介,大力宣传妇女创业及招聘信息、扶持政策,有效提高了广大妇女对扶持政策的知晓率;举办"互联网+电商之道"女性致富带头人培训、创业就业心理健康教育培训、家政服务培训班各1期,参与人数为234人次,推进妇女创业就业。创新工作载体,强化妇联宣传工作打造新媒体平台,建立和完善三级微信矩阵群、微信公众平台建设,上报信息56条,有效提高了妇联宣传工作。

【具体活动】 3月8日,举办纪念"三八"国际劳动妇女节106周年联谊会;举办"健康女性·美丽人生"主题讲座、"幸福草原,为孕产妈妈保驾护航"公益讲座、"中华母亲大讲堂"公益讲座各1期;围绕全市"十个全覆盖"工程,开展"我家变化"妇女恳谈会活动;"六·一"前夕,组织妇联系统开展庆祝"六·一"活动;开展"传播好家风,弘扬好家训"巡讲活动;组织召开"牧区家庭理财"经验交流座谈会;国庆节前夕,走进市民族幼儿园举行"升国旗、唱国歌"爱国教育活动;"三八"维权周期间,组织基层妇联开展"反家庭暴力法"宣传活动;参加全市"法制宣传月"启动仪式暨"谁执法谁普法"为主题活动;盟、市妇联联合在市法院、市民政局婚姻登记中心开展"温馨驿站"服务活动,针对婚姻家庭矛盾纠纷调解需求开展调解服务。

## 红十字会

**【锡林浩特市红十字会领导名录】**

名誉会长　赖向华(女)

会长、执委会主任　姜久江(蒙古族)

专职副会长　王　楠(女 满族)

【概况】 2016年锡林浩特市红十字会机关核定事业编制3人,有专职工作人员6人(3人参照公务员制度管理),"三支一扶"志愿者1人,专职志愿者2名。2016年,锡林浩特市红十字会在市委、政府的正确领导和上级红十字会的指导下,全面贯彻落实《中共中央关于加强和改进党的群团工作的意见》和习近平总书记在党的群团工作会议上的重要讲话,以市委、政府重点工作方向为指导,切实发挥红十字会的桥梁纽带作用,各项业务取得了新发展、新成绩。

【组织建设】 全市有"博爱超市"9个,"博爱家园"项目3个,基层组织127个,团体会员43个,成人会员2484名,青少年会员1606名,社区志愿服务队12支,志愿者275名,其中注册志愿者93名;全面实施自治区"5个500"和"2个100"项目,共同推进组织建设和项目建设工作,在人员配备齐整、基层组织建设达标、资源优势突出的社区、学校投资开展项目建设,提高了项目效益最大化。深入开展自治区级"红十字达标校、示范校"活动,推荐第六中学、民族小学申报"红十字达标学校"。

【筹资与募捐】 积极创新工作举措,拓宽筹资渠道,募捐活动成效显著,共募集款物价值195.79万元,其中:募集捐款190.61万元,走街入店开展换季衣物募捐活动募集各类衣物等价值5.17万元;2017年度可储备备灾基金150万元,爱心回报基金130万元,救灾救助物资价值39万元,防灾备灾能力稳固提升。

【救灾与救助】 开展各类救灾救助活动发放款物价值1 348 844.47元,受灾群众和特困大病患者、贫困学生和残疾人等困难群众3153人次受益。其中:"博爱锡林浩特·2016年红十字博爱送万家"活动,发放救灾救助款535 000元,困难群众2090人次受益;开展定向(项)救助活动,救助6名大病患者190 420元;救助先心病患儿桑德格日勒3000元;扶困助医项目:为22名特困大病患者发放医疗救助金126 300元。其中:"爱心回报"救助12名捐赠者患者87 500元,"校园博爱基金"救助2名学生4000元;"学习雷锋宣传月"活动,救助5户特困家庭3000元,发放棉被4床,价值512元,12人次受益;救助其他困难群众1600元,7人次受益;开展贫困户帮扶活动,为朝克乌拉苏木贫困户发放1000元救助金用于购买饲草料,发放棉被2床,价值512元,6人次受益;开展"博爱助残"活动,为锡林浩特市特殊教育学校捐赠20 000元,用于学校购置康复设备,207人次受益;"博爱棚圈"项目确保朝克乌拉苏木、巴彦宝拉格苏木和阿尔善宝拉格镇10户牧民脱贫致富,共计投入资金42万元,35人次受益;联合农工党锡林浩特支部、农工党锡林郭勒盟医药卫生支部深入贝力克牧场开展“送医送药进牧区”活动,发放医药价值14 000元,208人次受益。“扶老助医”项目为25名特困慢病患者支付医疗费3500.47元。争取上级红十字会救助锡林浩特市旱灾灾区价值30 000元的“家庭箱”150箱,受益牧民525人次。

**【学校红十字会工作与红十字青少年活动】** 将学校红十字青少年工作与素质教育和健康教育有机结合,针对不同年龄阶段的学生特点,开展内容丰富、形式多样的旨在弘扬人道精神的红十字青少年活动,如:联合宝力根街道额尔敦社区在市第三小学开展了应急救护知识进校园讲座,30名学生参加;组织全市中小学开展应急救护知识进校园讲座和青少年自救互救知识竞赛活动,发放试卷3000份;开展“捐出一天零花钱、献出一份同学爱”中小学生募捐活动,募集捐款3.95万元。

**【宣传与培训】** 深化与社会团体、组织和教育机构的沟通,推动国际人道法传播,加强红十字会网站宣传,利用微信群、QQ群等现代信息技术开展宣传,成功申请微信公众号。利用“5·8世界红十字会日”、“5·12防灾减灾日”和“世界艾滋病日”等节日、纪念日,联合盟地震局、中心血站、市民政局、科教局、疾控中心、消防大队等部门,开展各类宣传、应急演练等活动5次,社会效果明显;深入机关、学校、社区、企业和社会组织开展专业培训,开展救护员培训、普及性培训、“掌上学堂”推广活动,培训应急救护员255人,普及性培训1991人,进一步提高全社会防灾、减灾意识和公众自救、互救能力。

**【捐献造血干细胞与无偿献血】** 加强无偿献血、造血干细胞和人体器官(遗体、组织)捐献工作,创新工作方式方法,不断壮大造血干细胞资料库库容,实现捐献人数逐年增加,加大宣传力度,做好动员服务,规范捐献流程,弘扬人道博爱奉献精神。加强捐献造血干细胞志愿者队伍建设,对已入库的158名造血干细胞志愿者进行电话回访,新登记志愿者33人。联合盟中心血站在锡林郭勒盟电信局开展无偿献血活动,献血总量达6500毫升,提供咨询服务730余人次,共发放无偿献血、捐献造血干细胞宣传材料1140余份。做好动员服务,规范捐献流程,推进人体器官(遗体、组织)捐献工作进一步发展。

**【光明行社会公益活动】** 凝聚社会公益力量,使更多贫困白内障患者重见光明,恢复劳动能力和生活自理能力,减轻他们经济、生活、精神等方面的负担和压力,让广大困难群众切身感受到党和政府的关怀、社会的温暖,累计筛查人数1649人,成功实施手术40人,成功率100%。

**【博爱家园项目】** 在希日塔拉街道办事处社区卫生服务中心建立集博爱家园大讲堂、博爱乐园(运动场地)、博爱康复治疗室于一体的多功能博爱家园项目,共投入40万元。该项目投入使用后,不仅使基层红十字会组织的软、硬件得到跨越式提升,更受到社区居民的热烈欢迎,弘扬红十字精神,改善社区硬件条件、服务社区群众,对社区居民开展防灾避险、应急救护、卫生保健、红十字运动知识和国际人道法等知识的宣传培训工作发挥了重要作用。

**【监督机制与廉政建设】** 建立和完善法律、政府、社会和自我监督相结合的“四位一体”综合监督体系。一是法规监督。加强“红十字会法”和《中国红十字会章程》、公益事业捐赠法等法律法规的学习,加强领导干部、专兼职干部和专职志愿者的学习与培训;二是政府监督。自觉接受上级红十字会和纪检监察部门的监督,上报年度财务分析和自查报告,主动邀请审计部门开展上年度款物审计;三是社会监督。推进信息公开制度,满足公众知情权,各项财务收支、审计报告、救助公示、爱心榜均实现网上公开;储备金的提取及管理均接受审计部门和社会各界监督,储备金的提取及管理使用严格规范,未发生任何违规支付、违规提取、违规操作的问题;四是自我监督。重点加强对“一把手”的监督以及对重大决策、重要资助及建设项目的安排和大额资金使用的监督;重大问题和资金使用问题严格按照《红十字基金管理办法》《特困群众救助办法》《特困职工爱心回报救助办法》,经“执委会”研究同意方可执行;不断完善党内专门监督制度、加强财务监督,制定针对性防控措施,制作工作流程图,完善制度,明确责任人,形成一级抓一级、层层抓落实的防控体系。

## 残　联

**【锡林浩特市残联领导名录】**

理事长　刘少儒(2016年2月离职)
　　　　刘跃东(2016年3月任职)
副理事长　褚一磊

**【概况】** 1989年经政府批准建立了锡林浩特市残联,至今开了五次代表大会共计产生了5任理事长。召开时间分别是:1989年5月18日、1994年8月18日、1999年7月18日、2003年10月和2008年3月14日。产生的5任理事长分别是:张德贵(1989年5月至1999年7月)、牧人

（1999 年 7 月至 2003 年 10 月）、包灵芝（2003 年 10 月至 2004 年 10 月）、刘少儒（2004 年 10 月至 2016 年 2 月）、刘跃东（2016 年 3 月至今）。以弘扬人道主义，发展残疾人事业，保障残疾人平等地充分参与社会生活，共享社会物质文化成果为宗旨，认真履行其代表、服务、管理职能，为残疾人事业做了大量卓有成效的工作。

**【教育就业和扶贫助残】** 为劳动就业服务所进行硬件配置，加强机关基础建设，截至目前为止投入 5 万余元。配置电脑、打印机、档案柜等硬件设备，实行制度上墙，职责上墙。安排兼职人员落实教就所日常工作，制定 2016 年工作实施方案、服务机构规范化方案和残疾人就业工作计划。落实招收残疾儿童的学前教育机构补贴政策，把持有残疾证入园的 3 名残疾儿童姓名、残疾类别、幼儿园名称、等项造册登记，并报盟残联教就部。继续对当年考入的 6 名贫困残疾人大学生和贫困残疾人家庭大学生进行资助。协调就业部门加大残疾人就业、创业培训工作力度，4 月中旬，组织残疾人参加了盟残联举办的锡林郭勒盟残疾人体电通诊疗技术职业技能培训，培训 4 人；6 月下旬组织残疾人参加由自治区残联举办的 2016 年度国家级、省级盲人医疗按摩人员继续教育培训班，1 人接受培训。组织 60 余名残疾人参加盟残联联合锡林浩特富达驾校举办的残疾人驾驶证培训班。7 月中旬，组织 30 余名残疾人参加盟残联举办的电子商务培训班。开启 2016 年度牧区贫困残疾人家庭危房改造信息征集工作，确保贫困残疾人住房改造质量和生产基础配套，使贫困残疾人居有其屋。对危房改造残疾人进行实名核实。积极争取上级资金 20 余万。根据市委、政府制定的“精准扶贫”任务单，切实履行“第一书记”职责，下乡入户进行实地考察，2016 年上半年共累计下基层 6 次，了解了“一对一”扶贫对象基本情况，并制定相适应的扶贫计划，为白音锡勒贫困户提供慰问金 500 元，为额尔顿办事处新兴社区贫困户解决低保问题，并积极引导其参加 2016 年 7 月中旬盟残联举办的电子商务培训班。会同盟残联和特殊教育学校，围绕主题为“关爱孤残儿童，让爱洒满人间”开展第 26 次全国助残日，并向特校进行捐赠善款 8000 元。全市除新建和微小企业以外其他企业预计追缴 2015 年度残疾人就业保障金 50 余万元。

**【康复工作】** 为残疾人送温暖。落实残疾人康复经费，累计列入当地财政预算 16 万元。入户了解现有社区卫生服务机构内配套设施。对全市贫困残疾人辅具适配和残疾人无障碍改造项目的需求情况进行调查，并将调查情况汇总整理。积极争取上级资金 30 余万进行无障碍改造工作，并为残疾人购置轮椅 100 辆和助听器 6 个。

**【管理和扶持】** 全年共办理残疾证 486 个。按照国家和自治区安排，积极协助其他部门工作，做到信息互通、资源共享。

**【宣传】** 共有来自全市各苏木、乡镇和办事处的 32 名残疾人运动员和 28 名演出人员，参加锡林郭勒盟首届残疾人运动会暨第三届残疾人文艺会演。运动会上取得 31 金 16 银 19 铜和全盟团体第一的好成绩，由市残联选送的三个文艺节目，取得一个二等奖和两个优秀节目的好成绩。充分利用广播、电视、报刊、网络等各种宣传媒体广泛宣传残疾人事业，宣传扶残助残和残疾人自强不息的典型事迹，努力营造热烈的社会扶残助残氛围。统计各乡镇苏木街道办事处文化场所建设情况，下社区对残疾人文化活动场所建设情况进行调研。确定楚办爱民社区和巴办达布希勒特社区为锡林浩特市的两个综合性服务社区，累积投入 2 万元为其装配有声读物，扩大残疾人文化进社区“覆盖面”。

**【组织建设】** 恢复“三部一室”（一所一站）。做到制度上墙，责任到人。整理修订一系列日常工作管理的规章制度，根据单位实际新增了办证初审制度，进一步规范了业务工作流程。建立健全残联残疾人事业业务档案和文书档案，对残联历年档案的整理工作正在进行中。重新对各乡镇苏木街道办事处残疾人基本信息情况进行统计，实施实名制建档立卡。开展全国残疾人基本服务状况和需求调查，于 7 月下旬开始进行入户调查，在 9 月底完成了涉及 3934 名残疾人、2 万余户残疾人家庭的数据动态更新工作。严格办证程序，进一步加强残疾人证的办证质量、办证水平，根据单位实际新增了办证初审制度，进一步规范了业务工作流程。

## 科学技术协会

**【锡林浩特市科学技术协会领导名录】**

主　席　苏亚拉图（蒙古族）
副主席　杨春彪
　　　　陈振发（回族）

**【概况】** 2015 年 3 月锡林浩特市科学技术协会机构单设。2016 年内设 4 个部室，即综合办公室、科普部、学会部、青少中心，工作人员共 5 人，核定机关事业编制 4 名。

【全民科学素质】 不断完善全民科学素质领导小组办公室工作职能,组织协调各成员单位,组织开展科技活动周、科普日、科技三下乡、防震减灾日、食品安全周、消防科普宣传周、环保日、气象日等经常性、群众性大型科普主题宣传活动,举办科技培训班、科普讲座、专家科普报告会;创办农牧民实用技术微信服务平台、创办社区微视频、创办社区科普报;制作科普宣传栏;出动科普大篷车、广告视频宣传车;发放科普图书;年内举办各类科普讲座38次,大型科普活动16次,科技培训6期。有效提升了锡林浩特市全民科学素质。

【主题科普活动】 在全市范围组织开展"创新引领共享发展"—"2016年科技活动周暨科普活动宣传周"主题宣传活动活动。深入锡林浩特市阿尔善镇、白音锡勒牧场、第六中学、葛根敖包社区等地开展了一系列内容丰富、形式多样的大型科普宣传、培训活动。免费向群众发放《科普知识读本》《膳食指南》《环保52我爱环保》等科普宣传资料30多种2万余份,展出科普知识展板60余块,发放受益群众达5000余人。组织开展全国"尚德守法共治共享食品安全"–食品安全宣传周活动,活动组织动员12个科普社区开展"食品安全科普宣传"进社区活动,针对群众关注的食品安全热点难点,开展形式多样的科普宣传,发放了3000余册科普宣传材料。组织开展"创新放飞梦想,科技引领未来"2016年全国科普日活动。活动期间开展科普大篷车进社区、进校园、科技三下乡等宣传活动。布置展出各类科普展板、展示舞蹈机器人、遥控飞机、3D打印机等科技产品和发放各类科普知识读本。本届科普日活动宣传普及"创新、协调、绿色、开放、共享"的发展理念,参与群众及学生达7000余人次。联合幻世界科技体验乐园,利用幻世界科普阵地,组织市第三小学、市蒙中,让学生免费体验幻世界科技体验乐园"五项套餐"(VR体验、7D影院、3D射击、潜艇体验、星际旅行)等科技体验项目,让学生在快乐的体验中学习和了解科普知识。由第三小学、市蒙中1000余名师生参与本次活动。

【科普示范体系】 组织申报"社区科普益民计划项目""科普惠农计划项目""十百千万"工程项目等科普项目。2016年,宝办乌兰图嘎社区荣获国家级科普行动计划先进单位、额办葛根敖包社区被命名为自治区级科普示范社区,巴彦宝拉格苏木巴达日呼获得全盟科普带头人称号。获"基层科普行动计划"项目奖补资金22.3万元。共创建成国家级科普示范社区3家,自治区级科普示范社区2家,盟级科普示范社区2家,市级科普示范社区12家。

【科普资源共享】 实施"互联网+科普"服务模式,推进"科普网络书屋平台""锡林浩特市科协蒙文科普网站""锡林浩特市科协农牧民实用技术微信服务平台"等建设,定向、精准地推送科普信息。组织各社区、各科普基层单位,免费浏览"科普网络书屋"—科普信息化服务平台。不断创新和完善"锡林浩特市科协蒙文科普网站"的服务功能,方便于农牧民用手机登录浏览,截止目前网站点击率达63 710人次。创办"锡林浩特市农牧民实用技术微信服务平台",聘请锡林郭勒职业学院专家在线为牧民解决生产中的实际困难,把科普"民生工程"做到了实处。进一步巩固和完善了锡林浩特市动植物科技园、锗博物馆和幻世界科技体验乐园的科普功能,年均接待公众及青少年达8万余人次。

# 法 治

XI LIN HAO TE NIAN JIAN

## 政法与综治

**【中共锡林浩特市委政法委员会领导名录】**

书　记　李博峰(市委副书记)
副书记　杨文江
　　　　陶格涛(蒙古族)
综治办主任　王卫华
维稳办主任　张春雷

**【概况】** 中共锡林浩特市委政法委是市委领导和管理政法工作的职能部门,内设政治处、维稳办、执法督查室、办公室。市社会治安综合治理委员会办公室(简称综治办)与市政法委合署办公。共有人员21名,其中,书记1名,副书记2名,主任2名,科员9名,工勤人员1名,混岗1名,事业2名,社区民生志愿者3名。

**【政法队伍建设】** 围绕打造政治过硬、业务过硬、责任过硬、作风过硬政法队伍入手,在做好干警日常监督管理和培训的基础上,按照《锡林浩特市2017年度政法干警教育培训计划》,在全市政法系统开展"忠诚、干净、担当"主题整顿行动。按照方案要求,依次开展"动员学习、查摆剖析、整顿落实、督促检查、建章立制"五个环节工作。全市政法各部门开展"忠诚、干净、担当"主题活动。先后分别在活动第一阶段、第四阶段对市政法各部门开展督查。在建党96周年前夕,组织全市政法系统"迎十九大、庆70周年暨'忠诚、干净、担当'政法系统第二届知识竞赛"活动。11月,邀请中央党校教授曹立为全市400名政法干警做学习十九大会议精神专题讲座。制定完成《锡林浩特市社会体制改革专项小组2017年工作台账》,并印发。台账中共涉及任务16项30条。要求制定出台17条、推进落实12条、健全台帐1条。三是落实"从优待警"各项措施。为1064名政法干警缴纳了政法干警意外险。

**【综治工作】** 围绕全市中心工作和年初政法工作会议确定的综治重点任务,以推进平安建设、法治建设为目标,切实落实社会治安综合治理各项措施,围绕全市政法工作会议关于综治工作的总体部署和提出的目标要求,列出工作清单,逐一明确责任单位和责任人。与15个苏木镇(场)街道和49个综治委成员单位进行了集中签状。落实日常排查调处的基础上,重点组织社会矛盾大排查大化解、积案化解"百日攻坚"、自治区成立70周年庆祝活动社会矛盾纠纷排查化解等专项行动。共排查并化解城乡建设、草场权属、房产物业、劳动社保、经济合同、交通事故、邻里纠纷、婚姻家庭等方面的一般性矛盾纠纷421起;共排查涉及劳动社保、土地征用、房屋拆迁等领域的重点矛盾积案73起,逐一明确了包案领导和责任部门,通过多措并举现已销案39起;6月5日,进一步明确了12个重点返迁楼建设项目的责任领导和督办领导,要求抓好工作的协调推进,预防化解社会矛盾。1至9月份,共调处各类矛盾纠纷3025起,其中各苏木镇(场)街道调解133起,司法所调解1833起(口头调解1483起),法院诉调对接中心调解1059起,全部矛盾中市区占70%左右,牧区接近30%,主要涉及物业服务、婚姻家庭、邻里纠纷、经济合同、宅基地、劳动争议、道路交通等方面。市综治委印发《关于进一步规范矛盾纠纷报送工作的通知》,明确报送时间、内容、形式、签章等内容,并要求确定具体联络人员,规范建立矛排工作台帐。全国"两会"、"一带一路"国际高峰论坛、自治区成立70周年庆祝期间和重要活动、重要节点,联系协调各苏木镇(场)街道和市信访局、公安局等部门,执行了矛盾调处和社会治安每日“零报告”制度,确保了信息畅通,并落实了24小时值班备勤工作。

**【整治治安突出问题】** 2015年底至2016年2月下旬,综治委(办)组织、协调相关职能部门开展为期2个月的以整治生产安全、交通安全、消防安全等为主要内容的平安创建重点工作十个专项行动。专项行动中,共检查涉及安全生产的单位、场所、部位292家,查出安全生产隐患1077条,整改502条,对145家企业限期整改,对75家企业停产整顿;检查食品生产、食品流通、餐饮服务等单位935家,签订食品经营承诺书、责任书100余份,下达监督意见书和责令改正通知书95份,关停饭店3家;检查药品经营单位、医疗机构及医疗器械兼营店134家,下达责令改正通知书和行政处罚决定书48份,签订药品使用安全责任书5份;检查涉及群众日常所需生产生活用品及家电、农资、建材、机电、汽车配件等相关单位56家,立案查处违法案件8起,查获、没收假冒伪劣商品1000余件;检查各类车辆15 000台(次),查处各类交通违法行为7462起;检查消防重点单位、社会单位等277家(次),发现并整改火灾隐患及违法行为423处,行政处罚单位10家,受理查处火灾隐患举报投诉13起,市党政领导多次带领相关部门、单位的同志深入杭盖市场等存在火灾隐患的重点场所、部位检查消防安全工作,现场督促落实整改措施;整治网上违法信息1条,发现并消除网上有害信息3条,发现网上舆情13条,经核实后通报政府和相关部门;检查出租房屋119家,核对暂住人口260人,录入流动人口信息7989条,出租房屋信息2030条,寄住人口信息30条,从业人口信息352条;清查宾馆旅店、洗浴、娱乐场所、商业网点、网吧、企事业单位、金融网点、加油站、加气站、矿山等2177家,检查重点单位、场所511家,缴获子弹84发,组织应急疏散演练4次,消防安全演练4次,查处治安案件38起19人;抓获“盗抢骗”犯罪嫌疑人15人,破获“盗抢骗”案件22起,打掉犯罪团伙3个;排查化解各类矛盾纠纷46起,包括3起民间借贷纠纷,并在市委领导的积极协调下,排查处置了一起因交通肇事案件造成人员死亡可能引发个人极端事件的信访问题。综治办会同公安局、民政局、卫计局、人社局、残联等部门联合下发《关于建立精神卫生工作协调机制的通知》,协调民政局下发办理易肇事肇祸严重精神障碍患者监护人“以奖代补”资金的补充通知,明确享受奖补的有关事项、认定程序、监护协议、资金申请流程等。9月,为29名符合奖补条件的监护人发放了奖补资金。按照盟综治办关于加强严重精神障碍患者排查工作的通知,新筛查精神障碍患者543名,全市累计筛查精神障碍患者979名,已完成总人口4‰的任务指标。

**【未成年人思想道德建设】** 4月份开始,综治办牵头组织公安、教科、城管、卫计等部门开展了校园周边治安、交通、商业及摊点经营、文化娱乐、医疗卫生等环境综合整治专项行动,净化校园周边环境。共开展集中行动10余次,整治车辆乱停乱放行为1600余起,清理校园周边流动摊点100余处,清理店外经营和占道经营80余处,查处乱堆乱放行为20处,劝离游商小贩150余人(次),查扣处罚流动摊贩10个,检查整治校园周边超市、餐饮、小饭桌、食品经营户、学习用品店、便利店、医疗机构及学校食堂等585家(次),对无证经营和无健康证从业人员的小饭桌下达了整改通知书,清理校园周边200米内的游戏厅、台球厅、音像店、棋牌室、洗浴场所17家,校园周边200米内无网吧。同时,公安机关深入全市25所学校周边的65家经营商户、超市及各类店铺,针对是否存在销售“牙签弩”等危险玩具及危险物品情况进行检查,未发现有售卖情况。

**【专项整治】** 4月中旬开始,综治办组织推动基层综治委(办)积极配合公安机关开展了缉枪治爆和打击“黄赌毒”违法犯罪专项行动,各苏木镇(场)街道配合公安机关开展宣传教育活动20余次,制作宣传条幅20条,张贴宣传通告1400份,并通过出租车LED屏、行业场所电子显示屏、微信短信平台等进行了广泛宣传。专项行动以来,公安机关收缴子弹2065发、猎枪4支、管制刀具4把、雷管10个;查处卖淫嫖娼和介绍、容留他人卖淫嫖娼等案件5起,行政拘留12人,取保候审1人;破获聚众赌博案件1起,行政拘留7人;破获贩卖毒品、非法持有毒品、非法买卖制毒物品等案件5起,抓获犯罪嫌疑人6人,缴获毒品冰毒133克;查处吸毒案件34起,行政拘留35人,强制隔离戒毒1人。组织推进了整治“村霸”专项行动,成立由市委副书记、政法委书记任组长,市政府、政法委、组织部相关领导任副组长,有关单位主要领导为成员的整治“村霸”专项行动领导小组,会同组织部、公安局联合下发《关于开展整治“村霸”专项行动方案》,召集各苏木镇、国有农牧场、街道办事处相关领导对专项行动做了动员部署。6月20日,召开专项行动领导小组会议,对排查出的2个问题进行了分析研判,不符合“村霸”情形。6月下旬,综治办会同民政局、卫计局、教科局、财政局、政法部门等联合印发《关于开展牧区留守儿童“合力监护、相伴成长”关爱保护专项行动实施方案》，协调推动工作落实，此次专项行动到年底结束。

**【督办督查】** 6月底至8月初，针对自治区挂牌整治和限期整改的治安突出问题，市综治委（办）进行了专题研究、整改督办和实地督查，公安、城管、食药工商质监等相关职能部门对存在问题的场所、部位进行了清理、关停、取缔，并推进整治整改措施的深入落实，巩固整治成果，防止问题反弹。同时，按要求时限向盟综治办上报了整改情况报告。8月初至9月中旬，针对盟综治办要求限期整改的安全隐患和突出问题，召集公安局、交通局、教科局、文体局、消防大队和有关街道办事处、派出所的负责同志，就整改工作做了安排布置，逐一明确了责任单位，并及时将问题隐患转到相关责任区和责任单位。适时深入到存在问题的部位、场所对整改情况进行了实地督查，推动了整改措施的落实。各责任单位围绕职能，通过组织专项整治行动、开展集中清查、完善管理措施等推进了整改工作，整改报告上报盟综治办。

**【依法治市】** 制定印发2017年度推进依法治市工作要点和任务台账，及时将基层依法治理创建标准转发到了各苏木镇（场）街道，并在基层综治中心建设中，提前规划基层依法治理工作，设立专门功能室。以“七五”普法为契机，强化机关和企事业单位普法宣传教育，建立健全管理制度，依法解决热点、难点问题。不断完善牧区基层民主法治建设，深化牧区普法教育，营造了学法尊法用法良好氛围。推行基层法律顾问制度，为全市22个嘎查、45个社区、16个居委会、4个国有农牧场配备了40名律师身份的法律顾问，协助开展法律服务等工作。对城市法治文化广场进行了亮化、绿化并新建了雕塑，在贝力克牧场、朝克乌拉苏木、额办振兴社区和新兴居委会建立了4处法治文化长廊。

**【宣传】** 3月和9月先后印发《关于开展2017年社会治安综合治理（平安建设）宣传月活动的通知》和《关于开展2017年社会治安综合治理（平安建设）和民族团结进步宣传月活动实施方案》，对综治和平安建设宣传月做出了统一安排，明确了宣传主题、宣传内容和宣传形式，并利用政法委工作网站、微信公众平台、政法综治微信群等对全市综治和平安建设重点工作进行了宣传发布。1月、3月，市综治办、司法局牵头，联合法院、检察院、公安局、国土局、妇联等部门，在法治文化广场开展以“落实综治领导责任制，筑牢祖国北疆安全稳定屏障”为主题的集中宣传活动，通过悬挂条幅、制作展板、发放宣传资料、提供法律援助、接受群众法律咨询等多种形式，重点宣传综合治理、平安创建、法律常识、法律援助等内容，共发放各类宣传资料8000余册，面对面解答群众法律咨询20余人（次）。9月15日，按照盟综治办的统一部署，组织平安建设和民族团结进步集中宣传和大型签名活动。市食药和工商质监局、卫计局、教科局、烟草局、公安消防大队、消费者协会及联通、电信、移动等20个部门结合“3·15”国际消费者权益日，在民盛购物广场采取现场咨询、投诉、假冒伪劣商品展示、识假辨假、保健食品消费防欺诈专题讲座等形式，开展大型集中宣传活动，共受理投诉7起，接受咨询360余人（次），展示假冒伪劣商品15种，没收并销毁价值23万元的假冒伪劣商品，发放宣传资料2000余份。教科局会同政法各部门，利用3月份中小学校开学和“3·28”全国中小学生安全教育日，通过举办讲座、法律宣传等形式，深入到一中、六中、五校、八校、特殊学校、民族幼儿园等，开展“法律安全进校园”系列活动，重点宣传交通安全、消防安全、禁毒教育、未成年人权益保护等方面的知识，举办法制讲座5次，发放普法书籍1200册，受教育学生10 000多名。司法局围绕“七五”普法工作，组织各基层司法所、法律援助中心，会同各街道办事处综治办、工会、社区等开展了普法、法援宣传活动，并深入到神华风电、大地保险、百货大楼等50余家企业及个体经营户，组织“送法进企业”活动，共发放《实用法律知识读本》《工会法》《人民调解法》《法律援助条例》等普法书籍10余种1000余册。市法院举办了法律培训、大讲堂和未成年人“模拟法庭”活动，并组织巡回法庭、牧区法庭开展了“送法下乡”“送法进牧区”和“以案说法”活动；市检察院联合六中、团委等单位开展警示教育参观学习活动；市公安局组织民警辅警和基层派出所、禁毒大队、交警大队、消防大队等开展安全保密专题培训和远离毒品、交通安全、消防安全、法制等方面的宣传；市食药和工商质监局开展液化气安全警示教育宣传；市林水局开展依法治水管水等方面的宣传；市工会、妇联举办“女职工法律知识竞赛”；市城管局开展城管执法开放日宣传活动；市农牧业局联合有关部门开展农资打假、农产品安全宣传活动；市国地税系统开展全国税收宣传专题“首宣日”活动。各苏木镇（场）街道综治办、社区居委会等通过悬挂宣传横幅、设立宣传展板、提供咨询服务、发放宣传材料等形式，广泛宣传用火用电用气和防盗抢骗等安全防范、法律常识、禁毒、反家暴、预防电信诈骗和信用卡诈骗、关爱老人、春季防火等方面的内容,共悬挂条幅和制作电子宣传屏幕 120 余幅,制作展板 50 余块,发放宣传资料近万份。

**【综治基础性工作】** 向市委提交申请设立市综治中心的报告。深入到部分街道、苏木、社区就建设两级综治中心进行专题调研,并就推进基层两级综治中心示范点建设进行专题研究,已落实了综治中心示范点办公场地。调查、了解、核实了锡林浩特铁路分布情况和铁路护路联防工作,上报了工作运行、铁路现状及机构设置等情况,并会同盟综治办、集通铁路锡林浩特护路所、铁路公安派出所等开展铁路护路站前宣传活动。8 月份开始,开展整治铁路沿线安全隐患和社会治安问题专项行动,成立市铁路联防领导小组,下发了配备护路员的通知,并对 2016 年铁路护路费发放情况进行了督促落实。按要求时限向盟综治办上报了综治重点工作的推进和落实情况,并通过盟政法综治信息平台报送各类信息 1317 条,采用 699 条,位居首位。组织完成盟综治办关于城市社区治理和服务创新工作的专题调研。与人民银行呼和浩特中心支行保卫处对接自治区创安联系点工作。按照自治区、盟综治办的要求,为见义勇为人员武晓燕申报烈士,为其亲属申报“海航 · 见义勇为”英模安居工程购房补贴。

**【维稳工作】** 按照《内蒙古自治区重大事项社会稳定风险评估工作操作规程(试行)》等四个规范性文件的要求,5 月 26 日,市维稳办召集已备案的和正在申请备案的“第三方”稳评机构负责人进行座谈,要求备案中介组织要严格评估原则,规范评估流程,全面评估项目实施前及实施过程中存在的不稳定因素及隐患,尤其要把握好民众利益、社会治理、劳动保障、涉法纠纷、环境保护、资金安全、工作能力、舆论舆情及特殊群体问题等方面的风险点,使每一份稳评报告都能够经受住检验,经得住推敲,真正发挥好维稳“安全阀”和“防火墙”作用。同时,市维稳办还结合全市实际,对全市“第三方”稳评机构资质进行重新审核,并于 9 月 11—15 日在锡林浩特市政务门户网和锡林浩特市政法委网站予以公示后,最终确定 6 家稳评机构。对《锡林郭勒盟医院门急诊医技综合楼建设项目》《大唐锡林浩特电厂、华能北方胜利电厂、神华胜利电厂 110 千伏启备电源线路工程》《锡林郭勒盟空天科技有限公司临近空间飞行器试验场项目》《锡林浩特市生活垃圾焚烧发电项目》和《内蒙古中蕴马产业发展有限公司马系列产品开发项目》《神华北电胜利能源有限公司胜利一号露天煤矿项目建设用地》《调整锡林浩特市污水处理收费标准》《京运通宝力格特高压外送 30 万千瓦风电项目》等 8 个重大项目稳定风险评估工作进行备案。同时,为切实保障社会稳定风险评估工作的顺利开展和取得实效,将社会稳定风险评估工作纳入社会治安综合治理、平安创建和维护社会稳定工作考核范围,对因没有实施社会稳定风险评估而存在重大涉稳隐患或引发重大群体性事件的,根据情况实施社会治安综合治理警示或“一票否决”,并加大责任查究力度,对应当纳入评估范围而未纳入评估,或在评估工作中搞形式主义、弄虚作假,造成重大失误,引发较大规模群体性上访及群体性事件等重大不稳定问题的,按相关规定,对相关责任区及相关部门的负责领导和工作人员实行问责。

**【重大不稳定问题清单工作】** 推行排查摸底机制,印发《关于建立重大不稳定问题清单的意见》,要求嘎查每周、苏木(镇)每半月、市每月对本辖区内重大不稳定问题进行全方位的摸底排查,逐条梳理,分析评估,由领导小组审定后纳入清单,并逐级上报,以每月为时间段建立清单表,为化解销号锁定“目标”。对纳入清单的重大不稳定问题,充分借助基层综治维稳工作中心和“五所联调”工作机制,以嘎查为主体基础,责任区牵头主办,市级相关部门协调督办,限时进行化解销号,及时把一些可能引发的重大不稳定问题化解在萌芽状态和未燃之际。

**【矛盾问题摸排调处】** 市维稳领导小组从 3 月 1 日开始到 3 月 20 日,在全市范围内集中开展了影响社会稳定矛盾问题摸排调研工作。经摸排,全市共排查梳理出影响社会稳定矛盾问题 69 件,主要涉及房屋拆迁、复转军人和 1997 年未分配大中专毕业生。为落实中央维稳办《关于集中开展新一轮影响社会稳定矛盾问题摸排调研工作的通知》(中稳办发电〔2017〕33 号)部署安排,6 月—9 月,在全市范围内集中开展新一轮影响社会稳定问题摸排调研工作。经摸排,锡林浩特市共排查梳理出影响社会稳定矛盾问题 73 件,已化解 39 件。其中,自治区领导包联锡林浩特市带案督查的 3 件信访积案中,已化解 2 件,正在推进化解 1 件;盟级领导包联锡林浩特市带案督查信访积案 4 件,其中已化解 2 件,正在推动化解 2 件。近期梳理出 53 件影响社会稳定矛盾问题进展缓慢,对 12 件返迁楼问题信访案件,市委、政府研究确定处级领导包案,并已制定化解方案。

**【重点人员、案件摸排化解】** 新疆籍人员情况。在锡林浩特市新疆维族人员共 69 人,其中锡林郭勒职业学院新疆籍维族学生 55 人,杭盖派出所管区 5 人,楚兰派出所管区 1 人、额尔敦派出所管区2人、白音锡勒派出所管区1人、流动人口5人,密切关注新疆维族人员的动态。民族宗教工作情况。市宗教形势发展良好,现有5个宗教,分别为藏传佛教(喇嘛教)、伊斯兰教、天主教、基督教、汉传佛教。有贝子庙、清真寺、天主教堂、基督教堂、菩提净院(汉传佛教)5个宗教活动场所,其中汉传佛教菩提净院没有固定活动场所。基督教堂结合信教群众老弱实际,在市区分设7个聚会点。全市共有教职人员39名,其中佛教26人(喇嘛25人、和尚1人)、阿訇7人、基督教传道员5人、天主教神父1人。军队退役人员安置稳控工作。2016年底,锡林浩特市共有军转干部17名,其中,行政事业单位4名,企业3名,已全部安置。2003年以来退役士兵367名,其中328名已安置(14名安置后辞职、辞退或未签订劳动合同),19名选择自主择业,没有安置的20名,现在岗的314名(1名在盟职单位工作)。在自治区成立70周年和党的十九大召开期间,市有关部门密切配合,及时约见退役人员代表,耐心、细致地讲明国家安置政策,全力做好了退役人员的稳定工作。

**【国安工作】** 4月15日是第二个“全民国家安全教育日”,市国安办与盟安全局联合在锡林广场开展宣传活动,盟委副书记、盟长付万惠亲临活动现场指导工作。活动中,共发放宣传册500余本、展出展板10余块、现场解答咨询30余人,收到较好效果。

**【信息情报】** 维稳办从1月开始,在各个重大节日等特殊敏感期施行24小时值班制度,确保有情况能够及时报告。共报送维稳信息44期,维稳专报5期,国安专报17期。执法监督检查。

**【涉法涉诉信访工作】** 向自治区高院上报诉访分离案件21件,同时落实包案领导、责任单位及责任人、稳控单位及责任人。累计接待登记来信来访39批次。共排查出涉法涉诉信访案件15件,全部落实了责任单位责任人、稳控单位责任人和包案领导,已化解6件,其他9件正在积极化解中。共接到中央巡视组受理案件两批次8件、自治区巡视组受理案件4批次9件、盟政法委转办4件,根据案件性质,明确办案单位,并限期督促回复,

**【案件评查和执法检查】** 为进一步提升政法机关的执法水平和执法质量,切实从源头上预防和减少涉法涉诉信访案件,结合全市实际,成立案件评查和执法检查领导协调小组,具体领导和协调开展案件评查和执法检查工作,并组织开展全市政法系统案件评查和执法检查活动。

**【重大事项报备】** 为切实加强党对政法工作的领导,充分发挥市委政法委的职能,全面提升领导管理政法工作的能力和水平,全力维护全市政治社会大局的持续和谐稳定,制定印发《政法部门重大事项报告备案制度》。

**【司法救助】** 根据《内蒙古自治区国家司法救助实施的意见(试行)》文件精神,锡林浩特市将20万元国家司法救助专项资金列入财政预算。救助19件27人共计52万元,支持政法机关依法履行职责认真贯彻落实《关于领导干部干预司法活动、插手具体案件处理的记录、通报和责任追究规定》和《司法机关内部人员过问案件的记录和责任追究规定》有关规定,支持司法机关排除不当干预,保障宪法法律正确统一实施。市委政法委坚持总揽全局、协调各方,2016年共召开3次政法委员会会议,研究解决执法司法工作中的普遍性、倾向性问题,支持政法机关依法履行职责,不断提高领导政法工作科学化水平,为政法工作开展提供了有力保障。

## 公 安

**【锡林浩特市公安局领导名录】**

书记、局长　贾境文
副书记、政委　锡林巴特尔(蒙古族)
副政委　安立龙
副局长　牧　仁(蒙古族)
　　武晓东
　　宗文广
　　聂俊龙
纪委书记　锡　林(蒙古族)

**【各派出所领导名录】**

哈日朝鲁派出所所长　逯海涛(满族)
哈日朝鲁派出所教导员　陈学文
宝力根派出所所长　丁学林
宝力根派出所教导员　肖　文
杭盖派出所所长　丁　屹(回族)
杭盖派出所教导员　杨　军
楚古兰派出所所长　张立鹏
楚古兰派出所教导员　祁世祥
希日塔拉派出所所长　祁红杰(蒙古族)
希日塔拉派出所教导员　安晓光(满族)
额尔敦派出所所长　苏　和(蒙古族)
额尔敦派出所教导员　高红红(女)
德日斯图派出所所长　宋双全
德日斯图派出所教导员　徐智慧
南郊派出所所长　王立东

南郊派出所教导员　冀宏伟

白音锡勒派出所所长　苏日塔拉图(蒙古族)

白音锡勒派出所教导员　海曙光(蒙古族)

宝力根苏木派出所所长　呼和牧仁(蒙古族)

宝力根苏木派出所教导员　陈少儒(蒙古族)

阿尔善派出所所长　韩　巍

阿尔善派出所教导员　冯　波

朝克派出所所长　包长海(蒙古族)

朝克派出所教导员　胡日查(蒙古族)

巴彦呼热派出所所长　呼日勒巴特尔(蒙古族)

巴彦呼热派出所教导员　王有祥

巴彦宝拉格苏木派出所所长　额尔敦达来(蒙古族)

巴彦宝拉格苏木派出所教导员　刘金义

交通管理大队大队长　查　干(蒙古族)

交通管理大队教导员　陈志杰

**【概况】** 锡林浩特市公安局位于锡林浩特市南府花园小区西侧。锡林浩特市公安局领导班子由12名成员组成:党委书记兼局长1名,党委副书记兼政委1名,副政委1名,副局长4名,纪委书记1名,政治处主任1名,局党委委员3名。内设机构由42个科室所队构成,现有人员638人(公务员288人)其中:男性491人,女性147人,少数民族312人。

**【维护平安稳定】** 受理涉法涉诉信访案件72件,全部查结;排查不稳定群体12个74人,妥善处置因拖欠工资、房屋质量、就业安置等群众前往盟市两级政府上访555起(次)10342人(次),劝返进京上访人员24人。全市发生命案4起全部告破,并成功破获了公安部挂牌督办的网络贩卖枪支案件1起。全局共立刑事案件1174起,同比下降17.38%,破案559起,抓获犯罪嫌疑人256人。受理治安案件2403起,同比上升4.4%,查处治安案件1954起,处理违法人员948人。集中打击毒品违法犯罪。全年破获涉毒刑事案件32起,刑事拘留23人,缴获毒品冰毒897克。办理行政涉毒案件140起,行政拘留171人,强制戒毒19人。破获各类经济案件26起,移送起诉13人,挽回经济损失4775万余元。破获销售假冒伪劣化妆品案件1起,打击查处非法排污案件3起,捣毁非法生产、销售豆芽作坊1处,刑事拘留6人,行政拘留3人,推进以人防、物防、技防、宣防为基础的“4+N防控体系”建设,全力打造平安锡市“升级版”。组建“锡林浩特市治安联防”队伍,14个派出所共招募“平安志愿者”60名,配合派出所开展治安联防工作。加强治安卡点、出城卡口建设,规划重点部位视频监控,依托“平安锡林郭勒盟”和“平安锡市”工程建设,5个出城卡口、374个治安监控点、188个道路交叉路口视频监控和电子警察系统建设、10个便民报警点的安装、测试、验收和使用工作有序推进,并将90%以上的视频图像引入指挥中心。深化社区警务工作,依托移动警务车、警银亭、交通岗楼、牧区文化站、“草原书屋”和“党员中心户”设立警务室,深入开展信息采集、矛盾化解和便民服务等工作,继续推广“草原110联网联防报警系统”升级版,增加“一键120”“视频举报”和“一键服务”等功能,目前已在全市所有苏木、镇、场完成安装2000余户,覆盖率达40%。加强工程车、客车、校车、危化品运输车等重点运营车辆安全管理,设置了城区公交专用通道,对大型货运车辆二环以内限时通行,对危化运输车辆进行严格管控,狠抓酒驾、醉驾、毒驾和“三超一疲劳”等突出违法行为集中整治,有效预防重特大道路交通事故和治理交通拥堵。全年受理道路交通事故1304起,立案处理359起,受伤227人,直接经济损失34.3万元;导致人员死亡的交通事故36起,死亡42人。推进“草原119”和微型消防站建设,常态化排查治理火灾隐患,坚决堵塞漏洞。一年来全市发生各类火灾99起,直接财产损失44.79万元。年内收缴各类枪支11支,其中手枪9支,气枪2支,收缴管制刀具16把,各类子弹2359发。保卫安全措施。针对各类重大节日、大型赛事活动和重大出动警力千余人(次),圆满完成了元旦、春节、清明节、端午节、中秋节、国庆节等传统节日和全国、全区“两会”、自治区党代会、四国女篮邀请赛、2016年中国好声音全国城市海选锡林郭勒分赛区总决赛“元上都之夜”演唱会、中国·锡林浩特第十三届国际游牧文化节开幕式暨额尔敦敖包祭祀大典、高考、中蒙俄拳击争霸赛和“新丝路电子商务”2016第二十一届国际奥委会主席杯全国百城市自行车赛暨全国少年公路自行车锦标赛、锡林郭勒中蒙俄国际区域产能合作论坛会等重大赛事活动及自治区领导到锡林浩特市视察的安全保卫工作。

**【“四项建设”】** 落实牧区派出所工作人员苏木乡镇补贴,艰苦边远地区津贴,兑现了新的警衔津贴。解决兑现职务与职级并行晋升职级。在锡林郭勒盟医院开通民警就医绿色通道,有效提升全警医疗保障水平。认真落实辅警招录、管理、使用、考核、保障等制度,年内新招录辅警40名。建设基层所队视频防范系统,推动派出所勤务工作转型升级。投入资金300余万元,建立社会视频资源整合平台及传输链路,有效整合各类视频图像资源,把行业、场所、企事业和金融单位视频探头和辖区内重点部位、易发案部位监控探头接入视频监控平台分类管理，市区所有派出所、刑警、国保、交警、治安、网安已完成视频防范系统建设并投入实体化运作，共新引入视频监控资源970路，能够进行视频巡查的资源已达3000多路。先后投入180余万元对8个派出所的办公用房进行了维修、改造。严格按照相关的标准，高质量、高标准的建设了规范化法医解剖室和物证室。投入166万余元购买了现场勘查、信息采集、警用电动自行车和警用摩托车等设备装备，应用于“一长四必”“210工程”等重点项目建设和城市道路交通、社会治安防控等工作。

**【队伍建设】** 开展“学党章党规、学系列讲话，做合格党员”学习教育活动，结合中国共产党成立95周年组织开展登山、足球、篮球、演讲、知识竞赛等一系列主题活动，组织党员民警开展党务知识培训，重温入党誓词，召开表彰大会表彰奖励实绩突出的优秀党支部、党务工作者和党员民警。依托传统媒体和新型媒体，传播公安正能量，刊载各类宣传稿件467篇，其中国家级9篇、自治区级147篇，盟级311篇。与内蒙古电视台合作，制作播出专题节目16期。与中央电视台合作，制作播出《撒贝宁时间》专题节目1期，《天网》专题节目2期。通过手机短信向25万手机用户发送防范提示短信3000余万条。“平安锡市”公众平台发布各类信息1100余条，累计阅读量达30余万次，先后多次在内蒙古自治区互联网信息办公室与新媒体排行榜联合发布的“内蒙古微信影响力排行榜”中位居前列，被自治区互联网信息办公室授予“2016度内蒙古自治区最具影响力政务微信”。多次组织民警分赴呼和浩特市、包头、鄂尔多斯、乌兰察布市等地学习交流先进经验和做法。在“提效增力”大练兵活动中，组织实战经验丰富的民警和业务骨干进行专业授课。对新招录的40名文职警员集中开展政治理论、公安业务知识和警务实战技能等综合性培训，提升新生力量的能力素质。走访慰问基层所队39个，困难民警8人，遗属6人，发放慰问金7.8万元。积极为患病民警捐款4万余元。一年来，全局有3个集体受到国家级表彰，2个集体和4名个人受到自治区级表彰，3个集体和2名民警受到盟级表彰，6个集体和9名民警受到市级表彰，3个集体和15名民警荣立三等功。

## 公安消防

**【公安消防支队锡林浩特市大队领导名录】**

大队长　黄　乐

教导员　郑香钧

**【概况】** 锡林郭勒盟公安消防支队锡林浩特市大队编制为副团级单位，隶属盟公安消防支队和市公安局双重管理，下设三个公安现役中队和一个政府专职消防中队，现有人员124人（其中现役官兵75人，政府专职消防人员39人，合同制消防文员10人），各类消防灭火执勤车辆23辆，执法监督车6辆，主要担负着全市火灾扑救、抢险救援和消防监督执法任务。

**【接处警情况】** 2016年，全市共发生火灾262起，抢险救援51起，社会救助24起，共出动车辆546辆次、人员2758人次，抢救被困人员51人，疏散346人，抢救财产价值6715.6万元。

**【精神文明创建】** 根据市委、市政府关于创城工作的部署要求，大队积极响应，全面加强部队精神文明建设工作。2016年，大队顺利通过了盟文明办对大队“盟级文明单位标兵”创建工作的检查验收；特勤中队则通过了市文明办对其市级文明单位创建工作的初审验收。在“锡林浩特市文明单位、道德模范、锡林浩特好人、优秀志愿者”表彰活动中，大队荣获“优秀志愿服务组织”荣誉称号。大队精心编排的歌舞类节目《不忘初心》献映锡林郭勒盟春晚舞台。

**【消防基础设施建设】** 大队立足实战需求，为特勤中队配备了一辆进口城市主战消防车，为各执勤中队首车安装了3G图传设备，购置了50部数字对讲机和10部车载台，并投入56万元为各执勤中队购置器材装备。二中队新营房将于2017年全面投入使用。三中队营房建设项目正在办理前期手续，力争2017年开工建设。

**【社会面火灾防控】** 2016年，大队联合卫计局、教育局、商务局、经信局等部门采取“帮扶指导、多级督办”的方式，先后开展了11次联合检查；组织召开了“全市消防技术服务机构管理工作座谈会”、“消防安全重点单位座谈会”等8次会议，不断推动社会单位增强主体责任意识。大队以实施重要场所治理为依托，重点开展了易燃易爆化工企业、中小学寄宿制学校、幼儿园、社会福利机构、冷库和农畜产品生产加工场所等12次专项治理行动；以整改重大火灾隐患为目标，积极加强与行业主管部门间的横向沟通，使国务院安委会挂牌督办的贝子庙重大火灾隐患整改销案。2016年,共检查社会单位3452家(次),发现火灾隐患及违法行为4630处,实施行政处罚113起,责令“三停”单位15家,实施临时查封54起,行政拘留5起,受理查处火灾隐患举报投诉44起。

**【微型消防站建设】** 2016年,大队在融合“草原119”体系的基础上,按照“覆盖全面、整合力量、防消一体”的原则,积极开展微型消防站建设工作。5月份,大队筹备了锡林郭勒盟草原“119”体系暨农牧区、社区微型消防站推进会,9月份,全区农村牧区消防站暨微型消防站建设现场会在锡林浩特市成功举办,毛登牧场牧区消防站和唐韵花园社区微型消防站作为典型试点在全区推广。2016年,全市共建成社区微型消防站15个、重点单位微型消防站129个、牧区消防站4个,解决了偏远社区、牧区3分钟内现役消防力量无法到达的难题,使社会抗御火灾整体能力得到进一步提高。

**【社会消防宣传】** 大队不断深化消防宣传阵地建设,拓宽消防宣传渠道。一是深入开展“红门对外开放”活动,邀请人民群众“走进来”,零距离体验、了解消防,共组织队站开放66次。二是积极开展消防安全教育进校园活动,3月23日在市蒙古族中学举行全市中小学、幼儿园消防安全教育读本发放仪式,向26所中小学、幼儿园3万余名师生发放了教育读本。三是深入推进社区消防宣传工作,在全盟“119”消防宣传月启动仪式上为全市8名社区消防宣传大使颁发聘书,并积极开展“社区消防宣传大使在行动”活动。楚古兰街道办事处爱民社区书记李佳成为全区唯一一名荣获第三届全国“119”消防奖的先进个人,去北京参加了表彰大会,并受到公安部部长郭声琨同志的亲切接见。

## 检　察

**【锡林浩特市人民检察院领导名录】**

检察长　赵　文

副检察长　孟雪山(蒙古族)

白　秀(女 蒙古族)

裴庆祝

陈晓军

韩国庆

**【概况】** 锡林浩特市人民检察院内设反贪污贿赂局、反渎职侵权局、公诉检察科、侦查监督检察科等22个办公办案部门。担负着查办职务犯罪、审查批准逮捕、审查起诉、监所检察、民事审判监督、行政诉讼监督、检察技术鉴定等多项法律职责。2016年,检察院在市委和上级检察院的正确领导下,全面贯彻落实中共十八大、十八届三中、四中、五中、六中全会以及习近平总书记系列讲话精神,深入学习落实自治区第十次党代会以及区盟两级检察工作会议和全市政法会议精神,紧紧围绕全市经济社会发展大局,以执法办案为中心,顺应人民对公共安全、反腐倡廉、司法公正的新期待,忠实履行检察职能,为保持经济社会平稳较快发展和确保社会大局稳定提供司法保障。

**【打击刑事犯罪】** 以人民群众平安需求为导向,认真履行批捕、起诉等检察职能。2016年,共受理各类提请批准逮捕案件148件194人。批准逮捕107件137人,同比分别下降1.8%和7%。受理移送审查起诉各类刑事案件282件374人。经审查向锡林浩特市法院提起公诉223件268人,同比分别下降21%和24%,有罪判决率100%。严格落实宽严相济刑事政策,对55名社会危险性不大的犯罪嫌疑人决定不批捕,对18名犯罪情节轻微、危害不大的犯罪嫌疑人决定不起诉,促成捕前和解16件,减少社会对抗性。

**【维护社会稳定】** 积极做好息诉息访、矛盾化解工作,全年共接待各类群众来访62人次,妥善处理群众控告、申诉、举报17件次。认真开展刑事被害人救助工作,及时维护2名被害人的合法权益,帮助其解决生活困难。进一步创新工作方法,创办了《控申举报案件汇报半月刊》,为领导及时掌握信访举报工作办理情况、维护信访稳定等方面提供帮助。认真开展专项宣传活动,走进乡、镇、苏木,深入国企、社区等单位宣传,接受宣传人数3100余人次,发放宣传手册、宣传资料千余份,大力宣传党和国家关于反腐败工作的方针政策、重大部署。同时,在信访接待大厅张贴预防宣传材料及举报电话12309等内容,鼓励群众进行法律政策咨询。

**【提高服务意识】** 按照市委关于开展“精准扶贫”工作部署,认真完成扶贫攻坚任务。共为阿尔善宝力格镇斯日古楞嘎查和白音锡勒牧场黄花树特分场协调帮助解决扶贫款15万元,用于扶贫项目建设。为阿尔善宝力格镇斯日古楞嘎查5户贫困户新建项目房,为1户贫困户新打项目井,目前已全部完工。为锡林浩特市第十小学两名品学兼优、家庭困难的学生资助助学款4000元。与锡林浩特市扶贫办、财政局、民政局等相关部门召开联席会议,签订《预防扶贫领域职务犯罪共建协议》,保障扶贫政策和资金落实到位。为加强派驻检察室信息收集工作,白音锡勒检察室和阿尔善检察室聘任22名检察联络员,负责收集群众举报监督线索和人民群众对检察机关的意见和建议,进一步发挥检察机关与群众之间桥梁作用,提升执法公信力。深入斯日古楞嘎查、哈那乌拉嘎查等十余个嘎查村,认真收集职务犯罪线索,实时对基层财务管理使用制度和收支公开情况主动进行跟踪监督。

**【查办和预防职务犯罪】** 自侦部门共立案侦查职务犯罪案件12件18人,(其中贪污贿赂案件11件15人,渎职侵权案件1件3人),案件数量逐年上升,大要案率100%,严厉打击了发生在群众身边损害群众利益的职务犯罪案件。更加注重职务犯罪预防工作。2016年,警示教育基地扩建项目正式完工并投入使用,同时建成占地3600平米的锡林郭勒盟首座廉政广场,共接受盟、市党校、扶贫办、金融系统等58家单位3200余人次参观了警示教育基地。进一步加强预防宣传,在锡林浩特市南广场LED大屏幕滚动播放职务犯罪预防宣传片,营造预防职务犯罪工作的良好氛围。认真找准预防工作服务经济社会发展的切入点和着力点,与锡林浩特市辖区的农村合作银行、邮政储蓄银行、内蒙古银行等六家银行共同开展预防职务犯罪"检企共建"签约仪式和专题警示教育讲座,搭建检银共同开展预防职务犯罪桥梁。加强行贿档案查询工作,全年提供无偿查询服务1400余次。

**【检察监督】** 重视监督有罪不究、执法不严的问题,2016年共监督立案5件5人,监督撤案1件1人。坚持把纠正漏捕、刑事追诉工作作为履行法律监督职能的重点,依法追捕追诉漏犯4人。不断转变执法理念,运用抗诉手段纠正错误裁判,向法院提起抗诉2件2人。不断提升民行检察监督能力,年内民行科共受理案件18件。联合锡林浩特市法院执行局共同开展"草原风暴"集中执行活动,切实维护胜诉方当事人和被执行人合法权益。以生态环境和资源保护等公益领域为重点,向法院提起公益诉讼案件1件。积极查办刑罚执行和监管活动中的职务犯罪案件线索,初查职务犯罪案件线索3件3人,立案2件2人。认真开展集中清理判处实刑罪犯未执行刑罚专项活动,全面清理纠正判处实刑后未交付执行案件1件,办理效果取得自治区检察院、最高人民检察院的充分肯定,此起案件被自治区检察院评为"精品案件",被最高人民检察院评为"2016年全国检察机关交付执行检察优秀案件",为全区检察机关唯一入选案件。

**【队伍建设】** 全年组织干警参加国家检察官学院专项业务培训和网络培训等各级培训共计50余人次。积极搭建人才素能全方位培养平台,选派6名青年干警到阿尔善检察室和白音锡勒检察室进行轮训,进一步提高干警基层工作经验。2名干警在"首届全区检察机关公诉人与律师论辩大赛"中荣获"优秀辩手"称号,1名干警在"第四届全区检察机关侦查监督业务竞赛"中荣获"业务能手"称号。坚持推进司法改革,认真开展首批员额内检察官选任工作,通过报名、资格审查、考试、考核等程序确定首批员额检察官28名,迈出了将优秀检察官资源集中到办案一线的关键性一步。拍摄的全国首部规范司法行为主题微电影《心律》,在全国检察机关第二届微电影专题片展播活动中荣获最高荣誉特别奖,在全国社会主义核心价值观主题微电影展播活动中获得二等奖,在全国首届平安中国微电影微视频比赛中获得三等奖,2016年底在各大主流网络媒体获得点击量14万余次,将代表最高人民检察院在中央电视台进行播放。

**【纪律作风建设】** 制定印发《检察人员纪律手册》从干警工作时间和八小时外纪律,对全体党员干警进行了制度规范,增强干警守纪意识。认真实行党风廉政建设责任制台账式管理制度,要求以各内设部门为单位,按月登记部门责任主体落实党风廉政建设责任制的情况,并将当月落实情况报纪检监察部门。深化内部监督制约。纪检监察室、检务督察室对各党支部整改落实情况开展"回头看",在纪律作风等方面进行督查,对部门负责人进行集体约谈,并制定《锡林浩特市检察院纪检监察约谈工作办法》,进一步抓好干警的思想教育和日常监督管理,确保问题得到及时有效整改。在政务公开栏定期对三公经费使用、人事任免、工资调整等情况进行公示。对案件流程监督月通报进行审查,对存在的问题督促整改。

## 法 院

**【锡林浩特市人民法院领导名录】**

院　长　孟　海(蒙古族)
副院长　陶卫江
　　　　包启龙(蒙古族)
　　　　金利军
　　　　周玉峰
党组成员、政治处主任　牛　蓓(女)

党组成员、执行局局长　包文胜(蒙古族)
党组成员、办公室主任　崔利国
党组成员、纪检组组长　海　棠(女 蒙古族)

【概况】　锡林浩特市人民法院有干警101人,其中政法专项编91人,工勤编10人。另有事业人员2人,复转军人安置28人,公益性岗位14人,人才储备1人,人才聘用1人,自聘人员56人。在一线从事审判执行业务的法官有46人。内设机构18个,分别为政治处、纪检组、办公室、立案庭、民事一庭、民事二庭、执行局、刑事庭、未成年人审判庭、司法技术辅助办公室、法警队、审监庭、行政庭、巡回法庭、白音锡勒法庭、审管办、研究室、监察室。全年共受理各类审判、执行案件12716件,同比上升38%,审(执)结11449件,同比上升95%,结案率90%,受理和审执结案件首次双双突破一万件,审判质效位居锡林郭勒盟基层法院前列。

【刑事审判】　受理刑事案件280件,审结263件,判处被告人323名。严厉打击严重危害公共安全、妨害社会管理秩序、侵犯公民人身权利、财产权利犯罪,审结此类案件244件293人;认真贯彻落实刑法修正案(九)和最高法院下发的《关于重大贪污受贿犯罪案件量刑意见》,审结贪污、贿赂、渎职侵权等职务犯罪案件7件21人,做到了量刑准确、罚当其罪。重视未成年人审判工作,按照“教育为主、惩罚为辅”的原则,审理未成年人犯罪案件15件20人,封存犯罪记录15件。

【民商事审判】　受理各类民商事案件8253件,审结7350件,其中调解、撤诉案件4396件,大量的社会矛盾被化解。依法审理劳动争议案件,对农民工追讨劳动报酬案件实行快立、快审、快执,共审结此类案件1780件,追索劳动报酬2233万元。交通法庭联合交警部门、人民调解委员会、保险公司为群众提供“一站式”服务,极大地方便群众诉讼,共审结交通事故案件757件,依法确认人民调解协议344件,调撤率72%,调解案件全部自动履行。充分发挥巡回审判便捷高效的优势,努力减轻广大牧民群众的诉累,巡回审理案件226件,审结210件,调撤率67%。

【行政审判】　受理行政诉讼案件47件,审结40件;受理行政非诉执行案件125件,审结125件。依法保护行政相对人合法权益,规范行政机关具体行政行为,在18件判决案件中,确认行政机关违法或撤销其行政行为的2件。加强司法与行政良性互动,与相关执法部门围绕执法规范开展座谈,并选派法官到市规划局对新行政诉讼法进行专题培训。积极落实行政机关负责人出庭应诉制度,将行政负责人出庭通知书在送达被告人的同时抄送市政府法制办,督促行政机关负责人出庭应诉。

【执行工作】　受理执行案件4011件,执结3671件,结案率91.5%,执行标的5.4亿元,结案率同比提高161%。深入开展“执行年”专项活动,在锡林郭勒盟率先实行执行体制改革,强力推行执行警务化。全年共开展“节假日”执行、“夜间”执行、“草原风暴”集中执行、“冬季攻势”专项执行等行动21次,以涉嫌拒不执行判决裁定罪移送公安机关4人,司法拘留102人,纳入失信被执行人名单198人,公开曝光企业46家、自然人164名,悬赏执行2批19人,取得了显著成效。

【信访接待】　深入推进涉诉信访改革,健全完善院、庭长每日轮流接访制度,积极协调配合市政法委及信访局进一步加大对涉诉信访案件的化解力度,切实做到了有访必接、有信必办、接访必果,努力从源头上减少信访问题。自治区高院交办涉诉信访积案已解决21件;盟、市政法委督办信访案件9件,来信来访117件,全部及时化解。

【司法改革】　全面推进司法责任制、人员分类管理、职业保障、人财物省级统管四项重点配套改革。顺利选任出首批入额法官37名,并将入额法官全部投入到审判执行一线。落实人财物省级统管,积极做好人员编制、机构编制、领导职数及财务账户信息、项目预算编制等上报工作,确保重点配套改革任务按时保质完成。深入推进院、庭长办案制度,院长、庭长亲自担任审判长审理案件1818件,审结1744件,占全院结案数的15%。认真落实人民陪审员制度改革,增补人民陪审员21名,有效提高了人民陪审员参审率。

【诉调对接】　研究制定多元化纠纷解决机制工作方案,挂牌成立诉调对接中心、律师接待申诉信访工作站,设立全盟首个“温馨驿站”品牌调解室,联合政府职能部门、群团组织、街道办事处、律师事务所、婚姻家庭协会等,组织相关人员先行调解,努力把矛盾纠纷化解在诉前。诉调对接中心成立以来共受理案件1702件,调解成功1027件;“温馨驿站”受理婚姻家庭矛盾纠纷274件,调解成功206件;律师接待申诉信访工作站提供法律咨询和信访咨询403件。

【司法为民】　积极开展精准扶贫工作,不断加大对包扶户的帮扶力度,投入精准扶贫资金16.3万元,解决7个贫困户住房、就学等实际困难。加大司法救助力度,设立了农民工、妇女儿童、军人和残疾人立案“绿色通道”,依法为2309件弱势群体案件减缓免诉讼费282万元,同时帮助符合救助条件的23名困难当事人申请司法救助资金49万元。积极开展涉农民工工资案件集中执行行动,累计为162名农民工集中发放执行款184万元,确保农民工在节前和返乡前及时、足额领到劳动报酬。

【队伍建设】 认真开展“两学一做”学习教育,通过党组书记讲党课、专题研讨、中心组学习、支部学习、民主生活会等多种形式,使全体干警的政治意识、大局意识、核心意识、看齐意识进一步增强。深入推进“学习型法院”,大力加强教育培训工作,采取业务培训、岗位练兵、技能比武等方式,着力提升干警综合素质。全年参加上级和自办培训班71期,培训干警796人(次)。高度重视司法理论研究,积极参加征文评选活动,有6篇调研报告和论文在国家级、自治区级评比中获奖。

【党风廉政】 认真落实“两个责任”,狠抓“一岗双责”。深入开展廉洁司法集中教育和“纪律作风整顿年”活动,通过层层签订《党风廉政责任状》、廉政党课、警示教育、案件回访等形式,不断增强干警廉洁自律意识。防范司法干扰,对领导干部干预司法活动、插手具体案件处理以及法院工作人员过问案件,实行全程留痕。高度重视违法违纪案件的举报和查处,对27件上级批转件和当事人举报案件进行认真核查并反馈,未发现干警违法违纪现象。

【基层基础】 加强诉讼服务中心建设,根据建设标准,配齐了相应的便民和安保设施,并将银行和保险公司引进诉讼服务中心,彻底解决了当事人缴费不便和诉讼保全无能力担保的问题。推进审判流程公开、裁判文书公开、执行信息公开三大平台建设,制作电子卷宗6210件,裁判文书上网2639件,录入执行案件4011件,满足了当事人随时查询案件的需求。新建4个标准化数字法庭,能够全程直播庭审活动。加强执行指挥中心建设,配备执法记录仪、单兵作战系统、查控系统等,实现了执行行动远程指挥、全程录像。

【司法公开】 不断深化代表委员定向联络机制,走访各级人大代表、政协委员47人(次),邀请视察法院工作2次,旁听庭审34人(次),寄送材料101份。加强与新闻媒体的沟通对接,主动邀请自治区媒体和盟级媒体座谈,组织召开新闻发布会、新闻通报会5场,在各级媒体刊发稿件343篇,其中国家级媒体125篇。

## 司法行政

**【锡林浩特市司法局领导名录】**

书记、局长 莫日根(蒙古族)

副局长 霍少春

鲍忠洁(女 满族)

【基本情况】 司法局有职能股室7个(政治处、办公室、宣教股、基层股、律师公证股、社区矫正执法大队、法律援助中心);派出机构15个司法所(宝力根街道司法所、杭盖街道司法所、楚古兰街道司法所、额尔敦街道司法所、希日塔拉街道司法所、南郊街道司法所、巴彦查干街道司法所、宝力根苏木司法所、朝克乌拉苏木司法所、巴彦宝拉格苏木司法所、阿尔善宝力格镇司法所和四个以批复设立的国有牧场司法所);二级单位2个(市公证处、经远律师所);业务监管单位7个律师所(内蒙古合志律师事务所、内蒙古睿骐律师事务所、内蒙古蒙中律师事务所、内蒙古建中律师事务所锡林浩特市分所,锡林浩特市148协调指挥中心法律服务所、锡林郭勒盟额尔敦法律服务所、锡林浩特正大法律服务所)。

【机构变动情况】 《中共锡林浩特市委员会关于成立机关单位党组的通知》(锡市党干字[2016]69号)决定,锡林浩特市司法局成立党组。[2016]83号决定莫日根任市司法局党组书记、霍少春任市司法局党组成员、郭伟任市司法局党组成员。《关于社区矫正办公室更名的通知》(锡市机编发[2016]1号)决定,社区矫正办公室更名为社区矫正执法大队。《关于锡林浩特市司法局成立国有农牧场司法所等事宜的通知》(锡市机编发[2016]63号)决定,同意成立白音锡勒国有农牧场司法所、白银库伦国有农牧场司法所、毛登国有农牧场司法所和贝力克国有农牧场司法所,均为司法局内设机构,人员编制内部调剂解决;同意将4名未分配司法专项编制分配到司法局。

【普法依法治理】 依托“无纸化学法用法及考试平台”,开展网络在线学法和普法考试,全市94个部门单位的4072名在编公职人员参加网络在线学法;深入推进“法律六进”工作,加强青少年普法力度,发挥学校法治教育阵地、法治副校长、普法讲师团的作用,广泛开展法律进校园活动;进一步加强企业经营管理人员和企业员工的法治宣传教育;充分发动党员中心户、人民调解员、两代表一委员、牧民法律明白人、老年宣传队、普法讲师团等基层力量,巡回各苏木镇、嘎查、社区、机关单位、企业开展法治宣传教育活动。全市开展“法律进校园”活动40余次,“法律进牧区(社区)”活动60余次,“法律进企业”活动20余次,举办嘎查、社区“两委”、法制宣传员培训班16次,参加培训720余人;累计发放各类宣传手册和资料5万余份。重点打造法治文化广场的二期工程,增加社会主义核心价值观、健康知识等内容,全市嘎查、社区、学校都设立了图书室或法制读书角,在锡林郭勒盟戒毒所、锡林浩特市监狱建立了违法犯罪警示教育基地,利用大量鲜活的案例开展法制宣传教育,增强法制宣传教育的震慑力。

**【人民调解司法所建设】** 司法行政工作融入民生服务领域,各司法所在辖区政务服务大厅设立司法行政服务窗口,有专人值班值守,接待来访群众。并且在司法行政“接地气”方面下功夫,积极争取辖区党委、政府的大力支持,逐步将司法所的业务用房由高层调到低层,在显眼处竖立司法所标牌,提升人民群众对司法行政工作的知晓度,解决司法所“居高”闭塞的问题,年内争取人社保部门支持,采取政府购买服务的方式,招录民生志愿者29名,解决人员不足的问题。加大硬件投入,促进司法所平衡发展,除南郊司法所之外,其他10个司法所的业务用房、办公设施全部达到规范化要求,做到硬件设施有的“看”。先后在额尔敦街道、宝力根苏木两个司法所进行“六化标准”的统一规范,在原有设施设备基础上增设社区矫正心理咨询室、社区矫正宣告室,统一文书档案,整理编印了司法所简介、工作材料、所务建设档案,做到软件资料有的“听”。2016年共调处矛盾纠纷4999件,调解成功4952件。全年大力开展矛盾纠纷排查调处工作。将经常性排查与节会、节点期间的重点排查有机结合,积极动员嘎查、居委会干部共同参加排查,重点对牧民(居民)群众普遍关心的、有可能引发群体性上访的不稳定因素和突出问题开展“拉网式”的排查调处,做到了排查、调处、月通报和“零”报告,避免十多起因发现不及时、化解不及时而引发的矛盾升级事件。在完善“五所联调”工作机制和专业性调委会的基础上又在法院设立“诉调对接人民调解委员会”,为当事人节省打官司的成本,减轻诉讼压力。

**【公证律师法律援助】** 2016年,继续推进“双百工程”建设,投入大量精力、财力高标准加快偏远牧区“法务室”建设,实现了法律服务全覆盖。发挥律师专业优势。组织律师在政府信访大厅值班、设立法律援助工作站、在法院成立律师接待申诉信访工作站、在诉调对接中心值班、参与政府合同审核等工作。特别是在参与信访接待工作中,通过律师向信访人宣传国家有关法律、法规,把政府的声音用专业的语言传达给群众,把群众的呼声和要求反馈给政府,架起了信访群众与政府部门之间沟通的桥梁。2016年,律师所、法律服务所共代理诉讼667件(全盟是1901件)占全盟的35%,参加公益活动14次。办理公证事项4198件,其中公证处涉外771件、港澳台7件。为加强法律援助工作,维护弱势群体的合法权益。法律援助中心搬迁至盟司法局法律援助中心一楼公共法律服务大厅,实现了资源共享,方便了困难群众,提高了法律援助工作效率。全年共办理法律援助案件1233余件,为受援人挽回经济损失1050余万元。

**【信息化建设】** 2016年司法局以39万元的投入力度,全面推进信息化建设,促进管理精细化、服务便民化、工作高效化。完善公用法律服务网络平台,优化服务栏目设置,把优秀律师充实到法律人才库,建立“法律服务地图导航”系统,标注了全市法律服务人员服务机构、联系电话等情况,构建了服务嘎查社区网络。公证业务和管理全部实行系统软件办理,真正实现服务项目申请、受理、办结的“一条龙”服务。建立视频会议系统、社区矫正监控系统、人民调解指挥系统、远程探视系统,实现了重大纠纷集体会诊联合调处,社区服刑人员动态监控、应急处置以及服刑人员家属远程探访,实现了4级互联互通。强化信息调研和新闻宣传工作,全年报送司法行政工作信息370多期,在报刊、电台、网络媒体刊登(播发)稿件70余篇,为司法行政工作进位争先提供理论支撑,造浓舆论氛围。

**【队伍建设】** 明确党支部书记第一责任人职责和党支部成员抓机关党建工作的具体责任,完善党务公开,增强党组织工作透明度。加强党员队伍管理,开展了党员组织关系结转和党费收缴工作,严格履行党员组织关系转接手续,完善党员基本信息台账,认真核实党费收缴数目,确保党费及时足额上缴。开展“两学一做”学习教育实践活动,落实“五个一”“三课一会”“一月一讲”学习制度,开展重温入党誓词,领导干部带头讲党课,普通党员讲党课,组织在职党员到社区认领公益岗位开展公益活动。进一步加强“第一书记”和精准扶贫、“十个全覆盖”工作,投资十万余元为帮扶户建设基础设施。开展岗位大练兵和“百千万”培训工程,按照分级分类要求,持续抓好干部教育培训工作,2016年共组织培训8期,累计参训人员190余人次。

# 军　事

XI LIN HAO TE NIAN JIAN

## 人民武装部

**【锡林浩特市人民武装部领导名录】**

部　长　　陈　明

政治委员　罗志华

副部长　　张　涛

**【党委工作】** 紧紧围绕“三严三实”抓学习、重事业、讲团结、正风气，不断增强党委班子凝聚力、创造力、战斗力，较好地发挥了核心领导作用。

**【应急力量建设】** 4月，按照“出入转队”的原则，完成基干民兵的整组工作。5月初，组织专武干部和民兵骨干进行了业务集训。5月中旬，组织应急分队民兵进行了队列、防暴队形、警棍盾牌操等专业训练。6月份和8月份，分2批组织民兵进行了实弹射击。7月中旬，结合半年考核，对城管局、神华、大唐、各苏木和办事处编兵单位的民兵应急排进行了紧急拉动。年底，进行年度军事训练考核，代表分区部队人武系统，接受了内蒙军区的检查抽考，获得了优异成绩。民兵队伍整体建设水平有了明显提升。

**【征兵工作】** 按照“一季征兵、全年准备”的要求，第一季度2次召开兵役登记工作专题会议，认真部署任务，专门成立征兵工作宣传组，协调电视台制作视频，录制音频，搭建全方位、立体式宣传网络进行宣传，还现场发放宣传资料2万余份。8月初集中一周时间组织征兵业务集训，公布三级举报电话和邮箱，设置举报信箱。8月上旬召开全市征兵会议，市委书记亲自部署任务，明确纪律，提出要求，与相关单位逐个签订《廉洁征兵责任状》。本着“军人子弟优先、大学生优先、上年度双合格未定人员优先”的原则，组织体检。通过全程公开公正公平的征兵步骤，纯正征兵风气，受到社会各界的一致好评，没有发生不良情况反馈和退兵问题。

**【管理工作】** 深入贯彻《人武部全面建设示范观摩会议》精神，对照《分区部队全面建设数据库》的标准要求，认真梳理人武部全面建设存在的问题和不足，制定《锡林浩特市人武部三年建设规划》，通过头一年的努力，提升标准化、正规化、精细化建设的水平。持续抓好条令法规学习教育，认真汲取边防三团战时持枪自杀和边防二团车辆亡人事故教训，广泛开展严制度、严责任、严纪律、严作风活动，形成人人抓安全、事事抓安全、处处抓安全、时时抓安全的浓厚氛围。持续抓好一日生活制度的落实，以“六个规范性文件”为依据，加强日常管理，规范“四个秩序”，人武部正规化管理水平明显提升。

**【双拥工作】** 以习主席关于军民融合发展的重要论述为指导，成立了军民融合发展组织领导，书记、市长多次亲临基层部队检查调研，每月来人武部现场办公，极大促进军民融合深度发展。成立以市委书记、宣传部长、人武部政委和双拥办主任为主体的国防教育委员会，把国防教育纳入市委中心组学习专题，先后6次为市行政单位科以上领导、伊利公司、职业学院、宝力根苏木开展国防知识大讲堂活动。利用参观国防教育展厅、八一军事日、生态林建设、清明扫墓等活动，大力加强国防动员教育，为后备力量建设和民兵整组打下坚实的思想基础。围绕省军区系统“五个当好”的职能要求，1月26日召开了市委议军会议，解决了10名军人家属公益性岗位、5人工作调动、32名复转军人工作安置。会后，组织了“书记走边关”

活动,对边防七连、阿拉坦合力镇边防派出所,分别帮建5万元和3万元。9月份,协调四警部队450人次,对锡林浩特市12所中小学校共7000多名学生进行军训。投资20万元,打造了少年军校的文化长廊,建立“梦幻少年军乐队”。12名团以上干部,与少年军校贫困学生一对一结成帮建对子,捐助资金3万余元。年初,锡林浩特市连续第七次获得“自治区双拥模范城”荣誉称号;7月份,连续第三次获得“全国”荣誉称号。

# 农牧林水

XI LIN HAO TE NIAN JIAN

## 农 牧 业

**【锡林浩特市农牧业局领导名录】**

书　记　苏　和(蒙古族)
局　长　钢照日格(蒙古族)
副局长　乔振国(蒙古族)
　　　　青格勒图(蒙古族)
　　　　宗天宇
　　　　乌力吉门德(蒙古族)
党组成员　贺喜格巴雅尔(蒙古族)
　　　　斯日古楞花(女 蒙古族 2016 年 3 月任职)
纪检组长　鲁梅花(女 蒙古族 2016 年 7 月任职)

**【情况】** 农牧业局下设 9 个二级单位,分别是:兽医局、蔬菜办公室(并挂植保站牌子)、农机监理站(并挂农牧业技术推广站和安全生产监督管理办公室牌子)、草原工作站、牧区经营管理站、畜牧工作站、农牧业综合行政执法大队、奶业管理办公室、农畜产品安全检测中心。实有人员 164 人。农牧业局领导职数 1 正 5 副,实有 1 正 4 副(其中专职副局长 2 人、兼职副局长 2 人)。农牧业局党总支下设 5 个党支部,分别是局机关党支部、蔬菜办党支部、兽医局党支部、三站一办党支部、草原站党支部,共有党员 60 名。

**【农牧业生产】** 全年在畜牧业结构调整、基础设施建设、产业发展等方面共整合投入资金近 10 亿元。一产增加值完成 18 亿元,增长 12.5%。牧民人均可支配收入 22245 元,增长 7.8%。共接活仔畜 72.9 万头只,成活率为 99.8%。牧业年度牲畜头数达到 168.7 万头只,良改比重、繁成率分别达到 99.44% 和 110.8%。出栏牲畜 118 万头只。

**【家畜品种优化工程】** 巩固建设黄牛改良核心群 15 群,2016 年完成黄牛改良 4.7 万头,其中冷配 3.2 万头(肉牛 1.1 万头、奶牛 2.1 万头)、肉牛本交 1.5 万头。发放良种基础母牛补贴 110 万元。实施肉羊良种补贴 426.66 万元,共补贴乌珠穆沁周岁种公羊 3282 只。完成种公羊年检 16787 只、育成种公羊鉴定 4560 只、后备种公羔选留 4000 只。实施肉羊人工授精 1 万只、经济杂交 10 万只。

**【产业化建设】** 积极争取产业化项目。2016 年为草原峰煌、锡林郭勒盟食品有限责任公司、牧场王子、额尔敦食品有限公司 4 家龙头企业争取农牧业产业化项目扶持基金 600 万元。为桃园羊绒公司申请2016 年自治区羊绒收储资金项目。组织全市 9 家肉食品加工企业参加国际性农博会和全国农产品博览会 3 次,锡林郭勒盟草原峰煌食品有限责任公司荣获第十四届中国国际农产品交易会参展农产品金奖。大力发展肉牛产业。按照盟里提出的“减羊增牛”结构调整政策,农牧局起草制定了《锡林浩特市加快推进优质良种肉牛产业发展方案》。锡林郭勒盟宏源现代畜牧业有限公司计划投资 3 亿元,在白音锡勒牧场建肉牛繁育基地,2016 年从国外引进了 500 头安格斯牛;内蒙古草原和牛公司在宝力根苏木额尔敦塔拉嘎查租赁 3 万亩草场建设和牛养殖繁育基地,引进 340 头和牛;内蒙古草原生态畜牧业产业研究有限公司与朝克苏木布仁合作社合作计划投资5000 万元建设优质良种肉牛肉羊繁育基地;争取牛羊调出大县奖励项目资金 600 余万元,计划扶持 30 户肉牛养殖专业户和5家肉牛养殖专业合作社,在基础设施建设、种公牛引进等方面给予扶持。

**【草原生态植被建设和保护】** 完成鼠虫害防治157万亩。完成人工草地17.56万亩,其中高产饲料3.5万亩,一年生牧草14.06万亩。围栏16.7万亩、草地改良0.5万亩。打储草1.4亿公斤,委托饲草企业和合作社集中储备抗灾饲草8000万公斤。

**【动物防疫监督】** 2016年完成春秋两季集中免疫,共免疫牲畜863万头只次,确保重大动物疫病强制免疫密度达到100%,全年未发生区域性重大动物疫情。加大对收购、加工死因不明动物尸体违法行为的打击力度,立案处理案件5起,查获死因不明动物尸体1824头(只),死羊羔及被污染的动物产品1万余只,并按规定对查获的动物尸体、动物产品及被污染物进行无害化处理。多次在全市范围内开展牛羊、生猪屠宰监管"扫雷行动"和打击私屠滥宰、规范畜禽屠宰和肉食品市场秩序专项整治行动,取缔私屠滥宰窝点60余处、清理整顿临街肉铺60余家。

**【设施农业、种植业】** 种植农作物33.77万亩,粮食产量达到3.35万吨,蔬菜瓜果产量达到3.5万吨、产值1.05亿元。农作物参保面积22.5万亩,遭受旱灾、雹灾面积1.7万亩,理赔310万元。通过"一卡通"发放农业支持保护补贴995万元。

## 林业水务

**【锡林浩特市林业水利局领导名录】**

党组书记、局长　杜赞炯
纪委书记　阿拉塔乌拉(蒙古族)
副局长　洪立国(蒙古族)
　　刚宝力道(蒙古族)
　　王小红

**【森林公安局】**

书记、局长　石金福
副政委　吉日木图(蒙古族)
副局长　铁　虎(蒙古族)
　　马淑芳(女)
　　宗贵成

**【林业工作站】**

书　记　刘洪波
站　长　候树军
副站长　张丽琴(女)
　　罗长山(蒙古族)
　　段建平

**【公益林管理站】**

书　记　刘志强(蒙古族)
站　长　牛俊颖
副站长　刘振玉
　　王丽娟(女)
　　席　政

**【国有林场】**

书记、场长　徐芳(女 满族)
副场长　萨其日(女 蒙古族)
副场长　张　端

**【水利队】**

书记、队长　白晓明(蒙古族)
副书记　孙英杰(女)
副队长　高　丽(女)
　　巩建平

**【锡林河水库管理所】**

书记、副所长　额尔敦巴根(蒙古族)
所　长　司东伟
副所长　田茂旺
　　牧建鹏
　　王宗江

**【打井队】**

书记、队长　王永青
副队长　郭飞龙
　　杨晓东

**【小孤山水库管理所】**

所　长　张金国

**【水政办】**

主　任　胡洪岗
副主任　常玉强

**【水政监察大队】**

政　委　吴建峰(蒙古族)
队　长　黄　品
副队长　康艳军
　　陈晓志

**【内蒙古锡林河国家湿地公园管理处】**

主　任　洪立国(蒙古族)

**【概况】** 局机关核定行政编制15名,工勤编制2名。科级领导职数5名(一正四副),实有一正四副。

锡林浩特市林业水利局内设办公室、财务统计股、造林治沙股、林政资源股、水利计划建设股、地下水(水土保持)监测监督股、防汛抗旱办公室、绿化委员会办公室、项目办等9个机构。下辖林业工作站、公益林管理站、森林公安局、国有林场、水利工作队、草原打井队、锡林河水库管理所、小孤山水库管理所、水政水资源管理办公室、水政监察大队、锡林河国家级湿地公园管理处11个二级单位，共有在编干部职工266人。

**【重点区域绿化工程】** 投资3.9亿元，绿化面积1.35万亩。其中，锡林河流域绿化7000亩，公路绿化200亩，嘎查（分场）绿化500亩，城镇绿化2500亩（由市园林局完成），矿区园区绿化3300亩（由神华、大唐、西二、西三、乌兰图嘎煤矿完成）。林水局完成投资0.35亿元，完成锡林河流域绿化7000亩、公路绿化200亩、嘎查（分场）绿化500亩。园林局完成投资1.2亿元，完成城镇绿化840亩。林水局在工程实施过程中，抽调技术人员分成多个指导组，对各标段进行全程技术服务和监督指导，严把质量关，保证了造林质量和进度。

**【京津风沙源治理工程】** 投资765万元，在锡林河流域实施人工造林5000亩、朝克乌拉苏木和阿尔善镇实施封山育林20000亩、白银库伦牧场实施工程固沙3000亩已全部完成。

**【南山森林公园绿化和道路硬化】** 投资1779万元，出动钩机21台次，挖坑11.6万穴，硬化5条作业道路，总长6.6公里。

**【城防林后期养护工作】** 根据《锡林浩特市城防林养护及交接方案》，结合到期林地的现状，对到期的2011—2013年城防林面积3.64万亩，45个标段公开招投标进行养护，养护费3109.7万元。技术人员分区域进行技术承包，责任到人，督促造林企业对造林地块全面补植，巩固造林成果。

**【义务植树、“四旁”植树】** 完成义务植树35万株（包括折合株数），树种有杨树、榆树、樟子松、云杉、山杏及部分花卉树种。完成“四旁”植树40万株，主要在街道、庭院栽植杨树、樟子松、云杉及部分花卉树种。

**【城防林补植工作】** 投资35万元，对2013—2015年度实施的城防林工程补植3万株。其中樟子松10 540株、云杉200株、杨树6385株、金叶榆10 458株、榆叶梅1500株、果树850株，丁香50株。并要求各企业做好修枝、除草、修坑、浇水等抚育管理工作，确保造林成活率及保存率。

**【林木良种繁育基地建设】** 投资1650万元，在白音锡勒牧场桃林塔拉分场建设林木良种繁育基地500亩。已完成投资1200万元，育苗350亩30余种，保证了锡林浩特地区绿化苗木供应需求，确保了苗木安全。

**【林木种苗工作】** 为了保证造林成活率，要求所用苗木在锡林郭勒盟范围以内，必须具备“两证一签”。

**【病虫害防治检疫工作】** 产地检疫苗木3240.7亩，检疫率100%，对合格的出圃苗木办理了“产地检疫合格证”。调运检疫苗木255.6372万株（丛），发现带有疑似美国白蛾蛹的李子树2车1500株，金叶榆1车800株，下发“林业有害生物除治通知书”，依法进行处罚，由盟市森防站监督，退回原起苗地，自行销毁。在调运过程中，发现沙地柏带有柏毒蛾，果树带天幕毛虫，金叶榆带有榆紫叶甲，进行了喷药防治。

**【公益补偿工作】** 2015年度个人公益林补偿资金已发放874.6万元，2016年公益林补偿实施方案已批复。

**【森林防火工作】** 制定《林业水利系统森林防火应急预案》，成立以主要领导为组长的防扑火工作领导小组，全年出动警车348台次，警力1304人次，办理防火案件28起，春、秋季防火期内制止在林区及边缘烧纸祭祀行为268起、抽烟等野外用火79起，收缴打火机等火源101个。

**【林业执法工作】** 开展6起专项严打行动，自2015年12月至2016年11月，办理林业行政案件198起，其中违法狩猎案件48起，违法运输野生动物案件10起，防火案件31起，擅自改变林地用途案件9起，违法毁坏林木案件1起，违法驯养繁殖野生动物案件7起，在封禁期放牧案92起。行政处罚企业8家，个人212人。查处刑事案件1起，取保候审2人，已经移送起诉。

**【森林资源管理工作】** 受理占地项目14个。内蒙古自治区林业厅下达用地许可的项目7个，审批占地面积5.1623公顷。锡林郭勒盟—江苏泰州800千伏特高压直流工程、锡阿公路绕神华改线公路工程110千伏供电线路迁建等3个项目已报送林业厅，其他超高压生产基地等2个项目报送到盟林业局，锡林河供水有限公司二水厂工程建设等2个项目正在办理中。市林水局配合中国科学院植物研究所树木年轮研究组，开展古树名木调查工作，2016年底已确定有油松、沙地云杉、榆树等古树名木，在白银库伦首次发现天然油松。

**【森林保险工作】** 森林参保面积123.7万亩（乔木林9.4万亩、灌木林114.3万亩），保费161.75万元。参保林地全部为公益林。全年报损森林面积0.48万亩，争取理赔金60.27万元。

**【绿化树种科普宣传挂牌活动】** 在各公园、城防林的1895棵树木上已挂树牌，方便人们了解树种。

**【林业宣传工作】** 以“相约春天，放飞希望”为主题，广泛开展“植树节”宣传活动，对森林法、防沙治沙法、野生动物保护法、森林防火条例等有关法律、法规知识进行宣传,发放宣传单800余份,倡导生态文明建设。

**【注重学历教育和业务培养】** 针对分配到林水局公益岗位的62名非专业职工,市林水局与扎兰屯职业学院联合办学,举办学历教育培训班,待学业完成,颁发学历证书,增强职工专业技术水平和管理能力。通过制度管理、思想教育、学历培训、激励机制,稳定了公益岗人员的波动思想,能够积极安心地工作。

**【锡林河30公里景观带草场征收工作】** 为积极打造锡林河30公里生态景观带建设,投资1135.1万元,征收草场4978.7亩。

**【饮水安全工程】** 饮水安全工程投资549万元,建设水源井61眼。储水窖工程投资746万元,新建储水窖352座(20吨储水窖106座,5吨储水窖246座),安排在各苏木镇场。

**【2014年京津风沙源水利水保项目】** 投资560万元,在贝力克牧场完成小流域综合治理面积6000亩,新建水源井26眼。

**【牧区节水增效工程】** 投资775万元,改造节水灌溉面积7000亩,新建水源井11眼。

**【生态水系治理工程】** 生态水系治理工程是锡林浩特市的标志性工程,也成为国家、自治区考核盟、市两级的重点工作之一。总投资3.8亿元,2016年完成一期工程,治理面积3700亩,投资2亿元。建设内容主要有人工湖、广场、输水管道、桥梁、道路、木栈道及绿化、亮化等。通过治理改善了该区域的生态环境,夏、秋季休闲观光游人每日达3000人以上,为出游提供了好的休闲场所。2016年共接受国家、自治区、盟市参观考察2000余人次,均受到较好的肯定。

**【完善外环农牧区防洪工程】** 投资4000万元,实施南二环渠道改造3公里、市门桥和东山供水泵站改造,新建橡胶坝3座、橡胶坝的管理房及机电设备安装、中水泵站、穿越大唐铁路渠道。

**【白音苏木抗旱应急水源工程】** 投资1224万元,新建机电井86眼及配套设施,已完成84眼。

**【小孤山水库除险加固工程】** 投资929万元,坝体坝基防渗、增加闸门出口段加固等工程全部完成。

**【锡林河水库维修养护及变压器改造工程】** 投资100万元,对2008年水毁工程、坝后排水系统进行维修,对锡林河水库环境进行了整治,维修办公用房和管理房4处,平整路肩4000余立方米,清理垃圾300余吨,设立各类指示牌20块,清理水文站养殖区1处,对变压器电缆等设备进行了改造维修。

**【小型水利工程改革工作】** 上级投资620万元,地方运行维修费170万元/年,已到位80万元。维修改造管道48.78公里,更换潜水电泵32台,配套井房19处,购置手持GPS18台,动态GPS1台,台式计算机18台,新增供水工程入户管网9.4公里。共发放产权证626份,其中发放中小河流治理工程产权证3份、小型农田水利工程产权证10份、牧区集中式供水工程产权证22份、分散式供水工程产权证591份。9月13日顺利通过自治区水利厅验收。

**【水政监察工作】** 加强自备井的查封力度,强制封闭自备井12眼;责令停止违法打井行为13起;责令停止违法卖水(浇树)行为11起,有力地保护了锡林浩特市地下水资源。

**【水资源费、水保费征收工作】** 2016年严格执行自治区水资源费、水土保持补偿费征收有关规定,不断加大征费力度,应征尽征,全年累计征费1962万元,其中水资源费371万元;水土保持补偿费1591万元,创历年来征费新高。

**【防汛抗旱工作】** 制定完善《城市防汛应急预案》《山洪防御灾害应急预案》,全年发生洪水两次,6月30日,敖优廷河上游突降暴雨,导致河道来水激增,洪水经阿尔善镇阿尤勒海居委会南侧穿越河道的过水路面涌向下游,一辆两人乘坐的装载机在经过过水路面时被水流冲入河道,经防汛办、阿尔善镇相关人员及消防官兵的共同努力,16时30分左右将此二人安全解救。9月4日,宝力根苏木乌力吉德力格尔嘎查降暴雨30毫米形成山洪,洪水经锡乌、锡二铁路的涵洞进入牧户旺吉拉家中,造成财产损失10多万元,洪水携带的泥沙造成水泥公路的淤堵。防汛办已下发通知要求锡乌、锡二铁路公司建设防洪和水土保持设施。

**【实行最严格水资源管理制度】** 将用水量超1万吨的14家用水企业列为重点调查对象,建立了调查对象名录,并按季度向锡林郭勒盟水利局上报用水量;结合锡林浩特市实际情况,编制完成《锡林河流域地下水水位与水量双控制管理实施方案》,市政府已批复,标志着锡林浩特市锡林河流域地下水水位与水量双控制管理工作进入实施阶段;《锡林河流域水资源保护专项规划》正在编制中。

**【水土保持工作】** 对全市23个生产建设项目进行全面摸排检查,检查40余次,针对检查中存在的问题向生产建设单位下发《水土保持现场督查意见书》,并按照已下达的督查意见书对生产建设项目进行后续跟踪检查,确保生产建设项目水土保持治理工作严格按照已批复的水土保持方案执行。

**【水资源管理工作开展情况】** 梳理水利行政许可5项、行政征收4项、行政监督检查6项、行政强制执行8项、行政处罚40项、其他行政权力11项,编制服务指南16项、行政权力流程图22项。

**【水资源管理目标完成情况】** 2016年锡林浩特市水资源管理目标是取水总量控制指标为9500万立方米;万元工业增加值用水量按2000年不变价计算比2015年下降5%;万元GDP用水量按2010年不变价计算较2015年下降6%,农业灌溉水利用系数大于等于0.76,水资源费征收大于等于370万,封闭自备水源井6眼,监测水功能区2个,入河排污口3个。2016年锡林浩特市取水总量为7738万立方米;农业灌溉用水利用系数为0.76;监测水功能区2个,达标率为100%;监测入河排污口3个;封闭自备水源井12眼;截至11月底,征收水资源费341.34万元,万元工业增加值用水量和万元GDP用水量由于无2016年工业增加值和国内生产总值数据,无法进行测算。

**【水利宣传工作】** 在3月22日是第二十四届"世界水日",3月22—28日第二十九届"中国水周"期间。以"落实五大发展理念,推进最严格水资源管理"为主题,通过移动公司大楼LED屏、尚都国贸LED屏以及全市出租车车顶LED屏滚动播放水法律法规宣传口号;在锡林郭勒盟电视台播放宣传字幕;3月22日,在主要街道悬挂宣传横幅,并发放了《中华人民共和国水法》《中华人民共和国水土保持法》等水法律法规知识宣传单5000多份,渔业法规汇编、节约用水宣传册2000多份,并邀请盟报社、市新闻中心记者对宣传活动进行报道。

# 工　业

XI　LIN　HAO　TE　NIAN　JIAN

## 供电分局

【锡林浩特供电分局领导名录】

书　记　杨树林
局　长　司永辉
副局长　郭海涛
工会主席　陈志刚
副局长　邢永合
副局长　吴　春

【概况】　锡林浩特供电分局地处美丽富饶的锡林郭勒大草原,是内蒙古电网在锡林郭勒盟行署所在地的直供局。它的前身为锡林浩特发电厂收费室,组建于1954年,后称营业所、供电所。1987年8月1日划归锡林郭勒电业局管理,更名为锡林郭勒电业局供电所,1994年4月成立锡林浩特供电局,2005年机构改革改为锡林浩特供电分局。锡林浩特供电分局目前主要担负着锡林浩特市区7个城镇街道办事处、1个镇、3个苏木、6个国有农牧场及油田、煤矿等工矿企业的供电任务,共26万人的生产生活供电任务,营业面积1.48万平方公里。运行管理维护10kV配电线路75条,全长2873.58公里(其中城镇线路46条,全长539.58公里;农网线路29条,全长2334公里)低压线路774条,全长1958公里,配电变压器3391台,容量870兆伏安(其中公用变压器774台,总容量106兆伏安)。在地方经济迅猛发展的带动下,供电营业户数呈现较快增长态势,截止2016年底,营业户数已达19.9万户。多年来,锡林浩特供电局在锡林郭勒电业局、锡林浩特市委、政府的坚强领导下,狠抓安全生产,规范企业管理,不断提升优质服务水平,为服务地方经济建设和广大电力客户做出了积极贡献。我分局现下设局本部、工程建设办公室、3个配电运检班、2个配电急修班、1个配电电缆班、1个带电作业班、3个营业站、5个供电所、2个营业网点、1个用电检查班、3个集抄运维班、1个计量装表班、1个采控运维班。全局现在在册职工159人,其中班子成员5人,(包括一级师1人)局本部技术专责11人。综合管理员2人;下设工程建设办公室,在岗5人;生产班组7个,在岗39人;营销班组14个,在岗76人,女性职工51人,占职工总数的32%,35周岁及以下青年职工111人,占职工总数的70%。研究生4人、大学本科生110人,大专31人;高级及以上职称人员5人,中级职称11人;中共党员52人。

【主要指标】　供电量完成11.02亿千瓦时;售电量完成11.03亿千瓦时;电费回收率完成99.93%,超计划0.03个百分点;实现销售收人4.65亿元,综合线损率完成8.35%;平均电价完成421.18元/千千瓦时,综合电压合格率完成96.65%,比计划高1.32个百分点;发生客户一般投诉10起,比年度考核指标低13次,实现长周期安全生产8351天;在盟局业绩考核中,获得供电单位第一名的优异成绩,排头兵作用进一步彰显。

【安全生产】　2016年,锡林浩特供电分局严格落实安全生产责任制,结合“安全基础巩固年“活动,扎实开展隐患排查、安全生产月、春秋查等系列活动,狠抓隐患治理,加大现场监督,全年累计完成36条10千伏线路477处缺陷的消除工作,消缺率97.15%。深刻吸取了2016年全国发生的重大安全生产事故教训,全方位排查各类施工现场安全隐患。大力开展带电作业,全年累计开展带电作业113次,减少停电226.78小时,少损电量

100.12万千瓦时，进一步提高了供电可靠性。加强安全宣传教育培训，举办消防安全知识讲座，组织安全教育培训6次，累计参培达230人·次。圆满完成春节、特高压变电站开工、四国女篮对抗赛、国际游牧文化节、敖包祭祀大典、2016·中蒙俄国际区域产能合作论坛会、自治区党委书记李纪恒视察锡林郭勒盟等各类重大保电任务56天/次，出动保电人员313人/次、车辆87台/次，获得市委、市政府和活动主办方的高度认可。

**【基本建设】** 充分发挥"政府主导、属地负责"电网建设协调机制优势，加快锡林浩特市地区的电网建设，有效推进了电网工程建设和项目落地的前期协调工作。全年完成了110kV城西变电站6回10kV新建线路、10kV额尔敦开闭站、35kV南煤矿变和35kV黄花树特变的启动投运工作。加快推进农网升级改造工程进度，坚持安全、质量、进度三位一体管理，全年投资5532.90万元，新建10kV线路398公里、0.4kV线路112公里，新增配电变压器240台。积极配合属地政府开展创建国家卫生城市工作，扎实开展主要街区电力改造工作，提前完成了锡林大街、那达慕大街、上海路等4条10kV架空分支线路入地改造工程；主动对接地区产业用电需求，完成了大庄园、上海电气、人民电器等一系列全盟重点工程项目通电任务。营销管理水平提质升级。牢固树立市场意识，努力开拓电力市场，主动对接并积极协调解决重点项目用电问题；有计划的开展客户走访工作，随时关注企业运行情况和市场行情，全年新增各类电力客户11 753户。全面开展营销基础业务信息普查工作，累计普查用户39 556户，查处问题用户441户，追补电费及违约使用电费合计580.44万元。强化窗口服务管理，A级营业厅实现零投诉，并多次受到客户表扬；积极与邮政洽谈，140个邮政代收网点实现了预付费卡表代收功能，进一步拓展了缴费渠道。全力配合盟局规范营销机构岗位设置，规范、有序、平稳的接收了计量中心、抄表中心共计5个班组及相关业务并正常开展工作。深化营销专项审计意见整改，对需整改事项共计9大项、36小项的问题进行梳理整改，并完成营销审计整改报告材料，进一步夯实规范营销基础管理。

**【经营管理】** 锡林浩特供电局努力开拓电力市场，实现增供扩销。十二五时期，我局积极开展增供扩销工作，定期对大客户进行走访调研，密切关注经济动态和项目用电需求，五年来一大批优质负荷落地，供售电量迅猛增长随时关注企业运行情况和市场行情，努力做到"减厅增供，提升服务"，截止2015年底，我局供电营业户数19.05万户比2014年新增电力客户2.15万户，其中大工业207户、居民16.68万户、商业1.79万户、非居民照明1537户、非普工业2119户、直供农业1893户，加大用电检查力度，降损增效、堵漏增收。开展了"电网客户侧安全专项大检查活动"，对锡林浩特地区重要用户开展了用电大检查，全面排查用电设备安全隐患，消除设备缺陷，确保设备安全运行。

**【信息化管理】** 扎实开展营销基础信息普查和电价、用电互查工作，以查偷漏、查电表及接线等为重点，以计量准、按时抄、全部收为目标，结合线路电能的损失情况，有计划、有目标地进行突击检查，以此降低因窃电等行为造成的电能损失。通过跟进基础数据的自查工作，共计检查用户18.79万户，发现营销系统应用平台数据维护错误的用户218户，经现场核实情况后，全部整改完毕。

**【党组织和精神文明建设】** 深化"两个责任"和"一岗双责"落实，大力推进党风廉政建设，开展"纪律作风整顿年"和"反腐倡廉宣传教育"活动；依托中心组学习、廉洁文化展板、局域网、微信平台、基层讲堂等载体，深入宣传贯彻《准则》、《条例》和习近平系列讲话精神，使"干净干事"的核心理念在潜移默化中内化于心，外化于行。推进群、工、青工作，高质量完成盟局"安康杯"文化汇演，选派的《守望光明》舞蹈获得了盟局一等奖，充分展现我局职工昂扬向上、团结共为的精神风貌。

**【优质服务】** 锡林浩特供电局深入开展"为民服务创先争优"活动，通过三届"蒙电杯"规范化服务竞赛的开展，促使职工队伍服务能力显著提高，企业服务水平不断提升。在大型小区、社区设立了便民服务宣传栏并及时更新；开通了内蒙古电力微信服务平台并进行了有力推广，更加迎合了现代人的生活习惯；常态化开展安全用电"进校园"、"进社区"、"进工地"活动；规范报装流程、加快报装进度，为重点客户开辟"绿色一站式"服务通道。畅通客户联系机制，不断改进服务提升服务。锡林浩特供电分局把解决客户关心的热点、难点问题作为提升服务的有力抓手，多方式畅通客户联系机制。建立了领导班子联系社区制度，并每年下社区走访；积极开展"优质服务日"、"蒙电服务进万家"、"供电开放日"等对外宣传活动，及时宣传我局的便民举措；召开客户座谈会、行风恳谈会，征求群众意见建议，建立整改落实台账，实现与客户的良性互动；通过召开新闻发布会、参加《行风热线》、《聚焦民生》栏目，加大优质服务工作的宣传推广工作，在各类报刊、网络媒体发表宣传文章，掌握"蒙电"品牌形象推广的主动权。着力推进我局“客户服务调度中心建设“的落地实施;巩固优化营销服务工作,积极探索适合草原牧区特点的优质服务新机制,召开2016年锡林浩特地区电力客户座谈会,倾听客户的意见,走进行风热线直播间,与客户架起沟通桥梁。

**【企业管理】** 开展全员绩效管理工作,细化了绩效考核内容,实行班组承包线损管理办法,将线损率、线路跳闸率、班组建设、行风建设等工作纳入员工绩效考核中,极大地调动了职工的积极性。加强标准化班组建设工作,进一步规范各班组基础档案。

**【人力资源】** 全局研究生4人、大学本科生110人,大专31人;高级及以上职称5人,中级职称11人;中共党员52人。

# 商业经济

XI LIN HAO TE NIAN JIAN

## 供销

**【锡林浩特市供销合作联合社领导目录】**

主 任 郭 颖(女)

**【概况】** 2016年锡林浩特市供销合作联合社机关设办公室、财务股、业务股。锡林浩特市供销社有14个专业合作社、1个社有企业。

**【畜产品产销对接】** 该项目以自治区供销社社有企业牧王畜产品股份有限公司为平台,对接锡林浩特市2个牧区牲畜养殖专业合作社。计划投资1700万元,其中项目资金536万元,企业和合作社自筹资金1164万元。项目主要建设冷链物流配送中心(冷库)1处、培育养殖合作社2个。冷链物流配送中心(冷库)地址位于市区东南(希日塔拉街南侧、海河路西侧)。用地面积3148平米,冷冻能力3000吨。2016年7月开工。2016年,冷库土建工程已基本完工。2个养殖合作社标准化棚圈、储草棚等基础设施已全部建设完成。项目运营后,将通过合作社开展订单养殖收购、在东旭畜产品公司加工(牧王畜产品股份有限公司全资子公司,位于锡林浩特市畜产品加工园区内)、依托牧王畜产品股份有限公司在全国的销售网络品牌化销售,实现肉羊养殖、加工、销售一体化经营,达到保障食品安全和牧民增收的目的。

**【再生资源回收加工市场】** 该项目已选址在安快物流园区内,项目前期市场调研考察工作已结束,建设计划待政府同意后,办理各项手续。同时,正在争取上级“新网工程”再生资源回收加工市场资金。再生资源回收利用市场建成后,将全市回收站(点)纳入市场规范管理,为废旧物资经营户搭建再生资源交易服务平台,通过经营户进场集中交易、集中加工、集中销售,提高全市再生资源交易回收利用行业整体经济效益,实现再生资源行业规模化、产业化发展格局。同时,可改变目前全市回收网点散乱和行业无序经营状况,使环境污染、资源浪费、社会治安和流动人员管理难问题得到有效解决,为锡林浩特市争创全国卫生城市打下基础。

**【农牧民专业合作社】** 争取自治区供销社“新网工程”农牧民专业合作社公益性服务资金10万元,通过项目资金入股的方式,积极领办创办牧民合作社。扶持白音锡勒牧场恒顺源肉羊养殖合作社规范经营管理,提升服务合作社牧民水平。该合作社建立肉羊繁育体系,引进杜泊羊与乌珠穆沁母羊进行多元杂交生产优质乳羔,充分利用杂种优势,对所产的羔羊直接育肥出栏。合作社充分发挥示范带头作用,通过无偿帮扶、技术培训、带动周边20余户牧户生产增收,被盟供销社评为“十佳专业合作社”。

**【社属企业发展】** 利用自治区“新网工程”日用消费品现代经营服务网络建设项目资金150万元,购置日用消费品直营店一处,将牧民需要的质优价廉的日用消费品配送下乡,同时将牧民及各类专业合作社生产的优质特色畜产品带进城,提升供销社为牧民服务功能,同时壮大供销社自身发展之路。

# 商　务

**【锡林浩特市商务局领导名录】**

书　记　贾仍辉(女 蒙古族 2016年4月离职)

书记、局长　张国青(2016年4月任书记)

副局长　林彩琴(女)

巴图吉日嘎拉(蒙古族)

**【概况】** 2016年,在市委、政府的正确领导和上级业务部门的关心指导下,市商务局紧紧围绕年初制定的各项任务目标,结合“纪律作风整顿年”活动和“两学一做”学习教育的开展,加强党风廉政建设和领导班子及干部队伍建设,理清工作思路,采取有力措施,商务、党建各项工作取得明显成效。

**【服务业工作】** 2016年底,服务业增加值预计可完成全年任务99.4亿元,同比增长10.5%,占地区生产总值的44%;预计社会消费品零售总额可实现全年任务63.8亿元,同比增长11.5%。

**【重点工作及重点项目】** 2016年,玖苑国际饭店、伟海假日酒店、锡林浩特大酒店等7家宾馆酒店共投入1000万元进行了改造装修,截至2016年底,除玖苑和伟海还在装修外,其余5家已全部装修完毕。现代物流园区已整合民禾物流园区806亩土地,规划建设物流、仓储和海关监管场所项目,目前项目正在积极推进中。2016年,全市改造便民连锁超市6家,其中新建3家、升级改造3家,共计投入资金44万元。已全部通过验收,开始营业。新丝路电子商务产业园创业创客孵化基地项目2016年计划总投资4000万元,该项目现已完工,并投入使用;玉玺财富广场项目今年已完成场地平整工作,现季节性停工。

**【内贸工作】** 根据《成品油市场管理办法》,完成35座加油站年检,2家新增的高速加油站领取了成品油零售经营许可证,2家加油站完成油气回收改造,并通过验收,2016年锡林浩特市除2家停业的加油站未进行油气回收改造外,其他加油站已全部完成改造。5月初,联合消防、安监等部门对全市5家自备加油站进行了专项检查,对安全隐患较大的加油站下达了限期整改通知书,确保成品油市场安全有序发展。截至2016年,日常执法检查成品油经营单位50家次,下达整改通知书24份,整改率达95%。2016年新备案登记酒类经营商户156户,其中批发119户,零售37户,累计备案登记3863户。进一步加大酒类流通市场检查力度,全年共出动检查车辆80台次,人员240余人次,有效净化了酒类流通市场。开展商贸流通领域安全生产检查,重点监管大型商场超市、餐饮住宿场所及物流园区、成品油经营单位的安全生产。与消防、安监等部门联合检查4次,检查企业28家,日常监管执法检查企业200家次,出动执法人员400人次,下达整改意见书50份。五是对其他监管行业实施有效监管。7月下旬,责令报废汽车回收拆解企业限期停业整改,并于9月底完成整改,验收合格后恢复营业。加强公共商务信息服务体系监测,重点流通企业信息和生活必需品市场信息及时报送率均达到100%。联合盟“双打”办组织成员单位开展“双十一”电子商务打假宣传活动,并加强自治区两法衔接平台系统行政处罚案件和信息录入工作,严格落实2016年打击侵权假冒工作绩效考核办法。为确保锡林浩特市地区牲畜有序出栏,羊肉市场价格稳定,8月20日至9月28日,下派4名工作人员一对一跟踪服务锡林郭勒盟额尔敦食品有限责任公司、内蒙古小肥羊肉业有限责任公司等4家肉食品加工企业,协调出栏、加工各个环节,实现农牧民与企业双赢。截至9月28日,4家企业收购本地羔羊共计14.1917万只,羊肉总重量195.78万公斤,总价5873.53万元。

**【外贸工作】** 全市对外贸易出口总额累计完成187万美元,比上年同期增加87%。全市直接利用外商投资1490万元,新注册对外投资企业3户,全市对外投资企业达到5户。组织企业参加“乌兰巴托中国内蒙古商品展览会”“俄罗斯布里亚特·中俄蒙商品展洽会”和“蒙古国东方省第二届中国锡林郭勒商品展览会”等5次展洽会。同时指导企业首次通过市场化运作成功举办“2016锡林浩特敖包风情中蒙俄民族商品展销会”。组织13户企业参加了在二连浩特举办的“2016·中国二连浩特中蒙俄经贸合作洽谈会”,此次“二洽会”锡林浩特市以特装展的形式亮相,通过对特装厅的精心布展,草都草牧业、上海电气和塔林牧人等12户代表性的企业30多个系列、近百种商品参展,取得较好的效果。

**【航空口岸临时开放工作】** 锡林浩特航空口岸临时开放已得到国家民航总局、国家质检总局、总参和公安部边防总局的同意,国家海关总署同意锡林浩特机场在完成设备采购查验后开放临时航空口岸。2016年,机场公司已经完成国际流程基础设施改造,设备采购正在进行中。依据“一关两检”对办公业务及生活用房选址标准的要求,进行了初步选址。

# 经 济

【锡林浩特市经济和信息化局领导名录】

书记、局长　王家骧(蒙古族)

副局长　丁　虹(女)

娜日娜(女 蒙古族)

李建宾(蒙古族 2016 年 2 月离职)

王京可

包尔吉干·安齐尔(蒙古族 2016 年 8 月离职)

【概况】 锡林浩特市经济和信息化局隶属于锡林浩特市人民政府,正科级行政单位,业务上接受锡林郭勒盟经济和信息化委员会的指导。现有行政编制 13 个,工勤编制 2 个,事业编制 6 个。实有 37 人,其中人才储备 3 人。全局共有党员 16 人,少数民族 12 人。正科级领导职数 1 个,实配领导 2 人,副科级领导职数 4 个,实配领导 2 人。单位内设办公室、中小企业股、经济运行股、投资规划股、电力股、(原材料、消费品和装备工业股)、节能与综合利用股、信息化股、煤炭行业管理和煤矿安全生产监管股 9 个股室。下辖市煤炭安全生产执法监察大队和市节能监察检测中心两个事业单位。

【规模以上工业经济总体情况】 2016 年,全市 69 户规模以上工业企业开复工 69 户,开复工率 100%,同比提高 1.4 个百分点。实现产值 167.1 亿元,同比下降 1.6%。完成工业增加值 83.6 亿元,增速 6.8%。能源工业实现产值 98.4 亿元,同比增长 13%。其中原油开采业实现产值 35.8 亿元,同比下降 5.6%,生产原油 76.7 万吨,同比减少 0.4 万吨;煤炭行业实现产值 28.7 亿元,同比增长 20.1%,生产原煤 3084.6 万吨,同比增加 463.4 万吨;电力及热力供应业实现产值 33.9 亿元,同比增长 34.5%,完成发电量 46.1 亿千瓦时,同比增加 4.9 亿千瓦时,供电量 49.8 亿千瓦时,同比增加 24.1 亿千瓦时,供热量 1784.7 万吉焦,同比增加 145.3 万吉焦。畜产品加工及相关产业实现产值 40.2 亿元,同比增长 0.2%。活畜加工业实现产值 26.3 亿元,同比增长 13%,加工活畜 247.4 万羊单位,同比减少 27 万羊单位,生产肠衣 2835 吨,同比减少 677 吨。绒毛加工业实现产值 9.7 亿元,同比下降 14.3%,生产无毛绒 667.9 吨,同比减少 49 吨;洗净毛 11 668.5 吨,同比增加 866.5 吨;汽车坐垫 17170 套,同比减少 7630 套;羊绒衫 39.3 万件,同比减少 10.6 万件。乳制品加工业实现产值 4.2 亿元,同比下降 23.7%,生产液态奶 5.9 万吨,同比减少 1.5 万吨。

建材业实现产值 3.4 亿元,同比下降 18.9%。生产水泥 64.7 万吨,同比增加 12.4 万吨,熟料 38.4 万吨,同比增加 7.1 万吨;彩板 4018.1 吨,同比减少 2463.3 吨;C 型钢 4476.6 吨,同比减少 1476.5 吨。

高新技术产业实现产值 0.9 亿元,同比下降 24.8%,生产锗锭 12 335 公斤,同比增加 1871 公斤。非煤矿产开采业实现产值 3.5 亿元,同比下降 29.6%。铬矿石 4.9 万吨,同比减少 3.2 万吨,铬矿合金 2.3 万吨,同比减少 1.2 万吨;萤石 1.9 万吨,同比增加 0.1 万吨,萤石粉 7.1 万吨,同比增加 0.4 万吨。

装备制造业实现产值 19.5 亿元,同比下降 37.5%。生产发电机组 180 台,同比减少 134 台;风机叶片 462 套,同比减少 160 套;褐煤干选设备 9 套,与同期持平。其他行业实际实现产值 1.2 亿元,生产自来水 1056 万立方米。

【工业重点项目实施情况】 2016 年锡林浩特市计划实施工业重点 19 项(不包括前期推进),计划完成投资 107 亿元,1—12 月全市工业固定资产投资累计完成 128.8 亿元,同比增加 68 亿元,增长 112.3%。开复工 10 项,开复工率 52.6%。

【园区建设及企业管理情况】 2016 年全市工业中小企业共计 328 户,1—12 月完成产值 117.1 亿元,实现就业 9766 人。依托盟中小企业公共服务平台,为全市企业提供信息咨询、投融资、创业辅导、技术创新和人才培训等服务,55 户企业已在平台注册。锡林浩特市规模以上工业中小企业 1—12 月实现产值 105.8 亿元,同比下降 4.6%,占全部规模以上工业企业的 63.3%。其中,产值超亿元工业中小企业达 25 户,完成产值 85.2 亿元。锡林浩特市中小企业聚集区内主要包括建材企业、绒毛企业和其他中小企业。共计 259 户,其中建材企业 134 户,绒毛企业 29 户,中小企业 96 户。2016 年已累计投入约 5.2 亿元,主要用于对园区内的道路、“三水”管网、电力、绿化、硬化工程进行修建和完善。聚集区 259 户企业中,生产中企业 59 户(其中 5 户企业部分厂区出租),季节性停工企业 9 户(其中 1 户企业部分厂区出租),即将投产企业 6 户,出租厂区企业 69 户,闲置企业 91 户,长期未动工企业 7 户,在建企业 14 户,二期在建企业 4 户。1—12 月完成产值 10.6 亿元,安置就业 770 人。继续加大融资服务力度,积极探索多渠道、多种融资方式,服务企业发展,密切关注企业融资动态,鼓励企业参与银企洽谈会,促进银企沟通,切实缓解企业融资难问题,2016 年,为全市企业争取贷款 6.8 亿元,其中为工业中小企业争取约 2.4 亿元。

【电力行业情况】 贯彻落实国家、自治区电力体制改革的总体要求,进一步拓宽锡林浩特地区多边交易和直接交易市场范围,严把准入环节,建立用电企业与发电企业双边协商、长期交易的市场化机制,实现发、用电企业互利共赢。截至 2016 年底,全市共有 3 户企业纳入自治区电力多边交易市场,其中 2016 年新准入自治区多边交易市场用电企业 2 户,有效降低企业用电成本,对企业“降成本、稳运行”具有积极的推动作用,为锡林浩特市稳定就业、增加税收,促进地方经济发展做出了重要贡献。1—12 月锡林浩特地区全社会用电量 12.03 亿千瓦时,同比下降 10.88%。全行业用电合计 9.73 亿千瓦时,同比下降 14.99%;城乡居民生活用电 2.3 亿千瓦时,同比增长 11.99%;工业用电量 6.89 亿千瓦时,同比下降 23.65%。1 –12 月电力装机并网 146.35 万千瓦。其中:火电装机 68.6 万千瓦,累计发电 34.52 亿千瓦时,同比增长 13.32%。风电装机 69.75 万千瓦,累计发电 12.45 亿千瓦时,同比增长 4.82%。光伏并网容量 8 万千瓦,累计发电 1.02 亿千瓦时。同比增长 64.54%。

【信息化工作情况】 2016 年,锡林浩特市通信业计划投资 10415.5 万元,全年完成投资 8707.34 万元,完成全年计划投资的 83.6%,其中移动完成投资 5246.75 万元;联通完成投资 490.25 万元;电信完成投资 2061.83 万元;铁塔完成投资 908.5 万元。2016 年锡林浩特市涉及电子商务领域的共有 18 户企业,10 户企业借助第三方平台开展电子商务业务,通过淘宝企业店、天猫、京东、一号店、微商、酒仙网等平台进行销售各类地方特色产品,主营牛羊肉制品、各类奶制品、手工香皂、牧草、酒类等产品;8 户企业提供第三方电商平台服务,为会员提供服务。同时,积极组织锡林浩特市 17 户企业参与了两化融合评估诊断和对标引导工作。

【煤炭民爆行管和安全监管情况】 全年组织开展煤矿安全生产检查 67 次,发现各类安全隐患 313 项,开展民爆行业日常及专项安全生产检查 19 次,发现各类安全隐患 55 条,通过开展各类安全检查,及时发现整改安全隐患,进一步巩固了锡林浩特市煤矿、民爆安全生产良好形势,全年未发生安全生产事故。

【节能和综合利用工作】 加大节能减排工作力度,加强对重点用能企业监管,从源头控制能耗不合理增长,年内 4 户企业完成清洁生产工作,4 户企业完成能源审计并通过验收。

## 投　资

【锡林浩特市投资促进局领导名录】

局　长　于中敏(2016 年 4 月离职)
　　　　李剑虹(女 2016 年 4 月任职)
书　记　侯俊杰
副局长　徐东生

【概况】 锡林浩特市招商局组建于 2012 年 7 月,为锡林浩特市人民政府管理的正科级直属事业单位,2013 年 12 月经市编委会研究决定加挂锡林浩特市投资促进局牌子,一个机构两块牌子。内设综合室、项目股、招商股三个股室,核定编制 7 人。主要负责研究把握国家、自治区宏观政策和产业调控信息,分析经济发展动向和市场变化趋势,提出全市投资发展战略和改善投资环境的建议;负责全市投资环境、重点项目的宣传推介和咨询服务;负责投资合作项目接洽、推介、引进方面的协调推进工作;负责全市投资促进工作的统筹、协调、指导、服务。2016 年,按照“线索项目抓引进、引进项目抓落地、落地项目抓开工”的要求继续加大招商引资力度,积极开展对外宣传、线索收集、项目接洽、协调服务等工作,推动全市招商引资和项目建设工作取得了新进展,完成招商引资到位资金 111.9 亿元,新引进签约中电卓新粉煤灰综合利用、中车同力风机塔筒及钢结构生产、龙鑫综合型游乐园、山东中油惠亿天然气综合利用、地下管廊等建设项目,签约总金额 26 亿元。

【招商活动开展】 加大“走出去”力度,全年先后赴北京、山东、呼和浩特等地开展招商引资和项目对接活动共 4 次,对接中国风电集团、山东中油惠亿能源投资有限公司、中车同力钢构有限公司、中蕴绿洲(北京)农业科技发展有限公司等 10 余户企业。5 月 12 日,赴西安市参加锡林郭勒盟文化旅游投资环境说明会,并作文化旅游资源专题推介。7 月 16 日,赴北京参加草原英才鸿雁行动·锡林郭勒盟洽谈会。7 月 19 日,参加锡林郭勒草原畜牧业品牌展示交易会项目签约仪式,组织三家企业与市政府签订了合作协议。9 月 4 日,组织参加二洽会投资环境说明会,就投资环境和重点招商领域进行推介。

【项目对接和跟踪服务】 全年共接洽山东润峰集团、山东酷路斯沃车辆有限公司、中蕴绿洲农业科技发展有限公司、青岛山泰钢结构有限公司、广东中航环卫集团、江苏新誉集团、吉林中通电力有限公司、包头东宝生物技术股份有限公司等来访企业48家、企业代表163人,做好考察服务工作,介绍锡林浩特市优势条件、产业基础、发展前景等,促成投资2.5亿元的中蕴马产业综合利用项目签订合作协议;推动远景智慧能源管理中心项目开工建设,现可承接全盟相关企业大数据业务。

**【"两学一做"学习教育】** 组织交流心得体会7次,开展专题讨论4次,领导干部和普通党员讲党课5次。"七一"建党95周年之际,集中开展"主题党日"活动3次,并将"主题党日"固定为每月支部活动。开展"两学一做"学习教育知识测试、党员抄写党章等活动。

**【帮扶工作】** 精准扶贫工作中,下基层干部为长安社区3户贫困户办实事5件,为沃村吐儒分场2户贫困户办申请特殊慢性病门诊补偿、购置基础母畜、协调安装风光互补发电系统等实事7件。"十个全覆盖"工作中,为贝力克牧场一职工新建棚圈一处。"第一书记"深入长安社区参加社区活动、指导社区党的建设工作。

**【作风建设】** 开展"纪律作风整顿年"活动,集中一个月开展纪律学习。每月至少开展2次纪律、法规学习,传达各级党委的纪律作风建设工作要求。布置"一室一主题"廉政文化墙。开展廉政警示教育和廉政谈话并做到全覆盖。全年无违纪违规被查处事件发生。

# 交 通

XI LIN HAO TE NIAN JIAN

## 交通运输

【锡林浩特市交通运输局领导名录】

书记、局长　门景岳

副局长　陈　涛(蒙古族)

　　　　王子明(兼任出租办主任)

【机构设置】 锡林浩特市交通运输局是锡林浩特市政府交通主管部门,下辖市地方道路管理段1个二级单位,归口管理天安公交公司一家民营企业,内设办公室、政秘股、建设管理股、海事物流办、安监办、财务室6个股室,全系统在职职工89人。

【公路建设与养护】 截至2016年底锡林浩特市农村公路总里程1011公里,其中县道182公里,乡道97公里,村道732公里。同时,自2014年开始,按照自治区“十个全覆盖”任务的统一部署,运输局负责组织实施的街巷硬化工程,涉及8个苏木镇场、23个嘎查,现已圆满完成了所有巷硬化建设任务,共修建街巷硬化道路125.7公里,完成投资5600多万元。

【交通普法依法】 2016,通过不断完善行政执法工作手段,规范运行机制,组织20名职工参加了市法制办组织的行政诉讼法专题培训班和盟交通运输局组织的行政执法综合管理信息化系统视频培训,并组织机关全体干部职工以网上答题的方式对国家安全法、反恐怖主义法等法律法规进行了测试,11月6日组织52名职工参加由市法制办组织的执法换发证件考试。6月18日在湿地公园由盟、市海事部门联合进行“全国水上宣传日”活动,向广大市民宣传水上交通安全知识和相关法律法规。

【交通战备】 锡林浩特市交通战备办公室于2003年12月成立,是全市组织实施国防交通战备工作的常设职能部门,同锡林浩特市交通运输局一套人马两块牌子。12月1日,锡林浩特市交通战备办公室,根据国家、省国动委,上级交通战备办公室的布署,制定了《国防交通法宣传工作方案》,并在火车站,汽车站,公交车,当地广播电视台,报社,开展国防交通法宣传活动,活动当天共发放宣传资料300余份,悬挂横幅15条,接受群众咨询50余人次。以大力营造宣传贯彻实施《国防交通法》的氛围。

【道路安全隐患排查】 2016年加大对所辖农村公路进行路况安全巡查和路域环境的综合治理,对全市所辖的农村公路道路两旁指示牌破损、警示标志标识不全等情况巡查并及时进行了更换,新装指示牌11块,对26块破损严重的指示牌面进行了重新更换;协调盟级公路养护部门对S27、G207、S307线被车撞坏的隔离栏进行了修复;对锡林浩特市南泄洪钢桥进行重新维修;对国道207马踏飞燕雕塑周边环境、303国道白音锡勒牧场一分场至五分场段公路、毛登至朝克苏木公路两侧、207国道16~18公里处旧材料场(巴特尔家以北)、贝力克牧场辖区内道路边的修路采土坑、G303-巴彦淖尔嘎查-巴彦温都尔嘎查-S221,42公里农村公路两侧、S101-阿尔善矿泉斯-日古楞嘎查、白音宝拉格苏木-朝克乌拉苏木路段进行了刷坡、掩埋、填土、平整、路边垃圾清理等路域环境整治工作;于9月2日安排工作人员对S307线与大外环路口三角地杂草进行了清理;修整垫平了S307线与胜利±800KV特高压直流输电工程小水泥路路口。

【行业安全生产】 切实落实领导责任，年初分别与各二级单位、各科室签订安全生产责任状，配备专职安全生产宣传员。加大行业安全监管力度，加强行业安全生产制度的贯彻落实，确保运营车辆的维护保养，以及设施的检查，同时抓好节假日、冰雨雪天气状况下安全管理，确保辖区内不存在较大安全隐患。

【出租车管理】 锡林浩特市出租车管理办公室成立于1999年7月，原隶属于城市管理局，2013年3月整体划转至运输局。运行三年后，根据锡林浩特市实际，经2016年5月20日市机构编制委员会研究，将出租办人员整建制划给市城市管理行政执法局。将原出租办出租车经营许可、出租车考评、驾驶员培训、行政处罚等相关法律法规及规章涉及出租汽车管理的职责划转锡林浩特市运输管理所，2016年6月6日运输局将出租车管理职责移交至运输管理部门，同时出租办所属人员转至城市管理部门。

【城市公交】 天安公交公司于2013年3月划转至交通部门，该公司是鄂尔多斯总公司下属的一家民营公司。2016年全市共有公交车辆141辆，已开通市内公交线路12条，设置站点492个，日均运行里程约1.3万公里，日均运送乘客约4万人次；企业当前职工人数220人。2016年新延伸开通线路10.7公里，市区线路8条，城乡线路4条。

【提升党建服务水平】 助帮扶贫困户解决盖棚圈、发展畜牧、接常明电、打井等实际困难，投入帮扶资金6万余元。为洪格尔嘎查硬化文化站220平方米。共接待信访案件3件，均已妥善解决。以创建全国卫生城市为目标，对全市各线458个公交站牌、候车厅设施进行了全面清洁、整修；对站牌、候车亭破损及小广告进行集中清理，对破损较严重站牌设施的进行更换。

## 民用航空

【内蒙古锡林浩特民航机场有限责任公司领导名录】

总经理兼党委副书记　杨瑞林

副总经理　马　军

　　　　　李贵民(2016年9月任职)

财务经理　牛昌江

【概况】 1958年8月，锡林浩特机场正式组建，同年10月1日正式开航，是内蒙古民航机场集团公司全资子公司。1992年7月，锡林浩特机场迁建到锡林浩特市西南9.5公里处，海拔高度1015.74米，机场占地面积1971.75亩。2001年和2008年机场进行了两次扩建，扩建后的机场飞行区等级达到4C级，消防保障等级为6级，可同时停放6架C类飞机和1架D类飞机，跑道可以满足波音737/800全重起降及波音767/300ER以下机型备降的需要。2009年7月，新航站楼通过验收，新建的航站楼建筑面积5800平方米，停车场面积5000平方米。

机场主要经营项目：提供航空器起降、停场、过夜、维护等服务；提供航空器通讯导航、航空气象、航行指挥、平衡配载、警卫监护等服务；提供航空器牵引、供汽、除冰、吹雪、清污等服务。提供航空旅客、航空货物始发、到达、过站、经停、中转等服务；提供航空旅客候机、值机、引导、行李查询、摆渡运输等服务。对航空旅客、航空货运、邮件进行安全检查。提供航空旅客停车、交通管理服务；提供候机楼设施、贵宾服务。提供客货包机运输服务。

【安全服务】 2016年，锡林浩特机场公司严格落实民航局“三基”工作要求和民航上级关于安全管理工作的各项部署，以“平安民航”建设和换证审定自查整改为抓手，全面开展机坪安全专项治理，不断深化隐患排查治理力度，将隐患排查与风险管理工作进行对接，严密防控各类事故隐患。全年共排查公司级一般隐患30项，整改完成27项，隐患整改率90%，保持平稳的安全运行态势，未发生飞行事故、空防事故和航空地面事故。

2016年，锡林浩特机场公司深入践行民航局“真情服务”的要求，成立了服务质量提升领导小组，按照行业和内蒙古机场集团公司服务质量标准组织对照自查，从服务品质提升和旅客满意度两个方面入手，切实抓实服务短板改进、航班延误治理和品牌建设等工作，收到了预期的效果。年旅客满意度平均得分4.43分，旅客投诉处理率100%，未发生机场责任原因造成的重大服务质量投诉事件和社会高关注度事件。

【运输生产】 2016年，锡林浩特机场公司进一步解放思想，拓宽市场发展思路，强化营销策略，推动航空公司逐步加大运力投放，在构建空中网络的同时，多措并举不断加大地面营销网络建设力度，收到了良好的效果。全年锡林浩特机场共运营航线9条；通航城市8个，同比增加3个通航点；共有6家航空公司运营锡林浩特航空市场；2016年，完成运输飞行6277架次，同比增长24.7%；完成旅客吞吐量582 194人次，同比增长20.1%。

**【基础设施建设】** 按照锡林郭勒盟行署加快推进锡林浩特航空口岸临时开放有关精神和要求,锡林浩特机场公司完成候机楼内“一关二检”办公用房改造工程,设施设备采购工作已完成可研报告,评估立项后进行招投标工作。配合锡林郭勒盟机场建设指挥部积极协调锡林郭勒盟发改委、民航华北局和空军等相关单位,就推动锡林浩特机场改扩建前期准备开展卓有成效的工作。2016年,锡林浩特机场公司积极配合镶黄旗、正兰旗、东乌珠穆沁旗、西乌珠穆沁旗人民政府就支线与通用航空机场建设事宜开展前期调查研究与相关工作,相继在3月和6月与正兰旗和镶黄旗人民政府签署机场委托管理与建设咨询框架协议;10月与锡林郭勒盟农牧业局正式签订《锡林郭勒盟巴彦宝力格通用机场委托经营管理协议书》;积极推动锡林郭勒盟行署将西乌珠穆沁旗、多伦县确定为通用航空机场产业建设试点项目;推动锡林浩特通用航空飞行服务站工程获批并完成立项,目前进入初步设计阶段;协调推动盟行署召开专题会议,研究锡林浩特机场候机楼资产产权归属问题,预计年底完成候机楼资产向锡林浩特机场移交工作。2016年G20峰会期间,锡林浩特机场公司经过努力,完成了候机楼旅客身份识别系统建设,该系统在全区支线机场尚属首家;完成了机场北坡度灯安装水银开关工作、跑道边灯灯箱的临时修补工作;完成办公楼和飞行区道口路面铺设沥青工作及飞行区道面标志线更新工作;完成办公区墙体粉刷和零星维修工程;完成停车场交通路线加设隔栏工作;完成值机柜台行李分拣隔离网补修工作。

# 土地城建　规划环保

XI　LIN　HAO　TE　NIAN　JIAN

## 国土资源

**【锡林浩特市国土资源局领导名录】**

书记、局长　毕力格图(蒙古族)
副局长　马凯军(蒙古族)
　　　　布仁斯琴(蒙古族)
纪检组长　李新军(蒙古族)
监察大队队长　李永计
土地收购储备办公室
主　任　梁永利

**【二级事业单位领导名录】**

执法监察大队
队　长　李永计
指导员　张云强(回族)
副队长　包斯琴(蒙古族)
　　　　冯东方
国土基层所
所长　代宝音(蒙古族)

**【概况】** 锡林浩特市国土资源局负责全市范围内土地、矿产资源、测绘的统一监督和管理。2016年,局干部职工122人,其中行政33人,事业58人,公益性岗位19人,退休12人。领导职数:局长1名,副局长2名,纪检组长1名,监察大队队长1名,收储办公室主任1名。内设15个职能股(室):办公室、工会妇联、财务股、测绘股、规划股、用地股、地籍股、矿管股、地勘股、征拆股、法制股、储量股、地勘股、信息中心、项目办。下设8个二级事业单位:国土资源执法监察大队、4个国土基层所、土地收储办公室、不动产登记中心、火山地质公园。

**【工作实绩】** 2016年,国土、矿产总收益2.27亿元。其中:土地出让金收益2.258亿元;矿产资源补偿费113.06万元、矿业权价款4.55万元、采矿权使用费8.83万元。

**【规划修编】** 《锡林浩特市土地利用总体规划(2009—2020年)》调整完善工作已全面启动。《锡林浩特市土地整治规划(2016—2020年)》和全市《"十三五"矿产资源规划》前期资料收集已完成,正在内业上图。土地整治规划编制工作初稿已经完成,正在征求意见过程中。

**【重点项目保障】** 2016年上级下达全市用地指标123公顷,截至2016年,已取得用地项目14个、567.005公顷;已上报国土厅审查5个、140.72公顷;为"十个全覆盖"惠民工程用地组报5个批次、22.42公顷均已取得批复;完成重点项目征地323.88公顷,为北方胜利电厂(锡林热电2×660MW煤电一体化)、胜利1000千伏交流输电工程项目、国道303别锡等项目落地提供了服务;为全市第五批次项目部分湿地公园二期收回国有土地使用权99.13公顷。城市周边永久基本农田划定已完成,划定面积3139公顷。

**【土地整理】** 完成白银库伦牧场、白音锡勒牧场2个土地整理项目,规模479.43公顷,投资759.51万元。

**【土地供应】** 全年完成国有建设用地供应121宗、237公顷,土地出让金2.258亿元。编制公布了《锡林浩特市2016年度国有建设用地供应计划》。2016年度锡林郭勒经济开发区土地集约利用更新评价和2016年度城市建设用地节约集约利用评价工作,均已完成并通过验收。

**【矿产资源管理】** 强化资费清缴工作。2016年,矿产资源收益126.44万元,其中,资补费113.

06元,价款4.55万元,使用费8.83万元。全力做好协调服务工作,保障"十个全覆盖"工程建设。为别锡公路和特高压工程等重点工程设置取料场9个、36.32公顷,收取土地复垦保证金190.69万元。突出抓好锡林郭勒国家级自然保护区工矿企业整改工作。2016年矿山企业投入地质环境治理7283万元,恢复治理面积7平方公里;实施地质环境治理项目13个,治理总费用3878万元,恢复治理面积4平方公里。

**【执法监察】** 动态巡回检查340余天,出让动车次1100余次,人员2400余次。完成土地矿产卫片执法检查图斑636个,疑似矿产卫片图斑21个,于2016年7月顺利通过自治区验收。

**【建设用地管理】** 供应国有建设用地139宗,总面积205.99公顷,同比上升24.8%。

**【土地收购储备】** 以3号湖周边收储地块面积为79.97公顷的土地向中国农业发展银行锡林浩特市支行申请中长期贷款3亿元,有力地推动了锡林浩特市城市建设。

**【行政审批】** 办理国有土地确权登记1297宗,颁发国有土地使用证860本,抵押登记437宗,颁发不动产证18本,不动产登记证明12本。

**【机关作风建设】** 局党总支坚持把抓学习、打基础作为确保"两学一做"学习教育成效的突破口,为促进学习成果转化提供保障。

**【帮扶工作】** 2016年,投入资金17万元,为3名老年扶贫户租住"爱琪乐"牧民养老园区,实现老有所居;为3名符合条件的扶贫户缴纳养老保险。为1名贫困在校生设立1万元的专项助学基金,实现学有所教;为3户牧民家购置牲畜带羔母羊70对,并联系农资开办争取"一事一议"项目,为每户缴纳1.8万元新建标准化棚圈,帮助牧民彻底脱贫。

**【法制宣传】** 以"6·25全国土地日"和"8·29测绘法宣传日"为契机,开展法律宣传和咨询等活动,累计发放国土资源宣传手册300余册、宣传单500余本,手提袋400个。

# 城乡建设

**【锡林浩特市住房和城乡建设局领导名录】**

书记、局长　达楞古日布(蒙古族 2016年8月离职)

李海军(蒙古族 2016年8月任职)

副局长　王振涛

王　瑞

副局长、市政管理处主任　王维利

副局长兼质监站站长　刘雪瑾(女)

**【二级单位领导名录】**

**【建设工程质量监督站】**

副局长、兼任站长　刘雪瑾(女)

书记、副站长　王拥军

副站长　盛宝安

**【供热燃气管理办公室】**

主任　乌日根(蒙古族)

副主任　王健康

白秀兰(女 蒙古族)

**【国有土地上房屋征收与补偿管理局】**

局　长　孙永文

副局长　杜胜利

焦智勇(2016年7月任职)

**【市政管理处】**

书记、主任　王维利

副主任　闫万美

李　青

**【市房地产管理局】**

书记、局长　李　星

房产局副局长　韩图娅(女 蒙古族)

副书记、副局长　高玉柱

**【锡林浩特市市政工程管理局】**

书记、局长　史大宝

副局长　宋　伟

相久泉

薛瑞和

**【锡林浩特市给排水有限责任公司】**

书记、经理　席晓东

副经理　张喜枝(女)

邸龙耀

陈善洪

**【城市基础设施建设】** 市政基础设施建设共完成9.83亿元。其中续建工程完成投资0.6亿元,断头路打通工程完成投资0.7亿元,人行道铺装改造工程完成投资3.04亿元,小街巷改造工程完成投资0.56亿元,园区工程完成投资1.6亿元,景观工程完成投资0.8亿元,那达慕大街电缆入地工程完成投资0.5亿元,市政供排水工程累计完成投资16 877万元,供热管网改造工程共计完成市政投资2100万元,对全市原有道路、人行道及路侧石养护、维修,完成投资700万元,对全市路灯进行安装、维修共计完成投资600万元。

**【保障性住房建设】** 牧区危房改造工程,完成投资930万元。2016年锡林浩特市计划改造牧区危房155户，已完工155户。开工率达到100%，竣工户数100%。

**【房屋征收与补偿】** 2016年全市计划棚户区改造（上级下达）1718户，已基本完成；续建项目36个，续建返迁楼7135套，计划年内建成并返迁5000套。老旧小区改造工作完成投资1900万元。2016年，已完成西苑、中兴、绿苑、豪景四个小区的外墙保温工程；银座楼后住宅节能改造已全部完工，东统建老旧小区改造工程已全部完工。

**【房地产管理】** 房地产开发16个项目，完成开发面积28万平方米，完成投资5.78亿元。

全市共计去库存10 010套，建筑面积114.22万平方米。于2016年6月28日举办为期10天的全盟房地产展示交易会，房展会期间政府制定了购房每平方米奖励50元，办理房产证相关费用全部减免，提高公积金贷款额度的相关优惠政策。房展会期间商品房成交276套，成交面积38 950平方米，成交价格1.3亿元；二手房成交90套成交面积7610平方米，成交价格2164万元。

**【建筑工程管理】** 管理工程项目共计84项，总建筑面积99万平方米，总造价15亿元。其中2015年结转工程项目48项，总建筑面积71万平方米，总造价10亿元；2016年新开工项目36项，总建筑面积28万平方米，总造价5亿元。在建工程按职权划分报建率为100%。质监方面：2016年，锡林浩特市质监站共监督在建工程84项，建筑面积为99万平米，其中新报监工程30项，面积约39.35万平米，结转工程54项，面积约59.65万平米，工程报建监督覆盖率为100%。同时，监管道路工程6830延长米，人行道铺装改造工程63万平米，小街巷道路9500延长米。全年共计开展工程质量检查4次，其中省级执法检查2次；下发工程质量问题整改通知书138份，整改率达100%。共办理竣工验收备案工程21项，面积约40.11万平方米。全年共计开展工程安全生产大检查4次，其中省级执法检查2次；下发安全隐患整改通知书131份。

**【给排水】** 售水量完成766万立方米，销售收入完成2630万元，上缴税金355万元，用水普及率达到96%，城市污水处理率达到87.48%。

## 城市规划

**【锡林浩特市城市规划局领导名录】**

书　记　何卫东（蒙古族）
局　长　宋雪飞
副局长　祁雅琼（女 蒙古族）
　　　　罗恩宝
设计院院长　史大金
展览馆馆长　巴特尔（蒙古族）

**【概况】** 锡林浩特市城市规划局为参照公务员管理单位，现有在职工作人员79人，主要承担锡林浩特市城乡规划编制和管理两大任务。局机关内设办公室、总工办公室、设计室、信访室、人教科、建筑装饰科、规划科、市政工程科、建设用地科、建筑工程科、村镇科、监察大队、测量大队13个科室，下设二级单位市政工程勘察设计院和城市展览馆。

**【城市规划设计】** 委托中国城市发展研究院编制《锡林浩特市城市总体发展“十三五”规划》及《城市综合管廊规划》；组织编制锡林浩特市《七个苏木镇场总体规划》《嘎查（分场）布局规划（2014—2020年）》《36个嘎查（分场）和144个自然村建设规划（2014—2020年）》及《嘎查（分场）“十个全覆盖”工程规划》；完成锡林浩特市人民公园概念性规划及海绵城市、绿地系统专项规划；委托中建集团编制《锡林河生态景观带总体规划》及锡林湖6个景观节点详细规划；配合完成锡林郭勒盟“十三五”电网规划及锡林浩特市城网改造规划；完成新旧区共计7.7公里道路、20.4公里“三水”管线、5.1公里供热管网、3.6公里燃气管网、0.49公里水源井输水管线及331.51公里新建电力线规划设计。

**【建设项目审批管理】** 开展第四轮城市总体规划实施评估工作，并组织完成总体规划实施评估报告；共办理用地规划手续274件；全年向盟、市两级规委会报批建设项目69项，通过63项，通过率达91%；核发建设项目和景观绿化项目规划设计条件通知书200件；完成99个建设项目的施工图审查工作，建筑面积97.8万平方米；完成5个建设项目的景观绿化方案和3个建设项目的亮化方案审查工作；完成居住小区及个人产权共计48个项目的规划验收工作；核发建设用地规划许可证149件，总面积7.11平方千米（其中，居住用地0.66平方千米、公共管理与公共服务设施用地4.6平方千米、商业服务业设施用地0.34平方千米、工业用地0.44平方千米、物流仓储用地0.01平方千米、道路与交通设施用地0.06平方千米、公用设施用地1平方千米）；核发建筑工程规划许可证147件，建筑面积100万平方米（其中，居住建筑75万平方米、公共建筑35万平方米、工业建筑9.8万平方米、其它建筑51万平方米）。

**【规划监察】** 建立重点区域一日双查、违章预警、全程监控长效机制,在管理责任上实施《过错责任追究制》、《行政不作为责任追究制》制度,在管理内容上加强建筑物后退道路红线、建筑物间距等监管,加大规划监察及规划批后管理工作力度,全年共查处违章建筑367处,拆除350处,共计31415余平方米。

**【测量工作】** 全年完成各种测量放线工作179项。其中建筑和地勘放线31项,建设用地放线27项,建设项目竣工验收放线43项,坐标转换59项,地形图补测19项。

**【市政工程勘察设计】** 全年完成11.1万平方米建筑工程设计,50.83万平方米道路工程设计,69.49万平方米人行道铺装工程设计,72.4公里给排水工程设计,69.2万平方米园林绿化设计。

**【城市展览馆接待参观工作】** 全年接待参观团体24余批次共计763人,接待社会参观群众3627人。要求讲解员随时为参观者(参观人数不限)进行讲解,并观看多媒体视频及沙盘影片,全方位地满足群众的要求,服务能力与水平有了进一步的提高。

**【基层党建工作】** 深入开展"四型机关"建设及思想道德和廉洁自律教育活动。认真开展文明单位创建和"精准扶贫"和"博爱一日捐"等活动,为帮扶对象提供急需的物资或资金扶持。按照《中国共产党章程》的规定和程序,党总支和下属局机关、设计院、展览馆、监察大队四个支部进行了换届改选;工青妇组织健全,四个党支部战斗堡垒和共产党员先锋模范作用得到充分发挥,积极开展足球、篮球、台球、羽毛球比赛等活动;组织职工参加"全市两学一做学习教育主题演讲比赛"活动,展览馆张玉环获"优秀奖"殊荣;参加全市"办公、礼仪技能大赛""两学一做学习教育主知识竞赛""纪念中国共产党成立95周年和红军长征胜利80周年大合唱比赛"等活动。深入开展法制宣传教育,举办"行政处罚法主题讲座"和"法律知识普及和执法程序专题培训",提高工作人员依法行政、依法办事的能力和水平;及时研究部署综治、普法、计生、创安及信访维稳等工作。

## 城市管理

**【锡林浩特市城管局领导名录】**

书　记　巴特尔(蒙古族)

副书记、局长　项存明

副局长　白贵军

副局长、城管监察大队队长　亦　文

环卫处书记、主任　李　勇

**【概况】** 锡林浩特市城管局1993年3月成立,科级建制,是锡林浩特市人民政府组成部门,依法行使城市管理综合性行政执法职能,主要承担市容市貌、户外广告管理、环境卫生等多项管理职能。截至2015年底城管系统共有正式职工282人。

**【党组织建设】** 加强对党员和党务工作者的教育、管理和培训,全系统2016年集中上党课5次,各支部组织开展学习教育30次,组织讨论5次,邀请盟、市党校教授讲授党课3次,召开专题民主生活会2次,同时印发《锡林浩特市城管局"学党章党规、学系列讲话,做合格党员"学习教育实施方案》,并成立锡林浩特市城管局"两学一做"协调小组,保障学教和各项活动的组织开展及督查工作。组建城管局"两学一做"微信群,全年共编发简报128篇,在微信群发布"两学一做"信息80条。2016年发展预备党员1名。

**【廉政建设】** 结合"两学一做"专题教育活动,巩固推进党的群众路线教育实践活动成果,制定完善《城管局干部职工工作纪律制度》《三重一大集体决策制度》《领导干部巡查值班制度》《党风廉政"一岗双责"实施细则》《三公经费管理制度》等40余项制度,细化城市管理内容的规范性文件和学习材料,有效指导党建及执法工作的开展,取得良好效果。全系统参观反腐倡廉教育警示基地1次,以党课形式观看反腐倡廉教育片5次,局班子成员、副科级以上干部、各重要环节干部签订党风廉政责任状,形成一级抓一级的廉政防范体系。充分发挥执法监督科职责,严格考勤制度、外出公示制度、绩效考评办法等各项规章制度的落实,切实做到开展作风建设常态化长效化2016年未发生重大违纪违法案件。

**【街路管理】** 根据城市管理季节性特点和全市重点工作部署,组织开展了3个"百日行动",将城市管理各项工作贯穿其中,统筹实施、分项管理。即:4—7月开展的"春风行动",着力解决春季城市管理难题,规划建设便民市场、实施便民信息栏建设、停车场划线拍卖等基础性工作,清理入冬以来积存的各类垃圾;7—9月开展"夏季攻势"市容环境综合整治活动,专项攻克夏季城市管理问题,开展查处流动摊贩、门前四包责任制落实、违法小广告治理、规范户外广告牌匾审批、户外明火烧烤、散装运输车辆、建筑垃圾渣土、三乱小广告治理及大型户外广告提档升级工作;10—12月开展“秋风固本”市容环境整治活动，以巩固提升为主，主要对秋菜上市、私屠乱宰、门前六乱等城市管理日常工作进行常态化管理，同时对枯枝落叶和入冬前卫生死角进行清理。活动均达到逾期的目的，城市管理工作得到了稳步提升。

**【“门前四包”责任制】** 印发《锡林浩特地区“门前四包、门内达标”责任制落实工作方案》，向沿街6000余家各商铺、机关企事业单位“门前四包、门内达标”安装监督栏，实施制度上墙，并与各业主、单位签订责任状；实施“门前四包”责任制监督记录落实工作，要求各管区队员，对于发现“门前四包”落实不力的商铺、单位，及时下达“门前四包”监督记录责令整改，对于不予整改的，进行处罚，共下达限期整改通知书800多份；开展“门前四包”责任制落实优秀商铺、单位评优活动，年终对40家“门前四包”责任制落实优秀的商铺、单位进行奖励。一年来，新增签订门前四包责任书800多份，下达“门前四包”监督记录4000多份。

**【便民市场管理】** 为了进一步加强市容市貌管理，压缩游散摊点占道经营范围，以规范化、市场化的形式进行统一的管理作为逐步整合流动人口就业资源、降低日常市容监管压力、服务低收入人群的办法，在“疏”上做文章，本着不妨碍交通、不破坏环境、不影响市容秩序、不占用绿地、不扰乱老百姓的正常生活的“五不”原则，设立了6处瓜果、蔬菜便民小市场。专门制作了380多个档次较高的售货台，维修了220个售货台，根据市场需求和场地大小进行分配。

**【户外广告牌匾治理】** 推进街路牌匾集中整治，对楼顶广告、违章灯箱广告、违规发光字牌等全部清理拆除，积极开展擎天柱拆除工作。按照“管住新上的、清除过去的”的基调，严格规范广告牌匾的审批工作，并对违章违规牌匾逐步进行清理。同时，实施擎天柱大型户外广告提档升级工作，下达了《关于锡林浩特市擎天柱广告塔安全检修和粉刷的紧急通知》，对207沿线、机场路23座擎天柱广告塔进行了拆除。10月启动户外广告牌匾整治活动，现已拆除主次干道两侧违章、破损、废弃广告牌匾1173块，大型户外广告172块，下达限期拆除单1460份。成立了设计室，对150个楼体，6条街道进行了设计，制作了两本《锡林浩特市店面牌匾设计标准图册》下发到各制作企业。

**【“三乱”小广告治理】** 分类施策整治城市“牛皮癣”对发布信息类小广告，以及危害社会类小广告，一方面通过规范广告发布渠道措施，在小区及街路设立了1000块便民信息发布栏。另一方面加强部门执法联动，建立群众举报奖励制度；大胆创新，启动实施政府向市场购买服务的措施，以滨河路道路中心线为界，将成区划分为东西两个片区，招聘两个家政服务公司，承揽小广告清理工作，实现了管干分开、社会承担市场运行的新机制，成效明显，2016年东片区主要街道已清理完毕，延伸巷子579条，各类违法广告80 000处；西片区已清理主次干道6条，主要街道2条，延伸巷子30条，各类违法广告42 000处。城市管理局积极联合盟联通公司，投入近20多万元，创建设立“呼死你”电信平台，并从10月14日起正式启动“呼死你”系统。城管巡查人员发现小广告后迅速拍照取证，核实后将号码输入追呼系统，系统根据指令不间断地拨打违法电话，并通过语音系统通知机主，要求机主按照规定的时间和地点接受处理。同时，在执法中加入经济制裁手段，斩断违法小广告的盈利链条，使违法者无利可图，取得了较好的效果。截至12月10日，共处罚乱贴小广告86人，处罚金额4.5万元。

**【停车秩序管理】** 采取“社会投资、规范标准、重在督导”的措施，与公安部门联合印发了《关于规范城区沿街两侧机动车停放的通告》，实施停车秩序整治行动，通过联合执法贴单处罚不按箭头指向停车、泊车不入位、占用盲道、消防通道及出入口、禁止停车区域违停车辆1732台次。同时及时启动停车泊位划设工作，划设停车泊位14 183个，指示箭头17 411个，对符合要求的停车场经营权进行拍卖，共拍卖了6个停车场。2016年对南二环万象新城前、贝子庙街东段、海河路北段、北一环东段的违停车辆、机械进行照相取证，贴告知单600余份，对违章占道经营车辆进行处理，全年实施行政处罚的案件44件，罚款25 200元。

**【施工现场管理】** 从工地围挡入手，严格要求各施工工地按设计图版制作公益围挡。加强建筑工地文明施工，与市区18处施工工地签订了“文明施工责任状”，强化对工地出入口的监督管理，每个施工工地出入口原则上必须硬化50米，并必须设立U形水槽和高压水枪，所有驶出施工工地的车辆必须对轮胎进行冲洗，同时，24小时不间断的查处车辆运输遗撒行为，确保工地文明施工、车辆文明行驶。同时，为了强化对乱倒建筑垃圾渣土的管控，投标评审投放了2家资质较高、专业技术设备力量较强的清运公司，详细规定了作业路线、安装了GPS定位系统，确保运行过程中不违规、有记录。并以此为契机，联合公安、国土、环保、发改等4个部门在各城市主要出入口设卡检查，严格控制乱倒现象。截至2016年底，共查扣乱倾倒车辆36台。同时在城市周边设立垃圾点限高杆5个,指示牌13个。

**【室外明火烧烤、占道经营管理】** 城管监察大队坚持“统一组织、部门联动、疏堵结合、依法处置”的原则,对市区内所有占用城市道路和公共区域的烧烤行为进行集中整治,采取疏堵结合的办法,取缔一批,规范一批,进一步解决露天烧烤带来的不良影响,全年共查扣、没收烧烤器具61副,扣留桌椅441套,查扣商户79处,其中停业整顿1户。

**【全城工作】** 为全力助推全市全国文明城市、国家卫生城市创建工作,专门成立了领导小组,积极安排部署各项市容环境卫生整治工作,并按照政府安排,锡林浩特市城管局作为施工围挡监管职能单位,一方面高质量抓好围挡的建设工作;另一方面利用围挡这一宣传阵地,高水平做好公益宣传,配合“双城”创建以社会主义核心价值观、“中国梦”等为主题,结合地区民族特色,专门由广告设计室设计出形成多样、美观大方的围挡公益广告图样。协调督促各施工工地依照图样更新围挡公益广告,形成了政治宣传与草原风景相结合的公益广告新氛围,有力的助推了“六城”创建活动。同时,对沿街所有垃圾箱体进行了全面清洗。积极迎接国家卫城城市、全国文明城市的检查考核,全员行动从细抓实,圆满地完成了各项工作任务。

**【环境卫生】** 开展“八个清理工作”工作再部署,通过清理城区环境卫生整治工作,有效提升城乡环境卫生整体形象为市民营造干净、整洁、有序的人居环境。按工作量和道路等级配备相应的清扫保洁人员。对适合机扫的路段、铺砖实行机扫,其余路段的清扫和保洁工作仍采用人工模式运行;对商业网点垃圾全面实行定点倾倒、定员收集、定时清运;并适时延长保洁时间,增加拾捡白色垃圾的临时保洁人员,有效提高各主干道整体清扫保洁质量。2016年底全市道路清扫面积为526万平方米,机械化清扫面积为291.84万平方米,道路机械化清扫率达到55.48%。同时,针对市区140余条主次干道、城乡结合部、6个街道办事处平房区、10个奶牛养殖区陈年垃圾和卫生死角进行了全面清理。累计抽调保洁人员17 996余人次,出动装载机1074台次,清理各类垃圾25.86万余吨。针对锡林浩特市老城区部分区域环境卫生差等问题,对三队区域进行为期一周的专项整治工作。累计出动大型装载机5台,自卸翻斗车19台,出动吸粪车6辆,抽调保洁人员900余人次,清理各类垃圾14 000余吨,清掏旱厕粪便600余吨,抽取污水收水井内污水300余吨,并用人工打捞旱厕坑下乱倒垃圾40余吨。配合锡林浩特市北出入口改造,将城市周边和城乡结合部指定或乱倒的建筑垃圾,以及平房区和奶牛养殖区生活垃圾进行了彻底清理,对宝力根办事处伊利格勒社区、额尔敦办事处新兴居委会南侧、敖包山后、三号人工多伦路北段等处乱倒建筑垃圾进行清理平整工作,累计平整覆盖70余万立方。对全市65座水冲式公共厕所(其中7座交由市园林局管理)实行公厕专人专管、跟进式保洁,确保公厕达到“六净六无”标准;规范公厕导向牌,每座公共卫生间周边200米为间隔,至少设置5个导向牌,为每座公共卫生间安装防蝇设施,统一配置“消杀药品箱”。

**【数字城市】** 12319数字城市管理系统共接件1329起,结案率97.44%。涉及市园林局、市交通局出租办、电信公司、供热办公室、市规划局、广电局等21个职能单位。受理较多的投诉包括无照经营游商、出租车、供热温度不达标、噪音扰民、私搭乱建、机动车乱停放。指挥中心共上报监督评价报告11次,通报了每月受理较多的事件及通过指挥中心与职能部门合作为群众处理较好的典型事件。居民诉求平台共接件15 516起,结案率91.29%,网格员上报问题主要集中在井盖破损、房屋质量、私搭乱建、环境卫生、物业小区问题等。实现职能单位系统全部对接。指挥中心联合锡林郭勒盟意合信息公司走访了42个部门6个街道办事处,对系统安装运行情况逐个清查、逐一对各部门居民诉求平台故障进行排除及维护,实现了42个职能部门系统的对接及顺畅运行。并对居民诉求平台职能单位操作员、社区的平台操作员、网格员系统操作方面进行培训。建立居民诉求平台信息通报机制。按周、按月定期向市长、分管副市长、监察局和各街道办事处、各职能部门通报网格员信息上报情况、各部门问题处理情况、存在问题及建议,已上报20期网格工作周报、5期居民诉求平台月运行情况报告。实现了效能监察系统的对接。指挥中心与市监察局主要领导沟通,明确了监察局对居民诉求平台网格员上报案件处置情况的催办和效能评价的工作职责,建立指挥中心和监督中心的对接和沟通机制。“锡林浩特为民城管”微信平台处理群众投诉59起,均联系职能部门处理。

**【扶贫工作】** 为了贯彻落实干部下基层三级示范抓引领工作,切实履行“第一书记”职责,做好“十个全覆盖”及“精准扶贫”工作。制定切实可行的“扶贫工作方案”,先后投入10万元,为6户贫困牧民搭建了住房、棚圈和就业工作等,使我局扶贫工作任务精准落地，切实解决贫困牧户无房居住的困难。积极推进白音锡勒牧场“十个全覆盖”工作，派出3名城管人员常驻白音锡勒牧场乌拉苏太分场，助推“十个全覆盖”工作。

**【综治、维稳工作】** 认真做好矛盾纠纷排查化解工作，减少不稳定因素，避免集体访、越级访等事件的发生，与其他政府职能部门紧密配合，加大对校园周边流动摊贩的执法监察力度，消除占道经营对师生通行带来的安全隐患，延长校园周边巡查时间，增加巡查频率为师生提供良好的学习环境。

**【法治建设】** 加大法制、政策宣传教育，积极引导群众通过合法途径解决矛盾，及时解决群众来电来访所反映的问题。在执法工作中始终坚持依法办事、按法定程序办事，避免单纯依靠行政手段，搞强迫命令，执法简单粗暴，而引发群众不满，尽最大努力做到不留后患，一年来没有发生冲突和暴力执法等行为。

**【工青妇】** 以党建带动和促进工建及群团组织建设。加强对系统内部工、青、妇等干部职工的组织领导，充分发挥工会民主监督、保障职工利益的作用，关心群众生活，大力倡导科学、文明、健康的生活方式，切实做好妇联工作和计生工作，与二级单位签订《计划生育目标责任状》，做到责任明确、宣传到位、落实到人。

## 环境保护

**【锡林浩特市环境保护局领导名录】**

党组书记、局长　尚怀国（蒙古族）

党支部书记、副局长　王秋菊（女 2016年5月任职）

副局长　刘　伟

环境监察大队队长　王海军

**【概况】** 锡林浩特市环境保护局成立于2002年4月。内设办公室、财务股、污染控制股、总量股、监督管理股、科技与辐射股、自然股、宣教中心、法制稽查股、环评股、监察大队、监测站等12个股室（站、队）。2016年全局现有干部职工60人，其中公务员6人、工勤1人、参照公务员管理人员17人、事业机构人员19人、人才储备3人、公益性岗位14人。2016年是“十三五”的开局之年，环保部门深入贯彻实施新环保法，牢固树立绿色发展理念，以改善环境质量为核心，全面推进重点领域污染综合治理。2016年锡林浩特市空气质量监测：二氧化硫平均浓度17μg/立方米，达到国家年一级标准；二氧化氮平均浓度12μg/立方米，达到国家年一级标准；可吸入颗粒物平均浓度52μg/立方米，达到国家年二级标准。一氧化碳月均浓度值为0.582毫克/立方米，达到国家年一级标准；臭氧日最大8小时平均月均值84μg/立方米，达到国家年一级标准；细颗粒物月均浓度值为16μg/立方米，达到国家年二级标准。优良天数353天，其中优天数236天、良天数117天，三级以上天数13天，空气质量优良率96.4%。

**【严格执法排除隐患】** 全面开展“环境执法大练兵”活动和专项执法监察大排查，出动执法人员600余人次，执法车辆200余车次，排查出重点行业问题企业50余家，中小行业问题企业110余家，对查出问题的企业全部下发了限期整改通知书，下达了《责令改正违法行为决定书》《行政处罚决定书》12份，通过对企业的定期不定期的跟踪检查，锡林浩特市共查处环境案件26件，罚款金额共计294.6万元。按日计罚案件1起、查封扣押4起、停产限产4起、移送公安行政拘留案件3起。

**【环境宣传教育】** 高度重视环境保护宣传教育，通过新闻媒体、网络等形式发布环境信息、宣传环保政策，2016年共报送各类宣传信息140期，被自治区、盟行署、市政府采纳60余篇。利用“锡市环保”微信平台拓宽环境宣传教育范围，全力开展环境保护的宣传教育活动。针对社区人员密集，宣传人员采取不定期的方式在社区设置环保宣传咨询点，发送蒙汉双语宣传资料，全年共发放各类宣传资料8000多份。以“6·5”世界环境日为契机，围绕“改善环境质量，推动绿色发展”宣传教育主题，组织了环保进学校、进企业、进社区等一系列环境保护宣传活动，为全民参与环保营造良好的氛围。

**【环境污染综合治理】** 深入推进大气污染综合治理。全面推进淘汰燃煤小锅炉工作，锡林浩特市建成区内10蒸吨/小时及以下燃煤锅炉共计283台，已改造淘汰142台。2015年中央大气污染防治（第二批）专项资金拨付到位801万元，验收45家，为39家改造淘汰燃煤锅炉企业发放专项资金348万元，其中茶浴燃煤锅炉改造淘汰全部完成。成立锡林浩特市水污染防治工作领导小组，先后制定下发《锡林浩特市水污染防治工作方案》《锡林浩特市2016年度水污染防治实施方案》；持续跟进新绿原污水处理厂提标改造工程，2016年12月试水运行，排放标准由二级提升到一级A。加大水源地保护力度。开展饮用水水源规范化建设，完成了城镇集中式饮用水水源地保护区标识设置和更新、更换工作,加强对水源地上下游、水源井周边情况不定期的巡查,确保在水污染事件发生时能够第一时间发现问题,并解决处理。加强固体废物及场地污染综合治理,强化涉重金属工业园区和重点工矿企业的重金属污染物排放及周边环境中的重金属监测,加强环境风险隐患排查和重点行业环境管理。开通24小时值班,对于当天不能办结的投诉,做到当天赶到现场调查,取样监测,在规定时间内给予诉求人书面答复。全年共接到275件举报投诉,"12369"环保投诉热线来电215件,"12319"城市指挥中心48件,锡林浩特市政务门户网站市长信箱转办单12件,按时办结率100%、回复率、满意率达100%。路漫漫其修远,吾将上下而求索。未来几年,锡林浩特市环境保护局将建立在市委、政府统一领导、各部门协同作战、社会各界广泛参与、人民群众共同监督的"环保工程"新格局,以环保工作的新成效推动全市经济社会发展再上新台阶。

## 安全生产监督

**【锡林浩特市安全生产监督管理领导名录】**

局　长　张卫东

副局长　韩晓东(蒙古族)

孙向东(满族)

安全生产监察大队队长　孙玺文

**【概况】** 锡林浩特市安监局内设综合办公室、法制培训股、安监一股、安监二股、综合监管一股、综合监管二股、应急救援股与职业卫生股8个股室,下设二级单位锡林浩特市安全生产监察大队。机关行政编制6名,其中领导职数3名(1正2副),安全生产监察大队核定事业编制10人。2016年,认真贯彻落实盟委、行署和上级安监部门有关安全生产工作的决策部署,坚持"安全第一、预防为主、综合治理"的方针,认真落实安全生产责任制,切实加大监督检查力度,深入开展各类专项整治活动,及时发现和消除安全隐患,全市安全生产状况继续保持平稳态势。

**【执法监督】** 深入开展隐患排查治理和专项整治工作。非煤矿山方面:加强非煤矿山的安全监管工作;督促企业落实主体责任;加强汛期安全生产工作;对长期停产停建非煤矿山的安全监管工作;聘请自治区非煤矿山专家库专家对锡林浩特市辖区内非煤矿山进行专家"会诊",主要采取查阅资料、勘查现场、谈话提问等方法;在节日期间督查非煤矿山隐患排查治理落实情况。危险化学品和烟花爆竹方面:对春节期间烟花爆竹零售经营严格审查,切实做好节日期间烟花爆竹安全监管工作;切实做好危险化学品经营单位延期换证工作,确保企业合法经营;开展"两重点一重大"企业专家查隐患活动;贯彻落实盟安监局《转发关于开展非药品类易制毒化学品管理专项检查的通知》(锡安监发[2016]161号)文件要求,结合"打非治违"工作,认真组织开展非药品类易制毒化学品管理专项检查工作;切实做好中秋节及国庆期间危险化学品及烟花爆竹经营单位的安全监管工作,同时要求各企业高度重视节日期间的应急值守工作,严格执行领导带班、24小时值班和交接班制度,明确值班责任和要求,并制定了各企业节日期间安全生产应急预案;组织5家烟花爆竹批发企业完成了2016年安全标准化复评工作,综合监管方面:充分发挥安委会"监督、指导、协调"的平台作用,不断推进综合监管与行业监管的协调联动机制。按协调住建、交通、质监、商务、运管、消防、国土、规划、经信等多部门齐抓共管,针对人员密集场所、城镇燃气、道路交通、危货运输、建筑施工、电力等领域,全力排查消除各类安全隐患,认真落实安全生产监督管理职责,积极督促和配合相关主管部门抓好各行各业安全生产工作。及时制定《锡林浩特市深化粉尘防爆安全专项治理实施方案》,由市安监局牵头,组织各苏木镇场、办事处、园区对全市13家粉尘防爆企业进行了摸底调查。冶金等工贸行业安全监管方面:聘请专家对市内5家绒毛加工企业、2家风机叶厂、3家草颗粒加工厂、3家面粉加工厂的粉尘防爆及职业卫生危害方面存在的隐患进行安全专项治理工作;采取"四不两直"方式并聘请专家对机械制造行业、建材行业、轻工行业等7家规模以上企业进行安全检查;开展商砼安全生产职业卫生一体化执法,重点对企业安全生产管理制度的建立和执行、职业卫生与事故应急救援、生产设备设施的检验检测及是否具备安全生产条件等方面进行检查和治理;加强对涉氨制冷企业的监管力度,按照相关规定对从业人员进行安全生产教育培训,定期开展事故应急救援演练,提高从业人员安全意识,同时监督企业相关安全设备设施正常启用和运行,确保锡林浩特市牲畜出栏期间的安全生产状况良好。职业卫生及应急救援方面:持续开展重点行业领域职业病危害专项治理。依据自治区及盟局相关文件要求,安监局制定《锡林浩特市粉尘危害专项治理工作方案》,成立职业卫生粉尘危害专项治理工作领导小组,重点对风机叶片制造行业、水泥生产行业、混凝土搅拌行业、采石行业、面粉行业进行专项检查；持续开展职业卫生基础建设验收活动。要求用人单位对照《用人单位职业卫生基础建设活动主要内容及检查方法》，认真开展自查自改；抓好建设项目职业卫生“三同时”监管工作；继续认真完成职业卫生申报工作；加强应急预案备案工作，目前已有35户企业进行备案；开展“国庆”节前应急专项检查，对辖区内非煤矿山、危险化学品、机械制造等重点行业安全生产应急救援预案编制、备案及演练等环节存在的问题进行执法检查，促进企业及时提高应急处置能力和救援水平。事故统计方面：按照上级关于做好生产安全事故归口统计联网直报相关工作安排组织工作人员参加视频培训23人次，其中管理员3人次，信息员20人次。

**【宣传培训】** 积极开展2016年全市“安全生产月”活动，制定印发了《2016年锡林浩特市“安全生产月”方案》。活动期间组织开展政企联动大型综合应急演练、全市中小学“小手拉大手”安全教育“五个一”、“我与安全同行”演讲比赛、安全生产“七进”、“安全生产志愿者”招募、《安全生产法》宣贯等14项活动。组织召开企业安全经理（部长）座谈会，就如何落实企业主体责任，进一步做好企业安全生产工作进行交流。联合市总工会主办了2016锡林浩特市“守护生命”安全生产知识竞赛活动。

**【党建工作】** 以习近平总书记关于党的建设重要论述，从严治党、八项规定要求为指导，认真学习贯彻党的十八大和十八届三中、四中、五中、六中全会精神，严格执行上级部门的决议。以“迎接十八大胜利召开和学习贯彻十八大精神”为契机，结合“两学一做”学习教育活动，按照党建工作要求，强化班子建设和党的组织建设，深入开展作风整顿，充分发挥党组织的战斗堡垒和党员的先锋模范作用，党建工作取得了较好成绩。

## 园林绿化

**【锡林浩特市园林绿化管理局领导名录】**

书记、局长　张海舰

副局长　陈　涛（2016年4月离职）

白少军（蒙古族 2016年4月任职）

**【概况】** 锡林浩特市园林绿化管理局隶属锡林浩特市人民政府管理，机构规格为正科级事业单位，经费实行全额拨款，事业编制65名，核定科级领导职数3名（1正2副）。现有在岗人员109人，其中在编人员56人，储备人员1人，97大专毕业生公益性岗位人员34人，退伍士兵公益性岗位人员18人。园林局党支部有1个支部书记，4个支部委员，共有党员28名。园林局下设政秘科、技术科、病虫害综合防治科、办公室、财务室、园林监察大队6个科室及草原公园、锡林广场、植物园、锡林湖景区、蒙元文化广场、贝子庙景区、苗圃7个景区和1个街道养护队。

**【园林绿化建设工作】** 2016年，城区园林绿化工作实施了13条道路绿化、3处街角绿地改造、旧区补植及花卉种植三项重点工程，完成绿化面积71.88公顷，完成投资1.41亿元，种植乔木1.68万株，种植灌木球1776株、灌木1015丛、灌木篱7.9万平方米、地被38.6万平方米，草花4.9万平方米。开展了盟市两级机关部门及企事业单位庭院绿化工作，其中，盟直部门及企事业单位30家、市直机关部门32家，种植乔木1.03万株，灌木47.99万株，完成绿化面积4.7公顷，完成投资700万元。按照“锡林湖、湿地生态水系治理工程”总体规划要求，将敖包山公园绿化工程、滨河公园、植物园南区二期工程作为重点亮点工程着力打造。8月1日开工建设敖包山公园绿化工程，计划投资8000万元，完成投资2000万元。滨河公园4号湖周边绿化工程7月中旬全部完成，完成绿化面积12万平方米，完成投资1200万元。9月13日开工建设植物园南区二期工程，计划投资5000万，完成投资1400万元。

**【园林绿化养护工作】** 4月初至11月底，集中开展全市清理杂草死树专项行动。不定期召开专项行动工作会议和现场办公会8次，植物园、锡林湖景区清理芦苇30公顷，清理杂草142公顷，喷洒农药2次，共计160公顷，清理死树2000余株。对锡林大街、团结大街等主干道路逐街清理死树1万余株。同时，加强树木修剪、浇灌等养护工作。全年累计出动1.8万余人次、农用车480次、水车8310次。

**【景区管理工作】** 修复景区台阶、木栈道，对扶手栏杆、座椅等进行更换、维修和粉饰，对行道灯、景观灯等进行了维护。在锡林湖、植物园景区新增垃圾箱80个。更换指示、警示牌54块。

**【党组织建设】** 紧密结合工作实际，把自治区党委“1+3”制度体系作为从严治党的重要抓手，落实管党治党责任。开展“两学一做”学习教育，强化党组织建设。领导班子带头讲党课2次，撰写学习心得14篇。支部委员讲党课4次，专题讨论5次，党员撰写学习心得125篇。全年缴纳党费 14 498 元,发展入党积极分子 2 人。

**【干部下基层工作】** 领导班子成员先后 7 次深入朝克乌拉苏木阿日高勒嘎查、南郊办事处、楚古兰办事处德吉社区贫困户中走访了解实际困难,制定“一对一”帮扶措施,发放米、面、油等慰问品,合计 6250 元。

**【精准扶贫工作】** 贯彻落实精准扶贫工作精神,为白音锡勒牧场贫困户张伟筹集资金 2 万余元,重新修葺了 30 米院墙,更换塑钢门、窗 4 扇,修建排水渠 30 米。解决了多年来房屋漏水问题。为白音锡勒牧场贫困户吴瑞峰筹集帮扶资金 8000 元,解决了房屋新建资金短缺难题。春节前,对吴瑞峰、张伟进行慰问,送去米、面、油、水果等生活用品,共计 1000 元。

**【第一书记工作】** 充分发挥“第一书记”主体责任,先后 4 次参加楚古兰办事处德吉社区专题讨论活动,并作了题为“如何做一名合格共产党员”的发言。带领 28 名党员开展“党员干部志愿服务活动”,参观社区活动阵地,为辖区内光明小区开展捡拾白色垃圾,为万嘉康城小区树木进行了修剪。开展在职党员到德吉社区报到,填写服务承诺书 25 份。

## 生态保护

**【锡林浩特市生态保护局领导名录】**

书记、局长　陈淑梅(女 2016 年 7 月离职)
书记、局长　杨　海(2016 年 7 月任职)
副局长　曼　丽(女 蒙古族)
　　　　赛音吉雅(蒙古族)

**【锡林浩特市草原生态综合执法大队】**

队　长　曼　丽(女 蒙古族)
副队长　图格杰(蒙古族)
　　　　代　钦(蒙古族)

**【概况】** 2015 年 1 月经政府批准成立生态保护局,核定行政编制 6 名,其中科级领导职数 3 名(1 正 2 副),原草原监督管理局合为锡林浩特市草原生态综合执法大队隶属生态保护局二级单位。下设生态资源股,负责全市生态资源预审及征占用草原的审核审批;办公室负责组织协调机关日常管理工作、文件的收发、传阅、整理和归档、保密工作;设立执法监察股,负责对全市草原生态保护重大政策及相关法律、法规进行宣传,对执行情况进行监督检查,负责全市草畜平衡、禁牧、草原防火工作的指导和监督检查,依法对违反草原法律法规的行为进行查处,调处草原权属纠纷。

**【生态保护红线工作】** 自 2015 年开始,历时一年多的资料收集和编制,红线划定初稿于 2016 年 5 月完成,初步划定红线面积 13 359.7977 平方公里,占全市国土面积 14 780.18 平方公里的 90.39%。具体分为一级管护区、二级管护区和避让既有项目及预留区域。其中一级管护区包括国家级生物多样性保护优先区—锡林郭勒典型草原区、白音库伦遗鸥自然保护区、内蒙古锡林河国家湿地公园、锡林郭勒草原火山地质公园、生物多样性保护区—湿地及水源地(井);二级管护区为一级管护区和避让区外的其余区域;剩余区域即为避让既有项目和发展预留区域。

**【草原生态资源征占用审核审批工作】** 依据《锡林郭勒盟征占用生态资源审查暂行办法》,2016 年以来,受理生态资源预审项目 27 项,盟生态保护领导小组联席会审核通过 22 项、未通过 2 项、正在办理 3 项;为永久征占用草原组件受理 23 项,其中农业部审核 1 项、自治区审核通过 27 项(包括 15 年上报 6 项)、盟生态委审批 1 项,收取草原植被恢复费 1967.28 万元。临时占用草原审批 65 项,面积 4927.91 亩,收取草原植被恢复费 742.49 万元。

**【草原确权承包工作】** 根据《锡林郭勒盟草原确权承包工作实施方案》文件要求,锡林浩特市各苏木镇场确权工作同步进行。市委、政府高度重视,拨付专项资金采购高精度测量仪(RTK),并分别在巴彦宝拉格、朝克乌拉、白音锡勒、贝力克建立 4 个定位基站,辐射范围覆盖全市,对参加确权的内业人员进行了多次业务培训和实地操作培训。2016 年,全市 22 个嘎查中,7 嘎查、695 户、涉及 417 万亩面积的外业指界、牧户签字确认工作全部完成,收回草场 58 990 亩、涉及 39 人,重新发包草场 92 716 亩、涉及 57 人,面积误差控制在 5% 以内;另外还有 3 个嘎查完成了 186 户、103.7 万亩,完成任务的 57%。

**【草原综合执法工作】** 严格落实城周边、主干道绿色通道禁牧要求,依法查处偷牧行为,打击非法采挖野生破坏草原案件,2015 年共查处城周边偷牧案件 178 件,清理 36 个畜群,追缴采石企业 2014 年、2015 年牧户草场补偿费 94.7 万元,调解草场纠纷 120 起,为信访牧户实地测绘测算草场 420 户,涉及面积 71.2 万亩。2016 年共查处挖沙取土案件 6 起、结案 4 起;查处非法征收征用使用草原案件 7 起、结案 4 起;查处非法采集草原野生植物案件 1 起、结案 1 起;查处非法临时占用草原案件 13 起、结案 4 起;查处违反草原禁牧休牧规定案件17起、结案17起；查处违反草原草畜平衡规定案件33起、结案33起；查处违反草原防火法律规章案件4起、结案4起。

**【草原防火工作】**　落实政府、苏木镇场、嘎查分场、牧民施工企业四级防火责任，层层签订防火责任状。开展大型防火宣传和国家级防火实战演练各1次，挂横幅25条、立防火彩旗1000余条、发放《森林草原防火提示卡》9000余份，车辆防火通行证、人员防火证6000余份，应急知识手册600余份，防火宣传单5000份，增强民众防火意识。组织指挥部成员单位负责人和兼职扑火队员培训防扑火知识5次，扑火演练5次，参训人员125人次。火源管理包片负责，划定8个防火责任区，成立8个临时扑火指挥所，实现第一时间上报火情，24小时畅通防火值班电话，确保及时有效开展扑火工作，充实防火物资，全年无重大火灾。

# 财政税务

XI LIN HAO TE NIAN JIAN

## 地方财政

**【锡林浩特市财政局领导名录】**

书　记　米润喜
局　长　张国喜
副局长　侯智国
　　　　张代全(蒙古族)
　　　　图　雅(女 蒙古族)
　　　　黄立疆(蒙古族)

**【锡林浩特市财政局二级局领导名录】**

金融工作办公室主任　张代全(蒙古族)
农业综合开发办公室主任　萨琪日勒图(蒙古族)
财政国库收付中心主任　赵　丽(女)
城市基金管理办公室副主任(兼锡林浩特市晨辉城市基础建设投资有限责任公司经理)　宝　音(蒙古族)
绩效管理和投资评审中心股股长　陈煜峰
农村牧区综合领导小组办公室主任　原宏莉(女)
国有资产管理办公室(分管领导)　侯智国
巴彦宝力格苏木财政所所长　国　斌(蒙古族)
阿尔善宝力格镇财政所所长　唐格斯(蒙古族)
宝力根苏木财政所所长　新毕力格(蒙古族)
朝克乌拉苏木财政所所长　宝　顺(蒙古族)

**【概况】**　锡林浩特市财政局内部机构设置15个:办公室、预算股、国库股、教科文、行政政法股、社保股、综合股、农财股、经济建设股、企财股、国资股、综改股、基层财政股、采购股、政府和社会资本合作中心(PPP)。

**【财政收支】**　财政收入完成情况。2016年,在锡林浩特市经济处于下行态势下,财政局加大重点税源监控,加大力气清理历年欠税,努力完成财政收入任务。公共财政预算收入完成294 162万元,完成年度预算的100.09%,同比增收29 632万元,增长11.20%。

财政支出完成情况。在保工资、保运转、保基本民生的基础上,我局积极兑付上级专项指标,及时拨付"十个全覆盖"、社会保障等民生方面的资金。地方公共财政预算支出预计完成335 076万元,为年度调整预算的97.8%,同比增支17 134万元,增长5.39%。财政对以民生为主的社会事业投入237 353万元,占财政预算支出的70.84%;对农牧业投入47 834万元,占财政预算支出的14.28%;对"十个全覆盖"工程投入38 326.74万元,其中农村牧区危房改造、安全饮水、校舍安全建设、社会保障等十项工程全部完成年度任务。

**【国库集中收付】**　2016年国库集中支付系统累计支付394 987.72万元,比上年同期增长12.33%;办理直接支付业务8713笔,支付资金376 309.66万元,比上年同期增长12.73%,办理授权支付业务7095笔,支付资金18 678.06万元,比上年同期增长4.93%。

**【政府采购管理】**　2016年共批复政府采购货物、服务、工程类采购预算额为28 416.79万元,已完成政府采购货物、服务、工程类采购预算金额18 010.53万元,实际采购金额16 960.72万元,节约财政资金1049.81万元,节支率5.83%。

**【预算绩效管理和财政投资评审】**　深入开展预算绩效管理和财政投资评审工作,提高财政资金使用效益。2016 年共接到各类评审项目 145 批次、1047 项，累计送审金额 196 640 万元，累计审减额 33 496 万元，平均审减率为 17.03%。选择列入部门预算的 10 个专项资金项目实施预算绩效评价跟踪管理，对全部 10 个项目进行重点跟踪评价，已完成 9 个，另外 1 个项目因预算调减，未进行绩效评价。

**【“一卡通”管理】** 2016 年，通过惠民“一卡通”系统发放财政补贴资金 13 273.6 万元，惠及 9.38 万人(次)，涉及农牧业、林业、教育、社会保障、医疗卫生、交通运输、工资补助等 7 个领域 69 项补贴。

**【金融工作概况】** 累计争取各类贷款 37 亿元。其中：银行贷款 7.07 亿元，即：以城投公司向东北再担保公司申请委托贷款 1 亿元，锡林浩特市六中向建设银行申请项目贷款 0.6 亿元，建通达公司向中国银行申请流动资金贷款 0.12 亿元，市蒙中向建行申请基本建设贷款 0.35 亿元，城光市政公司向建设银行申请人行道铺装贷款 3 亿元，大庄园公司向建行申请委托贷款 2 亿元。租赁贷款 29.93 亿元，即：以给排水公司为主体获得租赁贷款 12 笔、14.85 亿元；以城投公司为主体获得租赁贷款 2 笔、3.5 亿元；以教育局为主体获得租赁贷款 3 笔、4.96 亿元，以卫生局为主体获得租赁贷款 1 笔、3 亿元；以六中为主体获得租赁贷款 3 笔、3.62 亿元。2016 年共策划包装 8 个项目申请列入自治区项目库，所属行业分别为：市政工程、片区开发、生态建设和环境保护、能源、旅游、其它共六大类，计划总投资 35.67 亿元。经自治区财政厅 PPP 项目专家评审组评审，锡林浩特市锡林湖、生态水系治理工程和锡林浩特市污水处理厂提标改造工程 2 个项目成功列为自治区级 PPP 示范项目，其中锡林湖、生态水系项目已被财政部列为国家级示范项目。全市各银行机构累计发放贷款 34.1 亿元，其中中小企业贷款 6.4 亿元，涉农涉牧贷款为 5.9 亿元，推介 2 家企业，内蒙草都公司和内蒙古皓滕牧业科技公司在新三板申请挂牌，其中内蒙古草都公司已成功获准挂牌“新三板”。

**【国有资产管理】** 根据财政部《财政部关于开展 2016 年全国行政事业单位国有资产清查工作的通知》的统一部署，以及财政部制定的《行政事业单位资产清查核实管理办法》。对全市 226 个行政事业单位国有资产进行全面清查。处置国有资产 5 例，其中：无偿调拨 2 例，拆迁置换 1 例，批转存货 2 例。协助公车办封停违规、超标行政单位公务用车 269 辆。

**【财政监督与财务管理】** 配合局业务股室对市直 21 个部门单位，按照自治区统一部署开展了扶贫资金使用情况、“十二五”期间城镇污水处理设施配套管网项目实施情况和专项资金使用情况、会计信息质量及非税收入收缴情况专项检查。结合年度监督检查工作计划，开展了中央文化产业发展专项资金情况及项目实施情况、基本公共卫生服务项目资金和基层医疗卫生机构实施国家基本药物资金使用情况、财政资金使用情况等检查及部门决算核查。针对各项检查中查出的问题，按照规定责令相关单位及时进行了整改，并要求各单位针对存在的问题切实加强日常管理，不断提高财务管理水平，确保各项制度和政策落到实处。

**【会计基础工作】** 积极推动财政部、自治区财政厅关于会计法征集修订意见的活动，为鼓励广大会计人员积极参与问卷调查活动，会计人员完成调查问卷，可折算为完成 2016 年度继续教育 12 学分。举办全市行政事业单位内控建设及会计档案管理办法培训班。市直行政事业单位 140 多名财务人员参加了培训。及时启动行政事业单位内控建设基础性评价工作，进一步推进行政事业单位内控制度建设与实施工作。

**【城投公司工作】** 按照上级部门的工作部署，全力实施城市基础设施等多项重点建设项目，加强与国土、规划、发改等部门的联系，积极做好项目的前期准备工作，确保项目按时动工建设。如期完成 23 项市政工程的可研、环评、节能报告，顺利通过发改、规划、住建等部门审批流程，履行工程招投标程序，与中标的施工企业签定了建设项目的设计及施工合同，保证了市政工程进度。对各类工程手续、施工合同登记录入，整理归档。推动二期棚改贷款项目，二期棚改贷款资金共 12.89 亿元，抵押物评估已出部分结果，对抵押物提交不足的企业均要求其补充。顺利完成 2016 年第一批债券置换工作并录入系统，与相关债权单位签订四方协议，充分准备支付所需要的资料和手续，完成化解债权单位债务工作，2016 年共完成债务化解 5.54 亿元，其中贷款方面化解债务 4.04 亿元，工程领域化解债务 1.5 亿元。

**【涉农涉牧项目】** 2016 年，实施项目总投资 1620 万元，支付项目建设资金 832.32 万元，其中：中央财政资金 305 万元，地方配套资金 213.32 万元，牧民自筹资金 314 万元。建设内容：新建中等标准家庭牧场 30 户，高标准家庭牧场 10 户，肉羊养殖育肥基地 2 处。建设地点：巴彦宝拉格苏木、宝力根苏木哈那乌拉嘎查、贝力克牧场。2016 年“一事一议”财政奖补项目共 38 个，2016 年项目总投资1797.81万元,其中:中央财政资金942.69万元,地方配套资金480.18万元,牧民自筹资金374.94万元。建设内容:维修文化站、安装路灯、安装太阳罩、储草棚、机械库、污水管道等工程。建设地点:宝力根苏木、朝克需要乌拉苏木、阿尔善镇、贝力克牧场、白银库伦牧场。2016年农业综合开发土地治理存量资金项目总投资897万元,其中:中央财政资金582万元,自治区财政资金186万元,盟级财政资金24万元,地方配套资金24万元,牧民自筹资金81万元。建设内容包括:实施围封草场、草场改良、打机电井、标准化棚圈建设。建设地点:阿尔善宝力格镇、白银库伦牧场。

**【党组织建设】** 解决牧民无住房问题针对白音宝力根苏木巴彦哈日阿图嘎查的9户贫困牧民的实际情况,采取物资性帮扶,对每户贫困牧户予以25~30只基础羊,修盖棚圈加强基础设施建设,协调有关部门予以。2016年有1名预备党员转为正式党员,1名同志列入预备党员,2名同志发展为入党积极分子。党支部党员44人,按时足额缴纳党费2.37万元,并及时向全体党员公示。

## 国家税务

**【锡林浩特市国家税务局领导名录】**

书记、局长　王　彪
副书记　都　仁(蒙古族)
副局长　邢爱萍(女)
　　　　王志成
　　　　罗　彦
　　　　郭亚龙
　　　　代钦夫(蒙古族)

**【概况】** 锡林浩特市国税局内设14个部门(包括分局),分别为办公室、政策法规科、税源管理一科、税源管理二科、税源管理三科、征收管理科、收入核算科、人事教育科、监察室、办税服务厅、信息中心、稽查局、城乡税务分局、阿尔善税务分局。截至2016年12月30日,锡林浩特市国家税务局实有在职人员99人,其中少数民族职工40人,女职工56人,中共党员47人,无党派人士1人,研究生学历1人,大学学历78人。退休职工27人。

**【组织税收收入】** 截至2016年12月31日锡林浩特市国税局共组织税收收入入库53392万元,同比减收7056万元,减收率11.67%,其中:增值税入库42 070万元(营改增增值税入库9893万元),同比减收14 877万元,减收率26.12%;消费税入库30万元,同比持平;企业所得税入库4075万元,同比增收604万元,增收率17.4%,车购税入库7217万元。

**【征收管理】** 加强税源管理工作,认真落实税收管理员制度和领导干部管户制度,明确各类管理人员的岗位职责,做到"管理到户、责任到人、人户对应"。每月按时召开税收分析会,预测各项税收收入,做到心中有数,全面掌握各种影响税收收入的因素,努力做到挖潜增收。根据季节情况,对进入生产销售旺季的企业加强征管和检查,清查征管漏洞,按照"抓大控中不放小"的原则,把握大户、控制中户、管好小户,全面掌握各种涉税信息,做到应收尽收。加强对重点项目的核实与税收预测分析,掌握实现税款的时点,为税收收入增长开辟新税源。积极搞好税务稽查和纳税评估,有效制止和纠正税收违法问题,努力增加收入。

**【依法治税】** 认真落实国家、自治区有关税收政策法规,及时向纳税人通告有关新的税收政策。认真做好增值税转型工作。充分发挥减税政策对经济的宏观调控作用。规范行政审批事项。对于纳税人减免税、资格认定等涉税申请,严格按照规定程序执行。努力提升纳税服务质量,促进征纳关系的和谐,先后推行"服务承诺制、一站式办结制、首问责任制、局长带班制、限时服务制、税法公示制"等各项工作制度,简化办税环节与手续,清理简并涉税报送资料,推行国地税联合办税、财税库银横向联网等措施,进一步方便纳税人,节约办税时间,减少往返税务机关的成本,不断优化服务措施,使纳税服务更具人性化。

**【队伍建设】** 加强领导班子建设,切实加强理论学习,通过开展学习实践活动,认真贯彻落实民主集中制,不断提高执政能力和执政水平班子成员自觉带头贯彻执行民主集中制,充分发挥班子集体的智慧与力量,以身作则,凡属重大的人、财、物等一系列事项都经班子会议集体研究决定,充分听取班子各成员的意见,在集思广益的基础上进行决策,真正成为全局的领导核心。加强职工培训举办各种培训班10余次。

**【党风廉政建设】** 采取组织特约检查员巡查、走访纳税人、发征求意见函等方式广泛听取意见,找准问题,及时整改,让纳税人满意。严格落实税务人员廉洁自律和廉政建设各项规定,积极开展党内监督、社会舆论监督和群众监督,制作、悬挂廉政警言标识牌,在全局计算机上布置警示警言屏保,营造廉政勤政的氛围。不断完善党组民主生活会制度、谈话和诫勉制度。制作廉政教育宣传专题片。

【精神文明建设】 按照创建好和谐税务机关的要求,加强了精神文明创建工作,积极开展全局创建国家级文明单位和办税服务厅创建国家级青年文明号工作。建立健全组织领导,明确创建目标任务。强化责任领导,落实创建任务。在创建文明行业过程中,坚持做到两个文明同安排、同检查、同评比、同考核。分管局领导及党团工青妇组织齐抓共管的领导机制和工作格局,把文明创建各项任务落实到实处。积极参加和谐社会建设。

## 地 税

【锡林浩特市地税局领导名录】

副书记、局长 苏乙拉(蒙古族)

副局长 太 平(蒙古族)

房红权

专职纪检员 孟繁昆(蒙古族)

总会计师 娜日娜(女 蒙古族)

社保分局局长 王秀明

【概况】 2016 年,锡林浩特市地税局共有干部职工 121 人(不包括离退休 22 人),其中男 60 人、女 61 人,研究生 2 人、本科 91 人、大专 22 人,大专以下 6 人。党员 56 人。按照自治区规定,局内设 8 个股室 2 个分局,外设 5 个征管所。入驻锡林郭勒盟政务服务(公共资源交易)中心综合办税服务大厅 1 个。

【组织收入】 所辖 7115 户企事业单位及 16897 户个体工商户累计组织入库 209 103 万元,同比增收 69 657 万元,增幅为 49.45%,组织收入首次突破 200 000 万元。其中:税收总收入 188 884 万元,社会保险费收入 16 400 万元,工会经费收入 2412 万元,其他收入 1407 万元。全局地方级税收收入 173 846 万元,同比增收 73 262 万元,增幅为 72.84%;公共财政预算收入 164 634 万元,同比增收 74 737 万元,增幅为 83.14%。

【税收征管】 加强重点税源和税种管理。着力抓好重点税源跟踪、监控、评估等工作,对重点投资项目、重点招商引资项目进行梳理跟踪,列为日常监管的重点,管理质效进一步提升。圆满完成 12 万元以上个人所得税自行纳税申报工作,辖区自行申报 2175 人,同比增加 1168 人,申报税额 3248.4 万元。完成 2015 年度企业所得税汇算清缴工作,543 户企业申报企业所得税 2665 万元。组织对 61 户重点企业开展纳税评估,补缴税款 320.81 万元。加强税收风险管控,共识别风险纳税人 91 户,补缴税款 411.8 万元。完成营改增工作,协助国税做好“营改增”应对及业务衔接工作,对 3918 户营改增户数进行确认移交(其中企业 597 户,个体工商户 3321 户),对营改增四大行业进行了“清税、清户、清欠、清票”工作。

【政策落实】 为促进区域发展、促进小微企业发展、改善民生及支持其他各项事业征前减免(备案减免)营业税、企业所得税、房产税、城镇土地使用税等各项税收 2579 万元。2016 年,享受政策性减免的未达起征点个体工商户 12878 户,减免营业税、城建税、个人所得税、房产税、土地使用税等税费合计 1447.71 万元,有力助推全市经济可持续健康发展。

【纳税服务】 自 1 月 29 日召开锡林浩特市地区国地税联席会议后,42 个项目逐步展开合作。在做好传统限时办结、延时服务、预约办理等优势服务的同时,又推出“零申报”办税通道,“免填单”办税业务,“二次优先服务卡”“蒙汉双语服务窗口”等灵活多样地服务项目,使“便民办税春风行动”得到深入扎实开展。5 月 9 日,实现国地税一窗双人“联合办税服务窗口”,纳税服务提质增效,不断优化。充分运用“互联网+”的优势,让纳税人足不出户就可以进行网上预约、预申请及查看办税厅纳税情况。“网上办税厅”的启动,给纳税人提供了更加便利的办税条件。

【机关党建】 组织党员开展集中学习 31 次,班子成员、支部书记、普通党员讲党课 11 次,专题研讨会 7 次,切实发挥党组织的战斗堡垒作用。充分发挥与企业联系密切的优势,开展“税企联建·党建引领”推进非公有制企业党建工作。组织开展 2008 年以来的党费清理补缴工作,党费管理进一步规范严格,党员主动缴纳党费趋于常态。

【党风廉政建设】 全年共办结事前提醒 4503 件,办结率达到了 100%。提高干部职工廉洁从政意识,集中开展学习 12 次。2016 年度再次荣获全市民主评议政风行风第一名的好成绩。

【队伍建设】 组织党组中心组集中学习 18 次,不断加强班子建设。527 人次参加各级各类业务理论培训,为各项工作良好开展夯实基础。利用青年志愿队,积极开展税收宣传、扶贫慰问、爱心救助等志愿活动,不断提升团队凝聚力和战斗力。通过举办职工运动会,参加系统职工运动会、参加端午登山、全民健身健步行等文体活动,持续激发队伍活力和向心力,积极营造团结和谐的工作氛围。通过开展“一对一”帮扶和为失学儿童爱心捐助,展现了全局职工的关心弱势群体的良好风尚。2016年,被自治区地税局表彰为“全区内控机制管理和评价系统上线先进单位”,办税大厅被锡林郭勒盟政务中心评为“2015年度红旗窗口”称号,在全盟地税系统庆祝建党95周年系列活动中,获得知识竞赛团体第一名。14名人在各自岗位上表现突出,获得表彰。图片新闻《为民族餐饮企业维权》在全国税收好新闻评选活动中获得优秀奖。

# 经济管理

XI LIN HAO TE NIAN JIAN

## 发展和改革

**【锡林浩特市发展和改革局领导名录】**

局　长　张超峰(满族)

副局长　万红娟(女)

　　　　白秀珍(女 蒙古族)

　　　　田永亮

重点办副主任　杨静峰

国债办主任　耿少红(女)

**【概况】** 锡林浩特市发展和改革局行政编制36人,事业编制13人。内设19个职能股(室)。现有职工45人,蒙族16人,汉族25人,其他少数民族4人,党员25人。主要负责研究提出全市经济和社会发展战略、规划、总量平衡、结构调整和组织拟定综合性改革方案,是指导、推进总体经济体制改革的综合经济部门,为市政府的组成部门。

**【主要经济指标】** 全市地区生产总值完成228.1亿元,增长7.5%。第一产业增加值完成18亿元,增长4.1%。第二产业增加值完成110.1亿元,增长6.4%,其中工业增加值完成93.6亿元,增长6.9%;建筑业增加值完成16.5亿元,增长3.5%。第三产业增加值完成100亿元,增长9.4%。三次产业结构由7.6∶50.3∶42.1演进为7.9∶48.3∶43.8。全社会固定资产投资完成181.4亿元,增长21.6%。公共财政预算收入完成29.4亿元,增长11.2%。社会消费品零售总额完成62.5亿元,增长10%。城镇常住居民人均可支配收入完成39 390元,增长8%。农牧区常住居民人均可支配收入完成22 245元,增长7.8%。

**【固定资产投资完成情况】** 2016年锡林浩特市全社会固定资产投资完成181.4亿元,增长21.6%,圆满完成年初盟行署向锡林浩特市下达的投资计划任务,其中农牧林水业完成投资13.5亿元;工业完成投资128.8亿元;交通运输完成投资7.4亿元;城市基础设施完成投资14.7亿元;房地产业完成投资8.8亿元;社会事业完成投资8.2亿元。

**【项目稽查】** 全年共争取中央、自治区预算内资金项目28个,到位资金1.5亿元。申请国开行、农发行专项基金贷款项目6个,到位资金1.96亿元。为进一步加强政府投资项目的管理,全面掌握政府投资项目的实施情况,对2015年及2016年1—4月国家投资建设项目资金管理和使用、招投标、项目建设情况进行审查,将项目审批情况、招投标管理情况、建设情况、资金管理和使用情况汇总建档,对发现问题的责任单位及时督促整改。

**【物价工作】** 全面落实国家和自治区关于稳定保供的有关政策,保持价格总水平的基本稳定,定期对市场供求、价格变动、走势预测等情况进行监测,并重点对羔羊、大羊收购价格和饲草价格进行应急监测,数据及时上报自治区价格监测中心。对锡林浩特市火车站停车场收费标准进行了调整批复,完成了2015年度行政事业性收费年审及统计工作。加强“12358”价格举报网络建设,实现了国家、自治区、盟市、旗县市四级联网。对旅游市场、物业管理、汽车销售和维修、药品价格和医疗服务收费等行业进行专项检查工作,对检查中发现的不当价格行为,依法依规进行了警告、责令整改,进一步规范了收费管理。全年共检查各类经济实体465户,查处价格违法行为7起,实施经济制裁4.9万元,其中罚款1.9万元,退还违法所得3万元。全年受理价格认定案件81起,认定金额

392.7万元。

**【行政审批】** 全年共批复各类项目107项,其中审批60项,核准3项,备案44项。

**【节能工作】** 按照国家和自治区有关要求,严格执行节能评估审查备案制度,坚决把节能评估作为项目审批前置条件,使项目节能评估审查制度化、规范化,建立节能工作档案和台账,确保新建项目节能评估审查率达到100%。同时围绕“节能领跑、绿色发展”这一理念,成功举办“绿色发展,低碳创新”为主题的节能宣传活动,动员全社会共同履行节能使命,保护生态环境,共发放节能常识手册、卡片、画册、宣传单等科普宣传资料1000余份。

**【重点项目】** 全年计划实施重点项目73项,开复工67项,开复工率91.8%,完成投资173.9亿元,圆满完成年度计划投资任务,其中亿元以上项目开复工29项,开复工率96.7%,完成投资161.4亿元。盟级重点项目20项,开复工率100%,完成投资164.3亿元,顺利完成盟里下达的投资任务。其中:续建项目12项,完成投资112.2亿元;新建项目8项,完成投资52.1亿元。

**【编写工作】** 全年完成经济运行分析11篇,及时上报领导参阅和信息435篇。编制完成《锡林浩特市国民经济和社会发展“十三五”规划》并由锡林浩特市十四届人大四次会议审议通过。

**【粮食储备管理工作】** 2016年,顺利完成5000吨储备玉米轮换工作,并通过上级部门验收。认真做好军粮供应工作,加强军供站建设,确保军粮安全供应。加大价格监测力度,执行粮油价格周报和月报制,定期向上级部门报送粮油价格变化情况。进一步规范粮食流通市场秩序,配合上级督查组对锡林浩特市粮食安全、储备粮及粮食工作会议落实情况进行检查,共检查企业、经营户281家,下达责任整改通知书4份。粮油批发市场成品粮应急低温库已建成,正在申请验收。

**【党建工作】** 组织开展5次专题讨论,及时上报活动开展情况。开展书记讲党课活动,引导全局党员干部把“两学一做”学习教育与开展发展改革工作紧密结合。帮助6个贫困户申请基础设施项目,并帮助解决自筹资金共计5万元;协调嘎查为5个贫困户每户提供40只集体扶贫基础母畜;协调养殖大户为2个贫困户每户提供50只低价承包羊。年内完成了1名预备党员转为中共正式党员,1名重点培养对象转为中共预备党员,发展了5名入党积极分子。

# 统　计

**【锡林浩特市统计局领导名录】**

书　记、局长　刘广宁

副局长　周玉清

　　　　李建宾(蒙古族)

社会经济调查队队长　牛艳丽(女)

**【概况】** 2016年,锡林浩特市统计局严格按照统计方法制度的要求,认真做好常规性统计工作,完成各类定报的上报任务。圆满完成农牧业、工业、能源、固定资产投资、房地产、劳动工资、商贸流通和重点服务业等常规性统计工作以及牧业普查等常规性普查工作;认真开展社情民意、文化产业、工业产品投入产出、农畜产品加工、农作物产量抽样、旅游、规模以下企业、小康监测、小微企业调查等调查工作。

**【数据质量】** 2016年锡林浩特市统计局进一步完善了各项规章制度,进一步加强对统计业务工作的规范化管理。将防范统计造假、弄虚作假作为工作的重中之重,完善统计数据质量齐抓共管、上下联动、部门互动的责任机制和评审机制,进一步完善各专业统计数据质量管理制度,完善联网直报平台数据监管机制措施,强化统计数据审核评估,确保统计数据的真实可靠。加强基层统计队伍建设,把好数据质量关,对新增规模以上工业企业加强审查。深入基层,对全市各统计起报单位或个人实地勘察,并对其统计、财务基础工作进行检查指导,确保源头数据质量关。加强与各部门以及基础统计单位的沟通协调,确保各项统计数据不错统、不漏统;提高统计数据的真实性和科学性。

**【咨询服务】** 做好锡林浩特市经济运行分析,按月发布各专业统计进度分析,做好月度统计资料的编辑、审查和发布,及时提供和发布盟统计局统计数据的反馈数,为领导和有关部门宏观决策、指导工作提供参考依据。根据市委、政府领导和社会公共普遍关心关注的“热点、难点”问题,确定研究课题,开展专题调研,深入分析研究、撰写调研文章和决策信息,全年撰写统计分析和调研400余篇。

**【法制建设】** 着力推进依法统计,强化法治统计建设。加强统计执法检查,规范统计执法行为,加强对工业、投资、贸易、服务业等重点专业、重点指标的执法检查。统计法宣传日联合锡林郭勒盟统计局开展统计法宣传活动。

【信息化建设】 完善统计网络信息化建设，加强统计"四级网络"和"视频会议"建设工作，推动统计全流程的电子化、网络化，加快统计信息化基础设施升级，大大提高统计工作效率，进一步夯实源头数据质量。

## 审　计

【锡林浩市审计局领导名录】

书记、局长　刘善刚（满族）

副局长　董锡林

　　　　吴志勇

【概况】 2016年完成审计项目共计54个，审计涉及资金总额约89.559亿元。其中：

1. 完成上级审计机关下达统审项目6个；

2. 完成组织部委托的领导干部经济责任审计项目36个，其中：任中审计13个、离任审计23个。

3. 完成财政财务收支情况审计项目6个；

4. 完成专项资金审计项目5个；

5. 完成2015年度市级预算执行和其他财政收支情况审计；审计中，共提出审计建议162条，下达审计决定9条，审计决定落实率100%。

【政府投资项目审计】 对"十个全覆盖"建设工程、市政工程、园林绿化工程、教育、农林水等政府投资项目进行了跟踪审计，审计项目累计总投资金额约30亿元，审核投资结算项目215项，已完成审计项目160项，其中完成复核结算审计项目88项，零星工程结算审计项目72项，已完成项目结算价款8.33亿元，核减结算价1.596亿元，核减率达19.2%，有效监督锡林浩特市固定资产投资资金使用情况，使财政资金发挥最大效益，较好的完成了今年锡林浩特市的固定资产投资审计工作。

【经济责任审计】 领导干部经济责任审计工作坚持任中审计与离任审计相结合，坚持离任必审，实现对全市各单位主要领导干部经济责任审计全覆盖。采取定性评价、定量评价、定性评价与定量指标相结合的综合评价方法，对被审计领导干部所在部门的财政收支、重大经济决策等情况进行综合分析，客观反映领导干部经济责任的履行情况。全年实施经济责任审计项目36个，共查出违规和管理不规范资金6.368亿，针对审计中普遍存在的问题，审计局提出了整改意见、建议和措施，同时将审计结果报送至组织部和纪检委，为干部考核和任免提供依据。

【财政审计】 根据《中华人民共和国审计法》第十七条和锡林郭勒盟审计工作计划安排，对锡林浩特市2015年度预算执行和其他财政收支情况进行了审计，并主要审计财政部门具体组织市级预算收支情况、市地税系统税收征管情况，以及锡林浩特市国土局、教育局等11个部门的财政收支情况，审计涉及资金31.794亿元。针对审计发现的预算管理制度落实不到位、虚列支出等问题，审计局从加强和改进财政管理的角度提出六项整改建议和措施，并监督落实。同时对2014年本级预算执行审计发现问题整改情况进行了检查，检查发现，各整改单位认识程度高，工作积极主动，整改效果较为明显。

【专项资金审计】 按照审计厅下发审计要点，分别对锡林浩特市养老服务业政策执行、涉企收费管理减轻企业负担政策落实和就业创业扶持政策措施落实情况进行审计，通过审计发现部分单位在政策落实及财政资金管理使用等方面有问题存在，审计局针对这些问题提出合理化处理建议，要求被审计单位整改后及时反馈整改情况。

2016年，审计局重点对城镇保障性安居工程、"十个全覆盖"、教育等民生项目进行了跟踪审计。将棚户区改造、农村牧区危旧房改造、农村牧区基础设施、校园安全工程建设等工程作为审计重点，采取资金运用审计和工程质量审计相结合、工程档案审计和工程现场审计相结合的方式，确保发挥民生工程的惠民实效。

【全面从严治党】 坚持党建工作促审计发展的方针，构建从严治党"1+3"制度体系，全面落实从严治党八项要求。进一步健全了党员规范化管理机制，完善了党员个人档案管理，全面梳理了党员基本信息相关情况。按照"两学一做"学习教育实施方案要求，对学习目标任务、具体措施、主要内容、学习周期等进行了具体安排，采取书记讲党课、集中学习、党员自学、专题讨论等多种形式丰富学习教育方式方法，定期交流心得体会巩固学习成果。全年共讲党课8次，其中支部委员7次，普通党员1次；开展专题讨论5次，开展党日活动2次；党员查摆问题14条，支部查摆问题3条，已全部整改落实。

【下基层三级示范抓引领活动】 积极开展"两节"慰问和调查走访活动。解决那仁宝拉格嘎查牧民苏德格日勒2000元的房屋租金问题并为其申请居民低保和项目住房；为两家定点扶贫联系户新打机井1眼；为牧民苏伦高娃解决建房自筹款1万元，并帮助报销其女儿手术费用5.4万元；联系相关部门硬化嘎查文化站1000平方米，栽种松树和果树36株。

**【领导班子和队伍建设情况】** 加强班子和支部建设,坚持集中学习制度,领导干部带头学,调动党员学习积极性;严格执行"三重一大"决策制度,坚持民主生活会制度,实行党务、政务、财务三公开;局领导班子以身作则,带头遵章守纪,落实机关各项规章制度,营造团结和谐奋发向上的工作氛围,进一步增强了组织的凝聚力和号召力。优化审计队伍结构,加强审计人才队伍建设。在人员结构配置上形成以审计财务专业为主,兼有经济、工程、金融等专业的人才格局,组织年轻审计干部参加各项业务技能培训,不断提升专业技术人才含金量。

# 政务服务

**【锡林浩特市政务服务(公共资源交易)中心领导名录】**

主　任　杜美敏(女)
副主任　程　鑫
　　　　仝建功

**【概况】** 锡林浩特市政务服务(公共资源交易)中心成立于2014年5月22日,由原"锡林浩特市行政审批服务中心"更名为"锡林浩特市政务服务中心"。同时,对原政府采购中心、国土局招拍挂办公室进行职能、编制、人员整合,成立"锡林浩特市公共资源交易中心"。政务服务中心与公共资源交易中心(以下简称"中心")实行"一个机构、两块牌子、两种职能"。中心内设办公室,督查协调股,综合监督管理股,工程交易股,政府采购股,产权和土地、矿产交易股6个股室。核定参公事业编制21名,科级领导职数3名(1正2副)。2016年实有人员26名(在编人员20名、人才储备1名、民生志愿者3名和临时工作人员2名)。

**【部门项目入厅】** 按照"应进必进"要求,锡林浩特市大力推进市直部门、项目、人员、收费集中入厅。实现了"一个窗口受理、一厅式办公、一站式办结"高效优质的服务。2016年,全市有27个部门入驻大厅,入厅项目276项。累计受理各类行政审批、行政服务事项74.35万件,办结74.35万件,按时办结率100%。

**【简化办事程序】** 加快行政审批制度改革,积极开展入厅行政审批事项深度清理,优化了审批流程,压缩了审批时限、减少了审批环节,简政放权成效显著。审批环节由原来的6个减少到4个,申报材料由10份改到8份,承诺办结时限由15.2个工作日压缩到6.9个工作日,压缩时限达54.7%。

**【政务服务公开】** 将电子版办事指南和办件结果录入中心网站、触摸屏进行公开,在公示栏、工作牌和网站公开效能投诉监督电话,便于群众查询,方便监督。

**【窗口人员管理】** 采取主任轮流值班、督查协调股工作人员每天不少于2次以上巡查,效能投诉中心不定期暗访与视频实时监控相结合的管理模式,加大对驻厅窗口工作人员的管理力度。

**【服务承诺】** 首问负责、一次性告知、集中审签和预约服务等管理制度。通过政务公开栏、投诉电话、意见簿等渠道,切实解决群众"办事难"的问题,打通联系服务群众"最后一公里"。

**【公共资源交易监督】** 进一步完善各项交易制度,优化交易环境,落实监管责任。加强对公共资源交易的审批核准备案、专家抽取、评标现场、交易过程、履约实施等环节的监管,实现公共资源"阳光交易"。

**【公共资源交易】** 2016年,中心累计完成政府采购和工程交易项目253项,采购金额11.39亿元,为财政节约资金4389.71万元,节约率4%;土地挂牌出让42宗,其中成交39宗,成交总出让金达1.36亿元。

**【电子招投标】** 依托盟中心构建的"四库双平台一网站"信息化服务体系,市在全盟各旗县中率先开展了网上投标报名、缴退保证金和下载招标文件及上传投标文件等电子招投标业务,实现了公共资源交易电子化"零"的突破,提高工作效率,降低交易成本。

# 科教文化旅游

XI LIN HAO TE NIAN JIAN

## 教育科技

**【锡林浩市教育科技局领导名录】**

书　记　白音乌力吉(蒙古族)
副书记、局长　文宝元
副局长　左占云
　　　　斯琴德力格尔(蒙古族)
　　　　邵雅娟(女)
　　　　李国霞(女)

**【各学校领导名录】**

蒙古族小学书记　苏伊拉其其格(女 蒙古族)
蒙古族小学校长　斯琴巴特尔(蒙古族)
实验第二小学书记　杨宏刚
实验第二小学校长　陈红风(女)
第三小学书记　芮贵晟
第三小学校长　尹艳雪(女)
第四小学书记　张兰芝(女)
第四小学校长　王瑞春
第五小学书记　王建美
第五小学校长　杨志贤(女)
民族小学书记、校长　额日和木(女 蒙古族)
第七小学书记　张爱萍(女)
第七小学校长　张双涛
第八小学书记　许永河
第八小学校长　郭利民
第九小学校长　徐淑荣(女)
第十小学书记　宋秀琴(女)
第十小学校长　杨雪峰
蒙古族第二小学书记　胡日查(蒙古族)
蒙古族第二小学校长　苏德毕力格
芳草小学党记　胡玉成
芳草小学校长　张晓丽(女)
第一中学书记　孟繁强
第一中学校长　郑祥东
第三中学书记　常　琳
第三中学校长　曾德盛
第四中学书记　梁淑琴(女)
第四中学校长　史丽强
第六中学书记、副校长　朱学玲(女)
第六中学校长　霍燕军
蒙古中学书记　哈斯高娃(女 蒙古族)
蒙古中学校长　关其格(蒙古族)
职教中心党委书记　孙　艳
职教中心主任　张洪明
油田学校书记　王晨旭
油田学校校长　唐晓丽(女)
九堪院学校党支部书记　刘连生
九堪院学校校长　王　威
特殊教育学校书记　王志
特殊教育学校校长　杨　英
教师进修学校书记　杨　军
教师进修学校校长　孟根其其格(女 蒙古族)
教学研究中心书记　白金花(女 蒙古族)
教学研究中心主任　左占云
市幼儿园书记　贺　英(女)
市幼儿园园长　李桂琴(女 蒙古族)
民族幼儿园书记　白　音(蒙古族)
民族幼儿园园长　金　花(女 蒙古族)
蒙古族幼儿园书记　乌云花(女 蒙古族)
蒙古族幼儿园园长　斯琴花尔(女 蒙古族)

**【概况】**　锡林浩特市共有学校、幼儿园 43 所,其中幼儿园 22 所(公办 10 所,民办注册 12

所),小学12所,初级中学3所,完全中学2所,九年一贯制学校1所,职业高中1所,特殊教育学校1所,教师进修学校1所。在校学生37 268人,其中在园幼儿4481人,小学17 380人,初中7943人,普高5898人,职高1405人,特殊教育学校161人。全市现有教职工3012人,其中专任教师2641人。

**【学前教育】** 锡林、宝力根2所城区幼儿园和阿尔善、巴彦宝拉格、毛登、朝克乌拉、白银库伦、贝力克6所苏木乡镇幼儿园于2016年9月全部开园。额尔敦、楚古兰、白音锡勒和锡林浩特幼儿园计划于2017年7月完工。

**【义务教育】** 2016年10月,锡林浩特市顺利通过国家义务教育基本均衡旗县市验收。2016年锡林浩特市有1所学校通过盟教育精细化管理验收,3所学校步入盟级精细化管理先进学校行列。截至2016年底,除第十小学外,其余义务教育阶段学校均通过盟教育精细化管理验收,9所学校步入盟级精细化管理先进学校行列。

2016年中考,汉授中考情况:锡林浩特市汉授中考A等次考生高出全盟15.12个百分点(锡林浩特市汉授中考A等次考生453人,全盟787人)。全盟500分以上考生占全体考生的4.5%,锡林浩特市考生达到8.8%,高出全盟4.3个百分点。全盟560分以上考生共46人,锡林浩特市占35人,占全盟的76%。在全盟中考前10名锡林浩特市占8人;蒙授中考情况:全盟中考状元、蒙语文、历史、政治、汉语文等四个学科的单科成绩第一名均出自锡林浩特市蒙古中学。

**【普通高中】** 2016年高考,锡林浩特市汉授本科上线率为83.2%,同比增长8.5%;蒙授本科上线率为75.6%。

**【民族教育】** 2016年6月成功举办全国八省区蒙古族小学校长培训暨教学研讨会议。

**【素质教育】** 高度重视学校体卫艺工作,成功举办锡林浩特地区第三届汉字听写大会、锡林浩特市第十二届中小学生教育艺术节、锡林浩特市"校长杯"、"市长杯"校园足球联赛。在自治区"主席杯"校园足球小学女子组中部区比赛中,锡林浩特市蒙古族小学获得亚军。在全区第四届"汉字听写大会"比赛中,锡林浩特市民族小学赵婧卓同学获得小学生组亚军,并代表自治区参加2016年央视"汉字听写大会"。

**【蒙古族教师合唱团】** 教科局与松禾成长关爱基金会牵手达成协议,于2016年3月成立锡林浩特市蒙古族教师合唱团,在7个月的时间里,合唱团取得令人瞩目的成绩,获得"金水杯"第三届全国教师合唱节合唱比赛混声合唱与女声合唱两项金奖,获得纪念红军长征胜利80周年锡林浩特地区群众合唱比赛一等奖、获得全市"纪念中国共产党成立95周年和红军长征胜利80周年"大型合唱比赛一等奖。

**【科技项目】** 2016年,共申报科技计划项目30余项,争取到科技项目12项,其中:国家级项目1个、自治区级项目4个、盟级科技计划项目7个,累计资金523万元。2016年主要科技型企业科技投入共计1272.97万元。

**【知识产权】** 截至2016年,锡林浩特市被国家知识产权局授权的专利共321件,其中:发明专利110件(包括发明授权和发明公布)、实用新型专利181件、外观设计专利30件,分别占全盟同类专利比例的62.9%、54%、28.6%。

**【人才培养】** 积极申报草原英才、锡林郭勒英才等区级、盟级人才项目,不断加快科技人才培养步伐。截至2016年,锡林浩特市拥有草原英才5人(南志标、侯福江、薛应东、卢广宇、霍燕军)、高层次人才团队1个(锡林郭勒通力锗业有限公司)、高层次人才创新创业基地2个(锡林浩特国能能源科技有限公司、内蒙古草都农牧业发展有限责任公司)。

**【科技体制改革】**2016年按照《锡林浩特市全面深化改革重大举措实施规划(2015-2020)》安排部署,认真推进科技体制改革工作,出台了《锡林浩特市关于进一步创新驱动加快发展的实施办法》;对盟行署、盟科技局下发的《锡林郭勒盟科技体制改革方案(征求意见稿)》《锡林郭勒盟科技计划项目管理暂行办法(征求意见稿)》《锡林郭勒盟科学技术奖评价指标体系(征求意见稿)》进行认真研究,并将反馈意见及时上报;认真贯彻落实盟行署印发的《关于推进锡林郭勒盟大型科研仪器及科研基础设施开放共享的实施意见》,认真贯彻落实盟科技局与盟财政局联合转发的《科技专项资金后补助管理办法》《国有科技型企业股权和分红激励暂行办法》《关于深化事业单位科技成果使用处置和收益管理改革的若干意见》。

**【新成果转化】** 突出企业在科技成果转化中的主体地位。鼓励企业提升科技研发和成果转化速度的同时,为企业搭建技术交流的平台,积极组织科技型企业"走出去",参加区内外各类科技展交会。2016年组织锡林浩特市新丝路电子商务公司、内蒙古草原生态畜牧产业研究院、田歌牧韵、国能能源科技有限公司、金原农牧业有限公司等企业参加十九届北京科技博览会、深圳高交会等高新技术展示交易会。鼓励企业与先进地区企业及科研院校开展合作交流，增强技术创新和新产品开发能力。2016 年，涉科企业新技术新成果研发 4 项、引进 1 项、推广 1 项。

**【队伍建设】** 2016 年，锡林浩特市积极申报草原英才、锡林郭勒英才等区级、盟级人才项目，不断加快科技人才培养步伐。截至 2016 年，拥有草原英才 5 人（南志标、侯福江、薛应东、卢广宇、霍燕军），企业科技人员达 446 人，每家企业科研人员占比均达 35% 以上。优选 17 名涉农涉牧人员聘为科技特派员，以加强科技服务基层的力度。同时，组织优秀科技特派员赴太仆寺旗参加 12396 专家及科特派专业知识培训班，不断提升科技服务人员综合素养。各科技型企业积极寻找科研合作伙伴，柔性引进人才，与中国工程院、内蒙古大学、内蒙古农业大学、兰州大学、青岛农业大学、天津中医药大学等高校开展合作，增强了自主创新和科研攻关的能力。如：内蒙古草都农牧业发展有限责任公司建立的草都院士工作站现拥有专家 13 人；位于毛登牧场的内蒙古大学草地生态研究基地拥有专家 65 人。

**【创新载体建设】** 全市现拥有企业孵化器 2 家，分别是锡林郭勒盟新丝路电子商务有限公司和锡林郭勒盟安达驿站众创空间，其中锡林郭勒盟新丝路电子商务有限公司被评为自治区级企业孵化器，平台销售 986 万元，订单总数约 12 000 单，平台入住企业 35 家，包括羊肉制品、牛肉干、奶食品、民族工艺品、特色农产品、律师事务所、会计事务所等，拉动相关物流等产业增值约 140 万元，平台带动大学生就业约 50 人。安答驿站众创空间入驻企业增加到 17 个，创业项目共计 17 项，创业合作第三方机构 11 家，科技成果引进转化推广方面协助锡林郭勒白音锡勒赛马场有限公司做马匹登记服务，在中国马业协会申请马匹登记许可，做蒙古马的芯片植入。

**【科普宣传】** 面向社会和各中小学学生开展防震减灾知识宣传，发放宣传册和知识读物，在社区、学校等地方组织开展地震应急疏散演练和应急救援演示，同时各学校也定期开展应急疏散演练活动。截止到 2016 年底，锡林浩特市拥有自治区级防震减灾科普示范学校 2 所（锡林浩特市六中、芳草小学），地震安全示范社区 2 个（巴彦社区、爱民社区）。2016 年内对"三网一员"进行了三次更新统计，并发放通讯补助共计 2.94 万元。

## 文体广电

**【锡林浩特市文体广播电影电视局领导名录】**

纪检书记　乌　云（女 蒙古族）

局　长　张福山（蒙古族）

副局长　包宏伟（女 蒙古族）

**【概况】** 锡林浩特市文化体育广播电影电视局承担着制定文化体育广播电影电视事业发展规划，加快文化体育基础设施建设，落实文体广电政策法规，大力发展文体广电事业，推进市内广播电影电视公共服务，组织实施非物质文化遗产保护规划传承普及，指导开展群众性文体活动，指导监督检查全市文化、体育、新闻出版市场管理和稽查工作等职能。局机关内设办公室、文化股、体育股、广播电影电视股。机关共有编制 13 人，现有 11 人，其中工勤 1 人。有乌兰牧骑、文化馆、文化市场综合执法大队、锡林影剧院、牧区流动电影放映队、图书馆、青少年活动中心（体育活动中心）7 个二级单位共核定编制 128 人，实有人员 99 人，其中：专业技术人员 71 人、管理人员 15 人、工勤技能人员 13 人。

**【创建特色民族文化品牌】** 锡林浩特市草原文化的代表：中国・锡林浩特国际游牧文化节、额尔敦敖包祭祀大典、“敖包相会”晚会、“锡林河之夏”广场大型群众文化活动。

**【乌兰牧骑创作演出】** 深入开展文化下乡。锡林浩特市乌兰牧骑完成百场基层惠民演。承办了第五届全国马术大赛开幕式的策划演出工作，完成了“锡林之夏”群众消夏系列文艺演出活动。加强对外文化交流。年内开展文化交流活动 8 次，其中，区外 4 次，区内 4 次。鼓励队员积极参加比赛，提升业务水平。创作的蒙语小品《医疗保险》参加了全国少数民族曲艺展演活动，同时参加了第三届锡林郭勒文化艺术节，均获得优秀表演奖。参加全盟首届“学院杯”马头琴大赛荣获二等奖。加大业务培训力度。参加首届乌兰牧骑器乐培训班，呼麦培训班，长调培训班等。邀请蒙古国舞蹈艺术家宝力根对舞蹈演员进行为期 20 天的蒙古国舞蹈培训；邀请著名歌唱家、国家一级演员额尔德木图进行为期 20 天的声乐集训；同时，对队员开展了为期 15 天的古筝培训。

**【群众文化】** 圆满完成节庆群文活动。先后举办的迎新年群众文艺演出、元宵晚会、庆“三八、五一、十一”等系列群众文艺演出深受群众好评。充分利用场馆优势，举办各类培训。开办民族舞蹈、健身操、安代舞、柔力球、健身球、长绸扇子、秧歌扇培训班14期,参加培训人群达1600余人。积极参加各级各类群众健身培训比赛活动。先后参加全国健身球培训、全国柔力球培训、全区广场舞大赛、全区健身气功比赛、全盟健身操比赛、首届锡林郭勒盟原创广场舞大赛、全盟社会指导员技能大赛等培训及比赛近20场。发挥职能优势,开展业务辅导。由文化馆编排广场舞《筷子舞》《锡林布斯贵》,分别参加全盟社会体育辅导员技能大赛和全盟首届原创广场舞大赛荣获一等奖。

**【文化市场管理】** 深入开展净化校园周边文化环境。严格禁止在校园周边200米范围内设立网吧电子游戏厅、歌舞娱乐场所、棋牌室等,对不符合规定的责令搬迁,对新开设的歌舞娱乐场所严格按照审核规定予以审批;严格防止违法及低俗文化产品进入校园,为未成年人健康成长创造良好的文化环境。深入开展网吧市场专项整治,采取集中整治和日常检查相结合的办法,增加网吧日常巡查和监管频率。在中小学放学后以及节假日期间,对市区各网吧进行检查,对违规经营者加大处罚力度并进行文化市场法律法规教育。完善举报机制,公开文化市场监督电话,群众举报与联合行动相结合的方式,加大了整治查处力度。2016年,锡林浩特市文化市场综合执法大队共计出动执法车辆220余次,出动执法人员950余人次,检查文化市场经营单位900余家次,其中网吧670余家次、歌舞娱乐场所130余家次、图书音像店80余家次、电子游戏厅20余家次,处罚违法违规经营场所3家。认真开展“扫黄打非”工作。严厉查堵政治性非法出版物、坚决扫除淫秽、色情文化垃圾、打击侵权盗版行为,切实维护文化安全,加大图书、音像市场的监管力度。根据《违法音像制品查缴目录》相关要求进行重点查处,联合盟市两级文化新闻出版局、公安、工商等部门联合集中销毁盗版音像制品及非法出版物“活动,集中销毁收缴的盗版、低俗音像制品1100余盘;盗版软件制品440余盘;非法出版物1830余册。加强执法队伍建设,提高执法和服务水平。通过培训、大比武活动,进一步推动队伍整体素质,使执法和服务水平得到显著提高。在全盟执法技能大比武活动中,锡林浩特市文化市场综合治大队获得团队第二名的好成绩。同时为强化窗口服务意识,提高审批人员素质,积极参加两期全区文化市场行政审批培训班,进一步深化行政审批制度改革,着力优化行政审批服务环境。

**【电影】** 电影事业稳步推进。深入实施电影”2131“工程,共放映电影115场,20部影片被搬上荧幕,收看观众累计达到3万余人次。锡林影剧院电影运营实现平稳过渡,观影人次稳中有增,共放映249部影片、放映场次6792场、接待9万余观众。同时结合节假日开展影迷互动,深受群众喜爱。

**【广播电视】** 广播电视工程扎实开展。按照全市”十个全覆盖“工程部署,广电局加大工作推进力度,安装发放完成广播电视”户户通“设备700套,覆盖率达100%。建设完成”村村响“工程36套,其中市级播控平台1套(机房设在盟广播电视台),嘎查级终端36个,以无线微波发射形式覆盖全市3个苏木、1个镇、4个国有农牧场、4个办事处。

**【群众体育】** 积极协办重大体育赛事。圆满完成四国女篮对抗赛、“新丝路电子商务”2016第二十一届国际奥委会主席杯全国百城自行车赛、第五届中国马术大赛、锡林浩特中蒙俄拳击争霸赛等四大国内外赛事的组织、场地布置和开幕式相关工作。积极举办承办各级各类赛事活动。先后举办“迎新春”锡林浩特地区速度滑冰比赛、“鄂尔多斯银行杯”五人制足球赛、锡林浩特游牧文化节那达慕大会、第五届“体彩杯”锡林浩特地区端午节登山活动、2016年锡林浩特市第二届“八人制”足球联赛、锡林浩特地区网球赛、锡林浩特地区五人制足球赛等赛事活动7场;承办2016年全盟体育大会开幕式、全国“全民健身日”、全盟篮球锦标赛等赛事活动、哈萨尔搏克争霸赛4场。积极组队参加各类比赛。先后参加全区五人制足球比赛、2016年锡林郭勒搏克锦标赛暨锡林郭勒第十一届搏克排位赛等2场赛事。全市机关、企事业单位、苏木镇场、学校等部门,利用现有的场馆优势,积极开展全民健身活动,推进健康城市建设,引导健康有益生活。全年共举办足球、篮球、门球、乒乓球、羽毛球、排球、台球等项目近200余场次,参加人数达3万多人次,其中锡林郭勒体育中心50余场次、老年体育文化活动中心30余场次、工会职工文体活动中心50余场次、六中体育馆50余场次。

**【文体设施】** 完成嘎查文化活动室活动设施购置工作。按照“十个全覆盖”工程要求,按5000元标准,为每个嘎查配备1台电子琴、2把马头琴等设备。文化体育设施设备进一步完善。积极争取上级专项资金,完成了锡林浩特市文体会展中心屋面加固、室外场地等维修;为全市苏木嘎查、街道办事处发放全民健身路径共计58套。对锡林浩特市文化中心文化墙及文化石进行重新改造。通过政府采购,完成锡林浩特市文体会展中心、锡林影剧院消防设施改造工程，会展中心已向公众开放。

**【图书管理】** 新增图书200余种，400余册。接待读者2.9万人次、借阅图书5万余册。新建乌兰图嘎社区、赛罕社区、宝力根苏木萨如拉塔拉嘎查、锡林浩特市司法局等4个图书流动图书室及爱心书架，共捐赠图书1200余册。“世界读书日”期间，与盟妇联、教育园丁书店联合举办“我爱我家、同悦书香”主题阅读活动，向全市六所学校100多名学生捐赠儿童图书100余本；暑假期间，购置儿童图书2000册，满足广大小读者们的读书需求；“十一”期间，在文化中心举办了书法展，共有120幅少儿书法作品集中展示；以长征胜利80周年为契机，与芳草小学少先队一同开展“弘扬长征精神”主题读书沙龙活动，近30余名师生参加。

**【文化遗产】** 非物质文化遗产保护工作取得新进展。建立健全非物质文化遗产国家、自治区、盟市四级名录项目和非物质文化遗产名录项目传承人台账。积极考察走访蒙古象棋、狐狸皮帽、熟皮条、潮尔道传承人等锡林浩特市级传承项目。申报自治区级非物质文化遗产项目代表性传承人4名、盟级非物质文化遗产项目7个、锡林浩特市级非物质文化遗产项目7个、传承人9名。同时积极参与内蒙古电视台、锡林郭勒盟电视台拍摄非物质文化遗产项目进校园活动，参加全盟非物质文化遗产宣传日活动、第六届全盟非遗展等。由内蒙古电视台蒙语卫视“索艺乐”栏目录制的4集纪录片《天籁之音“潮尔道”》受到广大观众的好评。

## 旅 游

**【锡林浩市旅游局领导名录】**

局　长　托　娅（女 蒙古族）
副局长　李洪涛
　　　　李树娟（女）

**【概况】** 锡林浩特市旅游部门内设办公室、规划发展股、市场促进股、质量管理股、信息化办公室、旅游执法大队。主要职能为积极贯彻执行国家、自治区和全盟旅游政策法规。结合锡林浩特市地区优势，深入挖掘旅游资源，进行全市旅游资源的普查、规划、开发和相关保护工作，对全市旅游市场给予积极的管理和指导，推动全市旅游整体形象的对外宣传，保证锡林浩特市地区旅游业健康、平稳地发展。2016年，全市共接待游客417.14万人，同比增长4%；实现旅游收入72.9亿元，同比增长15%。

**【旅游规划】** 年内，主导编制完成《锡林浩特市旅游实施规划》（即“锡林风景线规划”）编制完成《柳兰景区、平顶山景区景观及建筑施工图纸设计》；协助盟旅游局编制《锡林郭勒草原国家级自然保护区旅游专项规划》，前期完成实地勘察、调研摸底、资料收集等工作；结合《锡林浩特市旅游实施规划》，进一步提升《锡林郭勒草原火山旅游区规划》，并通过了自治区专家组的书面评审；编制《锡林浩特地区旅游集散服务中心项目建议书》。

**【锡林河生态景观带项目】** 项目规划全长30余公里，总占地面积30平方公里，依托锡林河自南向北自然形成的生态脉络及其历史文化传承，围绕额尔敦敖包公园、城市滨河公园、湿地公园、中国马都核心区、南山森林公园和锡林湖公园六大市区主要节点进行提档建设。该项目总投资9亿元，2016年累计投资3亿元，建设完成景观亭廊、游步道、木栈道、生态停车场、旅游厕所等。城区交通枢纽、游客服务中心、重点旅游景区实现免费wifi全覆盖。

**【中国马都广场项目】** 年内投入资金1.2亿元，马文化博物馆、马文化商业广场主体已完工，部分消防、玻璃安装、内部墙面抹灰、门窗屋顶防水已全部完成；新建完成了13 000平方米停车场；马都广场与滨河路断头路已打通，桥涵建设完成，供暖管网、污水管网均已完工等待与市政管网连接；企业已委托专业团队策划编制《马文化商业广场装修及运营招商策划方案》；8月，成功承办“第五届中国马术大赛”，举办“第三届中国马都大赛马”等文化旅游活动；10月，中国马都核心区成功入选“内蒙古自治区级服务业聚集区”；马文化博物馆已通过政府常务会议研究决定回购。国家全域旅游示范区创建工作。依托得天独厚的地域资源和生态优势，顺应国内旅游发展形势，加快转变旅游发展方式，2016年启动“国家全域旅游示范区”创建工作，4月完成申报创建材料上报工作，制定《锡林浩特市创建国家全域旅游示范区工作实施方案》；10月中旬，形成《打造中国最美草原风景线·助推全域旅游发展新格局》的典型创建材料上报自治区旅游局；2017年初拟启动编制《锡林浩特市全域旅游规划》，争取2017—2019年纳入国家全域旅游示范区创建名单。

**【锡林风景线项目】** 该项目以“享受草原游览乐趣，尽览沿途壮美景观”为规划理念。2016年重点推进地形图测绘、地质勘探等前期工作，完成柳兰和平顶山景区的景观深度设计和游客服务中心建筑施工图纸设计，申请召开并通过全盟征占用生态资源专家评审会。锡林郭勒野生动物园项目。年内投入资金1800万元，编制完成《野生动物园项目规划》，建设完成景区8公里道路、观景平台和露营地、卫生间等基础设施，搭建餐饮蒙古包12顶。野生动物正在逐步适应性投放中。

**【锡林郭勒草原牧民传统那达慕景区项目】** 采取市场化运作的模式，继续提档升级景区服务设施，鼓励支持锡林郭勒盟草原天路旅游发展有限公司年内投资约300万元，建设完善蒙古包游客中心1处、高标准餐饮包、住宿包28个，拓宽、硬化沙石区间路，新建跑马圈、高灯杆、烧烤区等旅游基础服务设施；充分挖掘景区红色教育及文化内涵，举办那达慕、冬季摄影大赛等活动，全面向市民与游客开放，打造具有民族团结教育意义的红色景区。特色旅游村镇项目。紧紧围绕幸福美丽新牧区建设，以"十个全覆盖"工程和旅游扶贫为抓手，以增加牧民就业，提高收入为目标，持续打造白音锡勒御马小镇、贝力克吉祥小镇、白银库伦生态小镇、朝克苏木宝力格嘎查（马奶养生小镇）等具有历史、地域、民族特色的旅游村镇建设。2016年各小镇累计投入约2000万元建设完善了旅游休闲广场、出入口标识指引、旅游产品购物超市等服务设施，并将贝力克旅游小镇作为乡村旅游示范镇向自治区推荐上报。

**【旅游厕所建设】** 贯彻实施《全国旅游厕所建设与管理三年行动计划》，2016年积极协调环卫、林水、住建、苏木（镇、场）、企业等重点推进锡林河30公里生态景观带各大节点，旅游村镇、城市商业街、广场及国省干道驿站的旅游厕所共15座。建立完善旅游部门综合协调、相关部门积极组织、业主单位具体负责的旅游厕所建设管理机制，进一步提升社会整体公共服务水平。

**【旅游宣传推介】** 继续实施好锡林浩特智慧旅游项目。年内继续完善智慧旅游终端系统建设，充分发挥其宣传、辐射、引领、推动的效应。全年"四大平台"共编辑发送各类旅游政策、资讯、活动等相关信息2000余条，受众对象累计十几万余人次。通过手机微信公众平台开展"四季锡林摄影大赛"、锡林浩特市"十佳金牌旅游名吃"、"民间手工艺品展示评选""草原游记攻略征文""锡林浩特市旅游调查问卷"等一系列微信宣传推广活动，确保在旅游宣传上顺应市场、务求实效。年内编辑印发了《2014—2015年锡林浩特微信公众平台精彩文章汇编》，并向人大代表、政协委员、各有关部门及旅游企业发放1000余册，进一步提高了微信平台信息的受众率，提升了影响力。先后组织企业赴北京、呼和浩特、浙江乌镇等地参加旅游博览会、推介会等，发放宣传材料5000余份，在中央1套及中央13套双日投放"万马奔腾·锡林浩特"旅游宣传片；在《自由自在》杂志编辑刊发锡林浩特旅游宣传封面及专版，全方位推介锡林浩特丰富的旅游资源等；在京藏高速公路、克旗303国道及市机场优选"位置醒目、辐射面广"的区域，发布了5块旅游整体广告；在北京西客站户外大屏推送30秒的锡林浩特旅游宣传片；设计制作印有锡林浩特旅游标志的雨伞、手电筒、手提袋等，在旅游日免费发放给市民游客；向各旅行社、景区、星级宾馆及机场、火车站免费投放旅游宣传资料5000余份；高标准设计制作《草原明珠·锡林浩特》旅游纪念邮票、《锡林郭勒草原牧民传统那达慕景区》宣传册、《中国马都核心区·锡林浩特》马文化主题宣传画册等。继续与凤凰卫视、人民网旅游频道、中国草原旅游网、马术在线等全国知名旅游网站合作，采取关键词推广、友情链接、发布动态信息、图文视频等多种灵活形式进行宣传推介。年内凤凰卫视微信平台持续推送"蒙古马"及"冬季摄影大赛"等信息；金盾网络电视台及中国马术网持续推送"中国马都大赛马""第五届中国马术大赛"等信息，为宣传全市旅游形象营造了良好的氛围。

**【民族特色旅游产品开发】** 推进旅游电子商务发展，突出打造民族旅游特色商品孵化创业园区及锡林商品电子商务平台，实现线上线下产品双向联动，有效结合；组织市5家民族特色旅游商品企业参加"内蒙古博乐歌"旅游商品评审博览会，其中锡林郭勒盟塔林牧人民族工艺品有限公司等4家企业成功入围；8月积极配合有关部门举办锡林浩特市民族工艺美术大赛，评选出工艺雕塑、皮革、工艺编织等6个一、二、三等奖；配合就业等部门开办民族服饰、民族手工艺品培训班，共培训500余人次。

**【旅游惠民】** 4月，举办"锡林浩特地区2016年导游员（讲解员）培训班"，全市23家旅行社和各大景区导游员（讲解员）共计120人积极参训；5月—6月，整理编发蒙汉双语《锡林浩特"牧人之家"旅游接待户培训材料汇编》百余册，通过面对面、以会代训、实地走访等形式加大旅游从业人员和经营户的培训力度；制作颁发蒙汉双语《锡林浩特市"牧人之家"诚信公约》公示牌80块；在207、303国省道沿线安装了统一设计制作的"牧人之家"旅游接待户路标指引牌28块，引导"牧人之家"接待户规范服务、诚信经营，树立良好的旅游形象。

【提升旅游服务质量】 年内联合发改(物价)、食药、生态、环保、交通等部门重点对旅游景区、"牧人之家"、旅行社、星级宾馆等开展全方位的综合检查,累计开展11次综合整治行动,出动检查车辆70余辆次,检查人员270余人次,下发责令改正通知书55份。其中关闭手续未办理完毕从事旅行社业务活动的旅行社1家;超范围经营旅行社业务的俱乐部1家;拆除盟宾馆虚假广告牌2块,拆除飞机场虚假广告牌1块;同时重点在元旦、五一、国庆等节假日及安全生产高发期加大执法检查力度,全年未发生旅游安全生产事故。年内解答咨询10余个,受理旅游投诉3起,结案3起,当事双方满意率100%。

4月草拟了《锡林浩特市"牧人之家"旅游接待户管理办法(试行)》,并经市政府审议通过后印发试行;旅游旺季积极开展锡林郭勒草原国家级自然保护区旅游问题专项整改工作。5—6月对保护区内的景区(点)、"牧人之家"进行全面摸底和调查梳理,为整改工作顺利开展奠定扎实基础。制定《锡林浩特市旅游景区(点)及牧人之家接待户专项整治方案》,明确整改目标、内容措施、责任人、时限等,成立专项工作组,重点对核心区、缓冲区内的景区和"牧人之家"开展了为期3个月的多轮专项整治行动,共下发责令改正通知书33份,行政处罚告知书13份,行政处罚决定书11份。

# 卫生　计生

XI LIN HAO TE NIAN JIAN

## 卫生和计划生育

**【锡林浩特市卫生和计划生育局领导名录】**

书　记　马　雁(女)
局　长　刘春刚
纪委书记　刚呼雅嘎(蒙古族)
副局长　包晓东(蒙古族)
美　兰(女 蒙古族)
刘永清

**【概况】** 2016年度全市卫生计生工作在市委、市政府和上级业务部门的正确领导下,全面贯彻落实党的十八届三中、四中、五中全会精神,紧紧围绕年度工作目标,以"两学一做"学习教育为抓手,稳步推进卫生计生各项改革,持续加强公共卫生服务,不断提升卫生计生保障能力,为服务全市发展大局做出了积极贡献。

**【卫计医改工作】** 牧区合作医疗参合人数16 681人;新农合筹资标准由每人每年470元提高到每人每年540元;全市共补偿住院患者2293人次,补偿金额921.75万元,门诊患者补偿2205人次,补偿金额20.61万元。全市18个市属基层医疗卫生机构全部实施药械网上集中采购和药品零差率销售。为全市17 791位65岁以上老年人建立了健康档案;国家免费孕前优生健康检查1174人;"一杯奶生育关怀"行动,共受益178人。与锡林郭勒盟医院和锡林郭勒盟蒙医医院分别签订医疗联合体协议,开通患者住院"绿色通道";开展双向转诊、专家坐诊、讲座、人员培训等工作;建立"基层首诊、双向转诊、急慢分治、上下联动"的分级诊疗模式。全年流动服务车共行驶144 900公里,小药箱共发放3043个,重点人群完成签约2万余人。

**【计生管理服务工作】** 与15个苏木镇、场、街道办事处,8个相关部门签订目标管理责任书;市本级计生事业经费预算达到454.09万元;在全市开展生育意愿调查摸底,共走访40 203户;实现一孩、二孩网上登记和多孩网上审批,全面推行网上办理;一孩、二孩累计登记1088对,三孩审批20对。取消二孩生育审批,全面实行一孩、二孩生育登记服务制度。锡林浩特市卫计局局长刘春刚与基层计划生育目标管理单位签订责任状

**【计生惠民政策】** 严格兑现国家"三项制度"、独生子女父母奖励费和长效节育措施奖励、救助贫困母亲、"北疆幸福家庭"创建等奖扶优惠政策。为1920户计划生育各类重点人群兑现奖励费、慰问金共计5 361 499元。"三项制度"特别扶助家庭发放一次性扶助金4 733 739元。

**【依法行政工作】** 继续从重从严从速打击"两非"行为,全年共检查146户次;提交人民法院违法生育案件21起;监督公共场所从业单位1126户,下达卫生监督意见书1152份;76家从业单位提档升级为"B"级。共检查考生入住的宾馆48家,加大生活饮用水卫生监督420户次,监督各级各类医疗机构632户次,取缔36家,下达限期责令整改通知书67份,罚款16户,共处罚金41 000元。

**【流动人口服务管理】** 成功举办了流动人口信息系统培训班,基层流动人口PADIS信息平台应用得到有效提升;在"三八"、"六一"儿童节期间,相继积极组织开展了巾帼志愿者、大学生志愿者、爱心妈妈志愿者、外教志愿者"快乐成长·欢庆六一"和关爱留守流动儿童主题志愿服务活动。

**【公共卫生工作】** 认真开展足口病、猩红热、

麻疹、流行性腮腺炎等重点呼吸道感染疾病等疫情监测及艾滋病、结核病等传染性疾病的防治工作。争取到政府采购的部分水质监测和虫媒监测等设备。传染病报告发生13种650例,登记报告恶性肿瘤病例205例;艾滋病感染者和病人51例,新增5例,登记管理包虫病人104人,全年未发生重大传染病、疫情等突发公共卫生事件。

**【妇保计生服务工作】** 5月,完成市妇幼保健院与市计生服务站整合,成立了"市妇幼保健计划生育服务中心"。共计接诊诊疗88 558人次;"四术"服务2075例;免费婚检674对,免费发放口服避孕药2800板,避孕套80万余只,口服避孕药2800板,共发放"出生医学证明"21份。

**【卫计宣传工作】** 全年组织新闻稿件235余篇,其中92篇稿件被各级新闻媒体、政府门户网站采用;围绕"世界结核病防治日"、计生协会纪念日、"食品安全周"、"世界无烟日"、"世界卫生日"等宣传节点,组织基层医务人员深入开展公众健康义诊、咨询宣传活动,发放健康教育宣传手册、折页资料12种以上3万份,发放健教知识宣传单一万多张,接受免费义诊、健康及政策咨询22 600余人次;开展健康讲座活动72场。

**【项目建设】** 继续积极推进2015年市疾控、妇幼未完工程的续建工作,积极联系市国土、规划等部门,为各二级单位、社区、卫生院等补办相关建筑手续,为顺利开工做好前期准备奠定基础。按照锡林浩特市煤矿独立工区转型发展行动计划,积极争取国家投资,申请南郊搬至原社区医院新建项目,并积极开展前期工作。

**【蒙中医建设】** 全面拓展基础蒙中医科室服务能力,开展蒙中医预防保健服务体系框架,积极探索蒙中医预防保健服务方法、途径、机制和模式,为3个基层卫生院配置9台医疗设备,29个嘎查卫生室配备29套治未病设备,进一步提升基层蒙中医服务水平了能力。希日塔拉社区卫生服务中心建中医馆,两所卫生院积极拓展中医服务项目。

**【创卫工作】** 坚持把创建工作作为改善民生、惠民利民的重要抓手,全面推进创卫工作。成功创建成为国家卫生城市。圆满承办"全区爱国卫生工作现场经验交流会"和"全区卫生计生宣传暨健康教育工作经验交流培训会"。

**【党建工作】** 以"两学一做"学习教育为契机。进一步完善学习制度,制定学习计划,采用每周五集中学习制,重点学习党章、党规和习近平总书记系列重要讲话精神。加强干部队伍建设。撤党委成立党组,并成立机关党总支将6个党支部优化整合为5个党支部。发展2名预备党员,全年收缴党费51 130元。组织党员干部开展精准扶贫工作,新建、修缮房屋及畜圈8处,投资8.7万元,给予生活补贴2万余元,发放贫困牧民医疗救助15.37万元,并解决就业1人。对党员干部开展警示教育,建立了责任制报告、检查、考评和追究制度,借助网站、QQ群、微信等新兴载体,弘扬主旋律,传播正能量。

## 食品药品

**【锡林浩特市食品药品和工商质量技术监督局领导名录】**

书　记　侯　伟
副书记、局长　刘佺杰
副局长　任晓珍(女)
　　　　安玉栋
　　　　白青松
　　　　赵建平
纪委书记、副局长　梁伟平
副局长　高国富
副局长　哈斯(女 蒙古族)
副局长　斯琴高娃(女 蒙古族)

**【经济技术开发区质量技术监督分局】**

副局长　曹雅艳(女)

**【经济技术开发区工商行政管理分局】**

局　长　杨玉智
副局长　张　普
纪检员、副局长　高雁滨

**【概况】** 2016年锡林浩特市食药工商质监局围绕市委市政府的总体部署,认真贯彻落实全市经济工作会议精神,深化商事制度改革,完善监管体系机制,妥善处理改革与稳定,服务与监管,主线与底线的关系,各项工作进展顺利。

**【党组织建设】**

(一)围绕"两学一做"加强基层党建。启动"两学一做"学习教育,印发实施方案,及时动员部署,结合党员组织生活日等活动组织开展支部学习讨论和党课教育。严格执行权力清单和责任清单,切实加强执法监督,不断提高市场监管依法行政水平。落实党风廉政责任书层层签订,组织开展作风效能检查,打造了"风清气正"的新系统新形象。

(二)丰富群团活动提升队伍凝聚力。加强工青团妇建设。通过开展新年茶话会活动、为退伍军人职工微信送八一节祝福、组织参加“纪念中国共产党成立95周年和红军长征胜利80周年”大型合唱比赛、走访慰问困难干部职工、为孩子患病职工募捐等形式提升队伍凝聚力。

(三)分级分类抓好教育培训。组织全体干部职工参加公务员网络学习、法制网络培训,增强系统干部职工素质能力。继续组织落实好“四品一械”培训教育,在监管任务繁重的情况下,全体职工利用下班时间进行法律法规业务知识大培训。根据当前问题研究适合的教育培训方案,组织多名业务骨干外出参加各类业务培训,“一专多能”的业务骨干队伍不断扩大。

**【廉政建设】** 2016年,在市委市政府的正确领导下,在市纪委的具体指导下,全面贯彻中共十八届六中全会、十八届中央纪委六次全会、自治区纪委九届七次全会、盟纪委(扩大)会议、市纪委(扩大)会议精神,狠抓纪律检查监督责任落实,以制约和监督权力运行为核心,以作风建设为抓手,不断探索党风廉政建设和反腐败工作的新思路,为我局各项工作顺利开展提供了有力保障。

**【大众创业】** 全面落实注册资本登记改革,放宽市场准入门槛,完善“先照后证”“五证合一、一照一码”“两证整合”等改革举措,大大缩短了企业创办周期。全面推行“食品经营许可”改革等登记便利化举措,简政放权进一步提速,群众办事更加便捷。2016年全局换发“三证合一,一照一码”营业执照1515户,换发“五证合一,一照一码”营业执法147户,农牧民专业合作社21户;2016年以来新增市场主体5512户,注销登记1762户;2016年,锡林浩特市实有市场主体32 398户、注册资本225.02亿元,与上年同期相比增长了20.5%、28.03%。

**【企业发展】** 完善小微企业名录功能,2016年新登记小微企业534户,同比增长96%;搭建“银企对接”平台,通过股权出质、动产抵押等多种渠道帮助小微企业新增融资0.94亿元;全市现有小微企业达3864户,同比增长74.5%,注册资本30.4亿元,同比增长5.6%。大力开展“守重”企业的培育和发展工作,完成56家“守重”企业年检工作,引导企业重视企业信用体系建设。

**【战略推进企业发展】** 深入实施品牌、商标和标准“三大战略”,强化对重点企业的创牌定向培育:全年新注册商标14件,培育6家知名商标企业,指导23家速冻肉食品加工企业申请办理乌珠穆沁地理标志保护产品商标;推动设立锡林浩特市市长质量奖,推荐1家企业成功申报2016年“内蒙古名牌产品”,向2015年度获得“内蒙古名牌产品”称号的2家企业每家发放奖励资金20万元;组织15家企业参加“锡林郭勒盟盟长质量奖”申报工作,7家企业参评;顺利通过乌珠穆沁种公羊农业标准化示范项目验收工作,乌珠穆沁种公羊良改比重提高到100%,尤其是特级种公羊比重提高到12%。羊均增重2.98公斤,每只羔羊增收80元。

**【个体私营经济党建工作】** 依托工商企业年报信用公示系统建立小微企业党建台账;强化开展“组织找党员、党员找组织”的活动,摸排全市企业党支部33家(规模以下),党员331人;专业市场党支部3个,党员5人。同时大力开展共产党员经营户“亮身份、亮标准、亮承诺”三亮活动,发放“共产党员经营户”牌匾33个。推进个私经济组织党建示范点创建工作,按照“双强六好”标准对锡林浩特市3家企业进行个私经济组织党建示范点培育。指导个体私营经济党组织认真开展“两学一做”活动,召开个体私营经济组织“两学一做”学习教育座谈会。

**【事中事后监管】** 有序推进市场主体年度报告工作,采取前期密集宣传、优化窗口服务、多平台逐户催报、监管所上门排查等措施扩大年报工作覆盖面,共制作海报20套,宣传册4000份。通过不断努力,截至6月30日,市场主体应报数为26 324户,实报数25 029户,年报率为95.08%。全面推行“双随机一公开”监管,组织开展年报信息抽查工作,积极落实全市未年报企业的列异工作,共抽查市场主体825户,下发《责令限期整改告知书》1份,累计列异市场主体516家,为全市企业信用分类监管打下基础。切实履行“双告知”职责,2016年与市场主体签署了“双告知”文书共计268份,并及时与事中事后监管部门交换登记信息。强化部门间协调配合,牵头与24个部门签订了《企业信用信息共享与联合惩戒备忘录》,推动建设“一处违法、处处受限”的市场信用体系。

**【食品药品安全】** 深入开展“食品安全宣传周”“安全用药月”“3·15消费者权益保护”等主题活动,利用电视、广播、网络、报纸专版等多种形式宣传食药政策法规和工作成效,取得了良好的社会反响。启动国家食品安全城市创建活动,制定工作方案,成立领导小组,通过沿街广告牌、广播电视报专版、微信公众号等多种平台宣传创建活动,营造全城齐动的创建气氛。全面落实“四个最严”要求,开展马奶酒、食用盐、学校食堂、病死畜、网上订餐、假冒且不符合标准全自动生化分析仪、冷冻冷藏医疗器械、疫苗、蒙药制剂及特殊药品等一系列“四品一械”安全专项执法行动,全年检查餐饮单位8943户次，检查药械经营使用单位1073户次，下达责令改正1142份，责令154户问题餐饮单位和39家食品加工小作坊停业整顿，不断提升食品药品企业的主体责任和抗风险能力。开展网络订餐平台专项约谈，进一步深化药店GSP跟踪检查，指导督促餐饮服务单位落实“清单式”内部巡查制度。深化餐饮单位专项整治，助推全市餐饮行业提档升级，打造“明厨亮灶”餐饮单位958户，完成传菜防尘改造778户，实行大小盘分装659户，大中型餐饮服务单位全部实行了“明厨亮灶”改造、传菜防尘改造和大小盘分装定价。着重加强食用农产品质量安全管理，在3个集贸市场设置了食品安全快检实验室并及时公示快检信息。第一时间介入处置微信朋友圈上关于死畜加工的负面信息，迅速遏制负面舆情的传播。借助检验检测手段提升食药安全监管的靶向性，2016年以来抽检食品1156批次，抽检药械570批次，现场快速检测热销食品935批次，超额完成年初既定任务，发现不合格食品11批次，均进行处理。狠抓违法查处，立案查处食品药品违法行为，建立食品药品违法犯罪案件的行刑对接机制，2015年查处的销售不符合安全标准的食品犯罪案件今年宣判，涉案的2名人员获刑3.5年，罚金105万元，从而有力震慑了违法犯罪分子，有效预防食药安全事故的发生。

**【执法办案】**　将煤矿、非煤矿山、危险化学品、烟花爆竹、民爆器材、加油站、液化气站和存储点以及餐饮、交通运输、网吧、公共娱乐场所等作为整治重点，及时查处无照经营行为，查处无证经营行为42起。集中力量加强打假治劣和反不正当竞争执法，深入推进红盾网剑、红盾护农、保护商标专用权、违法广告、货车非法改装和超限超载等一系列专项行动，下达商标违法行为责令改正通知书45份，违法广告责令整改220户，清理违法广告365处，查处农资、虚假广告、商标侵权案件、网络监管、食品包装、“三无”产品等多种类违法案件。2016年以来全局累计立案查处各类案件252起，罚没款231.07万元。

**【监管效能】**　提升智慧监管水平，结合锡林郭勒食品检测和风险评估中心建设，推行食品安全电子监管，接入电子监管试点单位25家、安装监控摄像头212个。成立锡林浩特市餐饮与饭店行业协会，发挥协会自管自律、自我提升的积极作用，举办餐饮从业人员食品安全知识培训参训人数达4263人；发起餐饮行业参与“创城”倡议书，倡议全市餐饮单位努力创造安全、整洁、文明的就餐环境；与技工学校达成校企合作意向，为餐饮与饭店从业人员提供技能培训。开通公众微信平台，定期发布工作动态，曝光问题经营单位，发送图文消息242篇，单篇文章阅读量最高达到19678人次。

**【办好民生实事】**　关注民生计量领域，开展机动车安全技术检验、环境监测计量器具、物流企业计量器具、肉食品加工企业收购计量器具、民族特色旅游产品定量包装商品净含量等多项专项整治工作，对7家重点用能单位进行能源计量审查，完成计量器具检定199台（件），普查8种631台在用强制检定计量器具并建立档案。推进计量惠民进社区活动，为群众免费检测电子秤12台、血压计28台、检测车载计价器22台。紧盯十个全覆盖工程建材、儿童用品、学生校服、絮纤维制品等与群众切身利益相关的产品质量安全，加强市场巡查和抽查抽检，共抽取装潢材料34批次、儿童用品12批次、建筑材料73批次、学生校服2批次、电器2批次，并对不合格产品均进行处理。大力推动农贸市场提档升级，完成南北早市搬迁工作，使市场经营环境得到极大的改善。抓好典型培育和规范创建，推进食品安全示范建设，打造7条餐饮服务食品安全示范街，评定街内餐饮食品安全示范店87户，其中A级60户，B级27户。

**【消保维权】**　持续强化消费维权宣传力度，在主街道、大型商超、社区、车站等悬挂主题宣传条幅、LED播放宣传标语，举办“新消费、我做主”“3·15”主题现场宣传活动，现场受理投诉消费者投诉8起，接受消费者咨询500余人次，发放各类宣传材料800余份，现场展示假冒伪劣商品50余种，销毁假冒伪劣商品价值6万余元。整合原三局举报投诉平台，有机结合舆情、信访等工作，改进处置规范和流程，完善工作制度，不断提升举报投诉受理水平。创新实行驻场监管消费维权的工作模式，设立德客隆超市、民盛购物广场、银座商业广场、高勒时代购物广场为首批试点单位，在商场内设置“消费者维权办公室”和“12315消费维权受理台”，及时处置消费纠纷，真正为消费者排忧解难，截至2016年底，共受理消费者投诉1404件，为消费者挽回经济损失341.39万元。

**【特种设备安全】**　以电梯、油气输送管道、液化气钢瓶、车载气瓶及充装站、压力管道、锅炉等特种设备安全监察为核心铺开工作，2016年检查特种设备使用单位240家，排查特种设备942台、长输管道103千米、气瓶2198只；发现隐患设备83台，不合格气瓶73只，封停严重隐患电梯62部，查获移动非法充装液化气车辆5起，端掉非法充装黑窝点1处。对1家加气站违规使用未安装动态监管系统的加气机进行封停,下发《特种设备安全监察指令书》75 份。此外,还与锡林浩特市特种设备生产、安装、维保、使用单位全部签订安全使用承诺书,督促企业履行安全主体责任;多次联合公安、安监、经信等部门开展特种设备安全隐患整治,取得显著效果;大力推行特种设备安全知识“三进”(进企业、进社区、进学校)活动,采取 LED 屏滚动播放特种设备安全教育系列科教片、现场讲解安全知识、发放相关宣传材料等方式,在 18 家企业、3 家学校、2 家社区开展丰富多样的宣传活动,有效降低监管风险。

**【维稳与社会综合治理】** 2016 年初,局及时制定了 2016 年度综治工作计划,并将综治工作纳入单位的目标责任管理,局主要领导与分管领导、分管领导与股所负责人层层签订责任书,做到计划周密、措施具体、任务落实、责任到人。同时把抓好局机关的安全和及时排查化解矛盾纠纷作为今年工作的重点,立足本职,统筹安排,进一步强化措施,抓好落实,有效地维护单位内部的安全,为食药工商质监工作的顺利开展创造了良好的环境。全年共答复市长信箱留言 5 件,行署公众留言 1 件,信访件 2 件,较好地化解食药、工商、质监监管领域的矛盾,实现了在本职范围内无不安全事故发生的目标,把矛盾化解在萌芽状态,全年未发生群众越级上访事件和大规模群体性事件,为维护全市社会稳定做出积极的贡献。此外,还严格办公管理,加强对外来人员,特别是推销、促销商品的,或不明身份人员进行盘查,加强车辆管理,注意车辆行驶安全,随时提高警惕,消除各种安全隐患,全年未发生丢失、被盗、泄密事件和行政责任事故。同时,坚持节假日安全值班和领导带班制度,对值班工作每月安排一次,每周公布一次,每天叮咛一次,节假日做到 24 小时值班,严格落实安全责任。通过不断努力。

# 人事劳动

XI LIN HAO TE NIAN JIAN

## 人力资源与社会保障

【锡林浩特市人力资源和社会保障局领导名录】

党总支书记　李　彬

党组书记、局长　师　前

副局长　青格勒(蒙古族)

【锡林浩特市劳动就业服务局领导名录】

局　长　包武山(蒙古族)

副局长　巴雅尔(蒙古族)

金　鹏(女 2016 年 4 月离职)

张春鹏(回族 2016 年 5 月任职)

【锡林浩特市社会保险事业管理局领导名录】

局　长　吕　峰(蒙古族)

副局长　贾树明

金　鹏(女 2016 年 4 月任职)

【锡林浩特市劳动监察大队领导名录】

队　长　英　君(蒙古族 2016 年 7 月任职)

**【概况】** 锡林浩特市人力资源和社会保障局是综合管理全市人事人才、创业就业、社会保障和劳动关系协调工作的行政部门。内设规划财务股、办公室、公务员管理股、工资福利股、事业单位管理股、劳动和社会保障股、就业促进股、信息中心和档案室等股室,局机关下辖社会保险事业管理局、劳动就业服务局、劳动监察大队、劳动争议仲裁院和人才发展服务中心 5 个二级单位。2016 年锡林浩特市人社局在市委、政府和上级业务部门的正确带领和指导下,围绕人事人才、社会保险、就业创业、劳动监察和劳动仲裁等各项业务工作,全局上下团结协作保质保量的完成各项工作任务。同时努力做好党建、精神文明建设、综治、维稳等工作,做到业务工作和纪律作风建设两不误。

**【就业工作】** 2016 年,共征集就业岗位 19 300 个,城镇新增就业 4037 人,城镇登记失业率控制在 3.35% 以内。

**【重点群体就业安置工作】** 加大高校毕业生就业工作力度,实现高校毕业生就业 920 人,其中实现或落实就业计划人数 720 人,提升就业能力计划人数 200 人;安置就业困难人员就业 603 人;累计实现农牧民转移就业 2254 人,其中当年转移就业人数 1152;组织开展了面向社会公开招募幼儿教育公益性岗位工作人员以及退役士兵和随军家属公益性岗位竞聘就业考试工作,共招募幼儿教育工作人员 161 人,安置退役士兵 29 人、随军家属 9 人;举办好各类招聘会,共组织大中小型招聘会、社区专场招聘会 11 场,入场单位 460 家,提供岗位 9578 个,入场求职人员 14 208 人,达成就业意向 5094 人;加强就业扶贫工作,制定了《锡林浩特市就业创业扶贫工作实施方案》,通过就业指导、劳务协作、技能培训等形式,帮助农牧区劳动者特别是建档立卡贫困劳动力实现转移就业和稳定就业,共为 32 人推荐了就业岗位。

**【就业培训及创业培训工作】** 全年共举办城镇劳动力技能培训班 38 期,培训学员 1978 人,培训后实现就业 1820 人,培训后就业率达 92%;举办农牧区劳动力技能培训班 13 期,培训学员 706 人,培训后实现就业 665 人,就业率达 94.2%。培训家庭服务企业从业人员 459 人;企业职工在岗技能提升培训 205 人;职业技能鉴定 1302 人,其中新增高技能人才 30 人。

**【认真做好援助困难企业稳定就业岗位工作】** 根据上级文件要求,局会同有关单位深入市沃原奶牛场等5家企业,查实帮扶资金使用情况,同时对2016年度符合认定困难企业条件的锡林浩特市晨飞风电设备有限公司和伊利畜牧发展有限责任公司2户企业进行了审核及入户核查,积极帮助企业申请援企稳岗补贴。

**【扎实推进大众创业,万众创新工作】** 加强对创业园区和孵化基地的组织领导,成立了由分管副市长为组长,人社、经信、财政、商务等部门为成员的创业孵化基地认定评估工作领导小组,统一指导和监督创业园区入驻孵化、奖励扶持和运营管理工作。创业指导服务中心结合创业园实际情况,修订完善了《创业园区管理制度》,加强对入驻企业的定期考勤和考核工作。进一步开展"一对一"创业指导服务,组织专家志愿服务团开展"门诊式""会诊式""结对子"等多种服务。加强创业政策宣传和扶持力度,有效推动孵化政策的落实。共为47家孵化企业兑现房租补贴154.48万元,兑现大学生文化创意创业园"以奖代补"资金200万元,为303户创业者发放创业担保贷款2600万元。举办SIYB创业培训班18期,培训学员359人,完成105.6%,培训后创业成功277人,完成101.8%,创业带动就业977人。开通"创业锡林浩特"微信平台,加大创业宣传力度。发放创业宣传材料3万余份。

**【创业园区建设】** 重点扶持建设了新丝路电子商务创业园,完成二期建设工作,新入驻孵化企业17户。建成线下体验店,实现了线下体验线上销售。建成园区众创空间,免费为创业者提供办公空间、办公设备、创业培训辅导、协助注册公司、创咖分享、投融资、市场推广等服务。完成了银座大学生文化创意创业园9、10楼美化亮化和负一层装修扩展工程,新入驻企业10户。完成了"锡林尚品"销售平台外地市场拓展规划,在河南漯河开设了面积200平方米的特色产品专营店,与杭州富阳区泽农商贸有限公司合作建成位于富阳区高桥镇的蒙元文化园区,主打草原文化旅游和特色产品销售。继续扶持香榭丽舍创业园发展。积极打造农牧民工返乡创业园。2016年,新丝路电子商务创业园被认定为盟级示范性创业园,并积极申报自治区级示范性创业园,争取到自治区"以奖代补"资金300万元。银座大学生文化创意创业园正在推荐申报国家级创业孵化示范基地。全市创业园区总面积达到42 254平方米,可容纳创业企业500余户,带动就业3000余人,初步形成了"一区三园两平台"的格局,即:创新创业集聚区,香榭丽舍创业园、银座大学生文化创意创业园、新丝路电子商务创业园,新丝路电子商务平台、锡林尚品电子商务平台。全力打造电子商务创业培训基地。整合发挥新丝路电子商务创业园优势资源,成功承办了第三期全国网创师资培训试点班,来自全区各盟市及辽宁省的30名学员参与本次培训,全区各盟市及宁夏回族自治区的18名创业讲师进行了观摩。举办电子商务培训班2期,培训学员137人。举办"大数据时代的传统企业转型升级"等专题讲座2期。开展创业沙龙活动5次。

**【优惠政策落实工作】** 创业担保贷款中心,为1192户创业者发放创业担保贷款1亿元,带动就业3820人。落实培训补贴403.24万元。认定就业困难人员603人;为2190名下岗失业人员、就业困难人员落实社会保险补贴1193.29万元。

**【扩大社会保险覆盖面】** 2016年,锡林浩特市养老、医疗、工伤、生育和失业保险五险参保任务数18.78万人,实际参保17.21万人。其中:职工基本养老保险(不含退休人员)实际参保30 213人(其中:企业职工养老保险参保24 073人,行政事业单位参保6140人);城乡居民基本养老保险实际参保19 026人(其中农牧区参保7023人);城镇职工基本医疗保险实际参保26 417人;城镇居民医疗保险实际参保60 642人;工伤保险实际参保12 357人(其中,行政事业单位参保7079人);生育保险实际参保13 005人;失业保险实际参保10 489人。推进机关事业单位养老保险制度改革工作,完成机关事业单位养老保险信息采集录入6140人。

**【提高社会保险待遇政策】** 共为9940名企业离退休人员按时足额发放养老金22481.61万元。征缴城镇职工基本医疗保险9506.54万元,职工医保享受待遇4382人次,基金支出7527.17万元。征缴工伤保险583.68万元,全年享受工伤保险待遇23人,基金支出132.70万元。征缴生育保险427.73万元,262人次享受待遇,基金支出138.76万元。征缴失业保险792.73万元,享受失业保险待遇126人,支出73.3万元。新一代社会保障卡持卡人数4.4万人。企业退休人员社区管理服务率达到100%。养老保险方面,连续第12年调增企业退休人员养老金,人均调资140元。自2012年至今,累计为企业退休人员月增资848元,全部足额发放到位,保障了退休人员的权益;按照"十个全覆盖"工程建设要求,锡林浩特市连续第3年调增城乡居民养老保险基础养老金,2016年每人月增资5元,基础养老金已由2012年的200元每月增长到2016年的230元每月。锡林浩特市基础养老金水平在全盟排名靠前,在全区也属上中水准。医疗保险方面,为进一步提高参保人员医疗康复保障水平，扶持蒙医传统疗法的发展，将康复综合评定等29项医疗康复项目、蒙医点穴反射疗法纳入基本医疗保险支付范围。

**【加强医保基金监管】** 加强定点零售药店和定点医疗机构协议管理。根据上级文件要求，从2016年1月1日起，全面取消行政部门对城镇基本医疗保险两定资格的审查，直接对其进行协议管理，共对46家定点零售药店和6家定点医疗机构进行了现场评估，对达到合格标准的零售药店进行公示和实地核查，共明察暗访医院、药店360余次，现场查获“挂床、冒名顶替”行为6起，违反协议管理规定药店13家，均暂停医保刷卡，保障了医保基金安全运行；继续做好医疗票据复核工作，对外地就医报销较大额度票据实行即时复核，查获虚假发票2起、涉及金额20.11万元，责令予以退回并暂停医疗保险待遇。

**【扎实推进退休人员社会化管理服务工作】** 在2016年采用较为前端的认证方式基础上，扎实推进退休人员异地生存认证工作。共为856名异地居住领取养老金人员完成生存认证工作（其中包括协同盟社保走访8个省市上门认证异地居住退休人员343人）。全面完成本市居住退休人员身份认证工作，以社区、嘎查、分场为单位，逐个深入，为领取职工和居民养老待遇的13 376人进行信息录入和身份认证（包括市直企业退休人员8466人、居民待遇2452人、其他旗县退休人员2623人），确保养老金待遇领取人员身份认证全覆盖、无死角。特别是对于行动不便的516名老人，全部上门服务。另外对无法联系的退休人员，暂停发放养老金待遇，确保了养老基金的安全性。

**【有效规范业务档案的管理】** 社保局于2014年设立200平方米档案室，并先后投入20万多元专项资金建设档案室，为有效改善档案管理基础设施建设，于2016年6月购买新式密集柜和档案柜，配备了计算机、打印机、复印机、扫描仪、文件柜、装订机等设备及专项档案业务软件，并抽调6名工作人员，成立专项工作组，集中开展档案整理工作，建立健全档案收集、转递、查借阅、销毁等多项工作制度；对全部业务档案按年度、类别进行梳理，实现了档案室、查阅室、办公室三分开的要求。整理文书档案664件，全部录入档案管理系统；整理业务档案413盒1026卷；整理离退休人员人事档案2318人。

**【公共服务平台建设】** 全市共建成人力资源和社会保障综合服务中心24个，建立36个“社会保障卡综合服务点”试点，实现服务全覆盖。各社区、苏木、国有农牧场全面开展了盟本级和全市企业退休人员、遗属以及居民养老人员验证工作，共为2.5万人验证。认证工作首次利用信息化手段对参保人员进行采集认证，改变过去必须集中到社保大厅认证的状况，把社保服务送到了百姓家门口。

**【人事人才工作】** 加强事业单位人事管理。完成全市中小学教师职称制度改革工作，按照改革后的评审要求，共审核申报213人。完成全市22所中小学校、3所幼儿园和助学中心、教育督导室、教研中心的教师职称（职务）过渡工作。完成卫生系列高级专业技术资格申报审核工作。完成事业企业单位专业技术人员的高、中、初级职称申报审核工作。完成机关参公事业单位公务用车司勤人员安置工作，全市司勤人员竞聘上岗98人、内部转岗22人。完成21个事业单位岗位设置管理工作。继续在全市机关事业单位范围内开展“吃空饷”问题专项整治工作，按照有关规定对有关人员均已采取了相应的管理措施。深入实施人才强市工程。进一步加强少数民族专业技术人才队伍、高层次人才队伍等人才队伍建设工作，开展“内蒙古少数民族专业技术人才特培计划”申报工作。向自治区选拔推荐2016年度享受政府特殊津贴人员4人。选拔推荐1名初中优秀教师参加全区2016年中小学英语教师全封闭英语培训班。组织开展了全市2016年度专业技术人员继续教育网络在线学习培训工作，完成1562人。设立人才专项基金100万元，用于人才引进、培养、使用和奖励。加强基层人才管理服务工作。做好在岗“三支一扶”人员、社区民生志愿者、民生协理员考勤考核、岗位报酬发放、社保缴纳等管理服务工作。对2016年服务期满的“三支一扶”人员、社区民生志愿者、中小企业和非公有制企业储备人才共197人进行了服务期满考核，为考核合格人员办理了期满服务证书。推进人力资源市场整合工作。根据上级文件精神，结合实际，制定了锡林浩特市人力资源市场整合方案，积极推进整合工作，实现了职能整合。

**【公务员管理】** 完成公务员与参公人员统计工作，及时更新完善公务员信息数据库。推进公务员职务与职级并行制度，共为90名符合晋升职级条件公务员（含参照公务员）履行审批备案手续。完成新录用的29名公务员考察工作。完成了自治区审批的参公单位21人过渡考试和登记工作。开展全市党群和政府行政机关公务员网络在线学习工作，参学1287人，参训率、完成率均达到100%。举办公务员在职培训班1期，培训86人。做好自主择业军转干部冬季取暖费发放工作。

**【收入分配工作】** 完成苏木乡镇补贴及其他岗位津贴调整工作。为列入苏木乡镇补贴实施范围的15个单位378人办理苏木乡镇工作补贴审批手续。完成行政机关、参公单位公务员累计两年称职、累计五年称职晋升级别工资档次和级别工资工作。完成事业单位工作人员年度考核合格晋升薪级工资审批工作。完成全市机关事业单位3579人的年休假工资报酬审批工作。完成调整艰苦边远地区津贴标准以及人民警察警衔津贴标准工作。为全市机关事业单位在职及离退休人员履行了艰苦边远地区津贴调整审批手续,在职人员人均增资50元/月,离退休人员人均增资40元/月。为公安、林业公安、司法行政机关中转警并评定警衔人员履行了警衔津贴调整审批手续,人均增资960元/月。提高市直机关、事业单位遗属生活困难补助待遇标准,审批完成104人,标准提高后人均增资约86元/年。办理机关、事业单位手续94人。开展调整退休人员基本养老金工作。全市机关事业单位2052名退休人员,人均增加养老金约226元/月;企业退休人员9872名,人均增加养老金约140元/月。开展了调整机关事业单位工作人员基本工资标准和增加机关事业单位离休人员离休费工作,在职人员人均增资约300元/月,离休人员人均增资约400元/月。

**【构建和谐劳动关系】** 推进和谐劳动关系工作。切实加强劳动用工管理,规范劳动用工秩序,全面推进劳动合同制度实施,促进劳动关系和谐稳定。采集锡林浩特地区存在劳动关系的用人单位共4458户,涉及职工3.4万人,企业劳动合同签订率达到95%;劳动用工网上备案企业554户,涉及职工7821人;企业集体合同签订率100%。完成工伤认定、劳动能力鉴定以及特殊工种认定申报工作。全年申请工伤认定共32件,其中予以认定24件、不予认定1件、不予受理7件。申报劳动能力鉴定28件,特殊工种认定25件。加强劳动保障监察工作。全面做好农民工欠薪问题综合治理工作,严格落实《国务院办公厅关于全面治理拖欠农民工工资问题的意见》(国办发〔2016〕1号)和《内蒙古自治区人民政府办公厅关于全面治理拖欠农牧民工工资问题的实施意见》(内政办发〔2016〕120号)精神,市委、政府印发了《关于落实开展全面治理拖欠农民工工资问题的工作方案》,进一步明确全面治理拖欠农牧民工工资问题工作重点目标、工作措施、保障措施和各职能部门职责。2016年,共主动监察用人单位5次,检查用人单位880户,涉及劳动者8900人,补签劳动合同990人;开展专项监察6次,检查用人单位380户、涉及劳动者11609人;接受群众举报41起,结案40起,结案率97.6%。共为1850名劳动者追回被拖欠工资5699.02万元,并按要求全部录入劳动保障监察信息数据库。充分发挥“两网化”防控监管效能作用,进一步将“两网化”管理工作延伸到嘎查村、社区。以现有行政管理体系和劳动保障基层服务平台为依托,划分基础工作管理网格和执法监督责任区域,以街道办事处(苏木、乡镇、国有农牧场)为单位划分三级网格15个,以社区、嘎查、居委会为单位划分建立四级网格97个。做好劳动人事争议仲裁调解工作。全年共受理劳动人事争议仲裁案件53起,其中调解处理案件46起,案件调解率达到87%,裁决处理案件7起,结案率100%,共为53名劳动者挽回经济损失56.2万元。鉴定劳动合同1.5万份。

**【加大信息宣传工作力度】** 2016年,通过人社局微信平台、网站发布微信消息300余条,关注锡林浩特市人社局微信平台人数2600余人。报送政务信息220篇,其中政府网站采纳信息100篇;报社采纳信息12篇;盟局微信平台采纳15篇;认真贯彻落实建筑业参加工伤保险新政策,在全市范围内广泛开展工伤保险集中宣传活动,深入全市50多家建筑施工企业,逐户走访宣传,共发放《工伤保险业务指南》《工伤保险宣传手册》等宣传资料2.5万份,群发公益短信1.8万条。

**【综治维稳】** 切实把社会治安综合治理工作摆在重要位置,强化组织领导,建立健全责任制,认真做好社会矛盾排查化解工作。注重信访问题的源头治理,及时掌握苗头性、倾向性、预警性信访信息。严格落实信访维稳工作机制和责任制度,有效解决各类信访问题。2016年,共接待各类信访群众3000余人次,按照信访工作程序,书面答复信访件24件,涉及人数110人。通过内蒙古自治区信访信息系统答复信访件40件,已办38件,待办2件,办结率95%;办理政协提案5件;党代表答复4件;办理市长信箱答复18件。群众满意率达100%,做到件件有落实、事事有回音,努力排除各类维稳隐患。

# 民政　民族宗教

XI LIN HAO TE NIAN JIAN

## 民　政

**【锡林浩特市民政局领导名录】**

书记、局长　唐贵举

副局长　关卫华

　　　　巧　光(女 蒙古族)

**【概况】**　民政局主要工作职责是宣传贯彻国家关于民政工作的法律、法规、政策,制定并组织落实全市民政工作的有关政策规定,编制锡林浩特市民政事业发展规划,并负责组织实施和监督检查,指导民政工作的改革与发展。局机关内设办公室、社会救助办、救灾救济、基层政权、社会事务、婚姻登记处、区划地名办等7个股室及双拥办、老龄办两个准科级挂靠民政局全额事业单位。民政局下设锡林浩特市殡葬管理所、锡林浩特市殡仪馆、锡林浩特市中心敬老院等三个二级单位。

**【城乡最低生活保障】**　2016年城乡低保标准递增到604元/月。全市现有城乡低保户2495户、4396人(其中镇低保户1991户、3509人,农牧区低保户504户、887人),全年累计发放低保资金2537.21万元。其中城市低保资金2055.33万元,牧区低保资金481.88万元。

**【医疗救助工作】**　与盟医院、盟蒙医医院签订协议,开通绿色通道,对需要急救但无力支付医疗费用的民政救助对象,先行垫付医疗费用,进行医前救助,确保救助对象及时得到医治。全年共救助8470人,发放救助资金684.82万元。其中医疗救助1018人,救助金额466.75万元;资助参合、参保、参险7367人,资助金额67万元;爱心救助71人,救助金额140.17万元;慈善救助14人,救助金额10.9万元。

**【特困人员供养】**　2016年有五保户23户、23人(集中供养17户、17人,分散供养6户、6人),集中供养由每人11929元/年提高到每人12 730元/年,分散8250元/年,全年发放资金27.18万元。孤儿18人(集中供养2人,分散供养16人),集中、分散供养标准由2190元/月、1750元/月提高到集中供养2290元/月,分散供养标准1850元/月,全年发放补助44.5万元。“三无”人员79人(集中供养7人,分散供养72人),集中、分散供养标准由1500元/月、1300元/月提高到集中供养标准为1600元/月,分散供养1400元/月。全年发放补助128.4万元。“三民”人员31人,补助标准为706元/月,全年发放补助29.1万元。

**【临时救助】**　不断加大临时救助力度,对在享低保家庭、特困供养人员、取消低保家庭、低收入家庭、未享受助学补贴的贫困大学生家庭、建档立卡的扶贫对象以及遭遇突发事件、意外伤害、重大疾病导致基本生活陷入困境的家庭都给予应激性、过渡性的临时救助。全年救助2094户、3798人次,发放救助资金349.1万元。其中包括给1327户、2269人次发放燃煤补贴资金79.4万元。按照自治区文件精神,市民政、财政、残联联合出台了《锡林浩特市全面建立困难残疾人生活补贴和重度残疾人生活补贴和重度残疾人护理补贴制度的实施方案》,对补贴对象、申领程序、补贴标准及补贴形式,相关政策的衔接进行了明确规定。为2017名残疾人发放“两项补贴”105.8万元。其中重度残疾人护理补贴57万元,困难残疾人生活补贴48.8万元。

**【优抚安置及双拥工作】**　优抚工作。重点做好退役人员安置及优抚工作,提高优抚补助金额。

在乡复残军人由1456元/月提高到1756元/月,在乡复员军人由1392元/月提高到1692元/月,在乡女复员军人由1800元/月提高到2100元/月,带病回乡退伍军人由1128元/月提高到1278元/月,参战参核人员由840元/月提高到1040元/月,“三属”(烈属、因公牺牲军人家属、病故军人家属)分别由1956元/月、1766元/月、1701元/月提高到2264元/月、2044元/月、1969元/月,烈士子女由200元/月提高到600元/月,60周岁农村籍退役士兵按每当兵一年补助15元生活费提高到每当兵一年补助20元。为7名复转干部发放生活费9.7万元。全年发放各类优抚资金70.83万元。同时,对重点优抚对象、1至6级残疾军人住院费用在社保部门报销后,剩余部分可在民政部门享受95%以上的医疗补充救助。对重点优抚对象每年给予1000元的门诊费用补助。为7人发放医疗救助金2.54万元。对无住房的重点优抚对象均申请廉租房,现有11人居住廉租房。9月,接收一名患精神病6级残疾退役义务兵,并按有关政策办理了相关事宜。

安置工作。2016年5月,对2015年度符合安置条件的30名退役士兵给予安置上岗。其中1名转业士官选择自谋职业,29人通过开发公益性岗位、公开考试竞聘方式安置上岗,享受全额事业单位工作人员工资待遇。安置随军未就业家属9人,为5名随军家属办理调动手续,还为80余名随军未就业家属发放500元/月生活补助。2016年度接收符合安置条件的22名退役士兵(转业士官18名、退役士兵4名)。为2015年度退出现役的65名士兵按锡林浩特市上年度城镇居民人均可支配收入的2倍发放自主就业补助金426.14万元。为2014年(95人)、2015年(97人)入伍的192名义务兵发放2016年义务兵家属优待金842.16万元。

双拥共建工作。春节、“八一”期间,市委、市政府四大班子领导走访慰问驻锡部队官兵,为他们送去20万元的慰问品。在清明节、烈士纪念日期间,盟、市领导及驻锡部队、各族各界在锡林浩特烈士陵园举行公祭烈士活动。结合“五融合四促进”活动,市委、政府、人大、政协、人武部等领导带领由民政、卫生、司法、文体等部门组成的“送法、送医、送文化”服务小分队,开展书记走边关活动。为93277部队89分队、边防某部和阿拉坦合力派出所等部队送去10万元慰问金。为93277部队59分队购买了电视、家具等用品。为93502部队51分队、66358部队给予各5万元的经费支持。结合《创建拥军社区总体方案》实际,把楚办爱民社区建立成拥军社区。锡林浩特市第五次荣获全国双拥模范城(县)称号。

**【基层政权建设】** 全市4个苏木镇、7个街道办事处、4个国有农牧场,辖22个嘎查,67个社区居委会。其中,2016年新划分社区居委会6个。选定宝力根苏木锡林敖包居委会、阿尔善镇伊玛图居委会为农村牧区社区建设工作试点单位。2016能,锡林敖包居委会(400平方米)、伊玛图居委会(100平方米)的社区阵地投入使用。为其配备设施设备10万元。全市城镇社区居委会办公阵地总建筑面积4.9万平米(其中新建或计划新建面积1.8万平方米,平均面积达到1000余平方米),投入各级资金近千万元,完成社区购置办公设施设备90万元。目前还有未达标社区居委会2处,正积极协调街道办事处及开发企业解决。市共有社区居委会专职工作人员308人,嘎查委员会工作人员87人。2016年,按照《中共锡林浩特市第十一届委员会第58次常委会会议纪要》规定,提高社区正副职工作报酬每月200元,达到2700元和2200元;提高嘎查正副职工作报酬每月100元,达到1900元和1700元。对335名新上任的社区居委会、嘎查委员会工作人员进行业务培训,培训率达到100%。组织132名社区、社会组织、社会工作者参加了自治区民政厅社会工作培训中心主办的社会工作者培训班。与市文明办联合印发《关于推进全市社区志愿服务工作的通知》,对锡林浩特市的社区志愿者工作进行统一部署,明确申请条件、申请流程、管理方式。对25支社区志愿服务队伍的518名志愿者进行登记备案;51支机关(单位、部门)志愿服务队伍的2117名志愿者进行登记备案。共开展服务近百余次,服务时间达300余小时。

**【救灾救济】** 严格按照救灾资金管理制度,在规定时限内及时足额发放到位,做到规范使用。共对2555户、5261名受灾的低保户、五保户、残疾人等特殊困难人员实施了救助,发放资金197.53万元;进一步加强灾情管理,根据自然灾害救助工作规程,及时上报灾情。8月份,通过灾情管理系统上报旱灾灾情并及时将旱灾资金发放到灾民手中。在“5·12防灾减灾日”,与社会组织联合开展了防灾减灾宣传教育工作,让社会组织参与救灾宣传,了解救灾政策,加强协作,提升自然灾害应对工作。

【区划地名】启动第二次全国地名普查工作以来,采取“先市区、后牧区”的普查方式,将各类地名以成员单位、社区进行分类,由街道、社区抽调专职普查员对辖区内的小区及部分行政事业单位、企业进行普查登记,由成员单位对各自所属行业进行普查登记,详细搜集和考证名称含义、来历等属性信息,如实记录和填报每一个地名信息。压实工作责任,对普查涉及的各类表格、工作图等,实行由普查员签字确认。2016 年底,市区内 7 个街道办事处、20 个成员单位,共填写《地名登记表》2700 余条。2016 年 5 月 30 日开始,对市区内主要街路两侧的单位及商铺开始统一安装、更换新的门牌号,共涉及市区内 30 余条主干道,更换门牌 15000 余块。

按照自治区民政厅部署和盟民政局的要求,锡林浩特市和阿巴嘎旗在自检的基础上,于 2016 年 6 月至 10 月期间,对两旗市行政界线边界进行联合检查。确定两旗(市)之间行政界线全长 277 公里。在市民政局、草原生态保护局、苏木(镇)、嘎查、牧户在现场确认下,对界桩依次进行实地勘察、GPS 打点测算,将位置不准确的界桩放回至与图纸及协议相符且双方均认可的位置,将越界拉设的网围栏退回到各自的行政区域之内。

**【殡葬管理】** 结合实际,年初与发改等部门联合制定出台了《关于锡林浩特市是殡葬服务收费标准及有关问题的通知》,明确殡葬服务收费标准及服务项目,同时派专人对市殡仪馆日常工作进行督导。办理惠民殡葬人数 51 人,减免金额 91 020 元。全年火化遗体 567 具,土葬 231 具。

**【社会组织管理】** 进一步降低准入条件,简化登记流程,减少行政审批环节。2016 年底,共登记注册各类社会组织 114 个(其中社会团体 70 家、民办非企业单位 44 家)。2016 年,新登记社会组织 11 个。备案登记文体娱乐类、公益服务类社区社会组织 23 家。5 月份,通过制定考评标准,以打分的形式,集中开展 2015 年度社会组织检查工作,年检参检率达到 91%,年检合格 65 家,基本合格 26 家。完成 104 家社会组织的统一社会信用代码的赋码工作。积极开展社会组织购买服务,发挥社会组织积极作用。采取招投标形式,引进一家以家庭经济状况核对为服务内容的民办非企业单位,购买服务资金 43 万元。发挥社会组织党建办公室作用,积极完成在社会组织党组织组建、党员党组织关系排查、党费收缴情况排查、党组织换届工作、集中推进非公有制经济组织和社会组织“两个覆盖”专项行动以及社会组织“两学一做”学习教育等各项工作部署任务。

**【老龄事业】** 制定出台《关于加快发展养老服务业的意见》《锡林浩特市牧民养老园区运营管理指导意见》《关于在养老机构开展“医养结合”服务的实施方案》《锡林浩特市居家养老服务管理办法》等,积极推进民建公助等模式发展养老事业,通过建设补贴、运营补贴、贴息贷款、购买服务等方式,支持社会力量兴办养老机构,开展养老服务。爱祺乐养老服务中心申请自治区民政厅向社会力量购买服务项目资金 15 万元。为园区的 150 户老年人进行了套餐式服务,包括擦玻璃、清洗油烟机、室内保洁、清洗被褥及理发。为 77 周岁以上 4198 名老人发放高龄津贴 526.11 万元。为 21 908 名锡林浩特市、外阜户籍老年人办理乘坐公交卡,补贴资金 175.3 万元。重阳节期间,看望慰问了养老机构老年人和老年人家庭,送去慰问金和慰问品共计 2.65 万元。

**【婚姻登记】** 做好婚姻登记信息化建设工作,录入各街道办事处、苏木 1994 年至 2016 年期间的历史档案共 5.4 万条。安排专人将市法院 2016 年之前所有离婚电子档案录入到婚姻登记信息数据库,共 2835 条。全年办理结婚登记 2065 对,离婚登记 742 对,补发结婚证 1141 对,补发离婚证 121 对。

**【锡林颐和苑国际养老中心项目】** 锡林颐和苑养老中心由河北洋辰投资集团有限公司投资建设,总投资 4 亿元,规划用地面积 12 万平方米,总建筑面积 15 万平方米,设计床位 4000 张。该项目于 2014 年 8 月开工建设,截至 2016 年底完成投资 1.9 亿元。4 栋居家型公寓和 1 栋介住介户型公寓主体完成;由政府配套建设的活动中心、理疗中心、养生膳房、地下车库主体完成,医疗服务中心主体结构一层全部完工,开工面积 7 万平方米。不断完善爱棋乐牧民养老园区设施建设针对牧民养老园区内现有供热、给排水等市政管网和养老用房的门窗等基础设施破损实际情况,投资 200 万元对养老园区内养老用房的门、窗及供热、给排水等市政管网等进行更换和维修。同时从服务管理园区上下功夫,增加服务内容,提高服务水平。

**【“救急难”试点工作】** 按照试点工作有关要求,不断健全机制建设,完善政策措施,有序开展试点工作。依托现有苏木镇场和街道办事处服务大厅、办事大厅,建立社会救助申请“一门受理、协同办理”综合服务窗口 17 个,配备专职工作人员负责受理及转办救助申请工作。在全市“一门受理”窗口公布急难救助热线,开通全市“救急难”信息发布群,方便群众“求助有门”;积极建立“救急难”对象主动发现机制;积极引导社会力量参与“救急难”工作。与东城医院协作开展慈善医疗服务进万家惠民行动,为困难群体发放医疗救助卡 410 张,每张 1000 元;给予重病患者张天睿“救急难”医疗救助资金 1 万元,并联合民间慈善组织

(爱助协会)募捐救助资金22万元;救助困难居民申玉芬"救急难"资金5810元,同时申请锡林郭勒盟福彩中心救助金4000元。自"救急难"试点工作开展以来,共救助急难群众136人,发放救助金35.4万元。

**【城乡统筹试点】** 锡林浩特市作为自治区民政厅、盟民政局城乡统筹工作试点以来,对实现城乡低保一体化方面做了有益的探索。按照试点要求完成所辖15个苏木乡镇场、街道办事处低保户的入户调查,完成率100%。制定出台《锡林浩特市低保和低收入家庭认定办法(试行)》《锡林浩特市医疗救助实施办法》《锡林浩特市临时救助实施细则》《锡林浩特市开展"救急难"试点工作实施方案》《锡林浩特市全面推进城乡按户施保低保金差额发放工作实施方案》《关于进一步完善锡林浩特市城乡社会救助体系的意见》《锡林浩特市社会救助办法(试行)》等规范性文件。通过推行城乡低保一体化管理模式,提高了广大牧区低保人群的收入,城乡之间一个标准,共享改革开放成果。

**【新建项目建设】** 新区综合老年养护院建设项目规划用地面积4500平方米,建筑面积10000平方米,计划投资3500万元。市规委会同意选址,设计方案在修改完善,前期手续也在办理当中。该项目计划引进社会资本来负责建设,招商工作正在进行当中。锡林浩特市殡仪服务中心建设项目规划用地面积3.8万平方米,总建筑面积7000平方米,项目计划投资3000万元。建设内容主要包括业务区、殡仪服务区、祭奠区、办公生活区、停车区及附属用房区,相关手续办理当中。

## 扶贫与开发

**【锡林浩特市扶贫开发领导小组办公室领导名录】**

党支部书记、主任　青格勒(蒙古族)

副主任　额尔敦通拉嘎(蒙古族)

莫德格　(女 蒙古族)

**【概况】** 2016年,是全面建成小康社会决胜阶段的开局之年,也是全面打赢脱贫攻坚战的首战之年。办在市委、政府的领导下,在盟扶贫办的指导下,以精准扶贫、精准脱贫为总方略,紧紧围绕"六个精准"和"五个一批"要求精准施策,全力推进各项重点工作开展,在全盟率先实现了基本消除贫困现象的目标。

**【盟级配套资金项目】** 2016年,全市共投入各类扶贫资金2948.5万元,其中:本级财政投入1050万元、各类扶贫资金投入1388.5万元、社会扶贫资金投入510万元,使311户895人(其中包括盟级56户179人)的贫困人口人均纯收入超过3100元以上的贫困标准,实现了"两不愁""三个保障"的目标,在全盟率先实现基本消除贫困现象的目标。

**【"三到村三到户"项目】** 2016年,在2个贫困嘎查(巴彦宝拉格苏木那仁宝拉格嘎查、朝克乌拉苏木乌优特嘎查)组织实施"三到村三到户'项目,投入项目引导资金100万元,完成贫困户住房建设2处90平方米、棚圈建设10处3000平方米、储草棚建设2处200平方米、打机电井8眼,购买基础母羊1060只,共扶持贫困户29户94人,其中巩固扶持建档立卡户8户25人。

**【互助资金】** 在全市35个嘎查分场扶贫互助社正常运行,入社农牧户达到927户,扶贫互助资金滚动发展到935万元,其中国家级资金160万元,盟级资金70万元、市级资金420万元,嘎查分场投入资金185万元,牧民入社费79万元。扶贫互助社占用费利息21万元。截至年底共发放借款资金1441笔1007万元。

**【"金融扶贫富民工程"】** 2016年,与中行和农行合作实施金融扶贫富民工程,累计发放扶贫贷款3892.5万元,受益牧户达727户,其中贫困户占比达20%,有效地解决了贫困牧民贷款难、购买牲畜过冬饲草料难等问题。

**【牧区劳动力培训工作】** 在职业学院、技工学校、职教中心培训牧民子女78人,涉及会计、驾驶、民族服饰、计算机等专业。在市扶贫办市级培训方面,制定"四个100人"的培训计划,举办驾驶员、畜牧改良及兽医人员、毛毡制品精深加工,以及转移进城牧民技能培训和"抓党建、促脱贫攻坚战"等各类培训班5期,培训转移进城牧民、能人带头人、返乡牧民子女、基层业务人员共392人。全年完成培训470人,完成任务的230%(当年盟扶贫办下达计划任务为200人)。

**【产业化扶贫】** 投入各类产业扶贫资金1158.5万元,扶持207户595人,其中选购生产母羊1736只,扶持100户297人;新建暖棚75处7500平方米,扶持75户223人;打机电井22眼,扶持22户65人;新建牧区住房113处5085平方米,完成任务的100%。

**【行业扶贫】** 实施"十个全覆盖"工程。惠及贫困人口100%;整合农牧、林水、财政和农业综合开发等各类支农惠牧资金助推扶贫攻坚,优先改善贫了困户基础设施条件。抓好医疗、文化教育扶贫。建立完善市、苏木镇场和嘎查分场三级医疗卫生服务网络，推行城乡居民基本医疗保险，继续提高新农合报销比例，减轻牧民医药费用负担，实现牧区合作医疗保险全覆盖。按每人每年120元的标准，为895名贫困人口缴纳城乡居民基本养老保险共计10.74万元；发放医疗救助资金16.5万元，扶持33户97人。教育扶贫扶持27户89人，对贫困低保家庭子女考取大学本科、专科的分别补助4万元、3万元；牧区户籍家庭子女考取本科、专科的分别补助2000元、1000元；考取区内、区外大学的分别补助500元、1000元交通费。

**【社会扶贫】** 领导干部"一助一"定点扶贫。全市组织72个市直部门单位共同参与，选派33名第一书记，组织300余名副科级以上领导干部对33个嘎查分场311户895名贫困人口实行"一对一"精准扶贫，实现每个苏木镇场、每个嘎查分场、每个贫困户都有帮扶单位和帮扶责任人，制定党员领导干部"一对一"扶贫制度，助推精准扶贫、精准脱贫。各帮扶单位和领导扶持资金达到360多万元，为贫困户建设住房113处（完成任务的100%），建设牲畜棚圈86处、打井29眼、购进羊1810只，帮助10人就业，安排6户入住养老院，并在教育、就医、外出务工人员生活补贴等方面给予扶持。企业帮扶。市委、政府把企业助推精准扶贫纳入脱贫攻坚工程体系，组织驻锡林浩特市96家各类企业开展精准扶贫工作。各帮扶企业累计投入资金150多万元，从改善贫困牧民生产生活条件入手，发展生产为切入点，引导贫困牧民转变思想观念和发展创新，扎实开展企业帮扶工作。

## 民族与宗教事务

**【锡林浩特市民族宗教事务局领导名录】**

书记、局长　包　柱　（蒙古族）

副局长　关　峰（蒙古族）

青　梅（女 蒙古族）

**【概况】** 锡林浩特市民族宗教事务局内设4个办公室：办公室、民族工作办公室、宗教工作办公室、蒙古语文办公室。行政编制6人。主要职责：贯彻执行党和国家有关民族、宗教、蒙古语言文字方面的方针政策，负责研究制定锡林浩特市有关民族、宗教、蒙古语言文字政策的落实措施，并监督实施。

**【民族工作】** 进一步学习中央和各级党委民族工作会议精神，把马克思主义民族理论、党和国家的民族政策法规列入各级党员、干部理论培训的重要内容。给各苏木镇场、街道办事处、嘎查分场、社区订购《民族团结》杂志，作为学习民族工作政策法规和先进经验的重要材料。继续开展"民族团结进步大讲堂"活动，深入社区、牧区举办民族知识和政策法规讲座。修改完善民族宗教因素的突发事件应急预案，排查影响民族团结和社会稳定的矛盾和纠纷，年内没有发生民族因素的事件和纠纷。

**【城市民族工作】** 贯彻落实《城市民族工作条例》和《关于加强新形势下社区民族工作的意见》，创建民族特色社区，探索方法，积累经验，推进城市民族工作。

**【清真食品市场的监管】** 会同盟伊协和清真寺，做好对全市清真肉食冷库、饭店监督检查工作，为符合条件的清真食品加工销售企业换发清真食品流通经营许可证，切实保障了全市清真食品质量和安全，维护了少数民族群众的合法权益。

**【民族团结进步示范单位创建】** 制定印发机关单位、苏木（镇）、部队、学校、企业、社区、寺庙民族团结进步创建标准，对现有的各级民族团结进步模范单位进行重点指导。命名10个市级民族团结进步创建活动示范单位，在此基础上推荐人社局、宝力根苏木萨如拉塔拉嘎查、巴彦查干街道办事处为盟级民族团结进步创建示范单位。阿尔善宝力格镇被国家民委授予全国民族团结进步创建活动示范单位。

**【少数民族发展资金项目】** 充实少数民族发展资金项目库的项目，积极争取上级少数民族发展资金，争取到自治区三批项目资金共计270万元，已全部落实到项目单位。

**【宗教工作】** 认真学习贯彻全国宗教工作会议精神。编印蒙汉两种文字的《宗教政策学习资料》发放给全市各党政机关、企事业单位、苏木镇（场）、街道办事处、宗教场所，以及城市居民、农牧民，供学习宣传。将学习全国宗教工作会议精神纳入到全市科级领导干部培训班学习内容中。

**【改善宗教活动场所条件】** 协助基督教、汉传佛教菩提净院办理新建活动场所开工建设手续和贝子庙喇嘛生活区建设用地规划手续；为基督教、天主教教堂申请接通市政管线，自来水、供热等部门进行现场勘测。

**【宗教活动场所管理】** 依法处置宗教问题。召集部分街道社区的宗教联络员召开专门会议，安排部署宗教联络员对本辖区内的天主教地下活动场所（点）、基督教私设聚会场所进行摸排掌握。制定印发《以"规范"为主题的和谐寺观教堂创建活动方案》和《在宗教活动场所开展"爱国爱教学习教育活动”方案》并实施,各宗教活动场所正规化、制度化建设水平进一步提升。基督教教堂被自治区党委统战部、自治区宗教局评为第三届“创建和谐寺观教堂先进集体”。在全市各宗教活动场所开展安全生产大检查和安全隐患排查整治工作。加强教职人员培训。举办一期教职人员及宗教联络员培训班。此外,基督教教管组的两名教职人员被自治区基督教“两会”按立为副牧师、长老。此二人的圣职按立结束了锡林浩特市基督教没有专职圣职人员的历史,将对锡林浩特市基督教今后的宗教事务起到积极作用。制止和取缔非法聚会传教,保护合法,打击非法,抵御渗透,打击犯罪。2016 年 4 月,发现一处私设基督教传教点,与公安部门进行了核查处置。6 月,及时制止一起基督教信徒违规发放宣传品事件。

**【蒙古语文工作】** 加强市面蒙汉文检查整顿,全年共出动车辆 150 余次,出动执法人员 370 多人次,下达整改通知书 105 份,下达拆除通知书 35 份。加强审批大厅的工作,为群众提供方便快捷的审批服务。会同城管局举办了牌匾广告制作单位负责人座谈会,并对牌匾广告制作企业进行走访调研。加强翻译工作,提高翻译工作人员的业务能力。组织蒙古语文翻译人员参加了全区翻译人员继续教育培训班和蒙古语言文字信息化培训班。举办第三期全市干部职工蒙古语文学习班。举办一期全市蒙古语文工作培训班。做好全区第四次蒙古语文工作现场会各参观点的建设,为会议提供了高档次、高标准的参观点,充分展示了锡林浩特市蒙古语文工作成就,得到与会领导的肯定和各界人士的高度赞扬。

# 经济技术开发区

XI LIN HAO TE NIAN JIAN

## 经济技术开发区

**【锡林郭勒盟经济技术开发区领导名录】**

管委会主任　王晨光
书　记　孟玉明(兼 2016 年 8 月离职)
　　　　张　奕(女 2016 年 8 月任职)
副主任　宝田仓(蒙古族)
　　　　魏殿高
　　　　刘海隆

**【概况】**　2016 年,开发区在盟委、行署和市委、市政府的正确领导下,认真贯彻党的十八大和十八届三中、四中、五中、六中全会精神以及上级的决策部署,紧紧围绕全市经济社会发展大局,开拓创新、真抓实干,在基础设施建设、招商引资、机关建设和党的建设方面取得成效。

**【规划编制】**　按照盟委行署和市委政府关于开发区扩区的要求,经过多次勘测,进一步听取专家的意见,组织相关部门分析论证,扩区的基础工作已完成。具体范围包括新区原 5 平方公里为开发区的高新技术产业区,新扩区为胜利东一、二号露天矿区,以及该区的南侧和北侧范围,分为核心产业区、风光同场发电区、电力输送区、装备制造区、绿色畜产品区。打造清洁能源产业、高新技术产业、装备制造、资源综合利用、绿色畜产品加工产业,加强各产业间的横向耦合和废副资源的综合利用。2016 年底入驻的骨干企业主要有 8 个,分别是:创源公司、大唐 2×66 万千瓦电厂、神华 2×66 万千瓦电厂、北方电力 2×66 万千瓦电厂、蒙能投 2×35 万千瓦电厂、明阳新能源有限公司、广东粤电·上海泰胜集团、大庄园肉业有限公司。由相关规划院编制的锡林郭勒经济技术开发区总体规划已基本完成。

**【基础设施建设】**　2016 年重点复工建设西环路,由河南大河筑路有限公司 BT 形式承建,属一级路,长 7.7 公里,计划总投资 3752 万元。工程于 2014 年 9 月开工,2016 年 10 月完工,完成投资 3717.52 万元。2016 年 11 月,开发区组织施工单位、监理单位、设计单位、跟踪审计单位相关人员对工程进行了初步竣工验收,工程建设达到设计与相关规范要求,初步验收合格。还完善了高新技术大道前期手续。

**【重点项目建设】**　开发区根据既定的目标任务,健全管理制度,完善工作机制,落实目标责任,强化工作协调,采取有效措施,进一步强化了重点项目推进态势,2016 年开工及落地项目共 10 项。明阳集团锡林郭勒装备制造园及新能源开发项目。规划建设大功率风机、高倍太阳能设备制造及新能源开发项目,总投资 24.76 亿元。大功率风机项目。年产 3MW 半直驱超紧凑 SCD 风力发电机组 200 台及叶片总容量 600MW,目前 12 000M2 总装车间主体已完工,配套的宿舍楼、办公楼、综合楼基本完工,完成投资 2.1 亿元;高倍太阳能聚光设备项目。该项目已在广东明阳总部研制,设备生产线已投入生产,盟计划 2017 年开始建设;6.2 万千瓦风光同场项目。该项目已完成项目备案和选址,指标已预留,2016 年底已在办理开工前的准备工作。创源煤制油示范项目及碳纤维项目。创源煤制油项目分广东肇庆日产 6.6 吨中试项目和锡林郭勒年产 40 万吨示范项目。其中广东日产 6.6 吨中试项目已投入生产,对神华煤田不同层级的煤炭均做了试验。锡林郭勒煤制油示范项目已完成三个厂房及办公楼、综合楼建设。核心技术路线的比选方案已完成,受国际油价低影响进度缓慢,待油价上涨后进一步完成建设,广东和锡林郭勒盟两个基地共完成投资10亿元;碳纤维项目。为了克服目前国际油价低的不利影响,进一步延长产业链,广东基地正在研制下游产业碳纤维的生产。创源区域新能源项目(5项)。该区域共规划风光产业150万千瓦。入驻的企业有华电、明阳、深圳能源、广东粤电等5家企业,开展前期50万千瓦,其中华电3万千瓦太阳能电厂项目已全部建成,有2万千瓦已并网发电;明阳6.3万千瓦风光同场项目已完成项目备案,指标预留已完成配置,正在做开工前的准备工作;深圳能源5万千瓦,广东粤电5万千瓦项目均已完成选址,深圳能源已完成指标预配置工作,正在推进前期工作;广东粤电已安装测风塔,正在与塔筒项目同步推进指标预配置和前期工作。广东粤电、上海泰盛塔筒制造项目。项目总投资35.95亿元,建设内容包括标准化厂房面积5万平方米、年产600套风电塔筒、40万千瓦风光同场项目。该项目三方协议已经签定,选址工作已完成,正在推进设计、土地办理等开工前的准备工作。内蒙古丰润环保脱硫石膏综合利用项目。项目年产50万吨石灰石粉末、40万吨石膏粉末和1.2亿平米纸面石膏板,计划总投资6.7亿元。项目筹建组已成立,属地分公司注册已完成,正组织开展项目立项备案和选址工作。吉利集团铝塑板材和农牧机制造项目。项目规划为年产150万平米新型铝塑板材和8万台农牧机械制造,计划总投资4.2亿元。新型铝塑板材项目正在积极对接,已选定租用装备制造园区厂房进行生产,租赁协议已签定;农牧机械制造项目正在积极推进中。

**【招商引资】** 开发区根据锡林郭勒盟资源、区位、经济基础、已有项目等要素条件,围绕开发区产业定位,创新招商引资工作方法,加大对珠三角、长三角、环渤海、东北等发达地区的招商引资力度。通过电话、网络、以商招商等渠道联络企业70余户,多次赴北京、上海、广东、江苏、山东、武汉、长沙、成都等地开展招商工作,接待来访企业20余户。主要有中利腾晖装备及太阳能产业一体化项目、上能集团太阳能配套设备项目、晶澳集团拉单晶切片项目、明略集团大数据项目、东方电气锅炉股份有限公司光热电站、航天科技集团第九研究院航天器制造、陕西环保脱硝催化剂再生项目、北京赫宸制造维修等项目,对有条件开工的项目,积极开展前期工作,基本形成开工一批,储备一批,招商一批的良好发展态势。

**【党的建设】** 认真履行全面从严治党责任,扎实开展"两学一做"学习教育。坚持全面从严治党,认真履行全面从严治党责任,依据党章和其他党内法规开展工作,推动全面从严治党向基层延伸,巩固拓展党的群众路线教育实践活动和"三严三实"专题教育成果。按照市委统一部署,结合开发区实际,围绕"学党章党规、学系列讲话、做合格党员"的学习教育内容,及时印发《关于在开发区党员中开展"学党章党规、学系列讲话,做合格党员"学习教育实施方案》,成立领导协调小组,制定学习计划。通过严肃党的组织生活,严格党员教育管理,切实抓好学习讨论,创新方式讲党课,严格召开专题组织生活会,认真开展民主评议党员,坚持立足岗位作贡献,切实发挥领导干部表率作用,确保学习教育取得实效。"两学一做"学习教育基础在学,关键在做,学要带着问题学,做要针对问题改。认真查摆了工作中存在的问题和不足,列出问题清单,建立了台账。对于能改的就立即改,对于易出现反复的,建立制度加以防范。进一步加强党风廉政建设。按照市纪委要求,认真制定印发《锡林郭勒经济技术开发区2016年党风廉政建设和反腐败工作要点》,坚持把纪律和规矩挺在前面,认真落实《党风廉政建设工作责任书》各项任务要求,严明纪律规矩,营造风清气正的良好政治生态。加强教育预防。结合两学一做学习教育,深入开展理想信念、党性党风、廉洁从政和警示教育,引导党员干部模范遵守廉洁从政各项规定,筑牢拒腐防变的思想防线。围绕容易产生腐败现象的关键环节,进一步完善各项制度,最大限度减少制度漏洞。切实提高制度执行力,落实廉政风险预警机制,抓好源头预防工作。领导带头廉洁自律。开发区班子成员带头遵守廉洁自律各项规定,严格执行领导干部重大事项报告制度,加强党性锻炼和道德修养,廉洁从政、廉洁用权、廉洁修身、廉洁齐家。强化监督制约。严格执行党内监督条例,畅通民主监督、群众监督渠道,综合运用民主监督、法律监督、舆论监督方式,加强对领导干部行使权力的监督,防止权力被滥用,推进权力公开化、规范化运行。最大限度减少体制障碍和制度漏洞,加快形成不敢腐的惩戒机制、不能腐的防范机制、不易腐的保障机制,让制度成为带电的"高压线"。严格落实责任。认真落实党风廉政建设责任制,加强对反腐倡廉工作的研究部署和督促落实,切实管好班子、带好队伍。严格落实"一岗双责"责任制,督促班子成员加大对分管领域干部的监督管理,及时发现和纠正不良苗头。扎实开展下基层三级示范抓引领工作。按照市委安排,开发区干部下基层联系点主要在阿尔善宝力格镇、宝力根苏木、南郊街道办事处、毛登牧场及额尔吨街道办事处，共15户贫苦户。根据市委三级示范抓引领的要求，多次召开专题会议对重点帮扶对象进行集体研究，专门拿出7000元对老弱病残家庭进行帮助。先后多次进行了帮扶，共计下乡5个批次累计40户次。为困难户积极联系相关部门和嘎查社区，争取优惠政策和前沿信息，本着“授人以渔”的原则，为他们提供机会，提供平台，提供道路。

**【队伍建设】** 建立健全规章制度。进一步完善机关管理制度，研究制定《锡林郭勒经济技术开发区党工委职责》等八项规章制度，切实抓好落实，有利于工作有章可循，凝聚人心，加强机关作风建设。严格党内政治生活。认真贯彻上级关于严肃党内政治生活的各项要求，完善落实党员领导干部双重组织生活、“三会一课”、民主评议党员、按期换届等制度，强化党员党性意识，探索适合机关特点的组织生活方式。加强队伍建设。按照民主集中制的原则加强班子建设，自觉坚持集体领导、民主集中、个别酝酿、会议决定的原则，完善集体领导和个人分工负责相结合的制度，加强班子团结。教育干部职工树立“有为才有位”的思想，形成想干事、能干事、干成事的干部使用氛围。加强干部学习培训。积极参加市委中心组集中学习会、专题培训和双休日讲座；结合“两学一做”学习教育，组织开展集中学习、专题讨论、网络学习等形式多样、内容丰富的学习教育活动，认真学习党的各项路线、方针、政策，重点学习了中共十八届五中、六中全会精神，党章党规，习总书记系列讲话精神和各级党委、政府的会议及文件精神，进一步提高了干部职工的思想政治素质和业务水平。

**【精准扶贫工作】** 开发区按照市委、政府印发的《锡林浩特市精准扶贫工作实施方案》的要求，召开专题会议，传达精准扶贫方案和计划部署，加强组织领导，深入贫困户开展调查研究，掌握贫困户基本情况和致贫原因，理清帮扶思路，制定切实可行的帮扶计划。按照“六个精准”和“五个一批”要求，协调教科局、卫计局对贝力克牧场都兰敖包分场和白银哈达分场的12户贫困户30人(其中6户是低保户)进行帮扶。为5户贫困户采取政策兜底帮扶措施每户解决生活费6000元，共计30 000元；为1户贫困户解决发展资金用于购买基础母畜牛2.1万元；为2户贫困户解决沙源治理项目棚自筹款共计4.8万元；为1户贫困户协调民政部门争取为其纳入“低保”政策兜底；为2户贫困户送去慰问金共计6000元，解决其子女上学费用；年初走访贫困户时，为6户贫困户每户发放慰问金500元，共计3000元。为1户贫困户解决在锡林浩特市租房费用6000元，并积极协调工作。争取民政和扶贫部门为12户精准扶贫户每户发放燃煤补贴资金600元，同时按家庭人口为低保户每人发放旱灾补贴资金300元，贫困户每人发放旱灾补贴资金200元，共发放补贴资金1.52万元

**【“十个全覆盖”工作】** 根据市委、政府的工作要求，召开专题会议，细化工作方案，落实工作任务，明确责任，加强组织领导，组织党员干部与相应基层负责人进行工作对接，确保“十个全覆盖”工作顺利推进。建立了完善的“十个全覆盖”信息统计制度，及时将走访情况、牧户信息，工程进展情况登记、汇总、分类，同时还加强工程的后续运营和巩固提升的跟踪和管理工作。开发区累计下户300余次，征求牧民们的意见并进行汇总，其中改造危房73户，外墙保温100余户，新建水源井10眼，通电26户，修缮院墙3186延长米，植樟子松2800余株，安装铁艺栅栏900延长米、刺儿绳2000延长米，新建12座公厕并维修旧公厕2座，新建10处垃圾点以及3万余平方米垃圾填埋场1处，拆除307国道沿线两侧牧户危旧房屋8户，粉刷省道307沿线房屋院墙1万平方米，为阿尔善镇建立活动室协调资金30万元。协调市石油公司计划投入10万元对毛登牧场307国道南侧加油站场地硬化500平米，新增垃圾箱若干，实行垃圾定点投放和定期清运，并对省道307加油站两侧环境卫生进行集中清理、对道路进行修缮硬化。同时开发区协调有关部门在毛登牧场二分场新建了幼儿园、标准卫生室、文化活动室、便民超市，在奶牛养殖区新建水泥路。开发区在资金紧张的情况下，为白音锡勒二分场和四分场解决1.5万元的环境整治资金，协助毛登牧场拆除280多户平房，完成了“十个全覆盖”的全部任务。

# 苏木镇　国营农牧场

XI LIN HAO TE NIAN JIAN

## 宝力根苏木

**【锡林浩特市宝力根苏木领导名录】**

书记、人大主席　乌日图那顺(蒙古族)
副书记、苏木长　浩斯巴雅尔(蒙古族)
副书记、纪检委书记　斯日古楞花(女 蒙古族 2016年2月离职)
副书记　颜　芳(女 蒙古族 2016年5月任职)
武装部部长　盖亚军(蒙古族 2016年5月离职)
副苏木长、武装部部长　朝古拉(蒙古族 2016年5月任部长)
人大副主席　哈斯巴特尔(蒙古族 2016年5月离职)
副苏木长　金　荣(女 蒙古族 2016年5月离职)
副苏木长　赛西雅拉图(蒙古族)
纪委书记　巴德玛(蒙古族)

**【各嘎查(居委会)领导名录】**

伊利勒特嘎查
书　记　额尔敦巴雅尔(蒙古族 2016年5月离任)
额尔敦都楞(蒙古族 2016年7月任职)
巴彦温都尔嘎查
书　记　特木尔(蒙古族)
嘎查长　邓家茂
乌力吉德力格尔嘎查
书　记　阿拉担希呼尔(蒙古族)
嘎查长　扎木苏荣(蒙古族)
哈那乌拉嘎查
书　记　朝克巴特尔(蒙古族)
嘎查长　达古拉(蒙古族)
巴彦淖尔嘎查
书　记　朝克图(蒙古族)
嘎查长　乌云格日勒(女 蒙古族)
巴彦德力格尔嘎查
书　记　孟根都希(蒙古族 2016年5月离职)
额尔敦巴特尔(蒙古族 2016年7月任职)
嘎查长　都楞毕力格(蒙古族)
额尔敦塔拉嘎查
书　记　额尔敦苏荣(蒙古族)
嘎查长　斯日古楞(蒙古族)
萨如拉塔拉嘎查
书　记　格日勒图(蒙古族)
嘎查长　金桩(蒙古族)
希日塔拉嘎查
书　记　乌云毕力格(蒙古族)
嘎查长　巴雅尔图(蒙古族)
敖包图居委会
书　记　浩毕斯嘎拉图(蒙古族)
主　任　孟克吉日嘎拉(蒙古族)
锡林敖包居委会
书　记　朝鲁门(蒙古族 2016年9月离职)
朝古拉(蒙古族 2016年10月任职)
主　任　周林宝

**【概况】**　宝力根苏木环绕锡林浩特市城区，土地总面积3199.93平方公里，辖9个嘎查、2个居委会，是一个以蒙古族为主体，以畜牧业为基础产业的苏木。户籍人口1675户、4693人，其中牧业户987户、3469人，占总人口的74%。有低保户296户、“五保”户4(人)户，残疾人110名。党员中心户29户、党员277名(其中60岁以上党员28名)。宝力根苏木人民政府驻锡林浩特市开发区上海路东，邮政编码026000。宝力根苏木政府共有干部职工65人，其中公务员27人、事业20人、工勤3人、嘎查长助理7人、大学生村官4人。2016年牧业年度牲畜总头数为36万头只(夏季)，其中大畜2.2万头、小畜33.8万只；共出栏14万头只牲畜。

**【基层组织建设】** 全年共组织召开党委会议15次、党建工作专题会议4次，例会4次，协调推进会议12次。开展“两学一做”教育活动，学习中共十八届六中全会、自治区第十次党代会和市第十二次党代会精神宣讲活动25次，各支部集中学习“两学一做”教育活动100余次、参与党员人数近2500人次。开展重温入党誓词、主题讨论、知识竞赛、慰问老党员等系列主题党日活动23次、650余人次。经过排查档案丢失的党员99名、不健全的135、开除党籍的3名、党内警告处分的3名、112名党员补交2008年4月以来党费48713元。全年，共协调解决27起矛盾，其中涉及驻地企业的6起、涉及特高压输电工程等重点项目的11起、涉及政府部门单位的2起、牧区邻里之间矛盾8起。苏木纪检委解决存在问题1起、信访3份。除此之外，上级来文信访案件4起，其中2起案件已解决并给予答复，2起案件正在调查当中。年内苏木更新制定了干部职工考勤管理办法，制定了双休日、节假日值班带班制度。

**【“十个全覆盖”工程】** 2016年牧区危房改造85户，机井12眼，建成20吨储水窖13座、5吨储水窖54座。新建水泥路共30.4公里，其中修建了巴彦温都尔嘎查10公里水泥路、207国道至锡林敖包居委会9公里水泥路、巴彦淖尔嘎查文化站至布楞(地名)11.4公里水泥路。敖包图居委会修建7.5公里柏油路。143户通网电，安装“户户通”卫星接收器150套；院墙68户；住宅保温107户；破旧房屋拆除96户。修建居委会主街道全长713米、宽8米；种植树木570棵；太阳能路灯共100盏。全苏木2016年参加养老保险总人数1326人，覆盖率为63%；参加合作医疗总人数3733人，覆盖率为94%。苏木雇佣专职人员对垃圾进行定期清理，并签订《垃圾清理承包合同》，达成协议清理苏木境内280公里路段两侧垃圾，已清理5.2万方牧区垃圾。

**【牧区基础设施】** 结合京津风沙源治理工程项目新建牛棚1处、暖棚28处；结合现代肉羊项目为21户牧民共新建暖棚3150平方米、圈舍4620平方米、储草棚2100平方米、饲料槽525米。通过“一事一议”项目太阳照84户；巴彦德力格嘎查扩建300平米文化活动中心1处；额尔敦塔拉嘎查新建畜牧业综合养殖基地1处、分别新建1080平方米牛棚和5000亩草场网围栏；希日塔拉嘎查新建300平方米饲料储备库1处；伊利勒特嘎查新建机械药浴池1处，20立方青贮窖4处；哈那乌拉嘎查活畜交易市场1000平方米棚圈2处；哈那乌拉嘎查新建300平方米储草棚1处。

**【计生、劳保、文教、民政工作】** 今年全苏木共出生新生儿38人；45名计划内怀孕的育龄妇女兑现“一杯奶”补贴；为38户牧民进行免费体检。组织牧民参加培训105人。2016年共297名幼儿、中小学生享受65.09万元住宿和助学补贴；奖励25名新入学的牧区户籍本科大专生共3.9万元；奖励6名低保户大学生共23万元；。享受城镇低保户达86户，162人；享受牧区低保户达207户，366人，共发放213万元；临时救助109人，救助资金21.75万元；其他各类补助补贴达到70万元。

**【精准扶贫工作】** 苏木嘎查成立9个联络队伍，根据贫困户实际情况对每户建立档案及联络卡，方便联系对接。全年帮扶建设房屋35户、机井8户、棚圈32户、通网电7户、联系就业3户、联系低保12户、网围栏1户、12户贫困户免费租赁605只牧畜、帮扶资金44户共38.87万元的基础上98户贫困户基本上脱贫。

**【民兵、综治、治安工作】** 2016年民兵预备役建设工作已完成兵员征集任务，择优确定6名青年上站体检。本年度，接受各种矛盾纠纷82起，其中的26起案件5个所已联合解决。公安派出所接受紧急情况报告500余起、治安事故26起，司法所调解纠纷矛盾共60余起。

## 朝克乌拉苏木

**【锡林浩特市朝克乌拉苏木领导名录】**

书　记　布　仁(蒙古族)

副书记、苏木长　斯琴图(蒙古族 2016年2月离职)

青格乐图(蒙古族 2016年2月任职)

副书记　青格乐图(蒙古族 2016 年 2 月离职)
　　　　额尔登孟克(蒙古族 2016 年 2 月任职)
人大副主席　额尔登孟克(蒙古族 2016 年 2 月离职)
　　　　　　巴特尔(蒙古族 2016 年 5 月任职)
副苏木长　王香兰(女 蒙古族)
　　　　　娜　拉(女 蒙古族)
副苏木长、武装部部长　图力古尔(蒙古族)
纪检委书记　海乙锋(蒙古族)

**【朝克乌拉苏木各嘎查(居委会)领导名录】**

洪格尔嘎查书记　吉日木图(蒙古族)
洪格尔嘎查嘎查长　胡日查毕力格(蒙古族)
乌尤特嘎查书记　哈斯巴特尔(蒙古族)
乌尤特嘎查嘎查长　恩和巴图(蒙古族)
查干淖尔嘎查书记　额尔敦孟克(蒙古族)
查干淖尔嘎查嘎查长　孟克巴特尔(蒙古族)
阿日高勒嘎查书记　朝　鲁(女 蒙古族)
阿日高勒嘎查嘎查长　孟克德力格尔(蒙古族)
图古日格嘎查书记　花　拉(女 蒙古族)
图古日格嘎查嘎查长　布仁特木尔(蒙古族)
宝力格嘎查书记　敖登格日勒(蒙古族)
宝力格嘎查嘎查长　阿德雅(蒙古族)
浩雅洪格尔居委会书记　青格勒(蒙古族)
浩雅洪格尔居委会主任　刘　珍
呼特勒乌素居委会书记　胡日嘎(蒙古族)
呼特勒乌素居委会主任　刘世琴(女)
乌日根塔拉居委会书记　张明哲)
乌日根塔拉居委会主任　额尔登图(蒙古族)

**【概况】**　苏木位于锡林浩特市东北部 80 公里处,总面积 1880 平方公里,总人口 1241 户 3367 人。其中牧业户 675 户 2349 人,2016 年人均纯收入达 21300 元,2016 年年度牲畜总头数 94207 头(只),是一个纯牧业苏木。苏木辖 6 个嘎查、3 个居委会,7 个直属单位。苏木干部职工共 42 名,192 名党员。

**【基础设施】**　争取农开项目和京津风沙源治理项目,新建暖棚 46 处 4600 平方米、机井 8 眼、储草棚 9 处 1000 平方米,围封草场 19.5 万亩。争取现代肉羊项目,投入 109.5 万元,为阿日高勒、图古日格、乌优特、查干淖尔、洪格尔 5 个嘎查 19 户建设标准化家庭牧场。争取财政"一事一议"项目,维修洪格尔嘎查和浩雅洪格尔居委会文化活动阵地,新建深水井 1 眼、机械库 1 处,购买风光互补 1 套。

**【调整牲畜结构】**　2016 年牧业年度牲畜总数为 18.27 万头(只),共接羔 7.8 万头(只),其中大畜 2467 头、小畜 7.6 万只。以西门塔尔牛为重点,抓黄牛改良和肉牛繁育,完成黄牛改良 2400 头,巩固核心群 3 个,冷配牛 1960 头。

**【防灾救灾工作】**　把冬季畜牧业防灾减灾工作摆在畜牧业工作的重中之重,及时掌握各嘎查牧户牲畜出栏、饲草料储备以及饲草料缺口情况,督促牧民储草,并在苏木储草棚集中储备青草 340 吨,在今年春季接羔时为 43 户牧民以低于市场价提供了草料,保障牧民顺利接羔保育。同时,为在册贫困户每户提供 900 斤草料,减轻了他们购买饲草料资金短缺压力。

**【牲畜疫病防治】**　指导和协调苏木兽医站,全苏木范围内开展口蹄疫、小反刍兽疫苗、布病和地区包虫病防疫疫苗,防疫疫苗覆盖率和质量达到 100%,没发生重大疫病。同时,加强对防疫员的技术培训,提高他们的业务能力。

**【草原态保护和建设工作】**　全面落实新一轮草原生态保护补助奖励政策,全苏木实施第二轮草原生态奖励与保护机项目区共计 266.33 万亩,其中:禁牧区 31.49 万亩(宝力格嘎查 21.27 万亩和乌尤特嘎查五间房地区 10.22 万亩),草畜平衡区 229.5 万亩,打草场 5.34 万亩。核定天然草原载畜量,严格落实禁牧和草畜平衡制度,严厉打击违规放牧、超载过牧等破坏草原生态行为。建立健全草原确权承包管理模式和运行机制,完成阿日高勒、查干淖尔 2 个嘎查草原确权登记换证工作,规范草牧场流转行为。加强春秋草原防火工作,进一步增强防火预警体系和扑火能力,严格落实防火责任制,防火期安排 24 小时值班,预防重大火灾的发生。

**【牧区面貌建设工作】**　结合"十个全覆盖"工程,大力推进牧区房、水、电、路、信等工程,全面改善了牧区面貌。全年,完成危房改造 25 户(其中图古日格嘎查 4 户、查干淖尔嘎查 4 户、阿日高勒嘎查 8 户、洪格尔嘎查 4 户、乌优特嘎查 4 户、宝力格 1 户)。打水源井 10 眼、新建水窖 16 座。新建苏木所在地到浩雅洪格尔居委会 37.5 公里水泥路和浩雅洪格尔居委会到东乌旗额和宝力格镇边界 5.05公里牧区公路。完成街巷硬化项目 18.1 公里。为 138 户通网电。苏木幼儿园 2016 年 9 月正式开学,有 4 名教师职工和 22 名学生。安装"户户通"80 户,"村村响"4 套。全苏木参加养老保险 727 人、享受养老保险 227 人、享受高龄津贴 11 人(77 岁以上老人)。牧户房屋保温完成 183 户。拆除废弃房及危旧土房共 239 户、13186 平方米。投入使用苏木所在地加油站,为牧民群众提供了方便。浩雅洪格尔居委会新建公租房36户、公厕和垃圾点各3处，新增路灯20盏。呼特勒乌素居委会新建15户住房和改建13户房屋。新建10户1300延长米院墙和60平方米小房。乌日根塔拉居委会新增路灯14盏。另外，为进一步改善牧民群众生产生活环境，苏木把牧区环境卫生专项整治工作作为一项重点工作来抓，召开宣传动员会5次，组织干部职工160余人次，车辆170辆次，及时清理沿路环境垃圾和牧民的生活垃圾；各嘎查居委会组织党员和牧民定期对辖区内沿路环境和牧户居住环境卫生进行整治，确保牧区生产生活环境干净有序。

**【精准扶贫工作】**　全苏木精准扶贫贫困户为60户192人。2016年严格落实"六个精准""五个一批"要求，深入实施扶贫工程。产业化扶贫方面。整合危旧房改造、扶贫部门建房专项补贴等项目资金109.1万元，为17户贫困户新建住房。整合京津风沙源综合治理、农业综合开发、红十字会"博爱一日捐"等项目资金68.4万元，新建棚圈18处。整合人畜饮水安全、京津风沙源综合治理、农业综合开发等各类项目资金88.9万元，新建机井17眼。协调帮扶单位及企业，维修棚圈4处、维修院墙2户、新建储草棚1处。争取到"三到村到户"项目，投入50万元，为14户贫困户购买基础母畜460只。协调帮扶单位及企业出资购买16头牛、228只羊。协调帮扶单位及企业新建小房1处、维修房屋内部1处、协调办理扶贫贷款1家，购买农用机械1台。教育扶贫方面。投入2.4万元，3户贫困户子女进行帮扶。社会保障方面。安排入住养老院区4户，帮助贫困户代缴牧民养老园区廉租房租金2.07万元，缴纳养老金1.09万元。投入0.4万元对一户进行兜底扶贫、乌优特嘎查申请低保1户、医疗救助1户。单位企业帮扶方面。协调18家帮扶单位和16家帮扶企业争取到帮扶资金92万元。

**【民生保障和社会事业工作】**　社会保障工作。本苏木6个嘎查、3个居委会参加城乡居民养老保险共727人，享受养老保险227人。参加牧区合作医疗2315人，参保率达到90%。民政工作。全苏木城市低保户170户336人、每月发放低保资金15.41万元；牧区低保户145户247人、每月发放资金12.21万元；五保户2户2人、每季度发放资金4125元。享受高龄补贴11人，每季度发放补贴3000元。计生工作。全苏木已婚育龄妇女470人，领取独生子女证17人，全年计划内新出生婴儿26人，无计划外生育；选出市级"吉祥草原幸福家庭"10户。大力宣传《人口与计划生育法》《人口与计划生育条例》等法律法规，传播计划生育和生殖保健知识。做好全员人口信息管理工作和流动人口的管理工作，提高卡账准确率，认真做好登记，及时录入流动人口平台，有效增强了人口信息管理工作。文教工作。全苏木在校幼儿36人，小学生221人，初中生110人，均享受生活补助；高中生92人，其中31个生活困难学生每人每年享受1500元生活补助。2016年考上大学10人，均享受奖励补助。综治维稳方面。建立推行社会矛盾纠纷"五所联调"工作机制，组织司法所、派出所、草监所、土地所，依各自职能，调处化解矛盾纠纷，重点问题联动配合、联合化解。年内共排查各类矛盾纠纷22起，调解17起，法律途径解决3起。加强信访工作，进一步落实信访责任，共接待群众来访21件，答复率达到100%。苏木司法所重点开展法律宣传工作，年内开展普法宣传活动6次。

**【人大、人武部、工青妇、文明建设工作】**　高度重视人大代表的培训学习，组织人大代表学习法律、法规和业务知识。苏木人民代表大会加强调查研究，回答代表提出的问题，切实解决实际问题。重视武装部工作，加强民兵组织建设，通过思想教育及民兵军事训练提高民兵处置突发事件、维护社会治安、抗灾救灾等各项突发事件应对能力。加强宣传教育，组织宣传教育活动6次，深入牧户发放宣传单、开展讲座等形式，宣传妇女合法权利及预防青少年违法犯罪的工作措施，为青少年健康成长，预防和减少青少年违法犯罪创造一个良好的育人环境。2016年，苏木被评为全盟文明苏木和市级爱国卫生苏木，洪格尔、乌优特、宝力格嘎查被评为全盟文明嘎查，苏木评出了市级"最美家庭"10户，"美丽庭院"5户，盟级"最美家庭"1户，"五好文明家庭标兵户"1户。

## 阿尔善宝力格镇

**【锡林浩特市阿尔善宝力格镇领导名录】**

书记、人大主席　毕力格图（蒙古族 2016年8月免职）

书记、人大主席、镇长　托日巴图（蒙古族 2016年8月任职）

党委副书记　金　昌（蒙古族）

党委委员、副镇长　乌日根（蒙古族 2016年5月离职）

阿拉坦陶古思（女 蒙古族 2016年5月任职）

党委委员、纪委书记　维利斯(女 蒙古族 2016 年5月任职)

人大副主席　伊如格勒图(蒙古族)

副镇长　陶　都(2016年5月任职)

**【各嘎查(居委会)领导名录】**

新满都拉嘎查书记　萨如拉(女 蒙古族)

新满都拉嘎查嘎查长　特古斯门德(蒙古族)

巴彦高勒嘎查书记　温都苏(蒙古族)

巴彦高勒嘎查嘎查长　苏　和(蒙古族)

斯日古楞嘎查书记　乌兰图雅(女 蒙古族)

斯日古楞嘎查嘎查长　查达日巴拉(蒙古族)

巴彦塔拉嘎查书记　呼日查巴特尔

巴彦塔拉嘎查嘎查长　额尔顿朝鲁(蒙古族)

阿尤勒海居委会书记、卫生院院长　乌力吉图(蒙古族)

阿尤勒海居委会主任　李照林

伊玛图居委会书记　呼格吉乐图

伊玛图居委会主任　桂　兰(女 蒙古族)

**【概况】**　阿尔善宝力格镇位二锡林浩特市北100公里处,以汉族、蒙古族。回族、满族组成的锡林浩特市牧区中心镇,全镇辖4个嘎查(新满都拉嘎查、白音高勒嘎查、斯8古楞嘎查、巴音塔拉嘎查),2个居委会(伊玛图居委会、阿尤勒海居委会),土地面积2220平方公里,总人口为534户、1553人,其中:牧业户364户、1130人,牧业户占总人口的72.7%.是一个以蒙古族为主体,以畜牧业为基础产业的牧区中心镇。

2016年冬季牲畜头数122 326头只,其中大畜4754头,牛3823头、马887匹、骆驼44峰;小畜117572只,绵羊110135只、山羊7437只。贫困户36户、95人,享受最低保障的152户、247人,其中,享受城市最低生活保障的44户,77人。享受牧区最低生活保障的108户、170人。全镇共有11个专业合作社,入社会员68户、238人。草畜平衡草场共计292万亩,涉及户数306户。高产饲料基地2处2200亩。全镇4个嘎查均有集体经济收入,其中集体经济收入超过10万元的嘎查有2个,2016年牧民人均可支配收入达20 635元。镇党委下属7个党支部,117名党员,牧民党员85名,占72.6%。

**【党员队伍建设】**　加强党员队伍建设。按照“控制总量、优化结构、提高质量、发挥作用”要求,发展党员2名,重点培养对象5名,积极分子4名。

**【党员中心户规范化建设】**　为9户党员中心户硬化地面,6个哈那大蒙古包,提供了党员中心户开展活动的场所。

**【思想政治建设】**　不断提高执政能力。加强领导班子和党员干部的学习培训,坚持“三会一课”制度,嘎查、居委会和“党员中心户”每月学习等载体,组织党员干部和牧民党员共举办70余次学习会和讲座,重点学习中共十八届六中全会精神、习近平总书记系列重要讲话等,牢固树立“四个意识”,继续推进全面从严治党。

**【安全饮水】**　全年打并共27户(其中“十个全覆盖”工程机井8眼、农开办项目机井19眼)、新建57个储水井,其中5吨生活用水窖45个、20吨储水窖12个。

**【牧户用电】**　2016年为39户牧户拉通了常电,同时安装新能源通电设备52户。

**【危房改造方面】**　2016每完成危房改造项目共89户,其中新建76户、维修13户。

**【其他建设 】**　完成阿尤勒海居委会到斯日古楞嘎查文化站6公里的乡村道 路建设工程,进一步改善了牧区交通环境。同时,拆除危旧房和破旧土房共44户( 4800平方米).

**【社会事业协调发展】**　利用“三八”“五四”等节日,积极组织嘎查举办了小型那达蒙和法律知识讲座活动,即活跃了节日气氛,也提高了牧民知识水平,营造了良好的学习气氛。文化教育方面,为11名新考上的高校大学生发放71.7万元助学资金。华北石油公司爱心助学队结对帮扶10名贫困家庭小学生,实施牧民免费健康体检,参加体检的牧民达200余人次,加大计生患民力度。认真落实。国家免费孕前优生健康检查。和免费。三查。项目,2016年共有54人参加免费孕前体检,有1400余人次参加了免费“三查”项目,“一杯奶”生育关怀惠及14户。全面执行新型牧区医疗合作制度与养老保险制度,加强宣传教育,努力提高覆盖率,目前,缴纳养老保险的488人,其中145人已领取养老金;缴纳合作医疗的1105人,牧区医疗合作和养老保险参保率分别达到96%和60%;享受最低保障的有101户、163人(其中城镇低保户29户,53人;牧区低保户72户, 110人)。积极开展爱国卫生运动,组织机关千部职工和嘎查、居委会开展爱国卫生月活动共20余次,主要在沿路两边生活垃圾和居委会建筑垃圾进行了卫生大扫除,牧区环境和居民环境卫生得到有效改善。2016年成功创建自治区级卫生苏木镇和卫生嘎查1个(白音郭勒嘎查),盟级卫生嘎查2个(新满都拉嘎查、斯日古楞嘎查)。

**【基础设施建设】**　积极争取上级各类项目,新建项目暖棚16处、2600平米,羊棚栏3处、3000平米,储草棚5处、500平米、极大改善了牧户基础设施条件。

**【草原生态建设和保护】** 充分利用国家草原生态补助奖励机制和自治区实施阶段性禁牧政策的机遇，推行限量养殖，确保均衡发展，提高草原生态的自我修复能力。

**【畜牧业产业化】** 加快改革传统的养殖方式，大力推行含饲圈养提高畜产品商品率，2016年整合现代肉羊项目，着重发展了家庭牧场26户，加大牧户基础设施建设，提高舍饲圈养的数量，鼓励牧民转变生产经营方式，走专业化、规模化、产业化现代物业道路。

**【嘎查集体经济】** 镇党委始终把发展壮大嘎查集体经济作为牧区基层组织建设一项重要工作来抓，不断探索和拓宽集体经济发展渠道，通过采取保留集体牧场、加强"铁畜"管理，开辟饲草料基地和创办合作牧区经济组织等措施，使嘎查集体经济得到了不断发展和壮大，为基层党组织增强凝聚力、战斗力提供了坚实的物质保障。截至2016年底，新满都拉嘎查现有集体牲畜1395只，白音高勒嘎查集体牲畜共948只，斯日古楞嘎查集体畜群883只，巴音塔拉嘎查集体畜群1746只。

**【防火工作】** 防火期开始前，全镇防火设备进行了大检查，对全体干部职工进行了防火技能培训的同时，和各责任单位签订了防火合同。在春秋季防火期内，没有出现重大火灾险情。督促各嘎查、居委会防火队伍建设，落实春、秋季防火责任制，防火宣传工作，制定24小时值班和领导带班制度，做到信息畅通，指挥高效

## 巴彦宝拉格苏木

**【锡林浩特市巴彦宝拉格苏木领导名录】**

书记、人大主席　巴雅尔图（蒙古族 2016年2月离职）
　　斯琴图（蒙古族 2016年2月任职）
副书记、苏木长　德格吉日呼（蒙古族）
副书记、巴彦宝力格嘎查党支部书记
　　颜　芳（女 蒙古族 2016年5月离职）
副书记　乌日根（2016年5月任职）
纪委书记　乌尔古木拉（女 蒙古族）
人大副主席　宝音朝格图（蒙古族）
副苏木长　格日勒朝克图（蒙古族）
　　朱日和（蒙古族）
副苏木长　王香兰（女 蒙古族 2016年5月任）
副苏木长、巴彦宝力格嘎查党支部书记
　　朝克图（蒙古族）

**【各嘎查（居委会）领导名录】**

查干海日居委会党支部书记　哈斯乌拉（蒙古族）
查干海日居委会主任　斯琴格日乐（蒙古族）
巴彦宝力格嘎查嘎查长　赛音毕力格（蒙古族）
那仁宝拉格嘎查党支部书记　达夫巴雅尔（蒙古族）
那仁宝拉格嘎查嘎查长　斯琴巴特尔（蒙古族）
巴彦哈日阿图嘎查党支部书记　苏乙拉其其格（女 蒙古族）
巴彦哈日阿图嘎查嘎查长　苏乙拉巴特尔（蒙古族）

**【概况】** 巴彦宝拉格苏木位于锡林浩特市北42公里处。苏木辖3个嘎查、1个居委会，土地总面积1520平方公里（228.02万亩），承包到户草场面积219.83万亩。户籍人口751户、1873人，其中牧业户408户、1126人，是一个以蒙古族为主体，以畜牧业为基础产业的苏木。2016年12月牲畜头数99 137头（只），大畜6867，其中牛4875头、马1892匹、骆驼100峰；小畜61 188只，其中绵羊49 933只、山羊11 255只。2016年度牧民人均纯收入为19 286元。全苏木现有围栏草场130万亩，高产饲料基地7300亩、林地33万亩。苏木党委下属5个党支部，党员109名。

**【基层组织建设】** 认真学习中共十八大、十八届三中、四中、五中、六中和习近平总书记系列重要讲话精神，结合每周二干部职工集中学习，开展学习培训20余次。落实"1+3"制度体系，全面落实从严治党责任。强化党员干部教育管理，制定年度党员干部培训学习计划，年初举办1期党代表培训。结合"双服务提升年"活动，加快推进服务型党组织创建步伐，完善苏木便民服务大厅的服务内容，着力构建苏木嘎查直接服务，党员中心户辅助服务的"双服务"工作格局。严明党的纪律，落实中央八项规定，坚决纠正"四风"。

**【基础设施建设】** 全年完成危房改造48户；打井6眼，新建储水窖33处；查干海日居委会街巷硬化3公里，路肩硬化1.3万平方米；为74户牧民接通网电；打造80平米便民超市，环境整治3000吨垃圾；安装路灯103盏；房屋修缮122户共1.4万平方米，粉刷1.5万平方米，拆除危旧土方11户。

**【畜牧业产业结构调整与建设】** 开展疫苗接种，防疫率达到了100%。加强黄牛改良专项推进工作，完善现有的2处黄牛改良冷配站建设，完成

冷配600头,良改比重99.5%,繁成率73%。实施“减羊增牛”发展战略,优化畜种结构,积极指导牧民转变生产生活方式。结合沙源治理项目,新建暖棚2300平米,围栏7000亩,为6户牧民申请到了现代肉羊项目。

**【扶贫攻坚】** 38户109人完成脱贫任务,为19户贫困牧户新建住房,11户新建棚圈,为2户解决水源井;17户贫困户每户购置25只基础母畜、8户贫困户每户70只母畜、4户贫困户每户10只母畜,共为贫困户购置1025只基础母畜;解决1户学生住宿问题,开展慰问活动,给4户贫困户送去慰问金2000元及米面等生活用品。

**【民政救助】** 认真落实民政救助各项政策,严格执行最低生活保障制度,苏木现有低保户128户252人,其中牧区低保84户166人、城镇低保44户86人,全年共发放低保金额173万元,特困人员保障标准提升。社会保障方面,289人参加牧区新型养老保险,143名牧民享受养老保险待遇。

**【社会公共事业】** 苏木幼儿园投入使用,占地面积6400平方米,现有教师4名,学生18人;全年各教育阶段的93名学生领取了6.28万元的各类补助资金;联系九三学社锡林浩特基层委员会为巴彦哈日阿图嘎查11名贫困大学生发放助学金1.9万元。全面落实新型农村牧区合作医疗制度,全年1646人参加合作医疗,参合率达到98%;发放计划生育各类宣传单300余份,开展四次计生知识培训,为32对夫妇做免费孕前优生检查。为52名残疾人申请护理补贴2万元;积极组织开展红十字博爱送万家活动,为生活困难的20户牧民每户发放500元慰问金,共1万元;妇联积极开展反家庭暴力法、未成年保护法等方面的法律宣传工作,发放宣传单100余份、手册100余份,评选苏木“最美家庭”;苏木工会为44名干部职工发放工会会员卡,为40名干部职工缴纳重大疾病医疗保险共5780元。

**【综合治理】** 积极构建社会治安防控体系,推进“五所联调”工作机制,加强法制宣传教育,成功调解矛盾纠纷20起。

## 毛登牧场

**【锡林浩特市毛登牧场领导名录】**

书　记　朝　鲁(蒙古族)
副书记、场长　孙永明(蒙古族)
纪委书记　呼日乐(蒙古族)
副场长　斯琴巴图
　　宝力茹(蒙古族2016年7月任职)
副场长、派出所所长　包长海(蒙古族)

**【各分场领导名录】**

一分场支部书记　宋卫兵
一分场主任　李俊峰
二分场书记　哈斯巴根(蒙古族)
二分场主任　高凤春(蒙古族)

**【牧场概况】** 毛登牧场位于锡林浩特市区东36公里处,地理座标为,北纬43°02 - 44°52′,东经115°16′ - 117°13′,始建于1958年,1991年隶属属锡林浩特市管理。称之为锡林浩特市毛登牧场,科级机构,苏木建制,企业运作。牧场生产经营以草业为主,农牧业为辅,发展乡镇企业多种经营模式。全场面积585平方公里(87.75万亩),其中可利用草场面积500平方公里(74万亩)。辖2个分场、1个居委会、1个园区;户籍人口373户、982人,外来常住人口36户,116人。居民区分布在307国道南北两侧,主要以汉族和蒙古族为主,少量满族和回族构成,少数民族所占比例10%;原牧场职工总数402人,退休职工202人,2016年底机关工作人员42人,全部按城镇标准纳入养老保险和医疗保险,2016年牧场收入1288万元,人均收入达到2.2万元。

**【牧业普查工作】** 2016年牧业年度存栏44 600头(只),其中:大畜11 585头(奶牛9080头),小畜3 3015只;2015—2016年度出栏27 421头(只),其中:大畜6161头,小畜21 260只;2016年底存栏25 815头(只),其中:大畜12 132头,小畜13 683只。

**【牲畜改良工作】** 为提高牧场牲畜良改比重,牧场自锡林浩特市牲畜改良站引进二岁种公羊224只,涉及牧户30户,每只种公羊到户价为400元。

**【牲畜防疫工作】** 牧场开展春季和秋季两次防疫工作,为全场牲畜进行牛羊W病、羊四联、羊痘和布病疫苗注射,防疫密度达100%。同时,重点加强了对奶牛W号病防治工作,指定专人负责,严格按照防疫要求办理。

**【秋季打贮草】** 8月20日开始组织全场秋季打贮草工作,打草总面积64万亩,9月30日完成全部打草工作,打贮草总量1.5万吨。其中,毛登牧场生态保护区产草0.8万吨。

**【宜居工程】** 牧场将全部机关工作人员分为四组,采取分组入户动员,政策讲解,拆迁安置等多种措施,全力推进危旧房拆除工作。老场区共拆除危旧房967间(其中大房841间,小房126

间)，发放房屋拆迁补贴资金 850 余万元，涉及住户 275 户；对原毛登牧场学校进行了维修，用于安置无力新建房屋的住户，为 12 户困难户无偿提供住房 30 间，投入维修资金 25 万元；动用钩机 2 台、铲车 2 台、翻斗车 5 辆，连续加班加点 4 个月，进行房屋拆除和垃圾清理，投入资金 28 万元。在拆除危旧房屋的同时，规划建设牧民新村，及时为拆迁户指定新的建房地点。现已为 152 新建户划线指点，开工建设 148 户，完工 147 户，累计投入建设资金约 1200 万元。

**【配套设施建设】** 对二分场奶牛养殖区实施美化、绿化、亮化等环境治理工程，道路两侧的路肩进行铺山皮石、碎石硬化，共计 12 万平方米；在辖区内安装路灯 62 盏，主要路口安装监控 7 处；加强毛登牧场综合办公区及移民新区的绿化美化工作，对毛登至朝克水泥路二分场辖区内的两侧进行绿化，种植杨树 8000 株，奶牛养殖区东西路两侧种植松树 2000 株，丁香 1000 株；完成外墙保温 14 户，新建水源井 3 眼；安装村村响 2 处、广播电视户户通设备 50 套。

**【集中清理工作】** 从 4 月 18 日开始积极开展环境整治活动。其间共出动大型铲车 2 台、大翻斗车 8 台、小型车辆 30 多辆、500 多人次，对省道 307(25 公里 - 西乌边界)、毛登牧场至朝克乌拉苏木边界的水泥路两侧、场部周边、奶牛养殖区内的生活垃圾、白色垃圾、建筑垃圾、奶牛粪便进行清理并集中焚烧和填埋处理，共清理 3.5 万方建筑垃圾及生活垃圾；对环境自我治理不够的养殖企业和个人，牧场主动派人派车进行了清理整治，共拆除危旧土房 20 处、整治奶牛养殖企业环境 1 处。

**【职工养老工作】** 牧场共筹集资金 350 万元，为 363 名企业职工缴纳职工社会基本养老保险、职工社会基本医疗保险、大病险、工伤保险和生育保险(其中退休职工 164 名)；为 409 人办理新型农村合作医疗；为 435 人办理小额人身保险；为 19 人办理城镇和农村牧区居民社会养老保险。

**【饲草补贴工作】** 因受气候影响，牧草减产，羊肉价格下跌等因素，生态保护区内所产青干草，优先供应给本场牧户，青干草价格为 1200 元/吨，低于本地区青干草价格 200 元左右；以草畜平衡所确定的载畜量，核定牧户所使用草场的牲畜饲养量，以每羊单位补贴青干草 300 斤的标准为牧户补贴青干草，补贴青干草的价格为 960 元/吨；为本场生态移民户，按照每头奶牛补贴青干草 10 000 斤的标准为牧户补贴青干草，补贴青干草的价格为 960 元/吨。牧户累计从生态保护区购草 5100 吨，减少资金支出 150 余万元，涉及牧户 200 余户。其中补贴草 2100 吨，涉及牧户 97 户。

**【畜牧业基础工作】** 协调市生态委执法大队对 17 户牧户调整的草场进行草场指界；为 65 户职工返租草场 70 050 亩；为全场 168 名职工子女，提供 3.3 万亩打草场；积极组织协调对牧场辖区内的 31 户牧户进行铲雪抗灾；新建棚圈 3600 平方米，涉及牧户 24 户，已完工；申请新建机电井 3 眼，已完工；发放小型水利设施产权证 25 份。

**【资金问题】** 协调朝克乌拉信用社为畜牧业养殖的牧户贷款 19 户，利用互助社向 8 户牧户贷款 8 万元，办理延期贷款 2 户；协调牧户配合特高压项目工程，为 42 户牧户发放了勘探补偿款。

**【扶贫帮困】** 2016 年，牧场低保户 17 户 31 人，月享受低保资金 12 750 元；三无人员 3 人，月补贴 4200 元；高龄津贴 13 人；为各类在校生 36 人，补贴资金 57 800 元；为残疾人 13 人，补贴资金 7025 元；受理医疗救助 5 人，补贴资金 5.8 万元；受理临时救助 3 人，补贴资金 1.2 万元。

## 白银库伦牧场

**【锡林浩特市白银库伦牧场领导名录】**

书　记　达楞古日布(蒙古族)
副书记、场　长　常　征
副书记、纪委书记　张福斌
副书记　韦　河
副场长　杨守义
　　　　宝　音(蒙古族)
　　　　王　成
　　　　王占春

**【牧场概况】** 白银库伦牧场位于锡林郭勒盟中部，距锡林浩特市南 207 国道路东 73 ~ 74 公里处，地处草原与大兴安岭山地草甸过渡地带，草原植被较好主要以禾本科、豆科、沙草科为主，动植物资源丰富，是典型的草原主体。有 350 多种高等植物，其中饲用植物 110 多种，药用植物 128 种以及其他类群，是半干旱草原宝贵植物基因库。年降水量 200 ~ 250 毫米，气温属中温带半干旱大陆性气候，无霜期 90 ~ 00 天，土地面积 1257.16 平方公里，承包草场 172.31 万亩，有耕地 6.1 万亩，是以农牧业为基础产业的国有农牧场，领导班子 7 人，常住人口 525 户、1285 人，职工 2875 人、其中离退休职工 298 人。下设灰腾河居委会和 5 个分场，场直单位 2 个，兽医站和水电公司。

【党建工作】 年内牧场共有151名党员、其中流动党员56名,通过对党员的排查、档案的重新整理,转组织关系1名,对认定违法违纪的1名党员进行开除党籍处理。牧场召开第六次党员代表大会,重新选举党代表,恢复了从1996年开始至今未召开过的党员代表大会,对牧场6个党支部进行了改选,重新选举了支部书记,推选出新一届党委和市里第十二次代表大会党代表。结合牧区"党员中心户+协会"模式,牧场设置党员中心户16户,其中市级党员中心户1个,辐射带动134名党员,覆盖牧民400户,创办合作经济组织党员中心户3户,积极传达的各项惠农惠牧政策,带领牧户增收,充分发挥了党员中心户的先锋模范作用。

【产业结构调】 农业生产稳步发展。全年种植面积是6.1万亩,产青莜麦2500万公斤、马铃薯2477万公斤、燕麦362万公斤、青贮250万公斤、紫花苜蓿45万公斤、油菜14.3万公斤,实现经济效益522.92万元。同时按照大自然保护区管理要求,对种植企业下达休耕轮作实施意见,加强生态保护。牧业结构调整稳步推进。积极推进减羊增牛战略,加强草畜平衡管理,加大牲畜出栏力度,2016牧业年度普查头数为13万头只,其中大畜1.6万头(匹),小畜11.4万只,截至2016年小畜出栏7.2万只、大畜8700头匹,日历年度牲畜存栏4.9万(头、匹、只),较上年同期减少2.9万(头、匹、只),小畜存栏约4.2万只、较上年同期减少2.7万只,大畜存栏约7302多(头、匹),较上年同期减少1433(头、匹)。为了防止旱灾对牧业的影响,除加大出栏外,加大饲草料储备力度,牧民储备过冬饲草料16810吨,确保牲畜安全过冬。加大牛、羊口蹄疫、牛巴氏杆菌等疫病的防疫力度。通过春秋两季洗羊、羊小反刍兽疫苗注射、羊口蹄疫注射、羊三联免疫、牛口蹄疫等疫苗注射,防疫率达100%,无疫情发生。

【"十个全覆盖"】 牧场"十个全覆盖"工程2015年7月5日正式启动,其中:村村通电、村村通广播电视、校舍建设、标准化卫生室、便民超市、社会保障等六项工程已2015年全面完成,实现了全覆盖。2016年仍在建设的四项工程:安全饮水井6眼、水窖12座、村村通路41.18公里、街巷硬化7.1公里、文化活动室和基层组织活动阵地新建三处,已全部完工。美丽长廊建设全部完成。牧场共有危旧土房747户,除个别牧户需要明年搬迁后才能拆除,其余全部完工。年初登记计划新建住房的有300户,由于近三年牲畜价格原因,部分牧户想建新房但无自筹能力,在交纳自筹资金和入住保证金时退出,因此实际新建住房242户、完工242户。

【精准扶贫】 白银库伦牧场在册贫困户为9户,牧场成立精准帮扶扶贫领导小组,各包扶领导积极进行与贫困户对接,掌握贫困户的基本情况,记好民情日记,建立民情台账,有针对性的制定"一对一"帮扶方案。通过项目资金投入、扶贫资金投入、帮扶单位资金投入、帮扶企业资金投入、牧场兜底投入,共投入69.59万元,对新建住房、棚圈等基础设施的全部完成,对产业扶贫的资金一次性到位,对需要交纳养老保养的一次性收缴到位,逐年交纳,通过多种措施9户在册贫困户全部实现脱贫。同时我场又对"干部下基层三级示范抓引领"中一对一帮扶的16户场级认定的贫困户进行了帮扶,共投入资金65.84万元,实现全部脱贫。

【灰腾河阿旗移交地区的接收】 207国道路西原属阿巴嘎旗管辖,因居民多数是外来人口,流动性强、管理分散,为便于管理,经盟行署研究,成立灰腾河社区,进行统一管理。灰腾河路西面积4平方公里,现居住户及个体工商户共104户、263人。灰腾河路西美丽长廊建设今年全部完工,共拆除危旧房48户、房屋修缮67处、新建住房9户、路肩7万平方米、垃圾转运站1处、公厕2座、新建灰腾河社区办公室、白音乌拉分场办公室及活动广场等工程现已全部完成,完成投资1500万元。

【旅游业】 水电公司抽调人员成立白银库伦牧场灰腾锡勒旅游服务中心,加强景区规范管理,采取每周轮流制,由各分场轮流配合进行不间断巡查,定期整治环境卫生。积极与旅游部门对接,完成景区规划设计并通过规委会审议。积极协调盟交通局投人20余万元新建旱厕一座,投入36万元对景区围栏进行修缮,投入30万元打机电井一座,景区管理的卫生环境进一步提升,全年接待游客3万余人、收入40余万元。

【社会保障】 针对因欠缴社保费造成牧场职工无法退休的问题,牧场积极与社保部门对接,在市政府的大力支持下与盟社保局签订社保费交纳协议,及时交纳2016年职工的养老保险,给两年内应退但未能退休的退休职工办理了退休手续,保障了社会的稳定。

【实现电价的同网同价】 积极与电业部门对接,加大电力设施建设,2016年给沙地多年未通电的26户牧民架设22公里线路、安装更换400多块电表、对所有低压线路进行了改造,继2015年接收74公里35千伏线路后,2016年12月25日所有供电线路全部由市供电局接收,实现同网同价,电价从0.85元变成0.43元。解决全区最后一处高价电的地区。在认真开展各项工作的同时，加大信访工作力度，积极开展矛盾纠纷的排查和化解工作，实行“五所联调”，实现市级以上信访部门的“零”上访，确保了社会稳定。认真开展工青妇方面的工作，不断增强场党委的凝聚力。积极推进牧场计生工作，保证新计划生育法的有效落实，2016 年牧场新出生人口 7 人。

## 贝力克牧场

**【锡林浩特市贝力克牧场领导名录】**

场　长　于中敏
副场长　额日登尼(蒙古族)
　　　　马文云
　　　　王俊文(蒙古族)
纪检组长　希吉尔(蒙古族)
白音哈达分场主任　张福国
都兰敖包分场主任　李永亮
工会主席　王桂林

**【概况】**　牧场土地面积为 77.7 万亩，其中围封禁牧草场 14 万亩。牧场下设白音哈达和都兰敖包两个分场。207 国道、27 高速、锡多铁路贯穿全境。户籍人口 925 人，主要以汉族和蒙古族为主，单位行政管理人员 23 人。

**【畜牧业】**　2016 年牧场牧业年度牲畜存栏 5.8 万头(只)，出栏 4.7 万头(只)，指导牧户储备饲草料 620 万公斤、牧场储备饲草 50 万公斤，保障了过冬饲草需求。实施安全生产责任制，对辖区企业进行灾害隐患排查整改。通过免疫、宣教、监管相结合，全力推动动物疫病防控工作，免疫密度达到 100%。

**【“十个全覆盖”】**　完成 97 套房屋主体工程和院墙建设，实施了墙体保温工程。完成街巷硬化 3.7 公里，硬化铺装 1 万平方米。建成水源井 5 眼，水窖 16 座。落实高压线路 52 公里，低压线路 16 公里。申请风光互补设备 13 户。安装“村村响”设备 2 套。建成健身路径 2 处。建成地下管网 4.5 公里，三联池 1 处。安装路灯 85 盏。完成文化墙 700 平方米。加强后期管护，聘用 6 名保洁人员对道路、硬化区域和居民区进行日常保洁。

**【精准扶贫】**　牧场扶贫户 12 户，由开发区、教科局、卫计局 3 个帮扶单位和 6 家帮扶企业进行帮扶。针对贫困户不同致贫原因，帮扶单位通过产业扶持、政策兜底、医疗扶贫等措施进行帮扶，投入财力物力折合资金近 12 万余元。

**【驻场企业】**　辖区内有 3 家风电场，共有风机 299 座(中广核、国泰、北方龙源)。牧人之家 12 处，2 家奶牛养殖场，集中饲养管理奶牛 500 头(鑫锡旺养殖场、丰润源养殖公司)，2 家肉羊肉牛规模养殖场，饲养肉羊 6000 只，肉牛 60 头(正林肉羊育肥基地、吉利源养殖场)。

**【收入支出】**　牧场收入来源为分成及草场承包费，全年总收入为 120 万元。主要支出包括：为职工缴纳社保、医疗等五险；行政管理人员工资开支、对贫困户进行帮扶；水电费、线路损耗开支；场区规划、绿化、基础设施建设、燃油及各项办公费用等合计 300 多万元。

## 白音锡勒牧场

**【锡林浩特市白音锡勒牧场领导名录】**

书　记　萨仁满都拉(蒙古族 2016 年 8 月任)
副书记　田聪君
　　　　布　仁(蒙古族)
场　长　田聪君
副场长　李自平
　　　　王润元
　　　　郝　英
　　　　康云峰
　　　　王利勇(蒙古族)
　　　　苏日塔拉图(蒙古族)
工会主席　赵　忠
公司总经理　田聪君

**【概况】**　白音锡勒牧场始建于 1950 年，是内蒙古自治区农垦系统建场最早的国有农牧场，经过六十多年的发展建设，现已成为内蒙古自治区畜牧业经营规模最大的国有农牧场。牧场位于锡林浩特市郊南，距市区 52 公里，东、北与毛登牧场、西乌旗为邻，南与克旗、白银库伦牧场接壤。境内水草丰美、植被茂盛、野生植物较为丰富，是国内外著名的天然草场，绝大部分处于锡林郭勒盟草原国家级自然保护区域内，是锡林郭勒草原自然保护区的主要保护区域。原隶属于锡林郭勒盟农牧场管理局，2005 年划归锡林浩特市属地管理。现辖六个分场、两个居委会及五个直属单位，303 国道和即将通车的“丹锡”高速贯穿牧场南北，电信光缆实现全覆盖，交通及通信便利。主要经营项目有畜牧业、种植业、旅游业、面粉加工等。

2016 年牧场总人口 11 400 人，其中在册职工 2743 人，退休职工 1633 人、五七工 1158 人；总面积3431平方公里(514.7万亩),其中可利用草场463.6万亩,耕地21.7万亩,林地4.2万亩,水面(包括河流、湖泊)约1.2万亩,道路、居住区及其他3.45万亩。2016年牧业年度牲畜头数达45.53万头只(牛16 751头、马3685匹、驼20峰),其中公有基础母畜6.4万头只。“十个全覆盖”工程启动以来,牧场紧紧抓住这一重大民生工程的有利契机,按照市委、政府的总体规划部署和要求,全面实施“十个全覆盖”工程建设,计划实施总投资投劳3.83亿元,2014—2015年已完成投资投劳1.97亿元,2016年计划实施投资投劳1.86亿元(其中“十个全覆盖”计划投资投劳1.52亿元,产业结构调整计划投资0.34亿元),现已完成投资投劳1.3亿元。牧场的基础设施及环境整治得到明显改善。

**【经济总量】** 2016年,白音锡勒牧场预计完成生产总值7.7亿元、同比增长6.7%,经营总收入完成7700万元、同比增长28%,国有固定资产重点项目总投资完成2400余万元、同比增长75.7%,人均纯收入达到2.42万元、同比增长46.67%。

**【生态建设】** 坚持绿色发展、绿色惠民,加快推进生态文明建设,落实可持续的生态环境保护制度,推动形成绿色发展方式和生活方式,建设天蓝、地绿、水清的白音锡勒。加强保护区环境综合治理,提高治理成效。严格落实基本草原保护制度,制定和推行合理放牧制度,全面落实国家第二轮草原生态保护补助奖励政策,严格核定载畜量,促进草原生态自我修复。加强天然打草场科学管理和利用,推行轮刈制度,避免草原退化。加强生态文明宣传教育,倡导文明、绿色的生产生活方式,让绿色发展理念深入人心。加快草牧场核查工作,稳定土地草牧场承包关系,完善所有权、承包权、经营权分置办法,依法推进经营权有序流转。

**【畜牧业】** 畜牧业是白音锡勒牧场的基础产业,2016年末,全年接产仔畜21.6万头(只),保畜率97%。全场牧业年度牲畜头数达45.53万头(只),其中大畜1.5万头、小畜43.98万只。全年牲畜出栏22.96万头(只),年末牲畜存栏控制在20.1万头(只)。牧户储备饲草76.8万吨,牧场储备抗灾饲草3.15万吨。

**【种植业】** 白音锡勒牧场2016年总种植面积19.1万亩,其中马铃薯7260亩、小麦9.05万亩、燕麦2.29万亩、青贮0.3万亩、其他作物(谷草、莜麦、苜蓿等)6.09万亩。其中场部统一种植面积4.77万亩,压青2.2万亩,在秋季干旱的情况下,粮食总产达2273.4吨、马铃薯总产17 390.5吨,饲草总产3250吨,取得较好的收成。

**【旅游业】** 合理开发旅游资源,转变旅游业发展经营理念,从餐饮为主的旅游接待向加强景区管理方面转变,实现景区多元化开发。

**【民生改善】** 白音锡勒牧场致力做好基础保障工作,2016年争取低保、学生补助、老年补助等社会保障资金402余万元;自然灾害争取补贴15万元;帮助职工群众减免费用18余万元;落实各种惠农惠牧政策资金1496万元。

## 沃原奶牛场

**【锡林浩特市沃原奶牛场领导名录】**

书　记　杨　富

副书记、厂长　乌恩其(蒙古族)

副厂长　阿拉塔(蒙古族)

副厂长　白全喜(蒙古族 2016年7月任职)

纪委书记　何　峰(蒙古族)

**【概况】** 锡林浩特市沃原奶牛场位于锡林浩特市以北5公里处,东经116.05°、北纬43.59°,于1964年元月1日正式建场,建场时全场总面积24.8万亩,(现有面积12万亩),是以“种植养殖业为主,多种经营为辅“的国有农牧企业。以脱毒专用马铃薯、有机高产饲草种植和农产品储藏销售为主。

全场职工467人,由蒙、汉、回、达翰尔4个民族构成,其中:汉族人口占70%,其他少数民族占30%;实际上岗职工192人、其中退休职工151人,其余人从事奶牛养殖或自谋职业;该场位于城乡结合部,对职工居民进城务工,从事农牧业种植、养殖具备有利条件。2016年,企业总资产12 642.1万元,收入4100多万元,利润100多万元。

**【产业结构有明显调整,形成衔接】** 基本经形成了“三个基地、两个园区“(即:万亩基地、苗圃基地,农产品储藏物流园区、现代设施农业园区)为载体,产、销、储一体化发展为格局的“种植业为主、多种经营为辅“的综合性农垦现代企业。

**【基础配套设施不断完善,形成规模】** 场拥有进口大型全套农机具179台(套)、大型时针式喷灌机29套,生态防护林0.35万亩,机电井85眼,培训中心及机械库9座,园区专用道路20千米,铺设PVC管28千米,输变电线40千米,机械总动力3792千瓦,机械化程度达99%,已基本形成以水为中心,乔灌草相结合,井、电、路、机械相配套的现代化科技示范推广园区。

【职工福利得到提高,民生保障显著增强】坚持强企富民共享发展。职工参保率达100%。按城镇企业标准为全场职工如期缴纳养老保险、医疗保险、生育保险、失业保险等费用。提高了职工福利待遇。场子制定了职工福利长效机制,逐年增加职工福利待遇,包括困难职工慰问、子女考上大学补贴奖励、职工体检、长寿金等,让职工真正享受到了企业改革发展的成果;2016年发放长寿金、助学金等职工各项福利共计16.5万元;为困难职工、大病人员和家庭争取了各项救助款9万多元。解决职工返岗就业。采取立项目扩生产保就业措施,2016年解决了11名职工的返岗就业问题。四是为职工办理重大疾病保险。除给职工上养老、医疗、失业、生育和工伤五险外,还给职工协调办理了重大疾病保险,单位为每人每年缴纳150元,保10万元。减轻了职工就医负担,起到避免出现因病致贫状况。

【加强生态文明建设推进“绿色农垦“建设】基地建设上“绿草、沃野、良田“的园林化园区建设为目标,在万亩节水灌溉高产饲草料基地为中心的大田区域的田间作业道、园区隔离道、外围围栏线,挖沟植树基本形成了林成格、田成圆的美妆,林带长达150多万延长米,约2700多亩。育各种树苗100多亩,保障了园区绿化用苗需求。结合产业上下游合作方原材料的生产、检测、采收标准,规范了田间各项管理,提升了产品利率,并通过倒茬轮作和植物秸秆粉碎还田以及适当撒使农家肥做到了“种田养地“。每年进行一次国家质量管理体系和环境管理体系认证和有机产品认证验收,提高了农产品绿色、无害、有机化生产水平。

## 蔬菜农场

【锡林浩特市蔬菜办公室领导名录】

主任　斯日古楞(女 蒙古族)

【概况】　锡林浩特市蔬菜办公室、锡林浩特市植保植检站、锡林浩特市蔬菜农场为三块牌子,一套人马,现有工作人员12人,其中参公人员6,管理岗位人员1人,临时性人员5人。2003年,按照市政府《关于蔬菜农场企业体制改革实施方案的批复》精神,农场与市蔬菜办公室整合,保留原国营农牧场牌子。主要职责是组织指导菜农发展蔬菜种植,及时示范推广先进适用生产技术,引导菜农种植名优特新蔬菜,向绿色无公害蔬菜方向发展,加快菜农致富达小康进程。协调处理社会公共事务,解决历史遗留问题。加大跑项目争资金力度,发展现代农业。

【机构】　锡林浩特市蔬菜办公室履行政府授权的蔬菜开发经营管理工作职能,负责抓好全市蔬菜基地的规划、建设管理;按产业化要求,制定蔬菜发展中、长期规划;指导全市无公害蔬菜的生产,负责无公害蔬菜的标准制定及认证、监控工作;管理蔬菜产业建设发展基金,并监督使用。负责对全市蔬菜生产和经营的管理工作;指导基本菜田保护、管理工作。拟定实施全市蔬菜科技发展规划,组织蔬菜科技攻关和科技成果项目管理;推广蔬菜种植技术和试验示范,抓好蔬菜技术推广体系管理。组织指导蔬菜基地建设;组织蔬菜跨地区间的衔接、协作。指导、管理全市蔬菜信息服务工作。负责全市蔬菜生产科研和重点项目建设基金的使用和监督检查。负责蔬菜种植业检测检疫和技术服务等工作。单位内设财会科、行政科、技术推广科、植保植检科、生产管理科。

【经济工作】　积极采取有效措施,全力以赴做好各项服务工作,适时指导春播春种和生产管理。全市共完成蔬菜播种面积9000亩,上市鲜菜3300万公斤,产值1.65亿元。

【科技工作】　积极发挥“菜篮子”工程试验示范基地的示范引领作用,大力发展休闲观光农业,在种植传统蔬菜的基础上,先后引进了草莓、葡萄、油桃、火龙果、桑葚等高品质水果进行试种,吸引大量市民前往参观、采摘。在基地引进新品种的同时,对基地进行大面积的绿化美化,将拆迁遗留的树木进行二次利用,全部移植到“菜篮子”基地,努力将锡林浩特市“菜篮子”工程试验示范基地打造为“绿色基地”“生态基地”。

【无公害蔬菜生产技术培训】　举办两期无公害蔬菜实用技术培训班,为菜农朋友们系统地讲解了如何科学、高效使用农药,如何识别病虫害,蔬菜安全生产等方面的知识。培训共有120余人参加,发放《农药管理条例》《中华人民共和国种子法》等宣传材料120余份。培训结束后,还免费为菜农朋友们发放农资惠农卡,受到菜农的热烈欢迎。

【蔬菜价格监测】　为进一步了解锡林浩特市蔬菜价格现状,掌握未来蔬菜价格走势,专门成立调查组,对全市大世界批发市场、德克隆超市、华润万家超市以及市内多个蔬菜零售点的蔬菜流通成本、销售方式及各环节的价格变化进行调查摸底。为市政府“菜篮子工程”决策提供依据以及继续加强锡林浩特市农产品市场价格调控能力,确保蔬菜价格稳定打下基础。

**【农业质量安全体系建设】** 为切实保障全市蔬菜产品安全,维护农民合法权益,开展了农资市场专项整治和检查行动。该行动以全市农资产品经销店为重点。查验经营户的主体资格是否合法有效,经销的化肥、种籽、农药是否在经营范围内。重点查验该经营户购销台账是否健全、索证索票是否合格、进货渠道是否正规、农资产品是否过期、是否销售过期变质、掺杂使假、以次充好、虚假宣传、无厂名、厂址、生产日期的农资产品。对进一步加强锡林浩特市农资市场监管,维护农资市场秩序、确保农业生产安全、维护农民合法权益起到了很好的促进作用。

**【协助政府各部门项目土地回收】** 严格按照市委、市政府对"一棵树"社区(蔬菜农场四队)危旧房改造拆迁任务部署。共完成86户拆迁任务,拆除蔬菜农场范围内的日光温室18.42亩,春秋大棚330.81亩。自8月以来积极配合国土、房屋征收局等部门对蔬菜三队及原职业学院繁殖场61户市政规划征地进行走访、测量、评估等工作,2016年底测量工作已结束,各部门已形成材料上报市政府。

**【马铃薯生产用种质量安全】** 8月1—30日在全市范围内组织开展马铃薯种薯市场专项检查行动。执法人员先后奔赴沃原奶牛场、毛登牧场、白音锡勒牧场、白银库伦、白音苏木等地的马铃薯种植区域,首先对企业生产经营许可证、生产品种、生产基地条件、生产质量保证措施、生产技术规程、上一级种薯来源进行了检查。然后对田间生产情况、生产档案以及田间各类病害发生比率情况进行实地检查。通过检查,督促企业严格按照种薯生产相关要求,加强田间管理,强化企业的质量意识,保障农业生产用种安全。

**【精神文明建设】** 在职工中广泛开展公民道德基本规范、爱国主义、集体主义、社会主义和社会公德、职业道德、家庭美德教育,不断提高职工的思想素质和政治觉悟,推动了精神文明建设的进一步深化,形成了良好的工作氛围。坚持以科学发展观和构建社会主义和谐社会战略思想为指导,根据阶段性工作和业务特点,有步骤地挖掘整理工作中的亮点、成功经验和做法,组织力量,撰写有份量、综合性的稿件。

**【党风廉政建设】** 继续把加强学习作为提高全体干部职工思想素质的一项重要工作来抓。集中学习。组织党员深入学习《中国共产党党内监督条例(试行)和中央各级党组织有关廉政建设方面的文件,严格执行廉政准则,并在实际工作中认真贯彻落实科学发展观,引导党员干部把思想统一到市委、政府的中心工作上来。党支部学习。不断完善学习制度,创新学习方法,做到学习工作有计划、有组织、有成效,充分发挥带头表率作用,带动机关政治理论学习。抓业务学习。组织工作人员认真学习和自身工作有关的法律法规,结合实际工作加以分析、讨论,提高工作人员的业务水平。

# 街道办事处

XI LIN HAO TE NIAN JIAN

## 宝力根街道办事处

**【锡林浩特市宝力根街道办事处领导名录】**

书　记　李剑虹(女 2016年5月离职)
　　　　白海彬(蒙古族 2016年5月任职 11月离职)
副书记、主任　杨文江(2016年3月离职)
副书记　红　梅(女 蒙古族 2016年3月离职)
主　任　红　梅(女 蒙古族 2016年3月任)
副主任　王　忠(2016年4月离职)
副书记　王　忠(2016年4月任)
纪工委书记　额尔登(蒙古族)
副主任　包鸿雁(女 蒙古族 2016年4月离职)
　　　　盖亚军(蒙古族 2016年4月任)
　　　　塔林巴特尔(蒙古族 2016年4月任)

**【社区领导名录】**

额尔敦社区书记、主任　李晓亮
回民社区书记、主任　朝克图(蒙古族)
拉布仁社区书记、主任　白晨光(蒙古族)
宝力根社区主任　刘淑华(女)
兴盛社区书记、主任　银广林
甘珠尔社区书记、主任　刘根福
乌兰图嘎社区书记、主任　刘海涛
伊利勒特社区书记、主任　李国辉(蒙古族)

**【概况】**　宝力根街道办事处东起杭盖路,西至滨河路,南临锡林大街,北与宝力根苏木相邻,辖区面积25平方公里,现住户10893户,26524人,其中有蒙、满、回、朝鲜、藏族等11种少数民族共5936人,占总人口22.3%。街道下辖8个社区,共有工作人员174人,其中:领导职数6人,机关职工49人,社区工作人员125人。在职党员53人。驻街有盟直和市属单位10余家,辖内有贝子庙、清真寺,是全盟文化、旅游、交通较集中的区域。

**【基层党建工作】**　年内,下基层干部共为群众办实事好事153件,征求意见建议34条,排查化解矛盾纠纷57条,利用党建专项资金慰问低保户、残疾人、贫困户、困难党员等困难群体共470户,累计发放慰问金38.4万元。以党建引领“十个全覆盖”工程。完成对伊利勒特社区垃圾转运站的建设及垃圾箱投放工作,对原城关苏木所在地进行人居环境整治。全年共讲党课60余次,开展专题讨论55次。全年街道共开展志愿服务活动、组团式服务80余次。互联社区平台共发送信息1200余条,使用人数达到5000余人,通过信息整合,为居民提供技能培训惠及400余人,开展义诊活动15次,开展专场招聘会,提供岗位40余种。加强信息化建设。在达标阵地的6个社区陆续开通互联社区,街道及8个社区全部建立微信公众平台及“支部活动”。年内,吸纳预备党员7名,转正2名,发展重点培养对象11名,入党积极分子11名。利用远程教育平台,组织开展学习70余次,观看警示教育片4次。对15名失联党员进行查找,共找到8名党员,重新纳入管理,按程序对7名失联党员予以党内除名处置。“1+N”区域党组织建立工作。经过对辖区内114家非公有制经济组织、1215家个体工商户的全面摸查,推进非公有制企业和社会组织党的组织和工作两个覆盖,辖区内6个有党员企业、18个无党员企业已挂靠到8个社区“1+N”区域党组织。

**【六城联创工作】**　成立领导小组,形成“三级联包,三级联报”工作机制,开展各社区互看、互查、互评活动,取长补短、互相借鉴。充分利用LED、社区微信公众平台、互联社区平台等载体发布、社区网格员入户宣传创城相关事宜,年内,制作宣传栏37块,悬挂宣传条幅50条,发放宣传手册3万余册。组织人员对辖区环境卫生集中清理10次,出动铲车、翻斗车200余次,人员1000余人次,共清理生活垃圾、建筑垃圾及白色垃圾1200余吨,清除各类乱贴、乱画小广告30 000余处,完成软件材料上报工作。

**【信访维稳工作】** 年内,调解纠纷76起,解决76起,纠纷调解率达100%,调解72起,调解成功率达95%。辖区排查精神异常人员45人,安置帮教人员19人,社区矫正人员18人,重点信访人员5人。开展"法制进校园"及"反对家庭暴力·促进家庭和谐·共建平安社区"为主题宣传活动。

**【武装、群团工作】** 完成适龄青年登记和征兵网上报名。关工委帮助贫困学生8人。工会完成会员档案整理,共有会员1185人,联合工会与社区做好困难职工帮扶工作。向市妇联申报了4户贫困户,1户留守妇女家庭,1名从事妇女儿童工作者,开展了反家庭暴力法宣传活动及"关爱贫困母亲"慰问活动。

**【民生工作】** 卫生与计划生育工作。街道总人口为26 964人,已婚育龄妇女5660人,采用各种综合避孕节育措施5141人,综合节育率90.8%。辖区新生儿出生259人。分别为20户困难计生家庭母亲缴纳了重大疾病保险、3户"失独"办理了"特别扶助",10户"吉祥草原幸福家庭"发放牌匾和慰问品,8户办理了"一杯奶",1户获全市"最美家庭"荣誉称号。民政、残联、红十字会工作。共有低保户253户452人,发放低保资金251.8万元。申请医疗、爱心救助93人次,发放救助金41.48万元。为23名优抚对象发放优抚金25.17万元。临时救助、困难群众95户,发放救助金19.08万元。完成77周岁以上高龄补贴发放任务。开展了全国残疾人统计、重度残疾护理费、残疾人燃油补贴、轮椅发放等上报审核工作。开展"博爱送万家、博爱助残""博爱助孤""博爱助老"、"博爱助学"等系列的活动。劳动保障工作。年内,办理申请就业人员80人,辖区劳动力人数9196人,就业培训106人,岗位征集506个,发放"就业失业登记证"256本,对辖区个体企业登记备案1109个,协助发放社保补贴204人,共计122.4万元,办理城乡居民医疗保险4682人,城乡养老保险2102人。科教文卫和老年体协工作。完成辖区幼儿基础情况调查,共计14所幼儿园,幼儿869名,老职工84人,教师67人。举办"庆七一""锡林河之夏"文艺演出活动。组织辖区老人开展形式多样的老年体协比赛活动10余场。经济统计工作。完成辖区牲畜普查,共计3824头(只);非公企业72家,从业人员1013人。完成全国1%人口抽样调查工作,调查154户,337人。"十个全覆盖"工程。完成对伊利勒特社区垃圾转运站垃圾箱投放工作,联系设计院对城关种植区道路进行测量,对原城关苏木所在地进行人居环境整治。房屋征收、拆迁工作。年内,完成了拉布仁、兴盛社区房屋征收项目458套、427套分配返迁安置工作。网格化管理工作。目前上传案件8334件。安全生产工作。组织人员深入辖区企业、物业、个体户、拆迁区域、居民家中发放安全生产宣传单及告知书1000余份。

## 杭盖街道办事处

**【锡林浩特市杭盖街道办事处领导名录】**

书　记　李志宏
副书记　乌尼格日勒(女 蒙古族)
纪检书记　李　昕
主　任　姜玉湘(女)
副主任　王玉凤(女 蒙古族)
　　　　彭建强
人武部部长　彭建强(兼)

**【社区、居委会领导名录】**

青格勒社区党总支书记、社区主任　朱学慧
东风社区党总支书记、主任　赵二雄
呼格吉勒社区党总支书记、主任　薛　敏
长安社区党支部书记、主任　杨志杰
东胜社区党支部书记、主任　陈　军
查干淖尔社区党支部书记、主任　孙颖新(蒙古族)
德尔斯图社区党支部书记、主任　周子元
巴达日呼社区党支部书记、主任　李崇林
欣康居委会党支部书记　乌尼格日勒(兼 蒙古族)
欣康居委会主任　苏布丹格日勒(蒙古族)
柴达木居委会党支部书记　李　昕(兼)
柴达木居委会主任　刘建成
富康居委会党支部书记、主任　王洪斌
吉尔嘎朗图居委会党支部书记　空缺
吉尔嘎朗图居委会主任　毛文娟

**【概况】** 杭盖街道办事处成立于1981年,位于市区东北部,辖区总面积46.1平方公里,辖区总户数17选936户，总人口57 643人，其中汉族46 502人，少数民族7307人，（常住人口22 916人，流动人口34 727人）。街道办事处管辖8个社区、4个居委会，分别为：青格勒社区、东风社区、呼格吉勒社区、长安社区、东胜社区、查干淖尔社区、巴达日呼社区、德尔斯图社区、柴达木居委会、欣康居委会、富康居委会、吉日嘎朗图居委会。驻区机关、学校、部队、企事业单位26个，机关内设党政办；综治、维稳、信访办；社区办；武装；工青妇；关工委；计生办；劳动社会保障；民政；文教；街政；财务；档案、司法所等科室，2016年机关有工作人员48人，社区、居委会有工作人员123人，街道党工委下设3个党总支18个党支部，党员总数871名。

**【党建工作】** 学习贯彻中共十八届六中全会精神和党的路线方针政策，累计培训58次，900人受训。开展党课教育100余场次，900余人次参学。成立12个工作小组，86名干部职工对口联系83户贫困户、4户信访户。累计走访320次、发放慰问金、慰问品折合人民币近12万元，解决群众生产生活问题145件，化解各类矛盾纠纷13起。严格按照审核程序进行救助发放，做到专款专用，全年累计发放党建救助经费55万余元，380人受助。摸清流动党员、失联党员、“口袋”党员底数，对69名流动党员建立基础台账，确定专人定期联系。加强党费收缴工作，缴交党费1万余元。排查辖区300余家企业和2000余家个体工商户，建立党组织的企业为6家。对社区有关经费使用情况进行通报、全年监督检查25次，查处问题38个，通报12次，通报批评18人，诫勉谈话8人。

**【社区阵地建设】** 东风社区882平方米、长安社区991平方米的两处新阵地建设完毕，已投入使用。巴达日呼社区1154平方米、德尔斯图社区715平方米临时安置过渡办公用房主体已完工，待供水供热等基本功能完善后，可投入使用，翻建柴达木居委会661.2平米，新建富康居委会585.2平方米、吉尔嘎郎图878平方米3处居委会综合活动阵地。配建富康居委会5352平方米、吉尔嘎郎图居委会3703平方米2处居民综合活动广场。稳步推进“十个全覆盖”工程。累计新修沥青路3公里，水泥路2.2公里，砂石路11.7公里，人行道铺装3300平方米。新建围挡式垃圾点24处，旱厕19处。新建翻修居民区院墙5186延米，文化墙9万平方米。

**【综治维稳信访司法工作】** 建立基层矛盾纠纷调解平台，通过调解员、信访接访、居民诉求平台上报、社区微信公众平台交流等途径，排查各类矛盾纠纷343件，成功解决324件，调解成功率94.5%。接待上访845人次。全年上报各类事件430余件，已解决110余件。以长安社区为试点建立“智慧社区”网格服务平台。

**【民政和红十字会工作】** 全年发放低保金406人，232万余元。取消收入已超标低保户165人。新增低保42人。发放优抚金5人、124 035元；三无人员补助金5人、728 000元；三民定期定量补助7人、65 658元。申请医疗救助63人，发放救助金353 765元。临时救助42人，救助金183 504元。为低保户、低收入家庭分配廉租房11套。为482名“77周岁以上”老年人发放长寿金59万余元。为60周岁及以上老年人办理公交卡492张，充值2500多人次。登记筛查精神病患者80余人

**【经济和劳动保障工作】** 征集岗位3051个；新安置人员627人；组织失业人员参加技能培训165人；为13人办理小额担保贷款业务；审核并通过就业困难人员115人。发放“就业失业登记证”385个。返还发放灵活就业社保补贴175人，98万余元。收取社会保险补贴返还材料185人。全年为108人办理了城乡居民养老保险；为953人办理了城镇居民医疗保险。采集各类企业、个体工商户基本信息1978户，涉及劳动者2670人，已录入劳动监察两网化信息系统。在规定的时间节点完成2016年度农牧业普查工作，摸底走访850余户，其中养殖户445户。

**【武装征兵工作】** 对辖区民兵单位开展民兵整组工作，使民兵队伍更加合理、科学化。150名适龄青年登记在册，16名预征青年上站体检。9名预征青年进行家访。辖区开展国防动员潜力统计工作，共4832人登记在册。

**【人口和计划生育工作】** 2015年10月1日至2016年9月30日辖区总人口57 643人，比上年度报表增加1917人。其中流动人口总数34 727，占总人口的60.1%。已婚育龄妇女12257人，出生447人，一胎299人，二胎140人，全年发放幼儿补助1115人，220余万元。

**【文教和工青妇工作】** （七）举办建党95周年暨开展“承诺·唐噶日嘎”主题党日活动、“讲道德·有品行”主题学习会、关爱留守流动儿童“快乐成长庆六一”主题活动、“警民共庆建军89周年联欢会”、“携手共创文明城，齐心同创和谐社区”、“找火灾隐患，保家庭平安”消防安全主题活动和消夏晚会等活动。64人办理小学入学手续，51人申请信用助学贷款，47人申请国家助学金，8人申请困难大学生一次性入学交通补助。参加市直机关党工委及各级工会、团委、妇联等组织各项培训

和竞赛。为200名干部职工办理工会会员证,为100名干部职工办理重大疾病保险。切实做好“博爱一日捐”活动,动员街道全体干部职工捐款2.27万元。

**【环境卫生工作】** 接管辖区内10个成型小区118栋楼、4189户业主的物业服务工作,为82栋零散楼栋2598户居民提供基本保洁工作。结合“六城联创”工作,开展义务劳动80余次,清除垃圾冰包6000余吨,25次清理郊外白色垃圾10平方公里。出动铲车、钩机3000多小时,出动各种清运车辆5000余次。发放鼠药1300公斤,发放宣传单15 000余份。

**【旧城危旧房拆迁改造工作】** 做好返迁房安置工作。2016年辖区企业拆迁项目19个,政府征收项目8个,共拆迁5714户,完成居民返迁安置4773户、8049套。未回迁941户,2384套。为保障贝子庙大街贯通项目顺利实施,做好辖区3处大院的土地房屋征收工作,共拆迁3万余平方米。配合质监局等职能部门,做好3个项目回迁房验收工作。抽调征收办骨干7人历时4个月对6个社区居委会平房进行摸底排查,共计走访入户3100余户,为下一步棚户区改造提供了详细基础材。

## 希日塔拉街道办事处

**【锡林浩特市希日塔拉街道办事处领导名录】**

书　记　玉　花(女 蒙古族2016年8月任职)
主　任　俞力强(蒙古族)
副书记　夏建成(蒙古族)
纪工委书记　孙　颉(2016年7月任职)
副主任　包志祥(蒙古族)
　　　　张玉荣(女)

**【社区、居委会领导名录】**

那达慕社区书记、主任　赵健英(女)
花园社区书记、主任　金静霞(女 回族)
赛罕社区书记、主任　黄海宇(女)
察哈尔社区书记、主任　高海祥
新华社区主任　戴福江
乌兰社区书记、主任　滕佳妮(女)
巴彦社区书记、主任　胡国庆(蒙古族)
一棵树居委会书记、主任　周建霞(女)

**【概况】** 希日塔拉街道办事处成立于1981年10月,位于市区西南部,东至额尔敦路,西至滨河路,南至南外环,北至锡林大街。辖区建成区面积6.8平方公里,辖区总户数19 813户,总人口49 470人。驻区机关、学校、部队、企事业单位75个,其中各级文明单位60个。下辖7个社区、1个居委会。街道党工委下设7个联合党委,7个社区党总支,16个党支部,35个网格党小组,党员1256名。共有职工211人。7个社区下设35个网格。

**【党建工作】** 加强干部队伍建设。选优配强社区党组织书记,8个社区全部配齐专职副书记。组织开展党务、业务和惠民政策解读等培训班3期。2016年共为161户贫困户发放慰问金30.4万元。为2户贫困户申请了低保,为6名贫困户进行免费体检,为联系户发放慰问金、慰问品5万余元,现已脱贫3户。培养重点对象9名,新发展党员6名。

**【“六城联创”】** 召开“六城联创”专题工作会议,安排部署工作,压实党建责任。入户发放倡议书及宣传手册,积极开展好人在身边评选活动,设置“善行义举榜”、尊德守礼提示牌、制作宣传图板56块,在辖区主要街路和显要位置,利用宣传栏、电子屏积极宣传文明标语、文明公约、文明口号,提高广大市民对创城的知晓率。共排查32名失联党员,已找到20名,对仍然无法取得联系的12名失联党员,严格按照程序给予组织处理。在党费收缴专项检查工作中,经排查共有39人需要补交党费,已补交党费2229元。已成立8个“1+N”区域党支部。

**【工会工作】** 建立工会微信平台。办理金秋助学14人,单亲大病女职工救助1人,工会建立职工舞蹈队、合唱团、书法社丰富职工业余文化活动。

**【民生保障】** 社会救助。年内低保户67户109人,月发放低保金4.7万元。申请医疗救助53人35.7万元,临时救助92户35.7万元,发放高龄津贴868人109万元。优抚4人,月发放7949元;“三民”5人,月发放3530元;“三无”1人,月发放1400元;孤儿1人,月发放1850元。办理居民医疗保险167人、养老保险152人,年检验证3100人。残联工作。残疾人无障碍改造1户配置专用电压力锅、1户安装可视门铃。3人参加残疾人机动车驾驶培训,1名残疾人参加电子商务培训,为残疾人就业奠定了基础。

**【就业创业】** 组织宣传522人次,征集岗位262个,组织培训218人次,审核就业困难人员216名。为32名盟直集体企业人员返还就业补贴19.8万元,为477名下岗职工和就业困难人员,返还社保补贴281.2万元。为1975家各类用工单位(其中有213家企业,1762户个体)建立基础数据库。

【计划生育】 举办人口学校培训班300余人次,发放宣传品1万余册。已婚育龄妇女免费“三查”服务2800余人;免费为符合政策的孕前优生健康检查目标人群体检305对,落实“一杯奶”生育关怀7人,发放避孕药具16万只、短效药500板。申请3户扶助特别家庭,办理贫困母亲特病保险20人。办理一胎服务登记卡233个,二胎服务登记卡108个,三胎服务证2个,办理婚育证明123个。

【文化活动】 组织老年文体爱好者参加了各类老年赛事及健身秧歌、柔力球教练培训班。创新开展“社区居民一家亲”系列文体活动,开展参与了少儿演讲、端午节包粽子、红歌合唱、少儿画展、亲子趣味运动会、笼式足球、老年棋牌台球、徒步行走等形式多样的文体活动。成立察哈尔社区文化室引进阿巴哈纳尔沙嘎协会入驻。加强品牌活动,那达慕社区连续举办九届全盟“飞宇杯”老年门球赛。依托全市唯一爱好者队伍乌兰社区举办第二届空竹比赛。花园社区举办第二届孝老爱亲主题活动。自筹资金为万和家园小区新建铁艺室外活动室,配备四套桌椅,并对地面进行硬化,方便居民,美化环境。统计辖区3~5岁幼儿1700余人,审核录入辖区学龄幼儿补贴1390人,补助金110.3万元。新华社区纳入全国科技示范社区项目。

【环境整治】 一棵树居委会改造涉及居民147户。平改科抽调骨干人员成立拆迁工作组,历经23天,达成协议142户,重庆路全部拆通并投入建设。协调促成盟食品公司老家属楼48户居民与万和家园承建单位签约46户,剩余2户居民将在企业开工后签约。协调组织一棵树返迁房分配57户、57套,车库70套。乌兰社区、新华社区返迁房分配608户、702套。以“六城联创”为契机,开展创卫专项清理活动,累计出动铲车、翻斗车160余次,清理垃圾720余吨、小广告3万余条,粉刷4处旱厕,购置40个垃圾箱,张贴56块创卫宣传板报。修建老旧街巷4条,外墙保温花园社区23栋。协调清掏45个污水井,更换井盖13个。协调市政为花园小区安装单壁路灯15盏。举办2次消防讲座,1次消防应急演练。物业工作。2016年进驻物业企业25家,对37个成型小区实行了物业管理,成立业委会27个,已达到90%以上,引进2家物业。协调房产企业收回骏景小区物业用房一处,明年预计收回德诚小区二期1500平方米居民活动中心一处。协调房产局为赛罕社区3处老旧楼栋进行供热管道更新改造。

【武装征兵】 对2016年适龄青年应征入伍进行了宣传,发放宣传册100余份,登记适龄青年68人,报名27人。对民兵应急排30人进行队列、警棍盾牌操等常规训练并参加军分区点验。

【阵地建设】 察哈尔社区办公设备采购进入招标阶段,社区整合现有设备已先行入驻新建阵地。花园社区办公阵地主体和二次结构均已完成。赛罕社区计划在办事处机关随察哈尔搬入新建阵地,对现机关办公场所进行规划改造后入驻。一棵树居委会目前临时租赁房屋办公,计划与老干局合建办公场地,正在前期筹备,预计明年开工建设。

## 楚古兰街道办事处

**【锡林浩特市楚古兰街道办事处领导名录】**

书　记　徐凤祥

副书记、办事处主任　贾永霞(女)

副书记　玉　桥(蒙古族)

纪工委书记　吴志城(2016年2月任职)

办事处副主任、武装部部长　乌力吉(蒙古族)

办事处副主任　白玉荣(女 蒙古族)

【概况】 楚古兰街道办事处成立于1981年,位于额尔敦路以东,那达慕大街以北,锡林大街以南,东至中小企业创业园区。辖区面积12平方公里,其中城区面积6平方公里,城郊围封禁牧区6平方公里。辖德吉、扎斯嘎图、伊特格勒、乌兰牧骑、孟柯、阿尔山、爱民、楚鲁图、格日勒图9个社区,奶牛新村1个居委会。有机关、学校、部队、企事业单位58家,法人单位537家、个体工商户3844户。辖区总人口53 993人,其中常住人口31 052人,流动人口22 941人,有蒙古族、回族、满族等15个民族组成。街道有工作人员223名,机关干部49名,社区工作人员174名。街道党工委下设20个党支部,管理党员1058名。

【党建工作】 着力构建社区党建区域化格局,共开展百余次志愿服务活动,通过开展“三走进三服务”、组团式服务、“两学一做”学习教育知识竞赛、慰问等活动,把共驻共建服务送到居民家门口;抓好社区阵地建设。街道达标社区阵地5处,新建和提档升级的社区阵地各2处。深入开展“两学一做”学习教育结合工作实际,开设“微课堂”、开展“七个一”系列活动,编印4000余册的“口袋书”、“两学一做”漫画宣传读本,20个党支部共开展98次专题研讨和“两学一做”学习教育专题党课,查找到基层党组织问题70条,党员领导干部18条,普通党员189条。2016年,爱民社区党总支、街道党工委分别被表彰为全区、全盟先进基层党组织。

**【拆迁改造工作】** 顺利完成团结大街、长城街贯通道路工程;那达慕大街段已经完成调查摸底和征求意见,达到100%的同意率。

**【人口计划生育工作】** 进一步健全完善全员人口信息库数据,年内出生人口500人,未满14周岁领证独生子女人数为131人,选定阿尔山社区为"新家庭计划"试点。

**【劳动保障工作】** 参与市就业局举办的招聘会共3次,征集了8家企业的304个就业岗位。发放2015年度第二批国有企业下岗人员及就业困难人员社会保险返补贴101人共计585 202元,集体企业下岗人员社会保险返补贴41人共计239 983元。申报2016年度第一批国有企业下岗人员及就业困难人员社会保险返补贴252人。

**【经济工作】** 完成1%人口抽样整理工作、调查摸底编制户主姓名底册及绘制调查小区图工作、夏冬季牧业普查工作及"四小"企业和民办非企业单位名录库维护滚动核查工作。

**【文教工作】** 发放春季幼儿学前教育补贴832人,共计发放幼儿教育补贴334 600元,申报秋季幼儿学前教育补贴795人,发放入学通知书共计106份。

**【街政工作】** 年内深入开展环境卫生集中整治工作,共清理建筑垃圾5600余吨、生活垃圾2000余吨;拆除乱搭乱建150余处,清理乱堆乱放400余处,铲除乱贴乱画5000余处约20 000余条,为辖区内13个旱厕安装纱窗和纱门,为无物业自管小区配置150个垃圾箱。整治格日勒图社区电力新村小区环境,硬化柏油路两侧500平米路面,在东门外栽种杨树和丁香树共计4500余株,安装双边丝护栏网和镀锌钢管PVC合成栅栏围挡面积10 000平方米。按照"十个全覆盖"工程建设要求,对奶牛新村居委会硬化道路完善档案的归纳、整理工作,完成上级部门四次巡查考评工作。

**【民政、残联工作】** 民政工作:严格按照城镇低保户申报程序,推行"分类施保",实施"动态管理",做到"应保尽保,应退尽退"。全年为241户、360人累计发放低保金2 030 994元,2016年1-12月因迁入廉租房、超标、死亡等原因取消:53户、99人、金额47364元;新增低保家庭12户,42人,金额15 665元。老龄工作:为辖区868名77周岁以上老年人发放长寿金1 082 400元。分四批办理了574张老龄公交卡,并为4109张公交卡充值。残疾人工作:为辖区49户残疾家庭安装残疾器具,发放各类补贴130975元。

**【红十字会、工会、各项救助慰问工作】** 红会、工会工作:开展博爱送万家、博爱助学、金秋助学活动,救助辖区贫困家庭20户,总计10 000元整;组织单位职工参加"博爱一日捐"活动,捐款21 700元;救助应届贫困大学生17人,共计51 000元。救助慰问工作:春节及"七一"前夕共慰问75岁以上老党员、困难党员、贫困家庭、保洁员等共计503人,共发放慰问金328 992元。中秋节、国庆节前夕,对辖区64名困难大学生进行每人2000元救助,对417户困难家庭、三无人员、低保户、低保边缘户进行慰问,共计发放慰问金399 050元。

**【综治维稳工作】** 全年共排查矛盾纠纷隐患171起,已化解矛盾134起,未调解成功37起(其中包括重点案件10起),正在调解中14起,已调解纠纷占总量的78.4%,较上年调解成功率提高6.3%,全年重大复杂矛盾纠纷下降明显。

**【网格工作】** 完成基本信息采集23 025条,为群众代办事项5213件,上传和给12319打电话上报各类信息5954起,全年网格员入户率达到92%。

**【纪检监察、反腐倡廉工作】** 投入6.5万元建成了纪检谈话室,基本达到"十一有"标准,制定了《楚古兰街道纪检谈话室使用制度》等6项规章制度。同时街道纪工委通过"四查"工作方式,加强了对机关、社区作风建设情况的督查、检查。

**【"六城联创"工作】** 通过召开动员大会、入户发放问卷、印发宣传册、制作图版、开展评选楚古兰街道"最美家庭"、举办趣味运动会、"写春联送百福"、"七个一"系列活动、"两学一做"知识竞赛等方式,广泛深入开展全国文明城市、国家卫生城市创建活动,以周例会点评、社区相互观摩、微信晒工作、通报等形式督促推进创城工作落实。

## 额尔敦街道办事处

**【锡林浩特市额尔敦街道办事处领导名录】**

书　记　王　涛
副书记、办事处主任　王雪静(女)
书　记　哈　斯(蒙古族)
副书记　额尔敦巴特尔(蒙古族)
副主任　苏文侠(女)
副主任、街道人民武装部部长　胡俊红

**【社区、居委会领导名录】**

葛根敖包社区书记、主任　包宏刚
新艾里社区书记、主任　李　东
罕尼乌拉社区书记　李静午
居委会主任　唐志琴
振兴社区社区书记、主任　张贵成（2016 年 10 月离职）
颜佩鑫（2016 年 10 月任职）
额尔德木腾社区党总支书记　李海红
居委会主任　张海峰
阿日嘎朗图社区书记、主任　杜云豹
桃林塔拉社区书记、主任　张锡平
华油社区书记、主任　杨海林
新兴居委会书记、主任　李恒国

**【概况】**　额尔敦街道办事处位于锡林浩特市东南部，额尔敦路以东，那达慕大街以南，303 国道以北，东三环以西，面积 7.98 平方公里，居民 44 012 人、18 896 户（第三次人口普查数据）。辖区共有行政、事业单位 156 家，企业单位 420 家，个体工商户 2203 家。办事处成立于 1986 年，现下设 8 个社区、1 个居委会。街道党政组织机构设立党工委和办事处。党工委下设 8 个联合党委，8 个社区党总支，23 个党支部（包括办事处、新兴居委会 2 个直属党支部），党员 1333 名。办事处机关设有 22 个科室（所），8 个社区下设 35 个网格。

**【基层党建】**　8 个社区的联合党委全部由"第一书记"担任联合党委书记，组织开展"组团式服务"活动 31 次。深化在职党员进社区活动，24 个市直部门机关的 622 名在职党员走进社区，社区通过微信平台、网格管理等渠道群众诉求，在职党员认领 135 件，解决 119 件，开展志愿服务 56 次。

**【惩防体系建设和党风廉政建设】**　进一步规范了纪检监察机构的设置，配备了专职的纪工委副书记和纪检监察专职干部，开展集中检查 6 次，临时性检查 10 次。不断完善监督和民主管理机制，将重大事务决策、低保审批、再生育审批、党员发展等重点职能的办事程序、条件、时限，以流程图形式对广外公开。

**【"两学一做"学习教育】**　精心组织"两学一做"学习教育。结合实际，制定具体工作方案，创新载体，活化形式，有力有序推动学习教育。通过办好"电教课堂、专家课堂、微信课堂"等，丰富学习形式；对身体不便不能参加集中学习的老党员，主动送学上门；对阅读有困难的老党员，将党章用语音的形式为他们播放。领导干部带头讲党课、带头学习讨论、带头开展批评和自我批评、带头解决自身问题。查摆问题 24 条，已整改 19 条。坚持学做结合，组织在职党员和志愿者服务队开展了"爱心墙"送温暖、"六城联创"志愿者服务、义务理发、义诊等一系列主题活动，确保了规定动作高质量高标准完成，自选动作不断创新。

**【网格化管理工作】**　全年发现问题 3784 件，其中，上报居民诉求平台 1233 件，处置 2228 件，为民办实事 6614 件。全年走访居民 11 383 户，入户率达 90%，采集信息 8432 户、20574 人，信息采集率达 81%，更新信息 4423 户，7751 人。

**【街政工作】**　全年治理拆除乱堆乱放、私搭乱建 260 余处；清理卫生死角 156 个；清理小广告 28 900 余条；动用清运车清运垃圾 220 台次，共清理垃圾 4700 余吨。

**【民政、优抚、红十字和博爱助残工作】**　受低保人员共计 116 户 205 人。年内，清理整顿取消低保户 33 户 56 人，为 843 名 77 周岁以上老人按季度发放高龄津贴，共计 205 500 元，为辖区 348 名老年人办理了公交卡，并开展了公交卡充值业务，年内充值 3580 余次。

**【劳动和社会保障工作】**　参加盟市两级举办的招聘会 5 次，参会单位 56 家，征集岗位 1158 个，发放宣传资料 1680 余份。上报城镇居民医疗保险 603 人，上报城乡居民养老保险 32 人。调查摸底辖区共有创业户 1343 户，带动就业 3926 人。

**【残联工作】**　对辖区内所有残疾人的基本信息进行分类汇总，共有残疾人 404 人，年内对 131 人发放了重残护理补贴。

**【计划生育工作】**　全年办理一孩申报单 210 个，办理二孩及再婚家庭生育证 105 个，为 410 个新生儿办理了入户登记手续。办理独生子女父母光荣证 45 个，流出《流动人口婚育证明》20 个，验流入《流动人口婚育证明》480 个，验流动人口生育证 45 个；发放男用避孕套 116700 支，避孕药 600 板。

**【工会工作】**　发展新会员 1550 人，组建辖区各机关企事业工会完善档案 54 个。"两节慰问"中，救助困难家庭 90 户，"金秋助学"帮助贫困学生 16 名。企事业单位中，组织开展各类技能大赛及"安康杯"系列活动。鼓励困难及下岗职工参加工会免费举办的各类再就业技术培训班十余次。

## 南郊街道办事处

**【锡林浩特市南郊街道办事处领导名录】**

书记　苏日嘎拉图（蒙古族）

副书记、办事处主任　王旭光(蒙古族)
副书记　吉日木图(蒙古族)
副主任　萨如拉其其格女(蒙古族)
　　　　孙晓东(蒙古族)
人民武装部部长　乌日根(蒙古族)

【社区、居委会领导名录】

南郊街道麦山社区书记、主任　李文智(女)
南郊街道麦山社区副书记　刘　洁(女)
南郊街道麦山社区副主任　李建梅(女)
　　　　高雪琴(女)
南郊街道哈布塔盖社区书记、主任　袁焕清
南郊街道哈布塔盖社区副书记　张　静(女)
南郊街道哈布塔盖社区副主任　李文慧(女)
　　　　高秀枝(女)
南郊街道红山社区书记　李迎春
南郊街道红山社区主任　梁淑花(女)
南郊街道红山社区副书记　李玲杰(女)
南郊街道红山社区副主任　李淑云(女)
　　　　其其格(蒙古族)
南郊街道乌日图社区书记　张春苗(蒙古族)
南郊街道乌日图社区主任　王保忠
南郊街道乌日图社区副主任　赵　凡
　　　　肖　宁

【概况】　南郊街道办事处成立于2000年10月,位于锡林浩特市东南15公里处(南煤矿矿区),西至207国道东南,北起303国道,南与白银锡勒牧场和白音库伦接壤,辖区总面积79平方公里。现有驻区单位41个,个体工商户27户。下设4个社区,未划分网格,总人口2515户,6318人。街道下设哈布塔盖、麦山、红山、乌日图4个社区;街道党工委下设5个党支部,2016年有党员61人。

【理论政策学习】　街道党工委结合“两学一做”专题教育活动,丰富学习内容,制定干部职工学习计划,确定每周五为干部职工学习日,采取自学与集中学习相结合的方式,组织党员干部学习党章党规,各级领导讲话精神、重要文件、教育读本。通过书记讲党课、发放钢笔字帖,撰写心得体会,深刻理解“两学一做”的深刻含义。同时,将思想教育工作与办事处棚户区改造、“十个全覆盖”、“六城联创”等工作相结合,树立科学的世界观、人生观和价值观和坚强的政治观,解决思想和工作中存在的实际问题,改进工作作风和工作方式、提高工作成效,特别在理论联系实际、指导实践上下真功夫,不断提高理论学习的效果,实现理论与实践相统一。2016年度共组织学习36次,学习人数达900余人次;街道社区共开展书记讲党课8次(其中办事处2次,社区6次),参加学习180余人。发放钢笔字帖28本,撰写心得体会30篇。

【队伍管理】　强化服务型党组织建设,加强党员教育管理和培训,充分发挥党员模范带头作用。进一步明确组织活动的时间、次数、主要内容等相关要求,为确保党建活动的质量和效果,党工委专门成立了制度落实督查小组,对各基层支部“三会一课”等制度的执行情况定期检查,并将考核情况作为年终工作考核的主要依据。2016年7月1日,开展庆祝建党95周年,重温入党誓词活动,使全体党员干部进一步增强党性观念,充分发挥党员表率作用,以实际行动履行党员承诺,铭记党员标准,珍惜党员称号,树立党员形象。2016年新发展党员1名。在“七一”期间,街道办事处协同社区干部深入辖区慰问困难党员,为他们送去党和政府的温暖和关怀。

【廉政建设】　积极发挥党工委的主题责任和纪工委的监督责任。制定完善干部考勤制度、请销假制度、值班制度等20余项工作制度,2016年按照上级的安排,修缮了街道纪工委廉政谈话室,并配备了各项设施和设备。加强对重点岗位、重点工作的督查,着重对党建经费的使用、低保审批、低收入家庭认定、廉租房分配、棚户区改造等重点日常工作的督查。成立以纪工委牵头的纪律督查小组,多次对日常上下班、值班工作、请销假、脱岗违纪等情况进行明查暗访,起到了很明显的提醒警示作用。严格执行“一岗双责”制度,真正落实党风廉政建设责任制。

【综合治理】　紧紧围绕“平安南郊”创建的总体目标,认真开展了不稳定因素的排查和稳控工作,着力化解社会热点、难点问题。2016年1—12月共接警138起,纠纷34起(比去年同期少12起),治安案件2起(比去年同期少5起)刑事案件2起(比去年同期少4起)。调解各类纠纷43件,调处成功率100%。开展培训4次,听课人数达100余人。全力做好信访工作,会同五级联保单位,特别是在国家、自治区、盟市重大活动期间,重点加强对辖区上访人员的稳控工作,包保任务分解到人,工作责任落实到人,定期到上访人员家庭走访,做耐心细致的工作。认真执行重大节日“零”报告制度,确保了特殊时期不出现群体上访和越级上访事件。

【辖区环境卫生综合整治】　为进一步做好“创城创卫”工作,践行社会主义核心价值观,街道通过在303国道两侧和南煤矿入口处设立宣传牌、入户宣传、发放宣传折页等形式,加强宣传。积极组织干部职工拾捡辖区及303、207国道、丹锡高速周边垃圾17次，使辖区卫生状况得到明显改善，优化了辖区环境。同时继续加大主次干道、小街巷、居民区积存垃圾的清运力度，为了使广大居民有个良好的生产，生活环境，南郊办事处组织开展了春夏两季的集中整治活动。通过集中整治，卫生状况明显改善，优化了辖区环境。

**【人口与计划生育】** 坚持党政一把手亲自抓、负总责，认真落实人口和计划生育目标管理责任制。进一步强化计生干部的业务知识培训和继续教育，不断提高计生队伍的整体素质。对居民群众的宣传教育工作力度以深入开展“婚育新风进万家”活动为载体，注重提高宣传教育的针对性和实效性。积极开展对育龄妇女的各项检查等服务工作，进一步提高了计生技术服务工作水平。

**【劳动保障】** 为确保社保基金安全，方便辖区企业退休人员及遗属办理养老保险待遇领取资格认证手续，2016年度已为1200余人办理资格认证工作。为使广大群众老有所养、老有所依，实现参保全覆盖，为符合条件的99位居民、低保户和重残人员办理了居民养老保险，并为符合条件的56人办理医疗保险。针对解决南郊下岗失业人员就业再就业，举办2次“春风送暖”专场招聘会，共征集南郊居民岗位500多个，达成意向100余人，发放宣传材料1400份。认真落实各项就业和再就业优惠政策，解决零就业家庭就业问题。加强对就业困难人员帮扶救助工作，为75人办理就业困难人员养老保险返还，共返还养老补贴40万余元。

**【民生工作】** 2016年度，街道办事处共有低保户31户，60人，每月发放低保救助金24 750元；共有“三无”人员5人，每月发放救助金7000元。积极协调民政、残联、红十字会等部门和社会各界人士开展救助活动，帮助弱势人群渡过生活难关，2016年7月14日，红十字会联合市妇幼在麦山社区卫生服务中心开展“送医送药进社区”活动，进一步践行了“两学一做”教育实践活动，充分体现党和政府的温暖和关怀。2016年度，共发放各类帮扶资金42万元。下基层干部为23名，对接联系户为23户，提供慰问金、米、面、油等生活用品，为1人安排了就业。麦山、红山、哈布塔盖三个社区组织辖区居民、党员进行棋牌比赛，几十名老年人欢聚一堂，在社区老年活动室举行一场老年人象棋、扑克牌比赛。

**【“十个全覆盖”】** 认真落实“十个全覆盖”工作。2016年完成投资700万元，其中：社区阵地二层主体框架已完工，外墙涂料已粉刷，附属工程主体已完工；院墙已砌筑完成，铁艺栅栏安装完毕；打水源井1眼。排水渠完成6000米。清理奶牛养殖生活垃圾2.4万立方米。

**【棚户区改造】** 截至2016年12月底，签订协议893户，其中：签订购买公租房协议196户；签订自行安置协议697户。发放补贴资金525户、2832万元；拆除原房屋722户，入住廉租房193户。

## 巴彦查干街道办事处

**【锡林浩特市巴彦查干街道办事处领导名录】**

书　记　额尔德木图（蒙古族）
副书记、办事处主任　李晓昱（女）
副书记　阿拉腾图雅（女 蒙古族）
纪工委书记　张建林
副主任　塔林巴特尔（蒙古族）
　　　　陈　涛
　　　　解太荣
人民武装部部长　朱辰龙

**【社区、居委会领导名录】**

达布希勒特社区党总支书记　特日贡（蒙古族）
达布希勒特社区主任　康　洁（女）
塔林社区党支部书记　马文林（女）
　　　　　　　　　　马远谊
塔林社区主任　赵艳梅（女）
锡林社区党支部书记　马文林（女）
锡林社区主任　胡学春（女）

**【概况】** 巴彦查干街道办事处成立于2008年9月，位于市区西部，辖区范围东起滨河路，西到铁路线，北至北二环，南至207国道北达拉图小区，总面积为60.14平方公里，总人口10 455户，26 083人。2016年辖3个社区，分别为达布希勒特社区、塔林社区和锡林社区，划分为13个网格，共有干部职工102人。街道党工委下设1个党总支和5个党支部，党员311人。设有远程教育站点4个。

**【党建工作】** 全年共组织集中学习100余次，参学人数3000余人次；各支部共讲党课23次，其中蒙古语党课4次；开展专题讨论20次。全年街道发展党员4名，预备党员转正7名。举办党员培训班4次，参训人数250余人次。2016年9月成立锡林社区，完成“两委班子”选举和工作人员配备工作，并提出打造“文化健康型”社区的目标。全年共排查出群众合理诉求和突出矛盾40余件，解决生产生活问题及矛盾纠纷30余件。全年对机关及社区督查52次,发现整改问题11个,对5人进行提醒谈话。同时,对新任8名社区“两委”成员进行了廉洁谈话。

**【人口计划生育工作】** 与各社区签订《2016年度人口与计划生育目标管理责任状》,将责任层层分级,落实到人。利用计生宣传日活动发放宣传品,加大优生优育、生殖保健等方面的宣传教育力度。同时不定期上门为民服务,对使用药具的已婚育龄妇女建立药具管理档案,全年免费发放药具9万支。对一孩、二孩家庭生育意愿进行调查录人,为299户家庭办理了入户手续,办理一孩生育登记453份,二孩生育登记表81份,为8户家庭办理再生育审批手续。

**【劳动保障工作】** 向辖区19家企业征集就业岗位205个,办理就业失业登记证149本,审批小额担保贷款4人,新增退休人员214人。申报就业困难人员50人,并进行就业培训,帮助其实现就业。全年共申报新参保养老保险20人,续交242人;养老退休验证1779人。发放2015年第二批社保补贴39人、22.46万元。帮助办理城镇居民基本医疗保险462人。

**【文教、妇联工作】** 组织辖区居民参加2016年“消夏晚会”、乌兰牧骑慰问演出、额尔敦敖包祭祀典礼等各类文体娱乐活动10余次。举办“文明祭祀,平安清明”主题宣传活动,引导居民文明祭祀。全年为146名新生办理入学通知书,完成对幼儿补助的申请和发放,2015年秋季幼儿补助发放15.96万元,2016年春季幼儿补助发放16.68万元。积极做好妇女工作。开展“反对家庭暴力,促进家庭和谐”活动,提高妇女法律意识与自我保护意识。推进文明家庭创建工作,开展2016年“最美家庭”表彰活动。2016年5月,塔林社区被评为自治区级“最美家庭”示范点。

**【物业管理、街政工作】** 结合创建卫生城市,积极开展爱国卫生运动,累计清理各类垃圾6.4万余吨,组织开展捡拾白色垃圾活动30余次。逐步规范小区物业管理,先后在辖区12个小区召开业主大会,成立和改选业主委员会,并对各小区物业进行考评,审报奖励扶持资金。先后10余次组织召开物业企业和业主代表座谈会,协调解决物业矛盾纠纷8起。

**【民政、残联、红十字会工作】** 及时落实民政部门对辖区居民特别是老年人、残疾人及低保户的各项帮扶政策。全年共发放低保金383.83万元、“三无”补助金41.74万元、“优抚”金6.62万元、三民补助金8472元、临时救助金9.37万元、医疗救助金24.25万元、爱心救助金10.05万元。组织办事处职工参与博爱一日捐活动,共筹集善款8700元。全年共发放残疾人补贴16.46万元。组织残疾人参加残疾人电子商务培训班2次,参学人次11人。

**【综治维稳工作】** 建立和实施矛盾纠纷“五所联调”工作机制,实行“1328”领导接访制度,建立重大不稳定问题清单,有效地将各类矛盾和问题消除在萌芽状态。全年共排查出各类矛盾纠纷51起,化解成功率100%。对重点人员进行集中排查,建立电子台账,落实管控措施。据统计,全辖区共有精神残疾人员58人,社区矫正人员6人,安置帮教人员15人,重点信访人员2人。与铁路10公里范围内的5户居民签订了《铁路护路联防住户责任书》。紧紧围绕“加强民族团结,建设美丽家乡”这一主题,深入开展民族团结进步创建活动。深入推进无邪教创建活动,将其纳入平安建设工作中,形成人人参与、群防群治的反邪教格局。

**【武装工作】** 积极开展民兵整组工作,按照“规模适当、布局合理、干部齐备、活动经常”的要求,组建救援分队、应急排、伪装防护分队等三支队伍。在辖区内深入宣传兵役法及征兵工作条例,不断扩大征兵工作的知晓度。

**【房屋征收工作】** 按照市委、政府相关工作安排部署,街道顺利完成湿地二期征收项目和塔林社区一棵树征收项目房屋和地面附着物征收拆除工作。湿地二期征收项目共涉及60户,征收拆除59户;塔林社区一棵树项目共涉及47户,已征收拆除40户。

# 统计资料

XI LIN HAO TE NIAN JIAN

## 锡林浩特市2016年国民经济和社会发展统计公报

锡林浩特市统计局

2016年,锡林浩特市坚决贯彻党的十八大以来的路线、方针和政策,按照盟委、行署的各项决策部署,面对严峻复杂的经济形势和艰巨繁重的改革发展任务,主动适应经济发展新常态,切实推进供给侧结构性改革,加快培育发展新动力,扬优补短、增量提质,国民经济健康发展,人民生活水平进一步提高,生态环境进一步改善,经济发展的基本面保持稳固,为全市可持续发展奠定了基础。

### 一、综合

国民经济持续稳定增长,产业结构调整步伐不断加快。2016年全市地区生产总值达到228.1亿元(按可比价格计算,下同),同比增长7.5%;其中第一产业增加值18亿元,同比增长4.1%;第二产业增加值110.1亿元,同比增长6.4%;第三产业增加值100亿元,同比增长9.4%。三次产业结构由上年的7.6 : 50.3 : 42.1转变为7.9:48.3:43.8。人均生产总值86 384元,同比增长6.5%。

截止到年底,全市一般公共预算收入完成29.4亿元,同比增长11.2%;一般公共预算支出完成33.5亿元,同比增长5.4%。2016年末,全社会从业人员119 236人,同比增长6.1%;全部非私营单位从业人员65 179人,同比增长2.5%。2016年全部非私营单位在岗职工工资总额42.7亿元,同比增长19.3%。从业人员年平均工资69 315元,同比增长15.1%。在岗职工年平均工资70 438元,同比增长16.1%。

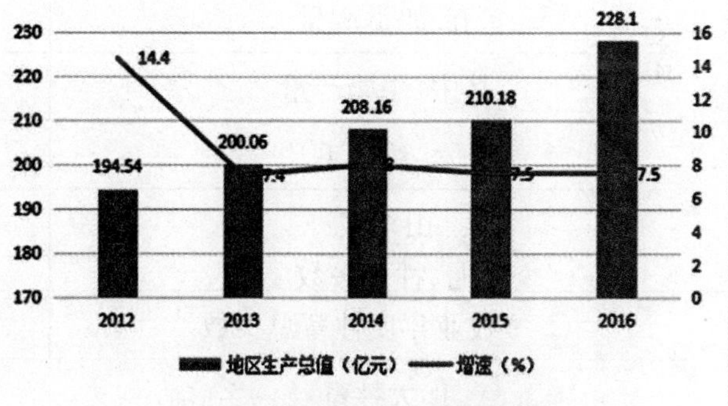


2012-2016年地区生产总值及增速

### 二、农业

随着养殖、种植结构的不断调整,农牧业生产平稳发展。全年粮油产量3.6万吨,同比增长5.6%;其中:粮食产量3.57万吨,同比增长5.9%。蔬菜产量9.2万吨,同比增长1.2%。牧业年度牲畜总头数169.1万头(只),比上年同期增加0.1万头(只),其中大牲畜和羊总头数168.7万头(只),比上年同期增加0.3万头(只);大牲畜和羊的总增率为41.44%。大牲畜和羊的良种及改良种牲畜166.8万头(只),良改比重为98.8%。年末牲畜存栏83.8万头(只),较上年同期增加17.3万头(只);其中大牲畜和羊存栏83.2万头(只)。年内大牲畜和羊出栏98.4万头(只),比上年增加10.7万头(只)。牲畜出栏率148%;商品率为135.9%。肉类总产量24 933吨,同比增长1.7%;奶类产量119524吨,同比下降14.2%;羊绒毛产量1587吨,同比增长11.0%;皮张产量99.5万张,同比增长13.9%。

**2016年规模以上工业主要产品产量及增长速度**

| 产品名称 | 计量单位 | 绝对值 | 比上年增长(%) |
|---|---|---|---|
| 一.粮食 | 吨 | 35 722 | 5.9 |
| (一)谷　物 | 吨 | 14 632 | 15.9 |
| 1.小麦 | 吨 | 11 083 | 22.1 |
| 2.玉米 | 吨 | 1410 | 0 |
| 3.其他谷物 | 吨 | 2139 | 0 |
| (二)马铃薯 | 吨 | 21 090 | 0 |
| 二.油料 | 吨 | 207 | -36.00 |
| 三.蔬菜 | 吨 | 24 933 | 1.7 |
| 四.肉类总产量 | 吨 | 24 933 | 1.7 |
| 其中:猪肉 | 吨 | 522 | 3.2 |
| 牛肉 | 吨 | 8570 | 7 |
| 羊肉 | 吨 | 14 404 | -5.8 |
| 五.奶类产量 | 吨 | 119 524 | -14.5 |
| 其中:牛奶产量 | 吨 | 117 334 | -14.5 |
| 六、绵羊毛 | 吨 | 1565 | 11 |
| 山羊绒 | 吨 | 18 | 12.5 |
| 七、牲畜头数 | | | |
| (一)牧业年度牲畜总头数 | 万头(只) | 169.1 | 0.04 |
| 1.大牲畜 | 万头 | 10.5 | 8.9 |
| 2.羊 | 万只 | 158.2 | -0.3 |
| 3.生猪 | 万只 | 0.4 | -43.7 |
| (二)日历年度牲畜总头数 | 万头(只) | 83.8 | 26.0 |
| 1.大牲畜 | 万头 | 7.2 | 11.0 |
| 2.羊 | 万只 | 76.0 | 28.1 |
| 3.生猪 | 万只 | 0.6 | -15.1 |

稳步推进生态环境建设,退耕还林还草工作取得新进展。全年造林面积4.35万亩;其中:当年

新增封山育林项目面积2万亩,人工造林面积0.5万亩。零星植树20万株。

**三、工业和建筑业**

工业生产保持平稳发展。全年全部工业增加值93.6亿元,同比增长6.9%,其中:规模以上工业企业增加值完成83.6亿元,同比增长6.8%。全年规模以上工业企业产品销售率90.02%,同比增加2.96个百分点。

**2016年规模以上工业主要产品产量及增长速度**

| 指标 | 单位 | 绝对值 | 增速(%) |
|---|---|---|---|
| 原煤 | 万吨 | 3084.6 | 17.68 |
| 天然原油 | 万吨 | 76.7 | -0.52 |
| 发电量 | 万千瓦时 | 460 818 | 11.99 |
| 供热量 | 万吉焦 | 1784.7 | 8.86 |
| 供电量 | 万千瓦时 | 4986.39 | 93.64 |
| 高炭铬铁 | 万吨 | 2.28 | -34.86 |
| 锗锭 | 千克 | 12 335 | 17.88 |
| 乳制品 | 吨 | 58 832.7 | -20.42 |
| 自来水 | 万立方米 | 1056 | 4.97 |

建筑业生产平稳,企业运行质量有所提高。全市建筑业增加值完成16.5亿元,同比增长3.5%。全市三级及三级以上建筑业企业20个,竣工产值6.0亿元,同比下降17.3%。全年各类房屋施工面积39.9万平方米,同比下降49.3%。房屋竣工面积32.3万平方米,同比下降33.5%。2016年具有建筑业资质等级的建筑企业实现利润2633.9万元,同比增长0.07%;实现税金7334.2万元,同比下降34.6%。

**四、固定资产投资**

1-12月锡林浩特市全社会固定资产投资完成181.4亿元,同比增长21.6%。按构成投资分:建筑工程完成114.0亿元,同比增长1.32%;安装工程完成29.3亿元,同比增长163.5%;设备工器具购置完成19.0亿元,同比增长16.2%;其他费用完成19.1亿元,同比增长107.2%。按经济类型投资分:国有投资完成102.5亿元,同比下降3.2%;非国有投资完成78.9亿元,同比增长82%。按产业投资分:第一产业完成13.5亿元,同比下降34.8%;第二产业完成128.8亿元,同比增长129.3%;第三产业完成39.1亿元,同比下降46.0%。按行业投资分:农、林、牧、渔业投资累计完成投资13.5亿元,同比下降34.8%。采矿业累计完成投资25.8亿元,同比增长64.3%;制造业累计完成投资5.5亿元,同比增长24.3%;电力、热力、燃气及水的生产业累计完成投资97.5亿元,同比增长170.7%。批发和零售业累计完成投资1.1亿元。交通运输、仓储和邮政业累计完成投资7.4亿元,同比下降66.4%;信息传输、软件和信息技术服务业累计完成投资0.02亿元,同比下降99.2%;房地产业累计完成投资8.8亿元,同比下降45.7%;水利、环境和公共设施管理业累计完成投资19.4亿元,同比下降25.7%;教育累计完成投资0.7亿元,同比下降58.6%;卫生和社会工作累计完成投资1.1亿元,同比下降52.1%;公共社会管理、社会保障和社会组织业累计完成投资0.6亿元,同比下降51.5%。2016年房地产开发投资完成8.8亿元,同比下降45.7%;其中住宅投资7.1亿元,同比下降41.6%;办公楼投资0.16亿元,同比增长80.5%;商业营业用房投资1.17亿元,同比下降60.3%;其他投资0.39亿元,同比下降62.6%。商品房施工面积402.2万平方米,同比下降16.0%。商品房销售面积为46.8万平方米,同比增长38.9%。

**五、交通和邮电业**

2016年交通运输、仓储和邮政业增加值完成15.0亿元,同比增长4.4%。交通客货需求平稳增长。2016年公路货运量13 180.1万吨,同比增长7.6%;公路货运周转量2 728 359.4万吨公里,同比增长7.9%;公路客运量450.8万人,同比增长1.3%;公路客运周转量27733.8万人公里,同比增长1.6%。邮电通讯业保持平稳。2016年末本地固定电话用户达3.4万户,同比下降46.8%。全年函件达68.6万件,同比下降22.2%;订阅报刊767.3万份,同比增长2%;订阅杂志23.6万份,同比增长7.1%。

**六、国内贸易和旅游业**

消费品市场活跃,消费产品不断提升。2016年批发和零售业增加值完成19.4亿元,同比增长7.8%;住宿和餐饮业增加值完成7.5亿元,同比增长6.2%。社会消费品零售总额62.5亿元,同比增长10%。按销售单位所在地分:城镇消费品零售总额59.1亿元,同比增长9.9%;农村牧区消费品零售总额3.4亿元,同比增长10%;按行业分:批发零售业53.9亿元,同比增长10%,住宿餐饮业8.6亿元,同比增长9%。招商引资工作迈出较大步伐。2016年共引进国内(盟外)资金110.9亿元,同比下降30.4%。外贸出口总额187万美元,同比增长87%。草原旅游业发展势头良好。2016年共接待游客417.14万人次,同比增长4.0%;实现旅游收入72.9亿元,同比增长15%。

**七、金融和保险业**

2016年金融保险业增加值完成14.3亿元,增长7.7%。金融运行良好。年末全市人民币存款余额286亿元,同比增长15%,其中住户存款余额160亿元,同比增长13.2%。全年全市人民币贷款余额288亿元,同比增长0.9%;其中中长期贷款227亿元,同比增长4.3%;短期贷款60亿元,同比下降11%。保险业平稳发展。2016年全市22家保险公司实现保险费收入10.1亿元,同比增长35%;其中财产保险保险费收入3.1亿元,同比增长3.7%,人寿保险保险费收入7.03亿元,同比增长55.2%。

**八、教育、卫生和文化**

教育事业在改革调整中快速发展,民族教育进一步得到加强。全市高等院校一所,全年招生3223人,比上年减少120人;在校生8353人,比上年增加79人;毕业生2523人,比上年增加106人。专任教师632人,比上年增加44人。中等职业教育(学校)2所,在校生数1405人,当年新招生数472人,毕(结)业生数477人。特殊教育学校1所,在校生数177人,当年新招生数33人,毕业生数7人。高中4所,在校生数10 638人,当年新招生数3616人,毕业生数3953人。初中5所,在校生数9180人,当年新招生数2975人,毕业生数4058人。小学12所,在校生数17380人,当年新招生数2875人,毕业生数2862人。幼儿园22所,在校生数4481人,当年新招生数1771人,毕业生数1725人。全市适龄儿童入学率100%。卫生事业稳步发展。2016年年末全市拥有医院、卫生院、保健所、服务站等卫生机构30所;床位数1456床;从业人员数3051人;卫生技术人员2565人;执业医师824人;注册护士1076人。文化事业健康发展,艺术创作繁荣兴旺,各类文化活动普及城市和牧区。2016年全市拥有公共图书馆(室)77个,其中图书馆3个(锡林郭勒职业学院图书馆、锡林郭勒盟图书馆、锡林浩特市图书馆),公共图书馆(室)共藏书143万余册(件)。2016年《锡林郭勒日报》汉文版日发行量17914份,增长0.2%,蒙文版日发行量11 860份,增长21.0%;《锡林郭勒晚报》日发行量8850份,下降6.6%。承担无线发射广播电视节目的台站1座;有线电视台1座。

**九、环境保护**

2016 年，全市大气、水环境进一步改善，锡林浩特地区全年空气质量优良天数 353 天，三级以上天气 13 天，平均空气质量优良率 96.4%，符合国家空气质量二级标准；全面完成集中式饮用水水源地保护区划分工作，定期开展饮用水源保护区水质监测，出水达标率达到 100%。加强对危废重点监管企业日常监管，强化危险废物的源头管理，开展辖区内危废重点监管企业的专项检查。重点减排项目建设取得突破，2016 年全市累计完成 5 台火电机组除尘、脱硝改造工程，完成 4 台供热燃煤锅炉除尘、脱硫改造工程，完成污水处理厂提标改造工程。开展城区噪声及沙尘暴监测工作，全市共有 120 个环境噪声监测点位。城区环境噪声昼间监测值 51.3dB；交通干线噪声昼间监测值 67.5dB，监测数据结果全部符合声环境噪声功能区二类标准值。沙尘暴监测方面，严格按照国家总站、自治区中心站的工作要求，上报沙尘天气 24 次，主要发生在 3、4、5 月，为沙尘暴天气的防治工作提供了有效的数据支撑。

**十、人口和人民生活**

人口保持稳定增长。2016 年年末全市常住人口 26.52 万人，增长 0.84%；其中城镇常住人口 24.02 万人，增长 1.01%，牧区常住人口 2.5 万人，下降 0.79%。年末全市户籍总人口 18.69 万人，增长 1.69%；其中汉族人口 12.57 万人，增长 1.53%；蒙古族人口 5.2 万人，增长 2.16%。全年出生人口 1962 人，出生率 10.58‰；死亡 421 人，死亡率 2.25‰；自然增长 1541 人，自然增长率 8.33‰。城乡居民收入持续平稳增长，消费水平进一步提高。2016 年，全体居民人均可支配收入 37 470 元，比上年增加 2772 元，增长 8.0%。城镇常住居民人均可支配收入 39 390 元，比上年增加 2918 元，增长 8.0%；从收入构成看，人均工资性收入为 19 952 元，增长 7.3%；人均财产净收入 2380 元，增长 10.2%；人均转移净收入 9013 元，增长 7.2%；人均经营净收入 8045 元，增长 10.0%。城镇常住居民人均消费性支出 29 420 元，增长 3.5%。城镇常住居民家庭恩格尔系数为 39.2%，比上年增长 1 个百分点。牧区常住居民人均可支配收入 22 245 元，比上年增加 1610 元，增长 7.8%；从收入构成看，人均工资性收入为 2109 元，增长 4.5%；人均财产净收入 1352 元，增长 1.8%；人均转移净收入 5340 元，增长 6.6%；人均经营净收入 13 444 元，增长 9.5%。牧区常住居民人均消费性支出 17 686 元，增长 5.4%。牧区常住居民家庭恩格尔系数为 39.5%，比上年增长 0.2 个百分点。

**2016 年城乡居民主要耐用品拥有量表**

| | 单位 | 2016 | 增速(%) |
|---|---|---|---|
| 城镇居民每百户耐用品拥有量 | | | |
| 彩色电视机 | 台 | 101 | – |
| 电冰箱 | 台 | 112 | 4.7 |
| 移动电话 | 部 | 228 | 7.5 |
| 家用电脑 | 台 | 83 | 13.7 |
| 家用汽车 | 辆 | 58 | 16 |
| 农牧民每百户耐用品拥有量 | | | |
| 彩色电视机 | 台 | 102 | – |
| 电冰箱 | 台 | 96.7 | 4.5 |
| 洗衣机 | 台 | 98.4 | 24.6 |
| 摩托车 | 辆 | 90.2 | –4.2 |
| 汽车(生活用) | 辆 | 49.2 | 13.8 |

注：

1. 本公报数据为初步统计数，最终核实数据以统计年鉴为准。

2. 公报中生产总值、各产业和各行业增加值绝对数均按现行价格计算，增长速度按可比价格计算。

3. 恩格尔系数是指食品支出总额占生活消费支出总额的比重。

4. 常住人口为 2016 年人口抽样调查变动数据。户籍人口数取之公安部门统计数。

# 荣　誉

XI LIN HAO TE NIAN JIAN

## 国家级

### 【先进集体】

2016年,锡林浩特市连续第三次获得“全国”荣誉称号。

2016年,宝力根街道荣获“全国计划生育协会先进单位”;乌兰图嘎社区荣获全国科普型社区荣誉称号。

2016年,消防大队被公安部消防局评为“2016年度全国执法质量达标基层单位”。

2016年,锡林浩特市档案局2015版年鉴获国家地方志办公室提名年鉴奖。

### 【先进个人】

巴彦查干街道办事处武装部部长朱辰龙,2016年被中央军委国防动员部评为“训练先进个人”。

价格认证中心孔向东,荣获全国价格认定工作法治建设年活动优秀个人称号。

职教中心青年教师呼和达来,荣获第十一届“中国青年志愿者”优秀个人奖(团中央授予)。

职教中心学生刘昕,荣获全国“最美中职生标兵”荣誉称号(全国共10名)。

农牧业局贺喜格巴雅尔,获得2014—2016年全国农牧业丰收奖二等奖。

农牧业局乌云其其格,获得2014—2016年全国农牧业业丰收奖三等奖。

## 自治区级

### 【先进集体】

2016年1月,锡林浩特市旅游部门选送的旅游商品企业锡林郭勒盟草原峰煌烤羊腿荣获内蒙古自治区首批“内蒙古旅游商品”称号。

2016年6月,自治区妇联授予巴彦查干办事处塔林社区“最美大家庭”荣誉称号。

2016年,锡林浩特市连续第七次获得“自治区双拥模范城”荣誉称号。

2016年,宝力根街道“自治区计划生育协会先进单位”荣誉称号。

2016年,供电局荣获内蒙古自治区第二届“文明杯”文明服务窗口“全区优秀服务窗口”。1项QC成果在内蒙古自治区、锡林郭勒盟供电局进行交流发布,并获得自治区二等奖和盟局优秀奖。

2016年,锡林浩特市普法专项组办公室被内蒙古自治区党委、政府表彰为全区2011—2015年先进普法依法治理领导小组办公室。

2016年,蒙中律师事务所被内蒙古自治区司法厅评为全区“十佳律师事务所”。

2016年,公证处被内蒙古自治区司法厅评为全区“十佳公证处”。

2016年,法律援助中心被内蒙古自治区司法厅评为全区“十佳法律援助中心”。

2016年,司法局被内蒙古自治区司法厅评为“全区社区矫正志愿者先进单位”。

2016年,锡林浩特市社保局荣获内蒙古自治区人力资源和社会保障厅颁发的“全区人力资源和社会保障系统2014—2016年度“优质服务窗口”荣誉称号。

2016年，巴彦德力格尔嘎查被内蒙古自治区授予“全区廉政文化示范点”荣誉称号。

2016年，好来宝《锡林赞》荣获内蒙古自治区第三届“科尔沁”杯曲艺大赛好来宝组三等奖。

2016年，小品《医疗保险》荣获2016年内蒙古戏剧曲艺节曲艺展演优秀奖。

2016年，锡林浩特市团委官方微博荣获2016年度“内蒙古自治区共青团最具影响力官方微博”称号。

2016年，消防大队党委、特勤中队党支部分别荣获内蒙古自治区消防总队“全区消防部队先进基层党组织”表彰。消防大队荣获内蒙古自治区消防总队“先进大队”表彰。特勤中队荣获内蒙古自治区消防总队“先进中队”表彰。

锡林浩特市牧业机械安全监理站被授予“2016年度全区农机维修管理工作先进单位”。

锡林浩特市农牧业综合行政执法大队获得“2016年度全区农牧业行政处罚案卷评查二等优秀案卷”的荣誉。

【先进个人】

农牧业局乌云其其格获得内蒙古自治区农牧业丰收奖一等奖。

米建华、男、毛登牧场司法所所长内蒙古自治区老龄工作委员会和内蒙古自治区民政厅被平“尊老孝星”。

莫日根、蒙古族、司法局局长被内蒙古自治区司法厅记个人二等功。

价格收费股阿拉腾其其格，荣获“2016年全区价格监测工作先进个人”称号。

公安交警大队民警苏宁、市团委机关干部阿若娜分获“全区优秀共青团员”及“全区优秀共青团干部”。

谢伟英，女，蒙古族，锡林浩特市人民法院民事审判一庭庭长，2016年1月被内蒙古自治区高级人民法院授予“全区优秀法官”。

农牧业局王树国获得2016年度全区农机维修管理工作先进个人。

## 盟　级

【先进单位】

2016年3月2日，人社局获得2015年度全盟人力资源和社会保障工作先进集体。

2016年3月，锡林浩特市人民法院被锡林郭勒盟中级人民法院授予“全盟基层法院目标实绩考核实绩突出法院”。

2016年3月，盟妇联授予巴彦查干办事处达布希勒特社区“全盟‘三八’红旗集体”荣誉称号。

2016年6月，盟委组织部授予巴彦查干办事处达布希勒特社区爱祺乐党支部“锡林郭勒盟非公有制经济组织和社会组织党建工作示范点”荣誉称号。

2016年6月，锡林浩特市教育科技局党委被盟委评为全盟先进基层党组织。

2016年9月获得盟人社系统第二届“人才杯”篮球邀请赛季军荣誉。

2016年12月，锡林浩特市就业局获得由锡林郭勒盟劳动就业服务局和苏尼特左旗人民政府在锡林郭勒盟首届“苏尼特乌兰伊德”美食烹饪大赛颁发的优秀组织奖。

振兴社区，获得全盟五四红旗团支部、自治区级示范青年爱里、盟级示范青年爱里。

2016年供电局荣获公司级“先进集体”。

2016年供电局荣获盟局“安康杯”文艺会演一等奖。

2016年供电局带电作业班荣获盟局“青年突击队”、盟局“先进集体”。

2016年供电局西城营业站荣获盟局“蒙电杯优质服务窗口”。

2016年供电局A级营业厅荣获盟局“巾帼文明示范岗”。

锡林浩特市人武部被锡林郭勒军分区评为“先进人武部”。

锡林浩特市人武部被锡林郭勒军分区评为“装备管理先进单位”。

锡林浩特市人武部被锡林郭勒军分区评为“安全管理先进单位”。

锡林浩特市被盟委、行署评为2011—2015年全盟普法依法治理先进旗(县、市)。

司法局连续五年被锡林郭勒盟司法局评为“司法行政工作绩效考核优胜单位”。

锡林浩特市社保局荣获锡林郭勒政务服务(公共资源交易)中心颁发的“2016年度政府服务工作‘红旗窗口’”荣誉称号。

希日塔拉嘎查被授予“全盟文明嘎查村”荣誉称号。

宝力根苏木被授予“全盟爱国卫生苏木”荣誉称号。

额尔敦塔拉嘎查被授予“全盟爱国卫生嘎查”荣誉称号。

巴彦淖尔嘎查被授予“全盟爱国卫生嘎查”荣誉称号。

巴彦德力格尔嘎查被授予“全盟关心下一代工作先进集体”荣誉称号。

小品《医疗保险》荣获第三届锡林郭勒文化艺术节优秀创作奖；笑磕《手》作为优秀节目受邀参加第六届全国少数民族曲艺展演同时荣获第三届锡林郭勒文化艺术节优秀创作演出奖。

盟首届“学院”杯马头琴广播电视大赛二等奖；广场舞《筷子舞》、《锡林布斯贵》，分别荣获锡林郭勒盟原创广场舞大赛一等奖；获得锡林郭勒盟执法技能大比武活动团队第二名。

2016 年希日塔拉街道办事处被锡林郭勒盟委员会、锡林郭勒盟行政公署评为文明单位标兵。

消防大队荣获盟委给予的“全盟文明单位标兵”荣誉称号。

锡林浩特市农牧业局获得 2016 年度锡林郭勒盟农牧业工作先进单位一等奖。

【先进个人】

2016 年 6 月，盟委组织部授予额尔德木图优秀党务工作者荣誉称号。

2016 年 7 月，盟关工委授予额尔德木图关心下一代工作先进个人荣誉称号。

2016 年 9 月，左占云被评为 2016 年锡林郭勒盟优秀教育工作者。王华　获得锡林郭勒盟“美丽的草原我的家”演讲比赛第二名。

周宇　被盟委、行署评为 2011—2015 年锡林郭勒盟普法依法治理先进个人。

司法局张那日苏获得“十佳人民调解员”。

宝力根苏木党委书记乌日图那顺荣获“全盟苏木乡镇优秀党委书记”荣誉称号。

哈那乌拉嘎查牧民阿拉腾布日古德荣获“全盟优秀党员”荣誉称号。

宝力根苏木职工娜仁图雅荣获“全盟重点畜牧业养殖专研优秀工作者”荣誉称号。

巴彦温都尔嘎查牧民扎拉根基获“全盟平安家庭”荣誉称号。

希日塔拉嘎查牧民诺尔玛获“全盟十个全覆盖美丽家庭”荣誉称号。

哈那乌拉嘎查牧民乌仁图雅获“全盟十个全覆盖美丽家庭”荣誉称号。

达夫巴雅尔　巴彦宝拉格苏木那仁宝拉格嘎查党支部书记，2016 年 4 月获得全盟基层优秀党务工作者，授奖部门：盟委组织部。

教科局团委书记郭黎明和图拉嘎爱心公益社团分获 2016 年“锡林郭勒青年五四奖章”及“锡林郭勒青年五四奖章集体”。

锡林浩特市信访局副局长樊小丽、综合科王育杰经锡林郭勒盟信访局评选获 2016 年度全盟信访工作先进个人。

郑香钧　消费大队教导员，荣获盟消防支队“优秀党务工作者”荣誉称号。

张建民　特勤中队上士，荣获盟消防支队“优秀共产党员”荣誉称号。

周鑫燚　一中队下士，荣获盟消防支队“优秀共产党员”荣誉称号。

海江　锡林浩特市人民法院法警队队长，2016 年 3 月被锡林郭勒盟中级人民法院授予个人三等功。

齐峰　锡林浩特市人民法院执行局审判员，2016 年 3 月被锡林郭勒盟中级人民法院授予“全盟法院先进工作者”。

陈杰　锡林浩特市人民法院立案庭副庭长，2016 年 3 月被锡林郭勒盟中级人民法院授予“全盟法院先进工作者”。

梁文旭　锡林浩特市人民法院民事审判一庭审判员，2016 年 3 月被锡林郭勒盟中级人民法院授予“全盟法院优秀法官”。

崔长虹　锡林浩特市人民法院行政庭副庭长，2016 年 12 月被锡林郭勒盟中级人民法院授予“2016 年全盟法院年度裁判文书评比三等奖”。

农牧业局苏和获得全盟优秀党务工作者。

# 文件目录

XI LIN HAO TE NIAN JIAN

## 锡林浩特市政府文件

锡林浩特市人民政府关于印发2016年大气污染防治工作计划的通知
2016年12月20日
锡林浩特市人民政府关于印发《锡林浩特市有关部门和单位安全生产工作职责规定》的通知
2016年10月18日
锡林浩特市人民政府关于印发锡林浩特市创建国家食品安全城市实施方案的通知
2016年09月28日
锡林浩特市人民政府关于印发《锡林浩特市社会救助办法(试行)》的通知
2016年11月30日
锡林浩特市人民政府关于调整市安全生产委员会组成人员的通知
2016年12月06日
锡林浩特市人民政府关于印发《2016年全市今冬明春火灾防控工作方案》的通知
2016年11月17日
锡林浩特市人民政府关于实施不动产统一登记的公告
2016年11月15日

## 锡林浩特市政府办文件

锡林浩特市人民政府办公室关于印发《锡林浩特市居家养老服务管理办法(试行)》的通知
2016年11月28日
锡林浩特市人民政府办公室关于印发《锡林浩特市政府机关集中办公区域安全隐患排查治理工作方案》
2016年12月08日
锡林浩特市人民政府办公室关于印发《锡林河流域地下水水位与水量双控制实施方案》的通知
2016年11月28日
锡林浩特市人民政府办公室关于印发《锡林浩特市严厉打击破坏野生动物资源专项行动实施方案》的通知
2016年12月14日
锡林浩特市人民政府办公室关于印发《关于开展打击破坏野生动物资源及其制品非法交易专项行动

的方案》
2016年11月04日
锡林浩特市人民政府办公室关于印发《锡林浩特市突发水污染事件应急预案(试行)》的通知
2016年12月23日
锡林浩特市人民政府办公室关于《建立锡林浩特市推进不动产统一登记工作联席会议制度》的通知
2016年09月19日
锡林浩特市人民政府办公室关于印发《锡林浩特市市长质量奖评审管理办法》的通知
2016年09月30日
锡林浩特市人民政府办公室关于印发《锡林浩特市突发公共卫生事件应急预案》的通知
2016年11月28日
锡林浩特市人民政府办公室关于印发
《锡林浩特市突发公共事件医疗卫生救援应急预案》的通知
2016年11月28日
锡林浩特市人民政府办公室关于印发《锡林浩特市低保和低收入家庭认定办法》的通知
2016年11月28日
锡林浩特市人民政府办公室关于印发《锡林浩特市医》
2016年07月18日
锡林浩特市人民政府办公室关于印发《锡林浩特市进一》
2016年09月30日
锡林浩特市人民政府办公室印发《锡林浩特市全面推行食品安全责任保险工作实施方案》的通知
2016年07月27日
锡林浩特市人民政府办公室关于全面贯彻落实“四有两责”切实做好食品药品监管工作的意见
2016年08月03日
锡林浩特市公务用车制度改革领导小组办公室关于印发《锡林浩特市党政机关公务用车制度改革保留车辆使用》
2016年10月08日

# 文件选编

XI LIN HAO TE NIAN JIAN

## 内蒙古自治区人民政府令第218号《内蒙古自治区牛羊屠宰管理办法》内蒙古自治区人民政府令 第218号

《内蒙古自治区牛羊屠宰管理办法》已经2016年2月24日自治区人民政府第66次常务会议审议通过，现予公布，自2016年6月1日起施行。

自治区代主席布小林

2016年4月1日

### 第一章　总　　则

**第一条**　为了加强牛羊屠宰管理，规范牛羊屠宰行为，保证牛羊产品质量，保障牛羊屠宰行业健康发展和公众身体健康，根据《中华人民共和国食品安全法》、《生猪屠宰管理条例》、《内蒙古自治区动物防疫条例》和国家有关法律、法规，结合自治区实际，制定本办法。

**第二条**　自治区行政区域内的牛羊屠宰活动及其监督管理，应当遵守本办法。

本办法所称牛羊产品，是指牛羊在屠宰后未经加工的胴体、肉、脂、脏器、血液、骨、头、蹄、皮、尾等。

**第三条**　自治区对牛羊实行定点屠宰、集中检疫制度。

未经定点，任何单位和个人不得从事牛羊屠宰，农村牧区个人自宰自食的除外。

“农家乐”、“牧家游”等所涉及的牛羊屠宰由盟行政公署、设区的市人民政府根据本地区实际制定管理办法。

**第四条**　牛羊定点屠宰厂(场)是牛羊产品质量安全的责任主体，应当接受社会监督，承担社会责任。

**第五条**　旗县级以上人民政府应当统一组织、领导、协调本行政区域内的牛羊屠宰管理工作，将牛羊屠宰监督管理和屠宰技术指导所需经费纳入本级财政预算。

**第六条**　自治区人民政府兽医主管部门应当会同发展和改革、经济和信息化等有关部门，编制牛羊屠宰行业发展规划。

**第七条**　旗县级以上人民政府兽医主管部门负责本行政区域内牛羊屠宰的监督管理工作。

旗县级以上人民政府设立的动物卫生监督机构负责本行政区域内的牛羊屠宰日常监督管理工作。

旗县级以上人民政府设立的动物疫病预防控制机构负责本行政区域内的牛羊屠宰技术指导。

食品药品监督管理、工商行政管理、质量技术监督、环境保护、公安、规划、民族事务、城管等部门按照各自职责，做好与牛羊屠宰活动的相关管理工作。

苏木乡镇人民政府和街道办事处应当配合动物卫生监督机构做好牛羊屠宰的相关工作。

**第八条** 自治区引导、鼓励、支持牛羊定点屠宰厂(场)技术创新和技术改造,促进机械化、规模化、标准化、品牌化和信息化建设。

**第九条** 自治区人民政府兽医主管部门应当根据牛羊定点屠宰厂(场)规模、生产和技术条件以及质量安全管理状况,对牛羊定点屠宰厂(场)实行分类管理。

**第十条** 依法成立的牛羊屠宰行业协会,应当加强行业自律,推动行业诚信建设,为会员提供信息、技术、培训等服务,宣传、普及肉食品安全知识。

**第十一条** 从事清真牛羊屠宰的,除应当符合本办法的规定外,还应当符合国家和自治区有关清真食品管理的规定和少数民族食用清真食品的习俗。

## 第二章 牛羊定点屠宰厂(场)设立

**第十二条** 牛羊定点屠宰厂(场)应当具备下列条件:

(一)符合《动物防疫条件审查办法》的规定;

(二)依法取得环境影响评价手续和规划选址意见书;

(三)有与屠宰规模相适应,水质符合国家规定标准的水源条件;

(四)有符合国家规定要求的待宰圈、隔离圈、待宰间、急宰间、屠宰间、检疫检验室以及牛羊屠宰设施设备和运载工具;

(五)有经考核合格与企业规模相适应的检疫检验人员;

(六)有依法取得健康证明、符合屠宰规模和岗位要求的屠宰技术人员;

(七)有符合国家规定要求的检疫检验设备、消毒设施、冷藏设施、水洗设施、排酸车间;

(八)有病害牛羊以及牛羊产品无害化处理设施或者与无害化处理场签订的无害化处理委托合同;

(九)法律、法规规定的其他条件。

**第十三条** 在边远和交通不便的农村牧区,可以设置仅限于向本地市场(苏木乡镇以下)供应牛羊产品的小型牛羊屠宰场。

**第十四条** 小型牛羊定点屠宰场应当具备下列条件:

(一)符合《动物防疫条件审查办法》的规定;

(二)有固定的屠宰场所;

(三)有独立的待宰圈、隔离圈、待宰间、急宰间、屠宰间;

(四)有经考核合格与企业规模相适应的检疫检验人员;

(五)有依法取得健康证明、符合屠宰规模和岗位要求的屠宰技术人员;

(六)具备基本的卫生条件和污染防治设施;

(七)有病害牛羊以及牛羊产品无害化处理设施或者与无害化处理场签订的无害化处理委托合同;

(八)法律、法规规定的其他条件。

**第十五条** 新建、改建、扩建牛羊定点屠宰厂(场),申请人应当向厂(场)址所在地旗县级人民政府兽医主管部门提出书面申请,盟行政公署、设区的市人民政府兽医主管部门按照本办法和自治区牛羊屠宰行业发展规划,会同有关部门进行审查,作出书面决定,不符合条件的,应当书面说明理由。

**第十六条** 牛羊定点屠宰厂(场)建成竣工后,申请人提出书面验收申请,盟行政公署、设区的市人民政府兽医主管部门自受理之日起二十日内会同有关部门验收,验收合格的,由盟行政公署、设区的市人民政府兽医主管部门发放牛羊定点屠宰证书和牛羊定点屠宰标志牌;验收不合格的,应当书面通知申请人并说明理由。

盟行政公署、设区的市人民政府兽医主管部门应当将验收合格的牛羊定点屠宰厂(场)名单及时向社会公布。

**第十七条** 自治区人民政府兽医主管部门对全区牛羊定点屠宰证书、章、标志牌进行统一编码,负责统一制作牛羊定点屠宰证书、肉品品质检验合格证、检疫检验合格验讫印章、无害化处理印章、标志牌等。

盟行政公署、设区的市人民政府兽医主管部门应当建立牛羊定点屠宰证书、章和标志牌管理使用制度，负责发放本行政区域内牛羊定点屠宰证书、检疫检验合格验讫印章、无害化处理印章、标志牌等。

**第十八条** 牛羊定点屠宰证书应当载明牛羊定点屠宰厂（场）名称、地址、法定代表人（负责人）、屠宰种类等事项。

牛羊定点屠宰厂（场）应当将牛羊定点屠宰标志牌悬挂于厂（场）区的显著位置。

**第十九条** 牛羊定点屠宰厂（场）不得出租、出借和转让牛羊定点屠宰证书、章和标志牌。

任何单位和个人不得伪造、变造、冒用牛羊定点屠宰证书、章和标志牌。

**第二十条** 牛羊定点屠宰厂（场）的名称、法定代表人（负责人）发生变更的，应当在取得营业执照之日起二十日内办理牛羊定点屠宰证书的变更手续。

**第二十一条** 牛羊定点屠宰厂（场）应当加强检疫检验人员和屠宰技术人员的个人防护，定期进行体检，防止职业病的发生。

## 第三章 牛羊定点屠宰

**第二十二条** 牛羊定点屠宰厂（场）应当按照国家、自治区有关行业标准、技术规范和操作规程组织生产，建立牛羊屠宰管理制度，并在屠宰车间明示牛羊屠宰检疫检验操作工艺流程图、位置图。

牛羊定点屠宰厂（场）应当采用符合动物福利要求的屠宰方式。

**第二十三条** 进入牛羊定点屠宰厂（场）屠宰的牛羊应当附有动物卫生监督机构出具的《动物检疫合格证明》，并佩戴畜禽标识。

**第二十四条** 牛羊定点屠宰厂（场）应当建立牛羊产品质量追溯制度。如实记录牛羊进厂（场）时间、来源、数量、《动物检疫合格证明》、畜禽标识以及产品出厂（场）时间、品种、数量、流向和检疫检验、无害化处理等内容，并保存相关凭证。记录和凭证保存期限不得少于产品保质期满后六个月；没有明确保质期的，保存期限不得少于二年。

**第二十五条** 任何单位和个人不得有下列行为：

（一）不得对牛羊、牛羊产品注水或者注入其他物质；

（二）不得为未经定点从事牛羊屠宰的单位或者个人提供牛羊屠宰场所或者牛羊产品贮存设施；

（三）不得为对牛羊、牛羊产品注水或者注入其他物质的单位或者个人提供场所。

牛羊定点屠宰厂（场）不得屠宰注水或者注入其他物质的牛羊。

**第二十六条** 牛羊定点屠宰厂（场）应当建立牛羊屠宰安全自查制度，定期对牛羊屠宰安全状况进行检查评价。生产条件发生变化，不再符合牛羊屠宰安全要求的，牛羊定点屠宰厂（场）应当立即采取整改措施；发生牛羊产品安全事故潜在风险的，应当立即停止屠宰活动，并向所在地旗县级人民政府动物卫生监督管理机构报告。

**第二十七条** 牛羊定点屠宰厂（场）应当向旗县级以上人民政府动物卫生监督管理机构及时报送牛羊收购、屠宰、销售等相关信息。

**第二十八条** 牛羊定点屠宰厂（场）应当建立牛羊产品召回制度，发现其牛羊产品存在安全隐患，可能对公众健康和生命安全造成损害的，应当立即停止生产，通知销售者和消费者，召回已经上市销售的牛羊产品，并记录召回和通知情况，对召回的牛羊产品应当进行无害化处理。

**第二十九条** 牛羊定点屠宰厂（场）应当按照国家规定对病害牛羊以及牛羊产品进行无害化处理。无害化处理的费用和损失，按照国家和自治区财政部门的规定予以补贴。

## 第四章 牛羊定点屠宰检疫检验

第三十条牛羊定点屠宰厂（场）应当建立牛羊屠宰产品质量控制体系，明确牛羊屠宰检疫检验负责人。

**第三十一条** 经考核合格的牛羊定点屠宰厂（场）检疫检验人员应当按照国务院兽医主管部门规定的检疫检验规程，对屠宰牛羊同步实施检疫检验，并出具检疫检验报告。

牛羊定点屠宰厂（场）检疫检验人员应当按照国务院兽医主管部门的规定，如实记录检疫检验过程和结果，并对检疫检验报告负责。

**第三十二条** 旗县级人民政府动物卫生监督机构应当向牛羊定点屠宰厂(场)派驻官方兽医,对牛羊屠宰检疫检验过程进行巡监和抽检。

官方兽医对牛羊定点屠宰厂(场)出具的检疫检验报告进行审核,结合抽样检验、巡监等措施进行判定,对符合规定要求的牛羊产品出具《动物检疫合格证明》。

**第三十三条** 牛羊产品未经检疫检验或者经检疫检验不合格的,不得出牛羊定点屠宰厂(场)。

**第三十四条** 从事牛羊产品销售、肉食品生产加工的单位和个人以及餐饮服务经营者、集体伙食单位,不得经营未按规定进行检疫或者检疫不合格的牛羊产品,或者生产经营未经检验或者检验不合格的牛羊产品。

## 第五章 监督管理

**第三十五条** 自治区人民政府兽医主管部门根据国家牛羊屠宰质量安全监控计划,制定和实施自治区牛羊屠宰质量安全监控方案。旗县级以上人民政府兽医主管部门应当制定屠宰环节牛羊产品质量安全年度抽检计划,并组织实施。

**第三十六条** 动物卫生监督机构依法对牛羊屠宰活动进行监督检查,可以采取下列措施:

(一)进入牛羊屠宰等有关场所实施现场监督检查;

(二)向有关单位和个人了解情况;

(三)查阅、复制有关记录、票据以及其他资料;

(四)对牛羊、牛羊产品按照规定采样、留验、抽检;

(五)对监督抽检过程中发现的含有或者疑似含有有毒有害物质的牛羊、牛羊产品采取证据保全措施。

**第三十七条** 动物卫生监督机构的执法人员进行监督检查时,应当出示行政执法证件。对动物卫生监督机构依法进行的监督检查,有关单位和个人应当予以配合,不得拒绝、阻碍。

**第三十八条** 动物卫生监督机构在监督检查中发现牛羊定点屠宰厂(场)不再具备本办法规定条件的,应当责令限期整改;逾期仍达不到本办法规定条件的,由原发证机关撤销牛羊定点屠宰证书和收回牛羊定点屠宰标志牌。

**第三十九条** 动物卫生监督机构在监督检查中发现牛羊屠宰活动涉嫌犯罪的,应当依法移送公安机关。

## 第六章 法律责任

第四十条违反本办法规定,未经定点从事牛羊屠宰活动的,由旗县级以上人民政府动物卫生监督机构按照国务院《生猪屠宰管理条例》第二十四条第一款规定予以处罚。

冒用或者使用伪造、变造的牛羊定点屠宰证书或者牛羊定点屠宰标志牌的,依照前款的规定处罚。

牛羊定点屠宰厂(场)出租、出借、转让牛羊定点屠宰证书或者牛羊定点屠宰标志牌的,由旗县级以上人民政府动物卫生监督机构按照国务院《生猪屠宰管理条例》第二十四条第三款规定予以处罚。

**第四十一条** 牛羊定点屠宰厂(场)有下列情形之一的,由旗县级以上人民政府动物卫生监督机构按照国务院《生猪屠宰管理条例》第二十五条规定予以处罚:

(一)未按照国家、自治区有关行业标准、技术规范和操作规程组织生产的;

(二)未如实记录屠宰牛羊的来源、数量和牛羊产品流向的;

(三)未按照国家规定对病害牛羊以及牛羊产品进行无害化处理的。

**第四十二条** 牛羊定点屠宰厂(场)发现牛羊产品存在安全隐患,可能对公众健康和生命安全造成损害,未采取停止生产、召回措施的,由旗县级以上人民政府动物卫生监督机构处以 1 万元以上 3 万元以下罚款。

**第四十三条** 牛羊定点屠宰厂(场)出厂(场)未经肉品品质检验或者经肉品品质检验不合格的牛羊产品的,由旗县级以上人民政府动物卫生监督机构按照国务院《生猪屠宰管理条例》第二十六条规定予以处罚。

**第四十四条**　违反本办法规定,牛羊定点屠宰厂(场)、其他单位或者个人对牛羊、牛羊产品注水或者注入其他物质的,由旗县级以上人民政府动物卫生监督机构按照国务院《生猪屠宰管理条例》第二十七条第一款规定予以处罚。牛羊定点屠宰厂(场)对牛羊、牛羊产品注水或者注入其他物质的,除依照前款的规定处罚外,还应当由旗县级以上人民政府动物卫生监督机构按照国务院《生猪屠宰管理条例》第二十七条第二款规定予以处罚。

**第四十五条**　牛羊定点屠宰厂(场)屠宰注水或者注入其他物质的牛羊的,由旗县级以上人民政府动物卫生监督机构按照国务院《生猪屠宰管理条例》第二十八条规定予以处罚。

**第四十六条**　违反本办法规定,任何单位或者个人为未经定点从事牛羊屠宰的单位或者个人提供牛羊屠宰场所或者牛羊产品贮存设施的,或者为对牛羊、牛羊产品注水或者注入其他物质的单位或者个人提供场所的,由旗县级以上人民政府动物卫生监督机构按照国务院《生猪屠宰管理条例》第三十条规定予以处罚。

第四十七条违反本办法规定,从事牛羊产品销售、肉食品生产加工的单位和个人以及餐饮服务经营者、集体伙食单位,经营未按规定进行检疫或者检疫不合格的牛羊产品,或者生产经营未经检验或者检验不合格的牛羊产品,由旗县级以上人民政府食品药品监督管理部门按照《中华人民共和国食品安全法》第一百二十三条规定予以处罚。

**第四十八条**　牛羊屠宰监督管理部门及其工作人员有下列行为之一的,对直接负责的主管人员和其他直接责任人员依法给予行政处分;构成犯罪的,依法追究刑事责任:

(一)未按规定程序和条件审查、批准定点牛羊屠宰厂(场)的;

(二)未依法履行职责,造成牛羊产品质量安全事故的;

(三)接到举报或者发现违法屠宰、经营行为未依法查处的;

(四)隐瞒牛羊产品质量安全事故不报的;

(五)其他玩忽职守、滥用职权、徇私舞弊的行为。

## 第七章　附则

**第四十九条**　牛、羊以外的其他家畜(生猪除外)、家禽屠宰参照本办法执行。

**第五十条**　本办法自 2016 年 6 月 1 日起施行。

## 锡林浩特市公务用车制度改革领导小组办公室关于印发《锡林浩特市党政机关公务用车制度改革保留车辆使用和管理制度(试行)》的通知

各苏木镇人民政府、国有农牧场、街道办事处,市直各部门、企事业单位:

现将《锡林浩特市党政机关公务用车制度改革保留车辆使用和管理制度(试行)》印发给你们,请认真贯彻执行。

锡林浩特市公务用车制度改革领导小组办公室

2016年10月8日

## 锡林浩特市党政机关公务用车制度改革保留车辆使用和管理制度(试行)

**第一条** 为进一步加强和规范公务用车制度改革后保留车辆的使用管理,降低行政运行成本,根据《锡林郭勒盟公务用车制度改革实施方案》、《锡林郭勒盟党政机关公务用车制度改革保留车辆使用和管理暂行办法》,结合全市党政机关工作实际,制定本制度。

**第二条** 本制度所指公务用车,是指全市党政机关公车改革完成后,各单位核定保留的机要通信应急用车、一般执法执勤用车、特种专业技术用车、实物保障用车以及其他符合规定的车辆。

机要通信应急用车是指用于保障单位机要、处置突发事件、重大紧急公务和基层检查调研等公务出行的机动车辆。

一般执法执勤用车是指用于执勤、办案、监察、稽查等公务的机动车辆。

特种专业用车是指具备专项用途,改装或加装固定的特殊专业技术设备,用于通信指挥、技术侦查、刑事勘察、抢险救灾、检验检疫、环境检测、救护、消防、工程技术等的机动车辆。

实物保障用车是指市本级党政主要负责人、苏木镇党政负责人不领取交通补贴,提供定向化实物保障工作用车的机动车辆。

其他车辆是指上述工作用车以外的其他机动车辆。

**第三条** 各党政机关(包括党委、人大、政府、政协、法院、检察院和工商联,参照公务员法管理的人民团体、群众团体、事业单位)的公务用车使用管理适用本制度。

不参照公务员法管理的事业单位、国有企业的公务用车使用管理参照本制度执行。

**第四条** 市公务用车管理领导小组统一领导各党政机关公务用车的管理等工作,市公务用车管理领导小组办公室(以下简称"市公车办")具体负责管理并向盟公车办上报公务用车的配备、更新等情况;负责综合行政执法车辆(平台建立之后)的管理、使用、登记、调剂等工作;市公车办可从实际出发,对重大抢险救灾、事故处理、突发事件处置等不可预测的特殊事件,统筹安排调用全市各类车辆。

**第五条** 机要通信应急用车、特种专业技术用车、其他车辆由各党政机关自行负责管理、使用;中央明确的执法执勤部门的执法执勤用车在执法执勤用车管理平台建立之前,由各单位负责管理、使用;自治区明确的行政执法车辆在综合执法平台建立之前,暂时由各单位负责管理、使用,综合执法平台建成后统一管理调度;实物保障用车由市本级党政负责人、苏木镇党政主要负责人所在党政机关负责管理、使用。

**第六条** "过渡性公务用车服务中心"租赁车辆严格履行审批手续。全市性的重要公务活动、全市重大综合执法活动、抢险救灾、处理突发案件(事件)以及其他紧急现场办公活动由政府分管领导进行审批,锡林浩特城区以外的各种公务活动由单位主要领导审核,携带相关文件、请假手续到市公车办审批备案。

**第七条** 机要通信应急用车用于保障单位机要、处置突发事件、重大紧急公务和基层检查调研等公务出行,禁止作为领导干部上下班接送车。上级公务人员需要接送机(站)的,可使用本单位机要通信应急车接送机(站)。

**第八条** 执法执勤用车应配置在一线执法执勤工作岗位，机关内部管理和后勤岗位、非执法执勤性质的一般公务出行不得使用执法执勤用车。

**第九条** 特种专业技术用车应搭载固定专业技术设备，专用于特定工作用途。

**第十条** 实物保障用车用于保障规定范围内人员的公务出行。

**第十一条** 核定保留的公务用车实行编制管理，定向化实物保障用车实行实名制配备，保留的公务用车要符合规定的配备标准、车型和使用范围。

**第十二条** 各党政机关要建立健全严格的公务用车使用管理制度，加强公务用车集中管理、统一调度。不得公车私用。越野车（含SUV）一般不得在城区内使用。

**第十三条** 党政机关公务用车要严格执行派车审批制度、使用登记和公示制度，严格登记用车时间、事由、地点、里程、油耗、费用等信息。

**第十四条** 各党政机关工作人员在锡林浩特市区域内公务出行实行社会化提供，不再报销公务交通费用，跨区域之外的公务出行视为公务出差，相关费用按有关差旅费管理办法报销。

**第十五条** 公务用车严格执行回单位停放制度，上班时间以外、节假日期间除应急和特殊工作需要外一律封存停放。公务用车上班时间以外、节假日期间使用的，填写《锡林浩特市公务用车使用备案单》到市公车办备案。

**第十六条** 各党政机关公务用车保险、加油、维修实行政府集中采购和定点保险、定点加油、定点维修制度。市区内必须统一到指定的加油站加油，行程较远时出发前将油箱加满，油料不够时可在途中加油站加油。

**第十七条** 各党政机关不得以特殊用途等理由变相超编制、超标准配备公务用车；不得以任何方式换用、借用、占用下属单位或其他单位和个人的车辆；不得接受企事业单位和个人赠送的车辆；不得以任何理由违反用途使用或固定给个人使用执法执勤、机要通信应急等公务用车；不得以交通补贴名义变相发放福利；不得既要补贴又乘坐公车。

**第十八条** 各党政机关要加强对保留公务用车使用管理的监督检查，除公安、检察院、纪委（监察）部门涉及侦查办案等有保密要求的特殊工作用车外，按照中央、自治区统一部署，推行标识化管理。对违反规定使用公务用车的行为，依照党纪政纪有关规定进行处理。

**第十九条** 本制度自公布之日起施行。

# 锡林浩特市人民政府办公室关于调整市长副市长工作分工的通知

各苏木镇人民政府、国有农牧场、街道办事处,市直各部门、企事业单位:

因市政府班子成员变动和工作需要,现就各市长工作分工调整如下:

**张锦明市长** 主持政府全面工作。

**郭轶杰常务副市长** 协助张锦明市长负责政府常务工作和宏观经济、监察、城市建设与管理、统计等方面的工作。分管政府办公室(政府法制办、督查信息室、政府信息化办公室、应急管理办公室、政府机关事务服务处、公务用车管理领导小组办公室、蒙古语文翻译中心)、发展和改革局、监察局、住房和城乡规划建设局、统计局、城市管理行政执法局(城管局)、城市规划局、政务服务中心(公共资源交易中心)、住房公积金管理部、园林绿化管理局、城建集团。联系市人大、人民防空办公室、档案局。

**德力格尔朝克图副市长** 协助张锦明市长负责民族宗教事务、农林牧水、生态保护、扶贫开发和各苏木镇、国有农牧场等方面的工作。分管民族宗教事务局(蒙古语文工作委员会)、林业水利局、农牧业局、生态保护局、扶贫开发办公室、各苏木镇、国有农牧场、森林公安局。联系市政协、农工部、气象局、武警森林支队。

**贾境文副市长** 协助张锦明市长负责社会稳定等方面的工作。分管公安局、司法局、信访局。联系市法院、检察院和武警支队、武警边防支队、公安消防支队。

**张学军副市长** 协助张锦明市长负责工业经济运行、人力资源、矿产资源、交通运输、安全生产、招商引资等方面的工作。分管经济和信息化局、人力资源和社会保障局、国土资源局(不动产登记局)、交通运输局、安全生产监督管理局、招商局(投资促进局)、锡林郭勒经济技术开发区管委会、支援油田建设办公室、福兴达矿业有限公司。联系编办、供电局、锡林浩特民航机场公司、锡林浩特火车站、第九地质勘查院、华北油田二连分公司。

**陶格敦巴雅尔副市长** 协助张锦明市长负责教育科技、财政、金融、审计、税收、环保、商贸流通、食品药品监管、工商、质量技术监督等方面的工作。分管教育科技局、财政局(国有资产管理办公室、金融工作办公室)、审计局、锡林郭勒职业教育中心、城投公司;代管环境保护局、商务局、食品药品和工商质量技术监督管理局(食品药品监督管理局、食品药品安全委员会办公室)、锡林郭勒现代物流园区管委会、供销社、烟草局。联系地震局、国税局、地税局、科学技术协会、人民银行、农业发展银行、工商银行、农业银行、中国银行、建设银行、交通银行、内蒙古银行、鄂尔多斯商业银行、邮储银行、包商银行、农村合作银行、各保险公司、各小额贷款公司;代联系工商联、邮政局、无线电管理处、联通公司、移动公司、电信公司、盐业公司、石油公司。

**赖向华副市长** 协助张锦明市长负责民政优抚、文体广电旅游、卫生计生、文物、基层政权建设等方面的工作。分管民政局、文化体育广电旅游局、卫生和计划生育局、文物事业管理局(贝子庙管理委员会办公室)、各街道办事处。联系人武部、老干部局、工会、团委、妇女联合会、文学艺术界联合会、红十字会、残疾人联合会、关心下一代工作委员会。

**杨金柱副市长** 协助张锦明市长负责其他方面的工作,和专项推动的具体事务。

# 锡林浩特市人民政府办公室关于进一步加强突发事件信息报送工作的通知

各苏木镇人民政府、国有农牧场、街道办事处，市直各部门、企事业单位：

针对各部门单位在报送突发事件信息的主动性、敏感性、时效性方面存在的问题，市委办、政府办先后下发了《关于重申进一步加强重大紧急信息报送工作的通知》、《关于进一步严明重要信息报送工作纪律的通知》、《关于进一步做好信息报送工作的通知》等文件，进一步规范了突发事件信息报送工作。但个别部门仍然存在报送突发事件信息不及时、内容不明确，涉及多个部门突发事件信息上报的内容不相符等问题。为确保市政府领导能够在第一时间掌握重要情况，及时指导处置工作，现将有关事宜通知如下：

一是领导带头，加强学习。各部门单位主要负责人带头于4月20日前，安排全体干部职工集中学习《中华人民共和国突发事件应对法》、《内蒙古自治区突发公共事件信息报告制度》（试行）等法律法规及规范性文件。并与4月23日之前将本单位学习信息和图片报送市政府信息督查室。

二是落实责任，强化问责。各部门单位主要领导为突发事件信息报送工作的第一责任人，负总责；各部门单位分管信息工作的领导为主要责任人；信息员为直接责任人。各部门单位报送突发事件信息时，除法定的紧急情况外，均要履行好审核、签发程序，并由本单位主要领导审核签发后第一时间报送市政府应急办公室，因报送信息不及时等造成严重后果的，追究部门单位主要领导和分管信息工作领导的责任。

三是明确职责，确保时效。各部门单位要根据突发事件分类标准和有关规定向市政府应急办公室报送重大紧急信息。各部门单位向上级业务部门报送重要信息时，必须向市政府应急办公室报送，同时做好沟通衔接。各部门单位要严格执行突发事件信息报送时效要求，必须在事发1小时内向市政府应急办公室报送事态初步情况，2小时内上报初核情况，并随时续报事态进展及处置情况，防止信息倒流。对事态紧急、性质严重，来不及掌握详情的特别重大信息要先通过电话方式随时上报初步情况，确保市政府领导在第一时间了解情况。上述报送时间和程序，如法律法规或上级文件有更严格的规定，应按照法律法规规定或上级文件要求执行。

四是增强主动，迅速反馈。要及时捕捉影响社会安全稳定的苗头性、趋势性信息，确保第一时间掌握突发事件信息。获知突发事件信息后，应及时主动调查核实，对于敏感信息、预警预测信息、可能引发重大以上突发事件的信息，以及社会舆论广泛关注的热点、焦点事件，要加强分析研判并及时报告。坚决杜绝突发事件信息报告工作有头无尾、有始无终的现象发生，确保信息报告的连续性和整体性。各部门单位接到市委、政府领导同志关于突发事件的批示精神后，要迅速向有关方面传达并认真抓好落实，结合突发公共事件处置工作，及时反馈。各部门单位要与市政府应急办公室保持联系，沟通情况。

市政府应急办公室联系方式：8110393（工作日），8240963（夜间、节假日）。政府应急办电子信箱：xlszfb@163.com。

2016年4月8日

# 锡林浩特市人民政府办公室关于印发《锡林浩特市节水型社会建设的实施意见》的通知

为贯彻落实《中共中央国务院关于加快水利改革发展的决定》(中发〔2011〕1号)、《国务院关于实行最严格水资源管理制度的意见》(国发〔2012〕3号)、《内蒙古自治区人民政府批转自治区水利厅关于实行最严格水资源管理制度实施意见的通知》(内政发〔2014〕23号)和内蒙古自治区人民政府关于建设节水型社会的工作部署,结合锡林浩特市实际,提出如下实施意见。

**一、全面推进节水型社会建设的重要意义**

水是生命之源、生产之要、生态之基。全面推进节水型社会建设是建设资源节约型、环境友好型社会的需要。把节约用水贯穿于经济发展和群众生活生产用水全过程,是解决水资源性短缺最有效的手段,是全面贯彻落实习总书记"节水优先、空间均衡、系统治理、两手发力"新时期治水方针的最好体现。

随着锡林浩特市经济社会的快速发展,水资源供需矛盾日益突出,水资源短缺已成为锡林浩特市经济社会发展的首要制约因素。现经济社会各行业普遍存在用水管理水平低、技术工艺较落后、用水耗水指标偏高、水资源有效利用率低的问题。通过节水型社会建设,将建立和完善政府调控、市场引导、公众参与的节水型社会管理体制,提高水资源的承载能力,实现人水和谐,保持区域良好的水生态环境和全市经济社会的可持续发展。

**二、全面推进节水型社会建设的指导思想和工作目标**

(一)指导思想

树立和落实科学发展观,坚持水资源开发节约保护并重,把节约放在首位的方针,以提高水资源利用效率和效益为核心,以全面实行最严格的水资源管理制度为抓手,通过完善政策措施,加大节水改造,强化节水意识,基本建立起与节水型社会建设相配套的水资源管理体制和运行机制,最终实现水资源的全面保护、有效利用和优化配置,最大程度的提高水资源利用效率。

(二)工作目标

到2020年力争实现以下目标:

1. 严格总量控制。全市用水总量控制在1.16亿立方米以内。

2. 提高用水效率。万元工业增加值用水量较2013年下降30%(不变价),城市供水管网漏损率降低到10%以内。

3. 加强农业节水。灌溉水有效利用系数提高到0.80,继续推广滴灌、喷灌节水灌溉技术,逐步建立灌溉用水计量设施。

4. 强化水资源保护。加强水功能区监督管理,监测水功能区水质达标率提高到88%以上,对超采区的地下水资源实现采补平衡,城市饮用水源地全部完成达标建设。

5. 加强污水处理。改造污水处理厂污水收集管网,使全部污水进入污水厂进行处理,同时进行污水厂水质提标升级,使污水达标排放。

6. 推进再生水利用。全市再生水回用率达到80%以上。

**三、全面推进节水型社会建设的重点工作**

(一)加快推进农业节水。要依据自治区"四个千万亩"节水灌溉规划纲要,全面推进农业节水。抓住实施国家和自治区大型灌区节水改造、节水增粮、节水增效行动的机遇,着力推广喷灌、滴灌等高效节水设施,积极打造农业节水增效示范区。大力推广地下水保护行动计划,做好超采区封井工作。

(二)全力推进工业节水。合理调整工业结构,严格限制新上高耗水、高污染项目。对于新建工业项目,要严格水资源论证审批,耗水指标必须向"领跑者"看齐。对于已建工业项目,要加强节约用水指导及节水技术改造,开展用水水平衡测试、用水效率评估工作。强化计划用水管理、对于超计划、超定额的水量要实行水资源费累进加价制度。落实建设项目节水设施与主体工程同时设计、同时施工、同时投产使用"三同时"制度。在火力发电、煤化工、采选矿等行业实施节水技改示范工程,引导发展节水减排技术和工艺。

（三）积极推进再生水利用。锡林浩特市已编制再生水利用规划，完善相关政策和法规，为再生水利用提供科学依据和政策导向。通过优惠政策和价格杠杆，鼓励和引导工业（特别是城镇供热企业）、学校、机关和宾馆等开展再生水的推广和利用。

（四）加强水资源保护。落实最严格的水资源管理制度，强化水功能区管理，严格控制污染物排放量，加大入河排污口整治力度，对不符合要求的入河排污口坚决予以关闭。尽快制定污染物限排意见。强化取水许可管理，严格控制地下水开采，严格落实《内蒙古自治区地下水管理办法》，未经批准和城市公共管网覆盖区域内的自备水井，一律关闭。建立地下水监测管理系统，为地下水保护和管理提供科学依据。

（五）深入规范城市用水。加快城区管网改造，降低管网漏失率。加强节水器具的推广工作，提高用水效率和效益。

（六）强化计划用水管理。落实水利部《计划用水管理办法》，科学核定用水计划，进一步规范计划用水管理。在用水总量的基础上，要确定分水源的农业、工业等各行业用水量，强化计划用水的科学性。

（七）加大节水型学校、节水型社区、节水型企业建设力度，增强全民节水意识。

**四、全面落实节水型社会建设的保障措施**

（一）加强组织领导。各相关部门高度重视节水型社会建设工作，确保认识到位、责任到位、措施到位。结合各自实际，制定节水型社会建设规划和实施方案，并成立领导小组。明确目标，落实责任，确保建设节水型社会的各项措施落到实处。

（二）明确责任主体。政府是节水型社会建设的责任主体，各有关部门要按照工作和职责分工，加强沟通协调，建立节水减排项目审核、节水器具推广、用水监督等工作联动机制，增强节水型社会建设工作合力。

（三）强化监督考核。建立健全水资源管理考核制度，把节水型社会建设工作纳入最严格水资源管理考核内容。

（四）完善制度体系。加强节水型社会建设的制度研究，建立水资源论证制度、建设项目节水评估制度、水资源消耗核算制度和节水考核指标体系。制定科学的水价政策，运用经济手段和价格杠杆，引导水资源利用向节约保护和高效率、高效益方向发展。

（五）广泛宣传发动。利用各类媒体广泛宣传国家有关节水政策措施和节约保护水资源的先进典型，弘扬“节约水、保护水、爱护水”的良好社会风尚，重点在学校进行宣传，让节水意识深入人心，真正成为全社会的自觉行动，促进节水型社会建设深入开展。

# 锡林浩特市人民政府办公室关于印发《锡林浩特市封闭自备水源井及废弃井工作实施方案》的通知

各苏木镇人民政府、国有农牧场、街道办事处,市直各部门、企事业单位:

现将《锡林浩特市封闭自备水源井及废弃井工作实施方案》印发给你们,请认真组织实施。

2016年2月29日

## 锡林浩特市封闭自备水源井及废弃井工作实施方案

根据《中华人民共和国水法》、《安全生产法》、《内蒙古自治区地下水管理办法》及《锡林郭勒盟行政公署办公厅关于开展全盟自备水源井封闭工作的通知》等有关法律、法规,为进一步加强锡林浩特市地下水资源管理,充分合理开发利用水资源,对自备水源井进行封闭、做好废弃水井安全隐患治理,结合锡林浩特市实际,制定本实施方案。

**一、指导思想**

统一思想,提高认识,统筹兼顾,科学规划,分步实施,通过封闭自备水源井,促进水资源的合理开发、优化配置和节约保护。通过废弃水井的治理,消除安全隐患,确保人民群众生命财产安全。

**二、基本原则**

(一)坚持严格管理、合理开发、科学利用、严格保护、防止污染、节约资源、注重实效的原则,依据国家、自治区及盟行署的相关规定,对锡林浩特地区所有自备水源井和废弃水井进行全面清查,通过集中整治,依法严厉打击非法取用地下水资源的行为,使地下水资源得到切实保护和有序利用。

(二)坚持合理引导和强制封闭的原则,分布封停既定范围内的所有自备水源井。

(三)坚持优先使用再生水、疏干水和地表水的原则,协助用水户寻找可替代水源。如无可替代水源,必须对取用地下水的可靠性、可行性以及取水对周边地区造成的影响进行科学的水资源论证,论证经水行政主管部门审查通过后,方可办理取水许可手续。

**三、组织领导为加强自备水源井封闭工作和废弃水井治理工作的组织领导,成立锡林浩特市自备水源井封闭工作领导小组。**

组　长　德力格尔朝克图　政府副市长

副组长　杜赞炯　市林水局局长

达楞古日布　市住建局局长

张卫东　市安监局局长

成　员　刘东红　市委宣传部副部长

包启龙　市法院副院长

牧　仁　市公安局副局长

席晓东　市给排水公司经理

王小红　市林水局副局长

领导小组下设办公室,办公室主任:王小红(兼),具体负责组织实施城区自备水源井封闭和废弃水井治理的日常工作。

**四、任务目标**

(一)自备水源井任务目标

由水政监察大队逐步对城区内的自备水源井进行专项整治封闭,促进地下水资源合理开发,保障水资源的可持续利用。

1. 取水许可情况。包括有无取水许可证、签发单位、时效、新取水许可证换发,以及建设项目水资源论证情况等；

2. 取水情况。包括自备井数量、取水量、取水用途、取水性质（生活/工业/商业）、取水地点（相对位置图）、取水方式（深井泵/潜水泵）等；

3. 管理情况。有无安装计量设施、监控设备和节水措施等；

（二）废弃水井任务目标

由水政监察大队对全市所有废弃水井进行核查，督促所有单位进行废弃水井封堵工作。

**五、整治对象及措施**

（一）自备井封闭措施

1. 对自来水管网覆盖范围内，自备水源井“取水许可证”情况进行逐一登记审查，对不符合规定的，一律收回许可证，封闭自备水源井。

2. 对自来水管网覆盖范围外，无“取水许可证”或不按要求及时换发新取水许可证的自备井，先予责令停止使用，待补办取水许可手续后方准启用。同时，待接通公共供水管网覆盖后，应立即关停。

3. 对自来水管网覆盖范围内，作为绿化用水的自备井，一律关停，使用城市中水。

4. 对自来水管网覆盖范围内，供热、加工制造业、洗浴、洗车行业、餐饮、宾馆的自备井一律关停，接用自来水。

5. 对确需保留的有证自备井要登记造册，设立台账，加强监管。

（二）废弃水井整治措施

1. 在排查核实的基础上，对原有丧失取水功能，无法使用的废弃水井或干孔，分清权属组织人力进行填埋；

2. 对新建水源井，产生的干孔按照谁造成、谁整治的原则，建设单位要责成钻井施工队及时进行填埋处理，地方水行政主管部门应进行现场检验。

**六、实施步骤**

（一）宣传

1. 召开工作会议，安排部署封闭自备井和废弃井整治工作。封闭自备井和废弃井治理工作由工作领导小组负责，组织专人具体实施封闭自备井和废弃井整治工作，确保工作顺利进行。

2. 广泛宣传，营造工作气氛。充分利用广播、电视网络等载体，通过发布通告等途径，大力宣传封闭自备水源井和废弃井整治的重要性。

（二）排查

1. 对自来水管网覆盖区内的自备水源井单位及个人进行全面排查，逐户查验取水许可证件，建立台账，提出处理意见。

2. 对原有废弃井及新建水源井产生的干孔进行排查登记，建立台账，落实具体责任人、整治时间和措施。

（三）封闭、整治

1. 自来水公司要对城镇公共供水覆盖范围管网的自备水源井做好管网链接工作，保证封闭自备水源井后正常供水。

2. 由水政监察大队下发《限期封闭自备井通知书》，水政执法人员按封闭自备水源井的要求开展封闭工作，并逐一建立台账，留有影像资料、井位坐标。

3. 督促废弃水源井所属单位负责限期填堵整治；对新产生的干孔由建井单位整治填堵整治。

（四）强制治理

在规定时间内未进行封闭的自备水源井和未封堵废弃水源井实施强制封闭。相关费用由自备水源井产权单位或个人承担。

**七、保障措施**

（一）组织领导。成立封闭自备水源井领导小组，办公室设在水政监察大队，负责印发封闭自备水源井通告，协调各方面做好宣传教育、摸底调查、依法封闭、汇报总结等工作。

（二）监管措施。自备水源井一经关闭，任何单位和个人不得擅自拆封启用。自备水源井关闭后，由相关职能部门强化监督检查，切实加强自备水源井封闭后的安全管理工作。对擅自拆封启用已关自备井的，追究其有关人员的责任。

# 锡林浩特市人民政府办公室关于印发《锡林浩特市2016年度政府协商计划》的通知

各苏木镇人民政府、国有农牧场、街道办事处,市直各部门、企事业单位:

现将《锡林浩特市2016年度政府协商计划》印发给你们,请结合实际,认真组织实施。

2016年6月27日

## 锡林浩特市2016年度政府协商计划

为切实做好2016年度政府协商工作,根据中共锡林浩特市委员会《关于加强社会主义协商民主建设的实施意见》(锡市党发〔2016〕8号)要求,制定锡林浩特市2016年度政府协商计划。

**一、围绕"农牧民进城养老"进行协商**

1. 协商形式:专题协商。

2. 协商时间:2016年第四季度。

3. 参加人员:政府有关领导同志,政府办、发改局、财政局、住建局、民政局、卫计局、城管局、交通局、街道办事处、各苏木镇场及议题所涉的其他有关部门单位负责同志,有关方面的专家学者。

4. 协商程序:(1)市有关部门单位负责同志、有关企业代表发言。(2)有关专家学者发表意见。(3)政府有关领导听取意见并讲话。(4)形成专题协商成果报市委、政府。

5. 组织实施:由市政府办组织实施。

**二、围绕"城市建设和管理"进行协商**

1. 协商形式:专题协商。

2. 协商时间:2016年第三季度。

3. 参加人员:政府有关领导同志,政府办、财政局、国土局、住建局、规划局、城管局、园林局、供电局、房屋征收局、房产局、市政管理处、供热燃气办、质监站、给排水公司、市政工程管理局及议题所涉及的其他有关部门单位负责同志,相关企业负责人,有关方面的专家学者。

4. 协商程序:(1)市有关部门单位负责同志、有关企业代表发言。(2)有关专家学者发表意见。(3)政府有关领导同志听取意见并讲话。(4)形成专题协商成果报送市委、政府。

5. 组织实施:由市政府办组织实施。

**三、围绕"新一轮补将机制工作"进行协商**

1. 协商形式:专题协商。

2. 协商时间:2016年第三季度。

3. 参会人员:政府有关领导同志,政府办、发改局、经信局、财政局、国土局、林水局、农牧业局、生态保护局、各苏木镇场及议题所涉及的其他有关部门单位负责同志,有关方面的专家学者。

4. 协商程序:(1)有关部门负责同志发言。(2)有关专家学者发表意见。(3)政府有关领导同志听取意见并讲话。(4)形成专题协商成果报送市委、政府。

5. 组织实施:由市政府办组织实施。

**四、围绕"义务教育均衡发展"进行协商**

1. 协商形式:专题协商。

2. 协商时间:2016 年第三季度。

3. 参加人员:政府有关领导同志,政府办、市教科局、小学、中学等单位负责同志。

4. 协商程序:(1)市教科局负责同志发言。(2)部分小学、中学等单位负责同志发表意见。(3)市政府有关负责同志讲话。(4)形成专题协商成果报送市委、政府。

5. 组织实施:由市政府办组织实施。

**五、围绕“中小企业发展”进行协商**

1. 协商形式:专题协商。

2. 协商时间:2016 年第四季度。

3. 参加人员:政府有关领导同志,政府办、经信局、发改局、住建局、规划局、财政局、商务局、食药工商质监局、环保局、政务服务中心,有关企业界人士。

4. 协商程序:(1)有关部门单位负责同志、有关企业代表发言。(2)有关专家学者发表意见。(3)政府有关领导同志听取意见并讲话。(4)形成专题协商成果报送市委、政府。

5. 组织实施:由市政府办组织实施。

# 锡林浩特市人民政府关于加强集中供热管理的通告
## 锡市政发〔2016〕5 号

随着季节更替,目前已进入锡林浩特市较寒冷阶段。市委、政府始终把集中供热作为当前的首要工作,在总体热源紧张的情况下,以民生利益为重,采取必要措施,确保广大群众过上温暖祥和的冬季。现就有关事项通告如下:

一、即日起,根据天气情况,必要时将对机关(企事业)单位、学校、商场和娱乐场所等公共区域热网实施合理调控措施。按照民生优先原则,最大程度确保居民供热需要。

二、各供热企业要切实加强运行调度,在确保安全生产的前提下,满负荷运行,保证供热质量。

三、政府供热管理部门会同相关企业,加大供热执法巡查工作,严禁居民私自放水、加装循环泵和改造供热设施等违法行为,发现相关违法行为,按照《锡林浩特市供热管理条例》严厉处罚。

四、做好集中供热工作是全社会共同责任,广大群众要积极行动起来,自觉加入到文明用热的行列,坚决抵制监督违章用热行为,共同营造文明有序的用热氛围,确保稳定可靠的供用热质量。

发生相关供热问题,请及时拨打供热服务举报电话:

市供热办 0479－8276869

锡林郭勒热电公司 0479－2431000

鑫晨供热公司 0479－6950068、6950766

锡林热电厂 0479－6910001

北车热源厂 0479－8109081

蒙东热源厂 15847971296

**特此通告**

**2016 年 1 月 6 日**

# 锡林浩特市人民政府关于实施不动产统一登记的公告
# 锡市政发〔2016〕41 号

根据《中华人民共和国物权法》、国务院《不动产登记暂行条例》(国务院令 656 号),锡林浩特市人民政府决定自 2016 年 11 月 22 日起,在本市行政区域内实施不动产统一登记,现将有关事项公告如下:

**一、不动产登记承办机构及登记区域**

锡林浩特市国土资源局(不动产登记局)为锡林浩特市不动产登记机构,负责全市不动产登记工作。其所属锡林浩特市不动产登记中心承担全市行政区域内土地、房产、林地等不动产登记的业务办理。

**二、不动产统一登记的时间及原则**

自 2016 年 11 月 22 日起,市国土局、市房产局停止受理土地、房产登记有关事项,停止颁发国有土地使用证、房屋所有权证等。各类不动产登记业务由锡林浩特市不动产登记中心统一办理,颁发“不动产权证书”和“不动产登记证明”。按照国家“不变不换”的原则,在公告之日前依法颁发的各类不动产权属证书继续有效,权利不变动,证书不更换,在依法办理变更登记、转移登记等登记时,逐步更换为新的不动产登记证书。

**三、不动产统一登记类型**

锡林浩特市不动产登记机构办理下列不动产权利的登记:集体土地所有权、国有建设用地使用权、国有建设用地使用权及房屋所有权、宅基地使用权及房屋所有权、集体建设用地使用权及建筑物(构筑物)所有权、地役权、抵押权及法律规定需要登记的其他不动产权利。林地登记、草原登记仍由原发证机关办理,待数据进一步整合后实施统一登记。农村牧区土地承包经营权按照国家规定给予过渡期,过渡期内由原发证机关办理登记,过渡期后纳入不动产统一登记范围登记。

**四、不动产统一登记的受理地点和联系方式**

锡林浩特市不动产登记中心

地址:锡林浩特市国土资源局(不动产登记局)一楼

咨询电话:0479－81151280479－8115129

**特此公告。**

**锡林浩特市人民政府**

2016 年 11 月 15 日

# 锡林浩特市人民政府关于印发《锡林浩特市国有土地上房屋征收与补偿项目补偿方案》的通知

各苏木镇人民政府、国有农牧场、街道办事处,市直各部门、企事业单位:

经市政府研究同意,现将《锡林浩特市国有土地上房屋征收与补偿项目补偿方案》印发给你们,请结合工作实际,认真贯彻执行。

2016年4月13日

## 林浩特市国有土地上房屋征收与补偿项目补偿方案

按照城市总体规划的要求,为(……征收的目的),本着"公平、公正、公开"原则,依据《中华人民共和国城乡规划法》、国务院《国有土地上房屋征收与补偿条例》、《内蒙古自治区国有土地上房屋征收与补偿条例》、《内蒙古自治区人民政府关于贯彻实施〈内蒙古自治区国有土地上房屋征收与补偿条例〉有关事宜的通知》(内政办发〔2016〕15号)文件和《锡林浩特市贯彻落实内蒙古自治区国有土地上房屋征收与补偿条例的实施意见》(锡市政发〔2016〕55号)等相关法律、法规和文件规定,结合锡林浩特市实际,制定本方案。

### 一、房屋征收范围及现状

房屋征收范围:位于,(具体征收范围以房屋征收范围图为准)。该范围主体房屋及附属房屋多为砖木、土木结构。

### 二、房屋征收签约期限

自房屋征收决定公告发布之日起xx个工作日内(法定节假日除外),即2016年月日至2016年月日。

### 三、房屋征收补偿方式

本次房屋征收补偿采取以货币补偿方式为主,产权调换为辅。

### 四、补偿范围、权属确定、价格评估及房屋交付

(一)补偿范围

1. 本方案只针对被征收人的生活用房及其配套的附属设施进行补偿。

2. 被征收人种养殖用地以及用于生产经营的井房等配套设施及建筑物,经房屋权属、用途认定工作组核实、复核认定后,由行业主管部门另行补偿;属于国有资产权属性质的,不对个人进行补偿。

(二)权属确定

1. 被征收房屋的性质和面积以房屋所有权证书标明的为准;被征收房屋没有房屋所有权证书的,以房屋登记簿的记载为准。房屋所有权证书与房屋登记簿的记载不一致的,除有证据证明房屋登记簿确有错误外,以房屋登记簿为准。

2. 房屋征收范围内未经产权登记的房屋,由市政府组织住房和城乡建设、规划、国土资源等有关部门依法进行调查、认定和处理。对违法建筑和超过批准期限的临时建筑,不予补偿。

(三)价格评估

1. 被征收房屋的价值,由具有相应资质的房地产价格评估机构按照住建部《国有土地上房屋征收评估办法》评估确定。被征收房屋的价值评估时点为房屋征收决定公告之日。

2. 价格评估机构由被征收人协商选定。自房屋征收部门(下称征收人)公布房地产价格评估机构名单之日起十日内仍不能协商选定的,由征收人组织被征收人按照少数服从多数的原则投票确定或者采取摇号、抽签等方式随机确定。

3. 通过投票确定或随机确定房地产价格评估机构，备选的房地产价格评估机构不少于三家。通过投票确定的房地产价格评估机构，应当有过半数的被征收人参加投票并获得参加投票的被征收人的过半数票。投票确定或随机确定房地产价格评估机构由公证机构现场公证。公证费用由征收人承担。

4. 价格评估机构被选定或者确定后，由征收人作为委托人与房地产价格评估机构签订房屋征收评估委托合同。

5. 被征收人或者征收人对评估确定的被征收房屋价值有异议的，可以在收到评估报告十日内向房地产价格评估机构申请复核评估，评估机构应当自收到复核申请之日起十日内无偿予以复核评估；对复核结果有异议的，可以在收到复核结果十日内向盟行政公署征收人成立的房地产价格评估专家委员会申请鉴定。

6. 被征收房屋评估费用由委托人承担，鉴定费用由申请人承担。鉴定改变原评估结果的，鉴定费用由原房地产价格评估机构承担。

（四）房屋交付

征收人与被征收人签署补偿协议后，由被征收人向征收人移交被征收房屋、附属物，同时向征收人提交房屋所有权证、国有土地使用证、被征收人身份证复印件等相关证件，其中房地权属证件由征收人按规定移交相关部门注销。被征收房屋及附属设施由征收人实施拆除，被征收人不得擅自拆除，否则应按上述市场评估价予以赔偿。

**五、货币补偿**

（一）补偿价格

按照同等建筑面积、类似新建商品住宅市场价格予以货币补偿。被征收人有异议的，可以委托房地产价格评估机构对被征收房屋的价值进行评估。

（二）车库补偿

被征收人房屋固定用于停放机动车辆（二轮车、三轮车、四轮农用车、燃油助力车、电瓶车等除外），被征收人于房屋征收摸底调查之前已取得其本人购车发票、车辆行驶证，或者被征收人本人从事出租车营运具备合法手续，经房屋权属、用途认定工作组核实认定后，按本方案评估办法评估作价给予以货币补偿。

（三）搬迁补偿

被征收人同意货币补偿的，由征收人向被征收人支付搬迁费，搬迁费按每平方米10元、每户不低于600元结算。搬迁费按主体房屋面积和附属房屋折算后的面积计算。

（四）奖励办法

1. 被征收人选择货币补偿并在征收补偿方案确定的签约期限内签订补偿协议的，按核定的补偿价格给予上浮百分之十的奖励。

2. 被征收人自房屋征收决定公告之日起在xx个工作日内（周日等法定节假日除外）即2016年月日至2016年月日，与征收人签订货币补偿协议并在协议约定期限内搬迁的，由征收人一次性给予被征收人六万元人民币的奖励。该奖励以所签订的货币补偿协议项下的房屋产权证、院落或原土地承包协议为依据，不以户口本、门牌号等为依据。奖励资金于被征收人按协议约定期限搬迁完毕，并将被征收房屋及其相关权属证书交付征收人验收后发放。被征收人未按协议约定期限搬迁的，不予奖励。

**六、产权调换**

（一）调换房源

本项目不具备原址新建条件，本方案通过政府招标采购提供异地产权调换房源。被征收房屋按核定的调换面积调换该异地房源，房源面积不超过或小于调换面积的10%。房源面积小于应调换面积的，按政府招标采购价对被征收人予以货币补差；房源面积超过应调换面积的，被征收人按政府招标采购价补交差额款。

（二）调换比例

1. 被征收房屋主体为平房调换至多层楼房的，按照建筑面积1∶1.2比例调换；被征收房屋主体为平房调换至高层楼房的，按照建筑面积1∶1.3比例调换。被征收房屋的附属物按照房地产价格评估机构的评估结果确定货币补偿金额。

2. 被征收人附属房屋属砖混、砖木结构的，按照建筑面积1∶0.4比例折算调换；附属房屋属土木结构的，按照建筑面积1∶0.3比例折算调换。

3. 被征收人住宅房屋建筑面积低于五十平方米,且在本市只有该套住房的,产权调换面积不低于五十平方米,五十平方米以内不找差价;选择货币补偿的,最低补偿金额不低于房地产价格评估机构确定的类似新建商品住宅市场价格平均售价购买五十平方米住宅的金额。

4. 被征收人夫妻双方及其未成年子女在本市拥有两套及以上住宅房屋且建筑面积合计超过五十平方米的,按照合计的建筑面积执行相应的产权调换比例。被征收人已享受廉租房保障政策的,按照“征一还一”规定补偿。

5. 被征收的住宅房屋(含附属房屋)经相关行业主管部门批准改变用途,在房屋征收决定公告之日前已依法取得营业执照三年以上且连续三年以上(含三年)依法纳税的,经房屋权属、用途认定工作组核实认定,主体房屋改变为经营性用房的,按建筑面积 1∶1.3 比例折算产权调换;附属房屋改变为经营性用房的,按建筑面积 1∶0.6 比例折算产权调换。

6. 被征收房屋所有权证用途为商业用途,按所有权证面积 1∶1 比例调换商业楼;被征收人房屋所有权证标明为办公用房的,按所有权证面积 1∶1.2 比例调换住宅楼。

(三)户型、楼层

1. 除核定的产权调换面积超出产权调换楼房最大户型面积外,被征收人产权调换一律不允许分户。被征收人确有其他特殊情况要求分户的,须经所在社区、街道办事处、派出所出具相关书面证明方可考虑安排分户。被征收人属于需要照顾的老弱病残对象,经本人申请及所在社区、街道办事处或派出所证明,可予考虑调换低楼层安置。

2. 用于产权调换的楼房为多层或高层的,按政府招标采购价确定楼层差价。

(四)搬迁补偿及其他

1. 因征收房屋造成搬迁的,征收人向被征收人支付搬迁费,搬迁费按每平方米 10 元、每户不低于 600 元结算。搬迁费按房屋所有权证标明的面积和附属房屋折算后的面积计算。

2. 被征收人应自签订异地房源产权调换补偿协议十五日内完成搬迁,征收人按每平方米 8 元、每户每月不低于 600 元向被征收人支付一个月的临时安置补助费,临时安置补助费按房屋所有权证标明的面积和附属房屋折算后的面积计算。被征收人在上述十五日内未完成搬迁的,不再支付临时安置补助费。

3. 被征收人在房屋产权调换过程中,暂不得转让产权调换的房屋,应待产权调换相关手续及结算全部办理完结后方可转让,否则由此造成的不利法律后果及相关损失由该被征收人自行承担。

4. 选择产权调换的被征收人在征收补偿方案确定的奖励期限内签订补偿协议并在约定时间内搬迁的,由征收人给予人民币三万元的奖励,逾期不予奖励。

**七、法律责任**

1. 被征收人在房屋征收过程中提供虚假房屋所有权证、土地使用证、规划许可证、营业执照、税务登记证、车辆行驶证、购车发票以及其他相关证明文件和材料的,一经查实,立即取消其所享受的相关优惠政策,追缴对其已交付的相关款物;情节严重的,原所签相关征收补偿协议予以作废,并移交相关行政机关、司法机关依法追究其法律责任。

2. 房屋征收决定公告发布后,征收人与被征收人在公告或本方案确定的期限内未能达成补偿协议的,由征收人报请市政府依据本方案依法做出补偿决定。被征收人对补偿决定不服的,可向上一级人民政府申请行政复议,也可向有管辖权的人民法院提起行政诉讼。被征收人在法定期限内不申请行政复议或不提起行政诉讼也不履行补偿决定,在补偿决定规定期限内不搬迁的,由市政府依法申请人民法院强制执行。

3. 采取暴力、威胁或寻衅滋事、围攻谩骂、造谣惑众、制造事端等方法阻碍依法进行的房屋征收与补偿工作,构成犯罪的,依法追究刑事责任;构成违反治安管理行为的,依法给予治安管理处罚。

本方案未尽事宜,依照上述国务院《国有土地上房屋征收与补偿条例》、《内蒙古自治区国有土地上房屋征收与补偿条例》、《内蒙古自治区人民政府关于贯彻实施〈内蒙古自治区国有土地上房屋征收与补偿条例〉有关事宜的通知》(内政办发〔2016〕15 号)和《锡林浩特市贯彻落实内蒙古自治区国有土地上房屋征收与补偿条例的实施意见》(锡市政发〔2016〕55 号)等相关法规、文件执行。

# 锡林浩特市人民政府关于印发《锡林浩特市饮用水水源地保护区污染防治管理办法》的通知

各苏木镇人民政府、国有农牧场、街道办事处，市直各部门、企事业单位：

《锡林浩特市饮用水水源地保护区污染防治管理办法》已经2015年7月21日锡林浩特市第十四届人民代表大会常务委员会第十五次会议审议通过，现印发给你们，请认真贯彻执行。

2016年1月15日

## 锡林浩特市饮用水水源地保护区污染防治管理办法

### 第一章　总　则

**第一条**　为保护锡林浩特市饮用水水源，保障人民群众身体健康，促进经济和社会可持续发展，根据《中华人民共和国水污染防治法》和《饮用水水源保护区污染防治管理规定》等法律、规章规定，结合锡林浩特市实际，制定本办法。

**第二条**　本办法适用于锡林浩特市行政区域范围内水库、河流、湖泊（包括人工湖）等地表水和地下水水源的环境保护和污染防治。所称的饮用水水源地保护区，是指为防止饮用水水源地污染，保证水源地环境质量，依据《饮用水水源保护区划分技术规范》（HJ/T338－2007）而划定，并要求加以特殊保护的一定面积的水域和陆域。

### 第二章　法规标准

**第三条**　饮用水水源一级保护区的水质标准不得低于国家规定的《地下水质量标准》（GB/T14848－93）Ⅲ类标准，并须符合国家规定的《生活饮用水卫生标准》（GB5749－2006）的要求。

**第四条**　饮用水水源二级保护区的水质标准不得低于国家规定的《地表水环境质量标准》（GB3838－2002）Ⅲ类标准，并应保证一级保护区的水质能满足规定的标准。

### 第三章　污染防治管理工作职责

**第五条**　锡林浩特市人民政府制定和颁布地方饮用水水源地保护区污染防治管理办法，环境保护部门对饮用水水源环境保护和污染防治实施统一监督管理，履行以下职责：

（一）贯彻国家有关饮用水水源环境保护和污染防治的方针政策，组织实施有关环境保护法律、法规和规章。

（二）负责饮用水水源地保护区水质监测和管理。

（三）建设项目的环境管理和环境污染控制。

（四）调查饮用水水源地保护区范围内的污染事故，查处环境违法行为。

（五）严格把握饮用水水源地保护区内新建项目前置审批关。（六）农牧业生活、养殖污水治理。

**第六条**　锡林浩特市各职能部门按照各自工作职能，协同环境保护部门做好饮用水水源地保护区污染防治监督管理，主要履行以下职责：

（一）住建局：负责供水行业管理工作，加大给排水公司处置能力和力度，确保群众饮用水安全。按照职责对水源保护区内的污染源限期拆迁、关闭，清理保护区内的加油站；推进城镇污水控制，严格控制城镇生活污水、污泥及生活垃圾对地下水的影响；在提高城镇生活污水处理率和回用率的同时，加强现有管网系统改造、衔接，防止污水管网渗漏、错接导致污染地下水、地表水；加快城区集中供水设施和管网建设、改造、维护与管理。对分管项目进行监督管理，对违反条例规定的企业、单位、个人责令限期改正、处罚，构成犯罪的依法追究刑事责任。

(二)林水局:负责水源地保护区内的河流、湖泊(包括人工湖)、水库周边水资源规划和管理,合理调度水资源,禁止在饮用水水源保护区内进行畜禽养殖、水产养殖、河道采砂等;负责饮用水水源保护区内行业规范化管理,山体植被保护、生态公益林建设和涵养林等植被的保护与管理。

(三)发改局:把饮用水水源地保护工作纳入国民经济与社会发展中长期规划和年度发展计划;按照饮用水水源地保护的规定,做好投资项目审批把关,按规定开展规划环评;严格禁止在饮用水水源地一级保护区内建设与取水设施无关的建设项目,严格禁止在饮用水水源地二级保护区内新建、改建、扩建排放污染物的建设项目;禁止在距离饮用水水源地保护区一公里范围内新建排污企业,坚决杜绝为开发建设而调整饮用水水源保护区的现象。

(四)城管局:负责进行饮用水水源地保护区内垃圾无害化处置;完善城镇生活垃圾填埋场防渗措施及渗滤液处理系统,防止垃圾渗滤液进入地下污染地下水;禁止利用渗坑、渗井、裂隙等排放污水和其他有害废弃物。对违反条例规定的企业、单位、个人,进行责令限期改正、处罚、关停,构成犯罪的依法追究刑事责任。

(五)财政局:加强对水资源经费使用的监督管理,保障饮用水水源地保护经费;加大财政对饮用水水源地保护工作的投入;积极落实饮用水水源地环境保护规划项目资金。

(六)卫计局:负责饮用水水源地水质卫生监督管理,每月向政府报送饮用水水源地上游(河、湖、水库)地表水水质和水源地地下水(所有水源井原水)水质全指标监测分析报告;加强饮用水水源预警监测,防范饮用水水源污染突发事件,加快推进全市水环境监测预警体系建设,形成快速反应能力,确保饮用水水源发生异常或污染事件时,在第一时间开展应急监测,为处置饮用水水源污染事件提供决策依据。

(七)农牧业局:负责饮用水水源地保护区内农业污染源(畜禽养殖业、种植业)防治和监督管理工作;开展种植业结构调整与布局优化,使用生物农药或高效、低毒、低残留农药,推广畜禽粪便和农作物秸秆资源化利用;为防止养殖场产生的污染物影响地下水水质,污染物排放不得低于国家规定的《畜禽养殖业污染物排放标准》(GB18596－2001)的标准,并引导畜牧养殖业走可持续发展之路。

(八)规划局:负责对饮用水水源地保护区范围内所有建设项目规划的编制审查和监督管理,从源头上杜绝违规项目建设。规划建设新水源井时须向行使监督管理权的部门通报,以便于对水源井的监督管理。

(九)经信局:指导工业企业通过调整产业结构解决饮用水源地安全隐患并指导和规范工业企业环境行为,依法淘汰落后生产工艺和设备,推行清洁生产配合有关部门解决企业排污与饮用水源保护问题,提高污染物减排能力,消除饮用水水源安全隐患。

(十)国土局:负责饮用水水源地保护区范围内矿产开采、土地开发利用过程中的污染控制和管理;结合土地整理,调整流域内的土地合理利用、矿产开发结构,并逐步达到优化。

(十一)食药和工商质监局:负责调查水源地保护区内单位及个体经营户依法经营情况,严肃查处企业违法注册登记的行为,对无照经营户依法实施取缔;对水源地保护区内无合法经营场所证明或政府部门依法责令搬迁关停的,结合企业年审对有营业执照的依法责令限期变更经营地点直至吊销营业执照。

(十二)文体广电旅游局:负责督促饮用水水源保护区内旅游业主做好相关环境保护工作,关停饮用水水源地上游准保护区内的,河、湖、水库及周边,一切可能会导致污染地下水的旅游、餐饮、住宿、生产加工、仓储等项目;旅游项目开发要符合饮用水水源地保护的规定。

(十三)供电局:依法拆除水源地保护区内违规的供电设备,对政府部门依法关闭或搬迁的企业采取限电、停电、断电等有效措施;保证水源井供水设施和监控设备的正常供电。

(十四)公安局:负责各饮用水水源地范围内道路交通管制,禁止装卸危险物品和剧毒物品车辆进入保护区场所;对阻扰或暴力对抗水源地监督检查行为,执法人员依法进行处理,需要时进行现场秩序维护。

(十五)各苏木镇政府、国有农牧场:加强辖区内饮用水水源地的建设、保护和监督管理;配合相关部门做好调查水源地农业面源污染调查和整治工作,查清各饮用水水源地流域的村庄分布和人口情况。

**第七条** 饮用水水源地保护区所在地的政府应当加强教育和管理,督促市(居)民遵守本办法的各项规定,做好区域内生活污水和垃圾无害化处置工作,支持配合环境保护部门和有关部门查处污染和破坏饮用水水源保护区的违法行为。

**第八条** 任何单位和个人都有义务保护饮用水水源保护区不受污染侵害,有权对饮用水水源保护区的污染行为进行监督、检举和控告。

## 第四章 饮用水水源保护与监督管理

**第九条** 为提高饮用水水源水质，保障生活饮用水清洁、卫生、安全，市政府对城区饮用水水源地相应的水域和陆域已划定的一级保护区、二级保护区、准保护区实施分级保护管理。

（一）饮用水水源地保护区。一级保护区是以各单井为圆心，50 米为半径圆形区域，面积 0.0616 平方公里。二级保护区是以个单井为中心，半径为 550 米圆的外切线所包含扣除一级保护区后的多边形区域，面积 4.7639 平方公里。按照以上保护区范围界定。

（二）饮用水源风险管理范围（准保护区）。地表水源（河、湖、水库）保护区上游 20 公里，水库、河道沿岸纵深 1 公里。

**第十条** 在饮用水水源地一级保护区内必须遵守下列特别规定：

（一）禁止新建、扩建与供水设施和保护水源无关的建设项目；

（二）禁止向保护区水域内设置排污口或排放污水；

（三）禁止从事种植业、畜禽养殖业和水产养殖业；

（四）禁止设置油库、有害化学品物资仓库、废品回收加工场；

（五）禁止在水体中清洗装贮油类或有毒有害物品的容器和工具；

（六）禁止游泳、垂钓或者其它一切可能污染饮用水水体的活动。

**第十一条** 在饮用水水源二级保护区内必须遵守下列特别规定：

（一）禁止新建、扩建向水体排放污染物的建设项目，改建项目必须减少污染物排放总量；

（二）禁止倾倒和填埋工业废渣、生活垃圾、粪便及其它废弃物；

（三）禁止堆放或贮存化工、酸碱液类原材料、危险固体废物等有毒有害物品；

（四）禁止使用剧毒和高残留农药，不得滥用化肥，不得使用炸药、毒品捕杀鱼类；

（五）禁止直接排放生产、生活和畜禽养殖污水，所有排污口污水排放必须符合《污水综合排放标准》（GB8978 - 1996）的一级标准；

（六）禁止一切破坏水环境生态平衡的活动以及破坏水源林、护岸林、与水源保护相关植被的活动。

**第十二条** 在饮用水源风险管理范围内（准保护区）应遵守下列规定：

（一）禁止建设城市垃圾、粪便和易溶、有毒有害废弃物的堆放场（站），因特殊需要设立转运站的必须经有关部门批准并采取防渗漏措施；

（二）当补给源为地表水体时，该地表水质不应低于《地表水环境质量标准》（GB3838 - 2002）Ⅲ类标准；

（三）不得使用不符合《农田灌溉水质标准》（GB5084 - 2005）的污水进行灌溉，合理施用化肥。保护水源林，禁止毁林开荒，禁止非更新砍伐水源林。

**第十三条** 供水部门应当在饮用水水源一级保护区、二级保护区的边界设立明确的地理界标和明显的警示标志。并在饮用水水源取水口设置明显的范围标志和禁止事项的告示牌。

**第十四条** 因突发性事故造成或可能造成饮用水水源污染的，事故责任单位或责任人必须立即采取应急措施，消除或减轻污染危害，同时立即报告供水、环境保护、卫生防疫、建设、水务等有关部门。环境保护部门接到报告后，应立即向市政府和上一级环境保护部门报告，并根据市政府要求组织有关部门调查处理；必要时，经政府批准后采取强制性措施以减轻损失；

**第十五条** 如出现严重污染并危及供水安全的紧急情况，由市政府及时向当地居民公告，并立即采取应急措施，责令有关责任单位停止排放污染物，消除现场污染危害。

**第十六条** 环境保护部门和有关部门有权对本辖区饮用水水源保护区现场进行检查。被检查的单位和个人应主动配合，如实反映情况，提供必要资料，不得拒绝或阻挠。

**第十七条** 对违反饮用水水源保护区污染防治管理规定的单位或个人，由环境保护行政主管部门按照有关环境保护法律法规予以处罚；违反其他规定的，由各有关部门依据相关法律法规给予处罚。

**第十八条** 各部门单位应严格按照本部门职责进行管理，对于不履行监管职责的，市政府将依法严厉追责。

## 第五章 法律责任

**第十九条** 环境保护主管部门或者其他依照本《办法》规定行使监督管理权的部门，不依法作出行政许可或者办理批准文件的，发现违法行为或者接到对违法行为的举报后不予查处的，或者有其他未依照本

《办法》规定履行职责的行为,对直接负责的主管人员和其他直接责任人员依法给予处分。(依据《中华人民共和国水污染防治法》第七章第七十四条规定)

**第二十条** 违反本办法第十条第一项规定,禁止新建、扩建与供水设施和保护水源无关的建设项目,由行使监督管理权的部门,责令停止违法行为,处十万元以上五十万元以下的罚款;并报人民政府批准,责令拆除或关闭。(依据《中华人民共和国水污染防治法》第七章第八十一条规定)

**第二十一条** 违反本办法第十条第二项规定,禁止向保护区水域内设置排污口或排放污水,由行使监督管理权的部门,责令限期拆除,处十万元以上五十万元以下的罚款;逾期不拆除的,强制拆除,所需费用由违法者承担。(依据《中华人民共和国水污染防治法》第七章第七十五条规定)

**第二十二条** 违反本办法第十条第三项规定,禁止从事种植业、畜禽养殖业和水产养殖业,由行使监督管理权的部门,责令停止违法行为,处二万元以上十万元以下的罚款;并报人民政府批准,责令拆除或关闭。(依据《中华人民共和国水污染防治法》第七章第八十一条规定)

**第二十三条** 违反本办法第十条第四项规定,禁止设置油库、有害化学品物资仓库、废品回收加工场,由行使监督管理权的部门,责令停止违法行为,处一万元以上十万元以下的罚款,并责令清除物品。(依据《中华人民共和国水污染防治法》第七章第七十六条规定)

**第二十四条** 违反本办法第十条第五项规定,禁止在水体中清洗装贮油类或有毒有害物品的容器和工具,由行使监督管理权的部门,责令停止违法行为,处一万元以上十万元以下的罚款。(依据《中华人民共和国水污染防治法》第七章第七十六条规定)

**第二十五条** 违反本办法第十条第六项规定,禁止游泳、垂钓或者其它一切可能污染饮用水水体的活动,由行使监督管理权的部门,责令停止违法行为,可以处五百元以下的罚款。(依据《中华人民共和国水污染防治法》第七章第八十一条规定)

**第二十六条** 违反本办法第十一条第一项规定,禁止新建、扩建向水体排放污染物的建设项目,改建项目必须减少污染物排放总量,由行使监督管理权的部门,按照权限责令限期治理、限制排放或者停产整治,处二万元以上十万元以下的罚款;逾期未完成治理任务的,经报人民政府批准,责令关闭。(依据《中华人民共和国水污染防治法》第七章第八十一条规定)

**第二十七条** 违反本办法第十一条第二项规定,禁止倾倒和填埋工业废渣、生活垃圾、粪便及其它废弃物,由行使监督管理权的部门,责令停止违法行为,处二万元以上二十万元以下的罚款。(依据《中华人民共和国水污染防治法》第七章第七十六条规定)

**第二十八条** 违反本办法第十一条第三项规定,禁止堆放或贮存化工、酸碱液类原材料、危险固体废物等有毒有害物品,由行使监督管理权的部门,责令停止违法行为,处二万元以上二十万元以下的罚款。(依据《中华人民共和国水污染防治法》第七章第七十六条规定)

**第二十九条** 违反本办法第十一条第四项规定,禁止使用剧毒和高残留农药,不得滥用化肥,不得使用炸药、毒品捕杀鱼类,由行使监督管理权的部门,责令停止违法行为,处二万元以上二十万元以下的罚款,对情节严重者追究刑事责任。(依据《中华人民共和国水污染防治法》第七章第七十六条规定)

**第三十条** 违反本办法第十一条第五项规定,禁止直接排放生产、生活和畜禽养殖污水,所有排污口污水排放必须符合《污水综合排放标准》(GB8978－1996)的一级标准,由行使监督管理权的部门,责令停止违法行为,处应缴纳排污费数额二倍以上五倍以下的处罚。(依据《中华人民共和国水污染防治法》第七章第七十四条规定)

**第三十一条** 违反本办法第十一条第六项规定,禁止一切破坏水环境生态平衡的活动以及破坏水源林、护岸林、与水源保护相关植被的活动;违反本条规定的由行使监督管理权的部门,责令停止违法行为,处二万元以上十万元以下的罚款,对情节严重者追究刑事责任。(依据《中华人民共和国水土保持法》第六章第五十条规定)

**第三十二条** 违反本办法第十二条第一项规定,禁止建设城市垃圾、粪便和易溶、有毒有害废弃物的堆放场(站),因特殊需要设立转运站的必须经有关部门批准并采取防渗漏措施,由行使监督管理权的部门,责令停止违法行为,处一万元以上二十万元以下的罚款。(依据《中华人民共和国水污染防治法》第七章第七十六条规定)

**第三十三条** 违反本办法第十二条第二项规定,该地表水质不应低于《地表水环境质量标准》(GB3838－2002)Ⅲ类标准,由行使监督管理权的部门,责令停止补给,处二万元以上二十万元以下的罚

款。(依据《中华人民共和国水污染防治法》第七章第七十六条规定)

**第三十四条** 违反本办法第十二条第三项规定,不得使用不符合《农田灌溉水质标准》(GB5084－2005)的污水进行灌溉,合理施用化肥。保护水源林,禁止毁林开荒,禁止非更新砍伐水源林,由行使监督管理权的部门,责令停止违法行为,处二万元以上二十万元以下的罚款。(依据《农田灌溉水质标准》、《中华人民共和国水污染防治法》第五章第六十三条规定)

**第三十五条** 违反本办法第十三条规定,供水部门应当在饮用水水源一级保护区、二级保护区的边界设立明确的地理界标和明显的禁示标志。并在饮用水水源取水口设置明显的范围标志和禁止事项的告示牌和移动、损毁水源标识、损毁防护措施的,由行使监督管理权的部门,责令限期设立、恢复原状,逾期不设立的、不恢复的,处一万元以上二万元以下的罚款。(依据《中华人民共和国水污染防治法》第五章第五十六条规定)

**第三十六条** 违反本办法第十四条规定因突发性事故造成或可能造成饮用水水源污染的,事故责任单位或责任人必须立即采取应急措施,消除或减轻污染危害,同时立即报告供水、环境保护、卫生防疫、建设、水务等有关部门。环境保护部门接到报告后,应立即向市政府和上一级环境保护部门报告,并根据市政府要求组织有关部门调查处理;必要时,经政府批准后采取强制性措施以减轻损失;违反本条规定的,由行使监督管理权的部门,责令事故责任单位或责任人限期采取治理措施,消除污染,不按要求采取治理措施或者不具备治理能力的,由监督管理权的部门指定有治理能力的单位代为治理,所需费用由违法者承担;对造成重大或者特大水污染事故的,可以经报人民政府批准,责令关闭,对直接负责的主管人员和其他直接责任人员可以处上一年度从本单位取得的收入百分之五十以下的罚款。(依据《中华人民共和国水污染防治法》第五章第八十三条规定)

## 第六章　附则

**第三十七条**本办法由锡林浩特市环境保护局负责解释。

# 锡林浩特市人民政府关于印发《2016年全市今冬明春火灾防控工作方案》的通知

各苏木镇人民政府、国有农牧场、街道办事处,市直各有关部门单位:

经市政府同意,现将公安局制定的《2016年全市今冬明春火灾防控工作方案》印发给你们,请各部门单位结合工作实际,认真贯彻执行。

2016年11月17日

## 2016年全市今冬明春火灾防控工作方案

为切实加强今冬明春火灾防控工作,坚决预防和遏制重特大尤其是群死群伤火灾事故,维护全市火灾形势稳定,制定本方案。

**一、工作目标**

深入贯彻中央和自治区领导同志关于加强公共安全的重要指示精神,市委、市政府加强对消防工作的领导,组织相关职能部门和公安机关相关警种,动员社会各方面力量,采取夯实消防基层基础与火灾防控相结合的方式,全面开展今冬明春火灾防控工作,努力预防和减少较大亡人火灾,确保全市安全形势稳定,为平安锡林浩特市建设保驾护航。

**二、工作时间**

2016年10月20日至2017年3月31日。

**三、工作内容及措施**

(一)狠抓火灾防控。

1.开展"创建消防安全社区"活动。各单位及综治等部门要组织开展"创建消防安全社区"活动,每个居民社区、居民楼院必须达到以下五方面要求:一是落实消防责任。必须明确每个居民社区、住宅楼的消防安全管理单位,落实日常防火检查、宣传教育、培训演练等消防工作责任。二是畅通疏散通道。必须保持疏散通道、安全出口以及消防车道畅通,疏散通道内不得违规停放电动车,疏散通道、管道井等公共区域以及电表箱处不得堆放可燃杂物,不得乱接乱拉电气线路,竖井防火封堵应严密到位,并规范电动自行车充电管理。三是维护消防设施。自动消防设施应定期维护保养并保持完好有效,消防控制室值班人员在岗在位并持证上岗。四是加强宣传教育。充分发挥社区消防宣传大使作用,开展消防安全入户宣传活动,组织居民开展灭火和疏散逃生演练,利用社区宣传栏、楼宇视频定期宣传消防安全常识。五是建全建强微型消防站。每个设有管理部门、物业服务的居民住宅区要建立微型消防站,明确每班次不少于3名专(兼)职消防队员在岗在位,并保证24小时值班,加强夜间防火巡查。微型消防站应配备必要的消防器材,对专兼职队员开展训练,一旦发生火灾,做到"1分钟响应、3分钟到场处置"。

2.做实做强社会单位微型消防站。消防安全重点单位应全部建立建强微型消防站。市政府将出台政策性文件,每年划拨专项经费,对达到标准的微型消防站给予一定补助,为登记在册的微型消防站队员办理人身意外伤害险,对优秀队员和骨干力量发放特别津贴,及时表彰奖励做出突出贡献的微型消防站或队员。各单位微型消防站要达到消防安全巡查队、灭火救援先遣队和消防知识宣传队"三队合一"要求,平时开展防火巡查、消防宣传工作,发生火灾快速响应、高效处置。一是开展防火巡查。建立完善微型消防站防火巡查制度,明确火灾隐患登记、报告、督办、整改、复查等程序,安排队员分班次开展防火巡查,每班次在岗人员不少于3人,保证24小时值班。单位消防管理人应定期对巡查情况进行抽查。二是扑救初起火灾。微型消防站应配备必要的防护装备和消防器材,按照"1分钟邻近员工先期处置、3分钟灭火战斗小组到场扑救、5分钟增援力量协同作战”的要求,处置初起火灾。要进一步完善灭火和应急疏散预案,定期开展实战演练和实操训练,提高快速反应能力。三是宣传消防知识。微型消防站队员要积极向员工宣传普及消防常识,提示岗位火灾危险和消防安全操作规程。鼓励微型消防站建立单位消防微信群,定期发送消防安全提示,遇有火灾,辅助提示疏散。

3. 深入推进电气火灾防范专项整治。电力等相关部门要重点围绕社会单位、居民社区电气防火问题开展专项整治,减少电气火灾事故发生。一是改造老旧小区电气线路。将电气线路改造纳入城中村、棚户区、老旧小区和传统村落改造工程内容,整治乱拉乱接电气线路问题,更换老化损坏的电气线路,鼓励安装电气火灾监控系统。二是加强用电管理。检查单位、物业服务单位是否制定并落实安全用电管理制度,是否按规定聘请持证电工上岗,是否定期组织对电器产品及其线路、管路进行维护保养和检测,是否及时整改电气隐患问题。三是开展联合检查。组织电力、公安、住建、工商、质监、安监、人社等部门开展电气安全联合检查及电工持证上岗检查,查处违章违规行为,广泛普及电气火灾防范知识,提高群众安全意识,有效降低电气火灾风险和事故。

4. 全力整治重大火灾隐患。对尚未整改完毕的区域性火灾隐患和重大火灾隐患,综治部门要进一步明确隐患整改单位的主体责任、行业部门的监管责任,综合运用法律、经济、行政等手段,督促落实整改方案、时限、资金和防范措施,确保限期整改销案。在今冬明春火灾防控期间排查发现的重大火灾隐患,市人民政府将挂牌督办,对久拖不改的重大火灾隐患,要充分发挥舆论监督作用,分批次协调各级主流媒体予以公布曝光,强力推动整改。

5. 做好重大活动和重要节日消防安保。各部门、各单位要全力做好十八届六中全会、全国和自治区“两会”等重大活动以及圣诞、元旦、春节、元宵等重要节日的消防安全保卫工作。重大活动和重要节日期间,组织有关部门联合开展防火检查,并督促基层组织、社区和单位在烟花爆竹燃放区域以及重点区域实行“实名制”巡防看守。

6. 加强农村、牧区、林区火灾防控。今冬明春火灾防控期间,各苏木镇、场、街道办事处、社区(居委会)、嘎查要开展“网格化”排查,加强对组、出租屋以及居民用火用电的检查和消防宣传教育。要严格落实大风天禁火要求,及时检修电气线路、对烟道进行维护、规范柴草堆放,严防发生“火烧连营”的事故。林区要按照“政府统一领导、林业居民委员会组织管理、林业居民群众共同防范”的原则,继续实行“七户联防”、“十户联保”和治安消防联防巡查等行之有效的做法,深入林业城镇开展居民用火、用电检查,督促更换老化线路,对私拉乱接和用电不符合规定的坚决进行整改,严防林区火灾事故。

7. 组织开展火灾隐患专项整治行动。按照中共锡林浩特市委员会办公室、锡林浩特市人民政府办公室《关于印发〈全市安全生产大检查实施方案〉的通知》(锡市党办发〔2016〕30号)要求,各部门要于11月底前,针对人员密集场所、易燃易爆场所等重点场所、单位开展消防安全大检查,切实加大火灾隐患查处整治力度。

结合锡林浩特市实际,今冬明春将重点开展冷库、农畜产品生产加工场所火灾隐患专项整治行动。锡林浩特市农畜产品生产加工场所较多,冬季又是主要的生产季节,冷库使用量大、频繁,是冬春火灾防控的重点场所。要重点检查冷库是否存在违规采用易燃可燃材料为芯材的彩钢板,是否违规使用聚氨酯泡沫等易燃可燃材料装修或者做隔热保温层的情况。对采用液氨制冷的企业,重点检查氨设备及其储存场所防火防爆措施的落实情况,电气设备、电气线路的安全检测情况以及消防设施运行等情况。农畜产品生产加工场所要建立消防安全责任制,落实日常消防检查巡查、灭火应急预案制定和演练、员工消防安全教育培训等措施。

(二)夯实消防安全基层基础。

1. 加快消防规划编制修订。2016年底前,阿尔善宝力格镇要完成城乡消防规划(消防专篇)制修订工作。

2. 加强公共消防设施建设。2016年底前,完成年初消防工作责任状中消防站、训练基地、市政消火栓等建设任务,30%的街道和社区建成微型消防站,全面落实公共消防设施建设、维护和管理责任,市政消火栓完好率达到97%以上。

3. 加强多种形式消防队伍建设。2016年底前,完成政府专职消防队员、消防文员年度发展任务;完成政府专职消防队员职业技能鉴定年度任务,公安消防部门管理的政府专职消防队员持证上岗率逐年应不低于20%。加强社会消防从业人员职业技能鉴定工作,2016年底前,消防控制室操作人员持证上岗率达到85%。加快发展苏木、镇、场专职、志愿消防队。认真贯彻落实全区农村牧区消防站暨微型消防站建设现场会精神,2016年底前,完成全市4个农村牧区消防站建设任务,并有2个投入使用。

4.落实消防安全"网格化"管理。制定消防安全"网格化"管理标准,将消防安全"网格化"管理纳入综治部门基础综合服务管理平台。利用数字化、信息化手段,充分借助现有基层工作平台或移动终端,推广安装网格消防管理手机APP应用软件,加强网格消防信息采集、情况反馈、问题督办。推动苏木、镇、场及街道办事处建立完善消防安全组织,逐级明确消防安全责任人和专职消防管理人员,将消防安全纳入基层公共服务或综合治理平台。2017年3月底前,60%的街道乡镇消防安全网格实现规范化管理。

5.深化消防安全区域联防工作。按照"位置相邻"或"行业相近"的原则,组织社会单位划定范围组成一个消防联防区域,建立区域联防制度和通讯联络、应急响应机制,组织开展互查互检、会议会商、业务交流、培训演练等活动,定期开展应急调度、联合作战、战斗支援等方面的演练,逐步实现联防区域内"一点着火,多点出动,邻里互助,协同作战",提高区域联防协作能力。2017年3月底前,全市40%的商业区、旅游区、开发区等重点单位集中区域建立消防安全联防协作组织。

6.强化消防安全技防物防措施。紧抓"智慧城市"建设机遇,将云计算、物联网、大数据等信息技术与消防工作紧密融合,建立社会化消防管理平台。2017年3月底前,将消防管理纳入"智慧城市"建设内容。要积极运用物联网技术建立消防远程监控系统,提升社会单位消防安全管理水平,要逐步扩大独立式感烟火灾探测报警器应用范围,2016年底前完成年度安装任务,并结合实际增加安装数量,提高技防水平。

(三)加强消防宣传培训。

1.开展社会化宣传。以全面落实消防安全宣传教育"七进"工作为抓手,部署开展"消防宣传进社区"、"社区消防宣传大使在行动"专项活动;广泛宣传第三届"119"消防奖候选人(当选者)先进事迹,吸引更多的人参与消防公益事业;针对季节火灾特点,继续深化消防安全"三提示"和社会单位员工"一懂三会"教育活动;充分发挥消防站和消防科普教育基地作用,积极组织单位员工和社会群众参观体验;扎实推进政府购买公共消防服务工作,强化单位员工和社会群众的消防安全素质。

2.推进媒体宣传。充分依托传统媒体,开设消防宣传专栏、专版、专题,每周推出主题宣传内容;针对季节火灾防范特点,每天播放消防公益广告,提示公众关注消防安全;利用户外视频、广告牌、楼宇电视等社会媒介,大力宣传普及消防安全常识和逃生自救技能;用好移动互联网消防服务平台,鼓励实用、新颖的原创作品,开展"双微十佳"作品评选活动,与新媒体主管机构、专业团队和消防官方网站、微博、微信形成互动,提升新媒体平台的消防宣传影响力和传播力。印制、张贴重点场所消防安全标准挂图,最大限度扩大消防宣传的覆盖面。

3.抓好重要节点宣传。将"119"消防日拓展为"119"消防宣传月,重点组织协调媒体、专业团队等宣传力量,形成浓厚的社会氛围,发动社会公众广泛参与;圣诞、元旦、春节(除夕)、元宵节和全国"两会"期间,策划组织有针对性的主题宣传教育活动,发挥消防宣传大使、网格员等宣传骨干作用,大力普及火灾预防及逃生自救知识。

4.深入开展消防安全大培训活动。按照锡林郭勒盟统一部署,继续深入开展各级党政机关、政府部门、国有企业、社会单位以及街道乡镇、社区负责人、管理人消防安全培训工作,力争在2017年3月底前培训一遍,切实培养消防安全管理"明白人"。

## 四、工作步骤

今冬明春火灾防控工作分3个阶段:

(一)动员部署阶段(2016年10月30日前)。各苏木镇场、街道办事处要进行全面动员部署,各行业主管部门要在本行业系统进行部署,召开专门会议,制定实施方案,成立组织机构,广泛宣传发动,逐级动员到位。

(二)组织实施阶段(全国"两会"闭幕前)。按照确定的工作目标,明确工作责任,细化工作措施,全力抓好各项工作任务的落实。防火安全委员会办公室定期通报进展情况,分析存在问题,推动工作落实。

(三)总结考评阶段(2017年3月25日前)。对今冬明春火灾防控工作情况进行汇总分析、自查自评,总结经验做法,研究建立提升防火、灭火能力的长效机制。

## 五、工作要求

(一)提高思想认识。锡林浩特市冬季寒冷漫长,春季干燥多风,火灾高发、易发,加之重大活动和重要节日集中,火灾风险剧增,容易引发大的火灾事故。各苏木镇、场、街道办事处及各行业主管部门务必要高度重视，认真贯彻中央和自治区领导同志对公共安全工作的批示指示精神，加大工作力度，切实将各项火灾防控措施落到实处。

（二）建立救援机制。公安消防部门要依托现有指挥调度平台，建立完善与政府相关部门的信息共享、通报、预警机制，重点加强与安监、卫生、环保、市政、气象、地震等部门应急协作，开展与企业专职消防队、联动单位的合成演习，今冬明春火灾防控期间，至少组织开展1次综合应急演练。

（三）强化奖惩问责。要按照“四不两直”的要求，确保各项工作要求落地见效。对在工作中取得显著效果的单位和个人，按照有关规定给予表彰奖励。对工作不落实、进展缓慢的，进行通报批评，并约谈相关领导；对发生较大以上亡人火灾事故的，要按照“四不放过”原则，依法依纪严肃追究相关责任。

## 附件

**锡林浩特市今冬明春火灾防控工作领导小组**

**组　长：**贾境文　副市长、公安局局长

**副组长：**胡占宏　市政府办公室副主任

黄乐市公安局党委委员、消防大队大队长

郑香钧市消防大队教导员

**成　员：**　市综合治理办公室、宝力根苏木、朝克乌拉苏木、巴彦宝拉格苏木、阿尔善宝力格镇、白音锡勒牧场、白音库伦牧场、毛登牧场、贝力克牧场、沃原奶牛场、蔬菜办、宝力根街道办事处、杭盖街道办事处、楚古兰街道办事处、希日塔拉街道办事处、额尔敦街道办事处、南郊街道办事处、巴彦查干街道办事处、经信局、教科局、民政局、人社局、住建局、交通局、商务局、卫计局、文体广电旅游局文物局、安监局、食药和工商质监局、供电局分管消防安全工作的负责同志以及市消防大队的负责同志。

领导小组办公室设在市消防大队，办公室主任由消防大队黄乐兼任。

# 锡林浩特市人民政府下发《关于印发苏木镇场牧区消防站建设工作实施方案的通知》

为认真贯彻落实自治区人民政府和盟行署2016年度政府消防工作会议精神,深入推进牧区消防队伍发展,积极引导和规范全市苏木镇场消防队伍建设。近日,锡林浩特市人民政府下发了《关于印发苏木镇场牧区消防站建设工作实施方案的通知》,明确了苏木镇、场牧区消防站的建设目标、建设主体、建设要求和工作步骤等内容.

## 一、建设目标

为加强全市牧区消防工作,适应经济社会发展的需要,积极引导和规范牧区志愿消防队伍发展,建设“有人员、有器材、有战斗力”的牧区消防站,增强苏木镇、场抗御火灾和综合应急救援的能力,实现有效处置初起火灾的目标。年内,每个苏木镇、场至少建设1个牧区消防站且全部投入执勤。

## 二、建设主体

苏木镇人民政府、国有农牧场牵头建立,市公安消防部门负责业务指导和技术帮扶。苏木镇人民政府、国有农牧场任命专职消防员(可优先设立公益性岗位)和推选热心消防公益、责任心强的志愿者负责值班执勤,承担苏木镇人民政府、国有农牧场消防宣传教育培训、初期火灾扑救、群众性自防自救工作。

## 三、建设要求

牧区消防站由场地、水源、消防车辆、器材装备、房屋建筑(符合“三室两库”功能需求)和人员等部分构成。消防站的装备由消防车辆、灭火器材、抢险救援器材、消防员个人防护器材、通信器材等组成,消防站建筑面积不少于300平方米,其中必须设置1个通信值班室、1个备勤室、1个宣传室、1间器材库、1间车库、1处水源。

(一)人员配备

牧区消防站的专职消防员配备数量不少于2人,志愿消防员配备数量不少于8人。应设正、副队长各1名,每班(组)应由不少于4名苏木镇场消防员组成,并设班(组)长1名。牧区消防站应明确1名通信员、1名安全员,其中驾驶员可兼任通信员。

(二)装备器材配备

苏木镇、场消防车辆装备的配备应适应扑救本责任区内一般火灾的需要,其中每个消防站至少配备1辆专业小型水罐消防车,有条件的地区可增配退役执勤消防车、园林绿化水罐车、改装水罐车等,其他应急救援车辆(铲车、挖掘机、钩机等)由苏木镇场综合本地区大型机械装备建档备用。

(三)执勤管理工作

1. 日常管理

(1)牧区消防站由苏木镇场管理,公安机关及其消防机构进行业务指导。(2)牧区消防站应建立安全防事故制度,定期开展安全防事故检查,及时消除不安全因素。(3)牧区消防员应按照要求统一着装。

2. 消防宣传

(1)牧区消防站应积极推进消防宣传“七进”工作,深入牧区开展面对面的消防宣传和教育培训。(2)牧区消防站应设置消防宣传室,宣传设备、器材、场所齐全,设置科学、规范、合理。(3)牧区消防站门口应悬挂告示牌,写明队(站)名称、开放时间等。(4)消防宣传室室内张贴工作职能。对宣传室的功能、设置目的、意义等方面作总体介绍。(5)展示不少于10种的简易消防装备器材。(6)展示不少于三种常见家庭火灾的形成过程及其预防和火灾扑救措施。(7)参观者可切身参与体验的简易疏散逃生演示。(8)配备各种消防宣传资料,做到“四个一”:即一张火场逃生光碟、一本消防知识书、一套消防知识宣传挂图、一个消防案例说法。(9)结合火灾形势和发生规律,做好牧区消防站开放工作,落实1~2名兼职讲解员,积极组织苏木镇场的单位和广大农牧民、学生参观消防站,组织开展家庭火灾扑救、逃生自救、安全疏散等消防演练活动和消防安全教育工作。(10)充分利用政府基层组织文化宣传机构、场所和有线广播,开展丰富多彩、寓教于乐的消防宣传教育活动。(11)精心组织开展“119”消防日(消防宣传周、消防宣传月）和冬春火灾防控季节及“五一”、“十一”、元旦、春节等重大节日期间的大型群众性消防宣传活动。

## 四、工作步骤

1. 筹备阶段（5 月 20 日前）

各苏木镇人民政府、国有农牧场根据建设要求，制定具体工作方案，明确任务、落实责任，全面开展农村牧区消防站的筹备工作。

2. 建设阶段（5 月 20 日至 6 月 20 日）

完成消防站建设选址，筹备消防站车辆、器材装备等硬件建设和上墙职责、档案等软件建设，建立健全消防站各类相关记录，完成人员招募、培训等工作。相关建设专项经费列入财政预算，并落实消防志愿者的相应待遇。同时做好建设期间的影像资料收集和整理工作。

3. 迎检阶段（6 月 30 日前）

迎接盟行署对苏木镇、场消防队伍建设情况和消防站建设情况的专项考核。

## 五、工作要求

（一）高度重视，严密组织。开展牧区消防站是 2016 年政府消防工作重点工作之一，各苏木镇、场要切实提高思想认识，充分认清加强苏木镇场消防站建设的重要性和必要性，按照“全面覆盖、标准适当”的建设原则，坚持因地制宜、分类指导，积极落实各项工作职责，全面推进苏木镇、场志愿消防队伍建设发展。

（二）强化督导，及时反馈。公安消防部门做好牧区消防站的建设指导工作，各苏木镇、场加强与公安消防部门的信息互通，于 2016 年 6 月 20 日前将工作开展情况以正式文件形式报至市消防大队。

下一步，锡林浩特市公安消防部门将对各苏木镇、场牧区消防站装备器材的配备、图示图版的制作安装等进行监督指导，同时加大对消防站队员的消防专业技能培训力度，进一步增强苏木镇、场牧区抗御火灾和综合应急救援的能力，实现有效处置初期火灾的目标。

# 附　　录

XI　LIN　HAO　TE　NIAN　JIAN

## K7927 次列车时刻表锡林浩特站火车时刻表
## 锡林浩特到二连浩特火车时刻表

| 站名 | 站序 | 到达时间 | 开车时间 | 停留 |
|---|---|---|---|---|
| 1 | 锡林浩特 | －－－－ | 07:00 | －－－－ |
| 2 | 阿巴嘎旗 | 08:16 | 08:18 | 2 分钟 |
| 3 | 苏尼特左旗 | 09:50 | 09:52 | 2 分钟 |
| 4 | 二连 | 11:50 | －－－－ | －－－－ |

## K2011 次列车时刻表锡林浩特站火车时刻表
## 锡林浩特到乌兰浩特火车时刻表

| 站序 | 站名 | 到达时间 | 开车时间 | 停留 |
|---|---|---|---|---|
| 1 | 呼和浩特 | －－－－ | 16:10 | －－－－ |
| 2 | 集宁南 | 17:40 | 18:05 | 25 分钟 |
| 3 | 上都 | 19:14 | 19:16 | 2 分钟 |
| 4 | 化德 | 20:01 | 20:03 | 2 分钟 |
| 5 | 正镶白旗 | 21:23 | 21:29 | 6 分钟 |
| 6 | 桑根达来 | 22:59 | 23:05 | 6 分钟 |
| 7 | 锡林浩特 | 01:17 | 01:37 | 20 分钟 |
| 8 | 西乌旗 | 05:04 | 05:07 | 3 分钟 |

| | | | | |
|---|---|---|---|---|
| 9 | 白音华南 | 06:23 | 06:26 | 3分钟 |
| 10 | 霍林郭勒 | 9:05 | 9:09 | 4分钟 |
| 11 | 珠斯花 | 9:16 | 9:36 | 20分钟 |
| 12 | 哈日努拉 | 10:13 | 10:16 | 3分钟 |
| 13 | 二龙屯 | 10:37 | 10:40 | 3分钟 |
| 14 | 乌兰浩特 | 14:00 | ---- | ---- |

## 6036次列车时刻表锡林浩特站火车时刻表
## 锡林浩特到通辽火车时刻表

| 站序 | 站名 | 到达时间 | 开车时间 | 停留 |
|---|---|---|---|---|
| 1 | 锡林浩特 | ---- | 19:15 | ---- |
| 2 | 经棚 | 23:20 | 23:23 | 3分钟 |
| 3 | 林西 | 00:43 | 00:48 | 5分钟 |
| 4 | 大板 | 02:07 | 02:22 | 15分钟 |
| 5 | 林东 | 03:31 | 03:33 | 2分钟 |
| 6 | 查布嘎 | 04:32 | 04:35 | 3分钟 |
| 7 | 开鲁 | 05:58 | 06:00 | 2分钟 |
| 8 | 哲里木 | 06:57 | 07:01 | 4分钟 |
| 9 | 通辽 | 07:20 | ---- | ---- |

## K2012次列车时刻表锡林浩特站火车时刻表
## 锡林浩特到呼和浩特火车时刻表

| 站序 | 站名 | 到达时间 | 开车时间 | 停留 |
|---|---|---|---|---|
| 1 | 乌兰浩特 | ---- | 15:02 | ---- |
| 2 | 二龙屯 | 17:57 | 17:59 | 2分钟 |
| 3 | 哈日努拉 | 18:20 | 18:22 | 2分钟 |
| 4 | 珠斯花 | 18:59 | 19:18 | 19分钟 |
| 5 | 霍林郭勒 | 19:25 | 19:29 | 4分钟 |
| 6 | 白音华南 | 21:50 | 21:52 | 2分钟 |

| | | | | |
|---|---|---|---|---|
| 7 | 西乌旗 | 22:58 | 23:00 | 2分钟 |
| 8 | 锡林浩特 | 01:24 | 01:47 | 20分钟 |
| 9 | 桑根达来 | 04:22 | 04:28 | 6分钟 |
| 10 | 正镶白旗 | 05:48 | 05:54 | 6分钟 |
| 11 | 化德 | 07:12 | 07:15 | 3分钟 |
| 12 | 商都 | 08:01 | 08:04 | 3分钟 |
| 13 | 集宁南 | 09:50 | 10:08 | 18分钟 |
| 14 | 呼和浩特 | 11:38 | ---- | ---- |

## K7918次列车时刻表锡林浩特站火车时刻表
## 锡林浩特到呼和浩特火车时刻表

| 站序 | 站名 | 到达时间 | 开车时间 | 停留 |
|---|---|---|---|---|
| 1 | 锡林浩特 | ---- | 21:48 | ---- |
| 2 | 桑根达来 | 00:25 | 00:31 | 6分钟 |
| 3 | 正镶白旗 | 01:46 | 01:52 | 6分钟 |
| 4 | 化德 | 03:10 | 03:14 | 4分钟 |
| 5 | 商都 | 04:00 | 04:04 | 4分钟 |
| 6 | 赍红 | 04:55 | 04:57 | 2分钟 |
| 7 | 集宁南 | 05:40 | 05:55 | 15分钟 |
| 8 | 呼和浩特东 | 07:18 | ---- | ---- |

## K7922次列车时刻表锡林浩特站火车时刻表
## 锡林浩特到呼和浩特火车时刻表

| 停留 | 站名 | 站名 | 到达时间 | 开车时间 |
|---|---|---|---|---|
| 1 | 锡林浩特 | ---- | 07:30 | ---- |
| 2 | 桑根达来 | 09:16 | 09:22 | 6分钟 |
| 3 | 正镶白旗 | 10:29 | 10:31 | 2分钟 |
| 4 | 集宁南 | 13:48 | 14:03 | 15分钟 |
| 5 | 呼和浩特 | 15:30 | ---- | ---- |

# K7918 次列车时刻表锡林浩特站火车时刻表

## 锡林浩特到包头火车时刻表

| 站序 | 站名 | 到达时间 | 开车时间 | 停留 |
| --- | --- | --- | --- | --- |
| 1 | 锡林浩特 | - - - - | 21:48 | - - - - |
| 2 | 桑根达来 | 00:25 | 00:31 | 6 分钟 |
| 3 | 正镶白旗 | 01:46 | 01:52 | 6 分钟 |
| 4 | 化德 | 03:10 | 03:14 | 4 分钟 |
| 5 | 商都 | 04:00 | 04:04 | 4 分钟 |
| 6 | 贲红 | 04:55 | 04:57 | 2 分钟 |
| 7 | 集宁南 | 05:40 | 05:55 | 15 分钟 |
| 8 | 呼和浩特东 | 07:18 | 07:40 | 22 分钟 |
| 9 | 包头 | 10:06 | - - - - | - - - - |

## 锡林浩特机场旺季航班时刻表（2015年9月1日执行）

| 航线 | 航班号 | 航空公司 | 机型 | 班期 | 机场 | 起飞时间 | 降落时间 | 机场 | 起飞时间 | 降落时间 | 机场 |
|---|---|---|---|---|---|---|---|---|---|---|---|
| 锡林浩特=北京首都机场 | CA1109/10 | 国 航 | B-737/800 | 1234567 | 北京首都机场 | 6:40 | 7:45 | 锡林浩特 | 8:35 | 9:45 | 北京首都机场 |
| 锡林浩特=北京南苑机场 | KN2965/66 | 联 航 | B-737/800 | 1234567 | 北京南苑机场 | 21:10 | 22:10 | 锡林浩特 | 22:50 | 23:55 | 北京南苑机场 |
| 呼和浩特=锡林浩特 | GS7413/14 | 天 航 | ERJ-190 | 1234567 | 呼和浩特 | 8:10 | 9:20 | 锡林浩特 | 10:00 | 11:05 | 呼和浩特 |
| | GS6475/76 | 天 航 | ERJ-190 | 1234567 | 呼和浩特 | 13:10 | 14:15 | 锡林浩特 | 14:55 | 16:05 | 呼和浩特 |
| | GS6697/98 | 天 航 | ERJ-190 | 1234567 | 呼和浩特 | 17:40 | 18:50 | 锡林浩特 | 19:30 | 20:35 | 呼和浩特 |
| 西安=呼和浩特=锡林浩特 | MU2355 | 东 航 | A-320 | 246 | 西安 | 7:30 | 9:00 | 呼和浩特 | 10:00 | 11:00 | 锡林浩特 |
| | MU2356 | | | | 锡林浩特 | 12:10 | 13:25 | 呼和浩特 | 14:25 | 16:05 | 西安 |

# 索　引

SUO　YIN

1. 本索引采用主题分析法编制，按汉语拼音顺序排列，同字同音按声调排列，音调相同按下一字的音序排列。

2. 卷首、特载、大事记、荣誉、附录、文件目录、文件选编等 7 个栏目未作索引。

3. 标引词后的数字表示内容所在页码，数字后的字母 a、b 分别表示左栏和右栏。

4. 栏目、分目标题用黑字表示。表格均注明“(表)”字样。

5. 索引标引词一般采用中心词或简称，市级党政机关、事业单位个社会团体名称前未冠以“锡林浩特市”或“锡市”、“市”字样。

# 年度荣誉 2020

NIANDU RONGYU

全国城市市辖区高质量发展百强第 4 名

全国新城区百强区竞争力第 6 名

中国工业百强区第 9 名

中国城区高质量发展水平百强（百强区）第 11 名

中国县域科技创新百佳县市第 19 名

中国营商环境百强区第 25 名

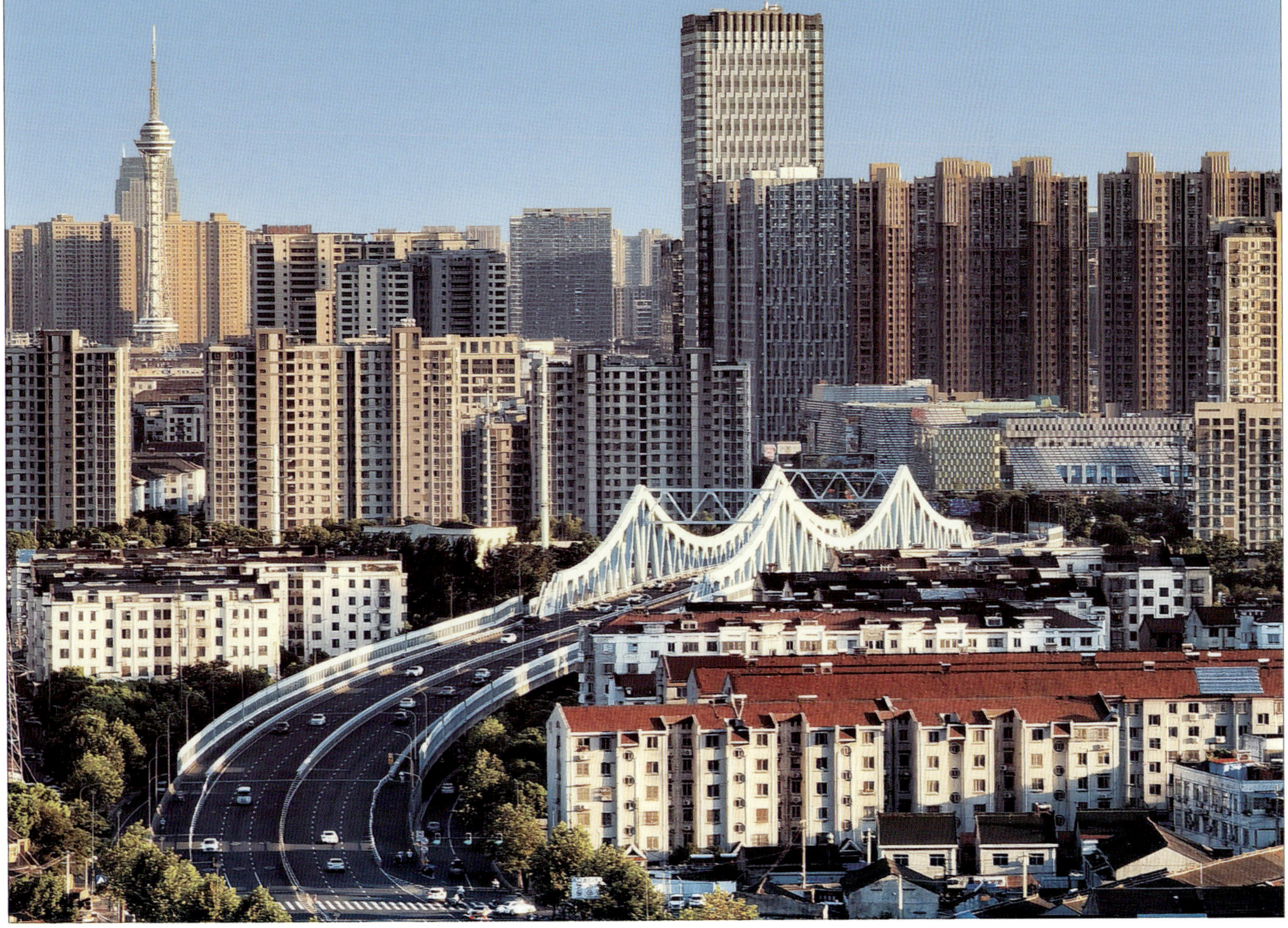

# 数说武進2020

## SHUSHUO WUJIN

总面积 1065 平方千米
国家级高新区 1 个
省级高新区 1 个（筹）
省级经济开发区 2 个
综合保税区 1 个
国家级旅游度假区 1 个
省级现代农业产业园 1 个
年末户籍人口 98.66 万人
年末常住人口 169.74 万人
地区生产总值 2607.21 亿元
第一产业增加值 40.60 亿元
第二产业增加值 1393.81 亿元
第三产业增加值 1172.80 亿元
三次产业比重 1.56∶53.46∶44.98
人均地区生产总值 15.36 万元

社会消费品零售总额 632.90 亿元
外贸进出口总额 483.12 亿元
实际到账外资及港澳台资 6.6 亿美元
一般公共预算收入 195.21 亿元
一般公共预算支出 185.64 亿元
税收收入 167.30 亿元
旅游总收入 122.19 亿元
城镇登记失业率 1.68%
最低生活保障标准 900 元 / 月
全社会用电量 209.71 亿千瓦时
货运周转量 36.95 亿吨千米
客运周转量 5.13 亿人千米
港口货物吞吐量 767.50 万吨
本外币存款余额 3670.25 亿元
本外币贷款余额 2977.47 亿元

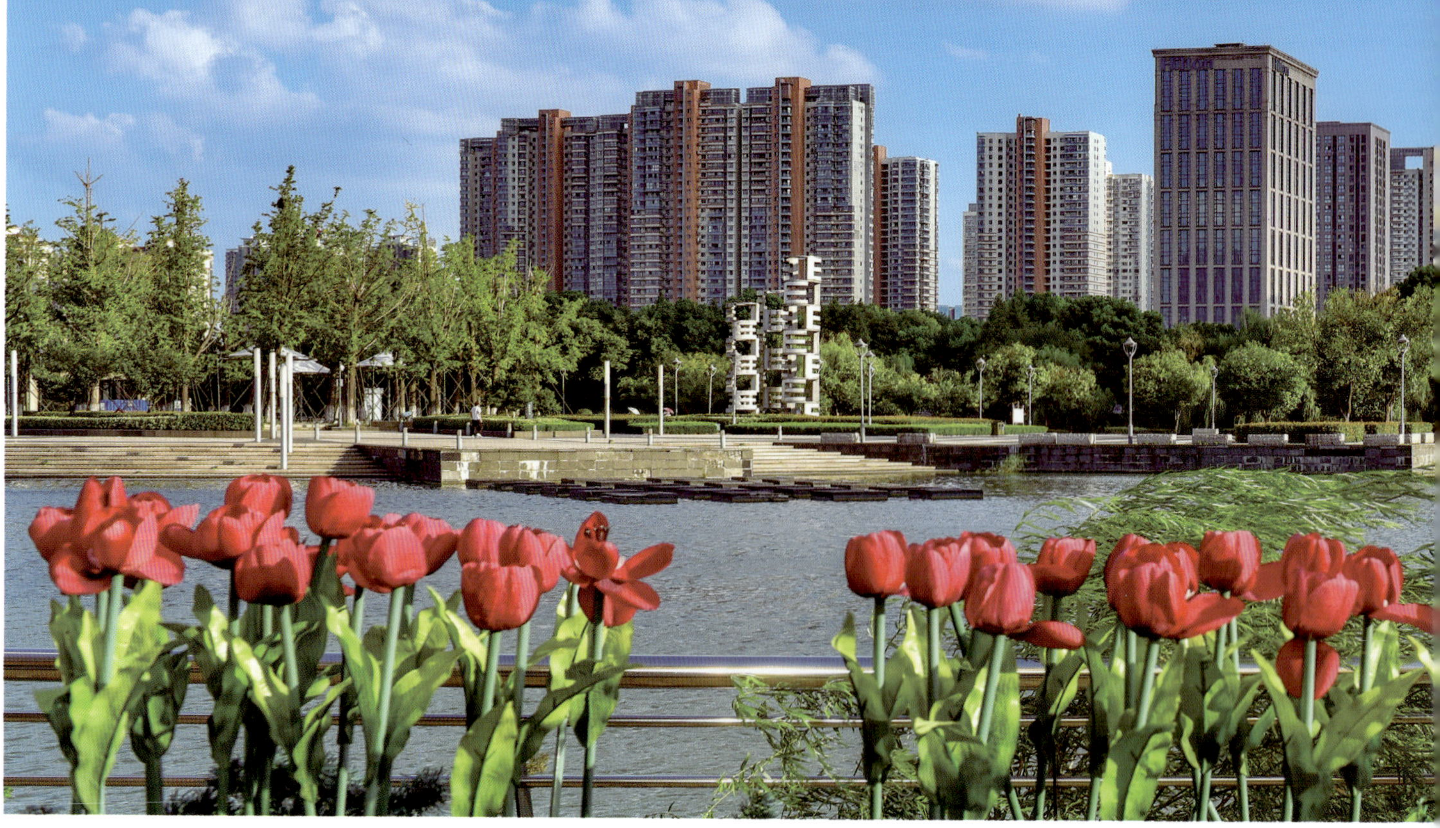

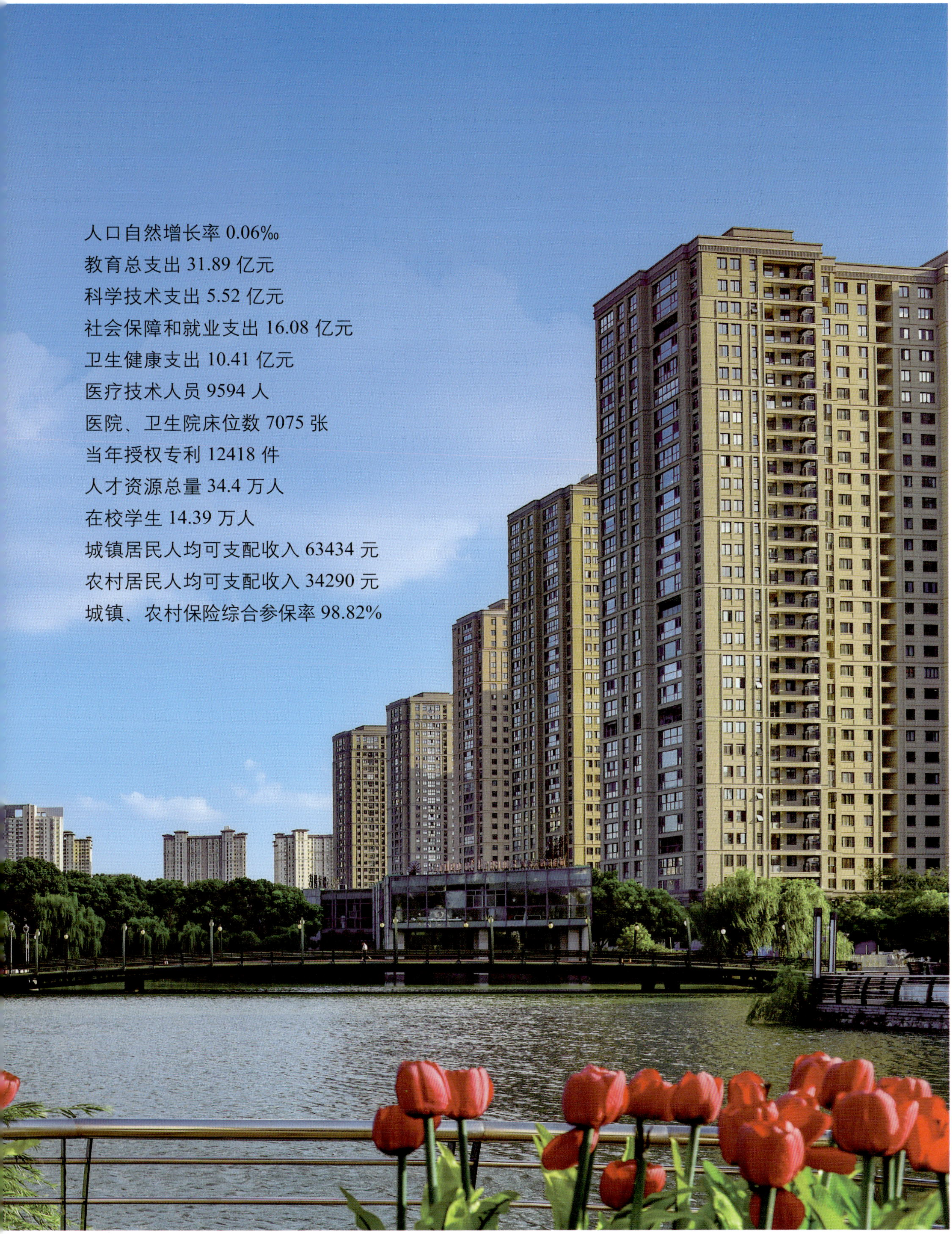

人口自然增长率 0.06‰
教育总支出 31.89 亿元
科学技术支出 5.52 亿元
社会保障和就业支出 16.08 亿元
卫生健康支出 10.41 亿元
医疗技术人员 9594 人
医院、卫生院床位数 7075 张
当年授权专利 12418 件
人才资源总量 34.4 万人
在校学生 14.39 万人
城镇居民人均可支配收入 63434 元
农村居民人均可支配收入 34290 元
城镇、农村保险综合参保率 98.82%

数读“十三五”：

# 武进经济社会高质量发展成就斐然

2020年是“十三五”规划收官之年。“十三五”期间，面对复杂的外部环境和各类风险挑战，武进区委、区政府以习近平新时代中国特色社会主义思想为指导，带领武进人民抢抓长三角一体化、长江经济带建设等多重机遇，攻坚克难，经济社会稳定实现高质量发展，不断满足人民群众日益增长的美好生活需要，交出了厚重提气而又精彩的“十三五”答卷，开创了武进历史上又一个崭新篇章。

## 经济实力 大幅跃升

地区生产总值突破2600亿元，增长38.7%

人均GDP超过15万元，保持全省GDP最高市辖区地位

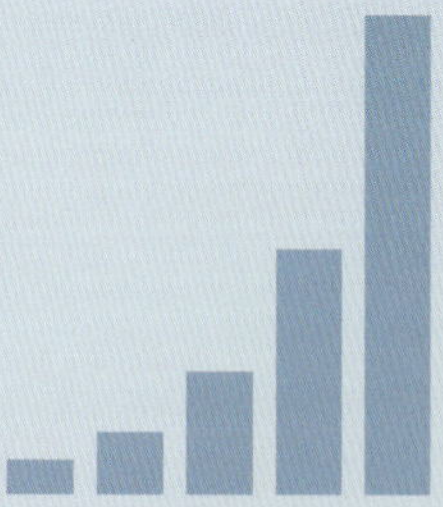

5年累计实际利用外资39亿元

一般公共预算收入增长39.1%，2020年超过195亿元，增长4.1%

## 产业结构 持续升级

2020年，第一产业增加值占地区生产总值比重为1.56%，第二产业增加值比重为53.46%，第三产业增加值比重为44.98%

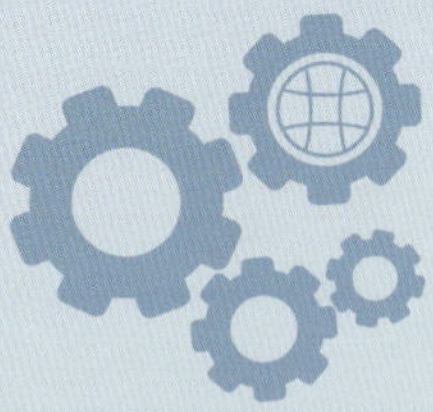

制造业增加值1268亿元

新动能新产业不断增强。十大产业链完成产值超1650亿元

## 营商环境 不断优化

21 万户

截至 2020 年 12 月底，全区登记注册市场主体 21.72 万户，比 2016 年底增加 9.24 万户，增幅 74%

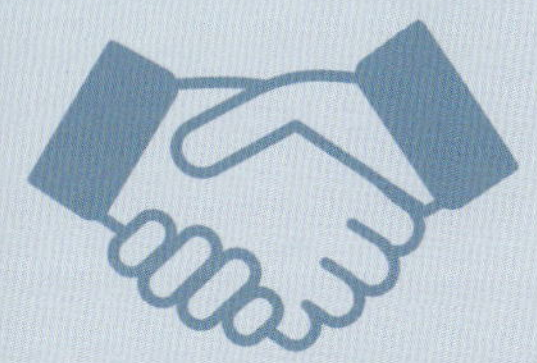

2020 年全区规模以上工业企业超 1900 家，国家工业强基工程项目总量占全省近 1/5，工业企业入围 2020 年中国民营企业 500 强 3 家，中国民营企业制造业 500 强 5 家，上市企业累计 43 家

## 创新驱动 助推发展

规模以上工业企业（含非工业企业）研发投入 65 亿元

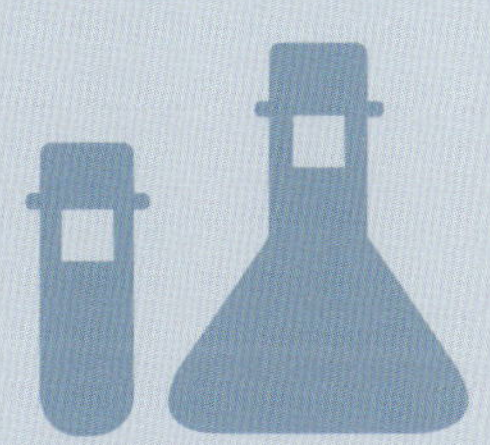

全区净增高新技术企业 591 家，累计有 716 家高新技术产业产值超 1997 亿元，至 2020 年 12 月底，苏南国家自主创新示范区瞪羚企业、潜在独角兽企业和国家专精特新“小巨人”企业 44 家

国家发明专利授权量累计 55461 件，连续多年稳居全国县区级前列

## 生态宜居 魅力彰显

全区 PM2.5 浓度下降 31.15%

省级水功能区达标率 100%

林木覆盖率、自然流湿地保护率分别达到 26.4% 和 53.6%，获评第一批省级生态文明建设示范县（区）

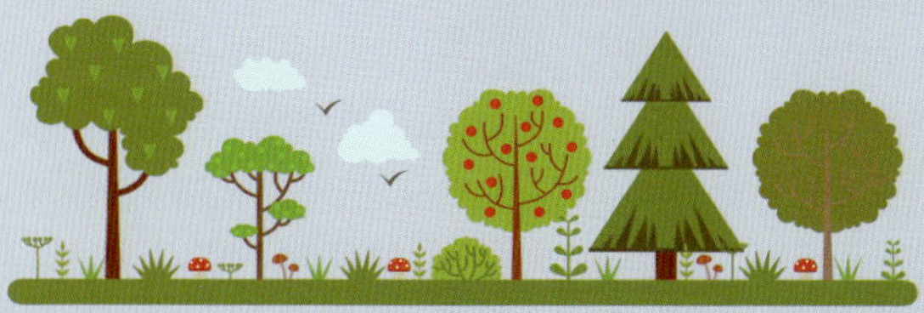

## 幸福指数 持续攀升

5 年办成民生实事项目 123 个

全区居民人均可支配收入累计增长 48.99%

武进成功迈进地铁时代

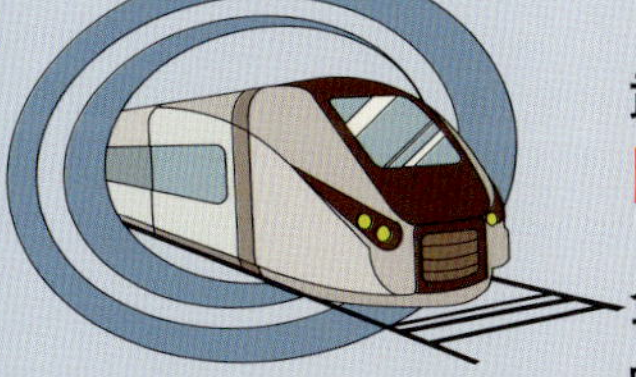

全区城乡居民养老保险、医疗保险覆盖率 100%

5 年累计新增学位 2.8 万个

每千人口执业医师 2.9 人

居民平均预期寿命提高至 82.7 岁

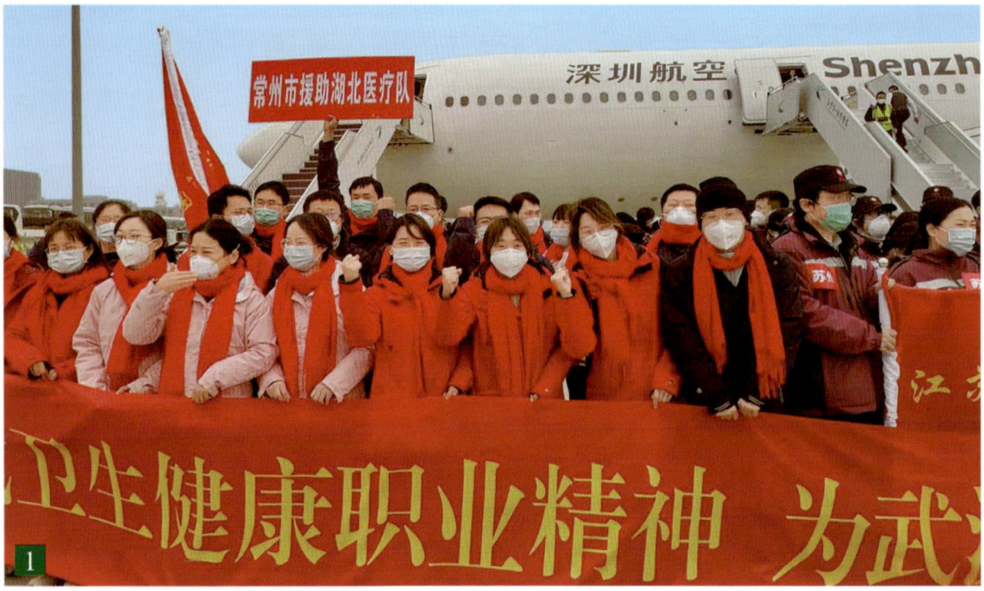

1

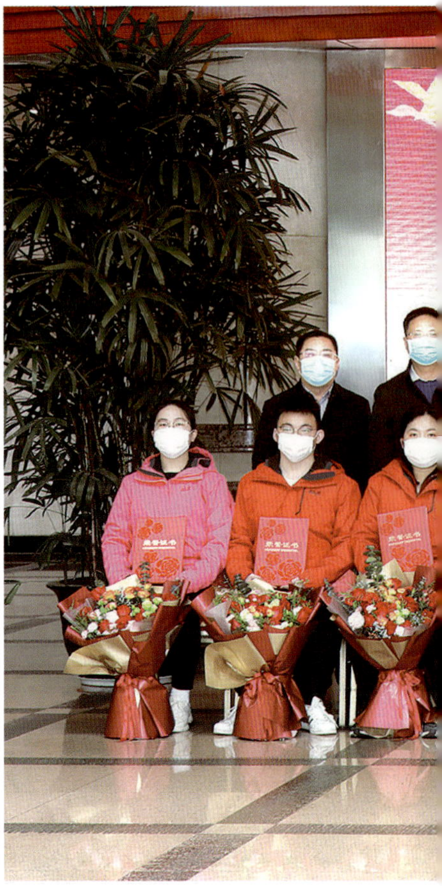

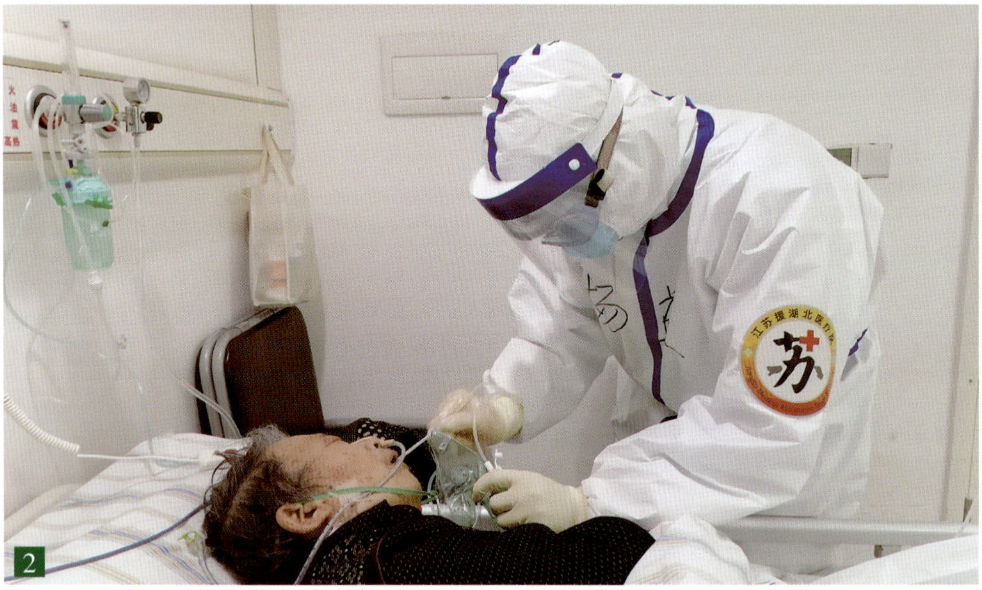
2

在武汉抗击新冠疫情最危急时刻，武进区委、区政府坚决贯彻中央部署和省委、市委要求，迅速行动，派出15名医务人员出征武汉。武进白衣战士展现家国情怀与职业担当，他们是新时代最

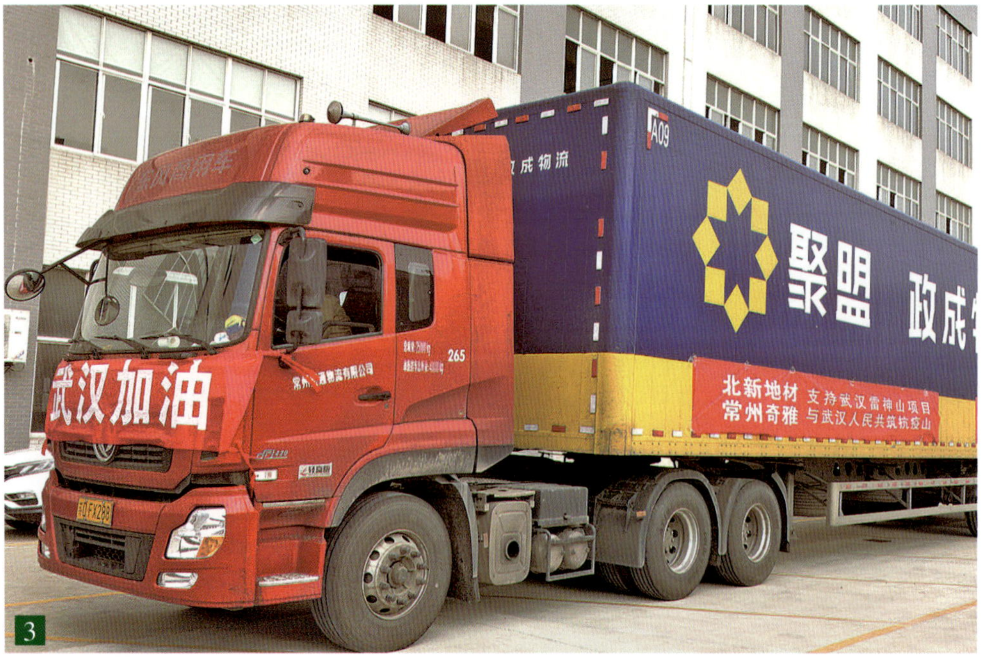

3

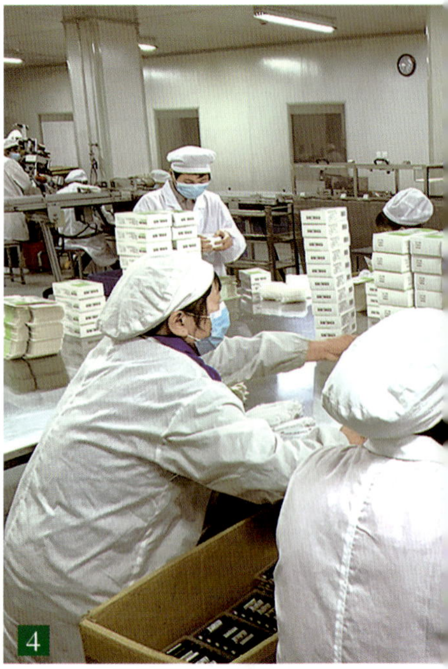
4

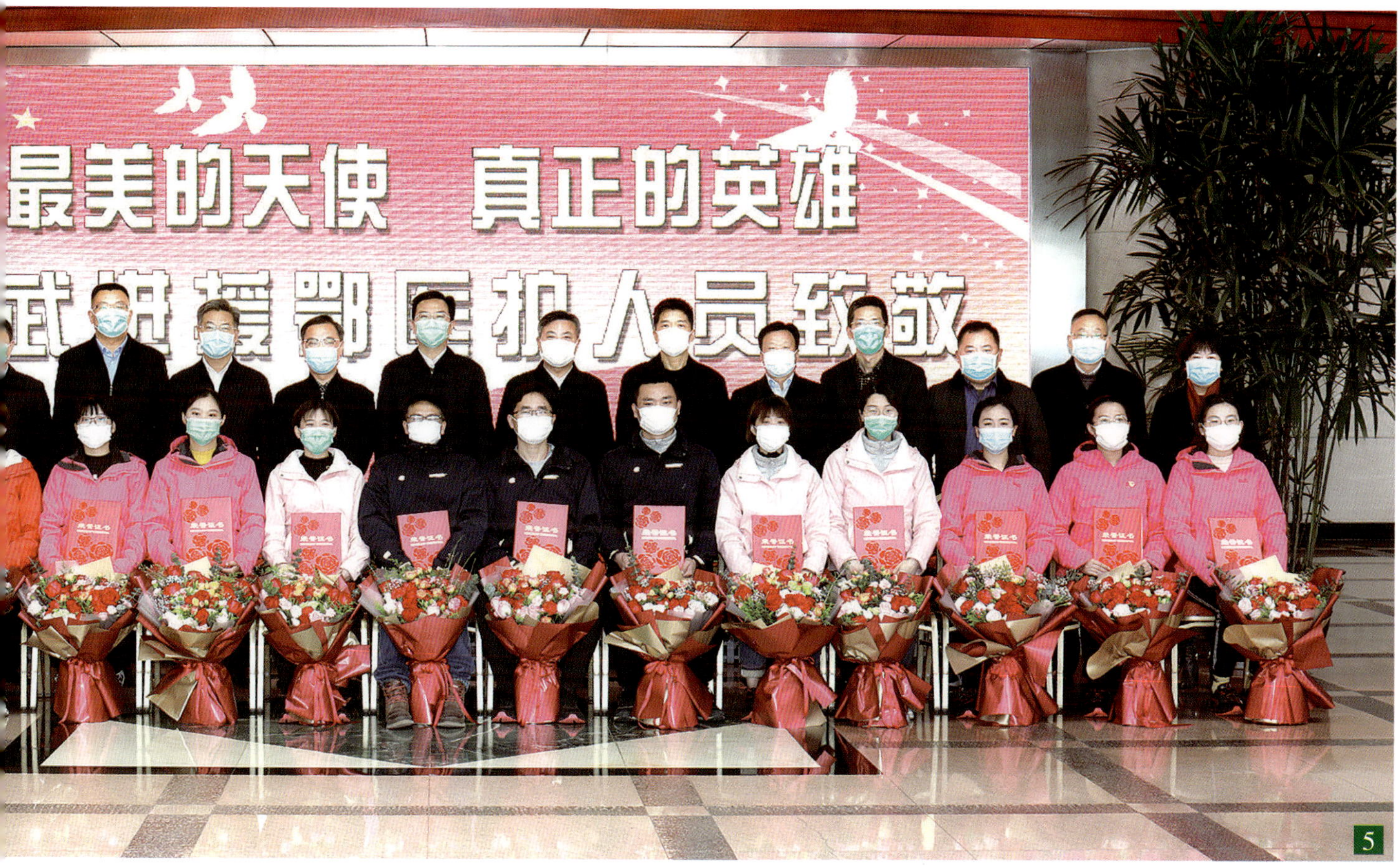

5

可爱的人；武进多家民营企业扶危渡厄，捐赠物品，驰援武汉雷神山、威海“小汤山”医院建设；许多市民与子同袍，募捐物资支援鄂省社区抗疫，表达百万武进人民硬核支持与深情厚意。

1. 2月18日，武进第一批援鄂医务人员出征武汉
2. 援鄂医疗队员在ICU病房医疗护理患者
3. 常州奇雅新材料科技公司捐赠1500平方米地板援建雷神山医院
4. 江苏聚荣制药集团加班赶产捐赠150万元药品至武汉
5. 3月31日，武进区委、区政府表彰15名出征平安凯旋的白衣战士，颁发“武进忠诚卫士”证书，赠送“道德传家宝”
6. 孙英家庭捐赠湖北省150万元防疫物资，获评“全国最美抗疫家庭”

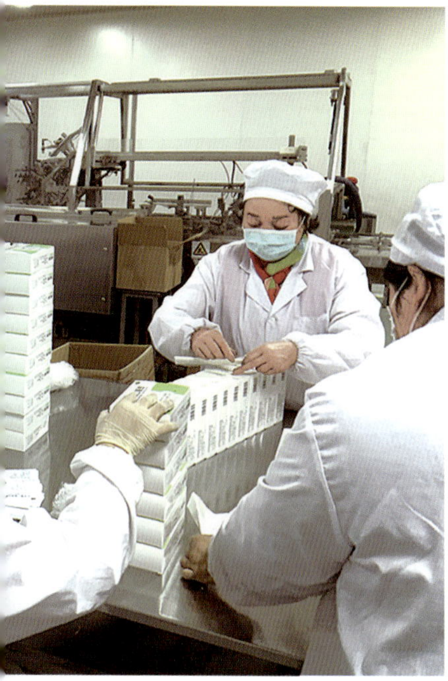

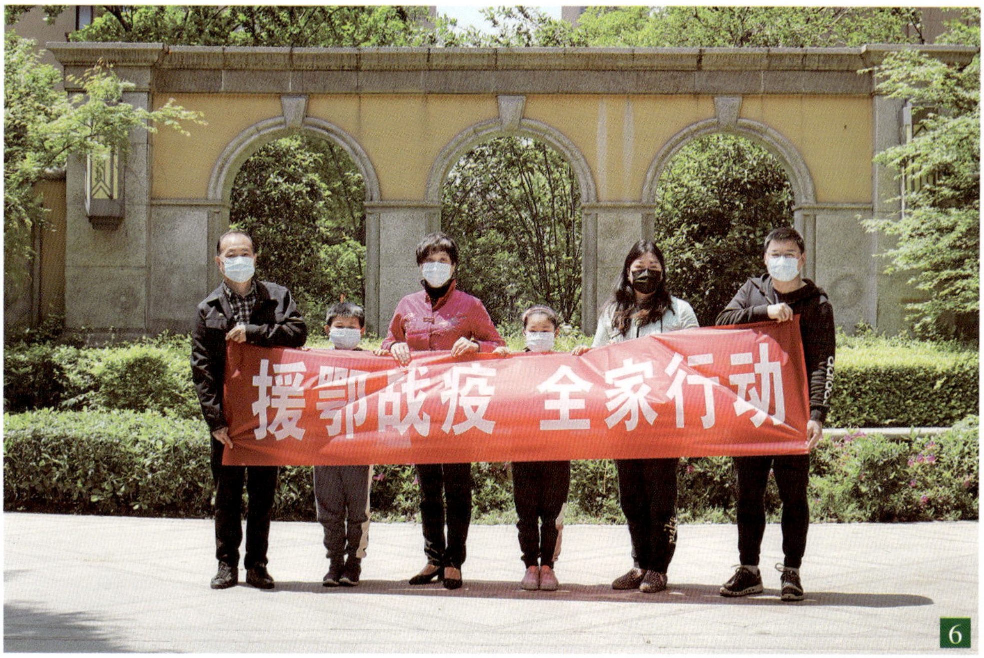

6

疫情发生伊始，武进“外防输入，内防扩散”，持续强化联防联控、群防群控，本地确诊病例迅速“清零”，实现患者“零死亡”、医务人员“零感染”，始终列为低风险地区。全区有序推进企业复工复产，及时推出用工稳岗补贴、便民利企“十办”服务等惠企政策，累计安排“复工直通车”93 辆，疫情因素减税降费 36.9 亿元。全年完成地区生产总值 2607 亿元，增长 4.5%；一般公共预算收入 195.21 亿元，增长 4.1%；居民人均可支配收入增长 4.6%，取得疫情防控和经济社会发展“双胜利”。

1.武进交通、公安部门战风雨、抗疫情，保畅通，助复工
2.社区党员陆连照创作《抗击病毒》快板普及防疫知识
3.核酸筛查检测人员两班倒、连轴转
4.市、区领导督查疫情防控及市场保供情况
5.常州市圣康医疗器械公司日产口罩 1 万只提高到 10 万只
6.市、区疾控中心派员到区企业指导复工复产疫情防控工作
7.2 月 21 日，武进对口援建区——陕西安康汉滨区首趟“点到点”包车顺利抵达武进高新区
8.至 2 月 24 日，武进 1220 家规模以上企业 16 万名员工复工
9.疫情期间，武进区教育局开辟教育空中课堂授课

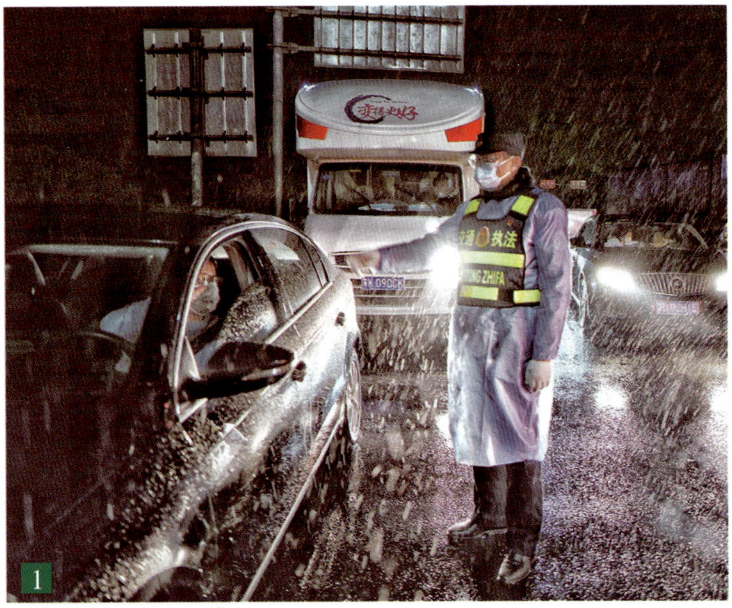
1

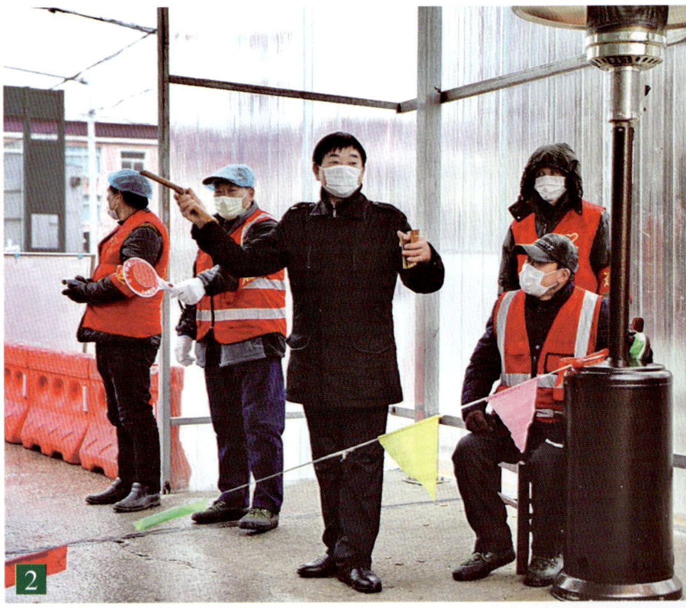
2

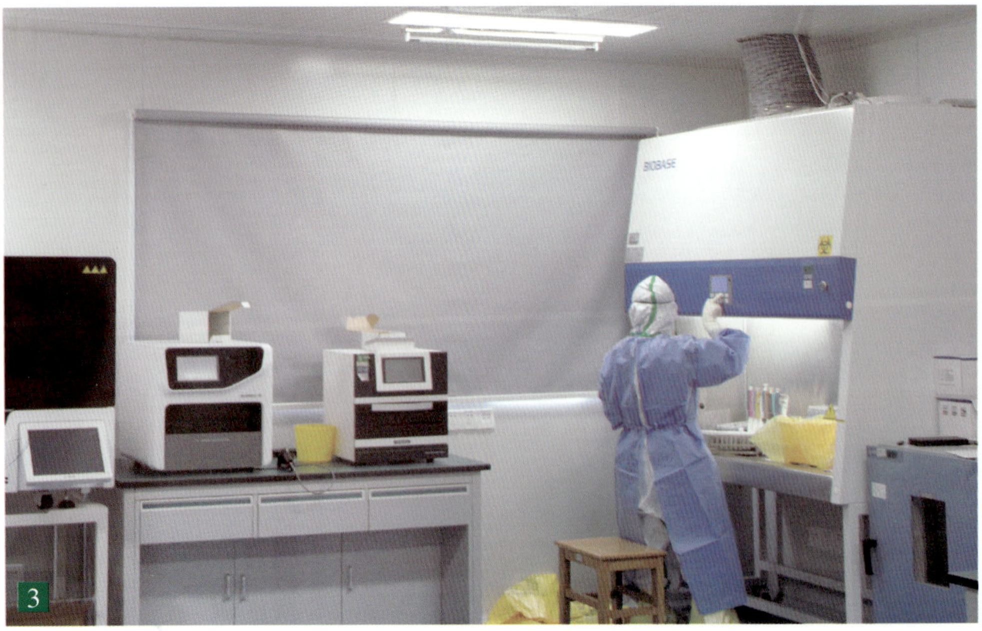
3

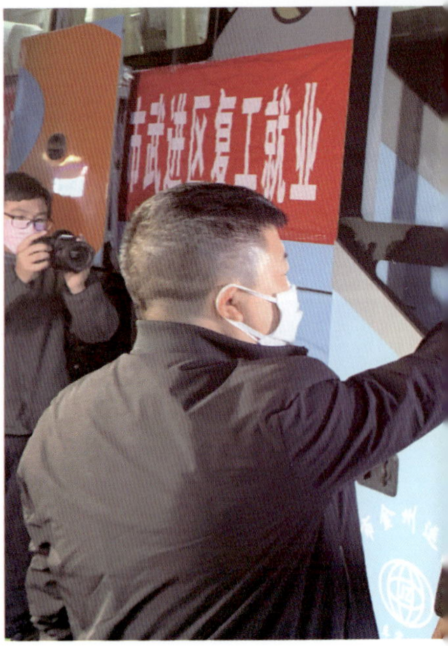

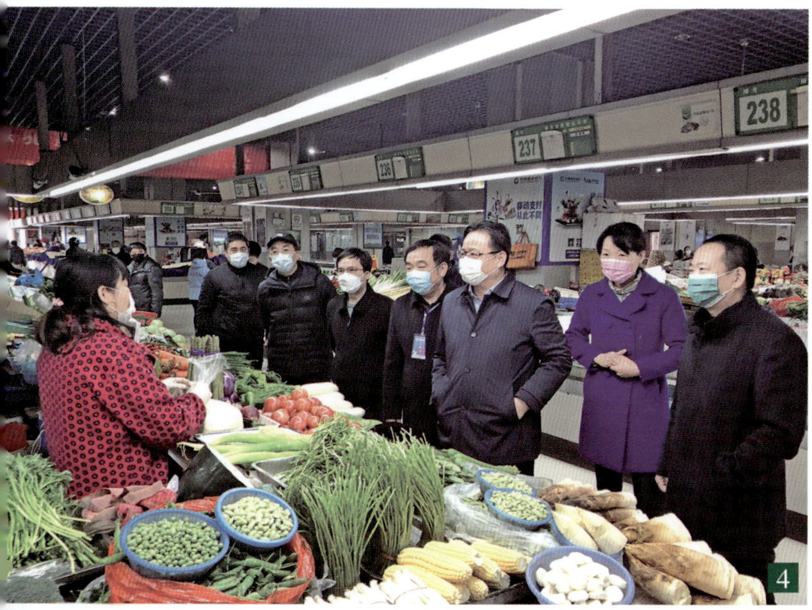
238
237
4

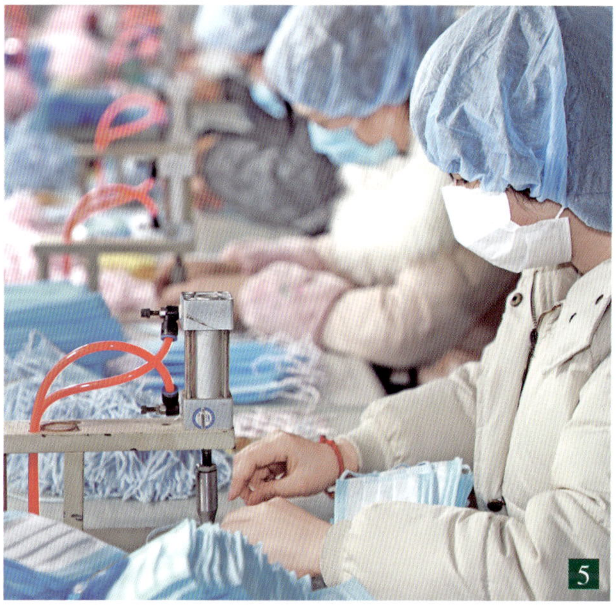
5

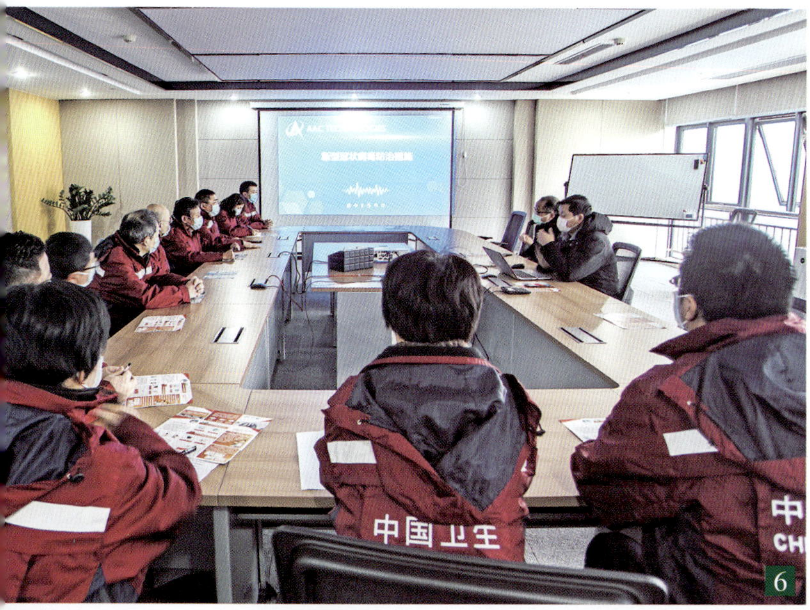
中国卫生
6

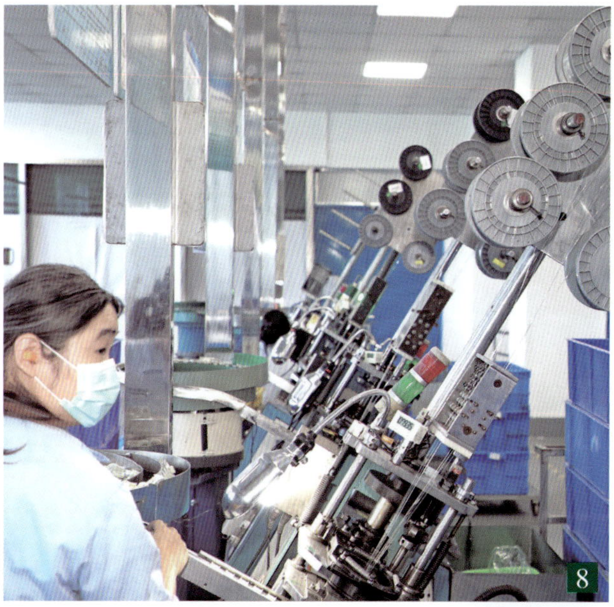
8

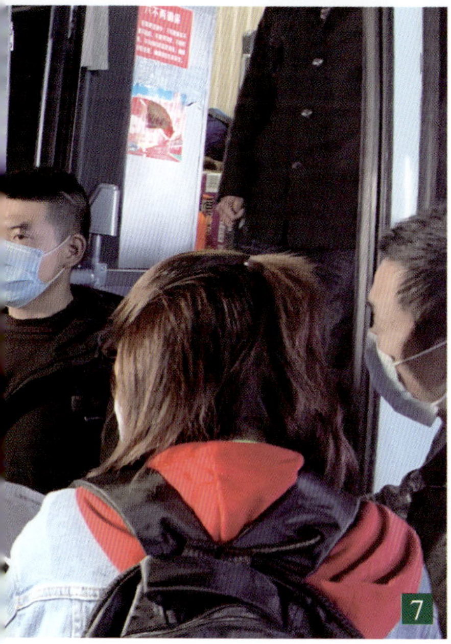
7

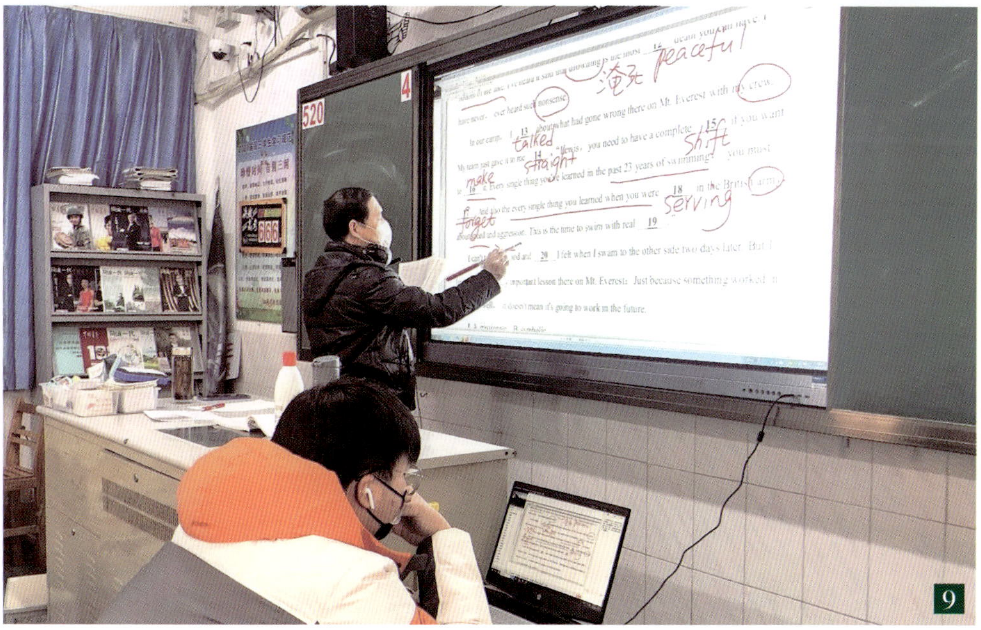
520
peaceful
talked
shift
straight
make
serving
9

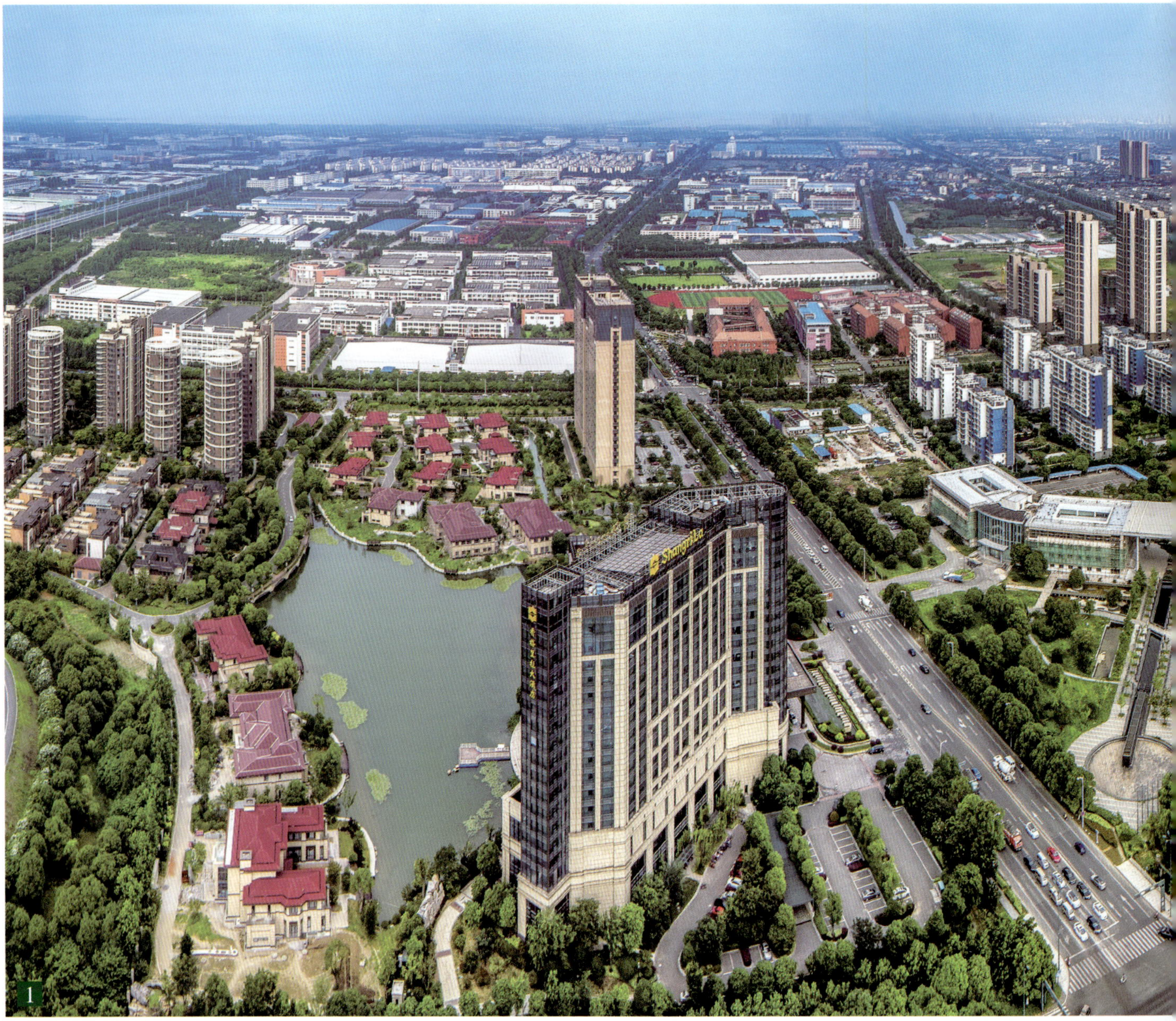
Shangri-La
1

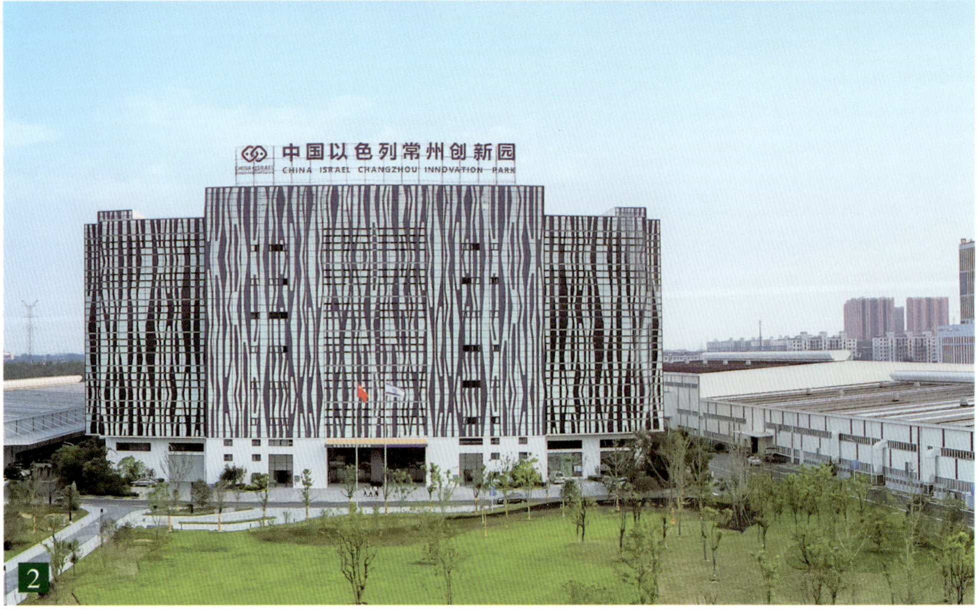
中国以色列常州创新园
CHINA ISRAEL CHANGZHOU INNOVATION PARK
2

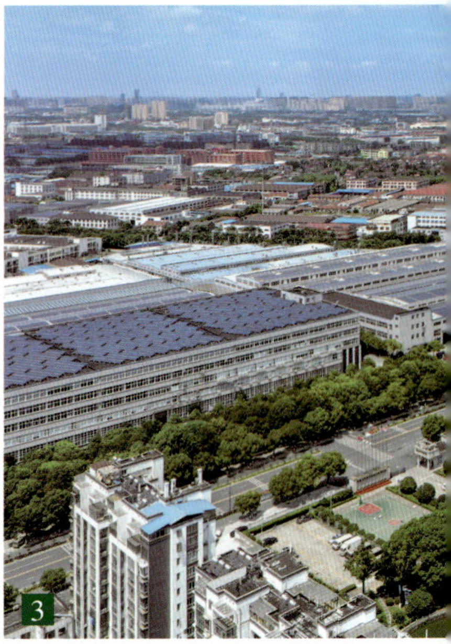
3

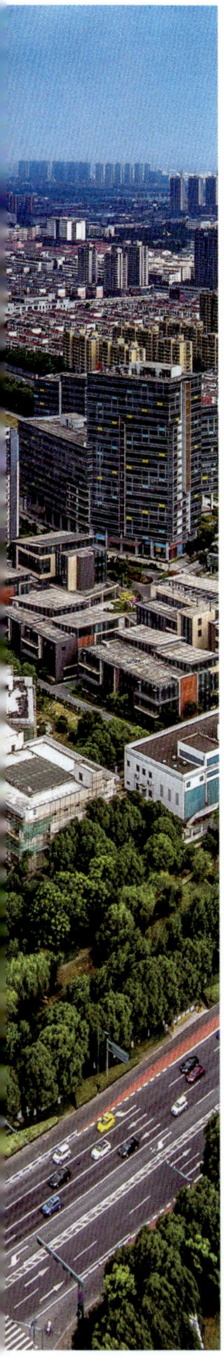

开发区支撑引领效应凸显，武进高新区规模以上工业产值突破千亿元，智电汽车、机器人产业特色彰显；常州经开区在江苏省级经济开发区综合排名中列第六位；西太湖科技产业园在省级高新区综合评价中列第六位，石墨烯小镇入选国家发改委第二轮全国特色小镇典型经验。互联网产业园获批省级生产性服务业集聚示范区，创新经济孵化平台中以常州创新园知名度、影响力持续提升，区域实力增强。

1. 武进高新区
2. 中以常州创新园
3. 常州经开区遥观轨道交通产业园
4. 全国特色小镇——石墨烯小镇
5. 常州西太湖互联网产业园

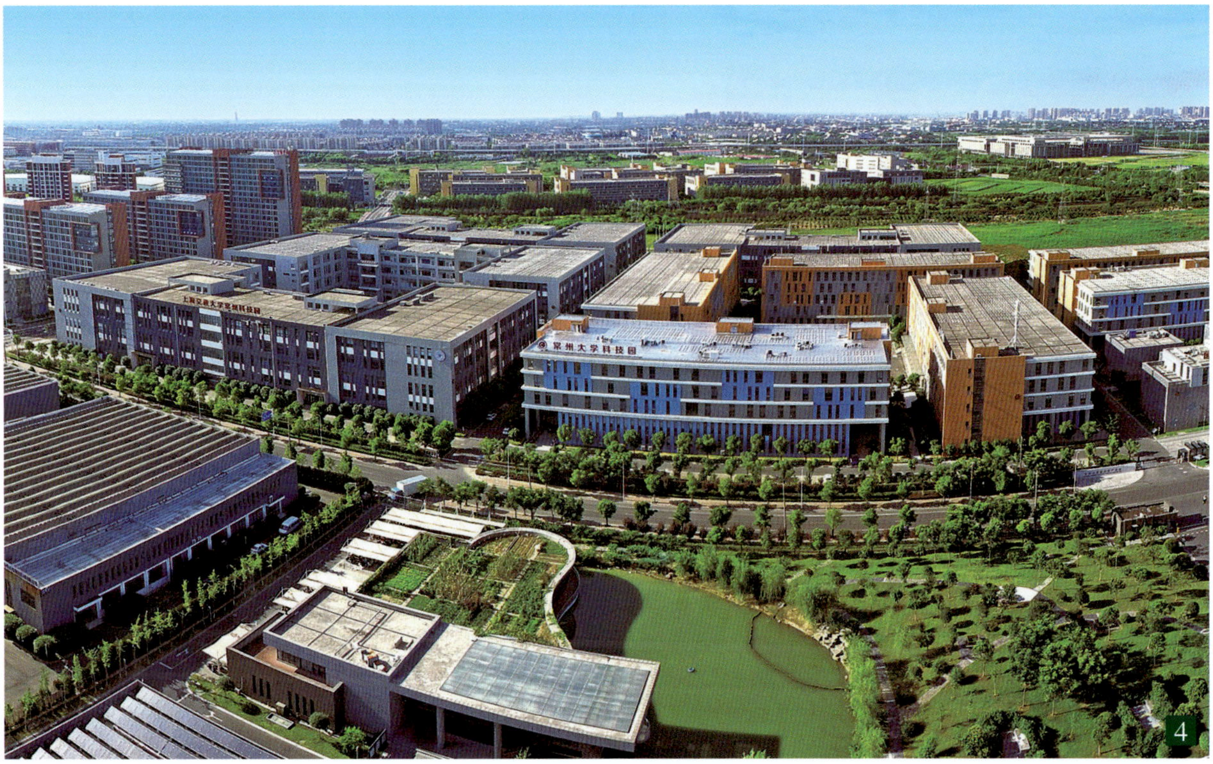

4

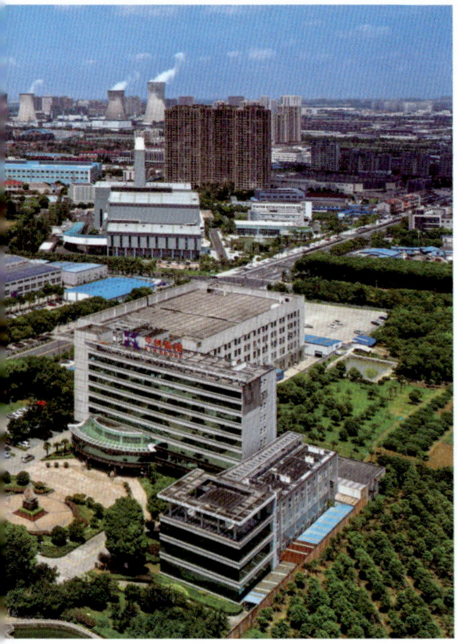

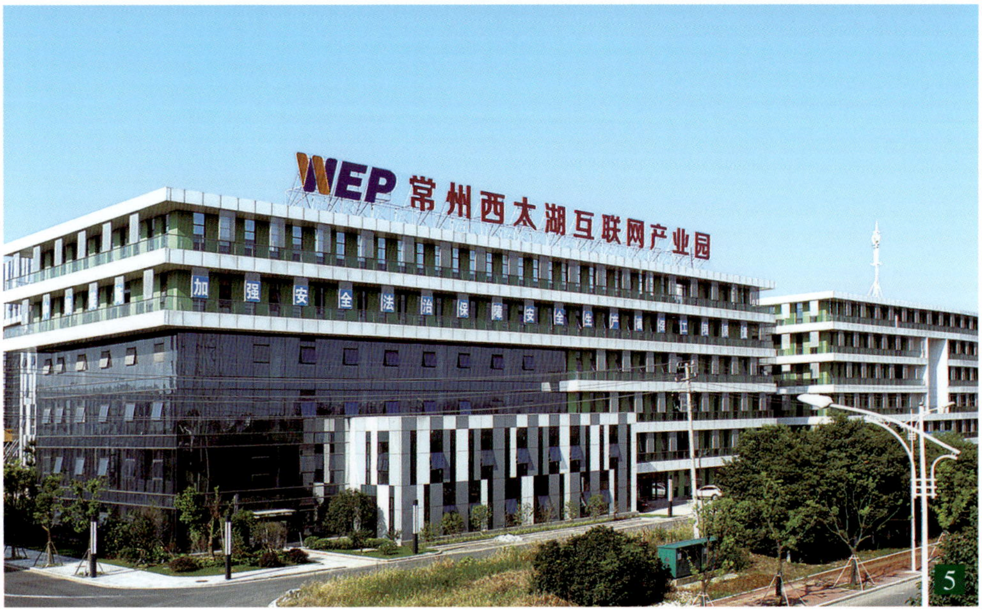


5

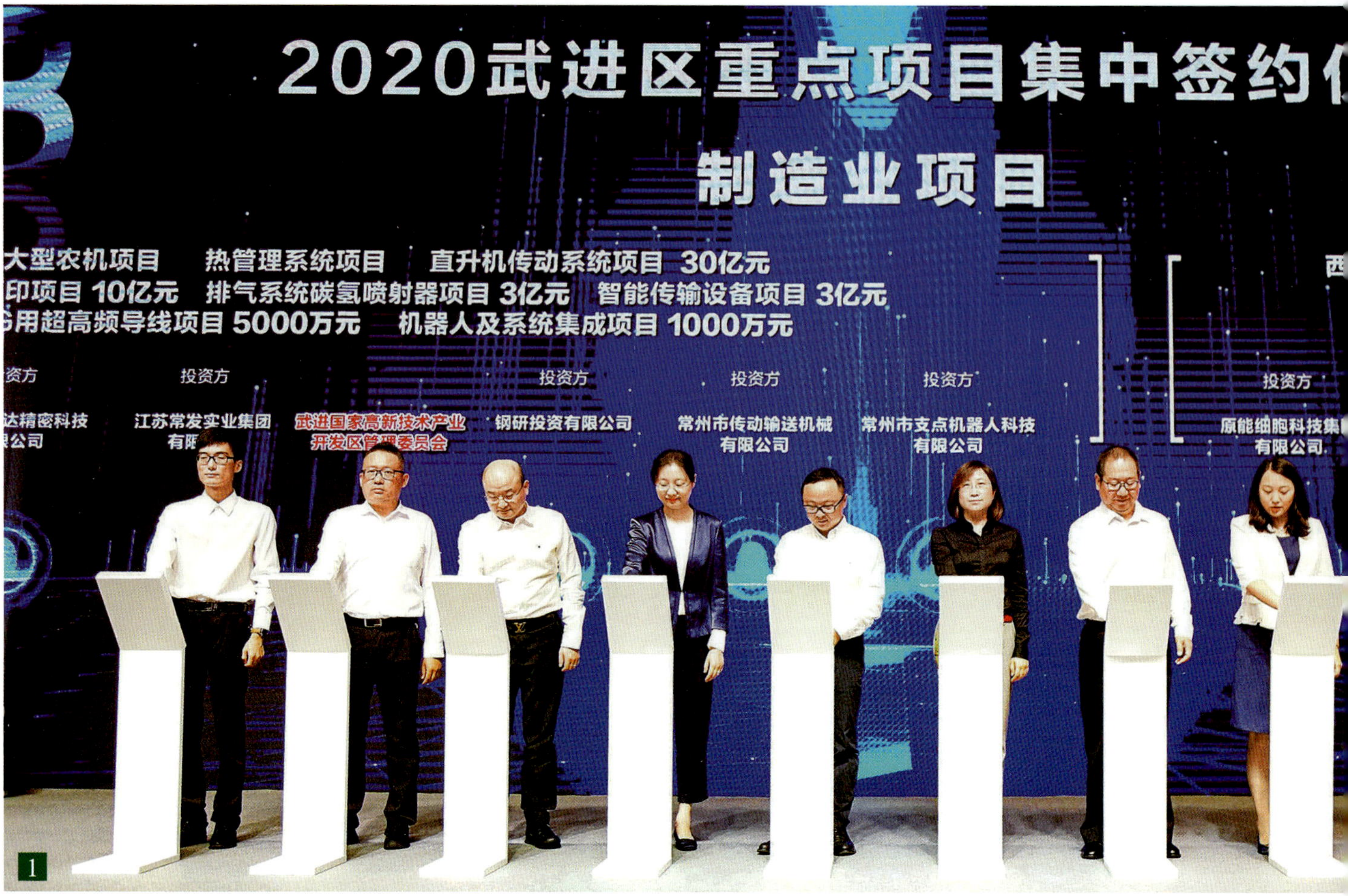


2020 年是“重大项目强化攻坚年”，引进总投资 3 亿元以上项目 50 个，215 个区重点项目完成投资 368 亿元，121 个项目如期竣工。承芯化合物半导体、理想智电汽车、移远通信模组制造等重大项目相继落户，有 7 家企业上市，涌现出瑞声光学、恒立液压等一批全国单项冠军示范企业和国家专精特新“小巨人”企业，中天钢铁集团成为全国首个获“中国工业大奖”的民营钢铁企业。

1. 10 月 24 日，2020 武进区重点项目集中签约仪式
2. 6 月 13 日，“中国天眼”(FAST) 液压促动器项目在武进恒立液压集团启动
3. 工业和信息化部单项冠军示范企业——瑞声科技

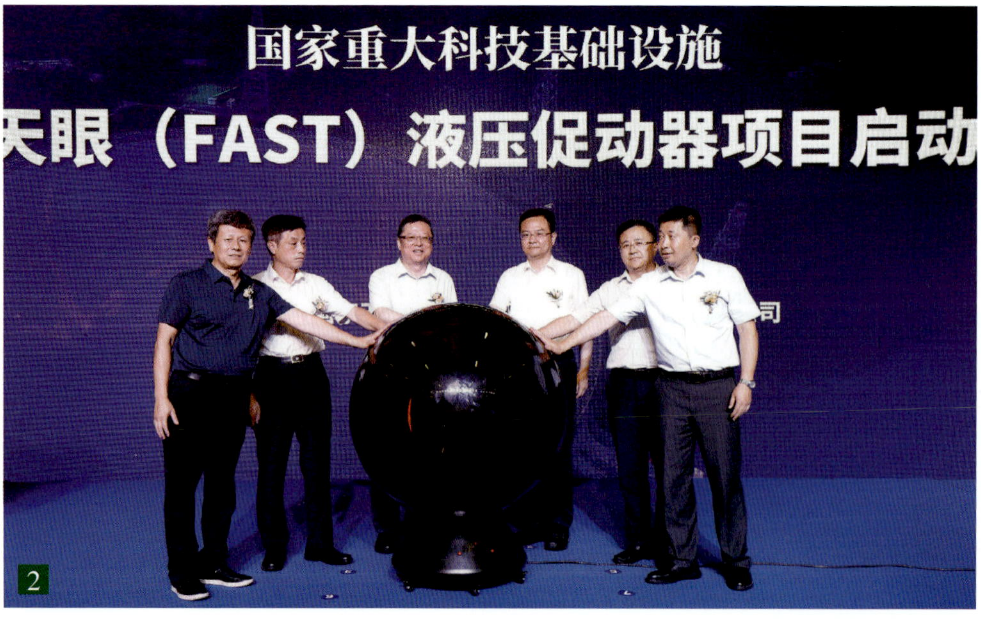


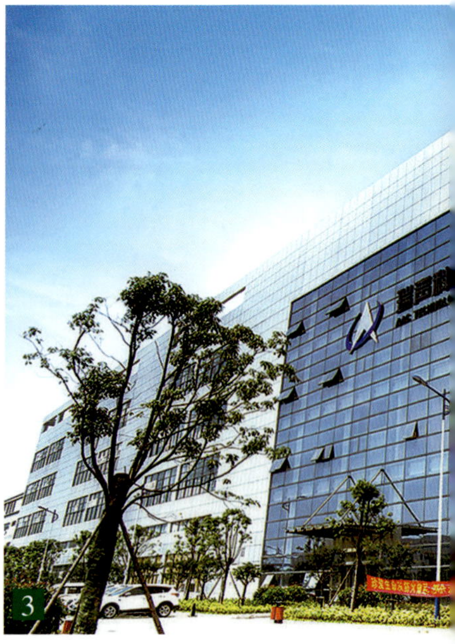

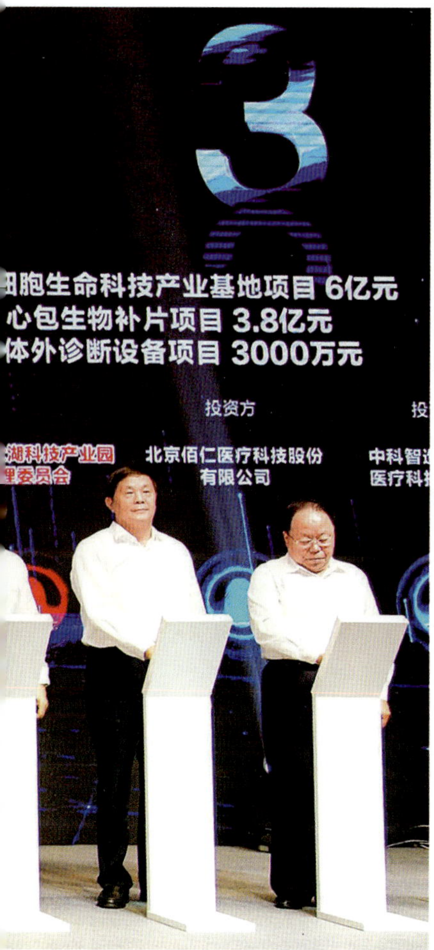


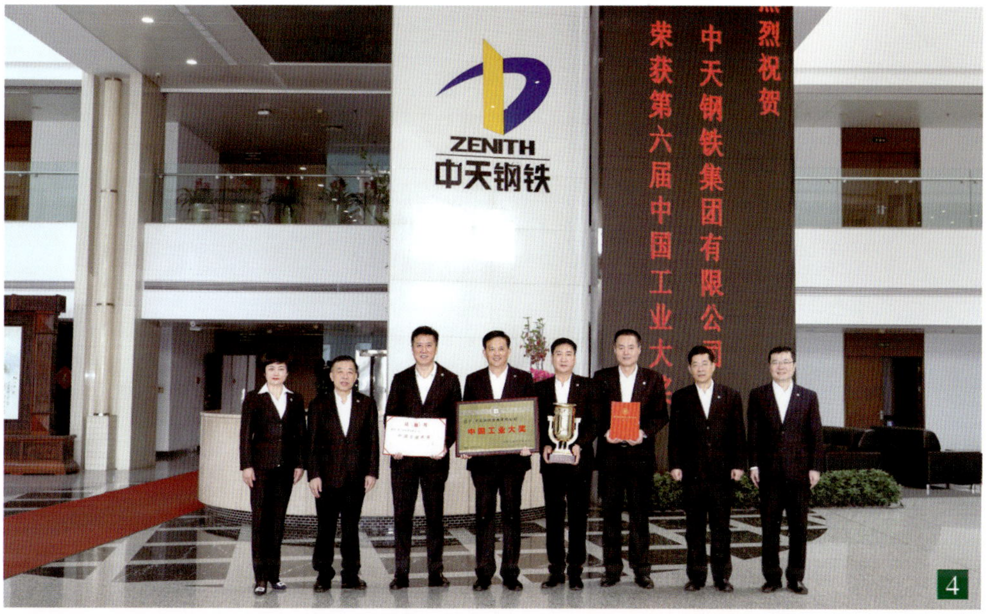


4. 中天钢铁集团获评第六届“中国工业大奖”
5. 6 月 1 日，凯迪股份在上海证券交易所主板上市
6. 理想 ONE 汽车年销 3.3 万辆，名列新能源 SUV 市场销售冠军

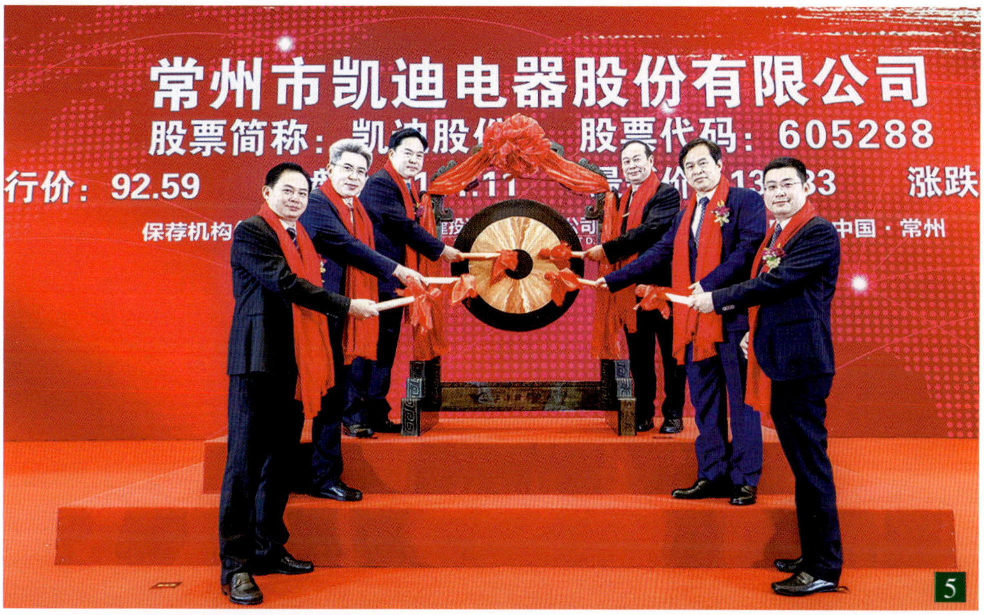


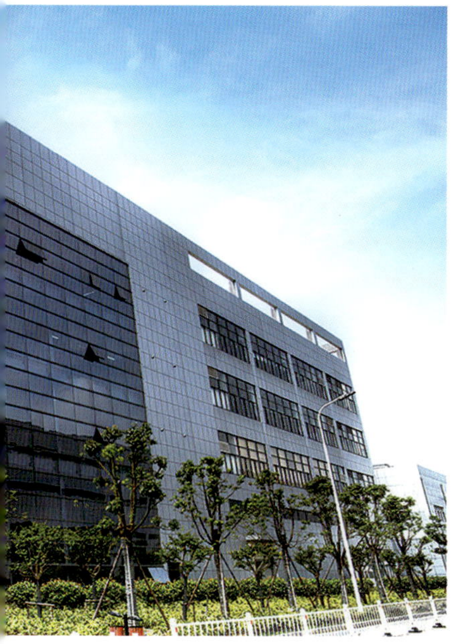

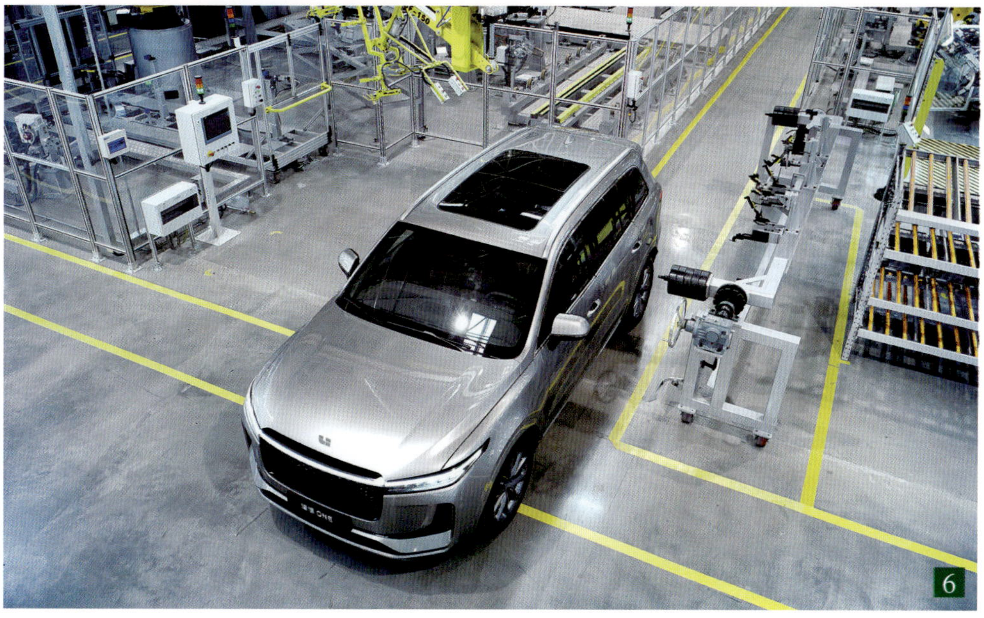

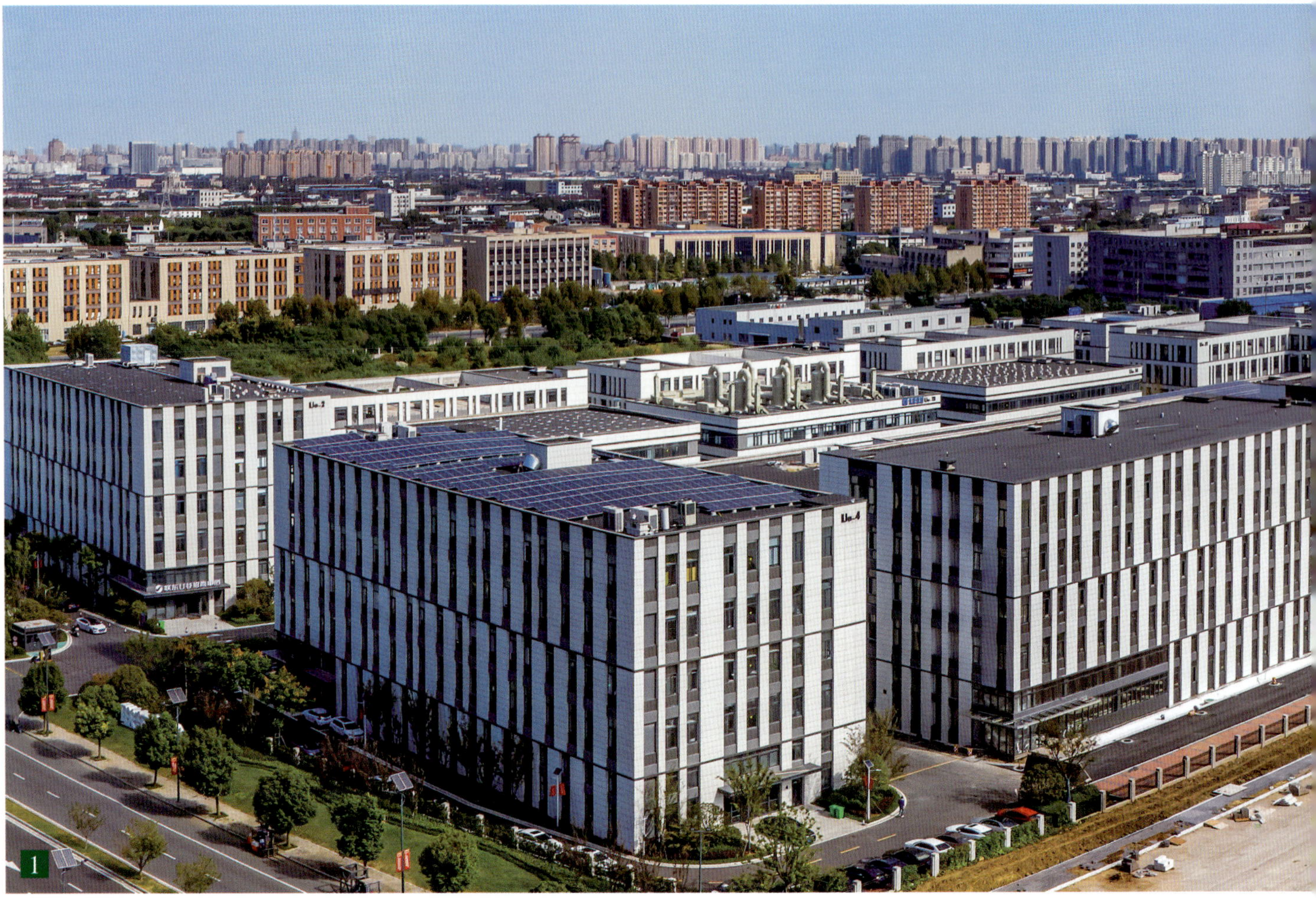

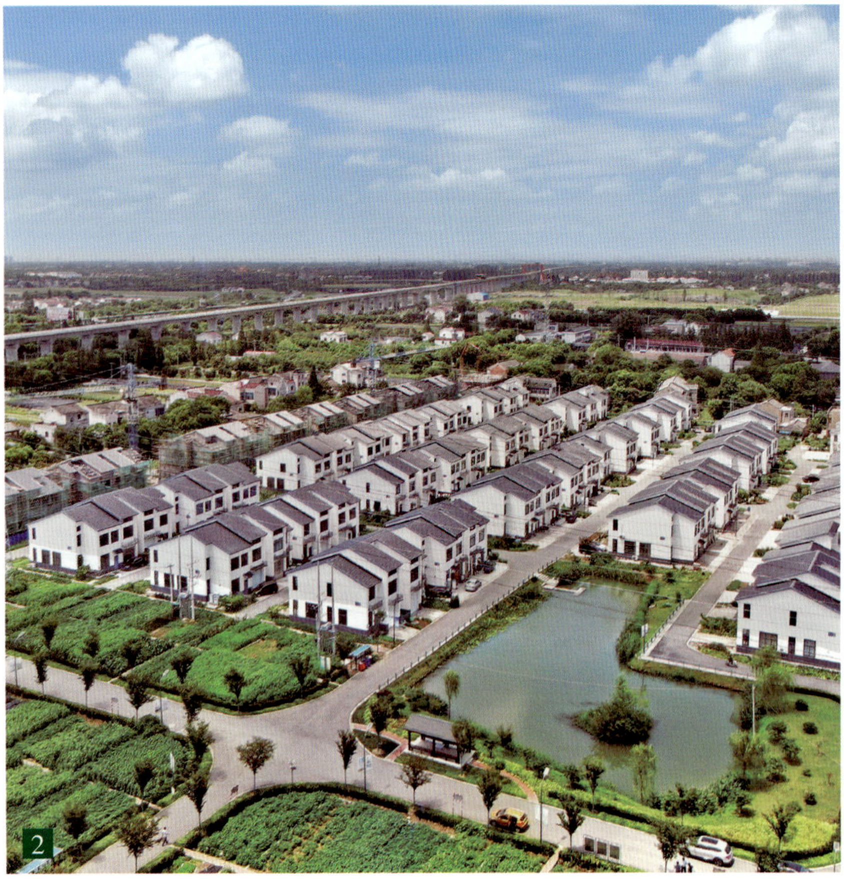

持续深化乡村振兴战略，136个行政村与企业开展合作联建，全面启动新一轮农村宅基地制度改革国家试点。江苏（武进）水稻研究所创粳稻新品种省级以上“一年十审”纪录，为保障国家粮食安全作出重要贡献。创成全省粮食生产全程机械化示范区。

1. 联东u谷·常州国际企业港高端产业集聚区
2. 嘉泽镇闵市村结合宅基地改革试点和村庄环境整治，规划自建区建设
3. 江苏（武进）水稻研究所研究员察看试验田水稻长势
4. “礼嘉葡萄”获国家知识产权局地理标志证明商标专用权
5. 嘉泽、湟里镇花卉苗木基地生产、生态、景观“一地三用”

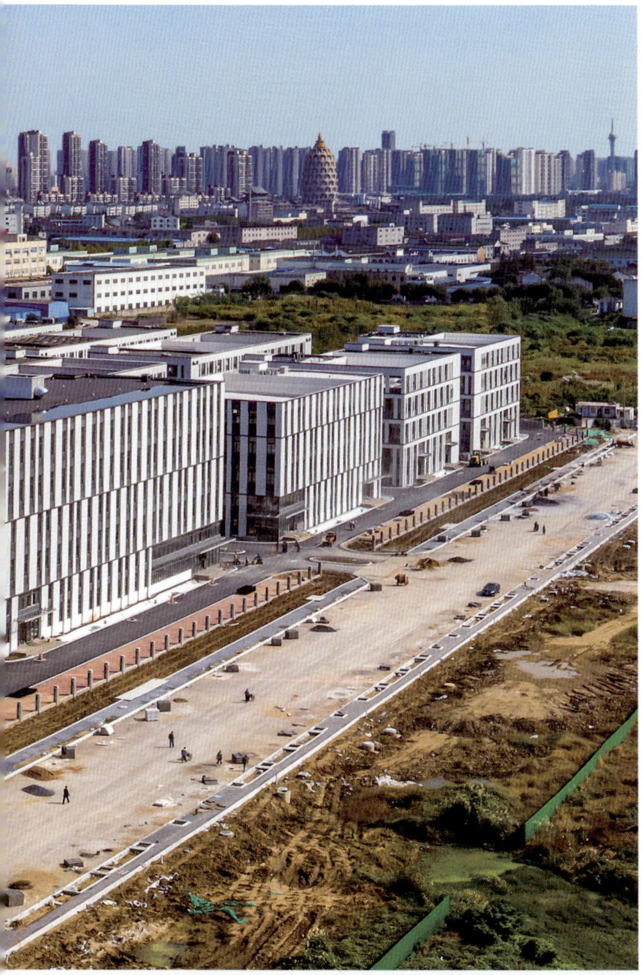

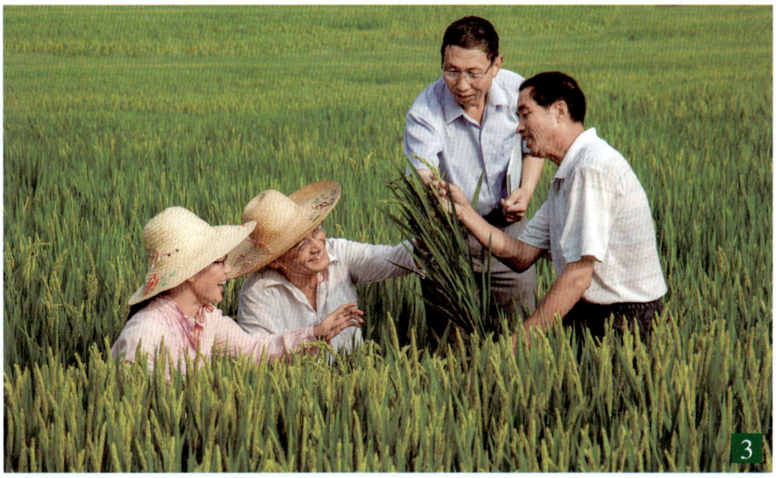

3

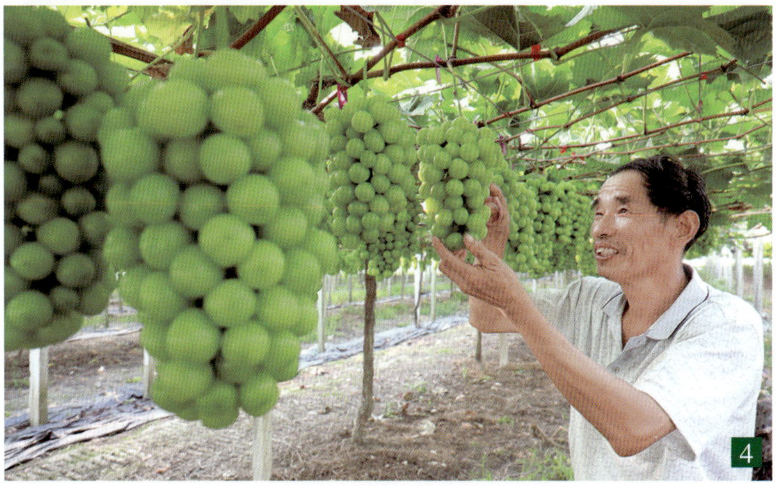

4

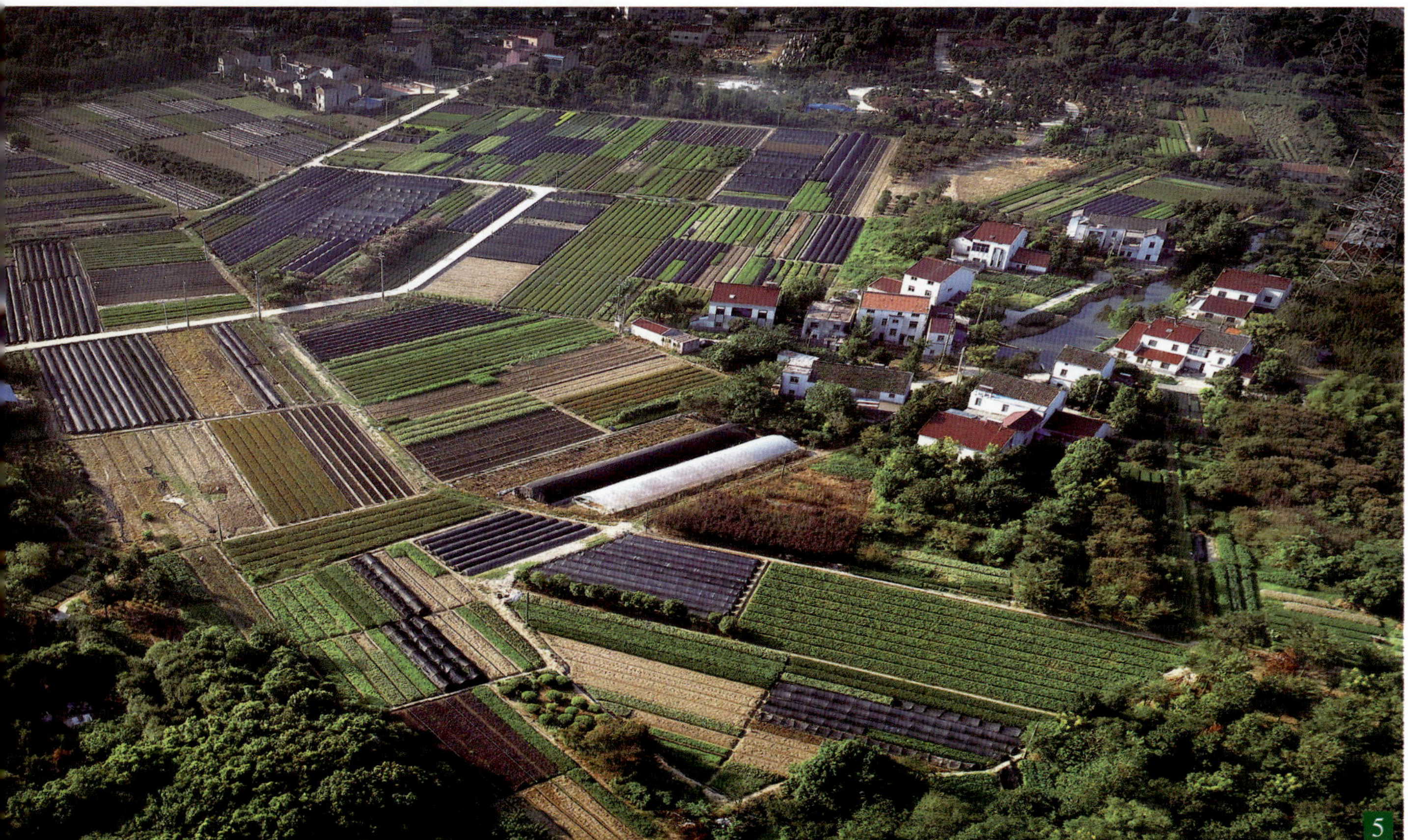

5

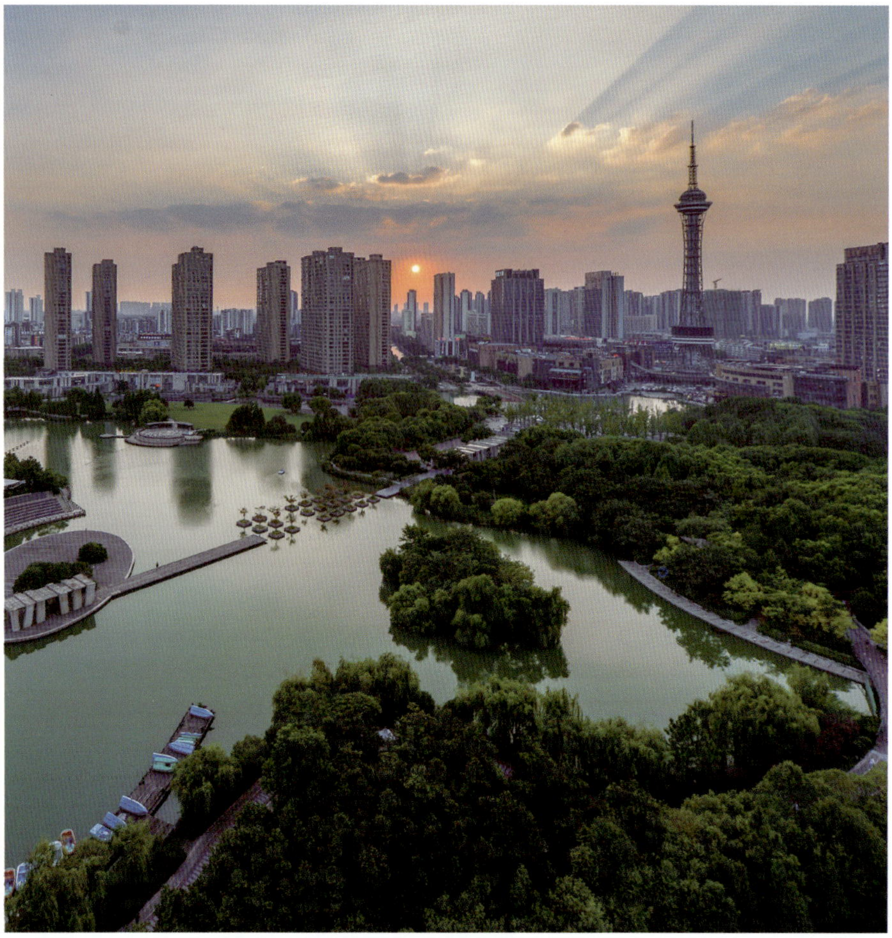

深化行业治理，推进碧水提优工程，$PM_{2.5}$浓度下降13.8%，空气优良天数比上年增加47天，入太河道、农村生态河道建设、以渔控藻生态修复工程取得阶段性成果，"河湖长制"工作获省"真抓实干成效明显"表彰。全面启动国家生态园林城市创建，推进美丽乡村、水美村庄、绿色工厂建设，获批江苏省首批绿色城区示范区。

1. 新天地公园一景
2. 湟里镇蔓庄村美丽乡村建设
3. 江苏省"水美村庄"洛阳镇管城村罗家头
4. 武进绿色工厂旅游景点——东方润安集团
5. 永安河工程获评江苏省生态绿城建设示范样板
6. 环湖西路生态绿道
7. "城市主动脉"环境绿化升级

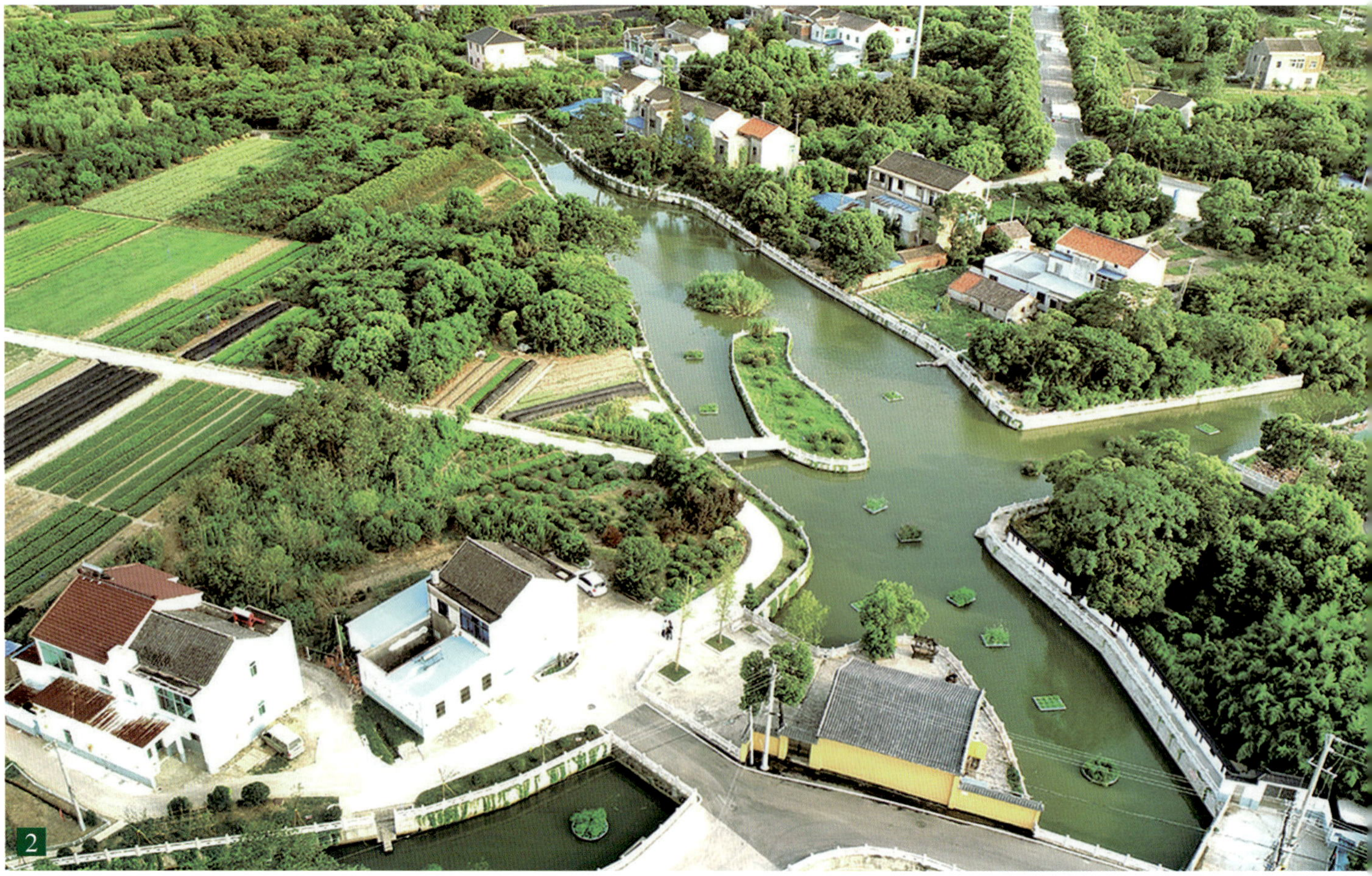

2

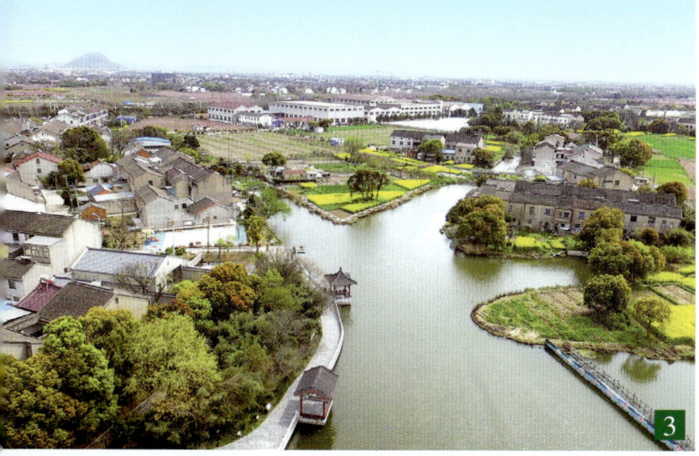
3

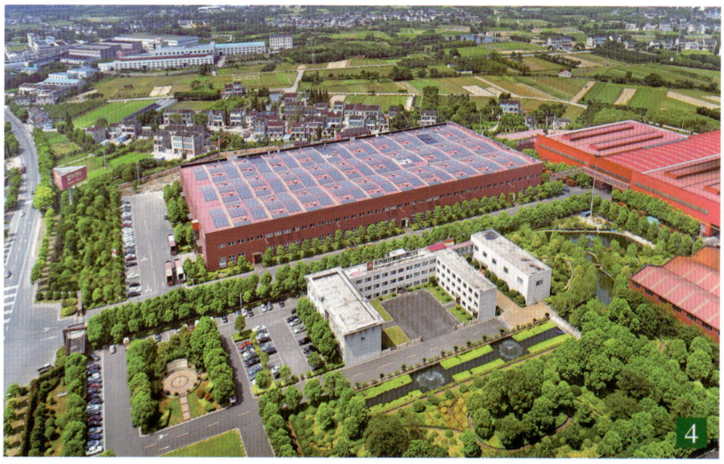
4

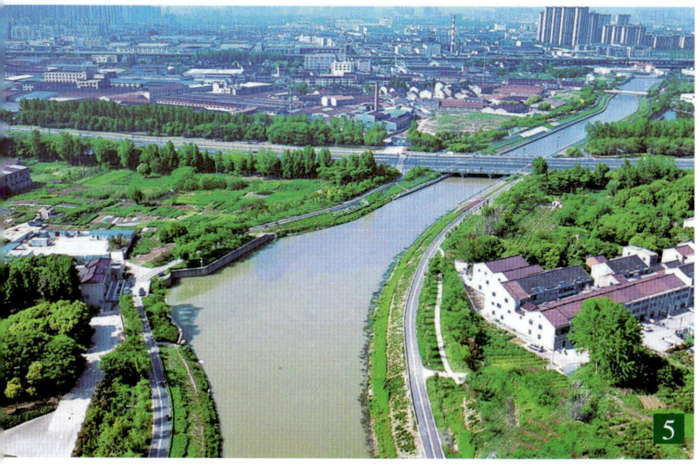
5

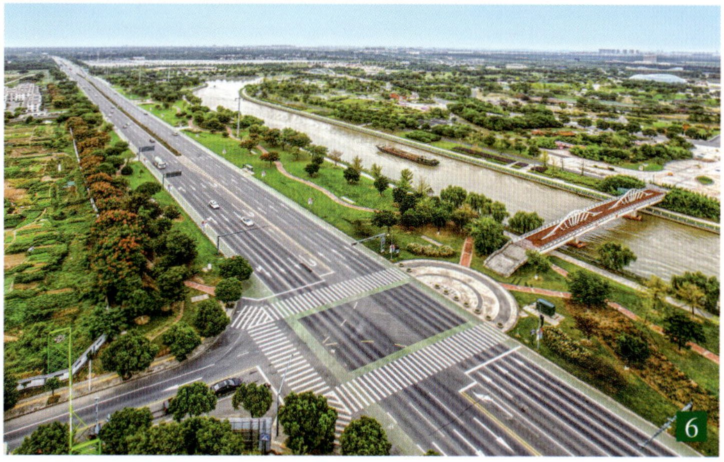
6

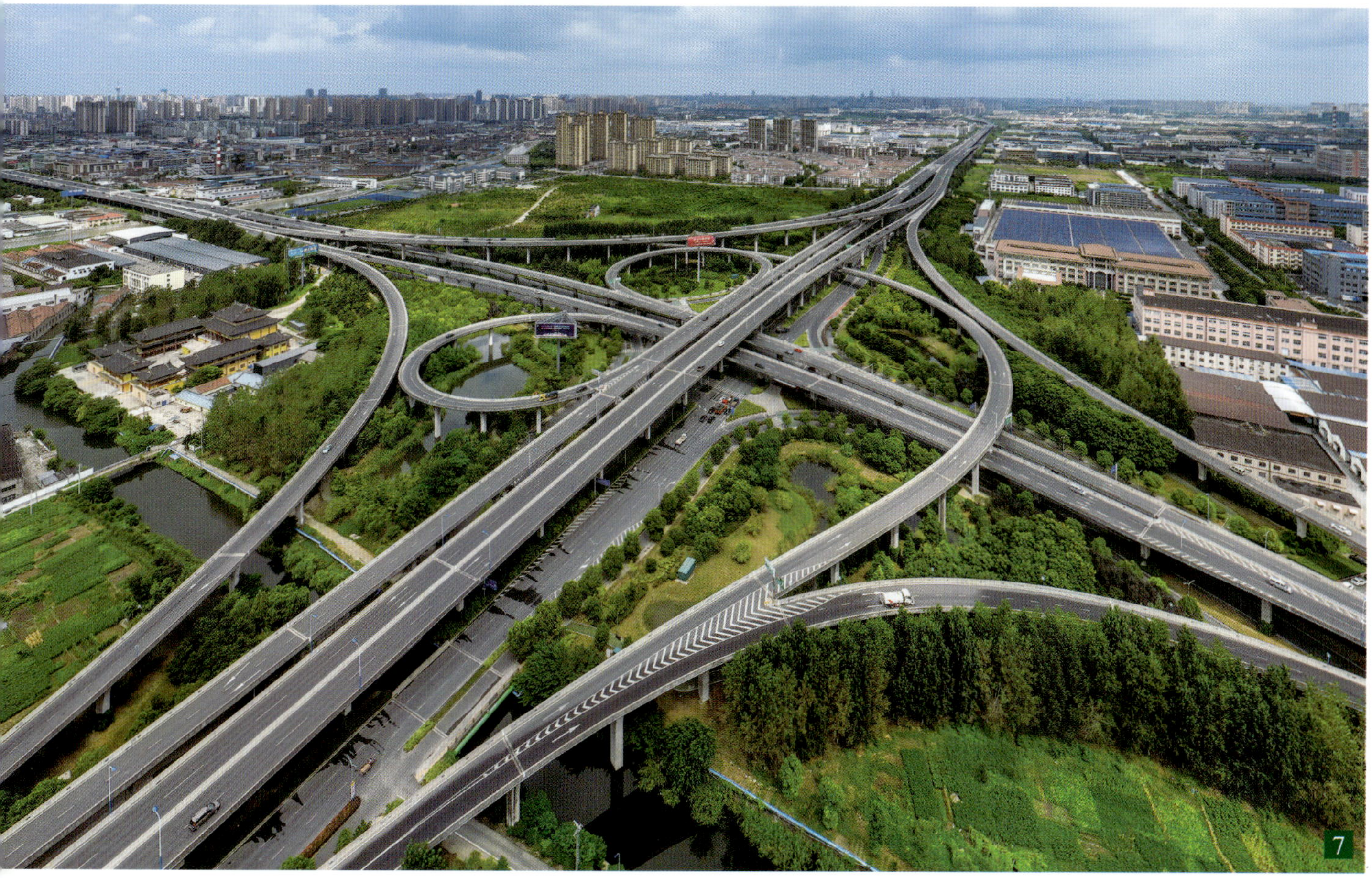
7

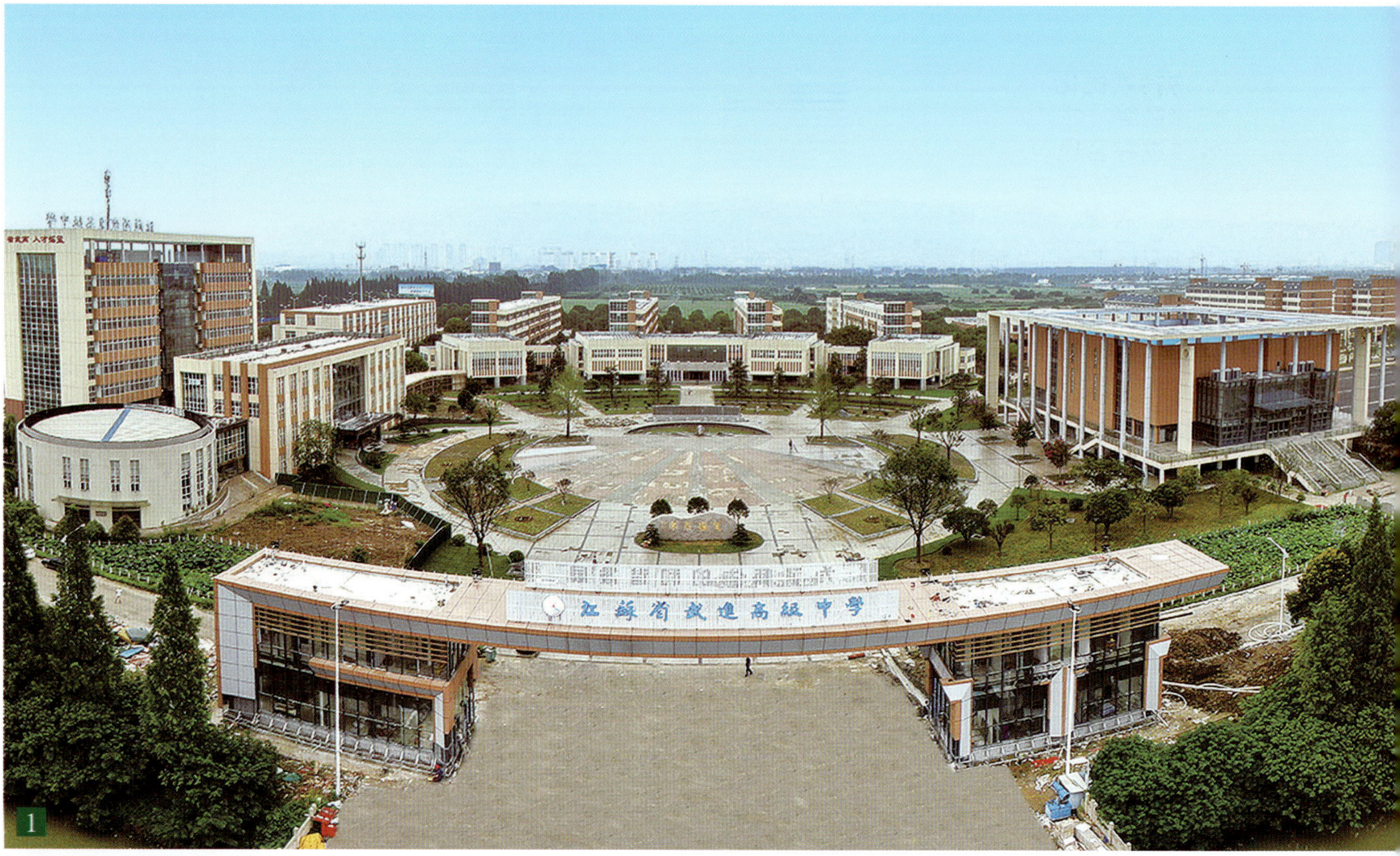

1

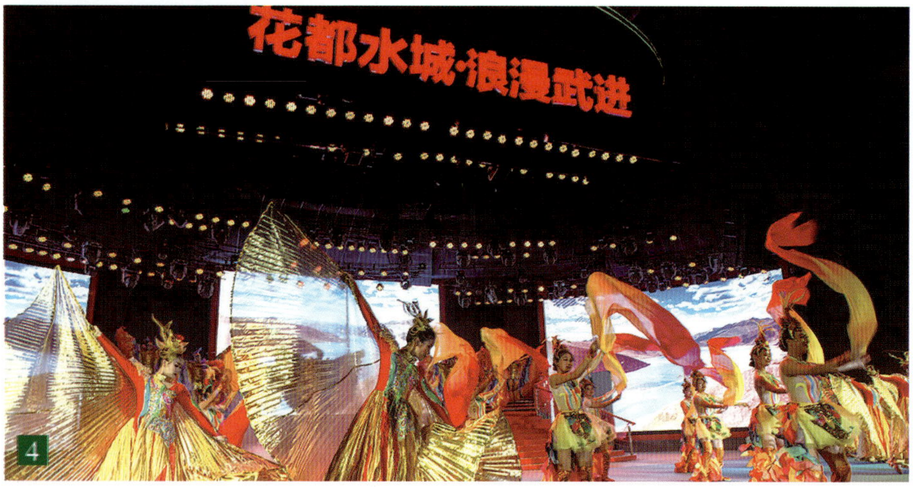

4

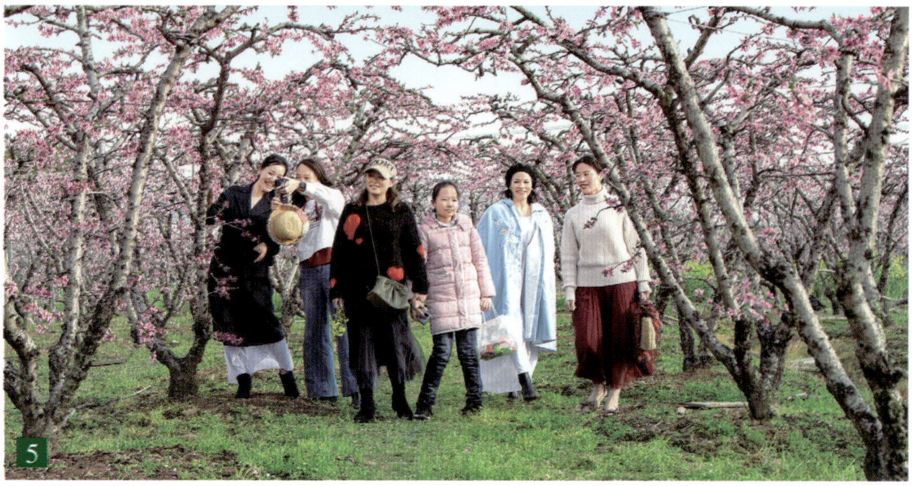
5

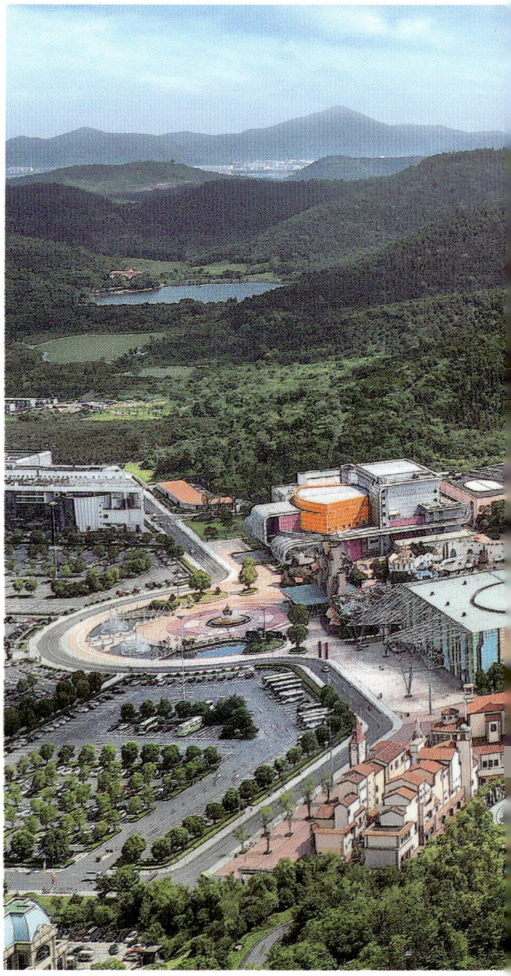

教育资源持续优化，省武进高级中学新校区等一批项目建成投用。统筹推进综合医改，加快医疗技术进步。文旅事业不断繁荣，举办首届“非遗”购物节。常州太湖湾旅游度假区升格为国家级旅游度假区，武进区获评省级全域旅游示范区。

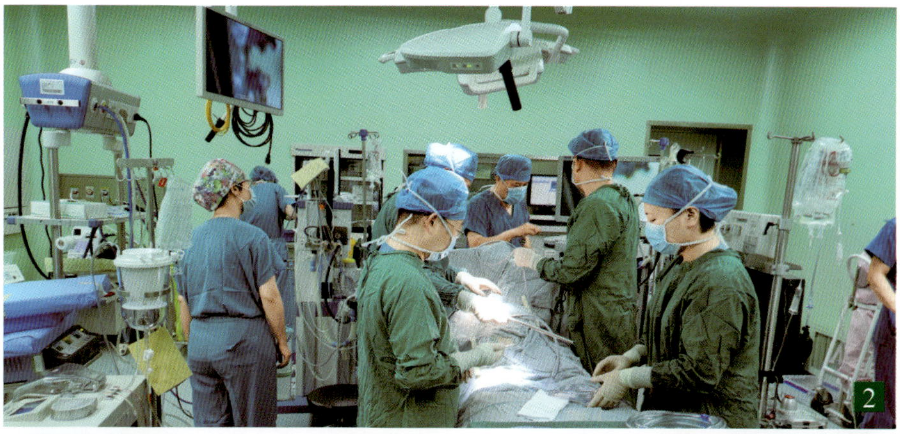
2

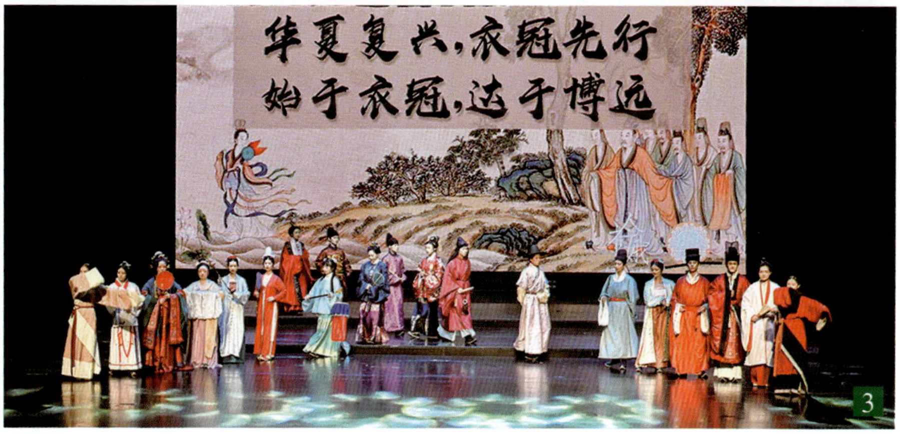

3

1.8 月 19 日，江苏省武进高级中学西太湖新校区启用
2. 武进人民医院全胸腔心脏二尖瓣置换术
3. 非遗传承生活——衣冠展示
4.7 月 22 日，“花都水城 · 浪漫武进”文化旅游节开幕
5.3 月 20 日，第七届雪堰桃花节吸引游客观赏万亩桃花
6. 太湖湾旅游度假区年接待旅客超 300 万人次

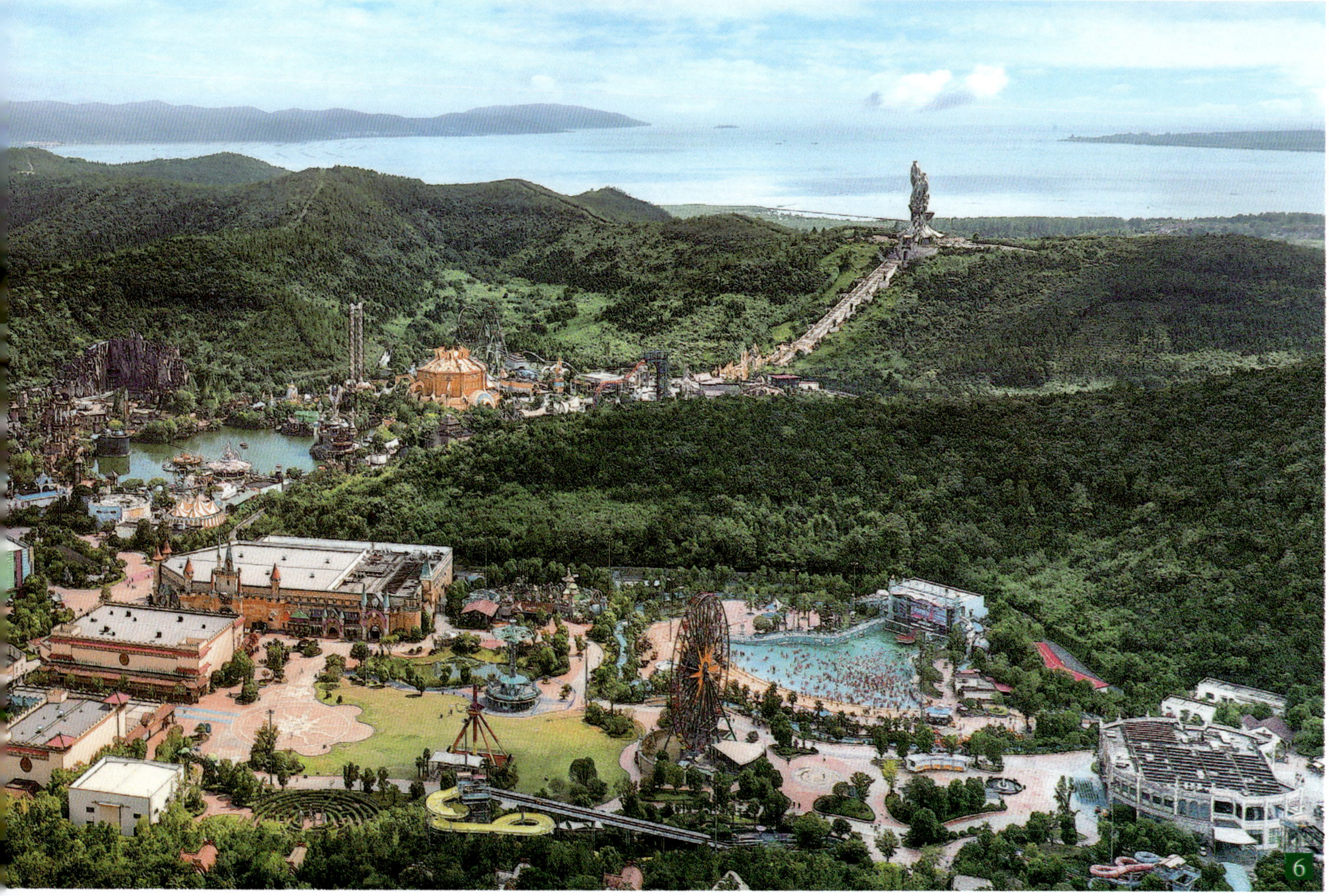
6

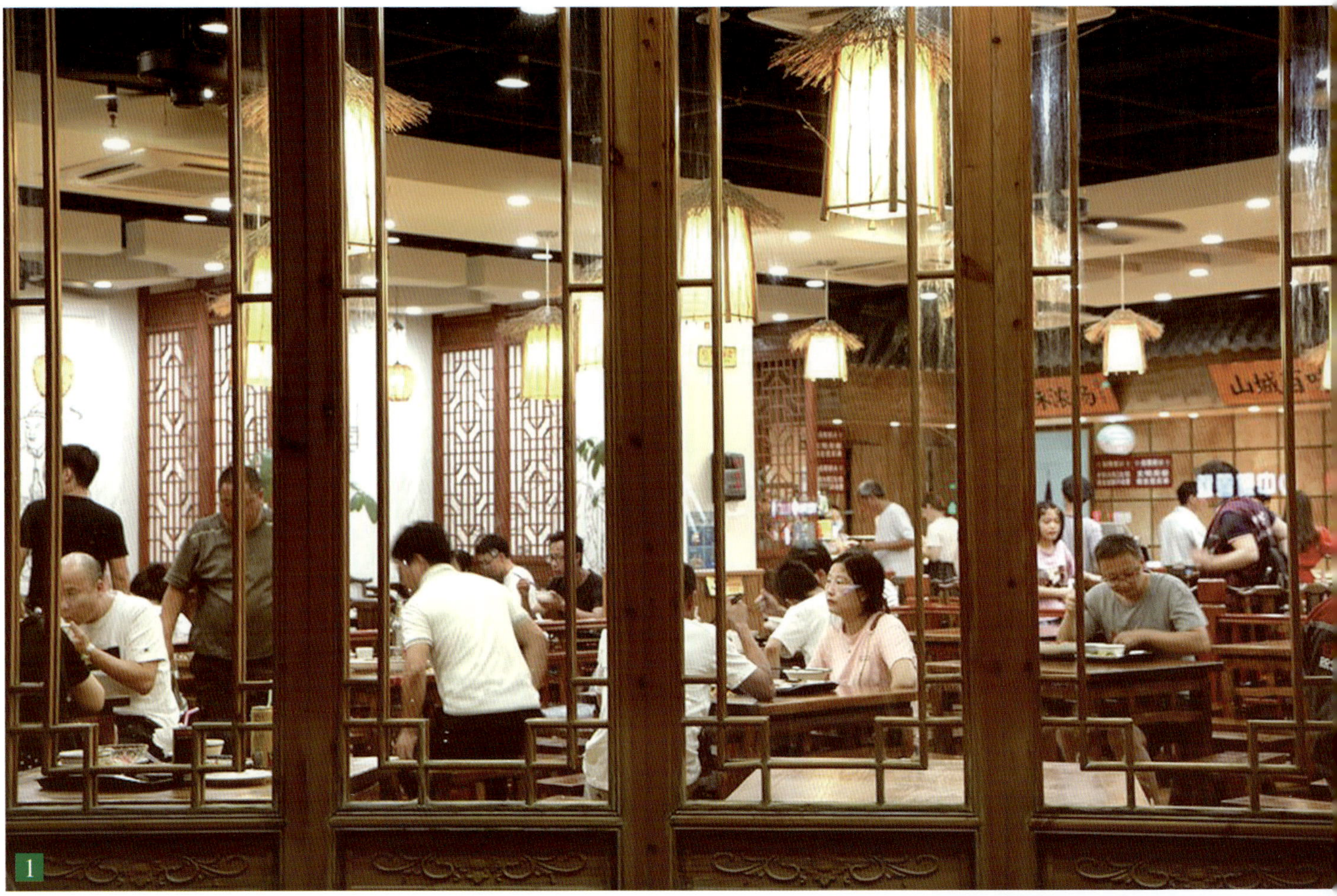

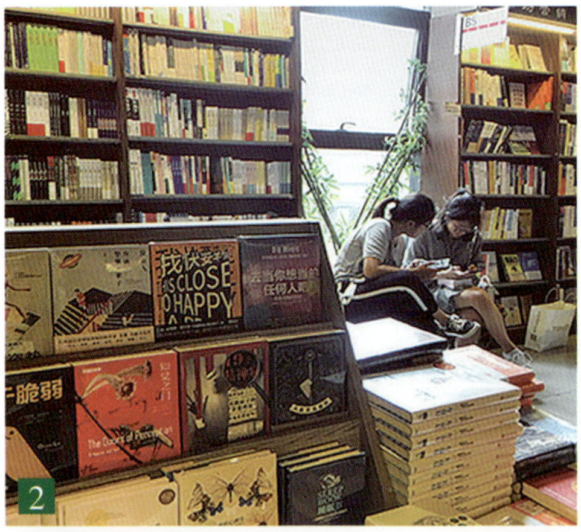

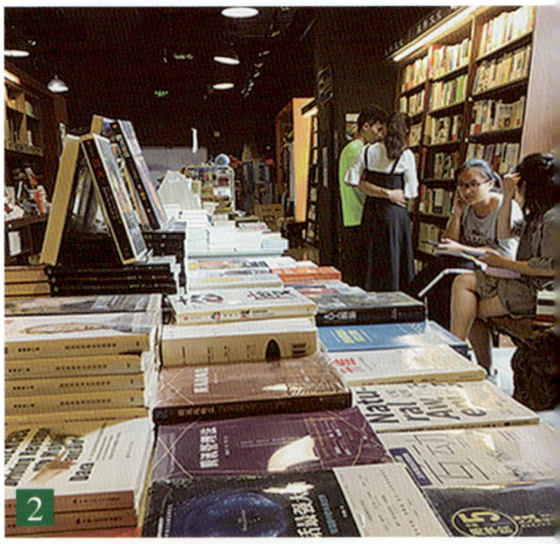

实施十大类20项民生实事项目，群众获得感、幸福感切实增强。新增城镇就业3.2万人，登记失业率1.68%。扶持困难群体，发放慈善救助金5000万元，惠及群众2万人次，发放低收入人群物价补贴954万元，“保就业”“保民生”取得成效。

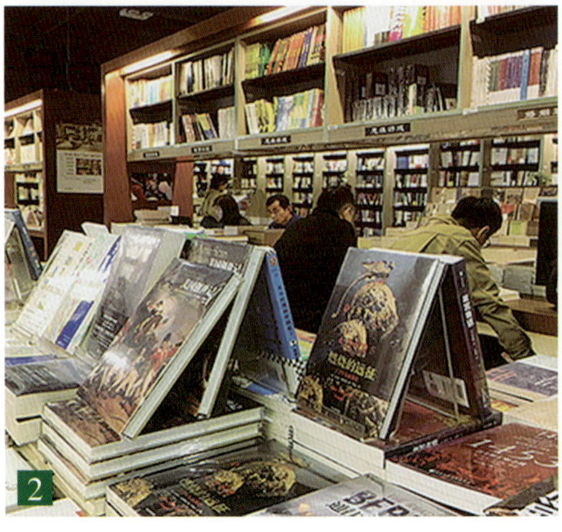

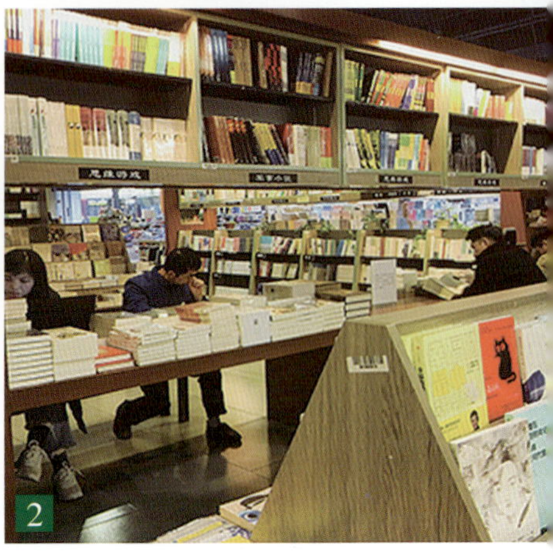

1. 市民品尝“深夜食堂”美食
2. 大众书局里的“书式”生活
3. 菊花节市民寻访菊花
4. 守护平安武进
5. 2020武进首届美食旅游节开幕，市民追寻老味道，发现新美食
6. 佳人古韵芳菲旗袍秀

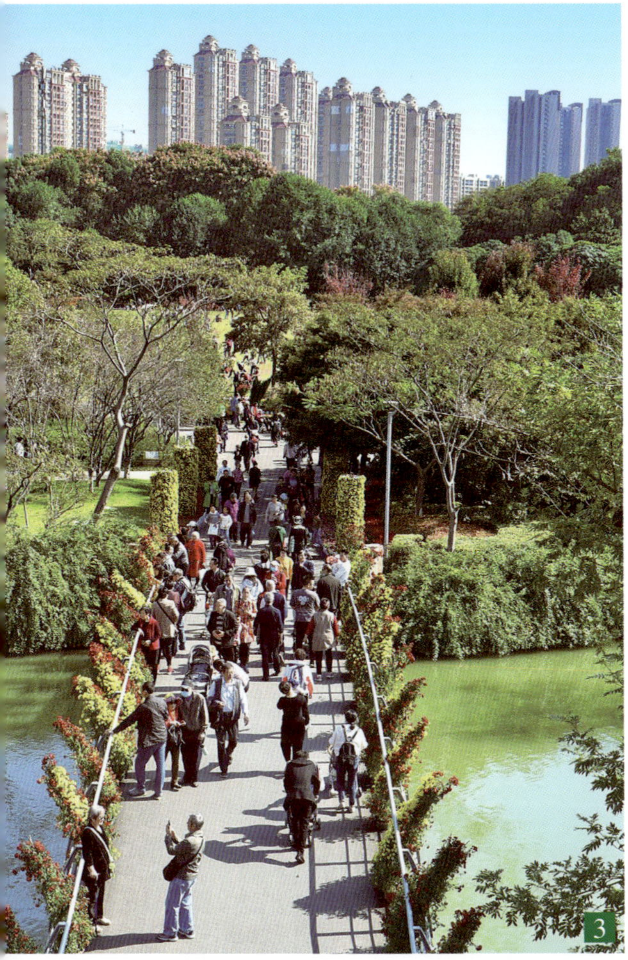

3

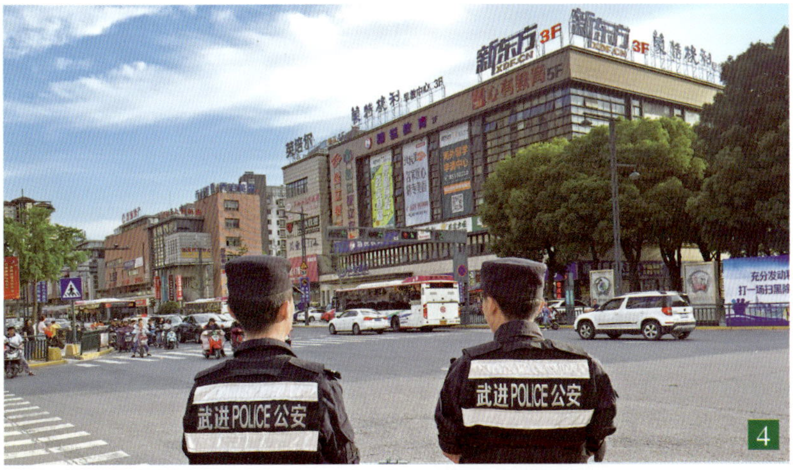


4

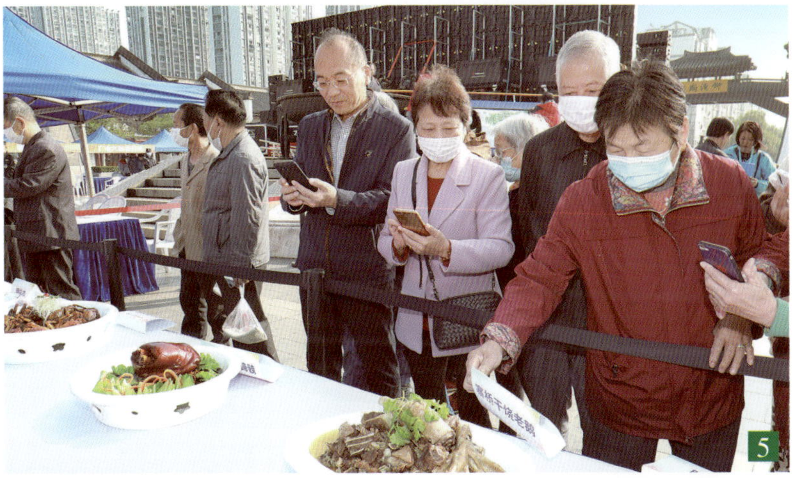

5

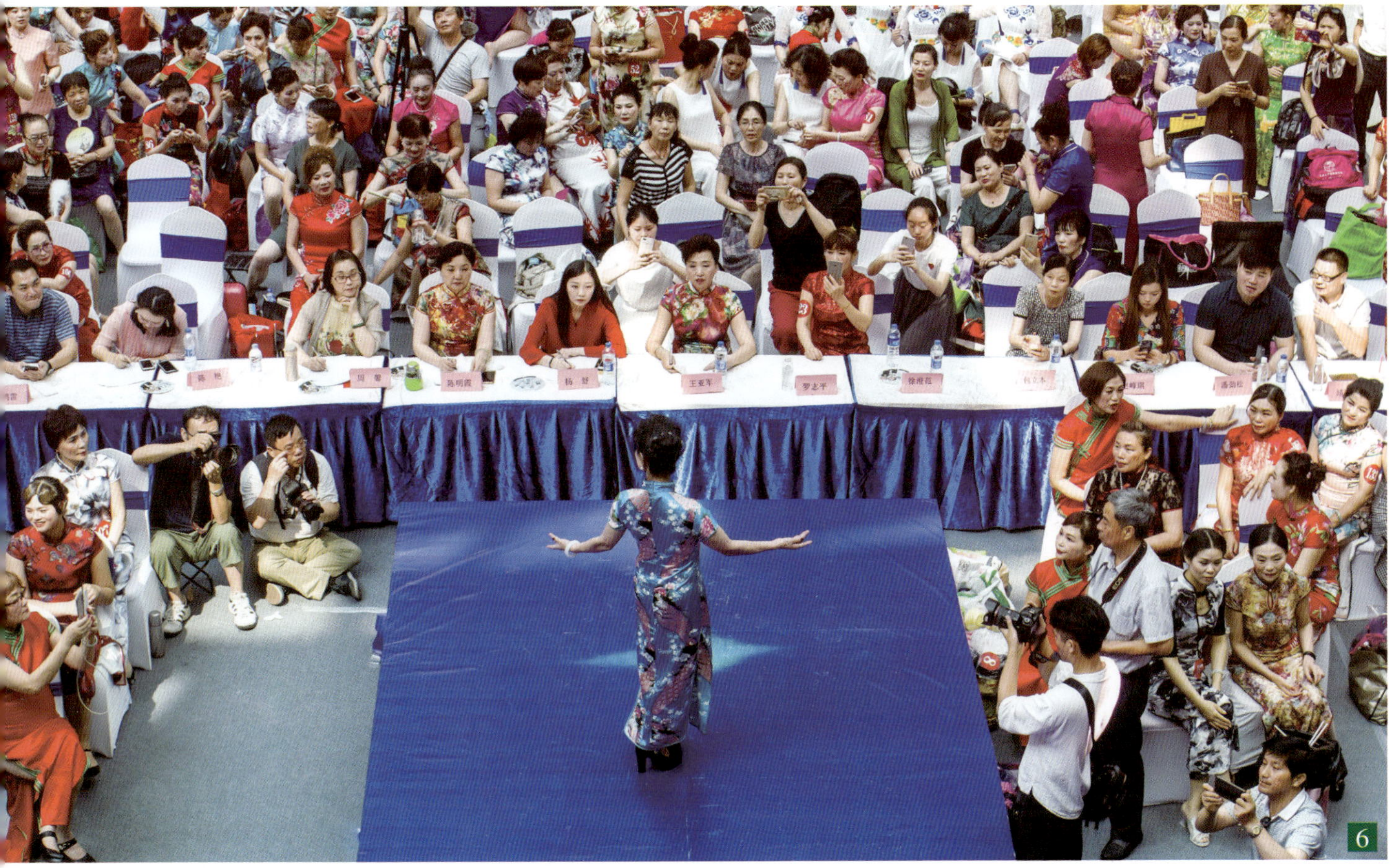

6

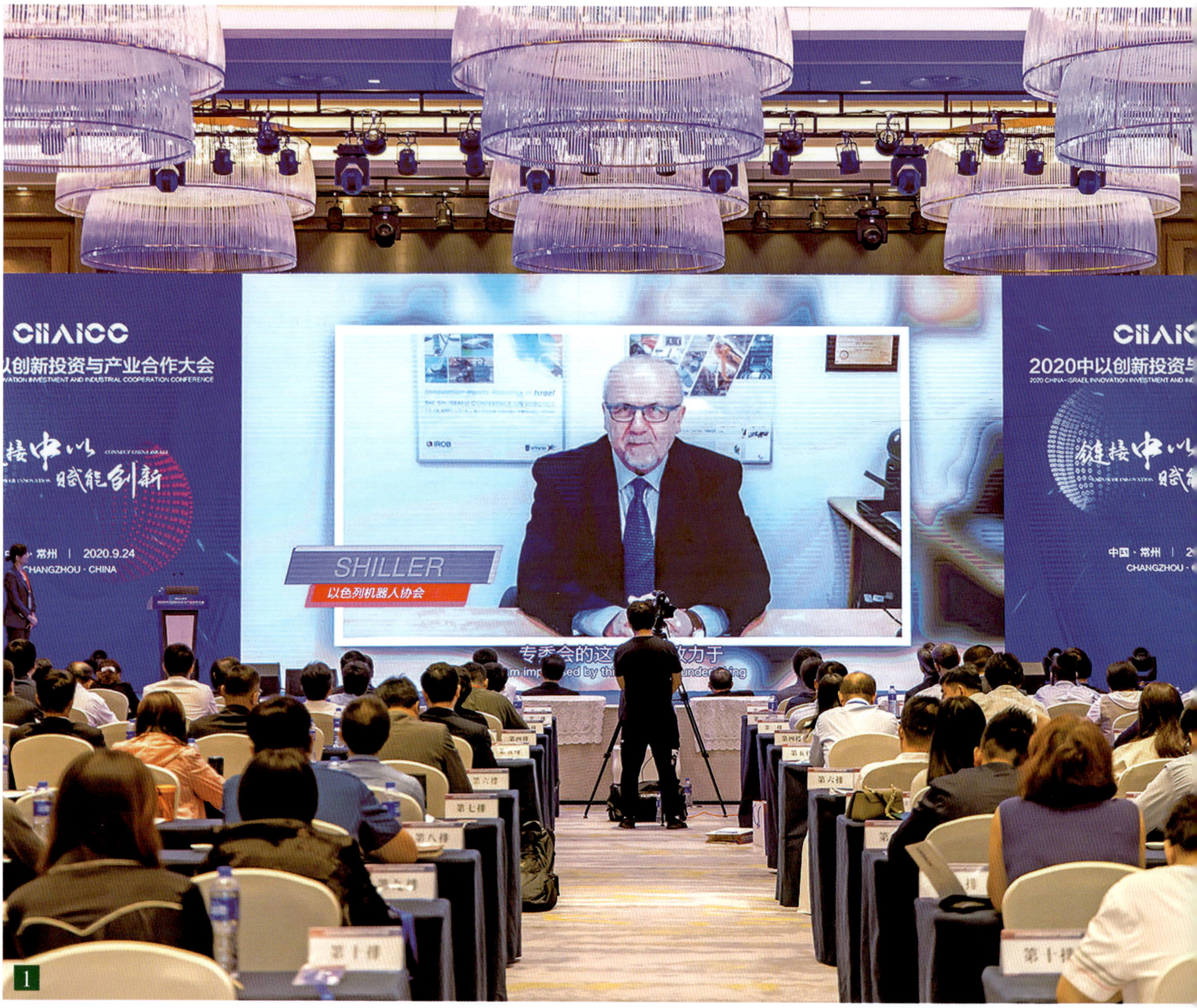
CIIAICC
2020中以创新投资与产业合作大会
链接中以 赋能创新
中国·常州 | 2020.9.24
CHANGZHOU · CHINA
SHILLER
以色列机器人协会

1

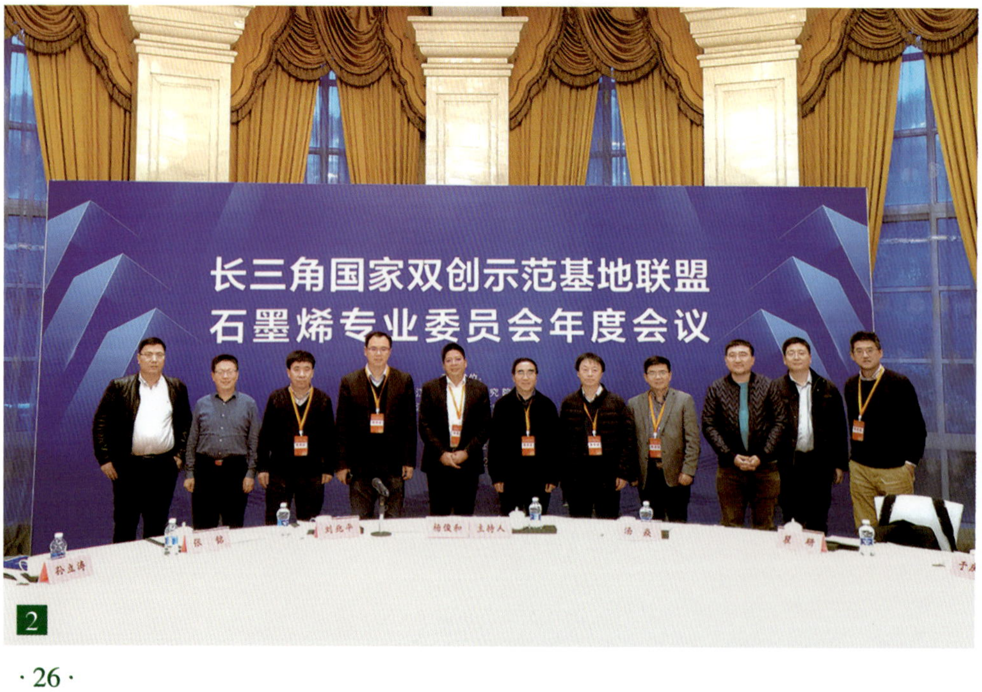
长三角国家双创示范基地联盟
石墨烯专业委员会年度会议

2

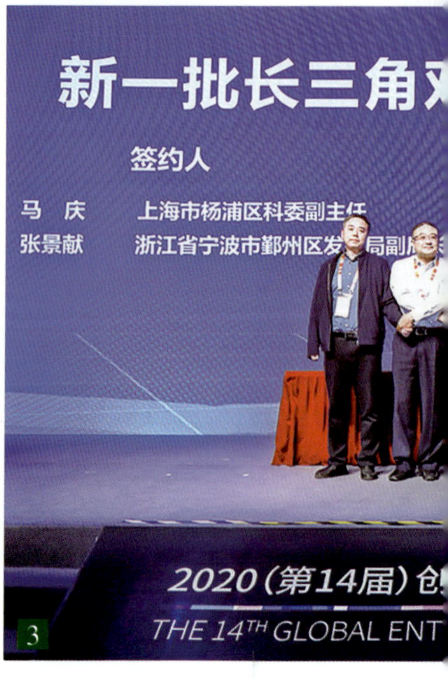
新一批长三角双
签约人
马　庆　上海市杨浦区科委副主任
张景献　浙江省宁波市鄞州区发
2020（第14届）创
THE 14TH GLOBAL ENT

3

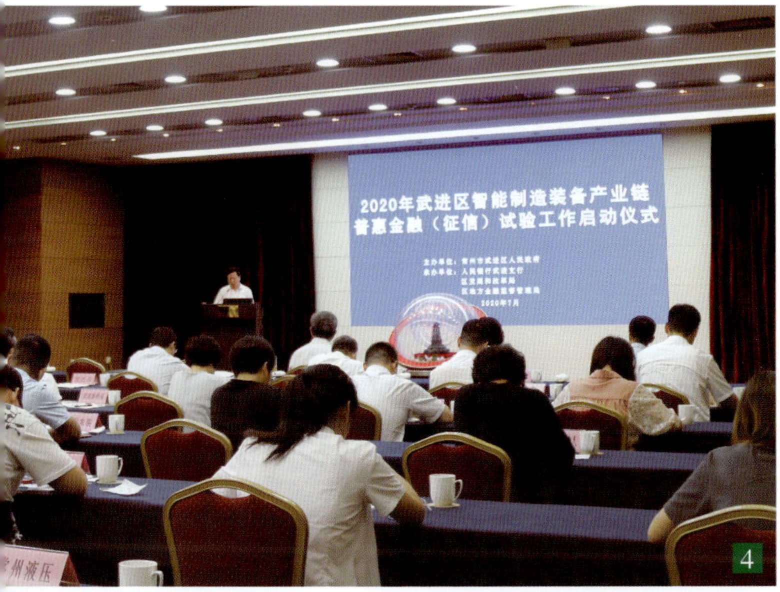


武进区分解落实营商环境提升十大工程、20项重点工作、42项目标任务，入库惠企政策文件200余件。在全省率先开展工业项目“标准地+承诺制”改革试点，企业实现“拿地即开工”。在武进高新区率先推出“园区保”融资服务产品。至2020年年底，11家银行帮助38家企业授信贷款1.86亿元，缓解中小微企业融资难。倾力双创示范基地与苏南模式转型升级试验区建设，推动国家双创示范基地建设。武进高新区、常州科教城获批2020年省级优秀区域类示范基地。推进长三角双创示范基地联盟建设，参与发布长三角创业地图2.0版，描绘区域双创整合发展蓝图。

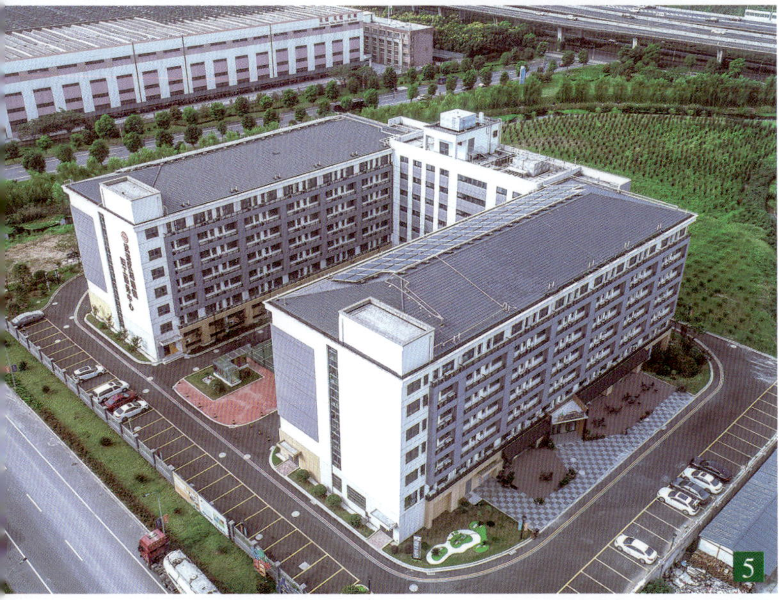


1. 10月24日，2020中以创新投资与产业合作大会在常州科教城举行
2. 12月11日，长三角国家双创示范基地联盟石墨烯专业委员会年度会议在武进召开
3. 12月11日，长三角五地先行先试双创券通用通兑签约
4. 7月27日，武进启动智能制造装备产业链普惠金融（征信）试验
5. 11月16日，武进区人才公寓开业
6. 12月1日，区行政审批中心办理西太湖科技产业园推出的首宗“标准地+承诺制”施工许可证

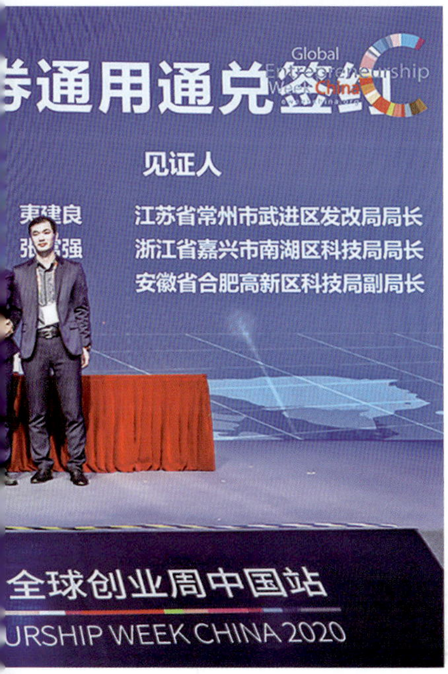


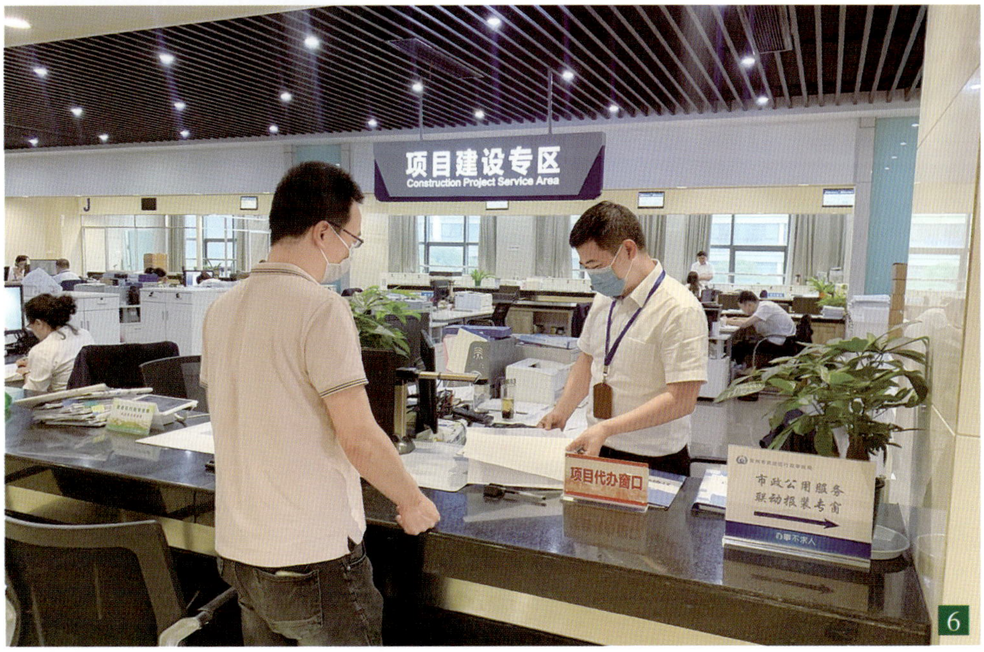

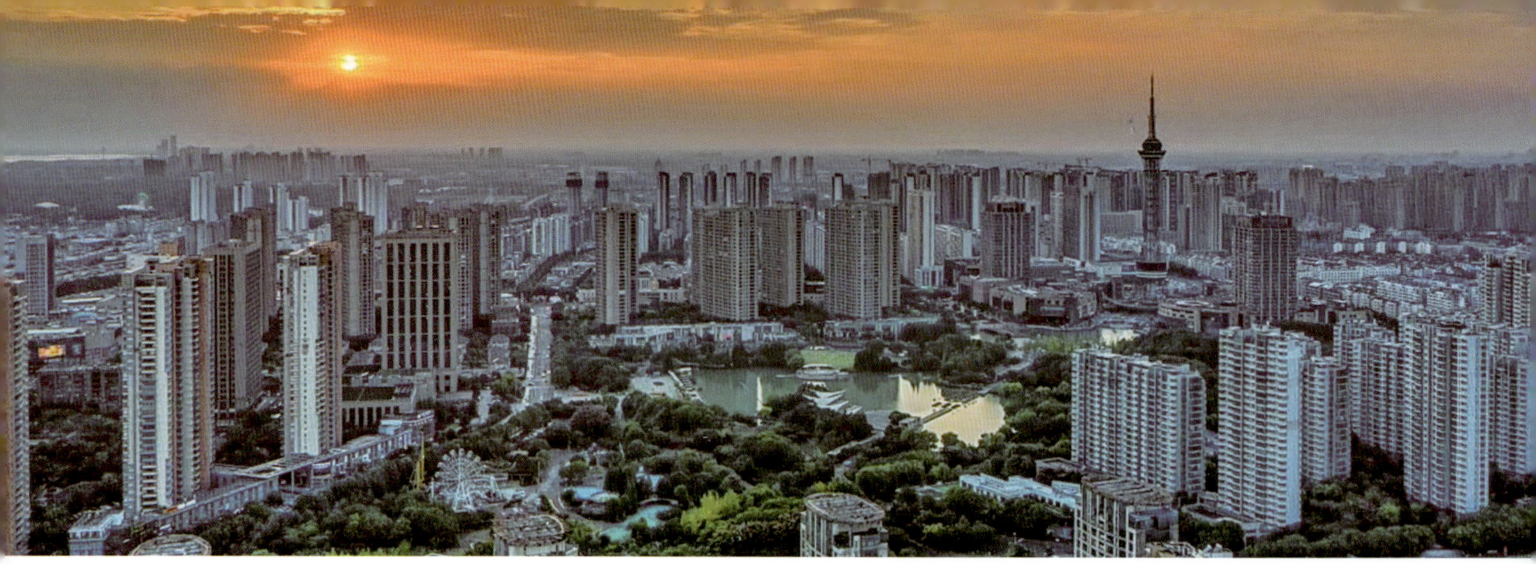

## 《武进年鉴》编纂委员会



## 《武进年鉴》编辑部




地　址　江苏省常州市武进区行政中心1号楼东侧二楼　　邮政编码　213159
电　话　（0519）86310155　86310472　86312826　86310473（传真）
网　址　www.wjsz.org.cn　　邮　箱　wjnj88@163.com

## 《武进年鉴》审稿人

（按姓氏笔画排列）

| | | | | |
|---|---|---|---|---|
| 万宣东 | 万家东 | 王　丹 | 王　伟 | 王　淼 |
| 王　斌 | 王贤方 | 王明源 | 王栋梁 | 王保华 |
| 王洪新 | 王雪恺 | 王照江 | 王新宇 | 尤霄峰 |
| 毛　兴 | 卞曙光 | 邓韶雄 | 左燕钢 | 卢光南 |
| 叶馨远 | 冯　宇 | 冯越超 | 朱小平 | 朱宏英 |
| 朱建刚 | 朱鹏程 | 庄　敏 | 刘　健 | 高　吉 |
| 徐新波 | 潘晓宇 | 周法根 | 夏坚远 | 刘培良 |
| 严　波 | 严　琳 | 李　俊 | 李　甜 | 李　媛 |
| 李云辉 | 李旭敏 | 李建林 | 杨　铭 | 杨丹珂 |
| 杨欣婷 | 杨美英 | 吴　玲 | 吴　柯 | 吴文亮 |
| 吴晓燕 | 吴晓峰 | 吴海涛 | 吴献荣 | 何泽宇 |
| 应书清 | 冷亚春 | 羌云庆 | 汪志南 | 沈　轲 |
| 张小锋 | 张文伟 | 张建新 | 陆　尧 | 陆俊阳 |
| 陈　勇 | 陈　健 | 陈　涛 | 陈月波 | 陈亚娣 |
| 陈国栋 | 陈建强 | 陈海明 | 陈黎云 | 金丽英 |
| 周小宇 | 周晓忠 | 周培根 | 周嫣倩 | 赵　鼎 |
| 赵　璐 | 赵春丽 | 赵菊明 | 恽晓明 | 宦庆辉 |
| 祝正庆 | 姚绍洋 | 秦能达 | 聂亚玉 | 顾　芳 |
| 顾　青 | 顾咏梅 | 钱继东 | 倪文达 | 徐　袒 |
| 徐正华 | 徐国治 | 徐鸿飞 | 殷中华 | 殷锡峰 |
| 奚惠芳 | 陶　可 | 桑　遥 | 曹法南 | 曹雄伟 |
| 戚釜宁 | 龚　黎 | 符　伟 | 符敏霞 | 章　钧 |
| 巢俊杰 | 巢剑锋 | 董瑞峰 | 蒋　燕 | 蒋云峰 |
| 蒋雨晨 | 蒋金标 | 鲁　东 | 曾文军 | 强　雨 |
| 雷金鹏 | 廖海春 | 薛　健 | 薛　鑫 | 魏　峰 |

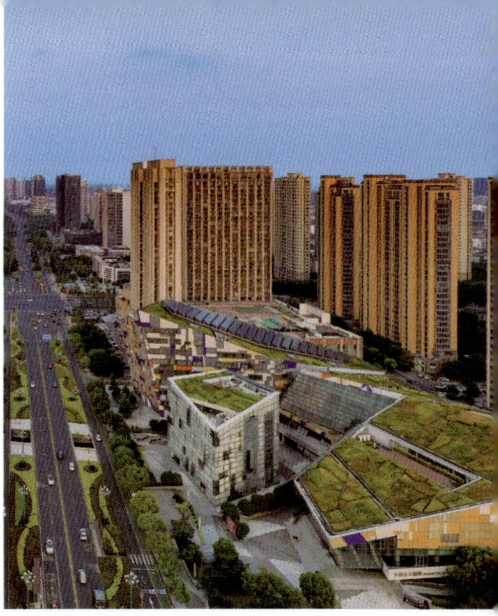

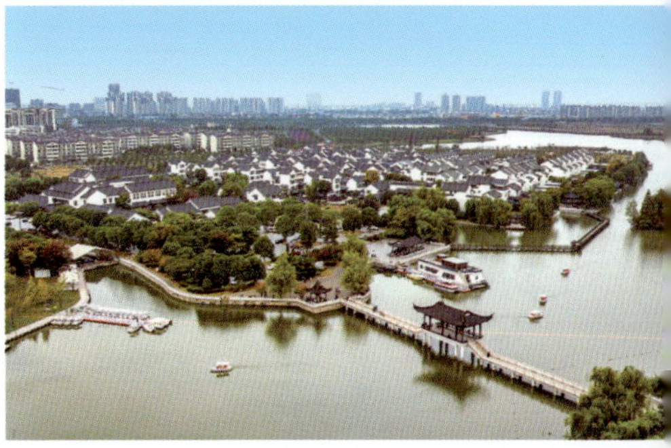

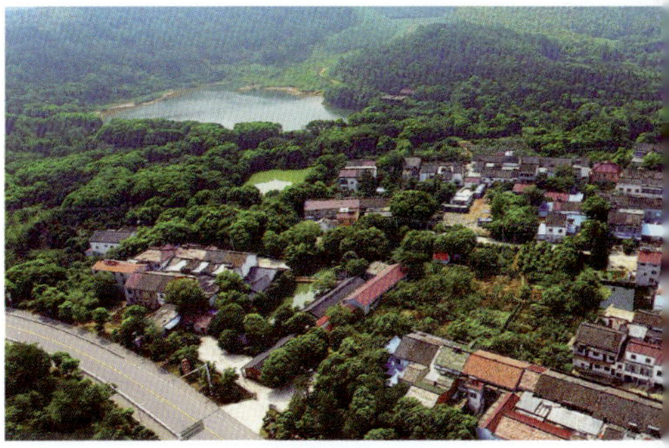

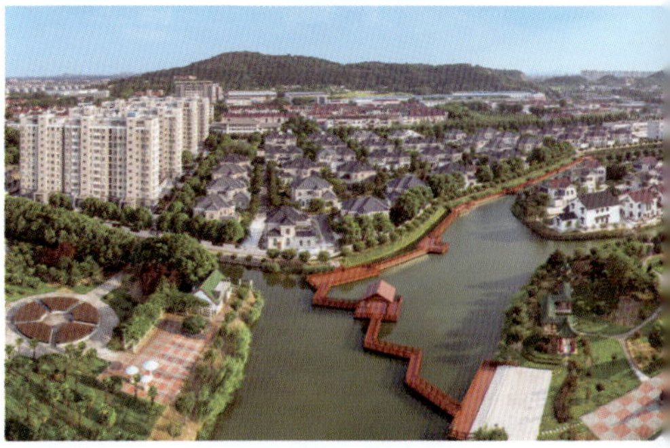

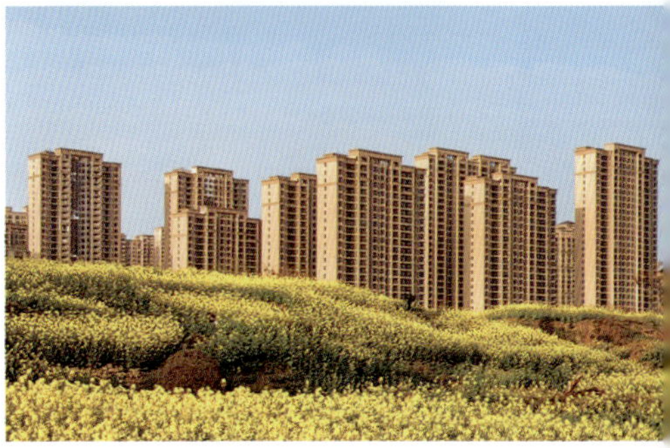

# 武进区主要机构全称、简称对照表

| 全　称 | 简　称 | 全　称 | 简　称 |
|---|---|---|---|
| 中共常州市武进区委员会 | 区委 | 常州市武进区文体广电和旅游局 | 区文体广旅局 |
| 常州市武进区人民代表大会常务委员会 | 区人大常委会 | 常州市武进区卫生健康局 | 区卫健局 |
| 常州市武进区人民政府 | 区政府 | 常州市武进区市场监督管理局 | 区市场监管局 |
| 政协常州市武进区委员会 | 区政协 | 常州市武进区地方金融监督管理局 | 区金融监管局 |
| 中共常州市武进区纪律检查委员会 | 区纪委 | 常州市武进区生态文明建设办公室 | 区生态办 |
| 常州市武进区监察委员会 | 区监委 | 常州市自然资源和规划局武进分局 | 武进自然资源和规划分局 |
| 中共常州市武进区委办公室 | 区委办 | 国家税务总局常州市武进区税务局 | 区税务局 |
| 常州市武进区人大常委会办公室 | 区人大办 | 中国人民银行常州市武进支行 | 人民银行武进支行 |
| 常州市武进区政府办公室 | 区政府办 | 共青团常州市武进区委员会 | 团区委 |
| 政协常州市武进区委员会办公室 | 区政协办 | 常州市武进区妇女联合会 | 区妇联 |
| 常州市武进区人民武装部 | 区人武部 | 常州市武进区科学技术协会 | 区科协 |
| 常州市武进区人民法院 | 区法院 | 常州市武进区文学艺术界联合会 | 区文联 |
| 常州市武进区人民检察院 | 区检察院 | 常州市武进区工商业联合会 | 区工商联 |
| 中共常州市武进区委组织部 | 区委组织部 | 常州市武进区残疾人联合会 | 区残联 |
| 中共常州市武进区委宣传部 | 区委宣传部 | 武进区关心下一代工作委员会 | 区关工委 |
| 中共常州市武进区委统一战线工作部 | 区委统战部 | 中共江苏常州经济开发区工作委员会 | 常州经开区党工委 |
| 中共常州市武进区委政法委员会 | 区委政法委 | 江苏常州经济开发区管理委员会 | 常州经开区管委会 |
| 中共常州市武进区委网络安全和信息化委员会办公室 | 区委网信办 | 中共武进高新技术产业开发区工作委员会 | 武进高新区党工委 |
| | | 武进高新技术产业开发区管理委员会 | 武进高新区管委会 |
| 常州市武进区委机构编制委员会办公室 | 区委编办 | 中共常州西太湖科技产业园（江苏武进经济开发区）工作委员会 | 西太湖科技产业园（武进经发区）党工委 |
| 中共常州市武进区委巡察工作办公室 | 区委巡察办 | | |
| 中共常州市武进区委老干部局 | 区委老干部局 | 常州西太湖科技产业园（江苏武进经济开发区）管理委员会 | 西太湖科技产业园（武进经发区）管委会 |
| 常州市武进区档案馆 | 区档案馆 | | |
| 中共常州市武进区委党史工作委员会 | 区委党史工委 | 中共常州市武进绿色建筑产业集聚示范区工作委员会 | 武进绿建区党工委 |
| 常州市武进区地方志办公室 | 区地方志办 | | |
| 常州市武进区融媒体中心 | 区融媒体中心 | 武进绿色建筑产业集聚示范区管理委员会 | 武进绿建区管委会 |
| 常州市武进区发展和改革局 | 区发改局 | 中国国民党革命委员会武进区基层委员会 | 民革武进区基层委员会 |
| 常州市武进区科学技术局 | 区科技局 | 中国民主同盟武进区基层委员会 | 民盟武进区基层委员会 |
| 常州市武进区工业和信息化局 | 区工信局 | 中国民主建国会武进区基层委员会 | 民建武进区基层委员会 |
| 常州市公安局武进分局 | 武进公安分局 | 中国民主促进会武进区基层委员会 | 民进武进区基层委员会 |
| 常州市武进区人力资源和社会保障局 | 区人社局 | 中国农工民主党武进区委员会 | 农工民主党武进区委 |
| 常州市武进区住房和城乡建设局 | 区住建局 | 中国致公党武进区基层委员会 | 致公党武进区基层委员会 |
| 常州市武进区城市管理局 | 区城管局 | | |

# 编辑说明

1.《武进年鉴》以马克思列宁主义、毛泽东思想、邓小平理论、“三个代表”重要思想、科学发展观、习近平新时代中国特色社会主义思想为指导，坚持辩证唯物主义和历史唯物主义的立场、观点和方法。其宗旨是全面、客观、系统地记述年度武进地区自然、政治、经济、文化、社会等方面基本情况和发展状况，为决策者提供参考依据，为社会多层面提供资讯。

2.《武进年鉴》是由中共武进区委、武进区人民政府主管，区委党史工委、区地方志办公室主办，有关部门共同参与编纂的年度资料性文献，创刊于1988年，逐年出版发行。

3.《武进年鉴》采用分类编辑法，主体内容分为类目、分目、条目3个层次，部分信息资料较少的行（事）业合设一个类目，部分分目设子分目，条目为记述内容的主要形式。《武进年鉴（2021）》卷首设“图片专辑”，有类目34个、分目（子分目）221个，收录条目1110个、照片265幅（随文照片198幅）、表格102个、图表1个。

4.《武进年鉴（2021）》“人物”类目设“新任区级领导”“全国先进个人”“新闻人物”分目。“新任区级领导”收录2020年3月31日至2021年4月30日任职的武进区委、人大、政府、政协领导。“组织机构与负责人名录”收录时间下限为2021年4月30日。为记述方便，设“武进区主要机构全称、简称对照表”。

5.《武进年鉴（2021）》稿件、资料均由区各级、各部门和驻武进单位提供，部门和单位负责人审稿，经《武进年鉴》编纂委员会和区委保密委员会办公室审核。全书采用法定计量单位，由区统计局提供，地区生产总值、增加值、工农业产值（除注明者外）均按当年价计值。因统计口径原因，年鉴供稿单位提供的个别数据与区统计部门的统计数据或不一致。

6.《武进年鉴（2021）》配备多重检索系统，卷首有内文总目和目录、类目、分目、子目中英文对照目录，卷中有部分条目横向参见，卷末有条目主题、表格、随文图片、人名、书名索引。为方便读者阅读，编者制作掌上《武进年鉴（2021）》，全书文字和图片链接武进区人民政府网站（网址：www.wj.gov.cn）发布。

# 内文总目

# 目　录

# Contents

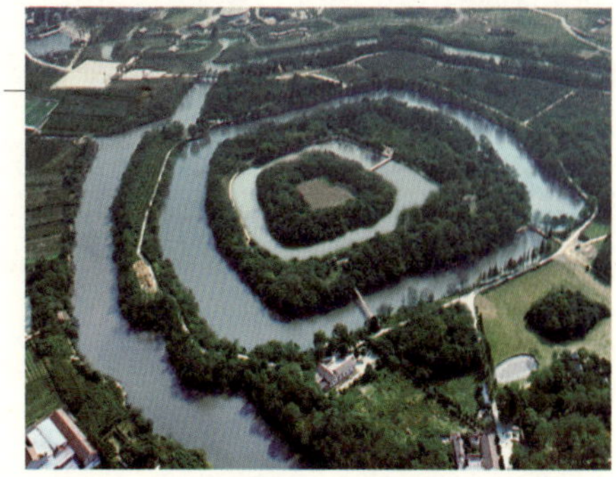

## 图片专辑

## Photo Album



## 专　记

## Special Records



## 大事记

## Chronicle of Main Events



## 区情概览

## An Overview of the Situation

## 中共常州市武进区委

**CPC Committee of Wujin District of Changzhou**

## 常州市武进区人大
## People's Congress of Wujin District of Changzhou



## 常州市武进区政府
## People's Government of Wujin District of Changzhou

## 常州市武进区政协

## Chinese People's Political Consultative Conference in Wujin District, Changzhou



## 常州市武进区纪委监委

## Supervisor Committee of Commission for Discipline Inspection of Wujin District of Changzhou



## 民主党派 · 党外知识分子联谊会 · 工商联

## Democratic Parties · Friendship Association of Non-party Intellectual · The Association of Industry and Commerce

# 群众团体

## Mass Organizations



# 法 治

## Rule of Law

## 军　事
## Military



## 产业园区
## Industrial Parks

# 农 业

## Agriculture



# 工 业

## Industry

## 商贸服务业
## Commercial and Trade Service Industry

## 对外及港澳台经济合作

## External Economic Co-operation with Hong Kong, Macao and Taiwan



## 旅游业

## Tourism

## 金融业
## Financial Industry



## 城乡发展
## Urban and Rural Development

## 交通 · 水利

## Transportations · Water Conservancy



## 生态环境

## Natural Environment

## 信息化建设

## Information Construction



## 经济管理

## Economic Management

## 科技创新

## Scientific and Technological Innovation

## 教 育
## Education

## 文 化
## Culture



## 体 育
## Sports

## 卫生健康

**Hygiene and Health**



## 社会生活

**Social Life**

## 应急管理

## Emergency Management



## 镇·街道

## Towns & Sub-district Offices

## 人物 · 荣誉栏
## Figures · Honor List

## 附　录
## Appendix



## 索　引
## Index

# 专　记

## Special Records

栏目编辑　万向阳

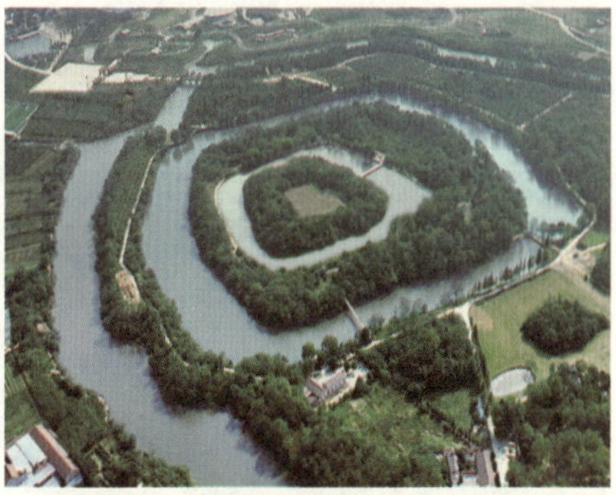

### 全面深化改革

**【概况】** 2020年是全面建成小康社会和“十三五”规划收官之年，也是全面贯彻落实中共十九届五中全会精神开局之年，武进区深入贯彻落实中央和省、市关于全面深化改革的决策部署，紧扣中心工作，围绕建好“五个生态”（政治生态、产业生态、自然生态、城市生态、社会生态）、打造“一区一城”（生态滨湖区、现代智造城），深入推进“上级有要求、发展有需要、百姓有期盼”的改革项目。全区各级、各部门按照《中共常州市武进区委全面深化改革委员会2020年工作要点》《武进区贯彻落实党的十九大报告重要改革举措实施方案(2018—2022年)》以及专项改革工作方案，在“五个生态”领域开展自主改革探索，有效化解发展难题，取得阶段性成效。国家双创示范基地建设成效明显，武进区在“中国城区高质量发展水平百强”榜单中位列全国第11位、全省第1位；武进高新区获评2020年省级优秀双创示范基地。深化新时代“两个健康”先行区创建的调研成果被中央统战部《调研参考》刊登，并得到全国政协副主席高云龙批示肯定。

（王　斌）

**【新一轮农村宅基地制度改革试点】** 9月，武进区入选全国新一轮农村宅基地制度改革试点地区，试点期限为2020—2022年。武进区在巩固利用前期宅基地改革成果的基础上，按照中央办公厅、国务院办公厅《深化农村宅基地制度改革试点方案》要求，结合实际，完成《农村宅基地制度改革试验实施方案》编制和申报工作，重点围绕“确保宅基地所有权行使，完善宅基地资格权保障机制、宅基地有偿使用机制，探索宅基地流转制度与自愿有偿退出机制、宅基地使用权抵押制度，完善宅基地审批制度，健全宅基地信息化管理机制”等8个方面内容的开展改革试点，于7月先后出台《农村宅基地资格权认定保障管理暂行办法》《农村宅基地有偿使用、有偿退出管理办法（试行）》，按照中农办、农业农村部要求，在全国率先设计开发集“宅基地所有权、资格权、使用权基础数据管理、宅基地审批办理、违法执法管理、数据共享发布”六大功能于一体的农村宅基地综合管理信息系统，创新建立宅基地和建房线上审批制度，依托网格化管理资源建立宅基地协管员制度，成功申报全国宅基地制度改革农民自建区建设管理制度拓展性试验任务，高标准完成“农村宅基地管理制度改革试点”中期评估。年内，全区（含常州经开区）宅基地农户库内资格权20.7万户、61.6万人；涉农的9个镇已规划农民自建区35个，累计建成农民自建区15个，建筑面积约110万平方米，受益农户近1500户。

（陈柯宇）

**【国家双创示范基地建设】** 2020年，武进区作为全国首批双创示范基地（2016年5月获批），结合苏南模式转型升级试

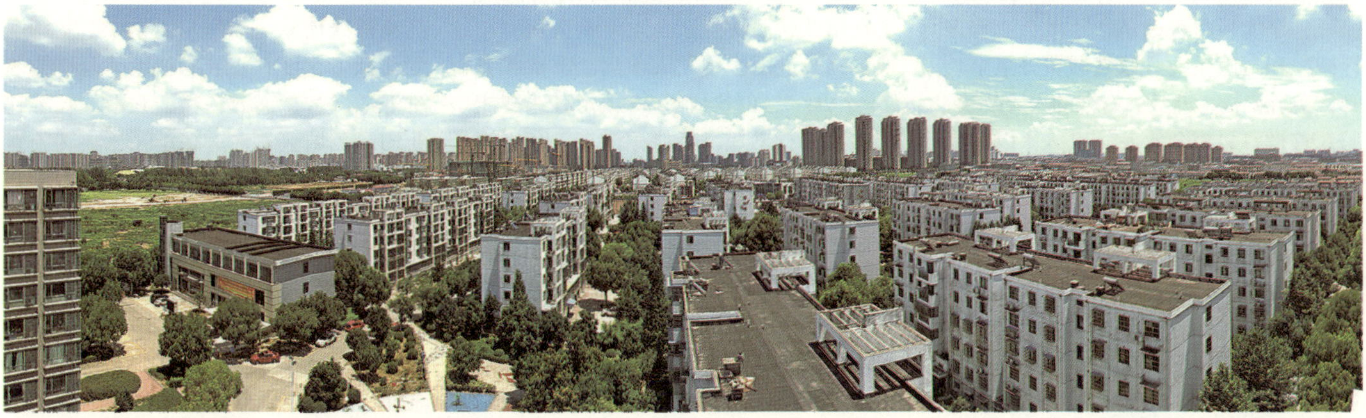

晓柳花苑安置区　　（供图/区融媒体中心）

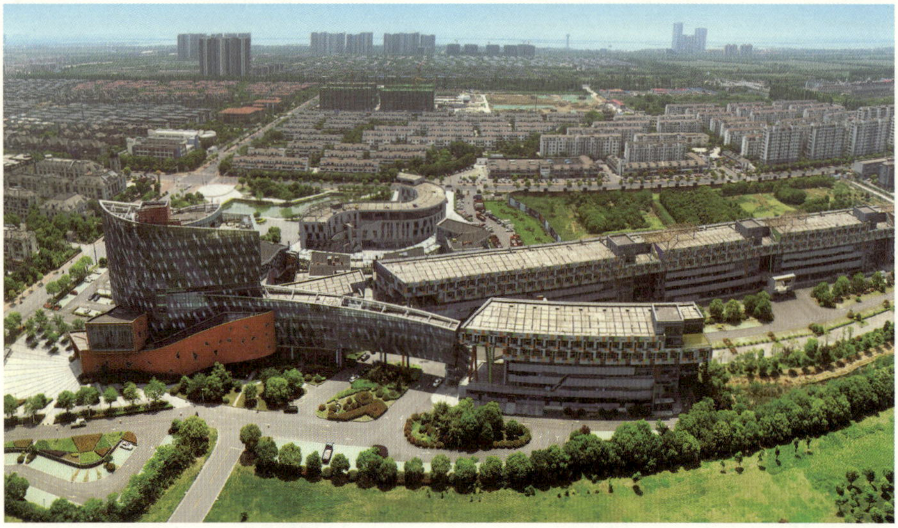

常州西太湖科技产业园　　（供图 / 区融媒体中心）

验区建设，探索形成以“创新＋资本＋开放＋人才＋融合”为主要特征的“新苏南模式”。融入长三角区域一体化发展，与沪、苏、浙、皖四地25家双创示范基地共同发起创建长三角双创示范基地联盟，推行的“长三角双创示范基地联盟双创券”列入《长江三角洲城市经济协调会2020年度工作计划》，与上海市杨浦区、浙江省嘉兴市南湖区、安徽省合肥高新区联合开展长三角联盟双创券通用通兑试点。至年末，武进服务机构企业入库数量占双创券平台全部入库机构的30%，国家双创示范基地建设在2019年双创示范基地评估中位列全国第5位、全省第1位。推进双创服务体系建设，深化“放管服”改革，开展网上办、预约办、代帮办等服务，推出企业全生命周期高频“一件事”套餐办，推行工业项目“标准地＋承诺制”制度，促进企业创新创业。设立双创人才专项基金等政府引导基金，为创新创业提供金融支持。建设产业支撑体系，落实增值税、个人所得税改革、小微企业普惠性减税和行政事业性收费减免等惠企政策，实行积极、开放、有效的人才政策，聘任首批“引才合伙人”12人。以色列江苏创新中心在特拉维夫运营，成为省级离岸创新平台和海外人才离岸双创基地，中德创新园、苏澳合作园区等双创平台加速形成。推进双创能力体系建设，培育创新型企业，至年末，全区有规模以上工业企业近1900家、高新技术企业716家、隐形冠军企业近百家和制造业单项冠军企业8家、省级专精特新“小巨人”企业43家；有常州科教城、武进高新区、中车戚墅堰机车车辆工艺研究所（简称“中车戚研所”）、常州西太湖科技产业园、常州工程职业技术学院、常州轻工职业技术学院6个省级双创示范基地，位列全省县区级第一，其中常州科教城、武进高新区、中车戚研所获评2020年省级优秀双创示范基地。

（陈　露　王　斌）

**【新时代“两个健康”先行区创建】** 武进区从2019年5月在全省率先开展新时代“两个健康”（非公有制经济健康发展和非公有制经济人士健康成长）先行区创建工作，出台新时代“两个健康”先行区创建总体方案、实施意见和惠企政策，探索建立新时代“两个健康”评价指标体系，组织实施“政治领航、区域强磁、产业跃升、服务提质、法治护航”五大工程12项行动，成立民营企业服务中心，在科技创新、要素供给、营商环境等方面有效解决制约民营经济发展的痛点、堵点和难点，形成“标准地＋承诺制”“非武不栖、进无止境”人才周、审批服务“十个办”等创建成果35项，打造智能机器人、石墨烯、新能源汽车、医疗健康等特色产业品牌，培育一支扎根实业、勇争一流、胸怀大爱的企业家队伍。武进区2020年1月被省委统战部、省工商联确定为新时代“两个健康”先行区试点单位，《“两个健康”先行探索的“苏南模式”及其创新价值——以江苏省常州市及武进区为例》调研成果在中央统战部《调研参考》上刊发，得到全国政协副主席高云龙批示肯定，并获全国统战理论政策研究创新成果三等奖。

**【自主改革探索】** 2020年，武进区围绕经济社会发展过程中存在的突出问题，在政治生态、产业生态、自然生态、城市生态、社会生态领域开展一系列自主改革探索，进一步补短板、创特色、增优势，有效化解发展难题。

政治生态领域自主改革　探索搭建“有事好商量”议事协商平台，推动政协协商与基层协商有效衔接，实现“平台建设、委员参与、活动开展、成果转化”四个100%，相关改革经验被《人民政协报》、人民政协网、《新华日报》等媒体报道推广。深入推进国有企事业单位纪检监察体制改革，出台《关于深化常州市武进区纪委监委派驻机构改革的实施意见》《关于推进区属国有企业纪检监察体制改革的实施方案》等文件，实施“纪委书记＋监察专员”的改革模式，推进全面从严治党向纵深发展，营造风清气正的政治生态。

产业生态领域自主改革　深化“放管服”改革，在全省率先试行工程建设项目“标准地＋承诺制”审批改革，明确20类工业项目硬性指标，推行并联审批、容缺预审、信用承诺、区域评估等制度，简化优化审批流程，确保“拿地即开工”，助力新建项目建设“加速跑”。开展“绿荷”知识产权强企行动，举办“知识产权质押融资、知识产权项目申报”“企业知识产权管理”等知识产权云培训系列课程8期，组织专家走访服务重点企业10多家，申报省、市知识产权战略推进项目近40项，推动保护知识产权工作走深走实。

自然生态领域自主改革　集中开展高品质绿色建筑项目示范建设，在总规划面积1.5平方千米的创建区内打造健康舒适、智慧高效、和谐共享、宜居宜业的绿色城区，武进绿建区创成江苏省首批绿色城区示范区。推进全区污水处理厂网站一体化特许经营项目，于1月6日签约落地，并在此基础上推进增量支管网经营权转让、存量市政管网现状移交管护，完成湟里、嘉泽等7个乡镇污水管网590千米和泵站33个的移交工作，基本落实一体化管护，进一步完善排水信息一张网。

城市生态领域自主改革　结合武进实际，针对新时代文明实践中心建设难点，探索形成“四五六”（四个起来：志愿服务实起来、基层理论传播活起来、精神生活文化富起来、美丽乡村建设靓起来；五个内容：学习实践科学理论、宣传宣讲党的政策、培育践行主流价值、丰富活跃文化生活、持续深入移风易俗；六支骨干队伍：青年公益、农技推广、文化宣传、教育关爱、医疗健康、平安法治）文明实践推进模式，相关经验做法得到中宣部宣教局、省委宣传部等领导肯定。推进《武进区国土空间规划（2020—2035）》编制工作，组建高水平技术团队，由南京大学、常州市规划设计院等单位组成联合体，初步绘就武进区“一张蓝图”。

社会生态领域自主改革　打造群租房安全管理新模式，编纂《群租房整治政策法律汇编》，科学制定隐患目录和整治标准，研发应用线上管理系统和专属App，实现全区群租房火灾警情同比下降80%，治安、刑事案件数量同比下降75%。推动网格集成管理质效提升，实施网格“三五”工程（工作内容五关注、事项考量五维度、质效评价五清单），出台网格化管理工作考核办法，首创“先锋网格”“蜗牛网格”排名模式，倒逼网格质效提升，事项办结率、联动办结率均达100%。推进公办幼儿园教师“区管园聘”管理体制改革，出台《武进区幼儿园教师员额管理改革的实施细则》，完善管理体制，推动实现“更好的教育”。健全镇级社会组织培育基地服务网络，出台《武进区镇级社会组织培育基地建设资金扶持的实施办法》，明确扶持政策，建成镇级社会组织培育基地9个。

（王　斌）

**【综合行政执法体制改革】**　从2020年5月1日起，武进区在全市率先开展全域镇级综合行政执法体制改革。按照“镇级亟须、易于识别、便于操作”原则，将城管、人社、农业农村、水利、卫健、教育六大领域行政处罚权348项下放各镇、开发区。出台《常州市武进区镇域综合行政执法管理规定（试行）》和《常州市武进区综合行政执法联席会议细则》，厘清综合行政执法工作权责关系，建立联席会议、培训指导、信息共享、保障监督等制度。区城管、人社等9个区级执法部门与镇政府、开发区管委会制定执法协作规定。推动执法资源下沉基层一线，将244名区级行政执法人员派驻各镇、开发区，执法车辆、执法装备同步下沉，实行“一支队伍管执法”。率先在全市出台制度统一镇域综合执法队伍标志标识和制服，提升执法队伍形象。编制综合行政执法手册，规范执法用章，统一执法文书，促进执法精细化管理。围绕“一专多能”岗位要求，组织镇域综合行政执法专项培训5场次。11月，武进区镇域综合行政执法工作通过省、市评估验收。

（王　煜）

**【基层整合审批服务执法力量改革】**　2020年，区委编办根据《常州市武进区推进基层整合审批服务执法力量的实施方案》，推行“1+4”改革举措，“1”即加强党的全面领导，“4”即推进审批服务一窗口、综合执法一队伍、基层治理一网格、指挥调度一中心建设，形成“集中高效审批、强化监管服务、综合行政执法”的基层治理结构。镇（街道）大体按照“一办七局”模式设置职能机构，“一办”即办公室（挂“党建工作办公室”“综合指挥中心”牌子），“七局”即行政审批局（挂“社会事业局”“为民服务中心”“退役军人服务站”牌子）、综合行政执法局、政法和社会综合治理局（挂“司法所”牌子）、经济发展局（挂“应急管理和生态环境保护办公室”牌子）、建设局、农村工作局、财政和资产管理局。其中，南夏墅、西湖街道分别按照“一办六局”“一办五局”设置；嘉泽镇人民政府与武进现代农业产业园区管理办公室实行“区政合一”，在“一办七局”基础上增加园区管理局、投资促进局。各镇（街道）原有事业单位整合设置为综合保障中心，机构规格为副科级。推动区级资源力量有序下沉，各镇（街道）有效承接审批服务事项97项、行政处罚事项348项，形成属地管理事项清单82项。搭建一体化运行平台，推进网格化管理、综合执法、“12345”政务服务等信息平台功能整合并入，接入OA办公平台和社会治安端口。明确经济发达镇雪堰镇党委书记、人大主席、镇长3名领导职数为副处级，雪堰、湟里两镇职能机构综合指挥中心主任、行政审批局局长、综合行政执法局局长职数为副科级。

（陈　渊）

## “六提”工程实施

**【概况】**　2020年，按照武进区“六提”工程实施方案，全区以新发展理念为引领，以转型裂变为目标，对标一流争先进位，加力建设生态滨湖区、现代智造城（“一区一城”），稳步实施重大项目提质、重点平台提档、镇村活力提振、生态环境提优、民生幸福提标、营商环境提升“六提”工程，确保高水平全面建成小康社会和“十三五”规划圆满收官，推动“强富美高”新武进建设取得新的成果。全区累计完成区级重点项目投资368亿元，如期竣工项目121个。武进高新区芯片产业有效突破，获批设立国家级海智基地——中国科协海智计划江苏常州（武进国家高新技术产业开发区）工作基地；西太湖科技产业园互联网产业园获批省级生产性服务业集聚示范区，石墨烯小镇入选“第二轮全国特色小镇典型经验”名单；中以常州创新园4家以色列企业通过“共建计划”审核，引进以色列元素项目39个；苏澳合作成效显现，合作项目签约3个；武进绿建区获批江苏省首批绿色城区示范区，中欧（常州）绿色创新园揭牌成立。全区入选江苏省传统村落7个、江苏省特色田园乡村面上创建村3个。省级生态保护引领区创建各项任务圆满完成，农村分散式生活污水处理二期项目建成投运，创成国家森林乡村10个。重点民生实事项目高质量完成，新增城镇就业3.2万人，创业带动就业2.6万人。政商交往“正面清单”“负面清单”和“五清民企建设引导清单”建立健全，企业开办登记、工程项目施工许可效率全面提高。

**【重大项目提质工程】**　2020年，围绕产业升级，武进区开展“重大项目强化攻坚年”活动，推进重大项目招引、建设，完善重大项目管理，提升项目招引质效。全年引进总投资3亿元以上项目50个，承芯化合物半导体、理想汽车改扩建、格林保尔单晶电池片、长海玻纤复合材料、移远通信模组制造基地、中汽常州检验中心等重大项目相继落户；区级重点项目累计完成投资368亿元，如期竣工项目121个；实际到账外资及港澳台资8.1亿美元，完成进出口总额830亿元。龙城金谷南区建设启动，集聚基金等金融、类金融机构超300家，管理资产规模超250亿元。

**【重点平台提档工程】** 2020年，武进区突出创新变革，进一步完善开发区功能布局，提升配套水平，凸显特色平台建设优势。常州经开区全面开启建设“先进制造业集聚区、产城融合样板区、生态宜居示范区、改革创新引领区”新征程，在全省省级经济开发区综合排名中列第6位；武进高新区智电汽车、机器人产业彰显，芯片产业有效突破，获批设立国家级海智基地——中国科协海智计划江苏常州（武进国家高新技术产业开发区）工作基地。西太湖科技产业园互联网产业园获批省级生产性服务业集聚示范区，石墨烯小镇入选国家发展改革委“第二轮全国特色小镇典型经验”名单。中以常州创新园知名度、影响力持续提升，省中以产业技术研究院建设加快，4家以色列企业通过“共建计划”审核，引进以色列元素项目39个。苏澳合作成效显现，苏澳融资租赁公司设立，苏澳合作项目签约3个。武进绿建区获批江苏省首批绿色城区示范区，中欧（常州）绿色创新园揭牌成立。

**【镇村活力提振工程】** 2020年，武进区深入实施乡村振兴战略，建立健全相关政策体系，突出合力共进，激发乡村发展活力。推动镇级工业园区转型升级，有效提升土地使用效益，全年盘活存量建设用地666.67公顷，低效用地再开发600公顷，武进区获评江苏国土资源节约集约利用资金奖励县（市、区）。推进农业现代化发展，“礼嘉”葡萄获得国家地理标志证明商标专用权，江苏立华牧业股份有限公司获评全国农业产业化龙头企业，江苏（武进）水稻研究所创造粳稻新品种评审新纪录，武进区创成全省粮食生产全程机械化示范区。“万企联万村、共走振兴路”行动启动实施，136个行政村与企业开展合作联建，农村产权交易额位居全省第一。农村人居环境整治三年行动圆满收官，新一轮精品美丽乡村建设启动，湟里镇西墅村、嘉泽镇跃进村市级美丽乡村示范项目建成并揭牌，雪堰镇城西村获评全国美丽休闲乡村称号，前黄镇杨桥村入选中国历史文化名村，全区美丽宜居乡村与规划发展村庄的比例达80%。乡村治理能力提升，全区村书记、主任一肩挑超过95%，新时代文明实践中心及所（站）机构初步建立并有效运行，治安防控体系全面升级，群众安全感达99.33%，列全市第一、全省前茅。

**【生态环境提优工程】** 2020年，武进区把生态环境作为最大民生关切，深入实施碧水、蓝天、净土提优工程，圆满完成“生态保护引领区”创建各项任务。全区空气优良天数较2019年增加47天，$PM_{2.5}$浓度下降13.8%。国、省考断面Ⅲ类水体比例达75%，太湖连续13年实现安全度夏。长江流域重点水域禁捕退捕任务全面完成，滆湖退田还湖二期工程全面启动，以渔控藻生态修复工程加速推进，城镇污水提质增效“333”行动（“三消除”：消除黑臭水体、污水直排口、空白区；“三整治”：工业企业、“小散乱”、阳台和单位庭院排水整治；“三提升”：提升城镇污水处理厂综合能力、提升新建管网质量管控水平、提升管网检测修复和养护管理水平）有序开展，农村分散式生活污水处理PPP项目建成投运，武南污水处理二厂一期和湟里、漕桥污水处理厂扩建项目持续推进，永安河入选全省生态河道建设示范样板。垃圾收运处置体系持续完善，区级垃圾分类物资回收利用中心和园林绿化垃圾处置中心建成运行，光大环保能源项目成为国内首座“邻利型”垃圾发电厂。全区新增成片造林面积207.67公顷，创成国家森林乡村10个。中央、省级环保督察交办信访问题整改全部完成，长江经济带生态环境突出问题“环太湖三公里水产养殖整治”完成并通过省、市验收。

**【民生幸福提标工程】** 2020年，武进区坚持以民为本，增进民生福祉，增强人民群众获得感。把公共服务作为最大民生普惠，高质量完成区级重点民生实事项目20项。提升教育整体水平，省武高新校区和人民路初中、新横林小学等项目建成投用，增加学位供给8100余个。常州大学西太湖校区竣工投用，西太湖外国语学校、华东师范大学附属西太湖学校、江苏理工学院新校区落户，简易托幼机构整治完成。加大文体惠民力度，成立区融媒体中心，启动春秋淹城遗址公园改造提升工程，实现“10分钟体育健身圈”全覆盖，全国女子曲棍球锦标赛、西太湖半程马拉松赛等成功举办。首创长期护理保险试点医养结合家庭病床机制，基本医疗保险和生育保险与市级全面并轨。丰富医疗卫生资源，常州市第八人民医院、徐州医科大学武进临床学院挂牌成立，武进中医院通过三级乙等评审，新（改、扩）建村级医疗卫生机构14家。镇（街道）居家养老服务中心站基本建成，护理型床位占养老机构床位的比重达66.9%。新建千万、百万光彩基金17个，到账资金3740万

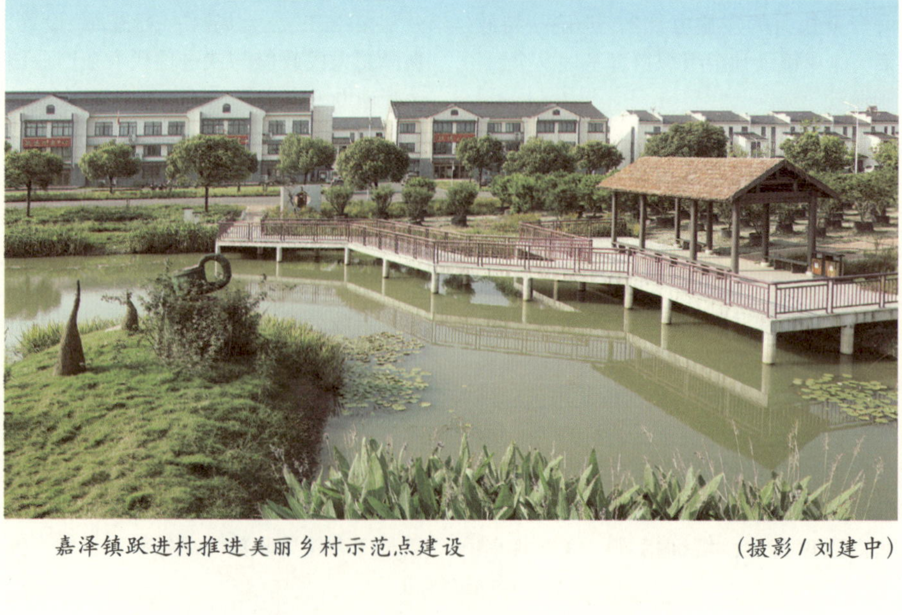

嘉泽镇跃进村推进美丽乡村示范点建设 （摄影/刘建中）

元，实施惠民项目268个。“保就业”“保民生”取得实效，新增城镇就业3.2万人，创业带动就业2.6万人，登记失业率1.68%，“戎创武进”服务品牌得到退役军人事务部部长批示肯定。全年发放慈善救助资金、社会公益事业补助资金5000余万元，惠及群众超2万人次。

【营商环境提升工程】 2020年，武进区突出行政效能优化，实施营商环境提升工程，于5月成立“打造一流营商环境”专班，完善工作推进机制，构建市场化、法治化、国际化营商环境新格局。以企业需求为导向，围绕行政审批全程提速、政务服务全线通办、产业生态全域优化、执法改革全面深化、城市品质全力提升五项工作目标，实施提高企业开办效率、优化工程审批流程、优化不动产登记服务等20项重点工作、42项目标任务，优化全区营商环境。持续简化企业开办手续，基本实现开办全流程“1.5个工作日常态化、0.5个工作日最优化”目标。整合工程建设项目审批服务窗口，在区政务服务中心按立项用地、工程规划许可、施工许可、竣工验收四个阶段设置综合服务窗口，提升建筑许可和竣工验收效率。开设不动产登记“综合受理窗口”，“融E办”全面上线，实现一窗通办。优化金融保障能力，利用省综合金融服务平台和苏微贷、苏科贷、小微创业贷等金融产品，帮助企业解决需求2123个，融资金额74.71亿元。建立健全市场监管工作机制，规范和开展涉企检查活动，减少对市场主体的干扰。“武进惠企政策一号通”微信公众号于3月运行，年内入库各类惠企政策300余项，推送政策信息200余条。落实国家、省、市各项价费政策，全年降低企业水、电、气成本4.8亿元。成立民营企业服务中心，建立政商交往“正面清单”“负面清单”和“五清民企建设引导清单”。企业开办登记、工程项目施工许可效率全面提高，60个重点事项实现“一件事”套餐办，“智慧公积金”体系建设完善。镇（街道）行政审批局挂牌运行，113个区级政务服务事项下沉办理。推广工业用地使用权先租后让、弹性出让模式，在全市率先开展工业项目“标准地＋承诺制”改革试点。深化土地改革，推进房地一体农村不动产登记发证工作，“交房（地）即发证”管理模式全面推广。农村集体产权制度改革基本完成，新一轮农村宅基地制度改革国家试点全面启动。推进区域社会治理现代化，全面升级治安防控体系，网格化管理日均流转事项5000余件，群租房安全管理“武进模式”得到省、市肯定，群众安全感达99.33%，列全市第一、全省前茅。

（沈　杨）

## 抗击新冠肺炎疫情行动

【概况】 2020年年初，面对突如其来的新冠肺炎疫情（简称“新冠疫情”），武进区坚持人民至上、生命至上，严格按照中央和省、市部署要求，迅速启动公共卫生事件一级响应，成立新冠肺炎疫情防控应急指挥部（简称“疫情防控指挥部”），下设综合协调组、交通管控组、社会防控组、疫情监控组等7个组（后调整为11个工作组），及时制定、动态调整防控策略，凝聚抗击新冠肺炎疫情（简称“抗疫”）的强大合力，打好抗疫措施组合拳，奋力实现疫情防控和经济社会发展“双战双赢”。新冠疫情发生伊始，坚持“外防输入、内防扩散”，持续强化联防联控、群防群控，实施“点对点”全程闭环转运1787人，滚动排查38.6万人次，集中隔离3946人，居家隔离2.8万人，核酸检测12.7万人次，2月下旬本地确诊病例迅速“清零”，实现患者“零死亡”、医护人员“零感染”。组织15名医护人员逆行出征、支援武汉，重点企业持续提高防疫物资生产能力，支持疫情防控大局。疫情形势稳定好转后，坚持“外防输入、内防反弹”，抓好常态化疫情防控，制定农贸市场、工业企业等7类场所卫生防疫指南，全链条监管进口冷链食品。有序推进企业复工复产，及时推出用工稳岗补贴、便民利企“十办”服务等惠企政策，累计安排“复工直通车”93辆，疫情因素减税降费36.9亿元。开展中小学在线网课教育，所有学校实现分批、安全复课复学。年内，区卫健局、横林镇和9名个人分获全省抗击新冠肺炎疫情先进集体、先进个人。

【新冠肺炎疫情防控】 2020年，武进区全面落实“外防输入、内防反弹”的总体防控策略，坚持及时发现、快速处置、精准管控、有效救治，有力保障人民群众生命安全和身体健康。

*精准管控* 在疫情初起，区卫健局作为区疫情防控指挥部的驻点单位，充分发挥专业特长，积极参与综合协调，强化疫情形势研判，当好联防联控参谋，为区委、区政府决策提供支持。调集全系统医疗资源，取消春节休假，第一时间投入战时状态，全力投身到疫情防控、社区防控、交通管控、物资保障等11个防控工作，全方位保障疫情防控工作有序开展。1月26日至2月23日，联合交通、公安等部门精准开展疫情排查，在沪武高速（G4211）常州南、S239省道湟里收费站等点位设置区级卡口8个和镇级卡口40余个，在乡村道路、小区入口等重点局域设立交通卡口1044个，

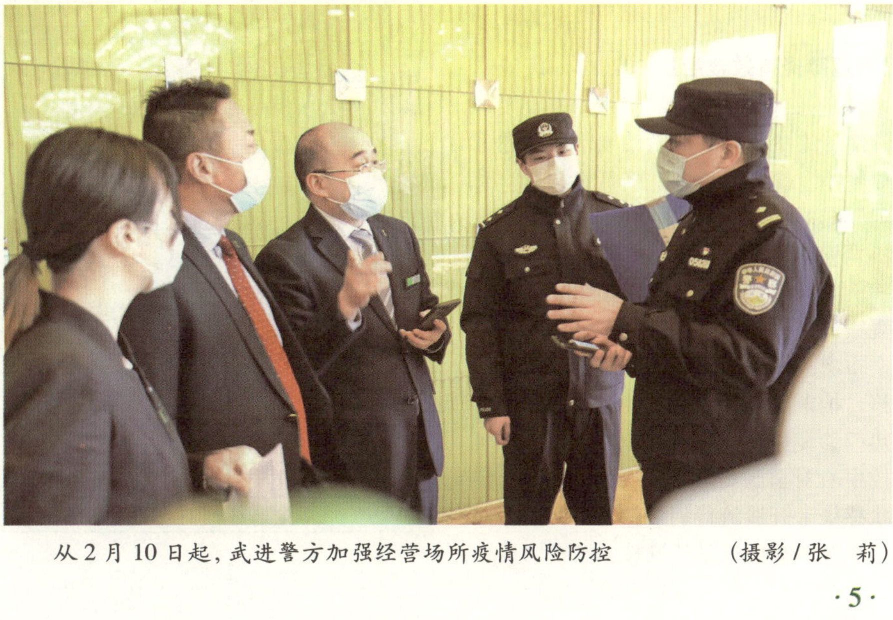

从2月10日起，武进警方加强经营场所疫情风险防控　（摄影/张　莉）

区级卡口累计检测车辆18.3万辆、人数37.8万人、劝返车辆1.3万辆、劝返人员2.9万人，镇、村级卡口实行轮班值守做好信息登记、体温测量、人员劝返等工作。区疫情防控和医疗救治组牵头制定农贸市场、工业企业等7类场所疫情防控卫生防疫要求，分类指导相关单位做好疫情防控工作，织密织细疫情防控监测网。

常态化防控　加强重点人员管理，组织基层医务人员发挥“健康守门人”作用，对摸排出的23160名重点人员落实居家隔离观察，集中隔离观察密切接触者和入境人员、国内高中风险地区人员4833人。做好核酸检测工作，按照“人物环境同防”的要求，做好接触进口货物（冷链食品）从业人员及环境监测管理，累计开展核酸检测47.5万人次、冷链食品等样本检测1.6万份。提高核酸检测能力，全区建成核酸检测实验室4个，每日核酸检测最大能力达1.27万人。开展秋冬季疫情防控，选定区级隔离点2个、镇级隔离点9个，可用隔离房间达900间以上；选定核酸采样点234个，设置采样台800个，具备5天完成全区常住人口核酸检测能力；组建100名流调、2000名核酸采样、100名环境消杀、20名心理服务4支应急队伍，组织小规模疫情暴发桌面推演和实战演练，提升应急处置能力。开展对进口冷链食品从业人员、医务人员、隔离场所工作人员、基本社会运行保障人员等11类重点人群的新冠疫苗紧急接种，至年末累计接种新冠疫苗1691人，重点人群接种率52.58%。

**【新冠肺炎有效救治】**　2020年，区卫健系统坚持“集中患者、集中专家、集中资源、集中救治”的救治要求，推进医疗救治，提高收治率，降低感染率。区卫健局采取全面、严格、彻底的防控举措，协调设立4个集中医学隔离点，对确诊病例密切接触者严格落实集中隔离医学观察，坚决遏制疫情扩散蔓延势头。在全市率先落实医疗机构预检分诊关口前移，抽调医疗骨干充实到预检分诊、发热门诊，提高疾病早期识别能力。区疾控中心对全区8例确诊病例及1例无症状感染者开展流行病学调查，根据调查结果开展病例行动轨迹核实和密切接触者摸排339人，协助外省、市、区摸排管理新冠肺炎病例和新冠病毒核酸检测阳性货物的密切接触者及其密切接触者232例。1月20日，全区5家二级以上医院开设发热门诊，严格按照流程开展诊治，到年末累计诊疗发热病人18893人次，对疑似、确诊患者及时送至市定点医院集中收治。1月底至3月，民办个体诊所、门诊部全面停诊。2—6月，武进三院及各医养结合机构实行封闭式管理。有效防止疫情在医疗机构发生，最大限度保障群众就医安全。

**【复工复产落实推进】**　突如其来的新冠肺炎疫情和国际、国内经济形势的变化，不可避免地对经济社会发展造成较大冲击。武进区认真贯彻落实中共中央统筹推进新冠肺炎疫情防控和经济社会发展工作部署会议精神，在确保守住疫情防控成果的同时，危中寻机、聚力攻坚，第一时间推进“科学复工”和“有效复产”。区有关部门及时组织复工服务团队，帮助企业解决防疫物资短缺、产业链供应受阻等现实困难。及时推出用工稳岗补贴等帮扶纾困的惠企政策，千方百计帮助企业稳用工、稳资金、稳运转，累计为企业安排“复工直通车”93辆，因疫情因素减税降费36.9亿元。深化“放管服”改革，推出“马上办、网上办、承诺办、容缺办、简化办、套餐办、预约办、远程办、代帮办、联动办”10项便民利企的高效服务举措，推出企业全生命周期高频“一件事”套餐办，即实现企业从注册到注销全流程套餐化办理，内资企业设立全程电子化登记比例超75%。从2月中旬起，全区企业陆续复工复产。至2月底，全区规模以上企业实现100%复工。二季度，全区经济运行实现逆势上扬，显示出良好的复苏态势。

**【武进15名医护人员驰援湖北武汉】**　1月，在武汉抗击新冠肺炎疫情最危急的时刻，武进区15名白衣战士闻令而动、逆行赴战，先后分三批参加江苏省第二批、第三批援鄂医疗队和国家中医医疗队，千里驰援湖北武汉。在江夏区第一人民医院、江夏区大花山方舱医院和洪山体育中心方舱医院，武进援鄂医护人员冒着被感染的风险，忍受着常人难以想象的工作强度和精神压力，同病毒较量，与时间赛跑，用医者仁心守护生命，以越是艰险越向前的大无畏精神，为人民群众筑起坚固生命防线。自1月28日武进第一批医护人员出征武汉至3月17日15人返回江苏，这批逆行者始终奋战在抗疫斗争第一线，实现住院病人“零死亡”，为打赢湖北保卫战、武汉保卫战贡献“武进力量”。

表1　2020年武进援鄂医护人员一览表

| 姓　名 | 单　位　职　务 | 驰　援　单　位 |
|---|---|---|
| 黄建伟 | 武进人民医院感染疾病科主任、主任医师 | 武汉市江夏区第一人民医院 |
| 徐永谦 | 武进人民医院呼吸内科主治医师 | 武汉市江夏区第一人民医院 |
| 刘淼波 | 武进人民医院重症医学科副护士长、主管护师 | 武汉市江夏区第一人民医院 |
| 杨　益 | 武进人民医院重症医学科护师 | 武汉市江夏区第一人民医院 |
| 蒋心怡 | 武进人民医院呼吸内科护师 | 武汉市江夏区第一人民医院 |
| 张　琍 | 武进人民医院呼吸内科护师 | 武汉市江夏区第一人民医院 |
| 白　琳 | 武进中医医院重症医学科护士长、主管护师 | 武汉市江夏区大花山方舱医院 |
| 赵　艳 | 武进中医医院呼吸科、内分泌科主管护师 | 武汉市江夏区大花山方舱医院 |
| 倪卓旦 | 武进中医医院呼吸科主管护师 | 武汉市江夏区大花山方舱医院 |
| 王　娟 | 武进中医医院重症医学科主管护师 | 武汉市江夏区大花山方舱医院 |
| 李晓宇 | 武进中医医院急诊科护师 | 武汉市江夏区大花山方舱医院 |
| 任志敏 | 武进中医医院神经内科护士 | 武汉市江夏区大花山方舱医院 |
| 孟　雅 | 武进中医医院普外科护师 | 武汉市洪山体育中心方舱医院 |
| 华　茜 | 武进中医医院呼吸科护师 | 武汉市洪山体育中心方舱医院 |
| 裘小凤 | 武进中医医院神经外科护士 | 武汉市洪山体育中心方舱医院 |

（郑冰研）

# 大事记

## Chronicle of Main Events

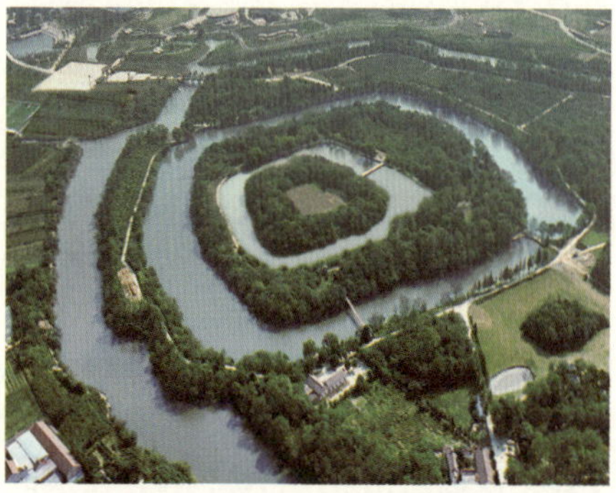

栏目编辑　张怡菁

### 1 月

**2 日**　武进区被农业农村部认定为全国第四批率先基本实现主要农作物生产全程机械化示范县（市、区）。

**3—4 日**　武进区政协十四届四次会议在武进假日酒店会议中心召开。会议审议并通过区政协十四届常委会工作报告、提案工作报告；选举石伟东为区政协主席，蒋红英、郑全伟为区政协副主席。

**4—6 日**　武进区十六届人大四次会议在武进假日酒店会议中心召开。会议审议区政府工作报告、区人大常委会工作报告、区法院工作报告、区检察院工作报告，并通过相应决议；选举江建文为区十六届人大常委会主任，周仲华、周庆中为区十六届人大常委会副主任，唐家中为区监委主任，宋文良为区法院院长。

**7 日**　中南高科 · 常州武进创智云谷项目一期交付投用，入驻精密仪器、智能制造行业领域企业 60 家，入驻率 100%。该项目位于牛塘镇，总用地面积 25.33 公顷，总投资 15 亿元。

**10 日**　武进区首届“十大农产品优选品牌”授牌仪式举行。

**14 日**　中车戚墅堰机车车辆工艺研究所有限公司首席技能专家刘云清、常州力之源劳务资源有限公司技工高海建等 6 人被省政府授予“江苏工匠”称号。

**17 日**　佳辰控股集团有限公司在香港联交所主板挂牌上市，成为全区首家在境外上市的绿色家居企业。

**19 日**　武进高新区在 2019 年度国家高新区综合排名中位列第 39 位，实现连续 3 年位居全国县区国家高新区第一。

**24 日**　武进区召开新冠肺炎疫情防控工作领导小组和防控应急指挥部紧急扩大会议，成立新冠肺炎疫情防控应急指挥部，指导督促各地科学有序做好疫情防控工作。

### 2 月

**7 日**　中天钢铁集团有限公司继 5 日向常州经开区一次性捐助爱心款 1000 万元后，再次捐助 3000 万元，用于抗击新冠肺炎疫情。

**8 日**　东方润安集团有限公司向区红十字会一次性捐赠爱心款 1000 万元，用于新冠肺炎疫情防控。

**是日**　南夏墅街道疫情防控集中隔离点临时党支部成立，成为全区首个集中隔离点临时党支部。

**9 日**　中天钢铁集团有限公司优特钢智造项目入选工业和信息化部“2019 年工业互联网试点示范项目”名单，成为全国钢铁行业首个“5G+ 工业互联网”集成创新应用项目试点示范项目。

**23 日**　经中国小康网发布，武进区位列 2020 中国县域综合实力百强榜第 16 名。

**25 日**　2020 年常州市重大产业项目集中开复工活动暨柳工华东基地大型智能矿山机械项目开工仪式在武进区举行。武进区项目集中开复工 78 个，总投资 768.5 亿元。

**28 日**　中以产业技术创新中心、柳工大中型智能矿山机械项目、太湖水环境综合治理工程、坤泰汽车七速双离合变速箱及核心零部件、哈焊所（华通）海工航天用特种焊材、欣盛高清显示用驱动芯片和常州太阳诱电超薄多层陶瓷电容器项目分别入选江苏省 2020 年重大项目名单和储备项目。

### 3 月

**4 日**　武进区 13 个项目获 2019 年度江苏省科学技术奖，占全市获奖总数的 44.8%。其中一等奖 3 个、二等奖 4 个、三等奖 6 个，获奖项目数创历史新高。

**10 日**　武进区召开“当争一流再出发”动员大会，总结表彰 2019 年经济战线先进单位和先进个人。

**18 日**　武进—蜂巢互联工业互联网创新中心在西太湖科技产业园启动，是全国领先、具备武进产业特色的工业互联网平台。

**30 日**　武进区入选江苏省 2019 年“防范化解金融风险、营造诚实守信金融生态环境、维护良好金融秩序”真抓实干成效明显地区。

**31日** 欢迎武进支援湖北医护人员平安凯旋座谈会举行。武进人民医院和武进中医医院的15名援鄂医护人员受到表彰。

## 4月

**3日** 武进区在中国科协、国家发展改革委发布的《2019年双创示范基地建设与进展情况评估报告》中，位列区域类示范基地（新区、城区、县域）第五位。

**7日** 副省长赵世勇调研武进区农业农村工作，考察夏溪花木市场、嘉泽镇跃进村等地，了解市场经营、复工复产和农村土地制度改革三项试点情况。

**14日** 武进建筑企业承建的常州市反恐维稳综合训练基地教学楼及综合楼、星河国际四期（七区）、武进新城市广场（莱蒙城）5-A组团1#和2#及地下室等7项房屋建筑工程被省住房和城乡建设厅评为2019年度江苏省优质工程奖“扬子杯”奖。

**16日** 武进区西太湖创客工寓、慧创空间（常州）、阿里巴巴创新中心（常州武进）基地、创业邦常州人工智能及机器人众创空间4家众创空间入选科技部2020年度国家备案众创空间名单。

**21日** 省委常委、宣传部部长，省人大常委会副主任、党组副书记王燕文带领省人大常委会调研组调研武进养老服务情况，考察金东方颐养中心，肯定武进变“为民做主”为“由民做主”的民生实事项目人大代表票决制。

**27日** 武进区被省委、省政府评为2019年度推进高质量发展先进县（市、区）。

**是月** 常州西太湖创新产业基地项目落户，由坤鼎投资管理集团股份有限公司投资建设，总投资1亿美元。

**是月** “礼嘉”葡萄被国家知识产权局授予地理标志证明商标专用权，专用权期限为2020年4月7日至2030年4月6日，成为继2009年“阳湖”水蜜桃后的武进第二件地理标志证明商标。

## 5月

**8日** 武进区被省自然资源厅评为2019年度江苏省国土资源节约集约利用综合评价考核资金奖励县（市、区）。

**是日** “中天电运001”成功试航，成为长江流域首艘千吨级纯电动货船。

**15日** 前黄镇寨桥村孙英家庭被全国妇联评为全国抗疫最美家庭。

**19日** 220千伏滆湖变电站全面建成。该变电站由国家电网公司投资约8000万元建设，具备设备状态“全面感知”、倒闸操作“一键顺控”等智慧功能。

**20日** 省委常委、组织部部长郭文奇率省人才办、发展改革委、教育厅、科技厅、财政厅、商务厅等部门负责人在中以常州创新园调研，推进常州中以产业技术创新中心项目。

**是日** 副省长惠建林一行调研武进区外资外贸企业。

**21日** 省人大常委会常务副主任、党组副书记李小敏率调研组调研武进先进制造业发展情况，考察快克智能装备股份有限公司、江苏恒立液压股份有限公司和万帮星星充电科技有限公司。

**23日** 常州大学—西太湖科技产业园全面战略合作协议签约，共建常州大学西太湖碳材料研究院和常州西太湖医学工程高等研究院。

**29日** 武进高新区被省政府评为2019年度省创新绩效突出园区。

## 6月

**2日** 武进区创成国家慢性病综合防控示范区。

**4日** 常州科教城、常州西太湖电子商务产业园和江苏万帮德和新能源科技股份有限公司被省发展改革委分别认定为第五批江苏省生产性服务业集聚示范区、生产性服务业领军企业。

**5日** 副省长马秋林巡查武进区滆湖河长制工作，查看滆湖引繁中心整改项目。

**6日** 海峡两岸（常州）现代农业产业园授牌暨嬉乐湾台湾馆开馆仪式、江苏嬉乐湾第二届杨梅采摘节开幕仪式在嬉乐湾农业示范园举行。台湾特色农产品展示以及嬉乐湾第二届杨梅采摘节持续至16日。

**12日** 省委常委、省纪委书记、省监委代主任王常松在武进区调研，察看新誉集团有限公司、瑞声科技（常州）有限公司、中以常州创新园等。

**是日** 武进区“乡村建设规划许可证”颁发，成为全省首本集体土地入市项目乡村建设规划许可证。

**13日** “文化点亮心灯、文明美好人生”——我们的节日·端午暨武进区首届非遗购物节在淹城仰淹阙广场开幕。该活动以集市形式展现武进传统体育类、餐饮类、医药类优秀非遗作品22个。

**18日** 国家药品监督管理局医疗器械创新江苏服务站西太湖服务点首次线上运行。

**19日** 陕西省委书记、省人大常委会主任胡和平，省委副书记、省长刘国中率党政代表团在武进区考察交流，察看中以常州创新园。

**是日** “书香武进·悦读人生”第三届武进区全民阅读活动暨首届乡村读书节在武进吾悦广场启动，2020年武进区全民阅读系列活动发布。

**23日** 武进区互联网行业党委成立暨“龙城先锋在E线”百日攻坚行动动员大会举行，中共常州市武进区互联网行业委员会、武进区互联网行业党建联盟揭牌成立。

**是日** 江苏万帮德和新能源科技股份有限公司“整配一体化预制式智能充电系统项目”、常州华创航空科技有限公司“直升机传动系统研发及产业化项目”和江苏今创交通设备有限公司“多品种轨道交通关键零部件及门系统智能柔性生产项目”获2020年度省级战略性新兴产业发展专项资金立项。

**26日** 常州石墨烯小镇入选“第二轮全国特色小镇典型经验”案例。

**28日** 武进区召开领导干部会议，宣布省委、市委对武进区领导班子调整的决定。陈志良任中共常州市武进区委员会委员、常委、副书记，武进国家高新技术产业开发区党工委副书记、管委会主任，提名为常州市武进区人民政府区长人选。丁一任中共常州市武进区委员会委员、常委、副书记（正处级）。刘志峰任中共常州市武进区委员会委员、常委，提名为常州市武进区人民政府副区长人选。

**是日** 西太湖科技产业园和北京外国语大学附属外国语学校合作办学云上签约，共建九年一贯制公办学校。

**29日** 武进区庆祝中国共产党成立99周年大会召开。

**是月** 省重大项目常州中以产业技术创新中心项目开工建设，总投资30亿元。

## 7月

**1日** 区委副书记、代区长陈志良带领武进代表团先后参加武进汉滨对接交流座谈会、武进平利对口交流座谈会，参观考察汉滨区五里工业集中区产业孵化园、农产品加工扶贫基地和平利县锦屏社区工厂等。

**8日** 光大环保能源“厂界开放＋超低排放”提标改造工程建成，成为国内首座无围墙、全开放、超低排放的“邻利型”垃圾发电厂。

**10日** 中以合作西太湖生物医药创新项目在常州西太湖医药科技国际创新中心集中揭牌、签约。

**是日** 省人大常委会副主任邢春宁带领省直南京常州组省人大代表一行13人，专题调研武进产业转型升级情况，考察江苏恒立液压股份有限公司、新誉集团有限公司、江苏中科院智能科学技术应用研究院。

**11日** 武进在江苏省桃产业技术发展论坛暨第三届（2020年）优质桃果大赛上获得金奖6个、银奖6个。

**20日** 中天钢铁集团电炉炼钢厂创下国内90吨电炉不通电生产优特钢最高纪录，单炉产量达105吨。

**21—24日** 常州市副市长、武进区委书记李林率武进区党政代表团在宿迁市和山东省日照市东港区、青岛市崂山区学习考察。

**22日** 2020“花都水城·浪漫武进”文化旅游节暨“龙城夜未央·武夜尽欢畅”夜生活节在淹城春秋乐园开幕。

**是日** 江南石墨烯研究院作为集群促进机构投标的“江苏省常州市新型碳材料先进制造业集群”，以第一序位中标工业和信息化部2020年先进制造业集群非金属材料分包，实现全市在该领域零的突破。

**25日** 海南省政协党组副书记、副主席马勇霞一行，专题调研武进区“有事好商量”协商议事室建设情况。

**27日** 2020年武进区公益慈善项目集中签约24个。

## 8月

**1—7日** “同心文化·大美武进”全国艺术学专业高校名家邀请展在武进博物馆举行，展出全国20多所高校书画名家作品。

**4日** 武进区委十二届九次全会在区行政中心召开。常州市副市长、武进区委书记李林代表区委常委会作题为《聚焦“一区一城”，聚力“双战双胜”，争当“美丽常州”建设的率先示范》工作报告。

**5—9日** 副区长薛建忠、郑孝义率武进政企代表团在吉林大学和北华大学开展产学研对接活动，达成产学研初步合作意向20多个。

**6日** 省政协主席黄莉新在武进区调研，考察中以常州创新园、西湖街道聚新家园社区。

**13日** 武进区滆湖以渔控藻生态渔业增殖放流活动暨江苏余年农林生态发展有限公司揭牌仪式在滆湖低碳公园举行，投放鲢鱼、鳙鱼60万尾。

**19日** 江苏省武进高级中学新校区启用。

**是日** 江苏省商务厅、常州市政府及武进高新技术产业开发区三方签约，共建江苏省驻以色列经贸代表处。

**25—26日** 武进区工会第十六次代表大会在区行政中心召开。大会审议并通过区总工会第十五届委员会工作报告、财务工作报告和经费审查委员会工作报告，选举产生区总工会第十六届委员会委员35人、经费审查委员会委员7人和区总工会第七届女职工委员会委员39人。

**26日** 国务院督导组在武进区开展特种设备安全生产专项整治“回头看”督查，现场查看淹城春秋乐园大型游乐设施安全运营管理情况。

**是日** 雪堰镇城西回民村被文化和旅游部、国家发展改革委确定为第二批全国乡村旅游重点村。

**27日** 2020年武进区“圆梦行动”大学生慈善救助金发放仪式举行。24名大学新生和28名往届学子获得助学金。

**是日** 首张武进非遗地图发布。

**28日** 省重点示范项目中天绿色精品钢

示范工程在南通市海门区海门港新区开工，总投资约1000亿元。

## 9月

**1日** 武进高新区与西安电子科技大学签署协议，联合建设长三角化合物半导体创新基地。

**2日** 江苏省产业技术研究院、常州市政府、武进区政府三方签署共建江苏省中以产业技术研究院合作协议，揭牌成立江苏省中以产业技术研究院。

**4日** “日出阳湖、风雅江南”武进区第八届市民艺术节在凤凰谷大剧院开幕。至10月8日闭幕。

**8日** 2020年武进区重点项目集中开工暨新科人居智能舒适系统项目开工仪式在礼嘉镇举行。全区集中开工项目40个，总投资139.5亿元,年度计划投资32.5亿元。

**9日** 省委第一巡视组专项巡视武进区危险化学品安全生产工作情况汇报会在区行政中心召开。

**10日** 赛迪顾问城市经济研究中心发布《2020年中国城区高质量发展白皮书》，武进位列2020年中国城区高质量发展水平百强第11位。

**是日** 省委常委、统战部部长杨岳一行调研武进区营商环境建设和新时代“两个健康”先行区创建工作。

**15日** 区委政法委获评江苏省政法宣传舆论工作先进单位。

**17日** 前黄镇李臣家庭农场、建国家庭农场、荣伟家庭农场、添乐家庭农场、鑫丰家庭农场和洛阳镇嘉华家庭农场被省农业农村厅评为省级示范家庭农场。

**18日** 江苏省西太湖高新技术产业开发区（筹）和江苏常州经济开发区均被省知识产权局确定为2020年江苏省知识产权示范园区创建单位。

**19—20日** 2020西太湖国际音乐节在中国花卉博览园景区广场举行。

**21日** 中天钢铁集团有限公司、百兴集团有限公司、东方润安集团有限公司等10家企业入选2020江苏民营企业200强。

**24日** 2020中以创新投资与产业合作大会在常州科教城举行，集中签约中以重点项目和平台8个。2020“创响中国”常州站活动同时启动。

**是日** 新誉集团有限公司被省政府授予2020年江苏省省长质量奖，为常州市唯一获奖企业。

**24—25日** 全国人大常委会委员、农工党中央专职副主席杨震在武进区专题调研中以医疗科技产业高峰论坛筹备及西太湖医疗健康产业发展情况。

**25日** 武进区融媒体中心成立。

**是日** 司法部、自然资源部调研组在武进区开展《中华人民共和国土地管理法实施条例（修订草案）》立法调研，考察集体经营性建设用地入市、农村宅基地管理、土地精细化综合整治和农村一二三产业融合发展等情况。

**26日** 金石机器人常州股份有限公司桁架机器人专用新型控制器飞云4驱控一体机新品发布，为国内首台风电增速器重型桁架机器人，负载达4吨，刷新行业纪录。

**27日** 全国工业智造博士后学术论坛暨百名专家进常州活动在武进举行。

**28日** 2020武进区重点项目集中签约，现场签约项目53个，总投资近190亿元。同期，武进区组织5个重点项目参加常州“9·28”科技经贸洽谈会主会场签约活动，总投资近90亿元。

**是日** 江苏西太湖影视产业基地被省广播电视局授予首批“江苏省广播电视和网络视听产业基地”称号，全省仅6家。

**30日** 武进区2020“中国农民丰收节”在雪堰镇新康村开幕。至10月2日结束。

## 10月

**9日** 2019常州西太湖半程马拉松被中国田径协会评为“金牌赛事”。

**11日** 2020常州西太湖半程马拉松暨大运河马拉松系列赛（常州站）在花博园开赛，5000名选手参赛。

**13日** 武进区被省金融稳定工作协调小组评为2017—2019年度金融生态优秀县。

**14—15日** 中欧绿建创新论坛暨第六届中国绿色建材大会在武进举行。

**15日** 常州石墨烯小镇“高精度石墨烯光栅多自由度测量系统关键技术开发及产业化项目”入选“助推双创、成就小镇”首届江苏特色小镇创新创业大赛十佳项目，成为国内首次实现亚微米精度超精密光栅线位移传感器。

**16日** 2020中国（常州）电子商务应用发展大会在武进举行，现场签约电商项目15个。

**17日** 2020武进首届美食旅游节在淹城开幕。

**20日** 九三学社常州市武进区支社委员会被九三学社中央表彰为九三学社创建75周年全国优秀基层组织。

**21日** 武进区入选“2020中国县域科技创新百佳县市”，位列第19位。

**23日** 常州嘉发控股集团有限公司、苏中国家（澳门）有限公司融资租赁合作备忘录，苏澳会展业框架协议，常州大学与澳门科技大学研究生教育交流协议3个合作项目签约落户武进。

## 11月

**1日** 武进区“彩虹舟”文明实践行志愿服务项目、“把爱带回家——关爱失独父母”项目、“美丽家”志愿服务项目在第五届江苏志愿服务展示交流会上分获文明实践志愿服务金奖、银奖和铜奖。

**是日** 武进区许建平、张舒华被省政府分别表彰为见义勇为模范和见义勇为先进个人。

**5日** 省委第一巡视组专项巡视武进区危化品安全生产情况反馈会议在区行政中心召开。

**11日** 前黄镇坊前村许家塘、嘉泽镇跃进村薛家村等8个村通过省级绿美村庄验收。

**11—17日** “非武不栖、进无止境”2020常州武进人才周活动举行。

**13日** “湖塘悦舍，与武同行”武进人才公寓在湖塘科技产业园开业。

**是日** 武进区入选2020中国工业百强区第9位。

**18日** 常州电站辅机股份有限公司在“新三板”精选层挂牌,成为全市首家“新三板”精选层挂牌企业。

**19日** 国家体育总局副局长杨宁一行调研武进曲棍球训练基地，参观训练场地和江苏女曲运动员宿舍。

**20日** 第三届中国·以色列医疗科技产业高峰论坛在武进区开幕。

**21日** 2020年“常走大运”暨春秋淹城遗址公园改造提升启动仪式在春秋淹城遗址公园举行。

**21—22日** 中国工程机械工业协会六届一次会员代表大会暨第十八届中国工程机械发展高层论坛在武进区举行。

**24日** 中车戚墅堰机车车辆工艺研究所有限公司首席技能专家刘云清获评全国劳动模范。

**26日** 常州石墨烯小镇研发社区项目开工，计划投资10亿元。

**是日** 区卫健局、横林镇党委和武进人民医院感染疾病科主任黄建伟等8人被省委、省政府分别授予全省抗击新冠肺炎疫情先进集体、先进个人称号。

**是日** 江苏（武进）水稻研究所联合种业单位选育的“武粳2181”“中垦稻100”“泰粳5241”3个水稻新品种通过第四届国家农作物品种审定委员会第六次主任委员会会议审定。

**27日** 第四届中以创新创业大赛总决赛（常州）在武进区举行，BiomX公司的“慢性适应症的新型噬菌体疗法”项目获得一等奖。

**是日** 中天钢铁集团有限公司在2020年（第三届）全国钢铁行业绿色发展大会上被授予“2020绿色发展标杆企业”称号。

**28日** 常州固立高端装备创新中心启用。

**是日** “不止骑”·2020第八届中国24H单车环太湖认证赛在武进太湖湾旅游度假区开赛。

**是日** 2020江苏先进碳材料产业发展大会暨中国（常州）新材料院士专家报告会在武进区举行。

**是日** 第一届中以机器人创新合作论坛暨新工科教育发展大会在常州大学武进校区举行。

## 12月

**1日** 省人大常委会调研组在湟里镇葛庄村、西墅村调研农村人居环境整治及美丽乡村建设。

**是日** 常州市副市长、武进区委书记李林率武进区党政代表团在苏州市张家港市、吴江区学习考察。

**是日** 武进区同心助残驿站发起的“333精准助残项目”获得第五届“江苏慈善奖”最具影响力慈善项目。

**4日** 由区政协联合区融媒体中心编写的《武进名片》首发。

**6日** 全省首家镇级“学习强国”线下体验馆在遥观镇新时代文明实践所开馆。

**9日** 武进区通过2018—2019年度江苏省粮食生产全程机械化示范县创建工作验收，以96.26分位列第一。

**10日** 2020年武进区劳动模范表彰大会召开，表彰2017—2019年度武进区劳动模范80人。

**12日** 武进区政府、华东师范大学、江苏致远教育发展有限公司共建华东师范大学附属西太湖学校签约。

**14日** 中天钢铁集团有限公司、东方润安集团有限公司被全国工商联表彰为全国抗击新冠肺炎疫情先进民营企业。

**15日** 《武进年鉴（2020）》获评2020年度“江苏精品年鉴”。

**18日** 区委副书记、代区长陈志良率武进区党政代表团到安徽省淮南市寿县考察交流，双方签订扎实推进长三角一体化发展战略合作框架协议。

**27日** 中天钢铁集团有限公司获第六届“中国工业大奖”，为全国首家获此奖项的民营钢铁企业。

**28日** 区委十二届十次全会在区行政中心举行。常州市副市长、武进区委书记李林代表区委常委会作《创新引领、争先奋进，全力谱写“十四五”发展精彩开篇》报告。全会审议通过《中共常州市武进区委关于制定常州市武进区国民经济和社会发展第十四个五年规划和二〇三五年远景目标的建议》。

**是日** 常宜高速公路建成通车。该高速起自S39江宜高速常州西绕城段武进高新区枢纽，止于沪宜高速公路万石枢纽，里程17.71千米,其中武进段13.79千米。

**29日** 安川（常州）机电一体化系统有限公司在武进高新区奠基，总投资超1亿美元。

**30日** “戎耀武进”2020年武进最美退役军人颁奖典礼举行，表彰2020年“武进最美退役军人”12人、“武进最美退役军人”提名奖12人。

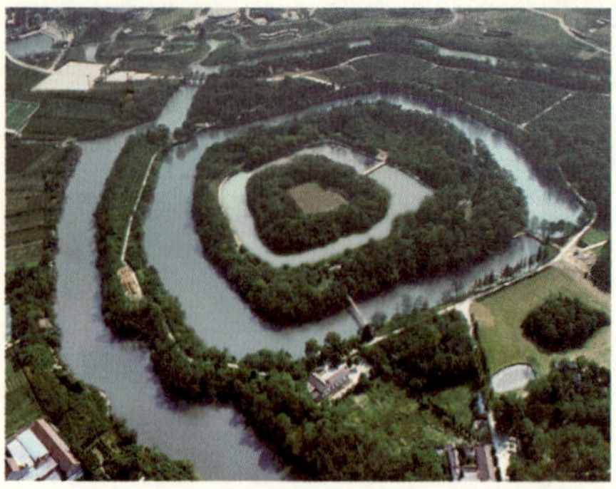

# 区情概览

**An Overview of the Situation**

栏目编辑　万向阳

## 自然地理

**【地理位置】** 武进区位于长江三角洲太湖平原西北部，北纬31°20′～31°48′、东经119°40′～120°12′，濒太湖，衔滆湖，东邻无锡，西毗常州金坛、镇江丹阳，南接无锡宜兴，北靠常州天宁、钟楼，总面积1065.26平方千米。

**【地貌地形】** 武进境内形成剥蚀和湖积的基本地貌，地形总体呈西南高、北东低。有海拔30米以上的山丘39座，最高的牛肩顶头179.4米，均分布在东南、东北诸镇，为天目山余脉。大椒山、小椒山位于太湖之中。有大小河流1048条，每平方千米陆地有1.82千米河道，是典型的江南水网地区。京杭运河横贯东西，新孟河、德胜河、藻江河、北塘河、舜河形成南北向运北水系，孟津河、扁担河、武宜运河、采菱港、武进港等形成南北向运南水系。湟里河、北干河、中干河西起金坛洮湖，东入滆湖。太滆运河西起滆湖，东入太湖。众多次级河道与骨干河道相接，形成较为完善的灌排、航行系统。

**【自然资源】** 武进位于亚热带北缘，光温适宜，雨水充沛，土地肥沃，物产丰富，素有"鱼米之乡"之称。植物资源丰富，东部雪堰、潘家低山丘陵地区盛产茶叶和桃、梨、葡萄等水果。有滆湖、阳湖、宋剑湖等自然湖泊，河港汊荡纵横交错，淡水渔业资源丰富，适宜鱼、蟹、虾、蚌等水产养殖。矿产资源主要有潘家、芙蓉等地的优质矿泉水，新安等地的白泥、紫砂、陶土等。

（方　志）

**【气候】** 气温　2020年，全区平均气温17.4℃，较常年偏高1.2℃，与1998年、2017年、2018年并列为历史第一高值。冬季（2019年12月至2020年2月）平均气温7.2℃，比常年偏高2.5℃，属异常偏高年份，是1952年有气象记录以来的最暖冬季；春季（3—5月）平均气温16.9℃，比常年偏高1.7℃；夏季（6—8月）平均气温27.6℃，比常年偏高0.6℃；秋季（9—11月）平均气温18.6℃，比常年偏高0.7℃。一年中，1月、2月、3月、5月、8月气温异常偏高，11月显著偏高，6月偏高，7月气温异常偏低，其余月份正常（偏均值小于1℃）。年极端最高气温38.0℃，年极端最低气温−7.4℃。日最高气温≥35.0℃的高温日为21天，日最低气温≤0℃的低温日为21天。

降水　2020年，全区降水量1394.1毫米，比常年偏多289.9毫米，属偏多年份。冬季（2019年12月至2020年2月）降水量202.9毫米，比常年偏多60.4毫米；春季（3—5月）降水量210.2毫米，比常年偏少57.0毫米；夏季（6—8月）降水量765.6毫米，比常年偏多263.2毫米；秋季（9—11月）降水量269.0毫米，比常年偏多76.9毫米。各月降水时间分布不均，异常偏多的有6月、7月，显著偏多的有1月、9月，偏多的为11月；显著偏少的为12月，偏少的有5月、8月；其他月份正常。6月10日进入梅雨期，属入梅偏早年份；7月22日出梅，属出梅偏晚年份；梅期偏长（42天），与1980年、1999年并列历史第三（仅次于1991年、1996年）；梅雨量为579.6毫米，是常年的2.5倍，属异常偏多年份，梅雨量位列历史第三（仅次于1991年、2016年）。

日照　2020年，全区日照时数1602.7小时，比常年偏少1.9成，属正常年份。冬季（2019年12月至2020年2月）日照时数316.8小时，比常年偏少80.7小时；春季（3—5月）日照总时数510.9小时，比常年偏多11.2小时；夏季（6—8月）日照时数329.6小时，比常年偏少247.6小时；秋季（9—11月）日照时数453.2小时，比常年偏少46.2小时。1月、7月较常年显著偏少，6月偏少，4月偏多，其余月份均正常。

（雷正翠）

## 历史文化

**【建置沿革】** 武进在5000多年前就有人类定居、繁衍生息。郑陆寺墩、横林青墩出土的文物表明，新石器时代武进境内已形成原始村落。到春秋时期已有城池出现，淹城（在今武进中心城区）是国内迄今为止保存最为完整的西周至春秋早期地面城池遗址。春秋战国时期，武进称延陵邑，为吴国季札封地。秦置延陵县，汉改称毗陵县、毗坛县，西晋太康二年（281年）置毗陵郡、县，分丹徒、曲阿以东地区置武进县，晋永嘉五年（311年）改称晋陵郡、晋陵县。此后，晋陵、武进两县时分时合，数易其名。清雍正四年（1726年）分置武进、阳湖两县，清宣统三年九月（1911年

11月）合并为武进县。1949年4月23日，武进解放，县城析出建立常州市。1983年3月，实行市管县体制，武进属常州市管辖。1993年7月18日，武进县政府驻地由常州市区迁至湖塘镇。1995年6月8日，国务院批准武进撤县设市。2002年4月，武进撤市设区。2015年4月28日，国务院批准撤销常州市武进区和戚墅堰区，设立新的武进区，以原武进区（不含奔牛镇、郑陆镇、邹区镇）和戚墅堰区的行政区域为新设立的武进区行政区域。

【地名由来】 三国吴大帝孙权崇尚武功，曾以统一大业为己任，于嘉禾三年（234年）诏复丹徒为武进，取以武而进之意，故名。西晋太康二年（281年），晋武帝恢复丹徒旧称，并分丹徒、曲阿以东地区置武进县。

【历史名人】 武进历史上曾出过1500多名进士，其中科考状元佘中、霍端友、陈祖仁、杨廷鉴、吕宫、赵熊诏、钱维城、庄培因、孙廉（武状元）9人和特科状元萧立、刘纶2人，名列全国县级前三名。春秋时期著名政治家、外交家、音乐鉴赏家季札受封延陵（今武进属之），南朝齐高帝萧道成、梁武帝萧衍故里是南兰陵（武进，今常州市新北区），梁昭明太子萧统组织编纂《昭明文选》。至清代，武进有以庄存与为代表的今文经学派、以恽敬为代表的阳湖文派、以张惠言为代表的常州词派、以恽南田为代表的常州画派等。中医孟河医派名家众多，清末民国初有"吴中名医甲天下，孟河名医冠吴中"之说。清代史学家、诗人赵翼所著《廿二史札记》为清代三大史学名著之一，其诗句"江山代有才人出，各领风骚数百年"至今传诵，李宝嘉的《官场现形记》开创中国近代谴责小说之先河。现代有中共早期领导人、革命活动家瞿秋白、张太雷、恽代英和中共早期革命活动家董亦湘，抗日救国"七君子"中的李公朴、史良，东北抗日联军著名将领冯仲云，著名外交活动家章汉夫、冯铉和谢启美，两院院士秦仁昌、吴阶平、许学彦等57人，著名画家刘海粟、谢稚柳、吴青霞，著名戏剧家洪深、吴祖光、阿甲，小说家高晓声，诗人严辰等，誉满中外。

【方言】 武进方言属吴语，是北吴语片（太湖片）中常州小片的代表，在语音上较完整地保留古全浊声母的体系，诸如冻≠洞、富≠父、记≠忌、柄≠病。有声母28个、韵母42个和声调7个（阴平、上声、阴去、阴入、阳平、阳去、阳入），古代平、上、去、入4个声调各以声母清浊为条件分成阴、阳2个调类，只是阳上和阳去不分，诸如稻=盗、妇=附、舅=旧。武进方言与其他吴语一样，有一部分字有文、白两读的现象，文言读舌面音声母，白话读舌根音声母。一般来说，文言音接近普通话，有少数词语受北方方言影响带有"官话"色彩。语助词"佬"出现频率较高，可以附在名词性成分、动词性成分和形容词成分的后面，构成"佬"字短语，表示不同的语法功能，诸如铁佬、木头佬和晓得佬、开心佬及好佬、甜佬等。武进地方话内部差别表现在语音上，东部的横林、崔桥等地有些字带有无锡口音，南部的漕桥、东安等地有些字音与宜兴相近，西南部的夏溪、湟里等地语音受到金坛话影响。武进方言受到日益普及的普通话影响，尤其是年轻人口音发生了一定的变化。

（方　志）

## 区划·人口

【行政和经济区划】 2020年，全区有镇11个、街道5个，辖行政村188个、社区131个；有国家级高新区1个、综合保税区1个、省级高新区（筹）1个、省级经济开发区2个、国家级旅游度假区1个、省级现代农业产业园区1个，以及住房和城乡建设部（武进）绿色建筑产业集聚示范区。

【人口】 2020年年末，全区常住人口169万余人，其中户籍人口（含常州经开区）986593人，总户数352243户，人口密度926人/平方千米（按户籍人口计算）。户籍总人口中，男性479284人，女性507309人。年内出生7753人，户籍人口出生率7.88‰，计划生育率99.9%以上。死亡7690人，死亡率7.82‰，人口自然增长率0.06‰。

2020年武进区区划及人口情况表

表2

| 镇、街道和开发区 | 面　积（平方千米） | 行政村（个） | 社　区（个） | 年末户籍人口（人） |
|---|---|---|---|---|
| 湖塘镇 | 59.04 | — | 45 | 187127 |
| 牛塘镇 | 34.64 | 9 | 6 | 46027 |
| 洛阳镇 | 55.75 | 18 | 3 | 52032 |
| 雪堰镇 | 104.75 | 25 | 4 | 77865 |
| 前黄镇 | 103.59 | 20 | 4 | 66543 |
| 礼嘉镇 | 57.84 | 14 | 3 | 48692 |
| 嘉泽镇 | 101.49 | 19 | 5 | 75709 |
| 湟里镇 | 86.10 | 16 | 3 | 62954 |
| 横林镇 | 46.67 | 15 | 6 | 51321 |
| 遥观镇 | 44.70 | 15 | 7 | 46817 |
| 横山桥镇 | 58.23 | 19 | 4 | 59794 |
| 武进高新区（含高新区北区、南夏墅街道） | 78.22 | 12 | 20 | 111229 |
| 西太湖科技产业园（含武进经发区、西湖街道） | 48.21 | 3 | 5 | 26856 |
| 丁堰街道 | 10.18 | 3 | 4 | 14695 |
| 潞城街道 | 16.77 |  | 6 | 23994 |
| 戚墅堰街道 | 4.73 |  | 7 | 34938 |

（方　志）

## 民族·宗教

**【民族】** 武进区居民以汉族为主。2020年，全区有户籍登记的少数民族族别36个，常住少数民族人口3400多人，外来流动少数民族人口1.6万人。回民聚居村1个（雪堰镇城西村），回民聚居组1个（雪堰镇夏墅村后承村民小组），水族聚居点1个(丁堰街道蓝山湖社区)。

**【宗教】** 武进宗教有佛教、道教、伊斯兰教、天主教和基督教。西晋泰始年间(265—274年)，道教传入武进。南北朝时期，佛教在武进已广泛流传。元初，伊斯兰教随陇、豫等地回族迁徙武进而传入，大部分人居住在雪堰镇的陡门塘和仁庄村小坞里。天主教最早传入武进是在清道光年间（1821—1850年）。基督教于清光绪二十八年（1902年）由苏州教会派宣教士罗格恩到常州传教而传入。20世纪50年代，宗教影响趋弱。“文化大革命”期间，宗教场所被拆毁或占用，民间散居道士纷纷转业，宗教活动停止。中共十一届三中全会后，武进宗教事业得到恢复性发展，宗教信仰受到尊重和保护，寺庙、教堂恢复开放。2020年，武进区有依法登记的宗教活动场所41个，其中佛教25个、道教5个、基督教11个。

（方 志）

## 风景名胜

**【太湖湾旅游度假区】** 位于武进区雪堰镇境内，南濒太湖，面积39.6平方千米。以低山丘陵为主，山丘占总面积的66%。大气环境达国家一级标准，植物生长茂盛，植被良好，有乔木、灌木、草本植物百余种，鸟类70多种。太湖湾沿湖岸线长约7千米，有山头19座、山坞11个、大小水库8个，临湖山湾7个，湖中大、小椒山2座。文化底蕴深厚，有春秋五霸之一吴王阖闾的都城、全国重点文物保护单位阖闾城遗址和宋代龟山书院及蓼莪寺、王孝子墓、陈烈帝墓等古迹，以及中共早期革命活动家董亦湘故居、中国近代资产阶级思想家吴稚晖故居。2007年获“国家旅游名片”称号，2009年5月被命名为“国家龙舟竞赛基地”，2020年12月被文化和旅游部认定为国家级旅游度假区。区内环球动漫嬉戏谷2012年11月创成国家AAAA级旅游景区，中华孝道园2014年12月创成国家AAAA级旅游景区。

**【春秋淹城旅游区】** 位于武进中心城区，规划总面积7.6平方千米，分为春秋淹城遗址、淹城春秋乐园、淹城野生动物世界、淹城传统商业街坊和宝林禅寺五大旅游景区。春秋淹城遗址占地面积300公顷，为国内保存最为完整的西周至春秋早期地面城池遗址，1988年被列为全国重点文物保护单位，2007年被国家旅游局命名为“中国第一水城”。淹城春秋乐园是一个以文化游乐与文化休闲相结合的人文主题公园，2010年4月29日开园，景点淹城春秋王宫2011年5月1日建成开放，“春秋水战”水上互动游乐项目2014年5月1日开放。淹城野生动物世界占地面积133.33公顷，是以野生动物生态散养为特色，集动物野趣观赏、休闲娱乐、科普教育为一体的大型综合性主题公园。淹城传统商业街坊由丰乐坊、常乐坊、怡乐坊3条古街组成。宝林禅寺位于淹城遗址西北约1000米处，始建于南朝梁武帝年间，2015年10月重建开放，宝林观音阁高91.9米，供奉39.9米高的三面十方观世音菩萨。春秋淹城旅游区于2011年创成国家AAAA级旅游景区，2012年9月获“全国低碳旅游示范区”称号，2018年4月国家AAAAA级旅游景区揭牌。

**【西太湖旅游度假区】** 武进区依托苏南第二大淡水湖——滆湖，打造西太湖旅游度假区,规划总面积约24平方千米（水域面积14平方千米、揽月湾8平方千米、花博园2平方千米），拥有黄金水岸线14千米，绿化覆盖率超过40%，是西太湖科技产业园独具滨湖生态优势的核心地带，被誉为“城市后花园”。该度假区分布西太湖揽月湾、“滆湖之星”观光塔、中国花卉博览园、西太湖影视基地、雅集园等精品旅游景点，拥有刘海粟夏伊乔艺术馆、油灯博物馆、陈履生美术馆等文化旅游载体，集聚武进曲棍球基地、武进网球馆、奇峰水上运动俱乐部、米兰游艇俱乐部、DS赛车场等体育旅游体验项目，承办第八届中国花卉博览会、西太湖国际马拉松赛、环太湖国际公路自行车赛、中国热气球公开赛、西太湖国际音乐节等品牌赛事活动，成为常州武进地区环境质量佳、文化体育氛围浓郁、广受游客青睐的户外休闲旅游度假胜地。

（方 志）

## 地方特产

**【淡水鱼类】** 武进是苏南著名的淡水鱼养殖基地，大水面鱼类养殖面积4.71公顷，主要淡水鱼除青、草、鲢、鳙、扁、鲤、鲫等大宗鱼类外，还精养和温控养殖鳜鱼、鳝鱼、甲鱼、鲟鱼、鳗鱼等10多种名贵鱼类，温控养殖面积达0.7公顷。2020年，生产成鱼2.81万吨，产值9.77亿元。

虾类养殖品种主要有青虾、罗氏虾、基围虾、龙虾等，清水蟹以中华绒螯蟹为主。2020年,全区虾蟹类产量4369吨，产值3.9亿元。

**【太湖“三白”】** 太湖“三白”即银鱼、白鱼、白虾，为中国五大淡水湖之一的太湖特产。银鱼无刺，鲜嫩爽口，主要出口到日本和东南亚国家，供应沪、宁、杭等大中城市高档饭店。白鱼肉质细腻，刺软。白虾壳薄、晶莹，味道鲜美。

**【茶叶】** 主要产区为雪堰、潘家、漕桥、横山桥等地的丘陵地区。以高品质绿茶碧螺春茶、“阳湖新月”绿茶为主。潘家城湾茶场产“阳湖新月”绿茶是江苏省名牌产品，“雪堰”碧螺春茶为中国名牌产品。2020年，全区茶园面积165公顷，茶叶产量28.61吨。

**【水蜜桃】** 主要产区为雪堰、潘家、洛阳、漕桥等地。雪堰、潘家两地在民国时期种植水蜜桃，色润汁丰，口感甜爽，因地近无锡而被称为“无锡水蜜桃”。2020年，全区桃园面积2533公顷，桃产量3.3万吨。武进“阳湖”水蜜桃于2018年6月通过中国森林认证，成为全国首个通过森林认证水蜜桃。

**【葡萄】** 全区各地普遍种植葡萄，主要产区为礼嘉、洛阳等地。在推广种植“巨峰”“藤稔”等丰产品种的同时，引进种植“夏黑”“黑峰”等新品种，果肉坚实味甜。礼嘉镇葡萄文化小镇入围省农业特色小镇培育名单，“礼嘉”葡萄于2020年4月获得地理标志证明商标专用权。2020年，全区葡萄种植面积1400公顷，产量2.1万吨。

（方　志）

## 经济社会发展

【经济建设】 2020年，围绕产业升级，武进区开展“重大项目强化攻坚年”活动，提升项目招引质效，承芯化合物半导体、格林保尔单晶电池片、长海玻纤复合材料、移远通信模组制造基地、中汽中心常州检验中心等重大项目相继落户；累计完成区级重点项目投资368亿元，如期竣工项目121个。推进平台建设，武进高新区规模以上工业产值突破1000亿元，智电汽车、机器人产业彰显，芯片产业有效突破，获批设立国家级海智基地——中国科协海智计划江苏常州（武进国家高新技术产业开发区）工作基地。西太湖科技产业园在省级高新区综合评价中列第六位，互联网产业园获批省级生产性服务业集聚示范区，石墨烯小镇入选国家发展改革委“第二轮全国特色小镇典型经验”名单。中以常州创新园知名度、影响力持续提升，省中以产业技术研究院建设加快，4家以色列企业通过“共建计划”审核，引进以色列元素项目39个。苏澳合作成效显现，苏澳融资租赁公司设立，苏澳合作项目签约3个。武进绿建区获批江苏省首批绿色城区示范区，中欧（常州）绿色创新园揭牌成立。工业经济稳中求进，高端装备、先进碳材料、智电汽车等优势产业持续发展，全区工业十大产业链规模以上企业产值1114.85亿元，占规模以上工业总产值的47.3%。常州天正工业发展股份有限公司成为全市首家国家级工业互联网平台，瑞声光学科技（常州）有限公司、中车戚墅堰机车车辆工艺研究所有限公司、新誉集团有限公司被工业和信息化部认定为单项冠军示范企业，江苏恒立液压股份有限公司、万帮数字能源股份有限公司被工业和信息化部认定为绿色工厂，新纶科技（常州）有限公司等4家企业被认定为国家专精特新“小巨人”企业，新誉集团获得“省长质量奖”。推进创新转型，壮大创新主体，固立高端装备创新中心启用，西太湖创客工寓等4个平台被认定为国家级众创空间；全区净增高新技术企业299家，累计978家，有效发明专利6317件，获认定潜在独角兽企业4家、瞪羚企业33家；武进国家级双创示范基地排名全国第五、江苏第一，省“双创计划”项目全市第一。推进企业上市，常州市凯迪电器股份有限公司、江苏协和电子股份有限公司在上交所上市，江苏泛亚微透科技股份有限公司成为武进首家科创板上市企业，常州电站辅机股份有限公司成为全市首家“新三板”精选层挂牌企业，佳辰控股集团有限公司在香港联交所上市，理想汽车登陆美国纳斯达克，累计上市企业39家。推进农业现代化发展，“礼嘉”葡萄获得地理标志证明商标专用权，江苏立华牧业股份有限公司获评全国农业产业化龙头企业，江苏（武进）水稻研究所创造粳稻新品种评审新纪录，武进区创成全省粮食生产全程机械化示范区。发展现代服务业，发放消费券1500万元，完成社会消费品零售总额632.90亿元，增长7.0%；武进区创成省级全域旅游示范区，太湖湾旅游度假区升格为国家级旅游度假区，城西回民村获评全国乡村旅游重点村；全区服务业增加值占地区生产总值比重提升到45%。开放型经济稳步发展，协议注册外资及港澳台资9.96亿美元，实际到账外资及港澳台资6.6亿美元，完成进出口总额830亿元；通过备案的境外投资项目30个，武进协议投资额1.63亿美元。全区（含常州经开区）实现地区生产总值2607.21亿元，增长4.5%（按可比价格计算）。其中，第一产业增加值40.6亿元、第二产业增加值1393.81亿元、第三产业增加值1172.80亿元，分别增长2.4%、4.0%、5.3%。武进区获得全国地级城市市辖区高质量发展第四名、全国工业百强区第九名和江苏省2019年度推进高质量发展先进县（市、区）等荣誉。

【政治建设】 2020年，武进区坚持把学习贯彻习近平新时代中国特色社会主义思想和习近平总书记视察江苏重要讲话指示精神作为首要政治任务，推动主题教育常态化、制度化，获评全省党委（党组）理论学习中心组示范点。在抗击新冠肺炎疫情中，充分发挥党旗引领、党员带头作用，正面宣传、舆论引导提振信心，为“双战双胜”凝聚强大力量。深化基层党建，创新打造“红盟矩阵”党建品牌，各级党组织全面推行“标准化”建设，村（社区）“两委”换届工作稳妥推进，村党组织书记、主任“一肩挑”比例达100%，打造雪堰镇新康村、洛阳镇岑村村等村干部实训基地6个，王诤故居被评为江苏省党史教育基地。落实全面从严治党“两个责任”，深化政治巡察和作风建设，有效整治“四风”问题，持续保持惩腐高压态势。把公共安全作为最大民生底线，深入实施扫黑除恶专项行动，社会治安、乡村治理等行业领域专项整治效果凸显。“七五”普法高质量通过终期评估验收。接受省委危化品安全生产专项巡视，纵深推进安全生产专项整治行动，全面加强违法违规“小化工”、有限空间作业、高处作业、沿街商铺消防安全等重点领域治理，全区各类生产安全事故起数、死亡人数均大幅下降。“阳光餐饮”平台新增上线餐饮单位2000余家，武进区通过省级食品安全示范区创建现场验收。推进区域社会治理现代化，全面升级治安防控体系，群众安全感达99.33%，列全市第一、全省前茅。群租房安全管理“武进模式”得到省、市肯定，火灾及各类案件警情全面下降。积极转变政府职能，自觉接受人大法律监督、政协民主监督，落实重大事项向人大报告、与政协协商制度，高质量办理人大代表建议、政协委员提案319件，满意和基本满意率达100%。全面优化营商环境，成立民营企业服务中心，建立政商交往“正面清单”“负面清单”和“五清民企建设引导清单”。企业开办登记、工程项目施工许可效率全面提高，实现60个重点事项“一件事”套餐办。积极融入长三角一体化发展，参与发布长三角创业地图2.0版，与无锡市梁溪区开展固体废弃物处置和资源综合利用协同发展合作，与宜兴市建立水环境预防与处置联动机制。深入开展对口援建工作，总投资近8000万元的19个援疆项目全部开工，苏陕扶贫协作助力被援建地区实现整体“摘帽”。

【文化建设】 2020年，武进区推进文化事业蓬勃发展。歌曲《老街坊》获得第十四届江苏省“五星工程奖”。“日出阳湖·风雅江南”武进区市民艺术节被省委宣传部评为江苏省第二批群众文化

"百千万"工程优秀群文活动品牌。武进画院及武进文化馆书画创作人员38件书画作品入选全国、全省展，文化馆开展文化服务，凤凰艺术团送综艺进基层，锡剧团送戏下乡，图书馆开展各类线上线下阅读推广活动，武进博物馆被国家文物局、中国博物馆协会评为"国家二级博物馆"。融媒体中心新闻稿件被国家、省、市级媒体录用351篇，在今日头条、腾讯视频、梨视频、抖音等媒体上发布新闻5200多条，获评全省先进广播电视单位。"今日武进""最常州生活圈""微武进""乐活常州""生活连线""886武进之声"6个微信公众号粉丝总数近100万。在省、市广播电视作品创优评比中获奖69个，其中省级新闻作品5个、技术质量奖2个；《武进日报》21个作品获省、市新闻奖，其中获省级及以上奖项17个。全区（含常州经开区）数字电视用户达23.4万户；发展互动用户2.9万户，总户数17.1万户；发展广电宽带用户9948户，总户数3.6万户。有线电视双向覆盖用户56.77万户，双向覆盖率94.76%。新签智慧社区23个，累计签约村（镇）116个，制作并上线村（镇）92个。

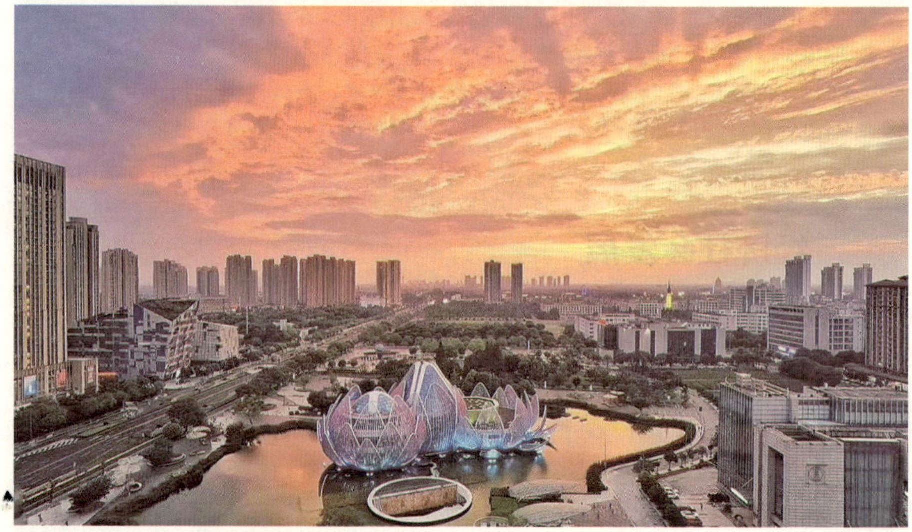

彩霞映照下的武进莲花馆　　（摄影/蒋　雯）

**【社会建设】** 2020年，武进区加速提升城市功能品质，有序开展国土空间规划编制工作，深化环滆湖地区战略规划与城市设计。加速构建现代交通体系，获得重大基础设施建设突破性进展，常宜高速建成通车，南沿江城际高铁、青洋路快速化二期工程开工建设，高铁武进站综合交通枢纽规划设计完成，苏锡常南部高速建设加快推进。全年征地拆迁签约面积达190万平方米，办理安置房权证超过1.2万套。改善市容环境，实施高架沿线、精品街道、老旧小区等全线改造提升，新增停车泊位2100余个，新建、改造公厕91座。深化精神文明创建，建成新时代文明实践站（所）315个，新创成全国文明镇、文明单位、文明家庭各1个和全国文明村2个，助力常州荣膺全国文明城市"四连冠"。开展农村乱占耕地建房问题专项整治，盘活存量建设用地近万亩，低效用地再开发600公顷，武进区获评江苏国土资源节约集约利用资金奖励县（市、区）。农村人居环境整治三年行动圆满收官，镇村建设取得新进展，前黄杨桥老街和雪堰镇城西村陡门塘等7个村被认定为江苏省传统村落，湟里镇西墅村里墅、黄金塘和葛庄村下场村及嘉泽镇跃进村花都馨苑入选江苏省特色田园乡村面上创建村。提升教育整体水平，省武进高级中学新校区、人民路初中、新横林小学等建成投用，增加学位供给8100余个。常州大学西太湖校区竣工投用，西太湖外国语学校、华东师范大学附属西太湖学校、江苏理工学院新校区落户，简易托幼机构整治顺利完成。加大文体惠民力度，成立融媒体中心，启动春秋淹城遗址公园改造提升工程，实现"10分钟体育健身圈"全覆盖，全国女子曲棍球锦标赛、西太湖半程马拉松赛等顺利举办。增进民生福祉，把公共服务作为最大民生普惠，高质量完成区级重点民生实事项目20项，新增城镇就业3.2万人，创业带动就业2.6万人，登记失业率1.68%，"戎创武进"服务品牌得到退役军人事务部部长批示肯定。新建千万、百万光彩基金17个，到账资金3740万元，实施惠民项目268个。首创长期护理保险试点医养结合家庭病床机制，基本医疗保险和生育保险与市级全面并轨。丰富医疗卫生资源，常州市第八人民医院、徐州医科大学武进临床学院挂牌成立，武进中医院通过三级乙等评审，新改扩建村级医疗卫生机构14家，开设家庭病床228张。全力科学防控新冠肺炎疫情冲击，全程闭环转运1787人，滚动排查38.6万人次，集中隔离4833人，居家隔离2.8万人；开展核酸检测47.5万人次、冷链食品等样本检测1.6万份；组织15名医护人员出征支援武汉。各镇（街道）居家养老服务中心站基本建成，护理型床位占养老机构床位的比重达66.9%。全年发放慈善救助资金、社会公益事业补助资金5000余万元，惠及群众超2万人次。

**【生态文明建设】** 2020年，武进区把生态环境作为最大民生关切，出台生态环境保护工作责任规定，认真整改各级环保督察交办问题，组织开展化工产业安全环保整治提升行动，圆满完成全省生态保护引领区创建各项任务，空气优良天数比2019年增加52天，优良率提高14.1个百分点；太湖连续13年实现安全度夏，长江流域重点水域禁捕退捕任务全面完成。加强水环境综合治理，启动滆湖退田还湖二期工程建设，加速推进以渔控藻生态修复工程，全面完成河湖"两违三乱"整治任务，清淤骨干河道50千米。推进环境基础设施优化升级，礼河水厂深度处理工程建成，农村分散式生活污水处理二期项目建成投运，武南污水处理二厂一期和湟里、漕桥污水处理厂扩建项目进展顺利。科学防范应对重污染天气，全面排查整治各种污染源，完成建筑工地安装在线监测系统143个、企业挥发性有机物综合治理440余家。完善垃圾收运处置体系，区级垃圾分类物资回收利用中心和园林绿化垃圾处置中心建成运行，光大环保能源项目成为国内首座"邻利型"垃圾发电厂。新增成片造林面积207.6公顷，创成国家森林乡村10个。

（方　志）

# 中共常州市武进区委

CPC Committee of Wujin District of Changzhou

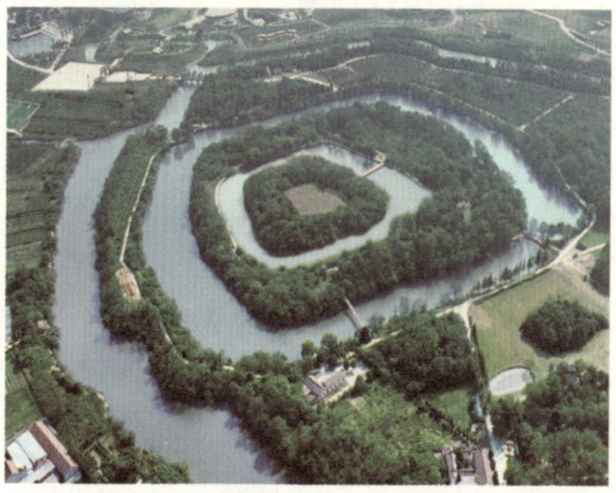

栏目编辑　王国新

## 决策部署

**【区委十二届九次全会】** 8月4日在区行政中心召开，区四套班子全体领导出席会议。常州市副市长、武进区委书记李林代表区委常委会作题为《聚焦“一区一城”、聚力“双战双胜”、争当“美丽常州”建设的率先示范》的报告。会议坚持以习近平新时代中国特色社会主义思想为指导，深入贯彻中共十九大和十九届二中、三中、四中全会精神，落实省委十三届八次全会、市委十二届十次全会部署要求，总结上半年工作，部署下阶段任务。全会动员全区党员干部群众，聚焦打造生态滨湖区、现代智造城“一区一城”，聚力疫情防控与经济社会发展“双战双胜”，勇于担当、创新作为，全力冲刺年度目标任务，努力争当“美丽常州”建设的率先示范，奋力夺取高水平全面小康的最终胜利。全会认为，年初以来，面对新冠肺炎疫情引发的巨大冲击和深层变化，全区上下认真贯彻中央和省、市决策部署，积极落实“六稳”（稳就业、稳金融、稳外贸、稳外资、稳投资、稳预期）、“六保”（保居民就业、保基本民生、保市场主体、保粮食能源安全、保产业链供应链稳定、保基层运转）举措，对标一流争先进位，加力建设“一区一城”，稳步实施重大项目提质、重点平台提档、镇村活力提振、生态环境提优、民生幸福提标、营商环境提升“六提”工程，专班推进重点工作，有效统筹疫情防控和经济社会发展，在一季度形势异常困难的情况下，二季度各项主要经济指标强势回升，实现由负转正。全会指出，要深入贯彻落实省、市全会精神，抓好“常态化疫情防控、经济稳健运行、产业强市建设、一流营商环境、保障改善民生、防范化解重大风险、解决突出环境问题和编制‘十四五’规划”八大方面，全力争当“美丽常州”建设的率先示范。

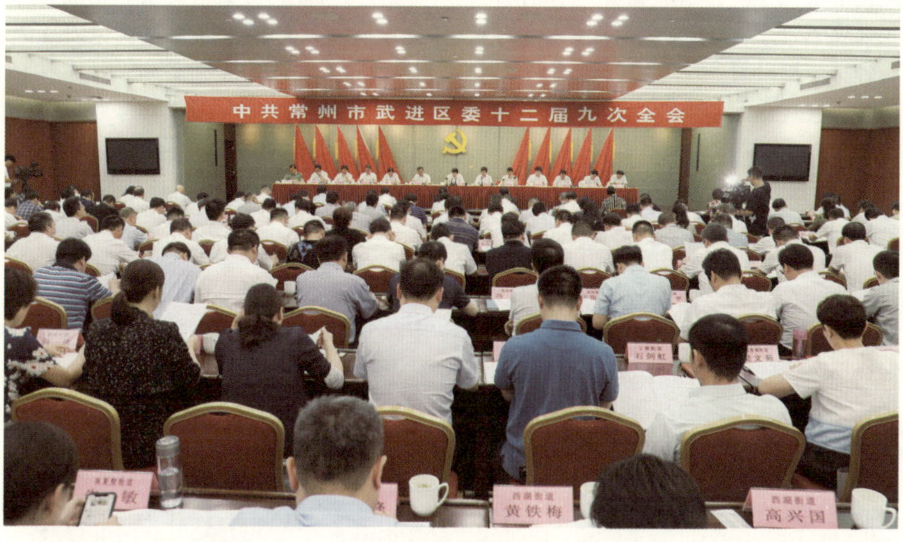


8月4日，中共武进区委十二届九次全会在行政中心召开　（摄影/陆　新）

**【区委十二届十次全会】** 12月28日在区行政中心召开，区四套班子全体领导出席会议。全会听取并讨论通过常州市副市长、武进区委书记李林代表区委常委会作题为《创新引领、争先奋进，全力谱写“十四五”发展精彩开篇》的报告，审议通过《中共常州市武进区委关于制定常州市武进区国民经济和社会发展第十四个五年规划和二〇三五年远景目标的建议》。全会坚持以习近平新时代中国特色社会主义思想为指导，全面贯彻中共十九大和十九届二中、三中、四中、五中全会以及中央经济工作会议精神，深入落实省委、市委全会精神，高度评价“十三五”时期全区经济社会发展取得的巨大成就以及2020年区委常委会工作，研究部署2021年及之后一个时期的工作，动员全区各级党组织和广大党员干部，着眼“争当表率、争做示范、走在前列”，坚持稳中求进工作总基调，立足新发展阶段，贯彻新发展理念，融入新发展格局，以推动高质量发展为主题，以深化供给侧结构性改革为主线，以改革创新为根本动力，以满足人民群众日益增长的美好生活需要为根本目的，大力弘扬常州精神，落实全市“重大项目攻坚突破年”活动的要求，扎实做好“六稳”“六保”工作，围绕“争先奋进年”工作主题，全力在打造创新热土、建设智造强区、构筑宜居城乡、提升民生福祉、优化营商环境五大方面争先奋进，确保实现“十四五”规划良好开局。全会指出，打好“十四五”规划开局战，关键在党。全区各级党组织必须毫不动摇坚持党的全面领导，把牢理想信念总开关，锻造发展攻坚主力军，涵养风清气正好生态，奏响时代奋进最强音，以高质量党建引领高质量发展。

**【全区党建工作暨作风建设会议】** 3月26日在区行政中心召开，李林、江建文、石伟东、叶明华等区四套班子领导出席会议。会议动员全区各级党组织和广大党员干部，坚持以习近平新时代中国特色社会主义思想为指导，认真贯彻中共十九大和十九届二中、三中、四中全会精神，全面落实中央和省委、市委决策部署，按照新时代党的建设总要求，以党的政治建设为统领，坚持党要管党、全面从严治党，推动管党治党取得新发展、作风建设呈现新成效，以高质量党建引领高质量发展，为夺取疫情防控与经济社会发展“双胜利”、建设“强富美高”新武进提供坚强保障。要求各级党组织和党员干部学思践悟新思想，展现更真的政治本色；学理论、强引领，始终做“两个维护”的坚定执行者、忠诚践行者和有力推动者；重运用、求实效，特别要抢抓复工复产的先机，统筹做好“六稳”工作，奋力夺取疫情防控和经济社会发展“双胜利”；要建立健全“守初心、担使命”的长效机制，把党性党风建设好的势头保持下去。会上，区委表彰了“五个三年行动计划”先进、2019年度“阳湖先锋”和“五星党组织”。

**【领导干部研讨会】** 2020年12月3日在区行政中心召开，李林、陈志良、江建文、石伟东、丁一等区四套班子领导参加。与会领导围绕“十四五”规划开好局、起好步，交流各分管条线2021年发展思路、工作重点和关键抓手。会议明确指出：中共十九届五中全会和习近平总书记视察江苏重要讲话指示精神是谋划2021年及“十四五”发展的前提和基础，要学习贯彻精神，把牢发展方向。要深刻把握“新形势”的科学判断，在掌握机遇和应对挑战中，应时而变、顺势而为；深刻把握“新阶段”的宏伟蓝图，紧紧围绕现代化发展蓝图，努力探索一条符合时代要求、体现自身特点的现代化路径；深刻把握“新格局”的丰富内涵，抢抓“双循环”、长三角一体化、长江经济带、苏锡常都市圈等多重“风口”，奋力成为“双循环”中承上启下、联通内外、不可替代的重要节点，努力把更多机遇转化为发展优势，加快提升综合发展能级；深刻把握“新驱动”的时代需要，通过创新驱动发展，不断增强经济的创新力、竞争力和抗风险能力；深刻把握“新使命”的责任担当，结合谋划“十四五”规划发展，更加系统、更有针对性地解决发展不平衡不充分问题，努力在“两争一前列”（争当表率、争做示范、走在前列）中勇挑重担、多作贡献。会议要求各级政府要全面贯彻落实习近平总书记视察江苏重要讲话指示精神，做好“十四五”规划工作，加紧谋划2021年，努力实现“十四五”规划精彩开局，确保政府任期工作圆满收官；加紧适应形势，适应新的时代要求、新的竞争格局、新的管理体制；加紧攻坚挑战，把好政府债务关、生态环保关、安全生产关；加紧把握机遇，把握长三角一体化发展、平台建设加速、重大交通设施建设的机遇，做到未雨绸缪、有效应对。

**【区委常委会2020年工作要点】** 3月27日，《中共常州市武进区委常委会2020年工作要点》出台，明确全区各级要以习近平新时代中国特色社会主义思想为指导，全面贯彻中共十九大和十九届二中、三中、四中全会精神，紧扣“强富美高”总目标，突出高质量发展总导向，坚持稳中求进总基调，坚决打赢防范化解重大风险、精准脱贫、污染防治三大攻坚战，全力做好稳就业、稳金融、稳外贸、稳外资、稳投资、稳预期“六稳”工作，加快融入长三角一体化，全面落实市“重大项目强化攻坚年”部署，紧紧围绕“高水平全面小康决胜年”主题，建好政治生态、产业生态、自然生态、城市生态、社会生态“五个生态”，打造生态滨湖区、现代智造城“一区一城”，大力实施重大项目提质、重点平台提档、镇村活力提振、生态环境提优、民生幸福提标、营商环境提升“六提工程”，确保高水平全面建成小康社会和“十三五”规划圆满收官，打赢打好疫情防控阻击战，推动“强富美高”新武进建设不断取得新成果。

**【建立区级领导工作专班推进重点工作的实施意见出台】** 6月3日，《中共常州市武进区委关于建立区级领导工作专班推进重点工作的实施意见》出台，成立区级领导工作专班26个，集中力量攻坚突破，加快推动武进重点、难点、特色工作有效落实。该意见明确各工作专班对承担的重点工作全权负责，牵头区领导切实加强对专班工作的组织领导，做到艰巨任务亲自承担、关键环节亲自协调、工作推进亲自调度、进展情况亲自督导、突出问题亲自研究，真正把各项工作做扎实、抓到位；涉及条线、板块要主动挑担、积极作为，密切配合好牵头区领导工作，确保形成最强合力；将工作专班任务落实纳入区委年度督查计划，常态化跟踪落实、督查问责。

**【省委危化品安全生产专项巡视反馈意见整改】** 8月29日至9月29日，省委第一巡视组专项巡视常州市武进区开展危化品安全生产工作，并于11月5日反馈整改意见。11月11日，区委召开常委会会议，专题研究部署巡视整改工作，讨论并通过《武进区落实省委危化品安全生产专项巡视反馈意见整改工作时序进度表》《中共常州市武进区委关于省委危化品安全生产专项巡视反馈意见整改工作方案》，明确要求区委常委会全体成员及全区各地各部门各单位把巡视整改作为重大政治任务落实，以对党绝对忠诚的担当全力做好巡视“后半篇文章”。12月9日，区委召开巡视整改专题民主生活会，市委派员到会督导，区委常委会班子及成员认真对照巡视反馈意见，主动认领问题和责任，深刻剖析、对照检查，开展批评和自我批评，在思想上深挖一层、行动上先行一步、落实上更严一分，进一步明确整改责任。12月25日，区委常委会对巡视反馈的问题逐条梳理、逐项研究，结合12月17日省委巡视审核意见和相关省应急管理厅专家意见，修改完善整改工作方案，对11个方面24项问题落实31条具体整改措施，建立问题清单、任务清单、责任清单，进一步明确责任分工、整改措施和整改时限，并于12月29日印发。区委带头落实整改主体责任，常州市副市长、武进区委书记李林带头履行第一责任人职责，亲自组织研究、动员部署、督促推动，主动认领、牵头整改两个问题。各牵头区领导以身作则，牵头负责重点问题、重要事项的整改落实。全区上下深入学习贯彻习近平总书记关于安全生产的重要论述和指示批示精神，按照省、市部署要求，统筹推进安全生产专项整治行动，全面治理违法违规“小化工”、有限空间作业、高处作业、沿街商铺消防安全等重点领域，年内全区生产安全事故起数、死亡人数同比分别下降59.9%和61.7%。

（杨　勉）

## 组织工作

**【概况】** 2020年，区委组织部全面贯彻落实全国、全省、全市组织部长会议精神，围绕省委组织工作“三个五五”基本布局（“五聚焦五落实”基层党建三年行动计划、“五突出五强化”选人用人机制及“五坚持五提升”人才工作体系）和区委“一区一城”（生态滨湖区、现代智造城）战略部署，积极践行新时代党的组织路线，统筹推进基层党建、干部工作、人才工作。年末，武进区有党组织3208个，其中基层党委118个、党总支322个、党支部2768个；有党员72650名，其中女党员21696名，占30%。年内发展党员820名，其中35岁以下党员518名，占64%；女党员313名，占39%；大专及以上文化党员706名，占86%。

**【基层“三整合”改革试点】** 2020年，武进区被列为全市基层整合审批、服务、执法力量“三整合”改革试点地区，区委组织部按照省、市部署，牵头推进基层“三整合”改革，把尽可能多的资源、服务、管理同步下放给基层，使基层有人、有权、有物，保证“基层事情基层办、基层权力给基层、基层事情有人办”。组建“一办七局一中心”新组织架构，镇（街道）职能机构一律不设科室，实行全员岗位分级管理。推进村（社区）“一肩挑”工作，形成村（社区）干部专职化管理制度框架。在全省率先实现镇级审批服务综合执法机构全覆盖，113项政务服务、348项处罚事项下放镇（街道）、开发区，244名执法人员、61辆执法车辆等区级执法资源同步下沉。编制下发“执法手册”，将执法文书从180多种精简到30种。建立联席会议制度，基层受理案件均在第一时间就地妥善处理。建立联席会议制度，基层受理案件均在第一时间就地妥善处理。在镇级推行“1+4”举措，即“党的全面领导和审批服务一个窗口、综合执法一支队伍、基层治理一个网格、指挥调度一个中心”，提升乡镇（街道）现代化治理能力。年末，武进区基层“三整合”改革以高分通过市级验收、省级抽查。

**【“百万党费暖基层，千名干部上一线，万名党员当先锋”行动】** 2020年，新冠肺炎疫情、汛情发生后，区委组织部强化履职担当，开展“百万党费暖基层，千名干部上一线，万名党员当先锋”行动。先后分两批划拨专项党费300万元，支援234个村（社区）和卫健、交通、公安等一线部门及江苏环亚、南方卫材、亚邦药业等防疫物资生产企业；向区防汛指挥部和防汛一线部门和地区划拨专项党费100万元。紧急调配各领域干部2000余人支援疫情防控、防汛抗灾工作，组建退役军人、应急管理等7支防疫志愿先锋队，抽调56名机关年轻干部组建“青年干部防疫志愿先锋队”，依托“红色网格”“红色物业”，广泛发动全区2400多个基层党组织、5万多名党员参与疫情防控，推动复工复产，充分发挥了基层党组织战斗堡垒作用和党员先锋模范作用。年内，《人民日报》《新华日报》《中国组织人事报》等媒体刊发武进相关经验介绍90余篇。

**【“红盟矩阵”全域党建品牌建设】** 6月24日，武进区“红盟矩阵”启动，全区第一家红色联盟——“绿建红盟”揭牌。按照新时代党的建设总要求，武进区积极贯彻落实省委、市委基层党建工作部署，创新组织设置和活动方式，创建“红盟矩阵”党建品牌（“红盟”指红色的党建联盟，在党建引领下，整合各类组织资源、发展资源、服务资源，构建基层党建共同体；“矩阵”指各类资源的有序整合、各方作用的有效发挥，形成推动改革发展的强大合力），成为全区党建共建工作平台。年内，全区先后建成“南风红盟”“金融红盟”“‘礼+’红盟”“山水红盟”“书香红盟”等党建红色联盟20个，通过思想共建、组织联建、基层

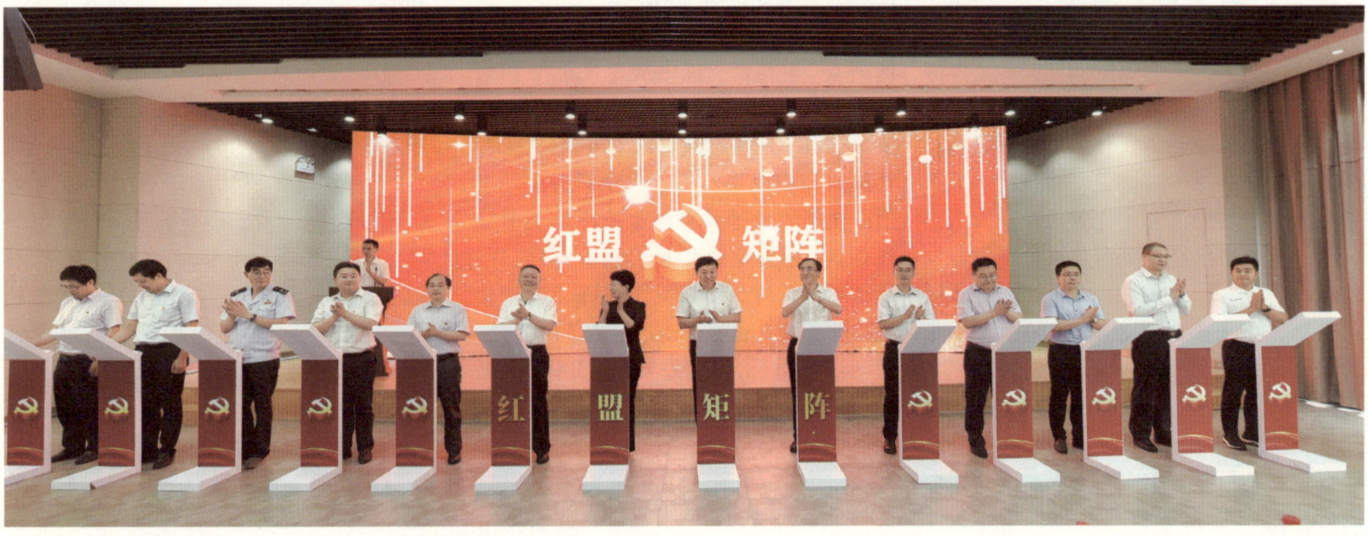


6月24日，武进区全域党建品牌建设“红盟矩阵”启动　　（供图/区委组织部）

共治、资源共享、机制共创，实现地方政府、金融机构、机关部门、社会组织和企业等多方联动，为企业发展减轻负担、提供政策支持、拓宽融资渠道，推动党建与发展相融互动，实现共建共享共赢。

**【村（社区）干部专职化管理】** 2020年，区委组织部联合区委编办和区民政、财政、农业农村、人社等部门，坚持落实政策与因地制宜相结合，积极探索村（社区）干部统筹管理的新路径，先后出台《武进区专职化管理村（社区）干部区镇（街道）共同管理暂行办法》等10个文件。实施“戎装兴村”工程、员额制管理，解决“选人难”问题；细化村（社区）党组织书记“5A”制评定标准，解决“评价难”的问题；构建“2+3”保障体系，“2”即原有的离任村主要干部生活补助及优秀村党组织书记享受副主任科员待遇两项政策，“3”即专职化管理村（社区）干部“五险一金”、企业年金及长效关爱制度，解决“保障难”问题，从选拔任用、待遇保障、评先评优等方面对村（社区）干部统一管理，全面构建覆盖村（社区）干部选、育、管、用、督的全链条管理。全年完成套转村（社区）干部660人，年平均薪酬达10.24万元。

**【阳湖先锋村干部实训基地建设】** 2020年，区委组织部聚焦乡村振兴，立足基层干部培养的实际需求，借力第三方专业培训机构，与区委党校、区融媒体中心联手建设阳湖先锋村干部实训基地，首批推出洛阳镇岑村村、嘉泽镇跃进村、湟里镇西墅村、雪堰镇城西回民村、雪堰镇新康村、牛塘镇丫河村6个实训基地，组建由优秀党务工作者（包括2名全省“百名示范”村书记）、党校教师、年轻干部在内的讲师团，立足武进发展实际，深挖本土红色资源，设计开发涵盖组织振兴、产业振兴、文化振兴、人才振兴、生态振兴等方面的课程体系，为培优村书记“头雁”、育强“雁阵式”村干部队伍奠定坚实保障。

**【“红色物业”建设】** 2020年，区委组织部围绕巩固党的执政基础、增进民生福祉的目标，于9月9日召开全区

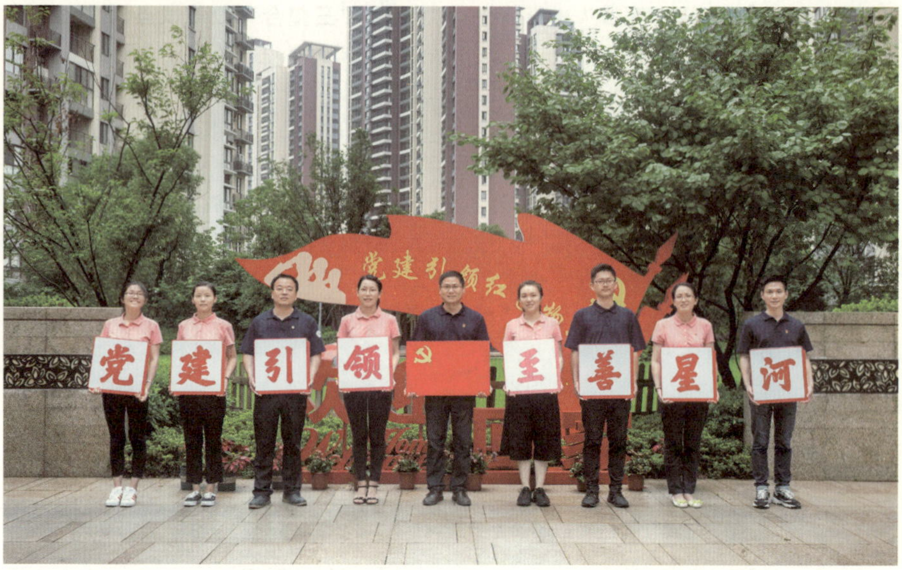


12月，星河社区创建成为区级“红色物业”示范小区　　（供图/区委组织部）

“红色物业”建设推进会，揭牌成立区物业服务行业党委，明确“红色物业”建设区级示范小区建设标准、镇（街道）领导机制建立健全、社区“红色业委会”建设等八项重点任务，进一步提高党组织领导下的物业服务管理和社区治理水平，构建完善社区居委会、业主委员会、物业服务企业等多方联动的“红色物业”体系。至年末，全区建成星河国际、香溢澜桥等“红色物业”示范小区30个，其中香溢澜桥小区被命名为“2020年度党建引领物业管理服务工作省级示范点”。

**【“两新”组织党建】** 2020年，区委组织部实施“筑基、赋能、红领”三大工程，推进“两新”组织（新经济组织、新社会组织）党建提质增效。实施“筑基工程”，坚持分层分类为“龙头型、成长型、苗圃型”3类企业提供规范化标准和菜单式服务。单独新建“两新”党组织38个，实现党组织应建尽建、50人以上企业有党员和工作覆盖“三个100%”。百兴集团、立华牧业等6家企业被评为全市非公有制企业党建带工建“三创争两提升”活动示范单位，新誉集团被评为全省非公有制企业党建带工建“三创争两提升”活动示范单位。实施“红领工程”，出台《武进区“两新”组织党工建工作指导员管理暂行办法》，设立专项资金300万元，选派30名区级党工建工作指导员与基层选派的390多名党工建指导员形成“重点单位重点指导、新注册单位联系指导、难点区域包干指导”的全覆盖局面。实施“赋能工程”，推动“两新”党组织和各领域党组织联建共建，形成“基层党建共同体”。在“万企联万村、共走振兴路”中开展“双联双促”活动，签约村企联建项目20个、党建人才联动项目8个，累计帮助农户销售农副产品价值3000余万元，提供各类厂房物业超25万平方米。

**【“四抓四促”模范机关建设】** 2020年，区委组织部以“抓学习促提升、抓标准促规范、抓项目促发展、抓队伍促落实”为抓手，推动区级机关基层党组织强基础、亮特色。举办区级机关党组织负责人专题轮训班，120名党务干部定期开展机关党建工作交流研讨。举办“学用新思想达人挑战赛”，实现机关党员干部线上答题全参与，相关经验介绍被《江苏组工信息》《党的生活》等省级及以上刊物刊载。开展“五星联建创五优”活动，通过评选规范、活力、发展、服务、堡垒“五星”机关党组织，推动机关党组织建设全面进步。指导机关基层党组织确定“书记项目”67个，实现机关党建“书记项目”全覆盖。14个机关单位结对民营企业29家，落实组织工作助推民营企业发展举措20条。启动“强翼工程”，核定机关党组织（专职）副书记岗位43个，明确选用口径，注重实绩考察，开展任前谈话，强化监督管理，提升机关党务干部队伍素质，打造过硬机关党建工作队伍。

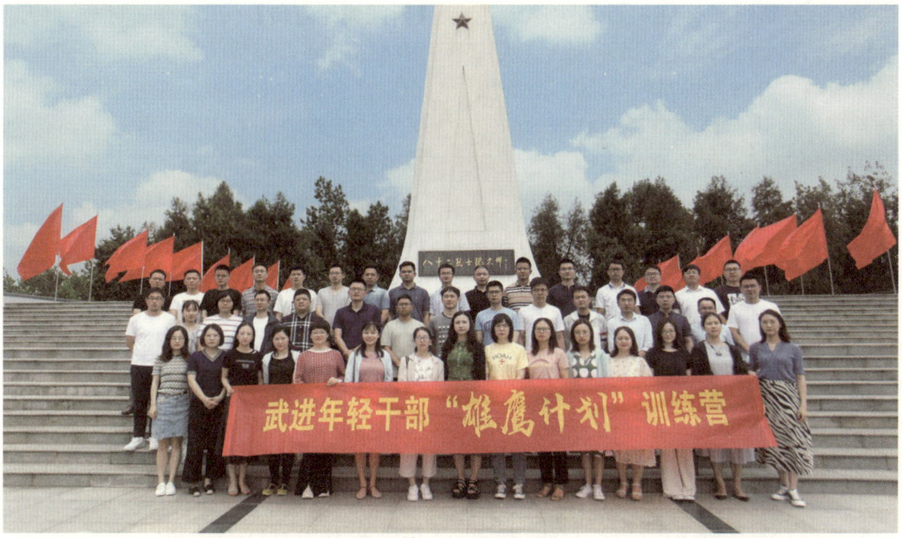


7—12月，区委组织部举办武进区年轻干部“雄鹰计划”训练营

（供图 / 区委组织部）

**【干部队伍建设】** 7—12月，区委组织部举办武进区年轻干部“雄鹰计划”训练营，区级机关和镇（街道）、开发区44名年轻干部参训。学员每月参加1～2次培训，每次集中培训3～4天，通过理论学习、导师结对、基层实践、课题调研等培训课程，持续加大年轻干部培养锻炼力度，有9名年轻干部走上领导岗位。相关经验介绍在《组织人事报》《学习强国》《交汇点》《江苏选调生》等刊发。

**【公务员双向交流】** 区委组织部设立“干部人才市场”，促进公务员双向交流，优化干部资源配置。摸清底数“定岗”，鼓励各单位“先选调、再招录”，对未经选调的空缺岗位，暂缓新公务员招录；搭建平台“双选”，汇总审定各单位空缺岗位，统一发布岗位清单，全区符合条件的公务员均可自愿报名，按照“人才市场”模式，组织面试“双选”7次，6名公务员被选调到新的岗位；强化管理“提效”，对选调到新岗位的公务员，开展任职培训，明确专人帮带，加速适应岗位，强化工作走访和平时考核，保障人员流动取得实效。相关经验介绍被《中国组织人事报》刊载。

**【实行考核指标三色预警制度】** 2020年，区委组织部建立考核指标“红黄绿”三色预警制度，按优势指标、中位指标、劣势指标进行“绿黄红”三色分类管理，定期张榜公示，强化督查推进。现场督查、挂牌督办“红色”指标，实现督查全覆盖；及时提醒、督促整改“黄色”指标，切实提升工作质效；加强综合研判，选树“绿色”指标典型，带动其他指标实现整体跃升。开展三色预警考核工作，有效营造各单位“比学赶超”的氛围，推动各项工作争先进位。在2020年度全区综合考核中，全区75家单位中有24家单位获评第一等次。其中，重点园区中第一等次单位为武进高新区，各镇中第一等次单位为礼嘉镇、湖塘镇、洛阳镇，区级机关第一类中第一等次单位为区委编办、团区委、区总工会、区融媒体中心；区级机关第二类中第一等次单位为区农业农村局、区卫健局、武进公安分局、区发改局、区水利局、区人社局、区财政局、区工信局、区交通运输局、区市场监督管理局、区教育局、区应急管理局、区商务局、区地方金融监管局；区级机关第三类中第一等次单位为武进税务局、武进自然资源和规划分局。在2020年度全市综合考核中，武进区位列第一等次，考核成绩为全市第2名。

**【机关作风建设】** 2020年，武进区实施“五严五突破”行动（严格要求，在保障引领上求突破；严抓效能，在服务发展上求突破；严查实改，在破除顽疾上求突破；严宽相济，在担当作为上求突破；严管严治，在长效管理上求突破，着力营造干事创业的良好氛围），进一步加强机关作风建设，提高服务质量效率。制定机关作风建设专班分工协作、定期例会、专项推进、信息报送、线索移送、督查督办6项工作机制，印发《关于开展2020年度机关作风建设“啄木鸟”行动的通知》《关于进一步严肃机关工作纪律、转变工作作风的通知》等文件，加强机关工作纪律管理。常态化开展作风建设明察暗访活动，邀请第三方机构暗访机关作风建设情况，走访重点企业5家、重大项目建设现场6个，暗访区级机关部门35个和镇、村服务窗口50余个，发现各类问题线索50余条，发放整改通知单40余份，起到良好震慑效果。

**【首届武进人才周活动】** 11月11—17日举行，清华大学、同济大学、四川大学等省内外20余所高校和科研院所的专家、学者及企业代表800余人参加。此次以“非武不栖，进无止境”为主题，发布升级版“武进英才计划”新政和武进区人才创新合作热力图，招募首批“引才合伙人”，并通过智慧城市产业创新大会、集成电路高层次人才武进行、资者见智·碳为观止鹊桥会、青年人才夜肆、中以菁英文化沙龙等分会场活动，打造精彩纷呈的“武进人才大集”。其间，引进创新创业人才企业23家，达成投资协议14项、总金额1.45亿元，累计为人才企业争取低息贷款近2亿元，人才新政和相关做法在《新华日报》头版刊载。

**【承办长三角高层次人才“赋能共融”（常州站）研修班】** 11月13日，武进区作为全省唯一县区，与上海市杨浦区、安徽省合肥高新区、浙江省宁波杭州湾新区共同举办长三角高层次人才“赋能共融”研修班，签署《人才合作项目协议》，在人才工作机制融合、人才政策互认、创新资源有序流动、人才服务一体化等方面达成深度合作。12月4—5日，2020长三角高层次人才“赋能共融”（常州站）研修班在武进开班，来自高端制造、电子信息、新材料、人工智能等重点经济发展领域的高层次人才30余人参加。该研修班将理论课程与现场教学相融合，开设“长三角一体化与常州高质量发展”“中国石墨烯发展之浅见”“中以合作探索、感悟与展望”等课程，组织学员走进国创新能源汽车智慧能源装备创新中心、理想汽车常州基地和石墨烯展示馆、绿色建筑博览园、中以常州创新园，感受智能制造魅力，感悟创新思维浸染。举办头脑风暴及建言献策交流会，通过学员畅谈长三角智能制造产业协同创新发展的机遇与挑战，激发创新思维，协作分享资源。

（高　婷）

## 宣传工作

**【概况】** 2020年，区委宣传部围绕举旗帜、聚民心、育新人、兴文化、展形象的使命任务，推进理论武装、新闻宣传、文明创建、文化发展等工作，服务新冠疫情防控和经济社会发展大局，取得各项工作显著成绩。全年举办“武进讲坛”7场，评选表彰2020年度“阳湖先锋”集体2个、个人10人，在市级及以上媒体发表外宣文章800余篇；“学习强国”平台累计录用稿件513.5篇，位列全省区县前五名。全区实现文化产业增加值88.89亿元，占GDP比重为5.98%，获常州市文化产业高质量考核综合第一。武进区获评江苏省理论学习中心组示范点、江苏省基层党员冬训工作示范区，《打造冬训“中央厨房”，烹制“五味”学习大餐》入选全省基层党员冬训工作创新项目。

**【理论学习教育】** 2020年，区委理论学习中心组发挥示范引领作用，邀请业界名家讲授民法典、产业生态等内容，开展集中学习15次，举办“武进讲坛”7场。研讨交流靶向化，围绕工作重点、社会热点、推进堵点，学习研讨6次，发言25人次。区委宣传部制定印发《2020年全区基层党委（党组）理论学习中心组专题学习计划》《武进区党委（党组）理论学习中心组巡学旁听实施细则》，健全完善理论学习中心组双向旁听制度，推进理论学习制度化、规范化。把“学习强国”学习平台推广使用纳入2020年全区党建考核指标体系，建立“每日提醒、每周汇总、每月通报、全年考核”管理机制，督促、推进学习常态化，全区党员注册率、学员活跃度居全市第二，被录用有效稿件314.5篇，武进区“学习强国”平台学习推广使用经验被纳入全省县（市、区）委宣传部长讲坛交流材料。推进理论宣讲“1121”三年行动计划，即在全区每年评选十名“金牌宣讲员”，每年组织开展一百场主题理论宣讲，培育二十个理论宣讲示范点（队），组织一场“金牌宣讲员”风采展示活动，加强理论宣讲示范点建设，打造“学习强国”线下悦享体验空间、阳湖之光理论融宣服务站，组建理论宣讲队伍，举办“决胜全面小康，决战脱贫攻坚”新时代文明实践千场理论宣讲、“我身边的小康”主题宣讲、“经典诵读”进百村、“阳湖学习”达人挑战赛等系列活动，累计开展理论宣讲5000余场次，受众50余万人次。开展“点赞中国之治”主题演讲、“我身边的小康”“百姓名嘴”风采展示、理论宣讲微视频征集展示等比赛活动，做好基层党员冬训工作，助力全区新冠疫情防控和全面建成小康社会。武进区获评全省基层党员冬训工作示范县（市、区），湖塘镇、雪堰镇获评全省基层党员冬训工作示范乡（镇、街道），区委宣传部报送的《打造冬训“中央厨房”，烹制“五味”学习大餐》入选全省基层党员冬训工作创新项目。

**【“阳湖先锋”推选活动】** 2020年，武进区每季度开展“阳湖先锋”提名推选活动，10人和2个集体获“阳湖先锋”提名。区委、区政府发文通报表彰，庄文明、周义红、周林峰、周彬、胡秀贤、赵春生、唐润理、黄惠涛、黄小国、谢健获“阳湖先锋”称号，武进援鄂医疗队、武进国家高新区重大项目青年突击队获“阳湖先锋”集体称号。

**【新闻舆论宣传】** 2020年，区委宣传部围绕新冠肺炎疫情防控大局、全面建成小康社会和“十三五”规划圆满收官等区委、区政府中心工作，推出《疫情之下看民生》等新闻资讯，先后播出抗疫新闻4000余篇。制定“打造一区一城、推进‘六提’工程”主题宣传方案，开设重点专栏23个，播出相关报道500余篇。推出“决战决胜、小康乡村行”“强富美高20村”等全面小康建设专题专栏，开展“聚力‘一区一城’，决胜全面小康”融媒体新闻行动、“全面小康、追梦之路”调研，与新华视觉中心联合举办“我眼中的全面小康”摄影采风，与常州日报社联合主办“全面小康看武进”摄影大赛，组织新闻发布会14场，在央视《喜上加喜》栏目中展现洛阳镇全面小康建设成就。立足“聚焦武进”外宣品牌，在市级以上发稿800余篇。其中，《人民日报》发表《从“身边的河”到“自家的河”——武进河长治河记》，向全国推荐武进河长治河的做法；上海电视台《太湖之恋》、南京电视台《新苏南》等栏目组专题拍摄反映武进情况的纪录片。

**【新闻出版管理】** 2020年，区委宣传部坚持把新闻出版发行产品的内容安全放在首位，严格执行印刷发行管理的各项法律法规，强化执法检查，坚决打击无证照经营、超范围经营、无印制手续等违规印制、发行行为。完成出版物经

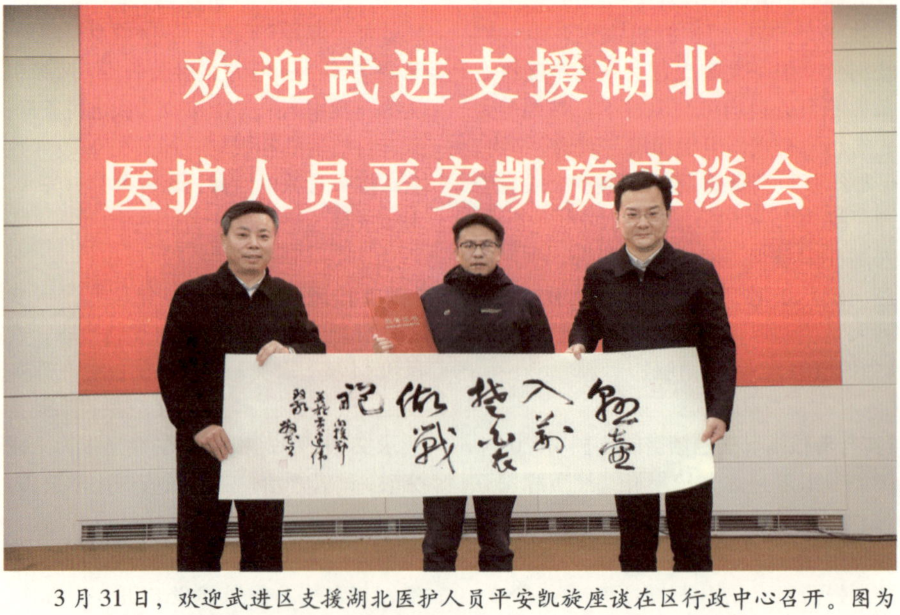


3月31日，欢迎武进区支援湖北医护人员平安凯旋座谈在区行政中心召开。图为区委书记李林、区长戴士福与武进援鄂医疗队队员黄建伟合影　（供图／区委宣传部）

营单位年度核验196家、印刷企业年检318家。举办印刷企业安全生产培训班1期，与300多家印刷企业签订安全生产责任状。深化政务服务，完善政务数据，区新闻出版局建成出版物零售单位和个人从事网络发行业务备案、出版物零售单位设立不具备法人资格的分支机构备案、出版物临时零售点备案、出版物出租业务备案、出版物零售单位和个体工商户年度核验、对举报“制黄”“贩黄”和侵权盗版及其他非法出版活动的有功人员奖励6个事项的网上办理通道，加强“互联网＋监管”工作。

**【“扫黄打非”工作】** 2020年，武进区深入开展“扫黄打非”工作，实现镇、街道“扫黄打非”基层站点全覆盖。按照《武进区2020年“扫黄打非”行动方案》，全区组织开展“软色情”等低俗庸俗媚俗广告清理整治行动、“扫黄打非·新风”集中行动、“扫黄打非·正道”集中行动、绿书签优惠购书活动、“剑网2020”专项行动等系列专项行动。区“扫黄打非”办公室获评2020年常州市“扫黄打非”先进集体，湖塘镇新天地社区获评2020年全省“扫黄打非”进基层示范点，区委政法委巢鹰获评2020年全省“扫黄打非”先进个人。

**【区域文化建设】** 2020年，区委宣传部组织实施文化惠民工程，助力文化产业发展，推动文化事业建设，促进区域文化繁荣发展。

实施文化惠民工程。9月，开展“迎全面小康、建明星城市”全媒体视觉作品征集展示活动，《致敬逆行者》获江苏省社会主义核心价值观主题微电影三等奖。同月，举办国庆民俗活动周，组织新婚夫妇参加在张太雷纪念馆举行的向革命烈士献花仪式暨常州三杰道德讲堂活动，弘扬爱国主义精神，培育与群众生活密切相关的国庆新民俗。9—10月，联合区文体广旅局举办第八届市民艺术节，以“日出阳湖·风雅江南”为主题，组织展演项目、比赛项目、展示项目等活动50项。10月，在牛塘镇丫河村举办“2020紫金文化艺术节常州·武进分会场文艺汇演”，组织致富代表、村官代表以及演出方阵近千人参加。年内，全区深入开展“社区天天乐”活动，

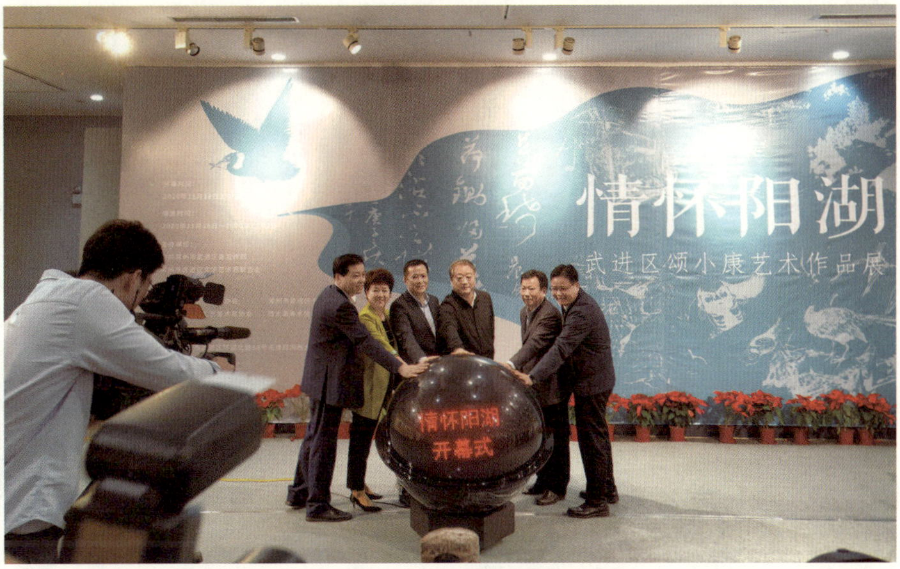


11月18日，“情怀阳湖”武进区颂小康艺术作品展开幕　（供图／区委宣传部）

组织群众文艺团体演出190场、专业院团演出5场，文艺志愿者参演50人次。组织送戏送综艺节目各200场、流动图书车送书下乡借阅1万册，举办阳湖大讲堂8场，完成农村电影放映4316场次，观影人数64万人次。

发展文化产业。落实文化产业扶持引导政策，组织申报文化产业项目13个，争取市、区两级扶持资金245万元。完成大运河国家文化公园常州段——春秋淹城遗址文化保护传承利用规划，常州大运河文化带淹城遗址公园改造提升工程于12月开工。推进全区影院复业和乡镇影院建设，洛阳镇、湟里镇影院如期营业。年末，全区有文化企业4000家，其中规模以上企业187家。全年完成文化产业增加值88.89亿元，占GDP比重5.98%。

推进文艺精品生产。加强文艺人才队伍建设，促进文艺精品生产，向中国共产党成立100周年献礼。8月，电视剧《亲爱的戎装》被列入2020年度常州市优秀精神文化产品创作扶持项目。12月，由江苏省青年编剧方晚、国家一级导演王波等专家团队主创的广播剧《永远的誓言》正式播出；法治题材电影《冬雪暖阳》摄制完成，计划于2021年上映。做好省群众文化“百千万”工程第二批推选认定和首批复核工作，长三角演艺装备新人才凤凰谷实训基地被列入2020年高层次文化人才项目签约。配合做好江苏省紫金文化英才和优青推荐选拔工作，武进锡剧团薛平鸽入选省紫金文化优青人才。年末，“日出阳湖·风雅江南”武进区市民艺术节获评省优秀群文活动品牌，武进区锡剧团获评全省优秀群众文化团队，黄晓琳、刘爱玲、戎诚、吴铁军、李淑元获评全省优秀文艺骨干。

**【全民阅读系列活动】** 2020年，区委宣传部围绕“阅读新时代，决胜建小康”的主题，组织开展“书香武进阅读”“品牌阅读示范”“分众阅读”三大系列9类80项活动，让书香遍布城乡千家万户。4月，开展“4·23”全民读书日活动，武进自然资源和规划分局、区总工会及牛塘、嘉泽等镇举办全民阅读主题读书月活动。6月，举办“书香武进·悦读人生”第三届武进区全民阅读活动暨首届乡村读书节启动仪式和“悦读嘉年华”活动，并与嘉泽镇夏溪小学开展共建活动。9月，湖塘镇秋白书苑对外开放，实施“书服到家”等便民服务项目。区委宣传部还组织开展“12本好书”推介活动，并将推荐的精品出版物优先纳入农家书屋。全区11家农家书屋安装数字化设备，推广线上农家书屋，注册人数近1万人。在全区中小学开展“踏上新征程、建功新时代”青少年主题教育读书活动，举办全区青少年斗书大赛，开放式阅读站全面建成。开展经典诵读进百村活动，走进洛阳岑村、前黄杨桥等地，由“百姓名嘴”演绎“小康式耕读”。年内，全区累计建成秋白书苑1个、24小时阳湖书房7个、市星级以上农家书屋60多

个、学校开放式阅读站 39 个，人均购书量连续 20 年位列全省第一。

（王元霆）

## 精神文明建设

**【概况】** 2020 年，全区各级、各部门按照武进区精神文明建设工作要求，围绕社会主义核心价值观落细落小落实目标，以新时代文明实践中心建设为重点，全面深化公民思想道德建设，巩固提升未成年人思想道德建设，常态长效开展群众性精神文明创建，着力提升城乡社会文明程度和市民文明素质。年内，全区创成全国文明镇、村、单位和家庭各 1 个；入选“常州好人”14 人、“江苏好人”4 人，蒋健入选“中国好人”；入选“新时代常州好少年”2 人。

**【公民思想道德建设】** 2020 年，武进区围绕提升市民素质和道德水平，开展选树道德典型、深化道德讲堂等实践活动，加强宣传、氛围营造。开展社会主义核心价值观公益广告宣传，引导基层把社会主义核心价值观纳入村规民约、居民公约等，组织参与全省优秀村规民约推选，推广“市民茶室”“初心茶室”“睦邻亭”“德孝亭”“大福来”等群众自我教育、自我管理首创做法，引导群众自觉抵制封建迷信、非法宗教渗透，抵制陈规陋习以及腐朽落后文化侵蚀，涵育文明乡风、良好家风、淳朴民风。举办网上道德讲堂，区总堂举办线下活动 25 场，通过“掌上道德讲堂”推送凡人善举 157 条，位居全市第一。谈宜庆、张小英、苏汉斌、陈建良、徐敏、潘焱峰、沈凌云、曹玉保、蒋晓美、陈凯、孙英、华友根、房良法、环亚青年突击队入选“常州好人”，尹玲、邵民明、华友根、戴雪琴 4 人入选“江苏好人”，蒋健入选“中国好人”。抓住新时代文明实践中心试点建设契机，挂牌武进区志愿服务促进中心，发挥指导协调、供需对接、孵化培育、培训展示等功能作用，重点引导和指导社会公益组织加入“志愿江苏”平台。重点规划建设区级志愿服务指导中心，建立完善“区、镇、社区（村）”三级志愿服务网络布局，坚持有机构、有场地、有队伍、有制度、有活动、有经费“六个有”标准，夯实基层志愿服务站点建设。至年末，全区志愿者注册队伍 833 支、36 万人，开展志愿活动 1.8 万项。

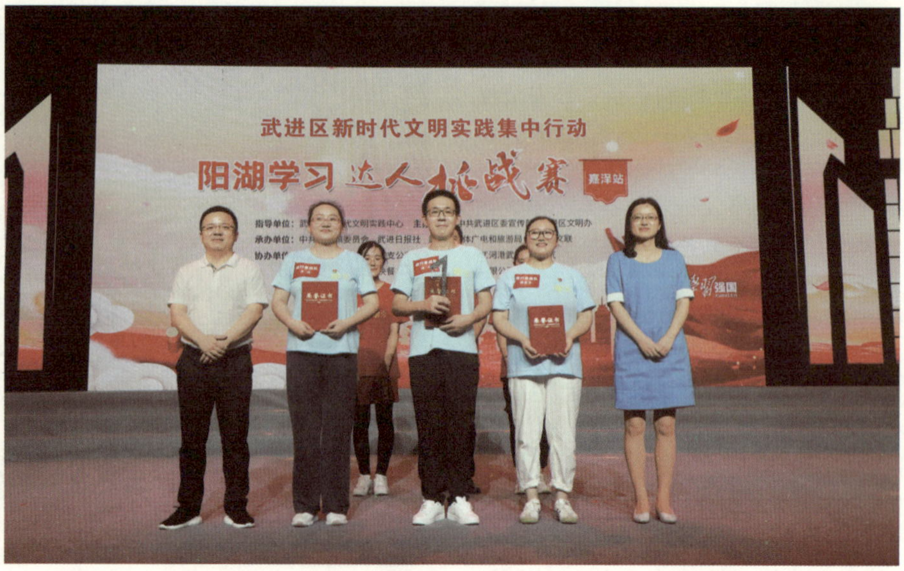


4—8 月，第二届阳湖学习达人挑战赛举行 （供图 / 区委宣传部）

**【新时代文明实践中心建设】** 2020 年，武进区以站位高、融合深、服务细、供需准、参与广、保障稳、工作实为原则，深入推进新时代文明实践中心建设，成立由区委书记、区长担任实践中心主任、46 个部门主要领导为成员的领导机构，组建十大工作组，形成“区实践中心—区实践指导中心—实践所—实践站—实践点”的五级架构。将新时代文明实践中心建设纳入区乡村振兴战略，制定印发相关推进扶持考核办法。在区市民广场莲花馆筹建区文明实践中心，形成以莲花馆为核、市民广场为圈，向南北延伸的组合式、多功能文明实践阵地群。打造新时代文明实践智慧云平台及电脑屏、手机屏、中心大数据屏、电视屏、户外广告屏、小区电子屏“一云六屏”信息服务平台，建成基层文明实践所 11 个、实践站 215 个。打造“总队、支队、队”三级志愿服务体系，建立区级志愿服务总队 25 支、镇（街道）级常备支队 11 支、特色志愿服务队 500 多支，收集汇总区级综合性志愿服务项目 201 个，开展各类志愿服务活动 2 万余场次，形成“党群携手、全民参与”的文明实践服务格局。举办全区“文明花开、心绣未来”新时代文明实践深化行动，先后启动和开展“爱要益起”“美丽中国、我是行动者”“装点新武进、青武护河行”“文化点亮心灯、文明美好人生”等主题实践活动 2000 余场。

**【文明城市长效建设】** 2020 年，武进区深化文明城市建设，注重统筹结合、城乡共建，扎实推进各类群众性精神文明创建活动，促进文明素质提升。组织争创全国文明城市“四连冠”十大专项行动，印发《常州市民文明行为促进条例》《武进市民手册》等宣传资料 12.6 万份，组织开展“我们的节日”宣传体验活动、“文明健康，有你有我”宣传活动、机关志愿者文明交通行动等志愿服务活动，助推文明城市建设。推动群众性精神文明创建工作制度化、规范化、常态化，全区区级文明村镇创建率 70% 以上，“最美家庭”和“五好文明家庭”评选活动深入镇村，非公企业和新经济组织、新社会组织积极参与文明单位创建。发挥文明单位示范引领作用，并引导其履行社会责任，广泛参加社会公益活动。突出城乡共建，开展文明单位与学校、村（社区）、贫困地区结对共建。推进诚信示范街（店）创建，开设红黑榜，倡导社会诚信。年内，湖塘镇获评全国文明镇，洛阳镇岑村村获评全国文明村，东方润安集团有限公司获评全国文明单位，前黄镇孙英家庭获评全国文明家庭。武进区获省级城市文明程度指数县（市、区）考评第 18 名，乡风文明指数第 14 名。

**【未成年人思想道德建设】** 2020 年，武进区深化未成年人思想道德建设工作目标化管理指导，在加强常规工作的基础上创特色亮点。推选宣传“新时代好少年”，重点推选宣传在抗击新冠疫情过程中自强自立、关爱他人、奉献社会的先进典型，前黄实验学校虞天佑、星河实验小学向怿夫、星河实验小学王路宸3人获评“新时代常州好少年”。加强未成年人校外社会实践基地规范化、标准化管理，引导爱国主义教育基地、文博场馆、乡村（城市）学校少年宫做好校馆衔接，提升服务质量，湟里中心小学少年宫中央专项彩票公益金支持项目申报完成。建成区未成年人心理健康教育网络云平台，把区未成年人成长指导中心和各中小学与市未成年人心理健康教育网络云平台相连接，提升基层学校心理健康室建设水平，在疫情期间开通未成年人抗疫心理热线。举办“踏上新征程、建功新时代”青少年爱国主义读书教育活动，结合端午、中秋、重阳传统节日，分别举办“文化点亮心灯、文明美好人生”“月夜荟萃、魅力礼嘉”“文明实践、孝爱阳湖”系列实践活动。组织学生参加常州市第二届未成年人文明礼仪风采大赛，星辰实验学校获特等奖，江苏省前黄高级中学、湖塘桥实验小学获二等奖，江苏省前黄高级中学获“文明礼仪风尚团队奖”。

（王元霆）

## 统战工作

**【概况】** 2020年，全区统战部门以《中国共产党统一战线工作条例》为指引，发挥法宝作用，强化责任担当，服务中心大局，助力疫情防控，扎实推进多党合作、民族宗教、新时代“两个健康”先行区创建、港澳台侨、光彩事业、“梧桐同心”品牌建设等工作，全力促进政党、民族、宗教、阶层、海内外同胞关系，为建设“强富美高”新武进贡献力量。强化统一战线服务中心工作的作用，区委统一战线工作领导小组会议审议通过《关于开展“发挥统战优势、服务一区一城”五大行动的意见》等文件4个。夯实多党合作基础，全区8个党派团体完成换届。加强谏言“直通车”制度，党派团体重要信息直报区委、区政府主要领导，畅通党派团体联络工作，优化合作环境。深入推进新时代“两个健康”先行区创建，《“两个健康”先行探索的“苏南模式”及其创新价值——以江苏省常州市及武进区为例》被中央统战部《调研参考》刊载，先后获全国政协副主席、全国工商联主席高云龙，全国工商联党组副书记、副主席樊友山，江苏省副省长马秋林的批示肯定，并获全国统战理论政策研究创新成果三等奖。区委统战部作为全省县（市、区）唯一代表参加全省民营经济统战工作会议，并作交流发言。区委统战部获2020年度全国统战理论政策研究创新成果三等奖、全市统战工作实践创新成果奖、全市统战理论政策研究创新成果一等奖、全市统战信息工作先进单位一等奖和全市统战宣传工作先进单位一等奖，统战工作考核连续六年位列全市第一。

**【新时代“两个健康”先行区创建】** 内容参见“专记”类目P2同名条目。

**【推进多党合作】** 2020年，区委统战部每季度召开“发挥统战优势，服务一区一城”党派团体工作推进会，推进全区一党派一特色品牌工作。先后召开全区多党合作座谈会和各民主党派、工商联、无党派人士情况通报会，通报全区经济社会发展情况和有关人事情况，广泛听取意见建议。举办武进区统战理论政策培训班、党外干部培训班，全区各党派团体骨干成员、新一届领导班子成员参训。加大对党外代表人士的培养、选拔、使用，开展应配必配部门党外干部培养走访工作，共摸排党外人才32人。全区各民主党派和党外知识分子联谊会发挥专业优势，积极抗击新冠肺炎疫情，组织300余人直接参与疫情防控工作，其中医护人员98人、疾控机构人员14人、社区疫情防控志愿者15人；创作书法、绘画、音乐等作品40余件（首），鼓舞斗志，凝聚力量；累计捐款112.14万元、防疫物资价值563.9万元。积极建言献策，提出提案136件，完成调研课题47个，报送信息301条，获评区政协优秀提案10篇、优秀社情民意3篇、优秀调研报告5篇。围绕新时代文明实践所建设，组织7个同心驿站与牛塘镇12个村（社区）结对共建，确立涵盖健康教育、非遗文化和关爱空巢老人、新市民子女、残疾人等志愿服务项目。

**【维护民族宗教领域和谐稳定】** 2020年，区委统战部召开全区民族宗教工作暨安全生产专项整治工作推进会，部署推进宗教活动场所安全专项整治行动。投入38.5万元，引入第三方专业机构，排查辖区内宗教活动场所消防、建筑安全隐患。督促相关宗教活动场所投入资金410多万元，整改安全隐患516处。调整民族宗教工作领导小组，与各镇、街道签订2020年民族宗教工作责任状，加强绩效考核，压实属地管理责任。4月24日，区基督教三自爱国会、区天主教爱国会和区道教协会举办爱国主义培训班，深化政策法规、公共服务、关心关怀、群众工作进宗教场所“四进”

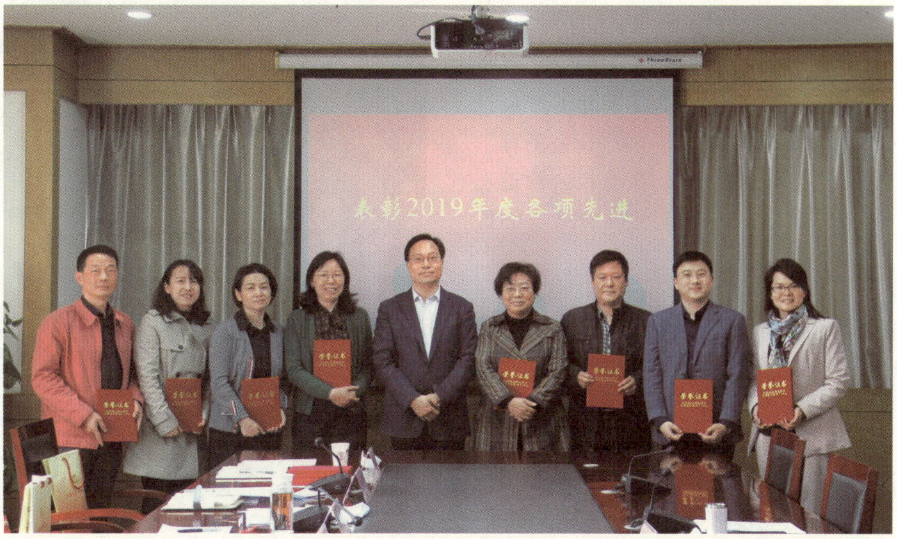


4月23日，区委统战部召开“一党派一特色”工作推进会，表彰先进，推进多党合作

（供图/区委统战部）

活动。全力做好宗教场所疫情防控工作，引导宗教界发挥独特优势，履行社会责任，积极参与志愿服务，劝导信众主动防控疫情，累计捐款及捐物折价37万多元。

全区贯彻落实中共中央办公厅、国务院办公厅《关于全面深入持久开展民族团结进步创建工作，铸牢中华民族共同体意识的意见》精神，开展创建民族工作“红石榴家园”活动。湖塘镇府东社区创成全省首批民族工作“红石榴家园”。年内申报少数民族发展资金项目2个，获中央和省少数民族发展资金项目资金200万元，雪堰镇城西回民村获评江苏省第二批特色田园乡村，村党总支书记吴卫丰被评为全省民族团结进步模范个人。全区发放清真食品补贴资金11.5万元。

**【服务非公经济高质量发展】** 2020年，区委统战部推进“青年企业家五年培养计划”，举办“走进企业、学习先进”系列活动，组织青年企业家参观考察江苏常发实业集团有限公司、今创集团股份有限公司、常州新奥燃气有限公司、常州康普瑞汽车空调有限公司，借鉴学习标杆企业先进经验。组织60人参加常州市民营企业家队伍建设“百千万工程”百人班、千人班培训。联合区委政法委、区司法局成立武进区民营企业法律服务中心，出台《关于开展为民营企业高质量发展提供精准法律服务活动的实施意见》，组建5个小组、近400名执业律师的专家服务团队。联合区市场监管局开展“绿荷行动”，在区总商会及各基层商会设立知识产权维权援助工作站11个，开展知识产权活动7场次。组织实施企业家“荣誉工程”，发放“常商服务卡”，在全社会营造理解尊重企业家、关爱支持企业家的良好氛围。

**【新的社会阶层人士统战工作】** 2020年年末，武进区新的社会阶层人士联合会（简称“区新联会”）设总会1个、行业分会4个、基层分会11个，有会员500人。2020年，区新联会坚持“充分尊重、广泛联系、加强团结、热情帮助、积极引导”的工作方针，完善工作机制，发挥当好党委政府联系新的社会阶层人士的桥梁纽带作用，推进全区新的社会阶层人士统战工作。先后召开全区新的社会阶层人士统战工作会议暨武进区新的社会阶层人士联合会一届五次会员大会、全区网络人士统战工作推进会，成立“梧桐新叶”百万光彩基金，倡议新的社会阶层人士参与抗击疫情、网络义卖助力爱心公益，举办“同心同向新征程、同频共振共发展”2020年度工作展示活动、“新联心·创未来”——武进区新的社会阶层人士联合会助力复工复产直播带货专场活动，与区人社局、武进高新区联合开展惠企惠民就业创业政策咨询活动、“智汇武进、服务企业”武进区重点企业HR经理首期研修班等活动，通过区红十字会定向捐赠武汉同济医院募善款4.38万元、口罩1万个，捐助陕西省安康市汉滨区瀛湖镇武进希望小学贫困留守儿童爱心款1.56万元和一批爱心产品。

**【港澳台统战工作】** 1—5月，区委统战部领导走访调研港资企业、台资企业，了解实际困难，通过谏言“直通车”上报《疫情冲击下，关于支持台资企业健康发展的几点建议》，获区领导批示，助力企业复工复产。6月，组织台商台属相约礼嘉镇嬉乐湾生态农业示范园，实地考察台湾农业项目。8月，组织海峡两岸婚姻家庭在西太湖和渼亲子乐园举办“武台一家亲·中药文化体验行”暑期亲子活动。9月，区委、区政府两办印发《关于进一步优化台企台胞发展环境的实施意见》，就进一步优化台企台胞发展环境、促进交流交往、服务在武进台胞等制定落实措施28条。11月，助推常台合作锦华文旅创新学院落户西太湖，助力海峡两岸文旅发展。12月，举办澳门常州联谊会成立三周年活动暨第二届理监事就职典礼，承办第六届苏台青少年科技创意创新活动。

**【海外统战工作】** 2020年，区委统战部凝聚海内海外力量，共建“强富美高”新武进。2月，印发倡议书，动员武进区华人华侨、归侨侨眷慷慨解囊，捐资捐物。3月，举办春送健康云讲座。4月，筹措物资，组建“云上力量”，建立网络联系群援助海外抗疫，举办海外华侨留学生疫情防控线上直播分享会4期；举办网上“华人华侨看武进”品春茗活动。5月，举办“海外留学生看武进”活动。同月，承办常州市新侨海归创新创业分享会，实地考察相关企业推动上下游全链条整合、有效应对疫情冲击的经验做法。上半年，联合武进电视台和武进日报社开展“天南海北武进人”大型新闻采访行动，完善高层次人才信息库和知名人士数据库，组建人才“智囊团”，助力人才强区。8月，组织武进籍海外华裔青少年参加网上“华裔青少年夏令营江苏大运河文化体验活动”，涵养海外华裔青少年资源。9月，配合举办“相聚武进，共谋发展”海外高层次

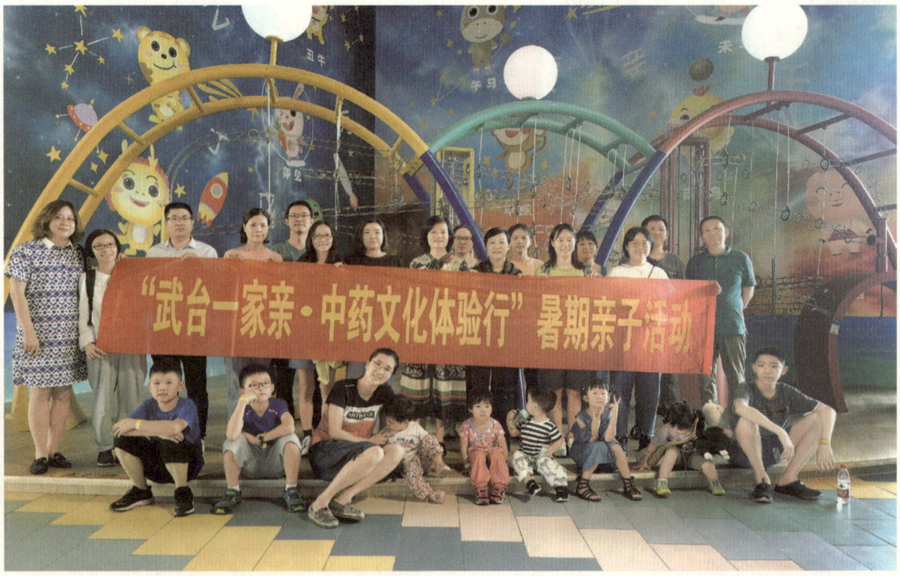


8月22日，武进区举办“武台一家亲·中药文化体验行”暑期亲子活动

（供图/区委统战部）

人才论坛品牌活动，促进海外人才和武进企业、平台项目对接，增强武进对海内外人才的吸引力。12月，牛塘镇金东方社区“侨胞之家”获评中国侨联优秀“侨胞之家”。

**【“美丽武进、幸福家园”同心惠民光彩行动】** 2020年，区委统战部深入开展“美丽武进、幸福家园”同心惠民光彩行动。4月，印发《2020年全区光彩事业工作要点》，鼓励各镇（街道）、开发区成立村级光彩基金，实施共建生态光彩项目，不断提高民营企业家生态意识，广泛动员企业家结对共建，组织力量推进共建活动，引导光彩资金向公厕改造提升、生活污水治理、农业废弃物回收处置等方向倾斜，做好生态项目清单，培育生态项目亮点，助力生态保护和美丽武进建设。8月，在武进博物馆举办“同心文化·大美武进——全国书法学专业高校名家邀请展”。9月，推进实施省“万企联万村、共走振兴路”行动，联合区工商联、团区委等相关部门开展“梧桐花开、青春四进”“梧桐花开、民企添彩”等村企共建主题活动，对接村企双向需求、搭建合作桥梁，促成村企合作项目30多个。年内，新建千万光彩基金3个、百万光彩基金22个，实际到账光彩资金4925万元，投入使用光彩资金3571万元，实施光彩项目283个。

**【“梧桐同心”统战品牌建设】** 2020年，区委统战部开展“梧桐同心”统战品牌建设行动，提升统战品牌影响力。4月，印发《关于进一步深化“梧桐同心”品牌建设工作的意见》，进一步整合优化统战资源，提升统战品牌建设内涵。5月，印发武进统战品牌工作地图。9月，规划优化“梧桐同心”基地参观线路。11月，启动武进统战同心展览馆规划设计工作。每季度召开“一镇一品”推进会、“一党派一特色”推进会，开展统战政策、知识、干部、成员、活动、文化“六进”基地活动。开展最具活力“梧桐同心”基地评选活动，切实发挥基地在弘扬统战文化、促进联谊交友、开展教育实践、引导创新创业方面的统战工作前沿阵地作用。武进高新区“梧桐同心”广场等5个基地获2020年度武进区最具活力“梧桐同心”基地一等奖。

**【助力脱贫攻坚】** 2020年，区委统战部围绕“挚友真情、同心合力”党建品牌，开展“一区一城”先锋行动主题党日活动，两次走访慰问牛塘镇孤残儿童16人次。贯彻落实党中央“坚决打赢脱贫攻坚战”的要求，结对3个村19户贫困户，针对性实施“一人一策”脱贫计划，实现扶持对象年内全部脱贫。助力云南省挂牌督战贫困村脱贫攻坚工作，组织专人实地了解云南省昭通市镇雄县贫困村情况，走访贫困户，定向捐赠扶贫资金10万元。

（顾珂迪）

## 机构编制管理

**【概况】** 2020年，区委编办在区委组织部归口管理下，完成基层审批、服务、执法力量“三整合”改革，稳步推进事业单位改革，协同推进重要领域体制机制改革，统筹配置机构编制资源。全年累计印发机构编制调整文件79个，落实推进省、市明确改革调整的具体改革任务3项，全区精简镇（街道）事业机构36个，增核事业编制6名；精简事业单位35个，回收事业编制116名。

**【重要领域机构编制管理调整】** 2020年，武进区重点强化发改、住建、农业、水利、应急5个领域，整合设置区重大项目建设促进中心、区房地产管理中心、区建筑工程管理中心（区墙体材料和散装水泥管理中心、区城乡建设档案馆）、区农业综合管理服务中心、区供销合作联合社（区农村合作经济经营管理站）、区畜牧兽医管理服务中心、区节约用水管理处（区水源地管理中心）、区水利综合管理服务中心。撤销区公共信用信息中心，区粮油食品中心化验室，区粮食干部学校，区房屋安全鉴定所，区住房保障中心，区房地产管理处（房地产价格评估所），区房地产开发和市场管理处，区白蚁防治所，区城乡建设档案馆（城乡建设档案管理处），区农产品质量动态监测站，区农业技术推广中心，区农业科技服务站，区水产技术推广站（区水产动物疫病预防控制中心），区生态农业服务站，区农村财务辅导站，区畜牧兽医中心（区动物疫病预防控制中心）和湖塘、牛塘、礼嘉、洛阳、前黄、雪堰、湟里、嘉泽、南夏墅畜牧兽医站，区节约用水管理处，区水源地管理中心，区水利工程建设管理中心及湟里、礼嘉、雪堰、洛阳、南夏墅、牛塘、前黄、嘉泽、湖塘水利站。提升中国以色列常州创新园管理办公室、江苏省武进太湖湾旅游度假区管理办公室机构规格为副处级，提升区重大项目促进服务中心、区房地产管理中心、区农业综合管理中心、区畜牧兽医管理服务中心、区水利综合管理服务中心机构规格为相当副科级，提升区供销合作联合社、区安全生产监察执法大队机构规格为相当正科级。

调整常州市武进中国春秋淹城旅游区管委会为管理办公室，精简行政编制3名；江苏省武进现代农业产业园区管理办公室与嘉泽镇实行“区政合一”，精简回收行政编制8名、事业编制4名。整合区广播电视台和武进日报社为区融媒体中心，精简事业编制48名。理顺医保、社保职责关系，划转22名事业编制至常州市医疗保障管理服务中心武进医保分中心，用于编制配备。推进区安委办实体化运行，在区应急管理局增核区安委办专职副主任1名，增设安委办综合协调科，增核安全生产监察执法大队事业编制5名，用于加强执法力量；理清区住建局房产管理、建设工程消防管理职责，增设房产管理科和建设工程消防管理科，增核行政编制2名。加强依法治区工作，增核区司法局政法专项编制1名。结合疫情防控需要，及时优化区疾控中心职能配置，将常武太湖医院整建制划入设置为区疾控分中心，统筹调剂增核区疾控中心事业编制43名；在武进人民医院增挂常州市第八人民医院牌子，将新晋二级医院前黄医院更名为武进第五人民医院、洛阳卫生院更名为第六人民医院。结合《武进区教育“强弱项补短板”三年行动方案（2021—2023年）》，新设人民路初中、湖塘实验幼儿园融创分园，人民路初中增挂前黄高中附属初中牌子，武进职教中心校更名为常州市高级职业技术学校，增核公办中小学教师编制31名。

**【基层整合审批服务执法力量改革】** 内容参见“专记”类目P3同名条目。

**【区级机关部门服务高质量发展考核】** 9月，区委编办按照“推动武进高质量发展走在前列”的总体要求，围绕区委、区政府重点工作目标任务，制定印发《2020年度区级机关部门服务高质量发展考核实施方案》，全面评价全区高质量发展、党的建设成效。全区62个部门和单位参加考核，考核项目由重点工作目标（65分）、管理工作目标（25分）、政策资源争取目标（10分）和加减分项目4个部分组成，分“六提工程”推进、对标一流争先进位相关指标、一类目标和二类目标、职责履行和机构编制执行情况、财政预算绩效管理水平、一流法治环境建设、一流政务环境及社会信用体系建设、国家及省督查激励政策争取情况、专项资金争取情况9个具体考核指标，由区委办、区政府办及区发改局、区委编办、区财政局、区委政法委、区司法局、区行政审批局8个考核责任部门牵头制定考核实施细则，发挥考核激励作用，激发全区党员干部担当实干。

（陈　渊）

## 台湾事务

**【概况】** 2020年，武进区出台政策措施，进一步优化台企台胞发展环境。面对复杂严峻的两岸关系和新冠疫情带来的不利影响，区台办深入贯彻中央对台决策部署，围绕中心，服务大局，积极作为，细化落实惠台措施，服务台企复工复产，服务台胞台属生产生活。组织开展安全生产、法律、环保等政策宣讲活动，鼓励支持台企科技创新，服务武进“一区一城”建设。市委常委、统战部部长韩九云，副市长、区委书记李林，省台办副主任芮经忠和市委书记齐家滨先后调研晶品光电有限公司、光宝科技有限公司、常州承芯半导体有限公司等台资企业发展情况。年内，承办国台办青年交流项目1项，开展涉台宣传教育12场，报送涉台宣传信息稿件70多篇，被《两岸关系》刊物录用1篇、江苏统战网录用4篇、常州统战网录用7篇、常州市台湾事务网录用55篇、“武进统战”微信公众号录用14篇。区台办获2020年度常州市辖市（区）台办涉台信息宣传工作第一名，调研课题“5G背景下，武进台企的机遇与挑战”获全市台办系统调研课题一等奖；富克斯流行广场“梧桐同心基地”获2020年武进区最具活力“梧桐同心基地”二等奖。

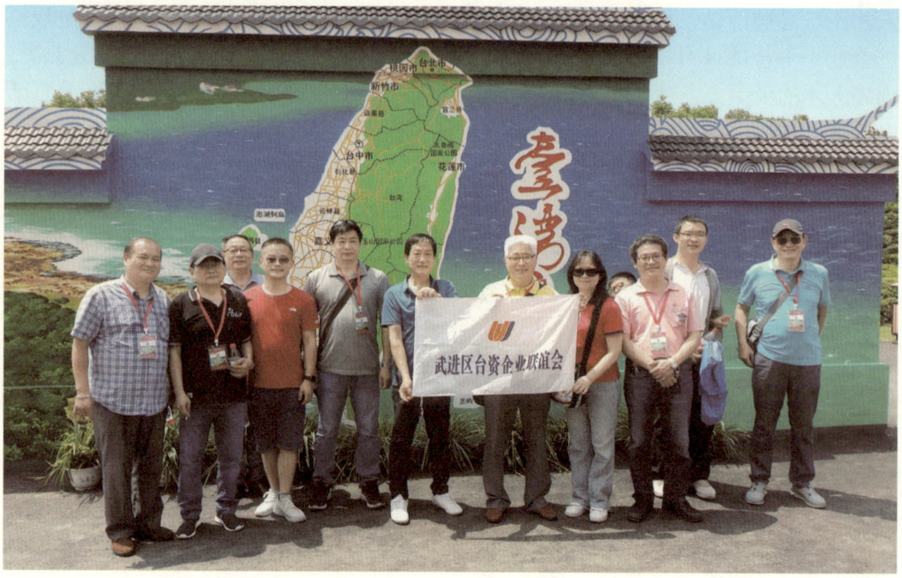


6月6日，组织台商台属相约武进嬉乐湾台湾馆，实地考察台湾农业项目

（供图／区台办）

**【出台进一步优化台企台胞发展环境的实施意见】** 4月，区台资企业联谊会撰写的《疫情冲击下，关于支持台资企业健康发展的几点建议》调研报告获常州市副市长、区委书记李林批示。区台办遵照批示深入台企开展调研，认真梳理区级层面惠企措施，为区委、区政府提供决策依据。9月，区委办、区政府办结合武进实际，出台《关于进一步优化台企台胞发展环境的实施意见》。该意见共三大部分28条具体措施：第一部分围绕台企高质量发展，共12条，主要是吸引项目投资、促进产业提升、加大服务支撑等方面；第二部分围绕深化两岸融合发展，共9条，主要是支持聚才引智、创业创新、多层次交流合作等方面；第三部分围绕逐步落实待遇等，共7条，主要是在教育、居住、医疗、养老及各类荣誉待遇等方面让在武进台胞同等享受。该文件也是江苏首个区级层面出台的惠台措施。

**【台商台资投资武进量质双提升】** 2020年，武进区新批台资项目8个，注册资本6607.5万美元，增长138%。全区台企营收和外贸出口保持稳中有升态势，正常营运的63家工业台企实现营收120.8亿元，上升3.9%；实现外贸出口11.97亿美元，上升11.6%。4月，台湾晶元光电联合武岳峰资本、卓胜微电子等公司启动实施承芯半导体项目，建设第三代化合物半导体芯片，提升中国芯片自主供给能力，总投资达100亿元。12月，承芯半导体项目一期投产，成为武进高质量发展“芯”高地。

**【第六届苏台青少年科技创意创新大赛在武进举行】** 12月19日，国台办重点对台交流项目——第六届苏台青少年科技创意创新大赛在武进区西太湖与云端同步开幕，海峡两岸师生2400人参赛，其中台方连线参赛人数近1800人。该大赛采用线上、线下相结合的模式，围绕“两岸同心、科技战‘疫’”的主题，开展“云”竞赛、“云”交流、“云”展示等活动，在视频两端切磋技艺、增进友谊，用小创意玩转科学大舞台。泗阳双语实验学校一队、桃李园教育二队、龙小江畔二队分获小学组冠军、亚军、季军，南师附中丁家庄初级中学翼建队、南师附中丁家庄初级中学格致队、华东台商子女学校王子队分获中学组冠军、亚军、季军。

**【嬉乐湾台湾馆开馆】** 6月6日开馆。该馆由江苏嬉乐湾生态农业示范园有限公司和台企常州市田香院农业科技有限公司联手打造，占地面积3.33公顷，集休闲观光、科普教育、产品展示、水果采摘于一体，设有滑草坡、石斛大棚、植物园、农耕文化博物馆、水上高尔夫、石锅饭体验、企业拓展训练等功能区，并建设智能化大棚，种植台湾树葡萄、红心火龙果、宝岛特产“牛樟芝”等。该馆支持举办海峡两岸青少年交流活动，倾力打造海峡两岸青少年户外体验式教育研学旅行基地。

**【“武台情·一家亲”品牌建设】** 2020年，区台办依托富克斯流行广场“梧桐同心基地”开展系列活动，深化“武台情·一家亲”品牌建设，推进武进台湾两地交流合作。4月，开展安全教育活动，发放倡议书、《电动自行车驾驶交通安全须知》等资料，并赠送头盔。7月，配合富克斯流行广场梦幻夜集市汽车后备厢超市，助力台青世华花卉和秉薪花卉公司开展花卉销售活动。7月31日，举办环保政策宣讲会，组织近30家台企负责人及管理人员参加。8月16日，开展“迷你小屋”亲子DIY活动，组织台属联谊会和16个海峡两岸婚姻家庭参加。8月22日，举办“武台一家亲·中药文化体验行”暑期亲子活动，组织11个海峡两岸婚姻家庭参加。11月9日，赠送安全知识手册进基地活动，发放安全知识手册150册。年末，该基地获2020年武进区最具活力“梧桐同心基地”二等奖。

**【台胞台属台企奉献爱心】** 2020年，区台办广泛发动台企台胞台属献爱心，支持抗击新冠肺炎疫情。区台湾同胞投资企业联谊会（简称“台企联”）向区光彩事业促进会捐赠疫情防控基金5万元，购买口罩、消毒液等防护物资赠送重点台企。光宝科技、晶品光电、兴勤电子、永和精细化学等台企向常州市台协会“常台同心圆”专项基金会捐赠爱心资金40.3万元。区台谊会广泛发动台属向社区、村委、红十字会等捐款及捐物合计价值20余万元，向市台谊会捐赠爱心款18.1万元，占全市捐款总额的69.9%。光宝华东营运中心组织无偿献血230人次，总献血量7.22万毫升。春节前后，区台办、台属联谊会组织走访慰问全区重点困难台属家庭，发放爱心补助金1.4万元。全年慰问困难台属家庭20余户，发放慰问金2.5万元。年内，区台办会同相关部门解决台胞子女入学5人，办理“台商台胞医疗保健绿卡”85份，依法依规解决台企涉及环保、税收等求助28起。

（杨伟铭）

## 侨　务

**【概况】** 2020年年末，全区常驻人口中有归侨13人、侨眷6000余人，在海外的华侨华人，分布在世界近40个国家和地区，相对集中于美国、加拿大、日本、英国等国家和中国香港地区；有侨资、侨属企业880家。年内，在新冠疫情席卷全球、国际环境复杂多变的情况下，区侨办、侨联走访重点侨企50余家，帮助解决复工复产问题，开展第十三届“相聚武进共谋发展”海外人才走进高新区活动，承办常州市新侨海归创新创业分享会。走访慰问困难归侨侨眷、侨界代表人士100余人次，发放困难补助、慰问金3万元。积极引导海内外侨胞同心抗疫，据不完全统计，华侨华人、归侨侨眷、侨商侨企向海内外捐资捐物价值1890余万元。雪堰镇、礼嘉镇、前黄镇、牛塘镇、洛阳镇、湟里镇6个基层侨联完成换届工作。牛塘镇金东方社区侨联获评全国侨联系统优秀“侨胞之家”称号。

**【武进侨界抗击新冠疫情】** 2020年，新冠肺炎疫情暴发，区侨办、侨联依托武进侨界人脉资源和海外华人社团，与海内外华人华侨以及侨胞眷属一起合力抗击疫情。加拿大江苏国际商会执行会长徐晓光、阿联酋华侨华人联合会秘书长张涛分别设立专项救助基金，区侨联成立百万抗疫光彩基金，对接区防疫指挥部、区侨商会、区侨界青年联谊会、区内侨界代表人士等，多方筹措各类防疫物资，紧急发送给意大利、英国、法国、美国、加拿大、澳大利亚、日本等11个国家和中国香港、澳门地区，援助武进籍华侨华人和留学生。

**【第十三届“相聚武进、共谋发展”海外人才走进武进高新区活动】** 9月28日，在区梧桐同心广场举行，15个国家和地区的50余名高层次人才、海外专业协会负责人参加活动，交流展示创新创业项目信息150余项。经线上、线下互动，与会高层次人才与武进高新区、常州科教城、西太湖科技产业园、武进绿建区、雪堰镇、礼嘉镇、前黄镇、湖塘镇、牛塘镇、嘉泽镇和部分企业负责人对接洽谈项目49个。

**【为侨“云”服务】** 2020年，区侨办、侨联创新为侨“云”服务模式，于新冠疫情暴发后的第一时间通过微信、电话、邮件等方式联系海外乡亲、侨团负责人，了解其在疫情期间的生活、工作、学习情况和诉求；邀请疫情防控专家、心理咨询师，开展海外华侨留学生疫情防控线上直播分享会15期，举办春季养生微信云讲座，在海外华侨华人和归侨侨眷的微信群中分享，帮助海外侨胞以及留学生积极应对疫情，做好自我防护。汇集海内外武进籍华侨华人以及留学生，建立网络联系群，持续推出暖心问候、心理关爱、中医云门诊、涉侨人士

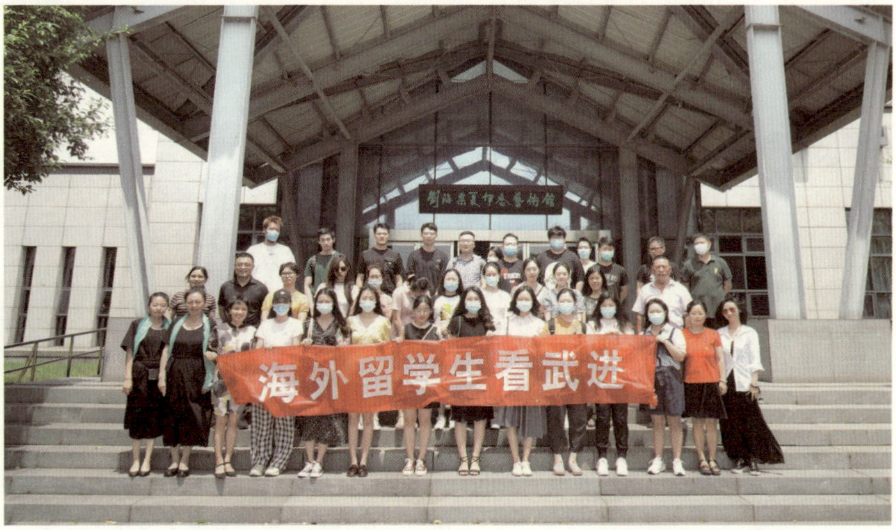


5月，举办“海外留学生看武进”活动　　（供图／区侨办）

防疫指导、入境防控举措等在线咨询服务，积极为海外侨胞答疑解惑。开展“华侨华人看武进”网上品春茗活动，在海外华侨华人和归侨侨眷联络群中分享雪堰茶乡美景，弘扬武进茶文化。

**【侨联界别参政议政】** 2020年，区侨办、侨联积极引导侨界人大代表、政协委员、侨界代表人士发挥才智、参政议政。侨界代表人士提出议案10余个，撰写调研文章1篇。杨美英撰写的《关于进一步做好垃圾分类源头管理》提案获评常州市政协年度优秀提案、市政协领导督办提案，李文伟撰写的《关于推进招才引智工作的建议》获评区政协年度优秀提案，方沛琪、顾锁娟、沈嘉晨获评区优秀政协委员。侨联活动组获评区政协先进界别活动组、年度政协宣传报道工作先进单位和界别联组“有事好商量”协商议事室示范点，“助力新侨创新创业”项目获评区政协年度“有事好商量”优秀协商案例。

**【唱响“侨”声系列活动】** 2020年，区侨办、侨联组织唱响“侨”声系列活动，加强文化宣传。开展“海外留学生看武进”活动，组织近40名武进籍海外留学生参观常州石墨烯科技展览馆、福隆控股集团，走进西太湖雅集园，亲密接触家乡经济和文化。组织武进籍海外华裔青少年参加“2020海外华裔菁英青少年大运河文化线上体验活动”，传承中华优秀传统文化。制作海外华侨华人拜年视频，新春期间在武进电视台播放。在日本《中文导报》发表《生态滨湖区，现代制造城》一文，专题介绍武进经济发展情况。全年上报各类信息20余篇。《双向齐抗疫，全球总动员》在“学习强国”上发表。通过QQ群、微信群、短信平台等方式，向侨界群众及时发布政策信息。

**【金东方社区侨联获评2020年度全国侨联系统优秀“侨胞之家”】** 2020年年底，金东方社区侨联获评2020年度全国侨联系统“侨胞之家”。金东方社区侨联作为全国社区侨联工作典型，凝聚侨心、汇聚侨力、服务侨胞，打通为侨服务的“最后一公里”。常年开展“侨心向党”活动，组织侨胞成立腰鼓队、旗袍队、舞蹈队、乐队、戏曲团等，排演节目参加省、市、区侨联活动。实行24小时on-call制度，工作人员电话24小时在线，建设楼栋文化，侨眷主持开通金东方之声广播，开展孤独老人心理疏导。组织工作人员做好新冠肺炎防疫排查，组织侨眷帮扶结对，充当“快递员、送报员、采购员、理发员”，保障园区老人生活不受疫情影响。

（寿鹤婷）

## 老干部工作

**【概况】** 2020年年末，武进区有离休干部128人，其中武进直属103人、代管（含垂直条线部门）19人、易地安置6人；副处级以上退休干部111人。有离退休干部党支部（总支）81个和卫健系统、教育系统、区级机关事业单位退休干部协会3个。年内，区委老干部局坚持“党建统领，服务为先”，推进离退休干部党建工作、作用发挥、服务管理，团结带领全区广大离退休干部讲政治、献余热、做贡献，为全区经济社会发展增添正能量。全区完成市级及以上老干部工作部门微信公众号关注量2532人次，区委老干部局门户网站全年发布信息785篇，“武进桑榆”微信公众号推送消息194条，全年累计上报工作信息43篇，被“学习强国”江苏平台录用稿件3篇、《党的生活》和《组织人事报》录用2篇，交汇点、江苏老干部等省级媒体录用17篇。武进区被省委老干部局确定为联系点，武进税务局离退休干部第一党支部获评“六有一提升”省级示范支部，武进区人民法院离退休干部职工党支部、武进区财政局离退休干部党支部、雪堰镇潘家老干部党支部获评“六有一提升”市级示范支部。武进区关心下一代工作委员会、武进区老科技工作者协会、武进区湖塘镇永定社区“银发生辉”志愿服务队获评全市离退休干部先进集体，王小文、万军获评全市离退休干部先进个人。

**【离退休干部党建工作】** 2020年，区委老干部局建立离退休干部“不忘初心、牢记使命”长效机制，组织开展学习全国、全省离退休干部“双先”事迹（离退休干部先进集体、先进个人）、学习革命先烈精神、学习党史新中国史，回顾本单位发展历程、回顾本人成长经历、回顾自己的入党誓言“三学三回顾”活动，引导老干部进一步增强“四个意识”、坚定“四个自信”、做到“两个维护”。推进“两学一做”学习教育常态化、制度化，组织收看中组部老干部局网上专题报告会4场，推送学习参考资料23期，举办中共十九届五中全会精神专题辅导报告会1场。在离退休干部中开展“决胜全面小康，助力‘一区一城’”年度主题活动，收到“我心中的全面小康”主题征文148篇，送理论宣讲到基层26场，播放红色电影15场，评选表彰先进老干部145人。推进离退休干部党组织“标准＋示范”建设，举办离退休干

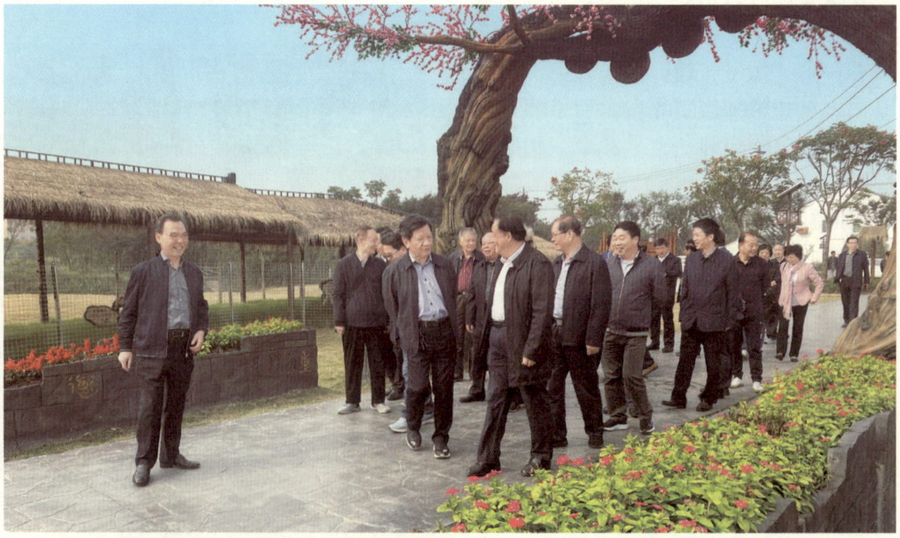

开展武进区四套班子老领导“看一区一城、话全面小康”主题活动

（供图/区委老干部局）

部党建工作骨干培训班1期。区档案馆、区委党校分别成立老干部党支部。全区各离退休党支部普遍开展“畅谈奔小康，助推双胜利”主题党日活动，覆盖“畅谈小康、感受小康、点赞小康、助推双胜利”4种形式。全区创成第二、第三批省级离退休干部“六有一提升”达标支部31个，获评省级示范支部1个、市级示范支部3个和区级示范支部首批“桑榆堡垒”15个，评选表彰全区先进老干部党支部25个、优秀党建骨干17人。在《武进日报》“银潮”版面开设“武进离退休干部党建工作巡礼”专栏，宣传支部品牌15个。

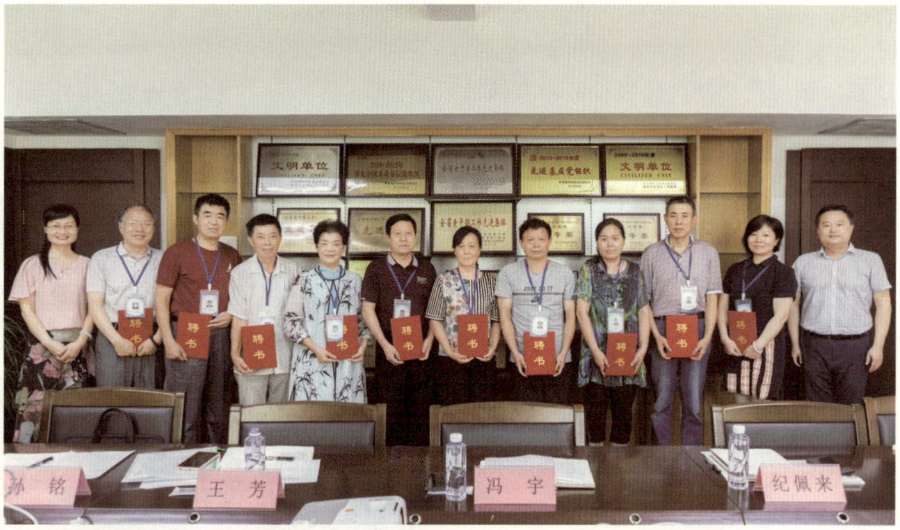

7月8日，武进区文明城市建设老干部巡访团成立　（供图／区委老干部局）

**【离退休干部服务管理】** 2020年，区委老干部局全面落实离退休干部政治待遇和生活待遇，提升离退休干部服务管理质量。年内，召开老干部情况通报会1次，集中慰问住院干部2次，组织四套班子老领导参观考察1次。结合抗战胜利75周年、抗美援朝出国作战70周年等纪念活动，走访慰问抗战老干部18人，发放抗美援朝纪念章8人次。举办老干部游园竞赛活动1次，参与老干部、老党员195人；举办全区离退休干部书画摄影展，展出书画作品82幅、摄影作品37张。区老干部活动中心落实老干部学习活动场所安全生产责任，全面提档升级消防设施设备，举办疫情防控知识培训、疫情防控演练、应急救护培训、消防演练各1次。

推进离退休干部信息平台建设，配齐管理员队伍，加强业务培训、基础信息数据采集，精准实施离退休干部服务管理。印发《关于进一步加强退（离）休干部管理的通知》，明确离退休干部思想、组织、纪律、行为等方面制度规范。保障离休干部高龄养老，疫情期间逐一电话联系全区离休干部，落实送菜上门服务45人；开展“百日大走访”，上门慰问离休干部120人；开展离休干部就医绿色通道“回头看”，深化“家庭医生”签约工作，完善家庭医生的相关服务项目和监督考核机制。开展第五轮“桑榆”爱心基金帮扶，为50户有特殊困难的离退休干部（遗属）发放帮扶款15.8万元。走访调研武进工贸公司、先行集团等单位，有序推进全区国有改制和破产企业退（离）休干部服务管理。

**【离退休干部作用发挥】** 5月18日，区委组织部、区文明办、区委老干部局、区委离退休干部工委联合印发《深入推进离退休干部“银发生辉”工程的实施意见》，推进实施“银发生辉”工程，引导离退休干部为经济社会发展增添正能量。7月17日，召开全区“银发生辉”工程推进会，授牌盛锡金党建指导工作室、吴亚频文化传播工作室、包丽娜新苗育才工作室、武进区老专家健康咨询团、武进区老法官法律调解团、武进区文明城市建设老干部巡访团6个全区首批特色志愿服务团队。年内，印发抗击新冠肺炎疫情倡议书，号召离退休干部和老干部工作者在力所能及和确保安全的基础上，参加居住地社区、交通卡口、火车站、汽车站等地执勤登记、卫生消杀等工作。全区离退休干部为防控疫情捐款81.1万元，其中金额5000元以的14人。“武进桑榆”微信公众号连续发布“抗击疫情，武进离退休干部在行动”专题报道17期，通报表扬离退休干部党支部27个、离退休干部43人。广泛开展专题调研和献计出力等活动，为武进高水平全面建成小康社会和“十三五”规划圆满收官发挥作用。围绕“我看脱贫攻坚新成就”，全区34个离退休党支部组织专题调研，形成调研报告6篇。围绕“决战脱贫攻坚、决胜全面小康”开展专项行动，累计开展活动104次，参与老干部277人，涉及帮扶项目32项，受益人数5956人。开展“我为‘六提’工程献一计”建言献策活动，收到各类意见建议155条、调研报告30篇。开展“武进最美老干部巡礼”活动，在《武进日报》刊登最美老干部先进事迹14篇，评选2020年度最美老干部14名，拍摄制作退休干部微视频《剑胆琴心》《我们共同的名字》2部。组织开展重阳敬老慰问演出、迎国庆书画展等集中志愿活动，累计成立“银发生辉”志愿服务队61个，离退休干部参加常态化志愿服务超过3000人次。志愿服务项目“正能量加油站”入选全区新时代文明实践“520”服务项目，“银发生辉”入选2020年武进组工金名片。年底，区委组织部、区文明办、区委老干部局、区委离退休干部工委联合表彰2020年度全区“银发生辉”工程优秀团队（工作室）14个、先进个人25人。

（王　敏）

## 党校工作

**【概况】** 2020年，区委党校、区行政学校按照区委统一部署，立足实际，紧扣主课主业，组织实施疫情防控助力工程、党建引领强化工程、主课主业对标工程、制度机制再造工程，高标准推进党校事业发展。举办干部培训班28期，参训3323人次；承接各类培训活动和外来办班209场次，参训53251人次。完成区级以上科研课题25个，在省级及以上刊物发表学术论文17篇，编印《学习参考》8期。

**【干部教育培训】** 2020年，区委党校、区行政学校按照《2020年全区干部（人才）教育培训工作要点》，做好干部教育培训。

7 月 14 日，武进区年轻干部“雄鹰计划”训练营启动，区级机关和乡镇、街道、开发区年轻干部 44 人参训。此次培训改往年 1 个月集中封闭式培训为横跨 5 个月、“5+1”主题的阶段式集训，在避免工学矛盾的前提下，通过导师结对、基层实践、课题调研等形式，在非集训时间段达到“休课不休学”的培训效果。培训内容主要围绕政治生态、产业生态、城市生态、自然生态、社会生态 5 个方面和打造“一区一城”，在提升知识储备的同时，组织学员到淮安、苏州等地考察调研，学习先进经验，进一步提升实践水平。

7 月 31 日，“吾进大学堂”开班。年内共举办 9 期，领导干部及青年干部 5000 余人次参训。该培训班以高质量教育培训干部、高水平服务发展大局为目标，开设“学习领会习近平新时代中国特色社会主义思想”“意识形态认同与党的政治建设”“国际形势与国家热点政治形势问题”“长三角一体化发展的协作机制研究”“中国美丽乡村建设的构想与实践”“党建引领下的基层治理创新”“营商环境改善与法治政府建设”“突发事件危机管控与媒体应对”等课程，为建好“五个生态”、打造“一区一城”提供坚强的人才保证。

8 月 11—14 日，全区村（社区）“两委”主要负责人培训班举办，270 人参训。该培训班围绕习近平新时代中国特色社会主义思想、农村（社区）基层党建工作、城乡社区和谐示范建设、农村集体资产管理、党建引领社区治理等内容，通过课堂授课、现场教学、书记讲坛等形式，提升村（社区）“两委”负责人对党的路线方针政策的理解，提高政治素质和履职能力，为全面实现乡村振兴、基层社会治理现代化提供更加坚强有力的组织保证。

10 月 12 日，武进区新任副科职领导干部培训班开班，40 名新任副科职领导干部脱产参加为期 3 周的培训。该培训班聘请中央党校、江苏省委党校教授等专家学者讲授党性教育、产业发展、生态文明、法治建设等内容，组织学员结合学习党史、新中国史、改革开放史和社会主义发展史开展“为你读史”活动，围绕《习近平谈治国理政》第三卷举办学习感悟专题论坛，进一步提升理论素养，拓宽工作视野，增强服务全区发展大局的能力水平。

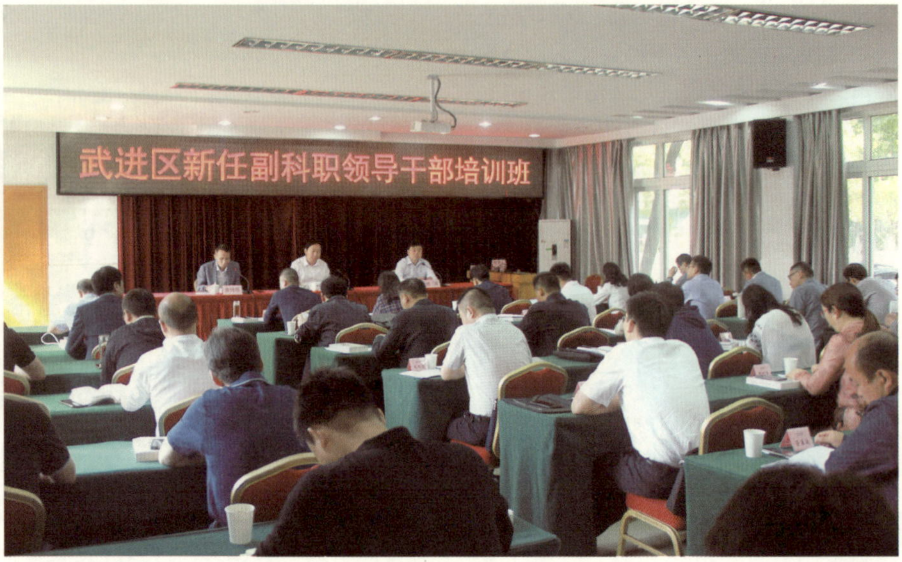

10 月 12 日，武进区新任副科职领导干部培训班开班 （供图 / 区委党校）

10 月 15—16 日，武进区级机关党务干部培训班举办，区级机关工委委员、部门（单位）党组织书记、副书记 95 人参训。该培训班组织学员系统学习《中国共产党党和国家机关基层组织工作条例》《习近平谈治国理政》第三卷，走访溧阳市庆丰村蔷薇红党建阵地、曹山慢城园区党建阵地以及新四军江南指挥部纪念馆、红色塘马战斗广场等革命传统教育基地，开展党风廉政教育，提升机关党建实务水平。

**【主题理论宣讲】** 2020 年，区委党校围绕习近平新时代中国特色社会主义思想、《习近平谈治国理政》第三卷和中共十九届五中全会精神等重大主题宣传活动，紧跟区委中心工作，紧扣“六提工程”目标和任务，选派骨干教师深入部门和基层单位开展主题理论宣讲，累计举办宣讲活动 200 场，听众 2 万余人次。

**【新冠肺炎疫情防控配合】** 2020 年，新冠肺炎疫情发生后，区委党校作为武进区新冠肺炎密切接触者集中医学观察点之一，先后配合接收两批次隔离人员，第一批为 1 月 25 日至 3 月 17 日，共接收隔离人员 194 人，其中密切接触人员 135 人、其他人员 59 人，武进中医医院和武进人民医院南院负责配备医护人员；第二批为 3 月 27 日至 4 月 7 日，共接收隔离人员 49 人，主要为境外隔离人员，洛阳镇卫生院负责配备医护人员。

**【调查与研究】** 2020 年，区委党校紧扣全区经济社会发展热点、难点问题开展调查研究，深入开展决策咨询工作，及时反映重要思想理论动态，提出有价值的对策建议，调研文章获评省级及以上优秀结项 2 篇、省级良好结项 1 篇、市级重点结项 1 篇、市级优秀结项 2 篇，被区委研究室《调查与研究》录用 3 篇。《基层党校“用学术讲政治”的重点难点研究》获 2019 年度省委党校调研课题优秀结项，《新型农村社区治理模式研究——新型农村社区治理的武进探索与思考》获 2020 年度省委党校专项课题优秀结项，《基层党建引领社会治理创新研究——武进区“党建触网、双网融合”实证》获 2019 年度省委党校调研课题良好结项，《乡村振兴视域下小农户与现代农业发展有机衔接的机制和路径研究——以常州市武进区为例》获环太湖课题优秀结项，《新时代提升机关基层党组织组织力现实问题与路径研究》《打造“党支部工作名片”推动机关支部建设的实践与探索》分获市委党校党建课题重点结项和优秀结项。与区人大合作课题《以人为本、多元共治的武进模式——武进区创新基层社会治理的实践与启示》《规范群租房管理、增强社会治理实效》分别刊登于《调查与研究》的第 3 期和第 4 期。

（李　琳）

# 常州市武进区人大

People's Congress of Wujin District of Changzhou

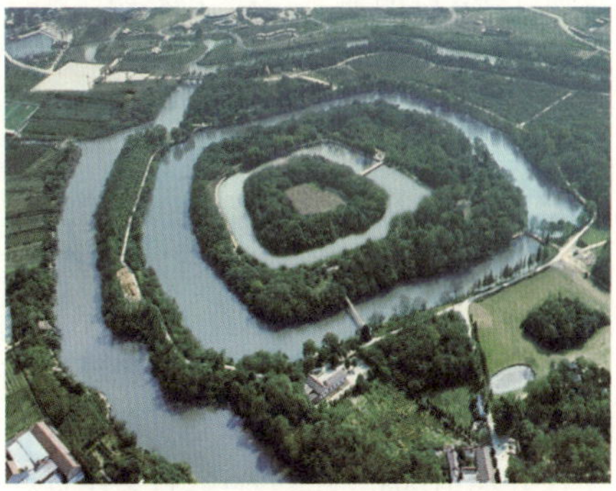

栏目编辑　王国新

## 重要会议

**【区第十六届人民代表大会第四次会议】** 1月4—6日，在武进假日酒店会议中心召开，381名代表参加。会议听取和审议政府工作报告、2019年国民经济和社会发展计划执行情况及2020年计划安排报告、2019年预算执行情况和2020年预算草案、人大常委会工作报告、人民法院工作报告、人民检察院工作报告，并通过相应决议；会议选举江建文为区十六届人大常委会主任，周仲华、周庆中为区十六届人大常委会副主任，唐家中为区监察委员会主任，宋文良为区人民法院院长；通过监察和司法委员会、社会建设委员会两个专门委员会委员名单；票决产生2020年度区级重点民生实事项目。

**【区十六届人大常委会会议】** 2020年，区十六届人大常委会共召开常委会会议8次，听取和审议“一府两院”专项工作报告18项；作出决议、决定13项；任免国家机关工作人员91人次，其中任命区人民政府副区长4人；邀请非区人大常委会委员的镇（街道）人大负责人48人次、区人大代表32人、选民16人列席各次会议。

第二十八次会议　3月5日在区行政中心召开。会议审议通过《武进区重点民生实事项目监督办法（试行）》、区人大常委会2020年度工作要点。

第二十九次会议　4月10日在区行政中心召开。会议任命郑孝义为区人民政府副区长，审议通过其他人事任免事项。批准区人民政府《关于提请审议2020年度全区旧城改建项目计划的议案》，同意将增补项目列入区2020年国民经济和社会发展计划。对2019年度人大常委会审议意见落实情况开展满意度测评，结果均为满意。审议《武进区人民代表大会议事规则（草案）》，并决定将此提交区第十六届人民代表大会第五次会议通过。审议通过《武进区人民代表大会常务委员会议事规则》。

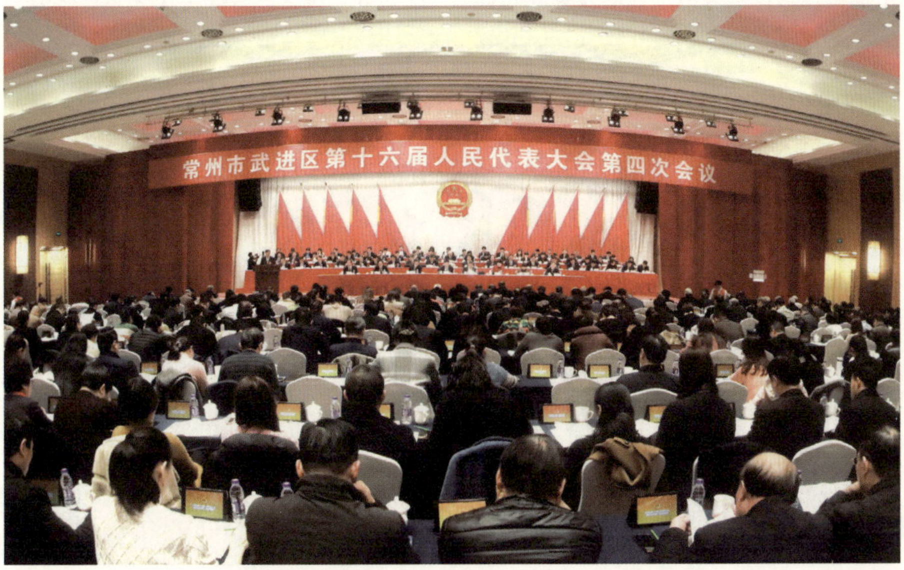


1月4日，区十六届人大四次会议开幕　　（摄影/陆　新）

第三十次会议　6月30日在区行政中心召开。会议审议通过有关人事任免事项。审议通过区人民法院扫黑除恶工作情况报告、区人民检察院司法责任制改革工作情况报告。批准区人民政府《关于提请审议2020年第一批政府投资项目建设计划的议案》。审议通过全区动物防疫工作情况报告。听取全区《中华人民共和国传染病防治法》贯彻落实情况报告，审议通过全区公共卫生应急体系建设情况报告。首次组织常委会委员就全区公共卫生应急体系建设中的热点难点问题开展专题询问。

第三十一次会议　7月31日在区行政中心召开。会议通过关于2019年财政决算的报告、关于2019年本级预算执行及其他财政收支情况的审计工作报告和《武进区人大常委会审计查出问题整改工作监督管理办法》。审议通过有关常委会委员辞职事项，决定接受蒋志刚辞去区十六届人大常委会委员职务的请求。

第三十二次会议　9月29日在区行政中心召开。会议审议通过有关人事任免事项。审议通过《武进区人大常委会专题询问办法》《武进区人大常委会代表联系工作办法》《武进区人大常委会任命的国家机关工作人员述职评议办法(试行)》《武进区人大常委会人事任免办法》《武进区人大常委会重点代表建议办理办法》《武进区人大代表议案处理办法》《武进区人大代表建议、批评和意见处理办法》。审议通过终止叶明华、李荣、陆秋明、武华忠、郜军、姚国强、袁康、符毅梅、蒋红英、薛健峰、戴士福11人区十六届人民代表大会的代表资格事项。审议市第十六届人大代表武进团25名代表的述职报告，并对履职情况开展满意度测评，测评结果均为满意。批准区人民政府《关于提请审议2020年第二批政府投资项目建设计划的议案》、全区国有资产管理情况、代表建议办理情况和《江苏省农村集体资产管理条例》，并就《中华人民共和国中小企业促进法》贯彻实施情况开展专题询问。书面审议并通过2020年上半年全区国民经济和社会发展计划执行情况。

第三十三次会议　11月5日在区行政中心召开。会议审议通过有关人事任免事项。决定任命黄盛英为区人大常委会办公室副主任，免去其区人大常委会人事代表工委副主任职务；任命王腊美为区人大常委会人事代表工委副主任；免去沙芳区人大常委会办公室副主任、研究室主任职务。审议通过其他人事任免事项。

第三十四次会议　12月11日在区行政中心召开。会议任命王晓航为区人民政府副区长。审议通过其他人事任免事项。评议部门工作及部门负责人述职情况，并开展满意度测评，测评结果均为满意。审议全区"七五"普法规划实施情况、2020年预算调整情况、2019年本级预算执行和其他财政收支审计查出问题整改情况、2020年区级民生实事实施情况并开展专题询问及满意度测评。审议2020年环保目标完成情况和代表资格审查报告。

第三十五次会议　12月30日在区行政中心召开。会议任命李磊、徐俊为区人民政府副区长。审议通过其他人事任免事项。决定区第十六届人民代表大会第五次会议于2021年1月6日在武进假日酒店召开。审议市人大代表辞职及补选事项、个别代表资格终止事项、区十六届人大四次会议期间代表变动情况报告，讨论修改人大常委会工作报告、法制委员会工作报告、监察和司法委员会工作报告、财政经济委员会工作报告、社会建设委员会工作报告。

**【区十六届人大常委会主任会议】** 2020年，区人大常委会召开主任会议10次，听取讨论决定重大事项、年度工作安排、重点建议办理、部门工作评议、民生实事、安全生产、公共卫生、旅游产业、物业管理等专题汇报25项。

（宗文静）

## 人大监督

**【执法检查】** 2020年，区人大常委会对《中华人民共和国传染病防治法》《中华人民共和国中小企业促进法》《江苏省农村集体资产管理条例》等法律法规的贯彻执行情况开展执法检查。配合省、市人大常委会对《中华人民共和国安全生产法》《江苏省安全生产条例》的贯彻落实情况开展执法检查。

**【调研视察】** 2020年，区人大常委会围绕经济社会、民生事业和重点板块建设，组织开展专题调研视察活动12次。

4月7日，调研全区政府债务工作。调研组听取全区债务整体情况汇报，深入探讨政府性债务管理、债务资产管理、债务预警以及融资绩效等方面问题。

4月24日，调研区人民检察院司法责任制改革工作和区人民法院扫黑除恶工作。调研组听取区人民检察院司法责任制改革情况汇报和区人民法院扫黑除恶工作情况汇报。

4月29日，视察全区人力资源和社会保障工作。调研组视察人社服务大厅，了解企业招聘、社保服务以及长期护理保险推进情况，观摩医保智能监管审核系统运行情况，听取全区人力资源和社会保障工作情况的汇报。

5月27日，视察全区自然资源和规划管理工作。调研组视察"滆湖之星"观光塔，了解滨湖新区总体规划情况。听取西太湖新一轮空间规划情况、生态滨湖区规划情况、农村土地三项制度改革进展情况及全区自然资源和规划管理工作总体情况的汇报。

5月28日，调研社会治理工作。调研组视察雪堰镇王允村网格化服务管理工作、雪堰镇雪东村群租房安全整治、洛阳镇岑村村"民生茶社"、南夏墅街道"网格＋警格"双网融合机制、南夏墅街道大学新村三社区网格化服务管理工作、高新区北区群租房安全管理工作、湖塘镇花东社区禁毒教育基地、武进公安分局"12345"社会治理视频云服务平台建设情况，听取全区基层群租房整治以及网格化集成管理工作情况汇报。

6月5日，视察全区教育事业均衡发展工作。调研组视察小留新市民学校、人民路初中和武进区实验小学分校，了解学校软硬件设施建设提升情况，听取全区教育事业均衡发展情况汇报。

6月10日，调研"法官进网格"参与基层社会治理工作。调研组视察嘉泽人民法庭驻夏溪花木市场、驻嘉泽镇晨山村的"左邻右理"法官服务站，听取"法官进网格"工作情况汇报。

6月11日，视察基层社会治理工作。调研组视察区网格化管理中心、南夏墅街道大学新村三社区、雪堰镇王允村、雪堰镇雪东村，了解全区网格化服务管理和群租房安全管理工作现状，观看全

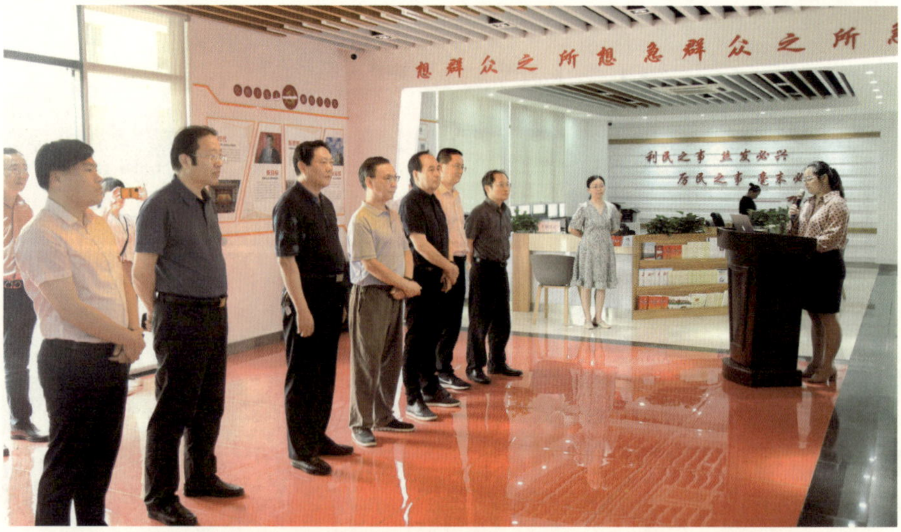

6月11日，区人大常委会成员视察基层社会治理工作　（供图／区人大办）

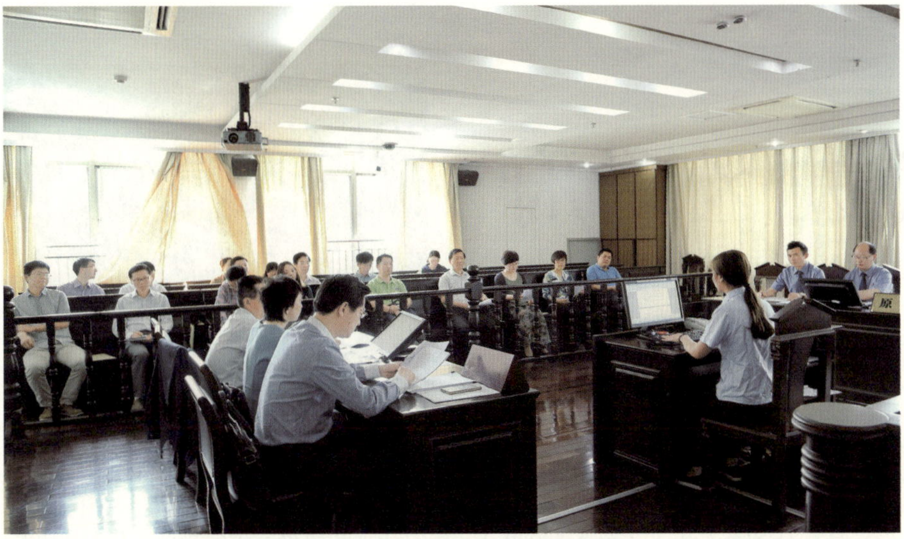

2020 年，区人大常委会深入开展“听百案、议百事、评查员”活动

（供图 / 区人大办）

区群租房管理专项整治专题片，听取全区基层社会治理工作情况汇报。

6 月 24 日，视察全区市场监督管理工作。调研组视察常州钱璟康复有限公司和洛阳镇村宴集中点，了解企业知识产权工作和餐饮安全工作情况，听取全区市场监督管理工作情况汇报。

9 月 24 日，视察全区重点民生实事项目。调研组视察学府东苑小区、武进区智慧养老信息服务中心、武进中医医院门急诊病房综合大楼等重点民生实事项目，听取 2020 年度全区重点民生实事项目推进情况汇报。

11 月 12 日，召开“七五”普法决议贯彻落实情况专题座谈会，听取贯彻落实武进区人大常委会“七五”普法决议情况汇报。

11 月 24 日，调研全区 2020 年度环保目标完成和突出环境问题整改工作。调研组视察北半夜浜、永安花苑小区，查看雨污分流改造工程和东方润安集团，听取相关情况汇报。

**【人大常委会对政府部门工作评议】** 4 月 23 日，区人大常委会启动评议区农业农村局、文体广电和旅游局、信访局工作。制定部门工作评议办法和实施方案，组成部门工作评议组，向社会公开发布评议公告。深入基层，通过走访、座谈、视察等形式，广泛收集社会各界意见建议。12 月 11 日，区十六届人大常委会第三十四次会议集中评议相关部门工作及部门负责人履职情况，并开展满意度测评，测评结果均为满意。其中，区农业农村局得满意票 35 张、基本满意票 1 张，局长诸东海得满意票 36 张；区文体广电和旅游局得满意票 36 张，局长李洪兴得满意票 36 张；区信访局得满意票 35 张，基本满意票 1 张，局长徐晓东得满意票 36 张。

**【“听百案、议百事、评百员”活动】** 2020 年，区人大常委会深入开展“听百案、议百事、评百员”活动，促进司法公正规范，增强人大监督实效。调研公安机关侦查未诉结案案件；召开评议座谈会，分析、归纳代表意见建议，及时反馈相关部门；组织人大代表旁听各基层人民法院依法公开审理和执行的刑事、民事、行政诉讼等案件，并在听庭审结束后，评议法官、检察官、律师等人员。全年组织人大代表 470 人次监督评议案件 12 个、法官 11 人、检察官 4 人、律师 21 人，评议结果均为优良。

（宗文静）

## 代表工作

**【代表建议意见督办】** 2020 年，全区有各级人大代表 1437 名，其中全国人大代表 1 名、省人大代表 5 名、市人大代表 106 名、区人大代表 403 名。区人大常委会制定《武进区人民代表大会代表建议、批评和意见处理办法》，规范代表建议的提出、交办、承办、督办等工作；出台《武进区人民代表大会常务委员会重点代表建议办理办法》，完善重点代表建议“一府一委两院”领导亲自领办、常委会领导重点督办、各工委联合督办制度。区十六届人大四次会议期间，共收到代表建议 109 条，闭会期间收到的 23 条建议均及时答复，办成率、满意率均达 99% 以上。《关于改革与完善农村教育经费投入机制的建议》等 9 条建议被评为 2020 年度优秀代表建议。坚持对往年“B 类件”开展回头看，邀请第三方机构进行满意度测评，组织优秀建议网络评选等活动。

**【人大代表履职服务平台建设】** 2020 年，区人大常委会充分发挥“全国人大代表联络站”示范带动作用，推动“代表之家”“代表联络站”提档升级。评选出优秀“代表之家”17 个、优秀“代表联络站”16 个。按照联系工作规范化、常态化的原则，出台《武进区人大常委会代表联系工作办法》，进一步完善常委会联系代表、驻会成员联系代表小组、代表联系选民等制度。定期开展“主任接待代表日”活动，通过“代表直通车”，用好用活“武进智慧人大 App”。创新开展“代表走访月”和“我为‘十四五’规划献良策暨代表集中接待选民月”活动，集中走访各级代表及选民 700 余人次，收集各类意见建议 364 条。

**【重点民生实事项目票决制】** 1 月 6 日，区人大代表在区第十六届人民代表大会第四次会议上票决产生“增加教育资源、改善医疗条件、关爱特殊人群、完善保障体系、提升文体服务、建设品质城市、改善生态环境、方便交通出行、优化生活环境、优化生活环境”十大类 20 个 2020 年度区级重点民生实事项目。7—8 月，按照《武进区重点民生实事监督办法（试行）》《武进区 2020 年度重点民生实事项目实施情况督查工作方案》要求，区人大常委会实地督查项目建设情况。8 月和 12 月，区人大常委会主任会议先后听取区政府关于重点民生实事项目实施情况的汇报。9 月，区人大常委会全体委员视察民生实事项目。12 月，区十六届人大常委会第三十四次会议听取和审议区政府关于区重点民生实事项目实施情况报告，并开展专题询问和满意度测评，20 个项目测评结果均为满意。

（宗文静）

# 常州市武进区政府

**People's Government of Wujin District of Changzhou**

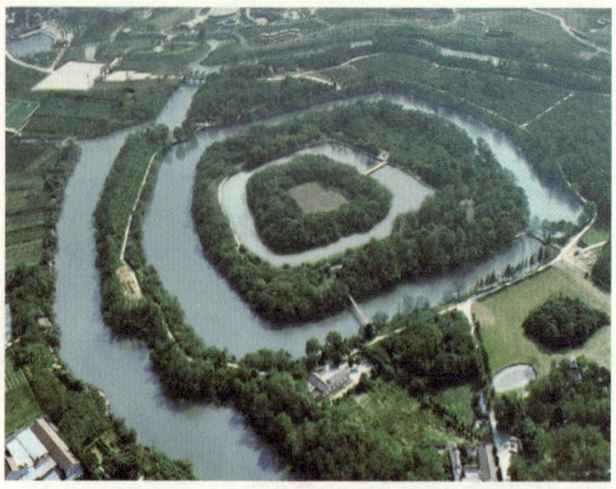

栏目编辑　王国新

## 重要会议与活动

**【区政府常务会议】** 2020年1月19日，区政府第三十五次常务会议在区行政中心召开。会议传达省十三届人大三次会议精神和全省安委办主任、应急管理局局长会议精神，听取全区安全生产专项整治情况、第一轮安全生产巡查情况、2019年武进区区长质量奖评价工作情况、2019年度综合考核情况、武进区太湖捕捞兼业渔民退捕工作情况和武进区2019年“打好污染防治攻坚战，推进生态文明建设”工作情况的汇报，审议并原则通过《2020年全区“六提”工程实施意见》《2020年区级重点产业项目投资计划表》《武进区产业结构调整负面清单（试行）》《武进区产业结构调整负面清单实施意见》《〈2020年政府工作报告〉目标任务分解落实方案》《2020年常州市武进区重点民生实事项目责任分解落实方案》《关于在相关建制镇和开发区开展相对集中行政处罚权工作的决定》《关于公布相关建制镇和开发区相对集中行使的行政处罚权目录清单的通知》《常州市武进区镇域综合行政执法管理规定（试行）》《关于调整房屋征迁补偿安置有关标准的通知》《2019年度经济工作先进光荣册》《2019年度五个三年行动计划先进集体和先进个人建议名单》。

1月31日，区政府第三十六次常务会议在区行政中心召开。会议传达中共中央总书记习近平关于新型冠状病毒感染的肺炎疫情防控的重要指示，中共中央政治局、省委、市委常委会会议精神，省委书记娄勤俭关于疫情防控的批示，省疫情防控工作领导小组电视电话会议的精神和中央、省领导关于做好安全防范工作的要求，部署全区新型冠状病毒感染的肺炎疫情防控工作。

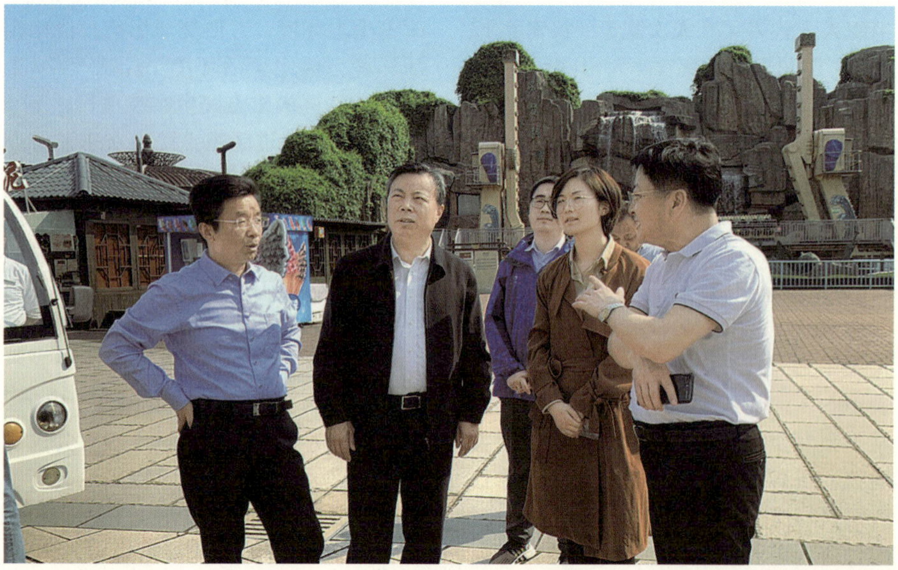

4月30日，区长戴士福（左二）督查春秋淹城旅游区安全生产情况　（摄影/成志军）

3月20日，区政府第三十七次常务会议在区行政中心召开。会议集体学习中共中央总书记习近平关于安全生产工作的重要批示精神及中共中央办公厅、国务院办公厅《关于构建现代环境治理体系的指导意见》，观看安全生产专题警示教育片，听取关于国务院江苏安全生产专项整治督导组交办问题办理情况、常州市水产良种引繁中心资产接管情况、贯彻落实2020年省市信访重点工作情况的汇报和地方政府专项债券政策解读，审议并原则通过《武进区进一步加强安全生产工作重点任务分工方案（2020—2022年）》《常州市武进区政府投资建设项目审计监督办法》《武进区公共资源交易管理实施细则》《武进区公共资源交易活动举报投诉处理办法》《镇级公共资源交易管理实施细则》《赋予镇（街道）经济社会管理权限事项清单（第一批）》《常州市武进区推进基层整合审批服务执法力量实施方案》《全区网格化集成管理工作要点》《关于推进网格“三五”工程助力“一区一城”进程的实施意见》《2020年全区群租房安全管理工作考核办法》《武进区工业用地使用权采用先租后让和弹性出让实施办法（试行）》《关于开展征迁和开发项目遗留问题攻坚活动的通知》《关于扎实做好“三农”领域重点工作开启率先基本实现农业农村现代化新征程的意见》《关于决胜高水平全面建成小康社会补短板强弱项的若干措施及6个专项行动方案》《关于支持乡村振兴战略的若干财政金融政策意见（2020—2022年）》《关于促进我区生猪产业高质量发展保障市场供应的实施意见》《武进区太湖、滆湖安全度夏应急防控实施方案》《2020年武进区打好污染防治攻坚战实施意见》《常州市武进区生态环境保护工作责任规定》《关于认真做好2017—2019年度武进区劳动模范评选工作的通知》《武进区2017—2019年度市劳模推荐汇总表》《2020年武进区信访工作要点》。

5月9日，区政府第三十八次常务会议在区行政中心召开。会议传达市政府全面落实“六保”任务座谈会、全市企业上市发展推进大会精神，审议中央环保督察交办问题及省人大审议突出环境问题整改销号工作情况、2020年第一轮安全生产巡查情况和关于成立武进区高架沿线环境综合整治和城市发展领导小组情况的汇报，审议并原则通过《关于建立武进区政府机构失信责任追溯和承担机制的通知（试行）》《2020年武进区政府投资项目第一批建设计划表》《武进区新市民学校整治提升工作实施方案》。

6月12日，区政府第三十九次常务会议在区行政中心召开。会议听取雪堰镇人民政府关于驻地搬迁事宜的汇报。

7月20日，区政府第四十次常务会议在区行政中心召开。会议听取抗疫特别国债项目安排情况、武进区开展长江流域重点水域禁捕和退捕渔民转产安置保障工作情况、武进城市展示馆改建情况、扫黑除恶专项斗争推进情况、2020年上半年全区生产安全事故情况分析、第二轮安全生产巡查情况、2020年上半年度信访工作情况和2020年上半年度民族宗教工作情况的汇报，审议并原则通过《武进区2020年主要经济社会发展预期目标任务》《武进区全面落实“六保”任务实施意见》《武进区关于开展“万企联万村共走振兴路”行动的实施意见》《武进区城镇危险住房解危实施办法（试行）》《滆湖（武进）退田还湖二期塔下圩片区建设方案》《常州市武进区党政机关和事业单位办公用房管理办法》《常州市武进区党政机关和事业单位公务用车管理办法》。

8月5日，区政府第四十一次常务会议在区行政中心召开。会议集体学习《江苏省重大行政决策程序实施办法》，听取常州市第二人民医院阳湖院区土地权证办理情况和第七次全国人口普查工作情况的汇报，审议并原则通过《武进区关于加快旅游产业高质量发展的实施意见》《武进区全域旅游示范区创建工作实施方案》《关于深化改革加强食品安全工作的实施意见》《常州市武进区党政领导干部食品安全工作责任清单》。

9月7日，区政府第四十二次常务会议在区行政中心召开。会议集体学习《优化营商环境条例》，学习中共中央总书记习近平在经济社会领域专家座谈会上的讲话、在2020年中国国际服务贸易交易会全球服务贸易峰会上的致辞精神和在中央全面深化改革委员会第十五次会议上的重要讲话、8月31日中共中央政治局会议精神、习近平重要文章《思政课是落实立德树人根本任务的关键课程》，审议关于区镇（街道）全民事业单位实施专项绩效奖励情况、2017—2019年度武进区劳动模范评选情况的汇报，审议并原则通过《贯彻落实政府过紧日子要求十条措施》《关于全面深化预算绩效管理的实施意见》《关于进一步深化预算管理改革的实施意见》《关于进一步加强区级政府专项资金管理和改革的实施意见》《关于开展工业项目“标准地＋承诺制”改革试点的实施意见》《2020年武进区区级机关职能工作目标考核实施细则》《关于加快推进企业上市的若干政策意见》《关于加快高新技术企业培育的实施意见》。

9月14日，区政府第四十三次常务会议召开。会议集体学习中共中央总书记习近平在全国抗击新冠肺炎疫情表彰大会上的讲话、在中央财经委员会第八次会议上的讲话、在科学家座谈会上的讲话和全国深化“放管服”改革优化营商环境电视电话会议精神，审议并原则通过《武进区2020年第二批政府投资项目建设计划》。

9月17日，区政府召开第四十四次常务会议在区行政中心召开。会议传达中共中央总书记习近平在中央第七次西藏工作座谈会、纪念中国人民抗日战争暨世界反法西斯战争胜利75周年座谈会上的重要讲话和全国人大常委会委员长栗战书在江苏开展土壤污染防治法执法检查情况及讲话、全省国务院安全生产督导组“回头看”反馈意见及国务院安委会考核巡查通报整改落实部署电视电话会议、省委第一巡视组专项巡视常州市武进区工作情况汇报会、全市安全生产工作会议、区委常委会安全生产工作的精神，听取各副区长分管条线安全生产工作存在问题及下一步工作打算，审议并原则通过《关于进一步加强当前安全生产工作的通知》《关于全面加强危险化学品安全生产工作的实施方案》。

9月29日，区政府第四十五次常务会议在区行政中心召开。会议集体学习全国加强当前安全防范工作视频会议精神，通报安全生产重点工作，传达省委巡视组《关于对危化品安全生产领域开展专项执法检查的函》要求，审议整改落实措施，审议并原则通过《武进区长江流域退捕推进专项行动方案》《武进区退捕渔民社会保障工作专项行动方案》《武进区长江流域禁捕退捕执法整治攻坚会战专项行动方案》《武进区全面禁售长江非法捕捞渔获物专项行动方案》《武进区“三无”船舶集中清理整治工作方案》《武进区长江流域重点水域禁捕退捕补偿安置实施意见》《武进区退捕渔民社会保障实施意见》。

11月2日，区政府第四十六次常务会议在区行政中心召开。会议集体学习《中华人民共和国公职人员政务处分法》，听取2020年第三轮安全生产巡查情况、武进区污染防治“百日攻坚”行动工作情况、武进区农村乱占耕地建房问题专项整治工作推进情况、亚邦物流园项目协议搬迁工作情况、江苏大禹水务股份有限公司增资扩股改革工作情况、全区扫黑除恶专项斗争工作情况及信访工作情况的汇报，审议并原则通过《常州市武进区突发事件总体应急预案》《常州市武进区审计查出问题整改办法》《武进区沿街商铺消防安全专项整治方案》。

11月26日，区政府第四十七次常务会议在区行政中心召开。会议集体学习《中华人民共和国民法典》，听取2020年度区人大代表建议和政协委员提案办理情况、全区消防安全有关情况、江苏恒基路桥有限公司产权改革工作情况和信访重点工作情况的汇报，审议并原则通过《新时代武进产业工人队伍建设改革实施方案》《2020年预算收支计划调整草案》《2021年预算安排计划草案》。

12月25日，区政府第四十八次常务会议在区行政中心召开。会议集体学习《中华人民共和国固体废物污染环境防治法》和中共中央办公厅、国务院办公厅《关于深化应急管理综合行政执法改革的意见》，传达省、市危化品使用安全专项治理工作会议和全国、省、市扫黑除恶专项斗争相关会议精神，听取全区安全生产工作情况、2020年生态环境质量及打好污染防治攻坚战完成情况、常州市武进区2020年法治政府建设工作情况和常州市武进区2020年政务公开工作情况的汇报，审议并原则通过《常州市武进区国民经济和社会发展第十四个五年规划纲要和二〇三五年远景目标（草案）》《2020年国民经济和社会发展计划执行情况及2021年计划安排的报告》《2020年武进区重点民生实事项目实施情况报告》《2021年武进区重点民生实事候选项目》《武进区深入排查解决突出民生问题三年行动计划（2020—2022年）》《武进区教育“强弱项补短板”三年行动方案（2021—2023年）》《武进区危险化学品使用安全专项治理行动工作方案》《2020年政务服务事项动态调整清单》《常州市武进区农村房屋安全隐患排查整治实施方案》《2021年政府工作报告》。

**【经济协作与招商活动】** 2020年，区政府组织开展经济协作与招商重大活动近20次，开（复）工、签约产业重点项目170多个，总投资近1100亿元；落实对口援疆、援陕经济协作项目。

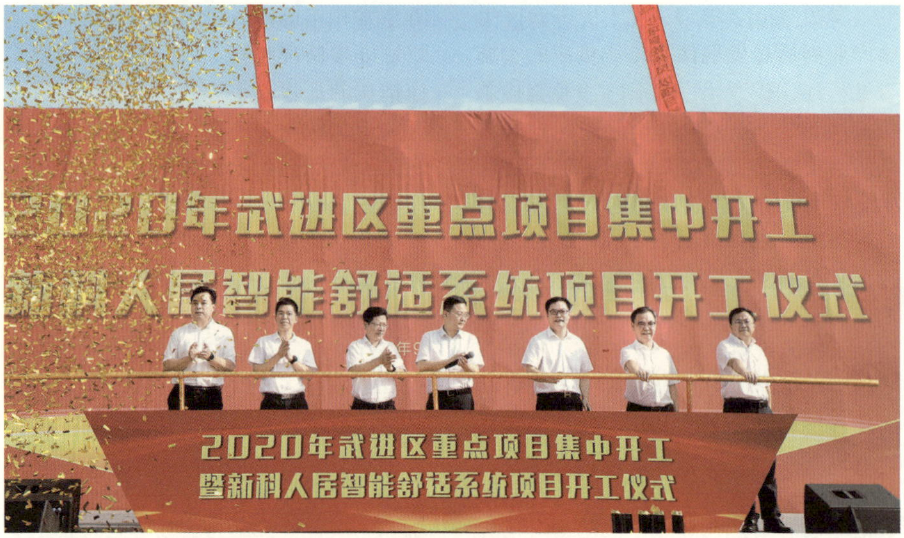


9月8日，2020年武进区重点项目集中开工暨新科人居智能舒适系统项目开工仪式在礼嘉镇举行 （供图/区融媒体中心）

2月25日、9月8日，先后在武进高新区、礼嘉镇举行产业重点项目集中开（复）工仪式2次，集中开（复）工新科人居智能舒适系统、新晶宇高端化合物半导体、集成电路生态产业园等项目118个，总投资908亿元。9月28日，举行重点项目集中签约仪式，签约项目53个，总投资近190亿元。

开展国内重大招商活动5次。武进绿建区与江苏立华牧业股份有限公司签约立华股份总部基地项目落户，总投资2.5亿元；中以合作西太湖生物医药创新项目集中揭牌签约落户西太湖科技产业园，西太湖医药科技国际创新中心、江苏省中以产业技术研究院生命健康技术研究中心、常州圆阳技术转移中心、江苏西太湖中以生物医药研究院4个中以合作创新创业平台集中揭牌，BRAINQ脑电康复系统、VESSL血管再生治疗、LIFT急性呼吸窘迫综合征给药装置、老年性黄斑变性（AMD）治疗药物4个中以技术转移合作项目，佰仁医疗动物源性植介入医疗器械、集泰科技人工全膝关节植入物、捷多医疗人工智能技术定制截骨导向器、岙瑟医疗器械测试实验室4个医疗器械产业及配套项目和常创投创新创业服务平台西太湖中心集中签约落户西太湖科技产业园；斯佩尔汽车科技（常州）有限公司在武进高新区奠基，项目占地3.87公顷，分两期建设，一期建设厂房2.3万平方米；武进高新区与西安电子科技大学签署共建长三角化合物半导体创新基地协议，西安电子科技大学团队、武岳峰资本、武南汇智、常州承芯等产业链合作方签订合作意向书，整合资源优势，促进化合物半导体产业发展，实现合作共赢；举办“云聚长三角、才汇绿建区”高层次科技人才项目“云签约”仪式，常州希杰斯新材料科技有限公司、上海麦信数据科技有限公司、常州思特恩节能科技有限公司、常州佳为科技新材料有限公司、黄麻科技研发总部项目、拨云智能科技城（国家级孵化器）6个科技、人才项目签约入驻，武进绿建区与华为云工业互联网创新中心签署战略合作协议，上海麦信数据科技有限公司与常州敏杰电器签署全面合作协议。

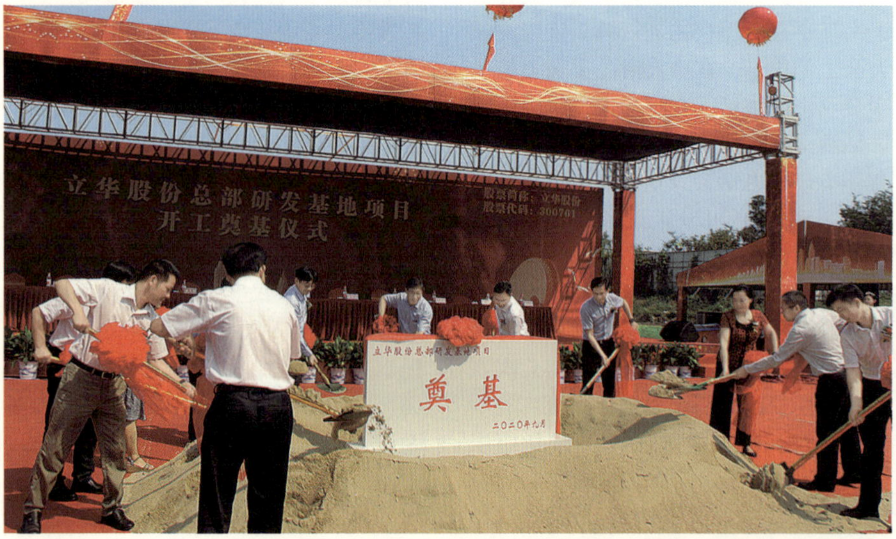


9月8日，江苏立华牧业股份有限公司总部研发基地项目奠基仪式在常州市武进区绿建园举行 （供图/区融媒体中心）

开展重大经济协作活动10次。武进高新区与江苏省商务厅及常州市人民政府三方签约共建江苏省驻以色列经贸代表处；武进区与陕西省安康市平利县、汉滨区开展党政代表团互访考察交流；与新疆维吾尔自治区尼勒克县开展协作交流活动，签约尼勒克农产品推介暨援疆项目、西太湖—尼勒克县民生产业园仓储中心项目、绿地公司援疆生活馆项目、尼勒克县农产品入驻武进商超合作项目、旅游推广合作项目、微信端口助力消费扶贫项目；举办武进·射阳村企对接专场推介暨集中签约仪式，临海镇星晨居和武进区五洋纺织机械有限公司，千秋镇渠东村和常州原疆电子商务有限公司，四明镇塘东村和江苏杰记农业技术有限公司等15对村企签约；武进区与安徽寿县签署推进长三角一体化发展战略合作协议；举办“引入金融活水助推‘六提’工程”政银企对接会，签订一系列金融合作协议，总金额427.63亿元；区政府与农业银行常州分行签订战略合作协议，总金额208亿元，武进高新区、西太湖科技产业园、雪堰镇、湟里镇、区教育局分别与农业银行常州分行签订战略合作协议。

（李月峰）

## 人才人事管理

**【概况】** 2020年，武进区落实“人才强区”战略，深入推进人事制度改革和“人才安居保障”工程、武进英才“荣誉工程”，优化人才发展环境，规范表彰奖励工作，全方位涵养人才“生态圈”，建强用好人才战略资源，为打造“一区一城”（滨湖生态区、现代智造城）提供智力支撑和人才保障。编制发布《2020年高层次、紧缺人才需求目录》，升级人才资助力度，发放人才开发资金、专项扶持资金5990万元。举办首届武进人才周活动、2020长三角高层次人才“赋能共融”常州站研修班等高层次人才活动21场，有效吸引各类高层次人才聚集武进。全区新增各类人才1.45万人，人才资源总量34.4万人；新增高层次人才835人，高层次人才总量达2.2万人。

**【事业单位人事管理】** 2020年，因常州经开区管理体制调整，全区一次调整涉及事业在编人员2441人、退休人员1647人、遗属159人、编外人员935人。加强事业单位工作人员年度考核工作（含常州经开区），确定记功80人、优秀等次2169人、合格等次11845人、基本合格等次5人、不合格等次7人、不定等次530人。严格人事公开招聘，组织事业单位招聘15场次，招录事业单位工作人员和备案制人员1238人。开展机关事业单位公开选调5次，选调事业单位工作人员24人。建立事业单位常态化岗位管理和聘用工作机制，严格把控岗位晋升和人员流动，岗位晋升1976人次，工作调动69人，辞职解聘31人。开展第三轮教育系统“区管校聘”工作，全区中小学教师6190人参加岗位竞聘，通过竞岗，高级职称的高职低聘人员308人、中级职称的高职低聘人员287人全部化解；有1767人岗位升级，占比28.6%；有210人岗位退级，占比3.39%；有降级的学校有51所，占比75%。及时落实疫情防控一线医疗卫生机构等事业单位工作人员有关工资福利待遇，其中对医疗一线医务人员186人发放临时性工作补助，人均410元，发放卫生防疫津贴一类22人、标准为560元／月，二类164人、标准为450元／月；对支援湖北医疗队15名队员增发一次性慰问补助6000元／人；对区级直接参与疫情防治防控的3220人一线值守人员发放值守工作补助，人均1459元；对承担防控任务重、风险程度高的医疗卫生机构等事业单位增核一次性专项绩效总量，共计21家单位增核金额1872万元；对支援湖北医疗队一线医务人员15人，增核一次性专项绩效60万元，人均4万元。规范全区机关事业单位社会化用工待遇管理，落实1462名社会化用工待遇核定，核定后待遇人均增长1万元。稳步清理基层创建示范活动，规范党委、政府表彰奖励工作。做好抗击新冠肺炎疫情先进表彰推荐工作，获省级表彰集体1个、个人4人，获市级表彰集体10个、个人31人；表彰区级新冠肺炎疫情防控工作先进个人9人。根据上级部署，颁发“中国人民志愿军抗美援朝出国作战70周年”纪念章192枚。组织134名优秀事业单位人员参加健康疗养、2.5万名在职和离退休人员参加健康体检。办理事业单位人员抚恤金、遗属补助等审批222人次。

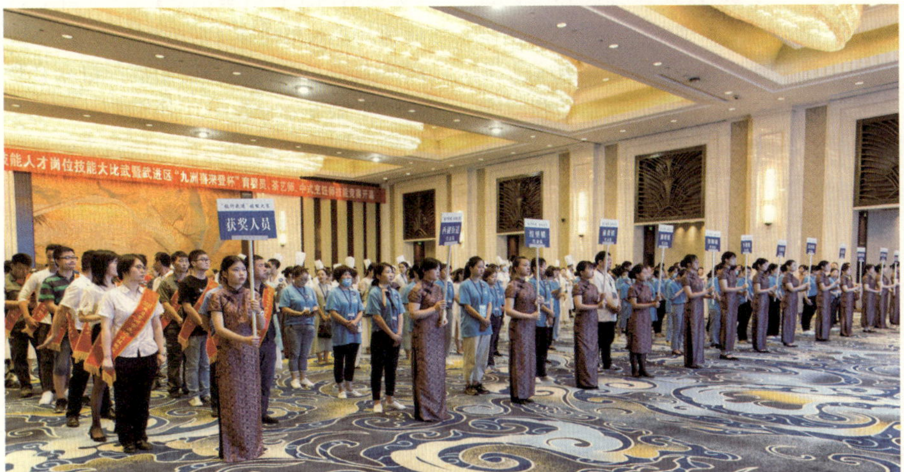


7月24日，常州市万名技能人才岗位技能大比武暨武进区“九洲喜来登杯”育婴员、茶艺师、中式烹饪师技能竞赛开幕 （供图／区人社局）

**【“武进英才计划”实施】** 2020年，武进区对接常州市第十三、十四批“龙城英才计划”，推进“武进英才计划”实施，借助“云答辩”“云路演”“云签约”助力项目落地，引进领军人才团队98个，累计1170个。10名高端人才入选省、市突出贡献中青年专家，2人在省创新创业大赛决赛中获奖，3家企业获市优秀领军人才创业企业资助。申报省“双创计划”项目，入选人才16人，数量占全市的42.1%；入选“双创”团队2个，占全市的40%。承办首届“2020全国工业智造博士后学术论坛暨百名专家进常

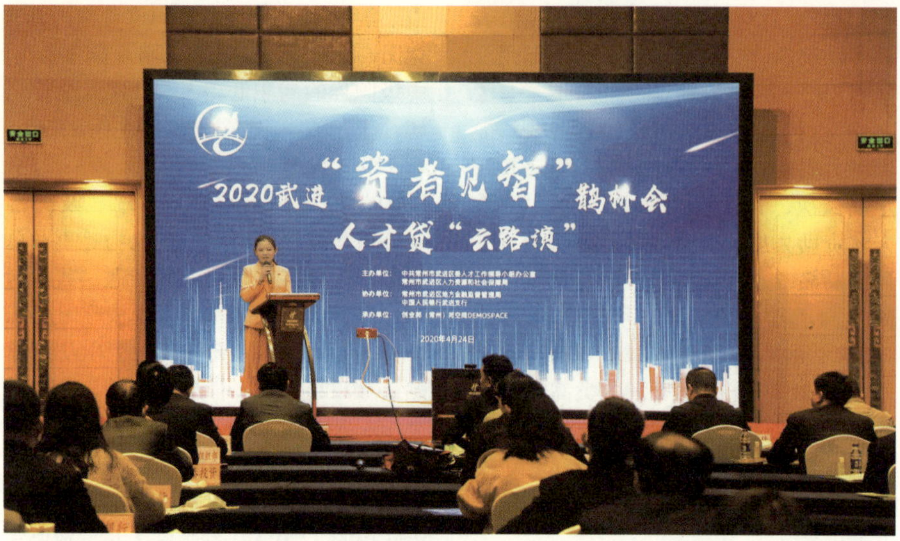


4 月 24 日，2020 武进“资者见智”人才贷“云路演”鹊桥会举行

（供图 / 区人社局）

州”活动，新誉集团有限公司、江苏龙城精锻有限公司等博士后设站企业参加对接活动，达成进站意向 2 人、高端装备制造类产学研合作意向 14 项。以常州科教城和武进高新区的区域博士后工作站建设为突破口，为全区企业搭建建站快速通道。经申报，武进高新区和常州市钱璟康复股份有限公司获批国家级博士后工作站，江苏洛凯机电股份有限公司、常州凯达重工科技有限公司获批市级博士后创新实践基地。组织博士后设站企业在东南大学、江苏大学、西北工业大学、沈阳药科大学、长安大学等高校开展招聘和洽谈活动。至年末，全区在站博士后 23 人。

**【人才发展环境优化】** 2020 年，武进区优化人才发展环境，打好“五个一”（开设一批咨询沟通渠道、送上一份政策暖心“红包”、增加一笔人才金融支持、完善一套用工帮扶机制、推进一套线上人才服务）组合拳，为 7 个批次人才企业拨付区级专项扶持资金 4307.1 万元，为 3 名领军人才争取市级创业扶持资金 116 万元；发布《2020 年全区高层次、紧缺人才需求目录》，线上和线下受理、审核 950 余名高层次紧缺人才资助申报材料，为 40 名博士、1055 名硕士和 57 名重点高校本科生发放人才开发资金 1741.5 万元。举办“资者见智”人才贷“云路演”鹊桥会等系列人才活动，累计为人才企业获得无抵押“人才贷”3 亿元。实施“人才安居保障”工程，建成连锁人才公寓 1100 余套。积极推荐人才企业申报“龙城英才计划”领军人才企业自主创新产品政府首购首用，29 家人才企业、80 多个创新产品被纳入目录，占全市总量的 59.2%。推荐包括 15 名援鄂医务工作者在内的 451 名高层次人才纳入武进英才“荣誉工程”，可享受子女入学、医疗健康等 9 类 27 项高质量服务。打造人才沟通交流平台，举办各类高层次人才活动 21 场。

（张连惠）

## 信访工作

**【概况】** 2020 年，区信访工作部门突出抓好矛盾化解、责任落实、基层信访治理等工作，全力做好听民声、护民利、保稳定、促和谐各项工作，服务保障全区经济社会发展大局。开展信访积案化解专班工作，化解各级信访积案 55 件。全年受理信访总量 2942 件次、人民群众来区上访 553 人次，分别下降 24.1%、49.4%，其中集访 401 人次，下降 57.4%。受理群众来信 232 件，下降 41%。受理省、市、区长信箱信访件 717 件，下降 39.5%；受理网上投诉 970 件，上升 47.4%。全国“两会”、中共十九届五中全会、上海进博会期间，全区社会和谐稳定。

**【信访积案化解攻坚】** 2020 年，武进区成立区级推进信访积案化解专班，向各责任单位交办各级重点信访积案 60 件，全力开展化解工作。年内，化解纳入专班攻坚任务的重点信访积案 35 件（含国家信访局攻坚件、省交办重点积案 2 件），完成化解率达 50% 的年度目标；化解百县千案、常态化积案等其他重点信访积案 20 件。开展治理重复信访、化解信访积案专项工作，对上级交办的 237 件重复信访事项逐案开展攻坚，办结化解 78 件，占交办案件总数的 33%，完成上级进度要求。开展城乡建设领域信访问题专项治理，信访总量、上级交办案件综合化解率等指标均实现上级进度要求。

**【信访工作责任落实】** 2020 年，区委常委会、区政府常务会议先后 7 次专题听取信访工作汇报，部署重点工作。区主要领导先后 10 次对信访工作作出专门批示，并到区信访局接待信访群众，推动解决重大复杂信访问题。建立健全区、镇（街道）“两级包案”机制，区级以上重点积案全部落实区、镇两级领导包案。创新建立“两函两表一单”（信访风险警示函、信访问责建议函、初次越级进京访人员督查反馈表、重复越级进京访人员督查反馈表、信访事项督办单）工作机制，对问题板块发放《信访风险警示函》《信访劝返督办函》32 份。强化工作督查，区信访局联合多部门全面督查全区 11 个板块信访工作 3 次，对部分板块、部门开展重点督查 4 轮。

**【基层信访工作改革创新】** 2020 年，区信访局深入推进镇（街道）信访工作“人民满意窗口”建设，全面推行群众合理诉求“最多访一次”工作机制，推动全区镇（街道）设立信访工作联席会议工作机制，进一步提升矛盾化解能力和水平。加强信访业务标准化建设，全区信访件按期办结率保持 100%，满意率、网信占比等指标位列全市辖区之首。加强信访法治化建设，运用多种形式开展信访条例修订实施 15 周年宣传活动。提升建言献策能力，形成信访工作调研报告 3 篇，发挥信访部门在信访风险研判分析中应有作用。加强信访干部履职能力建设，举办全区信访干部业务培训班 2 期，参训 60 余人次。

（魏海波）

# 外事及港澳事务

**【概况】** 2020年，武进区因公出国团组5批、15人次，接待外宾1批、3人次。区外事部门按照“计划控制、总量管理”的原则，从严审批因公出国团组，确保出访团组精简高效。加强因公出国人员政治纪律、外事纪律、财经纪律等方面的学习教育。密切武进与各国驻沪总领馆联系，扩大武进影响力。推动与港澳的交流合作，实现双边互利共赢。全区相关部门、板块创新方式，采取视频连线、线上路演、高峰论坛、平台网站等多种方式与国际伙伴开展交流合作，减小新冠疫情对武进区国际合作的影响。区侨办、侨联接待探望归国探亲侨领20余人次，接待10余个国家海外高层次人才60余人次。武进绿建区承办中欧绿建创新论坛暨第六届中国绿色建材大会，中欧（常州）绿色创新园、中欧绿建国际交流中心和中欧绿色建筑教育研究培训基地揭牌。中以常州创新园组团在以色列开展合作交流活动，并与以色列有关方面开展线上、线下交流合作活动10多次。

**【武进与澳门交流合作】** 10月下旬，苏澳园区建设办有关人员参加以副省长惠建林为团长的江苏代表团在澳门的交流合作活动，先后拜会澳门特首贺一诚、澳门中联办主任傅自应等，参加第十届江苏—澳门·葡语国家工商峰会系列活动。苏澳会展业框架协议、常州大学与澳门科技大学研究生教育交流协议及常州嘉发控股集团有限公司、苏中国家（澳门）有限公司融资租赁合作备忘录在峰会上签约。12月4日，澳门常州联谊会成立三周年活动暨第二届理监事就职典礼在澳门举行，澳门汇新集团董事长、武进籍人士符伟杰连任会长。

**【对外交流与合作】** 2020年，武进区发挥区委统战部外联优势和中以常州创新园平台作用，加强对外交流与合作，促进协同发展。

区委统战部积极倡议引导海外武进籍华人华侨防控新冠疫情，组建“云上力量”，通过举办海外华侨留学生疫情防控线上直播分享会、网上“华人华侨看武进”品春茗活动，组织武进籍海外华裔青少年参加网上“华裔菁英青少年夏令营江苏大运河文化线上体验活动”，助力抗击新冠疫情，弘扬中华优秀传统文化。

中以常州创新园作为中以高技术产业合作重点区域之一和国际科技合作基地，一方面组团在以色列开展合作交流活动，另一方面与以色列有关方面通过线上和线下开展科技、文化、教育合作交流。1月7—14日，组织江苏省中以产业技术研究院在以色列拜访创新署、OurCrowd孵化器、Trendlines孵化器及AFEKA工程学院，探讨政策支持、项目合作、人才培养等议题。3月，通过以色列驻上海领事馆与以色列卫生部联系，紧急筹措捐赠灭菌型一次性医用口罩10余万个、医用隔离衣等1000余件。5月，联合以色列Trendlines孵化器、以色列ShengBDO公司、常州市创业投资协会等单位举办以色列高质量科技项目线上路演活动，在线参与企业超过100家，对接以色列项目9个，达成项目合作意向3个。6月16日，举办常州以色列医疗器械项目线上路演活动，推介Via Surgical、Epilady、SurvBlood、IsenseU、NeviMed以色列项目5个。7月28日，与市财政局、市农业农村局共同举办“乡村振兴农业项目”以色列专场线上路演，邀请Baccara、BioFishency、miRobot等8家以色列企业，与立华牧业、红梅乳业、一号农场等10家常州市企业就精细农业、精准灌溉、水产养殖、农业自动化、污水处理等领域开展对接交流。9月10—11日，分别与以色列创新署、以色列驻上海总领事馆及以色列机器人协会召开视频会议，加强双方沟通交流，促进园区建设发展。9月24日，承办2020中以创新投资与产业合作大会，以“全球创新链与中以合作新生态”为主题，通过主题演讲、圆桌对话、项目路演等形式，推动中以创新合作。10月28—29日，承办第四届中以创新创业大赛（常州）初赛，14家以色列农业与环保领域初创企业在线路演创新技术产品。10月28日，与以色列内坦亚市联合召开首场视频对接会，开展城市发展、合作愿景等方面交流，并商定建立定期互动机制，择时签署两市友城协议。11月12日，与以色列创新署联合召开工作视频会议，交流《中以常州创新园共建计划》相关内容。11月27日，承办2020第四届中以创新创业大赛（常州）总决赛，BiomX新型噬菌体疗法、Kardome人工智能声源分离降噪技术、HargolFoodtech蚱蜢蛋白3个以色列创新项目分获一、二、三名。11月28日，举办第一届中以机器人创新合作论坛暨新工科教育发展大会，以色列机器人协会主席Zvi Shiller和以色列国家农业研究院主任、农业机器人实验室负责人Avital Bechar应邀在线上作机器人领域专题报告。12月17日，与以色列创新署召开视频会议，以色列创新署国际部主任Avi Luvton、国际部亚太区项目经理Adi Maller、Sapir Shimoni等参与在线会谈。9月28日、11月12日，先后举办“你好以色列”文化沙龙、“你好以色列·中以菁英文化沙龙——赢在终点

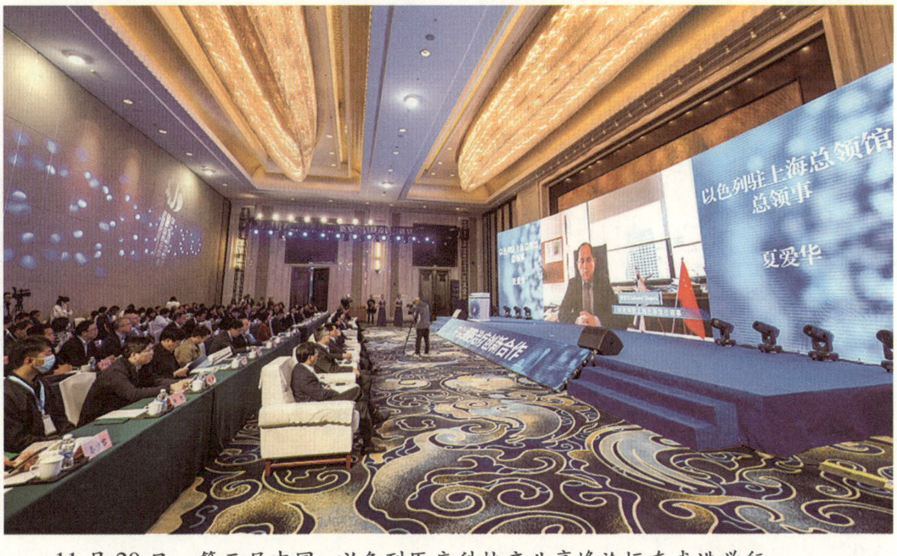


11月20日，第三届中国·以色列医疗科技产业高峰论坛在武进举行

（供图/区外事办）

线的以色列教育”活动，开展舞蹈、教育方面交流。

10月14—15日，武进绿建区承办中欧绿建创新论坛暨第六届中国绿色建材大会，欧盟驻华使团气候行动与能源参赞 Octavian Stamate、丹麦驻华使馆行业参赞 Christina Anderskov、奥地利驻华使馆技术参赞 Max Pfeiler 等外宾及各相关行业协会、企业界代表等400余人参加，共同探讨绿色低碳发展，谋求创新合作共赢。

（何伟杰）

## 对口支援与合作

### 对口援疆

**【概况】** 2020年，武进区对口支援伊犁州尼勒克县工作组围绕新疆工作总目标，贯彻中央第三次新疆工作座谈会精神，结合尼勒克县实际，制定《常州市武进区对口支援伊犁州尼勒克县“筑梦喀什河、添彩尼勒克”特色援疆三年行动计划》，实施“育苗、繁枝、培根”三大计划，扎实推进产业援疆、文旅润疆、医疗援疆、教育援疆和人才援疆等工作，助力尼勒克县巩固脱贫成果，加快高质量发展。全年投入援疆资金8012万元，实施援疆项目19个，尼勒克县基层阵地及政权建设项目、民生产业园三期项目、安居富民工程项目等全部完成年度目标任务。实施扶贫项目6个，投入资金3341万元。推进“宜居康养城 · 甜蜜尼勒克”品牌建设，助力尼勒克文旅产业高质量发展。开展招商引资活动13场，签订协议总金额111.5亿元。实施民生产业园厂房建设、野酸梅种植等重点产业帮扶项目10个。武进援疆工作组被新疆维吾尔自治区、江苏省援疆前方指挥部评为援疆工作先进单位，2人获评伊犁哈萨克自治州援疆工作先进个人。

**【落实援尼扶贫帮困长效机制】** 2020年，武进援疆工作组创新扶贫方式，进一步健全扶贫帮困长效机制。根据全县脱贫攻坚工作要求，制定出台《武进区对口支援尼勒克县脱贫攻坚挂牌督战工作方案》，完善帮扶机制，推动扶贫项目落到实处。全年实施扶贫项目6个，投入资金3341万元。聚焦帮扶重点，引导和扶持包联乡、村加快推进脱贫攻坚，启动苏布台乡旱田馕产业提升、尤喀克买里村村庄环境提升等项目，稳就业、促增收、带脱贫。实施农村健康卫生生活方式培养项目，由县扶贫办牵头组织实施，对建档立卡贫困户、边缘户按600元／户的标准进行补助。工作组成员与少数民族结亲戚，经常性走访困难群众，开展庭院环境整治、“一床两桌”（餐桌、课桌、卧床）等帮扶。创新扶贫方式，探索“电商＋消费扶贫”模式，依托传统商超、电商平台，为受援地农特优产品销售提供更加广阔的市场。12月19日，在武进城区富克斯流行广场举办2020年“消费扶贫 · 武尼同行”年货节活动，销售尼勒克黑蜂蜜、牛羊马肉、健康粮油等农副产品600万元，强力带动受援地农特优产品销售。

**【产业援疆】** 2020年，武进援疆工作组进一步拓展武尼两地优势互补、产业合作空间，更好地实现从“输血”向“造血”的转变、从支援向合作拓展。年内，工作组按照尼勒克县产业发展需求，梳理产业资源，初步确定康养旅游、牛羊畜牧、光伏能源、农产品种植及深加工作为主要招商方向，形成尼勒克县旅游产业、肉牛养殖产业、牛奶产业等调研方案和项目策划方案，力争引进央企、国企、上市公司等大企业、集团，整合产业资源，提升产业水平。组团在北京、上海等地开展招商引资活动13场，与北京冀东能源发展有限公司、中青旅（产投）上海控股有限公司、湖南中为集团签订协议，协议总金额111.5亿元。根据尼勒克县小微企业发展壮大的现实需求，确立民生产业园厂房建设、馕产业园、肉鸽养殖、野酸梅种植等重点产业帮扶项目10个，优化金融、物流等配套服务，出台优惠政策，助力企业落地。

**【文旅润疆】** 2020年，武进援疆工作组围绕打响“宜居康养城 · 甜蜜尼勒克”品牌，助力尼勒克文旅产业高质量发展。着力开发优势项目，依托217国道（独库公路）的强大客流优势，重点开发打造217国道和新疆315省道沿线旅游服务节点，在315省道沿线建设木栈道、停车场、厕所等旅游设施，采购保洁车辆和设施，逐步打造独库公路尼勒克段乔尔玛红色旅游、唐布拉百里画廊景区等精品旅游线路。结合湿地古杨风景区的自然风光优势，完成小火车项目建设，取得良好的社会效果。推进吉林台水上观光旅游项目建设，投资近1000万元，完成游艇、码头采购区、游客服务中心、门头、木栈道和景区内道路建设。积极开拓旅游市场，疆内集中于乌鲁木齐、奎屯、克拉玛依和独山子等城市推介尼勒克旅游产品，疆外则主打常武地区为主的旅游推介。逐步开发线上推介项目，增加新颖的旅游宣传手段和营销方式，全面带动文化产品推介。7月16日，在武进区举行尼勒克农产品推介暨援疆项目签约仪式，相关旅游推广合作项目签约。通过旅游线路项目建设以及开展的各种旅游节活动，推广销售尼勒克的特

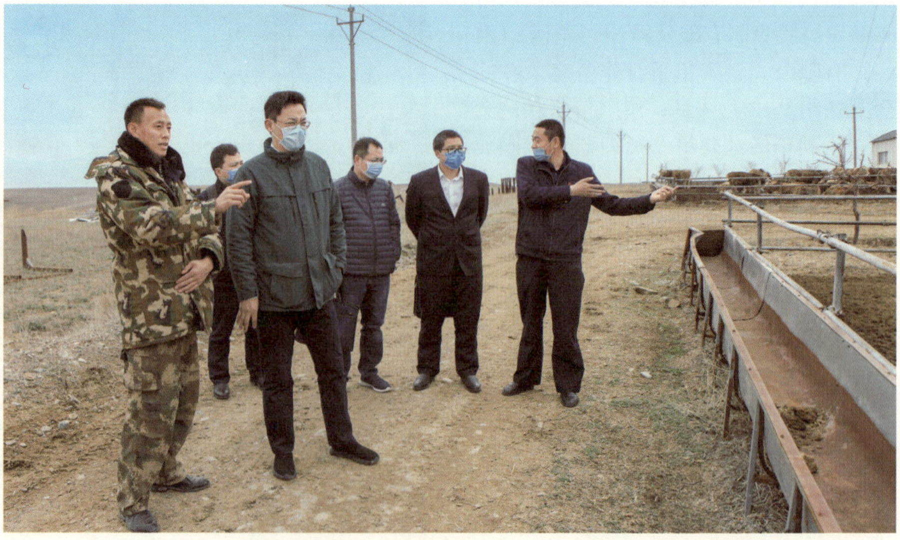

3月23日，武进援疆工作组组长徐治国（前左二）调研肉牛养殖产业情况

（供图／武进援疆工作组）

色商品。充分挖掘地域文化，对外展示尼勒克的民族文化，加大对游客的吸引力，带动尼勒克旅游业的发展。

**【教育援疆】** 2020 年，武进援疆工作组努力克服新冠肺炎疫情影响，持续推进教育援疆。因新冠肺炎疫情的影响，武进第十批援疆工作组教师推迟到 4 月中旬进疆，集中隔离 28 天后于 5 月中旬到岗。工作组的 6 名援疆老师与常州支教教师团的 24 名教师一起，积极与尼勒克县教育部门和受援学校对接，了解相关教学情况和工作需求，实现“停课不停教，停课不停学”。围绕高中阶段尼勒克“武进班”开展教育“组团式”援疆，援疆教工作组 6 名高中教师，把武进区高中阶段的教育理念、管理经验通过“武进班”进行呈现，持续促进当地高中教育水平的提高。援疆教师积极与各学段的备课组教师交流探讨，通过一名援疆教师带动一批人，通过一个班引领一个年级，充分发挥援疆教师的示范引领和辐射带动作用，全面提升受援地学校的教育质量和教学水平。全年为尼勒克县师生开设专题讲座 45 场，受益学生 3000 多人次、教师 1000 多人次。加强交流交往，促进共同发展。以结对帮扶为依托，采用“1+1+N”组团式教育援疆模式，即“武进一所名校 + 尼勒克一所核心校结对帮扶，经验成果辐射尼勒克全县”，在高中、初中、小学及幼儿园各学段铺开，促使尼勒克的学校在管理水平上有新跨越，教育教学质量上有新提高，师资队伍建设上有新突破。援疆教师每人结对帮扶 3 名尼勒克学生，在生活上予一定资助，在一线教学过程中关心关爱他们，发挥教师教书育人、立德树人和促进民族团结、文化润疆的积极作用。援疆教师发动后方学校为受援学校捐资捐物，武进地区 14 所学校为尼勒克县各学段学校捐赠图书、学习用品、运动器材以及爱心捐款等累计超过 14 万元。

**【医疗援疆】** 2020 年，武进援疆工作组根据尼勒克县实际情况，围绕基本医疗有保障，促进受援地医疗卫生能力全面提升。加强尼勒克县人民医院特色专科建设，以 5 名援疆医生为基础，协调后方医疗机构选派骨科、妇科、消化科、中医等专业的医疗柔性人才 10 人次支援

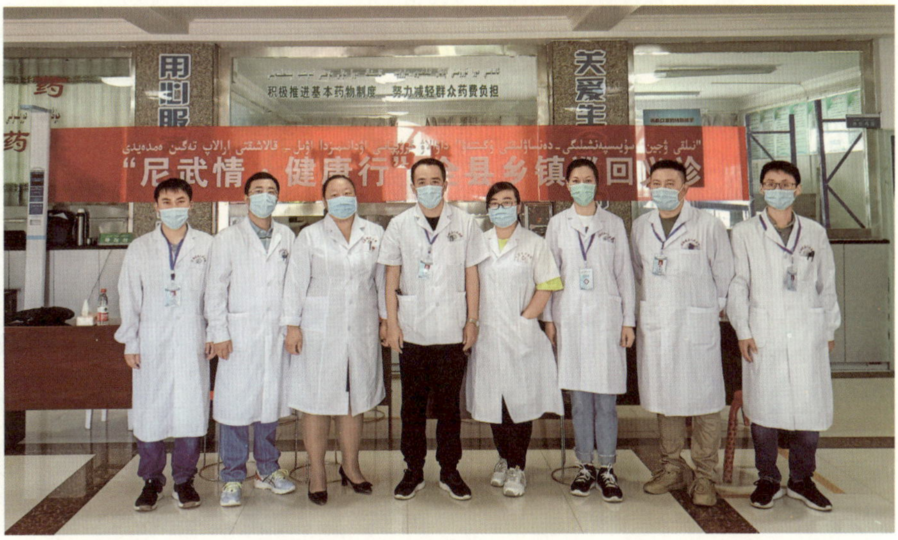


7 月 5 日，武进援缰工作组启动“尼武情，健康行”全县乡镇巡回义诊活动
（供图 / 武进援疆工作组）

受援地医疗工作，帮带青年医生。骨科医生的小针刀疗法受到广大患者的好评。完善远程诊疗体系，主动与武进区卫健局对接，建立完善远程医疗心电图及影像会诊系统，组织两地相关医务人员加入远程诊疗微信群，开展远程诊疗工作，培养专业团队，帮助受援单位突破技术壁垒。充分发挥援疆医生传帮带作用，深入乡镇、村（社区），指导乡镇卫生院开展工作，抓好受援地少数民族医疗卫生业务骨干培养工作。接续开展下乡义诊活动，开展义诊活动 19 次，与当地医生共同义诊、接诊 650 余人次。义诊中积极宣传新冠疫情防控知识，向乡镇卫生院赠送疫情防控物资，助力受援地疫情防控。

**【人才援疆】** 2020 年，武进援疆工作组突出需求导向、统筹人才引进，着力专业化、高层次的人才培养，帮助受援地建设一支带不走的高素质干部人才队伍，提升发展软实力。积极应对新冠肺炎疫情带来的各种不利因素，抢抓时机，组织开展线上、线下系列培训教育活动，完成尼勒克县优秀党政干部党性教育培训班（延安）、尼勒克县优秀年轻干部培训班（延安）、尼勒克县中青年后备干部培训班、尼勒克县村干部能力提升培训班等培训教育 10 余期。创新柔性引才工作，聚焦受援地各工作条线所急所需，持续做好医疗等组团式援疆，累计引进柔性人才 36 人，涵盖医疗、教育、招商、农业、旅游、建设等行业，发挥了人才示范引领和帮带作用。加强农牧民职业能力培训和就业创业管理人才培训工作。对接联系内地企业，动员和组织尼勒克回府家宴等餐饮企业在武进经营特色餐饮。努力推动尼勒克劳动力转移就业工作，协调内地对口援疆省市接收落实新疆籍贫困劳动力就业 75 人。

**【武进区与尼勒克县两地交往交流】** 2020 年，武进援疆工作组制定《常州市武进区对口支援伊犁州尼勒克县“筑梦喀什河、添彩尼勒克”特色援疆三年行动计划》，围绕“育苗、繁枝、培根”三大计划，坚持共建共享，携手同奔小康，优化配置各类资源，创新特色援疆模式，不断深化武尼两地交往交流交融，助力尼勒克县巩固脱贫成果，加快高质量发展。“育苗”计划重点针对青少年学生、就学困难家庭和弱势群体，通过捐赠助学、精准帮扶、互促互学等形式，把扶贫与扶志结合起来，让尼勒克的孩子“有学上、上好学”。“繁枝”计划着力巩固武进尼勒克两地党政机关、乡镇街道、产业园区板块结对成果，创新结对援助方式，通过柔性援疆、组团援疆等方式，把扶贫和扶智结合起来，每年组织机关部门、板块乡镇进疆交流，实现理念互通、信息互通、平台互通、方法互通、成果共享。“培根”计划就是通过“帮招帮引”“双推双选”等措施，把扶贫和扶质结合起来，每年对接并组织 50 家左右各类企业负责人到尼勒克县考察交流，寻求产业合作，努力做优第一产业、壮大第二产业、提升第三产

业，培育壮大产业之根，促进尼勒克县经济高质量发展。武进援疆工作就县、镇、村、企等层面的交流交往交融进行对接，根据疫情防控形势适时组织推进。10月16—17日，常州市委常委、市政府常务副市长梁一波，武进区委副书记、代区长陈志良率党政代表团考察尼勒克县，开展对口交流。年内，武进区城管局、商务局、审计局、档案馆、文体广电和旅游局等部门与尼勒克县相关部门开展结对交流活动。

（巢云芳）

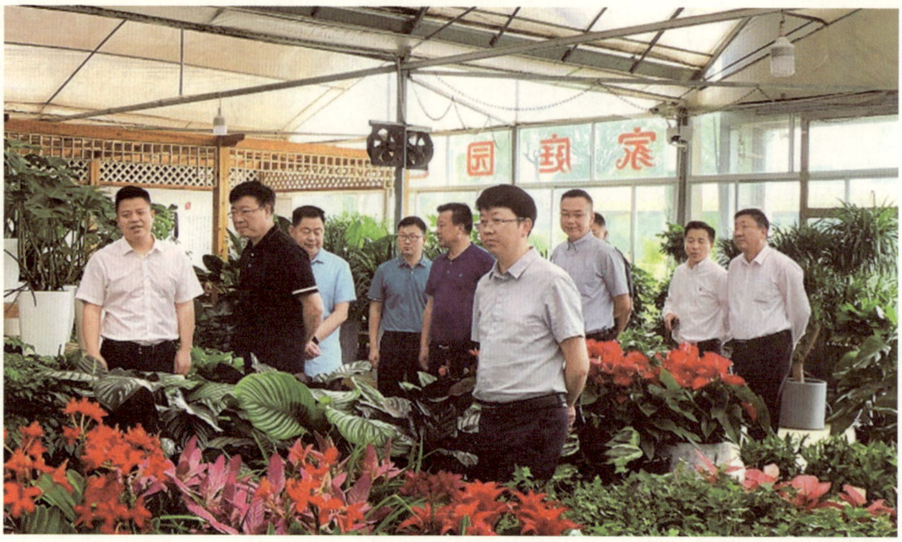


5月26日，陕西省安康市汉滨区考察团调研嘉泽镇农业产业发展情况

（供图／嘉泽镇）

## 对口合作与扶贫

**【概况】** 2020年，武进区与陕西省安康市汉滨区、平利县对口协作，实施援陕项目157个，落实对口协作资金5972万元；捐赠汉滨区100万元、平利县200万元；向汉滨区派出党政干部2人、专业技术人才26人，向平利县派出党政干部2人、专业技术人才24人。组织汉滨籍劳务人员16批次、2583人到武进务工，组织13批、50余家江苏企业考察汉滨，5家企业落地投资。落实苏陕扶贫协作携手奔小康结对4对，累计26对。武进人社、卫健等10个部门和湖塘、礼嘉、嘉泽3个镇分别到汉滨开展对口协作。武进人民医院对口帮扶安康市汉滨区、平利县医疗组组长刘俊分获脱贫攻坚“创新奖”和“奉献奖”，汉滨区联络组获安康市脱贫攻坚先进集体，周立平、沈涛获安康市脱贫攻坚先进个人。“十三五”期间，武进区对口帮扶汉滨区成效显著。累计向汉滨区选派挂职干部4人次（县处级2人、科级2人），教师、医生、农技人员等专业技术人才57人次；投入苏陕扶贫协作资金5.83亿元，实施苏陕协作项目331个；实施苏陕产业合作项目8个，引导企业实际投资4.82亿元，援建扶贫车间6个，吸纳就业327人（贫困劳动力141人）；提供贫困人口就业岗位万余个，组织贫困人口1212人到东部省份就业；开展园区、乡镇（街道）、村村（社区）、村企（社会组织）、学校、医院等结对26对，实现汉滨贫困儿童“微心愿”100个。至2019年，汉滨区脱贫出列贫困村231个、贫困户55911户、贫困人口191107人，贫困发生率下降到1.42%，实现全区脱贫摘帽。

推进武进高新区阜宁工业园、武进经济开发区射阳工业园合作共建，主动为入驻企业协调解决发展难题，积极为合作方及时提供招商信息，吸引天谷数字、坤宁成泰等企业入驻。举办“万企联万村、共走振兴路”行动武进与阜宁县、射阳县村企对接专场推介会，签署战略合作协议，签约村企联建项目34个。武进高新区阜宁工业园、武进经济开发区射阳工业园分别完成销售收入145亿元、66亿元。

与安徽省寿县对口合作，签订《扎实推进长三角一体化发展战略合作协议》，对口支援三峡库区重庆市云阳县帮扶资金30万元，对口扶贫云南省昭通市镇雄县安家坝村。

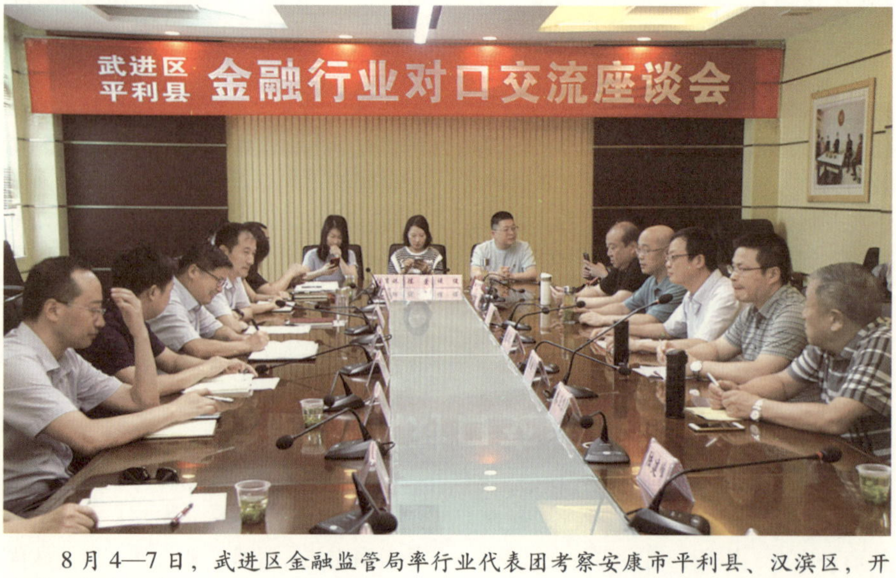


8月4—7日，武进区金融监管局率行业代表团考察安康市平利县、汉滨区，开展对口帮扶工作

（供图／区金融监管局）

**【武进—安康深化劳务协作】** 2020年，武进区深化与陕西省安康市汉阴、平利两县的劳务协作，在安康市汉滨区、平利县成立劳务服务工作站，在各村（社区）选聘当地有影响力的劳务经纪人100名，实施定点服务和上门服务，构建劳务协作“区—乡镇—村”三级服务网络，破解力量、平台、协作机制单一问题。精准对接，搭建合作桥梁，举办汉滨区苏陕就业推进会，签约新型学徒制校企合作4家，100名汉滨劳务经纪人上岗。纾解企业复工复产用工困难，采取“统一包车、统一餐饮、统一防护”措施，组织汉滨籍劳务人员16批次2583人到武进务工，协调输出劳务人员1926人，自发外出劳工人数63441

人，就地就近就业人数40871人。开展平利县2020年“春风行动”暨苏陕劳务协作线上招聘等活动，服务到场群众4000余人次，达成就业意向252人。

**【实施援陕项目157个】** 2020年，武进区把项目建设作为援陕扶贫协作的第一抓手，发挥优质项目的牵引带动效应，实施援陕项目157个，落实对口协作资金5972万元。其中，7个苏陕协作扶贫教育项目建成投用，立华牧业生猪养殖项目建设启动。将项目资金与农村“三变改革”（农村资源变资产、资金变股金、农民变股东）紧密结合，研究出台项目资金规范管理办法，严格规范资金使用，提升带贫益贫效果，项目直接带贫益贫近7000人。积极引导东部企业通过出资、引进企业入驻等方式支援扶贫车间建设，累计建成扶贫车间6个，吸纳就业327人，其中贫困劳动力141人。

**【产业援陕扶贫】** 2020年，武进区结合安康市汉阴、平利两县资源禀赋，支持发展当地特色产业，形成“山上兴产业，山下建社区，社区办工厂”等成熟产业扶贫模式。4月21日，中共中央总书记习近平在视察安康市平利县时，对这一发展思路给予肯定。年内，武进区先后组织13批50余家企业考察汉滨，5家企业落地投资。江苏新城控股吾悦广场、立华牧业10万头规模养猪场等项目落户，实际投资额4.75亿元。组织汉滨企业到东部地区参加商品交易会和特色农产品展销会，推动茶叶、魔芋等特色产品走进长三角各大城市。积极参与消费扶贫月活动，在武进设立汉滨农产品展销馆，认定农畜产品扶贫消费182.44万元，通过武进青年企业家协会、春秋淹城等企事业单位推广订购汉滨富硒矿泉水110万瓶。推进平利扶贫产品走进江苏市场，全年完成销售额2511万元，带动贫困群众373人增收。拓展“电商＋消费扶贫”模式，推进消费扶贫专柜建设，建成专柜83个，完成率79%。鼓励爱心超市、扶贫超市加大扶贫产品销售，开展“安康扶贫产品常州行”等活动，推进汉滨扶贫产品专馆在武进挂牌运营。9月，平利县《企业牵手农户，山货飞出深山》消费扶贫经验材料入选2020年全国消费扶贫优秀典型案例。

（史志天　左喜平）

## 机关后勤管理服务

**【概况】** 2020年，区机关事务管理中心配合全区执法体制改革、疫情防控、机关作风建设、生态环境建设等重点工作，推进“一体两翼”建设（以推进集中统一管理为方向，以标准化、信息化建设为支撑），制定全区党政机关和事业单位办公用房和公务用车管理办法，加强集中统一管理，提升机关资产资源集约高效利用能力。先后建成区级机关公物仓、全区公共机构“能耗感知一张网”，节支增收800多万元。从1月1日起，推行武进市民广场、城市展示馆一体化运行管理。年内，完成武进市民广场绿化、监控、体育设施改造及周边道路改造，节约运行费用100余万元。推进标准化、信息化建设，出台标准化文本30多项，全面规范机关后勤服务保障行为。推进“互联网＋”深度融合机关事务工作，建设公房、公车、公共机构节能、设施设备管控、水电气能耗管控、电梯智能化管理、安防等信息化管理平台，有效提高管理精准度。年内，区机关事务管理中心公务用车管理工作经验材料被全国机关事务电视电话会议采纳，武进绿色建筑产业集聚示范区管委会获评全国2019—2020年节约型公共机构示范单位、全省节约型公共机构示范单位，区机关事务管理中心获武进区群租房整治先进集体。

**【完成武进城市展示馆改建等工程2个】**

*武进城市展示馆改建工程* 位于武进市民广场，总面积3252平方米，为原武进城市规划展览馆，区机关事务管理中心于6月启动改建，配套做好莲花馆顶面、墙体、幕墙渗漏水等检查修缮工作，邀请原设计安装单位实施莲花造型钢结构锈蚀除锈防锈、渐变漆面脱翘破损修补和进出口重点区域全面油漆喷涂出新等，12月底竣工并投入试运营。

*行政中心护城河水清岸绿工程* 是武进区行政中心片区海绵城市建设系统方案的重要内容之一，护城河总长2千米，区机关事务管理中心联合区住建局等单位于9月初启动工程建设，主要实施河水排空、河床基底处理和垃圾清运、苦草种植、蚌螺鱼类投放及河岸绿化等生态修复工程，10月中旬完工。经生态修复，该护城河水质从劣五类达到三类水标准，构建了水清岸绿、鱼翔浅底的水生态体系，为全区水生态建设提供了参考和推广示范样板。

**【实行公房公车统一管理】** 10月，经区政府第四十次常务会议审议通过，《常州市武进区党政机关和事业单位办公用房管理办法》《常州市武进区党政机关和事业单位公务用车管理办法》出台，实行全区公房公车统一管理。区机关事务管理中心对办公用房实行统一规划、统一权属、统一配置、统一处置，对公务用车实行统一编制、统一标准、统一购置经费、统一采购配备，合理配置资源，降低机关运行成本，提高服务保障效能。同时，统筹各个管理环节问题，就全生命周期规范办公用房的权属、配置、使用、维修、处置利用等，严控配置“入口”，多渠道创新处置“出口”。

（顾　叶）

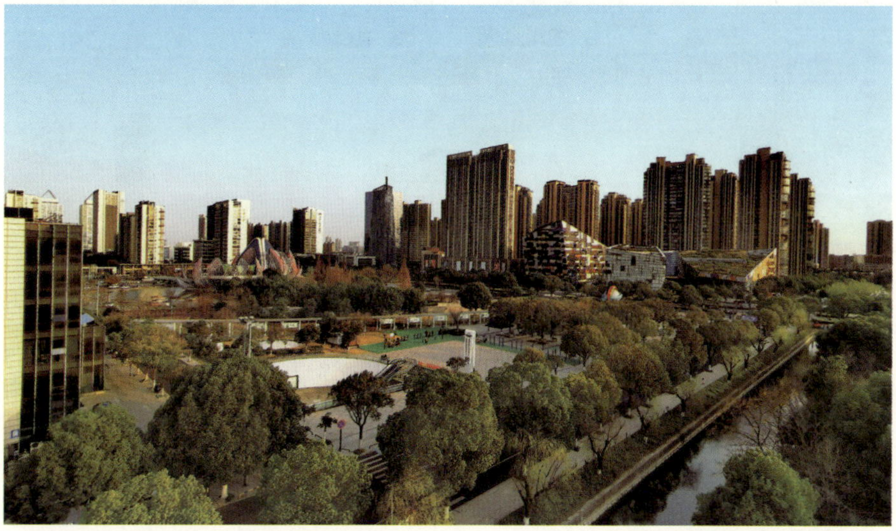

武进市民广场、城市展示馆一角　（供图／区机关事务管理中心）

# 常州市武进区政协

Chinese People's Political Consultative Conference in Wujin District, Changzhou

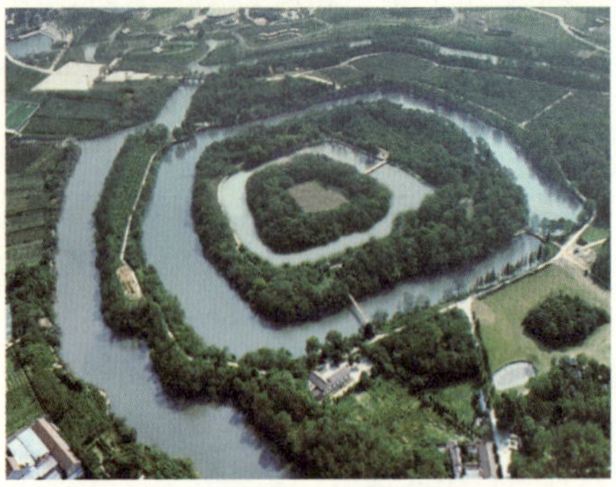

栏目编辑　王国新

## 重要会议

**【政协常州市武进区第十四届委员会第四次会议】** 1月3—4日在武进假日酒店会议中心召开，政协委员386人出席，在武进的省、市政协委员及各镇（街道）统战委员列席。常州市副市长、武进区委书记李林在开幕式上作《同心描绘千重景，协力共行万里程，为谱写“强富美高”新武进建设新篇章而努力奋斗》的讲话。会议审议并通过区政协主席江建文代表区十四届政协常委会所作的工作报告和区政协副主席单骏初代表区十四届政协常委会所作的提案工作报告。与会委员列席人大常州市武进区十六届四次会议，听取区长戴士福所作的《政府工作报告》，并参与分组讨论。会议选举石伟东为区政协主席，选举蒋红英、郑全伟为区政协副主席，选举羌晓丹、张晓宇、陶春健为区政协常务委员会委员。会议期间，吴嫔等9名政协委员代表围绕全区相关重点工作作大会发言。

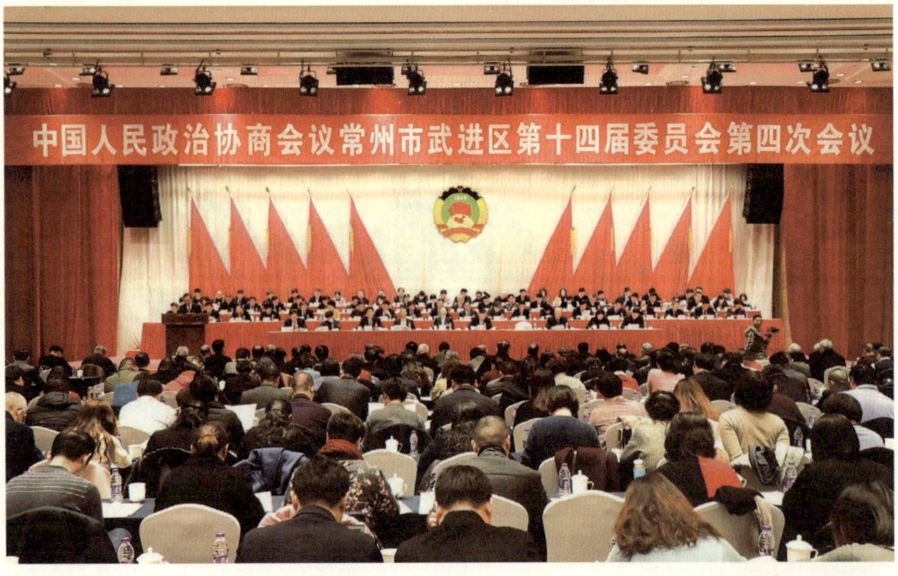

1月3日，区政协十四届四次会议开幕　（摄影／陆　新）

**【政协常州市武进区常委会会议】** 2020年，政协常州市武进区第十四届常委会举行6次会议，即第十六至第二十一次会议。1月3日，第十六次常委会议在武进假日酒店会议中心召开，听取区委常委、组织部部长赵天晟关于增补区政协十四届委员会主席、副主席、常务委员候选人提名情况的介绍，协商大会选举办法（草案），审议大会选举工作人员建议名单。1月4日，第十七次常委会议在武进假日酒店会议中心召开，听取各党小组和讨论组关于区政协常委会工作报告、提案工作报告、政府工作报告等的讨论情况汇报，审议通过《区政协十四届四次会议关于提案审查情况的报告（草案）》《区政协十四届四次会议决议（草案）》。4月3日，第十八次常委会议在区行政中心召开，部署2020年重点工作，协商通过有关人事事项，同意江建文、黄铁梅、叶平、丁涛4人辞去区政协第十四届委员职务，同意增补朱敏、姚国强2人为区政协第十四届委员会委员。6月24日，第十九次常委（扩大）会议在区行政中心召开，专题协商“提升西太湖发展能级”工作，副区长薛建忠参加协商，高度肯定政协调研成果，对西太湖发展提出工作要求；协商通过有关人事事项，同意徐春来、洪根2人辞去区政协第十四届委员职务，同意增补唐晓明为区政协第十四届委员会委员；部署社情民意信息闭环管理工作。10月29日，第二十次常委会议在区行政中心召开，专题协商“推进武进城乡融合高质量发展”工作，副区长是峰参加协商，高度肯定政协调研成果，对武进城乡融合高质量发展提出工作要求；协商讨论《关于推荐评选2019—2020年度各类先进的实施意见》；协商通过有关人事事项，同意高平辞去区政协第十四届委员会委员职务，同意撤销宫春晖区政协第十四届委员会委员职务，同意增补王乾、任义权、周灵、沈银瑞、赵晨茜5人为区政协第十四届委员会委员。12月30日，第二十一次常委会议在区行政中心召开，听取副区长施小平代表区政府所作的区政协第十四届第四次会议以来提案办理情况和武进经济社会发展情况通报；决定区政协第十四届第五次会议于2021

年 1 月 4—6 日召开；协商讨论《区政协常委会工作报告（讨论稿）》和《提案工作报告（讨论稿）》等第十四届第五次会议有关材料，提请第十四届第五次会议审议通过；协商通过有关人事事项，同意庄铠、沈振华 2 人辞去区政协第十四届委员会委员职务，同意增补郑政平、袁涛、王文革 3 人为区政协第十四届委员会委员。

（何启华）

## 专题协商

**【概况】** 2020 年，区政协聚焦协商主业，打造“协商为民、助力发展”工作品牌，组织开展区政协常委会议协商、主席会议协商、专委会对口协商、界别活动组协商等多个层次的协商工作，全面推进“有事好商量”协商议事工作，充分发挥人民政协专门协商机构的作用。全年以“武协建”形式报送协商成果 13 篇，均得到区委、区政府重视，转交相关部门落实。

**【政协常委会议协商】** 2020 年，区政协围绕“提升西太湖能级”“城乡融合高质量发展”两个课题开展常委会专题协商。4—6 月，区政协常委会组建调研组，围绕“提升西太湖发展能级”开展调研协商。通过实地走访、座谈交流、外出学习考察等形式，多方面吸收意见和建议，形成《关于提升西太湖发展能级的调研与建议》，提出“高位布局能级定位，系统谋划产业发展，探索创新管理机制，持续完善城市形态”四方面建议。6 月 24 日，区政协召开第十九次常委会议，专题协商调研工作，副区长薛建忠参加会议。7—10 月，区政协常委会围绕城乡融合高质量发展开展调研协商，形成《关于推进武进城乡融合高质量发展的调研与建议》，提出“科学编制规划、坚持精准施策、强化特色引领、推进建章立制”四方面建议。10 月 29 日，区政协召开第二十次常委会议，开展专题协商，副区长是峰参加协商。

**【区政协主席会议协商】** 7 月 9 日，区政协主席会议专题协商全区安全生产专项整治。区领导石伟东、刘志峰、刘云英等实地调研湖塘纺织城，座谈听取区应急管理局、武进公安分局和区住建局、交通局、消防大队关于安全生产专项整治工作的情况汇报，形成《推进安全生产专项整治工作的调研与建议》。围绕培育壮大新产业、新经济、新商业“三新经济”，区政协召开调研座谈会，学习考察新北区、天宁区的做法，8 月 13 日，区政协主席（扩大）会议专题协商。区领导施小平、单骏初、刘云英听取区发改局、工信局、工商联部门负责人以及政协委员的意见建议，形成视察建议。区政协坚持“不调研不协商”的原则，在广泛开展调研视察、充分听取各方面意见建议的基础上，于 9 月 29 日召开主席（扩大）会议，分别围绕“加快武进区地铁站点基础设施建设”“加强群租房安全管理”“中医药高质量发展”调研课题开展协商，副区长薛建忠应邀参加。报送区委、区政府 4 期调研报告，相关建议在《关于加强出租房安全管理工作的实施方案》中得到体现。

**【对口协商和界别协商】** 2020 年，区政协各专委会开展对口协商，其中“融媒体中心建设”“劳务中介市场管理”“经开区经济社会发展”等课题对口协商成效显著。4—9 月，区政协教文卫体和文史委员会围绕区融媒体建设开展调研，调研考察宁波市区级融媒体中心建设运营情况，形成相关建议被有关部门吸收采纳，推动武进区融媒体中心建设。6 月，区政协社法民宗和港澳台侨委员会调研全区劳务中介市场管理情况并开展协商，形成《关于加强人力资源市场规范管理的调研与建议》，报送区委、区政府。10 月，区政协组织区政协委员和住武进的省、市政协委员视察常州经开区高质量发展，围绕产业培育集聚、做强优势企业、提升创新动能、促进老旧社区改造等方面提出意见建议。年内，区政协 22 个界别活动组围绕基层治理现代化、新时代“两个健康”先行区、直播电商发展、工业互联网人才培养等方面课题，多次开展调研座谈和协商议事活动，形成《关于我区创建新时代“两个健康”先行区工作的研究》《关于推进工业互联网人才培养的调研与思考》等调研报告 22 篇。《关于促进我区直播电商发展的思考》《疫情防控常态化下推进我区基层治理现代化的思考》等 4 篇获评优秀调研报告。

**【“有事好商量”协商议事】** 2020 年，区政协全面推进“有事好商量”协商议事工作，在全市率先实现平台建设 100%、开展活动 100%、议题报备 100%、委员作用发挥 100%，做到平台全覆盖、运行全到位、党委全支持、委员全参与。

围绕武进打造“生态滨湖区、现代智造城”，在武进电视台演播大厅先后举办打造“生态滨湖区”融媒体协商会、“现代智造城”融媒体协商会，通过武进电视台、广播电台、网站、微信公众号、视频 App 五大平台同步播出，有力汇聚社会各界建设“一区一城”的智慧

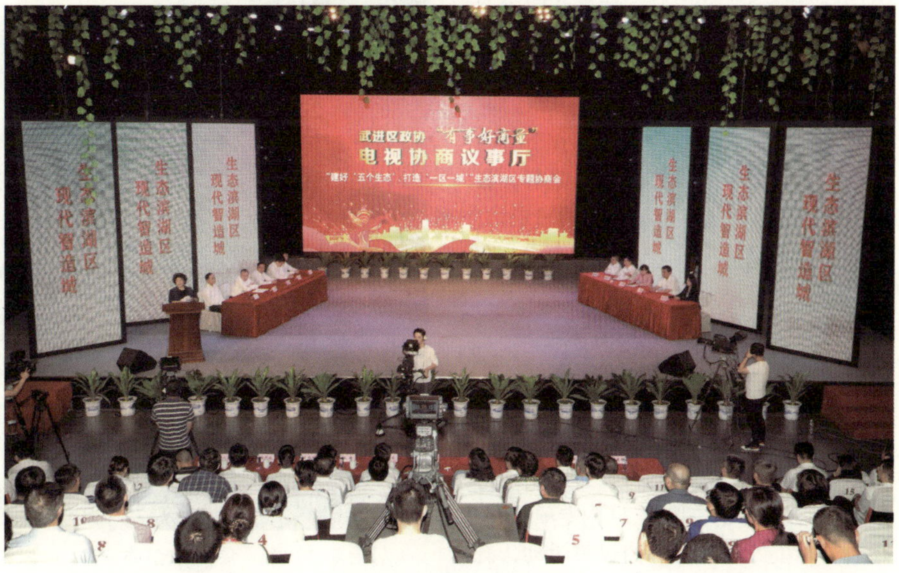


5 月 28 日，区政协举办“有事好商量”电视协商议事活动　（供图 / 区政协办）

和力量。据统计，现场参与协商360余人，听众、观众达11万余人，征集留言3500余条、建议300余条。区政协提出《“一区一城”是什么、干什么、怎么干的建议》，为区委、区政府提供决策参考。相关报告获常州市副市长、武进区委书记李林批示2次。

相关界别组和园区、镇（街道）及村级协商平台健全“党政点题、委员荐题、群众出题、网络筛题”机制，围绕党委、政府和人民群众最关注的课题，全年组织开展协商600余次，参与4000余人次。9月，结合“有事好商量·民生专题协商议事月”活动，湖塘镇、西湖街道、新城域社区围绕学前教育、小区车库使用管理、小区环境管理等议题，开展融媒体直播协商3次，共吸引网友8万余名参与，在多元协商中推动相关建议落实，涌现一批协商议事成果。“规范小区车库使用与管理”“管好居民区犬只和环境，扮靓小区‘新颜值’”等6个案例入选省、市政协典型协商案例选编。区政协“‘协商为民、助力发展’融媒体直播协商议事”获2020年全省政协工作最佳创新案例。

（何启华）

## 民主监督·文史研究

**【概况】** 2020年，区政协坚持“既重点突出又广泛覆盖”的原则，围绕推动全区公共卫生和基层卫生高质量发展、完善退役军人服务保障、加大对外贸企业出口护航力度、加强制造业企业高素质技能人才培养、推动传统行业转型升级、推进安全生产专项整治等课题，向区卫生健康局、退役军人事务局、商务局、人社局、工信局和应急管理局6个部门派驻民主监督小组，开展重点监督。各民主监督小组通过参加会议、调研走访、外出学习考察等方式，开展常态化、全过程的民主监督，形成《推进全区卫生健康事业高质量发展的调研与建议》等一系列监督成果，有效促使受派部门改进工作。配合省政协开展“化工行业安全生产专项整治”“长三角污染防治协作机制落实情况”联动监督，通过实地考察调研、召开专题座谈会、区内专项督查、开展“有事好商量”协商议事活动，有效助力区委、区政府重要决策部署落实到位，促进工作落实。12月，《武进名片——生态滨湖区、现代智造城》出版。

**【政协提案督办】** 区政协十四届四次会议期间，共收到委员提案258件，立案210件。立案提案分别交由80个承办单位办理，于7月底全部办复。5月9日，区政协与区人大、区政府开展联合督办活动，对承办提案较多的8个部门开展重点督办，协调解决提案办理工作中的难点问题。创新实施分层领办督办机制，建立党政领导领办督办政协重点提案制度，共确定区政协重点提案17件，分别由区领导领办、区政协领导督办。10月27日，常州市副市长、武进区委书记李林领办“建设现代智造城、打造武进产业发展新增长极”重点提案，区政协主席石伟东参加，听取区发改局、科技局、工信局、商务局提案办理情况的汇报，并与提案人座谈交流。11月13日，代区长陈志良领办“促进产业融合、推进西太湖健康产业加速发展”重点提案，区政协主席石伟东参加，视察武进区医疗器械生产情况，听取西太湖科技产业园管委会及区民政局、文体广电和旅游局、自然资源和规划分局提案办理情况的汇报，并与提案人座谈交流。区领导郑政平、是峰和全体政协领导领办督办“建立镇级老年大学”“建立健全我区绿化垃圾循环利用体系”“中心城区主要道路提档升级”等重点提案15件，与承办单位、提案人和委员代表“面对面”互动、“零距离”协商，推动部门直接采纳相关建议。在各方共同努力下，提案当年采纳率达80%，办理满意率达100%，一批提案建议得到有效落实。年底，区政协评选出《关于多措并举提振实体经济信心的建议》等优秀提案30件。

**【助力新冠肺炎疫情防控】** 在1月28日区委常委会专题部署新冠肺炎疫情防控工作后，区政协发挥联系广泛优势，随即向广大委员和社会各界发出倡议书，凝聚全区抗疫共识。深入企业、学校，开展“四不两直”（不发通知、不打招呼、不听汇报、不用陪同接待，直奔基层、直插现场）走访调研32次，协调解决有关复工复产复学等方面问题。依托移动履职平台开展线上协商，积极反映疫情防控和复工复产复学社情民意信息。报送社情民意100余条，形成简报17期，其中15期得到区委、区政府主要领导批示。发挥委员示范引领作用，引导广大委员立足本职岗位、发挥专业特长，参与救治病人、捐款捐物、稳产稳岗、纾解情绪等工作。据统计，全区政协委员累计捐款及捐物折价2100余万元。

**【社情民意信息办理】** 2020年，武进政协发挥社情民意“直通车”作用，畅通社情民意渠道，收到信息199条，编报简报23期。其中，17期得到区委、区政府主要领导批示，被全国政协录

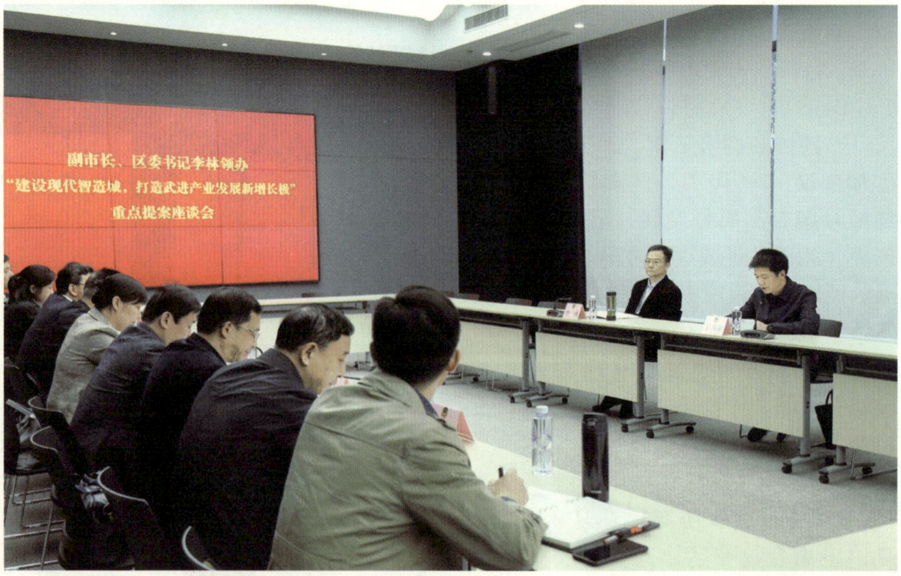


10月27日，常州市副市长、区委书记李林（右二）领办“建设现代智造城、打造武进产业发展新增长极”重点提案
（供图/区政协办）

用信息2条，被省政协录用信息4条，被市政协录用信息10条。创新实施社情民意闭环管理，就社情民意信息办理全程作出批办办理、跟踪督办、反馈评价等制度性安排，形成环环相扣、层层紧密的办理闭环，确保“事事有回音”。区政协获评年度全市社情民意信息工作先进单位，民进武进区基层委员会等4家单位获评区社情民意信息工作先进单位。

**【《武进名片——生态滨湖区、现代智造城》出版】** 2020年，区政协充分发挥文史资料“存史、资政、团结、育人”的社会功能，牵头区融媒体中心等部门编印出版《武进名片——生态滨湖区、现代智造城》，于12月由江苏人民出版社发行。全书7.2万字，配图298幅，图文并茂展示“强富美高”新武进风采，进一步凝聚打造“一区一城”的广泛共识，全面提升武进美誉度，激发社会各界奋勇争先热情。

表3

**2020年度武进区政协优秀调研报告情况表**

| 报送单位 | 课　　题 |
|---|---|
| 提案和委员工作委员会 | 关于培育壮大我区“三新经济”的调研与建议 |
| 经济科技和农业农村委员会 | 关于推进安全生产专项整治的调研与建议 |
| 民建武进区基层委员会 | 关于加快推进我区智能制造转型的调研与建议 |
| 民进武进区基层委员会 | 关于推进非遗与旅游融合发展的思考与建议 |
| 民盟武进区基层委员会、区政协教育界组 | 提高家庭教育质量 促进儿童健康成长 |
| 中共活动组 | 疫情防控常态化下推进我区基层治理现代化的思考 |
| 工商联活动组 | 关于我区创建新时代“两个健康”先行区工作的研究 |
| 科技界活动组 | 关于推进工业互联网人才培养的调研与思考 |
| 对外友好界活动组 | 关于促进我区直播电商发展的思考 |
| 雪堰镇政协工委 | 关于统筹推进太湖湾片区旅游资源整体发展的思考与建议 |
| 丁堰街道政协工委 | 培育高质量的常州运河工业小镇 |
| 戚墅堰街道政协工委 | 关于“文化+”视角下戚墅堰街道旧城更新的调研报告 |
| 区政协制造业企业高素质技能人才培育民主监督小组 | 关于制造业企业高素质技能人才培育的民主监督报告 |

表4

**2020年度武进区政协优秀提案情况表**

| 提案人 | 案　　由 | 提案人 | 案　　由 |
|---|---|---|---|
| 金宏平 | 关于多措并举提振实体经济信心的建议 | 刘立鸿等2人 | 关于完善现代物流项目配建工程的建议 |
| 李文伟等8人 | 关于推进招才引智工作的建议 | 中共活动组 | 关于中心城区主要道路提档升级的建议 |
| 丁正伟等8人 | 关于大力发展“夜间经济”的建议 | 王建新等3人 | 关于加快推进我区地铁站点配套设施建设的建议 |
| 龚　黎 | 关于建设现代智造城，打造武进产业发展新增长极的建议 | 吴文英等10人 | 关于建立健全我区绿化垃圾循环利用体系的建议 |
| | | 戴群兰 | 关于垃圾分类落地执行层面的建议 |
| 梅士员 | 关于加快推进我区工业互联网发展的建议 | 陆献新等19人 | 关于推进法治文化进企业，唱响企业法治文化主旋律的建议 |
| 沈　俊 | 关于传统纺织行业优化促转型的对策与建议 | | |
| 张亚琴 | 关于增设科技型园区内小微企业房租补贴的建议 | 余　晓 | 关于将食品安全与营养健康知识纳入中小学健康教育教学内容的建议 |
| 周美玲等5人 | 关于培育高质量家政服务市场的建议 | | |
| 陈　捷 | 关于培育我区“四新经济”的财政思路及建议 | 陶春健 | 关于建立镇（街道）级老年大学的建议 |
| 遥观镇政协工委 | 关于加强民营制造业企业高素质技术技能人才培训的建议 | 陈丽琴等2人 | 关于进一步普及心肺复苏急救术及设备的建议 |
| | | 农工民主党武进区委 | 关于推进武进区基层医疗卫生服务体系高质量发展的建议 |
| 羌晓丹 | 关于以“五大协同”助推我区乡村振兴工作的建议 | | |
| | | 潘华萍 | 关于规范武进区劳务中介市场管理的建议 |
| 冯　超 | 关于在我区开展外贸企业出口护航行动的建议 | 朱丽娜等3人 | 关于加强安全生产管理的建议 |
| 陆茹英等4人 | 关于全域旅游背景下以武进高新区为圆心进行工业旅游开发的建议 | 俞　瑜 | 关于加强居民小区消防通道和生命救护通道管理的建议 |
| 张　群 | 关于促进产业融合，推进西太湖健康产业加速发展的建议 | 钱亚平 | 关于提升滆湖水源地周边环境的建议 |
| | | 教育界活动组 | 关于推进新市民学校整治提升的建议 |
| 蒋金标等9人 | 关于武进区宗教活动场所合理规划布局的建议 | | |

（何启华）

# 常州市武进区纪委监委

**Supervisor Committee of Commission for Discipline Inspection of Wujin District of Changzhou**

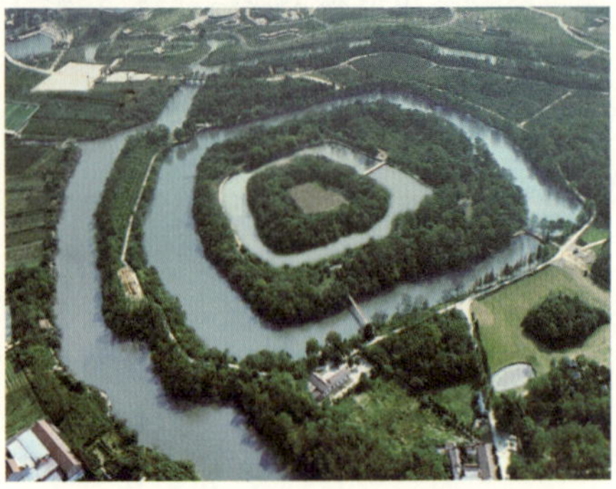

栏目编辑　王国新

## 综　述

**【概况】** 2020年，区纪委监委坚持稳中求进工作总基调和坚定稳妥原则，积极担当作为，推动纪检监察工作高质量发展，为统筹推进疫情防控和经济社会发展、推动“一区一城”建设提供坚强纪律保障。坚决向违纪违法行为亮剑，全区纪检监察机关共受理各类信访举报374件，处置各类问题线索660件，立案302件。严肃查处贪污贿赂、滥用职权等职务违法犯罪，坚持行贿受贿一起查，共留置13件13人，移送检察机关12人。10月26日，《中国纪检监察报》刊发《干在实处走在前列——记江苏省常州市武进区纪委监委》专题报道，肯定武进区纪检监察工作。

**【“两个维护”践行】** 2020年，区纪委监委围绕安全生产、打好三大攻坚战、优化民营经济发展环境、长江流域禁捕退捕、农村乱占耕地建房整治、领导干部利用名贵特产类特殊资源谋取私利问题集中整治等党中央重大决策部署，做好贯彻落实情况的监督检查；聚焦做实“六稳”工作、落实“六保”任务，及时跟进监督，发现和梳理问题89个，收集意见建议65条，确保上级决策部署到哪里，监督检查就跟进到哪里，“两个维护”就落实到哪里。

**【“容错纠错”机制深化运用】** 2020年，区纪委监委坚持严管和厚爱结合、激励与约束并重，深化运用容错纠错机制，旗帜鲜明为改革创新者撑腰鼓劲。健全完善澄清保护机制，坚决查处不负责任、不顾事实、不讲法规、随意虚构诬陷的行为，为受到不实反映的干部澄清正名、消除顾虑，努力形成干部为事业担当、组织为干部担当的良好局面。上报容错纠错典型案例8个，为受到不实举报的7名干部澄清事实。

**【巡察工作】** 2020年，区委深入贯彻落实中央、省委、市委巡视巡察新精神新要求新部署，稳步推进巡察全覆盖。全年共开展三轮常规巡察，对27个机关单位、92个村（社区）开展政治巡察，实现对村（社区）巡察全覆盖。巡察发现问题461个，移交问题线索24条。“机动式”专项巡察市级扶贫开发项目2个，发现村级资金闲置等问题3个，为打赢脱贫攻坚战保驾护航。深化“巡审联动”，抽调审计干部21人次参与巡察，推动巡察监督和审计监督有机贯通。在省委危化品安全生产专项巡视期间，区纪委书记全覆盖走访督查全区镇（街道），开展“点对点”约谈、“面对面”提醒；抽调相关部门精干力量，聘请群众代表，组成10个危化品督查特别行动组走企入户督查抽查，新发现违法违规“小化工”6家，立案查处“官商勾结”等问题18件18人。相关工作得到省纪委书记王常松及省委第一巡视组的高度肯定，市委书记齐家滨作出专题批示，《新华日报》专题报道。认真做好危化品安全生产专项巡视反馈问题整改工作，对照反馈的11个方面问题，协助制定整改方案，细化分解具体任务，全面加强巡视整改专项督查。

（徐烨中）

## 监督检查

**【概况】** 2020年，区纪委监委牢牢抓住监督这个基本职责、第一职责，精准监

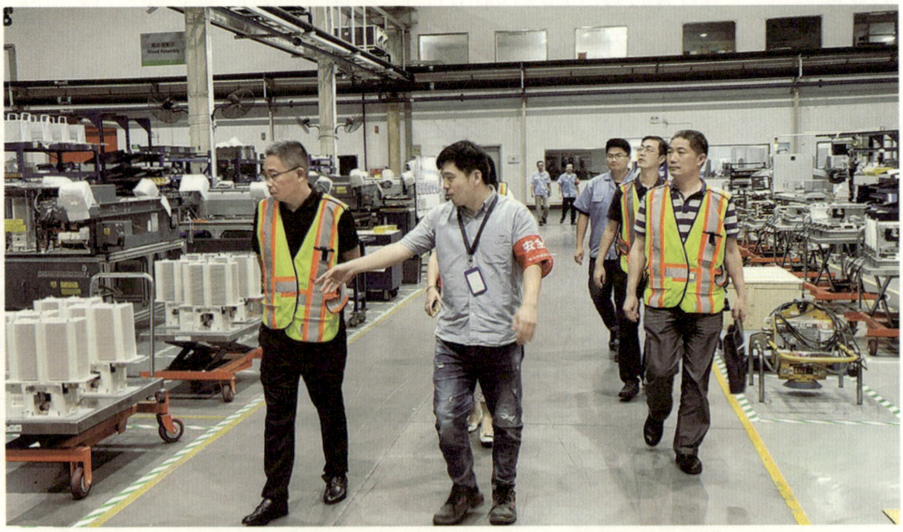

区纪委组织开展危化品督查特别行动，走企入户督查抽查　（供图／区纪委监委）

督、创新监督，在推进全区治理体系和治理能力现代化中，充分发挥监督保障执行、促进完善发展作用。严格依据党章党规党纪和宪法法律法规履行职责，实现对权力运行的全过程监督。强化上级纪委对下级党组织的监督，盯紧“关键少数”，围绕权力运行各个环节，完善机制，推动权力在阳光下运行。自觉服从服务疫情防控大局，科学精准稳慎有效实施监督。年内，区纪委监委精准运用监督执纪“四种形态”处理681人。

**【监督体系健全完善】** 2020年，区纪委监委根据区委统一部署，牵头成立完善监督体系保障高质量发展专班，成员单位有区委巡察办、区财政局、审计局、统计局，确保监督工作精准高效。贯彻《党委（党组）落实全面从严治党主体责任规定》，推动党委（党组）主体责任和纪委监督责任贯通联动、一体落实。按照“纪委书记＋监察专员”“纪委书记＋派驻覆盖”两种改革模式对先行集团、经发集团等5家区属国有企事业单位实施监察监督，实现区属国有企事业单位党内监督和国家监察两个全覆盖。

**【监督质效提升】** 2020年，区纪委监委精准运用监督执纪“四种形态”教育挽救干部，把惩和治结合起来，推动纪法贯通，提升监督质效。全年处理干部681人，其中运用第一、第二、第三、第四种形态处理分别占60.2%、31.4%、3.2%、5.2%。深化派驻机构改革，运用片区协作机制，提升派驻工作质效，派驻纪检监察组全年立案37件，增长27.6%。强化3个派出监察员办公室职能，全年处置问题线索103件，以监委名义立案53件，增长165%。针对个别镇巡察移交问题线索办理不及时、社区财务管理不严格等问题开展专项监督，通过市、区、镇三级联动，督促整改落实，推动建章立制。

**【新冠肺炎疫情防控和复工复产监督】** 2020年，区纪委监委会同区卫健、交通、公安等部门组成3个督查组，科学、精准、稳慎、有效地实施新冠肺炎疫情防控和复工复产监督，开展各类督查300余次，推动解决各类问题100余个，查处疫情防控问题4起8人。选取疫情防控工作中的典型违纪案例，制作微视频，提醒党员干部守牢纪律底线。出台《关于为企业复工复产健康发展提供坚强纪法保障的十条措施》，为统筹推进疫情防控和经济社会发展提供坚强纪律保障。

（徐烨中）

## 正风肃纪

**【概况】** 2020年，区纪委监委落实中央“八项规定”精神，坚持越往后执纪越严，推动化风成俗、成为习惯。集中整治形式主义、官僚主义，深化治理贯彻党中央部署只表态不落实、维护群众利益不担当不作为等困扰基层的突出问题。发扬钉钉子精神，紧盯国有企事业单位、社会组织、基层组织等领域，加强监督检查，严肃查处享乐主义、奢靡之风。查处群众身边不正之风和腐败问题138起207人。

**【群众身边腐败问题专项治理】** 2020年，区纪委监委围绕群众反映强烈的突出问题，成立工作专班5个，专项治理安全生产、阳光扶贫、村级财务、民政补贴、优化营商环境等领域的腐败问题，处理178人。针对具有行业性、区域性、专业性特点的任务和问题线索，按照“发现一批问题线索、整治一批突出问题”工作要求，党风、信访、案管、监察员办公室、派驻纪检监察组及镇（街道）纪（工）委等部门通力合作，查处群众身边不正之风和腐败问题138起207人，其中党纪政务处分106人。开展尊老金专项治理，立案46件，追缴资金50余万元。此项工作经验做法在全市推广，被中央纪委国家监委网站、《新华日报》专题报道。根据市纪委监委统一部署，开展“私车公养”、挂证取酬、违规借贷三类问题专项治理，发现相关问题20个，追缴资金75万元。

**【作风顽疾整治】** 2020年，区纪委监委贯彻落实中央“八项规定”及其实施细则精神，重拳出击整治干部作风顽疾，以党风好转推动社会风气好转。优先处置形式主义、官僚主义、享乐主义、奢靡之风“四风”问题线索，及时跟进核查2起舆论热点，严肃问责相关责任人。严格查处违反中央“八项规定”精神问题115起183人，其中党纪政务处分97人。通报曝光典型案例15批27起40人。

**【违规吃喝和烟（卡）问题专项整治长效机制】** 6月，区纪委监委协助区委出台《违规吃喝和烟（卡）问题专项整治“回头看”工作方案》，明确各职能部门和各级纪检监察机关责任分工，全面开展违规吃喝和烟（卡）问题专项整治“回头看”检查。2020年，共检查党政机关、企事业单位500余次，检查商场、超市、烟酒店等1600余家，抽查各地各部门值班备勤情况50余家，问责17人，其中党纪政务处分14人，通报曝光6批10起12人。督促相关部门严格执行《常州市武进区党员干部外出学习培训考察严守党的纪律规定谈话制度》《武进区烟酒店违规发售及超配额发售烟（卡）问题整治长效机制》等规定，推进作风建设常态长治长效。

（徐烨中）

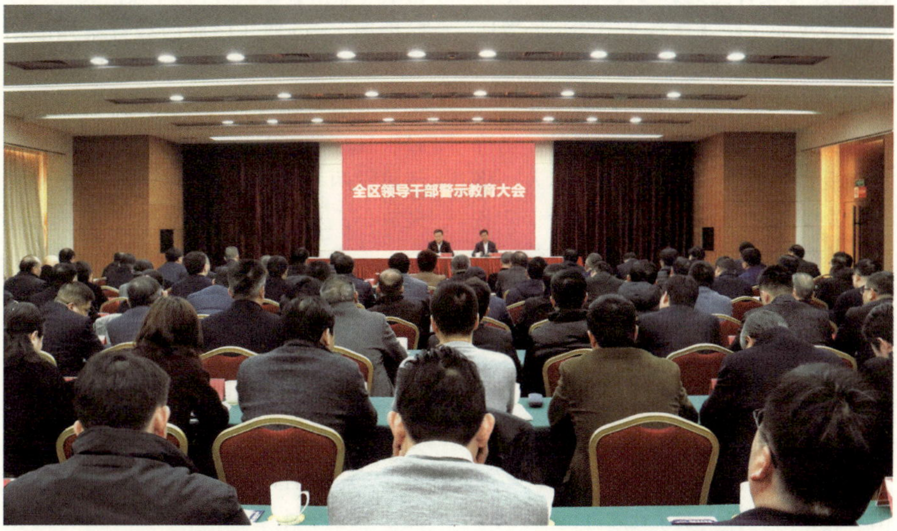


12月24日，全区领导干部警示教育大会在区行政中心举行（供图/区纪委监委）

## 审查调查

【概况】 2020年，区纪委监委始终保持惩治腐败高压态势，重点查处中共十八大以来不收敛不收手、问题线索反映集中、群众反映强烈、政治问题和经济问题交织的腐败案件，坚持受贿行贿一起查，坚决斩断“围猎”和甘于被“围猎”的利益链。牢固树立没有安全就没有审查调查的理念，时刻绷紧审查调查安全弦。严格执纪执法，及时发现和查处不遵规守纪、依法履职、秉公用权、廉洁从政从业以及道德操守等方面的问题，强化不敢腐的震慑。

【纪检监察信访举报处置】 2020年，区纪委监委扎实推进检举举报平台建设，推广部署基层综合业务应用系统，加强基层应用单位全覆盖、主要业务在线应用和基层工作人员全员应用等系统建设，不定期通报系统使用录入情况，及时督促整改，促进基层适应业务发展新要求，确保系统应用规范高效、数据完整精准。明确信访举报受理范围、管辖权限，精准把握受理口径，严格径送、规范处置，确保群众诉求第一时间有人受理、有人调查、有人反馈。采取定包案对象、定包案责任、定包案化解及集中接访、主动约访等举措，着力解决疑难信访问题，全年受理各类信访举报374件。年末，区纪委监委获全省纪检监察信访举报工作先进单位一等奖。

【违纪违法案件查处】 2020年，区纪委监委坚决向违纪违法行为亮剑，处置违纪违法各类问题线索660件，立案302件，查处科级干部5人。严肃查处贪污贿赂、滥用职权等职务违法犯罪，坚持行贿受贿一起查，留置13件13人，移送检察机关12人；在高压态势下，2名公职人员主动投案。强化安全监管，牢固树立“没有安全就没有审查调查”理念，以省、市纪委“走读式”谈话安全专项检查为契机，围绕“八个到位”（组织领导到位，构建责任体系到位，支持纪委履责到位，选人用人规范到位，教育引导到位，推动作风转变到位，专项治理、整治到位，案件查处到位）要求，抓住谈话前的风险研判、谈话中的政治思想教育和心理减压、谈话结束后的交接环节，筑牢审查调查安全防线。整理形成的《嵌入式跟进全案，信息技术为审查调查工作提质增效》入选全省13个市巡讲实战应用精品案例。

【“破网打伞”行动】 2020年，全区各级纪检监察机关深挖问题根源，查找制度机制漏洞，制发纪检监察建议79份，督促相关地区和部门完善制度机制。扎实推进扫黑除恶“六清”行动（线索清仓、逃犯清零、案件清结、伞网清除、黑财清底、行业清源），严格落实“两个一律”（对涉黑涉恶犯罪案件，一律深挖其背后腐败问题；对黑恶势力“关系网”“保护伞”，一律一查到底，绝不姑息）和“一案三查”（查办黑恶势力犯罪，追查黑恶势力背后的保护伞，倒查党委政府的主体责任和部门的监管责任），通过逐案过筛、再次复核的方式，对已办结和在办的涉黑涉恶问题线索逐一筛查，深挖涉黑涉恶腐败和“保护伞”问题，与区公安局、检察院、法院等单位加强协调联动，对已侦破涉黑涉恶案件“打伞破网”情况开展“回头看”，循线深挖，加大失职失责追究力度，确保“伞网”清除彻底。深入开展回访教育，与60名受处分人员回访谈话，帮助卸下思想包袱。

（徐烨中）

## 廉政教育

【概况】 2020年，区纪委监委常态开展纪律教育和警示教育，持续推进“武家吾廉”廉洁宣传教育，制作廉洁文化“导航地图”，策划开展廉洁教育系列活动130余项，引导全区干部群众积极参与，增强廉洁自律自觉性。深入开展“打铁必须自身硬”专项行动，坚持业务和队伍建设两手抓两手硬，带头建设让党中央放心、人民群众满意的模范机关。

【“武家吾廉”廉洁宣传教育】 7月中旬至8月中旬，区纪委监委在全区开展“‘武家吾廉’廉洁文化月”活动，围绕一堂廉洁党课、一场廉洁文化书画展、一次廉洁文艺作品展演、一场廉洁主题读书分享会、一张廉洁文化“导航地图”、一场廉洁家风故事评选“六个一”主题，策划系列活动130余项。梳理全区已建成的省、市级廉政文化示范点，筛选出各具特色的廉政文化精品示范点22个，串成经典红色线、武廉乡村线、廉香社区线和清风机关线4条廉洁文化精品线路，制作武进廉洁文化“导航地图”，指引全区干部群众积极参与廉洁文化月活动，陶冶情操，提升境界，增强廉洁自律自觉性。摄制的《踏清廉之旅、沐武进清风》微视频入围江苏省廉洁文化及廉政建设实践探索视频展示和网络投票环节。

【警示教育活动】 2020年，区纪委监委组织各单位党员观看警示教育片《通往贪腐的门票》，以身边的事教育身边的人，引导党员干部知敬畏、存戒惧、守底线，增强廉政教育效果。拍摄警示教育片《“村蠹蝇贪”现形记》，协助区委召开全区警示教育大会，引导党员干部筑牢拒腐防变的思想堤坝。按照《武进区开展安全生产警示教育“九个一”活动实施方案》，全区各级纪检监察机关以深化安全生产警示教育为抓手，切实履行监督的再监督之责，督促各级安全生产责任主体全面落实主体责任，确保全区安全生产专项整治行动取得显著成效。

【“打铁必须自身硬”专项行动】 2020年，区纪委监委深入开展“打铁必须自身硬”专项行动，开展“学恩来精神、守初心使命”专题教育，推动纪检监察干部对标周恩来“六个杰出楷模”风范，学习江苏“最美纪检干部”于强先进事迹，践行初心使命。推进“赋能提升行动”，采取“大讲堂”+“微课堂”形式，开设“清风大讲堂”7期，举办“清风微课堂”6期。围绕统计分析指标、审查调查安全、检举控告工作规则和政务处分法等，坚持分类施策，推动以教促学、学用相长，累计培训纪检监察干部780人次。先后抽调51人参加案件查办、巡察工作，多途径增强队伍斗争本领和业务技能。坚决执行江苏纪检监察干部“八严禁”，明确权力责任，强化日常管理。更新完善领导干部个人有关事项报告48份和纪检监察干部勤廉档案200余份，实行“一人一档”动态管理，实现逐人建档精准监督。聘请16名特约监察员，自觉接受民主监督、社会监督、舆论监督，推动纪检监察干部依规依纪依法履职。

（徐烨中）

# 民主党派·党外知识分子联谊会·工商联

**Democratic Parties · Friendship Association of Non-party Intellectual · The Association of Industry and Commerce**

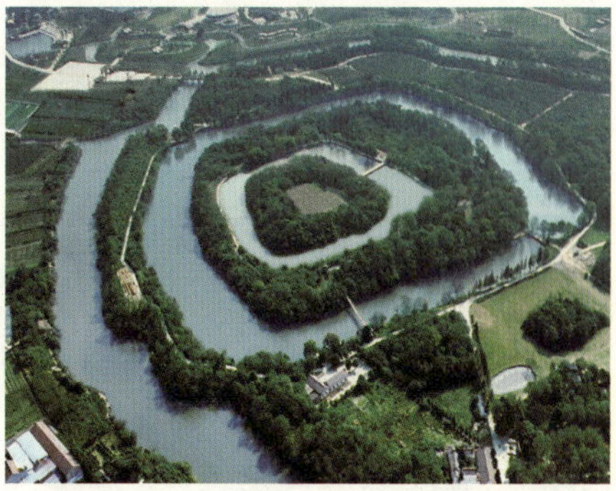

栏目编辑　王国新

## 民主党派 · 党外知识分子联谊会

**【概况】** 2020年年末，武进有民革武进区基层委员会、民盟武进区基层委员会、民建武进区基层委员会、民进武进区基层委员会、农工民主党武进区委、致公党武进区基层委员会、九三学社武进区基层委员会7个民主党派组织和武进区党外知识分子联谊会。民主党派和党外知识分子联谊会共有成员785人，省人大代表1人（常委会委员1人）、省政协委员2人、市人大代表18人、市政协委员19人（常委5人）、区人大代表16人（常委4人）、区政协委员143人（常委28人）、特约人员57人。民主党派、无党派人士担任领导干部46人，其中处级7人、正科职（级）7人、副科职（级）32人，另有国企、事业单位相当于科级及以上党外干部8人。

年内，武进区各民主党派、党外知识分子围绕全区中心工作，通过联谊会、读书会、研讨会、专题报告会等形式，组织成员学习领会中共十九届五中全会精神，积极参政议政，提升履职能力；组织发动成员投身新冠肺炎疫情防控，共克时艰；完成集中换届，顺利实现政治交接。九三学社武进区基层委员会获评九三学社创建75周年全国优秀基层组织。

**【参政议政】** 2020年，武进区各民主党派、党外知识分子联谊会履行参政议政职能，提出提案94件，完成调研课题34个，报送信息205条。民盟武进区基层委员会的《提高家庭教育质量，促进儿童健康成长》、民建武进区基层委员会的《关于加快推进我区智能制造转型的调研与建议》、民进武进区基层委员会的《关于推进非遗与旅游融合发展的思考与建议》、武进区党外知识分子联谊会的《创新社区治理与服务的实践与思考》4篇调研报告被评为区政协优秀调研报告。农工民主党武进区委的《把握细胞治疗产业新机遇、打造西太湖健康医疗高地的调研与建议》、致公党武进区基层委员会的《促进武进区知识产权高质量发展的对策建议》、九三学社武进区基层委员会的《关于打造“浪漫水乡、美丽武进”的思考与建议》等被列为区政协大会发言材料。

**2020年武进区民主党派、党外知识分子联谊会基本情况表**

表5

| 单位名称 | 成员（人） | | | | | | | 提案、议案（件） | | |
|---|---|---|---|---|---|---|---|---|---|---|
| | 人数 | 人大代表 | | | 政协委员 | | | 总数 | 优秀提案 | 重点发言材料 |
| | | 省 | 市 | 区 | 省 | 市 | 区 | | | |
| 民革武进区基层委员会 | 49 | — | 2 | 2 | — | — | 12 | 7 | — | — |
| 民盟武进区基层委员会 | 115 | 1 | 4 | — | — | 3 | 21 | 11 | 1 | — |
| 民建武进区基层委员会 | 125 | — | 2 | 4 | 1 | 4 | 16 | 6 | 1 | — |
| 民进武进区基层委员会 | 117 | — | 2 | 6 | — | 3 | 19 | 14 | 1 | — |
| 农工民主党武进区委 | 210 | — | 2 | 3 | 1 | 6 | 34 | 26 | — | 1 |
| 致公党武进区基层委员会 | 46 | — | 1 | 1 | — | 1 | 10 | 7 | — | 1 |
| 九三学社武进区基层委员会 | 52 | — | 1 | — | — | 1 | 11 | 7 | — | 1 |
| 区党外知识分子联谊会 | 71 | — | 3 | 1 | — | 2 | 20 | 16 | 1 | — |

**【助力打赢新冠肺炎疫情防控阻击战】** 2020年，面对突如其来的新冠肺炎疫情，武进区各民主党派、党外知识分子联谊会坚定不移同中国共产党同舟共济、风雨与共，通过线上、线下相结合的形式，积极履职担当，充分展现作为担当。据不完全统计，全区有300余名党派团体成员直接参与疫情防控工作，其中医护人员98人、疾控机构人员14人、参与社区疫情防控的志愿者12人。党派团体踊跃捐款捐物，为抗击疫情提供急需物资，累计捐赠现金112.14万元、防疫物资价值563.9万元。创作书法、绘画、音乐等作品40余件（首），鼓舞斗志，凝聚力量。各民主党派团体就完善疾控体系、提升社会治理能力、应对疫情防控新常态、改革民众生活方式以及复工复产政策等方面积极建言献策，报送信息112篇，被上级单位录用信息17篇，被区委、区政府主要领导批示社情民意5条，转化为党委政府决策依据，推动疫情防控等相关工作。

**【党派团体换届完成】** 10月18日，民革武进区基层委员会第三次党员大会在区行政中心召开，朱丽娜当选民革武进区第三届基层委员会主委，武佳、王晖、李树白当选副主委，唐绿林、张婕当选委员。

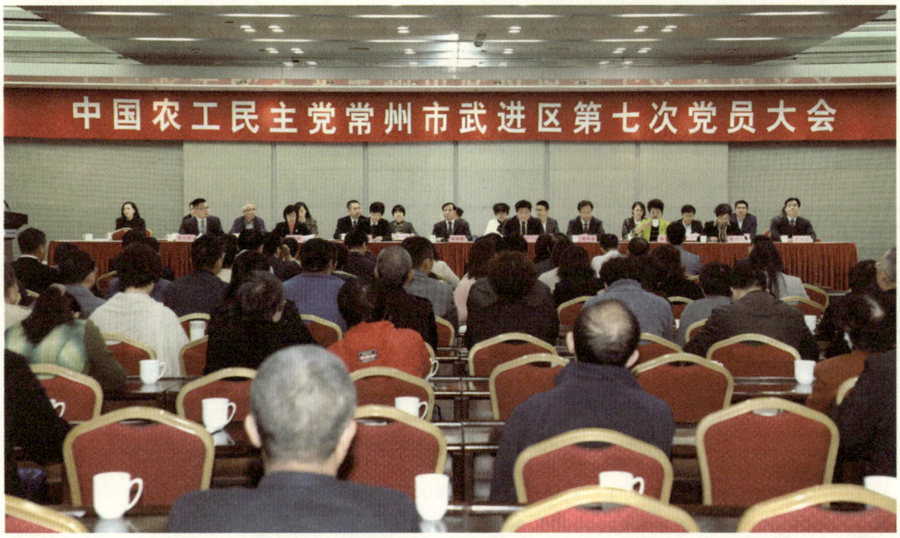


11月9日，农工民主党武进区委第七次党员大会区行政中心召开，完成组织换届
（供图/农工民主党武进区委）

10月11日，民盟武进区基层委员会第三次盟员大会在区行政中心召开，万琴凤当选民盟武进区第三届基层委员会主委，周敏、李峰、顾晓霞当选副主委，董建文、王明盛、李科、季云、曹金当选委员。

10月12日，民建武进区基层委员会第三次会员大会在区行政中心召开，谈胜当选民建武进区第三届基层委员会主委，陈新、唐昊骏、沈敏当选副主委，孙斌、鲜艳梅、李海标、顾秋萍、吴婷当选委员。

10月15日，民进武进区基层委员会第三届第一次全体会员大会在区行政中心召开，张小虎当选民进武进区第三届基层委员会主委，吴文英、张克强、孙煜当选副主委，吴君民、叶馨远、庄伟、顾燕、王黎丽当选委员。

11月9日，农工民主党武进区第七次党员大会在区行政中心召开，狄旭东当选农工党武进区第七届委员会主委，薛红良、程立力、陆怡、张颗当选副主委，任命陆怡为秘书长；荆和平、肖建强、卢翼波、周义红、郝冬琳、余晓当选委员。

10月25日上午，致公党武进区基层委员会第二次党员大会在区行政中心召开，李婷当选致公党武进区第二届基层委员会主委，张兰平、张影当选副主委，宋志国、张利娟、许健、吴嘉禄当选委员。

11月16日，九三学社武进区基层委员会成立大会在区行政中心召开，胡鹤当选九三学社武进区第一届基层委员会主委，金宏平、陈凯、计小良当选副主委。

10月10日，武进区党外知识分子联谊会四届一次会员大会在区行政中心召开，刘云英当选武进区党外知识分子联谊会第四届理事会会长，成军、沙芳、赵铁军、王燕、周冬梅当选副会长，谢华当选秘书长，杨敏、冯超、顾青、周赛晶当选理事。

**【九三学社武进区基层委员会获评九三学社创建75周年全国优秀基层组织】** 12月，九三学社武进区基层委员被九三学社中央表彰为九三学社创建75周年全国优秀基层组织。2020年，九三学社武进区基层委员会下设3个支社，共有社员53名。组织社员围绕热点、难点问题开展调查研究，3项课题被九三学社市委立项，其中陈凯的《后疫情时期中小企业创新发展的对策建议》被遴选为九三学社省委重点调研课题。全年累计上报信息75条，被录用21条，其中《建议将养老金替代率列入十四五规划约束性指标》被九三学社中央、省政协采用。主办的同心助残驿站，与武进区和陕西省平利县的130户残疾困难家庭结对帮扶，每年通过微心愿解决实际困难，全年完成重残家庭无障碍改造40户。该驿站被省文明办评为江苏省优秀志愿组织，“333精准助残”项目获评第五届江苏慈善奖——最具影响力慈善项目。

（安永彬）

## 武进区工商业联合会

**【概况】** 2020年，武进区工商业联合会（简称“区工商联”）按照区委、区政府部署，推进新时代“两个健康”（促进非公有制经济健康发展和非公有制经济人士健康成长）先行区创建，完成“两个健康”工作评价指标体系建设，组织全区43家创建单位和13个板块参与创建，落实行动计划12项，形成创新成果20项，“两个健康”先行区创建调研成果获全国统战理论政策研究创新成果三等奖。推进“铸魂领航、赋能接力、提质创新、改革强基”四大行动，加强政治引领，创新服务模式，强化队伍建设，夯实组织基础，加力新生代企业家培养，全面展示工商联组织在全区经济社会发展中的地位和作用。年内，新增会员企业234家，累计3399家；新建行业商会2家、异地商会2家；配合行政区划调整，划出镇（街道）商会5家、村级商会4家、行业商会6家。年末，全区有镇（街道）、开发区商会10家，行业商会32家，异地商会4家。会员企业入围中国民营企业500强3家、中国民营企业制造业500强5家，入围江苏民营企业200强10家、江苏民营企业制造业100强5家、江苏民营企业创新100强5家。区工商联获全省工商联工作引领示范奖。

**【工商联组织建设】** 2020年，区工商联强化自身建设，夯实组织基础。6月6日，成立前黄镇铸造行业商会，石晓鑫任会长，有会员单位37家。10月30日，成立武进阜阳商会，魏大鹏任会长，有会员单位53家。12月16日，成立常州西太湖科技产业园青年创新创业商会，施小波任会长，有会员单位60家。12月26日，成立武进合肥商会，杨德传任会长，有会员单位75家。年内，遥观镇商会、横林镇商会、横山桥镇商会、潞城街道商会、丁堰商会、丁堰街道工商业联合会丁堰村分会、丁堰街道工商业联合会梅港村分会、丁堰街道工商业联合会常丰村分会、丁堰街道工商业联合会芳渚村分会、遥观镇青年企业家商会、横林镇青年企业家商会、横山桥镇青年企业家商会、潞城街道青年企业家商会、丁堰街道青年企业家商会、横山桥镇电动车同业公会15家商会划转常州市经开区党群工作部管理。西太湖科技产业园商会、武进食品业商会2家商会完成换届。组建行业商会功能型党支部16个，成立洛阳镇商会功能型党支部、武进兴化商会党支部、武进阜阳商会党支部、武进合肥商会党支部，开展各类党建活动20余场。湖塘镇商会、武进区建筑业协会被评为全国“四好”商会，洛阳镇商会、礼嘉镇商会、雪堰镇商会、武进轻工业商会、武进房地产业商会、武进区医药医疗器械业商（协）会、武进区青年企业家商会7家商会被评为全省“四好”商会。至年末，湖塘镇商会、武进区电子业商会、武进区冶金业商会、武进区新材料产业商会、武进食品业商会、武进区花木园林商会6家商会通过AAAA社会组织评估，武进区总商会、武进区青年企业家商会、武进区建筑业协会、武进轻工业商会、武进房地产业商会、武进区机械装备业商会、武进区医药医疗器械业商（协）会7家商会通过AAAAA社会组织评估。

**【非公有制经济人士主题教育】** 2020年，区工商联围绕贯彻落实中共十九大和十九届二中、三中、四中、五中全会精神及习近平新时代中国特色社会主义思想，举办非公有制经济人士主题活动30余场，组织“两会”精神学习、革命传统教育等学习教育20余场。12月9日，组织开展“与先锋同行”活动，组织青年企业家学习武进援鄂医务工作者赴武汉抗疫事迹。年底，召开全区“爱国敬业创新诚信守法贡献”大会，表彰先进会员企业82家、先进商（协）会13家。

**【支持民营企业复工复产】** 2020年，区工商联利用基层行业商会阵地，引导民营企业抗击新冠肺炎疫情，支持企业快速复工复产。利用微信群、公众号等平台，及时传递各级政策信息150余条，举办“武商法律护航”线上讲座57期、“金融e通车”线上服务15期，引导全区民营企业捐赠超过6800万元。与区税务局合作，推广银税贷小微企业信用贷款产品，为1360家企业提供贷款7.3亿元，支持小微企业复工复产。免费发放口罩5万个，为企业协调解决防疫物资价值500余万元，保障企业生产。

**【服务全区重点工作】** 2020年，区工商联围绕全区重点工作，组织推进法律维权、乡村振兴、产业协作等活动。3月26日，召开武进区“精准法律服务，助力民企发展”启动会议，与区司法局联合成立武进区民营企业法律服务中心，组建80人法律专业服务团队。4月26日，与区委统战部、区市监局联合开展“绿荷”知识产权强企行动，在区总商会及各基层商会设立知识产权维权援助工作站11个。6月3日，牵头召开“战疫情、保企业、共发展”重点行业交流座谈会，扩大政府采购本地化范围，促进企业间供需有效对接。7月24日，与省工商联机关第一党支部、湖塘镇商会党支部联合开展“共联共建互助互促”结对共建活动，创新党建联建模式。9月23日，举办“梧桐花开、民企添彩”主题活动暨民营企业参与“万企联万村，共走振兴路”行动集中签约仪式，发出《武进区民营企业参与“万企联万村、共走振兴路”行动倡议》，10家村企集中签订联建协议，引导民营企业参与乡村振兴。10月17日，牵头举办2020武进首届美食旅游节，评选优秀菜品，发布美食旅游地图，支持餐饮旅游行业复苏。11月12日，联合常州市科教城管委会、区委人才工作领导小组办公室，举办“2020新人才、新资本、新产业创新引领合作对接洽谈会”，推动企业科技人才流动。

**【服务经济转型升级】** 2020年，区工商联加强政企沟通、院企产学研对接和企业管理培训，助推全区经济转型升级。8月30日，举办“变局下的机遇与挑战”2020经济发展论坛，邀请著名经济学者马光远授课。9月26日，承办“汇聚企业家智慧、共谋‘十四五’发展”重点企业家座谈会，听取武进区“十四五”规划介绍，营造“亲”“清”的新型政商关系。10月24日，承办常州市民营企业家队伍建设“百千万工程”2020武进万人班，参训学员132人。年内，举办纺织、酒店、建筑等行业政企座谈会6场，传递企业需求，增进政企沟通。举办第26期企业经理人培训班，组织线上、线下公益培训7期，参训人员超过5000人次。各级商会举办安全、管理等培训30余场次，参训人员超过3300人次。开展院企产学研对接活动7场，会员企业参加对接近200家（次）。开展知识产权宣传活动8场次。组织企业家参加免费健康体检和健康咨询活动，服务人数超过600人次。组织法律讲座11场，为17家企业提供上门免费法律服务，参与处理维权案件14件。

**【企情调研】** 2020年，区工商联利用商会阵地，结合经济社会热点难点问题，开展企业调查研究。新冠疫情防控期间，深入走访企业800余家次，形成行业复工专题调研报告8份。开展全国工商联上规模民营企业和民营企业履行社会责任情况调研，分别完成调研报告43份和59份。完成《民营企业运行状况调查问卷》4期136份，完成民企运行状况调查、民营经济营商环境调查、民企防疫抗疫和复工复产民企金融需求等专题调研12次，形成调研报告50余份。

（许建勋）

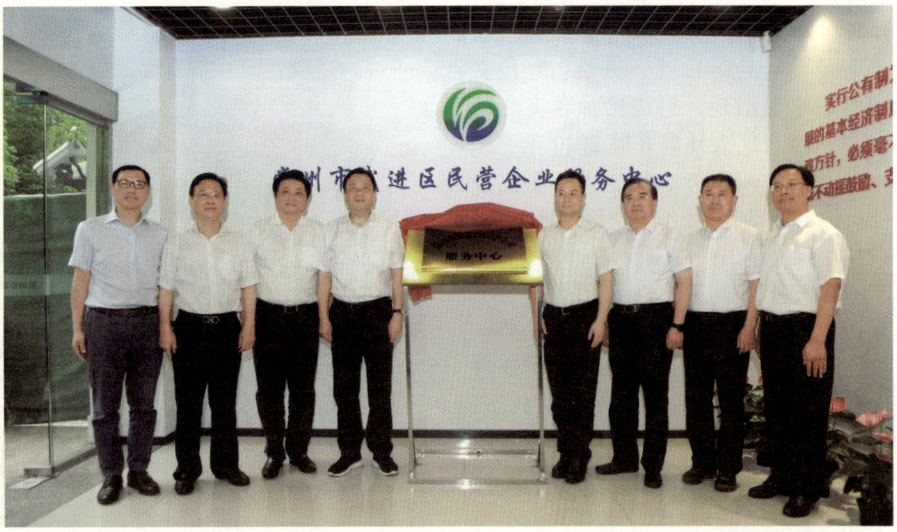


9月10日，武进区民营企业服务中心揭牌 （供图/区工商联）

# 群众团体

## Mass Organizations

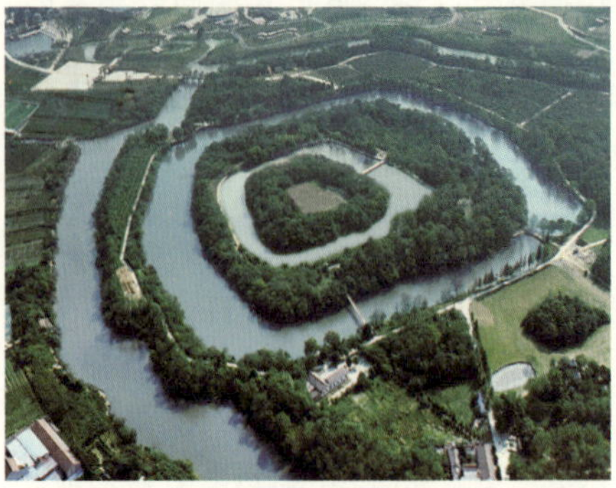

栏目编辑　王国新

## 武进区总工会

**【概况】** 2020年年末,武进区总工会（简称“区总工会”）下辖镇总工会8个、街道总工会2个、国家级开发区总工会1个、省级开发区总工会1个、旅游区管委会工会2个、系统（局）工会9个和直属单位工会10个。全区有独立基层工会2923个、联合基层工会272个，覆盖单位11113家。全区职工总数46.87万人，会员44.12万人，入会率94.1%。

年内，区总工会紧扣“高水平全面小康决胜年”主题，按照《2020年武进区工会工作要点》，扎实推进各项重点工作。召开武进区工会第十六次代表大会，完成工会换届。全力投入新冠肺炎疫情防控，支持企业安全有序复工复产。深入学习贯彻《习近平谈治国理政》第三卷，综合运用新媒体资源发布理论宣传信息94条(次)。推进“书香企业”建设，新建职工书屋11个，命名“职工书屋”示范点11个。开展新时代文明实践志愿活动，组织参加各类活动15次。联合区人社局开展2020年“技行武进”常州市万名技能人才岗位技能大比武活动,持续推进全区“订单式”技能培训、班组长培训等活动和“农民工学历与能力提升行动计划”。召开全区庆祝五一国际劳动节暨劳模、工匠座谈会，评选表彰2017—2019年度武进区劳动模范、武进区“五一巾帼标兵岗”和武进区“五一巾帼标兵”，配合省总工会在太湖湾职工（劳模）疗休养基地举办“三联三促共振兴、劳模先进担使命”研讨会。推进新时代武进产业工人队伍建设改革，印发《新时代武进产业工人队伍建设改革实施方案》，并制定《责任分工方案》，建立改革联席会议制度。推进职工创新创业，发出《关于进一步做好武进工会小额保证保险贷款管理工作的通知》，举办武进区总工会第三届“创新引领未来、创业成就梦想”职工创新创业大赛，开展2020年度“十佳创新成果”“十佳合理化建议”“十佳师徒”评选活动。成立常州市武进区工惠职工互助保障中心，启动第二期武进区在职职工医疗互助保障工作。持续推进关爱职工行动，连续6年被列入区委、区政府为民办事项目。开展“尊法守法·携手筑梦”法治宣传活动30余场次。深化企业民主管理，开展企业民主管理“二评选二征集”[评选优秀职工代表和企业职代会先进（示范）单位;征集企业民主管理创新成果、优秀文章]活动。推进工会安全生产专项整治，开展“安康杯”竞赛、“安全隐患随手拍”、武进区企业劳动保护优胜单位评比等活动。指导基层工会做好换届工作，推动基层工会创先争优，做好区级以上模范职工之家复查和优秀工会工作者评选工作。组织开展“一区一城”先锋行动和非公有制企业党建带工建“三创争两提升”（创建先进党支部、创建模范职工之家、创建工人先锋号，提升政治引领力、提升群众组织力）活动。常州新奥燃气发展有限公司获江苏省五一劳动奖状，史欣兵、钱卫东获江苏省五一劳动奖章，柳工常州机械有限公司工会委员会等3家单位获评江苏省模范职工之家。区总工会获常州市总工会2020年度辖市、区工会工作考核特等奖。

**【武进区工会第十六次代表大会】** 8月25—26日在区行政中心召开，市、区领

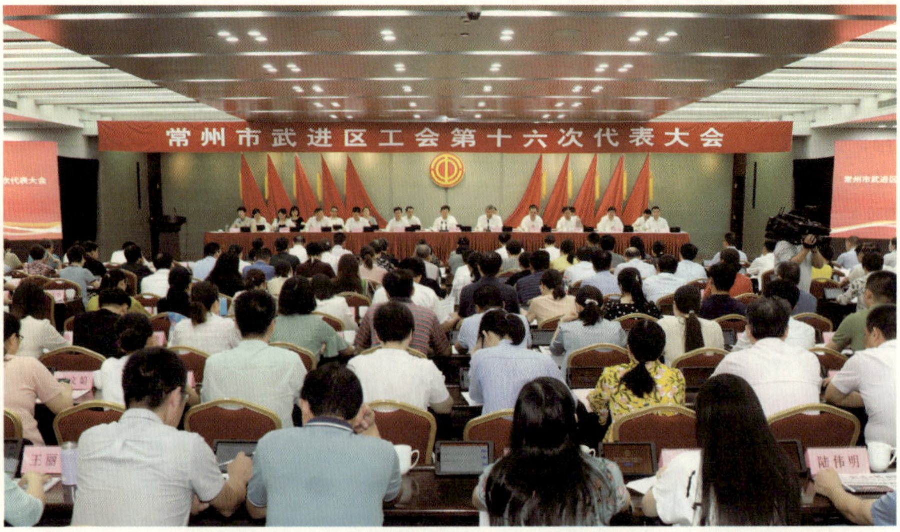


8月25—26日 武进区工会第十六次代表大会在区行政中心召开　(供图/区总工会)

导李林、徐伟南、陈志良、江建文、石伟东、杨国成、赵天晟出席，参会代表187人。大会听取、审议并通过武进区总工会第十五届委员会工作报告、财务工作报告和经费审查委员会工作报告，选举产生区总工会第十六届委员会委员35人、经费审查委员会委员7人和区总工会第七届女职工委员会委员39人。第十六届委员会一次会议选举常委、主席、副主席，经审委主任、副主任，通过第七届女职工委员会主任、副主任，沈涛当选主席，陆惠萍、张勇、朱宏英当选副主席。

**【全区职工防控新冠肺炎疫情】** 2020年新冠疫情发生后，区总工会在区委坚强统一领导下，把打赢疫情防控阻击战作为重大政治任务，及时印发《武进区疫情防控应急指挥部专项工作组企业防控组区总工会工作方案》，教育引导全区职工做好疫情防护防控工作。关爱全区坚守防治工作一线医务人员、防控人员和防疫抗病物品生产中坚守岗位的一线职工，累计拨付防控新冠肺炎疫情专项资金352万元。组织慰问驰援武汉医疗队队员家属并发放慰问金，走访疫情防控物资生产企业14家，慰问生产一线职工。为基层工会采购一次性防护口罩8万个、消毒液1000瓶、额温枪481支。为全区职工创新创业基地300多户租户、30余家小微企业减免租金近50万元。落实上级文件精神，全额返还2.2万家小微企业前三季度工会经费6200万元。全区各级工会干部积极投身疫情防控一线，参加志愿服务300多人次。

**【关爱职工行动】** 2020年，区总工会推进连续6年被列入区委、区政府为民办事项目——关爱职工行动。发放工会服务卡1.35万张，慰问住院职工829人，其中工伤大病9人。组织爱岗敬业优秀职工2.23万人、劳模383人、特殊岗位职工239人参加免费体检。成立武进区工惠职工互助保障中心，启动第二期武进区在职职工医疗互助保障工作，4.4万名职工签约办理2021年职工医疗互助保险。办理在职职工医疗互助保障5.47万人，发放重大疾病补助19例、工伤补助5例、超限额住院医疗费用4例、住院1936例，合计支付补助金189.5万元。继续开展“关爱·筑梦”活动，募集15家企业公益性岗位105个。举办送健身下基层活动33场次，各级工会开展单身职工主题交友活动30余场次。开展“金秋助学”活动，为18户困难职工家庭发放助学金12.3万元。开展2020年高温送清凉慰问活动，走访慰问全区38家重点企业和重点工程施工点，发放慰问物资价值42万元。

**【职工文化建设】** 2020年，区总工会推进“书香企业”建设，新建职工书屋11个，博世汽车部件（苏州）有限公司常州分公司等11个单位的职工书屋被命名为2020年武进工会“职工书屋”示范点，并为新建职工书屋示范点赠送书籍1万余册。将区职工服务中心作为区总工会新时代文明实践工作阵地，组建职工志愿服务队，下设同在蓝天下、缘爱娘家、阳湖心港3个志愿小分队。开展“守法治·促安全·携手共育幸福树”有奖答题活动，组织参加“文明花开、心绣未来”新时代文明实践深化行动现场推进活动；组织心理服务中心志愿者参加区级机关志愿服务大集市，提供免费心理咨询服务；组织25名工会红娘志愿者参加央视综艺节目《喜上加喜》在洛阳岑村的录制；在新奥燃气公司举办新时代产业工人读书分享会，与区委党校、武进日报社共同承办武进区级机关“学用新思想”暨“文明实践·阳湖学习”达人挑战赛。

**【职工技能素质提升行动】** 2020年，区总工会联合区人社局开展2020年“技行武进”常州市万名技能人才岗位技能大比武活动，举办育婴员、中式烹调师、茶艺师、保育员、电工、车工、钳工、焊工、智能楼宇管理员、起重装卸机械操作工10场职业技能大赛，全区420余家企业的3100余名选手报名参赛。经过比赛角逐，有10名选手获“武进区职业技能大赛状元”称号，121名选手获二等奖、三等奖、优秀奖，2836名选手通过岗位技能大比武理论实操双及格晋升为高级工资格。举办订单式技能培训、班组长培训等活动175期，惠及职工10152人次。落实“农民工学历与能力提升行动计划”，帮助342名职工利用业余时间提升学历层次。

**【新时代武进产业工人队伍建设改革】** 4月，区总工会贯彻中共中央总书记习近平关于产业工人队伍建设改革的重要指示和各级产业工人队伍建设改革实施方案要求，印发《新时代武进产业工人队伍建设改革实施方案》，建立和完善产业工人队伍建设改革联席会议制度，由区委分管领导任召集人，区政府分管领导任副召集人，明确区委组织部、区委宣传部、区发改局、区教育局、区工信局、区财政局、区人社局、区工商联、区总工会等23个部门为成员单位，并由区总工会牵头拟定责任分工方案，明确新时代武进产业工人队伍建设改革工作各成员单位的责任分工，着力构建党

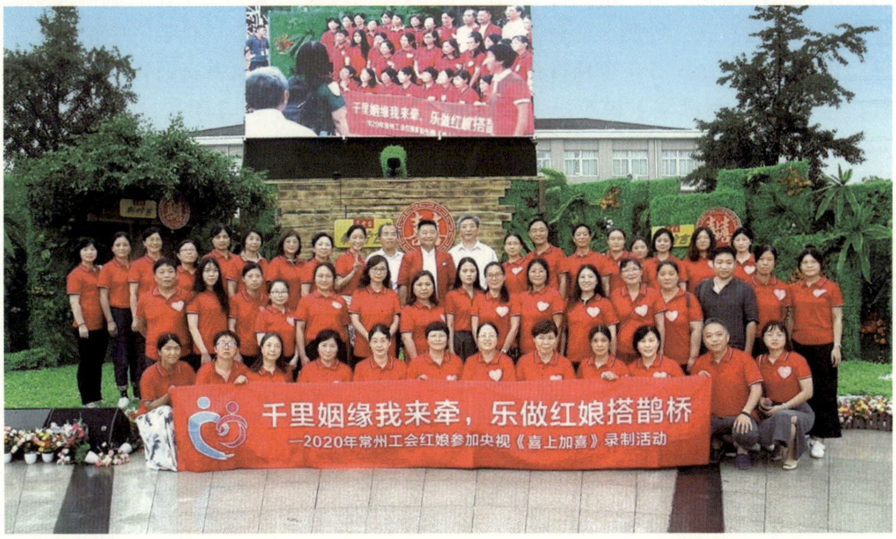


7月18日　武进红娘志愿者在洛阳镇岑村村参加央视总台综艺节目《喜上加喜》现场录制节目

（供图/区总工会）

委统一领导、党政共同负责、工会牵头推进、各方积极配合的工作格局。同时，将区总工会调整为区人才工作领导小组成员单位，把优秀产业工人纳入人才工作信息库。区总工会以推行职工（劳模）技术创新专项集体合同为有效突破，在全区选取工会工作基础较好、群众性技术创新基础较好、劳动和谐关系优良的20余家民营企业作为推进产业工人队伍建设改革工作试点，召开产业工人队伍建设改革推进暨职工技术创新专项集体合同签订交流会，向全区企业推广常州市龙城精锻有限公司等5家试点单位的产业工人队伍建设改革工作经验。9月，省总工会党组书记、副主席朱劲松专程调研武进产业工人队伍建设改革推进情况，充分肯定武进产业工人队伍建设改革试点单位工作成效。

【推进职工创新创业】 2020年，区总工会持续推进职工创新创业，于4月9日发出《关于进一步做好武进工会小额保证保险贷款管理工作的通知》，加强政策宣传，规范办理流程，年内为291名“双创”职工发放小额保证保险贷款4160万元。5月28日，启动第三届“创新引领未来、创业成就梦想”职工创新创业大赛，机械制造、智能家居、环保科技等领域参赛作品55个。经过初赛、复赛，10个项目进入决赛。7月29日，该大赛决赛在区行政中心举行，经过路演和答辩两轮比拼，常州全橙智能科技有限公司项目获一等奖，常州合欣达旭新能源科技发展有限公司和常州洛凯自动化技术有限公司项目获二等奖，常州洛克华菲门窗科技有限公司等7个项目获三等奖。年内，“武智沃客”被市总工会认定为“常州市职工创新创业示范基地”，区职工创新创业基地等4个单位获年度考核优秀。区总工会评选表彰2020年度“十佳创新成果”10个、“十佳合理化建议”10条、“十佳师徒”10对。

【劳动模范评选表彰】 2020年3月30日，2017—2019年度武进区劳动模范评选表彰工作启动。经民主推荐和基层推荐两次推荐、初审和复审两次审核、所在单位和全区两级公示，区委、区政府审定批准，11月11日，区委、区政府发出《关于表彰2017—2019年度武进区劳动模范的决定》，表彰2017—2019年度武进区劳动模范80人：万如生、马保、马晓峰、马继张、王中方、王永泉、王金龙、方文荣、卢平、卢兵、史富林、包荣健、包晔军、吉祥、吕荣法、吕辉、朱丹、朱英、刘古春、许建勋、许秋芬、阮国卫、孙泽云、芮明峰、李立凯、李晓锋、李菁红、吴兴、汪丽英、沈为、沈平良、沈业明、怀宁、宋伟、张中平、张生富、张建荣、张菊、张稳城、林斌、和江镇、周小平、周小波、周云申、周宇婧、周志宏、周林峰、周建伟、周婷、周新、胡兵、胡茂飞、查方霞、施卫东、胥国华、姚新生、秦岳明、袁世国、顾建新、顾建新、钱亚平、钱伟明、徐红秀、高庆亚、郭英、崔传章、符伟、章华忠、谌春华、董国材、蒋永伟、蒋亚电、蒋荣刚、蒋晓美、蒋瑞坤、喻斌、储军、管黎平、潘安、潘凌。

（储家浩）

## 共青团常州市武进区委员会

【概况】 2020年，全区有团（工）委115个、团总支114个、团支部2202个，专（兼）职团干部4059人，团员34736人。其中，直属团组织49个，新发展团员1710人。团区委以习近平新时代中国特色社会主义思想为指引，围绕全区建设“生态滨湖区、现代智造城”目标定位，引领青年投身“六提”工程、“六稳”“六保”等中心工作，积极发挥青年力量，取得各项成效。团区委获评2020年度全省共青团工作先进单位。柳工常州机械有限公司总装厂中挖装配工段部装班、新誉轨道交通科技有限公司钣金车间获评2019年度全国青年安全生产示范岗。环亚青年应急突击队获“江苏青年五四奖章集体”称号。区少工委被评为2019年度江苏新疆西藏青海少年儿童“手拉手”互助活动优秀组织奖。

【青春战“疫”行动】 2020年，新冠肺炎疫情暴发后，团区委组建防疫复工青年突击队226支，在防疫宣传、社区防控、关爱帮扶等方面发挥青年力量。开设抖音直播课堂，发布防疫动态信息等报道300余篇，阅读量超20万人次；制作文创作品10余个，《致敬逆行者》获2020年江苏省社会主义核心价值观主题微电影（视频）征集展播活动三等奖。助力企业复工复产，募集防疫物资11万余件（套），与农业银行武进支行筹建专项贷款资金5亿元，发放“武进青春防疫加油包”1000余份。《武进团区委发挥组织优势助力复工复产》工作经验受到团省委肯定。朱晖、环亚青年应急突击队受到团省委通报表扬，张燊易获评江苏省疫情防控优秀志愿者。

【团的基层组织建设】 2020年，团区委推进非公有制经济组织团建工作，新建非公团组织750个，其中规模以上非公企业团组织318个。承接全国“青年马克思主义培养工程”试点工作，采取跟踪考察、实践锻炼等方式教育培养农村青年人才44名，该试点工作得到团中央调研组肯定。坚持党建带团建，印发《关于进一步规范武进区共青团推优入党工作的通知》，细化共青团推优入党工作方案，217名团员通过共青团推优成为共产党员。深耕“菁牛天使——事实孤儿帮扶计划”“兴商圈 · 新青年”等17个优质基层团建品牌，调动基层团建工作积极性和主动性。有机联动联青服务站、团代表联络站工作，深化团干部挂钩联系基层“统一行动日”机制，开展“禁毒宣讲进商圈”、派送“红蓝橙非公团建礼包”“童享阳光”一对一牵手关爱等集中活动上门服务、靠前服务，结对帮扶青少年50余人，让共青团真正“在你身边”。

【青少年思想引领】 2020年，团区委组织开展青年大学习、制度自信教育、中共十九届五中全会精神宣讲、习爷爷的教导记心间等主题活动120余场，参学青少年超过60万人次。组织开展“十四岁青春仪式”“入团第一课”等仪式教育70余场，有效增强团员青年的组织归属感。开设“五彩靓武进”云课堂，组织各中小学少先队开展线上活动50余场，覆盖少先队员11万人。发挥青年典型榜样作用，选树100名武进先锋“90后”，激励武进青年立足岗位、建功立业。加强青年学习社建设，打造青年学习社线路，新誉集团青年学习社获评省级青年学习社，“号手岗队社，智能制造城”“春秋淹城国学堂”青年学习社线路被评为市级青年学习社线路。

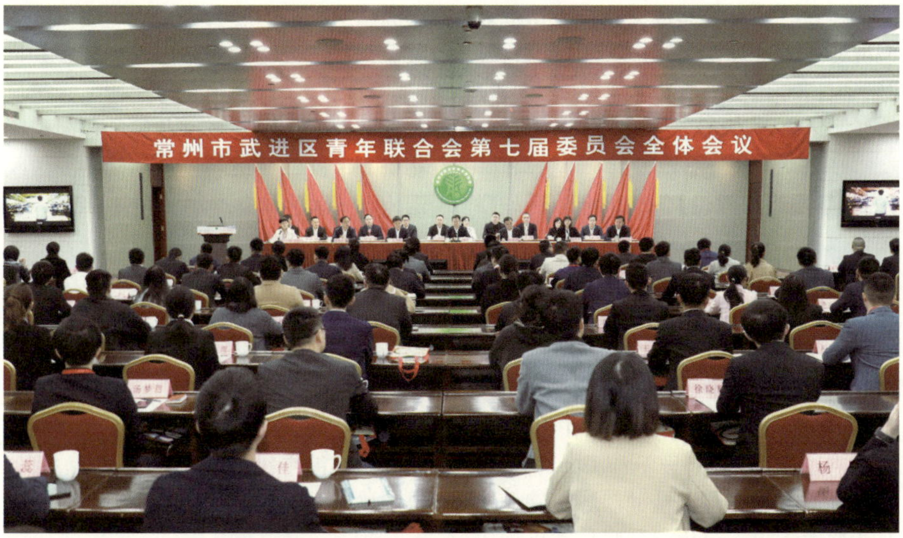


11 月 6 日，武进区青年联合会第七届委员会全体会议在区行政中心召开

（供图 / 团区委）

**【“一体两翼”新农菁英青年电商赋能工程实施】** 2020 年，团区委实施“一体两翼”新农菁英青年电商赋能工程，助力青年创新创业。“一体”即注册成立常州市武进区新农菁英青年创新创业服务中心，帮助青年一站式对接金融、科技、人才等多方资源，全年支持农村青年创业 38 人，发放“新农菁英贷款”4915 万元。“两翼”即在嘉泽镇跃进村打造“线下”阵地平台——“花海 e 站”电子商务中心，直接带动 300 多名青年花农成为电商供货人；打造“线上”公益助农队伍——“武青柠带货团”，开展“四季武进”公益助农直播 20 余场，宣传推销全区特色农业旅游产品 1.2 万件。

**【青年志愿服务】** 2020 年，团区委为不同青年群体开展“定制式”志愿服务活动，累计提供志愿服务 4000 余人次。建立“北极星”网络舆情青年志愿者队伍，采取科学实验视频展示、网络辟谣等方式，精准打击当地谣言。推出“我的红领巾 STYLE”新市民子女护航行动，提供青春自护、社会融入、学业辅导等志愿服务 50 余场，服务新市民子女逾 2000 人次，“我的红领巾 STYLE”新市民子女护航行动获 2020 年度武进区域社会治理创新重点项目优秀奖。深化河小青“1 个联盟 +5 支志愿队”模式，吸纳培育青少年志愿者 500 余人，开展巡河护河、水质检测、生态保护宣传活动 170 余次。武进“河小青”志愿服务队亮相江苏时政新闻《江苏新时空》，受到人民日报社专题调研。

**【武进区青年联合会第七届委员会全体会议】** 11 月 6 日在区行政中心召开，区领导李林、江建文、石伟东、杨国成、赵天晟出席，参会代表 120 人。大会审议通过区青联六届常委会工作报告及《常州市武进区青年联合会工作细则（草案）》，选举产生区青年联合会第七届委员会，王芳当选为主席，朱慧峰、许健、金磊、赵丽君、潘林当选为副主席。常州市副市长、武进区委书记李林到会讲话，要求新一届青联坚定信仰，把牢“青春航向”；加强学习，积蓄“青春力量”；创优争先，强化“青春担当”；崇德修身，彰显“青春风貌”。

**【“青”字号品牌建设】** 2020 年，团区委围绕全区重大项目建设，组建重大项目青年突击队 17 支，动员近万名青年全力冲刺、勇挑重担，取得显著工作成效。恒立液压系统扩建项目青年突击队服务企业复工复产事迹被《中国青年报》报道；中以常州创新园青年突击队和“海湖税苑”减税费优服务突击队获评 2020 年度全市“重大项目强化攻坚年”优秀青年突击队。深化青年安全示范岗创建，通过工作分享、安全宣誓、结对共建等方式共筑安全防线，柳工常州机械有限公司总装厂中挖装配工段部装班、新誉轨道交通科技有限公司钣金车间获评全国青年安全生产示范岗。年内，全区新增区级青年文明号 33 个、市级青年文明号 4 个。

**【服务青少年发展】** 2020 年，团区委常态化开展希望工程“圆梦行动”公益项目，累计募集爱心善款 13 万余元，资助贫困家庭学生 11 人。团区委获希望工程“圆梦行动”15 周年优秀组织奖、2020 年希望工程“圆梦行动”先进集体奖。组织开展“厉行节约，反对浪费”“我是文明城市小主人”等实践活动，广泛征集各类红领巾小心愿和小建议，增强青少年的责任感和使命感。联合区委组织部、区人社局开展“学社衔接促就业”工作，促进高校毕业生本土化就业，助力“六稳”“六保”工作。全年累计组织发动 400 多家企事业单位发布招聘岗位 2000 多个，达成签约意向 120 余人。多方位关怀困境青少年，开展疫情期间爱心接力、“依旧有爱”暖冬义卖、线上先心儿童爱心义卖专场等活动，系牢关怀纽带。

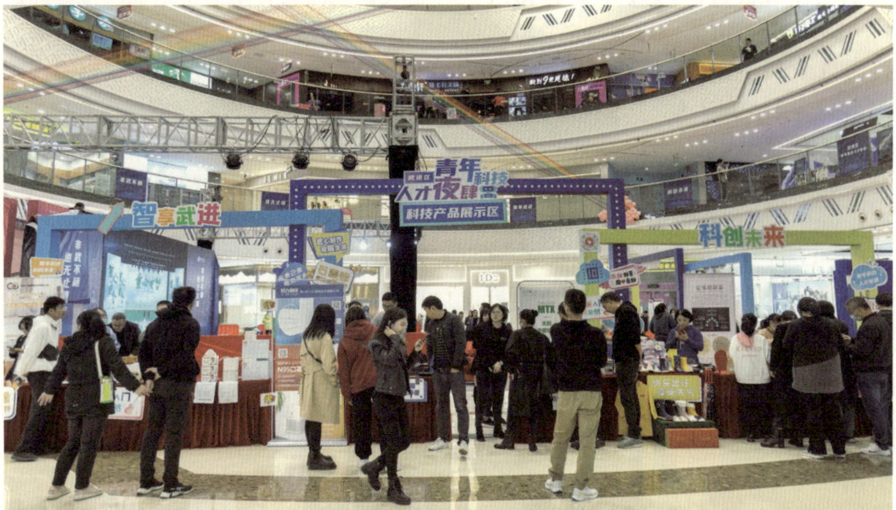


11 月 16 日，“智享武进科创未来”青年科技人才夜建活动在武进区万达广场开幕

（供图 / 团区委）

持续开展少先队“一十百千”[援建一支鼓号器材，创建十个手拉手红领巾书架（尾），牵手百个大中队，结成千对少先队员互助对子]手拉手爱心援助活动，向新疆尼勒克县等地捐赠图书、爱心包裹等物资1.6万份，两地红领巾中队友好结对35个。注重青少年权益保护，开展武进区中学、中职“模拟法庭”观摩会，以案说法，强化青少年法律意识。洛阳中心小学情景剧《病毒星球历险记》获“珍爱生命，安全自护”第六届江苏省中小学生自护情景剧大赛三等奖。

（杨　琳）

## 武进区妇女联合会

**【概况】** 2020年年末，全区有镇（街道）、开发区妇联13个，机关事业单位妇联35个、村（社区）妇联231个。年内，区妇联紧抓“幸福家”项目建设，深度打造新时代文明实践妇联模式。深化“巾帼心向党”党建、“巾帼创业花”女性发展、“玉兰芬芳 · women课堂”女性素质提升工程、“妇联好声音、家庭好故事”家庭建设、“绽放爱的希望”妇女维权、“美丽女性”先进典型宣传、“圆梦微心愿”困境妇女儿童关爱帮扶七大工作品牌，获全国、省、市妇联各类扶持资金30余万元。评选表彰五好文明家庭100户、最美家庭658户、优秀巾帼志愿服务队20支、优秀巾帼志愿服务项目10个、“美丽庭院示范户”250户，命名区级巾帼文明岗16个。评选表彰援鄂女医护工作者武进区三八红旗手16人、“十佳好儿女”10人、“十佳母亲”10人、优秀母亲17人、优秀好儿女20人、最美巾帼志愿者207人。庄惠芬、胡丽敏获评江苏省三八红旗手。孙英家庭获评全国抗疫最美家庭、江苏省抗疫最美家庭，黄亚惠家庭获评第十二届全国五好家庭、江苏省五好家庭，马莉家庭、白清渊家庭获评第四届江苏省书香家庭，冯春华家庭获评江苏省最美家庭，尹玲家庭获评江苏省抗疫最美家庭，新誉集团乐业妇女微家获评江苏省妇联干部教育培训实践基地，常州市武进区湖塘镇府南社区居委会、国家税务总局常州市武进区税务局第一税务分局办税服务组获评省级巾帼文明岗。区妇联获第二届江苏女性融媒体创意大赛优秀组织奖，改革经验、妇女发展成果及优秀巾帼典型被央视新闻、“学习强国”、《人民日报》《新华日报》《女性之声》《中国妇女报》等新闻媒体宣传报道。

**【妇联基层组织建设】** 2020年，区妇联深化改革，推进基层组织及阵地建设，提升妇联新活力。结合群团改革五周年，开展妇联改革“回头看”，推送妇联改革活力提升云展示6期。坚持党建引领，新建新领域、新业态、新阶层、新群体“四新”领域妇联15个，新增“在你身边”妇女微家35个。指导星河COCO City妇联打造微家集群，精准服务不同妇女儿童群体需求。深化“妇联执委卓越成长计划”，强化妇联执委履职制度，区妇联执委自办领办项目53个，集聚行业优势和资源服务妇女儿童。9月，举办武进区基层妇联干部“头雁”提素增能培训班，开展现场教学、交流研讨，提升专兼职妇联干部综合素质和业务水平。

**【巾帼战“疫”】** 2020年，新冠肺炎疫情防控期间，区妇联强化巾帼典型示范作用，组织巾帼志愿者主动参与城乡社区疫情防控工作，关爱慰问援鄂医护人员家庭，摸排辖区内受疫情影响的贫困妇女儿童，落实疫情防控各项工作部署。组织滋心之家心理服务中心，开展疫情期间线上心理咨询辅导，在线解答居民疑问；组织心家园公益助残服务中心开通心理援助热线，免费提供疫情期间心理援助服务。加强疫情防控宣传，与区机关幼儿园联合出品诗朗诵微视频《最美的您》，感恩奋战在疫情防控一线的白衣天使。前黄雅韵艺术团妇联创编视频小品《戴口罩》《居家隔离，利人利己》，助力疫情防控。区政协委员史欢录制并通过抖音发布居家舞蹈视频，区妇联执委孙煜录制抗疫歌曲，声援防疫抗疫；女画家李文君用画笔勾勒战“疫”实录。区妇联筹集发放防疫物资，向疫情防控一线的妇联干部、巾帼志愿者和贫困妇女儿童发放口罩2.5万个、医用口罩6000个、消毒液（500毫升）40瓶、免洗手消毒液（500毫升）300瓶，物资价值2.44万元；为雪堰镇圣烈村困难家庭学生发放“返校提醒函”“复学爱心包”，守护学生健康安全；向一线防疫巾帼文明岗、妇女儿童工作者及困难妇女儿童家庭赠送爱心苹果1000箱。号召女企业家参加抗疫爱心捐赠，向各类基金会捐款共计21.93万元，向村（社区）基层单位、儿童福利院及湖北等地定向捐赠物资。区女经联成员尹玲主动将酒店改造为隔离医学观察点，受到央视新闻、《中国妇女报》等媒体点赞报道。联合区就业中心，依托“互联网+”助力复工复产，开展“春风送岗”女性线上专场招聘活动，提供岗位3000余个。邀请律师执委解读疫情期间企业延迟复工、买卖合同、建设工程、出口贸易、房屋租赁等法律问题。联合江苏湃亭律师事务所发布公益服务电子邮箱，提供疫情期间免费法律咨询。

**【新时代文明实践“幸福家”项目建设】** 2020年，区妇联围绕新理论引领家、新环境美丽家、新发展富裕家、新和谐平安家、新风尚文明家、新关爱温暖家“六新六家”，面向妇女和家庭开展传播践行新理论、共建共享新环境、就业创业新发展、男女平等新和谐、弘扬培育新风尚、帮扶救助新关爱等新时代文明实践工作。全区各级妇联主动融入新时代文明实践中心（所、站）建设，根据“幸福家”项目“六新六家”内容，因地制宜开展经常性、面对面、接地气、聚人气的活动，积极打造新时代文明家庭建设品牌，汇聚千万个家庭追求幸福的动力，共同为建设“强富美高”新武进做贡献。9月28日，区妇联召开新时代文明实践“幸福家”项目推进会，为湖塘桥第二实验小学和机关幼儿园火炬路分园光彩家风馆揭牌，表彰2020年度武进区五好文明家庭、最美家庭、“美丽庭院示范户”，并向全区发出《厉行节约、从我做起》倡议。

**【“巾帼心向党”党建工作品牌建设】** 2020年，区妇联打造“巾帼心向党”党建工作品牌，实施“深耕家庭红文化、巾帼倡扬幸福家”书记项目。与雪堰镇党委联建共建“山水红盟”党建品牌，通过资源共享、优势互补，切实提高党建工作水平，提升人民群众获得感、幸福感、安全感。创新“巾帼好声音”理论宣讲形式，创作通俗易懂文艺作品。开展“不忘初心、牢记使命”妇联主席讲党课活动，区妇联领导班子成员线下讲党课2场，推出在线党课10期，各级妇联主席讲党课累计240余场。

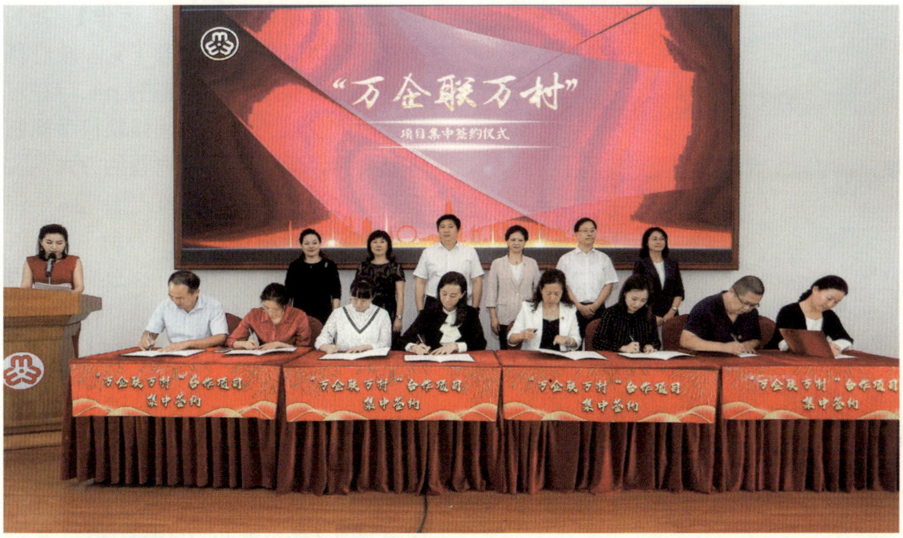


9 月 29 日，区妇联在嘉泽镇跃进村举办“万企联万村”项目签约仪式
（供图 / 区妇联）

**【“巾帼创业花”女性发展工作品牌建设】** 2020 年，区妇联加强“巾帼创业花”女性发展工作品牌建设，实施乡村振兴巾帼行动，推进省“万企联万村”项目，嘉宝服饰、苏特轴承、祝庄园艺等 23 家企业与村（社区）达成结对共建项目，有效引导全区女企业家将资本、技术、培训等要素向农村流动。推进巾帼助农行动，成立巾帼助农联盟和“U+”巾帼助农品牌，招募百名公益助农巾帼志愿者开展直播带货活动，累计完成交易 629 单，金额超 8 万元。实施美丽庭院建设行动，结合美丽乡村建设和农村人居环境整治，评选表彰美丽庭院区级示范户 250 户。湟里镇葛庄村入选“美丽家园”省级示范点。贯彻落实“两个健康”先行区建设要求，实施“女企业家领秀成长”行动。持续推出惠企举措，全年向 52 名妇女企业家发放贷款 2398 万元、贴息 133 万元。实施巾帼创新创业行动，跃进村创客中心挂牌市级“丁香苗圃女性创业基地”；强化巾帼创新项目培育，实现巾帼民宿培育零突破。在湖塘镇、礼嘉镇、雪堰镇举办“妇联陪你去上岗”家政服务培训班，培训 200 人。

**【“玉兰芬芳 · women 课堂”女性素质提升工程实施】** 2020 年，区妇联持续办好“玉兰芬芳 · women 课堂”，推动女性终身学习，不断提升认知水平和能力素养。区、镇（街道）及开发区、村（社区）三级妇联联动，层层开办“玉兰芬芳·women 课堂”，采取灵活多样的形式，建设女性学习阵地，搭建女性成长平台。区及镇（街道）、开发区两级妇联组建“玉兰芬芳”讲师团，围绕政策理论、人物事迹、家教家风、素养能力四方面编制发布新一轮课程菜单。依托“阳湖女声”微信公众号开设“玉兰芬芳”云课堂 16 期，涵盖时事政治、女性心理、家庭教育、家庭关系等课程。4 月 23 日，区妇联结合世界读书日启动“女性大学习”活动，发动广大女性参与活动，就学习党政国策、红色故事、一本好书等谈体会、说感想，共同交流提升。年内，邀请区妇联执委、优秀女性将参与“女性大学习”搬上小屏幕，发布线上“女性大学习”9 期。

**【“妇联好声音 · 家庭好故事”家庭建设】** 2020 年，区妇联深入推进寻找“最美家庭”和评选“五好文明家庭”活动，联合区文明办表彰区级“五好文明家庭”“最美家庭”。讲好家风故事，举办“妇联好声音 · 家庭好故事”100 余期、道德云讲堂 3 期，展播“带你去看家乡美”系列微视频 5 期。弘扬时代新风，征集“学习强国”进家庭作品 30 余个，6 部作品入选省妇联家庭学习成果征集大赛。“家风家训征集评选活动”获常州市 2020 年度优秀组织奖。举办红色少儿春晚和家风小剧场 8 期、家庭教育讲座 30 余场。开展家风建设进校园活动，建成家风示范馆 2 个，夯实家校社合作，小手牵大手，传承好家风，此项工作得到全国妇联点赞。9 月 28 日，举办“幸福家”项目现场推进会，用“家”文化涵养培育社会主义核心价值观。10 月 28 日，省妇联副主席沈梅调研家风馆建设、“三全”（社会全域、父母全程、家庭全类型）社区试点工作。10 月 29 日，省妇联主席张彤调研武进区美丽庭院建设。

**【“绽放爱的希望”维权工作】** 2020 年，区妇联以“抗疫路上、与法同行”为主题，在官方微信公众号开辟专栏，邀请资深律师提前录制视频，以沙画、情景剧等形式为广大女性释法说法，同时关注、解读社会普法热点，推出“她权益”线上维权讲堂 18 期，其中《中华人民共和国反家庭暴力法》沙画视频在“学习强国”、新华社客户端推送，新华社客户端点击量超过 36 万次。举办“吾”家平安、“拒绝暴力、爱要抱抱”“破解语言暴力”等主题活动、家庭故事会等宣传活动，覆盖 5 万余人次。依托“幸福 e 家”治理平台，全年接单 2449 件，常态跟踪高、中危案件 127 起，关注有矛盾纠纷家庭 68 个，关注残疾、智障、孤困等特殊妇女儿童 1760 人。对接网格化社会治理，以“妇联＋大数据＋网格化＋铁脚板”家事预防联动模式，确保将矛盾化解在萌芽状态。建成省级标准化家事调解社区工作室 1 个、区级家事调解示范点 1 个。加强未成年人司法保护，联合检察、公安等部门建立性侵害未成年人强制报告制度；建立亲职教育专家库。推进“绽放爱的希望”公益项目，与社会组织合作，线上设立“萨提亚亲子对话工作坊”，开设网课帮助学生调整受新冠疫情影响的心态变化，及时适应学习新模式；开设“尚德 DO 书汇”，带领家长学习亲子沟通技巧；针对部分家长的个性需求，邀请专家提供点对点指导。先后在星河实验学校周家巷分校、湖塘桥初级中学开展心理团辅 2 次、性别平等进校园活动 1 次、送法进校园讲座 1 次，参与学生 150 人次。11 月 5 日，全国妇联调研组调研武进区亲子阅读引领家风建设工作。

**【“圆梦微心愿”困境妇女儿童关爱帮扶】** 2020 年，区妇联深化“圆梦微心愿”品牌建设，开展“共建幸福之家、共享美好生活”走访慰问活动，联同镇（街道、开发区）、村（社区）妇联，为 50 户贫困“两癌”（乳腺癌和宫颈癌）妇女送去爱心慰问及新春祝福。精准帮扶困境

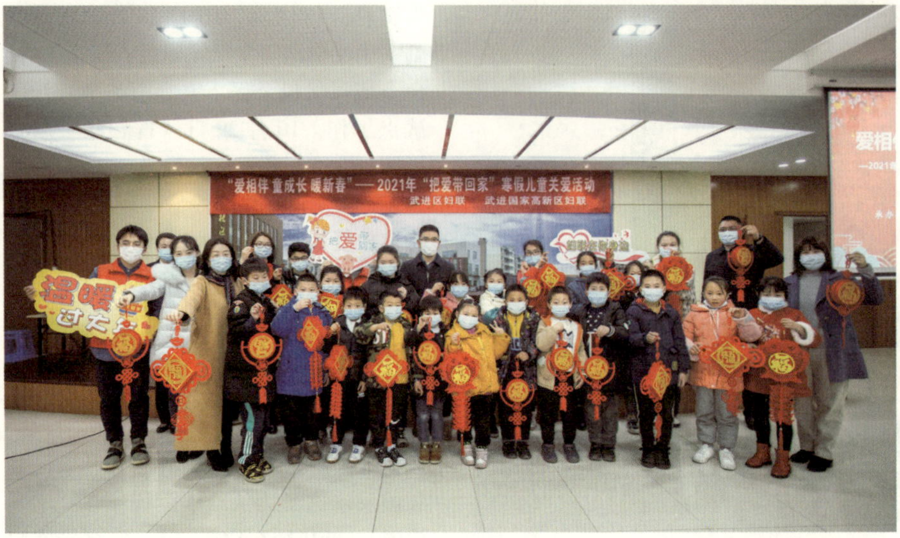


区妇联举办把爱带回家“四送”活动，为留常和困境家庭送上温暖和祝福

（供图 / 区妇联）

妇女，提供保障金额7000万元，为全区1000名低保家庭和困难家庭妇女赠送针对乳腺癌、宫颈癌、卵巢癌和子宫癌四类癌症的“美丽人生”妇女健康公益保险，切实提高农村贫困妇女和家庭防疾病、抗风险能力。完善“两癌”防治宣传和救助，规范救助范围和救助渠道，为3名贫困“两癌”妇女发放全国妇联“两癌”救助款每人1万元。组织爱心公益活动，借力腾讯公益平台，实施“99公益日”爱心募捐，邀请社会各界5支爱心队伍和420人次爱心人士共同在线助力，募捐江苏省妇女儿童福利基金会2万余元。

（胡菁菁　濮梦佳）

## 武进区科学技术协会

**【概况】** 2020年，武进区有区科学技术协会（简称“区科协”）1个、镇科协8个、街道科协2个、开发区科协2个、企业科协32个、区级学（协）会18个。全区各级科协及所属团体根据《武进区科协系统深化改革实施方案》要求，积极为科技工作者服务，为创新驱动发展服务，为提高全民科学素质服务，为党委政府科学决策服务。全年开展科普宣传、学术交流、科技对接等活动200余次。创成省级科普教育基地1个、综合示范学校1所，创成市级科普教育基地6个、科学教育市级综合示范学校1所、科普惠农服务站2个，新增区级科普教育基地12个。年末，全区有科普教育基地105个，其中国家级7个、省级16个，区科协科技智库入库专家38人。

**【开展第四个全国科技工作者日活动】** 5月23—30日，区科协结合第四个全国科技工作者日，以“科技为民、奋斗有我”为主题，开展走访慰问科技工作者活动，通过《武进日报》刊发《致全区广大科技工作者的慰问信》，向全区科技工作者献上节日的祝福。联合媒体以专版报道、专题片和新闻的形式宣传报道常大生物医学工程与健康科学研究院院长邓林红、国成仪器（常州）有限公司董事长董国材、江苏恒立液压科技有限公司质量部总监史欣兵、武进人民医院感染科主任医师黄建伟、洛阳中心小学信息中心主任殷立新、济凡生物科技（常州）有限公司创始人杨亮等优秀科技工作者先进事迹。

**【“海外智力为国服务行动计划”实施】** 2020年，区科协贯彻实施中科协“海外智力为国服务行动计划”，依托武进高新区国家级海智工作基地平台和中国以色列常州创新园江苏省海外人才离岸创新创业基地，拓展与海外科技团体的联系沟通。11月29日，联合武进高新区举办第六届海智对接交流会，揭牌成立中国科协海智计划工作基地、国家博士后科研工作站，积极服务产业结构优化升级。组织18家企业参加“企业科技信息服务项目”推广应用培训，向有需求的企业推介海外科技资源转移信息，服务企业研发和专利申报。

**【实施软课题研究项目化运作】** 2020年，区科协以更好地服务于党和政府科学决策为根本目的，以促进经济、科技、社会协调发展为目标，加强软科学课题研究支持，采用菜单式选题的方式，实施项目化运作，对立项重点课题每个资助1万元、专项课题每个资助3000元、一般课题每个资助1000元。公开征集申报课题54个，经专家评审，获区级立项36个。年内，申报市级软课题5个，其中“常州市医疗器械产业发展现状及对策研究”“关于推进春秋淹城遗址公园融入国家大运河文化建设、打造高品质国家级文化遗址公园的思考和建议”“关于环滆湖地区能级提升的思考与建议”3个项目获市级软课题立项。

**【科普和学术项目管理】** 3月，《武进区科普和学术项目管理办法》出台，进一步规范和完善科普和学术项目管理。文件规定，对全区科普阵地建设、科学普及活动、学术交流活动及软科学课题研究等实行项目化管理、资助和跟踪监督。坚持“公开透明、择优资助、注重实效和事后补贴”的项目管理原则，立项项目实施后，经结题验收，科协给予限额资助，科普阵地建设类资助金额不超过8万元，科学普及活动开展类资助金额不超过5万元，学术交流活动开展类资助金额不超过8万元，软科学课题研究类资助金额不超过2万元。年内，全区各全民科学素质纲要成员单位和基层科协、学会、科普教育基地、学校、社区等单位共申报科普项目69项，其中获立项36项。区科协整合全区优秀科普教育基地资源，制作电子科普地图，使公众可以直接通过微信公众号查看浏览，扩展科普基地的社会影响力。

**【产学研合作】** 2020年，区科技成果转移中心不断扩大、推广科技成果转移中心平台资源，加强与高校、科研院所的联系，深入高新技术企业了解科技难题和需求，助推校企合作。引进杭州电子科技大学、中国矿业大学科研平台入驻，累计入驻科技成果转移平台21个。挖掘企业各类需求105项，组织各类产学研活动66场，累计邀请专家60余人次，服务企业70余家，达成意向协议63项，签订产学研合同55项，合同总金额1968

万元，校企联合成功申报江苏省科学技术奖 8 项。组织参与中小微企业创新培训（省级）1 场，完成“高校科技转化服务武进的探索与实践——以武进区科技成果转移中心为例”区级软课题 1 项。

（戴冬蕾）

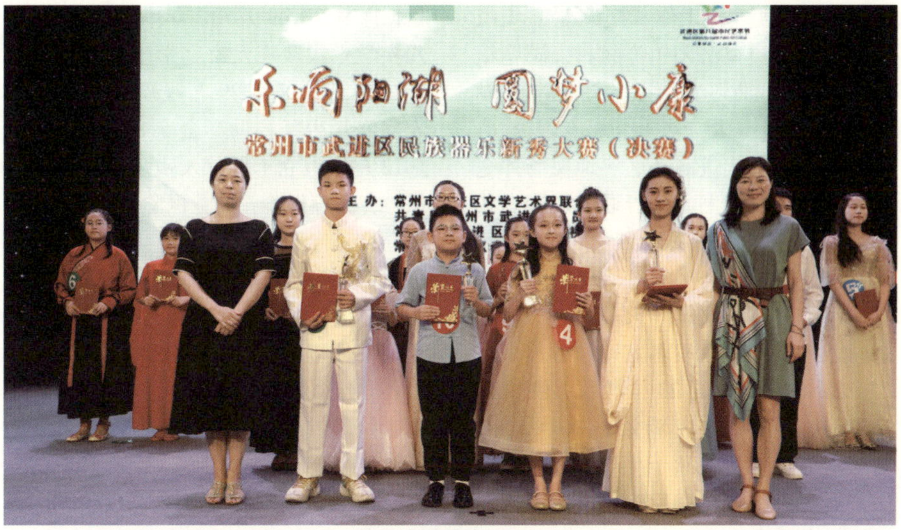


7—9 月，“乐响阳湖 · 圆梦小康”武进区民族器乐新秀大赛举行 （供图 / 区文联）

## 武进区文学艺术界联合会

**【概况】** 2020 年，武进区有文艺家协会 8 个、基层文联 10 个、挂靠社团 3 个，会员 2000 余人，其中国家级协会会员 60 余人、省级协会会员 200 余人、市级协会会员 1000 余人。全区文艺工作者遵循“两为”（为人民服务、为社会主义服务）方向、“双百”（百花齐放、百家争鸣）方针，深入生活，扎根人民，推出体现时代特色、反映武进风貌的文艺作品。全年刊出《武进文艺》3 期。

**【武进区文学艺术界联合会第九次代表大会】** 8 月 20 日在区行政中心召开，区领导李林、石伟东、郑政平、施小平出席，全区文艺战线代表 258 人、嘉宾 40 余人参会。大会听取区文联第八届委员会工作报告，通过《常州市武进区文学艺术界联合会章程》，选举产生新一届领导班子，夏征征当选为主席，羌云庆、周晓东当选为副主席，荆和平、钱臣当选为兼职副主席。

**【文艺工作者以“艺”抗“疫”】** 2020 年，面对新冠肺炎疫情，区文联号召全区广大文艺工作者踊跃投身“抗击疫情、众志成城”的主题创作，以多种艺术形式反映这一时期人民生活、防控疫情涌现出来的先进典型、感人事迹等，为打好打赢打胜这场战“疫”奉献文艺情怀与力量。3 月，策划组织“疫”起扛——“致敬最美武进援鄂医护人员”慈善拍卖活动，发动书画家捐献作品，对接各界爱心人士参加活动，并向胜利归来的援鄂 15 名医护人员赠送书画，传递爱心。12 日，在常州正德拍卖有限公司举行拍卖活动，成交拍品 35 件，筹得善款 13.58 万元。

**【讴歌武进小康系列文艺活动】** 2020 年，区文联组织开展“情深意切诵小康”“光影流彩摄小康”“一往情深奏小康”“诗情画意绘小康”系列文艺活动，以展演、诵读、网上直播、摄影展、书画展、民族器乐新秀大赛等形式，讴歌武进小康建设成就，反映武进人民幸福感、获得感，展现争创一流、奋发向上的精神面貌。1—12 月，开展“经典诵读进百村”活动，组织文艺工作者深入基层、走近百姓，聚焦平语近人——习总书记用典、家风家训、全面小康等内容，采用大型展演、进镇村现场诵读、网上直播等形式，发动基层领导、文明实践者、各阶层人士共同诵读，传递党的好声音，推动党的创新理论“飞入寻常百姓家”。4—9 月，先后组织开展“邂逅春风里、镜遇西太湖”摄影大赛、美丽乡村摄影展、“全面小康看武进”摄影大赛等活动，摄影爱好者深入脱贫攻坚一线、田间地头和生产一线，通过镜头反映小康路上接续奋斗的阳湖精神和广大群众的幸福感和获得感。7—9 月，举办“乐响阳湖 · 圆梦小康”武进区民族器乐新秀大赛，全区 150 余名选手用不同的器乐演奏出对美的体验、对幸福的追求、对祖国和家乡的热爱。11 月 18 日，举办“情怀阳湖”武进区颂小康艺术作品展，展出书法、美术和牙刻、竹刻、陶艺等优秀作品 186 件，展现武进人民昂扬向上的精神面貌和文艺工作者最新创作成果。省文联副主席徐昕、市文联主席舒文和区四套班子领导出席开幕式。

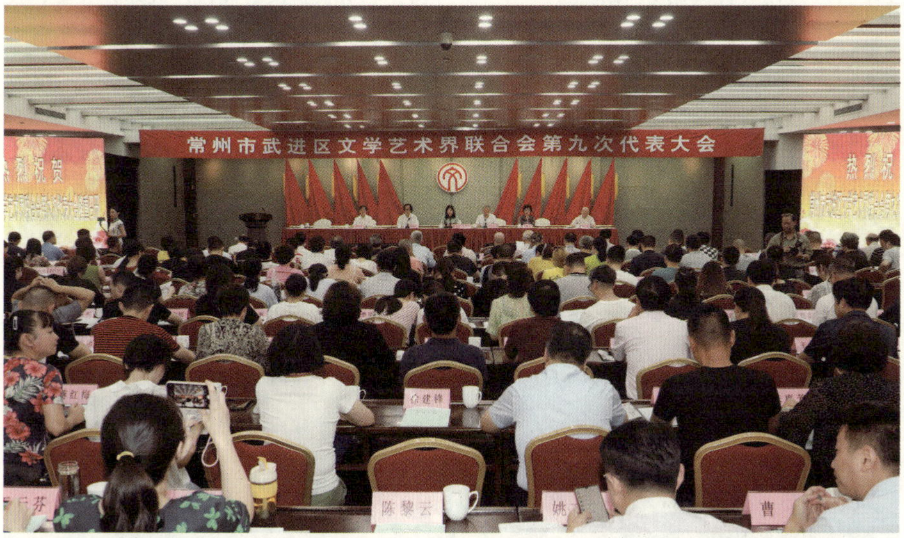


8 月 20 日，武进区文学艺术界联合会第九次代表大会在区行政中心召开

（供图 / 区文联）

**【文艺惠民系列活动】** 新春佳节期间，区文联组织文艺工作者走进基层、走近百姓，开展“春天的问候”文艺惠民系列活动，让翰墨香十里、雅韵悦百姓、春联入千户、红福进万家，为新的一年武

进新时代文明实践工作“打头阵”。组织戏曲协会会员在洛阳镇岑村村、湖塘镇三勤村开展戏曲巡演，组织书协会员在湖塘镇丰乐社区、柳工常州机械有限公司、区级机关以及武进高新区等地现场挥毫泼墨，为群众手书心仪春联，定制专属祝福，并向武进市民派送红“福”字1万个。8月1—7日，联合区委统战部在淹城博物馆举办“同心文化·大美武进”——全国艺术学专业高校名家邀请展，来自20多所高等院校的23位教师书法家作品参展，中央财经大学文化与传媒学院书法学专业教授、硕士生导师张冰应邀作“展览、文化、书写——关于当代书法的几点思考”在线书法讲座。

（葛　岩）

## 武进区残疾人联合会

**【概况】** 2020年，全区新增残疾人675人，累计持证残疾人17043人。其中，肢体残疾10024人、视力残疾1967人、听力残疾1214人、言语残疾60人、智力残疾2042人、精神残疾1544人、多重残疾192人。区残联依托全区“残疾人之家”主阵地，结合“党员义工365活动”，整合社会资源和服务力量，实现产业助残、文化助残、残健互助的帮扶模式。按照《武进区第二期特殊教育提升计划》，认定并启用教育资源中心5家，配备专业教师5人，落实特殊儿童入学3人。与区委统战部、区慈善总会、区红十字会、区工商联联合举办第五届梦之蓝杯“同心助残、与爱同行”义卖活动，筹得善款107万元，全部用于帮扶重度贫困残疾人家庭。年内，区残联先后获得全省残联系统先进单位、江苏省残疾人就业保障金征缴工作成绩突出单位、省级残疾人之家等称号。同心助残驿站“333精准助残”项目获评江苏省最具影响力慈善项目。

**【残疾人社会保障】** 2020年，区残联向6734名残疾人发放生活补贴4372.12万元，向3436名残疾人发放护理补贴371.08万元，向159名残疾人机动轮椅车主发放燃油补贴4.13万元，向202名残疾车主发放养老金5.25万元；走访贫困残疾人家庭3499户，发放慰问金215.2万元。9月，为全区1.69万名残疾人续保残疾人重大疾病及意外伤害险，累计保额73.49万元。年内，落实23名残疾学生或残疾人家庭学生省补助学金3.25万元，落实29名残疾学生或残疾人家庭学生区补助学金5.8万元。全区1012户建档立卡低收入残疾人实现养老保险、医疗保险、商业保险全覆盖。

**【残疾人精准康复】** 2020年，区残联组织实施“三助一免”（助行、助听、助视，免费发放辅助器具和持证精神病人免费服药）康复救助工程、0～14周岁残疾儿童抢救性康复工程和贫困残疾人家庭无障碍改造，为47名残疾人安装助听器、25名残疾人装配假肢、50名残疾人配备矫形鞋、2名听障儿童发放人工耳蜗补助，发放轮椅、拐杖等辅具928件，为1280名贫困精神病患者办理免费服药手续、300名贫困和肇事肇祸精神病人办理入院治疗手续，为337名0～14周岁残疾儿童发放救助补贴，完成40户贫困残疾人家庭无障碍改造。6月6日“全国爱眼日”，区残联、武进高新北区残联联合常州谱瑞广化眼科医院在富克斯广场举办“医疗助残扶贫、光明到家行动”启动仪式，针对0～14周岁低视力儿童全面开展康复工作。年内，构建以区残联为主导、社区为连接、康复机构为支撑、社会组织为补充、残疾人为对象的“五位一体”康复服务模式，大力培养社区康复人才，改造社区康复点，推进社区集中康复及居家康复工作，提升社区康复效能，降低残疾人康复成本。至年末，建立运村村、大路村、丰杨村3家省级残疾人社区康复示范点。

**【残疾人就业创业】** 2020年，区残联规划改造武进区残疾人事业发展中心，建设政务服务、康复服务、教育培训、就业创业服务、文体艺展能和资源调配“六大中心”，更新电脑配置，美化办公环境，配齐康复娱乐设施，优化无障碍设施，增建电商直播销售平台，累计投入80万元。组织全区19个“残疾人之家”托养残疾人404人，为284名残疾人提供辅助性就业岗位，创建“励志助残商城”App，开通“励志残疾人之家直播间”，拓宽产品销售渠道，发放运行补贴56.66万元。11月初，建成投用全区首家残疾人无障碍电影院、全新文体活动室和多功能网络化会议室，与“残疾人之家”、资源调配中心、教培中心有机结合，让残疾人享有学习、就业、娱乐“一站式”服务。举办残疾人“订单式”就业培训，开展一对一跟岗培训和实操，就近就便安置毕业学员到属地“残疾人之家”及合作企业。年内，全区新增残疾人实名制就业77人、残疾人实名制培训67人，职业技能提升183人，残疾人电商培训就业转化15人，盲人医疗按摩培训就业转化4人，鼓励残疾人自主创业19人，发放扶持金38.4万元。

**【残疾人权益保障】** 2020年，全区有助残社会组织22家、助残志愿者1500余名。5月17日“全国助残日”，区残联在富克斯广场组织“残健共融，互助友爱”广场活动，提供心理疏导、疾病义诊、盲人按摩、法律援助和无障碍产品实地测试等13类助残项目。5月初至6月18日，线上举办武进区首届残疾人才艺大赛，收

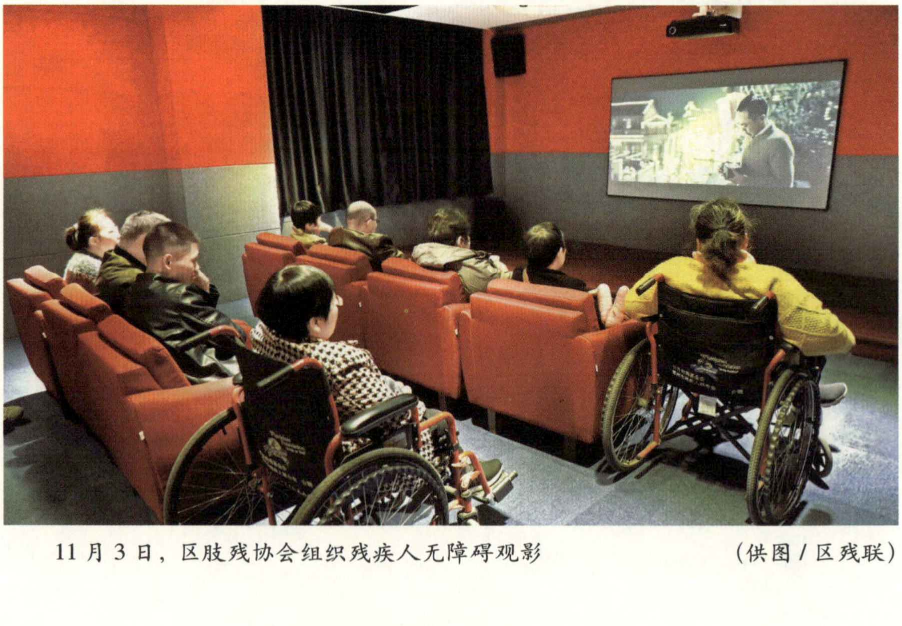

11月3日，区肢残协会组织残疾人无障碍观影　　（供图/区残联）

到残疾人工艺手工、美术书法和表演艺术等参赛作品60余件，经评审，18件作品获奖。9月25日，开展以“走进民法典”为主题的法律知识讲座暨知识竞赛，全区60名残疾人参加，武进残疾人学法、守法和依法维权能力提升。11月15日，与区心家园公益助残服务中心主办残障人趣味运动会，参加300余人。12月16日，与区图书馆联合举办盲人阅读器捐赠仪式。年内，区残疾人五大协会和社会助残组织开展“第五届残疾人厨艺大赛”“自闭症儿童农耕体验”“盲人汉文化体验”及“观看无障碍电影”等活动，惠及残疾群众5000余人次。

（恽　苗）

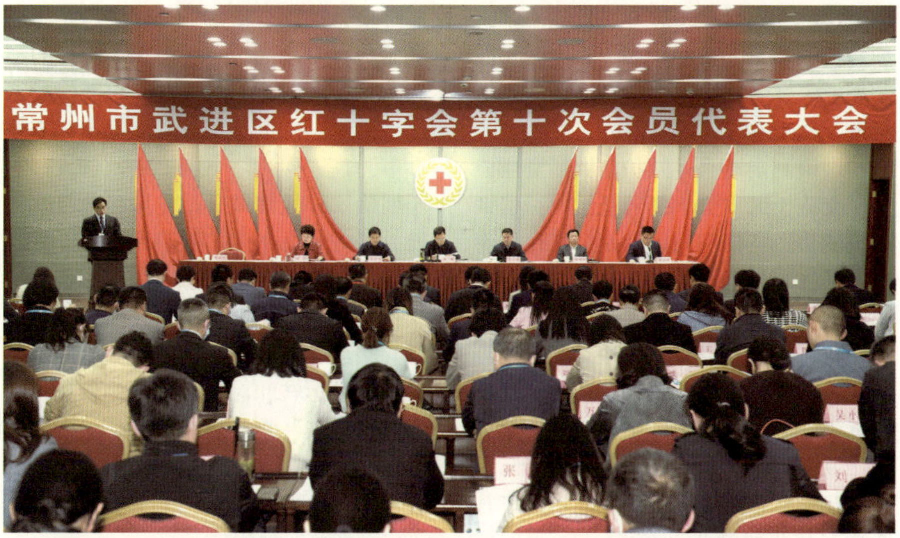


11月20，武进区红十字会第十次会员代表大会在区行政中心召开

（供图／区红十字会）

## 红十字会工作

**【概况】** 2020年，武进区有各级红十字会组织115个，有红十字志愿者服务基地15个、特色志愿服务队6个、志愿服务项目5个；新注册志愿者812人，累计4700余人。全区各级红十字会组织贯彻落实《中华人民共和国红十字会法》和《中国红十字会章程》，以省、市红十字会核心业务体系建设要求为指导，发扬“人道、博爱、奉献”精神，开展“三救三献”（灾害救援、人道救助、应急救护，献血、捐献造血干细胞、捐献遗体与器官）核心业务工作，服务百姓，助困群众。区红十字会开展新冠疫情防控募捐，累计移交防疫物资18批价值151万元，拨付防疫捐款2655万元，公示款物接收使用情况32次，有效提升政府公信力。举办抗击新冠肺炎疫情暨红十字应急救护知识竞赛、“博爱送万家”“博爱光明行”及线上应急救护培训等活动，加强红十字人道救助和应急救护培训。先后获2020年度中国红十字会总会报刊宣传先进集体二等奖和2020年常州市红十字会应急救护技能大赛团体三等奖、优秀组织奖。

**【武进区红十字会第十次会员代表大会】** 11月20日在区行政中心召开，全区各行业、各阶层会员代表226人参会。大会审议通过《常州市武进区红十字会第九届理事会工作报告》，总结区红十字会第九届理事会工作，规划部署未来五年的重点工作，选举产生区红十字会第十届理事会、常务理事会、监事会，张小虎当选会长，狄旭东当选常务副会长，承文明当选专兼职副会长，王亚杰当选监事长。

**【人道救助】** 2020年，区红十字会推进“博爱天使、爱心驿站”红十字“双癌”（一个家庭有2个或2个以上成员罹患癌症）、白血病大病特困家庭专项救助活动，对新增符合救助条件的81户“双癌”家庭和29名白血病患者分别给予爱心救助5000元／户和3000元／人，共发放爱心救助款49.2万元。开展“博爱送万家”救助活动，深入镇（街道）、开发区慰问困难家庭1600余户，发放食用油、大米、被子、牛奶等救助物资和慰问金合计60万元。5月，启动武进“博爱光明行”救助项目，帮助辖区内农村建档立卡贫困人员和80岁以上白内障患者实施复明手术，减轻医疗负担，至年底共救助110余人，按500元／人的救助标准发放救助金5.5万元。做好红十字爱心病房项目，对符合条件的13名困难病人，按照1000～3000元／人红十字人道救助金标准发放救助款2.5万元。开展“弘扬红十字精神，关爱特殊儿童成长”爱心捐赠活动，向爱迪儿童康复中心捐赠益智康复教具价值2万余元。推进临时救助，及时回应困难弱势群体诉求，审批临时救助申请10人次，发放救助金2万元。

**【纪念世界红十字日系列活动】** 5月8日，区红十字会结合纪念第73个“世界红十字日”，开展“红十字博爱周”系列活动，宣传普及红十字知识，提高群众知晓率，增强救护意识，提高救护技能。开展“弘扬红十字精神，关爱特殊儿童成长”“疫情下的急救”等主题线上救护培训活动；组织抗击新冠疫情暨红十字应急救护知识竞赛活动，红十字示范校师生、社区居民等万余人参与；启动“博爱光明行”项目助白内障患者复明，联合区慈善总会举办“同心助残、与爱同行”义卖活动，向爱心企业展示人道救助工作，募集人道救助爱心款。10月，区红十字会获评2020年度中国红十字会总会报刊宣传先进集体二等奖、抗击新冠疫情暨红十字应急救护知识竞赛活动单位组织一等奖。

**【红十字“三献”活动】** 2020年，区红十字会通过武进电视台、《武进日报》等媒体宣传无偿献血、捐献造血干细胞志愿者典型事迹和捐献知识，组织“天使相髓”志愿队队员参与“三献”宣传活动，增强志愿者捐献自豪感。协助市中心血站开展献血宣传53场次，累计动员1.2万人次，无偿献血420余万毫升，献血总量居全市首位。造血干细胞捐献入库登记150人次，两名志愿者成功捐献非血缘关系造血干细胞，累计20例。10月，区红十字会联合区文明办、区级机关工委开展“新时代文明实践‘三献’志愿服务”活动，报名250余人，150人成功献血5.12万毫升，有效缓解秋季供血压力。

**【应急救护培训】** 2020年，区红十字会加强救护师资队伍培训技能，选派1人参加中国红十字会总会救护培训师资提高班、红十字骨干志愿者6人参加省师资初训班，定期召开救护培训师资座谈会，交流授课体会，提升全区救护培训师资能力。疫情期间，编制个性化培训视频课件，作为全省首个试点通过网络教学方式开展培训；疫情过后，安排救护师资在做好自身疫情防控的同时，为社区、企业提供救护培训，助力企业复产复工；联合区教育局在全区中小学举办一次省级应急救护师资培训班（为辖市区中首个举办的省级师资培训班），新增在校省级救护师资74人，充实扩大救护师资队伍。全年培训初级救护员1056人，参加普及知识培训8128余人次。

（郝 培）

## 武进区关心下一代工作委员会

**【概况】** 2020年，全区有各级关心下一代工作组织670个（不含常州经开区），常态化参与关心下一代志愿活动的“五老”（老干部、老专家、老模范、老教师、老战士）人员2100人；有各级校外教育辅导站226个，参加校外辅导的“五老”人员447人、社会志愿者1054人，辅导学生4.3万人次；有电子阅览室183个，参加电子阅览室活动的学生4.3万人次。有思想道德宣讲员214人，撰写宣讲稿121篇，开展宣讲200余场，接受教育2.7万人次。全区各级关工委共开展各类主题教育活动210场次，参与学生2.2万人次。8月，区关工委获评全国关心下一代工作先进集体。年末，全区48个民营企业关工委通过市级“五有五好”民企关工委验收，41名学生获省关心下一代周报社“冰凌花”奖学金。

**【“党建带关建”制度完善】** 2020年，武进区完善和落实党建带关工委建设的工作机制，切实加强关工委各级组织建设。1月，区委办公室向区关工委各成员单位转发《武进区关心下一代工作委员会成员单位职责》，调整部分成员单位及负责人。区委常委会议听取区关工委年度工作汇报，以及进一步完善和落实“党建带关建”工作机制等四点工作建议。6月，区关工委与区委组织部、区财政局联合印发《关于健全镇（街道）、开发区关工委工作经费保障机制的通知》，进一步健全基层关工委工作经费保障机制，确保关工委有人办事、有钱办事、有场所办事。6月22日，印发《关于明确校外教育辅导站专项经费以奖代补办法的通知》，明确区财政局从2020年起在教育费附加中每年安排50万元，实行以奖代补，专项用于校外教育示范辅导站创建、电子阅览室设施添置，辅导站正常运转和对参加辅导站辅导、管理的“五老”实行以奖代补。年末，区关工委对各镇（街道）基层组织现场督查和考核，确保党建带关工委建设各项工作制度落实到位。

**【青少年主题教育活动】** 2020年，区关工委联合区文明办、教育局开展“爱党爱国爱学习，立德立行共圆中国梦”主题教育活动，引导青少年扣好人生第一粒扣子。5月27日，在礼嘉镇嬉乐湾生态农业示范园举行主题教育活动现场推进会，区青少年思想道德教育宣讲团副团长万军作主题教育宣讲，礼嘉中学师生表演文艺节目。5—11月，与区教育局联合组织“书香阳湖，心约未来”读书系列活动，各基层关工委结合演讲、征文、朗诵、视频制作等形式开展活动；开展“梦圆小康”老少同台演讲比赛，征集演讲稿2170多篇，其中获省级奖励9篇；在“我的中国梦”全省中小学校园科技短视频创作比赛中，武进区11个作品获奖，区关工委和刘海粟小学获优秀组织奖。年内，全区举办各类朗诵比赛230余场次，参与活动的“五老”和青少年3800余人次；组织青少年参加江苏少年网“我为国旗点个赞”活动，全区点赞量近70万次；礼嘉镇关工委制作的《出发·为成长“嘉”油》短视频获省关工委特等奖。

**【示范辅导站创建】** 2020年，全区各示范辅导站坚持常态化运行，开展创建活动。西湖街道长汀村开办春季班、暑期班、秋季班，组织活动上百次。湖塘镇定安社区、礼嘉镇礼嘉社区坚持开办四点钟课堂，为上班族群众分忧。武进高新区北区香溢澜桥社区利用社会资源在暑期开办公益课36门。牛塘镇青云村组织花蕾志愿队开展“献爱心，送温暖”“花蕾读书会”等活动，实施“青蕾计划”项目。湟里镇西墅村结合新农村建设、前黄镇杨桥村结合非遗传承常年开展活动。年末，雪堰镇周桥村等19个校外教育辅导站通过达标验收，全区累计示范辅导站76个，基本达到30%示范站创建要求。湟里镇东安村等29个辅导站被评为武进区优秀辅导站。雪堰镇新康村、湖塘镇府东社区、湟里镇西墅村3个校外辅导站被评为常州市优秀辅导站，均获奖励资金5万元。10月，区关工委被表彰为全省校外教育辅导站工作先进集体，湖塘镇府东社区辅导站、南夏墅南河社区辅导站被评为全省优秀校外教育辅导站，蒋建华、万军、丁建华、王晓红、王凌云获评全省校外教育辅导站工作优秀辅导员。

（陈 辅）

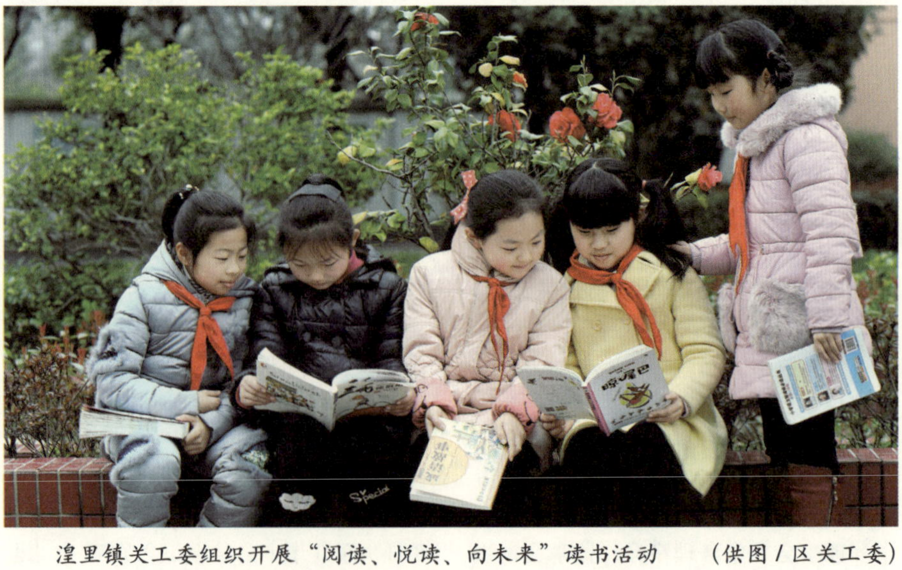

湟里镇关工委组织开展“阅读、悦读、向未来”读书活动 （供图/区关工委）

# 法 治

## Rule of Law

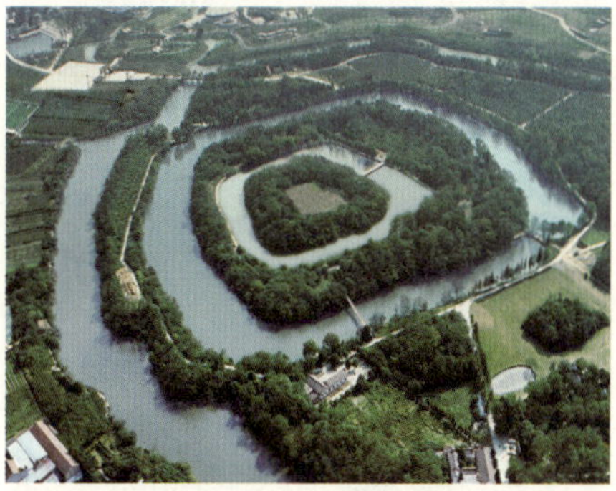

栏目编辑　张怡菁

### 政法委及综治

**【概况】** 2020年，武进区政法机关围绕建好“五个生态”（政治生态、产业生态、自然生态、城市生态、社会生态），打造“一区一城”（生态滨湖区、现代智造城），开展风险防范、政法改革以及政法队伍建设等工作，提升政法工作现代化水平，为建设更高水平的平安武进、法治武进，创造安全政治环境、稳定社会环境、公正法治环境、优质服务环境。多举措护航发展大局，发挥网格实战作用，创新社会治理，群众安全感提升至99.33%，为全市第一、全省第三。加强群租房管理，群租房安全管理得到国务院安全生产督导组以及省、市领导肯定。推进扫黑除恶专项斗争，提升政法队伍素能，政法工作综合考评绩效位居全市第一，“七五”普法工作通过终期评估验收。区扫黑办被省扫黑除恶专项斗争领导小组办公室评为2019年度全省扫黑除恶专项斗争成绩突出集体，区委政法委获评全省政法宣传舆论工作先进单位。

**【发展大局护航】** 2020年，武进区政法机关组织开展“排风险、建清单、除隐患、保稳定”专项行动，排查重大涉及稳定案件26件，稳控重点人员100余人。组建区级信访积案化解专班，化解重点信访积案50余件。武进调解组织累计调解纠纷1万余件，调处成功率超99%。公安机关累计抓获犯罪嫌疑人4000余人，检察机关提起公诉1900余人，审判机关依法判处刑罚1900余人。区委政法委部署开展涉企纠纷诉源治理、涉企案件“绿色通道”等十大专项行动2.0版，通过法律服务“春风”行动结对企业近1100家，提供法律体检450余次，发现经营风险500余条，提出防控建议近1000条。落实流动人口子女积分入学，累计保障近7200名流动人口子女顺利入学，稳妥处置矛盾270余件。

**【社会治理创新】** 2020年，区委政法委完善“党委领导、政府负责、社会协同、公众参与、法治保障”的社会治理体系，提高社会治理社会化、法治化、智能化、专业化水平，打造共建共治共享的社会治理格局。10月，成立由区委、区政府主要领导任组长的区域社会治理委员会暨区委平安武进建设领导小组，制定《关于加快推进区域社会治理现代化、建设更高水平平安武进的实施方案》等文件，包含重点任务13类、分解任务40项、基本要求101条。创新实施社会治理微创新项目27项，“左邻右理”共推乡村治理、打造群租房安全管理“六创新”模式等6个项目获评2020年度全市第十二届“政法工作创新创优奖”、常州市创新市域社会治理优秀项目。

**【网格化社会治理提质增效】** 2020年，区委政法委推进网格化社会治理，依托大数据支撑，运用网格化机制，发扬“铁脚板”作风，维护群众安全健康，保证社会安定有序。服务抗疫防疫大局，动员网格员投身新冠肺炎疫情防控，建立人员流动区域宣传必到、不实言论信息线索必报等“宣传六必到，线索六必报”工作模式，区主要领导依托网格系统召开防疫调度会议5次。武进5000余名网格工作人员巡查走访居民43万户次，提供便民服务5.8万次，网格平台累计受理涉疫案件4000余件、网格事项1.3万

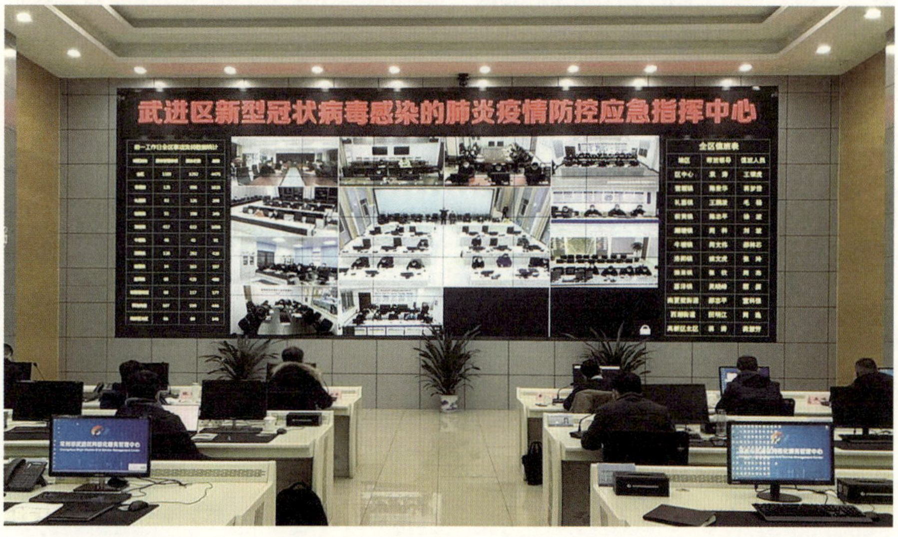


武进区新冠肺炎疫情防控应急指挥中心　　（供图/区委政法委）

件，近100名网格员获评疫情防控先进个人等称号。实施网格“三五”工程（工作内容“五关注”、事项考量“五维度”、质效评价“五清单”），创新建立“先锋网格”“蜗牛网格”工作模式。推动“网格＋警格”融合，打造湖塘镇“四方共建”、嘉泽镇“左邻右理”等特色品牌。

**【群租房安全管理专项行动】** 2020年，区委政法委牵头开展群租房安全管理专项行动，制定隐患目录和整治标准三大类34项，梳理汇编涉及18个部门的法律法规26部，打造雪堰镇雪东村西肇巷1号、牛塘镇鑫鑫公寓等示范点36个。累计排摸群租房近8200户，登记安全隐患3.2万条，重大安全隐患整改率达100%。武进群租房火灾警情、治安刑事警情分别比2019年下降80%、75%。6月，常州市群租房管理现场推进会在武进区召开，人民网、长安网、“学习强国”等媒体做相关专题报道。

**【扫黑除恶专项斗争】** 2020年，区委政法委出台《关于在扫黑除恶专项斗争中开展非法金融活动专项治理的实施意见》等文件30余个，编发《武进区扫黑除恶专项斗争典型案例汇编》2000余册，发挥典型案例警示教育作用。推进扫黑除恶“六清”（线索清仓、逃犯清零、案件清结、伞网清除、黑财清底、行业清源）行动，按时办结中央督导组、全国扫黑办和公安部交办线索60条，累计抓获聚众斗殴、强迫交易等9类案件逃犯300余人。推进陈某黑社会性质组织案等“1黑5恶”重点案件办理，完成案件清结目标。统筹开展“10+3”（“10”：社会治安、乡村治理、金融放贷、工程建设、交通运输、市场流通、资源环保、信息网络、文化旅游、教育卫生；“3”：二手车、二房东、重点人员管控）行业领域专项整治，为全市首创，被省扫黑办在全省推广。

**【政法队伍建设】** 2020年，武进区政法机关学习贯彻中共十九届五中全会精神、中共中央总书记习近平视察江苏重要讲话和重要训词精神，提升政法队伍整体政治素养。按照《区委政法委员会政治督察实施办法（试行）》《区政法单位党组（党委）向区委政法委员会请示报告重大事项实施细则（试行）》，武进区政法单位请示报告重大事项20余项。区委政法委建立纪律作风督查巡查制度，推进正风肃纪；建立健全政法干警“下沉一线”长效机制，常态开展“跟班先进找差距、勇争一流当先锋”系列活动，建立政法英模库，收录政法英模200余人；举办“政法调研月”等主题活动，形成高质量调研文章70余篇；组织政法系统精英骨干近100人在南京大学开展专项培训；邀请苏州大学、常州大学专家学者，为法宣条线领导干部作《中华人民共和国民法典》专题辅导。

（王艳萍）

## 法治武进建设

**【概况】** 2020年，武进区落实中共中央、国务院《法治政府建设实施纲要（2015—2020年）》及省、市决策部署，围绕“一区一城”（生态滨湖区、现代智造城）目标定位，推进依法行政。开展法治政府建设“补短板、强弱项”专项活动，纵深推进法治政府建设。完善领导干部学法制度，定期组织公务员法律知识教育和法律法规考试。推进市场监管及相关领域“双随机、一公开”（在监管过程中随机抽取检查对象，随机选派执法检查人员，抽查情况及查处结果及时向社会公开）联合监管工作，建立健全部门联合监管机制，解决多头监管问题。加强诚信政府建设，制定《武进区政府机构失信责任追溯和承担机制的实施意见》。推动行政许可、行政处罚信息“双公示”工作，在“双公示”平台上传信息1.2万条。实现行政执法“三项制度”（行政执法公示制度、执法全过程记录制度、重大执法决定法制审核制度）全覆盖，进一步促进严格规范公正文明执法。年内，区政府共收到行政复议申请49件，受理46件，不予受理3件。其中，维持和驳回复议申请35件，调解、和解等终止处理7件，确认违法2件，撤销或责令2件，法定期限内结案率100%，有8件案件向被申请人制发行政复议意见书。全年发生区政府为被告的行政诉讼案件21件。

**【依法治区】** 2020年，武进区推进依法治区工作，召开区委全面依法治区委员会第二次会议、办公室会议，学习贯彻中共中央总书记习近平全面依法治国新理念、新思想、新战略，以及中央依法治国、省委依法治省、市委依法治市会议精神，凝聚依法治区思想共识。破解基层民主法治建设、提升“三治融合”（自治、法治、德治相结合）水平难题，为乡村振兴提供法治保障，武进法治乡村建设经验被中央电视台等国家级媒体报道，受到司法部推广。区委依法治区办印发《法治建设学习手册》，推动各级党政机关主要负责人带头学习，强化法治意识，带头严格执行法定议事决策程序，带头推进党内法规和法律制度落实。将江苏省法治建设“互联网＋”监测评价指标细分为21类59项、江苏法治环境指数细分为10类22项指标，逐项明确牵头部门、责任部门和工作举措，推进法治政府建设。全面开展法治督察，由区四套班子领导带队，督察各地各部门法治建设任务落实情况，压实党政主要负责人履行推进法治建设第一责任人职责。

**【规范性文件审查】** 2020年，武进区公布规范性文件制定主体，健全规范性文件和政策性文件起草、论证、协调、审议机制，明确相关部门法定职责，落实行政规范性文件合法性审核机制。法制审核长江流域禁捕退捕专项行动方案4个和政策实施意见2个，收回武进区内河水域捕捞权等重大工作；完成《武进区公共资源交易管理实施细则》规范性文件审核。规范重大行政决策行为，区交通运输局、应急管理局、行政审批局等部门均建立重大行政决策机制。加强政府合同管理，落实合法性审查制度，防控政府合同风险。

**【综合行政执法体制改革】** 参见“专记”类目P3同名条目。

**【深化政务服务】** 2020年，武进区出台《关于应对新冠肺炎疫情，助力企业恢复生产的意见》《关于支持外资企业积极应对新冠肺炎疫情影响的若干措施》等文件，推动惠企政策“一号通”建设，为企业发展提供支撑。推进工程建设项目审批改革，把供水、供电、燃气、排水等市政公用服务纳入流程管理，为建设单位提供“一站式”服务。率先在全省探索实施“标准地＋承诺制”新型供地模式试点改革，通过标准地“事先区域评、事前定标准、事中作承诺、事后强监管”工作模式，推动土地供给侧改革，促进土地资源高效节约集约化利用。优化审批服务流程，在政务服务大厅设立企业开办专区，实现企业登记、公章刻制、银行代办、涉税事项“一站式”办理，为企业提供免费代办、免费刻章服务，1.5个工作日以内完成企业开办比例达90.21%以上，0.5个工作日办结比例达60%以上。推出企业全生命周期高频“一件事”套餐和退役士兵接收安置、企业职工退休等“一件事”套餐，在镇（街道）试点推行“我要开餐馆”等套餐5个。拓展“一窗通办”“一网通办”服务，推动110多项业务通过“江苏政务”App和自助设备办理，推行“不见面”审批、远程视频探勘等网上办服务，降低疫情对企业群众生产生活影响。推进基层审批服务改革，镇（街道）行政审批局于5月全部挂牌运行，推动113项政务服务事项、业务系统、服务标准等要素资源一沉到底，打通服务企业群众“最后一公里”。年内，雪堰镇利用综合自助机，以及材料证照寄存智能文件柜，在全市率先提供24小时“不打烊”审批服务。

**【行政执法规范化建设】** 2020年，武进区将全面推行行政执法“三项制度”纳入2020年区高质量发展考核指标体系。开展贯彻落实行政执法“三项制度”专项督察，基本实现各行政执法机关在行政许可、行政处罚、行政强制、行政检查、行政征收征用等行政执法行为中实行“三项制度”达到100%目标。区城管局制定《关于实施非接触性执法的指导意见》，使执法全过程记录制度在实际执法中得到深化；区行政审批局出台《武进区行政审批事项联合勘查实施意见》，明确各联合勘查单位职责；区交通运输局实现“一案一档一视频”；区卫健局、武进自然资源和规划分局、武进生态环境局推行移动执法装备系统应用。区市场监管局办理的恶意注册“火神山”“雷神山”商标案入选第二届长三角地区市场监管执法协作会议典型案例汇编；区农业农村局被农业农村部授予“全国农业综合行政执法示范单位”称号；武进生态环境局连续三年被生态环境部授予“执法大练兵先进集体”称号。

（王　煜）

## 公　安

**【概况】** 2020年，武进公安分局融入“六稳六保”（稳就业、稳金融、稳外贸、稳外资、稳投资、稳预期，保居民就业、保基本民生、保市场主体、保粮食能源安全、保产业链供应链稳定、保基层运转）工作大局，围绕推进国家治理体系和治理能力现代化总目标，做好战疫情、护安全、保稳定、促发展工作。加强风险防控，守牢社区、通道、监所等疫情防线。推进平安建设，攻克1993年和2006年命案积案2件，侦破“10·25”南夏墅纵火案等重大案件。全年公诉犯罪嫌疑人1940余人，其中侵财公诉662人；破获刑事案件2450件，破案率达33.3%，命案、“两抢”（抢夺、抢劫）案件全破，“八类案件”（故意杀人、故意伤害致人重伤或死亡、强奸、抢劫、贩毒、放火、爆炸、投毒）破案率达92.6%；群众安全感提至99.33%，位列全市第一、全省第三。升级现代警务，组建“阳湖铁骑队”，打造核心区域快速反应圈和智慧防控体系，街面案件比2019年下降28.2%。夯实服务发展，投入护航企业、疏堵保畅、退捕禁捕和“清水”“蓝天”“餐桌”保卫战，破获经济案件100件，为企业挽回经济损失4127万元，进驻区政务服务中心服务事项53个，上线运行服务事项118个，公安行政服务审批时限总体压缩20%。年内，治安防控云平台项目获评全省公安机关重大改革创新金奖。武进公安分局获评全市抗击新冠肺炎疫情先进集体，武进公安分局副局长苏建中获评全省抗击新冠肺炎疫情先进个人，南夏墅派出所一级警长岳效忠获评全省政法系统先进工作者，有10个集体、84名民警荣立二、三等功。

**【公安机关扫黑除恶专项斗争】** 2020年，武进公安分局准确把握扫黑除恶专项斗争阶段性要求，围绕线索核查、专案攻坚、综合治理、深挖彻查等工作，推动扫黑除恶专项斗争纵深发展。累计核查线索1200余条，全部办结中央督导组下发线索21条，共捣毁黑社会性质犯罪组织2个27人、恶势力犯罪集团11个84人、“套路贷”团伙11个130余人。坚持侦查破案与“打财断血”（彻底摧毁黑恶势力经济基础）同步开展，累计依法冻结、扣押、查封黑恶犯罪资产2.89亿元。坚持“扫黑”与“治乱”同步推进，紧盯城乡重点地区以及“涉枪涉爆”“黄赌毒”等治安重点，组织开展全局性联合整治行动11次、区域性重点清查23次，摧毁赌博犯罪团伙78个597人、涉娼犯罪团伙45个361人，查处吸毒人员1650人，破获公安部督办娼赌案件3件、省部级目标毒品案件7件和网络贩枪案件5件。全面扭转漕桥综合市场、南夏墅街道南苑社区等22个市、区、镇级挂牌整治地区和部位治安面貌，重点地区违法犯罪警情比2019年下降7.2%。

**【基层警务工作】** 2020年，武进公安分局贯彻落实上级关于加强派出所工作和警网融合、平安前哨工程建设的部署要求，推进派出所体制机制、勤务模式改革，主动融入社区网格化治理，夯实公安工作发展根基，提升基层社会治理水平。建立“日常收集、定期交换、双向确认”协管机制，严防发生现实危害。开展寄递物流业专项清理整治，加强240个寄递单位及网点“四防”（人防、物防、技防、制度防）建设，查处寄递企业内保行政案件210件。推进加油站散装汽油管控信息化工程，通过散装汽油销售安全监管信息系统录入购油信息5.87万条，比对重点人员1068人次。深化涉校风险隐患排查整治，排查整治涉校治安隐患203处，推进150所学校监控联网建设，实现校园安防建设“4个100%”（专职保安员配备、校园封闭化管理、一键式紧急报警和视频监控、“护学岗”设置）。

**【公安执法管理】** 2020年，武进公安分局坚持“抓执法就是抓全局、抓执法就是抓根本、抓执法就是抓基础”理念，构建系统严密、运行高效执法权力监督管理体系，推进公安执法管理精细化，做到“以监督促公正、以管理促规范”。完善执法监督机制，以警情、案件、财物、卷宗、场所等要素为核心，实行事前审核、事中监控、事后纠错的接处警、受立案、案件办理监管模式，巡查警情案件1万余件，主动发现并整改执法问题1600余个，于12月建成执法办案管理中心。年内，建成湖塘执法办案分中心，开发执法管理平台，提升执法办案集约化、智能化管理水平。加强执法问题整治，常态化开展“体检式”执法检查和娼赌警情、涉伤案件、取保候审等专项执法检查，主动发现并整改执法问题700个。

**【治安防控云平台建设】** 2020年，武进公安机关以治安防控云平台建设为牵引，推进立体化、智能化、专业化治安防控体系建设，完善现代警务机制。综合推进视频、图像、物联等资源利用整合和新建规划、补盲补强及智能化升级，累计新建或改造治安监控2.1万路、结构专用监控2100路、道路监控3600路，整合政府部门公共管理和企事业单位内部监控1.6万路。深化数据融合，依托治安防控云平台，建立公共数据资源池，在库数据127亿条，日增数据6500万条，整合汇聚视频、车辆、人像、无线数据，建立省、市、区数据联动机制，推动感知数据、社会数据与警务数据全面融合、联动应用。治安防控云平台项目获评全省公安机关重大改革创新金奖，成为全省唯一区级公安分局获奖项目。

**【公安专项行动】** 2020年，武进公安分局开展“蓝剑1号”“云剑行动”等专项行动，保持严打高压态势。3—5月，按照省公安厅、市公安局“蓝剑1号”专项打击行动总体部署，围绕“除四害”4条战线（妨害疫情防控、损害企业权益、危害安全生产、侵害民生利益），共破获刑事案件729件，其中涉疫犯罪案件19件；抓获犯罪嫌疑人781人，其中侵财犯罪嫌疑人380人、通信网络诈骗嫌疑人87人、涉黑恶犯罪嫌疑人3人。开展“云剑行动”，围绕通信网络诈骗犯罪、命案积案攻坚、民族资产解冻诈骗犯罪“三大战线”，打好组织部署、难题攻坚、信息数据、长效联动“四场战役”，破获通信网络诈骗案件250件，抓获电信诈骗嫌疑人353人，返还资金590余万元，协查“民族资产解冻”案件9件88人。开展“禁毒2020两打两控”（打击制毒犯罪、打击贩毒犯罪和管控制毒物品、管控吸毒人员）等专项行动，全年公诉涉毒犯罪嫌疑人34人，查处吸毒人员230人，成功侦破“9·9”特大走私、运输毒品案，缴获毒品12千克。

**【见义勇为表彰奖励】** 2020年，区见义勇为基金会以“弘扬见义勇为精神，倡导见义勇为行为，服务见义勇为人员”为宗旨，紧扣新《江苏省奖励和保护见义勇为人员条例》精神，加力表彰、奋力宣传，提升见义勇为工作效能。组织集中表彰奖励活动10次，召开表彰会18场次。表彰奖励武进区见义勇为积极分子51人，发放奖金12.1万元；奖励治安积极分子18人，发放奖金1.95万元；奖励物业服务从业人员39人，发放奖金4.5万元。在受到表彰奖励的人员中，有89人奋不顾身抢险救灾，挽救他人生命28人；有19人挺身而出勇抓盗窃等犯罪嫌疑人16人，其中刑事拘留、取保候审、逮捕9人，治安处罚7人。

**【出入境管理】** 2020年，武进公安分局按照新冠肺炎疫情防控总体部署要求，采取网上预约、非急需暂缓等方式，减少人员跨境流动，做好公民出国境防疫宣传和政策指导，维护正常出入境秩序。全区19个受理点共办理出入境证件7339份，受理量处于历史低位，没有发生群众投诉和材料质量事故。出入境大队开展法制宣传教育4场，参与留学生200余人。组织开展涉外用工专项排查，规范相关行业、场所涉外用工行为，实现精确打击、长效治理，全年查处违反出入境管理法律案件42件，行政处罚38人，拘留审查3人，遣送出境2人，案件查处数列全市第一。

（周世民）

**【道路交通安全管理】** 2020年，武进公安分局交警大队围绕新冠肺炎疫情防控和服务经济发展，守牢“安全、畅通”2个第一责任，创造安全、有序、和谐道路交通环境。提供服务保障，做好重大活动、重大项目服务保障工作，完成中国国际进口博览会及春运、国庆期间重大活动安保125档156批次。深化隐患治理，建立道路交通安全风险预警预判和快速反应联动机制，开展重点运输车辆和驾驶人源头安全隐患清零行动，“过堂式”检查重点车辆1187辆、驾驶员1007人。推进“千灯万带”工程，新建交通信号灯8处，完善交通设施1771处，改建平交路口27个，封堵豁口22个，增设隔离护栏33.5千米。推进“千村万企”工程，以电动车、工程车驾驶人和老年人等事故多发群体为重点，签订“交通安全责任告知书”1.5万份，发放宣传单4万余份。实施“戴盔亮尾”工程，制作《幸“盔”有你》系列宣传片，并被公安部交管局录用。落实企业主体责任，为员工配备头盔

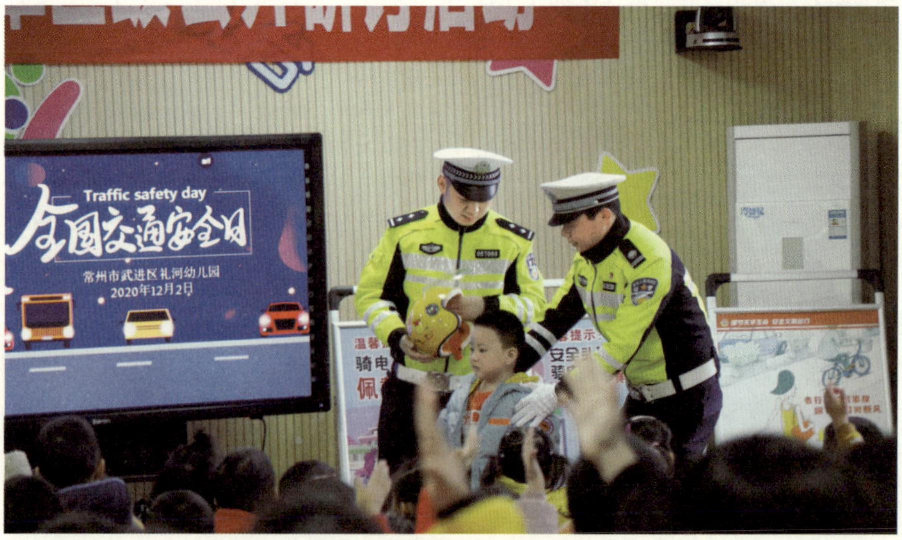


12月2日，武进公安分局交警大队在礼河幼儿园举行全国交通安全日宣传活动

（供图/武进公安分局交警大队）

3.7万个、张贴电动车反光标识1.5万张。开展专项治理，组织"蓝剑1号""飓风行动""秋冬季百日会战"等系列行动，查处超限超载违法行为1628件、"百吨王"16辆。常态开展以酒驾、醉驾为重点的"1+N"夜查行动，查处酒驾1181件、醉驾378件，涉酒交通事故亡人数比2019年下降52.94%。开展电动车专项整治，查处电动车违法驾驶17.5万件。开展农村地区交通安全专项整治，农村道路亡人事故数、亡人数分别下降33.33%、32.84%。开展"缉查布控"竞赛，查获逾期未检车、假牌等违法驾驶行为1488件。出台《常州市武进区农村道路交通安全主动防控体系建设方案》，构建交通安全责任、监管、防控、科技、宣传和评价"六大体系"，强化共治机制，分别会同交通运输部门以及工信、市场监管部门开展治理超载和电动车违法案件联合执法行动。年内，武进区交通亡人事故数和亡人数分别下降21.95%、22.22%。

**【道路交通畅行工程】** 2020年，武进公安分局交警大队实施道路交通畅行工程，优化城市交通综合秩序。落实全员高峰，实施"路长制"、网格化勤务，早晚高峰延时加警，旅游旺季、重大活动"一事一预案"。实施"客货分流"，扩大限行区面积16平方千米，实行夏城路、青洋路、武南路、淹城路高峰限行。实施"序化停车"，完善停车管理设施，结合道板改造规范车位设置，整治机动车、非机动车乱停乱放，推进停车场备案制。推进"一校一策"，在城区学校采取错时上下学、家长护学岗等措施，提高周边路段周转能力，学校早晚高峰平均排队时长缩短11%。推进智慧交管，实施道路绿波工程，打造全域绿波，实现498个路口联网联控、61条主次干道绿波带控制。依托高德大数据和武进公安分局视频云平台，强化城区交通动态监测能力。

（周燕敏）

## 检 察

**【概况】** 2020年，区检察院履行法律监督职能，打造过硬检察队伍，为武进区改革发展和法治建设提供有力司法保障。全年办理刑事、民事、行政、公益诉讼、诉讼监督、司法救助等案件1867件。其中，批准逮捕363件，提起公诉1368件，办理民事行政及公益诉讼案件99件。案件监督管理部门公开案件程序信息2063件、法律文书1241份，公布重要案件信息195件，接待律师查询480人次。区检察院采取抓项目推进、提升检察服务精准度，抓方式创新、提升检察服务实效性等"四抓四提升"措施，为60多家民营企业提供风险防范提示和对策，服务保障民营经济健康发展。区检察院获评中央政法委第二届"四个一百"优秀政法新媒体评选先进单位、全国检察宣传先进单位、全省政法系统先进集体、全省政法宣传舆论工作先进单位、全省先进基层检察院。办理陆某等16人组织、领导、参加黑社会性质组织犯罪案入选全省检察机关扫黑除恶专项斗争十大典型案例。

**【刑事检察和刑事诉讼监督】** 2020年，区检察院刑事检察部门依法打击各类刑事犯罪，批准逮捕363件485人，提起公诉1368件1850人。从重从快打击妨害新冠肺炎疫情防控犯罪，提前介入涉疫情刑事案件3件3人，审查逮捕2件2人，审查起诉5件5人。从严从快批准逮捕侵犯企业合法权益案件6件13人，起诉20件37人。依法严惩非法吸收公众存款、集资诈骗等破坏金融管理秩序犯罪，批准逮捕7件9人，起诉11件18人。审查起诉非法捕捞、非法出售珍贵濒危野生动物等破坏环境资源犯罪19件46人。严厉打击危害群众安全感犯罪，起诉涉枪涉爆、危害公共安全、重大责任事故等犯罪421件424人。依法起诉电信网络诈骗、危害食品药品安全、侵犯公民个人信息等犯罪84件139人。维护公众生命财产安全，起诉故意杀人、故意伤害、强奸、抢劫等严重暴力犯罪114件128人。加强侦查活动监督，依法监督公安机关立案25件、撤案40件、追捕22人、追诉28人，发出书面纠正违法和检察建议87件，"两项监督"（刑事立案监督和侦查活动监督）工作受到省检察院肯定，并在全省交流。精准引导补充侦查，追诉林某侵犯公民个人信息案入选最高人民检察院引导补充侦查典型案例。深化刑事审判监督，依法提出刑事抗诉和再审检察建议6件，提请上级检察机关抗诉1件。强化刑事执行监督，对监督中发现的问题，提出书面检察建议10件，均得到采纳和整改。注重人权保障，及时对18名没有继续羁押必要的犯罪嫌疑人建议变更强制措施。

**【未成年人检察】** 2020年，区检察院未成年人检察部门坚持宽容不纵容，依法批捕、起诉未成年犯罪嫌疑人45人，保持必要惩戒。对犯罪情节轻微且有悔罪表现的，不捕23人、不诉47人，通过教育挽救，帮助2名涉罪未成年人重圆大学梦；针对性侵未成年人案件多发态势，出台强制报告制度，建成"一站式"取证中心，为受侵害未成年

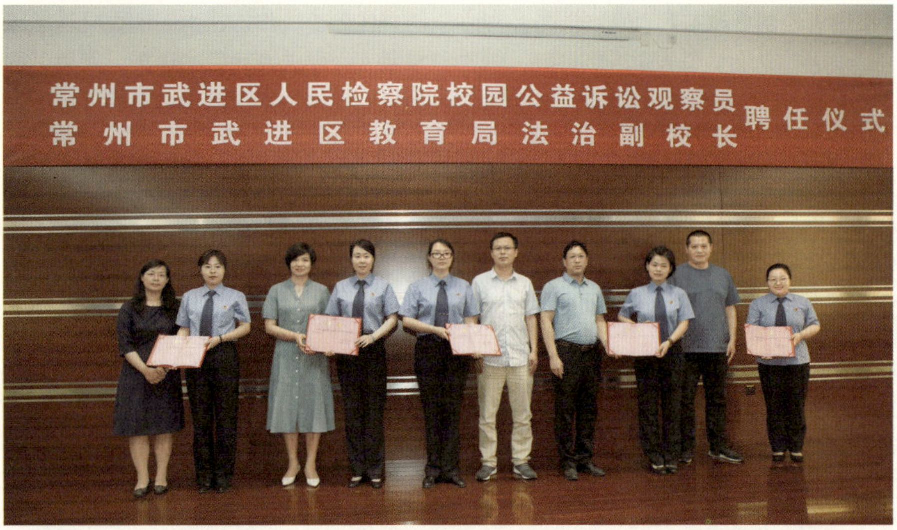


6月3日，区检察院联合区教育局开展"六月'未'爱而行"法治宣传教育系列活动

（供图/区检察院）

人构筑全流程、综合性权益保障体系。关注案件背后“问题家庭”，将强制亲职教育写入附条件不起诉决定书，成为全省首例，并受到最高人民检察院和全国妇联调研组肯定。创新未成年人法治宣传教育模式，持续完善可视化法治教育视频资料库，与区教育局在洛阳初级中学共建法治教育实践基地，与团区委联合开展“模拟法庭进校园”活动，让法治精神滋养青少年健康成长。年内，制作的微电影《妈妈》获得首届全国未成年人检察微电影、微视频、微动漫二等奖。

**【民事行政、公益诉讼和控告申诉检察】** 2020年，区检察院民事行政检察部门结合扫黑除恶专项斗争，持续打击虚假诉讼，摸排虚假诉讼线索20件，发出再审检察建议7件，法院均裁定再审并改判。审查办理民事、行政审判和执行活动监督案件57件，发出检察建议55件。公益诉讼检察部门围绕生态环境和资源保护、食品药品安全、国有财产保护、国有土地使用权出让等领域，立案公益诉讼案件42件，提起刑事附带民事公益诉讼6件，发出诉前检察建议17件，通过办案挽回国有财产损失150余万元。控告申诉检察部门依法妥善办理群众信访191件，开展涉法涉诉律师评析26件，7日内回复率、3个月内完成办理过程和结果答复率均达100%。重视弱势群体司法保护，办理国家司法救助案件31件，发放救助金25.5万元。

**【推进诉讼制度改革】** 2020年，区检察院全面落实认罪认罚从宽制度，完善律师值班、文书简化等配套机制，加强自愿性、合法性审查，依法对1846名真诚悔过的犯罪嫌疑人适用认罪认罚从宽，适用率达92.02%，发挥良法善治作用，消弭社会戾气，促进和谐稳定。加强与区法院的沟通协作，梳理分析常见罪名量刑判例，提升量刑建议精准度，确定刑量刑建议提出率、采纳率分别达84.81%、99.2%，位居全市前列，有力推动案件繁简分流，节约司法资源。探索轻微刑事案件和解工作，引入人民调解组织，加大轻伤害、交通肇事等轻微刑事案件调解力度，促使犯罪嫌疑人认罪认罚、及时赔偿，妥善化解矛盾，修复社会关系。

**【建立刑事案件生态环境损害赔偿机制】** 5月，区检察院联合武进公安分局、武进生态环境局制定《关于办理刑事案件中建立生态环境损害赔偿工作机制的意见(试行)》，明确办理刑事案件中生态环境损害的赔偿范围及主体，赔偿过程中配合协商机制，为开展生态环境损害赔偿奠定良好基础。该意见将检察机关侦查引导和技术支持延伸到刑事案件立案之前，形成“环保部门主动启动、公检部门协助推进、进展情况相互告知、民事刑事相互配合”内外联动工作机制；探索建立专家库，以专家意见作为生态赔偿修复法律依据，破解专业鉴定费用高、赔偿义务人难以承担、不利于开展生态修复难题；建立线索移送、相互配合机制，加强生态环境修复及损害赔偿执行监督配合协作，形成多元化生态修复保障机制。年内，常州市武进洛阳电镀有限公司及被告人许某某等6人污染环境案入选江苏省检察机关强化长江流域环境资源保护工作新闻发布会典型案例。

**【性侵害未成年人“一站式”取证试行】** 7月，围绕办案中未成年被害人特殊、优先保护原则，区检察院联合武进公安分局制定《关于开展性侵害未成年人“一站式”取证工作的实施办法（试行)》，打造性侵害未成年人“一站式”取证武进模式，最大限度保护未成年被害人合法权益。该模式是指办理未成年人性侵案件时，检察机关和公安机关刑侦、技术鉴定等部门同步到场，一次性开展询问调查、检验鉴定、未成年人权益保护、心理抚慰等工作，在询问调查时注重未成年人心理关爱和隐私保护，避免二次伤害。考量未成年人遭受性侵害后的身心特殊情况，引导侦查人员流程化办案，在取证前列明询问提纲、避免遗漏细节等，推行先疏导后取证的方式，实现受侵害未成年人“身心共治”。至年末，建成“一站式”办案区1处，“一站式”询问、救助未成年被害人36人。

（潘人杰）

## 法 院

**【概况】** 2020年，区法院围绕建设“一区一城”(生态滨湖区、现代智造城)、稳步实施“六提”(重大项目提质、重点平台提档、镇村活力提振、生态环境提优、民生幸福提标、营商环境提升）工程目标，积极履行审判职能，为确保高水平全面建成小康社会和“十三五”规划圆满收官提供坚强有力司法保障。全年受理案件22590件（含旧存3085件)，审执结20779件，解决争议标的额60.57亿元。其中，审结刑事案件1389件，比2019年下降9.39%；审结家事纠纷875件，下降10.26%；审结普通民商事案件8916件，下降19.1%；审结知识产权案件456件，下降8.98%；审结行政案件（含非诉行政案件的审查）281件，下降20.17%；执结案件9161件，执行到位金额20.52亿元。巩固“基本解决执行难”成果，构建“切实解决执行难”长效机制，在全市率先试行淘宝直播司法网拍，通过“云看房”“VR看样”等方式展示拍品。坚持改革创新，提升参与社会治理能力，构建党委领导、法院主推、司法协同、区镇联动、社会各方力量参与的“4+N”社会矛盾治理模式，联处联治共同化解纠纷。深化全方位全流程诉讼服务机制，建成集服务大厅、诉讼服务网、移动客户端、“12368”热线于一体的综合服务平台，实现线上、线下功能互通互融，审核网上立案6428件，提供诉讼指导5811人次。60名公益律师全年提供法律咨询与帮助3521次。年内，区法院获评全国优秀直播法院，刑事审判庭获评全省法院刑事审判工作先进集体，嘉泽法庭获评江苏省高级人民法院2018—2019年度集体二等功。

**【民商事审判】** 2020年，区法院加大民事案件调解力度，促进案结事了人和，涉人身权、财产权、婚姻家庭、劳动争议等领域民事案件调撤率达47.69%。围绕新时代“两个健康”(非公有制经济健康发展和非公有制经济人士健康成长）先行区创建目标，打造法治化营商环境，审结商事案件917件，标的额24.21亿元。规制民间融资高利贷行为，降低实体经济融资成本，审结民间借贷、金融借款等案件2095件。激励和保护创新，保障现代智造城建设，审结知识产权案件456件,比2019年下降8.98%。挂牌成立“双创”(大众创业、万众创新)巡回审判点，建立知识产权协同联动保护机制，营造创业创新氛围。关爱青少年健康成长，打造“庭审小法官”“法官姐姐讲故事”等普法品牌，将法治“种子”播进青少年心中。8月，成立民法典宣讲团，组织法官深入基层一线，围绕20余个主题普及法律知识。

**【刑事审判】** 2020年，区法院依法惩治各类刑事犯罪，其中审结故意伤害、抢劫、强奸等严重暴力犯罪案件101件116人。守住“米袋子”“菜篮子”“药瓶子”安全红线，审结危害食品药品安全犯罪案件9件13人。打击“黄赌毒”犯罪行为，净化社会环境，审结黄某等16人跨境开设赌场案。严惩危害经济安全犯罪，审结集资诈骗、金融诈骗、非法吸收公众存款等案件13件22人，涉案金额达5.84亿元。聚焦网络犯罪和诈骗案件，通过央视《今日说法》《法治在线》《热线12》栏目深度报道涉及代购、网购、婚恋陷阱的诈骗案件3件，严惩以收藏品投资为名骗取200余名老年人2800余万元的许某等人，全年审结网络犯罪案件45件63人。审结贪污贿赂、渎职等犯罪案件9件11人。推行刑事案件律师辩护全覆盖，200名被告人获得法律援助。

**【行政案件集中管辖】** 2020年10月9日起，区法院为按照最高人民法院和江苏省高级人民法院行政审判司法改革工作部署，提升行政审判质效和司法公信力，落实全市法院行政案件集中管辖改革要求，妥善审理全市原属于其他基层人民法院管辖的一审行政诉讼案件。10—12月，新收集中管辖各类行政诉讼（含行政赔偿）案件101件（比2019年上升531%），办结55件（裁定不予立案0件、驳回起诉5件、准予撤诉20件），判决驳回原告诉讼请求24件。年内，新收行政诉讼（含行政赔偿）案件173件，办结178件，分别上升90.3%、56%。

**【推进“执转破”工作】** 2020年，区法院立足服务深化供给侧结构性改革，发挥执行、破产等职能，运用清算、和解等手段，推进“执转破”（执行案件移送破产审查制度）工作，实现市场主体有效救治和有序退出。打通堵点，腾退湖塘某企业厂房8万平方米，盘活中心城区土地资源。腾笼换鸟，溢价拍出某企业土地厂房，促成优质新企业入驻，解决新项目用地难题，实现“沉睡资产”再利用，化解200余名工人劳资纠纷。治病救企，破产和解仍具挽救价值的某房地产公司，促成持有2.63亿元债权的109名债权人与债务人和解，帮助危困企业重焕新生。建立破产处置“府院”（地方政府和法院）联动机制，设立企业破产管理专项基金，受理破产案件28件，审结18件。年内，区法院受理执行案件9931件，其中新收8467件、旧存1464件，结案9271件（包括执行审查案件）。盘活资产3.06亿元，释放土地、房产、水域资源146.72万平方米，处置债权43.23亿元。

**【审判改革】** 2020年，区法院制定覆盖院庭长、法官、审判辅助人员的二级考核办法，加大审判质效等核心指标考核比重，员额法官人均结案数310件。院庭长发挥示范导向作用，担任主审法官办结案件14482件，占结案总数的69.7%，实现院庭长办案常态化。深化“分调裁审”（繁简分流、诉前调解、简案速裁、简案快审）改革，形成分流化解一批、快调速审一批、精审细判一批良好格局，审结速裁案件5950件。建立均衡结案机制，开展长期未结案件集中清理，促进审判效率提升，至年末，有12个月以上未结案件57件（含破产及公司清算案件），比2019年下降52.5%。完善互联网司法新模式，巩固拓展智慧法院建设，启用速裁“中间库”，推行办案“无纸化”，推广使用一体化集约电子送达平台、大数据精准检索诉讼材料送达对象，平均送达天数缩短5天。

**【深化法官进网格“三三制”】** 2020年，区法院理顺党政主导与法院主推、诉源治理与执法办案、一方推动与多元参与3个关系，回答如何融入基层、指导基层、服务群众3个问题，聚焦护航经济社会发展、提升基层自治能力、全面提升品牌效应3个重点，深化法官进网格“三三制”工作实效，助推社会治理现代化。开展“审务进基层、法官进网格”，全院67名员额法官和37名法官助理下沉网格819个。发挥人民法庭“前沿阵地”作用，嘉泽法庭、前黄法庭、高新区法庭分别创建“左邻右理”“小庭大院”“家门口微法驿站”特色品牌，为乡村自治搭建法治化议事平台。区法院借力网格促成32户鱼塘养殖“钉子户”主动腾退，加速“退渔还湖”工作进程。从“外嫁女”土地权益纠纷案件入手，指导某村委会修订相关村规民约，一揽子化解同类纠纷20余件。武进法院深化法官进网格“三三制”助推市域社会治理现代化工作经验受到省高级人民法院肯定，被《人民法院报》《江苏法制报》、“学习强国”等媒体平台报道。

（薛　莲）

## 司法行政

**【概况】** 2020年，武进区有基层司法所11个，其中区司法局垂直管理司法所1个（高新区北区司法所）。有公证处1个、律师事务所38个、基层法律服务所7个、人民调解组织（机构）255个。有公证员7人、执业律师（含兼职律师、公司律师、公职律师）445人、基层法律服务工作者35人、专职和兼职人民调解员1019人。武进区司法行政系统开展各类法治宣传教育活动110余场，发放宣传资料2万余份。区司法局受理法律援助案件1100件，惠及受援人1100余人。各级调解组织排查矛盾纠纷4637件，受理矛盾纠纷10743件，调解成功10704件。律师代理案件11308件，担任企业法律顾问1175家、机关事业单位法律顾问163家，完成法律服务收费1.77亿元；基层法律服务工作者代理案件406件，办理法律服务事务1546件，完成法律服务收费184万元。

**【普法宣传】** 2020年，区司法局针对新冠肺炎疫情防控、扫黑除恶专项斗争、安全生产、环境保护等工作，落实普法责任制，明确普法成员单位联动事项，通过送法进企业、集中宣讲、网上直播、现场宣传等形式，开展法治宣传教育。重点开展《中华人民共和国宪法》《中华人民共和国民法典》等法律法规宣传，组织“美好生活、法典相伴”专项活动，创作“以案释法、漫画民法典”等法治文化作品20余件，开展《中华人民共和国民法典》宣传讲座200余场，营造浓厚法治社会氛围。11月，武进区高质量通过省、市“七五”普法终期考核验收。

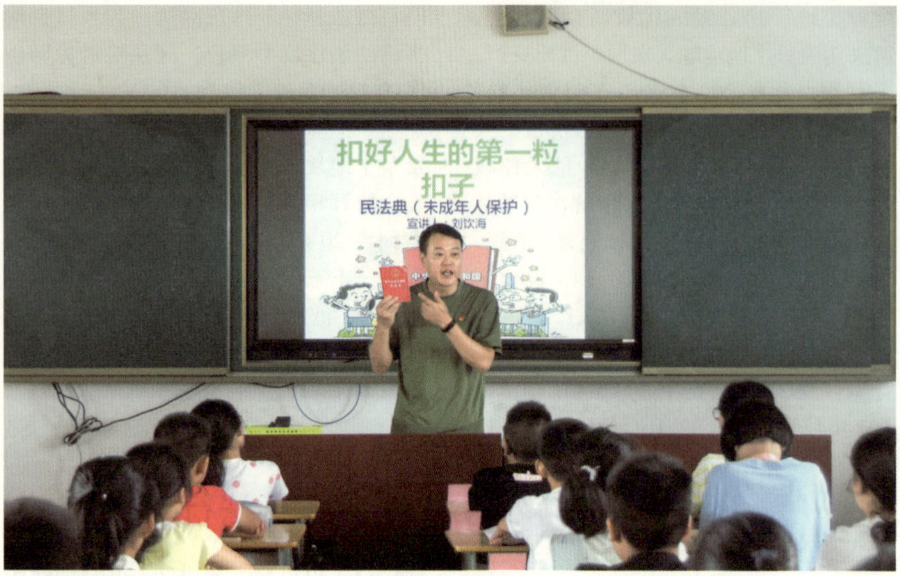


9月1日，牛塘司法所人员向学生宣讲《中华人民共和国民法典》

（供图/区司法局）

**【法律服务】** 2020年，区司法局与区工商联联合开展“精准法律服务，助力民企发展”专项活动，设立民营企业法律服务中心，并组建志愿服务团，通过组织企业走访、法治体检等活动，了解企业法律服务需求，排查法律风险，提出防控建议。全年走访结对企业1097家，为453家企业提供法治体检，发现法律风险隐患505条，提出风险防控法律建议994条，举办法治讲座87场，提供法律服务1209次。开展“法援惠民生”系列活动，完善区、镇、村三级法律援助网络，强化驻劳动人事争议仲裁院、法院、检察院等专业法律援助工作站建设。明确残疾人法律援助事项范围，畅通农民工、老年人等特殊群体援助案件受理“绿色通道”。为234个村（社区）选优配强顾问律师，实现一村（社区）一法律顾问全覆盖。驻村律师全年上门服务800余次，举办法治讲座170余场次，配合村（社区）调委会调解矛盾纠纷115件，协助处理村（社区）重要法律事务99件。

**【行政执法监督】** 2020年，区司法局开展“行政执法监督助企健康发展行动”，建立企业执法投诉和行政复议申请立即处理机制，为企业复工复产提供良好法治营商环境，共处理涉企执法投诉5件，受理涉企执法行政复议申请11件。定期组织行政执法案卷评查和执法评议，强化市场监管、安全生产、环境保护、社会治安、城市管理等重点领域行政执法监督，提高各地各部门行政执法效能和规范化水平。推行行政执法“三项制度”（行政执法公示制度、执法全过程记录制度、重大执法决定法制审核制度），促进行政执法透明度更高、程序更规范、合法性更有保障。

**【社会矛盾化解】** 2020年，区司法局部署开展矛盾纠纷化解“百日会战”专项活动和“排风险、建清单、除隐患、保稳定”专项行动，武进区未发生因矛盾化解不到位而导致的民事转刑事案件、群体性事件和重大刑事案件。8月，出台《关于健全行政裁决制度加强行政裁决工作的实施意见》，将行政裁决纳入非诉讼纠纷化解平台，快速化解诉讼案件和民事纠纷、行政争议。加强行业性、专业性调解组织建设，成立标准化家事调解社区工作室4个，化解家事纠纷1000余件，有效维护妇女儿童合法权益，提升人民群众幸福感和安全感。推进检调对接（检察机关履行法律监督职能时，依托人民调解组织开展调解），建立派驻式调解工作室，以人民调解方式开展刑事和解工作。

**【特殊人群管理】** 2020年，武进区接收社区矫正对象605人，解除社区矫正586人，在册社区矫正对象695人。接收刑满释放人员527人，在册刑满释放人员2160人，接回重点刑满释放人员22人，在册后续照管对象182人。区司法部门开展审前调查160件、释前评估5件，办理社区矫正对象执行地变更申请55件。社区矫正对象请假报备395人次，警告18人次，提请收监执行2人次，未发生重大重新犯罪案件。5月，开展《中华人民共和国社区矫正法》集中宣传月活动，丰富普法宣传形式，开展“线上＋线下”宣传活动40余场，扩大社区矫正工作群众知晓率、认知度。开展暂予监外执行罪犯专项督查，掌握相关对象患病真实情况，2名暂予监外执行罪犯被提请收监执行。开展社区矫正对象脱管漏管专项检查，梳理完善工作制度，细化工作流程，从根源上杜绝产生漏洞。扩大社会组织参与社区矫正对象损害修复，与常州市同心圆社工服务中心等4个社会组织合作，以生命健康教育、传统文化教育、法治启德教育、分类矫正教育等为具体内容，形成适合不同年龄、罪名、性格社区矫正对象的教育体系。12月，嘉泽镇成立全市首个社区矫正分中心，负责社区矫正对象100余人、安置帮教对象400余人、后续照管对象近30人，推动基层社区矫正工作高质量发展。

**【公证】** 2020年，区公证处办理公证事项6007件，其中国内民事公证3018件、经济公证216件，涉外民事公证1003件、经济公证116件，涉港澳台公证26件，安置房产权公证1628件。实现公证业务收费630万元。发挥公证职能作用，服务民营经济高质量发展，办理企业法人授权书、法定代表人身份证明、证据保全等公证250余件。与武进不动产中心合作开创“政府买单，群众受益”不动产遗产继承公证公益服务模式，全年为当事人减负200余万元。开展4000余套安置房抽签及600余套定向销售商品房选房的现场监督公证。

（王　煜）

# 军 事

**Military**

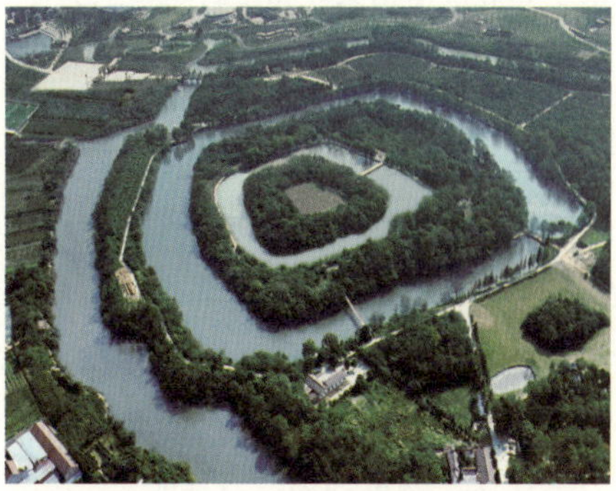

栏目编辑　张怡菁

## 人民武装

【**概况**】 2020年，区人武部坚持以习近平新时代中国特色社会主义思想为指导，深入贯彻习近平强军思想，加强思想政治建设，提升国防动员能力、练兵备战质量和征兵质量。加强民兵基层建设，规范"四个秩序"（战备、训练、工作、生活）提升管理效能，投资配齐区民兵应急连器材库、非战争行动器材室等物资器材，积极参与新冠肺炎疫情防控，组织民兵参加重点部位巡逻巡查，配合防疫相关部门设卡排查，参与群众日常生活服务保障、民众心理疏导、防疫常识普及等服务工作。按照上级要求首次召开武进区预征大学生选择去向大会，"双合格"（体检、政治考核合格）大学生以积分高低选择入伍去向，圆满完成新兵征集任务。

【**思想政治建设**】 2020年，区人武部坚持政治建军首位首抓，落实党委中心组带机关理论学习制度，学习《习近平论强军兴军》等读本。深化"不忘初心，牢记使命""传承红色基因、担当强军重任"主题教育。开展"五看五增强"（看党的坚强领导、增强忠诚品质；看巨大制度优势、增强"四个自信"；看人民军队中流砥柱、增强使命担当；看"最美逆行"英雄壮举、增强战斗精神和血性；看全国人民万众一心、增强抗疫必胜信念）专题教育活动，在武进烈士陵园、澄西烈士陵园开展爱国主义教育。组织机关全体人员观看《铁纪强军》纪律教育系列专题片，教育引导党员干部知敬畏、存戒惧、守底线。学习军队系统优秀医务工作者参与新冠疫情防控先进典型事迹，观看《为了人民——人民军队支援地方疫情防控纪实》等专题片，引导干部群众坚定党领导的政治优势和中国特色社会主义制度优势。

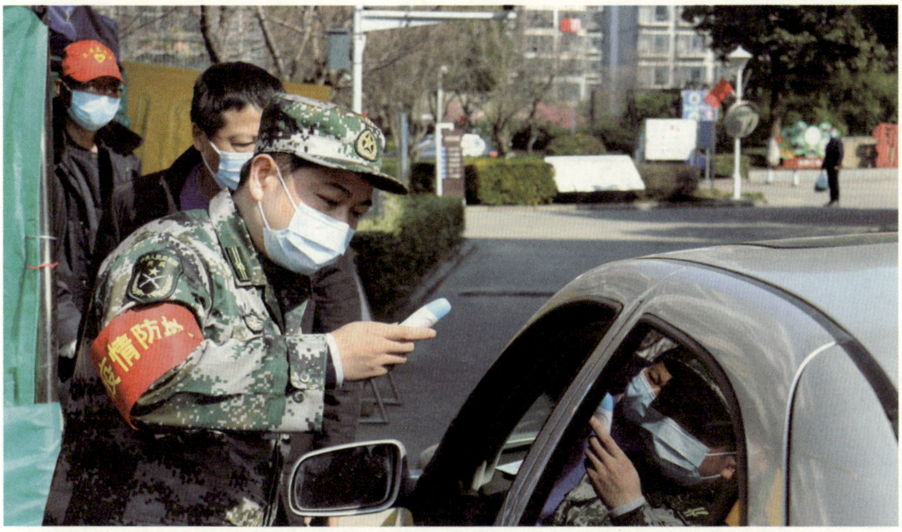

2月20日，区人武部组织民兵参与新冠疫情防控，为居民测量体温　（供图/区人武部）

【**国防动员**】 2020年，区人武部坚持以专项任务为牵引，推动国防动员准备。5月，与区国防动员委员会成员单位建立联系专线9条，打通军地协同指挥链路。加强民兵潜力数据采集，将适编人员、适编单位、适编装备等潜力资源底数，以及辖区高校退役复学大学生士兵信息等，录入民兵工作管理系统。以应急、专业、特殊3类力量优化基干民兵编组，严格民兵政治考核、体格检查和审查制度，严把质量关口，完成上级赋予年度基干民兵编组任务。6月，区人武部机关工作组整组验收区民兵应急连、辖区17支民兵应急排，以及各专业分队，专业对口率、退伍军人率、党员比例和高中以上学历均符合规定要求。

【**练兵备战**】 2020年，区人武部按照江苏省军区"3+X"（上级每月上旬网上集中领训3天，参训单位抓好其余时间自主调控，参训人员根据自身素质自由选择课目训练）组训新模式，组织首长机关开展基础训练、业务训练、课题训练，全体现役干部及文职人员参加江苏省军区和常州军分区军事训练考核，成绩总评良好。4月，组织西湖街道、嘉泽镇、横林镇、礼嘉镇民兵应急排开展训练演练。5月，选拔"四会"（会讲、会做、会教、会做思想工作）教练员17人，在区民兵训练基地开展单兵战术基础和反恐维稳课目封闭式集训，区人武部获评常州军分区比武竞赛"优胜单位"。5月18—20日，以集中训练和岗位训练相结合方式，组织首批编建民兵分队专攻精练。年内，组织民兵分队开展防汛抢险和森林防火实兵演练，深化民兵基地化轮训备勤和跨区域联训、分专业轮训。

【军营文化建设】 2020年，区人武部以培塑共同价值追求、凝聚官兵意志力量、助推国防动员建设在新起点上创新发展为目标，加强营院建设，通过灯箱、标语、电子屏幕、微型图书馆，反映官兵战斗精神、部魂及作风建设、十大英模事迹等内容，铸牢干部职工铁心跟党、看齐追随思想根基。9月，投资建成区人武部荣誉室，展示武进人武部自1950年成立至2020年取得国防动员和后备力量建设、战备训练、兵役征集、国防动员和双拥工作等方面成就。

（周建平）

## 武装警察

【概况】 2020年，武警常州支队武进中队深入学习贯彻习近平强军思想，坚持开展“传承红色基因、担当强军重任”主题教育，筑牢官兵忠诚、干净、担当政治品格。开展正规化建设，以《中国人民解放军共同条令》为依据，以枪弹安全、手机涉网和新冠疫情防控为重点环节，开展“学法规、用法规、守法规”活动，建成障碍场、攀登楼训练场地和篮球场，确保“战备、训练、工作、生活”秩序正规化。年内，上士吴民达、下士夏光伟等4人分别在上级军人运动会中取得步枪快枪手和负重组合练习第二名、特等狙击手第一名等成绩。

【执勤战备】 2020年，武警常州支队武进中队结合新冠肺炎疫情防控形势要求，加强联勤武装巡逻等常态执勤工作，确保目标单位万无一失、社会面安全稳定。深化练兵备战要求，从严从难抓实训练，浓厚“训练有为、训练有位”练兵氛围。全年协助武进区看守所完成押解勤务100余次，出动兵力100余人次。

（周　骏）

## 人民防空

【概况】 2020年，区人防办围绕人防军事战斗准备，推进人防治理体系和治理能力现代化建设，提升“战时防空、平时服务、应急支援”能力。推进人防指挥体系和警报体系建设，开展人防专业队整组训练，提升人防组织指挥和信息化能力。加强人防工程建设监管和维护管理，落实防空地下室配建，实施检查巡查，更新人防工程标识标牌，规范人防工程平时使用。开展庆祝新中国人民防空创立70周年活动，深化人防知识教育和宣传。年内，《武进区人民防空方案》修编完成，并通过市人防办评审。

【人防指挥与信息化建设】 2020年，武进区加强人防指挥所建设，实施机房改造、功能区建设等，升级改造乡镇人防基本指挥所和疏散地域指挥所，实现区、镇两级人防指挥所高清视频互联互通。新增布点建设警报器，实现重要目标区域覆盖。区人防办每季度定期巡查、检修电声警报器，确保鸣响率100%。9月18日，开展防空警报统一试鸣活动，有60个社区和26所学校组织防空袭疏散掩蔽演练和人防知识宣传等活动，参与2万余人。11月，开展人防专业队整组训练，组织区人防无线电通信专业队实施理论与现场实践操作教学，模拟演练突发状况下无线电通信、无线图传等训练科目。按照“准军事化”训练要求，每周四、每周五和每季度分别开展指挥所视频会议系统联调、机动指挥所和无人机操作训练、跨区域机动指挥通信保障训练。

【人防工程建设与管理】 2020年，区人防办推行人防工程建设监管“交底、检查、约谈”三项制度，完成配建人防工程项目质量交底、现场质量监督、竣工备案和归档。完善“巡查社会化、维修专业化、监管网络化”机制，推进人防工程巡查信息平台建设，分别于10月和12月完成新一轮人防工程检查巡查和人防工程重点项目维护保养。更新人防工程标识标牌，按照新技术标准更换人防引导标识、管理标识，新增人防车位标识标牌和人防工程导引图。组织开展人防工程安全生产大检查，整治内部乱堆放现象、整改火灾安全隐患，实现全年人防行业安全生产零事故。

【人防宣传与教育】 2020年，围绕新中国人民防空创立70周年，区人防办按照国家、江苏省人防办部署和要求，制定《关于开展庆祝新中国人民防空创立70周年活动的实施方案》，设计制作宣传广告，印发宣传资料，组织社区、学校开展庆祝新中国人民防空创立70周年活动。结合防空警报试鸣日、新中国人民防空创立日等时间节点，发放宣传折页2万份和宣传袋、宣传扇各5000份。落实中小学人防知识课本发放和教学安排，开展人防知识教育进学校“六个一”（一堂人防优质公开课、一节人防教育班队会、一次人防科普馆参观活动、一期人防宣传手抄报、一次小记者走进人防活动、一次人防应急疏散演练）活动，在星韵学校和洛阳初级中学开展人防知识进校园示范点建设，推动学校人防教育场馆建设。至年末，星韵学校人防教育体验中心基本完工，洛阳初级中学人防教育场馆初步设计方案完成。年内，《创新人防工程管理机制的思考》在《中国人民防空》杂志上发表，小品《人防演练进行时》在全省安全应急科普文艺巡演常州站登台亮相。

（陆文强）

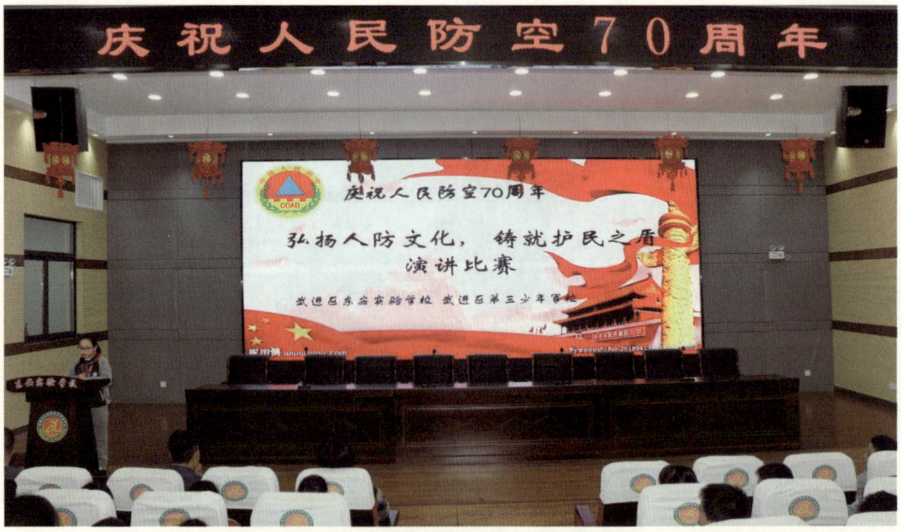


11月20日，区人防办组织庆祝人民防空创立70周年活动　（供图/区人防办）

# 产业园区

## Industrial Parks

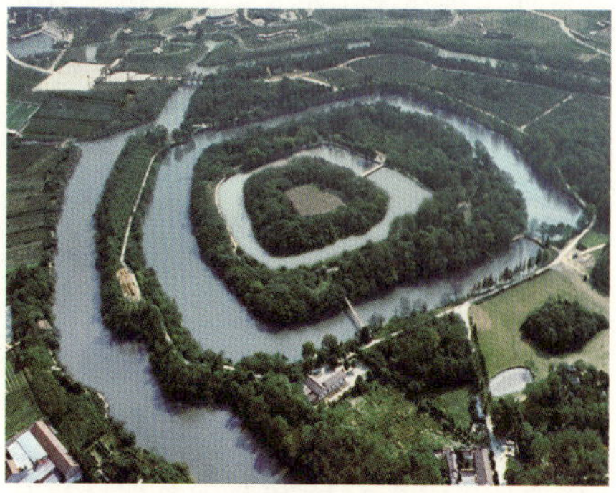

栏目编辑　陈　蓉

## 江苏常州经济开发区

**【概况】** 江苏常州经济开发区（简称“常州经开区”）于2015年6月挂牌成立，总面积181.3平方千米，辖镇、街道各3个和行政村52个、社区33个，常住人口42万人，其中户籍人口23万人。2020年，常州经开区紧扣“先进制造业集聚区、产城融合样板区、生态宜居示范区、改革创新引领区”新定位和“勇当全市高质量发展和五大明星城建设先行军”新要求，启动实施《推进“对标一流、争先进位”高质量发展三年作战计划》，聚焦社会治理创新、营商环境优化、东方新城建设、教育强区建设等重点领域，推进产业转型升级、重大项目招引、科技创新发展，各项事业呈增速加快、结构优化、效益提升态势。园区有各类市场主体4.2万家，高新技术企业260家，入库税收超1000万元企业超100家，上市企业11家，“新三板”挂牌企业16家。全年完成地区生产总值864.27亿元，可比价增长4.6%；一般公共预算收入55.93亿元，比2019年增长1.5%；规模以上工业总产值1948亿元，增长7.3%；固定资产投资增长5%，工业投资、注册外资及港澳台资实际到账两项指标增幅均位列全市第一。在省商务厅发布的2019年度全省经济开发区科学发展综合考核评价中，位列第6位，较2018年度跃升3位，较成立时跃升54位。

**【常州经开区高质量发展大会】** 7月28日，在白金汉爵大酒店召开。大会由市委、市政府主办，总结常州经开区成立5年建设发展成果，动员部署各级各部门加快高质量发展步伐。会议现场组织36个重大项目签约，总投资253亿元。其中，常州经开区管委会与常州电信、常州移动、常州联通、常州铁塔共同签署5G网络建设及应用战略合作协议，总投资24亿元；32个产业项目涉及智能装备制造、新材料、节能环保、生产性服务业等领域，含总投资超50亿元项目1个。

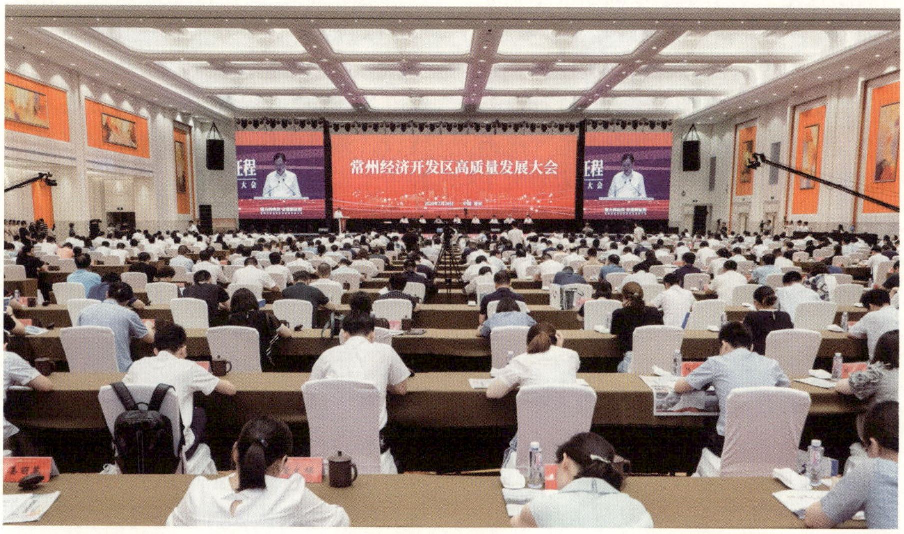


7月28日，常州经开区高质量发展大会召开　　（供图/常州经开区）

**【常州经开区产业转型升级】** 2020年，常州经开区着力培育先进交通装备、功能新材料、智能电机、绿色家居四大特色产业，推进制造业转型升级、提质增效，规模以上工业企业完成产值1948亿元。出台《关于加快发展总部经济的若干政策意见》《关于加快发展生产性服务业的若干政策意见》，全年实现服务业增加值296亿元，占地区生产总值的36%。举办城建服务业推介会，签约项目总投资28亿元。完成工业企业效益综合评价5888家，关停取缔“散乱污”企业1031家，整治改造“散乱污”企业214家。轨道交通产业园、新型纤维及复合材料特色产业基地分别获批五星级国家新型工业化产业示范基地、国家级特色产业基地，常州经开区成为全市唯一获评首批国家级绿色产业示范基地的开发区。加大争资立项力度，10个项目获批政府专项债资金9.04亿元。中天钢铁集团有限公司入选2020中国民营企业500强，与江苏今创控股集团有限公司、江苏江南实业集团有限公司同时入选2020中国制造业民营企业500强，常州经开区企业入围2020江苏民营企业200强5家、2020江苏民营企业制造业100强3家、2020江苏民营企业创新100强2家，中车戚墅堰机车车辆工艺研究所有限公司被工业和信息化部认定为单项冠军示范企业，常州强力电子新材料股份有限公司入选工业和信息化部第二批专精特新“小巨人”企业，江苏洛基木业有限公司通过首批“江苏精品”认证，江苏雷利电机股份有限公司创成省级智能工厂，中天钢铁集团有限公司等3家企业被认定为江苏省工业互联网发展示范企业（工业互联网标杆工厂）。常州市凯迪电器股份有限公司的“CZKAIDI”、江苏贝尔装饰材料有限公司的“贝尔BBL”、中天钢铁集团有限公司的“中天”、灵通展览系统股份有限公司的“灵通LINGTONG”、江苏雷利电机股份有限公司的“雷利leili”等13个企业品牌（商标）入选2020—2022年度江苏省重点培育和发展的国际知名品牌名单。

**【常州经开区重大项目招引建设】** 2020年，常州经开区开展“重大项目强化攻坚年”活动，签约落地产业项目总投资超266亿元。其中，50亿元及以上项目1个，50亿元以下、30亿元及以上项目2个，30亿元以下、10亿元及以上项目8个。实施重点产业项目80个，其中中车高速动车组减振系统、长海汽车船舶材料、智能电网研发及总装基地二期等项目进入市重大项目库，累计完成投资206亿元。组织专班推进中天钢铁集团转型升级，实施南厂区优特钢产业智能化、绿色化、节约化提升改造，建设北厂区高端绿色铸造产业园，完成序时目标。至年底，园区新建项目开工32个，项目竣工投运37个。

*哈焊所华通高端焊材智能化工厂项目* 是省重点项目，由哈焊所华通（常州）焊业股份有限公司建设，项目一期总投资10.71亿元，用地面积9.33公顷，规划建设智能化车间、办公楼和辅助用房等，建筑面积8万平方米，新增多条自动化焊丝生产线，安装配套生产装备1612台套。该项目于2020年6月开工，计划2022年建成投运，达产后可年产高纯、高性能焊接材料25万吨，应用于轨道交通、船舶及海洋工程、石化、军工、核电等行业领域，可实现高端焊接材料替代进口的50%。

*祥明智能动力研发检测综合大楼项目* 由常州祥明智能动力股份有限公司建设，总投资4000余万元，建筑面积1.23万平方米，集研发中心、省工程技术中心、博士后工作站、CNAS（中国合格评定国家认可委员会）试验检测中心于一体，于8月投运。该项目加快系统集成技术突破，布局以5G、数据中心、交通车辆、冷链物流、医疗健康产业为核心业务领域的营销渠道，推动企业转型为以智能电机为核心的组件化方案提供者。

*卓睿精密电子通信设备项目* 由卓睿控股有限公司建设，于9月开工，总投资超5亿元。该项目瞄准半导体集成电路、5G应用、网络通信、软件和信息服务等前端行业方向，规划建设企业管理总部、研发中心、贸易中心，打造以新一代信息技术和高端装备制造两大核心产业为主的智能化科技产业园区。

*澳华内窥镜项目* 是市重点项目，由上海澳华内镜股份有限公司建设，于9月开工，用地面积1.33公顷，总投资3.8亿元。该项目依托公司自主研制的具备新一代分光染色技术的内窥镜系统，加快开发市场接受度高、实用性强、技术领先的新产品，打破内窥镜设备依赖进口的市场格局。

**【常州经开区科技创新】** 2020年，常州经开区坚持科技、金融双轮驱动，打好高企培育、股改上市、平台建设三大攻坚战。全年争取上级科技扶持资金2191万元，下达区级科技奖励资金1997.3万元、科技扶持资金5194万元，4个项目获省级立项，3家企业承担的项目获省科学技术奖。组织申报高新技术企业165家，有效高新技术企业增至260家。申请专利5199件，获授权4042件，每万人有效发明专利拥有量39.13件。新增省级工程技术研究中心1个（江苏省庭院、园林电动工具工程技术研究中心），与省产业技术研究院共建企业联合创新中心2个，新增省级院士工作站1个(常州镭斯尔通讯技术有限公司)，累计拥有省级及以上研发机构92个，认定首批区级工程技术研究中心37个，通过省级工程技术研究中心验收5个。智能电力装备产业孵化园一期投运，累计投运标准厂房面积54.2万平方米。入选省双创团队1个、省双创人才3人，推荐项目入选率100%，常州经开区管委会获批国家博士后科研工作站，与常州工业职业技术学院成立常州市轨道交通装备智能制造产学研合作联盟，全年企业技术合同登记额突破20亿元。新增上市企业3家、“新三板”挂牌企业4家、股改企业19家。

**【常州经开区体制机制改革】** 2020年，常州经开区深化相对集中行政许可权改革，投资建设、市场准入、民生事业等领域197个事项全部划转到位，进一步实现“区内事区内办”；深化行政审批“2340”改革（2个工作日内完成企业开办，3个工作日内完成不动产登记，40个工作日内取得建设项目施工许可证），持续优化审批流程，企业开办全流程平均用时压减至1个工作日以内，工业建设项目施工许可审批环节平均总用时7.8个工作日，较2019年压缩32%。推进“一件事+告知承诺制”改革，在道路运输公司、代理记账机构、职业培训学校等20多个行业中实施企业开设“一件事”。融合证照分离改革之告知承诺、证明材料大数据协查运用、无犯罪记录行政机关核查等改革措施，持续激发市场主体活力。发起成立宋剑湖地方金融行业联盟，推出“经开育企贷”“苏微贷”等特色信贷产品，累计为50家优质企业提供授信超3.8亿元。

**【常州经开区产城融合】** 2020年，常州经开区坚持以产兴城、以城促产，呈现产城融合、互促并进、均衡发展的城市形态。推进基础设施建设，有序开展312国道、232省道快速化改造前期工程，今创路整治提升、延陵东路景观提升等17项工程竣工。推进核心片区建设、芳茂山片区生态整治等征迁项目18个，完成征迁面积96万平方米；出让商住地块12幅，总面积43.33公顷。策划三山港生态廊道、宋剑湖智创小镇等城建项目15个。综合整治商业大街、主次干道、集贸市场、居民小区等重点区域，建成大明路、东方二路等精品街道8条，城市精细化管理水平提升。横林镇双蓉村等4个村获评市农村人居环境整治示范村，横山桥镇五一村、梁家桥村和横林镇狄坂村等呈现新农村建设新风貌。

【常州经开区实施民生项目36个】 2020年，常州经开区围绕“八个更”（更好的教育、更稳定的工作、更满意的收入、更可靠的社会保障、更高水平的医疗卫生服务、更舒适的居住条件、更优美的环境、更丰富的精神文化生活）要求，深入排查化解突出民生问题21个，重点实施民生项目36个。改（扩）建横林初级中学、大明幼儿园、横林医院等项目竣工投运，新增学位2685个、床位300个。辖区内中学与10所市教育局直属中学实行集团办学，成立幼教集团7个。新增省级课程基地1个、省级智慧校园14所。居民健康建档率、儿童和孕产妇健康管理率90%，65周岁及以上老年人健康管理率75%，基本公共卫生服务经费补助标准达到人均86元。自助图书馆“秋白书苑”建成开放，大明纱厂入选第四批国家工业遗产认定名单，2020常州运河工业文旅体验周、2020CBDF“中国杯”国际标准舞精英赛、2020常州遥观宋剑湖马拉松等成功举办，全年组织主题文艺进乡村活动8次、送戏送综艺下乡120场、艺术普及进乡村12次、送书下乡8000多册。

【常州经开区生态治理】 2020年，常州经开区坚决打赢蓝天保卫战，完成夏季臭氧专项帮扶、大气专项督察、VOCs（挥发性有机物）产业集群整治、重污染天气管控等专项行动，新建国标空气自动站3个，扩建国标空气站1个，列入秋冬季管控的261家企业全部安装用电在线监控，$PM_{2.5}$年均浓度比2019年下降11.6%，优良天率76.1%。坚决打赢碧水保卫战，完成水质帮扶、工业园区污水处理系统等专项整治，国考五牧断面、省考戚墅堰断面水质分别达到IV类、III类水标准。构建排水一体化运营模式，新建污水管网20千米，疏通重点片区污水管网80千米，建成排水整治先行示范区10平方千米。坚决打赢净土保卫战，新建垃圾分类设施47个、农贸市场有机易腐垃圾处理设施1座，垃圾分类集中处理率90%，农村生活垃圾无害化处理率100%。光大环保能源（常州）有限公司国内首座“厂界开放＋超低排放”提标改造项目建成开放，成为首批中央文明委重点工作项目基层联系点。

【常州经开区管委会获批国家博士后科研工作站】 11月2日，常州经开区管委会被人力资源和社会保障部、全国博士后管委会认定为国家博士后科研工作站。常州经开区管委会坚持把博士后科研工作站作为吸引、集聚人才的重要平台，探索形成“梯队发展，分类培育”工作体系，在设站奖励、出站留企等方面给予政策支持，对获批博士后科研工作站、省博士后创新基地的单位分别给予100万元、30万元的设站奖励，对出站后留在常州经开区的单位给予3万元奖励，博士后入站的2年间，可每月享受科研资助。优化博士后工作体制机制，为企业、人才牵线搭桥，推动建立以企业为主体、市场为导向、产学研深度融合的技术创新体系。至年底，常州经开区累计有博士后科研工作站4个、省级博士后创新基地4个，累计招收博士后人才24人，1人获中国博士后科学基金特别资助，3人获评省双创博士，6人获省博士后科研资助。

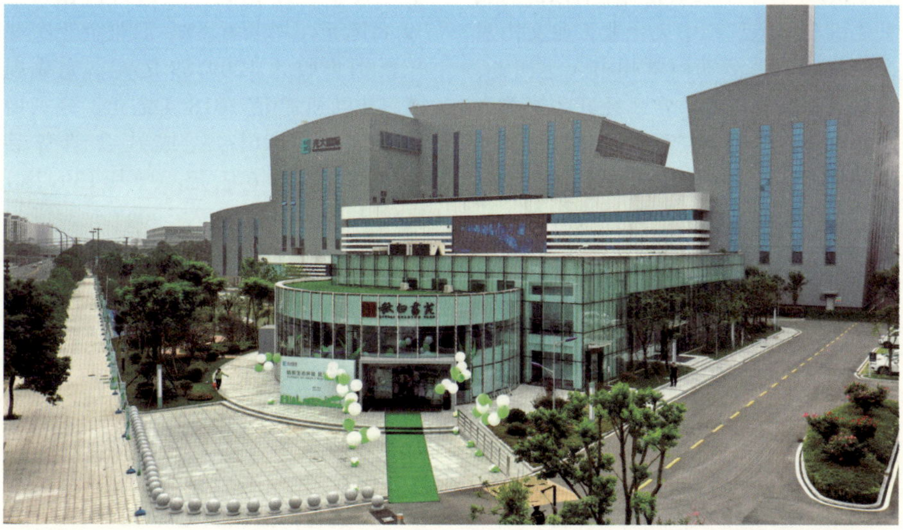

光大环保能源（常州）有限公司外景 （供图／常州经开区）

【中天钢铁集团获中国工业大奖】 2020年12月27日，中天钢铁集团有限公司（简称“中天钢铁集团”）获第六届中国工业大奖。中天钢铁集团位于常州经开区，成立于2001年9月，是一家以钢铁产业为主，现代物流、国际贸易、教育、体育等多元产业并举的国家特大型钢铁联合企业，是工业和信息化部公示的首批《钢铁行业规范条件》企业，总占地面积10平方千米，员工超1.3万人，其中各类科技人员1500人。建有钢铁研究总院研究应用基地、中天钢铁研究院、中天钢铁汽车用钢研究所、国家认可实验室、省级企业院士工作站、省级企业技术中心等高层次科研平台，配套全流程ERP（企业资源计划）信息化系统。专业生产轴承钢、帘线钢、齿轮钢、弹簧钢、易切削非调质钢、冷镦钢等高技术含量及高附加值钢种600余个，形成建筑用钢、工业棒材、工业线材、热轧带钢四大产品系列，年产钢1300万吨。产品广泛用于铁路轨道、汽车轴承、船舶锚链、石油化工、海洋工程、核电、风电等领域，远销70多个国家和地区，其中“一带一路”沿线国家和地区20多个，先后获国家标准创新贡献奖、冶金产品实物质量金杯奖等。集团坚持绿色发展理念，累计投入超150亿元，实施城市中水回用、综合污水处理站、能源管控中心、全工序超低排放、全封闭料场、长江流域首条千吨级纯电动运输船等120余个节能减排与循环利用工程，主要环保指标均达行业领先水平，成为全省首家实现超低排放的钢铁企业。坚持智能制造、两化融合并举，率先打造江苏省首批5G智慧园区，获评国家“5G+工业互联网”试点示范项目、江苏省五星上云企业。连续16年入围中国企业500强，位居2020年中国企业500强第161位、制造业500强第65位，江苏省民营企业百强第7位，先后获评全国十大卓越品牌钢铁企业、钢铁行业改革开放40周年功勋企业、中国质量诚信企业、国家级绿色工厂等。2020年，集团累计炼铁 1144 万吨、炼钢 1276 万吨、轧材 1250 万吨，实现营业收入 1400 多亿元，增长 7.7%。

**【全国首个无围墙垃圾发电示范工程建成开放】** 2020 年 7 月 8 日，全国首个无围墙垃圾发电示范工程——光大环保能源（常州）有限公司“厂界开放”暨秋白书苑（遥观）向市民开放。该工程于 2019 年启动，实施光大环保能源“厂界开放＋超低排放”提标改造，拆除厂区围墙，增设环保科普馆、图书馆、篮球场、咖啡屋、街心花园等便民惠民设施，总投资 1.4 亿元，成为国内首座无围墙、全开放、超低排放的“邻利型”垃圾发电厂。8 月 21 日，经生态环境部推荐，光大环保能源（常州）有限公司被确定为首批“中央文明委重点工作项目基层联系点”。

**【2020 国际轨道交通材料工艺论坛】** 9 月 24 日在常州经开区开幕，国内外轨道交通材料工艺领域研究机构、高校、学会和相关企业代表等 300 余人参加。该论坛是 2020 世界工业与能源互联网暨国际工业装备博览会系列专题活动之一，由中国中车股份有限公司、中国铁道学会材料工艺委员会主办，常州经开区管委会、中车戚墅堰机车车辆工艺研究所有限公司等单位承办，20 名海内外专家分别就“轨道交通金属材料发展现状及趋势”“新材料强国战略发展研究”“高速动车组轻量化材料应用与发展”等专题作交流报告。其间，中车戚墅堰机车车辆工艺研究所有限公司发布轻质铝陶制动盘、轻质镁合金箱体、轻质钛合金夹钳 3 个轻量化轨道交通用新产品，为服役于更高速度等级、更恶劣环境工况列车制动提供技术方向。

**【2020 常州企业成长与创新资本合作洽谈会暨第四届宋剑湖论坛】** 10 月 29 日在白金汉爵大酒店举行，产业界、金融界和政府界代表 350 余人参加。该活动由常州市发展改革委、常州经开区管委会主办，常州经开区科技金融局、常州经开区人才办承办，常州市创业投资协会、创业邦协办，主题是“聚焦双循环发展新格局，激发金融活水新动能”，经济学家马光远，中欧资本董事长张俊，火山石资本管理合伙人章苏阳，创业邦创始人兼 CEO 南立新，赛迪顾问股份有限公司副总裁、赛迪（上海）先进制造业研究院执行院长董凯，赛富亚洲基金合伙人任栋等，围绕构建“双循环”新格局、促进产业迈向高质量发展等热点话题，展开深度解读。其间，宋剑湖地方金融行业联盟揭牌，江南股权融资平台上线。

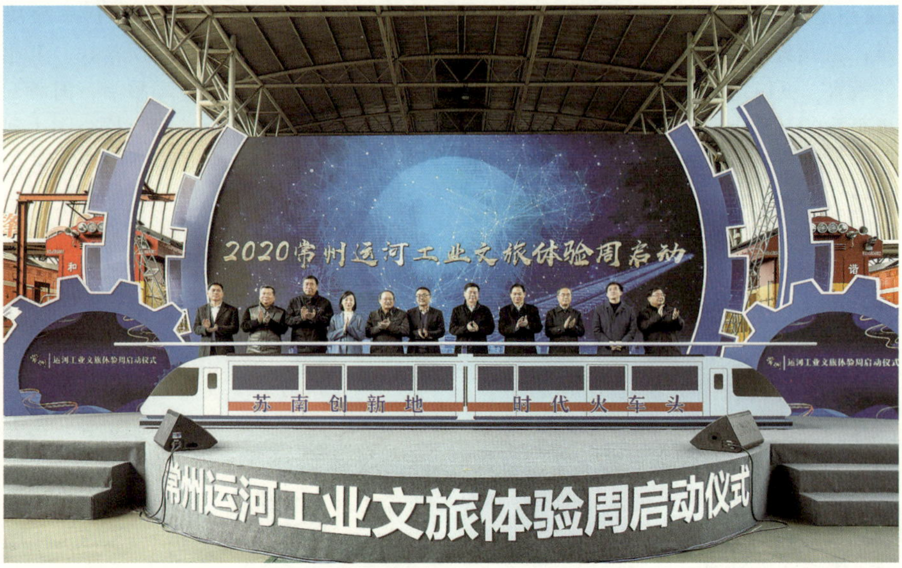


12 月 9 日，常州运河工业文旅体验周启动仪式举行　（供图 / 常州经开区）

**【2020 常州运河工业文旅体验周活动】** 12 月 9 日，2020 常州运河工业文旅体验周活动启动仪式在中车戚墅堰机车有限公司举行，常州大运河工业遗产联盟成立，《中国国家地理》“红框 · 运河工业文旅”新地标揭幕，常州工业旅游 VR 地图上线，常州大明纱厂“第四批国家工业遗产”、中车戚墅堰机车有限公司戚墅堰机车修造厂“中央企业工业文化遗产”揭牌。该活动由常州市大运河办、常州经开区党工委、常州经开区管委会联合主办，主题是“百年工业与诗和远方文旅融合”，推出以中车戚墅堰机车有限公司、常州大明纱厂为代表的企业特色游等活动，丰富群众生活。

（刘乐源）

## 武进高新技术产业开发区

**【概况】** 武进高新技术产业开发区（简称“武进高新区”）地处常州市南翼，1996 年 3 月获省政府批准设立，1997 年 7 月挂牌成立，2012 年 8 月经国务院批准升级为国家高新技术产业开发区，规划控制面积 182 平方千米，下辖社区 20 个、行政村 12 个。2020 年，武进高新区推进重大项目提质、重点平台提档、镇村活力提振、生态环境提优、民生幸福提标、营商环境提升“六提”工程，促进产业发展转型、重大项目招引、科技创新发展。至年底，累计引进 30 多个国家和地区的企业 1 万多家，有世界 500 强企业投资项目 24 个，主板上市及“新三板”挂牌企业 29 家、高新技术企业 277 家，拥有中国以色列常州创新园、武进综合保税区、高新区众创服务中心、阿里巴巴创新中心（常州武进）基地、中汽研（常州）汽车工程研究院有限公司等重要平台。全年完成地区生产总值 495.2 亿元，比 2019 年增长 4.8%；完成一般公共预算收入 39.8 亿元，增长 6.8%；工业企业实现开票销售收入 1209.69 亿元，完成规模以上工业产值 1018.4 亿元，分别增长 18.42%、8.6%；完成社会消费品零售总额 168.6 亿元，增长 130.7%；居民人均可支配收入 52047 元，增长 4.66%。武进高新区成为全市首个获批国家级海智工作基地的开发区，通过江苏省创业示范基地验收，获国家生态工业示范园区评估优秀，在国家高新区综合评价中位列第 38 位，比 2015 年跃升 21 位。

**【“4+2”主导产业发展与转型】** 2020 年，武进高新区持续推进高端装备、节能环保、电子和智能信息、新型交通、机器人及系统集成和智电汽车“4+2”主导产业，实现主导产业开票销售收入占全部工业开票销售收入的79%，主导产业项目占新签项目的79%。

高端装备产业　重点发展现代工程机械、数控机床、智能纺机、智能农机、机器人和关键零部件领域，探索智能制造集成服务，加快建设常州固立高端装备创新中心等创新载体，推动重点企业做大做强，成为全国有影响力的高端装备产业集聚地，新引进常发、华丽食品机械等重点项目12个，全年规模以上企业完成销售收入380.3亿元，增长16.4%，江苏龙城精锻有限公司获“江苏精品”认证，常州电站辅机股份有限公司在“新三板”精选层挂牌。

节能环保产业　重点发展LED照明、太阳能光伏、绿色电力装备等领域，拓展能源互联网领域，培育太阳能光伏等全国领军企业，新引进尚德太阳能、泷膜等重点项目5个，全年规模以上企业完成销售收入65.7亿元。

电子和智能信息产业　紧抓5G产业发展机遇，推动电子元器件等产品升级，向5G器件、通信终端设备和工业信息服务领域拓展，构建电子和智能信息产业差异化竞争优势，新引进西电半导体、移远等重点项目9个，全年规模以上企业完成销售收入270.1亿元，增长11.4%。

新型交通产业　重点发展轨道交通、智电汽车等领域，形成产业集聚优势，新引进奇普二期、中汽检验等重点项目8个，全年规模以上企业完成销售收入241.7亿元，增长64.8%，新誉集团有限公司获2020年度省长质量奖。

机器人及系统集成产业　顺应人工智能发展趋势，加快工业机器人、服务机器人领域优质项目集聚，形成涵盖机器人本体、核心零部件、系统集成产品、配套服务的产业链，新引进IDC、哈德胜等重点项目7个，全年规模以上企业完成销售收入54.1亿元，安川（中国）机器人有限公司第5万台机器人出货，金石机器人国内首台4吨级桁架机器人发布。

智电汽车产业　重点打造智电汽车产业生态，加快建设江苏省新能源汽车能源与信息创新中心，拓展车联网市场，开展智慧出行服务，成为全国有影响力的智电汽车生产和服务基地，新引理想M车型、进普世达等重点项目8个，全年规模以上企业完成销售收入156.5亿元，增长129%，UL常州动力电池实验室启用，全市首个电动汽车体验中心建成投运，理想汽车交付中心启用，理想ONE第1万辆汽车交付，理想汽车在美国纳斯达克上市，募集资金10.93亿美元，斯佩尔汽车科技（常州）有限公司开工，武进高新区与中国汽车技术研究中心有限公司签署合作协议，常州龙翔气弹簧股份有限公司在“新三板”挂牌。

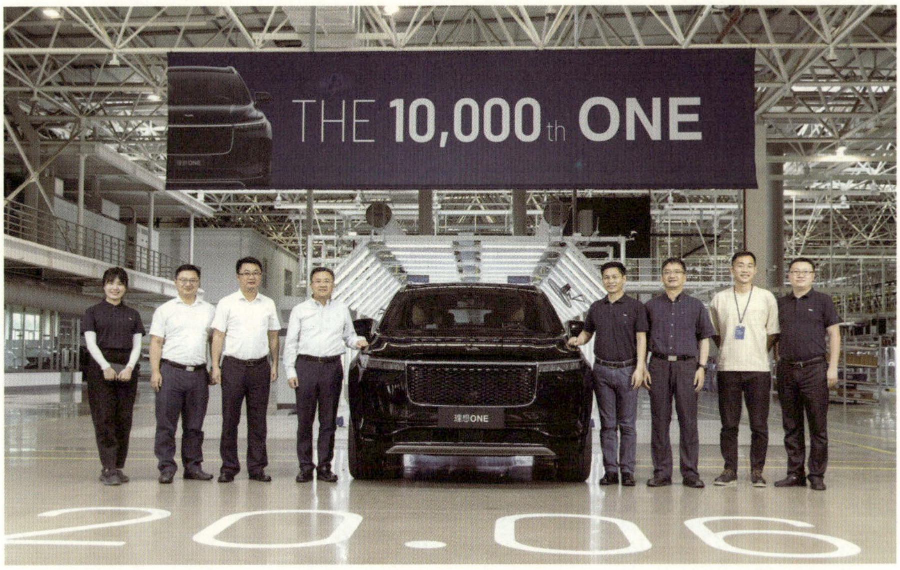


6月16日，理想ONE第1万辆汽车交付仪式举行　（供图/武进高新区）

**【武进高新区招商引资】**　2020年，武进高新区努力克服新冠肺炎疫情带来的不利影响，采用“云拜访”“云签约”等形式，获取重点有效项目信息77个，招引项目44个（含欧美日项目6个），其中机器人及系统集成产业类7个、智电汽车产业类8个、高端装备产业类11个、电子和智能信息产业类8个。招引项目中，总投资超100亿元（或10亿美元）项目1个，总投资100亿元（或10亿美元）以下、50亿元（或5亿美元）以上项目2个，总投资50亿元（或5亿美元）以下、30亿元（或3亿美元）以上项目1个，总投资超10亿元现代服务业项目1个。全年完成协议注册外资及港澳台资6.41亿美元，实际到账外资及港澳台资4.7亿美元，分别占武进区（不含常州经开区）的64%和71%。

**【武进高新区重大项目建设】**　2020年，武进高新区省、市、区级新建重点项目全部开工，项目投资完成率分别达117%、135%和118%。至年底，项目竣工投产38个，市、区级重点项目竣工率分别达143%和117%。

江苏威士高端成套洗涤设备总装基地项目　由上海威士机械有限公司投资建设，于1月3日奠基，占地面积约10公顷、总建筑面积6.9万平方米，总投资10亿元。该项目主要研发生产隧道式洗衣龙、压榨机、展布、折叠等布草洗涤全套设备及相关核心部件，建成后可年产中央洗涤系统设备2320台套，为洗涤行业打造现代化智能洗涤工厂。

柳工华东基地大型智能矿山机械项目　由柳工常州机械有限公司投资建设，规划用地面积33.47公顷，建设厂房面积17万平方米，购置加工中心、RGV（有轨制导车辆）输送线、AGV（自动导引运输车）智能物流车、自动拼焊线等设备858台套，于2月25日开工，总投资52.4亿元。项目建成后可年产大型工程机械3000台、矿机4000台，形成营收超100亿元规模的产业集群。

尚德常州组件生产基地3.5吉瓦高效组件扩产项目　由江苏顺风光电科技有限公司和常州武南汇智创业投资有限公司合资建设，利用顺风光电原有土地厂房6万平方米，同步建设仓库4.5万平方米、高标准新型智能化组件生产车间4个，共有生产线9条，于8月18日投产，总投资7亿元。该项目引进自动流水线、汇流条焊接机（叠焊机）等自动化高效组件生产设备，大幅提升组件生产效率，可兼容166～182毫米尺寸多主栅电池片，具备210毫米超大尺寸电池片升级空间。新产线覆盖市面主流产品技术，可搭配78片大版型尺寸，批量生产450瓦以上高功率、高性能组件产品，达产后可实现年产能3.5吉瓦。

斯佩尔汽车年产百万套风机项目　由斯佩尔汽车科技（常州）有限公司投资建设，于9月21日开工，总投资5280万美元。该项目总占地面积4.83公顷，分两期建设，厂房总面积3万平方米，其中一期建设厂房面积2.3万平方米，主要生产风机的塑料模具及产品装配，应用于各种类型车辆和设备的高品质风机。

中新智地（常州）智能制造产业园　由中新智地苏州工业园区有限公司投资建设，于11月23日开工，总投资5亿元。该项目占地面积15.67公顷，建筑面积13万平方米，建设单层厂房8幢、双层厂房5幢、综合服务楼1幢，瞄准智能制造方向，主要招引欧美日地区现代装备制造、汽车零部件、电子信息等主导产业项目，打造长三角区域智能制造新高地。

常州固立高端装备创新中心　11月28日启用，江苏省中以产业技术研究院与武进高新区等单位签署常州固立高端装备创新中心共建协议，常州大学智能制造产业学院签约入驻中国以色列常州创新园，合作建立“新工科”人才培养体系。至年底，该项目完成建设投资8850万元，完成一期规划建设1.63万平方米，包含“新工科”培养基地及孵化加速区域，孵化加速中心和人才培养基地投入运营。

安川（常州）机电一体化系统有限公司　由清水建设株式会社实施，于12月29日奠基，总投资超1亿美元，用地面积9.2公顷。其中，项目一期用地面积4.67公顷，建设集变频器、伺服电机、控制器等产品研发、生产于一体的基地。产品广泛应用于机器人、数控机床等高端智能装备产业，设计年产能为机器人用伺服电机20万台、机器人用控制器2.4万个、伺服放大器126.7万个、变频器45.5万个。

**【武进高新区科技创新】**　2020年，武进高新区出台《关于鼓励和扶持科技企业创新发展的实施意见》，持续加码科技创新。发布年度创新指数，2019年武进高新区创新发展总指数为240.7，比2018年增加13.7，总体呈现持续增长态势，发展趋势良好。其中，创新驱动力指数增幅最大，增加24.3，对总指数贡献最大，产业成长力指数增加17，武进高新区获评2019年度省创新绩效突出园区。推进创新企业建设，全年新认定高新技术企业119家，认定通过率67.6%，高新技术企业保有量增至277家；瑞声科技（常州）有限公司、江苏恒立液压股份有限公司入选2019年江苏省创新型企业100强，常州纵慧芯光半导体科技有限公司、常州世竟液态金属有限公司、江苏高凯精密流体技术股份有限公司获评苏南自创区潜在独角兽企业，万帮数字能源股份有限公司等21家企业获评苏南自创区瞪羚企业；瑞声光电科技（常州）有限公司获评2020年度江苏省企业技术创新奖，参与完成的“塑料注射成形过程行性智能调控技术及装备”项目获2019年度国家科技进步奖二等奖。武进高新区企业作为第一完成单位，获省科学技术奖3个，占全市获奖总数的21.4%。全年申请专利7738件，其中发明专利2827件；获授权专利5216件，其中发明专利968件；有效发明专利拥有量4522件，万人有效发明专利拥有量188件。完善平台建设，武进高新区管委会获批全区首个国家级博士后科研工作区域站，常州市钱璟康复股份有限公司获批国家级博士后工作站，新誉集团有限公司企业技术中心获批国家级企业技术中心，常州今创风挡系统有限公司的江苏省轨道交通贯通道工程技术研究中心、常州华数锦明智能装备技术研究院有限公司的江苏省智能制造装备（华数锦明）工程技术研究中心等6个企业技术研究中心获批江苏省企业工程技术研究中心；阿里巴巴创新中心（常州武进）基地入选国家备案众创空间，常州固高智能装备协同创新中心纳入省级备案众创空间，成为全市首个省级专业化众创空间；固立高端装备创新中心启用，武进高新区与国家骨科与运动康复临床医学研究中心联合共建常州骨科与运动康复产业创新中心，与江苏省产业技术研究院、华东理工大学杨弋教授团队联合共建荧光RNA（核糖核酸）分子检测技术创新平台，与西安电子科技大学联合建设长三角化合物半导体创新基地。人才培养成效明显，入选江苏省双创计划项目12个，其中双创团队2个，入选数量列全市第一，签约第十三、十四批常州市“龙城英才计划”项目33个。走访在常高校和科研院所，收集在常高校科研机构创新资源，组织企业与高校点对点产学研合作，梳理科技创新成果280余个，帮助企业解决技术难题，全年签订产学研合作意向35个，实施18个，技术合同成交额13.7亿元。

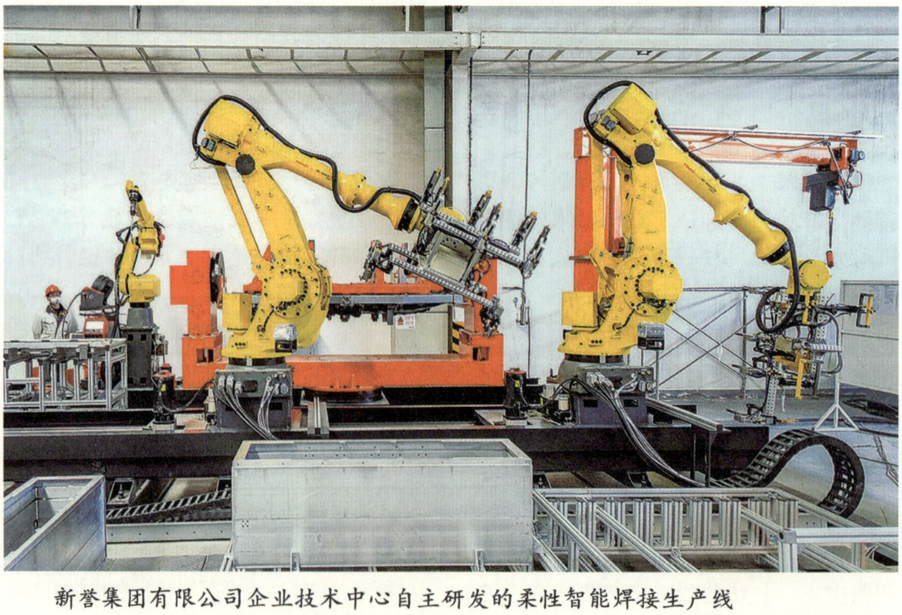

新誉集团有限公司企业技术中心自主研发的柔性智能焊接生产线

（供图/区融媒体中心）

【武进高新区产城融合】 2020年，武进高新区根据“西进、南拓、东优、中提”的发展思路，编制完成水体保持评估报告、区域环评报告及苏南沿江城际铁路武进站周边地块、星湖广场周边地块等控制性详细规划。完善基础设施，新建新启路（西湖路—新平路）、海湖东路（新曲路—夏城路）、敬业路（湖滨路—凤翔路）等，建成阳湖东路（夏城路—新曲路）、新光路（阳湖路—龙泽路）、新颂路（武南路—站北路）、新居路（武进大道—龙帆路）、南塘路（新仪路—淹城路）等，实施永胜河（南湖路—龙资路）河道驳岸工程。提升配套设施，南区首个商业综合体中梁百悦城开业，邻里中心公园建成开放，学府东苑小学交付投运，武进高新区智慧园区一期工程建成并通过省级验收。优化生态环境，国家生态工业示范园区复审评定为优秀，永安河获评全省生态河道建设示范样板。

【武进高新区营商环境建设】 2020年，武进高新区持续实施“1+1+X”项目服务制（投资促进服务局的一名分管领导做服务专员，指定一名工作人员为服务联络员配合服务专员做好联络跟踪服务，相关职能部门或国有公司分管领导和业务骨干为服务辅导员组成的服务团队），组织实地踏勘、走访企业362批次，组织水电气配套工程现场踏勘110余次，为企业办理各类事项及协调解决相关事宜191项，实现项目从开工到投产全流程服务。行政审批综合窗口全年办理事项447件，好评率100%；市场准入窗口平稳承接市场准入领域五大项审批业务办理和窗口人员迁转，全年办理审批业务8512件；外国人来华工作许可受理点在武进高新区政务服务大厅启用，全年办理业务802件。园区组织修改上报土地利用总体规划，有效解决重点项目用地需求；服务保障性住房划拨供地，批量划拨审批学府东苑三期等安置地块；批量办理区内集体划拨道路不动产登记，保障龚家幼儿园、庙桥初级中学等学校以及邻里中心公园等公共配套设施需求；回收金海塑业、亚太机电、通润建设、佳华新材料、华洋化工等地块，盘活土地存量。向上争取专项资金和专项债券，支持重点项目建设，全年落实债券资金4亿元。联合江苏省信用再担保集团有限公司与11家合作银行推出“园区保”产品，为38家企业授信2.82亿元，发放贷款1.87亿元，扶持中小企业渡过难关。

（王晓芳）

【武进综保区】 位于武进高新区，东至凤林路，西至淹城路，南至武进大道，北至阳湖路，前身是武进出口加工区，2015年1月升格为综合保税区（简称“综保区”），批准面积1.15平方千米，实际围网验收面积1.08平方千米，2018年面积缩减至0.95平方千米。有公路转关监管点、进口商品展示中心两大平台，具有仓储物流对外贸易、国际采购、分销配送、商品展示等功能。2020年，武进综保区推进招商引资，优化企业通关环境，加快产业转型升级和对外开放合作。新增进区生产型企业2家、物流服务型企业1家、贸易型企业3家，累计有各类企业53家。联合海关、税务部门，落实《国务院关于促进综合保税区高水平开放高质量发展的若干意见》要求，推广增值税一般纳税人资格试点、委内加工优化信用管理、保税展示交易、“四自一简”（一种新型监管模式，允许综合保税区内的企业自主备案，结合盘点计划自主确定核销周期，自主开展账册的核销申报，自行办理货物补缴税款的申报缴税手续，无须提交内销补税联系单，简化业务资质核准手续，一次性赋予企业清单范围内业务资质，不再另行核准）、简化进出区管理、便利货物流转、保税再制造（维修）等举措。全年完成实际进出口额8.72亿美元，比2019年增长12.1%。受中美贸易摩擦、电子产业深度调整以及3家生产型企业出区的影响，完成工业总产值96.13亿元，下降4.2%。据海关绩效评估结果，武进综保区为B类。

（衡　波）

【武进高新区获批国家级海智计划工作基地】 2020年6月18日，中国科协办公厅发文，批准武进高新区设立中国科协海智计划江苏常州（武进高新技术产业开发区）工作基地，成为全市首个获批设立国家级海智计划工作基地的开发区。武进高新区有较好的海智工作基础，于2014年成立省级海智工作基地，依托园区创新创业载体，打造科协集聚国际化人才和海外创新资源服务园区经济发展的有效机制，在2018年、2019年度省级海智基地工作评估中，分别位列第一和第四。健全海智基地工作机制，明确海智工作由高新区科协全面负责，发挥科协与科技局紧密联系与合作的优势，指导海智工作基地的建设与运营。至2020年年底，基本构建“创业苗圃＋孵化器＋加速器”全链条、一体化的创业孵化体系，协助园区超80%的规模以上工业企业建立技术研发机构，实现主要技术领域研发平台全覆盖，为引进海外高层次人才营造良好氛围。先后推出金梧桐计划、科技创新、孵化加速等一系列支持海外人才创新创业政策，累计为

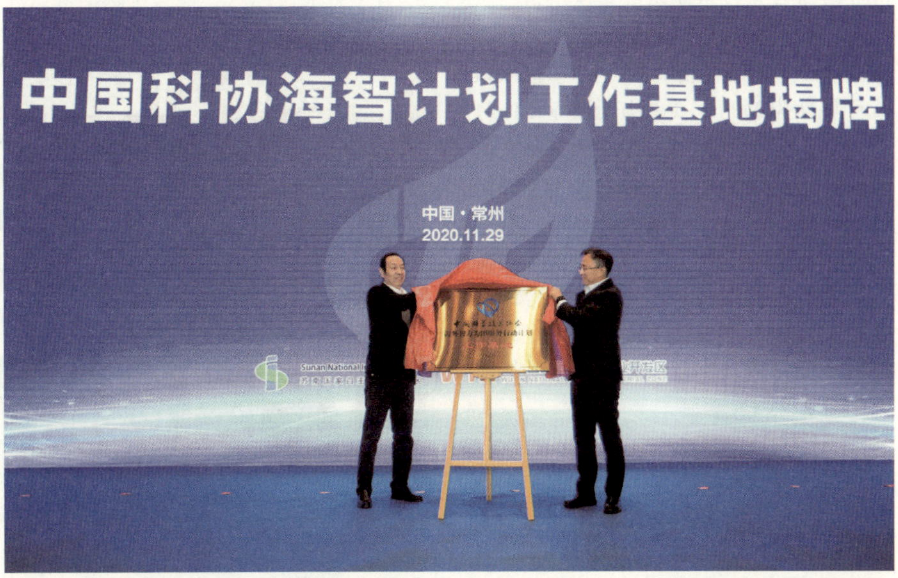


11月29日，2020武进高新区创新指数发布会暨第六届海智对接交流会召开，中国科协海智计划工作基地揭牌

（供图/武进高新区）

1628名高学历人才发放奖励资金2344.8万元；最大程度发挥中国以色列常州创新园群聚效应，探索建立与以色列接轨的柔性引智新机制，创设快速集聚海外人才新模式，中国以色列常州创新园驻以色列办公室开创人才离岸创新创业基地模式，获批江苏省海外人才离岸创新创业基地。2020年，伊蒙妮莎（常州）发电设备有限公司被省科技厅授予“江苏省外国专家工作室”称号，曼恩机械有限公司总经理斯捷潘·库茨福被省政府外事办授予“江苏省荣誉居民”称号，成为全市唯一获得该荣誉的外籍人士。至年底，武进高新区拥有企业院士工作站1个、省级及以上企业博士后科研工作站25个；拥有各级各类科技企业孵化器15个，其中国家级6个、省级2个；拥有省级及以上众创空间18个，其中国家级3个，创业孵化场地面积累计176万平方米，在孵企业1600余家，形成涵盖企业从孵化到裂变到产业化、从小微到“瞪羚”到行业领军的创业服务平台。

**【“中国天眼”球面射电望远镜（FAST）液压促动器项目在武进高新区启动】** 6月13日，“中国天眼”球面射电望远镜（FAST）液压促动器项目在武进高新区江苏恒立液压股份有限公司（简称“恒立液压公司”）启动。FAST是世界最大单口径射电望远镜，拥有多项自主创新，其主动反射面技术关键部件的促动器，用于调节反射面面型，确保多方位观测天体。恒立液压公司技术团队经多次研讨、试制与试验，成功研制反射面变形驱动液压促动器，动态精度0.02毫米，极限负载可靠性为MTBF（平均无故障工作时间）大于7200小时，经过电磁屏蔽、高速换源、曲线跟踪、高精定位、无源保位等考证，可适应高海拔、多雨、有短期冰冻的露天环境，符合2225台促动器构成的群系统高可靠性要求，获得评审专家一致认可，成功中标FAST促动器整机备件采购项目，计划4年提供液压促动器2225台。

（王晓芳）

## 中国以色列常州创新园

**【概况】** 中国以色列常州创新园（简称“中以常州创新园”）成立于2015年1月，是国内首个中以两国政府签约共建的创新示范园区，在全国中以合作领域内保持合作机制领先、合作模式领先、合作成果领先“三个领先”，是国家发展改革委认定的中以高技术产业合作重点区域之一，被科技部认定为国际科技合作基地、国家医疗器械国际创新园。2020年，常州市委设立市中以常州创新园建设工作专班，部署推进加快江苏省中以产业技术研究院运作建设、中以共建摩希孵化器运营等重点工作22项；江苏省商务厅、常州市政府、武进高新区三方共建江苏省驻以色列经贸代表处，并落户园区离岸创新平台；常州中以产业技术创新中心项目开工，2020中以创新投资与产业合作大会、第四届中以创新创业大赛等活动先后举办。至年底，中以常州创新园集聚以色列独资及中以合作企业126家，促成中以科技合作项目35个，涵盖智能制造、生命科学、新材料、现代农业等产业领域，建成江苏省中以产业技术研究院、以色列江苏创新中心、中以创新汇等创新平台及载体，被省商务厅认定为第一批江苏省国际合作园区之一。全年实现产销总额6.42亿元，入库税收2593万元。

**【常州中以产业技术创新中心项目开工】** 常州中以产业技术创新中心项目是2020年省重大项目，由长江龙城科技有限公司投资建设，于6月开工，总投资30亿元，总用地面积22公顷，建筑面积53万平方米，打造“一院一村两平台”（江苏省中以产业技术研究院、中以国际创新村、孵化加速平台及展示推广平台），围绕机器人和智能制造、生命健康、新一代信息技术等产业方向，构建专业服务平台和创新创业生态体系。至年底，完成主体结构封顶。

**【2020中以创新投资与产业合作大会承办】** 9月24日，2020中以创新投资与产业合作大会在中以常州创新园举行，以色列驻沪总领事Edward Shapira、中国驻以色列前大使詹永新、常州市市长陈金虎、科技部国际合作司一级巡视员阮湘平等出席，国内外科创企业负责人、投资机构和产业界代表人士共150余人参加。该大会由武进区政府主办，武进高新区管委会、中以常州创新园管理办公室、江苏省中以产业技术研究院等单位共同承办，主题是“全球创新链与中以合作新生态”，聚焦中以双边在机器人、精准医疗、智能制造、远程服务等领域的创新合作。会上，詹永新作“以创新合作应对新挑战”主旨演讲，知名企业及投资机构代表围绕“新全球化与中以创新合作生态建设”开展圆桌对话，路演以色列科技项目9个，签约以色列咖啡机智能物联网等产业项目4个、以色列腹腔微创器械等技术合作项目2个、中以农业孵化器等平台项目2个，启动2020“创响中国”常州站活动。

**【第四届中以创新创业大赛（常州）承办】** 10—11月，第四届中以创新创业大赛初

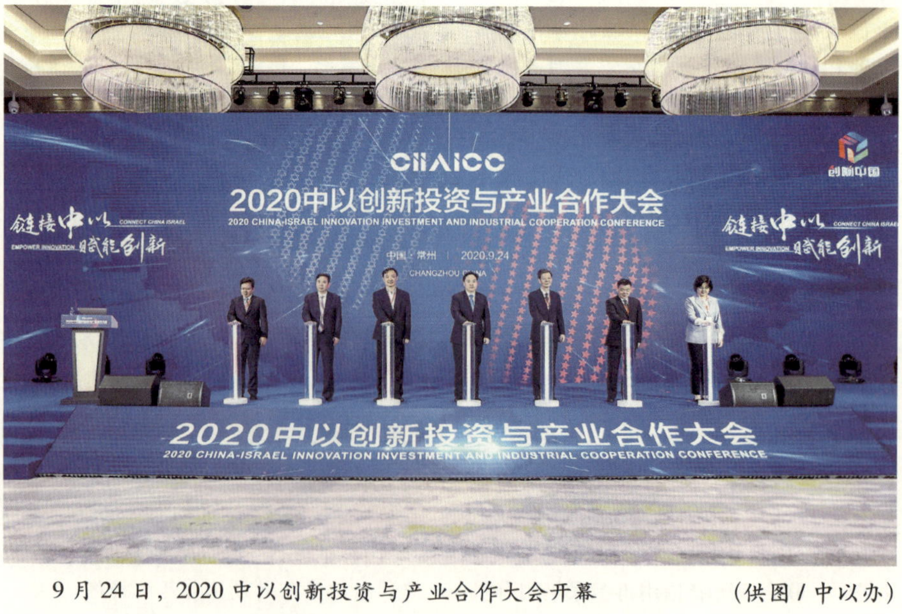


9月24日，2020中以创新投资与产业合作大会开幕　（供图/中以办）

赛分别在北京、上海、常州分会场举行。该大赛由中国科学技术交流中心、以色列创新署共同主办，中以常州创新园承办，报名参赛项目44个。10月28日，农业与环保领域初赛在常州分会场举行，14家以色列初创企业通过在线路演，展示创新技术产品。11月27日，总决赛在中以常州创新园举行，来自科研院所、投资机构、企业及高校的代表100人现场观赛，在线观看赛事直播人数3.3万人次。经过角逐，BiomX新型噬菌体疗法、Kardome人工智能声源分离降噪技术、Hargol Foodtech蚱蜢蛋白项目分获第一、二、三名。骨科与运动康复产业联盟、中以联合生物交叉实验室、中以转化医学中心等园区重点创新平台在总决赛开幕式上启用。

**【常州固立高端装备创新中心启用】** 11月28日，常州固立高端装备创新中心启用，常州市市长陈金虎，香港科技大学教授、江苏省中以产业技术研究院院长李泽湘出席揭幕仪式。该中心位于中以常州创新园，由江苏省中以产业技术研究院承建，建筑面积1.63万平方米，有研发服务人员23人，前期总投资6873万元。作为江苏省中以产业技术研究院机器人与智能制造公共服务平台，高效对接以色列创新资源，与武进高校共建人才培养体系，打造高端装备和智能制造产业孵化、加速平台。与以色列本·古里安大学合作，开展“新工科”专业教育，为创业团队提供技术支持、供应链资源、资金支持、导师指导、人才输送等创业支撑。

（刘文宗）

## 常州西太湖科技产业园（江苏武进经济开发区）

**【概况】** 常州西太湖科技产业园（江苏武进经济开发区）简称西太湖科技产业园（武进经发区），位于西太湖（滆湖）北侧核心地带，实际管辖面积70.5平方千米（含滆湖水域14平方千米），沿江高速、常泰高速、312国道等干线公路，常州高架、延政西路、长虹西路等城市主干道和京杭大运河穿境而过，交通便捷。2006年成立武进经发区，2013年挂牌西太湖科技产业园，2015年获批筹建省级高新区，拥有西太湖医药科技国际创新中心、常州石墨烯科技产业园、常州西太湖细胞治疗前沿技术研究院、南京工业大学常州西太湖产业学院等重要平台，是苏南国家自主创新示范区、苏南现代化建设示范区的重点平台。2020年，西太湖科技产业园（武进经发区）出台《推进“以创新创业者为中心”的实施意见》《关于加快集聚先进碳材料和生命健康产业高层次人才的若干政策（试行）》等相关产业政策，完善项目服务联运机制，发展高端医疗健康、新材料、新智造、新经济“一高三新”产业，促进重大项目招引、科技创新发展。至年底，累计引进30多个国家和地区的企业3000多家，有世界500强企业投资项目4个，主板上市企业7家，“新三板”挂牌企业6家，高新技术企业118家。全年实现地区生产总值166.18亿元，增长7.3%；完成规模以上工业产值216.36亿元、规模以上工业增加值54.73亿元、高新技术产业产值147.75亿元、服务业增加值95.88亿元，分别增长8.5%、7.5%、14.2%、9.2%；完成一般预算收入16.70亿元，增长30.1%；外资及港澳台资注册资金1.29亿美元、到账资金0.9亿美元；居民人均可支配收入4.86万元。西太湖科技产业园（武进经发区）被认定为首批江苏省服务贸易基地，互联网产业园获评省级生产性服务业集聚区，西太湖高新区（筹）获批创建江苏省知识产权示范园区，在省级高新区、省级经开区综合排名中分别位列第6位、第26位，分别较2019年度上升1位、5位。

**【“一高三新”产业建设】** 2020年，西太湖科技产业园（武进经发区）持续推进高端医疗健康、新材料、新智造、新经济“一高三新”产业发展。

高端医疗健康产业　实施《常州西太湖科技产业园大健康产业发展规划》，全年引进常州西太湖细胞治疗前沿技术研究院、佰仁医疗（江苏）有限公司、江苏东星智慧医疗科技股份有限公司等健康产业项目29个，累计351个，聚集健康产业企业400余家，获二类及以上医疗器械产品注册证440余张。承办2020中以生物医药创新项目集中揭牌签约仪式，中国医药保健品进出口商会七届五次理事会暨七届六次常务理事会，第八届中国骨科、生物材料及智能医疗产业投资峰会，中以医疗科技产业高峰论坛等活动，常州西太湖细胞治疗前沿技术研究院揭牌。健康产业企业全年实现销售收入56.64亿元，增长25.8%。

新材料产业　全年引进石墨烯项目11个。其中，天奈科技、天华新能源和倍速集团等用地项目3个，畅锐元科技、无疆新材料等“龙城英才计划”项目2个，石墨烯研发社区开工。江南石墨烯研究院作为集群促进机构中标工业和信息化部2020年先进制造业集群非金属材料分包，实现常州市在该领域零的突破，获批省工业和信息化厅2020年省级小型微型企业创业创新示范基地，常

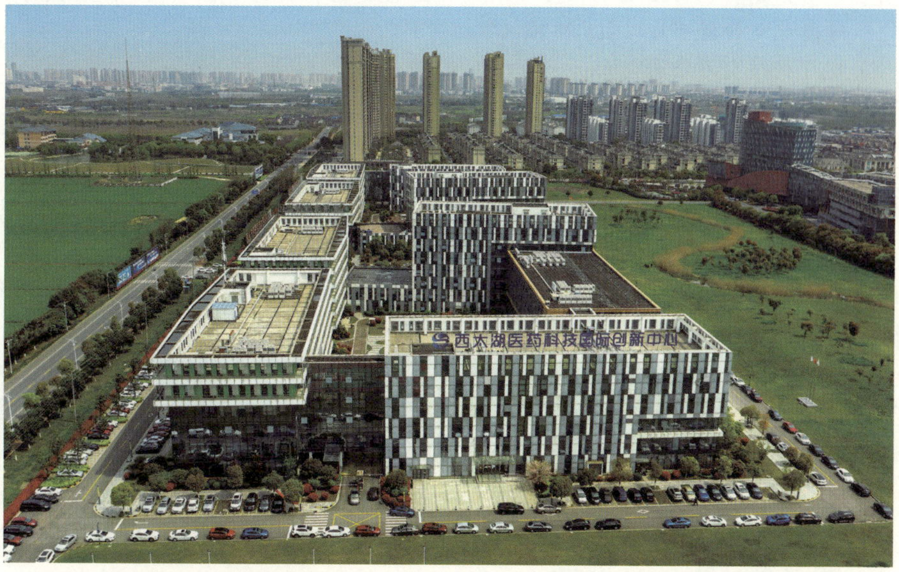


西太湖医药科技国际创新中心　（供图/西太湖科技产业园）

州先进碳材料产业入选江苏省十条优秀产业链。承办2020江苏先进碳材料产业发展大会，发布武进区先进碳材料产业创新发展政策及三年行动计划、《2020全球石墨烯指数报告》和《中国石墨烯产业发展报告》。石墨烯小镇入选"第二轮全国特色小镇典型经验"案例，全年石墨烯产业相关产值超过30亿元。

新智造产业　集聚江苏小牛电动科技有限公司、江苏海鸥冷却塔股份有限公司、江苏晶雪节能科技股份有限公司、常州联德电子有限公司、新纶科技（常州）有限公司等行业龙头企业和隐形冠军。年内获评国家级专精特新"小巨人"企业1家、省级"小巨人"企业2家、省级专精特新产品2个、市级专精特新中小企业7家、苏南国家自主创新示范区瞪羚企业11家。

新经济产业　发展城市经济、文化旅游和科技金融等生产性服务业，常州市金融平台"龙城金谷"落户，创成省级创投示范区，建有江苏省互联网产业园、服务外包示范区和西太湖影视产业基地，西太湖国际半程马拉松赛体育品牌和西太湖国际音乐节文化品牌成功打造。

**【西太湖科技产业园重大项目建设】** 2020年，西太湖科技产业园（武进经发区）完善项目服务联动机制，加快项目集聚，实施区级及以上重点项目24个，其中新建项目15个，竣工项目11个，开工率、竣工率均达100%。年度计划总投资37.52亿元，完成投资39.22亿元，投资完成率104.53%。

辛格顿新材料项目　由辛格顿（常州）电子科技有限公司实施，一期用地面积6.67公顷，建设厂房、办公楼、研发中心等4.7万平方米，新增涂布机、行星搅拌机、高速分散机、复卷机、切卷机等主要设备，于3月开工，总投资5亿元，达产后可年产各类高性能胶带和泡棉6000万平方米。

金拓长顺标牌项目　由常州金拓长顺标牌有限公司实施，用地面积3公顷，建设厂房、办公楼等建筑3.49万平方米，新增铝板矫直机、烫金膜用铝膜贴合机、车牌冲裁机等主要设备，于4月开工，总投资2.1亿元，达产后可年产机动车号牌产品1000～1500万副。

康普迪森冷链装备项目　由康普迪森冷链装备（江苏）有限公司实施，用地面积3.51公顷，建设厂房、办公楼、研发中心等建筑2.45万平方米，新增发泡机、激光切割机、高速冲压机床、数控折弯机等主要设备，于5月开工，总投资3亿元，达产后可年产节能保温板材150万平方米、智能冷冻机组8500套。

阳嘉电子精密模具项目　由常州阳嘉电子有限公司实施，用地面积2公顷，建设厂房1.7万平方米，新增电火花机、数控机床、三维坐标检测仪等主要设备，于5月开工，总投资1.5亿元，达产后可年产车灯模具160套。

晶雪冷链物流保温系统项目　由江苏晶雪节能科技股份有限公司实施，用地面积4公顷，建设车间、研发中心等建筑2.8万平方米，购置高发泡系统、双履带机、进口气相色谱仪、液相色谱仪等主要设备，于6月开工，总投资2.9亿元，达产后可年产节能保温板材180万平方米。

**【西太湖科技产业园科技创新】** 2020年，西太湖科技产业园（武进经发区）深入实施《促进产业创新发展的政策意见（试行）》，聚焦创新能力提升，增强政策支持力度，实现制度创新、科技创新、融合创新。园区R&D经费投入5.7亿元，比2019年增长32.56%。全年立项科技项目36个，获项目经费2716万元。推进平台建设，新增市级及以上"两站三中心"（院士工作站、博士后工作站，工程技术研究中心、企业技术中心、工程中心）13个，累计98个；拓展高端医疗健康产业领域，细胞治疗前沿技术研究院落户并启动建设，中以生物医药研究院、圆阳技术转移中心等国际先进医疗技术转化平台设立运营，第三届中以医疗科技高峰论坛成功举办；拓展新材料产业领域，常州百利锂电智慧工厂有限公司与江苏省产业技术研究院合作设立创新中心，石墨烯产品认证中心注册成立，江南石墨烯研究院连续3年获评全省优秀孵化器A等，石墨烯科技产业园获评江苏省小微企业双创示范基地，石墨烯创新中心获批江苏省中小企业公共服务平台，与央企联合共建国家级创新中心。深入产学研合作，南京工业大学西太湖产业学院建成投用，"龙城金谷"（南区）落户常州石墨烯小镇。常州磐诺仪器有限公司董事长王涵文、常州联德电子有限公司董事长兼技术总工冯江涛入选科技部"创新人才推进计划"，立项省双创计划项目4个，签约第十三、十四批常州市"龙城英才计划"项目21个。西太湖科技产业园（武进经发区）通过省知识产权试点园区验收，至年底累计有高新技术企业118家、科技型中小企业150多家，完成规模以上高新技术产业产值147.75亿元，占规模工业产值的68.3%；万人有效发明专利拥有量116件。

**【西太湖科技产业园产城融合】** 2020年，西太湖科技产业园（武进经发区）推进产业园区向新型城市转型，结合重大交通和功能项目布局，加快产城融合。主动对接《环滆湖战略规划和城市设

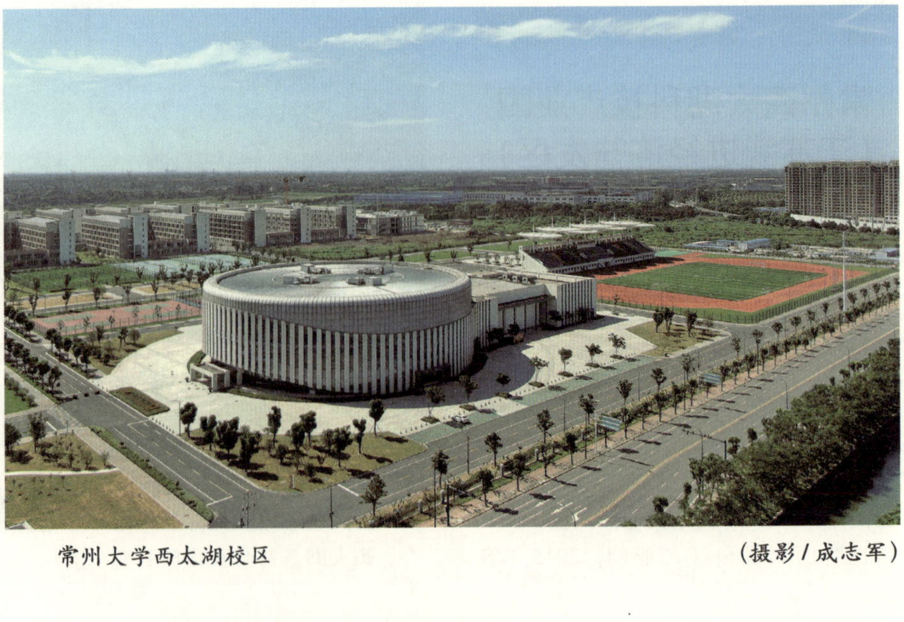

常州大学西太湖校区　（摄影/成志军）

计》，聚焦产业和群众需求，打造高品质城市功能系统，提升社会管理综合成效。加大基础设施投入，新建市政道路3.1千米，改（扩）建供电设施10千米。建设碧桂园都市森林、绿城江南里等城市住宅项目，全年销售商品房超35万平方米。启动西太湖国际人才社区、研发总部社区建设，完成诺丁小镇资产拍卖，石墨烯小镇烯望创智港一期工程主体完工，中波塔迁建工程基本完工。常州大学西太湖校区、江苏省武进高级中学西太湖校区建成投用，与北京外国语大学附属外国语学校合办的常州西太湖外国语学校成功签约，引入华东师范大学附属学校教育资源建设华东师范大学西太湖学校，威雅公学成为苏锡常地区国际教育名片，常州西太湖医院打造长三角地区一流高端体检康养中心。常州市高教科创园、国际会展中心、苏澳合作园区、现代城市田园综合体建设启动。园区城市化率90%以上，城市精细化管理、网格化社会治理位居全市前列。

**【常州石墨烯小镇入选“第二轮全国特色小镇典型经验”案例】** 6月26日，国家发展改革委公布并推广“第二轮全国特色小镇典型经验”案例，常州石墨烯小镇入选，成为全国突出企业主体地位小镇典型经验案例。该小镇位于西太湖科技产业园（武进经发区），规划面积3.22平方千米，相关产业产值超30亿元。实行“小镇办＋公司”运行管理模式，由小镇领导小组办公室负责对接政府部门，统筹规划设计、开发建设和运营管理，常州烯望建设发展有限公司承担土地整理开发和公共设施建设。整合石墨烯相关领域高端要素，构建“创业苗圃—众创空间—孵化器—加速器—产业园”集成化企业培育生态链，突出发展以石墨烯为代表的先进碳材料产业。至2020年年底，累计入驻企业100多家，其中上市企业6家。参与区域合作，组建长三角国家双创示范基地石墨烯专业委员会，推动建设国家石墨烯制造业创新中心。通过产学研合作等方式，与美国德州大学、英国曼彻斯特大学和东南大学、西安交通大学、南京工业大学、中国科学院苏州纳米技术与纳米仿生研究所、中国科学院宁波材料技术与工程研究所等高校院所建立紧密联系；先后举办中欧石墨烯高峰论坛、世界石墨烯创新大会、石墨烯前沿技术高峰论坛等行业知名论坛，促进技术、人才、资本、信息等资源要素交流互通；专门设立金融超市、天使基金，集聚风创投机构，创建江苏省创投企业集聚区，提供低成本、便捷化融资服务，行业知名信息服务机构、人力资源机构、知识产权机构、投融资机构、会计师事务所、律师事务所等第三方机构为石墨烯中小企业提供专业市场化服务。

**【西太湖高新区（筹）通过省级知识产权试点园区验收】** 2020年9月26日，江苏省西太湖高新技术产业开发区（筹）[简称“西太湖高新区（筹）”]通过江苏省知识产权试点园区验收。西太湖高新区（筹）于2018年获批创建江苏省知识产权试点园区，先后出台《“十三五”知识产权战略纲要》《关于进一步推进企业知识产权工作奖励的意见》等政策，加大知识产权领域财政投入力度，稳定知识产权投入体系。持续完善知识产权行政管理体系，引进知识产权服务机构，推进企业知识产权工作，推动企业知识产权标准化管理。试点期间，园区专利申请量增加4747件，专利授权量增加2751件，其中发明专利申请量增加1120件、授权量增加214件，万人发明专利拥有量增加19.9件，PCT专利申请增加10件，累计获中国驰名商标6件。有11家企业通过国标认证，1家企业通过省绩效评价，5家企业获批承担市企业知识产权战略推进计划项目。

**【常州石墨烯科技产业园获评省小微企业双创示范基地】** 2020年12月，常州石墨烯科技产业园被省工业和信息化厅认定为江苏省小微企业双创示范基地。该产业园位于常州西太湖科技产业园兰香路8号，由常州西太湖科技产业园管委会出资建设、江南石墨烯研究院运营管理，于2015年开园，总用地面积13.2万平方米，总建筑面积25万平方米，是国内首个以石墨烯为发展重点的碳材料产业专题园区、江苏省新型工业化产业示范基地（功能新材料）核心区域、全国唯一获批的国家级石墨烯新材料高新技术产业化基地。引进常州汇丰会计师事务所、常州市夏成知识产权代理有限公司、江苏乐天律师事务所、江苏格瑞石墨烯创业投资有限公司等行业服务机构16个，为园区企业提供财税、知识产权、广告宣传、法律、技术咨询、投融资、科技咨询以及生活配套服务。至2020年12月，累计孵化培育石墨烯制备、石墨烯应用、石墨烯科技服务在内的企业133家，吸收就业人员6338人，其中小微企业115家，占86.47%，成功孵化高新技术企业16家、上市及“新三板”挂牌企业7家、专精特新企业6家。2020年，该产业园完成产值26.1亿元，实现利税3.47亿元。

**【常州西太湖细胞治疗前沿技术研究院揭牌】** 9月22日，常州西太湖细胞治疗前沿技术研究院揭牌。该研究院位于西太湖揽月湖畔广场南楼，由中国医学科学院（北京协和医学院）张建民教授

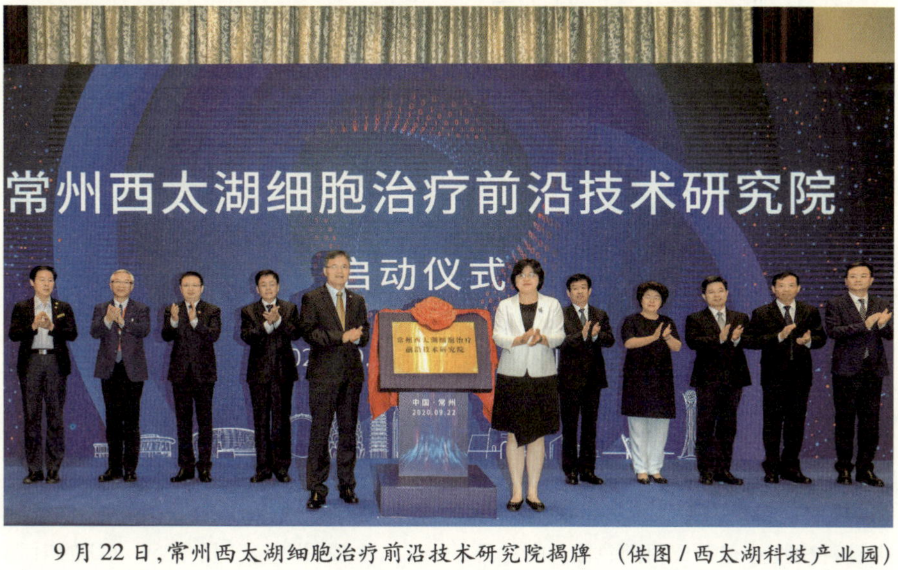


9月22日，常州西太湖细胞治疗前沿技术研究院揭牌　（供图／西太湖科技产业园）

团队与常州市政府共同发起成立，总投资3.55亿元，建设面积7980平方米。依托中国农工民主党在医药卫生领域的人才、资源、行业优势，集聚医院专家、医学院校教授、上市公司负责人等领军人才，建设长三角地区一流、国内领先的细胞治疗技术公共服务平台、先进技术转化与项目孵化平台、高端的细胞产业设备研发平台。

**【常州石墨烯小镇研发社区开工】** 11月26日，常州石墨烯小镇研发社区项目开工。该项目位于西太湖科技产业园兰香路北侧、西太湖大道西侧，总用地面积11.33公顷，计划总投资10亿元，建设碳纳米管及石墨烯材料研发总部，以石墨技术为核心的绿色建筑研发总部，以石墨烯导电浆料、环保材料、光催化材料为主的石墨烯应用研发中心，检验检测技术研发总部，面向碳材料服务的孵化器，面向高端人才开放的休闲公园，完善石墨烯产业公共服务体系，提升西太湖石墨烯产业综合创新水平。项目建成后，可为常州石墨烯小镇集聚高端研发人才超500人。

**【江苏先进碳材料产业发展大会暨中国（常州）新材料院士专家报告会承办】** 11月28日，2020江苏先进碳材料产业发展大会暨中国（常州）新材料院士专家报告会在武进九洲喜来登酒店举行，新材料产业专家300余人参加。该活动由工业和信息化部与江苏省发展改革委、科技厅、工业和信息化厅及常州市政府共同指导，江苏省新材料协会、国家（常州）新型碳材料产业集群促进机构、江苏前沿新材料产业集群促进机构共同主办，常州石墨烯小镇、江南石墨烯研究院、江苏省石墨烯创新中心共同承办，主题是“东方碳谷，赢领未来”，与会人员共同探讨新的国家战略背景下先进碳材料产业发展之路，主张汇聚创新创业资源，推动江苏新材料产业“政、产、学、研、金、用”深度融合。会上，中国经济信息社连续第6年发布《新华（常州）全球石墨烯指数报告》，中国工程院院士、国家新材料专家咨询委员会主任干勇作题为“中国新材料产业发展战略”的报告，中材科技股份有限公司副总裁、中材科技南京玻璃纤维研究设计院董事长赵谦作题为“创新，协同，共建国家复合材料测试评价平台”的报告，石墨烯产业技术论坛、江苏先进碳材料企业新技术新产品发布会和长三角石墨烯专委会年度会议等活动先后举行。

**【第六届苏台青少年科技创意创新活动举办】** 内容参见“中共常州市武进区委”类目P28相关条目。

（杨茗茜　张成华）

## 住房和城乡建设部（武进）绿色建筑产业集聚示范区

**【概况】** 住房和城乡建设部（武进）绿色建筑产业集聚示范区（简称“武进绿建区”），位于武进中心城区西南部、西太湖东岸线，东至牛溪路，西至龙江路，南至滆湖路，北至虹西路，核心区面积3平方千米。2020年，武进区深化绿色建筑“一核引领、全区联动”发展格局，在核心区武进绿建区重点发展以绿色建筑研发、设计、检测、绿色商贸服务和总部经济等为主的生产性服务业，在全区发展绿色建筑产业，全域推广绿色建筑技术，园区综合竞争力和品牌影响力不断增强。武进绿建区围绕“绿色建筑+”方向，全年招引研发、设计、检测、商贸、金融服务等类别企业80余家，其中总投资超1亿元企业3家。新增规模以上绿色建筑产业企业15家，累计450家，全年完成产值超800亿元。新增入库区重点项目4个、市重点项目2个，在库区级及以上重点项目10个，总投资超20亿元，比2019年增长90%。年内，项目新开工6个、竣工4个，开工项目全年投资9.7亿元，增长136.6%，竣工建筑面积10.6万平方米。审查绿色建筑项目40个，总建筑面积超200万平方米。引育顶尖人才项目，举办各类人才活动8场，对接人才项目超30个，入选常州市“龙城英才计划”领军人才创业项目5个，对接院士、国家顶尖人才工程A类专家4人，其中2人入选常州市“龙城英才计划”、1人落户。国家级孵化器拨云科技园落户，绿建创研中心入围省级科技企业孵化器，入孵企业30余家，载体利用率突破90%。领军人才项目——“用于5G/6G的射频前端用新型复合微波介质材料及器件产业化”项目入选2020年度省双创人才项目，实现武进绿建区省双创人才工作零的突破。全年完成总产值70.2亿元，增长43.5%，其中规模以上工业产值11.3亿元。实现入库税收3.16亿元，增长9.16%，维绿大厦实现税收5576万元／幢的楼宇经济目标，产业园实现亩均税收42万元。武进绿建区获批江苏省首批绿色城区示范区、全国节约型公共机构示范单位。

**【绿色建筑重大项目招引与建设】** 2020年，武进绿建区招引江苏拨云智能科技园、江苏正彦数码智造融合创新中心、诺森高分子建筑装饰材料、长三角低碳循环创研谷4个绿色建筑产业项目，均被列为区重点项目，总投资8.22亿元，其中投资3亿元及以上项目2个。长江经济带（常州）绿色发展科技园等6个项目开工建设。

江苏拨云智能科技园项目　由常州拨云科技有限公司投资建设，于5月开工，建筑面积3.2万平方米，总投资1.2亿元。该项目瞄准“未来通信＋人工智能”产业方向，建设智慧建筑和智能装备领域的产业孵化基地、高端人才集聚地、高端研发基地、企业转型提质服务基地，引培尖端研发团队、国际合作伙伴和产业衍生团队，孵化智能家居、绿色建材贸易、节能技术研发与服务检测平台等绿色建筑相关优质企业，开展各类产学研活动，衔接新一代信息技术产业，形成产业载体梯度配置，填补区域产业布局空白。

江苏正彦数码智造融合创新中心项目　8月28日签约落户，10月被列入市级重点项目。该项目由江苏正彦数码科技有限公司实施，总投资约3亿元，占地面积1.6公顷。依托数码制罐技术，打造以“智能制造＋数字内容＋智慧新零售”为核心产业的文化及科技平台，整合上下游产业链和地方旅游业，开发易拉罐环保包装产品，带动全产业链绿色环保包装，向建筑装饰领域推广高速个性化数码打印技术和用户直连智造模式（C2M）的新型商务模式。

立华总部三星级绿建项目　由江苏立华牧业股份有限公司实施，于9月8日开工，占地面积超3公顷，总建筑面积

6.9万平方米，总投资超3亿元。该项目采用适用于公共建筑的绿色生态和建筑节能技术，建设研发楼、科研楼、配套综合用房等，建筑物在安全耐久、健康舒适、生活便利、资源节约、环境宜居、提高与创新六方面达到绿色建筑三星级指标要求。加大硬件投入，打造动物遗传与繁育技术中心、动物营养与饲料技术中心、畜禽疫病预防与控制中心、畜产品健康与安全技术中心、畜产品质量安全与检测技术中心、环境控制与健康养殖中心、智能装备与物联网研发中心、环保与资源化利用研究中心，构建创新发展优良平台。

长三角低碳循环创研谷项目　9月28日签约落户。该项目由江苏合欣实业有限公司实施，总投资3.02亿元，总建筑面积7万平方米，建设综合配套设施，打造环保设备和建筑科技产业的总部创投产业园。突出高科技生态的产业发展理念，集生产制造、研发设计、中试成果转化、产品展示和生产性服务功能于一体，吸引建筑、环保、智能装备等高新技术产业，形成聚合上下游高端产业的高标准、高品质产业集聚地。

**【绿色技术运用示范与实践推广】** 2020年，武进绿建区共审查绿色建筑项目40个，总建筑面积超200万平方米，其中二星级及以上项目面积占比超过60%；审查装配式建筑面积150多万平方米，占新开工民用建筑比例超过30%，审查海绵城市专项27个，总占地面积约126万平方米。省海绵城市示范区建设全面完工，江苏省绿色建筑博览园、淹城中学体育馆、常州工程职业技术学院地下室工程技术中心、常州市安贞建设工程检测有限公司、江苏华大集成房屋有限公司、常州砼筑建筑科技有限公司6个省级示范项目及示范基地通过验收评估，路劲春秋金茂府项目获中国绿色建筑三星认证和英国BREEM认证。

**【武进绿建区管委会获评国家级公共机构节能示范单位】** 2020年12月，武进绿建区管委会被国家机关事务管理局、国家发展和改革委员会、财政部评为2019—2020年节约型公共机构示范单位。办公楼维绿大厦通过运用建筑“V”字形造型自遮阳、中置可调节遮阳、生态屋面、垂直绿化、自然通风及中庭吹拨通风、导光管技术、太阳能光伏系统、地源热泵系统、溶液调湿新风系统、人工湿地系统、毛细管辐射系统等绿色及节能建筑技术20余项，节能率65.3%，可再生能源利用率20%。武进绿建区管委会结合节能宣传周，利用电子屏、橱窗等载体，向维绿大厦员工和租赁办公人员宣传节能理念和节能常识，加强能源综合利用和智慧运维管理，降低单位面积电耗，助力节能减排。

**【武进绿色城区项目获评省级绿色城区示范项目】** 7月，根据省住房和城乡建设厅、财政厅联合下达文件，武进绿建区承担的武进绿色城区项目获批省级绿色城区示范项目。武进区在绿色城区建设中，以产业集聚发展、项目示范引领、体制机制创新发展为主要内容，在核心区内建设包括高品质绿色建筑、绿色校园、零能耗、BIM全过程应用、75%节能率＋健康住宅、智能感知＋智慧平台、海绵城市等示范项目，形成体验性好、集聚性强、成果丰富的高品质绿色城区。在建设过程中，运用新一代信息技术手段提高运营管理效率，提升城市环境品质，打造健康舒适、智慧高效、和谐共享、宜居宜业的绿色城区。

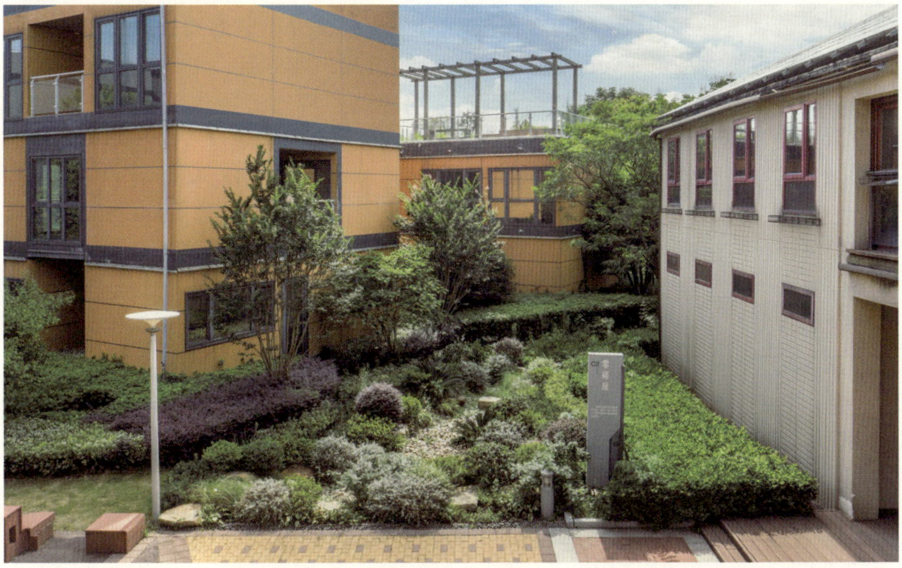

江苏省绿色建筑博览园运用绿色技术建成装配式雨水花园　（供图/武进绿建区）

**【省绿色建筑创研中心孵化器被认定为省级科技企业孵化器】** 江苏省绿色建筑创研中心孵化器位于武进区延政西大道8号，成立于2020年9月，由江苏绿弘科技发展有限公司运营管理，可自主支配孵化场地面积1.4万平方米，有服务团队成员27人。坚持“绿色建筑＋智联网”“绿色建筑＋新材料”“绿色建筑＋金融”“绿色建筑＋新能源”产业发展方向，至2020年年底，有在孵企业30余家，其中留学人员企业2家，累计毕业企业15家。拥有有效知识产权19件，其中发明专利6件、软件著作权1件，承担国家级科技计划项目1个，获得省级及以上奖励2个。累计帮助8家企业获投融资，直接转移、转让技术3项，培育高新技术入库企业1家，载体利用率突破90%。

**【中华环保联合会长三角绿色发展促进办公室揭牌】** 8月17日，中华环保联合会与武进绿建区签订战略合作协议，在武进绿建区挂牌成立长三角绿色发展促进办公室。负责组织开展环保技术研讨、环保会展、环保大赛以及环保公益活动，开展环保政策与技术相关培训，推广先进节能环保技术、装备及环境治理模式，提供技术引进与研发服务、环保管家服务、第三方治理、绿色金融服务等。年内，合作双方立足常州，导入产业资源、专业人才和高端技术，面向长三角三省一市统筹合作项目落地，推动成立技术联盟，提供环保服务，成立常州环保科创产业融合发展示范区、亚临界技术应用研究院等，推动武进绿建区建设江苏省生产性服务业集聚区标杆、长三角建筑科技创新中心。

**【绿色建筑企业助推苏锡常固体废弃物处置和资源综合利用产业协同发展】** 11月24日，在第二届苏锡常一体化发展合作峰会上，常州市武进区与无锡市梁溪区签订《推动固体废弃物处置和资源综合利用产业区域协同发展战略合作协议》，由江苏绿和环境科技有限公司与无锡梁溪区城市投资发展有限公司等企业共同建设，实施装修垃圾处理及资源化处置项目，总投资1.3亿元。江苏绿和环境科技有限公司是无害化处置和资源化利用标杆企业，通过控股、参股方式，与苏州市昆山市、浙江省丽水市、南京市江北新区、苏州市吴中区、无锡市梁溪区等地区合作，参与省内外示范性建筑垃圾无害化处置与资源化利用项目，建设总投资超10亿元，建筑垃圾治理经验可复制、可推广，其自主研发设计的建筑固废治理循环大脑系统是城市建筑垃圾治理科学决策与精准调度的指挥平台。

**【《中欧（常州）绿色创新园区发展规划》通过验收】** 10月10日，经中国绿色供应链联盟指导委员会、工业和信息化部节能与综合利用司、国务院发展研究中心资源与环境政策研究所、中国城镇化促进会理事会等部门专家评审，《中欧（常州）绿色创新园区发展规划》通过验收，于14日发布实施。该规划由工业和信息化部国际经济技术合作中心制定，围绕打造中欧绿色合作伙伴“常州样板”目标，作出整体规划，包括总体要求、中欧合作方向与主导产业、规划实施、保障措施等内容，有助于推动武进区在更大范围、更广领域和更高层次上参与国际合作，共享国内外绿色产业资源，并为推动中欧双方在绿色低碳领域合作发展做出贡献。

**【中欧绿建创新论坛暨第六届中国绿色建材大会承办】** 10月14日，中欧绿建创新论坛暨第六届中国绿色建材大会在武进喜来登酒店召开，绿色建材与绿色建筑产业链的建筑师、设计师、生产企业代表等近300人参加。该活动由武进区政府主办，武进绿建区、中国建材检验认证集团股份有限公司承办，主题是“绿色低碳发展、创新合作共赢”，12位知名专家和行业代表围绕绿色建材与绿色建筑新形势作专题发言；中欧（常州）绿色创新园、中欧绿建国际交流中心、中欧绿色建筑教育研究培训基地揭牌。武进绿建区管委会与工业和信息化部国际经济技术合作中心、同济大学中德工程学院、中国建材检验认证集团股份有限公司、常州工程职业技术有限公司签约，共建中欧绿建国际交流中心和中欧绿建教育研究培训基地。分别与德国中小企业联合会、欧洲木业协会、罗马尼亚阿拉德自贸区、上海房德科创企业发展集团有限公司、牛津大学创新技术转移（常州）有限公司、江苏中德创新中心有限公司、江苏环球新型木结构有限公司合作签约；雅音新材料（常州）有限公司与德国BMB公司合作云签约，上海房德之星企业管理有限公司与弗劳恩霍夫研究院（奥地利）、意大利Manca Graziadei公司合作云签约。中国绿色供应链联盟为绿色建材产品专委会主任委员、执行主任委员单位授牌，为中国绿色供应链联盟绿色建材产品专委会专家和中欧绿建国际交流中心专家颁发聘书，发布《中国绿色供应链联盟常州宣言》。

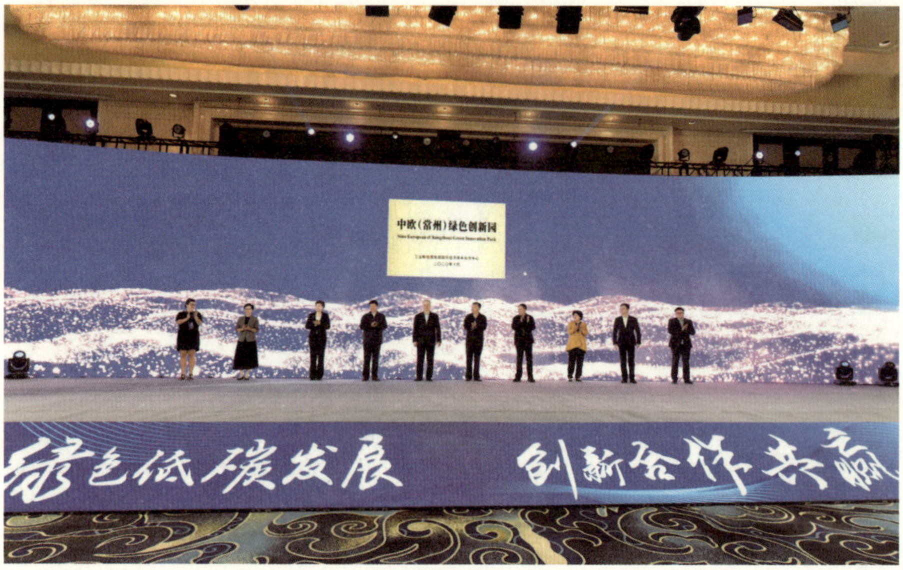

10月14日，中欧（常州）绿色创新园揭牌　　（供图/武进绿建区）

**【中欧（常州）绿色创新园揭牌】** 10月14日，中欧（常州）绿色创新园揭牌成立。该创新园由工业和信息化部国际经济技术合作中心与武进绿建区共同建设，重点打造“中欧绿建创新论坛”品牌，发布《中欧绿建行业发展白皮书》，创建“一基地两中心一园”（中欧低碳教育研究培训基地，中欧低碳国际交流中心、中欧低碳国际会展中心，中欧高端绿色产业园），围绕技术合作、职业培训、会议展览以及小精尖企业培育等重点方向，推动设计研发、检验检测、展览展示等生产性服务业发展，加大总部经济集聚，吸引小精尖企业落户，将园区打造成立足武进、服务常州、辐射长三角、全国一流、具有国际影响力的绿色建筑产业集聚区、建筑科技集成创新区、绿色生活推广示范区、低碳技术国际合作区。

**【丰乐公寓老小区海绵改造工程通过验收】** 2020年6月，丰乐公寓老小区海绵改造工程通过区市政公用管理处验收。该工程是武进区首个老小区海绵化改造项目，于2018年11月启动，2019年12月完工，总投资1800万元。在原有老小区改造基础上新增海绵属性，实施海绵化改造总面积13.5万平方米，系统运用雨水花园、生物滞留带、调蓄净化等海绵设施，改造地下雨污水管网，铺设地上透水路面，实现“小雨不湿鞋、中雨不积水、大雨不内涝”的设计目标，得到居民认可。

（黄春燕）

# 农　业
## Agriculture

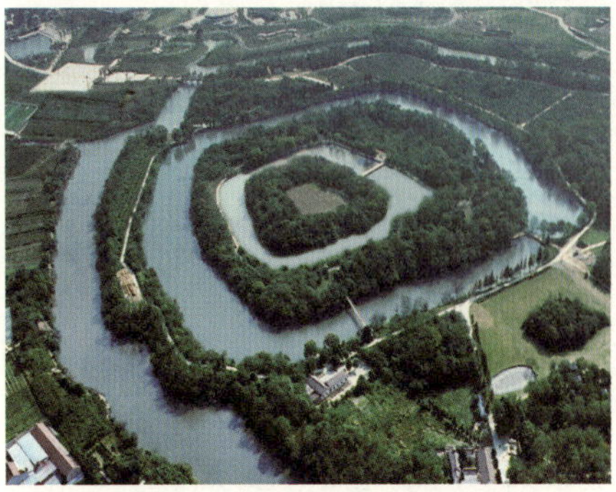

栏目编辑　万向阳

## 综　述

**【概况】** 2020年，武进区认真落实农业农村优先发展和率先基本实现农业农村现代化的要求，全力培育优质水稻、特色果品、特色花木、生态畜禽、生态渔业"一优两特两生态"的产业发展格局，统筹推进农业高质量发展。完善基础设施，优化产业结构，新建高标准农田1600公顷，累计21467公顷；全区水稻种植面积3813.3公顷、小麦种植面积1548.3公顷，粳稻育种创造"一年十审"科研纪录；花木种植面积8109公顷，全年花木市场交易额178亿元；果品种植面积4467公顷，蔬菜常年性耕地面积稳定在2323.3公顷；水产养殖面积3140公顷，全年水产品总产量3.7万吨；全年生猪存栏4.69万头，畜牧业总产值3.09亿元。发展乡村经济，实施省级重大项目18个（乡村产业发展类14个、农村人居环境类4个），完成投资额13.78亿元，实现年度形象进度102%。培植经营主体，新增农业龙头企业省级1家、市级6家，江苏立华牧业股份有限公司和万臻生态科技有限公司跻身全国农业企业500强，新增在江苏股权交易中心"农业板"挂牌企业3家；创成省级示范家庭农场6家、省级示范合作社5家、市级高质量发展示范家庭农场17家、市级高质量发展示范培育家庭农场10家、市级高质量发展示范培育合作社4家。培育"武进英才计划"农业乡土人才，新型职业农民培育程度达68%。推进优势农产品推广三年行动，推广十大农产品优选品牌，新增绿色食品11个、有机食品1个，获评市级名优农产品8个，累计"三品"（无公害农产品和绿色、有机食品）农产品72个和市级名优农产品27个。健全农产品"追溯+合格证"体系建设，在省内率先开启以合格证信息化管理为核心的新监管模式，全区农产品合格证可开具单位达242家；创成省级绿色优质农产品示范基地5个，绿色优质农产品占比突破90%，位列全市第一；区农业农村局获评全国第一批农业综合行政执法示范单位。落实金融政策，做好农业保险机构监测评估工作，完成重要农产品（水稻）收入保险改革试验任务。全区农业综合机械化水平达93.5%，武进区创成全国第四批率先基本实现主要农作物生产全程机械化示范县（市、区）、全省第三批粮食生产全程机械化整体推进县；全区农业智能化设施种养殖面积占比达29%。

**【高标准农田新增1600公顷】** 2020年，武进区推进持续高标准农田项目建设，改善农业生产基本条件，提高农业综合生产能力。年内完成高标准农田建设项目10个，其中国家级高标准农田建设项目6个，分别为2019年度雪堰镇、洛阳镇、湟里镇岗角片、湟里镇村前片4个高标准农田建设项目，2020年度湟里镇、嘉泽镇周庄片2个高标准农田建设项目；区级高标准农田建设项目4个，分别为湟里镇武宜村、嘉泽镇闵市村、雪堰镇绣衣村、礼嘉镇庞家街村高标准农田建设项目。新增高标准农田1600公顷，累计21467公顷，占全区耕地面积比重79.17%，总投资5711.56万元。

**【农产品推广建设】** 2020年，武进区持续推进优势农产品推广三年行动，强化农业品牌意识，增强农产品市场竞争力，提高农业综合生产能力，形成具有一定规模和知名度的优势农产品。全年新认证绿色食品11个、有机食品1个、农产品地理标志产品1个，分别累计71个、1个、1个；创建省绿色优质农产品基地5个，分别是前黄镇绿色优质农产品（水稻）基地、雪堰镇绿色优质农产品（水稻）基地、礼嘉镇绿色优质农产品（水稻）基地、礼嘉镇绿色优质农产品（葡萄）基地、洛阳镇绿色优质农产品（葡萄）基地，总面积4193.33公顷；全区绿色优质农产品占比突破90%。区农业农村部门围绕农产品品牌体系建设，推广武进区十大农产品优选品牌，完成"阳湖"果品、"雪山"雪山鸡2个常州市十大农产品知名品牌3年培育工作。江苏立华牧业股份有限公司的"雪山"品牌进入省农业企业知名品牌30强，"阳湖"果品、"嬉乐湾"杨梅、"科丰"葡萄3个品牌入选江苏农业品牌目录，"水乡"葡萄、"滆湖皓"大闸蟹等8个品牌获评常州市名优农产品。

**【农业信息化建设】** 2020年，武进区重视农业信息化建设，推进农业产业数字化赋能。常州枫华牧业有限公司原农业部数字农业试点项目建成，常州鱼米之乡电子商务有限公司、常州花香缘园艺有限公司2家单位获评省级数字农业农村示范单位。全区累计建成益农信息村级站198个，实现涉农行政村全覆盖。推进农业智能化建设，全区智能化设施种、养殖面积占比达29%。发展农产品电子商务，全年实现农产品线上线、下销售额达13.8亿元。

【新品种新技术推广】 2020年，区农业农村部门完成林果园艺新品种新技术示范推广建设任务，试验示范推广霞晖6号、金霞油蟠2个桃新品种，示范推广多雨地区桃避雨设施栽培、长枝修剪、病虫害绿色防控3项新技术，推广应用面积53.33公顷。引进“长江系列”“诺亚系列”河蟹优质大眼幼体1500千克2.4亿个，扣蟹养殖面积增至66.67公顷，养成的优质扣蟹可供应成蟹养殖面积1333.33公顷。

【农产品质量安全监管】 2020年，区农业农村部门加强农产品质量安全监管，完成区级各类农产品抽检400批次，合格率99.7%；组织各镇（街道）完成农产品速测5000批次，合格率100%。在全省率先推行食用农产品合格证制度，建成农产品质量安全村级服务站点28个。完善农产品质量安全重点监管名录和生产主体诚信体系建设，评选出雪堰太湖碧源、礼嘉天乐天等区级农产品质量安全A级诚信企业，开展分类监管。选取31家农业企业、合作社、家庭农场作为“一品一策”试点，有效提升农产品标准化生产水平。全区242家农业生产主体纳入江苏省农产品质量溯源平台管理。

【职业农民培育】 2020年，武进区推进职业农民教育培训，积极培育适应现代农业高质量发展需要的实用型、技能型高素质农民，新型职业农民培育程度达68%。全年分层分类培训高素质农民2502人，其中参加部级新型农业经营主体带头人培训160人、省级农业职业技能培训1492人、区级职业农民培训1010人，新型职业农民培育程度达68%。

【武进区2020年“中国农民丰收节”】 9月30日至10月2日举行。该丰收节由区农业农村局主办，以“庆丰收、迎小康”为主题，推出开幕式、农民丰收美食节、稻米文化音乐节、雪堰全域休闲旅游节四大活动。武进区2020年“中国农民丰收节”开幕式于9月30日在雪堰镇新康村（江苏省武进现代农业产业示范园区）举行，市、区领导蔡骏、丁一、薛红霞出席，分别为雪堰镇新康村颁发“全国乡村治理示范村”奖牌，为溧阳市、金坛区、武进区、新北区、天宁区、钟楼区颁发“国家农产品质量安全市（区）”牌匾，为雪堰镇、前黄镇、礼嘉镇、洛阳镇和南夏墅街道颁发“江苏省粮食生产全程机械化示范镇”奖牌。活动现场分设智慧农耕区、稻香万里区、登峰造极区3个展区，分别展示武进现代农机农具和常州、武进农业农村工作成果，展销和直播名优农产品企业20多家，推介名优特色农产品。其间，农民丰收美食节与太湖湾全域旅游相融合，推出武进十大农家菜——寨桥老鹅、黄天荡大闸蟹、常州萝卜干、横山桥百叶、湟里牛肉、太湖银鱼、尊龙酱鸭、雪山草鸡、芙蓉鲜螺、焦溪扣肉，以及雪堰八大碗——扣三丝、蟹糊羹、甜饭、糖醋鳜鱼、三鲜汤、汆鱼汤、炒虾球、糖蹄，弘扬地方美食文化，让与会人员和游客切身体会农民丰收喜悦。

**2020年武进区农业农村重大项目实施情况表**

表6

| 项目名称 | 建设规模（内容） | 建设单位 | 建设地点 | 建设年限（年） | 总投资（万元） | 计划投资（万元） | 完成投资（万元） | 项目建设形象进度 |
|---|---|---|---|---|---|---|---|---|
| 武进人居环境提升改造工程项目建设 | 按照“四整治、四提升”的要求，结合美丽乡村建设，实施600余个自然村约4万户农户的生活污水收集及尾水排放系统、污水处理设施、远程监控信息系统、道路修复及环境提升等项目；建设5个乡镇、5000余户农户的集中居住区，总面积160余万平方米 | 区农业农村局 | 武进区 | 2018—2022 | 335000 | 87000 | 87000 | 完成410个自然村分散式生活污水处理工程，累计完成进度近100%；嘉泽镇满墩村和前黄镇丁舍村、寨桥村、运村村主体工程建成；雪堰镇雪东村、南宅村、城西村、潘家村、共建村、谢家村和洛阳镇岑村村启动建设；11个自建区（2019年完成主体工程建设）公建配套设施基本完成 |
| 武进现代农业产业示范园项目 | 武进现代农业示范园重点实施示范园区5个，即水稻科技（优质稻米）示范园、精品梨核心示范园、精品桃果核心示范园、精品葡萄核心示范园、冷链加工物流园 | 武进现代农业产业示范园管理委员会 | 雪堰镇 | 2018—2020 | 9200 | 2100 | 2100 | 雅浦桃果示范园农产品交易服务区道路铺装、生态环境提升和冷链加工物流园（二期）等工程完成 |
| 畜禽粪便、藻泥、秸秆及其它有机废弃物综合利用 | 新建标准车间1200平方米、干化发酵阳光棚5400平方米、有机肥自动化生产线4条，新购履带式翻抛机1台、3吨装载机2台、叉车1台、250千伏变压器1座，加装新车间及干化发酵阳光棚新风除臭系统5套及其他配套设施设备 | 常州市天绿生态有机肥有限公司 | 洛阳镇 | 2019—2020 | 1000 | 1000 | 1000 | 建成干化发酵阳光大棚5400平方米、废气治理设施，完成机械设备、250千伏变压器安装 |

续表 6

| 项目名称 | 建设规模（内容） | 建设单位 | 建设地点 | 建设年限（年） | 总投资（万元） | 计划投资（万元） | 完成投资（万元） | 项目建设形象进度 |
|---|---|---|---|---|---|---|---|---|
| 嬉乐湾智能化种植休闲旅游观光项目 | 嬉乐湾以市场多元的旅游休闲目的地为战略目标，将农业休闲与观光体验旅游相结合，建设台湾智能化种植休闲旅游观光项目，丰富游客认知体验，打造集采摘、科普、示范于一体的农业旅游新业态产业基地 | 江苏嬉乐湾生态农业示范园有限公司 | 礼嘉镇 | 2018—2021 | 42000 | 5000 | 5000 | 主要建设项目：区域土地平整、智能化种植休闲旅游观光大棚建设；休闲观光区域建设、水电设施建设、休闲观光设施建设（景观石、景观树木种植、垂钓休闲平台）、道路建设、农业科普休闲观光设施，农产品展示设施、农产品种植 |
| 丰润文化生态园 | 优质水稻、优质新品种葡萄、精品桃李种植基地和水产养殖基地建设 | 常州丰润农业文化生态园有限公司 | 礼嘉镇 | 2018—2020 | 3000 | 1000 | 1000 | 完成大棚、库房、道路建设 |
| 常州万川园林农业产业园工程建设项目 | 花果苗木种植园、林果采摘区、共享租赁菜地、生态休闲、观光旅游区、科研中心办公楼建设 | 常州市万川园林绿化工程有限公司 | 嘉泽镇 | 2019—2021 | 5500 | 1500 | 1500 | 万川园林农业产业园完成科研中心楼 1 楼、3 楼、4 楼、5 楼、6 楼装修，古树名木区景观树栽植，园内道路、花岗岩铺装 |
| 壹方创意休闲农业产业园 | 以种植、水产养殖、运营中心为主的休闲农业产业园 | 江苏壹方农业科技发展有限公司 | 嘉泽镇 | 2019—2021 | 18000 | 5000 | 8000 | 完成 1 号运营中心建设及配套异国风情主体特色民宿土建基础（包括民宿 2 号、7 号、8 号、14 号、19 号主体施工）、智能温室基础施工，推进种植、水产养殖区施工 |
| 立华牧业科研中心建设 | 建筑面积 5 万平方米，主要用于技术研发、专家工作站及办公等 | 江苏立华牧业股份有限公司 | 牛塘镇 | 2020—2021 | 25000 | 10000 | 10000 | 完成年度计划投资 |
| 礼嘉生猪养殖基地建设 | 在礼嘉镇建成年出栏 3 万头生猪养殖场和相关配套设施 | 江苏立华牧业股份有限公司 | 礼嘉镇 | 2020—2021 | 8000 | 6000 | 6000 | 完成年度计划投资 |
| 龙凤谷梯田花海项目 | 建设玻璃栈桥及其配套设施、拓展设施设备，利用现有荒山坡地 10 公顷及水库 2 余公顷，规划建设梯田景观和茶园、花卉绿植及农作物创意性景观，并配有高档民宿及餐饮服务 | 常州市龙凤谷生态旅游发展有限公司 | 雪堰镇 | 2018—2021 | 18000 | 2000 | 2000 | 完成梯田土地流转手续办理、项目规划设计整体效果布局及相应工程 |
| 植脂末产品加工扩能配套设施建设项目 | 新增植脂末加工流水线 1 条、品控化验室 | 常州市红太阳生物工程有限公司 | 武进区 | 2020—2021 | 2000 | 1200 | 1200 | 建成植脂末加工流水线 1 条、品控化验室 |
| 甜柿农旅融合综合体项目 | 位于雪堰镇南山村委（南山寺对面）山下大道 68 号，占地面积 6.93 公顷，打造集生态旅游、休闲观光、蔬菜基地、百果园百树园于一体的科普教育基地 | 常州隆佑青农业科技有限公司 | 雪堰镇 | 2019—2021 | 5000 | 1000 | 1000 | 河道景观沟渠、绿植完工，涵氧渠整平，种植太秋果 2000 棵 |
| 种猪养殖场提升改造项目 | 提升改造现有种猪养殖场，重点处理废气、污水，改善养殖场环境 | 常州市枫华牧业有限公司 | 嘉泽镇 | 2020—2021 | 3000 | 2000 | 2000 | 完成猪场改造，开始批量进猪生产 |
| 滆湖渔业资源开发与利用项目 | 在滆湖沿江高速以南、太滆运河以西以北 3333.33 公顷区域水面开展滆湖渔业资源开发与利用，采取人放天养模式，发展生态渔业 | 江苏先行集团公司 | 武进区 | 2020—2021 | 6500 | 2000 | 2000 | 完成施工，开始增殖放流 |
| 达文西共享农场 | 建设集种植、太空育种、文创展示、贸易餐饮于一体的共享农业项目 | 达文西文化产业（常州）有限公司 | 前黄镇 | 2020—2021 | 5000 | 3000 | 3000 | 完成灌溉系统及基础设施建设、沟渠，部分绿化及景观购置，设备引进，建设用地浇筑，建筑物装饰，线上系统的初步框架 |

续表 6

| 项目名称 | 建设规模（内容） | 建设单位 | 建设地点 | 建设年限（年） | 总投资（万元） | 计划投资（万元） | 完成投资（万元） | 项目建设形象进度 |
|---|---|---|---|---|---|---|---|---|
| 市级美丽村庄示范点建设 | 在湟里镇西墅村、嘉泽镇跃进村开展美丽村庄示范点项目建设（道路改造、村庄环境提升、景点打造） | 湟里镇西墅村，嘉泽镇跃进村 | 武进区 | 2019—2020 | 4000 | 1000 | 1000 | 嘉泽镇跃进村、湟里镇西墅村市级美丽乡村示范项目建成，并于9月25日揭牌，完成全年计划投资额 |
| 市级美丽村庄示范片建设 | 推进实际美丽村庄示范项目建设，太湖湾片区按规划启动建设，至2023年基本完成建设任务 | 太湖湾管委会，雪堰镇 | 武进区雪堰镇 | 2020—2023 | 10000 | 2000 | 2000 | 完成全年计划投资额 |
| 武进区级精品村建设 | 遵循“高标准、高颜值、高价值、高品质、高普惠“原则，2020—2022年重点培育精品美丽乡村示范项目15个左右，以此带动全区各地特色美丽乡村建设 | 各创建村 | 武进区 | 2020—2022 | 10000 | 2000 | 2000 | 完成全年计划投资额 |

**【武进区入选第一批江苏特色优势种苗中心（企业）3家】** 2020年4月，江苏国色天香油用牡丹科技发展有限公司、常州市武进水产养殖场、常州市枫华牧业有限公司3家企业被省农业农村厅认定为第一批江苏特色优势种苗中心（企业）。

江苏国色天香油用牡丹科技发展有限公司　成立于2014年4月，是一家集木本油料植物种苗选育、推广、丰产栽培、旅游带动、产品深加工为一体的科技型企业。该公司拥有100公顷油用牡丹种植基地，成立长江流域油用牡丹国家林木种质资源库研究工作站，逐步建立育苗区、牡丹栽培温室与种质资源库；建立新品种扩繁圃，推广种苗种植面积200公顷；建成含有良种资源离体保存库、种质资源（愈伤组织）低温保存库、种质资源（愈伤组织）低温保存库等实验室的组培实验楼。

常州市武进水产养殖场　创建于1975年，是一家集渔业生产、科技研发、示范推广、科普教育于一体的现代渔业企业。该养殖场占地面积116.8公顷，建有标准化池塘53.33公顷，至2020年已开发养殖黄颡鱼、光唇鱼、大口黑鲈、黑尾近红鲌等20余个品种，具有年产黄颡鱼、黑尾近红鲌鱼苗1亿尾和培育后备亲本5万千克的能力，近10年累计推广黄颡鱼等良种5333.33公顷公顷。2020年，实现水产品总量1200吨，销售额1500万元。被命名为“全国农村科普示范基地”“农业部水产健康养殖示范场”“江苏省常州黄颡鱼良种场”。

常州市枫华牧业有限公司　创建于2009年，下设江苏康乐农牧有限公司、江苏常泰农牧科技有限公司等全资子公司5个，是一家专业现代化种猪育种企业，为农业产业化国家重点龙头企业、国家生猪核心育种场、农业部生猪标准化示范场和江苏省生猪产业技术创新战略联盟盟主单位。该公司在常州、丹阳、丹徒及泰州建有基地6个，共占地333.33公顷，拥有生产基础母猪群1.5万头，年可出栏生猪35万头以上，培育的鸿图牌种猪、商品猪为江苏省名牌产品。2020年，实现销售收入超5亿元、利润超2亿元。

**【武进区首届“十大农产品优选品牌”评选】** 按照《武进区名特优农产品推介（2019—2021）三年行动计划》要求，培育、打造优质品牌农产品，提升优质农业品牌的知名度和影响力，区农业农村局联合武进日报社、区农业协会等单位开展武进区首届“十大农产品优选品牌”评选活动，经企业自主申报、乡镇推荐，16个农产品品牌入围。经过品牌机构价值评估、公众投票、专家评审3个环节，最终评选出阳湖果品、湟里牛肉、雪山鸡、清道夫盒装鸭血、太湖雪堰三白、蒋凤记盐水鸭、苏常鲜水果、雅浦黄酒、羽佳大米和嬉乐湾杨梅、石斛为武进区首届“十大农产品优选品牌”，并于2020年1月10日授牌。

（陈柯宇）

## 粮油作物种植业

**【概况】** 2020年，全区粮食播种面积6.67千公顷，完成粮食总产4921万千克，分别比2019年增加0.24千公顷和170万千克。其中，水稻种植面积3813.3公顷，平均亩产638.1千克，较2019年减少0.4千克；小麦种植面积1548.3公顷，平均亩产324千克，较2019年增产15千克。推广以南粳系列为主的优质高效水稻品种和以扬麦系列为主的中、弱筋小麦品种，稻麦良种覆盖率100%；推广机插稻面积3380公顷，占水稻种植总面积的88.6%。全年完成轮作休耕面积1921.8公顷，其中轮作换茬面积488公顷、休耕晒垡面积1433.8公顷。秋播季主要以水稻油菜轮作为主，水稻绿肥为辅，在全区范围内全面落实国家耕地轮作试点面积1827公顷。各镇开展粮食“绿色、高质、高效”创建活动，全区累计创建面积267公顷。

**【水稻品种通过省级及以上审定10个】** 2020年，江苏（武进）水稻研究所培育的水稻新品种武粳2181、中垦稻100、泰粳5241通过国家农作物品种审定委员会审定，审定编号分别为“国审稻20200036”“国审稻20200042”“国审稻20200282”；武粳38、武粳68、武香粳113、武香糯7368、香血稻515通过江苏省农作物品种审定委员会审定，审定编号分别为“苏审稻20200018”“苏审

表 7

**2020 年武进区粮油作物生产情况表**

| 类　别 | 面　积（千公顷） | 比 2019 年（±%） | 总　产（万千克） | 比 2019 年（±%） | 亩　产（千克） | 比 2019 年（±%） |
|---|---|---|---|---|---|---|
| 全年粮食 | 6.67 | 3.66 | 4921.0 | 3.58 | 492.1 | −0.08 |
| 夏　粮 | 1.74 | −13.52 | 797.4 | −10.51 | 306.3 | 3.48 |
| 小　麦 | 1.55 | −15.43 | 753.0 | −11.26 | 324.2 | 4.92 |
| 秋　粮 | 4.93 | 11.46 | 4123.6 | 6.84 | 557.5 | −4.14 |
| 稻　谷 | 3.81 | 1.35 | 3649.7 | 1.29 | 638.1 | −0.06 |
| 油　料 | 0.33 | −1.91 | 65.4 | −11.65 | 131.0 | −10.15 |
| 油菜籽 | 0.29 | −6.85 | 58.7 | −10.22 | 135.0 | −3.57 |

稻 20200007”“苏审稻 20200040”“苏审稻 20200051”“苏审稻 20200052”；武运 402、粳糯 335 通过安徽省农作物品种审定委员会审定，审定编号分别为“皖审稻 20200032”“皖审稻 20201063”。

*武粳 2181*　由武运粳 21 号和武运粳 8 号杂交育成，属中熟中粳稻品种，区试平均株高 98.0 厘米，结实率 85.7%，千粒 26.8 克，中感稻瘟病、条纹叶枯病，适宜在河南沿黄及信阳地区、山东南部、江苏淮北、安徽沿淮及淮北地区的稻瘟病轻发区种植，2019 年生产试验，平均亩产 648.2 千克，比对徐稻 3 号增产 5.8%。

*中垦稻 100*　由武 2341 和盐 11040 杂交育成，属中熟中粳稻品种，区试平均株高 93.7 厘米，结实率 87.0%，千粒 25.9 克，中感稻瘟病、条纹叶枯病，适宜在河南沿黄及信阳地区、山东南部、江苏淮北、安徽沿淮及淮北地区的稻瘟病轻发区种植，2019 年生产试验，平均亩产 710.2 千克，比对徐稻 3 号增产 8.0%。

*泰粳 5241*　由 2845/ 武运粳 30 号和丙 11−1 杂交育成，属中熟中粳稻品种，区试平均株高 95.3 厘米，结实率 79.5%，千粒 25.0 克，中感稻瘟病、条纹叶枯病和白叶枯病，米质理化指达到国标二级优质稻谷标准，适宜在河南沿黄及信阳地区、山东南部、江苏淮北、安徽沿淮及淮北地区的稻瘟病轻发区种植，2019 年生产试验，平均亩产 697.1 千克，比对徐稻 3 号增产 10.0%。

*武粳 38*　由武粳 15 和盐粳 11040 杂交育成，属迟熟中粳稻品种，区试平均株高 91.8 厘米，结实率 89.8%，千粒 26.8 克，中感稻瘟病、白叶枯病和条纹叶枯病，抗纹枯病，适宜在江苏苏中及宁镇扬丘陵地区种植，2019 年生产试验，平均亩产 712.7 千克，比对武运粳 27 号增产 4.8%。

*武粳 68*　由丙 011−1/ 武粳 13 号和台 0206 杂交育成，属中熟中粳稻品种，区试平均株高 107.2 厘米，结实率 89.6%，千粒 25.8 克，中感稻瘟病、白叶枯病和条纹叶枯病，感纹枯病，米质理化指达到国标二级优质稻谷标准，适宜在江苏淮北地区种植，2019 年生产试验，平均亩产 695.1 千克，比对徐稻 3 号增产 6.2%。

*武香粳 113*　由香软玉和武粳 7059 杂交育成，属迟熟中粳稻品种，区试平均株高 95.5 厘米，结实率 91.5%，千粒 24.6 克，中感稻瘟病、条纹叶枯病，中抗白叶枯病，感纹枯病，属软米品种，适宜在江苏苏中及宁镇扬丘陵地区种植，2019 年生产试验，平均亩产 703.9 千克，比对淮稻 5 号增产 4.9%。

*武香糯 7368*　由武运粳 31 号 / 常软和镇糯 19 杂交育成，属早熟晚粳糯稻品种，区试平均株高 102.6 厘米，结实率 91.0%，千粒 25.2 克，中感稻瘟病、白叶枯病和条纹叶枯病，感纹枯病，米质理化指达到国标一级优质稻谷标准，适宜在江苏省沿江及苏南地区种植，2019 年生产试验，平均亩产 730.5 千克，比对武运粳 23 增产 4.3%。

*香血稻 515*　由香血糯 335 和 605 杂交育成，属早熟晚粳紫米稻品种，区试平均株高 90.4 厘米，结实率 91.4%，千粒 24.0 克，中感稻瘟病、条纹叶枯病，中抗白叶枯病，感纹枯病，适宜在江苏沿江及苏南地区种植，2019 年生产试验，平均亩产 694.6 千克，比对武运粳 23 减产 0.9%。

*武运 402*　由秀水 123 和武运粳 31 杂交育成，属晚粳常规水稻品种，区试平均株高 87.7 厘米，结实率 90.1%，千粒 26.9 克，中抗稻瘟病，中感稻曲病，感白叶枯病，适宜在安徽双季晚粳稻区推广种植，2019 年生产试验，平均亩产 640.9 千克，较对品种增产 8.3%。

*粳糯 335*　由 2166 和台 09−12 杂交育成，属晚粳常规水稻品种，区试平均株高 89.9 厘米，结实率 88.3%，千粒 25.6 克，中感稻瘟病，感稻曲病，中感白叶枯病，米质理化指达到国标二级优质稻谷标准，适宜在安徽双季晚粳稻区推广种植，2019 年生产试验，平均亩产 650.0 千克，比对品种增产 9.1%。

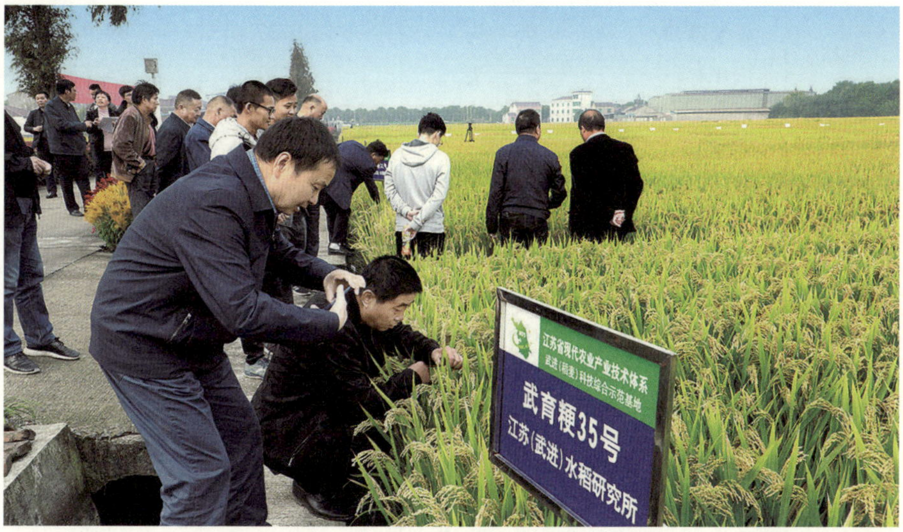


10 月 22 日，江苏省晚稻新品种展示观摩活动在武进举行　（摄影 / 陆　新）

**【植保植检和病虫草防治】**　2020 年，草地贪夜蛾继续危害区内粮油作物，武进区以玉米为主，设立监测点 21 个，对玉米、蔬菜、水稻、果树、花木、草坪等作物开展性诱剂监测，监测范围覆盖所有涉农镇（街道），草地贪夜蛾为害较 2019 年有所减轻，未出现连片危害。年内，迁飞性害虫水稻褐飞虱中等偏重情况发生，呈现见虫晚、增速快、反扑猛的特点。全区开展水稻病虫害总体防治，实现水稻病虫害损失率控制在 0.9%。

**【水稻病虫绿色防控示范区高标准建设】** 2020 年，武进区在雪堰镇建设 1 个市级水稻病虫绿色防控示范区，其核心区在新康村，面积 73.3 公顷，辐射水稻面积 667 公顷。在核心区示范应用农业、物理、生物等多种防控措施，设立技术展示牌，向广大项目区农户宣传绿色防控技术。水稻病虫绿色防控示范区较常规防治区减少化学农药用量 29%，生物、物理等非化学农药的绿色防控技术覆盖率 32.5%，绿色防控产品使用面积占比达 100%。全区稻麦生产单位面积化学农药使用量比 2015 年减少 52.5%，比 2019 年减少 17%，太湖一级保护区面积化学农药使用量比 2015 年减少 79.6%，比 2019 年减少 41.3%。

（陈柯宇）

## 林果园艺业

**【概况】** 2020 年，全区引进种植水蜜桃、葡萄、梨等品种 10 余个，果品栽培面积 4467 公顷，其中种植桃树 2533 公顷、梨树 227 公顷、葡萄 1400 公顷，年产果品 6100 万千克，产值 5.74 亿元；茶园面积 165 公顷，茶叶产量 2.86 万千克，产值 1371.3 万元；蔬菜常年性耕地面积 2323.3 公顷，全年蔬菜播种面积（含复种）5326.7 公顷，产量 1.68 亿千克，产值 5.2 亿元。

2020 年，全区花木种植面积 8109 公顷。其中，苗木种植面积 5933 公顷，花卉种植面积 275 公顷，盆景种植面积 34 公顷，草坪种植面积 1867 公顷，年产苗木 10.26 亿株、盆栽植物 4.06 亿盆。全区有花木经纪人近万人，花木园林企业 201 家，花木市场中间商 4000 多人，从业总人数达 7.79 万人。嘉泽、湟里两大花木版块花木种植面积达 0.74 万公顷，占全区花木总面积的 91%。至年底，全区完成花木业产值 18.05 亿元，夏溪花木市场完成交易额 178.96 亿元。

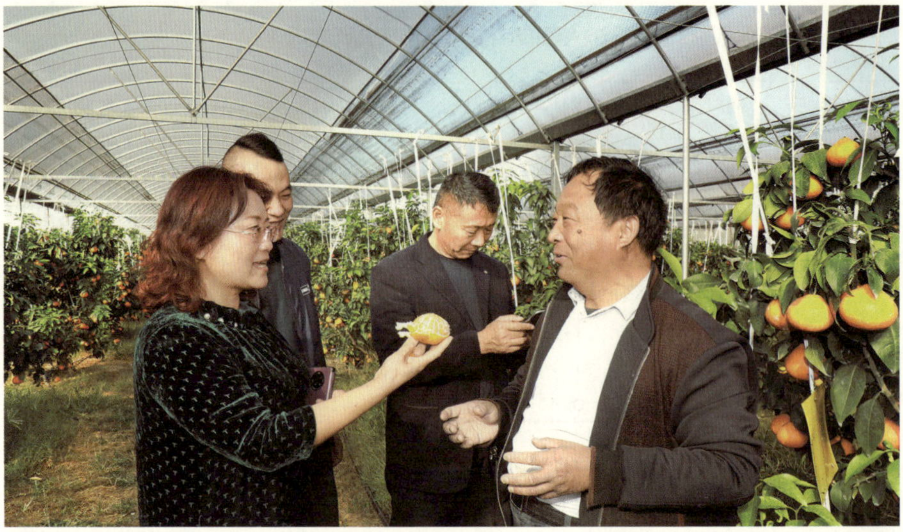

雪堰丰香园家庭农场带动周边果农种植优品“红美人”柑橘　（摄影 / 陆　新）

**【第十二届“阳湖”果品节】** 7 月 15 日至 8 月 15 日举行。该届果品节由区果品协会主办，以“果香阳湖，甜蜜无尽”为主题，重点围绕“品牌培育、产销对接、专场推介、直播带货”，推出“经纪人 + 基地”产销对接、“阳湖”果品节开幕式、线上直播带货、“阳湖”品牌战略规划新闻发布会、专场推介会（杭州）、“阳湖”水蜜桃专家品鉴会、门店专柜展销、线上和线下同步推介八大系列活动，推进“阳湖”果品宣传、客商洽谈、信息交流和产业提升，有效提高农民收入、农业效益。果品节期间，武进线下依托杰记水果平台与百果园、果多美、叶氏兄弟等水果连锁企业和北京、上海、浙江、南京等主要果品交易市场签订合作协议，实现果品订单超 1500 万元；线上授权常州鱼米之乡电子商务有限公司运营，10 余家开展电商业务的农业生产主体完成年销售额近 1000 万元。

（陈柯宇）

## 畜牧业

**【概况】** 2020 年，武进区落实动物防疫责任，夯实基础免疫、监测预警等基础

表 8　2020 年武进区畜牧业生产情况表

| 项　目 | | 单　位 | 指　标 | 比 2019 年（±%） |
|---|---|---|---|---|
| 生猪 | 年末存栏 | 万　头 | 4.69 | 745.85 |
| | 能繁母猪 | 万　头 | 0.37 | 789.42 |
| | 年内出栏 | 万　头 | 7.32 | 24.63 |
| | 猪肉产量 | 吨 | 10467.00 | 137.62 |
| 羊 | 年末存栏 | 头 | 570.00 | −42.19 |
| | 年内出栏 | 头 | 2180.00 | 179.13 |
| | 羊肉产量 | 吨 | 32.70 | 104.37 |
| 家禽 | 年末存栏 | 万　羽 | 61.80 | −19.96 |
| | 鸡 | 万　羽 | 58.07 | −19.09 |
| | 鸭 | 万　羽 | 2.84 | −2.66 |
| | 鹅 | 万　羽 | 0.88 | −64.75 |
| | 年内出栏 | 万　羽 | 344.36 | −5.83 |
| | 禽肉产量 | 吨 | 5247.00 | −31.99 |
| | 禽蛋产量 | 吨 | 389.00 | 8.05 |

性工作，提升动物疫病综合防控能力。开展违法违规调运专项整治行动，在江宜高速武进经发区（长虹西路）道口设置生猪运输车辆临时检查卡口，由交通运输、公安、农业农村部门安排专职人员实行24小时值班制度。开展非洲猪瘟专项监测，累计采集养殖场抗凝血、环境拭子等样品共计597份。推进重大动物疫病春季防疫及犬类狂犬病防疫行动、夏季重大动物疫病集中补免和消毒灭源行动、重大动物疫病秋季集中防疫行动三大防疫行动，累计防疫高致病性禽流感280.53万羽次、新城疫210.59万羽次、猪牛羊口蹄疫80644头次、猪瘟7.8万头次、高致病性猪蓝耳病3.56万头次、羊小反刍兽疫0.21万头次，防疫犬35228只，全年未发生区域性重大动物疫情。至12月底，全区生猪存栏4.69万头，其中能繁母猪存栏0.37万头，年内出栏生猪7.32万头，出栏数增长24.63%；家禽年末存栏61.80万羽（其中鸡58.07万羽、鸭2.84万羽、鹅0.88万羽），年内出栏家禽344.36万羽，出栏数下降5.83%；山羊存栏570头，出栏2180头，出栏同比增加179.13%。年产肉类1.57万吨，禽蛋产量380吨。全年实现畜牧业总产值3.09亿元，较2019年增长42.4%。

**【生猪恢复生产】** 2020年，武进区将恢复生猪生产目标任务列入全区高质量发展考核，设立区级生猪养殖专项资金6300万元，用于奖补发展生猪规模养殖的镇（街道）以及生猪外协、外建补贴，有效落实各项扶持政策，切实加强对恢复生猪生产工作的统筹指挥和协调。自6月起，江苏枫华农业集团有限公司从丹阳场分批引进种猪和肉猪，开始大规模复养，至12月底生猪存栏达2.8万头，其中能繁母猪存栏3000头左右。江苏立华牧业股份有限公司年存栏5000头母猪循环场项目落户礼嘉镇（江苏武南现代农业产业园），于10月开工建设，预计2021年上半年建成投运。

（陈柯宇）

## 渔　业

**【概况】** 2020年，因行政区域调整及退田还湖等原因，全区水产养殖面积压缩至2935公顷，水产品总产量3.35万吨。特种水产覆盖率达85%以上，特种水产品产量4589吨，特种水产产值9.86亿元。成功申报国家健康养殖示范场2家，建设省级、市级现代农业（河蟹）产业技术体系武进示范基地各1个，常州市百家标准化生产企业4家。完成百亩连片养殖池塘生态化改造200公顷，建设水产养殖尾水净化生态示范点2个，探索开展稻鱼循环种养、池塘原位净化等绿色新型水产养殖技术与模式。加强渔政监管，实施长江流域禁捕退捕，全面完成武进区长江流域重点水域禁捕退捕任务，累计上报并清退渔船676艘，上报并清退渔民1082人，累计下达各项补助资金2.3亿元，所有符合条件的退捕渔民全部纳入社保并就业安置，纳入社会保障范围的退捕渔民均按要求办结参保手续，实现退捕渔民参保率100%的目标。

**【武进获批国家健康养殖示范场2家】** 2020年1月，武进区前黄马瑛家庭农场、常州盛平水产专业合作社被农业农村部批准为国家级水产健康养殖示范场（第十四批）。

武进区前黄马瑛家庭农场　成立于2015年9月，是一家集水产养殖、苗种繁育于一体的民营企业，基地养殖面积6公顷，为武进渔业主产区。该农场主要从事中华绒螯蟹扣蟹育种以及农业农村部最新认证的“长江2号”“诺亚1号”等新品系河蟹养殖，于2014年注册大闸蟹“憨丫”商标，该产品2019年10月被农业农村厅审定为无公害农产品。

常州盛平水产专业合作社　成立于2016年4月，是一家集水产养殖、苗种繁育于一体的民营企业，基地养殖面积10.41公顷，为武进渔业主产区。该合作社主要从事中华绒螯蟹、扣蟹育种，于2020年8月注册大闸蟹“壹品湟”商标。

表9　2020年武进区渔业指标完成情况表

| 项目 | | | 单位 | 指标 | 比2019年（±%） |
|---|---|---|---|---|---|
| 基本情况 | | 养殖面积 | 万公顷 | 0.29 | −39.49 |
| | | 其中：池塘养殖 | 公顷 | 2906 | −38.45 |
| | | 围网养殖 | 公顷 | 0 | 0 |
| | | 河沟养殖 | 公顷 | 29 | −78.51 |
| | | 水产品产量 | 万千克 | 3355 | −7.88 |
| | | 渔业产值 | 亿元 | 9.86 | −8.02 |
| | | 鱼池改造面积 | 公顷 | 215 | 115 |
| | | 工厂化养殖水体 | 立方米 | 17880 | 0 |
| 特种水产养殖 | | 总面积 | 公顷 | 2026 | −3.38 |
| | | 总产量 | 万千克 | 458.9 | −10.56 |
| | 河蟹 | 面积 | 公顷 | 1400 | −25.65 |
| | | 产量 | 万千克 | 362.4 | −1.49 |
| | 青虾 | 面积 | 公顷 | 1441 | 44.1 |
| | | 其中：单养面积 | 公顷 | 14 | 0 |
| | | 产量 | 万千克 | 69.4 | 90.13 |
| | | 其中：单养产量 | 万千克 | 4.52 | 0.44 |
| | 龟鳖 | 控温面积 | 公顷 | 2 | 0 |
| | | 养殖面积 | 公顷 | 12 | 0 |
| | | 黄颡鱼面积 | 公顷 | 5 | −16.66 |
| 苗种生产 | | 淡水鱼苗产量 | 亿尾 | 1.13 | −84.34 |
| | | 扣蟹育苗量 | 千克 | 21100 | 1.93 |

（陈柯宇）

## 农业产业化

【概况】 2020年，武进区稳步推进农业产业化进程，通过项目带动、创先评优等形式，助力新型农业经营主体成长。全年申报各级各类项目72个，共下达财政资金741万元。实施农业龙头企业培育项目13个，争取市级以上财政资金523万元。建成市级20强农产品加工型示范龙头企业3家（江苏立华牧业股份有限公司、常州市雅浦酿酒有限公司、江苏太滆水产科技有限公司），新增省级农业龙头企业常州市万川园林绿化工程有限公司1家、市级农业龙头企业江苏国色天香油用牡丹科技发展有限公司等6家和区级农业龙头企业8家，累计区级及以上重点农业龙头企业29家，其中国家级3家、省级8家、市级11家，全年实现销售额超280亿元。发展新型农业经营主体，培育市级"双百"示范农民专业合作社4家、市级"双百"示范家庭农场27家、省级农民专业合作社示范社5家、省级示范家庭农场6家，组建礼嘉、湟里、嘉泽农村合作经济组织联合会3个。发展休闲观光农业，入选省休闲旅游农业精品线路2条，江苏国色天香油用牡丹科技发展有限公司、城西回民村获省主题创意农园认定，江苏谷神生态旅游发展有限公司申报全国休闲农业与乡村旅游精品企业（园区）。

【武进入选省休闲旅游农业精品线路2条】 4月、8月，省农业农村厅先后发布全省春夏乡村休闲旅游农业精品线路、全省秋冬休闲旅游农业精品线路名单，武进区春季赏花健康科普二日游、秋冬美丽乡村生态休闲二日游分别入选。

*春季赏花健康科普二日游* 线路为江苏嬉乐湾生态农业示范园—常州龙凤谷生态园—新康村味稻小镇—城西回民村陡门塘。推介词：遂遥龙凤谷，缥缈回民村；新康体农趣，欢笑洒嬉乐。

*秋冬美丽乡村生态休闲二日游* 线路为雪堰镇雅浦村—雪堰镇太滆村—竺山湖度假区。推介词："醉美"雅浦，"鲜活"太滆。

（陈柯宇）

## 农业机械化

【概况】 2020年，全区新增各类先进适用补贴农业机械235台套，其中大中拖拉机6台、高性能联合收割机5台、高性能插秧机4台、烘干机4台、热风炉8台、农用挖掘机18台，享受补贴的农户202户，共投入中央及省级财政补贴资金153.201万元。有农机专业合作社、农机作业服务公司等农机服务组织50个，农机服务组织作业面积占机械作业总面积的80%以上。区农机部门扶持农机服务组织机库和维修点建设，确定维修点建设项目1个。至年底，全区农机总动20.02万千瓦，其中柴油机动力9.03万千瓦、汽油机动力1.92万千瓦、电动机动力9.08万千瓦；机插秧面积3359公顷，占水稻种植面积的88.1%。全区农业综合机械化水平93.5%，其中粮食生产机械化水平96.55%以上、设施农业生产主要环节机械化水平73%以上，农业机械化水平在全省保持领先地位。年内，武进区入选全国第四批率先基本实现主要农作物生产全程机械化示范县（市、区），创成省粮食生产全程机械化示范县，以考评第一名的成绩通过省粮食生产全程机械化整体推进示范区创建验收。

【武进区入选全国第四批率先基本实现主要农作物生产全程机械化示范县（市、区）】 2020年1月，武进区被农业农村部认定为全国第四批率先基本实现主要农作物生产全程机械化示范县（市、区）。武进区贯彻落实《国民经济和社会发展第十三个五年规划纲要》中"建设500个全程机械化示范县"部署和《乡村振兴战略规划（2018—2022年）》《国务院关于加快推进农业机械化和农机装备产业转型升级的指导意见》精神，推进全程机械化整体建设，提高全区全程机械化水平。全区有农机服务组织50个，实现农机社会化服务有效覆盖，形成全程机械化可复制、可推广的生产模式。年末，全区机插秧面积3359公顷，占水稻种植面积的88.1%；农业综合机械化水平93.5%，其中粮食生产机械化水平96.55%以上、设施农业生产主要环节机械化水平73%以上。

【"武进智慧农机"管理平台全面上线】 5月，"武进智慧农机"管理平台全面上线。该平台由区农业农村部门与龙道电子商务有限公司合作设计开发，根据实际工作流程，运用互联网技术，通过手机、电脑汇总辖区内农机数据、生产情况，及时为决策提供信息，有效助力全区农机维修补贴、机具购置补贴、秸秆机械化还田、机插秧管理等线上化、流程化、电子化，降低核查工作复杂度，实现装备智能化、作业精准化、管理数据化、服务在线化，提高全区农机管理水平。

（陈柯宇）

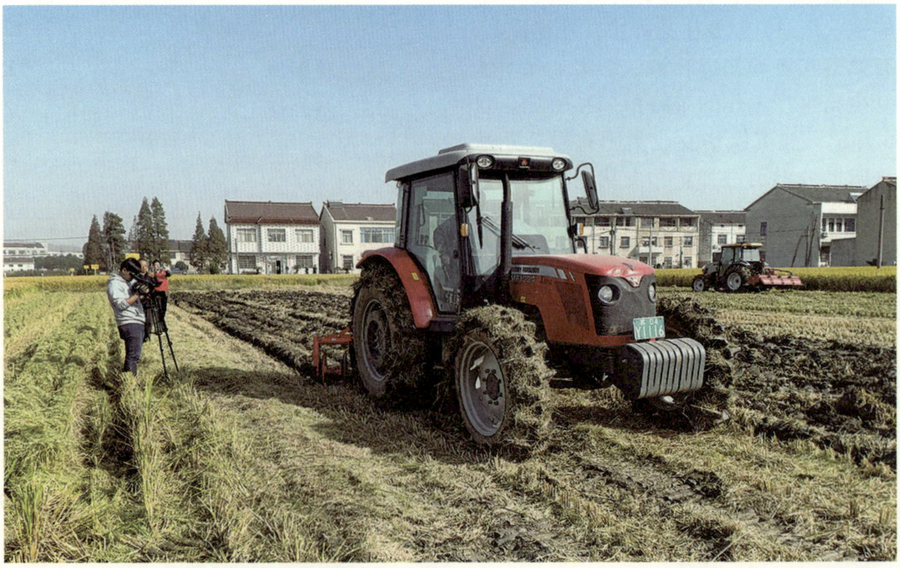

无人驾驶拖拉机在翻耕农田 （供图／区融媒体中心）

# 工 业

## Industry

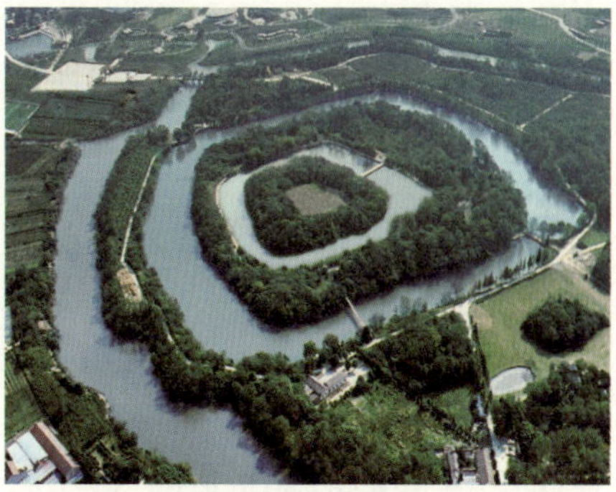

栏目编辑 陈 蓉

### 工业经济运行

**【概况】** 2020年，武进区有国家级工业产业园区1个、省级工业产业园区1个和镇特色工业园区7个，有年主营业务收入2000万元以上（简称“规模以上”）工业企业1289家、超100亿元企业4家、超1000亿元企业1家，高新技术企业716家。围绕“十三五”规划收官年、建设工业明星城市和“一区一城”建设目标，武进区加速发展高端装备制造、新材料、新一代信息技术产业，重点培育新能源汽车及汽车核心零部件、节能环保、智能电网、新能源等新兴产业，落实“六稳”“六保”举措，有效应对疫情影响，保障工业经济平稳健康运行，取得疫情防控和复工复产决定性成果。“十三五”期间，新兴产业产值年均增长率突破10%，占工业经济的比重提升近15%。据中国信息通信研究院发布的2020年中国工业百强县、中国工业百强区榜单，武进区位列中国工业百强区全国第九、全省第二。年内，工业企业入围2020年中国民营企业500强2家、中国制造业民营企业500强2家，制造业上市企业累计22家，获省长质量奖1家、市长质量奖2家。

2020年，武进区工业经济运行稳中有进、进中有变、变中藏忧。工业投资比2019年下降32.7%，工业技改投资占工业投资的53.3%，其中7个镇特色工业园区完成年度工业投资23.2亿元。完成规模以上工业产值2410.67亿元，增长7.3%，其中重工业产值1845.45亿元、轻工业产值565.22亿元，分别增长8.9%和2.5%，规模以上工业增加值增长6.4%；完成工业开票销售收入3123.63亿元、营业收入2447.61亿元，分别增长10.6%、8.5%；实现利税总额209.2亿元、利润总额150.18亿元，分别增长6.2%、4.5%。销售收入百强工业企业累计完成产值1587.07亿元、销售收入1642.53亿元、利税149.65亿元，有效拉动工业发展，50家企业被评为2020年度常州市工业星级企业。规模以上工业企业全年用电量58.72亿千瓦时、综合能源消耗量累计251.06万吨标准煤，分别增长2.6%、6.8%。

（张杏阳）

**【工业企业运行监测】** 2020年，围绕年度工业经济目标任务，武进区发出《关于公布2020年武进区重点企业、高成长企业名单的通知》，筛选瑞声科技控股有限公司等重点企业50家、重庆理想汽车有限公司常州分公司等高成长企业100家，组织定期和专题运行分析。调查和掌握新冠肺炎疫情防控、环保安全政策升级等内外部因素影响，及时提出重点问题和相关预测，加强重点行业、重点企业监测预警，培育新增长点，确保工业经济运行态势稳健向好。年内，50家重点企业累计完成产值1244.41亿元，占规模以上工业企业产值的51.62%，有力支撑工业发展。100家高成长企业累计完成产值304.13亿元，增长62.67%，高于规模以上工业企业产值平均增幅55.37个百分点，有效拉动工业增长。

**2020年武进区50家重点工业企业主要经济指标完成情况表**

表10　　单位：万元

| 主要经济指标 / 企业名称 | 产值 2020年 | 产值 比2019年（±%） | 营收 2020年 | 营收 比2019年（±%） | 利税 2020年 | 利税 比2019年（±%） | 利润 2020年 | 利润 比2019年（±%） |
|---|---|---|---|---|---|---|---|---|
| 瑞声科技控股有限公司 | 1169027 | 1.10 | 1252227 | 7.68 | 95649 | −13.39 | 53309 | −38.08 |
| 光宝科技（常州）有限公司 | 688294 | −26.95 | 692784 | −25.83 | 10826 | −48.11 | 10826 | −48.11 |
| 江苏恒立液压股份有限公司 | 772840 | 40.81 | 818438 | 47.44 | 303001 | 74.51 | 258441 | 70.77 |
| 新誉集团有限公司 | 542603 | 10.28 | 559412 | 18.17 | 129895 | 8.34 | 105397 | 7.81 |
| 柳工常州机械有限公司 | 530967 | 25.03 | 684167 | 60.31 | 29675 | 2.03 | 20820 | −4.70 |
| 纳恩博（常州）科技有限公司 | 301727 | −23.33 | 303418 | −18.79 | 29071 | −5.71 | 7762 | −50.96 |
| 今创集团股份有限公司 | 267551 | −16.25 | 290839 | −6.47 | 41323 | −12.10 | 33731 | −7.05 |

续表 10

| 主要经济指标 / 企业名称 | 产值 | | 营收 | | 利税 | | 利润 | |
|---|---|---|---|---|---|---|---|---|
| | 2020年 | 比2019年(±%) | 2020年 | 比2019年(±%) | 2020年 | 比2019年(±%) | 2020年 | 比2019年(±%) |
| 江苏顺风光电科技有限公司 | 165015 | −27.26 | 190164 | −16.80 | −2039 | / | −2864 | / |
| 常州新奥燃气发展有限公司 | 197011 | −0.45 | 196732 | −1.44 | 50468 | 15.03 | 44794 | 13.65 |
| 江苏国茂减速机股份有限公司 | 218407 | 15.21 | 215813 | 15.08 | 51267 | 22.42 | 41564 | 26.93 |
| 爱科（常州）农业机械有限公司 | 142739 | −18.59 | 137576 | −15.76 | 4239 | −44.34 | 3746 | −47.56 |
| 安费诺（常州）高端连接器有限公司 | 155219 | 0.77 | 148039 | 0.27 | 53449 | −13.03 | 37768 | −13.27 |
| 博世力士乐（常州）有限公司 | 88242 | −2.73 | 96296 | −6.44 | 23332 | −18.00 | 17008 | −23.41 |
| 卡尔迈耶（中国）有限公司 | 105699 | 4.57 | 113514 | 14.59 | 26326 | 21.20 | 22625 | 24.14 |
| 江苏龙城精锻有限公司 | 94591 | −6.99 | 94941 | −4.12 | 10465 | 25.25 | 8450 | 65.93 |
| 安川（中国）机器人有限公司 | 98087 | 8.90 | 98867 | 18.21 | 13098 | 54.35 | 12096 | 70.01 |
| 利优比压铸（常州）有限公司 | 95963 | 23.38 | 96804 | 22.91 | 2543 | / | 1791 | / |
| 万帮数字能源股份有限公司 | 112079 | 4.24 | 85960 | −0.56 | 8820 | −53.92 | 6553 | −64.84 |
| 斯泰必鲁斯（江苏）有限公司 | 80645 | 23.72 | 76561 | 18.38 | 15281 | 29.37 | 12682 | 41.49 |
| 快克智能装备股份有限公司 | 52987 | 13.58 | 50552 | 10.49 | 17018 | −27.44 | 13887 | −32.22 |
| 创生医疗器械（中国）有限公司 | 27324 | −22.70 | 25923 | −31.98 | −6582 | / | −8632 | / |
| 江苏南方轴承股份有限公司 | 48415 | 15.80 | 46263 | 12.91 | 10449 | 32.46 | 9405 | 33.77 |
| 智思控股集团有限公司 | 15703 | −49.96 | 15703 | −47.14 | 2626 | −27.60 | 1246 | −41.77 |
| 常州华森医疗器械有限公司 | 51412 | 61.42 | 51573 | 58.18 | 29251 | 135.48 | 22941 | 129.65 |
| 常州金信诺凤市通信设备有限公司 | 13648 | −34.87 | 13813 | −33.92 | 631 | −53.42 | −13 | / |
| 江苏小牛电动科技有限公司 | 210337 | −9.51 | 234581 | 13.46 | 31032 | 32.75 | 23135 | 22.51 |
| 江苏晶雪节能科技股份有限公司 | 65772 | 21.29 | 74117 | 17.39 | 10900 | −4.16 | 7740 | −3.16 |
| 江苏常虹钢结构工程有限公司 | 65658 | −6.12 | 57090 | −12.50 | 2059 | −15.12 | 894 | −26.83 |
| 腾龙科技集团有限公司 | 107392 | 9.16 | 110865 | 7.51 | 10112 | −19.88 | 8156 | −23.07 |
| 江苏海鸥冷却塔股份有限公司 | 61522 | 14.94 | 51388 | 9.33 | 4815 | −11.44 | 3675 | −24.92 |
| 新纶科技（常州）有限公司 | 52433 | 17.29 | 50583 | 14.90 | 14709 | 97.71 | 9836 | 55.87 |
| 常州百利锂电智慧工厂有限公司 | 65586 | 42.58 | 66037 | 71.91 | 3948 | −37.34 | 2468 | −39.89 |
| 碳元科技股份有限公司 | 51912 | −8.47 | 47186 | −8.45 | 4209 | 255.61 | 2669 | 368.54 |
| 江苏南方卫材医药股份有限公司 | 109402 | 115.08 | 109377 | 126.92 | 11993 | 109.50 | 10042 | 117.33 |
| 江苏瓯堡纺织染整有限公司 | 39764 | −22.26 | 38317 | −24.11 | 4171 | −20.91 | 484 | 4.29 |
| 旷达控股集团有限公司 | 447470 | 11.2 | 371089 | 10.00 | 34823 | −8.50 | 21268 | −12.00 |
| 中铁建电气化局集团轨道交通器材有限公司 | 65121 | 7.96 | 64636 | 10.72 | 6964 | 54.99 | 2836 | 50.21 |
| 江苏鑫和泰机械集团有限公司 | 27353 | 1.77 | 31182 | 8.82 | 1732 | 33.95 | 1031 | 63.65 |
| 常州康普药业有限公司 | 27823 | 19.79 | 23674 | 5.60 | 17514 | 1.58 | 14961 | 2.86 |
| 常州九盈铜业有限公司 | 274517 | 5.70 | 269074 | 4.94 | 1200 | −88.93 | 475 | −95.38 |
| 江苏常发实业集团有限公司 | 638553 | 10.30 | 650260 | −4.30 | 27785 | −19.80 | 19832 | −20.60 |
| 百兴集团有限公司 | 178782 | 17.73 | 178855 | 14.01 | 22708 | 100.10 | 17368 | 143.59 |
| 江苏丰润电器集团有限公司 | 244252 | −2.37 | 257199 | 10.13 | −1718 | / | −3151 | / |
| 江苏南方通信科技有限公司 | 40301 | −29.44 | 40301 | −29.44 | 5988 | −17.97 | 4936 | −1.03 |
| 江苏洛凯机电股份有限公司 | 66978 | 16.71 | 64845 | 9.92 | 7576 | −2.69 | 5872 | 9.95 |
| 常州市蓝托金属制品有限公司 | 32213 | −40.25 | 31746 | −38.08 | 1907 | −69.33 | 706 | −81.43 |
| 三鑫重工机械有限公司 | 83729 | −4.33 | 81492 | −2.07 | 7665 | 14.84 | 5280 | −15.50 |
| 东方润安集团有限公司 | 3716822 | 15.38 | 3879624 | 15.00 | 117720 | −35.10 | 82426 | −33.32 |
| 江苏金鼎电器有限公司 | 56545 | 22.60 | 58011 | 22.56 | 6106 | 28.01 | 3834 | 36.68 |
| 常州凯达重工科技有限公司 | 37026 | −11.77 | 33928 | −23.31 | 6742 | −26.99 | 5713 | −28.18 |

说明：①表内企业按《区政府办公室关于公布2020年武进区重点企业、高成长企业名单的通知》中50家重点工业企业名单排序；②“/”表示本期或同期为负数；③此表不含常州经开区企业

（姜　枫）

【镇特色工业园区产值超600亿元】 2020年，武进区有雪堰精密机械产业园、前黄绿色低碳产业园、礼嘉农用机械工业园、洛阳冷藏冷链装备及电机电器产业园、湟里东方产业园、牛塘军民融合产业园、湖塘科技产业园7个镇特色工业园区，累计入驻企业817家。深入实施特色工业园区提升工程，优化园区布局，提升园区功能，提高用地效益，壮大主导产业。至年底，7个镇特色工业园区完成工业投资23.2亿元，实施1000万元及以上投资项目41个，完成工业总产值607.14亿元，实现销售收入602.12亿元，其中规模以上工业企业销售收入525.74亿元，占87.31%。

（薛舒明）

【区级工业重点项目建设】 2020年，武进区实施区重点工业项目162个，完成投资140.8亿元，完成年度目标的100.5%。其中，投资额超10亿元项目11个。至年底，柳工重型工程机械项目、灵达Sorona功能性纤维材料项目、戴纳米克花辊机械项目等27个项目超额完成年度投资计划，国茂高精密减速机及齿轮项目、中瑞锂电池防爆组合盖帽项目、洛凯智能电网核心部件项目等67个项目竣工投产。

（朱梦斐）

## 工业转型升级

【概况】 2020年，武进区统筹稳增长、调结构、促转型、强基础、补短板工作，以先进制造业集群培育为总抓手，持续扩大有效投入，加大自主创新、自主品牌培育力度，推进融合发展和绿色发展，推动工业经济平稳运行和高质量发展。全年争取省级及以上专项资金项目72个，获项目经费1.71亿元，90家企业获常州市产业扶持资金7728.9万元。推进智能制造，新增智能车间省级12个、市级13个，新增江苏省智能制造领军服务机构4个、常州市智能制造系统解决方案供应商22个，依托常州市智能制造联盟、蜂巢互联等开展智能制造专家诊断活动，提升智造服务。推进科技创新，新增专精特新“小巨人”企业国家级4家、省级10家，新增企业技术中心省级6个、市级11个；江苏万帮数字新能源科技股份有限公司的电动汽车智能充电装备入选工业和信息化部制造业单项冠军产品，常州中车柴油机有限公司的高端装备“复兴号”高速动车组用油压减振器关键技术攻关中标江苏省关键装备技术攻关项目，新增江苏省首台套重大装备1台套、常州市首台套重大装备及关键部件26台套，7个产品被列入江苏省重点推广应用的新技术新产品。推进工业化信息化融合发展，拓展基于互联网的新技术、新产品、新业态、新模式，提升企业创新动能，12家企业通过工业和信息化部两化融合管理体系贯标评定，中标工业和信息化部工业互联网创新发展工程项目2个；新增省级重点工业互联网平台3个、省级工业互联网标杆工厂3家、省级“企业上云”三星级及以上企业55家，常州天正工业发展股份有限公司的工业互联网App应用解决方案获工业和信息化部工业App优秀解决方案；成功举办2020世界工业和能源互联网暨国际工业装备博览会——5G开启“智造”新时代主题论坛。推进制造业服务业融合发展，新誉轨道交通科技有限公司的轨道交通车辆的智能运维技术及平台开发项目中标省服务化改造省级示范项目，新增工业设计中心省级、市级各2个，新增常州市服务型制造示范企业4家。推进绿色制造，组织企业申报绿色示范项目，新增绿色工厂国家级2家、省级2家、市级8家，常州优纳新材料科技有限公司入选《国家工业节能技术装备推荐目录》。推进集成电路等先导产业，落实减煤减化目标，持续压降能源消耗，化工企业由2017年年初的173家减至48家，减企比例超70%。

（张杏阳）

【战略性新兴产业发展】 武进区战略性新兴产业涵盖新一代信息技术、高端装备、新材料、生物医药、新能源汽车、新能源、节能环保、现代电子、智能电网九大重点领域。2020年，加速发展以轨道交通、智能装备和工业机器人为核心的高端装备产业，以石墨烯、先进碳材料和新型特种材料为引领的新材料产业，以通信设备、集成电路为代表的新一代信息技术产业，重点培育节能环保、智能电网、新能源等产业，坚持高端化、智能化、绿色化、服务化、品牌化引领，打造国内国际双循环重要节点，推动产业链、创新链、人才链、政策链贯通。年内，江苏万帮德和新能源科技股份有限公司的整配一体化预制式智能充电系统项目、常州华创航空科技有限公司的直升机传动系统研发及产业化项目、江苏今创交通设备有限公司的多品种轨道交通关键零部件及门系统智能柔性生产项目获省级战略性新兴产业发展专项资金扶持，共获扶持资金4400万元。至年底，战略性新兴产业有规模以上工业企业近500家，完成规模以上工业产

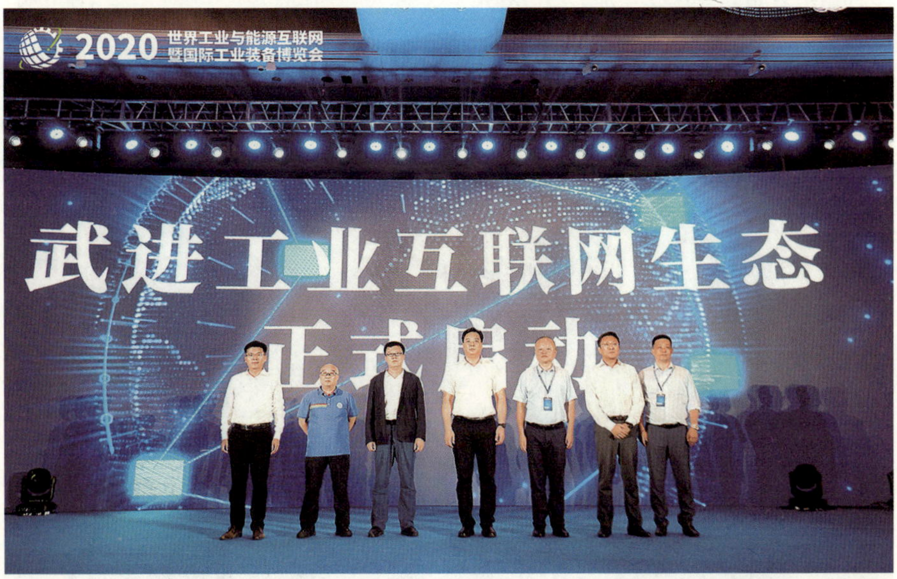


9月16日，武进工业互联网生态在2020世界工业和能源互联网暨国际工业装备博览会上启动

（供图/区工业和信息化局）

值1294.2亿元，增长11.8%，占规模以上工业企业产值的53.7%；实现主营业务收入1324.3亿元、利税152.1亿元、利润111.6亿元，分别增长14.7%、15.0%、11.1%。其中，高端装备、新能源汽车、生物医药产业发展稳定向好，规模以上工业企业分别完成产值564.4亿元、111.7亿元、82.5亿元，分别增长10.3%、241.4%、34.1%。

（沈立人）

**【4家企业获评国家级专精特新“小巨人”企业】** 2020年12月，武进区有4家企业被工业和信息化部认定为第二批专精特新“小巨人”企业，累计5家。

常州百佳年代薄膜科技股份有限公司 位于礼嘉镇，由百兴集团有限公司于2007年9月投资设立，占地面积200公顷，是高新技术企业。主要研发、生产及销售特种功能材料，有PVC、PC、EVA、BOPET、PIR、EVA胶膜等品种，应用于汽车、船舶、地面出风、建筑家装等领域，性能及稳定性行业领先。2018—2019年主营业务收入平均增长率约25%。

常州凯达重工科技有限公司 位于湟里镇，成立于2007年2月，是高新技术企业。专业生产热轧轨梁生产线和型钢生产线全套轧辊、辊环、辊轴，带钢生产线、棒线生产线全套轧辊，大型耐磨铸件和高温合金铸件。自主研发高端铁轨轧机用轧辊生产工艺，匹配加入多种耐磨合金，经过孔型加工后，对大型合金球墨铸铁轧辊创造性采取高温水雾喷淬热处理，获得轧辊最佳性能，强度达600兆帕，孔型内硬度与辊身表面硬度相同，完全满足高速铁轨BD2的轧制，专利成果被推广至国内四大高速铁轨轧线。2020年，公司生产热轧型钢轧辊、辊环、辊轴和热轧带钢、棒线轧辊3万吨。

常州市蓝托金属制品有限公司 位于洛阳镇，成立于1993年10月，是高新技术企业。专业生产民用航空零部件、飞机座椅、汽车零部件以及风动工具零部件，飞机坐具零部件国内外市场占有率均位列第一。公司主要客户有波音、空客等公司，连续3年获评波音公司金牌供应商。

新纶复合材料科技（常州）有限公司 位于西太湖科技产业园，成立于2016年，是集新能源配套、新材料开发于一体的高新技术企业。主要研发生产平板显示用、锂电池用薄膜制品，高分子复合材料制品、高性能复合材料制品、光学薄膜、功能性薄膜、碳类材料制品，主要有铝塑复合膜、极耳胶带、锂电保护膜、功能胶带等产品，其动力软包锂电池电子用铝塑膜产品获评江苏省专精特新产品。该公司成为全国大型软包动力锂电池封装材料生产企业、全球锂电池行业重要生产企业。2019年，产品国内市场占有率70.1%、国际市场占有率31.3%，分别位列国内第一、全球第三。

（薛舒明）

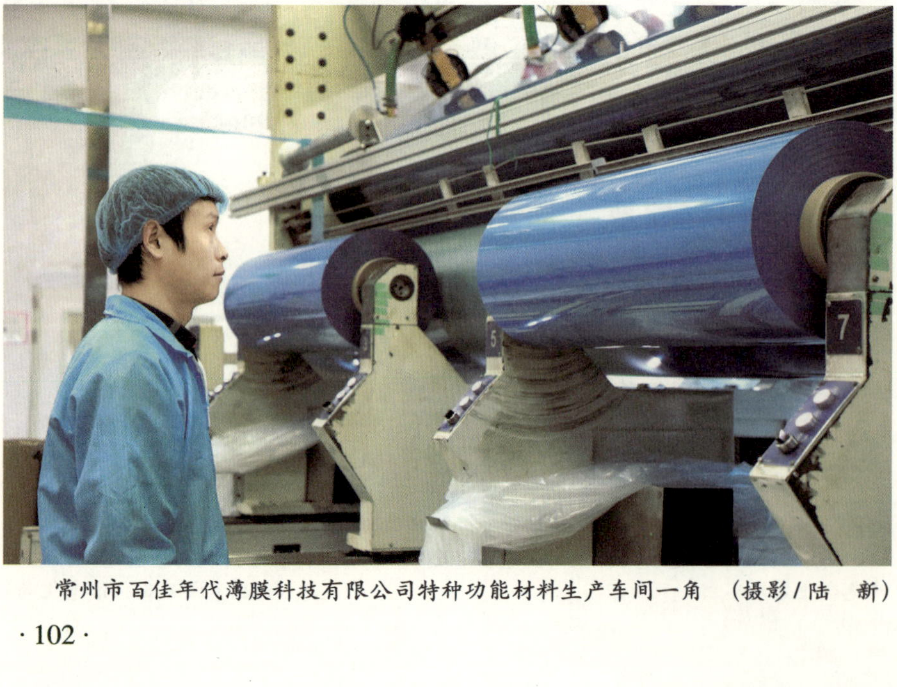

常州市百佳年代薄膜科技有限公司特种功能材料生产车间一角 （摄影/陆 新）

**【7家企业获评省级“小巨人”企业】** 武进区有7家企业被省工业和信息化厅评为2020年度江苏省“小巨人”企业，其中制造类企业5家、创新类企业2家。

5家制造类“小巨人”企业2019年度主营业务收入在5000万元及以上或利税总额800万元及以上，2017—2019年营业收入平均增长率或平均营业利润率在10%以上，主导产品（服务）市场占有率位居国内同行业前五位，生产技术、工艺及产品质量性能国内领先，均建立市级及以上研发机构，研究开发费用占销售收入的比重不低于3%。其中，江苏晶雪节能科技股份有限公司创立于1993年，专业研发、生产、销售冷库围护系统节能隔热材料（节能隔热/保温夹芯板及配套产品），主导产品PIR耐火夹芯板，是高新技术企业，拥有多个生产基地、子公司，涉足工业建筑围护系统节能保温材料制造领域，是国内领先的冷库节能围护系统整体解决方案提供商，产品性能、市场占有率、品牌影响力和服务覆盖范围等居国内同行业首位。三鑫重工机械有限公司成立于2008年，主要研发制造冶金轧辊、特钢钢锭和高合金铸钢件，是高新技术企业，拥有专利45件，其中发明专利10件，主导产品高合金铸钢件产品铸件材料成分均匀可控，温度均匀，机械性能指标稳定可靠，市场占有率居全国第二。常州安泰诺特种印制板有限公司成立于2005年，专业研制高精密单面、双面、多层射频印制电路板，是高新技术企业，主导产品通信用射频印制板，是通信基站建设的配套产品，在细分领域国内销量第一，是华为公司长期优质供应商。常州铭赛机器人科技股份有限公司成立于2008年，专业研发、生产和销售半导体及精密电子生产制造过程中的关键制程装备，主导产品是VS300全自动视觉喷胶机/GS600柜式点胶机器人，为半导体及精密电子领域客户提供连接、装配、检测设备及技术解决方案，向行业设备厂商提供关键核心部件，营业和技术支持网络覆盖中国、韩国、日本、越南等国家。柳工常州机械有限公司成立于2010年，是广西柳工机械股份有限公司全资子公司、柳工东部基地，主要研发生产挖掘机，推土机，移动破碎、筛分和矿山机械等工程机械设备及其配件，拥有有效专利207件，其中发明专利86件，2019年生产挖掘机、推土机及矿山产品1.3万台。

2家创新类“小巨人”企业均为2016年之后成立的“四新”（新技术、新产业、新业态、新模式）创业创新类企业，拥有原创技术或产品，且具有高成长潜力。其中，常州优纳新材料科技有限公司主营介孔绝热材料系列产品，广泛应用于石化、电力、热网、核电、机车、舰船、窑炉等工业和建筑领域，其介孔绝热材料作为工业和信息化部推荐的隔热保温材料，被列入《国家工业节能技术装备推荐目录（2020）》，经鉴定，产品技术创新性强，研发成果整体达国际领先水平，为国内首创。常州恒创热管理有限公司主营5G基站相变散热器、新能源汽车液冷板、家电热交换器等产品，属于产业链中细分领域的关键核心部件，应用于5G、新能源汽车和白色家电产业链，供应海尔、美的、爱美达、三星等知名品牌企业，远销欧美等20多个国家和地区。

（薛舒明）

**【新增省级专精特新产品3个】** 常州市武进长虹结晶器有限公司研制的连铸用结晶器铜管、常州第六元素材料科技股份有限公司研制的石墨烯、江苏小牛电动科技有限公司研制的智能锂电两轮电动车3个产品被省工业和信息化厅认定为2020年度专精特新产品。这3个专精特新产品销售收入均占企业主营业务收入的60%以上，拥有2件发明或实用新型专利，具有专有技术，关键性能指标水平领先，产品市场占有率均位居国内同类产品前十位。武进区累计有省级专精特新产品17个。

（薛舒明）

**【新增省级企业技术中心6个】** 2020年，武进区多渠道、全方位挖掘培育工业企业技术中心，鼓励企业加大创新投入，发挥企业技术中心促进技术进步、加快转型升级的作用。9月，6个工业企业技术中心被省工业和信息化厅、发展改革委、科技厅、财政厅、税务局及南京海关认定为省级工业企业技术中心，分别是常州液压成套设备厂有限公司技术中心、柳工常州机械有限公司技术中心、英特曼电工（常州）有限公司技术中心、江苏小牛电动科技有限公司技术中心、常州克劳诺斯特种轴承制造有限公司技术中心、常州天正工业发展股份有限公司技术中心。武进区累计有工业企业技术中心省级54个、国家级2个。

（沈 伟）

**【5个车间通过省级示范智能车间认定】** 12月，武进区5个工业企业生产车间被省工业和信息化厅认定为2020年度江苏省示范智能车间，分别是快克智能装备股份有限公司的PCB电子装联生产车间、常州康普瑞汽车空调有限公司的旋叶式汽车空调压缩机精益化机械加工车间、常州腾龙汽车零部件股份有限公司的汽车热管理系统管路制造车间、江苏顺风新能源科技有限公司的单晶PERC生产车间、万帮数字能源股份有限公司的新能源汽车充电设备PCBA生产车间。5家企业均主动应用国产核心软件和核心装备开展智能设备投入和改造，建成智能化车间，车间均实现智能装备和设备联网，关键重要装备实现远程控制和运维；建立仓储模型和配送模型，实现最小库存、高效配送、可视化管理；车间作业可实时调度、实时监控，自动监测任务订单、物料与在制品、设备、人员等车间生产资源及能源消耗、车间环境，做到异常事件快速响应、自动恢复；生产过程广泛采用条形码、二维码电子标签等识别技术，实现对物料、半成品、成品流动的追踪与追溯，做到在线自动检测、报警、诊断分析、故障解除等；广泛应用计算机辅助设计及仿真系统、产品生命周期管理系统（PLM）、制造执行系统（MES）、企业资源计划管理系统（ERP）、供应链管理系统（SCM）等信息系统，实现车间内外联动协同，安全生产水平和经济效益得到明显提升。至年底，累计55个车间通过省级示范智能车间认定。

（朱梦斐）

**【常州石墨烯科技产业园创成省级小型微型企业创业创新示范基地】** 内容参见“产业园区”类目P87相关条目。

（薛舒明）

**【新增省级中小企业公共服务示范平台9个】** 武进区9个单位被省工业和信息化厅认定为2020年江苏省中小企业公共服务示范平台。其中，万帮星星充电科技有限公司、长江龙城科技有限公司被认定为四星级中小企业公共服务示范平台，江苏江南烯元石墨烯科技有限公司、大连理工江苏研究院有限公司、江苏佰腾科技有限公司、常州华阳检验检测技术有限公司、常州武进湖塘科技产业园投资管理有限公司、常州百通企业管理咨询有限公司、常州西太湖健康投资有限公司被认定为三星级中小企业公共服务示范平台。中小企业公共服务示范平台为中小企业提供信息、技术、创业、培训、融资等公共服务，具有服务开放性、资源共享性等特征，平台企业管理规范、

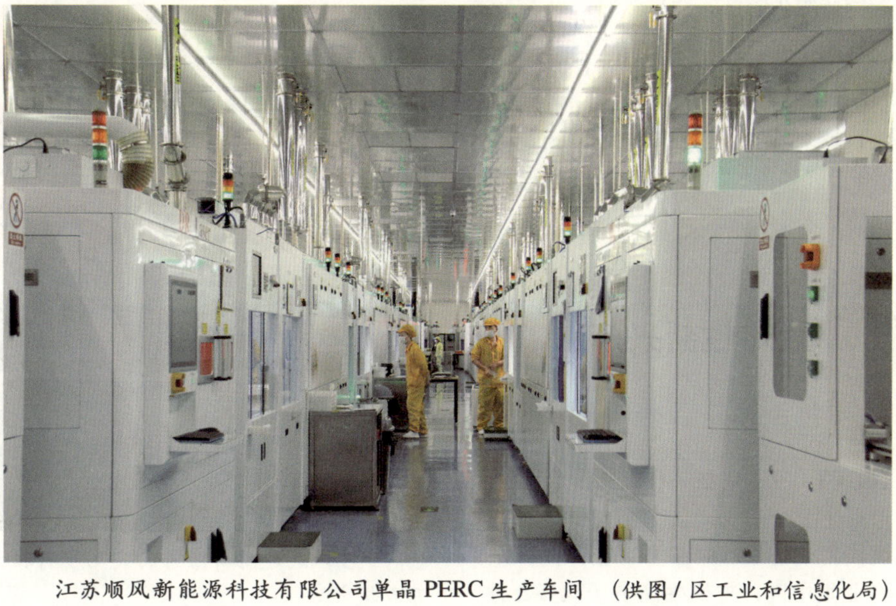

江苏顺风新能源科技有限公司单晶PERC生产车间 （供图/区工业和信息化局）

业绩突出、公信度高、服务面广，示范带动作用明显。至年底，武进区累计有省级中小企业公共服务示范平台14个。

（薛舒明）

**【新增省级工业设计中心2个】** 2020年10月，江苏晶雪节能科技股份有限公司、常州敏杰电器有限公司的工业设计中心被省工业和信息化厅认定为省级工业设计中心。武进区累计有省级工业设计中心16个。

江苏晶雪节能科技股份有限公司工业设计中心　成立于2011年，总投资2560.41万元，建筑面积3000平方米，有工业设计人员35人，配备双翻长材数控折边机、规格10米的PIR夹芯板双履带、岩棉无齿切割设备、美国Lasercomp(EKO)-FOX200导热系数仪、精密高温试验机、恒温恒湿试验机等设备。主要生产节能隔热保温材料，用于冷库和工业建筑围护系统，广泛应用于冷链物流、超市、食品加工、生物医药、餐饮酒店、机场仓储等领域，市场占有率保持行业前列。累计获授权专利58件，其中发明专利2件，参与制定国家及行业标准10多项。2020年，该中心设计的产品实现销售收入6.5亿元。

常州敏杰电器有限公司电扶梯个性化定制工业设计中心　成立于2016年，总投资1000多万元，建筑面积1500平方米，有工业设计人员32人，配备数控加工中心、激光切割机等设备。主要研发、设计、生产电梯专用电子电器及电气控制系统等产品，先后运用于上海浦东国际机场、上海地铁、广东白云机场等国内重点工程的扶梯项目，技术水平国内领先，国内市场占有率50%以上。累计获授权专利52件，其中发明专利4件。2020年，该中心设计的产品实现销售收入1.1亿元。

（沈娇露）

## 战略性新兴产业

### 新一代信息技术产业

**【概况】** 武进区新一代信息技术和软件产业主要分布在武进高新区和常州科教城内常州信息产业园等信息技术和软件产业集中区，主要生产电子核心器件、光学声学元件、新型显示、通信元件等产品。2020年，该产业有规模以上工业企业48家，完成产值275.2亿元，比2019年下降6.3%。产业骨干企业主要有瑞声科技控股有限公司、安费诺（常州）高端连接器有限公司、光宝科技（常州）有限公司、常州纵慧芯光半导体科技有限公司等企业。重点推动常州集成电路生态产业园、长三角化合物半导体创新基地等平台及重点企业发展，累计有集成电路相关企业20多家，涉及芯片设计、晶圆制造、封装测试及相关材料、装备生产等领域。年内，瑞声科技控股有限公司入围2020年（第33届）中国电子元件百强企业，1家企业获评省级“小巨人”企业（制造类）。

（沈立人）

**【宽禁带半导体国家工程中心常州分中心合作共建】** 9月，武进高新区与西安电子科技大学合作共建长三角化合物半导体创新基地——宽禁带半导体国家工程中心常州分中心。根据协议，西安电子科技大学微电子学院发挥国家重点学科单位优势，协助武进高校，联合培养微电子技术专业人才，为常州分中心建设发展提供人才、技术支持。在签约仪式上，宽禁带半导体国家工程中心、武岳峰资本、武南汇智、常州承芯等产业链合作方签订合作意向书，整合各方资源优势，促进化合物半导体产业发展，实现合作共赢。

（张杏阳）

### 高端装备产业

**【概况】** 武进区高端装备制造产业主要研发生产智能制造装备、轨道交通装备、高端农机装备、工业机器人和其他专用装备。2020年，该产业有规模以上工业企业160家，完成产值564.4亿元，比2019年增长10.3%。产业骨干企业主要有江苏今创交通设备有限公司、新誉集团有限公司、中铁建电气化局集团轨道交通器材有限公司等轨道交通装备企业，卡尔迈耶（中国）有限公司、五洋纺机有限公司等高端纺机制造企业，安川（中国）机器人有限公司、金石机器人常州股份有限公司、快克智能装备股份有限公司、常州铭赛机器人科技股份有限公司、常州节卡智能装备有限公司等工业机器人企业，江苏龙城精锻有限公司、利优比压铸（常州）有限公司、世特科汽车工程产品（常州）有限公司等高端汽车零部件装备企业，常州创胜特尔数控机床设备有限公司、常州市德速机械有限公司等数控设备生产企业，博世力士乐（常州）有限公司、江苏恒立液压股份有限公司、柳工常州机械有限公司等工程机械专用装备企业。年内，洛阳镇被中国物流与采购联合会冷链物流专业委员会授予“中国冷链保温装备生产基地”称号，国成仪器（常州）有限公司研制的中型冷壁化学气相沉积系统通过省首台套重大装备认定，江苏国茂减速机股份有限公司一项目获工业和信息

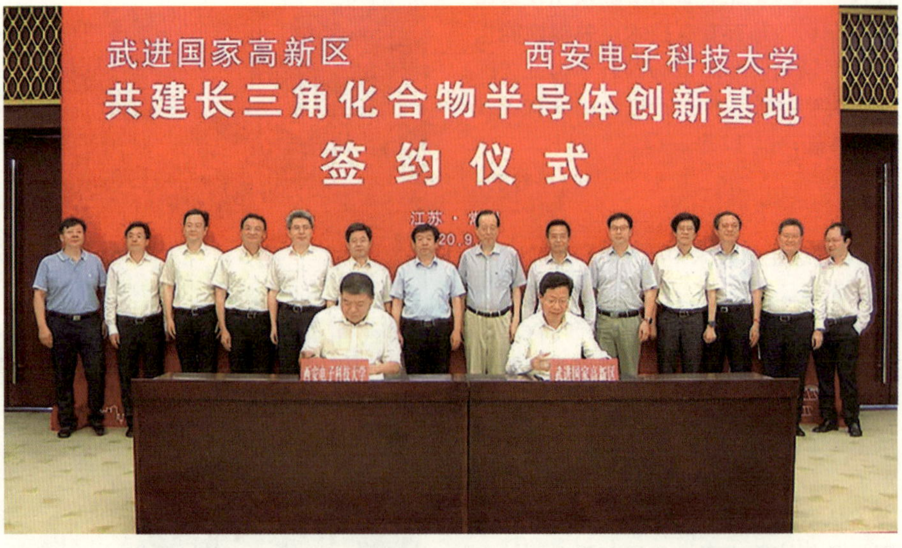


9月，武进高新区与西安电子科技大学签约共建宽禁带半导体国家工程中心常州分中心

（供图/区工业和信息化局）

化部重大技改专项。中新智地（常州）智能制造产业园在武进高新区开工，江苏恒立液压股份有限公司中标“中国天眼”球面射电望远镜（FAST）液压促动器升级项目，实现“中国天眼”关键零部件武进造，金石机器人常州股份有限公司推出4吨级桁架机器人、T800型大物流后段分拣桁架机器人新品。新誉庞巴迪牵引系统有限公司、新誉庞巴迪信号系统有限公司分别为常州地铁2号线工程提供牵引系统和信号系统，新誉集团有限公司被省政府授予省长质量奖。

（沈立人）

**【35万台减速机项目获工业和信息化部重大技改专项】** 8月，35万台减速机项目被工业和信息化部确定为2020年重大技改专项，为全市唯一。该项目由江苏国茂减速机股份有限公司实施，采用高度模块化设计，在功率分流、合成及余度设计技术、锥面密封技术、新材料应用等六方面实现重大关键技术突破，实施行业领先的齿轮修形技术，采用全智能和自动化的齿轮热处理技术工艺、轴油封位高频淬火技术，运用独有的冷热结合装配技术、行业先进装配线工艺技术等，实现产品高承载、低噪音、高精度、高可靠性、高传动效率等性能优势。项目实施后，可年产高度模块化、高承载减速机35万台，其中G系列减速机，主要应用于立体仓储、汽车行业自动化、轻工业、冶金、化工、海洋工程、环保、矿山、港口等领域，可部分替代国外品牌产品，提升国产品牌市场份额。

（朱梦斐）

**【中型冷壁化学气相沉积系统通过省首台套重大装备认定】** 12月，国成仪器（常州）有限公司研制的中型冷壁化学气相沉积系统被省工业和信息化厅认定为2020年度江苏省首台套重大装备。该系统利用区域加热化学气相沉积原理制备薄膜的装置，使用金属真空腔体，使得本底真空可达高真空，而真空腔壁外表面始终处于较低温度甚至室温以下，从而达到减少能耗、提高升降温速度效果。制备的产品尺寸比较大，均匀性较高，主要应用于石墨烯宏量制备领域。

（毛 丹）

**【T800型大物流后端分拣桁架机器人发布】** 11月，金石机器人常州股份有限公司发布新品T800型大物流后端分拣桁架机器人。该设备专为工厂仓库后端仓储分拣自动化应用提供解决方案，采用全伺服驱动、隐藏式货叉设计，由12个伺服轴组合而成，竖梁采用隐藏式货叉设计，可七轴联动，在尺寸范围内可抓取不同规格物料，有效负载5000千克。采用分布式无柜控制系统，可快速投入使用与故障恢复，无须接线、编程、维护和调试，大大减少产品安装时间。采取激光定位设计，提高机器人运行定位精度，减少发生碰撞的概率。具有负载能力大、适用性强、使用维护方便、高柔性需求等优点，尤其适用于建材、地板、轮胎等产品的仓储物流场地及非标准物流搬运堆场。在同等标准厂房情况下，比传统仓库物流场地使用率提高300%，比立体仓库物流等自动化物流场地使用率提高30%。

（吴志坚）

**【孟腾公司智能装备项目竣工】** 该项目由常州孟腾智能装备有限公司（简称“孟腾公司”）于2019—2020年度实施，用地面积2公顷，新建厂房面积1.2万平方米，购置智能装备、机器人、自动化产线等主要设备，从设计、制造、装配、调试、集成等方面，为汽车自动化焊装线等汽车高端制造工厂、工业智能车间、数字化工厂提供解决方案，于2020年12月竣工，总投资1.5亿元。

**【三鑫重工公司年产1万吨风电用齿轮项目竣工】** 该项目由三鑫重工机械有限公司（简称“三鑫重工公司”）于2020年度实施，购置8米数控立车、6920型数据铣镗床、8米数控立车、数控龙门镗铣床等先进设备50台套，建设5兆瓦/7兆瓦风电齿轮加工生产线1条，于7月竣工，总投资1亿元，投产后可年产风电用齿轮1万吨。

**【南方轴承公司汽车精密部件项目竣工】** 该项目由江苏南方轴承股份有限公司（简称“南方轴承公司”）于2020年度实施，利用公司原有厂房开展装修改造，购置数控车床、磨床、装配机等设备755台套，实施产线自动化提升改造及产能提升，于11月竣工，总投资6000万元，达产后可年产滚针轴承1.19亿套、离合器250万套、汽车交流发电机整体式滑轮总成200万套、卡钳活塞200万套、汽车转向系统（偏心转向轴承）30万套、精密套圈1000万套及花键套圈660万套。

（朱梦斐）

## 新材料产业

**【概况】** 武进区新材料产业以石墨烯研发生产为代表，主要研发和生产新型功能材料、先进结构材料、共性基础材料。2020年，该产业有规模以上工业企业47家，发展方向包括石墨烯、先进碳材料、高性能金属材料、新型特种材料等，完成产值71.2亿元，比2019年下降1.9%。产业骨干企业主要有常州第六元素材料科技股份有限公司、百兴集团有限公司、新纶科技（常州）有限公司、碳元科技股份有限公司、江苏泛亚微透科技股份有限公司等。年内，武进区出台系列政策，启动实施《先进碳材料产业发展三年行动计划（2021—2023年）》。常州石墨烯小镇入选“第二轮全国特色小镇典型经验”案例，瑞丰特科技有限公司承担的高精度石墨烯光栅多自由度测量系统关键技术开发及产业化项目入选首届江苏特色小镇创新创业大赛十佳项目，江南石墨烯研究院中标工业和信息化部新型碳材料先进制造业集群项目。

（沈立人）

**【武进区出台先进碳材料产业发展计划】** 11月25日，武进区出台《先进碳材料产业发展三年行动计划（2021—2023年）》。加快实施平台载体建设工程、重点企业引育工程、创新能力提升工程、产业人才倍增工程、公共服务优化工程、品牌荣誉创建工程六大工程，打造产业综合培育体系。力争至2023年年底，武进区先进碳材料企业突破300家，整体产值突破100亿元；建成具有国际一流水平的先进碳材料创新平台1个，新增重点人才10人以上、高层次人才（硕士及以上）200人以上、本科及以上人才1000人以上；制定先进碳材料相关标准10项以上，新增相关专利300件以上；

加快推进石墨烯小镇建设，新建研发、孵化、中试场地，增加产业用地；每年举办至少1场具有重要影响力的综合性活动，争取省级及以上相关示范基地和专业园区品牌，把武进先进碳材料产业建成具有国际竞争力和影响力的新兴产业集群，把石墨烯小镇建成先进碳材料产业的原创技术引领区、产业发展先行区、示范应用先导区、龙头企业集聚区和公共服务示范区。同日，出台《加快以石墨烯为代表的先进碳材料产业创新发展的若干政策》，推出双创人才集聚、平台创新发展、企业创新发展、产业发展生态四方面政策措施20条，助推先进碳材料产业发展三年行动计划的实施。

（吴志坚）

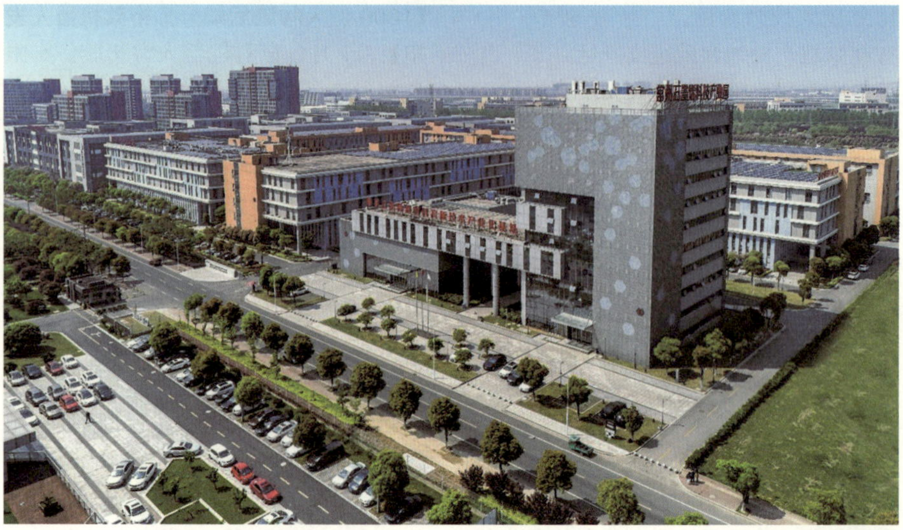

常州石墨烯科技产业园　（供图 / 西太湖科技产业园）

**【石墨烯先进碳材料产业产值保持30亿元以上】** 武进区石墨烯先进碳材料产业主要布局在西太湖科技产业园，集聚企业150多家、领军型人才团队40个。在全国首先建成国家石墨烯新材料高新技术产业化基地，形成石墨烯产业设备制造、原料制备、下游应用的产业链，主要应用于光电显示、加热散热、防腐涂料、能源传输设备、功能性复合材料等领域，产业总体发展水平位居全国第一方阵。

2020年，武进区加强产业发展顶层设计，编制实施《先进碳材料产业发展三年行动计划（2021—2023年）》，推进江苏省石墨烯创新中心建设，石墨烯PTC发热膜、石墨烯蛋白质分离胶、碳纳米管纤维薄膜导热管、石墨烯碳纤维复合材料等项目研发和产业化，立项江苏省重点研发计划项目2个、江苏省工业和信息化厅2020年度转型升级项目（创新中心建设项目和重大项目共性关键技术攻关项目）1个。推进产业公共平台建设，与常州大学共建常州大学西太湖碳材料研究院，聚焦碳材料与应用技术开发和产业化，培育孵化一维、二维、三维碳材料及复合功能材料的生产与应用技术，江苏新奥碳纳米应用技术研究院与安泰科技股份有限公司等单位联合组建石墨烯金属改性研发平台；推动电子载带专用导电PS母粒、片才研发中试线建设；研发电子载带专用导电PC母粒、高比能量高镍三元正极材料、石墨烯基高导热PE、PP换热管专用料。推进产业项目招引和培育工程，全年引进石墨烯和先进碳材料项目15个，石墨烯研发社区项目奠基，石墨烯产品认证中心成立。建设检测设备共享系统，常州工学院、中国科学院苏州纳米技术与纳米仿生研究所等单位10多台套检测设备面向企业开放。由江南石墨烯研究院等主导制定的《石墨烯透光率》地方标准发布，填补江苏省石墨烯薄膜透光率检测标准方法、检测规程等方面的空白；由常州中超石墨烯电力科技有限公司等4个单位联合制定的《石墨烯复合半导电屏蔽料通用要求》地方标准发布，由江南石墨烯研究院主导研制的一项国家标准报批完成，《石墨烯粉体电阻率》等3项地方标准加紧研制。深化长三角石墨烯产业联盟运作，举办江苏知识产权金融助力企业发展分享会等线上活动4场，开设“石墨烯大联播”微信公众号，推动石墨烯复合材料在聚酯树脂、防爆灯、冰箱防腐和散热、卫星部件散热等领域的对接合作，全年累计服务企业60多家。持续推进企业培育工程，常州富烯科技股份有限公司研制的智能电子产品用石墨烯散热膜实现产业化，成功应用华为手机，常州碳索新材料科技有限公司研制的石墨烯粉末涂料供货中国铁路工程，常州杉元石墨烯科技有限公司的石墨烯导电浆料小批量提供比亚迪使用，推动石墨烯改性电池生产。江南石墨烯研究院作为集群促进机构，中标工业和信息化部2020年先进制造业集群非金属材料分包，实现常州市在该领域零的突破，常州石墨烯科技产业园获批省级小型微型企业创业创新示范基地，常州先进碳材料产业入选江苏省十条优秀产业链，江南石墨烯高新技术创业服务中心在省级以上科技企业孵化器绩效评价中连续3年获评优秀孵化器。全年石墨烯相关产业产值继续保持在30亿元以上。

（张成华）

**【灵达特种纤维公司Sorona功能性纤维材料项目竣工】** 该项目由常州灵达特种纤维有限公司（简称“灵达特种纤维公司”）于2019—2020年度实施，用地面积4.57公顷，规划建筑面积5.58万平方米，购置及搬迁加捻机、定型机、空压机等生产设备，于2020年11月竣工，总投资3亿元，达产后可年产Sorona功能性纤维材料2万吨。

（朱梦斐）

## 生物医药产业

**【概况】** 2020年，武进区生物技术及新医药产业有规模以上工业企业56家，完成产值82.5亿元，比2019年增长34.1%。产业骨干企业主要有亚邦医药股份有限公司、常州康普药业有限公司、江苏南方卫材医药股份有限公司等医药企业；创生医疗器械（中国）有限公司、常州华森医疗器械有限公司等医疗器械企业。西太湖科技产业园集聚以医疗器械产业为主的健康制造企业180多家、健康服务企业20多家，形成骨科、齿科、体外诊断、有源手术工具、康复器材、心血管植入物六大子产业群。年内，国家药品监督管理局医疗器械创新江苏服务站西太湖服务点实行线上运行，面向园区企业开展创新医疗器械产品审评审批相关线上咨询服务。疫情期间，百兴集团有限公司、江苏瓯堡纺织染整有限公司、常州心闺蜜生物科技有限公司等企业新增设备、改造技术，实现部分生产线转产一次性防护口罩、防护服等防疫用品。

（沈立人）

**【鑫洋公司医用智能整装手术室及设备项目竣工】** 该项目由常州鑫洋医疗科技有限公司（简称“鑫洋公司”）于2019—2020年度实施，用地面积3.73公顷，建设厂房面积3.8万平方米，购置数控折弯机、激光切割机、数控车床等设备，2020年12月竣工，总投资2.25亿元，达产后可年产医用智能整装手术室100个、医用智能净化塔130个、智能幕墙6万平方米。

**【公理福公司医疗器械项目竣工】** 该项目由公理福医疗器械（江苏）有限公司（简称“公理福公司”）于2020年度实施，租赁厂房面积3300平方米，于7月竣工，总投资8400万元，达产后可年产牙科综合治疗机100套。

**【华森公司医疗器械项目竣工】** 该项目由常州华森医疗器械有限公司（简称“华森公司”）于2020年度实施，利用公司自有厂房，购置数控车床、立式镗床加工中心、送料机等设备83台套，实施技术改造，于10月竣工，总投资5000万元，达产后可年产金属接骨板，金属接骨螺钉500万套。

**【凯靖公司医疗器械项目竣工】** 该项目由常州凯靖医疗器械有限公司（简称“凯靖公司”）于2020年度实施，租赁厂房面积1800平方米，新增立式镗铣加工中心、车铣复合加工中心、数控车床等主要设备，于10月竣工，总投资5000万元，达产后可年产骨科医疗器械3000套。

**【朔崛公司医疗器械项目竣工】** 该项目由朔崛（江苏）医疗科技有限公司（简称“朔崛公司”）于2020年度实施，租赁厂房面积1900平方米，购置热合包装机、打包机、手动压力机等设备91台套，于7月竣工，总投资5000万元，达产后可年产一次性使用骨水泥填充器2万套、冲洗吸引器2万套、射频消融器械2万套、椎体成形工具包2万套。

（朱梦斐）

## 新能源汽车产业

**【概况】** 武进区新能源汽车产业主要集中在武进高新区，建有北汽新能源常州高端产业基地和理想汽车2家整车生产企业。有规模以上工业企业16家，2020年完成产值111.7亿元，比2019年增长241.4%。产业骨干企业主要有重庆理想汽车有限公司常州分公司等整车生产企业，常州市武起常乐电机有限公司等关键配件企业，万帮数字能源股份有限公司等充电桩企业。年内，理想汽车（股票代码“LI”）在纳斯达克上市，全年交付理想ONE汽车3.26万辆，成为2020年度中国新能源SUV销量冠军。江苏万帮德和新能源科技股份有限公司的电动汽车智能充电装备被工业和信息化部认定为制造业单项冠军产品。

（沈立人）

**【电动汽车智能充电装备获评工业和信息化部制造业单项冠军产品】** 2020年12月，由江苏万帮德和新能源科技股份有限公司研发的电动汽车智能充电装备被工业和信息化部认定为制造业单项冠军产品。该装备研发投入9000多万元，涵盖交流充电产品和直流充电产品，具有充电效率高、充电时间短、总谐波电流小、防护等级高等优点。研发团队将“互联网+”概念与充电基础设施相结合，建设充电设施管理平台，实现主动柔性充电控制，解决充电设施跨时空、跨区域运营难题，提高电池充电安全性，延长电池使用寿命，提高充电设施间互联互通，实现充电站间有序充电控制。2019年，公司智能充电装备全球市场占有率达15%，位列第一。2020年实现销售收入11.35亿元、利润1.81亿元，上缴税金5284.28万元。

（薛舒明）

**【万帮智能充电设备项目竣工】** 该项目由江苏万帮金之星车业投资集团有限公司和江苏万帮德和新能源科技有限公司联合于2019—2020年度实施，利用公司自有土地，规划建筑面积3.61万平方米，购置交直流设备、充电枪头、电源模块、智能电柜、换电设备等产品线，生产交流充电桩、直流充电桩、受电弓、枪线等产品，2020年8月竣工，总投资7000万元，达产后可年产交流充电桩21.07万台、直流充电桩1.59万台。

**【西门子常州公司汽车电驱动系统项目竣工】** 该项目由北京西门子汽车电驱动系统（常州）有限公司（简称“西门子常州公司”）于2020年度实施，租用厂房面积6924平方米，购置点胶机、激

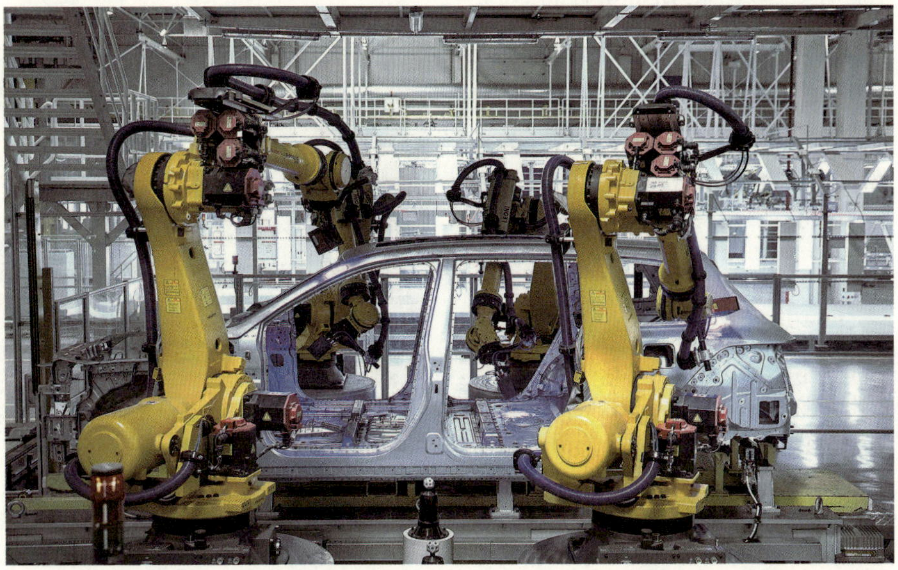

理想汽车常州基地生产车间一角　（供图/区工业和信息化局）

光焊接机、涂胶机等设备108台套，改造原有产线，9月竣工，总投资5000万元，建成后可维持产能不变，年产汽车电驱动系统16.9万套。

（朱梦斐）

## 新能源产业

**【概况】** 2020年，武进区新能源产业有规模以上工业企业21家，完成产值47.9亿元，比2019年下降17.3%。产业骨干企业有江苏顺风光电科技有限公司、江苏格林保尔光伏有限公司、常州吉鑫风能科技有限公司、常州九天新能源科技有限公司等。

（沈立人）

**【尚德公司高效太阳能电池组件项目竣工】** 该项目由常州尚德太阳能电力有限公司（简称“尚德公司”）于2020年度实施，租赁厂房、仓库面积8.6万平方米，购置高效太阳能组件智能化生产线9条，包括自动化流水线及激光划片机、串焊机、EVA（聚乙烯醋酸乙烯酯）铺设设备、电池串自动敷设机等生产检测设备219台套，12月竣工投产，总投资7.43亿元，达产后可年产高效太阳能电池组件3.2吉瓦。

（朱梦斐）

## 节能环保产业

**【概况】** 2020年，武进区节能环保产业企业主要生产环保药剂，研制环保设备和节能设备，开展资源再生利用，有规模以上工业企业59家，完成产值53.5亿元，增长10.1%。产业骨干企业主要有江苏美淼环保科技有限公司、江苏海鸥冷却塔股份有限公司、江苏晶雪节能科技股份有限公司、江苏绿和环境科技有限公司等。年内，江苏晶雪节能科技股份有限公司、常州优纳新材料科技有限公司、常州恒创热管理有限公司被省工业和信息化厅认定为省级“小巨人”企业。常州优纳新材料科技有限公司的“介孔绝热材料节能技术及应用”项目被工业和信息化部列入《国家工业节能技术装备推荐目录（2020）》，武进区累计有3家企业的技术项目入选这一目录。

（沈立人）

**【“介孔绝热材料节能技术及应用”入选《国家工业节能技术装备推荐目录（2020）》】** 10月，工业和信息化部公布《国家工业节能技术装备推荐目录（2020）》，常州优纳新材料科技有限公司的“介孔绝热材料节能技术及应用”入选。该项目以介孔材料为主，辅以无机纤维以及添加剂制备介孔复合绝热材料，利用介孔绝热材料的纳米孔道结构，从热传导、热对流以及热辐射3个方面有效阻隔热量传递，绝热性能优异，节能效果显著，适用于隔热保温领域节能技术改造。其技术领先、经济性突出，具有良好的市场前景。

（薛幸旦）

## 现代电子产业

**【概况】** 2020年，武进区现代电子产业有规模以上工业企业33家，完成产值44.2亿元，比2019年增长17.0%。产业骨干企业有以常州市康迪克至精电机有限公司为代表的高端电机生产企业，常州联德电子有限公司为代表的高端传感器生产企业，江苏新科科技有限公司为代表的高端家电生产企业。年内，常州纵慧芯光半导体科技有限公司获2020年度苏南国家自主创新示范区潜在独角兽企业。

（沈立人）

**【威普电子公司新型电子产品配件项目竣工】** 该项目由常州市威普电子科技有限公司（简称“威普电子公司”）于2020年度实施，利用原有厂区空地改（扩）建厂房1万平方米，实施环保、扩能等技术改造，购置CNC（计算机数字控制机床）、阳极氧化生产线等设备300多台套，12月竣工，总投资1.16亿元，达产后可年产电子产品配件2500万套。

**【联德电子公司车用智能型氮氧传感器研发产业化项目竣工】** 该项目由常州联德电子有限公司（简称“联德电子公司”）于2020年度实施，利用原有厂房和试验场所，新增超声波扫描显微镜、非接触式光学轮廓仪等试验和生产设备，实施技术中心改造，开展车用智能型氮氧传感器研发和工程化工作，11月竣工，总投资1.05亿元，达产后可年产车用智能型氮氧传感器本体及控制器总成20万套。

**【凤市电子公司高精密零部件项目竣工】** 该项目由常州市武进凤市电子集团有限公司（简称“凤市电子公司”）于2020年度实施，占地面积1.04公顷，建筑面积1.12万平方米，购置龙门加工中心、立式加工中心、车铣复合中心等设备73台套，11月竣工，总投资6500万元，达产后可年产高精密零部件3万套。

（朱梦斐）

## 智能电网产业

**【概况】** 2020年，武进区智能电网产业有规模以上工业企业36家，主要生产电

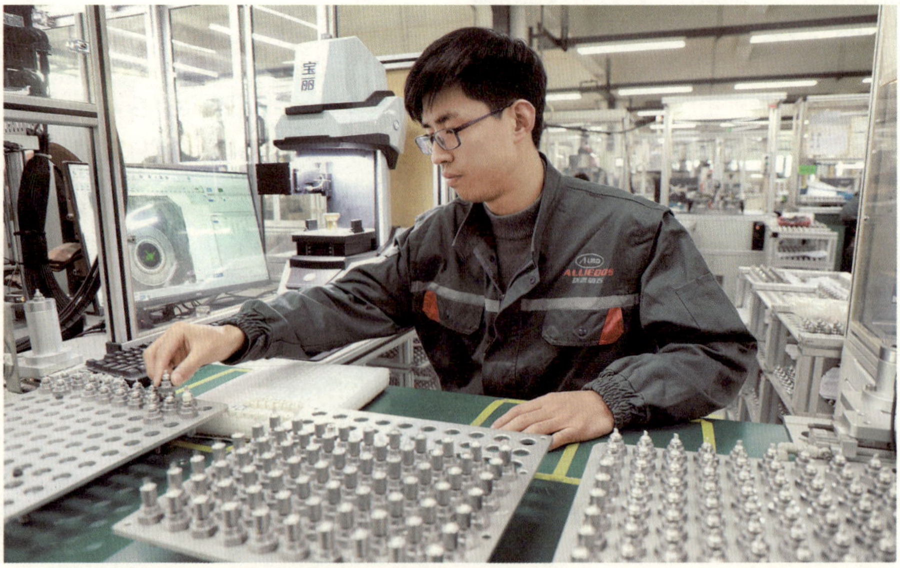

常州联德电子有限公司车用氧传感器生产线一角　　（摄影/陆　新）

力控制设备、智能储能设备、智能输变电设备、智能配电设备等。至年底，智能电网产业规模以上工业企业完成产值43.7亿元，比2019年增长4.3%。产业骨干企业主要有常州电站辅机总厂有限公司、江苏洛凯机电股份有限公司、常州市科惠电力设备有限公司、天铂电力有限公司等企业。年内，常州电站辅机股份有限公司通过“新三板”精选层挂牌申请。

（沈立人）

**【洛凯机电公司智能电网核心部件项目竣工】** 该项目由江苏洛凯机电股份有限公司（简称“洛凯机电公司”）于2018—2020年度实施，用地面积4.8公顷，建设厂房6万平方米，购置精冲机、坐标磨床等设备，2020年11月竣工，总投资3.5亿元，达产后可年产智能电网中压机构核心部件1000万套。

（朱梦斐）

## 优势传统产业

**【概况】** 武进区优势传统产业主要有纺织业、冶金业、金属制品业等行业。纺织业企业主要集中在湖塘镇，有中小企业2000多家，建有国家火炬特色产业基地、江苏省新型工业化产业示范基地（新型色织），湖塘镇两次获评“中国织造名镇”，是中国面料之都，主要产品有纱、混纺纱、绒线、布、印染布、服装等，形成灯芯绒、色织布、牛仔布和经编布等优势特色产品。冶金业有东方润安集团有限公司等骨干企业，主要产品有粗钢、成品钢材、铁合金、生铁、电解铜等。金属制品业有常州市蓝托金属制品有限公司等主要企业，主要产品有金属集装箱、无缝钢管、冷轧薄板、锁具、钢芯铝绞线等。2020年，武进区生产纱4.82万吨、布3.72亿米、服装192万件、粗钢1612.92万吨、钢材1567.64万吨、金属集装箱809.89万立方米。纺织业、冶金业、金属制品业分别有规模以上工业企业197家、102家、132家，分别完成规模以上工业产值160.07亿元、1154.24亿元、174.39亿元。

**【亚涛金属制品公司减震器项目竣工】** 该项目由常州亚涛金属制品有限公司（简称“亚涛金属制品公司”）于2020年度实施，利用原有土地，新建厂房面积5100平方米，购置加工中心、数控钻铣中心等生产设备，12月竣工，总投资5000万元，达产后可年产减震器20万套。

（朱梦斐）

**【东华纺织集团推进服务型制造】** 2020年，东华纺织集团有限公司深化转型升级，推进服务型制造模式。该模式通过互联网建立企业与顾客的直接联系，迅速、准确了解顾客需求，根据顾客需求调整企业生产制造方式，使企业产品满足顾客个性化需求。集团子公司常州市美尔娜服饰有限公司引入科学的供应链优化管理，通过市场需求信息化管理、库存信息化管理、搭建“找纱网”信息平台、建立战略合作伙伴关系、合理扩展销售渠道5个阶段性改革，大幅减少成本，有效提高纺织服装企业的竞争力。

（徐晓波）

## 重点企业选介

**【东方润安集团有限公司】** 成立于2010年，位于湟里镇，是集特钢制造、机械加工、工业服务于一体的产业集团，总资产200亿元，有常州东方特钢有限公司、马拉兹（江苏）电梯导轨有限公司、常州同泰高导新材料有限公司等分公司5家，员工5000余人。围绕钢铁、导轨、铜业领域，先后建成精品棒材线、精品型材线、高速电梯导轨线等生产线，配备德国普瑞特PRIMETALS连铸机、意大利达涅利连轧机、摩根轧机、全自动精校检测机、SCR-7000型连铸连轧机等进口生产设备，主要生产合金钢、弹簧钢、轴承钢、齿轮钢、电梯导轨钢、铜管等产品，应用于汽车、石油、电力、交通、机械、汽车线、电子线、光伏线等领域。该集团优特钢产能330万吨，是华东地区优特钢精品棒材、型材主要供应商，是品质及市场份额全球领先的电梯导轨专业制造商，铜业板块涵盖铜材加工、国际贸易等，拥有年产40万吨铜杆、9万吨铜丝、4万吨铜管的生产能力，是长三角地区颇具影响力的铜杆、铜线、铜管供应商。2010—2019年，实施装备升级、结构调整战略，总投资45亿元，改造烧结、炼铁、炼钢、轧钢系统，完成除尘环保、排放治理、节能降耗工程项目。先后获评中国优特钢行业最具影响力生产企业、江苏百强民营企业、江苏省民营企业就业先进单位、江苏省管理创新优秀企业、江苏省节水型企业、第六届全国文明单位等称号。2020年，完成工业产值371.68亿元，实现主营业务收入387.96亿元，位居2020中国民营企业500强第403位、中国民营制造业500强第229位。

**【瑞声科技控股有限公司】** 成立于1993年，位于武进高新区，是享誉全球的精密制造龙头企业、中国电子元件业领军企业，也是工业和信息化部认定的“三料”（微型声学、触觉反馈、MEMS麦克风）制造业单项冠军示范企业，在美国、德国、中国香港地区设分公司。2005年在香港上市，是《财富》中国500强及中国制造业500强企业。主要生产微型电声器件、微型振动电机、陶瓷传感器、射频模块、微型摄像镜头等，涵盖声学、微机电、触控马达、射频及结构件、光学等新型微型技术器件领域，应用于移动终端、机器人、无人驾驶汽车等智能设备，为谷歌、微软、华为等国内外30多家知名品牌企业提供产品和技术方案服务，市场份额占全球的35%。公司坚持创新驱动发展策略，每年研发投入占营业收入的10%以上，有研发中心15个、制造基地9个、销售服务中心35个，分布在全球20个国家和地区，拥有各类专利约5000件，在微型声学、精密光学、电磁传动、射频天线等领域拥有全部自主核心技术。在声学领域，为全球超90%的旗舰智能手机提供声学解决方案，与全球前六大手机品牌商达成长期战略合作伙伴关系。在光学领域，在全球率先实现WLG（晶圆级玻璃）镜片量产，是全球三大塑胶镜头供应商之一。在电磁传动领域，在全球率先研制X轴触控产品。在射频天线领域，先后开发出手机天线、基站天线等6种不同5G天线解决方案。在MEMS传感器领域，首次真正实现从电路设计、晶圆制造、芯片封测、器件封装的全产业链国产化。2020年，完成工业产值116.9亿元，实现营业收入125.22亿元，位居2020年（第33届）中国电子元件百强企业第6位、2020中国制造业民营企业500强第316位。

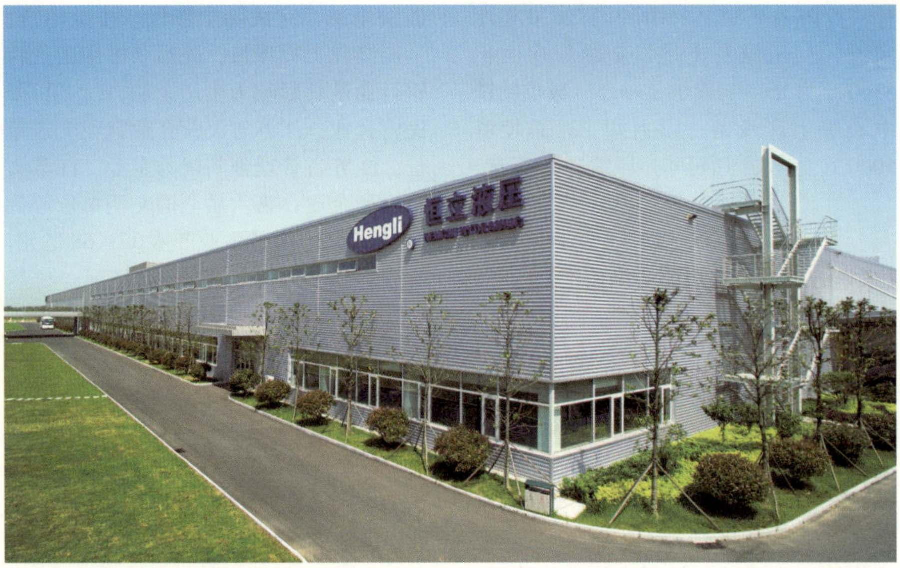


江苏恒立液压股份有限公司 （供图 / 区融媒体中心）

【江苏恒立液压股份有限公司】 始创于1990年，位于武进高新区，是全球知名大型高压油缸生产基地、盾构机专用液压油缸、液压泵阀及液压系统生产企业。总资产超100亿元，年销售额超70亿元，有员工5000余人，2011年在上海证券交易所主板上市。先后在武进高新区建成恒立油缸、恒立铸造、恒立液压三大基地，出资并购上海立新、德国INLINE油泵等品牌工厂，在欧洲、美国、日本成立海外销售服务公司。产品从油缸发展到液压阀、液压泵、液压系统、精密铸件等，涉及工程机械、港口机械、船舶海事、新能源发电、特种车辆、盾构、水泥等行业，销往20多个国家和地区，服务全球各领域企业1200多家，包括美国卡特彼勒、日本神钢、日立建机、日本久保田等全球知名工程装备制造商。建有江苏省工程技术研究中心、江苏省企业技术中心、江苏省博士后科研工作站等，拥有亚洲最大高压油缸研发中心、省内唯一超高压油缸小型化轻量化设计工程技术研究中心，有专业技术研发人员500余人，年研发投入占销售额的4%以上，在国内外建设研发中心4个、制造基地9个，是高新技术企业、工业和信息化部制造业单项冠军示范企业、国家知识产权示范企业、中国绿色工厂、中国智能制造百强企业。其中，油缸生产基地有国际领先水平的油缸制造、自动化加工及测试设备900多台套，年产挖掘机油缸72万个、特种油缸15万个。2020年，完成工业产值77.28亿元，实现主营业务收入81.84亿元。

【江苏常发实业集团有限公司】 成立于2000年，总部位于武进区延政中路5号的常发大厦，是一家集农业装备、制冷器材、热管理技术、民用直升机传动系统等于一体的大型多元化产业集团，有江苏常发农业装备股份有限公司、常州常发制冷科技有限公司、常州恒创热管理有限公司、常州华创航空科技有限公司等成员企业20余家，有员工1万余人，其中各类专业技术人员1500余人。农业装备板块产品涵盖柴油发动机、插秧机、拖拉机、履带式收割机、轮式收割机、烘干机、发电机、农机具等，行业综合实力名列前茅；制冷器材板块产品涵盖铝板铝箔、精密铜管、空调热换器、微通道热换器等，是细分行业龙头；热管理板块产品涵盖吹胀式、翅片式、丝管式、黏结式、液冷板等换热器，5G通信基站热管理系统，电动汽车电池热管理系统等，性能行业领先。集团及下属企业先后获评高新技术企业、江苏省创新型企业、中国内燃机行业排头兵企业、中国标准创新贡献奖、国家知识产权示范企业、海关AEO高级认证企业等，建有国家认定企业技术中心、江苏省农业装备工程技术研究中心、江苏省企业院士工作站、江苏省工业设计中心等科研和创新平台。在全国各地建立一级、二级经销机构3000余个，10%的产品远销欧美、非洲、中东、东南亚的60多个国家。2020年，完成工业产值63.85亿元，实现主营业务收入65.02亿元。

【新誉集团有限公司】 成立于2002年，位于武进高新区，专业从事轨道交通、航空航天、数控设备、新能源、办公设备等核心业务，总资产100亿元，有员工3500余人，是国家重点高新技术企业和国家火炬计划轨道产业基地骨干企业，拥有国家级企业技术中心、国家级博士后科研工作站、江苏省轨道车辆牵引传动工程技术研究中心等省部级研发平台。轨道交通业务以新誉轨道交通科技有限公司、新誉庞巴迪牵引系统有限公司、新誉庞巴迪信号系统有限公司等下属企业主导，配套产品被广泛应用于高铁、城际列车、机车以及轻轨等轨道交通领域。公司成为中国中车集团有限公司长期战略合作伙伴，为国内七大主机厂、18个路局和中国铁路青藏集团有限公司及30余家大中城市地铁公司提供产品和服务。2019年，凭借主营轨道交通车载机电产品，被工业和信息化部认定为制造业单项冠军示范企业。航空业务以新誉宇航股份有限公司为主导，专业从事飞机维修改装，研发制造公共航空客货运输、通用航空运营、飞艇和无人机，承接航空培训服务等业务，旗下拥有江南航空有限公司、江苏公务航空有限公司、加拿大新高瑞有限公司、江苏新高瑞航空技术有限公司、新誉防务技术有限公司等子公司和业务板块，取得中国、加拿大、美国、欧洲、阿联酋等民航机构认可的改装资质及各类飞机高检能力，是武器装备科研生产三级保密资格单位，具备国家军用标准质量管理体系认证资质。2020年，完成工业产值54.26亿元，实现主营业务收入55.94亿元。

【江苏国茂减速机股份有限公司】 成立于2013年，位于武进高新区，是集减速机研发、制造、销售于一体的高新技术企业，2019年在上海证券交易所主板上市。占地面积49公顷，有员工近2200人，主要产品为齿轮减速机和摆线针轮减速机，年产量60万台，广泛应用于工程机械、智能物流与仓储、工业自动化、冶金、环保、化学工业、可再生能源、食品轻工、游乐设备、港口机械、资源开采等通用机械行业领域，主要客户有宝钢股份、海亮集团、徐工集团、葛洲坝集团、振华重工、宝鸡石油、景津环保等行业龙头企业，配套出口全球数十个国家，“国茂”商标获评中国驰名商标。建有江苏省减速机传动机械工程技术研究中心和江苏省企业技术中心，先后获评江苏省服务型制造示范企业、国家知识产权优势企业及江苏省绿色工厂等，成为中国通用机械工业、减变速机行业标杆型专业制造服务企业与领军企业。2020年，完成工业产值21.84亿元，实现主营业务收入21.58亿元。

**【江苏小牛电动科技有限公司】** 成立于2014年，位于西太湖科技产业园，工厂一期项目占地面积5公顷，二期项目占地面积6.13公顷，主要致力于提供便捷环保的智能城市出行工具，是江苏省高新技术企业、江苏省融合创新工程示范试点企业、江苏省民营科技企业，2018年在美国纳斯达克挂牌上市，有员工650人，其中研发人员230人。自主研发4代NIU Energy睿电™AI动力锂电系统科技和NIU INSPIRE智能技术和大数据算法，研制NQi、MQi、UQi、GOVA等系列电动自行车（电动摩托车），开发周边文化产品NIU POWER和专业户外运动自行车NIU AERO等。其中，MQi、UQi系列电动车获得全球7个最主要设计奖项。2020年，公司在国际消费类电子产品展览会上发布首款达到L2级别的自动驾驶三轮电动摩托车TQi、首款小牛电动跨骑摩托车RQi，产品均支持5G通信。在全国开设门店1050个，有国际分销商29个，覆盖38个国家，为德国、法国等11个国家的13个共享电动车运营商提供基于SaaS的两轮电动车智能共享业务解决方案。为应对消费者需求放量，公司扩大产能储备，分两期建设小牛电动智慧出行全球研发与制造基地，集研发、生产、仓储、物流于一体，一期项目于2019年年底投产运营，二期项目于2020年12月开工建设。2020年，完成工业产值21.03亿元，实现主营业务收入23.46亿元。

**【百兴集团有限公司】** 成立于2001年，位于礼嘉工业园区，是集工业制造、房地产、金融投资等于一体的民营企业集团，有下属公司和控股公司20家。工业制造板块专注研发制造高分子材料，产品有PVC压延薄膜、卡基材料、特种聚酯薄膜、太阳能封装胶膜等，是国内领先的功能性薄膜生产基地之一，年产特种聚酯薄膜2.2万吨，卡基材料9600吨，光伏胶膜2.5亿平方米。先后获评中国成长性企业、江苏省明星企业，是中国民营企业家协会、中国塑料加工工业协会、中国房地产开发商协会、全国纺织品商业协会、江苏省企业家协会、江苏省工商联房地产商会副会长单位。2020年，完成工业产值17.88亿元，实现主营业务收入17.89亿元，位居2020年中国民营企业500强第371位。

**【安费诺（常州）高端连接器有限公司】** 成立于2011年，位于武进高新区，专门生产用于服务器、存储器、交换器的高速高密度背板连接器，是全球电信、网络和数据交换市场背板连接器供应商、高新技术企业，有员工700多人，其中研发人员100人。建有江苏省高速高频电子连接器工程技术研究中心、江苏省研究工作站、江苏省示范智能车间，累计获授权专利50多件，其中发明专利6件。产品是4G、5G网络设备中的核心元器件，是华为、中兴、烽火、戴尔、思科、爱立信等品牌企业供货商。公司获评武进区外贸进出口十强企业，入选苏南国家自主创新示范区瞪羚企业。2020年，完成工业产值15.52亿元，实现主营业务收入14.8亿元。

**【旷达控股集团有限公司】** 成立于2000年，位于雪堰镇，有全资和控股子公司、孙公司32家，员工近4000人，2010年在深圳中小企业板上市。业务横跨交通工具内饰织物面料、生态合成革、新能源投资、机械制造、医疗养老、房地产、进出口贸易、实业投资等领域，是综合性现代化企业集团。下属企业旷达科技集团股份有限公司是国内行业龙头企业、国家重点高新技术企业，具备从有色差别化纤维生产到座套成品的完整产业链生产体系和先进的生产技术装备，产能、规模、市场占有率均居同行前列。在全国各地设有子公司，销售、售后网络遍布国内主要汽车主机厂，长期向全国60多家汽车代工制造商配套内饰用织物面料、内饰合成革、蒙面座套等产品，获得大众、通用等品牌汽车企业全球供应商资格，产品远销欧美。曾获第四届中国工业大奖提名奖、国家守合同重信用企业、江苏省优秀民营企业、中国汽车零部件百强企业等，多项产品获江苏省工业设计产品优秀奖，2019年获中国纺织联合会产品开发贡献奖。集团下属常州旷达威德机械有限公司是中国压力容器封头行业龙头企业，拥有国家封头制造许可证A3证、美国机械工程师协会“U”钢印证书、美国压力容器NB注册资格、欧盟PED（压力设备）相关资格认证、CCS（中国船级社）认证，具有年产封头2.4万吨的能力。2020年，完成工业产值44.74亿元，实现主营业务收入37.1亿元。

（张杏阳）

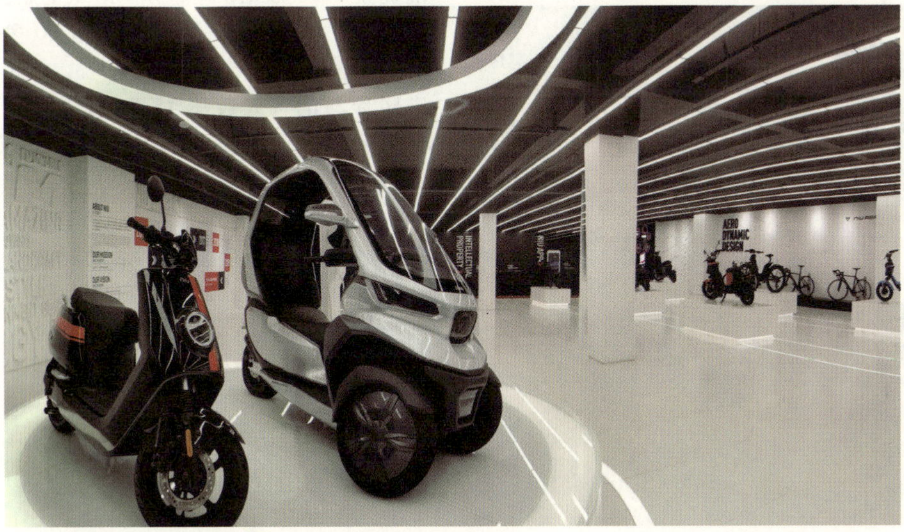

江苏小牛电动科技有限公司展示的电动车产品　　（供图/区工业和信息化局）

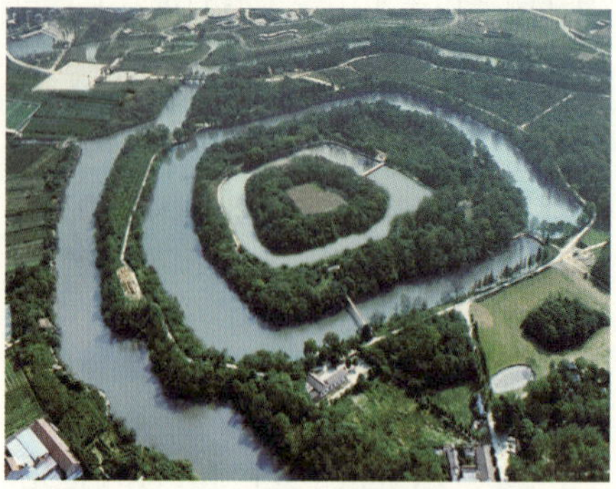

# 商贸服务业

Commercial and Trade Service Industry

栏目编辑　周小红

## 商贸流通

**【概况】** 2020年，武进区统筹推进疫情防控和经济社会发展，全面落实“六保”任务，推动商贸流通业健康发展，提升商贸服务质量。受新冠疫情影响，一季度，全区餐饮、旅游、购物一系列消费行业基本停业。二季度，疫情防控转入常态化和有序复工复产，市民消费热情充分释放。1—12月，全区消费品销售额同比增长19%，新增规模以上企业和市场主体205家；全区社会消费品零售总额632.9亿元，增长7%，位居全市排名第一。其中，限额以上社会消费品零售总额313.89亿元，增长42.1%，高速增长态势不减。

区商务局加强市场监测，全面掌握市场供需变化。疫情封控期间，协助区内商贸流通企业及菜市场经营户办理“绿色通行证”1000余张，保障生活必需品供应。开展汽车下乡、龙城嗨购节和“一场一品”评选等惠民促销活动，发放消费券，鼓励消费拉动增长。强化行业安全监管，与加油站和重点商贸流通企业签订安全生产承诺书，加强对辖区商场、超市和商业综合体等人员密集场所的安全隐患排查，督促落实安全制度，确保全区流通领域零事故。国庆黄金周期间，城区6家限额以上批零企业和2家商业综合体共实现商品销售额1.09亿元，增长1.1%，全区消费市场总体运行平稳。妥善处理商贸流通领域投诉纠纷，接到“12345”政府公共平台派发预付卡投诉单804件，其中，实际处理的有效投诉666件，因倒闭跑路转其他部门投诉122件，咨询类投诉16件，有效投诉下降13.2%。

**【菜市场“绿色通道”开辟】** 2020年疫情封控期间，由于交通管制等造成菜市场蔬菜经营户无法将自产蔬菜或者从凌家塘批发的蔬菜运往市场销售，区商务局与区新冠肺炎疫情防控应急指挥部农村防控组研究决定，落实绿色通道政策，确保农副产品运输车辆优先便捷通行，于2月6日向礼嘉镇百兴菜市场等发放第一批绿色通行证明44份。年内，全区菜市场经营户办理“绿色通行证”1000余张，有效保障全区生活必需品供应不断档、不脱销。

**【“6·6”龙城嗨购节武进区分会场活动】** 6月6日，“6·6”龙城嗨购节武进区分会场活动在武进吾悦广场启动。按照“龙城嗨购节”上下联动、部门联合、政企互动、点面结合、线上（线下）融合的原则，武进区开展“吃、购、游”一系列促销、促游活动，持续到10月下旬，在全区范围内营造提振消费信心、复工复产的浓厚氛围。区政府发放消费券1500万元，区商务局组织企业、商户600多家参与，吸引消费者60多万人，消费券资金使用率为73%，武进区参与消费人数达45.54万人，交易金额2380.16万元，拉动消费增长超2.4倍。

**【第八届武进汽车下乡巡展活动】** 8月1日至10月11日，2020“畅游新武进、同行奔小康”第八届武进汽车下乡巡展活动举行。该届汽车巡展活动由区商务局主办，武进汽车城建设指挥部、武进广播电视台承办，首先在礼嘉、遥观、嘉泽、前黄、礼河、湖塘6个镇（社区）开展，有30家品牌车企70多款车型参与展销，其中五菱、欧拉、北汽、广汽

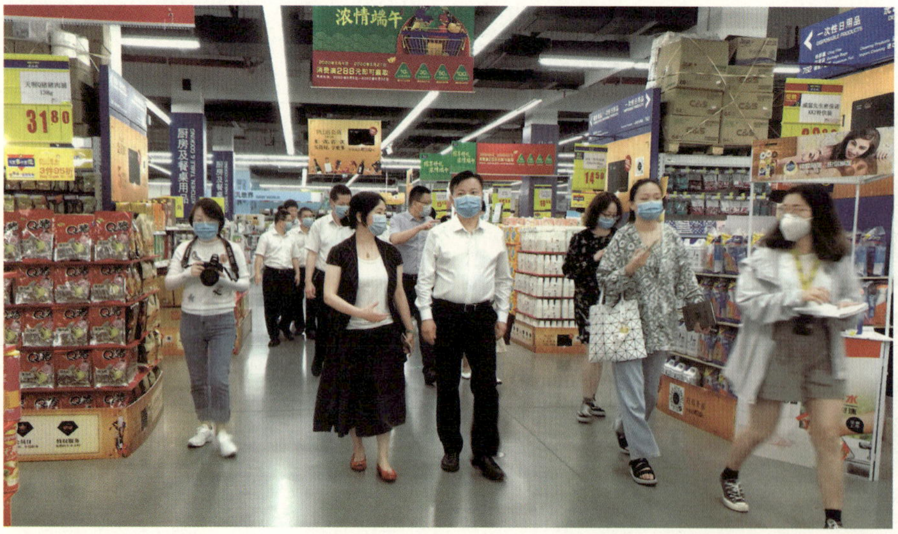


6月24日，区领导检查麦德龙超市防疫工作　（供图／区商务局）

等新能源品牌汽车成为市场营销劲军，红旗、奇瑞、广汽传祺、吉利、哈佛、斯威、宝骏等高性价比国产品牌汽车受到农村消费者欢迎。其间，共收到订单300多个，收集意向客户2000余人，参展人数超2万人。

**【万邦汽车公司被列为省重点商贸零售支持企业】** 12月4日，常州万邦汽车销售服务有限公司（简称“万邦汽车公司”）被省商务厅列为重点商贸零售支持企业。根据《江苏省商务厅关于开展“促流通扩消费竞赛季”活动的通知》要求，按照“省市县联动、政银企联动、线上下联动、内外贸联动”的总体思路，突出“品质生活、苏新消费”主题，区商务局组织万邦汽车公司等5家省零售200强企业参加全省“促流通扩消费竞赛季”活动。通过竞赛，万邦汽车公司6—8月实现销售额3.52亿元，环比3—5月增长54.67%，高于全省平均增幅。该公司2020年实现新车销售2281辆，销售额8.14亿元，售后维修进场车辆1.9万辆，维修收入1.16亿元，上缴税款2249.07万元。

**【花园街商业街】** 位于武宜路以东、和平路以西、人民路以南、滆湖路以北，以花园街为中轴线，聚集武进万达广场、新天地不夜城、新城上街、路劲又一城等商业体，常州地铁一号线贯穿。武进万达广场位于花园街北端，建筑面积59万平方米，是集超市、五星级酒店、影院、KTV、美食以及办公、居住于一体的城市综合体，其中YOUNG生活馆以差异化特色经营，吸引年轻家庭客群，2020年实现销售额5.78亿元，日均客流3.74万人次。路劲又一城位于花园街、长虹路高架交会处，建筑面积18万平方米，是集购物、休闲、娱乐为一体的大型商业广场，营运大润发、天空之城、耐克、阿迪、哥弟、千百度、百丽、启劲、九田家、钱小奴海鲜自助等品牌，2020年实现销售额6.1亿元。

**【武宜路商圈】** 武宜路作为贯通常州市区与武进中心城区的南北方向主线之一，聚集武进吾悦广场、星河国际商业街、四季青购物中心等商业体。武进吾悦广场总建筑面积80万平方米，涵盖大型超市、购物中心、主题会所、会议中心、酒店式公寓、高端住宅等业态，运营易买得、孩子王、优衣库、海底捞、理想汽车、小米、哥老官、NIKE、同庆楼、苹果等商业品牌，2020年实现销售额12.66亿元。星河国际商业街总规模达30万平方米，由社区型高端儿童主题式购物中心、麦德龙、创意型生活家居馆、金街和国际风情广场、国际欢乐广场及欢乐步行街、风情水岸街组成，其中迪卡侬（健康运动基地）2020年实现销售额3503万元。

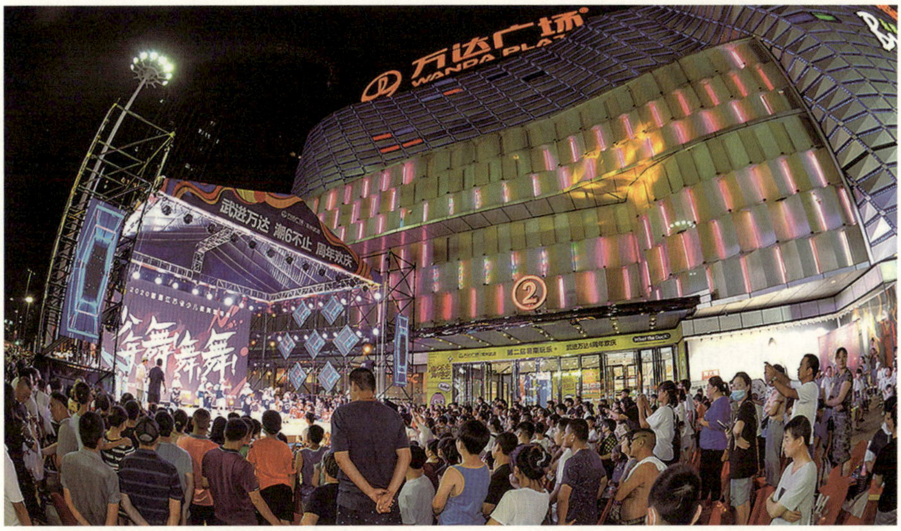


武进万达广场商业街　（摄影/刘晓江）

**【武进乐购商圈】** 位于湖塘镇常武路与定安路交会处，拥有华润万家超市、富克斯流行广场、武进购物中心、南洋广场等大型商业体，以及周边住宅小区的沿街商业。武进购物中心总建筑面积16万平方米，设购物区、休闲餐饮区、主题休闲娱乐区、主题文化艺术区以及金融商务区，入驻深圳海港大酒楼、苏宁电器、莱蒙电脑城、海乐迪量贩KTV等品牌商家，周边有华润万家超市、武进路桥小商品市场、湖塘皮革城、家家爱家具等。富克斯流行广场是武进人民商场有限公司与台湾高青开发公司投资开发的大型综合体，建筑面积7.2万平方米，营业面积4.8万平方米，运营周大福、潮宏基、老凤祥、钻石世家、欧珀莱、蹀愫、新秀丽、沙驰、VERO MODA、遐逸、哥弟、波司登、朝峰、玖姿、木子兰、莱芙艾迪尔、报喜鸟、太平鸟、GXG、耐克、阿迪、狼爪、富安娜、梦洁、水星家纺、好孩子、黄色小鸭、丽婴房等品牌产品，2020年实现销售额4.2亿元。

（潘　磊）

**【夏溪花木市场年交易额超178亿元】** 夏溪花木市场聚集各类商户2200个，花木经纪人3万多人，花农15万户，园林企业600多家，花木主产区涉及20多个省、市。年初，该市场积极应对新冠疫情影响，实施交易市场43天临时封闭管理，复工复市后继续做好疫情防控工作。重点建设信息化平台和发展电商，研发和升级“花木源”App、线上申报系统和自媒体功能，提升苗木行情、商户信息采集技术，简化苗木交易环节，提高花木市场交易能力；拓展花木产品网络销售，为市场商户搭建配套服务体系，形成“花木市场＋互联网＋基地农户”的联结模式，引领农村经济转型发展和带动农民增收致富。工程花木、花卉绿植批零中心、现代庭院展销、园艺资材、景石联动五大板块保持良好发展态势，全年完成市场交易额达178.96亿元。

（应　彦）

**【武进汽车城实现销售总额126亿元】** 武进汽车城位于武进中心城区，占地面积100公顷，是华东地区名列前茅的大型综合汽车市场，拥有品牌汽车4S店集中区、二手车（卡车）交易市场、汽车配件市场及配套商业服务区四大功能板块。其中，品牌汽车4S集中区有保时捷、玛莎拉蒂、奔驰、宝马等国际品牌汽车4S店43家，其他品牌汽车门市部31家；

二手车市场占地面积16.13公顷、建筑面积12.6万平方米，入驻商户260户，年交易二手汽车4万辆；汽车配件市场占地面积20万平方米、建筑面积12万平方米，入驻商户450户；汽车市场配套服务区建筑面积5万平方米。2020年，武进汽车城管理办公室加强市场监管，完善市场功能，新建汽车停车车位2000个。5—9月，开展汽车下乡活动，深入镇（街道）重点销售国家政策鼓励的新能源汽车。年内，品牌汽车4S店集中区销售新车4.22万辆，销售额99.8亿元，分别下降23.8%和3.86%；二手车市场交易汽车4.07万辆，交易额34.85亿元，分别增长21.0%和29.6%。武进汽车城全年实现销售总额126亿元，上缴税收1.52亿元，分别下降3.86%和8.96%。

（梅旭中）

**【明都汽车集团年销售额超68亿元】** 江苏明都汽车集团有限公司（简称“明都汽车集团”）创建于1996年1月，是一家以汽车销售服务为核心、金融投资和高星级酒店为辅的多元化集团企业。总部位于武进区，拥有全资子公司40家、控股公司3家、参股公司2家，员工近3000人，固定资产账面余额16.8亿元。代理汽车主流品牌25个，有品牌4S店40家，主要分布在常州、无锡、苏州、镇江、扬州、南通和湖南邵阳等地，同时经营汽车租赁、二手车置换等业务，是江苏省和常州市汽车销售服务领域的领军企业。该集团名列2019年度中国汽车经销商集团第61名、2019—2020江苏省汽车销售服务30强。2020年，该集团克服新冠疫情冲击，抢抓国家政策扶持风口，持续加力，逆势增长，实现销售额68.7亿元，并保持较好的市场份额。

（张宏伟）

## 粮食购销

**【概况】** 2020年，武进区有具备粮食收购资质企业36家，其中国有及国有控股企业4家。推进“放心粮油”工程建设，年末有市级示范粮油销售及加工企业7家、区级“放心粮油”销售店18家。全年轮换地方储备小麦1.48万吨、粳稻2.46万吨，区地方储备粮管理符合规定要求。全区各类粮食收购主体理性参与粮食市场收购，完成全社会粮食收购17.4万吨，其中小麦2.7万吨、粳稻14.7万吨。区粮食部门推进粮食产销对接，组织粮油经营企业建立粮食协作平台，实施与外地粮食生产基地的零距离衔接，全年签订协议粮食购销数量7万吨。按照要求落实应急成品粮油存储，由区发改局、财政局联合监管，与优选部分粮食企业签订协议，确定全区粮油应急加工企业和粮油应急保供网点。

**【粮食应急保供建设】** 2020年，区粮食部门按照武进区防疫指挥部要求，与属地政府和供电公司等沟通协调，推进大米加工厂开（复）工。每日跟踪监测粮食企业生产销售情况，及时投放区级应急成品大米600吨和地储粳稻5300吨，有效保证市场供应，确保“米袋子”安全。严格检查考评，确保应急成品粮、成品油、冻猪肉、冻鸡肉“规模到位、数量真实、管理规范、储存安全”。完善区级粮食应急网点建设，重新布局应急成品粮油配送中心2个、成品大米应急加工企业4家、粮食应急销售超市网点22个，实现粮食应急体系武进乡镇板块全覆盖。推行粮食储备全程监控，以武进粮食物流园为中心，建设漕桥、寨桥、虞桥、卜弋、奔牛分库点5个，实现粮食收购储存全过程省级信息化互联互通。深入推广种田大户、民营购销公司、大米加工厂、粮食物流园多方合作共赢机制，全面提升粮食企业市场抗风险能力，确保区级储备粮数量、质量、存储安全到位。

（唐　莉）

## 烟草专卖

**【概况】** 2020年，区烟草专卖局（分公司）履行烟草市场监管职能，统筹推进违法大户治理、日常市场监管、电子烟监管、烟（卡）和无证户治理、打假破网、“放管服”改革，维护烟草经营秩序。设稽查中队4个、市场服务部3个，有一线专卖营销人员54人。新办烟草零售许可证1061户，处理停业零售户20户，整顿28户，收回94户，注销148户，歇业328户，变更22户，恢复营业5户，延续经营1022户，年底有烟草零售许可证零售户5978户。全年烟草经营贡献税利6.34亿元，区烟草专卖局获省烟草专卖局嘉奖令表彰3次。

**【烟草市场监管】** 2020年，区烟草专卖局持续做好大户名录动态管理，强化信息研判，实现精准打击，取缔违法违规大户经营资格22户。制定日常市场监管工作标准，落实检查计划30次，抽查零售户1658户。开展电子烟专项联合检查，建立实体销售电子烟零售户档案29户。开展样品烟专项检查，健全无证户档案管理，严密监管违法活动频繁、销售假冒卷烟及无证无照批量销售卷烟的违法零售户，无证经营率降低至0.55%；查处运输类案件100起，其中物流寄递案件83起；深化打假破网协作机制，查处网络案件3起（刑拘16人、判刑13人），上缴罚没款150余万元。探索网络远程勘验工作，办理许可证9份。强化专销联动协同监管，实现终端信息同步共享，新证办结时间控制在4天以内，网上申请率99%。全年查处涉烟违法案件702起，其中5万元以上案件113起，总案值1562万余元，查获各类违法卷烟1342万余支，案件数量、质量明显提升。

**【卷烟营销】** 2020年，区烟草分公司开展专销协同梳理异常零售户活动，及时互动反馈，有效治理异常终端，夯实营销环境基础，异常零售户下降至44户。推进文明吸烟环境建设，安装吸烟柱848个，建成吸烟亭14个、吸烟室1个。建设诚信互助小组，成立小组407个，发展组员5895名，小组覆盖率99.83%。在“彩中杯”全省系统诚信互助小组评选大赛中获评优秀小组2个，在“大重九杯”平台应用达人比赛中获评“应用达人”组员50名。推进现代终端建设，发展金丝利数字终端用户93户（不含苏宁小店3户），完成率110.34%，位列全市烟草专卖系统第一；日均扫码数114笔，在线支付占比72%；达到市烟草专卖公司签订协议标准零售户89户，均完成协议签订。至年底，金丝利家注册率99.02%，零售户体验率84.6%。推广“常州金丝利”微信公众号，零售户注册率96.55%、微信公众号参与度4%。

（张　珏）

## 物流业

**【概况】** 2020年，武进区有AAAAA级物流企业1家、AAAA级物流企业1家、网络货运平台企业2家。3月，西太湖互联网产业园物流基地项目开工建设。12月，常州千城共配供应链管理有限公司获网络货运平台企业认证。武进区基本构建起物流园区、物流中心、乡镇物流场站三级物流体系，基本形成以常州武进地区为中心、辐射周边城市、农村的区域性专业配送网络，实现快运快递网络基本覆盖。全区实现物流业增加值62.37亿元（行政区划调整后的数据），增长7.5%。

**【西太湖互联网产业园物流基地项目开工】** 西太湖互联网产业园物流基地项目位于武进区禾香路，由天众物流、百胜仓储物流和岭郅医药物流组成，建设包括交易、仓储、配送用房及快件分拨中心等，为医药、医疗器械、电子商务、新零售等相关行业提供物流、仓储设施运营和管理、冷链配送、供应链解决方案等服务，利用物流大数据，加速“互联网+”产业与特色优势产业相融合，激发产业新能量。该项目总投资10.6亿元，总建筑面积15万平方米，于3月开工，至12月末完成投资额7.6亿元。

**【千城共配公司获省级网络货运平台企业认证】** 2020年12月17日，常州千城共配供应链管理有限公司（简称“千城共配公司”）通过省交通运输厅认定，具备网络货运经营线上服务能力，成为全区第二家网络货运平台企业。该公司位于武进高新区常武南路588号天安数码城16幢405-2室，成立于2019年6月，依托千城共配网络货运平台整合配置运输资源，以承运人身份与托运人签订运输合同，委托实际承运人完成道路货物运输并承担承运人责任，具备信息发布、线上交易、全程监控、金融支付、咨询投诉、在线评价、查询统计、数据调取等功能，全流程信息透明，助力物流企业降低运输风险，实现规模化、集约化发展。

（何秋斌）

## 住宿餐饮业

**【概况】** 2020年，武进区有各类餐饮单位1万余家，从业人员5万多人，有三星级以上旅游饭店14家。受到新冠肺炎疫情影响，全区酒店餐饮和旅游行业遇到前所未有的困难。武进区及时出台专项扶持政策，举办文化旅游节、嗨购节，发放消费券，推动消费复苏。区商务部门以美食旅游节为契机，开展美食评比活动，推广特产美食，宣传特色景点，助力餐饮行业发展、旅游产业转型升级，提升“花都水城·浪漫武进”的知名度和美誉度。全年限额以上住宿餐饮业营业收入11.51亿元，下降5.9个百分点。

**【武进区“一场一品”评选活动】** 9—12月，2020年武进区“一场一品”评选活动举行。该活动由区商务局、区融媒体

2020武进区“一场一品”评选获奖菜品情况表

表11

| 奖　项 | 食材（食品）名称 | 所属菜场 |
|---|---|---|
| 明星菜品 | 随心绿苎头青团、糯米饼 | 雪堰消费品综合市场 |
| | 兰波盐卤豆腐 | 礼嘉农贸市场 |
| | 徐记老酵手工包子 | 坂上农贸市场 |
| | 钱盂力寨桥干烧老鹅 | 寨桥农贸市场 |
| | 吴春燕爆鱼 | 湖塘消费品综合市场 |
| | 黄记秘制肉圆、鱼圆 | 湖塘消费品综合市场 |
| | 徐文娟油面团 | 阳湖消费品综合市场 |
| | 周建华豆腐、百叶 | 鸣凰消费品综合市场 |
| | 春冠馄饨皮 | 何留消费品综合市场 |
| | 康豆腐 | 卢家巷消费品综合市场 |
| | 红霞糕团店团子 | 洛阳农贸市场 |
| | 蒋伟肉蟹 | 东安集贸市场 |
| 人气菜品 | 鑫记卤味店奶蛋黄翅中、烧汁酱鸭、花雕醉香猪肝 | 雪堰消费品综合市场 |
| | 吴杏芳豆制品 | 礼嘉农贸市场 |
| | 阿彬熟食店夫妻肺片 | 礼嘉农贸市场 |
| | 王建中百叶 | 坂上农贸市场 |
| | 鲍氏牛肉 | 前黄农贸综合市场 |
| | 二花脸扣肉 | 湖塘消费品综合市场 |
| | 磨谷坊五谷杂粮粉 | 湖塘消费品综合市场 |
| | 老陈豆腐 | 阳湖消费品综合市场 |
| | 毛琴永糕粽团圆 | 阳湖消费品综合市场 |
| | 静伟鸭血粉丝汤 | 马杭消费品综合市场 |
| | 王伟手工鱼丸 | 马杭消费品综合市场 |
| | 吉祥烤饼 | 鸣凰消费品综合市场 |
| | 黄牛牛肉 | 府北消费品综合市场 |
| | 陶记酸菜鱼 | 府北消费品综合市场 |
| | 刘建惠糖藕 | 府北消费品综合市场 |
| | 李记黄牛肉 | 中凉消费品综合市场 |
| | 蒋阿姨砂锅凤爪 | 大学新村消费品综合市场 |
| | 何淦豆腐、百叶 | 大学新村消费品综合市场 |
| | 吴迪鱼圆 | 大学新村消费品综合市场 |
| | 杨春娟水面筋塞肉 | 湟里集贸市场 |
| | 陈丽君卤牛肉 | 村前农贸市场 |
| | 老骆盐水鹅 | 夏溪农贸市场 |
| | 蔡效宝风鹅、白斩鸡 | 夏溪农贸市场 |
| | 洛艳鱼圆 | 西湖街道综合市场 |

中心等单位共同主办，旨在寻找发掘一批具有一定文化底蕴、独具地域特色、家乡味道的食品和食材，打造亮点、评出精品、树立品牌，形成良好的市场效应，展示放心农贸市场的良好形象，满足老百姓日益增长的消费需求，推进武进区“菜篮子”工程建设。参选对象为辖区内菜市场经营户的食品或者食材。由区融媒体中心《生活连线》栏目和《武进日报》专刊对参赛候选菜品逐一报道，义务宣传农贸市场和经营户。评选按照公开、透明、公平、公正的原则，采取网络投票、实地调研和专家统一品鉴相结合。评出明星菜品和人气菜品，全区有20家菜场35个菜品参加评选，随心绿苎头青团、糯米饼等15个菜品获明星菜品奖，鑫记卤味店奶蛋黄翅中等28个菜品获人气菜品奖。

（潘　磊）

**【武进首届美食旅游节】** 10月17日，2020武进首届美食旅游节在春秋淹城仰淹阁广场开幕。该届美食旅游节由区融媒体中心、区工商联主办，武进酒店业商会、武进烹饪协会承办，发布武进美食旅游地图，组织30家酒店餐饮企业推出特色美食67道，近20家餐饮和农产品企业推出地方特产上百种，推介淹城、雪堰太滆、新天地不夜城等武进特色景点，探寻武进“老菜”“新菜”和“必点菜”,品味武进“鲜瓜”“美果”“土特产”，分享武进“好山”“好水”“好风光”。

**【天香楼中餐厅揭牌】** 11月20日，常州都喜天丽富都长江龙城酒店天香楼中餐厅揭牌。该中餐厅位于常州科教城，设有豪华包厢16个，最大包厢可容纳30人用餐，餐位225个。以淮扬菜为特色，由名厨团队汇聚天下美食，倡导健康饮食。

（方志天）

## 邮政快递

**【概况】** 2020年，武进区（含常州经开区）有快递品牌30余个，注册的独立许可快递企业8家，各类营业网点（含末端网点）300余个，从业人员3200余人。武进邮政管理局（区邮政业发展中心）精准有序推动复工复产工作，为邮政、快递企业免费发放口罩5000个，办理车辆通行证100余张。全力处理小区投递遇阻问题，仅一周时间内就协调解决投递遇阻的小区20余个，为8个社区打通快递通道。7月，落实“行业智能终端”手机App，年内发现各类违法线索40余条，协助公安机关破获刑事案件6起，抓获犯罪嫌疑人18人，缴获各类子弹1400余发。开展安全检查执法，出动人员50人次，检查企业（营业网点）31家，摸排发现“厂中厂、群租房”现象企业13家、企业网点消防安全隐患58处，行政处罚2件，罚款1万余元。向邮政、快递企业集中发放邮件快件包装废弃物回收箱，提升邮件快件包装标准化和绿色化。打造快递服务制造业优势项目8个，形成服务模式4种，全区快递服务制造业收件总量250万件，业务收入2800万元，为企业创造产值超30亿元。全区快递服务企业完成业务量7778.02万件，实现快递业务收入17.45亿元，分别比2019年增长52.67%和54.47%。12月，中通快递大学城营业部获评江苏省“扫黄打非”进基层示范点。

**【寄递四季平安项目实施】** 2020年，武进邮政管理局梳理19个网格志愿者服务站人员信息，发展150余名优秀快递员成为快递平安志愿者，并在区网格中心注册。开展快递平安志愿者“点赞平安武进”“我的平安武进style”系列活动，向区委政法委报送“我的平安武进”抖音小视频10余个，获评二等奖1个、优秀奖5个，“我为平安武进代言、邮政业绿色环保”小视频被区委宣传部录用。开展“文明交通”引导志愿服务活动3次，与区总工会联合开展“夏日送清凉”活动，为奋战在高温一线的顺丰、邮政、中通快递员送去矿泉水等慰问品。搭建线上培训平台，通过线上教育、考核等方式，完成网上安全教育和业务技能培训600余人次。开展安全生产宣传活动6次，重点宣讲邮政法律法规、禁止寄递物品以及举报奖励等法律条例，发放《邮政法律法规汇编》《寄递安全宣传手册》1500余份。

（潘　璠）

## 电子商务

**【概况】** 2020年，武进区加强基础设施和软环境建设，推进电子商务应用普及和发展。区商务局组织各类申报3次，开展走访调研7次，指导开展培训活动2次，全区获评省级数字商务企业1家，获得上级扶持资金175.09万元。组织1家电商企业申报2020年市级电商专项资金项目，1家园区和5家企业申报2020年省级商务发展资金电商项目，2家企业申报2020省级数字商务企业项目。深入乡镇和企业开展调研对接，调研电商企业复工复产和疫情防控情况。帮助乡镇对接专业电商机构，促成龙道电商与礼嘉镇华渡村、懒人园艺与嘉泽镇跃进村共建；帮助夏溪花木市场、牛塘业勤纺织公司、洛阳镇水蜜桃种植专业合作社与有关专业电商运营机构对接，为常州市“6·6”电商直播购物节选品，引导传统企业借力电商实现发展。中国（常州）直播达人大赛100进30晋级赛、2020中国（常州）电子商务应用发展大会成功举办。武进区参与直播的商品实现零售额16.7亿元，零售量3482.9万件；直播场次9417场，累计观看人次2362.9万人。根据第三方数据统计，武进区2020年网络零售额达168.96亿元，其中实物商品销售额142.87亿元、非实物商品销售额26.1亿元，占全市网络零售总额的35.5%，位列全市各辖市区第一。

**【安科电子商务公司获评省级数字商务企业】** 2020年11月9日，常州安科电子商务有限公司（简称“安科电子商务公司”）被省商务厅评为2020年省级数字商务企业。该公司成立于2012年7月，是一家从事传统企业“互联网＋”、互联网企业“新零售＋”运营及管理的专业机构，为传统企业、互联网企业提供电子商务及新零售全方位解决方案。全力构建大学生创业孵化体系，建立商学院，与天猫、京东、一号店、当当、唯品会、苏宁易购等网络销售平台建立良好合作关系，已发展成为跨地域多品牌运营和管理的全国性电子商务品牌企业。服务NIKE、U.S.POLO ASSN、FARAH、JOCKEY、顶瓜瓜、DGG、Balabala等

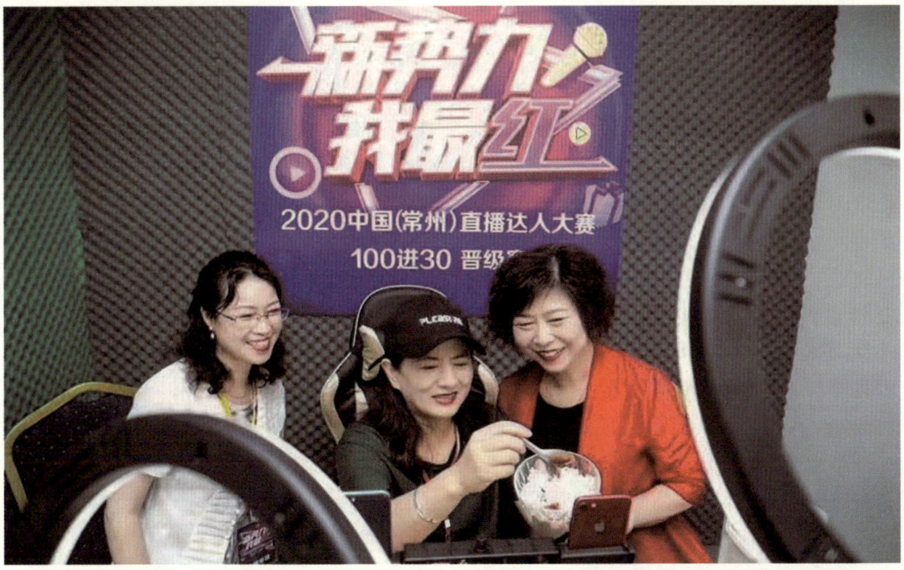


电商直播现场　　（供图/区商务局）

企业品牌，运营男装、女装、童装、童鞋、婴童用品、家纺、内衣等数十个大类、近百个小类。2020年，实现销售收入3.42亿元、利润438万元，纳税总额1080万元。

**【中国（常州）直播达人大赛100进30晋级赛承办】** 8月14—15日晚上7点半至9点半，2020中国（常州）直播达人大赛100进30晋级赛在武进顶呱呱网红直播基地开赛。该项活动是“6·6”龙城嗨购节的重要组成部分，分A组和B组两个组别开展，每组50人，通过2个小时的直播带货，对组委会指定产品做带货销售PK，来自上海、杭州、嘉兴、镇江、常州的50名选手参赛。这次活动线上成交业绩喜人，为武进产品在线上销售起到推动作用，为解决后疫情时代促就业、提消费起到积极效果。

（潘　磊）

## 房地产业

**【概况】** 2020年，武进区新设立房地产企业10家，年末具备有效开发资质企业80家，其中一级房地产企业5家、二级5家、暂二级67家、暂三级3家。全年完成房地产业投资额217.52亿元，其中住宅投资额178.51亿元，分别比2019年增长4.90%和14.10%；新开工面积240.74万平方米，其中住宅面积182.83万平方米，分别比2019年减少10.20%和11.00%；竣工面积195.55万平方米，其中住宅面积140.54万平方米，分别比2019年增长180.80%和233.00%。

**【土地资源经营管理】** 2020年，区住建部门滚动更新武进区城市经营性土地资源普查情况，完善经营性土地储备库，有序推进城市资源系统平台数据库二期工程和武进区“十四五”经营性土地发展规划，系统性开展全区经营性土地推介。全年出让经营性土地24宗、面积99.72万平方米，实现土地出让金收入158.34亿元。其中，武进区本部出让经营性土地14宗、面积61.9万平方米，实现土地出让金收入101.93亿元；常州经开区出让经营性土地10宗、面积37.82万平方米，实现土地出让金收入56.41亿元。

**【房地产市场销售】** 2020年，受新冠肺炎疫情影响，武进区房地产市场一度进入冻结状态。第二季度，房地产交易市场活跃度逐步回升，疫情期间被抑制的需求得到释放，一、二手房成交量大幅提升，成交价格结构性上扬，供应加速放量。第三季度，受政策面趋紧和传统淡季效应的影响，市场行情有所回落。武进房地产市场全年波动幅度明显，市场预期总体向好。土地市场供应量减少，但热度不减，屡创新高。新建商品住房供应量小幅下降，成交价格平稳，商品

**2020年武进区商品住宅销售额前十名楼盘情况表**

表12

| 楼盘名称 | 开发单位 | 销售面积（万平方米） | 销售量（套） | 销售金额（亿元） | 销售均价（元/平方米） |
|---|---|---|---|---|---|
| 都市森林花园 | 常州碧华房地产开发有限公司 | 16.32 | 1453 | 24.16 | 14806 |
| 星河城市花园 | 常州星河协通房地产开发有限公司 | 15.96 | 1168 | 28.94 | 18134 |
| 九熙台苑 | 常州新城宏业房地产有限公司 | 12.00 | 686 | 32.86 | 27387 |
| 翰美雅园 | 常州市美科房地产发展有限公司 | 10.26 | 962 | 15.10 | 14719 |
| 悦翠九隽花园 | 常州新城悦兴房地产开发有限公司 | 8.34 | 690 | 16.03 | 19237 |
| 湖滨嘉园 | 常州西太湖房地产开发有限公司 | 8.29 | 279 | 17.96 | 21676 |
| 万泽太湖城 | 常州万泽天海置业有限公司 | 6.69 | 599 | 10.29 | 15385 |
| 月桂江南里 | 丹龙置业常州有限公司 | 6.51 | 412 | 12.32 | 18923 |
| 珑玥花园 | 常发置业（江苏）有限公司 | 5.79 | 328 | 12.60 | 21762 |
| 心筑雅园 | 常州润盛房地产开发有限公司 | 5.62 | 607 | 7.71 | 13712 |

住房在售库存及去化周期略有缩减。至年末，全区商品房销售面积218.26万平方米，其中住宅销售面积144.52万平方米，分别比2019年减少9.74%和15.75%；商品房销售额288.50亿元，其中住宅销售额251.33亿元，分别比2019年增长3.51%和3.59%。商品房销售均价13219元／平方米，其中住宅销售均价17390元／平方米，分别比2019年增长14.69%和22.93%。商品房批准预售面积239.94万平方米，其中住房预售面积176.82万平方米，分别比2019年减少3.44%和增长14.62%。

**【房地产市场管理】** 2020年，武进区完善公建配套管理，提升开发小区居住品质。加强房地产市场监管，落实国家宏观调控政策。加强商业项目开发进度监管，梳理商品房退备案管理规范，细化实施细则。严格执行商品房合同退备案制度，避免利用合同退备案的“炒房”现象，促进房地产市场公平健康。区住建局全力协助企业落实疫情防控措施，推动房地产行业复苏。积极化解交付矛盾，提前开展商品房交付使用备案服务。严格审核，排除瑕疵，保障项目良好品质。严谨分析房地产市场统计数据，积极参与市场调控。及时统计分析房地产市场动态，形成月报，准确及时上报相关部门，为相关决策提供可靠依据。根据市场变动和上级的要求，主动引导企业调整营销策略和协调备案节奏，促进市场平稳发展。

**【嘉宏·一江风华等2个项目开工】** 嘉宏·一江风华　位于武进中心城区星火北路与古方路交会处，由常州嘉宏南广置业发展有限公司开发，10月22日开工，总建筑面积21万平方米，容积率2.0，规划建设科技精装小高层18幢，建筑外立面采用全景玻璃幕墙，精选国际优质品牌以及智能六恒科技系统，总投资42亿元。

路劲铂樾楼盘　位于武宜北路与聚湖东路交会处，由路劲集团开发，占地面积4万平方米，总建筑面积8898平方米，容积率1.5。规划建设建筑面积约199平方米及212平方米的错层咬合式创新户型5幢，以及建筑面积约143平方米及165平方米的洋房户型7幢，整体采用现代建筑风格，总投资16.9亿元。该项目一期于7月开工，首期开盘时间为12月31日，总货值18亿元。

（徐亚芬）

**【住宅小区物业管理】** 2020年，区物业管理工作领导小组落实各镇（开发区）、街道关于住宅小区物业管理工作的考核机制，由区考评组重点考核物业管理巡查、责任落实、业委会（物管会）监督管理等，按照月度、季度、年度量化工作情况细化打分。全年检查8个乡镇、2个街道和高新区北区工作组及太湖湾旅游度假区物业管理项目66个。区房管处协调解决小区管理的矛盾问题56项，协同各职能部门联合执法320余人次，组织培训各镇物管科、社区、物业服务企业人员150余人次。推进党建引领“红色物业”建设，全区有物业管理的商品房小区209个，其中成立业委会小区26个、物管会小区43个。区房管处带领物业企业积极投入小区抗疫，帮助企业解决防疫物资。开展全区物业管理技能竞赛，4个物管项目获评区级示范物业管理项目，5个物管项目获评市级示范物业管理项目，2个物管项目获评省级示范物业管理项目。

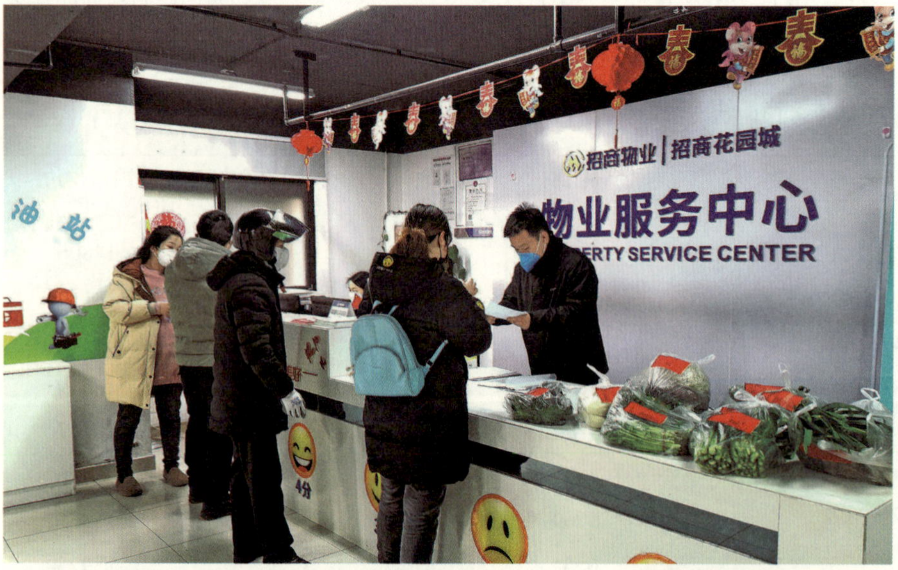


2月21日，小区物业管家为业主分发物品　　（供图／区融媒体中心）

**【物业维修基金管理】** 2020年，区房管处开展维修资金管理系统数据核对，完善维修资金测绘报告等基础资料。核对住宅专项维修基金票据16万余份，初步梳理60个小区住宅9万余户数据。通过政府采购服务形式，聘请第三方公司提供维修资金前期查勘、使用前公示、拨付前公示及项目审计等，提升物业市场的专业服务水平。全年受理维修资金申报2727户，审核拨付维修资金935.76万元，收缴房屋维修资金30924.87万元和消防电梯专项维修资金1901.87万元。通过产权转移前查询，514户补交维修资金152万元。做好品樾花园、香聚雅苑、汝悦春秋苑等10个小区的前期物业招投标。完成住宅类物业合同备案21个，收取项目接管保证金72万元。

**【住宅小区管理专项整治】** 2020年，区房管部门开展商品房住宅小区电动车消防安全综合治理、电线私拉乱接排查等专项整治，检查住宅小区106个，参与检查396人次，发现私拉电线49处，楼道单元内非机动车乱停放98处，均要求限期整改。开展打通“生命通道”集中攻坚行动，组织80余家物业服务企业参加集中攻坚推进会，联合制作并张贴住宅小区消防疏散通道安全警示牌1.1万块。至年末，全区有物业管理的住宅小区共划线831处，设置警示牌967块，清理堵塞消防通道1657处。

（杨　欣）

# 对外及港澳台经济合作

# External Economic Co-operation with Hong Kong, Macao and Taiwan

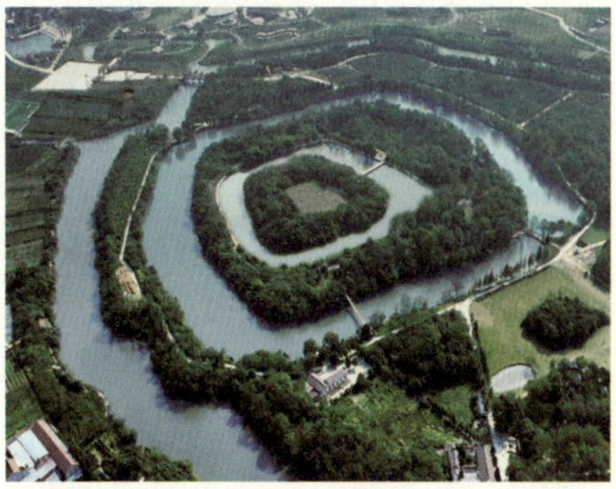

栏目编辑　周小红

## 融入"一带一路"建设

**【概况】** 2020年，武进区有"一带一路"项目16个，比2019年增加1个，武进方协议投资额1.4亿美元，比2019年下降8.4%。江苏恒立液压股份有限公司在印度投资4500万美元，设立恒立液压印度私人有限公司。常州腾龙汽车零部件股份有限公司增资腾龙波兰有限公司，新项目总投资5704万美元。至年末，武进区有53家企业在"一带一路"沿线国家和地区投资项目65个，开拓"一带一路"市场，成为常州融入"一带一路"建设主力军。

**【"一带一路"平台建设】** 武进绿建区　10月，武进绿建区获工业和信息化部中欧（常州）绿色创新园授牌。全年举办中国欧盟商会云推介、中欧绿建国际技术项目对接洽谈系列会议活动，与14家海内外创新机构形成10余项技术合作对接，引进中欧合作项目，加强中欧在国际会展、技术合作、教育培训等领域的深度合作。

中以常州创新园　1月8日，中以常州创新园获评江苏省国际合作园区。6月16日，常州中以产业技术创新中心项目开工。8月19日，江苏省驻以色列经贸代表处签约，以色列江苏创新中心成为"一带一路"交会点。11月28日，常州固立高端装备创新中心启用，并与以色列本·古里安大学合作，全面开展新工科教育，为学院派创业团队提供技术支持、供应链资源、资金支持、导师指导、人才输送"五维一体"的创业支撑。

（潘　磊）

## 对外及港澳台贸易

**【概况】** 2020年，武进区培育外贸新增长点和新业态，推进企业进出口基地建设，组织企业参展，宣传信贷优惠新政，扩大出口信保覆盖面，推动外贸企业转型升级，促进外贸结构优化转型，确保对外贸易稳步恢复。组织255家企业参展第三届中国国际进口博览会，承接进博会溢出效应，助推经济高质量发展。评选表彰2019年度外贸进出口十强企业，分别为中天钢铁集团有限公司、光宝科技（常州）有限公司、纳恩博（常州）科技有限公司、爱科（常州）农业机械有限公司、常州一达通企业服务有限公司、瑞声光电科技（常州）有限公司、江苏常宝钢管销售有限公司、江苏赛拉弗光伏系统有限公司、江苏贝尔装饰材料有限公司、江苏恒立液压股份有限公司，这10家企业2019年度进出口总额208.09亿元，占全区进出口总额的25.7%，成为武进对外贸易经济重要组成部分和生力军。全年完成进出口总额483.12亿元，下降0.1%，占全市进出口总额的19.99%。其中，出口总额

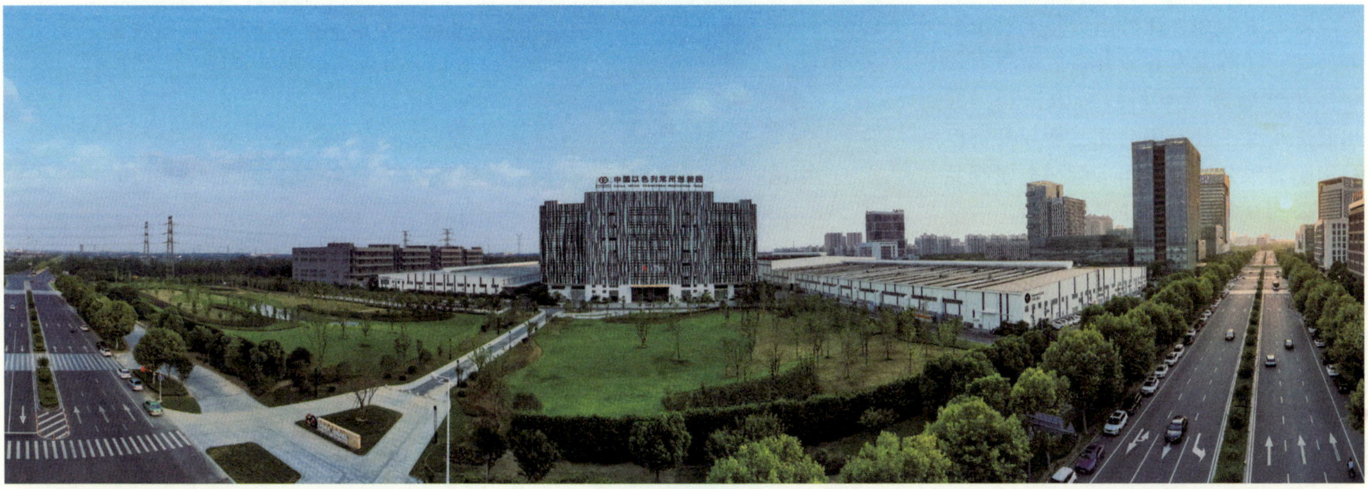

中以常州创新园　（供图/区融媒体中心）

367.12亿元，增长1.0%，占全市出口总额的20.43%；进口总额116亿元，下降3.6%，占全市进口总额的18.7%。服务外包执行额5.18亿美元，增长61.6%；离岸服务外包执行额3.29亿美元，增长160.2%。武进经济开发区被认定为首批江苏省服务贸易基地（文化服务领域），江苏嗨购网络科技有限公司、江苏明月软件技术有限公司被认定为首批江苏省服务贸易重点企业（数字服务领域）。

**【武进区服务贸易基地（企业）获省级认定】** 12月31日，省商务厅公布首批江苏省服务贸易基地和重点企业名单，武进经济开发区被认定为首批江苏省服务贸易基地（文化服务领域），江苏嗨购网络科技有限公司、江苏明月软件技术有限公司被认定为首批江苏省服务贸易重点企业（数字服务领域）。武进经济开发区以国家文化出口双重点企业捷成华视网聚（常州）文化传媒有限公司为龙头，依托影视基地，确立文化服务贸易方面的全省领先地位，成为文化服务领域江苏省服务贸易基地之一（全省2个）。江苏嗨购网络科技有限公司2020年服务贸易出口额超1000万美元，江苏明月软件技术有限公司2020年服务贸易出口额超500万美元。

**【9家企业品牌入选省重点培育和发展的国际知名品牌】** 2020年9月30日，江苏省重点培育和发展的国际知名品牌名单公布，江苏恒立液压股份有限公司、普罗斯电器（中国）有限公司、江苏友奥电器有限公司、江苏南方轴承股份有限公司、江苏常发农业装备股份有限公司、江苏顺风光电科技有限公司、常州武进长城工具有限公司、亚邦投资控股集团有限公司、常州市蓝托金属制品有限公司9家武进企业品牌入围，占全市总数的14.29%。入选名单有效期至2023年9月30日。

**【武进34家防疫物资生产企业上榜商务部“白名单”】** 2020年，按照商务部、海关总署、国家市场监管总局联合发布《关于进一步加强防疫物资出口质量监管的公告》要求，区商务局积极开展政策宣传和解读引导，指导已办理国外标准认证或注册的企业及时完成审核，指导符合中国质量标准的企业开展国外标准认证或注册，帮助企业提升开拓国际市场的竞争力。11月20日，武进区有34家医疗防护物资生产企业上榜商务部《取得国外标准认证或注册的医用物资生产企业清单》或《取得国外标准认证或注册的非医用口罩生产企业清单》（商务部“白名单”）。据不完全统计，凡是上榜“白名单”企业2020年均实现“保出口订单”。

**【武进3家企业获评省级数字应用及转型案例优秀奖】** 10—12月，省服务外包协会会同省商务厅、浩鲸云计算科技股份有限公司和省数字贸易专委会（数字贸易联盟）共同组织征集活动，推动服务贸易企业数字化转型升级，提升信息技术服务商为制造业数字化转型赋能的水平，挖掘和树立一批软件及信息技术服务、数字应用等领域优秀案例和典型企业。经评审，武进有3家企业获数字应用及转型案例优秀奖，分别是江苏时光信息科技有限公司的家谱文献智能数字化服务（一期）、江苏嗨购网络科技有限公司的跨境管家系统、常州市青之峰网络科技有限公司的网络信息搜索及大数据技术在网络营销中的应用案例。

**【友奥电器公司实现跨境电商销售业绩“加速度”】** 江苏友奥电器有限公司（简称“友奥电器公司”）成立于2005年，是丰润集团子公司、国内小家电细分市场的领军企业，主要研发、生产、销售移动空调、除湿机、空气净化器、取暖器等智能小家电。在遭遇中美贸易争端“寒流”后，友奥电器公司调整客户结构及全球区域自主品牌战略布局，整体业务由北美市场占比超60%调整为美洲、欧洲、亚太市场业务各占比30%左右。2020年，在全球疫情蔓延、贸易保护主义抬头的严峻形势下，尝试云展会，用好信保工具，实现自主品牌SHINCO&YOAU跨境电商销售超1000万美元，其中移动空调、除湿机等智能便利型产品，销量占90%以上。全年实现销售额1.18亿美元，增长88%。

（潘　磊）

## 利用外资及港澳台资

**【概况】** 2020年，武进区秉承高质量发展导向，聚焦重大项目招引，持续优化引资结构，利用外资及港澳台资总体平稳。新增外资及港澳台资项目88个（新设项目62个、增资项目26个）。协议注册外资及港澳台资9.96亿美元，下降3.65%。实际到账外资及港澳台资6.6亿美元，下降0.6%。产业类项目（制造业和生产性服务业项目）累计到账5.18亿美元，占全区的78.48%。实际到账外资及港澳台资来源于13个国家和地区，其中中国香港5.24亿美元，占全区的79.3%；到账金额600万美元以上的国家和地区有8个。

按照自身产业定位，全区开展产业链招商，重点引进世界500强、欧美日和境内外上市企业投资项目。做强做优武进高新区、西太湖科技产业园两大开

**2020年武进区实际到账外资及港澳台资前8位国家和地区情况表**

表13

| 国　别<br>（地区） | 到账金额<br>（万美元） | 占总额<br>（%） |
|---|---|---|
| 中国香港 | 52353 | 79.30 |
| 中国澳门 | 4951 | 7.50 |
| 日　本 | 2703 | 4.09 |
| 开曼群岛 | 1759 | 2.66 |
| 新加坡 | 1176 | 1.78 |
| 美　国 | 1003 | 1.52 |
| 卢森堡 | 771 | 1.17 |
| 瑞　士 | 658 | 1.00 |

表 14　　2020 年武进区“荣誉市民”情况表

| 姓　名 | 公司名称及职务 | 国别（地区） |
|---|---|---|
| Michael Feltes（冯明夏） | 恩格尔注塑机械（常州）有限公司 | 德　国 |
| Stefan Gaebele（高家宝） | 博世力士乐（常州）有限公司 | 德　国 |
| Lorenzo Palombi（洛伦佐） | 斯佩尔汽车科技（常州）有限公司 | 意大利 |
| Yoshitaka Takahashi（高桥良孝） | 信浓亚（常州）自动化技术有限公司 | 日　本 |
| Tan Hui Beng（陈惠明） | 逸腾远东制冷（江苏）有限公司 | 新加坡 |
| Yasuyuki Yamanaka（山中康之） | 常州江锻汽车零部件有限公司 | 日　本 |
| HirohikoYano（矢野浩彦） | 日静减速机制造（常州）有限公司 | 日　本 |
| Masakazu Yasuno（安野真佐和） | 安川（中国）机器人有限公司 | 日　本 |
| Wang Jian（王健） | 常州武进三晶自动化设备有限公司 | 日　本 |

发区平台，优化功能定位，加速开发园区国际化进程，增强开发园区对重大项目的吸引力、承载力。培育扶持更多外资及港澳台资企业拓展总部和共享功能，强化总部项目招商，推进总部经济发展载体建设和功能完善。举办项目集中签约、科技经贸洽谈会、深圳经贸活动等重大活动，推进项目招引。全年新增协议注册外资及港澳台资超 3000 万美元以上项目 14 个（制造业项目 3 个、生产性服务业项目 10 个、房地产项目 1 个），承芯半导体、华衍环境投资、苏澳融资租赁等重大项目相继落户。12 月，津通集团有限公司被省商务厅认定为跨国公司地区总部，快克智能装备股份有限公司、江苏恒立液压股份有限公司被认定为市级总部。至年末，武进区有省级外资跨国公司地区总部 7 家、功能性机构 2 家和市级总部 2 家，总数居全市前列。年内，区政府向 9 位境外人士授予武进区“荣誉市民”称号，至年末累计武进区“荣誉市民”135 名。

**【香港中华煤气全域循环经济项目落户】** 6 月 4 日，华衍环境投资（江苏）有限公司完成注册登记，标志香港中华煤气全域循环经济项目落户武进。该项目是香港中华煤气有限公司在中国大陆成立的独资环境治理业务投资平台，注册资本 8 亿元，以常州各项环境治理业务为基本，致力打造成为全国领先的以环境治理业务为主的大型产业集团。

**【招商引资重大项目签约 5 个】** 9 月 28 日，在 2020 年常州科技经贸洽谈会上，武进区签约招商引资项目 5 个，总投资近 90 亿元。其中，外资项目 3 个，总投资 9.6 亿美元；内资项目 2 个，总投资 20 亿元。分别是总投资 4.3 亿美元的通信模组项目、总投资 4.3 亿美元的高性能太阳能电池片项目、总投资 10 亿元的华丽智能科技二期扩建项目、总投资 10 亿元的石墨烯小镇研发社区项目、总投资 1 亿美元的苏澳合作融资租赁项目，产业涉及智能制造装备、新医药及生物技术、新能源汽车、新材料等领域。

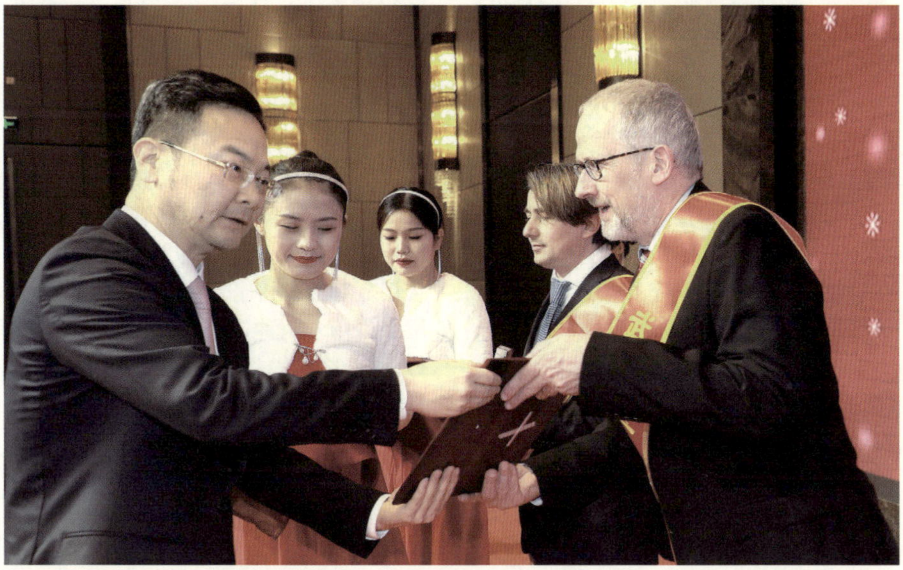

12 月 18 日，区领导向武进区“荣誉市民”颁发荣誉牌　　（摄影 / 陆　新）

**【格林保尔公司增资近亿美元】** 10 月 30 日，江苏格林保尔光伏有限公司（简称“格林保尔公司”）完成变更登记，增资 9838 万美元，启动高性能太阳能电池片项目。该公司为澳门新阳全资子公司，此次增资项目主要从事高性能太阳能电池片的研发和生产，计划引进规划 5.4 兆瓦产能的生产线 12 条，总投资 4.3 亿美元。

**【苏澳融资租赁项目落户】** 11 月 22 日，苏澳融资租赁（江苏）有限公司完成注册登记，标志苏澳融资租赁项目落户武进。该项目由常州嘉发控股集团有限公司与苏中国际（澳门）有限公司共同出资建设，总投资 1.2 亿美元，利用澳门合作方的资源及资金优势，依托西太湖苏澳合作园区的政策优势，立足武进、辐射全国，为国内大中型国有企业、具有发展潜力的中小企业、规范的上市公司以及国家大力发展的、符合国家发展规划的各类项目提供融资租赁服务。

**【津通集团被认定为跨国公司地区总部】** 12 月 9 日，江苏省第十一批跨国公司地区总部和功能性机构认定名单公布，津通集团有限公司（简称“津通集团”）被省商务厅认定为跨国公司地区总部。该公司成立于 2003 年，由香港津达集团有限公司投资设立，是一家以现代服务业发展为核心、以产业投资和高新技术研发为主体的企业集团，下辖津恒能源科技有限公司等企业 10 多家，作为地区总部，以投资和授权管理的形式管理境内独立法人企业多家。

（潘　磊）

## 境外经济合作

**【概况】** 2020 年，武进区稳步推进“走出去”，备案境外投资项目（含增资）30 个，比2019年减少1个，武进方协议投资额1.63亿美元，比2019增长9.16%；直接投资额5802.16万美元，比2019年下降23.63%。其中，“一带一路”项目16个，比2019年增加1个，武进方协议投资额1.4亿美元，比2019年下降8.4%。7月9日，在2020常州市企业国际化专家库专家聘任仪式暨“一带一路”对外合作座谈会上，武进区入选2020常州市企业国际化（对外投资合作）专家库专家4名，分别是常州腾龙汽车零部件股份有限公司、江苏胜大石油设备制造股份有限公司、江苏恒立液压股份有限公司、江苏常发实业集团有限公司的专业人士。

**【恒立液压印度私人有限公司成立】** 1月2日，由江苏恒立液压股份有限公司设立的恒立液压印度私人有限公司通过商务备案。1月28日，该项目在印度完成注册登记，总投资4500万美元，主要从事高端工程装备用高压油缸及其零部件的研发和生产，是江苏恒立液压股份有限公司实施产能国际化布局的重要环节。

**【腾龙波兰有限公司增资扩能】** 常州腾龙汽车零部件股份有限公司于2018年设立腾龙波兰有限公司，作为欧洲生产基地与标致、雪铁龙、沃尔沃等车企建立良好合作关系，针对2020年上半年腾龙波兰有限公司受限于产能无法满足订单的需求，实施对其增资扩能后，于7月17日完成增资腾龙波兰有限公司的商务备案，总投资5704万美元。该项目完成后，可新增汽车空调管路产能100万套，加快融进全球整车厂商零部件采购供应链，为公司抢占海外市场打下扎实基础。

（潘　磊）

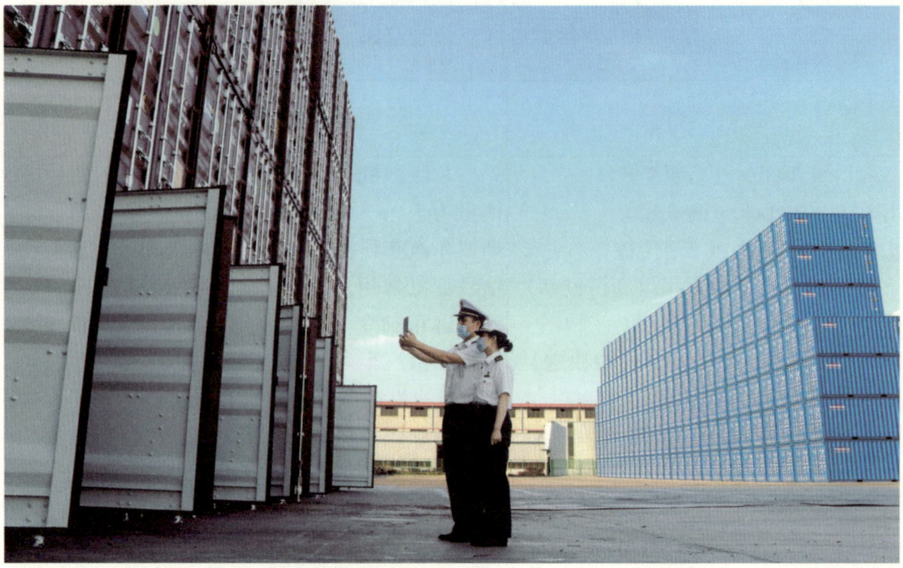

10月9日，常州海关关员实施口岸查验　（摄影 / 王敏慧）

## 口岸管理

**【概况】** 2020年，常州海关驻武进办事处加强监管服务创新，促进地方经济发展。服务疫情防控，推行不见面审批与查验，助力企业安全复工。简化进出区手续，办理卡口登记货物4921票；延长分送集报时限，办理账册延期核销企业3家；提供货物查验收“发货人免到场”服务2票，为16家加工贸易企业延期加工贸易手册25本，减免企业保证金1680万元。疫情防控物资“零延时”通关5票，货值217万余元。开展特殊区域监管改革，从8月1日起启用“无感卡口”，车辆进出卡口提前抬杆到通过时间缩短至6秒。推行卡口登记货物概要申报政策，从11月1日起，实施整报分送和无车辆运输进出区。支持加工贸易升级，做好企业咨询服务，成功引导小域智能无人机伞降系统保税维修项目入区。“一企一策”完善监管流程，完成常州地区首个区内保税维修工单式账册，推动制造业从简单加工向多元化生产服务型转变。复制自贸区政策，武进综保区保税展示交易出区货值3825万元，暂缓企业税负765万元。

至年末，全区实际进出境货物18万吨，货值115亿美元，审结报关单43万份，实际征收税收5.42亿元，比2019年分别增长157.4%、7.4%、-28.1%、-11.2%。武进区（不含常州经开区）完成外贸进出口额483.1亿元，下降0.1%，占常州市进出口总值的19.9%。

**【助推企业信用认证】** 2020年，常州海关驻武进办事处指导和培育新誉庞巴迪牵引系统有限公司和江苏恒立液压股份有限公司2家企业完成远程认证培训。年末，武进地区累计有AEO认证企业9家。开展原产地证书审核，累计自动审核通过原产地证书1.7万份、货值10.11亿美元，占比分别为74.38%和73.26%。证书退回修改率由上线首日34.77%降至9.51%，业务运行总体平稳，签证时效大幅缩短。

**【助力经济内外双循环发展】** 2020年，常州海关驻武进办事处立足综保区自身保税仓储、集拼、分拨、转运功能，综合利用区港联动、区区流转、分送集报等运输方式，为电脑、手机等消费类电子产品搭建流通平台，提升从采购、生产到销售出口的全产业链运行效能。支持食品保税仓库建设，打造优质红酒仓储调拨基地。通过电子核查+实地抽盘的灵活监管，出区环节全面实施抽样即放行检验，缩短红酒清关至进入消费市场近1周时间。全年红酒一线进区货值59.8万元，较2019年收窄但品种大幅扩大。开通卡口自动到货服务，在保障区内企业享受政策便利同时，加快料件进区速度，为企业节省场站关联等费用，有力支持企业统筹利用国际国内两个市场、两种资源，取国际竞争新优势。1—12月，区内一般纳税人企业开具增值税发票4356万元，抵扣进项税额1063万元，累计降低税负363万元，节省场站关联费用50万元。

（周学文）

# 旅游业

## Tourism

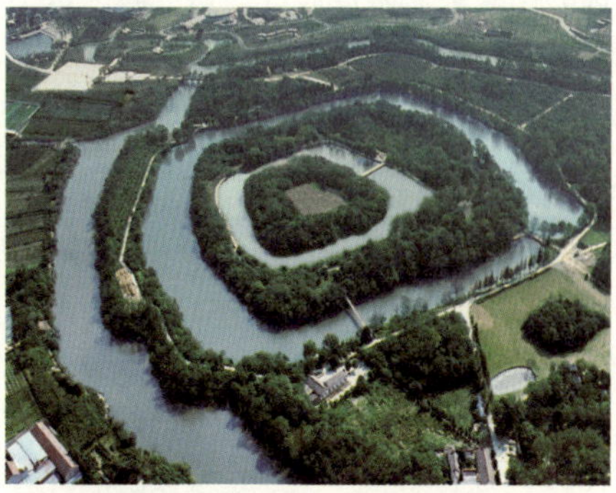

栏目编辑　周小红

## 旅游开发

**【概况】** 2020 年，新冠肺炎疫情对旅游市场、旅游产业造成重大冲击，武进各旅游区积极应对，落实防疫工作，尽可能降低疫情对生产经营的影响。围绕创建省级全域旅游示范区,武进区坚持“一古一今一生态”发展定位，着力推动重点项目建设，积极拓展休闲旅游、研学旅游、乡村旅游、工业旅游、体育旅游等新业态。推进景区项目建设，武进高新区园中园、壹方创意休闲现代旅游产业园、嬉乐湾智能化种植休闲旅游观光项目、双涵生态乐园、玉美健康养生旅游项目、太湖湾青少年研学旅游项目、吉艾尼旅游休闲中心等项目按期完成。年末，武进区入选第三批省级全域旅游示范区，太湖湾旅游度假区入围 2020 年国家级旅游度假区。全区拥有国家级旅游度假区 1 个、国家 AAAAA 级旅游景区 1 个、国家 AAAA 级旅游景区 2 个、全国乡村旅游重点村 1 个、省星级乡村旅游示范区（点）8 个、省级自驾游基地 2 个、五星级房车营地 1 个。三星级及以上酒店 10 家，其中五星级酒店 2 家（九洲喜来登酒店、明都紫薇花园酒店）、四星级酒店 5 家。旅行社 28 家，其中省四星级旅行社 1 家（常州广电大陆国际旅行社有限公司）。全年旅游接待总人数 1050 万人次，实现旅游总收入 122 亿元，旅游业增加值 59 亿元。

2020 年武进区主要旅游景区景点情况表

表 15

| 景区景点等级分类 | 名　称 | 地　址 |
|---|---|---|
| 国家级旅游度假区 | 太湖湾旅游度假区 | 雪堰镇 |
| 国家 AAAAA 级旅游景区、省级自驾游基地 | 中国春秋淹城旅游区 | 武宜中路 197 号 |
| | 淹城野生动物世界 | 武宜中路 197 号 |
| | 淹城宝林禅寺 | 虹西路 98 号 |
| | 淹城春秋乐园 | 武宜中路 197 号 |
| 国家 AAAA 级旅游景区 | 环球动漫嬉戏谷 | 雪堰镇太北路 1 号 |
| 国家 AAAA 级旅游景区 | 中华孝道园 | 雪堰镇环太湖路 101 号 |
| 五星级房车营地 | 太湖湾露营谷 | 雪堰镇太北路 6 号 |
| 省级自驾游基地 | 清都紫薇园 | 嘉泽镇晨山村 |
| 四星乡村旅游点、全国重点村 | 雪堰镇城西回民村 | 雪堰镇城西回民村 |
| 四星乡村旅游点 | 江苏嬉乐湾生态农业示范园 | 雪堰镇南环路 66 号 |
| 三星乡村旅游点 | 随园（舍园）盆景园 | 武进经发区禾香路 6 号（江苏营特集团） |
| 三星乡村旅游点 | 雪堰镇太滆村 | 雪堰镇太滆村 |
| 三星乡村旅游点 | 骐骥庄园 | 湖塘镇三勤生态园南田大道 1 号 |
| 三星乡村旅游点 | 谷神庄园 | 雪堰镇嬉戏路 16 号 |
| 三星乡村旅游点 | 南山村 | 雪堰镇雪堰桥 |
| 三星乡村旅游点 | 雪堰镇雅浦村 | 雪堰镇雅浦村 |

**【武进区入选第三批省级全域旅游示范区】** 武进区积极创建省级全域旅游示范区,改变“资源依赖型”为“市场导向型”,依托淹城遗址，挖掘春秋文化，打造春秋淹城旅游品牌；瞄准现代年轻人群爱好，虚实结合建成动漫文化主题公园嬉戏谷；发挥西太湖环境资源优势，陆续建成第八届中国花卉博览园、绿色建筑博览园和西太湖影视基地，承办国际曲棍球、西太湖马拉松等重大赛事；推进乡村旅游，建设南部太湖湾片区、中部南环线片区、东部经开区片区、西部滆湖片区四大美丽乡村片区；实施“旅游 +”战略，打造嬉乐湾、稻香小镇、壹方农业等重点平台，建设太湖湾教育大营地等研学旅游基地，春秋淹城旅游区被认定为首批省级研学旅游示范基地。通过构建多业融合的大旅游格局，实现旅游与其他产业、行业的深度融合、协同发展，成为区域经济发展的“加速器”。

**【太湖湾旅游度假区入围国家级旅游度假区】** 12 月，文化和旅游部网站公示 2020 年国家级旅游度假区名单，太湖湾旅游度假区入围，成为江苏省唯一入选的国家级旅游度假区。该度假区位于武进区雪堰镇，成立于2002年，规划面积30平方千米，环境优美，空气质量达到国家标准的天然氧吧级别。依托得天独厚的山水资源，以环球动漫嬉戏谷、中华孝道园、太湖湾露营谷三大景区为核心，以饱览太湖山水、穿越奇幻世界、感悟孝道文化、闲憩田园农家为特色，发展成为长三角“微度假”胜地，2007年获评首批十大“国家旅游名片”，2012年升格为省级旅游度假区，获得“国家旅游名片”“亚洲金旅奖”“全国龙舟竞赛基地”“全国电子竞技运动基地”和“中国创意产业最佳园区奖”等荣誉。2020年，该度假区举办太湖湾文化艺术节、露营谷秋酷跑、第八届中国24H单车环太湖认证赛等大型活动17场，旅游接待人数超306万人次，实现旅游总收入32.1亿元。

（朱丽春）

**【太湖湾教育大营地开营】** 2020年6月28日，太湖湾教育大营地开营。该营地位于太湖湾旅游度假区，占地面积8公顷，投资1.05亿元，建设科学素养教育、生命教育、国防教育、劳动技术实践教育和文化实践教育五大基地，为中小学生研学活动、军训演练、劳动（通用）技术教育等提供专门的场地、优质师资和课程资源，每天可接待实践活动学生2500名，容纳吃饭住宿学生1500名，年接待能力超80万人次。8月、11月，军训基地、劳动教育基地先后建成投用。年内，该营地开设安全逃生、国防教育、3D打印等课程21门，接待师生12.5万人次。

（蒋　薇）

## 乡村旅游

**【概况】** 2020年，武进区贯彻落实国家、省级乡村旅游重点村建设的工作要求，鼓励发展乡村旅游，推进嬉乐湾智能化种植休闲旅游观光项目、双涵生态乐园、玉美健康养生旅游项目建设。城西回民村先后获评省级、全国乡村旅游重点村，雅浦村、西墅村获评市级乡村旅游重点村，陡门塘创成首批省级特色田园乡村和市级美丽乡村示范点。区文旅部门开展乡村旅游重点村普查，组织乡村旅游单位参加市乡村旅游惠民月活动，推出2020武进乡村旅游线路（精品旅游线6条、旅游专线2条、城西回民村二日游1条）。至年末，全区有乡村旅游点8个，其中全国乡村旅游重点村1个、市级乡村旅游重点村2个。

**【雪堰镇城西回民村入选全国乡村旅游重点村】** 2020年7月，文化和旅游部公示第二批全国乡村旅游重点村名单，雪堰镇城西回民村名列其中。城西回民村地处太湖湾城湾山区，坐落在太湖湾旅游度假区范围内，是苏南地区唯一的少数民族聚居地。全村总面积5.08平方千米，其中耕地面积213.33公顷、丘陵面积306.67公顷，种植梨、桃、葡萄、茶叶等经济林果面积266.67公顷。该村从2012年起依托美丽乡村建设，实施宕口复绿、河道整治、文物古迹保护、历史建筑修复、传统民居改造等，开发并建设临溪驿馆、谷神庄园、黄公山文化公园、田乐园、美学馆等旅游类项目，打造形成民俗体验区、梨园赏花区、桃园观光区、葡萄品享区、山林观光区、农家乐活区等乡村旅游体验区域，让村里一个个“小盆景”连片形成美丽乡村的好风景，成为乡村旅游“网红打卡地”。

（朱丽春）

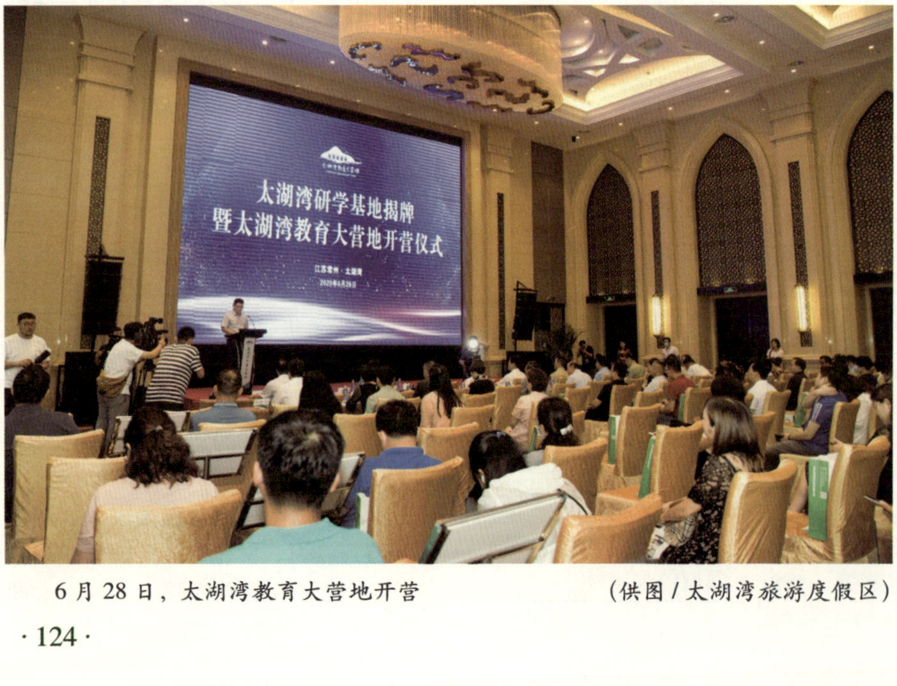

6月28日，太湖湾教育大营地开营　　（供图 / 太湖湾旅游度假区）

## 旅游营销与服务

**【概况】** 2020年，武进区克服新冠疫情对旅游行业的不利影响，适时开展旅游营销活动，举办2020“花都水城·浪漫武进”文化旅游节暨“龙城夜未央·武夜尽欢畅”夜生活节等活动，打造春秋淹城、太湖湾旅游品牌，扩大武进全域旅游影响力。区文旅部门认真贯彻落实国家疫情防控防疫政策，征集区内各文旅企业受疫情影响以及企业投融资政策的意见建议，做好政策宣传、落实工作，助力涉旅企业复工复产，保障全区旅游行业安全平稳有序运行。年内，组织旅游企业申报江苏省文旅纾困资金128万元，协助减免6个2019年省旅游发展产业基金在贷项目利息163.13万元，向部分旅游企业发放定额补助金140万元，为企业争取贷款展期及其他扶持政策。新增旅行社3家，星级酒店通过省级复核2家。开展文旅市场安全生产专项整治，累计抽查文旅企业234家，排查治理隐患216条。区旅游专委会组织检查14次，累计抽查旅游企业30家，排查治理隐患164条。

**【2020“花都水城·浪漫武进”文化旅游节】** 7—10月，2020“花都水城·浪漫武进”文化旅游节举行。该活动由区政府主办，区文体广电和旅游局、春秋淹城旅游区管委会承办，推出美景游览、美食品尝、文化体验等方面活动22项，主要有2020“花都水城·浪漫武进”文化旅游节暨“龙城夜未央·武夜尽欢畅”夜生活节开幕式、春秋淹城夜公园、淹城野生动物世界夜公园、嬉戏谷太湖电

子音乐节、中华孝道园首届风车节、太湖湾露营谷首届灯光秀，以及首届西太湖美食节、阳湖果品节、农民丰收节等活动。“龙城夜未央·武夜尽欢畅”夜生活节由“夜游、夜购、夜飨、夜娱、夜养”五大板块组成，举办景区暑期夜公园、水世界、电子音乐节、灯光秀，在商业街区开展商品促销、美食嘉年华、娱乐休闲活动，组织夜间群众文化体育活动。

（朱丽春）

**【淹城品牌旅游宣传】** 2020 年，春秋淹城旅游区加强旅游宣传推广和智慧旅游建设，组织开展旅游宣传促销活动 113 场、节庆促销活动 17 场、主题活动 9 次。与新华报业传媒集团合作举办第三届“城门挂春联、江苏开门红”活动，吸引海内外友人、市民朋友近千人参与，获央视、人民网、中新网、新华日报社、“交汇点”、中国江苏网等 50 余家媒体以视频、图文等新闻形式报道。与省级媒体合作，配合春季、“五一”汉服活动、端午非遗活动、暑期夜公园、国庆研学季开展宣传，提升淹城旅游品牌知名度。推介淹城野生动物世界，延续“戏精动物园”风格并增加话题度，推出“猛男养猫”抖音号，“11 只新生小白虎踢足球”“常州 12 只新生红熊猫集体亮相”登上微博热搜，吸引众多粉丝关注。

**【春秋文化品牌活动】** 2020 年，春秋淹城旅游区围绕春游汉服季、秋游研学季的主题，成立淹城汉服同袍会，开展“汉服免费体验”活动，举办集蹴鞠、木射、投壶、高跷、毽子、捶丸六项传统项目于一体的古代运动会和“我们的节日·端午活动”“常走大运”活动暨春秋淹城遗址公园改造提升启动仪式，推出“文脉续春秋”大型演出，积极引导游客尤其是青少年学习和弘扬中华传统礼仪文化，培养人文体育精神，展示中华文化独特魅力。

（狄苏湘）

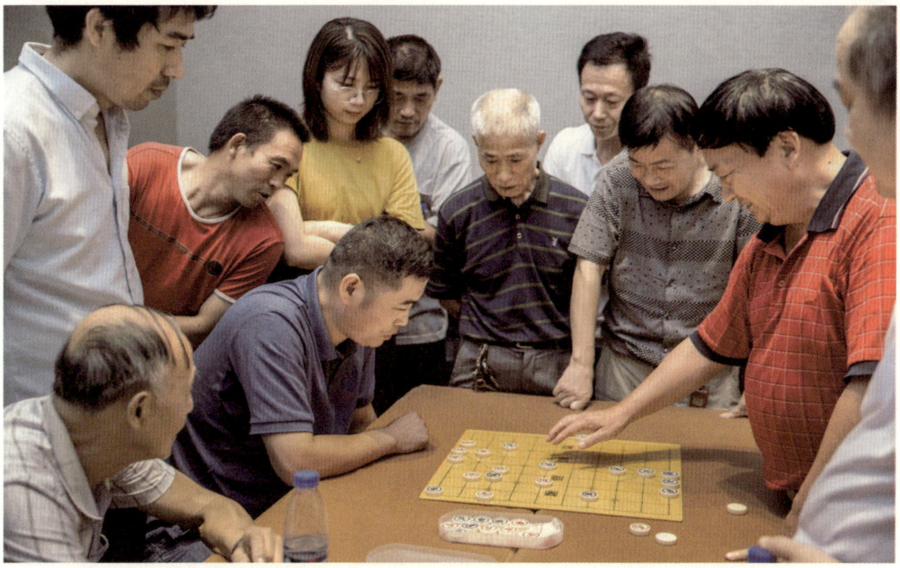

9 月 11 日，中国象棋特级国际大师应邀走进太湖湾，推广象棋运动

（供图 / 太湖湾旅游度假区）

**【太湖湾文化艺术节】** 8 月 8 日至 9 月底举行。该艺术节由太湖湾旅游度假区管理办公室主办，在太湖湾露营谷举办常州非物质文化遗产堆花团糕和面塑技艺展示，在嬉戏谷大剧院举办由武进凤凰艺术团和武进锡剧团精编的艺术会演，在太湖湾露营谷举办常乐州·常州相声大会。9 月 11 日，中国象棋特级国际大师徐天红、伍霞、汪霞平、廖二平应邀走进太湖湾，现场演示一人对阵多人的车轮大战，推广和普及象棋运动。9 月 12 日，在太湖湾露营谷举行第三届“艺美武进民星大舞台”乡村社区和谐文艺大赛，雪堰、潘家、漕桥等地参赛选手同台竞技、展示风采。此外，在瑞廷西郊酒店、万运度假酒店、露森泡泡屋举办太湖湾摄影大赛优秀作品和非物质文化遗产文化展，充分展现太湖湾风光美景以及非遗文化魅力。

**【太湖湾露营谷秋酷跑】** 11 月 14 日，2020 太湖湾露营谷秋酷跑在太湖湾旅游度假区开跑，百余名跑者参加，在太湖湾增添了一道亮丽风景。太湖湾露营谷秋酷跑由区文体广电和旅游局、武进太湖湾旅游度假区管理办公室主办，太湖湾露营谷和壹山藏传媒承办，是集休闲体育、趣味运动、微旅行概念为一体的大型休闲体育品牌 IP 活动，是一场不计时、不限制规则的趣味跑步活动比赛，设亲子 4 千米和专业 10 千米两个类别。

（蒋　薇）

表 16

**2020 年武进区三星及以上旅游饭店情况表**

| 名　　称 | 星级 | 地　　址 |
|---|---|---|
| 九洲喜来登酒店 | 五星 | 延政西大道 1 号 |
| 明都紫薇花园酒店 | 五星 | 嘉泽镇环湖西路 98 号 |
| 常州金陵明都大饭店 | 四星 | 常州市和平北路 258 号 |
| 常州金鼎明都国际大酒店 | 四星 | 湟里镇金鼎路 28 号 |
| 西太湖明都国际会议中心 | 四星 | 武进经发区禾香路 118 号 |
| 金色南都国际大酒店 | 四星 | 环府路 58 号 |
| 明都枫泽山庄大酒店 | 四星 | 嘉泽章庄苏南枫泽山庄 |
| 金龙大酒店 | 三星 | 湖塘镇人民中路 1 号 |
| 新苑宾馆 | 三星 | 环府路 18 号 |
| 锦海石头大酒店 | 三星 | 雪堰镇漕桥金三角东路 61 号 |

## 景区景点

**【春秋淹城旅游区】** 位于武进中心城区，总面积 3.22 平方千米。景区内古

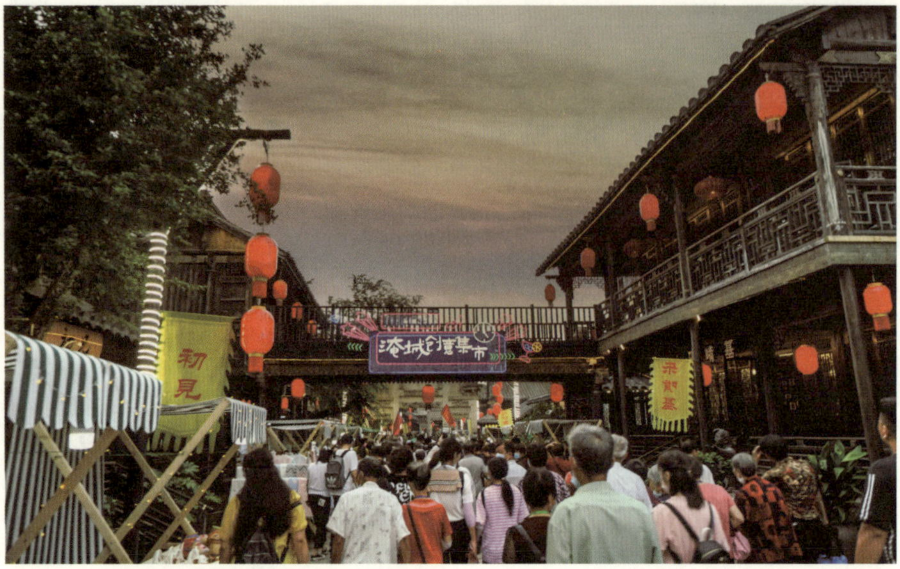


7月，淹城春秋乐园夜公园免费开放　　（供图/春秋淹城旅游区）

淹城遗址具有2700多年历史，其“三城三河”的建筑形制是国内形制最独特的春秋地面城池遗址，于1988年被列为全国重点文物保护单位。春秋淹城旅游区依托淹城遗址的核心文化资源，以“文化休闲型旅游目的地”的功能定位，建成淹城遗址公园、淹城春秋乐园、淹城野生动物世界、淹城传统商业街坊、淹城宝林禅寺五大区域主题景点30余处。2011年创成国家AAAA级旅游景区，2017年创成国家AAAAA级旅游景区和全国春秋文化旅游知名品牌创建示范区，多次上榜华东地区全域旅游排行榜前10名，2020年获评全域旅游自驾游目的地、全域旅游优质人气目的地、全域旅游优质人气景区TOP10、美丽中国春天100景、全域旅游优质休闲景区、全域旅游优质人气康养福地等称号。全年完成旅游接待250万人次，实现旅游总收入26亿元，游客满意率达96.6%，全年无重大旅游投诉事件。春秋乐园暑期接待游客60万人次，较2019年同期增长133.8%。

（狄苏湘）

**【太湖湾旅游度假区】** 位于武进区雪堰镇境内，东至雪马路，西至232省道，南濒太湖，北至锡宜公路，规划控制范围30平方千米，核心区域18.6平方千米，以低山丘陵为主，有山头19座、山坞11个、大小水库8个，临湖有山湾7个，黄金湖岸逶迤绵长7.8千米，湖中有大小椒山岛。区内植物茂盛，植被良好，大气环境达国家一级标准。太湖湾旅游度假区成立于2002年8月，2012年8月升格为省级旅游度假区，先后获评“国家旅游名片”“亚洲金旅奖”“全国电子竞技运动基地”“中国创意产业最佳园区奖”等。建有国家AAAA级旅游景区（环球动漫嬉戏谷、中华孝道园）2个，五星房车营地（太湖湾露营谷）1个，配套太湖湾海棠园、竺山湖度假村、万运度假酒店、瑞廷西郊酒店、谷神庄园等旅游功能设施。依托得天独厚的山水资源，太湖湾旅游度假区以环球动漫嬉戏谷、中华孝道园、太湖湾露营谷三大景区为核心，以“饱览太湖山水、穿越奇幻世界、感悟孝道文化、闲憩田园农家”为特色，形成集生态休闲、运动康养、主题娱乐、文化体验、乡村田园、商务会议于一体的全域旅游发展格局。2020年举办太湖湾文化艺术节、露营谷秋酷跑、第八届中国24H单车环太湖认证赛等大型活动17余场，接待游客306万人次，实现旅游总收入32.1亿元。12月被文化和旅游部认定为国家级旅游度假区，获江苏省级旅游度假区年度考核第二名。

（蒋　薇）

表17

2020年武进区旅游基本线路情况表

| 类　别 | 线　路　安　排 |
|---|---|
| 精品旅游线 | 生态之旅：滆湖低碳湿地公园—揽月湾—中国花卉博览园—夏溪花木市场<br>文化之旅：淹城遗址公园（武进博物馆）—西太湖雅集园—嘉泽镇花神宫<br>科技之旅：中国石墨烯科技产业展示馆—西太湖健康产业展示馆—江苏省绿色建筑博览园<br>静心之旅：太湖湾中华孝道园—雪堰南山寺—淹城宝林禅寺<br>穿越之旅：淹城春秋乐园—环球动漫嬉戏谷<br>休闲之旅：淹城野生动物世界—骐骥马术庄园—太湖湾露营谷 |
| 旅游专线 | 线路1：武进旅游公共服务中心—太湖湾（东南线），途经站点：骐骥马术庄园（吉艾尼宴会中心）—嬉乐湾生态农业示范园—城西回民村（谷神庄园）—嬉戏谷<br>线路2：武进旅游公共服务中心—西太湖（西线），途经站点：江苏省绿色建筑博览园—滆湖低碳湿地公园—揽月湾—中国花卉博览园—嘉泽镇花神宫—夏溪花木市场 |
| 城西回民村二日游 | 第一天：出发前往谷神庄园—临溪驿馆—大涧河桥—田乐园—村史馆—美学馆（阳湖书房）—中餐（农家乐风情一条街、乐山农庄）—太湖湾露营谷夜公园（住宿：谷神庄园木屋文化民宿）<br>第二天：晨间漫步黄公山文化公园—田乐园大草坪（亲子互动）—午餐：网红餐厅半塘人家创意菜肴—龙凤谷滑雪场（设施及项目：空中玻璃桥、滑雪圈、奇幻倒立屋、海狮表演、密室逃脱、枪林弹雨、山谷漂流） |

（朱丽春）

# 金融业

# Financial Industry

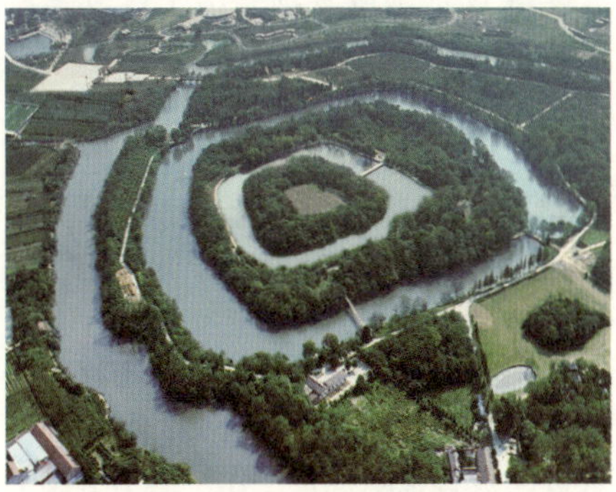

栏目编辑　周小红

## 金融管理与服务

**【概况】** 2020年，武进加快金融改革创新，保持金融业稳健发展势头，金融市场秩序整体平稳、活力增强，在支持企业复工复产、维护经济社会稳定运行中发挥积极作用。新增浙商银行武进支行、平安银行牛塘社区支行、国联人寿保险武进区支公司、安盛天平财产保险武进支公司、信达农村小贷公司、江苏聚鑫德典当、常州信辉商业保理、苏澳融资租赁（江苏）有限公司、常州华行典当有限公司武进分公司、人保财险雪堰营销部、百年人寿保险武进支公司、永安财产保险武进支公司金融、类金融机构12家，新增基金、风创投机构44家。推进龙城金谷基金小镇建设，入驻企业62家，集聚资金规模24.6亿元。至年末，全区有银行业金融机构27家，其中商业银行市级分行6家，形成数量较多、覆盖广泛的银行业金融网络体系。健全地方金融机构体系，有小贷公司10家、融资性担保公司5家、典当行12家、融资租赁公司5家、商业保理公司2家，证券分公司1家和证券营业部15家，风创投企业191家。

**【加强类金融机构监管】** 2020年，区地方金融监管局在防范风险的基础上，引导类金融机构开展多元化经营，发挥灵活、便捷优势，增强服务"三农"、中小微企业能力。全区小贷行业整体经营规范，发展稳健，4家小贷公司被省金融局评为A级。配合省、市地方金融监管部门和第三方机构开展全区融资担保公司全覆盖现场检查2次，对区内4家典当公司开展现场监管检查和评级工作。武高新融资担保公司入选全省首批政府性融资担保机构。4家融资担保公司全年争取2019年度各级专项奖励资金1200余万元。

**【金融业服务实体经济】** 2020年，区地方金融监管局积极培育中小企业金融顾问品牌，发布专业金融顾问74名，不断提升金融服务水平。推广江苏省综合金融服务平台，开设融资绿色服务通道，省综合金融服务平台注册企业1.35万家，累计融资金额125.19亿元。"金融e通车"实现贷款线上办理、快速投放，发放贷款11亿元，支持企业56家。"园区保"为企业融资降本增效，总授信额28150万元，获贷款企业38家，贷款总额18650万元。开展银企对接专项活动，完成银企、保企、银保企、村银企签约。武进区"引入金融活水、助推六提工程"政银企项目签约，总签约金额427.63亿元。武进区人民政府与农业银行常州分行签订战略合作协议，签订框架协议金额208亿元。武进区10家小贷公司（不含常州经开区）注册资本16.22亿元，贷款余额13.53亿元，当年累计放贷14.01亿元，平均年化利率15%左右，服务"三农"比例达95%以上。5家融资担保公司注册资金17.08亿元，新增担保金额59.27万元，增长3.33%；在保责任余额51.13亿元，增长1.3%，总体放大2.6倍。

**【金融生态环境建设】** 2020年，武进区建立完善打击和处置非法集资工作联络预警机制，完善《常州市武进区非法集资举报及宣传处置奖励实施细则》。制定《武进二手车市场违规金融放贷整治工作方案》，开展湖塘二手车市场专项整治。

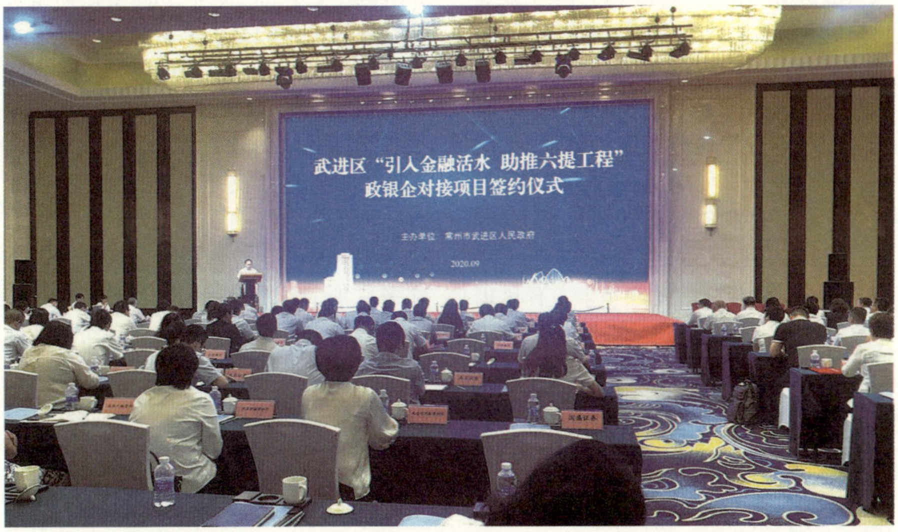


9月，银企对接活动　　（供图／区金融监管局）

制定《武进区在扫黑除恶专项斗争中开展金融放贷领域专项整治工作方案》，排查可能存在非法或违规金融放贷风险的各类企业266家。组织集中宣传月活动，开展集中宣传48次，投放电子屏223块、社区宣传栏97块，发放传单（手册）4.1万份，通过微信、微博、短信推送防范金融诈骗信息近1万人次，参与群众17.9万人。全年审核办理投融资服务企业新设或变更申请121件。9月，武进区被省金融稳定工作协调小组授予2017—2019年度金融生态优秀县称号，入选2019年省政府办公厅“防范化解金融风险、营造诚实守信金融生态环境、维护良好金融秩序”真抓实干成效明显地区名单，区地方金融监管局获评金融生态县创建工作先进单位。

**【金融产品创新】** 2020年，全区金融机构发挥苏微贷、苏科贷、小微创业贷等信用保证基金增信作用，实行农业银行苏微贷普惠金融优惠利率、江苏银行苏科贷央行同期基准利率、工商银行小微创业贷款利率不超过6%，最大限度地降低小微企业融资成本。人民银行武进支行汇总全区银行机构特色信贷和外贸融资产品100个，以各种渠道发到企业，由企业根据自身经营状况和风险偏好选择融资产品。各商业银行推出“抗击疫情金融e通车”线上产品服务，诸如工商银行“小微e贷”“复工贷”，农业银行“e税贷”，江南银行“闪电贴”“抗疫无还本续贷”等产品，通过精准帮扶、延长企业融资期限、降低企业融资成本、做好企业转续贷服务等方式，为普惠型小微企业提供信贷支持，帮助企业渡过疫情难关。

**【直接债务融资和风创投发展】** 2020年，武进区企业直接债务融资额新增246亿元。创业投资机构增加、资本扩大，新增常州清源时代创业投资合伙企业（有限合伙）等创投（股权投资）机构44家，新增创投资金70亿元。年末，有风创投（股权投资）机构191家，创投资本达243.57亿元。新兴产业发展基金已投子基金8个和直投项目1个，形成投资总规模超15亿元，撬动社会总资本超13亿元，累计投资项目86个，其中有上市企业4家、“新三板”挂牌企业6家。

（马　先）

## 企业上市

**【概况】** 2020年，武进区企业上市工作取得丰收，江苏恒立液压股份有限公司成为全省工业机械行业首家市值突破千亿元的上市公司，全区（含常州经开区）新增上市企业7家，其中，常州市凯迪电器股份有限公司、江苏协和电子股份有限公司在上交所主板上市，江苏泛亚微透科技股份有限公司、九号有限公司在上交所科创板上市，佳辰控股集团有限公司在香港联交所上市，常州电站辅机股份有限公司成为全市首家“新三板”精选层挂牌企业，江苏车和家汽车有限公司登陆美国纳斯达克，累计上市企业39家，总募集资金517.77亿元，首发融资317.58亿元，再融资200.19亿元。“新三板”挂牌企业新增常州龙翔气弹簧股份有限公司、常州市筑友展示科技股份有限公司、倍得福机械科技（常州）股份有限公司、常州市韫昊电器股份有限公司、常州市昊升电机股份有限公司5家，累计“新三板”挂牌企业43家。新增江苏股权交易中心挂牌企业50家，累计在区域性股权转让市场挂牌企业296家。

**【新晋上市企业7家】** 2020年，武进区新晋上市企业7家，首发募集资金107.68亿元。

佳辰控股　2020年1月17日，佳辰控股集团有限公司在香港联交所主板挂牌上市，股票简称“佳辰控股”，股票代码“1937”，成为2020年横林镇首家在境外上市的绿色家居企业。该公司总部位于横林镇，是国内防静电全钢高架活动地板最大的生产商之一，产品主要应用于互联网基础设施和4G、5G技术通信设备配套及办公楼宇智能布线配套，与华为、华润置地、万科、阿里巴巴等国内知名企业形成了稳定密切的合作关系。此次发行2.5亿股，募集资金1.2亿元，用于扩建厂区、购置自动化机械设备以及升级现有生产线，提升优化资讯科技系统，加快产品研发，扩大产能。

凯迪股份　2020年6月1日，常州市凯迪电器股份有限公司在上交所主板上市。该公司成立于1992年，已建立集设备、工艺、产品、生产能力和扩展能力于一体的快速反应柔性化制造体系，其线性驱动系统产品多应用于智能家居、智慧办公、医疗器械、汽车等行业领域。此次发行5000万股，其中1250万股于6月1日起上市交易，股票简称“凯迪股份”，股票代码“605288”。

理想汽车　2020年7月30日，江苏车和家汽车有限公司登陆纳斯达克交易所，股票代码“LI”，首发募资折合人民币72.4亿元。该公司是中国新能源汽车市场的创新者，专注于设计、开发、制造和销售高级智能电动SUV，为家庭提供安全、方便和经济高效的移动解决方案，是中国第一家成功实现电动汽车（EREV）商业化的公司。

泛亚微透　2020年10月16日，江苏泛亚微透科技股份有限公司在上交所科创板上市，成为武进首家在科创板上市企业，股票简称“泛亚微透”，股票代码“688386”，该公司创建于1995年，主要从事膨体聚四氟乙烯膜等微观多孔材料及其改性衍生产品、密封件、挡水膜的研发、生产及销售，产品广泛应用于汽车、消费电子、新能源、安防、航空航天、电缆、包装、医疗、服装、化工等行业，拥有授权专利180件，其中发明专利35件、实用新型专利140件、外观设计专利2件和美国、日本PCT专利3件。此次发行股票1750万股，募集资金2.849亿元，继续围绕透声、透气材料、吸音棉、车用密封件、车用挡水膜四大类产品，拓展透气新材料在汽车、包装透气等细分领域的应用，使企业提供的微透气材料达到国外进口材料的同等水平。

九号公司　2020年10月29日，九号有限公司在上交所科创板挂牌上市，股票代码“689009”，首发募资13.33亿元。该公司是专注于智能短交通和服务类机器人领域的创新企业，主营业务为各类智能短程移动设备的设计、研发、生产、销售及服务，产品包括智能电动平衡车、智能电动滑板车、智能服务机器人等。

常辅股份　2020年11月18日，常州电站辅机股份有限公司在“新三板”精选层挂牌，为常州市首家挂牌精选层的企业，股票代码“871396”，首次发行股票435万股，发行价格10.18元/股，超额配售选择权全额行使后则为500万

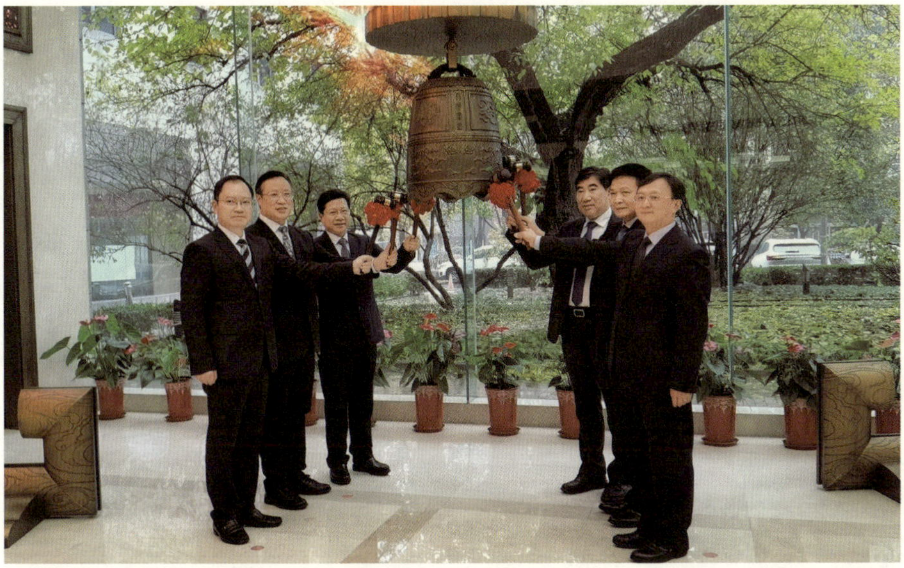

11 月 18 日，常辅股份在“新三板”精选层挂牌　　（供图 / 区金融监管局）

股，募集资金 5500 万元。该公司曾参与开发研制中国第一代智能型电动执行机构、第一代 1E 级（核级）阀门电动执行机构和三相交流异步电动机，完成国家重大科技专项 5 个、省科技项目 3 个，在国内阀门执行机构市场占有率超 10%，列行业排名第 2 名。

协和电子　2020 年 12 月 3 日，江苏协和电子股份有限公司在上交所主板上市，股票简称“协和电子”，股票代码“605258”。该公司成立于 2000 年 2 月，2016 年 5 月股改成为江苏协和电子股份有限公司，主要从事刚性、挠性印制电路板研发、生产、销售以及印制电路板表面贴装业务（SMT），产品主要应用于汽车电子、高频通信等中高端领域，与国内外知名汽车、通讯企业建立长期稳定合作关系，是国内专业生产高频通讯板厂家之一。此次 IPO 拟发行不超过 2200 万股，每股发行价格 26.56 元，募集资金总额 5.84 亿元，用于扩建年产 100 万平方米高密度多层印刷电路板和建设汽车电子电器产品自动化贴装产业化项目。

**【上市企业再融资和兼并重组】** 2020 年，新城发展控股有限公司完成配股募资 27.31 亿港元。江苏雷科防务科技股份有限公司通过发行股份、可转换债券及支付现金方式以 6.25 亿元购买西安恒达和江苏恒达 100% 股权，并发行定向可转债 3.97 亿元。北京车和家信息技术有限公司（理想汽车）定向增发 13.63 亿美元。江苏南方卫材医药股份有限公司以现金 5224 万元认购江苏医药 10% 股权。江苏洛凯机电股份有限公司以现金 5650 万元增资收购泉州七星和洛凯电气各 51% 股权。江苏海鸥冷却塔股份有限公司配股募集资金 16320 万元，用于冷却塔智能环控研究测试中心项目。江苏国茂减速机股份有限公司以 580 万美元收购美资企业莱克斯诺的部分业务与资产。快克智能装备股份有限公司以 9180 万元收购苏州恩欧西智能科技有限公司 85% 股权。旷达科技集团股份有限公司下属公司收购日本 NDK 声表滤波器股份有限公司，并增资介入滤波器和射频前端领域。江苏南方轴承股份有限公司向上海圳呈微电子技术有限公司增资 6000 万元，获得其 51% 股权，成为南方轴承的控股子公司。常州神力电机股份有限公司以现金 26400 万元购买砺剑集团持有的砺剑防卫 55% 股权。江苏日盈电子股份有限公司以自有资金 500 万元通过收购及增资方式取得众鼎科技 27.27% 股权。“新三板”挂牌企业常州市华健药用包装材料有限公司被上市公司东风股份收购 70% 股权。

（马　先）

## 银　行

**【概况】** 2020 年，武进区有银行金融机构 28 家、金融网点 204 个，在册从业人员 2918 名。年末，各金融机构本外币各项存款余额 3670.25 亿元，比年初增加 413.21 亿元，增长 12.69%。其中，个人存款余额 1483.08 亿元，比年初增长 15.5%。本外币各项贷款余额 2977.47 亿元，比年初增长 19.8%。其

**2020 年武进区银行业金融机构网点情况表**

表 18

| 机构名称 | 网点（个） | 人员（人） | 机构名称 | 网点（个） | 人员（人） |
|---|---|---|---|---|---|
| 人民银行 | 1 | 35 | 兴业银行 | 2 | 28 |
| 农发银行 | 1 | 21 | 民生银行 | 4 | 34 |
| 工商银行 | 15 | 225 | 浙商银行 | 1 | 12 |
| 农业银行 | 31 | 428 | 渤海银行 | 1 | 39 |
| 中国银行 | 15 | 258 | 江苏银行 | 4 | 68 |
| 建设银行 | 29 | 390 | 南京银行 | 1 | 175 |
| 交通银行 | 5 | 61 | 苏州银行 | 1 | 71 |
| 邮储银行 | 36 | 279 | 上海银行 | 1 | 57 |
| 中信银行 | 1 | 21 | 江南银行 | 41 | 451 |
| 光大银行 | 2 | 18 | 江阴银行 | 1 | 57 |
| 华夏银行 | 2 | 29 | 无锡银行 | 1 | 33 |
| 广发银行 | 1 | 17 | 首都银行 | 1 | 6 |
| 平安银行 | 2 | 20 | 中银富登 | 1 | 40 |
| 招商银行 | 2 | 27 | 合计 | 204 | 2918 |
| 浦发银行 | 1 | 18 | | | |

说明：表格内数据不含常州经开区

中中长期贷款余额1702.18亿元，比年初增长28.6%。各金融机构票据融资余额154.86亿元，比年初增加46.5亿元，增长42.9%。各银行本外币存、贷款余额比例81.1%。全辖本外币不良贷款（五级分类）余额17.5亿元，比年初减少0.98亿元，不良贷款率0.59%，较年初下降0.19个百分点。全年银行结益48.08亿元，下降4.08%。

**【银行业金融创新发展】** 2020年，武进区完善银行业考核机制，引导银行金融机构集聚信贷资源、加大信贷投放，服务全区高质量发展。督促各银行金融机构落实中小微企业阶段性延期还本付息和普惠小微信用贷款支持两项政策，6—12月，小微贷款到期延期率83.3%，惠及企业贷款64.67亿元。普惠小微信用贷款较年初增加23.69亿元，增幅79.5%。推进农村集体经营性建设用地使用权抵押贷款试点增量扩面。引导银行持续完善农村信贷服务，盘活农村闲置资产，形成可复制可推广的“武进经验”。年内，试点银行由6家扩充到8家，实现试点业务乡镇全覆盖，贷款客户419户，贷款余额16.19亿元，比年初增长25.7%。推进智能制造产业链普惠金融（征信）试验，探索以智能制造装备产业链企业为点、以众多中小制造装备企业为面的普惠金融发展模式，构建“人行＋政府部门”凝聚合力、“人行＋征信”科技赋能、“人行＋银行”创新服务、“人行＋保险”护航保障的工作架构和体系，有力带动全区制造业贷款投放，促进融资成本下降和融资结构优化。至年末，全区（含常州经开区）制造业贷款余额

表19

**2020年武进区银行业务情况表**

| 金融机构 | 人 民 币 （万元） | | | | 外币（万美元） | |
|---|---|---|---|---|---|---|
| | 存款余额 | 比年初增减额 | 贷款余额 | 比年初增减额 | 存款余额 | 贷款余额 |
| 人民银行 | 148742 | 61752 | — | — | — | — |
| 农发银行 | 102742 | −32427 | 623209 | 45224 | — | — |
| 工商银行 | 3544060 | 617067 | 3003367 | 398875 | 26629 | 1909 |
| 农业银行 | 4591097 | 493175 | 2643284 | 87055 | 26218 | 1794 |
| 中国银行 | 1950824 | 390492 | 1852057 | 155090 | 68507 | 6724 |
| 建设银行 | 3331757 | 377314 | 2606780 | 251964 | 18120 | 1487 |
| 交通银行 | 860474 | 156804 | 851664 | 115183 | 3831 | 241 |
| 中信银行 | 779876 | 45915 | 862956 | 39252 | 649 | — |
| 招商银行 | 229387 | −8503 | 190734 | 52068 | 772 | — |
| 江苏银行 | 1253952 | 45237 | 1165529 | 208242 | 893 | — |
| 江南银行 | 8019026 | 1124042 | 5018468 | 956139 | 44610 | 307 |
| 华夏银行 | 425618 | 37064 | 1006896 | 212657 | 262 | — |
| 浦发银行 | 292513 | −259588 | 474675 | 20986 | 2485 | — |
| 民生银行 | 530706 | −124083 | 578203 | −20690 | — | — |
| 兴业银行 | 640827 | −102659 | 781964 | 255141 | 3619 | — |
| 光大银行 | 955155 | 198484 | 888467 | 136488 | — | — |
| 中银富登 | 57315 | 4158 | 58959 | 16600 | — | — |
| 邮储银行 | 1959794 | 210152 | 743496 | 186370 | 49 | — |
| 南京银行 | 2291206 | 464008 | 1368733 | 399180 | 1918 | 646 |
| 苏州银行 | 588752 | −65611 | 949885 | 159812 | 1 | — |
| 平安银行 | 152583 | −46249 | 76515 | −1562 | 79 | — |
| 广发银行 | 256993 | 56971 | 216967 | 83892 | — | — |
| 上海银行 | 1025088 | 79980 | 1639416 | 473924 | 9989 | 3211 |
| 江阴银行 | 327674 | −84410 | 713095 | 111428 | — | — |
| 无锡银行 | 444759 | 126265 | 667650 | 184714 | — | — |
| 首都银行 | 59509 | 12915 | 43950 | 9600 | — | — |
| 渤海银行 | 322394 | 100769 | 390150 | 161950 | — | — |
| 浙商银行 | 198423 | 198423 | 251193 | 251193 | — | — |
| 合计 | 35341246 | 4077459 | 29668260 | 4950777 | 208631 | 16319 |

比年初增加42.26亿元，多增加22.08亿元；制造业贷款户数比年初增加685户，占全区贷款户数增量的58.35%。新增制造业一年期贷款利率同比下降0.69个百分点。

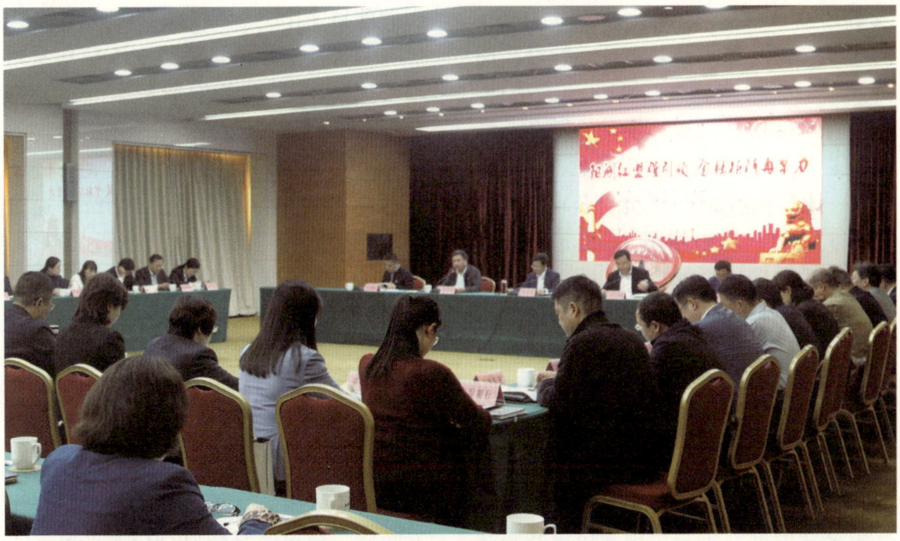


11月6日，全区金融系统“阳湖红盟·金融矩阵”启动仪式

（供图/人民银行武进支行）

**【银行业融资对接】** 人民银行武进支行编制《武进区金融惠企信贷产品汇编》手册，通过行业商会“金融e通车”线上推送、线下发放，推介融资产品，满足不同企业的融资需求。搭建融资平台，配合区政府做好政银企对接，与区委人才办、区人社局联合开展金融“人才贷”产品云路演；联合区金融监管局开展金融支持乡村振兴银企对接和诚信宣讲会，组织银行宣讲金融政策和融资产品，促进银企信息对称。构建合作机制，与区金融监管局联合推出金融服务顾问制度，选出金融机构中的业务骨干组成企业和农业金融服务顾问，为企业提供融资咨询和服务。联合税务部门形成银税助融合力，对纳税人等级为A级和B级、年纳税额在5万～300万元之间的企业，主动开展资金需求摸排和对接，助力稳企业保就业。与区不动产登记中心沟通协调，畅通银行抵押登记绿色通道，提高企业融资时效。与区农业农村局等开展农村信用体系建设，发挥征信促融作用。

**【人民银行武进支行】** 2020年，人民银行武进支行以党中央对金融工作重大决策部署为指导，扎实推进金融助力复工复产、支持“六稳、六保”工作、防范化解重大风险等措施落地落实，强化地方法人机构监管，注重重大事项报告管理，切实掌握辖区金融运行动态。深入开展防范非法金融风险集中宣传等活动，将金融生态创建工作纳入全区高质量发展绩效考核和银行机构工作考核范围，完善信息共享机制，营造良好的金融软环境。深化党建引领，探索“党建＋金融”模式，形成“阳湖红盟·金融矩阵”。

经理国库　准确高效办理预算收支业务，做好小微企业退税、个人所得税汇算清缴等，支持财税改革措施落地。全年办理个所税退库16.69万笔、金额5848.26万元，个所税手续费退库0.66万笔、金额2440.33万元；小微企业退税2.52万笔、金额943.27万元。建立财库银协同工作机制，构建拨付“绿色通道”，助力疫情防控。至年末，拨出疫情防控资金62笔、金额2081.59万元。建立特殊转移支付机制，资金直达市县基层、直接惠企利民，支持企业复工复产。至年末，收到上级财政调拨的直达资金11批，金额5.62亿元，办理直达资金支出5.6亿元。

征信管理　在江南银行武进支行、建设银行武进支行和农业银行武进支行设立代理查询点，提升个人征信查询服务效率。推进企业信用体系建设，开展“常融宝”融资对接，有7家企业全年共获融资3685万元。推广“增信宝”服务试点，为银行解决企业融资的贷前审查和贷后管理参考，全区有562家制造企业试点安装“增信宝”。推进农村信用体系建设，形成部门协作机制，促进信用成果转化和应用，创新农村金融信用产品和服务方式。

外汇管理　全区涉外主体跨境收支顺差及结售汇顺差同比双降，辖区跨境收入113.2亿美元，同比增长0.6%；跨境支出56.92亿美元，同比增长5.84%；收支顺差56.28亿美元，同比下降4.2%。辖区主体在银行结汇70.41亿美元，同比下降6.25%；售汇30.93亿美元，同比增长11.14%，结售汇顺差39.48亿美元，同比下降16.48%。优化政务服务流程，通过“政务服务平台”全流程开展行政许可业务，倡导不见面审批，提高办事效率。着力改善外汇营商环境，开展外汇服务银企行60余次，涉及企业200家次、银行及银行参与128家次。

金融服务　实施“金惠民企”深耕计划、“金惠双创”提质计划和“金惠农村”扩面计划，引导金融机构提高金融服务“两个健康先行区”建设、服务“双创”“三新经济”和乡村振兴的精准性。全区民营企业贷款增加195.9亿元，人才企业贷款增加6.31亿元，涉农贷款增加54.8亿元。开展农村普惠金融服务“精品化”管理，将政府职能、金融服务下沉延伸，促进农村金融服务站提质增效。推进金融知识纳入国民教育体系“精细化”管理，探索“现场＋直播”的课程模式。实施现金服务示范区“精品化”管理，创新推进金融知识“特色邮路”宣传。实施银行外汇业务“规范化”管理和金融支持外贸企业发展“专项计划”，扎实做好银行外汇业务监测检查，维护外汇经营秩序，积极推动跨境金融区块链服务平台试点改革、开办资本项目外汇收入支付便利化业务、优质银行对优质企业开展经常项目便利化试点等，完成辖区首笔跨国公司跨境资金集中运营业务。2020年，武进区被省金融稳定工作协调小组授予2017—2019年度金融生态优秀县称号。

**【工商银行武进支行】** 2020年，工商银行武进支行设营业部1个、营业网点14个，离行式自助银行6个，有员工230人。该支行组织业务条线以超常手段推动并落实关于支持企业抗击疫情的融资措施，帮助区内企业共渡难关。公司条线累计发放贷款24亿元，其中涉及疫情防控必需及保障公共事业运行必需类贷款2.9亿元。实施重点领域、重大项目、重要客户的信贷投放，推动小微企业和个人贷款持续增长，实现贷款总量215亿元，比年初增加29亿元。公司贷款总量163亿元，其中增量18亿元。支持区域内重大项目金融需求，落实融资平台公司到期存量地方政府隐性债务置换工作，完成重大项目审批7个，审批金额43.5亿元，累计投放26亿元，其中隐债置换16亿元。拓展民营制造业贷款，累计新发放制造业客户221户，发放贷款23亿元，新增制造业贷款1.1亿元。普惠金融发展，年末实现人民银行降准口径贷款余额12亿元，比年初净增加4.7亿元。推动工商银行江苏省分行与武进区政府签订战略合作协议，排定签约投放计划198亿元。全年实现项目投放9亿元，已批待放33亿元，储备项目5个，金额37亿元，其中涉及隐债置换9.5亿元、新型农业示范基地项目3.5亿元、城市更新项目20亿元、新建标房及固融等项目3.5亿元。加强客户拓展维护和日均存款增长，实现本外币各项存款总量246亿元，比年初增加45亿元。储蓄、公司、机构三项存款分别新增15亿元、23亿元和7亿元，储蓄新增存款位列武进区四大行的第三，公司和机构新增存款均列武进区四大行的第一。年末，工商银行武进支行获评工商银行江苏省分行精品县支行称号。

（蔡　静）

【农业银行武进支行】　2020年，农业银行武进支行设营业部1个、营业网点30个，有员工433人。该支行突出高质量发展总导向，聚焦普惠民生、支持实体、服务“三农”，优化资源配置，加大有效投放，全力支持地方经济社会发展。落实减费让利政策，持续加大对民营企业、小微企业及“三农”的支持力度。实现普惠贷款精准对接，全年普惠贷款总量46.3亿元，比年初增加18.5亿元。创新银政担合作，新准入江苏武进信用融资担保有限公司、常州市武进高新技术融资担保有限公司2家，合作金额8亿元。支持重大项目，与区政府、武进高新区、西太湖科技产业园、湟里镇和雪堰镇分别签订全面战略合作协议，获批项目7个、金额26.74亿元。升级个人消费，全年累计发放个人住房贷款22.27亿元、比年初增加8.54亿元。推广汽车、家装、乐分易等信用卡分期等产品，实现分期业务10.45亿元，同比增加3.48亿元。助力复工复产，通过“百行进万企”等活动对接企业2000余家，针对汽车零售、餐饮、养殖等受产疫情影响较大的行业一户一策，帮助企业渡过难关。1—6月，正常转贷775笔，金额33.32亿元。为34家企业办理展期2280万元，减免企业评估、登记等费用65.6万元。推广“税e贷”“资产e贷”“惠农e贷”等信用类产品，优化苏微贷、金科通等政府增信类产品，年末信用放款余额9.56亿元，较年初增长4.36亿元。推进数字化转型，推广“家校通”智慧场景项目，11月与区教育局签订全面战略合作协议投资2000万元，全年“家校通”上线学校25所、上线老师和家长3.38万人，当年使用人数98.67万次，成为全省农行系统“家校通”业务发展表率。加快“小微e贷”“产业e贷”线上供应链融资和“续捷e贷”等线上贷款步伐，提高办贷成功率。年末，办理线上贷款15.35亿元，较年初增加11.96亿元。推进重点领域金融服务，年末精准扶贫贷款总额3.51亿元，占全行总额的43%，其中贫困人口贷款771万元、已脱贫人口贷款3981万元、产业扶贫贷款3.03亿元；建档立卡贫困人口140人，已脱贫享受政策252人。全年银行员工及客户在线上扶贫商城消费金额105.41万元。至年末，各项存款371.6亿元，增加35.7亿元，同比多增加11.39亿元，各项存款日均余额362.3亿元，增加25.2亿元。本外币贷款余额227.4亿元，增加1.6亿元。实现营业收入10.36亿元，拔备后利润8.03亿元，中间业务收入2.79亿元。

（王佳丽）

【中国银行武进支行】　2020年，中国银行武进支行辖营业部1个、营业网点14个，配套自助银行1个和离行式自助区3个，有员工256人。该支行围绕高质量发展、强行兴行的经营理念，助力实体经济发展。制造业中长期贷款新增6.18亿元，民营企业贷款余额新增1.58亿元，增速5.65%，新增投放占比50.87%。以普惠金融服务为抓手，精准滴灌经济主力军，有序推动成长贷、园区保、抵押贷、企E贷等产品，全年信贷工厂普惠口径新增客户80户，普惠人行降准口径余额新增4.1亿元。重点突破国际结算，办理结售汇5.77亿美元，办理股权激励资金收汇结汇1248.64万美元，叙做汇出汇款融资2.62亿美元，揽储大额外币资本金1.28亿美元。拓展发展空间。开展跨境金融、普惠政策线上直播5场，观看人数7万余人次；办理区金融系统内首笔防疫物资购买付汇业务，落地分行首笔平台类客户经营性债务置换项目5亿元；作为区内首家贸易便利化试点银行，办理试点业务6.89亿美元。做实精细管理，公私联动，实现各类代发26.66亿元，完成国贸充电桩、大型商超等项目场景建设，新注册手机银行客户4.83万户、新增信用卡客户4753户，银行卡分期发放贷款5.04亿元。至年末，本外币存款余额183.3亿元，新增3.53亿元；本外币贷款余额136.45亿元，新增8.88亿元。该支行获评中国银行江苏省分行防疫先进集体，营业部获评中国银行江苏省分行五星级出国金融中心。

（唐　岑）

【建设银行武进支行】　2020年，建设银行武进支行设置营业部和内设部室8个，下辖营业网点29个，完成自助设备移机及更换8台、淘汰10台、暂停1台，自助设备年末正常使用95台（29个网点82台、10个离行自助设备13台），有员工391名。该支行践行新金融发展理念，坚持数字化经营，强化风险合规管理，优化业务结构，深化战略发展，实现各项业务高质量发展。支持复工复产，为受疫情影响企业投放“云义贷”140笔、1.24亿元，发放“抗疫贷”1亿元；办理延期展期贷款422笔、1.88亿元，办理无还本续贷104笔、1.73亿元；注册激活疫情防控系统4259户，上线15.9万人次。投放供应链贷款余额4.82亿元，新增加3.53亿元。国际业务信贷日均7.8亿元，通过“单一窗口”提供291家企业预约开户、跨境汇款等线上服务。助力实体经济建设，置换西太湖滨湖城、武进新农村、滨湖生态城等他行债券11.38亿元。落地建设银行常州市分行首单城市更新贷，获批复贷款9.6亿元，年末实现投放3亿元。拓展上市拟上市企业、制造业等重点客户，落地新增授信批复23户，投放绿色贷款金额3.21亿元。发展住房租赁战略业务，落地常州市首个集中式存房项目，协同建信子公司完成集中式存房1080套，落地撮合式存房2382套。普惠金融，实现普惠金融贷款总量系统和同业第一，落地“云电贷”“苏才贷”等系统首单。发展金融科技，建成多个智慧停车、生态圈建设和社会化平台。创新业务，落地省内首单“单一窗口”出口商票融资，供应链贷款、民工惠、托管、投行业务系统排名前列。推进数字化经营，为星星充电嵌入龙支付接口，拓展智慧停车场71家。推进智慧政务，落地全省首单法院破产资金监管账户，以政融支付实现非税电子化数据集中、全渠道支付。推进智慧乡村，建成达标裕农通服务点185户，实现行政村全覆盖；落地建设银行常州市分行首笔裕农快贷，创新裕农通服务点运营渠道和点位布放。加强渠道建设，完成营业网点改造和迁址5个，“劳动者港湾”App下载8.66万人次，覆盖高考学生家长28人次。至年末，一般性存款日均余额282亿元，日均新增加30.1亿元；各项贷款余额217亿元，占比27.26%；贷款新增17.63亿元，占比30.84%。实现主营业务收入8.2亿元，增长1.47%；拨备前利润6.23亿元，税前利润5.17亿元，实现增加值2.24亿元。

（季秋洁）

**【交通银行武进支行】** 2020年，交通银行武进支行辖营业部1个、二级支行4个，配套自助银行5个、ATM机20台，有员工61名。该支行围绕服务实体经济，优化资产配置，夯实发展基础，加强风险管理，确保行稳致远，推动价值创造。至年末，人民币各项存款年均余额81.16亿元，比年初增加6.92亿元；人民币各项贷款年均余额75.72亿元，比年初增加1.91亿元；国际结算量10.04亿美元，比年初增加4.19亿美元；不良资产率0.43%；经营利润2.67亿元。年末，该支行获评交通银行江苏省分行先进基层经营单位称号。

（周东英）

**【农发银行武进支行】** 位于武进区武宜中路112号，有员工21人，是区内唯一一家农业政策性银行。2020年，该支行支持粮食储备体系建设，投放各类粮食贷款2.83亿元，收购入库各类粮食8.05万吨。支持乡村振兴，实施武进区污水处理厂网站一体化特许经营项目、春秋乐园林业资源保护项目以及滆湖水源地保护中期流贷等，提供枫华牧业公司和立华牧业公司2家疫情应急保障企业信贷资金支持。年末，各项贷款余额62.32亿元，各项存款余额10.47亿元，实现账面利润1亿元。

（徐　斌）

**【江南农村商业银行】** 2020年，江南农村商业银行在武进区域（含武进支行、高新区支行、经开区支行）设有营业网点54家，员工602人。贯彻做强主业、严控风险、深化转型、提升效能的工作思路，统筹推进疫情防控和经营发展。紧扣支农支小、服务实体，夯实发展源动力；聚焦支农支小主业，集中精力和资源助推企业复工复产，运用“周转易”产品无还本续贷，保证正常生产经营；锚定特色产业集群内制造企业、重点项目、隐形冠军制造业单位，加大支持力度；紧扣业务发展、深化转型，增强市场竞争力；打造综合消费贷、二押经营贷等拳头产品，灵活满足按揭客户消费和生产者经营需求；创新产品，推动快抵贷、专项分期等业务线上办理；完善“现金管理”平台功能，上线电票签发、票据池、汽车经销融等模块，通过票据“闪电贴”业务满足企业融资需求。年末，本外币存款余额831.01亿元，增加120.82亿元，增幅17.01%，占武进区域市场份额的22.64%，存款总量、增量武进区域排名均居第一。其中，单位存款余额420.27亿元，增加55.49亿元；个人存款410.74亿元，增加65.32亿元。各网点本外币贷款余额502.05亿元，增加95.04亿元，增幅23.35%，占武进区域市场份额的16.86%，贷款总量、增量均排武进区域首位。其中，对公贷款余额332.58亿元，制造业贷款余额195.37亿元（不含贴现），占对公贷款余额的58.74%。

（诸冬梅）

## 保　险

**【概况】** 2020年，武进区实现保费总收入38.26亿元，增加6.42亿元，增长20.16%。其中，财产类保险收入11.81亿元，增长21.70%；人寿类保险收入26.17亿元，增长19.72%。全区保险业务支出13.86亿元，增加0.47亿元，增长3.52%。其中，财产类保险支出6.04亿元，增长16.38%；人寿类保险支出7.64亿元，下降4.83%。

（郭　芸）

**【人保财险武进支公司】** 2020年，该支公司辖营业部4个，有营销服务部和专业销售团队各4个、社区门店1家，网点覆盖武进区各重点乡镇，有员工107人。该支公司主动参与地方经济发展和民生建设服务，承保武进区政策性农业保险、自然灾害公众责任险项目、长期护理保险项目、大病保险、食品安全责任保险、工会互助保障项目等民生、公共资产类保险项目，持续打造乡镇保险综合金融服务平台。全年累计承担风险责任近4600亿元，完成保费收入6.41亿元，增长16.28%，保费总额占武进区域市场份额的44%；处理各类赔案4.13万件，缴纳各类税费6500万元。

（林　翔）

**【中国人寿保险武进支公司】** 2020年，该公司辖湖塘、湟里、前黄、雪堰、夏溪、奔牛、邹区等网点8个，有正式员工59人、持证销售员1819人。全年实现总保费10.86亿元，增长15.89%；实现新单保费3.13亿元，增长10.1%，市场份额占比位列武进区寿险业第一。全年处理赔付案1.97万件，金额6839万元；满期等各类给付19.8万件，金额8294万元。

（张曙炎）

**【太平洋财险武进支公司】** 2020年，该公司辖湖塘、横林及前黄营销服务部3个，有员工32人。全年完成保费收入2.5亿元，其中，车险保费收入2.08亿元，增长11.43%；非车险保费收入4120万元，增长11.19%。1—12月，车险综合成本率98.99%，非车险综合成本率

表 20

2020 年武进区保险业务情况表

| 项目 / 险种 | 保险业务总收入（万元） | | | | 保险业务总支出（万元） | | | |
|---|---|---|---|---|---|---|---|---|
| | 本期累计 | 其中 | | | 本期累计 | 其中 | | |
| | | 人保 | 太保 | 平保 | | 人保 | 太保 | 平保 |
| 财产保险小计 | 118122.83 | 59702.65 | 24964.18 | 33456.00 | 60398.78 | 30214.60 | 11984.18 | 18200.00 |
| 企财险 | 10926.37 | 3554.92 | 1580.45 | 5791.00 | 3981.20 | 1354.54 | 296.66 | 2330.00 |
| 运输工具及责任险 | 96035.60 | 47127.56 | 21243.04 | 27665.00 | 50867.05 | 23694.09 | 11302.96 | 15870.00 |
| 货运险 | 272.87 | 199.52 | 73.35 | — | 36.15 | 19.37 | 16.78 | — |
| 家财险 | 40.80 | 17.46 | 23.34 | — | 25.11 | 16.56 | 8.55 | — |
| 其他 | 10847.19 | 8803.19 | 2044.00 | — | 5489.27 | 5130.04 | 359.23 | — |
| 责任保险 | 2767.71 | 2767.71 | — | — | 1873.17 | 1873.17 | — | — |
| 人身保险小计 | 261672.14 | 110398.97 | 105409.25 | 45863.92 | 76357.47 | 45985.09 | 19225.74 | 11146.64 |
| 养老年金险类 | 77857.26 | 60584.11 | — | 17273.15 | 12884.00 | 12884.00 | — | — |
| 意外短期险类 | 5610.72 | 4657.18 | 866.00 | 87.54 | 3024.30 | 2831.03 | 193.27 | — |
| 健康险类 | 22354.95 | 15123.21 | 1744.25 | 5487.49 | 18768.27 | 7071.98 | 549.65 | 11146.64 |
| 寿险类 | 155849.21 | 30034.47 | 102799.00 | 23015.74 | 41680.90 | 23198.08 | 18482.82 | — |
| 总计 | 382562.68 | 172869.33 | 130373.43 | 79319.92 | 138629.42 | 78072.86 | 31209.92 | 29346.64 |

89.67%，全险种综合成本率 97.82%。全险种赔款支出 1.3 亿元。

（施　敏）

**【太保寿险武进中心支公司】** 2020 年，该公司下辖湖塘、礼嘉、洛阳、横林、怀德北路营销服务部 5 个，拥有营销持证业务员 2116 人。全年实现总保费收入 10.54 亿元，市场份额 37.15%。受理理赔案 3592 件，各类给付 58261 件；赔款支出金额 4496.52 万元，各类给付金额 1.13 亿元。

（刘　丹）

**【平安产险武进支公司】** 位于武进区延政中路经纬大厦，经营面积 650 平方米，辖基层网点 4 个，有员工 58 人。2020 年，该公司全力支持抗击新冠疫情，推出 8 项应急举措和 12 项专属理赔服务，为全国逾 50 万家小微企业无偿提供专属风险保障，总保障金额 5000 亿元。依托“金融＋科技”推进“三村工程”（中国平安在贫困地区面向村官、村医、村教实施产业扶贫、健康扶贫、教育扶贫），构建“金融＋保险＋科技”扶贫闭环。全年完成保费收入 3.3 亿元，增长 37.5%。其中，车险保费 2.76 亿万元，财产险保费 3666 万元，意健险保费 2125 万元。

（章佳英）

# 证　券

**【概况】** 2020 年，武进区（不含常州经开区）有证券分公司 1 家、证券营业部 15 家、期货营业部 1 家。证券交易迅速增长，新增开户 24045 户，年末账户 23.26 万户；全年完成交易量 4788.22 亿元，增长 51.05%。

（区金融办）

**【中信证券常州环府路营业部】** 2020 年，该营业部结合区域经济发展和营业部经营现状，着力提升在辖区内的影响力。按照总部财富转型政策指引，机构综合业务落地上市公司可转债 2 单和 IPO 项目 1 单，落地金融债 1 单和私募公司债 2 单。做好新增业务开发和服务，与存量客户增加互动。推行“先服务、业务落地、再分配”的积分换购制度，激励员工积极服务客户。8 月，联合中信银行常州分行、恐龙园股份公司举办年度中期策略会，现场客户超 300 人。全年新增有效客户 2900 余户，权益类产品销售 11.58 亿元，股基交易量份额 0.042%。该营业部获评常州市现代服务业明星企业，成为全市唯一获此荣誉的证券营业部。

（郑　欢）

**【中信建投证券常州广电西路营业部】** 位于武进区湖塘镇广电西路 539 号，营业面积 206 平方米，有资质从业人员 9 人。该营业部重视客户积累与服务维护，推动创新业务开展，切实维护投资者权益。开展约定购回、债券承揽等业务，提供高端机构与个人客户多元化融资渠道。2020 年，新增客户 2045 户，年末客户总数 1.72 万户，客户资产总额 15.63 亿元，实现股票及基金交易量 115.5 亿元，金融产品销售总规模 4.33 亿元。

（朱　青）

**【国盛证券常州营业部】** 国盛证券有限责任公司常州常武北路证券营业部（简称“国盛证券常州营业部”）位于万博生活广场，营业面积400平方米，有员工8人，注册投顾顾问 3 人。2020 年，该营业部实现产品销售规模稳健增长，新增客户 376 户，完成金融产品销售 8800 万元。

（高　柯）

**【东北证券常州花园街证券营业部】** 位于武进区花园街 168 号 H−12，营业面积263.55平方米，有员工11人。2020年，该营业部开展基金申购赎回、基金场外转场内及基金定投等理财业务，年末有投资账户 1.3 万户。

（陆大荣）

# 城乡发展

Urban and Rural Development

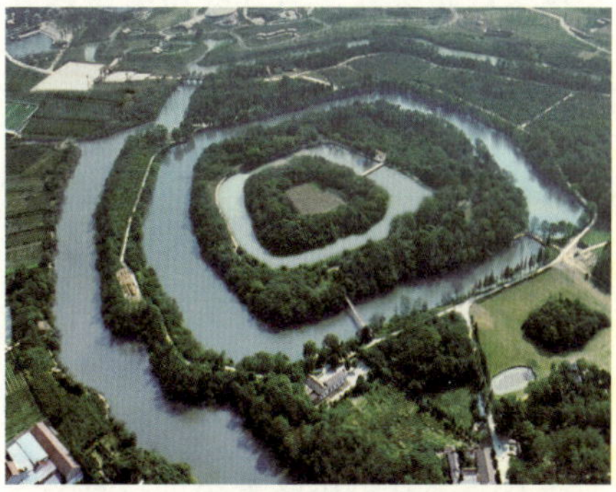

栏目编辑　周小红

## 乡村振兴战略实施

**【概况】** 2020年，武进区全面贯彻中共十九大和中央、省、市农村工作会议精神，坚持农业农村优先发展方针，把握稳中求进工作总基调，克服新冠疫情困难，深入实施乡村振兴战略，建立健全相关政策体系，全力落实高质量发展和"六稳六保"（稳就业、稳金融、稳外贸、稳外资、稳投资、稳预期，保居民就业、保基本民生、保市场主体、保粮食能源安全、保产业链供应链稳定、保基层运转）工作，促进农业转型升级、农村全面进步、农民持续增收。武进区在全省乡村振兴战略实绩考核中位列年度重点任务完成排名第一等次。

统筹推进乡村振兴　建立由区委、区政府主要领导牵头，分管领导具体负责的乡村振兴推进工作组织领导体系，下设工作组8个，分别负责全区乡村振兴8个重点工作的协调推进，将乡村振兴列入全年督查考核重点内容。先后出台《乡村振兴战略实施规划》《全区乡村振兴战略实施意见》《推进乡村振兴走在前列实施意见》3个纲领性文件和农村人居环境整治、脱贫攻坚战、青年干部赴基层锻炼、网格化集成管理、农村实用人才发展等"N"个配套政策文件，形成"3+N"乡村振兴政策体系。

建设美丽宜居环境　开展村庄规划编制，全面完成全区119个行政村村庄规划编制和审批工作，武进成为全国首个全域全覆盖村庄规划编制及验收的地区。深入实施农村人居环境整治，出台农业农村"1+3"环境提升政策，在镇（街道）79个行政村、151个自然村开展农村人居环境整治明察暗访活动，基本实现打赢翻身仗的目标任务。启动新一轮精品美丽乡村建设，推进常州市"一区两点"美丽乡村示范项目建设和太湖湾片区美丽乡村建设规划，湟里镇西墅村、嘉泽镇跃进村市级美丽乡村示范项目建成并揭牌，雪堰镇城西村获评全国美丽休闲乡村称号，前黄镇杨桥村入选中国历史文化名村。全区美丽宜居乡村与规划发展村庄的比例达80%。

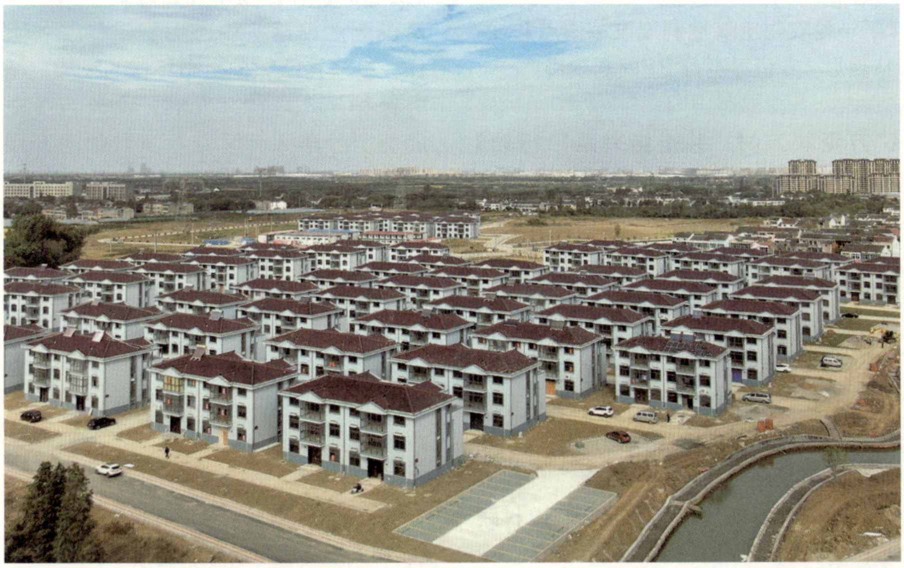

前黄镇丁舍村安置房自建区　（摄影/陆　新）

建设农业生态文明　开展生态设施提升行动，推进农村分散式生活污水处理工程PPP项目二期工程建设，竣工村庄334个，工程整体形象进度达90%。年内，该项目一期工程累计处理生活污水150余万吨，设施正常运行率98%以上，出水达标率达90%。开展农业生态治理行动，全面完成滆湖围网、沿太湖3千米水产养殖整治和长江流域重点水域禁捕退捕工作，滆湖以渔控藻生态修复工程建设经验在全省推广，太湖蓝藻打捞处置和资源化利用成效明显，实现连续13年太湖安全度夏目标。开展农业生产清洁行动，做好农村生态补偿、绿色农药推广、有机肥替代化肥等工作，推广物理和生态防控病虫害方式，发放年度农村生态保护补偿资金2800多万元，推广有机肥约9000吨，回收农药包装废弃物量30.66吨，回收农膜498.8吨，全区绿色农药销售占比达95.3%。雪堰镇新康村入围全省39个生态循环农业试点村。

深化农业农村改革　全面启动新一轮农村宅基地改革，承担全国农村改革试验区"农村宅基地改革管理制度"拓展性试点任务，高标准通过该项改革试点中期评估。组建区供销合作联合社，实现全区镇级农民合作经济组织联合会（简称“农合联”）全覆盖。开展农村集体产权制度改革“回头看”，完成194个股改经济合作社登记赋码。开展农村改革试验区建设，以推进国家和省农村改革试验区试验任务为主线，做好“深化农村宅基地管理”和“新型职业农民培育制度”改革拓展试验。全区农业综合执法改革全面到位，并作为全国农业综合执法改革示范点向全国介绍推广工作经验。加强农村集体“三资”（资金、资产和资源）管理，在全市率先启动“万企联万村、共走振兴路”行动，全区村企联建率达100%，名列全市第一；探索农村产权台账和交易一体化监管，实现平台财务核算初始化村级全覆盖，村级集体经济大幅增收，超千万元村10个、村组20个，农村居民人均可支配收入达3.43万元；全区农村产权年交易额10.75亿元，位列全省县区第二，位列全省第一方阵。开展防返贫动态监测，建档立卡低收入农户全面实现脱贫，区农业农村局获全省脱贫攻坚组织创新奖。培育“武进英才计划”农业乡土人才，全年培育高素质农民2502人，新型职业农民培育程度达68%；新增区级新型职业农民实训基地9个，累计22个，新型职业农民学历提升30名。

**【乡村振兴“3+N”政策体系建立】** 2020年，武进区制定出台《关于扎实做好“三农”领域重点工作，开启率先基本实现农业农村现代化新征程的意见》《2020年度常州市武进区推进乡村振兴战略实绩考核实施方案》等政策文件，形成《乡村振兴战略实施规划》《全区乡村振兴战略实施意见》《推进乡村振兴走在前列实施意见》3个纲领性文件和农村人居环境整治、脱贫攻坚战、青年干部赴基层锻炼、网格化集成管理、农村实用人才发展等“N”个配套政策文件的“3+N”乡村振兴政策体系。其中，《关于支持乡村振兴战略的若干财政金融政策意见（2020—2022年）》，着力引导公共财政投入向“三农”倾斜，建立健全实施乡村振兴战略的财政投入保障机制；《武进区关于促进乡村振兴走在前列的扶持办法（2020—2022年）》，明确绿色智慧产业发展、美丽宜居乡村建设、农村深化改革创新、乡村治理体系建设四方面共11项扶持新政，切实发挥财政资金的撬动效应，推动全区乡村振兴战略深入实施。年内，武进区乡村振兴第一阶段目标任务完成，在江苏省乡村振兴实绩考核中位列年度重点任务完成排名第一等次。

**【区供销合作联合社组建成立】** 12月12日，武进区供销合作联合社第一次代表大会召开，区供销社、涉农乡镇、农民专业合作社、新型农业主体等方面代表63人参加。会议通过区供销合作联合社工作报告（草案）、章程（草案）和第一次代表大会选举办法（草案），选举产生区供销合作联合社第一届理事会、监事会，诸东海、戴俊分别当选区供销合作联合社第一届理事会主任、监事会主任。

**【脱贫攻坚成果巩固】** 2020年，武进区严格按照“四不摘”（摘帽不摘责任、摘帽不摘政策、摘帽不摘帮扶、摘帽不摘监管）的要求，继续落实基本医疗、义务教育和公共服务等扶贫保障政策，创新开展建档立卡低收入农户收入监测预警机制，在礼嘉镇试点防贫保险，降低该建档立卡户因灾返贫的风险，有效巩固脱贫成果。全区建档立卡低收入农户人均可支配收入达1.6万元。10月，区农业农村局获2020年全省脱贫攻坚组织创新奖。

**【新一轮农村宅基地制度改革试点】** 内容参见“专记”类目P1同名条目。

**【“万企联万村、共走振兴路”行动】** 2020年，武进区贯彻省委、省政府“万企联万村、共走振兴路”行动的部署会议精神，制定出台《关于开展“万企联万村、共走振兴路”行动的实施意见》，组织“万企联万村、共走振兴路”行动推进会暨村企联建签约仪式活动、村企党组织专项结对联建、工业企业专项结对联建、金融企业专项结对联建、农业企业专项结对联建等“1＋X”系列主题活动，全面动员广大企业与行政村联动联建。同时，梳理财政税收支持、用地政策支持、行政审批支持、改革政策支持、组织人才支持五方面共45条政策，形成《“万企联万村、共走振兴路”行动政策汇编》，为村企合作联建奠定坚实基础。将南北合作列为重要议程，加强与盐城市射阳县、阜宁县的协调对接，完成南北挂钩联建项目14个。区农业农村部门选择12个村企结对联建案例汇编成册，向其他村企合作提供示范，促进村企合作联建。年内，全区村企联建项目126个，136个行政村与企业合作联建，联建率100%。

**【农村集体产权制度改革“回头看”】** 2020年，武进区在基本完成农村集体产权制度改革（简称“股改”）任务的基础上，全面开展农村集体产权制度改革“回头看”，推进股改扫尾工作。区农业农村部门指导开展农村集体经济组织登记赋码变更，赋予农村集体经济组织市场经济主体资格，使各股份经济合作社以独立法人形式参与到市场经济活动中，发挥管理集体资产、开发集体资源、发展集体经济、服务集体成员的功能作用。探索“政经分离”的组织管理试点，按照先建立框架再逐步完善的思路，理顺股份合作社与村党组织、村（居）委会的关系，明确双方权责利关系，合作社应随政府职能到位而逐步退出社区服务和社会管理职能，单独成为市场法人主体。年内，全区196个行政村（涉农社区）有194个完成股改任务，并登记赋码，完成率98.98%。

**【生态保护补偿精准化管理】** 2020年，武进区严格落实生态保护工作主体责任，经济补偿保护生态环境的区域，增强保护生态环境、发展社会公益事业的能力。年末，区农业农村部门开展2020年度农村生态保护补偿的面积核对、数据汇总、资金测算工作，牵头做好相关工作考核，促进生态保护补偿工作持续开展。年内，发放2019年度农村生态保护补偿资金2852.83万元，其中水稻补贴（含农户和集体）894.81万元、耕地补贴1809.87万元、生态公益林补贴116.43万元和生态湿地补贴31.73万元。

**【农村人居环境整治专项提升行动】** 2020年，武进区制定出台《农村人居环境整

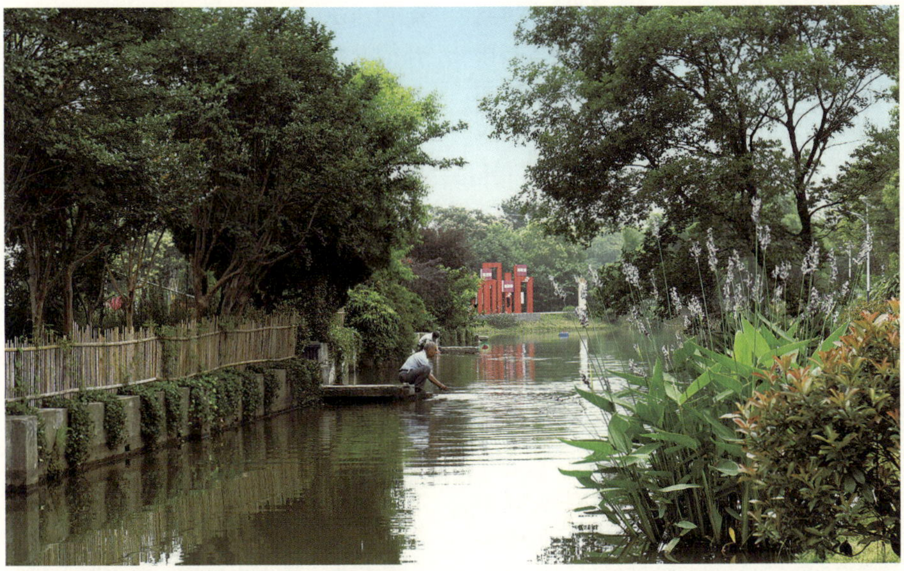

湟里镇葛庄湾里自然村水体整体改造后，村民在水塘淘米洗菜　（摄影/陆　新）

治专项提升行动方案》《农村人居环境整治考核办法（试行）》，明确农村人居环境整治的季度考核指标和年终考核指标，并将农村人居环境整治综合考核得分排名结果纳入对镇（园区）年度目标考核。区农业农村部门按照“不固定抽查时间、不固定抽查对象、不固定抽查人员”的原则和抽查行政村全覆盖的要求，每季度深入村组开展明察暗访，推进全区农村人居环境整治。年内，全区建成常州市农村人居环境整治综合示范村23个，省、市农村人居环境整治综合示范村累计50个，占农村人居环境整治任务村的36%。

**【农村集体“三资三化”管理】** 2020年，武进区全面推广使用常州市农村集体资产监管平台，建立“互联网+”的农村集体资产监督管理模式，实现对全区农村（196个村、4788个组）集体经济组织“三资”管理全覆盖。推行资金全在线管控，从年初的预算编制、年中的预算调整、年末的决算，全部通过线上申请、审批；资金支出时由村会计在线申请，平台在线支付，全面掌握村级账户资金使用和流向。推行资产全流程监管，对涉及集体资产出租、资源发包，与农村产权交易服务平台无缝对接，做到场外无交易、网上全公开；完善资产资源合同的平台管理，推动农村集体“三资”管理全程留痕可追溯。加强村级资产和财务监管，开展村级财务专项整治和“网上+网下”的农村集资产财务检查。深化农村集体资产监管平台建设和运行，以“三资”监管信息化推动“三资”监管制度化、公开化。

**【农业农村现代化试点】** 2020年，根据省农业农村厅《关于开展率先基本实现农业农村现代化示范县申报工作的通知》精神，武进区研究建立农业农村现代化指标体系，制定《武进区率先基本实现农业农村现代化建设示范方案》，经市级推荐、部省共商，于5月被列入开展率先基本实现农业农村现代化试点单位之一，开展率先基本实现农业农村现代化试点工作，力争到2022年，全区农业产业发展全面提升，乡村振兴取得明显进展，城乡融合发展体制机制基本建立，率先基本实现农业农村现代化。

**【美丽乡村示范项目建设】** 2020年，武进区深入推进常州市“一区两点”美丽乡村示范项目建设，太湖湾片区美丽乡村示范区项目总体规划通过市级评审，湟里镇西墅村、嘉泽镇跃进村市级美丽乡村示范项目全面建成并揭牌，雪堰镇新康村被纳入市美丽乡村示范项目建设，雪堰镇新康村、湟里镇葛庄村、洛阳镇岕庄村、前黄镇祝庄村等村被纳入市美丽乡村建设培育项目。6月，出台《武进区精品美丽村示范项目建设实施方案（2020—2022年）》，启动实施新一轮美丽乡村建设。

（陈柯宇）

## 城乡规划

**【概况】** 2020年，武进区贯彻《中共中央、国务院关于建立国土空间规划体系并监督实施的若干意见》精神，推进国土空间规划编制。武进自然资源和规划分局开展重引领、强基础、严管理、优服务、聚合力五大行动，基本完成武进区国家级生态保护红线及自然保护地调整优化方案、城市开发边界和城区范围划定方案，初步形成“三区三线”专题研究成果，构建全域国土空间格局。完成《常州市武进区现行空间规划实施评估》《常州市武进区城乡人口发展与用地配置研究》《常州市武进区国土空间控制线统筹划定与优化研究》《常州市武进区乡村地区空间发展策略研究》《常州市武进区国土综合整治与生态修复研究》等专题研究，谋划《武进区产业空间布局规划》《武进区林地保护利用规划》等专题规划，推进区各职能部门的专项规划。基本完成环滆湖地区战略规划与城市设计，开展太湖湾片区国土空间规划研究，为生态滨湖区建设保驾护航。聚焦产业创新，编制常州创新之核概念性规划，为中以常州创新园、双创园、苏澳产业园、集成电路产业园发展出谋划策。聚焦重点片区，完成长沟河西侧、淹城南侧、沟南等片区策划规划，轨道交通（5号线、6号线）沿线地区规划研究、湖塘老街片区旧城更新改造规划研究。着眼历史保护和文化传承，推动春秋淹城融入国家大运河文化带，规划打造国家级文化遗址公园。完成镇村布局规划编制，合理确定集聚提升类、城郊融合类、特色保护类、搬迁撤并类和其他一般村庄的数量和布局，助力乡村振兴和美丽乡村建设；完成湟里镇西墅村新型实用性村庄规划编制试点，先进经验被纳入《江苏省村庄规划编制指南》；完成牛塘等镇土地利用总体规划修改，指导和推进雪堰镇、湟里镇、礼嘉镇等部分地块控制性详细规划的编制报批。实现规划选址与用地预审合并、建设用地规划许可与用地批准合并、规划核实与土地核验合并，全年核发用地预审与选址意见书64份，面积187.02公顷；核发建设用地规划许可证65份，面积191.31公顷；核发建设工程规划许可证196份，面积507.82万平方米；完成工业项目审批事项629个；办理建设工程规划核实130个，总核实面积490.93万平方米。

**【环滆湖地区战略规划与城市设计完成】** 2020年，武进自然资源和规划分局面向常州“科教创新名城”发展目标和“科创走廊”建设战略，开展“常州创新之核”概念性规划编制，深入调研科教城、中以常州创新园、武进高新区、湖塘镇、牛塘镇、沟南工业园、津通工业园等板块，广泛征求意见，提出面向“常州创新之核”的总体愿景、科教城周边地区发展策略和规划建设的建议。该项规划围绕“武进根、国际范、创智圈、宜居城”四个维度，提出发展路径的链接“历史与未来、常州与世界、创新与制造、人才与家园”四个链接，从规划建设的视角提出四个“1”的策略建议，即打造一条创新廊、弱化一面有形墙、激活一个城际站、丰富一张生活网，力求从“聚变”走向“裂变”，放大科教城和中以常州创新园叠加后“创新之核”的辐射带动作用。

（季　云）

## 市政建设

**【概况】** 2020年，区住建局推进城区环境精致化建设，实施延政路、广电路精品街道提升工程和淹城路—横溪路道口提升工程，推进高架沿线环境整治和新天地厕所改造项目。加强市政设施养护，出新武南路、人民东路、常武路等道路11条，完成大坝河桥、长沟河桥等桥梁维修5座和广电路、新龙大桥等沿线照明改造工程。全年累计完成投资1.12亿元。

**【市政设施养护】** 2020年，区住建部门组织实施市政设施养护，完成总投资3750万元。其中，投入道路养护资金2000万元，以修补坑塘、更换道板为主，出新武南路、人民东路、常武路等道路11条，修复道路面积8600平方米，更换道板及侧石面积1万平方米，实施坝河桥、长沟河桥等5座桥梁栏杆除锈刷漆长度4500多米。投入公园绿地养护资金1500万元，创建国家级园林城市，建设广电路、延政路精品街区，实现提质增彩，营造绿树成荫、花开四季的城市氛围。投入路灯照明养护资金950万元，完成广电路、新龙大桥等“三路两桥”照明改造工程，更换安装各类灯具568套，采用单灯控制系统，路灯功率下调至70%；完成延政星火路变、夏城延政变等箱变改造5台；实施城区道路、小区、楼宇照明维护，修灯4850盏，高架修灯2700套，恢复损坏电缆长度3000米等，路灯设施完好率在95%以上，亮灯率在98%以上。

**【长虹路高架沿线环境整治】** 2020年，区住建部门推进长虹路高架沿线环境整治工程，范围包括丫河路至马杭路段长度11千米。该工程于4月30日开工，8月初竣工，投资300万元。维修道板面积3620平方米、侧石面积2400米，补植沿线绿化面积2.2万平方米，修剪各类绿篱色块面积1.6万平方米，补植行道树22株；出新常武路水景玫瑰花雕塑，实施木平台维修；实施节点景观提升工程，实现长河绿地敞开增景，在湖滨路、淹城路、武宜路、花园街、常武路交叉口栽种大花月季1635平方米、草花300平方米、高杆月季49株。

**【“口袋公园”建设】** “口袋公园”是常州市创建国家生态园林城市建设工程的一部分，特指在人口密集区域，选址灵活，面积不等，贴近市民日常生活的开放性公园绿地。2020年，区住建部门从提升公众满意度出发，在老旧小区周边、小区集中区域以及道路两侧，合理规划建设面积不等的“口袋公园”14处。通过挖掘现有绿化资源，拓展活动空间，打造精品景观，让老百姓出门即入公园。

**【实施市政改造工程3个】** 淹城路—横溪路道口提升工程　区住建部门针对横溪路两侧小区入住率提升、周边车流量增加形成道路堵点的现状，按照城市主干路设计标准，将淹城路和横溪路交叉口处右进右出交通，调整为T形信号灯管控路口，改善区域交通条件，保障群众出行安全。该工程于2020年12月开工，改造面积1100平方米，计划历时2个月完成，总投资289.38万元。

“三路两桥”照明改造工程　随着城区路灯运行年数增加，电气设备老化，部分道路出现路灯亮度衰减、照度降低等问题，影响居民交通出行。“三路两桥”照明改造工程涉及广电西路（武宜路至长虹路高架）、玉塘路（何留路至人民路）、定安中路（武宜路至社桥）、新龙大桥主桥段、湖滨大桥主桥段及辅道路灯374套，于8月施工，9月22日竣工，总投资140余万元。该工程通过更换灯具、部分投光灯支架，增补零星路灯，并在新更换路灯配有单灯控制器，实现路面照度均匀又节能减排的效果。

新天地公园公厕改造工程　9—11月，区住建局组织对新天地公园投用时间较长、设备及外墙设施较为陈旧、日常返修频率趋高的4座公厕实施改造，重建南广场厕所、水上舞台东南侧生态

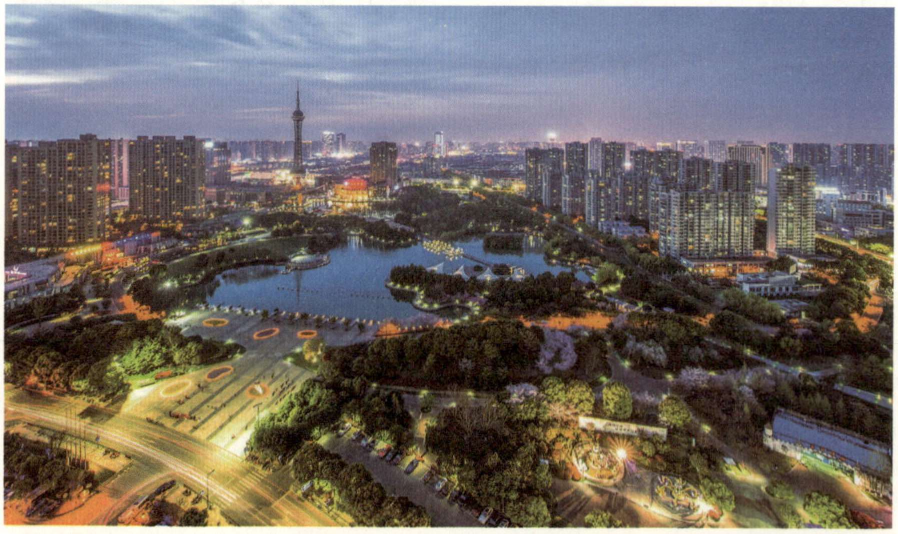

七彩新天地　（摄影／谷建平）

厕所，更换、出新北入口西侧厕所局部，升级改造北入口生态厕所，完成总投资220万元，有效提升了园内公共卫生条件，营造了现代文明的游园环境。

**【老旧小区改造】** 2020年，武进区持续推进老旧小区改造，重点改造湖塘镇花东二村B区和牛塘镇贺南新村区域，总建筑面积12.9万平方米，涉及家庭827户，计划投资1000万元。推进省级宜居小区创建，改造湖塘花东二村C区，建筑面积4.6万平方米，涉及家庭334户，计划投资470万元，改造包括公共环境整修和精神文明建设设施整修，其中增设垃圾集中分类收集亭（投放点），更新小区的照明系统，增设监控系统和充电设施，更新楼栋绿化带及道路标识、宣传栏等，落实物业管理服务全覆盖，提升小区安全运行水平、居住环境品质和居民满意程度。

（徐亚芬）

## 征收与补偿

**【概况】** 2020年1月，区房屋征收与补偿办公室更名区房屋征收与补偿管理中心（简称“区征补中心”），机构职能不变。年内，区征补中心围绕武进区“一区一城、五个生态”总体部署，聚焦“六提工程”，及时完善征迁政策，出台《关于调整房屋征迁补偿安置有关标准的通知》，增设关于企业“退城搬迁奖励”和“不再新增土地奖励”等条款，推进项目征收与补偿工作，主要涉及南沿江高铁、前黄西路、金海塑业、3-3地块、公园地块、科教城地块、青洋路快速化、长沟河西侧等项目。全年征迁签约面积105万平方米，其中民房616户、企业174家，新启动项目民房签约率99%；完成监管拆除项目16个，拆除房屋面积110万平方米，未发生一起安全生产事故。

**【征迁和开发项目遗留问题攻坚】** 年初，武进启动征迁和开发项目遗留问题攻坚活动，成立项目攻坚任务组，由主要领导作为第一责任人，明确责任分工，设定完成时限。区征补中心认真落实属地政府各遗留项目任务，靠前指挥督导，深入征迁和开发项目一线，按照一户一个解决方案、一户一个攻坚组、一户一个责任领导的要求，制定攻坚方案，有计划有步骤推进实施，形成上下联动良好局面。全年共化解征迁和开发项目遗留问题20户。

（曹　泽）

**【安置房分配与办证】** 2020年，区征补中心围绕年度安置房分配目标，按照“尊重历史、能办则办、方便快捷”原则，发挥督导作用，破解民生难题，保障群众安居乐业。开展全区重点安置板块现场调研，督促各属地政府加快安置房建设，协调化解工作困难，疏通工作堵点。全年分配安置房3605套，超额完成3000套安置房的分配任务。镇、开发区安置房办证工作全面启动，年内共办理安置房不动产权证12118套，提前1个月完成区委、区政府下达的年度目标任务。到年末，全区累计完成50个安置小区、52029套安置房办证。

（曹　泽　徐亚芬）

## 镇村建设

**【概况】** 2020年，武进区持续推进治三乱、补三短、提三质的“333工程”，实施集镇区户外广告治理、杆线整理、绿化美化、工地围挡及文明施工、路面保洁，完善垃圾转运点、路网畅通、生态治理等集镇环境品质提升工程。加强集镇建成区的基础设施和社会事业改造提升，新型城镇空间形态更趋完善。雪堰镇吴韵公园、太湖湾大道建设完工，湟里镇国治路、东安集镇道路改造等工程完成，嘉泽镇夏溪街区河道清淤等环境提升工程实施，各镇集镇环境品质进一步提升。雪堰镇太湖湾大道项目通过省级重点特色镇项目申报，获得省级补助资金420万元。

**【传统村落保护和特色田园乡村建设】** 2020年，区住建部门牵头按照省特色田园乡村建设和传统村落保护等建设标准要求，深入调研试点村庄实际情况，开展特色田园乡村建设和传统村落保护等创建活动。重视各村文化内涵挖掘，从自然、人文、历史等方面着手，讲好文化民风、历史名人等故事，打造特色亮点，充分展现村落文化、特色。至年末，全区创成省级特色田园乡村3个，分别是湟里镇西墅村（里墅、黄金塘）、湟里镇葛庄村下场村、嘉泽镇跃进村花都馨苑。9个村庄被命名为江苏省传统村落，分别是前黄镇杨桥村杨桥老街，雪堰镇城西村陡门塘、雪西村雪西、南山村张墓、雅浦村雅浦、漕桥村漕桥，洛阳镇天井村杨巷，湟里镇西墅村里墅、黄金塘。

（徐亚芬）

## 公用事业

**【供水】** 2020年，武进区自来水供水量1.58亿立方米，售水量1.39亿立方米。新增自来水用户2.69万户，用户总数53.51万户。滆湖水源地取水量增加至30万吨／日，水源地达标建设通过省级

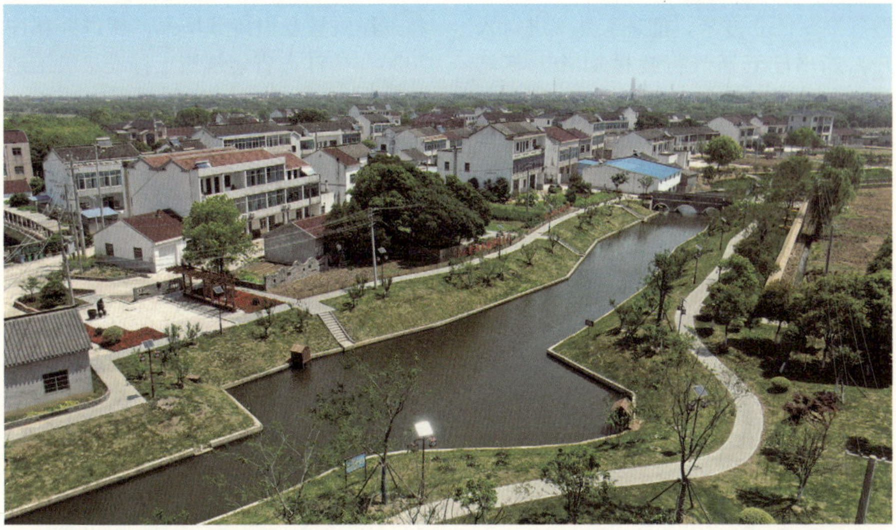

湟里镇西墅村新貌　（摄影／成志军）

验收。礼河水厂深度处理工程投运，出厂水质优于国家标准，实现武进区域供水深度处理全覆盖。

【排水】 2020年，武进区建成污水管网41千米，累计1476千米。推进老旧管网修复改造工程，检测排查老旧管网100千米，非开挖修复1015处，累计排查雨污水老旧管网385千米，非开挖修复缺陷点4479处。城镇污水处理厂全年处理污水9760.7万立方米，城区生活污水集中处理率96.8%，集镇区生活污水处理率89.6%，城镇污水集中处理率93.9%。

（石贤锋）

【供电】 2020年，武进区全社会用电量221.169亿千瓦时，其中工业用电量192.251亿千瓦时，分别增长1.71%、1.73%。完成电力投资8.9亿元，推进重点输变电项目建设8个，建成投运输变电项目3个，新增变电容量200万千伏安，新增电力线路长度149千米。有序推进光伏发电，全年备案光伏项目企业38家，备案容量20.29兆瓦。新增非居民并网用户20户，并网容量11.66兆瓦；新增居民并网用户44户，并网容量0.46兆瓦。

（金　婷）

【供气】 2020年，武进区新建天然气管道265千米，全社会天然气消费量5.59亿立方米，比2019年增加1%。其中，工业用天然气4.42亿立方米，商业用天然气0.27亿立方米，城乡居民用天然气0.9亿立方米。推进天然气进村入户，新增配套通气行政村41个，新增天然气居民用户2.46万户，累计43.26万户，实现乡镇天然气利用全覆盖。实施老旧管网改造，完成投资2300万元。全区有经营性汽车加气站6座，全年汽车用压缩天然气销量740.25万立方米，减少34.7%，销售液化天然气606.53万立方米，增加24%。

（徐亚芬）

【公交】 2020年，区交通运输部门优化调整公交线路13条，恢复凤栖路公交线路2条，临时调整公交线路46条，撤销公交线路3条。

表21　2020年武进区公交优化调整线路情况表

| 线路 | 始发站 | 终点站 | 线路 | 始发站 | 终点站 |
|---|---|---|---|---|---|
| 313 | 南苑公交枢纽 | 南夏墅公交站 | 270 | 礼嘉首末站 | 礼嘉唐家村 |
| 217 | 东升村 | 清凉寺 | 302 | 公交五公司 | 恐龙园公交枢纽 |
| 305 | 南夏墅公交站 | 武进水产养殖场 | 502 | 武进公交中心站 | 戚墅堰火车站 |
| 322（318A） | 南夏墅公交站 | 戴溪首末站 | 271 | 武进公交中心站 | 武进创新产业园 |
| | | | 317 | 郑陆公交中心站 | 滆湖路回车场 |
| 68 | 雪堰公交站 | 滆湖路 | 68 | 雪堰公交站 | 滆湖路回车场 |
| 336 | 雪堰公交站 | 漕桥 | 2 | 常州客运中心 | 滆湖路花园路 |

（何秋斌）

## 建筑行业管理

【概况】 2020年，武进区有建筑企业634家（含劳务企业54家）。其中，一级资质企业60家（总承包企业30家、专业承包企业30家），二级资质企业236家（总承包企业69家、专业承包企业167家），三级资质企业262家（总承包企业200家、专业承包企业62家），不分等级企业22家，企业资质类别涵盖房屋建筑施工、市政施工、装饰、钢结构、机电安装等领域和专业。受新冠肺炎疫情和常州经开区企业划转等影响，武进区施工企业完成总产值332亿元，比2019年下降12.4%；全员劳动生产率29.1万元／人，期末从业人员13万人。全年累计施工面积2905.08万平方米，增长4.14%。年内新开工面积852.89万平方米。新增办理许可证建筑工程196项，总面积547.63万平方米，造价138.11亿元。施工安全和工程质量意识持续增强，武进区获评2020年度江苏省建筑施工标准星级工地项目20个，建筑工程项目获评江苏省“扬子杯”优质工程奖8项、常州市优质结构工程奖24项、武进区优质结构工程奖24项。

【建筑市场监管】 2020年，区住建局落实建筑企业信用动态考核制度，核查外来施工企业信用40家次。针对市场行为巡查在建工程项目167项，发出整改通知96份。加强建筑业企业诚信建设，推行建筑市场与施工现场联动管理，净化建筑市场环境。开展建筑工程款和农民工工资支付情况专项检查，收缴农民工工资保证金2180万元，协调农民工工资投诉172批次，涉及农民工1481人、欠款金额3335万元。开展建筑行业安全生产专项检查12次，重点排查整治大型起重机械、深基坑、高大支模等隐患，日常巡查工程项目408个次，发现安全隐患2364条，处理各项安全投诉53起，开出整改通知340份、停工通知25份。开展日常质量分部巡查616次，开出整改通知134份，处理各类质量投诉44起。参与工程竣工验收124项，预验收65项，办理竣工验收备案工程132项。加强消防工程及混凝土搅拌站的巡查力度与巡查频次，于9月组织在建项目消防工程质量检查，5月和11月先后开展混凝土企业现场检查，实现全年无重大质量事故。

【新墙体材料和散装水泥管理】 2020年，区住建局加强建筑工地新墙体材料和散装水泥节能宣传，做好专项资金清算工作。返退新型墙体材料专项基金155项，金额3152.79万元；返退散装水泥专项资金153项，金额620.45万元。针对4家预拌砂浆生产企业、5家新墙材企业，开展质量抽检和日常检查，完成在建工程“禁粘”监管项目11个，完成新型墙体材料生产企业省产品认定证书换证3家、预拌砂浆生产企业省备案换证1家。

【建设工程造价管理】 2020年，区住建部门发放《常州造价信息》350份，核定类别和工期项目60个，竣工项目安全文明施工费核定24个。上报计价争议调解项目1个，走访造价咨询企业4家，开展双随机抽查企业12家。

表 22

**2020 年武进区建筑企业施工产值超 5 亿元企业情况表**

| 单 位 名 称 | 资质等级 | 产 值（亿元） |
|---|---|---|
| 江苏成章建设集团有限公司 | A1 | 32.08 |
| 江苏武进建工集团有限公司 | A1 | 30.14 |
| 常州晋陵电力实业有限公司 | A2 | 22.56 |
| 常州市戴溪建筑工程有限公司 | A1 | 18.01 |
| 中绿建欣达建设工程有限公司 | A1 | 16.88 |
| 常州明大建设工程有限公司 | A1 | 10.15 |
| 江苏环泰建设有限公司 | A1 | 10.00 |
| 江苏丰润建设有限公司 | A1 | 9.64 |
| 常州利骏建筑工程有限公司 | A2 | 8.87 |
| 常州市科豪建设工程有限公司 | A1 | 7.80 |
| 江苏常虹钢结构工程有限公司 | B1 | 6.20 |
| 常州市神州建设有限公司 | A1 | 6.11 |
| 江苏华盛建设工程有限公司 | A1 | 6.05 |
| 江苏雪湖建设工程有限公司 | A1 | 5.11 |

表 23

**2020 年武进区企业获江苏省“扬子杯”优质工程奖情况表**

| 项 目 名 称 及 内 容 | 施 工 单 位 |
|---|---|
| 常州国际创新基地（滨水服务区一期酒店工程） | 江苏宇盛建筑安装工程有限公司 |
| 江苏省常州建设高等职业技术学校新校区建设项目七标段（图文信息中心） | 常州第一建筑集团有限公司 |
| 江苏省工人疗养院常州市康复医院迁建一期工程 | 江苏天启建设有限公司 |
| 常州大学西太湖校区建设项目（食堂） | 金土地建设集团有限公司 |
| 龙江路—长虹路立交改扩建工程 | 南通市港闸市政工程有限公司 |
| 火炬路幼儿园室内装饰工程 | 江苏日臣建设工程有限公司 |
| 常州大学西太湖校区建设项目风雨操场机电安装分包工程 | 江苏新有建设集团有限公司 |
| 常州工程职业技术学院地下工程技术中心项目 | 常嘉建设集团有限公司 |

（徐亚芬）

## 城乡管理

**【概况】** 2020 年，区城管局（区综合行政执法局）设置市容管理、政策法规、监督考评等科室 7 个，辖区城市管理综合行政执法大队（正科级参公事业单位）、区环境卫生管理处（副科级事业单位）、区特种垃圾管理站（一般事业单位）事业单位 3 个。区城管局深化综合执法体制改革，针对各属地板块基层综合执法局的组建、运转及执法办案情况，开展实地走访和指导服务，每月定期组织队伍管理、案卷制作、制度规范、服务水平等综合性督查考核。完善城镇长效管理考评体系，统筹靓化市容环境，推进垃圾治理、改造提升环卫设施，强化高质量发展考核，落实民生实事项目，为全区高质量发展贡献城管力量。

**【城镇长效管理】** 2020 年，区城管局采取召开全区视频会议、集中培训、现场培训等方式，举办各类培训 6 次，培训 200 余人次。建立应急“微修复”机制，及时处置城区道板破损、绿化管养缺失等情况。优化考评模式，建立区镇考评人员数据库，由抽选人员实施城区、乡镇范围交叉考评。推进考评工作，牵头湖塘镇、高新区北区序时完成夏雷路、兴隆街整治；开展高架沿线环境、垃圾桶“撤桶”、非机动车停放等专项考评 10 次；加强日常考评，设置考核网格 180 个、事部件样本 720 个，发现问题 1 万余处。发挥数字化管理平台作用，全年共立项案卷 2.6 万件，其中市民举报案卷 1.1 万件、考评员上报案卷 1.51 万件，结办 2.58 万件，结办率 99.12%。

**【城市管理设施建设】** 2020 年，武进区 9 个乡镇将既有生活垃圾转运站改成垃圾分类转运站，集成可回收物、有害垃圾、易腐垃圾、大件垃圾等收集或处理功能，实现统一管理。新建改造城区公厕 11 座、农村公厕 60 座。全区 44 个行政村配备有机易腐垃圾终端处置设施（日处理规模 200 ～ 500 千克），6 个乡镇（街道）配置集中式有机易腐垃圾终端处置设施（日处理规模 3 吨），有机易腐垃圾日处理能力 31.2 吨，全年可处理易腐烂垃圾约 1 万吨。园林绿化终端处置厂建设基本完工，各乡镇基本设置绿化垃圾暂存点，进入体系建设阶段。区级垃圾分类物资回收利用中心项目建成并试运行。

**【市容环境管理】** 2020 年，区城管局创建广电西路、延政中大道（武宜路—常武路段）两条精品街道，共拆除电子显示屏 148 块、大型楼顶广告 2 处、店招店牌 172 处，更换店招店牌底板 169 处，布置公益广告面积 1430 平方米，外立面粉刷出新面积 6.6 万平方米，外立面清洗面积 6 万平方米，打造广电西路“乐居常州”的休闲主题居住生活街道、延政中大道“品悦常州”的商务主题文化风貌街道。开展高架沿线（武进段）市容环境专项整治，完成墙体刷白面积 6.59 万平方米、屋顶喷涂面积 63120 平方米、墙体彩绘 21 处面积 2600 平方米、墙体清洗面积 600 平方米，垃圾清理 145 车 537 吨，设置隔音屏 4 处长度 1252 米，拆除楼顶及违章广告面积 2.25 万平方米，新增绿化面积 49.3 万平方米、道板修补面积 4000 平方米、高架防撞墙清洗面积 4.3 万平方米，城区市容环境进一步优化升级。

**【垃圾分类处置】** 2020 年，区城管局协调促成区、镇、社区、物业垃圾分类联动机制，通过市场化引入垃圾分类智能化设施，引导居民参与垃圾分类，创成省级分类示范小区 13 个、市级分类实效

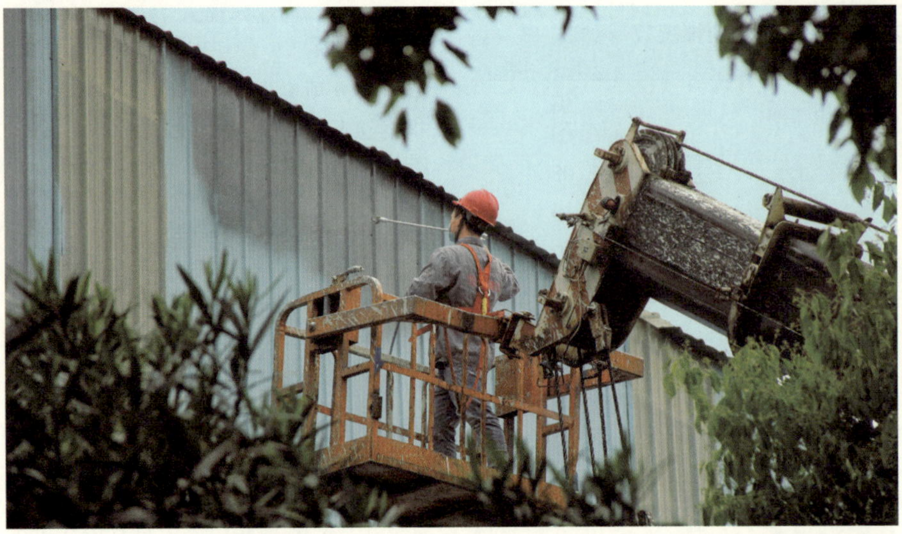

高架沿线市容环境整治　（供图/区城管局）

小区5个、"四分类"试点1个、垃圾分类示范片区1个、省级全域试点镇1个、市级全域试点镇1个。加强生活垃圾管理，保证居民生活垃圾日产日清，全年处理生活垃圾56.2万吨（中心城区生活垃圾25.25万吨、乡镇生活垃圾30.95万吨），其中焚烧处置35.42万吨、卫生填埋20.78万吨，实现生活垃圾无害化处理率100%。处置装潢垃圾，实行城区建筑装潢垃圾运输市场规范化管理，受理装潢垃圾审批372次，核发处置证2539张，引进新型智能环保建筑装潢垃圾运输车18辆，全年资源化处置装潢垃圾13.13万吨。收运餐厨垃圾，完成餐厨收运协议签约1245家，其中中心城区签约689家、乡镇签约556家，新签约单位163家。全区收集餐厨垃圾2.84万吨（科教城餐厨垃圾1530.55吨）。区城管部门出动人员110余人次，开展联合整治12次，随机检查饭店170余家，辖区开展餐厨废弃物整治活动80余次，发现并督促、整改不规范现象192起，实现所有问题闭环整改。

**【渣土管理】** 2020年，区城管局实行城区15个新开工地、412辆渣土运输车"一册一档"管理，受理审批300件，核发处置证5409张，处置渣土246.26万立方米。开具渣土消纳联系单78份，指导属地政府加强辖区内渣土消纳场地的监管，现场勘查核准通过城区内消纳场22个（随园西侧地块、淹南地块、吾悦三期B区等），核准通过城区内新开工地15个（绿地香颂B地块、阳湖院区二期项目、春秋金茂府等）。全年现场整改工地出入口保洁不到位、道路污染等不规范行为200余起，指导整改运输车辆密闭不到位、道路污染等不规范行为100余起。

（周　喆）

## 房屋安全管理

**【住宅小区专项整治】** 2020年，区房管部门实施商品房住宅小区电动车消防安全综合治理、电线私拉乱接排查专项整治，检查住宅小区106个，参与检查396人次，发现私拉电线49处，楼道单元内非机动车乱停放98处，均要求限期整改。开展打通"生命通道"集中攻坚行动，组织80余家物业服务企业参加集中攻坚推进会，联合张贴住宅小区消防疏散通道安全警示牌1.1万块。至年末，全区有物业管理的住宅小区共划线831处，设置警示牌967个，清理堵塞消防通道1657处。

**【房屋安全审定与鉴定】** 2020年，区房管部门完成房屋安全鉴定项目195个，面积18.67万平方米；公共场所房屋安全审定项目28个，面积36.81万平方米；住宅装饰装修审核项目3000个，受理改造投诉45个；房屋安全技术评价项目1个，面积100平方米。有序推进住宅改造管理，定期组织巡查城区乱改造、乱建设违规行为，确保房屋改造使用安全。开展既有房屋安全排查整治情况专项督查，防范房屋安全事故发生，完成武进区首个城镇危房解危项目。开展餐饮行业安全排查商户1867户，发现安全隐患20处，积极落实整改。推进群租房排查整治，登记出租房8228户，完成排查8225户，排查率99.96%，排查安全隐患整改率5.86%。开展无证托幼点提升普惠园和新市民小学鉴定，7所新市民小学申请鉴定，6所学校完成加固。排查整治养老机构11家，关停2家，完成整改2家。开展宗教场所安全排查。

**【实施湖塘镇服务新村居民楼危楼解危项目】** 湖塘镇服务新村1幢居民楼为武进中心城区临街建筑，位于人民中路，始建于20世纪70年代，楼体曾几度发生墙砖脱落等危急状况，对街道行人造成较大安全隐患。从2019年7月起，该居民楼产权人集体申请房屋安全鉴定，整幢建筑被区房屋安全鉴定所鉴定为D级危房，且无加固和维修价值。2020年8月，《武进区城镇危险住房解危实施办法（试行）》出台，明确房屋产权人安全管理责任，将服务新村1幢居民楼列为全区城镇危险住房首个解危项目，由湖塘镇政府负责具体实施。至11月18日，该居民楼49户业主全部完成危房解危协议签字，成为首例武进区国有土地上城镇零星危楼的解危案例。

**【房屋白蚁预防和灭治】** 2020年，区白蚁防治所受理新建房屋白蚁预防项目166项，面积563万平方米；完成新建预防施工方案和现场勘查675项，预防施工342项，施工面积638.4万平方米；发放白蚁防治手续证明和竣工报告330项。灭治和预防高峰期，及时发布白蚁分飞预警。受理全区蚁害报治269项，组织蚁害勘查和灭治施工218项。加强白蚁防治安全生产管理，完善白蚁预防施工安全作业流程，整理形成《白蚁防治质量安全生产年建设资料汇编》。完成新型艾氏饵剂防治建筑散白蚁研究效果复查和项目总结，开发具有自主知识产权的白蚁引诱剂，完成室内外试验。成功申报白蚁预防施工装置实用新型专利2项。4月，白蚁防治"啄木鸟"志愿服务队成立，开展白蚁防治知识科普，年内为公益组织和弱势（特殊）群体提供无偿灭蚁服务11项。

（杨　欣）

# 交通·水利

## Transportations · Water Conservancy

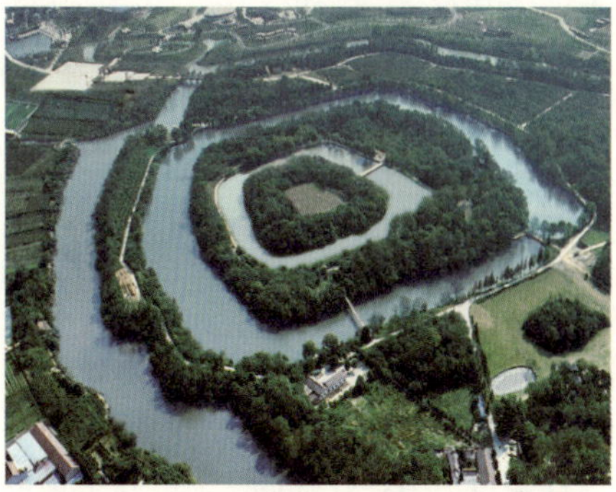

栏目编辑　周小红

## 交　通

### 交通建设

【概况】 2020年，武进区实施南沿江城际铁路武进站综合枢纽、青洋路快速化（滆湖路—武进大道）、新长铁路平改立工程3个政府性投资交通项目，累计完成投资12.3亿元。实施南沿江城际铁路武进站综合枢纽项目，完成规划设计，同步推进征地拆迁，完成投资2.8亿元。实施花海大道（南沿江城际铁路段）工程，推进便道及桩基施工和征地拆迁、杆线迁移等，完成投资1.1亿元。实施青洋路快速化（滆湖路—武进大道）改造工程，推进路基和桥梁施工，完成投资7.8亿元。新长铁路平改立工程（谭庄道口、杨桥道口）通过交工验收，移交前黄镇管养，完成投资5000万元。推进沪武高速拓宽、锡宜高速拓宽、丹金高速、泰锡常宜铁路、苏锡常都市快线等省市重点工程前期工作，完成苏锡常南部高速公路拆迁交地、南沿江城际铁路交地，常宜高速建成通车。青洋路一期及武进大道建设项目和青洋路、武进大道、长虹西路交通设施监控系统项目通过竣工验收。实施县道大修工程，完成县道桥梁改造2座、桥梁栏杆防撞改造23座。实施航道养护工程，完成锡溧漕河华渡航政艇锚地护岸、常宜线前黄寨桥段驳岸加固等工程。深化“四好农村路”创建，举办“至善吾径杯”摄影大赛、征文比赛，打造美丽农村路8条24.5千米，改造农桥10座，通行政村双车道四级公路覆盖率100%，“至善吾径”入选全省第三批农村公路“一县一品牌、一区一特色”创建成果。至年底，全区（含常州经开区）公路里程2423.75千米，其中国道里程90.25千米、省道里程149.50千米、农村公路里程2184千米（县道463.61千米、乡道704.81千米、村道1015.59千米）。按技术等级分：高速公路里程94.60千米，一级公路里程426.88千米，二级公路里程424.92千米，三级公路里程423.73千米，四级公路里程1053.61千米。公路面积密度2.28千米/平方千米，公路人口密度24.72千米/万人。全区航道总里程314.56千米，通机动船里程314.56千米，其中三级航道21.8千米、六级航道70.46千米、七级航道75.89千米、等外级航道146.41千米。全区拥有港口码头企业26家，泊位数56个，岸线长度3307米，最大靠泊能力1000吨级。

【武进区综合交通规划编制】 2020年，武进区围绕常州市高标准建设“长三角中轴枢纽”城市的目标，对外强联通、对内优循环，组织编制完成《武进区综合立体交通网规划》及《武进区“十四五”综合交通运输发展规划》，提出对外打造“2、4、8、12”交通格局，即打造综合交通枢纽2个，建设干线或城际铁路4条，建设“五横三纵”高速公路8条，打造高速公路互通道口12个的建设任务。围绕打通大动脉，加快南沿江城际铁路及武进站综合枢纽建设，精心研究武进站综合枢纽方案，调整常州地铁6号线武进段线位，形成立体垂直换乘的枢纽格局，武进站被评为全线最美设计；加强常泰铁路、盐泰锡常宜城际铁路、苏锡常都市快线等重大工程的研究对接，优化常泰铁路线位方案，减少线路对城市的切割；构建“五横三纵”高速公路，支撑区域一体化发展。畅通内部循环，

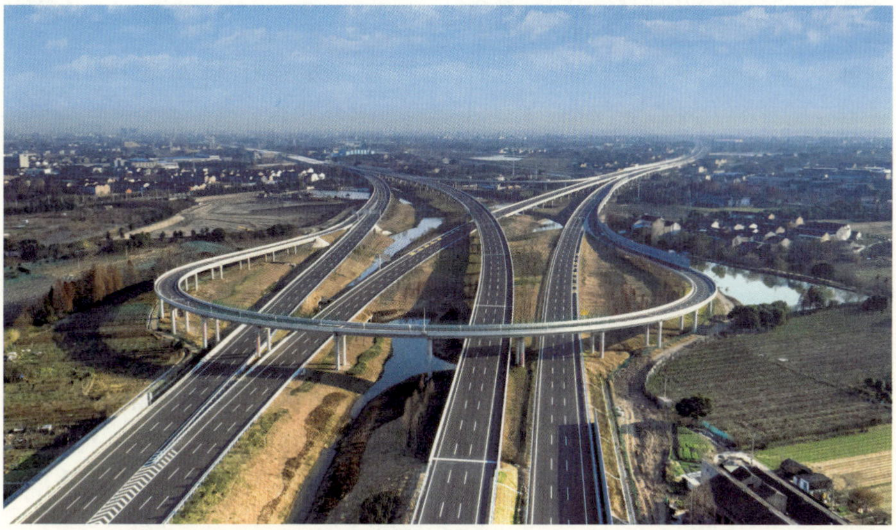

12月28日，常宜高速建成通车　　（供图/区交通运输局）

打造“一环多射”快速干线网络体系，推进花海大道、南环线、S232快速化改造，与金武路、长虹路、G312构筑武进快速路网大外环。推进青洋路快速化二期（滆湖路—武进大道）、武南路东延、环湖东路南延、阳湖路东延等工程建设，以及S340西段改线、S262快速化、朝阳路南延等工程建设，完善乡镇对外交通建设，强化乡镇之间、偏远乡镇与主城区间以及滆湖东西两岸的快速联系。经过多方努力，在滆湖生态红线中预留宽约80米的建设廊道，为推进环滆湖片区规划建设提供空间支撑。

**【省、市重点交通项目建设】** 2020年，区交通部门坚持防疫复工两手抓，保障省、市重大交通项目建设。

公路建设　常宜高速武进段建成通车，设置武进高新区枢纽、武高新西互通、前黄枢纽3处和武高新西收费站。武进高新区枢纽至前黄枢纽段采用双向八车道高速公路标准，前黄枢纽至万石枢纽段采用双向六车道高速公路标准，全线设计速度120千米／小时。苏锡常南部高速21.5千米拆迁交地完成，首条高速公路隧道邀贤山隧道全线贯通。

城际铁路建设　南沿江城际铁路武进段32.5千米交地完成，资本金解缴7.15亿元，工程进入箱梁架设阶段。武进站综合枢纽规划设计完成，形成施工图初稿，完成投资2.8亿元。实施花海大道（南沿江城际铁路段）工程，开展便道及桩基施工，完成投资1.1亿元。推进南沿江城际铁路环境整治工程，完成嘉泽“夹心带”房屋拆迁98%。新长铁路平改立项目通过交工验收，完成投资5000万元。

**【“至善吾径”农路品牌打造】** 2020年，区交通运输部门围绕推动“四好农村路”＋旅游融合发展，深化“至善吾径”农路品牌打造，举办“至善吾径杯”摄影大赛和征文大赛，利用学习强国平台策划发布流光溢彩，夜色中的“四好农村路”、武进农路四季美景、武进“四好农村路”带火乡村旅游等专题，全方位展示武进“四好农村路”建设成果，凸显交通改善引领乡村旅游发展、助力乡村振兴的重要作用，进一步扩大武进“至善吾径”农路品牌的影响力。推进“美丽农村路”建设，建成美丽农村路8条24.5千米；开展道路集中维修，组织桥梁经常性检查，定期检查县道桥梁和乡村道桥梁；投入1000万元，完成农村公路桥梁改造10座，一次性验收合格率100%；加强公路保洁及长效管理，开展南环线、武南路、淹城路地基及路面专项维修，实施湟水、嘉尧两线养护五项整治，完成312国道阳湖大桥段积水处置，做好公路安保设施日常维护，深化农路安全隐患排查治理，县乡道及通镇村公交的村道安全隐患治理率100%。至年末，全区国省干线公路MQI值94.4，优良路率100%；县道公路优良路率95%；干线公路二级（含）以上、县道公路三级（含）以上桥梁占比100%。

**【生态绿色交通建设】** 参见“生态环境”类目P151同名条目。

**【智慧交通建设】** 2020年，区交通运输部门加大对交通基础设施的科技和信息技术应用，推动交通建设信息化、数字化、智能化。在青洋路快速化二期工程项目管理中引入信息化协同平台，集成项目设计、施工各项管理数据信息，形成一套完整的数字化信息资产数据库，实现对项目建设过程的科学监管。注重在交通建设项目中应用新材料、新工艺等“四新”技术，在公路养护中使用地聚合物注浆技术，在平交道口车辙处置工程项目中应用渗固磨耗层新材料以及SUP-25+渗固磨耗层新工艺，降低扬尘污染和对道路交通的影响。

（何秋斌）

## 交通运输与管理

**【概况】** 2020年，全区有普货运输车13630辆，厢式货车等特种货车6369辆，重型普货汽车、自卸货车3586辆；有5辆车以上的道路货运企业169家，10辆车以上的企业87家，50辆车以上的企业8家，100辆车以上的企业2家；危险品运输企业12家，营运车453辆；水运企业2家，营运船舶16艘；有货运代理等运输服务企业364家。有客运企业7家，客车124辆；出租车公司3家，出租汽车315辆。有汽车综合性能检测站3家。全区港口货物吞吐量935万吨，下降15%。圩塘汽渡全年安全航行3.31万个航次，渡运车辆77.53万辆。受新冠肺炎疫情影响，2020年春运期间全区“两站一渡”运送旅客人次未作统计。开展平安交通建设，加大隐患排查治理力度，健全行业安全监管长效机制。全年未发生亡人生产安全事故，全区交通运输安全生产形势保持总体平稳。

区交通运输部门加强队伍综合执法能力建设，开展综合执法培训、法律知识讲座、法治专题研讨等活动，创设执法讲坛，推行师徒结对、传帮带＋实践锻炼、比学赶超，提升执法队伍治理能力和素质。深化“放管服”改革和“互联网＋监管”，编制完善政务服务事项标准化清单，实现普通货物运输车辆道路运输证年审“秒批秒办”。开展客运、危运专项整治和非法超限超载专项整治、基础设施风险排查治理、铁路运输安全专项整治等治理行动，组建督查组562个，出动检查人员2321人次，检查企业1623家次，排查隐患381处，完成整改381处。全年办结交通行政处罚案件380件，收取罚没款224.15万元、赔（补）偿费1217.93万元。

推进公交惠民工程。新增公共交通车辆176.55标台，按照2019年人口基数测算，城乡万人公共交通车辆拥有量9.08标台／万人，上升15.5%，增幅全市第一。优化公交线路13条，临时调整公交线路46条，撤销公交线路3条，年末有公交线路159条（常州经开区43条），其中镇村公交线路50条，公交线路总长1746.5千米。城乡道路客运一体化发展水平达AAAAA级。

**【交通运输机构改革】** 3月，区交通运输综合行政执法大队、公路事业发展中心、港航事业发展中心、运输事业发展中心实行人员选岗安置。5月，全面推进交通行政职能事业单位改革和综合执法改革，实现“行政职能由行政机构承担、执法职能由综合行政执法机构承担、公益服务职能由事业单位承担”的改革目标。改革后，80%的交通执法力量下沉到乡镇一线。12月，交通建设工程质监站撤销，工程监督中队成立，并入区交通运输综合行政执法大队。至年末，区交通运输局下辖公益一类事业单位4个（交通运输综合行政执法大队、公路事业发展中心、港航事业发展中心、运输事业发展中心)、公益二类事业单位1个(交通干校),交通运输综合行政执法大队下辖基层执法中队10个、治超中队1个和工程监督中队1个。

【危险货物运输车辆挂靠清理】 2020年,区交通运输局压实危险货运运输车辆监管责任,抓住国务院安全生产专项整治督导组交办道路交通安全问题的整改契机,增派精兵强将,推进区内危险货物运输车辆挂靠经营清理工作。组建专项整治工作小组,制定《常州市武进区危险货物运输车辆清理挂靠经营专项整治工作方案》。自3月17日到4月10日,初次审核认定辖区内13家危险货物运输企业车辆挂靠经营情况,共审核车辆485辆(含挂车134辆),初步核定挂靠车辆142辆(含挂车27辆),限期整改挂靠车辆经营问题。4月17日,江苏龙城天地物流有限公司经营地址迁至常州市新北区。5月12日,完成原常州市武进庙桥交通运输服务有限公司车辆收购、证件变更或道路运输证注销手续,清理挂靠工作结束。6月1日至9月23日,全区危险货物道路运输企业挂靠车辆清理完成,符合正常运营车辆434辆,临时报停车辆20辆,已申请报废车辆4辆。

【交通行业安全监管】 2020年,区交通运输局制定交通运输安全专项整治工作任务清单,建立健全安全管理体制机制和制度体系,落实行业安全监管责任。督促企业全面落实《企业安全生产承诺和报告制度》,指导建立覆盖全员全岗位的安全生产责任制,推动企业落实主体责任。开展交通运输安全专项督查、道路运输市场“百日攻坚”等活动,形成联动联治体系。开展春风行动、安全生产月等活动,建设安全文化。强化重点领域安全监管,集中力量开展交通运输安全专项整治,累计组建督查组562个,出动检查人员2321人次,检查企业1623家次,排查隐患381处,全部完成整改,查处案件380起,处罚款224.15万元。推进国务院安全生产专项整治督导组交办道路交通安全问题的整改落实,完成6处省道、11处县道安全隐患问题整改;以省委危化品安全生产专项巡视为契机,开展交通运输领域危化品安全隐患大排查大整治,清理危运挂靠车辆195辆。推动危运企业停车场地加装视频监控,编制《武进区危险货物运输企业停车场管理办法》,完善监管机制;开展“十四五”普通公路安全生命防护工程路段排查、窨井盖管养调查、农村公路临水等危险路段、桥梁安全隐患摸排等活动,排查安全隐患20余处,全部完成整改;完成6座县道通航桥梁防撞设施施工,提升安全系数。发展智慧交通,全区危险货物运输企业车辆安全智能防控系统安装率、入网率100%;严格执行危货电子运单管理制度,推广应用“两客一危”非法营运智能化整治模块。加强应急能力建设,举办应急知识培训、应急演练,加强重要节假日、重点时段和重大活动期间的安全监督检查。针对雨雪冰冻、台风、强降水等灾害天气,及时启动应急预案,组织力量全面开展扫雪除冰、排涝抢险工作,保障辖区内交通安全畅通。

【道路运输市场专项整治】 2020年,区交通运输部门以“两客一危”、危险化学品运输和非法超限超载为重点,推进道路运输市场专项整治,用科学有效监管护卫良好的运输市场秩序。构建“一路四方”合作执法机制,联合公安、文旅、市场监管等部门制定《武进区道路运输市场联合整治“百日攻坚”专项行动实施方案》,共同研究破解跨行业跨部门重点难点问题,全年查处客运违章87起,其中旅游及班车客运违章71起、出租汽车违章16起。开展“两客一危”专项整治,全面推广应用“两客一危”非法营运智能化整治模块,推进342省道新治超站点建设及342省道不停车检测系统改造升级,提升执法效能。与交巡警部门建立联勤联动工作机制,开展路警联合治超,查处违法超限运输车辆841辆,卸驳载货物7833.26吨,其中查处“百吨王”10辆,卸载746.84吨。对“一超四罚”运输企业立案处罚27起,对27家企业实施停业整顿。全年行政处罚402起,结案389起,罚款225.74万元;受理各类投诉举报120起,办结率100%;落实违章车辆源头抄告制度,抄告非武进籍违法违规运输车辆信息280起。

【信用交通建设】 2020年,区交通运输部门以信用交通省建设为依托,探索推进行业治理体系建设。深化“放管服”改革,认领“江苏省政务服务事项管理系统”服务事项,编制服务指南,完善政务服务事项标准化清单,普通货物运输车辆道路运输证年审实现网上“秒批秒办”。深化“互联网+监管”,完成江苏省市场监管信息系统“一单两库”数据录入,实行动态管理。完善“互联网+监管”检查清单内容,检查结果录入江苏省市场监管信息系统和江苏省“互联网+监管”系统,开展联合“双随机”检查。深化“信用交通省”建设,推进江苏“信用交通省”建设和常州市创建第三批国家信用示范城市工作,开展“信用交通宣传月”和机动车维修企业信用等级评定活动,组织知识竞赛、诚信倡议、专项测试,营造“知信、用信、守信”的良好氛围。

【维修驾培行业管理】 2020年,武进区有维修业户678家,其中一类86家、二类123家、三类464家;货车维修企业37家、客车维修企业4家、危险品维修企业1家、4S店43家;机动车驾驶员培训机构13家,其中一级资质3家,二级资质5家,三级资质5家;教练车719辆,其中C1型620辆、C2型89辆、B2型(货车)10辆,教练员962人。区交通运输部门实施机动车维修经营备案制,备案350家,对接机动车维修企业电子档案系统34家。提升尾气治理水平,M站(尾气治理站)治理尾气不合格车辆154辆次。全区13个驾校均实现电子围栏全覆盖,推行“计时培训、先培后付”服务模式。推广使用新修订的《常州市机动车驾驶人培训合同》(示范文本),全面推行结业证书制度。规范引导网约车、汽车租赁、机器人驾培等新业态发展。

(何秋斌)

# 水　利

## 水利建设

【概况】 2020年,武进区聚焦水安全保障、水环境治理、水资源管理三大任务,聚合水利工程补短板、水利行业强监管、系统治水提质效三大举措，以构筑现代化的水安全保障体系为统领，加速推进重点水利建设。新沟河工程全线竣工，永安河工程具备竣工条件，全年完成新孟河工程投资5.65亿元、水环境治理投资5.1亿元，骨干河道清淤57.3千米、土方量94.95万立方米。环太湖大堤后续工程完成投资1800万元，主体工程建设基本完成。滆湖退田还湖二期暨近岸带生态修复工程启动。永安河景观绿化工程入选江苏省生态河道示范样板，区水利工程建设管理中心获评全国引领性劳动和技能竞赛“先进集体”称号。

**【“三河”工程建设】** 新沟河、新孟河和永安河“三河”拓浚工程分别是《太湖流域水环境综合治理总体方案》确定的重点骨干引排工程和江苏省重点骨干工程，于2013年启动建设，至2020年年底，永安河工程具备竣工条件，新沟河工程通过竣工验收，新孟河工程全年完成投资5.65亿元，沿线18个标段持续推进，累计投资34.18亿元，占总投资额的91.44%，在全市率先实现省政府通水目标。“十三五”期间，“三河”工程共拓浚河道115千米，建设跨河桥梁74座，建设大中枢纽4座，实际完成投资额60亿元。武进区形成“两湖、三横、五纵”水系格局，“两湖”为太湖和滆湖，“三横”为京杭运河、夏溪河—武南河、北干河—太滆运河，“五纵”为新孟河、扁担河—孟津河、武宜运河、永安河、新沟河。

**【滆湖退田还湖二期暨近岸带水生态修复工程启动】** 2020年，区水利部门紧扣“生态滨湖区、现代智造城”发展定位，推进太湖流域水环境综合治理，开展滆湖退田还湖二期工程方案研究，优化调整滆湖退田还湖方案，编制《滆湖（武进）近岸带水生态修复实施方案》。该方案采取扩大自由水面、提高水生植被生物多样性等措施，增强湖泊调洪蓄洪能力，保障水源地水质全面达标，形成优美风光带，为滆湖水环境综合整治、提升环滆湖综合开发效益提供支撑。6月，武进区召开滆湖退田还湖方案研究会议，明确启动区范围。经省水利厅技术审查，11月，《滆湖（武进）近岸带水生态修复实施方案》获批复同意，并成为省水利厅首个批复的水生态建设方案，在全省起到示范引导作用。12月，滆湖退田还湖二期暨近岸带水生态修复工程施工。

**【农村水利工程建设】** 2020年，武进区实施乡镇小农水建设工程，新（改）建灌溉站10座(雪堰镇2座、嘉泽镇8座)，新建闸站3座（西湖街道东西十字河二级防洪闸、湟里葛庄闸站、雪堰太湖庄园排涝站），加固洛阳虎臣河、锡溧漕河、牛塘仙现桥浜等沿线圩堤1130米，提升农村防洪能力和农田灌溉水平。按照市级部署，开展东序、观咀、贯庄、联庆、公墅、小桥头6个典型样点灌区系数测算分析工作。经测算技术方案评审，武进区2020年度农田灌溉水利用系数为0.69，保持在全省灌溉水利用系数0.60以上。全年农村水利建设总投资7000万元。其中，乡镇小农水工程完成投资5200万元、农村生态河道整治项目完成投资1800万元。

**【智慧工地建设】** 2020年，区水利局引进智慧工地管理系统，推进水利工程管理云平台建设，设置远程监控、在线培训考试、作业人员及设备信息管控、在线安全管理等模块，监测材料质量、工地环境、安全动态、重大危险源控制，为项目施工决策提供及时准确的数据支持。在建设过程中推广新工艺、新技术，采用河道挡墙移动式铝侧模，结合三段式止水螺栓、灌注桩，使用环切法破除桩头、钻孔桩施工捞石器、箱梁翼缘免凿毛止浆带、TC2型护岸、囊式扩大头锚索等技术创新成果，切实加快工程进展，打造优质匠心工程。2020年6月，新孟河工程南延段二标获评省级“文明工地”称号。

**【水利行业安全专项整治】** 2020年，区水利局组织开展水利行业安全专项整治三年行动，分层次、多形式、全覆盖举办安全教育培训，开展“春风行动”宣讲，完成安全监督管理要点、水利工程建设安全管理及工程度汛应急、排水管网工程建设各类培训48学时，培训学员400多人次；统筹推进“一年小灶”“三年大灶”水利行业安全专项整治，健全水利行业安全管理责任体系，不留死角开展隐患排查治理，累计出动人员1065人次，检查企业单位707家次，排查一般隐患470处；组织防汛应急、有限空间应急救援、供水突发事件各类应急演练21次，参加演练人员771人次；有效推进水利工程安全标准化建设，高标准施行水利工程质安管理。

（石贤锋）

## 水利工程与河湖管理

**【概况】** 2020年，武进区直管水利枢纽（闸站）23座。其中，环太湖水利枢纽2座，遥观南、北枢纽各1座，马杭枢纽1座，太湖流域武澄锡引排西控制线口门建筑物9座，中心城区水利枢纽7座、节制闸2座；镇、村管理闸站998座（灌溉站455座，排涝站383座，水闸160座），圩堤111.85千米，灌区492个，塘坝5座。

区水利部门开展全区泵、闸站安全鉴定，推进水利枢纽社会化管护，做好新纳入管理范围的遥观北枢纽、马杭枢纽全面调试和问题排查，保障全区枢纽引排工程安全运行。加强农村水利工程长效管理，对纳入长效管护的河道、圩堤、涵闸、泵站、灌区及塘坝，实施动态管理，委托第三方开展季度综合考评，全年印发考核通报4期，南夏墅街道、雪堰镇、嘉泽镇位列考核前三位。区农村水利工程长效管护获评省级绩效考评第一等次、优秀等级。全年下达水利工程长效管护考核奖补金额1055.79万元。落实河湖管理，完成城区河道管护视频监控系统安装，编制中心城区活水方案，每月开展区级河道联合巡查，发现疑似违章问题83处，当场发放行政警示告知书23份，巡查发现的165处管护问题由管护单位全部整改到位。推进湖泊网格化管理，依托“太湖网格化巡查”App，按月定期开展太湖陆域、水域巡查，做到巡查范围全覆盖，做好省管河湖库遥感核查处理工作。完成永安河生态状况评价和生态流量（水位）分析工作，通过对永安河的自然环境健康和社会服务功能进行监测、调查和评价，全面掌握永安河河流健康状况。监管涉河涉湖工程建设，全年审批涉河建设项目17处，建立涉河建设项目台账，审查涉河项目建设方案，每月现场巡查重点监管项目（常宜高速、南部高速及沿江高铁），对发现涉河建设工程中存在的问题做到早发现、早制止、早报告、早处理。

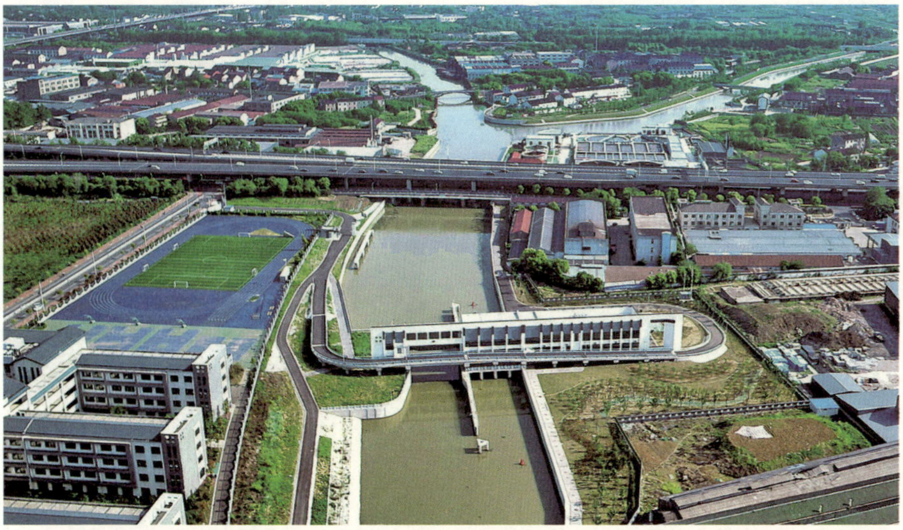

5月，新沟河延伸拓浚工程遥观北枢纽单位工程投用　（摄影/蒋　雯）

修编新一轮区级河道“一河一策”，推行小微水体河长制，全面巩固河长常态化巡河机制，全区各级河长累计巡河1.5万次。开展“两违三乱”（河湖违法圈圩、违法建设，乱占、乱排、乱建）专项整治，省级“两违”问题26项和“三乱”问题10项、水利部暗访发现“四乱”问题2项均整改完成。全年处理、办结污染防治综合监管平台线索78件，办结率100%。武进区河长制工作获江苏省政府真抓实干通报表扬，企业河长徐国忠获评“全国民间河湖卫士”称号。

**【小微水体河长制推行】** 2020年，区河长办公室拓宽工作思路，关注人民群众房前屋后水环境问题，将河长制工作向小微水体延伸，创新构建从“大”到“小”到“微”的河长治水体系，编制《常州市武进区关于推行小微水体河长制的指导意见》。全区排查小微水体4229个，全部建档立案，基本建立小微水体河长制体系。湟里镇葛庄村、西鲁村、西墅村和雪堰镇回民村高质量完成小微水体示范点建设，其中葛庄村河长制文化园于11月建成开放，成为全市首个河长制文化园，武进小微水体治理被《中国水利报》作为典型报道。

**【河湖和水利工程管理范围划界】** 2020年，区水利局加强河湖和水利工程管理，建立“范围明确、权属清晰、责任落实”的管理保护责任体系。受前期部分河道工程建设影响，开展剩余部分河湖和水利工程管理范围划界工作，完成采菱港12.49千米、永安河16.92千米、直湖港(雪堰段)2.02千米、长沟河8.35千米、永胜河6.5千米、大通河3.89千米、东大河2.57千米7条河道，以及马杭枢纽、永安河闸、遥观南枢纽、遥观北枢纽、长沟河枢纽5个水利工程管理范围划界。

**【区级河道岸坡清理复绿】** 从4月起，区水利部门按照岸坡复绿整治工作方案，试点开展武南河、武进港2条区级河道违规乱垦乱种行为专项整治，对上述2条河道沿线布置岸坡种植清除告知牌50余块，并通知有关部门在规定时间内自行清理。对逾期未清理的河道沿线植物，会同属地社区、管护单位集中清理，全年累计清除武南河及武进港沿线乱种植面积4700平方米，并全线岸坡复绿。

（石贤锋）

## 水政·水资源管理

**【概况】** 2020年4月19日，武进区滆湖水源扩大取水项目取水许可通过省级专家组验收，滆湖水源取水许可总取水量达10950万立方米/年。从5月1日起，区水利局29项河湖行政处罚权移交镇（开发区）综合执法局行使。镇（开发区）综合执法局和区水政监察大队建立联络员制度，协调各镇的水事违法案件查处工作。年内，区水利部门落实最严格水资源管理制度，征收水利规费3291.93万元，其中水资源费2667.67万元、水利工程水费624.26万元。全年立案查处涉水违法案件8起，罚款35万元，追缴水资源费84.5万元。开展取水工程(设施）核查登记整改提升工作，全面完成2018—2019年实行最严格水资源管理制度考核和水资源管理监督检查，武进区在2018—2019年度水资源管理制度情况考核中获评常州市优秀等次第一名，与“十二五”末相比，万元GDP用水量降低至22.24立方米，下降23.82%。开展武进区全民节水十大行动，举办“坚持节水优先、建设幸福河湖”主题集中宣传18次，发放宣传册3000余册，向全社会征集、评选出“节水大使”15名。创建省、市、区级节水型企业4家和省级节水型居民小区7个及市级节水型学校2所及市级节水型机关、单位7个，市级节水型灌区1个。至年末，全区有节水型企业省级11家、市级9家，节水型小区省级35个，节水型学校（含高校）省级11所、市级37所，省级节水型灌区1个、市级1个，节水型单位(机关）省级3个、市级57个。

**【内河码头及“三无”船舶专项整治】** 2020年，区水利局按照《武进区内河码头专项整治工作方案》的要求，加强内河沿线码头整治，对河道管理范围内未批先建码头、混凝土搅拌企业，多次组织方案审查、现场督导，全年共拆除河道管理范围内违章建筑面积8500平方米，10家企业通过内河码头整改验收，8家企业补办河道岸线占用审批，共补缴岸线占用费68.78万元。落实《武进区“三无”船舶集中清理整治工作方案》，参与滆湖“三无”船舶集中清理行动，至年末，实现滆湖水域“三无”船舶清零。

**【“生命之水”主题教育示范园区建设】** 按照常州市“生命之水”主题教育示范园区建设要求，区水利局联合区教育局、团区委依托武进节水教育基地，于9月初启动场馆提升改造，12月上旬完成布展，12月16日以高分通过市级验收组考评验收。该基地充分展示“生命之水”主题教育内容。园区融声、光、电等元素，集科普性、创新性、趣味性于一体，聚焦“生命之水”主题，多载体展示节水知识、供排水原理、“河小青”志愿服务等内容。园区全年接待参观者1000余人次。

（石贤锋）

# 生态环境

Natural Environment

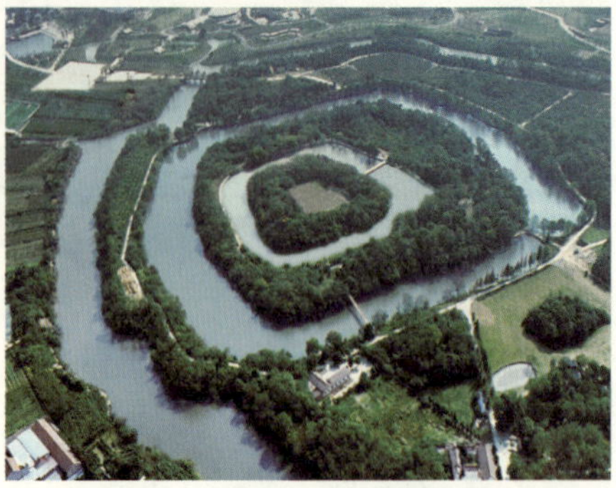

栏目编辑　周小红

## 环境质量

**【大气环境质量】** 2020年，全区优良天数为280天，比2019年增加45天，空气优良率77.3%，$PM_{2.5}$均值为41.1微克/立方米，下降12.2%。

**【水环境质量】** 2020年，武进区有“水十条”考核断面13个（裴家断面暂停考核），达到考核要求的断面10个，符合Ⅲ类水标准的断面9个，武进港、太滆运河、漕桥河3条入太湖河道水质均为Ⅲ类，比2019年水质均有所改善，总磷分别下降1.3%、1.3%和14.9%。水功能区达标率100%。

（朱小峰）

## 资源保护

**【土地资源节约集约利用】** 2020年，武进自然资源和规划分局全面实施工业用地供应方式改革，出台《武进区工业用地使用权采用先租后让和弹性出让实施办法（试行）》，按弹性出让方式供应工业用地3宗，弹性出让年限为30年，出让面积5.33公顷，金额2441万元。推进示范点培育，以“村强、民富、景美、人和”为总目标，引领一、二、三产融合发展。落实“增存挂钩”，超额完成年度盘活存量、低效用地再开发及批而未供土地处置目标任务。盘活存量建设用地408.4公顷，完成率163%；再开发低效用地386.33公顷，完成率321%；处置2006—2019年批而未供土地1000.07公顷，完成率215%。开展工业企业用地年度更新调查，完善自然资源利用状况的多维评价体系，加强对各镇（街道、开发区）高质量发展考核、开发园区集约用地督导，地区节地水平与产出效益显著提升，武进区被评为2019年度江苏国土资源节约集约利用资金奖励县（市、区）。

**【耕地保护】** 2020年，武进自然资源和规划部门深化耕地保护责任目标考核，严格落实耕地保护主体责任，切实加强耕地激励性保护。组织编制国土空间生态修复专项规划，探索建立生态修复、生态补偿机制。划定永久基本农田储备区，核实补划永久基本农田，健全永久基本农田“划、建、管、补、护”长效机制。全年申报耕地占补平衡补充耕地项目8个，市级验收确认新增耕地13.67公顷。申报城乡建设用地增减挂钩复垦项目4个，市级验收确认新增农用地2.73公顷、耕地2.73公顷。开展植树造林和森林抚育，成片造林173.72公顷，四旁植树30万株，培育珍贵用材树种38万株，创建国家森林乡村8个、省级绿美村庄8个。严格湿地资源保护，整合利用道路、丘陵岗地、村庄等有限资源，推进湿地公园、小微湿地、湿地修复等工程建设，提高自然湿地保护质量。至年末，武进区林木覆盖率、自然湿地保护率分别达26.4%和53.6%。有耕地面积27260公顷、永久基本农田面积22193公顷、山地面积1866.67公顷、湿地面积23153.3公顷、森林覆盖面积24155.16公顷。

（季　云）

## 节能减排

**【工业节能降耗】** 2020年，武进区持续压降重点用能企业能源消耗，扶持发展循环经济。全区规模以上工业产值较快增长的同时，全年规模以上工业能源消

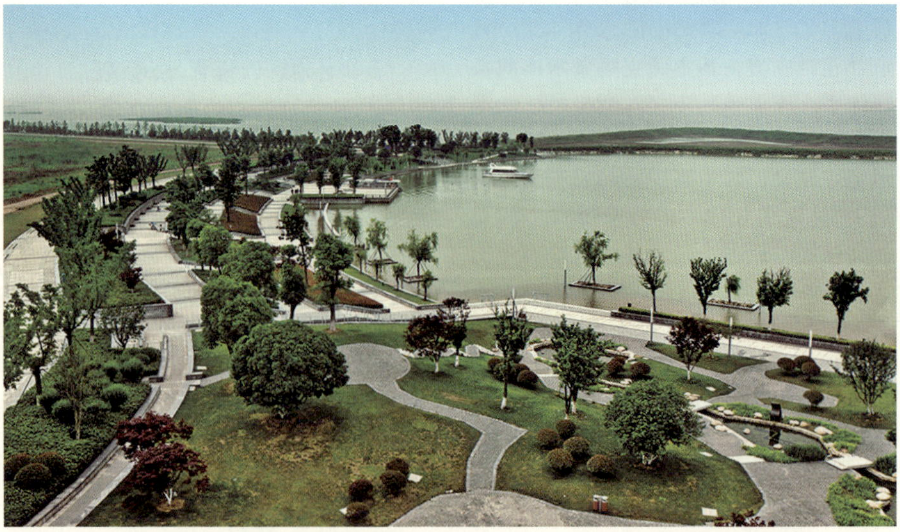

滆湖（西太湖）湿地公园　　（供图/区融媒体中心）

耗量控制在 1013.49 万吨标准煤，单位产值能耗 0.1 吨标准煤/万元，比 2019 年下降 1.3%。完成企业能源审计 23 家（含常州经开区 6 家）、清洁生产审核 19 家（含常州经开区 5 家）。

**【工业绿色制造体系建设】** 2020 年，武进区推进绿色制造体系建设，加强节能环保监管。引导企业完善基础设施和管理体系，优化能源资源投入，减少污染排放，促进清洁生产。江苏恒立液压股份有限公司、万帮数字能源股份有限公司入选工业和信息化部绿色工厂，江苏国茂减速机股份有限公司、江苏洛凯机电股份有限公司入选第一批江苏省绿色工厂。至年末，全区国家级绿色工厂累计 9 家。坚持项目节能，新增区节能与循环经济项目库项目 21 个，总投资近亿元，年内完工节能项目总节能量达到 5 万吨标准煤。常州优纳新材料科技有限公司的“介孔绝热材料节能技术及应用”项目入选工业和信息化部国家工业节能技术装备推荐目录。

（万永吉）

## 环境治理

**【概况】** 2020 年，全区各级、各相关部门按照《2020 年武进区打好污染防治攻坚战工作计划》《2020 年武进太湖水环境综合治理重点项目建设清单》《常州市武进区农村生活污水治理专项规划（2020—2025）》，推进污染防治和环境综合治理，开展生态文明宣传，全力保护生态环境。区生态办加强工作督查，每月调度各镇、开发区及相关部门目标任务完成情况，每季度开展打好污染防治攻坚战现场督查。推进中央、省级环保督察交办问题及突出环境问题清单整改，全面完成中央环保督察交办信访问题整改、省级环保督察交办信访问题整改，上报中央环保督察“回头看”反馈问题销号材料，通过核查 74 件。完成长江经济带生态环境突出问题“环太湖三公里水产养殖整治”整改，并通过省、市验收。上报省级环保督察反馈问题市级销号 18 件。按照时序进度，完成省级《2018—2020 年突出环境问题清单》《常州市 2018—2020 年突出环境问题清单》整改销号，其中滆湖围网养殖整治通过省、市销号验收，前黄、洛阳铸造行业整治通过省级核查。全区污染防治综合监管平台有效运行，收集并转办线索 5309 件，办结 4855 件，办结率为 91.45%；行政处罚立案 340 件，处罚率为 33.53%。

**【大气污染防控】** 2020 年，武进区推进柴油货车污染治理，开展清洁柴油车行动，检查货运车辆 7.66 万辆，查处货运车辆违法 3.84 万起；开展清洁油品行动，取缔非法加油站（点）4 个，查处非法流动加油车 62 辆，查扣油品 6.6 吨。推进工业大气污染治理，实施钢铁行业超低排放改造，东方特钢 186 烧结机脱硝改造工程完工；实施锅炉提标改造，停用生物质锅炉 16 台，完成天然气锅炉超低排放改造 175 台；完成工业炉窑整治 26 台。加强工地扬尘监管，全区 190 个建筑工地中，有安装扬尘视频监控的工地 140 个和安装 $PM_{2.5}$、$PM_{10}$ 在线监测系统的工地 139 个，实现数据实时传输至常州市城乡建设局智慧工地管理平台。实施扬尘监管，于 10 月 1—22 日开展道路扬尘综合整治，在城区 10 个标段投放高压冲洗车 15 辆，实行城区范围一级道路冲洒水由每天 3 遍增至 4～5 遍，二、三级道路冲洒水由每天 2 遍增至 3～4 遍，重点区域周边 3 千米范围内道路冲洒水增至 6 遍。规范建筑工地出入口管理，要求配备自动化冲洗设施、专门的冲洗人员和应急冲洗车辆。推进 VOCs 综合治理，排出喷涂、家具、塑料制品、玻璃钢制品等重点行业 VOCs 综合治理企业 128 家，实施“一企一策”方案，完成治理企业 121 家。加强油气管理，推进加油站、储油库、油罐车的油气回收治理，完成储油库和年销售汽油量大于 5000 吨的加油站油气回收自动监控设备安装。加强秸秆禁烧管控，建立健全网格化监管制度，推进农作物秸秆综合利用，麦秸秆综合利用率达 97% 以上。推进餐饮油烟污染防治，开展武进主城区餐饮业达标整治，推广使用高效油烟净化装置。开展露天烧烤整治、露天焚烧垃圾整治，禁放烟花爆竹，形成管理区域巡查全覆盖。

（王炳豪）

**【水环境治理】** 2020 年，武进区实施生态河湖建设，推进中心城区水环境科学高效整治，筑牢太湖、滆湖两湖水生态优势。至年末，武进区省级水功能区达标率由 2016 年的 33.3% 提升至 2020 年的 100%。“十三五”期间，全区实施河道清淤轮浚，扩大河渠连通，完成河道清淤 940 千米、河塘清淤 4500 余处，实现 191 条黑臭河道全部脱黑脱臭。

中心城区水环境整治　区水利部门开展中心城区主要河道污染源排查行动，摸排污染源 724 处，调查河道 58 千米、排放口 1238 个。实施中心城区排口“一口一牌”设置 81 处，完成城区重点河道排口截污工程 10 处，逐步实现“大分流、小截流”整治效果，半夜浜、战斗河、里底河水质提升工程正常运行并发挥效益。

生态河道建设　区水利部门推进 2020 年武进区为民办实事工程——陈巷浜、西大河、城西涧河、城里浜、新运小桥浜、张家河 6 条生态河道项目，至年末全面完成建设任务。武进高新区西十字河、洛阳新庄站浜等 11 条河道通过“生态河道”评审，湟里木勺塘、雪堰城西浜等 5 条河道通过常州市“五好河道”审定，武进区成为入选市级“五好河道”数最多的区县。“十三五”期间，武进区共建成生态河道 69 条，获评武进区“最美河道”17 条、常州市“五好河道”11 条。

城镇污水提质增效精准攻坚行动　按照江苏省以开展“三消除、三整治、三提升”为主要内容的城镇污水处理提质增效行动要求，区水利局牵头起草《武进区“333”行动实施意见》及考核细则等文件，制定完成 63 平方千米城市建成区划定与达标区建设计划，明确 2020 年武进区实施 13.9 平方千米达标区建设任务清单。制定《武进区“小散乱”整治工作方案》，按经营性质将“小散乱”分为农贸市场、餐饮、洗车、建筑工地、洗浴、洗涤、小旅馆、其他 8 种类型，开展“小散乱”整治，全年完成达标区范围内“小散乱”排水户整治 156 家。制定小区阳台和单位庭院排水的整治任务清单，全年完成达标区范围内居民小区及单位庭院整治 16 家。

（石贤锋　王炳豪）

**【生态农业建设】** 2020 年，武进区加强农业生态文明建设，促进农业可持续发展。

滆湖周边池塘养殖整治　区农业农村部门实施水产养殖清退和池塘生态化改造，完成洛阳、前黄等镇养殖池塘生态化改造面积200公顷和前黄镇灵台村现代渔业园区前期方案设计。至年底，全区水产养殖退养面积1533.33公顷。

滆湖（武进）以渔控藻生态修复工程　于4月启动，江苏余年农林生态发展有限公司采用“人放天养、以渔控藻”模式，在沿江高速滆湖特大桥以南、太滆河口以北建设净水控藻区5万亩，通过生态拦截设施、景观型浮式网拦等阻隔蓝藻，逐步提升滆湖自净能力。区农业农村部门开展以渔控藻生态渔业增殖放流活动，累计投放鲢、鳙等净水鱼类夏花苗种60万尾和冬片鱼种75万千克，促进全社会“绿色水产”共识的形成。

畜禽粪污资源化利用　区农业农村部门编制畜禽粪污资源化利用整县推进项目实施方案，推广生态健康养殖技术，以建设礼嘉畜禽粪污处理中心提升改造项目为重点，提高畜禽粪污处理能力，并依托视频监控平台加强对养殖场的日常巡查监管。至12月底，全区畜禽粪污综合利用率97.87%，规模养殖场粪污处理设施装备配套率100%，规模养殖场治理率100%。

农村生活污水治理　全区推进农村分散式生活污水处理工程PPP项目建设，至年底，实现行政村生活污水治理覆盖率100%。该工程PPP项目（一期）覆盖农户1.3万户，建成生活污水处理设施192套，设施运行稳定，达到工程预期效果；项目（二期）覆盖农户2.5万户，主要建设村庄生活污水收集及尾水排放系统、污水处理设施，共建成污水处理设施291套。至年底，基本完成工程建设并投入运行。

蓝藻打捞处置　全区建有完善的蓝藻打捞处置系统，配备机械打捞船19艘、运输船15艘、吸藻车4辆、蓝藻围隔10600米、藻水分离设备3套和资源化利用中心1座，日打捞处置蓝藻能力4800吨。年内出动人员7011人次，出动船只2257船次、车辆286车次，打捞太湖蓝藻212479万吨，产生藻泥3590.59吨，打捞水草垃圾144吨，藻泥资源化利用100%。

“两废”回收处置　武进区采取“政府引导＋农资牵头＋网点回收＋农户参与”模式，将150个农资经营店设置为废弃农药包装物回收点，推进废弃农药包装物回收处置。至年底，全区回收农药包装废弃物24.5吨，无害化处理23.7吨。制定并实施《2020武进区废旧农膜回收利用实施方案》，推进废旧农膜回收利用。常州万耀再生物资回收利用有限公司和常州湖景绿色农业技术服务公司建成省级废旧农膜回收网点。年内，全区废旧农膜产生总量716.7吨，废旧农膜回收量679.6吨，地膜用量31.4吨，废旧地膜回收27.6吨，实现农膜回收率94.8%、废旧农膜回收率80%以上。

秸秆资源综合利用　全区农作物秸秆可收集总量29790吨，综合利用28950吨，其中秸秆机械化全量还田4193.33公顷，多种形式利用1470吨，秸秆综合利用率达97%以上。

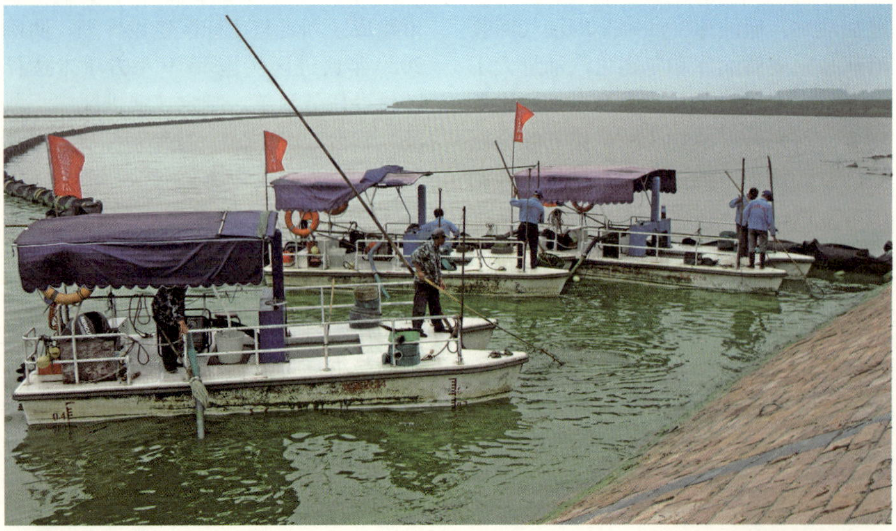

7月，工作人员在打捞蓝藻　（供图/区融媒体中心）

商品有机肥推广施用　区农业农村部门推进商品有机肥推广项目，主要辐射雪堰、前黄、礼嘉、洛阳等太湖一、二级区域周边乡镇，利用价格补贴机制引导林果、蔬菜、茶叶等种植户施用有机肥料，减少化肥使用量，提高农作物品质，改善土壤质量，减少农业面源污染。全年推广商品有机肥1万吨。

绿色农药推广试点　雪堰镇在绿色农药推广试点中实现绿色农药销售占比达95.3%，发放奖励资金159.3万元，分别比2019年增长3.3%、8.3%。

（陈柯宇）

**【绿色发展转型升级】**　2020年，武进区实施城市建成区内化工企业关停、搬迁或提升改造，推进5家化工企业（均在牛塘镇）搬迁改造，其中4家企业停产、1家签订关停协议。推进城镇人口密集区内不符合安全卫生防护距离的危化品生产企业搬迁改造，列入目标化工企业5家（牛塘镇4家、礼嘉镇1家），均停产。实施园区循环化改造，武进高新区完成改造任务，西太湖科技产业园完成基础设施类项目2个、强链补链类项目3个、公共服务设施类项目1个。推进化工产业安全环保整治提升行动，鼓励企业响应关闭退出政策，有9家企业完成关闭退出。开展重点企业专项整治，完成常州市牛塘化工厂有限公司东厂区（纯甜）设备拆除和现场清理，签订西厂区关停协议，于6月通过区级验收。推进铸造行业环保整治，实施钢铁产能置换，东方特钢新增钢铁产能置换及手续通过审查，环评报告书编制完成。减少煤炭消费总量，全区在运非电行业规模以上工业企业煤炭消费量不得超过38.58万吨，调整后煤炭消费量不得超过45.58万吨。发展清洁能源，推进屋顶分布式光伏发电项目，完成31家企业光伏项目备案，装机规模17.45兆瓦。

**【“生态绿城”建设】**　2020年，武进区实施生态源保护建设工程3项、城乡公园绿地工程3项、生态廊道工程6项、生态绿道建设工程3项、畅流活水建设工程3项，合计“生态绿城”建设五大类工程18项，完成投资8910万元。至年末，完成建设项目14个，开工建设项目4个，项目开工率100%、完成率77.7%。

2020 年武进区“生态绿城”建设工程实施情况表

表 24

| 类　型 | 项　目　名　称 | 区　域　位　置 | 建设规模 |
|---|---|---|---|
| 生态源保护工程 | 坼庄村生态湿地建设工程 | 坼庄谢家头、吴家头自然村 | 5.33 公顷 |
| | 水生植物净化水质工程 | 新孟河滆湖入湖口 | 20 公顷水面 |
| | 太湖蓝藻打捞及资源化利用工程 | 太湖一级保护区 | — |
| 城乡公园绿地工程 | 礼嘉公园建设工程 | 礼嘉集镇 | 3.47 公顷 |
| | 高新区邻里中心公园 | 高新区 | 2.07 公顷 |
| | 太湖湾海棠苑 | 雪堰镇城湾村 | 6 公顷 |
| 生态廊道工程 | 牛郎庙景观绿化工程 | 牛郎村 | — |
| | 北塘村生态护坡工程 | 北塘村 | — |
| | 常宜高速公路绿化工程（高新区段） | 武进区 | 77.7 公顷 |
| | 坂上社区绿色廊道 | 坂上社区周边 | 1.53 公顷 |
| | 蒲岸村小蒲岸生态廊道 | 小蒲岸 | 2 公顷 |
| 生态绿道工程 | 岑村村坼庄街生态绿道建设工程 | 坼庄街自然村 | 4 公顷 |
| | 葛庄村生态建设工程 | 葛庄自然村 | 整个村庄建筑 |
| | 西鲁村生态绿道建设工程 | 西鲁村 | — |
| 畅流活水建设工程（特色主题） | 南塘浜综合整治建设工程 | 南塘浜 | — |
| | 大墩浜及村塘清淤工程 | 大墩浜 | — |
| | 香泉村道路及沟渠建设工程 | 村域内 | — |
| 生态细胞建设工程 | 生态细胞建设工程 | 武进区 | 14 个 |

（王炳豪）

**【生态绿色交通建设】** 2020 年，区交通运输部门紧扣高质量发展内涵，打好污染防治攻坚战，发展生态绿色交通。开展内河码头整治，完成码头环境综合治理验收 22 家。全区港口码头均具备岸电供应能力，全年供电 16320 千瓦时，相当于节省燃煤 5.44 吨。深化 VOCs 专项整治，对全区涉及烤漆的维修企业 187 家均加装废气收集处置装置。打好碧水保卫战。开展洗车店污水处理专项整治，督促落实排水设施改造、排水许可办理。完成船舶污水接收处置装置安装，建成港口船舶生活污水和含油污水接收设施 28 套、智能船舶垃圾接收柜 2 套，建立垃圾、污水回收联单制度。加强高等级航道长效管理，开展航道清理、日常管护和航道设施维护保养。开展滆湖湖区“三无”船舶执法清零行动，完成太湖、滆湖湖区“清船”目标。推进生态绿道建设，新增绿化面积 12 万平方米，移植绿化面积 3.2 万平方米。开展高架公路沿线绿化环境整治，组织道路沿线农作物集中清理、绿化补种。推广应用清洁能源，全区使用清洁能源出租汽车 392 辆、公交车 266 辆（含纯电动车 68 辆）。推进大宗货物运输“公转铁、公转水”，常州东方特钢有限公司 2020 年总运输量 423 万吨，其中公路运输占比 33%，公路运输占比平稳下降。

（何秋斌）

## 环境监管

**【概况】** 2020 年，武进生态环境局围绕改善环境质量的目标，履行依法依规监管、有力有效服务职能，深入开展环境执法大练兵，加强生态环境领域安全生产。运用科技手段助力精准执法，完成用电监控安装、联网企业 393 家，新建水质自动站 12 个。开展大气保障巡查专项行动、非道路移动机械专项检查、VOCs 专项执法行动、秸秆禁烧巡查、安全度夏专项执法行动 25 项，出动人员 1.8 万人次，检查企业 6000 余厂次，其中双随机检查 412 厂次，下发行政处罚决定书 336 件，罚款 3189 万元。其中，新型案件 121 件，移送拘留案件 63 件，移送刑事案件 6 件。建立生态环境损害赔偿制度，达成全市首例通过磋商的生态环境损害赔偿协议。全年梳理出突出环境信访矛盾线索 5 条，得到化解 3 条。化解疑难信访案件，受理信访件 927 件，下降 57.4%。未发生因较大生态环境问题群体性上访事件，环境信访形势总体平稳可控。建立生态环境保护与安全生产工作联动机制，开展危废专项整治行动 5 批次，出动工作人员 3173 人次，排查企业 1836 家，排查出问题 3081 个，全部督促完成整改。开展环境保护设施安全隐患排查整治，排查企业 236 家，发现问题 524 个。开展涉爆粉尘环境安全排查，排查企业 140 家，发现问题 186 个，督促企业开展专项安全评估，根据评估意见落实整改。武进生态环境局获 2020 年底全国环境执法大练兵表现突出集体。

（朱小锋）

**【生态文明宣传】** 2020 年，区生态办联合武进生态环境局、河长办、武进绿建区等部门，举办大型公益骑行、走进东方润安——绿色钢铁是怎样炼成的专题、新时代文明实践——生态环境志愿服务主题活动、“局长宣讲团”走进牛塘镇、“绿水青山杯”首届武进机关篮球邀请赛等系列活动，积极营造生态文明氛围。围绕上级调研、领导督查、问题整改、亮点推荐等，发挥电视台、报社、网站、微信公众号等媒体作用，曝光环境违法问题，报道生态环境工作亮点经验。6 月 5 日世界环境日，大型公益骑行活动实况在《江苏新时空》播出。武进电视台推出《攻坚卫士》系列报道，全方位展示武进环保卫士形象。《武进日报》刊登“生态专版”8 个，扩大武进打好污染防治攻坚战的影响力和知晓度。“生态武进”微信公众号发布信息 285 条，被“美苏 263”公众号录用 19 条、“学习强国”录用 2 条、《新华日报》录用 3 条。

（朱小峰　王炳豪）

# 信息化建设

## Information Construction

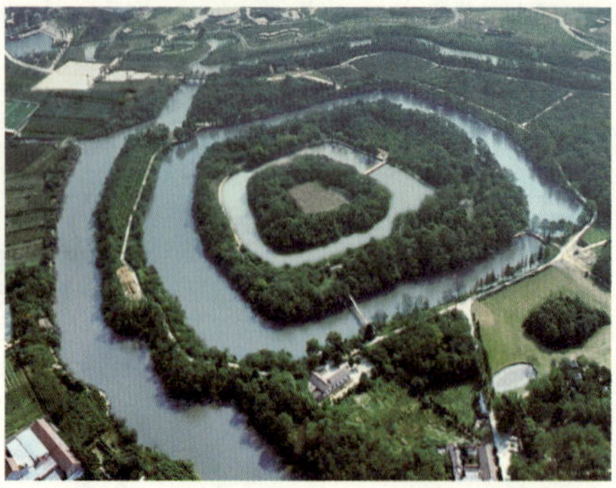

栏目编辑　张新辉

### 信息基础设施建设

**【概况】** 2020年，武进区依托铁塔、移动、电信、联通、广电5家通信公司，稳步推进信息基础设施建设。到年末，累计建成移动通信基站14072个，其中4G基站8516个、5G基站1480个，宽带端口127.68万个、光端口78.90万个，光纤到户（FTTH）用户35.19万户；无线局域网（WLAN）接入点（AP）数1.33万个。宽带接入能力城镇1000兆、农村100兆，超过“宽带中国战略”中的发达城市水平。全区固定电话用户17.30万户、移动电话用户151.5万户，移动互联网、宽带、有线电视、数字电视、高清电视、IPTV、手机电视用户分别为177万户、71.18万户、27.26万户、27.2万户、14万户、16万户、36万户，有线电视入户率城镇79%、农村67%。

（许湘平）

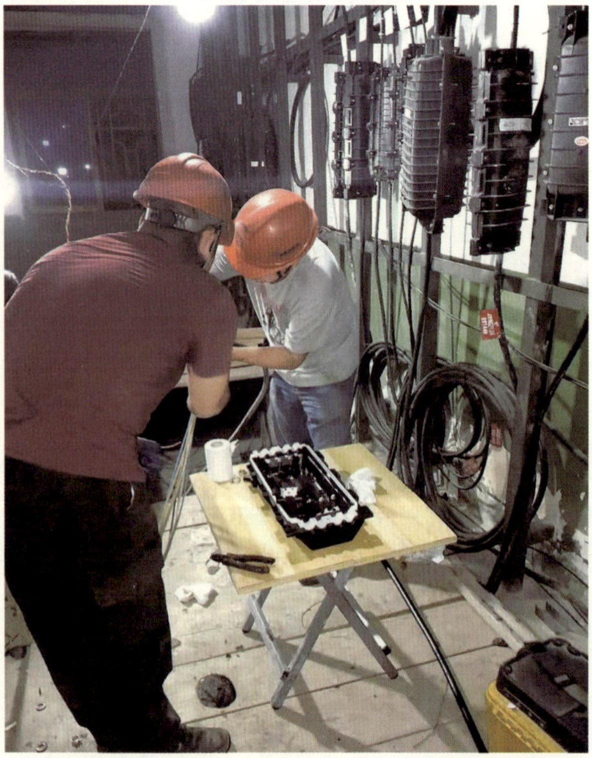

施工人员铺设5G网络光缆　　（供图／区电信局）

**【电信通信建设与服务】** 2020年，区电信局推进5G和光纤通信基础设施建设，增强综合通信能力。全年投入8.7亿元，新建5G基站428个，覆盖小区98个；新建室内无线分布系统128个。实施网络光纤化改造，全区（含常州经开区）新增通信管道里程39.53千米、118.59孔千米，累计1983.31千米、5841.68孔千米；新增光缆2.6万芯千米，累计62.6万芯千米，光纤覆盖到自然村。实现光纤带宽1000兆传输目标，带动“互联网+”发展。年内，承接区应急管理局指挥中心标准化建设项目，协助区卫健局部署医卫专属云及卫建条线安全网关、云桌面，提升云服务安全布控设施水平；推进智慧武进项目建设，整合涉及民生、政务、商务数据，搭建智慧平台，利用云计算提高行政办事效率；配合武进不动产交易中心部署云桌面，方便业务系统上线运行；结合翼安居平台，提供智能门磁应用，提升防疫效率。至年末，全区设有实体门店、合作店、中小卖场、专营店、直营店等电信营业厅107个。

（仲文虎）

**【移动通信建设与服务】** 2020年，中国移动通信集团江苏有限公司武进分公司（简称“武进移动”）投资1.18亿元，推进区域内5G网络覆盖建设。新增5G基站808个、5G室内分布系统109个，分别累计874个、141个。新建核心城区4G基站56个，扩容小区1025个，累计4G基站1208个。改造完成汇聚光缆289皮长千米、综合接入区70个，通信传输网覆盖8个镇、2个街道，覆盖宽带信息点1.2万个，移动家庭宽带覆盖率99.8%。完成集团专线接入1100条，其中互联网专线580条、语音专线315条、数据专线205条。联合区文体广旅局完成太湖湾旅游度假区、春秋淹城旅游区景区欢迎名片公益短信项目开发。参与全区首个智慧社区——西湖街道聚新家园项目建设，在小区出入口、健身广场、各单元门口、单元门楼道安装智能化安防设备，搭建智慧社区管理服务平台，提升居民安全感、幸福感、获得感。依托云业务，推进辖区星级“企业上云”工程，提升企业运营效率。推动辖区物联网市场发展，打造NB（NB-IOT窄带物联网）在智慧路灯、智能停车、智能烟感、水电气表等行业的标杆应用。助力科技抗疫，免费开通云视讯终端1.1万户，提供对讲设备77台，为防疫指挥调度建立远程高效沟通桥梁；为隔离点提供和目摄像头、电子门磁、定位手环等看护应用产品，有效守护居家隔离人员，提升防疫效率；

为21个单位提供热成像体温检测、漫游地查询服务，通过移动云小程序为67个企事业单位和商户提供线上咨询、订购、付费、派送等服务；协助发送防疫短信超8万条，封堵谣言、诈骗等违规信息。与嬉戏族集团有限公司、常州市春秋乐园旅游发展有限公司等6个单位开展结对共建，借助物联网、5G、人工智能、大数据等技术创新，助力景区、社区、园区信息化改革，构建管理新模式。至年末，武进移动用户80余万人、宽带用户20余万户，5G用户22万人；服务渠道149个，从业人员2483人。

（钱　洵）

**【联通通信建设与服务】** 2020年，中国联合网络通信有限公司常州武进区分公司（简称“武进联通”）围绕网络质量提升要求，加大基础设施建设投入，建设以5G为中心、5G/4G协同打造的网络，增强综合通信能力，完成投资6484.79万元。新建4G基站49个，与电信共建共享5G基站1045个，新增4G室内分布小区85个；新建室内无线分布系统55个，累计878个。实施“光进铜退”网络光纤化改造，全区（含常州经开区）新增通信管道里程31.6千米、96.6孔千米，累计1151.6千米、3776.6孔千米，新增覆盖小区、楼宇92个。运用物联网技术，服务江苏小牛电动科技有限公司、江苏万邦德和新能源有限公司推进企业信息化建设；运用云计算、大数据技术协助建设完善“我的常州”App；运用5G、人工智能等技术，推出AI防疫机器人、智能门磁产品协助防疫工作，大幅度降低人工成本，实现精准防疫；贯彻乡村振兴战略，在礼嘉、嘉泽等镇推出数字乡村产品；与常州天正工业发展股份有限公司合作研发工业互联网平台，落实“企业上云”工程；配合区住建部门实施老旧小区三网合一、驻地网改造工程。至年末，武进联通手机用户21万户，营业网点80余个，有从业人员140余人。

（陈江红）

## 信息化和工业化融合

**【概况】** 2020年，武进区加快工业互联网建设与应用，推进“企业上云”工程，建设企业信息化和工业化（简称“两化”）

**2020年武进区新增“两化”融合企业情况表**

表25

| 类　别 | 公　司　名　称 | 属　地 |
|---|---|---|
| 工业和信息化部“两化”融合管理体系贯标达标企业 | 常州市武进天元纺织有限公司 | 牛塘镇 |
| | 江苏中汽高科股份有限公司 | 武进高新区 |
| | 碳元科技股份有限公司 | 西太湖科技产业园 |
| | 亚邦投资控股集团有限公司 | 牛塘镇 |
| | 常州腾龙汽车零部件股份有限公司 | 西太湖科技产业园 |
| | 常州市钧达轴承有限公司 | 牛塘镇 |
| | 江苏顺风新能源科技有限公司 | 武进高新区 |
| | 贝内克长顺生态汽车内饰材料（常州）有限公司 | 武进高新区 |
| | 常州敏杰电器有限公司 | 前黄镇 |
| | 常州腾兴汽车配件有限公司 | 湟里镇 |
| | 江苏久创电气科技有限公司 | 武进高新区 |
| | 常州液压成套设备厂有限公司 | 武进高新区 |
| | 常州裕丰家具有限公司 | 常州经开区 |
| | 江苏慕林智能电器有限公司 | 常州经开区 |
| | 常州泰勒维克今创电子有限公司 | 常州经开区 |
| | 江苏中鑫家居新材料股份有限公司 | 常州经开区 |
| | 常州博瑞电力自动化设备有限公司 | 常州经开区 |
| | 常州中车汽车零部件有限公司 | 常州经开区 |
| | 中车常州车辆有限公司 | 常州经开区 |
| | 常州神力电机股份有限公司 | 常州经开区 |
| | 常州市御马精密冲压件有限公司 | 常州经开区 |
| | 常州欣盛半导体技术股份有限公司 | 常州经开区 |
| | 江苏虎跃标准件有限公司 | 常州经开区 |
| 江苏省“两化”融合管理体系贯标试点企业 | 柳工常州机械有限公司 | 武进高新区 |
| | 江苏顺风新能源科技有限公司 | 武进高新区 |
| | 常州安康医疗器械有限公司 | 湖塘镇 |
| | 江苏嘉轩智能工业科技股份有限公司 | 西太湖科技产业园 |
| | 常州博瑞电力自动化设备有限公司 | 常州经开区 |
| | 常州神力电机股份有限公司 | 常州经开区 |
| | 常州欣盛半导体技术股份有限公司 | 常州经开区 |
| | 江苏虎跃标准件有限公司 | 常州经开区 |
| | 中车常州车辆有限公司 | 常州经开区 |

**2020年武进区新增江苏省工业互联网发展示范企业（标杆工厂类）情况表**

表26

| 公　司　名　称 | 属　地 |
|---|---|
| 万帮数字能源股份有限公司 | 武进高新区 |
| 江苏瓯堡纺织染整有限公司 | 湖塘镇 |
| 世特科流体动力系统（常州）有限公司 | 武进高新区 |
| 中车戚墅堰机车车辆工艺研究所有限公司 | 常州经开区 |
| 江苏雷利电机股份有限公司 | 常州经开区 |
| 中天钢铁集团有限公司 | 常州经开区 |

表 27　2020 年武进区新增江苏省工业互联网发展示范企业（五星级、四星级上云企业类）情况表

| 类　别 | 公　司　名　称 | 属　地 |
|---|---|---|
| 五星级上云企业 | 常州康普瑞汽车空调有限公司 | 牛塘镇 |
| | 常州祥明智能动力股份有限公司 | 常州经开区 |
| | 江苏日盈电子股份有限公司 | 常州经开区 |
| | 中车常州车辆有限公司 | 常州经开区 |
| 四星级上云企业 | 江苏尚盈期颐信息网络有限公司 | 牛塘镇 |
| | 常州天运连精密机械有限公司 | 前黄镇 |
| | 安费诺（常州）高端连接器有限公司 | 武进高新区 |
| | 马丁传动件（常州）有限公司 | 武进高新区 |
| | 常州丁丁纺织科技有限公司 | 牛塘镇 |
| | 常州市钧达轴承有限公司 | 牛塘镇 |
| | 机械科学研究总院江苏分院有限公司 | 武进高新区 |
| | 江苏美淼环保科技有限公司 | 武进高新区 |
| | 江苏万盛铸造有限公司 | 雪堰镇 |
| | 常州市南方电机有限公司 | 武进高新区 |
| | 江苏恒立液压股份有限公司 | 武进高新区 |
| | 常州安泰诺特种印制板有限公司 | 武进高新区 |
| | 常州康鼎医疗器械有限公司 | 西太湖科技产业园 |
| | 江苏中科朗恩斯车辆科技有限公司 | 西太湖科技产业园 |
| | 常州市狮王机械有限公司 | 湖塘镇 |
| | 常州市齐翔纺织科技有限公司 | 湖塘镇 |
| | 常州鑫和泰智能机械制造有限公司 | 前黄镇 |
| | 常州敏杰电器有限公司 | 前黄镇 |
| | 常州市艾迈斯电子有限公司 | 礼嘉镇 |
| | 湖大科瑞（江苏）检测技术有限公司 | 武进高新区 |
| | 常州神力电机股份有限公司 | 常州经开区 |

融合管理体系，深化制造业与互联网融合发展，推动企业数字化转型，促进工业电子商务创新发展、产业高质量发展。区工信局组织开展“两化”融合、“企业上云”系列培训和咨询诊断服务，引导企业推进信息化建设。新增通过工业和信息化部“两化”融合管理体系贯标评定企业 23 家，累计 82 家；新增通过省重点工业互联网平台认定、工业互联网标杆工厂认定企业 3 家、5 家，分别累计 5 家、7 家。万帮数字能源股份有限公司、江苏瓯堡纺织染整有限公司、中车戚墅堰机车有限公司 3 家企业获评省工业电子商务应用示范企业。新增省“企业上云”五星级企业 4 家、四星级企业 21 家、三星级企业 36 家，分别累计 12 家、46 家、176 家。3 月 18 日，武进—蜂巢互联工业互联网创新中心在西太湖科技产业园成立，年内为 20 家企业提供数字化诊断和工业软件应用服务。新增省级软件企业技术中心 1 家，累计 2 家。7 月，苏文电能科技股份有限公司的“基于工业互联网平台的工业设备上云解决方案供应商”、常州天正工业发展股份有限公司牵头的“长三角基础制造业区域一体化公共服务平台”分别中标工业和信息化部 2020 年工业互联网创新发展工程中的工业互联网平台系统解决方案供应商遴选项目、区域一体化工业互联网公共服务平台项目。

**【入选省重点工业互联网平台 3 个】** 2020 年，“电能侠”综合能源管理服务平台、新纶锂电池用高性能复合材料工业互联网平台、CHANGFA 工业互联网平台被省工业和信息化厅认定为省重点工业互联网平台。

“电能侠”综合能源管理服务平台　由苏文电能科技股份有限公司于 2017 年建成投运，依托物联网技术、云计算、大数据平台，实时采集、监控用户用能信息、设备运行状况，并数据化、图形化展示，为各类用电企事业单位提供智能用电云服务、变电站集控代维服务和综合能源增值服务三项创新服务，提供能源实时监测、能效分析、能效评估、能源优化和设备监测等服务，实现 24 小时保障用电。至 2020 年年底，该平台接入托管运维变电所 1267 座、监测设备 27583 台。

新纶锂电池用高性能复合材料工业互联网平台　由新纶复合材料科技（常州）有限公司于 2019 年建成投运，通过工业装备与装置、传感器、控制系统、工业产品等设备采集海量异构数据，具备边缘接入管理能力，兼容多类工业和物联网通信协议；依托数据存储与计算基础设施，形成完整的云计算架构，相继开发 ERP（企业资源计划）、MES（制造执行系统）、SCADA（数据采集与监视控制系统）、OA（办公自动化）等系统，实现设计、生产、管理、运维等环节数据集成互通，使该平台具备多类用户管理功能；提供工业软件集成适配接口、工业微服务组件，提高平台应用服务能力；部署安全防护功能模块或组件，建立安全防护机制，提高平台安全防护能力。

CHANGFA 工业互联网平台　由江苏常发农装装备股份有限公司于 2019 年建成投运，深度融合物联网、大数据、云计算等新一代信息技术与农机产业链，通过 GPS 定位、无线通信技术和传感技术，研制开发“基于北斗的农机物联网管理平台”。通过该平台，方便农村合作社、农场、农机部门人员实时监管农机作业，并开展绩效考核、农机调度及设备、人员信息管理；实现内部办公与业务自动化，建立农机监理、农机管理等农机业务管理信息系统，提升农机作业智能化管理水平。至 2020 年年底，该平台连接拖拉机、收割机、插秧机、燥干机 4 类设备共 6 万多台。

**【2020 世界工业与能源互联网暨国际工业装备博览会 5G 开启“智造”新时代分论坛在武进举行】** 9 月 16 日，2020

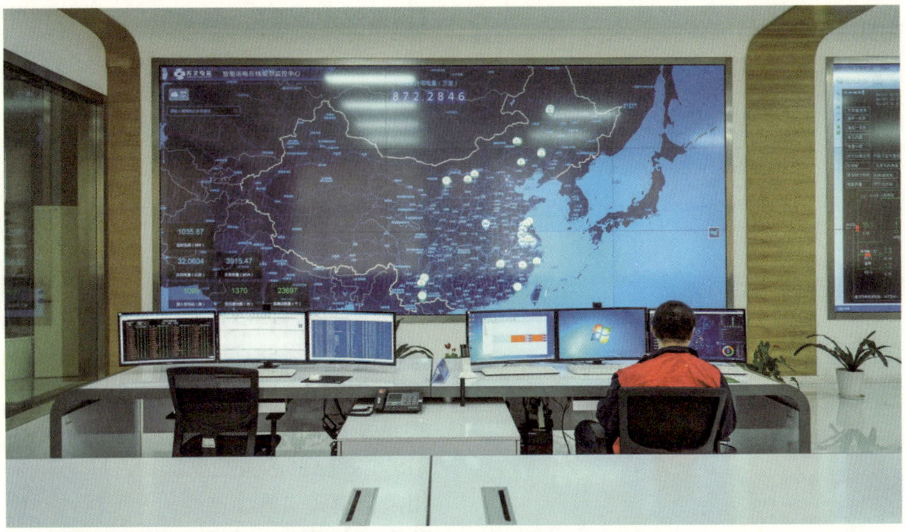

“电能侠”综合能源管理服务平台控制中心 （供图 / 区工信局）

年世界工业与能源互联网暨国际工业装备博览会5G开启“智造”新时代分论坛在武进举行，省工业和信息化厅，市、区政府有关领导及部门负责人，全国各地大专院校、科研机构、领军企业负责人或代表共300余人参加。该论坛由武进区政府主办，区工信局和华为技术有限公司、常州蜂巢智造云科技有限公司、苏文电能科技股份有限公司共同承办，聚焦“5G+工业互联网”建设，旨在帮助企业实现“算力上云+应用上云”，有效提高企业生产效率，降低生产运营成本，为企业提供“5G+工业互联网”一体化解决方案。中国工程院院士沈昌祥发表“开创智能化升级，主动免疫新生态”的主旨演讲，中国联合网络通信集团大数据首席科学家范济安、蜂巢互联董事长及首席执行官马震、德国博世互联工业中国区总经理贾睿萌围绕5G新基建在智能制造领域的深入探索、研究及应用分别发表演讲。武进工业互联网生态同时启动。

（杨　燕）

**【中盈高科一款软件入选江苏省重点领域首版次软件产品应用推广指导目录】** 2020年8月，《2020年江苏省重点领域首版次软件产品应用推广指导目录》发布，江苏中盈高科智能信息股份有限公司（简称“中盈高科”）的“智慧水务一体化综合管理软件V3.0”入选，成为全市首个进入该目录的软件。该软件于2020年上半年投入使用，由基础信息管理系统、泵站管理系统、排污企业管理系统、污水厂管理系统、GIS管网管理系统、任务管理系统、监控管理指挥中心系统、移动端管理等模块构成，通过采集和监控污水处理厂、泵站、雨污水管网、窨井液位、重点排水纳管用户、农村分散生活污水等涉及水务管理全过程数据，形成“城市水务物联网”，完成水量、能耗、水质指标监测、监控及污水收集系统任务，保障城市污水治理设施按设计标准正常运转，发挥污水治理设施在控制污染源排放、改善区域水环境作用，实现排水业务全协同联动管理服务。至2020年年末，累计纳入该平台管理的污水处理厂4家、排污泵站65座、排污监管企业4500家、管网120多千米。

**【天正工业公司获第七批省级软件企业技术中心认定】** 2020年6月，常州天正工业发展股份有限公司（简称“天正工业公司”）被省工业和信息化厅认定为第七批软件企业技术中心。该公司创立于2013年10月，建有江苏省工程技术研究中心、江苏省软件企业技术中心、江苏省博士后创新实践基地等研发中心，专注于工业互联网软件产品设计和开发，于2018年开发运行天正工业I-martrix工业互联网平台，结合工业设备、边缘计算、物联网、大数据及云计算等先进技术，为工业企业提供信息化服务、金融信用评估服务及各类工业服务，推进工业企业转型升级。至2020年年末，该平台连接设备5.6万台，服务企业22759家，应用企业超2万家。

（高　艳）

## 电子政务

**【电子政务项目管理】** 2020年，区电子政务中心以政务大数据建设为重点，规范电子政务项目管理。组织开展2021年度全区电子政务项目建设计划申报工作，有28个单位申报计划72个，对22个单位的35个新建类计划实施答辩。组织项目管理联合会审成员单位及有关专家评审2020年度电子政务项目15个，均通过。

**【区级电子政务平台运维和建设】** 区政务数据资源共享交换平台。5—6月，区电子政务中心调研全区政府单位电子政务基础网络、应用系统建设、政务数据资源建设和使用等情况，了解掌握各单位政务数据共享交换需求。据统计，全区有单位自建业务系统109个、数据机房52个、数据业务专线43条、互联网专线31条，政务数据库169个，存储各类非涉密政务数据近300太字节（TB）。12月，编制印发政务数据资源共享责任清单（第一批），明确政务数据资源分类、责任方、共享类型等要求，涉及35个单位378类数据、近1万个数据项。

电子政务外网。区电子政务中心加强区电子政务外网管理，开展日常巡检，及时修复问题及维护设备，协同接入单位开展网络安全检查，完成等级保护测评和风险评估，全年不间断运行8760小时。推进系统迁移整合，完成6个单位19个业务系统迁入区电子政务外网及7个单位17条专线与区电子政务外网整合。推进全区业务系统互联互通，加快数据交换，协同互用。

区政府网站及其他平台。根据上级政府网站考核要求，区电子政务中心加强区政府网站管理，做好网站内容保障工作。2020年，区政府网站发布信息20790条，其中政务动态信息17635条、信息公开3104条、概况类信息51条；制作专题16个、在线访谈44期、政策解读50条；组织在线调查19次、民意征集31次、新闻发布会14期、网上直播34期，收到并办结网上来信1050封；被省、市政府网站录用信息549条。改版升级区协同工作平台，优化公文网上办理流程，强化移动端应用，保障区协

2020年武进区电子政务项目通过评审情况表

表28

| 项 目 名 称 | 建设单位 | 计划投资（万元） |
|---|---|---|
| 区政府采购交易管理系统 | 区行政审批局 | 68 |
| 区融媒体中心建设 | 区广播电视台 | 3500 |
| 2020年网络安全弱点检测及渗透测试 | 区委网信办 | 66 |
| 区网格化集成管理联动指挥平台拓展提升项目 | 区委政法委（网格化服务管理中心） | 45 |
| 执法办案管理中心信息化项目 | 武进公安分局 | 170 |
| 高新区智慧园区二期项目 | 武进高新区 | 2770 |
| 区政务服务一体化平台升级改造项目 | 区行政审批局 | 300 |
| 区全域旅游大数据智慧平台项目（旅游行业综合管理和服务平台项目三期） | 区文体广旅局 | 160 |
| 武进人社数据中心核心网络和监控系统升级改造项目 | 区人社局 | 460 |
| 卫生数据中心续租项目 | 区卫健局 | 404.7（每年） |
| 区医疗收费电子票据改造项目 | 区卫健局 | 128 |
| 区人民法院执行指挥中心等业务用房智能化系统项目 | 区人民法院 | 316 |
| 武进人民医院核心业务HIS/CIS/LIS服务器与存储软硬件更新 | 武进人民医院 | 285 |
| 区道路监控网“3·20”三期工程维保和改造项目 | 武进公安分局 | 2058 |
| 绿建区智慧园区平台项目 | 绿建区 | 220 |

同工作平台稳定运行。该平台全年发文1.48万份，新增电子印章77个，办理批示件202件、请示件119件。

（王一路）

## 网络安全和信息化

**【概况】** 2020年，武进区按照党管互联网要求，制定《2020年党委（党组）网络安全工作责任制落实情况检查实施方案》，将网络安全责任制落实情况与部门考核相挂钩，严格责任落实情况检查。12月，出台《武进区网络安全事件（涉IDC）应急处置制度（暂行）》，健全全区网络安全事件应急工作机制，提升网络安全职能部门与通信运营商协同工作水平。参加“网安2020”常州行动实战攻防演练，成绩位列辖市区第一。区委网信办建立全区政务信息系统信息资产数据库，梳理机关事业单位信息资产，摸排单位103个、信息系统140个，有互联网信息资产217个。调研能源、金融、交通等重点行业关键系统30个，确定首批建议参照关键信息基础设施保护目录清单20个。加强网络安全日常管理，依托常州市监测平台实行月度监测通报制度，分批对全区199家政务和公共服务网站开展周期性监测，发现高危漏洞22个，并及时通报督促整改，漏洞及时修复率95%。开展网络安全监管，加强网络信息规范管理，保障网络空间清朗。加强网络安全宣传教育，在9月14—20日网络安全宣传周期间，组织开展网络安全“六进”、网络安全应急演练等活动，重点宣传网络安全法律法规及网络安全防范技能、鉴别网络谣言、举报不良信息等内容，开展宣传活动20多场次，发放宣传资料及宣传品1万余份。举办首届全区网络安全技能竞赛，在全市网络安全竞赛中，武进代表队获团体三等奖。开展互联网违法和不良信息有奖举报工作，通过江苏省互联网违法和有害不良信息举报中心平台举报互联网金融类不良信息18.6万条、政治类不良信息3116条。年内，全区未发生Ⅲ级以上网络与信息安全事件，网络安全整体运行良好。区委网信办获评2020年度全市互联网违法和有害不良信息举报工作先进集体。

**【网络安全监管】** 2020年，区委网信办加强网络安全监管，全面治理网络空间。6—12月，组织开展武进区“清朗2020”专项行动，逐一筛查全区（含常州经开区）备案网站12211个，查出网页走丢类网站5157个、涉黄涉赌类网站2190个、正常类网站4283个、跳转类网站581个，均完成整改。6月15日至7月15日，对全区74个重要信息系统创新开展弱点检测及渗透测试专项行动，通过上机检测与远程检测两种方式，发现漏洞417个，其中高危漏洞219个，全部落实整改修复。11月，采用黑盒模式实施渗透测试专项行动，检验专项检测行动成果及整改修复情况，效果明显。年内，武进公安分局清理政治类有害信息3116条，约谈账号持有人8人次，行政警告处罚单位4个，并督促限期整改；区金融监管局查处互联网非法金融活动1起；区市场监管局检查网站、网店1839个次，实地检查109家，约谈网络交易平台经营者33个次，删除违法商品信息73条次，责令整改网站72个次。加强政务类新媒体平台和重点企业微信、微博管理，规范信息发布，约谈部门负责人1人，立即实施整改。联合武进公安分局和区扫黑办、金融监管局、教育局等部门开展网剑、违规网站账号平台清理、违规科技信息排查、“软色情”等专项清理工作，整治涉黑涉恶、涉非法金融、涉淫秽色情等违法信息，“标题党”“三俗”内容及网络谣言等不良信息，关停违法违规网站364个。

（张银超）

**【工业网络信息安全管理】** 2020年，区工信局履行工业领域网络安全管理职责，开展重点工业企业工控系统信息安全巡检诊断、工业信息安全业务培训，应对网络高危预警，加强工业控制网络安全宣传，夯实全区工业信息安全基础。组织网络安全专家深入7家重点工业企业，开展网络安全检查和评估检测，以点带面宣传网络安全工作要求。在全区网络安全宣传周中，牵头开展“进企业——工控网络安全宣传”活动，发动全区各镇、开发区和重点工业企业参与，发放网络安全宣传材料1000余份。

（许湘平）

# 经济管理

Economic Management

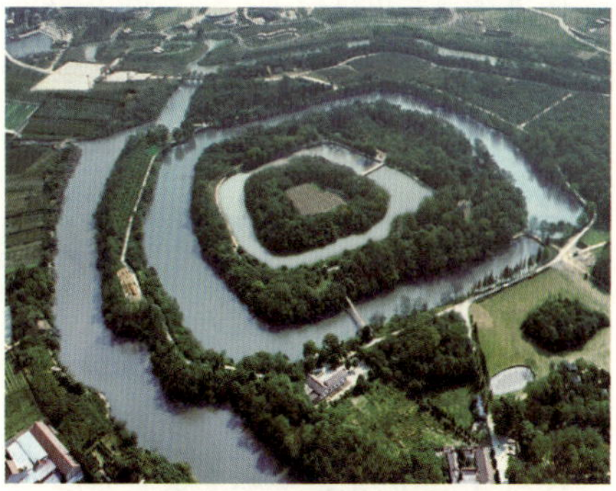

栏目编辑　张新辉

## 发展计划管理

**【概况】** 2020年，武进区围绕“高水平全面小康决胜年”目标，融入“长三角一体化”“上海都市圈”等发展战略，统筹推进疫情防控和经济社会发展。区发改局牵头推进全区落实“六保”任务工作专班，梳理出服务科技企业、支持农业经营主体等11类34条具体政策措施，发放消费券1500万元，减免税费12.2亿元、社保费27亿元。编制武进区“十四五”发展规划，梳排“十四五”时期重大储备项目61个，总投资2511.3亿元。开展“重大项目强化攻坚年”活动，全区实施区级及以上项目231个，完成投资238亿元，投资完成率104.9%。工业经济稳中求进，武进区十大产业链规模以上企业完成产值1115亿元，比2019年增长6.1%；战略性新兴产业规模以上企业完成产值1030.97亿元，占全区工业产值的42.8%，战略性新兴产业培育发展工作于5月获省政府督查激励。获批建设工程研究中心省级4个、市级5个。现代服务业提档升级，全区实现服务业增加值1172.8亿元（含常州经开区），增长5.3%。美丽乡村建设持续推进，现代农业快速发展。全年向上争取扶持资金3.34亿元，增长130%，19个政府投资项目获核准发行地方政府专项债券，募集资金33.44亿元。实施民生实事项目，十大类20项67个重点民生实事工程全面完成。制定实施《2020年武进区区级机关目标管理考核实施细则》和《2020年武进区重点目标》，全面推进高质量考核工作，“党建引领基层治理新格局”等20项重点工作获“创新创优奖”，王勇等20人获“担当作为奖”，丁志军等268人获“服务标兵奖”。推进产教融合，旷达科技集团股份有限公司等8家企业获批省级产教融合试点企业。加大实施改革创新力度，武进区在全国32家区域类国家级双创示范基地评估中位列第5位，位列全省第1位；石墨烯小镇入选第二轮全国典型经验特色小镇。完善信用体系建设，优化营商环境。武进区获评省政务诚信评价“一等次”、市“重大项目招引推进突出贡献单位”，并获集体二等功。区发改局获评2020年度全省发展改革系统“综合先进单位”。

（邢诚渊）

**2020年武进区获批建设市级及以上工程研究中心情况表**

表29

| 类　别 | 平　台　名　称 | 承　担　单　位 | 产业领域 | 属　地 |
|---|---|---|---|---|
| 省级工程研究中心 | 江苏省高密度微组装技术工程研究中心 | 快克智能装备股份有限公司 | 智能制造 | 武进高新区 |
| | 江苏省锂电池电芯用高性能封装材料工程研究中心 | 新纶复合材料（常州）有限公司 | 新材料 | 西太湖科技产业园 |
| | 江苏省冷链物流装备与材料工程研究中心 | 江苏晶雪节能科技股份有限公司 | 节能环保 | 西太湖科技产业园 |
| | 江苏省新能源汽车动力电池智能制造技术工程研究中心 | 常州大学 | 新能源汽车 | 常州科教城 |
| 市级工程研究中心 | 常州市精密锡焊机器人工程研究中心 | 快克智能装备股份有限公司 | 智能制造 | 武进高新区 |
| | 常州市锂电池电芯用高性能封装材料工程研究中心 | 新纶复合材料（常州）有限公司 | 新材料 | 西太湖科技产业园 |
| | 常州市高导热碳材料工程研究中心 | 碳元科技股份有限公司 | 新材料 | 西太湖科技产业园 |
| | 常州市智能短交通工程研究中心 | 纳恩博（常州）科技有限公司 | 人工智能 | 常州科教城 |
| | 常州市生物基高分子材料工程研究中心 | 常州龙骏天纯环保科技有限公司 | 新材料 | 常州科教城 |

（王晓丰）

【政府投资项目管理】 2020年，区发改局按照《武进区政府投资项目管理办法》，运用“三道闸门”（建设方案审查、设计合理化审查、概算审查）合理化审查机制，提高政府投资项目决策管理水平。对武进中医医院住院部及发热门诊改造工程等5个项目开展概算审查，核减项目资金2400万元。列入《武进区2020年政府投资项目建设计划》项目128个，总投资126.7亿元，年度计划投资51.3亿元，实际完成投资36.4亿元，完成年度投资计划的71%。做好“十四五”时期项目谋划储备，确立环滆湖片区开发、沿江城际高铁武进站片区开发等储备项目122个，总投资1669亿元。全年申报获批专项债券33.44亿元、中央预算内投资1.07亿元。受新冠疫情等因素影响，全区固定资产投资（含常州经开区）较2019年下降3.6%，整体降幅较年初大幅收窄。其中第二产业下降14.4个百分点、第三产业实现增长7.8个百分点。

（汤　伟）

【重大项目推进】 2020年，武进区落实市“重大项目强化攻坚年”部署要求，实施“重大项目提质工程”，完善重点项目分类推进机制和重大项目区领导挂钩机制，运用重大项目服务政策包，加大要素供给保障和服务保障，通过组织重点项目集中开工、会办、督办、督查等方式，推进重点项目建设。年内，3个省重大项目全部开工，完成投资23.5亿元，投资完成率133.5%；市重点项目66个（包含结转项目41个、新增项目25个），其中开工在建项目48个、竣工项目15个，完成投资167亿元，完成年度目标的104.4%。区级及以上项目231个，其中开工项目184个、竣工项目86个，完成投资238亿元，投资完成率104.9%。

（潘　茹）

【创投工作及债券管理】 2020年，区发改局对在上级发改系统备案的15家创业投资企业的资金募集行为开展非法金融活动风险专项排查，督促其加强对第三方合作机构的风险管控。推荐复星幸福生态（常州）产业投资基金等5家单位申报纳入市产业投资引导基金子基金。年内，武进区新增常州武岳峰固芯创业投资合伙企业（有限合伙）、常州巨凝创业投资有限公司等创业投资企业44家，新增创业投资资本70亿元，累计有风险创业投资机构220个，总资本规模288.56亿元。常州市武进区新兴产业发展基金有限公司、常州平盛股权投资基金合伙企业（有限合伙）两家基金纳入“全国政府出资产业投资基金信用信息登记系统”。

（唐　晓）

【国家农村产业融合发展示范园创建】 2020年，围绕乡村振兴主线，按照“基础设施现代化、生产方式生态化、管理模式规范化、生产手段科技化、田园风光艺术化、居民生活便捷化”标准，武进区于3月启动国家农村产业融合发展示范园创建工作，建设集农业生产、农产加工、休闲观光、展览展示、养生度假、农业服务等功能于一体的功能拓展型产业融合示范园。发挥示范园示范引领作用，促进农村一、二、三产业融合发展。开展“万企联万村、共走振兴路”活动，推进嘉泽镇跃进村、湟里镇西墅村市级美丽乡村示范项目建设。推进湟里镇、雪堰镇市级重点特色镇建设，列入市级重点建设项目23个，涵盖城镇建设、社会事业、产业发展和生态文明等方面。

【引导现代服务业转型升级】 2020年，区发改局注重运行分析，按季度编制服务业发展情况专报，定期开展重点企业运行情况调查，全面摸排了解企业情况。加强载体建设，协调推进西太湖龙城金谷项目建设，提升金融业集聚水平。围绕服务业重点领域，加强服务业龙头企业培育，新城控股集团股份有限公司、江苏明都汽车集团等33家企业获评市级服务业星级企业。新誉集团有限公司、万帮数字能源股份有限公司获评市级内资总部企业，江苏万帮德和新能源科技股份有限公司获评省级生产性服务业领军企业，江苏恒立液压股份有限公司、苏文电能科技股份有限公司获评省级两业融合试点企业（“两业融合”指先进制造业和现代服务业融合）。促进“三新”（新产业、新模式、新业态）经济发展，加快重点项目建设，开迈斯新能源车联网创新中心、西太湖互联网产业物流基地等项目开工建设，赛格威新能源非公路休闲车、常州石墨烯小镇等项目建成投运，“新经济、新未来”2020武进智慧城市发展暨产业融通创新大会签约“三新”经济创新创业项目7个，中汽研（常州）汽车工程研究院有限公司、江苏国科微电子有限公司2家企业获评市三新经济示范单位。推进服务业集聚区建设，围绕产业高端化、智能化、绿色化、服务化、品牌化发展方向，推动产业链、创新链、人才链相互贯通，提高互联网、大数据、人工智能和实体经济融合度。全区有常州科教城、武进绿建区、西太湖互联网产业园、武进高新区津通产业园4家省级生产性服务业集聚示范区，总数位列全市第一。武进区

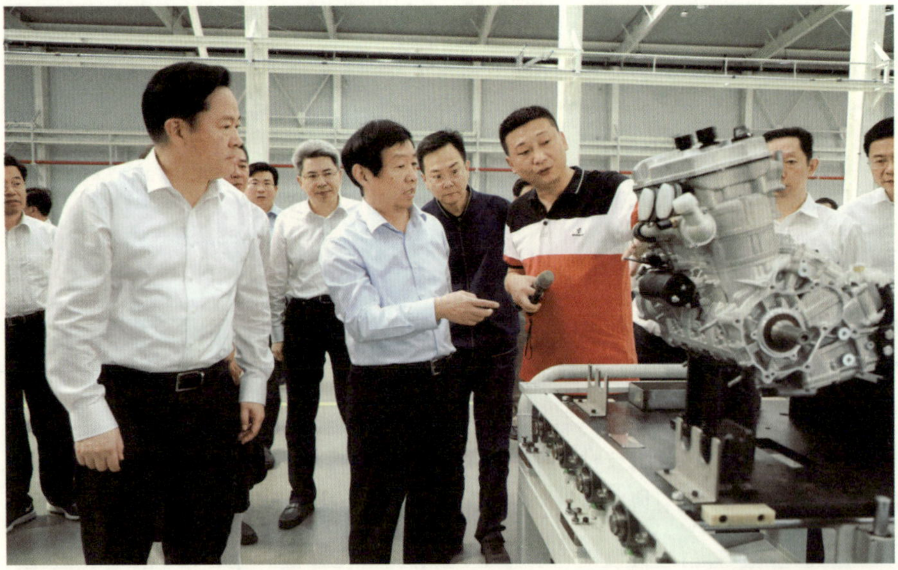

10月12日，市领导观摩赛格威新能源非公路休闲车项目　（供图/区发改局）

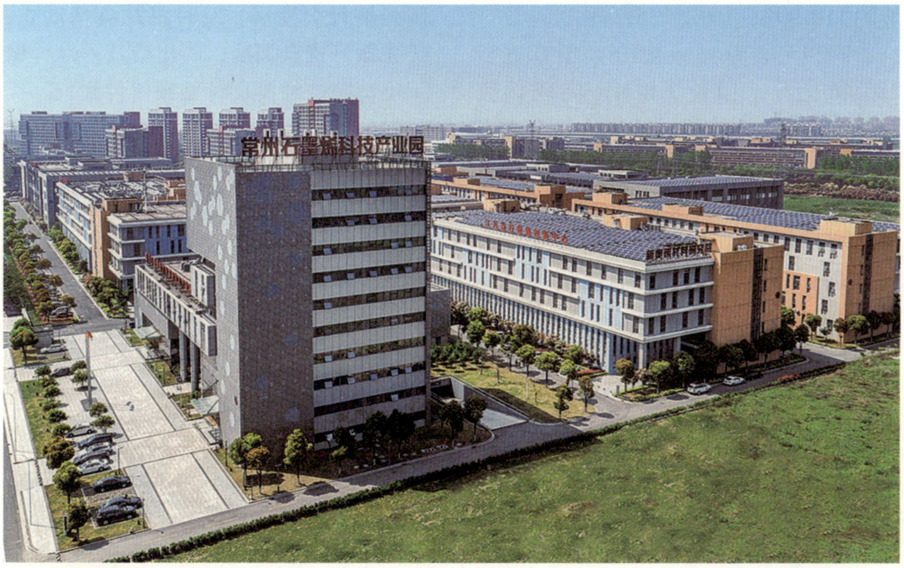


石墨烯小镇　　（供图/区融媒体中心）

实现服务业增加值843.9亿元（不含常州经开区，下同），比2019年增长4.9%；服务业增加值占地区生产总值的48.4%，较2019年提升0.9个百分点。

（方丽媛）

**【国家双创示范基地建设】** 内容参见“专记”类目P1相关条目。

（陈　露）

**【营商环境优化】** 内容参见“专记”类目P5相关条目。

（杨　波）

**【推进特色小镇建设】** 2020年，武进区统筹推进石墨烯小镇建设，实施烯望创智港、景观绿化、道路工程等项目，投资8.23亿元。2018—2020年累计完成投资56.2亿元，入驻企业190家，其中规模以上企业29家。全年实现营业收入47.5亿元，其中115家工业企业完成产值41.64亿元，石墨烯特色产业产值占比达87.7%。该小镇连续两年在全省特色小镇考核中获评优秀，入选第二轮全国典型经验特色小镇，被国家发展改革委作为“突出企业主体地位”典型经验在全国推广。

**【社会信用体系建设】** 2020年，武进区推进社会信用体系建设，组织企业开展信用管理贯标和示范创建，26家企业获评市信用管理贯标企业，江苏峰度控股集团有限公司、常州弘昌环境科技有限公司获评市信用管理示范企业。健全企业信用修复机制，组织135家企业参加信用修复培训，为企业退出“黑名单”提供渠道。利用报纸、网站、公众号等渠道加大信用宣传，开展“践行城市文明、打造诚信武进”诚信宣传月活动，参与省信用知识竞赛，全区参赛人数突破2万人。推动“双公示”（行政许可和行政处罚等信用信息7个工作日内通过政府信用网站公开）信息归集扩面提质，“双公示”平台全年报送信息1.98万条。

（沈　杨）

**【能源物资管理】** 2020年，武进区围绕优化能源结构、保障发展目标，推进电网、天然气、光伏发电等能源项目建设。

电力　全年全社会用电量209.71亿千瓦时，其中工业用电量175.3亿千瓦时，分别比2019年增长1.71%、1.73%。全年完成电力投资8.9亿元，推进白鹤滩—江苏±800千伏直流输变电工程（常州段）、中吴（常州南）500千伏输变电工程等8个重点输变电项目建设，建成投运常州500千伏中吴（常州南）500千伏输变电工程、茅山（武南）—斗山500千伏线路改造工程、江苏常州（政平）换流站加装调相机工程3个输变电项目。新增变电容量200万千伏安、电力线路长度149千米。

天然气　武进区新建各类天然气管道线路265千米，累计4765千米；新增居民用户2.56万户，累计39.14万户。投入2300万元，完成29.78千米老旧管网改造。全年全社会天然气消费量5.60亿立方米，比2019年增长1.16%。其中，工业用天然气4.07亿立方米，商业用天然气3866.69万立方米，城乡居民用天然气10225.16万立方米，分别增长4.85%、−34.43%、11.5%。

光伏发电　武进区推进分布式光伏发电项目应用，全年备案光伏项目企业38家，备案容量20.29兆瓦。新增非居民并网用户20户，并网容量11.66兆瓦；新增居民并网用户44户，并网容量0.46兆瓦。

（金　婷）

## 财　政

**【概况】** 2020年，区财政局贯彻落实上级各项财税政策，克服新冠疫情不利影响，加强收入征管，统筹资金调度，加快资金盘活，保障区镇财政平稳运行。出台《常州市武进区稳外贸发展若干政策措施》《武进区加快高新技术企业培育的实施意见》等产业创新扶持政策，重点支持高新技术企业培育、企业上市等工作，全年兑现各类产业引进及培育资金16.25亿元，向上争取产业专项资金7.31亿元。创新多元投入方式，支持全省生态保护引领区创建、普惠民生保障、社会事业工作。加强财政监督管理，全力化解政府债务，推进国有资产精细化管理，深化国资国企改革、预算管理改革，规范开展政府采购工作。10月，出台《关于全面深化预算绩效管理的实施意见》，指导行政事业单位分类分批开展部门整体预算及专项资金绩效目标编报，重点关注年内18个政府预算项目绩效目标编报质量。依托“基层财政管理提升年”活动，加强基层财政管理，开展财政业务检查，规范基层财务账务处理，加快2019年颁布实施的会计制度在基层财政部门的全面落实。8个镇级财政分局、2个开发区财政局均通过省三星级档案室复检。根据区级机构改革部署要求，调整内设机构，合并行财科、社保科，成立行政事业与社会保障科。培训行政事业单位财务人员250余人，取得会计高级职称22人、中级职称545人。区财政局获评全市“七五”普法中期先进单位、全国政府采购百强县（市、区）突出贡献单位（2019—2020年度）。调研文章《关于推进我区国有企业实体化转型》获评首届常州市财政调研十佳应用成果。

2020年，全区（含常州经开区）完成一般公共预算收入195.21亿元，比2019年增收7.70亿元，增长4.11%，完成调整预算的100.26%。其中，税收收入167.3亿元，增长3.78%，占比85.70%；非税收入27.91亿元，增长6.13%。全区实现政府性基金收入247.86亿元、国有资本经营预算收入4亿元、社会保险基金收入24.91亿元，分别完成调整预算的110.90%、100%、35.34%。

2020年，全区一般公共预算支出185.56亿元，增长3.81%，完成调整预算的101.22%。完成政府性基金支出282.7亿元、国有资本经营预算支出4亿元、社会保险基金支出25.45亿元，分别完成调整预算的104.71%、100%、31.08%。全年预算收支平衡。

**【财政支持疫情防控】** 2020年，区财政局面对突发的新冠肺炎疫情，强化资金调度保障，支持企业复工复产，服务全区经济社会发展。及时跟踪疫情动态，优先做好资金调度，简化拨款程序，保障疫情防控经费及时足额拨付到位。优先安排疫情防控资金1.23亿元；做好抗疫特别国债资金4.55亿元和特殊转移支付资金9692.28万元的分配、拨付及监管工作，重点支持疫情防控救治体系建设，推进武进中医医院发热门诊、住院楼改造和武进三院建设；落实资金，保障疫情防控期间区级医院和基层卫生院的运行补助、以工代训补贴、幼儿园疫情期间一次性补助、酒店餐饮旅游业

**2020年武进区财政收入情况表**

表30

| 收入项目 | 金额（万元） | 比2019年（±%） | 收入项目 | 金额（万元） | 比2019年（±%） |
|---|---|---|---|---|---|
| 一、一般公共预算收入 | 1952079 | 4.11 | 契税 | 141958 | 4.02 |
| （一）税收收入 | 1672986 | 3.78 | 环境保护税 | 10360 | −24.16 |
| 增值税 | 752203 | −1.74 | 其他税收收入 | 738 | 14660.00 |
| 企业所得税 | 302236 | 12.37 | （二）非税收入 | 279093 | 6.13 |
| 个人所得税 | 86374 | 11.98 | 专项收入 | 92958 | 2.07 |
| 资源税 | 1 | | 行政事业性收费收入 | 67278 | 41.26 |
| 城市维护建设税 | 106198 | 3.14 | 罚没收入 | 24933 | −22.24 |
| 房产税 | 79361 | 6.07 | 国有资源（资产）有偿使用收入 | 83595 | −3.61 |
| 印花税 | 25068 | 5.14 | 其他收入 | 10329 | 88.38 |
| 城镇土地使用税 | 62707 | −2.61 | 二、政府性基金收入 | 2478579 | 29.60 |
| 土地增值税 | 90792 | 39.74 | 三、国有资本经营预算收入 | 40000 | 257.37 |
| 车船税 | 13770 | 11.72 | 四、社会保险基金收入 | 249093 | −77.12 |
| 耕地占用税 | 1220 | −82.73 | | | |

**2020年武进区财政分项支出情况表**

表31

| 支出项目 | 金额（万元） | 比2019年（±%） | 支出项目 | 金额（万元） | 比2019年（±%） |
|---|---|---|---|---|---|
| 一、一般公共预算支出 | 1855644 | 3.81 | 商业服务业等支出 | 9220 | −49.52 |
| 一般公共服务支出 | 143632 | −27.35 | 金融支出 | 1066 | −83.15 |
| 国防支出 | 2237 | −20.79 | 援助其他地区支出 | 12407 | 11.37 |
| 公共安全支出 | 85689 | −22.69 | 自然资源海洋气象等支出 | 15328 | 57.29 |
| 教育支出 | 318884 | 14.70 | 住房保障支出 | 74609 | 64.34 |
| 科学技术支出 | 60396 | −26.05 | 粮油物资储备支出 | 58 | −95.87 |
| 文化旅游体育与传媒支出 | 16353 | 37.39 | 灾害防治及应急管理支出 | 6312 | 107.15 |
| 社会保障和就业支出 | 225280 | 40.59 | 预备费 | | |
| 卫生健康支出 | 131109 | 12.79 | 其他支出 | 13 | −99.52 |
| 节能环保支出 | 73376 | −24.81 | 债务付息支出 | 24852 | 2.59 |
| 城乡社区支出 | 472404 | 36.37 | 债务发行费用支出 | 99 | 86.79 |
| 农林水支出 | 115845 | −33.77 | 二、政府性基金支出 | 2827013 | 31.50 |
| 交通运输支出 | 12722 | −55.60 | 三、国有资本经营预算支出 | 40000 | 257.37 |
| 资源勘探信息等支出 | 53753 | −7.63 | 四、社会保险基金支出 | 254478 | −76.68 |

扶持及居民消费券等项目。建立疫情防控资金日报告和台账统计制度，发挥直达资金台账及监控系统作用，严格直达资金监管，及时发挥资金使用绩效。严格落实社保减免政策，及时减免企业养老、失业、工伤、医疗4项保费28.62亿元。根据《关于应对新冠肺炎疫情免收中小微企业房租的通知》《关于进一步做好应对新冠肺炎疫情减免中小微企业和个体工商户房租有关工作的通知》，全年为中小微企业减免房租1.02亿元，为企业减负36.9亿元（含社保费减免及房租减免）。

贯彻财政部办公厅《关于疫情防控采购便利化的通知》要求，明确使用财政性资金采购疫情防控相关货物、服务和工程的，可不执行政府采购法规定的方式和程序，采购进口物资无须审批。免费向企业提供采购文件，原则上免收2020年政府采购项目投标保证金。鼓励采购人在现行政策基础上进一步提高面向中小微企业采购金额和比例。允许获得政府采购合同的大型企业依法向中小微企业分包。在疫情期间，对小微企业产品价格扣除由6%提升至10%；对受疫情影响的中小微企业，鼓励采购人不收取履约保证金或降低履约保证金比例。执行政府采购资金预付制度，优化付款方式，适当提高预付款比例。

**【增收节支】** 2020年，区财政局密切关注经济发展形势和财税政策动向，加强研判，降低新冠疫情对财政收入影响。加强财税库行联动，动态监测分析收入完成进度。发挥协税护税作用，加强重点行业、重点税源管理，确保税收有效回流。规范非税收入征缴，支撑财政收入平稳入库。加强收入组织管理，激发各地、各部门主动征收积极性。全年完成一般公共预算收入195.21亿元。

10月，武进区出台《贯彻落实政府过紧日子要求十条措施》，明确压减政府开支，节约资金用于开展疫情防控、全面落实“六稳”“六保”工作任务。区财政部门严格区级机关部门行政运营成本考核，压减一般性支出，调整因新冠疫情影响未能实施项目，收回执行进度偏低的政府专项资金，优先保障民生实事项目。全年一般公共预算支出185.56亿元，其中，政府及部门一般性支出15.45亿元，较2019年压降15%；民生类支出152.56亿元，较2019年增长11.32%。

**【财政扶持产业发展】** 2020年，武进区进一步优化产业扶持政策，先后出台《常州市武进区稳外贸发展若干政策措施》《武进区加快高新技术企业培育的实施意见》《关于加快推进企业上市的若干政策意见》等产业创新扶持政策。结合全区发展战略目标，重点支持高新技术企业培育、企业上市等工作落实。全区兑现各类产业引进及培育资金16.25亿元（含2019年度高新技术企业奖补资金5348万元），向上争取产业专项资金7.31亿元。8月，制定出台《武进区“苏科贷”合作银行考核管理办法（试行）》，激励合作银行支持科技型小微企业创新发展，破解中小型科技企业融资难、融资贵问题。支持落实武进英才计划新政，加大招才引智力度，吸引顶尖人才、杰出人才和领军人才集聚武进。

**【生态环境财政投入】** 2020年，区财政局按照武进区建设生态保护引领区的部署要求，建立市场化、多元化生态补偿机制，提升环境经济政策调控水平。执行区域开发生态补偿制度，统筹资金13.49亿元，重点支持水环境整治、污水处理厂管网建设、长江流域退捕禁捕、耕地保护等生态环境保护和治理项目。其中，区农村分散式生活污水处理工程一期192套生活污水处理设施建成投运、二期通过竣工验收，并通过2020年度省级政府和社会资本合作（PPP）示范项目评审。兑付资金6202万元，落实“263”减化、老旧汽车提前报废等专项工作。建立环评信息共享机制，及时为银行信贷审核提供依据，引导银行业金融机构完善绿色金融服务体系，加大绿色信贷投入，全区绿色信贷余额275.68亿元。推进环境污染责任保险试点，关注18家试点投保企业保险保障情况。

**【社会事业财政保障】** 2020年，武进区加大对教育、卫生等民生事业的财政投入，提升人民群众基础公共服务保障水平。投入资金2.5亿元，支持省武进高级中学异地搬迁和卢家巷实验学校、牛塘中心小学等改扩建重点项目实施。支持义务教育阶段教师备案制管理、幼儿园教师员额管理，稳定教师队伍。制定以奖代补政策，推进简易托儿园（所）全面整治。落实资金6592万元，支持武进第三人民医院、医疗机构发热门诊建设和村级卫生所提档升级等重点项目实施，优化医疗卫生资源配置。安排经费5100万元，支持开展危房解危及群租房集中整治。安排经费3750万元，推进融媒体中心、新时代文明实践中心建设，巩固舆论宣传阵地。安排粮肉保供储备资金及生猪养殖专项资金1964万元，保障地区粮食和重要农副产品供应安全。安排文化体育事业发展资金1358万元，满足人民群众文化体育生活需求。安排资金998万元，支持应急广播系统建设，提高应对突发事件处置能力。安排经费1.05亿元，实施升级版技防城、社会治理云平台、学校安全防护建设等重点项目，提升全区社会治理能力。安排经费3079.43万元，支持开展扫黑除恶专项斗争。

**【财政支持社保事业】** 从2020年1月起，武进退休职工基础养老金标准提高至每人每月300元；失地农民第四年龄段保养金发放标准提高至每人每月900元。落实部分退役士兵社会保险接续工作，保障退役士兵合法权益。出台《武进区养老服务工作第三方考评办法》，支持区级智慧养老信息服务中心建设，年内建成湖塘镇等9个镇级居家养老服务中心，推进居家养老上门服务，提升全区养老服务水平和能力。全面整合企业退休人员、60周岁及以上老年人、严重精神障碍患者体检及家庭医生签约体检政策，提高老年人体检工作质量和效率。落实城乡居民养老、医疗、就业、抚恤等政策，兑付各类社保资金12.09亿元，支持军转干部解困、退役士兵安置、职业技能培训、家庭医生签约等工作有序开展。及时落实《关于进一步深化临时救助工作的实施意见》，实现临时救助政策常武一体化。推进基本政策、待遇标准、基金管理、经办管理、定点管理、信息系统六方面统一的基本医疗保险和生育保险市级统筹制度，武进职工医保当期收入全额及时缴入市级国库。

**【财政支持乡村振兴】** 2020年，武进区安排农林水专项经费1.3亿元，支持高标准农田建设及农业产业发展；向上争取农业政策扶持资金5.5亿元，加大农田水利基础设施投入，加快构建现代农业体系。区财政部门落实《武进区促进乡村振兴走在前列的扶持办法（2020—2022年）》《关于支持乡村振兴战略的若干财政金融政策意见（2020—2022年）》，加大财政服务“三农”力度，协调推进农业农村现代化建设。先后出台《2020年度武进区农机化发展扶持政策》《武进区乡村振兴扶持资金管理办法》《常州市武进区生猪养殖专项资金管理办法》，提高财政支农资金使用绩效。落实疫情期间政策性农业保险优惠政策，推进宅基地改革试点，实施小型公益设施“一事一议”项目130个。

**【国资国企管理改革】** 国资管理改革 2020年，区财政局首次向区人大报告全区国有资产管理总体情况，提升国有资产管理公开透明度。推进闲置、低效国有资产处置工作，统计并对社会公布满足处置条件的国有资产信息，公开遴选6家资产拍卖机构参与国有资产处置工作，全年取得资产处置、出租收入3.14亿元。开展国有资产统一公开招租工作，全年审批资产出租事项47批次，招租金额1033.55万元。推进行政事业单位国有资产委托运营管理，探索开展行政事业单位停车场有条件对外开放，提高国有资产资源使用效益。建设国有企业出资人综合监管信息平台，于12月初上线运行，要求区属国有企业录入企业资产运行情况，及时掌握国有企业相关数据，提升国资监管时效性、全面性。明确行业协会商会与行政机关脱钩有关国有资产管理工作要求，规范脱钩过程中国有资产管理工作流程，严防国有资产流失。

国企管理改革 武进推进国有企业混合所有制改革（简称“混改”），由先行集团与香港中华煤气共同组建道胜环境产业有限公司，实现辖区集团一级子公司混改工作“零突破”；完成区镇国有企业一体化管理工作实质性移交。加快局属公司清理，推进区应急管理局下属常州市武安安全生产培训服务中心有限公司审计及区城管局下属常州市正源环保资源综合利用有限公司移交工作。区财政局落实融资成本管控政策，搭建“易企银”资金融通平台，降低国企融资成本；履行国资监管职责，开展国企财务预算管理、投资管理、产权交易管理等工作，严格预算执行、降低投资风险、规范产权交易行为。年内，区属企业违规经营投资责任追究工作体系建成，区级集团公司明确集团内负责责任追究机构，配齐配强监督追责工作队伍，制定违规经营投资责任追究管理制度。印发《关于推进区级经营性国有公司市场化选聘职业经理人工作指导意见》和《区级国有集团公司高管人员市场化招聘指导意见》，优化国有企业人力资源配置，推进国有企业干部队伍建设。

**【财政管理改革】** 10月，武进区出台《关于进一步深化预算管理改革的实施意见》，从构建现代预算编审体系、完善预算决策分配机制、加强预算执行管理、健全预算监管机制四方面完善预算管理制度。同月，出台《关于进一步加强区级政府专项资金管理和改革的实施意见》，提升财政资金安全和使用效益。推进“放管服”改革，从3月起启动财政电子票据和非税收入收缴电子化改革，5家区级试点单位同步推行医疗电子票据改革工作，至年底，全区22家医疗机构（含3家区级医疗机构、18家公立医院）实现医疗票据电子化。开展财政资金存放管理自查，组织各预算单位开展实有资金银行账户清理。开展房屋维修专项资金存放银行公开招投标，全区存量维修资金19.5亿元以三年期定期存单方式分别存放于10家银行。贯彻落实政府集中采购要求，开展节能环保、社会关注、民生项目和扩大内需等政府采购工作，年内审批政府采购交易项目736项。

**【严格政府债务管理】** 2020年，武进区按照“急需必须”原则，严控年度政府性投资项目，从源头上严防政府债务过快增长。筹措资金，化解年度债务，压降债务率。全年争取到账政府专项债券资金42.48亿元，支持南沿江铁路、城市基础设施建设、棚户区改造等重点项目实施。年末，武进区地方政府债务余额214.03亿元（其中常州经开区23.08亿元），政府债务率52.2%。

（陈　丹）

# 税　务

**【概况】** 2020年，全区税务部门克服新冠疫情和外部环境变化叠加影响，推进新税收征管体系建设，严格风险管控，践行依法治税，落实各项减税降费政策及支持疫情防控和企业复工复产的税费优惠政策，统筹推进疫情防控和税收事业各项工作，服务经济社会发展。落实“把该减的税减到位、把该降的费降到位、把该征的税费依法依规征收好，坚决打击虚开骗税，坚决不收‘过头税’，坚决做好留抵退税”要求，依法依规组织税费收入。全区（不含常州经开区，下同）组织完成各项税费收入284.36亿元，完成一般公共预算收入118.4亿元。落实助力企业复工复产等减税降费政策，办理各类退税43.55亿元；新增减税降费37.72亿元，其中税收减免14.79亿元、社保费及非税收入减免22.93亿元。推广应用行政执法信息公示平台，规范税务行政处罚裁量权行使，加强公职律师培养使用，年内新增公职律师5名，全年办理诉讼案件3起；开展发票受托协查和立案工作，完成发票协查749户、发票立案查结131起。开展税收经济调研分析，挖掘税收大数据内涵价值，完成《从增值税发票数据看武进区企业复工复产情况》等5篇文章。向上级税务部门报告数据应用建议，其中“新冠肺炎影响有关房土税优惠情况查询”建议被省税务局采纳；破解安置房办证难新举措得到省政府领导肯定，老干部管理做法得到国家税务总局领导表扬性批示，区税务局“彩虹舟”文明实践行志愿服务项目获第五届江苏志愿服务项目展示交流会金奖。

**【税费征管】** 2020年，区税务局落实省税务局《关于市县局新征管体系示范点建设操作要点》要求，从制度建设、任务统筹、税源联动等方面推进新税收征管体系建设，于11月通过市税务局预验收。优化完善企业注销流程，制定《关于进一步缩短清税（注销）时长的工作要求》，扩大即办注销范围，减少报送资料，平均办理时长缩短20%，即办注销比例提高6个百分点。加强税费征收管理，增值税发票智能审核系统、异常扣税凭证2.0系统上线运行，全面启用委托代征系统增值税发票代开监控管理功能，推行小规模纳税人自行开具增值税专用发票。推行个人所得税首次综合所得年度汇算自行申报管理制度，全年完成自然人异议申诉3178户次。率先在全市开展社保费退费工作。依托税收业务协同管理系统，加强对重点费源企业的跟踪管理。提升土地增值税在清算计划制定、清算审核、税源质量监控等重点事项的质效，与武进自然资源和规划分局建立耕地占用税联席会议机制，实现涉税信息部门间共享共用。严格风险防控，组建大数据管理团队，加强税收大数据应用服务、数据安全治理，开发"风险应对任务分配查询工具"和"2019年度残保金征收比对查询工具"两项数据产品，提升税收情报支持力度；设立"疫情防控涉税数据加工专岗"，向区政府有关部门提供数据超25万条；推行数据加工承诺办结制度，提供数据服务时间压缩50%；推行权限管理制度，组织实施税收风险提示提醒、发票受托协查、举报受理等风险管理工作，通过风险应对平台完成应对任务840户。

**【纳税服务】** 2020年，区税务局聚焦便民办税春风行动主题，优化税收营商环境。落实"非接触式"办税，成立"不见面"办税支持团队，严格落实"全程网上办"和"最多跑一次"清单事项。推行"预约办""错峰办""容缺办""延期办"、文书电子送达服务，开通辖区疫情防控重点物资保障企业办税绿色通道，对有需求企业上门指导操作，提升办税效率。推广应用手机App、微信等移动办税缴费举措，优化自助办税功能，全区"非接触办税"业务占比率91.8%，网上领用发票超600万份。提升纳税咨询特服号接通率、准确率和规范性，全年接听"12366"咨询电话8.18万个，比2019年增长32.76%。联合区金融机构开展"银税互动"，发放"银税互动"贷款8亿元，及时帮助企业复工复产。与区不动产中心等部门开展安置小区集中办证，开设联办窗口8个，税费缴纳和不动产权证登记业务办理时间压缩80%，服务安置房办证相关做法得到国家税务总局领导肯定。

**【税收宣传】** 2020年，区税务局克服新冠疫情影响，开展多方式税收宣传，助力企业复工复产。利用报纸、网络、电视、电台、微信群、公众号、"云课堂"等途径，借助涉税中介等第三方机构，开展线上、线下税收政策培训辅导，举办各类辅导培训20余场次。发挥"税收智囊团""税小武"青年服务团队优势，满足企业个性化需求。开发"建哥直播间"等新媒体税收宣传产品，以纳税人缴费人喜闻乐见的方式宣传政策。第29个全国税收宣传月期间，开展便民办学春风行动，举办"纳税服务开放日""媒体开放日"及青少年税法学堂等活动。年内，发送政策优惠宣传短信43万余条，上门辅导企业200家次，企业案例被各级媒体报道近150篇次，"建哥直播间"政策带货视频获省税务局微信公众号推荐，"税收智囊团"直播讲堂吸引线上观众2万余人次。

（方青恬）

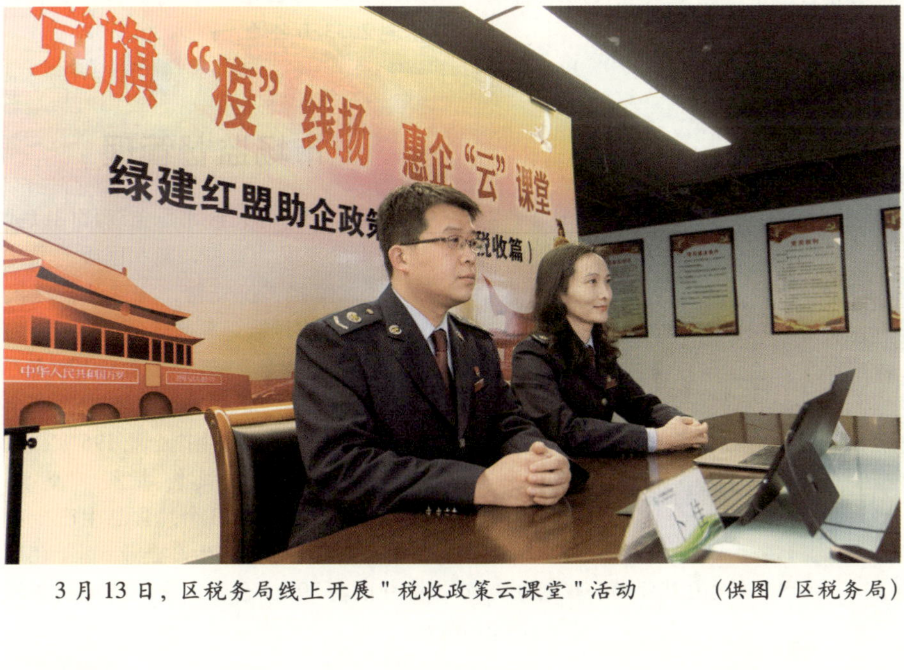


3月13日，区税务局线上开展"税收政策云课堂"活动 （供图/区税务局）

## 土地资源管理

**【概况】** 2020年，区自然资源和规划部门贯彻落实新修订的《中华人民共和国土地管理法》，实施"重引领、强基础、严管理、优服务、聚合力"五项行动，构建科学高效国土空间规划体系和开发保护格局。坚持新发展理念，注重自然资源和规划管理系统性、整体性，推动利用方式转变，保障重大项目实施。坚持"两山理念"，履行国土空间用途管制和生态保护修复职责，于10月底完成全区第三次国土调查主体工作。编制完成《武进区自然资源统一确权登记总体方案》，做好全区林权、土地承包经营权和太湖自然资源的确权登记。建设自然资源"一张图"管理平台和数据库，构建国土资源空间管控基础，提升治理和服务效率。坚持依法行政，贯彻新土地管理法，形成武进区征地区片综合地价成果，确定农用地、建设用地、未利用地的征地补偿标准。出台《武进区自然资源和规划指令性任务操作规程》《武进区地下管线规划管理实施办法》等文件，结合专项整治，加强自然资源综合执法监管。落实建设项目"全程包办""全程代办""容缺受理"等服务举措，于5月印发《常州市自然资源和规划局武进分局重大项目服务工作机制》。探索实践"工业项目窗口一站式办结"、工业项目审查权下放至基层所等服务举措，推进"多审合一、多证合一、多验合一"集成改革，实现规划选址与用地预审合并、建设用地规划许可与用地批准手续合并、规划核实与土地核验合并。全年核发用地预审与选址意见书54份、面积119.6公顷，建设用地规划许可证54份、面积154.1公顷，建设工程规划许可证158份、面积426.11万平方米；完成工业项目审批事项352个；办理建设工程规划核实92个，核实总面积353.98万平方米。加强土地市场有效供给和调控，全年供应保障性住房用地

68.81公顷、普通商品住房用地56.92公顷，合同金额101亿元。实行局领导包案、属地负责，压减信访量，全年受理信访98件，均完成答复。年内，武进区获评“2020年度江苏省自然资源节约集约利用模范县（市、区）”，武进自然资源和规划分局获评“2019—2020年全省自然资源信访工作成绩突出集体”“2020年度全省自然资源法治建设工作成绩突出单位”，常州市自然资源和规划局武进经济开发区中心所、常州市自然资源监察支队武进大队、武进规划勘测设计院获评市先进基层单位；《常州市自然资源和规划局武进分局用字第320400202050013号建设项目用地预审与选址意见书》获评首届江苏省“十佳行政许可案卷”。

**【违法用地查处】** 2020年，区自然资源和规划部门全面加强违法用地查处，坚决遏制新增违法用地，严格控制过程性违法用地，构建土地执法长效机制。实施违法用地综合整治三年（2019—2021年）行动，制定《常州市武进区违法用地综合整治“三年行动”工作方案》，梳理2013年以来的违法用地，涉及土地面积57.32公顷，完成整改面积48.76公顷，整改到位率85.06%。推进土地卫片执法监察，实行实时监管和日常执法监管相结合，全年核查卫片图斑152个（涉及面积209.91公顷），未发现违法用地图斑。巩固自然资源领域扫黑除恶专项斗争成果，参与违法违规“小化工”百日专项整治行动，摸排2批12个地块，建立一案一档，拆除违法用地1宗。配合开展耕地保护督察，整改项目205个、面积174.7公顷全部整改到位；推进农村乱占耕地建房问题专项整治，确定纳入摸排范围的图斑2356个，占用土地面积193.57公顷。推进“大棚房”问题专项清理整治行动，排查设施农业问题项目27个，全部完成整改；从严实施别墅清查，通过六轮梳理排查，发现违建别墅问题2个，涉及别墅2幢2套，建筑面积819平方米，全部完成拆除；依法开展“群租房”整治，逐一梳理排查市自然资源和规划局下发的群租房线索6382条，完成线索移交6358条。全年拆除违法用地35宗，退还土地面积12.21公顷。

**【重点建设用地保障】** 2020年，区自然资源和规划部门通过向上争取指标及科学分配新增建设用地计划，保障全区建设项目用地需求。严格实行“重保优供、分级保障”制度，深化产业用地准入评审机制、工业用地差别化供应、“双合同”管理机制、合同履约保函（保单）制度，促进企业转型发展，减轻企业用地成本。全年办理各类建设项目供地102宗，面积1217.65公顷，出让总金额104.6亿元。紧扣“重大项目强化攻坚年”任务，通过优化增量、挖潜流量、集体入市、多方沟通等方式，建立市留计划“点对点”精准保障机制，保障安川（中国）机器人有限公司、常州集成电路生态产业园有限公司、常州鑫洋医疗科技有限公司等省、市、区重大项目用地需求，涉及面积43.53公顷。保障新增建设用地需求总量30.61公顷。

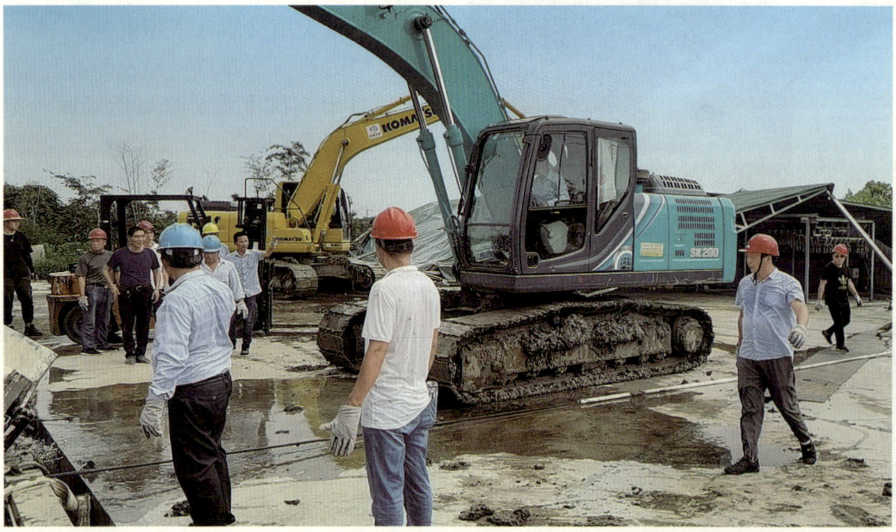


7月7日，嘉泽镇拆除违法用地，进行复垦　（供图/武进自然资源和规划分局）

**【武进区第三次全国国土调查统一时点更新】** 2020年，区自然资源和规划部门按照部、省、市关于开展第三次全国国土调查统一时点更新调查的通知要求，在第三次国土调查初始调查成果基础上，开展武进区第三次全国国土调查（简称“三调”）统一时点更新工作。以2019年12月31日为统一时点更新的标准时点，通过比对“三调”统一时点与“三调”初始调查底图采用的正射影像图，内业提取“三调”初始时点以来的各类土地变化情况，形成“三调”统一时点更新调查底图；以实地现状地类认定为原则，实地调查“三调”初始时点与统一时点间每一块变化土地的地类、范围、权属和面积等实际情况；对按“三调”实施方案和技术规程等明确需要举证的图斑逐一实地拍照举证；在县级“三调”初始数据库基础上，形成“三调”统一时点更新数据增量包。武进区“三调”统一时点更新项目范围包含8个镇及武进经发区、武进高新区2个开发区，总面积8.84万公顷。在时点更新中，内业变更图斑数16261个，面积121.28千米，外业举证图斑数17657个。经过省部两级检查整改，10月28日，所交数据库通过国务院“三调”办数据库质检。根据时点更新数据统计，武进区第三次国土调查总面积8.84万公顷，其中，农用地4.05万公顷，占比45.86%；建设用地2.45万公顷，占比27.77%；未利用地2.33万公顷，占比26.37%。

（季　云）

## 市场监督管理

**【概况】** 2020年，区市场监管部门以武进高质量发展为目标，紧扣区委“六提工程”，围绕“抗疫情、守底线、保民生”，推进市场监管领域各项工作。年内新增市场主体3.25万户，累计17.51万户。有药品生产企业14家、药品经营企业564家；医疗器械生产企业196家、医疗器械经营企业（含零售、批发）798家；餐饮服务单位11613个、食品生产企业209家、食品添加剂生产企业5家；在用特种设备39111台套，全区特种设备超期末检率压降至0.06%。引导企业增强知识产权保护意识，全年申请专利17163件，获专利授权12418件，万人有效发明专利60.47件；申请商标12146件，新注册商标7656件，累计有效商标注册量41944件，在全省县（区）中位列第五（商标数据含常州经开区，专利数据不含常州经开区）；“礼嘉葡萄”获评地理标志证明商标，累计地理标志证明商标2个。推进质量品牌建设，新增省长质量奖企业1家、市长质量奖企业2家、区长质量奖企业3家，分别累计1家、7家、18家；新增省质量信用AAA级企业1家、AA级企业1家，分别累计27家、11家；辖区企业参与制（修）订国家标准17项、行业标准9项，新增省级标准化试点企业1家，累计标准化试点示范项目国家级3个、省级18个、市级2个。深入实施民生工程，完成食品安全抽检5625批次，合格率98.76%；建成“安心菜场”2家，累计24家；新增“阳光餐饮”上线单位2328个，累计2600余个。区投诉举报中心及区消费者协会共受理投诉举报2.01万件，为消费者挽回损失331万元。实施以“双随机，一公开”为基本手段、以重点监管为补充、以信用监管为基础的新型监管机制，强化抽查结果在信用联合惩戒工作中的运用，加强严重违法失信名单管理，清理长期未经营企业，将企业征信证明、企业档案查询与市场主体年报一同纳入信用监管之中，优化营商环境。全区市场主体2019年度年报率76%，其中企业年报率90.8%，高于全市企业平均年报率88.8%；个体工商户年报率68.4%。协助企业融资，全年完成动产抵押登记276件，担保主债权30.71亿元。推进“证照分离”改革，确定改革事项17项（改为备案1项、告知承诺5项、优化准入服务11项），开展“证照分离”监管1434次，反馈到江苏省市场监管信息平台数据335条。

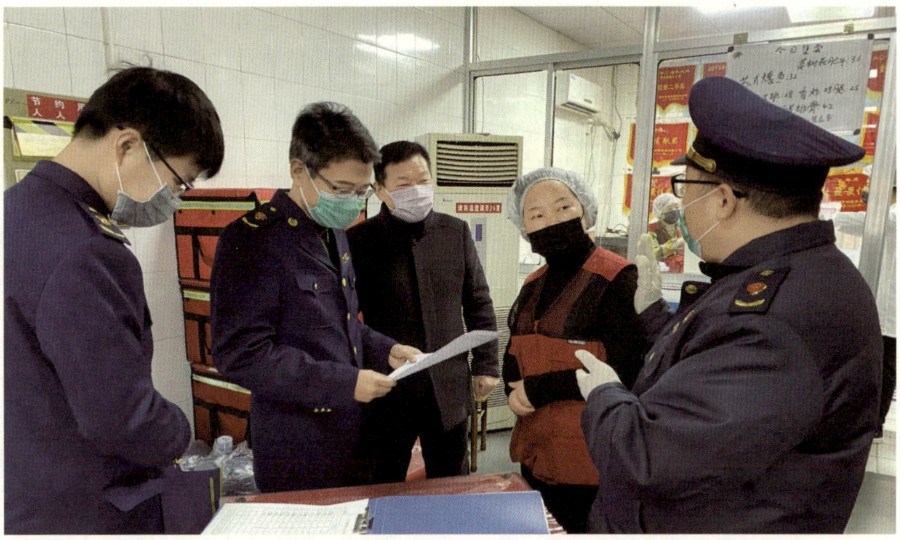

2月，食品科监管人员助力企业复工食品安全保障，开展配餐单位检查

（供图／区市场监管局）

**【抗疫市场监管】** 2020年，区市场监管部门履行部门职责，助力抗击新冠肺炎疫情（简称“抗疫”），服务全区经济社会发展。1月26日至4月24日，落实省药品监督管理局关于新冠肺炎疫情防控期间药械经营管理有关要求，统计上报全区药品零售企业退热药、止咳药销售33439人次。1月23日至6月4日，加强集贸市场监管，杜绝野生动物及活禽交易，检查农贸市场及花鸟市场2886个次，关停活禽交易市场48个，检查野生动物经营户9919个次，监测电商平台（网站）673个次。开展药品医疗器械经营企业防控疫情检查59家次，督查生产疫情防控物资相关企业5家次，检查总体情况良好。服务疫情防控物资生产企业，为11家有关口罩、防护服等疫情防控物资医疗器械企业应急审批开展现场咨询。率先在全市开展民用口罩质量监管，牵头制定《武进区熔喷布及民用口罩行业规范整治提升辅导意见》，受理关于口罩及熔喷布的投诉举报1200余件，立案查处78起。开展全区口罩及熔喷布行业综合整治，排查全区口罩生产市场主体892个、熔喷布市场主体225个。检查药械经营企业500余家次。复工复产前，劝阻256家饭店取消宴席接待807场次，劝阻农村集体聚餐441场次。采取联合排查、实地走访、现场指导等举措，检查食品生产企业近100家，现场指导企事业单位食堂近500个，保障企业及学校安全。采取“兜底式”特事特办助力复工企业员工用餐，批准供应团餐大中型餐饮单位7个。全区未发生因为食品及餐饮导致的疫情传播事件。

表32　2020年武进区市场主体情况表　单位：个（家、户）

| 所属镇（街道）、开发区 | 市场主体数 | | | | |
|---|---|---|---|---|---|
| | 私营企业 | 国有（集体）控股企业 | 外资及港澳台资企业 | 个体工商户 | 农民专业合作社 |
| 总　数 | 53003 | 3243 | 1022 | 117313 | 500 |
| 武进高新区 | 11731 | 765 | 417 | 18215 | 20 |
| 西太湖科技产业园 | 3496 | 267 | 173 | 1852 | 11 |
| 雪堰镇 | 3169 | 207 | 34 | 10874 | 93 |
| 礼嘉镇 | 3010 | 250 | 29 | 6104 | 49 |
| 前黄镇 | 2249 | 100 | 21 | 6028 | 94 |
| 湖塘镇 | 18845 | 1181 | 232 | 44369 | 9 |
| 牛塘镇 | 4942 | 144 | 64 | 11580 | 5 |
| 洛阳镇 | 2768 | 123 | 20 | 5725 | 35 |
| 湟里镇 | 1407 | 81 | 12 | 6342 | 92 |
| 嘉泽镇 | 1386 | 125 | 20 | 6224 | 92 |

**【质量强区建设】** 2020年，区市场监管部门围绕全区高质量发展要求，夯实基础，推动全区质量建设。引导企业导入

卓越绩效管理模式，推广先进质量管理方法，新增省长质量奖企业1家、市长质量奖企业2家、区长质量奖企业3家，分别累计1家、7家、18家。新增省质量信用AAA级企业、AA级企业各1家，分别累计27家、11家。江苏龙城精锻有限公司的混合励磁发电机爪极精密锻件产品获“江苏精品”认证。推进标准化建设，引导并推动企业开展技术标准研制工作，参与制（修）订国家标准19项、行业标准13项；推进企业产品标准自我声明公开工作，全区企业自我声明公开标准1272项。引导企业申报省级标准化试点项目，发挥标准化试点企业示范带动作用，江苏绿和环境科技有限公司获评省级战略性新兴产业标准化试点企业，5个省级标准化试点项目通过验收，有市级及以上标准化试点示范项目23个。

表33　2020年武进区获评质量奖企业情况表

| 类　别 | 企 业 名 称 |
|---|---|
| 省长质量奖 | 新誉集团有限公司 |
| 市长质量奖 | 江苏友奥电器有限公司<br>江苏洛凯机电股份有限公司 |
| 区长质量奖 | 江苏国茂减速机股份有限公司<br>江苏南方通信科技有限公司<br>新纶科技（常州）有限公司 |
| 江苏省质量信用AAA级 | 新誉集团有限公司 |
| 江苏省质量信用AA级 | 万帮数字能源股份有限公司 |

表34　2020年武进区企业参与制（修）订国家和行业标准情况表

| 企 业 名 称 | 标 准 名 称 | 标准编号 |
|---|---|---|
| 卡尔迈耶（中国）有限公司<br>五洋纺机有限公司<br>江苏润源控股集团有限公司 | 纺织机械与附件 平型经编机词汇 第1部分：基本结构和成圈机件 | GB/T 38399.1—2019 |
| 卡尔迈耶（中国）有限公司<br>五洋纺机有限公司<br>江苏润源控股集团有限公司 | 纺织机械与附件 平型经编机词汇 第2部分：送经、织物牵拉和卷取 | GB/T 38399.2—2019 |
| 五洋纺机有限公司<br>卡尔迈耶（中国）有限公司<br>江苏润源控股集团有限公司 | 纺织机械与附件 平型经编机词汇 第3部分：提花装置 | GB/T 38399.3—2019 |
| 卡尔迈耶（中国）有限公司<br>五洋纺机有限公司<br>江苏润源控股集团有限公司 | 纺织机械与附件 平型经编机词汇 第4部分：缝编机和缝编装置 | GB/T 38399.4—2019 |
| 常州市联谊特种不锈钢管有限公司 | 不锈钢极薄壁无缝钢管 | GB/T 3089—2020 |
| 常州市联谊特种不锈钢管有限公司 | 不锈钢小直径无缝钢管 | GB/T 3090—2020 |
| 江苏常发农业装备股份有限公司 | 往复式内燃机能效评定规范 第1部分：柴油机 | GB/T 38750.1—2020 |
| 常州市建筑材料研究所有限公司 | 蒸压加气混凝土砌块 | GB/T 11968—2020 |
| 常州市建筑材料研究所有限公司 | 蒸压加气混凝土性能试验方法 | GB/T 11969—2020 |
| 常州市建筑材料研究所有限公司 | 蒸压加气混凝土板 | GB/T 15762—2020 |
| 普罗斯电器（中国）有限公司 | 金属卤化物灯（钪钠系列）性能要求 | GB/T 18661—2020 |
| 新城控股集团股份有限公司 | 公共信息标志载体 第1部分：技术要求 | GB/T 38651.1—2020 |
| 江苏龙城精锻有限公司 | 变形铝合金精密锻造 工艺规范 | GB/T 38958—2020 |
| 江苏先诺新材料科技有限公司 | 高强高模聚酰亚胺长丝 | GB/T 39027—2020 |
| 常州市永明机械制造有限公司 | 水泥包装袋 | GB/T 9774—2020 |
| 常州气弹簧有限公司<br>常州市莱特气弹簧有限公司 | 气弹簧设计计算 | GB/T 39433—2020 |
| 江苏河马井股份有限公司 | 热塑性塑料检查井井座抗压失稳试验方法 | GB/T 39395—2020 |
| 遨博（江苏）机器人有限公司 | 机器人 服务机器人性能规范及其试验方法 第1部分：轮式机器人运动 | GB/T 38834.1—2020 |
| 常州易尔泰智能传动技术有限公司 | 工业机器人的通用驱动模块接口 | GB/T 38560—2020 |
| 常州市华荣友佳纺织染整有限公司 | 莫代尔纤维纱线与涤纶低弹丝交织印染布 | FZ/T 14050—2020 |
| 常州嘉宝服饰有限公司 | 莱赛尔纤维纱线与涤纶氨纶包覆丝线交织印染布 | FZ/T 14049—2020 |
| 常州市武进棉塑织造有限公司 | 锦纶氨纶弹力印染布 | FZ/T 14048—2020 |

续表 34

| 企业名称 | 标准名称 | 标准编号 |
|---|---|---|
| 江苏河马井股份有限公司<br>江苏恒泰泳池科技股份有限公司 | 模块化雨水储水设施 | CJ/T 542—2020 |
| 江苏河马井股份有限公司<br>江苏恒泰泳池设备有限公司 | 模块化雨水储水设施技术标准 | CJJ/T 311—2020 |
| 江苏绿和环境科技有限公司 | 混凝土和砂浆用再生微粉 | JG/T 573—2020 |
| 创生医疗器械（中国）有限公司 | 外科植入物 金属骨针 第1部分：通用要求 | YY/T 0345.1—2020 |
| 创生医疗器械（中国）有限公司 | 外科植入物 部分和全髋关节假体 第13部分：带柄股骨部件头部固定抗扭转力矩的测定 | YY/T 0809.13—2020 |
| 创生医疗器械（中国）有限公司 | 外科植入物 部分和全髋关节假体 第12部分：髋臼杯形变测试方法 | YY/T 0809.12—2020 |
| 常州市武进广宇花辊机械有限公司 | 非织造布分切复卷机 | FZ/T 93120—2019 |
| 江苏龙城精锻有限公司 | 共轨系统用喷油器壳体精密锻件 技术要求 | JB/T 13849—2020 |
| 常州市钱璟康复股份有限公司<br>常州市建本医疗康复器材有限公司 | 康复训练器械 砂磨桌 | MZ/T 151—2020 |
| 卡尔迈耶（中国）有限公司<br>五洋纺机有限公司<br>江苏润源控股集团有限公司<br>黑皇蜂针业（常州）有限公司 | 特里科型经编机 | FZ/T 97039—2019 |

**【“双随机、一公开”抽查】** 2020年，区市场监管局深入实施以“双随机、一公开”为基本方式的新型监管机制，提高综合监管执法效能。

全区“双随机”联合抽查 8月，按照《武进区监管领域部门联合抽查事项清单》，全区涉及市场监管领域的16个部门在安全生产、扫黑除恶、民生安全等重点领域，开展部门联合“双随机”抽查17次，检查市场主体3167户。经查，未发现问题2296户、未按规定公示应当公示的6户、公示信息隐瞒真实情况弄虚作假1户、通过登记的场所无法取得联系765户、发现问题责令改正15户、不配合检查情节严重26户、未发现该次抽查涉及的经营活动41户，发现问题待后续处理17户，结果全部录入省市场监管信息平台，企业检查结果通过国家企业信用信息公示系统向社会公示。

市场监管部门“双随机”抽查 开展“双随机”抽查任务74项，涉及企业3109家。其中，省、市市场监督管理局下发任务17项，涉及企业2580家；区市场监管局自定任务41项，涉及企业462家；参与上级下发的联合“双随机”任务2项，涉及企业23家；参与区级部门“双随机”监管任务14项，涉及企业44家。经检查，全部经营正常，均录入江苏省市场监管信息平台，企业的检查结果均通过国家企业信用信息公示系统向社会公示。

涉企信息归集情况通报制度推行 按照政府职能转变和“放管服”改革要求，实行涉企信息归集情况通报制度，推动省市场监管信息平台的各使用部门将行政许可、行政处罚、监督检查等涉企信息应归尽归。至年末，辖区在该平台上线用户41个，其中区级机关单位31个、乡镇10个；录入信息12.1万条，其中市场主体数据11.14万条、行政处罚信息1443条、抽查检查信息7083条，行政处罚公示率达94%。

**【食品安全监管】** 2020年，区市场监管部门围绕创建省级食品安全示范区目标，加强食品安全监管，保障民生安全。开展“守护婴幼儿健康”、保健食品、春秋季学校及周边食品安全等常态化专项整治活动10余次，检查食品经营主体2万余家次，核查生产企业196家次。完成涉及中、高考等重大活动及会议的食品安全保障任务10余次，确保18万人次用餐安全。新增建成电子追溯系统食品生产企业9家，累计23家。全年抽检各类食品5610批次，合格5555批次，合格率98.76%。实施民生工程，新建“安心菜场”2家，累计24家，完成菜场食用农产品快检7.6万批次；推进“阳光餐饮”建设，通过“阳光餐饮”App向消费者公开餐饮单位后厨卫生等情况，新增上线餐饮单位2283个，累计5500余个。开展省级餐饮服务质量安全示范街区和示范店创建，创成省级食品安全示范店14个，武进高新区南苑商业街获评省级餐饮服务质量安全示范街。7月，开展冷冻冷藏肉品风险排查，对生产经营单位、

表35 2015—2020年武进区持证餐饮服务单位情况表

| 年度 | 户数 | 增长（±%） | 年度 | 户数 | 增长（±%） |
|---|---|---|---|---|---|
| 2015 | 7168 | 7.95 | 2018 | 10387 | -4.03 |
| 2016 | 9914 | 38.31 | 2019 | 12016 | 15.68 |
| 2017 | 10823 | 9.17 | 2020 | 12206 | 1.58 |

表 36

2014—2020 年武进区食品安全抽检情况表

单位：批次、%

| 年度 | 种植养殖 | 生产加工 | 市场流通 | 餐饮消费 | 总批次数 | 合格率 |
|---|---|---|---|---|---|---|
| 2014 | 883 | 800 | 1400 | 1577 | 4640 | 97.24 |
| 2015 | 900 | 1013 | 2295 | 1937 | 6145 | 98.41 |
| 2016 | 780 | 668 | 2333 | 1899 | 5680 | 98.73 |
| 2017 | 600 | 649 | 2808 | 2393 | 6450 | 98.37 |
| 2018 | 700 | 607 | 3430 | 2463 | 7200 | 97.92 |
| 2019 | 600 | 464 | 3877 | 2979 | 7920 | 98.50 |
| 2020 | 407 | 399 | 3136 | 1683 | 5625 | 98.76 |

非食品生产经营从事冷冻冷藏食品贮存者冷库情况摸底建档，摸排冷库 83 个，均为生产经营单位自建冷库；配合疾控部门每周对冷链食品及从业人员开展核酸检测，抽检生产企业、超市、农贸市场 50 余个次，采样 1000 多批次。至年末，全区有持证餐饮服务单位 11613 个。

**【药品及医疗器械安全监管】** 2020 年，武进区完成药品省级抽样 150 批次、医疗器械国家抽样 28 批次，上报药品不良反应 681 例。

专项检查　4—10 月，组织开展无菌和植入性医疗器械专项检查，检查经营企业 160 家、检查使用单位 85 个，总体情况良好。4—11 月，开展角膜接触镜、避孕套专项检查，检查隐形眼镜经营企业 24 家，总体情况良好；检查避孕套相关经营企业 262 家，警告责令整改 1 家。6—11 月，组织开展医疗器械“清网”行动，检查涉及互联网销售医疗器械经营企业 28 家，责令整改 1 家。10—12 月，对 1 家疾控机构（疫苗配送单位）、24 家疫苗接种单位开展疫苗质量安全监督检查，总体情况良好。12 月，对辖区内 16 家取得互联网药品信息服务和药品交易服务资格证书企业开展监督检查，总体情况良好。年内，对 161 家药品零售企业许可证变更、延续情况开展现场检查，对 34 家新办药店实施日常检查及监督检查，当场警告处罚药店 6 个。

专项整治　4—11 月，开展药品零售企业执业药师“挂证”行为整治，重点检查存在问题的药品零售企业 26 家，当场行政处罚 1 家。4—9 月，组织开展零售、使用环节中药饮片专项整治，检查药品经营企业 327 家、医疗机构 23 个，完成中药饮片抽样 31 批。

**【特种设备安全监管】** 2020 年，区市场监管部门根据全区特种设备安全生产专项整治实施方案，按照“保持特种设备较高检验率，全面开展特种设备隐患排查”要求，推进保障特种设备本体安全监察，组织开展压力管道、简易升降机、涉危化品等领域专项整治，消除企业安全生产隐患。核查压力管道 66.32 千米，完成检验 53.52 千米。梳理 57 家涉危化品企业特种设备 705 台，排查安全隐患 115 个，立案查处企业 4 家，整改完成 20 家涉危化品企业压力管道长度 20.83 千米。对 11 家物流园区及叉车使用密集的行业企业开展专项检查，督促使用单位做好检验注册登记工作，268 名叉车作业人员完成培训取证。全年出动监察人员 4033 人次，现场监督检查企业 2301 家，发出特种设备监察指令书 259 份，处理隐患告知单 183 份。加强特种设备安全宣传培训，制作、播放特种设备安全事故警示教育片 38 场次，举办特种设备法律法规宣贯培训 38 场次、特种设备作业技能培训 8 场次。全年办理特种设备安装开工告知书 3474 份。至年末，全区有特种设备 42654 台，其中在用设备 39111 台（锅炉 193 台、压力容器 6786 台、起重机械 13928 台、电梯 12886 台、场内机动车辆 5246 台、大型游乐设施 72 台），另有气瓶 716644 个。有工业气体和液化石油气充装、检验单位 24 个，其中液化石油气充装单位 8 个、工业气体充装单位 13 个、工业气瓶检验单位 2 个、液化气瓶检验单位 1 个。全区特种设备超期未检率降至 0.06%，基本保障特种设备本体安全。

**【消费者权益保护】** 3 月 9—15 日，区市场监管部门通过《武进日报》、武进电视台、武进市场监管微信公众号等平台，举办以“凝聚你我力量”为主题的“3·15”线上宣传活动，广泛宣传消费权益保护。同时，将 2019 年度全区消费维权十大典型案例制作主题宣传折页，汇编印发宣传册 1000 份；在《武进日报》开设专栏 3 期、武进电台播放 10 期、武进电视台专题报道 3 期及微信公众号推出相关文章；通过电子屏及拉横幅形式循环播放“3 · 15”国际消费者权益日宣传标语口号。依托区市场监管局投诉举报复杂疑难事项会商工作机制，加强投诉举报处置。全年接转办理投诉举报 2.01 万件，比 2019 年增长 46.48%，办结率 94.83%，挽回经济损失 331 万余元。通

表 37

2020 年武进区各镇（街道）、开发区在用特种设备情况表

单位：台套

| 乡镇 | 锅炉 | 压力容器 | 电梯 | 起重机械 | 场内机动车辆 | 游乐设施 | 合计 |
|---|---|---|---|---|---|---|---|
| 武进高新区 | 32 | 1964 | 3383 | 2639 | 1349 | 0 | 9367 |
| 西太湖科技产业园 | 24 | 427 | 1173 | 788 | 418 | 0 | 2830 |
| 雪堰镇 | 15 | 267 | 620 | 3870 | 536 | 40 | 5348 |
| 礼嘉镇 | 19 | 278 | 441 | 1035 | 472 | 0 | 2245 |
| 前黄镇 | 16 | 499 | 232 | 1098 | 480 | 0 | 2325 |
| 湖塘镇 | 38 | 2125 | 5257 | 1076 | 591 | 32 | 9119 |
| 牛塘镇 | 13 | 266 | 945 | 599 | 473 | 0 | 2296 |
| 洛阳镇 | 17 | 381 | 439 | 1491 | 585 | 0 | 2913 |
| 湟里镇 | 15 | 524 | 168 | 1033 | 214 | 0 | 1954 |
| 嘉泽镇 | 4 | 55 | 228 | 299 | 128 | 0 | 714 |
| 合计 | 193 | 6786 | 12886 | 13928 | 5246 | 72 | 39111 |

表38

**2020年武进区消费投诉公示情况表**

| 类别 | | 公示信息(条) | 同类占比(%) | 总量占比(%) |
|---|---|---|---|---|
| 商品类 | 交通工具 | 1807 | 51.99 | 42.51 |
| | 食品药品 | 705 | 20.28 | 16.58 |
| | 服装鞋帽 | 359 | 10.33 | 8.45 |
| | 预付卡 | 202 | 5.81 | 4.75 |
| | 家居用品 | 199 | 5.72 | 4.68 |
| | 首饰 | 84 | 2.42 | 1.98 |
| | 装修建材 | 80 | 2.30 | 1.88 |
| | 通讯产品 | 40 | 1.15 | 0.94 |
| 商品类合计 | | 3476 | 100.00 | 81.77 |
| 服务类 | 餐饮住宿 | 417 | 53.81 | 9.81 |
| | 教育培训 | 219 | 28.26 | 5.15 |
| | 预付卡 | 139 | 17.93 | 3.27 |
| 服务类合计 | | 775 | 100.00 | 18.23 |
| 总量合计 | | 4251 | — | 100.00 |

过区政府网站公开涵盖交通工具、食品药品、餐饮住宿等十类消费投诉信息4251条。

【**网络及广告市场监管**】 2020年，区市场监管部门加强网络市场监管力度，依托省网络交易监测中心平台，掌握辖区网络主体情况。全区有在库网站数据8080条、网店数据5351条、移动App数据138条、微信公众号数据684条、微博数据1389条。全年检查网站、网店2271个，实地检查122个，约谈网络交易经营者33个次，删除违法商品信息81条，责令整改网站80个次。开展非法金融活动广告监测排查行动，全年监测、检查非法金融广告线索491条次；开展“软色情”等低俗、庸俗、媚俗广告清理整治行动，宣传发动9次，共监测网站、网店、微信公众号576个。开展禁售长江流域非法捕捞渔获物广告和网络交易专项行动，全年监测网络经营主体2010户次、广告1467条次；开展含有“特供”“专供”等内容广告专项清理整治行动，全年组织广告监测234条次，检查生产经营主体84户次，检查超市、集贸市场、批发零售市场等销售场所82个次。

【**稽查执法**】 2020年，区市场监管部门推进监管执法一体化工作，明确行政执法机构设置，理顺行政执法运行机制，加强行政执法队伍建设。围绕虚假宣传、不正当竞争、制假售假、侵犯知识产权等方面，加强执法力度，重点开展扫黑除恶专项斗争和全面禁售长江非法捕捞渔获物专项行动。全年查处一般程序案件364起、简易程序案件117起，案值金额373万元，罚没971万元。采取审慎包容执法方式，综合考虑企业和经营者违法行为的事实、情节、危害程度等，遵循处罚与教育相结合的原则，合理使用自由裁量权。全年作出减轻处罚案件21起，不予处罚案件50起。查办的网络刷单案件入选长三角联动执法十大案例目录，恶意注册“火神山”“雷神山”商标案入选第二届长三角地区市场监管执法协作会议典型案例汇编。

表39

**2020年武进区市场监管执法查处案件情况表**

| 类型 | 起数 | 罚没金额(万元) | 类型 | 起数 | 罚没金额(万元) |
|---|---|---|---|---|---|
| 食药（包含化妆品）类 | 152 | 188 | 广告违法 | 22 | 17 |
| 特种设备类 | 45 | 182 | 不正当竞争 | 7 | 117 |
| 产品质量类 | 64 | 159 | 涉危化品 | 4 | 24 |
| 无照经营 | 37 | 127 | 价格违法 | 9 | 48 |
| 知识产权 | 23 | 54 | | | |

【**知识产权管理**】 区市场监管局推进知识产权保护体系建设，联合区法院、检察院及武进公安分局于6月出台《关于建立和完善知识产权行政与司法协同联动民事与刑事相互衔接的知识产权保护体系的实施意见》，提高全区知识产权保护水平。年内，联合走访规模以上企业3家，为25家企业提供知识产权保护培训及维权援助服务，办理假冒商标案件1起。配合省、市市场监管局开展专利执法9次，涉及企业9家；开展流通领域专利执法行动3次，查处假冒专利案件150起；出动执法人员103人次，检查经营主体54个，查结侵犯商标专用权案件24件，案值78.92万元，罚没58万元。邀请专家为企业提供专利和商标纠纷服务维权指导，开展高知名度商标预警监测，向商标权利人反馈监测情况82件次，维护企业合法权益。新冠疫情期间，对辖区口罩生产经营企业的商标使用情况开展监管，对2家企业商标不规范使用行为实施行政指导。开展“4·26”知识产权宣传周活动，通过知识产权案件庭审观摩、知识竞赛、走访企业等形式，引导全社会特别是企业增强知识产权保护意识。启动“绿荷”知识产权强企行动，在武进区总商会、各基层商会设立维权援助工作站11个；聘请知识产权导师举办云培训，宣传省、市知识产权质押融资相关政策。年内，全区22家企业办理知识产权质押融资24笔，质押专利131件，质押金额3.57亿元。2020年，全区申报知识产权战略推进计划项目有省级19项、市级20项，分别获立项3个、7个。申报省高价值专利培育计划1项，申报省正版正货示范街区项目2个，获立项1个。获评市专利优秀奖5个、市优秀发明人1个。全区获评省知识产权

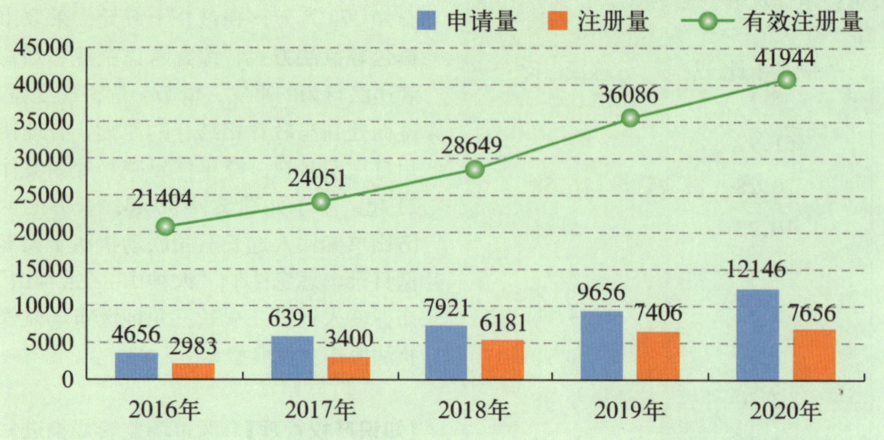

图表1："十三五"期间武进区商标申请、注册、有效注册量图

2015—2020年武进区有效注册商标量与周边县级区对比情况表

表40　　单位：件

| 县（市、区） | 2015年 | 2016年 | 2017年 | 2018年 | 2019年 | 2020年 |
|---|---|---|---|---|---|---|
| 常熟 | 29753 | 32834 | 40571 | 63596 | 100806 | 116294 |
| 苏州工业园区 | 13777 | 18085 | 24034 | 30841 | 49354 | — |
| 昆山 | 20343 | 24574 | 29415 | 34556 | 47155 | 56414 |
| 江阴 | 28446 | 30671 | 33547 | 36034 | 41912 | 46783 |
| 江宁 | 12642 | 16250 | 20878 | 29163 | 41055 | 54205 |
| 武进 | 19194 | 21404 | 24051 | 28649 | 36086 | 41944 |

管理贯标绩效评价合格单位28个，通过第三方机构认证企业23家，开展知识产权贯标备案企业286家。125家涉及机器人及智能硬件企业完成备案名录调整。

**【价格监管】** 2020年，区市场监管部门推进公平竞争审查，清理、废除妨碍中小企业公平竞争的政策措施，依法制止和纠正滥用行政权力排除、限制中小企业公平竞争行为，于8月在全省率先开展县区级公平竞争审查引入第三方机构评估试点。加强水、电、气等领域价格监管，利用行业协会开展转供电情况摸底及案件调查，全年受理资源性价格投诉举报67件，比2019年增长378.57%。加强普通商品房销售价格行为监管，查处违反明码标价规定、价格欺诈等价格违法行为，年内受理投诉7起。10月，会同区住建等部门开展联合"双随机"检查，检查在售商品房项目11个，立案查处商品房销售违规价格行为2起。强化新冠肺炎疫情防控期间相关物资稳价保供，及时处置相关投诉、举报150余起，发放各类价格提醒函600余份，组织相关巡查30余次。全年受理价格相关投诉举报578件，行政处罚5起，没收违法所得12.1万元，罚款20.6万元，退还消费者多收价款112万元。

（高文君）

## 价格管理

**【概况】** 2020年，区价格管理部门聚焦价格关键领域改革，面对新冠疫情形势，落实各级降费减负价格政策，加强价格宏观调控，突出民生价格监管，促进消费，营造良好消费环境。严格执行商品房宏观政策，确保商品房价格相对稳定，全年审议商品房价格88个批次、面积约195万平方米，普通住宅前期物业收费标准备案13个批次、面积约200万平方米。完善平价商店管理，落实平价、惠民政策，全区累计有平价商店28家。全年办理各类价格咨询、求助、投诉384件，全部按时办结。全年CPI（居民消费价格指数）涨幅2.5%，实现涨幅控制不超过3%的价格调控目标。

**天然气价格调整**　武进区与常州市同步出台非居民用天然气冬季调价政策：中准价格由每立方米2.79元上调到3.21元，按照上浮不超15%要求，最高销售价格由每立方米3.21元调整为3.69元，执行时间为2020年11月1日到2021年3月31日。经成本审核，武进区制定管道天然气配气价格为每立方米0.8元。

**成品油及热力价格管理**　落实国家成品油调价政策，武进区全年调整成品油价格13次，油价总体下跌14.8%。按照煤热价格联动办法及时调整蒸汽到户

2020年武进区成品油价格情况表

表41　　单位：元／升

| 时间＼零售价格＼最高规格 | 89号国Ⅴ汽油 | 92号国Ⅴ汽油 | 95号国Ⅴ汽油 | 0号国Ⅴ（Ⅵ）柴油 |
|---|---|---|---|---|
| 2月4日 | 6.21 | 6.63 | 7.05 | 6.25 |
| 2月18日 | 5.90 | 6.30 | 6.70 | 5.91 |
| 3月17日 | 5.14 | 5.49 | 5.84 | 5.07 |
| 6月28日 | 5.23 | 5.58 | 5.94 | 5.17 |
| 7月10日 | 5.31 | 5.66 | 6.02 | 5.25 |
| 8月21日 | 5.37 | 5.73 | 6.10 | 5.32 |
| 9月18日 | 5.14 | 5.48 | 5.83 | 5.07 |
| 10月22日 | 5.19 | 5.54 | 5.90 | 5.13 |
| 11月5日 | 5.08 | 5.42 | 5.76 | 5.00 |
| 11月19日 | 5.19 | 5.54 | 5.89 | 5.12 |
| 12月3日 | 5.37 | 5.73 | 6.10 | 5.33 |
| 12月17日 | 5.49 | 5.86 | 6.23 | 5.45 |
| 12月31日 | 5.56 | 5.93 | 6.31 | 5.53 |

中准价格，全年调价3次，价格由每吨189元调整为186元。

【疫情期间物价优惠政策落实】 2020年，新冠疫情防控期间，武进区全面贯彻落实省、市相关文件要求，及时出台水、电、气优惠政策，阶段性降低企业用水、电、气成本，助力企业复工复产。一般工业用户自来水到户价格由每立方米4.21元调整为3.93元；对承担防疫观察和治疗任务的医疗机构，免收自来水基本水费，自来水到户价格由每立方米3.93元调整为1.90元；对承担定点隔离等防疫任务的单位，商业单位自来水到户价格由每立方米4.21元调整为3.93元，事业单位自来水到户价格由每立方米3.93元调整为3.73元。从2020年2月1日起，除高耗能行业用户外，一般工商业及其他电价、大工业电价的电力用户，统一按到户电价的95%结算。

2020年2月22日至6月30日，非居民用管道天然气每立方米最高销售价格由3.75元调整为3.36元；5月20日至10月31日，非居民用管道天然气每立方米最高销售价格由3.36元调整为3.21元。疫情防控期间，非居民用户天然气价格每立方米降低0.03元；承担防疫观察和治疗任务的医院用燃气费每立方米降低0.1元。全年降低企业成本4.8亿元，其中水费、电费、气价分别惠及企业500万元、3.9亿元(含常州经开区)、0.86亿元。

1—4月，区发改局联合区各有关部门，启动实施价格临时补贴，对“低保、农村五保、城市三无、特困职工”等十类人员66483人（户）发放价格临时补贴954.1万元。

5月1—31日，武进区实行政府指导价管理的景区门票价格下浮10%。淹城野生动物园等非国有旅游景区参照执行国有旅游景区自疫情结束之日起向医务人员免费开放一年政策，春秋淹城遗址公园等国有景区实施阶段性门票价格优惠政策。

【价格监测】 2020年，区价格管理部门加强价格监测，及时做好预警预报工作。开展综合消费品市场居民食品零售价格常规监测及上报，监测37个价格监测点170余种商品价格，特别是肉、禽、蛋、蔬菜等近90个品种商品，疫情紧张及CPI高涨时期，监测频率由5日一报制改为日报制，全年上报监测数据2万余条。针对4月初部分地区大米抢购情况，增加糯米、东北大米、宝应大米、普通大米4个品种的大米价格监测，开展调研分析，发布预警预报、信息报道40余篇，编报猪肉等主副食品价格监测动态51期。督促、指导国家、省监测直报点众恒肉联及中天钢铁集团按时、保质开展直报工作。

【收费管理】 2020年，区价格管理部门执行《国家发展改革委、财政部关于降低部分行政事业性收费标准的通知》《关于应对疫情影响减免部分行政事业性收费的通知》《关于落实免征涉及灵活就业的城市道路占用费的通知》要求，及时通知相关收费单位落实，全年减轻社会负担约8万元。落实收费清理政策，动态调整涉企收费目录清单，完善涉企收费目录和公示制度，规范行政事业性收费行为。组织辖区100家行政事业性、政府制定价格的经营服务性收费单位开展收费情况报告，报告率100%。全区2019年度行政事业性收费总额64724.83万元，比2018年同期增加8347.28万元，涨幅14.81%；收费总额占一般公共预算收入的3.5%。对全区50所公办幼儿园保育教育费收费标准实施调价备案；对辖区简易幼托机构清理后符合办园条件并完成前期手续的民办幼儿园，制定保育教育费收费标准为每生每月500元；经成本审核，备案通过府北实验幼儿园（2020年9月投用）保育教育费收费标准为每生每月1500元。根据成本调查结果及周边平均水平，制定（调整）洛阳初级中学、前黄实验学校两所学校住宿费收费标准。协助市发改委对辖区6所公办（普惠）幼儿园发放每园5万元临时伙食补贴。

（徐建春）

# 审　计

【概况】 2020年，区审计局围绕重大政策落实、财政资金、权力运行、民生改善等审计工作重点，完成重大政策落实、财政预算执行、民生资金、党政领导干部经济责任等审计项目30个，其中署定项目3个、省定项目2个、区定项目25个。区定项目中，预算执行审计项目6个、经济责任审计项目16个、专项审计（调查）项目2个、投资审计项目1个，查出违规资金1367.93万元，管理不规范资金95亿元，提出审计建议67条。加强统筹谋划，采取结合式、嵌入式，融合“同级审”、经济责任审计等重点工作任务，统筹开展“三促进”（促进就业优先政策落实、促进财政资金提质增效、促进优化营商环境）专项审计。12月，按照《常州市武进区审计查出问题整改办法》，建立健全审计整改报告制度、整改销号机制、督查约谈机制、跟踪检查机制、协作联动机制、结果通报和公告制度、问责追责机制及结果运用机制，推进审计整改工作。全区内审机构34个，内审人员133人，完成审计项目2271个，审计总金额120.51亿元，增收节支5.05亿元，提出并得到采纳的审计建议319条。年内，湟里镇审计所获评全国内部审计先进集体，为全省唯一获该项荣誉的镇级审计单位。区审计局新冠肺炎疫情防控资金和捐赠款物专项审计组成员获评全省审计系统疫情防控先进个人。

【重大政策落实情况跟踪审计】 2020年7—12月，区审计局按照审计署和省审计厅统一部署，组织开展重大政策落实情况跟踪审计。

公立医院综合改革政策措施落实情况专项审计（调查） 从7月起，围绕2017—2019年医疗服务价格改革、医保支付方式改革、药品和医用耗材采购政策改革、政府投入责任落实和建立现代医院管理制度等方面内容，对武进人民医院综合改革政策落实情况开展审计。指出医疗服务价格动态调整机制不健全、价格调整不及时、违反限制性规定重复收费等问题，提出优化医疗收入结构，强化医院医药费用控制管理，合理合规进行医疗服务收费，杜绝重复收费、串换规格等多收费行为等审计建议，该院于年底整改到位。

2019年度对口支援尼勒克县发展资金和项目审计 9月，武进区派审计组到对口支援新疆伊犁州尼勒克县开展援疆项目审计，对援疆项目建设及资金使用情况开展现场审计，重点关注援建项目计划情况、建设及资金情况。2019年，武进区对口支援伊犁州尼勒克县项目计划有城乡住房及配套基础设施建设、教育等七大类17个项目，计划总投资9037万元，其中援助资金8012万元。因疫情原因，区审计局与援建地审计机关加强配合，采取“远程审核＋现场核查”方式，审计发现部分项目核销不及时、部分报销程序不规范等问题，提出强化财务管理、加强凭证审核、严格按规定程序履行报销手续等建议，规范援疆项目和资金管理，提升投资绩效，确保重大决策部署、政策措施落实到位。至年底，被审计单位全部整改到位。

**【预算执行和决算草案审计】** 2020年4—7月，区审计局开展区2019年度区级预算执行和决算草案审计，对2019年度地方债券使用情况和省级财政专项转移支付情况开展融合审计。重点关注重大财政政策执行情况、决算草案编制真实性和完整性、“四本预算”管理和预算执行效率情况、支出结构优化和重点项目支出情况、预算平衡和财政资金统筹使用情况、政府债券管理和财政风险准备金情况、预算绩效管理和绩效评价制度执行情况等。查出预算编制不科学、调整预算批复不规范、部分预算调整存在未经人大审查和批准先下达使用的情况等问题25个，提出提高预算编制的科学化和精细化水平、加强存量资金管理等6项建议，并出具审计决定书。向区党政主要领导、审计委员会成员单位、区人大专题汇报区级财政预算执行审计报告，并获通过。

**【新冠肺炎疫情防控资金和捐赠款物专项审计】** 2—3月，区审计局按照审计署和省审计厅统一部署，组织开展新冠肺炎疫情防控资金和捐赠款物专项审计。派出2个审计组17名审计人员，重点围绕财政专项资金、社会捐赠款物和重点保障企业贴息贷款三方面，审计财政资金4469.27万元（常州经开区661万元）、捐赠资金3307.19万元（其中常州经开区538万元）。审计结果表明，武进区贯彻落实国家和省有关疫情防控各项政策，落实疫情防控政策扎实。各有关部门按照上级文件规定，合理分配、拨付防疫专项资金、捐赠款物，相关金融机构出台一系列政策，简化重点保障企业再贷款审批流程，疫情防控工作成效明显。经审计，发现个别单位存在部分捐赠物资分配不及时、部分财政资金闲置未用等问题，提出完善物资管理分配制度、尽快制定防疫人员补助资金发放指导意见两项。年内，被审计单位均完成整改。

**【党政领导干部经济责任审计】** 2020年年初，区审计局与区委组织部共同商定年度审计计划，对区工信局、区民政局、前黄镇等16个单位的20位领导干部实施经济责任审计（离任审计14人、任中审计6人），重点关注领导干部履行经济发展、生态保护、民生保障、债务管理和廉政责任等情况，促进领导干部守法守纪守规尽责。结合前黄镇领导干部经济责任审计，开展自然资源资产离任审计，并实行“双主审”模式，促进镇级领导履行自然资源资产管理和生态环境保护责任。经审计，查出管理不规范资金63194.89万元，违规资金77.06万元，提出整改意见和建议53条。至年底，被审计单位全部整改到位。

（谭　论）

## 统　计

**【概况】** 2020年，全区统计系统贯彻实施中央《关于深化统计管理体制改革提高统计数据真实性意见》《统计违纪违法责任人处分处理建议办法》《防范和惩治统计造假、弄虚作假督查工作规定》要求，关注新冠疫情形势下的经济运行情况，推进依法统计。深化重点领域统计方法制度改革，提高统计数据质量。开展全区高质量发展监测绩效评价考核，推进全区第七次全国人口普查。夯实统计基层基础，于5月出台《2020年武进区统计基层基础建设工作意见》，完善村级、企业统计规范化建设标准，推进规范化电子台账，开展网上继续教育，提升统计人员业务水平。加强社会经济发展统计监测，开展经济发展预警预测、统计分析和统计调研，提升统计服务能力。先后编发《2019年武进区国民经济和社会发展统计公报》《武进统计年鉴2020》，全面反映全区经济社会发展成果。全年编发《统计专报》11期、《统计分析资料》39期、《统计政务信息》262期、《统计经济信息》157期、《统计快讯》37期，反映镇、开发区主要经济指标进展情况，为各级党政领导和有关部门提供参考。年内，武进区分别获全国地级城市市辖区高质量发展第四名、全国工业百强区第九名、江苏省2019年度推进高质量发展先进县（市、区）、2020年度辖市（区）统计工作先进地区等荣誉。

**【省高质量发展监测评价武进】** 2020年3月，区统计局对省统计局反馈的2019年度高质量发展35个指标原始数据，开展运算分析，计算出各指标的水平指数、发展指数、综合指数及进退位情况，为全区高质量发展考核提供依据。对比分析溧阳、金坛及张家港周边同等地区高质量发展情况，完成《学习张家港、再创新辉煌》《对标找差、争创一流》《2019年省高质量发展监测评价武进情况简析》3篇省高质量发展统计分析报告，供领导决策参考。5月，结合2020年省高质量发展绩效评价考核要求，参与制定区高质量发展指标及考核规则，定期监测省高质量发展指标情况，及时发出分析预警信息，完成《省高质量发展绩效评价考核解读》《2020年省高质量发展绩效评价各指标情况汇报》2篇参考报告。8月，邀请省地方统计调查局有关领导举办高质量发展绩效评价考核指标体系解读培训，组织各镇、开发区及区相关部门参加，明确省高质量发展考核指标内涵及要求，指导推进所涉指标相关工作。

**【重点领域统计方法制度改革】** 一是完善GDP统一核算方法制度。区统计局贯彻实施《常州市季度地区生产总值统一核算方案（试行）》，举办全区“统计形势分析与统计改革”专题研讨班，讲解改革后的GDP统一核算方法，明确乡镇GDP核算的行业分类及各核算行业增加值测算使用的支撑指标、时间节点要求，指导镇、开发区及相关行业部门开展统计工作；通报新测算制度下2019年及2020年一季度GDP核算结果。5月，武进区建立完善国民经济核算部门联席会议制度，统筹推进全区GDP统一核算工作。二是投资“一套表”统计改革。联合区发改、工信等部门走访全区省、市、区级重点项目，掌握项目基本情况及进展情况，确保计划总投资500万元以上项目应报尽报、应统尽统。年内新增入库项目413个，累计540个。

【区第七次全国人口普查】 2月下旬，区政府印发关于做好第七次全国人口普查的通知，明确普查对象是普查标准时点在中华人民共和国境内的自然人以及在中华人民共和国境外但未定居的中国公民，不包括在中华人民共和国境内短期停留的境外人员；普查主要调查人口和住户的基本情况，包括姓名、公民身份证号码、性别、年龄、民族、受教育程度、行业、职业、迁移流动、婚姻生育、死亡、住房情况等；普查标准时点为2020年11月1日零时。至6月底，区及各镇、街道、开发区均成立相应普查机构，各村、社区组建以书记为组长的人口普查工作小组，全区抽调选调普查人员5000多人，其中普查指导员1444人。6—12月，各级普查机构先后开展综合试点、普查小区划分、建筑物标绘、普查摸底和普查登记等业务工作。其间，区、镇两级利用报纸、电视、微信公众号等媒体及电子屏、宣传栏等方式，广泛开展普查宣传，提升群众知晓度。全区完成15.8万个建筑物核查标绘，将214个普查区划分成5639个普查小区。至12月底，武进（不含常州经开区）常住人口169.79万人，有家庭户44.82万户、集体户3.95万户。

（蒋利金）

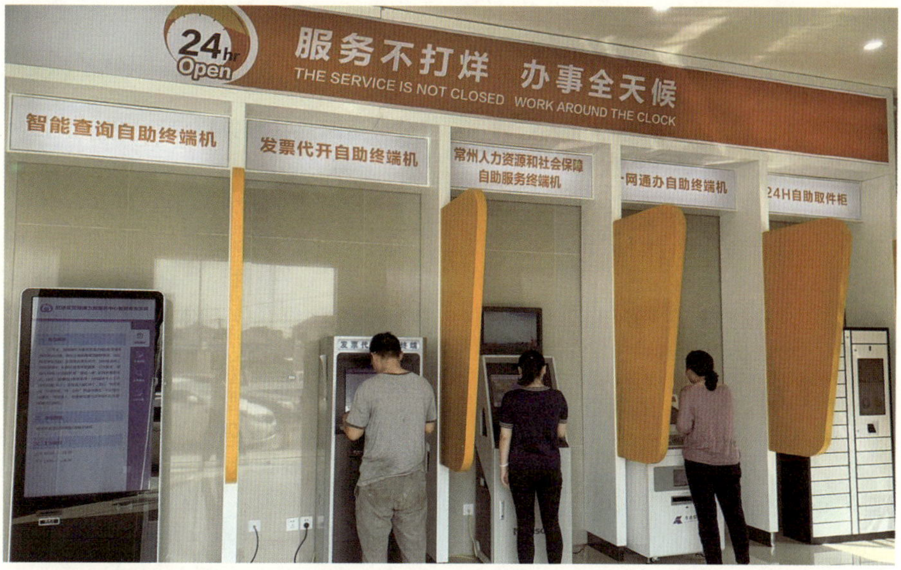


雪堰镇24小时自助服务区 （供图/区行政审批局）

## 行政审批服务

【概况】 2020年，区行政审批局围绕“放管服”改革要求，推进行政审批改革深化提质、营商环境优化提升、基层政务体系强化提标、公共资源交易亮化提效、党建引领固化提优“五化五提”行动，解决群众办事难点堵点，营造便捷政务环境。出台《武进区2020年“打造一流营商环境”任务分解表》，推进落实政务环境、市场环境、法治环境、社会环境、工作保障五部分88条改革任务。优化审批服务流程，整合工程建设项目审批流程和供水、供电、燃气、排水等市政公用单位分散设立的服务窗口，为工程建设单位提供“一站式”审批服务。全年办理施工许可证194件，从立项到施工许可平均用时8.78个工作日，审批最优用时6个工作日，40个工作日达标率100%。提升政务服务水平，在区政务大厅设置“综合一窗”“专业一窗”和“一件事”套餐办专窗，提供一站式服务；设立长三角“一网通办”专窗，推进涉企事项线下异地办理。拓宽办事渠道，推广应用“江苏政务服务网武进综合服务旗舰店”、政务服务App、自助一体机，推动110项业务通过政务服务App和自助设备办理。新冠疫情期间，全面推行“不见面审批”“不见面交易”及远程视频探勘等网上办服务，降低疫情对企业及群众影响。镇（街道）行政审批局于5月全部挂牌运行，全年办件30万余件。区行政审批局全年办结市场准入项目23677个、投资建设项目1990个、综合事务项目5641个，现场踏勘2857趟；政务服务中心窗口办件78770件，其中即办件53973件、承诺件24797件；公共资源交易中心完成交易项目3123个。《“放”出活力，“管”出长效，“服”出口碑》《交易中心打好“战”疫、交易“组合拳”》《新冠肺炎疫情下政务服务能力现状与思考——以常州市武进区为例》3篇专题报道被省级刊物录用，被“学习强国”平台录用文章5篇，新华网等省、市媒体报道武进行政审批特色亮点工作20余次。武进区入选工业和信息化部研究院赛迪顾问发布的2020年营商环境百强区榜单，连续两年被《政府采购信息报》评为“全国政府采购百强县”。

【企业登记优化】 2020年，区行政审批局围绕企业开办“1.5个工作日常态化、0.5个工作日最优化”目标，优化企业登记与公章刻制备案并联工作机制，推进商业银行全程代办试点。加强政银合作，从5月起，商业银行免费为开户企业提供企业开办代办和印章刻制服务。从7月起，在区政务大厅设立企业开办专区，实现企业登记、公章刻制、银行代办、涉税事项办理事项全面进驻目标。至年末，1.5个工作日内完成企业开办比例达95%以上，0.5个工作日办结比例65%以上。梳理区级“证照分离”事项清单，牵头制定《武进区省级以上开发区实施“证照分离”改革全覆盖试点工作方案》，推动武进高新区、西太湖科技产业园生产经营活动市场主体从“以批代管”向“事中事后监管”转变。

【工程建设项目审批改革】 2020年，区行政审批局整合区政务服务大厅工程建设项目审批部门服务窗口，逐步将涉及工程建设项目的81个事项整合为“立项用地规划许可、建设许可、施工许可、竣工验收”四个阶段，于1月设立投资建设审批专区，实现一个窗口提供服务及建设收费“一口收缴”。10月，在全市率先试行工程建设项目“标准地＋承诺制”审批改革,科学设定工业项目“标准地”经济绩效指标，包括准入产业、固定资产投资强度等7项指标，建设单位书面承诺按照建设要求标准开工建设，在设计方案和施工图经技术审查合格后即可开工，无需经过许可审批。年内，完成“标准地”评审和土地拍卖项目3个，3家企业实现“拿地即开工”，为企业至少压缩3个月以上的手续报批时间。

**【基层审批服务改革】** 2020年5月，全区镇、街道均挂牌成立行政审批局，实现“事项到位、人员到岗、办件常态”目标。根据《武进区推进基层审批服务改革工作方案》《常州市武进区人民政府关于印发赋予镇（街道）政务服务事项清单（第一批）》《关于明确政务服务事项赋权后镇（街道）与部门权责的通知》等文件要求，区行政审批局将首批113项政务服务事项（66项行政权力事项和47项公共服务事项）审批服务权限赋予乡镇行政审批局。优化基层“一窗通办”工作机制，指导各镇（街道）、村（社区）设置综合受理窗口。加强政银合作，在各镇、街道为民服务大厅设置建设银行自助服务终端，方便办事群众。雪堰镇利用综合自助机及材料证照寄存智能文件柜，在全市率先推出24小时“不打烊”服务，该项工作获省委编办肯定。全区镇、街道行政审批局均通过市委编办评估验收，全年完成办件30余万件。

**【“一件事”套餐办改革】** 2020年，区行政审批局依托企业开办专区，推出“我要开公司”“我要注销公司（简易注销）”“我要开合伙企业”和“我要注销合伙企业”4个企业全生命周期高频“一件事”套餐办。结合基层审批服务改革，在湟里、礼嘉、嘉泽3个镇试点推出“我要开美容美发店”“我要开足浴店”“我要开水果店”“我要开小餐馆”“我要开劳务派遣公司”5个基层“一件事”套餐办，并逐步向其他乡镇推广。在区退役军人事务局分中心和区人社局分中心分别设立“退役士兵接收安置”“企业职工退休”2个“一件事”套餐办主题窗口，方便群众办理所涉事务。

**【公共资源交易服务】** 2020年，区公共资源交易中心建立重点项目招投标绿色通道和容缺受理规则机制，为重大项目、扶贫项目、民生工程等招投标开辟绿色通道，开展政企共建，建立中以常州创新园重大项目服务工作营。开展电子化交易系统建设，依托常州不见面开标大厅系统实现建设工程招投标全程不见面，于6月启用政府采购交易系统，全面推行“在线询价”“电子保函”，降低企业投标时间成本和交易成本。全年完成交易项目3123个。其中，工程类标段323个，成交金额114.28亿元，节约资金7.7亿元；政府采购类项目418个，成交金额109.56亿元，节约资金18.88亿元；国有产权和农村产权交易项目1903个，增值636.34万元；土地交易项目9个，成交金额24.3亿元，增值8.7亿元。

（蒋秋玉）

## 不动产登记交易管理

**【概况】** 2020年，常州市不动产登记交易中心武进分中心（简称“武进不动产交易中心”）围绕优化营商环境目标，提升登记服务水平，推进农村不动产权籍调查与登记，服务全区经济社会高质量发展。实施便民惠企服务，通过政府买单方式开展不动产权证书证明EMS免费送达服务，全年寄送证书证明1.1万件，为群众节约费用13.6万元；实行继承、受遗赠登记公证费用政府买单，全年办结589件，为群众节约费用117.8万元；服务小微企业办理登记590余宗，免收登记费52.2万元。开通企业“绿色通道”服务，方便企业大宗办件，办结不动产登记11宗。推进群众安居工程，完成安置房办证1万套。通过区不动产登记交易管理委员会协调处理涉及土地分割等疑难问题的不动产转移登记10宗，办结4宗。全年受理不动产登记15万件，其中登记11.4万件、查询类3.8万件，发放不动产证书10.8万本、证明2.4万份，生成电子证照9.4万份、电子证明3.2万份、电子证书6.2万份，办理水电气网等过户事项1万余件，受理“96510”等咨询服务热线3797次。

**【不动产登记营商环境优化】** 2020年，武进不动产交易中心调整设置“综合受理窗口”，集中交易、纳税、登记、水电气过户与收费办理服务，申请人取一个号、在一个窗口、填一张表、交一套材料，即可快速完成不动产登记、缴税缴费、水电气易家服务等二手房交易所涉事项及延伸服务；在全面实现一般不动产登记业务3个工作日办结基础上，压缩其他类不动产登记办理时限，实现查封登记、抵押注销、异议登记、更正登记、预告登记注销即时办结，实现名称变更登记、坐落变更登记1个工作日办结，实现实体经济企业抵押登记、新购商品房转移登记（大宗批量件除外）2个工作日办结。全面开展“交房（地）即发证”业务，与武进自然资源与规划分局和住建、税务部门联合出台《常州市武进区“交房（地）即发证”实施方案》，通过信息共享优化简化材料，分别于4月底和6月完成首宗“交地即发证”和“交房即发证”项目，全年完成交地即发证11宗、交房即发证2453套。

**【“互联网＋不动产登记”服务拓展】** 2020年，武进不动产交易中心拓展“互联网＋不动产登记”服务，依托市不动产登记信息管理基础平台，启动不动产电子印章管理系统，实现不动产登记电子印章线上线下一体化运作。5月，联合全市25家银行、金融机构及担保公司推出“互联网＋不动产登记＋金融服务”，采用“线上申请—线上受理—后台审核—电子发证”模式，实现贷款申请、不动产抵押登记及注销一站式服务，即在上线服务机构申请贷款的不动产权利人，均可通过银行端口发起抵押登记、抵押注销申请，不需到不动产登记大厅申请，登记结果以电子证照形式反馈，线上办理时限同步压缩50%以上。年内，办理线上抵押登记16505件、抵押注销5718件。在不动产登记大厅配置不动产登记信息自助查询机，全年提供自助查询服务8130次。

（姜钰）

# 科技创新

## Scientific and Technological Innovation

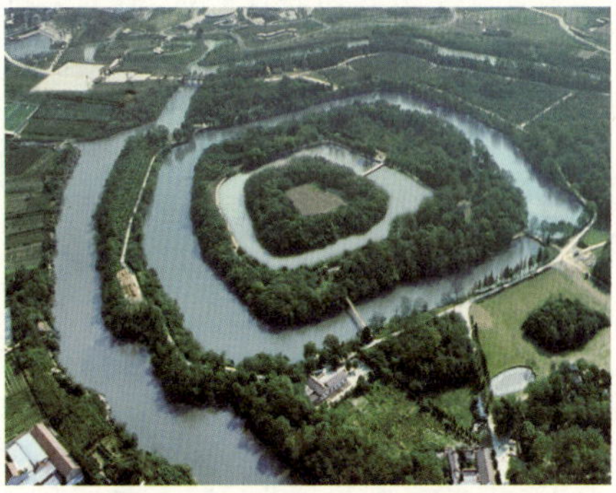

栏目编辑　陈　蓉

## 苏南国家自主创新示范区建设

【概况】　2020年，武进区贯彻《省政府关于印发苏南国家自主创新示范区一体化发展实施方案（2020—2022年）的通知》精神，根据省、市苏南国家自主创新示范区（简称“自创区”）建设年度工作要点要求，进一步明确自创区一体化创新发展定位布局，推进武进苏南国家自主创新示范区建设。加强统筹谋划，集聚优势创新资源，加快提升武进高新区国家创新型特色园区建设水平，重点建设西太湖科技产业园等重大科技平台，重点培育智能装备、石墨烯材料、碳纤维及复合材料等战略性新兴产业，高质量建设中以常州创新园，推进江苏省中以产业技术研究院、以色列江苏创新中心、中以创新汇等平台建设，实现创新机制示范、创新要素融通、创新合作引领、创新经济带动。年内，武进区规模以上工业企业完成研发投入61.88亿元，非工业企业完成研发投入2.6亿元。武进自创区获省财政厅、科技厅苏南国家自主创新示范区建设专项奖励资金3300万元，其中武进高新区获2300万元、西太湖科技产业园（武进经发区）获1000万元。江苏省中以产业技术研究院被列为江苏省苏南国家自主创新示范区2020年省市共同推进重大科技创新建设项目。企业借助科技创新引领工程增强自主创新能力，推动创新创业平台建设，加快产学研合作，引育高层次创新创业人才，入选苏南国家自主创新示范区潜在独角兽企业3家、瞪羚企业33家。在自创区建设示范带动下，武进区有效高新技术企业增至716家，立项市级及以上科技项目380个，其中国家级5个、省级105个，5个项目获江苏省科学技术奖，瑞声光电科技（常州）有限公司获省企业技术创新奖；申请专利17163件，获授权12418件，其中发

表42　2020年武进区入选苏南国家自主创新示范区示范企业情况表

| 类型 | 企业名称 | 所在区域 | 类型 | 企业名称 | 所在区域 |
| --- | --- | --- | --- | --- | --- |
| 潜在独角兽企业 | 江苏高凯精密流体技术股份有限公司 | 常州科教城 | 瞪羚企业 | 常州龙翔气弹簧股份有限公司 | 武进高新区 |
| | 常州世竟液态金属有限公司 | 武进高新区 | | 江苏君华特种工程塑料制品有限公司 | 武进高新区 |
| | 常州纵慧芯光半导体科技有限公司 | 武进高新区 | | 常州市美纤膜技术有限公司 | 武进高新区 |
| 瞪羚企业 | 江苏品正光电科技有限公司 | 常州科教城 | | 常州携手智能家居有限公司 | 武进高新区 |
| | 常州英诺激光科技有限公司 | 常州科教城 | | 江苏恒鑫正宏科技有限公司 | 武进高新区 |
| | 常州铭赛机器人科技股份有限公司 | 常州科教城 | | 机械科学研究总院江苏分院有限公司 | 武进高新区 |
| | 常州龙骏天纯环保科技有限公司 | 常州科教城 | | 征图新视（江苏）科技有限公司 | 西太湖科技产业园 |
| | 常州罗盘星检测科技有限公司 | 常州科教城 | | 江苏振邦智慧城市信息系统有限公司 | 西太湖科技产业园 |
| | 瑞声精密制造科技（常州）有限公司 | 武进高新区 | | 常州克劳诺斯特种轴承制造有限公司 | 西太湖科技产业园 |
| | 江苏今创交通设备有限公司 | 武进高新区 | | 常州瞻驰光电科技股份有限公司 | 西太湖科技产业园 |
| | 柳工常州机械有限公司 | 武进高新区 | | 常州欧瑞电气股份有限公司 | 西太湖科技产业园 |
| | 江苏万帮德和新能源科技股份有限公司 | 武进高新区 | | 常州鼎健医疗器械有限公司 | 西太湖科技产业园 |
| | 安费诺（常州）高端连接器有限公司 | 武进高新区 | | 常州康鼎医疗器械有限公司 | 西太湖科技产业园 |
| | 江苏恒立液压科技有限公司 | 武进高新区 | | 江苏博泓新材料科技有限公司 | 西太湖科技产业园 |
| | 江苏华丽食品机械股份有限公司 | 武进高新区 | | 常州常衡德宇粉体集成系统有限公司 | 西太湖科技产业园 |
| | 江苏凯博传动设备有限公司 | 武进高新区 | | 江苏中科朗恩斯车辆科技有限公司 | 西太湖科技产业园 |
| | 江苏兴广包装科技有限公司 | 武进高新区 | | 常州第六元素材料科技股份有限公司 | 西太湖科技产业园 |
| | 江苏国茂减速机股份有限公司 | 武进高新区 | | 常州百佳年代薄膜科技股份有限公司 | 礼嘉镇 |

明专利申请量4213件，获授权1136件，万人有效发明专利拥有量60.47件；新增省级工程技术研究中心9个、市级工程技术研究中心17个，与省产业技术院共建企业联合创新中心1个，年内实现科技成果技术转让912项，成交额29.2亿元；承办2020世界工业与能源互联网暨国际工业装备博览会，筹备科技创新专题活动11场，组织产学研对接活动60余场，签订产学研合作协议119个。至年底，武进高新区连续四年位居全国县区级国家级高新区首位，获批建设国家知识产权示范园区，被省政府认定为2019年度实施创新驱动发展战略、推进自主创新和发展高新技术产业成效明显的地方，获相应督查激励。

**【江苏省中以产业技术研究院被列为省自创区重大科技创新建设项目】** 2020年1月，经江苏省苏南国家自主创新示范区建设工作领导小组办公室认定，江苏省中以产业技术研究院被列为江苏省苏南国家自主创新示范区2020年省市共同推进重大科技创新建设项目。该项目由武进高新区管委会承担，结合“新工科”创新实践人才培养，学习借鉴以色列创新文化和理念，引进以色列创新项目和资源，打造机器人及智能制造、生命健康、新一代信息技术等专业技术合作研发服务平台和创新创业生态体系，总投资3亿元。年内，该研究院新大楼开工，占地面积约8000平方米，总建筑面积2.9万平方米，包含办公、厂房、项目孵化等功能区域，预计2021年投入使用。固立高端装备创新中心投入使用，围绕高端装备及智能制造，打造集人才培养、项目孵化、产业加速和资本参与为一体的国际化创新创业体系。骨科与运动康复产业支撑平台成功签约，携手国家骨科与运动康复临床医学研究中心，引导政产学研合作。常州大学—中以研究院联合生物交叉实验室建成，主要围绕合成生物学、CRISPR（规律间隔成簇短回文重复序列）、高通量筛选、二代测序、微流控、大数据和人工智能技术建立开放式生物研究平台。CICP-Trendlines联合实验室加快建设，依托Trendlines集团行业经验与研发资源，为省内生命科学领域企业提供定向技术研发及项目孵化服务。智能制造人才培养基地高效推进，与常州大学智能制造学院在“新工科”教育领域开展联合探索，实施青年博士创新计划，开展交叉学科的产业创新研究，申报发明专利14件。

（张建忠）

## 高新技术产业

**【概况】** 2020年，武进区深入贯彻落实省、市两级有关加快推进产业科技创新中心和创新型省份（城市）建设的政策措施，加快发展高新技术产业。出台《武进区加快高新技术企业培育的实施意见》，通过政策引导和重点服务，加强高新技术企业培育，形成以高新技术企业为主体的创新型企业集群，为“一区一城”建设提供科技支撑。全年新认定高新技术企业235家，有效高新技术企业增至716家，组织申报省级民营科技企业3批126家，备案125家，科技型中小企业备案7批347家。完成高新技术产业产值1301.9亿元，占规模以上工业总产值的54%，比2019年增长6.8%。持续发挥高新技术产品引导经济结构调整和产业结构优化作用，引导企业开发具有自主知识产权和自有品牌高新技术产品，新增市级高新技术产品625个，涵盖电子信息、航空航天、新材料、生物与新医药、新能源与节能、资源与环境、高技术服务和先进制造与自动化八大技术领域。以科技项目为抓手，引导企业加大研发投入，从税收优惠、研发奖励、贷款争取等方面鼓励高新技术企业研发创新，推进科技创新政策落实。全年有187家高新技术企业获减免企业所得税7.55亿元，1039家企业享受研发费用加计扣除额45.1亿元；向纳入省级高新技术企业培育库的345家企业下达奖励资金3450万元（区级财政向184家企业发放资金1840万元），向2020年认定的322家高新技术企业下达奖励资金8790万元（区级财政向275家企业发放资金4450万元）。

**【有效高新技术企业增至716家】** 2020年，武进区将高新技术企业培育作为激发经济发展新动能的重要举措，出台《武进区加快高新技术企业培育的实施意见》，壮大高新技术企业培育群体，完善培育指导机制，健全创新支撑机制，提升创新服务水平，对入库培育并首次认定的高新技术企业给予最高40万元配套奖励，对重新认定的高新技术企业给予20万元奖励，推进高新技术企业“三年倍增”，实现高质量发展。全年组织申报高新技术企业467家，获认定322家，其中新认定235家、重新认定87家。累计有效高新技术企业716家，占全市高新技术企业的28.6%，涵盖电子信息、新材料、新能源、高端装备智造、高技术服务等领域。全区高新技术企业聚焦研发投入和成果产出，全年投入研发经费69.23亿元，完成产值1338.2亿元，实现销售收入1348.6亿元、净利润126.7亿元。其中，武进高新区、西太湖科技产业园分别有高新技术企业277家、118家，分别完成规模以上高新技术产业产值656.2亿元、147.8亿元，分别比2019年增长2.9%、14.2%，分别占武进区规模以上高新技术产业产值的50.4%、11.3%。

**【346家企业入选省高新技术企业培育库】** 2020年，武进区贯彻《江苏省高新技术企业培育“小升高”计划》《江苏省高新技术企业培育资金管理办法（试行）》要求，强化高新技术企业源头培育，组织创新基础好、发展潜力大的科技型企业申报进入省高新技术企业培育库，加速成长为高成长、新模式、新业态的高新技术企业。区科技部门梳理拥有专利的泛科技型企业、曾参加高新技术企业认定评审但未通过企业、未参加高新技术企业重新认定的企业等，根据企业发展阶段，建立有梯队、有层次的企业培育库，组织申报省高新技术企业培育入库企业354家，获认定346家，涵盖电子信息、航空航天、新材料、生物与新医药、新能源与节能、资源与环境、高技术服务和先进制造与自动化八大技术领域。入库企业由省、市、区三级科技、财政、税务部门实施联动培育，培育期3年，享受培育奖励、创新支撑、载体建设、融资扶持等服务，通过增加研发投入，建立研发机构，引进高端创新人才，加强知识产权创造，加快成长为有行业影响力的高新技术企业。培育期内通过高新技术企业认定的，予以出库，未通过认定的，调整出库且不再受理入库申请。

## 2020年武进区新认定高新技术企业情况表

表43

| 企业名称 | 所在地 | 企业名称 | 所在地 |
|---|---|---|---|
| 常州朗伯文智能装备有限公司 | 常州科教城 | 常州市元瑞电机科技有限公司 | 武进高新区 |
| 常州酷特仪器仪表有限公司 | 常州科教城 | 灏讯电缆连接器制造（常州）有限公司 | 武进高新区 |
| 常州实邦瑞尔机电科技有限公司 | 常州科教城 | 三和油缸（常州）有限公司 | 武进高新区 |
| 湖大科瑞（江苏）检测技术有限公司 | 常州科教城 | 常州市海盈五金科技有限公司 | 武进高新区 |
| 大连理工江苏研究院有限公司 | 常州科教城 | 风凯换热器制造（常州）有限公司 | 武进高新区 |
| 常州市支点机器人科技有限公司 | 常州科教城 | 江苏卡邦电气科技股份有限公司 | 武进高新区 |
| 江苏昭明信息科技有限公司 | 常州科教城 | 常州市康迪克至精电机有限公司 | 武进高新区 |
| 常州锐博生物科技有限公司 | 常州科教城 | 常州奇洛焊接科技有限公司 | 武进高新区 |
| 微传智能科技（常州）有限公司 | 常州科教城 | 常州初八软件技术有限公司 | 武进高新区 |
| 常州翊迈新材料科技有限公司 | 常州科教城 | 常州心颜物联网科技有限公司 | 武进高新区 |
| 常州燕润能源科技有限公司 | 常州科教城 | 柳工美卓建筑设备（常州）有限公司 | 武进高新区 |
| 常州冰鉴信息科技有限公司 | 常州科教城 | 江苏普度自控技术有限公司 | 武进高新区 |
| 常州格莱特光电科技有限公司 | 常州科教城 | 常州何如自控技术有限公司 | 武进高新区 |
| 常州永佳软件技术有限公司 | 常州科教城 | 江苏托特斯科技有限公司 | 武进高新区 |
| 常州联科激光科技有限公司 | 常州科教城 | 江苏启钊精密模具有限公司 | 武进高新区 |
| 常州夸克涂层科技有限公司 | 常州科教城 | 常州庆源机械科技有限公司 | 武进高新区 |
| 常州昂德工业装备科技有限公司 | 常州科教城 | 汉威人造草坪（常州）有限公司 | 武进高新区 |
| 常州便捷网络科技有限公司 | 常州科教城 | 常州中联飞机制造有限公司 | 武进高新区 |
| 维德杰瑞常州智能科技有限公司 | 常州科教城 | 常州磐宇仪器有限公司 | 武进高新区 |
| 常州易管智能科技有限公司 | 常州科教城 | 卡雷迪电气（常州）有限公司 | 武进高新区 |
| 常州莫森智能科技有限公司 | 常州科教城 | 常州市安诺电器有限公司 | 武进高新区 |
| 常州航天岳达精密机械有限公司 | 常州科教城 | 常州恒隆工业自动化有限公司 | 武进高新区 |
| 常州捷驰达电子科技有限公司 | 常州科教城 | 常州东杰自动化设备有限公司 | 武进高新区 |
| 常州腾锐电力科技有限公司 | 常州科教城 | 常州极太汽车配件有限公司 | 武进高新区 |
| 江苏昶和电气有限公司 | 常州科教城 | 江苏莱特北斗信息科技有限公司 | 武进高新区 |
| 江苏阿尔菲特科技有限公司 | 常州科教城 | 江苏万众精密工具有限公司 | 武进高新区 |
| 常州易尔泰智能传动技术有限公司 | 常州科教城 | 常州市艾森塑料科技有限公司 | 武进高新区 |
| 常州百特环保科技有限公司 | 常州科教城 | 阿里生物新材料（常州）有限公司 | 武进高新区 |
| 江苏常大绿恒环境工程有限公司 | 常州科教城 | 江苏人向轴承有限公司 | 武进高新区 |
| 阿历达（常州）智能科技有限公司 | 常州科教城 | 江苏大备智能科技有限公司 | 武进高新区 |
| 江苏领新电气科技有限公司 | 常州科教城 | 常州市武进良发机械传动件有限公司 | 武进高新区 |
| 常州路航轨道装备有限公司 | 常州科教城 | 常州数加机械有限公司 | 武进高新区 |
| 江苏前文智能科技有限公司 | 常州科教城 | 奇普电源（常州）有限公司 | 武进高新区 |
| 常州南苑塑料有限公司 | 武进高新区 | 常州泽茂轨道交通科技有限公司 | 武进高新区 |
| 江苏法玛施药用玻璃有限公司 | 武进高新区 | 常州晟驱机电科技有限公司 | 武进高新区 |
| 壹利特机器人科技（常州）有限公司 | 武进高新区 | 常州明磁卓控智能科技有限公司 | 武进高新区 |
| 常州耐强传动机械有限公司 | 武进高新区 | 江苏若鸿智能科技有限公司 | 西太湖科技产业园 |
| 常州市圣耀塑胶科技有限公司 | 武进高新区 | 天衍医疗器材有限公司 | 西太湖科技产业园 |
| 常州伊博艾利斯自动化有限公司 | 武进高新区 | 常州科伶洁清洁设备有限公司 | 西太湖科技产业园 |
| 江苏艾合复合材料有限公司 | 武进高新区 | 江苏优埃唯智能科技有限公司 | 西太湖科技产业园 |
| 常州市武进时代纺织机械有限公司 | 武进高新区 | 常州天常管道系统有限公司 | 西太湖科技产业园 |
| 江苏华频电子科技有限公司 | 武进高新区 | 常州碳孚新材料技术有限公司 | 西太湖科技产业园 |
| 常州纵慧芯光半导体科技有限公司 | 武进高新区 | 常州汇恒膜科技有限公司 | 西太湖科技产业园 |
| 江苏智凯汽车安全系统有限公司 | 武进高新区 | 常州思雅医疗器械有限公司 | 西太湖科技产业园 |
| 新誉庞巴迪信号系统有限公司 | 武进高新区 | 常州艾欧塔物联网科技有限公司 | 西太湖科技产业园 |
| 江苏泷膜环境科技有限公司 | 武进高新区 | 江苏德源材料科技有限公司 | 西太湖科技产业园 |

续表 43

| 企业名称 | 所在地 | 企业名称 | 所在地 |
|---|---|---|---|
| 江苏变色龙微粉技术有限公司 | 西太湖科技产业园 | 常州银顺汽车零部件有限公司 | 礼嘉镇 |
| 常州博恩中鼎医疗科技有限公司 | 西太湖科技产业园 | 常州市明通金属复合材料有限公司 | 礼嘉镇 |
| 常州萨柏美格医用气体设备有限公司 | 西太湖科技产业园 | 常州市蓝马机械制造有限公司 | 礼嘉镇 |
| 江苏蒙彼利生物科技有限公司 | 西太湖科技产业园 | 常州市宏纳机械有限公司 | 礼嘉镇 |
| 江苏维尔生物科技有限公司 | 西太湖科技产业园 | 常州市海拓塑料有限公司 | 礼嘉镇 |
| 江苏弗泰流体温控设备有限公司 | 西太湖科技产业园 | 英特曼照明电子（常州）有限公司 | 礼嘉镇 |
| 江苏星凯新能源科技有限公司 | 西太湖科技产业园 | 常州市中天磁业有限公司 | 礼嘉镇 |
| 江苏力速达液压有限公司 | 西太湖科技产业园 | 常州安诚线缆机械有限公司 | 礼嘉镇 |
| 常州瑞阳液压成套设备有限公司 | 西太湖科技产业园 | 江苏林辉塑料制品有限公司 | 礼嘉镇 |
| 常州博康特材科技有限公司 | 西太湖科技产业园 | 新科环保科技有限公司 | 礼嘉镇 |
| 常州百川新型护栏有限公司 | 西太湖科技产业园 | 常州杰恩斯机械制造有限公司 | 礼嘉镇 |
| 巴斯特医药科技（常州）有限公司 | 西太湖科技产业园 | 江苏迪睿特光电科技有限公司 | 礼嘉镇 |
| 江苏泽邦包装材料有限公司 | 西太湖科技产业园 | 常州格瑞特包装设备有限公司 | 礼嘉镇 |
| 常州砼方新材料有限公司 | 西太湖科技产业园 | 常州久藤电气有限公司 | 前黄镇 |
| 常州民福康软件技术有限公司 | 西太湖科技产业园 | 江苏常灵科技有限公司 | 前黄镇 |
| 芯晟捷创光电科技（常州）有限公司 | 西太湖科技产业园 | 常州市凯宏铝业有限公司 | 前黄镇 |
| 江苏申达检验有限公司 | 武进绿建区 | 常州市常协柴油机机体有限公司 | 前黄镇 |
| 江苏能电科技有限公司 | 武进绿建区 | 常州铸鼎机械有限公司 | 前黄镇 |
| 克雷兹（常州）工业技术有限公司 | 武进绿建区 | 江苏普立尔环保科技有限公司 | 前黄镇 |
| 常州泰伊尔特科技有限公司 | 武进绿建区 | 常州丰锦塑胶科技有限公司 | 前黄镇 |
| 常州砼筑建筑科技有限公司 | 武进绿建区 | 常州艾博格电器有限公司 | 前黄镇 |
| 江苏利特乐智能科技有限公司 | 武进绿建区 | 常州超声电子有限公司 | 前黄镇 |
| 贝赛尔科技（常州）有限公司 | 武进绿建区 | 常州亿创能源科技有限公司 | 前黄镇 |
| 科斯睿智能信息系统（常州）有限公司 | 武进绿建区 | 常州市巨威气弹簧有限公司 | 前黄镇 |
| 常州市巧特莱重型液压油缸有限公司 | 雪堰镇 | 常州市祝庄园艺有限公司 | 前黄镇 |
| 常州锡润机械制造有限公司 | 雪堰镇 | 常州力能输变电材料科技有限公司 | 前黄镇 |
| 江苏赛科浦新能源科技有限公司 | 雪堰镇 | 常州精控电机电器有限公司 | 湖塘镇 |
| 常州秉瑞换热器科技有限公司 | 雪堰镇 | 江苏悍狮霸智能科技有限公司 | 湖塘镇 |
| 常州市武进安圩液压件制造有限公司 | 雪堰镇 | 常州时进精密机械有限公司 | 湖塘镇 |
| 常州雕匠液压科技有限公司 | 雪堰镇 | 常州博图自动化科技有限公司 | 湖塘镇 |
| 常州市醇通机械科技有限公司 | 雪堰镇 | 常州市安普机电制造有限公司 | 湖塘镇 |
| 江苏普森帝照明有限公司 | 雪堰镇 | 常州市华纺纺织仪器有限公司 | 湖塘镇 |
| 常州安迪维换热器有限公司 | 雪堰镇 | 常州仁华电子有限公司 | 湖塘镇 |
| 江苏惠斯通机电科技有限公司 | 雪堰镇 | 常州科瑞电气有限公司 | 湖塘镇 |
| 江苏旷吉汽车附件有限公司 | 雪堰镇 | 常州安达环保科技有限公司 | 湖塘镇 |
| 江苏明朗医疗器械科技有限公司 | 雪堰镇 | 常州科力达仪器有限公司 | 湖塘镇 |
| 常州市汉克机械有限公司 | 雪堰镇 | 常州市熙春电子有限公司 | 湖塘镇 |
| 常州浦发机械有限公司 | 雪堰镇 | 常州市中杲机电有限公司 | 湖塘镇 |
| 江苏圣贤锻造有限责任公司 | 雪堰镇 | 常州金德纺机科技有限公司 | 湖塘镇 |
| 常州曲线数控科技有限公司 | 雪堰镇 | 常州市军锐机械有限公司 | 湖塘镇 |
| 常州市雪龙机械制造有限公司 | 雪堰镇 | 江苏龙衡环境科技有限公司 | 湖塘镇 |
| 竹展集团有限公司 | 礼嘉镇 | 常州点创自动化设备有限公司 | 湖塘镇 |
| 常州市程伟铸造有限公司 | 礼嘉镇 | 常州市大洋轴承制造有限公司 | 湖塘镇 |
| 常州市武进宏富电子器件有限公司 | 礼嘉镇 | 常州金利泓纺织有限公司 | 湖塘镇 |
| 江苏明耀光伏科技有限公司 | 礼嘉镇 | 常州市武进城南纺织品有限公司 | 湖塘镇 |
| 常州德荣复合材料有限公司 | 礼嘉镇 | 常州德众新能源有限公司 | 湖塘镇 |

续表 43

| 企 业 名 称 | 所在地 | 企 业 名 称 | 所在地 |
|---|---|---|---|
| 常州紫浩电子有限公司 | 湖塘镇 | 江苏洛凯电气有限公司 | 洛阳镇 |
| 常州锐特尔自动化设备有限公司 | 湖塘镇 | 常州市阳光铸造有限公司 | 洛阳镇 |
| 江苏格耀机械科技有限公司 | 湖塘镇 | 常州赛弗精密模具有限公司 | 洛阳镇 |
| 常州赫尔绒纺织有限公司 | 湖塘镇 | 常州奥普托机械制造有限公司 | 洛阳镇 |
| 常州蓝山机电科技有限公司 | 湖塘镇 | 常州市丹珂电器有限公司 | 洛阳镇 |
| 常州市德标轴承有限公司 | 湖塘镇 | 常州斯铂瑞汽车配件制造有限公司 | 洛阳镇 |
| 常州大业能源科技有限公司 | 湖塘镇 | 常州伊柯瑞斯装饰材料有限公司 | 洛阳镇 |
| 常州市润祥电子科技有限公司 | 湖塘镇 | 常州泰盛机械设备有限公司 | 洛阳镇 |
| 江苏普斯森精密机械有限公司 | 牛塘镇 | 常州绿格装饰材料有限公司 | 洛阳镇 |
| 江苏勒捷特自控科技有限公司 | 牛塘镇 | 常州市飞马奔腾汽配有限公司 | 湟里镇 |
| 常州市金秋织造有限公司 | 牛塘镇 | 常州超峰胶线科技有限公司 | 湟里镇 |
| 江苏威科腾电机驱动技术有限公司 | 牛塘镇 | 常州市铸安机械有限公司 | 湟里镇 |
| 常州市君豪纺织品有限公司 | 牛塘镇 | 常州亿达化纤有限公司 | 湟里镇 |
| 常州特丽特光电科技有限公司 | 牛塘镇 | 常州市盛杰合力化纤有限公司 | 湟里镇 |
| 常州邦泽精密机械有限公司 | 牛塘镇 | 常州轩豪机械有限公司 | 湟里镇 |
| 常州市康美机械科技有限公司 | 牛塘镇 | 常州市汇辰轧辊有限公司 | 湟里镇 |
| 常州市威尔强传动机械有限公司 | 牛塘镇 | 常州驰鑫机械有限公司 | 湟里镇 |
| 常州康浩高分子材料科技有限公司 | 牛塘镇 | 常州市大展塑料制品有限公司 | 湟里镇 |
| 常州斯派诺医疗器械有限公司 | 牛塘镇 | 常州市武进东风汽车部件有限公司 | 湟里镇 |
| 常州市远屏电子有限公司 | 牛塘镇 | 常州苏菱科链传动有限公司 | 湟里镇 |
| 常州江泉传动科技有限公司 | 牛塘镇 | 江苏双菱链传动有限公司 | 湟里镇 |
| 江苏万意节能科技有限公司 | 牛塘镇 | 常州市力创轧辊有限公司 | 湟里镇 |
| 常州克普斯莱机电有限公司 | 牛塘镇 | 中禾科技（常州）股份有限公司 | 湟里镇 |
| 江苏高塔智能物联网科技有限公司 | 牛塘镇 | 常州苏冶轧辊有限公司 | 湟里镇 |
| 江苏洛云电力科技有限公司 | 洛阳镇 | 常州云帆轴承有限公司 | 嘉泽镇 |
| 常州市海青电器有限公司 | 洛阳镇 | | |

**【科技金融扶持中小企业】** 2020年，武进区贯彻落实《江苏省推进高新技术企业高质量发展若干政策》要求，加大科技金融服务。全年发放“苏科贷”贷款42笔、金额1.75亿元，发放“武科贷”贷款26笔、金额7710万元。区科技局联合南京银行常州分行推出“鑫高企”金融服务直通车，为科技型企业提供专属金融支持服务，全年为31家企业提供授信1.5亿元，发放贷款16笔、金额6266万元。在新冠肺炎疫情防控期间，帮助5家“苏科贷”贷款企业办理1000余万元贷款展期手续。

（张建忠）

## 科技项目

**【概况】** 2020年，武进区坚持创新驱动发展战略，争取各级政策资源，鼓励企业自主创新，申报市级及以上科技计划项目542个，获立项380个，获项目经费2.18亿元。其中，立项国家级科技项目5个、省级科技项目105个，共获项目经费1.69亿元。区科技局编制区级科技计划项目指南，受理区级各类科技计划项目申报，组织专家评审，实施农业、社会发展等合同类科技计划项目，创新型企业奖励、工程技术研究中心建设等奖励类科技计划项目，合计七大类553个项目，下达项目经费2821万元，至年底完成项目验收52个，其中农业科技项目7个、社会发展科技项目37个、软科学项目8个。

**【农业科技项目获立项9个】** 2020年，武进区以发展高效绿色生态现代农业科技为主题，围绕新品种选育推广、智慧农业、生态和生物农业、农产品深加工等高技术创新领域，加强新品种、新技术、新模式集成应用与引导示范，重点培育农业科技园区、农业科技型企业、科技型合作社等，开展农业关键技术攻关、农业科技人才引进培养，提升农业科技创新水平。年内，组织申报江苏现代农业项目2个、常州市农业科技支撑项目10个，获立项9个，获项目经费185万元。其中，江苏立华牧业股份有限公司承担的“鸡白痢沙门菌净化中颗粒型抗原抗体反应复合物的高效智能测定和分析技术的研发与应用”项目、江苏（武进）水稻研究所承担的“利用分子技术选育优质抗病粳稻新品种”项目、江苏国色天香油用牡丹科技发展有限公司承担的“油用牡丹高抗高油新品种的种植与示范推广”项目等8个项目获市重点项目研发计划（农业科技支撑）立项。江苏常发农业装备股份有限公司承担的“满足非道路国三排放标准的机械单体泵柴油机研发”项目获2020年常州市创新创业大赛三等奖。常州市君辰农业服务专业合作社和常州市常洛果品专业合作社以有店面、有队伍、有网络、有基地、有成果、有品牌的“六有”服务模式，向农户提供农技咨询、农产品销售信息，帮助提高种植水平，畅通销售渠道，被省科技厅认定为江苏省农业科技服务超市，江苏华丽智能科技股份有限公司被认定为江苏省农业科技型企业。

**【社会民生领域项目获区级立项45个】** 2020年，武进区围绕保障和改善民生的重大科技需求，发挥科技在卫生医疗、安全环境、教育文化、现代农业等社会民生领域方面支撑作用，开展技术攻关、重点关键技术推广和示范。全年立项区级项目45个，下达项目经费254万元。在医学研究领域，支持胃癌、肝癌、白血病等重大疾病，糖尿病、高血压、骨质疏松等常见病的临床关键诊疗技术研究，支持创伤凝血功能障碍患者体内氨基酸与B族维生素谱变化规律研究、轻型缺血性卒中及短暂性脑缺血发作在不同血小板浓度下采用不同抗血小板方案的疗效评估等，立项区级项目31个。在生态环境和公共安全领域，开展固废处置、安全生产装备与监控平台等关键技术研究及应用示范。其中，“基于武进区工贸行业的安全生产双控平台”项目结合武进区安全生产监管综合信息平台，建立风险管控系统，提供安全生产风险辨识和隐患排查，确保企业与政府部门互联互通、信息共享，形成安全生产监管“一张网”。在教育文化领域，立项支持“人工智能技术促进教学范式转型”“博雅教育理念下学生校园生活新样态的实践研究”“基于数据诊断深化自主学习型课堂建设的研究”“非遗文化面塑特色教育”等项目，立项区级项目14个。

**【疫情防控科技项目获立项2个】** 2020年，武进区鼓励企事业单位、科研机构针对新冠肺炎疫情实施科技项目，开展科研活动。重点围绕精准防控、快速检测、防护物资（口罩、防护服、消毒机器人等）、医疗救治、医疗器械、药物和疫苗研发、临床治疗等领域，协调和掌握有效新技术、新产品和新服务，在服务疫情防控的同时，申报科技项目3个，获立项2个，获项目经费40万元。其中，常州国药医学检验实验室有限公司承担的“新型冠状病毒核酸检测试剂盒的研发及试生产”项目获市科技计划（社会发展科技支撑）项目立项，常州贝斯莱夫安全设备有限公司承担的“EHS工程防护新风系统”项目获区级科技支撑计划（社会发展）重点项目立项。区科技部门加强实验动物管理，指导实验动物生产和使用单位全流程监测防控，鼓励实验动物使用单位支持与疫情相关的科研工作，研究制备疫情防控需要的实验动物模型等，指导实验动物生产单位优先保障新型冠状病毒科研和检验检疫等工作的实验动物供应，帮助实验动物企业常州卡文斯有限公司协调解决物料运输及复工复产问题。

（张建忠）

## 国家级科技项目

**【武进获国家级科技项目立项5个】** 2020年，武进区有5个项目获国家级科技项目立项，获项目经费4130万元。其中，国家重点研发计划3个、“科技助力经济2020”重点专项2个。

**【“用于骨质疏松防治的可注射新型纳米生物材料的工程化及临床应用技术研发”项目】** 7月，被科技部中国生物技术发展中心列为2020年度国家重点研发计划“生物医用材料研发与组织器官修复替代”重点专项，获中央财政专项经费546万元。该项目由常州百隆微创医疗器械科技有限公司牵头实施，针对生物材料与骨质疏松性植入环境生理功能适配性差、较难有效诱导骨再生的关键问题展开攻关，重点突破可注射、强度匹配、防渗漏、诱导骨再生的纳米生物材料设计和制备工程化关键技术，实现其产业化并探索其在防治骨质疏松性骨折领域的临床应用。项目针对骨质疏松性椎体骨折的预防和治疗，开发国际原创可注射新型纳米生物材料产品至少2款，建立其工程化制备技术及疗效和风险评价体系，形成临床应用技术至少2项，研制多款配套手术器械，形成系列国内外领先的自主创新技术和知识产权。

**【“四极杆－线形离子阱液相色谱质谱联用仪研制与产业化”项目】** 12月，被科技部高技术研究发展中心列为2020年度国家重点研发计划“重大科学仪器设备开发”重点专项，获中央财政专项经费2101万元。该项目由常州磐诺仪器有限公司牵头实施，重点解决高流速样品的高效离子化技术、高效离子传输技术、高精度质量分析器的设计加工技术、高灵敏多级串联操控技术、高速高精度质谱控制技术、高稳定液相色谱输液与进样技术、高可靠工程设计技术等关键技术，研制高性能离子传输－四极杆－线形离子阱部件与测试装置、多级串联质谱控制与联用系统测试技术与装置、超高效液相色谱分离技术与装置，研究整机仪器系统集成及工程化，开展食品安全、环境监测和临床诊断应用研究等。具有自主知识产权、质量稳定可靠、核心部件国产化的超灵敏四极杆－线形离子阱液相色谱质谱联用仪，应用于政府相关部门实验室、第三方检测实验室和科研院所，适用于食品安全、环境监测和临床诊断等领域。

**【“阀口独立控制型大流量液压阀关键技术研究与示范应用”项目】** 11月，被科技部列为2020年度国家重点研发计划“制造基础技术与关键部件”重点专项，获中央财政专项经费1333万元。该项目由江苏恒立液压股份有限公司牵头实施，主要从两级阀口独立控制型大流量阀设计与集成制造、阀口独立控制阀强适应性易用性电控系统、阀口独立控制系统的控制策略与安全风险评估、典型重载装备整机应用示范与测试评估等方向展开研究；重点解决无压力补偿阀的阀口大流量高响应精确控制关键技术，研发高压大流量的高频响两级阀构型、高精度多变量传感和流量自适应软测量，自主研制不同规格阀口独立控制型大流量阀；突破多阀口自适应协调控制及其参数快速整定关键技术，设计模块化自适应控制算法、易用性可编程控制软件和高性能集成式控制硬件；突破高效节能阀口独立控制系统安全可靠作业关键技术，研究高效节能系统控制策略、故障诊断与主动容错和安全风险评估方法。项目成果运用于挖掘机、旋挖钻机等典型重载装备。

**【“生物基可降解功能化食品包装材料及制品的研发及其产业化”项目】** 7月，被科技部列为“科技助力经济2020”重点专项，获中央财政专项经费100万元。该项目由常州龙骏天纯环保科技有限公司承担，主要研发环境友好型、资源节约型生物基可降解功能化食品包装材料及制品。借助每年可再生的淀粉、纤维素、木质素等天然材质，通过交联、酯化等疏水衍生化改性和干法捏合改性，与可生物降解的高分子聚合物实施多元共混合接枝聚合改性，形成多系列、多牌号生物基材料；针对生物基材料难混炼、易碳化、产量低、温度与出料不稳定等难题，研制生物基材料制品稳态化生产专用成套设备；针对生物基材料的热流变性能设计专业模具流道，提高生物基材料结晶效率和结晶度；针对食品包装的功能化需求，采用环糊精固载、溶液共混合高直链淀粉醚化改性等技术，提高材料阻隔性能、抗菌性能和力学性能，借助工业设计手段有针对性实施开合设计、叠摞设计、密封设计、导流设计、防粘连设计、人性化设计、减量化设计。通过物理、化学和生物改性，提高材料的生物质含量、生物降解的可控性、功能性，推动绿色生产，研究淀粉改性、高分子材料复合改性等干法改性技术和生物基材料制品制备技术，具有生物基含量高（生物基含量高达70%）、高性能（高抗冲、高抗菌活性）、可生物降解、低成本、品类多等特点，有效实现源头减量、末端减排和综合回收利用。

**【"高导电及高比表面积石墨烯的制备"项目】** 7月，被科技部列为"科技助力经济2020"重点专项，获中央财政专项经费50万元。该项目由常州第六元素材料科技股份有限公司承担，研究氧化石墨烯结构与导热膜性能关系，采用Hummers氧化法、粉体还原法，对石墨原料实施氧化插层，得到氧化石墨烯，实现薄层片层分离，经过热处理、化学处理等方法得到高性能石墨烯粉体，石墨烯比表面积不低于500平方米／克，层数低于5层，电导率105西门子／米以上。项目完成后，可建成高性能石墨烯粉体制备的连续化生产线，降低石墨烯粉体制备成本，年产高性能石墨烯20吨，并拓宽下游高性能石墨烯的应用。

（张建忠）

## 省级科技项目

**【武进获省级科技项目立项105个】** 2020年，武进区获省级科技项目立项105个，获项目经费1.28亿元。其中，省科技成果转化专项资金项目1个、省重点研发计划（产业前瞻与关键核心技术）项目3个、自然科学基金青年基金和面上项目7个、省级科技人才类项目12个，分别获项目经费800万元、880万元、100万元、1080万元。

**2020年武进区新增省级科技项目情况表**

表44

| 项目类型 | 项目名称 | 承担单位 |
|---|---|---|
| 省科技成果转化专项资金项目 | 高精度智能型氮氧传感器总成关键技术研发及产业化 | 常州联德电子有限公司 |
| 省创新能力建设专项 | 机械科学研究总院江苏分院新型研发机构奖补 | 机械科学研究总院江苏分院有限公司 |
| | 常州数控技术研究所新型研发机构奖补 | 机械科学研究总院江苏分院 |
| | 常州西南交通大学轨道交通研究院新型研发机构奖补 | 常州西南交通大学轨道交通研究院 |
| | 常州湖南大学机械装备研究院新型研发机构奖补 | 常州湖南大学机械装备研究院 |
| | 江苏中科院智能科学技术应用研究院新型研发机构奖补 | 江苏中科院智能科学技术应用研究院 |
| | 常州光电技术研究所新型研发机构奖补 | 常州光电技术研究所 |
| | 大连理工江苏研究院新型研发机构奖补 | 大连理工江苏研究院有限公司 |
| 省政策引导类计划项目（国际科技合作） | 微生物电化学与模块化人工湿地技术联合研发 | 江苏河马井股份有限公司 |
| | 纵慧（美国）有限公司光电芯片研发中心建设 | 常州纵慧芯光半导体科技有限公司 |
| | 中德产业创新与合作中心平台建设 | 常州中德产业创新与合作中心有限公司 |
| 2019年度省科学技术奖励经费项目 | 小型挖掘机用斜盘式轴向柱塞变量泵关键技术的研发及产业化 | 江苏恒立液压科技有限公司 |
| | 高精度钢管在线内外表面脱脂清洗成套装备关键技术研发及产业化 | 江苏博隆锦欣环保设备有限公司 |
| | 高性能生物基食品包材绿色制造技术装备研发与产业化 | 常州龙骏天纯环保科技有限公司 |
| | 具有感知智能的工业混联机器人关键技术研究及产业化应用 | 常州先进制造技术研究所 |
| 省科技型创业企业孵育计划 | 常州科教城国际创新基地孵化器 | 长江龙城科技有限公司 |
| | 江南石墨烯高新技术创业服务中心 | 江南石墨烯研究院 |
| | 大连理工大学江苏智造产业技术育成中心 | 大连理工江苏研究院有限公司 |
| | 津通国际工业园 | 江苏津通创业投资有限公司 |
| | 常州大学科技创业园 | 常州常大科技园有限公司 |
| | 上海交通大学（常州）科技园 | 常州慧谷科技园有限公司 |
| | 常州医疗器械创业服务中心 | 常州医疗器械产业研究院有限公司 |
| | 江苏武进西太湖国际智慧园 | 常州西太湖建设发展有限公司 |
| | 常州市武进区科创服务中心 | 常州市武进区科创服务中心 |

续表 44

| 项目类型 | 项　目　名　称 | 承　担　单　位 |
|---|---|---|
| 省科技型创业企业孵育计划 | 武进湖塘科技产业园孵化器 | 常州市武进湖塘科技产业园投资管理有限公司 |
| | 武进国家高新技术产业开发区众创服务中心 | 武进国家高新技术产业开发区众创服务中心 |
| | 福隆医疗器械产业创业服务中心 | 福隆医疗器械集团有限公司 |
| | 江苏武进科创园 | 常州市武进科创孵化园管理有限公司 |
| 省重点研发计划项目（产业前瞻与关键核心技术） | 用于硬度脱除的抗污染节能型荷正电纳滤复合膜元件的开发及其产业化 | 恩泰环保科技（常州）有限公司 |
| | 高强高模聚酰亚胺纤维及其下游产品开发 | 江苏先诺新材料科技有限公司 |
| | 多接缝受限空间隧道安全监测智能机器人关键技术研发 | 常州湖南大学机械装备研究院 |
| 省级工程技术研究中心项目 | 江苏省柔性显示与照明新材料工程技术研究中心 | 常州百佳年代薄膜科技股份有限公司 |
| | 江苏省畜牧业全程机械化农机具工程技术研究中心 | 常州迈腾机械有限公司 |
| | 江苏省电扶梯智能电子电气系统工程技术研究中心 | 常州敏杰电器有限公司 |
| | 江苏省快速制造工程技术研究中心 | 机械科学研究总院江苏分院有限公司 |
| | 江苏省轨道交通贯通道工程技术研究中心 | 常州今创风挡系统有限公司 |
| | 江苏省压电驱动点胶系统工程技术研究中心 | 江苏高凯精密流体技术股份有限公司 |
| | 江苏省轨道交通关键零部件铸造技术工程技术研究中心 | 常州朗锐铸造公司有限公司 |
| | 江苏省智能制造装备（华数锦明）工程技术研究中心 | 常州华数锦明智能装备技术研究院有限公司 |
| | 江苏省智能自控热风枪工程技术研究中心 | 常州武进长城工具有限公司 |
| 省产学研合作项目 | 分栅式场效应管关键技术研发 | 常州旺童半导体科技有限公司 |
| | 基于物联网技术的电磁水表研发 | 江苏鑫华禹测控技术有限公司 |
| | 高性能特种工程塑料 PEEK 喷涂技术的研发 | 江苏君华特种工程塑料制品有限公司 |
| | 核电站主泵与蒸发器用大型液压阻尼器研发 | 江苏轩瑞减振设备股份有限公司 |
| | 佰腾专利大数据云平台多源数据分析的关键技术研究 | 江苏佰腾科技有限公司 |
| | 建筑垃圾及工业废弃物在污泥固化技术中的应用研究 | 江苏绿和环境科技有限公司 |
| | 大、小模数蜗杆加工方法研究 | 常州德劢精密传动有限公司 |
| | 基于 RFID 的桥梁防船撞和船舶监测系统的开发 | 江苏宏远科技工程有限公司 |
| | 高性能伺服动力换刀系统关键技术开发 | 常州亘源数控设备有限公司 |
| | 基于深度学习的设备状态智能监测系统研发 | 常州气弹簧有限公司 |
| | 分散黄 54 及中间体新工艺路线研发 | 江苏亚邦染料股份有限公司 |
| | 基于 5G 通信技术的 5G 小基站射频同轴电缆组件产品的研发 | 常州市新盛电器有限公司 |
| 省技术转移奖补资金 | 省技术转移奖补资金 | 常州常发农业装备工程技术研究有限公司 |
| | 省技术转移奖补资金 | 常州工程职业技术学院 |
| | 省技术转移奖补资金 | 常州先进制造技术研究所 |
| | 省技术转移奖补资金 | 常州信息职业技术学院 |
| | 省技术转移奖补资金 | 瑞声精密制造科技（常州）有限公司 |
| | 省技术转移奖补资金 | 机械科学研究总院江苏分院有限公司 |
| | 省技术转移奖补资金 | 常州机电职业技术学院 |
| 自然科学基金青年基金和面上项目 | 高效的低温光聚合体系研究 | 北京化工大学常州先进材料研究院 |
| | 弱酸驱动电荷反转两亲分子的构建及其在破膜抗癌中的应用研究 | 北京化工大学常州先进材料研究院 |
| | 农业土壤重金属污染超声萃取固—液—固物相转化 LIBS 特性研究 | 常州信息职业技术学院 |
| | HPLC 中的谱带压缩效应及计算机辅助最佳条件的建立 | 常州工程职业技术学院 |
| | 加压流化床炉内粘结颗粒复杂气固流动问题的研究 | 常州江苏大学工程技术研究院 |
| | 射流换轴与气流运动耦合下非圆喷孔喷雾混合强化机理研究 | 常州江苏大学工程技术研究院 |
| | 基因编码的高信噪比蛋白质相互作用荧光探针的研制 | 常州南京大学高新技术研究院 |

续表 44

| 项目类型 | 项　目　名　称 | 承　担　单　位 |
| --- | --- | --- |
| 省重点研发计划（社会发展） | 超声软组织切割止血手术设备 | 常州瑞捷生物科技有限公司 |
| | 可切割闭合直径不大于 7 毫米血管、组织束的高频手术系统国产化研发及应用 | 常州市延陵电子设备有限公司 |
| | 新型一次性内镜用注射针的研究开发 | 江苏唯德康医疗科技有限公司 |
| | 锁定金属接骨板系统 | 创辉医疗器械江苏有限公司 |
| 省双创博士项目（科技副总） | 创新创业博士张尧 | 苏文电能科技股份有限公司 |
| | 创新创业博士徐梦廊 | 常州东仕豪机械制造有限公司 |
| | 创新创业博士沙敏 | 常州市灵达化学品有限公司 |
| | 创新创业博士王丽萍 | 常州德劢精密传动有限公司 |
| | 创新创业博士胡航 | 江苏慧博生物科技有限公司 |
| | 创新创业博士张志军 | 江苏立华牧业股份有限公司 |
| | 创新创业博士刘天宇 | 硕明（常州）光源科技有限公司 |
| | 创新创业博士川建杰 | 江苏宏远科技工程有限公司 |
| | 创新创业博士郝桐帆 | 常州金浦橡塑科技有限公司 |
| | 创新创业博士陈小刚 | 江苏南方通信科技有限公司 |
| | 创新创业博士赵先锐 | 常州亘源数控设备有限公司 |
| | 创新创业博士吕鹏 | 江苏维尔生物科技有限公司 |
| | 创新创业博士黄磊 | 常州气弹簧有限公司 |
| | 创新创业博士李龙珠 | 常州酷特仪器仪表有限公司 |
| | 创新创业博士曹培培 | 常州市羊氏模具有限公司 |
| | 创新创业博士贺新 | 江苏亚邦染料股份有限公司 |
| | 创新创业博士王飞 | 江苏君华特种工程塑料制品有限公司 |
| | 创新创业博士杨保华 | 江苏鑫华禹测控技术有限公司 |
| | 创新创业博士任秀秀 | 江苏美森环保科技有限公司 |
| | 创新创业博士王乾 | 常州市新盛电器有限公司 |
| | 创新创业博士程凤军 | 江苏德尔瑞环保机械有限公司 |
| | 创新创业博士周吕 | 常州灵达特种纤维有限公司 |
| | 创新创业博士缪铭 | 常州龙骏天纯环保科技有限公司 |
| 引进外国人才专项 | 基于 BIM 和 GIS 架构的数字孪生建筑管理平台 | 常州工程职业技术学院 |
| | 新型高性能早强型聚羧酸减水剂及其单体制备关键技术及应用研究 | 联泓（江苏）新材料研究院有限公司 |
| 双创团队 | 创新创业团队（刘项、熊小慧、苟国庆） | 常州今创风挡系统有限公司 |
| | 创新创业团队（贾锐、蔡墨朗、戴松元） | 江苏顺风光电科技有限公司 |
| 省双创人才项目（企业创新类） | 创新创业人才 Ryan Rao | 常州纵慧芯光半导体科技有限公司 |
| | 创新创业人才毛明明 | 常州纵慧芯光半导体科技有限公司 |
| | 创新创业人才王卓 | 常州市钱璟康复股份有限公司 |
| | 创新创业人才章建军 | 江苏龙城精锻有限公司 |
| | 创新创业人才刘项 | 常州今创风挡系统有限公司 |
| | 创新创业人才张梦颖 | 江苏先诺新材料科技有限公司 |
| | 创新创业人才吴稀勇 | 常州联德电子有限公司 |
| | 创新创业人才王春晓 | 常州桐树生物科技有限公司 |

【"高精度智能型氮氧传感器总成关键技术研发及产业化"项目】 9月，被省科技厅认定为省科技成果转化资金项目，获项目经费800万元、省资助经费1500万元。该项目由常州联德电子有限公司承担，产学研合作方为华中科技大学，新增投资1.1亿元，研究尾气中复杂成分和使用时间对氮氧化物输出信号的影响特性，建立数据模型，提高精度和稳定性；采用先进制造工艺优化升级核心芯片，扩展其功能集成，大幅提高控制器硬件集成度和稳定性；研发带故障诊断的批量在线自动标定系统，提高生产控制数字化、智能化水平；研究密封材料及制备技术，提高氮氧传感器本体在极限高温和剧烈热振情况下密封性能；研究敏感电极材料和混合电势信号特征，在此基础上研制新一代兼具混合电势和电流2种信号特征的氮氧传感器，实现一氧化氮和二氧化氮同步精确测量，使氮氧化物浓度检测精度提高20%，满足更高指标要求。项目实施期内，累计产销智能型氮氧传感器总成35万套，实现销售2.1亿元。

【"用于硬度脱除的抗污染节能型荷正电纳滤复合膜元件的开发及其产业化"项目】 6月，被省科技厅认定为2020年省重点研发计划（产业前瞻与关键核心技术）项目，获省财政专项经费120万元。该项目由恩泰环保科技（常州）有限公司承担，针对市政饮用水硬度脱除、RO浓水回用和盐湖提锂等水处理领域，研究用荷正电纳滤膜脱除硬水中可溶性钙镁离子，减少水质结垢。项目实施期间，投入200万元建立中试线，引进人才3人，申请发明专利1件，新产品技术成果达国内先进水平。

【"多接缝受限空间隧道安全监测智能机器人关键技术研发"项目】 6月，被省科技厅认定为2020年江苏重点研发计划（产业前瞻与关键核心技术）项目，获省财政专项经费740万元。该项目由常州湖南大学机械装备研究院牵头，联合苏交科集团股份有限公司、苏州融萃特种机器人及东南大学等单位共同研发，开发多接缝受限空间隧道安全监测智能机器人，分析各类隧道构型及安全监测需求，开发具有自主知识产权、适用于隧道巡检的全天候作业爬壁机器人和轨道机器人等产品，为隧道巡检及隧道病害监测行业发展提供智能化程度高、鲁棒性强、集成度高的一体化控制模块与测试平台，相关产品达国际先进水平。项目实施期间，计划申请专利22件，发表学术论文23篇，申请软件著作权9件，制定相关标准1项。

【"高强高模聚酰亚胺纤维及其下游产品开发"项目】 6月，被省科技厅认定为2020年江苏重点研发计划（产业前瞻与关键核心技术）项目，获省财政专项经费30万元。该项目由江苏先诺新材料科技有限公司实施，通过PI纤维分子结构设计、连续化制备技术调控，实现高强高模PI纤维的工程化和产业化制备，纤维拉伸强度大于等于3.8吉帕，模量大于等于120吉帕，热分解温度大于等于560℃，利用其纤维高强、耐高热、阻燃、耐老化特性，制备绳索、织物下游产品，形成高性能PI纤维多种规格系列产品，应用于防弹防护材料、透波材料、蒙皮材料、防火阻燃材料。项目实施期间，申请专利5件，参与起草国家标准1项，培育高性能PI纤维制备及其应用研究专业团队。

（张建忠）

## 科技奖励

【概况】 2020年，武进区按照省科技厅《关于2020年度江苏省科学技术奖提名工作的通知》要求，组织推荐企业与科研院所申报省科学技术奖。全区获省科学技术项目奖5个，其中一等奖1个、二等奖2个、三等奖2个，瑞声光电科技（常州）有限公司获省企业技术创新奖。

【"鸡遗传资源评价、种质创新与产业化应用"项目获省科学技术奖一等奖】 该项目被省科技厅授予2020年度江苏省科学技术奖一等奖，由江苏立华牧业股份有限公司和扬州大学联合承担，历经20年研究与实践，在地方鸡遗传资源评价理论与方法、重要经济性状育种新技术、高效配套系建立以及健康养殖技术等方面取得重要突破。创建鸡遗传资源评价与保护方案及微卫星资源数据库各1套，创建一般抗性与先天免疫的评价指标体系与选育技术各1套。首次建立以肌苷酸为主要评价指标的优质鸡行业分类标准，开发鸡肉品质适宜选择指数。筛选与肌苷酸、肌内脂肪、一般抗性、羽毛性状等复杂性状的27个候选基因和分子标记，创建分子标记辅助育种与常规育种相结合的技术体系。育成国家级新配套系雪山鸡，年推广量1.3亿羽，育成冰鲜型雪山黄鸡等专门化新品系10个。率先建立冰鲜黄鸡饲养技术规程、生产工艺与产品质量与分级标准，首次提出"8小时上市"最佳上市时间、"黄金72小时"销售原则与在途质量评价体系。开发优质鸡生态鸡舍、智能通风、发酵床、自动卷帘等设施设备，形成标准化养殖技术5套；形成可复制推广的"龙头企业＋专业合作社（基地）＋农户＋直销"高效生产模式。经行业专家鉴定，项目成果总体水平居同类研究国际先进水平，其中优质鸡肉质风味特性研究成果处于国际领先水平。该项目获国家畜禽新品种（配套系）证书1个、发明专利7件、计算机软件著作权2项，制定标准12项，出版著作3部，发表学术论文206篇。2017—2019年在全国16个省推广雪山鸡4.09亿羽，新增产值122.6亿元，新增利润33.03亿元。

【"时速350千米中国标准动车组风挡系统关键技术研发及产业化"项目获省科学技术奖二等奖】 该项目被省科技厅授予2020年度江苏省科学技术奖二等奖，由常州今创风挡系统有限公司、今创集团股份有限公司、中南大学、常州机电职业技术学院和常州西南交通大学轨道交通研究院联合承担。基于国家"863计划"等课题，针对高速轨道车辆厢体连接处噪声大、气密性差、隔热性不好、运行安全性等问题，突破轻量化设计和模拟仿真技术、风挡全密封全包隔音降噪技术、风挡快速编组与解编技术等关键技术，开发时速350千米中国标准动车组风挡系统，应用于时速350千米"复兴号"中国标准动车组CR400AF、CR400BF等车系，占据国内高铁内风挡80%以上、外风挡50%以上的市场份额。经行业专家鉴定，项目成果综合技术达国际先进水平，部分技术达国际领先水平，形成核心专利22件，打破国外品牌垄断，实现进口替代。

**【“自主可控智能装联锡焊机器人与成套装备关键技术研发及产业化”项目获省科学技术奖二等奖】** 该项目被省科技厅授予2020年度江苏省科学技术奖二等奖，由快克智能装备股份有限公司、南京航空航天大学、江苏雷利电机股份有限公司、常州机电职业技术学院联合承担。开发选择性波峰焊接设备，可焊接承载5G高频信号的800毫米×1200毫米超大PCB板（印制电路板），喷涂轴精度达0.05毫米；开发激光喷锡焊接设备，以激光为加热源，适用于引脚细、间距小等高端精密微焊接场合，重复定位精度±3微米；开发脉冲热压锡焊设备，首创压力全闭环电驱控制，温度稳定度达±1℃，压力精度达±0.2牛顿；面向智能装备开发嵌入式多轴运动控制系统，可实现高速运动状态下的机器人低残留震动、高定位精度、高轨迹跟踪精度等多功能运动控制，实现运动位置控制周期0.1毫秒、冲飞拍控制精度1脉；开发高速视觉定位与检测系统，突破点云技术和深度学习技术，实现PCB插件错、漏、反检查，提高焊点品质；基于i-MES（可集成制造执行系统）架构开发柔性化智能重构与生产调度控制技术，在监控设备生产状态的同时实现产品质量追溯。自2018年起，该项目产品批量应用于智能手机面板组件激光焊接生产线、汽车电子控制器柔性生产线、5G滤波器多产品兼容生产线等精密电子产品制造过程中，产品应用情况良好，国内市场占有率25%以上。经行业专家鉴定，项目成果整体技术达国际领先水平，获各类授权专利15件、软件著作权35项。

**【“面向全生命周期健康光照的半导体照明检测关键技术与应用”项目获省科学技术奖三等奖】** 该项目被省科技厅授予2020年度江苏省科学技术奖三等奖，由常州市武进区半导体照明应用技术研究院、中国标准化研究院、河海大学常州校区、常州友晟电子有限公司、江苏科慧半导体研究院有限公司、北京阳明智道光电科技有限公司联合承担。在国家重大项目支持下，研制LED照明产品健康安全及可靠性评测方法，建立LED健康安全质量标准体系，形成系列成果，可科学、客观、准确定量评测LED产品光健康与光安全效应。经行业专家鉴定，项目技术达国际领先水平，获发明专利54件（国际专利1件）、其他专利69件，发表文章135篇（SCI/EI 102篇），制定国际标准3项、国家标准2项、行业及团体标准9项，成果应用于全国1万余所学校教室。

**【“多功能性导电耐蚀涂层的设计及关键制备技术与应用”项目获省科学技术奖三等奖】** 该项目被省科技厅授予2020年度江苏省科学技术奖三等奖，由常州大学、长沙理工大学、常州凯达重工科技有限公司、江苏丰东热技术有限公司、江苏东方龙机车集团有限公司联合承担。在国家和省科技项目资助下，针对耐蚀、导电及耐磨的多功能性涂层，展开设计、制备关键技术的研究和产品技术攻关，系统提出可应用于金属双极板部件等领域中耐磨、耐蚀、导电涂层的设计方法和制备工艺，开发多功能耐蚀（耐磨）、导电涂层的制备技术和工艺，设计形成测试和评价体系。项目实施过程中，获授权发明专利11件，出版专著《质子交换膜燃料电池金属双极板表面防护技术》，技术成果在全国13家企业推广应用，项目成果推进氢能源行业和先进装备制造行业科技进步。

**【瑞声光电公司获省企业技术创新奖】** 瑞声光电科技（常州）有限公司（简称“瑞声光电公司”）被省科技厅授予2020年度江苏省企业技术创新奖。该公司成立于2006年，位于武进高新区，是高新技术企业、中国电子元件业的领军企业、工业和信息化部认定的“微型声学”制造业单项冠军企业。建有江苏省电声元器件工程技术研究中心，在微型声学、精密光学、电磁传动等领域拥有自主核心技术，曾获中国机械工业科学技术一等奖、国家科学技术进步二等奖，通过技术创新提升产品市场竞争力，市场份额居全球前列。在声学领域，研发出SLS超线性扬声器、全面屏激励器，得到广泛应用，为全球超90%的旗舰智能手机提供声学解决方案，与全球前六大手机品牌商达成长期稳固的战略合作伙伴关系。在电磁传动领域，研制全球首个X轴触控产品，是全球X轴触控产品大型提供商之一。在光学领域，研发WLG晶圆级玻璃镜片技术，成为全球三大镜头供应商之一。2019年，企业研发投入5.86亿元，占总投入的10.48%，新产品销售收入20.4亿元，占主营业务收入的36%。至2020年4月，拥有有效专利494件，其中发明专利98件、美国专利9件。

（张建忠）

## 国际科技合作

**【概况】** 2020年，武进区加快科技创新国际化步伐，开放整合创新资源，对接海外科技成果和人才，推进中以常州创新园、中德创新园等国际科技合作园区建设。全区获各级政策引导类计划（国

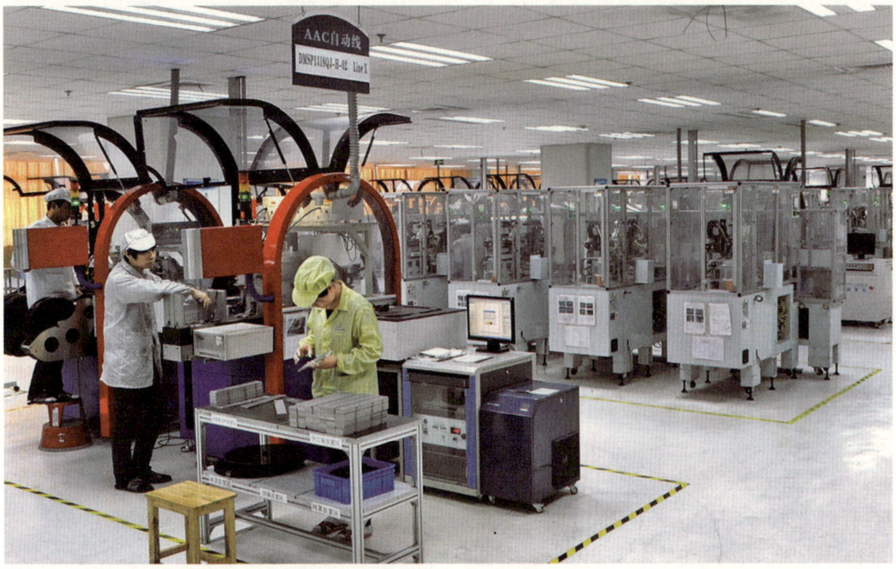


瑞声科技光电车间一角 （供图/区融媒体中心）

表 45 2020 年武进区新增政策引导类计划（国际科技合作）项目情况表

| 级别 | 项目名称 | 承担单位 | 所在区域 |
|---|---|---|---|
| 省级 | 微生物电化学与模块化人工湿地技术联合研发 | 江苏河马井股份有限公司 | 武进高新区 |
| | 纵慧（美国）有限公司光电芯片研发中心建设 | 常州纵慧芯光半导体科技有限公司 | 武进高新区 |
| | 中德产业创新与合作中心平台建设 | 常州中德产业创新与合作中心有限公司 | 常州科教城 |
| 市级 | 内河混凝土桥墩—船撞击机制与损伤演化监控技术 | 江苏宏远科技工程有限公司 | 前黄镇 |
| | 稀土改性抗腐蚀高强合金钢的合作研发 | 常州凯达重工科技有限公司 | 湟里镇 |
| | 江南地区建筑垃圾高品质再生骨料生产体系优化及其可持续性评估 | 江苏绿和环境科技有限公司 | 武进绿建区 |
| | 智慧医疗在心胸科的大数据应用平台 | 常州海科物联网科技有限公司 | 常州科教城 |
| | 大载重长航时油电混动多旋翼无人机研发 | 江苏中科院智能科学技术应用研究院 | 常州科教城 |
| | 高压碳化硅驱动控制器和车用电机一体化集成关键技术联合研发 | 湖大科瑞（江苏）检测技术有限公司 | 常州科教城 |
| | 微纳尺度多材料连续快速成型与器件应用联合研发 | 常州工业职业技术学院 | 常州科教城 |
| | 基于伞降系统的高性能无人直升机联合研发 | 天晌（常州）智能科技有限公司 | 常州科教城 |
| | 中英国际技术转移生态体系建设与能力提升 | 牛津大学创新技术转移（常州）有限公司 | 常州科教城 |
| | 提高水产养殖生产效力和可持续性的成套系统研发及产业化 | 清益水产科技（常州）有限公司 | 武进高新区 |
| | 智能建筑与电动车停车场电能管理系统研究 | 江苏万帮德和新能源科技股份有限公司 | 武进高新区 |
| | 摩希中以国际科技企业孵化平台建设 | 摩希（常州）企业孵化器有限公司 | 武进高新区 |
| | 复合人Ⅲ型胶原蛋白对糖尿病伤口感染的原位荧光成像和光热治疗研究 | 江苏创铭医疗器械有限公司 | 西太湖科技产业园 |
| | 低温扫描隧道显微镜的联合开发 | 国成仪器（常州）有限公司 | 西太湖科技产业园 |

际科技合作）项目立项 17 个，其中省级 3 个、市级 14 个，分别获项目经费 210 万元、380 万元。常州中以产业技术创新中心被列入 2020 年省重大项目，依托以色列江苏创新中心，省商务厅、常州市政府与武进高新区管委会三方签约共建江苏省驻以色列经贸代表处。引进常州弗劳恩霍夫（IOSB）技术展示转化基地、中德产业技术联合研究中心 2 个重大平台项目。举办 2020 中以创新投资与产业合作大会、第四届中以创新创业大赛、2020 智能科技与产业国际合作论坛、2020 中德创新合作对接洽谈会、2020 常州智能制造合作创新对接洽谈会等国际科技交流活动 8 场次。

**【中国以色列常州创新园】** 内容参见“产业园区”类目 P84 相关条目。

**【中德创新园】** 位于常州科教城，是常州市与友好城市德国埃森市重点合作项目，于 2013 年启动建设，2016 年被国家发展改革委和欧盟驻华使团联合授予“中欧城镇化伙伴关系示范区”称号，拥有中德产业创新与合作中心（常州）、常州科技经济发展中心（埃森）、常州科教城创研港等平台，助推企业“引进来、走出去”，深化产业科技合作交流，促成科技成果落地转化。2020 年，常州科教城管委会成立中德创新园工作专班，坚持“对标德国创新体系，打造中德合作平台，引进国际先进技术，孵化创新创业项目，培育常州未来产业，提升苏南智造水平”目标定位，制定出台《中德创新园建设方案》，按照“高起点规划、高标准建设、高质量招商”要求，聚焦产业创新和合作交流两大功能，突出科技与教育融合发展，建设高教园区、研发园区和孵化园区，引进德国研发机构、高端人才和创新项目落户，推动科技成果转化和产业化，打造国际合作先行区。中德创新园推进国际科技创新平台建设，引进常州弗劳恩霍夫（IOSB）技术展示转化基地、KIT 中德产业技术联合研究中心、中德 Push 众创空间、Plug&Play 国际产业创新服务平台等重点项目，“中德产业创新与合作中心平台建设”项目获省科技厅立项。加强科技、商务、外事、发展改革、教育等方面对接，拓宽合作渠道，深化中德高等职业教育交流、“双元制”教育应用实践，促进科教融合、产教融合，扩大企业订单式人才培养规模，全年培养德国学生 600 人。举办 2020 中德创新合作对接洽谈会，揭牌成立常州市跨国技术转移联盟、常州市欧美同学会创新创业实践基地，举办 2020 常州智能制造合作创新对接洽谈会，签约微铣刀磨损在线监测与智能预报系统项目、TUV 莱茵学院新能源汽车培训中心、中德国际创新转化协同中心等对德合作项目 8 个。

**【“中德产业创新与合作中心平台建设”项目】** 9 月，被省科技厅认定为省政策引导类计划（国际科技合作）项目，获省级资助经费 70 万元。该项目由常州中德产业创新与合作中心有限公司承担，合作方为德国科研机构 Montratec GmbH、OLI Systems GmbH，总投资 440 万元。

建立完善德国机器人应用与先进制造解决方案展示交易中心，建立运营中德技术转移信息资源池，构建新型技术转移平台；与德国 Fraunhofer ISI 联合技术对接、项目孵化，与德国汉堡科学院院士张建伟共建离岸创新实验室，做强中德合作创新孵化平台；打造创新创业科技服务平台，引进德国知名科研平台落户，构建金融投资服务体系等。计划 3 年内建成中德产业创新与合作中心平台，并开展市场化运营，完成国际技术转移对接 300 个，促成技术转移合作项目 10 个，共建中德技术转移中心平台，引进、孵化、培育德国创新项目 9 个，举办国际论坛或会议、项目推介会 3 场，建立一套德国项目招引专业服务体系，推动 3 个德国高校或科研机构落地常州开展技术转移相关合作。

**【"微生物电化学与模块化人工湿地技术联合研发"项目】** 9 月，被省科技厅认定为省政策引导类计划（国际科技合作）项目，获省级资助经费 70 万元。该项目由江苏河马井股份有限公司承担，合作方为西班牙阿尔卡拉大学分析化学与化学工程学系，总投资 300 万元。结合江苏河马井股份有限公司研发的模块化人工湿地技术与阿尔卡拉大学研发的电活性微生物技术，形成新型污水处理系统"Modular-METlands"，研究新工艺系统型在中国海绵城市与污水处理建设中的可行性，开展实践工程实验，确定系统在不同径流控制与水质污染浓度目标下的适用性及工作能力。项目成果在欧盟与中国同时推广，逐步应用于国内农村污水处理、城镇污水处理以及含抗生素、PFAS、养殖废弃物等污水生态处理。

**【"纵慧（美国）有限公司光电芯片研发中心建设"项目】** 9 月，被省科技厅认定为省政策引导类计划（国际科技合作）项目，获省级资助经费 70 万元。该项目由常州纵慧芯光半导体科技有限公司承担，合作方为美国科研机构 VERTILITE INC.，总投资 1300 万美元。重点拓宽消费类领域 VCSEL 及其衍生产品的研发及量产，提升电光转换效率、降低功耗，开发产品其他性能，满足客户不同应用场景需求；研发适用于数据中心及 5G 通信的高速芯片；开发大功率、短脉冲芯片，满足远距离应用需要。研发中心建设过程中，计划 3 年内扩大海外研发机构人数 20 ~ 25 人，建立项目管理和绩效管理机制，新增满足研发项目要求的仪器设备，与海外公司、学校建立紧密合作关系，促进产学研交流，参加展会和学术会议，紧密关注前沿科技、客户和市场需求。

（张建忠）

## 产学研合作

**【概况】** 2020 年，武进区围绕"六提工程"，加强科技创新和示范引领，引导企业与高校精准实施产学研对接合作。配合筹备 2020 世界工业与能源互联网暨国际工业装备博览会（简称"工博会"），组织策划科技创新专题活动 11 场。组织产学研项目、人才项目、国际科技合作项目集中签约，现场签约绿色新型建材研究院、天华新能源研发总部、新型高压柱塞泵高速开发阀研究与开发、以色列沙漠农夫高密度水产养殖、新型高强抗腐蚀稀土改性合金钢的合作研发 5 个产学研项目。组织政企代表团在吉林大学、北华大学开展产学研对接活动，19 家企业针对各自技术需求，与专家教授对接洽谈，达成初步合作意向 20 多个，2 家企业与吉林大学材料学院 2 个专家团队签署产学研合作协议，湟里镇政府与吉林大学材料学院签署政产学研合作协议，共建先进焊接中心。区科技局与江苏省技术转移（常州大学）研究院联合组织技术经纪（经理）人沙龙 2 期，培养技术交易专业人才，推进高校成果转化。围绕区内战略新兴产业强链需要，整理分析企业技术需求，组织联系对应专家，采取"走出去""请进来"、线上线下相结合的模式，降低疫情对产学研活动的影响。全区获省级产学研合作项目立项 24 个（含常州经开区），入选省科技副总 23 人，累计组织对接活动 70 余场，其中高校进企业 40 余场、企业进高校 15 场、线上对接 10 余场，签订产学研合作协议 119 个，合同金额 4483 万元。

**【2020 常州智能制造合作创新对接洽谈会暨"智星时空——AI 闪耀智联时代"活动】** 2020 年 9 月 16 日，在富都长江龙城大酒店举办，中外院士 6 人受邀出席，知名专家教授、常州重点企业代表共 280 人参加。该活动由常州市政府主办，常州市科教城管委会、常州市科技局、武进区政府联合承办，聚焦人工智能技术创新与发展、工业互联网平台建设，围绕人工智能技术与工业数字化、智能化相融合发展趋势展开研讨。组织机器人、医疗器械、精密加工、5G、新材料等产业方向专题对接，签约重点合作项目 1 个、产学研项目 8 个、人才项目 7 个、国际合作项目 8 个，揭牌产业技术创新联盟 4 个。

**【省科技镇长团武进团第十二批团员产学研活动】** 2020 年 8 月，江苏省科技镇长团武进团第十二批团员 18 人完成任职，第十三批团员 22 人入驻武进。第十二批团员任职时间 2019 年 9 月至 2020 年 8 月，任职期间，走访企业 1000 多次，依托专业优势和后方单位资源优势，发挥科技参谋、桥梁纽带、专业服务、引才育才作用，提升武进区人才引育和科技创新水平。成立武进科技镇长团之家（武进科技镇长团创新创业基地），凝聚历任团员及其后方单位资源，打造科技服务助力创新创业新模式。自主开发建设集交互、OA 管理、专家库、成果库、需求库、任务认领功能等为一体的武进科技镇长团云平台，累计收集各类科技成果近 4000 项，入库专家 300 余人。整理汇总精准技术需求 183 项、人才需求 42 项、项目申报需求 25 项、投融资需求 12 项、培训招聘等需求近 100 项。针对各类需求，协调资源，组织专家精准对接 230 余人次，签订技术开发合同 18 项，合同金额 1100 余万元。深挖周边创新资源，多渠道宣传武进区人才创业项目政策，助力地方引进科创项目。邀请在武进洽谈优质创新项目 23 个，其中省双创团队项目 4 个、双创人才项目 1 个，招引李国辉团队智慧水利水务项目落户湖塘镇。与北京化工大学常州研究院共建武进团—北化常研院协同创新中心工作站，推动建设吉林大学常州先进焊接中心和模具修复中心；参与江苏省中以产业技术研究院、雪堰镇现代农业产业园和礼嘉镇农业电商平台等平台建设；创新招引专家团队模式，邀请吉林大学退休博导组成焊接专家团队落户湟里镇，筹备建设焊接工艺中心，服务地方企业焊接技术需求，在教学、项目、论文、实训等方面指导常州工程职业技术学院焊接专业师生。建立高效工作联动机制，以相关重点工作和科技项目为抓手，开展高新技术企业培训活动5场、辅导企业申报各级科技计划项目22个，促成区科技局与北华大学科技处签订校地产学研合作协议，联合区人才办、人社局、商务局、科协以及行业协会、商会等开展各类产学研活动30余场。其中，与吉林大学、西北工业大学等15所高校开展产学研对接，联合江苏毅达股权投资基金管理有限公司举办武进区对接资本路演推介会，有效推进政产学研交流合作。

（张建忠）

## 科技创新创业服务平台

【概况】 2020年，武进区根据苏南国家自主创新示范区建设目标和《江苏省政府关于深入推进大众创业万众创新发展的实施意见》要求，落实创新驱动发展战略，优化创新创业生态环境，从制度设计、机制创新、优化服务等方面，持续推动科技创新创业服务平台建设。全区有市级及以上科技载体77个，孵化面积351.13万平方米，入驻企业2922家，产业覆盖智能制造、新材料、新能源、生物医药、医疗器械、“互联网+”等领域。围绕区内重点区域重点产业，引导和支持企业特别是大中型工业企业和规模以上高新技术企业建设科技创新服务平台，改善研发条件，培养和引进科技人才，持续产出创新成果，提升企业自主创新能力，常州西太湖细胞治疗前沿技术研究院、江苏省中以产业技术研究院、江苏集萃固高智能装备技术研究所、长三角化合物半导体产业创新基地等重点创新平台签约落地。推进江苏省产业技术研究院与武进区行业龙头企业对接洽谈，建设联合创新中心，常州百利锂电智慧工厂有限公司联合创新中心项目签约。通过政策引导，强化市级及以上企业工程技术研究中心建设培育力度。调整优化区级企业工程技术研究中心认定办法，加强企业研发平台承担单位建设管理，鼓励参与企业研发体系贯标。全年新建省级企业院士工作站1个、省级工程技术研究中心9个、市级工程技术研究中心17个、区级工程技术研究中心43个，新增市级工程技术研究中心7个。至年底，累计有市级及以上“二站三中心”482个，其中博士后科研工作站20个（含国家级7个、省级12个）、院士工作站2个、工程技术研究中心301个（含省级112个）、企业技术中心112个（含国家级2个、省级58个）、工程研究中心47个(含省级27个)。武进区大中型工业企业、规模以上高新技术企业研发机构建有率分别达100%、95%。培育扶持高新技术中小企业，发展科技创业服务平台（科技企业孵化器、加速器、众创空间），提供物理空间、基础设施和配套化服务，降低创业风险，提高创业成功率，促进科技成果转化，帮助和支持科技型中小企业成长和发展。新增省级科技企业孵化器1个，新增众创空间国家级4个、省级1个、市级1个。至年底，累计有科技企业孵化器33个（国家级10个、省级7个、市级16个），科技企业加速器8个（省级3个、市级5个），众创空间28个（国家级6个、省级14个、市级8个）。新冠疫肺炎情期间，减免入驻武进科创中心及青武创客空间的创业项目一季度房租30余万元。

**【4个众创空间入选国家级众创空间】** 4月，西太湖创客工寓、慧创空间（常州）、阿里巴巴创新中心（常州武进）基地、创业邦常州人工智能及机器人众创空间被科技部认定为2020年度国家备案众创空间。

西太湖创客工寓　成立于2016年12月，位于西太湖科技产业园（武进经发区），由江苏韮田创客空间有限公司运营管理，场地租赁面积1.43万平方米。其中，1～6楼众创空间面积3000平方米，7～32楼用作创业人才公寓。主要为小微企业、文创团队和青年创新创业者打造共享众创空间及长租公寓，提供工商咨询、工商注册、税务咨询、工会小额贷款（免息）对接等相关服务，满足入驻企业、创客的多重需求，具有多维度、全要素、一站式等优点。2020年，新增文创类、电商类企业13家，累计注册企业56家，其中实际办公企业20家，服务400余人。

慧创空间（常州）　成立于2015年1月，位于西太湖科技产业园（武进经

2020年武进区新建省级工程技术研究中心情况表

表46

| 工程技术研究中心名称 | 承　担　单　位 | 所在区域 |
|---|---|---|
| 江苏省快速制造工程技术研究中心 | 机械科学研究总院江苏分院有限公司 | 武进高新区 |
| 江苏省轨道交通贯通道工程技术研究中心 | 常州今创风挡系统有限公司 | 武进高新区 |
| 江苏省压电驱动点胶系统工程技术研究中心 | 江苏高凯精密流体技术股份有限公司 | 武进高新区 |
| 江苏省轨道交通关键零部件铸造技术工程技术研究中心 | 常州朗锐铸造公司有限公司 | 武进高新区 |
| 江苏省智能制造装备（华数锦明）工程技术研究中心 | 常州华数锦明智能装备技术研究院有限公司 | 武进高新区 |
| 江苏省智能自控热风枪工程技术研究中心 | 常州武进长城工具有限公司 | 武进高新区 |
| 江苏省柔性显示与照明新材料工程技术研究中心 | 常州百佳年代薄膜科技股份有限公司 | 礼嘉镇 |
| 江苏省电扶梯智能电子电气系统工程技术研究中心 | 常州敏杰电器有限公司 | 前黄镇 |
| 江苏省畜牧业全程机械化农机具工程技术研究中心 | 常州迈腾机械有限公司 | 洛阳镇 |

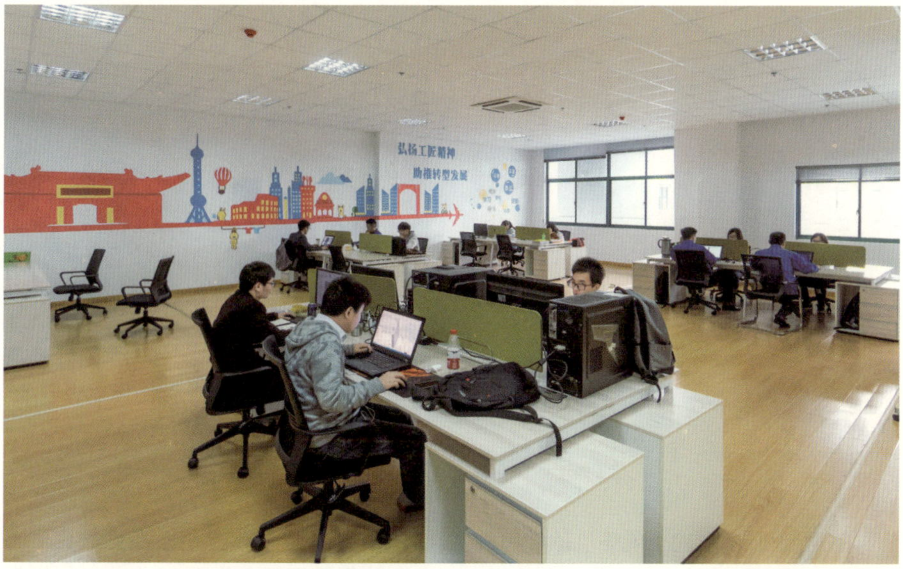


慧创空间（常州）为创业者提供的舒适创业环境　　（供图 / 区科技局）

发区），一期面积1500平方米，引入上海交通大学慧谷创业管理服务体系和创新管理模式，依托上海交通大学科研、教学和校友资源，重点围绕新材料、新能源、智能装备、健康产业、现代服务业、石墨烯产业六大主导产业，建设创新创业平台，引进高层次人才和科技型项目。定期举办慧创讲堂、商业沙龙、项目路演、投融资对接等创新创业活动，实现校地合作、国际交流、投融资驱动。至2020年年底，累计组织各类活动及产学研对接110多次，服务企业200余家；促成校企、校地双方签订产学研合同10余项，合同金额1000多万元；累计培育并毕业创业团队60余个，产业化落地企业50余家，企业申请专利200多件。

阿里巴巴创新中心（常州武进）基地　位于武进高新区众创服务中心，由阿里云计算有限公司、武进高新区管委会、杭州硬功馆科技有限公司三方联合共建，2017年12月投运，下设招商部、运营服务部、创业导师团、财务部、人事行政部和技术部。坚持“产业链＋孵化＋加速＋投资”运营模式，主要培育、孵化、加速智能硬件系统研发创业项目，建有硬件开放实验室，组织各类双创活动，开展专家坐堂，扶持上云企业并为智能硬件类企业技术赋能。至2020年年底，有在册企业64家，累计服务企业近1000家，8个项目获市“龙城英才计划”资助。

创业邦常州人工智能及机器人众创空间　位于常州科教城创研港4号楼，由创业邦与常州科教城、长江龙城科技有限公司合作共建，2016年9月投运。以人工智能及机器人为主题，重点引进培育人工智能、机器人、新一代信息技术等前沿科技领域人才和项目，提供优质协同办公空间和全面企业加速服务。结合投资机构、产业资源、地方政府等创业要素，助推企业科技创新和地方产业转型升级，曾获评常州市大学生创业园、武进国家双创示范基地示范单位、常州市特色众创空间十强，被团省委评为“苏青优店”。至2020年年底，累计孵化企业66家，在孵企业24家，其中“龙城英才计划”企业11家、高新技术企业3家，孵化企业累计获授权发明专利8件、美国发明专利1件。

**【“武进人才创新合作热力图”上线】** 12月，“武进人才创新合作热力图”上线。该热力图由区科技局牵头制作，分为移动版、网页版，设置武高新区域、西太湖区域和中心城区板块，点击各载体点位图标可查看载体运营主体、联系方式、硬件设施、孵化产业方向等详情。集成科技企业孵化器、加速器、众创空间等武进人才生态支撑点位，突破条线部门、行政区域界限，归纳梳理碎片化科技载体信息，实时展示武进双创资源分布情况，帮助科技人才精准寻找项目落地载体。

（张建忠）

## 科技人才

**【概况】** 2020年，武进区围绕国家创新驱动战略，以引进高层次创新人才为工作目标，深化“武进英才计划”。修订完善《关于进一步深化“武进英才计划”领军型创新人才“倍增工程”的意见》，实施领军型创新人才“倍增工程”，构建高层次、创新型人才队伍体系。年内，入选国家重大人才工程B类3人；入选省“双创计划”双创团队2个、双创人才（企业创新类）8人，获项目经费1050万元，位居全市第一；获市领军型创新人才引进培育项目立项27个，获项目经费930万元；立项区领军型创新人才“倍增工程”项目20个，下达项目经费470万元。获省外国专家项目立项2个、市外国专家项目立项14个，外国专家工作室获省级认定1个、市级认定2个。中车戚墅堰机车车辆工艺研究所有限公司总经理王文虎被省委宣传部、省科协、省科技厅、中科院南京分园、省国防科工办联合授予2020年江苏省“最美科技者”称号。至年底，武进区有高层次人才2.2万人，各类人才总量34.4万人。

**【“智享武进、科创未来”青年科技人才夜肆活动】** 11月13日在武进万达广场举行，市、区相关负责人以及科技企业代表、青年科技人才代表、青年科技服务专员、区青联科技信息界别组成员等100余人参加。该活动由区委组织部、区委统战部、区科技局、区人社局和团区委联合主办，是“非武不栖、进无止境”首届武进人才周系列活动之一，包含科技产品直播带货、科技产品展示、科技企业人才招聘、科技政策咨询等，5名专家组成青年科技人才顾问团应邀为青年科技人才提供指导，青年服务专员开展专项服务，现场展示石墨烯面膜、石墨烯儿童口罩、智能乐器、3D打印、无创血糖仪等武进智能制造成果，常州市凯达重工科技有限公司、常州市创新研究院、常州奇点电子科技有限公司等企业开展现场招聘，提供高薪优质岗位100余个。

（张建忠）

# 教育

Education

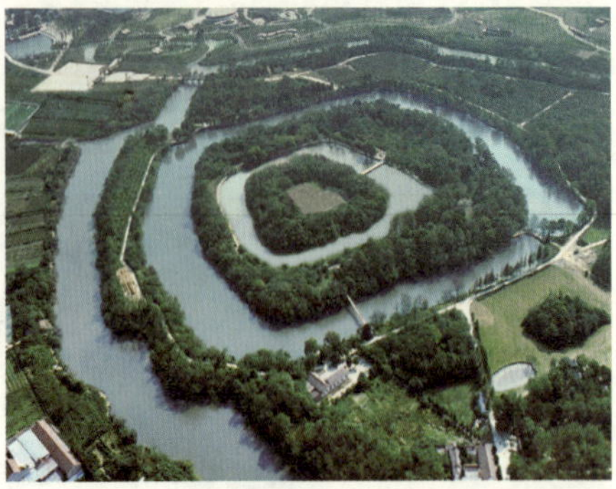

责任编辑　杨汉平

## 综　述

**【概况】** 2020年，武进区教育系统贯彻落实中共中央、国务院关于《深化新时代教育评价改革总体方案》精神，树立科学的教育发展观、人才成长观，推动构建服务全民终身学习的教育体系，深入推进教育教学改革、人事制度改革、办学模式改革，形成富有时代特征、彰显武进特色的教育现代化体制机制。完善"一管两聘三机制"（管聘用合同，工资岗位聘任、工作岗位聘任，"能进能出"的退出机制、"能上能下"的竞岗机制、"能留能走"的转岗机制）制度体系，完成第三轮全区教育系统专业技术岗位设置聘任工作。全区中小学6190名教师参加岗位竞聘，缓解308名高级职称、287名中级职称高职低聘的"评""聘"矛盾。会同人社、财政等相关部门实施学校绩效工资"1＋X"改革，提高教师工资收入水平。推进义务教育优质均衡发展，创成市"新优质学校"4所，累计13所。深化集团化办学，整合教育集团、城乡结对和教育联盟三种形式，分层分类成立教育集团19个，考核评出2019—2020学年度区级示范性教育集团2个、优秀级教育集团12个、良好级教育集团5个；有51所学校获评2019—2020学年度义务教育阶段素质教育质量评估一、二、三等奖。融合职业教育资源，提升职业教育发展内涵质量、服务区域发展能力。创建省级现代化专业群2个、省现代化实训基地2个、"1+X"试点项目11个。推进产教深度融合，开展企业新型学徒制培训，研发职业体验课程，共建企业学院和技能大师工作室。常州高职校入围全省50所中等职业学校领航计划建设单位，极客梦工场职业体验中心获评江苏省中小学职业体验示范基地，获省教育技能大赛10金、29银、21铜，省创新创业大赛2金、2银和省教学大赛一、二、三等奖8个。推进社区教育基础能力和品牌建设，全区10个社区教育中心全部创成省标社区教育中心，创建江苏省社区教育特色品牌项目2个、江苏省社会教育学习体验基地1个。深入贯彻《关于深化新时代教育督导机制体制改革的意见》，扎实开展挂牌督导和专项督导，创新开展素质教育督导评估，助推教育高质量发展。全区省教育现代化建设水平监测继续保持在90分以上，义务教育优质均衡达成度84%。获评常州市依法治校先进校10所、常州市依法治校示范校19所。

"十三五"期间，武进教育改革创新，支撑经济社会发展能力增强，教育社会满意度提升。教育事业发展跨上新台阶，学前和义务教育毛入园率100%，高中阶段99.2%；优质学前教育覆盖率82.81%，集团化办学覆盖面100%，创成常州市"新优质学校"13所，初步形成具有武进特

2020年武进区各类中小学、幼儿园情况表

表47

| 学校类别 | 学校数（所） | 毕业生数（人） | 招生数（人） | 在校生（在园幼儿）数 | |
|---|---|---|---|---|---|
| | | | | 2020年（人） | 占2019年(%) |
| 普通高中 | 6 | 3328 | 4709 | 12552 | 80.74 |
| 职业高中 | 2 | 1973 | 2121 | 6121 | 101.31 |
| 初中（含一贯制初中部） | 28 | 9760 | 11846 | 33857 | 82.46 |
| 小学（含一贯制小学部） | 45 | 11730 | 13640 | 76939 | 70.76 |
| 幼儿园（注册） | 81 | 11331 | 13597 | 40675 | 93.63 |
| 特殊教育学校 | 1 | 36 | 47 | 162 | 105.88 |

2020年武进区各类中小学校、幼儿园教职工情况表

表48

| 学校类别 | 教职工总数（人） | 其中：专任教师数（人） | 达到规定学历的专任教师比例(%) |
|---|---|---|---|
| 普通高中 | 1034 | 969 | 100.00 |
| 职业高中 | 991 | 907 | 99.56 |
| 初　中 | 2543 | 2368 | 98.91 |
| 小　学 | 4453 | 4294 | 99.90 |
| 幼儿园 | 3491 | 2304 | 99.91 |

色的现代教育体系。教育内涵质量实现新提升，课程改革逐步深化，武进中考、高考成绩始终保持全市前列，完成教育科研课题结题国家级2项、省级42项，获全国艺体竞赛团体冠军17个，形成四大类劳动科技教育课程群。教师队伍建设取得新成效，新增省人民教育家培养对象1人、省正高级教师13人、省特级教师6人、市特级教师后备人才11人；新增常州市特级校长18人、高级校长18人、骨干校长19人。体制机制改革实现新突破，在全省率先全面实施“区管校聘”人事制度改革，创新“一管两聘三机制”“武进办法”，在全省推广。集团化办学向纵深推进，全区组建教育集团25个，义务教育阶段集团化覆盖面达100%，其经验做法被《江苏教育报》等媒体报道。教育保障体系取得新进展，“十三五”期间，教育投入达161.78亿元，较“十二五”同期增长30%，其中新建、改扩建学校52所，新增学位28010个。智慧校园建设初见成效，60%的学校实现校园无线网络覆盖，建成“省智慧校园合格校”44所，首批“省智慧校园示范校”2所。

**【地方教育经费投入】** 2020年，全区根据《2020年武进区政府投资项目建设计划》，精准落实政府教育财政投入，有序推进基建项目实施进度，重点加快中心城区和高新区等教育资源紧缺区域学校建设。武进区（不含常州经开区）国家财政性教育投入25.54亿元，其中一般公共预算安排教育经费25.52亿元、政府性基金预算安排教育经费193万元。一般公共预算安排的教育经费比2019年增加3.26亿元，增长14.65%。其中，公用经费和专项补助经费7.11亿元，学校基本建设经费1.86亿元。全区普通学校小学生、初中生、高中生生均一般公共预算教育经费分别为1.63万元、2.24万元、3.41万元。继续实施全学段教育资助，其中学前教育阶段获助1015人，资助金额213.15万元；义务教育阶段获助7551人，资助金额628.80万元；高中（含职中）及以上阶段获助1723人，资助金额195.10万元，共计获助10289人，资助总金额1037.05万元。

**【校长队伍建设】** 2020年，区委教育工委营造有利于校长、教师队伍成长条件的氛围，全面提升校长队伍整体素质和管理能力。严格执行干部选拔任用工作规定和《中小学校领导人员管理暂行办法》，坚持正确的选人用人导向，严格选任程序，监督考核程序，培养造就一支具备现代教育思想，掌握现代教育理论，具有较强的创新能力和管理能力的校长队伍。年内提拔副职校领导18人、正职校领导4人，交流任用校级干部18人。创新培训方式，提升干部整体素质，开展校长任职资格培训，严格落实校级领导“五个一”（担任一门学科教学、阅读一本专著、参与一项课题、撰写一篇文章、举办一次讲座）要求。发挥校长专业辐射和示范带头作用，组织97名校长开展听评课、上公开课活动。举办暑期教育干部培训班和幼儿园园长专题培训班，促进校长成长和专业发展。新增常州市特级校长11人、高级校长17人、骨干校长18人。完善学校领导干部考核体系，兼顾城乡差异、办学特色等情况，优化考核结果运用。完善学校管理规章制度，建立充满生机与活力的竞争、激励、约束机制，促进学校管理工作走上科学化、规范化轨道。

**【教师队伍建设】** 2020年，武进区以推进教育全面发展为主题，完善教师补充和合理流动机制，造就一支业务精湛、教育理念先进的教师队伍，促进全区教育均衡优质发展。完善事业编制、备案聘用与编外聘用人员相结合的用人机制，启动“优才计划”，增加教师资源。招聘全日制研究生、“双一流建设”高校本科生46人，招聘中小学编制教师125人、幼儿园编制教师9人和中小学备案聘用教师275人、幼儿园备案聘用教师249人，组织教育集团、城乡结对学校之间及区内交流轮岗教师570人。组织全区中小学组织6190名教师参加第三轮岗位竞聘，化解308名高级职称人员高职低聘、287名中级职称人员高职低聘问题。实施绩效工资“1 + X”改革，出台学校绩效工资改革实施办法，通过系统调整核定专项绩效工资，提高教师工资收入水平。加强师德师风建设，弘扬师德师风正能量，评选表彰武进区师德建设先进学校20所和常州市德育先进工作者34人、“双十佳三好”教师20人。开展“五个一”（一次系统学习、一次全员考试、一次师德巡讲、一份庄严承诺、一项排查治理、一次专项督查）督查活动，整治“教师有偿补课”突出问题。继续以培养骨干教师队伍为龙头，

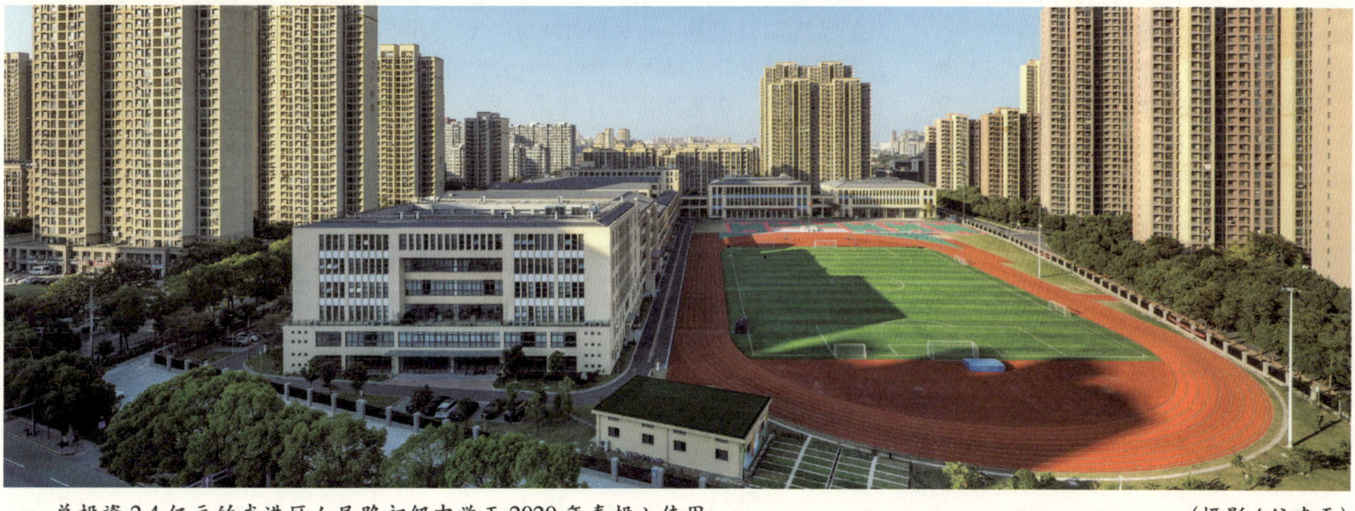

总投资2.4亿元的武进区人民路初级中学于2020年春投入使用　（摄影／谷建平）

引导教师向精专方向发展。全区新增江苏省中小学正高级教师6人，获评常州市第12批学科带头人49人、骨干教师53人，武进区第八批学科带头人253人、骨干教师375人，中小学高级教师职称54人、中小学一级教师职称131人。累计省正高级教师职称25人、省人民教育家培养对象1人、省特级教师26人，市特级教师后备人才21人、市学科带头人292人、市骨干教师416人，市教学能手、教坛新秀及区学科带头人、区骨干教师1799人。加强班主任队伍建设，促进全区班主任队伍整体素质提高。全区获全市班主任基本功竞赛一等奖6个、二等奖8个，新增市特级班主任4人、市高级班主任10人、市骨干班主任22人，获评常州市中小学优秀班主任67人。成立区第二批名班主任工作室15个，累计24个。星河实验小学“创想好教师团队”获评2020年省重点培育“四有”好教师团队。

**【教育科研】** 2020年，武进区组织教育科研课题结题鉴定85项，其中省教育科学规划课题15项、省教研课题3项、市教育科学规划课题5项、区教研课题62项，获全国教育科学规划2020年度一般课题和教育部重点课题立项各1项。开展新课程培训、专题性研讨、课例研究、教研观摩研讨、同课异构联校教研活动、优质课评比、青年教师基本功比赛、学科带头人高级研修、名师工作室开讲研究课、常州市优质教师城乡牵手行动等教科研活动192余场次。评选出武进区优秀教科研成果一等奖38项、二等奖55项；入选常州市第六批教科研基地6个，获常州市课题研究一等奖2项，二、三等奖各5项；获江苏省第五届教育科学优秀成果奖特等奖1项、二等奖4项。获评江苏省教科研先进集体3个，获评江苏省教科研先进个人9人，34人老师在省教研论文评比中获一等奖。有46所中小学被认定为江苏省智慧校园合格校，其中江苏省前黄高级中学、武进区实验小学被认定为江苏省智慧校园示范校。参加全国抗击新冠肺炎疫情期间“在线优质教育资源征集”活动，武进区有6所小学、8所幼儿园10余节微课、近20节录像课、10个微视频入选。创新科研导师聘任方式，做强“送培上门”培训，确定送培基地17个，培训范围辐射至全区10个镇和街道的17所中小学校，培训人数700余人次。通过区级“师训专家库”和“人才培育库”等资源、途径提升教师专业发展水平。坚持面向全体、突出骨干、讲求实效、提高素质的原则，实施“名师大讲堂”暑期教师培训、农村学校骨干教师培育站、名教师工作室、中小学学科骨干教师专题培训、新教师集中培训、教师信息技术应用能力提升培训等送培上门项目，全年累计培训教师4万人次。

**【核心价值观培育与核心素养培养提升】** 2020年，武进区中小学校坚持育人为本、德育为先，围绕立德树人根本任务，注重学生的养成教育，把社会主义核心价值观价值取向转化为学生普遍遵循的行为规范，通过养成实践，使其社会主义核心价值观外化于行。充分利用课堂主阵地，构建中小学有效衔接的德育课程、教材体系和评价体系。组织“踏上新征程，建功新时代”主题读书教育活动和开展关工委主题教育活动，深化未成年人思想道德建设。着力学生品格提升工程建设，创新中小学德育课教学，开发校本课程，推动社会主义核心价值观进教材、进课堂、进学生头脑。成功申报2020年常州市学生品格提升工程项目7个，江苏省前黄高级中学“前黄学子‘至诚’品格体悟式行动”项目入选江苏省学生品格提升工程项目，累计省级项目5个、市级项目11个。其中，武进区实验小学“创建物型场景培育上善品格”省级项目结项，获江苏省品格提升工程精品项目；星河实验小学分校“新移民儿童社会适应的品格BRT建构”省级项目结项，获江苏省品格提升工程优秀项目。着力德育队伍建设，实施师德师风建设工程，坚持师德为上，完善教师职业道德规范，健全教师任职资格准入制度，将师德表现作为教师考核、聘任和评价的首要内容，形成师德师风建设长效机制。引导广大教师自觉增强教书育人的荣誉感和责任感，学为人师，行为世范。提升一线德育工作者德育能力，获评常州市德育先进工作者34人。着力德育活动建设，注重发挥社会实践的养成作用，全区建成常州市中小学劳动实践基地13个，有10所学校被评为常州市劳动教育示范校，13所学校校本课程被评为常州市劳动教育优秀校本课程。学校、家庭、社会三结合德育教育网络，携手育人，合力结出德育教育丰硕成果。全区有13名学生获评市、区新时代好少年，涌现出省、市、区级三好学生和优秀学生干部443名，市、区先进学生集体118个、市劳动教育优秀学生1200名。

**【学校新冠肺炎疫情防控与卫生健康】** 2020年，武进区严格执行省教育厅《关于印发江苏省中小学2020年春季学期错峰开学指导方案的通知》和《关于开展全省学校和托幼机构秋冬季新冠肺炎疫情防控专项督导检查的通知》要求，由区教育、卫健、市监等部门与乡镇联合组成督查验收组，开展对学校开学准备和复课后全方位的指导督查和评估验收，覆盖率100%。加强师生管理，及时做好相关人员健康数据收集、汇总和上报工作，指导率和上报率均为100%。区新冠疫情防控应急指挥部组织武进人民医院、武进中医医院和各镇（街道）卫生院（医院）及社区卫生服务中心，在全区52所小学各安排1名医务人员驻校指导，特别开通师生就医绿色通道。全区各级学校落实分批分餐制，或错时与分散就餐相结合，组织校领导实行网格化入班指导，精细管理，强化家校联动、部门协作，确保开学复课后师生安全健康、教育教学平稳有序。认真落实国家、省、市、区新冠肺炎疫情防控宣传和健康教育制度，《中华人民共和国传染病防治法》《学校卫生工作制度》等法规文件精神，加强传染性疾病预防知识教育，增强师生防疫意识。在2020年常州市中小学健康教育教学竞赛决赛中，武进区获一等奖2个、二等奖3个。8所学校接受省健康促进学校的现场验收，其中前黄中心小学、洛阳中心小学获金牌；人民路初级中学、武进实验小学分校获银牌；湖塘桥第三实验小学获铜牌。全区199家学校开展食品安全量化分级，其中优秀等级171家，“阳光餐饮”覆盖率达100%。规范学校红十字工作，到2020年12月，全区各中小学培养应急救护师资1～2名，实现全区中小学应急救护培训全覆盖，应急救护知识和技能普及率100%。

（陆　琪）

## 学前教育

**【概况】** 2020年，武进区坚持把发展学前教育作为教育改革发展的根基来抓，加大财政投入，扩大学前教育资源，推进幼儿园主动发展，实现普惠均衡发展，满足人民群众对优质学前教育的需求。新开幼儿园3所，其中易地新建投入使用幼儿园1所。撤销简易托幼机构53家，规范提升审批设立普惠性幼儿园29所。全区新增省、市优质幼儿园5所，通过省优质幼儿园现场复审4所，累计省、市优质幼儿园56所，优质覆盖率79%。全区95所幼儿园全部纳入集团化管理，实现集团化办学全覆盖；在园幼儿44055人，其中在公办及普惠性民办幼儿园幼儿40759人，占入园幼儿的92.5%；有专任教师2758人，其中市、区级教学能手（骨干）及学科带头人188人，省特级教师3人。区教育局联合区委编办和区财政、人社部门出台《武进区幼儿园教师员额管理改革的实施细则》，细化公办幼儿园员额管理，全面实施事业编制教师、备案聘用教师、编外聘用教师管理体制和人员日常管理、工资福利管理、经费管理。全区学前教育教学获市、区级前瞻性教学改革实验项目立项25个，省、市、区级课程游戏化项目园13个，幼儿园课程游戏化项目建设由点及面向区域化推进。武进区幼儿园第五轮主动发展圆满收官，刘海粟艺术幼儿园被评为常州市主动发展示范园，刘海粟艺术幼儿园花东园、鸣凰实验幼儿园鸣凰园、机关幼儿园火炬路分园均被评为常州市第二届集团化办学先进集体。

**【2所幼儿园获评省优质幼儿园】** 2020年5月，武进区2所幼儿园被省教育厅评为江苏省优质幼儿园。

常州市武进区鸣凰实验幼儿园花园分园　位于湖塘镇花园新村小区，是在原湖塘桥实验幼儿园旧址改建的公办幼儿园，2014年10月开园，隶属于鸣凰实验幼儿园幼教集团。开设班级12个，在园幼儿410人，教职工46人。其中，专任教师26人、江苏省特级教师1人、武进区学科带头人2人、骨干教师1人。该幼儿园践行“走向生态的幼儿教育”理念，不断优化园区环境，凝练师资素养，致力提升办园水平，努力实现“让每个幼儿享受幸福，让每位教师拥有美丽”的办园目标。

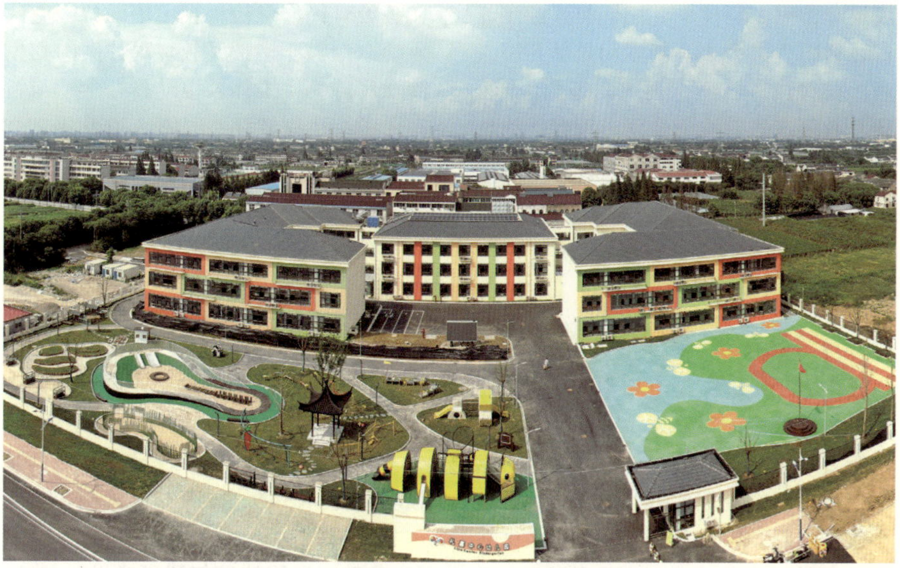

9月，总投资7000万元的礼嘉镇中心幼儿园新园投入使用　（摄影/陆　新）

常州市武进区大风车幼儿园　位于武进区牛塘师源路2号，是一所民办幼儿园，开设11个班级，在园幼儿290人，教职员工42人，其中专任教师22人。该幼儿园秉承“用生态做教育、用爱心做教育、用品质做教育、用专业做教育、用人文做教育”的教育理念，建构“和谐、幸福”的精神文化、“童化、互动”的环境文化、“民主、创新”的管理文化、“主动、合作”的教研文化、“自主、乐学”的学风文化，希望每个孩子都是快乐的、幸福的、“本我”完整发展的，每个孩子都能发现自己的闪光点、发挥自己的特长、开发自己潜能，实现自我的良性成长及个性发展。

**【3所幼儿园开园】** 2020年9月，全区有3所幼儿园开园，其中公办2所、民办1所。

常州市武进区刘海粟艺术幼儿园常发园　位于武进区人民路与玉塘路交会处，是由常发置业（江苏）有限公司投资3500万元建造，占地面积1.2万平方米，建筑面积8000平方米，规划设置21个班。该幼儿园是湖塘镇政府监督管理的公办幼儿园，由常州市武进区刘海粟艺术幼儿园教育集团一体化管理，开设班级9个，在园幼儿292人，每班配备“两教一保”，教职员工36人。

常州市武进区府北实验幼儿园　位于武进区马元路8号，由民间资本投资建成，占地面积7500平方米，建筑面积9879平方米，规划设置班级12个。该幼儿园是一所普惠性幼儿园，为武进区机关幼儿园紧密层分园之一，开设小班3个、中大混龄班1个，在园幼儿98人，教职员工20人。

常州市武进区礼嘉中心幼儿园　位于武进区礼嘉镇礼毛路68号，由礼嘉镇政府投资7000万元易地新建，占地面积1.51万平方米，建筑面积1.46万平方米。园内配套有沙水区、种植区、饲养区、体能训练区、大型玩具区等户外活动场地，小豆包生活馆、小萌龙科探馆、小星星展演厅等室内专用活动教室。该幼儿园开设教学班24个，在园幼儿830人，小班配备“两教一保”；教职员工85人，其中专任教师55人。

**【幼儿教育成果展评】** 2020年，全区幼儿园发挥各自优势，争取主动发展，走以特色为核心的内涵发展之路。重视和努力调动幼儿教师在特色发展中的主动性和创造性，提高教师整体素质，形成具有相应专长的教师群体，专业教育成果显著。坂上幼儿园获评江苏省体育（篮球）特色幼儿园，戴溪幼儿园获评全国足球特色幼儿园；滆湖科技幼儿园“幼儿园一日生活中STEM教育案例开发的实践研究”入选江苏省基础教育前瞻性教学改革重大项目优秀子课题；微课“病毒，我要打败你”“物体的沉浮”和论文“幼儿思维游戏数字化开发与实施的研究”等4件作品获2020年智慧教育应用成果奖，滆湖科技幼儿园姚黎获评江苏省教科研先进个人，新城阳光幼儿园盛燕萍获得江苏省微课评比二等奖；全区幼儿教师在省教育学会学前教育优秀教育教学论文和案例评选中获奖249篇。

（陆 琪）

## 义务教育

**【概况】** 2020年，武进区义务教育阶段集团化办学实现区域全覆盖，城乡优质教育资源受益面进一步扩大，教育优质均衡发展取得阶段性成效。2月，根据常州市出台的集团化办学实施办法，结合武进实际，整合教育集团、城乡结对和教育联盟三种形式，分层分类成立教育集团19个，通过加强班子建设、统筹师资管理、深化课程建设、推进教改科研等举措，推进义务教育城乡一体化发展，基本实现“一集团一特色、一校一品牌”的发展格局。年内，评出前黄实验学校教育集团、武进区实验小学教育集团2个示范性教育集团，雪堰中心小学教育集团、潘家小学教育集团、湖塘实验中学教育集团、星辰实验学校教育集团、刘海粟小学教育集团、湖塘桥实验小学教育集团、湖塘桥第二实验小学教育集团、星河实验小学教育集团、马杭中心小学教育集团、星韵学校教育集团、礼河实验学校教育集团、清英外国语学校教育集团12个优秀级教育集团，湖塘桥初级中学教育集团、淹城初级中学教育集团、卢家巷实验学校教育局集团、湟里初级中学教育集团、湟里中心小学教育集团5个良好级教育集团。12月10日，承办常州市第二届集团化办学先进表彰会暨研究成果发布会，武进获评市集团化办学先进集体7个、先进个人44人和优秀实践案例一等奖4个、二等奖10个、三等奖6个，《中国教育报》及市、区媒体分别报道武进集团化办学成效。武进区实验小学、星河实验小学教育集团化办学模式在省级层面推广。创成市“新优质学校”4所，星河实验小学、湖塘桥实验小学、星辰实验学校获评2020年常州市学校主动发展示范校，城东小学等31个学校获得武进区2020年学校主动发展优秀项目一、二、三等奖。全面实行公办、民办学校招生同步，公告同步、报名同步、学籍注册同步。义务教育民办学校根据电脑派位、免试入学原则，严格按区教育局核准的招生简章实施招生工作。推动公办学校与新市民学校建立教育共同体，2020年，全区（含经开区）纳入流动人口子女积分入学的学校共提供积分入学学位数总计8515个，其中公办小学6225个、初中850个、新市民学校1440个。全区发放入学准入卡7195张，积分入学录取率85.63%，公办学校录取率78.81%。全区小学适龄儿童入学率、残疾儿童入学率100%，在校学生巩固率99.9%，毕业生升学率100%，初中入学率100%，在校学生巩固率99.8%。

**【义务教育课程改革与科研成果】** 2020年，武进区深化义务教育课程改革，体现改革内容的均衡性（德智体美劳教育内容全部纳入）、学科渗透的综合性（重视学科知识、社会知识和学生经验整合）、灵活多样的选择性（适应地方和社会发展的现实需要，开设校本课程），促使学生学习成为富有个性的过程，促进学生主动活泼地发展。湖塘桥第二实验小学“‘藏书票+’：指向时代新人培育共享社群学习方式的创新实践”获评江苏省中小学课程基地与学校文化建设项目，前黄实验学校“初中创新实验课程建设”、湖塘实验中学“尝试教学法的实验研究与推广应用”获省基础教育前瞻性教学改革实验项目立项，淹城初级中学“初中语文‘生态课堂教学改革与实验”、星韵学校“小学英语‘思维可视化’教学实践与探索”、湟里中心小学“思维广场：支持儿童混合式学习的空间建构”、礼嘉中心小学“身体教育学关照下的儿童科学运动方式的实践建构”成功申报为常州市基础教育前瞻性教学改革实验项目。

开展课程改革实践，促进教育科研成果形成。清英外国语学校“‘互联网+’视域下小学生非正式学习的指导策略研究”获全国教育科学规划2020年度国家一般课题立项，星河实验小学“指向学科核心素养的数学单元学习群的实践研究”获教育部重点课题立项；列入常州市教育科学“十三五”规划第二批课题66项，其中市重点课题14项、立项课题41项、青年教师专项课题7项、高研班专项课题4项；列为武进区级教科研课题162项。在江苏省第五届教育科学优秀成果评比中，清英外国语学校奚亚英主持的“基于个性发展提升学校课程实施品质的研究”获特等奖，4项成果获一、二等奖。在常州市教育科学课题研究优秀成果评比中，星河实验小学“小学数学游戏化学习的教学策略研究”、湖塘桥第二实验小学“大数据背景下的生长性阅读的实践研究”获一等奖，10项成果获二、三等奖。前黄实验学校“初中创新实验课程的开发研究”等3项课题获批常州市教育教学成果奖培育首批立项。区教师发展中心、湖塘实验中学、星韵学校获评2020年江苏省科研先进集体，星河实验小学分校获评全国青少年人工智能活动特色单位，湖塘实验中学、清英外国语学校获评常州市示范教科研基地；前黄实验学校、星河实验小学等6所学校被确定为常州市第六批教科研基地。在教育科研促进教师专业成长、江苏省学科教师基本功比赛和优质课评比中，武进区实验小学钱爱芙、星河实验学校孟亦萍、滆湖科技幼儿园姚黎及发展中心尹庆丰、周萍、裴红霞获评2020年江苏省科研先进个人；星辰实验学校曹志科获评小学语文优质课特等奖，李公朴小学陆天梦获评书法优质课特等奖；刘海粟小学费香香获评小学音乐教师基本功比赛二等奖。在常州市学科教师基本功比赛和优质课评比中，武进区获一等奖23个、二等奖24个。区教育局举办“金钥匙”“科幻画”等科技竞赛，全区7000余名学生参与，获奖学生2000余名。12月26—27日，组织参加江苏省“金钥匙”科技竞赛，星辰实验学校获、湖塘实验学校分获特等奖、一等奖。湖塘实验学校等2所学校获第二届常州市青少年科技创新市长奖，武进区实验小学被评为“十三五”江苏省科学教育综合示范学校（全市3家），城东小学被评为常州市科学教育示范校。

**【清英外国语学校教育科研成果丰硕】** 2020年，清英外国语学校坚持以“科研立校、课改强校、特色兴校”为办学理念，在研各级课题48项，教师全员参与，形成区、市、省、全国金字塔状课题研究群组，推进教育科研，取得阶段性成果。“‘互联网+’视域下小学生非正式学习的指导策略研究”获全国教育科学

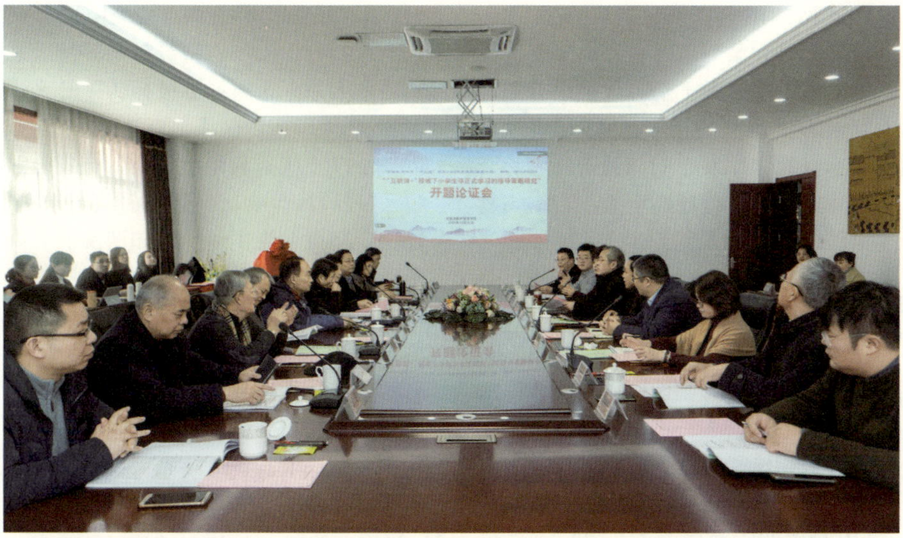


9月，清英外国语学校"'互联网+'视域下小学生非正式学习的指导策略研究"国家级课题开题　（供图/区教育局）

规划2020年度课题立项，并于9月开题；3项省级"十三五"规划课题高质量结题，其中1项成果获省教科研特等奖，2项成果获评常州市内涵建设项目案例特等奖，1项课程成果获评常州市首届校本教材评选特等奖。教师在各级各类刊物发表论文114篇，学校被评为常州市教科研基地、武进区教科研先进集体。

**【中小学校体育艺术教育】** 2020年，武进区巩固中小学校体育艺术教育阵地，新增中国手球协会手球传统学校1所（刘海粟小学），全区有全国青少年校园足球特色学校32所、全国青少年校园篮球特色学校9所、全国青少年校园排球特色学校3所，江苏省体育传统项目学校11所，常州市校园足球示范学校14所、常州市校园足球试点校22所、常州市体育特色学校27所、常州市深化学校体育改革实验学校4所。全区有中华优秀传统文化艺术传承学校3所；江苏省书法特色学校2所，入选第六批江苏省艺术特色学校1所（湖塘桥第二实验小学），通过江苏省艺术特色学校抽测验收1所（湖塘桥实验小学），累计7所；常州市书法示范学校9所、书法特色学校32所、戏曲进校园实验学校9所，创建常州市艺术特色学校3所，累计18所；创成区锡剧教育培训基地校5所。推进中小学校体育艺术教育，举办全区中小学生田径比赛和全区中小学生校园足球、篮球、排球邀请赛，洛阳初中承办江苏省校园足球女子组比赛。全区各级体育特色学校和体育传统项目学校、体育布局项目学校积极参加各级各类比赛，成绩突出。鸣凰中学获全国曲棍球锦标赛女子组冠军，湖塘桥实验小学获中国篮协体能大比武第一名，潘家中心小学获全国象棋特色学校网络比赛铜奖2项，清英外国语学校获省第四届中小学生软式棒垒球锦标赛团体冠军，湖塘桥第二实验小学获省青少年县组篮球锦标赛女子组冠军，刘海粟小学获省小学生健美操锦标赛团体冠军，星河实验小学分校获省少儿体适能县级组比赛综合体能接力男、女组6个团体第一名。在常州市中小学生体育项目比赛中，武进区获小学、初中田径比赛团体总分第一、金牌榜第一和奖牌榜第一，包揽女子曲棍球锦标赛小学甲、乙组和中学组冠军，刘海粟小学分获常州市第一届小学生手球锦标赛男子甲、乙组冠军。开展青少年学生艺术竞赛和展演活动，武进区获常州市中小学生艺术节比赛特等奖1个、一等奖30个、二等奖40个、三等奖17个和"尚勤俭·书美德"常州市青少年书法作品展一等奖24个、二等奖42个、三等奖58个。

**【4所优质学校升级市"新优质学校"】** 2020年，潘家小学、礼嘉中心小学、湟里中心小学、淹城初级中学4所学校通过常州市"十三五"期间第五轮"新优质学校"评审。

潘家小学深入践行"让每一个生命幸福成长"的办学理念，丰盈"家园教育"文化内涵，架构"吾爱'五家'"课程体系，打造"生长课堂"智慧样态，培育"潘小'福娃'""潘小'明师'"校园特色文化，教育教学质量稳步提高，办学特色逐渐显现，社会美誉度显著提升。学校先后获评教育部国防教育特色学校、全国象棋特色学校、江苏省体育特色学校、常州市文明校园、常州市中小学德育特色学校等荣誉和区素质教育质量评估一等奖。

礼嘉中心小学秉承"三近"（近仁、近智、近勇）精神，以"人人尚礼，个个可嘉"为办学理念，以培养"三近少年""三近教师"为目标，创导"让学校成为生长仁、智、勇的幸福乐园"的办学愿景，通过文化引领、质量立校、内涵发展，使校园处处散发"三近"的气息，让师生时时焕发"三近"的活力。学校先后评获全国青少年校园篮球特色学校、全国青少年校园足球特色学校、江苏省智慧校园、江苏省书法特色学校、江苏省教育工作先进集体、常州市德育特色学校、武进区第五轮学校三年主动发展规划实施优秀学校等荣誉。

湟里中心小学秉承"有志者事竟成"校训，以"万类霜天竞自由"为教育哲学，践行"成为这一个"的办学理念，打造"明德、博雅、格致、行知、大成"的教师团队，培养"守正、向学、健美、友竞、至成"的竟成少年，办一所人人都成功的五彩学校。学校先后评获全国红旗大队、全国青少年计算机科技创新实践教育示范基地、江苏省绿色学校、江苏省红十字会示范校、常州市依法治校示范校、常州市教育装备应用示范校、常州市书法特色学校、常州市生态文明教育示范校园等荣誉。

淹城初级中学秉承"春华秋实"校训，践行"立德树人，培根铸魂"的办学理念，致力于建设"穷理正心，修己达人"的"和雅"校园，培育"存仁举能，敏事慎言"的"和雅"教师，涵养"守正敬信，博学笃求"的"和雅"学子。学校先后获全国五育融合联盟学校、全国青少年校园足球特色学校、江苏省德育先进单位等荣誉，连续13年获评区素质教育质量评估一等奖。

**【武进区人民路初级中学新校区投用】** 该新校区位于武进区火炬北路以东，夏城西路以西，新城域花园小区以南，人民中路以北，占地5.8公顷，总建筑面积

4.8万平方米，于2018年5月28日开工建设，2020年春建成投用，总投资2.4亿元。校园主要由教学楼3幢和行政楼、体育馆、食堂、图书馆各1幢组成，配套能容纳800人的报告厅、400米标准运动场、校园电视台、智慧云实验室、艺体专用教室等教学设施，所有教室安装触摸式交互一体机及双师常态化录播系统，可实现远程授课录课。2020年年底，在校学生2136人，教职工155人，其中专任教师146人。

**【特殊教育发展】** 2020年是贯彻落实《江苏省第二期特殊教育提升计划（2017—2020年）》、推动武进区特殊教育水平全面提升的攻关收官年，按照“全覆盖、零拒绝”的要求，结合残疾儿童少年的实际和家长意愿，区教育部门制定教育安置方案，扎实做好适龄残疾儿童少年入学安置工作，确保建档立卡适龄残疾儿童少年安置到位，形成以特殊教育学校为骨干，以普通学校随班就读为主体，以送教上门为补充的特殊教育格局。至年底，武进区特殊教育学校有在校学生167人，涵盖学前、小学和初中学段。按照省定标准，推进融合教育资源中心建设，让残疾学生在学习的同时，保障每天的康复训练。年内，认定普通学校融合教育资源中心33个，有363名残疾儿童享受康复救助，救助总额183万余元。康复效果好的残疾儿童经过评估进入普通学校随班就读特教学生315人，实现学前、小学、初中、职高段全覆盖。全区送教上门的重度残疾学生27人，实现“一个也不能少”的目标。

（陆　琪）

## 普通高中教育

**【概况】** 2020年，武进区有普通高中5所，即江苏省前黄高级中学（简称“省前中”）、江苏省前黄高级中学国际分校（简称“省前中国际分校”）、江苏省武进高级中学（简称“省武高”）、常州市武进区湟里高级中学（简称“湟里高中”）、常州市武进区洛阳高级中学（简称“洛阳高中”），完中1所，即常州市武进区礼嘉中学（简称“礼嘉中学”），普通高中学生12377人。被各类高等院校录取学生4217名，录取率97.89%。其中，本科录取3916名，录取率90.9%；高职单招（大专）录取722名。全区普通高中根据国务院《关于新时代推进普通高中育人方式改革的指导意见》，贯彻落实江苏省教育厅发布的《关于高考综合改革背景下加强普通高中教学、组织管理工作的意见》，重点研究、把握新高考方向和任务，全面落实课改要求，优化新课程实施。规范开齐开足新课程新教材，特别是开足综合实践活动、技术、艺术体育与健康、理化生物实验等课程，满足学生不同兴趣、不同水平、不同选课要求，构建德智体美劳全面发展育人体系。学校内涵建设取得成效，省前中“高中物理实验教学探索”和“前黄学子‘至诚’品格体悟式行动”获评江苏省基础教育内涵建设项目，省武高省级中小学生品格提升工程项目“公仆精神：基于名人资源的理想信念教育”参加全省线上中期调研活动获好评。省前中入选江苏省高品质示范高中首批建设立项学校和江苏省智慧校园示范校。

**【省武高西太湖新校区启用】** 8月19日省武高西太湖新校区揭牌启用。省武高新校区建设是“五个三年行动计划”中提高武进教育质量的一项重要民生工程，占地19公顷，建筑面积10.4万平方米，总投资1.88亿元。该新校区以湖畔人文标志建筑的标准，建有亭台楼榭、景观小品、小桥流水，为常州武进地区一流寄宿制高中，每间学生宿舍配备独立卫生间和淋浴房，用餐采用套餐制。学校师资实力强，拥有特级校长1人、正高级教师1人和省特级教师、特级教师后备人才、市区“五级梯队”等名优教师92人，市、区级名师工作室5个，市级及以上优秀教研组5个，有省级课题、课程项目5项。学校秉持“笃道求实”校训，坚持“为了师生的和谐发展”办学理念和“团结奋进、追求卓越”的学校精神，致力于高品质发展，已形成英语、科技、体育三大课程特色，2020年高考一本录取率65.1%。先后获评全国读书育人特色学校、全国青少年校园篮球传统特色学校、江苏省文明单位、江苏省德育先进学校等荣誉。

**【新高考研究与指导】** 2020年，是江苏省普通高中全面实施新课程、使用新教材的第一年：从2021年起，2018年9月入高一的学生高考时，科目调整为语文、数学、外语3门，不分文理；高考成绩由语数外和3门选考科目成绩构成，英语听力口语一年两考，取成绩好的一次计入高考总分；3门选考科目从思想政治、历史、地理、物理、化学、生物6门科目中任意选择。武进区把普通高中教育研究重点放在调整课程、加强教学管理指导上，通过深入研究课程、学习借鉴先进教学经验，切实提高教育教学质量。疫情期间，区教师发展中心组织高中部教研员参加省、市线上线下新课程培训，全体教师研究课程标准和新教材，举办全区培训27场，培训教师2100人次。推进学科组建设，指导学

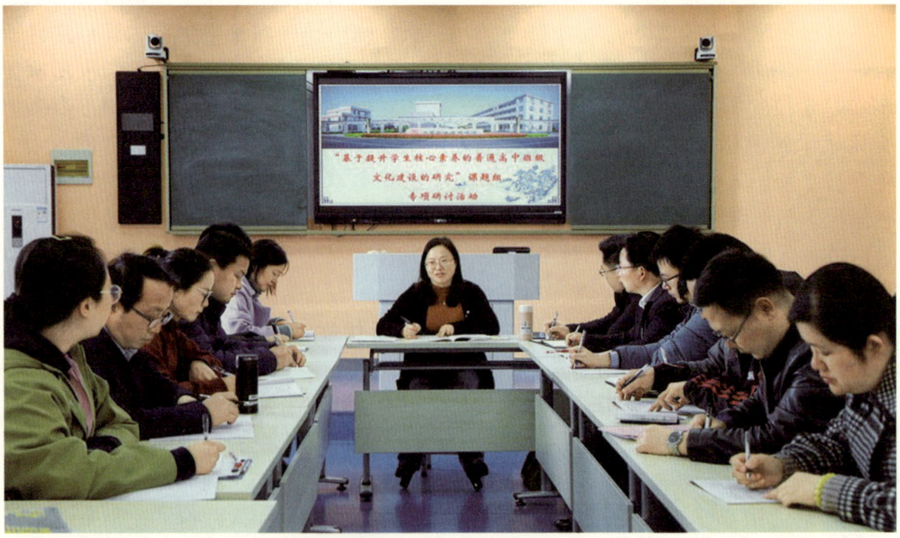


省前中开展新高考研究与指导——班级文化建设课题组研讨活动

（供图／区教育局）

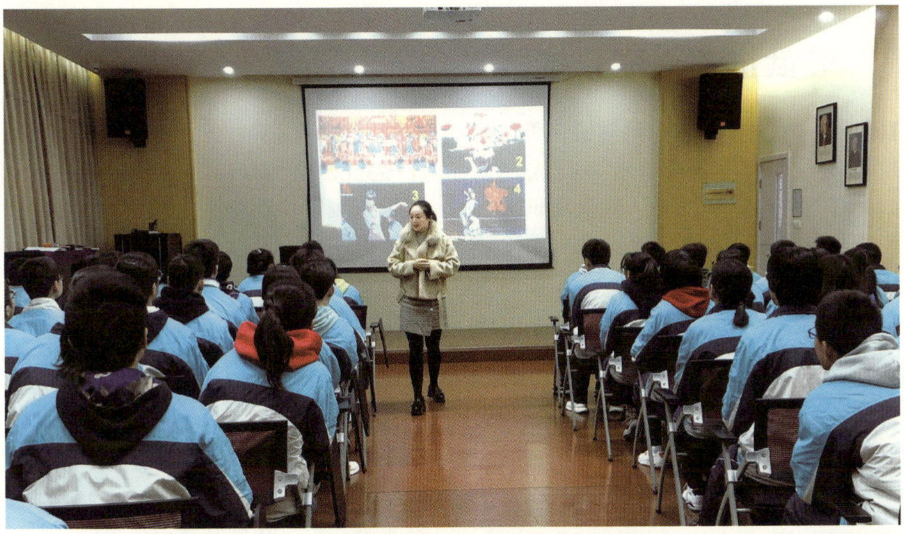

4 月，省前中国际分校严婷老师获评全国微课比赛一等奖　　（供图 / 区教育局）

校教研组围绕新课程实施过程中出现的重点难点问题开展深入研讨。在省武高举办以“构建高效智慧课堂，促进学生深度学习”为主题的公开教学研训活动，开设公开课 35 节。在礼嘉中学举办以“构建和乐课堂，提升核心素养”为主题的公开教学研训活动，开设公开课 28 节。在洛阳高中举行办以“构建生本课堂，聚焦核心素养”为主题的公开教学研训活动，开设公开课 33 节。通过省市间学校同题异构、城乡结对教研活动、学科专家送教下乡等多方联动，传递先进教育理念和教育管理信息，实现资源共享和优势互补。推进区域学校均衡协调发展，发挥优势教育资源效能。组织徐红芬名师工作室在省前中以“基于提升学生核心素养的普通高中班级文化建设的研究”课题研究为主题，开展班级文化系列主题班会活动；在礼嘉中学举办常州市优秀教师城乡牵手行活动，区高中物理教研员尹庆丰开设高三研究课“动量专题复习”；在湟里高中举办常州市优秀教师城乡牵手行活动，市学科带头人、省武高英语教师陆田森做“基于新高考评价体系下的英语写作教学研究”讲座；在礼嘉中学开展陶兆宝名师工作室活动，物理教研员尹庆丰开设研究课“牛顿第二定律”。以此有效把握国家对考试招生制度的改革，立足于激发学生个性优势，科学指导学生正确选择高考科目。

**【省前中入选省普通高中新课程新教材实施示范校】** 2020 年 7 月，江苏省教育厅公布普通高中新课程新教材省级示范区 5 个和省级示范校 30 所，省前中入选省级示范校。省前中围绕示范引领省标要求，构建全面育人体系，培养学生综合素质；丰富学校课程体系，保障学生选择权利；深化教学改革，实施素养导向下的新教学；改革评价制度，促进学生综合发展；打造可亲、可敬、可学的“三可”教师队伍，提升课程实施与评价能力，形成一批可借鉴、可推广的有效经验和成果，在推进普通高中育人模式变革、促进学校多样化有特色发展方面发挥积极作用。成功申报（提升）省级科研项目 2 个，江苏省基础教育前瞻性教学改革实验项目、江苏省中小学生品格提升工程项目均于 11 月立项。在第七届全国青少年模拟政协提案集中展示活动中，省前中模拟政协社团“关于加强青少年抗压教育的提案”获“最佳提案”奖。省前中学生组在“追梦杯”国际青少年石墨烯科技创新创意大赛中，以第一名的成绩获评一等奖。学生朱岚、袁雨珞参加“2020 联邦快递 /JA 国际贸易挑战赛中国赛区决赛”，夺得中国赛区总决赛第二名，并被推荐代表中国参加亚太地区总决赛。

**【省前中国际分校一微课视频获评全国一等奖】** 4 月，人民音乐出版社策划“‘万叶杯’音乐微课教学课例展示”活动，由省前中老师严婷执教的“‘反弹琵琶伎乐天’——敦煌舞”获评该活动中学组一等奖。严婷紧扣高中音乐学科核心素养，深入研究信息技术与音乐课堂相融合，在 20 分钟微课中运用扎实的基本功开展高效教学活动，展示课堂驾驭能力，受到专家评委一致好评。

（陆　琪）

## 中等职业教育

**【概况】** 2020 年，武进区有常州市高级职业技术学校（1 月 23 日由江苏省武进职业教育中心校更为现名，简称“常州高职校”）和常州幼儿师范学校（简称“常幼师”）两所中等职业教育学校。常州高职校实施“一所学校、一套班子、多块牌子”管理模式，依托江苏联合职业技术学院武进分院、江苏省武进中等专业学校、武进技师学院、武进开放大学办学，是一所涵盖五年制高职教育、中职教育、技工教育和社会教育的综合性职业学校。常幼师包括武进女子中等专业学校。全区有中职专任教师 891 人，具备高级及以上执业（职业）资格教师 379 人；年末在校学生 11281 人，“3+4”项目学生参加省对口单招本科考试 57 人，录取 57 人。全区职业教育资源融合发展，创建省级现代化专业群 2 个、省现代化实训基地 2 个、“1+X”试点项目 11 个。持续推进产教深度融合，开展企业新型学徒制培训，研发职业体验课程，共建企业学院、太湖湾劳动实践教育基地和技能大师工作室。技能比赛成绩优异，双创工作扎实推进，获技能大赛省赛 10 金、29 银、21 铜，获省教学大赛获一等奖 4 个、3 个二等奖、三等奖 1 个，获省创新创业大赛 2 金、2 银。常州高职校入围全省 50 所中等职业学校领航计划建设单位，极客梦工场职业体验中心获评江苏省中小学职业体验示范基地。常幼师获第九届江苏省师范生教学基本功大赛 3 金、2 银，连续第三次获该大赛优秀组织奖。

**【“乔森技能大师工作室”武进技师院工作站揭牌】** 2020 年 6 月 18 日，“乔森技能大师工作室”武进技师院工作站在常州高职校揭牌。常州公路运输集团公司“乔森技能大师工作室”成立 2011 年，是汽车领域推广新技艺、开发新产品和高技能人才技能展示的交流平台，也是高技能人才培养基地和高技能传承的前沿阵地，至 2020 年，累计为企业节约燃料支出 5000 万元，“乔森节油操作法”

入选第四届江苏省职工“十大先进操作法”，获“海峡两岸职工创新成果展”金奖，先后被命名为国家级技能大师工作室、全国示范性劳模和工匠人才创新工作室，领衔人乔森2015年获评全国劳动模范、2018年获评中国质量工匠等荣誉称号。“乔森技能大师工作室”工作站落户武进技师学院，对于人才培养、师资培养、教育教学课程改革、实训基地建设、技能大赛指导、现代学徒制培养、工匠精神的培育和横向课题合作等起到积极推动作用。

**【常州高职校获省职业院校教学、双创大赛奖项12个】** 8月13日，常州高职校8个中职项目组参加2020年江苏省职业院校教学大赛，获一等奖4个、二等奖3个、三等奖1个，一等奖项目数名列江苏省第二。鲍丽丽、胥科伟、戴梅林团队以小组第一名的成绩获土木水利组一等奖；朱玫蓉、曾万明、陈春花团队获语文组一等奖；方大芳、邹志霞、周涵凌团队获旅游服务组一等奖；王向远、金乾、范刘锋团队获体育组一等奖。8月17—18日，常州高职校5个项目入围2020年江苏省职业院校创新创业大赛决赛，庄敏老师带队参赛的“疫情卫士——防护便携小包”项目获中职创意组一等奖，韩海老师带队参赛的“武职鞋吧”项目团队获实践启蒙组一等奖，庄敏老师带队参赛的“酣然入梦——甜梦枕头”项目团队和周科老师带队参赛的“艺心手作”项目团队获二等奖。在知识启蒙组决赛中，常州高职校81名选手获省职业院校创新创业大赛知识竞赛之星称号，占常州市获奖总量的57.86%。

**【常幼师5名选手均获省师范生教学基本功大赛奖项】** 11月6—8日，常幼师5名选手参加第九届江苏省师范生教学基本功大赛，经过基础知识与应用（包括国家幼儿园教师资格证考试笔试科目和幼儿行为观察与分析）、通用技能（模拟授课）、专业技能（环境布置设计、即兴幼儿歌曲弹唱、即兴幼儿舞蹈表演和即兴幼儿故事表演）等7个通用及专业技能项目竞技，刘杨颖、时琳、姚馨怡获一等奖，万梦林、吴嘉怡获二等奖。

（陆　琪）

## 驻武进高（职）校

**【概况】** 2020年，常州科教城5所高职院校及常州大学有教职工5203人，全日制在校学生75225人，其中高职学生54574人、本科及硕、博研究生、留学生20651人，新增硕士以上研究生1400人。开设专业293个，其中国家级专业41个、省级专业79个。

**【常州大学】** 2020年年底，常州大学有全日制本科生19000余人，博士、硕士研究生3200余人，留学生700余人。有教职工近1900人，其中专任教师1300余人。年内，录取本科生5869人、硕士研究生1342人、博士研究生27人。2020届毕业生就业率88.42%，考研录取率（含出国）21.28%。签约和引进高层次人才150人，其中“国家百千万人才工程”等国家级人才2人。新增省级及以上人才项目20人，其中国家级教学名师1人、省“青蓝工程”教学团队1个。入选全球高被引科学家榜单1人。获批江苏省产业教授7人。马克思主义中国化与社会主义意识形态建设团队获批江苏省高校优秀创新团队。综合办学实力位列软科中国最好大学排行榜129位、武书连大学排行榜150位。入选江苏省智慧校园。

学科建设与人才培养　在最新的ESI学科排名中，常州大学位列内地高校第137位。3个学科入围2020软科世界一流学科排名榜单，8个学科入围2020中国最好学科排名榜单。有一级学科博士点2个、专业学位博士点1个、一级学科硕士点2个，10个专业学位硕士点均通过省学位委员会评审，博士点被推荐国务院学位委员会终审。入选首批国家级一流本科专业建设点7个、省级一流本科专业建设点3个。通过中国工程教育专业认证专业3个。新增人工智能、消防工程2个本科专业。休闲体育专业在武书连2020中国大学专业等级评比中获A+级，位列全国高校第三、省内高校第一。入选首批国家级一流本科课程7门、省重点教材立项8部，获批教育部第二批新工科研究与实践项目1项，获江苏省研究生教改成果优秀奖2项。马克思主义学院获批全省高校示范马克思主义学院培育点，阿里云大数据学院入选江苏省首批重点产业学院建设点。

竞赛获奖　获第十二届“挑战杯”全国大学生创业计划竞赛金奖1项、银奖2项、铜奖3项，首次获优胜杯。获第五届全国“互联网+”大学生创新创业大赛铜奖1项，获第十一届“挑战杯”江苏省大学生创业计划竞赛金奖3项、银奖5项，获第六届江苏省“互联网+”大学生创新创业大赛一等奖3项、二等奖5项，“金色蜀姜——姜黄技术创新助力犍为产业脱贫攻坚”获第七届“创青春”中国青年创新创业大赛金奖，“走进夏集村，青年学子用镜头记录脱贫攻坚”获2020年全国“三下乡”社会实践最佳传播作品奖。获全国大学生英语竞赛特等奖1项、一等奖28项，全国

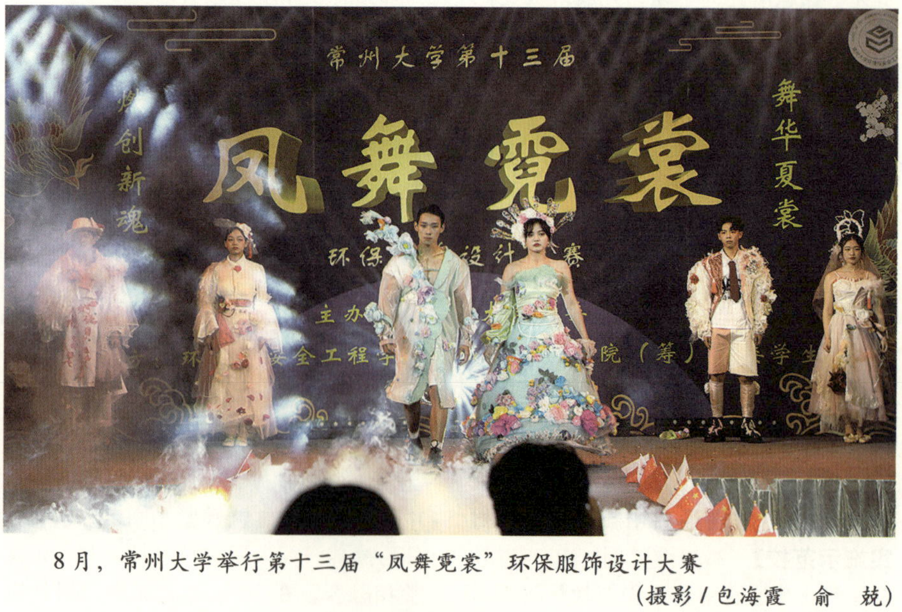


8月，常州大学举行第十三届“凤舞霓裳”环保服饰设计大赛

（摄影/包海霞　俞　兢）

大学生数学建模竞赛一等奖2项、二等奖5项，中国研究生数学建模全国一等奖3项、二等奖2项。获第九届江苏省大学生化工设计竞赛特等奖2项、一等奖2项，获江苏省第六届大学生艺术展演特等奖2项、一等奖2项、二等奖6项。获江苏省本科优秀毕业设计（论文）15项，研究生以第一作者发表高水平学术论文315篇，获省优秀硕士论文3篇。获批省研究生科研（实践）创新计划208项，比2019年增加60项。有中国大学生自强之星1人和省“三好学生”“优秀学生干部”18人。

科学研究　获批国家基金59项，其中自然科学基金28项、社科基金31项，年度立项数位列全省高校第3位、全国第37位。获批教育部、江苏省科技厅、江苏省社科基金等省部级项目31项。获批省重大研发计划2项、省发改委项目1项。全年实现科研到款1.8亿元。获评国家科技进步二等奖1项，中国石油和化学工业联合会科技进步一等奖3项、二等奖2项，江苏省科学技术进步一等奖1项，中国创造学会二等奖1项，中国科技产业促进会科技进步二等奖1项。获发明专利授权371件、美国发明专利授权1件，发表科技类论文1000余篇，其中被三大索引收录论文700余篇。首次入选“国家哲学社会科学成果文库”1项。获第八届高等学校科学研究优秀成果奖二等奖1项，江苏省哲学社会科学优秀成果奖一等奖1项、二等奖2项。

社会服务　常州大学入选首批国家知识产权试点高校，获评江苏高校协同创新联盟先进高校。获批教育部高等学校科技成果转化和技术转移基地、国家技术转移人才培养基地，技术转移中心获评江苏省科技服务业百强机构。获批石油和化工行业多元热流体稠油及非常规油气开采技术工程实验室、石化行业项目50个。财税政策研究院智库成果获中共中央政治局常委重要批示，苏南现代化研究协同创新中心获批江苏省高校重点研究基地。成立张太雷干部学院、常州市社会治理学院、常州大学机关事务研究院。举办江苏省化工安全复合型人才高级研修班、常州市军转干部进高校等培训班40期。

国际交流合作　招收录取俄罗斯、马来西亚等29个国家留学生210人，其中本科生158人、硕士生50人、博士生2人，学历留学生中研究生占比由6.6%提升至12.1%。与德国亚琛工业国际学院、立陶宛维尔纽斯格迪米纳斯技术大学、俄罗斯乌法国立航空技术大学等8所境外高校签署合作协议，与爱尔兰国立大学梅努斯合作举办的电子信息工程专业本科教育项目获评江苏高校中外合作办学高水平示范建设项目。参加苏英联盟、中加联盟，参与中德智能制造科技创新合作联盟，共建德国弗劳恩霍夫IOSB技术展示转化基地和常州大学联合实验室。成立以色列文化研究中心。组织参加中国教育国际交流协会来华留学教育质量认证。

（朱菁菁）

**【江苏理工学院】**　2020年，江苏理工学院有全日制在校本科生18000余人（含留学生）、硕士研究生近400人。有教职工1500余人，专任教师近1200人，其中正高职称教师140余人、博士学位教师近460人、博硕研究生导师180余人，聘请学术和产业界知名专家90余人担任特聘教授、兼职教授、客座教授和产业教授。新增各类人才60余人，柔性引进专家学者20余人，首次获批外国专家工作室。推动学校更名为江苏职业技术师范大学，列入部省共建苏锡常都市圈职业教育改革创新政策支持清单、江苏省新增硕士授予单位推荐高校。与武进区人民政府签订新校区合作建设协议，取得新校区建设实质性进展。推进职教教师教育协同创新实验区建设，组建炎培实验班，举办2020年江苏职业教育高质量发展论坛，获批教育部全国职业院校教师教学创新团队建设课题，江苏职业教育研究基地通过中期评估。

学科建设　设有机械工程学院、化学与环境工程学院、教育学院、职业教育学部等21个教学科研单位，建有智能制造学院、新能源汽车学院、医疗器械学院、深兰人工智能学院、刘海粟艺术设计学院等行业学院和研究院，开设本科专业62个，在机械工程、环境工程2个领域招收硕士专业学位研究生，形成以工科为主、多学科协调发展的办学格局。获批国家级一流本科专业建设点1个，新增省级一流专业建设点1个，通过中国工程教育专业认证1个，接受教育部专业认证专家现场考查专业3个。入选国家级一流本科课程2门、省级一流本科课程6门，4部教材入选省“十三五”重点教材建设项目，3部教材获评省本科优秀培育教材。新建校级产业学院2个，入选江苏省首批重点建设产业学院1个，获批教育部第三批“1+X”证书试点项目9项、省级大学生创新创业实践教育中心建设点1个，传感网应用开发职业技能等级证书高级师资培训基地揭牌，物理演示实验中心被认定为江苏省优秀科普教育基地。

人才培养　2020年，全校考取国内外高校研究生658人，本二统招录取率18.08%。159个学生团队和786名学生获省级及以上奖励，其中全国大学生数学建模竞赛、全国大学生物理实验竞赛等省级及以上学科竞赛奖项近600项。获批省级及以上大学生创新创业训练项目86项，其中国家级项目33项，学生创业项目获教育部全国大学生创新创业年会最佳创业项目。2020届普通本科生离校就业率位列全省同类院校A档，年终就业率93.86%。获评省优秀研究生招生单位、省研究生教育工作综合评价A等第。首次独立承担并完成全国研究生入学考试考点工作。李阳获全国大学生年度人物提名奖、中国大学生自强之星、全国“平安之星”候选人、江苏省大学生年度人物提名奖等荣誉。

科研与社会服务　获批国家自然科学和人文社会科学项目23项、省部级项目52项。首次获批国家天元基金项目、江苏省优秀青年基金项目、江苏省高价值专利示范中心及培育项目、江苏省职工十大科技创新成果奖。年内，被收录论文214篇，出版专著17部，获教育部第八届高等学校科学研究优秀成果奖（人文社会科学）三等奖等省部级成果奖8项、江苏省第五届教育科学优秀成果奖等市级及以上成果奖54项、中国有色金属工业协会一等奖等国家级行业协会奖3项，获批市级及以上平台4个、市人才托举工程项目1人。全年开展产学研活动100余次，获批省产学研合作项目28项、科技副总项目18项，新增“四技合同”（技术开发、技术转让、技术服务、技术咨询）项目211项，科研经费总计12184万元，科研到账经费8344万元。修订完善知识产权管理办法，获授权发明专利233件，师生专利转化运用专利成果80件。

（史华梅）

【常州工程职业技术学院】 2020年，常州工程职业技术学院有全日制在校生13532人，其中招收全日制新生4398人、社会招聘学生1838人。2020届毕业学生3477人，年终就业率97.79%。有教职工698人，其中专任教师536人、正高职称教师49人、副高职称教师200人、博士81人（含在读19人）。“双师”型（同时具备教师资格和职业资格）教师占比85%，有行业企业兼职教师501人，柔性引进省级产业教授等高层次人才13人、吉林大学焊接团队等高水平团队1支。有国家级教师教学创新团队1支、省级优秀教学团队7支、省级科技创新团队3支，省级教学名师、省有突出贡献中青年专家、省“333”及“青蓝工程”等人才58人。获评江苏省智慧校园示范校、江苏省体育特色学校、江苏省高校能源管理先进单位，连续九年被评为江苏省学生资助工作绩效评价优秀单位。

*专业与课程建设* 推进以应用化工技术专业群为核心的高职、高专建设，动态调整专业至44个，为绿色化工、高端装备制造、检验检测认证、现代建筑等行业培养高素质技术技能人才。根据2020中国高职高专分专业竞争力排行榜，应用化工技术专业排名全国第二，精细化工技术专业排名全国第三，焊接技术与自动化专业排名全国第五，工业分析技术专业排名全国第六。建筑工程技术专业群和光伏材料制备技术专业群进入省高水平专业群建设行列。获批国家精品在线开放课程1门、“十三五”国家规划教材7部、省级精品教材4部，首届全国教材建设奖（职业教育与继续教育类）优秀教材江苏推荐项目1个、培育项目4个。获批“3+3”中高职分段培养项目16项、“3+2”高职本科分段培养项目3项、“4+0”高职本科联合培养项目1项。新增“1+X”证书试点项目21个，累计24个；新增“1+X”证书培训考核基地14个，培训学生1134人。

*产教融合* 牵头成立长三角绿色化工与医药一体化发展职教联盟、全国医疗建筑职教联盟、常州食药品检验检测产学研合作创新联盟。推进全国检验检测认证职教集团实体化办学，共建瑞应国际珠宝学院、中检邦迪检验检测认证产业学院、本质安全工程学院、中天汽车产业学院、应急管理与安全工程产业学院、绿色化工产业学院、生物医药产业学院7个产业学院。

*社会服务* 学校新增省部级及以上项目立项16项；获知识产权授权274件，其中发明专利22件。技术转移中心与武进绿建区、湟里镇共建分中心，服务企业100余家，技术转移转化到账1080万元。毕业成教专科学生2554人、本科学生772人、专接本学生150人。录取成教专科学生3365人、本科学生350人，注册专接本学生340人。全年举办培训80期，培训11489人，学校被教育部、财政部评为优质省级职教师资培养培训基地。

*智慧校园建设* 新冠肺炎疫情期间，学院按照“停课不停学、学习不延期”要求，做好在线教学。开设线上必修课程422门、选修课程75门，覆盖全校44个专业、11035名学生。教师依托常工程教学云平台、智慧职教（江苏）云平台、微知库教学平台、中国大学MOOC平台等优质课程资源平台，开展线上教学，课前预习布置率、课程内容完成度、课后作业布置率、教学目标达成度分别为82.7%、79%、69.4%、72.8%，学生对教师备课总体评价在90分以上。3项线上教学项目入选全省职业院校疫情期间在线教学工作典型案例。2019级学生开学后，“互联网＋教育”在学校形成新常态。学院先后获评江苏省教育信息化工作先进单位、江苏省高等学校信息化建设先进集体、智慧校园飞跃奖、江苏省智慧校园示范校。年内，接待全国2000余所中高职院校1.4万人次到校学习交流。

*竞赛获奖* 学生获省级及以上竞赛奖项74项，其中省职业院校技能大赛一等奖2项、“互联网＋”大学生创新创业大赛省赛金奖2项、第十五届全国高职院校“发明杯”大学生创新创业大赛一等奖4项、第八届全国“TRIZ杯”大学生创新方法大赛一等奖2项。入选省“金种子”孵化项目2个、省优秀大学生创业项目2个。2017届毕业生杨红坤获评江苏省技术能手。

（万　劼）

【常州信息职业技术学院】 2020年年底，常州信息职业技术学院有全日制在校生12420人，招收全日制新生4425人，培养留学生188人，毕业学生3937人，毕业生年终就业率98%。有教职工779人，其中专任教师552人、正高职称教师55人、副高职称教师233人、博士52人。学院获评全国职业院校数字校园建设样板校、江苏省智慧校园示范校、江苏省科技厅技术转移输出奖励单位、江苏高校哲学社会科学优秀创新团队、江苏省高职院校社科应用研究协同创新培育基地，获常州科教城高职教育“双高计划”“创新发展行动计划”建设突出贡献奖。

*专业与课程建设* 建有工业互联网国家级“双高计划”专业群2个、省级高水平专业群2个和校级专业群3个。依托工业互联网产学研创平台，建设实训基地，推进国家级、省级、校级在线开放课程、国际化课程、双创类课程、专业文化通识课程建设，获评国家级精品在线开放课程1门、省级外国留学生英文授课精品课程1门，入选“十三五”职业教育国家规划教材20部，获省级立项重点教材1部；获评省优秀培育教材5部，3部教材和1名教材建设先进个人获批推荐国家级奖项。

*教育教学改革* 遴选优势专业，扩大试点范围，新增“4+0”高职本科联合培养项目2个、“3+2”高职本科分段培养项目2个和“3+3”中高职分段培养项目6个。推进“1+X”证书制度试点，全年新增“1+X”试点项目19个，全校试点专业累计25个，试点专业覆盖面64.1%。大数据应用开发（Java）认证考试通过率位居全国第一。

*科研与产教融合* 全年科研到账总量7485万元，比2019年增长92%。发明专利授权总量180件，专利成果转化46项；获厅级及以上纵向课题立项81项，获科技部国家重点研发计划1项、省自然科学基金1项。在北大中文核心以上期刊发表论文91篇、专著7部。获2019年度绿色矿山科学技术奖基础研究类二等奖1项、2019年度江苏省社科应用研究精品工程一等奖1项。成立常州工业互联网产业技术研究院，服务中小微企业123家。建成常州市工业互联网设备数据系统，中标工业和信息化部国

家级工业互联网公共服务平台项目，常州市可信技术重点实验室获批常州市重点实验室。推进产教融合，与23家知名企业开展校企合作，与116家企业签订校企合作（实习基地）协议，合作培养学生2100余名；与4家地方企业合作开展企业新型学徒制项目7项。全年举办“英才名匠”等培训班77期，线上线下培训48393人次。重点建设校外实践育人基地10个，孵化培育校内育人项目10个。升级改造大学生创业园，孵化学生企业20家。遴选确立素质教育精品项目10个，2020届学生素质考核合格率99%。推进名师工作室、创新班、精英班、创客空间等载体建设，学生获国家级、省级技能竞赛奖项172项，获省级及以上创新创业竞赛奖项26项，蝉联中国国际“互联网+”创新创业大赛和“挑战杯”全国大学生创业计划竞赛两项金奖。

（唐　凯）

【常州机电职业技术学院】 2020年年底，常州机电职业技术学院有全日制在校学生13029人，其中留学生316人；有教职工726人，其中专任教师515人，专任教师中有高级职称教师218人、硕士学位教师392人、“双师”资格教师468人；从行业企业中聘用兼职教师363人。年内，招收全日制新生4891人，毕业学生3589人，年终就业率98.22%。学院国家级科研项目立项数位列全国第一，教育教学改革入选国家级项目31项，位居全国第二；获批国家示范性职业教育集团（联盟）培育单位1个；获评2020全国职业院校产教融合50强、教育部全国职业院校校园文化“一校一品”学校、江苏省智慧校园示范校。

师资与专业建设　新聘产业教授、名师工匠等高端人才13人，新增国家职业教育教师教学创新团队1个、省“青蓝工程”优秀教学团队1个、中青年学术带头人培养对象1人、优秀青年骨干教师3人、全国行业协会教学名师1人。汽车检测与维修、物流管理等专业群获省高水平专业群项目立项，获批“十三五”职业教育国家规划教材29部、江苏省重点教材立项4部。获批中高职“3+3”分段培养项目27个，与江苏海洋大学开展“4+0”联合培养项目1个，与常州大学合作“3+2”贯通培养项目2个。物流管理等26个职业技能等级证书获批教育部“1+X”证书试点，入选国家精品在线开放课程1门。2名教师分获江苏省辅导员年度人物入围奖、江苏省辅导员素质能力大赛二等奖。

科研与产教融合　学院获省级及以上科研项目立项38项，培育重大横向项目36项，转移转化知识产权64件，科研到账经费3294万元。获江苏省政府科技进步奖3项、教育部人文社科研究立项3项，培育工业机器人与智能装备技术等科研平台5个。获评国家自然科学基金依托单位、省高校知识产权工作先进集体、省技术转移工作先进集体，智能制造产业经济研究院获评江苏省哲学社科重点研究基地。开展国家级培训项目32个，技能培训、企业新型学徒制、“退下农”（退役军人、下岗失业人员、农民工和新型职业农民）等政府奖补项目61个。全年社会培训33983人次，到账经费1440.5万元。助力21家优秀合作企业获批省产教融合型试点企业，推进五大产业学院建设，工业机器人与智能装备职教集团入选全国示范性职教集团，1个案例入选中国高教博览会校企合作·双百计划典型案例。

竞赛获奖　学校获国家职业技能大赛试点赛一等奖1项，江苏省职业院校技能大赛一等奖4项、二等奖5项、三等奖4项；首次晋级“挑战杯”大学生创业计划国家级竞赛并获铜奖1项，获省级竞赛银奖1项、铜奖1项；获中国国际“互联网+”大学生创新创业大赛省级比赛二等奖5项、三等奖4项。

（甘迎春）

【常州工业职业技术学院】 2020年年底，常州工业职业技术学院有在校学生12313人；有专兼职教师1085人，其中校内专任教师512人；教职工中，副高以上职称比例39.26%，硕、博士学位比例79.69%，91.21%的专任教师具有“双师”素质。年内，招收全日制新生4592人，毕业生年终就业率97.69%；社会化招生300人，录取率150%。有省“333”高层次人才培养工程培养对象考核优秀1人、省高校“青蓝工程”中青年骨干教师2人、中青年学术带头人1人、紫金文化英才1人、“江苏工匠”1人、常州市龙城十佳教授1人、江苏轻工“十大工匠”提名奖1人，优秀教学团队1个。全年引进博士11人，柔性引进“大国工匠”1人、教授6人，新聘产业教授、省技术能手等产教融合专家12人。学院位列2020年全国高职高专院校满意度排行榜第15位，入选江苏省“一带一路”高职院校联盟，成为首批入选的30所院校之一。

专业与课程建设　有材料工程学院、现代装备制造学院、智能控制学院、经贸管理学院、信息工程学院、旅游与烹饪学院、艺术创意学院、轨道交通学院8个二级学院和基础教学部、体育工作部、创新创业学院、继续教育学院、海外教育学院、马克思主义学院。设立机电一体化技术、数控技术、机械设计与制造、工业机器人技术、无人机应用技术、物联网应用技术等专业42个，与常州大学合作举办机电一体化技术和数控技术高职—本科“3+2”人才培养项目2个。机电一体化技术和数控技术2个专业群入选江苏省高水平专业群，建设高分子材料工程技术、物联网应用技术、国际商务等6个校级专业群。职业规划与方法能力课程被认定为国家精品在线开放课程。获省级重点教材立项5本，入选“十三五”国家规划教材11本。获批教育部“1+X”证书项目试点28个，累计31个。教师在省教学能力大赛中获一等奖1项、二等奖3项、三等奖3项。获国家自然科学基金青年基金立项1项、省社会科学基金项目立项1项，承担部委级科研项目2项、省级科研项目126项（含立项、在研或结项），获2019年、2020年江苏省科学技术奖一等奖1项、二等奖1项、三等奖2项。认定技术合同72项，技术合同成交额2462万元，其中技术交易额1981万元；获授权专利218件，专利转化20件。新时代高职教育现代化建设研究创新团队获批江苏高校哲学社会科学优秀创新团队。

产教融合　联合35所高校、4所科研院所和28家企业，牵头成立全国智能化钣金制造职教集团，打造全国钣金数字化5G平行示范工厂，校企合作企业1149家。联合申报和合作的省级及以上产教融合型企业11个，其中校企共建软通商贸产业学院、政行校企共建现代学徒制特色的西太湖现代服务业学院2个案例入选中国高等教育学会校企合作“双百”计划典型案例。推进“教、创、赛、产”一体化的大学生双创教学模式改革，推进省级双创实践基地建设，建成省级在线开放课程“创业式营销策划”，完成GYB（创业意识培训）创新创业培训7期767人次、SYB（创业能力培训）创新创业培训4期124人次。获省级大学生创新创业训练项目立项30个、院级55个，双创课业实践训练的学生参与度达80%以上。新增大学生创新创业基地项目12个，基地项目学生参与人数200人。学院获江苏省职业院校技能大赛一等奖3项、二等奖6项、三等奖13项，其中机器人系统集成和工业设计技术2支竞赛团队以省赛第一名的成绩代表江苏省参加全国职业院校技能大赛改革试点赛，分获一等奖和二等奖，获奖总成绩位列江苏同类院校第一名。

（陈芦钦）

**【常州纺织服装职业技术学院】** 2020年年底，常州纺织服装职业技术学院有在校生10910人；有专兼职教师1190人，其中校内专任教师455人、正高职称教师36人、副高职称教师178人、博士23人。年内，招收全日制新生3933人，毕业学生2627人，毕业生就业率95%。招收“一带一路”国家学历留学生50人，总数100余人，涉及13个国家。引进高层次人才12人，通过省教育厅评审省青蓝工程青年教师1人、优秀教学团队1个，入选省紫金文化优秀青年人才1人，聘请省级产业教授4人、客座教授7人，常州科教城双岗互聘企业人才6人。学院获评全国纺织行业党建工作先进单位、第四届国际大学生新媒体节暨新媒体原创作品大赛优秀组织奖、紫金奖·2020中国（南京）第二届大学生设计展展陈设计优秀奖。

专业与课程建设　有创意学院、纺织学院、服装学院、机电学院、经贸学院、人文学院、创业学院、国际学院、继续教育学院、马克思主义学院、体育部等教学单位，设专业42个。新增“十三五”国家规划教材1部、省重点立项教材3部。在建国家级精品资源共享课程3门、国家级专业教学资源库子项目6个，有国家精品在线开放课程1门、省级精品在线开放课程12门。有11个职业技能证书获批参加国家级“1+X”证书制度试点，在建省级现代职教体系试点项目30个，其中中高职衔接“3+3”项目22个、高职与本科联合培养“4+0”项目2个、高职与本科分段培养“3+2”合作项目7个，转段率95%。学院获纺织之光中国纺织工业联合会纺织职业教育教学成果奖19项。

科研与社会服务　学院获教育部人文社科一般项目（青年基金）1项、江苏省科技厅自然科学基金2项、江苏省教育科学规划领导小组项目2项、江苏高校哲学社会科学思政重大项目1项和市级项目68项、人文类纵向课题78项；获授权专利199件，成果转化4项。入选教育部智能制造领域中外人文交流人才培养基地项目筹建单位。江苏服饰文化研究院获批江苏高校哲学社会科学重点研究基地。开展技术开发、技术转让、技术咨询、技术服务，全年到账金额800万元。新冠肺炎疫情期间，主动服务地方企业，与五洋纺机有限公司、江苏特贝尔精密机械科技有限公司合作熔喷布自动生产线。

创新创业教育　学院获省级大学生实践创新训练计划项目立项33个，入驻常州科教城创业项目22个。学生获全国高职“发明杯”创新创业大赛一等奖、江苏省“挑战杯”大学生创业计划竞赛金奖、“挑战杯——彩虹人生”江苏省职业学校创新创效创业大赛一等奖、江苏省“互联网+”创新创业大赛一等奖，学院获优秀组织奖。组织50件作品参加紫金奖·2020中国（南京）第二届大学生设计展，获展陈设计优秀奖。参加中国国际大学生时装周，获人才培养成果奖、最佳人气院校TOP2等奖项。与企业共建校内外生产性实训基地，与常州科教城、常州创意产业园、武进纺织工业园共同构建“一校三园”、纺织服装数字创意公共技术（集成）平台，重点打造数字创意群、生态纺织群、时尚服装专业群。

竞赛获奖　学院获国家级、省级和行业协会技能大赛奖30余项，其中江苏省技能大赛一等奖2项、二等奖2项、三等奖7项，获2020年江苏省职业院校教学大赛（高职组）、江苏省高等学校微课教学比赛一等奖3项、二等奖4项，获评江苏省五一创新能手1人、江苏省教育科技工会节约创效“金点子”奖1项。承办第一届全国职业院校学生服装商品展示技术技能大赛，获大赛一等奖、优秀团体一等奖。

（陈　思）

## 社会教育

**【概况】** 2020年，武进区按照“全国社区教育实验区”要求，整合各级组织资源、社区资源、人才资源，建立社区培训学院、乡镇成人教育中心校、村（社区）办学点三级社区教育办学网络，形成全员学习、终身学习全域公共资源平台。全区有开放大学1所、社区培训学院1所、镇（街道）社区教育中心10个、居（村）民学校202所。各级社会教育机构坚持把发展农村成人教育作为工作重点，以就业为导向，实施农村劳动力转移培训、职工岗位培训和继续教育、农民实用技术教育、新市民教育工作，构建学习型镇（街道）、村（社区）和学习型企业，办好居民家门口的社区教育，服务地方经济社会发展。全区有社区教育志愿者1.68万人，常年协助开展各级各类培训，城乡居民社区教育活动参与率54.3%。年内，西湖街道创成省级标准化社区教育中心，全区社区教育中心均达省级标准；非学历教育机构通过年检97个。区新型职业农民培训教育集团获市级集团认定。由武进开放大学继续教育学院主办的“阳湖韵”栏目，于5月上线运行。

**【职业技能和社区教育】** 2020年，全区各级社会教育机构坚持以构建完善终身教育体系为目标，加强职业技能和社区教育。面对新冠疫情，区职教部门围绕区委、区政府提出的“六稳”“六保”目标，实施就业培训保民生，完成各级各类培训66.45万人次。职业学校开展社会培训8181人次，其中职业技能培训736人次、岗前培训2483人次、企业新型学徒制培训4480人次、行业培训111人次、退役士兵技能培训371人次。各社区教育中心、成校与区人社局、农业农村局、应急管理局等部门对接，开展企业安全培训、新型职业农民、育婴师、钳工、焊工、车工、保育员、茶艺师等就业岗前培训，培训超过6000人次。组织参加省“5112”教育富民工程（通过职业教育与成人文化技术培训，转移500万名

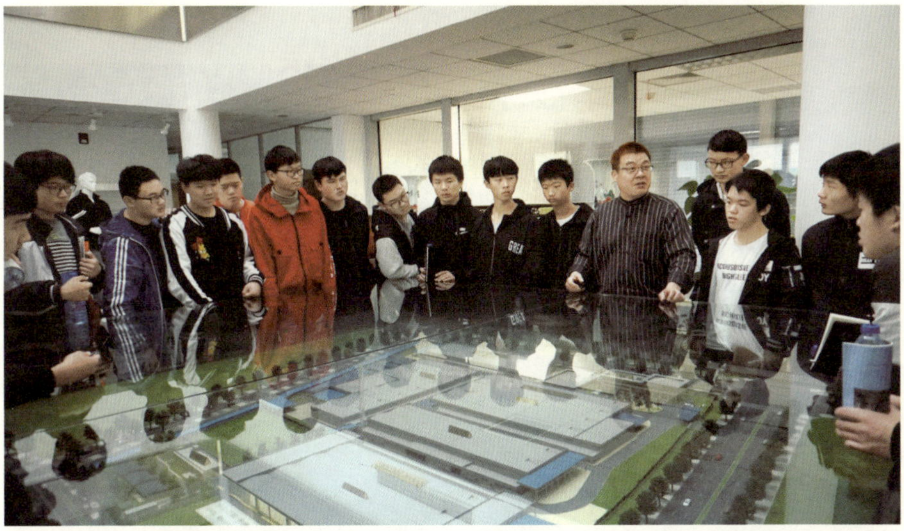

武进社区培训学院卡尔迈耶班学生在企业现场培训　　（供图/区教育局）

农村劳动力，培养100万名农村致富骨干，重点推广1000个农村科技致富示范项目，培训200万名下岗转岗职工，全面提高城乡劳动者科学文化技术素质，使接受教育培训人员年收入高于全省从业人员年均收入的10%以上）培训，参训5.9万人次，其中农村新增劳动力和剩余劳动力转移教育培训2.3万人次、农村致富骨干培训1.43万人次、下岗（失业）转岗职工培训2.18万人次。在新冠疫情严控时期，常州高职校以线上、线下课程体验为主要形式，开展春天的味道——“手工青团DIY”“提拉米苏”“小龙虾”“披萨”等网络直播课，为前黄镇妇女党员开办“制作手工流苏压岁包课程”，在金东方学习苑举办“品茶赏花共度美好”茶艺沙龙等系列活动。武进社区培训学院开办职业技能公益培训班25个，培训1500人。“洛阳新型职业农民学堂”“养教联动银光课堂”被评为江苏省社区教育特色品牌，东方润安集团绿色工业旅游体验基地被评为江苏省社会教育学习体验基地。“优养千日，健康一生”育婴员公益培训获常州市社区教育促进就业项目立项资助。11月，2020年武进区暨湖塘镇全民终身学习活动周启动，通过线上线下教育培训形式，为社区居民提供优质学习资源，营造全民阅读、书香社会氛围。年内，全区参加成人考试9678人，比2019年增加1282人；参加自学考试21778人次。

**【“山果在武进行动”校企合作办学】** 2020年，武进社区培训学院“山果在武进行动”2018级政校企合作班学生结束在校课程学习，按照教学计划和“企校双制、工学一体”的培养模式，进入培养企业开展为期一年的顶岗实习。武进社区培训学院联合出资培养企业，采取实习过程化管理、“学校+企业”双师制、指导教师跟班制等措施，提高学生就业竞争力。推进2019级金色南都班校企深度合作，将课堂搬进企业，共同制定课程，有效整合双方师资、设备、管理等优质资源，实现理论教育与实操教育紧密融合。拓宽办学渠道，丰富办学模式，招收2020级城建专业五年制大专生131名，培养适合企业岗位需要的高技能人才。

**【“尚学湖塘”获评省级社区教育品牌项目】** 9月，“尚学湖塘”被省成人教育协会评为2020年省级“社区教育品牌项目”。武进社区培训学院着力打造“尚学湖塘”社区教育品牌，相继创建南都社区“南都学堂”、聚湖社区“聚能课堂”、府南社区“海棠有约”品牌学习点，彰显“一社一品”特色，推动湖塘镇社区教育内涵发展。持续开展“送课程进社区”活动，组织送安全、环保、非遗传承、家庭教育等公益课程进社区、学校、企业100余场，受众1万余人次。开通“家庭教育”线上课程微信公众号，湖塘居民1120余人参加数字化学习。

**【“洛阳新型职业农民学堂”获评省社区教育特色品牌项目】** 9月，“洛阳新型职业农民学堂”被省教育厅评为2020年“社区特色品牌项目”，入选省老年教育学习资源库项目。洛阳社区教育中心于2011年启动“洛阳新型职业农民学堂”，邀请国家、省、市农业专家及相关成功职业农民，为辖区农民传授新技能，每年参加特色果品（水蜜桃、葡萄）培训200余人，累计培训新型职业农民2万余人次。2020年抗击新冠肺炎疫情期间，洛阳镇成校联合顺丰快递公司与洛阳镇农林站举办电子商务培训班，向洛阳果品种植户介绍如何打造农产品网红品牌三部曲，以及如何做好短视频+直播，打破传统电商局限。推进农产品电子商务发展，促进洛阳农业产业发展、农民增产增效。洛阳镇成人教育中心2017年评为全国新型职业农民培训基地，校长上官鹤锦获评2018年江苏省成人教育突出贡献奖。

（陆　琪）

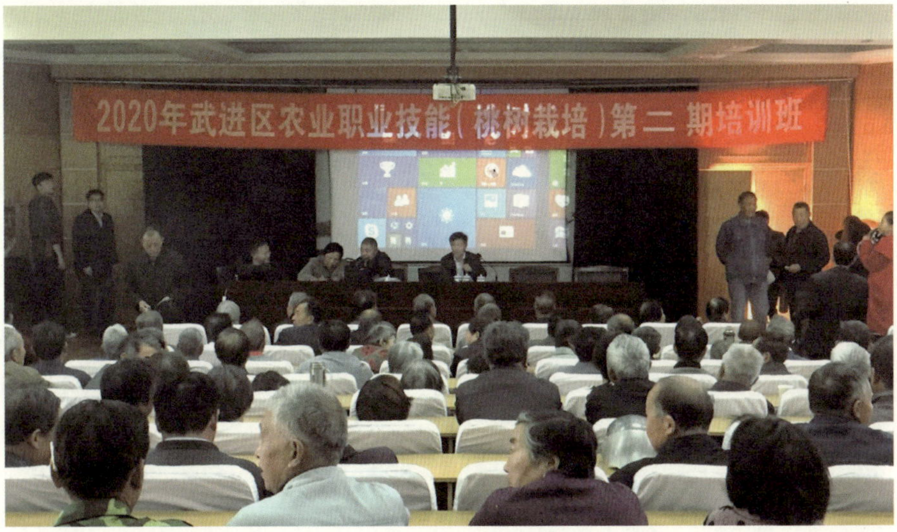


9月，“洛阳新型职业农民学堂”获评江苏省社区教育特色品牌　（供图/区教育局）

# 文化

## Culture

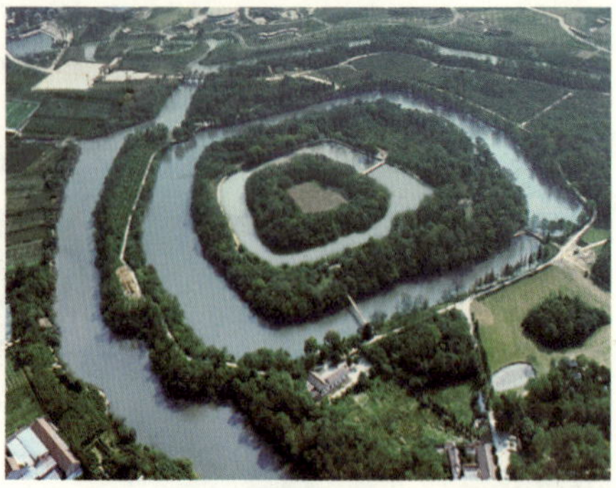

责任编辑　张怡菁

### 文学艺术

**【概况】** 2020年，武进区举办歌颂小康系列文艺活动、“岁月留痕”——60后书家十二人精品展、“同心文化·大美武进”——全国艺术学专业高校名家邀请展等主题性文艺活动20场次，参与2万人次。区戏剧曲艺家协会组织文化惠民、送戏下乡演出200余场，覆盖13个镇（街道）30多个村（社区），观众21万人次。区文联全年刊出《武进文艺》3期，书法家协会唐东进书法作品、美术家协会王舟华《缤纷都市》、工艺美术家协会徐文博和赵君如留青竹刻《乐舞飞天》等90件文艺作品获得省级及以上奖项。

表49

2020年武进区文艺创作主要成果情况表

| 所属协会 | 艺术门类 | 作品名称 | 作　者 | 展出、获奖情况 |
|---|---|---|---|---|
| 作家协会 | 小说 | 《古玉·古盘·古砚》 | 陆涛声 | 入选2020年度小说排行榜（小小说·微型小说排行榜） |
| 书法家协会 | 书法 | 书法 | 唐东进 | 入选2019中国书法年展全国楷书展 |
| | | 书法 | 戚散花 | 入选“望月楚山”·江苏抗疫诗词书法展 |
| | | 书法 | 徐　勇 | 入选第五届中国书坛兰亭书法双年展 |
| 摄影家协会 | 摄影 | 《热闹非凡》 | 盛　新 | 句容宝华第二届“千华古村杯”摄影展入围奖 |
| | | 《四通八达》 | 梁　红 | “大美阳山·幸福桃园”摄影展三等奖 |
| | | 《吻》 | 顾常华 | 入选“那香海杯”荣成大天鹅全国摄影大展 |
| | | 《未来新速度》 | 方南祺 | 第六届江苏省科普公益作品大赛（科学摄影）专业组二等奖 |
| | | 《修复大地》 | 方南祺 | 第六届江苏省科普公益作品大赛（科学摄影）专业组三等奖 |
| | | 《御妹亮相》 | 方南祺 | 入选摄影发现中国·溧阳生态全国摄影大展 |
| | | 《越夜越美丽》 | 吴国建 | “大美阳山·幸福桃园”摄影展三等奖 |
| 美术家协会 | 山水画 | 《浓荫一梦花雨飞》 | 徐尉刚 | 2020“雨花满天”——全国山水画作品展入会资格作品 |
| | 油画 | 《再战雷神山》 | 张　锐 | 入选众志成城、抗击疫情——美术家在行动之油画篇 |
| | 油画 | 《黄石的记忆·送别》 | 张　锐 | 入选江苏省抗疫主题美术书法精品展 |
| | 水粉画 | 《家乡梨花开了之五》 | 张　锐 | 入选江苏省全面小康主题优秀美术书法作品展 |
| | 油画 | 《城市之像2》 | 张　锐 | 2020扬州美术双年展入展作品 |
| | 国画 | 《扑火》 | 徐　怡 | “运河画脉 南田风骨”2020恽南田艺术双年展入会资格作品 |
| | 国画 | 《无生无》 | 徐　怡 | 入选“运河画脉 南田风骨”2020恽南田艺术双年展 |
| | 漫画 | 《八仙“带货”各显神通》 | 张家毅 | 入选庆祝2020年中国农民丰收节“全面建成小康社会”漫画大展 |
| | 漫画 | 《八仙“带货”各显神通》 | 张家毅 | 入选“子恺杯”第十三届中国漫画大展 |
| | 国画 | 《恰同学少年》 | 张家毅 | 入选“小康颂”第三届江苏省美术奖作品展 |
| | 油画 | 《庭院深深之六》 | 陈金柳 | 第二届深圳大芬国际油画双年展入会资格收藏 |
| | 工笔画 | 《缤纷都市》 | 王舟华 | 入选运河画脉、南田风骨——2020恽南田艺术双年展 |
| | 工笔画 | 《望穿流霞》 | 王舟华 | 厦门全国（小幅）工笔画双年展入选作品 |
| 音乐舞蹈家协会 | 音乐舞蹈 | 《汉韵悠悠山歌情》 | 戈玉燕 | 江苏省第九届中学音乐评优课一等奖 |
| | | 《老街坊》 | 王　霞　陆荣兵 | 第十四届江苏省“五星工程奖” |
| | | 《京韵京腔》 | 年笑笑 | 华东地区少儿春晚舞蹈组金奖 |
| | | 《天目烟雨》 | 年笑笑 | 华东地区少儿春晚舞蹈组银奖 |

续表 49

| 所属协会 | 艺术门类 | 作品名称 | 作者 | 展出、获奖情况 |
|---|---|---|---|---|
| 戏剧曲艺家协会 | 小合唱 | 《老街坊》 | 李梦璐 | 第十四届江苏省“五星工程奖” |
| | 小品 | 《相思树》 | 李淑元 | 第十四届江苏省“五星工程奖” |
| | 小锡剧 | 《城里城外》 | 武进锡剧团 | 江苏省第二届“戏剧小戏小品”展演优秀节目奖 |
| | 小锡剧 | 《城里城外》 | 杨　雪 | 江苏省第二届“戏剧小戏小品”展演优秀编剧奖 |
| 电影电视艺术家协会 | 宣传片 | 《我的候鸟朋友》 | 江　路　丁正伟　尤幸来　孙梦図　顾　芳 | 第八届全国市县电视台融媒体中心推优展播暨百台论融媒活动综艺晚会最佳作品（一等奖） |
| | | 《美丽乡村、遇见未来》 | 丁正伟　尤幸来 | “筑梦小康”——第十四届小康电视节目工程推选活动美丽乡村宣传片 |
| 工艺美术家协会 | 留青竹刻 | 《乐舞飞天》 | 徐文博　赵君如　徐一鹏 | 中国（苏州）工艺美术精品博览会暨第四届“苏艺杯”工艺美术大赛金奖 |
| | 留青竹刻 | 《春雨古木图》 | 徐文博　张　琪 | 中国（苏州）工艺美术精品博览会暨第四届“苏艺杯”工艺美术大赛金奖 |
| | 留青竹刻 | 《隐形的翅膀》 | 赵君如　徐一鹏　徐文博 | 2020 江苏工艺美术精品博览会暨第十一届“艺博杯”工艺美术精品大奖赛金奖 |
| | 留青竹刻 | 《与书为伴》 | 徐一鹏　赵君如 | 全国竹刻邀请展暨竹刻文创作品大赛金奖 |
| | 猛犸浅刻 | 《柴门掩雪》 | 王建海　沈一笑　顾　菲 | 2020 江苏工艺美术精品博览会暨第十一届“艺博杯”工艺美术精品大奖赛金奖 |
| | 猛犸浅刻 | 《峰高水远》 | 张　宽 | 2020 中国（苏州）工艺美术精品博览会暨第四届“苏艺杯”工艺美术大赛金奖 |
| | 陶刻 | 《雅韵瓶》 | 张毓阳　杨家元 | 2020 江苏工艺美术精品博览会暨第十一届“艺博杯”江苏省工艺美术精品博览会金奖 |
| | 紫铜雕刻 | 《黄山雄姿》 | 叶　军 | 2020 中国（苏州）工艺美术精品博览会暨第四届“苏艺杯”工艺美术大赛金奖 |
| | 猛犸浅刻 | 《紫云祥瑞图》 | 潘卫民 | 2020 中国（苏州）工艺美术精品博览会暨第四届“苏艺杯”工艺美术大赛金奖 |
| | 猛犸浅刻 | 《天地祥和图》 | 萧红波 | 2020 江苏工艺美术精品博览会暨第十一届“艺博杯”江苏省工艺美术精品博览会金奖 |
| | 烙画 | 《秋水伊人》 | 张国良 | 2020 江苏工艺美术精品博览会暨第十一届“艺博杯”江苏省工艺美术精品博览会金奖 |
| | 留青竹刻 | 《草虫相和吟》 | 谭文如 | 2020 中国（苏州）工艺美术精品博览会暨第四届“苏艺杯”工艺美术大赛金奖 |
| | 猛犸浅刻 | 《伯年雅韵》 | 高杜平 | 2020 中国（苏州）工艺美术精品博览会暨第四届“苏艺杯”工艺美术大赛金奖 |
| | 留青竹刻 | 《江南》 | 沈华强　邹建华　徐雪草 | 2020 中国（苏州）工艺美术精品博览会暨第四届“苏艺杯”工艺美术大赛金奖 |
| | 猛犸浅刻 | 《清明上河图》 | 朱　波 | 2020 江苏工艺美术精品博览会暨第十一届“艺博杯”江苏省工艺美术精品博览会银奖 |
| | 留青竹刻 | 《山村即景》 | 徐　凤 | 2020 中国（苏州）工艺美术精品博览会暨第四届“苏艺杯”工艺美术大赛金奖 |
| | 留青竹刻 | 《筷下留情》 | 徐雪草　张悦萌　余圣临　高　易　李　倩　周佳仪 | 2020“工美新力量”暨长三角工艺美术新人新作大赛银奖 |
| | 猛犸浅刻 | 《宁静的村庄》 | 陈桂方　陈莉娜　邓汝佳 | 2020 江苏工艺美术精品博览会暨第十一届“艺博杯”江苏省工艺美术精品博览会银奖 |
| 恽南田书画会 | 国画 | 《家》 | 张娟芳 | “小康颂”· 第三届江苏美术奖作品展获奖提名 |
| | | 《佛崖印记》 | 董江平 | 入选第三届“白山黑水．美丽四平”全国中国画作品展 |
| 朗诵艺术协会 | 朗诵 | 《我的心》 | 赵树建 | “竹西佳处古运流芳”——2020 江苏朗诵艺术公益盛典优秀朗诵者 |
| | | 《中国，将再一次证明！》 | 周　科 | 2020 年“诵读中国”经典诵读大赛江苏省选拔赛一等奖 |

【歌颂小康系列文艺活动】 2020年，区文联组织开展“情深意切诵小康”“光影流彩摄小康”“一往情深奏小康”“诗情画意绘小康”系列文艺活动，以展演、诵读、网上直播、摄影展、书画展、民族器乐新秀大赛等形式，讴歌武进小康建设成就。4—9月，举办“邂逅春风里、镜遇西太湖”摄影大赛、美丽乡村摄影展、“全面小康看武进”摄影大赛等展赛，组织摄影爱好者深入脱贫攻坚一线、田间地头和生产一线，通过镜头反映广大群众幸福感和获得感。7—9月，举办“乐响阳湖·圆梦小康”武进区民族器乐新秀大赛，二胡、唢呐、古筝等器乐演奏选手150余人参赛，推动民乐表演艺术传承和发展。8—10月，开展“经典诵读进百村”活动，组织文艺工作者深入洛阳、湟里、湖塘、前黄等镇（街道）的村（社区），通过大型展演、现场诵读、网上直播等形式，宣传习近平总书记用典、家风家训、全面小康等内容。11月18日，举办“情怀阳湖”武进区颂小康艺术作品展，展出书法、美术作品和牙刻、竹刻、陶艺等工艺美术作品186件，展现文艺工作者最新创作成果。

【文艺惠民系列活动】 2020年1月，区文联组织开展“春天的问候”文艺惠民系列活动，积极营造“翰墨香十里、雅韵悦百姓、春联入千户、红福进万家”氛围。戏曲协会会员在洛阳镇岑村村、湖塘镇三勤村开展戏曲巡演，书法家协会会员在湖塘镇丰乐社区、柳工常州机械有限公司、区行政中心等地，为群众手书派送红“福”字1万个。8月1—7日，区文联与区委统战部联合在淹城博物馆举办“同心文化·大美武进”——全国艺术学专业高校名家邀请展，展出20多所高等院校23名教师书法家作品，中央财经大学文化与传媒学院书法学专业教授张冰应邀作题为“展览、文化、书写——关于当代书法的几点思考”的在线书法讲座。

（葛　岩）

## 公共文化

【概况】 2020年，武进区有图书馆、文化馆、博物馆等直属事业单位9个，镇（街道）文化站10个、村（社区）文化室或图书室215个，配备专职文化工作者94人。推进公共文化建设，举办第八届市民艺术节、第14届“花都水城·浪漫武进”文化旅游节暨“龙城夜未央·武夜尽欢畅”夜生活节、“戏曲唱春秋”——武博非遗夜锡剧演唱会等活动。区文体广旅部门组织送综艺节目下乡201场，送戏下乡200场，送书下乡1.1万册，举办“阳湖大讲堂”56场，开展流动图书服务110次。实施农村电影“2131”工程（21世纪，在广大农村实现一村一月放映一场电影），全年放映电影2520场。发展农家书屋，西湖街道长汀村、鑫河社区和湖塘镇东方社区3个农家书屋创成常州市四星级示范农家书屋。

（朱丽春　贾韵泓）

【武进区第八届市民艺术节】 9月4日至10月8日举行。该届艺术节由区委、区政府主办，以“日出阳湖·风雅江南”为主题，推出“锡剧大家唱”文化走亲活动、“百年筑梦、礼赞小康”朗诵比赛、“唱响新时代、追梦小康路”K歌大赛、“艺美武进、明星大舞台”才艺大赛、群众文化团队展演、“三元及第：家国之梦与大运河文明传承”——南京中国科举博物馆馆藏文物展等群众文化活动50项。其中，“艺美武进·民星大舞台”才艺大赛吸引选手近千人；“锡剧大家唱”文化走亲活动开展戏迷票友走亲大联欢。9月5—11日，举行全民艺术普及周系列活动，区、镇、村三级联动开展普及性艺术教育和艺术技能培训活动200余项，展示群众文化建设成果、武进地方特色。10月底，“日出阳湖·风雅江南”武进区市民艺术节被省委宣传部评为江苏省第二批群众文化“百千万”工程优秀群文活动品牌。

【第14届“花都水城·浪漫武进”文化旅游节暨“龙城夜未央、武夜尽欢畅”夜生活节】 内容参见“旅游业”类目P124同名条目。

【区文化馆公益性培训】 2020年，区文化馆创新实施“艺起来”全民艺术普及工程，通过线上线下相结合、馆内馆外相补充等形式，提供公益性培训服务。克服新冠疫情影响，4—8月，发布篆刻、软笔书法、硬笔书法、堆花糕团、烙画、围棋等在线课程16课时，吸引观众超4万人次。从9月起，开设公益培训秋季（成人）班、第七期公益性培训特色班、公益性培训联盟秋季班等线下公益课程152门，招收学员2000余人，受益群众超2万人次。年内，与区体育总会、街舞协会联合打造“UP益课堂”公益直播课5期，举办“首届恽南田题画诗全国书家邀请展”“武进区文化馆公益性培训联盟‘抗疫’主题作品选登”“张锐速写作品选登”线上展览4期。

（朱丽春）

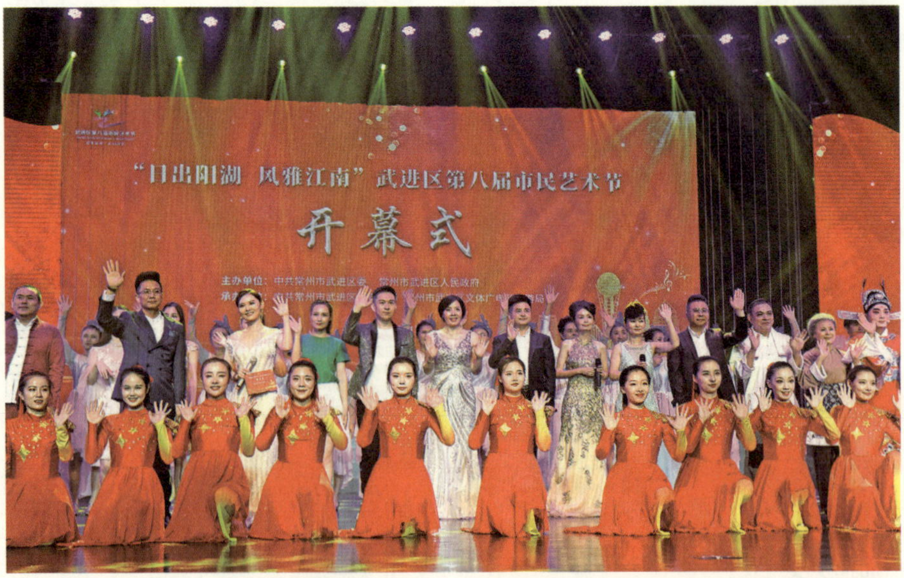


9月4日，“日出阳湖·风雅江南”武进区第八届市民艺术节在凤凰谷大剧院开幕
（供图/区融媒体中心）

## 文化场馆建设

【概况】 2020年，武进区有图书馆、文化馆、博物馆、书画院4个公益性文化场馆，全年免费开放，接待群众162万人次，比2019年增长16%。有滆湖民俗博物馆、湖塘博物馆等民间博物馆6个，接待群众8万人次。

图书馆　位于延政中大道65号，建筑面积5000余平方米，馆藏图书60万余册。年内，接待读者81.9万人次，外借图书45万余册次。开展线上线下阅读推广活动300余场次，参与3万余人次。在全市首推智能借阅柜，创新推出“书服到家”图书借阅服务。新建开放阳湖书房寨桥服务点、嘉泽服务点、石墨烯服务点3个。

文化馆　位于淹城丰乐坊1号，建筑面积6675平方米。年内，接待群众59.8万人次。开展公益性培训，受益群众超2万人次。举办“文化馆里过大年”、首届“恽南田题画诗”全国书家邀请展、“丹青绘时代、翰墨颂祖国”青少年书画精品网络展、“百年筑梦、礼赞小康”朗诵比赛、“唱响新时代、追梦小康路”K歌大赛等活动20余场次。凤凰艺术团开展送综艺下乡演出200场，录制线上惠民演出5场，受益群众超20万人次。区文化馆创作歌曲《老街坊》获评第十四届江苏省“五星工程奖”。区锡剧团被省委宣传部评为江苏省第二批群众文化“百千万”工程优秀群文团队。

博物馆　位于春秋淹城旅游区内，建筑面积8728平方米，馆藏文物3650件。年内，接待群众20.9万人次，馆外巡展参观群众30.8万人次。推出线上微课堂11场次、云讲解活动5期，举办线下展览24场次，结合“5·18”国际博物馆日、中国“文化和自然遗产日”等节日，开展教育活动72场次，参与超5万人次。有志愿者150人，参与展览、社教活动等服务共计644个小时，义务讲解134批690人次，受惠公众近1万人次。区博物馆被国家文物局、中国博物馆协会评为国家二级博物馆，文物库房被省博物馆学会评为金牌库房。“我‘拍了拍汉朝’第六届武博夏令营研学活动”被省文物局评为2019—2020年江苏省博物馆教育示范项目。

【“常州武进区智慧图书馆服务系统”项目获评省智慧文旅示范项目】 11月，“常州武进区智慧图书馆服务系统”项目被省文化和旅游厅、省信息化领导小组办公室评为2020年度江苏省智慧文旅示范项目。该项目由区图书馆实施，建设包括基于互联网的全常州市图书通借通还图书管理系统、支付宝芝麻信用免押金办证、人脸和支付宝及微信识别读者认证、基于物联网的非接触式RFID图书自助借还系统、通过云计算技术实现读者参与图书采购、无人值守“阳湖书房”智慧图书馆等内容，实现图书馆业务全流程智慧化服务，累计建设资金185万元。至2020年4月30日，区图书馆图书管理系统实现170万册图书、330个服务店自动化管理，读者通过支付宝芝麻信用免押金办证1.4万张、通过微信及网络检索和定位图书超420万次，“阳湖书房”智慧图书馆外借图书10万册次。

（朱丽春）

【西太湖美术馆举办特色艺术展7场】 2020年，西太湖美术馆共举办特色艺术展7场，累计参展人数6万余人次。

“惊鸿之殿”——北凉时期敦煌艺术沉浸式影像展　7月30日至9月13日举行，开创常州美术史沉浸式艺术先河，将敦煌艺术和全景数字化技术相结合，使观众能够在展厅内身临其境漫步敦煌第275个洞窟，感受古老石窟独特的艺术魅力。

“全面小康·追梦成长”——2020年常州市中小学生书画作品征集大赛颁奖典礼暨优秀作品展　9月19—25日举行，展出2020年常州市中小学生书画作品征集大赛优秀获奖作品。

“湾区好风光”——深圳经济特区建立40周年当代艺术展　9月29日至10月13日举行，展出粤港澳大湾区范围内的香港、澳门特别行政区及广东省广州、深圳、东莞等9个城市45位老中青三代优秀艺术家作品。

“同源虞山”——张锡庚、张文来书画展　10月18日至11月12日举行，集中展示张锡庚、张文来两位艺术家书法、绘画作品近百幅。

“情怀阳湖”——武进区颂小康艺术作品展　11月18日至12月2日举行，展出以“武进画家画武进”为主题的写生作品、习近平总书记经典名句等书法作品，以及反映新时代小康生活的牙刻、竹刻、陶艺作品。

“素芬自远”——宋代茶文化艺术展　12月7—14日举办，展出青年书画家夏浚、杨辰书画篆刻作品，及书画家怀玉收藏的茶壶、赏器、茶盏等茶器。

“错踪有序”——陈金柳个展　12月25日开始举行，集中展出陈金柳油画作品52幅。

（张成华）

## 文化遗产保护

【概况】 2020年，武进区有不可移动文物218处、非物质文化遗产（简称“非遗”）项目81项。其中，文物保护（简称“文保”）单位国家级2处、省级6处、市级42处、未公布为文保单位的不可移动文物168处，非遗项目国家级1项、省级5项、市级15项、区级60项。区文保部门加强管理、修缮文保单位，强

表50　2020年武进区省级及以上文保单位情况表

| 级别 | 名　称 | 类　别 | 所属镇（街道）、村（社区） | 获认定时间 |
|---|---|---|---|---|
| 国家级 | 淹城遗址 | 古遗址 | 湖塘镇淹城社区 | 1988年 |
| | 阖闾城遗址 | 古遗址 | 雪堰镇阖闾城村 | 2013年 |
| 省级 | 恽南田墓 | 古墓葬 | 武进高新区北区马杭社区 | 1995年 |
| | 田舍村隋墓 | 古墓葬 | 湖塘镇烈帝社区 | 1995年 |
| | 礼嘉烈帝庙戏楼 | 古建筑 | 礼嘉镇礼嘉村 | 2006年 |
| | 礼嘉王氏宗祠 | 古建筑 | 礼嘉镇礼嘉村 | 2011年 |
| | 五洞桥 | 古建筑 | 前黄镇坊东村 | 2011年 |
| | 李公朴故居 | 近现代重要史迹及代表性建筑 | 武进高新区北区古方社区 | 2011年 |

**2020 年武进区省级及以上非遗项目情况表**

表 51

| 级别 | 名　称 | 类　别 | 保护单位 | 代表性传承人 | 获认定时间 |
|---|---|---|---|---|---|
| 国家级 | 象牙浅刻 | 传统美术 | 常州剑波雅刻艺术品有限公司 | 萧剑波 陈桂方 倪久晋 王清源 王建海 王明盛 萧红波 高杜平 倪文伯 朱波 张宽 张丽亚 潘卫民 高运辉 萧恒凯 | 2014 年 |
| 省级 | 阳湖拳 | 传统体育、游艺与杂技 | 武进区文化馆 | 杨金孝 朱全海 王宁 刘雪美 陈小龙 刘旦 周国兴 刘芯 张建叶 | 2009 年 |
| | 常州大麻糕制作技艺 | 传统技艺 | 江苏省武进职业教育中心校 | 方兆兴 刘长山 严玉华 陈平 陈春华 | 2011 年 |
| | 红木浅刻 | 传统美术 | 常州市武进区徐氏枫艺竹竹木刻博物馆 | 徐风 杨玲琳 | 2015 年 |
| | 常州烙画 | 传统美术 | 常州中国烙画研究会 | 汪鹤鸣 毛怀青 车言宁 杭国金 周兆荣 张国良 王志丽 李昭君 | 2015 年 |
| | 杨桥庙会 | 民俗 | 南杨桥古文化研究会 | 唐祖厚 刘锡明 朱寿康 陈晓荣 余国良 | 2015 年 |

化日常巡查，网上录入信息和上报不可移动文物 218 处，现场复核不可移动文物 218 处，修缮市级文保单位 2 处。

**【文物遗迹保护】** 2020 年，区文保部门完成李公朴故居、隋墓、恽南田纪念馆和陵园的日常开放管理。开展文物考古前置工作，配合完成新孟河延伸拓浚工程一般不可移动文物蛮塘庙移建工程和常州市文保单位中共太滆地委新四军南杨桥地下交通站旧址修缮工程的文保管理和技术指导。做好江苏省文保单位礼嘉戏楼和常州市文保单位港桥修缮设计方案的审核、论证等审批工作，基本完成江苏省文保单位李公朴旧居修缮，完成恽南田纪念馆局部保养工程，对接处理钱一本墓园被盗、观庄赵氏宗祠被拆等文物突发事件 20 余件。

**【非遗保护】** 2020 年，区文体广旅局完成第四批区级非遗项目代表性传承人和第一批区级非遗传承基地申报、评审，以及第五批市级非遗项目申报。配合举办"我们的节日 · 端午"暨武进区首届非遗购物节，调集常州和武进地区 22 个精品非遗项目参加现场展示销售，组织舞狮、太极拳、阳湖拳等动态类表演。举办"阳湖印记"武进非遗伴手礼揭牌仪式，象牙浅刻、常州烙画、雅浦酿酒、武进面塑、马杭木雕 5 个特色非遗项目首批进驻淹城春秋乐园、环球动漫嬉戏谷 2 家景区。

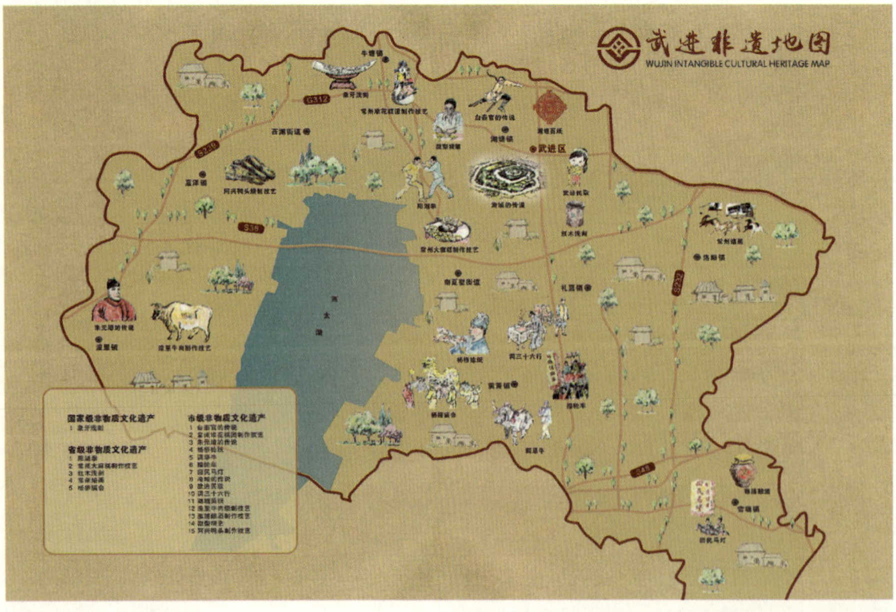


武进非遗地图　　　　（供图 / 区文体广电和旅游局）

**【武进非遗地图发布】** 8 月 27 日，武进非遗地图在武进区非物质文化遗产保护工作会议上发布。该地图由区文化馆设计制作，主要内容有武进区行政区划图，湟里牛肉、阿兴鸭头、杨桥庙会、阳湖拳、回民马灯等 21 个区属市级及以上非遗项目手绘图、武进区非物质文化遗产概况和区级非遗项目名录。至年末，累计发放 2000 份，供市民免费取阅。

（朱丽春）

## 文化产业与管理

**【概况】** 2020 年，武进区有规模以上文化企业 187 家，完成文化产业增加值 65.15 亿元，占 GDP 比重 5.98%。其中，规模以上制造业 60 家、批发零售业 12 家、服务业 115 家，分别完成文化产业增加值 19.70 亿元、0.33 亿元、45.12 亿元。有 7 个单位获市级文化产业发展引导专项资金，其中常州华景印刷有限公司、江苏超凡标牌股份有限公司、江苏博人文化科技有限公司、武进日报社、常州市西太湖旅游发展有限公司各获 20 万元，常州苏宁影城有限公司、常州湖港影城有限公司各获 5 万元。区文体广旅部门加强行业管理，全年年检印刷企业 317 家、出版物零售单位 171 个。全年放映电影 93031 场次，观众 105.8 万人次，实现票房 3549.58 万元。有网吧 151 个、歌舞娱乐场所 69 个、电子游艺场所 111 个。

（贾韵泓）

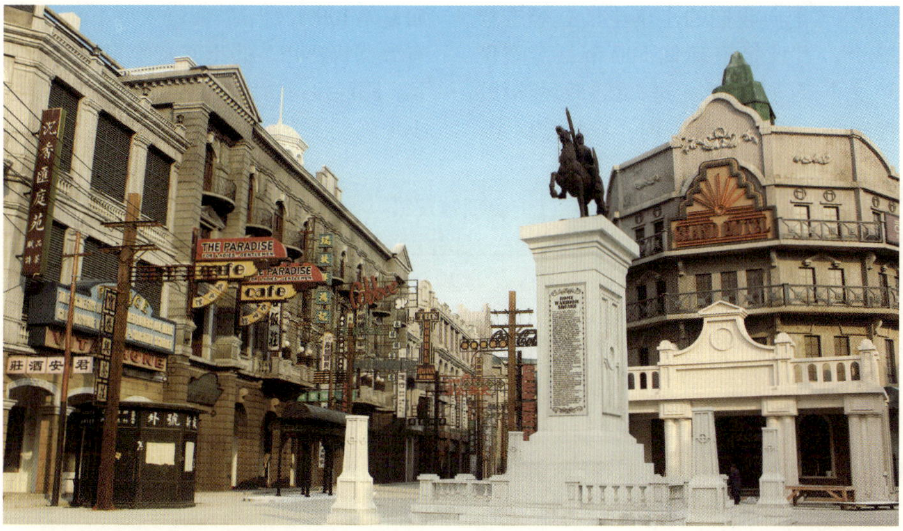


西太湖影视产业基地一角　　（供图 / 西太湖科技产业园）

**【西太湖影视产业基地入选省广播电视和网络视听产业基地】** 2020年9月，江苏西太湖影视产业基地被省广播电视局认定为首批江苏省广播电视和网络视听产业基地。该影视产业基地位于西太湖科技产业园西太湖大道1号，由捷成世纪文化产业集团、江苏西太湖文化旅游产业有限公司、武进经济发展集团等联合投资，一期占地面积19.6公顷，总投资8亿元。全年承接剧组200多个，并为相关影视从业人员和群演提供工作和生活服务保障。2019年6月至2020年年末，基地累计接待游客18万人次；入驻影视企业和名人工作室159家，实现开票金额2.57亿元、税收收入1097.5万元。

（张成华）

## 融媒体

**【概况】** 2020年，武进区开启媒体融合发展新征程，将原武进广播电视台和原武进日报社融为一体，于9月25日成立融媒体中心，设置新闻、图文、影视、生活电视频道4个，拥有《武进日报》、武进新闻网网站、调频FM88.6广播，“今日武进”等微信公众号6个，以及“爱武进”App。广播“886武进之声”自办《886新闻广场》《武进政风热线》《畅行龙城路》等栏目11个，广播时长6200小时；武进电视台自办《武进新闻》《生活连线》《连线帮帮团》《嚼百趣》等栏目8个，播出电视6600小时；区融媒体中心出版《武进日报》300期，每期发行3.5万份，招募小记者2896人；武进新闻网平均月访客量300万人次，发布重大主题报道20余组；“微武进”“今日武进”“乐活常州”“生活连线”“886武进之声”微信公众号全年粉丝总数近100万人次。区融媒体中心播发电视新闻8450篇，被国家、省、市级媒体录用351篇，其中被央视《新闻联播》录用1篇、被《人民日报》（海外版）录用1篇、被“学习强国”录用106.5篇；在“今日头条”“腾讯视频”“梨视频”“抖音”等媒体上发布新闻5200多篇。有69个广播电视作品在省、市级创优评比中获奖，《武进日报》21个作品获省、市级新闻奖。

年内，承办新时代文明实践深化行动暨“阳湖学习”达人挑战赛、2020武进首届美食旅游节、“共建生态文明、共享美丽武进”环境日主题骑行等活动100多个；承接“6·6”龙城嗨购节文旅消费活动，服务商户1000多家；与区政协联合举办“有事好商量”专题协商会，实现电视、广播、网站、“爱武进”App、“微武进”公众号五大平台直播；举办“小武小进卖农货”直播带货活动，助力农村经济发展，获37万人次点赞；与区委组织部、区委党校联合成立阳湖先锋培训有限公司，开展党员培训、现场教学、活动拓展等，打造区内一流党建培训品牌。武进日报社开展“圆梦微心愿”“圆梦E线牵”等公益活动，协助陕西省平利县贫困儿童实现“微心愿”60个，向35名符合条件的大学新生发放每人每年5000元学费和2000元生活补贴。区融媒体中心被省广播电视局评为江苏省广播电视政府奖先进广播电视单位、全省广电系统“七五”普法先进集体，区融媒体中心和“2020西太湖国际音乐节”活动分别被省县市报（融媒）研究会评为江苏省县市融媒体2020年度先进单位、2020年度经营工作最具影响力案例。

**【区融媒体中心成立】** 9月25日，武进区融媒体中心揭牌成立，为区委公益二类直属事业单位，经费渠道为差额拨款，机构规格相当于正科级，核定差额事业编制162人和中层正职21人、副职39人，归口区委宣传部管理。武进区按照《县级融媒体中心建设规范》，投资3600万元，采用技术平台化、业务产业化、服务生态化高标准建设路线，无缝对接省级“荔枝云”平台；设置融媒体集中采编中心、采编办公区、演播室、总控室等，配备策划指挥、数据分析、内容生产、综合服务、内容发布等功能，通过新闻线索、舆情信息和新闻产品互通共享，实现“一次采集、多种生成、全媒传播”。12月4日，区融媒体中心通过省级专家组技术验收。

**【抗击新冠肺炎疫情报道】** 2020年，面对新冠肺炎疫情，区融媒体中心承担起主流媒体使命任务，权威发声、及时发声、联动发声。1月25日，40多名记者组成抗疫宣传先锋突击队，聚焦区委、区政府应对举措，在基层一线第一时间报道疫情动态。发挥各宣传平台作用，围绕保障城市运行、群众生活必需、防疫物资供应、志愿者服务等百姓关心关注的热点、焦点问题，精准发力，推出《疫情之下看民生》等抗疫新闻4000多篇。“今日武进”《常州启动突发公共卫生事件一级响应》、“最常州生活圈”《捐给武汉！“常州公民”扔下50万现金转身就走》《最美抗击冠状病毒人大代表网络投票》以及《生活连线记者夜访新隔离点：连夜赶工，随时待命》等新闻，引发社会强烈反响，被人民网微博、央视新闻、交汇点新闻、江苏新闻等媒体转载或跟进报道15篇，新闻资讯阅读量超10万人次。

**【新闻宣传与监督】** 2020年，区融媒体中心围绕区委、区政府中心工作，服务大局，弘扬主旋律，传播正能量。聚焦项目建设、安全生产、民生实事等，在《武进日报》和《武进新闻》《生活连线》等栏目开设《强富美高再出发·贯彻区委十二届八次全会精神》《战疫情，稳经济》《走向我们的小康生活》等专栏23个，累计报道新闻500余篇。全区30多个部门负责人走进《武进政风热线》直播间，接受群众咨询、投诉205个，回复率100%。《生活连线》发挥正确监督、有效监督作用，播出监督类报道350余篇，跟踪报道市民反响强烈的违章搭建、土地确权、公共设施缺损等问题。

表52

**2020年武进区融媒体中心作品获省级及以上奖项情况表**

| 类别 | 作品名称 | 作者 | 体裁 | 奖项 | 授奖部门 |
|---|---|---|---|---|---|
| 报纸类 | 《横山桥新安人合力守护鸡笼山》 | 范玉贤 | 通讯 | 江苏省报纸优秀作品二等奖 | 江苏省新闻工作者协会 |
| | 《武进首创低保对象资金代管模式》 | 王宁 | 消息 | 江苏省报纸优秀作品三等奖 | 江苏省新闻工作者协会 |
| | | | | 江苏省县市报新闻奖一等奖 | 江苏省县市报（融媒）研究会 |
| | 《管住“钱袋子”，砍掉8本“账”》 | 鞠燎原 马叶星 范玉贤 | 消息 | 江苏省县市报新闻奖二等奖 | 江苏省县市报（融媒）研究会 |
| | 《两位孝女婿照顾岳母13年——“放心，你活多久，我们就照顾你多久”》 | 张人莉 谢书韵 | 通讯 | 江苏省县市报新闻奖二等奖 | 江苏省县市报（融媒）研究会 |
| | 《“援疆手记”系列报道》 | 诸丽琴 | 系列报道 | 江苏省县市报新闻奖二等奖 | 江苏省县市报（融媒）研究会 |
| | 《江南烯元喜领全国首张“长三角联盟双创券”》 | 鞠燎原 徐维庆 陆新 | 消息 | 江苏省县市报新闻奖三等奖 | 江苏省县市报（融媒）研究会 |
| | 《海关信用“红黑榜”让企业信用变“真金白银”》 | 范玉贤 | 消息 | 江苏省县市报新闻奖三等奖 | 江苏省县市报（融媒）研究会 |
| | 《12年矢志不渝践行“初心”，村书记裸捐百万工资做公益》 | 俞兢 | 通讯 | 江苏省县市报新闻奖三等奖 | 江苏省县市报（融媒）研究会 |
| | 《“果三代”坚守土地梦》 | 鞠燎原 范玉贤 | 通讯 | 江苏省县市报新闻奖三等奖 | 江苏省县市报（融媒）研究会 |
| | 《群众“动嘴”、干部“跑腿”，横山桥西柳塘村村干部化身“跑腿小哥”》 | 诸丽琴 | 通讯 | 江苏省县市报新闻奖三等奖 | 江苏省县市报（融媒）研究会 |
| | 《武进“老周”3年脱贫300余残疾人》 | 镇晓丹 | 通讯 | 江苏省县市报新闻奖三等奖 | 江苏省县市报（融媒）研究会 |
| | 《新康村种好改革试验田系列报道》 | 鞠燎原 范玉贤 | 系列报道 | 江苏省县市报新闻奖三等奖 | 江苏省县市报（融媒）研究会 |
| | 《武进日报》2019年9月23日3版 | 张丽 黄晓倩 | 版面 | 江苏省县市报新闻奖好版面 | 江苏省县市报（融媒）研究会 |
| 广播、电视类 | 《你是我的眼，带我快乐奔跑》 | 张敏 王明方 | 电视社教类节目微纪录片 | 江苏电视社教节目微纪录片二等奖 | 江苏省新闻出版局、江苏省广播电影电视协会 |
| | 《杨可心：中吴醉美小青衣》 | 王黎丽 陆彩芬 谢丽娟 郑康 | 电视社教类节目少儿节目 | 江苏电视社教节目少儿节目二等奖 | 江苏省新闻出版局、江苏省广播电影电视协会 |
| | 《情洒天山独库路》 | 荣力 | 广播播音社教 | 江苏广播电视播音与主持作品奖广播播音社教三等奖 | 江苏省新闻出版局、江苏省广播电影电视协会 |
| | 《老物件里的旧时光》 | 朱烨 | 电视播音社教 | 江苏广播电视播音与主持作品奖电视播音社教三等奖 | 江苏省新闻出版局、江苏省广播电影电视协会 |
| | 《最美基层共产党员”蒋健——引领乡村发展 实干造福百姓》 | 裴政 | 电视播音社教 | 江苏广播电视播音与主持作品奖电视播音社教三等奖 | 江苏省新闻出版局、江苏省广播电影电视协会 |
| | 锡剧《浣纱谣》雁南飞选段 | 秦琳 顾琳 蒋静 | 电视节目 | 江苏省广播电视节目录制技术质量奖（广播）三等奖 | 江苏省新闻出版局、江苏省广播电影电视协会 |
| | 武进新闻 | 薛达新 顾爱国 包晓峰 薛强 | 电视节目 | 江苏省广播电视节目录制技术质量奖（电视）三等奖 | 江苏省新闻出版局、江苏省广播电影电视协会 |

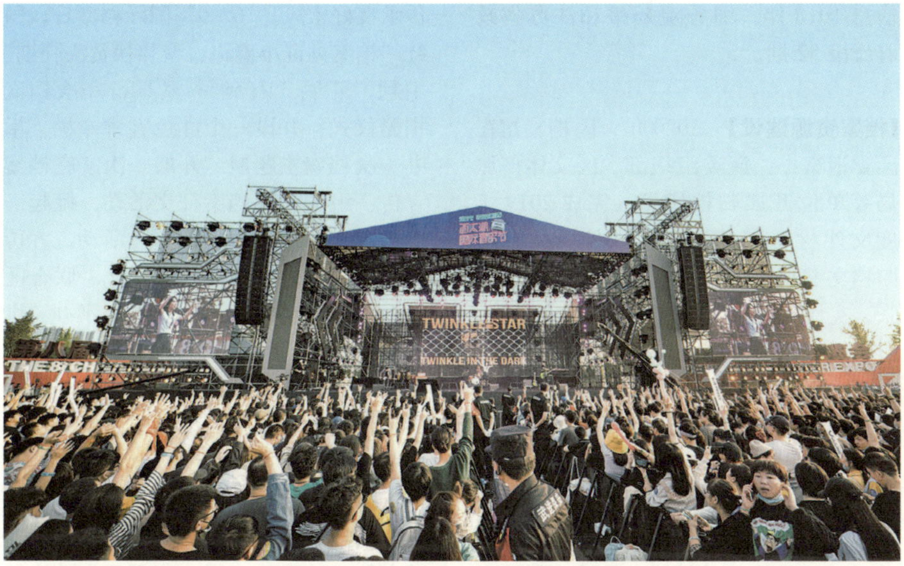


9 月 19—20 日，2020 西太湖国际音乐节在中国花卉博览园举办　（摄影 / 蒋　雯）

**【《天南海北武进人》大型新闻行动】** 2020 年，区融媒体中心与区委宣传部、统战部联合开展《天南海北武进人》大型新闻行动，寻访世界各地的武进名人，把他们开拓的勇气、创业的豪情、骄人的业绩、奉献的精神呈现给家乡人民。《武进日报》《生活连线》全体记者参与行动，通过话乡音、忆乡情、谋发展，巩固和发展最广泛爱国统一战线。《武进日报》于 1 月 1 日刊登《冯冠平的人生坐标:太湖畔，清华园，深圳湾》。《生活连线》于 3 月 14 日播出《“双面”冯冠平》，年内共播出《中国生物医学工程领域“开路先锋”冯焕清》《永磁电机领路人周志民》《参与港珠澳大桥建设工程师刘亚平》《世界抗癌“领跑者”沈柏用》《中国对外文化交流大使李金生》等人物新闻报道 18 篇。

**【文创活动】** “阳湖学习”达人挑战赛　5—8 月，由武进日报社承办，以习近平新时代中国特色社会主义思想为引领，以“学习强国”中党的创新理论以及武进经济文化等方面内容为题库，在全区开展知识竞答比赛，先后启动前黄镇、礼嘉镇、雪堰镇、西太湖科技产业园、牛塘镇、湖塘镇、湟里镇、洛阳镇、嘉泽镇以及武进高新区分站赛，并增设机关专场，8 月 14 日在太湖湾露营谷举行总决赛，洛阳镇队获得总冠军。其间，通过《武进日报》报道和微信直播比赛 10 余场，线上、线下观众达 100 万人次，其中现场观众累计 2 万余人次。

2020 西太湖国际音乐节　9 月 19—20 日，在中国花卉博览园举行。该音乐节由西太湖科技产业园管委会主办，武进日报社、区文体广旅局和上海一羌文化传媒有限公司承办，新裤子、马赛克、野孩子等国内乐队 14 支应邀参加，吸引乐迷 1.8 万人观看。

**【武进电视塔安全防腐及亮化美化工程完成】** 武进电视塔建于 1994 年，总高 228 米，主要承担央视《新闻联播》在常州、武进地区转播任务及常州、武进广播电视无线发射功能。2020 年 5—10 月，区融媒体中心根据常州地铁沿线环境整治的总体要求，组织实施武进电视塔安全防腐及亮化美化工程，建设包括全塔除锈、刷漆、螺栓紧固，竖井外表清洗，塔楼水平检测，幕墙外表面清洗，灯具拆除、修复、重置等，并在塔身 142 米处增设 LED 灯光屏，总投资 1000 多万元。年内，区融媒体中心通过 LED 灯光屏，滚动播放“争当表率、争做示范、走在前列”“勇争一流再出发”“常州，教我如何不想她”等公益广告 10 条。

**【广电通信建设与服务】** 2020 年，武进广电网络公司按照“抓用户、强管理、促发展”工作思路，推进智慧社区信息平台与区委党建云平台深度融合。发展智慧广电乡村 11 个；新签约智慧社区 23 个，累计 116 个（制作并上线 92 个）。实施“新时代文明实践智慧云平台”项目，移动端和电视端分别于 5 月和 10 月上线。推广广电智能家居，安装智能锁 1000 余套，累计销售额达 200 余万元。中标武进区应急广播系统建设项目，覆盖镇（街道）和开发区 13 个、行政村（社区）230 多个，建设点位 2317 个，于 12 月通过江苏省广播电视局验收。巩固提升技防项目，升级武进技防城监控项目，一期 3000 余个点位于 9 月全部上线并通过竣工验收。至年末，武进区数字电视用户达 23.4 万户；发展互动用户 2.9 万户，总户数 17.1 万户；发展宽带用户 9948 户，总户数 3.6 万。有线电视双向覆盖用户数 56.77 万户，双向覆盖率 94.76%。

（潘燕萍）

## 史志编纂

**【概况】** 2020 年，区委党史工委（区地方志办）立足编史修志职能，实施编纂质量提升、宣传教育提速、队伍素质提优“三提”工程，发挥存史、资政、育人作用。实施中国、江苏名镇名村志工程，武进首部江苏名镇志《湖塘镇志》准备出版，《雪堰镇志》通过中国名镇志申报；推进《江苏援藏援疆建设志（武进部分）》编纂工作，于 5 月初完成供稿；新增《常州新奥燃气志》《常州市武进区星辰实验学校校志》2 部，全区累计部门（行业）志 25 部、村志 16 部。与区政协教文卫体和文史委员会、区档案馆联合编纂《武进抗战纪事》，创新开展《武进印记》征编工作。开展党史“六进”（进机关、进乡镇、进农村、进学校、进企业、进场馆）活动，向前黄镇祝庄村、王诤将军生平事迹陈列室等地赠送史志书籍 100 余册，在区行政中心设立党史书柜。年内，《武进年鉴（2020）》获评江苏精品年鉴，《汤墅村志》获江苏省地方志优秀成果奖，王诤故居获批江苏省党史教育基地。《常州市武进区革命老区发展史》被江苏省老区开发促进会、江苏省扶贫开发协会联合授予一等奖。专题集《武进改革开放 40 年》（上册）和论文《新形势下实现中华民族伟大复兴的几点思考》分别被江苏省委党史工办评为全省党史部门党史优秀成果著作奖三等奖、论文类三等奖。陈蓉获评全省党史信息工作先进个人。

【《武进年鉴(2020)》创成江苏精品年鉴】 2020年12月，《武进年鉴（2020)》入选省地方志办公布的2020年度江苏精品年鉴名单，全省仅5部。区地方志办以申报创建省级精品年鉴为契机，对标精品年鉴要求，坚持问题导向，完善纲目设置，优化专题图片，突出地方特色，翔实记载2019年度武进区经济社会发展基本情况，突出反映全面深化改革阶段性成效和“产业创新发展、城乡精细管理、生态保护引领、教育卫生事业均等化、特色强镇建设”“五个三年行动计划”收官成果。全书有栏目34个、分目（子分目）227个、条目1128个，收录照片343幅（随文照片200幅）、表格96个，共计98.9万字。

【王诤故居获批江苏省党史教育基地】 内容参见“镇·街道”类目P249相关条目。

（张新辉）

## 档案管理

【概况】 区档案馆为县区级国家综合档案馆。到2020年年末，拥有馆藏全宗217个，馆藏档案451843卷、562005件，资料15575册，代保管档案30350卷、3280件，向社会开放档案全宗128个7952卷。2020年，区档案馆提升监督指导国有档案和服务引导社会档案管理力度，推进数字档案馆（室）一体化进程，围绕“档案见证小康路，聚焦扶贫决胜期”主题，统筹抓好档案业务指导、档案规范管理、档案资源开发、档案法治宣传、档案信息化推进和档案队伍建设，为全区经济社会发展和服务民生提供基础性保障作用。年内，获评江苏省《档案与建设》期刊宣传工作先进单位。

【档案利用服务】 2020年，区档案馆接待现场查档7600人次，接受电话查询近2000人次，提供查阅档案5599卷（件），复制14792张，利用资料16人次、27册，做好新冠疫情期间档案利用台账登记，共接待受理异地查档19人次，是2019年的2倍，其中通过江苏省民生档案便民服务平台线上传输查阅11人次，通过函、传真等线下传输查阅8人次。接收登记、整理装盒和汇总上报政府公开信息和政府公报，共接收纸质政府公开信息1018件、国务院公报和江苏省政府公报52期。

【档案资源建设】 2020年，区档案馆在区委巡察办、区委组织部、区文体广旅局等单位开展归档指导，完成2019年度文件材料归档，87个立档单位整理归档文书档案71683件、照片档案3023张、实物档案734件、数码照片994张。接收撤销单位印章36枚。接收区文联、总工会、民政局等5个单位文书档案286卷、3112盒69136件。接收整理原东安、新安、牛塘、寨桥、坊前5个乡镇的二轮土地承包材料286卷。接收武进区“群众路线”“三严三实”“两学一做”重大活动档案，共计进馆文书档案155盒3545件、照片5盒178张、光盘3张。接收2007—2011年及2019年婚姻档案66587卷。征集图书、志书、宗谱等资料26种26套91册（宗谱5套、志书5套）。征集“家·国小康”图片300余幅。征集陆道南、任惠君等个人或家庭档案576件。完成“百村万户”口述史征集工作第二阶段横山桥镇五一村、遥观镇东村、横林镇余巷村等7个村（社区）口述史采集工作。

【档案法治宣传】 2020年，区档案馆利用“5·15”国际家庭日，在牛塘镇丫河村开展家庭建档案宣传暨“一区一城”先锋行动活动，通过举办公益讲座、优秀家庭档案成果展，聘请优秀家庭档案宣讲员，发放宣传资料等方式，鼓励村民加入家庭建档队伍，记录家庭故事，传承良好家风。“6·9”国际档案日，围绕“档案见证小康路、聚焦扶贫决胜期”主题，开展“六个一”（举行一次档案捐赠仪式、开设一个红色宣讲专栏、举办一次档案主题展、开展一次家庭档案宣传、组织一次档案征文活动、掀起一次档案宣传高潮）系列宣传活动，宣传档案法律法规，传播档案文化。联合区委办、区委宣传部等6个单位，举办“讲好档案故事、见证全面小康”武进区“微讲述”竞赛活动，40多名机关及基层档案工作者参赛，相关活动信息入选“学习强国”平台2次。

【开展档案工作服务农村基层社会治理试点】 2019年11月，根据国家档案局《关于组织开展档案工作服务农村基层社会治理试点工作的通知》，武进区被确定为首批个别试点地区，湖塘镇三勤社区、洛阳镇岑村村、雪堰镇城西回民村等10个行政村（社区）为试点范围。2020年，区档案馆响应乡村振兴战略部署，发挥档案在加强和完善农村基层社会治理中的作用，与区民政局、农业农村局等涉农部门对接，开展试点村（社区）档案工作，建立区、镇（街道）、村（社区）三级档案工作网络，强化组织领导，明确试点要求，落实工作责任，制定任务清单。通过举办专题讲座、与镇联办村级档案业务培训，提高村级人员档案意识，提升管档、用档水平，跟踪督查指导镇、村两级试点工作，规范文件材料收集整理，确保试点工作质量与进度。

（吴　杰）

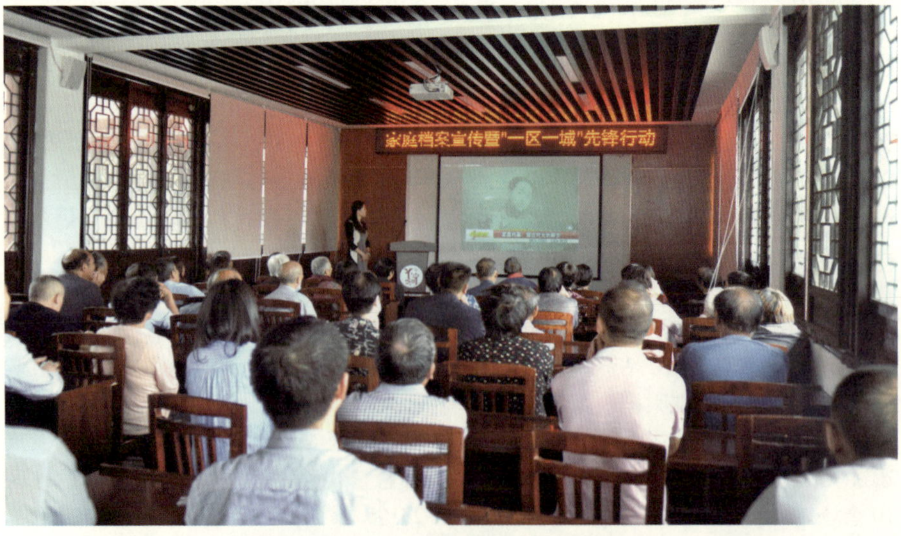


5月15日，区档案馆在牛塘镇丫河村开展家庭档案宣传活动 （供图/区档案馆）

# 体 育

## Sports

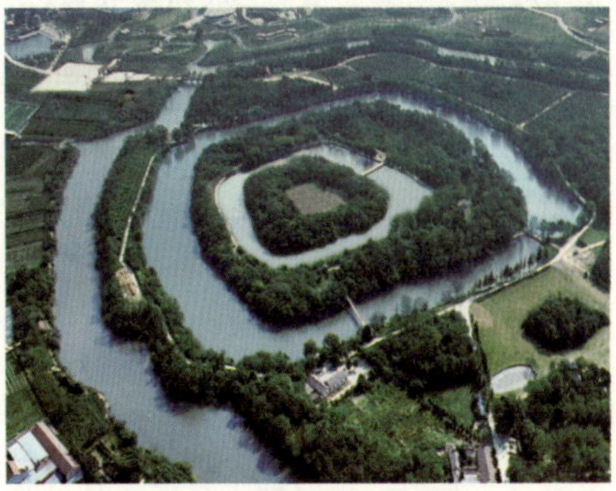

责任编辑　张怡菁

### 群众体育

**【概况】** 2020年，武进区实施全民健身战略，建设新时代体育强区，推进全民健身“6个身边”（完善群众身边的体育健身组织，建设群众身边的体育健身设施，丰富群众身边的体育健身活动，支持群众身边的体育健身赛事，加强群众身边的体育健身指导，弘扬群众身边的体育健身文化）工程，拓展公共体育设施网络。新增社会体育指导员1195人，累计5003人（国家级63人、一级166人、二级709人、三级4065人），每万人拥有社会体育指导员37.48人（国家级文明城区标准≥10人／万人）。有区级单项体育社团32个(AAAAA级1个、AAAA级7个、AAA级13个、AA级4个)、镇级单项体育社团109个、体育类民办非企业12个。全年组织“江苏雪湖杯”民间乒乓球高手排位赛、“体彩杯”第四届体育文化摄影大赛、“锦艺天章杯”民间“谁是球王”羽林争霸赛、第一届“吾悦杯”三人篮球挑战赛，“UP·DMS冠军杯”奥林匹亚资格赛·常州站、江苏省老年人体育节武进分会场活动等健身活动和体育赛事220余次。开展国民体质测试，通过购买服务的方式为3500人提供体质测试。

**【体育设施建设】** 2020年，武进区投入体育设施建设资金2851.65万元，增加体育设施面积139.96万平方米。投入220万元，扶持体育公园建设，新增体育公园15个，累计31个。投入568.2万元，完成体育场地和设施更新，更新室外健身器材162套。完成新建小区公共体育设施面积验收19个。新增人均体育面积1.34平方米，武进区人均体育面积4.23平方米。

**【“UP·DMS冠军杯”奥林匹亚资格赛·常州站】** 10月24—25日，在武进区香格里拉酒店举行。该赛事由区体育总会指导，DMS国际体育、区健身健美运动协会主办，铁森林健身俱乐部协办，包含10个项目30个级别，分大项10个和团体奖项1个，21支战队近500名选手参赛。最终，陈心仪、刘家霈、叶文韦分别获得女子比基尼全场冠军、女神模特冠军和健康小姐全场冠军，马勇华、罗杰、杨思维分别获得男子健美全场冠军、男子健体全场冠军、男子古典健体冠军，吾音彩次克获得体育模特全场冠军，CMY战队斩获团体总分第一。

**【不止骑·2020第八届24H单车环太湖认证赛】** 11月28日，在武进太湖湾旅游度假区环球动漫嬉戏谷开赛。该届赛事由江苏省体育总会、江苏省自行车运动协会、江苏单车网主办，江苏武进太湖湾旅游发展有限公司、江苏不止骑体育文化有限公司承办，设置比赛线路在太湖环湖路段，途经无锡、苏州、湖州、宜兴等地。受疫情影响，赛事规模缩减至2000人，比赛分组缩减为100千米和300千米2个组别，其中300千米组选手需要在24小时内环骑太湖一圈。最终，沈俊鑫、郭一娟分获100千米男女组冠军，韩洋、吕芬分获300千米男女组冠军。

（朱丽春）

### 竞技体育

**【概况】** 2020年，武进区以备战江苏省第二十届运动会为重点，克服新冠肺炎疫情影响，加强教育与体育融合，推进体育竞赛和青少年体育工作。全年承办国际赛事1项次、全国赛事6项次、省级赛事1项次。有在训运动员299人，教练员23人。有省队区办体育运动队1支（江苏省女子曲棍球队）；新增女子橄榄球队、综合体能队、田径趣味项目队、皮划艇队以及手球丙组市队区办体育运动队5支，累计10支。完善青少年体育竞赛机制，与区教育局联合举办武进区中小学生田径比赛，69所中小学2000多名运动员参赛。举办武进区中小学生棒垒球交流赛、武进区初中生校园篮球邀请赛、武进区小学生校园篮排足球邀请赛等，5000多名运动员参赛。培养输送竞技体育人才，跆拳道运动员赵帅、橄榄球运动员陈可怡等5人入选第32届夏季奥林匹克运动会。

**【FIH曲棍球世界超级联赛（2020）中国站在武进举行】** 1月11—12日，FIH曲棍球世界超级联赛（2020）中国站在武进曲棍球训练基地举行。该赛事由国际曲棍球联合会主办，国家体育总局手曲棒垒球运动管理中心、中国曲棍球协会承办，江苏省体育局、武进区政府、常州市体育局协办，是世界曲棍球超级联赛落户亚洲的唯一一站，共举办中国队对战荷兰队比赛2场，中国队分别以0:3、2:4不敌世界排名第一的荷兰队。

**【2020“江南农村商业银行”常州西太湖半程马拉松暨大运河马拉松系列赛（常州站）】** 10月11日，在武进西太湖畔开赛。该赛事由江苏省委宣传部、江苏省体育局、常州市政府主办，武进区政府、常州市体育局、江苏省体育竞赛管理中心、常州西太湖科技产业园管委会、江苏常奥体育发展有限公司承办，设置半程马拉松项目，总规模为5000人，仅限江苏选手参赛。经过角逐，常州选手程乾育、南京选手狄鍪、南通选手冒华杰分别获得男子组冠军、亚军和季军，常州选手刘壮、南通选手缪嘉、南京选手董诗云分别获得女子组冠军、亚军和季军。

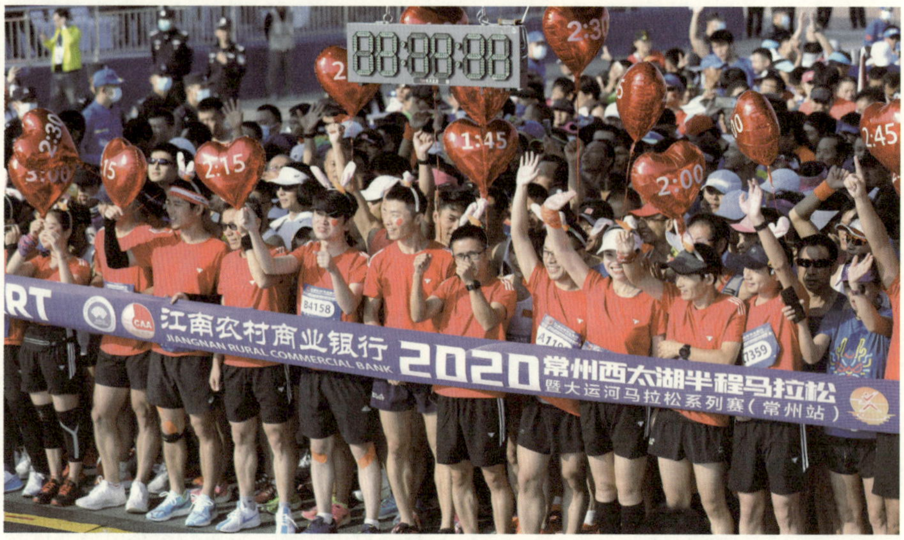


10月11日，2020“江南农村商业银行”常州西太湖半程马拉松暨大运河马拉松系列赛（常州站）在武进西太湖畔开赛 （供图 / 区文体广旅局）

**【2020全国水上飞人网络大赛 · 江苏西太湖赛区】** 5月20日，在武进西太湖开赛。该赛事由国家体育总局水上运动管理中心主办，上海、江西、江苏等省（市）10个俱乐部24名水上飞人在所在地参赛，通过网络向网友直播，吸引观众3.01万人次。比赛中，运动员脚踩飞行器，经水管与摩托艇连接，由摩托艇提供动力，通过喷水反作用力腾空而起，在三分钟内做出空翻盘旋等技术动作，难度高、观赏性强。最终，武进奇峰水上运动俱乐部运动员严文静代表江苏队获得女子组冠军。

（朱丽春）

## 体育产业

**【概况】** 2020年，武进区持续夯实国家体育产业基地基础，建设体育产业发展平台，培育示范单位和示范项目，扶持体育产业项目，推进太湖湾露营谷、常州龙凤谷、万达广场YOUNG生活馆体育服务综合体运营管理。武进区被省体育局命名为综合类体育产业基地，常州市钱璟康复股份有限公司和江苏恒泰泳池设备有限公司被命名为体育产业示范单位，嬉戏族集团有限公司被命名为体育产业示范单位（体育旅游类）；嬉戏谷入选2020中国体育旅游十佳精品项目(景区)，太湖湾旅游度假区和嬉戏谷入选江苏时尚体育好去处，太湖湾露营谷入选国家体育总局发布的体育服务综合体典型案例（全省共4家）、2020年度长三角地区精品体育旅游项目（长三角地区汽车自驾运动营地）。运动损伤智能上肢康复训练机器人的研发及产业化等4个项目获江苏省体育产业发展专项资金220万元。年内，新增体育彩票网店15个，站点数累计230个，实现销售总额70446万元（含常州经开区1—4月销售额）。

**【武进区获省综合类体育产业基地命名】** 2020年1月11日，根据省体育局《关于命名江苏省体育产业基地（2020—2022年度）的通知》，武进区获省综合类体育产业基地命名。武进区推动体育与健康、文化旅游、养老等行业融合发展，拓展“体育＋互联网”等新领域，扩大产业规模，壮大市场主体，提升体育消费水平。城乡一体“10分钟体育健身圈”村（社区）建成率达100%，学校体育场地向社会开放率达97%。形成“以区级大型全民健身设施为引领，镇（街道）全民健身中心（文体活动中心）为示范，村（社区）农民健身工程为重点，自然村（居民小区）、公园、绿地体育设施（晨晚练健身点）为基础，学校和企事业单位向社会开放的健身设施和社会经营性健身场馆（俱乐部）为补充”的五级全民健身设施网络，成为全省群众体育项目场地设施最完善的县区之一。成功举办西太湖半程马拉松赛、曲棍球世界超级联赛等大型品牌赛事活动。年内，武进体育产业总规模128.4亿元，实现体育产业增加值38.3亿元，占GDP比重2.19%。

**【4个项目获省体育产业发展专项资金220万元】** 12月8日，《2020年省体育产业发展专项资金建议资助名单》公布，武进区的常州市钱璟康复股份有限公司“运动损伤智能上肢康复训练机器人的研发及产业化”项目获体育装备制造创新奖励，嬉戏族集团有限公司“嬉戏谷卡丁车”项目、江苏奇峰金澜体育文化发展有限公司“基于全产业链的摩托艇运动旅游消费升级”项目、常州市滨湖生态城建设有限公司“西太湖全民健身设施（场地）投建”项目均获运动休闲与体育旅游奖励，资助额度分别为80万元、70万元、40万元和30万元，合计220万元。

（朱丽春）

**【太湖湾露营谷入选全国体育服务综合体典型案例】** 2020年11月19日，国家体育总局办公厅发布《关于体育服务综合体典型案例遴选结果的通知》，太湖湾露营谷入选，成为全国户外运动休闲空间型体育服务综合体典型案例。该露营谷位于太湖湾旅游度假区内，总投资2.5亿元，占地面积0.47平方千米，涵盖房车宿营区、生态游乐区、农趣体验区、拓展基地区、格子吧街区五大区域，集生态游乐、宿营服务、农趣体验、格子吧街等高质量体育综合性配套于一体，满足游客吃、住、游、购、娱等综合服务需求，于2019年3月23日正式开园。2020年，太湖湾露营谷承办“懒人节”“5·20求婚活动”、露营谷灯光节、中国好声音常州赛区总决赛等活动，累计接待游客28万人次。

（蒋　薇）

# 卫生健康

## Hygiene and Health

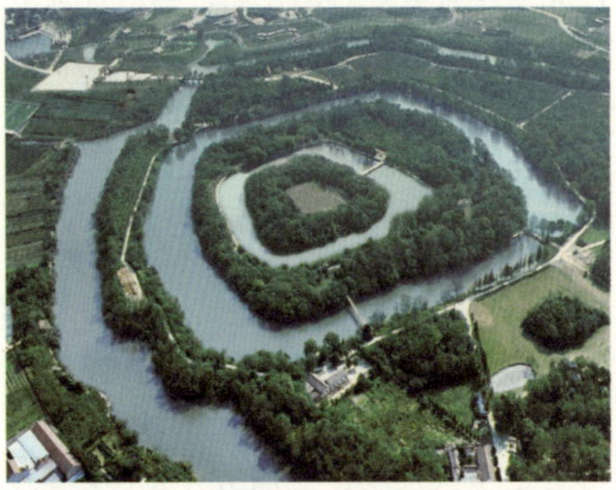

责任编辑　张怡菁

## 综　述

【概况】　2020 年，武进区有医疗卫生机构 371 个，其中市级公立医院 1 个、区级公立医院 3 个、区级卫生机构 3 个、乡镇卫生院 12 个、社区卫生服务中心 3 个、村卫生室 100 个、社区卫生服务站 48 个、民营医院 11 个、护理院 4 个、医学检验实验室 1 个、医学检验所 1 个、个体诊所（门诊部）157 个、企事业单位医务室（卫生所）27 个。有医疗床位 7099张，其中市级公立医院床位 2216张、区级医疗卫生单位床位 2530 张、镇级卫生院（社区卫生服务中心）床位 1111 张、民营医院床位 871 张、护理院床位 371 张。有医疗卫技人员 9454 人，其中执业（助理）医师 3782 人、注册护士 4508 人。6 月 16 日，武进区前黄人民医院更名为武进第五人民医院，挂武进区前黄镇卫生院牌子；武进区洛阳镇卫生院更名为武进第六人民医院，挂武进区洛阳镇卫生院牌子。8 月 14 日，武进人民医院增挂常州市第八人民医院牌子。11 月 3 日，常武太湖医院整建制划转至区疾控中心，设立常州市武进区疾病预防控制中心分中心。年内，武进人民医院获评全国改善医疗服务示范医院，建成徐州医科大学武进临床学院，胸痛中心通过国家标准版认证，肿瘤科创成省级临床重点专科。武进第六人民医院儿科创成省级基层特色科室。武进第四人民医院消化科、雪堰镇漕桥卫生院消化

表 53

2020 年武进区医疗机构基本情况表

| 类　型 | 机构名称 | 机构等级 | 省级及以上临床重点专科（基层特色科室） | 床位数（张） | 诊疗量（万人次） |
|---|---|---|---|---|---|
| 市级公立医院 | 常州市第二人民医院 | 三级甲等 | 放疗科、骨科、心胸外科、普外科、内分泌科、妇科、神经内科、影像科、肿瘤科、消化内科、呼吸内科 | 2216 | 187.33 |
| 区级公立医院 | 武进人民医院（常州市第八人民医院） | 三级乙等 | 肿瘤科 | 1300 | 93.10 |
| | 武进中医医院 | 三级乙等 | 儿科 | 800 | 69.07 |
| | 武进第三人民医院 | 一级甲等 | 无 | 370 | 0.29 |
| 乡镇卫生院（社区卫生服务中心） | 武进第四人民医院 | 二级综合 | 示范中医科 | 150 | 33.15 |
| | 武进第五人民医院 | 二级综合 | 无 | 128 | 18.82 |
| | 武进第六人民医院 | 二级综合 | 儿科 | 127 | 18.46 |
| | 雪堰镇中心卫生院 | 二级综合 | 妇产科 | 160 | 24.70 |
| | 前黄镇寨桥卫生院 | 一级甲等 | 示范中医科 | 40 | 11.80 |
| | 雪堰镇漕桥卫生院 | 一级甲等 | 示范中医科 | 65 | 11.55 |
| | 礼嘉镇卫生院 | 一级甲等 | 妇产科 | 60 | 15.93 |
| | 礼嘉镇坂上卫生院 | 一级甲等 | 眼科 | 30 | 13.10 |
| | 牛塘镇卫生院 | 一级甲等 | 无 | 26 | 10.88 |
| | 礼河卫生院 | 一级甲等 | 无 | 24 | 13.54 |
| | 嘉泽镇卫生院 | 一级甲等 | 无 | 60 | 35.15 |
| | 嘉泽镇成章卫生院 | 一级甲等 | 无 | 20 | 5.16 |
| | 马杭社区卫生服务中心 | 一级甲等 | 无 | 15 | 9.60 |
| | 鸣凰社区卫生服务中心 | 一级甲等 | 无 | 44 | 10.18 |
| | 南夏墅街道社区卫生服务中心 | 一级甲等 | 无 | 140 | 23.07 |

科、前黄镇寨桥卫生院中医科、南夏墅社区卫生服务中心消化科、鸣凰社区卫生服务中心口腔科创成市级基层特色科室。武进区卫生经费支出10.41亿元，占预算内财政支出的7.4%；基本药物采购1.89亿元。

武进区各级医疗机构总诊疗536.66万人次。门急诊诊疗478.08万人次，其中区级医院148.48万人次、镇级卫生院（社区卫生服务中心）210.51万人次、村卫生室（社区卫生服务站）65.22万人次、非公立医疗机构53.87万人次，镇、村医疗机构门急诊诊疗量占总量的57.67%，区域内就诊率92.5%。住院94718人次，其中区级医院71879人次、镇级卫生院（社区卫生服务中心）20129人次、区级民营医院2710人次。住院病人手术40590例，其中区级医院36592例、镇级卫生院（社区卫生服务中心）3873例、民营医院125例。医疗机构病床使用率66.5%，出院者平均住院日9.8天。全年门诊转诊894人次，急诊转诊371人，住院上转260人次、住院下转151人次。区域集中消毒供应中心为各基层医疗机构提供灭菌包裹合计25.3万个；区域心电会诊中心会诊289人次；2个区三级医院集中临床检验中心共检测上送标本15415人次；区域PACS影像诊断中心远程影像会诊31519次；病理诊断中心累计诊断上送标本4910份。

**【卫生人才队伍建设】** 2020年，区卫健局首次将公共卫生专业纳入紧缺专业人才实施招聘，引进各类人才297人，其中高层次人才28人、紧缺专业人才7人，定向招聘新冠肺炎疫情防控一线编制外医务人员8人。累计有硕士及以上学历卫技人才461人、学科带头人和医学专家917人。创新实行疾控人员“区管镇用”制度，区疾控中心在全区公开选调公共卫生专业人员15人。实施卫生人才强基工程，遴选和培养新一轮基层卫生骨干人才，分别推荐省优秀基层卫生骨干人才和区基层卫生骨干人才36人、117人。推进基层卫生人才区管镇用改革，招录大学生村医和驻村护士32人。5人入选常州市青苗人才名单。15名援鄂医务人员获“武进英才荣誉卡”。建设高层次人才队伍，区卫健系统省双创博士、省“333高层次人才培养工程”人才、省青年医学人才和市卫生拔尖人才等15人完成期满考核。入选常州市基层优秀中医临床人才2人、第四批常州市孟河医派百人传承培养工程培养对象6人。

**【武进区县域医共体成立】** 2020年12月3日，武进区召开县域医共体成立大会，组建以武进人民医院、武进中医医院为龙头的两大医共体。按照“规划发展、分区包段、防治结合、行业监管”原则和《武进区县域医共体建设实施意见》要求，武进人民医院与南夏墅社区卫生服务中心、武进第四人民医院、武进第五人民医院、前黄镇寨桥卫生院、礼嘉镇卫生院、礼嘉镇坂上卫生院、礼河卫生院7个卫生院（医院）组建武进人民医院医共体；武进中医医院与武进第六人民医院、雪堰镇中心卫生院、雪堰镇漕桥卫生院、嘉泽镇卫生院、嘉泽镇成章卫生院、牛塘镇卫生院、鸣凰社区卫生服务中心、马杭社区卫生服务中心8个卫生院（医院）组建武进中医医院医共体；武进第三人民医院与常州市德安医院结成专科联盟型医共体。医共体实行理事会管理模式，逐步实施行政、业务、人事、医保、信息、药械、绩效、后勤“八个统一”统筹管理，促进医共体内资源流通共享、信息互联互通、人财物统筹管理。医共体成立后，形成上下联动、分工协作、高效运作的医疗卫生服务新体系。通过区全民健康信息平台，实现医共体内各成员单位信息互联互通，提供预约诊疗、双向转诊、远程医疗、远程会诊、远程教学等智慧医疗服务。

**【武进第四人民医院获评省级农村区域性医疗卫生中心】** 2020年11月3日，武进第四人民医院被省卫健委评为首批农村区域性医疗卫生中心。该医院是二级综合医院，由总院、湟里镇东安院区和湟里镇村前门诊部组成，成为武进西南区域医疗中心，服务范围辐射周边5个镇近30万人口，主要承担辖区约9万人的医疗、预防、保健、健康教育等任务。有卫技人员175人，其中中级及以上职称92人（主任医师1人、副主任医师17人、副主任护师20人、副主任药师2人）。科室设置齐全，建有独立急诊科，中医科是江苏省乡镇卫生院示范中医科，针灸科、妇产科是常州市特色专科，骨伤科、微创外科、消化科、呼吸科、康复科、口腔科等临床科室技术水平和服务能力齐头并进。与常州市武进人民医院、常州市第二人民医院建立医疗联合体，是常州市中医实践能力教学医院。2015年获评全国“群众满意的乡镇卫生院”。2020年，全院门急诊30.47万人次，开放床位200张，实现业务收入6343.46万元。

**【武进人民医院肿瘤科创成省级临床重点专科】** 武进人民医院肿瘤科创成2020年省级临床重点专科，实现该院省级临床重点专科“零”的突破。该肿瘤科有专科医生21人、临床药师（主管药师）1人、副研究员1人、技师1人，护士36人。其中，高级、中级、初级职称医师分别有12人、9人、3人。有博士2人（其中1人为博士后）、硕士17人，省双创博士1人、省“333高层次人才培养工程”人才2人、市卫生拔尖人才2人、南京医科大学硕士研究生导师1人、江苏大学硕士研究生导师5人。按病种分设头颈胸部肿瘤组、消化系统肿瘤组、乳腺肿瘤组、妇科肿瘤组、其他肿瘤组，实行专病专治，实现医、教、研整体水平与全国著名肿瘤专科医院保持同步，2020年出院病人达3000余人次。

**【武进人民医院胸痛中心通过国家标准版胸痛中心认证】** 2020年9月23日，武进人民医院胸痛中心通过国家级标准版胸痛中心认证。该院胸痛中心成立于2017年，联合常州市120指挥中心，整合武进医院心内科、急诊科、消化内科、心胸外科、呼吸内科、检验科、超声科、影像科等学科，与14个乡镇卫生院（社区卫生服务中心）签订急性胸痛联合救治协议，具备全天候急诊手术处置急性冠脉综合征等疾病能力。在全市率先开展推动基层医院急性心肌梗死“急救一包药”投放，通过信息平台指导急性胸痛诊断与治疗，前移急性高危胸痛患者救治阵地，赢得救治时间。至2020年年末，累计组织基层医务人员开展急性高危胸痛诊断与治疗、心血管危重症救治知识培训20余次，为近200例急性冠脉综合征患者实施急诊冠脉介入诊疗手术，年诊疗量达2000人次左右。

（郑冰研）

# 公共卫生

## 疾病防控

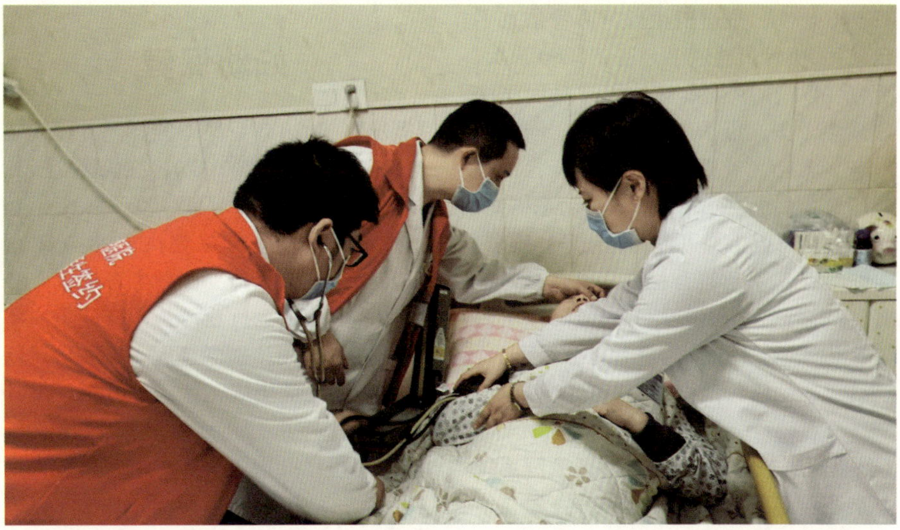


11月11日，家庭医生团队上门开展家庭病床服务 （供图／区卫健局）

**【概况】** 2020年，武进区坚持人民至上、生命至上，严格按照中央和省、市部署要求，积极抗击新冠肺炎疫情。强化联防联控，组织医护人员支援武汉，抓好常态化疫情防控。规范开展14类55项基本公共卫生服务，基本公共卫生服务项目人均补助经费由75元提高至80元。武进区居民期望寿命82.80周岁，其中男性为80.47周岁、女性为85.20周岁。无甲类传染病发生，乙类传染病发病922例，发病率89.2/10万，比2019年下降37.3%。完善居民健康档案，累计建立居民电子化健康档案89.9万份，电子化建档率86.19%，可开放查询30.82万份。加强儿童疾病预防控制，全年免费接种一类疫苗27.37万针次，接种率95%以上。为4万名适龄儿童免费接种水痘疫苗，组织14.6万名中小学生开展视力筛查。开展儿童口腔疾病干预项目，筛查11054人次，实施儿童窝沟封闭治疗4442人次。健康管理65周岁及以上老年人10.4万人、慢性病高血压患者11.96万人、糖尿病患者3.21万人、严重精神障碍患者4024人。75577名居民医保参保人员通过临床评估，享受高血压、糖尿病门诊用药保障待遇。年内，武进区获评第五届“万步有约”健走激励大赛全国优秀健走示范区。

**【新冠肺炎疫情防控】** 内容参见“专记”类目P5～6相关条目。

**【重大传染病防控】** 2020年，武进区经结核病定点医院排查，确诊肺结核病人375例，其中阳性病人206例。报告手足口病发病318例，比2019年下降80.4%。确诊新冠肺炎病例8例、无症状感染者1例，治愈出院9例，累计核酸检测20.6万人次，接种新冠肺炎疫苗1691人。完成血防查螺调查面积499.06万平方米，未发现有螺条块，药物巩固灭螺面积4.05万平方米。发现艾滋感染者和病人76人，美沙酮药物维持治疗门诊服药人员96人，服药2.49万人次。有麻风现症病人1例，未有新发麻风病患者，麻风发病率控制在0.096/10万，保持在国家及省级标准以下。1月，常武麻风科普陈列馆启用，成为全省首个麻风科普陈列馆。

**【突发公共卫生事件应急管理】** 2020年，武进区发生突发公共卫生事件17件。区卫健部门规范高效处置学校和幼托机构等人群聚集场所流感、诺如病毒感染、手足口病等重点急性传染病疫情93件，完成中高考、西太湖国际半程马拉松赛、全国女子曲棍球锦标赛等重大活动和体育比赛医疗卫生保障任务29项，出动医务人员154人次。开展卫生应急预案培训演练30次，参训1962人。武进人民医院、武进中医医院承担武进区4个院前急救分站任务，全年急救转运病人12660人次。

**【常武麻风科普陈列馆揭牌】** 2020年1月3日，常武麻风科普陈列馆在常武太湖医院揭牌，成为全省首个麻风科普陈列馆。该陈列馆位于雪堰镇潘家永新路230号，占地面积近100平方米，分为4个展示区域，翔实反映常武太湖医院麻风防治的发展历程，全方位展现武进麻风防治人与麻风病抗争的峥嵘岁月。武进于1958年成立常武太湖医院，收治麻风病患者，实施综合性防治，组建麻风病防治（皮肤病防治）市、乡（镇）、村三级防治网络，实现麻风防治工作社会化，1997年通过卫生部基本消灭麻风病达标验收，2020年麻风发病率控制在0.096/10万。

**【武进区获评江苏省家庭医生服务模式创新单位】** 2020年12月31日，武进区被省卫健委评为江苏省家庭医生服务模式创新单位。2020年，武进区积极应对人口老龄化，实施“预约上门和家庭病床服务”项目，保障长期失能人员医疗护理需求。探索开展长期护理保险，推进医防（医疗和预防）、医养（医疗和养老）融合，选派三级医院100余名专家融入家庭医生团队，帮扶基层提升能力；在乡镇卫生院开设家庭医生签约门诊，提供基本医疗、居民建档、签约履约、受理“两病”（高血压、糖尿病）和家庭病床申请、双向转诊服务；以信息化为支撑，推进个性化有偿签约，开展预约上门服务和开设家庭病床。至年末，累计开设家庭病床239张，开展预约上门服务1286次，家庭医生签约居民履约率、服务满意率、基层就诊率均达90%以上。

（郑冰研）

## 公共卫生监督

**【概况】** 2020年，武进区累计出动卫生监督员2911人次，监督检查单位2123个次，依法实施行政处罚69件。出动监督人员620余人次，“双随机”（在监管过程中随机抽取检查对象，随机选派执法检查人员）监督抽查单位179个，合格率97.2%。在日常监督897个单位和查处行政处罚案件69件过程中，实施行政执法全过程记录。推行移动执法系统应用，通过移动执法终端完成监督检查946户次。推进卫生监督协管信息平台使用,协管员通过平台巡查5280户次,更新1471个单位本底信息,发现违法线索121条。每季度监督检查江河港武水务(常州)有限公司礼河水厂、武进水厂2个集中供水单位,建立动态档案,确保两证(卫生许可证和健康证)齐全、台账规范、水质符合标准要求。日常监督江河港武水务(常州)有限公司所辖二次供水点31个,实施量化分级评分、随机采样抽检,抽检合格率100%。

**【职业健康监管】** 2020年,区卫健系统开展职业健康检查12.5万人次。监督检查企业职业卫生情况154家,开具卫生监督意见书110份,立案查处违反职业病防治相关法律法规的企业11家,罚款25万元。5月1日,在全市率先建立职业病防治相关领域专家库,由高等院校及疾控中心专业技术人员、大型企业职业卫生管理人才共40人组成,为职业卫生监督执法、职业病防护设施“三同时”(建设项目职业病防护设施必须与主体工程同时设计、同时施工、同时投入生产和使用)核查、职业病诊断相关现场调查等工作提供专业技术支持,至年末共申请使用专家6人次。开展尘肺病防治攻坚行动,成立尘肺病防治工作领导小组,专项治理冶金、化工、建材、船舶制造等尘毒危害严重用人单位,收集辖区内193名尘肺病病人随访及回顾性调查数据。开展尘毒危害专项治理,检查用人单位26个,关停5个、立案处罚2个。监督检查放射诊疗机构54个,查处存在问题单位3个,全部完成整改。

**【非法行医打击】** 2020年,区卫生监督部门开展深化医疗秩序整顿、打击非法行医专项行动。实行每季度分片包干巡查,联合公安、城管等长效监管成员单位,形成“两法衔接”(行政执法与刑事司法衔接)、执法联动工作机制,加大非法行医者打击和移送力度,加强重点地区、重点领域、重点案件查处,形成“政府牵头、部门联动、各司其职、各负其责、综合治理”监管格局。全年立案查处非法行医行为15件,罚没款22.19万元,查处取缔单位(个人)215户次,移送公安机关3人。

(郑冰研)

## 妇幼保健

**【概况】** 2020年,区卫健部门复核爱婴医院4个,合格率100%。完成医疗机构“母婴保健执业许可证”变更4个,按行业规范管理母婴保健执业机构17个以及助产技术人员、计划生育技术服务人员,依法规范执业行为,持证上岗率100%。发放出生医学证明10254份。新增市级妇幼健康规范化门诊6个,累计13个。医疗机构建成母婴室17个。新增备案托育机构2个,其中普惠托育机构1个。

**【妇幼卫生服务】** 2020年,区妇幼保健计划生育服务中心加强妇幼基本公共卫生服务,完成孕产妇早孕建册6981份,早孕建册率86.4%;产前健康管理7981人,健康管理率98.77%;产后访视7744人,产后访视率95.84%;新生儿访视7846人,新生儿访视率97.1%。孕产妇系统管理率94.91%,3周岁及以下儿童系统管理率94.01%,7周岁及以下儿童保健管理率97.14%。新生儿遗传代谢病筛查率99.94%。孕产妇死亡率为0,婴儿死亡率1.61‰,5周岁及以下儿童死亡率2.97‰,严重多发致残出生缺陷发生率0.23‰。完成妇女“两癌”(宫颈癌、乳腺癌)筛查2.6万人、孕妇产前唐氏筛查3736人、新生儿先天性心脏病筛查7868人、新生儿听力筛查8075人。孕前、孕早期妇女补服叶酸6815人。推进艾滋病、梅毒、乙肝母婴传播阻断项目,检查孕妇8910人,检测率100%,筛出孕妇梅毒阳性16例、HIV阳性0例;筛查产妇8547人,检测率100%,筛出梅毒阳性23例、乙肝表抗阳性295例,全部实施母婴阻断。接受免费婚检1886人,婚检率91.91%。孕前优生健康检查1028对。

**【女职工生殖健康和“两癌”筛查三年行动启动】** 2020年,武进区实施女职工生殖健康和“两癌”筛查三年行动,推动用人单位普及女职工生殖健康知识和普遍实施“两癌”筛查,预防和减少妇科疾病发生,保护女职工生育能力,提高女职工身体素质和健康水平。开展女职工生殖健康宣传服务,举办知识讲座,在爱心母婴室加载宣传服务项目,免费提供避孕药具。各镇(街道)、开发区实施困难女职工免费“两癌”筛查。推动企业将“两癌”筛查列入女职工妇科病检查常规项目;未建立正常“两癌”筛查制度的企业通过集体协商将“两癌”筛查纳入女职工专项集体合同条款。年内,完成妇女“两癌”免费筛查2.6万人。

**【武进第六人民医院儿科创成省级基层特色科室】** 2020年12月,武进第六人民医院儿科创成江苏省基层医疗卫生机构特色科室。该院儿科有主任医师2人、主治医师3人、住院医师1人,具备良好的儿科常见病、部分疑难病种诊疗能力。从2015年起,率先在武进区乡镇医院开展中医特色“冬病夏治——三伏贴”治疗,结合天灸疗法,用中药药物敷贴人体穴位,增强抗病能力,对部分慢性咳嗽、过敏性鼻炎、厌食等疑难病种有较好调理效果。儿科捏积疗法、雾化吸入等中医适宜技术均取得较好疗效。2017年6月,武进第六人民医院与常州市儿童医院建立专科医联体,成为常州市儿童医院协作医院。该院儿科于2018年11月创成常州市基层医疗机构特色科室,2020年完成门诊24024人次,出院249人次。

(郑冰研)

## 爱国卫生

**【概况】** 2020年,区爱国卫生运动委员会推进健康促进与健康教育工作。举办健康知识讲座1045场、健康生活方式主题巡讲11场,受众1200人次。组织居民网上健康素养知识测评,参与4万余人次。4月,开展全国第32个爱国卫生月、江苏省第24个健康教育宣传月活动,发放健康教育入户资料9万余份。开展健康镇(街道)、村(社区)、单位建设,建成江苏省健康村(社区)6个、健康单位4个、健康促进医院1个,礼嘉镇建成江苏省健康镇。开展卫生创建巩固活动,雪堰镇国家卫生镇和湖塘镇、前黄镇、牛塘镇3个江苏省卫生镇及雪堰镇太滆村、嘉泽镇跃进村、前黄镇丁舍村等14个江苏省卫生村全部通过复审。加强禁烟控烟宣传和监督,于5月举办“无烟五月，健康武进”控烟宣传活动，首次采用现场与直播相结合方式，线上、线下参与近1000人次。推进病媒生物防治，加强社区居民院落环境卫生综合治理，新建灭鼠毒饵站4500个，投放鼠药1.45万千克、黏鼠板4.2万张，喷洒消杀药8吨。

**【武进第四人民医院创成省级健康促进医院】** 2020年5月，武进第四人民医院通过江苏省健康促进医院评估。该医院自2015年创成常州市健康促进医院以后，将创建作为重点，持续推进各项工作有序开展。加强组织管理，成立健康促进工作领导小组，将创建健康促进医院纳入医院目标责任考核。优化健康环境，建设安全、和谐、有益健康的诊疗环境及人文环境。院内环境整洁，通风、采暖和排水系统完善，公共设施布局合理、完好洁净，厕所干净卫生，无障碍设施完好、无安全隐患；生活垃圾和医疗废物收集、放置和转运符合规范。开展无烟医院建设，建立健全控烟考评奖惩制度，有明显禁烟标识，室内完全禁烟，设立控烟督查组定期巡查督导。开展院内外健康教育、医护人员健康促进活动，为患者提供健康促进建议及康复指导。举办公众健康咨询活动及健康知识讲座。每年为职工体检，建立职工健康档案，对职工主要健康问题及其行为危险因素提供个性化健康促进指导。通过健康促进创建，医院硬件设施持续改善，医疗管理和医疗质量持续提高，医疗卫生服务能力得到显著提升，群众满意度不断提高。2020年，该院综合满意度达95.69%。

（郑冰研）

## 中医中药

**【概况】** 2020年，武进区有三级乙等中医医院1个，设有中医科的三级综合医院1个、乡镇卫生院12个、社区卫生服务中心3个。新增省级基层医疗机构中医馆1个，累计15个；新增社会力量举办的中医门诊部和中医诊所13个，累计58个。建成村卫生室（社区卫生服务站）中医阁项目52个。推进中医药服务能力提升工程和中医“治未病”健康工程，开展对65周岁及以上老年人和0～36个月儿童的中医药健康管理服务。组织“中医药就在你身边”中医文化科普巡讲活动21场次，开展第十届“中医药就在你身边”中医药健康巡讲、“岐黄校园行”等活动。举办中医药适宜技术推广培训班3期，培训400余人次；举办三伏贴培训，44名中医师参训。年内，武进中医医院通过三级乙等中医医院复评。武进人民医院邵文全中医工作室被确认为常州市名中医工作室。武进区代表队获常州市第三届中医养生节八段锦比赛一等奖，入选常州市基层优秀中医临床人才2人、第四批常州市孟河医派百人传承培养工程培养对象6人。

**【南夏墅街道卫生服务中心创成省级社区卫生服务中心中医综合服务区（中医馆）】** 2020年12月，南夏墅街道卫生服务中心通过省级社区卫生服务中心中医综合服务区（中医馆）创建评审。年内，该中心完善卫生服务基础设备，引进中药熏蒸仪、深层肌肉震动治疗仪等新型中医诊疗设备以及康复设备。挖掘中医传统治疗方法，强化使用中草药防病治病力度，通过本部中医科专家定期坐诊、远程会诊，推进中西医结合诊疗疑难杂症。开展中医外治法，通过中药足浴、敷脐疗法、穴位敷贴、浮针疗法等方式体现中医辨证论治特色。加强中医药知识宣传，发挥中医药治未病优势，针对亚健康人群开展体质辨识、药膳食疗等养生保健项目指导，制定中医药保健方案。加强中医人才队伍建设，选派人员参加孟河医派传承人培养。

（郑冰研）

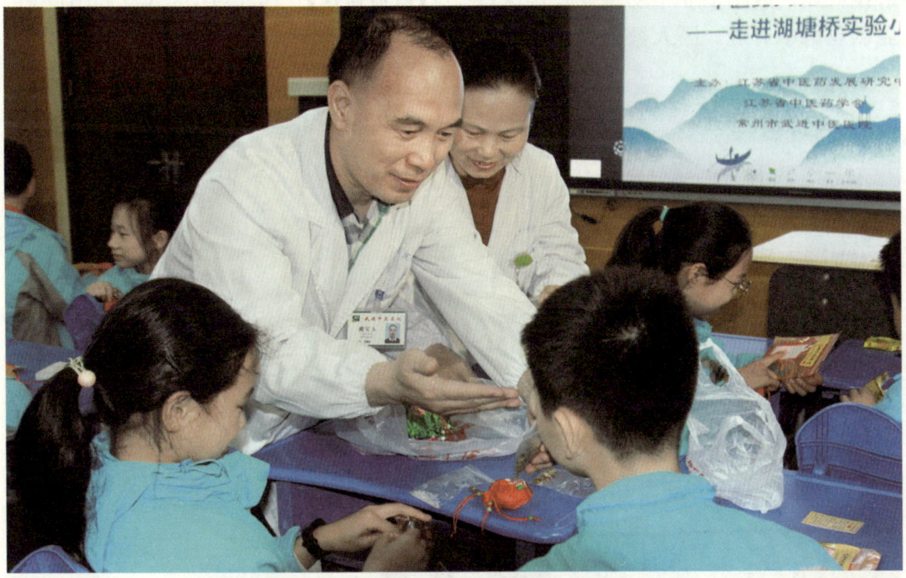


10月27日，武进中医医院在湖塘桥实验小学开展“岐黄校园行”中医药文化活动
（供图/区卫健局）

## 医学教育与科研

**【概况】** 2020年，区卫健系统以科研创新和人才队伍为支撑，提升医疗卫生服务能力。获科研立项42项，其中省级2项、市级9项、区级31项。获常州市医学新技术引进奖6项，获批国内外专利157件。区级医疗卫技人员全年在核心期刊及以上发表论文53篇，其中SCI 29篇、中华级4篇、核心期刊20篇。基层医疗卫生单位发表省级及以上论文22篇。

**【徐州医科大学武进临床学院揭牌】** 2020年6月30日，徐州医科大学武进临床学院在武进人民医院揭牌。武进人民医院依托徐州医科大学师资、学科和科研优势，开展临床教研工作，提升医疗服务水平，培养医学专业人才。2019—2020学年，完成徐州医科大学临床医学2016级驻点班28名学员临床授课和见习带教任务。通过徐州医科大学，申报国家自然基金项目15项，获批徐州医科大学临床科研基金7项、徐州医科大学省级重点实验室开放课题4项。2020年，新增肿瘤内科、普外科、神经内科3个徐州医科大学硕士学位授予点，新增徐州医科大学学术学位硕士生导师1人、专业学位硕士生导师3人。

（郑冰研）

# 社会生活

## Social Life

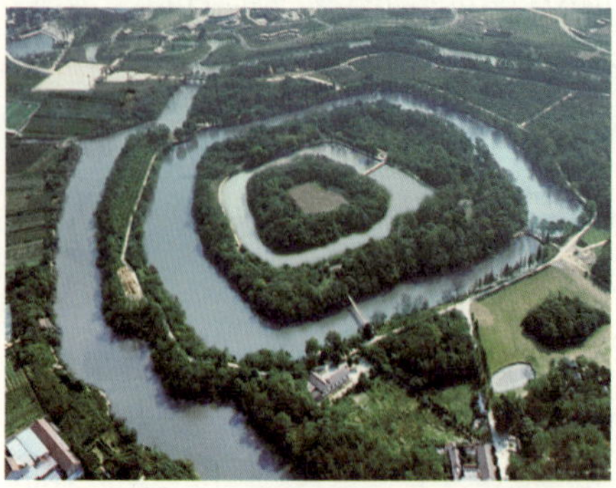

责任编辑　张怡菁

### 人口·计划生育

**【概况】** 2020年年末，武进区户籍人口75.5万人，其中城镇户籍人口55.66万人，户籍人口城镇化率73.72%。户籍总人口755034人，其中男性366788人，女性388246人，流动人口实有登记数68.8万人，其中常州科教城6.56万人。武进公安分局全年发放流动人口居住证4.5万张。年内，武进区全面二孩稳妥推进，出生5812人，其中二孩出生2455人，占出生人口42.2%，自然增长率0.48‰（含部分流动人口）。计划生育率达99.9%以上。区卫健部门全年办理生育服务联系单6365例，为500对夫妇提供免费孕前优生健康检查服务。落实计划生育奖励扶助政策，发放农村部分计划生育家庭奖励扶助金、计划生育家庭特别扶助金、持独生子女父母光荣证退休的企业职工一次性奖励金和城镇非从业居民一次性奖励金共计6367.01万元，计划生育政策兑现率达100%。严格执行凭证定点引产制度，促进社会性别比自然平衡。宣传普及出生缺陷预防知识，配合做好病残儿鉴定工作，提高出生人口素质。

（周世民　郑冰研）

**【生育关怀行动】** 2020年，武进区持续推进生育关怀行动，雪堰镇、礼嘉镇2个生育关怀帮扶基地通过市级验收，武进高新区北区、雪堰镇、南夏墅街道、嘉泽镇创成市级“春晖家园”，实现镇（街道）“春晖家园”全覆盖。关爱计划生育特殊家庭，为1479个失独、独生子女伤残家庭赠送住院护理服务保险，西湖街道创成省级“连心家园”优秀项目点。开展流动人口卫生计生关怀关爱专项行动，组织宣传活动42次、健康讲座43场，发放健康礼包、避孕药具等宣传品4000多份和健康手册等宣传资料1万多份，走访慰问流动人口困难家庭100余户，发放慰问金5万元。提供老年人健康体检、妇科检查等服务500余人次。开展流动人口子女积分入学审核工作，审核计划生育证明材料4073份。

（郑冰研）

### 就业创业

**【概况】** 2020年，武进区围绕“稳就业、保民生”主题，实施就业优先战略和更加积极的就业政策，统筹做好各类重点群体就业，鼓励创业带动就业，确保就业创业稳中有进。区人社部门普及大学生职业生涯规划知识，举办2020年“武进人才杯”江苏省第十五届大学生职业规划大赛培训和总决赛。完成退捕渔民就业安置，采用“五专工作法”（专员走访、专窗服务、专场招聘、专项培训、专岗安置），保障退捕渔民生计民生，提早完成1082名建档立卡退捕渔民就业安置和社会保障2个100%工作目标。全年新增就业岗位10.7万个，新增城镇就业3.2万人，城镇登记失业率1.68%。新增农村劳动力转移就业1561人，扶持创业5450人，创业带动就业2.2万人，发放创业扶持资金128万元。举办2020年度“武进区优秀农民工”暨“武进区关爱农民工示范单位”评选活动，表彰优秀农民工50人和关爱农民工示范企业10家。

**【就业帮扶】** 2020年，区人社局出台《常州市武进区疫情防控期间支持企业复工

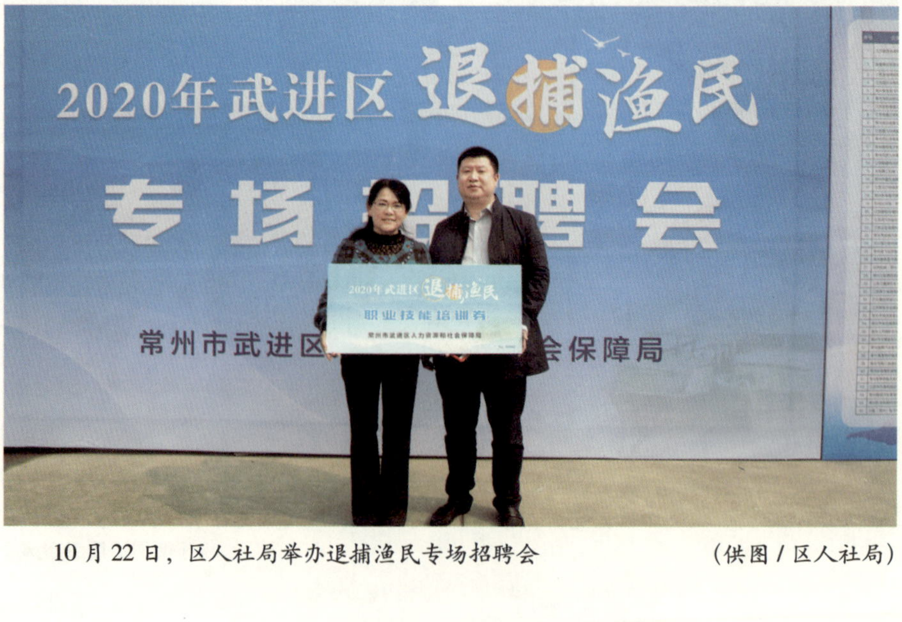


10月22日，区人社局举办退捕渔民专场招聘会　（供图／区人社局）

实施细则》等援企稳企政策8项，为132家企业发放补贴近200万元。用足“免减缓返补”政策，减免企业社保费用累计超28亿元。落实企业稳岗返还政策，实施小金额补贴企业简易程序，为2.33万家企业发放稳岗返还资金9801.25万元，惠及职工40.38万人。落实以工代训政策，为4900余家企业发放以工代训补贴9836.6万元。实施就业援助专项行动，新增认定就业困难人员2106人，发放社保补贴2522.5万元。开展青年就业起航、专场招聘等活动，提供高校毕业生就业岗位1.1万个，离校未就业高校毕业生就业率99%。解决企业用工难题，推出“局长带岗”夜市直播招聘活动，举办现场招聘会111场次，安排“复工直通车”93辆，帮助3500余名企业员工返岗复工。优化网络招聘功能，武进人力资源网注册企业会员1.2万家、个人会员10万人，网站微信粉丝4.6万人次。

**【创业扶持】** 2020年，区人社局支持成功自主创业5450人，创业带动就业2.2万人，其中引领大学生创业1059人、扶持农民自主创业1662人。新增区级及以上创业示范基地6个，为527家企业发放创业担保贷款超1亿元，释放创业带动就业倍增效应。落实求职创业补贴，为7所高中职院校751名2020届毕业生审核发放补贴资金112.6万元。举办“双创”（大众创业、万众创新）主题活动近20场，激发创新创业活力。开展武进区“创业标兵”评选活动，表彰大学生“创业标兵”10人。征集到大学生创业项目65个，获评省级大学生优秀创业项目20个，获第四届“中国创翼”创业创新大赛奖2个，占全省获奖数的三分之一。

**【职业技能培训和鉴定】** 2020年，区人社局加强职业技能培训，开展“送培训进企业、进乡镇、进社区”活动，举办培训班98期，培训3387人。提高培育成效，武进区获评省“双创”高技能人才1人、市级高技能人才培养示范基地2个、市级高技能人才培养基地1个、市级技能大师工作室1个、市级首席技师2人。开展补贴性职业技能培训4万余人次，培养企业新型学徒603人。推广网络培训模式，开展办公自动化、图片处理、新冠肺炎疫情下劳动用工风险控制等网络培训，加强网络职业技能培训“云平台”建设，全年网络培训2万余人次。举办“技行武进”系列职业技能大赛10场，2448名选手获得职业技能资格晋升。建成苏陕劳动者驿站，为务工人员提供就业推荐、技能培训、临时食宿、法律咨询、维权保障等一条龙“保姆式”服务。组织职业技能鉴定177场次，职业技能鉴定申报8035人，取得证书7715人，参加职业技能鉴定统考66人。受理专业初级职称申报3900人次、中高级职称申报1500人次。年内，江苏恒立液压股份有限公司高技能人才史欣兵获评全国优秀农民工，江苏佰拓建设有限公司职工高海建获得全国第一届职业技能大赛砌筑工一等奖。

（张连惠）

## 劳动监察与仲裁

**【概况】** 2020年，武进区聚焦“和谐劳动关系区”目标，强化劳动关系矛盾系统治理、依法治理、源头治理，巩固劳动关系和谐稳定态势。落实裁决书网上公开制度，网上公布工伤类和终局类劳动争议案件裁决书52件。完善巡回庭激励机制，出台《关于修改各镇巡回仲裁庭仲裁办案补助发放工作的通知》。提高案件审理透明度，依托湟里镇巡回仲裁庭，组织典型案例庭审公开观摩，以审促学。整合调解组织力量，搭建集劳动仲裁、人民法院和人民调解组织为一体的区级劳动人事争议调解平台，形成“社会调解作用在先、仲裁诉讼保障在后”调解体系。年内，武进区在常州市保障农民工工资支付工作考核中获评A级，湖塘镇科技产业园创成省级和谐劳动关系示范园区，常州市武进广宇花辊机械有限公司、贝亲母婴用品（常州）有限公司等13家企业获评市级“社会责任达标企业”“和谐劳动关系先进企业”“劳动保障诚信（示范）企业”等称号。

**【和谐劳动关系构建】** 2020年，武进区完善构建和谐劳动关系引领体系，推动和谐劳动关系创建。于8月成立区协调劳动关系三方委员会，发挥三方机制相互沟通、平等协商、合作共事优势和作用，围绕劳动关系建立、运行、监督、调处和舆论引导全过程，在维护劳动关系和谐稳定、保障经济社会持续健康发展发挥重要作用。加强企业工资收入分配宏观指导，组织薪酬调查和人工成本监测企业127家，健全企业职工工资正常增长机制。推进集体合同网上审查，扩大集体合同覆盖面，全年审查集体合同2783份。提供法律援助服务，接待群众咨询6000余人。区预防劳动争议协会组织劳动法律法规培训35场次，参训2万人次。

**【劳动者合法权益保障】** 2020年，武进区劳动监察机构主动监察用人单位850个，受理投诉举报案件1359件，退还拖欠、克扣职工工资待遇1853万元。成立根治欠薪工作专班，开展根治欠薪专项行动，为887名农民工讨回劳动报酬842万元。劳动仲裁机构立案受理案件2254件、审结2143件，结案率95.1%。各调解中心受理案件1556件，结案1556件，结案率达100%。牛塘镇、洛阳镇、湟里镇、南夏墅街道市级“劳动人事争议个人调解工作室”挂牌，累计处理案件630件、金额3954.9万元，另处理集体案件15件、涉及劳动者508人、金额1855.8万元。5月，涉及劳动保障、社会保险等行政管理方面的40项行政处罚权全部下沉至相关建制镇和开发区，武进区劳动监察执法4个中队分片派驻至镇（开发区），出台调处协作、分片联系点等制度，推动各镇（开发区）建立“一窗式”接待窗口，执法改革平稳过渡。区人社局全年认定工伤3198件，组织劳动能力鉴定12次，受理工伤等级和护理程度鉴定等3210人次。

（张连惠）

## 居民收支

**【全体居民人均可支配收入增长4.6%】** 2020年，全区全体居民人均可支配收入53412元（含常州经开区，下同），比2019年增长4.6%。城镇居民人均可支配收入63433.7元，增长3.6%。其中，工资性收入42399.3元、经营性净收入7542.4元、财产性净收入5775.9元、转移性净收入7716.1元，分别增长3.0%、1.4%、6.5%、7.1%。农村居

2020年武进区城镇、农村居民家庭每百户年末耐用消费品拥有量情况表

表54

| 指　标 | 单　位 | 数　值 | |
|---|---|---|---|
| | | 城　镇 | 农　村 |
| 人均年末住房面积 | 平方米 | 64 | 84 |
| 家用汽车 | 辆 | 66 | 55 |
| 摩托车 | 辆 | 2 | 23 |
| 助力车 | 台 | 119 | 130 |
| 洗衣机 | 台 | 110 | 105 |
| 电冰箱（柜） | 台 | 108 | 102 |
| 微波炉 | 台 | 95 | 95 |
| 彩色电视机 | 台 | 191 | 193 |
| 空调 | 台 | 249 | 230 |
| 热水器 | 台 | 112 | 113 |
| 洗碗机 | 台 | 1 | 0 |
| 排油烟机 | 台 | 93 | 80 |
| 固定电话 | 台 | 21 | 13 |
| 移动电话 | 线 | 242 | 225 |
| 计算机 | 部 | 76 | 50 |
| 照相机 | 台 | 23 | 12 |
| 中高档乐器 | 台 | 14 | 5 |
| 健身器材 | 台 | 17 | 10 |
| 空气净化器（含新风系统） | 台 | 10 | 2 |
| 吸尘器 | 台 | 26 | 22 |

民人均可支配收入34290.4元，增长6.0%。其中，工资性收入17996.7元、经营性净收入11229.6元、财产性净收入1276.1元、转移性净收入3788.0元，分别增长6.3%、2.4%、8.5%、14.8%。工资性收入增长是推动全体居民人均可支配收入增长的主体。

**【全体居民人均生活消费支出下降0.6%】** 2020年，全区全体居民人均生活消费支出28725.1元,比2019年减少166.0元，下降0.6%。其中，城镇居民人均生活消费支出32453.5元，下降0.7%；农村居民人均生活消费支出21611.7元，下降1.5%。八大类消费支出呈“三增五降”。其中，全区全体居民人均食品烟酒消费支出8510.7元、衣着消费支出1746.6元、居住消费支出6130.4元、生活用品及服务支出1509.5元、交通通信消费支出4726.9元、教育文化娱乐支出3377.3元、医疗保健消费支出2069.6元、其他商品和服务消费支出654.1元，增幅分别为0.8%、−6.9%、6.7%、2.2%、−0.7%、−6.5%、−8.3%、−9.6%。全区全体居民恩格尔系数为29.6%，比2019年上升0.4个百分点。

（袁美霞）

## 社会保险

**【概况】** 2020年，武进区加快构建多层次社会保障体系，完善社会保障制度，提升社会保障水平，扩大社会保障范围，养老、失业、工伤保险参保人数分别达50.57万人、44.2万人、42.5万人（含常州经开区，下同）。医疗保险参保人数达114.5万人。新增社保卡制卡4.09万张，激活6.47万笔，1531名参保人员在“人社微网厅”办理制卡申请服务。

**【社会保障范围扩大】** 2020年，武进区以精准扩面为抓手，持续扩大社保覆盖面，养老、工伤、失业保险分别净增3.21万人、3.24万人、3.24万人，参保人数分别达50.57万人、44.2万人、42.5万人。征缴收入分别达31.24亿元、0.62亿元、1.24亿元，社保基金收支总体平衡。建筑项目工伤保险参保率和困难群体养老保险参保率均达100%。新增基本医疗保险参保人数5.3万人，累计114.5万人，其中职工基本医疗保险66.6万人、城乡居民基本医疗保险47.9万人。职工基本医疗保险基金收入23.24亿元、支出18.58亿元，城乡居民基本医疗保险基金收入7.28亿元、支出7.83亿元，医疗保险基金运行基本平稳。新增生育保险参保人数3.2万人，累计44.18万人；全年征缴生育保险收入1.61亿元，结算31952人次，支出1.45亿元。

（张连惠　蒋艳娟）

**【社会保障制度完善】** 2020年，武进区提速推进企业职工基本养老保险省级统筹，深化机关事业单位养老保险制度改革，核定“退休中人”（2014年10月之前参加工作并退休的机关事业单位人员）待遇，计发补发375人（武进区350人、常州经开区25人），补发金额975.68万元（武进区909.23万元、常州经开区66.45万元），至年末累计归集职业年金14.56亿元。创新推出“现场体验与持续改善式”工伤预防，为25家企业免费提供工伤预防培训。结合市体制调整和区机构改革要求，常州经开区人社职能、医保职能平稳划转。

**【社会保障水平提升】** 2020年，武进区城乡居民社会养老保险基础养老金由270元／人·月提至300元／人·月，城镇老年居民养老补贴由410元／人·月提至440元／人·月，被征地农民第四年龄段人员保养金由850元／人·月提至900元／人·月。区人社局为15.98万名企业退休人员发放养老金37.38亿元，人均月增加工资116.15元，增幅达6%。发放阶段性失业补助金近2400万元，惠及2.1万人次。

**【社会保险监管】** 2020年，武进区加强社会保险监管，创新“人防＋技防”基金监管方式。完成全民参保核查，核查企业140家，实地稽核企业37家。通过基金专项审计、内部控制评估、风险防控检查、监管制度建立等方式，确保基金监管无盲区、不留死角，追回违规领取养老保险待遇41.3万元。

（张连惠）

## 住房保障

【概况】 2020年，武进区加大保障性住房政策扶持力度，解决城镇中低收入家庭住房困难，做好新就业大学生住房保障工作，实现“住有所居、安居乐居”，基本形成以公共租赁住房、经济适用住房、危旧房棚户区改造为主的住房保障体系。落实保障性安居工程建设，新开工棚户区改造项目846套，基本建成3566套。武进城区棚户区改造及安置区项目和南河花园四期项目获得棚户区改造专项债额度9.4亿元。收缴开发项目异地移建款，提供住房保障资金4166.29万元。长沟河西侧启动区地块改造、龚家片区改造等4个项目共获得中央保障性安居工程专项补助资金164万元、省级保障性安居工程建设引导资金49万元。将稳定就业的新就业大学生纳入住房保障范围，博士、硕士、学士分别按照800元／月、600元／月、500元／月的标准获得住房租赁补贴。区房管处全年审核通过新就业大学生156人，为70人发放住房租赁补贴42.1万元。完成老职工住房制度改革补差审批7人次，面积432.33平方米，收缴接轨费12970.3元。配合查询住房制度改革档案40余人次。

【公共租赁住房和经济适用住房管理】 2020年，武进区低收入、中等偏下收入公共租赁住房和经济适用住房申请家庭人均月可支配收入标准分别由2080元调整为2435元（含）以下、3630元调整为3890元（含）以下、3630元调整为3890元（含）以下。享受租赁补贴城镇住房保障家庭409户，有公共租赁住房在保家庭122户（享受租金补贴93户、实物配租29户）。全年发放公共租赁住房租金补贴65.07万元，收取实物配租租金150.37万元。完成经济适用住房定点房源办证41套（湖塘镇晓柳花苑16套、永安花苑25套），累计54套。9月，公共租赁住房核准事项权限从区住房保障中心下放给各镇、街道。

（杨　欣）

【住房公积金管理】 2020年，常州市住房公积金管理中心武进分中心贯彻落实常州市关于应对新冠肺炎疫情助力企业恢复生产要求，做好惠企便民服务，落实受新冠肺炎疫情影响企业可调整住房公积金缴存比例、特别困难企业可申请降低缴存比例或缓缴住房公积金等帮扶政策9条，为120家企业减轻负担约1350万元（含常州经开区，下同）。全年住房公积金新增缴存单位1998家、职工4.55万人，归集37.08亿元，比2019年增长14.84%，提取65.97万笔、27.64亿元，发放住房公积金贷款5336笔、23.54亿元，上缴地方政府廉租住房建设补充资金1.11亿元，累计5.87亿元。至年末，全区有缴存单位1.35万家，缴存人数26.93万人，归集余额93.7亿元，贷款余额97.56亿元。深入推进住房公积金“放管服”改革，实行个人提取、贷款业务常州和武进通办政策，开通住房公积金“跨省通办”业务3项；全程网办单位业务16种和个人业务14种，全区全年网上办理单位业务16.46万笔、个人业务4.82万笔，年末线上签约人数16万人。

（薛　霞）

## 医疗保障

【概况】 2020年，武进区完善医保政策体系，实施城乡居民高血压、糖尿病门诊用药保障新政，确保保障待遇落实。推进精准救助，保障困难群众待遇享受，1.4万名困难群众（含常州经开区，下同）在享受基本医保待遇的基础上同步享受大病保险和医疗救助待遇。优化经办服务，推进医疗保障公共服务专项治理年活动，提升医保公共服务水平。加强医保基金监管，开展源头治理，健全基金监管机制，完成759家医疗机构实地稽核工作。职工基本医疗保险和生育保险在基本政策、待遇标准、基金管理等方面与市级并轨，城乡居民基本医疗保险、大病保险、医疗救助保障纳入市级统筹。多举措支持新冠肺炎疫情防控，累计向新冠肺炎定点救治医院及发热门诊医疗机构预拨医保基金200万元；通过“免、减、缓、服”为企业减负2.42亿元，助力企业复工复产。落实长江流域禁捕退捕渔民医疗保障，1082名退捕渔民全部被纳入医疗保障范围（7人被纳入医疗救助范围），实现退捕渔民应保尽保。10月，常州市医保中心武进分中心成立，负责经办武进区内医保政策、制度落实等经办服务管理。

【医保政策体系完善】 2020年，武进区提高医保待遇，职工基本医疗保险和城乡居民基本医疗保险政策范围内住院医疗费用基金支付比例分别达89.7%和70.58%（含常州经开区，下同），城乡居民基本医疗保险人均财政补助标准由848.2元提高到922.8元。实施城乡居民高血压、糖尿病门诊用药保障新政，惠及9.52万人，支付药品补助1491万元。精准医保救助，加大医保扶贫力度，新增医保救助对象2类，累计11类，大病保险政策范围内报销比例达61.16%，困难居民住院医疗费用个人负担比例在

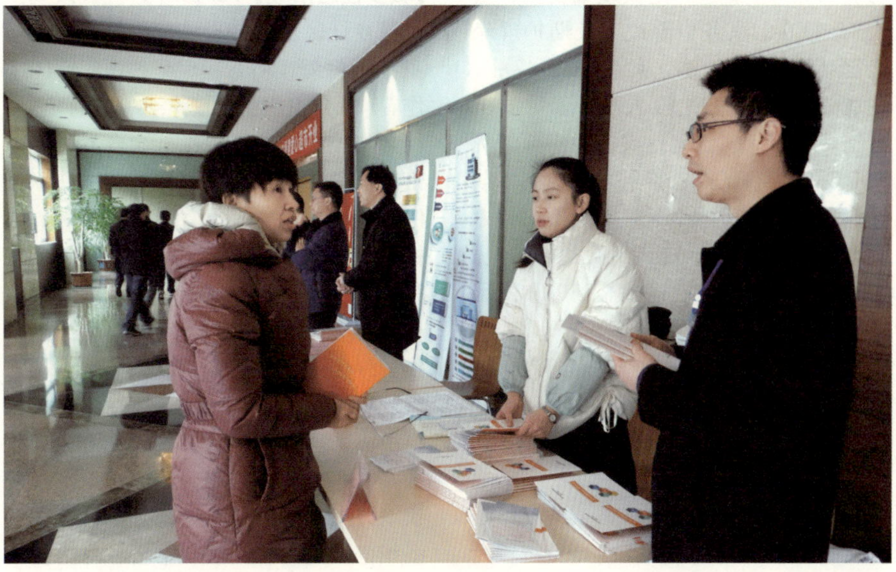

1月2日，武进医保分局开展医保政策宣传活动　（供图／武进医保分局）

10%以内，惠及困难群众1.4万人。优化医保经办，完善网厅、手机App、自助机等平台功能，打造医保服务“常相伴”品牌，提高医保公共服务标准化水平。32项医保经办政务服务事项全部纳入综合柜员制服务，“不见面”办理事项在省统一公共服务平台实现率达100%。全面实现与上海、安徽、浙江的异地就医门诊联网结算，开通传真备案和网上备案模式，全区异地就医门诊直接结算率列全市第一。

**【医保基金监管】** 2020年，武进区有医保定点单位1656个（含常州经开区，下同），其中药店1150个、门诊部402个、医院101个。辖区内有医疗机构273个和定点药店571个。武进医保分局整合监管力量，以开展基金源头治理为契机，通过医保智能审核实现定点医药机构实地稽核和自查自纠全覆盖。年内，实地稽核定点医疗机构和定点零售药店机构759个，暂停3个，取消4个药店医保定点资格。智能审核系统发送事前提醒894.32万次，医务人员遵从率达92.92%，减少潜在不合理支出5.5亿元。

**【医保改革试点】** 2020年，武进区继续推进长期护理保险试点，至年末共受理申请4591人（含常州经开区，下同），完成失能评定4498人次（重度失能3924人），发放待遇金额4741.6万元。首创医养结合模式，为失能保障“到门口、进家庭”提供政策支持，全区15个卫生服务中心成为长期护理保险定点服务机构，建立家庭病床147张，完成家庭建床报销53人次，累计支出报销费用6359.23元，实施按病种付费（DRGs）项目试点，推进总额控制下以按病种付费为主的多元复合医保支付方式改革，按病种付费病组数达675组，入组率达89.4%，医保基金配置和使用效率提升。

（蒋艳娟）

## 民政事务

**【概况】** 2020年，全区民政系统聚焦脱贫攻坚、特殊群体、群众关切，践行“民政为民，民政爱民”工作理念，推动现代民政高质量发展。推进“五个一”救助工程，即针对困难群众“进行一次慰问、购买一份保险、开展一次走访、组织一次体检、落实一项承诺”，实现社会救助精准规范，深化养老改革，全区养老机构床位数增至6754张，全年发放尊老金1778万元。加强基层治理，湖塘镇丰乐社区、西湖街道滆湖社区等5个城乡社区综合服务中心改造提升工程完成。规范社会组织发展，排查社会组织运营情况，开展非法社会组织专项整治。做好社会事务工作，批准地名21条，办理婚姻登记8654件，完成福利彩票销售1.39亿元，免除基本丧葬服务费503万元。

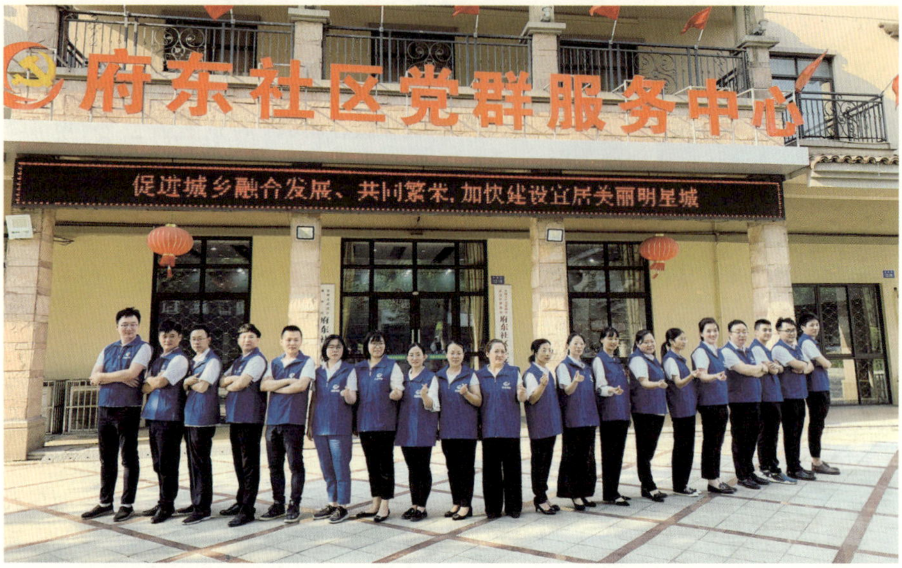

湖塘镇府东社区专职网格员 （摄影/陈炜晴 张 莉）

**【城乡社区治理】** 2020年，区民政局深化城乡社区新冠肺炎疫情防控，指导城乡社区打好“4+N”（“4”：城乡社区工作者、社会组织、志愿者、网格员，“N”：社会防控支援力量包括社会各界爱心人士、热心群众）新冠肺炎疫情联防联控保卫战，发动城乡社区工作者2000余人、社会组织270余个、志愿者6000余人和1024个村（社区）基础网格的网格员5000余人投入新冠肺炎疫情防控工作。深化城乡社区基层群众自治，收集、整理镇（街道）“2019年基层群众自治组织协助政府工作协议书”234份和“政社互动双向评估考核表”11份，实现协议签订率、双向考核率100%。配合区委组织部推进村级党组织书记、村委会主任“一肩挑”工作，起草《关于构建武进区社区专职工作者职业体系的指导意见》，落实“三岗十八级”薪酬管理制度。全年新增持证社工56人，累计899人，发放持证社工职业资格补贴90.21万元。年内，湖塘镇丰乐社区、西湖街道滆湖社区、湟里镇伍巷村、礼嘉镇华渡村、前黄镇前黄村5个城乡社区综合服务中心改造提升完成。

**【社会组织监管和服务】** 2020年，区民政局围绕提升社会组织参与公益慈善项目能力，创新公益创投活动模式，联合区慈善总会开展“C United”社会组织公益慈善项目活动，组织公益需求、项目申报，首次将公益项目纳入竞争性磋商竞标，提高公益项目透明度。加大扶持社会组织力度，搭建向区社会组织购买服务平台，发布购买社会组织项目及金额，为社会组织承接政府职能转移提供信息渠道。区财政扶持公益慈善项目24个，投入资金82.5万元。落实社会组织监管，试行社会组织登记约谈机制，约谈区教育局、残联、总工会等拟成立社会组织的业务主管单位及其负责人，宣传社会组织政策、权利和义务及法律、法规相关要求，推进社会组织健康发展。至年末，武进区有社会组织2161个，每万人拥有社会组织12.6个。

**【最低生活保障与救助】** 从2020年7月1日起，武进区城乡居民最低生活保障标准由每人每月850元提高至900元。区民政部门全年发放最低生活保障金1222

万元，惠及低保家庭1279户、1654人（城镇居民281人、农村居民1373人）。同步提高特困人员、孤儿等生活困难人员保障标准。新增慈善资金7822万元，发放慈善救助金5000余万元，惠及困难群众2万人次。发放孤儿保障金59万元，农村“五保”（保吃、保穿、保医、保住、保葬）供养经费463.89万元，城市“三无”（无劳动能力、无收入来源、无法定赡养人）老人保障金38.2万元；发放两项补贴（困难残疾人生活补贴和重度残疾人护理补贴）8656万元，惠及残疾人1.3万人。

**【婚姻登记与收养登记】** 2020年，区民政部门办理结婚登记4897件、离婚登记2665件，补办结婚登记970件、离婚登记122件，婚姻登记合格率100%。武进区儿童福利院为符合条件的24户家庭办理收养登记。

**【地名管理】** 2020年，区民政局批准地名21条。其中，新命名居民区17条、建筑物1条、道路3条。出具《地名命名勘察意见书》21份，推进全国第二次地名普查成果转化，完成雪堰镇政府驻地迁移申报工作。

表55

2020年武进区新命名地名情况表

| 类别 | 新命名地名 | 所属镇（街道） | 地址 |
|---|---|---|---|
| 居民区 | 桃李花园 | 武进高新区北区 | 位于新城域社区地域内，东至夏城北路，西至夏城西巷，南至定安中路，北至古方路 |
| | 明昱玖园 | 洛阳镇 | 位于洛东村委地域内，东至周家头浜，西至珠光路，南至许家河，北至公园路 |
| | 翰都花园 | 南夏墅街道 | 位于南塘社区地域内，东至凤林南路，西至桐庄村委下年村民小组，南至镜湖西路，北至南塘路 |
| | 湖墅湾花园 | 南夏墅街道 | 位于戴家头村委地域内，东至龙江南路，西至武宜运河，南至阳湖西路，北至戴家浜 |
| | 紫竹悦庭 | 南夏墅街道 | 位于桐庄村委地域内，东至南淳家园，西至新仪路，南至南塘路，北至南苑西河 |
| | 湖悦朗隽花园 | 西湖街道 | 位于西湖街道地域内，东至丰泽路，西至孟津河以东，南至锦华路，北至武进经发区市场养护基地 |
| | 九熙台苑 | 湖塘镇 | 位于晓柳社区地域内，东至小留新村，西至凤林北路，南至晓柳一村，北至延政中大道 |
| | 美邸华庭 | 湖塘镇 | 位于东方社区地域内，东至花园公寓、花东街，西至花园街，南至人民中路以北、花东五村，北至大通东路 |
| | 观棠花园 | 湖塘镇 | 位于采菱社区地域内，东至青洋路，西至马东河，南至采菱家园一期，北至广电东路 |
| | 悦翠九隽 | 湖塘镇 | 位于北庙桥社区地域内，东至武宜中路，西至长沟河，南至春秋路，北至滆湖中路 |
| | 盛德家园 | 前黄镇 | 位于丁舍村委地域内，东至前奋路（暂定），西至凤栖路（规划），南至丁舍村塘田里村民小组，北至前灵路 |
| | 樾华名苑 | 牛塘镇 | 位于卢西村地域内，东至牛溪路，西至漕溪路以东，南至大寨河，北至延政大道 |
| | 梁颂雅苑 | 前黄镇 | 位于红旗村委、丁舍村委地域内，东至新府东街（暂定），西至红旗村隔河王家村民小组，南至前灵路以北，北至前黄浜 |
| | 翰美豪园 | 南夏墅街道 | 位于学府家苑社区地域内，东至湖塘河，西至站东路，南至武南中路，北至BRT武进客运站、武进区机关幼儿园高新区分园、武进区学府小学 |
| | 南惠雅园 | 南夏墅街道 | 位于学府东苑社区地域内，东至九华村委宋家村民小组、前杨村民小组，西至夏城中路、中国石油天然气股份有限公司江苏常州武南加油站，南至武南东路，北至九华村委宋家村民小组 |
| | 鑫康雅居 | 西湖街道 | 位于鑫河社区地域内，东至锦润路，西至腾龙路，南至长汀路，北至长塘河 |
| | 荣瑞誉园 | 南夏墅街道 | 位于南夏墅社区，东至南夏墅村委后街组耕地、漕沟组耕地，西至新知路，南至龙帆路，北至武进西大道 |
| 建筑物 | 悦邻汇广场 | 南夏墅街道 | 位于桐庄村委地域内，东至新仪路，西至桐庄河，南至南塘路，北至南苑西河以南200米范围内所建多功能大型建筑群 |
| 道路 | 道南路 | 雪堰镇 | 位于太湖湾旅游度假区区域内，东起南山村张山下村民小组，经共建村安山头村民小组，西至嬉戏路，全长3000米 |
| | 荣泽巷 | 湖塘镇 | 位于府东社区地域内，东至常武中路，西至新城公馆四期东门，全长200米 |
| | 府瑞巷 | 湖塘镇 | 位于府东社区地域内，南至府东路，经常州宴记餐饮有限公司，北至新城公馆四期南门，全长200米 |

【福利彩票管理】 2020年，武进区新增福利彩票电脑销售站点9个、累计152个。完成福利彩票销售1.39亿元，其中电脑票1.1亿元、即开票1709万元、中福在线1168万元。

【殡葬管理】 2020年，武进区有殡仪馆2个、骨灰寄存堂157个。全年火化遗体9968具，其中横林殡仪馆火化6390具、武南殡仪馆火化3578具，火化率100%。区民政部门按照《常州市殡葬基本服务项目费用免除办法》，对城乡低保对象等4305名死者免除基本丧葬服务费503万元。

（缪 苗）

## 退役军人事务

【概况】 2020年，武进区推进区、镇（街道）、村（社区）三级基层退役军人服务保障体系建设，促进退役军人移交安置、就业创业、优抚褒扬、双拥共建、权益维护等政策有效落实。区退役军人事务局实施军队转业干部竞争性选拔安置改革试点和“戎装兴村”工程，促进安置规范化、科学化。成立退役军人就业创业协会，强化就业创业引导，举办武进区首届退役军人创业创新大赛，打造“戎创武进”就业创业服务品牌，得到退役军人事务部部长批示肯定。加强双拥优抚，调整困难退役军人补助标准，拓展拥军优抚范围，创建全国示范型退役军人服务站，通过引导商铺加入“常军优服”品牌给予退役军人购买特权或折扣。开展矛盾化解攻坚月活动，全年接收接待退役人员信访咨询400余人次，出具信访答复意见29件，信访办结率达100%。年内，区退役军人事务局获评全省退役军人工作模范单位。

【全国示范型退役军人服务中心（站）创建】 2020年，区退役军人事务局按照“特色鲜明、功能完善、退役军人满意的全国示范型退役军人服务中心（站）”创建标准，于4月印发《关于做好全国乡镇（街道）示范型退役军人服务站创建工作的通知》，组织召开专项任务部署会、座谈会，采取实地参观、对标先进、专项推进等方式，指导推动基层退役军人服务站点创建工作，夯实退役军人服务保障体系，提升提供信息登记、就业创业指导、困难帮扶等“一站式服务”能力。12月，武进区退役军人服务中心和湖塘镇、南夏墅街道、嘉泽镇、洛阳镇、牛塘镇、前黄镇、礼嘉镇、西湖街道、武进高新区北区9个镇（街道）退役军人服务站在全国示范型退役军人服务站创建中达标。

【退役军人就业创业帮扶】 2020年，区退役军人事务部门按照《关于积极开发专门岗位确保下岗失业转业志愿兵（士官）就业工作的通知》要求，加强再就业工作指导、协调、推进和督查，帮扶下岗、失业转业志愿兵（士官）就业上岗54人。组织开展军转干部岗前培训，选派军转干部26人参加高校专项培训。举办退役军人、随军家属和退役士兵招聘会2场，联系93家企业提供定向就业岗位，现场签订就业协议意向162份。启动部分退役士兵社会保险接续工作，完成信息审核。组织退役士兵参加短期职业技能培训，提升退役士兵就业创业技能。2020年度，武进区退役士兵培训率、就业率均达100%。

【武进区首届退役军人创业创新大赛】 3月，“江南农村商业银行杯”2020年武进区退役军人创业创新大赛启动，吸引20余家企业报名参赛。该大赛由区退役军人事务局、区人社局联合主办，以“展退役军人风采，立创业创新潮头”为主题，展现退役军人创业创新成果，推进退役军人创业创新实践。经过预赛、初赛、专家评审等环节，常州磐宇仪器有限公司、江苏锐天医疗科技有限公司等企业的12个项目入围决赛。最终，常州磐宇仪器有限公司“色质谱用全自动样品分析前处理设备”项目获得大赛冠军，并获得“戎耀今生”首届江苏省退役军人创业创新大赛三等奖。

【“戎装兴村”工程实施】 2020年，区退役军人事务局联合区委组织部出台《关于实施“戎装兴村”工程推进退役士兵到村（社区）工作的实施办法》，明确相关待遇保障，积极为退役军人搭建创业致富平台、助力发展平台、为民服务平台、和谐稳定平台和文明实践平台，提升退役士兵安置质量。经过前期自愿报名，有符合政府安排工作条件的退役士兵7人通过资格审查。10月20日，区委组织部、区退役军人事务局共同组织面谈评估选拔，将排名前四名转业士官安排到镇（街道）任村（社区）专职化干部，促进优秀退役士兵充实到基层，助力乡村振兴发展。

【退役军人优抚褒扬】 2020年，武进区拓展拥军优抚范围，为1642名优抚对象办理优抚市民卡，实现公交、地铁免费乘坐；在400余家商铺、休闲场所授挂“常军优服”品牌标识，使退役军人享受优先购买特权或特有折扣；调高抚恤补助标准，发放家属优待金2200余万元，惠及优抚对象3408人；开展“清明祭英烈”活动，全方位提供线上祭扫服务和军烈属代祭扫服务85次，代为祭扫烈士188人，武进烈士陵园接待祭扫人员500余批次2万人次。组织开展党政军新春座谈会、节日走访慰问活动，累计发放节日慰问金99.14万元，协调办理15名军人子女优先入学，支持45万元实施区人武部、军分区干休所和武警常州支队武进中队营区内部设施改造，为驻地部队办理实事好事5项。年内，授予管仲建、周振峰、钮建明、吴汉忠、严永青等12人“武进最美退役军人”称号，向孟庆富、承金林、夏炳坤、蒋富正等抗美援朝志愿军老战士和老同志166人颁发“中国人民志愿军抗美援朝出国作战70周年”纪念章。

（杨永强）

## 民族与宗教事务

【概况】 2020年，区民宗局贯彻落实中共民族政策和宗教工作基本方针，开展民族团结进步创建活动，推进宗教场所安全专项整治，促进民族宗教领域团结和睦、平安稳定。武进区有户籍登记的少数民族族别36个，常住少数民族人口3400多人，外来流动少数民族人口1.6万人。有回民聚居村1个（雪堰镇城西回民村）、回民聚居组1个（雪堰镇夏墅村后承村组）。有清真餐饮店100多个，清真食品基本供应点1个（雪堰镇城西回民村伊清阁清真餐馆）。有武进区佛教协会、道教协会、天主教爱国会、基督教三自爱国运动委员会爱国宗教团体4个；有依法登记的宗教活动场所41个，其中佛教25个、道教5个、基督教11个；有经过资格认定的宗教教职人员82人，其中佛教45人、道教20人、基督教17人。有省五星宗教场所1个、四星宗教场所5个、三星宗教场所7个；省三星档案宗教场所16个。

**【少数民族发展服务】** 2020年，区民宗局贯彻落实省、市《关于全面深入持久开展民族团结进步创建工作、铸牢中华民族共同体意识的意见》，制定相关工作清单，推进民族团结进步创建工作。成功申报雪堰镇城西回民村收购农庄物业和夏墅村回民村组主干道道路硬化工程少数民族发展资金项目2个，获得中央和省少数民族发展资金200万元。争取上级少数民族困难家庭脱贫奔小康光彩基金2.9万元，资助少数民族低保户家庭4户；与区教育部门协调解决少数民族流动人口子女入学37人。贯彻执行《关于对回族等十个少数民族居民发放清真食品补贴的实施意见》，全年发放资金总额11.5万元，受益639人。做好清真餐饮店清真标志牌审批发放工作，为清真餐饮店从业人员免费出具体检材料56份。年内，雪堰镇城西回民村入选江苏省第二批次特色田园乡村，村党总支书记吴卫丰获评全省民族团结进步模范个人；湖塘镇府东社区创成江苏省首批民族工作“红石榴家园”。

**【宗教领域平安创建】** 2020年，武进区调整民族宗教工作领导小组，将民族宗教工作纳入镇、街道绩效考核，压实属地管理责任。全区宗教团体和宗教活动场所签订《武进区宗教领域意识形态安全承诺书》，规范佛教和道教讲经说法、基督教义工传道等行为。区基督教三自爱国运动委员会、天主教爱国会和道教协会完成换届，充实团体领导班子。区民宗局加强宗教场所新冠肺炎疫情防控，平稳完成场所“双暂停”（暂停对外开放、暂停集体宗教活动）。引导宗教团体和宗教活动场所发挥优势服务社会，劝导信众积极理性应对疫情，主动参与志愿服务，充实基层防疫力量，宗教界全年募捐总额达37万元。开展宗教活动场所安全专项整治，投入38.5万元，引入第三方专业机构，排查出消防、建筑安全隐患516处，宗教活动场所年内全部整改完成。围绕宗教活动场所安全生产、民族宗教意识形态领域工作、国家安全、社会稳定、民族团结进步、网络安全六大类18项具体内容，指导各镇（街道）和开发区、宗教团体、宗教活动场所开展“大排查、大整治、大提升”专项行动。

（王友天）

## 老龄事务

**【概况】** 全区60周岁及以上户籍老年人口为25.07万人，占户籍总人口的25.38%，其中70～79周岁老年人口8.3万人、80周岁及以上老年人口3.5万人。2020年，围绕国家《“十三五”健康老龄化规划》目标要求，武进区积极应对人口老龄化，探索建立老年健康服务体系，增强老年人获得感和幸福感。逐步建立健全以居家为基础、社区为依托、机构为补充、医养融合发展的社会养老服务体系，推进公办敬老院公建民营4个，新增民办养老机构6个。建成区级智慧养老信息服务中心1个，镇（街道）、开发区综合性居家养老服务中心11个，村（社区）居家养老服务站20个。养老床位总数达6754张（由社会力量举办或经营5817张），其中护理型床位4461张，占养老机构床位比例达66%。整合医疗和养老服务资源，发展医养结合机构，提升医养结合服务质量，新增医养结合机构1个，累计8个。全年发放尊老金1778万元；为老年人解决经济纠纷、赡养矛盾等权益保障问题240余件，为老年人挽回经济损失317.3万元。年内，杨秀秀获评2020年全国敬老爱老助老模范人物，钱维力、邵秀丽获评江苏省第三届“百佳孝星”，杨莹淀、姜步青获评常州市2020年“十佳老年道德模范”，匡学培、甘霞萍获评常州市第五届幸福金婚夫妻。

**【老年人健康服务】** 2020年，武进区构建老年人健康服务体系。优化老年人健康服务，建设老年医学科，在武进人民医院率先设置老年病科，加强探索安宁疗护服务试点工作，明确武进中医医院作为试点机构，制定3年实施方案，组织医护人员参加市级安宁疗护业务培训。加强老年人健康管理，开展老年人慢病综合防治，全区65周岁及以上老年人健康体检10.31人、健康管理率76.77%，家庭医生签约13.06万人，签约率97%，共开设家庭病床228张。

**【老年人优待福利】** 2020年10月全国敬老月期间，武进区以“弘扬养老孝老敬老传统，共建共享老年友好社会”为主题，组织开展歌舞、书法、绘画、门球等文化体育艺术活动20余场次，健康义诊、发放重阳糕、照料护理、捐助等公益献爱心活动50余次，举办健康知识讲座、孝老爱亲宣讲等主题活动20余场

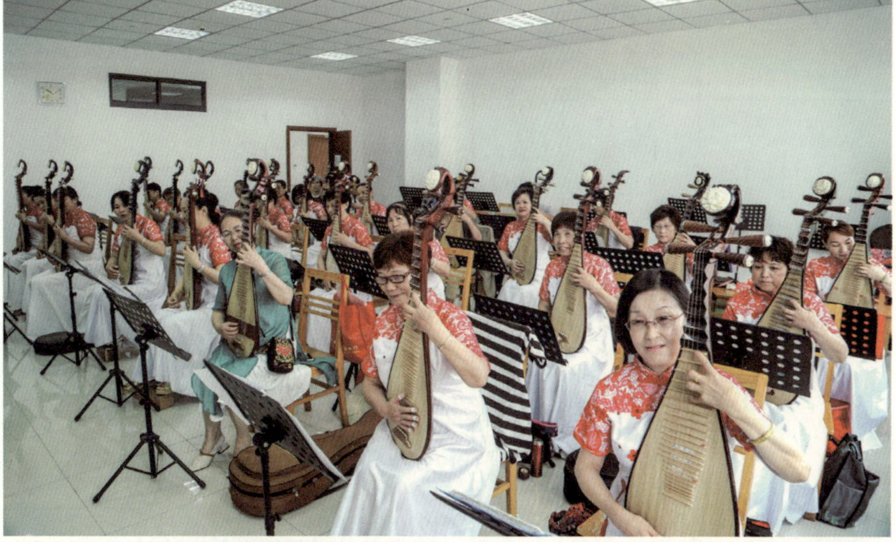

老年人在武进老年大学学习乐器　（供图／区融媒体中心）

表 56

## 2020 年武进区医养结合机构情况表

| 机构名称 | 机构人员总数（人） | 医疗服务人员数（人） | 养老服务人员数（人） | 机构床位总数（张） | 医疗床位总数（张） | 养老床位总数（张） | 是否开办护理院 | 是否内设医务室或有医疗机构支持 | 是否支持医保结算 |
| --- | --- | --- | --- | --- | --- | --- | --- | --- | --- |
| 常州金东方护理院 | 190 | 67 | 99 | 500 | 150 | 350 | 是 | 否 | 是 |
| 武进区夕阳红康乐中心 | 89 | 42 | 47 | 420 | 128 | 292 | 是 | 否 | 是 |
| 牛塘净慧颐养中心 | 45 | 23 | 13 | 355 | 99 | 256 | 是 | 否 | 是 |
| 武进康惠护理院 | 36 | 25 | 11 | 300 | 72 | 228 | 是 | 否 | 是 |
| 常州市武进区玖玖江南护养中心 | 42 | 5 | 22 | 230 | 0 | 230 | 否 | 是 | 是 |
| 武进区福星老年护养中心 | 110 | 95 | 15 | 206 | 120 | 86 | 否 | 是 | 是 |
| 常州鼎武中西医结合医院 | 51 | 36 | 56 | 153 | 53 | 100 | 否 | 是 | 是 |
| 武进康福老年公寓 | 15 | 3 | 8 | 110 | 0 | 110 | 否 | 是 | 是 |

表 57

## 2020 年武进区百岁老人情况表

| 所在地 | 姓名 | 性别 | 出生日期 |
| --- | --- | --- | --- |
| 雪堰镇 | 陆凤金 | 女 | 1915 年 12 月 25 日 |
| | 陈菊娣 | 女 | 1916 年 10 月 10 日 |
| | 李赛松 | 男 | 1917 年 7 月 26 日 |
| | 李春先 | 女 | 1918 年 8 月 31 日 |
| | 朱榴珍 | 女 | 1919 年 7 月 5 日 |
| | 陆玉秀 | 女 | 1919 年 8 月 25 日 |
| | 陈彦铨 | 男 | 1920 年 1 月 3 日 |
| | 张炳惠 | 男 | 1920 年 11 月 30 日 |
| 礼嘉镇 | 汤炳耀 | 男 | 1913 年 11 月 5 日 |
| | 蒋新宝 | 女 | 1918 年 10 月 3 日 |
| | 王秋玉 | 女 | 1919 年 7 月 5 日 |
| | 王全娣 | 女 | 1919 年 10 月 5 日 |
| | 徐永达 | 男 | 1919 年 11 月 12 日 |
| | 王珍秀 | 女 | 1920 年 1 月 14 日 |
| | 屠林大 | 女 | 1920 年 6 月 22 日 |
| | 施巧仙 | 女 | 1920 年 8 月 10 日 |
| | 史凤妹 | 女 | 1920 年 11 月 25 日 |
| 前黄镇 | 朱凤大 | 女 | 1918 年 6 月 3 日 |
| | 曹大龙 | 男 | 1919 年 1 月 1 日 |
| | 石菊娣 | 女 | 1919 年 9 月 21 日 |
| | 徐全娣 | 女 | 1920 年 11 月 6 日 |
| | 邵生凤 | 女 | 1920 年 11 月 19 日 |
| 湖塘镇 | 管杏英 | 女 | 1915 年 2 月 20 日 |
| | 卞秀凤 | 女 | 1916 年 5 月 26 日 |
| | 张全妹 | 女 | 1917 年 10 月 18 日 |
| | 许杏大 | 女 | 1917 年 11 月 16 日 |
| | 何福珍 | 女 | 1919 年 11 月 1 日 |
| | 庄根洪 | 男 | 1919 年 12 月 5 日 |
| | 高正海 | 男 | 1920 年 2 月 24 日 |
| | 岳全妹 | 女 | 1920 年 5 月 5 日 |
| | 刘玉凤 | 女 | 1920 年 5 月 16 日 |
| | 秦兴大 | 男 | 1920 年 6 月 6 日 |
| | 陈和秀 | 女 | 1920 年 6 月 10 日 |
| | 徐全生 | 男 | 1920 年 7 月 9 日 |
| | 钮　心 | 男 | 1920 年 10 月 13 日 |
| 湖塘镇 | 李桂兰 | 女 | 1920 年 10 月 18 日 |
| | 钱腊凤 | 女 | 1920 年 12 月 14 日 |
| 牛塘镇 | 许留秀 | 女 | 1917 年 2 月 6 日 |
| | 袁素琴 | 女 | 1919 年 7 月 7 日 |
| | 窦锡山 | 男 | 1919 年 9 月 26 日 |
| | 冯春根 | 男 | 1919 年 12 月 23 日 |
| | 戴小妹 | 女 | 1920 年 10 月 18 日 |
| 嘉泽镇 | 王产娣 | 女 | 1915 年 8 月 13 日 |
| | 沈小凤 | 女 | 1918 年 12 月 22 日 |
| | 薛玉英 | 女 | 1919 年 7 月 20 日 |
| | 蔡荣达 | 男 | 1919 年 10 月 13 日 |
| | 钱珍娣 | 女 | 1919 年 12 月 13 日 |
| 洛阳镇 | 沈桂英 | 女 | 1915 年 12 月 5 日 |
| | 徐阿梅 | 女 | 1917 年 2 月 3 日 |
| | 虞祥鳞 | 男 | 1919 年 2 月 10 日 |
| | 秦杏妹 | 女 | 1919 年 8 月 10 日 |
| | 沈三大 | 男 | 1920 年 2 月 3 日 |
| 湟里镇 | 王庚娣 | 女 | 1916 年 2 月 8 日 |
| | 马所海 | 男 | 1918 年 9 月 6 日 |
| | 房玉勤 | 女 | 1919 年 7 月 15 日 |
| | 蒋小昌 | 男 | 1919 年 11 月 26 日 |
| | 赵瑞华 | 女 | 1920 年 3 月 26 日 |
| | 葛阿华 | 女 | 1920 年 6 月 9 日 |
| | 赵正大 | 女 | 1920 年 10 月 26 日 |
| 南夏墅街道 | 陆珍宝 | 女 | 1917 年 1 月 28 日 |
| | 黄云娣 | 女 | 1918 年 1 月 27 日 |
| | 陈志学 | 男 | 1919 年 4 月 3 日 |
| | 严兴元 | 男 | 1919 年 7 月 9 日 |
| | 瞿杏娣 | 女 | 1920 年 3 月 9 日 |
| | 潘杏林 | 男 | 1920 年 6 月 11 日 |
| | 曹和娣 | 女 | 1920 年 9 月 2 日 |
| 西湖街道 | 陈菊大 | 女 | 1918 年 8 月 19 日 |
| | 徐桂英 | 女 | 1918 年 8 月 30 日 |
| | 张兴娣 | 女 | 1919 年 1 月 20 日 |
| 武进高新区北区 | 华　询 | 女 | 1917 年 10 月 7 日 |

统计时间：截至 2020 年 10 月

次。组织慰问老人50326人，发放慰问品、慰问金合计891万元。年内，区老龄办落实老年人医疗服务优待政策，在医疗机构开通老年人就诊绿色通道，在挂号、收费等窗口明显位置设置“老年人优先”标志。联合中国人寿武进支公司，做好老年人意外伤害保险，共投保保额1500余万元，理赔900万元。

**【老年人心理关爱】** 2020年，区老龄办按照心理健康分类标准，评估老年人心理关爱项目样本点——湖塘镇花园社区的调查问卷793份，心理干预老人20人，电话回访调查126人，为心理健康状况较差的老人提供上门关爱服务。湖塘镇花园社区于6月24日成立全区首个社区心理关爱服务站，持续为社区老年人提供心理健康服务。12月16日，武进区第二批老年人心理关爱项目启动，新增牛塘镇牛塘一社区、西湖街道湖滨社区、武进高新区北区新城域社区、南夏墅街道南塘社区以及礼嘉镇何墅村5个样本点，为3200名老年人提供心理关爱服务。

（白　洋）

**【区智慧养老信息服务中心建成】** 2020年5月，武进区智慧养老信息服务中心建成。该中心位于区三老中心，通过政府购买服务项目，由中标服务商投资建设，包含智慧养老信息平台、指挥调度中心、培训办公、适老化产品展示以及健康护理等功能区域，形成“中心＋平台”服务体系、“监管＋运营”分离设计、“互联网＋养老”服务新模式，服务范围覆盖9个镇（街道），涉及服务对象2.3万人，为老年人提供助行、助餐等居家养老服务。该中心以“大平台、大数据、大服务”为目标，分别面向政府、养老服务企业、老人及家属3个层面，以区级养老服务指导中心为基本载体、镇级养老服务中心为支撑、站点网络服务为依托，与线下服务相融合，提供专业化、一站式养老服务，形成养老基本数据、养老服务及监管数据、养老资金保障数据、医养融合健康数据的养老服务大数据，确保全方位、全过程监管养老服务。

（缪　苗）

## 慈善事业

**【概况】** 2020年，区慈善总会以项目化推进、社会化运作为基本思路，推进慈善事业健康发展。稳固慈善资源，新增慈善资金6255万元，全区慈善资金总收入7821.96万元（含常州经开区，下同），发挥慈善优势，服务精准扶贫，直接下拨救助资金、社会公益事业补助资金5004.9万元，救助困难群众超14万人次。实施慈善救助项目，将慈善助困、慈善助学、慈善助医等传统救助与实施创新救助项目相结合，取得良好社会效应。助力抗击新冠肺炎疫情，动员社会爱心企业和个人依法有序支持疫情防控工作。年内，区慈善总会获评2019年度“武进区十佳公益社会团体”。

**【慈善资金募集】** 2020年，武进区依法规范慈善募捐，稳固慈善资源，推动慈善事业持续健康发展。4月，制定《武进区慈善总会公益慈善捐助信息公开管理制度》，增强慈善捐助信息透明度，提高公益慈善组织社会公信力，引导公益慈善资源有效使用。9月5日，全区212个单位参加“慈善一日捐”，共募集到善款629.21万元（含常州经开区，下同），比2019年增加4.93%。年内，全区新增慈善资金6255万元，收回企业认捐资金1666.5万元。各慈善分会认捐收缴393.75万元。至年末，全区慈善资金总量达13.75亿元，结余资金5.96亿元。

**【慈善救助】** 2020年，武进区慈善总会和各慈善分会围绕精准扶贫、精准脱贫，公平公正，科学施救。开展慈善助困，为6796户困难家庭发放救助金1021.31万元（含常州经开区，下同）。开展慈善助学，为218名学生支出慈善资金60.55万元。开展慈善助老，为52名“三老”（老地下工作者、小乡干部、地下党员）人员发放7.8万元，为346名“五保”（保吃、保穿、保医、保住、保葬）老人发放救助金34.6万元。开展慈善助医，于4月1日实施新的尿毒症病人血液透析费用慈善补助标准，发放慈善补助332.23万元，惠及困难患者7.1万人次；发放临时救助122.3万元。全年共为4694人支出医疗救助金1808.65万元。开展慈善助残，为一户多残、依老养残的困难家庭拨款30万元。开展慈善助孤，为15名散居孤儿发放救助金7.5万元。开展慈善专项救助，向树人教育发展基金会拨款8万元，为“六一”慰问2所幼儿园拨款6万元，为先天性心脏病儿童拨付手术费2.3万元，为抗癌协会癌症患者拨款康复资金18万元。

**【慈善项目实施】** 2020年，区慈善总会扶持“无障碍改造及康复辅具适配”“立体帮扶重残群众”“慈善爱老文艺行”“爱相伴、共成长”4个社会组织公益慈善项目，分别拨付慈善金26.25万元、16.8万元、15万元和3万元。实施老年人意外伤害保险及小额人身保险补贴，共计保费补贴289.51万元（含常州经开区，下同），救助12.35万人次。投入扶持资金28.7万元，实施“有情无碍、情暖重残”项目，至年末完成62户重残家庭无障碍设施及辅具配置。开展慈善文化进校园，出资110万元为21所公办小学设立新教育阅读站。拨付区退役军人事务局25万元慈善资金，用于关爱帮扶退役军人，加强退役军人服务保障。对接扶贫工作，向陕西省安康市汉滨区和平利县拨付扶持金100万元。

**【慈善抗疫】** 2020年，武进区将慈善工作重点从以济困为主转向扶贫和济困救助并重，举办慈善抗疫活动，助力抗击新冠肺炎疫情，区慈善总会与区文联、武进日报社主办“疫”起扛慈善拍卖活动，共筹得善款13.58万元。中天钢铁集团有限公司发动员工募集爱心款32.4万元。常州强力电子新材料股份有限公司定向向武汉金银潭医院捐款4.9万元。区慈善总会共收到爱心人士、爱心企业抗疫善款120.04万元（含常州经开区，下同）。发挥慈善组织作用，一次性补助困难群众17.04万元，向抗疫一线工作人员发放慰问金468.9万元，向各卡口工作人员及医务人员发放慰问物资价值3.2万元，向陕西省安康市平利县提供防疫捐款10万元，为打赢疫情防控阻击战贡献慈善力量。

（赵　晶）

# 应急管理

## Emergency Management

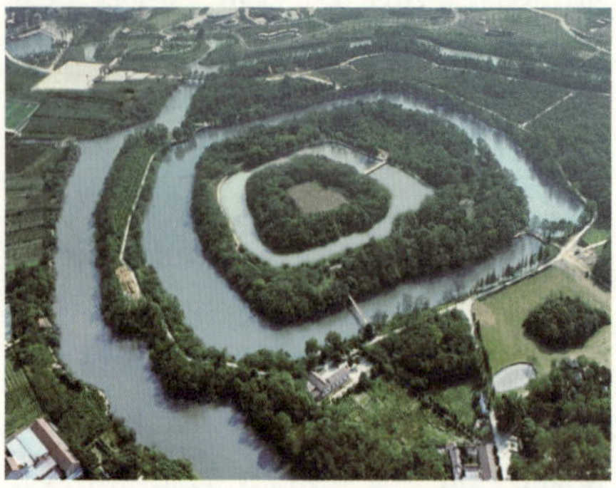

栏目编辑　张新辉

### 防灾减灾

**【防汛抗洪防台风】** 2020年，武进区落实"安全第一、常备不懈、以防为主、全力抢险"防汛工作方针，加强工作领导，成立镇（街道）、开发区防汛抗旱工作领导小组16个，区防汛防旱指挥部（简称"区防指"）有成员单位25个。调整落实区内阳湖大圩、马鞍大圩、四大连圩、东安连圩、良种场圩和武进城区6个超5000亩圩区承包部门。健全预案体系，区政府于4月底出台全区防汛防旱应急、突发性强降雨、防台风应急预案，各防汛责任单位均制定（修订）防汛、防台、抗旱及在建重点水利工程、重点防汛区域应急预案。区水利局按照水工程抢险、水情预测、防洪调度、水工程安全监测四类建立水旱灾害防御专家库。完成区防洪节点工程调度方案报市防汛指挥部审批备案、区中心城区防御超标准洪水应急预案编制及评审，全区镇级防洪工程调度方案编制完成并通过专家评审。全区无明显旱情及台风影响灾情，汛期未发生长时间、大面积积水情况，未出现人身伤亡事故和较大财产损失。

武进区汛期降水量较常年偏多近5成，梅雨量为常年的2.98倍。5—9月，全区面平均雨量1038.2毫米，为常年同期数值的1.44倍，降水空间分布不均，总体南部多于北部。汛期降水日数93天，较常年（57天）偏多。汛期受台风外围影响较小。全区6月10日入梅，较常年（6月18日）偏早，7月22日出梅，较常年（7月10日）偏晚，梅雨期42天，较常年（22天）偏长20天。梅雨期间，全区经历区域性暴雨过程7次，长江流域、太湖流域发生流域性大洪水，太湖水位48天超警戒水位，连续9天超保证水位，全区河湖水位普遍持续超警戒水位。区防指加强统筹，科学调度，确保河湖塘坝安全度汛，保障人民群众生命财产安全。

**【防汛抢险】** 汛前，全区共存储袋类69.08万个、桩木76.17立方米、毛竹2800支、铁丝2815千克、元钉580千克；成立防汛抢险队197支4670人，区级工程抢险施工、排涝抢险、运输、物资储备等队伍11支250人，配备大型抢险救援设备92台套；查出并整改险工隐患20处，并制定有效应急措施。汛期，区防指于7月6日11时启动全区防汛四级应急响应，7月13日14时提升至三级应急响应，7月16日17时提升至二级应急响应。主汛期，区防指开展太湖、滆湖沿线局部低洼地段分析预判，划定超警戒和超保证水位时易淹受涝区域，组织加固加高挡水子堰，前置抢险队伍和物资。各镇开展对太湖、滆湖、超警河道、重点圩区的不间断巡堤查险，共派出136组6408人次，巡查各类堤防6434.7千米，迅速处置苗头性问题。区水利局及时传递各级防汛指示指令，加强与气象、水文部门沟通，发布雨、情水情信息；第一时间派出专家组到重点部位指导防汛应急工作；加强巡查城区主要道路、泵站，逐个疏通、清理各路段积水点；科学调度工程排涝防洪，组织城区防洪节点工程开机排涝，3次向省、市防指申请开启雅浦港和武进港泄洪，太湖口门开闸泄洪1.12亿立方米。梅雨期7次强降雨未造成全区长时间、

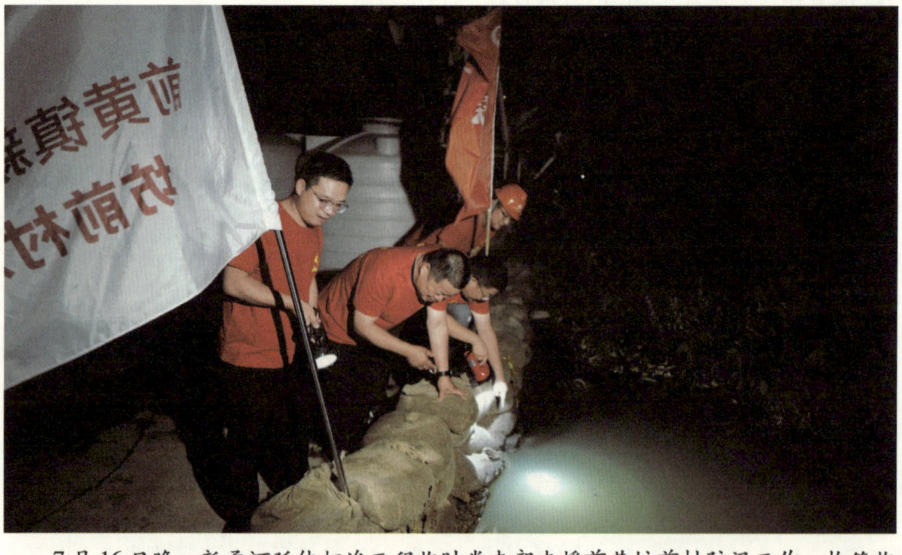


7月16日晚，新孟河延伸拓浚工程临时党支部支援前黄坊前村防汛工作，构筑临时圩堤　（供图／区水利局）

大面积积水情况，未出现人身伤亡事故和较大财产损失，汛情总体可控。

【城市内涝防御】 2020年，区水利局全面实施中心城区积水点与泵站能力提升改造工程，提升城市内涝防御能力。完成永胜路永安路口、长安路和平路口、淹城路高田桥和延政路人民银行段等积水点改造15处。对全区5000多个收水井实施“网兜式”隔离网升级，累计疏通管网552千米，提高雨水井疏通效率。联合武进公安分局建立积水点“云巡逻”模式，借助交通视频监控系统精准定位，提升积水点处置效能。开创“排水＋环卫”互联互动模式，畅通信息反馈渠道，同步开展雨水口垃圾清扫与管网疏通，发挥联动优势解决管网巡查力量不足难题。年内，未发生明显城市内涝情况，因强降雨造成的局部短时道路积水均得到迅速有效处置。

（石贤锋）

【地质灾害防治】 9月，武进自然资源和规划分局出台《安全生产专项整治三年行动实施方案》，强化地质灾害防治工作，实行24小时值班制度，动态跟踪全区地质灾害隐患点14处，年内未发生一起地质灾害事件。开展武进高新区4.15平方千米、武进经发区20平方千米地质灾害危险性区域评估工作，组织实施黄婆岭地质灾害治理工程。在全市率先开展地质灾害预警系统建设，完成雪堰镇米塔尔弹簧厂隐患点自动化监测设备安装。

【森林灾害防范】 2020年，按照“预防为主、积极消灭”森林防火工作方针，武进自然资源和规划分局先后制定《武进区森林防火专项整治行动宣传方案》《涉林企业落实森林防火主体责任重点事项清单》《武进区深化森林防火安全生产警示教育实施方案》《武进区森林防火隐患排查整治工作实施方案》等文件，建设100立方米消防水池1座，铺设消防管道1000米，建设防火道路2.2千米，购置监控云台5台、500米扬程高压水泵2台、高压水管600米、60米扬程水泵2台、水基灭火弹200枚、森林消防鞋200双、防火帽100顶、电筒100个。配备专职护林员28人，负责巡护森林，管理野外用火。开展督促检查34次，出动人员201人次，排查企业60家，排查整改森林防火隐患22处。开展森林防火安全生产宣讲3次，受众181人次；张贴宣传标语标牌和区政府禁火公告80份。年内发生火情1起，过火面积35平方米，森林火灾受害率控制在0.3‰以下，控制率在1.2公顷／次以下；森林火灾案件查处率70%以上，火灾报告率达100%。

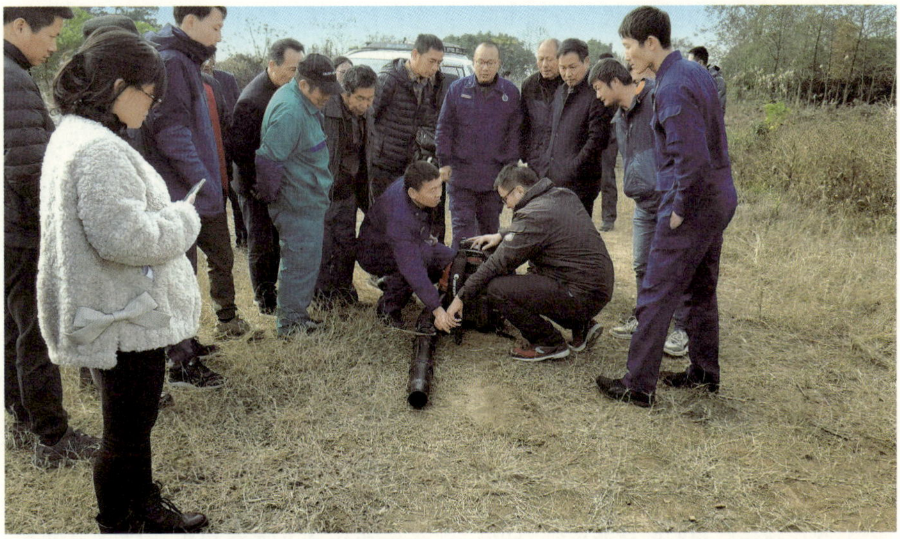

12月4日，在全区森林防火业务培训班上，专家讲授常用火情扑救工具使用方法

（供图／武进自然资源和规划分局）

（季　云）

【防震管理】 2020年，区住建（地震）部门定时准时链接巡视市、区两级地震应急视频会议系统，确保系统和设备运行管理正常。配合做好震情会商工作，根据掌握的测震和前兆观测资料，结合震情形势，提出常州市及周边地区近期地震趋势意见；维护苏19井监测设备正常、通讯正常、数据收集和传输正常。参加震情会商2次，开展防震减灾业务培训2次，在“12322”灾情速报平台开展定期、不定期应急通信演练6次。12月底，根据《关于明确常州经开区防震减灾工作相关事宜的会议纪要》，坐落在横山桥镇的清明山地震台和苏19井两个地震设施，由常州经开区建设管理局管理。

（徐亚芬）

## 安全生产管理

【概况】 2020年，武进区应急管理局落实应急管理体制机制改革，实体化运行区安全生产委员会办公室（简称“区安委办”），核增专职副主任1名和参公事业人员5名；在22个区级部门相应职能科室统一增挂“安全生产监督管理科”牌子，接受区安委会领导。区安委办完善应急管理体系，提升应急处置和防减救灾能力，开展突发事件应急处置救援60余次。统筹推进安全生产专项整治“一年小灶”“三年大灶”，整治违法违规“小化工”，强化工贸和危化品企业监管整治，全力防范化解安全风险。严格监管执法，实行应急管理“全员＋全系统执法”新模式，检查企业1038家，事前立案313起，罚款1110万元，检查数、立案数、罚款金额比2019年分别上升81%、132%和64.5%。加强安全生产宣传教育培训，举办生产经营单位主要负责人、安全管理人员、特种作业人员“三类人员”培训班155场，培训2.04万人次。做好企业复工复产安全工作，设立复工复产安全生产热线，建立复工备案检查制度，对重点企业特别是化工生产企业开展检查指导。全区安全生产形势总体平稳。区应急管理局获评2020年度全省防灾减灾能力提升、危险化学品安全监管先进集体及2019年度安全生产执法工作先进集体。14家企业获评武进区安全生产示范企业。

2020年，全区发生各类生产安全事故59起，死亡18人。与2019年相比，事故起数、死亡人数分别下降59.9%、61.7%。其中，道路运输事故53起，死亡10人，分别下降58.9%、65.5%；工矿商贸事故6起，死亡8人，分别下降66.7%、55.6%。

**【安全生产工作体制机制完善】** 2020年，区安委会研究制定《武进区进一步加强安全生产工作重点任务分工方案(2020—2022年)》，提出2020—2022年安全生产工作重点是部署开展安全生产专项整治行动、夯实安全生产基础、落实企业主体责任、全面提升安全监管能力、完善安全生产工作体制机制、加强安全生产组织领导六方面85项具体任务，明确责任部门及实施时限。研究制定《武进区安全生产重大事故隐患挂牌督办制度》，强化重大隐患跟踪整改落实；印发《关于加强行业施工作业安全监管工作的通知》，明确对零星工程安全监管的责任分工，填补监管盲区；制定出台《武进区安全生产警示提示制度》等5项制度，指导部门、板块开展安全生产工作。制定《武进区安全生产问题隐患快速处置联动机制》，巩固安全生产领域协调联动工作机制。武进区将各部门、板块安全生产工作纳入全区综合考核，并加大考核力度；梳理制定党政领导干部、各行业部门安全生产责任清单，形成责权统一、分工清晰的责任网络。

**【应急管理体系建设】** 2020年，武进区建立完善区、镇、村三级安全监管体系，全面推进区安委办实体化运作，在各镇(街道)、开发区经济发展局加挂"应急管理和生态环境保护办公室"牌子，只增不减安全监管人员，通过实战练兵深入落实村(社区)安全生产网格化管理制度。区安委办推广运用信息化监管手段，全面运行安全生产问题处置监管平台，在4家存在重大危险源的化工企业建成投用安全管理信息平台。推进安全风险分级管控与隐患排查治理双重预防工作机制落实，完成风险辨识管控工贸企业10144家，录入区安全生产诚信管理系统企业9649家，推动508家企业投保安全生产责任险。修订《武进区突发事件总体应急预案》和专项应急预案24个；开展危险化学品、建筑施工、交通运输、消防等领域实战化应急演练162场；整合区消防、人武、水利、交通等部门抢险力量及社会化抢险队伍，与中国安能常州分公司协作开展重大防汛应急抢险救援，提升应急处置和防减救灾能力。年内，牵头处置安全生产突发事件60余起。

**【安全生产专项整治"一年小灶"】** 2020年，武进区落实国务院对江苏省安全生产问题开小灶进行专项整治部署，按照省委、省政府对安全生产专项整治行动要求，制定安全生产专项整治"1+26"工作方案，成立专项整治行动领导小组和工作专班，建立每周收集汇总、定期协调调度、及时督查督办信息报送和定期会商制度，分领域、分时段、项目化推进阶段性目标任务。在全区26个重点行业领域开展全覆盖、拉网式排查。全区派出检查督查组1.66万组次，出动5.2万人次，检查企业14.3万家次，发现隐患6.26万条，督促整改6.13万条，关闭取缔企业3家，停产整顿企业86家，罚没金额1650.61万元。国务院和省、市安全生产督导组反馈的8个举报核查事项、1个问题整改事项、30条突出问题隐患、119个道路交通风险隐患点，以及市安委会挂牌督办的4条重大隐患、区自行排查出的41条重大隐患，均整改完成。在落实"一年小灶"任务中，总结提炼经验做法类成果34条，作为常态化工作开展。统筹衔接"三年大灶"(在"一年小灶"基础上，江苏省按照全国统一部署，开展安全生产专项整治三年行动)，于7月出台《武进区安全生产专项整治三年行动工作方案》，从2020年7月起至2022年12月，在全区深入开展安全生产专项整治三年行动，提出开展学习宣传贯彻中共中央总书记习近平关于安全生产重要论述、落实企业安全生产主体责任2个专题及危险化学品、消防、道路运输、交通运输(铁路、邮政、水上)和渔业船舶、城市建设、经济开发区、高新技术产业开发区、危险废物8个安全专项整治任务要求。年内，全区开展"百团进百万企业"(区党政领导班子成员，区安委会成员单位，各镇、开发区、街道党政班子成员带头到基层一线、广大企业开展专题宣讲)安全生产学习宣讲253场，覆盖企业4.05万家次。

**【违法违规"小化工"专项整治】** 5月底至9月底，区安委会运用"大数据+网格化+铁脚板"模式，对全区市场主体开展拉网式排查，逐村、逐企、逐户查清违法违规"小化工"和各类非法生产、使用、存储危化品的"黑工厂""黑作坊""黑窝点"。特别是9月省委巡视组进驻期间，在全市率先开展违法违规"小化工"专项整治行动回头看，依托新闻媒体加大宣传，引进行业专家参与指导，组织区、镇、村三级监管力量和750余名网格员，全过程全时段开展地毯式摸排。区安委办建立工作情况日报及研判分析制度，统筹协调推进。在违法违规"小化工"专项整治中，全区各地、各部门调查走访各类市场主体8.8万家，查出违法违规"小化工"18家，并及时消除风险隐患，得到省委巡视组肯定。

**【工贸和危化品行业安全监管】** 危化品领域安全监管。2020年，区应急管理部门全面开展危化企业风险评估和分级管理，完成全区29家生产企业和16家带储存经营危化品企业风险分区辨识和风险分布图张贴。深入开展危化品生产储存企业专项整治，逐家排查检查企业45家，查处各类隐患256条，全部整改到位。对江苏省化工产业安全环保整治提升领导小组办公室列入"一企一策"企业开展全覆盖回头看，跟踪整改问题隐患139条。开展化工企业本质安全诊断提升行动，实施安全提升整改企业5家。

工贸企业安全监管。加强基层基础管理，推动9625家工贸企业完成"5+1"工作(制定专项整治方案、投入安全费用、建立全员责任制、每月开展隐患排查、实施风险分级管控和绘制四色图)。开展冶金等工贸企业专项整治，采取"月初下达目标任务+月末局领导带队督查验收"模式，创新开展区、镇、村三级联动整治。经区、镇、村、企业合力整治，发现并整改隐患110167条。强化重点监管，对金属冶炼、粉尘涉爆、有限空间等重点企业开展专家会诊检查、深度检查，特别是对全区涉及金属粉尘，10人以上棉粉尘、木粉尘企业等120家涉爆粉尘企业开展专项检查，重点关注可能造成群死群伤的关键领域关键部位，排查隐患1750条，均整改完毕。

**【安全生产行政执法】** 2020年，武进区创新开展安全生产行政执法扩面工作，

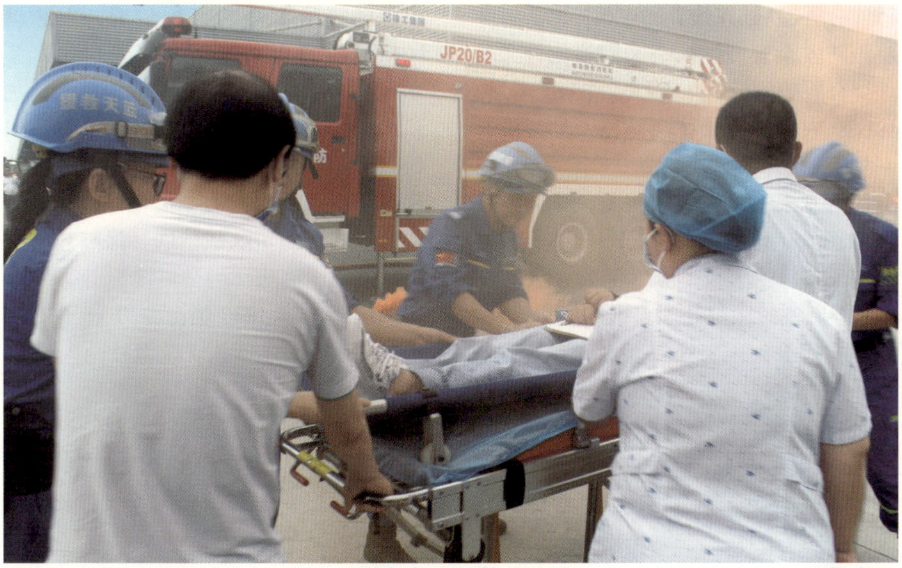

7 月 16 日，理想汽车常州基地组织开展应急演练 (供图 / 区应急管理局)

在各地区、板块建立“1+3”（1 名分管领导 +3 名安全生产监督管理科工作人员）安全生产执法队伍，全区安全生产执法人员由年初的 46 人增加至 102 人。此外，创新开展“2+1”执法模式，要求每次安全生产执法检查，必须有 2 名行政执法人员和1名安全生产专家参与，将查处安全生产违法行为与对企业指导服务相结合，做到“执法一家，规范一家”。全区应急管理系统检查企业 1038 家，事前立案 313 起，罚款 1110 万元，检查企业数、立案数、罚款金额比 2019 年分别上升 81%、132% 和 64.5%，并通过《武进日报》对违法企业实施实名曝光。

**【安全生产宣传教育】** 2020 年，区应急管理局建立以电视电台、报纸期刊等传统媒体及微信公众号等新媒体平台为主体，运用高炮、电子屏、工地围挡、环卫车辆等可利用载体为补充的安全生产宣传阵地，广泛宣传安全生产工作政策法规要求。在电视电台播放安全生产和应急管理类节目 133 期，通过《武进日报》专版刊出 12 期、“武进应急”公众号推送信息 1320 余条。在“武进应急”微信公众号上创建“安大叔”品牌形象，创办“安大叔说安全”系列宣传栏目，发布原创类宣传文章 85 篇。组织开展安全生产“五进”“616 安全宣传咨询日”“春风行动”等主题宣传活动，营造全社会关心、支持安全生产工作氛围。建立完善安全隐患有奖举报制度，年内受理群众举报 110 个，均按时办结，并一一回复。创新开展“红袖章”行动，推动所有工业企业安全经理和安全员统一佩戴安全生产红袖章，警示一线从业人员严守安全操作规程，推动企业主体责任向员工岗位责任延伸。创新开展“六个一”（开展一次企业负责人安全恳谈活动、一次落实主体责任体检活动、一次专家会诊式检查辅导活动、一次全员教育培训活动、一次应急演练活动，培育一批安全生产示范企业）安全生产惠企行动，帮助重点企业和高成长企业解决安全生产领域重点难点问题。制作事故警示教育片，广泛开展警示教育，指导开展事故警示教育现场会，提升企业负责人和员工安全生产意识。

（任　磊）

## 消　防

**【概况】** 2020 年，武进区以落实消防安全责任制为重点，加强消防基础建设，于 12 月制定《武进区消防安全委员会工作规则》《武进区消防安全委员会成员单位工作职责》，明确行业部门、基层政府及网格力量任务分工。落实《单位消防安全管理标准》，分类开展消防安全标准化达标单位创建。发动社会单位落实《十三类场所消防安全自查检查要点》，开展“三自主两公开一承诺”活动（自主评估风险、自主检查安全、自主整改隐患；向社会公开消防安全责任人、管理人；承诺本场所不存在突出风险或者已落实防范措施）。将消防工作纳入经济社会发展总体规划，于 11 月启动《常州市武进区消防专项规划（空间）》《“十四五”消防事业发展规划》编制。聘请常州大学科研团队开展重大风险评估，完成《武进区消防安全重大风险评估报告（2015—2019 年）》编制。区消防部门加强火灾隐患排查治理，分批分次组织消防安全责任人、消防控制室值班人员、微型消防站站长等 8 类重点人群开展培训，全面落实全员岗位职责。结合“双随机、一公开”消防监督检查，对不按规定履行消防安全职责的单位和个人，采用警告、罚款、临时查封、责令停产停业等手段，依法依规追责问责。分地区、分行业、分领域组织开展火灾隐患排查整治，重点推进群租房、消防通道、沿街商铺专项整治行动，防范化解重大风险。全区消防机构检查单位 4083 个，督促整改火灾隐患 9868 处，发放行政处罚决定书 306 份、临时查封决定书 55 份，责令“三停”单位 39 个，拘留 33 人，罚款 309.25 万元。全年全区发生非轻微火灾 144 起，其中死亡 5 人，受伤 2 人，直接财产损失 6273.59 万元，统计过火面积 7960 平方米，火灾形势持续平稳。

**【消防安全隐患整治】** （1）整治群租房隐患。武进区将群租房安全管理列入 2020 年全区重点民生实事项目，建立全区群租房执法工作联席会议制度，推进群租房整治工作。区消防部门依托全区网格信息平台，对接区公安流动人口服务管理综合信息系统，于 4 月开发运行全区群租房安全管理模块，开展“警格 + 网格”融合治理。制定《群租房安全隐患整治目录和群租房安全隐患整治标准》，明确群租房居住类、生产经营类、其他类三类 34 项隐患目录和整治标准，创新建立群租房动态监管机制和分色管理制度，实行“红黄蓝”三色管理，对群租房安全隐患实行网格平台“一房一单”管理，按照三个类型建成群租房镇级示范点 17 个。按照“政府主导、社会参与”要求，引导企业、个人参与群租房整改和经营活动。联合区公安部门开展“常安”系列集中清查行动，集中力量对出租房安全设施、群租房聚集地、租客开展集中排查整治。全区登记群租房8198户，排查安全隐患32207处，整改存在安全隐患租户7615户，租住群租房登记率、隐患排查率均达100%，重大安全隐患整改率91.8%。全区群租房火灾事故起数比2019年下降80%。(2)“生命通道”集中治理行动。1月，制定《武进区打通“生命通道”集中攻坚行动实施方案》，明确各行业部门和属地政府职责，将消防车通道情况纳入网格员日常巡查管控范围，监督、劝导、督改各类堵塞通道行为。打造新城帝景小区示范样板，派员指导小区日常消防管理、消防设施维护、微型消防站建设、消防车通道划线等工作。全年张贴提示海报5.6万份，每日通过百余块户外广告、LED显示屏播放宣传片、警示语，对255个住宅小区施划消防车通道标线标志2039处，清理消防车通道上可移动障碍物905处，清理违规占堵行为247处，组织测试最不利点出水高层建筑960幢。(3)沿街商铺消防安全专项整治。深刻汲取区内外火灾事故教训，制定《武进区沿街商铺消防安全专项整治方案》，成立沿街商铺消防安全专项整治工作领导小组，抽调专班统筹推进各项工作。组织乡镇（街道）负责人、派出所民警、网格员开展业务培训，研发并运行沿街商铺专项整治信息平台，发挥“大数据＋网格化＋铁脚板”优势开展摸排整治。推进“十项整治提升”(住宿与生产经营、储存等合用，消防设施器材不足、疏散通道不畅，广告牌、油烟管道设置不规范等10类突出问题)和“四项阶段任务”(排查告知、隐患整改、复查验收、督查考核四个阶段)，全区网格力量排查沿街商铺18357家，发现隐患34271处，督促整改23255处，9679家沿街商铺完成整改销案，整改率60.89%。(4)重大火灾隐患整治。针对湖塘纺织城消防设施老旧损坏、消防通道堵塞、“三合一”等情况，挂牌开展重大火灾隐患治理。按照2019年10月制定的《湖塘纺织城重大火灾隐患专项整治工作方案》，明确责任分工，细化工作措施，建立工作机制。组织技术服务队指导改造消防管网、自动喷水灭火系统、自动报警系统以及消防控制室。投入2000余万元，用于维修改造消防设施，实现住宿人员全部搬离、液化气瓶全部清零、消防设施正常运行三个目标。

**【消防防控基础建设】** 2020年，武进区将消防安全管理纳入全区网格化社会管理综合服务体系，融合打通综治、安全、环保、农业等行政执法网格，划分综合网格715个、专属网格104个。网格员利用信息采集终端每天收集、录入隐患信息图片，涉及安全疏散、设施运行、器材配备、用火用电等常见火灾隐患20余项，并及时跟踪处理。推广技防措施，提高初起火灾预警处置能力。在“三合一”“群租房”“九小场所”安装点式报警器1004个、简易喷淋62套，保护面积1.24万平方米；在人员密集场所、住宅小区安装电气火灾监控63套。织密监管网络，加强公安派出所对三级消防安全重点单位和一般单位的监督检查力度，加强对乡镇（街道）安监职能部门的业务培训和工作指导，提升基层消防监管工作水平。

**【综合应急救援能力建设】** 2020年，武进区全面提升综合应急救援能力建设，对标“全灾种、大应急”需要，加强关键力量建设，深化消防救援队伍全员岗位练兵。针对辖区火灾和灾害事故类型，围绕“高低大化”(高层建筑、地下建筑、大型商业综合体、石油化工企业）等场所开展“六熟悉”(熟悉辖区交通道路、消防水源情况，熟悉消防安全重点单位数量、分类和分布情况，熟悉消防安全重点单位建筑物结构和使用情况，熟悉消防安全重点单位重点部位情况，熟悉消防安全重点单位内部消防设施和消防组织情况，熟悉辖区主要灾害事故类型和处置对策、基本程序）和实战演练，并编制预案。加强多种形式消防队伍灭火救援准备，组织微型消防站开展联勤联训，提升快速反应和应急处置能力。提档升级车辆装备，提高消防员队伍待遇，保障应急救援基础。区消防部门全年接警出动2326起，出动车辆3887辆、警力18363人，抢救被困人员135人，疏散被困人员59人，抢救财产价值1603.7万元，成功处置“4·29”武进战斗河截污井事故、“7·23”洛阳第二电镀厂火灾、“10·25”大学新村三社区商铺火灾等火灾及抢险救援任务。

**【消防宣传教育】** 2020年，武进区将消防宣传教育纳入宣传部门和媒体公益宣传重点，策划开展安全生产月、政风热线等系列活动。将消防安全教育融入“五彩靓武进”品牌，搭建“蓝精灵”消防小卫士宣传教育平台，创作网络卡通形象，举办演讲大赛，在武进路劲又一城麦当劳餐厅建立“蓝精灵”消防主题餐厅暨消防教育培训基地，将消防安全教育内容编入中小学生教育读本。结合“119”消防宣传月，广泛发动消防志愿者走街串巷开展宣传教育，营造“关注消防、生命至上”浓厚氛围。全区各级开展集中宣传400余次，发放资料15万余份和告知单、倡议书、承诺书3万余份，张贴宣传海报5万余张。

（邢　锐）

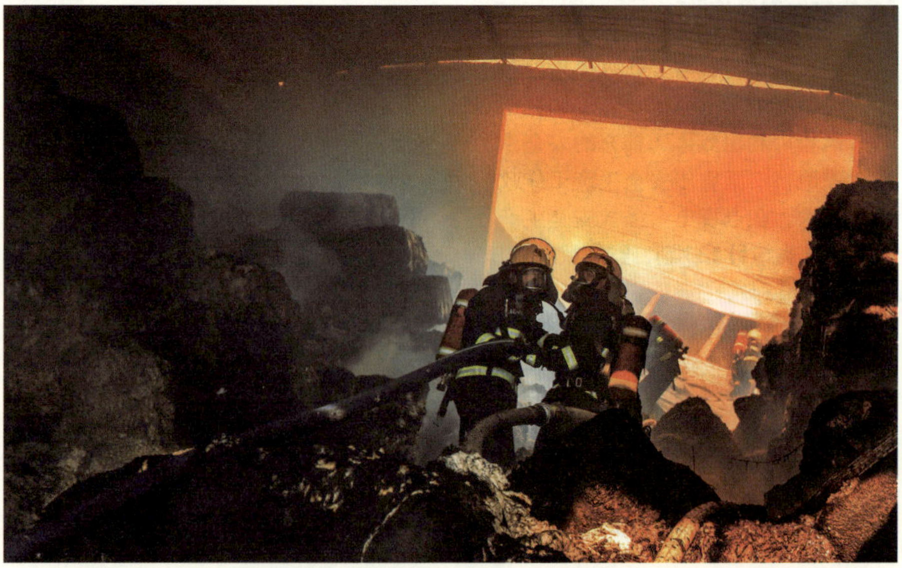

11月24日，武进区消防救援大队扑救某仓库火灾现场　（供图/武进消防大队）

# 镇·街道

# Towns & Sub-district Offices

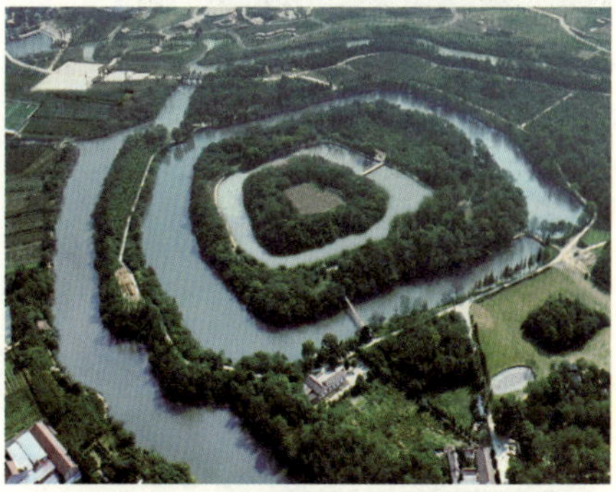

栏目编辑　万向阳

## 雪堰镇

**【概况】** 雪堰镇位于武进区东南部，东接无锡马山，西临宜兴，南濒太湖，总面积104.38平方千米，辖行政村25个、社区4个，2020年年末户籍人口77865人、常住人口11.03万人。境内有太湖岛屿大、小焦山，春秋阖闾城、宋代龟山书院、南山寺、吴稚晖故居等人文景观，以及太湖湾旅游度假区、环球动漫嬉戏谷、中华孝道园等景区景点。农特产品有太湖“三白”（白鱼、白虾、银鱼）、水蜜桃、葡萄、柑橘、杨梅和绿茶等。获得国家级生态镇、国家卫生镇、国家园林城镇和江苏省文明乡镇、江苏省健康镇、江苏省生态文明示范镇等称号。10月5日，雪堰镇人民政府驻地由雪西村迁至潘家村，办公地址为兴政路158号。

*产业发展*　推进省现代农业产业示范园建设，建成冷链加工中心（一期）和雅浦桃园，新增高标准农田366.67公顷，成功承办武进区2020年“中国农民丰收节”，新康村入选省级生态循环农业试点村。有工业企业2033家，年内新增规模以上工业企业37家，累计174家，全年完成规模以上工业产值113.6亿元，占全镇工业总产值的56.8%。中南高科、超顺油缸、鸿春机械、圣贤锻造等区重点项目，完成投资6.1亿元。发展高新技术产业，新增高新技术企业18家，累计53家，全年完成规模以上高新技术产业产值41.9亿元，占全镇规模以上工业产值的36.9%。开展产学研合作29项，新增专利490项，江苏博隆环保设备有限公司获省科学技术二等奖，“激光光纤天然气泄漏智能检测装备及产业化”项目入选2020年“龙城英才计划”A类项目。推进地产开发，旷达福源、湖山颐舍基本竣工。发展全域旅游，实施玉美健康养生旅游、双涵生态乐园等市重点旅游项目，城西回民村获评全国乡村旅游重点村。全年完成服务业增加值46亿元，增长5%；实现限额以上批零住餐销售额32.7亿元，重点服务业单位营业收入2.8亿元。

表58

**2020年雪堰镇主要经济社会指标完成情况表**

| 指　　标 | 单　位 | 数　值 | 比2019年（±%） |
|---|---|---|---|
| 地区生产总值 | 亿　元 | 106.4 | 5.2 |
| 公共预算收入 | 万　元 | 5.95 | 3.11 |
| 农业总产值 | 亿　元 | 6.06 | 5.4 |
| 　*多种经营产值* | 亿　元 | 5.73 | 6 |
| 粮食总产量 | 万千克 | 591 | −4.4 |
| 工业销售收入 | 亿　元 | 195.6 | 11.6 |
| 实际利用外资及港澳台资 | 万美元 | 1000 | 0 |
| 自营出口额 | 万　元 | | |
| 第三产业增加值 | 亿　元 | 47.5 | 8.3 |
| 居民人均可支配收入 | 元 | 35379 | 6 |

*镇村建设*　完善基础设施，省、市、区重点工程——苏锡常南部高速公路、新孟河延伸拓浚工程进展顺利，雅浦桥、雪湖桥、雪马大桥等14座桥梁维修、保养、加固。保护生态环境，加强污染防治，实现潘家市政河、红星河、油树浜等8条黑臭河道“脱帽”销号，排水片区整治18个，124个自然村分散式生活污水设施基本建成，腰沿河、城西浜河道清淤、沿河生态驳岸、河道岸坡绿化、沿岸景观打造等工程实施，均获评常州市“五好河道”，环太湖3千米范围内水产清退成效巩固，长江流域重点水域禁捕退捕任务全面完成，建成生态湿地40公顷。完成企业VOCs专项治理20家、黑色铸造企业环保整治29家和锅炉低氮燃烧改造16台、工业炉窑清洁能源替代5台，以及中央环保督察交办信访销号4起、省环保督察交办信访销号25起。推进农村人居环境整治，新增农村公厕6座，实现生活垃圾分类设施全覆盖。实施新一轮精品美丽乡村建设，潘家村、谢家村、楼村村等12个农民安置自建区全面开工，城西回民村鲁家头、夏墅村前承创成省级绿美村庄，城西回民村、雅浦村、城湾村入选第一批国家森林乡村。加强镇村长效管理，集中开展户外广告、建筑垃圾、渣土等专项整治行动，全镇环境卫生长效管理水平继续位居全区前列。

*社会事业*　建设学校急需项目，新增民办幼儿园1所，潘家小学创成常州市新优质学校，全镇小学、初中均获得

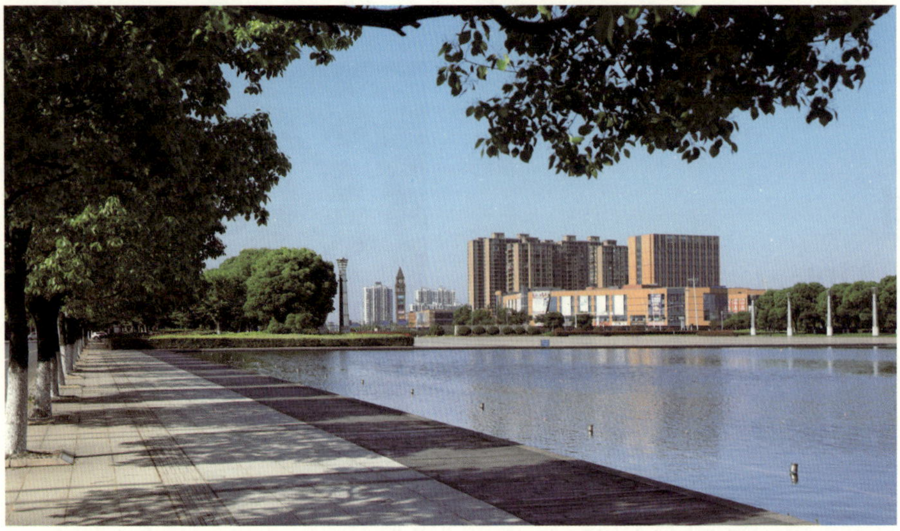

雪堰新镇区一角　　（供图/雪堰镇）

区素质教育质量评估奖项。深化精神文明建设，镇新时代文明实践所暨综合文化中心基本建成，文明实践活动常态化开展。推进文体事业发展，中国名镇志《雪堰镇志》编纂工作启动，全民阅读活动广泛开展；新一届镇体育总会成立，篮球锦标赛、足球联赛等有序开展。提升医疗保障能力，雪堰中心卫生院建成发热门诊，并创成二级综合医院；漕桥卫生院创成常州市示范中医馆，消化内科创成常州市特色科室。加强社会保障，全面落实就业创业政策，持续开展“阳光扶贫”，全年发放退役军人抚恤金及优抚金1250余万元、其他救助补贴1565万余元。

**【省级现代农业产业示范园项目建设】**

冷链加工物流园（一期）项目　12月建成。该项目位于雪堰镇阖闾城村、精品水果生产区内，规划面积约1公顷，开展果蔬产品冷链仓储、分拣、加工、包装及冷链配送，保障果品产品安全、新鲜、营养。

夏庄电商服务平台　11月建成。该平台是一个农产品电子商务交易平台，打造省级农业产业示范园特色“互联网+”农业网上销售点，推进示范园特色果品、优势品牌宣传。

桃果科技服务中心　10月建成。该中心围绕打造产学研平台，利用科技支撑省级农业产业示范园水蜜桃产业提档升级，提高品牌知名度及影响力，提升桃产业核心竞争力。

雅浦桃园新品种展示基地　8月建成。该基地占地10公顷，立足于现代农业发展需求，示范优新品种和绿色、高效、安全栽培技术；应用先进技术，拓展观光功能，创新经营模式，实现农业产业示范园生产、生态、社会和经济效益的综合提高。

**【承办武进区2020年“中国农民丰收节”】** 内容参见“农业”类目P92相关条目。

**【中南高科·常州雪堰智造产业园等项目建设】** 中南高科·常州雪堰智造产业园项目　9月9日开工，首批精密机械、机器人和自动化等行业企业10家集中签约入驻。该项目位于雪堰镇周南路8号，由上海中南金石企业管理有限公司投资建设，总投资10亿元，规划占地面积12公顷，其中一期投资4亿元，占地面积5.15公顷，建筑面积超7万平方米，建设三层厂房19栋、5层厂房3栋，打造集新一代信息技术、智能智造行业于一体的机器人自动化产业主题园区。年内，招引入园企业47家，涵盖机器人、自动化、智能制造装备、电子元器件、电商云平台等行业，其中外资企业2家、高新技术企业4家。

高压油缸、液压件项目　由常州市超顺高压油缸有限公司实施，规划占地面积1.33公顷，新建厂房17686平方米，购置锯床、抛丸机、车床等设备83台套，总投资1亿元。该项目于9月开工，建成后可形成年产高压油缸3万件、液压件2000件的规模。

**【雪堰新增高新技术企业18家】** 2020年12月，雪堰镇18家企业被全国高新技术认定管理工作领导小组办公室认定为高新技术企业，累计高新技术企业53家。

2020年雪堰镇新增高新技术企业基本情况表

表59

| 企业名称 | 占地面积（平方米） | 建筑面积（平方米） | 产值（万元） |
|---|---|---|---|
| 常州安迪维换热器有限公司 | （租赁） | （租赁） | 3266 |
| 常州秉瑞换热器科技有限公司 | （租赁） | （租赁） | 5000 |
| 常州雕匠液压科技有限公司 | 16000 | 11000 | 3947 |
| 常州浦发机械有限公司 | 14145 | 10745 | 11700 |
| 常州曲线数控科技有限公司 | （租赁） | （租赁） | 3046 |
| 常州市醇通机械科技有限公司 | 20000 | 10000 | 20000 |
| 常州市汉克机械有限公司 | 8667 | 6000 | 2500 |
| 常州市巧特莱重型液压油缸有限公司 | 14699 | 10000 | 5800 |
| 常州市武进安圩液压件制造有限公司 | （租赁） | （租赁） | 5569 |
| 常州锡润机械制造有限公司 | 14339 | 12000 | 4660 |
| 江苏恒泰泳池科技股份有限公司 | 13036 | 11106 | 9687 |
| 江苏惠斯通机电科技有限公司 | 7585 | 15000 | 3993.9 |
| 江苏旷吉汽车附件有限公司 | 19970 | 18406 | 5111 |
| 江苏明朗医疗器械科技有限公司 | （租赁） | （租赁） | 3500 |
| 江苏赛科浦新能源科技有限公司 | 3300 | 3000 | 751 |
| 江苏圣贤锻造有限责任公司 | 91746 | 67600 | 50600 |
| 江苏普森帝照明有限公司 | 13333 | 10000 | 8742 |
| 雪龙机械制造公司 | 10000 | 6500 | 920 |

**【城西回民村入选全国乡村旅游重点村】** 内容参见“旅游业”类目P124同名条目。

**【雪堰入选国家森林乡村3个】** 2020年10月，国家林业和草原局公布第一批国家森林乡村名单，雪堰镇城湾村、雅浦村、城西回民村入选。

城湾村　由原城湾、百渎2个行政村合并而成，南濒太湖，东接无锡灵山，境内有环球动漫嬉戏谷、中华孝道园、太湖湾露营基地等景区景点，总面积5.8平方千米，耕地面积144.67公顷，公益林面积410公顷，辖村民小组15个，常住人口3500人。该村牢固确立“绿水青山就是金山银山”的理念，注重生态产业发展，建有精品茶园、千亩桃园、农业科普园，推行“生态＋农业”“旅游＋电商”等模式，助力群众脱贫致富奔小康，建设生态环境美、社会保障好、公共服务优的幸福城湾。2020年，实现林木覆盖率达70%。

雅浦村　地处无锡灵山、大拈花湾、常州太湖湾旅游度假区三大旅游景区辐射下的中心位置，总面积5.2平方千米，辖村民小组21个，常住人口2680多人。该村坚持以原生态的模式实施村庄整治，创建成为“村在林中、房在树中、人在绿中”的新农村建设“雅浦版本”；利用得天独厚的资源优势，推进农业产业结构调整，促进农民增收；配备专职护林员，保护山林资源和野生动植物，开展对废弃宕口的生态修复，建设人与自然和谐景象。

城西回民村　相关内容参见【城西回民村入选全国乡村旅游重点村】条目。

2020年雪堰镇各村（社区）基本情况表

表60

| 村（社区）名 | 户数（户） | 户籍人口（人） | 党组织书记 | 村委（社区居委会）主任 | 集体经济收入（万元） |
|---|---|---|---|---|---|
| 共建村 | 1445 | 4424 | 龚建生（1—7月）<br>杨晓丰（7—12月） | 吴乐平（1—7月） | 369.99 |
| 雪东村 | 918 | 3348 | 管立新 | 李瑞元（1—7月） | 401.67 |
| 南山村 | 964 | 2955 | 钱亚清 | 吕　峰（1—7月） | 202.61 |
| 绣衣村 | 988 | 3308 | 胡亚伟 | 胡亚伟（兼） | 445.96 |
| 雪西村<br>雪堰社区 | 1011 | 4121 | 徐建欣（1—7月）<br>高中琴（7—12月） | 冯　磊（1—7月）<br>吴雪良 | 340.9 |
| 雅浦村 | 801 | 2651 | 张伟德（1—7月）<br>陆育峰（7—12月） | 陆育峰（兼） | 253.03 |
| 阖闾城村 | 959 | 2759 | 蒋荣刚 | 蒋荣刚（兼） | 475.54 |
| 谢家村 | 888 | 3031 | 秦伟新 | 董付兴（1—7月） | 123.91 |
| 太滆村 | 806 | 2745 | 单小兵 | 单小兵（兼） | 514.26 |
| 圣烈村 | 985 | 3070 | 刘小明 | 王敏丰（1—7月） | 189.06 |
| 曹家村 | 1580 | 3502 | 曹建祖 | 汪云飞（1—7月） | 489.81 |
| 城东村 | 723 | 2266 | 陈正元 | 蒋　平（1—7月） | 122.91 |
| 周桥村 | 1378 | 3517 | 钮建明 | 陈革新（1—7月） | 123.58 |
| 城西回民村 | 988 | 2960 | 吴卫丰 | 吴卫丰（兼） | 411.12 |
| 城湾村 | 721 | 2225 | 徐建达 | 高俊立（1—7月） | 298.47 |
| 凤凰村 | 631 | 1812 | 王曙东 | 王光辉（1—7月） | 186.98 |
| 夏墅村 | 726 | 2100 | 丁卫东 | 孙国才（1—7月） | 125.02 |
| 王允村 | 1185 | 3994 | 周文良 | 盛建军（1—7月） | 320.67 |
| 夏庄村 | 1217 | 3566 | 陆自强（1—7月）<br>赵蕴炜（7—12月） | 刘勤贤（1—7月） | 470.79 |
| 楼村村 | 1086 | 3526 | 边伟光 | 蒋颖涛（1—7月） | 388.67 |
| 新康村 | 1265 | 3577 | 金建新 | 刘建平（1—7月） | 537.53 |
| 浒庄村 | 810 | 2459 | 缪林香 | 董全荣（1—7月） | 130.05 |
| 潘家村<br>潘家社区 | 1050 | 2775 | 李惠全<br>李惠全 | 李惠全（兼）<br>王　薇 | 275.59 |
| 南宅村<br>南宅社区 | 1613 | 4336 | 蒋全茂（1—7月）<br>杨国仪（7—12月） | 尹卫国（1—7月）<br>尹卫国 | 125.24 |
| 漕桥村<br>漕桥社区 | 1610 | 3172 | 李卫星<br>李卫星 | 王岳良（1—7月）<br>李卫星（兼） | 377.63 |

说明：村、社合一的户数、户籍人口、集体经济收入与相应村合算

**【新康村入选省级生态循环农业试点村】** 8月，新康村入选省级生态循环农业试点村。该村以“生态可循环”为定位，致力于发展生态循环农业来带动村民致富，成立由村集体与农户共同参股的农地股份专业合作社，探索农民增收新路径、三农服务新模式。通过土地流转、实施高标准农田建设和生态环境治理工程，初步建立千亩规模的水稻种养基地，引入稻渔共作、稻鸭共作、稻菜轮作等生态模式，提升稻田的生态经济效益。还将一产与三产结合，在江苏武进现代农业产业示范园区建设中心景观带、小菜园、特色农耕展示店等，打造农旅融合的美丽乡村。2020年，实现农业总产值2885万元。

**【双涵生态乐园项目开工】** 1月，双涵生态乐园项目开工建设。该项目位于雪堰双涵家庭农场，占地面积4.67公顷，建筑面积4350平方米，主要建设精品亲子旅游度假主题酒店，配套户外游泳池、互动采摘园、海棠观光大道、网红复古墙、书画院、户外亲子草坪，趣味鱼塘等设施，打造集餐饮住宿、休闲养生、亲子采摘、文化艺术为一体的度假庄园，总投资3900万元。

（朱佳平）

## 礼嘉镇

**【概况】** 礼嘉镇位于武进区东南部，东临洛阳镇，西接武进高新区，南靠锡溧漕河，北依武进中心城区，总面积57.84平方千米，辖行政村14个、社区3个，2020年年末户籍人口48692人。有葡萄、水蜜桃等名特农产品。获得“国家卫生镇”“国家级生态镇”“全国环境优美镇”等称号。

产业发展　建设现代农业，推进庞

家街村、华渡村100公顷国家级高标准农田建设和志华牧业生猪养殖项目，创成水稻、葡萄、蔬菜3个省级绿色优质农产品基地，获得“礼嘉葡萄”地理标志证明商标专用权，培育科技种养殖示范户105户。坚持先进制造业和新兴产业双轮驱动，培育5G通信、新材料、智能装备等新兴产业，新增规模以上企业37家，累计165家，全年完成规模以上工业产值165.6亿元，占全镇工业总产值的78.6%。推进重点产业项目建设，新增落户优质项目10个，其中总投资1亿元以上项目7个；12个市、区级重点产业项目全部开工，戴纳米克、常发制冷等7个项目基本竣工。常州百佳年代薄膜科技股份有限公司入选第二批专精特新“小巨人”企业，英特曼电工（常州）有限公司入选2019年度江苏省服务型制造示范企业。推进科技创新，新认定高新技术企业18家，累计46家，全年完成高新技术产业产值121亿元，增长6.8%；申报省、市科技项目7项，新增专利授权811件，达成产学研合作项目4项，落户“龙城英才”项目2个、市领军型创新人才1人。江苏泛亚微透科技股份有限公司在上交所科创板上市，成为全区首家科创板上市企业。发展现代服务业，推进“休闲礼嘉”提质增效项目化，打造“礼小淘”“礼+盒子”等八大品牌项目，开展直播带货、葡萄音乐会等活动，“礼嘉优农”电商平台、“两微一抖”同步上线。

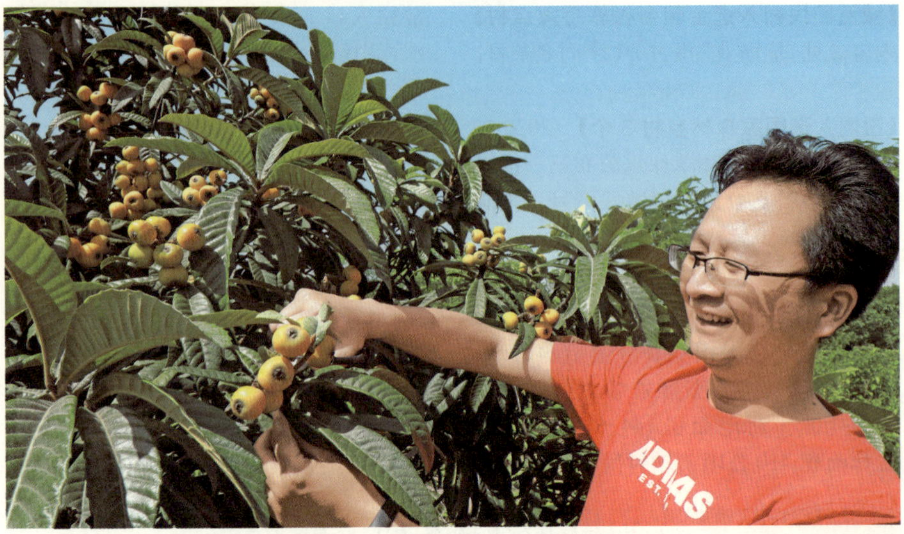

枇杷采摘 （摄影/陆　新）

**镇村建设**　推进新镇建设，前时路、百兴路延伸工程建成通车，坂上桥、陆庄农桥建设工程基本竣工。开工建设安置房二期，集中办理嘉熙园等不动产权证374套。保护生态环境，推进污染防治攻坚。加强大气污染防治，完成27家企业挥发性有机物整治、19台锅炉改造，工地扬尘、工业废气、小餐饮治理成效明显，秸秆禁烧管控情况良好。实施污水处理提质增效精准攻坚，建成污水管网5.6千米、排水片区1个和农村分散式生活污水处理设施26处，编制完成政平大河生态治理方案，健全小微水体河长体系，对140家单位开展危险废物处置专项整治行动，建成礼嘉公园、坂上社区绿色廊道、蒲岸村小蒲岸生态廊道，新增成片造林面积7.67公顷。实施乡村振兴战略，成立农业产业化联合体，建设何墅村宅基地自建区，农村土地承包经营权确权登记颁证工作通过省级验收，农村集体产权制度改革试点全面完成。建设美丽乡村，完成13个村“一村一景”创建，蒲岸村、何墅村通过区级精品美丽乡村评审。推进镇村长效管理，强化农村乱占耕地建房整治和“两违”整治，建设垃圾分类设施，农村人居环境整治三年行动圆满收官。

**社会事业**　持续发展教育事业，礼嘉幼儿园新园建成投用，政平小学新建教学楼启动，礼嘉中心小学通过常州市“新优质学校”验收，坂上幼儿园创成江苏省（篮球）特色幼儿园。实施“人文礼嘉”工程，推出“嘉乡·四季”《江南旧闻录》专栏，启动“发现礼嘉之美”图书、纪录片和“人文礼嘉”文史系列图书创作项目，建成新时代文明实践所（站）。11月24日，94岁高龄的庄秋娟向母校武进区坂上初级中学捐款30万元，用于学校发展教育事业，常州电视台、《武进日报》等媒体报道庄秋娟感恩母校、回馈社会的事迹。新建村级体育公园2个，全镇体育场地面积达36万平方米，举办群众性文体活动80场次。推进礼嘉、坂上卫生院改扩建项目，政平村、蒲岸村等5个村级卫生室基本建成。成立“幸福礼嘉”千万光彩基金，累计千万光彩基金3个、百万光彩基金4个。加强民生保障，新增就业1251人、困难人员再就业112人、住房公积金扩面947人。推进“阳光扶贫”，在全市率先启用“防贫保”精准防止返贫，完成993户被征地农民保障工作。10月，礼嘉居家养老服务中心建成运营。

**2020年礼嘉镇主要经济社会指标完成情况表**

表61

| 指　　标 | 单　位 | 数　值 | 比2019年(±%) |
|---|---|---|---|
| 地区生产总值 | 亿　元 | 99.54 | 4.50 |
| 公共财政预算收入 | 万　元 | 36829 | 10.44 |
| 农业总产值 | 亿　元 | 3.96 | 4.08 |
| 多种经营产值 | 亿　元 | 3.51 | 3.65 |
| 粮食总产量 | 万千克 | 1173 | −5.17 |
| 工业销售收入 | 亿　元 | 210.56 | 7.02 |
| 实际利用外资及港澳台资 | 万美元 | 1002.36 | −0.46 |
| 自营出口额 | 万　元 | | |
| 第三产业增加值 | 亿　元 | 32.81 | 5.50 |
| 居民人均可支配收入 | 元 | 36630 | 5.98 |

**【礼嘉镇首届葡萄文化节】**　2020年7月25日，在嬉乐湾生态农业示范园开幕。

礼嘉镇葡萄种植面积866.67公顷，占全区葡萄种植面积的25%以上，年产优质鲜果近2万吨，产值超1.5亿元，于2017年5月被省农委命名为“葡萄文化小镇”。该镇立足武南现代农业产业园，精心打造“葡萄文化小镇”，培育出“阳光玫瑰”“超级女皇”“圆叶葡萄”等优良品种，建成“科丰”“礼新”“嘉泰丰”“天乐天”四大葡萄种植基地，“礼嘉”葡萄于2020年4月获得国家知识产权局授予的地理标志证明商标专用权。推进“休闲礼嘉”提质增效项目化，打造“礼小淘”“礼＋盒子”“葡萄精灵”等八大品牌项目，吸引游客品尝时令鲜果、体验采摘乐趣、领略田园雅趣。此次葡萄文化节推出线上葡萄趣味游戏大串烧、专场葡萄音乐会，现场观众达数千人，对于营造葡萄文化氛围、提高“礼嘉葡萄”品牌知名度、助推果品销售和展示群众热爱家乡、热爱生活的精神风貌发挥了积极作用。

**【“礼嘉”葡萄获得地理标志证明商标专用权】** 2020年4月，经国家知识产权局网站公示，“礼嘉”葡萄获得地理标志证明商标专用权，专用权期限为2020年4月7日至2030年4月6日，成为武进继2009年8月“阳湖”水蜜桃获得地理标志证明商标后的第二件地理标志证明商标。“礼嘉”葡萄生产地域范围在礼嘉镇行政辖区内，为东经119°96′至120°06′、北纬31°57′至31°69′的区域范围。葡萄特定品质为椭圆形或近圆形，果皮紫黑或蓝黑色，着色一致，果粉厚，果肉脆硬，有香气，无核；可溶性固形物含量达20%以上，穗重400～800克，粒重5～8克，果粒直径20毫米，果粒着色率≥93%；果肉硬脆，无肉囊，果汁紫红色，味浓甜；穗形呈圆筒形或圆锥形，穗长16～22厘米，果粒整齐度95%以上。通过聚焦地理标志证明商标“礼嘉”葡萄，整合零散资源，对符合葡萄标准化生产的合作社、农业企业、种植大户授以商标使用权，促进礼嘉葡萄种植业转型升级，走可持续绿色发展之路，促进农民增收致富。年内，“礼嘉”葡萄产量1.95吨，实现产值2.3亿元。

**【礼嘉新增高新技术企业18家】** 2020年12月，礼嘉镇18家企业被全国高新技术认定管理工作领导小组办公室认定为高新技术企业，累计高新技术企业44家。

2020年礼嘉镇新增高新技术企业基本情况表

表62

| 企业名称 | 占地面积（平方米） | 建筑面积（平方米） | 产值（万元） |
|---|---|---|---|
| 常州安诚线缆机械有限公司 | 2300 | 2300 | 1000 |
| 常州德荣复合材料有限公司 | 6143 | 3667 | 1047 |
| 常州格瑞特包装设备有限公司 | 3300 | 3300 | 2221 |
| 常州宏富电子科技有限公司 | 40145 | 5000 | 1600 |
| 常州杰恩斯机械制造有限公司 | 1200 | 1200 | 300 |
| 新科环保科技有限公司 | 1000 | 1000 | 8000 |
| 常州市程伟铸造有限公司 | 11667 | 13000 | 7000 |
| 常州市宏纳机械有限公司 | 4000 | 5000 | 4000 |
| 常州市蓝马机械制造有限公司 | 19035 | 25398 | 2800 |
| 常州银顺汽车零部件有限公司 | 8000 | 10000 | 3439 |
| 常州市海拓塑料有限公司 | 20000 | 15000 | 11235 |
| 江苏迪睿特光电科技有限公司 | 2400 | 2500 | 450 |
| 江苏林辉塑料制品有限公司 | 30000 | 50000 | 10400 |
| 江苏明耀光伏科技有限公司 | 5000 | 2810 | 1500 |
| 常州市明通金属复合材料有限公司 | 11000 | 15000 | 5000 |
| 英特曼照明电子（常州）有限公司 | 900 | 2000 | 1200 |
| 常州市中天磁业有限公司 | 11175 | 12815 | 5500 |
| 竹展集团有限公司 | 35000 | 45000 | 8600 |

**【百佳年代薄膜入选国家专精特新“小巨人”企业】** 2020年12月，常州百佳年代薄膜科技股份有限公司（简称“百佳年代薄膜”）被工业和信息化部认定为第二批专精特新“小巨人”企业。具体内容参见“工业”类目P102相关条目。

**【英特曼获评省级服务型制造示范企业】** 2020年1月，英特曼电工（常州）有限公司被省工信厅认定为2019年度江苏省服务型制造示范企业。该公司创立于1990年，是挪威英特曼国际在中国境内的投资企业，主要生产插头、插座、开关、暗盒、电源线等电工产品和调光器、定时器、USB、智能插座等电子产品与LED等灯具产品，取得ISO9001质量管理体系认、ISO14001环境质量管理体系认证，中国3C和德国GS、VDE以及欧盟CE、挪威N、瑞典S、芬兰FI等国家安全认证。

**【海德游艇项目等5个重点产业项目竣工】** *海得游艇项目* 由江苏海得游艇有限公司实施，用地2.4公顷，新建厂房面积1.8万平方米，采购CNC智能加工设备、工业机器人手臂等自动化设备，投资2.5亿元。该项目于12月竣工，达产后可形成年产游艇300艘的规模。

*林辉工业仓储、环卫制品项目* 由江苏林辉塑料制品有限公司实施，用地3公顷，新建厂房面积4万平方米，新增大型滚塑设备、吹塑设备、注塑机等共计19台，投资2.2亿元。该项目于12月竣工，达产后可形成年产工业仓储用塑料托盘300万个、环卫垃圾桶60万个的生产能力。

*戴纳米克花辊机械项目* 由江苏戴纳米克机械科技有限公司实施，用地3.33公顷，建设厂房面积3万平方米，新增进口瓦德里希轧辊磨床等设备31台套，总投资2亿元。该项目于12月竣工，达产后可形成年产高端塑料薄膜压延设备的花辊、轧辊2000根。

*艾美宠物用品项目* 由常州艾美卫生用品有限公司实施，用地面积2.35公顷，建设厂房2万平方米，投入全自动宠物尿垫生产线，投资1.25亿元。该项目于12月竣工，达产后可形成年产1200个标准集装箱宠物尿垫的生产能力。

*奥凌燃气取暖器项目* 由江苏奥凌

机电科技有限公司实施，用地面积1.79公顷，建设厂房3.3万平方米，总投资1.2亿元。该项目于12月竣工，达产后可形成年产烤箱、取暖设备50万台的生产能力。

**【中厚型特种聚酯薄膜项目等6个重点产业项目建设】** 中厚型特种聚酯薄膜项目　由常州百佳年代薄膜科技股份有限公司实施，利用自有厂房，购置原料干燥计量输送系统、挤出系统主机单螺杆、挤出系统主机双螺杆、铸片系统、边料回收系统、在线电焊处理等主辅设备35台套，总投资2.2亿元。该项目于2020年10月入库，达产后可形成年生产中厚型特种聚酯薄膜1.8万吨的生产能力。

大马力智能拖拉机项目　由江苏常发农业装备股份有限公司实施，利用自有厂房2万平方米，购置装配线、底漆喷涂线、表面处理线等设备92台套，与原有钣金、焊接等产线设备相配套，总投资1.2亿元。该项目于2020年10月入库，建成后可形成年产1万台大马力智能拖拉机的生产能力。

冰箱制冷配件项目　由常州市武进顺达精密钢管有限公司实施，用地1.39公顷，建设厂房1.9万平方米，购置高频制管机组、下料机组、成型机组等设备69台套，总投资1亿元。该项目于2020年6月入库，达产后可形成年产冰箱制冷用配件1000万套的生产能力。

电子元器件项目　由常州昊诺装饰材料工程有限公司实施，利用自有土地，建设厂房1.85万平方米，购置高速吸塑成型机、空压机、干燥机等生产设备41台套，总投资1亿元。该项目于2020年6月入库，达产后可形成年产电子元件生产、通信产品组装1.8亿套的生产能力。

高端工艺品研发制造项目　由江苏玉玲珑珠宝科技有限公司实施，新增用地面积9200多平方米，新建厂房2.1万平方米，购置数字雕刻设备、数字切割设备、抛光设备、装备流水线、电烤箱、磨削机、筛选色选机、全自动打孔机等主要设备160台套，总投资1.2亿元。该项目于2020年6月入库，达产后可形成年产珠宝、玉器及琥珀5万件的生产能力。

志华牧业生态养殖项目　由常州市志华牧业有限公司实施，租用江苏武南现代农业产业园土地，建设猪舍以及相关配套辅助设施、用电变压器及水电设施，总投资1.3亿元。该项目于2020年10月入库，建成后可形成年存栏母猪5000头的饲养规模。

**【江苏泛亚微透科技股份有限公司在科创板上市】** 内容参见“金融业”类目P129相关条目。

**【坂上幼儿园创成省体育（篮球）特色幼儿园】** 2020年4月，常州市武进区坂上幼儿园（简称“坂上幼儿园”）被评为“江苏省体育（篮球）特色幼儿园”，9月加入首批“江苏省幼儿体育研究联盟园”。坂上幼儿园位于礼嘉镇礼坂路，始建于1952年，1991年单独建园，年创成省优质幼儿园。该幼儿园坚持“让每个孩子健康快乐地成长”的办园理念，围绕营造健康快乐成长的环境，积极探索篮球教学法，自编幼儿篮球游戏教案两套，形成“阳光体育——篮球”特色课程；于2017年成立篮球运动队，连续参加3届江苏省幼儿篮球活动竞赛，在2020华蒙星第五届幼儿篮球嘉年华（常州站）比赛中分获篮球操比赛冠军、3对3实战赛冠军和技能赛亚军；坚持以“动”引“趣”的原则，创设篮球游戏走廊、篮球画廊、室内篮球馆等设施，力争让幼儿在与环境的互动中引发对篮球的兴趣。

（谈海燕）

**2020年礼嘉镇各村（社区）基本情况表**

表63

| 村（社区）名 | 户数（户） | 户籍人口（人） | 中共支部（总支、党委）书记 | 村委（社区居委会）主任 | 集体经济收入（万元） |
|---|---|---|---|---|---|
| 新辰村 | 895 | 3467 | 李永祺（—6月） | — | 252 |
| | | | 黄文杰（6月） | | |
| 秦巷村 | 902 | 3020 | 唐文成（—6月） | — | 251 |
| | | | 杨　勇（6月） | | |
| 礼嘉村 | 1212 | 2866 | 李　强 | 李　强 | 210 |
| 建东村 | 1130 | 3982 | 上官直新（—6月） | 周志荣（—6月） | 259 |
| | | | 沈锡忠（6月） | | |
| 陆庄村 | 813 | 2811 | 史仕兴 | 史新杰（—6月） | 195 |
| 毛家村 | 1017 | 3543 | 陆梦惕（—6月） | — | 127 |
| | | | 陈文波（6月） | | |
| 何墅村 | 913 | 2985 | 周伟良（—6月） | 何文超 | 97 |
| | | | 何文超（6月） | | |
| 蒲岸村 | 2003 | 3580 | 殷德强（—6月） | 殷静波 | 234 |
| | | | 殷静波（6月） | | |
| 武阳村 | 1140 | 3843 | 吴振宇 | 无 | 237 |
| 坂上村（社区） | 680 | 2073 | 李建一 | 庄燕军（—6月） | 197 |
| 大路村 | 1268 | 4126 | 李晓锋 | 杨益鸣（—6月） | 164 |
| 庞家街村 | 902 | 3075 | 庞新良 | — | 110 |
| 华渡村 | 1275 | 3809 | 谢永良 | — | 105 |
| 政平村（社区） | 1394 | 4070 | 范平益 | — | 240 |
| 礼嘉社区 | 404 | 866 | 史一平 | 陆　超 | 0 |

# 前黄镇

**【概况】** 前黄镇位于武进区南部，东临太湖，西濒滆湖，南与宜兴市和桥镇接壤，北依武进高新区，总面积103.6平方千米，辖行政村20个、社区4个，2020年年末户籍人口66543人。境内有新长铁路货运站点，沪宁高速苏锡常南部通道、常宜高速，常武路、南环线、湖滨公路等区域交通干道，以及太滆运河、武宜运河、锡溧漕运河等水运等级河道。素有“鱼米之乡”之称，“前黄”

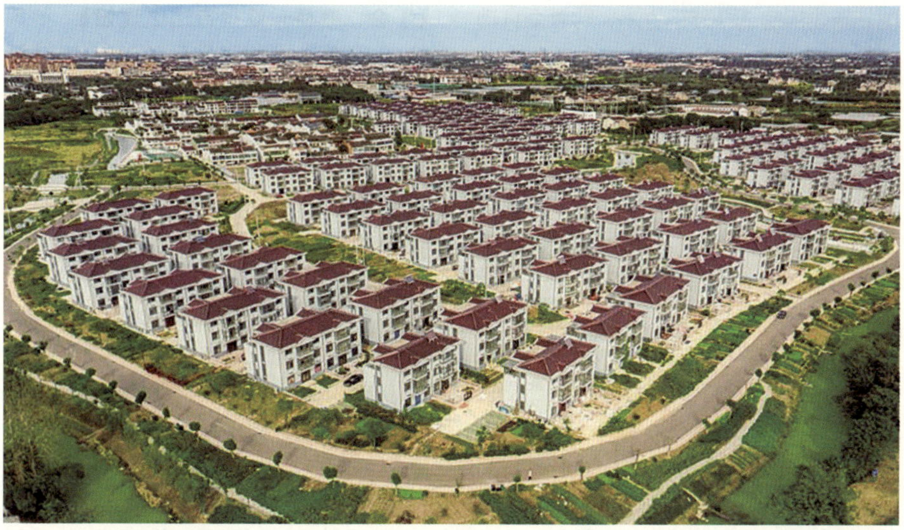

盛德家园宅改自建区（供图/前黄镇）

优质大米、"绿天使"食用菌、"红高"螃蟹、"碧水"青虾、寨桥"老鹅"等农产品远近闻名。获得国家级生态镇、江苏省外向型农业生产基地、无公害蔬菜生产基地和江苏省教育名镇等称号。

产业发展　建设现代农业，新建高标准农田266.667公顷，累计600公顷；三麦水稻种植面积分别达653.33公顷、1466.67公顷，蔬菜瓜果、林果、花卉种植面积分别达653.33公顷、800公顷、333.33公顷，水产面积2066.67公顷，青虾、河蟹养殖面积增至1333.33公顷；绿色食品、有机农产品企业和品牌分别增至44家、76个。有工业企业1253家，年内新增规模以上企业11家，累计110家，全年完成规模以上工业产值16.97亿元，占全镇工业总产值的82%。推进重点产业项目建设，灵塑科技、泽辉机械、鑫和泰集团等12个工业项目列入区重点项目，嘉浩冷链物流、中新置地等与武进高新区共建项目加快建设。发展高新技术产业，新增高新技术企业17家，累计52家，全年完成高新技术产业产值28亿元，占规模以上工业产值的27%；完成有效发明专利106件，获授权15件。常州敏杰电器有限公司获省工程技术研究中心立项。发展服务业，完成服务业投资5亿元，实现限上消费品零售额2亿元、限上贸易销售额2.52亿元和服务业增加值37亿元。

村镇建设　优化空间布局，完善国土空间规划，完成控制性详细规划修改，初步形成集镇片区开发方案；聚焦重点板块，实施环滆湖地区战略规划与城市设计；推进特色田园乡村规划，启动灵台片区规划编制。完善基础设施，常宜高速建成通车，苏锡常南部通道、新孟河延伸拓浚等省级重大工程实现无障碍施工，敬业路、潘巷路、凤林路等园区道路在建，完成杨木桥等4座农危桥改造、杨桥线等镇村道路修补、武宜运河寨桥段驳岸加固等工程。实施集镇开发，梁颂雅苑竣工交付，前黄浜北侧地块商业挂牌出让。推进拆迁安置，完成前黄西路、新长铁路平改立等项目拆迁面积5.5万平方米，交付丁舍、寨桥、红星三大自建区，建设运村二期、文雅苑续建三期、运村自建区，完成安置房办证800套。实施村庄天然气安装、道路硬化、环境绿化、照明亮化等系统工程，改造、新建公厕6座。保护生态环境，推进蓝天、碧水、净土三大保卫战，完成工业炉窑及锅炉提标改造30个、企业挥发性有机物（VOCs）综合治理21家、黑臭河道销号11条，建成农村分散式生活污水处理点105个，新建污水支管网11.7千米，实现3个排水片区接管和滆湖退渔还湖面积986.67公顷，关停取缔"散乱污"企业56家。中央环保督查组交办的环保信访案件全部整改到位。加强精细管理，完成20个村、7个住宅小区垃圾分类设施建设，集镇"房改亭"和易腐垃圾处理设施建成投运，企事业单位、餐饮店餐厨废弃物纳入收运体系，生活垃圾处理率达100%。建设美丽乡村，丁舍村等7个村列入全区首批示范村建设计划，前黄村、联庆村、坊东村、红星村等4个村创成市级农村人居环境整治示范村。

社会事业　优化教育、卫生公共设施，寨桥幼儿园辅楼、前黄医院新综合大楼和新发热门诊开工建设，前黄医院运村分院新建投用，前黄医院于2019年12月创成二级综合医院并被命名为武进第五人民医院。开展文明实践活动，承办全区新时代文明实践深化行动现场推进会，举办诗词大会等惠民活动50余场次。杨桥新书场创成市级理论宣讲示范点，孙英家庭获评"全国文明家庭""全国最美抗疫家庭"，黄亚惠家庭获评"全国五好家庭"。加强民生保障，失业人员再就业385人，新增社保人员1377人，累计17044人；向"4050""4555"人员638人发放社保补贴184万元，为12个村96个村民小组3365人办理失地农民保障；发放慈善救助金、临时帮困补助等帮扶资金130余万元和残疾人两项补贴981万元。全镇219户、327人脱贫得到巩固。

表64　2020年前黄镇主要经济社会指标完成情况表

| 指　　标 | 单　位 | 数　值 | 比2019年（±%） |
|---|---|---|---|
| 地区生产总值 | 亿　元 | 97.79 | 4.00 |
| 公共预算收入 | 万　元 | 3.23 | 3.70 |
| 农业总产值 | 亿　元 | 13.21 | 6.60 |
| 多种经营产值 | 亿　元 | 12.55 | 6.70 |
| 粮食总产量 | 万千克 | 1709.60 | −0.38 |
| 工业销售收入 | 亿　元 | 125.17 | 5.03 |
| 实际利用外资和港澳台资 | 万美元 | 1000.00 | −9.09 |
| 自营出口额 | 万美元 | — | — |
| 第三产业增加值 | 亿　元 | 40.74 | 2.50 |
| 居民人均可支配收入 | 元 | 49681.00 | 4.66 |

**【电动轮椅机械支架等8个重点产业项目建设】** 电动轮椅机械支架项目　由常州市泽辉机械有限公司实施，利用现有土地2.14公顷，新建厂房5000平方米，购置数控机床、数控磨床等设备，总投资1亿元。该项目于2020年10月开工，建成后可形成年产电动轮椅机械支架10万套的生产能力。

银亮反光新材料项目　由常州市银亮反光新材料有限公司实施，用地面积6700平方米，建设厂房5500平方米，购置涂布机、分切机等主要设备，总投资5000万元。该项目于2020年12月开工，建成后可形成年产反光膜、发光膜等反光材料500万平方米的生产能力。

多缸柴油发动机缸体项目　由江苏鑫和泰机械集团有限公司实施，利用现有厂房5000平方米，购置加工中心、专用机床等生产设备，总投资6000万元。该项目于2020年10月开工，建成后可形成年产多缸柴油发动机缸体15万台的生产能力。

智能办公设备及零部件项目　由江苏越行机械科技有限公司实施，利用自有厂房8000平方米，购置液压机、压力机、磨床等生产设备，总投资5000万元。该项目于2020年11月开工，建成后可形成年产智能办公设备45万套、智能办公设备零部件460万套的生产能力。

灵塑功能塑料粒子项目　由常州灵塑科技发展有限公司实施，用地3.36公顷，新建厂房2.7万平方米，购置全自动上料混合机、注塑造粒机、全自动冷却器等生产设备，总投资3亿元。该项目一期于2020年12月竣工，达产后可形成年产功能塑料粒子3万吨的生产能力。

亚涛金属减震器项目　由常州亚涛金属制品有限公司实施，利用原有土地3500平方米，新建厂房5100平方米，购置加工中心、数控钻铣中心等生产设备，总投资5000万元。该项目于2020年12月竣工，达产后可形成年产减震器20万套的生产规模。

环宇科技光伏组件项目　由环宇光伏科技（常州）有限公司实施，租用标准厂房1.6万平方米，购置串焊机、层压机等主要设备，总投资5000万元。该项目于2020年11月竣工，达产后可形成年产光伏组件600兆瓦的生产能力。

建筑垃圾、铸造废砂回收再利用项目　由常州市众鹏环保材料科技有限公司实施，租用江苏鑫和泰机械集团有限公司厂房5500平方米，购置磁选机、破碎机等设备64台套，总投资5000万元。该项目于2019年11月竣工，达产后可形成年回收再利用建筑垃圾60万吨、铸造废砂2万吨的规模。

**【前黄新增高新技术企业13家】** 2020年12月，前黄镇13家企业被全国高新技术认定管理工作领导小组办公室认定为高新技术企业，累计高新技术企业48家。

表65　2020年前黄镇新增高新技术企业基本情况表

| 企业名称 | 占地面积（平方米） | 建筑面积（平方米） | 产值（万元） |
|---|---|---|---|
| 常州市祝庄园艺有限公司 | 80000 | 56000 | 3159 |
| 江苏普立尔环保科技有限公司 | 3200 | 2000 | 800 |
| 常州超声电子有限公司 | 8000 | 6000 | 1183 |
| 江苏常灵科技有限公司 | 12000 | 18000 | 5300 |
| 常州铸鼎机械有限公司 | 30000 | 18000 | 7498 |
| 常州亿创能源科技有限公司 | 6660 | 5000 | 557 |
| 常州市巨威气弹簧有限公司 | 20000 | 20000 | 4222 |
| 常州久藤电气有限公司 | 1600 | 2400 | 650 |
| 常州市常协柴油机机体有限公司 | 15500 | 8500 | 8000 |
| 常州丰锦塑胶科技有限公司 | 33000 | 20000 | 7188 |
| 常州市凯宏铝业有限公司 | 48000 | 40000 | 75000 |
| 常州力能输变电材料科技有限公司 | 3000 | 3200 | 240 |
| 常州艾博格电器有限公司 | 10000 | 6500 | 4152 |

**【丁舍、寨桥、红星自建区建设】** 前黄镇丁舍、寨桥、红星自建区为武进区农村土地制度改革中宅基地改革试点项目，是前黄镇工程拆迁安置首批农民自建房。宅基地改革自建区项目建设由镇政府搭建平台，拆迁户推举代表作为甲方，公开招投标。户型设计三种：宅基地面积90平方米，建筑面积276平方米；宅基地面积120平方米，建筑面积370平方米；宅基地面积140平方米，建筑面积418平方米。因安置方式尊重农村居民居住习惯，很受群众欢迎。

盛德家园为前黄镇丁舍自建区，规划总用地50.1公顷，其中可建设用地33.34公顷，规划总建筑面积22.68万平方米、总户数562户，建筑密度22.62%，容积率0.68，绿地率30%。该项目于2019年3月开工，到2020年12月建成350户14.3万平方米，建筑与基础设施总投资32650万元。

盛湖佳苑为前黄镇寨桥自建区，规划总用地40.9公顷，其中可建设用地20.4公顷，规划总建筑面积15.01万平方米、总户数364户，建筑密度25%，容积率0.7，绿地率30%。该项目于2019年4月开工，到2020年12月建成70户3万平方米，建筑与基础设施总投资7000万元。

星昀花苑为前黄镇红星自建区，规划总用地40.7公顷，其中可建设用地24.2公顷，规划总建筑面积14.41万平方米、总户数354户，建筑密度11.9%，容积率0.62，绿地率30%。该项目于2019年5月开工，到2020年12月建成8户0.3万平方米，建筑与基础设施总投资600万元。

**【常州市武进第五人民医院揭牌暨综合大楼奠基】** 2020年10月15日，前黄人民医院更名为常州市武进第五人民医院。该医院始建于1951年，2019年被评定为二级综合医院，成为集医疗、教育、科研、预防保健、卫生应急于一体，西医、中医、公共卫生服务等科室设置齐全的现代化综合医院。其综合大楼扩建工程为2020年区重点项目，占地面积5668平方米，总建筑面积约8580平方米，总投资8000万元，已于9月29日动工。

表 66　2020 年前黄镇各村（社区）基本情况表

| 村（社区）名 | 户数（户） | 户籍人口（人） | 党组织书记 | 村委（社区居委会）主任（召集人） | 集体经济收入（万元） |
|---|---|---|---|---|---|
| 运村村<br>运村社区 | 968 | 2964 | 张少一（—7 月）<br>史春杰（7 月） | 王华明（—9 月）<br>史春杰（9 月）<br>史春杰（兼） | 326.9 |
| 农场村 | 878 | 2721 | 胥建定 | 胥晓宏（—9 月）<br>胥建定（9 月） | 183.43 |
| 祝庄村 | 846 | 2875 | 叶建新 | 杨伯平（—9 月）<br>叶建新（9 月） | 169.94 |
| 谭庄村 | 932 | 2837 | 胥国华 | 卢小东（—9 月）<br>胥国华（9 月） | 184.28 |
| 杨桥村 | 1650 | 5012 | 朱志刚 | 朱志刚 | 235.18 |
| 大成村 | 997 | 3608 | 张一明（—6 月）<br>蒋　旭（6 月） | 朱全良（—9 月）<br>蒋　旭（9 月） | 172.16 |
| 丁舍村 | 1475 | 4245 | 王洪法 | 何建明（—9 月）<br>王洪法（9 月） | 208.23 |
| 前黄村<br>前黄社区 | 1238 | 4392 | 王　强 | 杨春凤（—9 月）<br>王　强（9 月）<br>王　强（兼） | 348.52 |
| 红旗村 | 916 | 2749 | 杨建明（—11 月）<br>陈新元（11 月） | — | 184.84 |
| 前进村 | 805 | 2463 | 蒋东阳（—7 月）<br>徐志成（7 月） | 徐志成 | 250.56 |
| 漳湟村 | 876 | 3128 | 鲍建中 | 沈细波（—9 月）<br>鲍建中（9 月） | 181.24 |
| 坊东村 | 1197 | 3387 | 柏益平 | 钱青全（—9 月）<br>柏益平（9 月） | 313.97 |
| 联庆村 | 1173 | 4146 | 张立成 | 张立成 | 228.46 |
| 灵台村 | 1752 | 5177 | 张建兴 | 蒋祥松（—9 月）<br>张建兴（9 月） | 278.04 |
| 寨桥村<br>寨桥社区 | 1304 | 3401 | 吴明亚 | 吴明亚<br>吴明亚（兼） | 472.97 |
| 观咀村 | 965 | 3238 | 陈　刚 | 张志松（—9 月）<br>陈　刚（9 月） | 197.28 |
| 高梅村 | 912 | 2728 | 杨国兴 | 陈建良（—9 月）<br>杨国兴（9 月） | 209.62 |
| 坊前村 | 986 | 2960 | 王建强 | 李国富（—9 月） | 221.9 |
| 红星村<br>红星社区 | 1106 | 3117 | 李越飞 | 堵小南（—9 月）<br>李越飞（9 月）<br>李越飞（兼） | 221.22 |
| 蒋排村 | 725 | 3023 | 赵　杰 | 宣晓南（—9 月）<br>赵　杰（9 月） | 330.39 |

（唐建安）

# 湖塘镇

【概况】 湖塘镇为武进区政府驻地，总面积 80.9 平方千米，辖社区 45 个，2020 年年末户籍人口 177127 人（含集体户口 619 人），常住人口 55 万人。境内有全国重点文物保护单位——春秋淹城遗址和恽南田纪念馆、李公朴故居。有“中国百强乡镇”“中国乡镇之星”“中国织造名镇”之称，获得“全国环境优美镇”“国家级生态镇”“中国纺织面料之都”“中国针织面料基地”“中国纺织品贸易基地”“棉纺织产业集群创新发展示范地区”等称号。

*产业发展*　全镇有各类企业 19338 家，其中工业企业 2500 余家，规模以上工业企业 153 家，全年完成规模以上工业产值 133.9 亿元，占全镇工业总产值的 43%。建设重点平台，湖塘科技产业园引进安康医疗、沃沛斯光伏组件等优质企业，累计签约入驻企业 130 家，租赁厂房面积 37.3 万平方米，厂房出租率达 100%；武进科创园新增入驻企业 3 家，在园企业 42 家。推进创新发展，新增高新技术企业 28 家，累计 68 家，完成规模以上高新技术产业产值 33.95 亿元，占全镇规模以上工业产值的 25.4%；申报专利 2075 件，获授权 1382 件；签订产学研意向项目 41 个。发展现代服务业，武进汽车城、湖塘纺织城等重点市场运营良好，全年完成服务业增加值 213.3 亿元，增长 5%。发展楼宇经济，举办镇长直播带货、“龙城夜未央、五彩夜湖塘”活动，促进经济循环发展。

*城市建设*　推进拆迁安置，完成常州科教城、长沟河片区开发等地块项目拆迁，全年累计签约拆迁面积近 65 万平方米。认真落实《武进区城镇危险住房解危实施办法（试行）》，实施服务新村 1 幢危房解危项目，于 11 月 23 日完成住户全部腾空封闭。保护生态环境，推进水环境治理、大气污染治理，基本完成江苏省“两减六治三提升”生态保护和环境治理专项行动涉企关停整治和城区污水处理支管网建设任务，完成锅炉低氮改造 41 台和重点行业 VOCs 治理 24 家。加强城市长效管理，增划非机动车停车位线 8 万余米，拆除违章建筑 42 处，整治违法用地 8 处。深

化文明城市建设，完成常州市四次季度测评、省级测评及国家级测评任务，湖塘镇获第六届“全国文明镇”称号，晓柳社区、北街社区获“江苏省文明社区”称号。

社会事业　优化配置教育资源，建设常发、弘阳、春秋幼儿园，办理流动人口子女积分入学1349名。推进新时代文明实践工作，建成开放湖塘镇新时代文明实践所展厅和“南田杯”精品书画展览馆，获“常州市新时代文明实践试点先进单位”称号。发展卫生健康事业，家庭医生新签约41170人，居民健康档案新建档22303人。全面落实新冠疫情防控措施，累计服务居家隔离人员7217人次，上报核酸检测2833人次。健全民生保障，完成涉及民生议事项目10个，城镇失业人员再就业5728人，困难人员再就业621人，办理社保补贴优惠3033人。加强阳光扶贫，预防脱贫人员返贫。积极探索“医养结合”“互联网+”智慧居家养老模式，打造15分钟社区养老服务圈，对65岁及以上人群全面体检，提高家庭医生签约服务覆盖率。

**【湖塘镇新增高新技术企业28家】** 2020年12月，湖塘镇27家企业被全国高新技术认定管理工作领导小组办公室认定为高新技术企业，累计高新技术企业68家。

**【巨人机器人等5个重点工业项目开工】**

巨人机械设备项目　由常州市巨人机器人科技有限公司实施，用地面积6000平方米，新建厂房7000平方米，购置激光跟踪仪、龙门高精度三坐标等主要设备10台，总投资5200万元。该项目于2020年12月开工，达产后可形成年产装配器械、机械设备500台套的生产能力。

光伏组件扩能项目　由沃沛斯（常州）能源科技有限公司实施，租用湖塘科技产业园厂房5790平方米，购置串焊机、层压机、电检机等主辅设备30台套，总投资7766万元。该项目于2020年5月开工，装修改造车间，建设空压机房及车间配电配气工程等，达产后可形成年产太阳能光伏组件500万套的生产能力。

**2020年湖塘镇主要经济社会指标完成情况表**

表67

| 指　　标 | 单　位 | 数　值 | 比2019年（±%） |
|---|---|---|---|
| 地区生产总值 | 亿　元 | 297.19 | 3 |
| 公共预算收入 | 亿　元 | 19.48 | 10.5 |
| 农业总产值 | 万　元 | 922.00 | 24.59 |
| 多种经营产值 | 万　元 | 887.00 | 22.34 |
| 粮食总产量 | 万千克 | 4.90 | 113.04 |
| 工业销售收入 | 亿　元 | 307.57 | −8.84 |
| 对外及港澳台贸易进出口总额 | 亿　元 | — | — |
| 第三产业增加值 | 亿　元 | 213.25 | 5 |
| 居民人均可支配收入 | 万　元 | 5.39 | 4.65 |

**2020年湖塘镇新增高新技术企业基本情况表**

表68

| 企　业　名　称 | 占地面积（平方米） | 建筑面积（平方米） | 产　值（万元） |
|---|---|---|---|
| 常州大业能源科技有限公司 | （租赁） | 852 | 400 |
| 常州市德标轴承有限公司 | （租赁） | 5200 | 3000 |
| 常州科瑞电气有限公司 | 6620.7 | 4529 | 5000 |
| 常州时进精密机械有限公司 | （租赁） | 6198 | 4880 |
| 常州蓝山机电科技有限公司 | （租赁） | 610 | 109.8 |
| 常州科力达仪器有限公司 | 9685 | 19051 | 4500 |
| 常州博图自动化科技有限公司 | （租赁） | 1234 | 2870 |
| 常州市安普机电制造有限公司 | （租赁） | 2540 | 2600 |
| 常州点创自动化设备有限公司 | （租赁） | 1100 | 132 |
| 常州市武进城南纺织品有限公司 | 11757.5 | 11507 | 6801 |
| 常州市中杲机电有限公司 | （租赁） | 8295 | 3400 |
| 常州市军锐机械有限公司 | （租赁） | 2000 | 1412 |
| 常州德众新能源有限公司 | （租赁） | 800 | 800 |
| 常州赫尔絨纺织有限公司 | 20000 | 20000 | 3200 |
| 常州市熙春电子有限公司 | （租赁） | 4375 | 12000 |
| 常州市华纺纺织仪器有限公司 | （租赁） | 1280 | 649 |
| 常州紫浩电子有限公司 | 2921.7 | 4175 | 5783 |
| 江苏格耀机械科技有限公司 | （租赁） | 3480 | 1063 |
| 常州仁华电子有限公司 | （租赁） | 1860 | 498 |
| 常州市大洋轴承制造有限公司 | 21109.18 | 7132 | 4500 |
| 常州精控电机电器有限公司 | （租赁） | 6450 | 3000 |
| 常州金德纺机科技有限公司 | （租赁） | 5136 | 2300 |
| 常州锐特尔自动化设备有限公司 | （租赁） | 1000 | 304 |
| 江苏龙衡环境科技有限公司 | （租赁） | 200 | 1256 |
| 常州市润祥电子科技有限公司 | （租赁） | 1800 | 1296.3 |
| 常州金利泓纺织有限公司 | 15725 | 24007 | 11400 |
| 常州安达环保科技有限公司 | 18700 | 20000 | 800 |
| 江苏悍狮霸智能科技有限公司 | （租赁） | 2736 | 1591 |

*湖塘科技产业园 D 区工业厂房建设项目* 由湖塘科技产业园投资管理有限公司实施，总占地面积 8.43 公顷，规划建设高标准厂房 18.3 万平方米，总投资 3.5 亿元。该项目聚焦智能装备制造、电机电器、医疗器械、新能源等主导产业，是扩大园区科创平台物理空间、实现新兴产业集聚和转型升级的重要载体，于 2020 年 8 月开工，年内完成投资 4000 万元。

*瑞莱伯陶瓷砂磨分散机项目* 由江苏瑞莱伯进出口有限公司实施，用地面积 8020 平方米，新建厂房 1.5 万平方米，购置车床、铣床、剪板机、卷圆机等主要设备，总投资 1 亿元。该项目于 2020 年 8 月开工，达产后可形成年产陶瓷砂磨分散机 1000 套的生产能力。

*智马科技伺服电机项目* 由江苏智马科技有限公司实施，用地面积 1.66 公顷，新建厂房 2.9 万平方米，购置合装机、液压机、动平衡机、装配流水线、绕线机、测功机等组装设备 15 台套，总投资 1.2 亿元。该项目于 2019 年 5 月开工，2020 年投资 5450 万元，达产后可成形年产伺服电机 10 万台的生产能力。

**【优耐特等 2 个重点工业项目竣工】** *优耐特精密钣金项目* 由常州市优耐特精密钣金有限公司实施，利用现有厂房，购置喷涂流水线、激光切割机等生产设备 141 台套，总投资 3000 万元。该项目于 10 月竣工，达产后可形成年产精密钣金件 20 万件的生产能力

*新澳智能家居项目* 由常州新澳建材科技有限公司实施，利用现有土地 3.71 公顷，新建厂房 3 万平方米，购置数控开料机、数控雕刻机、自动封边机等设备 24 台套，2020 年投资 2000 万元。该项目于 12 月竣工，达产后可形成年产智能家具 3.5 万套的生产能力。

**【武进人才公寓开业】** 11 月 13 日，“湖塘悦舍，与武同行”武进人才公寓开业。该公寓坐落于湖塘科技产业园内，是武进区完善人才安居保障体系建设的一个重要组成部分，共 7 层建筑面积 2 万平方米。1 ～ 2 层为人才公寓公共区域，集党群服务、商务、休闲、阅读、社交于一体，设有党建工作站、工会服务站、秋白书苑、会议室、舞蹈房、健身房、咖啡馆。3 ～ 7 层建有公寓 237 套，包含人才公寓 116 套、创客公寓 24 套、总裁公寓 85 套、专家公寓 12 套，均配备家具、家电、宽带网络等设施。公寓由湖塘镇政府委托江苏韭田创客空间有限公司管理运营，实行统一物业管理，采取门禁刷卡进入，配套防盗门、智能锁，提供保安、保洁、维修及多项配套服务。

**【湖塘镇获评第六届“全国文明村镇”】** 2020 年 11 月 20 日，湖塘镇在全国精神文明建设表彰大会上获评第六届“全国文明村镇”。该镇对标“全国文明村镇”创建要求，坚持把转型升级作为推动经济发展的主线，增强经济实力，2020 年完成地区生产总值 297.19 亿元，一般公共预算收入 19.48 亿元；推进文明建设体系，依托新时代文明实践所、“学习强国”App、道德讲堂等载体，深化社会主义核心价值观宣传教育，用“身边榜样”的力量影响干部群众；建设精致宜居城区，实施道路、水利、生态绿城和老小区改造等项目，累计完成老小区改造面积 200 多万平方米；深化生态文明建设，构建绿色体系，“企业河长制”率先推行，生态环境专项行动涉企关停整治和城区污水处理支管网建设基本完成，大气污染治理持续推进；深入实施“文化惠民”工程，建成自助图书馆“阳湖书房”、社区综合性文化服务中心和农家书屋，组建群众文化团队 100 多支，开展邻居节、送电影进社区、文艺惠民巡演、社区天天乐、“我们的节日”等活动，丰富群众文体生活；畅通民生诉求，通过“市民茶室”“人大代表之家”“两代表一委员工作室”等平台，协调解决群众反映的各类问题和意见建议；加大民生事业投入，每年为民实事不少于 20 件；社会治理趋向精细，网格集成管理提质增效，网格党建覆盖率、移动终端登录率和平台事项办结率均达百分百。

**【湖塘镇综合文化服务中心揭牌暨湖塘秋白书苑开馆】** 9 月 23 日，湖塘镇综合文化服务中心揭牌暨湖塘秋白书苑开馆。该文化服务中心位于湖塘镇定安西路与玉塘路交会处（星河国际六区 11 幢 52–1 号），建筑面积 3600 多平方米，共 3 层，分别由共享服务大厅、镇新时代文明实践所和南田书画苑、秋白书苑和文体功能室组成，其中秋白书苑由常州市图书馆、湖塘镇政府共建，有图书近 2 万册，还设有南田国学堂、益智乐高区、创意小工坊等空间，是集湖塘镇新时代文明实践所、湖塘镇综合文化站、武进区图书馆湖塘镇分馆、武进区文化馆湖塘镇分馆、实体文创书店（“一所一站两馆一店”）于一体的为民惠民服务平台，为进一步推动新时代文明实践活动、弘扬优秀传统文化和全民阅读提供了重要阵地和崭新载体。

**【刘海粟艺术幼儿园常发园建成投用】** 内容参见“教育”类目 P193 相关条目。

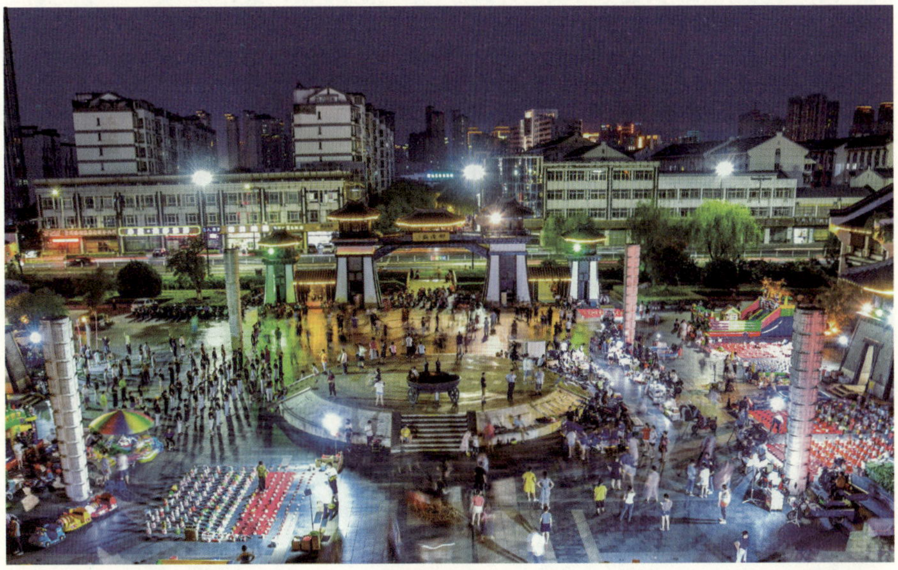

湖塘夜色淹城夜未央　　（摄影 / 盛明霞）

表 69

**2020 年湖塘镇各社区基本情况表**

| 社区名 | 户数（户） | 户籍人口（人） | 党组织书记 | 社区居委会主任 | 社区名 | 户数（户） | 户籍人口（人） | 党组织书记 | 社区居委会主任 |
|---|---|---|---|---|---|---|---|---|---|
| 湾里社区 | 2699 | 7194 | 王国妹 | 王国妹（兼） | 长虹社区 | 1092 | 3176 | 宋建国 | 宋建国（兼） |
| 东方社区 | 2495 | 7023 | 朱　晖 | 鞠　波 | 采菱社区 | 1129 | 3288 | 管建新 | 沈伟刚 |
| 降子社区 | 2739 | 6854 | 徐　春 | 徐　春（兼） | 龙潭社区 | 459 | 1290 | 徐春元 | 徐春元（兼） |
| 南街社区 | 6436 | 17382 | 陈产文 | 王　华 | 江村社区 | 142 | 389 | 王丽娟 | 王丽娟（兼） |
| 中凉社区 | 3349 | 7023 | 蒋　克 | 蒋　克（兼） | 东升社区 | 550 | 1800 | 沈小利 | 杨雪锋 |
| 聚湖社区 | 5189 | 13270 | 王建方 | 王　承 | 东新社区 | 889 | 2500 | 李忠新 | 杨仲俭 |
| 新天地社区 | 1469 | 3796 | 叶坚峰 | 叶坚峰（兼） | 三勤社区 | 1041 | 3072 | 刘　宇 | 曹燕方 |
| 夏雷社区 | 1616 | 4352 | 袁刚平 | 袁刚平（兼） | 永定社区 | 2575 | 6719 | 庄亚娟 | 庄亚娟（兼） |
| 北街社区 | 1556 | 3985 | 周太娣 | 周太娣（兼） | 南都社区 | 1862 | 4859 | 吴洁莲 | 蒋焕青 |
| 花东社区 | 2127 | 5340 | 严惠忠 | 严惠忠（兼） | 淹城社区 | 1258 | 3192 | 曹建浩 | 曹建浩（兼） |
| 花园社区 | 2393 | 6178 | 李曙霞 | 李曙霞（兼） | 何留社区 | 1467 | 4888 | 何庆丰 | 王中华 |
| 马家巷社区 | 719 | 2017 | 马敏波 | 马敏波（兼） | 张家坝社区 | 619 | 1614 | 许浩明 | 许　宁 |
| 沙塘岸社区 | 450 | 1391 | 吴东伟 | 吴东伟（兼） | 鸣南社区 | 1516 | 3289 | 朱伟其 | 朱伟其（兼） |
| 华家社区 | 487 | 1473 | 卞黎霞 | 卞黎霞（兼） | 鸣北社区 | 1103 | 2822 | 丁志超 | 张伟兴 |
| 周家巷社区 | 860 | 2219 | 吴　振 | 邹　健 | 大学新村一社区 | 786 | 2056 | 夏　英 | 史析清 |
| 湖塘社区 | 1221（37） | 3338（619） | 张立荣 | 张立荣（兼） | 大学新村二社区 | 964 | 2727 | 陆宁宇 | 陈　渝 |
| 烈帝社区 | 869 | 2285 | 盛超英 | 徐洪兴 | 永安社区 | 1967 | 5301 | 张　炜 | 张　炜（兼） |
| 蒋公岸社区 | 1072 | 2977 | 张亦婷 | 周冬兴 | 晓柳社区 | 1414 | 3834 | 周孝波 | 张春燕 |
| 星河社区 | 2093 | 5186 | 马　涵 | 马　涵（兼） | 丰乐社区 | 1161 | 3088 | 姜　倩 | 毛　逸 |
| 长安蒋湾社区 | 2120 | 5543 | 周国明 | 周国明（兼） | 北庙桥社区 | 970 | 2430 | 孙正新 | 孙正新（兼） |
| 长安大巷社区 | 1217 | 3085 | 诸素琴 | 诸素琴（兼） | 府东社区 | 512 | 1307 | 徐小琴 | 徐小琴（兼） |
| 南田社区 | 698 | 1980 | 吴　松 | 吴　松（兼） | 府南社区 | 1955 | 4670 | 邹　松 | 邹　松（兼） |
| 东华社区 | 1030 | 2845 | 张华新 | 张华新（兼） | | | | | |

（张　骅）

## 牛塘镇

**【概况】** 牛塘镇东临武进中心城区，西连西太湖科技产业园，南接武进高新区，北依常州主城区，总面积34.6平方千米，辖行政村9个、社区5个，2020年年末户籍人口46027人、常住人口6万余人。

*产业发展* 全镇有工业企业1300余家，其中规模以上企业80家，全年完成规模以上工业产值80.6亿元，占全镇工业总产值的82.6%。推进项目建设，7个市、区重点项目年内完成总投资10.75亿元，新建项目开工率100%。全棉水刺医用新材料及生活系列产品项目通过竣工验收，新华陵汽车电器项目、中南高科武进创智云谷二期项目、立华牧业总部基地项目、勒捷特二期快递物流设备组装车间项目开工建设，良人良作健康烘焙食品项目厂房改造完成，东仕豪精密五金零部件项目竣工投运。推进科技创新，全年申报高新技术企业38家，通过认定27家，其中新增高新技术企业23家，累计43家，全年完成高新技术产业产值24.7亿元，占全镇规模以上工业产值的30.7%；开展产学研合作15项，实施9项。深化产业平台建设，创客家双创基地获评武进区退役军人孵化基地，并获武进区特色基地综合评定二等奖，“快递物流自动化”项目获第四届“中国创翼”创业创新大赛江苏省选拔赛创业组优胜奖，“机器视觉工业瑕疵在线检测应用”项目获江苏省大学生优秀创业项目。

*城镇建设* 完善基础设施，建成丫河路、青云路、上田路及大通西路（中南高科段）等道路，完成天龙桥防碰撞改造工程，推进定安路、古方路建设。推进城市化进程，完成虹西路道路两侧立面提升、贺南新村及周边片区改造工程，红星爱琴海花园、中南菩悦项目主体工程建成，新城金樾交付。做好征迁安置工作，完成沈家弄世蒂爱斯及其周边地块项目2家企业搬迁签约，推进牛塘实验学校周边定安西路建设涉及的民房搬迁和塘田地块搬迁，办理卢家巷花苑、卢家新园、长虹花苑等安置房分割办证2286套。保护生态环境，推进化工企业退出、铸造企业整改提升，开展“散乱污”企业（作坊）“回头看”百日专项行动，停产、关停化工企业5家，实行“散乱污”企业（作坊）整治名单动态管理。建设生态基础设施，建成西政路、青云路污水支管网，完成丫河蒋渡村、漕溪金家塘排水片区整治和厚恕巢家村农村分散式生活污水处理设施建设。开展生态专项治理，完成重点企业VOCs治理17家、重点餐饮单位油烟整治13家、天然气锅炉低氮改造26台和物料堆场整治。改善水体环境，推进

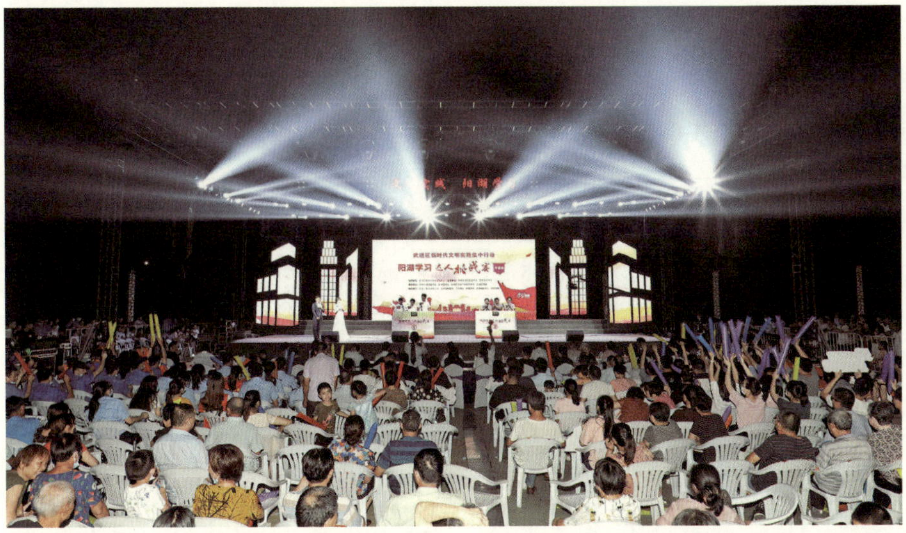

7月10日，“阳湖学习”达人挑战赛（牛塘站）举行　　（摄影/陆　新）

城镇污水处理提质增效精准攻坚“333”行动，创成污水提质增效达标区2.88平方千米，实现漕溪浜、周家浜、庄桥浜、跃进河、红旗河5条市黑臭水体名录销号。改善城乡环境面貌，完成8个小区和5个村庄垃圾分类建设，创成金棕榈湾花苑和翔宇文苑2个省级垃圾分类达标小区，丫河、塘口精品美丽乡村示范项目建设启动，塘口村建成市级生态文明村，厚恕村建成省级绿美村庄，金东方社区入选省级节水型社区。加强城乡管理，开展街道靓化、广告净化和停车序化行动和户外广告专项整治、农村人居环境整治，实施高架沿线环境整治工程，全面营造干净、整洁的环境。

社会事业　推进教育卫生均等化建设，牛塘中心小学一期改造建成投用，卢家巷实验学校改扩建工程一期主体工程完工，牛塘实验学校、东龙实验学校新建工程启动，武进第三人民医院原址翻建工程开工。加强新冠疫情防控，对涉及疫情重点地区的人员滚动排查、居家（居企）隔离，助推企业复工复产，保障经济社会平稳发展。深化精神文明建设和新时代文明实践，举办牛塘镇第四届读书节和篮球联赛、舞蹈大赛等文体赛事，编发牛塘历史文化读本——《游塘古歌》，在丫河村建立常州市首个“社区邻里月季园”。发展光彩事业，于9月设立“孺子牛”教育光彩基金，138家企业积极响应、慷慨解囊、捐资助学，完成一期资金筹集349.6万元，定向用于“奖教奖学，扶贫帮困”。保障和改善民生，全年新增就业2376个，城镇失业人员再就业524人，就业困难人员再就业113人；新增城乡医疗保险人员348人。全年发放最低生活保障金54.24万元、低保边缘困难家庭救助金3.6万元、慈善救助金66.5万元、残疾人补贴及津贴360.13万元、困境儿童救助金28万元、尊老金95.64万元及物价补贴30.9万元。7月，镇级居家养老服务中心在卢家巷社区综合文化服务中心启用，成为全区第四个由专业养老服务机构运营的居家养老服务中心。

**2020年牛塘镇主要经济社会指标完成情况表**

表70

| 指　标 | 单　位 | 数　值 | 比2019年（±%） |
|---|---|---|---|
| 地区生产总值 | 亿　元 | 99.1 | 2.0 |
| 公共预算收入 | 亿　元 | 6.7 | 14.7 |
| 农业总产值 | 亿　元 | 0.7 | 0.9 |
| 　多种经营产值 | 亿　元 | 0.6 | 0.8 |
| 粮食总产量 | 万千克 | 91.0 | 116.3 |
| 工业销售收入 | 亿　元 | 96.6 | 5.3 |
| 实际利用外资及港澳台资 | 万美元 | 1000 | −9.4 |
| 第三产业增加值 | 亿　元 | 57.4 | 0.5 |
| 居民人均可支配收入 | 元 | 36330.0 | 6.0 |

**【牛塘重点产业项目建设】**　全棉水刺医用新材料及生活系列产品项目　由全棉乐家科技（江苏）有限公司实施，分两期建设，用地4.39公顷，新建厂房5万平方米及现代物流仓1万平方米，新增德国进口特吕次勒高速全棉水刺医用基布生产线4条及相关延伸产品全自动生产线，总投资3.8亿元。该项目于8月底通过竣工验收，经试生产后投入运营。

新华陵高性能高寿命汽车电器产品项目　由江苏新华陵汽车电器有限公司实施，用地面积2.8公顷，新增程控装配流水线等298台套，总投资1.8亿元。该项目于5月开工建设，建成达产后可形成年产组合开关、点火开关100万台套，小开关300万个的生产能力。

中南高科·常州武进创智云谷二期项目　由中南建设集团股份有限公司旗下的中南高科负责投资、建设与招商，用地面积6.74公顷，于5月开工建设。

立华牧业总部基地项目　由江苏立华牧业股份有限公司实施，用地面积3公顷，新建研发楼、科研办公楼及配套用房，总建筑面积6.9万平方米，购置超速离心机、仿生消化仪、氨基酸分析仪、高效液相色谱仪等研发设备460台，总投资3.4亿元，于9月8日开工建设。

快递物流设备组装车间项目　由江苏勒捷特自控科技有限公司实施，用地面积6513平方米，新建厂房7000平方米，总投资5000万元，于11月开工建设。

良人良作健康烘焙食品项目　由良人良作（常州）健康食品有限公司实施，占地面积4.78公顷，在原有厂房基础上改造，引进国内外先进设备，投资5000万元。该项目于7月改造完成，形成年产350吨面包的生产能力。

东仕豪精密五金零部件项目　由常州东仕豪机械制造有限公司实施，利用原有厂房，引进日本森铁工Mori精冲机等30台套，投资5135万元。该项目于9月竣工投运，形成年产1000万件精密五金零部件的生产能力。

【牛塘新增高新技术企业23家】 2020年11月、12月，牛塘镇23家企业被全国高新技术认定管理工作领导小组办公室拟认定为高新技术企业，累计43家。

表71

2020年牛塘镇新增高新技术企业基本情况表

| 企业名称 | 占地面积（平方米） | 建筑面积（平方米） | 产值（万元） |
|---|---|---|---|
| 常州邦泽精密机械有限公司 | 2232 | 2080 | 1495 |
| 常州市君豪纺织品有限公司 | 13000 | 16000 | 4781 |
| 江苏申达检验有限公司 | 6000 | 6000 | 7000 |
| 常州市远屏电子有限公司 | 1878 | 2322 | 2023 |
| 江苏利特乐智能科技有限公司 | 2238 | 2238 | 8000 |
| 常州江泉传动科技有限公司 | 5300 | 12000 | 640 |
| 江苏普斯森精密机械有限公司 | 8000 | 5000 | 2213 |
| 克雷兹（常州）工业技术有限公司 | 4440 | 4440 | 5115 |
| 江苏威科腾电机驱动技术有限公司 | 1500 | 1500 | 736 |
| 常州市金秋织造有限公司 | 9208 | 7906 | 4668 |
| 常州砼筑建筑科技有限公司 | 73260 | 30000 | 25000 |
| 江苏高塔智能物联网科技有限公司 | 970 | 970 | 600 |
| 江苏万意节能科技有限公司 | 4000 | 5000 | 2000 |
| 江苏勒捷特自控科技有限公司 | 18929 | 19822 | 13600 |
| 常州泰伊尔特科技有限公司 | 2238 | 2238 | 1655 |
| 科斯睿智能信息系统（常州）有限公司 | 56 | 56 | 188 |
| 贝赛尔科技（常州）有限公司 | 33172 | 17686 | 6124 |
| 常州克普斯莱机电有限公司 | 1500 | 1500 | 3000 |
| 常州市威尔强传动机械有限公司 | 6000 | 2200 | 2700 |
| 常州市康美机械科技有限公司 | 2500 | 2000 | 1500 |
| 常州江泉传动科技有限公司 | 5300 | 12000 | 640 |
| 常州康浩高分子材料科技有限公司 | 2000 | 5000 | 2600 |
| 江苏能电科技有限公司 | 2923 | 2923 | 522.94 |

表72

2020年牛塘镇各村（社区）基本情况表

| 村（社区）名 | 户数（户） | 户籍人口（人） | 党组织书记 | 村委（社区居委会）主任 | 集体经济收入（万元） |
|---|---|---|---|---|---|
| 牛塘一社区 | 1342 | 4466 | 柏小平 | 邵　强 | 595.39 |
| 牛塘二社区 | 1525 | 3739 | — | — | — |
| 竹园社区 | 884 | 2627 | 汤国刚 | 许　峰 | 757.41 |
| 沈家弄村 | 808 | 1978 | 周　波 | 周淑玉 | 333.01 |
| 漕溪村 | 1070 | 3311 | 叶　庆 | 张岳文 | 240.91 |
| 白家社区 | 831 | 2547 | 王　健 | 闻红燕 | 604.55 |
| 青云村 | 1038 | 3399 | 蒋文清 | 肖建咏 | 780.87 |
| 丫河村 | 1041 | 3158 | 张伟东 | 潘小平 | 336.71 |
| 厚恕村 | 930 | 3046 | 张亚平 | 李志刚 | 109.92 |
| 塘口村 | 914 | 3102 | 王建强 | 狄东明 | 390.26 |
| 卢家巷村 | 1139 | 3271 | 荆文泽 | 王九峰 | 542.86 |
| 卢家巷社区 | 1116 | 2909 | 荆文泽 | 荆文泽（兼） | — |
| 高家村 | 1990 | 5358 | 万如生 | 张文林 | 379.31 |
| 卢西村 | 1106 | 3719 | 徐　伟 | 蒋建东 | 505.91 |

【牛塘镇第四届读书节】 2020年4月23日开幕，持续至6月底。牛塘镇读书节由镇党委、政府主办，首届读书节始于2017年，第四届读书节由“领读者”走进演播厅、《游塘古歌》发行、“红色领读者”线上（线下）宣讲活动、“阳湖学习达人”挑战赛、“书香人家”故事会和村（社区）精彩读书会六大活动组成，通过组织企业、教育、卫生、文化等行业代言人走进演播室讲述读书收获，以基层党组织为单位选拔在理论学习方面优秀人才参赛“阳湖学习达人”挑战赛，邀请家庭代表参加“书香人家”故事分享会等方式，传播读书故事，传扬读书精神，营造书香企业、书香社区、书香家庭。

（张　淇）

## 洛阳镇

【概况】 洛阳镇位于武进区东南部，东临无锡市，西接礼嘉镇，南靠雪堰镇，北依横林、遥观镇，总面积55.75平方千米，辖行政村18个、社区3个，2020年年末户籍人口52032人。有水蜜桃、葡萄、戴溪青鱼等名特农产品，曾享有“中国珍珠之乡”美誉。先后获“全国千强镇”“全国小城镇建设示范镇”“全国群众体育先进单位”“国家卫生镇”“国家园林城镇”等称号。9月，在2020第十二届全球食品冷链峰会上，被中国物流与采购联合会冷链物流专业委员会授予“中国冷链保温装备生产基地”称号。

*产业发展*　建设现代农业，盘活存量低效用地21.93公顷，300公顷东片国家级高标准农田建设通过验收，4千亩北片国家级高标准农田建成。全镇创建国家级示范合作社1家、省级示范合作社1家、市级双百示范合作社3家和省级示范家庭农场1家、市级双百示范家庭农场3家。谈仲国家庭农场、盛唐家庭农场、欣荣果品种植园和嘉华家庭农场、洛丰果品专业合作社、聚丰果品专业合作社分别在在江苏省桃产业技术发展论坛暨第三届（2020年）优质桃果大赛上获得金奖、银奖。有工业企业1953家，其中规模以上企业108家，全年完成规模以上工业产值226.1亿元，占全镇工业总产值的75.2%。推进项目

建设，引进投资1亿元以上项目3个、5000万元以上项目4个，11个市、区级重点项目开工率、竣工率均达100%。实施电机电器、冷链物流装备两大传统产业壮大工程，扶持汽车零部件、医疗药械等产业发展，洛阳镇入选“中国冷链保温装备生产基地”，电机电器产业成为全市首个入驻京东工业品平台产业带，江苏常美医疗器械有限公司、常州欧锐德连接件有限公司、常州聚荣制药有限公司3家企业入选国家医用口罩出口“白名单”。推进企业上市，新增股份制企业3家，累计30家。实施科创驱动，新增高新技术企业10家，通过高新技术企业复审7家，累计39家。全年完成高新技术产业产值188.3亿元，占全镇规模以上工业产值的83.3%；申请专利648件，获授权645件。江苏南方通信科技有限公司、常州展帆电机科技有限公司荣获常州市创新创业大赛三等奖。风电高效节能偏航电机项目获“龙城英才”B类评级。江苏洛凯机电股份有限公司等5家企业分别与福州大学等院校开展产学研合作。发展现代服务业，组织聚丰果品、御阳果业等参加全市电子商务年会，举办农民电商培训，推广发展电子商务。全镇社会消费品零售总额增长7.8%。

镇村建设　统筹城乡发展，洛阳休闲园二期基本完工，中心大道路面建设和邵家桥、老杨木桥改造完成，虎臣河等防汛工程完工，戴溪大发龙腾珑悦府开盘。保护生态环境，推进蓝天、碧水、净土三大保卫战，完成天然气锅炉低氮改造34台、VOCs企业整治12家、生物质锅炉及工业炉窑整改6家，以及化工企业、危险废物重点监管单位环保安全隐患排查，建成戴溪片区小流域水环境综合整治二期项目，新建和改造农村分散式生活污水处理点44个、农村公厕20座，实现空气环境持续向净、水体环境持续向优、土壤环境持续向好。加强城乡精细化管理，推进市垃圾分类全域试点镇创建工作，有18个村建成垃圾分类设施并启动垃圾分类。建设美丽乡村，优化农村人居环境，圻庄村谢家头创建市级美丽村庄通过区级验收。开展传统村落保护和特色田园乡村建设，洛阳镇天井村杨巷入选“江苏省传统村落”。

社会事业　推进教育、卫生事业发展，新增普惠性幼儿园4家，实现中考高考再创佳绩，洛阳镇卫生院挂牌武进第六人民医院。深化文明创建，建成镇级新时代文明实践所和村级文明实践站17个，获武进区阳湖学习达人总决赛冠军，岑村村被评为“全国文明村”，王诤故居创成“江苏省党史教育基地”。丰富群众文体生活，开展篮球赛、社区天天乐等活动，完成中央电视台大型户外综艺类相亲节目《喜上加喜》在岑村村同心广场录制。全面落实残疾人、退役军人、计生、社保等相关政策，实施社会兜底保障，新增被征地农民保障594人，向困难群体发放各类保障经费4778万元，其中救助金2032万元。

**2020年洛阳镇主要经济社会指标完成情况表**

表73

| 指　　标 | 单　位 | 数　值 | 比2019年（±%） |
|---|---|---|---|
| 地区生产总值 | 亿　元 | 123.71 | 5.0 |
| 公共预算收入 | 万　元 | 4.55 | 2.8 |
| 农业总产值 | 亿　元 | 3.45 | 6.3 |
| 多种经营产值 | 亿　元 | 3.29 | 6.4 |
| 粮食总产量 | 万千克 | 370.5 | −4.6 |
| 工业销售收入 | 亿　元 | 292.81 | 7.9 |
| 实际利用外资及港澳台资 | 万美元 | 750 | — |
| 自营出口额 | 亿　元 | — | — |
| 第三产业增加值 | 亿　元 | 46.82 | 7.2 |
| 农民人均纯收入 | 元 | 37990 | 6.0 |

**【智能电网塑壳断路器关键部件等3个重点项目建设】**　智能电网塑壳断路器关键部件项目　由江苏洛凯机电股份有限公司实施，占地面积5.2公顷，建设厂房8.68万平方米，引进加工中心、车削中心、数控钻销中心、立式加工中心、自制流水线等设备220多台套，总投资33090万元。该项目主体工程于2019年12月完工，已形成年产智能电网塑壳断路器关键部件1580万套的生产能力。2020年，公司完成产值6.7亿元。

新型电子产品配件项目　由常州市威普电子科技有限公司实施，建设厂房面积3万平方米，引进半固态压铸机、高速冲床、CNC加工中心、氧极氧化线等设备383多台套，总投资10230万元。该项目主体工程计划于2021年5月完工，建成后可形成年产游戏机配件2500万套的生产能力。2020年，公司完成产值2.8亿元。

PVC环保地板项目　由常州绿格装饰材料有限公司实施，占地面积8000平方米，建设厂房1.2万平方米，引进日本安田开槽生产流水线和国内大型油压机、挤出机、UV生产线、高速冲床、四辊压延等生产流水设备，总投资5000万元。该项目主体工程于2019年12月完工，已形成年产PVC地板500万平方米的生产能力。2020年，公司完成产值6000万元。

**【洛阳镇入选“中国冷链保温装备生产基地”】**　2020年8月6日，在2020第十二届全球食品冷链峰会上，洛阳镇被中国物流与采购联合会冷链物流专业委员会授予“中国冷链保温装备生产基地”称号。冷链物流行业是洛阳镇的传统特色产业，先后培育出江苏晶雪节能科技股份有限公司、常州市月仙冷藏设备有限公司、常州市新月成套冷藏设备有限公司等冷链保温装备生产企业，产品远销国内外。到2020年9月，全镇有冷库库板生产企业60余家，冷库库板产量列全国第一，总产值超过30亿元，市场份额占到全国的50%以上。

**【洛阳新增高新技术企业10家】**　2020年12月，洛阳镇10家企业被全国高新技术认定管理工作领导小组办公室认定为高新技术企业，累计39家。

表 74

**2020 年洛阳镇新增高新技术企业情况表**

| 企 业 名 称 | 占地面积（平方米） | 建筑面积（平方米） | 产 值（万元） |
|---|---|---|---|
| 江苏洛云电力科技有限公司 | （租赁） | — | 2997.47 |
| 江苏洛凯电气有限公司 | 30000 | 10000 | 11300 |
| 常州市阳光铸造有限公司 | 26000 | 30000 | 26000 |
| 常州赛弗精密模具有限公司 | 40000 | 50000 | 30000 |
| 常州奥普托机械制造有限公司 | 11867 | 8129 | 6500 |
| 常州市丹珂电器有限公司 | 5700 | 2000 | 900 |
| 常州斯铂瑞汽车配件制造有限公司 | 10000 | 9000 | 2000 |
| 常州伊柯瑞斯装饰材料有限公司 | 20000 | 15000 | 1300 |
| 常州泰盛机械设备有限公司 | 7600 | 7524 | 2739 |
| 常州绿格装饰材料有限公司 | 8000 | 12000 | 6000 |

**【岑村村创成“全国文明村”】** 2020 年 11 月 20 日，洛阳镇岑村村被授予第六届“全国文明村”称号。岑村村位于洛阳镇东南，总面积 3.5 平方千米，辖自然村 18 个、村民小组 26 个，户籍人口 3092 人。全村有企业 62 家，其中规模企业 6 家、产值超亿元企业 3 家。从 2017 年起，该村从“思想引领、精神风貌、人居环境、基层治理”方面入手，深化“全国文明村”创建工作，着力打造“经济发展强劲、民主建设健全、精神文明充实、村居环境优美”的美丽乡村，努力实现人的全面发展和农村经济社会的全面进步。加强理论宣传，推进道德教育，通过“民生茶社”传递党的理论和政策。加强文化引领，组建健身舞、舞龙、篮球、象棋、乒乓球、太极拳等文体活动队伍，开展社区天天乐活动；组织制作“孝文化”墙绘，营造“讲道德、做好人、树新风”的文明村风；设立学雷锋志愿者服务站，开展扶贫助困、治安巡逻、环境保护、抢险救灾、交通文明、科技文化普及等志愿服务项目。建设美丽乡村，完善村庄基础设施，实现无害化卫生户厕普及率、自来水普及率和村组、村巷道路硬化率均达 100%，污水处理率 92%，村庄绿化覆盖率 43.3%。加强基层治理，建设法治文化公园，引导广大干部群众增强法律意识和法治观念。

**【王诤故居“江苏省党史教育基地”揭牌】** 2020 年 9 月 24 日，王诤故居入选“江苏省党史教育基地”，成为武进首个获此称号的单位，并于 10 月 14 日在洛阳镇王诤故居揭牌。王诤 1955 年获中将军衔，被毛泽东赞誉为“中国人民解放军通信工作的开山鼻祖。”王诤故居位于洛阳镇天井村杨巷，是常州市文物保护单位，前后共 4 进，西侧建有王诤将军生平事迹陈列室，采用电子与实物、图片、文字相结合的形式陈列布展，记录王诤将军一生不同时期发生的重要事件。通过突出理想信念教育，引导党员干部牢记初心使命，强化群众观念、担当责任、廉洁意识，引导普通群众尤其是青少年弘扬民族精神，树立远大理想，成为加强党史学习、传承红色基因的基地，先后被授予“常州市爱国主义教育基地”“常州市党性教育基地”“常州市武进区中小学生德育基地”“党政专用通讯革命传统教育基地”等称号。2020 年，王诤故居接待党员干部和群众 1.2 万人次。

**【天井村杨巷入选“江苏省传统村落”】** 2020 年 10 月，天井村杨巷被省住建厅、省财政厅、省农业农村厅等六部门认定为第二批“江苏省传统村落”。天井村位于洛阳镇南端，距镇区 13 千米，总面积 5 平方千米，辖村民小组 38 个，有村民 1127 户 3277 人。其中，杨巷自然村辖村民小组 4 个，有村民 106 户 346 人。从 2017 年起，该村按照省级传统村落保护项目的实施要求，立足于继承和弘扬优秀传统文化，改善城乡居民生活环境，结合美丽乡村建设，以保护文化遗产、改善基础设施和公共环境为重点，以杨巷为中心村开展环境整治，组织修缮王诤故居、修复天井禅寺，全面改善全村传统村落基础设施，显著提高群众居住生活条件，有效保护文物古迹、历史建筑、传统民居和非物质文化遗产，为实现传统村落可持续发展奠定了良好基础。

**【央视《喜上加喜》节目在岑村村录制完成】** 2020 年 7 月 18 日，时值洛阳水蜜桃成熟季，中央电视台（简称“央视”）走进洛阳镇，在岑村村同心广场现场录制大型户外综艺类相亲节目《喜上加喜》。该节目由全国金话筒获得者肖东

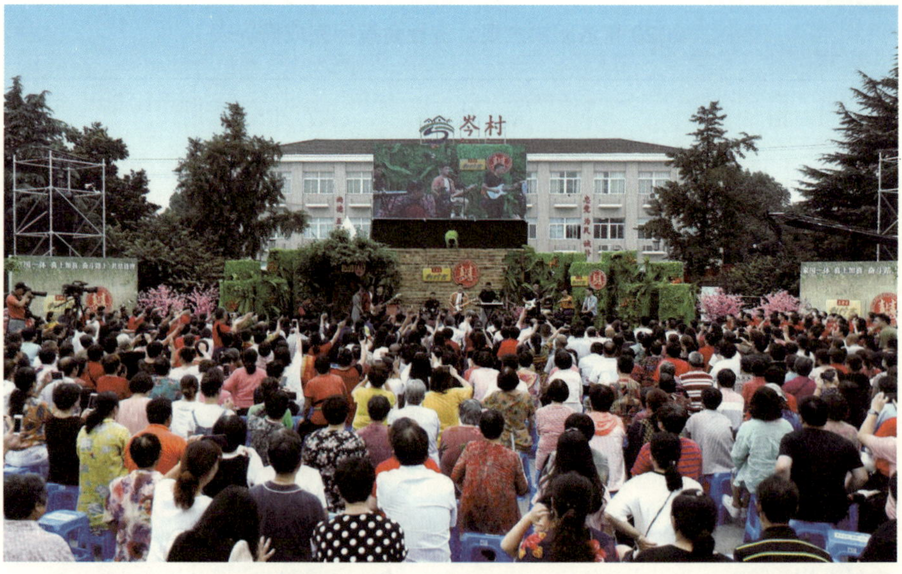


《喜上加喜》节目录制现场　　（供图 / 洛阳镇）

坡主持，邀请当地5位优秀青年参加，设置嘉宾自我介绍、VCR小片展示、现场展示、游戏互动、明星演绎、相互了解、生活及娱乐话题讨论、观众出谋划策等环节，通过婚恋观讨论、乡贤出谋划策、讲述人生故事，以及与主持人互动，展现了洛阳人文风貌、特色物产和乡村振兴的成果及农民崭新的精神风貌，提升了洛阳知名度和美誉度。该节目时长90分钟，于7月30日在央视综艺频道播出。

2020年洛阳镇各村（社区）基本情况表

表75

| 村（社区）名 | 户数（户） | 户籍人口（人） | 党组织书记 | 村委（社区居委会）主任 | 集体经济收入（万元） |
|---|---|---|---|---|---|
| 洛阳村（社区） | 844 | 2766 | 支俊杰 | 支俊杰（兼） | 645.95 |
| 洛东社区 | — | — | 秦建文 | 朱永平 | — |
| 洛东村 | 1254 | 3666 | — | 顾德林（1—6月）<br>秦建文（7—12月） | 346.28 |
| 天井村 | 1127 | 3277 | 高　阳 | 卢新荣（1—6月）<br>高　阳（7—12月） | 250.60 |
| 管城村 | 1405 | 3911 | 邵益斌 | 罗　兴（1—6月）<br>邵益斌（7—12月） | 352.59 |
| 岑村村 | 992 | 3092 | 蒋　健 | 蒋燕峰（1—6月）<br>蒋　健（7—12月） | 1610.38 |
| 东尖村 | 365 | 1095 | 沈建忠 | 顾正伟（1—6月）<br>沈建忠（7—12月） | 297.30 |
| 戴溪村 | 687 | 2082 | 沈建忠（1—7月）<br>窦沛城（7—12月） | 窦沛城（兼） | 174.29 |
| 戴溪社区 | — | — | 张东卫 | 张东卫（兼） | — |
| 汤墅村 | 782 | 2521 | 王建平 | 陆玉石（1—6月）<br>王建平（7—12月） | 321.57 |
| 阳湖村 | 591 | 2281 | 费小方（1—4月）<br>费益方（4—12月） | 费小方（1—6月）<br>费益方（7—12月） | 145.36 |
| 朝安村 | 1058 | 2983 | 沈国忠 | 施介清（1—6月）<br>沈国忠（7—12月） | 226.18 |
| 谈家头村 | 1202 | 3551 | 马晓峰 | 梅才洪（1—6月）<br>马晓峰（7—12月） | 408.98 |
| 小留桥村 | 586 | 2255 | 朱金良 | 王小锋（1—6月）<br>朱金良（7—12月） | 216.35 |
| 圻庄村 | 978 | 3377 | 杨红亮 | 冯建新（1—6月）<br>杨红亮（7—12月） | 273.67 |
| 瞿家村 | 651 | 2352 | 沈朝阳 | 瞿　虎（1—6月）<br>沈朝阳（7—12月） | 340.88 |
| 民丰村 | 649 | 2144 | 杨迪宇 | 喻小健（1—6月）<br>杨迪宇（7—12月） | 278.50 |
| 马鞍村 | 1004 | 2665 | 郁　军 | 梅建东（1—6月）<br>郁　军（7—12月） | 261.13 |
| 虞桥村 | 802 | 2551 | 蒋建洪 | 李晓东（1—6月）<br>蒋建洪（7—12月） | 249.85 |
| 友谊村 | 1168 | 3822 | 上官立 | 上官立（兼） | 459.60 |

说明：村、社合一的户数、户籍人口、集体经济收入与相应村合算　（刘懿婧）

## 横林镇

**【概况】** 横林镇位于武进区东部，东临无锡市，西接遥观镇，南靠洛阳镇，北依横山桥镇，总面积46.67平方千米，辖行政村15个、社区6个，2020年年末户籍人口51321人、常住人口102794人。获得“中国百强乡镇”“全国小城镇综合改革试点镇”“中国强化木地板名镇”“中国强化木地板之都”“中国强化木地板出口基地”“国家外贸转型升级专业型示范基地”“全国优质强化木地板生产示范区”“国家级出口地板质量安全示范区”“全国环境优美镇”“国家卫生镇”等称号。

*产业发展*　发展现代农业，推进优质农产品“一村一品”建设，狄坂大米、余巷火龙果丰收畅销，阳湖鹅业反季孵育项目、“津津乐”魔芋结扩能项目顺利投产。有工业企业1907家，其中规模以上工业企业176家，全年完成规模以上工业产值207亿元，占全镇工业总产值的64.1%。建设重点产业项目，双爱智能家具二期、靓时新型环保装饰材料等12个新建项目开工建设，汇联新型环保材料、百菲萨资源再生处理等10个项目竣工投产。新增国家、省级两化融合达标企业3家（江苏中鑫家居新材料股份有限公司入选江苏省两化融合贯标企业，江苏慕林智能电器有限公司、常州裕丰家具有限公司入选国家两化融合贯标企业），累计省两化融合贯标试点企业3家、省“两化”融合贯标企业1家和国家“两化”融合贯标试点企业1家、国家“两化”融合贯标企业4家。实施科技创新驱动战略，规模以上企业研发投入4.5亿元，新增高新技术企业17家，累计51家，完成高新技术产业产值61.7亿元，占全镇规模以上工业产值的29.8%；创成国家、省级“两化”融合达标企业3家和省级三星上云企业5家，入选“龙城英才”项目4项、市级科技项目2项。推进企业股改上市，佳辰控股集团有限公司、常州市凯迪电器股份有限公司、江苏协和电子股份有限公司3家企业登陆主板，常州市筑友展示科技股份有限公司挂牌“新三板”。第十四届（中国·横林）国际地板博览会如期举行，横林5家地板企业入选“国家火炬特色产业基地”

表 76　2020 年横林镇主要经济社会指标完成情况表

| 指　　标 | 单　位 | 数　值 | 比 2019 年(±%) |
|---|---|---|---|
| 地区生产总值 | 亿　元 | 163.3 | 5.5 |
| 公共财政预算收入 | 亿　元 | 6.2 | 10.8 |
| 农业总产值 | 亿　元 | 1.4 | 7 |
| 多种经营产值 | 亿　元 | 1.3 | 5.8 |
| 粮食总产量 | 万千克 | 258 | 13 |
| 工业销售收入 | 亿　元 | 315 | 6.3 |
| 对外及港澳台贸易进出口总额 | 亿　元 | 102 | 7.2 |
| 第三产业增加值 | 亿　元 | 75.6 | 10.6 |
| 居民人均可支配收入 | 万　元 | 5.1 | 4.7 |

骨干企业。全年服务业增加值 77.8 亿元，增长 8.1%，电商交易额增幅超 40%，跨境电商贸易额实现翻番。

镇村建设　规划城乡布局，组织编制全镇国土空间规划、镇村布局规划、镇区形象提升规划，谋划崔桥片区改造提升方案。健全功能配套，实施重点城建项目 52 个，完成政府性投资 2.2 亿元。新建、改造道路 8 条 5.5 千米，赵家路、三观路等 6 条道路竣工通车；新建停车场 4 处，新增停车泊位 350 余个。实施征迁项目 13 个，征迁总面积超 11 万平方米。推进地产开发，紫御府花园顺利交付，铭宸雅苑、瑞祯家园、星级酒店、潮悦荟商业综合体加快建设。加强城镇精细管理，推进顺通路、公园路“精品街道”建设，完成阳湖北村、南村老旧小区改造，实现行政村生活垃圾分类设施全覆盖。保护生态环境，攻坚污染防治，完成涉气企业综合整治 199 家，2 个省级生态“绿岛”项目基本竣工；铺设污水管网 12 千米，新建改建排涝站 6 座，完成芦花沟、红星河、莳岸河等 5 条河道生态修复和黄桥港片区农村生活污水处理工程。推进生态绿城建设，黄桥港生态湿地全面完工，红联公园、青司塘口袋公园和阳湖广场改造项目基本建成，横林大道、红联路、红星河等 10 条道路（河道）绿化全面提升，中吴大道、芙蓉大道入镇门户等 5 处节点景观有效提档，新增收储地块绿化面积 26.67 公顷。加强环境执法，挂牌成立全区首家生态环境执法所，全年立案查处环保违法行为 60 起，完成危废企业监控安装 110 家、管控企业用电监控联网 69 家

社会事业　发展教育事业，全年政府性教育投入超 1 亿元，新建横林实验小学竣工投用，并创成市新优质学校，崔桥小学、横林初中改扩建完成，冯仲云教育基地主体竣工。健全医养功能，横林医院提标改造完成，敬老院公建民营改造工程投入使用。加强民生保障，开发就业岗位 4255 个，新增城镇就业 2313 人，帮扶失业人员再就业 956 名；全镇社保扩面 1830 人、住房公积金扩面 935 人，社会保险综合覆盖率达 99%；发放城乡低保金、慈善救助金、残疾人补助金等救助超 400 万元，义务兵家属优待金、退伍军人安置费 457 万元和尊老金 114 万元。推进基层整合审批服务执法力量改革，初步建立“立体化、智能化、信息化”综合行政执法体系，全年承接下放审批事项 74 项。

**【盛翔智能环境在线监测集成系统等重点工业项目开工】**　盛翔智能环境在线监测集成系统　由常州市盛翔智能科技有限公司实施，整合低效地块 5.43 公顷，新建厂房 4.1 万平方米，购置数控冲床 2 台、数控折弯机 16 台、数控激光切割机 8 台，焊接设备 10 台、六轴焊接机器人 20 台和电泳线 2 条、喷涂线 3 条等 144 台套，总投资 3 亿元。该项目于 5 月开工，建成投产后可形成年产精密结构件 10 万吨和智能设备 1 万台套的生产能力。

双爱提高智能家具自动化生产水平项目　由常州市双爱家私有限公司实施，利用企业原有厂房 3.2 万平方米，购置先进数控折弯中心、数控多工位冲床、焊接机器人、全自动切管机及其他生产设备共 73 台套，总投资 6000 万元。该项目于 12 月开工，建成投产后可形成年产智能家具 200 万套的生产能力。

可利夫 PI 聚酰亚胺薄膜　由江苏可利夫新材料科技有限公司实施，新征用地 2.26 公顷，新建厂房、办公大楼 3.5 万平方米，购置 PI 流延机、PI 双拉机、PI 分切机、高速分切机、挤出流延双向拉伸机组等主辅生产设施 107 台套，总投资 1.5 亿元。该项目于 12 月开工，建成投产后可形成年产 PI 聚酰亚胺薄膜 200 吨、PET 薄膜 2000 吨的生产能力。

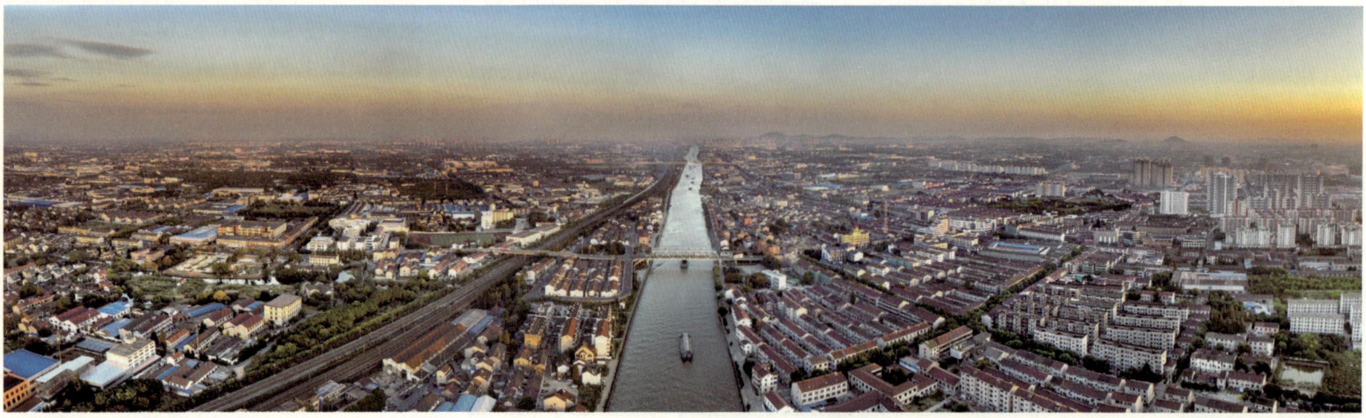

俯瞰横林大桥　（供图 / 横林镇）

靓时纯哑肤感UV板产业化　由江苏靓时新材料科技股份有限公司实施，新征用地2.27公顷，新建建筑面积2.5万平方米，购置德国先进新型涂层装饰板生产线、冷却系统、远程控制系统以及编程控制等，总投资3亿元。该项目于12月开工，建成投产后可形成年产新型涂层装饰板600万平方米的生产能力。

赛欧高端卫生防护材料　由江苏赛欧防护用品科技有限公司实施，租赁常州市赛欧地板有限公司厂房面积4800平方米，购置塑料机械、产业用纺织机械、全自动生产口罩线、一次性卫生用品生产线及包装消毒辅助设备等35台套，总投资6000万元。该项目于8月开工，建成投产后可形成年产熔喷布1000吨、无纺布2000吨、口罩5亿只、一次性卫生用品5亿片的生产能力。

筑友商用智能导购机器人　由常州市筑友展示科技股份有限公司实施，整合低效土地1.13公顷，新建建筑面积1.72万平方米，购置多功能金属加工生产线、多功能木工生产流水线设备及辅助配套设施18台套，总投资6000万元。该项目于12月开工，建成投产后可形成年产展示器材10万套、多媒体导购机3万套、商用智能导购机器人5000套的生产能力。

贝美新型环保装饰板　由常州市贝美家居科技有限公司实施，利用企业原有厂房5.45万平方米，收购江苏贝尔装饰材料有限公司设备并购置PVC自动挤出生产线、SPC石塑地板生产线、纵（横）向双端铣，机器人（机械手）、全自动设备系统、XYJ-3/2000自动线等设备235台套，总投资2亿元。该项目于12月开工，建成投产后可形成年产2000万平方米新型环保装饰板的生产能力。

中鑫新型环保装饰材料　由江苏中鑫家居新材料股份有限公司实施，新征用地9086.67平方米，新建标准车间6400平方米，购置石塑地板生产线、UV线等设备6台套，总投资7000万元。该项目于12月开工，建成投产后可形成年产高端数码、3D打印石塑地板2000万平方米的生产能力。

英特普莱特装饰纸、薄膜印刷　由英特普莱特（中国）装饰材料有限公司实施，利用现有厂房5000平方米，购置四色凹版印刷机、环保处理装置等设备8台，总投资7000万元。该项目于10月开工，建成投产后可形成年产装饰纸、薄膜印刷1.2万吨的生产能力。

慕明智能家具多功能架　由江苏慕明智能科技有限公司实施，租赁江苏慕林智能电器有限公司厂房1.2万平方米，购置焊接机器人、金属圆锯机、可倾压力机、冲床等设备49台套，总投资6000万元。该项目于12月开工，建成投产后可形成年产智能家具功能架200万套的生产能力。

**【汇联新型环保材料等10个重点工业项目竣工】**　汇联新型环保墙体材料项目　由江苏汇联活动地板股份有限公司实施，新征用地2.4公顷，利用存量用地4.47公顷，改扩建厂房6万平方米，新增面板开平剪切生产线、四柱式全自动成型机、上下托板级进模生产线以及辅助设备等71台套，总投资3.8亿元。该项目于12月竣工，建成后形成年产全钢地板170万平方米、铝合金地板20万平方米、地板支架配件660万套、塑胶地板250万平方米的生产能力，预计实现年产值6亿元。

百菲萨资源再生处理　由江苏百菲萨环保科技有限公司实施，新征用地5.33公顷，新建厂房5.9万平方米，从事电炉除尘灰资源化处理的生产与销售，引进欧盟认证SDHL威尔兹回转窑工艺，回收处理电炉炼钢除尘灰并再生氧化锌粉，总投资3.1亿元。该项目于12月竣工，投产后形成年产氧化锌粉2.3万吨的生产能力，预计实现年产值4亿元。

慕林智能家居直线驱动器　由江苏慕明智能科技有限公司实施，新征用地4.25公顷，新建厂房、车间等10.1万平方米，新增空压冲床、气动旋铆机、电机综合测试仪等生产设备50台套，新建电动推杆及电机生产线3条，总投资3亿元。该项目于6月竣工，投产后形成年产智能推杆500万套的生产能力，预计实现年产值5亿元。

博翔汽车隔音隔热材料　由常州博翔新材料有限公司实施，新征用地2.67公顷，新建厂房3万平方米，新增无纺布针刺生产线、无纺布水刺生产线以及辅助配套设备44台套，总投资1.6亿元。该项目于12月竣工，投产后形成年产汽车隔音隔热用无纺布5000万平方米的生产能力，预计实现年产值3亿元。

正航新型环保装饰板　由常州市正航装饰材料有限公司实施，利用存量用地4.67公顷，新建厂房及辅房1.8万平方米，利用现有厂房5.8万平方米，新增升槽线、双端铣尘线、热冷混合机组、挤出机等设备22台套，总投资8000万元。该项目于12月竣工，投产后形成年产木精石地板1000万平方米的生产能力，预计实现年产值6亿元。

贝尔新型环保装饰材料　由江苏贝尔家居科技有限公司实施，改建存量厂房1万平方米，购置挤出机、开槽线、压机等设备35台套，总投资8000万元。该项目于1月开工，12月竣工，投产后形成年产环保装饰板500万平方米的生产能力，预计实现年产值1.8亿元。

双爱智能家具全屋定制二期　由常州市双爱家私股份有限实施，利用存量用地1.2公顷，新建厂房1.8万平方米，新增智能家居生产线3条，总投资5600万元。该项目于3月开工，12月竣工，投产后形成年产智能家具100万套、全屋定制1万套的生产能力。

丽尔交联聚乙烯发泡材料　由常州丽尔新材料科技有限公司实施，利用存量厂房5000平方米，新增搅拌密炼机、切粒机、塑料挤出机、发泡机以及辅助设备等44台套，总投资5800万元。该项目于8月竣工，投产后形成年产物理交联聚乙烯塑料制品6000吨的生产能力，预计实现年产值2亿元。

宝盛新型环保装饰材料　由常州宝盛木业有限公司实施，利用存量用地1公顷，新建厂房2万平方米，新增挤出、UV线以及辅助设施等设备71台套，总投资5500万元。该项目于12月竣工，投产后形成年产SPC地板500万平方米的生产能力，预计实现年产值2亿元。

英特普莱特新型环保装饰材料　由英特普莱特（中国）装饰材料有限公司实施，利用存量用地666.67平方米，新建厂房4500平方米，总投资5000万元。该项目于8月竣工，投产后形成年产强化木地板和家具表面装饰纸3000吨的生产能力。

**【横林新增高新技术企业16家】**　2020年12月，横林镇16家企业被全国高新技术认定管理工作领导小组办公室认定为高新技术企业，累计高新技术企业51家。

表77　2020年横林镇新增高新技术企业基本情况表

| 企业名称 | 占地面积（平方米） | 建筑面积（平方米） | 产值（万元） |
| --- | --- | --- | --- |
| 常州市中天耐火装饰板有限公司 | 40000 | 6700 | 14000 |
| 江苏文尔实业有限公司 | 26418 | 23128 | 11000 |
| 常州市华达机械配件有限公司 | 3310 | 3000 | 1000 |
| 常州亚森电子有限公司 | 8000 | 10000 | 5000 |
| 常州市特洛伊机电有限公司 | 7000 | 6000 | 2000 |
| 常州市坦希尔智能家居有限公司 | 4135 | 13800 | 2000 |
| 常州力航电气有限公司 | 8000 | 8000 | 1000 |
| 常州市久安电器有限公司 | 5500 | 6000 | 2000 |
| 常州市利凯数控有限公司 | 565 | 565 | 300 |
| 常州美特精密电机有限公司 | 3000 | 9000 | 7000 |
| 常州市先登机械制造有限公司 | 9600 | 6000 | 2000 |
| 江苏创盛锅炉有限公司 | 12000 | 7000 | 2000 |
| 常州市拓普新材料科技有限公司 | 6790 | 5480 | 8000 |
| 常州鸣轩自动化设备有限公司 | 1500 | 1500 | 6000 |
| 帕米尔智能科技（常州）股份有限公司 | 租用东和5号楼3楼 | 200 | 200 |
| 常州华峰数能科技有限公司 | 租用东和8号楼3018室 | 100 | 300 |

**【第十四届（中国·横林）国际地板博览会】** 8月31日至9月2日,第十四届(中国·横林）国际地板博览会在上海国家会展中心举行。该届博览会由常州经济开发区管委会、中国林产工业协会地板专业委员会、江苏省木材行业协会地板专业委员会主办，武进区横林镇人民政府、常州市地板协会、常州市新型装饰板材料生产力促进中心、常州地板协会公平贸易工作站承办，以“横林地板，源于绿色，创新无限”为主题，横林绿色家居产业集聚区内62家企业参展，展位总面积2000多平方米，展出涵盖地板辅料、地板设备和地板新品300余款，并主推SPC地板，实现“材料展示+材料应用+材料工艺”三位一体的定制化服务模式,通过“直播带货”“云展会”等线上、线下联动开拓跨境电商版图，2020年，横林绿色家居产业全年完成销售额209亿元，外贸出口12.42亿美元，同比均增长8%以上，其中PVC地板出口总量稳居全国第一。

**【横林5家地板企业入选“国家火炬特色产业基地”骨干企业】** 3月10日，常州经开区新型纤维及复合材料特色产业基地入选2020年第一批国家火炬特色产业基地，横林5家地板企业入选该基地骨干企业。

表78　2020年横林镇地板企业入选国家火炬特色产业基地骨干企业情况表

| 企业名称 | 主导产品 | 承担国家及省级科技项目数量（项） | 销售收入（万元） |
| --- | --- | --- | --- |
| 江苏洛基木业有限公司 | 复合秸秆材料、复合地板、石墨烯发热地板等 | 1个（国家级） | 8570 |
| 江苏贝尔装饰材料有限公司 | 强化复合地板，PVC地板、无醛地板 | 1个（国家级） | 188000 |
| 常州佳辰地板有限公司 | 防静电地板、硫酸钙复合材料制品 | 1个（省级） | 19129 |
| 常州市天润木业有限公司 | 复合材料防火板、复合强化地板制品 | 1个（省级） | 19724 |
| 江苏汇联活动地板股份有限公司 | 复合材料地板及制品、OA网络地板、有边，无边地板、防静电钢制地板 | 无 | 38019 |

**【横林新增省级生态“绿岛”项目2个】** 3月，省生态环境厅启动“绿岛”建设项目，首批“绿岛”项目106个，横林镇地板家居等行业固废集中收集处理项目、智能家居配件生产和数码电器及智能电子配件集中表面处理项目入选。

智能家居配件生产、数码电器及智能电子配件集中表面处理项目　由常州和林新材料科技有限公司实施，租用厂房1.5万平方米，配套高标准的污染治理设施，对常州经开区300余家智能家居配套企业提供静电喷塑、金属表面处理、铝氧化着色等服务。该项目建成后可形成年产智能家居配件5万套、年集中表面处理数码电器及智能电子配件500万件的规模，预计每年可削减总氮5吨、氨氮2吨、总磷0.5吨、COD50吨、重金属1吨、VOCs10吨等水、气纳污量；总投资3000万元，建成后预计每年实现销售收入2亿元。

地板家居等行业固废集中收集处理项目　由常州玥辉环保科技有限公司实施，租赁常州市虹洲电器厂闲置厂房4800平方米，形成年收集处理地板家居等行业工业固废10万吨的规模。该项目集中收集综合利用地板边角料等一般固废9.6万吨，木粉产品主要用于木塑企业生产复合材料（WPC)；严格按照相关要求建设危险废物集中收集贮存仓库（占地面积1100平方米）1座，并配套建设危险废物收集、运输、贮存、转移等管理制度，形成收集、贮存、转运（不包含处置）4000吨危险废物的规模；总投资2000万元，建成后预计每年实现销售收入6600万元。

**【洛基石墨烯发热地板入选首批“江苏精品”】** 11月16日，江苏洛基木业有限公司石墨烯发热地板首批通过“江苏精品”认证。该公司采用自主研发的36V安全电压专用设备，把石墨烯发热层与MGO氧化镁基材无缝紧密结合，攻克石墨烯电加热多个技术难题，为石墨烯大规模产业化探索新方向，产品通过ISO 9001质量管理体系认证、ISO 14001环境管理体系认证、国家知识产权管理体系认证、韩国KS认证、美国FLOORSCORE认证、欧盟CE认证。2020年，公司实现总产值1.1亿元。

**【横林新增发明专利16件】** 2020年，横林镇取得国家发明专利16件，分别是：江苏慕林智能电器有限公司的场景共享方法、场景构建方法、UE设备和家居智能系统，常州市春雷浩宇环保科技有限公司的适用于锌系磷化液的无渣促进剂，江苏慕林智能电器有限公司的分组方法、控制方法及用户设备，张红明的足底按摩跑板机构及其应用的走、跑步机，江苏汇联活动地板股份有限公司的智能变量送风地板，江苏汇联活动地板股份有限公司的多行程升降防静电地板结构，常州市思企智能科技有限公司的移动插座及用于该移动插座上的盖板，常州鼎泰新材料科技有限公司的PVC塑胶地板无缝焊接建筑装修机器人，江苏华大装配式房屋有限公司的适用于钢结构的装配式空心外墙体及其装配方法，江苏中鑫家居新材料股份有限公司的地板基材的制造方法，江苏慕林智能电器有限公司的虚拟场景共享方法、虚拟场景构建方法和UE设备，常州市筑友展示科技股份有限公司的抗腐蚀涂料的制备方法、涂层施工方法及其应用和展示架，江苏靓时新材料科技股份有限公司的灯制超哑肤感板材的装置，常州市思企智能科技有限公司的自动化多角度冲压机，常州市利凯数控科技有限公司的旋转换刀装置及其换刀方法，常州市康诺装饰材料有限公司的一种高强度地板。

**【横林新增上市企业3家】** 内容参见“金融业”类目P128相关条目。

2020年横林镇各村（社区）基本情况表

表79

| 村（社区）名 | 户数（户） | 户籍人口（人） | 党组织书记 | 村委（社区居委会）主任 | 集体经济收入（万元） |
|---|---|---|---|---|---|
| 余巷村 | 474 | 1342 | 胡卫春 | 朱根元 | 314 |
| 狄坂村 | 512 | 1469 | 吴寿波 | 吴寿波（兼） | 589 |
| 顺庄村 | 508 | 1562 | 单　彪 | 单　彪（兼） | 256 |
| 江村村 | 887 | 2864 | 周正虎 | 沈建伟 | 396 |
| 红联村 | 907 | 2333 | 张　宏 | 黄定金 | 403 |
| 新东方村 | 1270 | 3646 | 周立新 | 施建国 | 867 |
| 林南村 | 825 | 2744 | 秦荣伟 | 谈兴国 | 716 |
| 南方村 | 885 | 2509 | 王　超 | 王　超（兼） | 594 |
| 青司塘村 | 748 | 2300 | 赵耀祖 | 陈卫东 | 674 |
| 镇西村 | 939 | 2559 | 钱凤媛 | 钱孝明 | 1065 |
| 崔桥村 | 709 | 2301 | 刘惠杰 | 陶卫刚 | 639 |
| 庆丰村 | 1144 | 3625 | 苏耀松 | 蔡东晓 | 408 |
| 卫星村 | 749 | 2488 | 沈国武 | 顾建丰 | 869 |
| 双蓉村 | 1204 | 3782 | 谢　杨 | 沈林兴 | 1104 |
| 崔北村 | 1012 | 3557 | 濮维忠 | 徐国华 | 1347 |
| 横林社区 | 1117 | 2616 | 戚晓峰 | 强小萍 | 257 |
| 牛塘社区 | 1035 | 2406 | 朱洪亮 | 李建伟 | 346 |
| 崔桥社区 | 303 | 557 | 张亚敏 | 陶卫刚 | — |
| 昌盛社区 | 798 | 2113 | 徐　俊 | 谈耀兴 | — |
| 下塘社区 | 1094 | 2724 | 谢忠明 | 谢忠明 | — |
| 瑞丰社区 | 553 | 1801 | 钱文红 | 朱锡荣 | — |

**【横林镇基层整合审批服务执法力量改革完成】** 2020年，横林镇积极响应省、市、区关于“推进基层整合审批服务执法力量”的改革要求，努力构建以党建为引领，审批服务、综合执法、网格治理、指挥中心为一体的“1+4”基层社会治理服务模式，推动资源服务管理下沉、重心下移，加快形成“集中高效审批、强化监管服务、综合行政执法”的基层治理结构。镇行政审批局打造“横省心、林距离”服务品牌，7—11月共办理行政权力事项216件、公共服务事项1257件；推进城市管理、市场监管等执法队伍力量整合，初步形成“一支队伍管执法”的工作模式。全镇形成全要素、全镇域、大联动的网格化社会治理格局，66个网格累计上报事项13992条，办结率100%。镇指挥中心有效接入“12345”“12319”、网格管理等信息化管理端口，将舆情监控、办公云融入一体化平台建设。11月，横林镇“三整合”改革工作通过省验收组评估验收。

（蒋珠丽）

## 遥观镇

**【概况】** 遥观镇位于武进区东南部，东临横林镇，西接湖塘镇，南靠洛阳镇，北依横山桥镇，总面积44.7平方千米，辖行政村15个、社区7个，2020年年末户籍人口46817人。获得“全国先进基层党组织”“国家新型工业化产业示范基地”“国家卫生镇”“国家生态镇”“全国环境优美镇”“中国轨道交通产业集群名镇”等称号。

*产业发展* 发展高效农业，拥有常州市中舜生态农业科技有限公司、常州市蒋记食品有限公司、常州骆马湖食品有限公司等农业龙头企业，“蒋凤记”“清道夫”“品益味”等农产品特色品牌享誉长三角地区，累计创成绿色食品6个、名特优农产品5个。有工业企业1800余家，其中规模以上工业企业138家、产值超亿元企业48家，全年完成规模以上工业产值462亿元，占全镇工业总产值的78%。建设重点产业项目，安普特、中佳塑业等13个项目序时竣工，长海、信合久等17个项目开工建设。提升平台载体，新材料产业园累计入驻企业15家，租赁标准厂房面积8.7万平方米，入驻

率达66.5%；绿色机电产业园低效用地整合加快，现代化园区形态初显；新观点省级众创空间累计入驻企业95家。产业龙头持续带动，今创集团股份有限公司入选中国民营企业制造业500强、江苏民营企业200强和苏南国家自主创新示范区瞪羚企业，常州强力电子新材料股份有限公司入选第二批专精特新“小巨人”企业，江苏雷利电机股份有限公司创成省工业互联网发展示范企业，哈焊所华通（常州）焊业股份有限公司等5家企业入选2020—2022年度江苏省重点培育和发展的国际知名品牌名单，江苏宏达数控科技股份有限公司获省重点研发计划立项。推进科技创新，新增高新技术企业23家，累计69家，全年完成规模以上高新技术产业产值330亿元，占全镇规模以上工业总产值的73%；专利申请数量1274件，累计有效发明专利309件；新增市示范智能车间1个，累计省示范智能车间3个、市示范智能车间7个。推进企业上市，常州市昊升电机股份有限公司挂牌“新三板”。发展服务业，实现服务业增加值68亿元，增长7%。遥观镇和建农村、东方村分别入选中国淘宝镇、淘宝村，郑村村入选省“一村一品一店”电子商务示范村，宋剑湖湖港名城商业街获评省餐饮质量安全示范街。

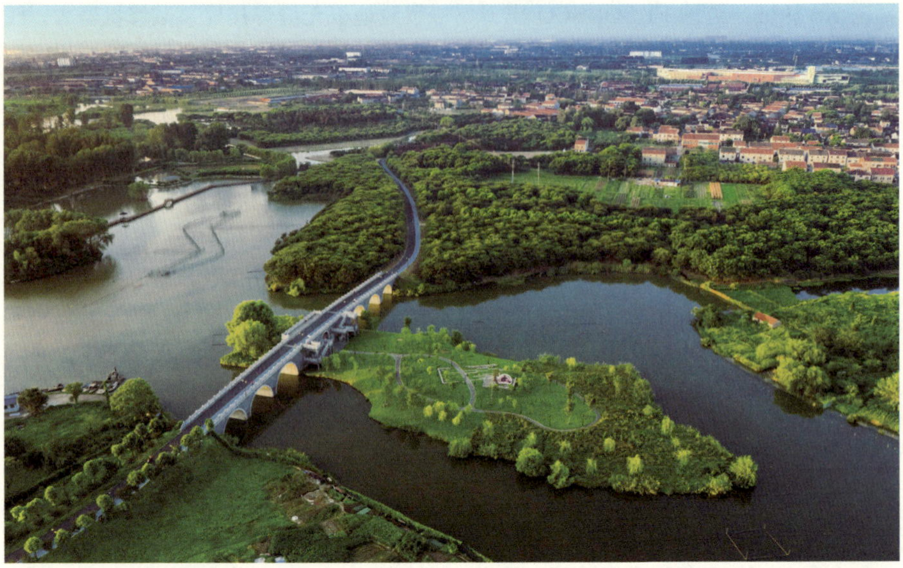

宋剑湖湿地公园 （供图／遥观镇）

镇村建设　围绕精致城镇建设，编制宋剑湖智创小镇方案，启动中吴大道片区开发。完善城镇路网，观景路（一期）、棒北路、轻纺路竣工通车。实施天然气入户工程，安装通气用户4423户。推进房地产开发，遥光辰苑、晋陵和庭主体完工，昱湖上观开工建设。推进拆迁安置，实施市民中心及周边地块、华联电控东侧企业地块、广电路北侧教育地块等拆迁项目共31万平方米，交付南沿江城际铁路项目运河南侧安置房199户477套。巩固生态基础，新建污水管网10千米，完成企业雨污分流接管116家；累计建成农村生活污水处理设施81套、泵站6套，实现农村生活污水点源治理行政村全覆盖；开展“渔民离水上岸”行动，对25户渔民按减船转产方案实施到位。攻坚污染防治，打好“蓝天”“碧水”“净土”保卫战，开展零部件制造产业集群和VOCs涉气企业专项整治、涉磷行业专项整治、危险废物专项整治，落实小微水体河长制，推行农药、化肥减施，提升生态环境质量。加强城镇精细管理，开展乱停车专项整治、违规店招治理和乱占耕地建房、河湖违法圈圩等专项整治。推进环境整治，广电东路、今创路、建设路改造提升工程全线完工，漕上路、大明路环境综合整治基本竣工。开展农村人居环境整治，建设配备垃圾分类亭60座及分类桶，新建、改造公厕96座。17个村（社区）“一村一道”工程全部完工，留道社区创成省级“三化”示范村，留道、芳庄创成市“农村人居环境整治综合示范村”。

社会事业　推进教育、文化、体育、卫生事业发展，提升公共服务能力。遥观中心幼儿园临津分园建成投用、塘桥办学点改造提升，全镇中小学校配套设施提升改造，遥观初级中学、中心小学分别创成全国家庭教育数字化试点学校、省健康促进金牌学校，剑湖实验学校、遥观中心小学创成省级智慧校园。自助图书馆“秋白书苑”建成开放，第二届“我为蓝天跑”宋剑湖马拉松成功举办，并获评“全省最美跑步线路”。镇卫生院疼痛科创成市级特色专科，遥观镇通过“国家卫生镇”第三轮复查。加强民生保障，新增城镇就业2110人，实现失业人员再就业1725人；累计参保企业1630家、参保人员26288人，258个村民小组25995个村民纳入被征地农民保障体系，占比达81%；发放各类救助金、慰问金和疫情期间困难群众补贴共计785万元；“民生计”镇级居家养老

2020年遥观镇主要经济社会指标完成情况表

表80

| 指　标 | 单　位 | 数　值 | 比2019年（±%） |
|---|---|---|---|
| 地区生产总值 | 亿　元 | 205 | 5 |
| 公共预算收入 | 亿　元 | 10.3 | 6.5 |
| 农业总产值 | 亿　元 | 0.58 | 1.7 |
| 多种经营产值 | 亿　元 | 0.5 | 2 |
| 粮食总产量 | 万千克 | 226 | −3.8 |
| 工业销售收入 | 亿　元 | 515 | 2.7 |
| 实际利用外资及港澳台资 | 万美元 | 3210 | 8.4 |
| 第三产业增加值 | 亿　元 | 67 | 10.3 |
| 居民人均可支配收入 | 元 | 50397 | 4.7 |

服务中心建成投运，钱家陵园扩建。年内，张慧莉获评“全国敬老爱老助老模范人物”称号，余雷、赵从亮、蒋明峰3人获评“常州好人”。

**【安普特纳米级热防护阻爆材料等2个重点项目建成投运】** 安普特纳米级热防护阻爆材料　由江苏安普特能源装备股份有限公司实施，新增用地3公顷，新建厂房2万平方米，总投资3亿元。该项目于2019年6月开工，2020年12月建成投运，形成年生产60万平方米热防护阻爆材料、100台撬装式加氢站、1000台撬装式加油（气）装置的生产能力。

中佳PVC-U塑料管材　由常州市中佳塑业有限公司实施，利用存量土地，新建生产车间1.3万平方米，总投资8000万元，该项目于2019年7月开工建设，2020年12月建成投运，形成年产PVC-U塑料管材／管件8000吨的生产能力。

**【长海等重点项目开工建设】** 哈焊所（华通）海工航天用高性能焊接材料项目　内容参见“产业园区”类目P78相关条目。

长海汽车船舶高性能纤维复合材料　由江苏长海复合材料股份有限公司实施，一期用地4.33公顷，新建厂房面积7.1万平方米，建设10万吨／年无碱玻璃纤维粗纱池窑1座，购置纯氧燃烧系统及配套制品深加工设备等。该项目于11月开工建设，建成后可形成年产10万吨粗纱及其制品的生产能力。

卓睿精密通讯设备项目　内容参见“产业园区”类目P78相关条目。

龙东光刻胶研发生产基地　由江苏龙东新材料有限公司实施，新增用地1.87公顷，新建智能化车间和研发、办公等用房8442平方米，购置曝光机、均胶机等进口设备20台套，调整釜、过滤罐、蒸馏系统等国产设备72台套。该项目于12月开工建设，建成后可新增年产平板显示用光刻胶4000吨、半导体芯片光刻胶1000吨、清边液1.2万吨、剥离液1.2万吨的生产能力。

信合久车身轻量化零部件及高性能合金材料　由常州市信合久复合材料科技有限公司实施，用地2.67公顷，新建办公和研发、试验中心、生产车间等4.1万平方米，自主研发生产聚碳合金复合材料生产设备5台套，购置德国进口固化生产线、日本切割机器人等进口设备8台套，以及合金材料预处理生产线、五轴联动切割机床、环保设备等国产设备16台套。该项目于9月开工建设，建成后可形成年产高性能聚碳合金复合材料1.5万吨、汽车轻量化零部件20万套的生产能力。

**【国产首台套1000吨／天炉排下线】** 2020年7月8日，国产首台套1000吨／天炉排在光大环保技术装备（常州）有限公司下线。该公司850吨／天炉排于2018年10月8日下线，成功应用于宜兴城市生活垃圾焚烧发电项目，为当地乃至中国生活垃圾无害化、减量化、资源化处理提供“光大样本”。此次下线的1000吨／天炉排，可协同处理生活垃圾、工业垃圾、污泥、蓝藻等多种物料，设计热值达2600大卡，吨垃圾发电量达887度。该炉排采用六段结构，热灼减率低、燃烧效率高，具有自清洁功能的大倾角新型炉膛和四面水冷结构，避免了结焦风险；焚烧炉采用CFD优化配风系统，使烟气充分燃烧，降低了污染物生成；配备先进的自动化燃烧控制系统，确保焚烧炉稳定燃烧和高效运行。

**【全国首个无围墙垃圾发电示范工程建成开放】** 内容参见“产业园区”类目P80同名条目。

**【遥观新增高新技术企业23家】** 2020年，遥观镇有23家企业被全国高新技术认定管理工作领导小组办公室认定为高新技术企业。

**2020年遥观镇新增高新技术企业基本情况表**

表81

| 企业名称 | 占地面积（平方米） | 建筑面积（平方米） | 产值（万元） |
|---|---|---|---|
| 叁零陆（常州）电气有限公司 | 4998 | 2490 | 1619 |
| 江苏丰创新材料有限公司 | 3238 | 3238 | 315 |
| 常州凯澜纺织品有限公司 | 25000 | 22000 | 22364 |
| 常州锝莱电机有限公司 | 8000 | 3000 | 8009 |
| 常州市超创机械设备有限公司 | 2880 | 25000 | 820 |
| 常州联翔机械装备有限公司 | 20000 | 6000 | 3000 |
| 常州市卓盛纺织有限公司 | 10000 | 15000 | 2170 |
| 常州市瑞昱通信设备制造有限公司 | 4800 | 1200 | 2500 |
| 常州市永高机械有限公司 | 565 | 1300 | 1436 |
| 常州市一鑫电气有限公司 | 3500 | 5000 | 2047 |
| 常州国丰机械有限公司 | 90000 | 50000 | 14000 |
| 常州市武进大众标准件有限公司 | 10000 | 9000 | 5000 |
| 常州唯尔福卫生用品有限公司 | 20000 | 19062 | 13862 |
| 常州汎亚液压机器有限公司 | 1200 | 2000 | 3200 |
| 江苏维盛不织布有限公司 | 13333 | 12000 | 14360 |
| 常州市恒祥纸箱包装有限公司 | 2400 | 3000 | 1477 |
| 常州佳来德精密轴承有限公司 | 13000 | 1000 | 730 |
| 江苏升创管业有限公司 | 2000 | 3000 | 2000 |
| 常州卓优电器有限公司 | 8004 | 7000 | 2300 |
| 常州八达环保设备有限公司 | 14816 | 8246 | 1200 |
| 常州市驰纳焊割设备有限公司 | 1800 | 2000 | 1000 |
| 常州市华立达智能装备有限公司 | 2000 | 2200 | 1600 |
| 常州皓鸣信息科技有限公司 | 1000 | 3000 | 2477 |

【勤新村获评全国文明村】 2020年11月20日，在全国精神文明建设表彰大会上，遥观镇勤新村入选第六届全国文明村。该村位于遥观镇北片，2001年由勤建、华庄、马池沟三村合并而成，总面积2.5平方千米，有村民小组23个、农户2801户。坚持“以勤致远，唯新向高”的勤新精神，围绕“打造经济强村，建设和谐新村”的目标，推进全村经济社会事业齐头并进发展。实施产业强村工程，抓住2004年中天钢铁项目扩建机遇，建立村级工业园区，承接拆迁安置企业30家，招引企业40余家，并积极借助常州经开区重点发展先进轨道交通、智能电力装备等特色产业。2019年，拥有企业130多家，实现工业产值72亿元、村级集体收入580万元，位列全镇首位。实施民生实事工程，2008年创成省级卫生村，2010年、2011年、2013年分别创成区生态村、市生态村、省绿化示范村，村内道路绿化率、村庄绿化率、河塘绿化率均达97%以上。2013年，建成综合文化服务中心，设有法治文化广场、居家养老服务站和村民健身中心、塑胶篮球场、羽毛球场馆、桌球室、戏迷活动室等设施。从2020年起，启动“美丽乡村”建设，开展人居环境整治。深化民生保障，至2019年12月，有20个村民小组2300人办理失地农民社会保险；每年为60岁以上老年人免费体检，并免费办理一份意外伤害险；每年重阳节慰问80岁以上老年人；每年向困难家庭人员发放补助10余万元、向三好学生发放奖学补助3万余元。深化文明创建，组织开展道德模范、身边好人、文明家庭（文明户）、“好家风、好家训”等评选活动；建设乡村勤俭文化，于2015年设立勤俭园，成立红白理事会，倡导文明、健康的婚丧新风；打造风筝特色文化村，于2019年启动“小风筝串起大平台”新时代文明实践试点项目；组建红心理论宣讲队、党员志愿服务队、快乐舞蹈志愿服务队等10支志愿者队伍，积极为村民提供服务。加强民主法治建设，村法治文化广场于2017年通过省级验收，商民生、议民事、解决矛盾纠纷的“初心茶社”于2019年11月建成，勤新村先后创成省民主法治示范村、省和谐社区示范村。

【全省首家镇级“学习强国”线下体验馆建成投用】 12月，遥观镇新时代文明实践所揭牌暨江苏省镇级首家学习强国馆线下体验馆开馆。遥观镇扎实推进基层党建工作，在党建工作各领域创特色、展亮点、铸品牌。依托宋剑湖生态湿地资源，启动建设“宋剑湖党建生态圈”；创新成立全市首家上市企业党建联盟，打造“今创党群服务中心”“钱晓春书记工作室”等非公企业党建阵地；统筹推进“洪庄村党群服务中心”“留道社区临津花园网格党群直通站”等村级党建阵地，通过多点布局，激活全镇基层党建的“一池春水”。镇党委、政府重视用好“学习强国”平台，年内展示遥观经济发展、生态文明、美丽乡村、社会新风尚等方面34篇稿件被“学习强国”江苏平台录用，1篇稿件被“学习强国”全国平台首页小康专栏头条推荐，稿件录用率位居常州市乡镇前列。此次“学习强国”线下体验馆作为遥观镇新时代文明实践阵地之一，涵盖“党建展示、学习体验、答题互动”三大区域，“学习强国知识竞答、积分达人热力排行、书记党课时时在线”等方面，图片、影像生动立体，实现线上学习和线下学习交流无缝对接。

表82 2020年遥观镇各村（社区）基本情况表

| 村（社区）名 | 户数（户） | 户籍人口（人） | 党组织书记 | 村委（社区居委会）主任 | 集体经济收入（万元） |
|---|---|---|---|---|---|
| 渔庄村 | 338 | 1538 | 周　斌 | 周　斌（主持） | 155 |
| 桥南村 | 709 | 2121 | 吴政国 | 白新南（1—5月）<br>吴政国（6—12月） | 258 |
| 塘桥村 | 686 | 2500 | 黄建国 | 杨建新（1—5月）<br>黄建国（6—12月） | 264 |
| 东方村 | 925 | 3018 | 居学良 | 梅　佳（1—5月）<br>居学良（6—12月） | 213 |
| 洪庄村 | 480 | 1625 | 董国华 | 董国华（主持） | 413 |
| 建农村 | 595 | 2018 | 周海良 | 周海良（兼） | 401 |
| 东村村 | 638 | 2348 | 居震民 | 郑勇（1—5月）<br>居震民（6—12月） | 342 |
| 遥观村 | 1330 | 3665 | 刘华伟 | 刘华伟（兼） | 275 |
| 薛墅巷村 | 560 | 1937 | 吴景伟 | 吴景伟（兼） | 215 |
| 通济村 | 480 | 1826 | 吴南武 | 顾斌洲<br>吴南武 | 377 |
| 剑湖村 | 1000 | 3235 | 邹　文 | 张志钢<br>邹　文 | 255 |
| 前杨村 | 616 | 2177 | 杨　军 | 李春凯<br>杨　军 | 422 |
| 新南村 | 1225 | 3923 | 王　赟 | 王　赟（兼） | 606 |
| 勤新村 | 860 | 2801 | 周建明 | 周建明（兼） | 626 |
| 郑村村 | 562 | 1888 | 杜骏华 | 杜骏华（主持） | 325 |
| 印墅社区 | 580 | 1851 | 戴　勤 | 戴　勤（兼） | 225 |
| 芳庄社区 | 539 | 1458 | 张中海 | 张中海（兼） | 135 |
| 留道社区 | 480 | 1766 | 戚建平 | 戚建平（兼） | 569 |
| 钱家塘社区 | 537 | 1592 | 奚赛明 | 奚赛明（兼） | 392 |
| 遥观社区 | 967 | 2195 | 刘建春 | 刘建春（兼） | — |
| 剑苑社区 | 61 | 140 | 戚建峰 | 洑兆伟（主持） | — |
| 剑湖社区 | 3327 | 9981 | 戚建峰 | 洑兆伟（主持） | — |

（周　银）

## 横山桥镇

【概况】 横山桥镇位于武进区东北部，东临无锡市，西接潞城街道，南靠横林镇，北依天宁区郑陆镇，总面积58.23平方千米，辖行政村19个、社区4个，2020年年末户籍人口59794人，常住人口92817人。境内横山风景区形成大林寺、白龙观等景点15处，有“横山”百页、“横山”肉松、“横山”芹菜、“常润”栝楼籽、日本砂梨、“芙蓉”鲜螺、“芙蓉”珍珠等名特农产品。先后获得“全国重点镇”“全国小城镇综合改革试点镇”“全国农业旅游示范点”“全国环境优美镇”“国家卫生镇”和“江苏省健康镇”等称号。

产业发展　壮大规模农业，全镇新增高标准农田面积12.67公顷，累计701.67公顷；新增农作物播种面积34.8公顷，累计1219.5公顷；新增蔬菜总产量1110吨，增长8.15%。有工业企业2113家，规模以上企业167家，全年完成规模以上工业产值270.5亿元，占全镇工业总产值的90.6%。建设重点产业项目22个，安澜万锦合金新材料、绿联环境污泥综合利用等5个项目竣工投产，大澳伺服电机生产线改造等13个项目加快建设。培育发展装备制造、汽车电子、环保处理等新兴产业集群化、规模化，江苏永葆环保科技有限公司获评省级技术工程研究中心、省级生产型服务业领军企业，江苏昌力科技发展有限公司获解放军原总装备部两项认证，江苏日盈电子股份有限公司被认定为省级企业技术中心、省级示范智能车间。推进项目招引，顺丰智慧物流电商产业园、恒耐科创园等21个优质项目签约落户。实施创新驱动战略，横山科创中心建成投运；全镇规模以上企业研发投入达4亿元，新增高新技术企业20家，累计66家，完成高新技术产业产值77.5亿元，占全镇规模以上工业产值的26.2%。增强要素保障，建成投运智能装备产业园一期标准厂房10万平方米，盘活存量建设用地11公顷，启动芙蓉工业园区低效用地整治方案一期范围内企业整合签约工作。推进企业股改上市，倍得福机械科技（常州）股份有限公司挂牌“新三板”，上市后备企业4家，完成股改企业3家。发展现代服务业，顺丰物流全年营业收入12.08亿元，横山桥汽车城全年销售收入15.72亿元，分别增长22.1%、21.4%。

镇村建设　优化城镇布局，启动新一轮国土空间规划，基本完成村庄布局规划修编及芙蓉宅改安置区等重点项目专项规划11项，复垦东柳塘、双庙村土地5.47公顷。完善基础设施，新中路、革新路、创业路提档工程竣工通车，232省道排水工程竣工投运，省庄浜新河湾花苑段、红专河、菱沟河水系全线贯通，戴家坝、梅思坝、新安联圩排涝站提档改造完成。推进地质灾害隐患治理，江南路两侧、福寿禅寺北侧地质灾害隐患治理工程通过验收。推进征迁安置，完成南沿江城际铁路安置区、芳茂山片区生态整治、中邦地块、顺丰产业园等项目拆迁签约面积27万平方米。开发重点片区，完成芳茂山片区生态整治项目一期工程方案设计、龙潭湖片区地块梳理、芙蓉片区梁家桥周刘家村“水美村落”建设入户调查及方案设计，宅改北集聚区一期房屋主体竣工，二期及南集聚区一期建设启动。保护生态环境，实施企业生物质锅炉、天然气低氮改造、VOCs综合治理44家，完成青塘坝、省庄浜、门前河等河道生态清淤及环境提升和省庄浜、菱沟河、扁沟河等重点河道综合整治，实现中央环保督察“回头看”、省级环保督察重点件销号22项。建设精致集镇，推进雍景园、奥阳天宸、芙蓉新天地、颐景苑二期等商住项目，启动西崦中心路“精品街道”建设，新改建公厕7座、垃圾分类亭67个。建设美丽乡村，完成潞横路、横芙路、常芙路、戚月线道路沿线绿化、立面出新及节点景观塑造，以及五一、奚巷、东风等村庄环境优化提升，承办全市第三次农村人居环境整治现场会，横山桥镇人居环境报道获“学习强国”平台首页推荐。

社会事业　教育事业持续发展，新安小学、芙蓉初中改扩建项目开工建设，横山高级中学、芙蓉初级中学均通过市、区督导评估，横山桥中心小学获评市首批主动发展示范校、劳动教育示范校，山水实验幼儿园、新安国际幼儿园被确立为市优质幼儿园。倡导文明新风，深化文明创建活动，横山桥镇通过文明城市建设省级测评。实施文化惠民工程，建成开放常武第一党支部事迹陈列馆、五一乡村振兴展示馆，举办第三届“美丽横山行”文化节，弘扬党建文化和中华传统文化。提升卫生健康服务能力，芙蓉卫生院妇幼保健数字化门诊、中医馆、体检中心建成投运，8月14日挂牌常州市第七人民（老年病）医院芙蓉分院，横山桥卫生院创建省级基层特色科室1个、市级基层特色科室2个，创成二级综合医院；金丰村通过省级健康村验收。加强民生保障，举办云招聘活动5场，新增就业岗位3500个，城镇失业人员再就业400人；社保扩面1200人，净增社会养老保险参保人员1462人，社会保险综合覆盖率达98%；住房公积金扩面800人。开展社会救助，发放尊老金134万元，义务兵家属优待金、退伍军人安置费309万元，城乡低保、大病救助、重残补助等资金713万元。优化公共服务，镇为民服务中心建成投用，实现行政审批事项、公共服务事项“一窗通办”。加强墓区管控，完成经营性

**2020年横山桥镇主要经济社会指标完成情况表**

表83

| 指　标 | 单　位 | 数　值 | 比2019年（±%） |
|---|---|---|---|
| 地区生产总值 | 亿　元 | 171.8 | 5.4 |
| 公共预算收入 | 万　元 | 65888 | 9.8 |
| 农业总产值 | 万　元 | 22585 | 11.7 |
| 　多种经营产值 | 万　元 | 21432 | 12.1 |
| 粮食总产量 | 吨 | 3079 | −0.9 |
| 规模以上工业总产值 | 亿　元 | 270.5 | 7.3 |
| 实际利用外资 | 万美元 | 1110 | −20.5 |
| 第三产业增加值 | 亿　元 | 76.8 | 12.8 |
| 居民人均可支配收入 | 元 | 36874 | 5.96 |

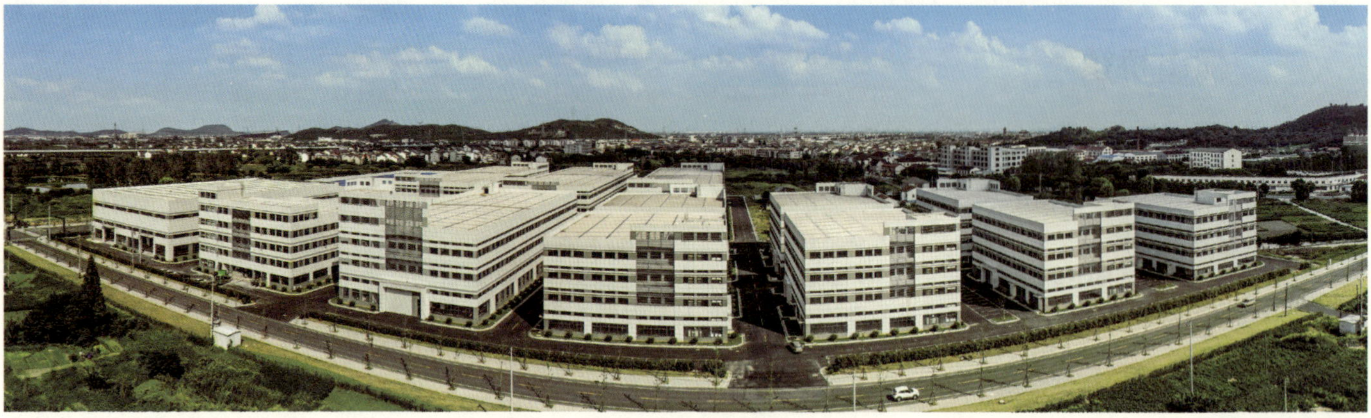

横山桥智能装备产业园 （供图/横山桥镇）

公墓、生态林业红线、无证墓区确界定位和围挡铺设，恢复林地0.9公顷，建成运行经营性公墓信息管理系统。

**【智能装备产业园一期等重大产业项目竣工投运】** 智能装备产业园一期项目 由常州宸泰建设产业发展有限公司实施，用地面积6.98公顷，已建成标准厂房、单层和多层厂房，配套管理中心、生活服务、生产研发用房，总建筑面积8.1万平方米，总投资5亿元。该项目立足横山桥镇产业基础和发展要求，引进智能装备产业进驻园区，打造智能装备制造基地、创新平台、示范中心。该项目于2019年6月开工，2020年8月竣工，有6家企业签订意向入驻协议。

富冠金属表面处理及再制造项目 由江苏富冠金属科技有限公司实施，用地1.99公顷，已建成厂房、研发中心、配套用房等2.3万平方米，购置CNC加工中心、双室真空油淬炉、真空气淬炉、箱式回火炉、井式氮化炉、真空炉、3kw半导体等设备88台套，总投资1.35亿元。该项目于2019年4月开工，2020年9月竣工，达产后可年增热处理加工模具8000吨、激光集成设备50台套的生产能力。

安澜万锦贵金属合金新材料一期项目 由江苏安澜万锦电子股份有限公司实施，用地3.5公顷，已建成标准厂房、辅助用房及办公研发大楼等3.8万平方米，购置拉丝机、押出机、真空压轧机、网络分析仪、多通道误码测试仪、蜂鸣器装配机、蓝牙耳机声学自动化测试系统、电声测试系统、数控车床、立式加工中心等设备360台套，总投资4亿元。该项目于2018年3月开工，2020年12月竣工，达产后可形成年产电声元器件1.2亿套、数据线及电线电缆2000万米、贵金属合金线250吨、精工机械设备1500台的生产能力。

绿联环境污泥综合利用项目 由江苏绿联环境科技有限公司实施，新增用地4.92公顷，计划总投资5亿元，新建总部大楼和固废资源化利用研发中心、生产用房、仓储用房、辅助用房等3.8万平方米，新增污泥预处理系统、干化系统、热解系统及相关自动控制系统等处置设备55台套。该项目于2019年7月开工，2020年12月竣工，投产后可形成年消纳市政污泥、河道淤泥、一般工业污泥及一般工业固废30万吨的规模，产生碳材料5.5万吨、热解油6万吨，建成污泥及一般工业固废综合利用产业化示范基地。

**【横山桥新增高新技术企业20家】** 2020年12月，横山桥镇有20家企业被全国高新技术认定管理工作领导小组办公室认定为高新技术企业，累计高新技术企业66家。

2020年横山桥镇新增高新技术企业基本情况表

表84

| 企业名称 | 占地面积（平方米） | 建筑面积（平方米） | 产值（万元） |
|---|---|---|---|
| 常州卓升干燥设备有限公司 | 7992 | 2000 | 1156.08 |
| 常州嘉顿照明科技有限公司 | 2000 | 5000 | 1050 |
| 常州市飞黄钢杆有限公司 | 2082 | 1875 | 7410 |
| 江苏亿林利达新能源科技有限公司 | 5064 | 6500 | 2745 |
| 常州松英视液镜有限公司 | 2500 | 6000 | 1518 |
| 常州马兹克智能装备有限公司 | 1310 | 1410 | 2500 |
| 江苏昌盛电缆科技集团有限公司 | 32738 | 15707 | 7000 |
| 常州金戎华机械有限公司 | 1500 | 1700 | 504 |
| 江苏圣日照明电器有限公司 | 2668 | 5800 | 1188.62 |
| 江苏赛能干燥机械工程有限公司 | 12573 | 9000 | 3345 |
| 江苏昊坤新材料科技有限公司 | 133200 | 30000 | 8100 |
| 江苏南晶红外光学仪器有限公司 | 2664 | 7000 | 3763 |
| 常州凯盛新材料有限公司 | 14232 | 7470 | 16004 |
| 常州市振邦化工制造有限公司 | 23600 | 8500 | 5143 |
| 南一智能装备（常州）有限公司 | 3000 | 3000 | 893.54 |
| 常州泽尔达机械有限公司 | 3000 | 2300 | 1390 |
| 常州市群丰玻纤制品有限公司 | 6800 | 3800 | 8680 |
| 江苏安澜万锦电子股份有限公司 | 34935 | 38000 | 7000 |
| 常州市万兴自控设备有限公司 | 5906 | 5315 | 3414 |
| 常州麦科林金属制品有限公司 | 7000 | 2500 | 2000 |

**【汽车零部件行业二级节点在日盈电子上线】** 2020年12月21日，汽车零部件行业二级节点在江苏日盈电子股份有限公司（简称“日盈电子”）上线，成为全省首家汽车行业二级节点。该公司成立于1998年，2017年在上交所主板上市，拥有江苏常州、广东江门、吉林长春三大制造基地、5个生产工厂，主营洗涤系统、精密注塑、汽车电子、车用线束四大类产品，致力为全球各大知名主机厂商提供汽车零部件产品。此次汽车零部件行业二级节点上线，是其参与工业互联网标识解析体系建设的重要一步，也是完善创新链、产业链的跨越一步，并为汽车零部件行业工业互联网发展注入新动能，推动构建数字产业生态。

**【横山桥建成开放党建文化阵地2个】** 6月30日，常武第一党支部事迹陈列馆开馆。该陈列馆位于横山桥老街，由横山桥镇选址仇氏宗祠（常武地区第一党支部活动遗址），历时一年时间筹建而成，占地面积300平方米，设有烈士纪念馆、横山红史馆、横山精神馆、党员实境课堂四大功能区块，综合运用图、文、声、光全媒体传播形式，主要记录以王玉如烈士为代表的仁人志士革命征程。年内，接待观众4000余人次。10月，五一乡村振兴展示馆建成开放。该展示馆位于五一村党群服务中心内，占地面积800平方米，由序厅和“五一之名、五一之路、五一之誉、五一之源、五一之梦及振兴学堂”组成，全面反映五一村发展历程，启迪来者不忘初心，为乡村振兴事业添砖加瓦。年内，接待观众近1000人次。

**【省庄村创成省级绿美村庄】** 2020年9月，省庄村被省林业局评为江苏省绿美村庄。省庄村位于横山桥镇西南部，总面积3.6平方千米，辖村民小组28个，户籍人口2640人，外来人口6000余人。有企业200余家、批发市场2个。该村对照省级绿化示范村创建要求，加强自然村各项绿化建设和美化提升，实现道路绿化率100%、河道绿化率达95%，户均乔木拥有量33棵，建成公共绿地3块、单体面积超过600平方米，形成村容整洁、环境优美、景色宜人的绿色村庄。

**【金丰村创成省级健康村】** 2020年12月，金丰村被省爱卫办评为江苏省健康村。金丰村位于横山桥镇西北部，总面积4.32平方千米，辖村民小组21个，户籍人口2870人，常住人口近5000人。该村自2020年起创建省级健康村，建立健全村民健康档案，至2020年11月，户籍建档率达100%；定期开展健康教育和义诊活动，家庭医生签约率达95%以上；全面落实社会保障各项政策，村民社会养老保险、医疗保险参保率均达100%；完善体育健身设施，举办“金丰杯”篮球赛、社区天天乐等文体活动，丰富群众文化生活。

**【横山桥百页成当地农民增收主要来源】** 横山桥百页于明清时就已出名，据考证：“山北奚巷村王根产、德兆父子从乾隆年间就制作横山桥百页了，300多年来代代相传，成为‘百页世家’。当年做横山桥百页，全靠石磨磨，屋外繁星点点，屋内一灯如豆，石磨磨出了淡黄似奶的豆浆，制成洁白如玉的横山桥百页，也磨出了经典滩簧戏《双推磨》。”改革开放后，做横山桥百页的农户急剧增加，每天消化黄豆达数十吨，发展成为具有鲜明地方特色的产业。当地黄豆因该地域独特气候、土壤、水质条件，出浆率高，为生产横山桥百页提供了优质原料。横山桥百叶每张尺寸在20×22厘米，厚度1毫米，重量65～70克左右，因其特殊的手工制作工艺，独特的“点花”配方、时文时猛的“煮浆”功夫、恰到好处的“闷缸”用时、力度均匀的“压榨”技巧，使成品兼有白、香、嫩、糯、滑爽且有弹性韧性，口味独特而驰名大江南北。

**2020年横山桥镇各村（社区）基本情况表**

表85

| 村（社区）名 | 户数（户） | 户籍人口（人） | 党组织书记 | 村委（社区居委会）主任 | 集体经济收入（万元） |
|---|---|---|---|---|---|
| 东洲村 | 805 | 2330 | 张中华 | 黄志刚（—8月） | 237 |
| 横山桥村 | 780 | 2310 | 杨剑波（—8月）<br>吴庆峰（8月任） | 何仁龙（—8月） | 242 |
| 芳茂村 | 634 | 2249 | 李网度 | 是国炳（—8月） | 870 |
| 西崦村（社区） | 586 | 1863 | 殷金兴 | 殷克强（—8月） | 399 |
| 星辰村 | 650 | 2144 | 王银瑞 | 金晓勇（—8月） | 449 |
| 省庄村 | 812 | 2640 | 周志军 | 方晓军（—8月） | 738 |
| 金丰村 | 795 | 2870 | 金文华 | 高忠度（—8月） | 465 |
| 奚巷村 | 638 | 2233 | 章晓伟 | | 1245 |
| 五一村 | 1498 | 4664 | 章春军（兼）（—8月） | 朱才兴（—8月） | 1455 |
| 新安村 | 1273 | 3737 | 刘志叶 | 范本东（—8月） | 1848 |
| 东城湾村 | 526 | 1639 | 吕　俊（8月任） | | 259 |
| 东风村 | 855 | 2591 | 程　金（兼） | 丁耀强 | 1563 |
| 双庙村 | 876 | 3120 | 岳阳波 | | 165 |
| 东周村 | 1270 | 4072 | 许　杰（—8月）<br>王　蓓（8月任） | 奚金洪（—8月） | 326 |
| 东柳塘村 | 580 | 1949 | 单立波 | 刘国忠（—8月） | 177 |
| 西柳塘村 | 780 | 2274 | 刘建群 | | 191 |
| 梁家桥村 | 750 | 2341 | 梁晓东 | 刘永红（—8月） | 263 |
| 芙蓉村 | 888 | 2953 | 汤建斌 | | 592 |
| 蓉湖村 | 789 | 2897 | 殷文杰 | | 315 |
| 朝阳村 | 893 | 2839 | 王　年（9月任） | | 506 |
| 横山桥社区 | 2300 | 4858 | 刘常羽 | 刘常羽（兼） | — |
| 新安社区 | 584 | 1120 | 管建本 | 管建本（兼） | — |
| 芙蓉社区 | 588 | 1056 | 刘　东（兼）（—8月） | 陆海峰 | — |

横山桥百叶制作技艺于2008年被列入江苏省非物质文化遗产。正宗横山桥百页因“营养科学、绿色环保、具有民族和地方特色、具有文化内涵和历史传承”在长三角一带享有盛誉，且需求量越来越大，成为当地农民主要的增收来源。

（许亦皎）

## 嘉泽镇（武进现代农业产业园）

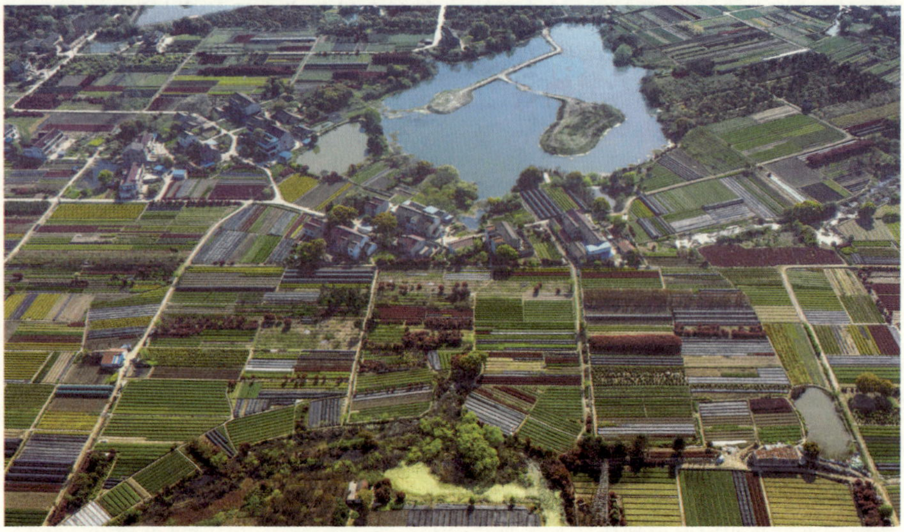

七彩花田 （供图 / 嘉泽镇）

**【概况】** 嘉泽镇（武进现代农业产业园）位于武进区西南部，东临西太湖（滆湖），西接金坛区尧塘街道，南接湟里镇，北靠钟楼区邹区镇，全镇总面积101.48平方千米，辖行政村19个、社区5个，2020年年末户籍人口75709人、常住人口93616人。239省道、金武路、长虹西路、延政西路、宁常高速贯穿境域，扁担河、夏溪河、成章河和孟津河等水道在境内形成天然良港，拥有西太湖湖岸线12千米，多为自然保护湿地。获得中国花木之乡、全国环境优美镇、全国美丽宜居小镇、全国花卉生产示范基地、全国科普示范基地、全国农业旅游示范点、国家卫生镇和中国花博镇、“绿色生命的摇篮”等称号。10月，嘉泽镇通过“国家卫生乡镇”复审。

*产业发展* 建设高效农业，推进花木产业发展，建成闵市村20公顷高标准农田、周庄村千亩高标准农田零散地，西城村、晨山村、跃进村、满墩村、闵市村被认定为省级苗木特色村。全镇有工业企业305家，其中规模以上企业26家，全年完成规模以上工业产值27.13亿元，占全镇工业总产值的87.3%。推进项目建设，4个市、区重点项目完成投资3.8亿元，壹方农业项目进展顺利，华晨机械轴承项目主体建筑封顶，三鑫重工年产1万吨风电齿轮项目竣工投产。

*镇村建设* 完善基础设施，实施成章建设总部基地水系沟通以及江南印象围河、前潘塘、章嵛浜清淤整治等水利工程和花海大道两侧绿化修补提升工程，启动和谐桥改造，完成闵市村、丰杨村等5个村1190户天然气安装。全面完成艺林园地块拆迁、收储，有序推进枫华牧业地块收储工作。推进拆迁安置，实施南沿江高铁（嘉泽段）拆迁、沿江高铁闵市自建区和姬山安置区项目，完成三鑫重工东侧、滆湖退田还湖等项目拆迁、安置和整治任务。投资建设嘉泽镇239省道西侧、成章新街北侧地块开发项目，建设独立商业街带动成章商业经济发展，同步配套建设道路、停车位等辅助设施。实施美丽乡村工程，成章、晨山、丰杨、周庄、朝东、夏庄桥6个村农民自建区建设启动，常州市美丽乡村示范点在跃进村揭牌，创成美丽型村庄2个、康居型村庄50个，实现整洁型村庄全覆盖。改善农村人居环境，新建农村分散式污水处理点43处，跃进村创成江苏省绿化示范村，南庄村、周庄村、三星村、丰杨村创建市级人居环境整治综合示范村。保护生态环境，推进生态河道综合整治工程，清淤村级河塘80个，庙桥河获评常州市“五好河道。开展环保项目综合治理，落实工业减排、扬尘管控、秸秆禁烧等措施，完成8台天然气锅炉低氮改造和2台生物质锅炉、5台工业炉窑及3家企业VOCs整治，关停、劝退“散乱污”企业16家。改善农村人居环境，建成农村分散式生活污水处理工程二期PPP项目43个点位、农村公厕6座，完成夏溪河、成章河2352米截流管道修复工程和章庄浜、孔家浜截流工程和滆湖退田环湖区红线内2个村28户水产养殖清退及养殖设施拆除，启动26.67公顷养殖池塘尾水净化示范项目。加强镇村长效管理，深化动态巡查机制，实现“源头控制”。

*社会事业* 成立成章片区百万光彩基金5个，助力教育、卫生事业发展。实施中小学、幼儿园维修改造工程，办理流动人员子女积分入学270名。嘉泽卫生院主体建筑完工，成章卫生院数字化门诊和体检中心建成，士桥村、满墩村和夏庄桥村卫生室改扩建工程完成。

**2020年嘉泽镇主要经济社会指标完成情况表**

表86

| 指　　标 | 单　位 | 数　值 | 比2019年（±%） |
|---|---|---|---|
| 地区生产总值 | 亿　元 | 97.72 | 6.0 |
| 公共预算收入 | 万　元 | 22826 | −4.6 |
| 农业总产值 | 亿　元 | 10.84 | −7.7 |
| 　多种经营产值 | 亿　元 | 10.83 | −7.73 |
| 粮食总产量 | 万千克 | 2 | 150 |
| 工业销售收入 | 亿　元 | 31.09 | 4.5 |
| 实际利用外资及港澳台资 | 万美元 | 500 | 650 |
| 自营出口额 | 亿　元 | 1.29 | −7.9 |
| 第三产业增加值 | 亿　元 | 62.86 | 6.8 |
| 居民人均可支配收入 | 元 | 36902 | 5.97 |

推进公共文化服务体系建设，实现村级综合文化服务中心全覆盖。持续开展“花朝月夕”文化活动，凸显地域文化特色。挂牌成立镇村退役军人服务站20个，维护退役军人权益。加强民生保障，促进失业人员、困难人员就业146人，新增社会保险参保人员515人，办理被征地农民社会保障2400人。落实低保、重残生活救助、孤儿养育等政策，为9816人次发放生活救助金1208.8万元；发放慈善救助金194.45万元，惠及困难群众1065人次；发放尊老金193.6万元，惠及80周岁及以上老人2900人。

**【年产1000万套轴承等重点项目建设】**

年产1000万套轴承项目　由常州华晨机械制造有限公司实施，利用土地15835.8平方米，新建厂房2.6万平方米，购置冲床、数控车床、加工中心、割料机等设备141台套，总投资1亿元。该项目于2020年开工建设，建成后可形成年产1000万套轴承的生产能力。

年产1万吨风电用齿轮项目　内容参见“工业”类目P105相关条目。

数控智能化成套装备项目　由常州市平晖机械制造有限公司投资建设，占地面积2公顷，新建厂房1.6万平方米，总投资1.1亿元。该项目建设年限为2020—2021年，建成后可形成年产90台套大型高端装备制造的生产线。

**【嘉泽镇入选国家森林乡村2个】** 2020年，嘉泽镇满墩村、晨山村创成国家森林乡村。

满墩村　位于嘉泽镇239省道旁，总面积5.78平方千米，耕地面积238.67公顷，辖村民小组41个，常住人口4963人。该村有工业企业20余家，农业以花木种植为主，辅以黄桃种植，花木及黄桃种植面积占全村耕地面积的95%以上，庭院绿化率60%，村内道路绿化长达20千米，形成人与自然相和谐的田园风光，获得“江苏省三星康居村”“常州市最美乡村景观奖”等荣誉。

晨山村　位于嘉泽镇政府北首，东临西太湖、孟津河，北与满墩村为邻，延政西路由东到西贯穿全村，总面积7.1平方千米，其中耕地面积372.37公顷，辖村民小组56个，常住人口2852人。该村以种植花卉苗木为主，占耕地面积的99%，于2008年10月通过省级生态村验收，境内有紫薇花园酒店、西太湖度假酒店、晨山农庄等旅游配套设施，成为远近闻名的绿色生态美家园。

**【市美丽乡村示范点在跃进村揭牌】** 2020年9月25日，常州市美丽乡村示范点在跃进村揭牌，南京农业大学校外实践教学基地、淘宝大学常州数字化人才培训中心花木电商培训基地等相继揭牌，“助农E贷”嘉泽镇花木企业5000万元集中授信活动、“缤纷嘉泽”嗨购节启动。该村位于嘉泽镇西北部，239省道和金武快速路穿境而过，于2018年被列为常州市首批美丽乡村试点单位，以“花都人家、创智田园”为主题，打造一条由“三区三家三园”串联起来的美丽乡村环线。“三区”即传统花木种植区、电商基地示范区、江南花都产业园区；“三家”即宜家新居（花都新苑）、乡愁老家（自然村落薛家村）、电商人家（一户人家做电商）；“三园”即花都游园、盆景园、大树园。2019年，建设创客大楼电商孵化基地，搭建苗木电商平台，引进电商人才，为花农扩展销售渠道，促进花卉种植、展示、仓储、包装、物流等产业融合发展。到2020年，

**2020年嘉泽镇各村（社区）基本情况表**

表87

| 村（社区）名 | 户数（户） | 户籍人口（人） | 党组织书记 | 村委（社区居委会）主任 | 集体经济收入（万元） |
|---|---|---|---|---|---|
| 嘉泽村 | 2580 | 8660 | 索卫中 | 索卫中（兼） | 342.6 |
| 观庄村 | 1035 | 2903 | 邓东妹（1—7月）<br>王 凯 | 邓东妹（1—7月） | 110.4 |
| 丰杨村 | 1012 | 2980 | 吴建林 | 陈雪峰（1—7月） | 246.6 |
| 士桥村 | 930 | 2412 | 李向阳 | 李向阳（兼） | 310.9 |
| 夏庄桥村 | 1765 | 5030 | 蒋志江（1—7月）<br>吴文龙 | 蒋建忠（1—7月） | 166.5 |
| 闵市村 | 1666 | 5051 | 田卫忠 | 王继业（1—7月） | 332.2 |
| 西城村 | 1676 | 5352 | 周林峰 | 孙全方（1—7月） | 219.5 |
| 成章村 | 2338 | 6437 | 庄旭东 | 虞 健（1—7月） | 251.8 |
| 晨山村 | 1952 | 5696 | 胡 彬 | 胡 彬（兼） | 285.5 |
| 捕捞村 | 188 | 588 | 沈祥根 | 沈祥根（兼） | 75.9 |
| 甘荡村 | 1047 | 3005 | 王 栋 | 王 栋（兼） | 134.6 |
| 夏溪村 | 2896 | 7556 | 高亚平（1—7月）<br>薛哪昌 | 薛哪昌（兼） | 21.3 |
| 跃进村 | 794 | 1906 | 张建荣（1—7月）<br>毛建玉 | 张国庆（1—7月） | 536.8 |
| 南庄村 | 1153 | 3241 | 高 华 | 倪明华（1—7月） | 163.9 |
| 周庄村 | 740 | 2082 | 江建昌 | 刘金生（1—7月） | 159.0 |
| 三星村 | 889 | 2513 | 王 华 | 陆建峰（1—7月） | 167.0 |
| 厚余村 | 1323 | 3519 | 潘留根（—7月）<br>强小军 | 强国平（1—7月） | 170.2 |
| 朝东村 | 2052 | 5620 | 朱洪全 | 庄国胜（1—7月） | 230.3 |
| 满墩村 | 1515 | 3396 | 庄 伟（1—7月）<br>汤政伟 | 庄 伟（1—7月） | 209.6 |
| 嘉泽社区 | — | — | 索卫中 | 张 红（1—7月）<br>樊 贤 | — |
| 夏溪社区 | — | — | 高亚平（1—7月）<br>薛哪昌 | 徐 标（1—7月 | — |
| 厚余社区 | — | — | 潘留根（—7月）<br>强小军 | 秦春霞 | — |
| 成章社区 | — | — | 庄旭东 | 金 美 | — |
| 嘉新社区 | — | — | 顾 晔 | 顾 烨（兼） | — |

说明：嘉泽、夏溪、厚余、成章四个社区的户数、户籍人口数以及集体经济收入与相应村合算，嘉新社区居民为各村拆迁安置居民，数据仍算在各村里面

形成“花漾跃进、梦源乡间、金色田园、创智未来”四大展示点，建成乡村振兴实践馆、创客中心（花海e站)、农民集中居住区等新农村美丽场景。

（王亚莉）

## 湟里镇

【概况】 湟里镇位于武进区西南部，东濒滆湖，西接金坛区，南与宜兴市隔涨河港相望，北邻嘉泽镇，总面积86.1平方千米，辖行政村16个、社区3个，2020年年末户籍人口62954人、常住人口85635人。湟里又名杨柳埠,俗称埠头,是全国闻名的水产养殖和花卉苗木生产基地，获得“第五届全国文明村镇”“全国环境优美镇”“国家级卫生镇”“国家级生态示范镇”“全国科学发展千强镇”等称号。

产业发展　建设现代农业，完成新孟河配套水利工程南延段3座灌溉站施工，同步推进北干河拓浚段17座灌溉站、节制闸及相关配套渠系建设；岗角片333.33公顷和村前片266.67公顷国家级高标准农田通过验收，湟里村233.33公顷国家级高标准农田新增项目建成；配合实施滆湖净水控藻增殖渔业试验区工程，完成生态化鱼塘改造20公顷。有工业企业390家，新增规模以上10家，累计85家，全年完成规模以上工业产值322.0亿元，占全镇工业生产总值的92.8%。推进重点项目建设，电力管件、腾兴汽配2个新建项目开工，金鼎电子、隆辉电力等14个项目竣工投运。新增高新技术企业15家，累计32家，完成高新技术产业产值25.55亿元，占全镇规模以上工业产值的7.9%。

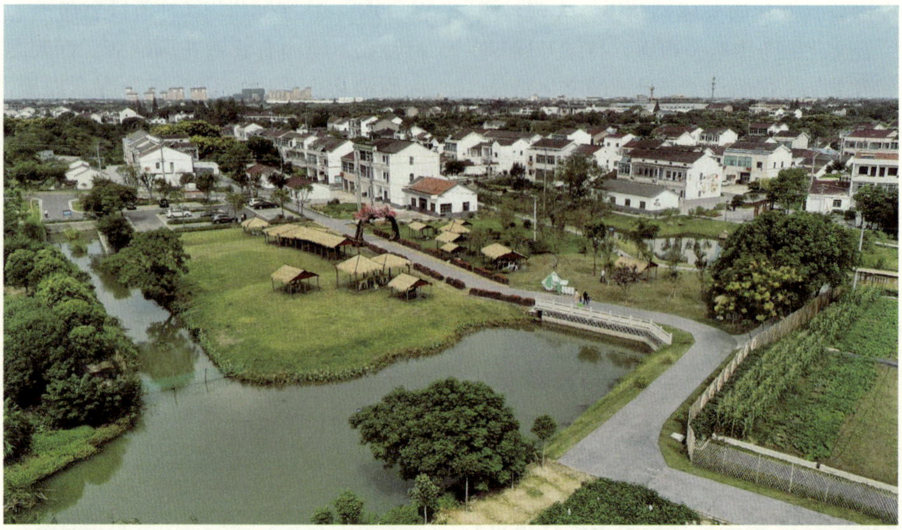

醉美西墅　（供图/湟里镇）

发展现代服务业，完成服务业投资5.96亿元，实现服务业增加值75.7亿元；完成限额以上批零住餐销售额248.8亿元、列入核算规模以上服务业营业收入5.2亿元，分别增长12.8%和下降1.7%。

镇村建设　优化基础设施，完成东安南环路、东安工业园区道路、街河潘家桥至友谊中桥段、三塘河武宜线、湟里桥、粮管所路南延段、知青点交叉路口、桃园路金水路交叉口等道路桥梁改造提升工程；推进交通安保工程，完成埠新路、金鼎路、湟里老街机动车停车位划分；新建三类公厕和垃圾分类亭、分散收集点，设立镇级垃圾分类集中处置点，实现垃圾分类设施全覆盖。保护生态环境，加强污染源监管，推进生态工程建设、水环境整治，完成企业挥发性有机物综合治理3家，清淤村庄河塘30余处，回收废弃农膜6吨、农药包装0.8吨，集镇区内黑臭水体、污水直排口、单位庭院排水口等问题整改到位，村前小流域工程开工建设，9个片区生活污水连片整治基本完成，农村分散式生活污水治理二期项目17个村庄点位按期完工，滆湖退田还湖区域新增修复湿地20公顷。提标建设美丽乡村,“孝爱原乡，醉美西墅”市级美丽乡村示范项目揭牌，葛庄村全域美丽乡村建成，村前村、村西村、河南村、西安村列入全区首批精品美丽乡村示范村建设计划，湟里镇人居环境考核成绩位居全区前列。

社会事业　推进教育、卫生、文体、养老项目建设，湟里中心小学通过市级新优质学校评估，镇级发热门诊楼项目开工，武进第四人民医院通过“江苏省健康促进医院”验收，并创成江苏省首批农村区域性医疗卫生中心，阿甲体育公园、西墅体育公园改建工程全面完工，湟里镇居家养老服务中心和东安、村前居家养老服务站3个4A标准居家养老服务场所全面建成。加强社会保障，新增就业岗位902个，帮助失业、就业困难人员再就业380人，扶持大学生创业项目2个、自主创业250人；办理预征地、新孟河工程等失地农民保障1039人，发放社保补贴、慈善救助金、临时救助金、低保物价补贴等近700万元，发放残疾人“两项补贴”733万余元，发放重点优抚对象医疗补助费、退伍军人安置金、义务兵家属优待金奖励金等472万余元。

2020年湟里镇主要社会经济指标完成情况表

表88

| 指　　标 | 单　位 | 数　值 | 比2019年(±%) |
|---|---|---|---|
| 地区生产总值 | 亿　元 | 175.87 | 6.7 |
| 公共财政预算收入 | 亿　元 | 3.8 | −40.1 |
| 农业总产值 | 亿　元 | 9.46 | 3.4 |
| 多种经营产值 | 亿　元 | 9.45 | 3.4 |
| 粮食总产量 | 万千克 | 12.9 | 8.4 |
| 工业销售收入 | 亿　元 | 363.61 | 8.2 |
| 第三产业增加值 | 亿　元 | 75.67 | 6.5 |
| 居民人均可支配收入 | 元 | 50665 | 4.7 |

**【联同定制包装材料等14个工业重点项目竣工投运】** 联同定制包装材料项目　由江苏联同纸业科技有限公司实施，租用厂房、办公楼3万平方米，购

置三色印刷开槽模切机、全自动钉箱机、YYS-IV型切纸机、三色印刷机等设备24台套。该项目于2019年6月开工，2020年6月竣工投运，完成投资1.1亿元，达产后形成年产瓦楞纸10万吨、纸箱30万个的生产能力。

*骏宇汽配制动气室项目* 由江苏骏宇汽配有限公司实施，利用企业原有厂房，购置自动化落料机、自动送料机等设备125台套，并改造提升原车间设备。该项目于2019年6月开工，2020年12月竣工投运，完成投资1亿元，达产后形成年产制动气室200万个的生产能力。

*金鼎电动汽车充电装备及锂电池产品项目* 由江苏金鼎电子科技有限公司实施，租用厂房、办公楼1.85万平方米，购置加工中心、双工位自动点焊机、检测设备等生产设备567台套。该项目于2019年8月开工，2020年6月竣工投运，完成投资8000万元，达产后形成年产120万套锂电池组、充电器组装及控制系统开发的生产能力。

*双菱链传动斗提水泥非标链条扩建项目* 由江苏双菱链传动有限公司实施，利用企业原有土地1.33公顷，新建厂房1.3万平方米，购置压力机、加工中心、数控机床等设备42台套。该项目于2019年8月开工，2020年6月竣工投运，完成投资6000万元，达产后形成年产斗提水泥非标链条8000吨的生产能力。

*沃强机械零部件项目* 由常州市沃强机械有限公司实施，用地1公顷，新建厂房1万平方米，购置磨床、车床、钻床、冲床等设备102台套。该项目于2019年10月开工，2020年12月竣工投运，完成投资6000万元，达产后形成年产机械零部件30万套的生产能力。

*隆辉电力电缆保护管项目* 由江苏隆辉电力设备有限公司实施，租赁厂房5000平方米，购置挤出机、混料机、检测设备等32台套。该项目于2019年11月开工，2020年6月竣工投运，完成投资5800万元，达产后形成年产电缆保护管50万米的生产能力。

*武进电力油井管道扩建项目* 由常州市武进电力管件有限公司实施，利用厂区现有土地，新建厂房1万平方米，购置5000吨油压机、天然气加热炉、破口机等设备30台套。该项目于2020年1月开工，12月竣工投运，完成投资5000万元，达产后形成年购置管件5000吨的生产能力。

*腾兴汽车空调管路附件项目* 由常州腾兴汽车配件有限公司实施，利用原有厂房，购置自动化纵切机、高转速高精度加工中心等53台套，并改造升级原有数控加工中心。该项目于2020年1月开工，12月竣工投运，完成投资5000万元，达产后形成新增汽车空调管路附件3500万套的生产能力。

*富利达汽车零部件项目* 由常州市富利达车辆配件有限公司实施，用地8687平方米，新建厂房、综合楼共计6170平方米，购置车床、攻丝机等设备116台套。该项目于2019年8月开工，2020年12月竣工投运，完成投资5000万元，达产后形成年产汽车配件500万个、机械零部件300万个的生产能力。

*利辉电缆保护管项目* 由江苏利辉电力设备有限公司实施，租赁厂房1950平方米，购置挤出机、混料机等设备22台套。该项目于2019年10月开工，2020年11月竣工投运，完成投资5000万元，达产后形成年产电缆保护管40万米的生产能力。

*致臻电力设备项目* 由常州富桐纤维新材料有限公司实施，利用企业现有厂房，购置挤出机、数控车床等设备35台套。该项目于2019年10月开工，2020年6月竣工投运，完成投资5000万元，达产后形成年产电缆保护管1万吨、机械零部件5万套的生产能力。

*特种色母粒技改扩建项目* 常州富桐纤维新材料有限公司利用企业原有厂房，购置双螺杆挤出机组、切粒机、配料系统及系列配套系统133台套。该项目于2020年1月开工，12月竣工投运，完成投资3亿元，投产后可形成年产特种色母粒5万吨的生产能力。

*轩豪大型重型液压油缸项目* 由常州轩豪机械有限公司实施，用地8000平方米，新建标准厂房4697平方米，购置车床、钻床等设备45台套。该项目于2020年7月开工，12月竣工投运，完成投资5000万元，投产后可形成年产液压油缸1000套的生产能力。

*高气密铝合金门窗生产项目* 由常州市达美门业有限公司实施，新增用地8400平方米，新建标准厂房5100平方米，购置全自动门窗生产线、切角机、开式可倾压力机等主要设备33台套。该项目于2020年9月开工，12月竣工投运，完成投资5300万元，投产后可形成年产智能化高气密铝合金门2万平方米、智能化高气密铝合金窗18万平方米的生产能力。

**【湟里新增高新技术企业15家】** 2020年11月，湟里镇15家企业被全国高新技术认定管理工作领导小组办公室认定为高新技术企业。

**2020年湟里镇新增高新技术企业基本情况表**

表89

| 企业名称 | 占地面积（平方米） | 建筑面积（平方米） | 产值（万元） |
|---|---|---|---|
| 常州市力创轧辊有限公司 | 8339 | 6390 | 3200 |
| 常州轩豪机械有限公司 | 8000 | 4700 | 1600 |
| 常州市飞马奔腾汽配有限公司 | 2000 | 1566 | 1000 |
| 常州超峰胶线科技有限公司 | 11000 | 15000 | 2625 |
| 中禾科技（常州）股份有限公司 | 10000 | 5000 | 2600 |
| 常州市大展塑料制品有限公司 | 3500 | 3000 | 3000 |
| 常州市武进东风汽车部件有限公司 | 12000 | 8000 | 2000 |
| 常州市盛杰合力化纤有限公司 | 32000 | 28000 | 18000 |
| 常州苏菱科链传动有限公司 | 4500 | 2000 | 1500 |
| 常州亿达化纤有限公司 | 13737 | 9393 | 8000 |
| 常州市铸安机械有限公司 | 2900 | 2300 | 1800 |
| 常州驰鑫机械有限公司 | 18000 | 9800 | 3965.59 |
| 常州苏冶轧辊有限公司 | 30000 | 20000 | 7200 |
| 常州市汇辰轧辊有限公司 | 11824 | 3900 | 1600 |
| 江苏双菱链传动有限公司 | 82957 | 29528 | 9232（不含税） |

表 90

**2020 年湟里镇各村（社区）基本情况表**

| 村（社区）名 | 户数（户） | 户籍人口（人） | 村（社区）书记 | 村委（社区居委会）主任（召集人） | 集体经济收入（万元） |
|---|---|---|---|---|---|
| 东安村 | 2068 | 5969 | 陈建良 | 陈建良（7—12 月） | 306.53 |
| 武宜村 | 667 | 2006 | 曾志丰 | 梁建平（1—6 月）<br>曾志丰（7—12 月） | 130.41 |
| 西安村 | 826 | 2395 | 万华良（1—5 月）<br>吴征全（6—12 月） | 万华良（1—5 月）<br>吴征全（7—12 月） | 204.96 |
| 五巷村 | 894 | 2765 | 张树华 | 郭维明（1—6 月）<br>张树华（7—12 月） | 222.59 |
| 蒋堰村 | 1288 | 4038 | 许国军 | 张献良（1—6 月）<br>许国军（7—12 月） | 408.17 |
| 香泉村 | 1152 | 3643 | 王永泉 | 王永泉（7—12 月） | 294.71 |
| 村前村 | 2301 | 6049 | 王金泉 | 薛亚平（1—6 月）<br>王金泉（7—12 月） | 539.02 |
| 岗角村 | 1936 | 5144 | 孙泽云 | 孙泽云（7—12 月） | 266.98 |
| 西墅村 | 1466 | 4749 | 季文斌 | 程小平（1—6 月）<br>季文斌（7—12 月） | 649.02 |
| 河南村 | 975 | 2783 | 蒋中君 | 周亚军（1—6 月）<br>蒋中君（7—12 月） | 251.88 |
| 北隍村 | 828 | 2528 | 吴卫忠 | 薛志平（1—6 月）<br>吴卫忠（7—12 月） | 189.81 |
| 后坊村 | 1004 | 3009 | 徐田明 | 徐田明 | 128.26 |
| 西鲁村 | 932 | 2576 | 薛云杰 | 薛云杰 | 327.22 |
| 葛庄村 | 835 | 2358 | 蒋红明 | 徐卫平（1—6 月）<br>蒋红明（7—12 月） | 461.50 |
| 村西村 | 860 | 2479 | 鞠　峰 | 鞠　峰 | 216.06 |
| 湟里村 | 2757 | 7193 | 周　锋 | 史玉根（1—6 月）<br>周　锋（7—12 月） | 303.78 |
| 湟里社区 | — | — | 储留保 | 储留保 | — |
| 东安社区 | — | — | 陈建良 | — | — |
| 村前社区 | — | — | 王金泉 | — | — |

说明：社区的户籍人口与相应村合算

**【武进第四人民医院创成省首批农村区域性医疗卫生中心】** 内容参见“卫生健康”类目 P216 相关条目。

（许昕睿）

## 南夏墅街道

**【概况】** 南夏墅街道位于武进区湖塘镇南，总面积 70 平方千米，辖行政村 12 个、社区 10 个，2020 年年末户籍人口 61092 人、外来人口 176115 人。

城乡建设　完善基础设施，疏浚朱家坝浜、蔡家浜、下桥浜东段 3 条镇村河道近 2 千米和村庄河塘 28 个，加固临湖渔埂 100 余米，维修河东线、震农线、华阳线、西环线等镇级道路 10 条，对 35 座桥梁开展技术检测，保障道路桥梁安全。推进拆迁安置，保障重点项目建设，完成溪湖小镇、柳工二期、莱克斯诺项目拆迁面积 5.88 万平方米和安置房办证 5000 套，分配学府东苑三期（南惠雅园）安置房 882 套、面积 8.8 万平方米。保护生态环境，开展大气污染防治，检查企业 300 余次、餐饮单位 100 余家，完成工业炉窑及天然气锅炉整治、改造、提标 15 台。实施轮作休耕、滆湖周边水产养殖专项整治，推进秸秆综合利用，完成休耕轮作面积 52.67 公顷、退田还湖红线范围面积 65.42 公顷，配合完成滆湖净水控藻增殖渔业试验区工程，实现秸秆综合利用率超 98%。推行河长制，组织河长巡查、小微水体摸排，完成三河村王家浜、西沟浜活水工程，实现东十字河黑臭水体销号。推进公共机构和农村垃圾分类建设，天润国际花园、澜境花苑创成省级垃圾分类达标小区，胜西村创成区级垃圾分类示范村。加强城乡精细化管理，重点开展拆迁区域、建筑工地、道路沿线、集镇区和黑臭河道、种植大棚、户外广告等专项整治，提升农村和社区人居环境质量。

社区（基层）建设　完善社区基层民主和群众自治体系，优化社区民主协商机制，完成 7 个村（社区）的村（居）务监督委员会成员推选、“全国村（居）委会统一赋码管理系统”录入，庙桥村通过常州市平安法治和谐示范点创建验收。组建成立常州南恒实业投资有限公司，整合盘活集体资产，促进集体资产保值增值。全面推广使用农村集体资产监管平台，全年成交项目 302 笔，累计金额 2.03 亿元，交易额位列全省镇级排名第二。

社会事业　改善办学条件，落实南夏墅、庙桥初级中学改扩建项目，学府小学增加学位 2016 个。建设综合文化服务中心，实现市级综合文化服务中心在村（社区）的全覆盖。开展“文化凝聚我们生活”社区文艺巡演、电影放映、“打造书香街道，共建魅力南夏墅”读书活动，丰富群众文化生活。落实拥军优属政策，发放退役军人安置费 153.83 万元、现役军人家属优抚金 114.78 万元、优抚对象优抚补助费 4200 余万元。加强社会保障，推进社会保险全民参保，新增企业社保开户 98 家、社保人员 2030 人，新增住房公积金开户单位 41 家；发放低保金 55.2 万元、残疾人救助金 1654.76 万元。各社会组织开展为老服务、助残服务、帮困服务、青少年服务及居民融合服务，受益人数近万人。9 月，创办星悦阳光之家，成为全省首个心智障碍者社区式家庭。

**【桐庄党建主题公园开园】** 10 月，武进区党建文化公园——桐庄党建主题公园建成开园。该公园位于南夏墅街道南苑河以南、南塘路以北、桐庄河以东、新仪路以西，占地面积 2.12 公顷，由初心园、海湖园、廉心园、南风园、活力园五大板块组成，是集思想教育、党史学习、文化传承、科学科普、休闲健身于一体的主题公园。初心园坚持以习近平新时代中国特色社会主义思想为指导，涵盖南湖曙光、革命运动、伟大转

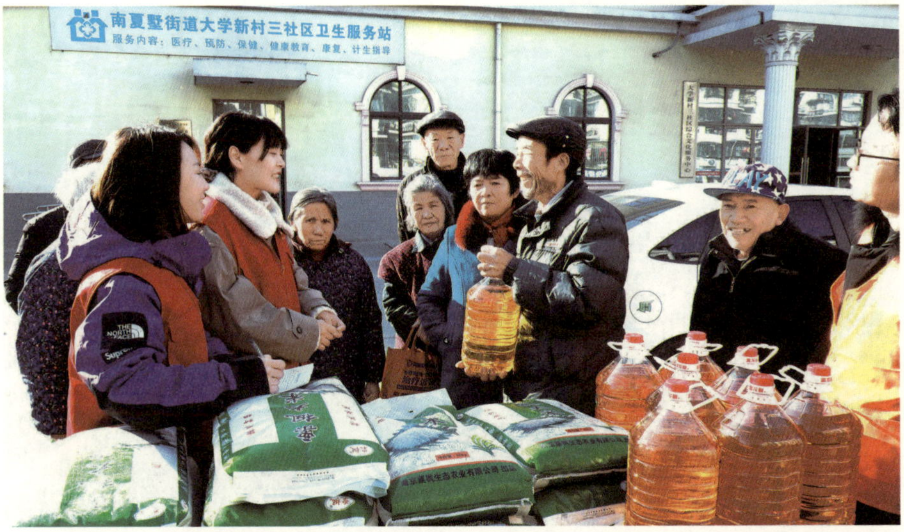


12 月 17 日，南夏墅街道开展空巢老人救助行动　　（摄影 / 陆　新）

折等党史学习教育专题；海湖园详细介绍武进高新区“创新、创优、专业、专注”的核心价值观和“化不可能为可能”精神，展示其引领发展的先进典型和特色亮点；廉心园围绕作风建设，教育引导广大党员干部崇廉尚洁；南风园着重介绍南夏墅历史事件，通过 7 个武装斗争纪实缅怀革命烈士；活力园主打全民健身，快乐随行。桐庄党建公园的建成开放，让党建文化走进百姓心里，融入百姓生活，成为基层党建的红色新地标。

**【南夏墅街道创成省公共机构节能示范单位】** 12 月，南夏墅街道被省机关事务局评为江苏省公共机构节能示范单位。该街道于年初全面启动公共机构节能示范单位创建工作，采取全员培训、重点突破、细化考核等举措，持续推进节能示范单位创建活动。健全组织领导，成立节能示范单位创建领导小组，落实专人负责，加强节能工作规范管理；完善能耗统计体系，落实统计人员、统计设备、统计时间，摸清家底；逐项分解任务，明确工作目标，落实整改措施，确保公共机构节能示范、创建目标落实到位；加强督查考核，健全考评制度，开展对辖区各单位的专项检查、定期抽查，推动全街道节能工作深入开展。年内，全街道实现人均综合能耗下降 16%，单位建筑面积能耗下降 10%，人均水资源消耗下降 29%。

（徐松华）

表 91

2020 年南夏墅街道各村（社区）基本情况表

| 村（社区）名 | 户数（户） | 户籍人口（人） | 党组织书记 | 村委（社区居委会）主任 | 集体经济收入（万元） |
|---|---|---|---|---|---|
| 戴家村 | 575 | 1838 | 朱玉明 | 朱玉明（兼） | 220 |
| 河东村 | 699 | 2304 | 朱玉峰 | 朱玉峰（兼） | 223 |
| 华阳村 | 744 | 3082 | 陆　高 | 陆　高（兼） | 298 |
| 九华村 | 1132 | 3827 | 周　新 | 周　新（兼） | 478 |
| 庙桥村 | 1122 | 3582 | 庄伟新 | 庄伟新（兼） | 299 |
| 南夏墅村 | 669 | 2255 | 胡德岳 | 胡德岳（兼） | 124 |
| 三河村 | 1018 | 3100 | 岳建波 | 岳建波（兼） | 266 |
| 胜西村 | 869 | 2581 | 卞小中 | 卞小中（兼） | 222 |
| 塘洋村 | 1110 | 3032 | 蒋雪峰 | 蒋雪峰（兼） | 182 |
| 桐庄村 | 1021 | 3240 | 田秋兴 | 田秋兴（兼） | 358 |
| 万塔村 | 619 | 2237 | 陈永俭 | 陈永俭（兼） | 270 |
| 新联村 | 626 | 2384 | 杨同庆 | 杨同庆（兼） | 175 |
| 庙桥社区 | 223 | 595 | 恽　湘 | 莫小国 | — |
| 南苑社区 | 3544 | 6051 | 时进锋 | 时进锋（兼） | — |
| 南河社区 | 1868 | 6645 | 潘　林 | 潘　林（兼） | — |
| 学府东苑社区 | 935 | 2705 | 周曙光 | 周曙光（兼） | — |
| 南湖家苑社区 | 386 | 1159 | 恽钰虎 |  | — |
| 大学新村三社区 | 612 | 2233 | 岳效忠 | 岳效忠（兼） | — |
| 南夏墅社区 | 591 | 2185 | 朱效平 | 朱效平（兼） | — |
| 南淳社区 | 624 | 2350 | 刘　刚 |  | — |
| 学府家苑社区 | 520 | 1526 | 李　健 | 李　健（兼） | — |
| 南塘社区 | 630 | 2181 | 朱玉峰 |  | — |

## 西湖街道

**【概况】** 西湖街道位于武进区西太湖畔，东临牛塘镇、武进高新区，西接中国花木之乡嘉泽镇，南靠西太湖，北依钟楼区邹区镇，总面积 48.35 平方千米（管辖面积 70.5 平方千米），辖行政村 3 个、社区 5 个，2020 年年末户籍人口 2.7 万人，常住人口 3.9 万人。

*产城融合*　围绕保障园区发展，推进拆迁安置，完成 16 户剩余民房和 4 家企业拆迁，合计面积 3.5 万平方米，促进天奈、河头物流园和顺程、阳嘉项目及礼河卫生院新建等重点项目落地实施；办理鑫新家园、长顺家园、鑫河新苑房屋权证 2225 套，交付鑫康雅居新房 1906 套。优化区域环境，完成路面维修 2.43 万平方米及损坏灯具、电缆更换；加强绿化管护，实施绿化提升改造工程，新增绿化面积 63 万多平方米；加强河道管护，实施孟津河堤防加固提升工程，长汀浜、西中沟河、半夜浜、礼河支浜等河道得到有效治理；推进人居环境整治，开展垃圾、河塘、农业废弃物、乱堆乱放清理等综合治理，推广村庄河道、道路、绿化、垃圾和公共设施“五位一体”的综合管理及社会化管护模式，巩固整治成效。推进城市精细管理，初步形成“网格＋警格＋综合执法＋联动联勤”的统一调度框架，实现城市管理“传达零延误，点位零错误，

处置零失误”，取得城市长效管理考评常州市第二、武进区第一的成绩。

民生事业　实施民生工程，完成聚新家园、湖滨花园停车位建设和塔下新苑、蠡新家园地下车库改造等16项，集中整改各类防汛隐患。促进富民增收，推进农村产权交易，完成产权交易项目55宗，成交金额522万元；在全区率先完成村级经济股份合作社登记赋码工作，确立村级集体经济组织市场主体地位。优化配置教育资源，常州大学二期工程竣工投用，省武进高中新校区正式启用，北外附校西太湖外国语学校、华东师范大学附属常州西太湖公学相继签约入驻。丰富群众文体生活。举办“公益送春联”“艺美西湖、美好生活”庆国庆迎中秋晚会、“蠡河杯”篮球邀请赛、“人社杯”棋王牌王争霸赛等文体活动220余场次。加强民生保障，对接企业用工需求与村（社区）剩余劳动力资源，组织1792人次参加技能培训；落实低保户、重点优抚人员、残疾人等救助、帮扶政策，共发放救助金、补助金850余万元，救助1800余人次。创新社会治理，推进村（社区）党建网格和社会治理网格“两网融合”，推动社会治理平台有序运转。全年上报服务事项41407条、服务记录99947条，事项处置率99.99%。培育社会组织，建有社会组织32个，其中注册型社会组织8个，繁星公益“把爱带回家——关爱失独父母”项目获得第五届江苏志愿服务展示交流会银奖。

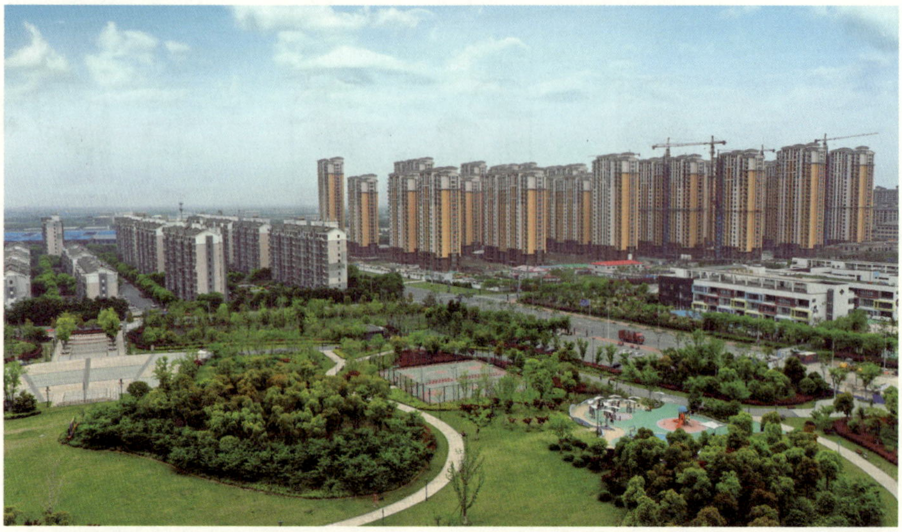

蠡河公园　（供图 / 西湖街道）

**【西湖街道机构改革完成】**　2020年4月，西湖街道严格落实《常州市武进区推进基层整合审批服务执法力量实施方案》要求，成立机构改革工作领导小组，下设办公室和综合党建组、审批服务组、综合执法组、网格指挥组、机构编制组5个，经与区编办、西太湖科技产业园党工委沟通、协商，并受西太湖科技产业园管委会委托管理综合行政执法局，形成“1办+5局+1委托”格局。行政审批局于5月成立，集中承办政务服务事项主项100项、业务145项。年内办理事项29518件，咨询人数5466人次；开展流动审批服务进驻村（社区）、企业、家庭活动，并推出“套餐办”便利组合，提升居民政务服务满意度。综合行政执法局于3月成立，集中行使六大类361项行政处罚权，由区综合行政执法局、区劳动监察大队、区卫生监督所等派驻人员。年内办理行政处罚案件232起，罚款金额超92万元；拆除10个户外大型落地广告、155面道旗；清理垃圾4372车，拆除大棚房110个，整治非法收购点27个，为北部田园乡村建设打下扎实基础。

**2020年西湖街道各社区（村）基本情况表**

表92

| 社区名 | 户数（户） | 户籍人口（人） | 党组织书记 | 村委（社区居委会）主任 | 集体经济收入（万元） |
|---|---|---|---|---|---|
| 聚新家园社区 | 3650 | 8956 | 曹志健 | — | 760 |
| 蠡河社区 | 1845 | 7500 | 钱伟明 | 蒋志凯 | 424 |
| 湖滨社区 | 4191 | 3498 | 邓　达 | 邓　达（兼） | — |
| 滆湖社区 | 3804 | 263 | 田明江 | — | — |
| 塔下社区 | 702 | 2217 | 黄小平 | 王佳可 | 185 |
| 河头村 | 532 | 1980 | 徐才炳 | 徐才炳（兼） | 194 |
| 长汀村 | 593 | 2256 | 吴　辉 | 吴　辉（兼） | 806 |
| 仕尚村 | 643 | 2455 | 展　毅 | 展　毅（兼） | 197 |

**【蠡河公园获评江苏最美乡村健身公园】**　12月5日，在“魅力江苏、最美体育”江苏省第八届全民健身运动会闭幕式暨全省最美跑步线路最美乡村健身公园颁奖仪式上，西湖街道蠡河公园获评江苏最美乡村健身公园。该公园位于西太湖科技产业园北部片区，东傍蠡河，西接锦润路，南靠长顺路，北邻长汀路，建成于2017年6月，占地面积9.27公顷，功能区建有门球场、网球场、五人制迷你足球场各1个，儿童活动场地2个和篮球场3个，休闲区滨河步道长440米，生态区绿化覆盖率73.8%，成为集休闲健身、文化教育活动于一体的绿色生态空间，满足当地居民休闲、娱乐、健身需要。

（是刘佳）

## 戚墅堰街道

**【概况】**　戚墅堰街道位于常州经开区中心地带，总面积4.73平方千米，下辖社区7个，2020年年末户籍人口34938人、常住人口4.7万人。

产业发展　拓展产业业态，开展项目招引，引进乐瑞家连锁、金豪宾馆等品牌商户，新增市场主体243家，累计3153家；引进2个科技项目落户金贸大厦，婴幼儿输液车项目入选市“龙城英才”计划。全年完成限上贸易销售总额8.67亿元、社会消费品零售总额2.6亿元，实现规模以上服务业营业收入1.89亿元，分别增长15.53%、6.94%、21.3%。

城市建设　坚持“改善居住条件，提高环境品质，展现区域特色，延续历

表 93

2020 年戚墅堰街道各社区基本情况表

| 社区名 | 户数（户） | 户籍人口（人） | 党组织书记 | 村委（社区居委会）主任 |
|---|---|---|---|---|
| 花苑社区 | 3078 | 5398 | 朱　琴 | 朱　琴（兼） |
| 花溪社区 | 3027 | 4791 | 蔡　蕾 | 朱丽英 |
| 站北社区 | 1733 | 3551 | 曹　玉 | 曹　玉（兼） |
| 东方社区 | 3321 | 6511 | 陈卫华 | 陈卫华（兼） |
| 戚大街社区 | 2438 | 5383 | 方　雷 | 方　雷（兼） |
| 河苑社区 | 3306 | 5626 | 恽建美 | 恽建美（兼） |
| 圩墩社区 | 2082 | 3645 | 戚静亚 | 戚静亚（兼） |

史文脉”的改造方向，融合大运河文化带建设、特色街区创建，实施梅港片区改造提升工程，完成梅港新村、河苑东村（北）两个老小区改造和铁路职工家属区“三供一业”（供水、供电、供气和物业管理）改造，以及新胜路、东升路等 4 个片区综合环境提升；新建自来水、天然气、雨污管道约 4800 米，安装天然气 580 户，为沪宁城际铁路沿线 3473 户居民安装隔音窗；实施公园西路拓宽项目和观湖路征迁项目，建成鹅颈湾生态园。保护生态环境，实施潢河岸坡修复提升和潢河支浜截污改造工程，戚大桥省考断面水质达到三类水标准，完成中央和省级环保督察问题销号 4 件。将文明城市创建与城市长效管理相结合、共推进，开展基础设施、背街小巷等文明城市八大整治行动和火车站北广场、车辆规范停放等城市管理四项专项行动，市测考评成绩位居经开区前列。实施垃圾分类试点，建成垃圾分类亭 5 个，湖港名居、花溪兰庭创成省级垃圾分类试点小区。

社会事业　深化社区“一社一品”建设，河苑社区创建常州经开区首家“心灵茶吧”示范点，戚大街社区获评市平安法治和谐示范社区，花溪社区完成国家级老年人心理关爱试点项目建设。实行为民服务中心综合受理，推行“一次告知、一窗受理、一站办结”新模式，为企业、群众办事提供便捷服务。加强疫情防控，构筑链式防线，采用“驻点指导 + 专项督查”，分批分类组织 551 家企业、1772 家个体户有序复工复产，“看紧社区门，摸清小区人，服务重点户”的疫情防控方法在全市推广，河苑社区社工朱星宇获评“常州好人”。强化社会保障，新增就业 1014 人、失业人员再就业 308 人，就业困难人员再就业 123 人；全年发放各类补助、慰问金 865 万余元，惠及群众 3.6 万人次。加强党建引领，统筹利用戚大街片区红色资源、红色文化、红色故事，建设“初心驿站”、主题墙绘等小景，打造戚大街“红色动力”文化街区，让党建文化融入广大党员群众日常生活。

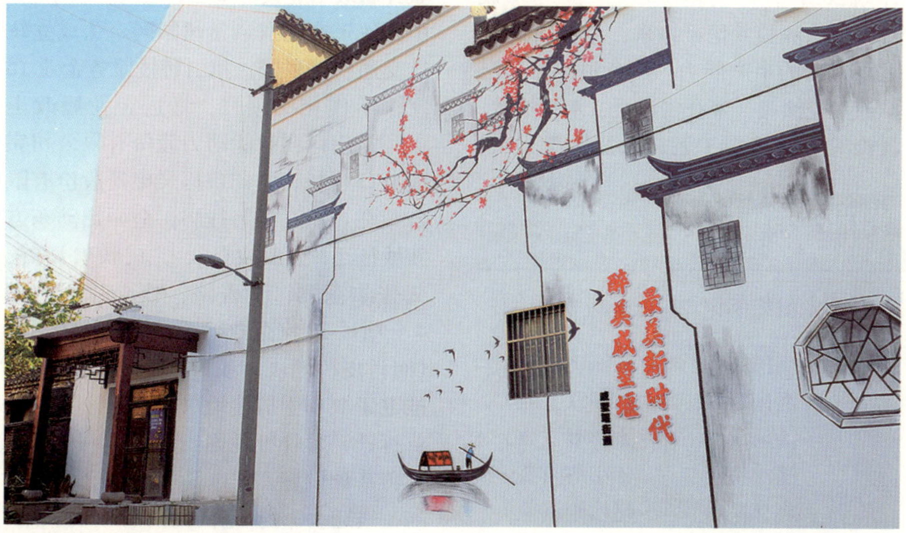


戚墅堰街道打造党建宣教阵地　　（供图 / 区融媒体中心）

**【鹅颈湾生态园建成】** 2020 年，戚墅堰街道推进鹅颈湾生态修复提升项目，于 11 月初步建成占地约 60 公顷的生态园。该生态园位于公园西路以东、漕上路以南、S232 省道以西、先行路（规划）以北，以“绿中有景，景在绿中”为理念，合理规划硬景、软景，打造十里花阶、红枫赏区、阳光草坪三大亮点，建造健身步道 3.5 千米。谈家圩河贯穿而过，两岸树木茂盛、花卉繁多，三季有花、四时有景，昔日臭河道变身城市“绿肺”，成为核心区域集生态、休闲、康健于一体的综合性绿地。

（费　颖）

## 潞城街道

**【概况】** 潞城街道东临横山桥镇，西接天宁区青龙街道，南靠丁堰街道、戚墅堰街道，北依天宁区郑陆镇，总面积 16.77 平方千米，辖社区 6 个，2020 年年末户籍人口 23994 人、常住人口 5 万余人。

经济发展　推进重点项目建设，澳华内窥镜、百利来轧辊等项目开工建设，坤泰车辆二期工程等项目持续推进，江苏星源、常州欣盛等项目建成投产。加快平台建设和招商引资，轨道交通产业园新增鼎智科技、启元光学等入驻项目 15 个，累计入驻项目 43 个，入驻率达 95%，装备制造（轨道交通装备）入选国家新型工业化产业示范基地五星级名单。实施科技创新战略，发展高新技术产业，有效高新技术企业增至 49 家，高新技术培育入库企业 10 家，全年完成高新技术产业产值 133.14 亿元，占规模以上工业产值的 82.16%；艾肯（江苏）工业技术有限公司、常州市成丰流量仪表有限公司分别建成市级工程技术研究中心。推进企业股改上市，完成企业股改 14 家。全年完成地区生产总值 93 亿元、规模以上工业总产值 162 亿元，实现一般公共预算收入超 6 亿元，分别增长 5.2%、7.2%、7.4%；完成固定资产投资 110 亿元，增长 15.6%，位列常州经开区第一。其中，工业投资 69 亿元，增长 17.9%。

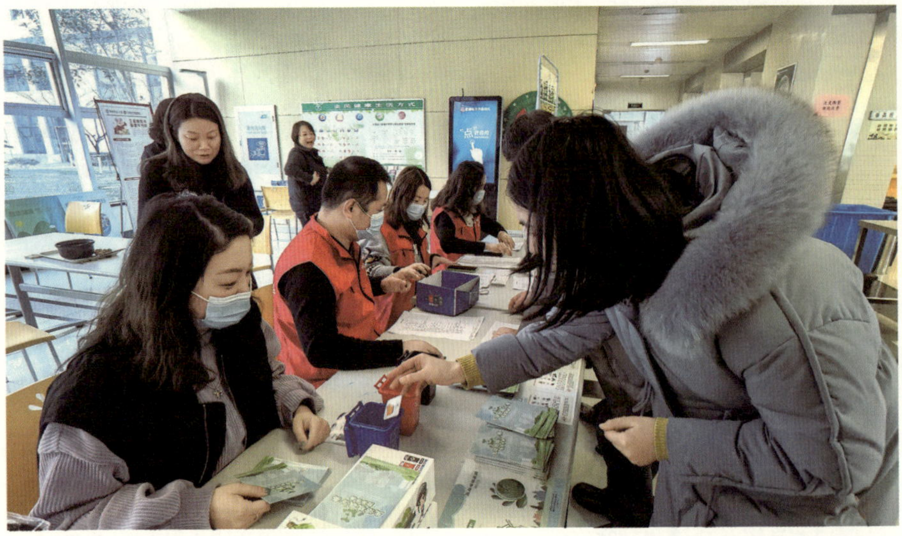

潞城街道志愿者发放垃圾分类宣传册　　（供图 / 区融媒体中心）

城市建设　拓展发展空间，完成东方新城核心区拆迁企业签约44家，铁牛二期等13宗工业用地、丁塘河湿地公园西侧C地块等3宗经营性用地土地出让面积共计68.33公顷，累计拆迁面积178万平方米。完善基础设施，常青路建成通车，新阳路、新秀路、智博路基本建成，潞横河北侧、南侧闲置地块绿化工程全面完成，潞丰浜一体化泵站、五一路低洼片区综合整治等6个水利工程建设完成。推进生态建设，全面摸排国控站点周边3千米内涉气企业50余家，完成对天然气锅炉低氮更新改造17台，不间断监管在建工地29个，实现对环境问题信访件中央、省级督办件的全部销号。加强城市长效管理，开展市容环境攻坚整治、非机动车停放治理、高架沿线综合整治等专项行动，推进垃圾分类治理，有效提升辖区环境，名桂坊小区创成省级垃圾分类试点小区。推进文明城市建设，提升街道、社区、小区、菜场、背街小巷等点位的文明城市建设标准，获得常州市建设全国文明城市先进集体称号。

社会事业　实施惠民工程，助力常州经开区小学、常州经开区实验小学纳入常州市局前街小学教育集团，开工建设卫生服务中心扩建项目，完成潞城中心菜场改造等6个社区书记项目，提升公共服务能力和人居环境质量。加强民生保障，发放低保等补贴737万元，为失地农民缴纳养老保险722万元；住房公积金扩面净增1692人，完成年度指标的211%。

**【潞城重点产业项目建设】**　星源超级涂覆工厂项目　由江苏星源新材料科技有限公司投资建设，用地面积13.2公顷，建设厂房、办公用房及辅房总建筑面积9.1万平方米，引入进口干法隔膜生产线7条、进口涂覆生产线50条，总投资30亿元。该项目于2018年8月开工，计划2021年12月竣工，达产后可形成年产干法隔膜4亿平方米、涂覆隔膜10亿平方米的生产能力。江苏星源目前已掌握陶瓷涂覆、聚合物涂覆、水性涂覆、浸涂等多种涂覆工艺，以及涂覆浆料、涂覆材料等产品的制备工艺。到2020年12月，有7条干法隔膜生产线、36条涂覆生产线投产，实现向LG、三星、中航锂电、比亚迪等客户的批量供货。

医用内窥镜生产基地建设项目　内容参见“产业园区”类目P77相关条目。

研磨机械精密制造建设项目　由百利来轧辊（常州）有限公司投资建设，新增用地0.93公顷，新建厂房1万平方米，购置数控磨床、数控拉丝机、外圆磨床等生产设备20台套，总投资400万美元。该项目于2020年8月开工建设，计划2021年12月建成，达产后可形成年产粮油和化工轧辊2000件、维修粮油和化工轧辊2000件、专机制造50台的生产能力。

（蒋盼盼）

2020年潞城街道各社区情况表

表94

| 村（社区）名 | 户数（户） | 户籍人口（人） | 党组织书记 | 社区居委会主任 |
|---|---|---|---|---|
| 兴东社区 | 1655 | 4153 | 王国飞 | 王国飞（兼） |
| 公园壹号 | 4519 | 4308 | 潘国联 | 潘国联（兼） |
| 潞城社区 | 1585 | 4620 | 潘琳琳 | 潘琳琳（兼） |
| 曙兴社区 | 4418 | 4968 | 蒋小芬 | 蒋小芬（兼） |
| 华丰社区 | 5030 | 3386 | 赵伟刚 | 赵伟刚（兼） |
| 青洋社区 | 3012 | 2648 | 陈维格 | 陈维格（兼） |

## 丁堰街道

**【概况】**　丁堰街道地处常州东部新老城区交接段、经开区主城区，总面积10.18平方千米，辖社区6个，2020年年末户籍人口14695人、常住人口约3万人。

产城融合　建设重点项目，市重点项目祥明智能电机研发中心建成启用，联东U谷智能智造产业园开工建设，常宝生产线智能化升级、华电热通道部件改造等产业项目竣工投运，省级先进制造业和现代服务业深度融合试点项目——中车出口机车“全生命周期”管理项目投入使用。推进企业创新发展，有效高新技术企业24家；中车戚墅堰机车有限公司（简称“中车戚机公司”）获评省级工业设计中心。建设科创平台，中国轨道交通双创常州园区牵头成立轨道交通检测联盟，招引科技服务企业16家，运作相关项目。推进企业股改上市，常州祥明智能动力股份有限公司完成IPO申报，常州市韫昊电器股份有限公司在“新三板”挂牌。全面启动东方新城征迁“百日攻坚”，完成联东U谷、艾普尔东侧、艾普路、核心片区一期4个项目30家企业征迁和核心片区二期（河肖皮桥地块）项目231户民房征迁，推进丁堰小学扩建地块和核心区二期企业拆迁，累计征迁面积近50万平方米。完善基础设施，推进35千伏、220千伏高压线迁改工程，新建联东路和潢浜路，丁剑路（东城路—大明幼儿园）竣工通

表 95 2020 年丁堰街道各社区基本情况表

| 村（社区）名 | 户数（户） | 户籍人口（人） | 党组织书记 | 社区居委会主任 | 集体经济收入（元） |
|---|---|---|---|---|---|
| 常丰社区 | 1294 | 3135 | 刘小芳 | 刘小芳（兼） | 714 |
| 梅港社区 | 1852 | 2742 | 吴文进 | 吴文进（兼） | 641 |
| 芳渚社区 | 1806 | 2624 | 吴志亮 | 吴志亮（兼） | 373 |
| 丁堰社区 | 3221 | 4049 | 唐　峰 | 唐　峰（兼） | — |
| 蓝山湖社区 | 1753 | 847 | 周　莉 | 周　莉（兼） | — |
| 港龙社区 | 4481 | 2131 | 顾　鑫 | 顾　鑫（兼） | — |

车。东方君开等房地产项目持续推进，小流域河道环境治理、防汛防涝设施布局逐步完善。推进大运河工业文旅建设，建成运河文旅长廊，完成延陵东路南侧绿化提升工程，同步实施南秧街改造工程，大运河丁堰段被央视《远方的家》栏目组取景收录于《大运河》专题纪录片，《常州大明厂：百年青砖镌刻旧时光》入选“学习强国”，常州大明厂旧址获批国家第四批工业遗产，中车戚机公司戚墅堰机车修造厂入选中央企业工业文化遗产，戚电厂红色教育基地获评市级科普教育基地和巾帼党性教育基地。运河商业街谭鸭血、莫图鲁尼 3.0、阁楼摄影等品牌商铺相继开业，戚机公司工业研学线路开通。实施生态环境专项攻坚，完成中车、常宝钢管等重点 VOC 排放企业油漆替换，芳渚河污水治理一期、华丰路污水提升等水环境整治工程和庄基河黑臭水体整治、潢河水环境丁堰段整改，实现中央和省环保督查 9 个问题整改销号。5 月 21 日，副省长、苏南运河省级河长费高云在大运河丁堰段巡河督查时，肯定运河公园区域综合整治成效。

社会事业　实施民生实事工程，开展老小区改造和农村人居环境专项整治，大明幼儿园项目竣工投用，芳渚、丁家桥、沈家塘民房天然气入户 485 户，观墩花苑物业更迭及设施修缮惠及居民 2800 户。建强“红色堡垒”，街道和丁堰社区党群服务中心落成，新时代文明实践所（站）和小区红色物业实现全覆盖。推进撤村建居，常丰、梅港、芳渚 3 个行政村股份制改革、换届完成。创新社会治理，“律师浸入式参与社会治理”项目于 2018 年启动，至 2020 年参与重大事项决策 26 起，提供法律建议 100 余条，开展法律培训 20 余场，化解积案 17 起，矛盾 744 起。与江苏理工学院开发的蓝山湖社区治理数据库平台（“大数据打造智慧社区”项目），在疫情防控、人口普查、网格化治理中发挥作用，使社区治理与居民需求精准对接。

**【丁堰重点项目建设】**　祥明智能动力研发检测综合大楼项目　内容参见“产业园区”类目 P75 相关条目。

中车出口机车“全生命周期”管理项目　由中车戚墅堰机车有限公司实施，于 3 月启动，计划投资建立海外机车维保信息平台，提升出口内燃机车的生产能力，为出口机车维保服务提供重要支撑，总投资 2.3 亿元。

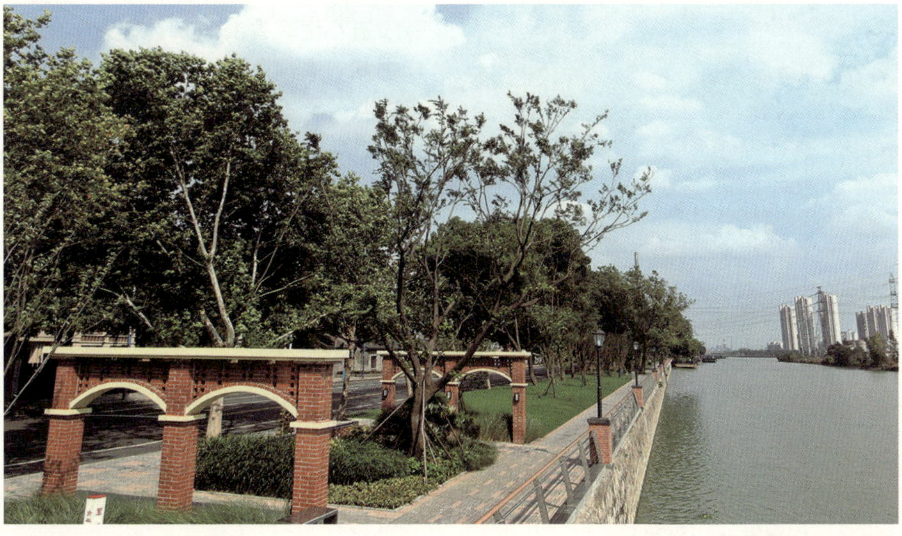

运河公园景观带　（摄影／陆　新）

**【大运河文化带丁堰段建设】**　2020 年 11 月 21 日，国家发展和改革委员会社会发展司、文化和旅游部产业发展司及大运河沿线 8 省市代表一行调研常州经开区大运河文化带建设情况，给予充分肯定。苏南运河常州经开区段总长约 18 千米，途经遥观镇、丁堰街道、戚墅堰街道、横林镇，其中支流支浜共 13 条、43.7 千米。从 2017 年 5 月起，围绕常州经开区大运河文化带建设，丁堰街道在运河北侧实施公园建设，集洼地整治、航道整治、水环境整治于一体的运河公园于 2018 年 12 月建成，包含体育公园 2 万平方米、湿地公园 8.8 万平方米、群众文体活动场所 1 万平方米，绿化覆盖率达 80%，完成投资 3.7 亿元；在运河南侧建成运河文旅长廊，全长 2.4 千米，提升绿化面积约 1.5 万平方米。依托大运河沿线资源和工业遗存文化，打造天虹大明 1921 创意园和戚机厂、戚电厂红色教育基地以及蓝豹花园式工厂等工业旅游品牌，做亮“工业＋旅游”名片。戚机公司工业研学线路于 2020 年 7 月开通，年内参观人数超 3 万人次。组织“文明之光——丁堰文保”系列宣传，重点介绍大明厂、福源米厂、恽氏宗祠文保点，讲述刘国钧实业救国故事，做亮“文化＋创意”名片，丰富大运河文化带建设内涵。

（李佳蔚）

## 武进高新区北区

**【概况】**　武进高新技术产业开发区北区（简称“高新区北区”）位于武进中心城区东北部，总面积 10 平方千米，辖社区 10 个（含涉农社区 7 个），2020 年年末户籍人口 49435 人、常住人口超 10 万人。

城市建设　完善基础设施，完成贺北第二、第三工业园和东庄城中村片区消防设施增补工程，邱墅、龚家、十里、贺北等安置小区和新苑、菊花二村、翠菊山庄等老小区消防设施维修，龚家名园沿街道板改造工程，邱墅家园、龚家名园等安置房维修工程，实施城东工业园、十里幼儿园、贺北幼儿园等消防设施改造工程。推进拆迁安置，完成3-3地块、公园地块3家企业和第三液化气厂储配站区域拆迁，完成紫廷名苑安置房办证，辖区安置房办证全部完成。保护生态环境，完成龚巷河沿线8个排水口、富克斯箱涵排水口整治和村庄水环境整治，实施蒋塘浜排涝站提升工程、排涝站智慧化改造，推进企业生活污水排放、雨污分流接管，消除黑臭水体、劣五类水体；开展挥发性有机物整治，完成国控站点周边3千米范围内餐饮单位油烟净化装置安装、家具企业粉尘收集装置及废气处理设施安装、干洗店回收冷凝装置安装和天然气锅炉低氮改造，提升空气质量。推进生活垃圾治理，提升垃圾分类集中处理率，建成区34个小区垃圾分类设施覆盖率、无害化处理率均达100%，长安三村、十里新村、紫廷名苑获省级生活垃圾分类达标小区认定，高新区北区获市级示范分类片区认定。推进城市长效管理，创成古方路“餐饮示范街”和红色物业示范点省级1个、市级5个，市容市貌和环境秩序有效提升，城市长效管理考评工作成绩位于全区前列，顺利通过文明城市测评复检。

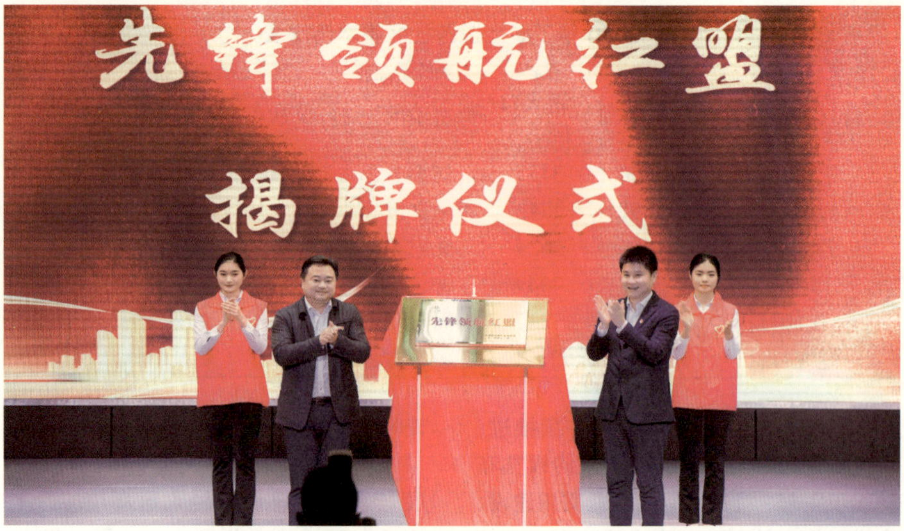


12月10日，举行先锋领航红盟揭牌仪式　　（供图/武进高新区北区）

社会事业　发展集体经济，涉农社区平均经济收入提升。在全区率先开展农村产权线上交易，全年成交农村产权项目206个，实现成交额800余万元。开展城市党建品牌“先锋领航”创建，于12月10日举办“党建引领城市基层治理创新”论坛暨“先锋领航”品牌发布会，“先锋领航”党建品牌成为全区城市基层党建样板，香溢澜桥小区入选党建引领物业管理服务工作省级示范点。推进新时代文明实践，新时代文明实践所建设获立项，社区新时代文明实践站挂牌，全年开展宣讲、志愿服务等活动100余次；建立“小北课堂”理论宣讲平台，定期举办“道德讲堂”、文化惠民等活动，邵民明、戴雪琴被评为“江苏好人”。深化社会治理，重点开展工贸企业、建筑施工和城镇燃气、火灾防控、环境和危废处置、加油站和商贸服务业、社会事务管理、群租房、户外广告和店招标牌8项安全专项整治，成立四个专班深入开展群租房、沿街商铺、城东工业园、工业园区以及安置房、老旧小区、商品房等领域消防安全专项整治，整改隐患问题，夯实安全基础。杨家圩1号成为全区首批群租房整改示范点之一。提升公共服务能力，完成社保完成简易托幼机构整治，建成香溢澜桥、马杭社区卫生服务站2个，建成社区居家养老服务站5个，实现社区居家养老线下援助全覆盖，服务完成率达90.57%，位居全区第一。开展全国示范型退役军人服务站创建，北区退役军人服务站于2021年1月被退役军人事务部认定为全国示范型退役军人服务站。

表96

2020年武进高新区北区各社区基本情况表

| 社区名 | 户数（户） | 户籍人口（人） | 党组织书记 | 社区居委会主任 | 集体经济收入（万元） |
|---|---|---|---|---|---|
| 贺北社区 | 1639 | 4799 | 蒋瑞坤 | 蒋瑞坤（兼） | 1053 |
| 十里社区 | 2179 | 2577 | 周小平 | 周小平（兼） | 609 |
| 邱墅社区 | 2030 | 5310 | 华玉萍 | 马　益 | 1385 |
| 古方社区 | 3075 | 4580 | 周萍华 | 张末荣 | 403 |
| 龚家社区 | 680 | 2240 | 龚文忠 | 龚文忠（兼） | 571 |
| 东庄社区 | 7432 | 8016 | 崔济安 | 华建钢 | 286 |
| 马杭社区 | 1685 | 3280 | 蒋元兴 | 蒋元兴（兼） | 402 |
| 新城域社区 | 7276 | 5810 | 孙春玲 | 孙春玲（兼） | — |
| 香溢澜桥社区 | 7500 | 6880 | 贾　建 | 孙　燕 | — |
| 喜盈门社区 | 5851 | 7000 | 吴寅峰 | 吴寅峰（兼） | — |

**【香溢澜桥社区创成党建引领物业管理服务工作省级示范点】**　2020年末，香溢澜桥社区入选省委组织部、省委“两新”工委、省住建厅党组、省住建行业党委联合命名的2020年度党建引领物业管理服务工作省级示范点，成为全区唯一入选小区。香溢澜桥社区从2019年12月起，实行社区党支部书记和物业党建负责人交叉任职，分别担任新城悦物业公司党建指导员和香溢澜桥社区党支部委员，形成社区党组织领导下的“居委会＋物业公司＋网格治理”的治理格局，建立“组织联建强队伍、平台联设强阵地、文化联造强宣传、活动联抓强活力、服务联动强满意、矛盾联调强和谐”工作法，实施物业党组织凝聚力、战斗力、服务力、创新力、帮扶力提升工程，解决基础设施提升、小区改造环境卫生等问题86个，调解居民纠纷10起，开展便民服务10次。

（王伟红）

# 人物·荣誉栏

Figures · Honor Lis

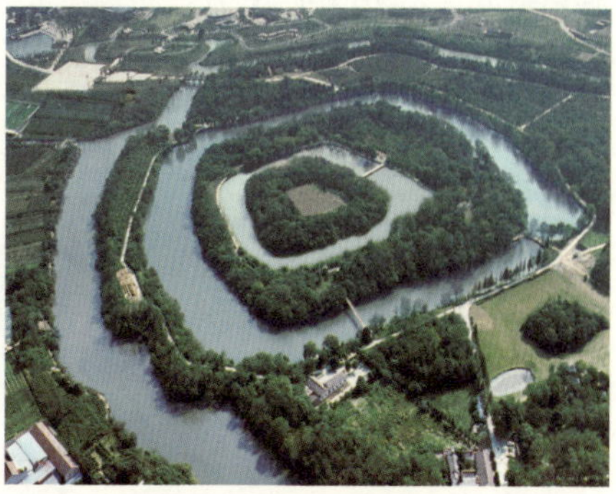

栏目编辑　蒋　聆

## 新任区级领导

### 陈志良

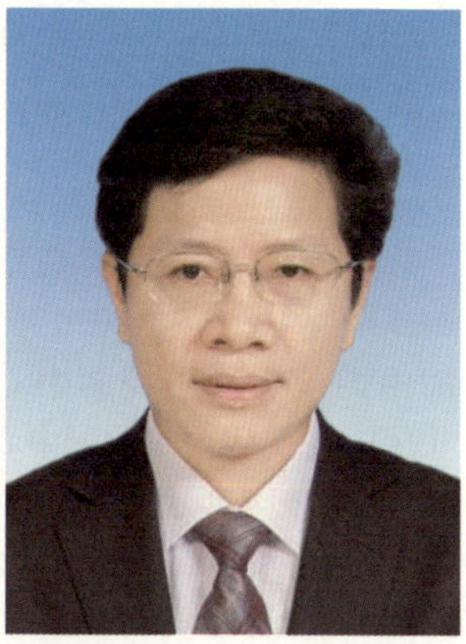

2020年6月，任中共常州市武进区委副书记、副区长、代理区长，武进国家高新区党工委副书记、管委会主任。7月，任常州市武进区政府党组书记，区行政学校校长（兼）

江苏常州人，1970年3月出生。江苏省委党校科学社会主义专业研究生毕业。1993年9月加入中国共产党。1990年8月参加工作，历任武进市孝都中学教师、团委副书记，政教处副主任、主任。1998年1月至1999年12月，历任武进市人民政府办公室秘书、副科长。1999年12月至2009年12月，历任常州市人民政府办公室副主任科员、农村经济处副处长、农村经济处处长、组织人事处处长、副主任。2009年12月，任常州市人民政府副秘书长。2012年7月，任常州市委宣传部副部长、市文明办主任。2014年12月，任常州市农业委员会党组书记、主任。2017年4月，任常州市人社局党组书记、局长，市行政学院副院长（兼）。

### 丁　一

2020年6月，任中共常州市武进区委副书记。12月，任中共常州市武进区委政法委书记。

江苏常州人，1975年1月出生。江苏省委党校区域经济学专业研究生毕业。1996年11月加入中国共产党。1997年8月参加工作，任常州市天宁区兰陵街道办事处科员。1999年2月，任常州市天宁区委办公室秘书。2001年2月至2004年9月，历任中共常州市委组织部电教中心科员、党员教育管理处副处长、党员电化教育中心副主任。2004年9月至2007年3月，历任常州市文化局局长助理、副局长、党委委员。2007年3—6月，历任常州市文化广电新闻出版局（市版权局）副局长、党委委员，市广播电视发展总公司党委书记、总经理。2007年9月，任共青团常州市委员会党组书记、书记。其中，2006年4月至2009年4月，任市文联副主席（兼）。2009年12月至2015年10月，历任常州市委宣传部副部长、常州市哲学社会科学界联合会党组书记、常州市精神文明建设指导委员会办公室主任、常州市委对外宣传办公室（常州市政府新闻办公室）主任（兼）。2015年10月，任常州经济开发区党工委副书记、管委会副主任（正处级）。2017年4月，任常州市旅游局党委书记、局长。2019年1月，任常州市退役军人事务局党组书记、局长。

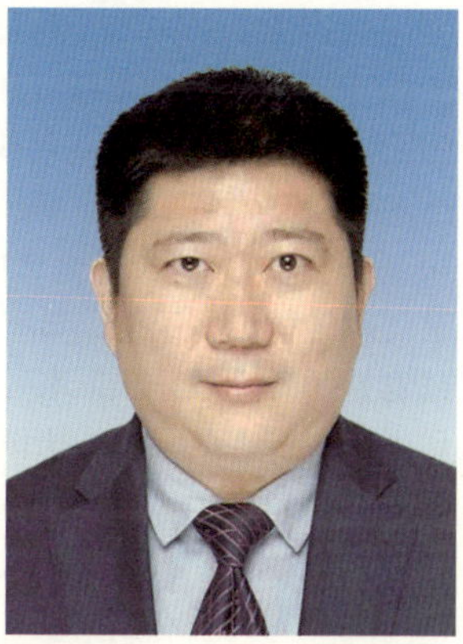

### 刘志峰

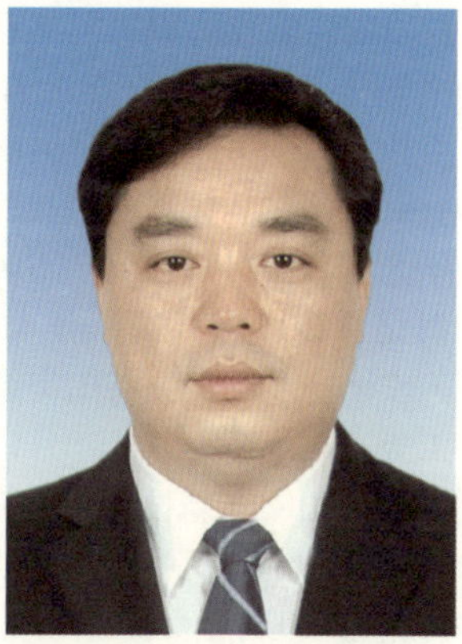

2020年6月，任中共常州市武进区委常委、武进区副区长。7月，任常州市武进区政府党组副书记。

江苏常州人，1973年12月出生。江西南方冶金学院有色金属冶金专业研究生毕业。1994年1月加入中国共产党。1999年8月参加工作，历任武进区（市）经贸局企管科、技改科、投资规划科科员、副科长、科长。2004年7月至2009年8月，历任常州市武进区邹区镇副镇长、党委副书记、镇长。2009年8月，任常州市武进区湖塘镇党委副书记、镇长。2011年3月至2014年7月，历任常州市武进区洛阳镇党委书记、人大主席候选人。2014年7月至2017年1月，历任常州西太湖科技产业园（江苏省武进经济开发区）党工委副书记、管委会主任、党工委书记。2017年1月，任常州市武进区人民政府副区长，4月兼任常州市武进区人民政府党组成员。2019年10月，任常州市钟楼区委常委、钟楼经济开发区党工委书记、邹区镇党委书记。

### 王晓航

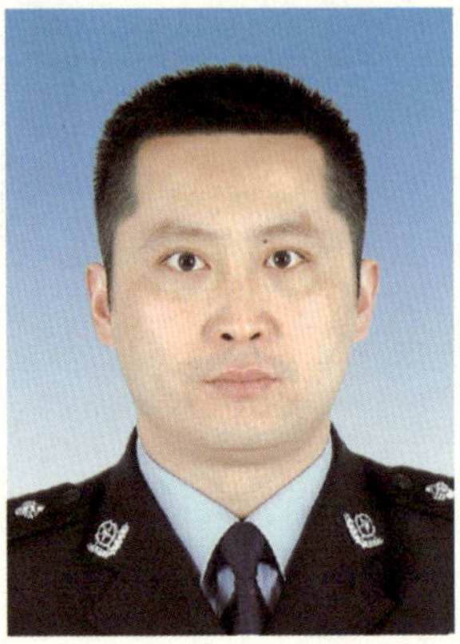

2020年11月，任常州市武进区人民政府副区长、党组成员，市公安局武进分局党委书记、局长、督察长，区委政法委副书记（兼）。

辽宁黑山人，1972年6月出生。中央党校函授学院法律专业本科毕业。2000年5月加入中国共产党。1990年10月参加工作，先后在常州无线电厂、常州欧信电线有限公司、常州经济技术开发区物资公司、常州高新技术产业开发区远东高技术公司工作。1995年8月至2016年12月，历任常州市公安局巡警支队钟楼大队民警、郊区分局红梅派出所民警、禁毒处民警、禁毒处缉毒大队副大队长、天宁分局站前派出所所长、公交分局出租车管理（卡口）大队大队长、公交分局副局长、出租车管理（卡口）大队大队长、技防处处长、治安支队副支队长、天宁分局政委、技术侦察支队支队长。2016年12月，任常州市金坛区人民政府副区长、党组成员，金坛区委政法委副书记，市公安局金坛分局党委书记、局长、督察长。

### 李　磊

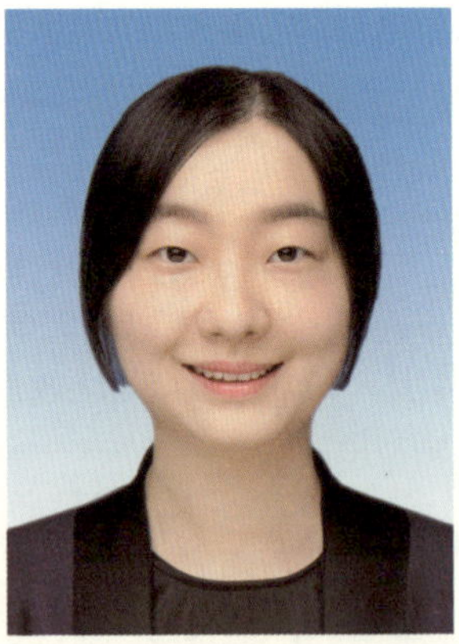

2020年12月，任常州市武进区人民政府副区长、党组成员。

江苏常州人，1984年11月出生。南京理工大学公共管理专业研究生毕业。2003年6月加入中国共产党。2007年8月参加工作，历任常州市天宁区财政局农财科科员、预算科科员。2009年8月，任常州市天宁团区委副书记。2012年5月，任常州市天宁团区委书记、茶山街道人大工委主任。2012年12月，任团市委副书记。2015年10月，任武进国家高新技术产业开发区管委会副主任、党工委委员，2020年4月，任中以常州创新园管理办公室主任（兼）。其中，2017年10月至2020年12月，任武进区科协副主席（兼）。

### 徐　俊

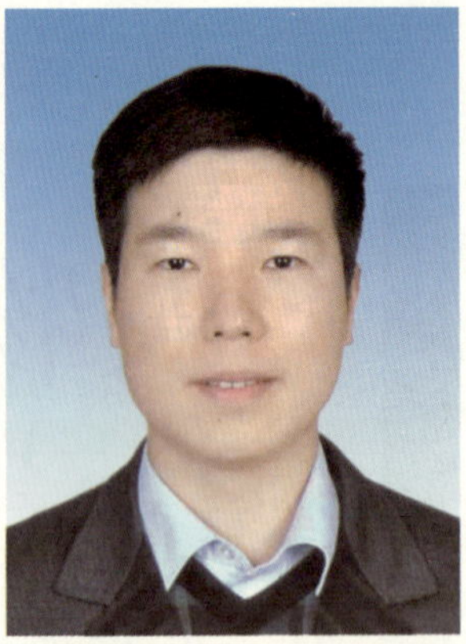

2020年12月，任常州市武进区人民政府副区长，党组成员。

江苏常州人，1982年8月出生。江苏工业学院化学工程系化学工程与工艺专业本科毕业。2004年11月加入中国共产党。2005年8月参加工作，历任常州市新北区罗溪镇党委秘书、办公室主任、团委书记。2008年1月至2010年12月，历任常州高新区党工委（新北区委）组织部综合处科员、干部处科员，新北区区级机关团工委书记。2010年12月至2015年10月，历任常州市新北团区委副书记、书记。2015年10月，任常州市新北区河海街道党工委副书记、办事处主任。2017年7月，任常州高新区生命健康产业园区党工委副书记、管委会主任，新北区薛家镇党委副书记、镇长。2019年5月，任常州高新区生命健康产业园区管理办公室主任、新北区薛家镇党委书记。

（符小宝）

## 先进个人

### 全国先进个人

### 石素逸

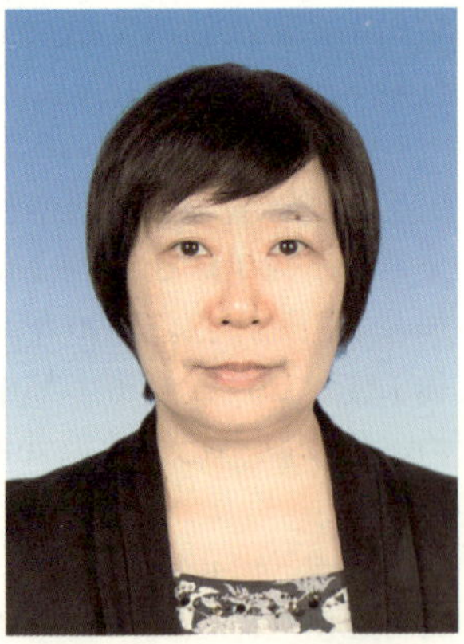

常州市武进区疾病预防控制中心主任医师。2020年3月，被中国疾病预防控制中心慢性非传染性疾病预防控制中心评为“2004—2019年中国死因登记报告工作突出贡献先进个人”。

常州武进人，1971年2月出生。1990年8月参加工作。石素逸参加过2003年非典、2009年甲流重大疫情等防控工作。从2007年起，主要负责死因监测工作，指导辖区内各医疗机构规范开展人口死亡医学证明和信息登记管理工作、撰写年度死因监测分析报告，为政府部门制定社会经济发展规划、优化资源配置提供科学依据。在省级期刊上发表论文3篇。2008年，获江苏省死因监测工作“优秀个人奖”。

（郑冰研）

### 史志彬

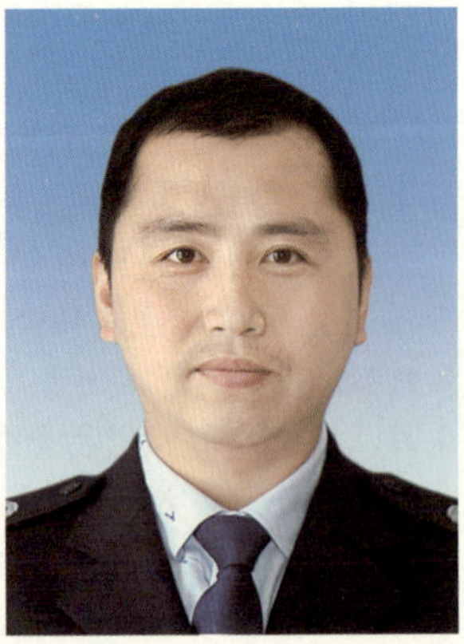

武进区农业管理综合行政执法大队中队长，中共党员。2020年，被农业农村部、应急管理部评为2019年度全国农机安全监理示范岗位标兵。

江苏常州人，1986年5月出生。2008年9月参加工作。史志彬从事农机安全监管6年，通过调查研究，对烘干机、无挂车手扶拖拉机等危险性大的主要农机开展安全隐患排查治理，提升机手安全意识和主动防范能力，有效解决了农机生产中存在的安全隐患，未发生一起安全责任事故。2019年，被评为江苏省农机安全监理示范岗位标兵。

（陈柯宇）

## 刘云清

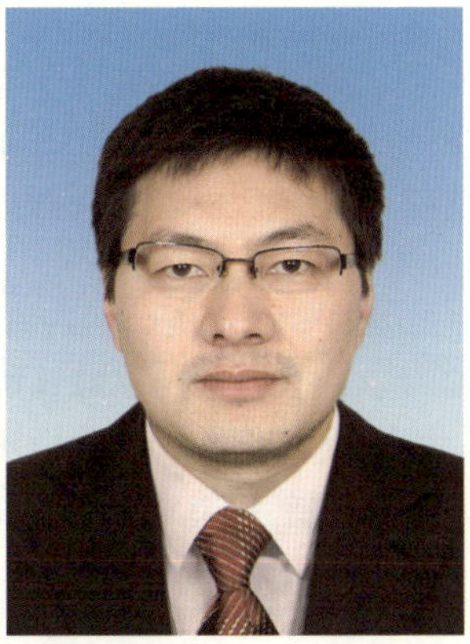

中车戚墅堰机车车辆工艺研究所有限公司首席技能专家，中共党员。2020年11月，被中共中央、国务院评为全国劳动模范。

江苏南京人，1976年9月出生。1996年8月参加工作。刘云清从一名普通的机床维修工做起，埋头钻研设备维修和研发20多年，成长为数控设备维修专家，自主研发数控珩磨机、节能免维护液压站、高压预清洗机等设备200余套，主持的设备技改项目先后获得“江苏省职工十大科技创新成果”“江苏省科学技术奖三等奖”“全国职工优秀技术创新成果”等奖项。刘云清享受国务院政府特殊津贴，获得全国五一劳动奖章、中国质量工匠、江苏省劳动模范、江苏工匠、江苏省五一劳动奖章、江苏省企业首席技师、常州市首届龙城工匠等荣誉。

（朱建刚）

## 刘建荣

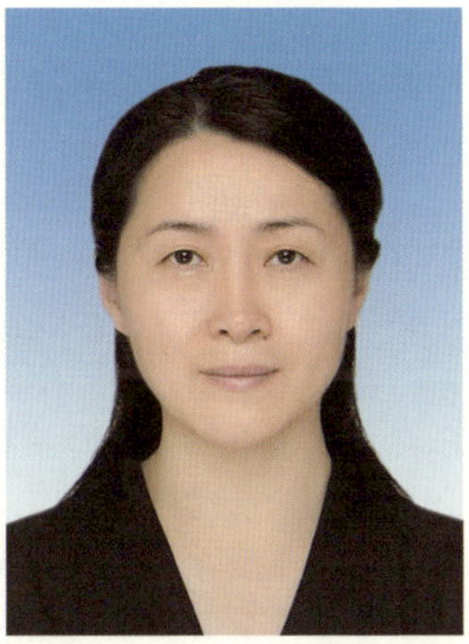

武进区水利局党组书记、局长，武进区河长办主任，中共党员。2021年6月，被水利部评为全面推进河长制湖长制工作先进工作者。

山东招远人，1972年3月出生。1993年8月参加工作。2016年1月任武进区水利局局长。刘建荣带领水利系统积极践行水利改革发展总基调，成功打赢2016年、2020年全区防洪保卫战。推进武进区“三河”（新沟河、新孟河、永安河）工程，“十三五”期间水利建设总投资超100亿元，拓浚整治河道115千米，建设跨河桥梁74座、大中型水利枢纽4座。新孟河工程在全市率先完成通水，永安河工程获评省级样板工程。武进区水环境持续改善，实现省级水功能区达标率四连升，构建小微水体河长制体系获省政府通报表扬。创新水利管理，发展供排水事业，武进区创成国家级节水型社会达标县。

（石贤锋）

## 杨秀秀

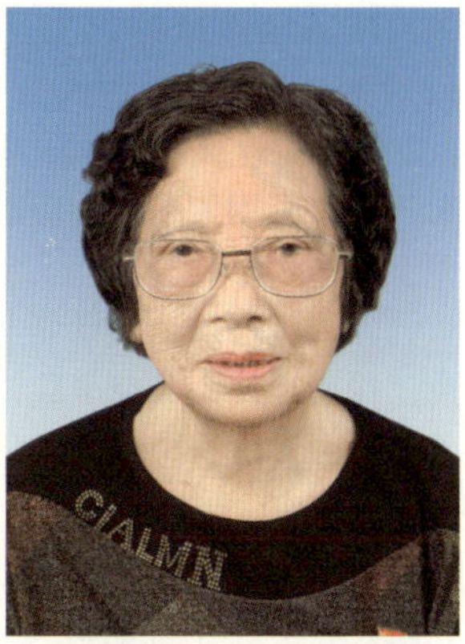

湖塘镇友谊新村居民，中共党员。2020年12月，被国家卫健委、全国老龄办评为全国“敬老爱老助老模范人物”。

武进湖塘人，1932年10月出生。杨秀秀退休后致力于社区服务近40年，积极参与社区各项活动和社会公益事业，关心帮助周围有困难的群众。曾被评为“湖塘镇优秀共产党员”“武进区关心下一代工作先进工作者”“江苏省网吧优秀‘五老’义务监督员”“武进区杰出志愿者”“武进区优秀社会体育指导员”“常州市优秀共产党员”。

（白　洋）

## 张惠莉

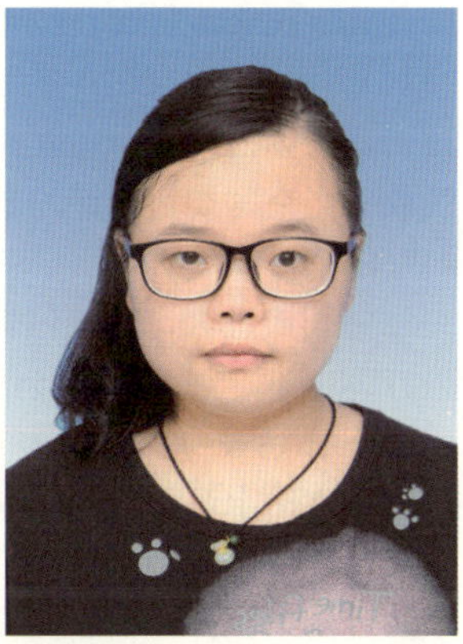

武进区遥观镇遥观村村民。2020年12月，被国家卫健委、全国老龄办评为全国“敬老爱老助老模范人物”。

武进遥观人，1989年10月出生。因母亲脑梗塞瘫痪在床，张惠莉于2011年辞职回家照顾母亲，将自己的床摆在母亲床边，每晚帮母亲翻身、换尿不湿，此外还照顾患有老年痴呆的父亲。在父亲病逝后，张惠莉继续照顾母亲，使其从未生过褥疮、意识也有所恢复。

（周　银）

## 杭建平

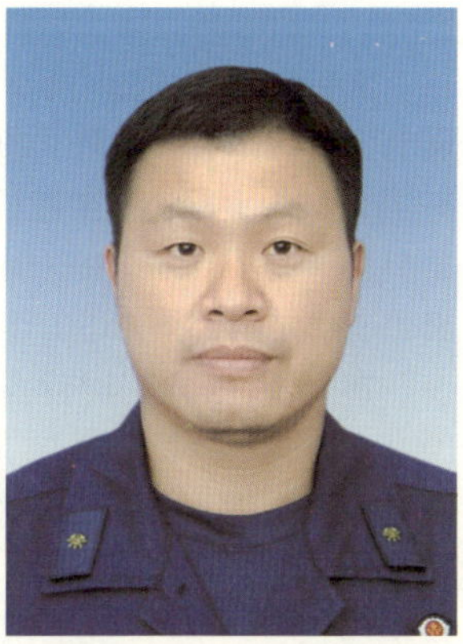

常州市消防救援支队武进区消防大队专职指导管理办公室副主任，中共党员。2020年11月，被应急管理部评为全国119消防先进个人。

江苏丹阳人，1977年1月7日出生。1995年12月参加工作。杭建平从事消防工作20余年，始终奋战在消防救援第一线，参与各类灭火作战和抢险救援1300余起，抢救疏散被困人员161人，挽回经济损失近千万元。获评常州市消防救援支队优秀消防员、江苏省“十佳消防员”等称号。

（邢　锐）

## 徐国忠

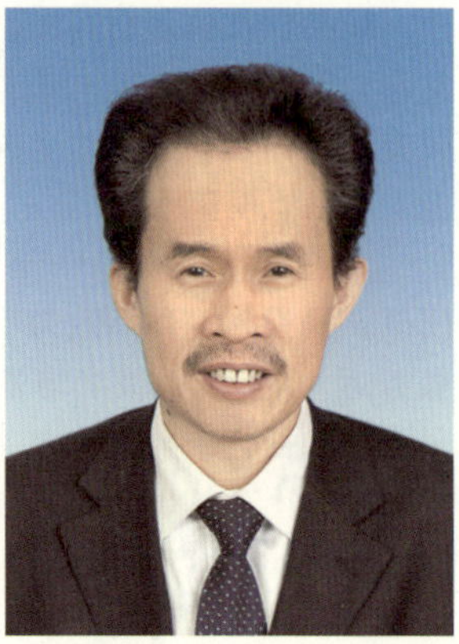

江苏国茂减速机集团有限公司董事长，湖塘镇商会会长。2020年9月，被水利部、全国总工会、全国妇联评为民间河湖卫士。

常州武进人，1963年9月出生。徐国忠热心公益事业，积极承担社会责任。2017年，倡议并推动湖塘镇商会响应政府号召，率先在全区成立首个“生态文明共建光彩基金”，并创新实施“企业河长制”。徐国忠曾获江苏省企业文化建设先进人物、改革开放40周年常州市杰出民营企业家、常州市职业道德模范和武进区第一、二届优秀中国特色社会主义事业建设者等称号。

## 殷仲明

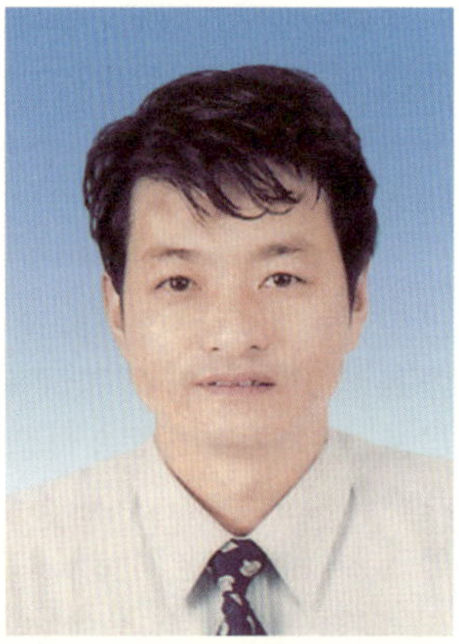

武进区水利局河长综合科科员，中共党员。2020年12月，被水利部办公厅、中国农林水利气象工会全国委员会评为最美护河（湖）员。

常州武进人，1963年9月出生。1981年参加工作。殷仲明自1987年开始投身武进水利事业，坚守管水治水第一线，用双脚丈量武进2个湖泊岸线50千米、大小河道800余条、圩堤100千米、涵闸泵站上千座，用卅载光阴书写水利人的忠诚、干净与担当。曾获第二届江苏省“最美水利人”提名奖、常州最美水利人等称号。

（石贤锋）

## 曾美婷

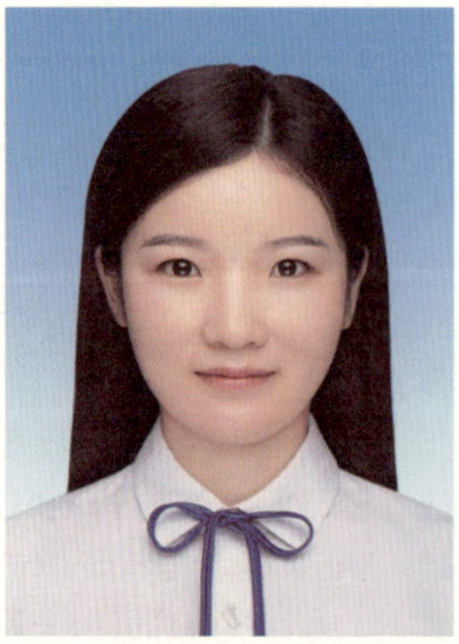

武进区星河实验小学成长发展部副主任，中共党员。2020年11月，被中央精神文明建设指导委员会评为第五届全国未成年人思想道德建设工作先进工作者。

常州武进人，1987年5月出生。2009年7月参加工作。曾美婷把少年儿童思想道德建设为己任，创新有感染力的思政课堂范式，建设有亲和力的未成年人班集体，构建有影响力的家校社共育平台，形成班级育人模式、学校思想道德建设特色。开发有生命力的未成年人教育资源，作为核心成员研发的“FSC：儿童品格社区的建构”获评省品格项目优秀级。辅导学生步雨蓁入选第五届国际学生领导力大赛“全球10强”，苏畅获全国读书活动二等奖。曾美婷先后获“常州市高级班主任”“常州市德育先进工作者”等称号。

（陆　琪）

# 全省先进个人

## 王旭锋

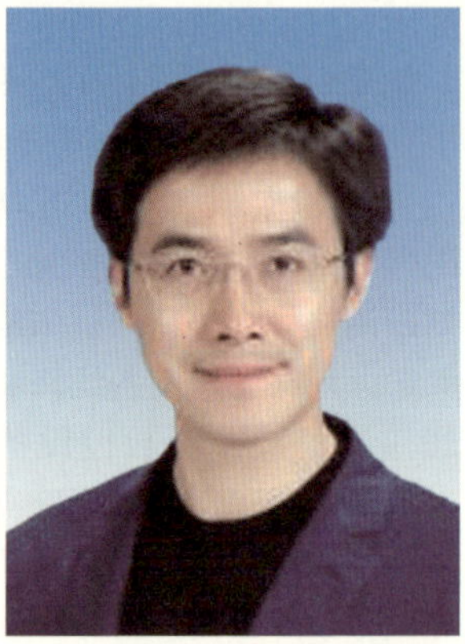

江苏常州经济开发区管委会副主任，中共党员。2020年11月，被省委、省政府评为全省抗击新冠肺炎疫情先进个人。

江苏常州人，1979年6月出生。疫情期间，王旭锋担任常州经开区疫情防控应急指挥部常务副总指挥，始终奋战在抗疫一线，坚守岗位、靠前指挥，攻坚克难、履职尽责，用实际行动践行初心使命，用抗疫战果诠释忠诚担当，确保防控态势总体稳定。常州经开区实施交通管控检疫，累计查验车辆27万余辆；建立“大数据＋网格员”联动的排查机制，排查涉疫人员1.8万人；强化重点场所和重点人群的精准管控，重点人群累计检测12750人次。

（刘乐源）

## 王　娟

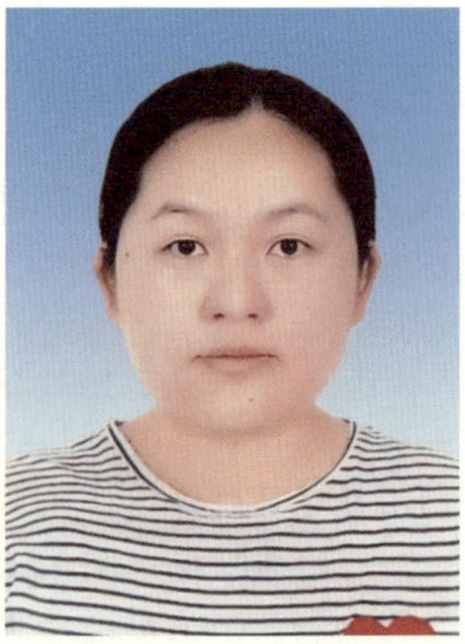

武进中医医院主管护师，中共预备党员。2020年4月，被中共湖北省委、省政府授予“最美逆行者”称号。

常州武进人，1985年7月出生。2005年9月参加工作。王娟作为一名重症监护病房的护士，在工作中稳、准、快、忙而不乱，承担组织抢救的分工及配合工作，秉承“救死扶伤，治病救人”职业操守，始终把病人放在第一位，全心全意为病人服务。2020年2月10日，王娟加入江苏中医医疗队，到武汉江夏方舱医院从事一线护理工作。2020年，被市委宣传部、市卫健委授予“常州最美防疫先锋”称号，被市卫健委授予“抗疫一线优秀护士”称号。

## 白　琳

武进中医医院重症医学科护士长，中共预备党员。2020年4月，被中共湖北省委、省政府授予“最美逆行者”称号。

常州武进人，1982年2月出生。2003年9月参加工作。

白琳在工作中抓好科室管理，带领护理团队努力保障重症病人的生命安全与健康，始终践行南丁格尔誓言，兢兢业业、待病患如亲人。2020年2月10日，白琳加入江苏中医医疗队，到武汉江夏方舱医院从事一线护理工作。2020年，被市委宣传部、市卫健委授予“常州最美防疫先锋”称号，被市卫健委授予“抗疫一线优秀护士”称号。6月，被省人社厅、卫健委记功。

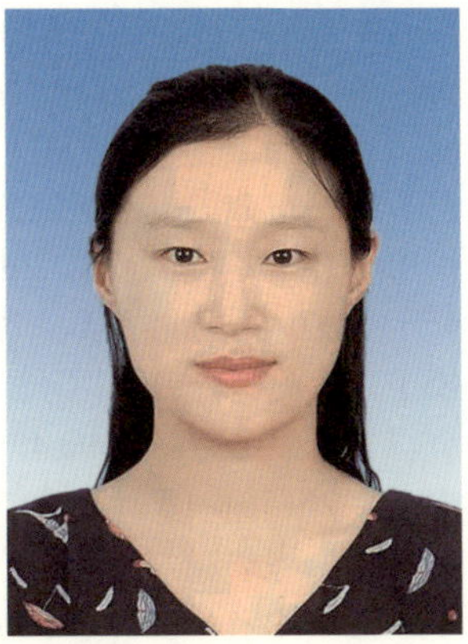

## 任志敏

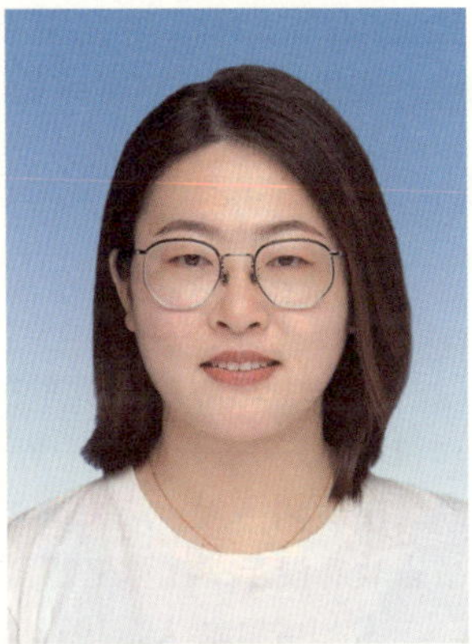

武进中医医院护士，中共预备党员。2020年4月，被中共湖北省委、省政府授予“最美逆行者”称号。

江苏泰兴人，1995年5月出生。2016年9月参加工作。任志敏在工作中态度端正、任劳任怨、执行能力强，主动承担有困难的工作，得到领导同事一致好评。在与病人相处过程中，诚实友善，积极帮助病人、关怀病人。2020年2月10日，任志敏加入江苏中医医疗队，到武汉江夏方舱医院从事一线护理工作。2020年，被市委宣传部、市卫健委授予“常州最美防疫先锋”称号，被市卫健委授予“抗疫一线优秀护士”称号。

## 华　茜

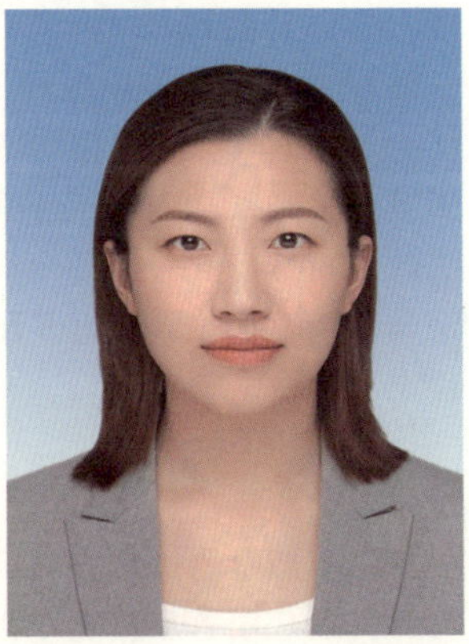

武进中医医院心内呼吸科护师，中共党员。2020年4月，被中共湖北省委、省政府授予“最美逆行者”称号。

常州武进人，1993年12月出生。2016年7月参加工作。华茜对待病患热情周到，力所能及地提供服务和帮助。在业务学习和理论考核上成绩优秀，积极参加党员志愿者服务等活动，主动协助护士长做好科室台账资料整理和物资清点等工作。2020年2月9日，华茜加入江苏第五批医疗队，在武汉开发区体育中心方舱医院从事一线护理工作。2020年，被团市委评为“常州市优秀共青团员”，被市卫健委评为“抗疫一线优秀护士”“优秀共产党员”“常州最美防疫先锋”。

（郑冰研）

## 庄亚娟

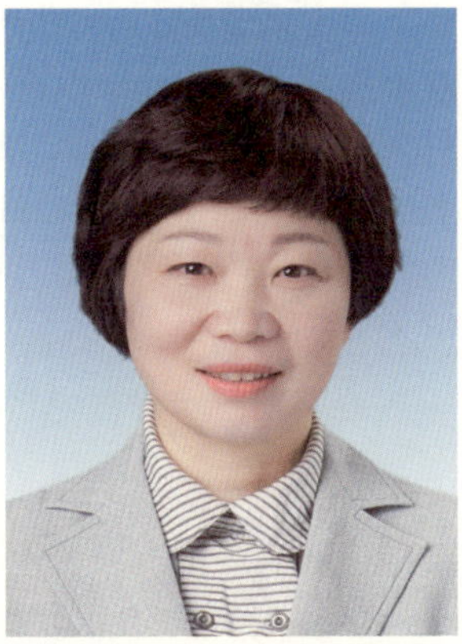

湖塘镇永定社区党总支书记、主任，中共党员。2020年11月，被省委、省政府评为全省抗击新冠肺炎疫情先进个人。

常州武进人，1970年2月出生。1988年9月参加工作。永定社区有居民超万人，人口密度极大。新冠肺炎疫情暴发后，为构建起社区的健康防线，庄亚娟第一时间发动并组织党员、志愿者200余名，在社区内开展地毯式排摸，确保了解每一户居民的出入轨迹，为居民健康筑起“防护墙”。启动联防联控机制，全部关停社区内棋牌室、活动室、幼托机构，实行居民双证出入制度，制订“疫情期间居规民约”，为全镇、全区乃至全市抗疫提供模板。结合自己一线抗疫经历和对全国抗疫情况的了解，撰写《建设“韧性社区”，补齐治理短板》，在杂志《社区》上发表，探索进一步完善社区联防联控机制，整合社区应急管理资源，提高应急处置能力，提升居民应对公共卫生事件的意识，引导社区居民积极参与、彼此联结、共同工作、共担风险，将社区整合成一个良好的循环体系。

（张　骅）

## 许建平

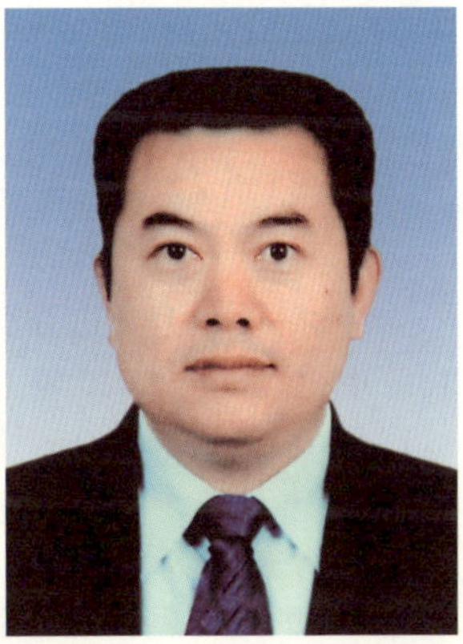

武进区农业农村局四级调研员，中共党员。2020年11月，被省政府授予“江苏省见义勇为模范”称号。

江苏常州人，1965年6月出生。1983年11月入伍，2004年10月转业至武进区农业局，负责安全生产管理、送法下乡等工作。2018年5月4日凌晨，湖塘镇人民中路小郭面馆突发火灾，住在该幢三楼的许建平立即冲下楼，与赶来的群众一起救火，并从火场中抱出一个重达50千克的煤气罐，避免了更大的人员、财产损失。2018年12月，被区见义勇为基金会授予“武进区见义勇为积极分子”称号。2019年10月，被市政府授予“常州市见义勇为模范”称号。

（陈柯宇）

## 许建峰

遥观镇卫生院社区副主任医师，中共党员。2020年11月，被省委、省政府评为全省抗击新冠肺炎疫情先进个人。

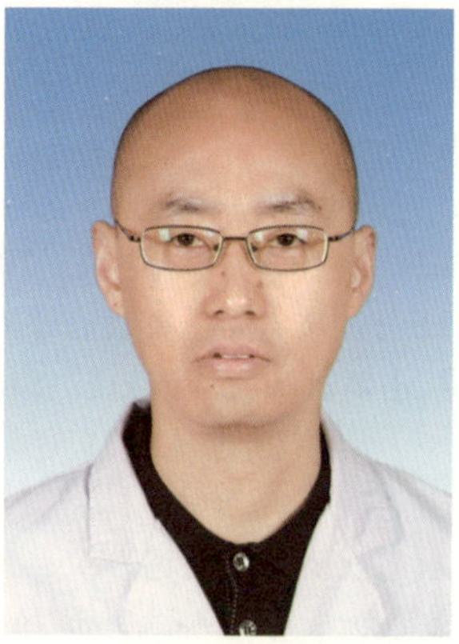

常州武进人，1972年12月出生。1995年8月参加工作。2020年，面对新冠疫情，许建峰主动报名参加横山桥集中医学观察点的驻守工作，以己之力，护人安全。许建峰说："我是一名医生，又是医院骨干，在疫情面前，我有双倍的责任，抗击疫情义不容辞。"

（周　银）

## 孙　骐

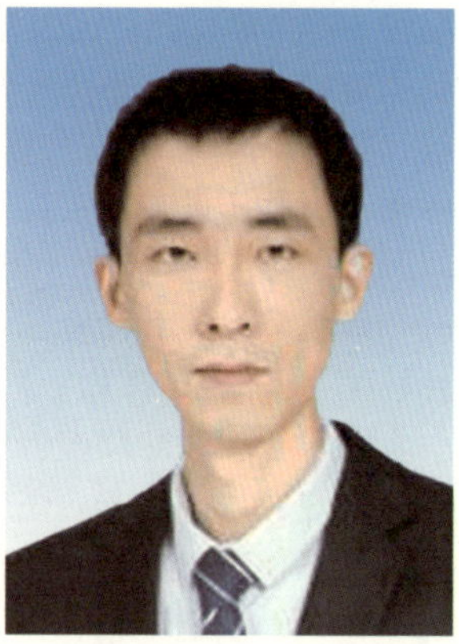

常州市第七人民医院党委书记，中共党员。2020年11月，被省委、省政府评为全省抗击新冠肺炎疫情先进个人。

江苏常州人，1978年6月出生。2002年8月参加工作。2020年，面对突如其来的新冠疫情，孙骐组织全院医护人员迅速开展疫情防控工作，起草医院防控工作方案，落实制度规范、人员分工、流程布局、员工防护、物资保障、疫情排查及防控督查等工作。组织医院克服场地紧张、人手不足以及物资短缺等困难，临时新建、启用一座占地面积近200平方米的发热门诊。同时，建设PCR实验室，提升医院核酸检测能力，全力保障常州经开区留观点的医疗防控工作。

（刘乐源）

## 苏建中

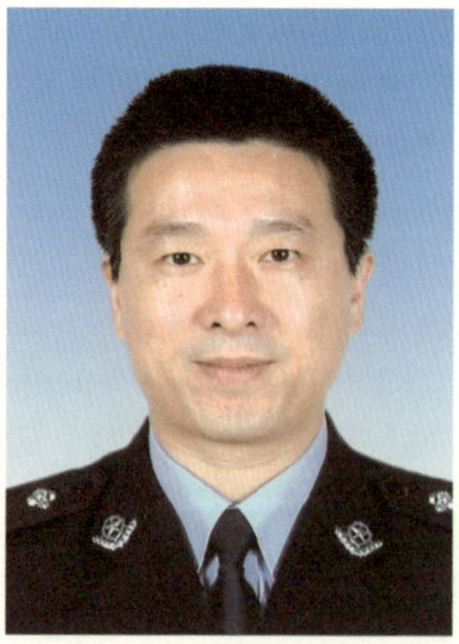

常州市公安局武进分局副局长，中共党员。2020年11月，被省委、省政府评为全省抗击新冠肺炎疫情先进个人。

常州奔牛人，1971年7月出生。1993年8月参加工作。疫情期间，苏建中作为区社会及社区疫情防控工作组组长，积极策应上级部署，迅速制定方案，全力投入抗疫阻击战。开展涉疫人员分析研判，落实"三包一"责任制，制定社区防疫工作规范，加强重点目标防疫管控，开展复工复学保障工作。成立企业防控专班，组织复工复产企业大走访和全区校园拉网大检查，全面搜集问题，主动帮助指导企业、校园、单位完善防控措施，助推全区实现疫情防控和保障发展"两手硬"。

（周世民）

## 李晓宇

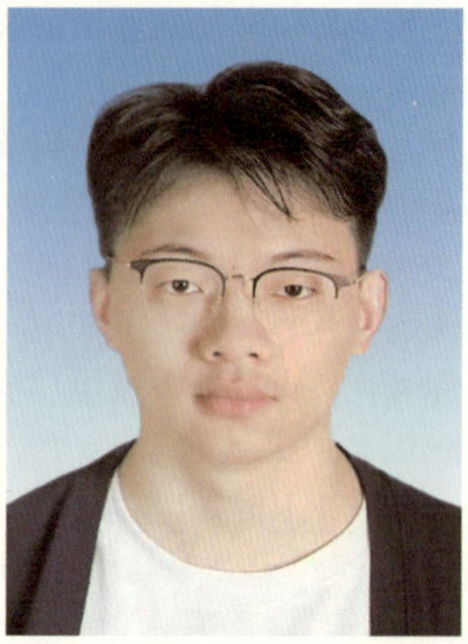

常州市武进中医医院急诊科护师，中共预备党员。2020年4月，被中共湖北省委、省政府授予"最美逆行者"称号。

常州武进人，1993年10月出生。2015年10月参加工作。李晓宇熟练掌握各种急症抢救程序、操作技术，在科室里协助护士长做好护理质量提升工作，认真执行各项抢救制度和抢救流程。2020年2月10日，加入江苏中医医疗队，在武汉江夏方舱医院从事一线护理工作。2020年，被团市委评为"常州市优秀共青团员"，被市卫健委评为"抗疫一线优秀护士""常州最美防疫先锋"。

（郑冰研）

## 杨　一

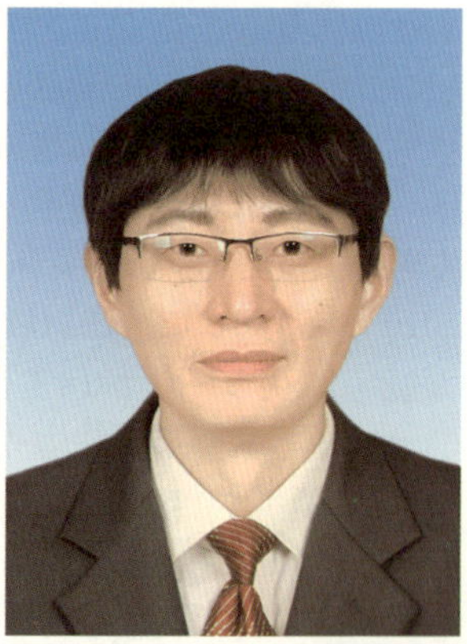

中国中车戚墅堰机车有限公司机车制造公司焊工一班班长，高级技师，中共党员。2020年1月，被省政府授予"江苏工匠"称号

常州戚墅堰人，1971年1月出生。1989年9月参加工作。杨一主要负责内燃机车、电力机车等公司新造机车的组装焊接工作，掌握多种车型总组装过程中的焊接工艺及操作方法，主持、参与多项技术难题攻关，成为同行业中的质量标兵和革新能手。获得2003年全国职工职业技能大赛江苏省选拔赛电焊工第五名、2005年中国南车集团第三届职业技能大赛中电焊工第二名、2005年中央企业职工技能大赛电焊工铜奖、2008年常州市第九届职业技能大赛电焊工第一名、2014年江苏省第三届技能状元大赛三等奖，国务院政府特殊津贴，获评全国技术能手、江苏省企业首席技师、常州市技术状元、常州市五一劳动奖章等称号。

## 杨余明

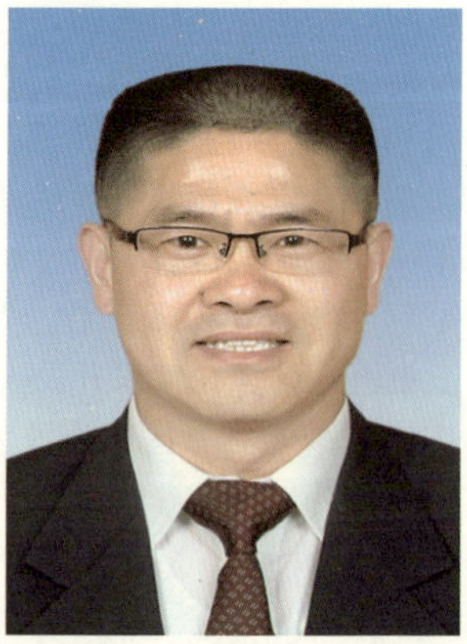

中车戚墅堰机车车辆工艺研究所有限公司首席技能专家，中共党员。2020年1月，被省政府授予"江苏工匠"称号。

常州溧阳人，1965年9月日出生。1988年1月参加工作。杨余明长年在生产一线从事加工中心编程、操作，并做好新员工培养、带徒传艺和培训等工作，熟练掌握立式、卧式和五面体加工中心等机床的核心加工技术，主持产品工艺开发、工艺优化、难题攻关等项目100余项。杨余明享受国务院政府特殊津贴，先后获得全国技术能手、中美数控大赛金奖、江苏省企业首席技师、常州市有突出贡献技师、首届“常州市十佳金蓝领”等荣誉。

（朱建刚）

## 斯捷潘·库茨弗

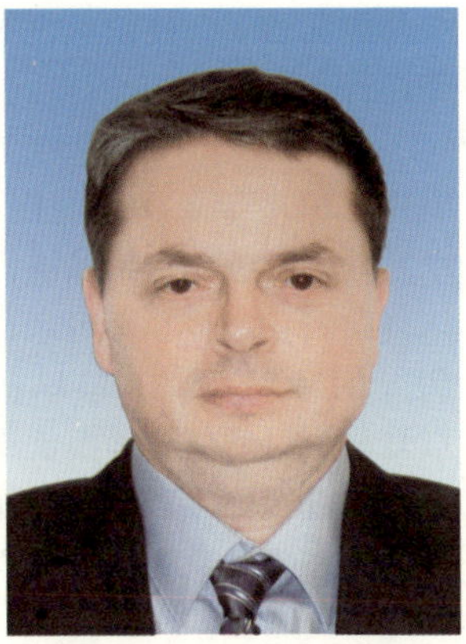

曼恩机械有限公司总经理。2020年12月，被省政府授予“江苏省荣誉居民”称号。

Stjepan Kucifer（斯捷潘·库茨弗），德国人，于2012年11月担任曼恩机械有限公司总经理，凭借丰富的国际工作经验和严谨的工作作风，有效落实和完成集团总部和公司各项战略计划和目标。同时，作为常州国际经理人论坛组织者、常州外企协会会长，积极参与政府组织的各项社会活动，促进会员企业与地方政府的合作交流。个人获“常州市荣誉市民”“武进区荣誉市民”和常州市明星企业家、武进区优秀企业家等称号。

（潘　磊）

## 张中华

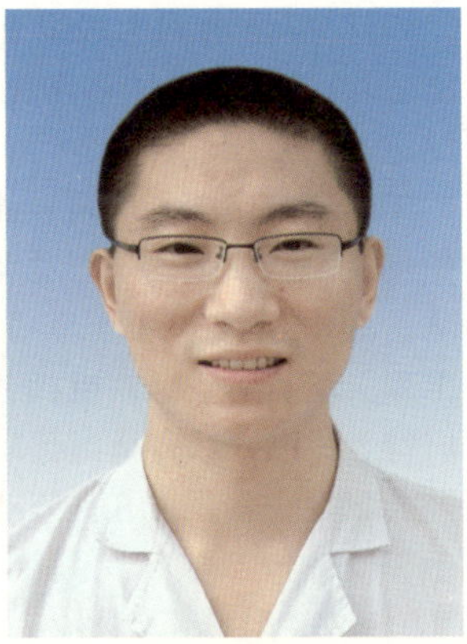

横山桥镇卫生院院长、主任医师，中共党员。2020年11月，被省委、省政府评为全省抗击新冠肺炎疫情先进个人。

常州武进人，1976年11月出生。1998年8月参加工作。张中华从医二十余载，兢兢业业、任劳任怨，以高度的热情和责任感奋斗在临床一线。在抗击新冠肺炎疫情中，作为医院带头人，始终坚守在疫情防控第一线，带领全院出色完成疫情隔离点防控工作，实现医务人员“零”感染和观察者“零”感染。张中华先后获区嘉奖3次、三等功1次，被评为2017年武进区卫生计生工作先进个人、2018年度武进区“三年行动计划”先进个人、2018年武进区人民政府“服务标兵”等。

（郑冰研）

## 周　勇

武进区厚余小学校长，中学高级教师，中共党员。2020年1月，被新疆维吾尔自治区党委、政府授予“第九批省市优秀援疆干部人才”称号，记功一次。

常州武进人，1973年10月出生。1992年7月参加工作。

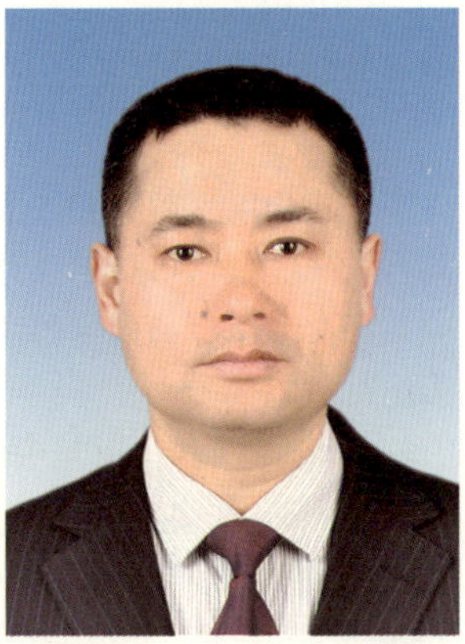

2017年年初，作为第九批援疆干部人才到新疆伊犁州尼勒克县开展援疆工作，任尼勒克县教育局教研室副主任。援疆期间，周勇专注受援县教育质量提升工程，创新全域性大教研工作，开启“武进援疆教育讲堂”，先后面向受援县教师做专题培训16场，培训2000多人次；撰写文稿累计20多万字，为尼勒克教育发展建言献策。获评江苏省科技教育优秀校长和伊犁州教科研工作先进个人、尼勒克县优秀援疆干部人才、尼勒克县荣誉市民等称号。

（陆　琪）

## 孟　雅

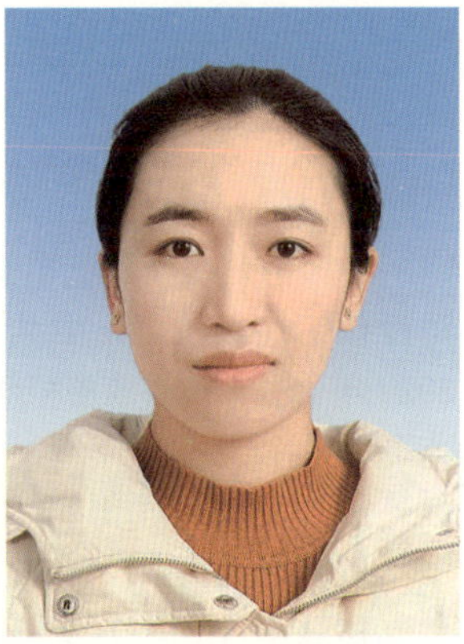

武进中医医院普外科副护士长，中共预备党员。2020年4月，被中共湖北省委、省政府授予“最美逆行者”称号。

安徽凤阳人，1993年9月出生。2013年8月参加工作。孟雅秉承“以病人为中心，全心全意为病人服务”的宗旨，不断提升自身专业理论知识和技能水平，对护理临床一线工作尽心、尽力、尽责，得到患者、同事、领导的一致好评。2020年年初，孟雅驰援湖北武汉，在武汉体育中心方舱医院工作，获武汉开发区新冠肺炎疫情指挥部颁发的新冠肺炎疫情防控“白衣卫士、先进标兵”称号。2020年，先后被评为市“优秀护士”、市“抗疫一线优秀护士”，获省人社厅、省卫健委嘉奖一次。

## 赵学成

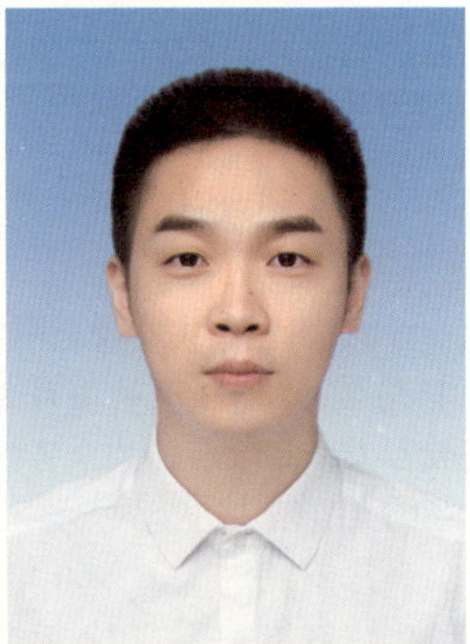

武进区疾病预防控制中心急性传染病防制科副科长，中共党员。2020年11月，被省委、省政府评为全省抗击新冠肺炎疫情先进个人。

常州武进人，1988年1月出生。2011年9月参加工作。主要从事急性传染病防制业务，具有丰富的传染病疫情和突发公共卫生事件处置经验。2020年，面对新冠肺炎疫情，赵学成率先奔赴抗疫第一线，全程参与病例流行病学调查。在疫情防控进入常态化后，仍坚守岗位，奋战在一线。曾获区政府嘉奖3次。2020年，被市委宣传部、市卫健委评为常州最美防疫先锋。

## 赵　艳

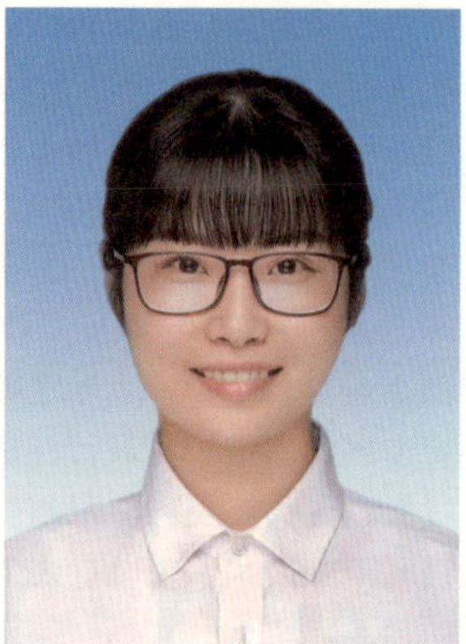

武进中医医院副护士长，中共预备党员。2020年4月，被中共湖北省委、省政府授予“最美逆行者”称号。

常州武进人，1982年11月出生。2004年8月参加工作。赵艳秉承“救死扶伤，治病救人”职业操守，全心全意为病人服务。尊敬领导，服从安排，团结同事，在“传、帮、带”中以身作则，无私奉献。2020年2月10日，赵艳加入江苏中医医疗队，在武汉江夏方舱医院从事一线护理工作。2020年，获“常州最美防疫先锋”“抗疫一线优秀护士”等称号。

（郑冰研）

## 袁志伟

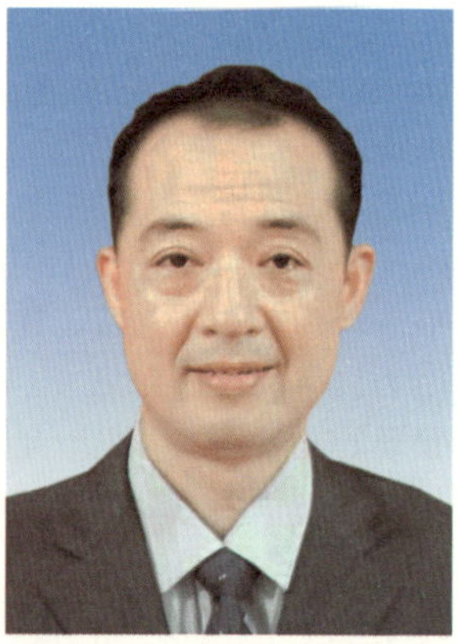

中国中车戚墅堰机车有限公司冷作工高级技师，中共党员。2020年1月，被省政府授予“江苏工匠”称号。

常州武进人，1968年3月出生。1986年7月参加工作。袁志伟从事冷作工作35年，主持“控制HXn5型内燃机车转向架构架的四角平面度误差”等课题攻关10余项，独创的“HXD1C电力机车司机室左右外角板成型操作法”等6项在企业推广应用，发表《出口澳大利亚机车司机室顶盖骨架组装新思路》等论文7篇，拥有“转向架构架总组装用工装”等专利5件，于2015年成立袁志伟常州技能大师工作室。个人获评2011年江苏省技术能手、2012年江苏省企业首席技师和常州市技术状元、常州市突出贡献人才等称号。

（朱建刚）

## 钱维力

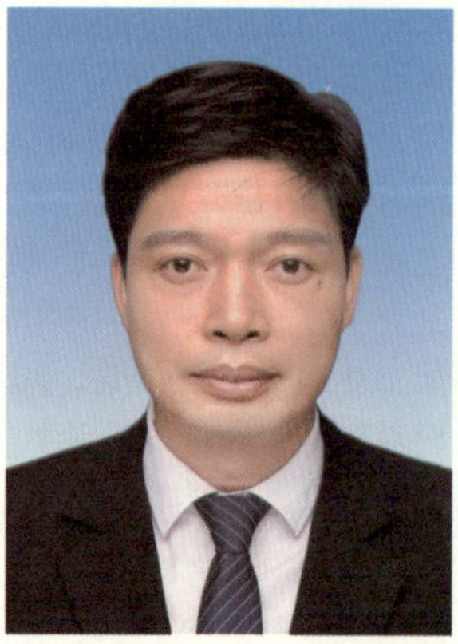

武进区湟里镇敬老院院长，中共党员。2021年1月19日，被省委、省政府评为全省抗击新冠肺炎疫情先进个人。

常州武进人，1966年10月出生。钱维力于2012年担任湟里镇敬老院院长，坚持“以人为本、情系老人”的原则，带领兴建猪舍3间、种植蔬菜0.2公顷，改善老人伙食。面对新冠肺炎疫情，立即对敬老院实施封闭管理，严格落实各项防疫政策，确保老人健康安全。湟里镇敬老院曾获评江苏省二星级养老院。

（唐羽佳）

## 倪卓旦

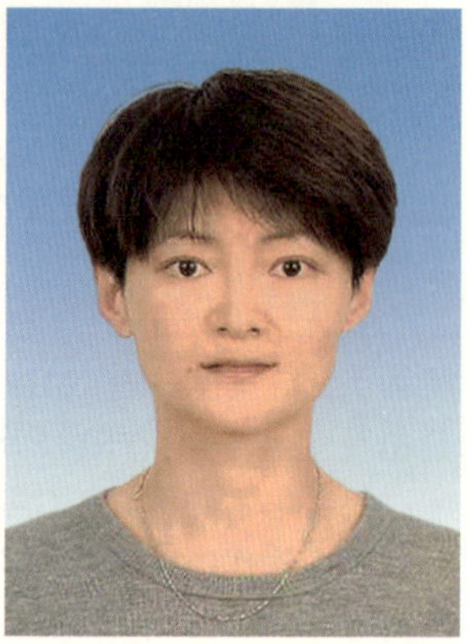

武进中医医院主管护师，中共预备党员。2020年4月，被中共湖北省委、省政府授予“最美逆行者”称号。

常州天宁人，1984年1月出生。2006年6月参加工作。倪卓旦业务熟练、技术精湛，工作认真负责，态度和蔼可亲，常获病人的称赞。2020年年初，倪卓旦第一时间请战驰援武汉，作为第二批援鄂人员在武汉江夏区大花山方舱医院从事一线护理工作。

（郑冰研）

## 高海建

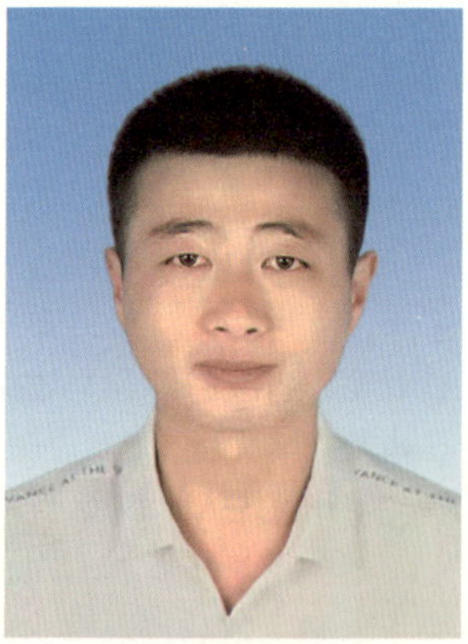

常州市力之源劳务资源有限公司职工，中共党员。2020年1月，被省政府授予“江苏工匠”称号。

江苏涟水人，1982年7月出生。高海建作为一名砌筑工人，注重相关知识和技能学习，仅用四年时间就掌握了砌筑技能，带领砌筑小队成为砌筑行业明星小队。高海建被列入江苏省“333工程”培养对象，享受国务院政府特殊津贴，获得全国首届职业技能大赛（砌筑）金牌、江苏技能状元、常州市五一劳动奖章、常州市城乡建设系统技术能手等荣誉。

（朱建刚）

## 黄建伟

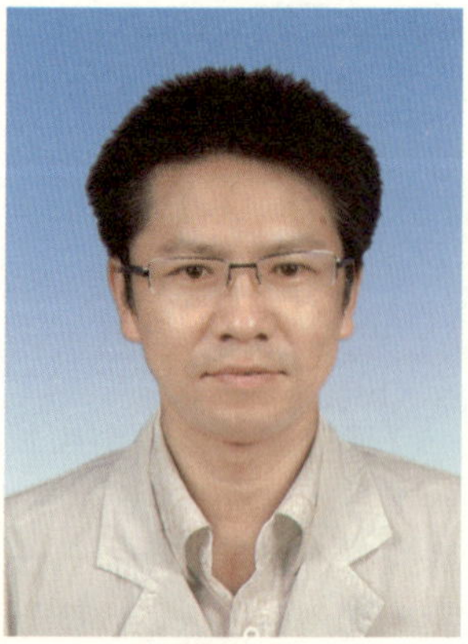

武进人民医院感染疾病科主任，常州市民盟医卫总支支委。2020年11月，被省委、省政府评为全省抗击新冠肺炎疫情先进个人。

常州武进人，1967年8月出生。1991年7月参加工作。主要从事感染性疾病的临床、教学和科研工作，具有丰富的传染病诊治和突发公共卫生事件处置经验。2020年，黄建伟作为第一批赴湖北支援的常州医务人员，担任江苏省医疗队和常州市医疗队医疗组长。获得中华医学会感染病分会“抗击新冠疫情优秀个人”“抗击新冠疫情优秀青年”，民盟中央抗击新冠疫情先进个人、民盟江苏省委抗击新冠疫情先进个人等称号，湖北省委、省政府授予的“最美逆行者”、武汉市江夏区授予的“疫情防控先进医务工作者”、武汉市江夏区荣誉市民等称号。并获江苏省人社厅、省卫健委记功奖励。

### 裘小凤

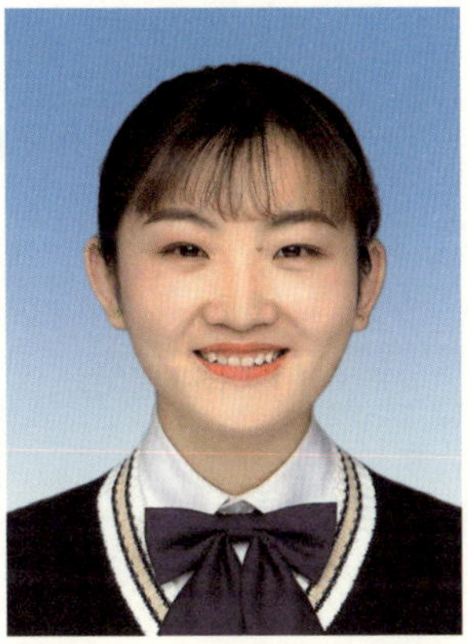

武进中医医院骨伤三科护士，中共预备党员。2020年4月，被中共湖北省委、省政府授予“最美逆行者”称号。

淮安淮阴人，1997年8月出生。2017年9月参加工作。裘小凤爱岗敬业，对工作、对病人认真负责，排忧解难，力所能及为患者提供服务和帮助。2020年2月9日，裘小凤加入江苏第五批医疗队，在武汉开发区体育中心方舱医院从事一线护理工作。

（郑冰研）

### 萧剑波

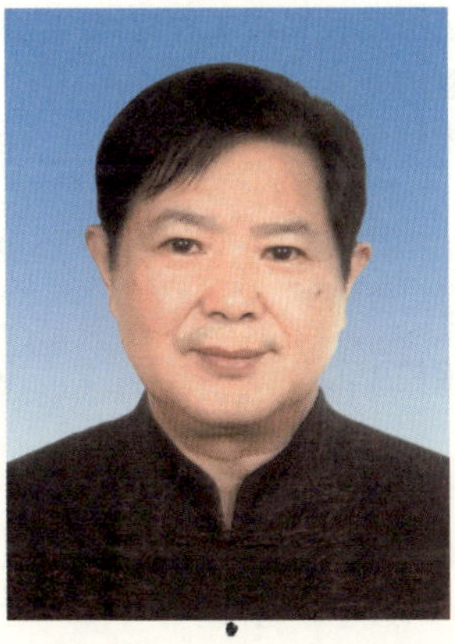

常州剑波雅刻艺术品有限公司总经理，中国工艺美术大师、研究员级高级工艺美术师、中国工艺美术学会理事、中国象牙雕刻专委会委员、江苏省工艺美术学会副理事长、江苏省国画院特聘画家、常州市工艺美术家协会主席、常州市工艺美术行业协会会长、常州市文联副主席、江苏省非物质文化遗产传承人。2020年，被省政府授予“江苏工匠”称号。

江苏武进人，1958年出生。萧剑波从1976年开始象牙浅刻创作，首创水墨写意刀法，作品凸显传统底蕴，兼具现代审美，意涵深刻隽永，独具原创能力。作品曾获首届中国工艺美术学会“华艺杯”金奖、中国工艺美术大师精品展金奖、特等金奖等，部分作品被中国工艺美术馆等收藏。

（朱建刚）

## 逝世人物

### 杨凤章

（1933—2020）

江苏武进人，1949年6月参加工作，任苏南军区教导团独立营文书。1952年3月，任鸣凰棉织社副主任、武进县手工联秘书。1953年10月加入中国共产党。1958年5月，下放劳动锻炼。1959年5月，任县工业局秘书。1959年12月，任县工业局副局长。1960年6月，任县机械厂党委书记、县甄别办组长。1962年7月，任县委组织部秘书。1966年3月，任罗溪公社书记、革委会副主任。1972年2月，任武进化肥厂党委书记。1975年1月，任县手工业局副局长。1978年6月，任县工交办副主任、第二工业局局长。1979年1月，任县计委副主任。1981年10月，任县计委主任、物价委主任。1987年4月，任县政协副主席、党组副书记。1994年1月，离职休养。

（何启华）

### 张志一

（1931—2021）

江苏武进人，高中学历，1942年2月参加工作，1952年9月加入中国共产党，先后在常州地委农村工作队、焦溪区公所、前黄区公所、戴溪公社、礼嘉公社、坂上公社、南夏墅公社任文书、宣传委员、党委书记。1961年11月至1963年7月，任武进县财政局局长。1963年4月至1966年4月，任坂上、南夏墅公社党委书记。1966年4月至1968年2月任武进县人民政府副县长，1975年10月至1981年4月历任武进县革委会副主任和县委常委、副书记，1981年4月至1984年5月任武进县县长、县委副书记。1984年5月至1987年4月，任常州市经委副主任、乡镇企业局局长。1987年4月至1994年1月，任武进县人大常委会主任。

（宗文静）

# 先进集体

## 武进区获得的综合荣誉（省级条线以上）

| 荣誉名称 | 授予单位 |
| --- | --- |
| 全国第四批率先基本实现主要农作物生产全程机械化示范县（市、区） | 农业农村部 |
| 2020 年中国工业百强区第九名 | 中国信息通信研究院 |
| 2020 年中国第五届“万步有约”健走激励大赛全国优秀健走示范区 | 中国疾控中心慢病非传染性疾病预防控制中心 |
| 第三批全省粮食生产全程机械化整体推进县 | 省农业农村厅 |
| 2019 年度江苏省国土资源节约集约利用资金奖励县（市、区） | 省自然资源厅 |
| 2017—2019 年度省金融生态优秀县 | 省金融稳定工作协调小组 |
| 家庭医生服务模式创新单位 | 省卫健委 |
| 建设全国文明城市工作先进集体 | 市委、市政府 |
| 2020 年中国城区高质量发展水平百强第 11 名 | 工信部研究院赛迪顾问城市经济研究中心 |
| 2020 中国县域综合实力百强榜第 16 名 | 中国小康网 |

## 全国（条线）先进集体

| 荣誉名称 | 获得单位 | 授予单位 |
| --- | --- | --- |
| 2019 年度市、县级和基层工会财务先进单位 | 区总工会 | 全国总工会 |
| 2019—2020 年节约型公共机构示范单位 | 武进绿建区管委会 | 国家机关事务管理局、国家发展和改革委、财政部 |
| 全国农业综合行政执法示范单位 | 区农业农村局 | 农业农村部 |
| 国家卫生镇（2017—2019） | 横山桥镇 | 全国爱卫会 |
| 长江经济带重大水利工程建设劳动和技能竞赛先进集体 | 新孟河延伸拓浚工程建设管理处 | 水利部办公厅、中国农林水利气象工会全国委员会 |
| 2004—2019 年中国死因登记报告工作先进集体奖 | 区疾控中心 | 中国疾控中心慢病非传染性疾病预防控制中心 |
| 第五届“万步有约”健走激励大赛全国优秀健走组织单位奖 | 区疾控中心 | 中国疾控中心慢病非传染性疾病预防控制中心 |
| 第五届“万步有约”健走激励大赛公共卫生系统一等奖 | 区疾控中心 | 中国疾控中心慢病非传染性疾病预防控制中心 |

## 省级（条线）先进集体

| 荣誉称号 | 获得单位 | 授予单位 |
| --- | --- | --- |
| 全省抗击新冠肺炎疫情先进集体 | 区卫健局 | 省委 省政府 |
| 全省抗击新冠肺炎疫情先进集体 | 横林镇党委 | 省委 省政府 |
| 江苏省五一劳动奖状 | 常州新奥燃气发展有限公司 | 省总工会 |
| 江苏省五一劳动奖状 | 中车戚墅堰机车有限公司 | 省总工会 |
| 江苏省工人先锋号 | 区职工服务中心服务大厅 | 省总工会 |
| 江苏省工人先锋号 | 万桦（常州）新材料科技有限公司干法车间 | 省总工会 |
| 江苏省工人先锋号 | 常州旷达威德机械有限公司探伤班 | 省总工会 |
| 江苏省工人先锋号 | 常州市华晟福涛光电科技有限公司押出车间 | 省总工会 |
| 江苏省工人先锋号 | 武进税务局征收管理股 | 省总工会 |
| 江苏省工人先锋号 | 中天钢铁集团有限公司第三炼铁厂五号高炉工段 | 省总工会 |

| 荣誉称号 | 获得单位 | 授予单位 |
| --- | --- | --- |
| 江苏省工人先锋号 | 常州市排水管理处戚墅堰污水处理厂运行班 | 省总工会 |
| 江苏省模范职工之家 | 柳工常州机械有限公司工会 | 省总工会 |
| 江苏省模范职工之家 | 东方润安集团有限公司工会 | 省总工会 |
| 江苏省模范职工之家 | 武进高新区北区总工会 | 省总工会 |
| 江苏省模范职工之家 | 中车戚墅堰机车车辆工艺研究所有限公司工会 | 省总工会 |
| 全省法院刑事审判工作先进集体 | 区人民法院刑事审判庭 | 省高级人民法院 |
| 全省非公有制企业党建带工建“三创争两提升”活动省级示范单位 | 新誉集团有限公司 | 省委组织部、省总工会 |
| 2018—2020年度全省厂务公开民主管理先进单位 | 常州旷达威德机械有限公司 | 省厂务公开协调小组 |
| 2018—2020年度全省厂务公开民主管理先进单位 | 江苏南方通信科技有限公司 | 省厂务公开协调小组 |
| 2018—2020年度全省厂务公开民主管理先进单位 | 万桦（常州）新材料科技有限公司 | 省厂务公开协调小组 |
| 2018—2020年度全省厂务公开民主管理先进单位 | 江苏华电戚墅堰发电有限公司 | 省厂务公开协调小组 |
| 2018—2020年度全省厂务公开民主管理先进单位 | 中车戚墅堰机车车辆工艺研究所有限公司 | 省厂务公开协调小组 |
| 2018—2020年度全省厂务公开民主管理示范单位 | 新誉集团有限公司 | 省厂务公开协调小组 |
| 2018—2020年度全省推动厂务公开民主管理工作先进单位 | 湖塘镇总工会 | 省厂务公开协调小组 |
| 第十一届“江苏职工读书月”优秀职工读书组织 | 常州新奥燃气工程有限公司“新时代工人”读书分享会 | 省总工会、省全民阅读办 |
| 第三批江苏省“书香企业”建设示范点 | 嬉戏族集团有限公司 | 省总工会、省全民阅读办 |
| 2020年江苏省工会“职工书屋”示范点 | 常州新奥燃气工程有限公司 | 省总工会、省全民阅读办 |
| 江苏省优秀人民调解委员会 | 区人民调解委员会 | 省司法厅、省调解协会 |
| 江苏省优秀人民调解委员会 | 潞城街道曙兴社区人民调解委员会 | 省司法厅、省调解协会 |
| 2020年度依法治省工作成绩突出单位 | 区委法治办 | 省委法治办 |
| 2019—2020年基层农技推广体系改革与建设绩效延伸管理结果靠前单位 | 区农业农村局 | 省农业农村厅 |
| 2020年全省脱贫攻坚组织创新奖 | 区农业农村局 | 省扶贫工作领导小组 |
| 2020省健康镇 | 礼嘉镇 | 省爱卫会 |
| 2020省健康村 | 横山桥镇金丰村 | 省爱卫会 |
| 2020省健康村 | 雪堰镇共建村 | 省爱卫会 |
| 2020省健康村 | 洛阳镇圻庄村 | 省爱卫会 |
| 2020省健康村 | 礼嘉镇庞家街村 | 省爱卫会 |
| 2020省健康村 | 湟里镇后坊村 | 省爱卫会 |
| 2020省健康村 | 遥观镇剑湖村 | 省爱卫会 |
| 2020省健康村 | 横林镇崔北村 | 省爱卫会 |
| 2020省健康社区 | 西湖街道湖滨社区 | 省爱卫会 |
| 2020省健康社区 | 武进高新区北区十里社区 | 省爱卫会 |
| 全省离退休干部先进集体 | 横山桥镇老干部党支部 | 省委组织部、省委老干部局、省委离退休干部工委 |
| 先进党支部 | 区交通运输局机关党支部 | 省交通运输行业党委 |
| 2016—2020年度江苏省科学教育综合示范学校 | 洛阳中心小学 | 省科协、省教育厅 |
| 江苏省教科研先进集体 | 武进区星韵学校 | 省教科院 |
| 第九届江苏省师范生教学基本功大赛优秀组织奖 | 常州幼儿师范学校 | 省教育厅 |
| 第五届“万步有约”健走激励大赛先进单位二等奖 | 区疾控中心 | 省预防医学会 |
| 疾控工作作出贡献单位 | 区疾控中心 | 省疾控中心 |
| 江苏省健康单位 | 武进第四人民医院 | 省爱卫会 |
| 江苏省健康促进医院 | 武进第四人民医院 | 省卫健委、省爱卫会 |
| 先进基层党组织 | 常州经开区消防救援大队党委 | 省消防救援总队党委 |
| 先进基层党组织 | 常州经开区戚月路消防救援站党支部 | 省消防救援总队党委 |

| 荣誉称号 | 获得单位 | 授予单位 |
| --- | --- | --- |
| 先进基层党组织 | 区府东路消防救援站党支部 | 省消防救援总队党委 |
| 2020 年度全省开发区统计工作先进单位 | 武进高新区 | 省商务厅 |
| 2020 年度全省开发区统计工作先进单位 | 常州经开区 | 省商务厅 |
| 2020 年度全省团属报刊宣传工作先进单位 | 区税务局团委 | 团省委 |
| 全省离退休干部“六有一提升”示范党支部 | 区税务局离退休干部第一党支部 | 省委老干部局、省委离退休干部工委 |
| 先进广播电视单位奖 | 区广播电视台 | 省广电局 |
| 全省广电系统“七五”普法先进集体 | 区广播电视台 | 省广电局 |

## 市级先进集体

| 荣誉名称 | 获得单位 | 授予单位 |
| --- | --- | --- |
| 全市国防动员工作先进单位 | 戚墅堰街道人武部 | 市政府、市军分区 |
| 全市国防动员工作先进单位 | 雪堰镇人武部 | 市政府、市军分区 |
| 全市国防动员工作先进单位 | 高新区北区人武部 | 市政府、市军分区 |
| 全市民兵工作先进单位 | 湖塘镇 | 市政府、市军分区 |
| 建设全国文明城市工作先进集体 | 区委宣传部（文明办） | 市委、市政府 |
| 建设全国文明城市工作先进集体 | 常州市公安局武进分局 | 市委、市政府 |
| 建设全国文明城市工作先进集体 | 湖塘镇 | 市委、市政府 |
| 建设全国文明城市工作先进集体 | 常州经开区 | 市委、市政府 |
| 建设全国文明城市工作先进集体 | 常州经开区党群工作部 | 市委、市政府 |
| 建设全国文明城市工作先进集体 | 遥观镇 | 市委、市政府 |
| 建设全国文明城市工作先进集体 | 潞城街道 | 市委、市政府 |
| 全市市抗击新冠肺炎疫情先进集体 | 常州市公安局武进分局 | 市委、市政府 |
| 全市市抗击新冠肺炎疫情先进集体 | 区人力资源和社会保障局 | 市委、市政府 |
| 全市市抗击新冠肺炎疫情先进集体 | 区交通运输局 | 市委、市政府 |
| 全市市抗击新冠肺炎疫情先进集体 | 区疾控中心 | 市委、市政府 |
| 全市市抗击新冠肺炎疫情先进集体 | 武进高新区管委会 | 市委、市政府 |
| 全市市抗击新冠肺炎疫情先进集体 | 湖塘镇党委 | 市委、市政府 |
| 全市市抗击新冠肺炎疫情先进集体 | 牛塘镇高家村村委 | 市委、市政府 |
| 全市市抗击新冠肺炎疫情先进集体 | 江苏龙城精锻有限公司 | 市委、市政府 |
| 全市市抗击新冠肺炎疫情先进集体 | 常州糖糖推云健康科技有限公司 | 市委、市政府 |
| 全市市抗击新冠肺炎疫情先进集体 | 湖塘消费品综合市场管理有限公司 | 市委、市政府 |
| 全市市抗击新冠肺炎疫情先进集体 | 常州经开区社会事业局 | 市委、市政府 |
| 全市市抗击新冠肺炎疫情先进集体 | 常州市公安局交通警察支队常州经开区大队 | 市委、市政府 |
| 全市市抗击新冠肺炎疫情先进集体 | 遥观镇党委 | 市委、市政府 |
| 全市市抗击新冠肺炎疫情先进集体 | 常州经开区社会福利中心 | 市委、市政府 |
| 全市市抗击新冠肺炎疫情先进集体 | 武进区东方社区居委会 | 市委、市政府 |

# 先进个人

## 全国（条线）先进个人

| 姓名 | 单位职务 | 荣誉名称 | 授予单位 |
| --- | --- | --- | --- |
| 杨秀秀 | 湖塘镇友谊新村居民 | 敬老助老爱老模范人物 | 国家卫健委、全国老龄办 |
| 张惠莉 | 遥观镇遥观村窑湾里农民 | 敬老助老爱老模范人物 | 国家卫健委、全国老龄办 |
| 史志彬 | 区农业管理综合行政执法大队中队长 | 2019 年度全国农机安全监理示范岗位标兵 | 农业农村部、应急管理部 |
| 刘建荣 | 区水利局党组书记、局长、河长办主任 | 全面推行河长制湖长制先进工作者 | 水利部 |

| 姓　名 | 单位职务 | 荣誉名称 | 授予单位 |
| --- | --- | --- | --- |
| 徐国忠 | 江苏国茂减速机集团有限公司董事长 | 民间河湖卫士 | 水利部、全国总工会、全国妇联 |
| 殷仲明 | 区水利局河长综合科科员 | 最美护河（湖）员 | 水利部办公厅、中国农林水利气象工会全国委员会 |
| 曾美婷 | 武进区星河实验小学成长发展部副主任 | 第五届全国未成年人思想道德建设工作先进工作者 | 中央精神文明建设指导委员会 |
| 石素逸 | 区疾控中心主任医师 | 2004—2019 年中国死因登记报告工作突出贡献先进个人 | 中国疾控中心慢性非传染性疾病预防控制中心 |
| 杭建平 | 区消防大队专职指导管理办公室副主任 | 第五届“全国 911 先进个人” | 应急管理部 |
| 刘云清 | 中车戚墅堰机车车辆工艺研究所有限公司首席技能专家 | 全国劳动模范 | 中共中央、国务院 |

## 省级（条线）先进个人

| 姓　名 | 单位职务 | 荣誉名称 | 授予单位 |
| --- | --- | --- | --- |
| 许建平 | 区农业农村局改革与政策法规科四级调研员 | 江苏省见义勇为模范 | 省政府 |
| 刘云清 | 中车戚墅堰机车车辆工艺研究所有限公司职工 | 江苏工匠 | 省政府 |
| 杨余明 | 中车戚墅堰机车车辆工艺研究所有限公司职工 | 江苏工匠 | 省政府 |
| 袁志伟 | 中国中车戚墅堰机车有限公司冷作工高级技师 | 江苏工匠 | 省政府 |
| 杨　一 | 中国中车戚墅堰机车有限公司职工 | 江苏工匠 | 省政府 |
| 萧剑波 | 常州剑波雅刻艺术品有限公司总经理 | 江苏工匠 | 省政府 |
| 高海建 | 常州市力之源劳务资源有限公司职工 | 江苏工匠 | 省政府 |
| 斯捷潘·库茨弗 | 曼恩机械有限公司总经理 | 江苏省荣誉居民 | 省政府 |
| 张中华 | 横山桥镇卫生院院长 | 全省抗击新冠肺炎疫情先进个人 | 省委、省政府 |
| 孙　骐 | 常州市第七人民医院党委副书记、院长 | 全省抗击新冠肺炎疫情先进个人 | 省委、省政府 |
| 黄建伟 | 武进人民医院感染性疾病科主任 | 全省抗击新冠肺炎疫情先进个人 | 省委、省政府 |
| 赵学成 | 区疾控中心急性传染病防制科副科长 | 全省抗击新冠肺炎疫情先进个人 | 省委、省政府 |
| 许建峰 | 遥观镇卫生院社区副主任医师 | 全省抗击新冠肺炎疫情先进个人 | 省委、省政府 |
| 苏建中 | 常州市公安局武进分局党委委员、副局长 | 全省抗击新冠肺炎疫情先进个人 | 省委、省政府 |
| 庄亚娟 | 湖塘镇永定社区党总支书记、主任 | 全省抗击新冠肺炎疫情先进个人 | 省委、省政府 |
| 钱维力 | 湟里镇敬老院院长 | 全省抗击新冠肺炎疫情先进个人 | 省委、省政府 |
| 王旭锋 | 常州经开区管委会副主任 | 全省抗击新冠肺炎疫情先进个人 | 省委、省政府 |
| 周　勇 | 厚余小学校长 | 第九批省市优秀援疆干部人才 | 新疆维吾尔自治区党委、政府 |
| 白　琳 | 武进中医医院护士长 | 最美逆行者 | 湖北省委、省政府 |
| 孟　雅 | 武进中医医院副护士长 | 最美逆行者 | 湖北省委、省政府 |
| 赵　艳 | 武进中医医院副护士长 | 最美逆行者 | 湖北省委、省政府 |
| 王　娟 | 武进中医医院主管护师 | 最美逆行者 | 湖北省委、省政府 |
| 任志敏 | 武进中医医院护士 | 最美逆行者 | 湖北省委、省政府 |
| 倪卓旦 | 武进中医医院主管护师 | 最美逆行者 | 湖北省委、省政府 |
| 华　茜 | 武进中医医院护师 | 最美逆行者 | 湖北省委、省政府 |
| 李晓宇 | 武进中医医院护师 | 最美逆行者 | 湖北省委、省政府 |
| 裘小凤 | 武进中医医院护士 | 最美逆行者 | 湖北省委、省政府 |
| 张　良 | 武进税务局副局长 | 江苏省五一劳动奖章 | 省总工会 |
| 栾方洺 | 武进税务局征收管理股股长 | 江苏省五一劳动奖章 | 省总工会 |
| 史欣兵 | 江苏恒立液压科技有限公司质量总监 | 江苏省五一劳动奖章 | 省总工会 |
| 钱卫东 | 武进中医医院党委委员、大内科主任 | 江苏省五一劳动奖章 | 省总工会 |
| 张晋伟 | 中车戚墅堰机车车辆工艺研究所有限公司高级工程师 | 江苏省五一劳动奖章 | 省总工会 |

| 姓名 | 单位职务 | 荣誉名称 | 授予单位 |
|---|---|---|---|
| 赵明辉 | 中天钢铁集团有限公司第二炼铁厂副炉长 | 江苏省五一劳动奖章 | 省总工会 |
| 戚蓉 | 中车常州车辆有限公司天车司机 | 江苏省五一劳动奖章 | 省总工会 |
| 阿利斯泰尔·麦克利兰 | 爱科（常州）农业机械有限公司全球副总裁、中国区董事总经理（英国） | 江苏省五一劳动荣誉奖章 | 省总工会 |
| 姚亚香 | 武进第三人民医院护理部主任 | 江苏省五一巾帼标兵 | 省总工会 |
| 王丽雯 | 武进人民医院医务处副主任 | 江苏省文明职工 | 省委宣传部、省文明办、省总工会 |
| 钱维力 | 湟里镇敬老院院长 | 江苏省第三届“百佳孝星” | 省文明办、省老龄办、省老龄协会 |
| 邵秀丽 | 嘉泽镇甘荡村委邵家村农民 | 江苏省第三届“百佳孝星” | 省文明办、省老龄办、省老龄协会 |
| 邵叶盛 | 南夏墅法律服务所职工 | 2016—2019 年度江苏省优秀基层法律服务工作者 | 省司法厅、省基层法律服务工作者协会 |
| 刘国芳 | 区法律援助中心主任 | 全省法律援助工作先进个人 | 省司法厅 |
| 张凌波 | 江苏远舟律师事务所律师 | 全省法律援助工作先进个人 | 省司法厅 |
| 曹青娣 | 潞城街道潞城社区调委会调解员 | 江苏省优秀人民调解员 | 省司法厅、省调解协会 |
| 陈建东 | 丁堰街道调委会主任 | 江苏省优秀人民调解员 | 省司法厅、省调解协会 |
| 巢丽燕 | 南夏墅街道调委会主任 | 江苏省优秀人民调解员 | 省司法厅、省调解协会 |
| 张立新 | 雪堰镇调委会主任 | 江苏省优秀人民调解员 | 省司法厅、省调解协会 |
| 赵富良 | 前黄镇调委会主任 | 江苏省优秀人民调解员 | 省司法厅、省调解协会 |
| 周一 | 区司法局依法治区办秘书科二级主任科员 | 全省法治督察先进个人 | 省司法厅 |
| 余日璞 | 经开区人民法院刑事审判庭副庭长 | 全省法院刑事审判工作先进个人 | 省高级人民法院 |
| 汤泽 | 武进区畜牧兽医中心职工 | 江苏省农业技术能手、江苏省技术能手、江苏省五一创新技术能手、一等奖 | 省农业农村厅、省人社厅、省总工会 |
| 陈凯 | 武进区畜牧兽医中心职工 | 第三届全国农业行业职业技能大赛江苏选拔赛——动物疫病防治员职业技能竞赛二等奖 | 省农业农村厅 |
| 冉龙文 | 武进区畜牧兽医中心职工 | “江苏省农业技术优秀选手”二等奖 | 省农业农村厅 |
| 周明 | 武进区农业农村局科员 | 2020 年中国农民丰收节江苏活动组织实施中工作中表现突出个人 | 省农业农村厅 |
| 巢俊杰 | 区水利局副局长 | 2020 年度江苏省优秀青年志愿者 | 团省委、省青年志愿者协会 |
| 戚蓉 | 中车常州车辆有限公司天车司机 | 江苏省五一巾帼标兵 | 省总工会 |
| 黄建伟 | 武进人民医院疾病感染性疾病科主任 | 记功 | 省人社厅、省卫健委 |
| 白琳 | 武进中医医院护士长 | 记功 | 省人社厅、省卫健委 |
| 赵乐 | 常州市第七人民医院 | 记功 | 省人社厅、省卫健委 |
| 张琍 | 武进人民医院主管护师 | 嘉奖 | 省人社厅、省卫健委 |
| 徐永谦 | 武进人民医院主治医师 | 嘉奖 | 省人社厅、省卫健委 |
| 杨益 | 武进人民医院护师 | 嘉奖 | 省人社厅、省卫健委 |
| 刘淼波 | 武进人民医院副护士长 | 嘉奖 | 省人社厅、省卫健委 |
| 蒋心怡 | 武进人民医院护师 | 嘉奖 | 省人社厅、省卫健委 |
| 孟雅 | 武进中医医院副护士长 | 嘉奖 | 省人社厅、省卫健委 |
| 赵艳 | 武进中医医院副护士长 | 嘉奖 | 省人社厅、省卫健委 |
| 王娟 | 武进中医医院主管护师 | 嘉奖 | 省人社厅、省卫健委 |
| 任志敏 | 武进中医医院护士 | 嘉奖 | 省人社厅、省卫健委 |
| 倪卓旦 | 武进中医医院主管护师 | 嘉奖 | 省人社厅、省卫健委 |
| 华茜 | 武进中医医院护师 | 嘉奖 | 省人社厅、省卫健委 |
| 李晓宇 | 武进中医医院护师 | 嘉奖 | 省人社厅、省卫健委 |
| 裘小凤 | 武进中医医院护士 | 嘉奖 | 省人社厅、省卫健委 |

| 姓 名 | 单位职务 | 荣誉名称 | 授予单位 |
|---|---|---|---|
| 毛韦文 | 常州市第七人民医院 | 嘉奖 | 省人社厅、省卫健委 |
| 陈 俊 | 常州市第七人民医院 | 嘉奖 | 省人社厅、省卫健委 |
| 潘梦飞 | 常州市第七人民医院 | 嘉奖 | 省人社厅、省卫健委 |
| 潘建丽 | 区疾控中心健康教育科科长 | 2020 年度卫生科普工作先进个人 | 省健康教育协会 |
| 杨佳成 | 区疾控中心工作人员 | 江苏省第五届“万步有约”健走激励大赛先进个人 | 省预防医学会 |
| 李 娜 | 区疾控中心工作人员 | 2019 年度江苏省健康促进县（区）建设指导工作先进个人 | 省健康教育协会 |
| 李 萍 | 区疾控中心综合卫生科科长 | 全省疾控工作作出贡献个人 | 省疾控中心 |
| 李小琛 | 区消防救援大队初级专业技术职务 | 优秀共产党员 | 省消防救援总队党委 |
| 陈 翔 | 区镜湖路消防救援站党支部书记 | 优秀党务工作者 | 省消防救援总队党委 |
| 许德志 | 经开区消防救援大队党委书记 | 优秀党务工作者 | 省消防救援总队党委 |
| 徐 迪 | 经开区戚月路消防救援站党支部书记 | 优秀党务工作者 | 省消防救援总队党委 |
| 蒋娜清 | 武进经发区经济发展局经济运行科副科长 | 2020 年度全省开发区统计工作先进个人 | 省商务厅 |
| 陈红伟 | 前黄镇农村工业局副局长 | 2020 年全省脱贫攻坚脱贫致富奖 | 省扶贫工作领导小组 |

## 市级先进个人

| 姓 名 | 单位职务 | 荣誉名称 | 授予单位 |
|---|---|---|---|
| 杨 钧 | 新誉集团有限公司职工 | 2017—2019 年度常州市劳动模范 | 市委、市政府 |
| 徐 俊 | 江苏龙城精锻有限公司职工 | 2017—2019 年度常州市劳动模范 | 市委、市政府 |
| 许 健 | 常州凯达重工科技有限公司职工 | 2017—2019 年度常州市劳动模范 | 市委、市政府 |
| 胡俊荣 | 常州市武进顺达精密钢管有限公司职工 | 2017—2019 年度常州市劳动模范 | 市委、市政府 |
| 龚立新 | 江苏圣贤锻造有限责任公司职工 | 2017—2019 年度常州市劳动模范 | 市委、市政府 |
| 周根群 | 常州山由帝杉防护材料制造有限公司职工 | 2017—2019 年度常州市劳动模范 | 市委、市政府 |
| 朱玉英 | 常州绿色动力环保热电有限公司职工 | 2017—2019 年度常州市劳动模范 | 市委、市政府 |
| 梅 波 | 常州市蓝托金属制品有限公司职工 | 2017—2019 年度常州市劳动模范 | 市委、市政府 |
| 李 杰 | 常州市武进广宇花辊机械有限公司职工 | 2017—2019 年度常州市劳动模范 | 市委、市政府 |
| 季文斌 | 中共湟里镇西墅村党总支书记 | 2017—2019 年度常州市劳动模范 | 市委、市政府 |
| 胡必兵 | 江苏立华牧业股份有限公司职工 | 2017—2019 年度常州市劳动模范 | 市委、市政府 |
| 庄惠芬 | 武进区星河实验小学校长 | 2017—2019 年度常州市劳动模范 | 市委、市政府 |
| 杨明珠 | 武进人民医院职工 | 2017—2019 年度常州市劳动模范 | 市委、市政府 |
| 谈 行 | 江苏洛凯机电股份有限公司职工 | 2017—2019 年度常州市劳动模范 | 市委、市政府 |
| 石剑舫 | 江苏鑫和泰机械集团有限公司职工 | 2017—2019 年度常州市劳动模范 | 市委、市政府 |
| 吴国林 | 瑞声科技（常州）有限公司职工 | 2017—2019 年度常州市劳动模范 | 市委、市政府 |
| 黄小国 | 常州市康乐农牧有限公司职工 | 2017—2019 年度常州市劳动模范 | 市委、市政府 |
| 施明波 | 江苏东方龙机车集团有限公司职工 | 2017—2019 年度常州市劳动模范 | 市委、市政府 |
| 沈小利 | 常州嘉宝服饰有限公司职工 | 2017—2019 年度常州市劳动模范 | 市委、市政府 |
| 薛达新 | 区广播电视台职工 | 2017—2019 年度常州市劳动模范 | 市委、市政府 |
| 陆惠萍 | 区总工会副主席 | 2017—2019 年度常州市劳动模范 | 市委、市政府 |
| 蒋宇锋 | 中车戚墅堰机车车辆工艺研究所有限公司职工 | 2017—2019 年度常州市劳动模范 | 市委、市政府 |
| 陈荣华 | 经开区环境卫生管理处职工 | 2017—2019 年度常州市劳动模范 | 市委、市政府 |
| 夏 萍 | 中天钢铁集团有限公司职工 | 2017—2019 年度常州市劳动模范 | 市委、市政府 |
| 魏迎九 | 戚墅堰东方小学职工 | 2017—2019 年度常州市劳动模范 | 市委、市政府 |
| 刘古春 | 江苏（武进）水稻研究所 | 常州市突出贡献人才 | 市政府 |
| 周 俊 | 武进交通运输局党委书记、局长 | 优秀党务工作者 | 市委 |
| 高 攀 | 横山桥镇人武部部长 | 全市国防动员工作先进个人 | 市委、市政府 |

| 姓名 | 单位职务 | 荣誉名称 | 授予单位 |
|---|---|---|---|
| 冯　晖 | 遥观镇党委书记 | 全市国防动员工作先进个人 | 市委、市政府 |
| 王亚杰 | 区政府办副主任 | 全市民兵工作先进个人 | 市委、市政府 |
| 胡　彬 | 嘉泽镇展山村村委书记 | 全市民兵工作先进个人 | 市委、市政府 |
| 汤进才 | 湟里镇人武部部长 | 全市民兵工作先进个人 | 市委、市政府 |
| 陈建东 | 区政府办公室副主任 | 建设全国文明城市工作先进个人 | 市委、市政府 |
| 戚清萍 | 区委宣传部副部长、区文明办主任 | 建设全国文明城市工作先进个人 | 市委、市政府 |
| 程　江 | 区委宣传部文明科科长 | 建设全国文明城市工作先进个人 | 市委、市政府 |
| 庄　骅 | 区教育局基础教育科副科长 | 建设全国文明城市工作先进个人 | 市委、市政府 |
| 费　敏 | 常州市公安局武进分局交警大队一中队副中队长 | 建设全国文明城市工作先进个人 | 市委、市政府 |
| 韩世勤 | 区民政局基层政权和社区建设科科长 | 建设全国文明城市工作先进个人 | 市委、市政府 |
| 唐昊骏 | 区住建局副局长 | 建设全国文明城市工作先进个人 | 市委、市政府 |
| 严永青 | 区环境卫生管理处党支部副书记 | 建设全国文明城市工作先进个人 | 市委、市政府 |
| 王保华 | 区商务局副局长 | 建设全国文明城市工作先进个人 | 市委、市政府 |
| 奚卫年 | 区文体广电和旅游局市场管理科科长 | 建设全国文明城市工作先进个人 | 市委、市政府 |
| 高薇薇 | 区市场监督管理局信用监管科副科长 | 建设全国文明城市工作先进个人 | 市委、市政府 |
| 管福林 | 区政务服务中心副主任 | 建设全国文明城市工作先进个人 | 市委、市政府 |
| 张映霞 | 湖塘镇宣传委员 | 建设全国文明城市工作先进个人 | 市委、市政府 |
| 徐　伟 | 牛塘镇卢西村党总支书记 | 建设全国文明城市工作先进个人 | 市委、市政府 |
| 凌　英 | 武进高新区北区工作组党群科科员 | 建设全国文明城市工作先进个人 | 市委、市政府 |
| 周萍华 | 武进高新区古方社区书记 | 建设全国文明城市工作先进个人 | 市委、市政府 |
| 张毋左 | 横林镇党委副书记 | 建设全国文明城市工作先进个人 | 市委、市政府 |
| 薛　飞 | 遥观镇党委宣传委员、党政办公室主任 | 建设全国文明城市工作先进个人 | 市委、市政府 |
| 徐　洁 | 横山桥镇五一村党委副书记 | 建设全国文明城市工作先进个人 | 市委、市政府 |
| 钱如玉 | 常州经开区组织部副部长 | 建设全国文明城市工作先进个人 | 市委、市政府 |
| 唐　俊 | 丁堰街道党工委宣传、统战委员 | 建设全国文明城市工作先进个人 | 市委、市政府 |
| 李　甜 | 戚墅堰街道党工委宣传委员、统战委员 | 建设全国文明城市工作先进个人 | 市委、市政府 |
| 周萌昱 | 常州经开区党群工作部副部长、文明办主任 | 建设全国文明城市工作先进个人 | 市委、市政府 |
| 张　莉 | 常州经开区党群工作部精神文明建设指导科科长 | 建设全国文明城市工作先进个人 | 市委、市政府 |
| 芮　莉 | 常州经开区投资促进局办公室主任兼商贸服务科科长 | 建设全国文明城市工作先进个人 | 市委、市政府 |
| 丁雄鹰 | 常州市潞城小学校长 | 建设全国文明城市工作先进个人 | 市委、市政府 |
| 徐东平 | 常州经开区建设局党组成员、副局长 | 建设全国文明城市工作先进个人 | 市委、市政府 |
| 郭　婷 | 常州经开区综合执法局副局长 | 建设全国文明城市工作先进个人 | 市委、市政府 |
| 庄一夫 | 常州经开区环境卫生管理处处长 | 建设全国文明城市工作先进个人 | 市委、市政府 |
| 许震纬 | 常州市公安局常州经开区分局办公室副主任 | 建设全国文明城市工作先进个人 | 市委、市政府 |
| 房小普 | 常州市公安局交通警察支队常州经开区大队潞城中队中队长 | 建设全国文明城市工作先进个人 | 市委、市政府 |
| 陈　伟 | 常州市生态环境局常州经开区分局科员 | 建设全国文明城市工作先进个人 | 市委、市政府 |
| 刘淼波 | 武进人民医院重症医学科副护士长、主管护师 | 全市抗击新冠肺炎疫情先进个人 | 市委、市政府 |
| 王　娟 | 武进中医医院主管护师 | 全市抗击新冠肺炎疫情先进个人 | 市委、市政府 |
| 倪卓旦 | 武进中医医院主管护师 | 全市抗击新冠肺炎疫情先进个人 | 市委、市政府 |
| 徐亚群 | 武进中医医院主任护师 | 全市抗击新冠肺炎疫情先进个人 | 市委、市政府 |
| 朱文荣 | 礼河卫生院院长，副主任医师 | 全市抗击新冠肺炎疫情先进个人 | 市委、市政府 |
| 马藤英 | 武进第五人民医院护士长，主管护师 | 全市抗击新冠肺炎疫情先进个人 | 市委、市政府 |
| 钱怡纯 | 南夏墅街道社区卫生服务中心主管护师 | 全市抗击新冠肺炎疫情先进个人 | 市委、市政府 |
| 陆新丰 | 牛塘镇卫生院院长，副主任医师 | 全市抗击新冠肺炎疫情先进个人 | 市委、市政府 |
| 沈金良 | 武进第六人民医院副院长、副主任医师 | 全市抗击新冠肺炎疫情先进个人 | 市委、市政府 |
| 庄　伟 | 礼嘉镇卫生院防保科科长 | 全市抗击新冠肺炎疫情先进个人 | 市委、市政府 |
| 张恒果 | 武进第四人民医院主治医师 | 全市抗击新冠肺炎疫情先进个人 | 市委、市政府 |

| 姓　名 | 单位职务 | 荣誉名称 | 授予单位 |
|---|---|---|---|
| 潘英姿 | 区疾防中心副主任、副主任医师 | 全市抗击新冠肺炎疫情先进个人 | 市委、市政府 |
| 戚东海 | 武进第三人民医院副院长、主治医师 | 全市抗击新冠肺炎疫情先进个人 | 市委、市政府 |
| 潘凌云 | 雪堰镇中心卫生院防保科科长、主治医师 | 全市抗击新冠肺炎疫情先进个人 | 市委、市政府 |
| 朱建锋 | 嘉泽镇卫生院副院长、副主任医师 | 全市抗击新冠肺炎疫情先进个人 | 市委、市政府 |
| 周奇亚 | 区卫健局医政中医科科员 | 全市抗击新冠肺炎疫情先进个人 | 市委、市政府 |
| 肖　玲 | 区卫健局办公室科员 | 全市抗击新冠肺炎疫情先进个人 | 市委、市政府 |
| 许　科 | 区药品医用耗材管理中心科员 | 全市抗击新冠肺炎疫情先进个人 | 市委、市政府 |
| 顾东武 | 区卫健局副局长 | 全市抗击新冠肺炎疫情先进个人 | 市委、市政府 |
| 沈　超 | 区政府办秘书三科科长 | 全市抗击新冠肺炎疫情先进个人 | 市委、市政府 |
| 谈亚东 | 区档案局副局长 | 全市抗击新冠肺炎疫情先进个人 | 市委、市政府 |
| 胡文伟 | 区财政局副局长 | 全市抗击新冠肺炎疫情先进个人 | 市委、市政府 |
| 金文皖 | 横林殡仪馆业务科科长 | 全市抗击新冠肺炎疫情先进个人 | 市委、市政府 |
| 谭文杰 | 区教育局基础教育科副科长 | 全市抗击新冠肺炎疫情先进个人 | 市委、市政府 |
| 姜　枫 | 区企业发展促进中心副主任 | 全市抗击新冠肺炎疫情先进个人 | 市委、市政府 |
| 黄雅婷 | 区融媒体中心采访部记者 | 全市抗击新冠肺炎疫情先进个人 | 市委、市政府 |
| 周林峰 | 嘉泽镇西城村党委书记 | 全市抗击新冠肺炎疫情先进个人 | 市委、市政府 |
| 许秋芬 | 洛阳镇政府行政审批局科员 | 全市抗击新冠肺炎疫情先进个人 | 市委、市政府 |
| 蒋元兴 | 武进高新区马杭社区党总支书记 | 全市抗击新冠肺炎疫情先进个人 | 市委、市政府 |
| 陈建良 | 湟里镇东安村党总支书记 | 全市抗击新冠肺炎疫情先进个人 | 市委、市政府 |
| 孙宝如 | 常州市公安局武进分局巡特警大队教导员 | 全市抗击新冠肺炎疫情先进个人 | 市委、市政府 |
| 毛　洪 | 武进区中西医结合医院副院长、主任医师 | 全市抗击新冠肺炎疫情先进个人 | 市委、市政府 |
| 张国平 | 武进区中西医结合医院偏瘫科主任、主任医师 | 全市抗击新冠肺炎疫情先进个人 | 市委、市政府 |
| 诸振华 | 遥观镇卫生院医务科科长、社区副主任医师 | 全市抗击新冠肺炎疫情先进个人 | 市委、市政府 |
| 曹静英 | 横山桥镇卫生院党支部书记、副主任医师 | 全市抗击新冠肺炎疫情先进个人 | 市委、市政府 |
| 苏小芬 | 横山桥镇卫生院副院长、副主任护师 | 全市抗击新冠肺炎疫情先进个人 | 市委、市政府 |
| 任伟宇 | 横山桥镇芙蓉卫生院副院长、副主任医师 | 全市抗击新冠肺炎疫情先进个人 | 市委、市政府 |
| 肖　辉 | 常州经开区街道社区卫生服务中心主管护师 | 全市抗击新冠肺炎疫情先进个人 | 市委、市政府 |
| 曾益山 | 常州经开区街道社区卫生服务中心副主任、主任医师 | 全市抗击新冠肺炎疫情先进个人 | 市委、市政府 |
| 蒋小仙 | 常州经开区街道社区卫生服务中心防保科副科长、主治医师 | 全市抗击新冠肺炎疫情先进个人 | 市委、市政府 |
| 朱银波 | 常州经开区社会事业服务中心主任 | 全市抗击新冠肺炎疫情先进个人 | 市委、市政府 |
| 王　伟 | 常州市公安局常州经开区分局横林派出所治安巡防中队副中队长 | 全市抗击新冠肺炎疫情先进个人 | 市委、市政府 |
| 胡　昕 | 常州经开区党政办公室信息法规科科长 | 全市抗击新冠肺炎疫情先进个人 | 市委、市政府 |
| 陆冬芳 | 横山桥镇副镇长 | 全市抗击新冠肺炎疫情先进个人 | 市委、市政府 |
| 陶俊烨 | 横林镇政府行政审批局副局长 | 全市抗击新冠肺炎疫情先进个人 | 市委、市政府 |
| 邹　文 | 遥观镇剑湖村党总支书记 | 全市抗击新冠肺炎疫情先进个人 | 市委、市政府 |
| 赵伟刚 | 潞城街道华丰社区党总支书记、居委会筹建委员会主任 | 全市抗击新冠肺炎疫情先进个人 | 市委、市政府 |
| 恽建美 | 圩墩社区党总支书记、居委会主任 | 全市抗击新冠肺炎疫情先进个人 | 市委、市政府 |
| 谢莞敏 | 丁堰街道港龙社区党总支委员、网格员 | 全市抗击新冠肺炎疫情先进个人 | 市委、市政府 |

# 附 录

## Appendix

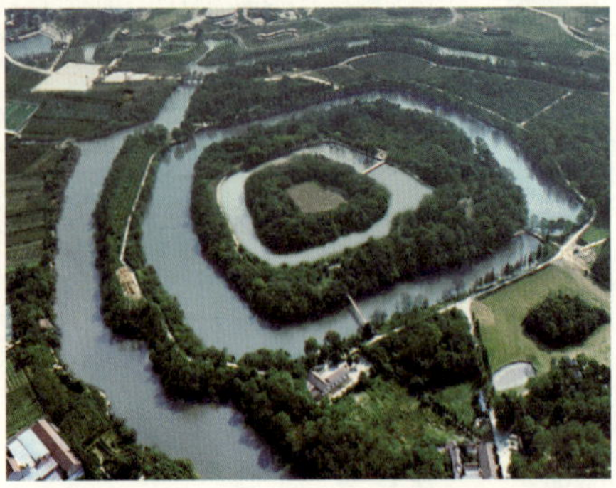

栏目编辑　万向阳　蒋　聆

## 组织机构与负责人名录

（2020.4.1—2021.4.30）

### 中共常州市武进区第十二届委员会

书　　记　李　林
副 书 记　陈志良（2020.6 任）　戴士福（2020.6 止）
　　　　　丁　一（2020.6 任）　叶明华（2020.6 止）
常　　委（书记、副书记在常委中不重复列名）
　　　　　孙金才（2020.12 止）　郑政平（2020.12 止）
　　　　　杨国成　唐家中　刘志峰（2020.6 任）
　　　　　陆秋明（2020.6 止）　石旭涌　赵天晟
　　　　　薛红霞※（2020.12 任）王照江
委　　员（按姓氏笔画为序）
　　　　　丁　一（2020.6 任）　王照江　石旭涌
　　　　　叶明华（2020.6 止）　吉晓阳※
　　　　　刘志峰（2020.6 任）　江建文
　　　　　孙金才（2020.12 止）
　　　　　杨国成　李　林　陆秋明（2020.6 止）
　　　　　陈志良（2020.6 任）　郑政平（2020.12 止）
　　　　　赵天晟　是　峰（2021.1 止）　施小平
　　　　　秦汉明　贾　东　顾伟国　唐家中
　　　　　蒋　丽※　蒋志龙　蒋国强
　　　　　臧建中（2020.7 止）　薛红霞※
　　　　　薛建忠（2020.12 止）　戴士福（2020.6 止）
候补委员（按姓氏笔画为序）
　　　　　张征宇　张卫星　徐　宁　何　勇
　　　　　秦春华　万如生

### 常州市武进区第十六届人民代表大会常务委员会

主　　任　江建文
副 主 任　孙金才（2021.1 任）　张　美※
　　　　　蒋国强　蒋红英※　周仲华　周庆中
委　　员（按姓氏笔画为序）
　　　　　丁　坤　王元兵　王爱军※　石剑舫
　　　　　许岳兴　许勤丰　吴晓东　沙　芳※
　　　　　张亚萍※　张伟贤　陆为农　陈方根
　　　　　陈建荣　尚金萍※　季文斌　金　刚
　　　　　周　萍※　赵晓青※　俞建东　贾国建
　　　　　顾　群　徐成大　徐晓杰　谈　胜
　　　　　黄盛英※　曹志健　符　伟
　　　　　蒋志刚（2020.7 止）　蒋新明　强　雨※
　　　　　潘志峰　薛亚清

### 中共常州市武进区人大常委会党组

书　　记　江建文
副 书 记　孙金才（2020.12 任）　蒋国强

### 常州市武进区人民政府

区　　长　陈志良（2021.1 任）　戴士福（2020.6 止）
代理区长　陈志良（2020.6 至 2021.1）
副 区 长　陈志良（2020.6 至 2021.1）
　　　　　刘志峰（2020.6 任）　陆秋明（2020.6 止）
　　　　　张　强（2020.11 止）　薛建忠（2020.12 止）
　　　　　是　峰（2021.1 止）　薛红霞※（2020.12 止）
　　　　　王晓航（2020.11 任）　徐治国
　　　　　张小虎　施小平　李　磊※（2020.12 任）
　　　　　徐　俊（2020.12 任）　王　龙（2020.8 止）
　　　　　郑孝义

### 中共常州市武进区人民政府党组

书　　记　陈志良（2020.7 任）　戴士福（2020.7 止）
副 书 记　刘志峰（2020.7 任）　陆秋明（2020.7 止）

## 政协常州市武进区第十四届委员会

主　　席　石伟东
副 主 席　郑政平（2021.1 任）　单骏初　蒋红英※
　　　　　刘云英※
常　　委　（按姓氏笔画为序）
　　　　　万琴凤※　王云芬※　王中元　王　燕※
　　　　　计小良　方沛琪　冯旭江　朱志伟
　　　　　朱宏英※　杜国栋　杨康健　杨鑫才
　　　　　李　婷※　吴文英※　狄旭东　汪立平
　　　　　张　云　张兰平　张军亮　张克强
　　　　　张晓宇　陆惠萍※　陈飞燕※　陈　凌
　　　　　陈　新　岳翠军　金宏平　周义红
　　　　　周建清　茹正伟　赵丽君※　俞　瑜※
　　　　　袁　涛（2021.1 任）　夏荣伟　钱　臣
　　　　　徐世中　徐国忠　陶　可　陶春健
　　　　　桑　遥※　梅泽锋　萧剑波　黄小国
　　　　　曹　毅　龚　黎※　戚国强　韩家兴
　　　　　蒋建明　蒋南春　鲁　培※　路军方
　　　　　慧　闻　薛红良
秘 书 长　刘宗凉

## 中共常州市武进区政协党组

书　　记　石伟东
副 书 记　郑政平（2020.12 任）　单骏初

## 中共常州市武进区纪律检查委员会

书　　记　唐家中
副 书 记　符毅梅※　王明源（2020.4 任）
常　　委　（书记、副书记在常委中不重复列名）
　　　　　姜震宇　杨云飞（2020.5 止）　莫建刚
　　　　　周　栋　顾忠泽（2020.5 任）
委　　员　（按姓氏笔画为序）
　　　　　王明源（2020.4 任）　朱志伟　许　斌
　　　　　杨云飞　张　勇（2020.10 止）　张居一
　　　　　张继洪　周　栋　周仲华　周庆中
　　　　　单虎林　姜震宇　莫建刚
　　　　　顾忠泽（2020.5 任）　唐家中　符毅梅※

## 常州市武进区监察委员会

主　　任　唐家中
副 主 任　符毅梅※　王明源（2020.6 任）
委　　员　姜震宇　杨云飞（2020.5 止）
　　　　　顾忠泽（2020.5 止）　丁文柯
　　　　　窦　敏（2020.6 任）

## 常州市武进区人民法院

院长、党组书记　宋文良
党 组 副 书 记　许中伟
副　院　长　张居一（2020.4 止）　许中伟
　　　　　徐　光（2020.12 止）　邵建荣※
　　　　　金　峰（2020.6 任）　吴　婷（2020.12 任）
政 治 部 主 任　许敏华（2020.5 任）
执 行 局 局 长　唐蕴东
专 职 委 员　刘志鹏（2020.8 止）　吴文亮（2020.5 任）
　　　　　潘建伟（2021.2 任）

## 常州市武进区人民检察院

检察长、党组书记　朱文俊
党 组 副 书 记　唐黎刚
副 检 察 长　杨康健　吴汉忠（2020.6 止）
　　　　　唐黎刚　王云涛（2020.6 任）
专 职 委 员　陈志东　王云涛（2020.6 止）
政 治 部 主 任　钱继东

## 中共常州市武进区委工作机构及直属单位

### 区委办公室

主　　任　贾　东
副 主 任　王卫洪（2020.11 止）　黄晓铭
　　　　　周嫣倩※　梁云波（2020.12 任）

### 区档案局

副 主 任　谈亚东

### 区委组织部

部　　长　赵天晟
常务副部长　王元兵
副 部 长　张　群※　冯　宇　钱　涛

### 区委党的建设工作领导小组办公室

主　　任　王元兵
副 主 任　任　捷（2020.12 任）

### 区委非公有制企业和社会组织工作委员会

书　　记　张　群※

### 区委区级机关工作委员会

书　　记　冯　宇（2020.5 任）　张　群※（2020.5 止）
副 书 记　符一波

### 区公务员局

局　　长　钱　涛

### 区党员教育中心

主　　任　张　怡（2020.12 任）

### 区委宣传部

部　　长　薛红霞※（2020.12 任）　郑政平（2020.12 止）
常务副部长　陶　可（2021.2 止）

副 部 长 戚清萍※ 何泽宇

**区精神文明建设指导委员会办公室**

主 任 戚清萍※

副 主 任 王 芳※（2020.5任） 朱岳明（2020.5止）

**区政府新闻办公室**

主 任 何泽宇

副 主 任 俞 伟（2020.5任）

**区新闻出版局**

**（区版权局）**

主 任 何泽宇

**区委统一战线工作部**

部 长 杨国成

常务副部长 龚 黎※

副 部 长 陈月波※ 蒋金标 杨美英※ 赵忠明

**区民族宗教事务局**

局 长 蒋金标

副 局 长 皇甫海鸥※

**区委台湾工作办公室**

**区政府台湾事务办公室**

主 任 陈月波※

副 主 任 李 新

**区政府侨务办公室**

主 任 杨美英※

副 主 任 许晓东 徐晓燕※（2021.2任）

**区归侨侨眷联合会**

主 席 杨美英※

副 主 席 张 影※（2021.2止） 张 茹※（2021.2任）

**区委政法委员会**

书 记 孙金才（2020.12止） 丁 一（2020.12任）

常务副书记 袁 涛（2020.11止） 朱鹏程（2021.2任）

副 书 记 张 强（2020.11止，兼）

王晓航（2020.11任，兼）

蒲启城（2021.2止） 巢 鹰

专职委员 朱智华 徐小江 吴 焰

**区网格化服务管理中心**

主 任 袁 涛

副 主 任 陈炜晴※（2020.6任）

**区委研究室**

主 任 孔令君（2021.3止）

副 主 任 严 超

**区委全面深化改革委员会办公室**

副 主 任 王 斌（2020.11任）

**区委网络安全和信息化委员会办公室**

主 任 左燕钢

副 主 任 沈 嫣※

**区委机构编制委员会办公室**

**（区事业单位登记管理局）**

主 任 王元兵

副 主 任 叶彩萍※

副 局 长 曹法南（2020.10任）

**区委巡察工作办公室**

主 任 符毅梅※（兼）

副 主 任 周 栋（2020.12止） 张乃佳（2020.8任）

袁 杰（2020.12任） 蒋轶佶（2020.8止）

巡察组组长 恽 伟（2021.3止） 王明源（2020.5止）

陆 浩 胡新诚 董云峰（2021.3任）

杨云飞（2020.5任）

巡察组副组长 秦黎亮 陈建纲（2021.3止） 刘 毅

徐寒芬※ 龚留钢（2020.10止） 郑小悟※

管勇钢（2021.2止） 顾维娜※

丁映宇（2020.10任） 朱庆中（2020.4止）

邹利红※（2020.4止） 陆维剑（2021.2任）

**区委老干部局**

局 长 冯 宇

副 局 长 丁映宇（2020.10止） 史红金（2020.10任）

**区委离退休干部工作委员会**

书 记 冯 宇

副 书 记 纪佩来※

**区档案馆**

馆 长 高国华（2021.2止） 陶 可（2021.2任）

副 馆 长 张晓燕※ 尤 敏※（2021.3止）

姚文虎（2021.3任）

**区委党史工作委员会**

**区地方志办公室**

主 任 陈 刚（2021.3止） 孔令君（2021.3任）

副 主 任 朱建刚 罗 燕

**区委党校（区行政学校）**

**区社会主义学院**

区委党校校长 李 林（2020.7任，兼）

查伟明（2020.7止）

区行政学校校长 陈志良（2020.7任，兼）

查伟明（2020.7止）

常务副校长（副院长） 查伟明（2020.7至2021.2）

冷亚春（2021.2任）

副校长（副院长） 陆茹英※ 钱颖旦※

刘 江（2020.11任）

**区融媒体中心**

（区广播电视台、武进日报社整合更名为区融媒体中心）

党委书记、主任 顾 芳※（2020.8任）

党委副书记、总编辑 顾枫华（2020.8任）

副 主 任 陆卫东（2020.8任）

钱小松（2020.8任）

杨富春（2020.8任）

陈伟强（2020.8任）

姚汗龙（2020.8任）

纪 委 书 记 吴旭东（2020.8 任）
武进日报社社长、党委书记 蒋金明（2020.8 止）
武进日报副总编辑 葛长青（2020.8 止）
王 燕※（2020.8 止）
区广播电视台纪委书记 张乃佳※（2020.8 止）

## 常州市武进区人大常委会工作机构

### 办公室
主 任 符 伟
副主任 沙 芳※（2020.10 止） 强 雨※
黄盛英※（2020.11 任）

### 研究室
主 任 沙 芳※（2020.10 止）

### 财政经济工作委员会
主 任 陈建荣（2021.2 止） 胡文伟（2021.4 任）
副主任 潘一沁※

### 农业和农村工作委员会
主 任 许勤丰（2021.2 止） 高国华（2021.2 任）
副主任 张 颖※（2020.6 任）

### 法制和内务司法（民族宗教侨务）工作委员会
主 任 许岳兴（2021.2 止） 徐晓东（2021.2 任）
副主任 王 峰（2020.6 任）

### 城市建设环境资源工作委员会
主 任 陈方根（2021.2 止） 冯 民（2021.4 任）
副主任 周亚明

### 教育科学文化卫生工作委员会
主 任 陆为农（2021.2 止） 王腊美※（2021.2 任）
副主任 徐晓燕※（2021.2 止） 任争辉（2021.2 任）

### 人事代表工作委员会
主 任 俞建东（2021.2 止） 陈 刚（2021.4 任）
副主任 黄盛英※（2020.11 止）
王腊美※（2020.11 至 2021.2）
丁晓瑾※（2021.2 任）

### 民族宗教侨务工作委员会
（因机构改革，不再设置）
主 任 张亚萍※（2020.4 止）

## 常州市武进区人民政府工作部门及直属单位

### 区政府办公室
主任、党组书记 蒋志龙（2020.6 止） 田 华（2020.6 任）
副 主 任 徐晓东（2020.4 至 2021.3，兼）
陈建东 钱勤东（2020.4 止）
程 锦※ 王今丰（2021.1 任）
陆建松 王亚杰（2021.3 止）
梁云波（2021.1 止） 王世康（2021.1 任）
蒲启城（2021.3 任，兼）
贺 丹（2021.3 任）

### 区对外联络中心
（区接待办已整合为区对外联络中心）
主 任 蒋志龙（2020.6 止，兼） 袁丽萍※（2021.3 任）
副主任 袁丽萍※（2021.3 止） 沈惠芬※（2020.12 任）

### 区外事办公室
副主任 荆 成

### 区电子政务中心
主 任 曾文军
副主任 沈惠芬※（2020.12 止） 杨 烁（2020.12 任）

### 区发展和改革局
局长、党组书记 夷建良
副 局 长 潘一航 周振浩（2021.3 止）
张庆九 宦庆辉 汤 焱
万宣东 谢 健（2021.3 止）

### 区工业和信息化局
局长、党组书记 恽益明（2020.11 止） 张文伟（2020.11 任）
副 局 长 陈 敏 周法根 倪文达
高 明（2021.3 任）

### 区委教育工委
工委书记 曹雄伟
工委副书记 王腊美※（2020.11 止）

### 区教育局
局 长 郑全伟（2020.4 止） 曹雄伟（2020.4 任）
副局长 万琴凤※（2021.3 止） 谢建伟 李昇学
周 敏（2021.3 任）

### 区科学技术局
局 长 李 婷※
党组书记 张卫星
副局长 欧毅华※ 张卫星 夏坚远（2020.11 任）

### 常州市公安局武进分局
局长、党委书记 张 强（2020.11 止）
王晓航（2020.11 任）
党委副书记、政治委员 张继洪
副 局 长 彭尧平（2020.10 止）
耿昌华（2021.3 止） 王敏东
张冬琴※ 苏建中 张建伟
副政治委员 徐建方
督 察 长 张 强（2020.11 止）
王晓航（2020.11 任）
政治处主任 孙曙光

### 区民政局
党组书记 李 荣
局 长 夏建飞（2020.4 止） 李 荣（2020.4 任）
党组副书记 虞钟清
副局长 许如新 陆俊阳 陈 鹰※

### 区司法局

党组书记 薛健峰
局长 李荣(2020.4止) 薛健峰(2020.4任)
副局长 沈隽 赵铁军 严征(2021.3止)
吴晓峰(2021.3任)
法治办副主任 严征(2021.2任)

### 区财政局

党组书记 叶青
局长 周庆中(2020.4止) 叶青(2020.4任)
副局长 胡文伟(2021.3止) 单志伟
叶青(2020.4止) 朱国栋(2020.12任)

### 区国有资产监督管理办公室

副主任 叶青(2020.4止) 沈彬 王伟国

### 区人力资源和社会保障局

党组书记 武华忠
局长 周仲华(2020.4止) 武华忠(2020.4任)
副局长 冷亚春(2021.3止) 周晓忠 毛冬霞
杭琰※(2020.6任)

### 区住房和城乡建设局

局长 张征宇(2021.3止) 谈正刚(2021.3任)
党委书记 张征宇(2021.2止) 谈正刚(2021.2止)
党委副书记 管向阳
副局长 贺军(2020.4止) 李媛※ 郭建军
唐昊骏

### 区城市资源管理研究中心

副主任 王仕满(2020.6任)

### 区人民防空办公室

副主任 吴元明(2020.11止) 梁强 王伟

### 区城市管理局

党组书记 殷海峰
局长 金旭兵(2020.4止)
殷海峰(2020.4任)
副局长 徐建峰(2020.8止)
何国栋(2020.11止)
周志华(2020.6止)
刘培良 吴丹萍※(2020.10止)
杨磊(2020.11任)
卜万青(2020.11任)
区综合行政执法局副局长 凌国锋(2021.1任)

### 区交通运输局

局长、党委书记 周俊
党委副书记 凌光旭
副局长 凌光旭 顾青 严伟俊 张晓军

### 区水利局

局长、党组书记 刘建荣※
党组副书记 王卫东
副局长 徐芳※ 夏坚远(2020.11止)
马建平(2020.10止) 朱献军(2021.3止)
巢俊杰(2020.11任)
总工程师 恽文荣(2021.3任)

### 区农业农村局

局长、党组书记 诸东海
副局长 顾文 蒋小刚 姚志平
周小宇(2021.3任) 朱丽娜※
总农艺师 管红良

### 区委农村工作领导小组办公室

周建定(2020.12止) 李治国(2020.12任)

### 区商务局

局长 吴嫔※(2021.4止) 王勇(2021.4任)
党组书记 吴嫔※(2021.3止) 王勇(2021.3任)
副局长 王保华 徐宏杰 周志青

### 武进投资促进服务中心

主任 马洁※(2021.1任)
副主任 马洁※(2021.1止) 潘晓宇(2021.1任)
巢云方 张红霞※(2020.6任)
邹蕾※(2021.3任)

### 区文体广电和旅游局

局长 李洪兴(2021.3止) 居敏俊(2021.3任)
党组书记 李洪兴(2021.2止) 居敏俊(2021.2任)
副局长 陈海明 薛鑫 吴海涛 陈亚娣※
卞曙光 沈叶※ 叶馨远※

### 区卫生健康局

局长、党委书记 王洪新
副书记 何东
副局长 顾东武 姚绍洋 周义红(2020.4任)

### 区退役军人事务局

局长、党委书记 张军亮
副局长 杨育才 葛永丰(2021.3止)
芮洋(2021.3任)

### 区应急管理局

党组书记 金旭兵
局长 曹雄伟(2020.4止) 金旭兵(2020.4任)
副局长 巢鸿泉 尤霄峰 杨志海
刘红玉(2020.10任)
安委办副主任 高军(2020.9任)

### 区审计局

局长 朱鹏程(2021.3止) 严晓国(2021.3任)
党组书记 朱鹏程(2021.2止) 严晓国(2021.2任)
副局长 王泽南 毛兴 周斌

### 区政府研究室

主任 冯民(2021.3止)
副主任 王世康(2021.1止) 王健(2021.1任)

### 区行政审批局

党组书记 祁斌
局长 祁斌(2020.4任) 张琪(2020.4止)
副局长 聂亚玉※ 王芳※ 赵匡吉

祁　斌（2020.4 止）

### 常州市公共资源交易中心武进分中心

主　　任　祁　斌

副 主 任　吴文英※　顾　峰　潘文杰

### 区市场监督管理局

局长、党组书记　朱小平

党组副书记　朱正东

副　局　长　王金熔　濮文伟　张宝康　陆　俊

张利萍※　束建刚

### 区统计局

局　　长　王　勇（2021.4 止）　陈　江（2021.4 任）

党组书记　王　勇（2021.3 止）　陈　江（2021.3 任）

副 局 长　陆亚健　谢伟洪

总统计师　罗腊梅（2020.12）

### 区信访局

局　　长　徐晓东（2021.3 止）　蒲启城（2021.3 任）

党组书记　徐晓东（2021.2 止）　蒲启城（2021.2 任）

副 局 长　李　俊　芮　洋（2021.3 止）

### 区地方金融监督管理局

局　　长　张文伟（2020.11 止）　刘　宇（2020.11 任）

副 局 长　王阿娣　罗君贤（2020.6 止）

邵　云※（2020.11 任）

### 市医疗保障局武进分局

局长、党组书记　左朝辉

副　局　长　徐建龙（2020.10 止）　周培根

### 区生态文明建设办公室

主　　任　周建江

副 主 任　林春雷（2021.2 止）　王今丰（2021.01 止）

### 区机关事务管理中心

（区级机关后勤管理服务中心更名为区机关事务管理中心）

主任、党委书记　顾琴仙※（2021.3 止）

王亚杰（2021.3 任）

副　主　任　王锁法（2020.8 止）　钱平南

李　峰（2021.1 任）

吴奋明（2021.3 任）

### 区房屋征收与补偿管理中心

（区房屋征收与补偿办公室更名为区房屋征收与补偿管理中心）

主　　任　姚铭泽（2020.11 止）　王卫洪（2020.11 任）

副 主 任　雍　军　沈　轲※　胡　鹤

### 江苏常州经济开发区

书　　记　顾伟国

主　　任　周永强

副 书 记　周永强

副 主 任　张云逸　马建立

何　勇　冯旭江

王旭锋（2020.12 止）

沈振华（2020.11 止）

王文一

盛世麟（2020.11 任）

冯　晖（2020.12 任）

纪工委书记、监察工委主任　张　勇（2020.10 止）

毛建国（2020.10 任）

纪工委副书记、监察工委副主任　钱莉芳※

### 武进高新技术产业开发区

书　　记　李　林

主　　任　戴士福（2020.6 止）

陈志良（2020.6 任）

副 书 记　戴士福（2020.6 止）

陈志良（2020.6 任）　石旭涌

副 主 任　石旭涌　祝正庆　王伟华

谢群丰　恽益明（2020.10 任）

李　磊※（2020.12 止）

姚　祥　蒋志龙　裴晓冬

纪工委书记　朱志伟

纪工委副书记、监察局局长　柏琴雪※（2021.2 止）

纪工委副书记　管勇钢（2021.2 任）

### 中以常州创新园管理办公室

主　　任　李　磊※（2020.4 任）

副 主 任　庄　铿（2020.4 任）　陈顺明（2020.4 任）

部　　长　高　吉※（2020.5 任）　许成凯（2021.2 任）

### 常州西太湖科技产业园
### （江苏武进经济开发区）

书　　记　戴志华

主　　任　武为锋

副 书 记　武为锋　徐新波（2020.5 任）

副 主 任　沈　涛（2020.4 止）

张　铭（2021.3 止）

顾琴仙（2021.3 任）　胡延红※

许春英※（2021.3 止）　黄哲斌

徐新波（2020.5 止）

王晓东（2020.10 任）

纪工委书记　刘荣光（2021.4 止）

纪工委副书记、监察局局长　严建平（2021.3 止）

### 武进绿色建筑产业集聚示范区

（武进绿色建筑产业集聚示范区整合为武进国家高新技术产业开发区绿色建筑产业园管理办公室）

书记、主任　徐　宁

副 主 任　沈晓伟（2021.3 止）　周永银

主　　任　徐　宁

副 主 任　贺　军（2020.3 任）　谢　健（2021.2 任）

### 江苏省武进太湖湾旅游度假区管理办公室

（武进太湖湾旅游度假区整合为江苏省武进太湖湾旅游度假区管理办公室）

书　　记　闵伟明（2020.3 止）

主　　任　许文涛（2020.11 止）　王宏强（2020.10 任）

副　书　记　许文涛（2020.11 止）　薛　锋
副　主　任　李云辉　吴小杰　殷正良
　　　　　　李文俊（2020.6 任）　殷旭东（2021.1 任）
纪工委书记　车勤峰

### 武进中国春秋淹城旅游区

书　　　记　居敏俊（2021.2 止）
主　　　任　居敏俊（2021.3 止）
副　主　任　张志杰　刘　坚
纪工委书记　蔡　华※

### 江苏省武进现代农业产业园区管理办公室

（江苏省武进现代农业产业园区整合为江苏省武进现代农业产业园区管理办公室）
书　　记　朱剑波（2020.12 止）
主　　任　薛健峰（2020.4 止）　张军亮（2020.12 任）
　　　　　钱勤东（2020.4 任）
副 书 记　钱勤东　薛文伟
副 主 任　吕　威（2021.3 止）
纪委书记　张小英※（2020.11 止）

### 江苏武进经济发展集团公司

董　事　长　李建平
总　经　理　李建平（2020.10 止）　何雪峰（2020.11 任）
党 委 书 记　刘祝全（2020.10 止）　李建平（2020.10 任）
党委副书记　李建平（2020.10 止）　何雪峰
副 总 经 理　何雪峰（2020.11 止）　薛泽孟　羊晓清
　　　　　　路　锦　冯剑玉※
纪 委 书 记　赵寅洁※（2021.2 止）　刘海琴※（2021.2 任）

### 江苏武进先行控股集团有限公司

董事长、总经理　谈　胜
党　委　书　记　梅可佳（2021.2 止）　王　鸣（2021.2 任）
副　总　经　理　诸小平　钱　岗　谢　健　王建松
　　　　　　　　王　鸣
纪　委　书　记　蒋黎国

### 江苏武进国经控股集团有限公司

董事长、总经理　徐亚娟※
党 委 副 书 记　翟华萍※
副　总　经　理　王中方　刘祝全（2020.10 任）
纪　委　书　记　翟华萍※

### 武进工贸资产经营管理有限公司（供销合作总社）

党　委　书　记　秦明方
董　　事　　长　徐亚娟※
总　　经　　理　徐亚娟※（2020.10 止）
　　　　　　　　刘祝全（2020.10 任）
党 委 副 书 记　徐亚娟※　黄文耀　刘祝全（2020.10 任）
纪　委　书　记　黄文耀（2021.2 止）
　　　　　　　　赵寅洁※（2021.2 任）

### 常州滨湖建设发展集团有限公司

董 事 长　申晓明（2021.3 任）
总 经 理　申晓明（2021.3 任）

### 伟驰控股集团有限公司

董 事 长　梅可佳（2021.3 任）
总 经 理　王建松（2021.3 任）

## 开放大学、国家级重点职业高中、省重点高中、医院

### 常州市高级职业技术学校

（武进职业教育中心校、武进开放大学整合更名为常州市高级职业技术学校）
校　　长　张伟贤
党委书记　张伟贤

### 江苏省前黄高级中学

校　　长　黄惠涛
党委书记　黄惠涛（2020.8 任）

### 江苏省武进高级中学

校　　长　谢建伟（2021.2 止）　宋海永（2021.2 任）
党委书记　张国良

### 武进人民医院

党委书记　奚剑波
院　　长　金建华

### 武进中医医院

党委书记　杨　波
院　　长　曹蕊芸※

## 中共常州市武进区委协助管理的单位

### 常州市自然资源和规划局武进分局

局长、党委书记　孔和生
副　　局　　长　曹　荣　卢翼波　汪志南※
　　　　　　　　贾建东　蔡　剑　宰　娟※

### 常州市住房公积金管理中心武进分中心

主　　任　章　钧
副 主 任　章蔚达

### 国家税务总局常州市武进区税务局

局长、党委书记　狄欣荣
党 委 副 书 记　张志杰
副　　局　　长　张志杰　陈志斌　金　红※　杜　俊
　　　　　　　　王贤方　陆玉学　张　良
纪　检　组　长　蔡剑洪

### 常州市武进生态环境局

局长、分党组书记　周建江
副　局　长　顾咏梅※　林春雷　张　杰
执法分局局长　于　乐

### 常州市武进区邮管局

副 局 长　廖海春

**武进电信局**

局　　长　江　敏

副 局 长　蒋云峰　蔡琦炜　张婷婷※

**武进烟草专卖局**

局　　长　徐　晟

副 局 长　许卫群　李霓彬

**常州海关驻武进办事处**

主　　任　李旭敏

**中国人民银行常州市武进支行**

行　　长　翟晓佳

副 行 长　高立华　戴　晏

纪检组长　高立华

## 政协常州市武进区委员会工作机构

**办公室**

主　　任　陶春健（2020.11 止）　袁　涛（2020.11 任）

副 主 任　张　磊　闻　洁※（2021.4 止）　顾　燕※

**研究室**

主　　任　岳翠军（2021.4 止）　闻　洁※（2021.4 任）

**提案和委员工作委员会**

主　　任　周建清（2021.4 止）　查伟明（2021.4 任）

副 主 任　陈　萍※（2021.4 止）

**教文卫体和文史委员会**

主　　任　王云芬※

副 主 任　姚国强（2021.4 任）

**经济科技和农业农村委员会**

主　　任　夏荣伟（2021.4 止）　朱红兴（2021.4 任）

副 主 任　万家东（2020.8 任）

**社法民宗和港澳台侨委员会**

主　　任　蒋建明（2021.4 止）　万琴凤※（2021.4 任）

副 主 任　鲜艳梅※

**环境资源和城乡建设委员会**

主　　任　张晓宇

## 群众团体

**武进区总工会**

党组书记　沈　涛

主　　席　金　刚（2020.4 止）　沈　涛（2020.4 任）

副 主 席　陆惠萍※　陆维剑※（2020.6 止）

　　　　　张　勇　朱宏英※（2020.6 任）

**共青团武进区委员会**

书　　记　王　芳※（2021.2 止）

副 书 记　赵丽君※（2021.2 止）　徐　敏（2020.10 止）

　　　　　蒋雨晨（2021.3 任）　周　钺（2020.10 任）

**武进区青年联合会**

主　　席　王　芳※（2021.2 止）

副 主 席　赵丽君※（2021.2 止）　徐敏（2020.10 止）

　　　　　梅泽锋　徐　锋　周　钺（2021.2 任）

　　　　　蒋雨晨（2021.3 任）

**武进区妇女联合会**

主席、党组书记　蒋　丽※

副　主　席　朱宏英※（2020.6 止）　赵　英※

　　　　　　陆维剑※（2020.6 至 2021.2）

　　　　　　赵丽君※（2021.2 任）

**武进区科学技术协会**

主　　席　刘云英※

党组书记　陶春健（2020.11 任）

副 主 席　曹法南（2020.10 止）　吴　健

　　　　　陶春健（2020.11 任）

**武进区文学艺术界联合会**

主　　席　夏征征※

副 主 席　周晓东　羌云庆

**武进区工商业联合会**

主　　席　桑　遥※

党组书记　赵忠明

副 主 席　赵忠明　莫　珺（2021.3 任）

**武进区残疾人联合会**

名誉主席　郑政平

主　　席　张小虎（兼）

副 主 席　顾树民（2021.2 止）　李洪兴（2021.2 任）

　　　　　　赵美娟※　王　燕※（2020.8 任）

党组书记　顾树民（2021.2 止）　李洪兴（2021.2 任）

理 事 长　顾树民（2021.2 止）　李洪兴（2021.2 任）

副理事长　赵美娟※

**武进区红十字会**

会　　长　张小虎（兼）

副 会 长　狄旭东　承文明

## 镇、街道

**雪堰镇**

书　　　记　王宏强

副　书　记　孙　洋　高　明（2021.2 止）

　　　　　　张英娟※（2021.2 任）

人 大 主 席　蒋志刚（2020.4 止）　许文涛（2020.4 任）

镇　　　长　武华忠（2020.4 止）　孙　洋（2020.4 任）

副　镇　长　周岳生（2021.3 止）　李治国（2020.12 止）

　　　　　　殷旭东（2020.12 止）　上官欣（2021.3 止）

　　　　　　唐海锋　陈世华（2021.2 任）

　　　　　　曹　冰（2021.3 任）

政协工委主任　高　明（2021.2 止）

纪 委 书 记　杨文杰（2020.10 止）　符辛竹（2020.11）

**礼嘉镇**

书　　　记　丁亚英※

副　书　记　朱慧峰　秦能达
人大主席　吴小铭
镇　　长　朱慧峰
副 镇 长　何庆伟　冯冠华　张　巍
　　　　　潘　艳※（2021.3 止）　姚安华（2021.2 任）
　　　　　尤　敏（2021.3 任）
政协工委主任　吴小铭（2019.6 止）　秦能达（2019.6 任）
纪委书记　陈建纲（2021.3 任）　陈　鹏（2021.3 止）

### 前黄镇

书　　记　龚新宇
副　书　记　陈　江（2021.3 止）　唐晓明
人大主席　姚国强（2020.4 止）　李国栋（2020.4 任）
镇　　长　陈　江（2021.3 止）
副 镇 长　陈忠平（2021.3 止）　王全华（2020.8 止）
　　　　　孙　俊　蒋　轩　张永相（2020.10 任）
　　　　　潘　艳※（2021.3 任）
政协工委主任　唐晓明（2020.4 任）
纪委书记　王　懿※（2020.10 任）

### 湖塘镇

书　　记　樊　烨（2020.12 止）　张征宇（2020.12 任）
副　书　记　谈正刚（2021.2 止）　庄　铭（2020.12 止）
　　　　　贾少波（2020.10 至 2021.3）
　　　　　王　芳※（2021.2 任）　陶兴龙（2021.3 任）
人大主席　贾国建（2020.4 止）
　　　　　孙震文（2020.4 至 2021.3）
　　　　　贾少波（2021.3 任）
镇　　长　谈正刚（2021.2 止）　王　芳※（2021.2 任）
副 镇 长　时培红　王　丹（2020.4 止）　张建军
　　　　　陈坚强　陶兴龙（2021.3 止）
　　　　　殷海峰（2020.4 止）　徐　敏（2020.10 任）
　　　　　上官欣（2021.3 任）
政协工委主任　庄　铭（2020.12 止）
纪委书记　贾少波（2020.10 止）　杨文杰（2020.10）

### 牛塘镇

书　　记　严晓国（2021.3 止）　杨志明（2021.3 任）
副　书　记　杨志明（2021.3 止）
　　　　　任争辉（2021.2 止）　汤　枫（2021.2 任）
　　　　　翁路英※（2021.3 任）
人大主席　潘志峰（2020.8 止）　马东方（2020.10 任）
镇　　长　杨志明（2021.3 止）　汤　枫（2021.3 任）
副 镇 长　周　波（2021.3 止）　马东方（2020.10 止）
　　　　　翁路英※（2021.3 止）　周小成
　　　　　丁洪伟（2021.3 任）
政协工委主任　任争辉（2021.2 止）
纪委书记　朱　宇（2021.3 止）　叶　庆（2021.3 任）

### 洛阳镇

书　　记　朱红兴（2021.3 止）　蒋志刚（2021.3 任）
副　书　记　蒋志刚（2021.3 止）　潘宏杰
人大主席　王　丹（2020.4 任）
人大副主席　费叶青※（2019.5 至 2020.4）
镇　　长　龚新宇（2020.4 止）
　　　　　蒋志刚（2020.4 至 2021.3）
副 镇 长　朱国清（2020.12 止）　查亚新　王小虎
　　　　　高　军（2020.9 止）
　　　　　费叶青※（2020.4 至 2021.3）
　　　　　葛长青（2020.8 任）　陈　萍※（2021.2 任）
　　　　　谭文俊（2021.3 任）
政协工委主任　潘宏杰
纪委书记　许　芸※

### 湟里镇

书　　记　朱军华
副　书　记　丁　涛　王　乾（2021.3 止）
　　　　　陈　鹏（2021.3 任）　葛永丰（2021.3 任）
人大主席　王志坚（2021.3 止）　蔡兰芬（2021.3 任）
镇　　长　朱军华（2020.4 止）　丁　涛（2020.4 任）
副 镇 长　路正峰（2021.3 止）　薛晓波（2021.3 止）
　　　　　眭岳明　吴　柯※　张　钦（2021.3 任）
政协工委主任　丁　涛（2020.4 止）
纪委书记　蔡兰芬（2021.3 止）　杨　军（2021.3 任）

### 嘉泽镇

书　　记　朱剑波（2020.12 止）　张军亮（2020.12 任）
副　书　记　周小宇（2021.3 止）　钱勤东
　　　　　王　乾（2021.3 任）
人大主席　蒋新明（2021.2 止）
镇　　长　薛健峰（2020.4 止）　钱勤东（2020.4 任）
　　　　　王红明（2020.5 任）
副 镇 长　马建忠（2021.2 止）　张　颗※（2020.6 止）
　　　　　宋丹峰　吴晓峰（2020.2 止）
　　　　　诸文洁※（2021.3 任）　张　斌（2021.3 任）
政协工委主任　周小宇（2021.3 止）
纪委书记　吴春明（2021.3 止）　巢丽云※（2021.3 任）

### 横林镇

书　　记　江春明
副　书　记　蒋政剑（2021.1 止）　姚鸿波（2021.1 任）
　　　　　张毋左
人大主席　姚　鸿
镇　　长　蒋政剑（2021.1 止）　姚鸿波（2021.1 提名）
副 镇 长　张晓强　吴志建　王美姣※　陈　峰
政协工委主任　张毋左（2020.11 止）
纪委书记　郭　平

### 遥观镇

书　　记　冯　晖
副　书　记　王伟强　任义权
人大主席　叶　平

镇　　　长　王伟强
副 镇 长　诸立群　刘伟强　邹　优　张　波
纪委书记　荆　涛

## 横山桥镇

书　　　记　徐　海
副 书 记　姚　贺　孙亚明　章春军（2020.7 止）
人大主席　徐春来
镇　　　长　姚　贺
副 镇 长　陆冬芳※　陈建波　庄　跃　缪　飞
政协工委主任　孙亚明（2020.11 止）
纪委书记　魏　胜

## 潞城街道

书　　　记　赵文明
副 书 记　潘　俊　薛　康※（2021.3 止）
林　霄※（2020.12 止）
人大工委主任　薛　康※
办事处主任　潘　俊
办事处副主任　胡秋元（2021.1 止）　钱哲峰　沈齐乐
陈益伟（2020.12 任）
政协工委主任　林　霄※（2020.11 止）
纪委书记　王永斌

## 戚墅堰轨道交通产业园

（2020 年 12 月更名为戚墅堰轨道交通产业园管理办公室，简称“轨交办”）

党工委书记　赵文明（2020.12 止）
副 书 记　赖岩松（2020.12 止）
管委会主任　赖岩松（2020.12 止，2020.12 任轨交办主任）
管委会副主任　殷　清（2020.12 止，2020.12 任轨交办副主任）
钱　瑜（2020.12 止，2020.12 任轨交办副主任）
陈益伟（2020.12 止）
纪工委书记　王永斌（2020.12 止）

## 丁堰街道

书　　　记　费　晔※（2020.12 止）　蒋政剑（2021.01 任）
副 书 记　殷振江（2020.12 止）　林　霄（2020.12 任）
蒋一波　石剑虹
人大工委主任　蒋一波
办事处主任　殷振江（2020.12 止）　林　霄（2020.12 任）
办事处副主任　朱忠明　徐　熠　刘　敏※　董　庆
政协工委主任　石剑虹（2020.11 止）
纪委书记　赵　飞

## 戚墅堰街道

书　　　记　梁文菊※
副 书 记　姜祖胜　顾　群　陈　尧
人大工委主任　顾　群
办事处主任　姜祖胜
办事处副主任　符锡宝　杨永清　刘晓莲※
政协工委主任　陈　尧（2020.11 止）
纪委书记　梁晓波

## 南夏墅街道

书　　　记　周文彬
副 书 记　张永波　蒋黎明　朱　敏※
蒋旭东（2020.8 任）
人大工委主任　吴晓东
人大工委副主任　武　佳※
办事处主任　张永波
办事处副主任　唐晓明（2020.4 止）　臧伟良
杨振宇（2020.5 止）　朱　敏※（2020.4 止）
张　念（2020.8 任）　蒋海珍※（2020.8 任）
庄春潮※（2020.8 任）　周　军（2020.8 任）
郑　鑫（2020.8 任）
宋春花※（2020.12 任）　周　慧（2021.1 任）
政协工委主任　蒋黎明（2020.4 止）　朱　敏※（2020.4 任）
纪工委书记　许　斌

## 西湖街道

书　　　记　董云峰（2021.3 止）　黄铁梅※（2021.3 任）
副 书 记　黄铁梅※（2021.3 止）　姚国强（2021.2 止）
办事处主任　董云峰（2020.4 止）
黄铁梅※（2020.4 至 2021.3）
办事处副主任　沈可南（2020.12 止）　贺鹏岳（2021.3 止）
高　波　徐菊燕（2020.5 任）
恽晨雁（2020.12）　田明江（2021.3 任）
人大工委主任　高兴国（2021.2 止）　闵贤俊（2021.2 任）
人大工委副主任　金小庆
政协工委主任　黄铁梅※（2020.4 止）
姚国强（2020.4 至 2021.2）
纪工委书记　万家东（2020.8 止）　蒋轶佶（2020.8 任）

## 高新区北区

书　　　记　杨华夏※（2020.8 止）
副 书 记　蒋旭东（2020.8 止）
副 主 任　张　念（2020.8 止）　蒋海珍※（2020.8 止）
庄春潮※（2020.8 止）　周　军（2020.8 止）
纪委书记　雷　成（2020.8 止）

说明：①中共 ×× 镇纪律检查委员会书记，简称纪委书记。
②局和镇党委下的基层和村级党委不收其领导名录。
③各银行、保险公司、电信、税务、烟草、自然资源和规划、生态环境等部门的领导，由其上级业务主管部门任免，区委协助有关部门管理。
④右上角带 ※ 号者为女性。
⑤乡镇镇长、副镇长、人大主席、人大副主席的任职时间为提名时间。

（王　艳）

# 文献摘要

## 创新引领，争先奋进
## 全力谱写“十四五”发展精彩开篇

——在区委十二届十次全会上的报告（摘要）

常州市副市长、中共武进区委书记　李　林

（2020年12月28日）

区委召开十二届十次全体会议，主要任务是：全面贯彻党的十九届五中全会和中央经济工作会议精神，深入落实习近平总书记视察江苏重要讲话指示精神，贯彻落实省委十三届九次全会、市委十二届十一次全会精神，回顾总结“十三五”和2020年工作，科学谋划“十四五”发展，审议区委关于制定国民经济和社会发展第十四个五年规划和二　三五年远景目标的《建议》，研究部署明年的工作目标任务，动员全区上下承前启后、继往开来，以“争当表率、争做示范、走在前列”的使命担当，奋力开启全面建设社会主义现代化新征程。

**一、深入学习，全面贯彻，在“两争一前列”中彰显武进担当**

党的十九届五中全会，是在党和国家事业处于“两个一百年”奋斗目标的历史交汇点上，召开的一次具有标志性、里程碑意义的重要会议。全会科学回答了一系列方向性、根本性、战略性重大问题，创造性地提出了许多新思想新观点新论断新要求。全区上下要把贯彻全会精神作为首要政治任务，增强“四个意识”，坚定“四个自信”，做到“两个维护”，确保高质量发展取得新突破。*要深刻把握新发展阶段。*新发展阶段就是开启全面建设社会主义现代化国家新征程阶段。武进的“十四五”发展，必须按照现代化的更高标准，以世界的眼光、全球的胸怀，放到“百年未有之大变局”中去谋划，努力在危机挑战中创造发展先机，在变化变局中塑造发展新局。*要深入贯彻新发展理念。*创新、协调、绿色、开放、共享的新发展理念，在十九届五中全会上被确立为“十四五”发展的重要原则。这是贯穿我们发展全过程、各领域的“制胜法宝”，只有更加坚定地加以贯彻、抓好落实，才能实现更高质量、更有效率、更加公平、更可持续、更为安全的发展。*要深度融入新发展格局。*加快构建以国内大循环为主体、国内国际双循环相互促进的新发展格局，是党中央科学把握国内外发展大势作出的重大决策。我们必须紧紧扭住供给侧结构性改革这条主线，注重需求侧管理，贯通生产、分配、流通、消费各环节，形成需求牵引供给、供给创造需求的更高水平动态平衡。三个“新”构成一条清晰的逻辑主线，为开启全面建设社会主义现代化新征程提供了理论依据、指明了前进方向。

五中全会后，总书记第一次到地方视察就来到江苏，并作出重要讲话指示，要求江苏“着力在改革创新、推动高质量发展上争当表率，在服务全国构建新发展格局上争做示范，在率先实现社会主义现代化上走在前列”。这是我们落实五中全会精神、谋划未来发展的总目标、总纲领、总要求，是我们推动现代化建设的重大战略指引和根本行动遵循。对照新的更高要求，作为苏南先发地区的武进，不仅责无旁贷，还要做得更好。

*要深化改革求突破。*近年来，我们坚持高质量发展导向不动摇，持续深化改革，有力提升了发展质效。但对照“做表率”的更高标准，我们在区域能级、人才招引和有效投入等方面还存在不小差距。要进一步强化“多给问题想办法、不给自己找理由”的责任担当，紧扣问题短板，持续解放思想、深化改革、激励创新，努力以方式方法的大变革，来赢得瓶颈制约的大突破，寻求更多创新发展的“金钥匙”。

*要融入大局显担当。*当前，随着“双循环”格局的加快构建，全球产业链供应链体系正在发生深刻变革，如果不主动融入，就有淘汰出局的危险。武进实体经济好、产业门类广、开放程度高、消费能力强，参与“双循环”的基础条件较好。要积极抢抓长三角一体化、长江经济带、苏锡常都市圈等多重“风口”，充分发挥滨湖生态、智造集群、国际合作、科教创新、区位交通等独特优势，培育壮大高端装备、医疗健康、集成电路等新兴产业，力争成为全球产业链供应链“双循环”中承上启下、联通内外、不可替代的重要节点。

*要勇争一流走在前。*在市委十二届十一次全会上，市委齐家滨书记指出，“武进区要勇争一流再出发，创造更多第一唯一，高标准打造生态滨湖区、现代智造城，争当全省现代化建设排头兵”。近年来，武进在创新平台培育、农村土地改革、营商环境优化等方面做了许多先行先试，这些都构筑了我们继续“走在前列”的底气和信心。要大力弘扬“勇争一流、耻为二手”的常州精神，引领推动各条线各板块进一步加大创新探索力度：别人没干过的，我们要敢于先行先试；别人先干的，我们要学得快、干得更好；看上去不具备条件的，我们要积极创造条件、化不可能为可能，努力开创更多的“武进样板”“武进经验”，让现代化建设更加富有生机、充满活力，充分展现武进区现代化建设的探索性、创造性、引领性。

**二、同舟共济，攻坚克难，“十三五”发展实现圆满收官**

2020年，区委坚持以习近平新时代中国特色社会主义思想为指导，按照中央和省、市委决策部署，紧紧围绕“双战双胜”目标，聚焦聚力“六稳”“六保”，大力实施“六提”工程，加快建设“一区一城”，经济社会发展实现逆势突破。尤其是面对突如其来的新冠肺炎疫情冲击，全区上下众志成城，科学防控，率先控制疫情，率先复工复产，武进始终保持为低风险地区，最大限度保障了人民群众的生命健康安全和经济社会的稳定发展。预计全年地区生产总值增长4.3%；一般公共预算收入增长3.8%，税比86%；规模以上工业增加值增长5.5%；居民人均可支配收入增长5%。武进位列全国工业百强区第九、全省第二。

1. *产业升级大步迈进。*深入开展“重大项目强化攻坚年”活动，在项目层次、产业结构和发展质效上都实现了新突破。*项目招引有力度，*承芯化合物半导体、格林保尔单晶电池片、长海玻纤复合材料、移远通信模组制造基地、中汽中心常州检验中心等重大项目相继落户；区级重点项目2020年累计完成投资368亿元，121个项目如期竣工。完成实际到账外资及港澳台资8.1亿美元，进出口总额830亿元。龙城金谷南区建设迅速启动，集聚基金等金融、类金融机构超300家，管理资产规模超250亿元。引进杭州电子科技大学、中国矿业大学等一批优质科教资源。*平台建设有实效*，武进高新区规模以上工业产值突破1000亿元，智电汽车和机器人产业名片进一步彰显，芯片产业有效突破，全市开发区首个国家海智基地正式落户。西太湖科技产业园在省级高新区综合评价中列第六位，互联网产业园获批省级生产性服务业集聚示范区，石墨烯小镇入选国家发改委“全国特色小镇典型经验”。中以常州创新园知名度、影响力持续提升，省中以产业技术研究院加快建设，4家以色列企业通过“共建计划”审核，引进以色列元素项目39个。苏澳合作成效显现，苏澳融资租赁公司成功设立，3个苏澳合作项目正式签约。中欧（常州）绿色创新园正式成立，绿建区获批全国节约型公共机构示范单位、江苏省首批绿色城区示范区。*企业上市有亮点*，凯迪股份、协和电子在上交所上市，泛亚微透成为武进首家科创板上市企业，常辅股份成为全市首家新三板精选层挂牌企业，理想汽车登陆美国纳斯达克，市值位列全球车企前20强，佳辰控股在香港联交所上市，全区上市企业累计达39家。*创新转型有作为*，武进国家级双创示范基地排名全国第五、江苏第一，省“双创计划”项目全市第一，净增高企299家，总数累计达到978家。高端装备、先进碳材料、智电汽车等优势产业继续领跑，十大产业链规模以上企业产值占规模以上工业总产值的47.3%。天正工业成为全市首家国家级工业互联网平台，瑞声光学、中车戚研所、新誉集团被工业和信息化部认定为单项冠军示范企业，恒立液压、万帮数字能源被工业和信息化部认定为绿色工厂，新纶科技等4家企业被认定为国家专精特新“小巨人”企业，新誉集团荣获“省长质量奖”，理想汽车销售超3万辆、收入过百亿元，销量排名同类车型第一。服务业增加值占地区生产总值比重提升到45%。创成省级全域旅游示范区，太湖湾旅游度假区升格为国家级旅游度假区，城西回民村获评全国乡村旅游重点村。*服务企业有温度*，把保市场主体、激发市场活力作为落实“六稳”“六保”任务的先手棋，千方百计服务企业、服务项目、服务发展，开通企业服务热线，及时推出用工稳岗补贴、金融顾问、便民利企“十办”服务等惠企政策，全年应对疫情因素减税降费36.9亿元。

2. *城乡发展齐头并进*。*城市功能品质加速提升*，国土空间规划编制工作有序开展，环滆湖地区战略规划与城市设计持续深化。市容环境有效改善，新增停车泊位2100余个，新建、改造公厕91座，高架沿线、精品街道、老旧小区等全线改造提升。全面建成新时代文明实践站（所）315个，新创成全国文明镇、文明单位、文明家庭各1个，全国文明村2个，助力常州荣膺全国文明城市“四连冠”。征地拆迁签约面积达190万平方米，办理安置房权证超过1.2万套。*现代交通体系加速构建*，重大基础设施建设获得突破性进展，常宜高速建成通车；南沿江城际高铁、青洋路快速化二期工程开工建设，高铁武进站综合交通枢纽完成规划设计，苏锡常南部高速建设加快推进。*乡村发展活力加速激发*，“万企联万村 共走振兴路”行动启动实施，136个行政村与企业开展合作联建，农村产权交易额位居全省第一。江苏（武进）水稻研究所创造“一年十审”粳稻新品种评审新纪录，为保障国家粮食安全做出重要贡献。培育省级示范家庭农场6个，创成全省粮食生产全程机械化示范区。农村人居环境整治三年行动圆满收官，湟里镇西墅村、嘉泽镇跃进村创成市级美丽乡村。扎实开展农村乱占耕地建房问题专项整治，盘活存量建设用地666.67公顷，低效用地再开发600公顷，获评江苏国土资源节约集约利用资金奖励县（市、区）。

3. *民生福祉不断增进*。“保就业”“保民生”取得实效，新增城镇就业3.2万人，创业带动就业2.6万人，登记失业率1.68%，“戎创武进”服务品牌得到退役军人事务部部长批示肯定。*把公共服务作为最大民生普惠*，20项区级重点民生实事项目高质量完成。长期护理保险试点首创医养结合家庭病床机制，基本医疗保险和生育保险与市级全面并轨。医疗卫生资源更加丰富，常州市第八人民医院、徐州医科大学武进临床学院挂牌成立，武进中医院通过三级乙等评审，新改扩建村级医疗卫生机构14家，开设家庭病床228张。各镇（街道）居家养老服务中心站基本建成，护理型床位占养老机构床位的比重达66.9%。教育整体水平继续提升，省武高的新校区、人民路初中、新横林小学等一批项目建成投用，增加学位供给8100余个。常州大学西太湖校区竣工投用，西太湖外国语学校、华东师范大学附属西太湖学校、江苏理工学院新校区正式落户，简易托幼机构整治顺利完成。文体惠民力度不断加大，区融媒体中心正式成立，春秋淹城遗址公园改造提升工程正式启动，“10分钟体育健身圈”实现全覆盖，全国女子曲棍球锦标赛、西太湖半程马拉松赛等顺利举办。全年发放慈善救助资金、社会公益事业补助资金5000余万元，惠及群众超2万人次。新建千万、百万光彩基金17个，到账资金3740万元，实施惠民项目268个。*把生态环境作为最大民生关切*，圆满完成“生态保护引领区”创建各项任务，全区空气优良天数较去年增加47天，$PM_{2.5}$浓度下降13.8%。国省考断面Ⅲ类水体比例达75%，太湖连续13年实现安全度夏。长江流域重点水域禁捕退捕任务全面完成，滆湖退田还湖二期工程全面启动，以渔控藻生态修复工程加速推进，城镇污水提质增效“333”行动[1]有序开展，农村分散式生活污水处理PPP项目建成投运，武南污水处理二厂一期和湟里、漕桥污水处理厂扩建项目加快推进，创成7条市级五好河道，永安河荣获全省生态河道建设示范样板称号，武进区“河湖长制”工作获省政府办公厅“真抓实干成效明显”表彰。区级垃圾分类物资回收利用中心建成运行，建筑装潢垃圾资源化处置模式加快向镇级延伸。新增成片造林面积206.67公顷，创成国家森林乡村10个。*把公共安全作为最大民生底线*，深入实施扫黑除恶专项斗争“六清”行动，“10+3”行业领域专项整治[2]效果凸显。“七五”普法高质量通过终期评估验收。接受省委危化品安全生产专项巡视，纵深推进安全生产专项整治行动，违法违规“小化工”、有限空间作业、高处作业、沿街商铺消防安全等重点领域治理全面加强，全区各类生产安全事故起数、死亡人数均大幅下降。“阳光餐饮”平台新增2000余家上线餐饮单位，武进区顺利通过省级食品安全示范区创建现场验收。

4. *改革创新激流勇进*。*“一体化”发展更活跃*，积极融入长三角一体化发展，参与发布长三角创业地图2.0版，与无锡市梁溪区开展固体废弃物处置和资源综合利用协同发展合作，与宜兴市建立水环境预防与处置联动机制。环太湖“四好农村路”一体化建设正式启动。行政服务更高效，全面优化营商环境，成立武进民营企业服务中心，建立政商交往“正面清单”“负面清单”和“五清民企建设引导清单”。企业开办登记、工程项目施工许可效率全面提高,60个重点事项实现“一件事”套餐办,“智慧公积金”体系建设加快完善。各镇（街道）行政审批局挂牌运行，113个区级政务服务事项下沉办理。推广工业用地使用权先租后让、弹性出让模式，在全市率先开展工业项目“标准地+承诺制”改革试点。土地改革更深入，房地一体农村不动产登记发证工作加快推进,“交房（地）即发证”管理模式全面推广。农村集体产权制度改革基本完成，新一轮农村宅基地制度改革国家试点启动开展。基层治理更科学，加快推进区域社会治理现代化，全面升级治安防控体系，群众安全感达99.33%，列全市第一、全省前茅。群租房安全管理“武进模式”得到省、市肯定，火灾及各类案件警情全面下降。网格作用持续彰显，网格化管理日均流转事项5000余件。信访积案进一步化解。

5.党的建设与时俱进。坚持以党的政治建设为统领，不断提高党的建设质量和水平。担当作为持续强化，坚持把学习贯彻习近平新时代中国特色社会主义思想和习近平总书记视察江苏重要讲话指示精神作为首要政治任务,推动主题教育常态化、制度化，获评全省党委（党组）理论学习中心组示范点。意识形态领域整体向上向好，网信安全得到有效保障。在抗击疫情中，党旗引领、党员带头作用充分发挥，正面宣传、舆论引导提振信心，为“双战双胜”凝聚了强大力量。基层党建持续深化，创新打造“红盟矩阵”党建品牌[3]，各级党组织全面推行“标准化”建设，村（社区）“两委”换届工作稳妥推进，村党组织书记、主任“一肩挑”比例达100%，打造雪堰新康村、洛阳岑村村等6个村干部实训基地，王诤故居被评为江苏省党史教育基地。政治生态持续净化，充分发挥“熔炉”作用，实施党性教育全流程管理。落实全面从严治党“两个责任”，不断深化政治巡察和作风建设，有效整治了一批“四风”问题，持续保持惩腐高压态势，使“越往后执纪越严”“管住大多数”成为新共识、新常态。干事氛围持续优化，人大政协作用充分发挥，280个代表之家（站）实现“五有四公开”，“有事好商量”深入人心。统战工作富有成效，圆满完成全区7个民主党派、1个党外知识分子联谊会的集中换届工作，武进被确定为江苏省新时代“两个健康”先行区试点，获全国政协副主席批示肯定。人武部荣获全市军民共建、双拥先进单位。全区各部门各单位勇于担当、积极有为，对口援建工作取得实效，总投资近8000万元的19个援疆项目全部开工，苏陕扶贫协作助力被援建地区实现整体“摘帽”；全区81个离退休干部党支部率先全部通过省级“六有一提升”达标验收；区委党校创新实施党性教育全流程管理；区行政中心能源管理改造成效明显，全年可节电超过100万度；区红十字会获中国红十字会总会竞赛组织一等奖；区总工会持续推进“订单式”、班组长培训，惠及万名职工；团区委“全国青马工程试点”经验受团中央高度肯定，在全国推广；预防未成年人违法犯罪工作得到全国妇联、最高检表扬肯定；区文联“情怀阳湖”颂小康系列文艺活动获市文联工作创新奖；区残联获评“全省残联系统先进单位”；区关工委获评全国关心下一代工作先进集体。

2020年的奋勇拼搏,为“十三五”发展画上了圆满的句号。五年来，面对纷繁复杂的宏观经济形势和艰巨繁重的改革发展稳定任务，全区上下攻坚克难、砥砺奋进，交出了厚重提气的“十三五”答卷，开创了武进发展史上又一个崭新篇章。

我们坚定不移，推动了一批事关全局方向的大事。始终坚持党建引领,以习近平新时代中国特色社会主义思想定向领航。从实施“五个三年行动计划”，到建好“五个生态”、打造“一区一城”、推进“六提工程”，我们接续奋斗，努力在高质量发展的道路上阔步前行。面对新冠疫情和“百年未有之大变局”，我们沉着应对，抓“六稳”“六保”，谋“双战双胜”，三大攻坚战取得明显成效。从落实区划调整，到理顺常州经开区体制机制，再到中以常州创新园能级提升、机构改革全面完成，武进的广大干群顾大局、勇拼搏,以“功成不必在我”的胸怀和“功成必定有我”的气概，在建设“强富美高”新武进的征程中永不言退、奋进担当。

我们心无旁骛，紧盯了一批打基础利长远的要事。多年如一日埋头深耕实体经济，地区生产总值年均增速6.9%，一般公共预算收入即将跨入200亿元行列；智能制造装备产业迈过700亿大关，智电汽车、机器人、集成电路、先进碳材料等一批新兴产业脱颖而出、抢得先机，落户100亿元项目就有7个，规模以上工业企业超2000家，上市企业总数稳居全省县区第二，国家工业强基工程项目总量占全省五分之一。生态文明创建砥砺前行，美丽乡村建设铺展生动画卷，新沟河、永安河、新孟河贯通长江“两湖”,彰显了千年水乡的勃勃生机,高速路、快速路、“四好农村路”，五年总里程增长了150千米，见证了武进交通建设的大步流星。继历史性地跨入地铁时代后，武进又即将迎来翘首以盼的高铁时代，环西太湖地区的蓝图绘就，意味着我们还将开启崭新的西太湖时代。

我们牢记宗旨，办成了一批顺民意促和谐的实事。始终把“以人民为中心”作为我们一切工作的出发点，和检验工作成效的落脚点。五年来，近八成的财政收入用于民生，123项为民实事项目件件落实，尤其是围绕教育、卫生的短板，加力攻坚、加速补齐。新改扩建了52所学校，新增了近3万个学位，集团化办学、城乡学校结对共建成效显著，百姓盼望的常武高中招生一体化政策成功落地,教育事业均等化驶入快车道。“健康武进”建设扎实推进，常州二院阳湖院区等一批高质量医疗机构布局中心城区，医院床位数增加了1000多张，镇级卫生院全面升级，创新推出村级医疗卫生人才“区管镇用”机制，武进人民拥有了越来越多“家门口的好医院”，“小病不出镇”成为现实。“扫黑除恶”成效明显,“平安武进”广受赞誉，文明城市向上向善，15分钟文化圈、健康服务圈、养老服务圈触手可及，网格化社会治理既方便了群众，更彰显了强大的组织力和凝聚力。五年来，城乡居民人均可支配收入年均增长8.4%，远超GDP增幅，人民群众的获得感、幸福感和安全感真真切切洋溢在群众的脸上、深入到大家的心中。

我们勇于担当，收获了一批争一流创唯一的喜事。无论是中以常州创新园成为全国首家中以两国政府签约的创新合作园区，还是石墨烯产业园独占12项全球第一，无论是农村土地制度改革三项试点的武进实践入选新中国成立70周年成就展，还是在全国县市区中率先推进“两个健康”先行区创建，无论是在激烈竞争中抢得国家双创示范基地、苏澳合作先机，还是三大开发区的名次大幅跃升，五年来，在武进干群身上，我们看到了“勇争一流、耻为二手”常州精神的最好诠释，看到了“干则一流、出则精品”目标追求的最美展示。武进连续两年获评省高质量发展先进县（市、区），多年蝉联中国中小城市综合实力百强区第三、投资潜力百强区第一，还收获了全国科技创新百强区第一、中国绿色发展百强区第二，中国最关爱民生县（区）、中国最具幸福感城市、中国最美生态旅游名区、国家农产品质量安全区等沉甸甸的全国性荣誉，切实体现了武进在“全市挑大梁、全省当先行、全国占前位”的应有担当。

“十三五”时期的五年，同样也是常州经开区激情创业、跨越发展的五年。成立五年来，常州经开区紧扣创建国家级经济技术开发区总目标，围绕产业转型升级和东部新城建设两大核心任务，低调务实打基础，创先创新创一流，各项事业发展取得显著成绩。地区生产总值五年增长200亿元，规模以上工业总产值、工业开票销售收入迈上2000亿元新台阶，一般公共预算收入在三年翻番基础上正朝着第二个翻番奋力挺进。经开区以全市4%的地域面积，实现了9%的一般公共预算收入、11%的地区生产总值、18%的规模以上工业总产值和18%的工业开票销售收入，对全市经济增长的贡献份额不断增加。在最新的省级经济开发区综合排名中位列第六，比成立时跃升54位，其中经济发展、改革创新两项指标高居第一。

总结成绩的同时，我们也要清醒地看到，武进区经济社会发展中还存在一些不容忽视的问题，主要表现在：全面深化改革成效有待进一步释放，对外开放水平需进一步提升，传统产业比重仍然较大，营商环境优化还有较大空间；区域均衡发展仍需加强，镇村活力有待进一步激发；资源环境瓶颈仍需突破，生态环境高质量指标仍待提升；教育、卫生等民生事业仍存在一定短板；本质安全水平还有待进一步提高；部分干部争先奋进的精气神还需始终保持。对此，我们要高度重视，认真解决。

**三、对标一流，争先奋进，开创“十四五”发展精彩开篇**

明年是“十四五”发展开局之年，是现代化建设起步之年，也是各级党委政府换届之年。五年看头年，开局是关键。全区上下必须以“争先奋进”的昂扬姿态，全身心投入“十四五”发展新征程，奋力争当全市智造名城主引擎、全省现代化建设排头兵，以实干的担当、崭新的业绩不辜负总书记“两争一前列”的殷殷嘱托，不辜负常州精神的历史传承，不辜负武进人民的深切期盼。

明年工作的总体要求是：以习近平新时代中国特色社会主义思想为指导，全面贯彻党的十九大和十九届二中、三中、四中、五中全会以及中央经济工作会议精神，深入落实省、市委全会精神，着眼“争当表率、争做示范、走在前列”，坚持稳中求进工作总基调，立足新发展阶段，贯彻新发展理念，融入新发展格局，以推动高质量发展为主题，以深化供给侧结构性改革为主线，以改革创新为根本动力，以满足人民群众日益增长的美好生活需要为根本目的，大力弘扬常州精神，落实全市“重大项目攻坚突破年”活动的要求，扎实做好“六稳”“六保”工作，围绕“争先奋进年”工作主题，勇争一流再出发，创造更多第一唯一，高标准打造生态滨湖区、现代智造城，争当全省现代化建设排头兵，确保实现“十四五”良好开局，以优异成绩庆祝建党100周年。

明年经济社会发展主要目标是：地区生产总值增长6.5%以上；规模以上工业增加值增长7%以上；一般公共预算收入增长6%以上；固定资产投资增长8%以上；社会消费品零售总额增长7%以上；进出口总额、实际使用外资及港澳台资保持正增长；居民人均可支配收入增长6.5%以上；全面完成省下达的节能降耗和生态环保目标任务；生产安全事故起数和死亡人数大幅下降。

根据上述目标，我们要全力在以下五个方面争先奋进：

1. 在打造活力奔涌的创新热土上争先奋进。十九届五中全会强调，坚持创新在我国现代化建设全局中的核心地位。刚刚召开的中央经济工作会议，更是把“强化国家战略科技力量”列为明年的头号重点工作。要坚持创新驱动、深化对外开放，用创新的思维、创新的路径、创新的成效来引领发展，让创新成为武进高质量发展的第一动力。一要做优重大平台。进一步强化政府作为重大科技创新组织者的使命，更好发挥科创基金的支点撬动作用，全力争取国家实验室、国家级制造业创新中心落户武进，为全市筹建“龙城实验室”贡献武进力量。要重点打造中以常州创新园、西太湖细胞治疗前沿技术研究院、常州双创园、中欧绿色创新园等“国字号”平台，以及固立高端装备创新中心、江南石墨烯研究院等市场化平台。中以常州创新园要加快建设“一院一村两平台”，力争明年招引“高科技、国际化、犹太+”科技项目30个以上，早日成为引进、吸收、转化以色列先进技术的前沿阵地。细胞治疗前沿技术研究院要广泛招引行业顶尖人才和团队，加快成果转化和项目建设，早日实现细胞治疗产业在常州的集聚发展。要精心谋划、加快建设“常州芯天地”，加快第三代半导体、芯片设计、集成电路制造与封测等产业布局，全力打造创新驱动、产城融合、校企共研、开放现代的长三角集成电路产业基地。常州双创园要更好借助常州科教城的辐射带动，进一步完善规划，推进“科创走廊”建设。要把高水平的创新平台，打造成为推动区域高质量发展、攻克国家“卡脖子”难题的“创新主引擎”。二要提升重要园区。武进高新区要聚焦“滨湖科创城、智造武高新”的区域定位，力争在中以合作、科创走廊、产城融合、中轴枢纽等方面取得新突破，朝着全国30强的目标迈进。西太湖科技产业园要抢抓重大交通建设、功能配套加快提升的机遇，围绕“长三角中庭、新城市中心”的发展目标，不断提升在省内开发区中的综合竞争力。苏澳合作园区要围绕“国际创新创业港、国际高教合作区”的发展方向，全力推动项目招引和载体建设，有效迈出园区实质性建设步伐。绿建区要按照长三角建筑科技创新中心的定位，加快中欧绿色创新园建设，推动苏锡常固体废弃物处置和资源综合利用产业协同发展，提升区域环境绿色发展水平，开创中欧绿色伙伴关系的“常州样板”。要通过高能级的创新园区建设，打造吸引人才、集聚资源、融通内外的“创新策源地”。三要培育重点企业。全面落实全市高新技术企业倍增计划、上市企业倍增计划和创新型企业培育工程，进一步激发企业在科技创新中的主体活力，力争明年净增高新技术企业200家、上市企业5家以上，加快打造一批核心技术能力突出的领军企业、掌握“专精特新”技术的隐形冠军企业和创新活跃度高的科技型中小微企业，让企业真正成为技术攻关、科研合作、成果应用的“创新主力军”。四要加码重磅政策。要借鉴先进经验、结合武进实际，抓好新一轮产业创新政策修编。在全面落实全市人才引进政策升级版的基础上，要进一步优化“武进英才计划”政策，创新“引才合伙人”机制，扩大“武进人才周”影响，进一步打响“非武不栖、进无止境”品牌，把武进打造成为海内外人才实现梦想、成就事业的“创新梦工场”。

2. 在建设特色现代的智造强区上争先奋进。深入贯彻全市《工业智造明星城建设三年行动计划》精神，坚持扎根实业、做强主业，紧扣“大产业不新、新产业不大”短板，加快新旧动能转换，努力实现从“武进制造”向“武进智造”的跃升。一要强化重大项目攻坚。把有效投入作为稳增长、优结构、保民生的“关键一招”，聚焦高端装备制造、先进碳材料、医疗健康、“一车一人一芯”等前沿产业，紧盯世界500强、“中字号”、“国字头”及行业龙头企业，精准招引一批旗舰型、龙头型、基地型项目，力争在项目数量、项目体量和项目质量上有更大突破，确保高水平完成省、市目标任务。二要做大特色产业集群。把增强产业链供应链自主可控能力摆到突出位置，充分发挥区领导挂帅服务的“链长制”作用，重点聚焦“一大支柱产业、两大先导产业、三大新兴产业”，持续建链补链强链长链，努力搞出更多“独门绝技”、打造更多“高峰”“高原”，加快形成一批带动能力突出、配套体系完善、竞争优势明显的先进制造业集群，全力打造产业链供应链畅通的制造枢纽、内外循环有效贯通的市场枢纽和培育新消费新业态的商业变革枢纽。三要引导企业智能转型。抢抓数字经济浪潮机遇，依托蜂巢互联、苏文电能、天正科技、星星充电等一批工业和能源互联网企业，推广理想汽车的“新制造”模式，大力推动工业互联网平台应用和智能制造转型，加快建设高水平智能工厂、智能车间，为实体经济的智能化转型赋能提效。四要打造城市经济亮点。强化系统观念、深化产城融合，做强会展经济，盘活利用西太湖国际会展中心，发展楼宇经济，打造满足都市科创型企业需要的孵化器和写字楼，推动文旅融合，打造高品质商圈和特色商业街区，挖掘消费潜力，丰富业态模式，统筹布局“五型经济”[4]，通过高水平城市经济的培育，把产业做强、城市做精、消费做旺。

3. 在建设美丽协调的宜居城乡上争先奋进。坚持生态优先、绿色发展理念，推动繁华都市与美丽乡村融合共生，生态之美与人文之美交相辉映，历史文化和现代设计有机结合。一要强化生态引领，彰显“自然美”。以创建国家生态文明建设示范市县为抓手，坚定不移优化产业结构、攻坚污染防治、建设生态绿城，统筹做好水安全、水环境、水生态、水资源、水景观五篇文章，抓好城区污水处理厂搬迁、活水引流等重大生态工程建设，努力把生态保护引领区打造成武进的靓丽名片。二要激发镇域活力，彰显“协调美”。围绕彰显特色，因地制宜、因势利导、整合资源，推动各镇充分挖掘生态环境、实力企业、历史人文等特色优势，打造独具魅力的区域品牌；围绕做强经济，引导镇级优势企业做大做强，拓宽集体经济组织增收渠道，增强镇村的“造血”功能；围绕美化环境，按照“建设点上出彩、线上成景、面上美丽的全域美丽乡村骨干体系”的要求，采取“规划先行、典型引路”的方式，进一步发挥村书记队伍和板块部门合力，掀起精品美丽乡村的建设热潮。要强化城镇更新、园区更新、农村更新“三新”理念，扎实推进农村人居环境整治、村镇工业园区整治、农村危房排查整治、农村河道及小微水体整治等工作，努力实现集镇精致、园区精进、乡村精美。三要加大改革力度，彰显“制度美”。强化区镇联动，以区镇国有企业一体化运行管理改革为抓手，实施国资国企高质量发展三年行动计划，建立完善国有企业支持镇域经济社会发展运作机制，推动开发区、乡镇之间实现功能互补、资源共享、互联互通、错位发展。深化“标准地+承诺制”改革，推广中南高科、联东U谷、星河孵化器等工业地产模式，引导镇村工业用地向高效益、高技术、高成长性企业集聚。积极开展新一轮农村宅基地制度改革试点，加快闲置宅基地和农房的盘活利用，探索农民“户有宜居”多元化实现形式，为实施乡村振兴战略提供更多可复制、可推广的改革样本。四要科学管控规划，彰显“形态美”。抓住国土空间规划（2020—2035）修编机遇，以“干则一流、出则精品”的追求，推动形成生产空间集约高效、生活空间宜居适度、生态空间山清水秀、可持续发展的高品质国土空间格局。做好对外“大交通”的规划研究，争取更多项目纳入省、国家盘子，并重点实施S262（湖滨路）改造、武南路东延、朝阳路南延、花海大道一期等项目，加快实现长三角核心城市“2小时”连通、苏锡常都市圈核心城市“1小时”连通、常州市域及临近市（区）“45分钟”连通、武进主城区至各个乡镇实现“30分钟”连通。高质量完成西太湖片区规划和城市设计，通过片区开发、沿湖风光带打造、天际线设计、跨滆湖大桥建设等工作，让这块宝地更具特色、更具美感、更具魅力。五要狠抓长效治理，彰显“精致美”。精准补齐城区品质不高、承载力不强、管理碎片化等短板，开展市容环卫责任区扩面工作，大力推进“精品示范道路创建三年行动”，让城市面貌更整洁、运行更有序、品质更精美，确保武进城市长效管理考评成绩进入全市第一方阵。

4. 在提升美好共享的民生福祉上争先奋进。保障和改善民生，是现代化建设的出发点和落脚点。要按照“当前可承受、未来可持续”的要求，确立更高标准，梳理确定、逐项推动、加快解决一批民生实事，让高质量发展更有“温度”。一要补齐教育短板。深入实施教育强弱项、补短板三年行动方案，拿出细化方案、加快组织实施。明年要确保完成中小学和幼儿园建设项目15个，新增学位8000个以上。同时，要通过市委党校、江理工和常州医学院等高校的建设，来盘活资源、集聚人气、带动发展。二要优化卫生功能。深入贯彻《健康常州行动实施方案》，持续推动区级医疗资源提档升级，完善公共卫生应急体系建设。明年要确保武进中医医院、残联康复院区完成改造、嘉泽镇卫生院投入运行，同时积极推进武进医院南院二期、礼河卫生院、前黄人民医院等院区建设，全力支持武进医院、武进中医院创建“三甲”医院，武进第五人民医院、武进第六人民医院、雪堰镇中心卫生院创建农村区域性医疗卫生中心。三要积极扩大内需。把扩大消费同改善人民生活品质结合起来，坚定不移促进就业、完善社保，完善职业技术教育体系，加快建设江苏省技能人才服务基地和武进区职业技能云大学，通过更加充分、更高质量就业来扩大中等收入群体。要合理增加公共消费，积极向上争取新基建、专项债券等政策资金，重点推进老旧小区改造等一批民生保障类项目。*四要确保安全稳定*。要毫不松懈抓好常态化疫情防控，坚持“外防输入、内防反弹，可知可控、精准防控”，紧盯重要时段、重点场所、重点人群，突出“人”“物”同防，加强进口冷链食品监管，全方位提升应急处置能力，把防控工作抓紧抓实抓细。要驰而不息抓好安全生产工作，全面落实危化品巡视整改任务，统筹推进“三年大灶”，压实安全生产责任，提升本质安全水平，织密织牢安全生产、公共卫生、交通运输等公共安全防护网。要持之以恒做好信访风险隐患的排查、化解，深化巩固扫黑除恶专项斗争、群租房专项整治成果，维护良好社会秩序。*五要提升治理水平*。启动实施“十四五”社会治理规划，把智能化管理摆上突出位置，精心打造区域治理现代化指挥中心，努力实现社会信息全汇聚、城市运营全监管、隐患风险全掌控。要进一步健全“大数据＋网格化＋铁脚板”机制，推动实现力量嵌入整合、巡查精准及时、处置联动高效以及服务发展质效“四领先”。要加强基层社会治理探索，完善“党建引领、多方参与、居民共治”的社区治理模式。

*5. 在打造国际一流的营商环境上争先奋进*。坚持“国际一流”的高标准，力争把新时代“两个健康”先行区打造成武进营商环境的最优品牌。*一要做强智慧政务环境*。以互联网思维创新政府服务模式，以信息化技术推动“简政”，更大力度减事项、减环节、减材料、减时间、减费用，实现“就近办、网上办、掌上办”，把“畅通办”品牌擦得更亮。*二要优化企业服务环境*。坚持问题导向、强化客户思维，加强民营企业服务中心建设，用好“惠企政策一号通”，立足“解决问题就是进步”，持续优化“无事不扰、有求必应”的企业服务。全区领导干部要加强学习、创新思维、增强本领，主动学政策、学产业，学专学精，努力成为各自领域的行家里手，推动视野格局、思维观念、工作方法全面适应新时代，带头帮助基层一线解决实际问题。*三要打造国际商务环境*。聚焦国际化功能配套薄弱的短板，统筹布局国际化医疗、教育、社区、康养等高端城市功能，打造接轨国际标准的管理服务、体现世界品质的城市环境，建好长三角一流的西太湖国际人才社区，全力提升全球知名度和文化影响力。*四要打造法治诚信环境*。健全政府失信责任追究及责任倒查机制，完善失信联合惩戒机制，丰富信用修复渠道，构筑更加可靠的信用体系，不断提升在企业家心目中的“信任指数”，为各方客商营造稳定、公平、透明、可预期的法治环境。

**四、夯实基础，强化保障，推动全面从严治党再上新台阶**

武进发展到了新的历史关口，能否打好“十四五”开局战，关键在党。必须毫不动摇坚持党的全面领导，将全面从严治党贯穿于改革发展稳定全过程，不断提高党领导现代化建设的能力水平，以高质量党建引领高质量发展。

*1. 要把牢理想信念总开关*。坚持不懈用习近平新时代中国特色社会主义思想武装头脑，将学习宣传五中全会精神与贯彻落实总书记视察江苏重要讲话指示精神紧密结合起来，一体学习、一体把握、一体贯彻，切实将政治建设各项要求落到实处，推动“四个意识”落地生根、“四个自信”有效彰显、“两个维护”自觉加强。要时刻绷紧意识形态责任弦，持续做优“武进讲坛”品牌，加强社科理论、新闻传播、文化活动阵地、网络信息安全建设管理，坚决防范化解重大舆论和意识形态事件风险，牢牢把握意识形态工作领导权。要深入开展“我心向党”主题活动、“红马甲四进”宣讲[5]等活动，扎实推进理论宣讲品牌塑造工程，进一步弘扬正能量、传播好声音。要统筹开展庆祝建党100周年文艺汇演、“百年巨变”图片展等活动，鼓励引导广大干部群众以时不我待的奋进姿态向建党百年献礼。

*2. 要锻造发展攻坚主力军*。结合全市“对标一流、争先进位”结对竞赛活动，牢牢把握“争先奋进”主题，创新落实“三项机制”，突出考核“指挥棒”作用，完善“督考问用”四位一体工作落实机制，切实把干部的积极性、创造性完全调动起来，把工作热情、聪明才智充分释放出来，真正做到为担当者担当，让有为者有位。要自觉践行新时代党的组织路线，围绕区委中心工作，打造干事创业的“主力军”、攻坚克难的“硬堡垒”、引领发展的“强引擎”。要坚持德才兼备、以德为先，选优配强班子，通过换届换好“关键少数”、带动“绝大多数”，换出精气神、战斗力和新气象。要聚焦“两新”组织有形有效覆盖、乡村振兴“党建联盟”“党支部＋网格化”等重点领域和关键环节，完善基层党建“一突出四联动”机制[6]，精准发力、有效突破，推动基层党建全面进步、全面过硬。要持之以恒提高学习力、决策力、执行力、持久力，切实提高领导发展的能力，锻造一支“狼性虎劲”的干部队伍。

*3. 要涵养风清气正好生态*。坚持把加强纪律建设作为全面从严治党的治本之策，始终把严明政治纪律、政治规矩摆在首位，把全面从严治党“两个责任”记在心头、扛在肩上。要以高质量监督为发展“赋能”，积极探索纪律监督、监察监督、派驻监督与巡察监督统筹衔接的有效途径，把思想和行动统一到区委中心工作上来。要以高质量办案为发展“清障”，坚持全覆盖、零容忍，严肃查处职务违法和职务犯罪，持续强化不敢腐的震慑。要坚决防范“四风”隐形变异新动向，坚决破除形式主义、官僚主义，进一步为基层减负松绑。要全面深化政治巡察，充分发挥专项巡察机动灵活、指向明确的特点，助力区委做好党内“政治体检”、作风“综合会诊”。

*4. 要奏响时代奋进最强音*。要坚持党的全面领导，充分调动一切积极因素，广泛团结一切可以团结的力量，形成推动发展的强大合力。坚持和完善人民代表大会制度，支持人大及其常委会依法加强工作监督和法律监督，更好地发挥人大在推进社会主义民主法治建设、促进经济社会发展中的重要作用。要全面加强协商民主建设，充分发挥政协作为协商民主重要渠道和专门协商机构作用，支持人民政协更好地协调关系、建言献策、服务大局。要大力营造新时代“两个健康”先行区创建氛围，做好民营经济统战工作，全面激发民营经济活力。要全力做好统战群团工作，不断巩固和壮大最广泛的爱国统一战线，充分发挥各民主党派、工商联和无党派人士的参政议政作用，以及工会、共青团、妇联等群团组织的桥梁纽带作用，全力做好民族、宗教、港澳台、侨务、新阶层等工作，推动军民融合深度发展，为推进改革发展、维护和谐稳定凝聚最广泛的共识，充分汇聚全面建设社会主义现代化的强大合力。

## 政府工作报告（摘要）

——在常州市武进区第十六届人民代表大会第五次会议上

武进区代理区长　陈志良

（2021年1月6日）

### 2020年和“十三五”工作回顾

2020年，是武进发展经受重大考验、取得崭新业绩的一年。区政府坚持以习近平新时代中国特色社会主义思想为指导，在中共武进区委的坚强领导下，在区人大、区政协的监督支持下，紧紧依靠全区人民，聚焦“六稳”、聚力“六保”，统筹推进疫情防控和经济社会发展。全年预计完成地区生产总值2550亿元，增长4.3%；一般公共预算收入194.7亿元，增长3.8%，税比85.7%；规模以上工业增加值增长5.5%；居民人均可支配收入增长5%。外贸优进优出、金融生态环境建设、创新驱动发展、河湖长制工作获省政府激励表彰。

1. *打好措施组合拳，疫情防控取得重要成果。*面对突如其来的新冠肺炎疫情，全区迅速落实一级响应，严格执行上级决策部署，及时制定、动态调整防控策略，凝聚了抗击新冠的强大合力。疫情发生伊始，坚持“外防输入、内防扩散”，持续强化联防联控、群防群控，实施“点对点”全程闭环转运1787人，滚动排查38.6万人次，集中隔离3946人，居家隔离2.8万人，核酸检测12.7万人次，本地确诊病例迅速“清零”，实现患者“零死亡”、医护人员“零感染”。15名医护人员逆行出征、支援武汉，重点企业持续提高防疫物资生产能力，支持了疫情防控大局。疫情形势稳定好转后，坚持“外防输入、内防反弹”，抓好常态化疫情防控，制定7类重点场所卫生防疫指南，全链条监管进口冷链食品，武进区始终被列为低风险地区。有序推进企业复工复产，及时推出用工稳岗补贴、便民利企“十办”服务等惠企政策，累计安排“复工直通车”93辆，疫情因素减税降费36.9亿元。开展中小学在线网课教育，所有学校实现分批、安全复课复学。区卫健局、横林镇以及9名个人分获全省抗击新冠肺炎疫情先进集体和先进个人。

2. *稳定发展基本盘，经济运行态势保持稳健。*扎实开展“重大项目强化攻坚年”活动，成功引进总投资3亿元以上项目50个，承芯化合物半导体、理想汽车改扩建、格林保尔单晶电池片、长海玻纤复合材料、移远通信模组制造基地、中汽常州检验中心等重大项目相继落户；区级重点项目累计完成投资368亿元，121个项目如期竣工。企业上市工作喜获丰收，恒立液压成为全省工业机械行业首家市值突破千亿元的上市公司，凯迪股份、协和电子在上交所主板上市，泛亚微透、纳恩博在科创板上市，佳辰控股在香港联交所上市，常辅股份成为全市首家“新三板”精选层挂牌企业，理想汽车登陆美国纳斯达克，全区上市企业累计达39家。工业经济稳中求进，十大产业链占规模以上工业总产值的比重较上年提高1.2个百分点；瑞声光学、中车戚研所、新誉集团被工业和信息化部认定为单项冠军示范企业，恒立液压、万帮数字能源被工业和信息化部认定为绿色工厂，新纶科技等4家企业被认定为国家专精特新“小巨人”企业，碳元科技等22家企业通过国家级两化融合管理体系达标评定，中天钢铁捧回中国工业大奖，天正工业成为全市首家国家级工业互联网平台，新誉集团荣获省长质量奖。服务业发展逆势增长，服务业增加值占地区生产总值的比重提高到45%；发放消费券1500万元，完成社会消费品零售总额737亿元，增长6.5%；创成省级全域旅游示范区，太湖湾旅游度假区升格为国家级，城西回民村获评全国乡村旅游重点村。农业现代化发展步伐加快，“礼嘉”葡萄注册地理标志证明商标，立华牧业获评全国农业产业化龙头企业，江苏（武进）水稻研究所创造粳稻新品种评审新纪录，武进区创成全省粮食生产全程机械化示范区。

3. *下好创新先手棋，平台载体建设迈出新步。*开发区支撑引领效应凸显，常州经开区全面开启建设“先进制造业集聚区、产城融合样板区、生态宜居示范区、改革创新引领区”新征程，在全省省级经济开发区综合排名中列第6位，比成立时跃升54位；武进国家高新区规模以上工业产值突破千亿元，智电汽车、机器人产业特色彰显，芯片产业崭露头角，国家级海智基地正式落户；西太湖科技产业园在省级高新区综合评价中列第6位，互联网产业园获批省级生产性服务业集聚示范区，石墨烯小镇入选国家发展改革委“第二轮全国特色小镇典型经验”。特色园区建设亮点纷呈，中以常州创新园知名度、影响力持续提升，省中以产业技术研究院加快建设，4家以色列企业通过“共建计划”审核，引进含以色列元素的高科技项目39个；龙城金谷南区加快建设，30余家投资机构相继入驻，管理资产规模超250亿元；苏澳合作成效显现，苏澳融资租赁公司成功设立，3个合资项目正式签约。创新主体持续壮大，西太湖细胞治疗前沿技术研究院启动建设，固立高端装备创新中心正式启用，西太湖创客工寓等4个平台被认定为国家级众创空间；全区净增高新技术企业299家，万人发明专利拥有量达56.8件，认定潜在独角兽企业4家、瞪羚企业33家。打响“非武不栖、进无止境”人才周品牌，升级“武进英才计划”政策，新增国家级博士后工作站3个、省级工程技术研究中心10个，培育国家重大人才工程入选者3人、省“双创团队”3个、“双创人才”19名。持续提升金融服务实体经济水平，定期组织政银企对接活动，宣传推介100个特色融资产品，上交所资本市场服务（常州）基地、深交所常州路演中心挂牌运作，智能制造装备产业链普惠金融（征信）试验工作成效明显，本外币各项贷款余额突破3000亿元，获评江苏省2017—2019年度金融生态优秀县（区）。武进区在区域类国家双创示范基地中排名第五。

4. *激活前进动力源，改革开放红利全面释放。*积极融入长三角一体化发展，参与发布长三角创业地图2.0版，与无锡市梁溪区开展固体废弃物处置和资源综合利用产业区域协同发展合作，与宜兴市建立水环境预防与处置联防联控联治协调机制。全面优化营商环境，成立武进民营企业服务中心，建立政商交往“正面清单”“负面清单”和“五清民企建设引导清单”，新时代“两个健康”先行区创建工作获得国家、省的肯定；全面完成基层整合审批服务执法力量改革工作，镇级层面统一设置“一办七局一中心”，区级113项政务服务事项、348项行政处罚事项下沉镇（开发区、街道）办理。国资国企改革持续深化，“易企银”平台有效提高资金使用效率，大禹水务增资扩股改革、恒基路桥深化产权改革稳步实施。推广工业用地使用权先租后让、弹性出让模式，在全市率先开展工业项目“标准地＋承诺制”改革试点。农村集体产权制度改革基本完成，新一轮农村宅基地制度改革国家试点全面启动。开放型经济稳步发展，实际使用外资及港澳台资8.1亿美元，进出口总额830亿元；新增境外投资项目23个，中方协议投资额1.7亿美元。

5.加快城乡一体化，区域功能形象不断提升。国土空间规划编制工作有序开展，基本完成生态保护红线、城镇开发边界划定工作；环滆湖地区战略规划与城市设计继续深化，常州创新之核概念性规划通过论证。深入开展内部挖潜，盘活存量建设用地626.67公顷，低效用地再开发近600公顷，获评省国土资源节约集约利用资金奖励县（区）。重大基础设施建设进展顺利，常宜高速建成通车，苏锡常南部高速建设加快推进，南沿江城际高铁、青洋路快速化二期工程开工建设；新沟河、永安河工程完成竣工验收，新孟河工程武进段全线通水。完成征迁签约190万平方米，办理安置房不动产权证1.2万套，分配安置房超5600套。市容环境进一步提升，高架沿线、精品街道面貌焕然一新，新增停车泊位2106个，新建、改造公厕91座。中欧（常州）绿色创新园正式成立，绿建区获批全国节约型公共机构示范单位、江苏省首批绿色城区示范区，全区新增绿色建筑、装配式建筑400万平方米。农村人居环境整治三年行动圆满收官，湟里镇西墅村、嘉泽镇跃进村建成市级美丽乡村，美丽宜居乡村建成率达85.3%；“万企联万村共走振兴路”行动启动实施，136个行政村与企业开展合作联建，联建率100%；农村产权交易额位居全省第一。

6.决胜防治攻坚战，生态环境质量明显改善。出台生态环境保护工作责任规定，认真整改各级环保督察交办问题，大力开展化工产业安全环保整治提升行动，全省生态保护引领区创建各项任务圆满完成，空气优良天数比上年增加52天，优良率提高14.1个百分点；太湖连续13年实现安全度夏，长江流域重点水域禁捕退捕任务全面完成。水环境综合治理有效加强，滆湖退田还湖二期工程启动建设，以渔控藻生态修复工程加速推进，河湖“两违三乱”整治任务全面完成，清淤骨干河道50千米。环境基础设施优化升级，礼河水厂深度处理工程完成建设，农村分散式生活污水处理二期项目建成投运，武南污水处理二厂一期和湟里、漕桥污水处理厂扩建项目进展顺利。科学防范应对重污染天气，全面排查整治各种污染源，143个建筑工地安装在线监测系统，440余家企业完成挥发性有机物综合治理。垃圾收运处置体系持续完善，区级垃圾分类物资回收利用中心和园林绿化垃圾处置中心建成运行，光大环保能源项目成为国内首座“邻利型”垃圾发电厂。新增成片造林面积207.6公顷，创成国家森林乡村10个。

7.织密民生保障网，各项社会事业齐头并进。区级重点民生实事项目高质量完成，群众得到更多实惠。新增城镇就业3.2万人，登记失业率1.68%。长期护理保险试点首创医养结合“家庭病床机制”，基本医疗保险和生育保险与市级全面并轨。发放慈善救助资金、社会公益事业补助资金5000余万元，惠及群众2万人次以上；同心助残驿站“333精准助残”项目获省慈善奖。光彩事业蓬勃发展，下拨光彩资金超3500万元，实施光彩项目283个。各镇（街道）居家养老服务中心站基本建成，护理型床位占养老机构床位的比重达66.9%。教育整体水平继续提升，省武高新校区、人民路初中、新横林小学等项目建成投用，增加学位8145个；常州大学二期竣工投用，西太湖外国语学校、华东师范大学附属常州西太湖学校正式落户，武进区与江苏理工学院签订新校区建设合作协议。医疗卫生资源更加丰富，市二院阳湖院区二期、市七院二期加快建设，常州市第八人民医院、徐州医科大学武进临床学院挂牌运行，武进中医医院通过三级乙等医院复评，完成村级医疗卫生机构提档升级14家。文明城市建设切实加强，助力常州顺利实现全国文明城市“四连冠”，17个新时代文明实践所、315个文明实践站全面建成，湖塘镇和洛阳镇岑村村、遥观镇勤新村分别获评全国文明镇、村。文体惠民力度加大，区博物馆晋级国家二级博物馆，歌曲《老街坊》荣获省“五星工程奖”，全国女子曲棍球锦标赛、西太湖半程马拉松赛等赛事顺利举办，应急广播体系建设全面完成；区融媒体中心正式成立。全面升级治安防控体系，群众安全感达99.33%，列全省第二、全市第一。配合做好省委危化品安全生产专项巡视，违法违规“小化工”等重点领域治理全面加强，沿街商铺消防安全专项整治行动扎实开展，全区生产安全事故起数、死亡人数下降近60%。扫黑除恶专项斗争“六清”行动深入实施，“10+3”行业领域专项整治效果凸显。群租房安全管理的“武进模式”得到国务院安全生产督导组肯定。“阳光餐饮”平台累计上线5830家餐饮单位，武进区顺利通过省级食品安全示范区创建现场验收。退役军人服务保障体系进一步完善。第七次全国人口普查全面完成。村（社区）“两委”换届工作稳步实施。对口援建、科技镇长团工作取得实效。区关工委被评为全国关心下一代工作先进集体。信访、住房公积金、妇女儿童、红十字、档案、地方志等工作取得新进步。

8.锤炼队伍硬作风，政府自身建设得到加强。推动政府系统增强“四个意识”，坚定“四个自信”，坚决做到“两个维护”，确保党中央和省、市、区委重大决策部署落地生根。自觉接受人大法律监督、政协民主监督，落实重大事项向人大报告、与政协协商制度，高质量办理人大代表建议、政协委员提案319件，满意和基本满意率达100%。针对统计、高质量考核、国土空间规划等领域开展专题业务培训，广大干部行政服务效能、履职尽责能力持续提升。顺利通过“七五”普法终期评估，区镇两级非诉讼服务中心良性运转。积极推进政务公开，政府网站、政风热线等平台运行状况良好，公开政府信息超3000条，举办政风热线33场。稳妥开展事业单位改革，事业单位数量精简比例超30%。加强预算绩效管理，出台政府过紧日子要求十条措施，集中统一管理党政机关和事业单位办公用房、公务用车。完善审计查出问题整改机制，完成审计项目30个。加强政府性债务管理，年度化债任务如期完成。开展安全生产、优化营商环境等重点领域不正之风和腐败问题专项治理，常态化开展廉政教育，干部廉洁从政自觉性切实增强。

2020年各项目标任务的顺利完成，标志着“十三五”的圆满收官。回顾这五年，我们经历了不平凡的发展历程，创造了转型跨越、争先进位的又一个黄金期。

——区域综合实力稳步提升。“十三五”期间，全区地区生产总值增长39.3%，巩固了全省GDP最高的市辖区地位，人均GDP超过17万元；五年累计实际使用外资及港澳台资39亿美元，进出口总额始终保持正增长；一般公共预算收入增长

38.7%，工业开票销售收入增长 64.8%，武进区稳居全国工业百强区前十。

——*创新发展动能显著增强*。“十三五”期间，全区净增高新技术企业 591 家，上市企业数量实现翻番，中国驰名商标数量稳居全省前茅；三大开发区综合实力迈上新台阶，新能源汽车能源与信息创新中心、石墨烯创新中心获批省级制造业创新中心；“三块地”改革入选新中国成立 70 周年成就展，为新《中华人民共和国土地管理法》提供了案例和参考；国家双创示范基地建设获得国务院表彰，武进区稳居全国科技创新百强区前列。

——*实体经济优势不断扩大*。市场化、法治化、国际化营商环境加快打造，五年累计引进总投资 3 亿元以上项目超 220 个，规模以上工业企业超 2000 家，国家工业强基工程项目总量占全省近 1/5，高端装备、新一代信息技术、节能环保等产业规模持续壮大，智电汽车、集成电路、机器人、石墨烯、医疗健康等产业茁壮成长。

——*生态宜居魅力得到彰显*。“十三五”期间，全区 $PM_{2.5}$ 浓度下降 31.5%，三条入太河道水质均达到三类，省级水功能区达标率 100%，林木覆盖率、自然湿地保护率分别达 26.4% 和 53.6%，民间河长、小微水体治理的经验做法被《人民日报》等媒体点赞，武进区成为第一批省级生态文明建设示范县（区）。

——*群众幸福指数持续攀升*。“十三五”期间，每年集中 76% 以上可用财力用于保障和改善民生，累计完成民生实事项目 123 个，全区居民人均可支配收入累计增长 49.4%；武进成功迈入地铁时代，基本建成四通八达、快速便捷的交通运行体系；全区城乡居民养老保险、医疗保险覆盖率均达 100%，五年累计新增学位 2.8 万个，每千人口执业（助理）医师数达 2.9 人，居民平均预期寿命提高至 82.7 岁。

回首五年发展历程，成绩来之不易，经验弥足珍贵。我们深刻体会到：必须始终坚持发展第一要务。面对前所未有的经济下行压力，我们牢牢把握稳中求进的工作总基调，坚持以经济建设为中心、以项目推进为抓手，持之以恒稳增长、调结构、促转型、防风险，区域发展保持了平稳健康的良好态势。必须始终坚持创新第一动力。面对严峻复杂的国内外形势，我们积极解放思想，敢于突破常规，双创示范基地建设、营商环境提升、国资国企发展、农村土地制度改革等一系列创新举措深入推进，闯出了一条具有时代特色、阶段特征、武进特点的高质量发展新路。必须始终坚持为民第一责任。面对日益多元的民生诉求，我们始终坚持普惠共享理念，深入推进创业富民、政策惠民、生态利民、稳定安民，持续增加民生投入，每年办好一批民生实事、建成一批惠民工程，切实增强了全区人民的幸福感、获得感和安全感。必须始终坚持实干第一保证。面对艰巨繁重的发展任务，我们以过硬作风担当时代使命，用好专班工作机制，看准的事全力以赴抓紧干，定下的事雷厉风行立即干，展现了“在全市挑大梁、在全省当先行、在全国占前位”的责任担当。

五年的变化有目共睹，五年的成绩振奋人心，这是习近平新时代中国特色社会主义思想科学指引的结果，是市委、市政府和区委正确领导的结果，是区人大、区政协监督支持的结果，更是百万武进人民团结拼搏、不懈奋斗的结果。在肯定成绩的同时，我们也清醒地看到，武进的发展仍面临不少问题和挑战。主要表现在：对照经济高质量发展的要求，新旧动能转换任务繁重，特色产业的培育壮大速度还不够快；对照长三角一体化发展的趋势，武进城市能级不高，对高端人才、高科技项目的吸引能力不足；对照人民对美好生活的期盼，教育、医疗、养老等公共服务还有不少短板，生态环境质量仍有提升的空间；对照“打铁必须自身硬”的要求，政府自身建设有待加强，部分干部的理念、能力、作风与一流标准之间还有差距。对此，我们将切实增强责任意识、忧患意识，采取有效措施，认真加以解决。

## “十四五”奋斗目标

根据《中共常州市武进区委关于制定常州市武进区国民经济和社会发展第十四个五年规划和二〇三五年远景目标的建议》，我们在认真总结经验、客观分析形势的基础上，立足当前，着眼长远，围绕体现前瞻性、引领性、科学性、系统性的要求，集中各方力量，编制了《常州市武进区国民经济和社会发展第十四个五年规划和二〇三五年远景目标纲要（草案）》，一并提请本次大会审议。“十四五”时期是武进在高水平全面建成小康社会的基础上，全面开启现代化建设新征程的重要阶段。我们将主动融入以国内大循环为主体、国内国际双循环相互促进的新发展格局，以打造生态滨湖区、现代智造城为总体目标，进一步巩固优势、补齐短板、筑牢底线、勇攀高峰，着力将武进打造成为创新开放高地、智能制造基地、滨湖生态宝地、安居乐业福地。

——*创新开放高地*。深入实施创新驱动核心战略，推动发展重心向创新转移、要素资源向创新整合、财政政策向创新倾斜、工作力量向创新聚焦，加快形成产业创新优势、创新策源优势和创新生态优势。坚定不移扩大对外开放，深度融入国内国际双循环、长江经济带、长三角一体化等重大战略布局，全力打响中以、苏澳等开放合作品牌，以高水平对外开放增创区域竞争新优势。到 2025 年，高新技术企业超 2000 家，资本市场“武进板块”突破 70 家，营商环境位列全省第一方阵。

——*智能制造基地*。坚持以高端化、智能化、绿色化、服务化、品牌化为引领，抢抓新工业、新能源、新基建机遇，培育壮大未来产业，加快传统产业智能化转型步伐，构筑数字经济集聚发展新优势，把“武进智造”打造成为长三角领先、国内外驰名的先进制造业品牌。到 2025 年，高端装备产业产值突破千亿元，战略性新兴产业占规模以上工业总产值的比重达 40% 左右。

——*滨湖生态宝地*。深入贯彻生态优先、绿色发展理念，持续优化西太湖、太湖湾空间保护开发格局，因地制宜、精心布局生态景观、休闲旅游、高端服务、文化创意等现代产业和城市功能，以“两湖美”引领“全域美”，把武进真正打造成长三角地区首屈一指、独具魅力的生态宜居之城。到 2025 年，全区环境质量明显提高，主要污染物排放总量大幅减少，林木覆盖率达 27%。

——*安居乐业福地*。按照幼有善育、学有优教、劳有厚得、病有良医、老有颐养、住有宜居、弱有众扶的总要求，探索城乡融合发展新路径，提高教育、卫生等公共服务产品的优质均衡水平，完善全覆盖、可持续的社会保障体系，健全公共卫生应急管理体系，建设人民生活更美满、社会更稳定、文明程度更高的和谐幸福家园。到2025年，常住人口城镇化率达75%，美丽宜居乡村建成率达100%，义务教育优质均衡发展达成率超90%，每千人口执业（助理）医师数达3.1人，每千名老人拥有养老床位数54张。《规划纲要（草案）》待本次会议通过后，区政府将认真组织实施。

## 2021年工作安排

2021年是建党100周年，是两个百年目标交汇与转换之年，也是“十四五”规划的开局之年。新征程带来新机遇，新形势面临新挑战。尽管新冠肺炎疫情仍在全球蔓延，经济走势存在诸多不确定性，经济下行压力持续加大，但与此同时，长三角一体化发展国家战略全面提速，三大开发区以及科教城、中以创新园、苏澳合作园、龙城金谷等平台孕育巨大潜力，苏锡常南部高速、南沿江城际高铁等重大工程将陆续竣工通车，武进发展面临新的重大战略机遇。我们将以“争先奋进”的昂扬姿态，全身心投入“十四五”发展新征程，奋力争当全市智造名城主引擎、全省现代化建设排头兵，以实干的担当、崭新的业绩不辜负总书记“两争一前列”的殷殷嘱托，不辜负常州精神的历史传承，不辜负武进人民的深切期盼。今年政府工作的指导思想是：以习近平新时代中国特色社会主义思想为指导，全面贯彻党的十九大和十九届二中、三中、四中、五中全会以及中央经济工作会议精神，深入落实省、市、区委全会精神，着眼“争当表率、争做示范、走在前列”，坚持稳中求进工作总基调，立足新发展阶段，贯彻新发展理念，融入新发展格局，以推动高质量发展为主题，以深化供给侧结构性改革为主线，以改革创新为根本动力，以满足人民群众日益增长的美好生活需要为根本目的，大力弘扬常州精神，落实全市“重大项目攻坚突破年”活动的要求，扎实做好“六稳”“六保”工作，围绕“争先奋进年”工作主题，勇争一流再出发，创造更多第一唯一，高标准打造生态滨湖区、现代智造城，争当全省现代化建设排头兵，确保实现“十四五”良好开局，以优异成绩庆祝建党100周年。

2021年经济社会发展主要预期目标是：地区生产总值增长6.5%以上，规模以上工业增加值增长7%以上，一般公共预算收入增长6%以上，固定资产投资增长8%以上，社会消费品零售总额增长7%以上，居民人均可支配收入增长6.5%以上，实际使用外资、进出口总额保持正增长，完成上级下达的生态环保、节能降耗等任务，生产安全事故起数和死亡人数进一步下降。

为实现上述目标，我们将重点抓好六个方面工作：

**一、坚持科技引领，激发创新活力，抢占区域竞争制高点**

突出创新第一动力，加强全国双创示范基地建设，系统集成、久久为功，把科技创新打造成支撑城市发展的“最硬核力量”。构建立体创新生态。积极融入长三角创新大局，借力长三角双创示范基地联盟，在科技成果转化、项目申报、人才培养、企业培育、双创生态营造等领域开展深度合作。全面对接全市创新网络，充分发挥常州科教城“创新之核”和科技镇长团桥梁纽带作用，抓住常州“科创走廊”建设契机，深化武进区、科教城融合发展的体制机制；积极参与市科创基金建设，为全市筹建“龙城实验室”贡献武进力量。不断完善区域创新体系，研究推出具有震撼力的鼓励和支持科技创新政策文件，着力促进创新要素高效流动和资源优化配置，形成引爆点。打造特色创新园区。常州经开区启动建设100万平方米科研平台载体，精益求精建设中央商务区，持续提升发展质效。武进国家高新区按照“西进、南拓、东优、中提”思路，着力优化重点片区功能形态，不断深化“一车一人一芯”产业布局，切实提升产城融合水平。高标准建设中以常州创新园，完成中以国际创新村一期项目建设，大力引进一批“高精尖”项目，努力争当名副其实的“中国以色列创新合作领航者”。西太湖科技产业园精耕细作高端医疗健康、新材料、新智造、新经济等“一高三新”特色产业，高水平建设生态型、创新型、人文型滨湖新城。苏澳合作园区有效迈出园区实质性建设步伐，打造长三角国际创新创业港和国际高教合作区。培育多元创新主体。加快建设龙城金谷南区，培育全周期基金产业集群，集聚各类金融机构超300家，尽快形成科创资本高地。推动新能源汽车能源与信息创新中心、石墨烯创新中心争创国家级，快速推进西太湖细胞治疗前沿技术研究院、江苏省中以产业技术研究院建设运营，集聚一批高端人才和先进技术项目。把高企培育、股改、上市作为一个链条来打造，构建高企申报和后备企业“蓄水池”，净增高新技术企业200家；加强上市后备企业梯队建设，新增上市挂牌企业5家以上。支持企业提升研发能力、承担重大科技项目，新增市级以上企业研发机构30家，新实施5000万元以上科技成果转化项目10个，研发经费支出占比达3%。集聚优质创新要素。优化人才评价机制，推进新时代产业工人队伍建设改革，加大顶尖人才、领军人才、社会事业人才、乡土人才、高技能人才引育力度，引进各类人才3.5万名，新增高层次创新创业人才项目50个、外国人才专项计划项目10个。加大对高校毕业生的生活补贴力度，降低生活成本，让更多优秀青年选择武进、扎根武进、成就事业。更加注重品牌资源价值，鼓励企业参与制定国际、国家标准，新增首台套重大装备及关键部件15个。强化知识产权全流程保护，实施知识产权强企行动，万人发明专利拥有量达58.5件。

**二、坚持实业强区，加快转换动能，促进经济发展高质量**

把实体经济作为立区之本、强区之要，坚定不移优化存量，千方百计培育增量，营造有利于企业加快发展的“暖气候”，不断提升经济发展质效。高水平构建现代产业体系。积极培育自主可控的先进制造业集群，重点聚焦高端装备、医疗健康、石墨烯、机器人等产业，充分发挥区领导挂帅服务的“链长制”作用，做好固链补链强链文章。谋篇布局未来产业，集成电路产业启动建设“常州芯天地”项目，推动更多项目建成投产、产生更大效益；智电汽车产业依托龙头项目，加快打造完善的产业集群；数字经济产业立足武进区产业实际，突出工业互联网等重点环节，培育智能工厂、智能车间20家。建立区内企业联动协作交流平台，制定特色优质产品推荐目录，打通内循环渠道。大力发展创新型、服务型、总部型、开放型和流量型“五型”经济，壮大楼宇经济、体育经济、会展经济，加快建设西太湖国际会展中心，全区新增10万平方米写字楼、30万平方米孵化器。优化现代服务业发展推进机制，着力推动生产性服务业向专业化和价值链高端延伸，促进生活性服务业向精细化和高品质方向转型。以争创国家全域旅游示范区为突破口，积极发展乡村旅游、健康养生、研学旅行等新业态，打造长三角高品质特色休闲度假胜地。高强度攻坚突破重大项目。牢固树立“以项目论能力、以项目论水平、以项目论作风、以项目论英雄”导向，深入开展“重大项目攻坚突破年”活动，编制全区产业地图，开展全产业链、定向式招商，招引总投资100亿元或10亿美元项目1个，总投资30亿元或3亿美元战略性新兴产业项目7个，总投资10亿元或1亿美元现代服务业项目2个，同时着力引进一批“小而优、小而美、小而强”项目。开发重大项目综合管理服务系统，实行项目全建设周期动态化、信息化管理，年内130个左右区级重点项目竣工。加大对企业技术改造、设备更新的支持力度，实施重点技改项目10个。充实上海、深圳等驻点招商力量，加强“双招双引”，构建全区统筹、内外资及港澳台资联动的“大招商”格局。完善政府性投资项目管理制度，抢抓专项债券、中央预算内投资等政策机遇，谋划储备一批优质项目。高标准打造一流营商环境。牢固树立“支持企业天经地义、服务企业关爱有加”的理念，聚焦企业办事堵点难点痛点，落实落细支持市场主体发展的政策措施。积极争创新时代“两个健康”国家级先行区试点，加强民营企业服务中心建设。深化“放管服”改革，牵住“一网通办”这个牛鼻子，大力推行“证照分离”改革，更大力度减事项、减环节、减材料、减时间、减费用，实现“就近办、网上办、掌上办”。向所有镇（街道）推广“一件事”套餐办，拓展镇级自助服务覆盖面，增强办事便利性。提升公共资源交易质效，实现公共资源交易信用承诺全覆盖、失信惩戒全联合，促进政府采购交易执行全程电子化。高层次提升金融服务效能。深入推进政银企合作，支持金融机构创新金融产品，推广银团贷款、产业基金等方式，加大对重点产业、重要平台、重大项目的支持，助力新基建、新型城镇化、交通和水利等重大工程建设。深化普惠金融改革，持续推进“一行一品牌”金融服务模式，巩固扩大智能制造装备产业链普惠金融（征信）试验工作成效，普惠型小微企业贷款余额增量超50亿元。积极为企业集团、产业链集群等提供一揽子、全流程综合性人民币跨境金融服务方案，打造全省跨境人民币创新试点示范区。落实“一企一策”应对方案，有效运用纾困基金等政策工具，积极化解企业风险。

**三、坚持城乡统筹，丰富内涵品质，推动整体面貌大焕颜**

进一步刷新城市颜值、建设美丽镇村、改善人居环境，不断提高城市能级，加快形成城乡融合、全域美丽、宜居宜业新格局。大力完善功能设施。积极构建区域性综合交通枢纽，完成苏锡常南部高速建设，加速推进南沿江城际高铁、常泰铁路、宁常高速，加强盐泰锡常宜城际铁路、苏锡常都市快线等区域大动脉的研究对接，精益求精打造南沿江城际高铁武进站。立足于促进内外部互联互通，开工建设地铁5号线，实施青洋路二期、花海大道一期、312国道和232省道快速化改造等工程，实施湖滨路改造、武南路东延、朝阳路南延等项目。重点围绕地铁1号、2号线及环滆湖地区，优化交通线网，探索开通短途定制公交线路。对全区道路进行“绿波”控制优化，提高交通出行效率。实施“城市西进”战略，高水平经营城市资源，加快淹城南侧、长沟河西侧等重点片区开发步伐。全力攻坚水利项目，完成新孟河工程武进段、环太湖大堤工程建设任务。实施无线通信网优化工程，新建、改造升级5G基站1200个。致力提升城乡品质。坚持科学性、前瞻性、精准性、实用性相结合，科学划定“三区三线”，编制完成全区国土空间规划。加快“三个更新”步伐，完成征迁签约200万平方米。以开展老旧小区整治为重点加快城镇更新，完成中凉一村等12个老旧小区改造，解决设施欠缺、环境落后、品质不高等问题；以推动工业园区再集中为抓手加快园区更新，全面开展5个工业园区升级改造试点，提升企业集聚程度和产出效益；以实施农民自建区建设工作为突破口加快农村更新，启动建设5个农民自建区，真正让广大农民“住有宜居”。加强城市精细化管理，开展市容环卫责任区扩面工作，确保城市长效管理考评成绩进入全市第一方阵。开展省市农村垃圾分类全域试点镇建设，建成区35%的住宅小区创成省垃圾分类达标小区。建设武宜中路、延陵东路等21条精品街道，精心打造33条示范道路，以点带面提升市容市貌。发挥新时代文明实践中心和融媒体中心作用，推动全域文明城市建设，测评成绩保持全省第一方阵。高标准建设生态绿城，启动徐湖　公园建设，完成国家生态园林城市六大工程建设任务。扎实做好江苏理工学院新校区征迁和市委党校建设工作，开工建设常州医学院。全力激活镇域经济。推动区与中心城区、开发区与镇联动发展，探索建立利益联结、成果共享等机制，增强互动协同效应。强化国有企业与镇的联动，在产业培育、镇域更新、土地经营等方面发挥各自优势、形成互补格局。支持各镇明确产业定位，积极引入产业园区专业运营商，调整优化产业和功能布局。大力开展招商引资，扎实做好安商稳商工作，推动镇区更新焕颜、商贸持续繁荣，更好地集聚人流、物流、资金流。加力实施乡村振兴。加大农业农村领域资金投入力度，促进农业高质高效、乡村宜居宜业、农民富裕富足。落实藏粮于地、藏粮于技战略，做好粮食稳产、生猪保供工作，推动林果、花木产业转型升级，加快名优农产品走出去步伐，新增高标准农田1133.33公顷。以“三权分置”为突破口，开展新一轮农村宅基地制度改革国家试点，有效放大农村土地价值。全面提升美丽乡村建设水平，高质量推进垃圾、污水、厕所“三大革命”，着力打造一批精品示范路，形成点上出彩、线上成景、面上美丽的全域美丽乡村骨干体系，建成区级精品美丽乡村10个。接续开展“万企联万村共走振兴路”行动，持续提高村企联建成功率，打造10个典型项目。加强农村产权交易市场建设，优化配置土地、资金等要素，全面完成农村集体产权制度改革任务，增强农村造血功能。

**四、坚持生态优先，加强污染防治，提升绿色发展竞争力**

把生态环境投入作为基础性、战略性投入，以争创国家级生态文明建设示范区为抓手，全面提升生态环境品质，使绿色成为武进高质量发展最动人的底色、最温暖的亮色。更快速度推动节能减排。注重末端治理、强化源头预防，大力整治“散乱污危低”企业，完成上级下达的减排任务，力争尽早实现碳排放达峰。强化能耗、水耗、环保、安全、技术等标准约束，加大重点行业落后产能淘汰和超低排放改造力度。实施高新区、西太湖园区循环化改造提升工程，支持企业兼并重组、小散企业集聚提升，积极培育绿色企业集群，新增绿色工厂5家。持续削减煤炭消费总量，加快构建清洁低碳、安全高效的能源体系。支持中欧（常州）绿色创新园发展，推动苏锡常固体废弃物处置和资源综合利用产业协同发展，提升区域环境绿色发展水平。更实举措开展生态修复。以降低$PM_{2.5}$污染为核心目标，协同控制臭氧污染，完成燃气锅炉低氮改造，开展集中式餐饮企业集约化管理试点，深化扬尘治理，实施无组织排放整治、产业集群整治、挥发性有机物综合整治等项目298个。全域化开展水环境流域系统治理，以滆湖、太湖为核心，在东部片区全面推广武进港戴溪片区小流域综合治理模式，在南部片区继续建设生态循环修复基地，在西部片区加快实施滆湖上游重要汇水区综合治理，加快提升中心城区河道水质。开展工业废水与生活污水分开收集、分质处理，谋划布局工业污水厂项目，建成投用武南污水处理二厂一期和湟里、漕桥污水处理厂扩建工程，启动城区污水处理厂异地重建工程，持续提升全区污水处理能力。针对入湖河流、支流等重点区域，综合实施生态河道建设、小微水体整治等工作，打造5个“河畅、水清、岸绿、景美、人和”的示范样本。加快推进滆湖退田还湖二期工程，结合绿地、湿地建设，培育一批生态亮点。更大力度筑牢环保底线。严把生态环境准入关，严守生态保护红线区域，深入开展“绿盾”专项行动，维护生态安全。切实抓好长江“十年禁渔”，巩固提升禁捕退捕成果。建设危废全生命周期监管系统，动态监管各个环节。深入推进河长制工作，修编镇村河道“一河一策”，全面推行河道排口“一口一档”“一口一牌”。健全环境监察体系，完善环境执法与刑事司法联动机制，依法严厉打击各类环境违法违规行为。突出抓好各级环保督察、巡视交办问题整改，做到举一反三、标本兼治。

**五、坚持以民为本，增进民生福祉，增强人民群众获得感**

聚焦“八个更”要求，强化普惠性、基础性、兜底性民生建设，构建覆盖“人的一生”保障网，让武进发展更有“温度”、民生答卷更有“厚度”。保持疫情防控常态化。始终紧绷疫情防控这根弦，因时因势优化完善疫情防控举措，确保不出现规模性输入和反弹。围绕“外防输入、内防反弹、人物同防”，进一步加强重点人群的排查管控和健康监测，有序推进新冠疫苗接种工作，落实进口冷链食品集中监管措施。坚持关口前移，完成二级以上综合医院规范化发热门诊建设，压紧压实各级防控责任。深入开展新时代爱国卫生运动，宣传新冠肺炎和常见传染病知识，倡导文明健康的生活方式。实现社会保障普惠化。不断扩大就业规模、优化就业结构、提高就业质量，加快建设江苏省技能人才服务基地和武进区职业技能云大学，新增城镇就业3.4万人，支持大学生创业3240人。健全基本医疗保险筹资和待遇调整机制，提升长期护理保险服务质量。动态监测脱贫情况，发放慈善救助资金、社会公益事业补助资金4800万元。深化“美丽武进 幸福家园”同心惠民教育共建三年光彩行动，实施光彩项目150个。完成各镇、开发区安置房初始产权登记，办理安置房不动产权证1万套。推进住房公积金提标扩面工程，新增缴存职工1.2万人。促进公共服务均等化。用心用情用力解决群众关心的实际问题，把重点民生实事项目办到群众心坎上。启动实施教育“强弱项、补短板”三年行动方案，组建教育基础设施项目推进专项工作小组，完成新改扩建学校15所，增加学位超8000个；落实立德树人根本任务，加强名校长、名教师、名班主任培养。积极参与苏锡常都市圈职业教育改革创新，稳步推进常武中招一体化，支持高品质示范高中建设。大力建设健康武进，完善公共卫生应急管理体系，推进武进人民医院和武进中医医院创建“三甲”医院、市七院建设现代化三级医院，启动武进人民医院南院二期项目，加速推进礼河卫生院易地新建项目，建成常州经开区公共卫生管理服务中心，促进医防融合、医养融合。不断繁荣文体事业，改造提升王诤故居、李公朴故居，提档升级基层综合性公共文化服务中心，创造更多文艺精品力作，办好市民艺术节、第五届区运动会等活动。推进居家养老上门服务和服务中心（站点）社会化运营，改造提升敬老院，不断提高护理型床位占比。擦亮“戎创武进”就业创业品牌，改造升级烈士纪念馆，实现武进双拥模范区创建“九连冠”。推进社会治理现代化。进一步健全“大数据＋网格化＋铁脚板”机制，长效推进群租房整治，建立健全出租房综合监管模式。加强社会治理视频云平台建设应用，创新完善治安防控体系，提升动态治安驾驭能力。强化信访问题源头预防，依法化解存量矛盾。大力开展安全生产专项整治“三年大灶”，聚焦危险化学品、消防安全、交通运输等重点领域，推进安全生产大检查、大排查、大整治。常态化开展应急演练，有效防范、科学应对突发事件。强化食品药品、农产品等质量监管，守住“舌尖上的安全”。高质量完成全区村（社区）“两委”换届工作。

**六、坚持初心使命，强化责任担当，开创政府建设新局面**

面对新形势新挑战，我们将牢固树立正确的政绩观，大力推进政府治理体系和治理能力现代化，着力打造学习型、服务型、效能型、创新型、法治型、廉洁型“六型”政府。秉公干事，依法履职。坚持以习近平法治思想为引领，规范重大行政决策程序，启动“八五”普法，建设更高水平的法治政府。依法接受区人大及其常委会的监督，自觉接受区政协民主监督，主动接受社会和舆论监督，认真听取各界意见建议，高质量办理人大代表建议和政协委员提案。加大政务公开力度，全面开展基层政务公开标准化、规范化建设。依托区域治理现代化指挥中心建设，形成“大数据＋指挥中心＋综合执法队伍”新模式。砥砺担当，高效施政。坚持“干则一流、出则精品”，完善深化专班工作机制，更大力度推进比学赶超，创造更多全国全省第一唯一的工作业绩和品牌。加强政府执行力建设，实行项目化管理、责任制落实、时序化推进，确保政府工作干一件、成一件。增强补课充电的紧迫感，提高广大干部的学习力、决策力、执行力、持久力，努力成为贯彻新发展理念、构建新发展格局的行家里手。坚持严管和厚爱结合、激励和约束并重，旗帜鲜明为担当者容错、为实干者撑腰、为创新者鼓劲，不断激发干事创业的精气神。稳步开展政府隐性债务化解工作，确保完成年度化债任务。启动实施国资国企高质量发展三年行动计划，支持重点国有企业提升市场化经营管理水平，努力打造成为城镇开发运营商和产业投资服务商。改进作风，清正廉洁。狠抓政府系统党风廉政建设和反腐败工作，严格履行区政府党组全面从严治党主体责任，高标准严要求落实中央八项规定及实施细则精神，持之以恒正风肃纪。加强廉政风险点排查防控，用制度管住关键事、管到关键处、管好关键人。落实政府过紧日子要求，提升机构编制资源使用效率，严控财政供养人员总量，加强预算和专项资金管理，全力压减一般性支出，集中财力办大事实事要事。强化财政监管、审计监督，让权力始终在阳光下运行。

# 文件选录

## 加快旅游产业高质量发展的实施意见

武发〔2020〕45号

为深入贯彻落实党中央、国务院关于促进旅游业发展的重大决策部署，加快推进武进区旅游产业高质量发展，现结合武进区实际，提出如下意见。

### 一、总体要求

（一）指导思想

深入贯彻党的十九大精神，坚持新发展理念，紧紧抓住长三角一体化发展战略机遇，大力发展全域旅游，推动旅游产业高质量发展。以促进武进经济转型升级，推进旅游供给侧改革为目标，实现武进区“生态滨湖区”发展要求，争做常州“文旅休闲明星城”建设排头兵，奋力推进武进区旅游产业发展迈上新台阶。

（二）基本原则

——坚持融合创新。按照全域旅游发展要求，加快促进部门协同、区域联动、资源整合、产业融合，推动旅游业从门票经济向产业经济转变，从封闭自循环向城景一体化发展，推动形成经济增长的新动能。

——坚持质量效益。加强对旅游发展的规划布局、政策制度保障及公共服务供给，加快旅游供给侧结构性改革，以国际眼光和高点定位，全面提升旅游产业整体水平和发展质量。

——坚持品牌特色。坚持差异化发展战略，打响“花都水城·浪漫武进”城市旅游品牌，形成特色鲜明、优势互补的旅游发展新态势，全面增强旅游产业发展新动能，将旅游培育成展示和体验武进高质量发展和高品质生活的重要载体。

（三）发展目标

积极实施全域旅游发展战略，实现旅游产业规模快速壮大、产业整体水平显著提升、产业核心竞争力明显增强，将武进建成中国知名的时尚体验型旅游目的地，长三角高品质特色休闲度假胜地。2025年实现全区旅游总收入350亿元，年接待游客2500万人次。

### 二、主要任务

（一）全面构建发展格局

1.继续围绕“一古一今一生态”做文章，以高等级旅游景区为龙头，特色精品景点为补充，打造长三角旅游目的地。

2.春秋淹城旅游区要紧抓国家大运河文化带建设机遇，深挖春秋文化内涵，加快建设淹城遗址公园改造提升项目，争创国家级文化遗址公园。

3.加快推进太湖湾旅游度假区综合提升改造工程，全力打造国内一流休闲度假基地、研学旅行基地和康体养生基地，全力创成国家级旅游度假区。

4.充分利用西太湖生态休闲区滨水资源，积极招引项目，以“医疗旅游先行区、文化旅游样板区、滨湖城市休闲区”为目标，发展健康、医养、休闲、文化产业。

5.雪堰镇、礼嘉镇、前黄镇、嘉泽镇等要充分利用农业产业优势，大力发展乡村旅游，高新区要围绕高科技智能智造、新能源产业，拓展工业科普旅游项目，其他镇也要结合各自实际，发展旅游业。

（二）统筹推进规划编制

1.强化顶层设计，邀请专业机构和旅游专家高质量编制《武进旅游业发展十四五规划》和各类旅游发展专项规划，为武进旅游发展规划蓝图。

2.建立规划统筹机制和多规融合机制，加强旅游规划与经济社会发展、国土空间、城乡建设、生态环境保护等规划衔接，发挥综合联动效益。

3.坚持先规划后建设，实施规划评估，提高规划的执行力度，强化督察考核，促进《武进全域旅游发展规划》《太湖湾片区美丽乡村示范区规划》等现有规划的实施。

（三）推进旅游产品体系建设

1.加强品牌创建。继续推进太湖湾国家级旅游度假区创建，争创一批A级景区、省工业旅游示范区，鼓励条件成熟的酒店争创星级旅游饭店。做好嬉戏谷中远期争创国家5A级景区准备工作。

2.丰富旅游产品业态。制定出台相关政策，鼓励发展乡村民宿、自驾营地、帐篷酒店等非标住宿，以满足游客个性化、特质化的消费需求。

3.加快推进产业融合。充分挖掘利用武进区非遗文化、遗址古迹、古村老街、品牌赛事、生态山水、高新科技产业、现代农业等资源，积极推进研学旅游、文化旅游、体育旅游、康养旅游、工业旅游、乡村旅游等旅游产品的研发和推广。

4.加快开发夜间旅游产品。打响“龙城夜未央·武夜尽欢畅”的武进夜生活品牌，培育夜游、夜购、夜飨、夜娱、夜养等夜间休闲产品，以特色住宿、夜公园、剧场演艺等项目吸引游客慢下来、留下来、住下来，全力延长游客停留时间。大力推广“阳湖印记”非遗项目进景区活动，加大文创产品开发力度，打造武进特色旅游伴手礼。

（四）强化旅游项目支撑引领

1.加强在建旅游项目管理。及时跟进大运河淹城遗址公园改造提升项目、西太湖旅游提升项目、西太湖万丽酒店项目、壹方休闲现代旅游产业园项目、乐缘湖景休闲度假中心项目、玉美健康养生旅游项目等在建项目建设进度，促使早完工早运营，进一步丰富旅游产品供给体系。

2.切实加大旅游项目的招引力度。全面盘点区内旅游和土地资源，明确项目招引方向和重点，推出土地和金融等优惠政策，吸引民间资本参与旅游项目建设，并能落地开工，为武进旅游发展增强后劲和综合竞争力。

（五）持续塑造旅游品牌形象

1.加强区域协作联动。实施旅游营销品牌战略，形成“花都水城·浪漫武进”的核心旅游品牌。增强品牌曝光度和显示度，拍摄全域旅游宣传片、设计制作宣传折页、宣传海报、旅游地图等，在入境机场、高速公路入口、交通主干道入口、轨道交通站点等重点区域进行旅游形象宣传。

2.精心策划好旅游节庆活动。继续举办“花都水城·浪漫武进”文化旅游节、西太湖半程马拉松赛、“阳湖”果品节等系列节庆活动，以内容丰富的特色活动汇聚人气。

3. 实行传统媒体和新媒体相结合的全媒体营销方式。重点加快实施新媒体营销举措，探索开展旅游目的地整体营销，鼓励旅游企业与OTA平台合作，加强“微信、微博、抖音、网站”建设，打造网红打卡地，吸引网络关注度。

（六）完善旅游公共服务体系

1. 加快游客服务中心的建设和布点，在交通枢纽如武进高铁站及地铁主要站点建设游客集散中心或设立旅游智能服务设施。

2. 加快旅游交通网络和基础设施建设。完善机场、高铁落地交通接驳功能，开通旅游专线车，地铁主要出口到景区实现公交互通。加快通景公路和慢行道、绿道系统建设，通景公路达到规定等级要求。高速公路服务区旅游化改造加快推进，淹城服务区、滆湖服务区分别体现淹城和西太湖特色要求。

3. 持续推进智慧旅游建设。积极利用好12301国家智慧旅游服务平台入驻武进区的优势，建设好武进旅游监管服务平台，建立旅游大数据中心，实现数据分析、视频传输、监测预警、信息推送、营销推广、咨询投诉等。

4. 继续深化旅游厕所革命。推进全区旅游厕所A级评定工作，实现旅游景区和重点乡村旅游区的旅游厕所全覆盖，加快城市公厕的旅游化改造，做好旅游厕所的综合管理、文明如厕宣传工作。

5. 完善旅游标识导览系统。全面摸排和进行旅游标识系统的更新、补充、新增和维护工作。根据全域旅游示范区建设要求，配套设置全域旅游全景图以及主要景区全景导览图。

（七）提高乡村旅游发展品质

1. 促进乡村旅游集聚发展。围绕乡村振兴和美丽乡村建设，以雪堰镇、礼嘉镇、嘉泽镇、前黄镇为重点，优化乡村旅游区域整体空间布局、道路交通和环境整治，提升乡村旅游发展水平，形成规模效应。

2. 实施乡村旅游精品工程。对现有星级乡村旅游区加强行业指导和综合管理，全面提升乡村旅游发展品质。推动国家、江苏省乡村旅游重点村和市级美丽乡村创建工作，形成国家、省乡村旅游重点村和市级美丽乡村梯级产品体系。

3. 推出乡村旅游精品线路。将乡村旅游区串点成线，打造四季乡村旅游精品线路，形成“春赏花、夏摘果、秋美食、冬年俗”的乡村休闲旅游线路。

（八）营造优质旅游市场环境

1. 完善旅游市场综合治理体系。制定旅游市场综合监管责任清单，发挥旅指委、旅游专委会、旅游协会作用，加强涉旅部门联合执法检查，持续开展旅游市场秩序整治行动，严格查处无证经营、黑车黑导、零负团费、强迫消费等违法违规行为。

2. 充分发挥各类旅游监管平台和“双随机、一公开”执法机制作用，提高旅游市场监管科学化、信息化、规范化水平。

3. 加强旅游市场安全综合治理。确保旅游客运交通、景区和酒店食品卫生、高风险旅游项目等重点环节安全和景区游乐设施设备运行安全。

4. 加强文明旅游宣传活动。开展旅游文明公约和出境旅游文明指南宣教活动，树立文明旅游典型。开展旅游志愿者服务，在主要景区设立服务工作站，积极举办志愿服务公益活动。

**三、保障措施**

（一）强化组织领导。建立党政一把手负责的领导协调机制，组织制定落实更加有利于旅游业加快发展的政策措施，定期召开工作推进会和协调会，切实推动旅游业发展各项重点任务的落实。

（二）强化政策支持。建立推动旅游产业高质量发展的政策体系。发挥财政资金的引导和推动作用，多渠道筹集和设立旅游发展专项资金，引导和扶持旅游项目建设和品牌创建活动。适度扩大旅游产业用地供给，优先保障重点项目和乡村旅游项目用地。创新投融资机制，鼓励社会资本参与旅游项目建设，以市场为导向，加大招商引资力度，发展壮大旅游产业。

（三）强化人才保障。完善人才培育机制，创新旅游引才引智机制，努力建设一支数量充足、素质优良、结构合理的旅游人才队伍。积极开展校企联合人才培养或建立旅游人才培训基地。实施旅游人才引进和奖励政策，建立武进旅游专家智库，引进专业人才或专家短期工作，开展人才交流、交换、挂职等活动。

（四）强化督导考核。明确旅游业发展各项任务分工，加强考核管理，实行考核目标激励约束，确保各项工作任务全面落实到位。

## 武进区加快高新技术企业培育的实施意见

武政发〔2020〕70号

为贯彻落实国家、省、市科技创新工作部署，强化企业创新主体地位，加强高新技术企业培育，形成以高新技术企业为主体的创新型企业集群，为打造“一区一城”建设提供有力科技支撑，按照《省政府关于印发〈江苏省推进高新技术企业高质量发展若干政策〉的通知》（苏政发〔2019〕41号）和《市政府关于印发〈常州市进一步推进高新技术企业培育的若干政策〉的通知》（常政发〔2020〕52号）的文件精神，制定本意见。

**一、指导思想**

以习近平新时代中国特色社会主义思想为指导，牢固树立新发展理念，大力实施创新驱动发展战略，加快完善创新生态系统，营造一流营商环境，推动技术、资本、人才、政策等创新要素支持科技型企业发展，助力其加快成长为高新技术企业，成为高质量发展的生力军。

**二、基本原则**

（一）坚持企业主体。以提升企业自主创新能力为目标，充分发挥政府引导作用，激发企业创新的主观能动性，推动企业加大研发投入，加快成果转化，完善财务管理，创新管理机制，推动企业向国家重点支持的高新技术领域、战略新兴产业发展，培育一批掌握核心技术、拥有自主知识产权、具有国际竞争力的优质企业。

（二）坚持区镇（开发区）联动。区级各职能部门要形成合力，把高新技术企业的培育作为促进武进区经济高质量发展的重要手段。招商部门要把能不能成为高新技术企业作为招引项目的重要评估条件，科技、财政、税务等部门要各负其责、共同担当、主动服务，及时落实相关扶持政策，协同推进高新技术企业发展。通过区镇（开发区）联动，进一步完善服务体系，将高新技术企业培育与区镇（开发区）中心工作紧密结合，对潜力企业开展集中扶持。

（三）坚持社会协同。以科技园区、科技企业孵化器等平台为抓手，整合技术、财税、法律、知识产权等中介机构专业力量，建立高新技术企业培育全流程服务体系，支撑全区企业高新化的提升需求。

**三、工作目标**

通过政策引导和重点服务，形成高新技术企业高质量发展新格局。到2022年，实现“三年倍增”，确保全区拥有高新技术企业1000家以上，涌现出一批具有较强竞争力的高成长创新型企业。

**四、培育措施**

（一）壮大高企培育群体。建立健全以科技型中小企业、省民营科技企业、人才企业、高新技术产业列统企业等为重点的高企培育工作体系。全面落实高企培育入库奖励、高企认定奖励、高企重新认定奖励等扶持措施，引导各类企业加快成长为高新技术企业。指导高新技术企业加大研发投入，加强企业研发机构建设，推动企业加快成长为瞪羚企业、独角兽企业。

（二）完善培育指导机制。加大对培育企业走访力度，提升企业科技创新、成果转化、人才培养和环境保护、安全生产、质量控制等方面意识。落实高新技术企业所得税优惠、研发费用加计扣除政策，降低企业创新成本。鼓励企业与国内外科研院所开展技术交流合作。鼓励大院大所面向企业开展技术开发、技术咨询、技术培训等服务。指导做好企业高层次人才的引进工作，推动创新人才向高新技术企业集聚。

（三）健全创新支撑机制。加强创新创业载体建设，构建完善“众创空间－孵化器－加速器－产业园”的孵化链条，加快引育孵化一批科技型企业，增加高新技术企业源头供给。引导服务机构提升服务质量和服务能力，对在武进区区域范围内为高新技术企业提供知识产权代理、财务专项审计、科技咨询等服务的专业机构，按照上年度服务成效，优先推荐申报市级科技计划项目。

（四）提升创新服务水平。围绕提升创新体系整体效能，提高政务服务水平，为培育企业提供“便捷、快速、高效”的服务环境。积极为高新技术企业争取各级各类政策，引导金融机构加大对高新技术企业的支持力度，对培育企业开展精准化、高端化服务。

**五、扶持政策**

根据《省政府关于印发江苏省推进高新技术企业高质量发展若干政策的通知》（苏政发〔2019〕41号）和《市政府关于印发〈常州市进一步推进高新技术企业培育的若干政策〉的通知》（常政发〔2020〕52号）的文件精神，高新技术企业可以享受以下政策：

（一）培育入库奖励。经申报认定进入江苏省高新技术企业培育库的，给予15万元奖励，其中省级奖励5万元，区级奖励10万元。

（二）高企认定奖励。首次获得高新技术企业认定的，给予45万元奖励，其中省级奖励15万元，区级奖励30万元；再次获得高新技术企业认定的，区级奖励20万元。

（三）税收减免优惠。全面落实高新技术企业所得税减按15%的税率征收、企业研究开发费用175%税前加计扣除，形成无形资产的，按照无形资产成本的175%在税前摊销等优惠政策，对企业主导或牵头的重大科技创新平台给予奖励。

上述政策由区科技局、财政局负责解释，其中区级奖励部分根据市政策要求落实，其中高新区、西太湖涉及经费由各板块自行承担，各镇涉及经费由区财政承担。本政策从印发之日起实行，原有政策与本政策不一致的，以本政策为准，执行时限与《市政府关于印发〈常州市进一步推进高新技术企业培育的若干政策〉的通知》（常政发〔2020〕52号）相同，如遇上级政策调整，以上级新政策为准。

**六、组织保障**

（一）加强组织协调。区有关部门、各镇（开发区）要站在全局和战略高度，充分认识促进高新技术企业发展的重要意义，把支持高新技术企业发展纳入重要议事日程。建立和完善会商制度，统筹协调重大问题解决。

（二）强化考核评优。定期通报高企培育情况，形成区镇（开发区）合力、上下联动、共同推进的工作机制。将高企培育工作纳入全区高质量考核指标体系。对在高新技术企业培育工作做出突出贡献的个人，在各级评优评先中予以优先考虑。

（三）加大政策扶持。建立高新技术企业培育专项奖励资金，用于兑现高新技术企业培育入库、认定奖励，引导企业加快成长为高新技术企业。强化政策宣传和引导，着力扩大政策的覆盖面、知晓率和兑现度，营造有利于高新技术企业培育的浓厚氛围。

# 重要文件题录

## 区委文件题录

9号　2020年全区“六提工程”实施意见

13号　关于切实采取扎实措施加强新冠肺炎疫情防控工作的通知

16号　武进区关于新时代文明实践中心建设试点工作的实施意见

18号　关于对2019年度“阳湖先锋”进行表彰的决定

19号　关于授予赵学成、苏建中、陆新丰、沈金良同志“常州市武进区新冠肺炎疫情防控工作先进个人”称号的决定

21号　关于新时代加强和改进人民政协工作的实施意见

26号　常州市武进区生态环境保护责任规定（试行）

27号　2020年武进区打好污染防治攻坚战实施意见

28号　关于扎实做好“三农”领域重点工作开启率先基本实现农业农村现代化新征程的意见

29号　《关于决胜高水平全面建成小康社会补短板强弱项的若干措施》及6个专项行动方案

30号　关于授予庄亚娟等同志“常州市武进区新冠肺炎疫情防控工作先进个人”称号的决定

43号　关于深化改革加强食品安全工作的实施方案

45号　武进区关于加快旅游产业高质量发展的实施意见

48 号　关于全面深化预算绩效管理的实施意见
50 号　关于表彰 2017—2019 年度武进区劳动模范的决定
52 号　新时代武进产业工人队伍建设改革实施方案
54 号　常州市武进区深入排查解决突出民生问题三年行动计划（2020—2022 年）

## 区政府文件题录

1 号　《2020 年政府工作报告》目标任务分解落实方案
8 号　武进区产业结构调整负面清单实施意见
10 号　关于转发《常州市人民政府关于应对新冠肺炎疫情助力企业恢复生产的意见》的通知
17 号　关于实施《武进区食品小作坊禁止生产经营品种目录》的公告
18 号　关于在相关建制镇和开发区开展相对集中行政处罚权工作的决定
20 号　关于表彰 2019 年度武进区区长质量奖的决定
22 号　关于印发促进我区生猪产业高质量发展保障市场供应实施意见的通知
25 号　关于印发赋予镇（街道）政务服务事项清单（第一批）的通知
26 号　关于支持乡村振兴战略的若干财政金融政策意见（2020—2022 年）
27 号　常州市武进区政府投资建设项目审计监督办法
37 号　关于责成镇人民政府、开发区管委会等违法建设查处机关对违法建设采取强制措施、强制执行的通知
40 号　武进区工业用地使用权采用先租后让和弹性出让实施办法（试行）
53 号　全面推进我区长江流域禁捕退捕工作实施方案
70 号　武进区加快高新技术企业培育的实施意见
71 号　关于加快推进企业上市的若干政策意见
78 号　关于公布武进区征地区片综合地价执行标准的通知
100 号　加快以石墨烯为代表的先进碳材料产业创新发展的若干政策
101 号　先进碳材料产业发展三年行动计划（2021—2023 年）
105 号　常州市武进区突发事件总体应急预案

## 区委办公室文件题录

3 号　2020 年区级重点产业项目投资计划表
5 号　关于建立区领导联系督导疫情防控工作制度的通知
17 号　常州市武进区推进基层整合审批服务执法力量实施方案
24 号　2020 年武进区网格化集成管理工作要点
25 号　武进区进一步加强安全生产工作重点任务分工方案（2020—2022 年）
26 号　武进区开展档案工作服务农村基层社会治理试点的实施方案
27 号　常州市武进区深化农村宅基地管理改革试验实施方案
31 号　武进区促进乡村振兴走在前列的扶持办法（2020—2022 年）
33 号　常州市武进区政务数据共享平台建设工作方案
37 号　关于推进全区“有事好商量”协商议事平台建设工作的实施意见
39 号　2020 年度武进区全面从严治党责任清单
41 号　常州市武进区对口帮扶安康市汉滨区、平利县 2020 年度扶贫协作工作要点
47 号　武进区安全生产专项整治三年行动工作方案
53 号　武进区全面落实“六保”任务实施意见
57 号　武进区全域旅游示范区创建工作实施方案
63 号　武进区安全生产问题隐患快速处置联动机制（试行）
66 号　常州市武进区危化品安全生产领域形式主义、官僚主义问题专项检查工作方案
67 号　关于全面加强危险化学品安全生产工作的实施方案
71 号　武进区开展危化品安全生产领域专项执法检查工作方案
74 号　严禁领导干部干预司法活动插手具体案件处理的十项规定（试行）
92 号　常州市武进区审计查出问题整改办法
93 号　关于加强新时代民营经济统战工作的实施意见
97 号　关于巩固深化“不忘初心、牢记使命”主题教育成果的实施意见

## 区政府办公室文件题录

1 号　2020 年常州市武进区重点民生实事项目责任分解落实方案
4 号　常州市武进区生产安全事故应急预案
5 号　常州市武进区突发事件新闻发布应急预案
6 号　常州市武进区危险化学品事故应急预案
7 号　常州市武进区食品安全事故应急预案
8 号　常州市武进区药品和医疗机械突发事件应急预案
9 号　常州市武进区特种设备事故应急预案
11 号　常州市武进区突发重大动物疫情应急预案
12 号　常州市武进区流感大流行应急预案
13 号　常州市武进区突发公共卫生事件应急预案
14 号　常州市武进区突发事件医疗救援应急预案
15 号　常州市武进区鼠疫控制应急预案
16 号　武进区打通“生命通道”集中攻坚行动实施方案
17 号　武进区危险化学品安全综合治理实施方案
19 号　常州市武进区扫雪除冰应急预案
20 号　常州市武进区城区突发性强降雨排涝应急预案
21 号　常州市武进区防御台风应急预案
22 号　常州市武进区防汛防旱应急预案
23 号　关于开展武进区征地区片综合地价制定工作的通知
24 号　武进区统筹抓好当前农村疫情防控和“三农”重点工作的指导意见
29 号　应对疫情影响加大对酒店餐饮旅游业扶持力度的若干意见
33 号　关于调整尿毒症病人血液透析费用慈善补助标准通知
35 号　关于公布相关建制镇和开发区相对集中行使的行政处罚权目录清单

36 号　关于开展征迁和开发项目遗留问题攻坚活动的通知
39 号　关于建立武进区稳外贸联席会议机制的通知
40 号　武进区公共资源交易活动举报投诉处理办法
43 号　2020 年武进区重点企业、高成长企业名单
45 号　关于加强电梯安全工作的意见
49 号　常州市武进区对口支援伊犁州尼勒克县“筑梦喀什河 · 添彩尼勒克”特色援疆三年行动计划
50 号　常州市武进区重污染天气应急预案
51 号　常州市武进区辐射事故应急预案
52 号　常州市武进区突发环境事件应急预案
53 号　常州市武进区集中式饮用水源突发污染事件应急预案
54 号　武进区新市民学校整治提升工作实施方案
55 号　进一步加快推进简易托幼机构整治工作的实施意见
58 号　常州市武进区处置大规模恐怖袭击事件应急预案
59 号　常州市武进区处置大规模群体性事件应急预案
60 号　2020 年武进区政府投资项目第一批建设计划表
61 号　武进区违法违规“小化工”百日专项整治行动实施方案
62 号　常州市武进区 2020 年度地质灾害防治方案
64 号　武进区自然资源统一确权登记总体工作方案
69 号　关于成立武进区全面落实“六保”任务推进专班的通知
71 号　武进区城镇危险住房解危实施办法（试行）
75 号　武进区自然资源和规划指令性任务操作规程
81 号　武进区国土空间规划（2020—2035 年）编制工作方案
84 号　2021 年度武进区城乡居民基本医疗保险和长期护理保险筹资标准
86 号　关于开展工业项目“标准地 + 承诺制”改革试点的实施意见
88 号　武进区 2020 年第二批政府投资项目建设计划
90 号　贯彻落实政府过紧日子要求十条措施
91 号　关于进一步深化预算管理改革的实施意见
94 号　武进区沿街商铺消防安全专项整治方案
95 号　常州市武进区食品安全监管事权清单
96 号　常州市武进区粮食应急预案
100 号　关于做好当前安全生产重点工作
104 号　武进区危险化学品使用安全专项治理行动工作方案

# 调研报告选编

## 关于加快全区乡村旅游发展的调查与思考

发展武进乡村旅游产业是实现全区乡村振兴的重要途径之一，也是满足人们对美好生活向往的现实需求。当前，疫情防控形势持续向好，各地乡村旅游纷纷按下“重启”键，人们游古埠名镇、赏山水田园、住农家民宿、品美味土菜，以乡村旅游促消费振兴。近期，我们深入太湖湾旅游度假区、雪堰镇和嘉泽镇等地开展乡村旅游发展情况的调查。

**一、基本情况**

乡村旅游是以乡村为场所，以田园农庄环境为载体，以文化为灵魂，以农村生活方式为体验的新型旅游业态，近年来正呈现出巨大的经济效益、生态效益、社会效益和文化效益，并以其独特的方式解决农村发展的突出问题。近年来，区委、区政府高度重视旅游业发展，大力实施常州市《关于塑造高质量旅游明星城市的实施意见》，旅游产业体系不断完善，空间布局初步形成，特色景点声名鹊起。2019 年接待游客 2017 万人次，旅游总收入 271 亿元，旅游业增加值 130 亿元，较上年均增长 10%。先后荣获“国家旅游名片”“中国旅游可持续发展示范县（市区）”等称号。其中乡村旅游方兴未艾，逐渐成为旅游业新的亮点和增长点。截至 2019 年 12 月，武进区共有省星级乡村旅游示范点 8 家，其中四星级 2 家，三星级 5 家，二星级 1 家。2019 年区内主要乡村旅游点共实现接待 262 万人次，完成营收 19029 万元。主要做法是：

1. *坚持规划引领，有序推进乡村旅游发展。*编制完成了《常州市武进区乡村旅游规划(2016—2020)》并获区政府批准实施，作为引领武进乡村旅游发展的重要纲领，指导全区乡村旅游建设健康有序发展。太湖湾旅游度假区管委会编制完成了《太湖湾旅游度假区乡村游规划》，在乡村旅游资源比较丰富的乡镇镇域总体规划中，对乡村旅游都有明晰的发展定位。

2. *实施重点项目，不断丰富乡村旅游产品。*近年来，武进区积极发掘和实施一批乡村旅游重点项目，嬉乐湾生态农业示范园、薰衣草庄园、骐骥庄园、太滆美食一条街、城西回民村特色田园乡村等多个项目建成投运，极大地丰富了武进区乡村旅游产品。2019 年，城西回民村又投入资金 500 多万元，建设黄公山观景园休闲区；嬉乐湾投资 5000 多万元，建设智能化种植休闲旅游观光项目。同时，积极做好协调服务和指导工作，推荐入选市级乡村旅游重点项目，并努力争取省、市、区各项政策、资金扶持。2020 年，嘉泽镇总投资 1.8 亿元的壹方创意休闲现代旅游产业园项目、雪堰镇玉美健康养生项目、双涵生态乐园项目等，均被列入常州文旅明星城建设重点项目，为武进区乡村旅游发展增加了后续力量。

3. *注重培育特色，着力增强乡村旅游竞争力。*加强项目规划阶段的指导，鼓励各乡村旅游点因地制宜，根据各自特色做好乡村旅游项目策划，走差异化发展之路，提升武进区乡村旅游的整体竞争力。如太湖湾片区内，城西回民村以回民文化为特色，太滆村以渔文化、鱼美食为特色，雅浦村以鲜果采摘、黄酒酿造为特色，南山村以费巷茶场、佛教文化为特色，谢家村以美丽桃园、春季赏花为特色；生态农业较为突出的礼嘉镇，开发了嬉乐湾生态农业示范园和薰衣草庄园；湖塘镇三勤生态园旁，开发建设了以马文化为主题的骐骥庄园；嘉泽镇以花木产业为特色，正在着力培育花木小镇。

4. *完善配套设施，努力提升乡村旅游满意度。*加强乡镇、板块及乡村旅游项目的基础设施配套建设，整治村容村貌环境，完善交通道路、停车场、公共厕所等配套设施，保留乡村生态特色和风貌特点。鼓励引导和推进乡村旅游点创建省级乡村旅游示范区，以创建为契机，围绕省乡村旅游等级评定相关标准，优化自身功能布局，完善旅游配套设施，丰富参与性与体验性项目，提高服务接待质量。同时，鼓励已有星级的乡村旅游点进行提档升级，进一步彰显自身特色。2019 年，城西回民村成功创建为首批“江苏省乡村旅游重点村”，荣获中国美丽休闲乡村称号，2020 年 7 月又被国家文旅部评为“国家乡村旅游重点村”。

5. 组织节庆活动，大力推广乡村旅游品牌。一方面，走出武进，到周边城市推介武进旅游；另一方面，结合各乡村旅游点的特色，组织和鼓励乡村旅游点开展四季节庆活动。如嘉泽镇依托花木产业，开展花卉展、盆景展、园艺展等各类活动；雪堰镇依托水果种植产业，连续举办了5届桃花节；太湖湾连续5年举办开湖节，吸引了众多游客食客前来尝湖鲜。2019年组织区内星级乡村旅游点参加省第十届乡村旅游节，全力宣传、发布、推广武进特色乡村旅游产品。在2020年“花都水城 浪漫武进”文化旅游节系列活动中，精心组织乡村旅游活动，如太湖开湖节、前黄丰收节、阳湖果品节等，极大地助推了乡村旅游发展。

## 二、存在问题

在乡村旅游蓬勃兴起，成为农村经济转型、农民增收致富的新增长点的同时，也暴露出一些问题：

1. 乡村旅游品牌推广效应不够理想，知晓度不高。目前武进区乡村旅游的开发大多是依赖农业资源开发产品，以独立的村庄或农庄为单位，以点为旅游载体，主要提供采摘、观光、餐饮为主的服务，缺少对乡土文化和地域特色的挖掘，造成旅游产品单一雷同，难以形成乡村旅游品牌效应。

2. 政策资金支持力度不大，投资主体较为单一。由于农村规划布局发展空间受限，乡村旅游项目等建设启动缺少周转用地指标，项目推进缓慢，导致全域旅游规划落地建设困难。目前全区还没有专门出台支持乡村旅游发展的政策性文件，旅游引导资金太少，部分镇级财政甚至没有安排旅游发展预算，政策资金的引导作用没有得到发挥，也使得民间资本投资者持谨慎态度，不敢投资回报周期长的旅游项目，导致融资路径闭塞，乡村旅游缺乏持续发展的内在动力。

3. 乡村旅游示范区建设进展缓慢，旅游基础设施相对简陋。道路、停车场、厨厕、垃圾分类、污水处理等旅游基础设施和公共服务设施建设相对落后，难以满足现代旅游需要。发展乡村旅游地区的道路等级、用电保障、网络通信、饮水安全、环境整治等急需提升改善。

4. 运行机制不够优化，部门联动机制还没有完全形成。乡村旅游涉及到食、住、行、游、购、娱等多个方面，武进区乡村旅游开发尚处于起步阶段，是武进服务业发展的一个短腿，精品酒店和民宿建设明显滞后，特别是改造民宿的办理手续繁琐，缺乏区级机关部门协调机制，公安、消防、国土、住建、安监等部门管理服务跟进不快，特别是去年机构改革后，涉及这项工作的少数部门职责不够明确，目前处于没人愿意管，也没有权力管的尴尬局面。产业联动的运行机制还没真正形成，宣传推荐力度不够，社会认知度不高，重要性没有得到凸显。

5. 发展理念相对落后，经营管理人才十分匮乏。随着生活水平的不断提高，广大居民有较高的旅游参与意愿，但实际从事经营服务的人数并不多，且大部分脱胎于当地农民，往往缺乏专业知识，经营发展理念较为落后。目前真正了解乡村游产品的旅游专业人士匮乏，不少常州旅游人在外地发展非常好，如大乐之野民宿品牌创始人，也是常州走出去的旅游人，因缺乏相关的招商政策，旅游专业人才没有真正进入农村。

针对以上这些问题，需要我们鼓励改革试点、完善政策措施、加强多方联动逐步加以解决，从而推动乡村旅游在更广范围、更深层次、更高水平上实现有序健康发展。

## 三、对策与建议

发展乡村旅游，不仅能促进农民增收，解决闲散劳动力安置问题，同时也能促进农村基础设施、房屋村舍、环境卫生等方面的建设和发展，更重要的是乡村旅游的发展还能促进农村的精神文明建设，改变一些农村的生活习惯，使农村年轻一代有更多接触外界的机会，从而给农村带来经济效益、环境效益以及社会效益。为此，我们提出如下对策与建议：

1. 实施品牌战略，培育和推介特色产品，不断提升乡村旅游的知名度和影响力。依托现有资源，善于挖掘、整理、开发，提升内涵，传承创新，重点是挖掘地方特色文化，突显区域个性特征，倾力打造乡村旅游特色精品亮点，把最具特色的产品呈现给游客。组织开展革命老区红色文化推介活动，凭借武进区张太雷、李公朴、史良、董亦湘等革命烈士资源云集的优势，按照革命传统宣传教育与乡村文化旅游相结合的原则，统筹谋划、精心策划，努力打造武进区爱国主义教育新亮点，成为全区红色文化宣传主阵地。深挖农耕文化，从地方特色农产品入手，追溯传说故事，创新产品内涵，如嘉泽的花神传说，洛阳、雪堰的蟠桃故事。保护古镇村文化，挖掘杨桥等古镇村落的历史文化内涵，通过举办庙会、灯会，建设写生基地等方式，活化传统文化，提升旅游吸引力。发扬民俗文化，将龙灯、马灯、阳湖拳、太平鼓等民俗表演，阳桥捻纸、象牙浅刻等民间技艺和非物质文化遗产融入乡村旅游项目。传播美食文化，将武进十大农家菜植入到乡村旅游的餐饮供给中，通过乡村美食节等活动壮大农家餐饮品牌。在不断打造乡村旅游特色品牌的基础上，要形成统一的武进乡村旅游对外宣传标识或符号，努力做到“三个统一”，即对外宣传形象统一设计、线路推介统一宣传发布、品牌推广统一营销管理。同时，整合各级各类媒体资源，通过户外媒体、报纸、电视、广播、微信、微博、杂志等全媒体，积极抢占全国乡村旅游市场地位，形成宣传覆盖优势，增强武进乡村旅游品牌影响力。

2. 完善政策制度，加大扶持和保障力度，营造促进乡村旅游加快发展的政策环境。首先是创新用地政策。建议将乡村旅游建设用地纳入国土空间规划和年度土地利用计划，出台《乡村旅游建设用地管理办法》。进一步加强村级组织建设和管理力度，在符合相关规划的前提下，鼓励农村集体经济组织依法使用农村集体建设用地以土地使用权入股、联营等方式，与其他企业和个人共同开发乡村旅游休闲体验项目、民宿等产品。创新供地方式，如在不改变土地性质的前提下，允许采用点供地等方式，吸引社会资本投资开发乡村旅游项目，节约用地指标，降低用地成本。其次是制定扶持政策。建议区财政预算增加安排乡村旅游发展专项资金，通过以奖代补的方式，对创建成市级以上的星级乡村旅游点和达到民宿建设标准的，实行奖补，分重点、分批次逐步增加资金投入，鼓励引导民间资本通过各种方式参与乡村旅游经营，加快形成政府投资是引子，市场投资是主体的多元化投资体系。同时，统筹整合交通、自然资源和规划、水利、农业农村、住建等部门的镇村建设资金，向乡村旅游重点片区和示范村倾斜，按照乡村旅游开发要求，进一步完善和提升各项基础配套设施。组织银企对接，对乡村旅游项目开展乡村旅游贷等小额信贷业务，给予信贷优惠。鼓励融资担保公司开展适应乡村旅游特点的融资担保业务，加大对乡村旅游经营主体特别是个体经营户的金融支持力度。*最后是完善管理制度。*针对武进区乡村旅游中民宿发展存在明显短板的现象，要加快研究制定出台民宿验收和管理办法，把乡村民宿的建设、运营和管理尽快地纳入到乡村旅游的发展体系中来。

*3. 坚持示范带动，加快示范试点区建设，有效提升乡村旅游发展的整体水平。*根据《常州市乡村旅游发展规划（2017—2030 年）》确定的“一带三区五组团”的乡村旅游空间格局，以打造乡村旅游精品线路为依托，以“基础设施标准化、接待水平规范化、资源信息共享化、旅居体检特色化”为目标，以线串线，可选择乡村旅游开发早、基础较好的太湖湾片区、礼嘉、夏溪等地作为示范试点，加强规划、用地、建设、消防安全等顶层设计，集聚全区之力，集中人力、物力、财力，精心打造，加快产业培育，积极发展“草根经济”。创新运用“互联网 +”思维，从同质竞争向内涵发掘转变，发掘比较优势，挖掘乡土文化，全方位深挖文化内涵。总结推广龙凤谷生态园将农业休闲观光项目与体验类游乐项目有机结合的成功做法，向竺山湖度假区民宿新标杆看齐，充分彰显良好的生态环境、优质的旅游资源、深厚的农业基础和厚重的人文底蕴，倾力打造一批乡村旅游示范区。加强示范区建设全程指导，积极提供“面对面、一对一”的技术帮助。按照整体规划安排，坚持以点带面，大力培育示范典型，积极创造条件，成熟一批发展一批，注重建设成效，发挥乡村旅游得天独厚的资源优势、文化优势和区位优势，以点带面有效带动乡村旅游建设水平的整体提升。

*4. 优化运行机制，加强部门联动和资源整合，凝聚推动乡村旅游发展的强大合力。*建议区成立乡村旅游发展领导小组，由区文体广电和旅游局具体牵头负责，区自然资源和规划、发改、交通、住建、农业农村、水利、环保、消防、公安、卫健、人社、财政等相关部门作为职能单位各司其职，强化全域旅游的资源观，积极整合政策资源、文化资源、产业资源和社会资源，加强规划引导，制定考核标准、星级评价体系，积极协助支持成立乡村旅游行业协会，切实履行好工作指导和督促检查等职责，可采用“一事一议”的办法，研究解决推进过程中遇到的困难和问题，切实从政府主导向市场主导转变，凝聚全社会力量，形成最大合力推动发展乡村旅游。同时，建立定期会议协商机制，重点对宣传推介、联合执法、检查督促、考核验收等具体工作开展协调对接和沟通合作，搭建以农兴游、以文促游、以游富民的农游一体发展新格局，全方位展示美丽宜居乡村建设的丰硕成果，不断提高乡村旅游的关注度和参与度。

（课题组成员：金　刚　陆为农　杨志浩　蒋杏娟）

## 关于发展武进智能制造的调查与研究

党的十九届五中全会指出，要坚定不移建设制造强国、质量强国、网络强国、数字中国，推进产业基础高级化、产业链现代化。习近平总书记 2020 年 8 月在安徽考察时指出，要坚持把做实做强做优实体经济作为主攻方向，一手抓传统产业转型升级，一手抓战略性新兴产业发展壮大，推动制造业加速向数字化、网络化、智能化发展。习近平总书记 2020 年 11 月在江苏考察时强调，要坚定不移贯彻新发展理念、构建新发展格局，在率先实现社会主义现代化上走在前列。加快推进智能制造发展是全面贯彻习近平总书记关于推动制造业高质量发展指示精神的重要举措，是落实中央和省、市要求的主要途径，是建设高质量“工业智造明星城”的关键任务，更是在后疫情时代发展中拔得头筹、赢得先机的关键之举。近年来，武进区智能制造发展取得了明显成效，突破了一批智能制造关键技术装备，树立了一批智能制造试点示范项目，打造了一批智能制造重点支撑平台；随着智能制造发展逐渐向纵深推进，重点行业转型取得新突破，产业结构优化迈出新步伐，发展动能活力实现新提升。“生态滨湖区、现代智造城”建设开启了武进智能制造发展的新篇章。

### 一、武进区智能制造发展现状

*（一）先进制造产业规模优势逐渐扩大。*近年来，武进区立体化智能制造产业布局正在加速形成，“五新三高两智能”十大产业链已基本完成构建，装备制造产业规模超千亿，高新技术产业、战略性新兴产业年产值平均增长维持在 10% 以上，已基本具备了智能制造纵深推进的基础和条件。武进区不断加速发展以轨道交通、智能制造装备和工业机器人为核心的高端装备制造产业，以石墨烯、先进碳材料和先进复合材料为引领的新材料产业，以半导体、5G 通讯、高端电子元器件为代表的新一代信息技术产业；重点培育新能源汽车及汽车核心零部件、节能环保、智能电网、新能源等新兴产业。把“四个相结合”作为培育先进制造业集群的宗旨原则，坚持有进有退，注重科学发展，以“存量提档转型、增量引育升级”为原则，做好“无中生有”“有中生新”两大文章。2019 年，全区战略性新兴产业完成产值 1776.9 亿元，同比增长 9.8%，占全区规模以上工业企业产值的 41.7%；高新技术产业完成产值 1872.5 亿元，占规模以上工业总产值比重 44.0%。

**2019 年全区新兴产业发展主要指标情况表**

表 97

| 序号 | 新兴产业 | 2019 年产值（亿元） | 2019 年利税总额（亿元） |
|---|---|---|---|
| 1 | 新一代信息技术 | 369.8 | 37.1 |
| 2 | 高端装备 | 715.0 | 89.8 |
| 3 | 新材料 | 118.0 | 11.9 |
| 4 | 生物医药 | 60.3 | 12.9 |
| 5 | 新能源汽车 | 49.5 | 2.0 |
| 6 | 新能源 | 119.0 | 10.9 |
| 7 | 节能环保 | 89.4 | 11.0 |
| 8 | 现代电子 | 160.1 | 17.8 |
| 9 | 智能电网 | 95.8 | 11.8 |
| 合　计 | | 1776.8 | 205.2 |

*（二）关键技术装备供给能力不断提高。*近年来，武进区不断加快提升智能制造关键核心装备及部件制造、智能控制系统开发和系统集成水平。突破了一批先进制造业发展急需、能

够有效补齐做强产业链的短板装备；产业化、市场化前景良好，能够快速形成产业发展新优势的新兴装备；自主可控，能够有效支撑和服务产业转型升级的重大智能制造装备、系统和成套生产线。新墅机床的“伺服动力刀架开发与关键技术研究”中标国家高档数控机床与基础制造装备专项；累计承担江苏省关键核心技术揭榜攻关项目 2 个、江苏省高端装备研制赶超工程项目（关键核心装备攻关）7 个；72 台（套）装备获得江苏省首台（套）重大装备认定。围绕关键基础材料、核心基础零部件、先进基础工艺、产业技术基础等“四基”领域，加快工业强基重点项目建设，累计中标国家工业强基工程 12 个，占全省近 1/5，位居全国同级前列。

表 98 江苏省高端装备研制赶超工程项目（关键核心装备攻关）一览表

| 序号 | 年度 | 企业名称 | 项目名称 |
|---|---|---|---|
| 1 | 2016 | 五洋纺机有限公司 | 高速拉舍尔提花经编机 |
| 2 | 2017 | 江苏恒立液压科技有限公司 | V90N−130DT 轴向柱塞泵两联变量泵 |
| 3 | 2017 | 新誉轨道交通科技有限公司 | 中国标准动车组牵引变压器 |
| 4 | 2018 | 国成新材料科技有限公司 | 分子束外延生产—扫描隧道显微镜（MBE−STM）集成设备 |
| 5 | 2018 | 常州恒立气动科技有限公司 | 用于轨道交通的耐低温气动元件赶超工程项目 |
| 6 | 2019 | 常州市龙鑫化工机械有限公司 | 纳米级粉体智能砂磨设备 LS−400 |
| 7 | 2020 | 常州中车柴油机零部件有限公司 | “复兴号”动车组用油压减振器 |

（三）智能制造试点示范建设稳步推进。四年来共遴选 78 个智能制造示范项目，基本实现各镇、开发区全面覆盖，涉及超过 20 个细分行业。初步摸底，这些项目智能化改造后生产效率平均提升 35%，运营成本降低 20%。推进生产过程智能化，培育新型生产方式，全面提升企业研发、生产、管理和服务的智能化水平。支持推广大规模定制、个性化生产、产品远程运维服务等新模式发展。以“生产智能化”为风向标，坚持需求侧、供给侧、服务侧同步发力，大力推进企业生产过程智能化改造，促进工业互联网、大数据、云计算、人工智能等新技术与集群发展深度融合，深入开展智能示范车间、智能工厂创建。2018 以来连续三年有企业成功获评江苏省智能工厂，累计获评江苏省智能车间 50 家、常州市示范智能车间 23 家、常州市智能车间累计 98 家。探索形成了一批可复制可推广的新模式，例如工程机械关键零部件的大规模个性化定制模式、国内首条铸造智能工厂的“全领域智能制造”的工作闭环模式、新能源汽车充电桩领域的远程运维模式等，推动了企业生产方式转变、制造服务化转型。

表 99 江苏省智能工厂一览表

| 序号 | 年度 | 企业名称 | 项目名称 |
|---|---|---|---|
| 1 | 2018 | 江苏恒立液压股份有限公司 | 年产 5.5 万吨高精密液压铸件智能工厂 |
| 2 | 2019 | 江苏雷利电机股份有限公司 | 年产 2 亿台微电机智能工厂 |
| 3 | 2020 | 江苏国茂减速机股份有限公司 | 年产 35 万台减速机智能工厂 |

（四）工业互联赋能制造水平持续提升。近年来，武进区全面推动新一代信息技术与制造业相互渗透、深度融合，加快推动制造业生产方式和企业形态重构，促使制造业降低生产成本、提高生产效率、提升核心竞争力。两化融合程度日益深化，工业互联网平台快速发展，跨界融合创新取得突破。深入实施“企业上云”三年行动计划，推动企业研发设计、生产制造、市场服务、设备管理等业务系统云化改造和向云端迁移，推动企业核心业务上云。3 家获评江苏省行业级重点工业互联网平台。苏文电能和天正工业承担了工信部工业互联网创新发展工程专项。累计通过省“企业上云”星级企业认定五星级 3 家，四星级 21 家，三星级 108 家。累计通过工信部两化融合管理体系达标评定 37 家。2 家企业认定为省工业互联网标杆工厂。武进国家高新区被认定为江苏省首批互联网 + 特色产业基地。

表 100 江苏省行业级重点工业互联网平台一览表

| 序号 | 企业名称 | 平台名称 |
|---|---|---|
| 1 | 万帮充电设备有限公司 | 新能源汽车智能充电运维平台 |
| 2 | 常州天正工业发展股份有限公司 | 工业互联网金融云服务平台 |
| 3 | 苏文电能科技股份有限公司 | 综合能源管理开放平台 |

（五）工业智造创新应用能级显著增强。近年来，全区企业智造创新能力明显提高，万人有效发明专利达到 49.9 件，研发经费支出占地区 GDP 比重接近 3%。新誉集团被认定为国家企业技术中心，恒立液压中标国家重大技改专项，苏文电能、天正股份中标工信部工业互联网创新发展工程专项。持续培育提升江苏省石墨烯创新中心和江苏省新能源汽车能源与信息创新中心两大省级制造业创新中心，聚焦优势资源争创国家级制造业创新中心。引导企业从产品供应商向整体解决方案提供商转变，为客户提供总集成总承包服务和专业化集成方案，培育一批综合比较优势显著的智能制造系统解决方案供应商，累计认定江苏省智能制造领军服务机构 8 家，位居全省同级前列。以政府购买服务方式，聘请第三方机构为企业“把脉会诊”，帮助企业转型，尤其尤其对铸造、热处理等传统行业的智能转型起到了良好的推动作用；举办多场智能制造服务商对接大会，超过 500 家工业企业、70 家智能制造服务商和金融服务商深度参与，达成了多项合作协议。积极探索走出了“产品智能化 + 生产智能化 + 智造集成化”协同驱动的新发展模式。

表 101 江苏省智能制造领军服务机构一览表

| 序号 | 企业名称 |
|---|---|
| 1 | 常州天正工业发展股份有限公司 |
| 2 | 机械科学研究总院江苏分院有限公司 |
| 3 | 常州华数锦明智能装备技术研究院有限公司 |
| 4 | 常州铭赛机器人科技股份有限公司 |
| 5 | 征图新视（江苏）科技有限公司 |
| 6 | 常州孟腾智能装备有限公司 |
| 7 | 江苏华丽食品机械股份有限公司 |
| 8 | 快克智能装备股份有限公司 |

**二、武进区智能制造发展存在问题**

（一）智能制造关键技术支撑明显不足。“80% 的集成电路制造装备、90% 的工业机器人核心零部件、70% 的汽车制造关键设备主要依赖国外供应商；高端工业设计、工艺仿真、生产管理、工业 APP 等主流工业软件几乎被国外企业主导；90% 的高档数控系统、高性能传感器和 85% 以上的可编程逻辑控制器依赖进口。”这是目前我国部分智能制造技术装备发展的现状。国内的现状从很大程度上也侧面反映了武进区的现状，虽然武进近几年智能制造发展整体发展迅速，但却也难以改变目前关键技术装备“卡脖子”的现状。智能感知与控制、数字化设计与制造等技术缺口较大，不少关键装备和核心部件、工业设计、工艺仿真、生产管理、工业 APP 等工业软件几乎全部依赖外部供应。目前武进区企业普遍自主创新能力偏弱，科技成果转化效率较低，智能制造关键技术装备领域，“低端过剩、高端不足”和“卡脖子”的问题仍然较为突出。

（二）工业化信息化融合水平仍需提高。目前武进区仍然有一大批企业智能装备应用基础薄弱，设备自动化、信息化平均水平低，设计、工艺、制造、管理等知识经验沉淀不足，现代研发、生产、管理的装备化还未实现。在此基础上，流程管理缺位，流程动态信息难以采集，流程的固化较难实现；信息资源共享能力不足，相关业务流程不畅，总体效益不明显。据走访调查发现，武进区存在部分企业信息化和管理“两张皮”，阻碍单向应用向综合集成发展。绝大部分企业把两化融合作为一项单纯的技术工作，没有从战略层面认识对企业现代化的带动作用，与企业发展战略不匹配。信息技术在企业生产经营各环节的深度融合和集成应用程度不够，现有装备的可接入水平和装备间数据交互能力不足。企业资源计划、生产制造执行系统、供应链管理等关键管控软件的推广应用仍然有待普及，缺少行业级工业互联网平台和在国内有一定影响力的综合性工业互联网平台。

（三）智能制造系统集成能力相对偏弱。目前武进区用于支撑区域智能制造发展的关键技术和优势资源，尤其是智能制造系统解决方案的供应能力相对不足，造成了需求侧与供给侧的严重失衡。截至目前，武进区仍没有企业能在国家智能制造系统解决方案供应商项目中突围，相比苏南其他同级地区而言，武进区在这方面，尤其是在细分行业的智能制造服务商培育上，离先进地区还有很大差距。2019 年江苏省智能制造领军服务机构认定名单中，武进区有 7 家企业入选，占全省比例近五分之一，成绩难能可贵。但我们也应该清楚地认识到，这些领军机构仍然是以做单机智能装备解决方案为主，缺乏业绩突出、专业服务能力强、能够有效支撑服务区域智能制造发展的领军服务机构依旧是武进的“硬伤”。智能制造发展过程中，大量关键技术和装备需要集成商做集成，才能顺利得到推广应用，系统解决方案供应商毫无疑问处于智能制造产业链顶端，但在国内或行业领先的智能制造系统解决方案集成商和供应商培育上，武进较为滞后，极大程度地阻碍了武进区进一步在智能制造关键技术和装备领域布局的主动权和优先权。

（四）智能制造专业人才队伍严重匮乏。人员技能革新是新工业革命的重要内容之一，智能制造人才将是未来产业重点争夺的战略资源。无论是智能制造核心技术、装备、系统研发所需的高端人才，还是符合制造智能操作要求的技能型人才，武进区目前都严重短缺。武进区部分高端装备生产企业表示，国产装备除了售价比进口设备低之外，研究设计的符合国人操作习惯和操作能力的人机交互界面也是一大优势。而对于进口设备，武进区应用企业往往反映出工人不会操作、维护等问题。这从侧面反映，武进区企业在先进高端装备迭代的同时，高素质智能制造人才却没有实现迭代。同时，对于发展智能制造技术装备过程中需要的高端技术人才，“人难找”“人难留”的现象在武进区普遍存在，科技人才引育面临很大的挑战。

（五）智能制造产业生态体系构建缓慢。抓好产业生态体系建设是加快推进智能制造的根本途径。智能制造并不是某一项或某几项技术的简单组合，而是新一代信息技术和先进制造技术的有机融合，是装备、软件、网络、标准等相关要素的系统集成，是供给主体、应用主体、消费主体网络化、平台化协同的合作生态。目前来看，武进区无论是从基础设施完善程度、标准统一规范性、人才供给能力还是政策环境上来看，可持续发展的智能制造产业生态要素仍然有待完善。网络安全建设仍然有待加强，从业人员信息安全意识和工业信息安全监测预警能力建设停滞不前。数据集成、互联共享等关键技术标准和细分行业应用标准产出不足，极少数企业有能力开展应用标准的制定和试验验证。缺少为中小企业提供管理咨询、知识共享、供应链协同等服务的智能制造公共服务平台，社会资源向智能制造领域集聚程度仍有待提高。

**三、发展武进区智能制造的建议**

坚持开放协同、坚持创新驱动、坚持统筹引导、坚持分群施策，不断探索武进智能制造发展新路径、新模式。以“立足地方实际，树立区域特色，坚持诊断优先，提倡科学改造、树立行业标杆、加强示范推广”为思路，以先进性为前提，以提升竞争力为目标，以协同打造为途径，坚持需求侧、供给侧、服务侧同步发力，坚持新兴产业与传统产业齐头并进，推进全区智能制造发展，为打造“生态滨湖区、现代智造城”、推动现代化建设走在前列奠定坚实基础。

（一）聚力规划引领，擘画智能制造的新蓝图

胸中有蓝图，脚下有力量。坚持“整体谋划、系统重塑、

全面提升”，以培育先进制造业集群为契机，以特色优势产业为基础，聚焦新模式、新业态，抓紧编制全区智能制造新一轮发展规划，优化智能制造产业布局，积极构建新发展格局，努力把武进打造成为具有国际竞争力的智能制造高地。

1. 培育先进智造产业集群。武进高端装备产业基础雄厚，近年来呈现高速增长的态势。继续明确高端装备“1号产业”地位，把智能制造装备作为高端装备产业发展的最关键一环。大力培育发展以工业机器人、高端数控机床、高端纺机装备、轨道交通装备、智能制造专机装备及其关键零部件为代表的智能制造装备产业集群，努力把武进打造成为智能制造装备产业的重要集聚区。同时大力发展智电汽车及汽车核心零部件、新一代信息技术、新材料、新型医疗器械等新兴产业，进一步强化集群化发展的鲜明导向，培育引领链、壮大主导链、拉长优势产业链，形成“头雁领航、群雁齐飞”的发展态势。

2. 打造智能制造企业梯队。企业兴则实体兴，企业强则智造强。着眼于培育“武进智造”企业梯队，推进智能制造领域领军企业“登峰”、中小企业“拔尖”、小微企业“强身”，打造一批细分领域的隐形冠军单项冠军企业、专精特新“小巨人”企业、瞪羚企业和独角兽企业。实施高新技术企业树标提质计划，培育更多具有自主知识产权的创新型企业，推动高新技术企业“量质”双提升。引进和培育一批细分领域的“头部企业”。把股改上市作为智能制造企业集聚要素、转型升级的重要途径，加快推进一批智能制造领域企业上市，提升行业竞争力和品牌影响力。

3. 培育发展领军服务机构。结合智能车间创建、创新产品申报、首台套重大装备认定、智能制造领军服务机构培育等现有政策，继续大力扶持培育一批智能制造系统解决方案供应商。支持装备制造企业以智能化升级为突破口，从提供设备向提供设计、承接工程、设施维护和管理运营等智能制造一体化服务转变。培育一批综合比较优势显著的智能制造系统解决方案供应商，逐步形成以智能制造系统集成商为核心、各领域领先企业联合推进、一大批定位于细分领域的“专精特”企业深度参与的智能制造发展生态体系。

（二）聚力项目带动，夯实智能制造的压舱石

重点项目是智能制造发展的压舱石、助推器，是撑起智能制造的“产业脊梁”，是推动武进区经济持续快速发展的“发动机”和“加速器”，坚持把重大项目提质增效放到突出位置，以高质量项目促进高质量发展。

1. 以项目夯实发展基础。聚焦智能制造产业攻坚，招引一批产业层次高、创新能力强、带动潜力足的重大项目。认真落实长三角一体化发展规划刚要和省实施方案，抢抓长三角、苏锡常一体化发展“窗口期”，推动全区智能制造产业在一体化大背景下取得更多实质性的发展成果。集中精力引进一批投资强度大、科技含量高、产业关联度大、示范带动性强的智能制造重特大项目，全力做大做优增量文章，形成一个项目就是一个新的增长点、一个产业就是一个新的增长极的良好局面。

2. 以项目加速产业集聚。围绕建设特色鲜明、产业聚集、服务配套、环境优良的现代智造区，把招商引资作为经济社会发展的“头号工程”，把产业平台建设作为推进经济发展的强力引擎，引导智能制造企业向产业平台聚集，向关联产业延伸，向集群方向发展，强化协调服务，增强产业平台集聚效应。抢抓“新基建”风口。在工业互联网、5G网络、大数据、人工智能、智慧城市等领域，抓紧谋划实施一批支撑性强、引领效应明显的项目，以智能制造带动一批创新合作、产城融合项目落地，以优质项目集聚要素、吸引人才、带动产业。

3. 以项目提升智造水平。全面支持重大技术改造，进一步扩大企业技术改造普惠性事后奖补政策范围，探索融资租赁奖补政策，鼓励中小微企业采用直接租赁方式加快智能制造装备升级步伐。坚持大力推进智能制造技术在全区工业领域的应用，切实引导企业加快建立面向生产全流程、管理全方位、产品全生命周期的智能制造新模式。以信息化、智能化、网络化、绿色化为主要方向，围绕智能制造、绿色制造、工业强基等方面实施一批重点技改项目，鼓励企业广泛应用新工艺、新技术、新设备和新材料，探索生产、经营、管理、服务模式的变革，促使企业“高端化、智能化、绿色化、融合化”方向发展。

（三）聚力创新驱动，提升智能制造的硬核力

坚持创新在武进区现代化建设全局中的核心地位，坚定不移实施创新驱动战略，把创新作为推进工业智造、引领高质量发展的第一动力、硬核力量，加快新老产业接续、新旧动能转换，进一步做优创新生态，提升创新浓度，依靠创新驱动实现武进智能制造的内涵型增长。

1. 突出科技创新赋能。坚持把科技自立自强作为武进发展的战略支撑，以科技创新催生新发展动能。要以“双创示范”为引领，把科技创新放在智能制造全局中的核心位置，依托科教城资源辐射、借力中科院智能苑、中以常州创新园、固高高端装备创新中心等平台，充分发挥企业在技术创新中的主体作用，加速科技要素聚合，突出制造装备数字化换代、生产车间智能化升级、工厂企业网络化发展，推进智能产业化和产业智能化，使武进智造企业成为创新要素集成、科技成果转化的生力军。强化互联网思维，大力发展“5G+工业互联网”，以苏文电能、星星充电等龙头企业为引领发展能源互联网。要以国科微、GCS化合物半导体、纵慧芯光、芯盛智能、常州承芯等为产业龙头，以战略眼光谋划布局集成电路、第三代半导体产业，加强与西安电子科技大学的深化合作，大力推进长三角化合物半导体创新基地建设，打造武进工业智造的强劲“心脏”。重点支持产业链龙头企业，联合上下游，整合创新资源要素，组建“企业＋联盟”协同创新的智能制造制造业创新中心。加快成立“西太湖数字经济产业园”，全力打造“常州数字经济先行区”，集中力量建设西太湖龙城金谷，推动各类科技创新平台、创新型企业与投融机构对接，促进科技成果加速向现实生产力转化，不断提升产业链水平。

2. 开展关键技术攻关。围绕提高国产化装备研发能力和自主可控水平，围绕全生命周期，打好高端装备设计、研发、制造、集成、服务组合拳，构建以新技术、新产品、新业态、新模式主导发展的现代智能装备产业体系。坚持高端化、自主化、智能化发展方向，支持装备制造商研制具有自感知、自决策、自执行功能的高端数控机床、工业机器人、智能传感与控制、智

能检测与装配、智能仓储与物流等智能制造装备，并实现在重点行业的规模化应用。注重发展核心技术布局，超前部署战略性新兴产业前瞻性技术研发和技术交叉融合创新，加快实现“进口替代”。强化企业自主创新地位，鼓励企业“研磨”技术、“嫁接”智能，突破一批关键技术装备和核心零部件，攻克一批智能制造共性技术与软件，形成“前端研发技术、后端下延应用领域”的产业链上下游集成创新态势，实现硬件更高端、软件更智能、集成更协同。

3. 深入推动融合发展。全面推动新一代信息技术与制造业相互渗透、深度融合，加快推动制造业生产方式和企业形态重构，推动两化融合程度日益深化，工业互联网平台快速发展，跨界融合创新取得突破。培育一批行业级工业互联网平台和若干在国内有一定影响力的综合性工业互联网平台。注重制造与服务融合，大力发展和推广个性化定制等服务型制造新模式，引导企业以服务产品全生命周期为目标，从主要提供产品向提供“产品和服务”转变。推动企业和金融服务、科创服务、数字创意、智慧物流等高端生产性服务业融合发展，不断做大市场链，提升价值链，做强服务链。树立融合发展思维，推动制造业与服务业有机结合，大力培育发展工业设计、柔性制造、个性化定制、系统集成服务。要大力培育“三新经济”，发展壮大互联网经济，催生更多新产业、新业态和新模式，要创新智能制造产融合作模式，多渠道帮助智能制造企业解决融资问题，鼓励各类金融机构提供专业信贷支持。

（四）聚力生态构建，做深智能制造的蓄水池

发展智能制造不能毕其功于一役，必须坚持“放水养鱼”、深耕土壤、做优生态，以智赋能、以智增效、以智惠企，构建特色鲜明、配套完善、产城融合的智能制造产业生态圈。

1. 完善智造产业体系。以建设“自主可控、安全可靠”的现代产业体系为目标，围绕产业链部署创新链，围绕创新链布局产业链，持续推进产业链垂直布局，加快建设创新链、产业链、要素链和保障链，实施智能制造产业基础再造和产业链提升工程，不断提升产业基础高级化、产业链现代化水平。建立健全基础体系，扎实推进网络基础设施建设和信息安全设施建设。建立健全标准体系，加快推进企业两化融合管理体系贯标。完善智能制造体系，不断完善服务商＋应用企业等协同运作模式。

2. 积极深化开放合作。实行更高水平对外开放，以畅通经济循环为主，在构建新发展格局中展现作为，牢牢把握扩大内需这个战略基点，全面畅通区内微循环，主动融入长三角小循环，积极顺应国内大循环，努力探索推动形成新发展格局的有效路径。主动搭建和参与518展洽会、620工博会、928经贸洽谈会、西太湖论坛、常州互联网大会、世界能源与工业互联网博览会等活动平台。充分用好长三角一体化、苏锡常都市圈、长江经济带、西部大开发等战略机遇，主动与北京、上海、南京等国内智能制造高地开展对接，承接产业转移，在更广范围内集聚智能制造资源要素，不断提升智能要素的“融合度”、区域生态的“集聚度”，以更高水平对外开放打造武进的国际合作和区域竞争新优势。

3. 持续强化政策扶持。加大区级财政扶持力度，积极引导产业引导基金重点投向智能制造产业创新项目、创新技术、创新企业。研究实施新一轮“武进英才计划”，引进一批能够推动关键核心技术实现重大突破的领军人才，集聚一批掌握制造技术和信息技术的复合型“智造人才”，培养一批专注专业、精益求精的“数字工匠”。以深化改革激发新发展活力，持续深化“放管服”改革，充分发挥“两个健康”先行区全省试点作用。千方百计保护制造业市场主体，坚持奖励补助与降税减负“双向发力”，强化正向激励和反向倒逼措施，推动各级支持企业的各类政策落地见效，贯彻落实地方政府专项债券、在国家高新区复制推广自贸试验区等方面政策措施。持续稳定外资外贸，着重做好“苏微贷”推进工作，推进“外贸贷”“退税贷”等信贷风险补偿新政，扩大出口信保覆盖面，健全政策执行、结果反馈、检查监督等服务，为企业打造政策最优、成本最低、服务最好、办事最快的一流营商环境。

全面推动武进智能制造发展，是打造工业智造明星城、应对全球新一轮科技革命与产业变革的战略选择，是推进武进制造高质量发展的必然途径。武进必须抢抓历史机遇，努力在危机中育先机、在变局中开新局，全力打造“现代智造城”，在工业智造明星城建设中体现武进作为，作出武进贡献。

（调研组成员：贾　东　谈亚东　周法根　沈立人）

## 缩略语注释：

1. 城镇污水提质增效“333”行动：“三消除”“三整治”“三提升”。“三消除”指消除黑臭水体、污水直排口、空白区；“三整治”指工业企业、“小散乱”、阳台和单位庭院排水整治；“三提升”指提升城镇污水厂综合能力、提升新建管网质量管控水平、提升管网检测修复和养护管理水平。

2. “10+3”行业领域专项整治：“10”即社会治安、乡村治理、金融放贷、工程建设、交通运输、市场流通、资源环保、信息网络、文化旅游、教育卫生；“3”即“二手车”“二房东”、重点人员管控。

3. “红盟矩阵”党建品牌：以政治建设为引领，以组织联建为基本形式，以作用发挥为落脚点，在各区域、各领域组建党建联盟，推动各类组织资源、发展资源、服务资源有序整合，实现组织功能、组织优势、组织力量最大化，形成具有武进特色的创新工作体系和工作品牌。

4. “五型经济”：创新型、服务型、总部型、开放型和流量型经济。

5. “红马甲四进”宣讲：理论宣讲进网格、进田间、进车间、进庭院。

6. “一突出四联动”机制：突出政治功能，推动基层党委、支部、党员和群众四个主体联动共进，构建“党委抓牢支部、支部严管党员、党员带动群众”机制。

# 统计资料

表 102

## 2020 年武进区国民经济主要指标统计表

| 指　　标 | 单位 | 2020 年 | 2019 年 | 指　　标 | 单位 | 2020 年 | 2019 年 |
|---|---|---|---|---|---|---|---|
| 年末户籍总人口 | 万人 | 98.66 | 98.04 | 工业利税总额 | 亿元 | 404.73 | 404.56 |
| 常住人口 | 万人 | 169.79 | 169.06 | 工业利润总额 | 亿元 | 293.53 | 284.10 |
| 国内生产总值 | 亿元 | 2607.21 | 2483.42 | 年末工业固定资产原值 | 亿元 | 1791.88 | 1684.68 |
| 第一产业 | 亿元 | 40.6 | 38.77 | 社会消费品零售总额 | 亿元 | 736.54 | 691.88 |
| 第二产业 | 亿元 | 1393.81 | 1359.09 | 实际利用外资 | 万美元 | 81072 | 76028 |
| 工　业 | 亿元 | 1297.91 | 1267.12 | 自营出口总额 | 亿元 | 593.3 | 571.2 |
| 第三产业 | 亿元 | 1172.80 | 1085.56 | 一般公共预算收入 | 亿元 | 195.21 | 187.51 |
| 人均国内生产总值 | 万元 | 15.39 | 14.73 | 一般公共预算支出 | 亿元 | 185.56 | 178.75 |
| 粮食总产量 | 吨 | 56665 | 55628 | 金融机构年末存款余额（本外币） | 亿元 | 3670.25 | 3246.7 |
| 肉类产量 | 吨 | 15744 | 13049 | 个人存款（本外币） | 亿元 | 1483.08 | 1282.05 |
| 水产品产量 | 吨 | 39536 | 40883 | 金融机构年末贷款余额（本外币） | 亿元 | 2977.47 | 2459.44 |
| 农机总动力 | 万千瓦 | 22.77 | 23.5 | 城镇居民人均可支配收入 | 元 | 63434 | 61229 |
| 工业总产值 | 亿元 | 5124.77 | 5005.19 | 农村居民人均可支配收入 | 元 | 34290 | 32362 |
| 工业销售收入 | 亿元 | 5453.59 | 5405.06 | 城乡居民年末人均个人存款(本外币) | 元 | 87350 | 75835 |

注：2020 年常住人口采用“七人普”数据

表 103

## 2020 年武进区社会发展主要指标统计表

| 指　　标 | 单位 | 2020 年 | 2019 年 | 指　　标 | 单位 | 2020 年 | 2019 年 |
|---|---|---|---|---|---|---|---|
| 科技项目及经费 | | | | 区级图书馆 | 个 | 1 | 1 |
| 立项数 | 项 | 933 | 599* | 博物馆 | 个 | 1 | 1 |
| 资助金额 | 万元 | 24717 | 19052* | 新华书店 | 个 | 24 | 24 |
| 高新技术产业 | | | | 电视台 | 座 | 1 | 1 |
| 国家认定的高新技术企业数 | 家 | 978 | 679 | 广播电台 | 座 | 1 | 1 |
| 科研成果 | | | | 有线电视用户 | 万户 | 33.3 | 33.3 |
| 科技进步奖 | 项 | 5 | 13* | 区属卫生机构合计 | | | |
| 专利申请及授权 | | | | 机构数 | 个 | 40 | 47* |
| 当年申请数 | 件 | 22362 | 18297 | 床位数 | 张 | 7099 | 7914* |
| 当年授权数 | 件 | 16460 | 10394 | 卫生从业人员 | 人 | 11682 | 10898 |
| 学校数（含幼儿园） | 所 | 206 | 185 | 诊所、卫生室、医务室 | | | |
| 教职工数 | 人 | 17651 | 15491 | 机构数 | 个 | 184 | 201* |
| 在校学生数 | 人 | 227512 | 220414 | 卫生从业人员 | 人 | 1033 | 942 |
| 幼儿园数 | 所 | 104 | 86 | 社区卫生服务站 | | | |
| 影剧院 | 个 | 14 | 16* | 机构数 | 个 | 148 | 184* |
| 电影放映单位 | 个 | 14 | 16* | 卫生从业人员 | 人 | 364 | 382 |
| 剧团个数 | 个 | 1 | 1* | 体育场 | 个 | 1 | 1 |
| 文化馆 | 个 | 1 | 1* | 室内游泳池 | 个 | 46 | 38* |

续表 103

| 指标 | 单位 | 2020 年 | 2019 年 | 指标 | 单位 | 2020 年 | 2019 年 |
|---|---|---|---|---|---|---|---|
| 全民健身工程（点） | 个 | 906 | 1124* | 城镇职工医疗保险 | | | |
| 年末等级社会体育指导员 | 人 | 3920 | 3772* | 年末已参保人数 | 人 | 666289 | 627452 |
| 业余体校数 | 个 | 1 | 1* | 基本医疗保险费实际收缴额 | 万元 | 216279 | 204904 |
| 专职教练数 | 人 | 14 | 13* | 基本医疗保险费支出额 | 万元 | 171321 | 222867 |
| 体育彩票销售额 | 万元 | 57323 | 99800* | 城乡居民医疗保险 | | | |
| 企业养老保险 | | | | 参保人数 | 人 | 479188 | 487189 |
| 已参保单位数 | 个 | 31923 | 27442 | 合计筹资（包括市级财政投入） | 万元 | 72813 | 73840 |
| 已参保职工人数 | 人 | 549443 | 539377 | 失业保险 | | | |
| 基本养老保险费实际收缴额 | 万元 | 312370 | 460378 | 参加失业保险职工人数 | 人 | 425045 | 404031 |
| 基本养老保险费支出额 | 万元 | 380606 | 345692 | 失业保险费实际收缴额 | 万元 | 12356 | 17710 |
| 机关事业养老保险 | | | | 失业保险费支出额 | 万元 | 31442 | 16588 |
| 年末参保单位数 | 个 | 559 | 551 | 工伤保险 | | | |
| 年末参保职工人数 | 人 | 20835 | 19328 | 参加工伤保险职工人数 | 人 | 441956 | 409542 |
| 基本养老保险费实际收缴额 | 万元 | 51512 | 56494 | 年内工伤保险费实际收缴额 | 万元 | 6170 | 20894 |
| 基本养老保险费支出额 | 万元 | 94987 | 95909 | 工伤保险费支出额 | 万元 | 20393 | 16874 |
| 城乡居民社会养老保险 | | | | 生育保险 | | | |
| 年末参加城乡居民社会养老保险人数 | 人 | 46898 | 55454 | 参加生育伤保险职工人数 | 人 | 441774 | 409346 |
| 年末领取基础养老金人数 | 人 | 144587 | 145026 | 生育保险费实际收缴额 | 万元 | 16122 | 14680 |
| | | | | 生育保险费支出额 | 万元 | 14453 | 13568 |

注：带“*”数据不含常州经开区

表 104

**武进的一天统计情况表**

| 指标 | 单位 | 2020 年 | 2019 年 | 指标 | 单位 | 2020 年 | 2019 年 |
|---|---|---|---|---|---|---|---|
| 一、每天创造的财富 | | | | 粮食 | 吨 | 155 | 152 |
| 地区生产总值（当年价） | 万元 | 71235 | 68039 | 出栏生猪 | 头 | 182 | 158 |
| 第一产业增加值 | 万元 | 1109 | 1062 | 出栏家禽 | 万羽 | 0.94 | 1.15 |
| 第二产业增加值 | 万元 | 38082 | 37235 | 水产品产量 | 吨 | 108 | 112 |
| 工业增加值 | 万元 | 35462 | 34716 | 二、每天其他经济活动 | | | |
| 第三产业增加值 | 万元 | 32044 | 29741 | 社会消费品零售额 | 万元 | 20124 | 18956 |
| 一般公共预算收入 | 万元 | 5334 | 5137 | 实际利用外资及港澳台资 | 万美元 | 222 | 208 |
| 钢 | 吨 | 44069 | 40415 | 自营出口额 | 万元 | 16210 | 15649 |
| 钢材 | 吨 | 42832 | 40406 | 旅客运输量 | 百人 | 323 | 460* |
| 电子元件 | 万只 | 209 | 228 | 货物运输量 | 百吨 | 1185 | 1126* |
| 复合木地板 | 平方米 | 112729 | 167982 | 三、每天户籍人口变动 | | | |
| 液压元件 | 件 | 8164 | 5966 | 出生人数 | 人 | 21 | 24 |
| 液晶电视机 | 台 | 631 | 917 | 死亡人数 | 人 | 21 | 19 |
| 光缆 | 芯千米 | 6898 | 7119 | 迁入人数 | 人 | 31 | 35 |
| 工业机器人 | 套 | 41 | 51 | 迁出人数 | 人 | 10 | 10 |

注：带“*”数据不含常州经开区

（印柳平）

# 索 引

## Index

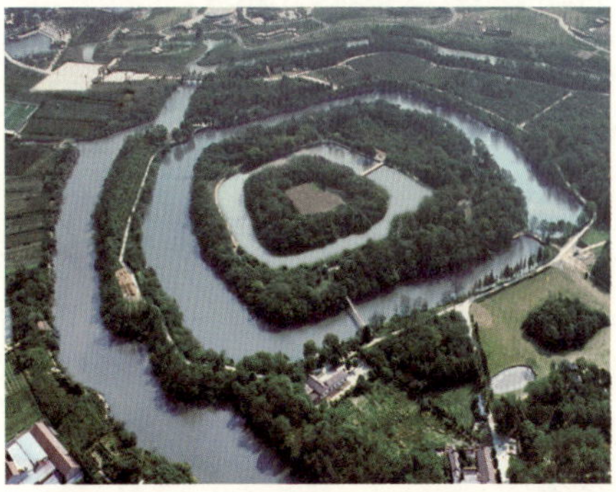

栏目编辑　万向阳　陈　蓉　颜　赶　周小红　张怡菁

### 说　明

1. 本索引采用主题分析方法，按主题词汉语拼音顺序排列。
2. 标引词后的数字标示内容所在页码，字母 a、b、c 分别标示左栏、中栏、右栏。
3. 栏目、分目、子目标题款目用小五号黑体标示，正文款目用小五号书宋标示。
4. 本索引编有附见系统和参见系统，附见款目放在主款目下行缩 1 字编排；第二个页码开始为参见位置。
5. 索引标引词采用中心词简称，武进区区级党政机关、社会团体名称采用通行简称。

## 条目主题索引

### A



### B



### C

## D



## E



## F

## G

## H



## J

## K

## L



## M

## N



## O



## P



## Q

## R



## S

## T



## W

# X

## Y

## Z

## 表格索引

## R



## S



## W



## X



## Y



## Z



# 随文图片索引

## A



## B



## C



## D



## F



## G



## H



## J

## K



## L



## M



## N



## P



## Q



## R



## S



## T



## W



## X

# 人名索引



# 书名索引